PONS

Das große Reader's Digest

BILDER LEXIKON

Das große Reader's Digest

BILDER LEXIKON

3500 Bilder · 20 000 Begriffe

Deutsch · Englisch · Französisch · Spanisch

von

Jean-Claude Corbeil

Ariane Archambault

Verlag Das Beste Stuttgart · Zürich · Wien

Warenzeichen
Wörter, die unseres Wissens eingetragene Warenzeichen darstellen, sind als solche gekennzeichnet.
Es ist jedoch zu beachten, daß weder das Vorhandensein noch das Fehlen derartiger Kennzeichnungen die Rechtslage hinsichtlich eingetragener Warenzeichen berührt.

3. korrigierte Auflage 1996

Genehmigte Sonderausgabe für den deutschen Sprachraum:
Verlag Das Beste Stuttgart · Zürich · Wien 1996

Printed in Canada
ISBN 3 87070 493 4

REDAKTIONELLE LEITUNG: DEUTSCHER TEXT
Redaktion PONS Wörterbücher
Andrea Ender

ÜBERSETZER
Hugh Keith
Armin Mutscheller
Jerry Payne
Ursula Vogel

REDAKTION DER URSPRÜNGLICHEN AUSGABE MIT FRANZÖSISCHEM TEXT
Jacques Fortin - *Verleger*
Jean-Claude Corbeil - *Leitender Redakteur*
Ariane Archambault - *Redakteurin*
François Fortin - *Leiter der Computergraphikabteilung*
Jean-Louis Martin - *Art-director*

COMPUTERGRAPHIK
Jacques Perrault
Anne Tremblay
Jocelyn Gardner
Christiane Beauregard
Michel Blais
Rielle Lévesque
Marc Lalumière
Stéphane Roy
Alice Comtois
Jean-Yves Ahern
Benoît Bourdeau

DATENVERARBEITUNG
Yves Ferland

DOKUMENTATION
Serge D'Amico

LAYOUT
Pascal Goyette
Lucie Mc Brearty
Martin Langlois

HERSTELLUNG
François Fortin
Jean-Louis Martin
Tony O'Riley

GESTALTUNG
Emmanuel Blanc

REDAKTIONELLE LEITUNG: ENGLISCHER TEXT
Jean-Claude Corbeil
Ariane Archambault
Natalie Chapman
Brian Holmes
Martin H. Manser

REDAKTIONELLE LEITUNG: SPANISCHER TEXT
Thomas Cabezón
Elvira Martinez
Rodney Williamson
Fernando De Diego
Maria Eugenia Mendoza

DANKSAGUNGEN

Bei der Erarbeitung des *Bilderlexikons* haben wir von der Hilfe zahlreicher Institutionen, Organisationen und Firmen profitiert, die uns aktuelle technische Dokumente zur Verfügung stellten. Wir haben auch fachkundigen Rat von verschiedenen Experten, Kollegen, Terminologen und Übersetzern erhalten.

Unser besonderer Dank gilt unseren Mitarbeitern der ersten Stunde, Edith Girard, René St. Pierre, Marielle Hébert, Christiane Vachon und Anik Lapointe.

Außerdem möchten wir den folgenden Einzelpersonen und Organisationen unseren aufrichtigen Dank aussprechen:

A.C. Delco
Aérospatiale (France)
Aérospatiale Canada (ACI) inc.
Air Canada (Linguistic Policy and Services)
Amity-Leather Products Company
Animat inc.
Archambault Musique
International Association of Lighthouse Authorities (Marie-Hélène Grillet)
Association des groupes d'astronomes amateurs (Jean-Marc Richard)
Atlas Copco
Atomic Energy of Canada Ltd. (Pierre Giguère)
Bell Canada
Bell Helicopter Textron
Bellefontaine
Benoît, Richard
Beretta
Black & Decker
Bombardier Inc.
Boutique de harnais Pépin
British Hovercraft Corporation Ltd. (Division of Westland Aerospace)
C. Plath North American Division
Caloritech inc.
Cambridge Instruments (Canada) Inc.
CAMIF (Direction relations extérieures)
Canada Billard & Bowling inc. (Bernard Monsec)
Canadian National (Information and Linguistic Services)
Canadian Kenworth Company
Canadian Coleman Supply Inc.
Canadian Liquid Air Ltd.
Canadian Curling Association
Canadian Coast Guard
Canadian Broadcasting Corporation (Gilles Amyot, Pierre Beaucage, Claude L'Hérault, Pierre Laroche)
Carpentier, Jean-Marc
Casavant Frères Limitée (Gilbert Lemieux)
Centre de Tissage Leclerc inc.
Chromalox inc.
Clerc, Redjean
Club de tir à l'arc de Montréal
Club de planeur Champlain
Collège Jean de Brébeuf (Paul-Émile Tremblay)
Collège militaire royal de Saint-Jean
Communauté urbaine de Montréal (Bureau de transport métropolitain)
Complexe sportif Claude-Robillard
Control Data Canada Ltd.
Cycles Performance
David M. Stewart Museum (Philippe Butler)
Department of National Defence of Canada (Public Relations)
Detson
Direction des constructions navales (Programmes internationaux) (France)
Distributions TTI inc.
Energy, Mines and Resources Canada (Canada Centre for Remote Sensing)
Environment Canada (Atmospheric Environment Service, Gilles Sanscartier)
FACOM
Fédération québécoise des échecs
Fédération québécoise de tennis
Fédération québécoise de luge et bobsleigh
Fédération québécoise de canot-camping
Fédération québécoise de boxe olympique
Fédération québécoise de badminton
Fédération québécoise d'haltérophilie
Fédération québécoise d'escrime
Fédération de patinage de vitesse du Québec
Festival des Montolfières du Haut-Richelieu
Fincantieri Naval Shipbuilding Division
Fisher Scientific Ltd.
Ford New-Holland Inc.
Gadbois, Alain
GAM Pro Plongée
G.E. Astro-Space Division
G.T.E. Sylvania Canada Ltd.
General Electric Canada Inc. (Dominion Engineering Works, Mony Schinasi)
General Motors of Canada Ltd.
GIAT Industries
Government of Canada Terminology Bank
Gym Plus
Harrison (1985) inc.
Hewitt Equipment Ltd.
Hippodrome Blue Bonnets (Robert Perez)
Honeywell Ltd.
Hortipro
Hughes Aircraft Company
Hydro-Québec (Centre de documentation, Anne Crépeau)
IBM Canada Ltd.
Imperial Oil Ltd.
Institut de recherche d'Hydro-Québec (IREQ)
International Telecommunications Satellite Organisation (Intelsat)
International Civil Aviation Organization (IATA)
Jardin Botanique de Montréal
John Deere Ltd.
Johnson & Johnson Inc.
La Maison Olympique (Sylvia Doucette)
La Cordée
Le Beau Voyage
Le Coz, Jean-Pierre
Lee Valley Tools Ltd.
Leica Camera
Les Manufacturiers Draco ltée
Les Instruments de Musique Twigg inc.
Les Équipements Chalin ltée
Les Appareils orthopédiques BBG inc.
Leviton Manufacturing of Canada Ltd.
Liebherr-Québec
Manac inc.
Manutan
Marcoux, Jean-Marie
Marrazza Musique
MATRA S.A.
Matra Défense (Direction de la communication)
Mazda Canada
Médiatel
Mendes inc. (François Caron)
Michelin
MIL Tracy (Henri Vacher)
Ministère des transports du Québec (Sécurité routière, Signalisation routière)
Monette Sport inc.
Moto Internationale
National Oceanic and Atmospheric Administration (NOAA) — National Environmental Satelite and Information Service (Frank Lepore)
National Aeronautics and Space Administration (N.A.S.A.)
Nikon Canada Inc.
Northern Telecom Canada Ltd.
Office de la langue française du Québec (Chantal Robinson)
Ogilvie Mills Ltd. (Michel Ladouceur)
Olivetti Systems and Networks Canada Ltd.
Ontario Hydro
Paterson Darkroom Necessities
Petro-Canada (Calgary)
Philips Electronics Ltd. (Philips Lighting)
Philips Electronics Ltd. (Scientific and Analytical Equipment)
Pierre-Olivier Decor
Planétarium Dow (Pierre Lacombe)
Plastimo
Port of Montreal (Public Affairs)
Pratt & Whitney Canada Inc.
Quincaillerie A.C.L. inc.
Radio-Québec
Remington Products (Canada) Inc.
Russell Rinfret
Rodriguez Cantieri navali S.p.A.
S.A. Redoute Catalogue (Relations extérieures)
Samsonite
Secretary of State of Canada (Translation Bureau)
Shell Canada
SIAL Poterie
Smith-Corona (Canada) Ltd.
SNC Defence Products Ltd.
Société Nationale des Chemins de Fer français (S.N.C.F.) (Direction de la communication)
Société de transport de la Communauté urbaine de Montréal
Spalding Canada
Spar Aerospace Ltd. (Hélène Lapierre)
St. Lawrence Seaway Authority (Normand Dodier)
Sunbeam Corporation (Canada) Ltd.
Swimming Canada
Teleglobe Canada Inc. (Roger Leblanc)
Telesat Canada (Yves Comtois)
The Coal Association of Canada
The British Petroleum Company p.l.c. (Photographic Services)
Thibault
Tideland Signal Canada Ltd.
Transport Canada (Montreal Airports, Gilbert L'Espérance, Koos R. Van der Peijl)
Ultramar Canada Inc.
United States Department of Defense (Department of the Navy, Office of Information)
Université du Québec à Montréal (Module des arts, Michel Fournier)
Université du Québec (Institut national de la recherche scientifique, Benoît Jean)
Varin, Claude
Via Rail Canada Inc.
Viala L.R. inc. (Jean Beaudin)
Ville de Montréal (Bureau du cinéma; Service de l'habitation et du développement urbain; Service de la prévention des incendies, Robert Gilbert, Réal Audet; Service des travaux publics)
Volcano inc.
Volkswagen Canada Inc.
Volvo Canada Ltd.
Water Ski Canada
Weider
Wild Leitz Canada ltée
Xerox Canada Inc.
Yamaha Canada Music Ltd.

Oftmals will es einem einfach nicht gelingen, einen bestimmten Gegenstand zu bezeichnen oder zu beschreiben. In Ermangelung der passenden Vokabel greift man dann gerne auf sogenannte Allerweltswörter wie „Ding" oder „Teil" zurück: es ist offensichtlich, daß diese Begriffe nur wenig Information vermitteln können. Ganz ähnlich ergeht es uns beim Lesen von Büchern oder Zeitungen, beim Fernsehen oder Radiohören: häufig können wir die ganze Tragweite eines Ereignisses oder die Bedeutung einer Mitteilung erst dann richtig ermessen, wenn es davon eine bildliche Wiedergabe gibt. Das *Bilderlexikon* wurde für eben solche Situationen geschaffen: es ist ein echtes Nachschlagewerk, das sich deutlich von allen anderen Wörterbüchern und Lexika unterscheidet.

In unserem Lexikon werden Wörter durch Bilder definiert. Den bildlichen Darstellungen kommt dabei eine Schlüsselrolle zu; sie sind nämlich von unschätzbarem didaktischem Wert. Es ist erwiesen, daß Bilder rasch ins Gedächtnis aufgenommen werden, daß sie auf den Menschen eine ungewöhnlich anregende Wirkung haben und seine Neugierde wecken. Aus diesem Grunde haben wir uns entschlossen, mit Hilfe moderner Präzisionstechnologie Wörter mit qualitativ hochwertigen Computergrafiken zu verbinden. Das vorliegende *Bilderlexikon* ist eine verbesserte und erweiterte Version der bereits 1986 erschienenen einfarbigen Ausgabe, die seinerzeit ein sofortiger Erfolg wurde. Die Erstausgabe wurde in mehrere Sprachen übersetzt, ist in mehr als hundert Ländern erschienen und hat als Nachschlagewerk weltweit Anerkennung gefunden.

Das neue *Bilderlexikon* behandelt alle Bereiche des täglichen Lebens. Es ist für all jene gedacht, die ihren Wortschatz erweitern und durch eine korrekte Benennung der Gegenstände ihre kommunikativen Fähigkeiten verbessern möchten. Die Qualität der Illustrationen, die Genauigkeit der Terminologie, der Umfang der behandelten Bereiche und seine Benutzerfreundlichkeit machen das *Bilderlexikon* zu einem wahrhaft revolutionären Nachschlagewerk. Bedingt durch die neuesten Entwicklungen in den Bereichen Kommunikation und Technik, benötigt der Leser heutzutage einen raschen und zuverlässigen Zugriff auf exakte Information. Durch die direkte Verbindung von Bildern und Wörtern trägt das *Bilderlexikon* diesem zweifachen Bedürfnis nach Schnelligkeit und Präzision Rechnung.

Im vorliegenden vierfarbigen *Bilderlexikon* vereinen sich daher terminologische Korrektheit und die Aussagekraft der Bilder zu einem wahrhaft einzigartigen Nachschlagewerk. Es ist dies das Ergebnis einer gemeinsamen Anstrengung. Über drei Jahre lang haben Sprachwissenschaftler, Terminologen, Forscher, Korrektoren, Zeichner, Grafiker und Computergrafiker, Computertechniker und -programmierer ihr Können vereint, um dieses außergewöhnliche, einer dynamischen Gegenwart angepaßte und kulturell bedeutsame Werk zu schaffen. Wann immer Sie die Notwendigkeit verspüren, Ihr Verständnis zu verbessern, Ihren Wissensstand oder Ihre kommunikativen Fähigkeiten zu erweitern, werden Sie bald immer wieder im *Bilderlexikon* nachsehen wollen.

Jacques Fortin
Herausgeber

Das *große Reader's Digest Bilderlexikon* unterscheidet sich in bezug auf Inhalt und Präsentation wesentlich von anderen Wörterbüchern und Lexika. Die folgenden Erklärungen werden Ihnen helfen, dieses einmalige Nachschlagewerk optimal zu nutzen.

EIN BILD/WORTLEXIKON

Das *Bilderlexikon* stellt eine enge Verbindung zwischen Bildern und Wörtern her. In den Bildern spiegelt sich die Welt von heute: die Gegenstände des täglichen Lebens, unsere Umwelt, die Tier- und Pflanzenwelt, die Kommunikations- und Arbeitstechniken, aber auch die Verkehrsmittel, die geographische Grenzen überwinden, und die Energiequellen, von denen wir abhängen.

Die Abbildungen spielen eine besondere Rolle in unserem Lexikon. Sie veranschaulichen die Bedeutung eines jeden Begriffes: Der Benutzer kann so auf einen Blick die Verbindung zwischen Vorstellung und Begriff herstellen.

Das *Bilderlexikon* gibt den Benutzern die Wörter an die Hand, die sie brauchen, um die Objekte ihrer Umwelt genau benennen zu können.

Die im Lexikon enthaltenen Termini wurden auf der Basis aktueller Fachliteratur ausgewählt. Experten der jeweiligen Fachgebiete haben die Terminologie sorgfältig überprüft.

EIN LEXIKON FÜR JEDERMANN

Das *Bilderlexikon* richtet sich an jeden von uns. In unserer heutigen Welt besteht für viele Menschen die Notwendigkeit, zahlreiche Fachbegriffe aus den unterschiedlichsten Gebieten zu kennen und richtig anwenden zu können.

Das *Bilderlexikon* kommt diesem Bedürfnis entgegen.

Der Feinheitsgrad der inhaltlichen Gliederung ist genau auf die jeweiligen Sachgebiete abgestimmt. Anstatt willkürlich auf jedes Sachgebiet das gleiche Gliederungsschema anzuwenden, haben die Autoren der Tatsache Rechnung getragen, daß das Wissen über die verschiedenen Sachgebiete beim einzelnen sehr unterschiedlich ist und die Komplexität der behandelten Themen stark variiert.

So stehen zum Beispiel Themen wie „Kleidung" und „Auto" den meisten Menschen näher als etwa „Atomenergie" und „Kommunikationssatelliten". Ein anderer Aspekt des gleichen Phänomens ist, daß wir z. B. bei der Beschreibung der menschlichen Anatomie medizinische Begriffe verwenden müssen, die schwerer verständlich sind als etwa die Namen für Obst- und Gemüsesorten. Hinzu kommt, daß sich unsere Welt ständig verändert: Aufgrund des technischen Fortschritts sind z. B. die Begriffe in der Fotografie komplizierter geworden. Ähnliches gilt für den Computerbereich. Obwohl Computerfans mit der einschlägigen Terminologie vertraut sind, bleibt dieses Gebiet für viele andere ein Rätsel.

Im *Bilderlexikon* wird diesen Phänomenen Rechnung getragen, indem der Teil des Fachvokabulars berücksichtigt wird, der in den einzelnen Fachgebieten gemeinhin verwendet wird.

EIN BENUTZERFREUNDLICHES LEXIKON

Mit Hilfe der farbigen Seitenmarkierung, des Inhaltsverzeichnisses und des Registers kann man das *Bilderlexikon* auf verschiedene Art und Weise benutzen.

Von der Idee zum Wort

Der Gegenstand ist Ihnen bekannt, Sie haben eine klare bildliche Vorstellung von ihm, doch Sie kennen den treffenden Begriff nicht. Im Inhaltsverzeichnis sind die Gebiete nach einem einfachen System klassifiziert.

Vom Wort zum Bild

Sie kennen den Begriff, wollen sich aber dessen genauer Bedeutung versichern. Das Register verweist Sie auf die entsprechenden Abbildungen.

Auf einen Blick

Mit der farbigen Seitenmarkierung finden Sie mühelos die gewünschten Kapitel.

Weil es Spaß macht

Sie gehen von einer Abbildung zur anderen oder von einem Wort zum anderen. Während Sie sich an den Illustrationen erfreuen, erweitern Sie gleichzeitig Ihr Wissen.

DAS VÖLLIG ANDERE LEXIKON

Wir alle kennen verschiedene Arten von Wörterbüchern und Enzyklopädien. Es ist jedoch nicht immer einfach zu erkennen, worin sich diese voneinander unterscheiden. Der folgende Überblick versucht, die wesentlichen Unterschiede zwischen dem *Bilderlexikon* und anderen Nachschlagewerken aufzuzeigen.

a) Wörterbücher

Zu den Aufgaben der Wörterbücher zählt unter anderem, die Bedeutung der Wörter einer Sprache zu beschreiben. Sie bieten dem Benutzer zwei Arten von Informationen: die Stichwörter an sich und deren Bedeutungen. Üblicherweise präsentierten Wörterbücher die Stichwörter in alphabetischer Reihenfolge (einmal abgesehen von nach Wortfeldern aufgebauten Wörterbüchern). Im großen und ganzen werden die Wörter der aktuellen Gemeinsprache lexikographisch beschrieben, aber auch veraltete Wörter, deren Bedeutung z. B. für das Verständnis historischer Texte entscheidend sein kann; bis zu einem gewissen Grad wird das Wörterbuch auch Begriffe aus wichtigen Fachgebieten berücksichtigen.

Jeder Stichworteintrag bietet neben der Wortbedeutung auch Informationen über das grammatische Verhalten des Stichworts, eventuell seine Etymologie und seine pragmatischen Verwendungsbedingungen.

Klassifiziert werden Wörterbücher im allgemeinen nach ihrer Zielgruppe und nach der Anzahl der in ihnen enthaltenen Stichwörter.

b) Enzyklopädische Wörterbücher

Zusätzlich zu der Information, die in Wörterbüchern enthalten ist, liefern enzyklopädische Wörterbücher auch Sachinformationen. Enzyklopädische Wörterbücher widmen fachsprachlichen Begriffen wesentlich mehr Raum und berücksichtigen aktuelle Entwicklungen in Wissenschaft und Technik. Abbildungen haben hier im allgemeinen die wichtige Funktion, den Text zu illustrieren.

c) Enzyklopädien

Anders als in Wörterbüchern und enzyklopädischen Wörterbüchern, steht bei Enzyklopädien nicht die Sprache im Vordergrund: Enzyklopädien haben die Aufgabe, wissenschaftliche, technische, wirtschaftliche, historische und geographische Informationen zu vermitteln. Die Anordnung der Einträge kann sehr unterschiedlich sein, da viele Arten von Klassifikationssystemen möglich sind: alphabetische, konzeptuelle, chronologische usw. Aufgrund der vielen denkbaren Kategorisierungsmöglichkeiten ist auch die Zahl der unterschiedlichen Enzyklopädien entsprechend hoch. Üblicherweise unterscheidet man jedoch zwischen Universal- und Spezialenzyklopädien.

d) Speziallexika und Spezialglossare

Diese Werke entsprechen in der Regel spezifischen Bedürfnissen, die durch den wissenschaftlichen und technischen Fortschritt entstanden sind. Ihr Hauptanliegen ist es, durch die Bereitstellung der korrekten Terminologie zu einer effizienten Kommunikation beizutragen. Zwischen den einzelnen Speziallexika gibt es vielerlei Unterschiede: in der Methode der Zusammenstellung, der Stichwortzahl, der Anzahl der berücksichtigten Sprachen und der Darstellungsweise von Äquivalenten in den verschiedenen Sprachen. Speziallexikographie ist zu einem Gebiet intensiver Aktivität geworden. Die Anzahl der Werke vervielfacht sich in jedem Bereich und in allen Sprachkombinationen.

e) Das *Bilderlexikon*

Das *Bilderlexikon* ist ein terminologisch orientiertes Lexikon. Jeder Benutzer soll mit diesem Lexikon Begriffe vor Augen geführt bekommen, um die verschiedensten Objekte in mehreren Sprachen besser benennen zu können. Die Abbildungen machen die Bedeutung der Begriffe anschaulich. Die einzelnen Objekte sind zu miteinander verbundenen Kategorien zusammengefaßt und definieren sich auf diese Weise wechselseitig. Das Lexikon gliedert sich nach Gebieten, Sachthemen, spezifischen Objekten und deren Merkmalen. Entsprechend seiner Vertrautheit mit dem jeweiligen Sachgebiet wird der Benutzer die Terminologie als einfach oder kompliziert empfinden. Hauptziel ist es jedoch, das für jedes Thema notwendige Vokabular für Nichtspezialisten zusammenhängend darzustellen.

Aus mindestens zwei Gründen ist das *Bilderlexikon* keine Enzyklopädie: es beschreibt die Objekte nicht, sondern *benennt* sie, und es listet nicht alle Objekte einer Kategorie auf. Anstatt zum Beispiel alle verschiedenen Baumarten aufzuzählen, konzentriert es sich auf einen typischen Repräsentanten der Kategorie und untersucht seine Struktur und seine Bestandteile.

Noch weniger kann es als ein „Sprach"-Wörterbuch betrachtet werden: Wie andere Terminologiewerke enthält es keine Definitionen und deckt nur den Bereich der Nomina und Nominalphrasen ab.

Ebensowenig kann es als ein Kompendium mit Fachvokabular angesehen werden, da es Terminologie vermeidet, die nur von Spezialisten gebraucht wird. Stattdessen liegt der Schwerpunkt auf allgemein gebräuchlichen Begriffen. Dabei wird natürlich das Risiko in Kauf genommen, von Fachleuten als zu simplifizierend kritisiert zu werden.

Das *Bilderlexikon* ist das erste terminologisch orientierte Lexikon, das in einem Band Tausende von technischen und weniger technischen Begriffen gruppiert, die in unserer Gesellschaft gebräuchlich sind – einer Gesellschaft, in der Wissenschaft, Technik und deren Produkte fester Bestandteil des Alltags sind.

Das waren die redaktionellen Vorüberlegungen zu unserem Lexikon. Dementsprechend hat die reine Stichwortzahl nicht die gleiche Bedeutung wie bei einem konventionellen Nachschlagewerk, und zwar aus mehreren Gründen. Unserer redaktionellen Politik folgend haben wir uns ganz bewußt dafür entschieden, die Zahl der Stichwörter begrenzt zu halten. Im Unterschied zu konventionellen Nachschlagewerken berücksichtigt unser Werk ausschließlich Substantive und keine Adjektive, Verben, Präpositionen usw.

ILLUSTRATIONEN AUS DEM COMPUTER

Die Illustrationen im *Bilderlexikon* sind mit Hilfe des Computers erstellt worden, angelehnt an aktuelle Dokumente und Originalfotografien.

Der Einsatz von Computern hat den Illustrationen ein höchst realistisches, fast fotografisches Aussehen verliehen. Zudem ermöglicht diese Technik, bestimmte visuelle Merkmale hervorzuheben. Eben dieser grafischen Präzision verdankt das *Bilderlexikon* seine ausgezeichnete Qualität als ein enzyklopädisches und lexikographisches Nachschlagewerk.

Zusätzlich waren wir dank der Computer in der Lage, die Genauigkeit der Verbindungslinien zwischen den Objekten und ihren Bezeichnungen zu verbessern: somit ist die Verbindung zwischen den Wörtern und den Dingen klarer geworden.

SORGFÄLTIG AUSGEWÄHLTES UND GESICHERTES VOKABULAR

Bei der Kompilation des *Bilderlexikons* sind wir nach der Methode der systematischen und vergleichenden terminologischen Forschung vorgegangen – das übliche Verfahren bei Arbeiten dieser Art.

Diese Methode umfaßt mehrere aufeinanderfolgende Schritte, die in den nächsten Abschnitten kurz beschrieben werden.

ABGRENZUNG DER SACHGEBIETE

Wir begannen damit, die Themen auszuwählen, die wir unbedingt aufnehmen wollten. Dann gliederten wir jedes Thema nach Gebieten und Untergebieten und achteten entsprechend unserer redaktionellen Politik darauf, Überspezialisierung zu vermeiden und der Versuchung zu widerstehen, alle Gebiete bis ins letzte Detail abzudecken. Das Ergebnis dieses Vorgehens war ein provisorisches Inhaltsverzeichnis. Es bildete gleichsam den Rahmen des Lexikons, war der Leitfaden für die darauffolgenden Schritte und wurde im Laufe der Arbeit weiter verbessert.

DOKUMENTENFORSCHUNG

Wir stellten relevante Dokumente zusammen, von denen wir annahmen, daß sie die wichtigen Wörter und Konzepte zu jedem Thema enthielten.

Die benutzten Quellen (geordnet nach ihrer Zuverlässigkeit):

- Artikel und Bücher, von Experten in ihrer jeweiligen Muttersprache geschrieben. Übersetzungen solcher Texte liefern aufschlußreiche Informationen über den Gebrauch des Vokabulars.

Bei ihrer Auswertung ist jedoch Vorsicht angebracht.

- Technische Dokumente wie z.B. nationale Normen oder die Richtlinien der Internationalen Standardisierungsorganisation (ISO), Bedienungsanleitungen für Produkte, technische Dokumentationen der Hersteller, Regierungsveröffentlichungen usw.
- Kataloge, Werbetexte, Anzeigen aus Fachzeitschriften und den wichtigsten Tageszeitungen; Enzyklopädien, enzyklopädische Wörterbücher und einsprachige Wörterbücher.
- Einsprachige, zweisprachige und mehrsprachige Spezialglossare und Wörterbücher; ihre Qualität und Zuverlässigkeit muß jedoch sorgfältig überprüft werden.

Insgesamt werteten wir zwischen vier- und fünftausend Quellen aus. Die im Lexikon enthaltene Auswahlbibliografie weist nur auf die allgemeinen dokumentarischen Quellen hin und nicht auf die speziellen Quellen.

SICHTEN DER DOKUMENTE

Für jedes Gebiet hat ein Terminologe die Dokumente auf spezifische Konzepte und die entsprechenden Termini hin untersucht, die von verschiedenen Autoren und in verschiedenen Werken gebraucht werden. Der Terminologe vermerkte die Verwendung desselben Terminus für ein gegebenes Konzept in verschiedenen Quellen oder auch die Verwendung unterschiedlicher Termini für dasselbe Konzept. Im letzteren Fall setzte der Terminologe seine Forschung fort, bis er in der Lage war, sich eine gut fundierte Meinung zu jedem konkurrierenden Terminus zu bilden. Der ganze Prozeß wurde in Anmerkungen festgehalten. So wurde Schritt für Schritt der Rahmen für das *Bilderlexikon* geschaffen.

TERMINOLOGISCHE DATEIEN

Oftmals können mehrere Wörter benutzt werden, um praktisch denselben Inhalt zu bezeichnen.

Mit solchen Situationen gingen wir folgendermaßen um:

- In einigen Fällen wurde ein Begriff von einem einzigen Autor benutzt oder tauchte nur einmal in unseren dokumentarischen Quellen auf. Wir entschieden uns für den am häufigsten gebrauchten Begriff.
- Technische Begriffe sind sehr oft zusammengesetzte Wörter mit oder ohne Bindestrich oder Mehr-Wort-Ausdrücke. Ein Element eines zusammengesetzten Begriffes kann selbst Äquivalente haben (meistens Synonyme aus der Alltagssprache). Wir entschieden uns für die am häufigsten gebrauchte Form.
- Varianten können durch die Entwicklung der Sprache bedingt sein, ohne daß dies weitere terminologische Folgen hätte. Wir entschieden uns für die aktuellste oder bekannteste Form.

DER TERMINOLOGISCHE ANSATZ

Einige Bemerkungen zum terminologischen Ansatz im Vergleich zum lexikographischen Ansatz:

Wörterbücher haben eine lange Geschichte. Sie sind vertraute Nachschlagewerke und werden von den meisten Menschen schon vom frühen Schulalter an benutzt. Sie können auf eine etablierte, allgemein bekannte und akzeptierte Tradition zurückblicken. Wir alle wissen, wie man ein Wörterbuch benutzt und wie die Informationen interpretiert werden müssen, die es enthält.

Terminologische Wörterbücher und Lexika gibt es entweder erst seit sehr kurzer Zeit, oder sie richten sich an ein spezielles Publikum. Es besteht keine solide Tradition, nach der sich die Planer und Produzenten eines solchen Werkes richten könnten. Fachleute wissen, wie sie Nachschlagewerke zu ihren eigenen Gebieten interpretieren müssen, da sie mit der Terminologie vertraut sind. Für Laien jedoch sind Varianten verwirrend. Für Spezialglossare sind konkurrierende Begriffe auf neuen Spezialgebieten kennzeichnend, wohingegen Wörterbücher bis zu einem gewissen Grade einen Standardwortgebrauch unter den Benutzern etabliert haben.

Benutzer des *Bilderlexikons* sollten diese Faktoren in Betracht ziehen, wenn sie diese neue Art von Nachschlagewerk beurteilen.

JEAN-CLAUDE CORBEIL
ARIANE ARCHAMBAULT

DER TITEL •
gibt das Thema der jeweiligen Seite an.

DER UNTERTITEL •
bezeichnet das abgebildete Objekt.

DER JEWEILIGE THEMENBEREICH •
ist am Seitenrand einer jeden Seite abgedruckt.

Um die genaue Bezeichnung für ein Objekt zu finden, schlagen Sie zunächst das Inhaltsverzeichnis auf. Hier sind sämtliche im Wörterbuch behandelten Themenbereiche, Titel und Untertitel mit Angabe der ersten Seite eines Titels verzeichnet.

DIE FARBIGEN ABBILDUNGEN •
sind realitätsnahe Darstellungen der Objekte und ihrer jeweiligen Komponenten.

Natürlich können Sie das Wörterbuch auch nur zu ihrem reinen Vergnügen oder zur Wortschatzerweiterung durchblättern.

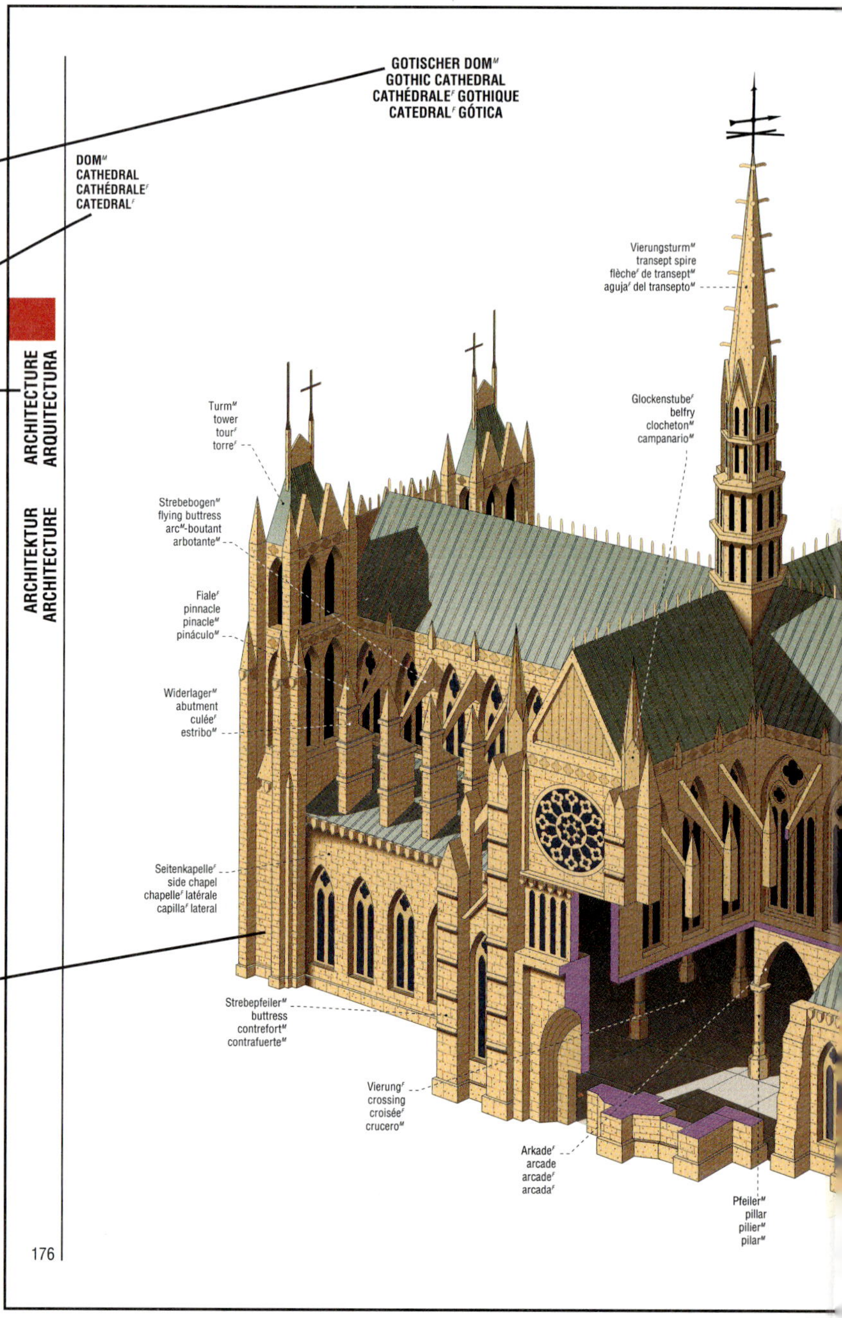

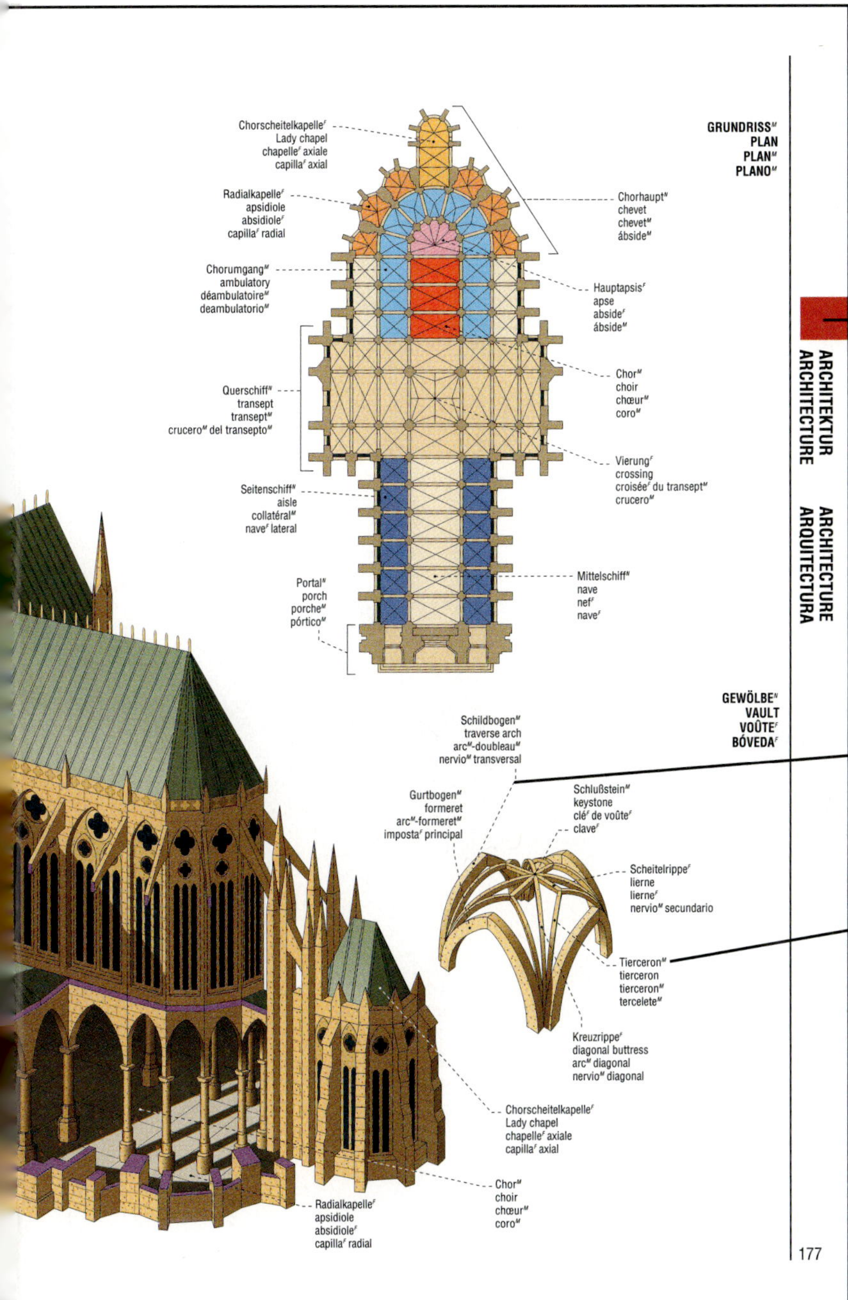

• DIE FARBIGE MARKIERUNG
am Seitenrand bezieht sich auf den Themenbereich, wie er im Inhaltsverzeichnis aufgeführt ist. Mit Hilfe dieses Farbcodes können Sie auf einen Blick das gesuchte Thema finden.

• DURCH GESTRICHELTE LINIEN
werden die einzelnen Begriffe den jeweiligen Objekten zugeordnet.

• DIE BEGRIFFE
sind unter Angabe aller Seiten ihres Auftretens im Register zusammengefaßt.

Schauen Sie im Register nach, um die Abbildung eines Ihnen bekannten Objektes zu finden.

ENGLISCHSPRACHIGE NACHSCHLAGEWERKE

WÖRTERBÜCHER

- *Gage Canadian Dictionary,* Toronto, Gage Publishing Limited, 1983, 1313 p.
- *The New Britannica/Webster Dictionary and Reference Guide,* Chicago, Toronto, Encyclopedia Britannica, 1981, 1505 p.
- *The Oxford English Dictionary,* second edition, Oxford, Clarendon Press, 1989, 20 vol.
- *The Oxford Illustrated Dictionary,* Oxford, Clarendon Press, 1967, 974 p.
- *Oxford American Dictionary,* Eugene Ehrlich and al., New York, Oxford, Oxford University Press, 1980, 816 p.
- *The Random House Dictionary of the English Language,* the unabridged edition, New York, 1983, 2059 p.
- *Webster's Encyclopedic Unabridged Dictionary of the English Language,* New York, Portland House, 1989, 2078 p.
- *Webster's Third New International Dictionary,* Springfield, Merriam-Webster, 1986, 2662 p.
- *Webster's Ninth New Collegiate Dictionary,* Springfield, Merriam-Webster, 1984, 1563 p.
- *Webster's New World Dictionary of American Language,* New York, The World Pub., 1953.

ENZYKLOPÄDIEN

- *Academic American Encyclopedia,* Princeton, Arete Publishing Company, 1980, 21 vol.
- *Architectural Graphic Standards,* eighth edition, New York, John Wiley & Sons, 1988, 854 p.
- *Chamber's Encyclopedia,* new rev. edition, London, International Learning System, !989.
- *Collier's Encyclopedia,* New York, Macmillan Educational Company, 1984, 24 vol.
- *Compton's Encyclopedia,* Chicago, F.E. Compton Company, Division of Encyclopedia Britannica Inc., 1982, 26 vol.
- *Encyclopedia Americana,* Danbury, Internationaled., Conn.: Grolier, 1981, 30 vol.
- *How it works, The illustrated science and invention encyclopedia,* New York, H.S. Stuttman, 1977, 21 vol.
- *McGraw-Hill Encyclopedia of Science & Technology,* New York, McGraw-Hill Book Company, 1982, 15 vol.
- *Merit Students Encyclopedia,* New York, Macmillan Educational Company, 1984, 20 vol.
- *New Encyclopedia Britannica,* Chicago, Toronto, Encyclopedia Britannica, 1985, 32 vol.
- *The Joy of Knowledge Encyclopedia,* London, Mitchell Beazley Encyclopedias, 1976, 7 vol.
- *The Random House Encyclopedia,* New York, Random House, 1977, 2 vol.
- *The World Book Encyclopedia,* Chicago, Field Enterprises Educational Corporation, 1973.

ASTRONOMIE

Koordinatensystem der Erdkugel ... 3
Koordinatensystem der Himmelskugel ... 3
Sonnensystem ... 4
Planeten und Monde, Umlaufbahnen der Planeten
Sonne ... 6
Struktur der Sonne
Mond ... 7
Mondphasen, Oberflächenformationen des Mondes
Sonnenfinsternis ... 8
Mondfinsternis ... 8
Jahreszeiten ... 8
Komet ... 9
Galaxie ... 9
Hubblesche Klassifikation
Konstellationen der nördlichen Halbkugel ... 10
Konstellationen der südlichen Halbkugel ... 12
Sternwarte ... 14
Sternwarte, Teleskop
Radioteleskop ... 15
altazimutale Montierung
Hubble Raumteleskop ... 16
Planetarium ... 16

GEOGRAPHIE

Profil durch die Erdatmosphäre ... 19
Konfiguration der Kontinente ... 20
Struktur der Erde ... 22
Schnitt durch die Erdkruste ... 22
Erdbeben ... 23
Höhle ... 24
Vulkan ... 25
Gletscher ... 26
Berg ... 27
Meeresgrund ... 28
ozeanischer Rücken, topographische Merkmale, Tiefsee-Ebene, Kontinentalrand
Welle ... 30
Küstenformen ... 30
Ökologie ... 31
Struktur der Biosphäre, Nahrungskette, Schadstoffbelastung im Boden, Schadstoffbelastung im Wasser, atmosphärische Verschmutzung, Wasserkreislauf
Niederschläge ... 36
stürmischer Himmel, Klassifikation von Schneekristallen
Meteorologie ... 38
Wetterkarte, Stationsmodell, Wind
internationale Wettersymbole ... 39
Fronten, Bedeckungsgrad, Meteore
meteorologische Meßinstrumente ... 40
Messung des Sonnenscheins, Messung des Regenfalls, Messung der Temperatur, Messung des Luftdrucks, Messung der Windrichtung, Messung der Windstärke, Messung der Luftfeuchtigkeit, Messung des Schneefalls, Messung der Wolkenhöhe, Wetterhütte
Wettersatellit ... 42
geostationärer Satellit, polarumlaufender Satellit, Umlaufbahn der Satelliten
Wolken und meteorologische Symbole ... 44
hohe Wolken, mittelhohe Wolken, tiefe Wolken, Quellwolken

Klimate der Welt 45
tropische Klimate, Kontinentalklimate, gemäßigte Klimate, subtropische Klimate, Polarklimate, Hochlandklimate, subarktische Klimate
Wüste 46
Kartographie 47
Gradnetz, Hemisphären, Kartennetzentwürfe, politische Karte, Landschaftskarte, Stadtplan, Straßenkarte
Erderkennungsgeodätischer Satellit 48
Radarsat

PFLANZENREICH
Pilz 55
Aufbau eines Pilzes, Speisepilze, tödlich giftiger Pilz, Giftpilz
Blatt 56
Blattrand, Blattformen, zusammengesetzte Blätter, einfache Blätter
Aufbau einer Pflanze 57
Nadelbaum 58
Ast, Blattformen
Aufbau eines Baumes 59
Baum, Querschnitt eines Baumstammes, Stumpf
Aufbau einer Blüte 60
Arten von Blütenständen
Rebe 61
Stufen der Reife, Rebstock, Weinblatt, Traube
fleischige Früchte: Beerenobst 62
Querschnitt einer Beere, Querschnitt einer Himbeere, Querschnitt einer Erdbeere, die wichtigsten Beerenarten
Steinobst 63
Querschnitt einer Steinfrucht, die wichtigsten Steinobstsorten
Kernobst 64
Querschnitt einer Kernfrucht, die wichtigsten Kernobstsorten
fleischige Früchte: Zitrusfrüchte 65
Querschnitt einer Zitrusfrucht, die wichtigsten Zitrusfrüchte
Trockenfrüchte: Nüsse 66
Längsschnitt einer Haselnuß, Längsschnitt einer Walnuß, die wichtigsten Nußarten, Hülle
verschiedene Trockenfrüchte 67
Querschnitt einer Fruchtkapsel, Längsschnitt einer Hülsenfrucht, Längsschnitt einer Fruchtschote, Längsschnitt einer Kapsel
Südfrüchte 68
die wichtigsten Südfrüchte
Gemüse 69
Fruchtgemüse, Blütengemüse, Zwiebelgemüse, Knollengemüse, Wurzelgemüse, Stengel- und Sprossengemüse, Hülsenfrüchte, Blattgemüse
Kräuter 74

TIERREICH
Insekten und Spinne 77
Schmetterling 78
Raupe, Puppe, Hinterbein
Honigbiene 80
Vorderbein (Außenseite) , Mittelbein (Außenseite) , Hinterbein (Innenseite) , Mundwerkzeuge, Arbeiterin, Königin, Drohne, Wabenausschnitt, Bienenstock
Schnecke 83
Schnecke, wichtigste eßbare Schnecken
Amphibien 84
Frosch, Lebenszyklus des Frosches, Eier, Kaulquappe, wichtigste Amphibien
Fisch 86
Morphologie, Kiemen, Anatomie

Krebstiere ... 90
Hummer, wichtigste eßbare Krebse
Weichtier ... 92
Auster, wichtigste eßbare Weichtiere
einklappige Schale ... 94
zweiklappige Schale ... 95
Rückansicht, linke Klappe
Reptil ... 96
Klapperschlange, Kopf einer Giftschlange, Schildkröte
Gebißarten ... 98
Nagetiergebiß, Fleischfressergebiß, Pflanzenfressergebiß
wichtigste Hornarten ... 99
wichtigste Stoßzähne ... 99
Hufarten ... 99
Pferd ... 100
Morphologie, Skelett, Gangarten, Hufeisen, Huf
Familie der Hirsche ... 105
Hirschgeweih, Hirscharten
Hund ... 106
Morphologie, Vorderpfote des Hundes
Katze ... 107
Kopf der Katze, eingezogene Kralle, ausgestreckte Kralle
Vogel ... 108
Morphologie, Kopf, Ei, Flügel, Konturfeder, wichtigste Schnabelarten, wichtigste Fußarten
Fledermaus ... 112

MENSCH

Pflanzenzelle ... 115
tierische Zelle ... 115
menschlicher Körper ... 116
Muskeln ... 120
Vorderansicht, Rückansicht
Skelett ... 122
Vorderansicht, Rückansicht
Blutkreislauf ... 124
Schema des Blutkreislaufs, Herz, die wichtigsten Venen und Arterien
männliche Geschlechtsorgane ... 127
Sperma
weibliche Geschlechtsorgane ... 128
Ei
Brust ... 129
Luftwege ... 130
Verdauungssystem ... 131
Dickdarm, Dünndarm
Harnsystem ... 132
Nervensystem ... 133
peripheres Nervensystem, zentrales Nervensystem, Lendenwirbel, Neuronenkette, Sinnesimpuls
Sinnesorgane: Tastsinn ... 136
Haut, Finger, Hand
Sinnesorgane: Gehör ... 138
Teile des Ohrs, Gehörknöchelchen, Ohrmuschel
Sinnesorgane: Sehvermögen ... 140
Auge, Augapfel
Sinnesorgane: Geruchssinn ... 141
äußere Nase, Nasenhöhle
Geruchs- und Geschmackssinn ... 142
Mund, Zungenrücken, Geschmacksempfindungen

Zähne ... 144
menschliches Gebiß, Längsschnitt durch einen Mahlzahn

LANDWIRTSCHAFT
Traktor ... 147
Bauernhof ... 148
Nutzvieh ... 150
die wichtigsten Getreidesorten ... 152
Brot ... 153
Arbeitsverfahren der Bodenbearbeitung ... 154
Beetpflug, Dungstreuer, Scheibenegge, Grubber, Drillmaschine, Anhängemähwerk, Schubrechwender, Hochdruckpresse, Mähdrescher, Feldhäckseler, Abladegebläse

ARCHITEKTUR
traditionelle Wohnhäuser ... 165
Baustile ... 166
ionische Säulenordnung, dorische Säulenordnung, korinthische Säulenordnung
griechischer Tempel ... 168
römisches Wohnhaus ... 170
Moschee ... 172
Bogen ... 174
Rundbogen, Bogenformen
gothischer Dom ... 175
Vauban-Festung ... 178
Burg ... 180
Dächer ... 182
City ... 184
Querschnitt einer Straße ... 186
Häuserformen in der Stadt ... 187
Theater ... 188
Bühne
Bürogebäude ... 190

HAUS
Gebäudeplanung ... 193
Ansicht, Lageplan, Halbgeschoß, erster Stock, Erdgeschoß
Außenansicht eines Hauses ... 196
Konstruktion eines Hauses ... 198
Rahmen, Dachstuhl, Fundament
Parkettboden ... 200
Parkettboden auf Zementestrich, Parkettboden auf Holzunterbau, Parkettmuster
Treppe ... 201
Tür ... 202
Türformen
Fenster ... 203
Konstruktion, Fenstertypen
Heizung ... 204
Kamin, langsam brennender Ofen, Kamin, Kaminbesteck, Warmluftsystem mit Zwangsumlauf, elektrischer Kessel, Luftdurchlässe, Warmwasserheizung mit Zwangsumlauf, Plattenheizkörper, Kessel, Ölbrenner, Luftbefeuchter, Hygrometer, Elektrokonvektor, Konvektor, Zusatzheizung, Wärmepumpe, Raumthermostat
Klimaanlage ... 214
Deckenventilator, Raumklimaanlage
Sanitärinstallationssystem ... 215
Schmutzwasserhebeanlage ... 216
Versitzgrube ... 216

HAUSEINRICHTUNG

Tisch 219
die wichtigsten Tischtypen
Armlehnstuhl 220
die wichtigsten Armlehnstühle
Sitzmöbel 222
Stuhl 223
Stuhltypen
Bett 224
Bettwäsche
Aufbewahrungsmöbel 225
Kleiderschrank
Dekorationen 228
Gardinentypen, Faltenarten, Köpfchentypen, Gardinenstange, Gardinenschiene, Kopfschiene, Rollo, Jalousie
Lampen 232
Glühlampe, Leuchtstoffröhre, Wolfram-Halogenlampe, Energiesparlampe, Arbeitsleuchte, Stromschienenleuchte, Kronleuchter
Gläser 237
Geschirr 238
Silberbesteck 239
die wichtigsten Messertypen, die wichtigsten Gabeltypen, die wichtigsten Löffeltypen
Küchenutensilien 242
Messertypen, zum Sieben und Trocknen, zum Zerkleinern und Zerreiben, Küchenset, zum Öffnen, zum Messen, Backgerät
Kaffeemaschinen 247
Kaffeemaschine, Vakuum-Kaffeemaschine, Perkulator, Preßfilterkanne, Neapolitanische Tropfkanne, Espresso-Maschine
Kochgeräte 248
Wok-Set, Fischkochtopf, Fondue-Set, Dampfkochtopf
Haushaltsgeräte 250
Stabmixer, Rührbesen, Mixer, Handrührgerät, Tischrührgerät, Küchenmaschine, Zitruspresse, Entsafter, Eismaschine, Wasserkessel, Toaster, Friteuse, Waffeleisen, Mikrowellengerät, Grill, Kühlschrank, Dunstabzugshaube, Elektroherd, Dampfbügeleisen, Kaffeemühle, Dosenöffner, Geschirrspülmaschine, Waschmaschine, Wäschetrockner, Akku-Mini-Staubsauger, Kesselstaubsauger

GARTENARBEIT

Ziergarten 263
Gartengerät 264
Impulsregner, Schlauchwagen, Gießkanne, elektrische Heckenschere, Schubkarre, Erdbohrer, Handrasenmäher, Rasentrimmer, Motorrasenmäher, Kettensäge, Gartenfräse

DO-IT-YOURSELF

Schreinerei: Werkzeuge 275
Nagel, Holzhammer, Zimmermannshammer, Hammer mit runder Bahn, Schraubenzieher, Drillschraubenzieher, Engländer, Bügelsäge, Hobel, Fuchsschwanz, Kombizange, Eckrohrzange, Wasserpumpenzange, Beilagscheiben, Schraube, Schraubenbolzen, Mutter, elektrische Bohrmaschine, Handbohrer, Spiralbohrer, Bohrwinde, amerikanischer Schlangenbohrer, Zwinge, Schraubstock, Oberfräser, Ständerbohrmaschine, Handkreissäge, Tischkreissäge
Baumaterialien 286
die wichtigsten Baumaterialien, Verkleidungsmaterialien, Isoliermaterialien, Holz, Brett, Holzwerkstoffe

Schloß ... 290
Zylinderschloß, Einsteckschloß mit Dreh- und Verriegelungsmechanik
Maurerei ... 291
Kartuschenpistole, Maurerkelle
Sanitärinstallation: Badezimmer ... 292
Toilette
Sanitärinstallation ... 294
Wandauslaufventil, Mischbatterie mit Kugeldichtung, Mischbatterie mit Keramikdichtung, Mischbatterie mit Kartuschendichtung, Spüle mit Müllschlucker, Gaswarmwasserbereiter
Sanitärinstallation: Beispiele für Abzweigungen ... 298
Waschmaschine, Geschirrspülmaschine
Sanitärinstallation ... 299
Installationswerkzeuge, Fittings, Übergänge
Leitern und Stehleitern ... 302
Ausziehleiter, Stehleiter, Trittleiter
Malerbedarf ... 304
Spritzpistole, Streichbürste, Spachtel, Farbroller
Löten und Schweißen ... 305
Elektroschweißen, Lötpistole, Schweißbrenner mit Schneideeinsatz, Schweißbrenner, Autogenschweißen, Druckregler, Schmelzschweißen, Lötlampe, Anzünder
Löten und Schweißen: Schutzkleidung ... 308
Elektrizität ... 309
amerikanischer dreipoliger Stecker, Lampenfassung, Stecker, Elektroinstallateurwerkzeuge, Multimeter, Spannungsprüfer, Handlampe, Mehrzweckzange, Kombizange, Sicherungskasten, Sicherungen

KLEIDUNG
Elemente historischer Kostüme ... 315
Herrenkleidung ... 319
Regenmantel, Trenchcoat, Dufflecoat, Mantel, Windjacke, Parka, Zweireiher, Weste, Einreiher, Gürtel, Hose, Hosenträger, Hemd, Krawatte, Trägerhemd, Unterwäsche, Socken, Slip
Pullover ... 326
Strickjacke mit V-Ausschnitt
Handschuhe ... 327
Kopfbedeckungen ... 328
Filzhut
Damenkleidung ... 330
Mantelarten, Caban, Raglanmantel, Pelerine, Kostüm, Kleiderarten, Rockarten, Faltenarten, Hosenarten, Blusenarten, Westen und Jacken, Taschenarten, Ärmelarten, Kragenarten, Dekolletés und Ausschnitte, Strümpfe, Unterwäsche, BH, Nachtwäsche
Kinderkleidung ... 349
Badetuch mit Kapuze, Gummihöschen, Wagenanzug, Latzhose mit hohem Rückenteil, Schlafanzug, zweiteiliger Schlafanzug, Sportset, Latzhose mit gekreuzten Rückenträgern, Schneeanzug
Sportkleidung ... 352
Joggingschuh, Trainingsanzug, Sportkleidung
Schuhe ... 354
Teile des Schuhs, die wichtigsten Schuhtypen, Zubehör, Schuhputzzeug

SCHMUCK UND SCHÖNHEITSPFLEGE
Schmuck ... 361
Ohrringe, Halsketten, Edelsteine, Halbedelsteine, Schlifformen für Edelsteine, Facetten des Brillantschliffs, Ringe, Armbänder, Anstecknadeln, Anhänger
Maniküre ... 365
Nagelnecessaire, Nagelpflegezubehör, Nagelknipser

Make-up ... 366
Lippen-Make-up, Augen-Make-up, Schwämme
Haarpflege ... 368
beleuchteter Spiegel, Haarbürsten, Lockenbürste, Kämme, Haarschneideschere, einseitig gezahnte Modellierschere, zweiseitig gezahnte Effilierschere, Lockenwickler, Lockenstab, Fön

PERSÖNLICHE ARTIKEL
Zahnpflege ... 373
Zahnbürste, elektrische Zahnbürste
Rasierer ... 374
Rasiermesser, zweischneidiger Rasierer, Elektrorasierer, Rasierpinsel
Schirm und Stock ... 375
Schirm, Stockschirm, Taschenschirm
Brille ... 376
Teile der Brille, Bifokalglas, Fassungen, die wichtigsten Brillenarten
Lederwaren ... 378
Aktenkoffer, Kollegmappe mit Griff, Aktentasche, Etui für Rechner und Scheckheft, Kreditkartenetui
Handtaschen ... 380
Aktentasche, Schultertasche, Umhängetasche mit Dehnfalte, Beuteltasche
Gepäck ... 382
Kleidersack, Reisetasche, Kosmetikkoffer, Gepäckroller, Wochenendkoffer, Koffer, Überseekoffer
Raucherbedarf ... 384
Zigarre, Zigarette, Zigarettenpackung, Pfeife, Pfeifenbesteck, Streichholzheftchen, Gasfeuerzeug, Streichholzschachtel, Aschenbecher

KOMMUNIKATION
Schreibgeräte ... 389
Füllfederhalter, Kugelschreiber
Fotografie ... 390
Querschnitt durch eine Spiegelreflexkamera, Rückseite der Kamera, einäugige Spiegelreflexkamera, Objektive, Elektronenblitz, Stativ, Fotoapparate, Filme, Belichtungsmesser, Spotmeter, Diaprojektor, Projektionswand, Dia, Entwicklungstrommel, Vergrößerer, Negativhalter, Entwicklungsbäder, Bilderwascher
Tonwiedergabesystem ... 400
Systembausteine, Lautsprecherbox, Rundfunkempfänger, Verstärker, Kassette, Kassettendeck, Schallplatte, Plattenspieler, Compact Disc, CD-Spieler
elektrodynamisches Mikrofon ... 406
Kopfhörer ... 406
Rundfunk: Sprecherraum und Regieraum ... 407
tragbare Tonwiedergabesysteme ... 408
Walkman® mit Radioteil, Radiorecorder mit CD-Spieler
Videokamera ... 409
Fernsehen ... 410
Fernsehapparat, Bildröhre, Fernbedienung, Videorecorder, Sprecher- und Regieräume, Regieraum, Studioebene, Kamera
Übertragungswagen ... 415
Übertragungssatellitentechnik ... 416
Telekommunikation über Nachrichtensatellit ... 417
Fernmeldesatelliten ... 418
verschiedene Satelliten, Eutelsat II, Start in die Umlaufbahn
telefonische Kommunikation ... 420
Anrufbeantworter, Telefonapparat, Telex, Telefaxgerät, Telefonarten, Fernmeldeterminal, öffentlicher Fernsprecher

STRASSENVERKEHR

Auto 425
Wagentypen, Karrosserie, Schalensitz, Rücksitzbank, Fahrzeugbeleuchtung, Wagentür, Armaturenbrett, Instrumententafel, Scheibenwischer, Scheibenbremse, Trommelbremse, Rad, Reifen, Ottomotor, Motor mit Abgasturbolader, Kühler, Auspuffanlage, Batterie, Zündkerze
Motortypen 436
Viertaktmotor, Zweitaktmotor, Dieselmotor, Kreiskolbenmotor
Lastkraftfahrzeuge 440
Sattelschlepper, Sattelzug, Auflieger, Koffer-Sattelanhänger
Motorrad 442
Schutzhelm, Instrumententafel
Schneemobil 445
Fahrrad 446
Kraftübertragung, Zubehör
Wohnwagen 449
Wohnwagen, Wohnmobil
Straßenbau 450
Querschnitt einer Straße, Haupttypen von Autobahnkreuzen, Kleeblatt
Tankstelle 453
Zapfsäule, Tankstelle
starre Brücken 454
Balkenbrücken, Bogenbrücken, Bogenarten, Hängebrücke, Schrägseilbrücke
bewegliche Brücken 457
Drehbrücke, Klappbrücke, Pontonbrücke, Hubbrücke, Schwebefähre

SCHIENENVERKEHR

Hochgeschwindigkeitszug 458
Personenzüge: Wagentypen 460
Großraumwagen, Schlafwagen, Speisewagen
Bahnhof 462
Bahnhof 464
Rangierbahnhof 465
Eisenbahn-Oberbau 466
Schienenstoß, Querschnitt einer Schiene, fernbediente Weiche, handbediente Weiche
dieselelektrische Lokomotive 468
Wagen 470
Drehgestellkastenwagen, Container, Kupplungskopf
schienengleicher Bahnübergang 471
Güterwagen 472
U-Bahn 474
U-Bahn-Station, U-Bahn-Zug, Drehgestell und Gleis, Mittelwagen

SCHIFFAHRT

Viermastbark 478
Takelage, Segel
Segeltypen 482
Arten der Takelung 482
Anker 483
Schiffsanker, Ankerarten
Navigationsinstrumente 484
Sextant, Flüssigkeitskompaß, Echolot, Schwinger
Seezeichen 486
Leuchtturmlampe, Stumpftonne, Leuchtturm, Großtonne
Betonnungssystem 488
Kardinalseezeichen, Betonnte Fahrwasser, Leuchtfeuerkennung, Tagzeichen (Region B)

Hafen ... 490
Kanalschleuse ... 492
Luftkissenfahrzeug ... 492
Fähre ... 494
Containerschiff ... 494
Tragflügelschiff ... 495
Passagierdampfer ... 496

LUFTVERKEHR
Langstrecken-Düsenflugzeug ... 498
Leitwerksformen ... 498
Tragflügelformen ... 499
Cockpit ... 500
Zweistromtriebwerk ... 501
Flughafen ... 502
Passagierterminal, Start- und Landebahn, Bodenausrüstung
Hubschrauber ... 508
Rakete ... 509
Raumfähre ... 510
Raumfähre beim Start, Raumfähre in der Umlaufbahn
Raumanzug ... 512

BÜROBEDARF
Schreibwaren ... 515
Büromöbel ... 520
Rechner ... 523
Taschenrechner, Tischrechner mit Druckerteil
elektrische Schreibmaschine ... 524

BÜROAUTOMATION
Zusammenstellung eines automatisierten Büros ... 526
Eingabegeräte, Übertragungsgeräte, Speichergeräte, Ausgabegeräte
Grundbauteile ... 528
Personalcomputer, Bildschirmeinheit, Floppy-Disk, Mini-Diskette, Festplattenlaufwerk, Tastatur, Maus, Nadeldrucker
Fotokopierer ... 532
Bedienungskonsole

MUSIK
traditionelle Musikinstrumente ... 535
Zither, Balalaika, Mandoline, Lyra, Banjo, Akkordeon, Dudelsack, Maultrommel
Musiknotation ... 537
Liniensystem, Notenschlüssel, Taktarten, Tonleiter, Intervalle, Notenwerte, Pausenzeichen, Versetzungszeichen, Verzierungen, Akkord, andere Zeichen
Musikzubehör ... 539
Stimmgabel, Quarzmetronom, Metronom, Notenständer
Tasteninstrumente ... 540
Klavier, Klaviermechanik
Orgel ... 542
Orgelspieltisch, Lippenpfeife, Zungenpfeife, Orgelmechanik, Tonerzeugung
Saiteninstrumente ... 544
Violine, Bogen, Geigenfamilie, Harfe, akustische Gitarre, elektrische Gitarre
Blasinstrumente ... 548
Saxophon, Familie der Holzblasinstrumente, Blätter, Trompete, Familie der Blechbläser
Schlaginstrumente ... 552
Trommeln, kleine Trommel, Kesselpauke, Xylophon, Triangel, Tamburin

elektronische Instrumente ... 555
Synthesizer, elektronisches Piano
Sinfonieorchester ... 556
Beispiele für Instrumentalgruppierungen ... 558

KREATIVE FREIZEITAKTIVITÄTEN
Nähen ... 561
Nähmaschine, Tretplatte, Stoffdrücker, Nadel, Spanneinrichtung, Spulenkapsel, Nadelkissen, Kopierrad, Schere, Futterstoffe, Schnittmuster, Verschlüsse, Haken und Ösen, Gewebestruktur, Reißverschluß, Druckknopf, Schnalle
Stricken ... 567
Stricknadeln, Strickmuster, Häkelnadel
Strickmaschine ... 568
Nadelbett und Schlitten, Zungennadel, Spanneinrichtung
Klöppelspitze ... 570
Klöppelkissen, Klöppel
Stickerei ... 571
Rahmen, runder Stickrahmen, Kreuzstiche, Plattstiche, Überfangstiche, Knötchenstiche, Schlingstiche
Weben ... 572
Flachwebstuhl, Webschütz, Litzen, Hochwebstuhl, Schärbaum, Handspulgerät, elektrisches Spulgerät, Schaubild für das Webprinzip, Grundbindungen, andere Techniken
Handbuchbinderei ... 577
gebundenes Buch, Zusammentragen, Schneiden, Einsägen, Heften, Pappschere, Heftlade, Buchrückenbearbeitung, Buchrückenpresse, Hammer zum Rundklopfen, Einbinden, Einbandleder, Pressen, Stockpresse
Drucken ... 580
Hochdruck, Tiefdruck, Lithographie
Hochdruckverfahren ... 581
Farbstein, Ausstattung, Zylinderdruckpresse
Tiefdruckverfahren ... 582
Ausstattung
Lithographie ... 583
Ausstattung, Steindruckpresse, Schleifscheibe
Töpferei ... 584
Drehen, Spiralwülste rollen, Werkzeug, Platten ausrollen, Drehscheibe, elektrischer Brennofen, Brennen
Holzschnitzerei ... 586
Schritte, Zubehör, Werkzeuge, die wichtigsten Schnitzeisen
Malen und Zeichnen ... 588
die wichtigsten Techniken, Ausstattung, Bildträger, Spritzpistole, Reißbrett, Hilfsmittel

MANNSCHAFTSSPORTARTEN
Baseball ... 595
Fänger, Schlagmann, Schläger, Handschuh, Baseball, Spielfeld
Cricket ... 598
Cricketspieler, Cricketball, Schlagholz, Mal, Feld, Spielfeld
Fußball ... 600
Fußballspieler, Fußball, Spielfeld
Football ... 602
Footballspieler, Schutzausrüstung, Football, angreifende Mannschaft, Scrimmage, verteidigende Mannschaft, Spielfeld für amerikanisches Football, Spielfeld für kanadisches Football, Scrimmage im kanadischen Football
Rugby ... 606
Spielfeld, Rugbyball

Hockey ... 607
Spielfeld, Schläger, Hockeyball
Eishockey ... 608
Puck, Eisfläche, Eishockeyschläger, Torwart, Eishockeyspieler
Basketballspiel ... 610
Spielfeld, Korb, Basketball
Netzballspiel ... 611
Netzballspiel, Spielfeld
Handball ... 612
Handball, Spielfeld
Volleyballspiel ... 613
Spielfeld, Netz, Volleyball
Tennis ... 614
Tennisplatz, Netz, Tennisball, Tennisspielerin, Tennisschläger
Squash ... 616
Squashschläger, internationales Einzelspielfeld, Squashball
Racquetballspiel ... 617
Racquetballschläger, Spielfeld, Racquetball
Badminton ... 618
Badmintonschläger, Federball, Badmintonplatz, Netz
Tischtennis ... 619
Tischtennisschläger, Tischtennisplatte, Grifftechniken
Curling ... 620
Curlingbesen, Curlingstein, Eisbahn

WASSERSPORT
Schwimmen ... 621
Wettkampfbecken, Startblock, Kraulen, Brustschwimmen, Butterflyschwimmstil, Rückenschwimmen, Start beim Rückenschwimmen
Kunstspringen ... 624
Springeinrichtungen, Startpositionen, Sprungfiguren, Eintauchstellungen, Kopfsprung vorwärts, Schraube, Handstandsprung, Klappmessersprung, Kopfsprung rückwärts, Salto
Wasserballspiel ... 626
Spielbereich, Tor, Wasserball
Tauchen ... 627
Taucher
Segelsport ... 628
Kurse, Segelboot, Beschläge, Traveller
Surfbrett ... 631
Rudern und Skullen ... 632
Rudern (ein Riemen) , Skullboote, Ruderboote, Skullen (zwei Skulls) , Riemenarten
Wasserski ... 633
Arten von Wasserski, Monoski, Slalomski, Figurenski, Hantelarten

LUFTSPORT
Freiballonsport ... 634
Freiballon, Gondel
Fallschirmspringen ... 635
Fallschirmspringer
Gleitschirmfliegen ... 636
Gleitschirm
Drachenfliegen ... 637
Flugdrachen
Segelfliegen ... 638
Segelflugzeug, Cockpit

WINTERSPORT
alpines Skilaufen ... 640
alpiner Skiläufer, Sicherheitsbindung, Skistiefel
Skilanglauf ... 642
Langläufer(in) , Langlaufski
Rennrodel ... 643
Bobschlitten ... 643
Eislaufen ... 644
Eiskunstlaufstiefel, Eishockeyschlittschuh, Schlittschuhschoner, Schnellaufschlittschuh
Rollschuh ... 645
Schneeschuh ... 645
Michigan-Schneeschuh

REITSPORT
Reiten ... 646
Wettkampfparcours, Hürden, Reiter, Sattel, Zaumzeug
Gebißstückarten ... 650
Trense, Kandare
Galopprennen ... 651
Jockey, Galopprennbahn mit Tribüne
Trabrennsport ... 652
Sulky

EINZELSPORTARTEN
Leichtathletik ... 654
Stadion, Startblock, Hochsprung, Stabhochsprung, Wurfgeräte, Hammer, Diskus, Speere, Kugeln
Geräteturnen ... 659
Stufenbarren, Schwebebalken, Trampolin, Sprungpferd, Sprungbrett, Ringe, Reck, Pauschenpferd, Parallelbarren
Gewichtheben ... 662
Gewichtheber, zweiarmiges Reißen, zweiarmiges Stoßen mit Ausfallschritt
Fitneßgeräte ... 663
Multitrainer, Hantel, Heimtrainer, Rudergerät, Climber, Handmuskeltrainer, Fuß-/Handgelenksgewicht, Expander, Springseil, Hantel, Federstange

KAMPFSPORTARTEN
Fechtsport ... 666
Fechtbahn, Fechtwaffen, Teile der Waffe, Fechter, Blößen, Trefferflächen
Judo ... 668
Judoanzug, Matte, Griff- und Wurfbeispiele
Boxen ... 669
Ring, Boxhandschuhe, Bandage, Mundschutz

FREIZEITSPORT
Sportfischerei ... 670
Fliegenrute, Kunstfliege, Fliegenrolle, Spinnrute, offene Spinnrolle, Angelhaken, Blinker, Angelbekleidung, Zubehör, Fangzubehör
Billiard ... 673
Karambolagebillard, Lochbillard, Pool, Snooker, Billardtisch, Steg, Billardqueue
Golfspiel ... 676
Golfplatz, Golfball, Golfschläger, Holz, Eisen, Golftasche, elektrischer Golfwagen, Golfwagen, Schlägerabdeckung, Golfhandschuh, Golfschuh
Bergsteigen ... 680
Bergsteiger, Abseilhaken, Kombihammer, Kletterhaken, Karabiner, Eispickel, hohle Eisschraube, Klemmschlaufe

Boule und Petanque ... 682
Grün, Abwurf
Bowling ... 683
verschiedene Pins, Aufstellung, Bahn, Bowlingkugel
Bogenschießen ... 684
Zielscheibe, Pfeil, Bogenschütze, Compound-Bogen
Camping ... 685
Zweipersonenzelt, Familienzelt, Hauszelt, die wichtigsten Zeltarten, Bett mit Matratze, Schlafsäcke, schweizer Offiziersmesser, Kochgeschirr, Eßbesteck, zweiflammiger Gasbrenner, propan-/butangasbetriebene Geräte, einflammiger Gasbrenner, Heizstrahler, Lampe, Werkzeug
Knoten ... 691
Tauwerk ... 692
Spleiß, gedrehtes Seil, geflochtenes Seil

SPIELE
Kartenspiele ... 695
Farben, normale Pokerblätter
Domino ... 695
Schach ... 696
Schachbrett, Gangarten, Figuren
Backgammon ... 697
Go ... 697
Spielbrett, Hauptspielzüge
Dartspiel ... 698
Dartscheibe, Wurfpfeil, Spielbereich
Videospielsystem ... 699
Würfel ... 699
Roulettespieltisch ... 700
amerikanisches Roulette, amerikanischer Roulettespielplan, französisches Roulette, französischer Roulettespielplan
einarmiger Bandit ... 702

MESSINSTRUMENTE
Temperaturmessung ... 705
Thermometer, Bimetall-Thermometer, Fieberthermometer, Raumthermostat
Zeitmessung ... 706
Stoppuhr, mechanische Uhr, Digitaluhr, Analoguhr, Sonnenuhr, Standuhr, zuggetriebenes Uhrwerk
Wiegen ... 708
Balkenwaage, Handwaage, Roberval-Waage, Federwaage, Personenwaage, elektronische Waage, Präzisionswaage
Druckmessung ... 710
Barometer/Thermometer, Blutdruckmeßgerät
Längenmessung ... 711
Meßband
Entfernungsmessung ... 711
Pedometer
Dickemessung ... 711
Mikrometerschraube
Stromzähler ... 712
Außenansicht, Mechanismus
Winkelmessung ... 713
Schrägmaß, Theodolit, Winkelmesser
Messung seismischer Wellen ... 714
Registrierung seismischer Wellen, Verstärkung seismischer Wellen, Aufzeichnung seismischer Wellen, Sichtbarmachung seismischer Wellen

OPTISCHE INSTRUMENTE
Elektronenmikroskop ... 717
Querschnitt durch ein Elektronenmikroskop, Teile des Elektronenmikroskops
Binokularmikroskop ... 718
Zielfernrohr ... 718
Prismenfernglas ... 719
Magnetkompaß ... 719
Spiegelteleskop ... 720
Linsenfernrohr ... 721
Linsen ... 722
Sammellinsen, Zerstreuungslinsen
Radar ... 722

GESUNDHEIT UND UNFALLSCHUTZ
Erste-Hilfe-Kasten ... 725
Notfallausrüstung ... 726
Stethoskop, Fahrtrage, Krankentrage, Spritze
Rollstuhl ... 727
Gehhilfen ... 728
Gehkrücke, Stöcke, Achselkrücke
Gehörschutz ... 729
Sicherheitsohrenschützer, Ohrschützer
Augenschutz ... 729
Schutzmaske, Schutzbrille
Kopfschutz ... 729
Schutzhelm
Atemschutz ... 730
Gasmaske, leichte Atemschutzmaske
Sicherheitsweste ... 730
Fußschutz ... 730

ENERGIE
Kohlebergwerk ... 733
offene Grube, Übertageabbau, Übertageanlagen, Grube, Bohrhammer, Preßluftbohrer
Erdöl ... 737
Bohranlage, Drehbohrverfahren, Bohrinsel, Bohren vor der Meeresküste, Erdöleruptionskranz, Rohölpipeline, Festdachtank, Schwimmdachtank, Tanklastzug, Tanker, Tankanhänger, Raffinerieerzeugnisse
Elektrizität ... 746
Wasserkraftwerk, Wasserkraftwerk im Querschnitt, Uferdamm, Gewichtsstaudamm, Bogenstaudamm, Stützpfeilerstaudamm, Gezeitenkraftwerk, Stromgenerator, Francisturbine, Kaplanturbine, Peltonturbine, Einzelschritte bei der Stromerzeugung, Hochspannungsmast, Stromtransport, Freileitung
Kernenergie ... 758
Kernkraftwerk, Kohlendioxidreaktor, Schwerwasserreaktor, Druckwasserreaktor, Siedewasserreaktor, Brennelementebeschickung, Brennelement, Kernreaktor, Stromerzeugung aus Kernenergie
Sonnenenergie ... 768
Solarzelle, Flachkollektor, Solarzellensystem, Sonnenofen, Stromerzeugung aus Sonnenenergie, Solarhaus, Trombe-Wand
Windenergie ... 773
Windmühle, Bockmühle, Längsachsenwindturbine, Vertikalachsenwindturbine

SCHWERMASCHINEN
Brandbekämpfung ... 777
Feuerwehrmann, Feuerschutzhelm, Taschenlampe, Hakengurt für Leiter und Schlauch

Feuerwehrauto ... 778
Pumplöschfahrzeug, Strahlrohr, Schlauchleitung, Y-Verbindungsstück, Hydrantenschlüssel, Drehleiterfahrzeug, Handfeuerlöscher, Einreißhaken, Brecheisen, Hakenleiter, Feuerwehrbeil
Schwerfahrzeuge ... 782
Radlader, Planierraupe, Schrapper, Straßenhobel, Hinterkipper, Hydraulik-Hochlöffelbagger
Lastenfortbewegung ... 786
Turmkran, Fahrkran, Laufkran, Gabelstapler, hydraulischer Palettenhubwagen, Rücksprungpalette, Gitterboxpalette

WAFFEN
Waffen in der Steinzeit ... 791
Waffen in der Römerzeit ... 791
gallischer Krieger, römischer Legionär
Rüstung ... 792
Helm
Bogen und Armbrust ... 793
moderner Bogen, Bogen, Pfeil, Armbrust
Hieb- und Stichwaffen ... 794
Arkebuse ... 795
Steinschloß
Maschinenpistole ... 795
automatisches Gewehr ... 796
leichtes Maschinengewehr ... 796
Revolver ... 797
Pistole ... 797
Jagdwaffen ... 798
Gewehr (gezogener Lauf) , Patrone (Gewehr) , Schrotflinte (glatter Lauf) , Patrone (Schrotflinte)
Kanone aus dem 17. Jahrhundert ... 800
Vorderlade-Geschütz, Querschnitt einer Vorderladung, Geschoßzubehör, Projektile
moderne Haubitze ... 802
Mörser ... 803
Mörser aus dem 17. Jahrhundert, moderner Mörser
Handgranate ... 804
Panzerfaust ... 804
rückstoßfreies Geschütz ... 804
Panzer ... 805
Unterseeboot ... 806
Fregatte ... 808
Flugzeugträger ... 810
Kampfflugzeug ... 812
Luftbetankung
Flugkörper ... 814
Aufbau eines Flugkörpers, die wichtigsten Flugkörper

SYMBOLE
Heraldik ... 817
Teile der Fahne, Fahnenformen, Schildplätze, Teilungsbeispiele, Beispiele für Heroldsbilder, Beispiele für Wappenzeichen, Farbbeispiele, Beispiele für Metall, Beispiele für Pelzwerk
Tierkreiszeichen ... 820
Feuerzeichen, Erdzeichen, Luftzeichen, Wasserzeichen
Warn- und Gebotszeichen ... 821
gefährliche Substanzen, Schutzmaßnahmen

allgemeine Zeichen ... 822
Verkehrszeichen ... 824
die wichtigsten nordamerikanischen Verkehrszeichen, die wichtigsten internationalen Verkehrszeichen
Textilpflege ... 829
Waschen, Trocknen, Bügeln
allgemeine Symbole in den Wissenschaften ... 830
Mathematik, Geometrie, Biologie, Chemie, Verschiedenes
diakritische Zeichen ... 832
Satzzeichen ... 832
Beispiele für Währungsabkürzungen ... 832

DEUTSCHES REGISTER ... 833
ENGLISCHES REGISTER (ENGLISH INDEX) ... 865
FRANZÖSISCHES REGISTER (INDEX FRANÇAIS) ... 895
SPANISCHES REGISTER (INDICE ESPAÑOL) ... 927

LISTE DER SACHGEBIETE

1 **ASTRONOMIE**

17 **GEOGRAPHIE**

53 **PFLANZENREICH**

75 **TIERREICH**

113 **MENSCH**

145 **LANDWIRTSCHAFT**

163 **ARCHITEKTUR**

191 **HAUS**

217 **HAUSEINRICHTUNG**

261 **GARTENARBEIT**

273 **DO-IT-YOURSELF**

313 **KLEIDUNG**

359 **SCHMUCK UND SCHÖNHEITSPFLEGE**

371 **PERSÖNLICHE ARTIKEL**

387 **KOMMUNIKATION**

423 **FORTBEWEGUNG**

513 **BÜROBEDARF**

533 **MUSIK**

559 **KREATIVE FREIZEITAKTIVITÄTEN**

593 **SPORTARTEN**

693 **SPIELE**

703 **MESSINSTRUMENTE**

715 **OPTISCHE INSTRUMENTE**

723 **GESUNDHEIT UND UNFALLSCHUTZ**

731 **ENERGIE**

775 **SCHWERMASCHINEN**

789 **WAFFEN**

815 **SYMBOLE**

833 **REGISTER**

ASTRONOMIE
ASTRONOMY

ASTRONOMIE
ASTRONOMÍA

INHALT

KOORDINATENSYSTEM DER ERDKUGEL 3
KOORDINATENSYSTEM DER HIMMELSKUGEL 3
SONNENSYSTEM 4
SONNE 6
MONDPHASEN 6
MOND 7
JAHRESZEITEN 8
SONNENFINSTERNIS 8
MONDFINSTERNIS 8
GALAXIE 9
KOMET 9
KONSTELLATIONEN DER NÖRDLICHEN HALBKUGEL 10
KONSTELLATIONEN DER SÜDLICHEN HALBKUGEL 12
STERNWARTE 14
RADIOTELESKOP 15
PLANETARIUM 16
HUBBLE RAUMTELESKOP 16

KOORDINATENSYSTEM^N DER HIMMELSKUGEL^F
CELESTIAL COORDINATE SYSTEM
COORDONNÉES^F CÉLESTES
COORDENADAS^F ASTRONÓMICAS

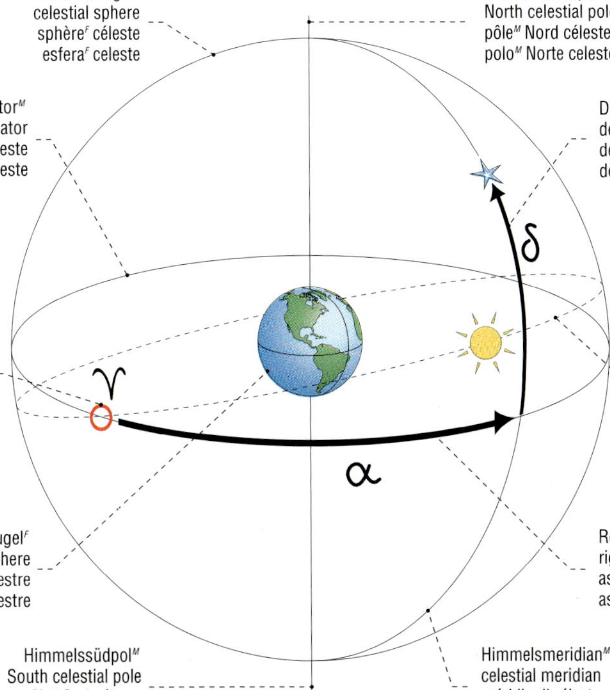

KOORDINATENSYSTEM^N DER ERDKUGEL^F
EARTH COORDINATE SYSTEM
COORDONNÉES^F TERRESTRES
COORDENADAS^F GEOGRÁFICAS

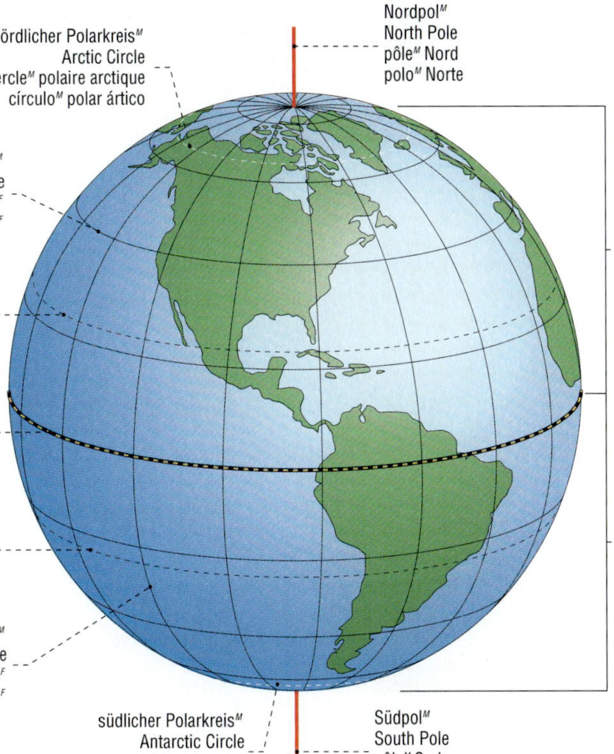

SONNENSYSTEM[N]
SOLAR SYSTEM
SYSTÈME[M] SOLAIRE
SISTEMA[M] SOLAR

PLANETEN[M] UND MONDE[M]
PLANETS AND MOONS
PLANÈTES[F] ET SATELLITES[M]
PLANETAS[M] Y LUNAS[F]

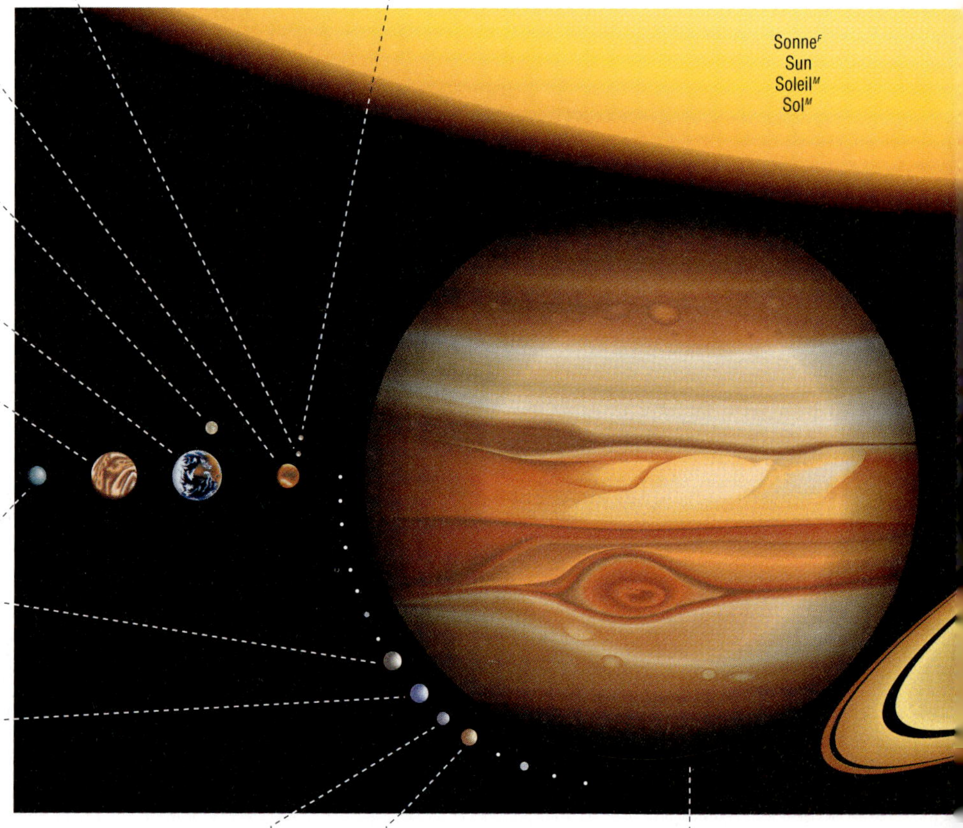

Phobos[M]
Phobos
Phobos
Fobos

Deimos[M]
Deimos
Deimos
Deimos

Mars[M]
Mars
Mars
Marte ♂

Sonne[F]
Sun
Soleil[M]
Sol[M]

Mond[M]
Moon
Lune[F]
Luna[F]

Erde[F]
Earth
Terre[F]
Tierra[F] ♁

Venus[F]
Venus
Vénus
Venus ♀

Merkur[M]
Mercury
Mercure
Mercurio ☿

Ganymed[M]
Ganymede
Ganymède
Ganimedes

Callisto[M]
Callisto
Callisto
Calixto

Europa[F]
Europa
Europe
Europa

Io[F]
Io
Io
Io

♃ Jupiter[M]
Jupiter
Jupiter
Júpiter

UMLAUFBAHNEN[F] DER PLANETEN[M]
ORBITS OF THE PLANETS
ORBITES[F] DES PLANÈTES[F]
ÓRBITAS[F] DE LOS PLANETAS[M]

Asteroidengürtel[M]
asteroid belt
astéroïdes[M]
zona[F] de asteroides[M]

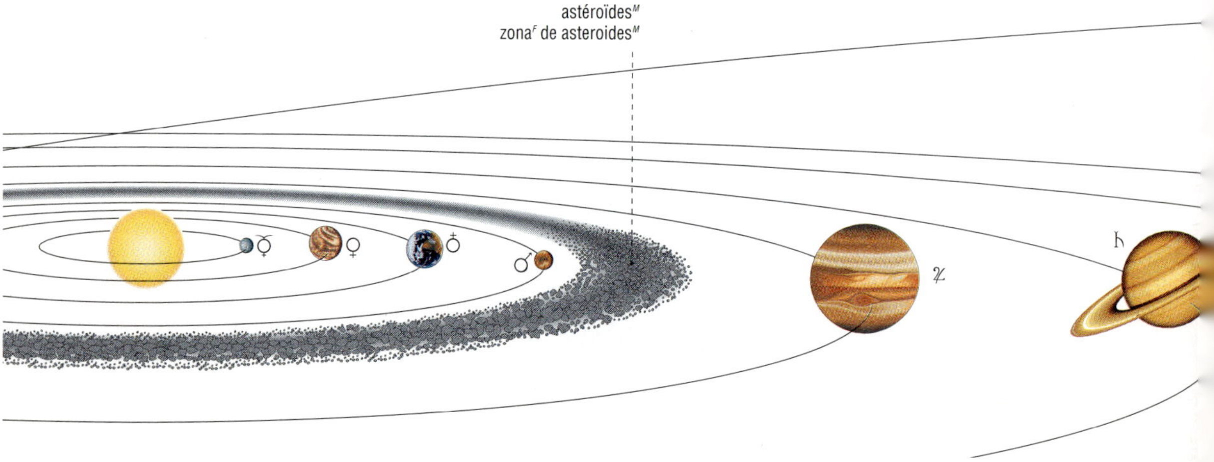

Uranus[M]
Uranus
Uranus
Urano ♅
Pluto[M]
Pluto
Pluton
Plutón ♇
Charon[M]
Charon
Charon
Carón
♄ Saturn[M]
Saturn
Saturne
Saturno
Titan[M]
Titan
Titan
Titán
♆ Neptun[M]
Neptune
Neptune
Neptuno
Triton[M]
Triton
Triton
Tritón

♇
♅
♆

SONNE[F]
SUN
SOLEIL[M]
SOL[M]

STRUKTUR[F] DER SONNE[F]
STRUCTURE OF THE SUN
STRUCTURE[F] DU SOLEIL[M]
ESTRUCTURA[F] DEL SOL[M]

MONDPHASEN[F]
PHASES OF THE MOON
PHASES[F] DE LA LUNE[F]
FASES[F] DE LA LUNA[F]

Neumond[M]
new moon
nouvelle lune[F]
Luna[F] nueva

Mondsichel[F] (zunehmender Mond[M])
new crescent
premier croissant[M]
creciente[M]

Halbmond[M] (erstes Viertel[N])
first quarter
premier quartier[M]
cuarto[M] creciente

zunehmender Mond[M]
waxing gibbous
gibbeuse[F] croissante
quinto[M] octante

MOND[M]
MOON
LUNE[F]
LUNA[F]

OBERFLÄCHENFORMATIONEN[F] DES MONDES[M]
LUNAR FEATURES
RELIEF[M] LUNAIRE
SUPERFICIE[F] LUNAR

Bucht[F]
bay
baie[F]
bahía[F]

Felsen[M]
cliff
falaise[F]
risco[M]

Ozean[M]
ocean
océan[M]
océano[M]

See[M]
lake
lac[M]
lago[M]

Meer[N]
sea
mer[F]
mar[M]

Bergkette[F]
mountain range
chaîne[F] de montagnes[F]
cordillera[F]

Krater[M]
crater
cratère[M]
cráter[M]

Wand[F]
wall
rempart[M]
muro[M]

Kar[N]
cirque
cirque[M]
circo[M]

Vollmond[M]
full moon
pleine lune[F]
Luna[F] llena

abnehmender Mond[M]
waning gibbous
gibbeuse[F] décroissante
tercer[M] octante

Halbmond[M] (letztes Viertel[N])
last quarter
dernier quartier[M]
cuarto[M] menguante

Mondsichel[F] (abnehmender Mond[M])
old crescent
dernier croissant[M]
menguante[M]

SONNENFINSTERNIS[F]
SOLAR ECLIPSE
ÉCLIPSE[F] DE SOLEIL[M]
ECLIPSE[M] DE SOL[M]

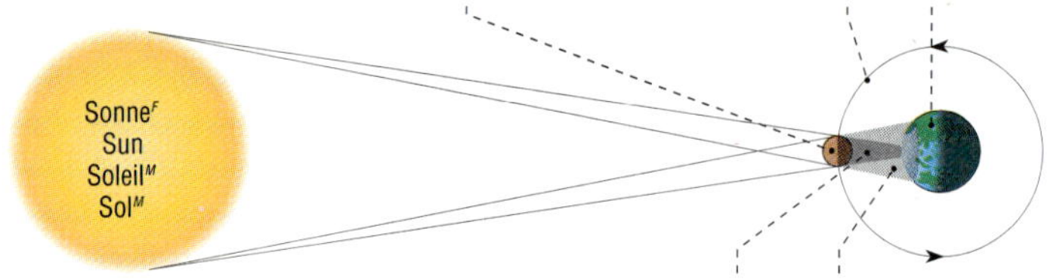

FINSTERNISARTEN[F]
TYPES OF ECLIPSES
TYPES[M] D'ÉCLIPSES[F]
TIPOS[M] DE ECLIPSES[M]

totale Finsternis[F]
total eclipse
éclipse[F] totale
eclipse[M] total

ringförmige Finsternis[F]
annular eclipse
éclipse[F] annulaire
eclipse[M] anular

partielle Finsternis[F]
partial eclipse
éclipse[F] partielle
eclipse[M] parcial

MONDFINSTERNIS[F]
LUNAR ECLIPSE
ÉCLIPSE[F] DE LUNE[F]
ECLIPSE[M] DE LUNA[F]

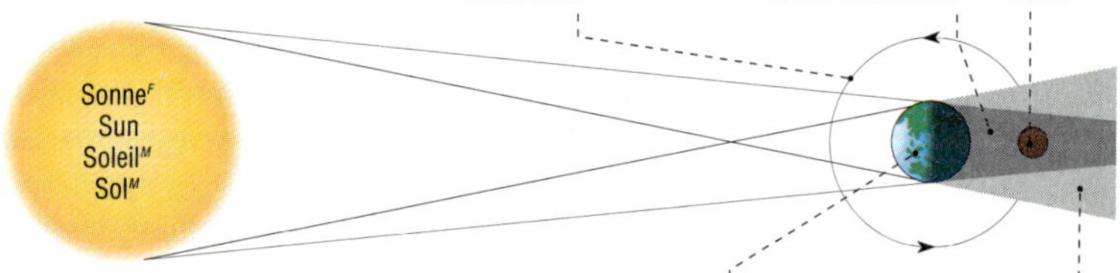

FINSTERNISARTEN[F]
TYPES OF ECLIPSES
TYPES[M] D'ÉCLIPSES[F]
TIPOS[M] DE ECLIPSES[M]

partielle Finsternis[F]
partial eclipse
éclipse[F] partielle
eclipse[M] parcial

totale Finsternis[F]
total eclipse
éclipse[F] totale
eclipse[M] total

JAHRESZEITEN[F]
SEASONS OF THE YEAR
CYCLE[M] DES SAISONS[F]
ESTACIONES[F] DEL AÑO[M]

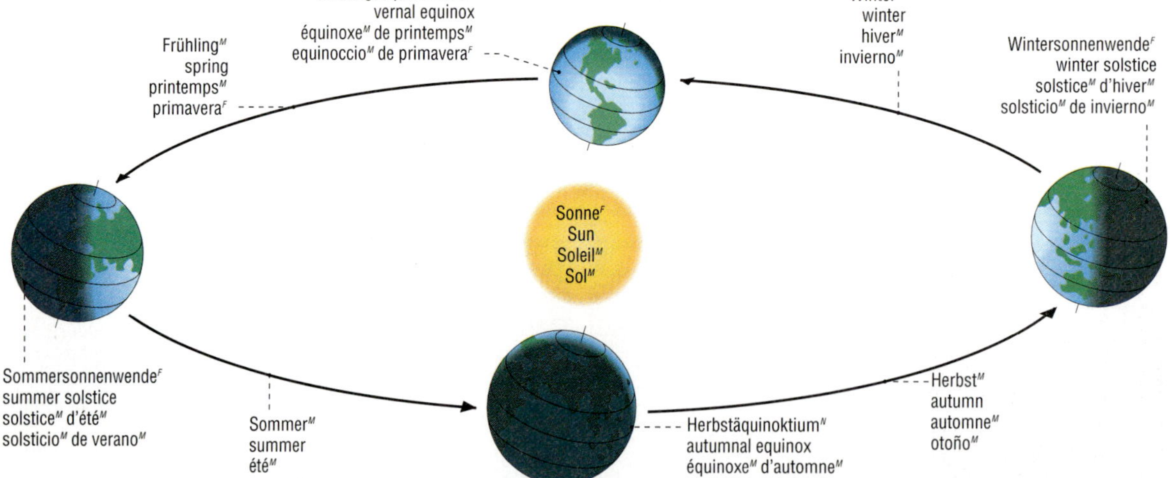

KOMET[M]
COMET
COMÈTE[F]
COMETA[M]

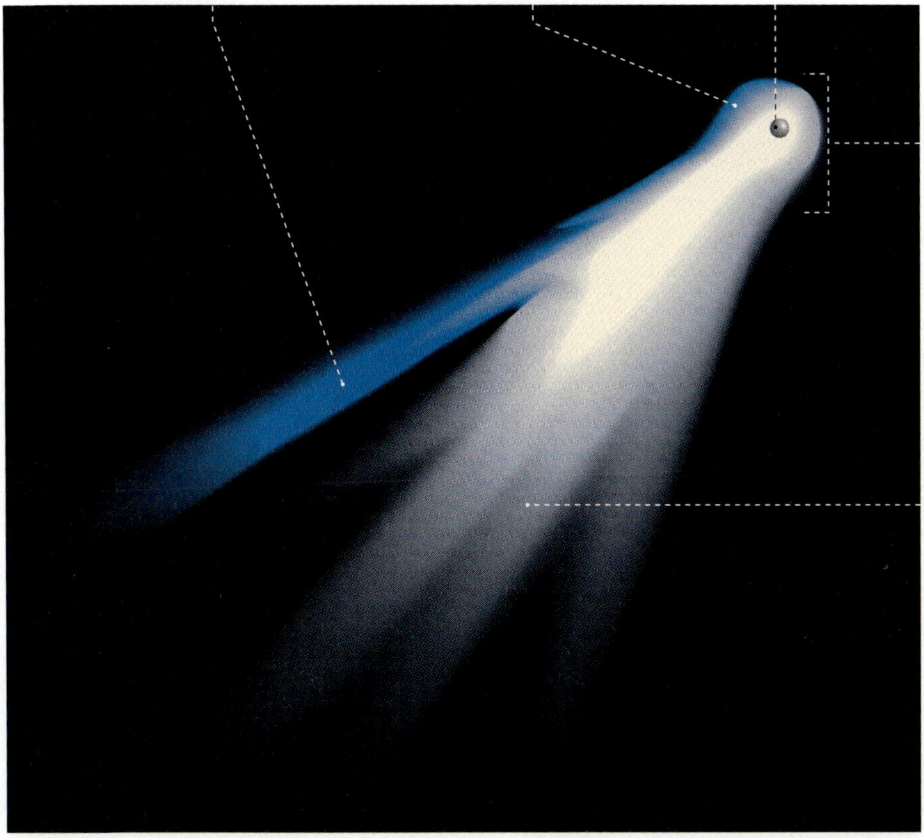

GALAXIE[F]
GALAXY
GALAXIE[F]
GALAXIA[F]

HUBBLESCHE KLASSIFIKATION[F]
HUBBLE'S CLASSIFICATION
CLASSIFICATION[F] DE HUBBLE
CLASIFICACIÓN[F] DE HUBBLE

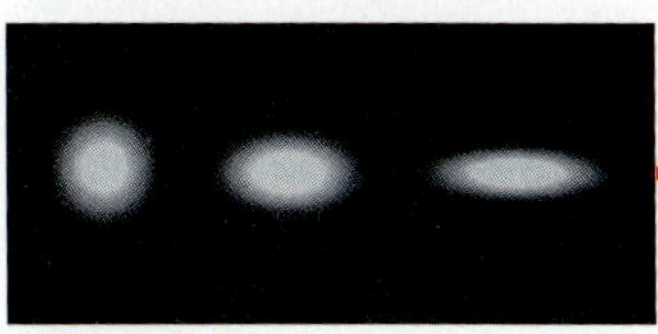

elliptische Galaxie[F]
elliptical galaxy
galaxie[F] elliptique
galaxia[F] elíptica

linsenförmige Galaxie[F]
lenticular galaxy
galaxie[F] lenticulaire
galaxia[F] lenticular

Spiralgalaxie[F]
spiral galaxy
galaxie[F] spirale
galaxia[F] espiral

Balkenspiralgalaxie[F]
barred spiral galaxy
galaxie[F] spirale barrée
galaxia[F] espiral con barras[F]

unregelmäßige Galaxie[F]
irregular galaxy
galaxie[F] irrégulière
galaxia[F] irregular

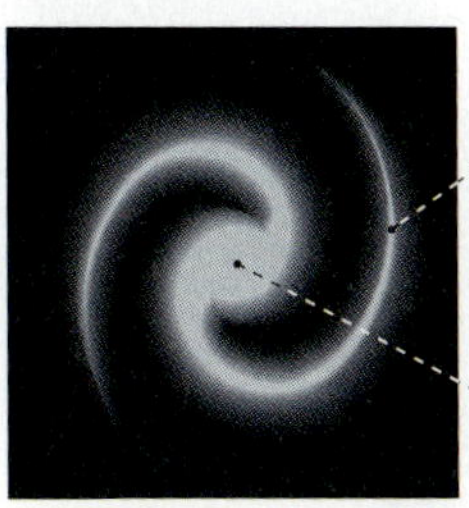

KONSTELLATIONEN^F DER NÖRDLICHEN HALBKUGEL^F
CONSTELLATIONS OF THE NORTHERN HEMISPHERE
CONSTELLATIONS^F DE L'HÉMISPHÈRE^M BORÉAL
CONSTELACIONES^F EN EL HEMISFERIO^M BOREAL

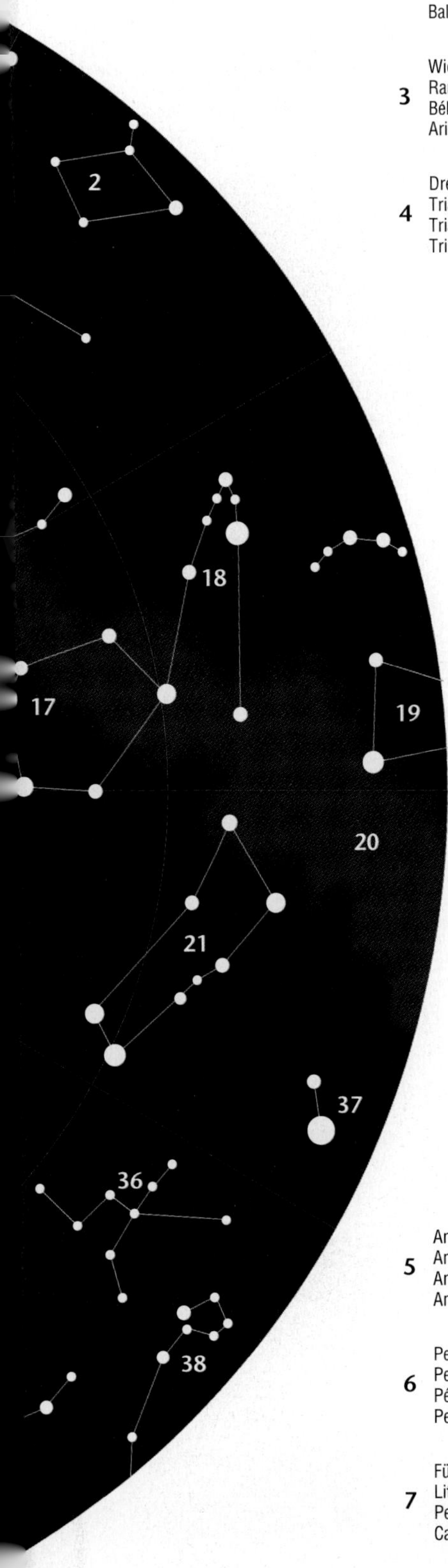

1	Fische^{M}	Fishes	Poissons^{M}	Piscis
2	Walfisch^{M}	Whale	Baleine^{F}	Ballena
3	Widder^{M}	Ram	Bélier^{M}	Aries
4	Dreieck^{N}	Triangle	Triangle^{M}	Triángulo
5	Andromeda^{F}	Andromeda	Andromède	Andrómeda
6	Pegasus^{M}	Pegasus	Pégase^{M}	Pegaso
7	Füllen^{N}	Little Horse	Petit Cheval^{M}	Caballito
8	Delphin^{M}	Dolphin	Dauphin^{M}	Delfín
9	Adler^{M}	Eagle	Aigle^{M}	Aguila
10	Pfeil^{M}	Arrow	Flèche^{F}	Saeta
11	Schwan^{M}	Swan	Cygne^{M}	Cisne
12	Eidechse^{F}	Lizard	Lézard^{M}	Lagarto
13	Kepheus^{M}	Cepheus	Céphée	Cefeo
14	Cassiopeia^{F}	Cassiopeia	Cassiopée	Casiopea
15	Giraffe^{F}	Giraffe	Girafe^{F}	Jirafa
16	Perseus^{M}	Perseus	Persée	Perseo
17	Fuhrmann^{M}	Charioteer	Cocher^{M}	Cochero
18	Stier^{M}	Bull	Taureau^{M}	Tauro
19	Orion^{M}	Orion	Orion	Orión
20	Milchstraße^{F}	Milky Way	Voie^{F} lactée	Vía Láctea
21	Zwillinge^{M}	Twins	Gémeaux^{M}	Géminis
22	Luchs^{M}	Lynx	Lynx^{M}	Lince
23	Polarstern^{M}	Pole Star	étoile^{F} Polaire	Estrella Polar
24	Kleiner Bär^{M}	Little Bear	Petite Ourse^{F}	Osa Menor
25	Drache^{M}	Dragon	Dragon^{M}	Dragón
26	Leier^{F}	Harp	Lyre^{F}	Lira
27	Herkules^{M}	Hercules	Hercule	Hércules
28	Schlangenträger^{M}	Serpent Bearer	Ophiucus	Serpentario
29	Schlange^{F}	Serpent	Serpent^{M}	Serpiente
30	Nördliche Krone^{F}	Northern Crown	Couronne^{F} boréale	Corona Boreal
31	Bärenhüter^{M}	Herdsman	Bouvier^{M}	Boyero
32	Haar^{N} der Berenike^{F}	Berenice's Hair	Chevelure^{F} de Bérénice	Cabellera de Berenice
33	Jagdhunde^{M}	Hunting Dogs	Chiens^{M} de chasse^{F}	Lebreles
34	Großer Bär^{M}	Great Bear	Grande Ourse^{F}	Osa Mayor
35	Kleiner Löwe^{M}	Little Lion	Petit Lion^{M}	León Menor
36	Krebs^{M}	Crab	Cancer^{M}	Cáncer
37	Kleiner Hund^{M}	Little Dog	Petit Chien^{M}	Can Menor
38	Nördliche Wasserschlange^{F}	Water Monster	Hydre^{F} femelle	Hidra
39	Löwe^{M}	Lion	Lion^{M}	Leo
40	Jungfrau^{F}	Virgin	Vierge^{F}	Virgo

KONSTELLATIONEN[F] DER SÜDLICHEN HALBKUGEL[F]
CONSTELLATIONS OF THE SOUTHERN HEMISPHERE
CONSTELLATIONS[F] DE L'HÉMISPHÈRE[M] AUSTRAL
CONSTELACIONES[F] DEL HEMISFERIO[M] AUSTRAL

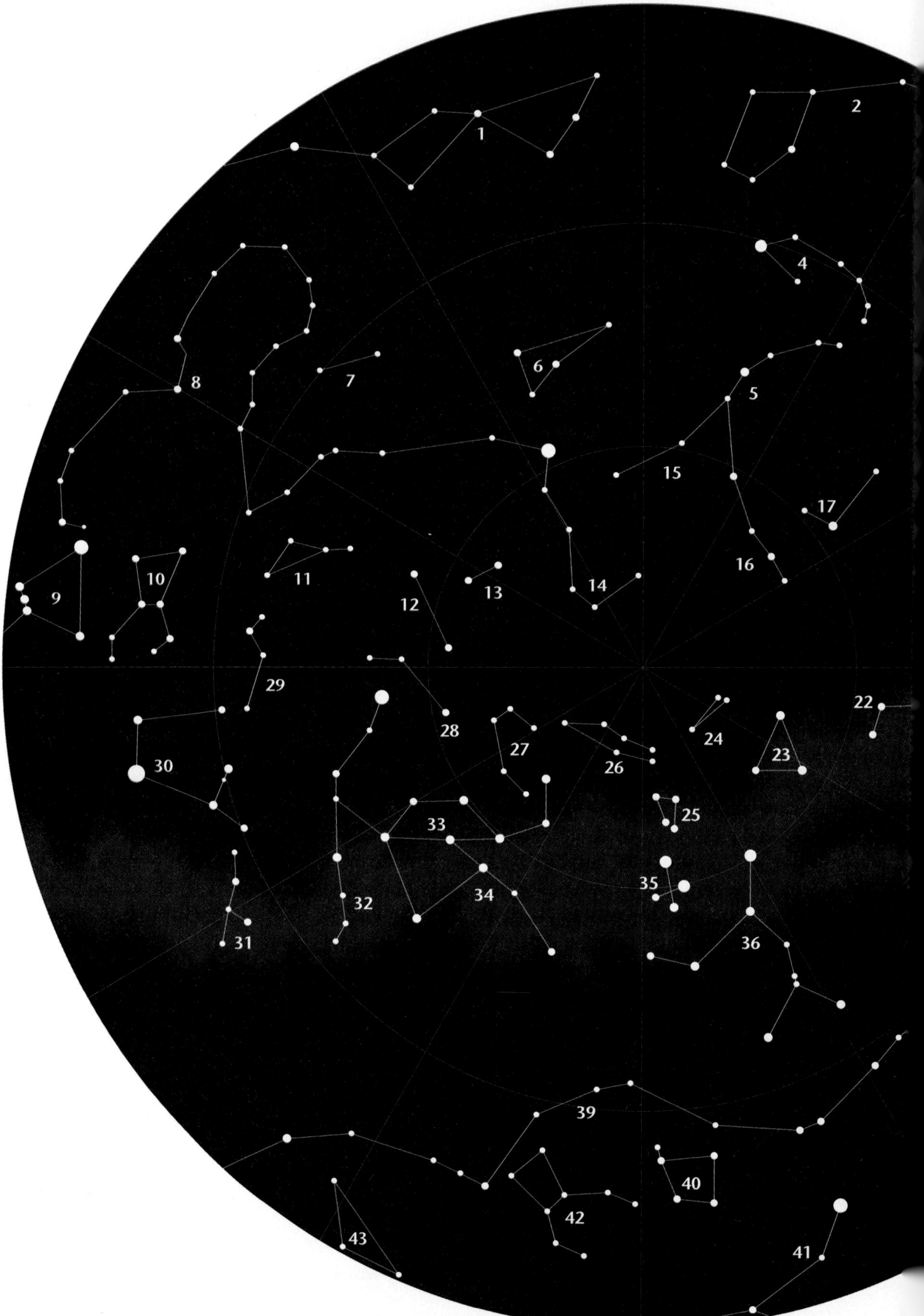

1 Walfisch[M]
Whale
Baleine[F]
Ballena

2 Wassermann[M]
Water Bearer
Verseau[M]
Acuario

3 Steinbock[M]
Sea Goat
Capricorne[M]
Capricornio

4 Südlicher Fisch[M]
Southern Fish
Poisson[M] austral
Pez Austral

5 Kranich[M]
Crane
Grue[F]
Grulla

6 Phönix[M]
Phoenix
Phénix[M]
Fénix

7 Chemischer Ofen[M]
Furnace
Fourneau[M]
Horno

8 Fluß[M] Eridanus[M]
River Eridanus
Éridan
Eridano

9 Orion[M]
Orion
Orion
Orión

10 Hase[M]
Hare
Lièvre[M]
Liebre

11 Grabstichel[M]
Chisel
Burin[M]
Buril

12 Schwertfisch[M]
Swordfish
Dorade[F]
Pez Dorado

13 Netz[N]
Net
Réticule[F]
Retículo

14 Kleine Wasserschlange[F]
Sea Serpent
Hydre[F] mâle
Hidra macho

15 Tukan[M]
Toucan
Toucan[M]
Tucán

16 Pfau[M]
Peacock
Paon[M]
Pavo

17 Inder[M]
Indian
Indien[M]
Indio

18 Südliche Krone[F]
Southern Crown
Couronne[F] australe
Corona Austral

19 Schütze[M]
Archer
Sagittaire[M]
Sagitario

20 Schlange[F]
Serpent
Serpent[M]
Serpiente

21 Skorpion[M]
Scorpion
Scorpion[M]
Escorpión

22 Altar[M]
Altar
Autel[M]
Altar

23 Südliches Dreieck[N]
Southern Triangle
Triangle[M] austral
Triángulo Austral

24 Paradiesvogel[M]
Bird of Paradise
Oiseau[M] de Paradis[M]
Ave del Paraíso

25 Fliege[F]
Fly
Mouche[F]
Mosca

26 Chamäleon[N]
Chameleon
Caméléon[M]
Camaleón

27 Fliegender Fisch[M]
Flying Fish
Poisson[M] volant
Pez Volador

28 Malerstaffelei[F]
Painter's Easel
Chevalet[M] du Peintre[M]
Caballete del pintor

29 Taube[F]
Dove
Colombe[F]
Paloma

30 Großer Hund[M]
Big Dog
Grand Chien[M]
Can Mayor

31 Achterschiff[N]
Ship's Stern
Poupe[F]
Popa

32 Zirkel[M]
Compass
Boussole[F]
Brújula

33 Schiffskiel[M]
Ship's Keel
Carène[F]
Quilla

34 Schiffssegel[N]
Ship's Sails
Voiles[F]
Velas

35 Kreuz[N] des Südens[M]
Southern Cross
Croix[F] du Sud[M]
Cruz del Sur

36 Zentaur[M]
Centaur
Centaure[M]
Centauro

37 Schlangenträger[M]
Serpent Bearer
Ophiucus
Ofiuco

38 Waage[F]
Balance
Balance[F]
Libra

39 Südliche Wasserschlange[F]
Water Monster
Hydre[F] femelle
Hidra

40 Rabe[M]
Crow
Corbeau[M]
Cuervo

41 Jungfrau[F]
Virgin
Vierge[F]
Virgo

42 Becher[M]
Cup
Coupe[F]
Cráter

43 Sextant[M]
Sextant
Sextant[M]
Sextante

STERNWARTE[F] ASTRONOMICAL OBSERVATORY OBSERVATOIRE[M] ASTRONOMIQUE OBSERVATORIO[M] ASTRONÓMICO

TELESKOP[N] TELESCOPE TÉLESCOPE[M] TELESCOPIO[M]

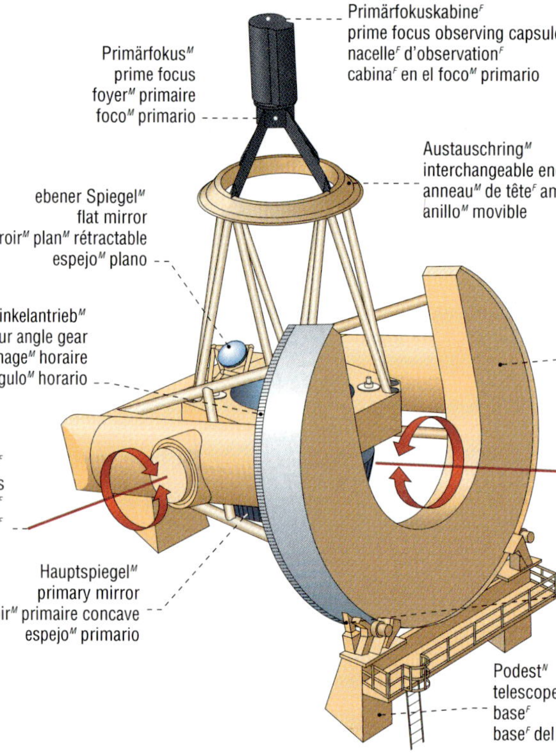

STERNWARTE[F] OBSERVATORY OBSERVATOIRE[M] OBSERVATORIO[M]

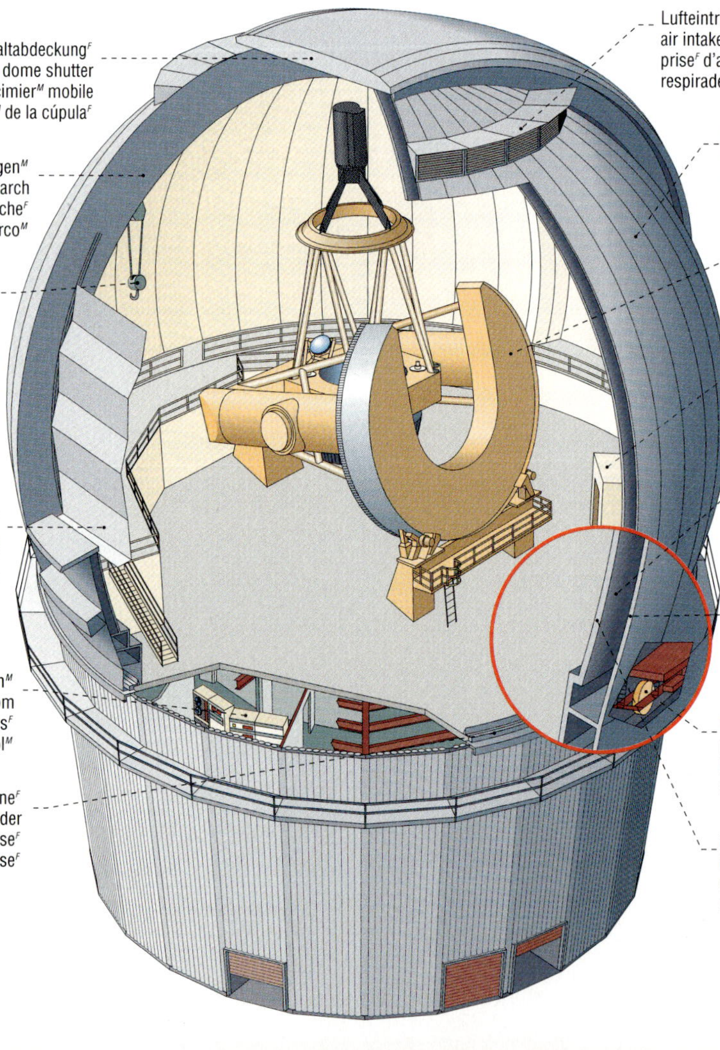

RADIOTELESKOP^N
RADIO TELESCOPE
RADIOTÉLESCOPE^M
RADIOTELESCOPIO^M

ALTAZIMUTALE MONTIERUNG^F
ALTAZIMUTH MOUNTING
MONTURE^F ALTAZIMUTALE
MONTURA^F ACIMUTAL

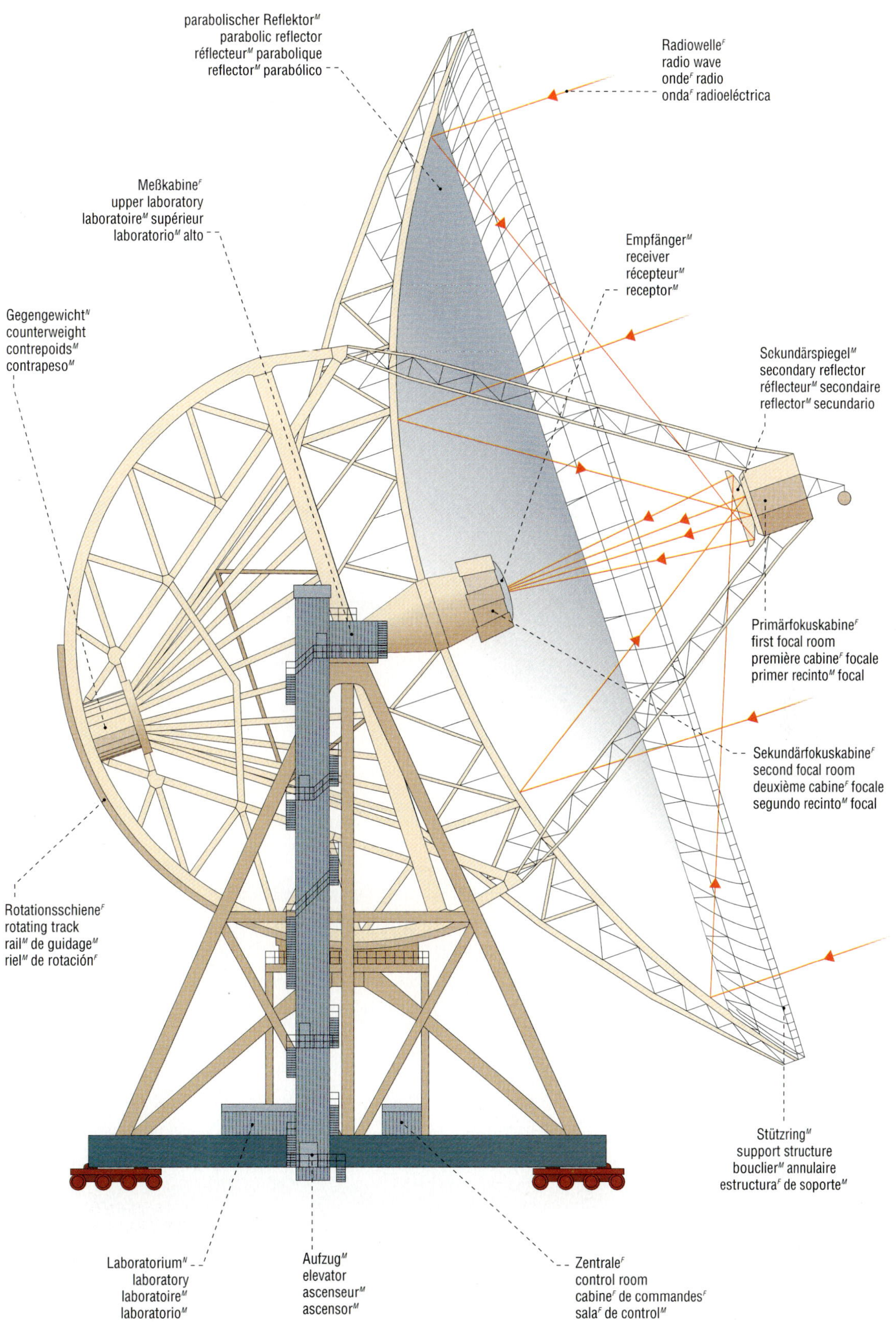

HUBBLE RAUMTELESKOP[N]
HUBBLE SPACE TELESCOPE
TÉLESCOPE[M] SPATIAL HUBBLE
TELESCOPIO[M] ESPACIAL HUBBLE

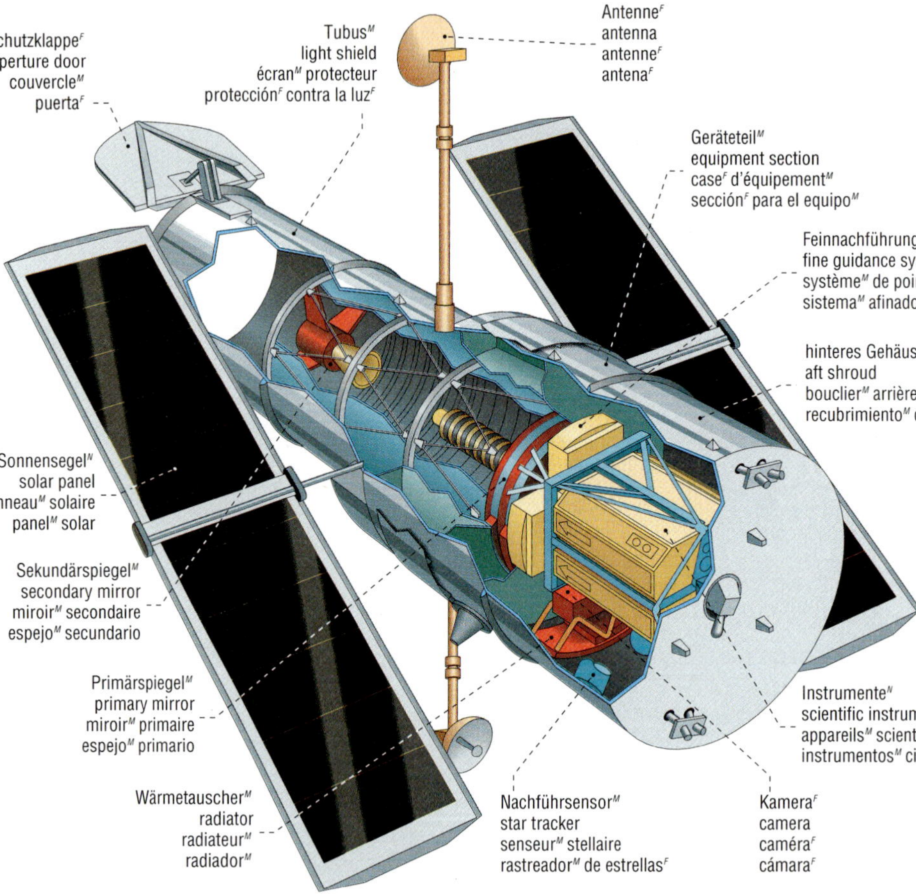

PLANETARIUM[N]
PLANETARIUM
PLANÉTARIUM[M]
PLANETARIO[M]

Wilmington
Lynnfield
Reading
Pinehurst
Burlington
Wakefield
Stoneham
Woburn
Winchester
Lexington
Melrose
Saugus
Malden
Medford
Arlington
Everett
Revere
Lynn Harbo
Belmont
Somerville
Chelsea
Waltham
Cambridge
Winth
Watertown
Newton
Boston
Boston Harbor
Brookline
Quincy Bay
Quincy
Dedham
Milton
Braintree
Islington
Norwood

INHALT

PROFIL DURCH DIE ERDATMOSPHÄRE 19
KONFIGURATION DER KONTINENTE 20
STRUKTUR DER ERDE 22
SCHNITT DURCH DIE ERDKRUSTE 22
ERDBEBEN 23
HÖHLE 24
VULKAN 25
GLETSCHER 26
BERG 27
MEERESGRUND 28
WELLE 30
KÜSTENFORMEN 30
ÖKOLOGIE 31
NIEDERSCHLÄGE 36
METEOROLOGIE 38
INTERNATIONALE WETTERSYMBOLE 39
METEOROLOGISCHE MESSINSTRUMENTE 40
WETTERSATELLIT 42
WOLKEN UND METEOROLOGISCHE SYMBOLE 44
KLIMATE DER WELT 45
WÜSTE 46
KARTOGRAPHIE 47
ERDERKENNUNGSGEODÄTISCHER SATELLIT 48
KARTOGRAPHIE 50

PROFIL[N] DURCH DIE ERDATMOSPHÄRE[F]
PROFILE OF THE EARTH'S ATMOSPHERE
COUPE[F] DE L'ATMOSPHÈRE[F] TERRESTRE
CORTE[M] DE LA ATMÓSFERA[F] TERRESTRE

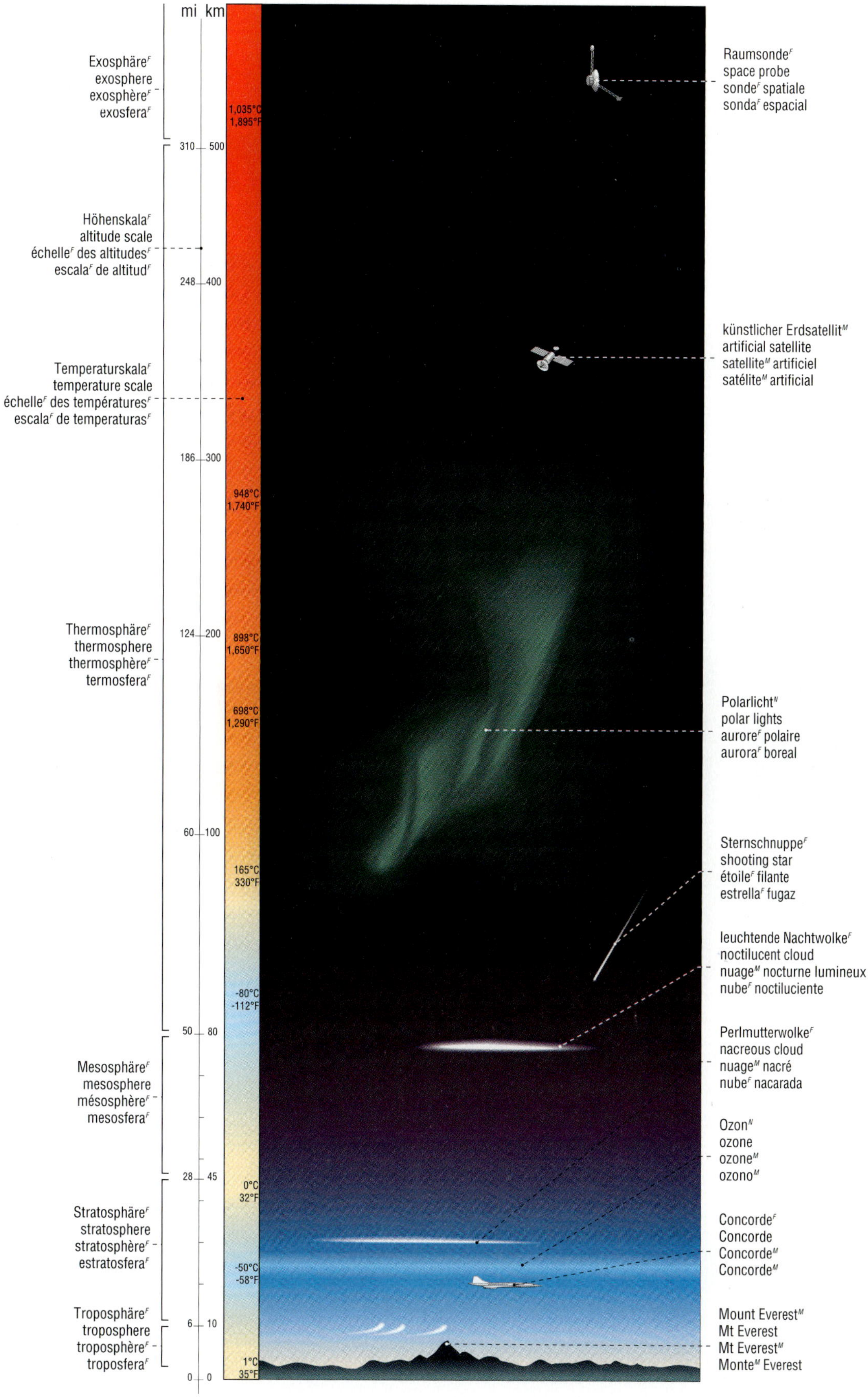

KONFIGURATION^{F} DER KONTINENTE^{M}
CONFIGURATION OF THE CONTINENTS
CONFIGURATION^{F} DES CONTINENTS^{M}
CONFIGURACIÓN^{F} DE LOS CONTINENTES^{M}

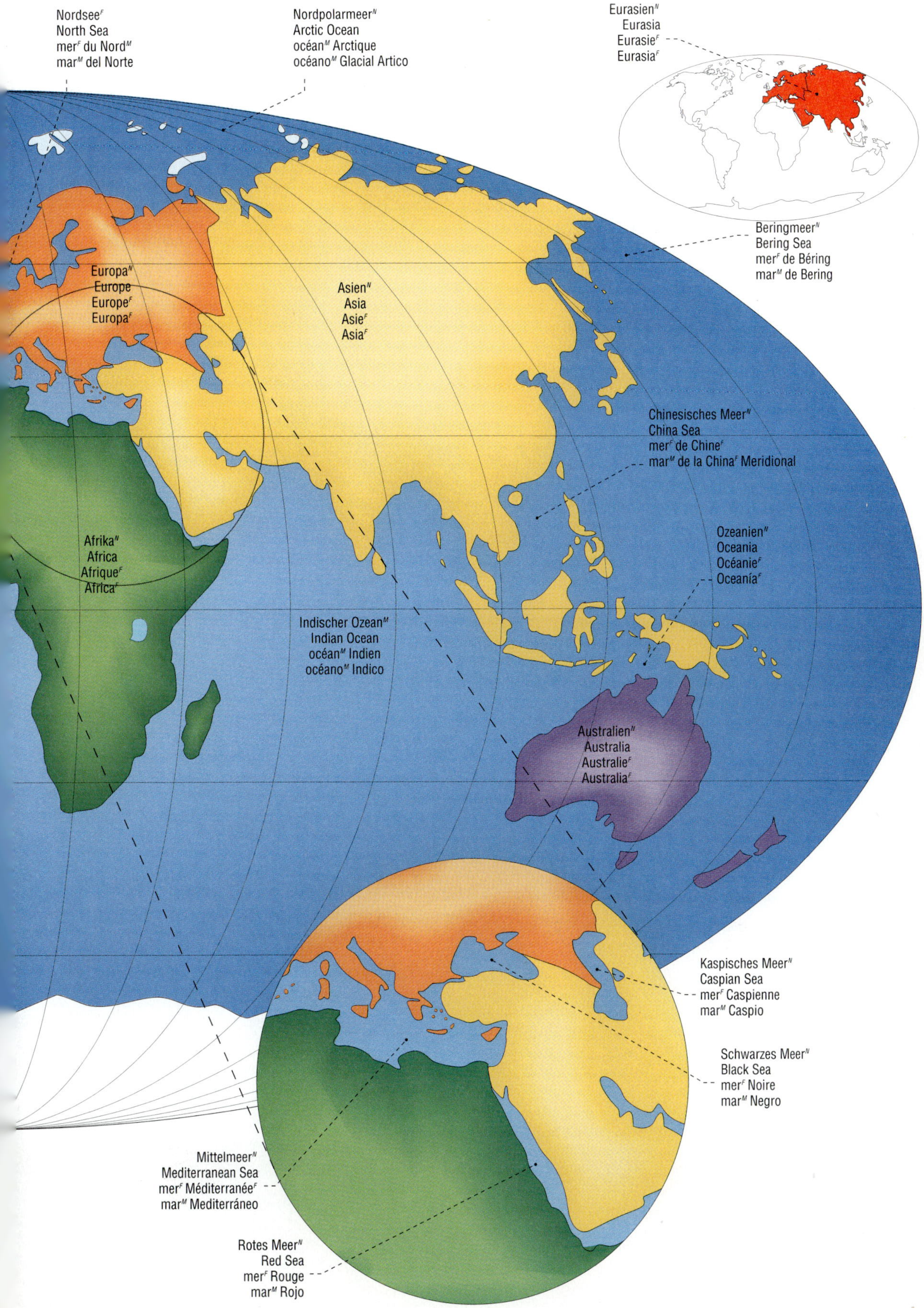
Nordsee^F
North Sea
mer^F du Nord^M
mar^M del Norte
Nordpolarmeer^N
Arctic Ocean
océan^M Arctique
océano^M Glacial Artico
Eurasien^N
Eurasia
Eurasie^F
Eurasia^F
Beringmeer^N
Bering Sea
mer^F de Béring
mar^M de Bering
Europa^N
Europe
Europe^F
Europa^F
Asien^N
Asia
Asie^F
Asia^F
Chinesisches Meer^N
China Sea
mer^F de Chine^F
mar^M de la China^F Meridional
Ozeanien^N
Oceania
Océanie^F
Oceanía^F
Afrika^N
Africa
Afrique^F
Africa^F
Indischer Ozean^M
Indian Ocean
océan^M Indien
océano^M Indico
Australien^N
Australia
Australie^F
Australia^F
Kaspisches Meer^N
Caspian Sea
mer^F Caspienne
mar^M Caspio
Schwarzes Meer^N
Black Sea
mer^F Noire
mar^M Negro
Mittelmeer^N
Mediterranean Sea
mer^F Méditerranée^F
mar^M Mediterráneo
Rotes Meer^N
Red Sea
mer^F Rouge
mar^M Rojo

STRUKTUR[F] DER ERDE[F]
STRUCTURE OF THE EARTH
STRUCTURE[F] DE LA TERRE[F]
ESTRUCTURA[F] DE LA TIERRA[F]

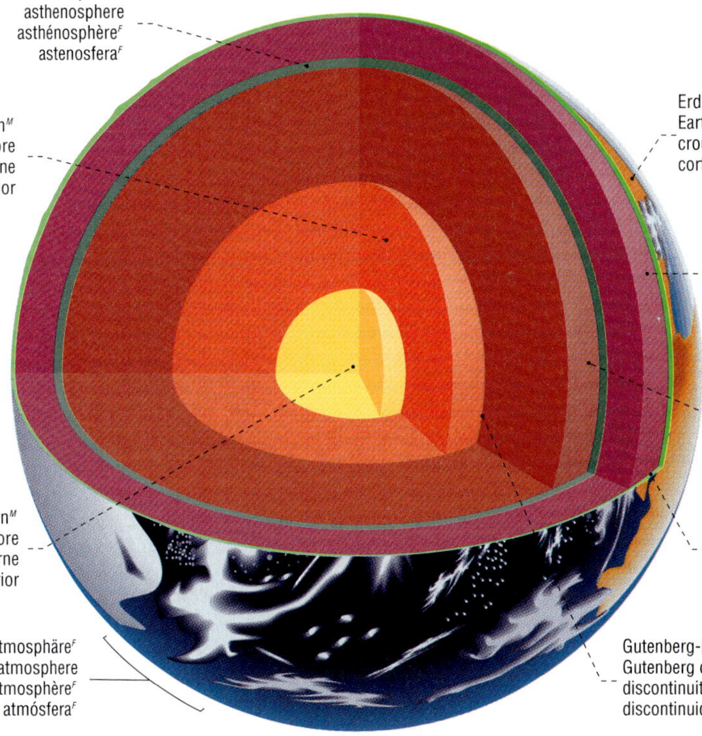

SCHNITT[M] DURCH DIE ERDKRUSTE[F]
SECTION OF THE EARTH'S CRUST
COUPE[F] DE LA CROÛTE[F] TERRESTRE
CORTE[M] DE LA CORTEZA[F] TERRESTRE

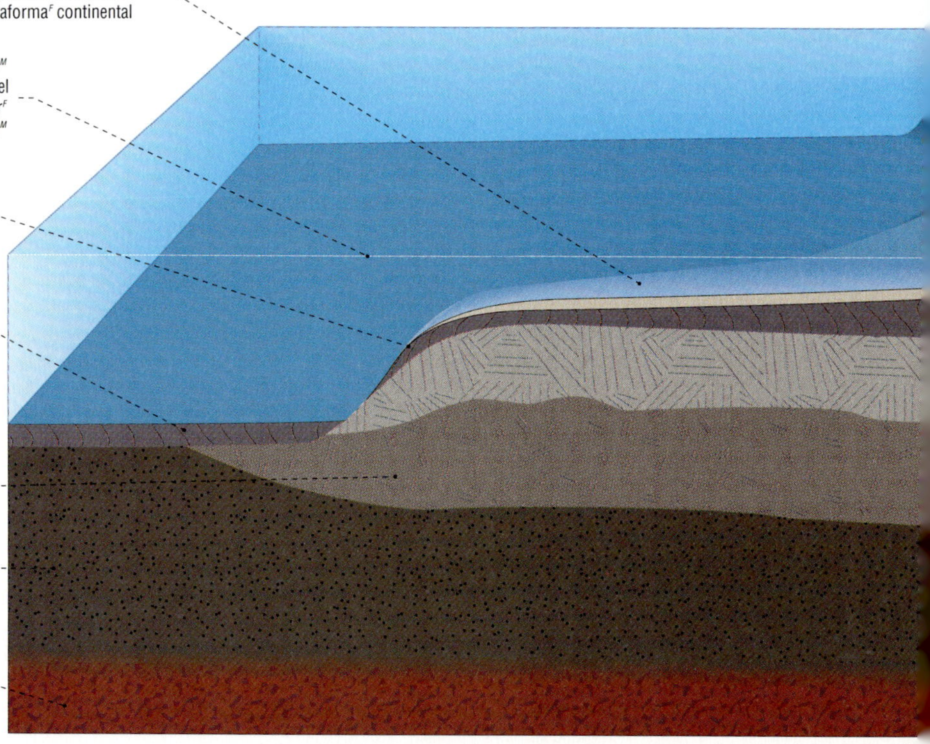

ERDBEBEN[N]
EARTHQUAKE
SÉISME[M]
TERREMOTO[M]

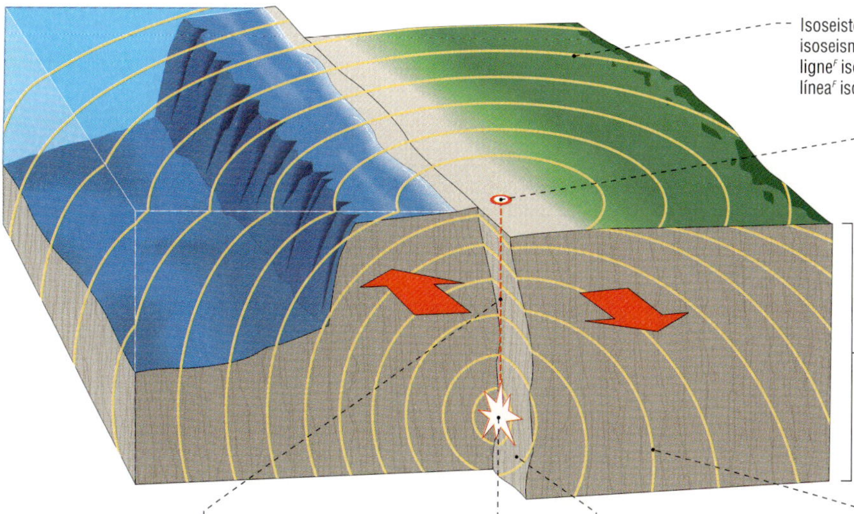

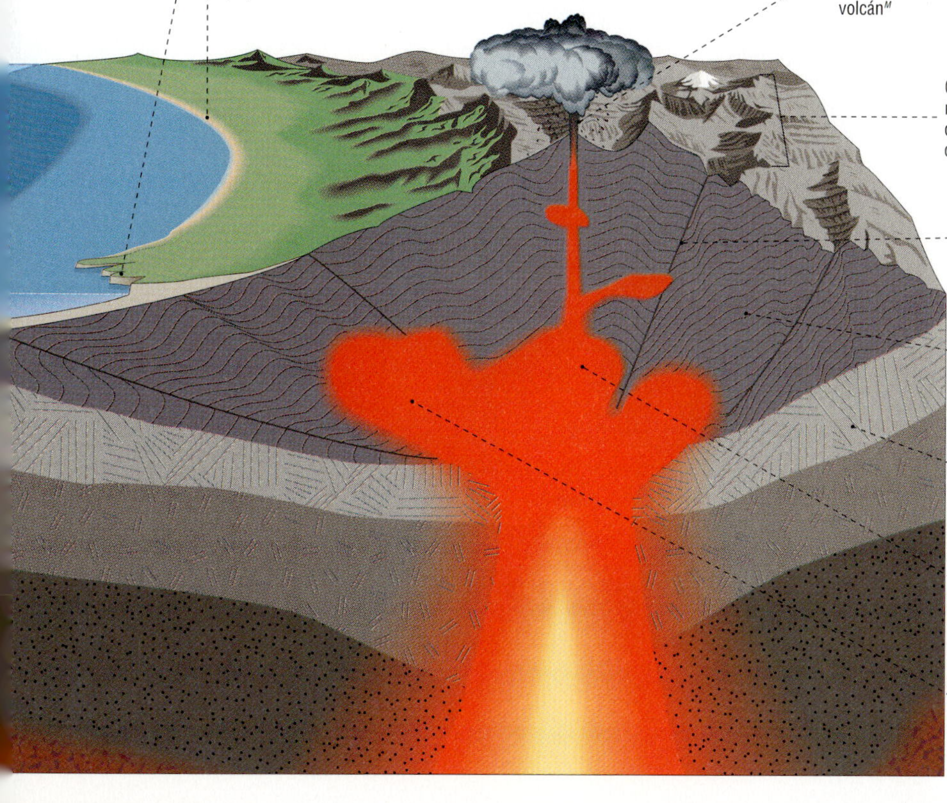

HÖHLE[F]
CAVE
GROTTE[F]
GRUTA[F]

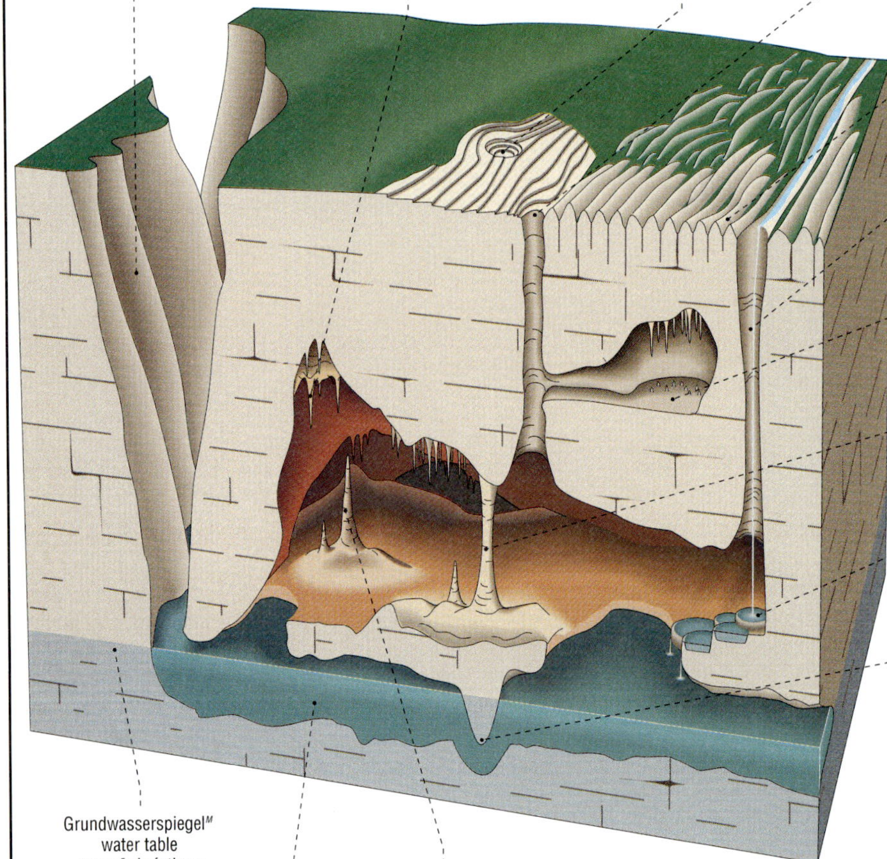

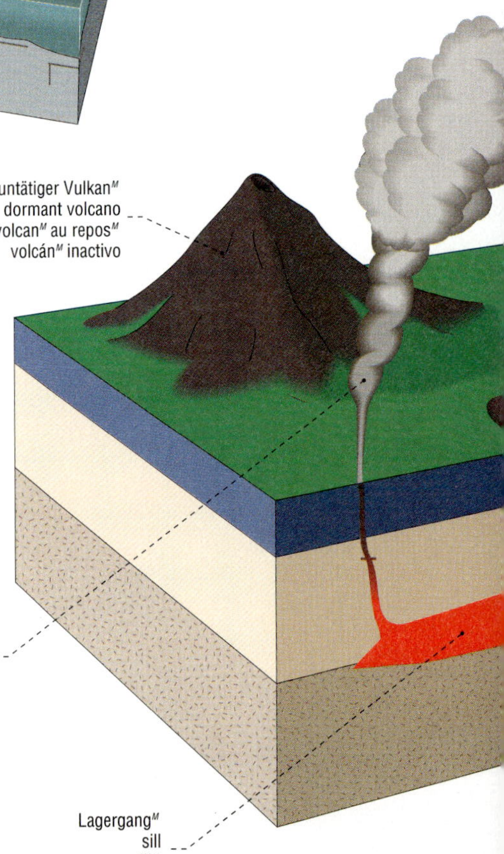

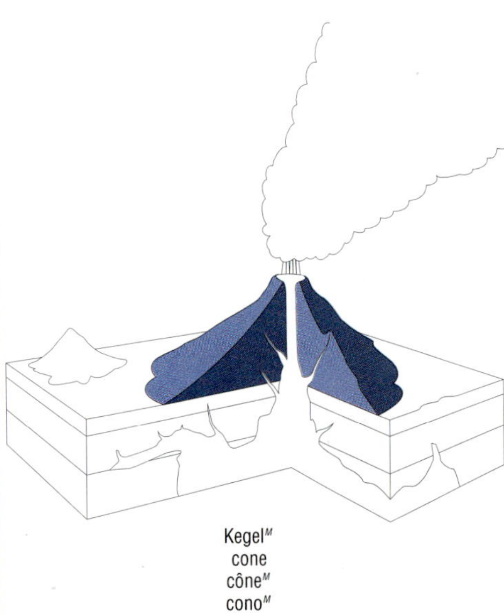

VULKAN[M]
VOLCANO
VOLCAN[M]
VOLCÁN[M]

VULKAN[M] MIT AUSBRUCHSTÄTIGKEIT[F]
VOLCANO DURING ERUPTION
VOLCAN[M] EN ÉRUPTION[F]
VOLCÁN[M] EN ERUPCIÓN[F]

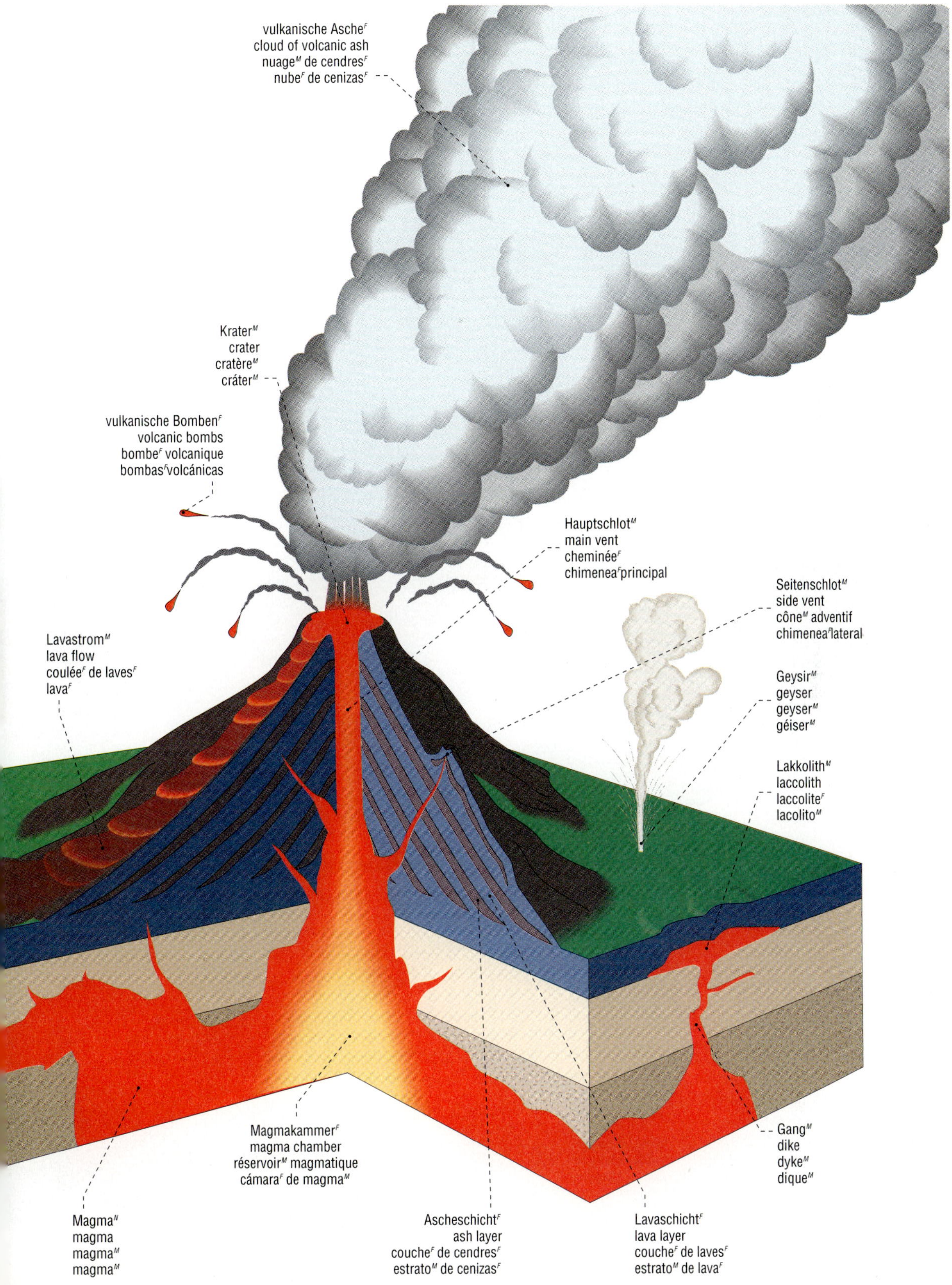

GLETSCHER[M]
GLACIER
GLACIER[M]
GLACIAR[M]

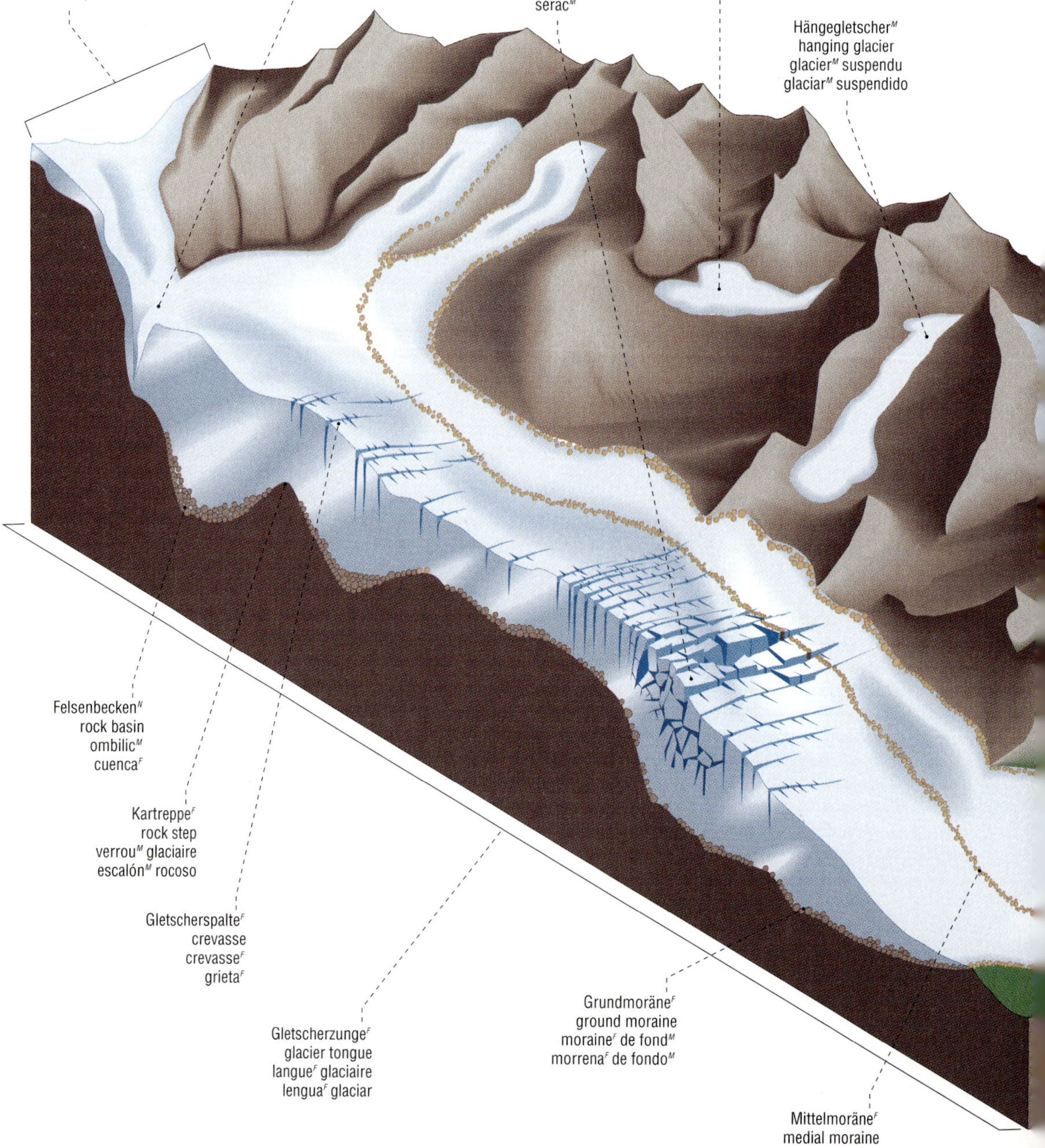

BERG[M]
MOUNTAIN
MONTAGNE[F]
MONTAÑA[F]

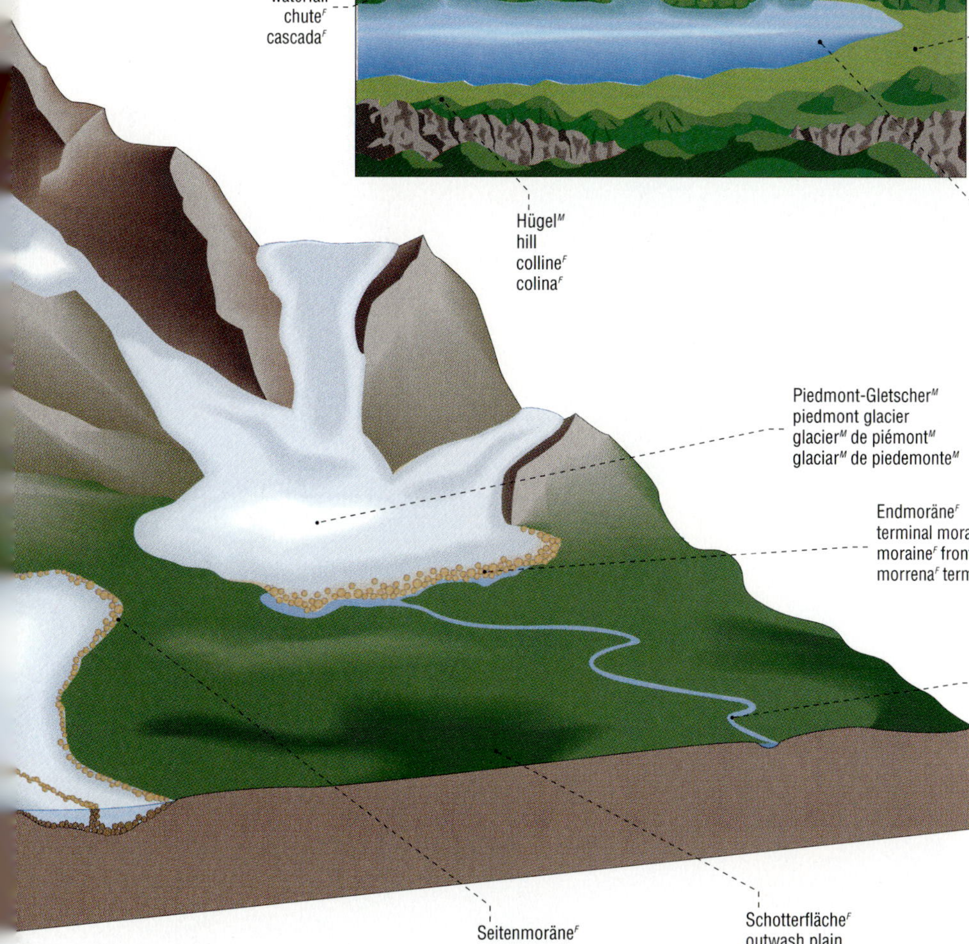

MEERESGRUND[M]
OCEAN FLOOR
FOND[M] DE L'OCÉAN[M]
LECHO[M] MARINO

OZEANISCHER RÜCKEN[M]
MID-OCEAN RIDGE
DORSALE[F] MÉDIO-OCÉANIQUE
DORSAL[F] OCEÁNICA

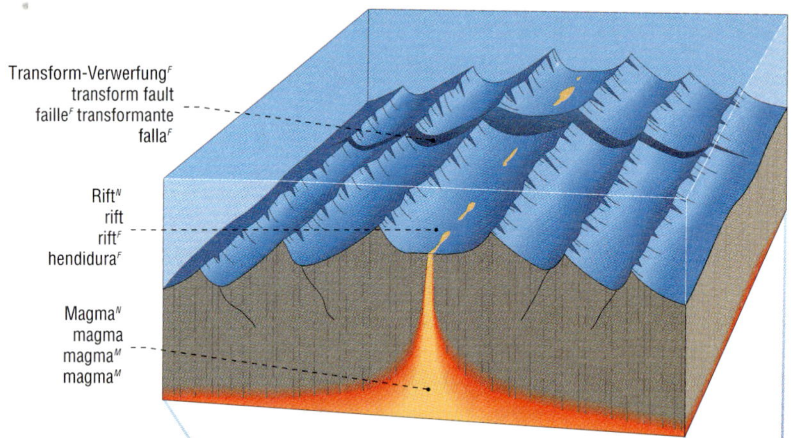

TOPOGRAPHISCHE MERKMALE[N]
TOPOGRAPHIC FEATURES
ÉLÉMENTS[M] TOPOGRAPHIQUES
CONFIGURACIÓN[F] TOPOGRÁFICA

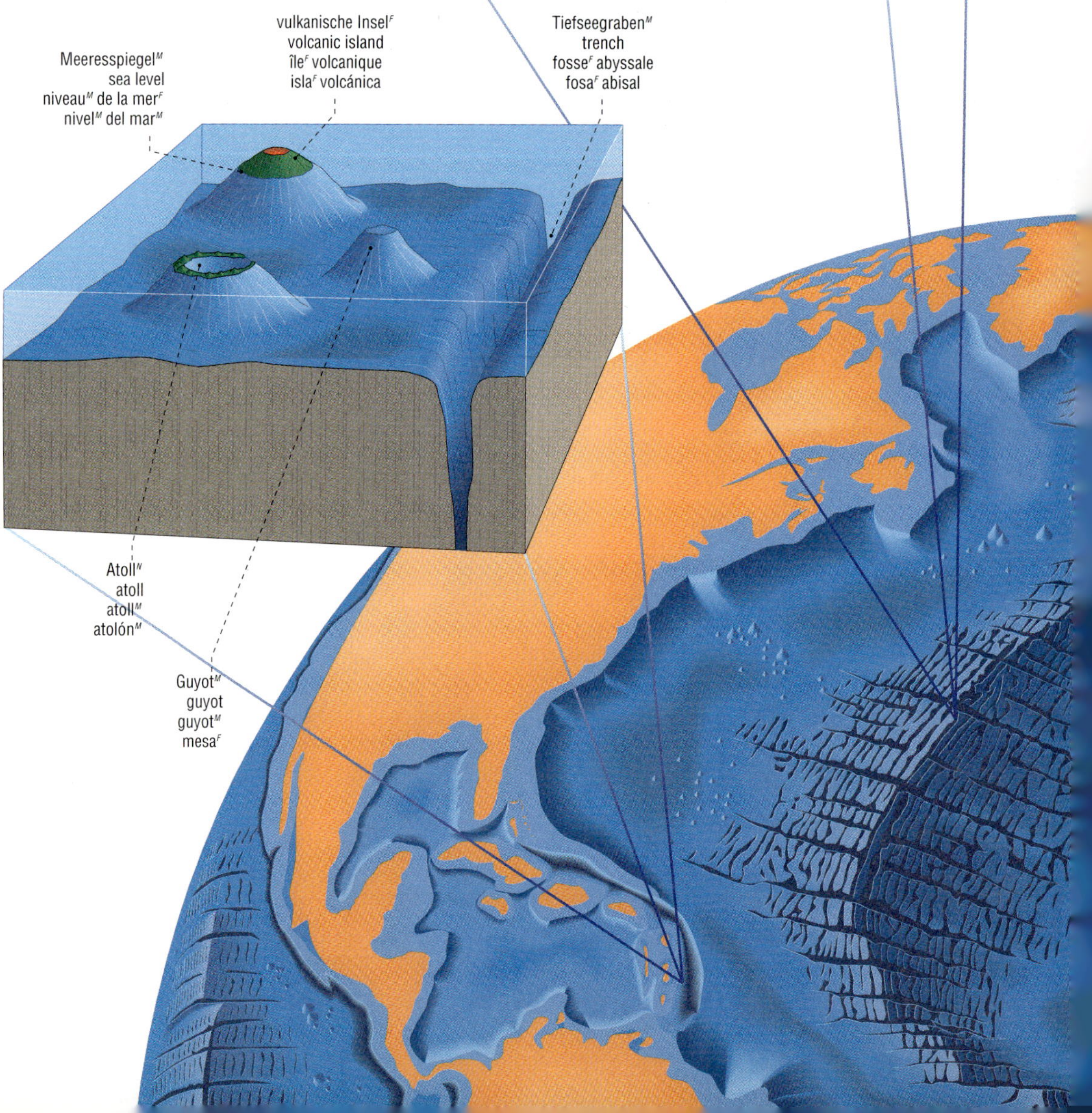

TIEFSEE-EBENE[F]
ABYSSAL PLAIN
PLAINE[F] ABYSSALE
LLANURA[F] ABISAL

KONTINENTALRAND[M]
CONTINENTAL MARGIN
MARGE[F] CONTINENTALE
CUENCA[F] OCEÁNICA

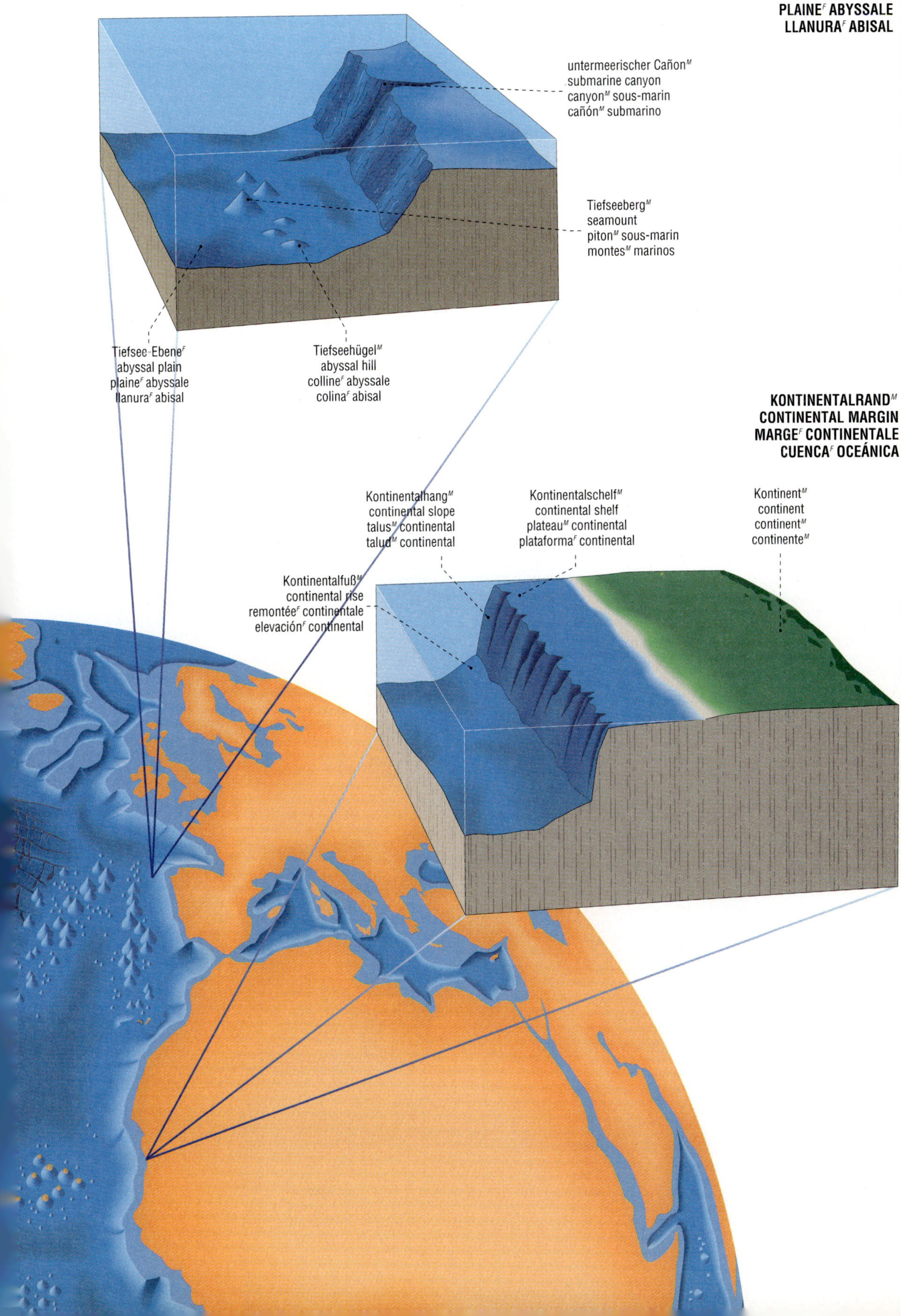

WELLE[F]
WAVE
VAGUE[F]
OLA[F]

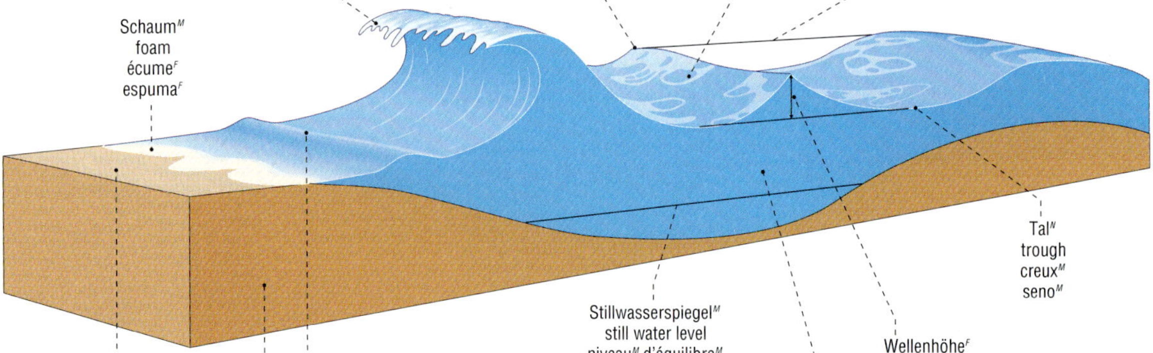

KÜSTENFORMEN[F]
COASTAL FEATURES
CONFIGURATION[F] DU LITTORAL[M]
CONFIGURACIÓN[F] DEL LITORAL[M]

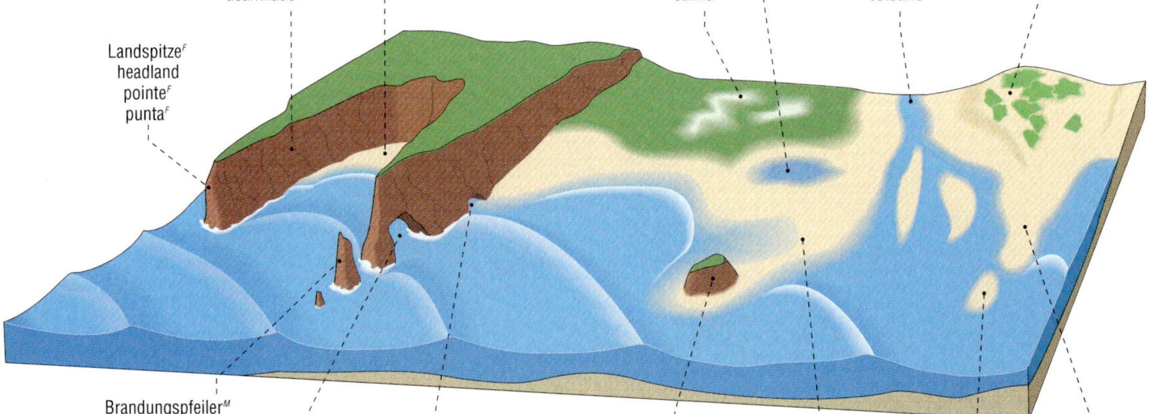

ÖKOLOGIE[F]
ECOLOGY
ÉCOLOGIE[F]
ECOLOGÍA[F]

STRUKTUR[F] DER BIOSPHÄRE[F]
STRUCTURE OF THE BIOSPHERE
STRUCTURE[F] DE LA BIOSPHÈRE[F]
ESTRCTURA[F] DE LA BIOSFERA[F]

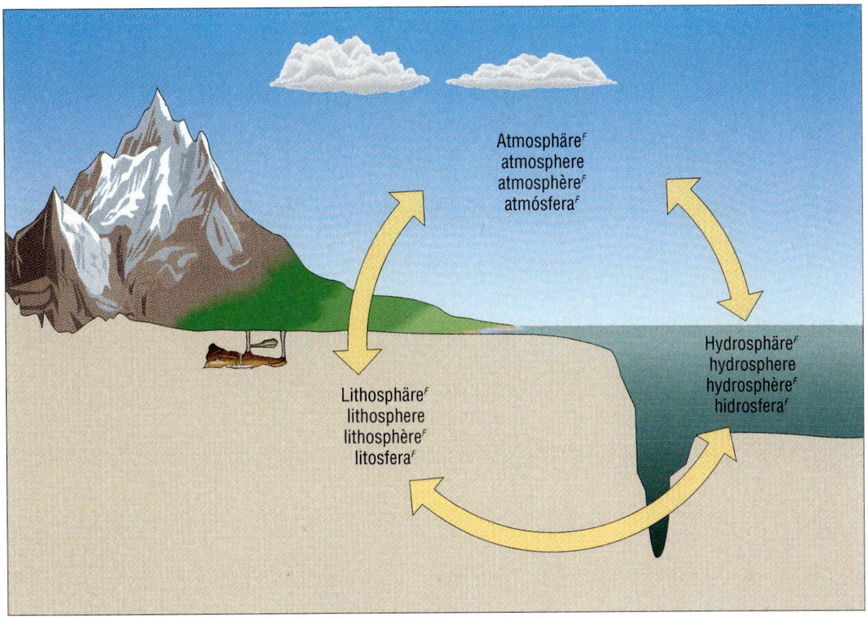

NAHRUNGSKETTE[F]
FOOD CHAIN
CHAÎNE[F] ALIMENTAIRE
CADENA[F] ALIMENTICIA

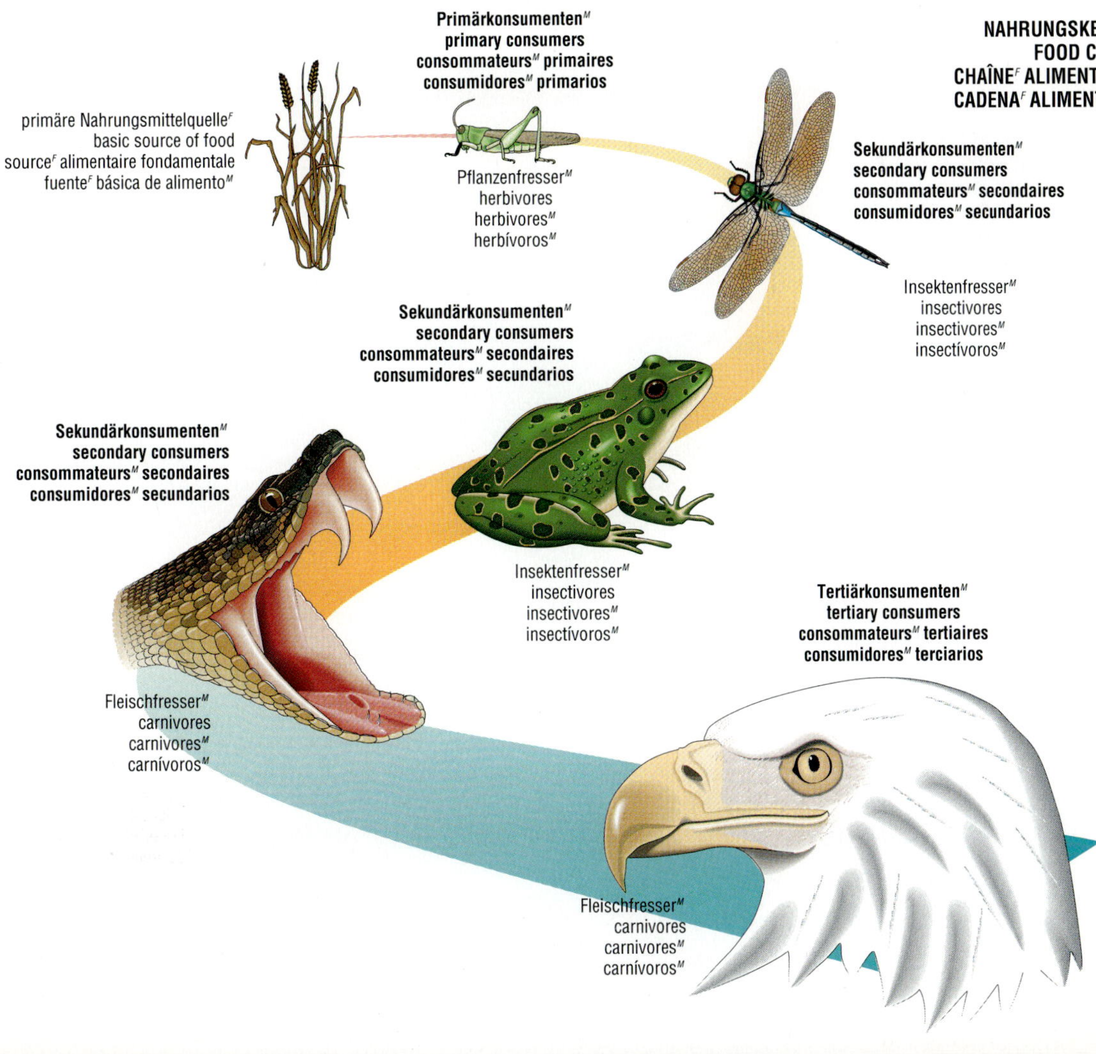

ÖKOLOGIE^F
ECOLOGY
ÉCOLOGIE^F
ECOLOGÍA^F

SCHADSTOFFBELASTUNG^F IM BODEN^M
POLLUTION OF FOOD ON GROUND
POLLUTION^F DES ALIMENTS^M AU SOL^M
CONTAMINACIÓN^F DE ALIMENTOS^M EN LA TIERRA^F

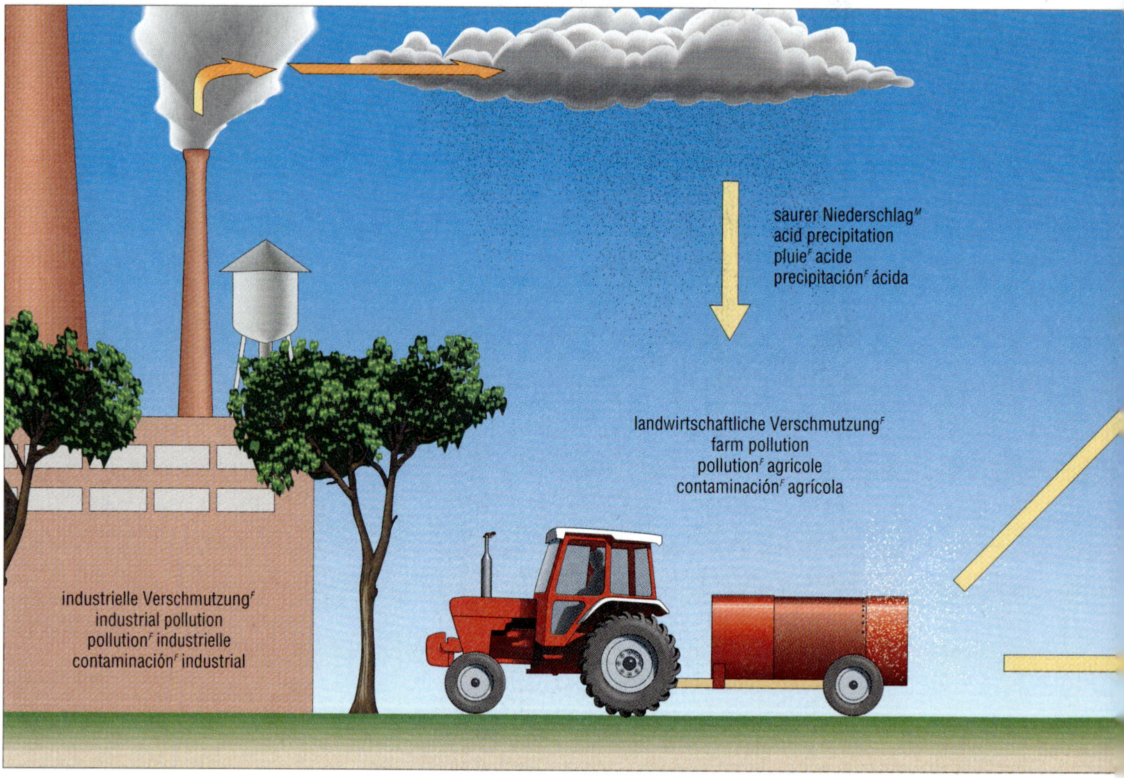

SCHADSTOFFBELASTUNG^F IM WASSER^N
POLLUTION OF FOOD IN WATER
POLLUTION^F DES ALIMENTS^M DANS L'EAU^F
CONTAMINACIÓN^F DE ALIMENTOS^M EN EL AGUA^F

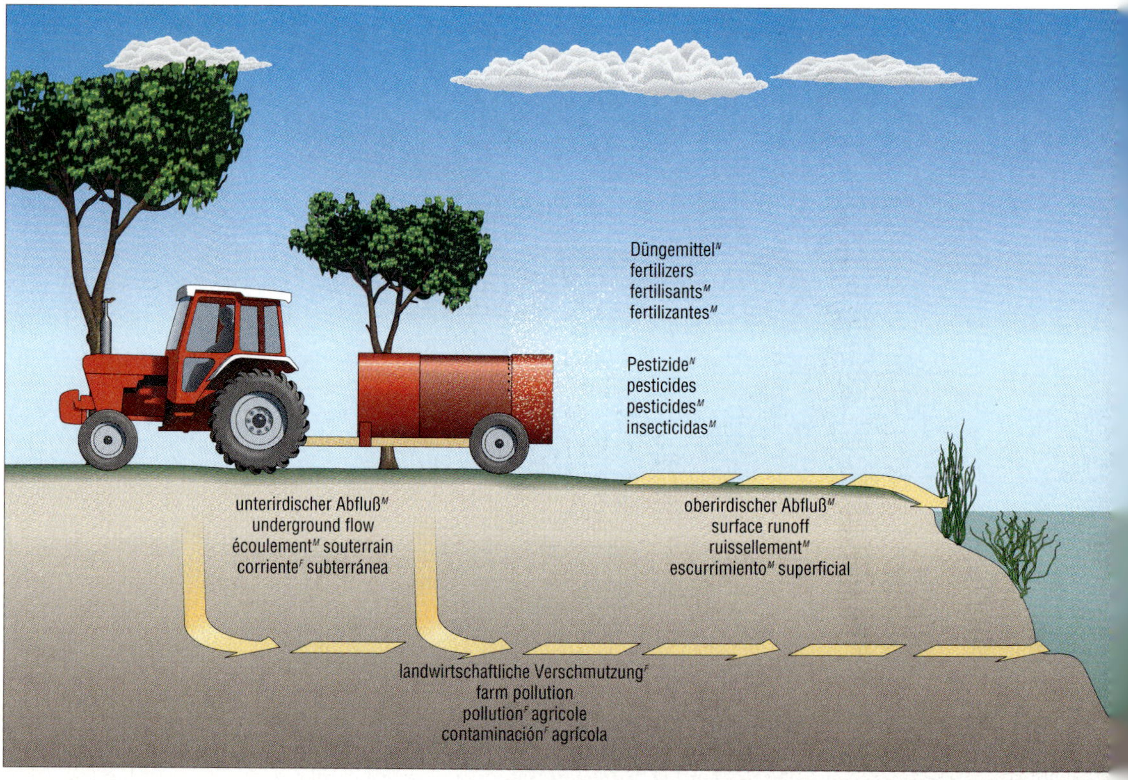

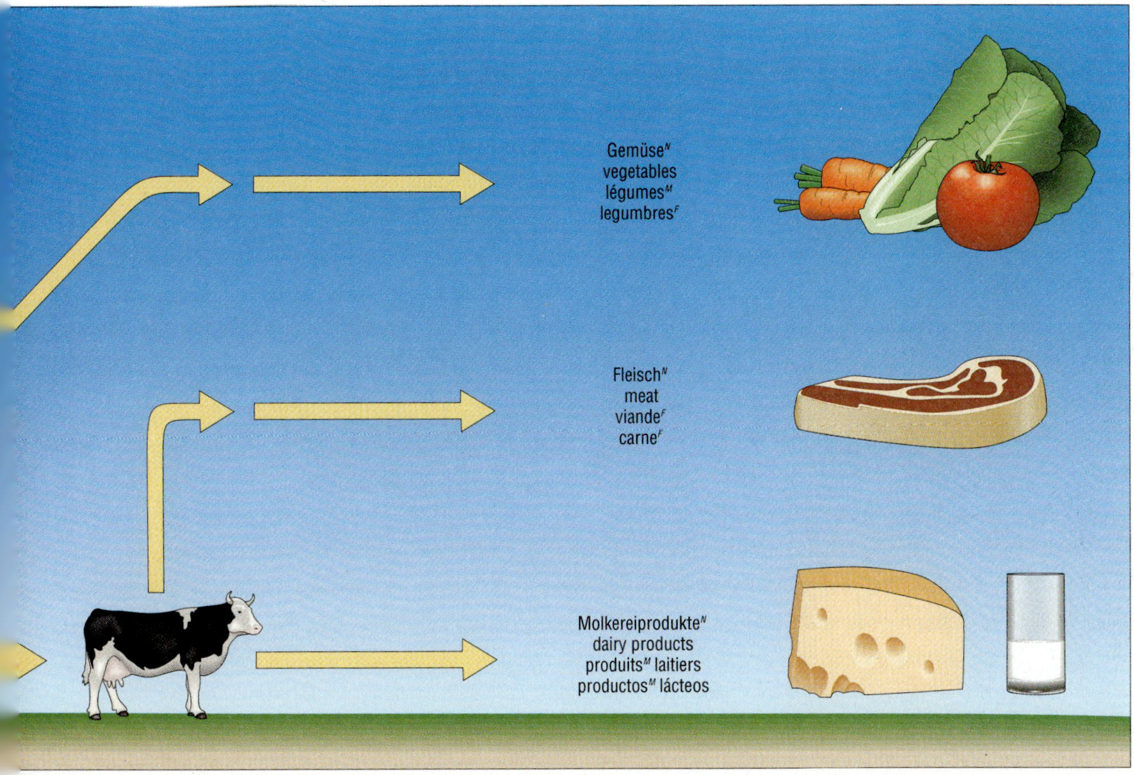
Gemüse[N]
vegetables
légumes[M]
legumbres[F]
Fleisch[N]
meat
viande[F]
carne[F]
Molkereiprodukte[N]
dairy products
produits[M] laitiers
productos[M] lácteos

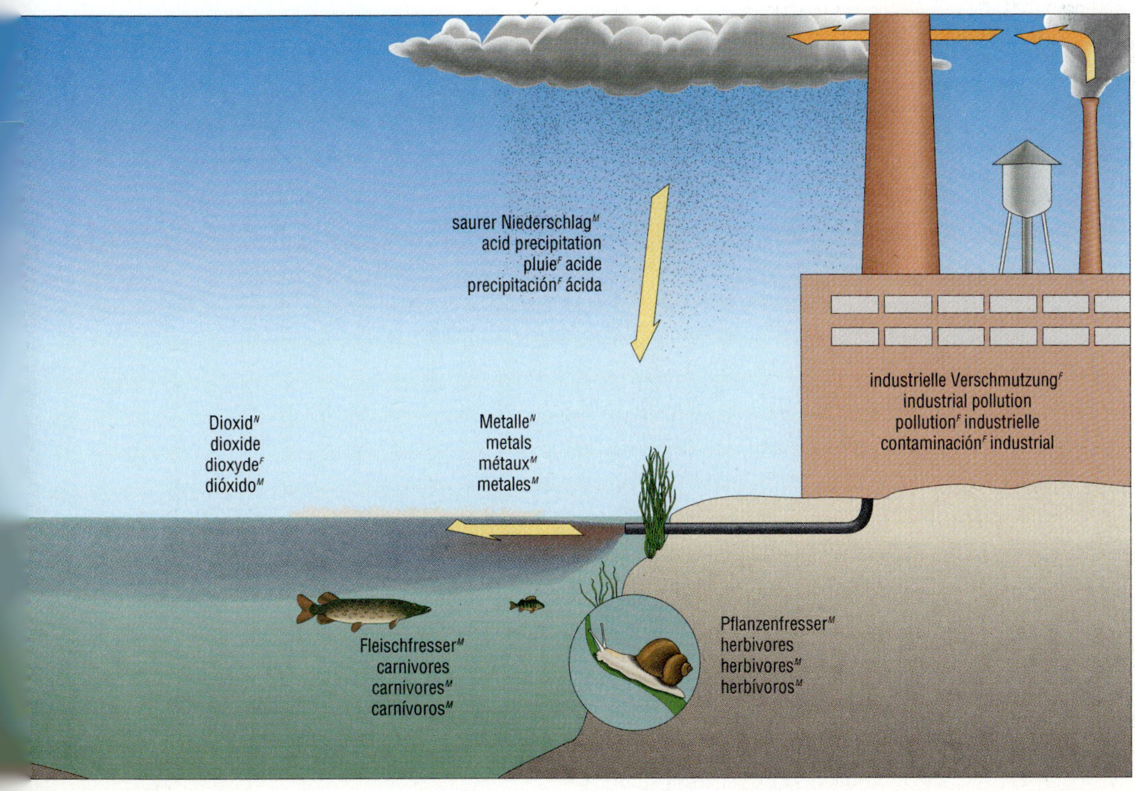
saurer Niederschlag[M]
acid precipitation
pluie[F] acide
precipitación[F] ácida
industrielle Verschmutzung[F]
industrial pollution
pollution[F] industrielle
contaminación[F] industrial
Dioxid[N]
dioxide
dioxyde[F]
dióxido[M]
Metalle[N]
metals
métaux[M]
metales[M]
Fleischfresser[M]
carnivores
carnivores[M]
carnívoros[M]
Pflanzenfresser[M]
herbivores
herbivores[M]
herbívoros[M]

ÖKOLOGIE[F]
ECOLOGY
ÉCOLOGIE[F]
ECOLOGÍA[F]

ATMOSPHÄRISCHE VERSCHMUTZUNG[F]
ATMOSPHERIC POLLUTION
POLLUTION[F] DE L'AIR[M]
CONTAMINACIÓN[F] ATMOSFÉRICA

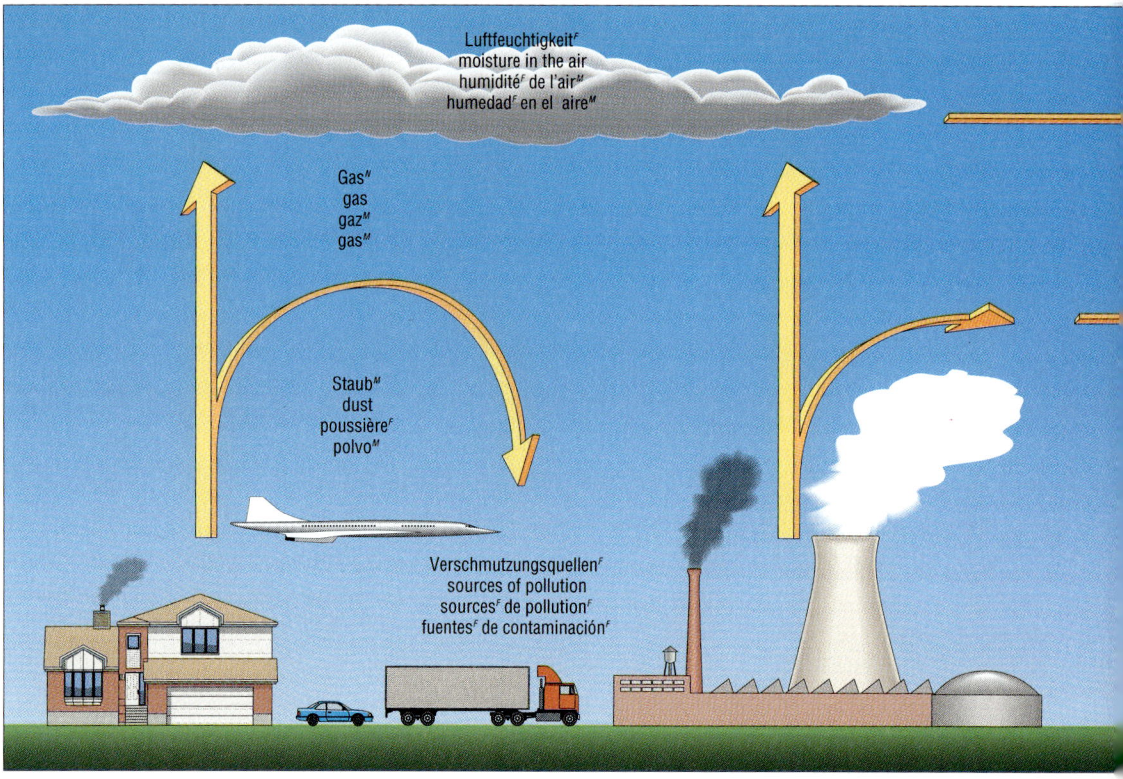

WASSERKREISLAUF[M]
HYDROLOGIC CYCLE
CYCLE[M] DE L'EAU[F]
CICLO[M] HIDROLÓGICO

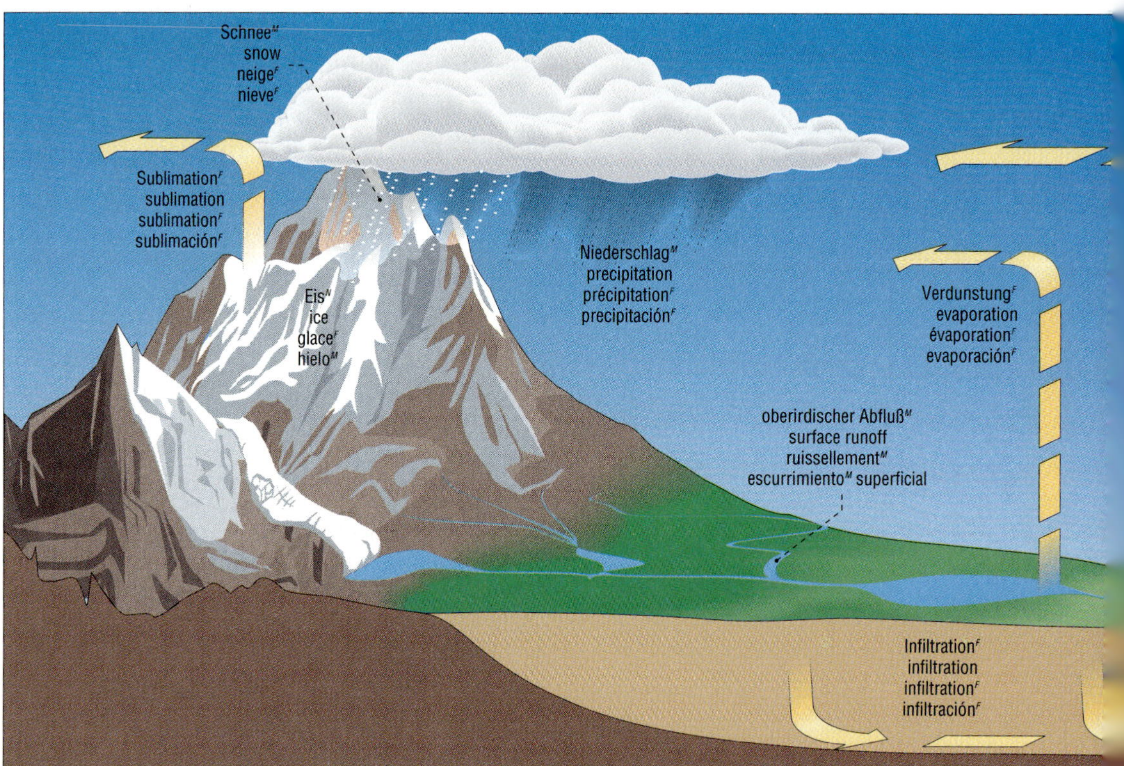

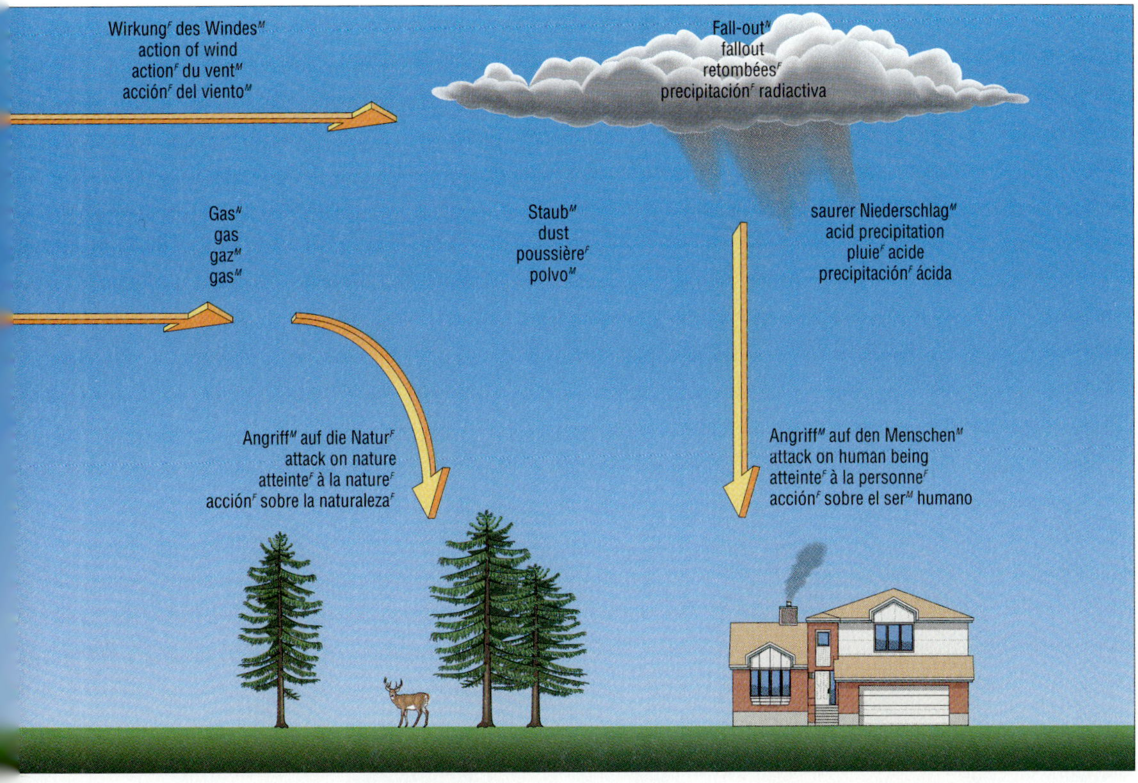
Wirkung^{F} des Windes^{M}
action of wind
action^{F} du vent^{M}
acción^{F} del viento^{M}
Fall-out^{N}
fallout
retombées^{F}
precipitación^{F} radiactiva
Gas^{N}
gas
gaz^{M}
gas^{M}
Staub^{M}
dust
poussière^{F}
polvo^{M}
saurer Niederschlag^{M}
acid precipitation
pluie^{F} acide
precipitación^{F} ácida
Angriff^{M} auf die Natur^{F}
attack on nature
atteinte^{F} à la nature^{F}
acción^{F} sobre la naturaleza^{F}
Angriff^{M} auf den Menschen^{M}
attack on human being
atteinte^{F} à la personne^{F}
acción^{F} sobre el ser^{M} humano

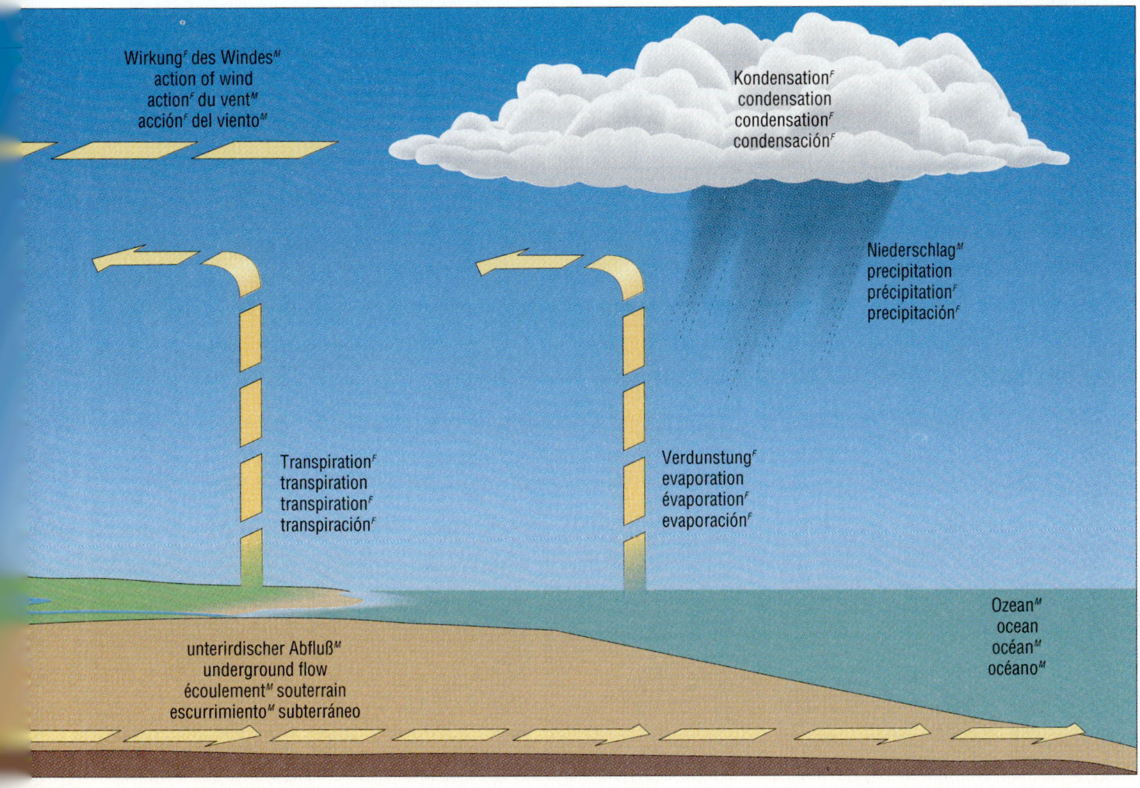
Wirkung^{F} des Windes^{M}
action of wind
action^{F} du vent^{M}
acción^{F} del viento^{M}
Kondensation^{F}
condensation
condensation^{F}
condensación^{F}
Niederschlag^{M}
precipitation
précipitation^{F}
precipitación^{F}
Transpiration^{F}
transpiration
transpiration^{F}
transpiración^{F}
Verdunstung^{F}
evaporation
évaporation^{F}
evaporación^{F}
Ozean^{M}
ocean
océan^{M}
océano^{M}
unterirdischer Abfluß^{M}
underground flow
écoulement^{M} souterrain
escurrimiento^{M} subterráneo

NIEDERSCHLÄGE[M]
PRECIPITATIONS
PRÉCIPITATIONS[F]
PRECIPITACIONES[F]

STÜRMISCHER HIMMEL[M]
STORMY SKY
CIEL[M] D'ORAGE[M]
CIELO[M] TURBULENTO

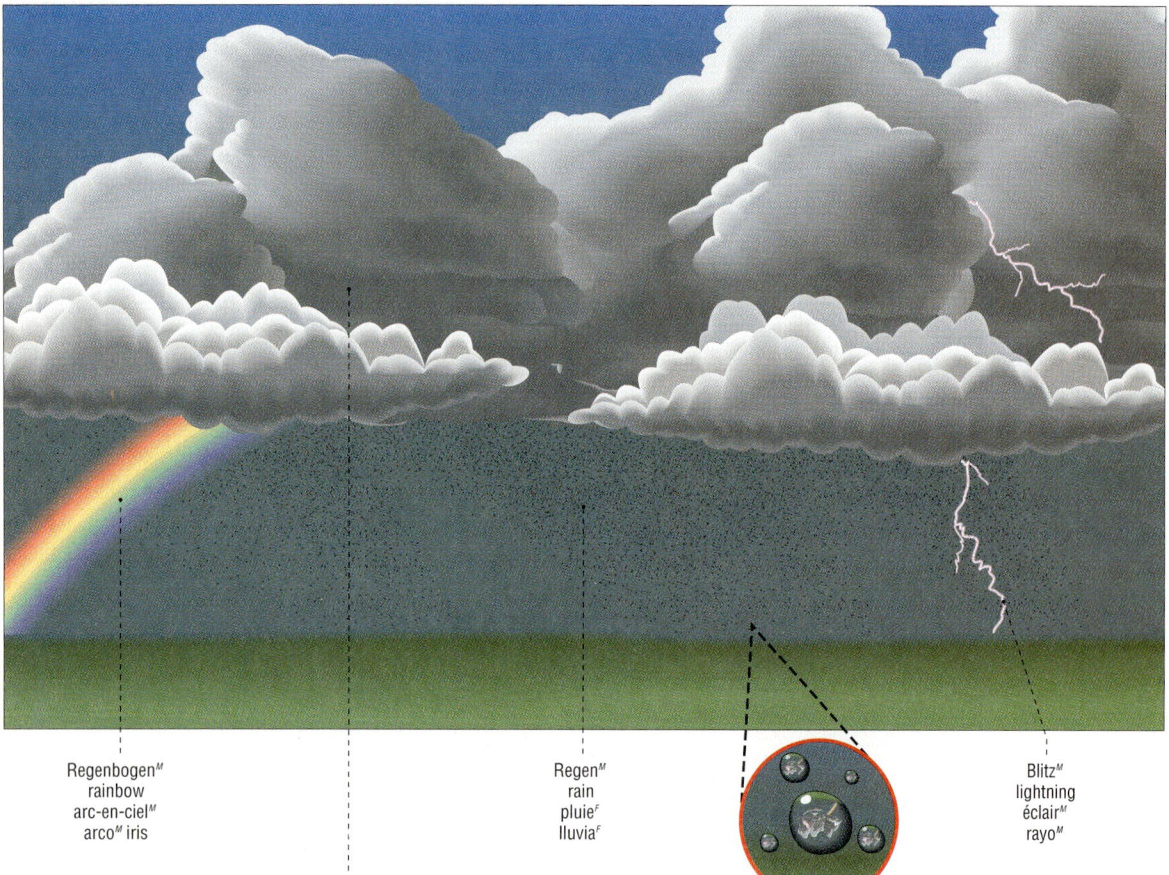

KLASSIFIKATION[F] VON SCHNEEKRISTALLEN[M]
CLASSIFICATION OF SNOW CRYSTALS
CLASSIFICATION[F] DES CRISTAUX[M] DE NEIGE[F]
CLASIFICACIÓN[F] DE LOS CRISTALES[M] DE NIEVE[F]

Plättchen[N] plate crystal plaquette[F] plaquita[F] de hielo[M]	Stern[M] stellar crystal étoile[F] estrella[F]	Säule[F] column colonne[F] columna[F]	Nadel[F] needle aiguille[F] aguja[F]	räumlicher Dendrit[M] spatial dendrite dendrite[F] spatiale dendrita[F] espacial

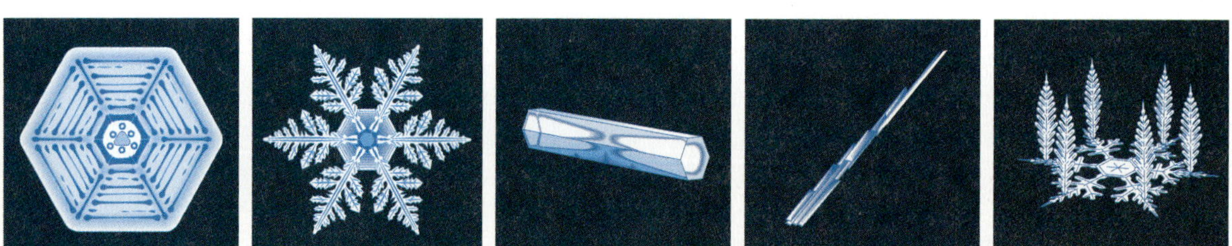

Dunst[M]
mist
brume[F]
neblina[F]

Nebel[M]
fog
brouillard[M]
niebla[F]

Tau[M]
dew
rosée[F]
rocío[M]

Rauhreif[M]
glazed frost
verglas[M]
escarcha[F]

bedeckte Säule[F]
capped column
colonne[F] avec capuchon[M]
columna[F] con capuchon[M]

irreguläres Aggregat[N]
irregular crystal
cristaux[M] irréguliers
cristales[M] irregulares

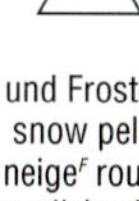

Reif- und Frostgraupel[F]
snow pellet
neige[F] roulée
copo[M] de nieve[F]

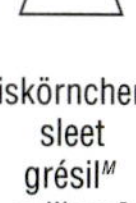

Eiskörnchen[N]
sleet
grésil[M]
cellisca[F]

Hagel[M]
hail
grêlon[M]
granizo[M]

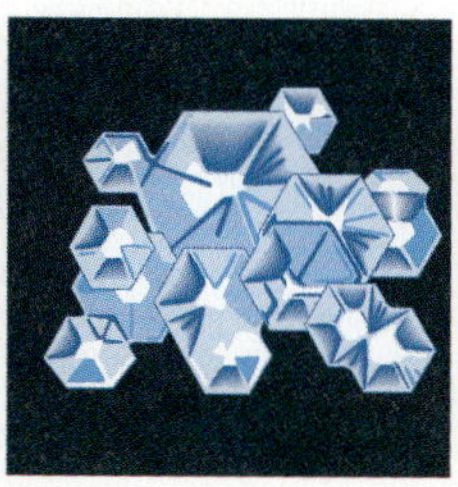

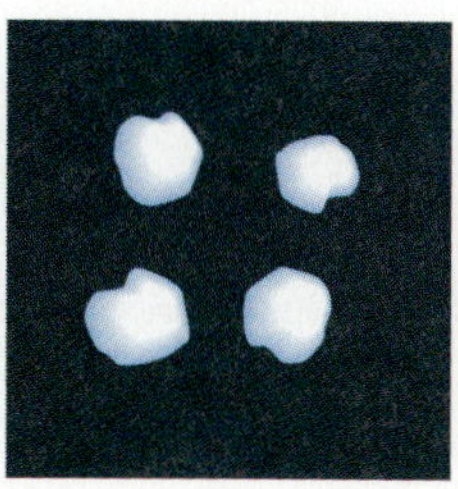

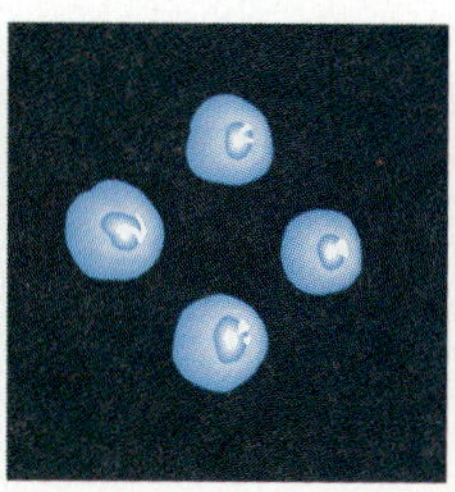

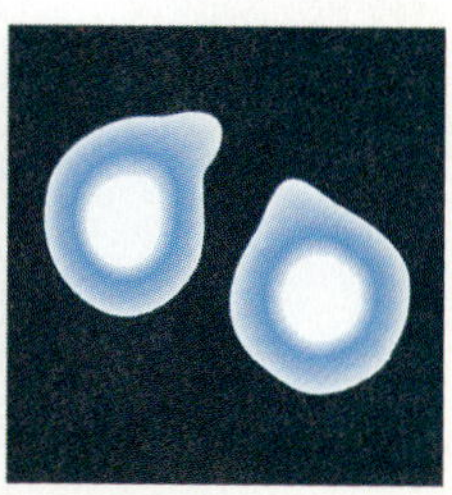

METEOROLOGIE[F]
METEOROLOGY
MÉTÉOROLOGIE[F]
METEOROLOGÍA[F]

WETTERKARTE[F]
WEATHER MAP
CARTE[F] MÉTÉOROLOGIQUE
CARTA[F] DEL TIEMPO[M]

Windrichtung und -geschwindigkeit[F]
wind direction and speed
direction[F] et force[F] du vent[M]
dirección[F] y velocidad[F] del viento[M]

Luftdruck[M]
barometric pressure
pression[F] barométrique
presión[F] barométrica

Isobare[F]
isobar
isobare[F]
isobara[F]

Tiefdruckgebiet[N]
low pressure centre
dépression[F]
zona[F] de baja presión[F]

Niederschlagsgebiet[N]
precipitation area
zone[F] de précipitation[F]
zona[F] de precipitación[F]

Trog[M]
trough
creux[M] barométrique
depresión[F] barométrica

Luftmasse[F]
type of the air mass
type[M] de la masse[F] d'air[M]
masa[F] de aire[M]

Hochdruckgebiet[N]
high pressure centre
anticyclone[M]
zona[F] de alta presión[F]

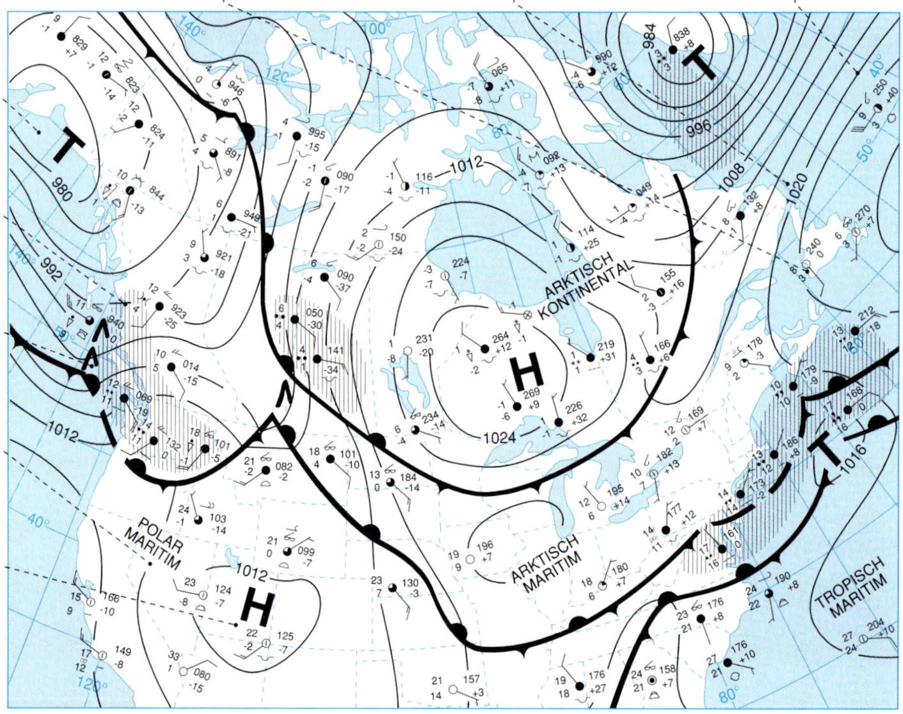

STATIONSMODELL[N]
STATION MODEL
DISPOSITION[F] DES INFORMATIONS[F] D'UNE STATION[F]
MODELO[M] DE CLAVE[F]

Windgeschwindigkeit[F]
wind speed
force[F] du vent[M]
velocidad[F] del viento[M]

Art[F] der hohen Wolken[F]
type of high cloud
type[M] de nuage[M] élevé
nube[F] alta

Art[F] der mittelhohen Wolken[F]
type of middle cloud
type[M] de nuage[M] moyen
nube[F] media

Stationskreis[M]
station circle
cercle[M] de la station[F]
círculo[M] de la estación[F]

Lufttemperatur[F]
air temperature
température[F] de l'air[M]
temperatura[F] ambiente

Luftdruck[M] in Meereshöhe[F]
sea-level pressure
pression[F] au niveau[M] de la mer[F]
presión[F] barométrica a nivel[M] del mar[M]

Windrichtung[F]
wind direction
direction[F] du vent[M]
dirección[M] del viento[M]

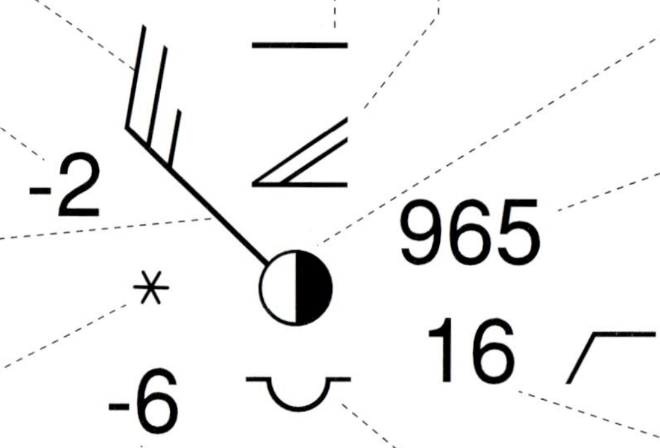

Drucktendenz[F]
barometric tendency
tendance[F] barométrique
tendencia[F] barométrica

gegenwärtige Wetterlage[F]
present state of weather
état[M] présent du temps[M]
estado[M] actual del tiempo[M]

Luftdruckänderung[F]
pressure change
évolution[F] de la pression[F]
cambio[M] de presión[F]

Taupunkttemperatur[F]
temperature of dew point
température[F] du point[M] de rosée[F]
temperatura[F] del punto[M] de rocío[M]

Art[F] der tiefen Wolken[F]
type of low cloud
type[M] de nuage[M] bas
nube[F] baja

WIND[M]
WIND
VENT[M]
VIENTO[M]

Windstille[F]
calm
air[M] calme
calma[F]

Pfeil[M]
shaft
hampe[F]
brisa[F] leve

ganzer Querstrich[M]
barb
barbule[F]
viento[M] moderado

Windstärkefiederchen[N]
wind arrow
flèche[F] du vent[M]
flecha[F] indicadora de la dirección[F] del viento[M]

halber Querstrich[M]
half barb
demi-barbule[F]
viento[M] suave

Fähnchen[N]
pennant
fanion[M]
tempestad[F]

INTERNATIONALE WETTERSYMBOLE[N]
INTERNATIONAL WEATHER SYMBOLS
SYMBOLES[M] MÉTÉOROLOGIQUES INTERNATIONAUX
SÍMBOLOS[M] METEOROLÓGICOS INTERNACIONALES

FRONTEN[F]
FRONTS
FRONTS[M]
FRENTES[M]

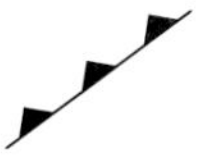
Kaltfront[F] am Boden[M]
surface cold front
front[M] froid en surface[F]
frente[M] frío de superficie[F]

Warmfront[F] am Boden[M]
surface warm front
front[M] chaud en surface[F]
frente[M] cálido de superficie[F]

Okklusion[F]
occluded front
front[M] occlus
frente[M] ocluido

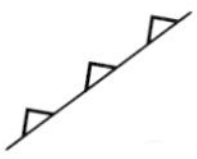
Höhenkaltfront[F]
upper cold front
front[M] froid en altitude[F]
frente[M] frío en las alturas[F]

Höhenwarmfront[F]
upper warm front
front[M] chaud en altitude[F]
frente[M] cálido en las alturas[F]

stationäre Front[F]
stationary front
front[M] stationnaire
frente[M] estacionario

BEDECKUNGSGRAD[M]
CLOUD AMOUNT
NÉBULOSITÉ[F]
NUBOSIDAD[F]

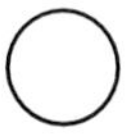
wolkenloser Himmel[M]
clear sky
ciel[M] clair
despejado

Himmel[M] mit vereinzelten Wolken[F]
scattered sky
ciel[M] à nébulosité[F] dispersée
nubes[F] dispersas

stark bewölkter Himmel[M]
very cloudy sky
ciel[M] très nuageux
muy nublado

bedeckter Himmel[M]
overcast sky
ciel[M] couvert
completamente nublado

bewölkter Himmel[M]
cloudy sky
ciel[M] nuageux
medio nublado

heiterer Himmel[M]
slightly covered sky
ciel[M] peu nuageux
ligeramente nublado

nicht angebbar (z.B. wegen Nebel[M])
obscured sky
ciel[M] noir
obscurecido por contaminación[F]

METEORE[M]
METEORS
MÉTÉORES[M]
FENÓMENOS[M] ATMOSFÉRICOS

Regen[M] mit Unterbrechungen[F]
intermittent rain
pluie[F] intermittente
lluvia[F] intermitente

Schneeschauer[M]
snow shower
averse[F] de neige[F]
chubasco[M] de nieve[F]

anhaltender Regen[M]
continuous rain
pluie[F] continue
lluvia[F] continua

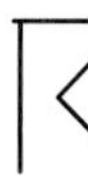
Gewitter[N]
thunderstorm
orage[M]
tormenta[F]

Schneeregen[M]
sleet
grésil[M]
aguanieve[F]

Sprühregen[M] mit Unterbrechungen[F]
intermittent drizzle
bruine[F] intermittente
llovizna[F] intermintente

starkes Gewitter[N]
heavy thunderstorm
orage[M] violent
tormenta[F] eléctrica

Hagelschauer[M]
hail shower
averse[F] de grêle[F]
granizada[F]

anhaltender Sprühregen[M]
continuous drizzle
bruine[F] continue
llovizna[F] continua

Sand- oder Staubsturm[M]
sandstorm or dust storm
tempête[F] de sable[M] ou de poussière[F]
tormenta[F] de polvo[M]

Bö[F]
squall
grain[M]
borrasca[F]

Schnee[M] mit Unterbrechungen[F]
intermittent snow
neige[F] intermittente
nieve[F] intermitente

tropischer Sturm[M]
tropical storm
tempête[F] tropicale
tormenta[F] tropical

Eisregen[M]
freezing rain
pluie[F] verglaçante
lluvia[F] helada

anhaltender Schnee[M]
continuous snow
neige[F] continue
nieve[F] continua

Orkan[M]
hurricane
ouragan[M]
huracán[M]

Rauch[M]
smoke
fumée[F]
humo[M]

Regenschauer[M]
rain shower
averse[F] de pluie[F]
chubasco[M]

leichtes Schneetreiben[N]
slight drifting snow low
chasse-neige[F] faible basse
acumulación[F] baja de nieve[F] liviana

Dunst[M]
mist
brume[F]
neblina[F]

starkes Schneetreiben[N]
heavy drifting snow low
chasse-neige[F] forte basse
acumulación[F] baja de nieve[F] pesada

Nebel[M]
fog
brouillard[M]
niebla[F]

METEOROLOGISCHE MESSINSTRUMENTE[N]
METEOROLOGICAL MEASURING INSTRUMENTS
INSTRUMENTS[M] DE MESURE[F] MÉTÉOROLOGIQUE
INSTRUMENTOS[M] DE MEDICIÓN[F] METEOROLÓGICA

MESSUNG[F] DES SONNENSCHEINS[M]
MEASURE OF SUNSHINE
MESURE[F] DE L'ENSOLEILLEMENT[M]
MEDICIÓN[F] DE LA LUZ[F] SOLAR

Sonnenscheinautograph[M]
sunshine recorder
héliographe[M]
actinómetro[M]

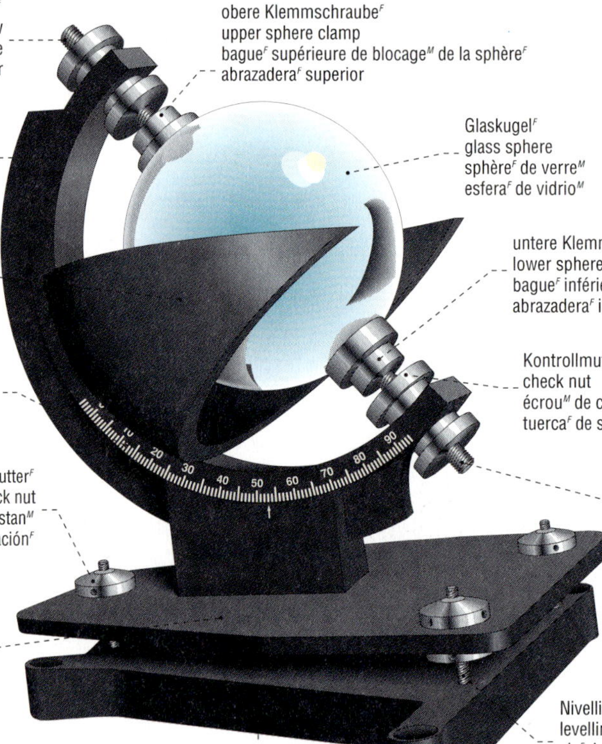

obere Halterungsschraube[F]
upper support screw
vis[F] de support[M] supérieure
tornillo[M] de soporte[M] superior

obere Klemmschraube[F]
upper sphere clamp
bague[F] supérieure de blocage[M] de la sphère[F]
abrazadera[F] superior

Kugelhalterung[F]
sphere support
support[M] de sphère[F]
soporte[M] de la esfera[F]

Glaskugel[F]
glass sphere
sphère[F] de verre[M]
esfera[F] de vidrio[M]

Halterung[F] für die Registrierkarten[F]
card support
porte-cartes[M]

untere Klemmschraube[F]
lower sphere clamp
bague[F] inférieure de blocage[M] de la sphère[F]
abrazadera[F] inferior

Breitengradskala[F]
latitude scale
échelle[F] de latitude[F]
escala[F] de latitud[F]

Kontrollmutter[F]
check nut
écrou[M] de contrôle[M]
tuerca[F] de seguridad[F]

Gegenmutter[F]
lock nut
écrou[M] à cabestan[M]
tuerca[F] de fijación[F]

untere Halterungsschraube[F]
lower support screw
vis[F] de support[M] inférieure
tornillo[M] de soporte[M] inferior

Grundplatte[F]
base plate
base[F]
placa[F] base[F]

Nivellierschraube[F]
levelling screw
vis[F] de nivellement[M]
tornillo[M] nivelador

Sockel[M]
sub-base
socle[M]
pie[M]

MESSUNG[F] DES REGENFALLS[M]
MEASURE OF RAINFALL
MESURE[F] DE LA PLUVIOSITÉ[F]
MEDICIÓN[F] DE LA LLUVIA[F]

selbstschreibender Regenmesser[M]
direct-reading rain gauge
pluviomètre[M] à lecture[F] directe
pluviómetro[M] de lectura[F] directa

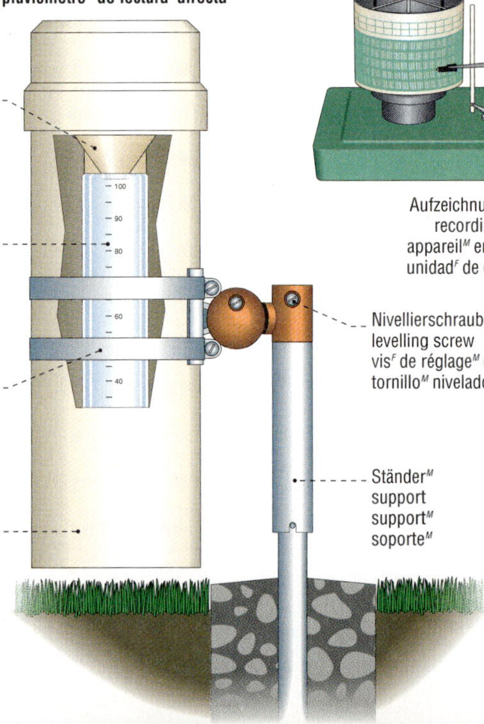

Sammeltrichter[M]
collecting funnel
entonnoir[M] collecteur
colector[M]

Meßrohr[N]
measuring tube
éprouvette[F] graduée
tubo[M] medidor

Nivellierschraube[F]
levelling screw
vis[F] de réglage[M] du niveau[M]
tornillo[M] nivelador

Schelle[F]
tightening band
collier[M] de serrage[M]
banda[F] de tensión[F]

Ständer[M]
support
support[M]
soporte[M]

Behälter[M]
container
récipient[M]
recipiente[M] de vertido[M]

Niederschlagsschreiber[M]
rain gauge recorder
pluviomètre[M] enregistreur
pluviómetro[M]

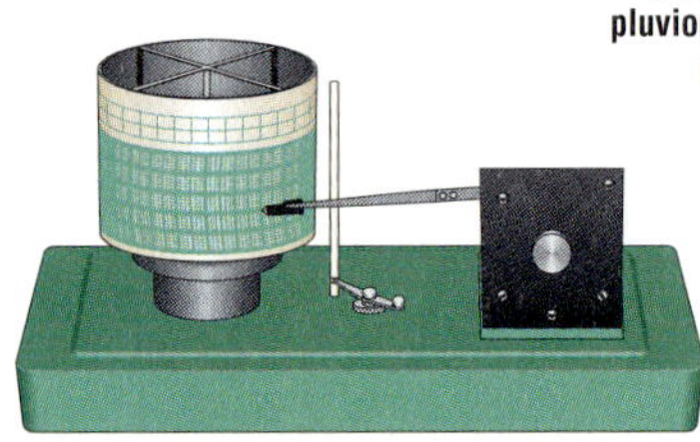

Aufzeichnungsgerät[N]
recording unit
appareil[M] enregistreur
unidad[F] de grabación[F]

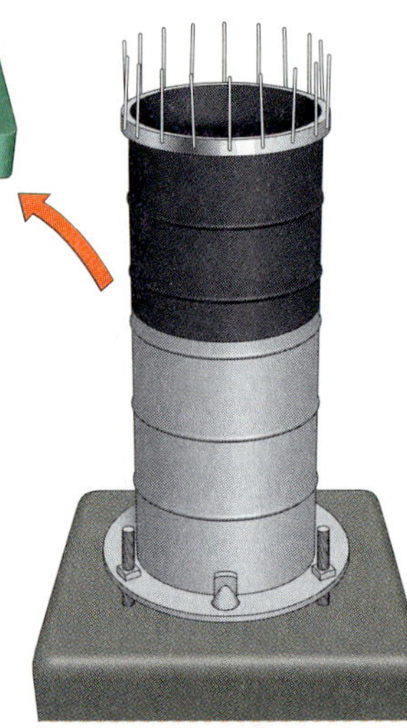

Auffanggefäß[N]
collecting vessel
récipient[M] collecteur
recipiente[M] de acumulación[F]

MESSUNG^{F} DER TEMPERATUR^{F}
MEASURE OF TEMPERATURE
MESURE^{F} DE LA TEMPÉRATURE^{F}
MEDICIÓN^{F} DE LA TEMPERATURA^{F}

Minimumthermometer^{N}
minimum thermometer
thermomètre^{M} à minima^{M}
termómetro^{M} mínimo

Maximumthermometer^{N}
maximum thermometer
thermomètre^{M} à maxima^{M}
termómetro^{M} máximo

WETTERHÜTTE^{F}
INSTRUMENT SHELTER
ABRI^{M} MÉTÉOROLOGIQUE
CASETA^{F} DE INSTRUMENTOS^{M} METEOROLÓGICOS

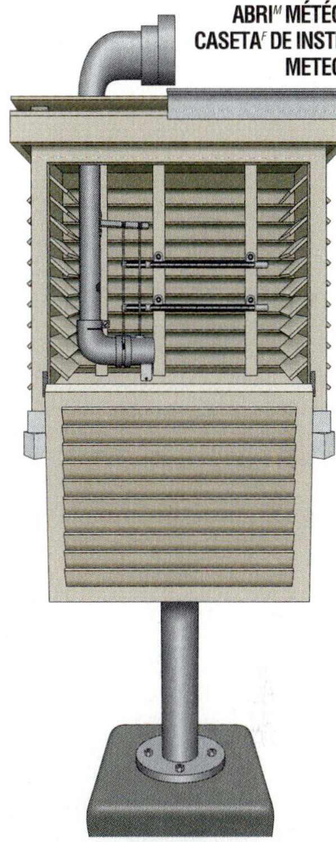

MESSUNG^{F} DES LUFTDRUCKS^{M}
MEASURE OF AIR PRESSURE
MESURE^{F} DE LA PRESSION^{F}
MEDICIÓN^{F} DE LA PRESIÓN^{F} DEL AIRE^{M}

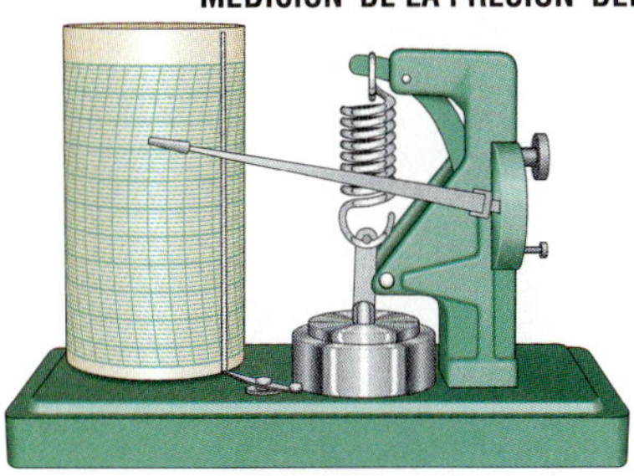

Barograph^{M}
barograph
baromètre^{M} enregistreur
barógrafo^{M}

Quecksilberbarometer^{N}
mercury barometer
baromètre^{M} à mercure^{M}
barómetro^{M} de mercurio^{M}

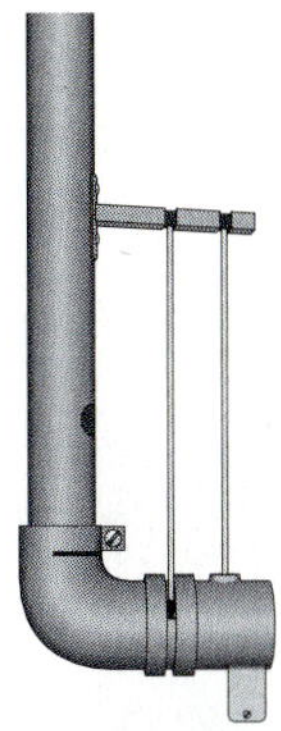

Psychrometer^{N}
psychrometer
psychromètre^{M}
psicrómetro^{M}

MESSUNG^{F} DER WINDRICHTUNG^{F}
MEASURE OF WIND DIRECTION
MESURE^{F} DE LA DIRECTION^{F} DU VENT^{M}
MEDICIÓN^{F} DE LA DIRECCIÓN^{F} DEL VIENTO^{M}

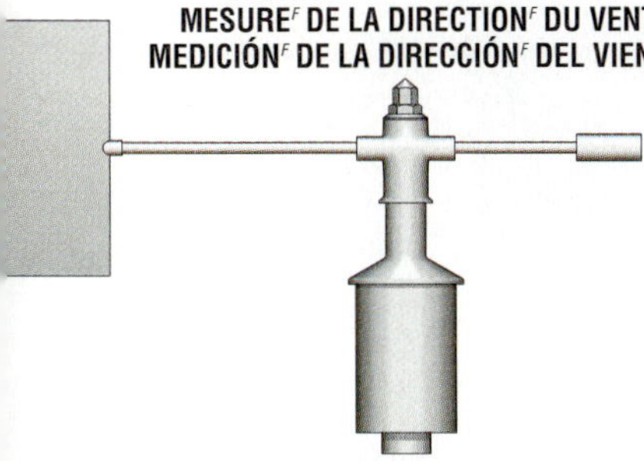

Windfahne^{F}
wind vane
girouette^{F}
veleta^{F}

MESSUNG^{F} DER WINDSTÄRKE^{F}
MEASURE OF WIND STRENGTH
MESURE^{F} DE LA VITESSE^{F} DU VENT^{M}
MEDICIÓN^{F} DE LA FUERZA^{F} DEL VIENTO^{M}

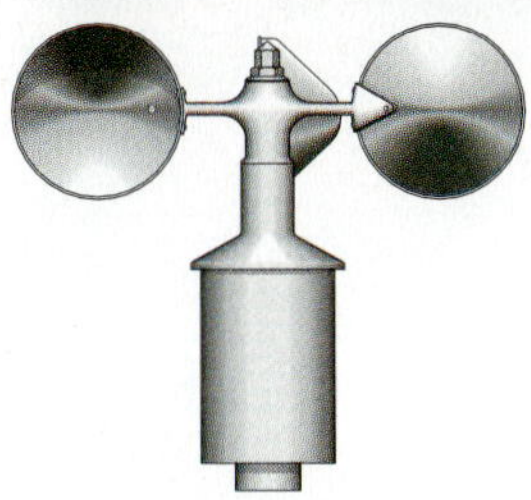

Anemometer^{N}
anemometer
anémomètre^{M}
anemómetro^{M}

MESSUNG^{F} DER LUFTFEUCHTIGKEIT^{F}
MEASURE OF HUMIDITY
MESURE^{F} DE L'HUMIDITÉ^{F}
MEDICIÓN^{F} DE LA HUMEDAD^{F}

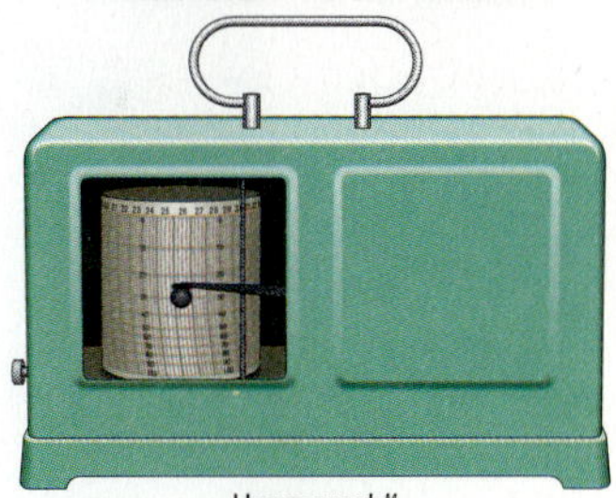

Hygrograph^{M}
hygrograph
hygromètre^{M} enregistreur
higrógrafo^{M}

MESSUNG^{F} DES SCHNEEFALLS^{M}
MEASURE OF SNOWFALL
MESURE^{F} DE LA NEIGE^{F}
MEDICIÓN^{F} DE NEVADAS^{F}

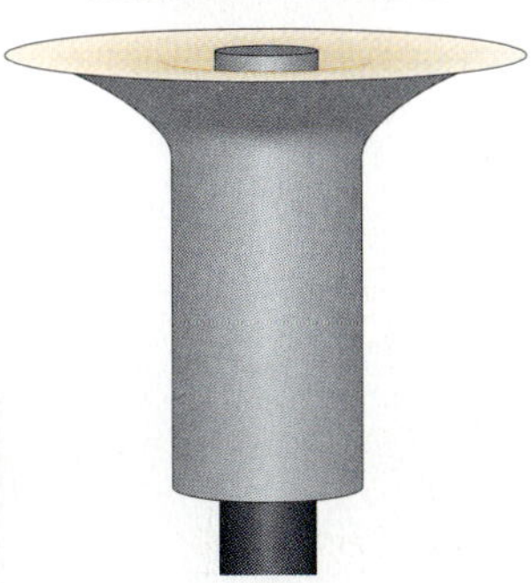

Schneemesser^{M}
snow gauge
nivomètre^{M}
nivómetro^{M}

MESSUNG^{F} DER WOLKENHÖHE^{F}
MEASURE OF CLOUD CEILING
MESURE^{F} DE LA HAUTEUR^{F} DES NUAGES^{M}
MEDICIÓN^{F} DE LA ALTURA^{F} DE LAS NUBES^{F}

Theodolit^{M}
theodolite
théodolite^{M}
teodolito^{M}

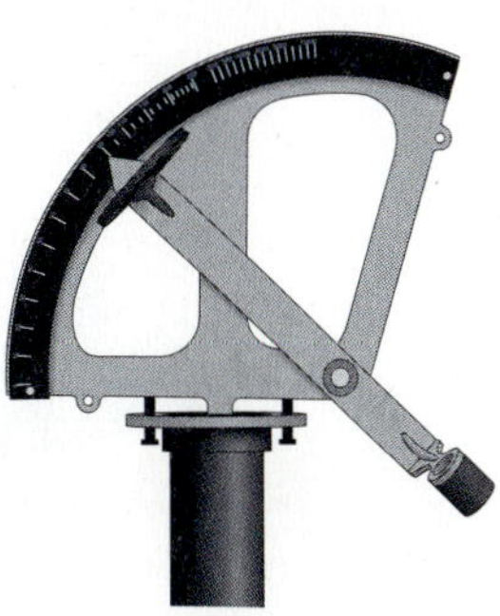

Alhidade^{F}
alidade
alidade^{F}
alidada^{F}

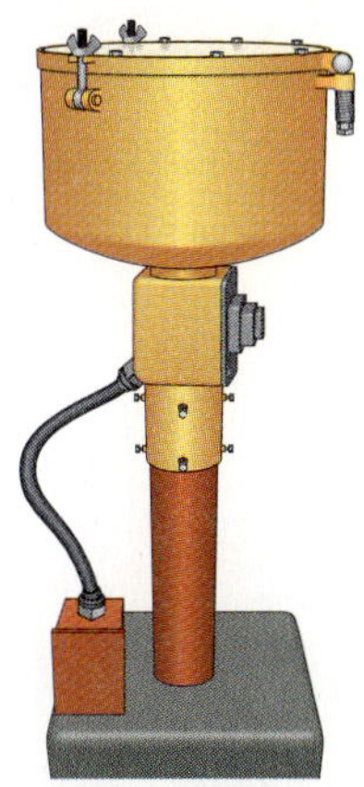

Wolkenhöhenmesser^{M}
ceiling projector
projecteur^{M} de plafond^{M}
proyector^{M} de altura^{F} máxima

WETTERSATELLIT^M^
WEATHER SATELLITE
SATELLITE^M^ MÉTÉOROLOGIQUE
SATÉLITE^M^ METEOROLÓGICO

GEOSTATIONÄRER SATELLIT^M^
GEOSTATIONARY SATELLITE
SATELLITE^M^ GÉOSTATIONNAIRE
SATÉLITE^M^ GEOESTACIONARIO

UMLAUFBAHN[F] DER SATELLITEN[M]
ORBIT OF THE SATELLITES
ORBITE[F] DES SATELLITES[M]
ÓRBITA[F] DE LOS SATÉLITES[M]

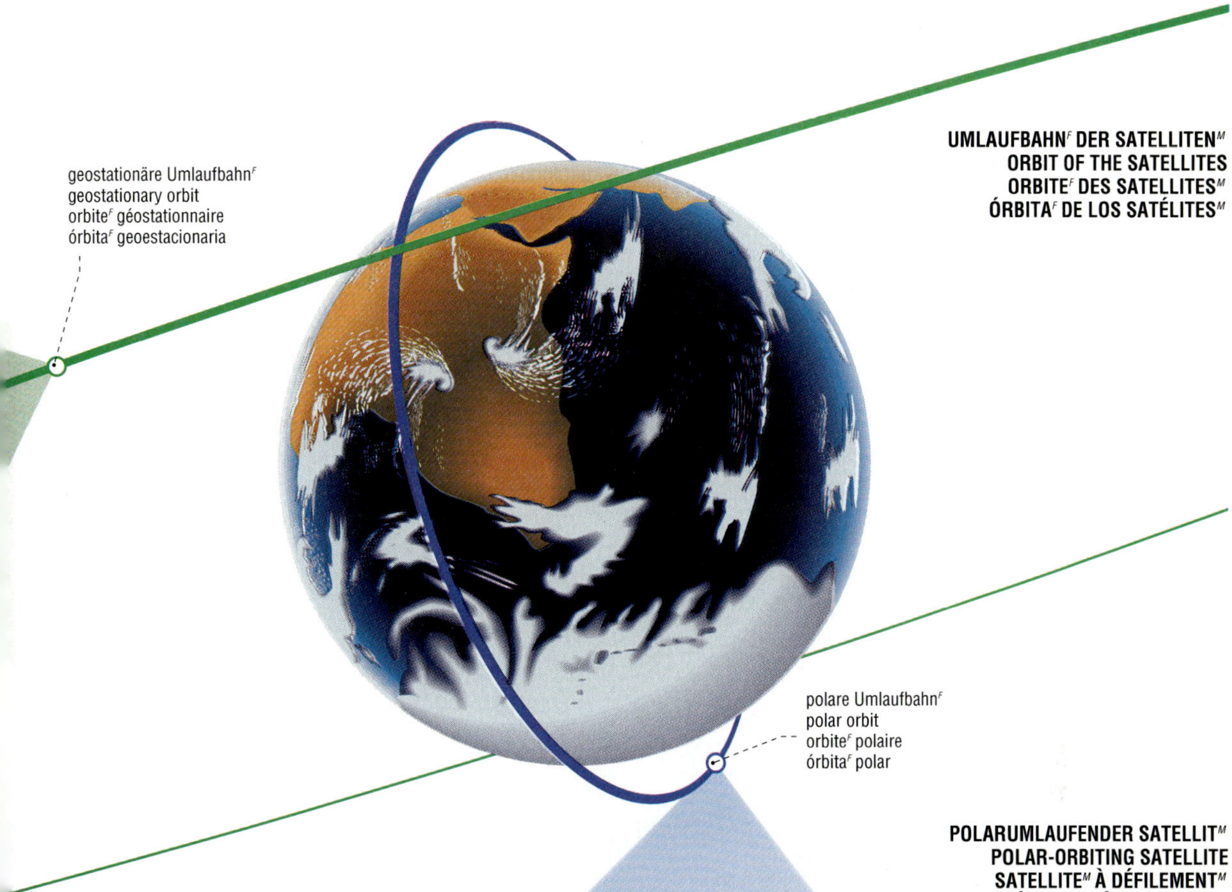

POLARUMLAUFENDER SATELLIT[M]
POLAR-ORBITING SATELLITE
SATELLITE[M] À DÉFILEMENT[M]
SATÉLITE[M] DE ÓRBITA[F] POLAR

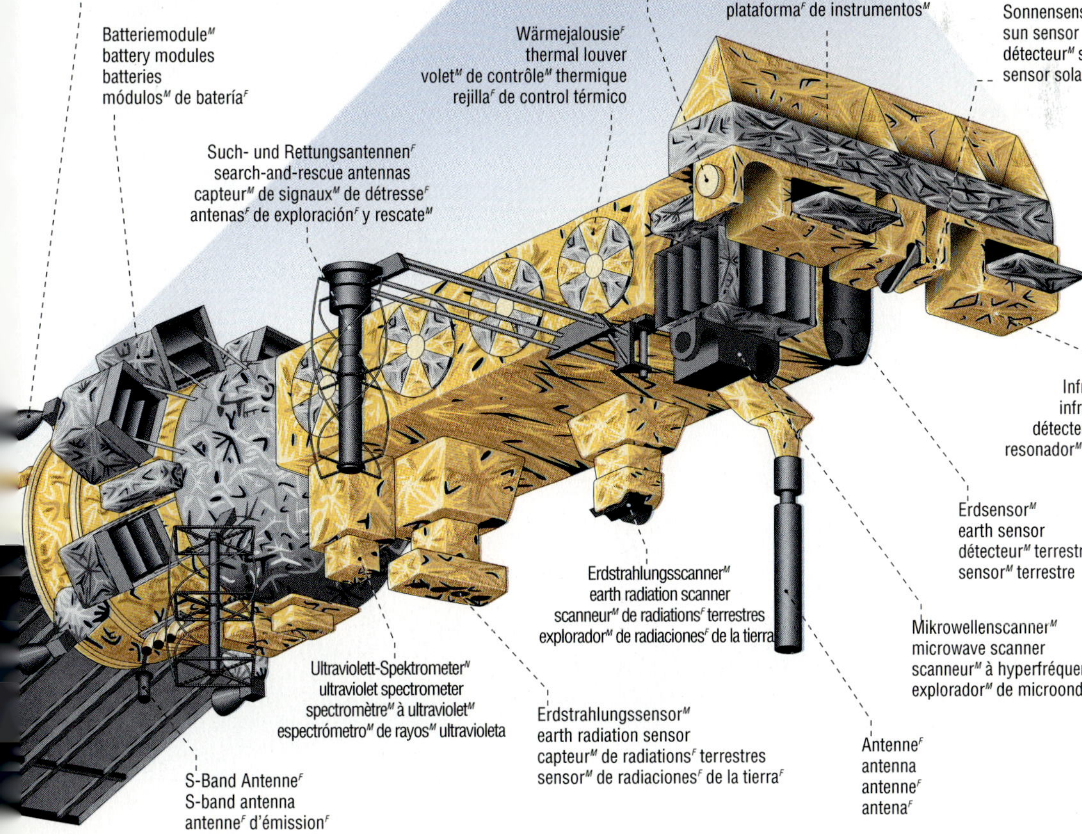

WOLKEN^{F} UND METEOROLOGISCHE SYMBOLE^{N}
CLOUDS AND METEOROLOGICAL SYMBOLS
NUAGES^{M} ET SYMBOLES^{M} MÉTÉOROLOGIQUES
NUBES^{F} Y SÍMBOLOS^{M} METEOROLÓGICOS

HOHE WOLKEN^{F}
HIGH CLOUDS
NUAGES^{M} DE HAUTE ALTITUDE^{F}
NUBES^{F} ALTAS

Zirrus^{M}
cirrus
cirrus^{M}
cirros^{M}

Zirruskumulus^{M}
cirrocumulus
cirro-cumulus^{M}
cirrocúmulos^{M}

Zirrostratus^{M}
cirrostratus
cirro-stratus^{M}
cirrostratos^{M}

QUELLWOLKEN^{F}
CLOUDS OF VERTICAL DEVELOPMENT
NUAGES^{M} À DÉVELOPPEMENT^{M} VERTICAL
NUBES^{F} DE DESARROLLO^{M} VERTICAL

Kumulonimbus^{M}
cumulonimbus
cumulo-nimbus^{M}
cumulonimbos^{M}

MITTELHOHE WOLKEN^{F}
MIDDLE CLOUDS
NUAGES^{M} DE MOYENNE ALTITUDE^{F}
NUBES^{F} MEDIAS

Altostratus^{M}
altostratus
alto-stratus^{M}
altostratos^{M}

Altokumulus^{M}
altocumulus
alto-cumulus^{M}
altocúmulos^{M}

Stratokumulus^{M}
stratocumulus
strato-cumulus^{M}
estratocúmulos^{M}

TIEFE WOLKEN^{F}
LOW CLOUDS
NUAGES^{M} DE BASSE ALTITUDE^{F}
NUBES^{F} BAJAS

Nimbostratus^{M}
nimbostratus
nimbo-stratus^{M}
nimbostratos^{M}

Stratus^{M}
stratus
stratus^{M}
estratos^{M}

Kumulus^{M}
cumulus
cumulus^{M}
cúmulos^{M}

KLIMATE^{N} DER WELT^{F}
CLIMATES OF THE WORLD
CLIMATS^{M} DU MONDE^{M}
CLIMAS^{M} DEL MUNDO^{M}

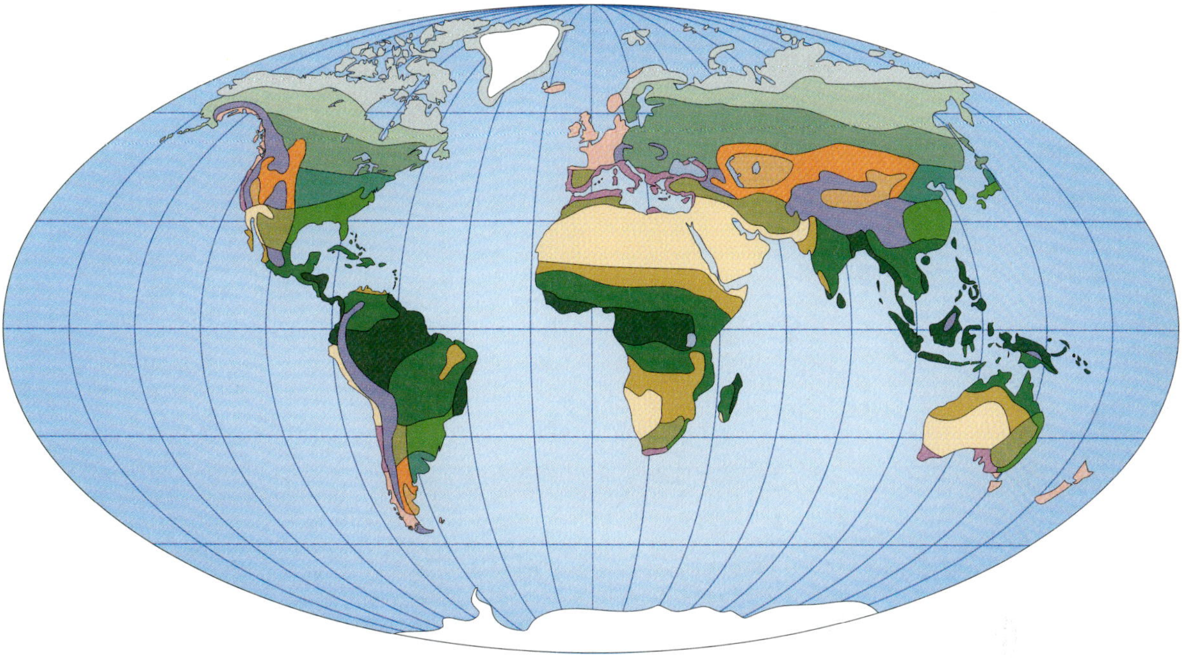

TROPISCHE KLIMATE^{N}
TROPICAL CLIMATES
CLIMATS^{M} TROPICAUX
CLIMAS^{M} TROPICALES

tropischer Regenwald^{M}
tropical rain forest
forêt^{F} tropicale
tropical lluvioso

tropische Savanne^{F}
tropical savanna
savane^{F}
sabana^{F}

Steppe^{F}
steppe
steppe^{F}
estepario

Wüste^{F}
desert
désert^{M}
desértico

KONTINENTALKLIMATE^{N}
CONTINENTAL CLIMATES
CLIMATS^{M} CONTINENTAUX
CLIMAS^{M} CONTINENTALES

kontinental-trocken - trocken
dry continental - arid
continental aride
continental seco-árido

kontinental-trocken - halbtrocken
dry continental - semiarid
continental semi-aride
continental seco-semiárido

GEMÄSSIGTE KLIMATE^{N}
TEMPERATE CLIMATES
CLIMATS^{M} TEMPÉRÉS
CLIMAS^{M} TEMPLADOS

feucht - langer Sommer^{M}
humid - long summer
humide, à été^{M} long
húmedo de verano^{M} largo

feucht - kurzer Sommer^{M}
humid - short summer
humide, à été^{M} court
húmedo de verano^{M} corto

maritim
marine
océanique
marítimo

SUBTROPISCHE KLIMATE^{N}
SUBTROPICAL CLIMATES
CLIMATS^{M} SUBTROPICAUX
CLIMAS^{M} SUBTROPICALES

mediterrane Subtropen^{F}
Mediterranean subtropical
méditerranéen
subtropical mediterráneo

feuchte Subtropen^{F}
humid subtropical
subtropical humide
subtropical húmedo

trockene Subtropen^{F}
dry subtropical
subtropical sec
subtropical seco

POLARKLIMATE^{N}
POLAR CLIMATES
CLIMATS^{M} POLAIRES
CLIMAS^{M} POLARES

Polartundra^{F}
polar tundra
toundra^{F}
tundra^{F}

Eiskappe^{F}
polar ice cap
calotte^{F} glaciaire
hielos^{M} perpetuos

HOCHLANDKLIMATE^{N}
HIGHLAND CLIMATES
CLIMATS^{M} DE MONTAGNE^{F}
CLIMAS^{F} DE ALTA MONTAÑA^{F}

Hochlandklimate^{N}
highland climates
climats^{M} de montagne^{F}
climas^{M} de alta montaña^{F}

SUBARKTISCHE KLIMATE^{N}
SUBARCTIC CLIMATES
CLIMATS^{M} SUBARCTIQUES
CLIMAS^{F} SUBÁRTICOS

subarktische Klimate^{N}
subarctic climates
climats^{M} subarctiques
climas^{M} subárticos

WÜSTE[F]
DESERT
DÉSERT[M]
DESIERTO[M]

Oase[F]
oasis
oasis[F]
oasis[M]

Palmenhain[M]
palm grove
palmeraie[F]
palmar[M]

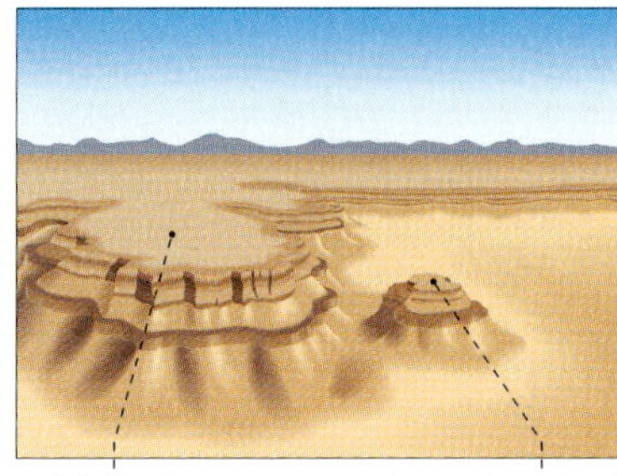

Tafelberg[M]
mesa
mésa[F]
otero[M]

Zeugenberg[M]
butte
butte[F]
hamada[F]

Steinwüste[F]
rocky desert
désert[M] de pierres[F]
desierto[M] rocoso

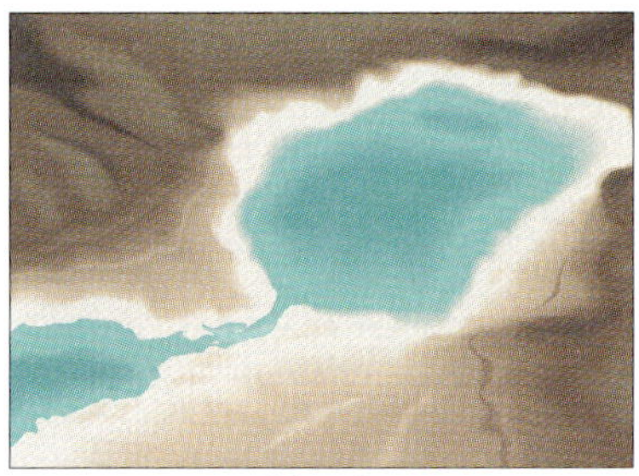

Salzsee[M]
saline lake
lac[M] salé
laguna[F] salada

Sandwüste[F]
sandy desert
désert[M] de sable[M]
desierto[M] arenoso

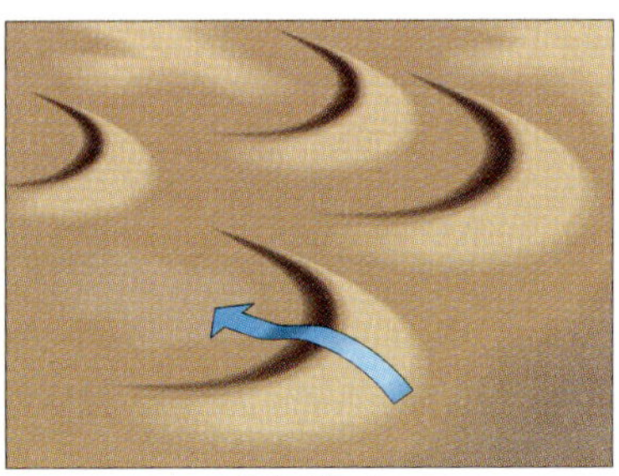

Sicheldüne[F]
crescentic dune
dune[F] en croissant[M]
barjana[F]

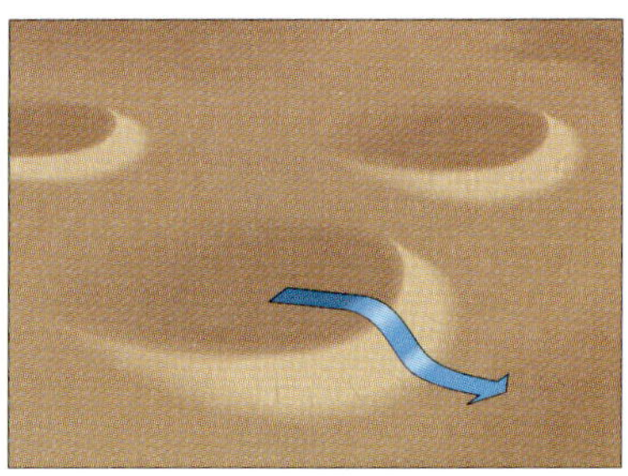

Parabeldüne[F]
parabolic dune
dune[F] parabolique
duna[F] parabólica

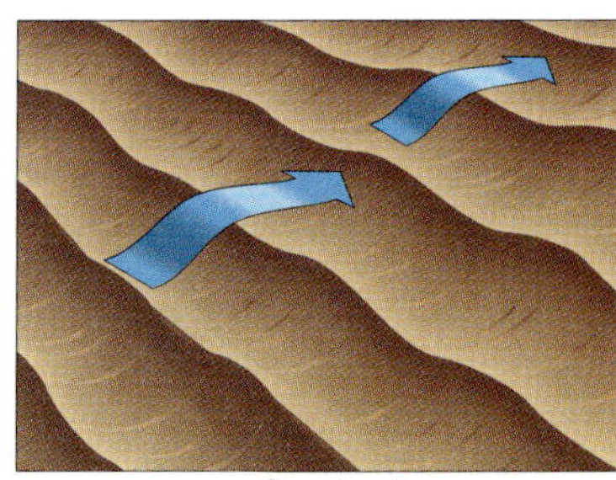

Querdünen[F]
transverse dunes
dunes[F] transversales
dunas[F] paralelas

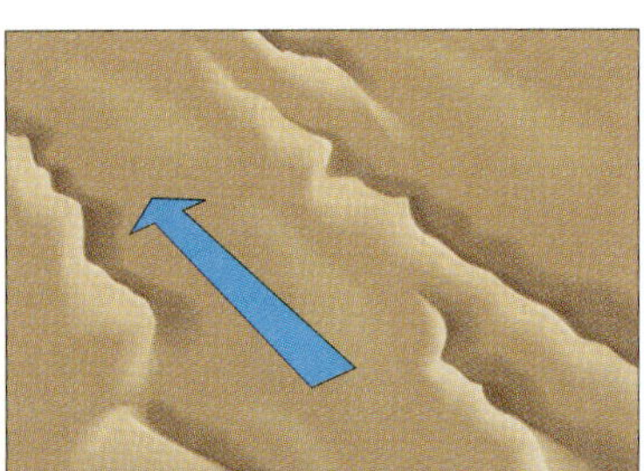

Dünenzug[M]
chain of dunes
cordon[M] de dunes[F]
cadena[F] de dunas[F]

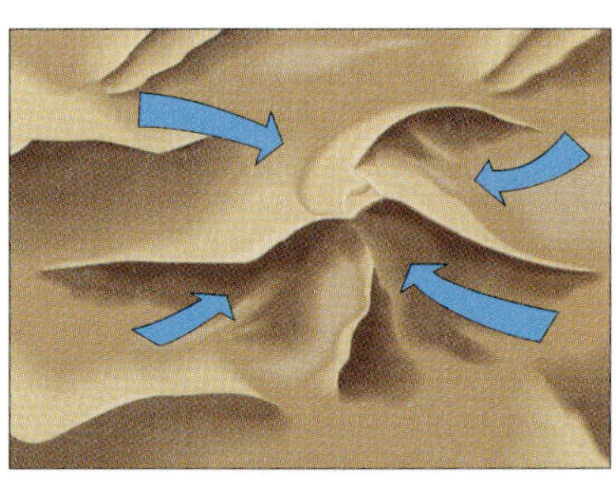

komplexe Düne[F]
complex dune
dune[F] complexe
duna[F] compleja

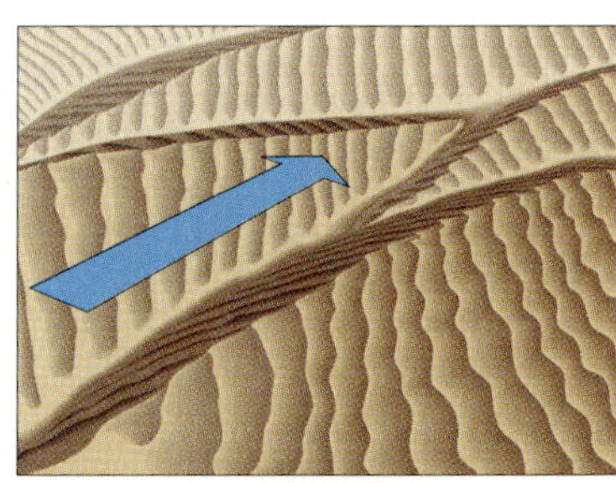

Längsdünen[F]
longitudinal dunes
dunes[F] longitudinales
dunas[F] longitudinales

KARTOGRAPHIE[F]
CARTOGRAPHY
CARTOGRAPHIE[F]
CARTOGRAFÍA[F]

HEMISPHÄREN[F]
HEMISPHERES
HÉMISPHÈRES[M]
HEMISFERIOS[M]

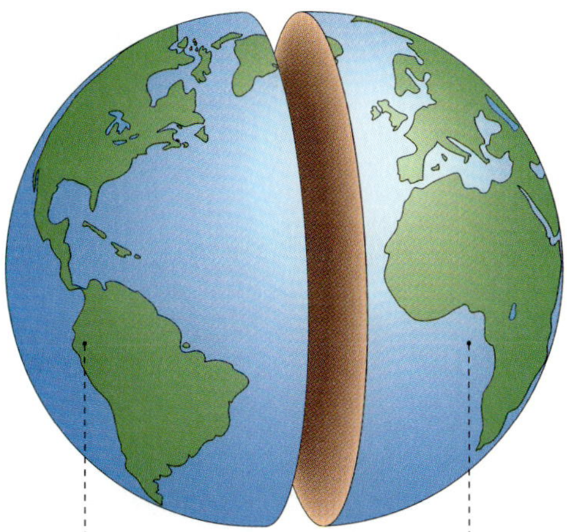

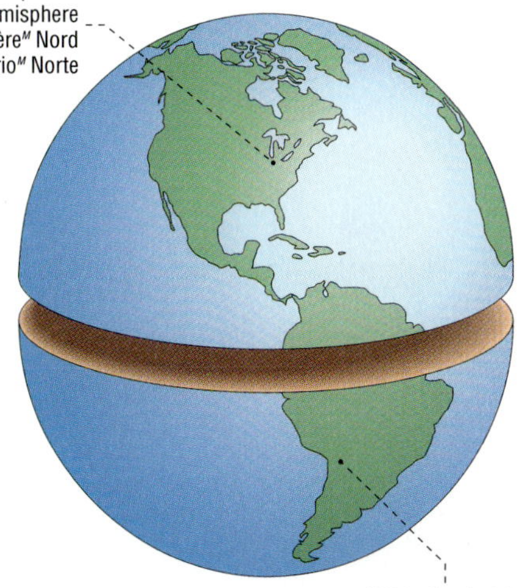

GRADNETZ[N]
GRID SYSTEM
DIVISIONS[F] CARTOGRAPHIQUES
SISTEMA[M] DE REJILLA[F]

Breitengrade[M]
lines of latitude
latitude[F]
líneas[F] de latitud[F]

Längengrade[M]
lines of longitude
longitude[F]
líneas[F] de longitud[F]

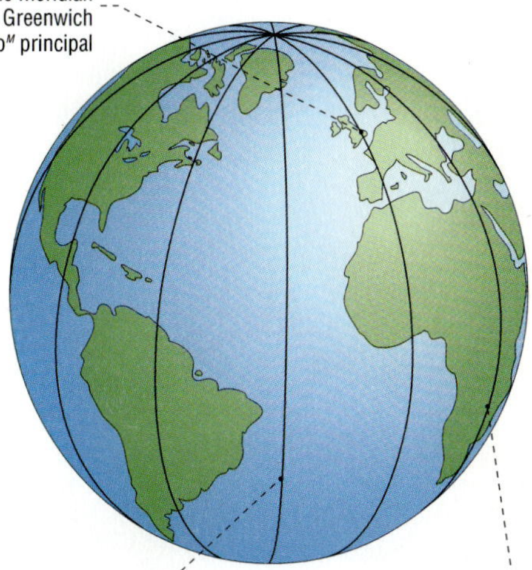

ERDERKENNUNGSGEODÄTISCHER SATELLIT[M]
REMOTE DETECTION SATELLITE
SATELLITE[M] DE TÉLÉDÉTECTION[F]
SATÉLITE[M] DE DETECCIÓN[F] A LARGA DISTANCIA[F]

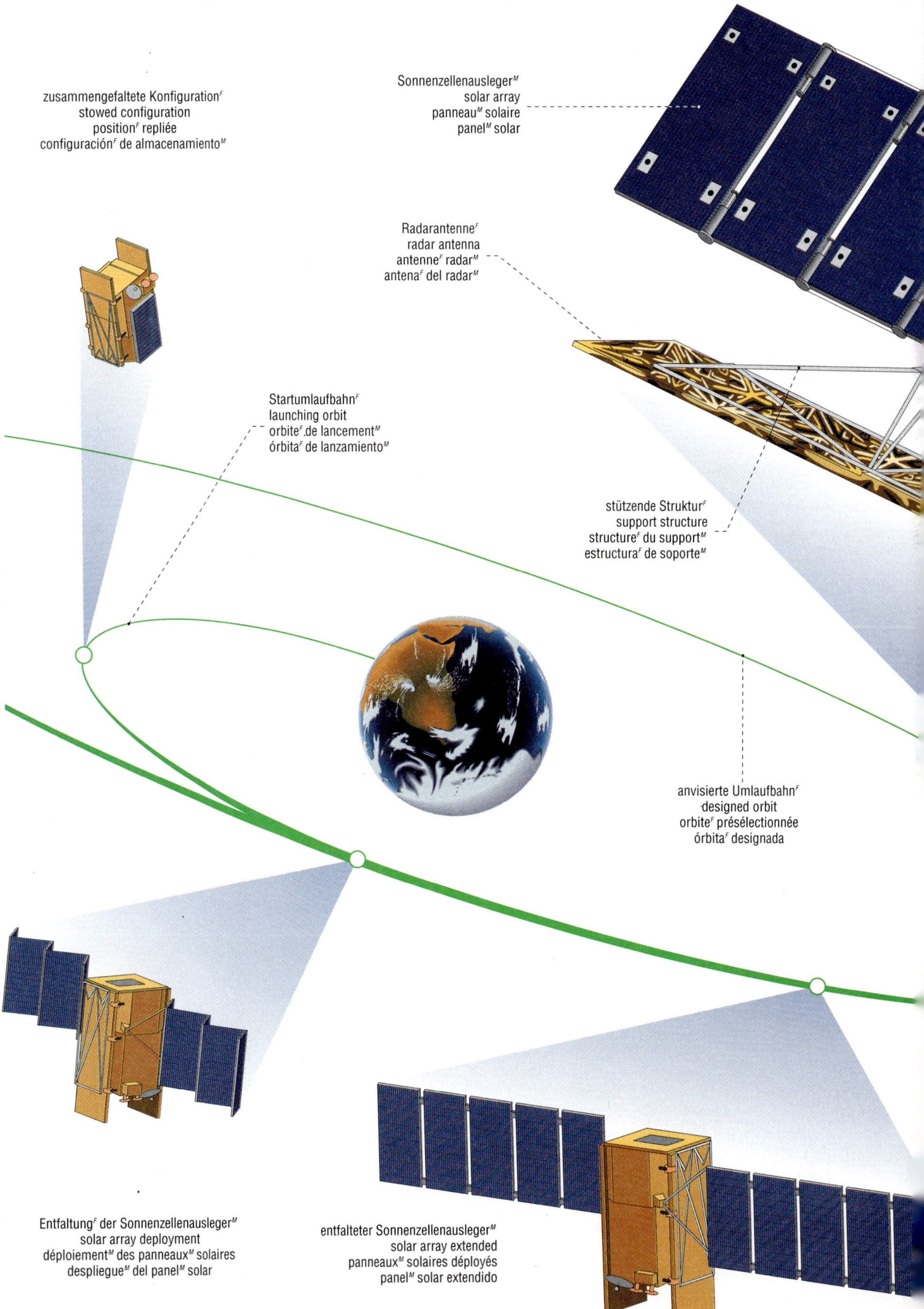

RADARSAT^{M}
RADARSAT SATELLITE
SATELLITE^{M} RADARSAT
SATÉLITE^{M} RADARSAT

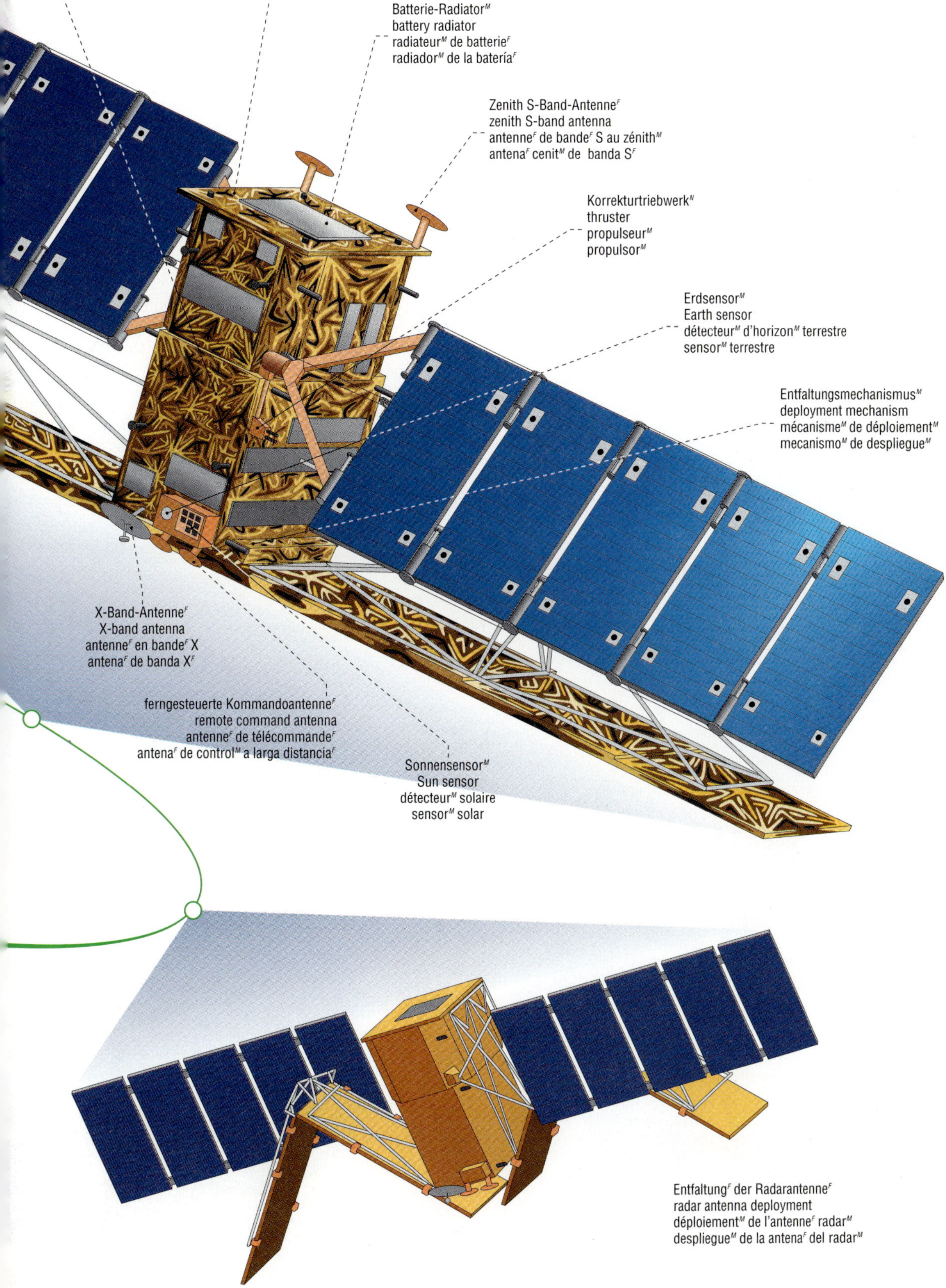

KARTOGRAPHIE^{F}
CARTOGRAPHY
CARTOGRAPHIE^{F}
CARTOGRAFÍA^{F}

KARTENNETZENTWÜRFE^{M}
MAP PROJECTIONS
PROJECTIONS^{F} CARTOGRAPHIQUES
PROYECCIONES^{F} DEL MAPA^{M}

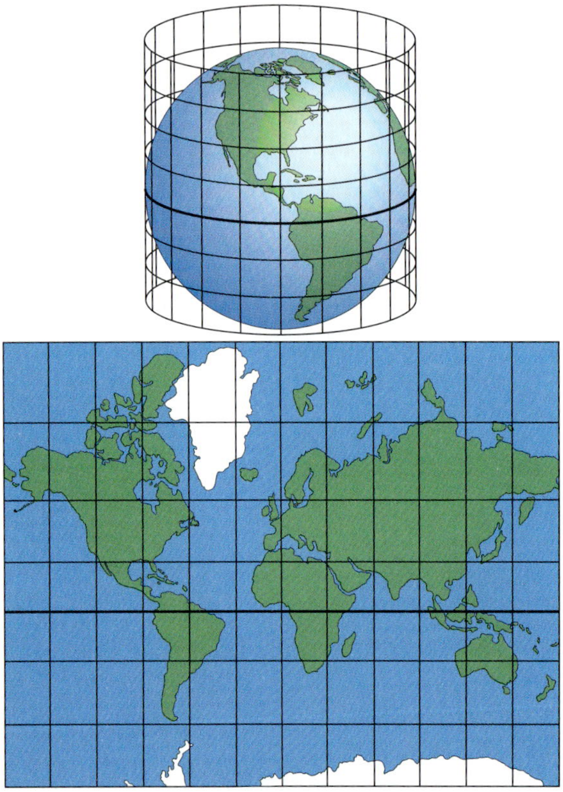

Zylinderprojektion^{F}
cylindrical projection
projection^{F} cylindrique
proyección^{F} cilíndrica

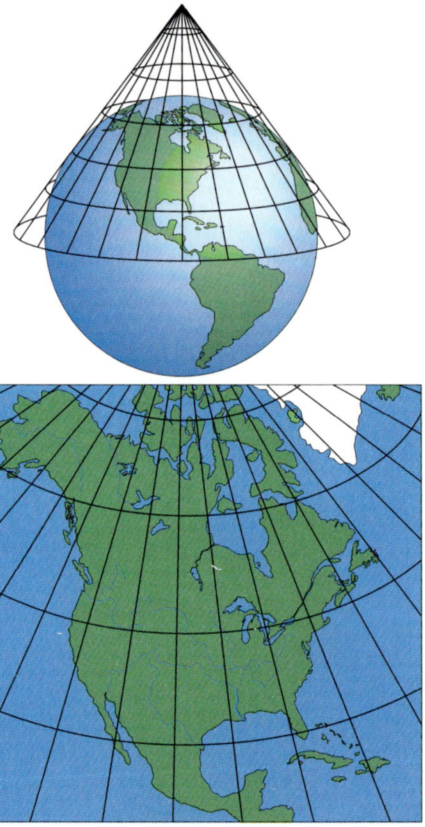

Kegelprojektion^{F}
conic projection
projection^{F} conique
proyección^{F} cónica

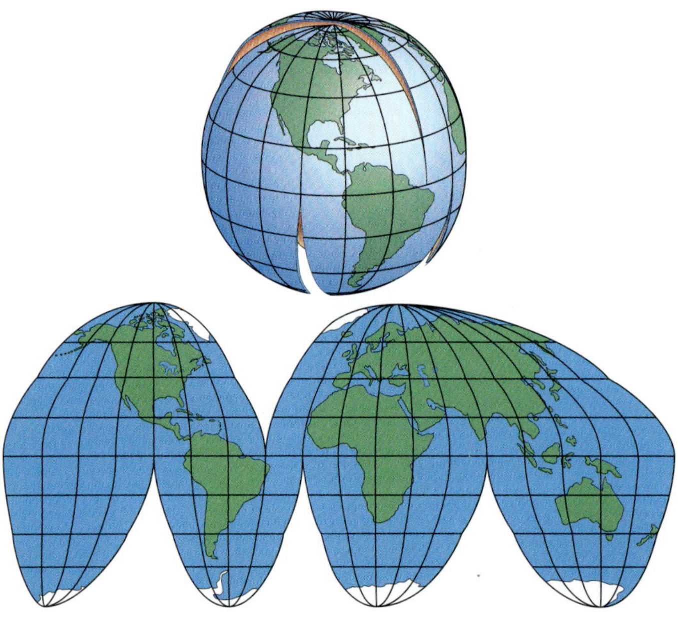

zerlappte Projektion^{F}
interrupted projection
projection^{F} interrompue
proyección^{F} interrumpida

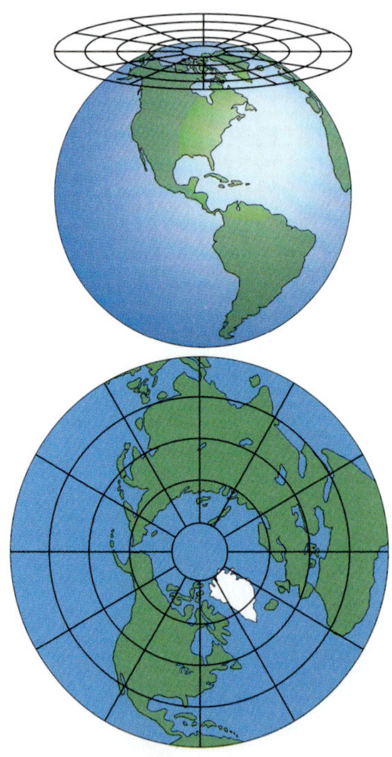

Azimutalprojektion^{F}
plane projection
projection^{F} horizontale
proyección^{F} plana

POLITISCHE KARTE[F]
POLITICAL MAP
CARTE[F] POLITIQUE
MAPA[M] POLÍTICO

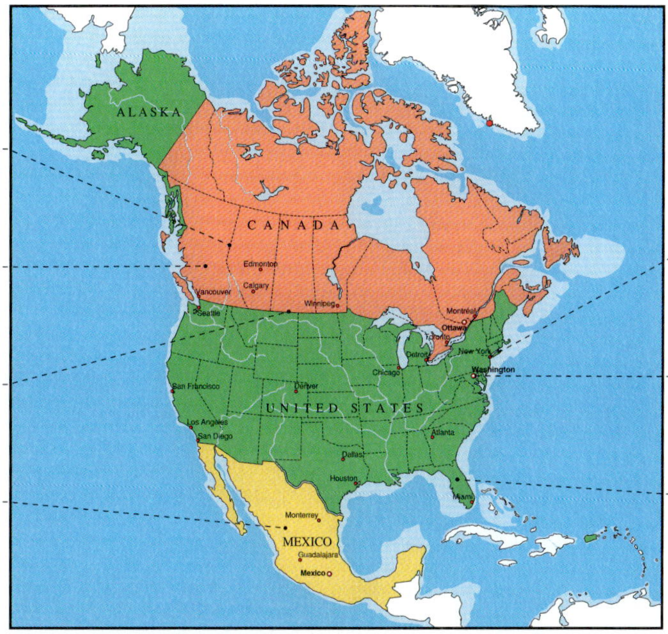

innere Grenze[F]
internal boundary
division[F] territoriale
frontera[F] interna

Provinz[F]
province
province[F]
provincia[F]

Staatsgrenze[F]
international boundary
frontière[F]
frontera[F] internacional

Land[N]
country
pays[M]
país[M]

Stadt[F]
city
grande ville[F]
ciudad[F]

Hauptstadt[F]
capital
capitale[F]
capital[F]

Bundesstaat[M]
state
état[M]
estado[M]

LANDSCHAFTSKARTE[F]
PHYSICAL MAP
CARTE[F] PHYSIQUE
MAPA[M] FÍSICO

Gebirgskette[F]
mountain range
chaîne[F] de montagnes[F]
cadena[F] de montañas[F]

Bucht[F]
bay
baie[F]
bahía[F]

Prärie[F]
prairie
prairie[F]
llanura[F]

Gebirgsmasse[F]
mountain mass
massif[M] montagneux
conjunto[M] de montañas[F]

Ozean[M]
ocean
océan[M]
océano[M]

Fluß[M]
river
rivière[F]
río[M]

Fluß[M]
river
fleuve[M]
río[M]

Golf[M]
gulf
golfe[M]
golfo[M]

Meer[N]
sea
mer[F]
mar[M]

Meerenge[F]
strait
détroit[M]
estrecho[M]

Insel[F]
island
île[F]
isla[F]

Flußmündung[F]
river estuary
estuaire[M]
estuario[M]

See[M]
lake
lac[M]
lago[M]

Archipel[M]
archipelago
archipel[M]
archipiélago[M]

Halbinsel[F]
peninsula
péninsule[F]
península[F]

Kap[N]
cape
cap[M]
cabo[M]

Plateau[N]
plateau
plateau[M]
meseta[F]

Landenge[F]
isthmus
isthme[M]
istmo[M]

Ebene[F]
plain
plaine[F]
planicie[F]

KARTOGRAPHIE[F]
CARTOGRAPHY
CARTOGRAPHIE[F]
CARTOGRAFÍA[F]

STADTPLAN[M]
URBAN MAP
PLAN[M] URBAIN
MAPA[M] URBANO

Vororte[M]
suburbs
banlieue[F]
suburbios[M]

Ringstraße[F]
ring road
boulevard[M] périphérique
ruta[F] circular

Allee[F]
avenue
avenue[F]
avenida[F]

Stadtgrenze[F]
city limit
limite[F] de la ville[F]
límite[M] de la ciudad[F]

Park[M]
park
parc[M]
parque[M]

Wald[M]
woods
bois[M]
bosques[M]

Stadtteilgrenze[F]
district limit
limite[F] d'arrondissement[M]
límite[M] de distrito[M]

Kreisverkehr[M]
roundabout
rond-point[M]
círculo[M] de tráfico[M]

Stadtteil[M]
district
arrondissement[M]
distrito[M]

Brücke[F]
bridge
pont[M]
puente[M]

Friedhof[M]
cemetery
cimetière[M]
cementerio[M]

Fluß[M]
river
fleuve[M]
río[M]

Denkmal[N]
monument
monument[M]
monumento[M]

öffentliches Gebäude[N]
public building
édifice[M] public
edificio[M] público

Autobahn[F]
motorway
autoroute[F]
autopista[F]

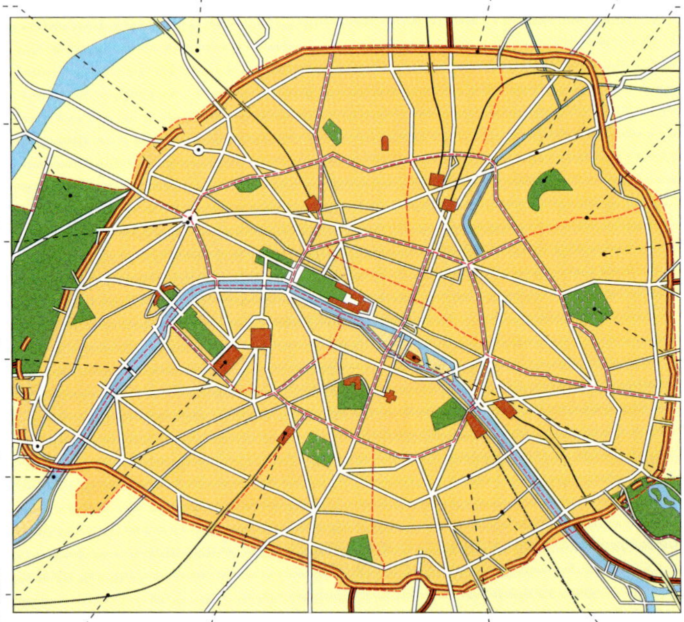

Eisenbahn[F]
railway
chemin[M] de fer[M]
línea[F] férrea

Bahnhof[M]
railroad station
gare[F]
estación[F] del ferrocarril[M]

Boulevard[M]
boulevard
boulevard[M]
bulevar[M]

Straße[F]
street
rue[F]
calle[F]

STRASSENKARTE[F]
ROAD MAP
CARTE[F] ROUTIÈRE
MAPA[M] DE CARRETERAS[F]

Autobahn[F]
motorway
autoroute[F]
autopista[F]

Straße[F]
road
route[F]
carretera[F]

Autobahnnummer[F]
motorway number
numéro[M] d'autoroute[F]
número[M] de la autopista[F]

Straßennummer[F]
road number
numéro[M] de route[F]
número[M] de la carretera[F]

Rastplatz[M]
rest area
aire[F] de repos[M]
área[F] de descanso[M]

Flughafen[M]
airport
aéroport[M]
aeropuerto[M]

Raststätte[F]
service area
aire[F] de service[M]
área[F] de servicio[M]

Sehenswürdigkeit[F]
point of interest
curiosité[F]
punto[M] de interés

Umgehungsstraße[F]
belt highway
autoroute[F] de ceinture[F]
carretera[F] de circunvalación[F]

Nationalpark[M]
national park
parc[M] national
parque[M] nacional

Nebenstraße[F]
secondary road
route[F] secondaire
carretera[F] secundaria

landschaftlich schöne Strecke[F]
scenic route
parcours[M] pittoresque
ruta[F] pintoresca

PFLANZENREICH
VEGETABLE KINGDOM

RÈGNE VÉGÉTAL
REINO VEGETAL

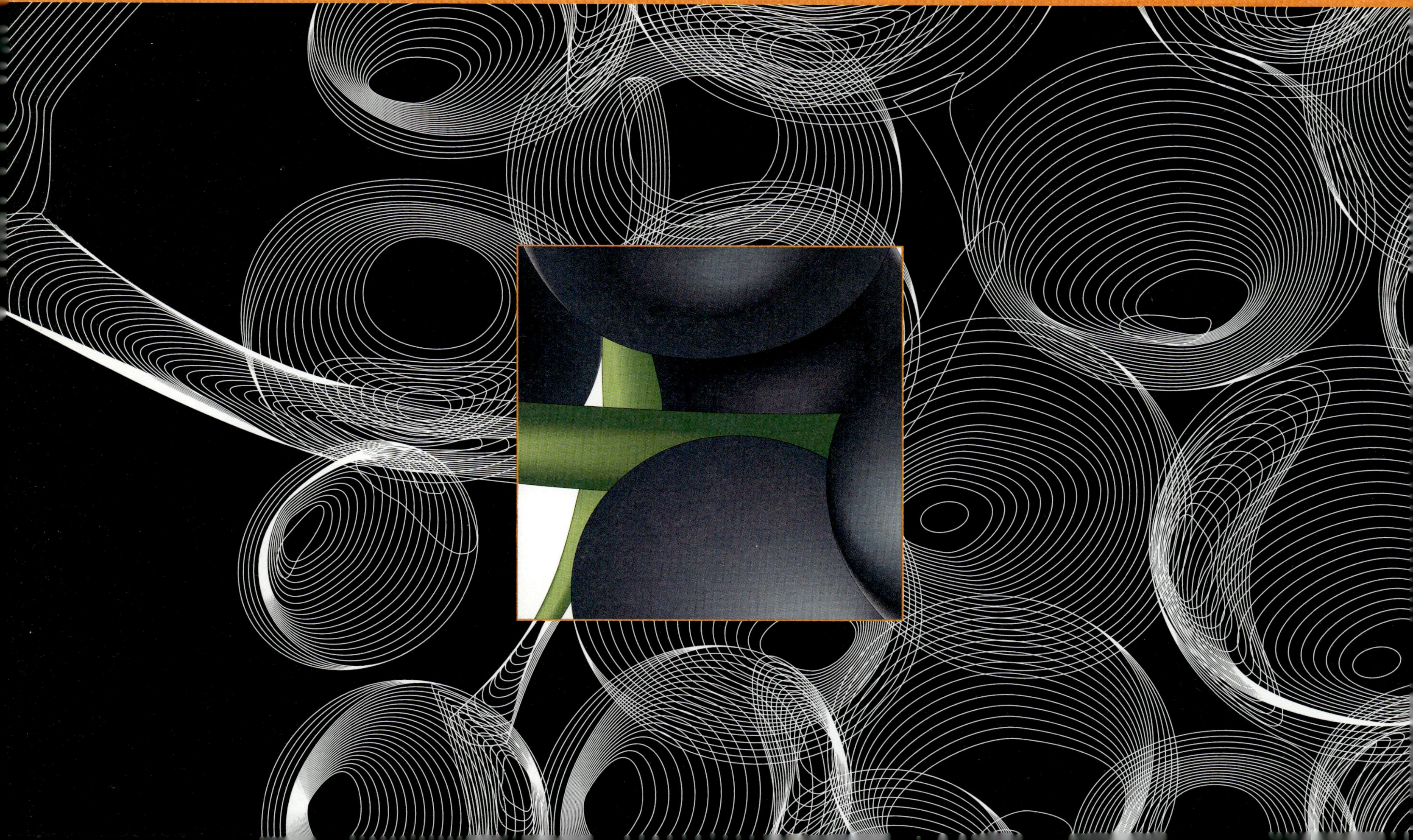

INHALT

PILZ 55
BLATTFORMEN 56
AUFBAU EINER PFLANZE 57
NADELBAUM 58
AUFBAU EINES BAUMES 59
AUFBAU EINER BLÜTE 60
REBE 61
FLEISCHIGE FRÜCHTE: BEERENOBST 62
STEINOBST 63
KERNOBST 64
FLEISCHIGE FRÜCHTE: ZITRUSFRÜCHTE 65
TROCKENFRÜCHTE: NÜSSE 66
VERSCHIEDENE TROCKENFRÜCHTE 67
SÜDFRÜCHTE 68
GEMÜSE 69
KRÄUTER 74

PILZ^{M}
MUSHROOM
CHAMPIGNON^{M}
HONGO^{M}

AUFBAU^{M} EINES PILZES^{M}
STRUCTURE OF A MUSHROOM
STRUCTURE^{F} D'UN CHAMPIGNON^{M}
ANATOMÍA^{F} DE UN HONGO^{M}

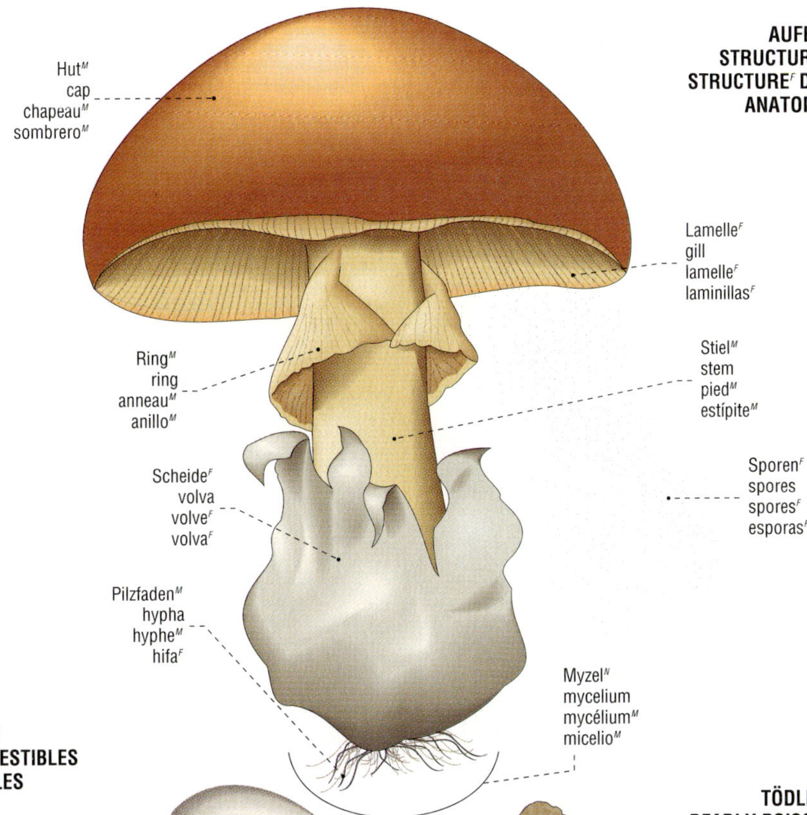

SPEISEPILZE^{M}
EDIBLE MUSHROOMS
CHAMPIGNONS^{M} COMESTIBLES
HONGOS^{M} COMESTIBLES

Trüffel^{F}
truffle
truffe^{F}
trufa^{F}

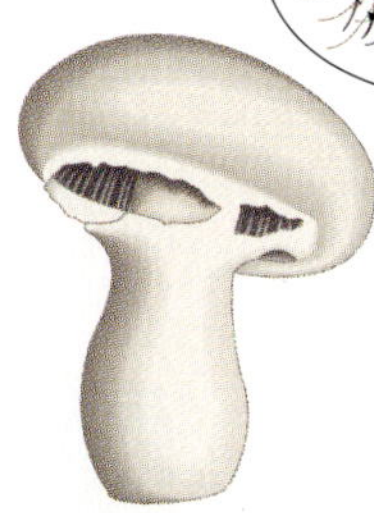

Zuchtchampignon^{M}
cultivated mushroom
champignon^{M} de couche^{F}
champiñón^{M} (Agaricus campestris)

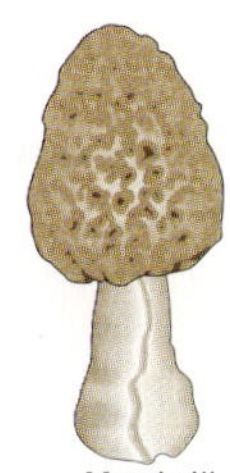

Morchel^{M}
morel
morille^{F}
morilla^{F} (Morchella esculenta)

Kaiserling^{M}
royal agaric
oronge^{F} vraie
amanita^{F} real

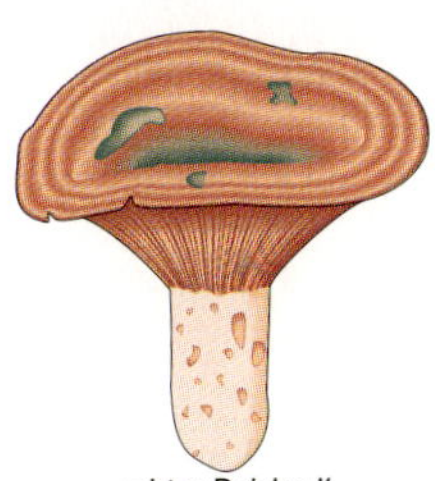

echter Reizker^{M}
delicious lactarius
lactaire^{M} délicieux
mízcalo^{M} (Lactarius deliciosus)

grasgrüner Täubling^{M}
green russula
russule^{F} verdoyante
gorroverde^{M}

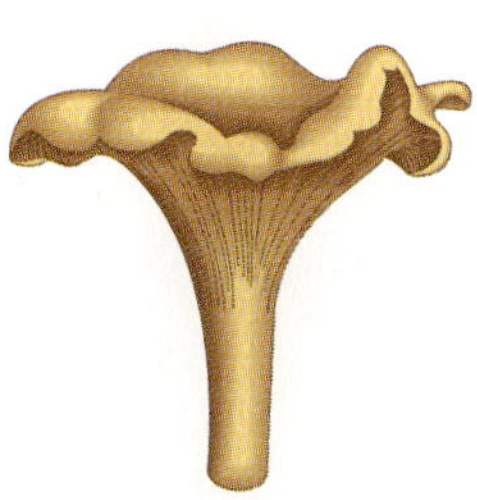

Pfifferling^{M}
chanterelle
chanterelle^{F} commune
cantarela^{F}

Steinpilz^{M}
boletus
cèpe^{M}
boleto^{M}

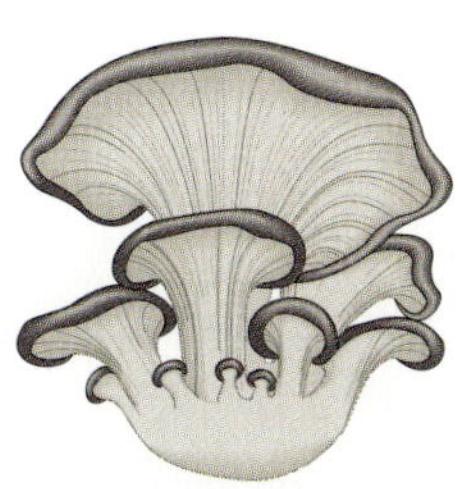

Austernseitling^{M}
oyster mushroom
pleurote^{M} en huître^{F}
sabañón^{M}

TÖDLICH GIFTIGER PILZ^{M}
DEADLY POISONOUS MUSHROOM
CHAMPIGNON^{M} MORTEL
HONGO MORTAL

Knollenblätterpilz^{M}
destroying angel
amanite^{F} vireuse
ángel^{M} de la muerte

GIFTPILZ^{M}
POISONOUS MUSHROOM
CHAMPIGNON^{M} VÉNÉNEUX
HONGO^{M} VENENOSO

Fliegenpilz^{M}
fly agaric
fausse oronge^{F}
amanita^{F} de las moscas

BLATTFORMEN^{F}
TYPES OF LEAVES
TYPES^{M} DE FEUILLES^{F}
LA HOJA^{F} SEGÚN SU LIMBO^{M}

BLATTRAND^{M}
LEAF MARGIN
BORD^{M} D'UNE FEUILLE^{F}
LA HOJA^{F} SEGÚN SU BORDE^{M}

gesägt
dentate
denté
dentada

doppelt gesägt
doubly dentate
doublement denté
bidentada

gekerbt
crenate
crénelé
festoneada

gewimpert
ciliate
cilié
ciliada

ganzrandig
entire
entier
entera

gebuchtet
lobate
lobé
lobulada

BLATT^{N}
LEAF
FEUILLE^{F}
HOJA^{F}

ZUSAMMENGESETZTE BLÄTTER^{N}
COMPOUND LEAVES
FEUILLES^{F} COMPOSÉES
HOJAS^{F} COMPUESTAS

dreizählig
trifoliolate
trifoliée
trifoliada

handförmig
palmate
palmée
palmaticompuesta

fiederteilig
pinnatifid
pennée
pinnatifida

unpaarig gefiedert
odd pinnate
imparipennée
imparipinnada

paarig gefiedert
abruptly pinnate
paripennée
paripinnada

EINFACHE BLÄTTER^{N}
SIMPLE LEAVES
FEUILLES^{F} SIMPLES
HOJAS^{F} SIMPLES

rund
orbiculate
arrondie
orbicular

nierenförmig
reniform
réniforme
reniforme

lineal
linear
linéaire
aciculada

schildförmig
peltate
peltée
peltada

pfeilförmig
hastate
hastée
astada

eiförmig
ovate
ovoïde
aovada

herzförmig
cordate
cordée
acorazonada

spatelförmig
spatulate
spatulée
espatulada

lanzettlich
lanceolate
lancéolée
lanceolada

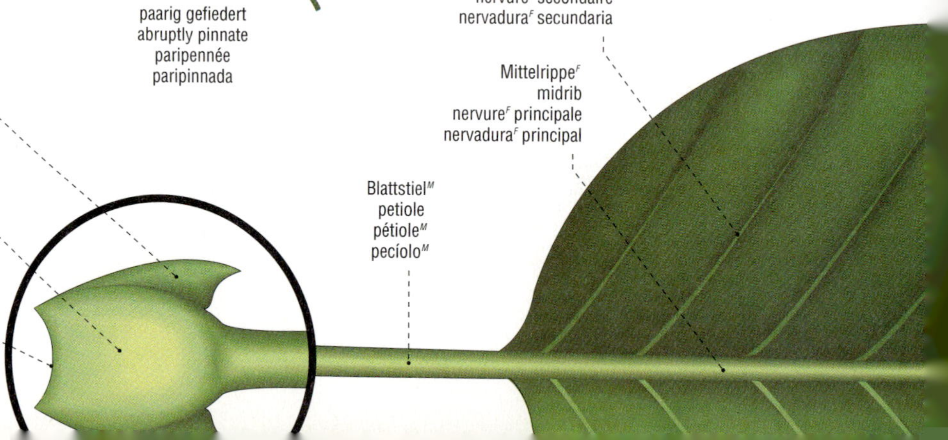

AUFBAU[M] EINER PFLANZE[F]
STRUCTURE OF A PLANT
STRUCTURE[F] D'UNE PLANTE[F]
ANATOMÍA[F] DE UNA PLANTA[F]

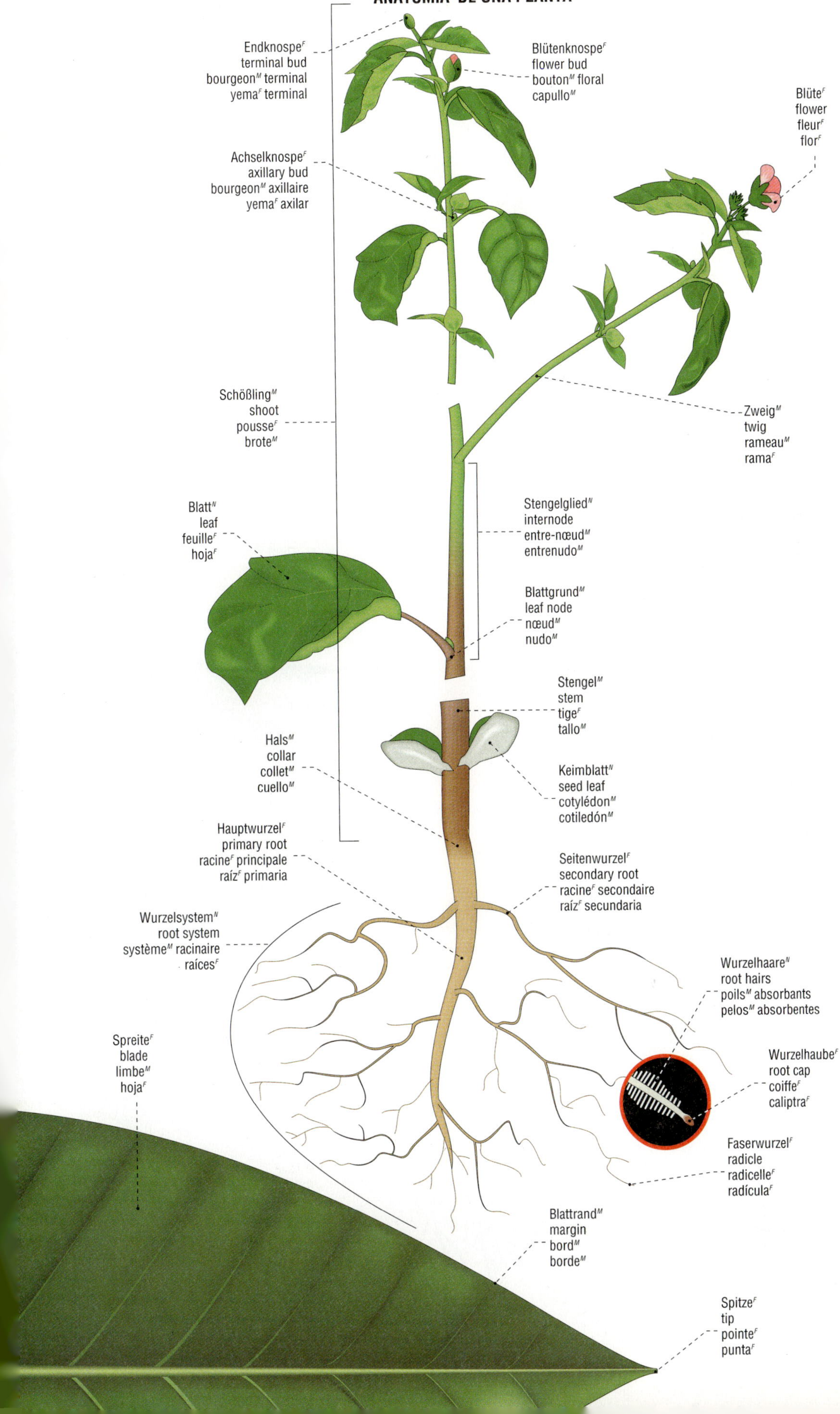

NADELBAUM^{M}
CONIFER
CONIFÈRE^{M}
CONÍFERA^{F}

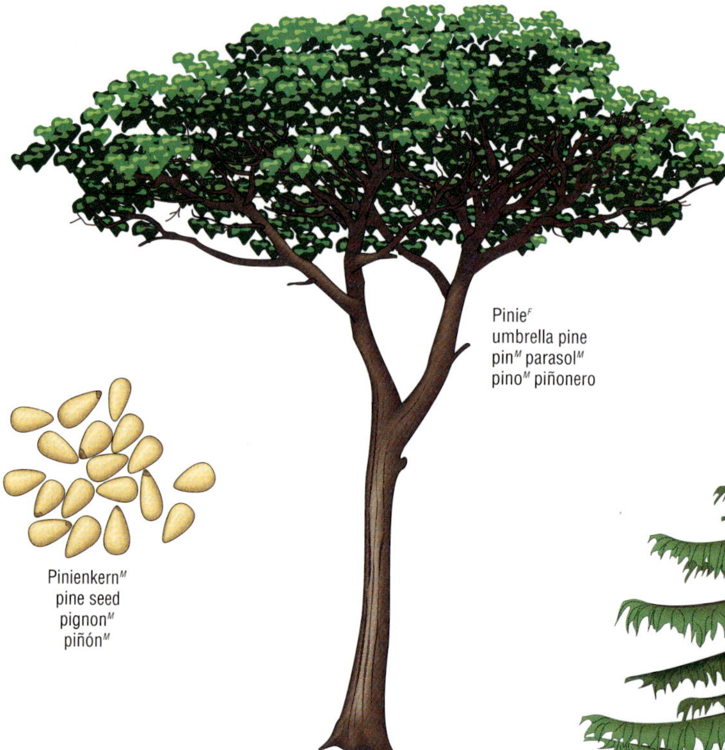

Pinie^{F}
umbrella pine
pin^{M} parasol^{M}
pino^{M} piñonero

Zapfen^{M}
cone
cône^{M}
piña^{F}

Pinienkern^{M}
pine seed
pignon^{M}
piñón^{M}

Lärche^{F}
larch
mélèze^{M}
alerce^{M}

AST^{M}
BRANCH
RAMEAU^{M}
RAMA^{F}

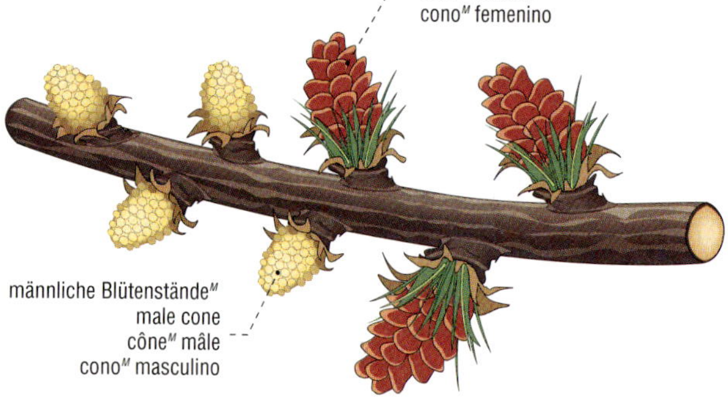

weibliche Blütenstände^{M}
female cone
cône^{M} femelle
cono^{M} femenino

männliche Blütenstände^{M}
male cone
cône^{M} mâle
cono^{M} masculino

BLATTFORMEN^{F}
TYPES OF LEAVES
TYPES^{M} DE FEUILLES^{F}
VARIEDADES^{F} DE AGUJAS^{F}

Tannennadeln^{F}
fir needles
aiguilles^{F} de sapin^{M}
agujas^{F} del abeto^{M}

Zypressennadeln^{F}
cypress scalelike leaves
écailles^{F} de cyprès^{M}
hojas^{F} escamadas del ciprés^{M}

Kiefernnadeln^{F}
pine needles
aiguilles^{F} de pin^{M}
agujas^{F} del pino^{M}

BAUM[M]
TREE
ARBRE[M]
ÁRBOL[M]

AUFBAU[M] EINES BAUMES[M]
STRUCTURE OF A TREE
STRUCTURE[F] D'UN ARBRE[M]
ANATOMÍA[F] DE UN ÁRBOL[M]

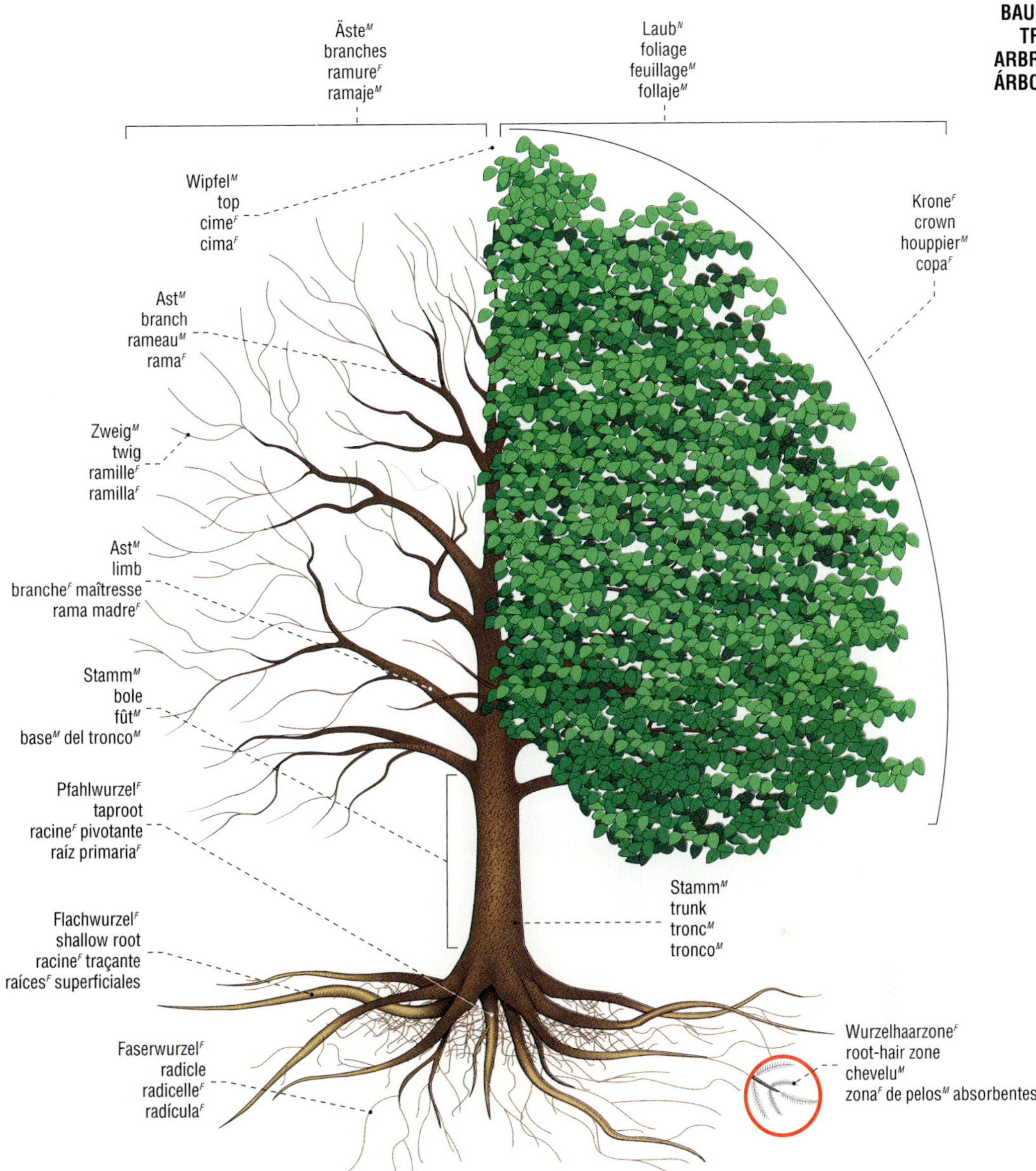

QUERSCHNITT[M] EINES BAUMSTAMMES[M]
CROSS SECTION OF A TRUNK
COUPE[F] TRANSVERSALE DU TRONC[M]
CORTE[M] TRANSVERSAL DE UN TRONCO[M]

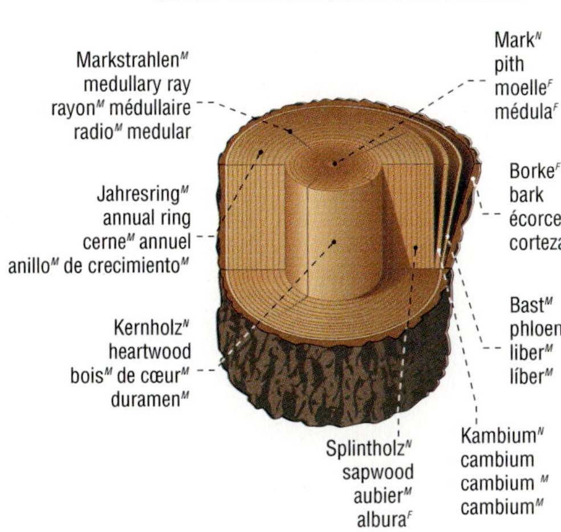

STUMPF[M]
STUMP
SOUCHE[F]
TOCÓN[M]

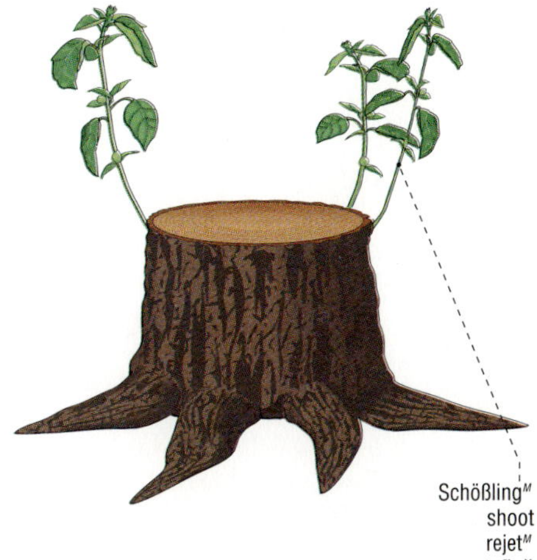

AUFBAU[M] EINER BLÜTE[F]
STRUCTURE OF A FLOWER
STRUCTURE[F] D'UNE FLEUR[F]
ANATOMÍA[F] DE UNA FLOR[F]

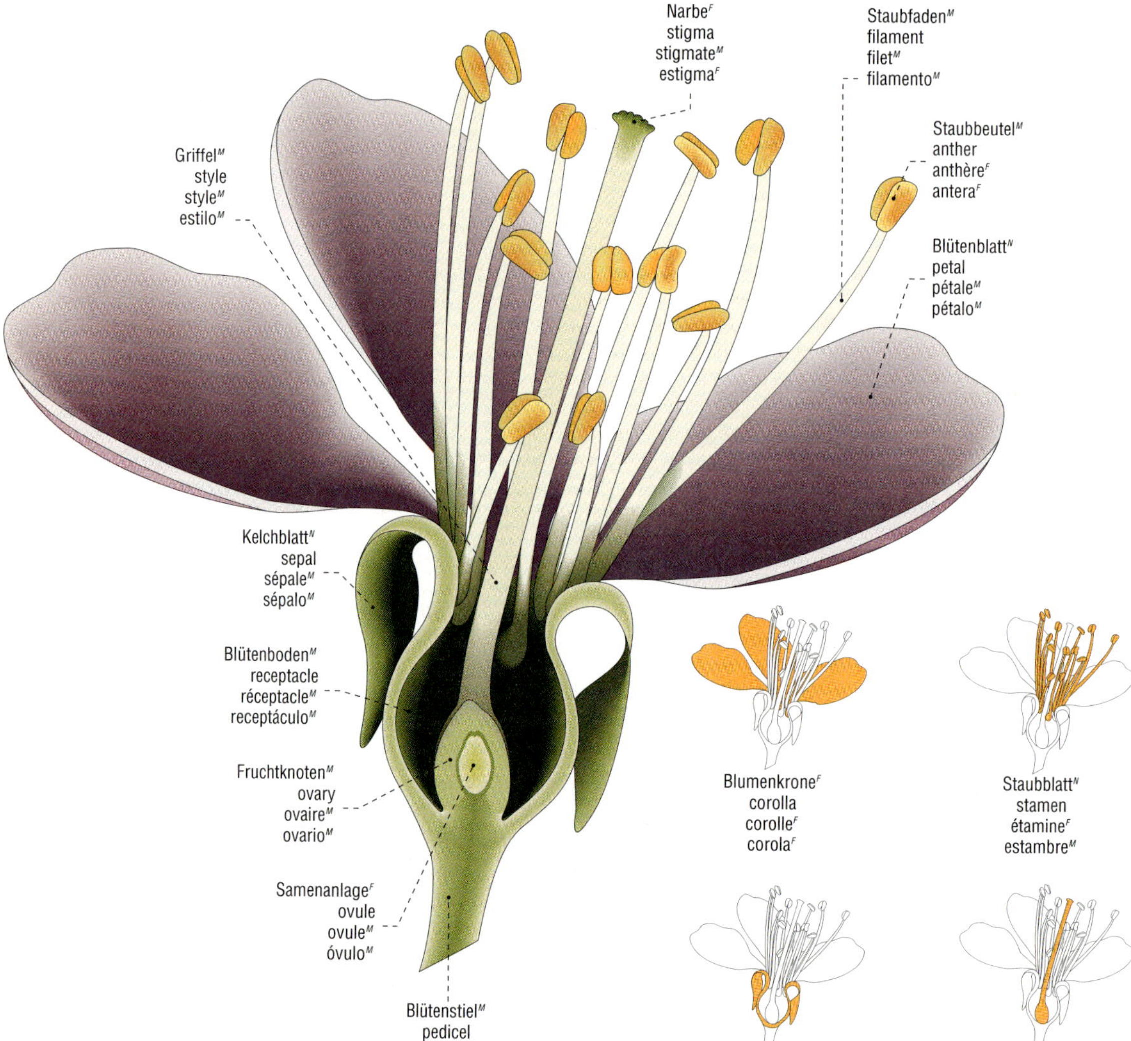

Blumenkrone[F]
corolla
corolle[F]
corola[F]

Staubblatt[N]
stamen
étamine[F]
estambre[M]

Blütenkelch[M]
calyx
calice[M]
cáliz[M]

Stempel[M]
pistil
pistil[M]
pistilo[M]

ARTEN[F] VON BLÜTENSTÄNDEN[M]
TYPES OF INFLORESCENCES
MODES[M] D'INFLORESCENCE[F]
VARIEDADES[F] DE INFLORESCENCIAS[F]

Köpfchen[N]
capitulum
capitule[M]
cabezuela[F]

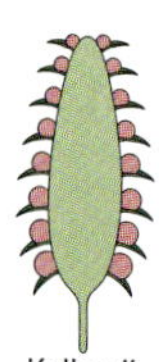
Kolben[M]
spadix
spadice[M]
espádice[M]

Traube[F]
raceme
grappe[F]
racimo[M]

Ähre[F]
spike
épi[M]
espiga[F]

eingliedrige Trugdolde[F]
uniparous cyme
cyme[F] unipare
cima[F] unípara

zweigliedrige Trugdolde[F]
biparous cyme
cyme[F] bipare
cima[F] bípara

Dolde[F]
umbel
ombelle[F]
umbela[F]

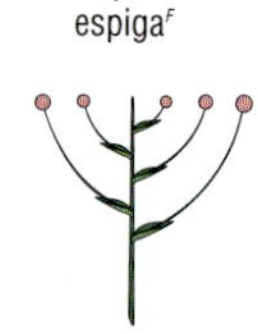
Doldentraube[F]
corymb
corymbe[M]
corimbo[M]

REBE[F]
GRAPE
VIGNE[F]
UVA[F]

STUFEN[F] DER REIFE[F]
MATURING STEPS
ÉTAPES[F] DE MATURATION[F]
ETAPAS[F] DE LA MADURACIÓN[F]

Blüte[F]
flowering
floraison[F]
en flor[F]

Fruchtbildung[F]
fruition
nouaison[F]
fructificación[F]

Reifeprozeß[M]
ripening
véraison[F]
proceso[M] de maduración[F]

Vollreife[F]
ripeness
maturité[F]
maduración[F] completa

REBSTOCK[M]
VINE STOCK
CEP[M] DE VIGNE[F]
SARMIENTO[M]

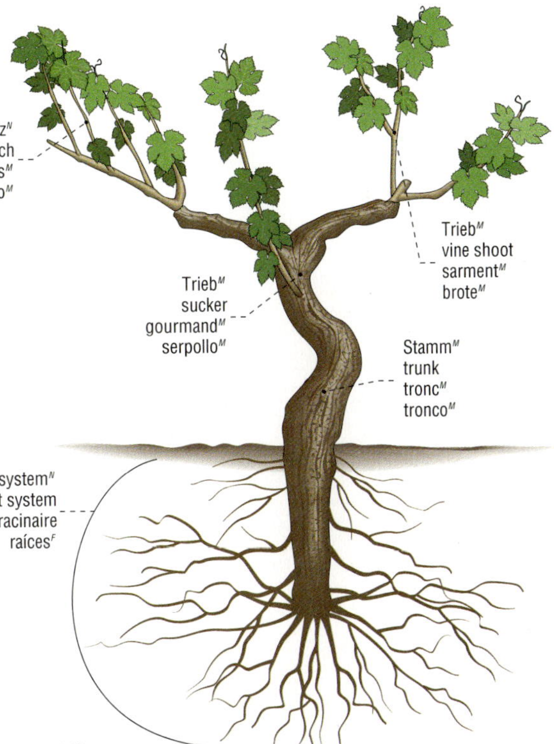

TRAUBE[F]
BUNCH OF GRAPES
GRAPPE[F] DE RAISINS[M]
RACIMO[M] DE UVAS[F]

WEINBLATT[N]
GRAPE LEAF
FEUILLE[F] DE VIGNE[F]
HOJA[F] DE LA VID[F]

FLEISCHIGE FRÜCHTE^{F}: BEERENOBST^{N}
FLESHY FRUITS: BERRY FRUITS
FRUITS^{M} CHARNUS: BAIES^{F}
FRUTOS^{M} CARNOSOS: BAYAS^{F}

QUERSCHNITT^{M} EINER BEERE^{F}
SECTION OF A BERRY
COUPE^{F} D'UNE BAIE^{F}
CORTE^{M} DE UNA BAYA^{F}

WEINTRAUBE^{F}
GRAPE
RAISIN^{M}
UVA^{F}

gebräuchliche Bezeichnungen^{F}
usual terms
termes^{M} familiers
términos familiares

wissenschaftliche Bezeichnungen^{F}
technical terms
termes^{M} techniques
términos técnicos

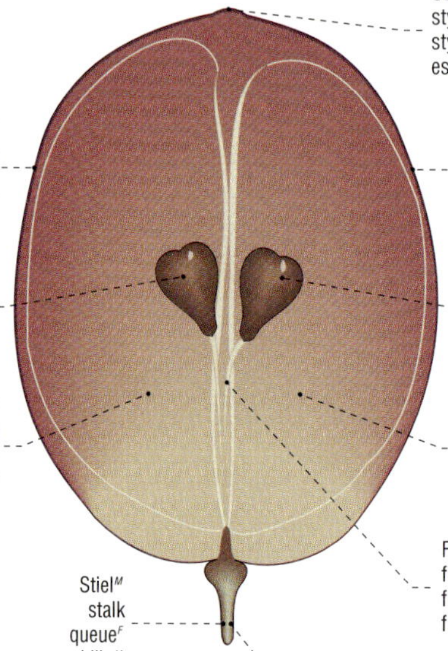

QUERSCHNITT^{M} EINER HIMBEERE^{F}
SECTION OF A RASPBERRY
COUPE^{F} D'UNE FRAMBOISE^{F}
CORTE^{M} DE UNA FRAMBUESA^{F}

QUERSCHNITT^{M} EINER ERDBEERE^{F}
SECTION OF A STRAWBERRY
COUPE^{F} D'UNE FRAISE^{F}
CORTE^{M} DE UNA FRESA^{F}

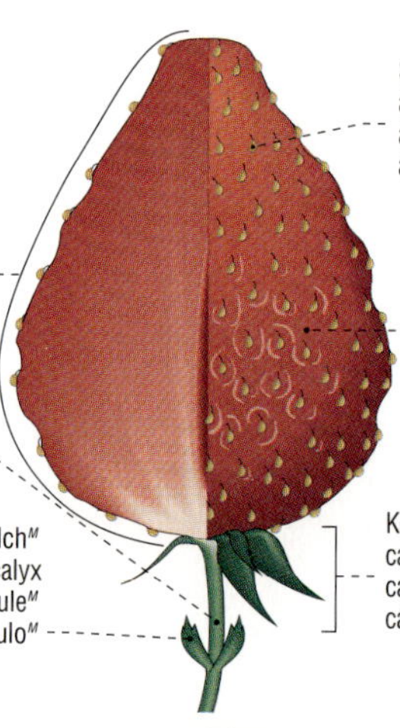

DIE WICHTIGSTEN BEERENARTEN^{F}
MAJOR TYPES OF BERRIES
PRINCIPALES VARIÉTÉS^{F} DE BAIES^{F}
PRINCIPALES VARIEDADES^{F} DE BAYAS^{F}

schwarze Johannisbeere^{F}
blackcurrant
cassis^{M}
grosella^{F} negra

Johannisbeere^{F}
redcurrant
groseille^{F} à grappes^{F}
grosella^{F}

Weintraube^{F}
grape
raisin^{M}
uva^{F}

Stachelbeere^{F}
gooseberry
groseille^{F} à maquereau^{M}
grosella^{F} espinosa

Heidelbeere^{F}
bilberry
myrtille^{F}
arándano^{M}

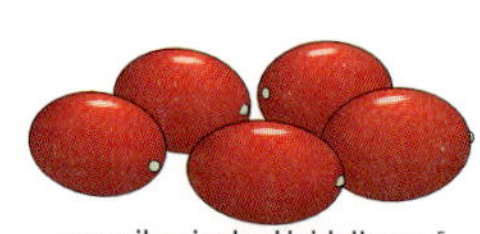

amerikanische Heidelbeere^{F}
huckleberry
airelle^{F}
ráspano^{M}

Preiselbeere^{F}
cranberry
canneberge^{F}
arándano^{M} agrio

STEINOBST[N]
STONE FLESHY FRUITS
FRUITS[M] CHARNUS À NOYAU[M]
FRUTOS[M] CARNOSOS CON HUESO[M]

QUERSCHNITT[M] EINER STEINFRUCHT[F]
SECTION OF A STONE FRUIT
COUPE[F] D'UN FRUIT[M] À NOYAU[M]
CORTE[M] DE UN FRUTO[M] CARNOSO CON HUESO[M]

PFIRSICH[M]
PEACH
PÊCHE[F]
MELOCOTÓN[M]

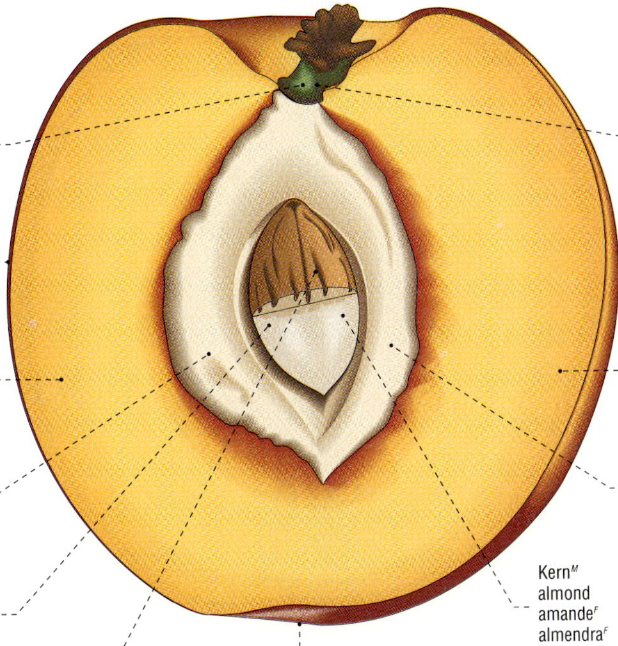

DIE WICHTIGSTEN STEINOBSTSORTEN[F]
MAJOR TYPES OF STONE FRUITS
PRINCIPALES VARIÉTÉS[F] DE FRUITS[M] À NOYAU[M]
PRINCIPALES VARIEDADES[F] DE FRUTOS[M] CARNOSOS CON HUESO[M]

KERNOBST[N]
POME FLESHY FRUITS
FRUITS[M] CHARNUS À PÉPINS[M]
FRUTOS[M] CARNOSOS CON SEMILLAS[F]

QUERSCHNITT[M] EINER KERNFRUCHT[F]
SECTION OF A POME FRUIT
COUPE[F] D'UN FRUIT[M] À PÉPINS[M]
CORTE[M] DE UN FRUTO[M] CARNOSO CON SEMILLAS[F]

APFEL[M]
APPLE
POMME[F]
MANZANA[F]

wissenschaftliche Bezeichnungen[F]
technical terms
termes[M] techniques
términos técnicos

gebräuchliche Bezeichnungen[F]
usual terms
termes[M] familiers
términos familiares

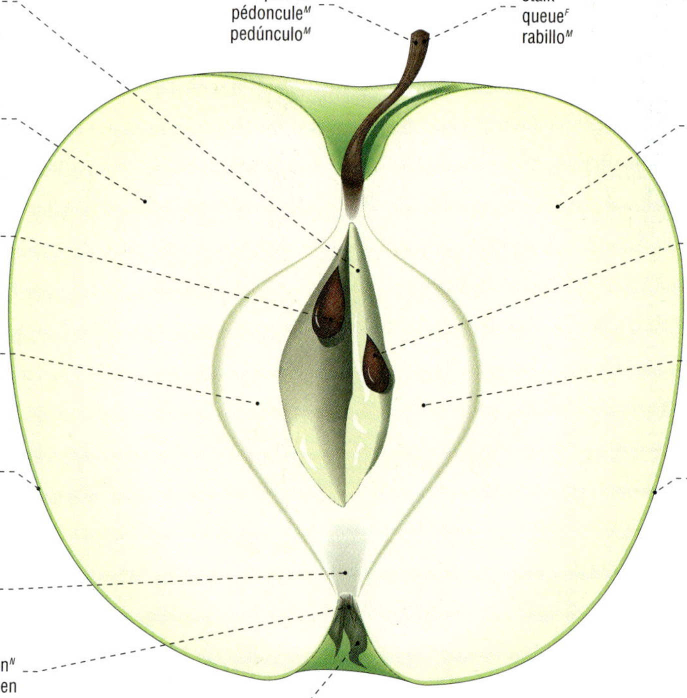

DIE WICHTIGSTEN KERNOBSTSORTEN[F]
MAJOR TYPES OF POME FRUITS
PRINCIPALES VARIÉTÉS[F] DE FRUITS[M] À PÉPINS[M]
PRINCIPALES VARIEDADES[F] DE FRUTOS[M] CARNOSOS CON SEMILLAS[F]

FLEISCHIGE FRÜCHTE[F]: ZITRUSFRÜCHTE[F]
FLESHY FRUITS: CITRUS FRUITS
FRUITS[M] CHARNUS: AGRUMES[M]
FRUTOS[M] CARNOSOS: CÍTRICOS[M]

QUERSCHNITT[M] EINER ZITRUSFRUCHT[F]
SECTION OF A CITRUS FRUIT
COUPE[F] D'UN AGRUME[M]
CORTE[M] DE UN CÍTRICO[M]

ORANGE[F]
ORANGE
ORANGE[F]
NARANJA[F]

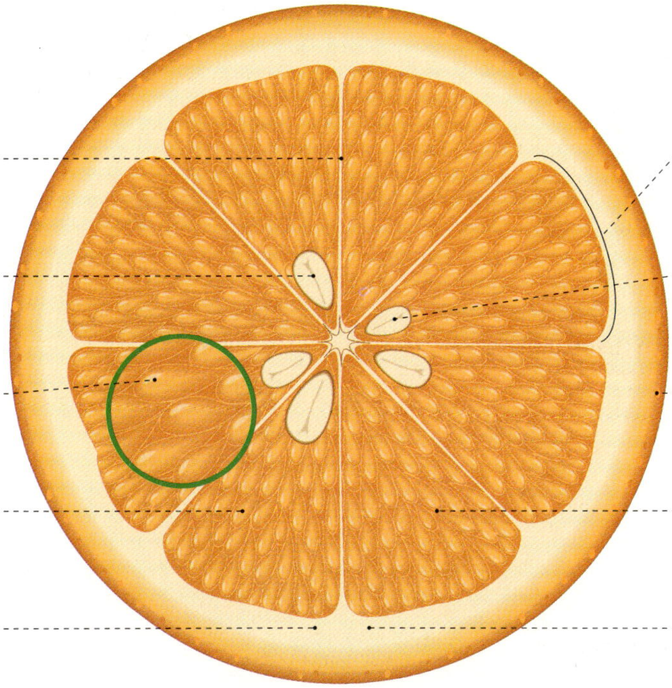

DIE WICHTIGSTEN ZITRUSFRÜCHTE[F]
MAJOR TYPES OF CITRUS FRUITS
PRINCIPALES VARIÉTÉS[F] D'AGRUMES[M]
PRINCIPALES VARIEDADES[F] DE CÍTRICOS[M]

TROCKENFRÜCHTE[F]: NÜSSE[F]
DRY FRUITS: NUTS
FRUITS[M] SECS: NOIX[F]
FRUTOS[M] SECOS: OLEAGINOSOS

LÄNGSSCHNITT[M] EINER HASELNUSS[F]
SECTION OF A HAZELNUT
COUPE[F] D'UNE NOISETTE[F]
CORTE[M] DE UNA AVELLANA[F]

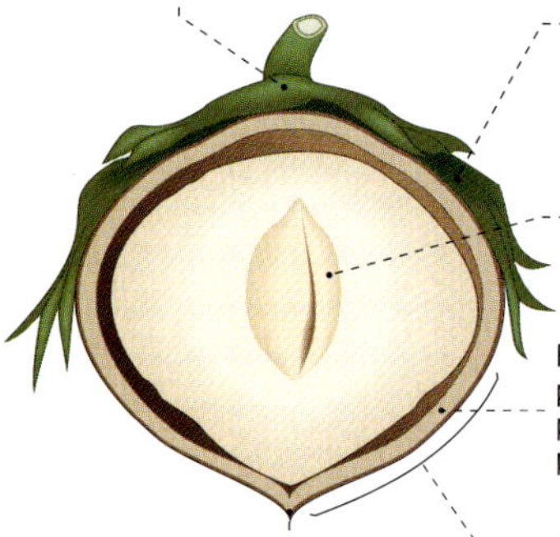

LÄNGSSCHNITT[M] EINER WALNUSS[F]
SECTION OF A WALNUT
COUPE[F] D'UNE NOIX[F]
CORTE[M] DE UNA NUEZ[F]

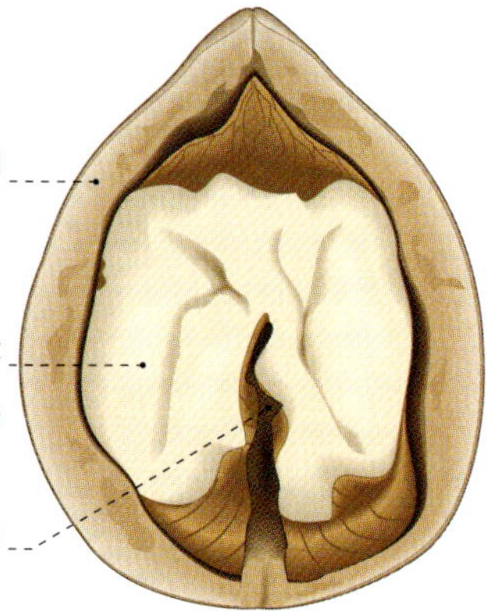

HÜLLE[F]
HUSK
BROU[M]
CÁSCARA[F]

DIE WICHTIGSTEN NUSSARTEN[F]
PRINCIPAL TYPES OF NUTS
PRINCIPALES VARIÉTÉS[F] DE NOIX[F]
PRINCIPALES VARIEDADES[F] DE FRUTOS[M] SECOS

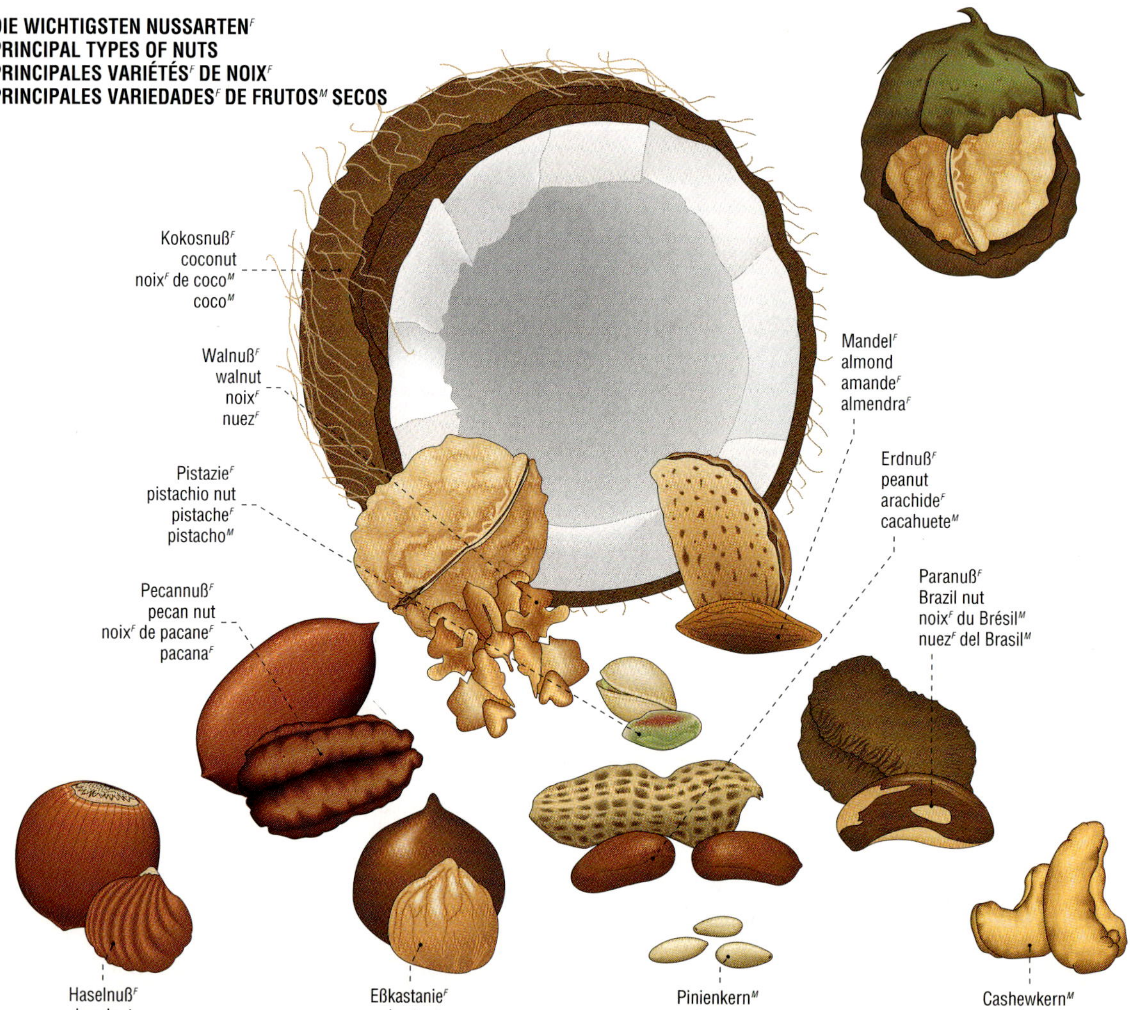

VERSCHIEDENE TROCKENFRÜCHTE[F]
VARIOUS DRY FRUITS
FRUITS[M] SECS DIVERS
FRUTOS[M] SECOS: DEHISCENTES

QUERSCHNITT[M] EINER FRUCHTKAPSEL[F]
SECTION OF A FOLLICLE
COUPE[F] D'UN FOLLICULE[M]
CORTE[M] DE UN FOLÍCULO[M]

Sternanis[M]
star anise
anis[M] étoilé
anís[M] estrellado

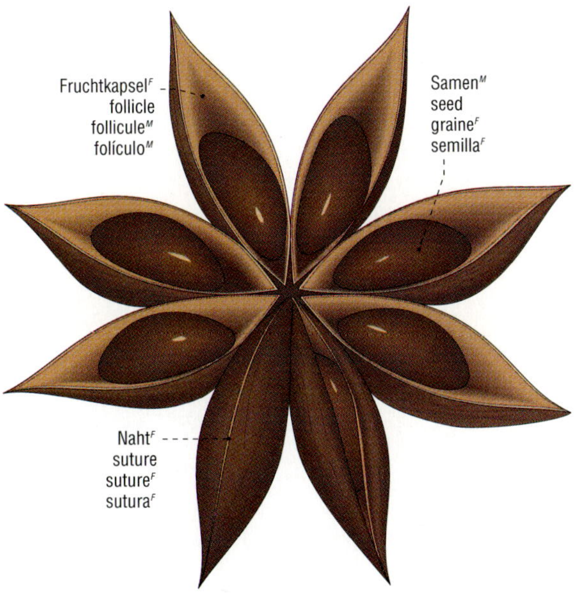

LÄNGSSCHNITT[M] EINER FRUCHTSCHOTE[F]
SECTION OF A SILIQUE
COUPE[F] D'UNE SILIQUE[F]
CORTE[M] DE UNA SILICUA[F]

Senf[M]
mustard
moutarde[F]
mostaza[F]

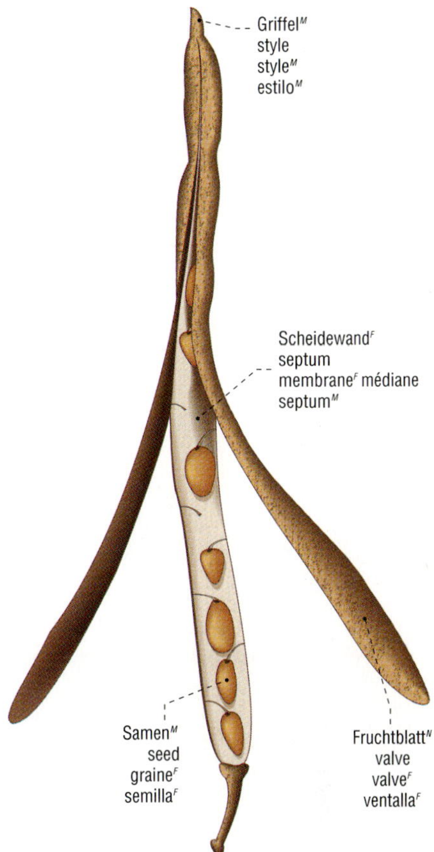

LÄNGSSCHNITT[M] EINER HÜLSENFRUCHT[F]
SECTION OF A LEGUME
COUPE[F] D'UNE GOUSSE[F]
CORTE[M] DE UNA LEGUMBRE[F]

Erbsenschote[F]
pea
pois[M]
guisante[M]

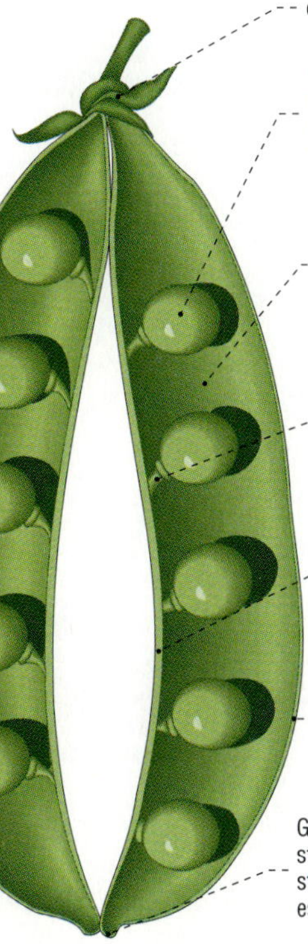

LÄNGSSCHNITT[M] EINER KAPSEL[F]
SECTION OF A CAPSULE
COUPE[F] D'UNE CAPSULE[F]
CORTE[M] DE UNA CÁPSULA[F]

Mohn[M]
poppy
pavot[M]
amapola[F]

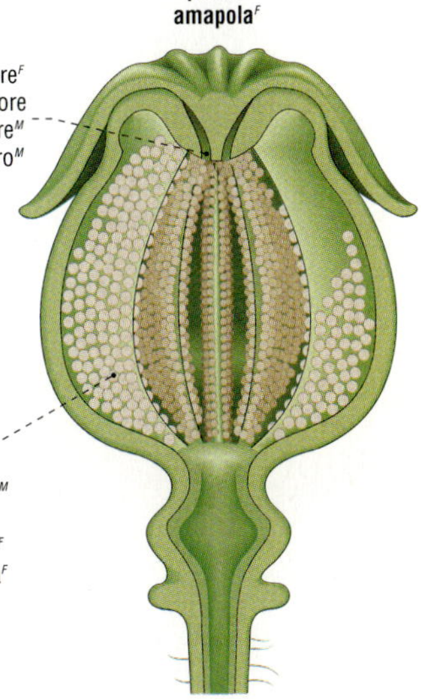

SÜDFRÜCHTE^{F}
TROPICAL FRUITS
FRUITS^{M} TROPICAUX
FRUTAS^{F} TROPICALES

DIE WICHTIGSTEN SÜDFRÜCHTE^{F}
MAJOR TYPES OF TROPICAL FRUITS
PRINCIPAUX FRUITS^{M} TROPICAUX
PRINCIPALES VARIEDADES^{F} DE FRUTAS^{F} TROPICALES

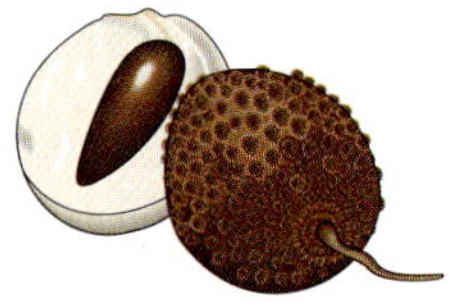

Litschi^{F}
litchi
litchi^{M}
litchi^{M}

Kaki^{F}
Japanese persimmon
kaki^{M}
caqui^{M}

Papaya^{F}
papaya
papaye^{F}
papaya^{F}

Banane^{F}
banana
banane^{F}
plátano^{M}

Kiwi^{F}
kiwi
kiwi^{M}
kiwi^{M}

Granatapfel^{M}
pomegranate
grenade^{F}
granada^{F}

Chirimoya^{F}
cherimoya
chérimole^{F}
chirimoya^{F}

Kaktusfeige^{F}
Indian fig
figue^{F} de Barbarie
higo chumbo^{M}

Avocado^{F}
avocado
avocat^{M}
aguacate^{M}

Guave^{F}
guava
goyave^{F}
guayaba^{F}

Ananas^{F}
pineapple
ananas^{M}
piña^{F}

GEMÜSE[N]
VEGETABLES
LÉGUMES[M]
HORTALIZAS[F]

FRUCHTGEMÜSE[N]
FRUIT VEGETABLES
LÉGUMES[M] FRUITS[M]
FRUTOS[M]

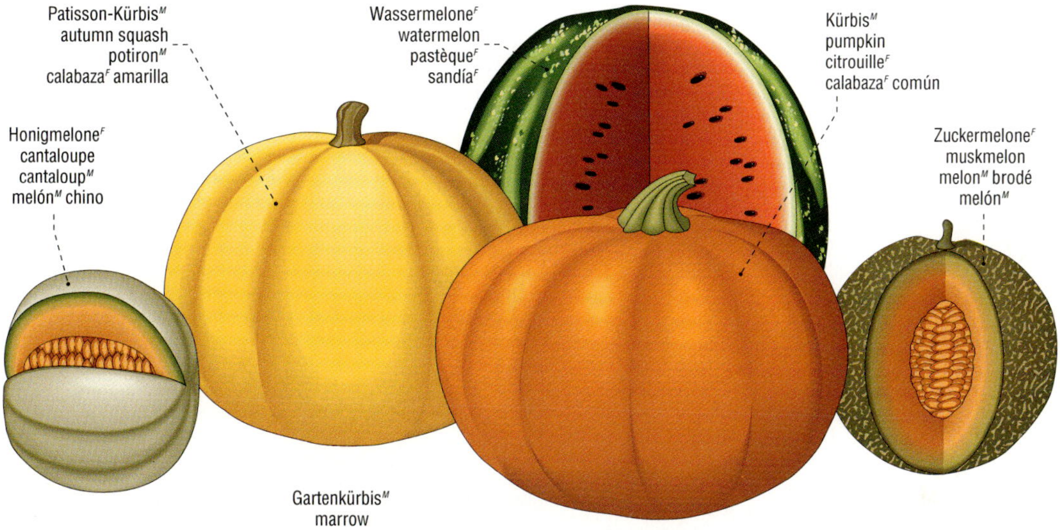

BLÜTENGEMÜSE[N]
INFLORESCENT VEGETABLES
LÉGUMES[M] FLEURS[F]
INFLORESCENCIAS[F]

GEMÜSE[N]
VEGETABLES
LÉGUMES[M]
HORTALIZAS[F]

LÄNGSSCHNITT[M] EINER ZWIEBEL[F]
SECTION OF A BULB
COUPE[F] D'UN BULBE[M]
CORTE[M] DE UN BULBO[M]

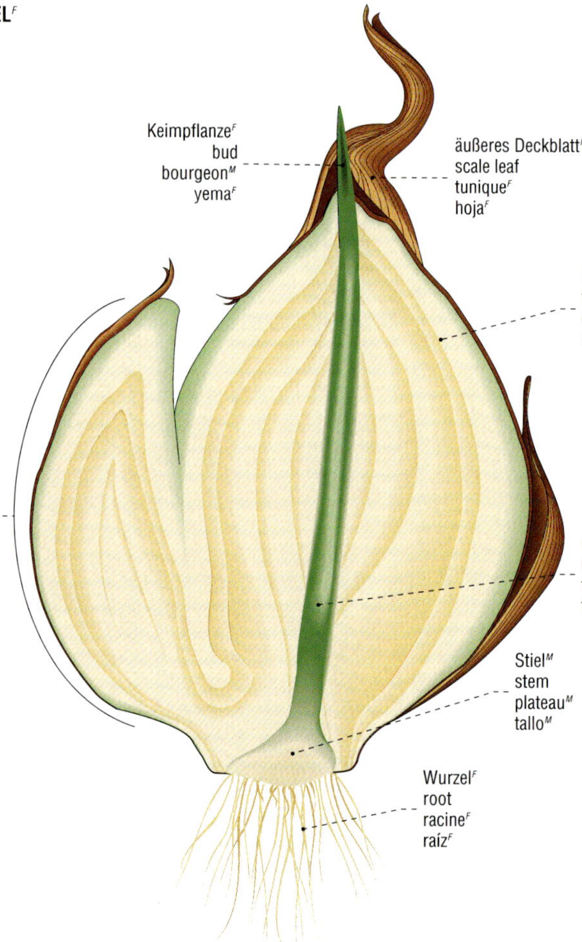

ZWIEBELGEMÜSE[N]
BULB VEGETABLES
LÉGUMES[M] BULBES[F]
BULBOS[M]

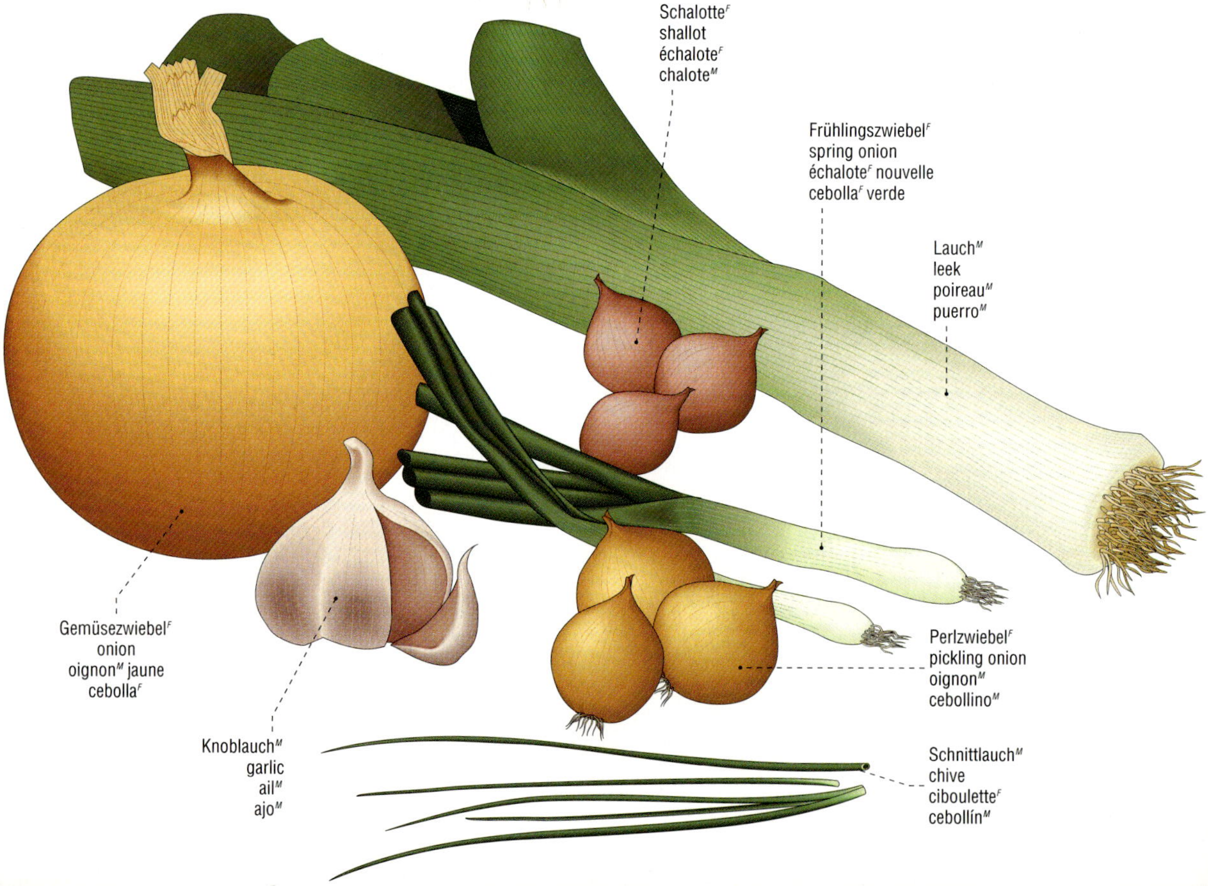

GEMÜSE[N]
VEGETABLES
LÉGUMES[M]
HORTALIZAS[F]

KNOLLENGEMÜSE[N]
TUBER VEGETABLES
LÉGUMES[M] TUBERCULES[M]
TUBÉRCULOS[M]

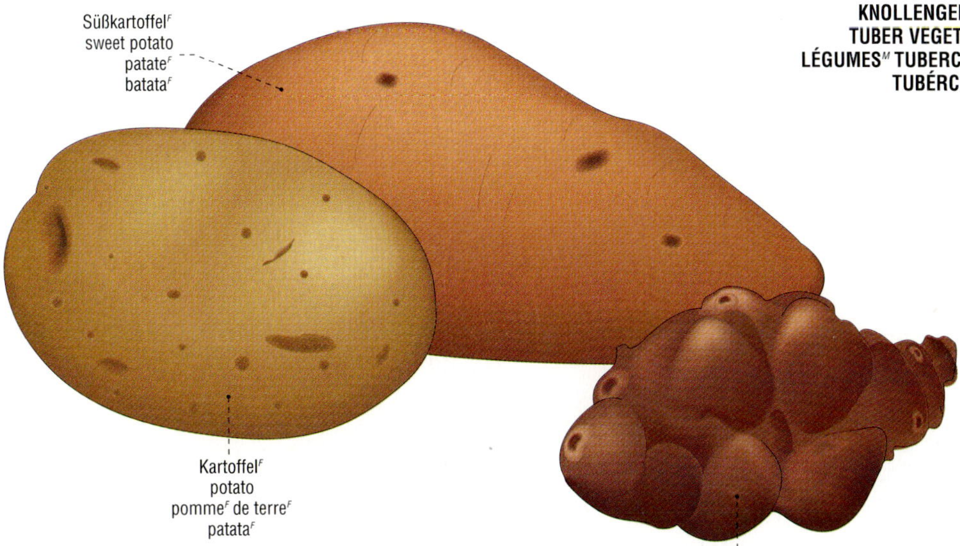

WURZELGEMÜSE[N]
ROOT VEGETABLES
LÉGUMES[M] RACINES[F]
RAÍCES[F]

GEMÜSE^{N}
VEGETABLES
LÉGUMES^{M}
HORTALIZAS^{F}

STENGEL- UND SPROSSENGEMÜSE^{N}
STALK VEGETABLES
LÉGUMES^{M} TIGES^{F}
TALLOS^{M}

Rhabarber^{M}
rhubarb
rhubarbe^{F}
ruíbarbo^{M}

Spargel^{M}
asparagus
asperge^{F}
espárrago^{M}

Stangensellerie$^{M/F}$
celery
céleri^{M}
apio^{M}

Kardone^{F}
cardoon
cardon^{M}
cardo^{M}

Mangold^{M}
Swiss chard
bette^{F} à carde^{F}
acelga^{F}

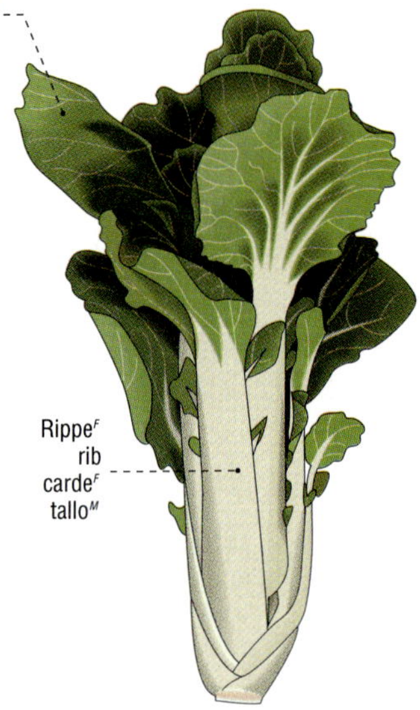

Fenchel^{M}
fennel
fenouil^{M}
hinojo^{M}

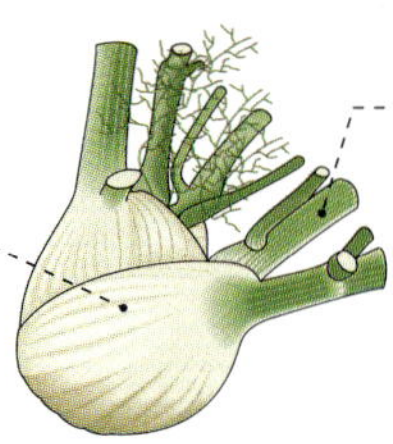

HÜLSENFRÜCHTE^{F}
SEED VEGETABLES
LÉGUMES^{M} GRAINES^{F}
LEGUMBRES^{F}

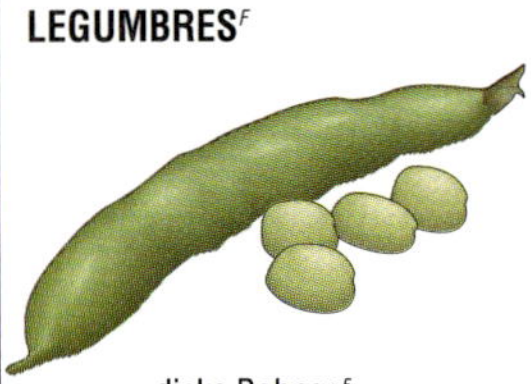

dicke Bohnen^{F}
broad beans
fèves^{F}
habas^{F}

Zuckererbsen^{F}
mange-tout
pois^{M} mange-tout^{M}
guisantes^{M}

grüne Erbsen^{F}
green peas
petits pois^{M}
guisantes^{M}

Linsen^{F}
lentils
lentilles^{F}
lentejas^{F}

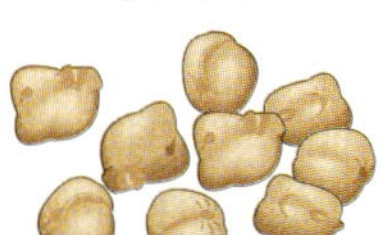

Kichererbsen^{F}
chick peas
pois^{M} chiches
garbanzos^{M}

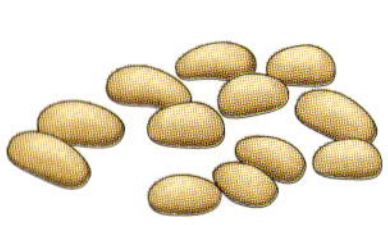

Sojabohnen^{F}
soya beans
grains^{F} de soja^{M}
semillas^{F} de soja^{F}

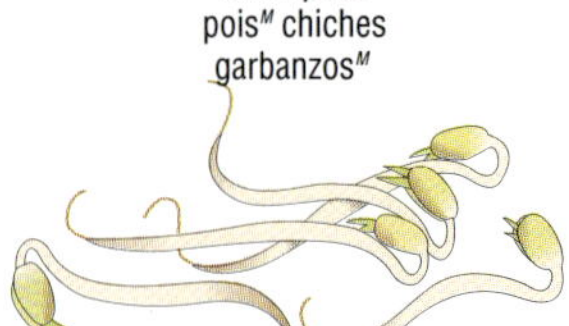

Sojasprossen^{M}
bean sprouts
germes^{M} de soja^{M}
brotes^{M} de soja^{F}

ZUCKERMAIS^{M}
SWEET CORN
MAÏS^{M}
MAÍZ^{M}

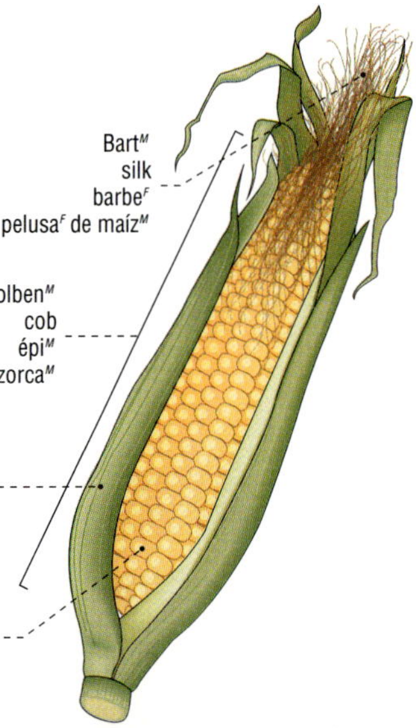

GEMÜSE[N]
VEGETABLES
LÉGUMES[M]
HORTALIZAS[F]

BLATTGEMÜSE[N]
LEAF VEGETABLES
LÉGUMES[M] FEUILLES[F]
VERDURAS[F] DE HOJAS[F]

Feldsalat[M]
corn salad
mâche[F]
colleja[F]

Brunnenkresse[F]
watercress
cresson[M] de fontaine[F]
berro[M]

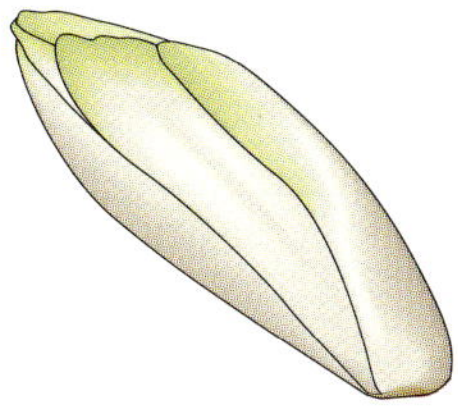

Chicorée[M/F]
chicory
endive[F]
achicoria[F]

Rosenkohl[M]
Brussels sprouts
choux[M] de Bruxelles
coles[F] de Bruselas

Grünkohl[M]
curly kale
chou[M] frisé
col[F] rizada

Weinblatt[N]
vine leaf
feuille[F] de vigne[F]
hoja[F] de parra[F]

Garten-Sauerampfer[M]
garden sorrel
oseille[F]
acedera[F]

Spinat[M]
spinach
épinard[M]
espinaca[F]

krause Endivie[F]
curly endive
chicorée[F]
escarola[F] rizada

glatte Endivie[F]
broad-leaved endive
scarole[F]
escarola[F]

Romagna-Salat[M]
cos lettuce
romaine[F]
lechuga[F] romana

Löwenzahn[M]
dandelion
pissenlit[M]
diente[M] de león[M]

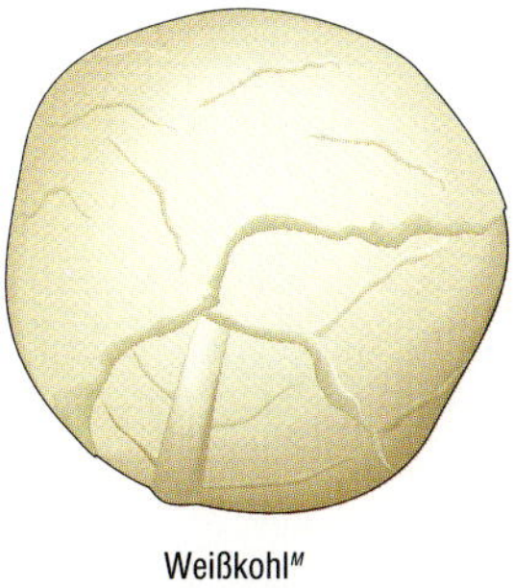

Weißkohl[M]
white cabbage
chou[M] pommé blanc
repollo[M]

Kopfsalat[M]
cabbage lettuce
laitue[F] pommée
lechuga[F] francesa

Kohl[M]
green cabbage
chou[M] pommé vert
repollo[M] verde

Chinakohl[M]
Chinese cabbage
chou[M] chinois
col[F] de China[F]

KRÄUTER[N]
HERBS
FINES HERBES[F]
HIERBAS[F] AROMÁTICAS

Dill[M]
dill
aneth[M]
eneldo[M]

Basilikum[N]
basil
basilic[M]
albahaca[F]

Boretsch[M]
borage
bourrache[F]
borraja[F]

Kerbel[M]
chervil
cerfeuil[M]
perifollo[M]

Koriander[M]
coriander
coriandre[F]
cilantro[M]

Estragon[M]
tarragon
estragon[M]
estragón[M]

Ysop[M]
hyssop
hysope[F]
hisopo[M]

Lorbeer[M]
laurel bay
laurier[M]
laurel[M]

Liebstöckel[M/N]
lovage
livèche[F]
ligústico[M]

Minze[F]
mint
menthe[F]
hierbabuena[F]

Oregano[M]
oregano
origan[M]
orégano[M]

Petersilie[F]
parsley
persil[M]
perejil[M]

Rosmarin[M]
rosemary
romarin[M]
romero[M]

Bohnenkraut[N]
savory
sarriette[F]
ajedrea[F]

Salbei[M]
sage
sauge[F]
salvia[F]

Thymian[M]
thyme
thym[M]
tomillo[M]

TIERREICH
ANIMAL KINGDOM
RÈGNE ANIMAL
REINO ANIMAL

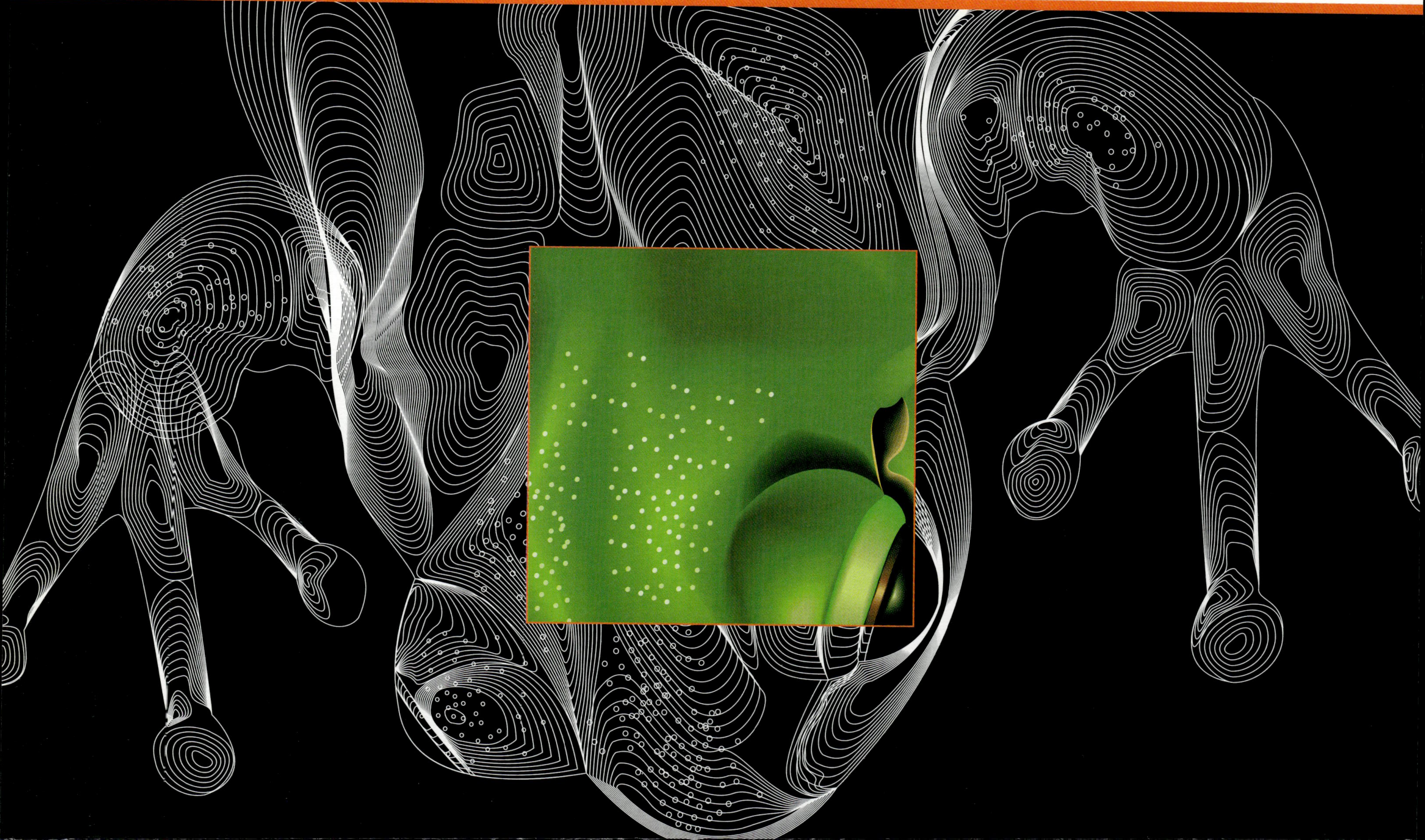

INHALT

INSEKTEN UND SPINNE 77
SCHMETTERLING 78
HONIGBIENE 80
SCHNECKE 83
AMPHIBIEN 84
FISCH 86
KREBSTIERE 90
WEICHTIER 92
EINKLAPPIGE SCHALE 94
ZWEIKLAPPIGE SCHALE 95
REPTIL 96
GEBISSARTEN 98
WICHTIGSTE HORNARTEN 99
WICHTIGSTE STOSSZÄHNE 99
HUFARTEN 99
PFERD 100
FAMILIE DER HIRSCHE 105
HUND 106
KATZE 107
VOGEL 108
FLEDERMAUS 112

INSEKTEN[N] UND SPINNE[F]
INSECTS AND SPIDER
INSECTES[M] ET ARAIGNÉE[F]
INSECTOS[M] Y ARAÑA[F]

Spinne[F]
spider
araignée[F]
araña[F]

Libelle[F]
dragonfly
libellule[F]
libélula[F]

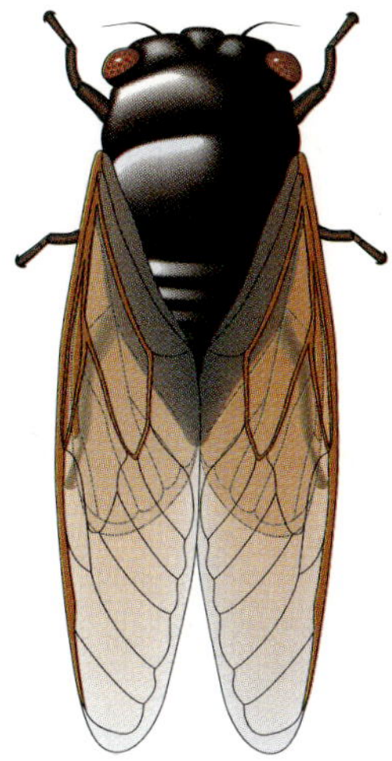

Zikade[F]
cicada
cigale[F]
cigarra[F]

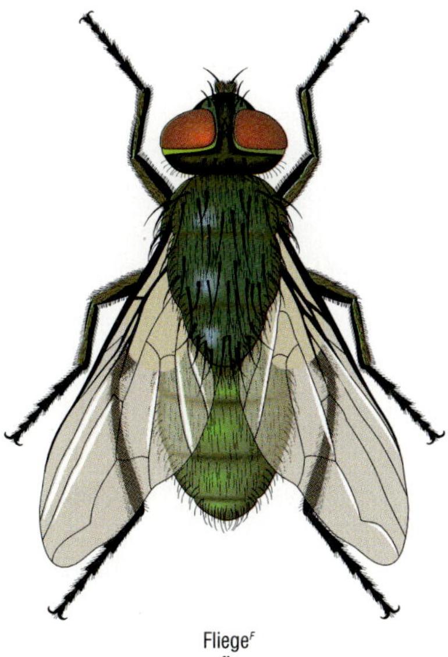

Fliege[F]
fly
mouche[F]
mosca[F]

Marienkäfer[M]
ladybird
coccinelle[F]
cochinilla[F]

Ameise[F]
ant
fourmi[F]
hormiga[F]

Heuschrecke[F]
grasshopper
sauterelle[F]
saltamontes[M]

SCHMETTERLING[M]
BUTTERFLY
PAPILLON[M]
MARIPOSA[F]

RAUPE[F]
CATERPILLAR
CHENILLE[F]
ORUGA[F]

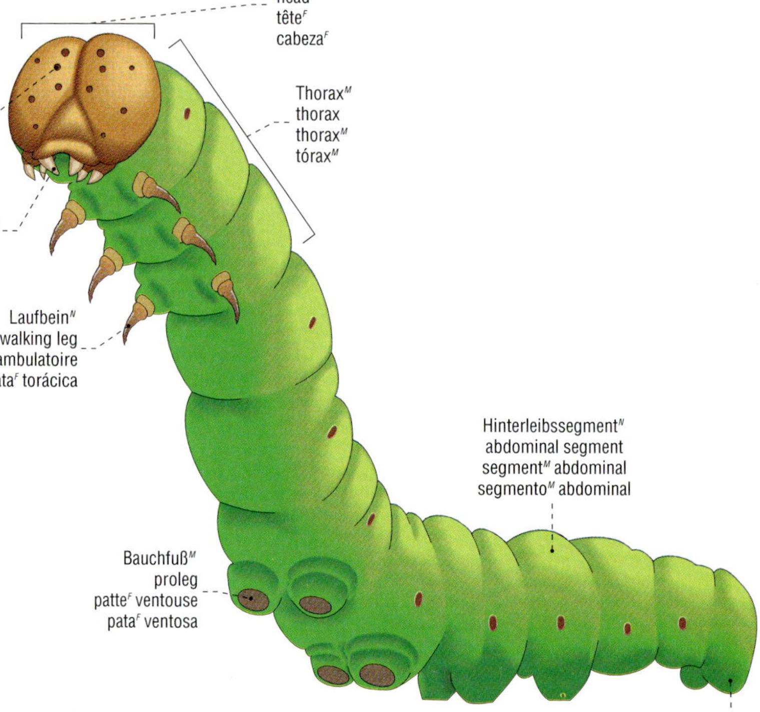

PUPPE[F]
CHRYSALIS
CHRYSALIDE[F]
CRISÁLIDA[F]

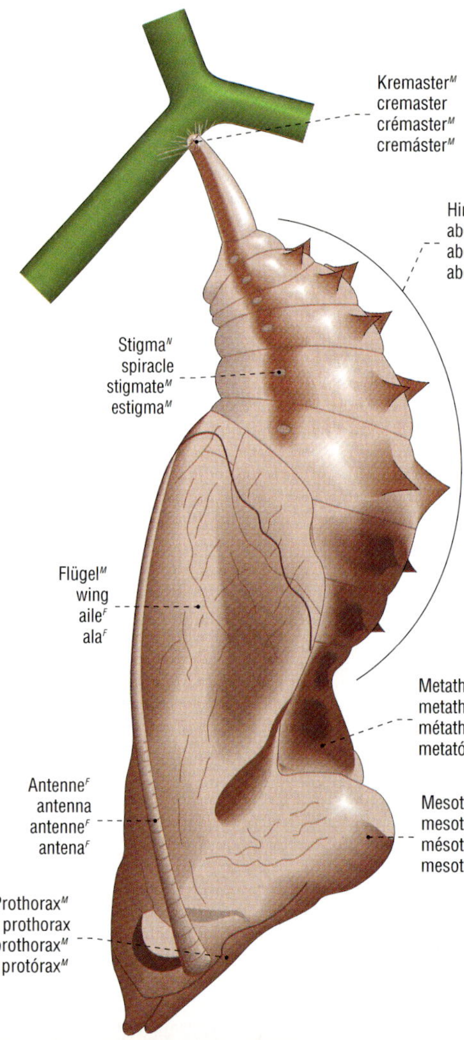

HINTERBEIN[N]
HIND LEG
PATTE[F] POSTÉRIEURE
PATA[F] POSTERIOR

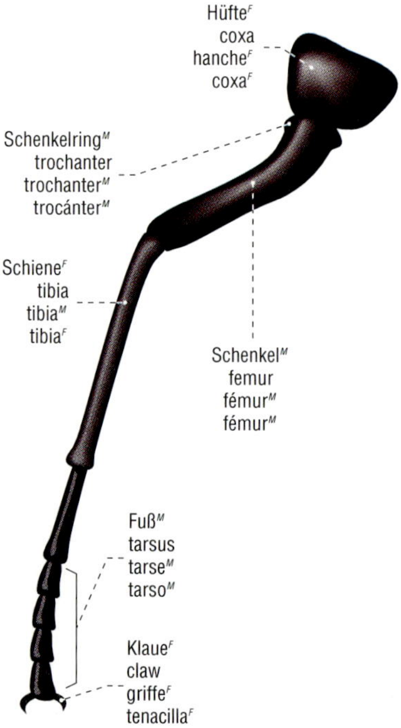

SCHMETTERLING^M^
BUTTERFLY
PAPILLON^M^
MARIPOSA^F^

HONIGBIENE[F]
HONEYBEE
ABEILLE[F]
ABEJA[F]

ARBEITERIN[F]
WORKER
OUVRIÈRE[F]
OBRERA[F]

VORDERBEIN[N] (AUSSENSEITE[F])
FORELEG (OUTER SURFACE)
PATTE[F] ANTÉRIEURE (FACE[F] EXTERNE)
PATA[F] DELANTERA (SUPERFICIE EXTERIOR)

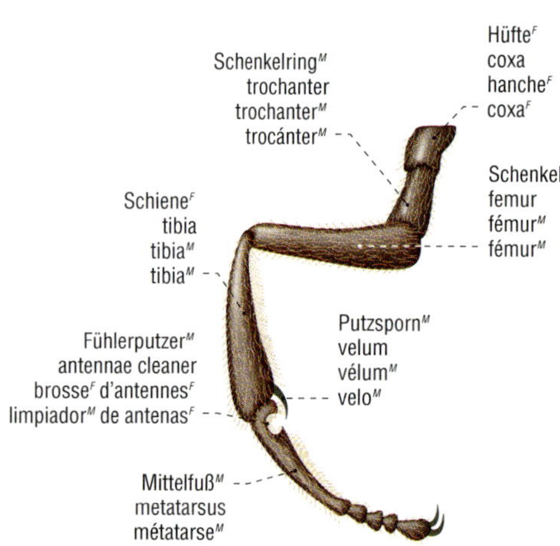

MITTELBEIN[N] (AUSSENSEITE[F])
MIDDLE LEG (OUTER SURFACE)
PATTE[F] MÉDIANE (FACE[F] EXTERNE)
PATA[F] MEDIA (SUPERFICIE EXTERIOR)

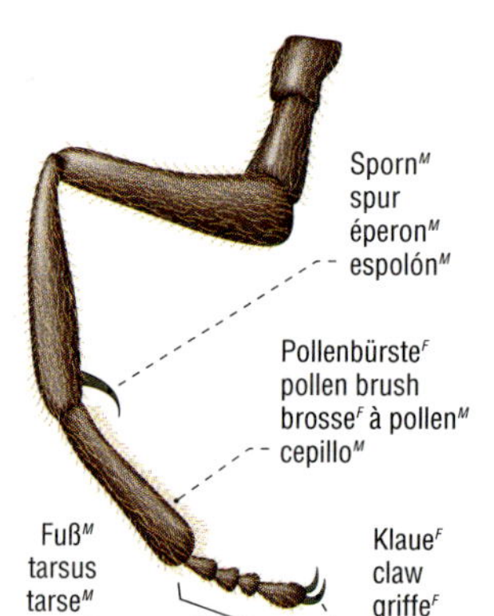

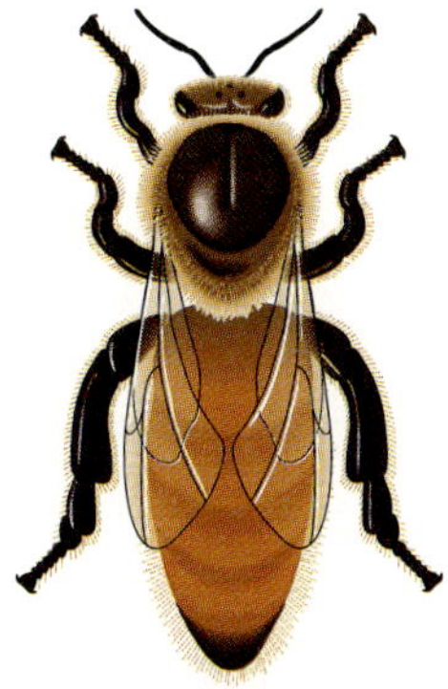

KÖNIGIN[F]
QUEEN
REINE[F]
REINA[F]

DROHNE[F]
DRONE
FAUX BOURDON[M]
ZÁNGANO[M]

ARBEITERIN[F]
WORKER
OUVRIÈRE[F]
OBRERA[F]

HINTERBEIN[N] (INNENSEITE[F])
HIND LEG (INNER SURFACE)
PATTE[F] POSTÉRIEURE (FACE[F] INTERNE)
PATA[F] TRASERA (SUPERFICIE INTERIOR)

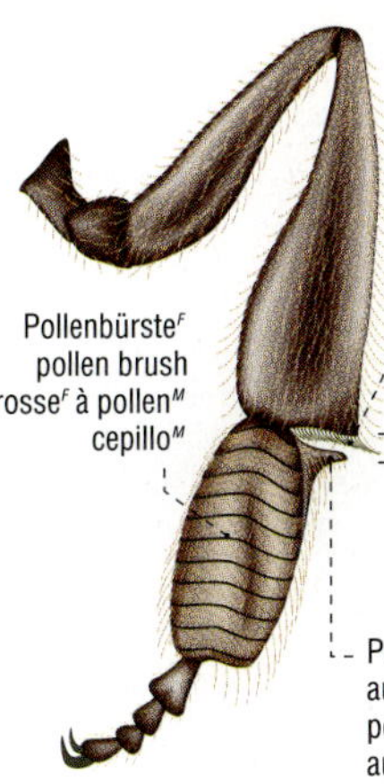

MUNDWERKZEUGE[N]
MOUTHPARTS
PIÈCES[F] BUCCALES
APÉNDICES[M] BUCALES

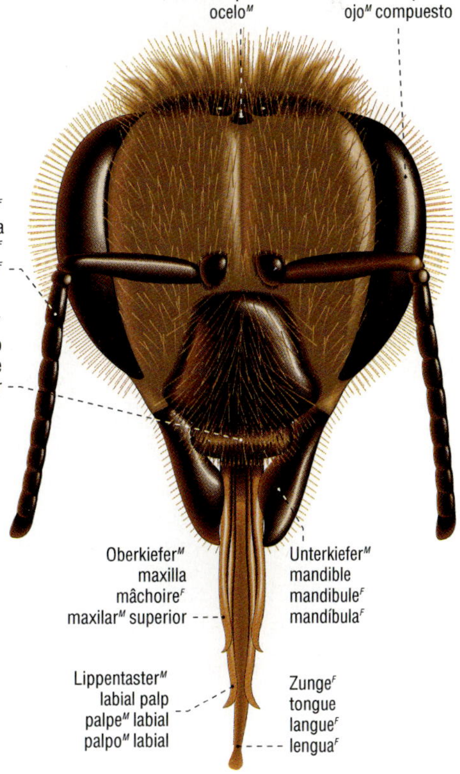

HONIGBIENE[F]
HONEYBEE
ABEILLE[F]
ABEJA[F] DE COLMENA

WABENAUSSCHNITT[M]
HONEYCOMB SECTION
COUPE[F] D'UN RAYON[M] DE MIEL[M]
CORTE[M] DE UN PANAL[M]

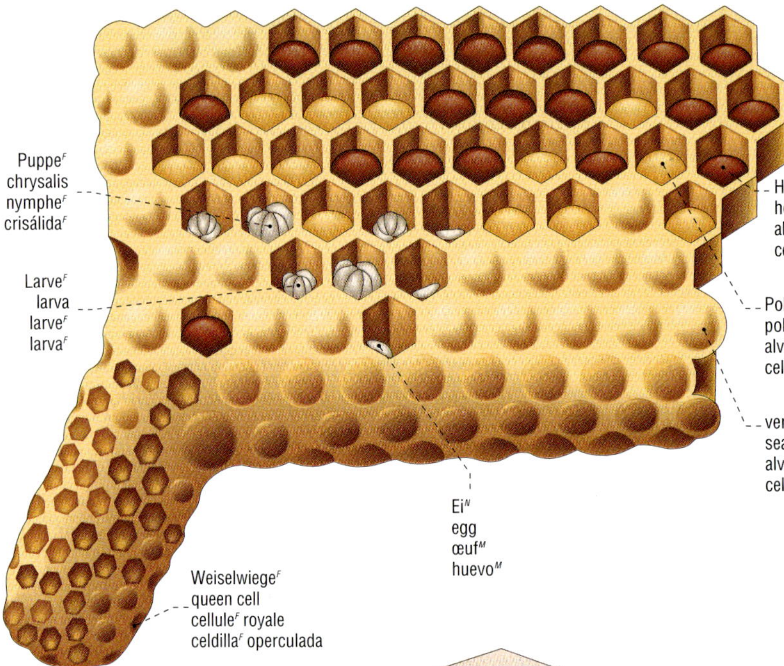

BIENENSTOCK[M]
HIVE
RUCHE[F]
COLMENA[F]

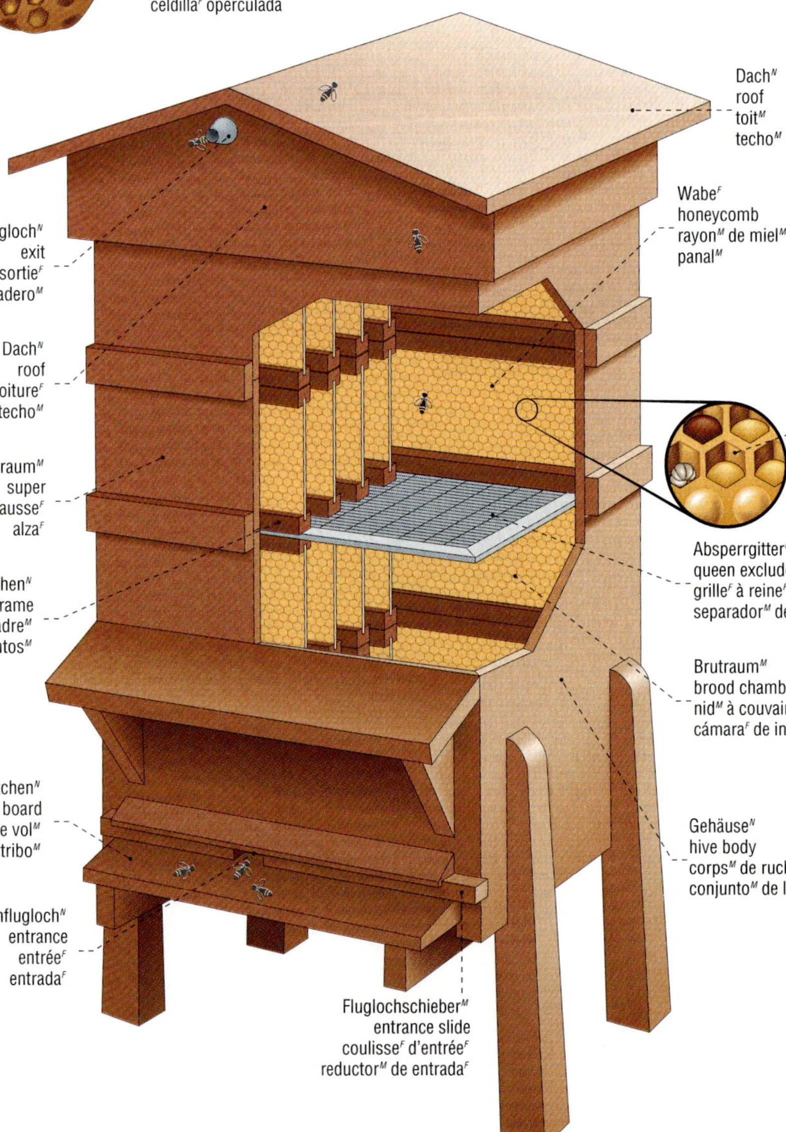

SCHNECKE[F]
GASTROPOD
GASTÉROPODE[M]
MOLUSCO[M] GASTERÓPODO

SCHNECKE[F]
SNAIL
ESCARGOT[M]
CARACOL[M] TERRESTRE

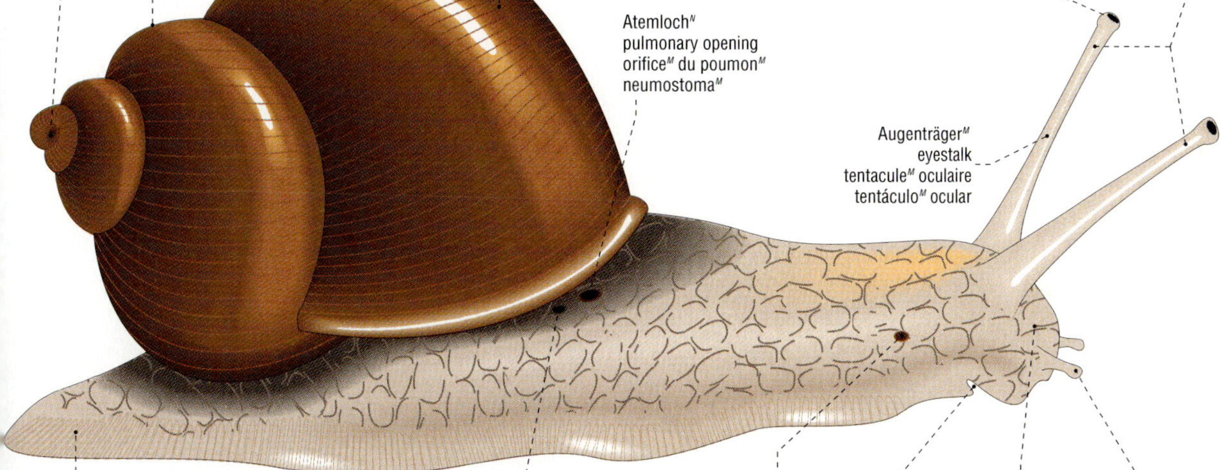

WICHTIGSTE ESSBARE SCHNECKEN[F]
PRINCIPAL EDIBLE GASTROPODS
PRINCIPAUX GASTÉROPODES[M] COMESTIBLES
GASTERÓPODOS[M] COMESTIBLES

Napfschnecke[F]
limpet
patelle[F]
lapa[F]

Strandschnecke[F]
common periwinkle
bigorneau[M]
caracol[M] marino común

Wellhornschnecke[F]
whelk
buccin[M]
buccino[M]

AMPHIBIEN[F]
AMPHIBIANS
AMPHIBIENS[M]
ANFIBIOS[M]

FROSCH[M]
FROG
GRENOUILLE[F]
RANA[F]

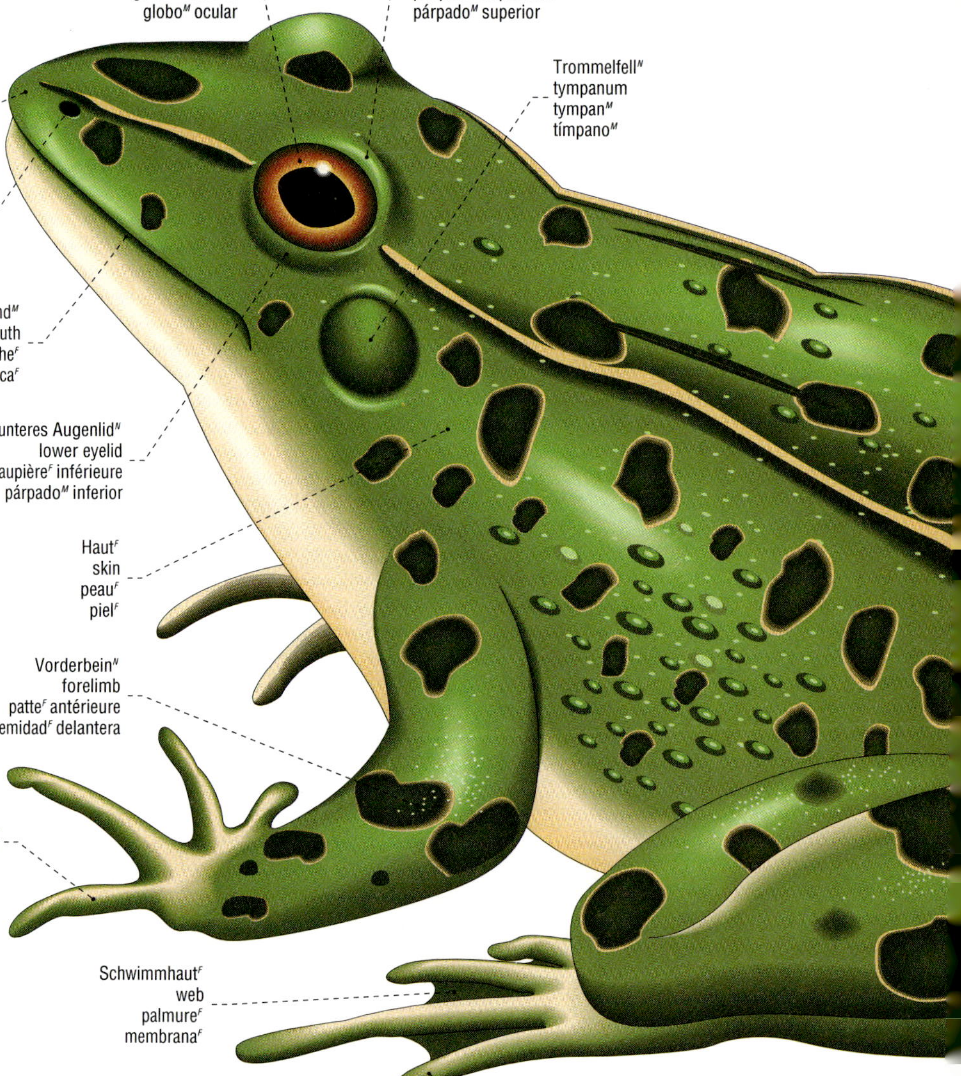

LEBENSZYKLUS[M] DES FROSCHES[M]
LIFE CYCLE OF THE FROG
MÉTAMORPHOSE[F] DE LA GRENOUILLE[F]
METAMÓRFOSIS[F] DE LA RANA[F]

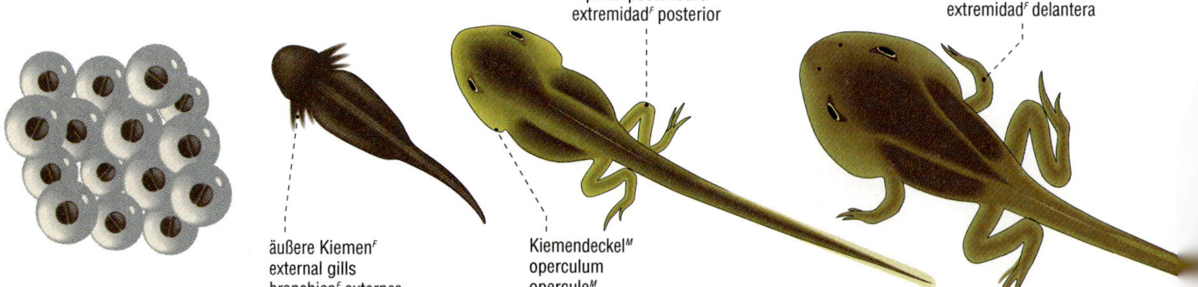

WICHTIGSTE AMPHIBIEN[F]
MAJOR AMPHIBIANS
PRINCIPAUX AMPHIBIENS[M]
ANFIBIOS[M] COMUNES

FISCH[M]
FISH
POISSON[M]
PEZ[M]

MORPHOLOGIE[F]
MORPHOLOGY
MORPHOLOGIE[F]
MORFOLOGÍA[F]

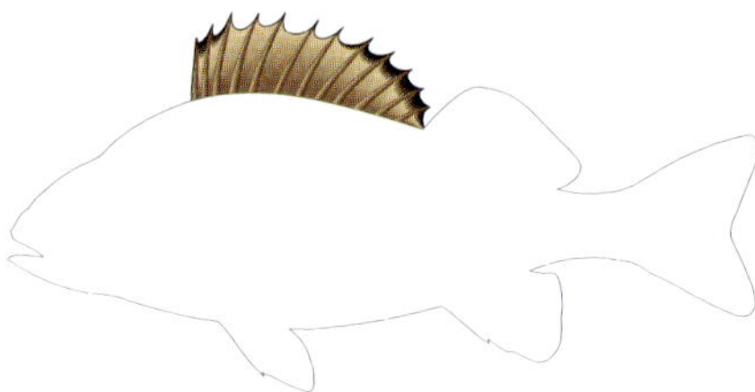

erste Rückenflosse[F]
first dorsal fin
première nageoire[F] dorsale
aleta[F] dorsal anterior

zweite Rückenflosse[F]
second dorsal fin
seconde nageoire[F] dorsale
aleta[F] dorsal posterior

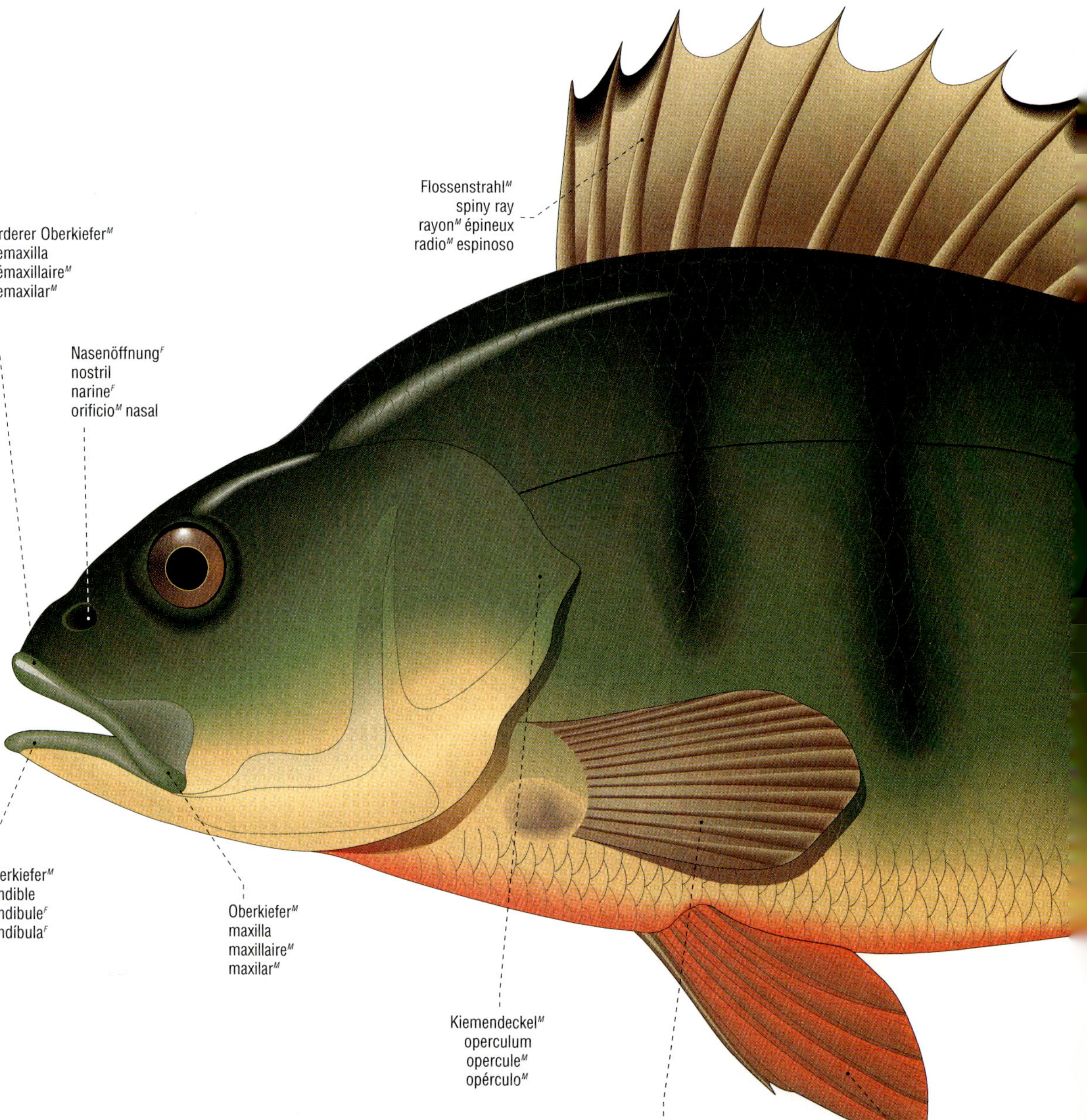

KIEMEN[F]
GILLS
BRANCHIES[F]
BRANQUIAS[F]

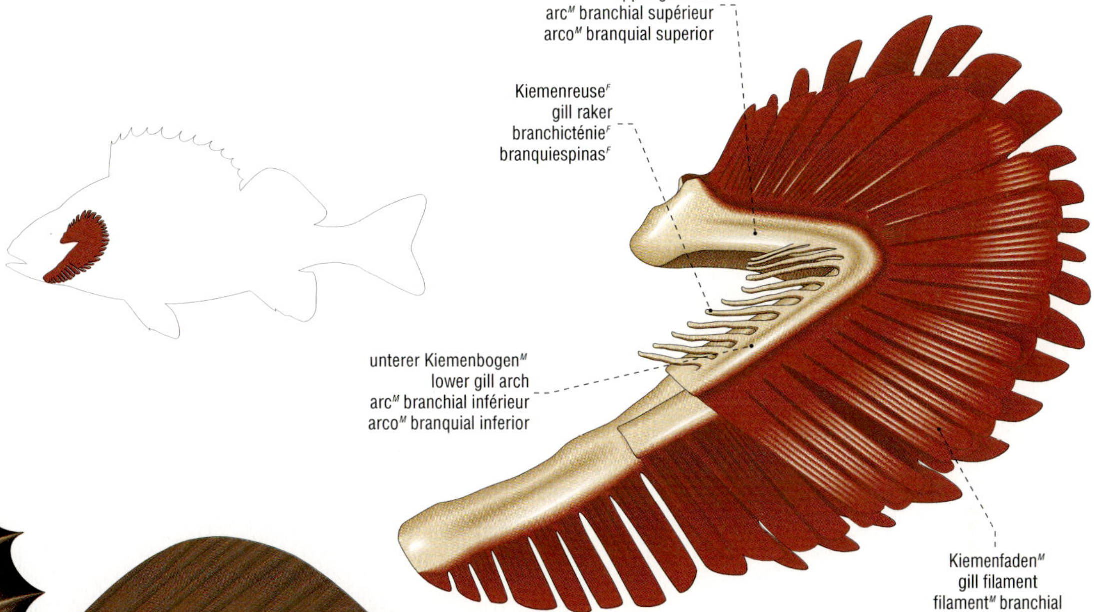

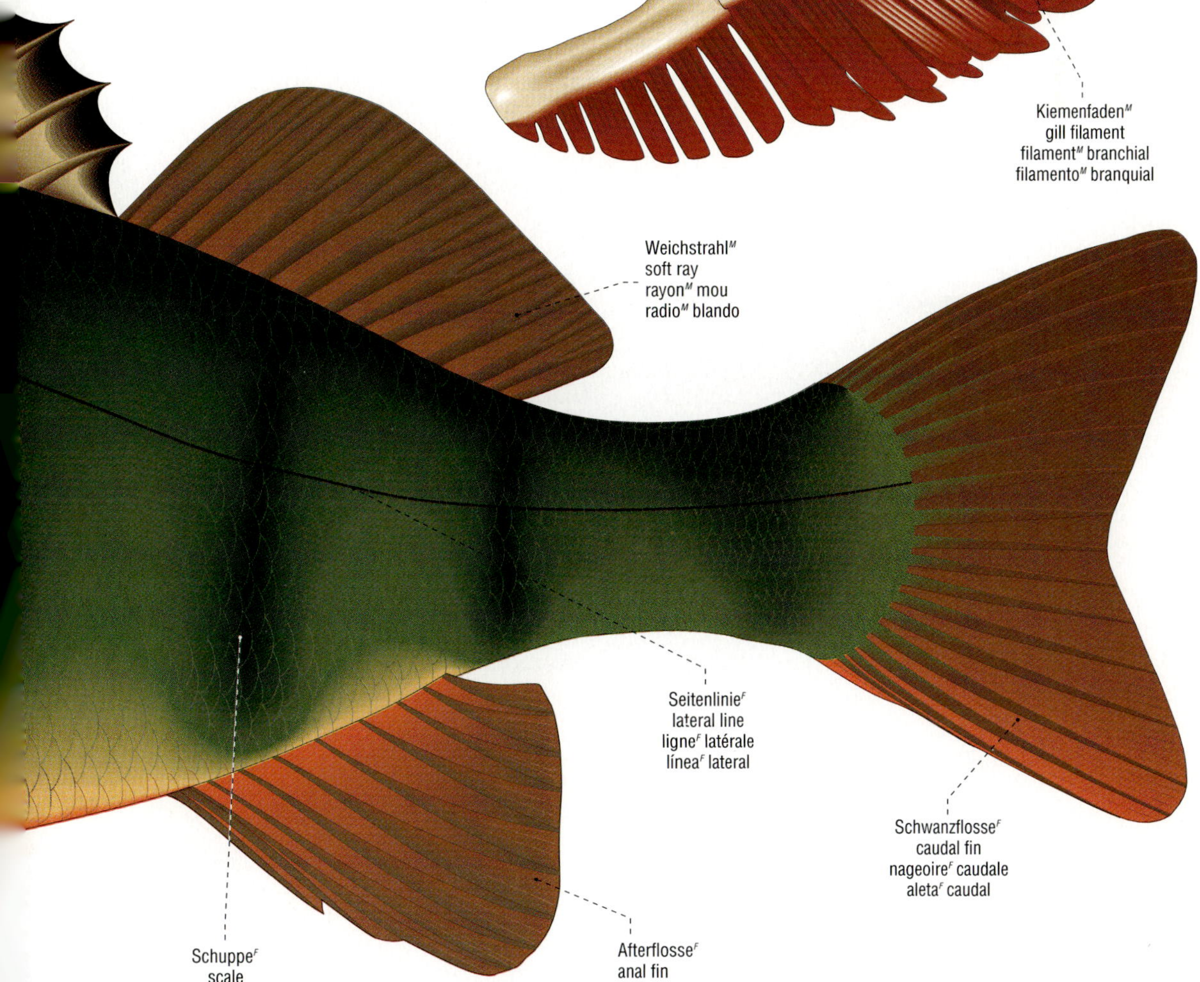

FISCH^M
FISH
POISSON^M
PEZ^M

ANATOMIE^F
ANATOMY
ANATOMIE^F
ANATOMÍA^F

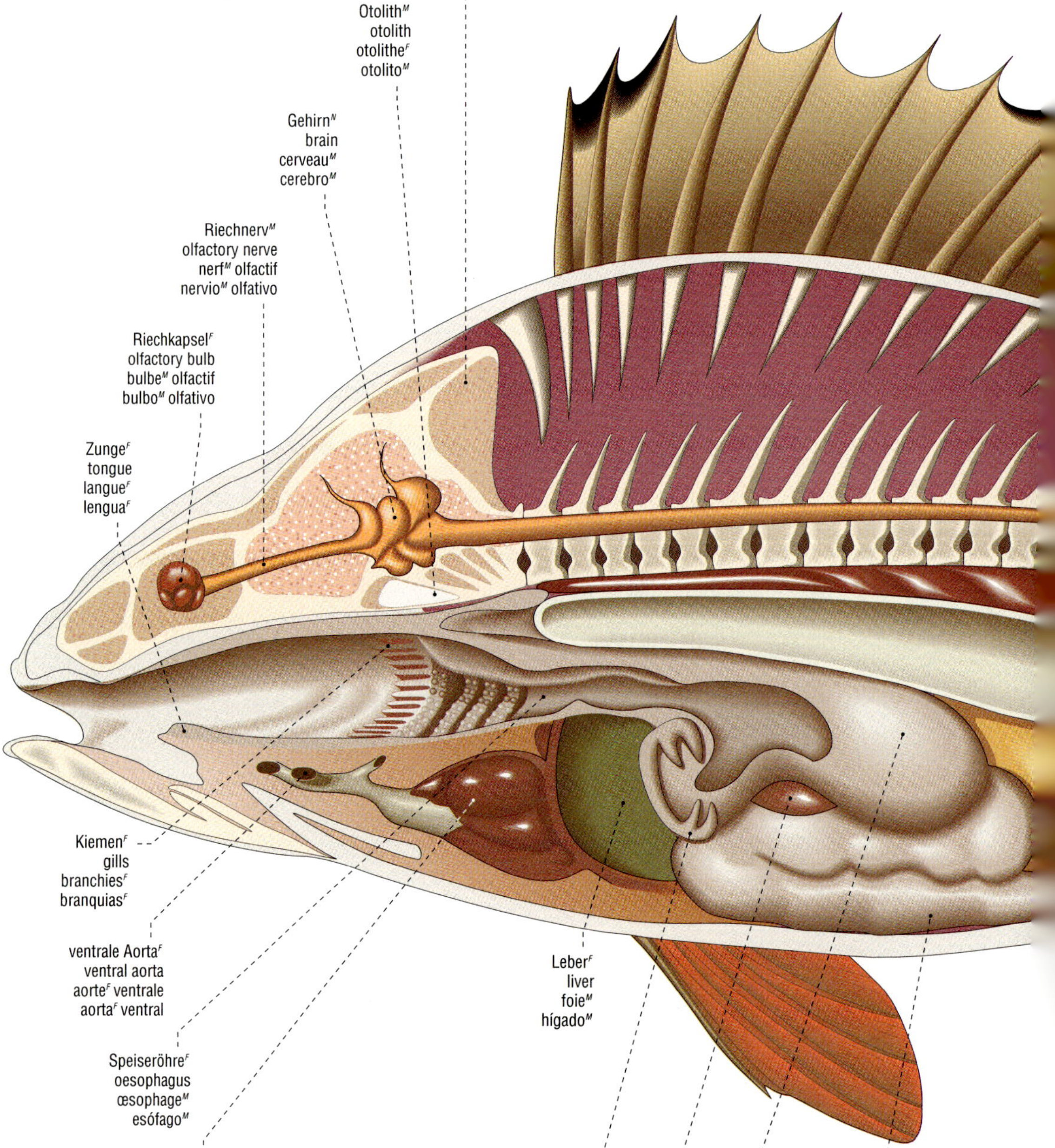

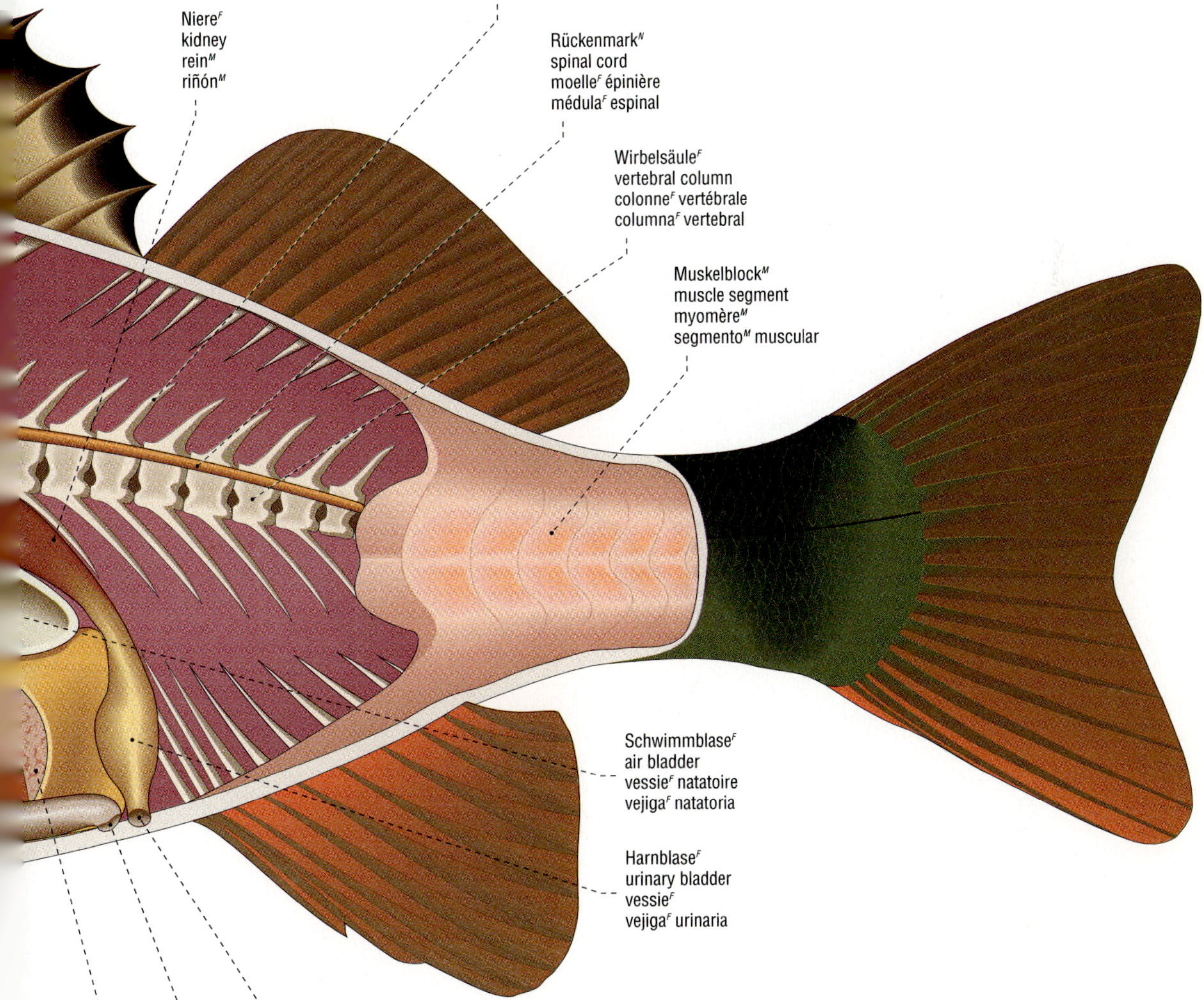
NeuralfortsatzM
neural spine
arêteF neurale
neuroespinaF
NiereF
kidney
reinM
riñónM
RückenmarkN
spinal cord
moelleF épinière
médulaF espinal
WirbelsäuleF
vertebral column
colonneF vertébrale
columnaF vertebral
MuskelblockM
muscle segment
myomèreM
segmentoM muscular
SchwimmblaseF
air bladder
vessieF natatoire
vejigaF natatoria
HarnblaseF
urinary bladder
vessieF
vejigaF urinaria
Urogenital-ÖffnungF
urogenital aperture
orificeM uro-génital
aperturaF urogenital
AfterM
anus
anusM
anoM
EierN
eggs
œufsM
huevaF

KREBSTIERE[N]
CRUSTACEA
CRUSTACÉ[M]
CRUSTÁCEO[M]

HUMMER[M]
LOBSTER
HOMARD[M]
LANGOSTA[F]

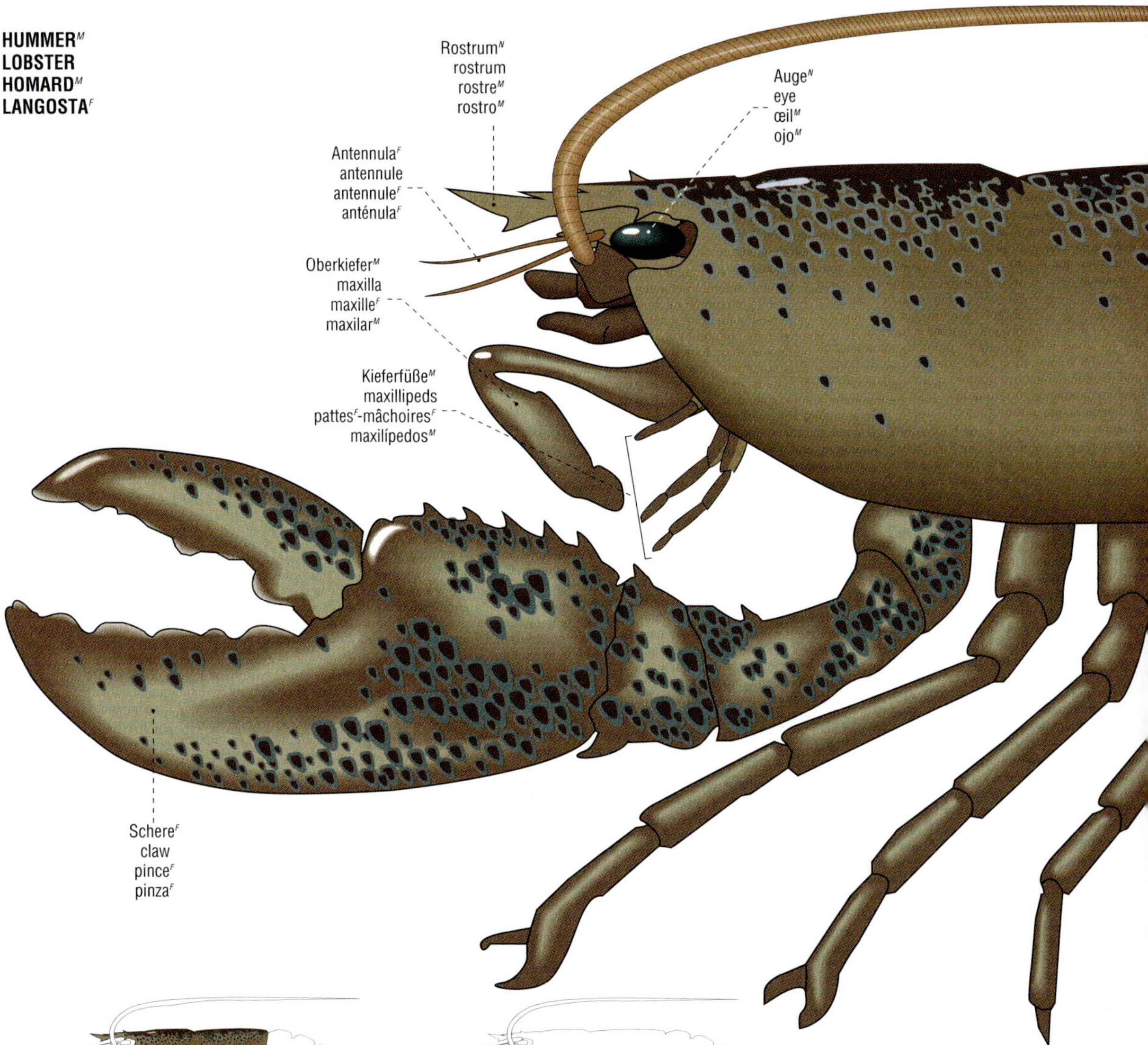

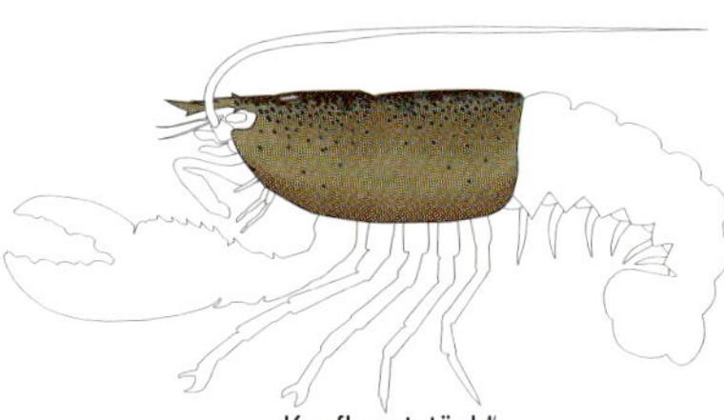

Kopfbruststück[N]
cephalothorax
céphalothorax[M]
cefalotórax[M]

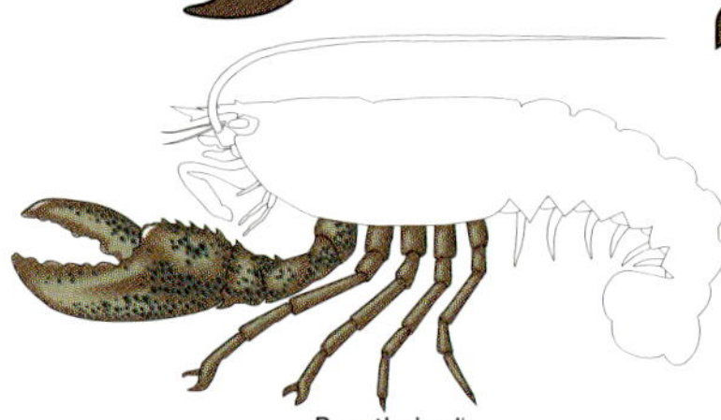

Brustbeine[N]
thoracic legs
pattes[F] thoraciques
apéndices[M] torácicos

WICHTIGSTE ESSBARE KREBSE[M]
PRINCIPAL EDIBLE CRUSTACEANS
PRINCIPAUX CRUSTACÉS[M] COMESTIBLES
CRUSTÁCEOS[M] COMESTIBLES COMUNES

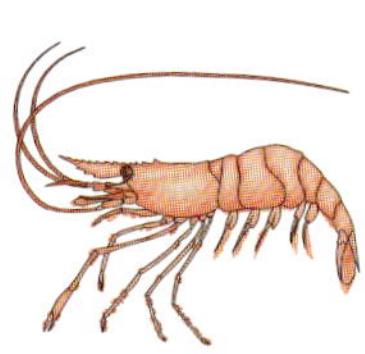

Garnele[F]
prawn
crevette[F]
gamba[F]

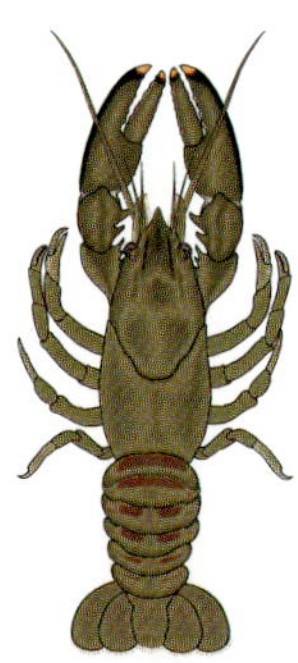

Flußkrebs[M]
crayfish
écrevisse[F]
langostino[M]

Krabbe[F]
crab
crabe[M]
cangrejo[M]

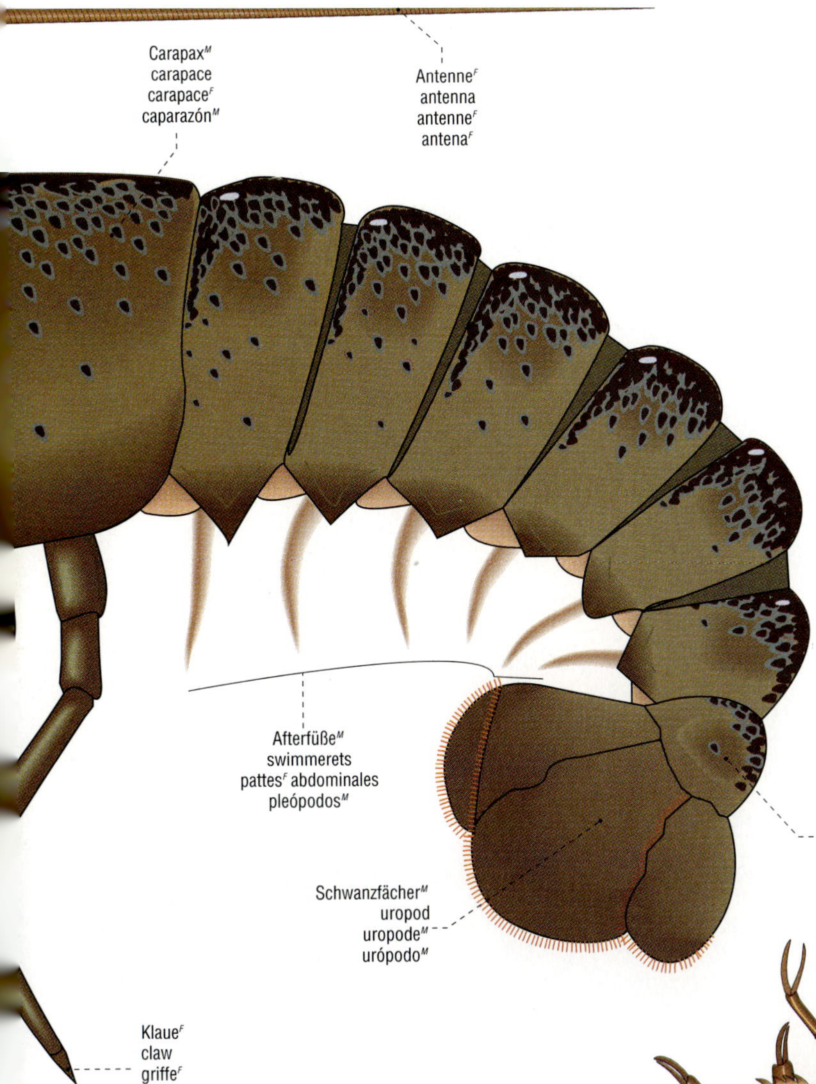

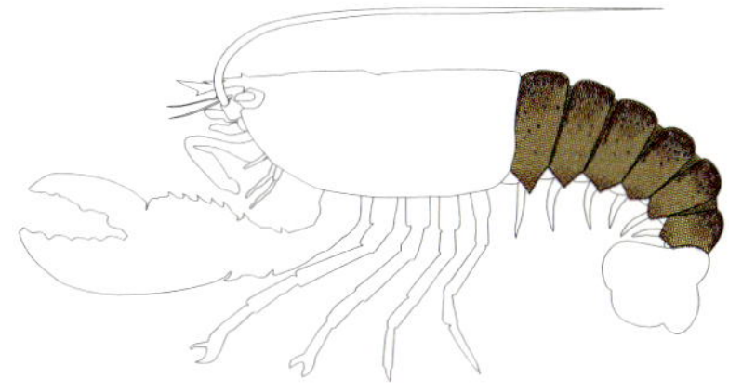

Hinterleib[N]
abdomen
abdomen[M]
abdomen[M]

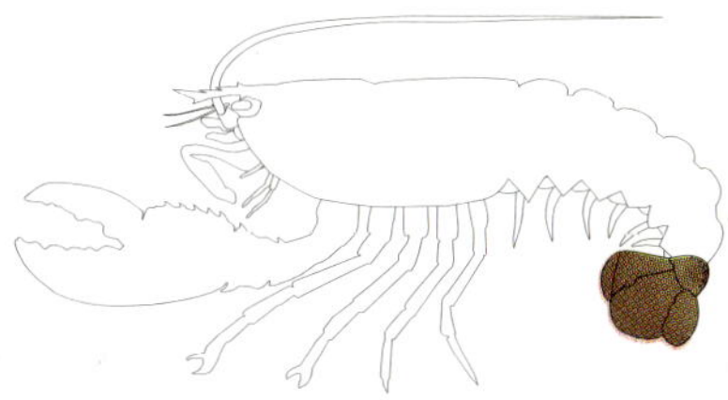

Schwanz[M]
tail
nageoire[F] caudale
cola[F]

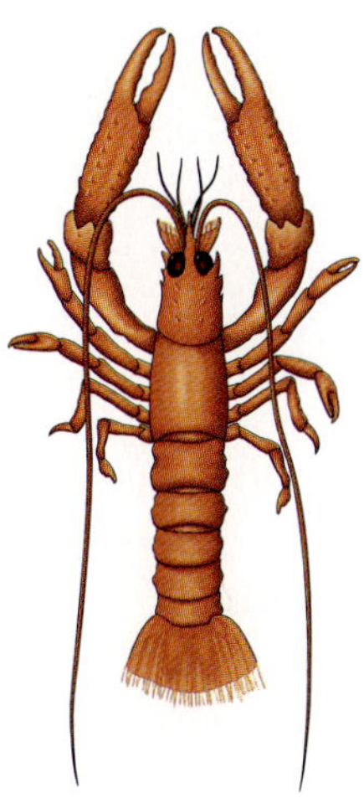

Langustine[F]
langoustine
langoustine[F]
cigala[F]

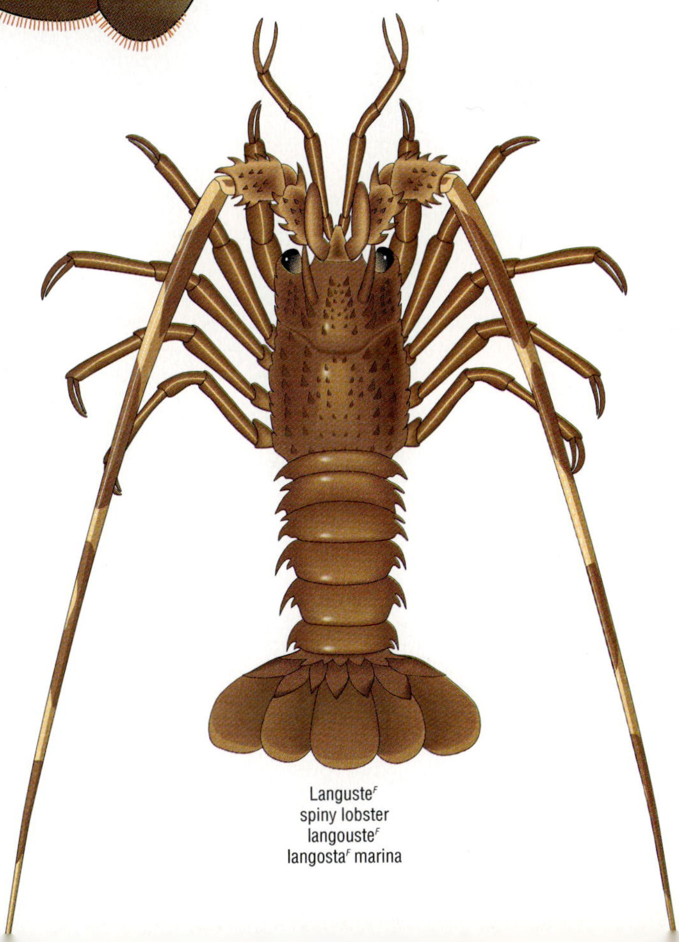

Languste[F]
spiny lobster
langouste[F]
langosta[F] marina

WEICHTIER^{N}
MOLLUSC
MOLLUSQUE^{M}
MOLUSCO^{M}

AUSTER^{F}
OYSTER
HUÎTRE^{F}
OSTRA^{F}

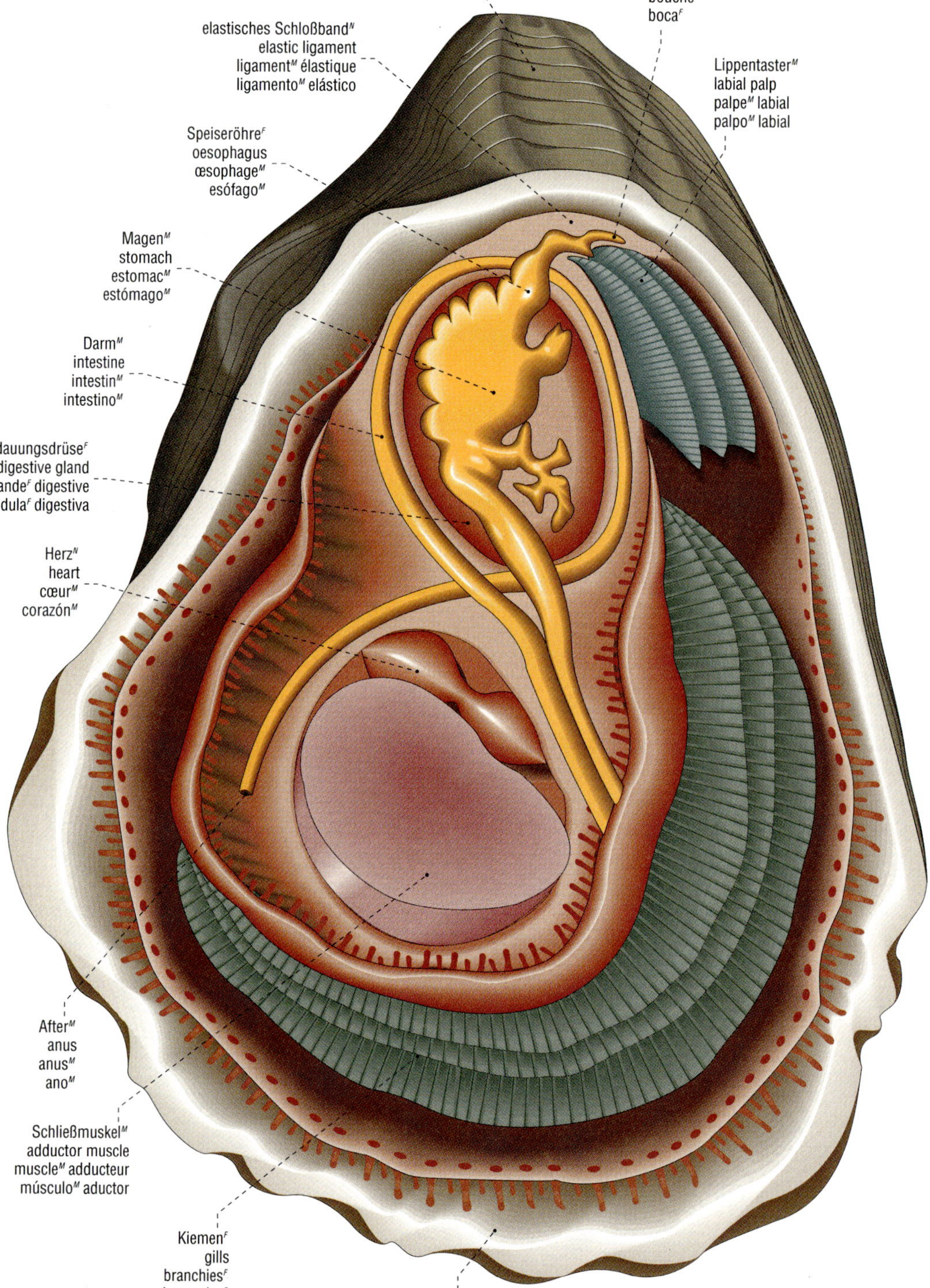

WICHTIGSTE ESSBARE WEICHTIERE^{N}
PRINCIPAL EDIBLE MOLLUSCS
PRINCIPAUX MOLLUSQUES^{M} COMESTIBLES
MOLUSCOS^{M} COMESTIBLES

Auster^{F}
oyster
huître^{F}
ostra^{F}

Klaffmuschel^{F}
soft shell clam
mye^{F}
coquina^{F}

Kammuschel^{F}
scallop
pétoncle^{M}
venera^{F}

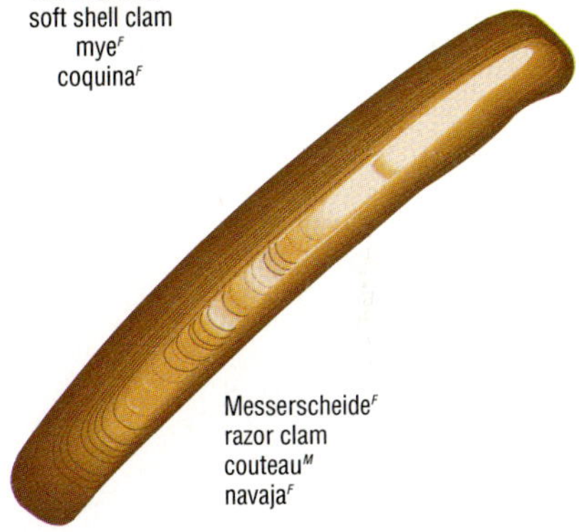

Messerscheide^{F}
razor clam
couteau^{M}
navaja^{F}

Miesmuschel^{F}
blue mussel
moule^{F}
mejillón^{M}

Herzmuschel^{F}
cockle
coque^{F}
berberecho^{M}

Venusmuschel^{F}
clam
praire^{F}
almeja^{F}

Jakobsmuschel^{F}
great scallop
coquille^{F} Saint-Jacques
vieira^{F}

Teppichmuschel^{F}
hard shell clam
palourde^{F}
almeja^{F} de concha^{F} dura

EINKLAPPIGE SCHALE[F]
UNIVALVE SHELL
COQUILLE[F] UNIVALVE
CONCHA[F] UNIVALVA

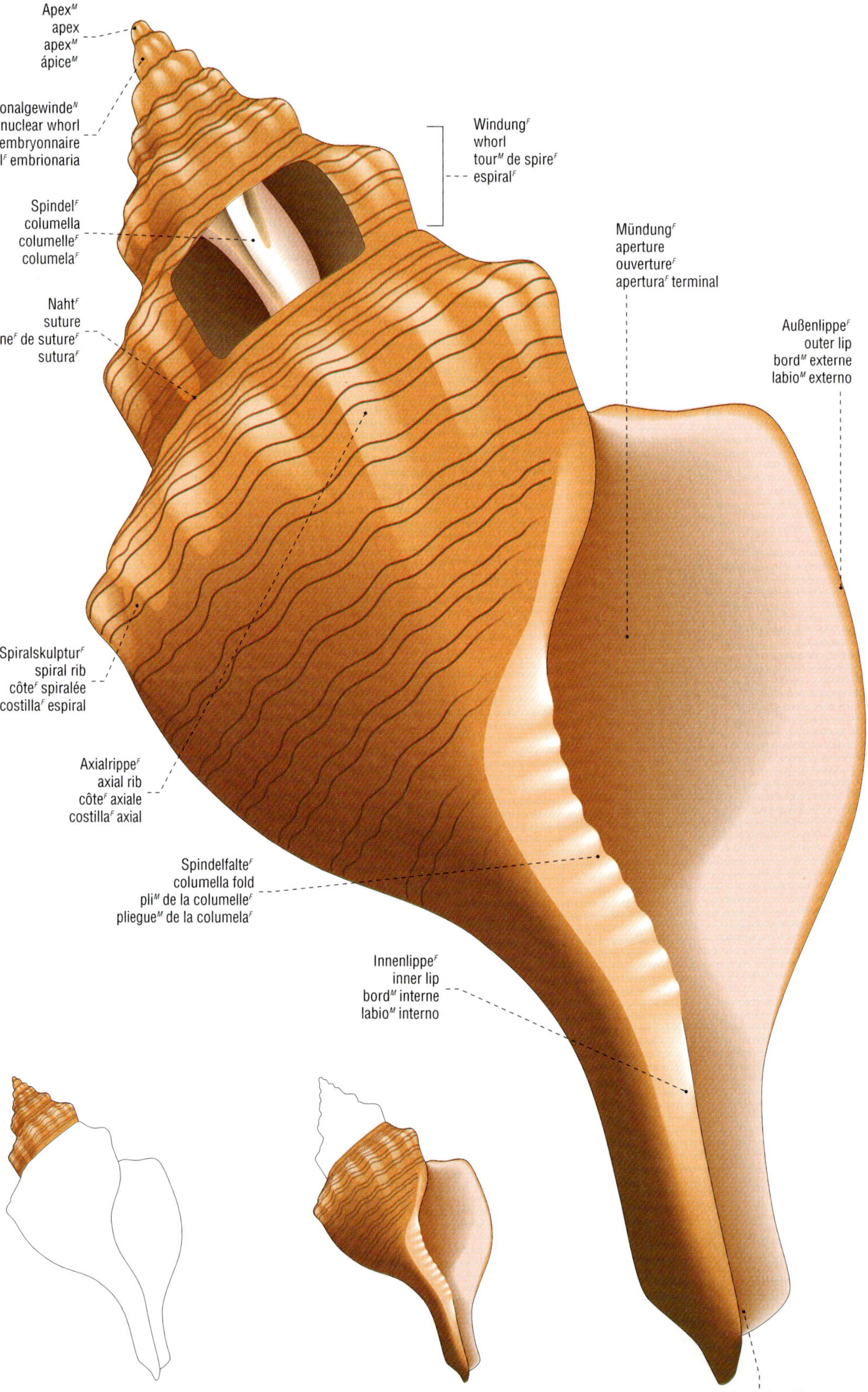

Gewinde[N]
spire
spire[F]
espiras[F]

Endwindung[F]
body whorl
dernier tour[M]
espira[F] corporal

ZWEIKLAPPIGE SCHALE[F]
BIVALVE SHELL
COQUILLE[F] BIVALVE
CONCHA[F] BIVALVA

RÜCKANSICHT[F]
DORSAL VIEW
VUE[F] DORSALE
VISTA[F] DORSAL

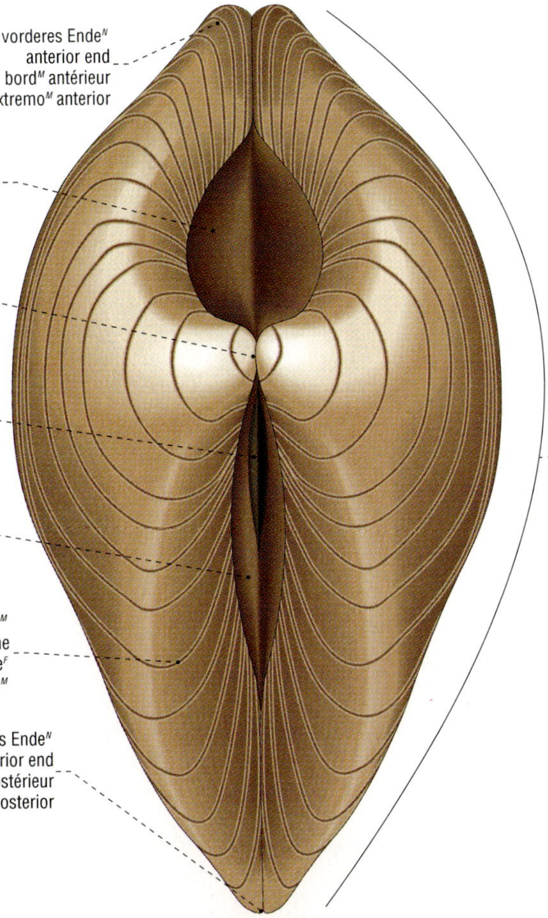

LINKE KLAPPE[F]
LEFT VALVE
VALVE[F] GAUCHE
VALVA[F] IZQUIERDA

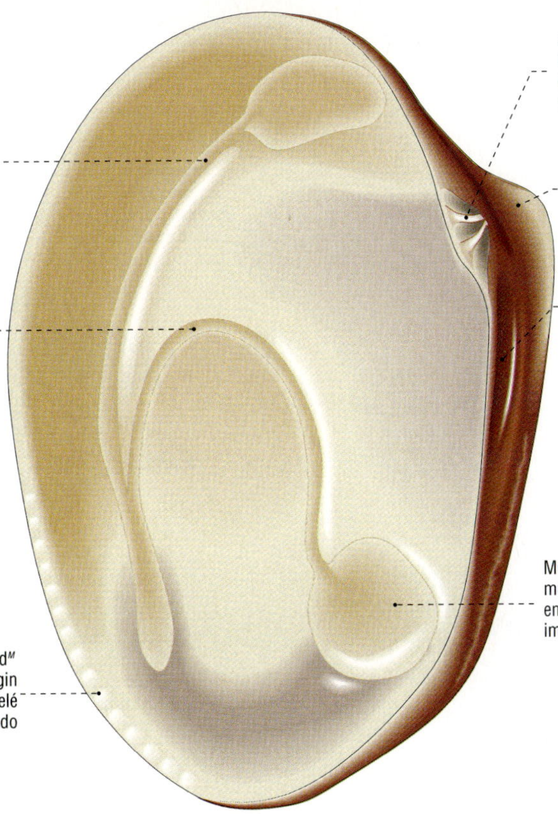

REPTIL[N]
REPTILE
REPTILE[M]
REPTIL[M]

KOPF[M] EINER GIFTSCHLANGE[F]
VENOMOUS SNAKE'S HEAD
TÊTE[F] DE SERPENT[M] VENIMEUX
CABEZA[F] DE SERPIENTE[F] VENENOSA

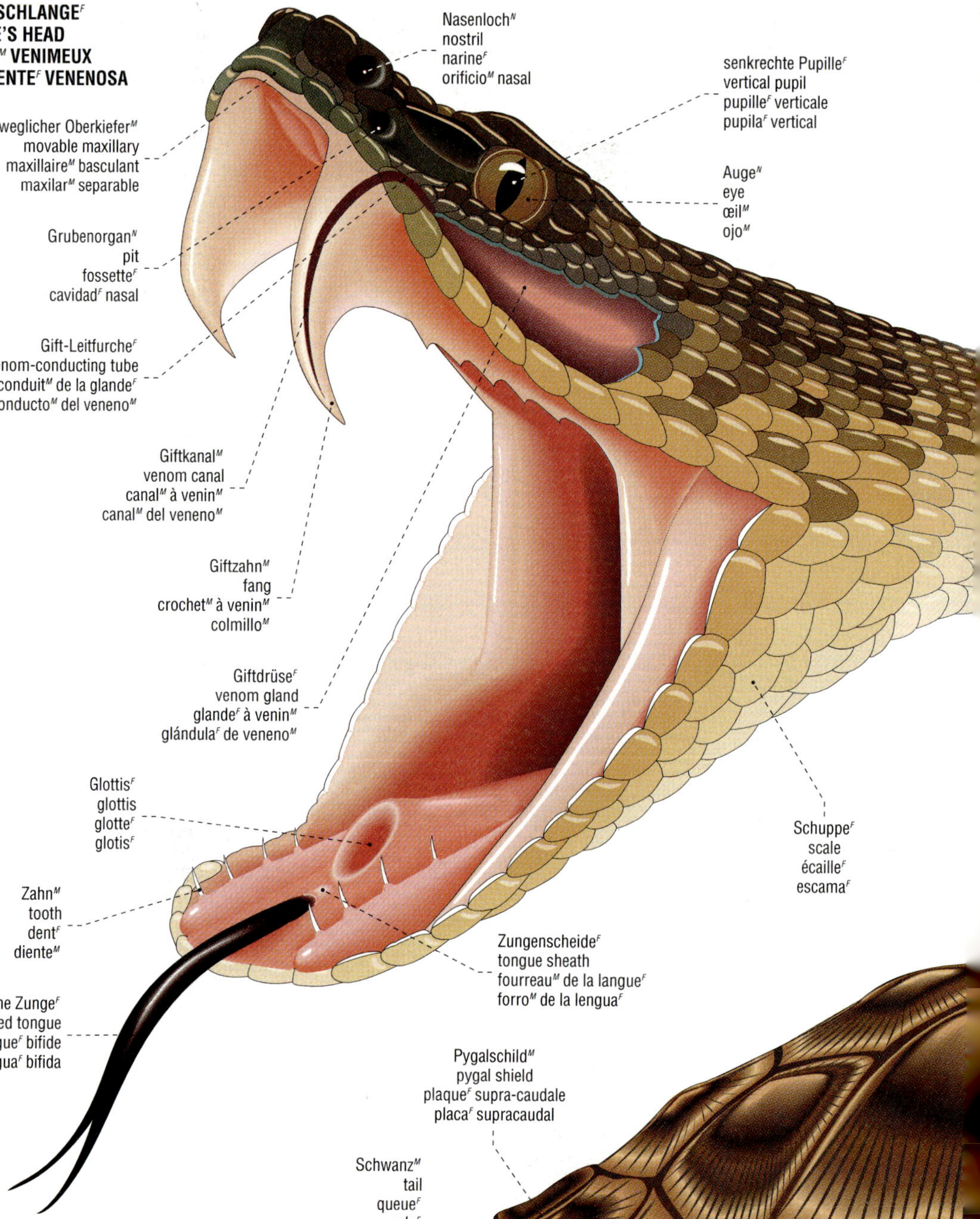

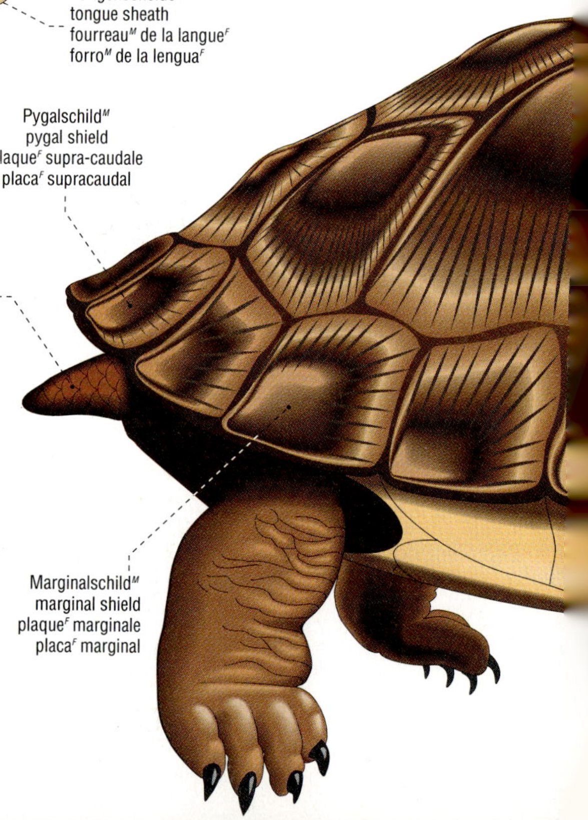

PANZER[M]
SHELL
CARAPACE[F]
CAPARAZÓN[M]

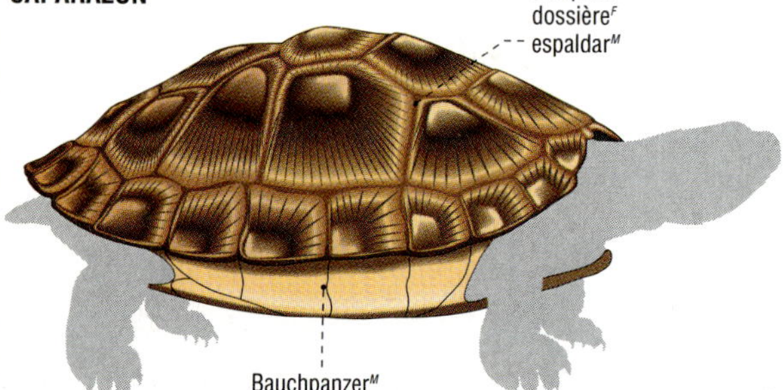

KLAPPERSCHLANGE[F]
RATTLESNAKE
SERPENT[M] À SONNETTES[F]
SERPIENTE[F] DE CASCABEL[M]

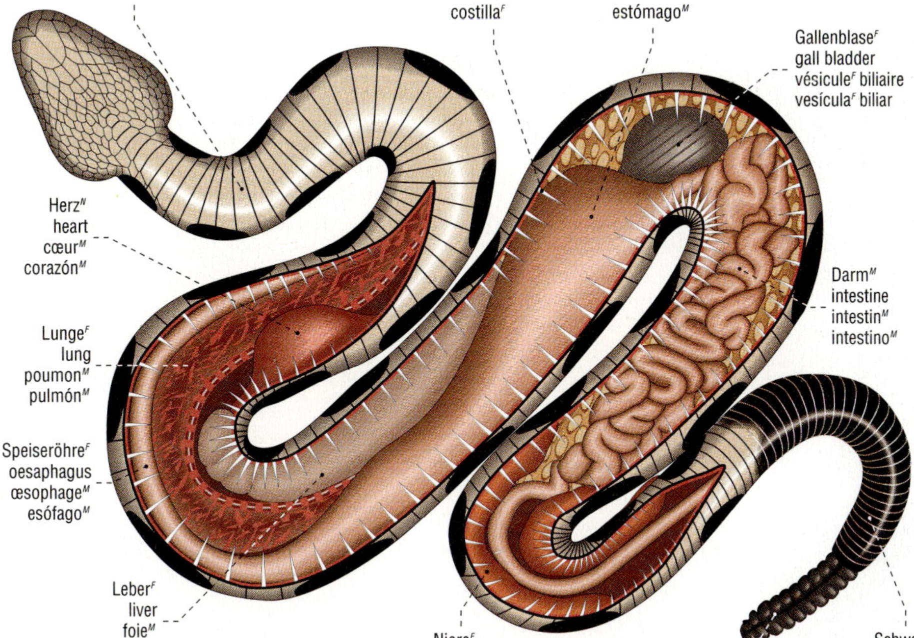

SCHILDKRÖTE[F]
TURTLE
TORTUE[F]
TORTUGA[F]

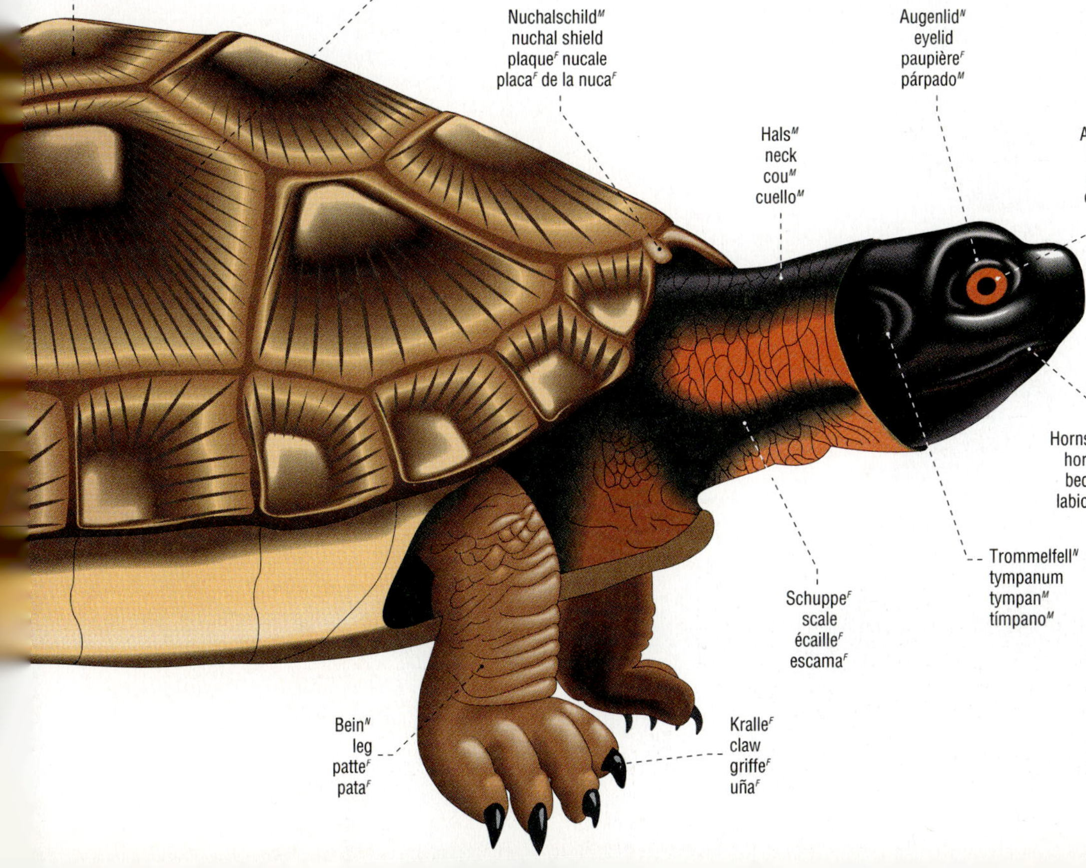

GEBISSARTEN[F]
TYPES OF JAWS
TYPES[M] DE MÂCHOIRES[F]
TIPOS[M] DE MANDÍBULAS[F]

BIBER[M]
BEAVER
CASTOR[M]
CASTOR[M]

NAGETIERGEBISS[N]
RODENT'S JAW
MÂCHOIRE[F] DE RONGEUR[M]
MANDÍBULA[F] DE ROEDOR[M]

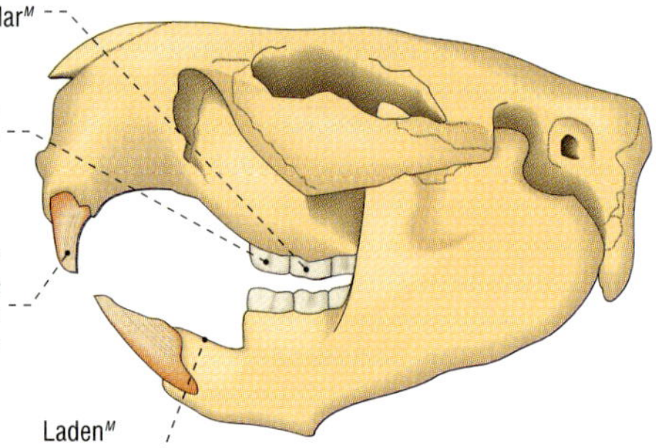

LÖWE[M]
LION
LION[M]
LEÓN[M]

FLEISCHFRESSERGEBISS[N]
CARNIVORE'S JAW
MÂCHOIRE[F] DE CARNIVORE[M]
MANDÍBULA[F] DE CARNÍVORO[M]

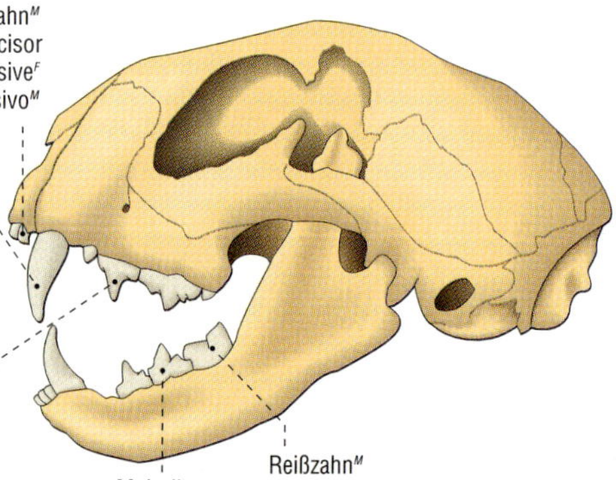

PFERD[N]
HORSE
CHEVAL[M]
CABALLO[M]

PFLANZENFRESSERGEBISS[N]
HERBIVORE'S JAW
MÂCHOIRE[F] D'HERBIVORE[M]
MANDÍBULA[F] DE HERBÍVORO[M]

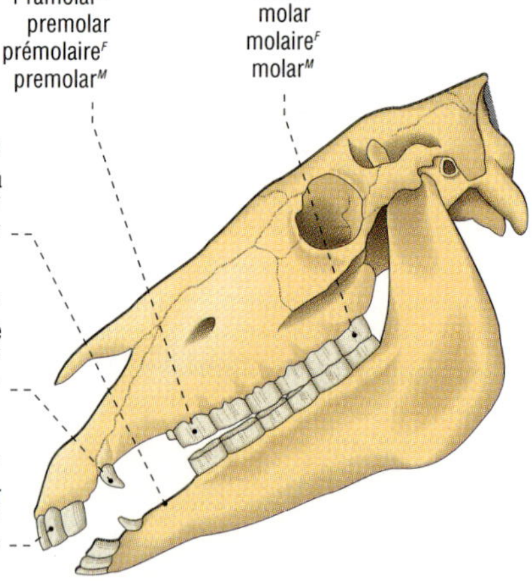

WICHTIGSTE HORNARTEN[F]
PRINCIPAL TYPES OF HORNS
PRINCIPAUX TYPES[M] DE CORNES[F]
CUERNOS[M]: TIPOS MÁS COMUNES

Hörner[N] eines Mufflons[M]
horns of a mouflon
cornes[F] de mouflon[M]
cuernos[M] de muflón[M]

Hörner[N] einer Giraffe[F]
horns of a giraffe
cornes[F] de girafe[F]
cuernos[M] de jirafa[F]

Hörner[N] eines Nashorns[N]
horns of a rhinoceros
cornes[F] de rhinocéros[M]
cuernos[M] de rinoceronte[M]

WICHTIGSTE STOSSZÄHNE[M]
PRINCIPAL TYPES OF TUSKS
PRINCIPAUX TYPES[M] DE DÉFENSES[F]
COLMILOS[M]: TIPOS MÁS COMUNES

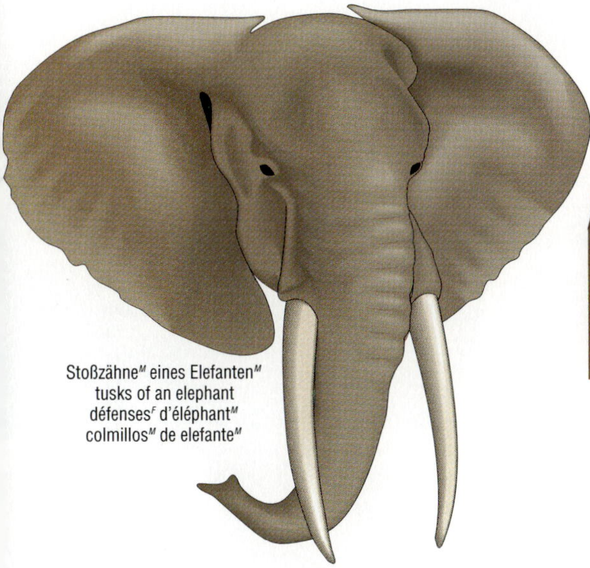

Stoßzähne[M] eines Elefanten[M]
tusks of an elephant
défenses[F] d'éléphant[M]
colmillos[M] de elefante[M]

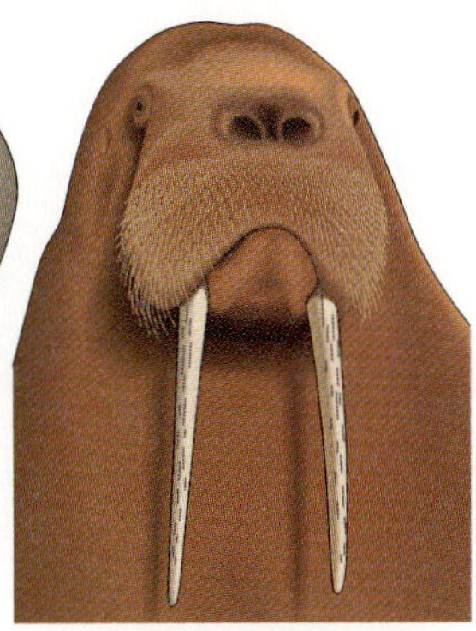

Eckzähne[M] eines Walrosses[N]
tusks of a walrus
défenses[F] de morse[M]
colmillos[M] de morsa[F]

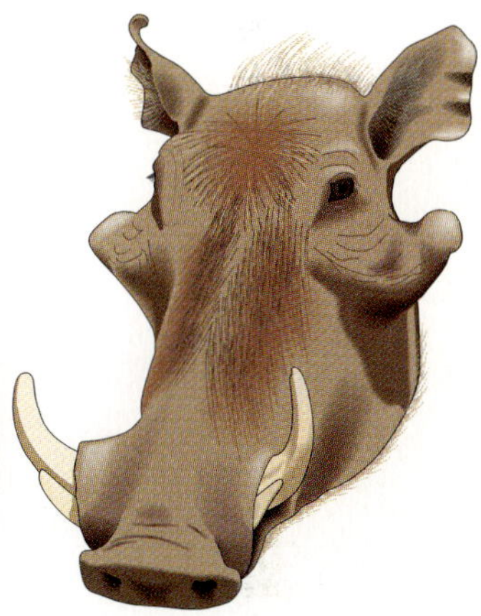

Hauer[M] eines Warzenschweins[N]
tusks of a wart hog
défenses[F] de phacochère[M]
colmillos[M] de facócero

HUFARTEN[F]
TYPES OF HOOFS
TYPES[M] DE SABOTS[M]
PATAS[F] DE UNGULADOS[M]: TIPOS MÁS COMUNES

Ein-Zehenhuf[M]
one-toe hoof
sabot[M] à 1 doigt[M]
de una pezuña[F]

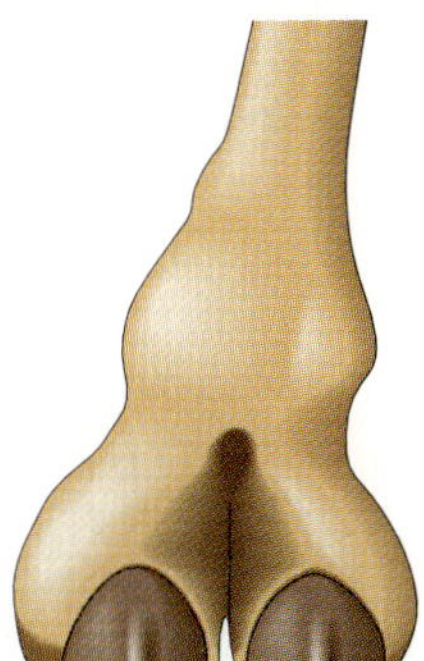

Zwei-Zehenhuf[M]
two-toed hoof
sabot[M] à 2 doigts[M]
de dos pezuñas[F]

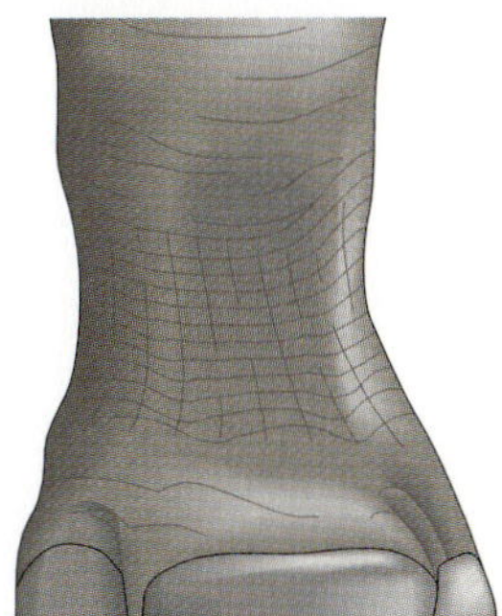

Drei-Zehenhuf[M]
three-toed hoof
sabot[M] à 3 doigts[M]
de tres pezuñas[F]

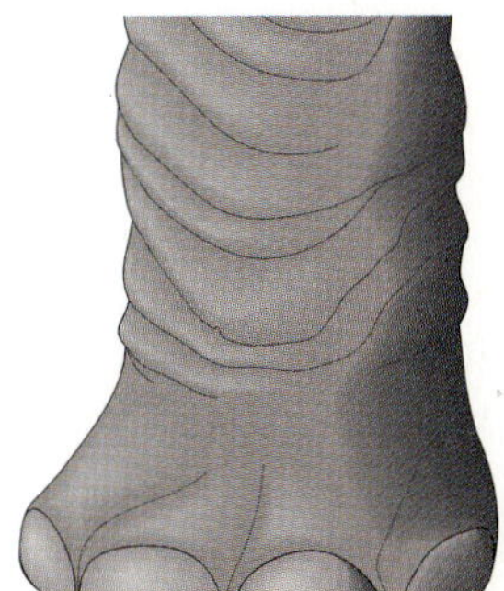

Vier-Zehenhuf[M]
four-toed hoof
sabot[M] à 4 doigts[M]
de cuatro pezuñas[F]

PFERD[N]
HORSE
CHEVAL[M]
CABALLO[M]

MORPHOLOGIE[F]
MORPHOLOGY
MORPHOLOGIE[F]
MORFOLOGÍA[F]

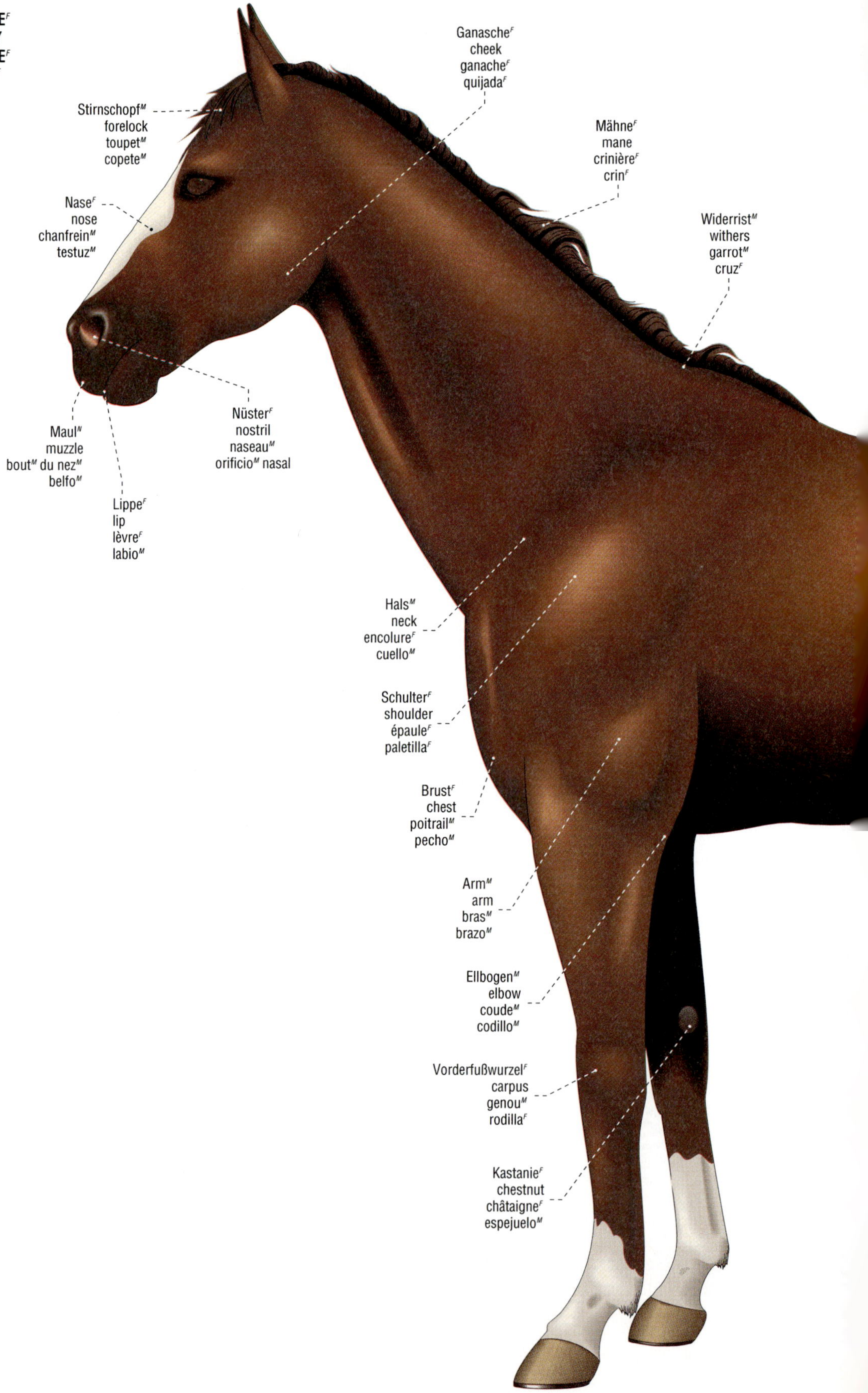

GANGARTEN[F]
GAITS
ALLURES[F]
LOS PASOS[M]

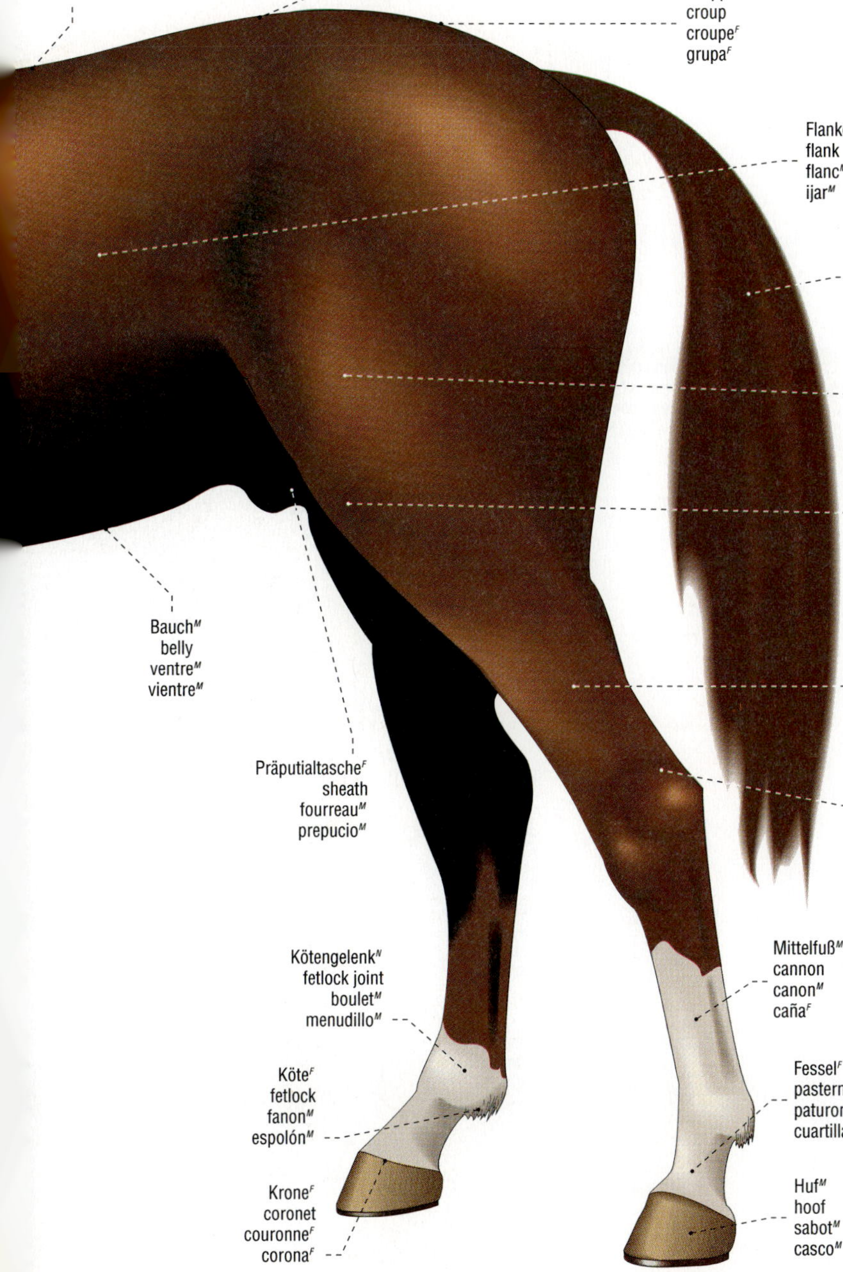

PFERD[N]
HORSE
CHEVAL[M]
CABALLO[M]

SKELETT[N]
SKELETON
SQUELETTE[M]
ESQUELETO[M]

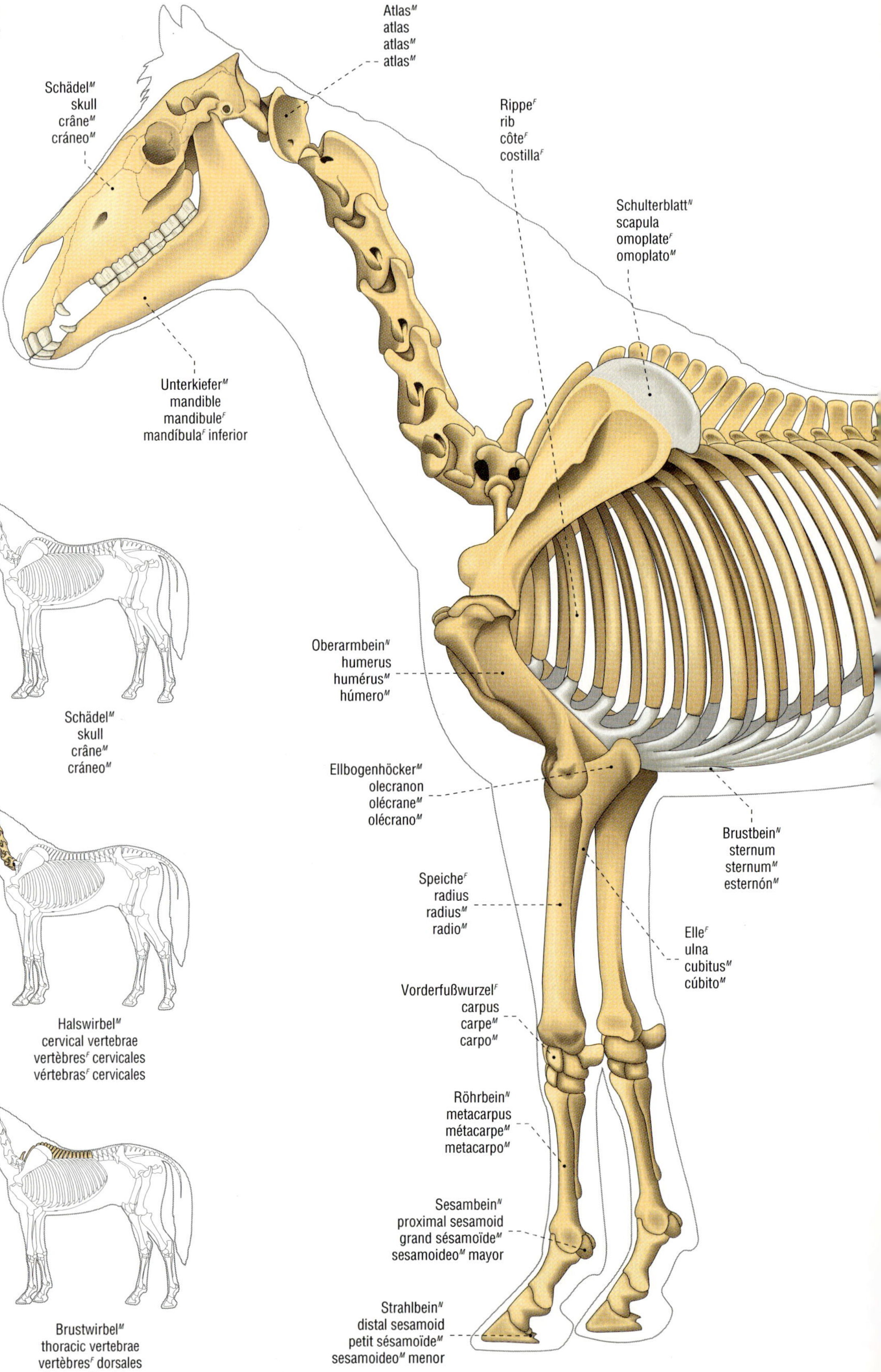

Schädel[M]
skull
crâne[M]
cráneo[M]

Halswirbel[M]
cervical vertebrae
vertèbres[F] cervicales
vértebras[F] cervicales

Brustwirbel[M]
thoracic vertebrae
vertèbres[F] dorsales
vértebras[F] torácicas

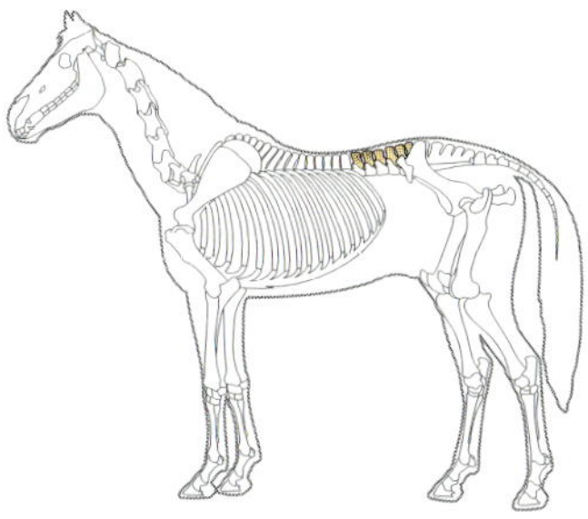

Lendenwirbel[M]
lumbar vertebrae
vertèbres[F] lombaires
vértebras[F] lumbares

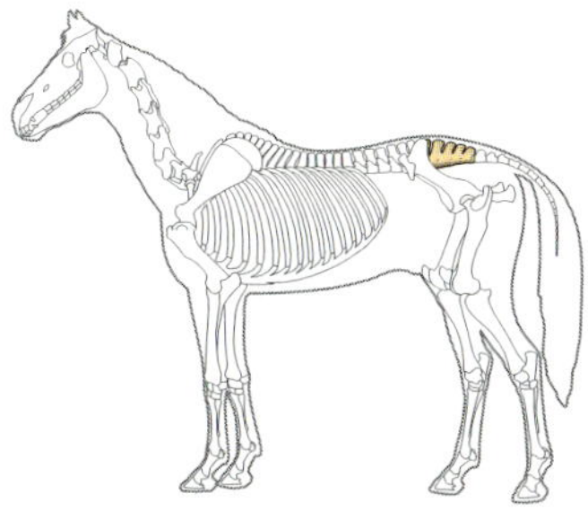

Kreuzbeinwirbel[M]
sacral vertebrae
vertèbres[F] sacrées
vértebras[F] sacras

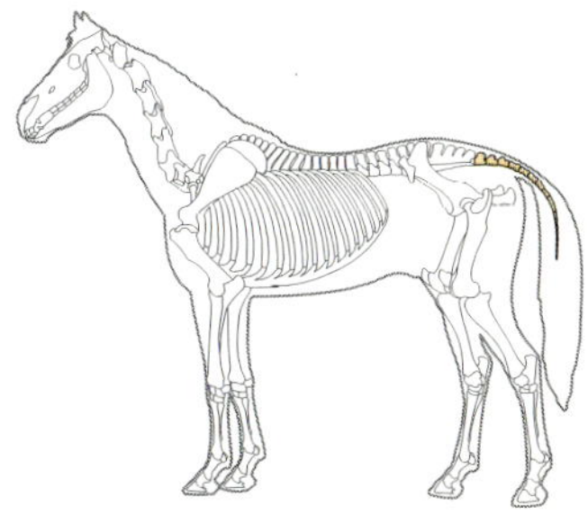

Schwanzwirbel[M]
caudal vertebrae
vertèbres[F] coccygiennes
vértebras[F] caudales

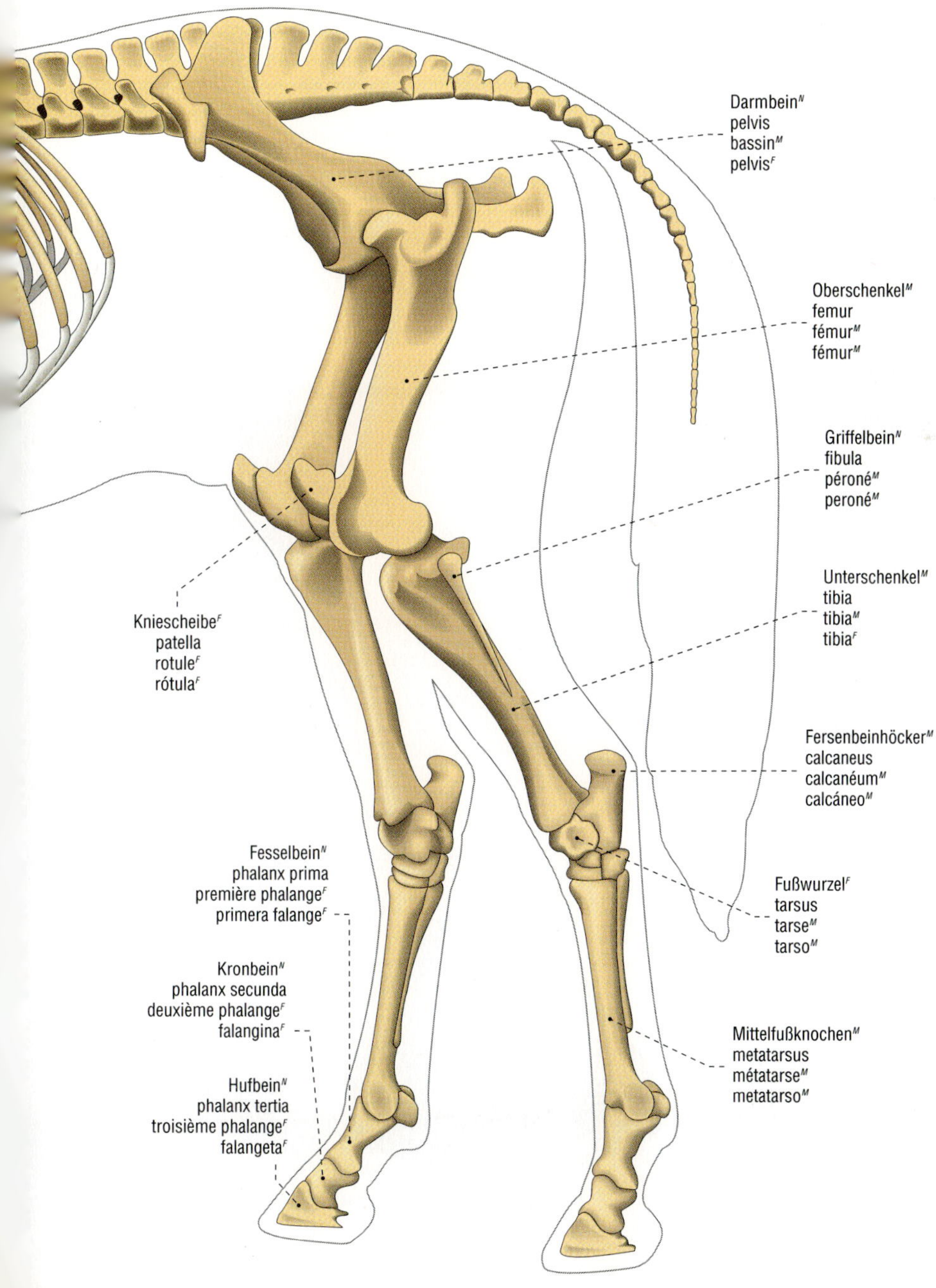

PFERD[N]
HORSE
CHEVAL[M]
CABALLO[M]

UNTERSEITE[F] DES HUFS[M]
PLANTAR SURFACE OF THE HOOF
FACE[F] PLANTAIRE DU SABOT[M]
SUPERFICIE[F] PLANTAR DEL CASCO[M]

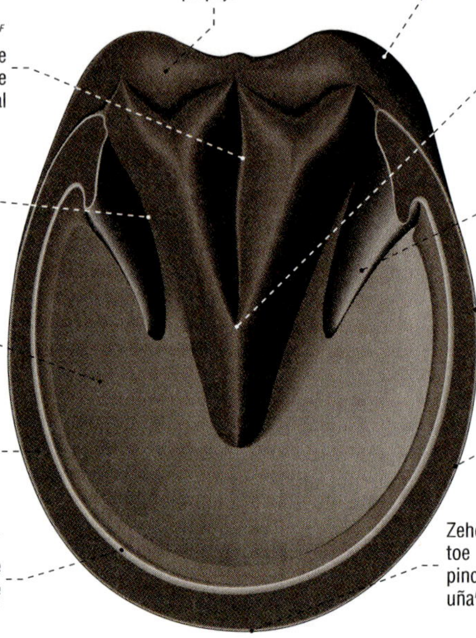

HUFEISEN[N]
HORSESHOE
FER[M] À CHEVAL[M]
HERRADURA[F]

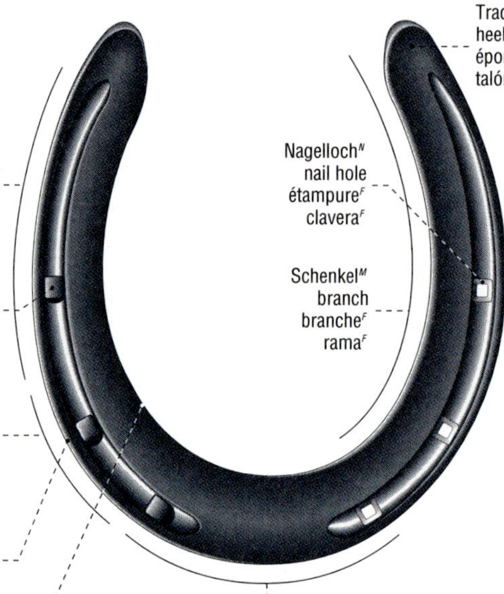

HUF[M]
HOOF
SABOT[M]
CASCO[M]

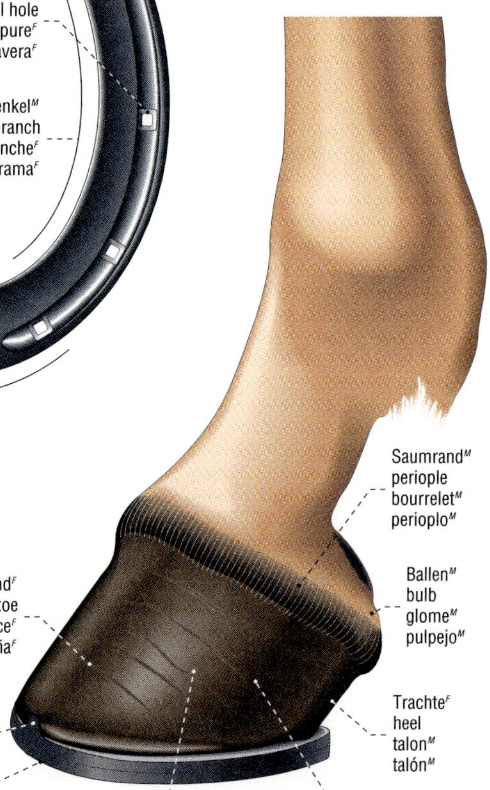

FAMILIE[F] DER HIRSCHE[M]
DEER FAMILY
CERVIDÉS[M]
CÉRVIDOS[M]

HIRSCHGEWEIH[N]
DEER ANTLERS
BOIS[M] DE CERF[M]
CORNAMENTA[F]

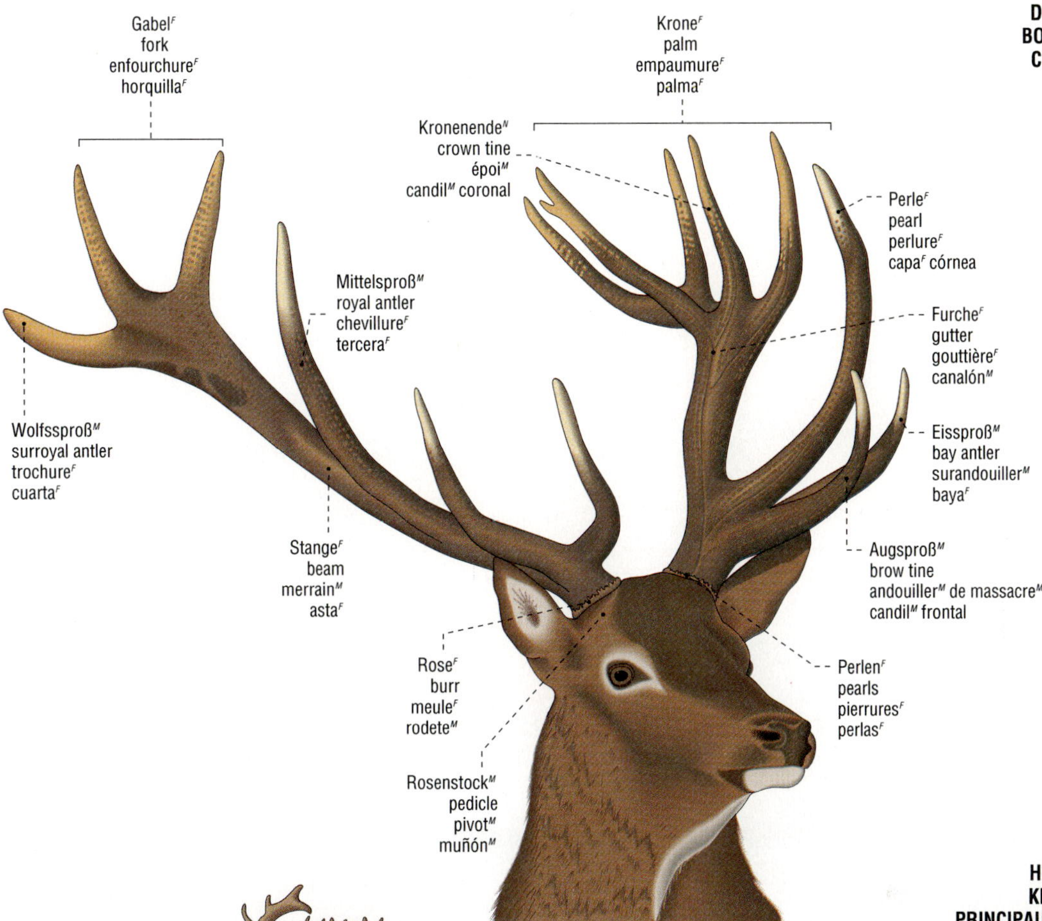

HIRSCHARTEN[F]
KINDS OF DEER
PRINCIPAUX CERVIDÉS[M]
PRINCIPALES CÉRVIDOS[M]

Rentier[N]
reindeer
renne[M]
caribú[M]

Reh[N]
roe deer
cerf[M] de Virginie
ciervo[M] de Virginia

Elch[M]
elk
élan[M]
alce[M]

Wapitihirsch[M]
Canadian elk
cerf[M] du Canada
wapití[M]

HUND[M]
DOG
CHIEN[M]
PERRO[M]

MORPHOLOGIE[F]
MORPHOLOGY
MORPHOLOGIE[F]
MORFOLOGÍA[F]

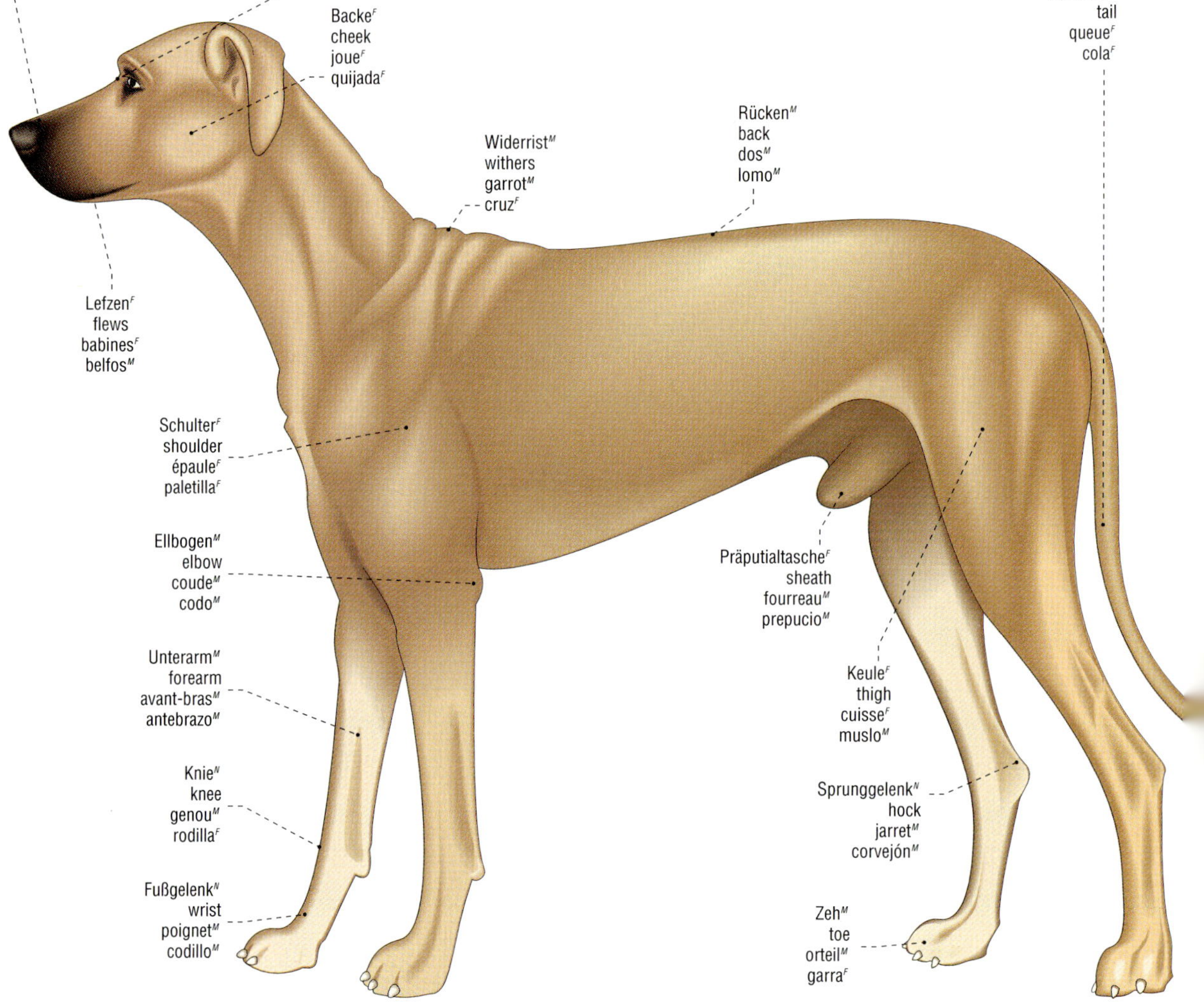

VORDERPFOTE[F] DES HUNDES[M]
DOG'S FOREPAW
PATTE[F] ANTÉRIEURE
PATA[F] DELANTERA DEL PERRO[M]

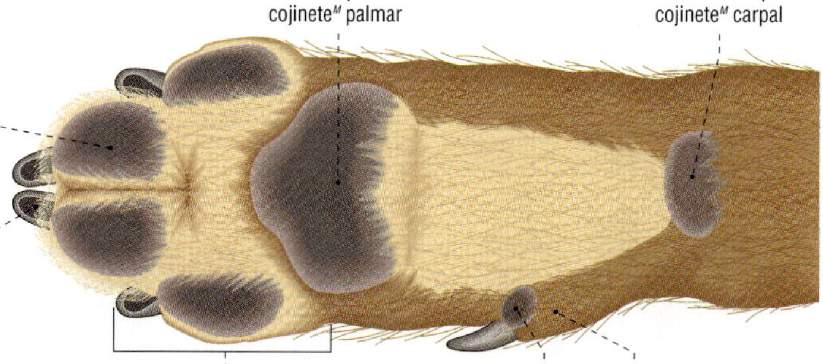

KATZE[F]
CAT
CHAT[M]
GATO[M] DOMÉSTICO

KOPF[M] DER KATZE[F]
CAT'S HEAD
TÊTE[F]
CABEZA[F]

AUSGESTRECKTE KRALLE[F]
EXTENDED CLAW
GRIFFE[F] ABAISSÉE
UÑA[F] EXTENDIDA

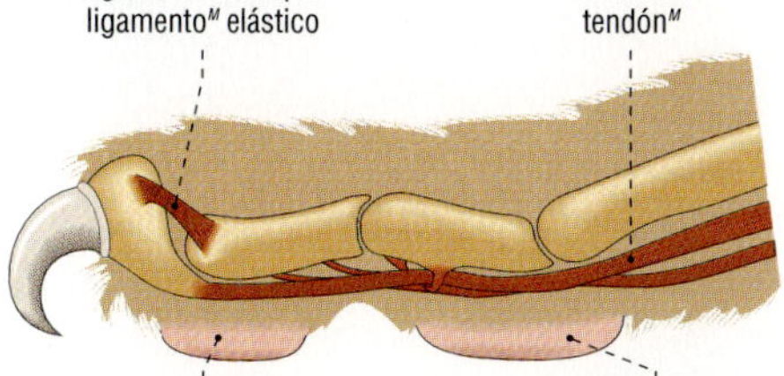

EINGEZOGENE KRALLE[F]
RETRACTED CLAW
GRIFFE[F] RÉTRACTÉE
UÑA[F] CONTRAIDA

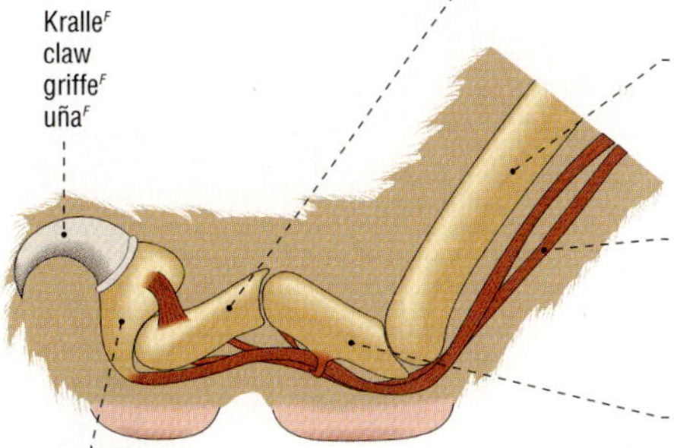

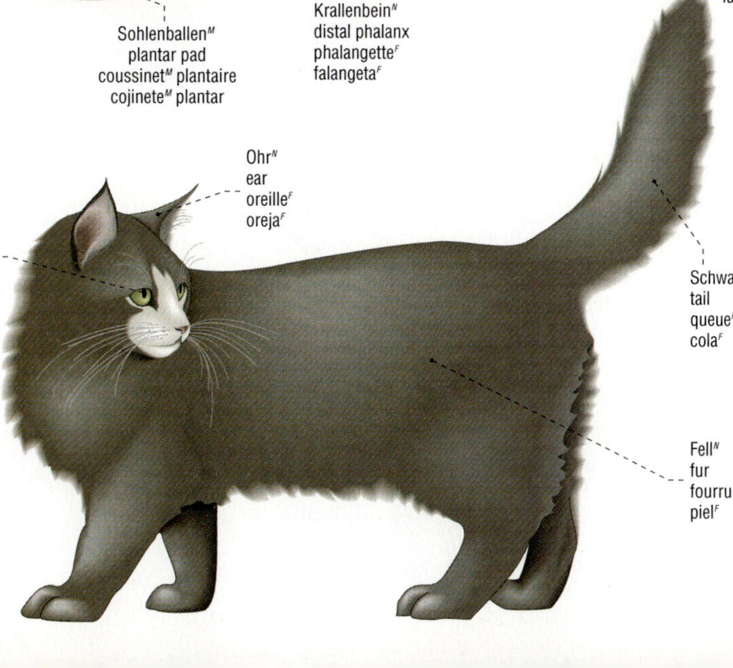

VOGEL[M]
BIRD
OISEAU[M]
AVE[F]

MORPHOLOGIE[F]
MORPHOLOGY
MORPHOLOGIE[F]
MORFOLOGÍA[F]

KOPF[M]
HEAD
TÊTE[F]
CABEZA[F]

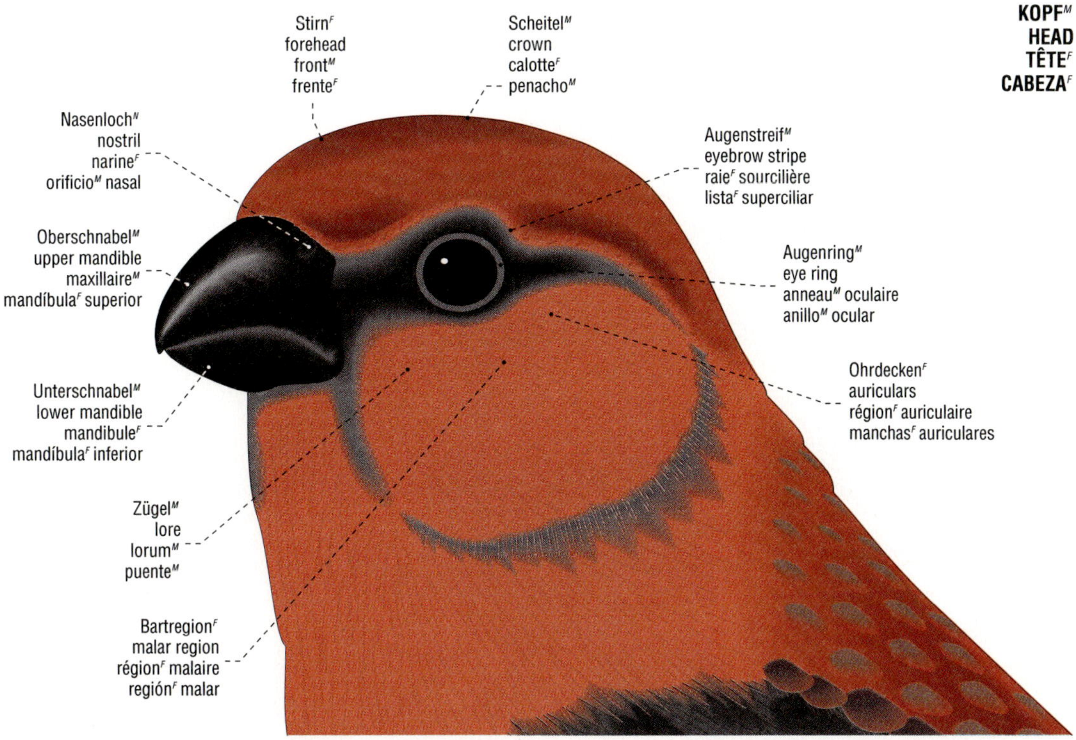

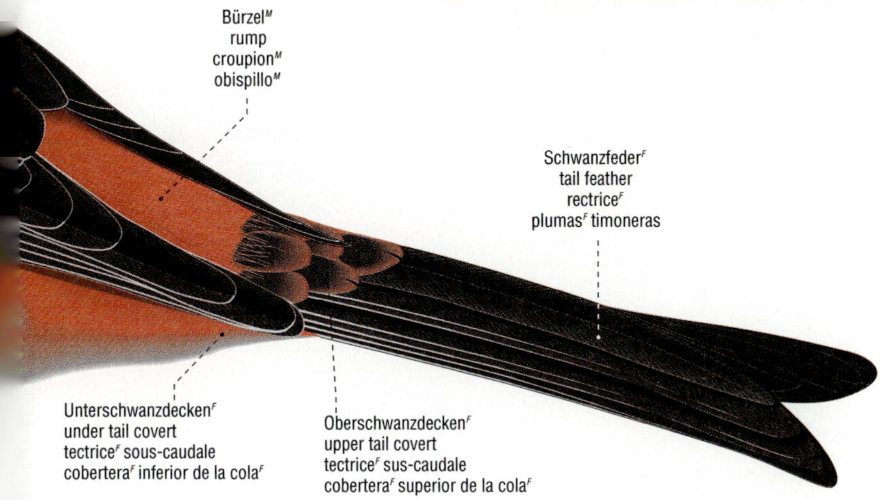

EI[N]
EGG
ŒUF[M]
HUEVO[M]

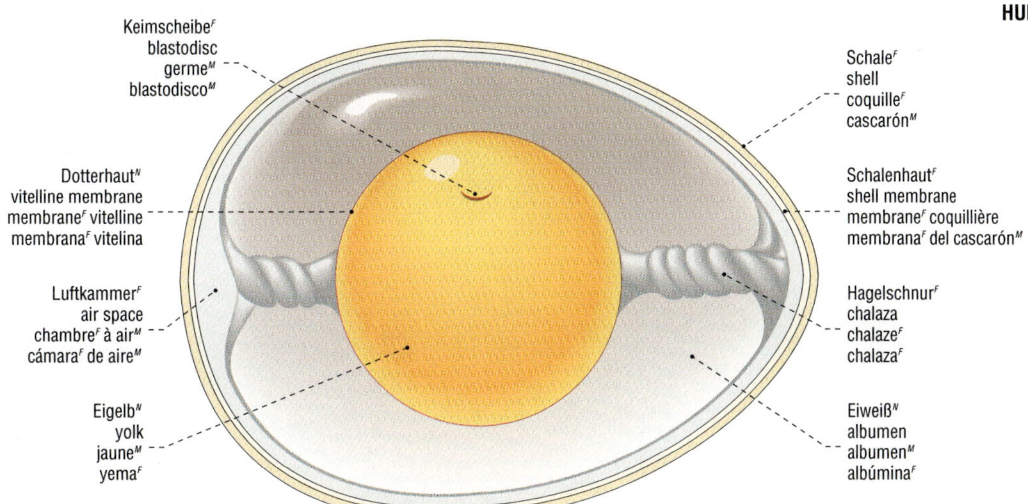

VOGEL[M]
BIRD
OISEAU[M]
AVE[F]

FLÜGEL[M]
WING
AILE[F]
ALA[F]

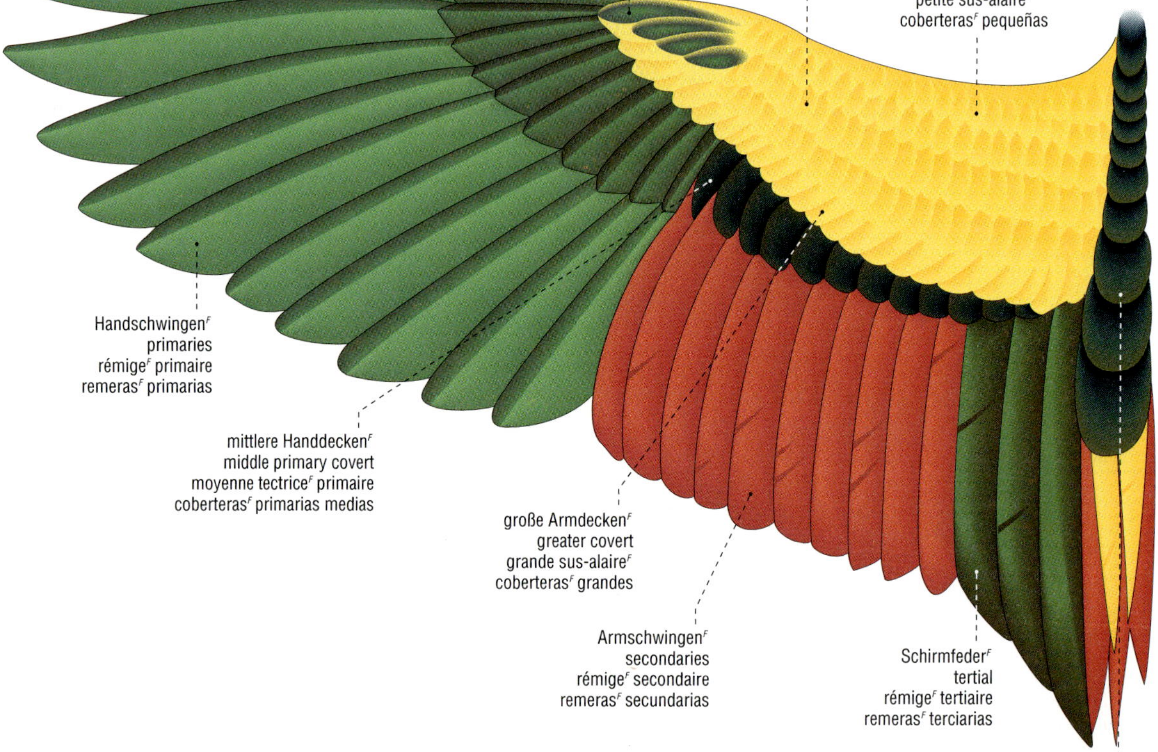

KONTURFEDER[F]
CONTOUR FEATHER
PENNE[F]
PLUMA[F]

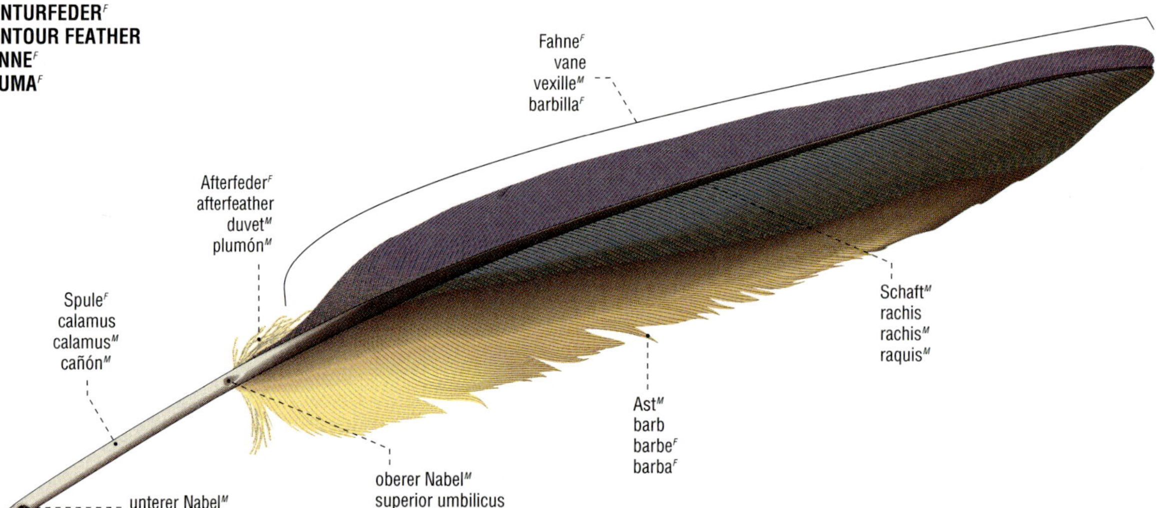

WICHTIGSTE SCHNABELARTEN[F]
PRINCIPAL TYPES OF BILLS
PRINCIPAUX TYPES[M] DE BECS[M]
PRINCIPALES TIPOS[M] DE PICOS[M]

Raubvogel[M]
bird of prey
oiseau[M] de proie[F]
ave[F] de rapiña

Wasservogel[M]
aquatic bird
oiseau[M] aquatique
ave[F] acuática

Watvogel[M]
wading bird
oiseau[M] échassier
ave[F] zancuda

Körnerfresser[M]
granivorous bird
oiseau[M] granivore
ave[F] granívora

Insektenfresser[M]
insectivorous bird
oiseau[M] insectivore
ave[F] insectívora

WICHTIGSTE FUSSARTEN[F]
PRINCIPAL TYPES OF FEET
PRINCIPAUX TYPES[M] DE PATTES[F]
PRINCIPALES TIPOS[M] DE PATAS[F]

Baumvogel[M]
perching bird
oiseau[M] percheur
aves[F] trepadoras

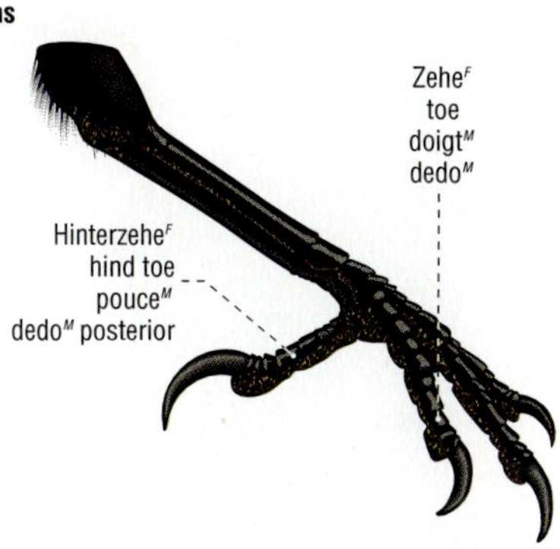

Raubvogel[M]
bird of prey
oiseau[M] de proie[F]
aves[F] de rapiña

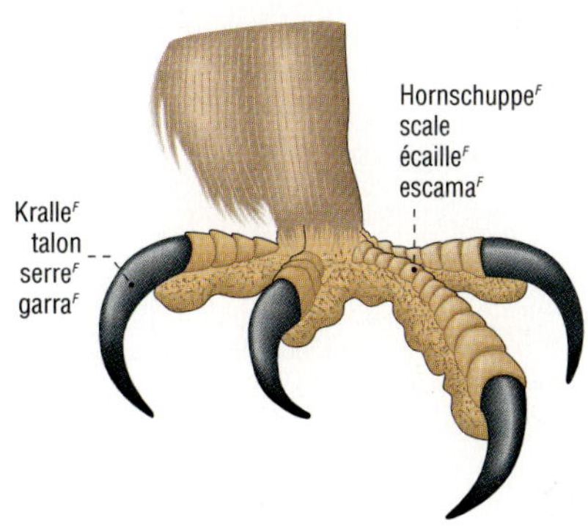

Wasservogel[M]
aquatic bird
oiseau[M] aquatique
aves[F] acuáticas

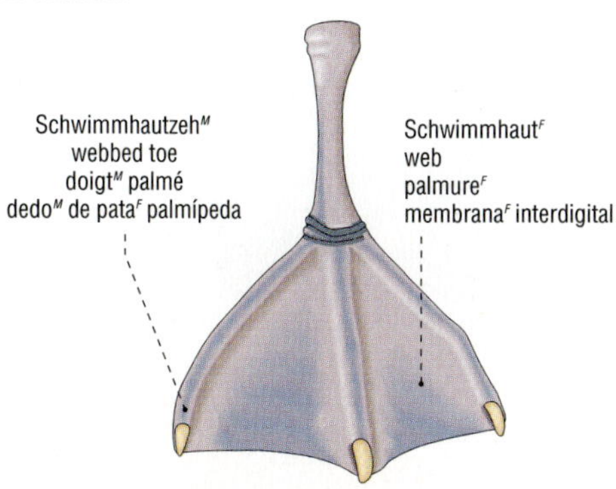

Wasservogel[M]
aquatic bird
oiseau[M] aquatique
aves[F] acuáticas

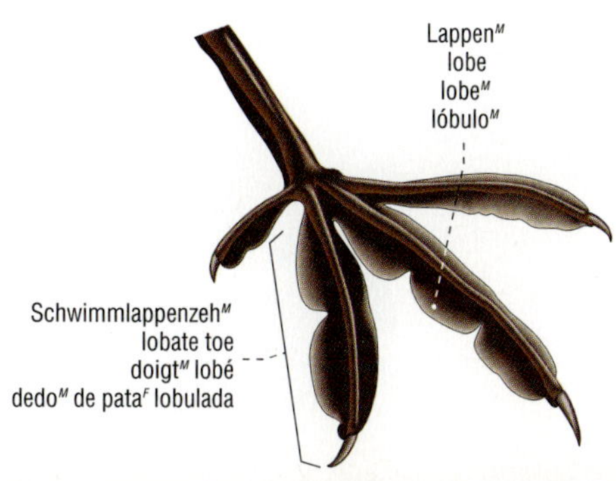

FLEDERMAUS^{F}
BAT
CHAUVE-SOURIS^{F}
MURCIÉLAGO^{M}

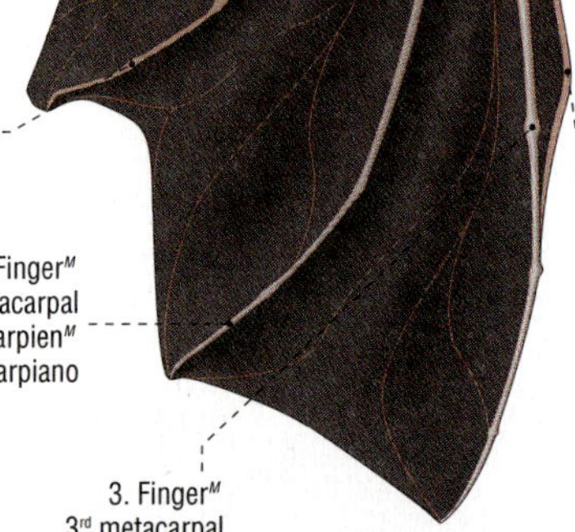

KOPF^{M} DER FLEDERMAUS^{F}
BAT'S HEAD
TÊTE^{F}
CABEZA^{F} DEL MURCIÉLAGO^{M}

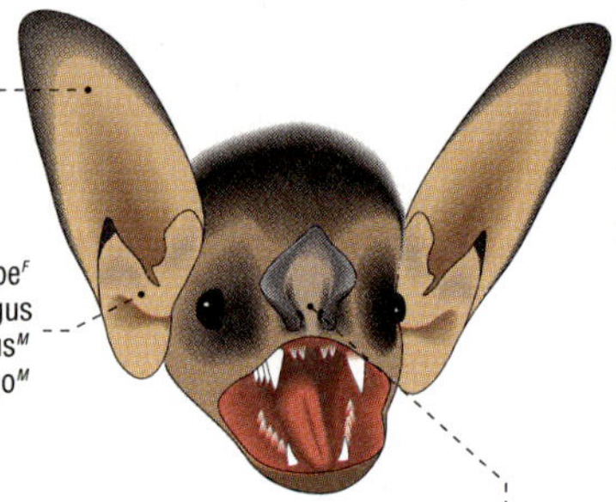

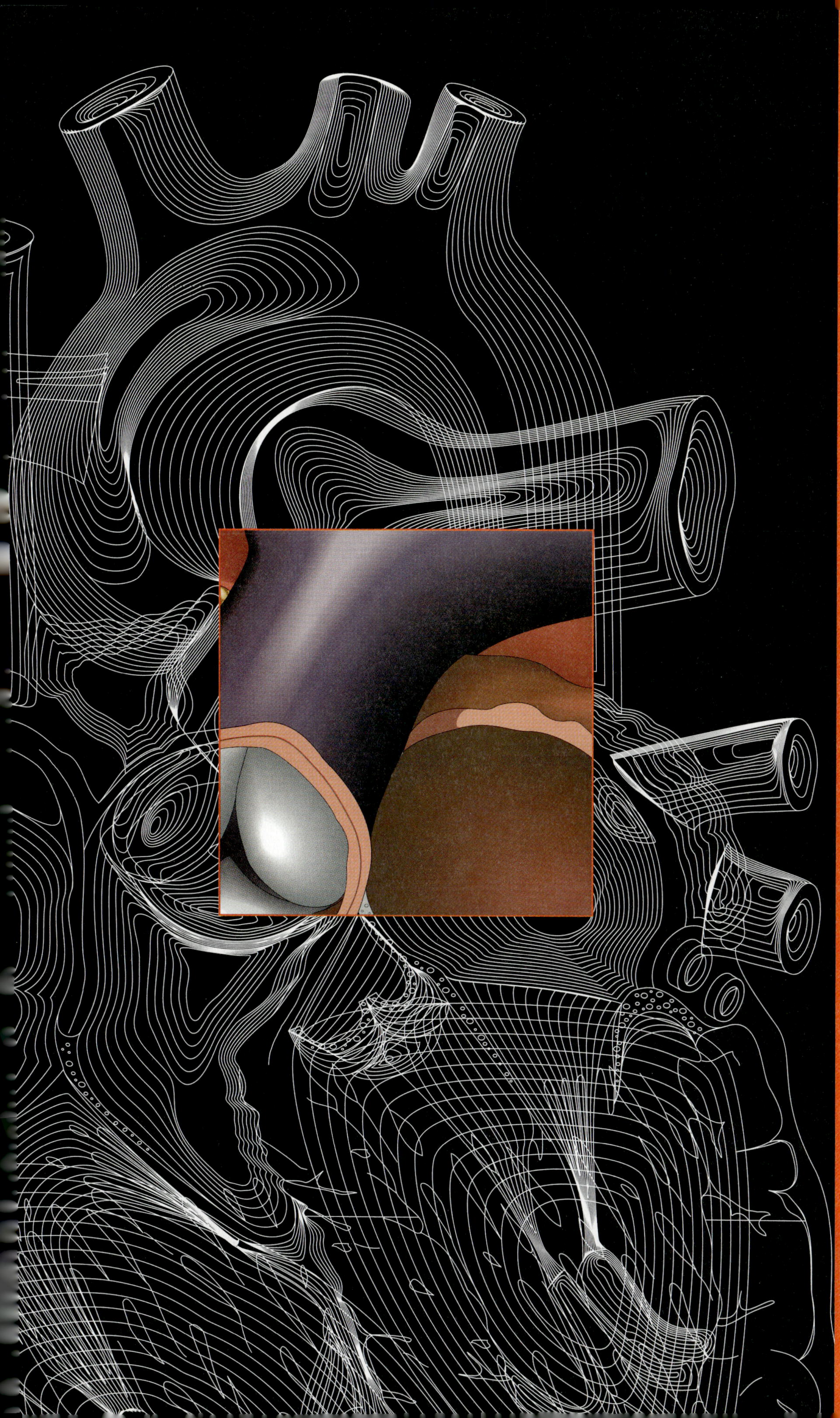

INHALT

PFLANZENZELLE 115
TIERISCHE ZELLE 115
MENSCHLICHER KÖRPER 116
MUSKELN 120
SKELETT 122
BLUTKREISLAUF 124
MÄNNLICHE GESCHLECHTSORGANE 127
WEIBLICHE GESCHLECHTSORGANE 128
BRUST 129
LUFTWEGE 130
VERDAUUNGSSYSTEM 131
HARNSYSTEM 132
NERVENSYSTEM 133
SINNESORGANE: TASTSINN 136
SINNESORGANE: GEHÖR 138
SINNESORGANE: SEHVERMÖGEN 140
SINNESORGANE: GERUCHSSINN 141
GERUCHS- UND GESCHMACKSSINN 142
ZÄHNE 144

PFLANZENZELLE[F]
PLANT CELL
CELLULE[F] VÉGÉTALE
CÉLULA[F] VEGETAL

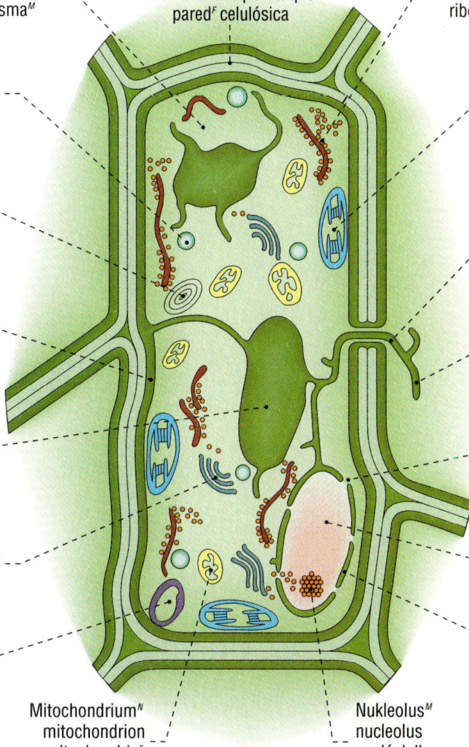

TIERISCHE ZELLE[F]
ANIMAL CELL
CELLULE[F] ANIMALE
CÉLULA[F] ANIMAL

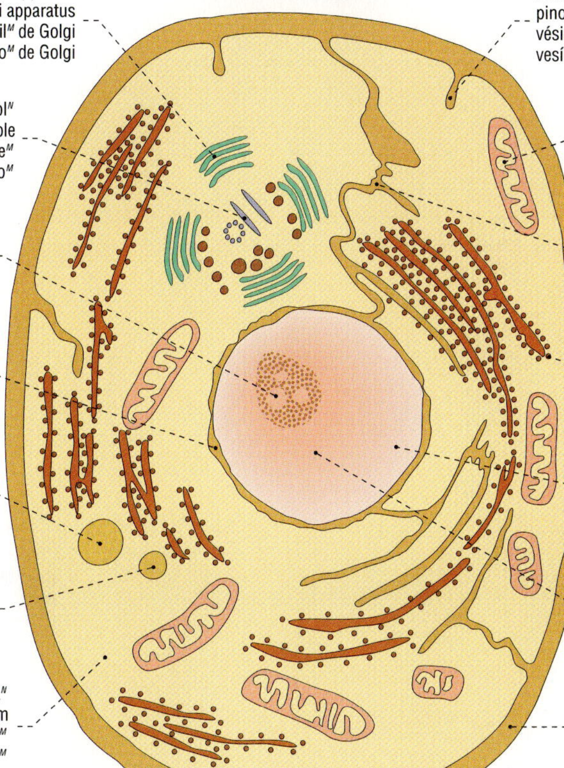

MENSCHLICHER KÖRPER[M]
HUMAN BODY
CORPS[M] HUMAIN
CUERPO[M] HUMANO

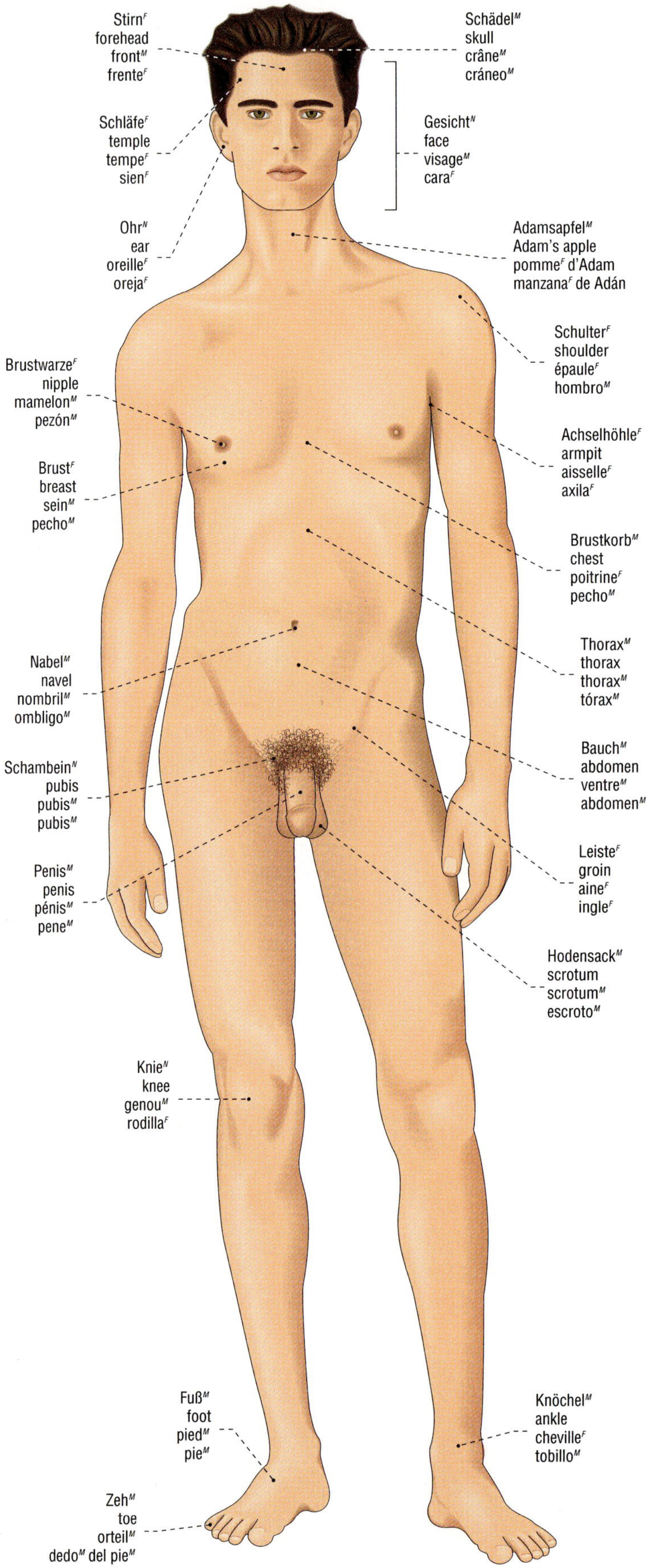

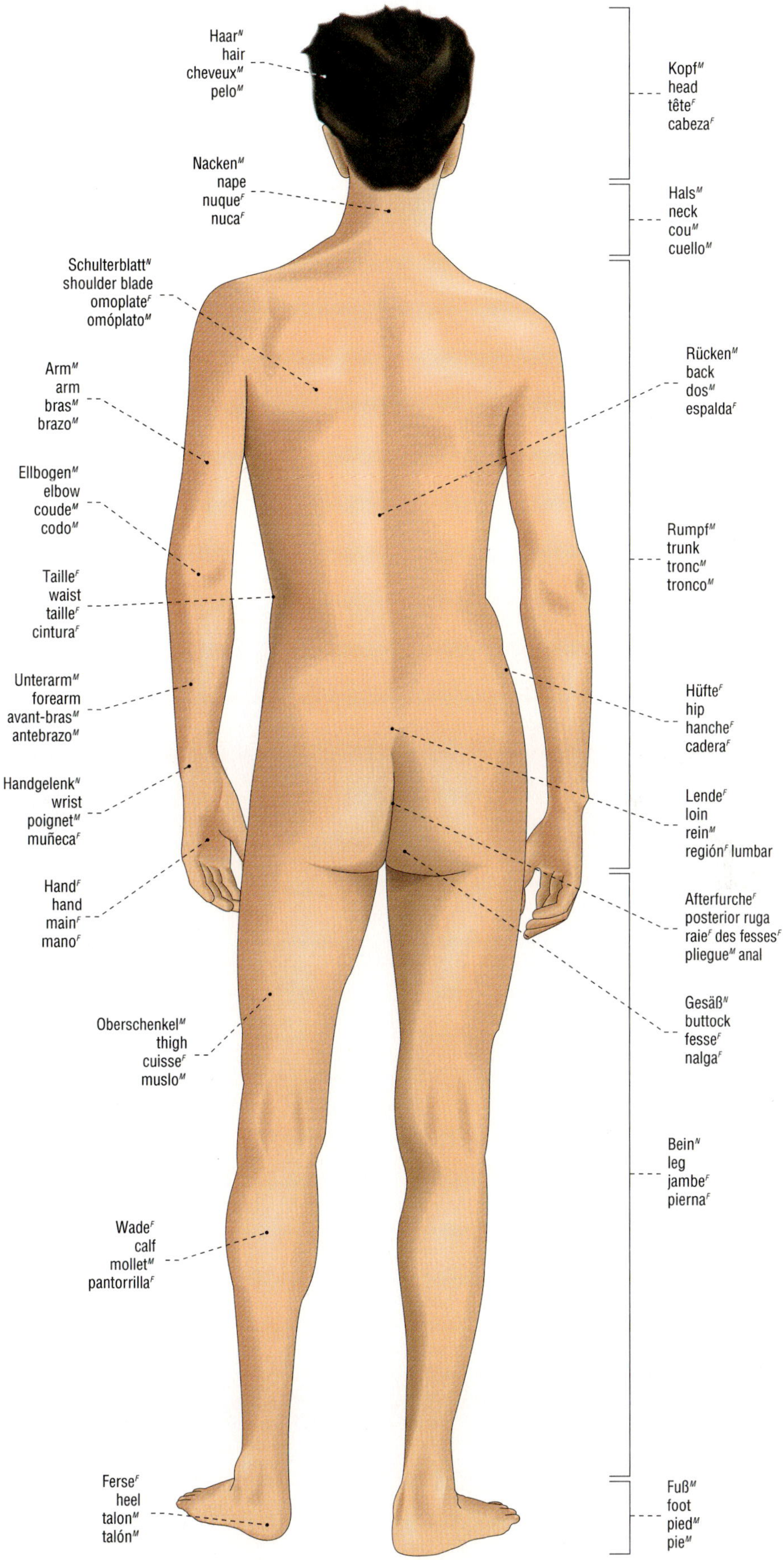
Haar[N] hair cheveux[M] pelo[M]
Nacken[M] nape nuque[F] nuca[F]
Schulterblatt[N] shoulder blade omoplate[F] omóplato[M]
Arm[M] arm bras[M] brazo[M]
Ellbogen[M] elbow coude[M] codo[M]
Taille[F] waist taille[F] cintura[F]
Unterarm[M] forearm avant-bras[M] antebrazo[M]
Handgelenk[N] wrist poignet[M] muñeca[F]
Hand[F] hand main[F] mano[F]
Oberschenkel[M] thigh cuisse[F] muslo[M]
Wade[F] calf mollet[M] pantorrilla[F]
Ferse[F] heel talon[M] talón[M]
Kopf[M] head tête[F] cabeza[F]
Hals[M] neck cou[M] cuello[M]
Rücken[M] back dos[M] espalda[F]
Rumpf[M] trunk tronc[M] tronco[M]
Hüfte[F] hip hanche[F] cadera[F]
Lende[F] loin rein[M] región[F] lumbar
Afterfurche[F] posterior ruga raie[F] des fesses[F] pliegue[M] anal
Gesäß[N] buttock fesse[F] nalga[F]
Bein[N] leg jambe[F] pierna[F]
Fuß[M] foot pied[M] pie[M]

MENSCHLICHER KÖRPER[M]
HUMAN BODY
CORPS[M] HUMAIN
CUERPO[M] HUMANO

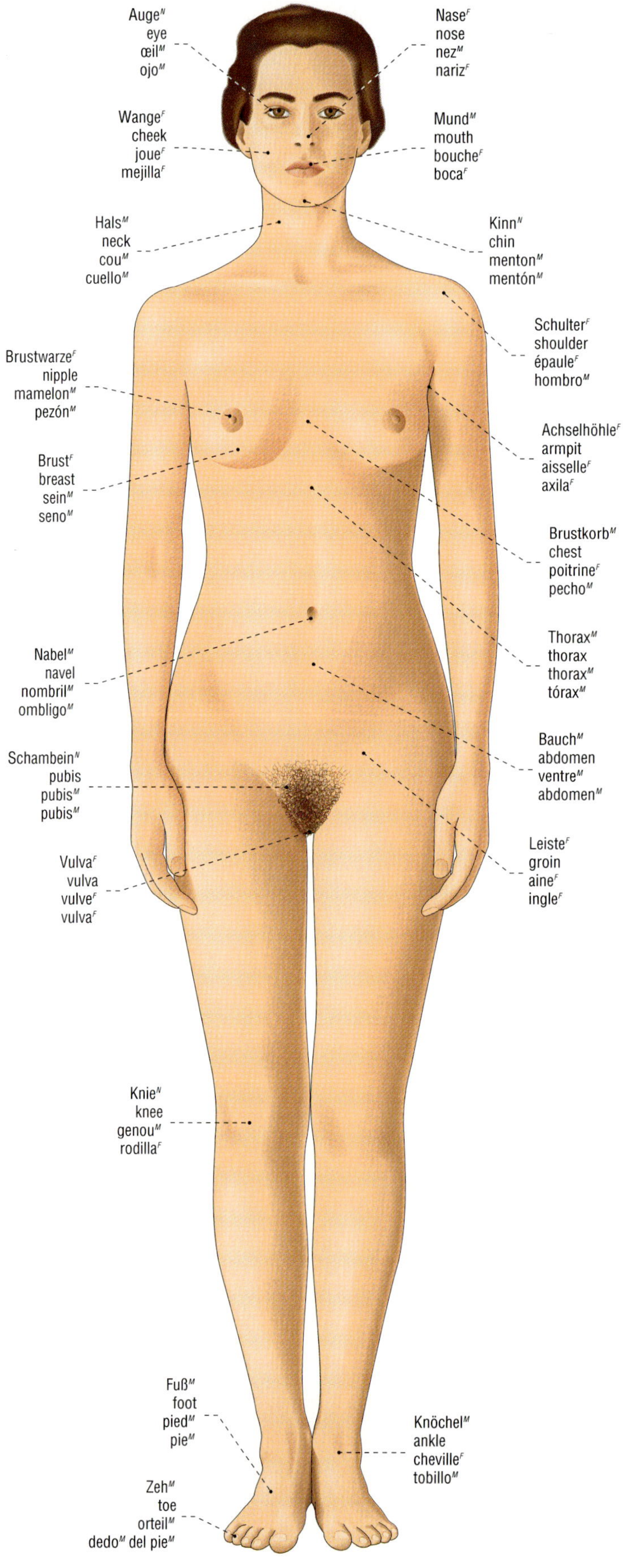

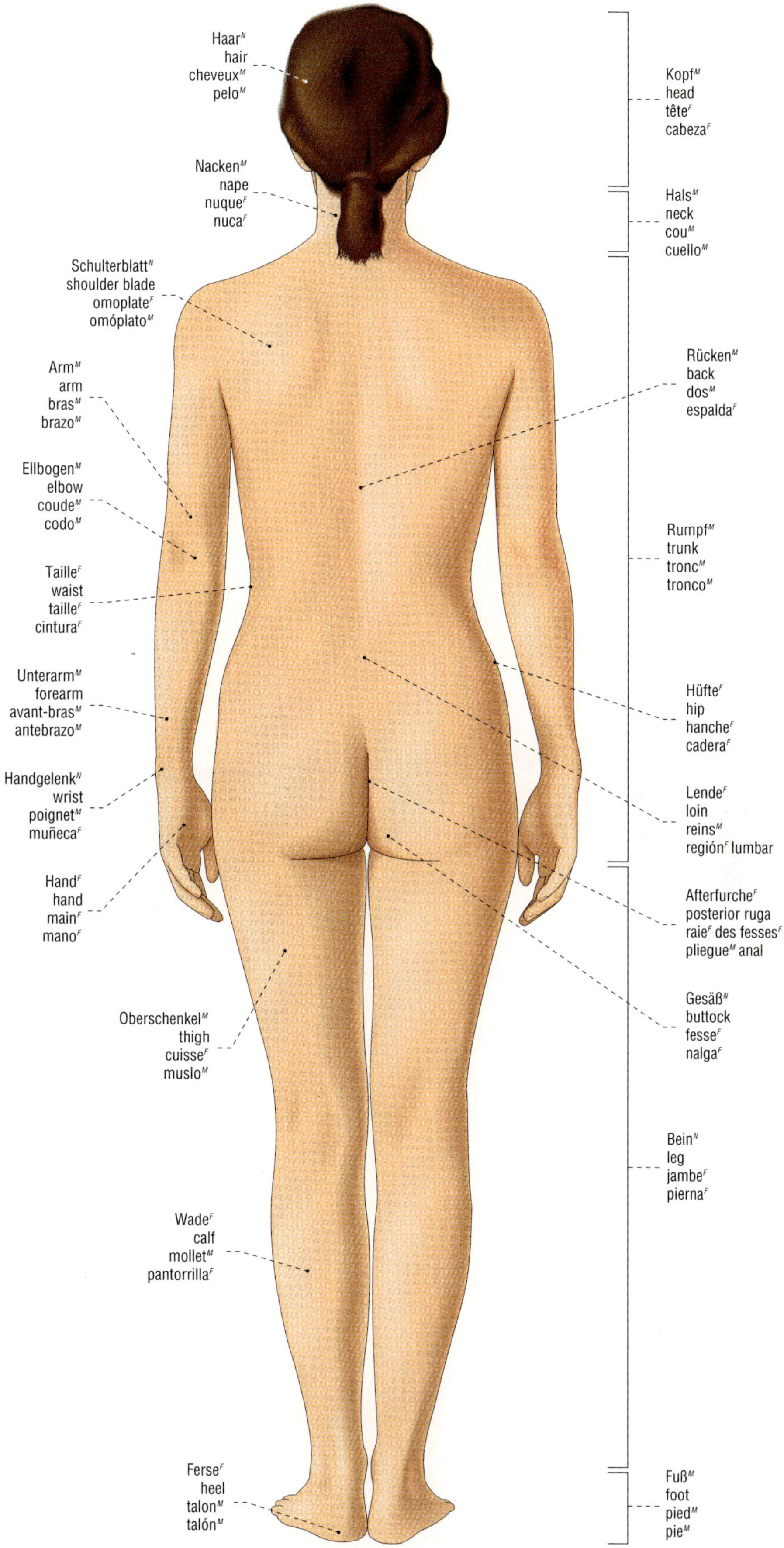
Haar[N]
hair
cheveux[M]
pelo[M]
Nacken[M]
nape
nuque[F]
nuca[F]
Schulterblatt[N]
shoulder blade
omoplate[F]
omóplato[M]
Arm[M]
arm
bras[M]
brazo[M]
Ellbogen[M]
elbow
coude[M]
codo[M]
Taille[F]
waist
taille[F]
cintura[F]
Unterarm[M]
forearm
avant-bras[M]
antebrazo[M]
Handgelenk[N]
wrist
poignet[M]
muñeca[F]
Hand[F]
hand
main[F]
mano[F]
Oberschenkel[M]
thigh
cuisse[F]
muslo[M]
Wade[F]
calf
mollet[M]
pantorrilla[F]
Ferse[F]
heel
talon[M]
talón[M]
Kopf[M]
head
tête[F]
cabeza[F]
Hals[M]
neck
cou[M]
cuello[M]
Rücken[M]
back
dos[M]
espalda[F]
Rumpf[M]
trunk
tronc[M]
tronco[M]
Hüfte[F]
hip
hanche[F]
cadera[F]
Lende[F]
loin
reins[M]
región[F] lumbar
Afterfurche[F]
posterior ruga
raie[F] des fesses[F]
pliegue[M] anal
Gesäß[N]
buttock
fesse[F]
nalga[F]
Bein[N]
leg
jambe[F]
pierna[F]
Fuß[M]
foot
pied[M]
pie[M]

MUSKELN[M]
MUSCLES
MUSCLES[M]
MÚSCULOS[M]

VORDERANSICHT[F]
ANTERIOR VIEW
FACE[F] ANTÉRIEURE
VISTA[F] ANTERIOR

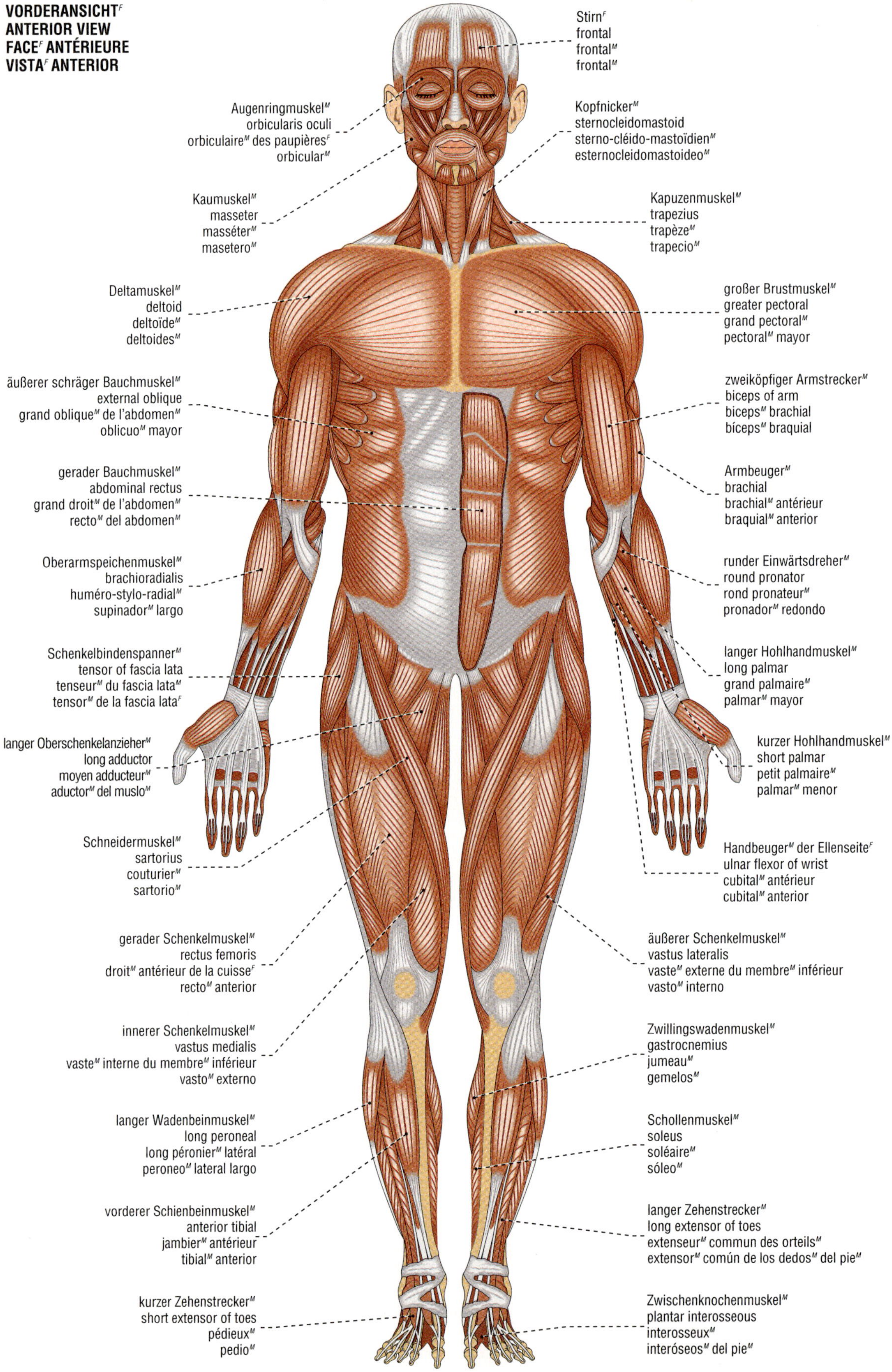

RÜCKANSICHT[F]
POSTERIOR VIEW
FACE[F] POSTÉRIEURE
VISTA[F] POSTERIOR

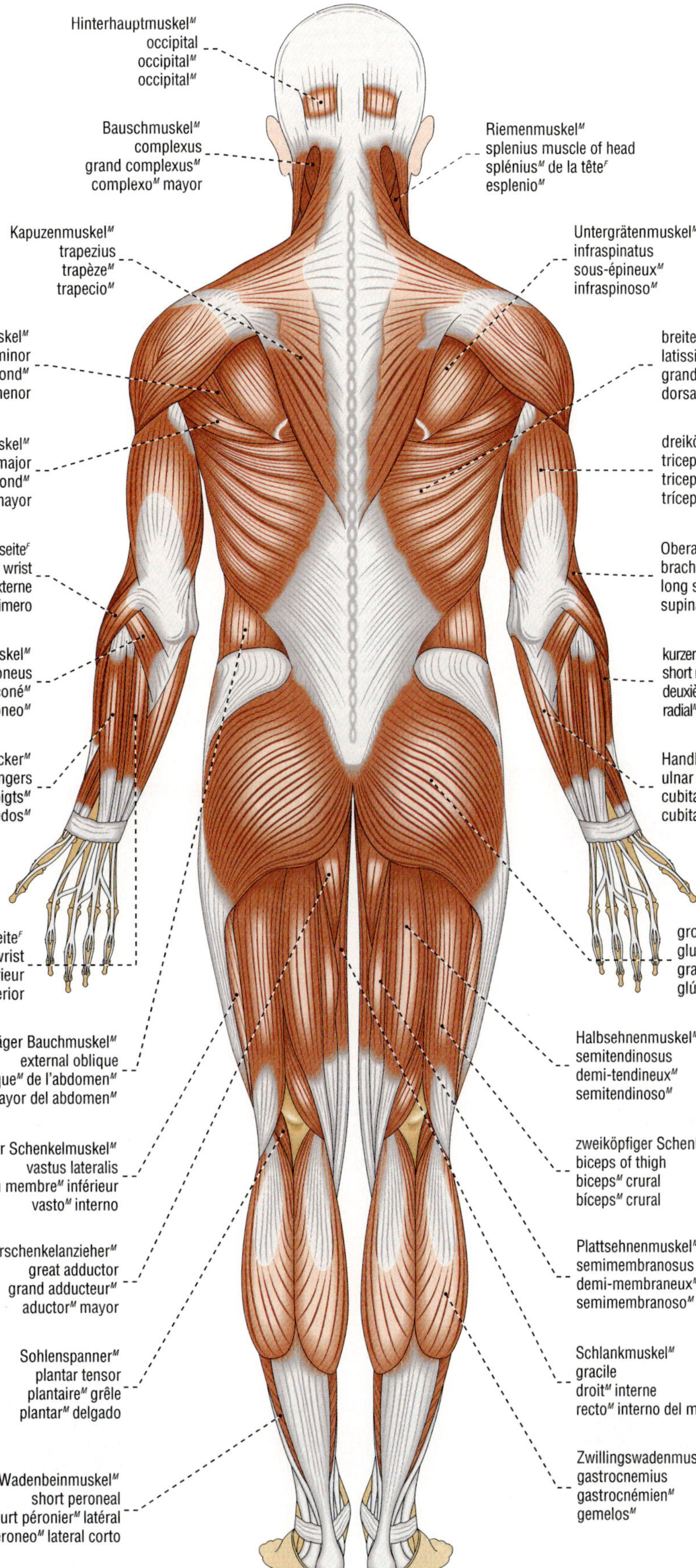

SKELETT^{N}
SKELETON
SQUELETTE^{M}
ESQUELETO^{M}

VORDERANSICHT^{F}
ANTERIOR VIEW
VUE^{F} ANTÉRIEURE
VISTA^{F} ANTERIOR

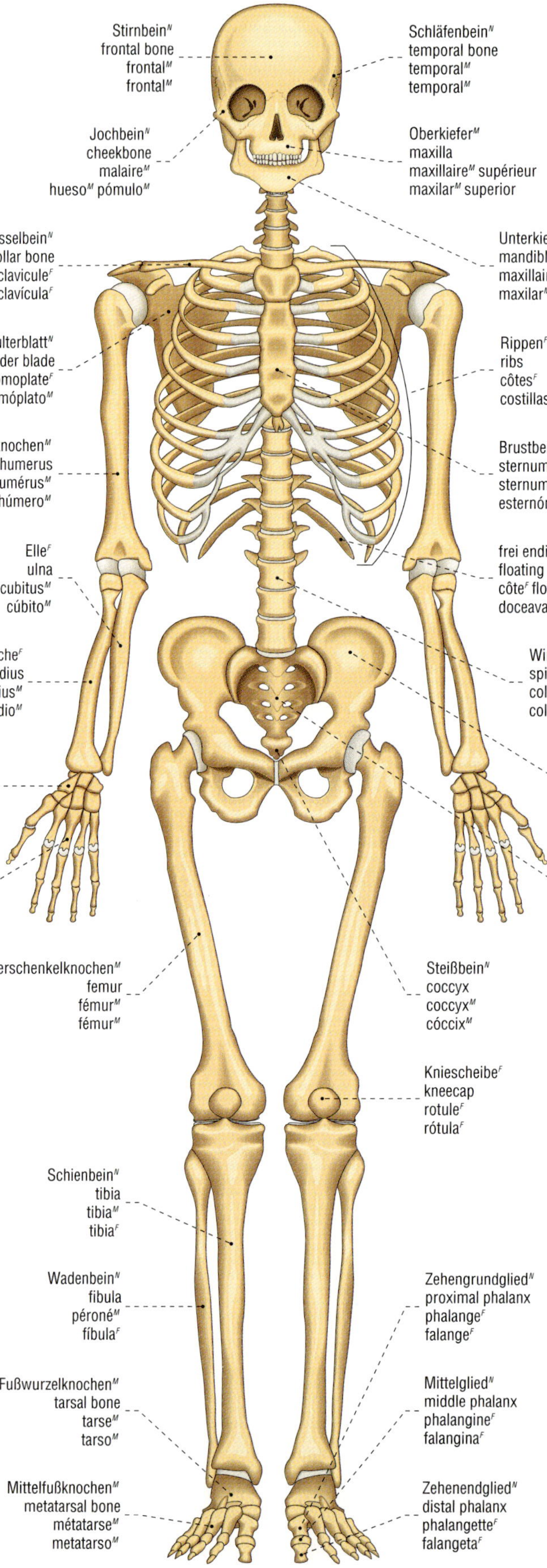

RÜCKANSICHT[F]
POSTERIOR VIEW
VUE[F] POSTÉRIEURE
VISTA POSTERIOR

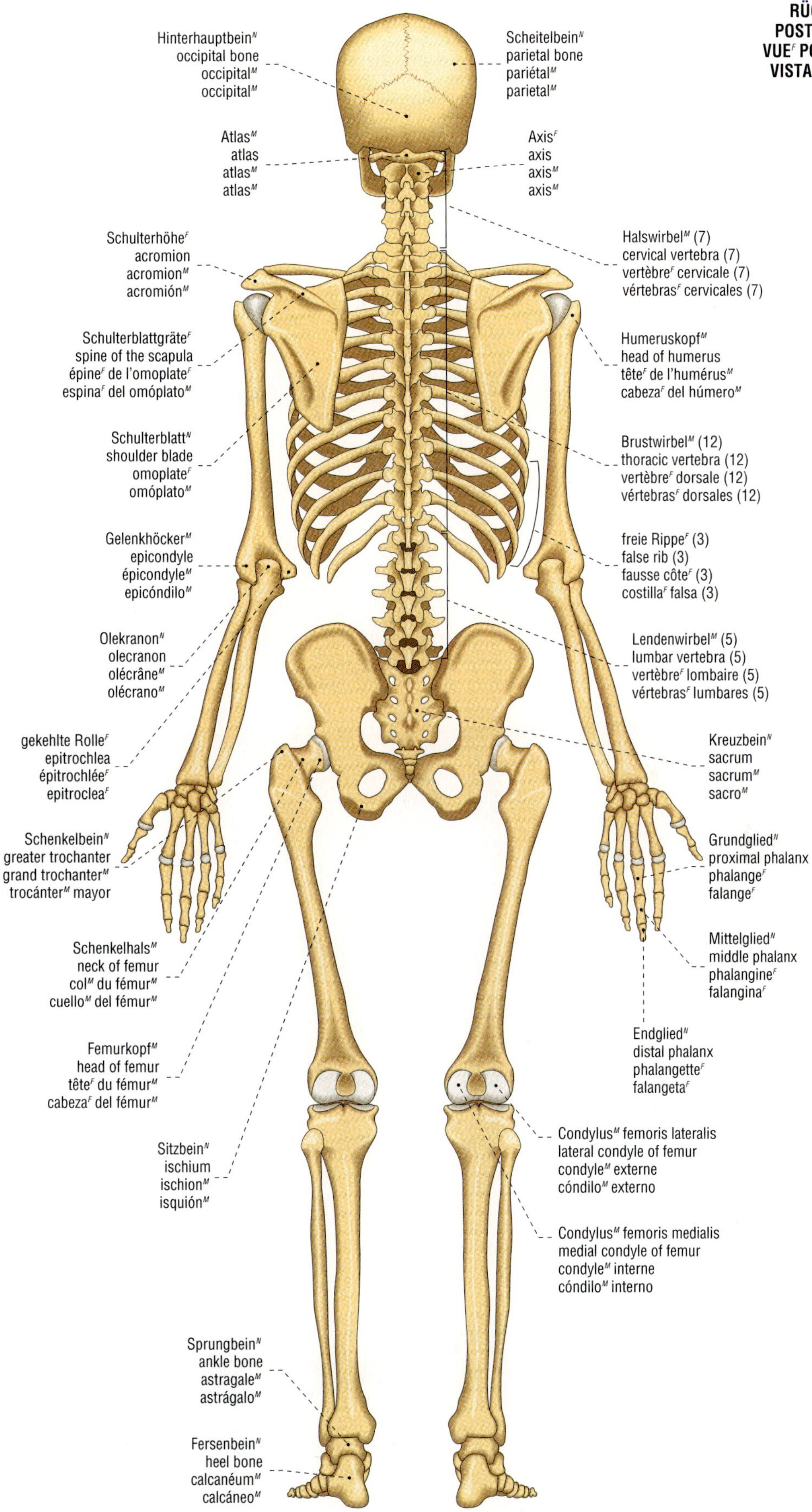

BLUTKREISLAUF[M]
BLOOD CIRCULATION
CIRCULATION[F] SANGUINE
CIRCULACIÓN[F] SANGUÍNEA

SCHEMA[N] DES BLUTKREISLAUFS[M]
SCHEMA OF CIRCULATION
SCHÉMA[M] DE LA CIRCULATION[F]
DIAGRAMA[M] DE LA CIRCULACIÓN[F]

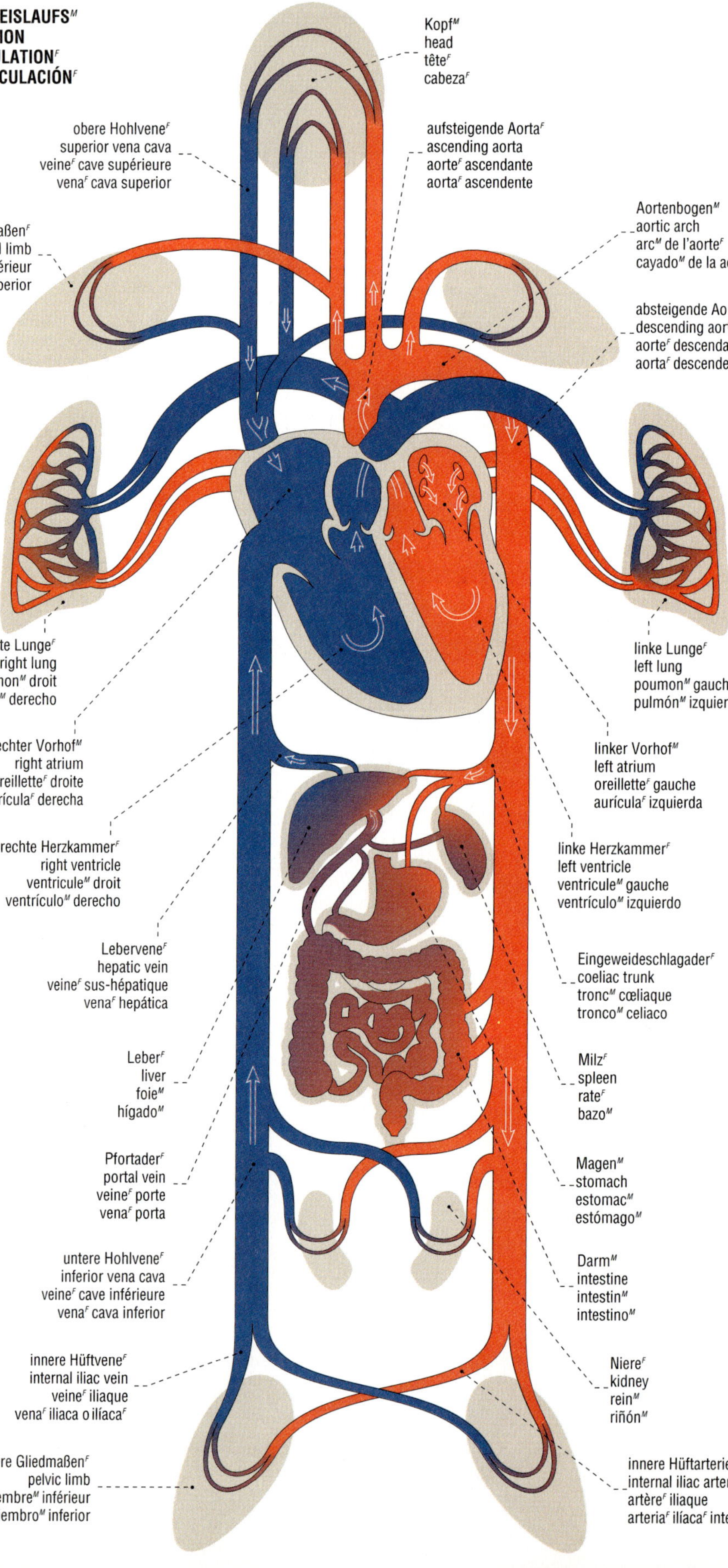

HERZ^{N}
HEART
CŒUR^{M}
CORAZÓN^{M}

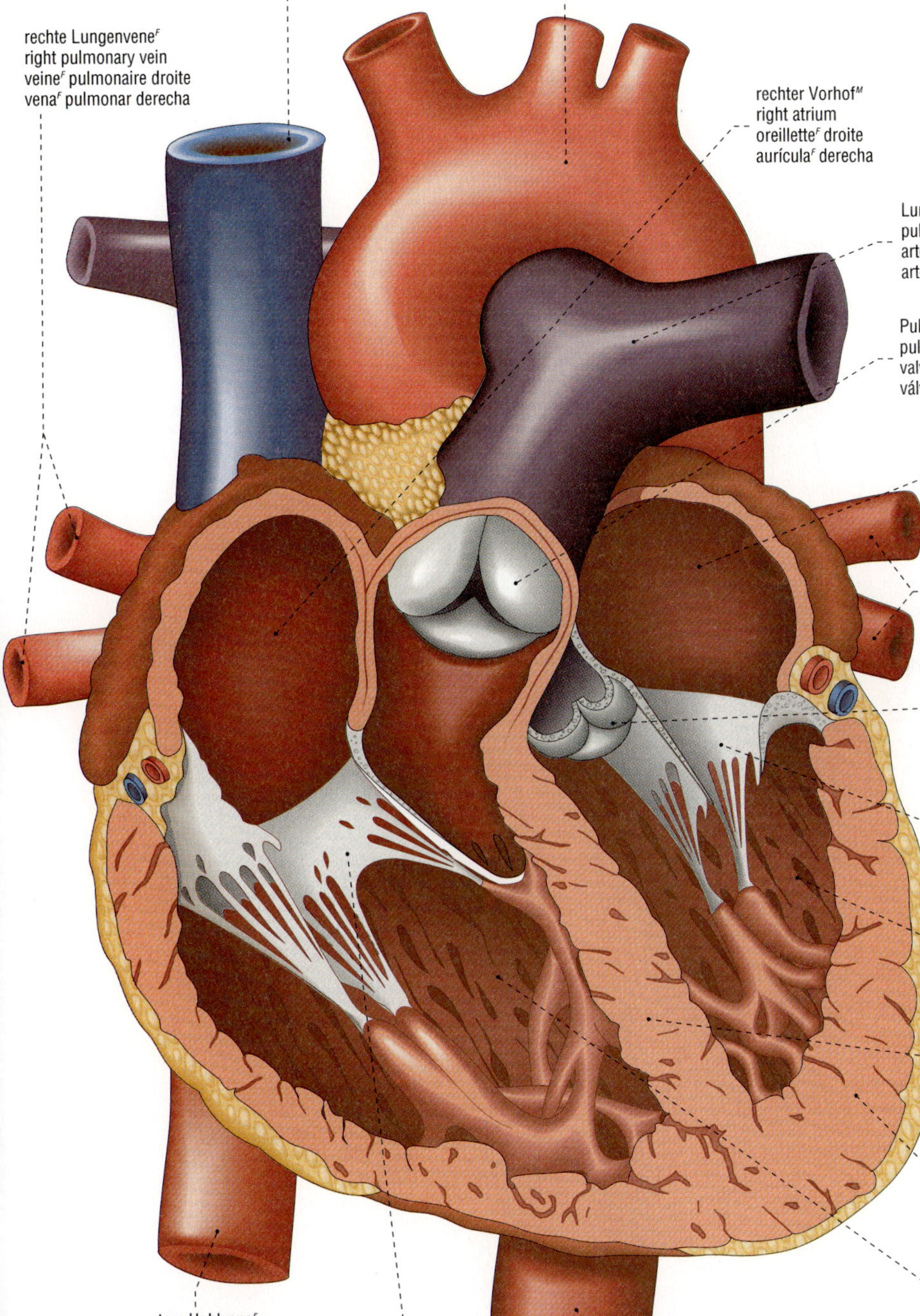

BLUTKREISLAUF[M]
BLOOD CIRCULATION
CIRCULATION[F] SANGUINE
CIRCULACIÓN[F] SANGUÍNEA

DIE WICHTIGSTEN VENEN[F] UND ARTERIEN[F]
PRINCIPAL VEINS AND ARTERIES
PRINCIPALES VEINES[F] ET ARTÈRES[F]
PRINCIPALES VENAS[F] Y ARTERIAS[F]

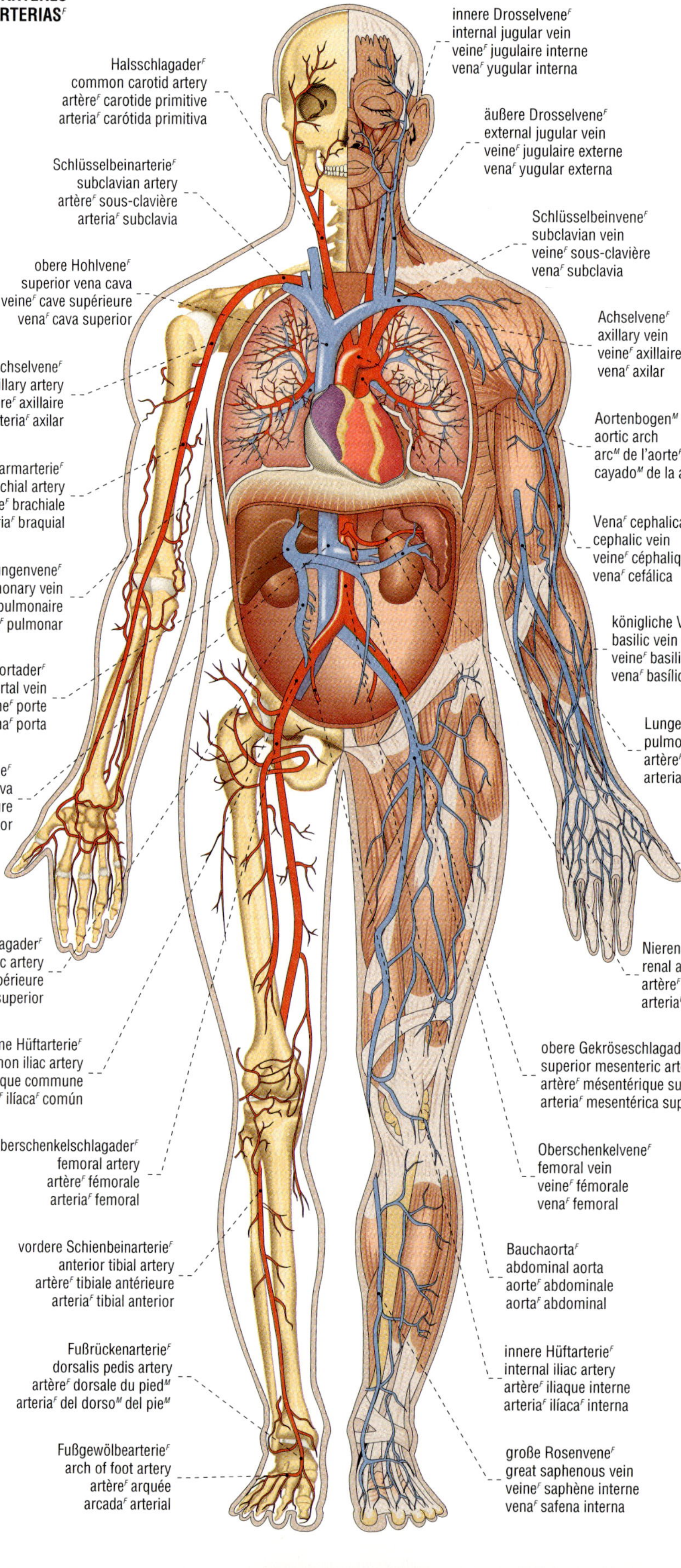

MÄNNLICHE GESCHLECHTSORGANE[N]
MALE GENITAL ORGANS
ORGANES[M] GÉNITAUX MASCULINS
ÓRGANOS[M] GENITALES MASCULINOS

SAGITTALSCHNITT[M]
SAGITTAL SECTION
COUPE[F] SAGITTALE
CORTE[M] SAGITAL

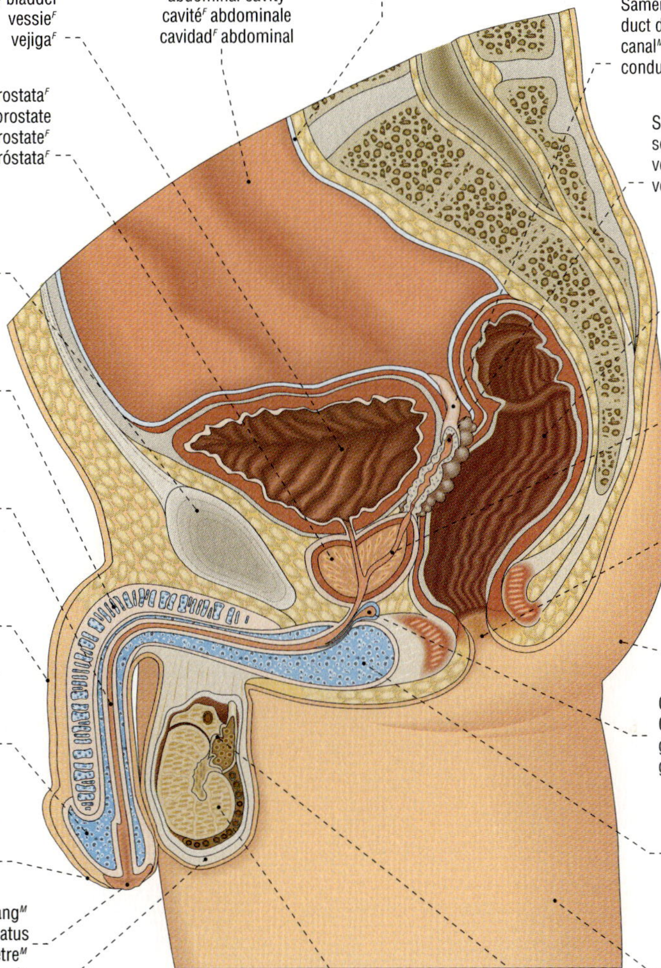

SPERMA[N]
SPERMATOZOON
SPERMATOZOÏDE[M]
ESPERMATOZOIDE[M]

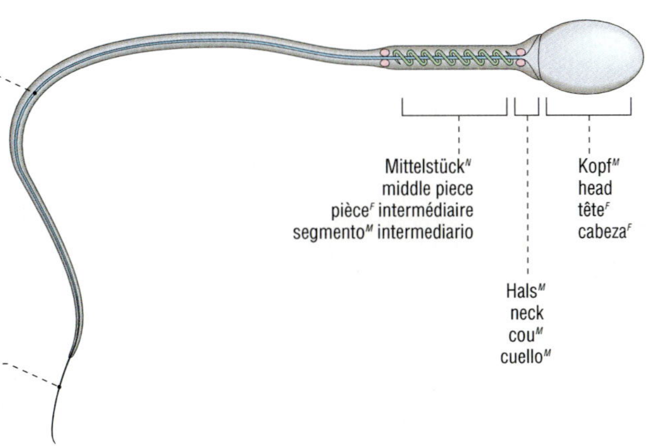

WEIBLICHE GESCHLECHTSORGANE^{N}
FEMALE GENITAL ORGANS
ORGANES^{M} GÉNITAUX FÉMININS
ÓRGANOS^{M} GENITALES FEMENINOS

EI^{N}
EGG
OVULE^{M}
HUEVO^{M}

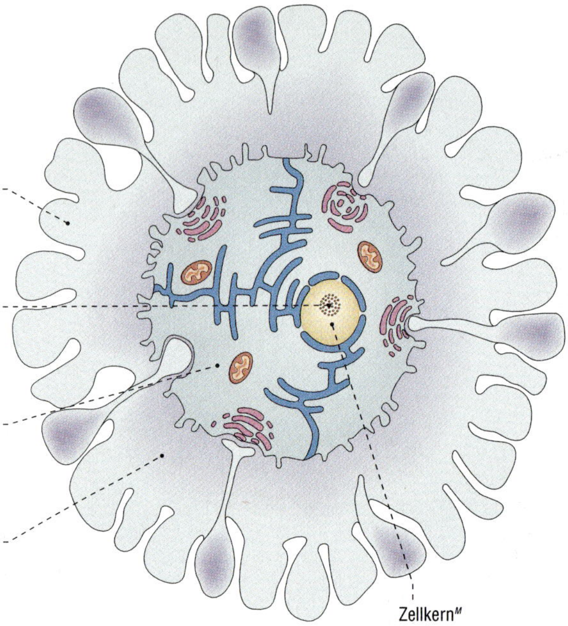

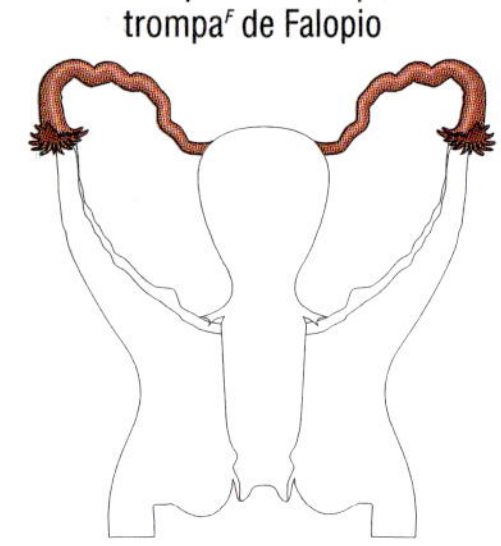

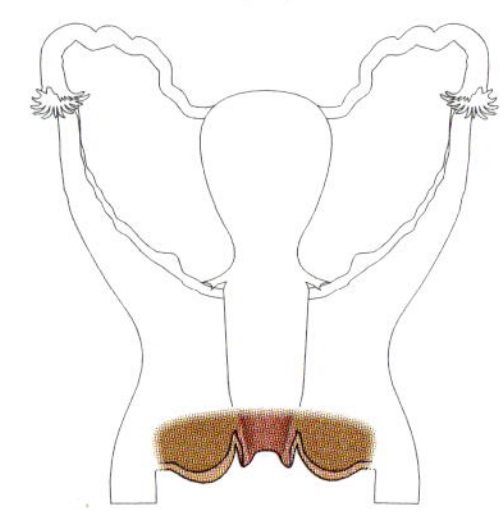

SAGITTALSCHNITT^{M}
SAGITTAL SECTION
COUPE^{F} SAGITTALE
CORTE^{M} SAGITAL

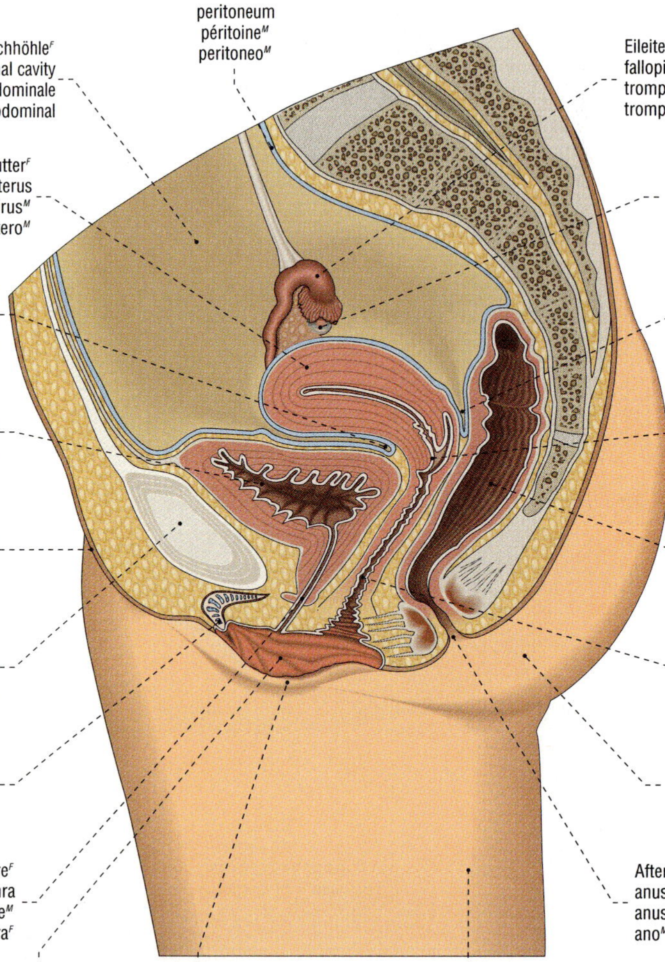

WEIBLICHE GESCHLECHTSORGANE^N
FEMALE GENITAL ORGANS
ORGANES^M GÉNITAUX FÉMININS
ÓRGANOS^M GENITALES FEMENINOS

RÜCKANSICHT^F
POSTERIOR VIEW
VUE^F POSTÉRIEURE
VISTA^F POSTERIOR

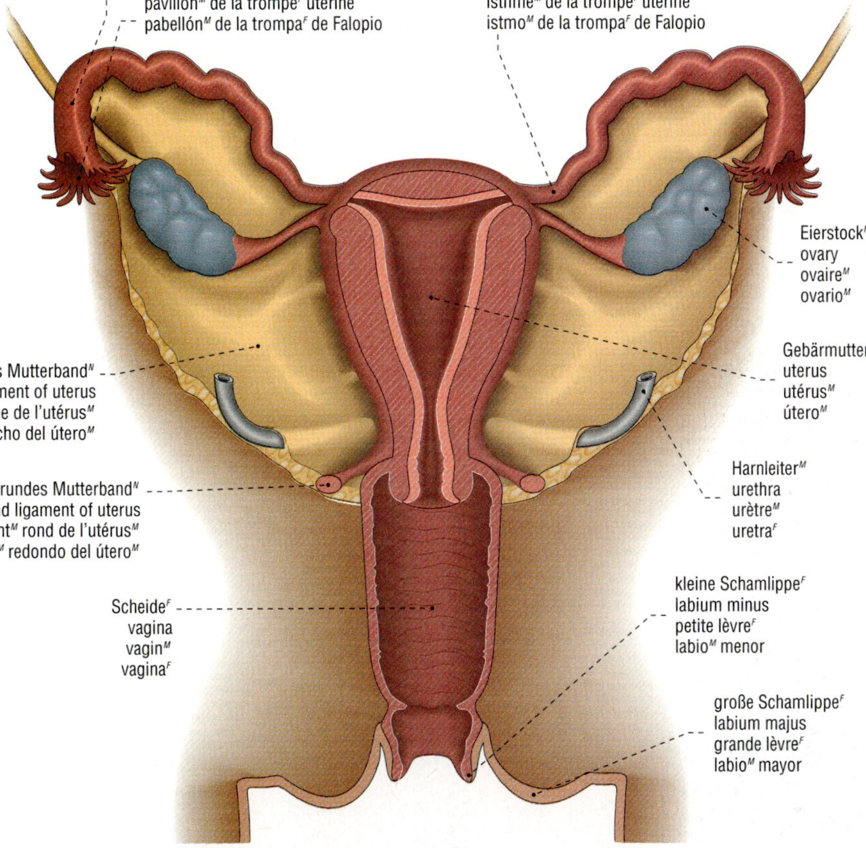

BRUST^F
BREAST
SEIN^M
SENO^M

SAGITTALSCHNITT^M
SAGITTAL SECTION
COUPE^F SAGITTALE
CORTE^M SAGITAL

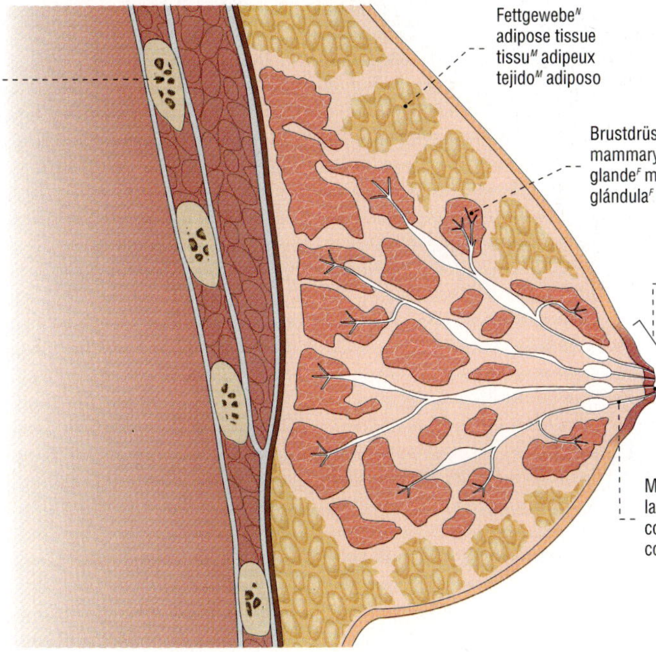

LUFTWEGE[M]
RESPIRATORY SYSTEM
APPAREIL[M] RESPIRATOIRE
APARATO[M] RESPIRATORIO

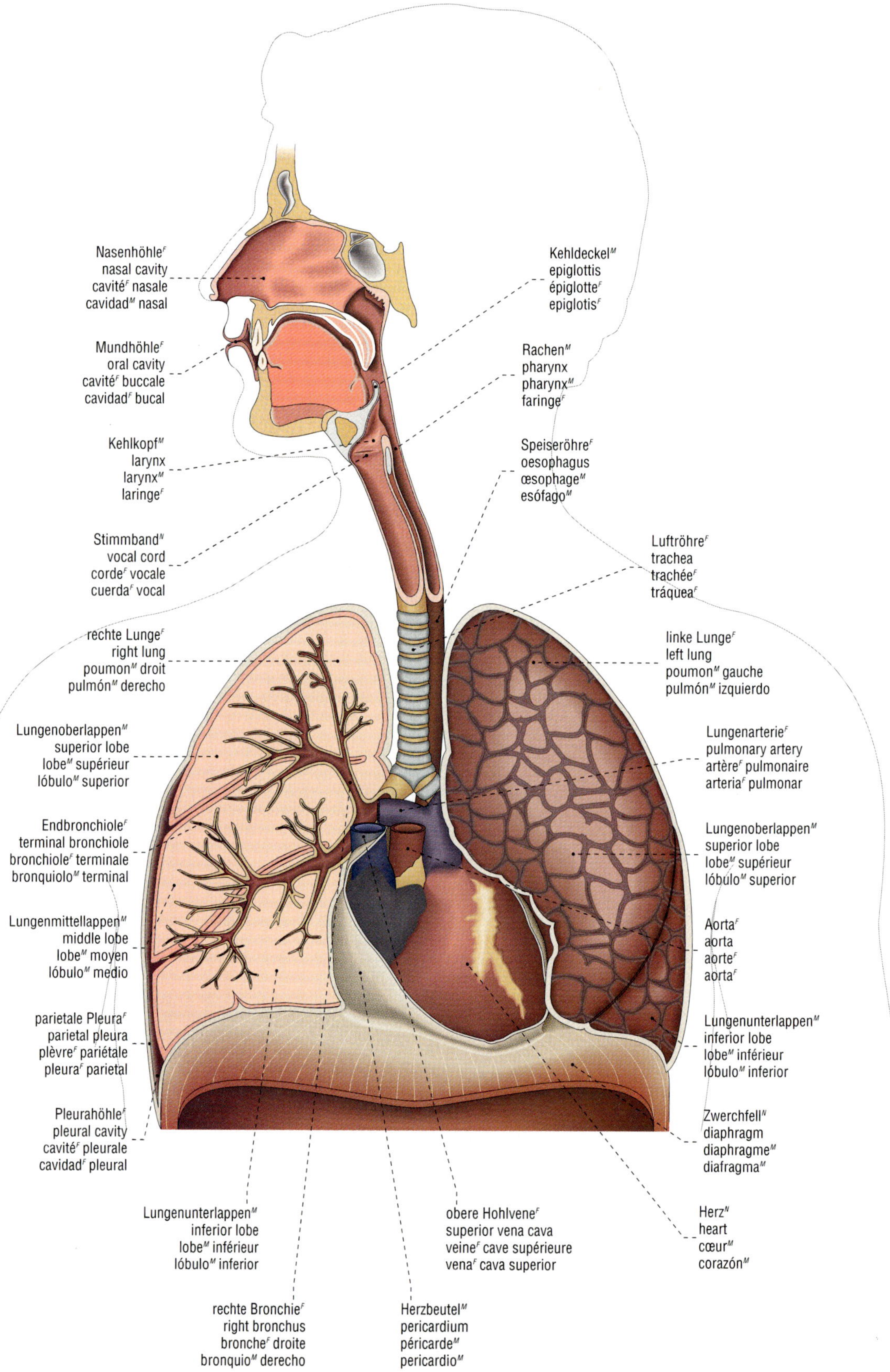

VERDAUUNGSSYSTEM[N]
DIGESTIVE SYSTEM
APPAREIL[M] DIGESTIF
APARATO[M] DIGESTIVO

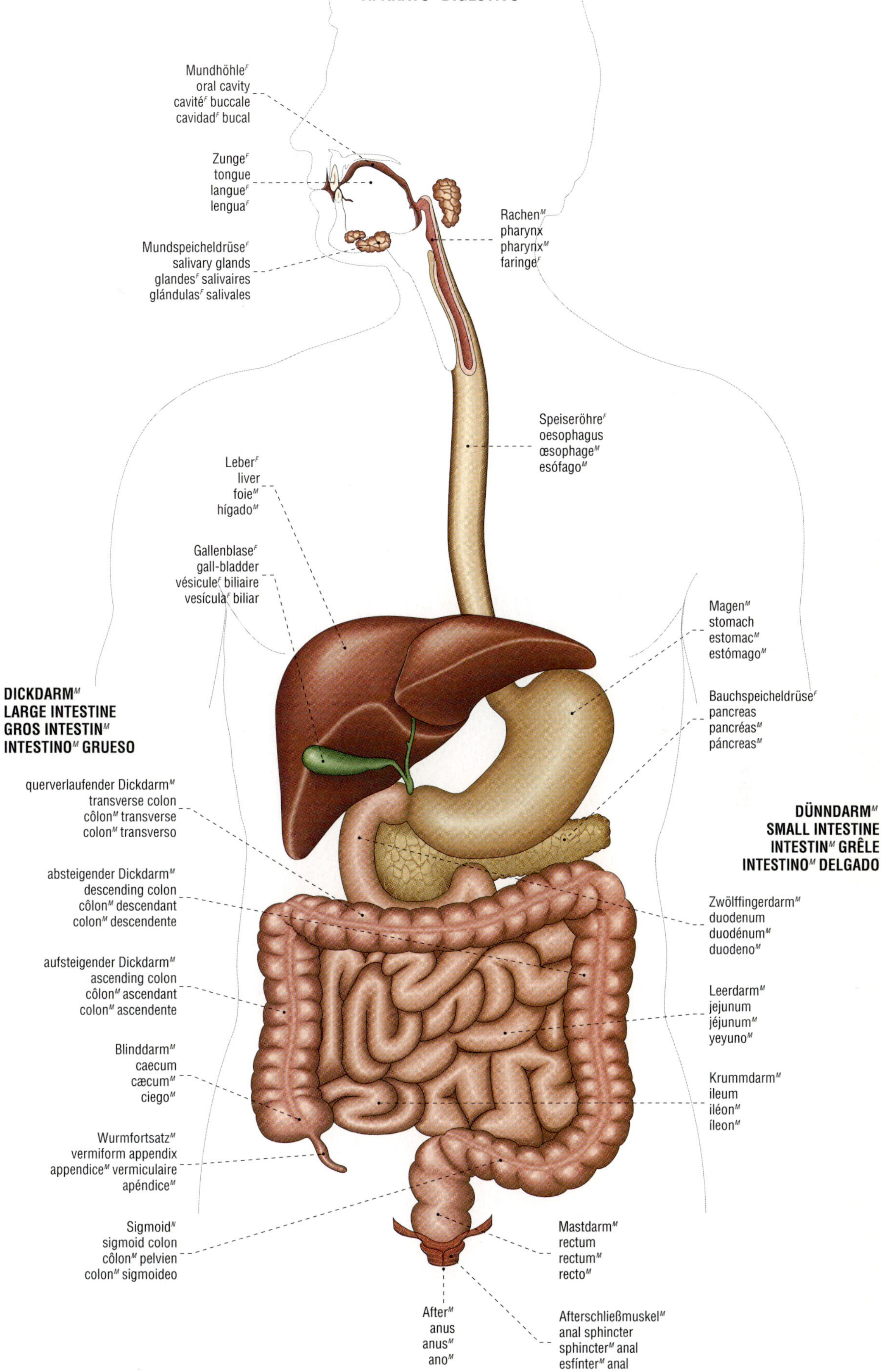

HARNSYSTEM[N]
URINARY SYSTEM
APPAREIL[M] URINAIRE
APARATO[M] URINARIO

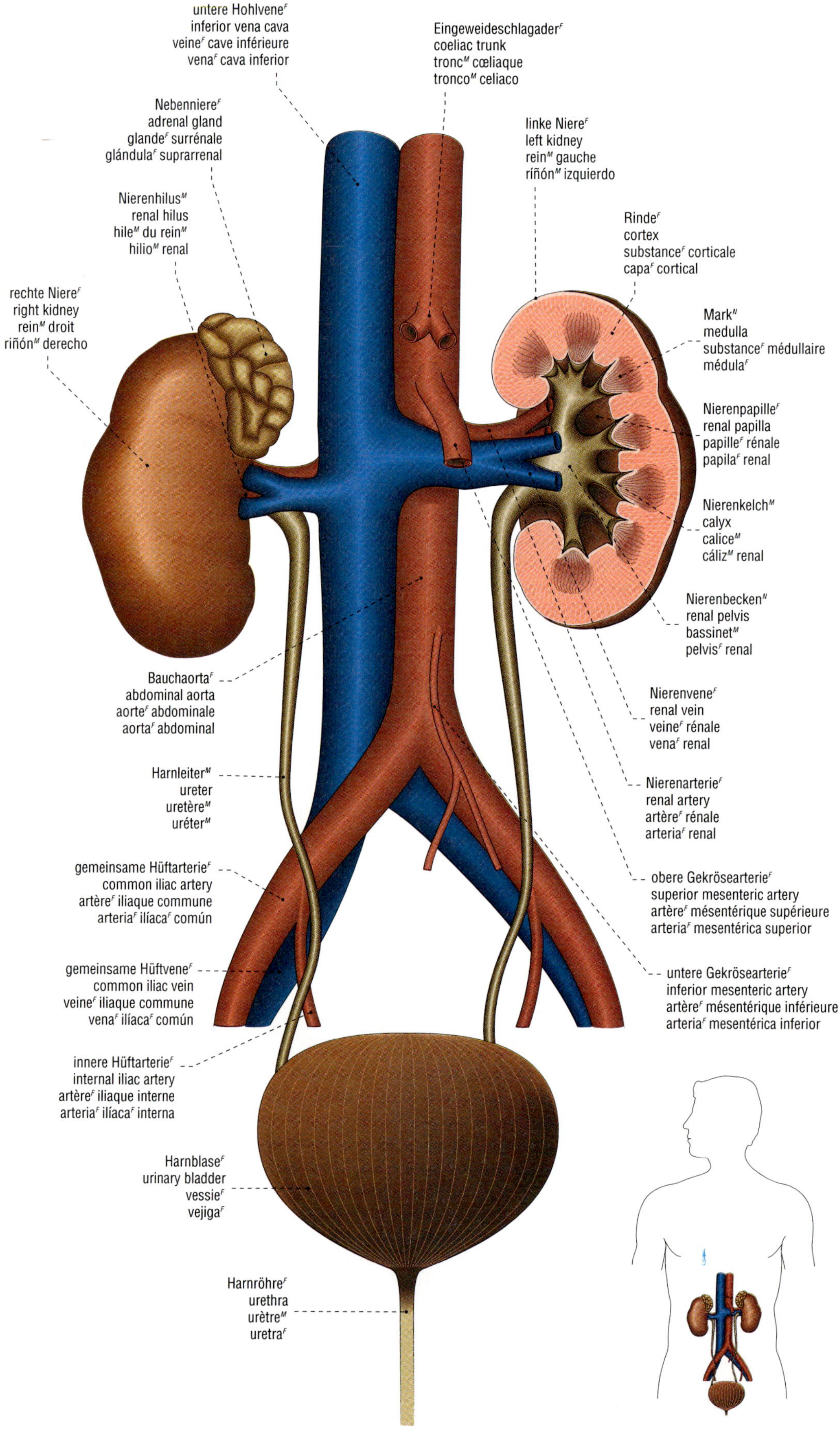

NERVENSYSTEM^{N}
NERVOUS SYSTEM
SYSTÈME^{M} NERVEUX
SISTEMA^{M} NERVIOSO

PERIPHERES NERVENSYSTEM^{N}
PERIPHERAL NERVOUS SYSTEM
SYSTÈME^{M} NERVEUX PÉRIPHÉRIQUE
SISTEMA^{M} NERVIOSO PERIFÉRICO

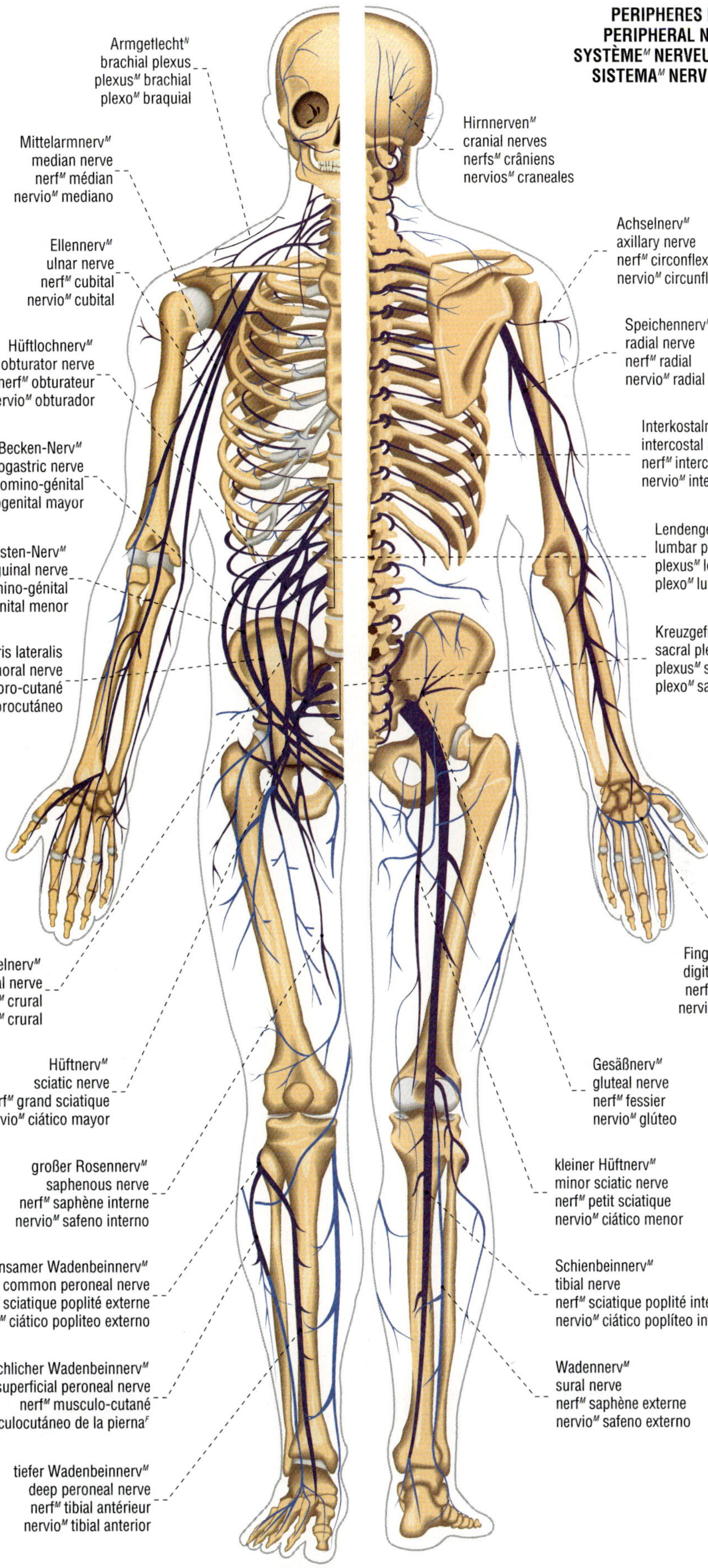

NERVENSYSTEM[N]
NERVOUS SYSTEM
SYSTÈME[M] NERVEUX
SISTEMA[M] NERVIOSO

ZENTRALES NERVENSYSTEM[N]
CENTRAL NERVOUS SYSTEM
SYSTÈME[M] NERVEUX CENTRAL
SISTEMA[M] NERVIOSO CENTRAL

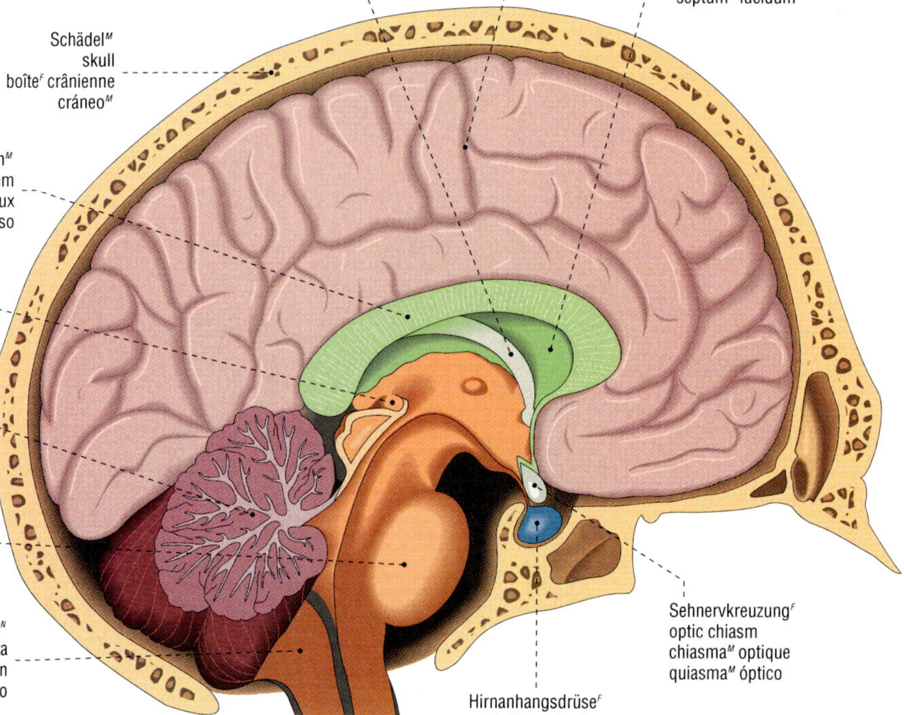

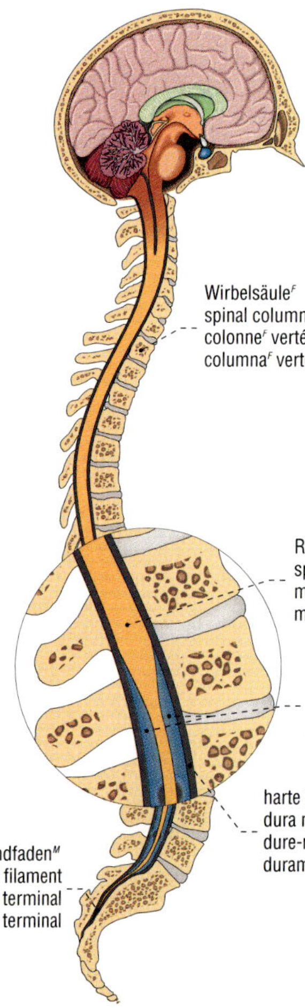

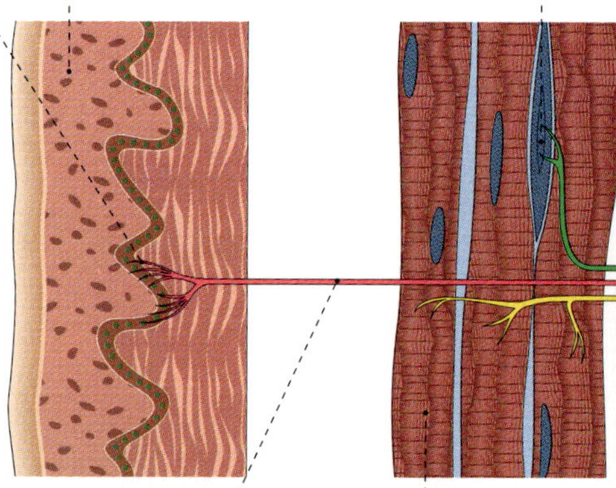

LENDENWIRBEL^{M}
LUMBAR VERTEBRA
VERTÈBRE^{F} LOMBAIRE
VÉRTEBRA^{F} LUMBAR

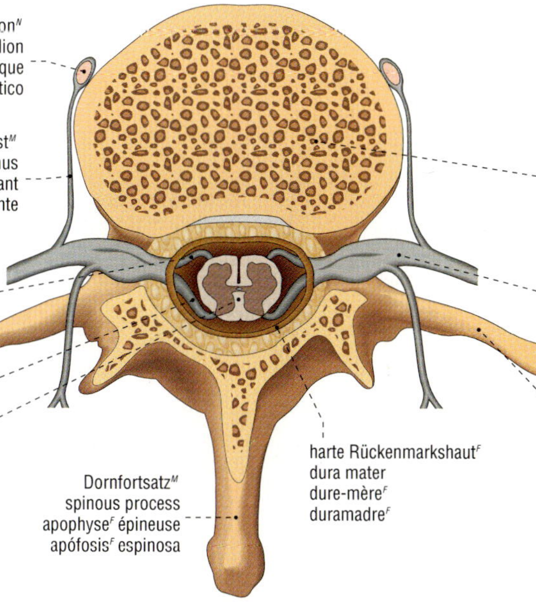

NEURONENKETTE^{F}
CHAIN OF NEURONS
CHAÎNE^{F} DE NEURONES^{M}
ENCADENAMIENTO^{M} DE NEURONAS^{F}

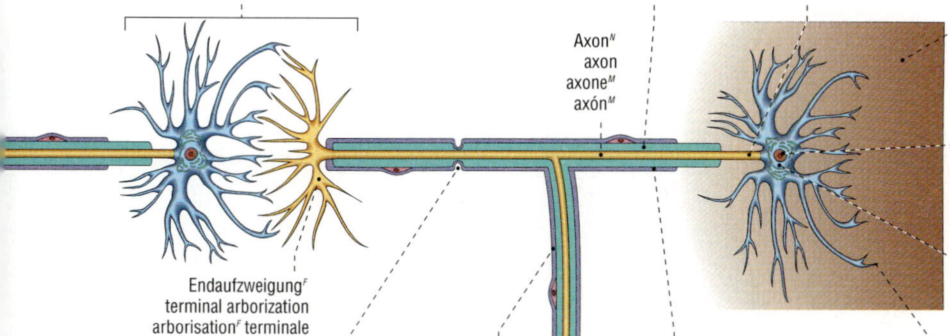

SINNESIMPULS^{M}
SENSORY IMPULSE
INFLUX^{M} NERVEUX
IMPULSO^{M} NERVIOSO

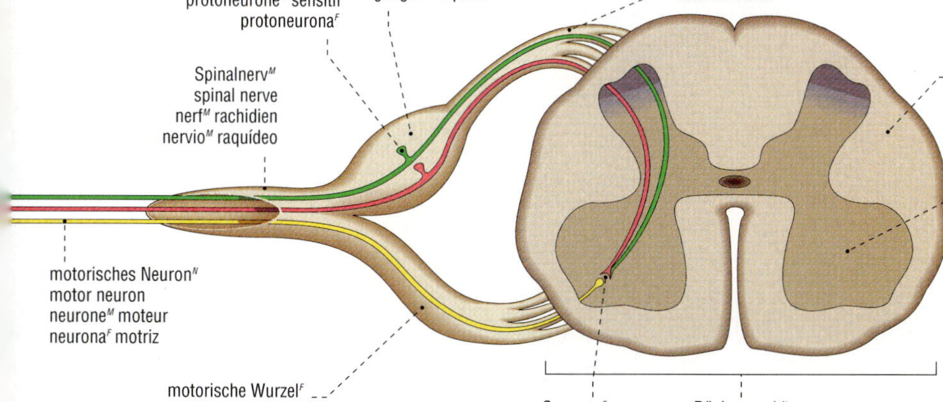

SINNESORGANE[N]: TASTSINN[M]
SENSE ORGANS: TOUCH
ORGANES[M] DES SENS[M]: TOUCHER[M]
TACTO[M]

HAUT[F]
SKIN
PEAU[F]
PIEL[F]

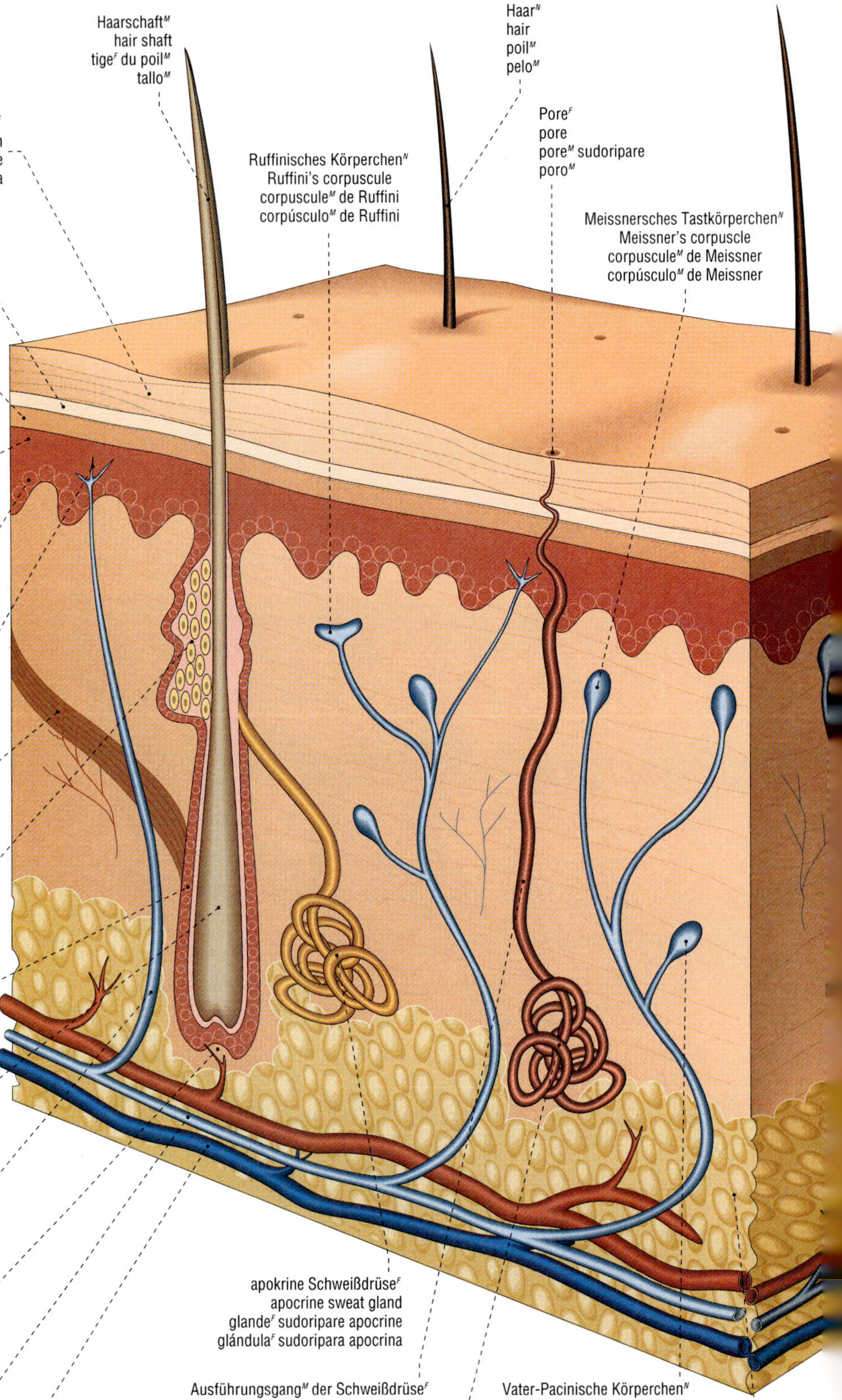

FINGER[M]
FINGER
DOIGT[M]
DEDO[M]

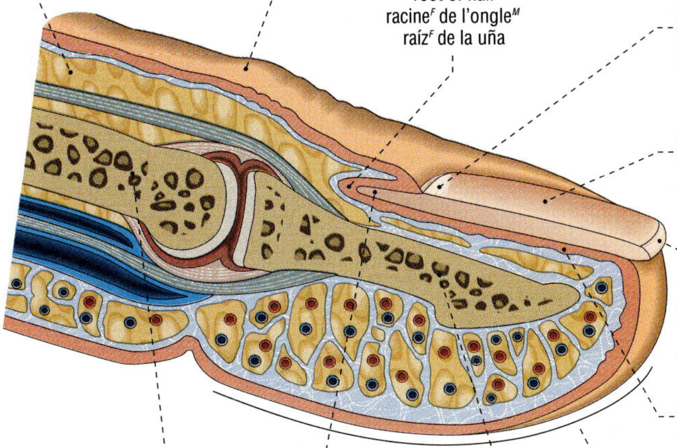

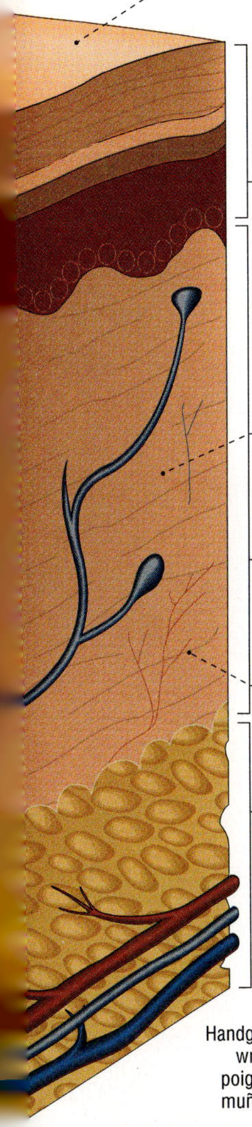

HAND[F]
HAND
MAIN[F]
MANO[F]

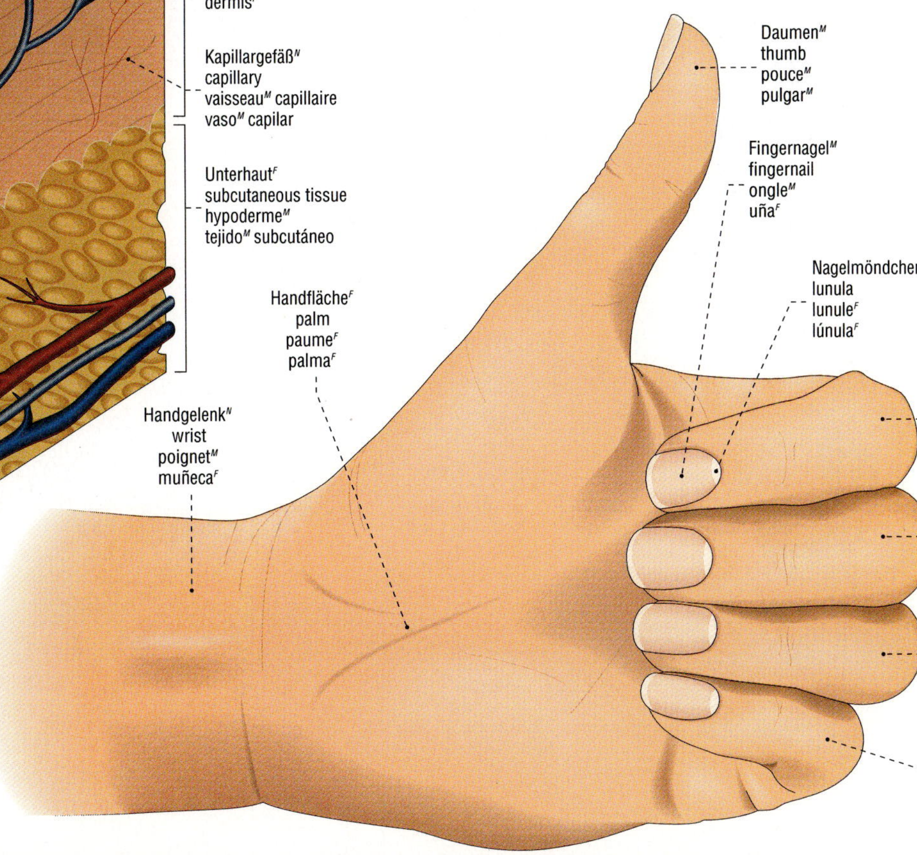

SINNESORGANE^{N}: GEHÖR^{N}
SENSE ORGANS: HEARING
ORGANES^{M} DES SENS^{M}: OUÏE^{F}
EL OÍDO^{M}

TEILE^{N} DES OHRS^{N}
PARTS OF THE EAR
PARTIES^{F} DE L'OREILLE^{F}
PARTES^{F} DEL OÍDO^{M}

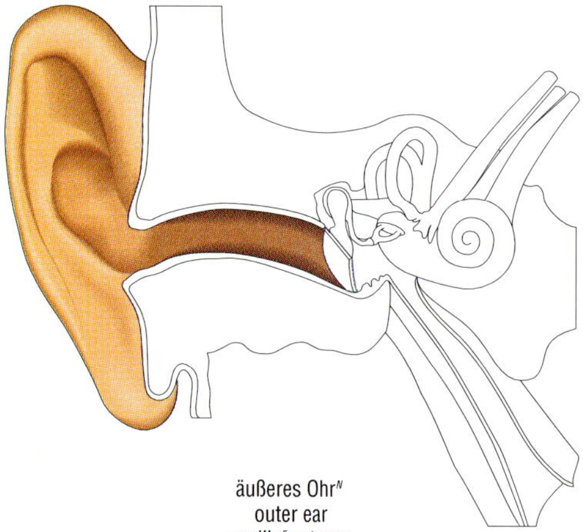

äußeres Ohr^{N}
outer ear
oreille^{F} externe
oreja^{F}

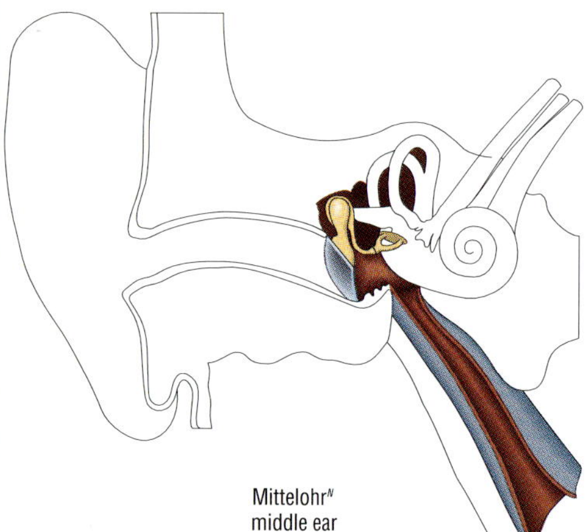

Mittelohr^{N}
middle ear
oreille^{F} moyenne
oído^{M} medio

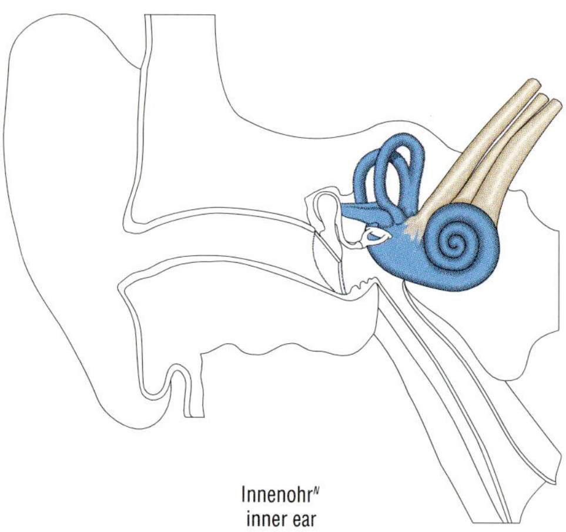

Innenohr^{N}
inner ear
oreille^{F} interne
oído^{M} interno

GEHÖRKNÖCHELCHEN^{N}
AUDITORY OSSICLES
OSSELETS^{M}
HUESECILLOS^{M} AUDITIVOS

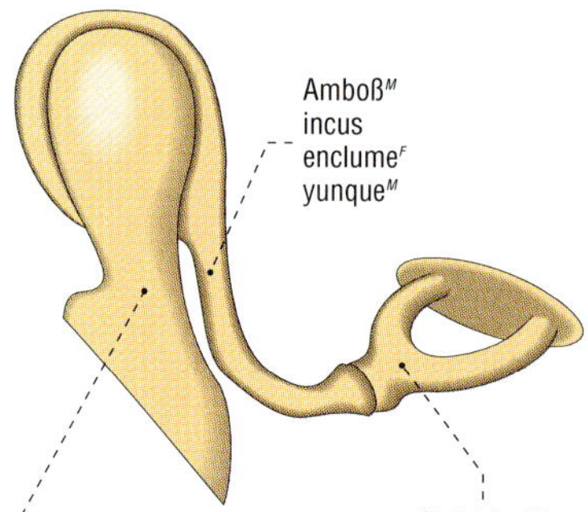

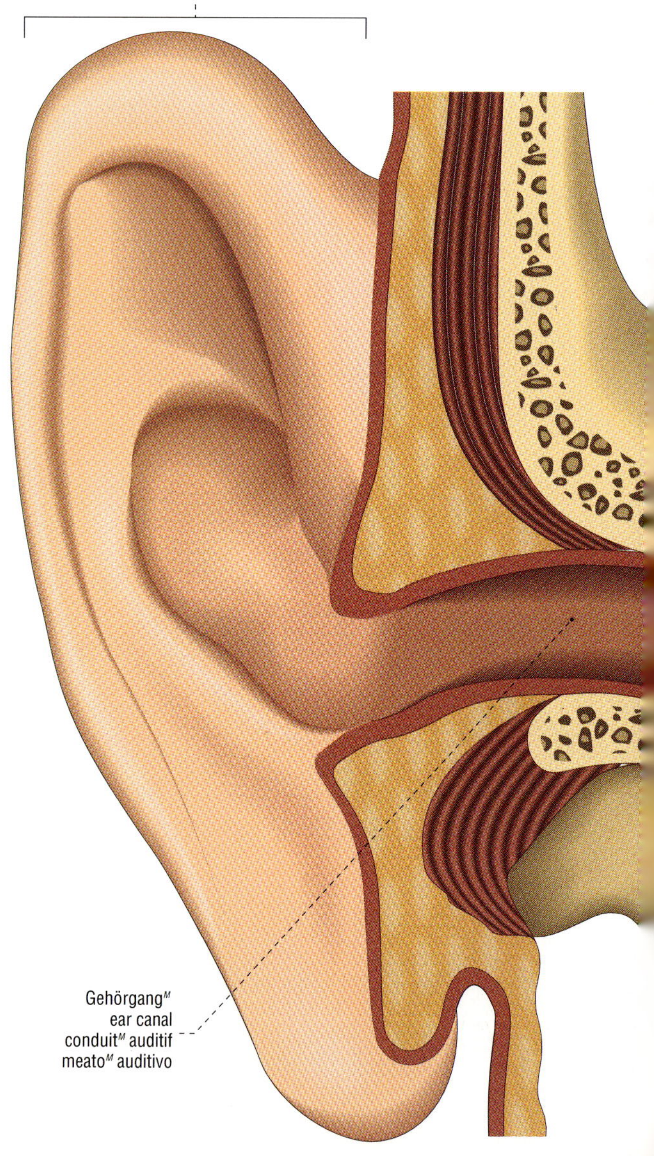

OHRMUSCHEL[F]
AURICLE
PAVILLON[M]
PABELLÓN[M] DE LA OREJA[F]

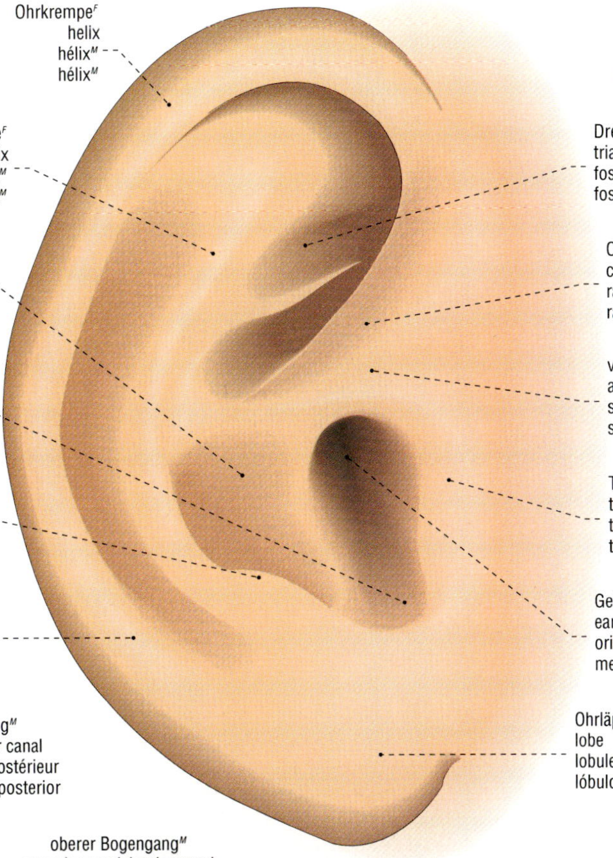

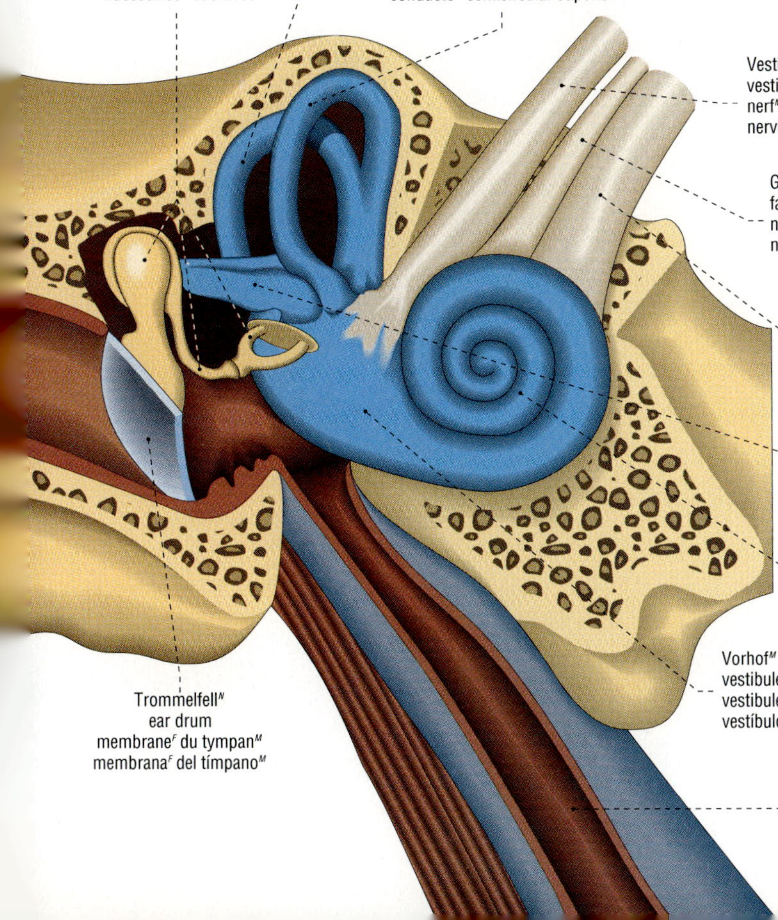

AUGE^N
EYE
ŒIL^M
OJO^M

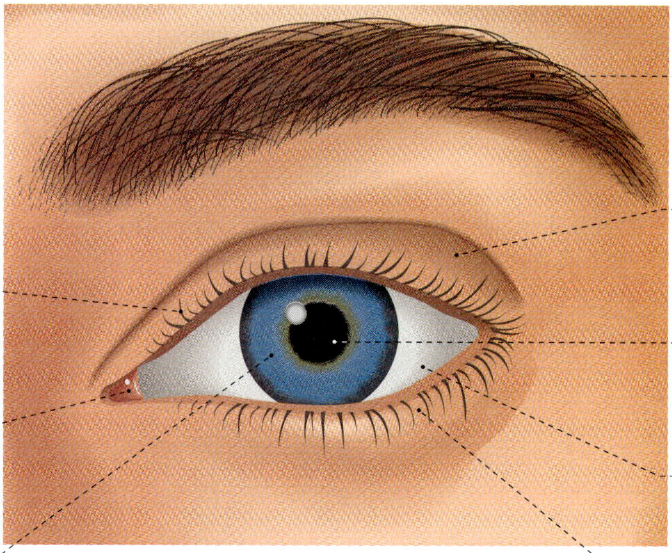

AUGAPFEL^M
EYEBALL
GLOBE^M OCULAIRE
GLOBO^M OCULAR

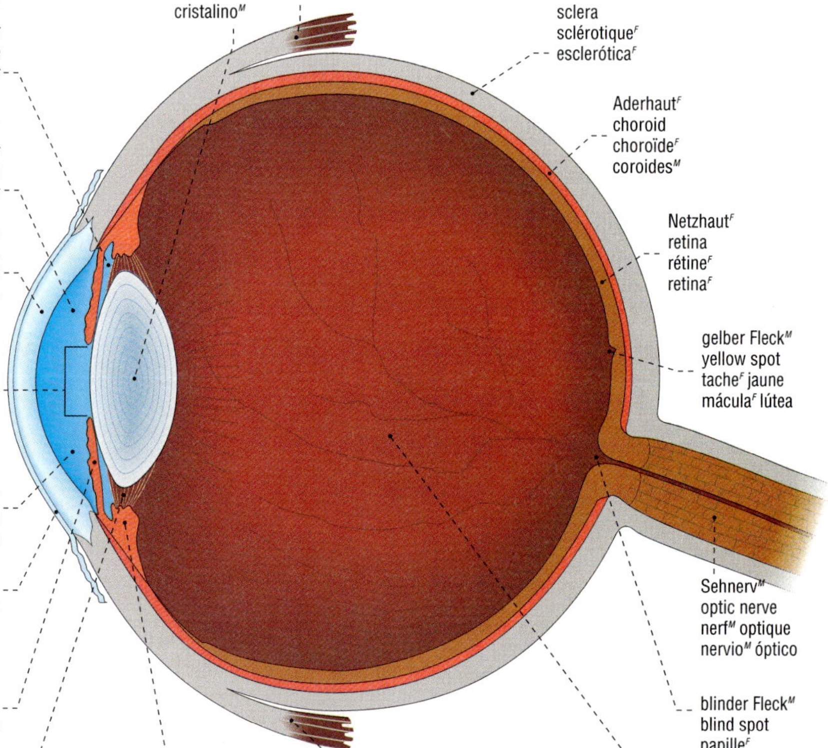

SINNESORGANE[N]: GERUCHSSINN[M]
SENSE ORGANS: SMELL
ORGANES[M] DES SENS[M]: ODORAT[M]
EL OLFATO[M]

ÄUSSERE NASE[F]
EXTERNAL NOSE
PARTIES[F] EXTERNES DU NEZ[M]
NARIZ[F]

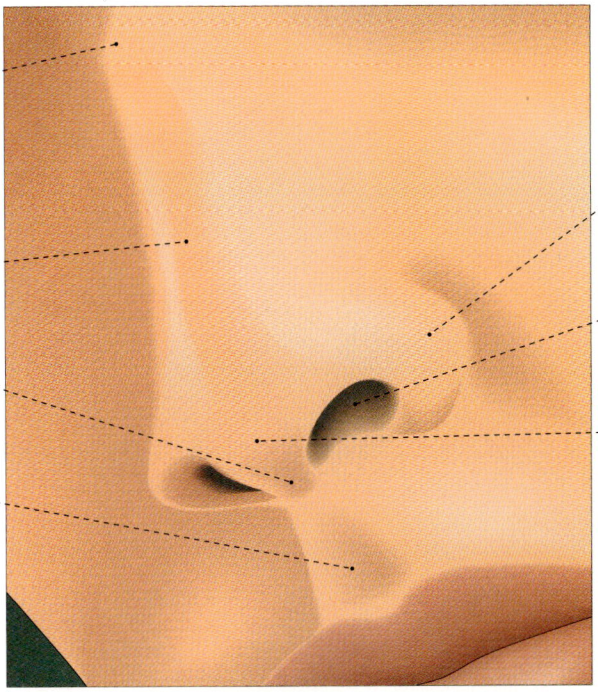

NASENHÖHLE[F]
NASAL CAVITY
FOSSES[F] NASALES
FOSAS[F] NASALES

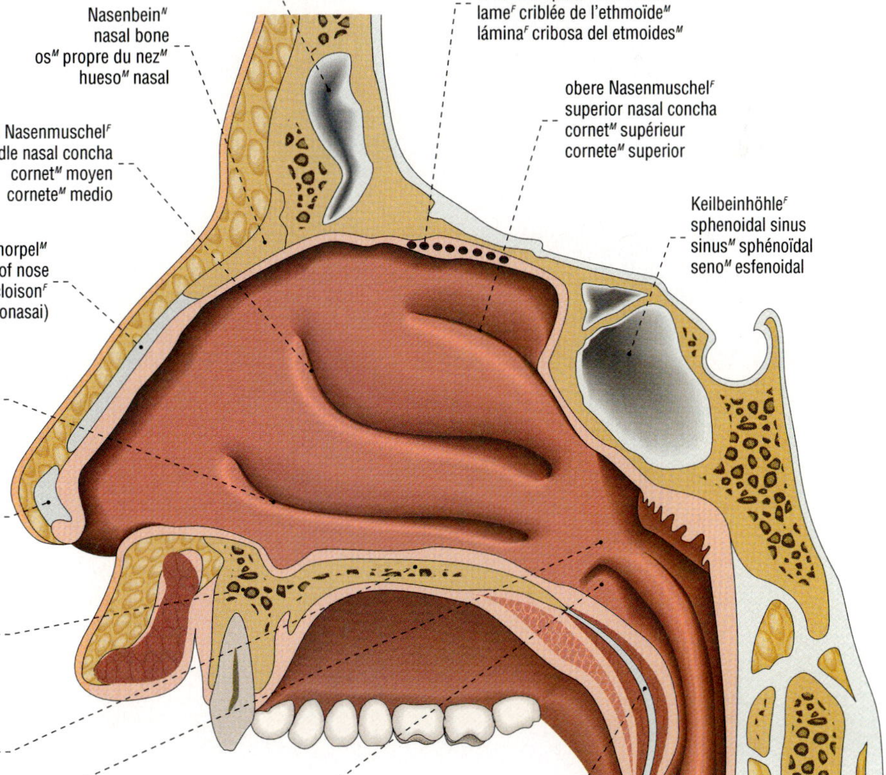

GERUCHS - UND GESCHMACKSSINN^{M}
SENSES OF SMELL AND TASTE
SENS^{M} DE L'ODORAT^{M} ET DU GOÛT^{M}
EL OLFATO^{M} Y EL GUSTO^{M}

MUND^{M}
MOUTH
BOUCHE^{F}
BOCA^{F}

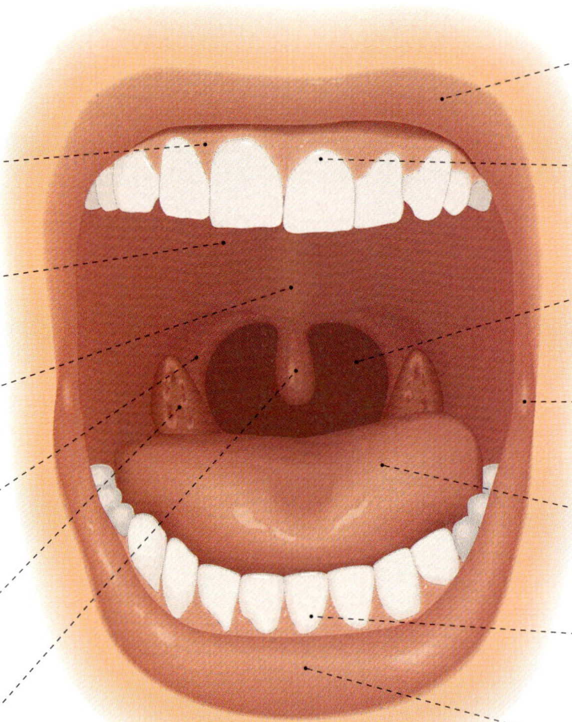

SAGITTALSCHNITT^{M}
SAGITTAL SECTION
COUPE^{F} SAGITTALE
CORTE^{M} SAGITAL

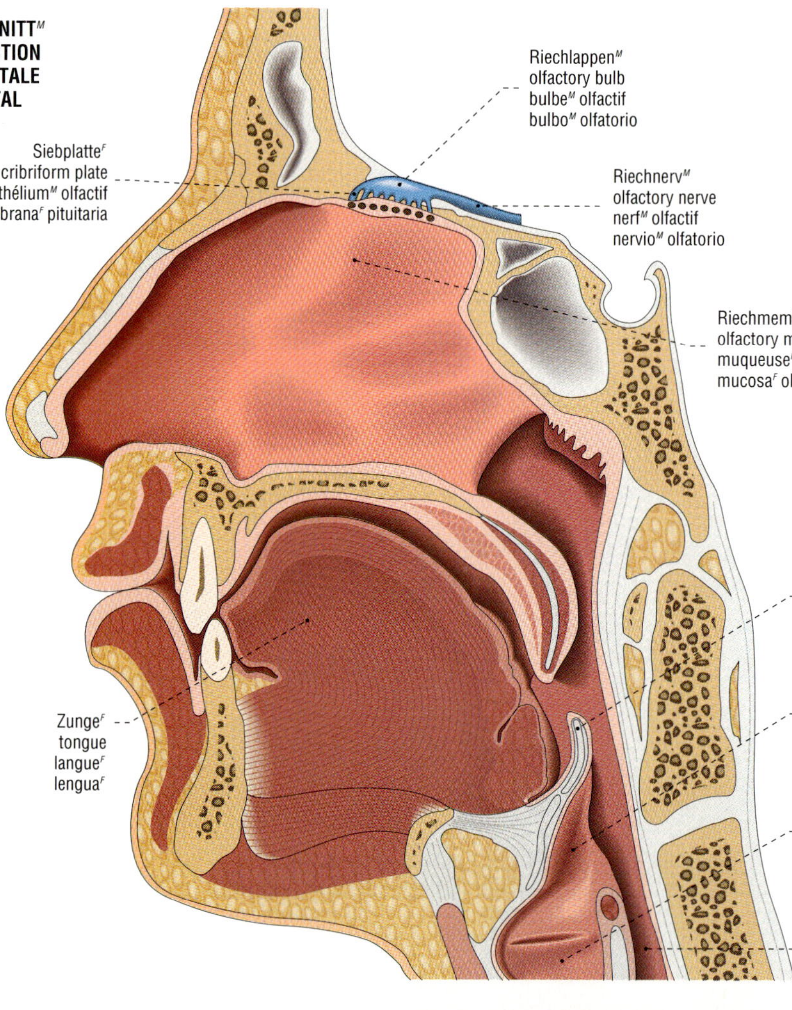

ZUNGENRÜCKEN^{M}
DORSUM OF TONGUE
DOS^{M} DE LA LANGUE^{F}
LENGUA^{F}

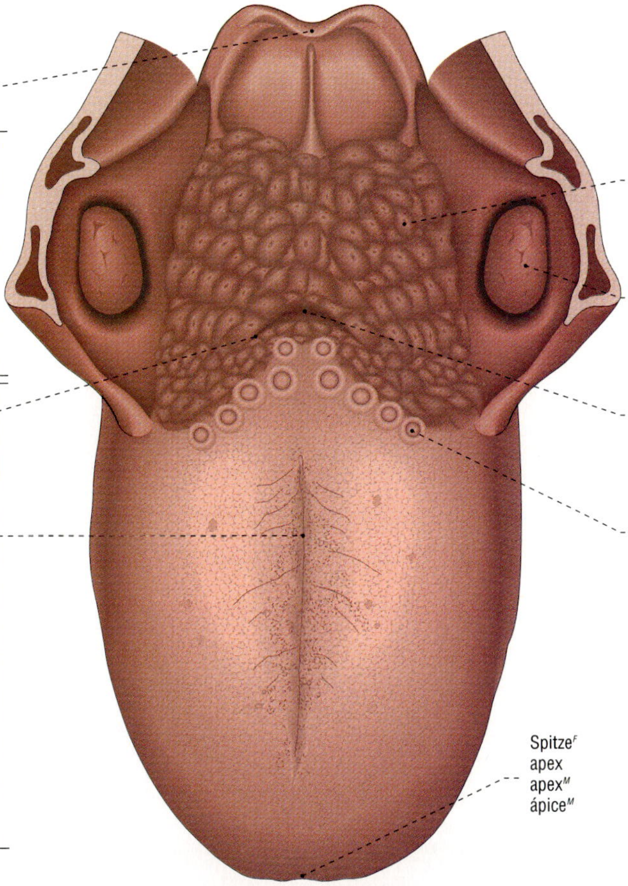

GESCHMACKSEMPFINDUNGEN^{F}
TASTE SENSATIONS
PERCEPTION^{F} DES SAVEURS^{F}
SABORES^{M}

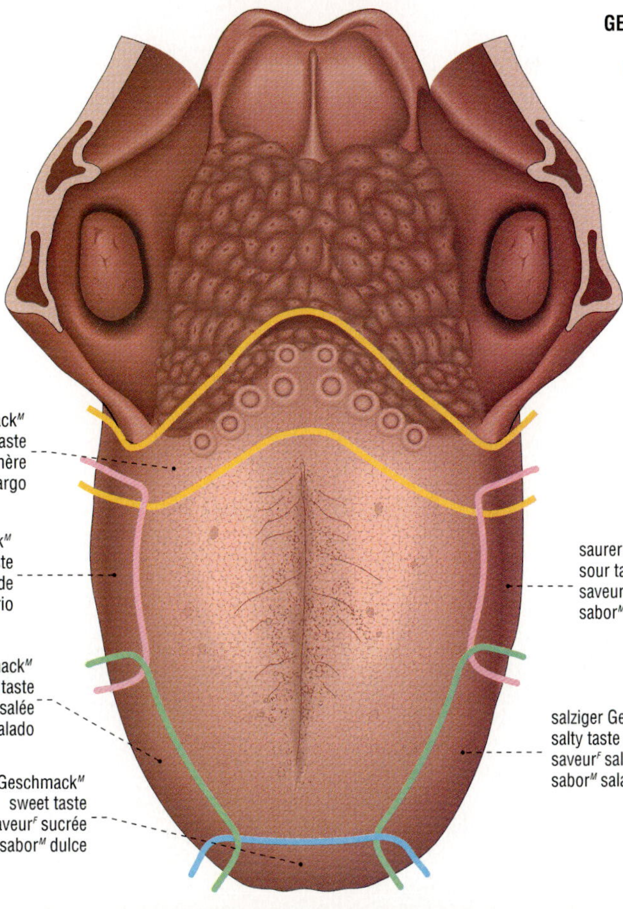

ZÄHNE^{M}
TEETH
DENTS^{F}
DIENTES^{M}

MENSCHLICHES GEBISS^{N}
HUMAN DENTURE
DENTURE^{F} HUMAINE
DENTADURA^{F} HUMANA

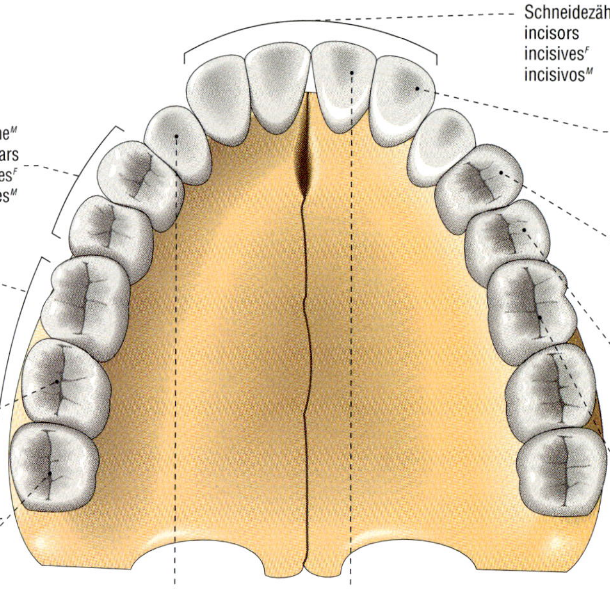

LÄNGSSCHNITT^{M} DURCH EINEN MAHLZAHN^{M}
CROSS SECTION OF A MOLAR
COUPE^{F} D'UNE MOLAIRE^{F}
CORTE^{M} TRANSVERSAL DE UN MOLAR^{M}

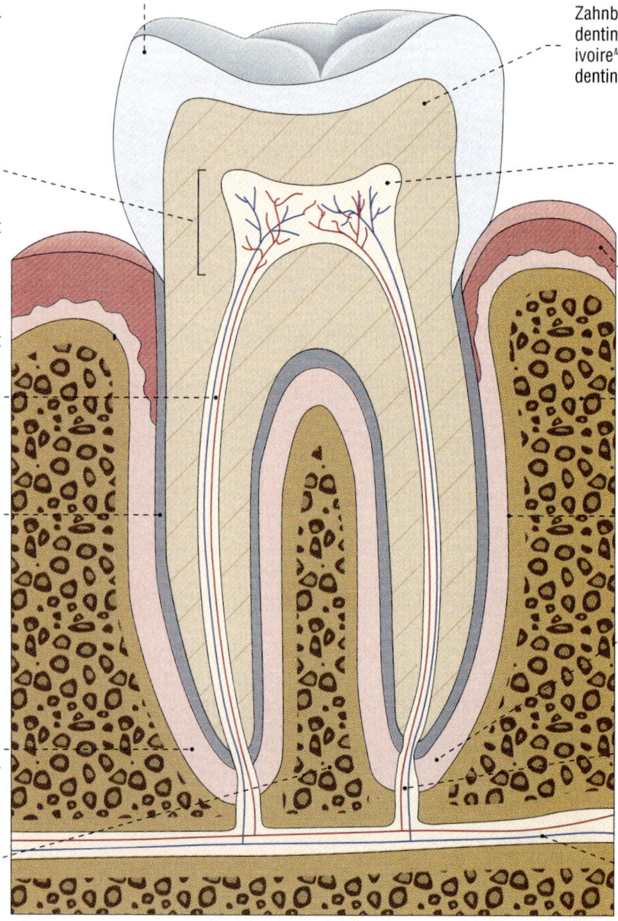

LANDWIRTSCHAFT
FARMING
FERME
AGRICULTURA

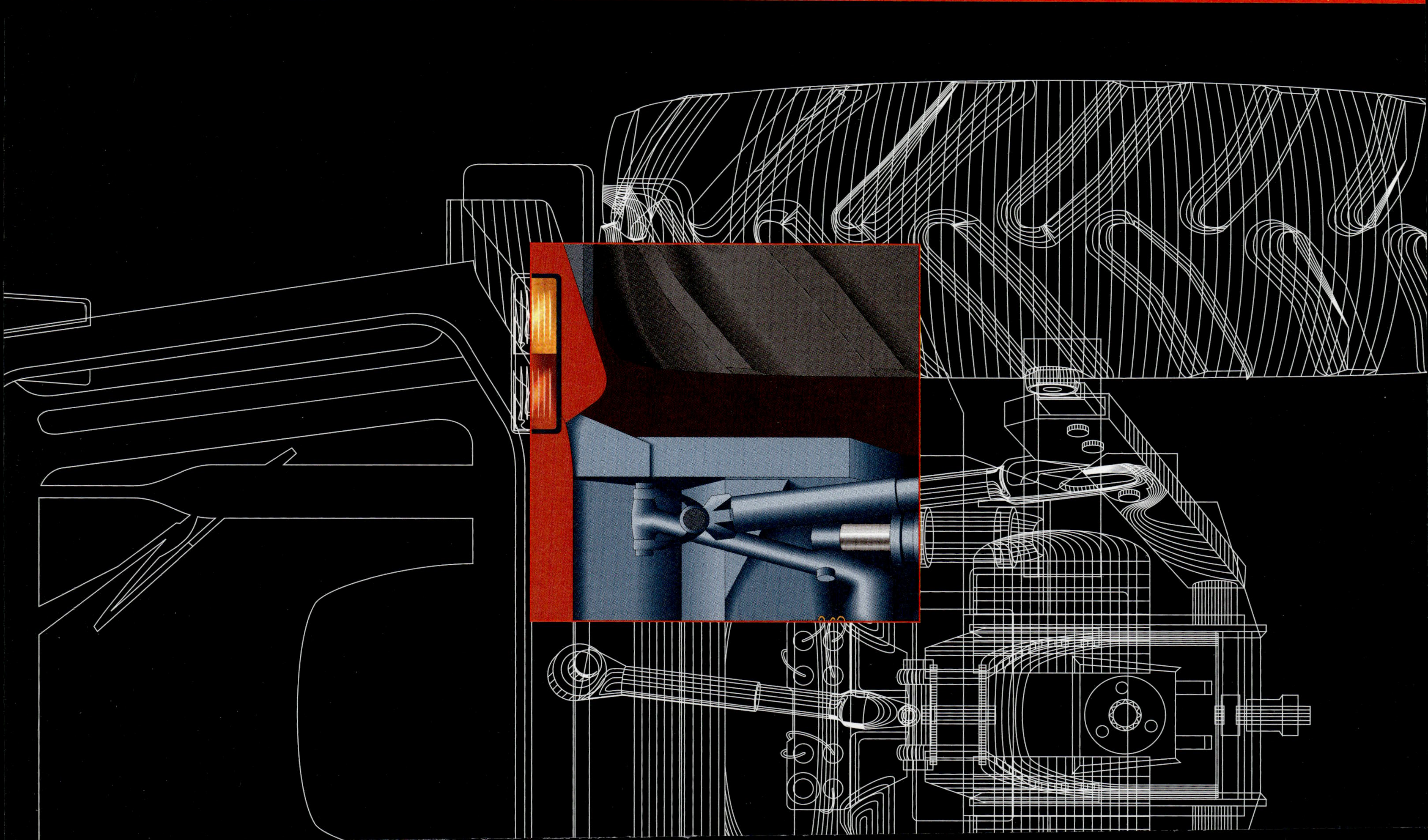

INHALT

TRAKTOR 147
BAUERNHOF 148
NUTZVIEH 150
DIE WICHTIGSTEN GETREIDESORTEN 152
BROT 153
ARBEITSVERFAHREN DER BODENBEARBEITUNG 154
PFLÜGEN 156
DÜNGEN 156
EGGEN DES BODENS 157
SÄEN 158
MÄHEN 158
ZETTEN UND WENDEN 159
ERNTEN 159
SILIEREN 162

TRAKTOR[M]
TRACTOR
TRACTEUR[M] AGRICOLE
TRACTOR[M]

HINTERANSICHT[F]
REAR VIEW
VUE[F] ARRIÈRE
VISTA[F] TRASERA

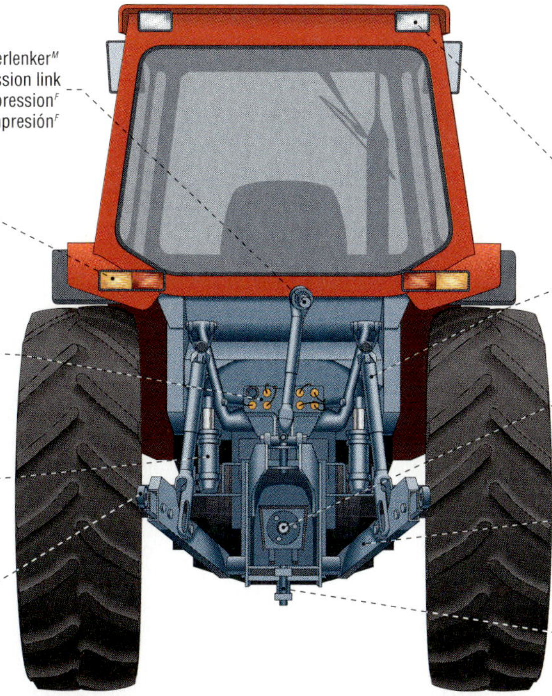

VORDERANSICHT[F]
FRONT VIEW
VUE[F] AVANT
VISTA[F] FRONTAL

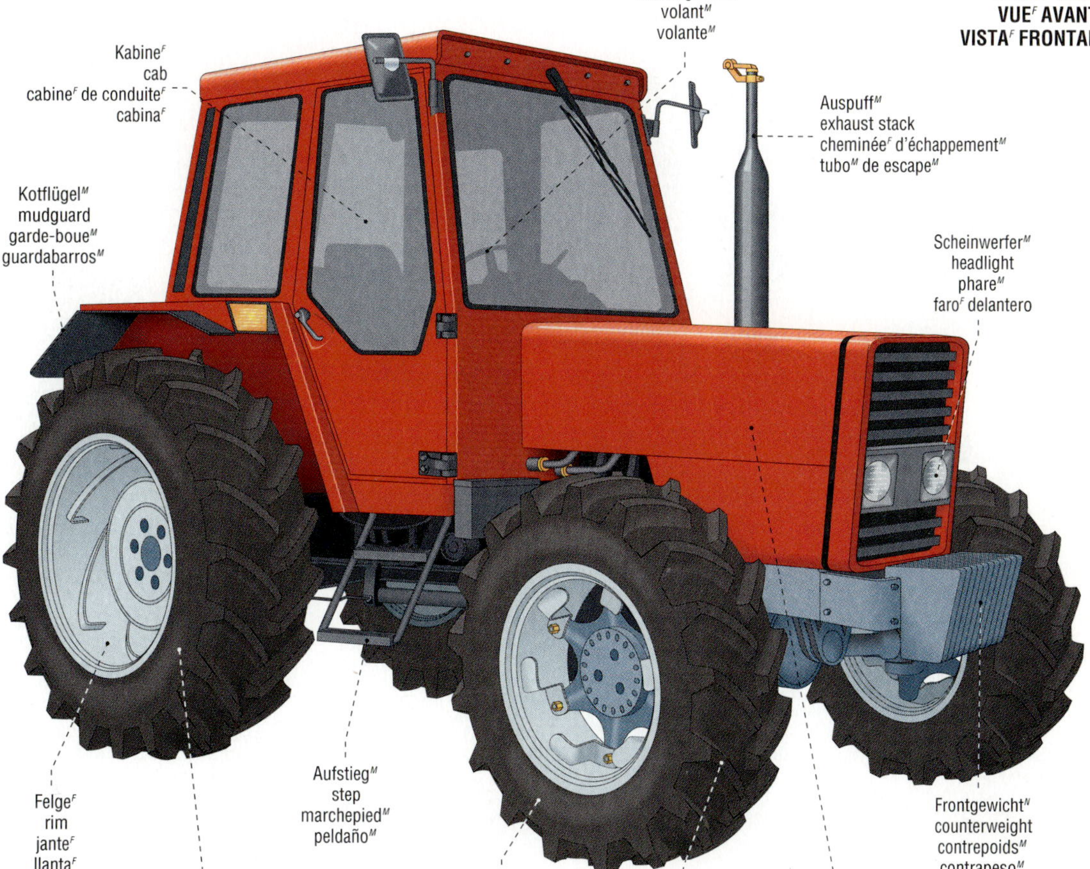

BAUERNHOF[M]
FARMSTEAD
FERME[F]
GRANJA[F]

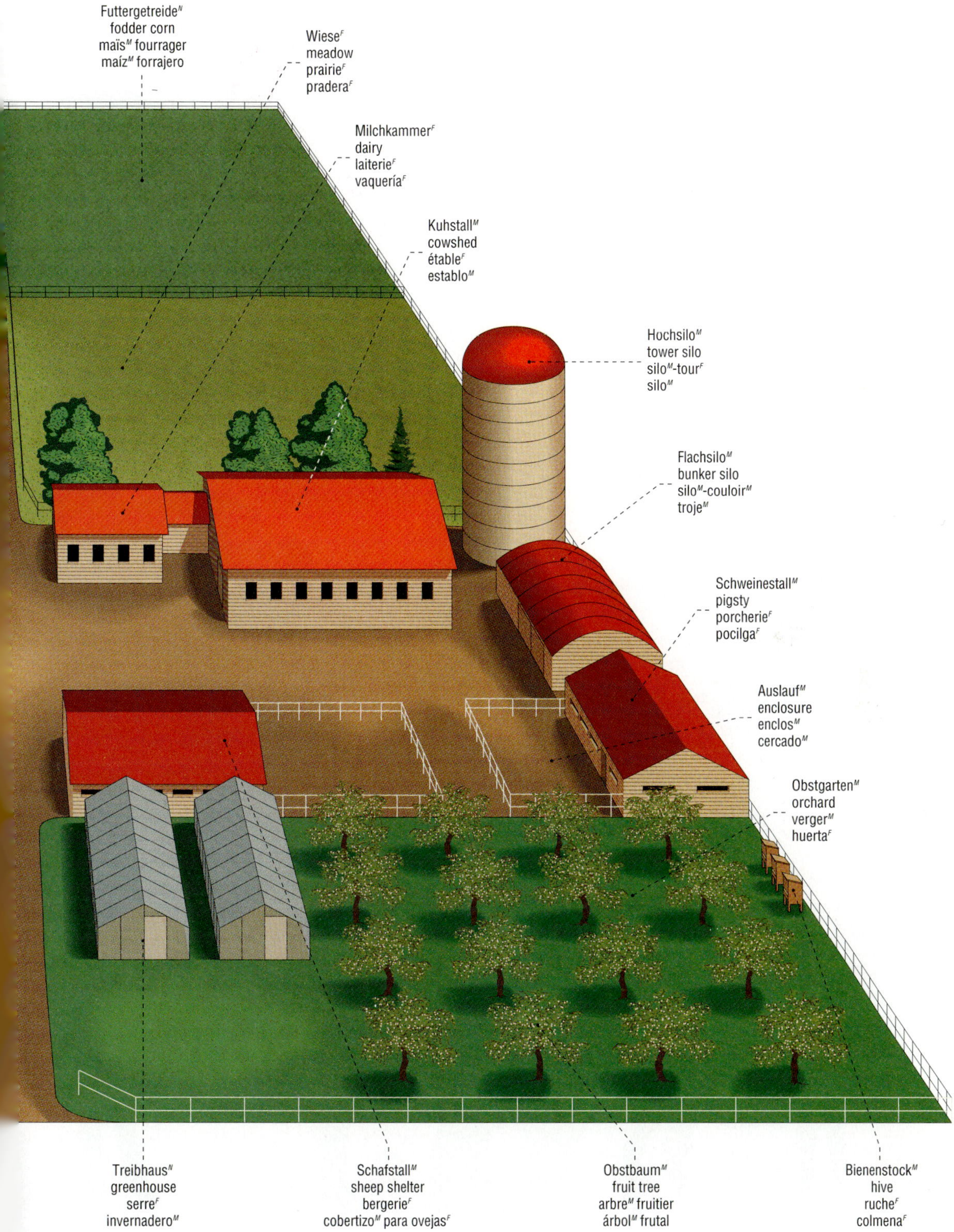
Futtergetreide^{N}
fodder corn
maïs^{M} fourrager
maíz^{M} forrajero
Wiese^{F}
meadow
prairie^{F}
pradera^{F}
Milchkammer^{F}
dairy
laiterie^{F}
vaquería^{F}
Kuhstall^{M}
cowshed
étable^{F}
establo^{M}
Hochsilo^{M}
tower silo
silo^{M}-tour^{F}
silo^{M}
Flachsilo^{M}
bunker silo
silo^{M}-couloir^{M}
troje^{M}
Schweinestall^{M}
pigsty
porcherie^{F}
pocilga^{F}
Auslauf^{M}
enclosure
enclos^{M}
cercado^{M}
Obstgarten^{M}
orchard
verger^{M}
huerta^{F}
Treibhaus^{N}
greenhouse
serre^{F}
invernadero^{M}
Schafstall^{M}
sheep shelter
bergerie^{F}
cobertizo^{M} para ovejas^{F}
Obstbaum^{M}
fruit tree
arbre^{M} fruitier
árbol^{M} frutal
Bienenstock^{M}
hive
ruche^{F}
colmena^{F}

NUTZVIEH[N]
FARM ANIMALS
ANIMAUX[M] DE LA FERME[F]
ANIMALES[M] DE LA GRANJA[F]

Henne[F]
hen
poule[F]
gallina[F]

Küken[N]
chick
poussin[M]
pollito[M]

Hahn[M]
rooster
coq[M]
gallo[M]

Ente[F]
duck
canard[M]
pato[M]

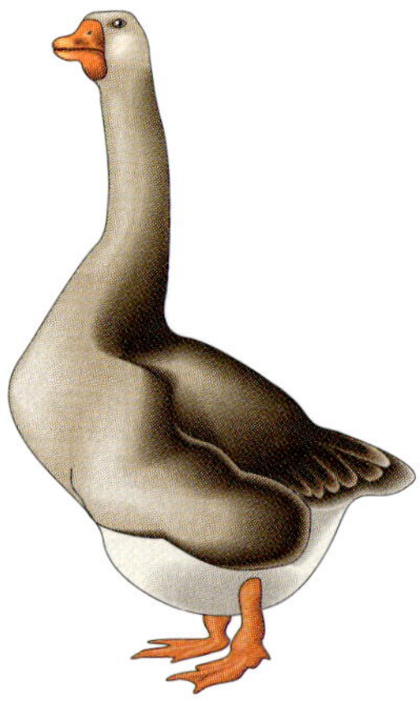

Gans[F]
goose
oie[F]
ganso[M]

Truthahn[M]
turkey
dindon[M]
pavo[M]

Ziege[F]
goat
chèvre[F]
cabra[F]

Lamm[N]
lamb
agneau[M]
cordero[M]

Schaf[N]
sheep
mouton[M]
oveja[F]

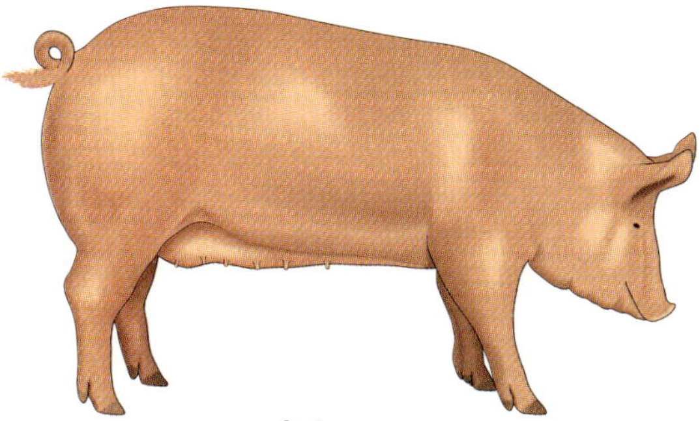

Sau[F]
sow
truie[F]
cerda[F]

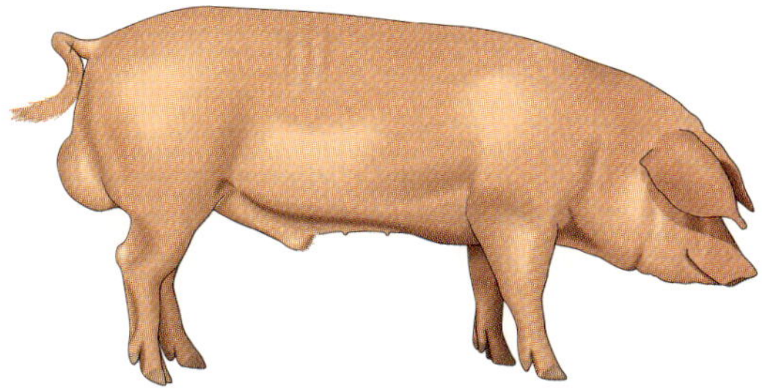

Schwein[N]
pig
porc[M]
cerdo[M]

Kuh[F]
cow
vache[F]
vaca[F]

Kalb[N]
calf
veau[M]
ternero[M]

Ochse[M]
ox
bœuf[M]
buey[M]

DIE WICHTIGSTEN GETREIDESORTEN[F]
PRINCIPAL TYPES OF CEREALS
PRINCIPALES VARIÉTÉS[F] DE CÉRÉALES[F]
PRINCIPALES TIPOS[M] DE CEREALES[M]

LÄNGSSCHNITT[M] EINES WEIZENKORNS[N]
SECTION OF A GRAIN OF WHEAT
COUPE[F] D'UN GRAIN[M] DE BLÉ[M]
CORTE[M] DE UN GRANO[M] DE TRIGO[M]

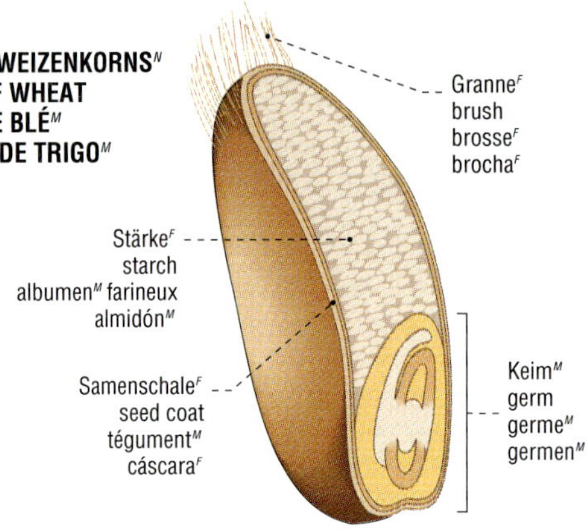

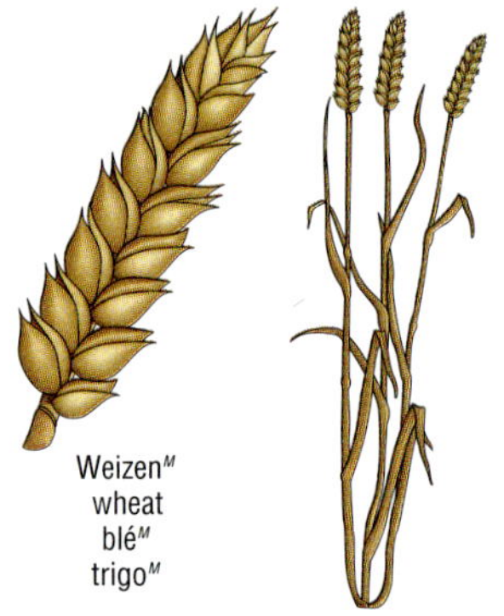
Weizen[M]
wheat
blé[M]
trigo[M]

Mais[M]
corn
maïs[M]
maíz[M]

Gerste[F]
barley
orge[F]
cebada[F]

Roggen[M]
rye
seigle[M]
centeno[M]

Reis[M]
rice
riz[M]
arroz[M]

Sorghum[N]
sorghum
sorgho[M]
sorgo[M]

Hafer[M]
oats
avoine[F]
avena[F]

Hirse[F]
millet
millet[M]
mijo[M]

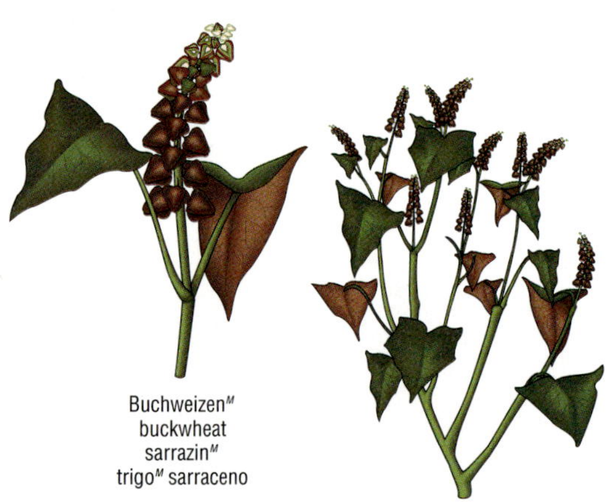
Buchweizen[M]
buckwheat
sarrazin[M]
trigo[M] sarraceno

BROT^{N}
BREAD
PAIN^{M}
PAN^{M}

ARBEITSVERFAHREN[N] DER BODENBEARBEITUNG[F]
STEPS FOR CULTIVATING SOIL
ÉTAPES[F] DE LA CULTURE[F] DU SOL[M]
PASOS[M] PARA EL CULTIVO[M] DEL SUELO[M]

PFLÜGEN[N] DES BODENS[M]
PLOWING SOIL
RETOURNER LA TERRE[F]
ARADO[M]

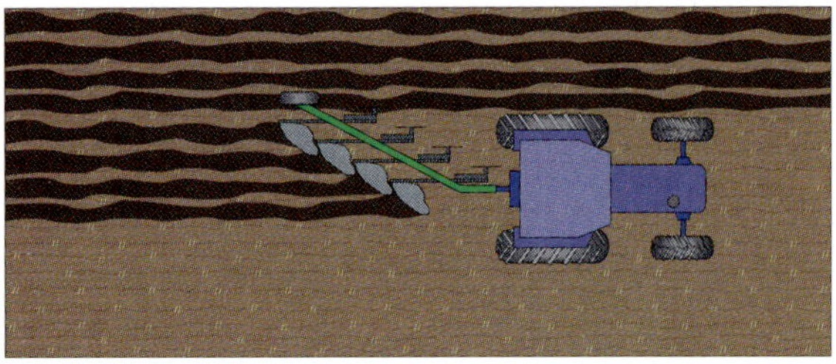

Beetpflug[N]
ribbing plough
charrue[F] à soc[M]
arado[M] de vertedera[F]

DÜNGEN[N] DES BODENS[M]
FERTILIZING SOIL
FERTILISER LA TERRE[F]
ABONADO[M]

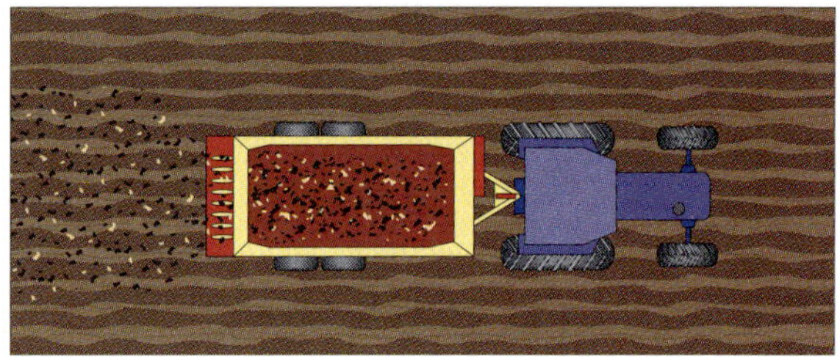

Dungstreuer[M]
manure spreader
épandeur[M] de fumier[M]
esparcidora[F] de estiércol[M]

EGGEN[N] DES BODENS[M]
PULVERIZING SOIL
AMEUBLIR LA TERRE[F]
PULVERIZACIÓN[F]

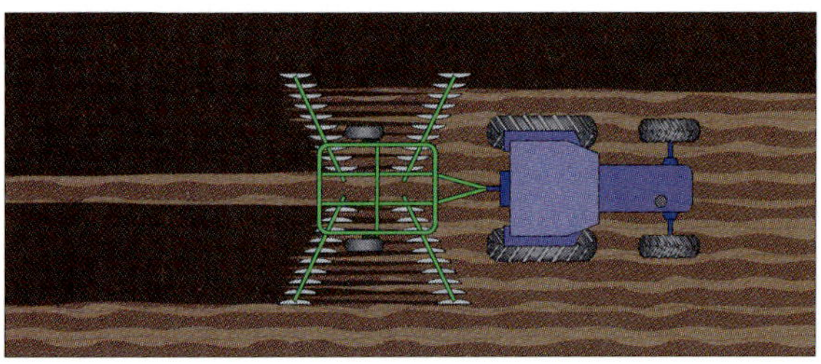

Scheibenegge[F]
tandem disc harrow
pulvérisateur[M] tandem[M]
pulverizador[M] de discos[M]

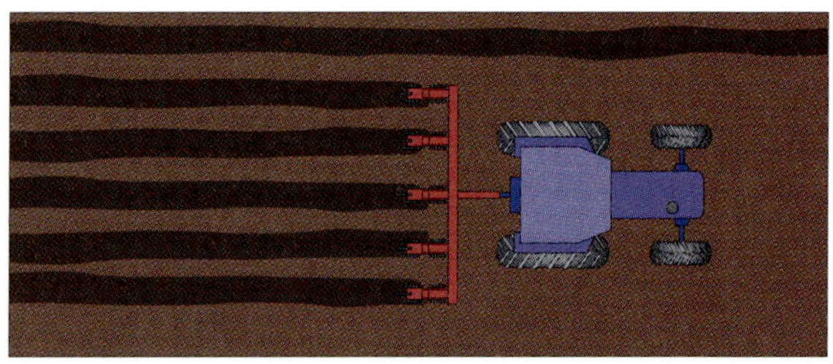

Hackrahmen[M]
cultivator
cultivateur[M]
cultivador[M]

SÄEN[N]
PLANTING
SEMER
SIEMBRA[F]

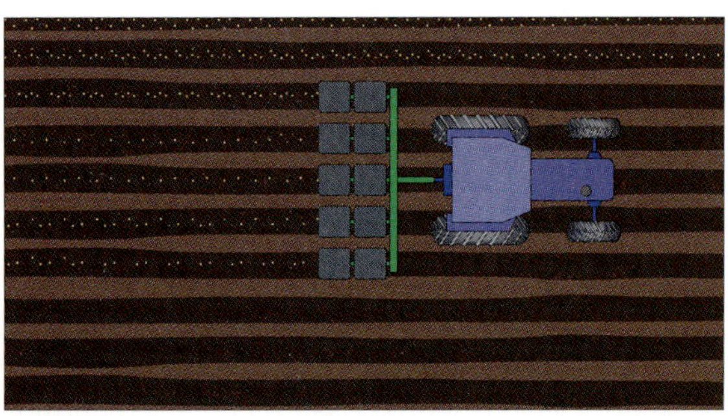

Drillmaschine[F]
seed drill
semoir[M] en lignes[F]
sembradora[F] a chorrillo[M]

MÄHEN[N]
MOWING
FAUCHER
SIEGA[F]

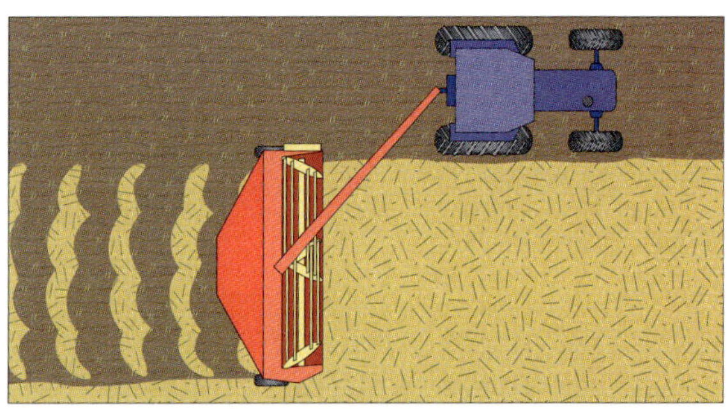

Anhängemähwerk[N]
flail mower
faucheuse[F]-conditionneuse[F]
segadora[F]

ZETTEN^{N} UND WENDEN^{N}
TEDDING
FANER
HENIFICACIÓN^{F}

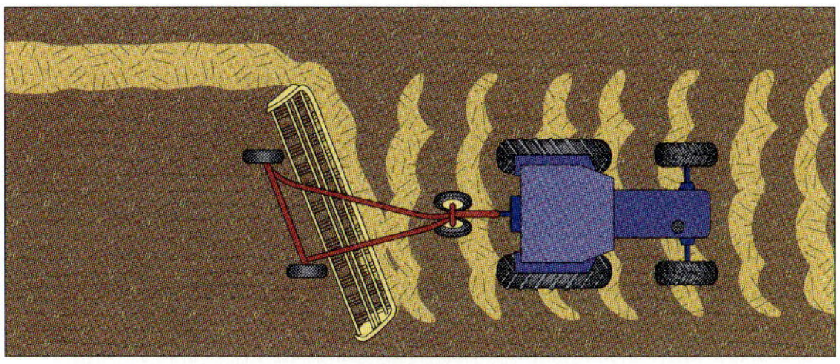

Schubrechwender^{M}
rake
râteau^{M}
rastrillo^{M}

ERNTEN^{N}
HARVESTING
RÉCOLTER
COSECHA^{F}

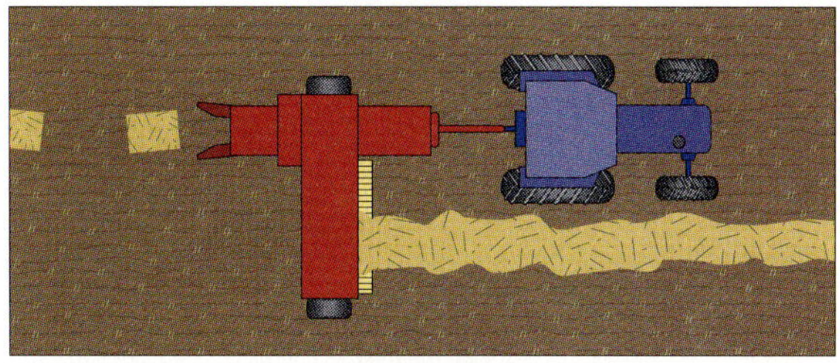

Hochdruckpresse^{F}
hay baler
ramasseuse^{F}-presse^{F}
empacadora^{F} de heno^{M}

ERNTEN^{N}
HARVESTING
RÉCOLTER
COSECHA^{F}

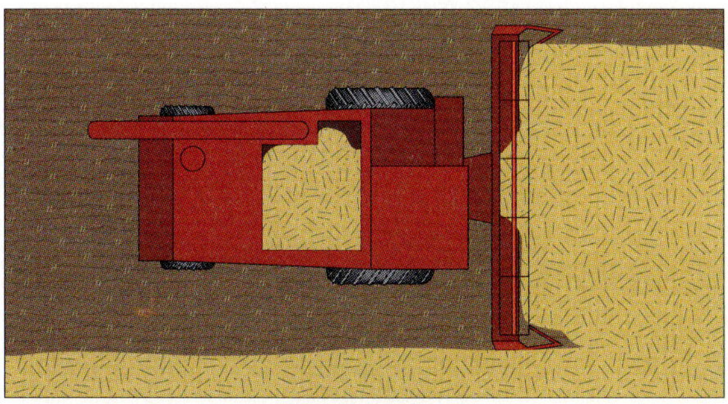

Mähdrescher^{M}
combine harvester
moissonneuse^{F}-batteuse^{F}
cosechadora^{F} trilladora^{F}

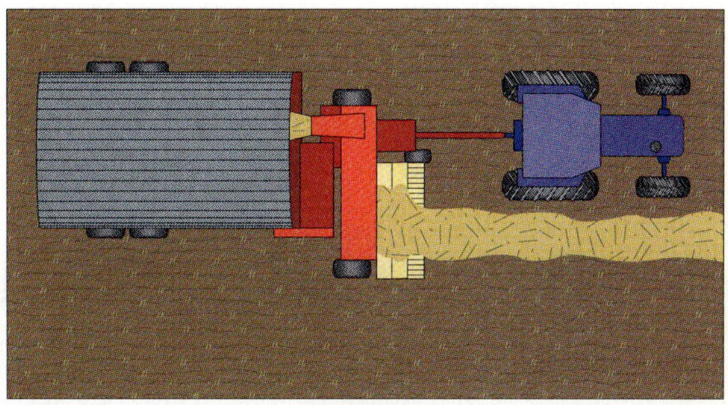

Feldhäckseler^{M}
forage harvester
fourragère^{F}
cosechadora^{F} de forraje^{M}

SILIEREN^{N}
ENSILING
ENSILER
ENSILAJE^{M}

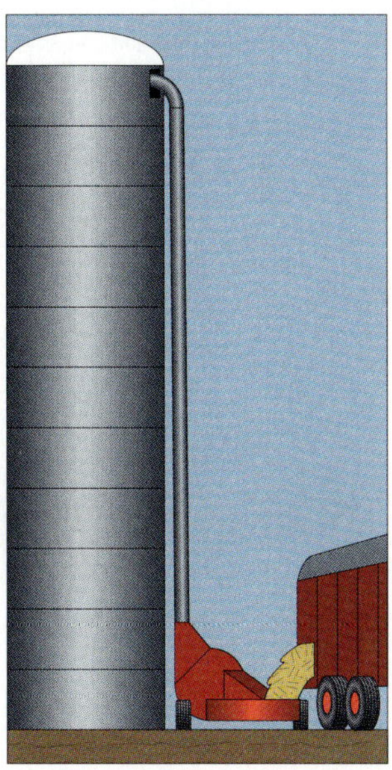

Abladegebläse^{N}
forage blower
souffleuse^{F} de fourrage^{M}
aventador^{M} de frorraje^{M}

PFLÜGEN^N
PLOWING SOIL
RETOURNER LA TERRE^F
ARADO^M

BEETPFLUG^N
RIBBING PLOUGH
CHARRUE^F À SOC^M
ARADO^M DE VERTEDERA^F

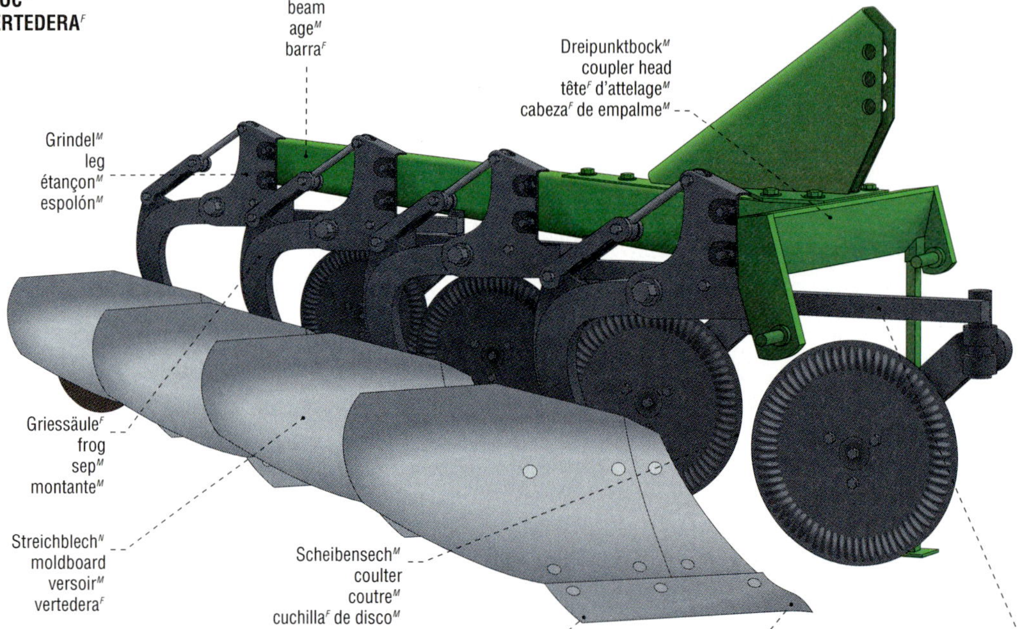

DÜNGEN^N
FERTILIZING SOIL
FERTILISER LA TERRE^F
ABONADO^M

DUNGSTREUER^M
MANURE SPREADER
ÉPANDEUR^M DE FUMIER^M
ESPARCIDORA^M DE ESTIÉRCOL^M

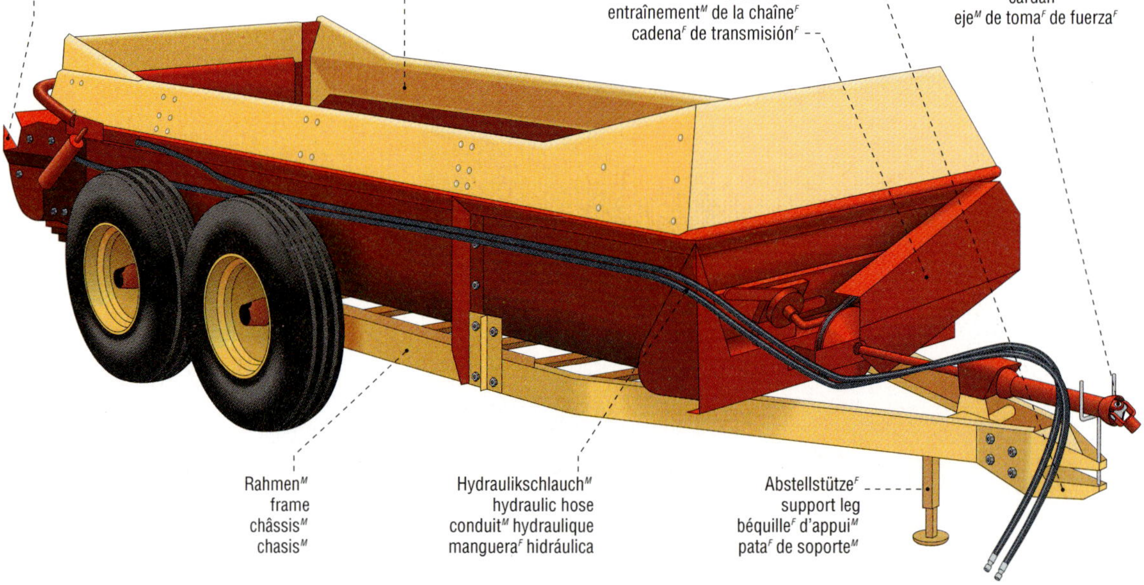

EGGEN^N DES BODENS^M
PULVERIZING SOIL
AMEUBLIR LA TERRE^F
PULVERIZACIÓN^F

SCHEIBENEGGE^F
TANDEM DISC HARROW
PULVÉRISEUR^M TANDEM^M
PULVERIZADOR^M DE DISCOS^M

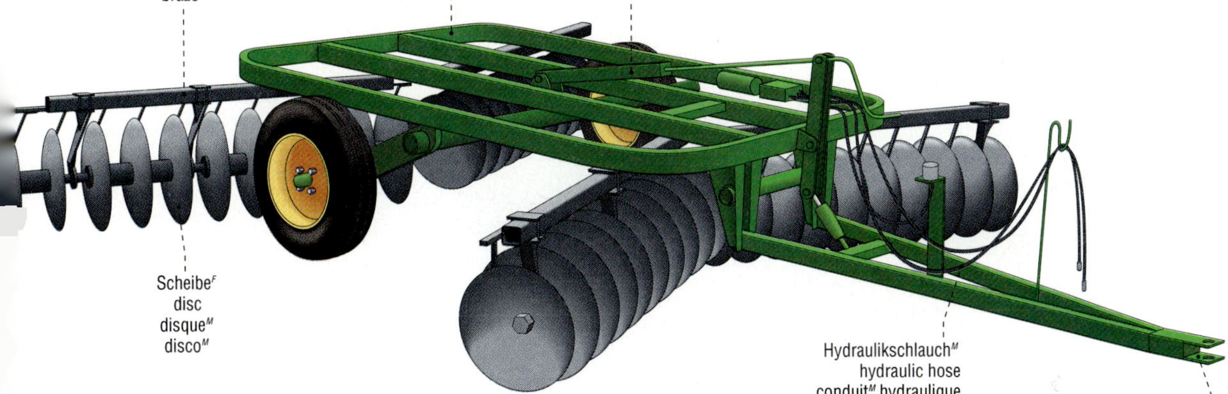

GRUBBER^M
CULTIVATOR
CULTIVATEUR^M
CULTIVADOR^M

SÄEN[N]
PLANTING
SEMER
SIEMBRA[F]

DRILLMASCHINE[F]
SEED DRILL
SEMOIR[M] EN LIGNES[F]
SEMBRADORA[F] A CHORRILLO[M]

MÄHEN[N]
MOWING
FAUCHER
SIEGA[F]

ANHÄNGEMÄHWERK[N]
FLAIL MOWER
FAUCHEUSE[F]-CONDITIONNEUSE[F]
SEGADORA[F]

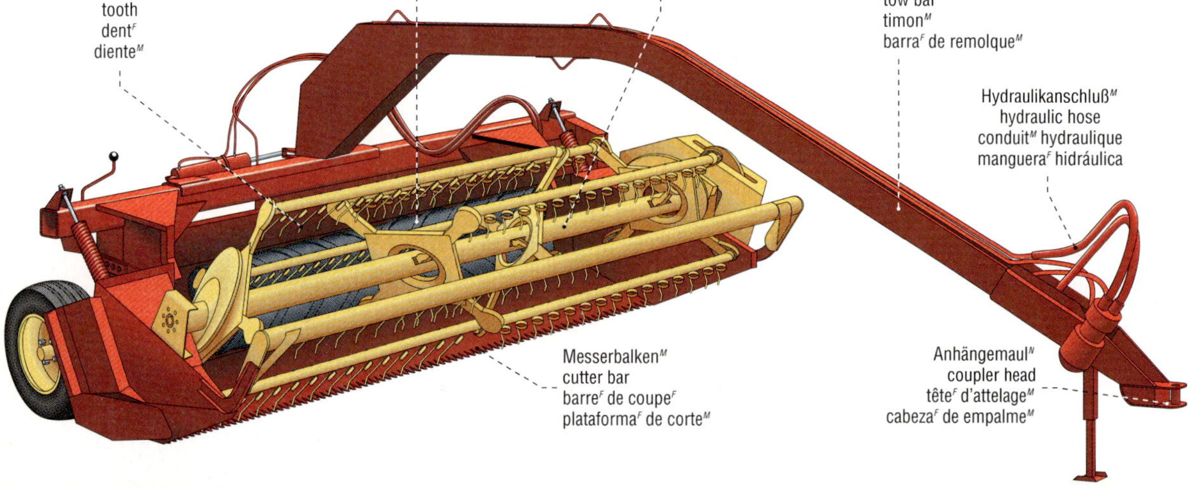

ZETTEN^{N} UND WENDEN^{N}
TEDDING
FANER
HENIFICACIÓN^{M}

SCHUBRECHWENDER^{M}
RAKE
RÂTEAU^{M}
RASTRILLO^{M}

ERNTEN^{N}
HARVESTING
RÉCOLTER
COSECHA^{F}

HOCHDRUCKPRESSE^{F}
HAY BALER
RAMASSEUSE^{F}-PRESSE^{F}
EMPACADORA^{F} DE HENO^{M}

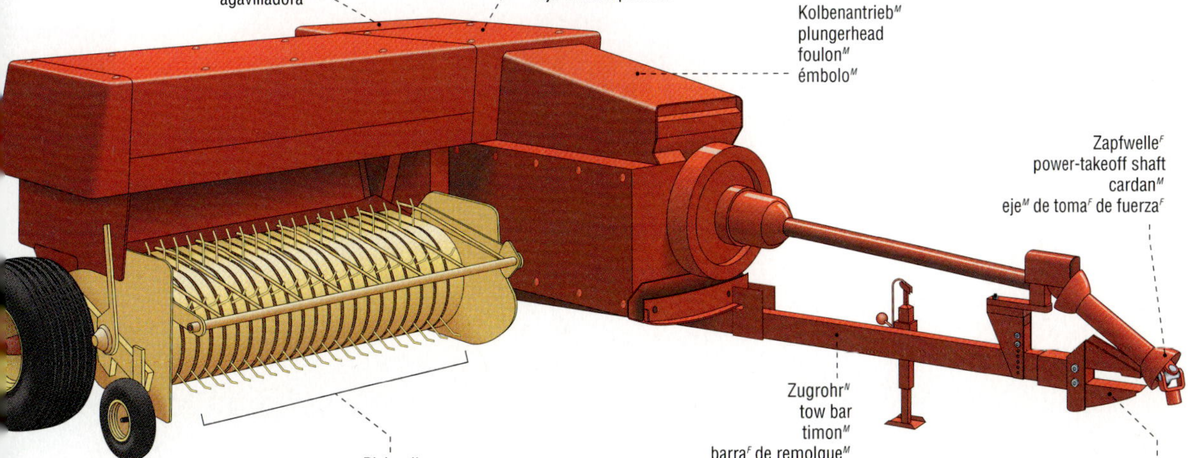

ERNTEN^N
HARVESTING
RÉCOLTER
COSECHA^F

MÄHDRESCHER^M
COMBINE HARVESTER
MOISSONNEUSE^F-BATTEUSE^F
COSECHADORA^F TRILLADORA^F

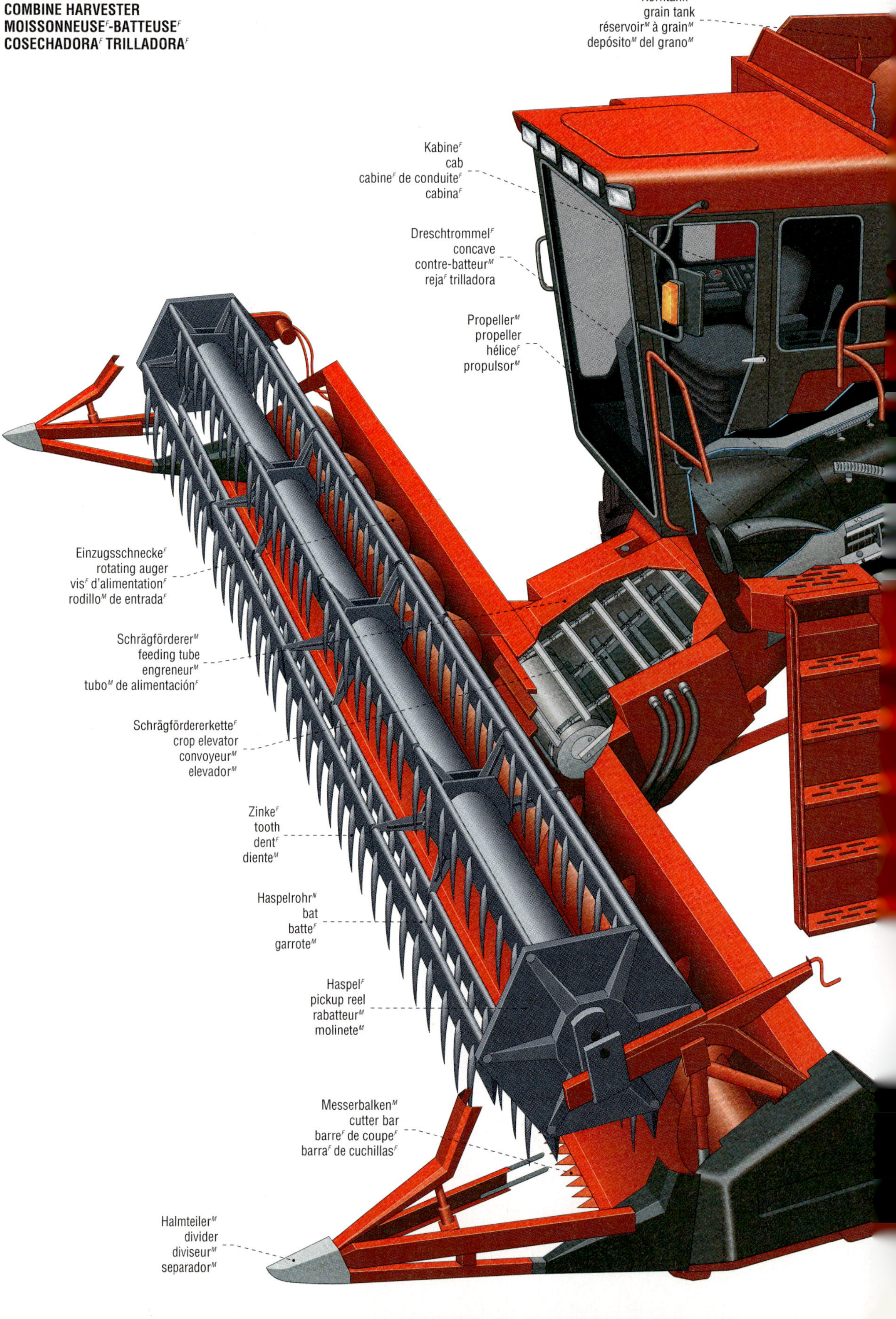

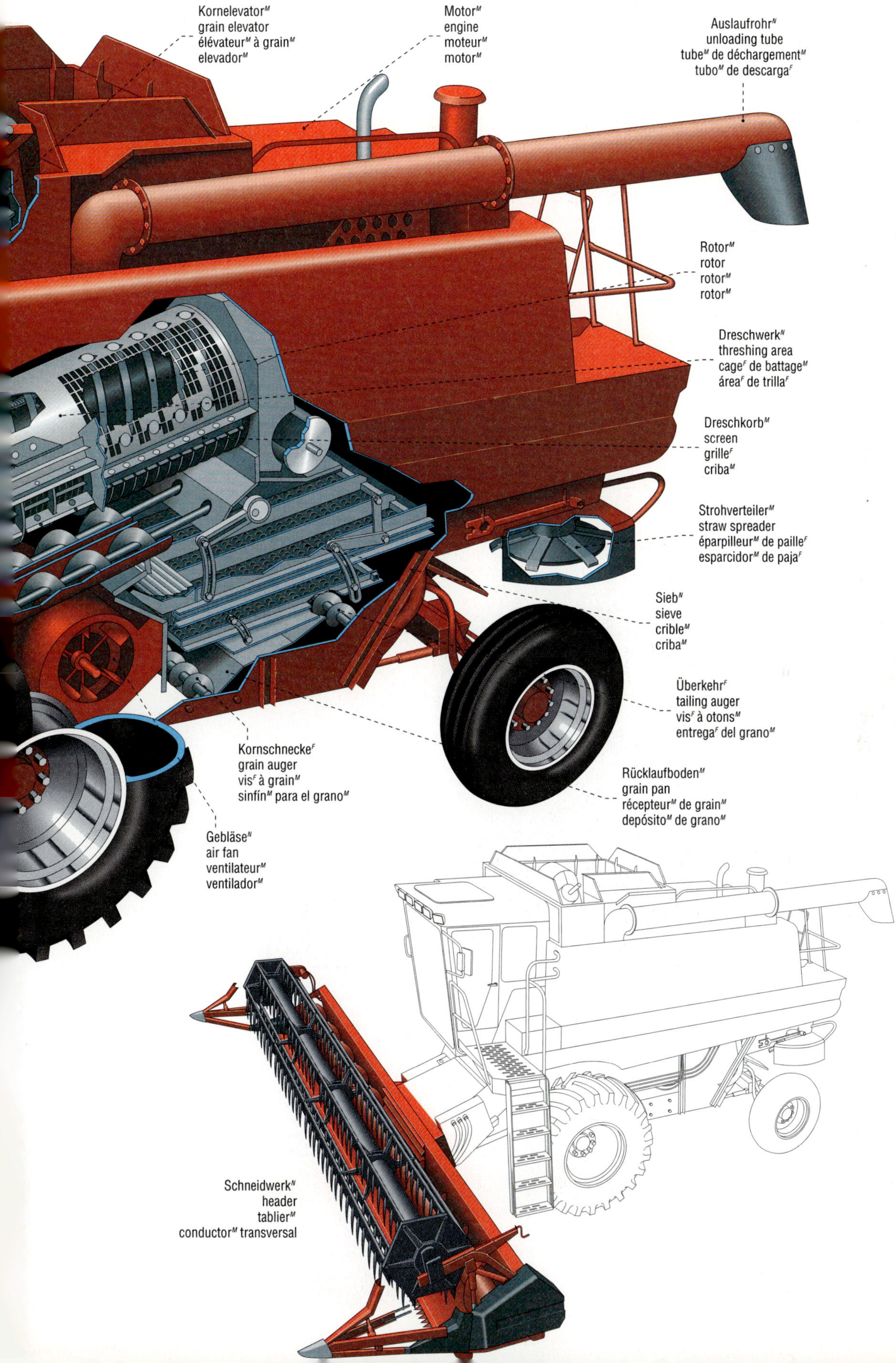
Kornelevator[M]
grain elevator
élévateur[M] à grain[M]
elevador[M]
Motor[M]
engine
moteur[M]
motor[M]
Auslaufrohr[N]
unloading tube
tube[M] de déchargement[M]
tubo[M] de descarga[F]
Rotor[M]
rotor
rotor[M]
rotor[M]
Dreschwerk[N]
threshing area
cage[F] de battage[M]
área[F] de trilla[F]
Dreschkorb[M]
screen
grille[F]
criba[M]
Strohverteiler[M]
straw spreader
éparpilleur[M] de paille[F]
esparcidor[M] de paja[F]
Sieb[N]
sieve
crible[M]
criba[M]
Überkehr[F]
tailing auger
vis[F] à otons[M]
entrega[F] del grano[M]
Rücklaufboden[M]
grain pan
récepteur[M] de grain[M]
depósito[M] de grano[M]
Kornschnecke[F]
grain auger
vis[F] à grain[M]
sinfín[M] para el grano[M]
Gebläse[N]
air fan
ventilateur[M]
ventilador[M]
Schneidwerk[N]
header
tablier[M]
conductor[M] transversal

ERNTEN^{N}
HARVESTING
RÉCOLTER
COSECHA^{F}

FELDHÄCKSELER^{M}
FORAGE HARVESTER
FOURRAGÈRE^{F}
COSECHERA^{F} DE FORRAJE^{M}

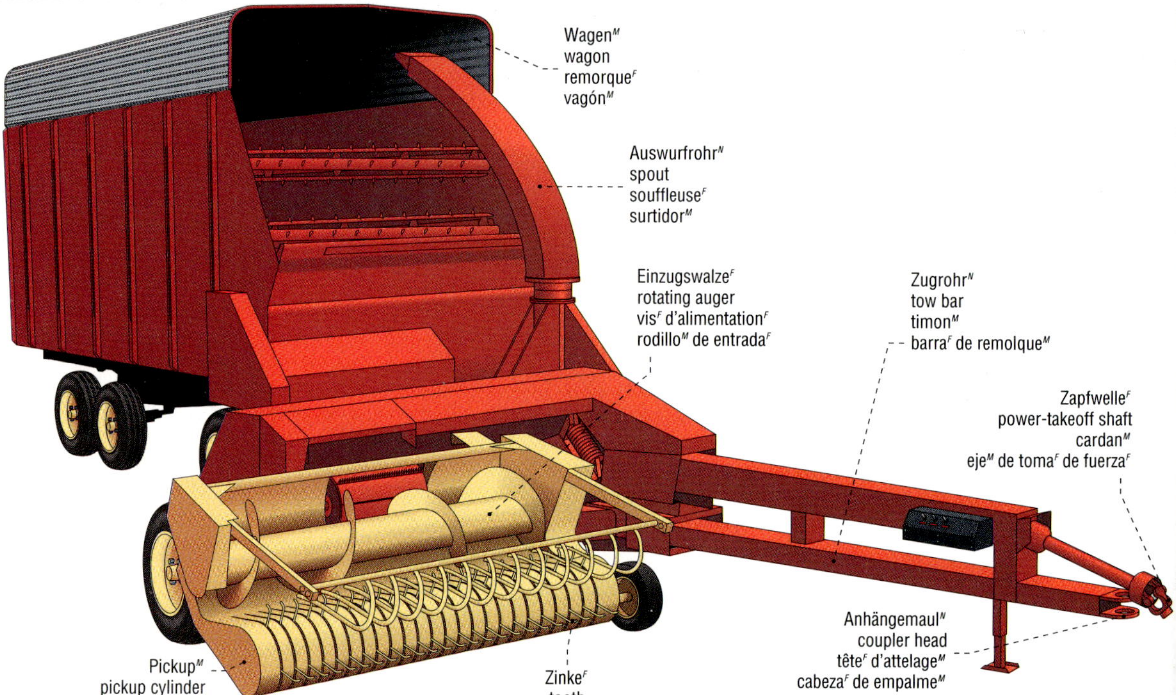

SILIEREN^{N}
ENSILING
ENSILER
ENSILAJE^{M}

ABLADEGEBLÄSE^{N}
FORAGE BLOWER
SOUFFLEUSE^{F} DE FOURRAGE^{M}
AVENTADOR^{M} DE FORRAJE^{M}

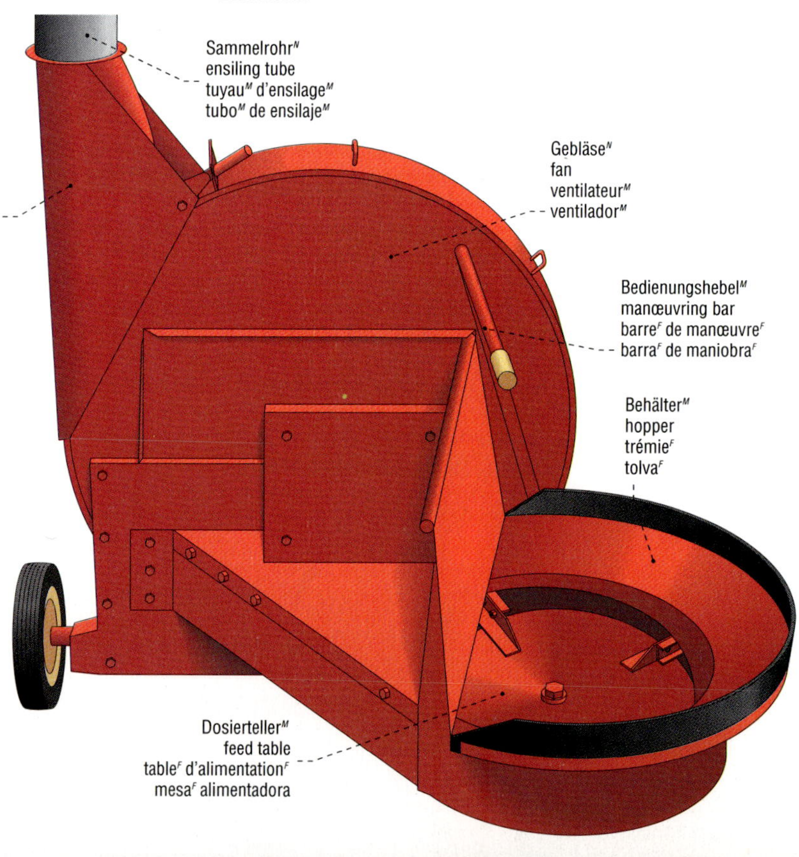

ARCHITEKTUR
ARCHITECTURE

ARCHITECTURE
ARQUITECTURA

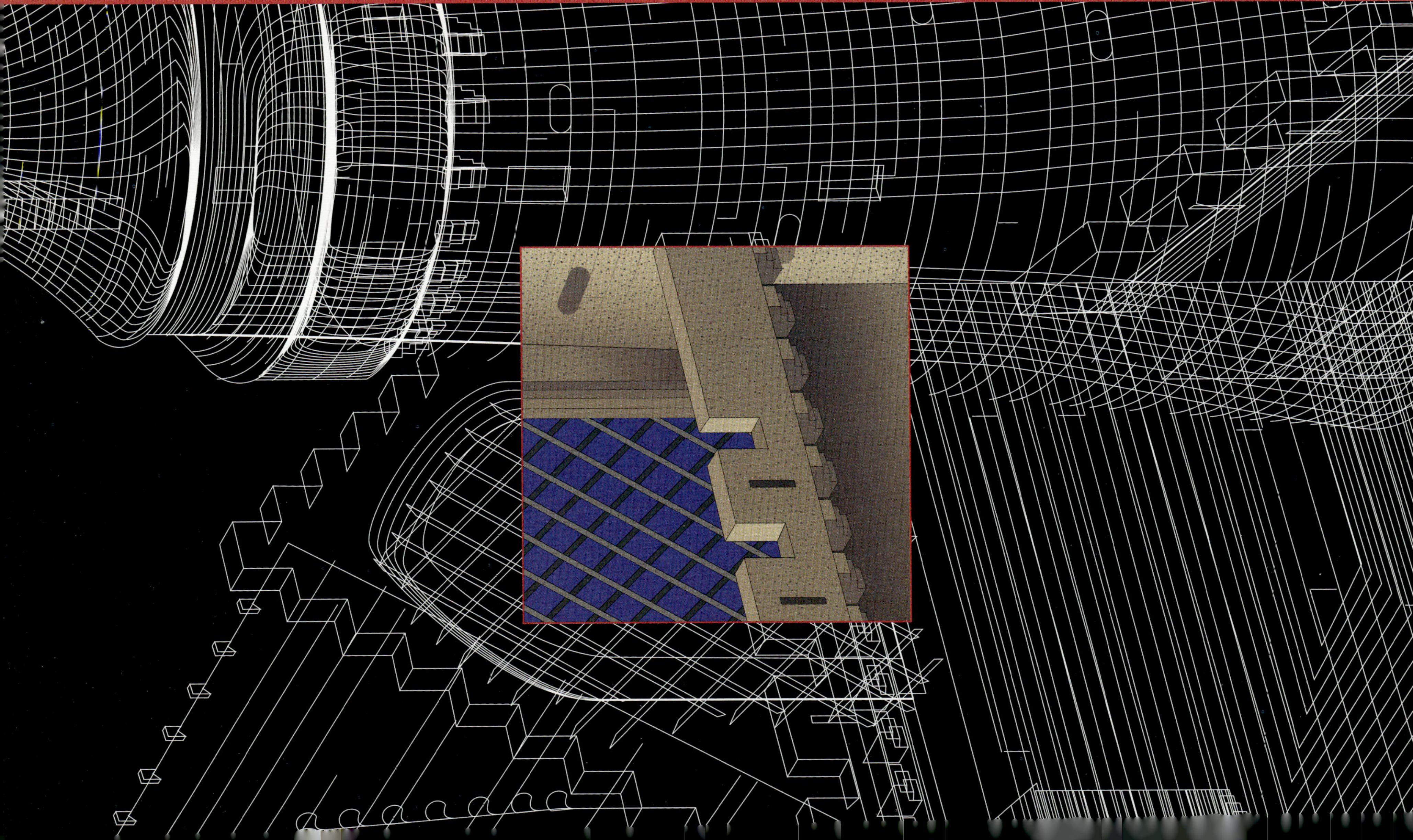

INHALT

TRADITIONELLE WOHNHÄUSER 165
BAUSTILE 166
GRIECHISCHER TEMPEL 168
RÖMISCHES WOHNHAUS 170
MOSCHEE 172
BOGEN 174
GOTHISCHER DOM 175
VAUBAN-FESTUNG 178
BURG 180
DÄCHER 182
CITY 184
QUERSCHNITT EINER STRASSE 186
HÄUSERFORMEN IN DER STADT 187
THEATER 188
BÜROGEBÄUDE 190

TRADITIONELLE WOHNHÄUSER[N]
TRADITIONAL HOUSES
MAISONS[F] TRADITIONNELLES
VIVIENDAS[F] TRADICIONALES

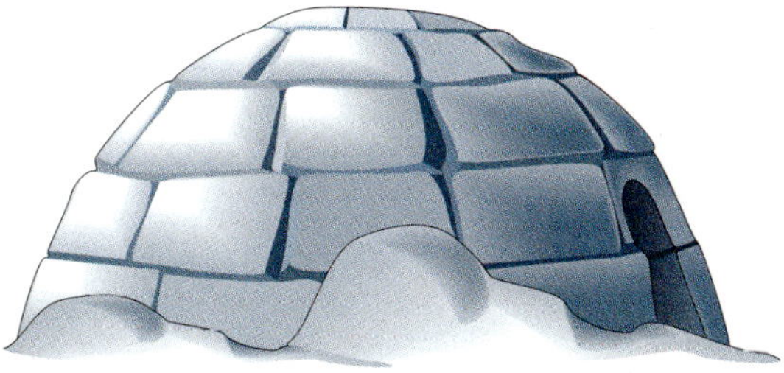

Iglu[M]
igloo
igloo[M]
iglú[M]

Wigwam[M]
wigwam
wigwam[M]
wigwam[M]

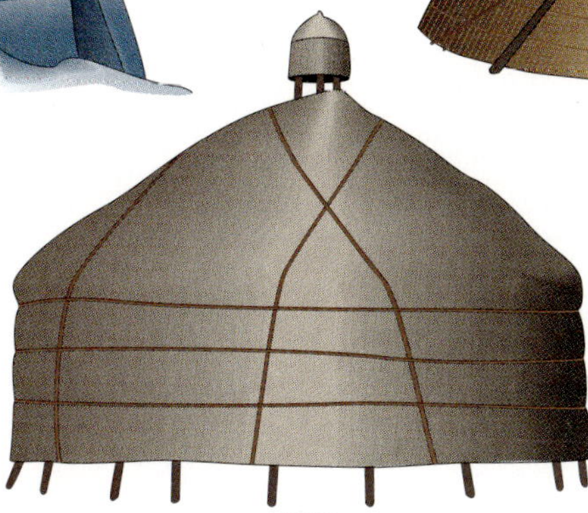

Jurte[F]
yurt
yourte[F]
yurta[F]

Isba[F]
isba
isba[F]
isba[F]

Hütte[F]
hut
case[F]
chabola[F]

Hütte[F]
hut
hutte[F]
choza[F] indígena

Tipi[N]
tepee
tipi[M]
tipi[M]

Pfahlbau[M]
pile dwelling
maison[F] sur pilotis[M]
habitación[F] lacustre

BAUSTILE[M]
ARCHITECTURAL STYLES
STYLES[M] D'ARCHITECTURE[F]
ESTILOS[M] ARQUITECTÓNICOS

IONISCHE SÄULENORDNUNG[F]
IONIC ORDER
ORDRE[M] IONIQUE
ORDEN[M] JÓNICO

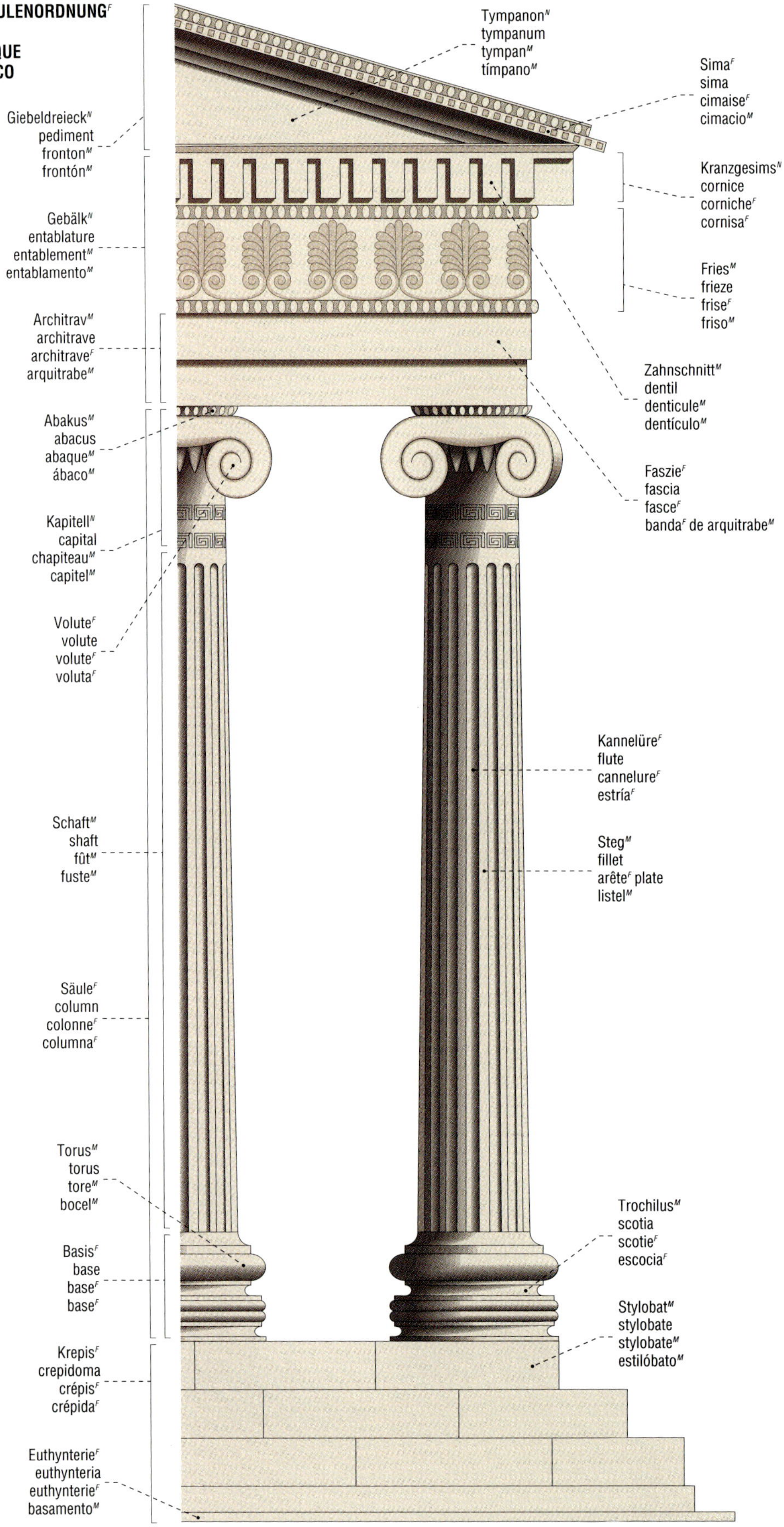

DORISCHE SÄULENORDNUNG^{F}
DORIC ORDER
ORDRE^{M} DORIQUE
ORDEN^{M} DÓRICO

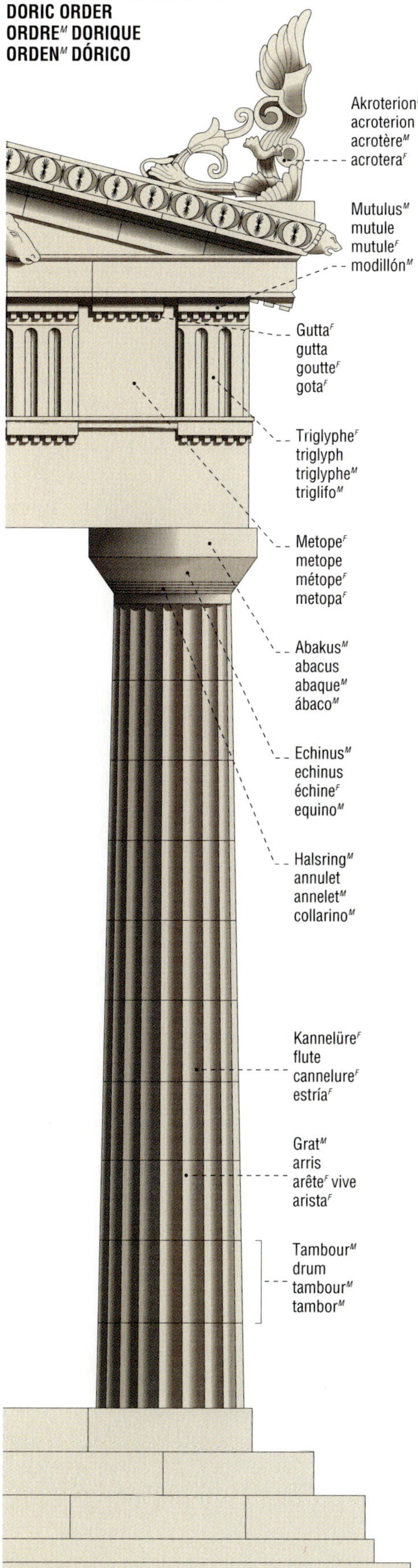

KORINTHISCHE SÄULENORDNUNG^{F}
CORINTHIAN ORDER
ORDRE^{M} CORINTHIEN
ORDEN^{M} CORINTIO

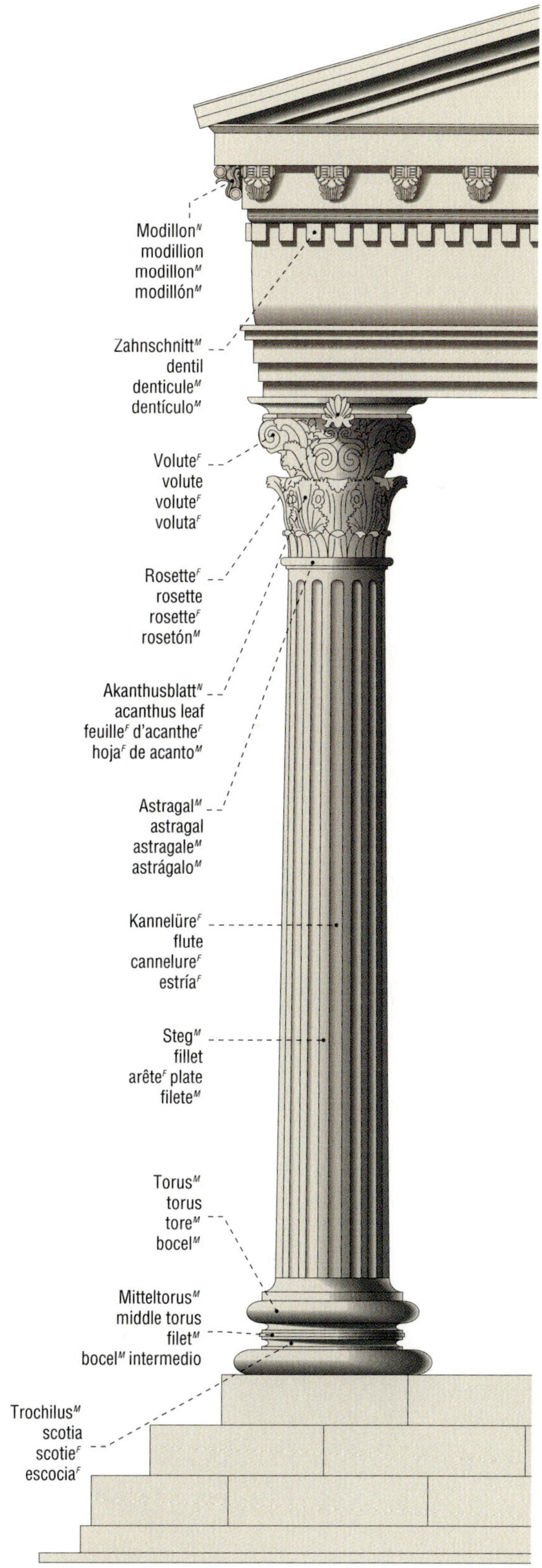

GRIECHISCHER TEMPEL[M]
GREEK TEMPLE
TEMPLE[M] GREC
TEMPLO[M] GRIEGO

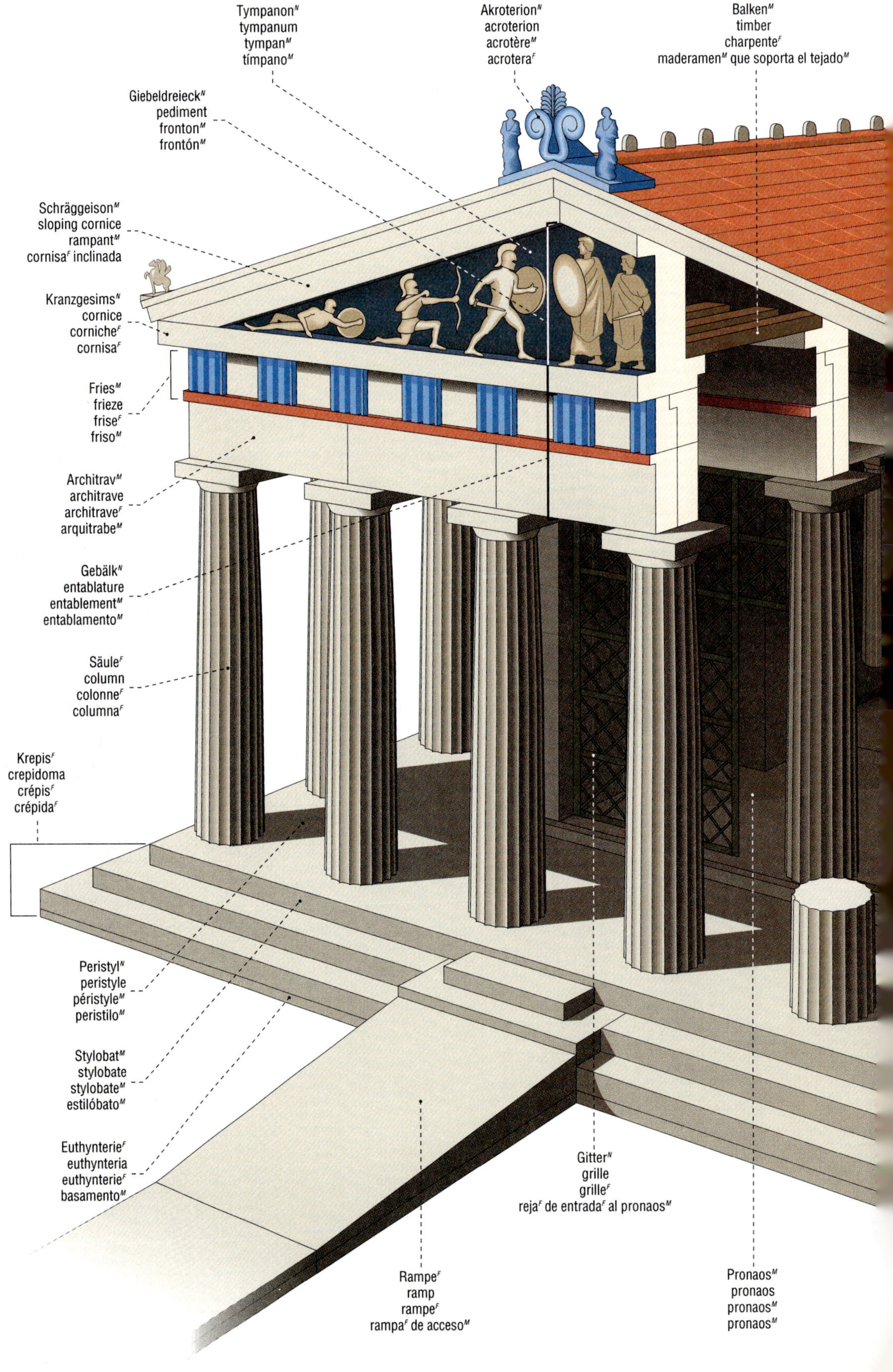

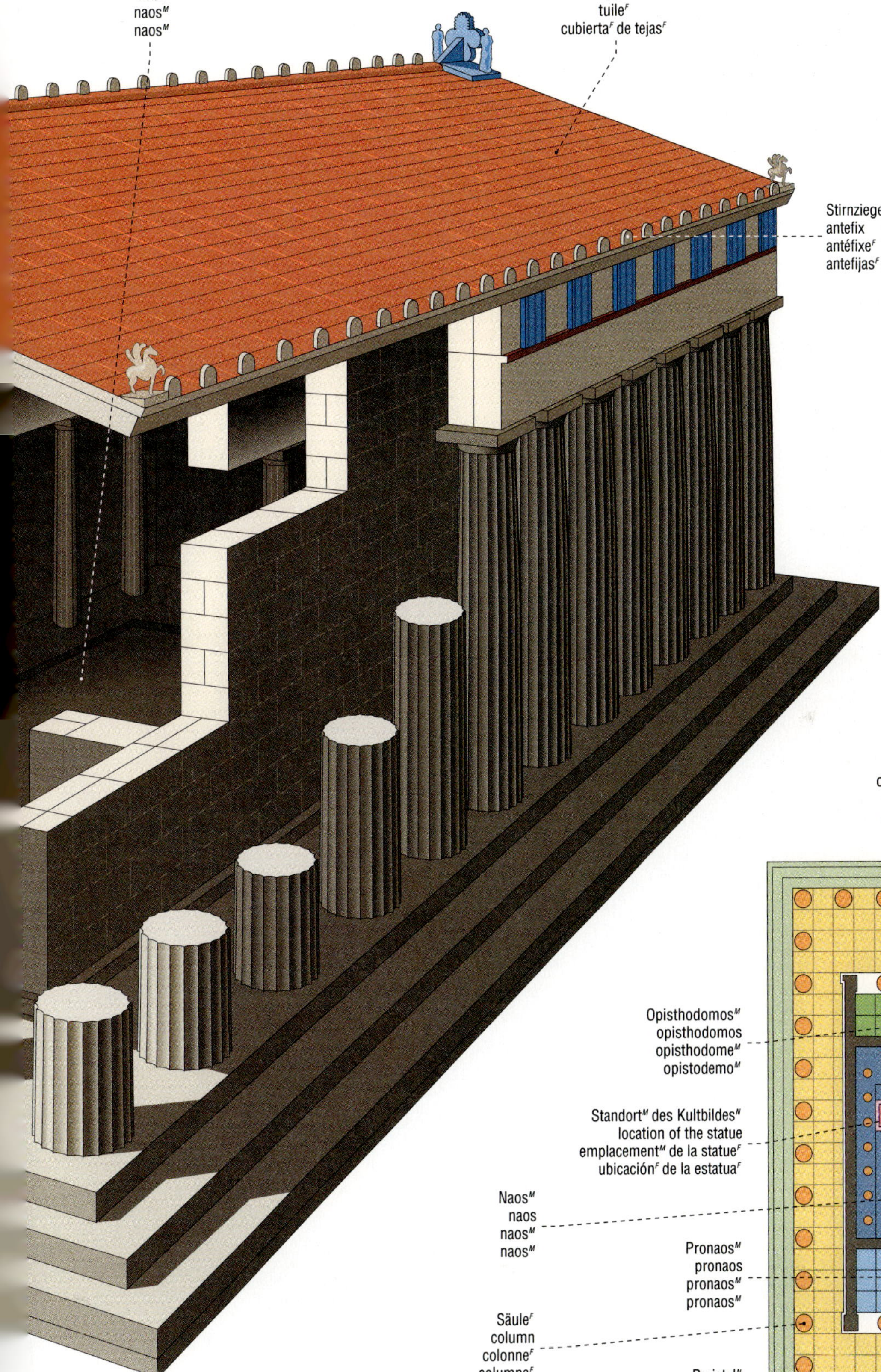

GRUNDRISSM
PLAN
PLANM
PLANOM

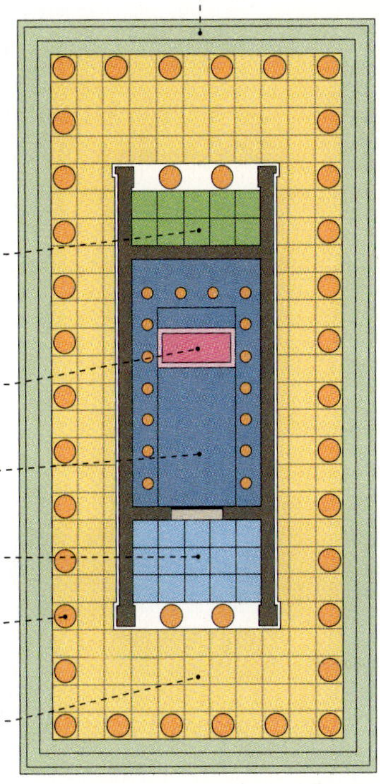

RÖMISCHES WOHNHAUS^{N}
ROMAN HOUSE
MAISON^{F} ROMAINE
CASA^{F} ROMANA

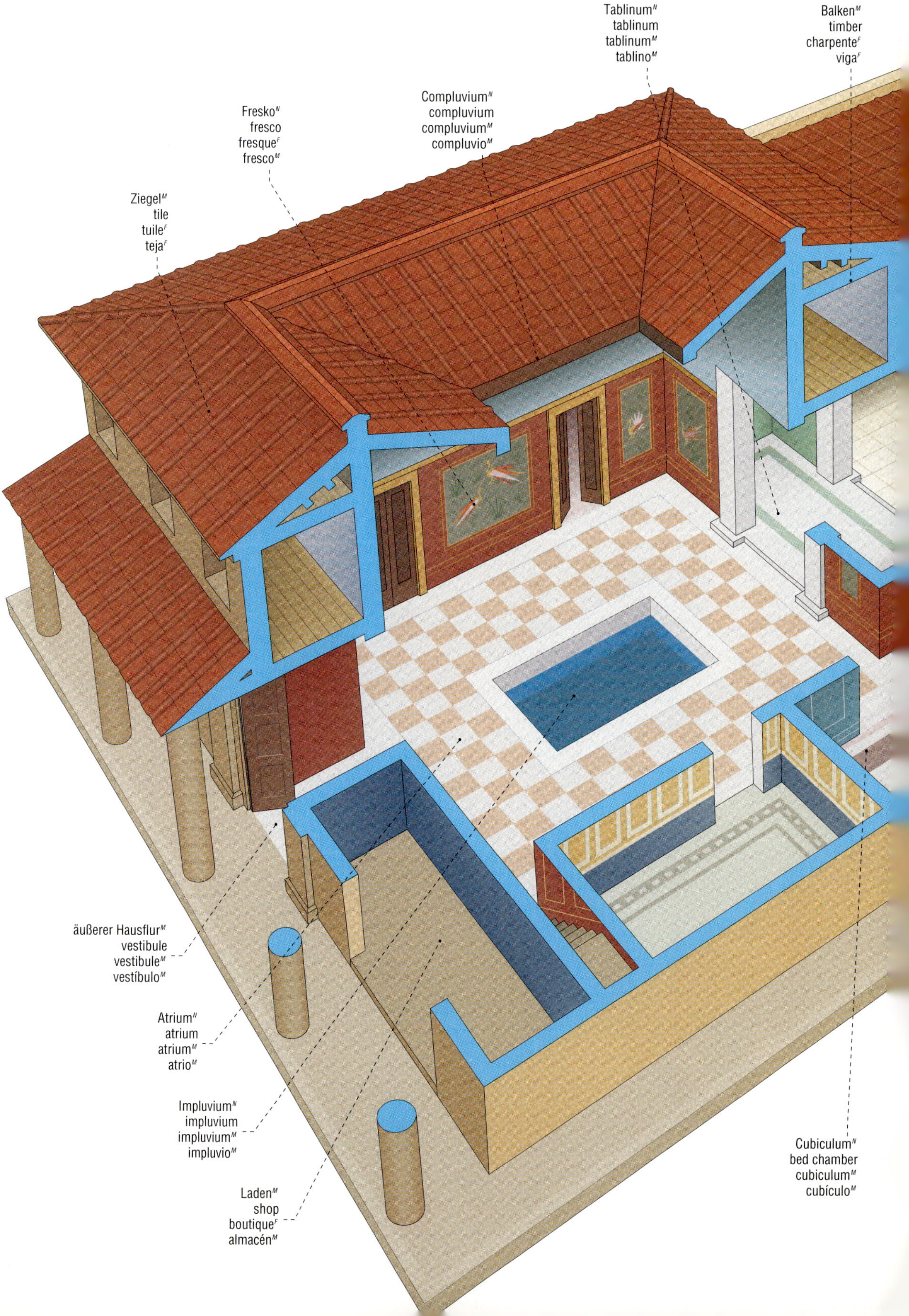

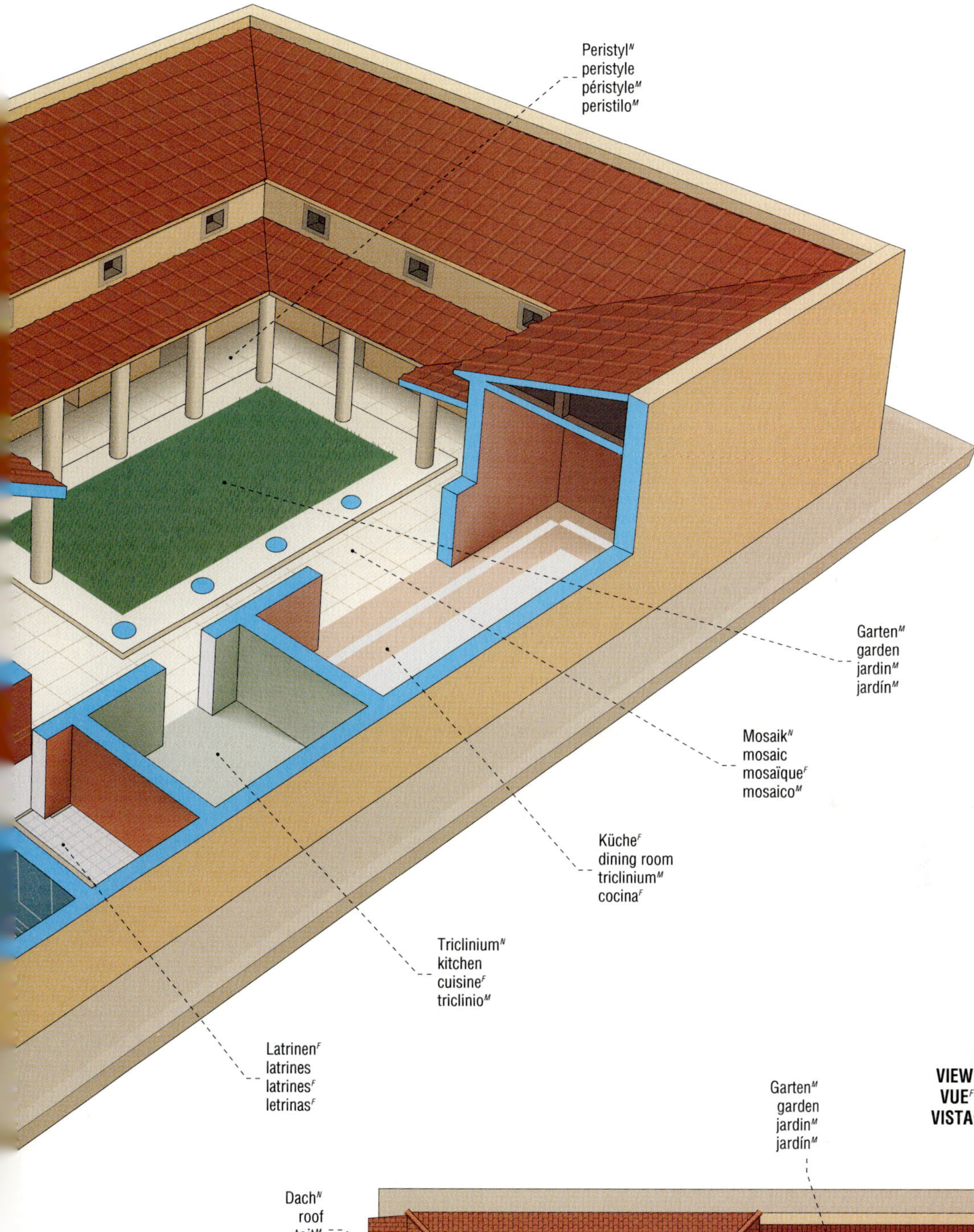

**DRAUFSICHT[F]
VIEW FROM ABOVE
VUE[F] PLONGEANTE
VISTA[F] POR ENCIMA**

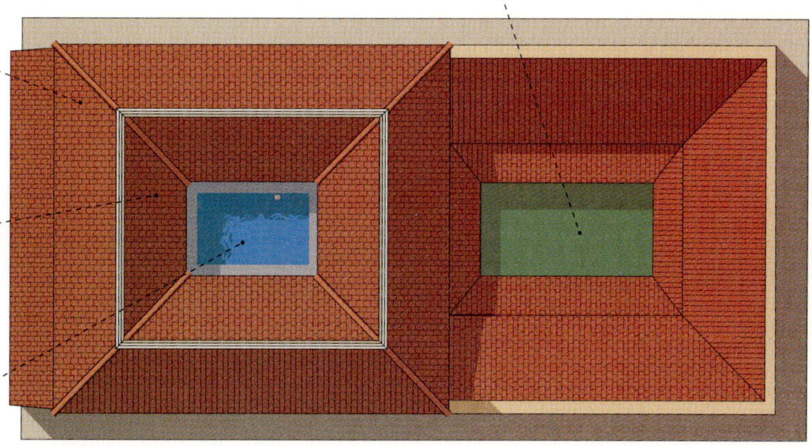

MOSCHEE^{F}
MOSQUE
MOSQUÉE^{F}
MEZQUITA^{F}

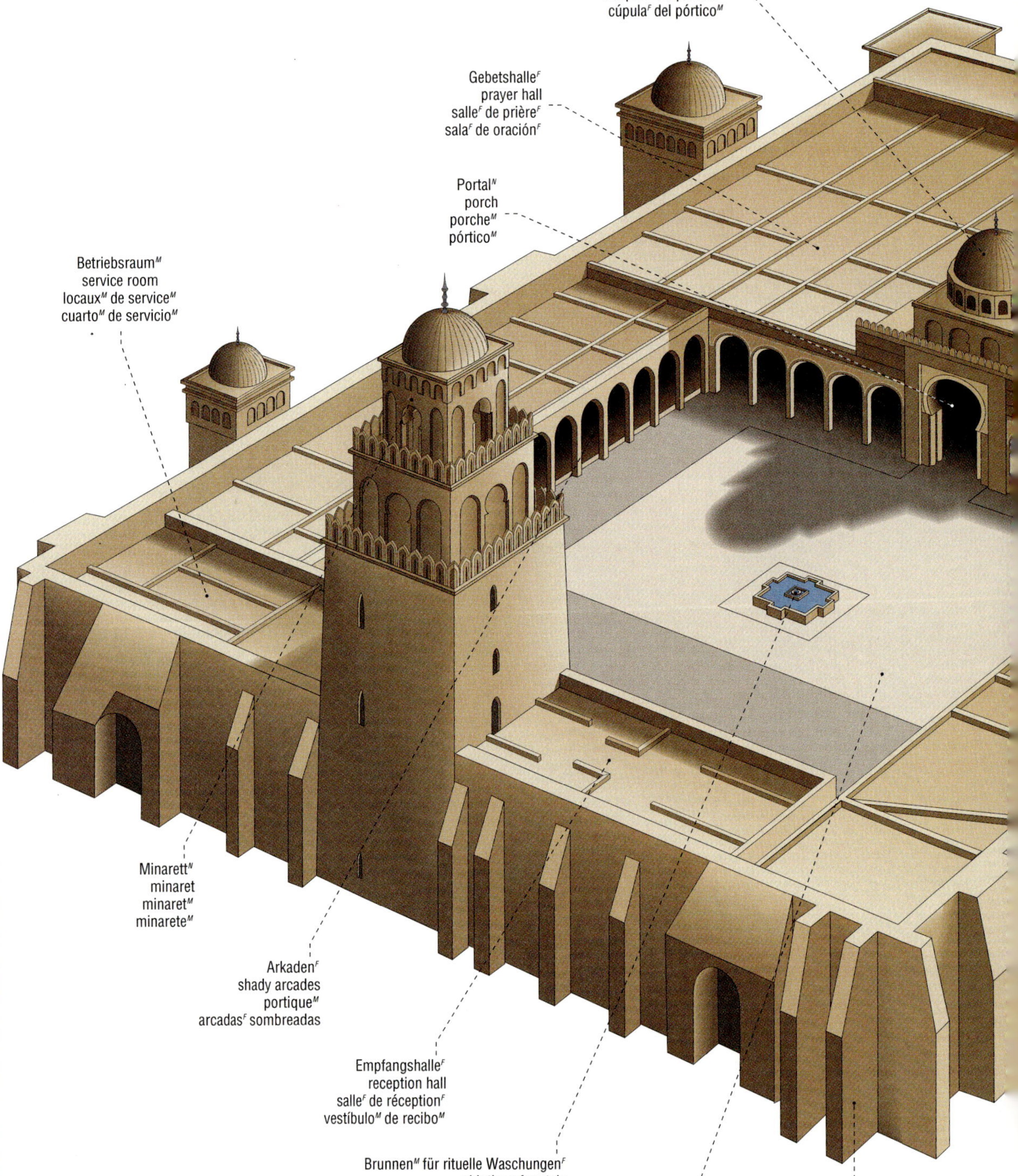

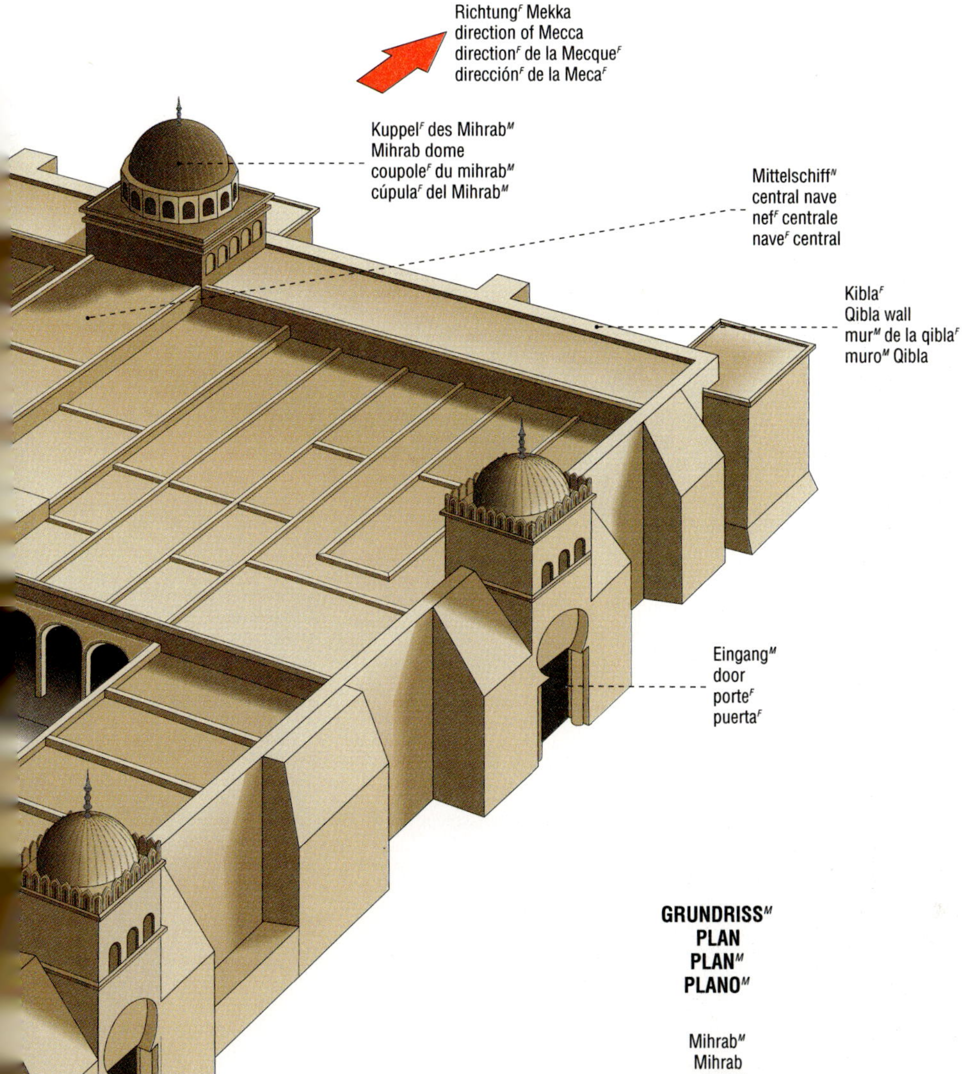

GRUNDRISS[M]
PLAN
PLAN[M]
PLANO[M]

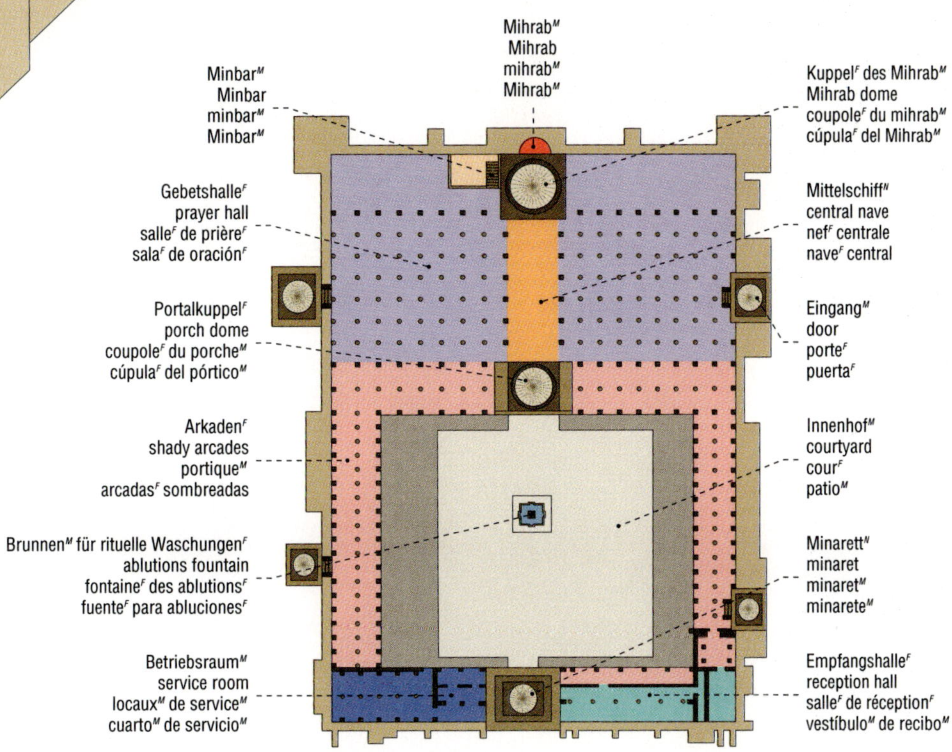

BOGEN[M]
ARCH
ARC[M]
ARCO[M]

RUNDBOGEN[M]
SEMICIRCULAR ARCH
ARC[M] EN PLEIN CINTRE[M]
ARCO[M] DE MEDIO PUNTO[M]

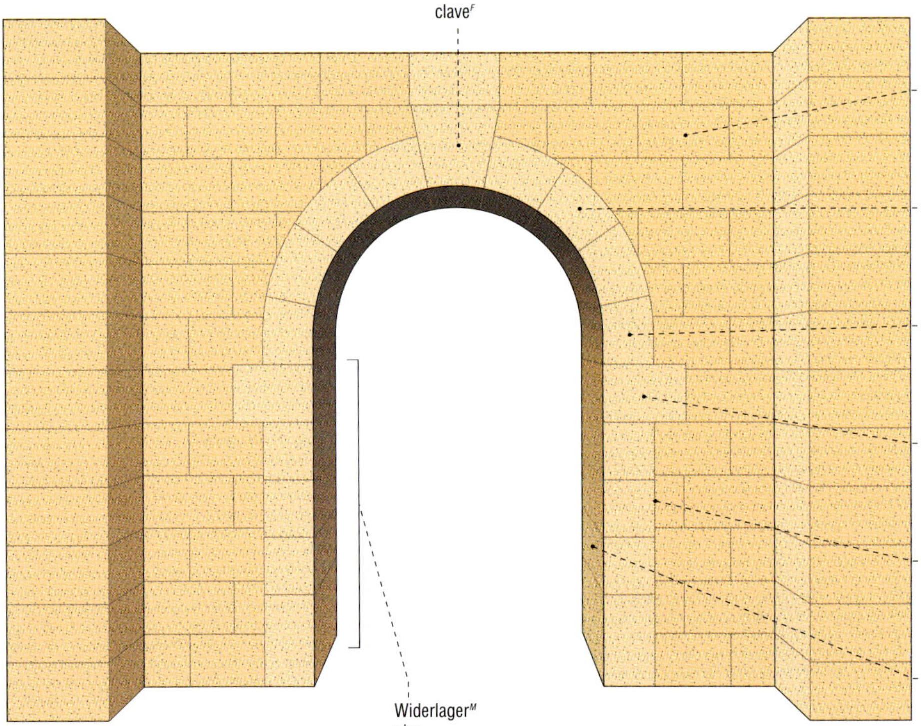

BOGENFORMEN[F]
TYPES OF ARCHES
TYPES[M] D'ARCS[M]
TIPOS[M] DE ARCOS[M]

Spitzbogen[M]
equilateral
en ogive[F]
ojival[M]

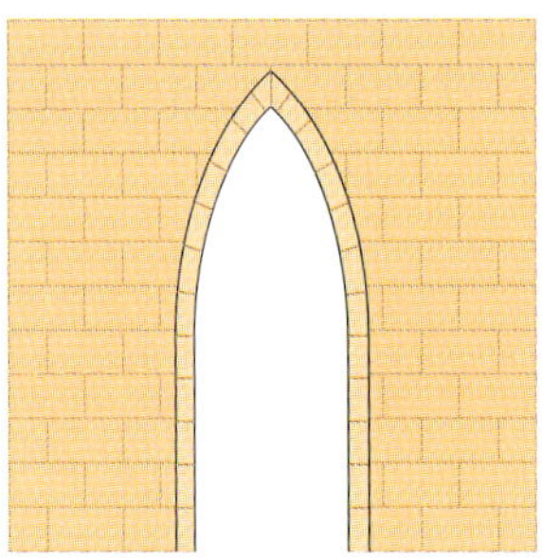

Lanzettbogen[M]
lancet
en lancette[F]
de ojiva[F] lanceolada

Kielbogen[M]
ogee
en accolade[F]
conopial[M]

Hufeisenbogen[M]
horseshoe
en fer[M] à cheval[M]
de herradura[F]

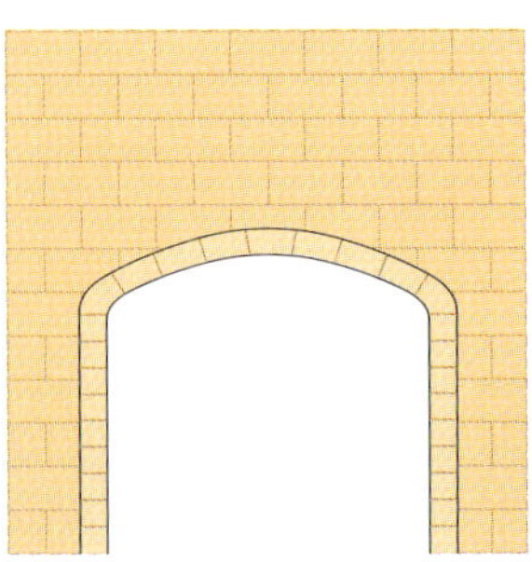

Flachbogen[M]
basket handle
surbaissé
adintelado[M]

gestelzter Bogen[M]
stilted
surhaussé
peraltado[M]

Tudorbogen[M]
Tudor
Tudor
Tudor

Kleeblattbogen[M]
trefoil
trilobé
trebolado[M]

GOTHISCHER DOM[M]
GOTHIC CATHEDRAL
CATHÉDRALE[F] GOTHIQUE
CATEDRAL[F] GÓTICA

FASSADE[F]
FAÇADE
FAÇADE[F]
FACHADA[F]

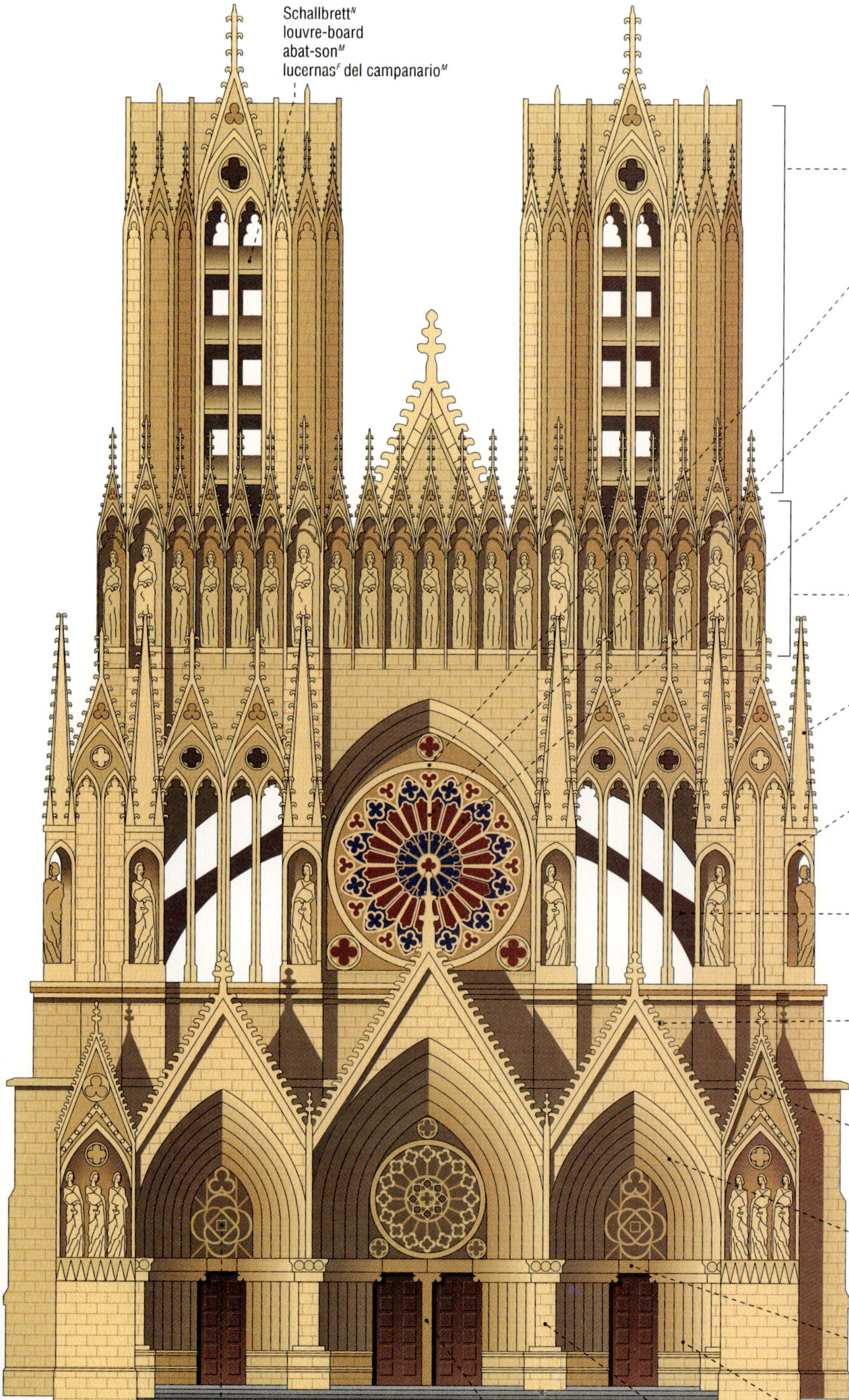

GOTISCHER DOM[M]
GOTHIC CATHEDRAL
CATHÉDRALE[F] GOTHIQUE
CATEDRAL[F] GÓTICA

DOM[M]
CATHEDRAL
CATHÉDRALE[F]
CATEDRAL[F]

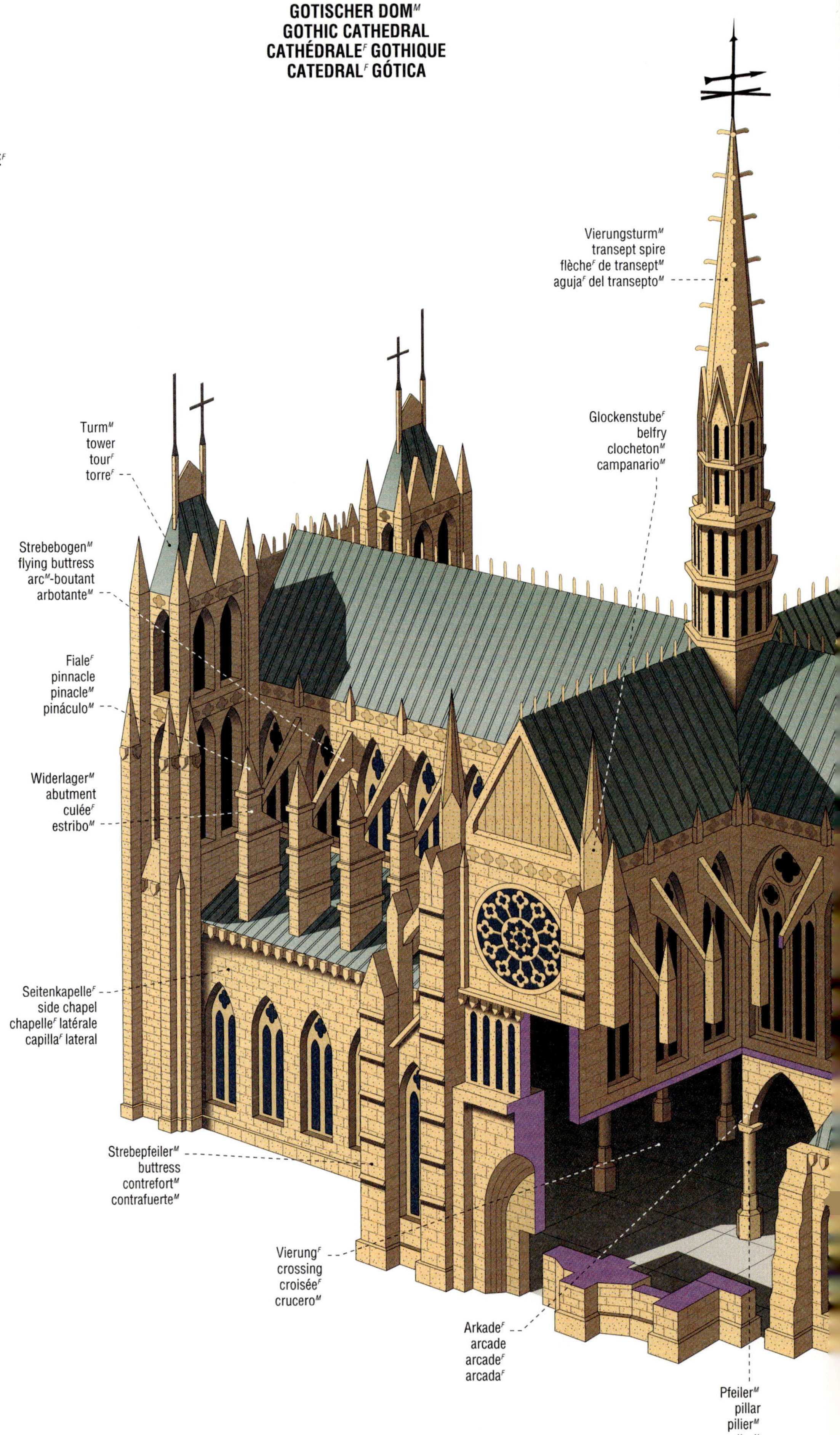

GRUNDRISS[M] PLAN PLAN[M] PLANO[M]

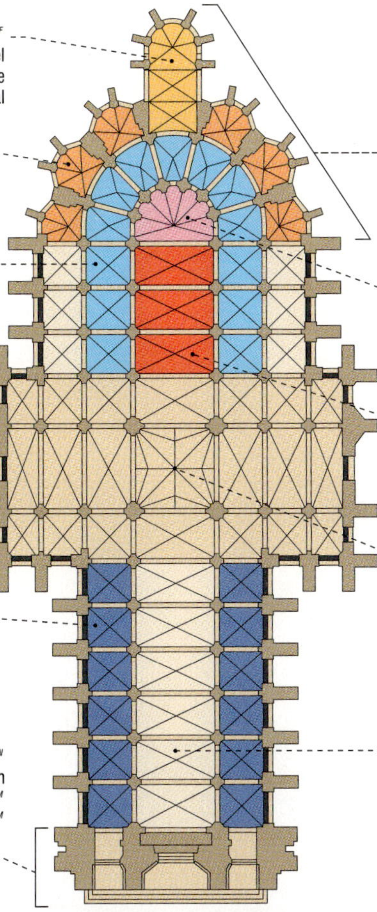

GEWÖLBE[N] VAULT VOÛTE[F] BÓVEDA[F]

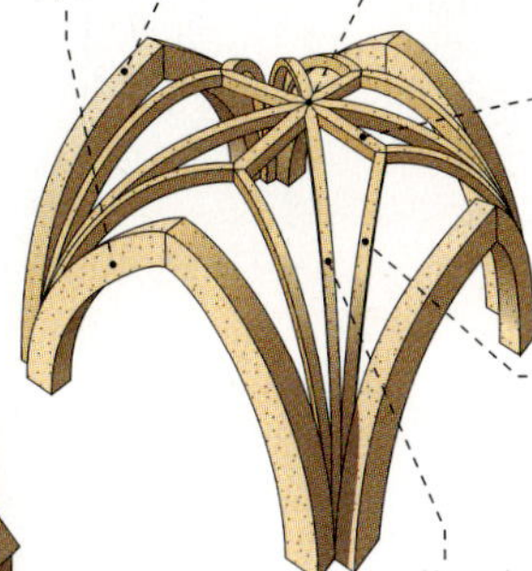

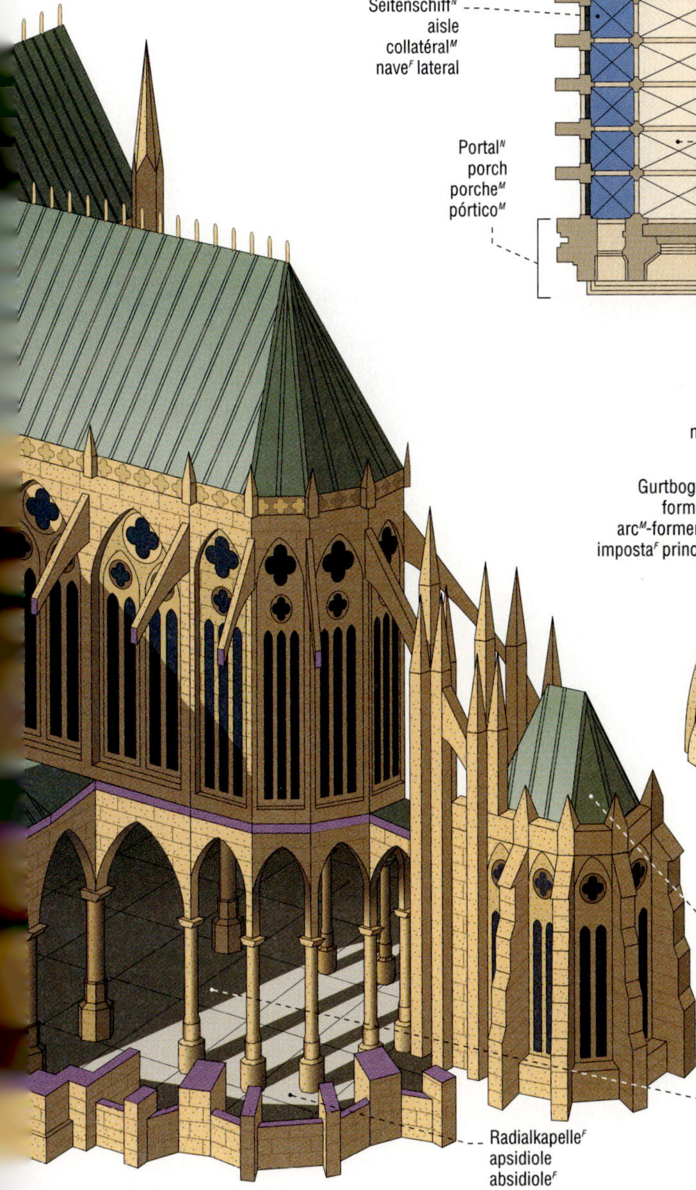

VAUBAN-FESTUNG[F]
VAUBAN FORTIFICATION
FORTIFICATION[F] À LA VAUBAN
FORTIFICACIÓN[F] DE VAUBAN

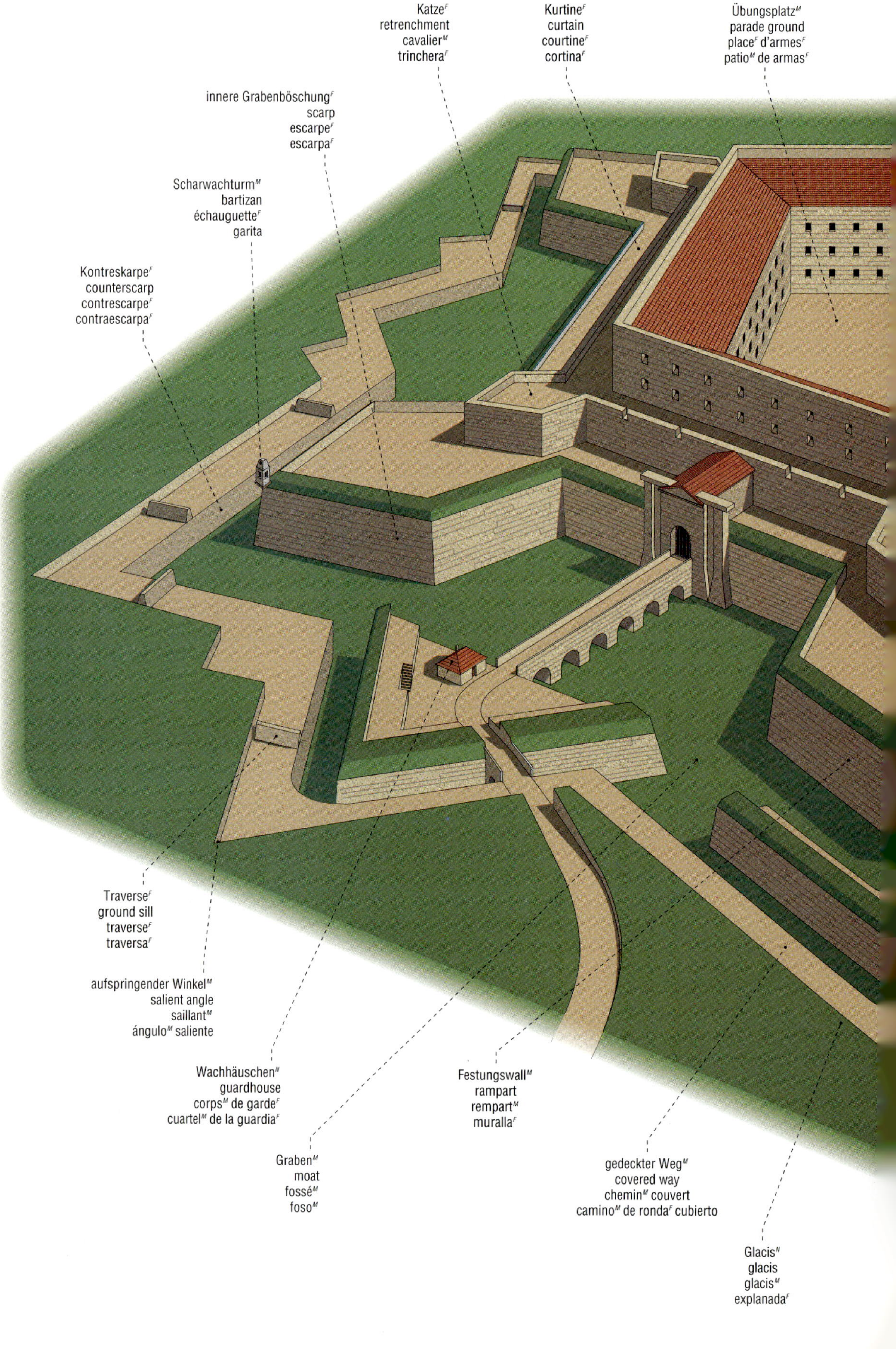

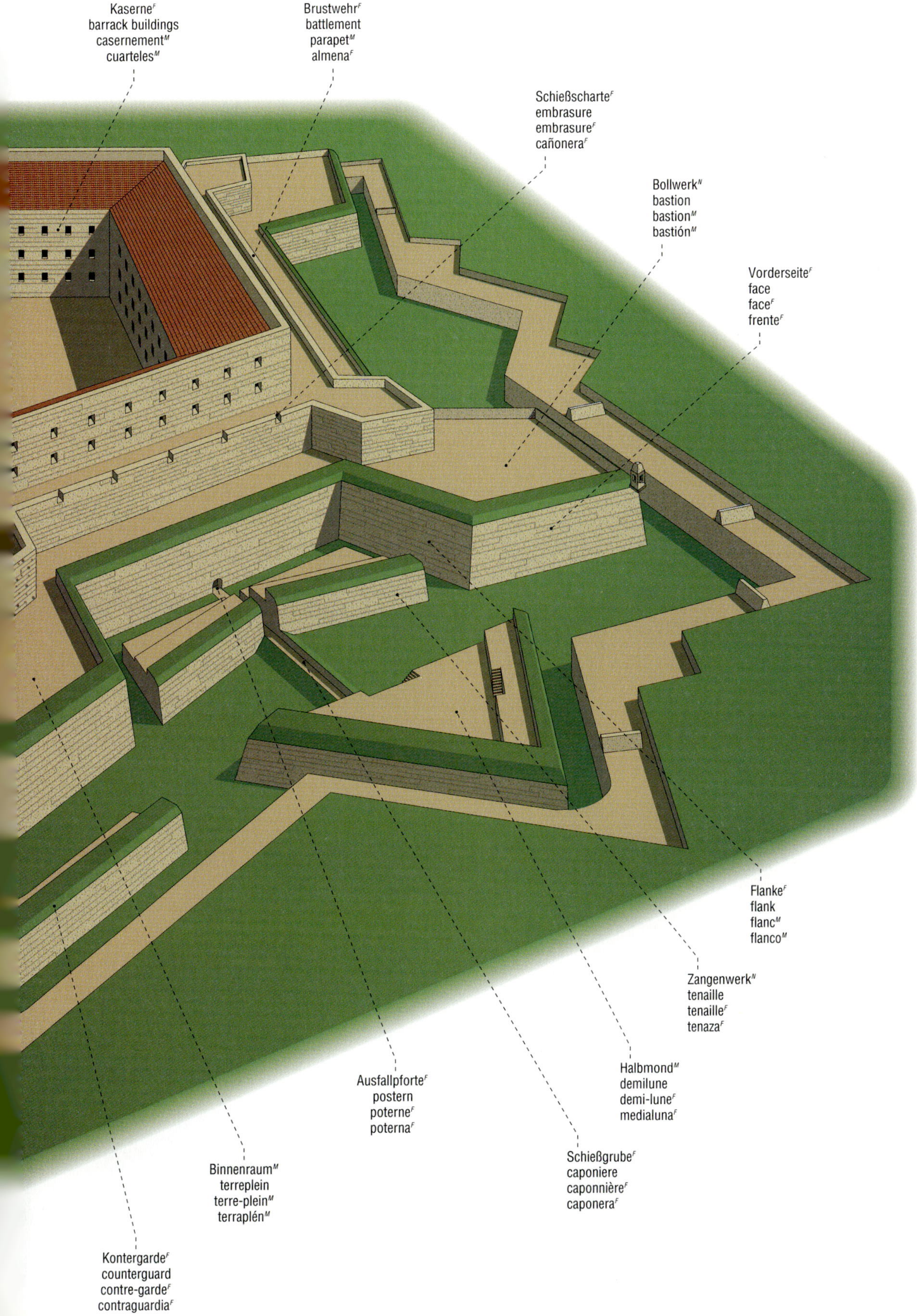
Kaserne[F]
barrack buildings
casernement[M]
cuarteles[M]
Brustwehr[F]
battlement
parapet[M]
almena[F]
Schießscharte[F]
embrasure
embrasure[F]
cañonera[F]
Bollwerk[N]
bastion
bastion[M]
bastión[M]
Vorderseite[F]
face
face[F]
frente[F]
Flanke[F]
flank
flanc[M]
flanco[M]
Zangenwerk[N]
tenaille
tenaille[F]
tenaza[F]
Halbmond[M]
demilune
demi-lune[F]
medialuna[F]
Ausfallpforte[F]
postern
poterne[F]
poterna[F]
Schießgrube[F]
caponiere
caponnière[F]
caponera[F]
Binnenraum[M]
terreplein
terre-plein[M]
terraplén[M]
Kontergarde[F]
counterguard
contre-garde[F]
contraguardia[F]

BURG[F]
CASTLE
CHÂTEAU[M] FORT
CASTILLO[M]

GUSSLOCHREIHE[F]
MACHICOLATION
MÂCHICOULIS[M]
MATACÁN[M]

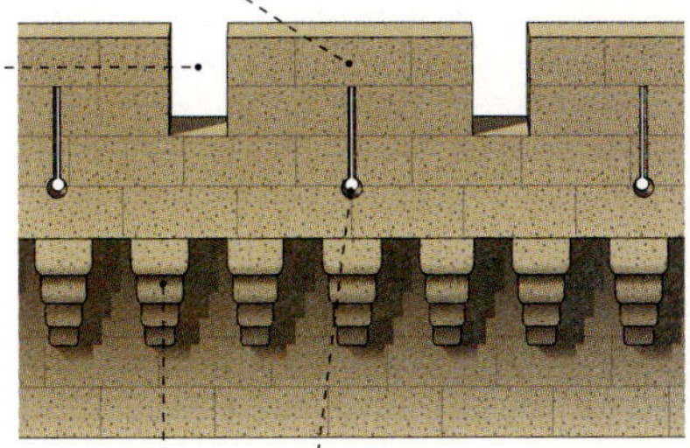

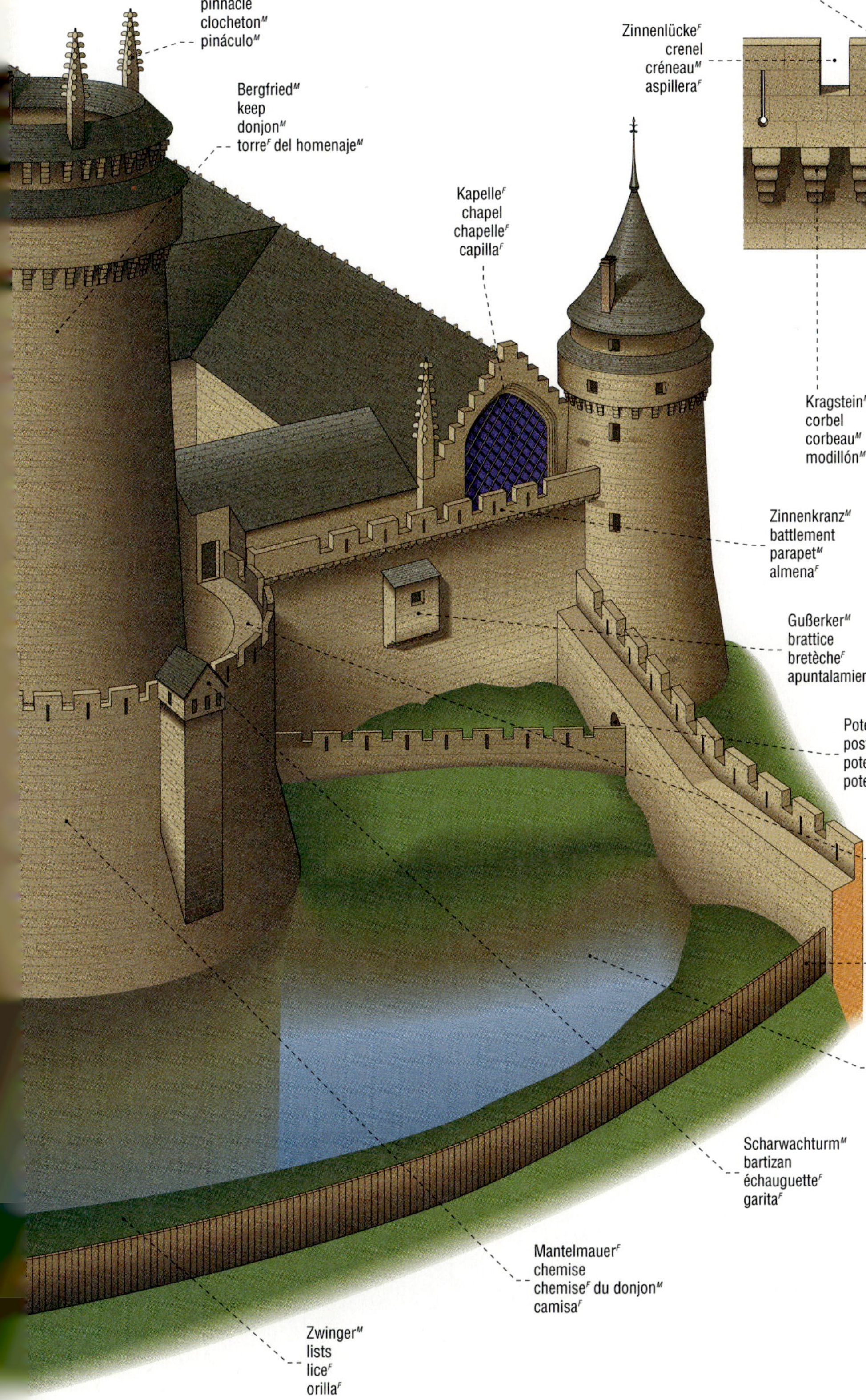

DÄCHER
ROOFS
TOITS^{M}
TECHOS^{M}

Satteldach^{N}
pitched roof
toit^{M} en pente^{F}
en pendiente^{F}

steiles Satteldach^{N}
gable roof
toit^{M} à pignon^{M}
de dos aguas^{F}

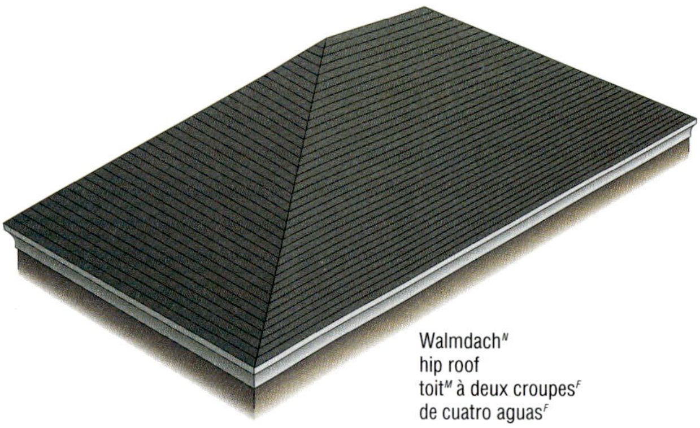

Walmdach^{N}
hip roof
toit^{M} à deux croupes^{F}
de cuatro aguas^{F}

Pultdach^{N}
lean-to roof
toit^{M} en appentis^{M}
de vertiente^{F} simple

Flachdach^{N}
flat roof
toit^{M} plat
plano^{M}

Sheddach^{N}
sawtooth roof
toit^{M} en shed^{M}
tejado^{M} en diente^{M} de sierra^{F}

Dach^{N} mit Firstlaterne^{F}
monitor roof
toit^{M} avec lanterneau^{M}
de linternilla^{F}

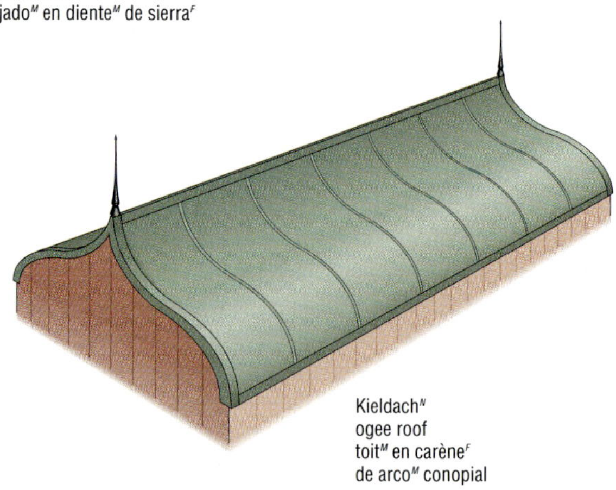

Kieldach^{N}
ogee roof
toit^{M} en carène^{F}
de arco^{M} conopial

Glockendach[N]
bell roof
toit[M] en coupole[F]
de cúpula[F]

Kuppeldach[N]
dome roof
toit[M] en dôme[M]
cúpula[F]

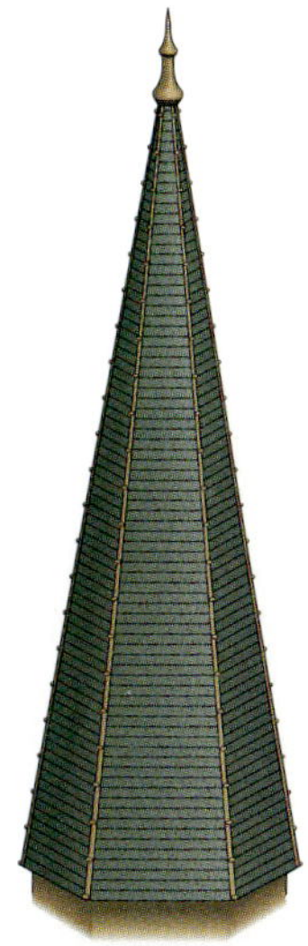

Helmdach[N]
helm roof
toit[M] en flèche[F]
de aguja[F]

Faltkegeldach[N]
sloped turret
toit[M] à tourelle[F] à pans[M]
de torrecilla[F]

eingeschnittenes Satteldach[N]
hip-and-valley roof
toit[M] à quatre versants[M]
de cuatro aguas[F] con canalera[F]

Kegeldach[N]
conical broach roof
toit[M] en poivrière[F]
cónico

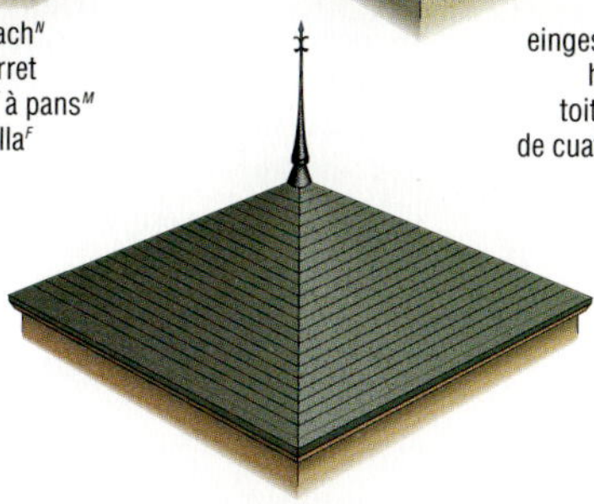

Pavillondach[N]
pavilion roof
toit[M] en pavillon[M]
de pabellón[M]

Pyramidendach[N]
rotunda roof
toit[M] en rotonde[F]
de rotonda[F]

Kaiserdach[N]
imperial roof
toit[M] à l'impériale[F]
imperial

Mansarddach[N]
mansard roof
toit[M] à la Mansard
abuhardillado

CITY^{F}
CITY CENTRE
CENTRE^{M}-VILLE^{F}
CENTRO^{M} DE UNA CIUDAD^{F}

Grünanlage^{F}
green space
espace^{M} vert
zona^{F} verde

Park^{M}
park
parc^{M}
parque^{M}

Kathedrale^{F}
cathedral
cathédrale^{F}
catedral^{F}

Kongreßzentrum^{N}
convention centre
palais^{M} des congrès^{M}
centro^{M} de congresos^{M}

Bahnhof^{M}
passenger station
gare^{F}
estación^{M} de ferrocarril^{M}

Bürohochhaus^{N}
office tower
tour^{F} à bureaux^{M}
edificio^{M} de oficinas^{F}

Mittelstreifen^{M}
central reservation
terre-plein^{M}
separador^{M}

Planetarium^{N}
planetarium
planétarium^{M}
planetario^{M}

Straße^{F}
street
rue^{F}
calle^{F}

Eisenbahn^{F}
railway
voie^{F} ferrée
vía^{F} férrea

Auffahrt^{F}
delivery ramp
rampe^{F} de livraison^{F}
rampa^{F} para mercancías^{F}

Verkehrsinsel^{F}
traffic island
îlot^{M} refuge^{M}
separador^{M}

Autobahn^{F}
motorway
autoroute^{F}
autopista^{F}

Boulevard^{M}
boulevard
boulevard^{M}
avenida^{F}

Hotel^{N}
hotel
hôtel^{M}
hotel^{M}
Dachrestaurant^{N}
restaurant
restaurant^{M}
restaurante^{M}
Wolkenkratzer^{M}
skyscraper
gratte-ciel^{M}
rascacielos^{M}
Kirche^{F}
church
église^{F}
iglesia^{F}
Hochhaus^{N}
high-rise block
tour^{F} d'habitation^{F}
edificio^{M} de apartamentos^{M}
Straßenlaterne^{F}
street light
lampadaire^{M}
farol^{M}
Parkplatz^{M}
parking lot
aire^{F} de stationnement^{M}
estacionamiento^{M}
Geschäftshaus^{N}
commercial premises
immeuble^{M} commercial
edificio^{M} comercial
Bürogebäude^{N}
office building
immeuble^{M} à bureaux^{M}
edificio^{M} de oficinas^{F}
Museum^{N}
museum
musée^{M}
museo^{M}
Stadion^{N}
stadium
stade^{M}
estadio^{M}

QUERSCHNITT[M] EINER STRASSE[F]
CROSS SECTION OF A STREET
COUPE[F] D'UNE RUE[F]
VISTA[F] TRANSVERSAL DE UNA CALLE[F]

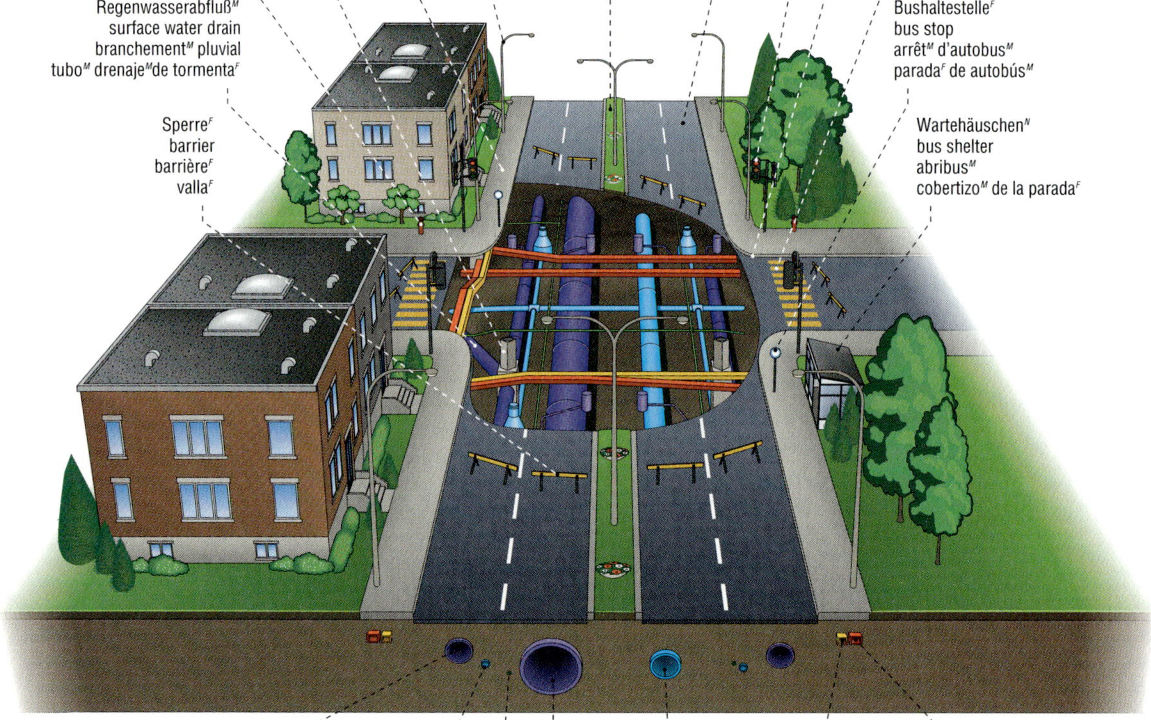

HÄUSERFORMEN[F] IN DER STADT
CITY HOUSES
MAISONS[F] DE VILLE[F]
VIVIENDAS[F] URBANAS

Cottage[N]
detached house
villa[F]
casa[F] de campo[M]

Einfamilienhaus[N]
town house
maison[F] individuelle
casas[F] independientes

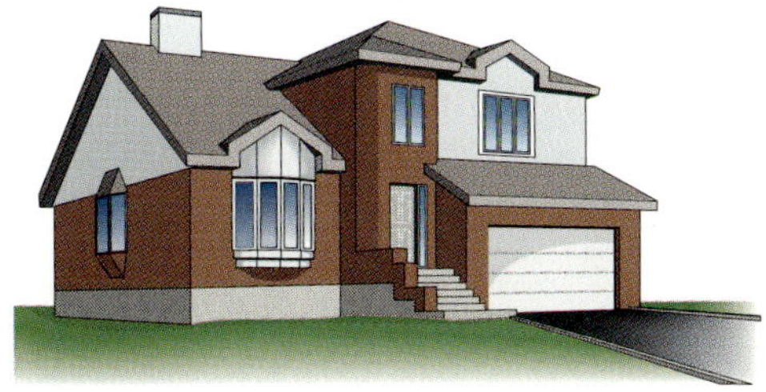

Eigentumswohnungen[F]
apartment block
appartements[M] en copropriété[F]
condominios[M]

Doppelhaus[N]
semi-detached house
maison[F] individuelle jumelée
casas[F] gemelas

Reihenhaus[N]
terraced town house
maisons[F] en rangée[F]
casas[F] en serie[F]

Wohnblock[N]
tower block
tour[F] d'habitation[F]
edificio[M] de apartamentos[M]

THEATER[N]
THEATRE
SALLE[F] DE SPECTACLE[M]
TEATRO[M]

Rampenlicht[N]
footlights
rampe[F]
candilejas

Soffitte[F]
border
frise[F]
reborde[M]

eiserner Vorhang[M]
iron curtain
rideau[M] de fer[M]
telón[M] metálico

Schnürboden[M]
grid
gril[M]
rejilla[F]

Prospekt[M]
backdrop
toile[F] de fond[M]
telón[M] de fondo[M]

Hauptvorhang[M]
stage curtain
rideau[M] de scène[F]
telón[M] de boca[F]

Arbeitsgalerie[F]
catwalk
passerelle[F] de manœuvre[F]
corredor[M]

Oberbühne[F]
flies
cintres[M]
bambalinas[F]

Oberlicht[N]
batten
herse[F]
viga[F]

Hinterbühne[F]
upstage
lointain[M]
fondo[M] del escenario[M]

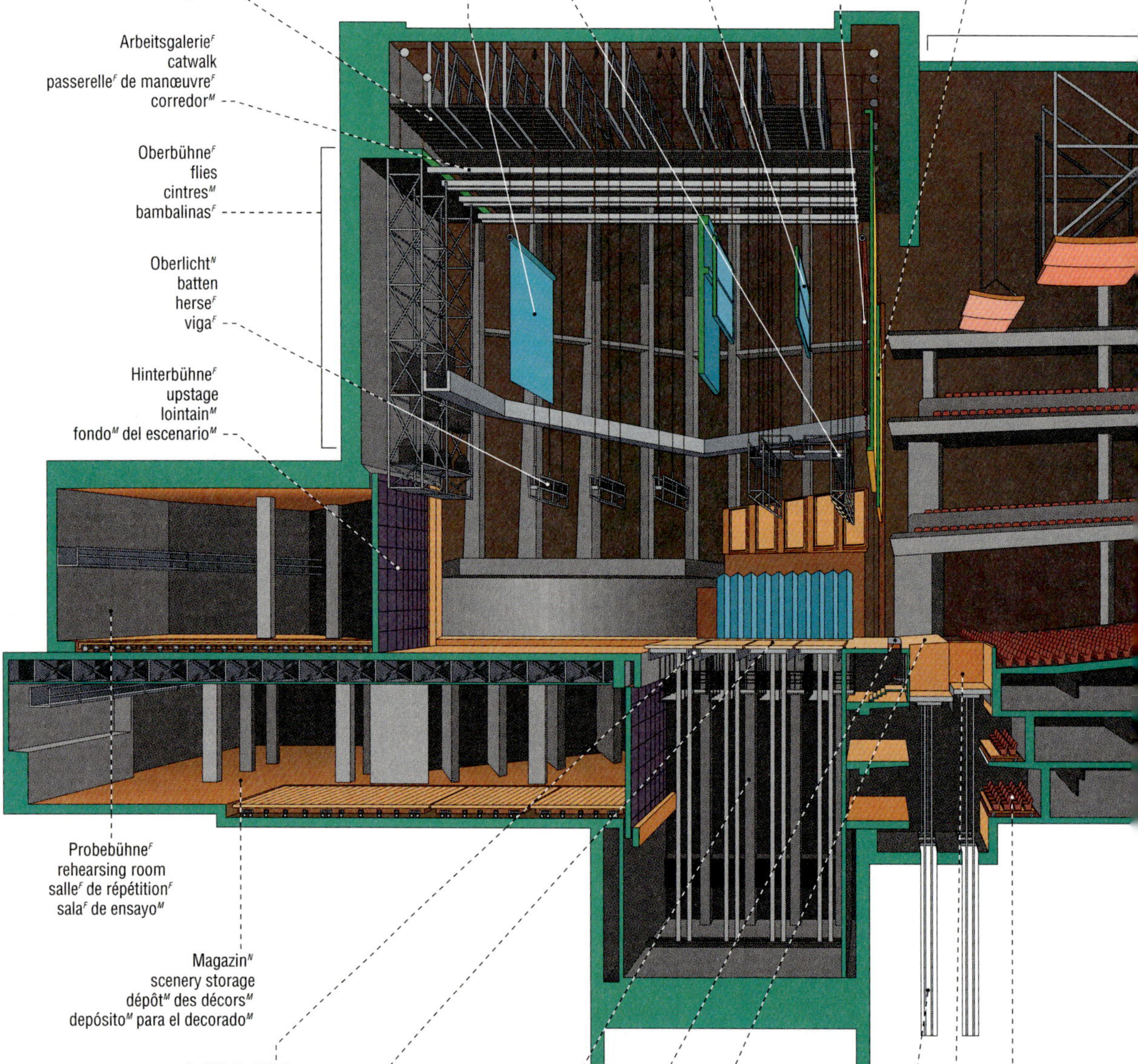

Probebühne[F]
rehearsing room
salle[F] de répétition[F]
sala[F] de ensayo[M]

Magazin[N]
scenery storage
dépôt[M] des décors[M]
depósito[M] para el decorado[M]

Freifahrtschlitz[M]
slot
trapillon[M]
escotillones[M]

Bühne[F]
stage
scène[F]
escenario[M]

Dekorationsaufzug[M]
scenery lift
élévateur[M] de décors[M]
ascensor[M] para el decorado[M]

Souffleurkasten[M]
prompt box
trou[M] du souffleur[M]
concha[F] del apuntador[M]

Vorbühne[F]
proscenium
avant-scène[F]
proscenio[M]

Aufzug[M]
hoist
monte-charge[M]
plataforma[F] elevadora

Orchestergraben[M]
orchestra pit
fosse[F] d'orchestre[M]
foso[M] de la orquesta[F]

Orchestersitz[M]
orchestra seats
fauteuils[M] d'orchestre[M]
luneta[F] preferente

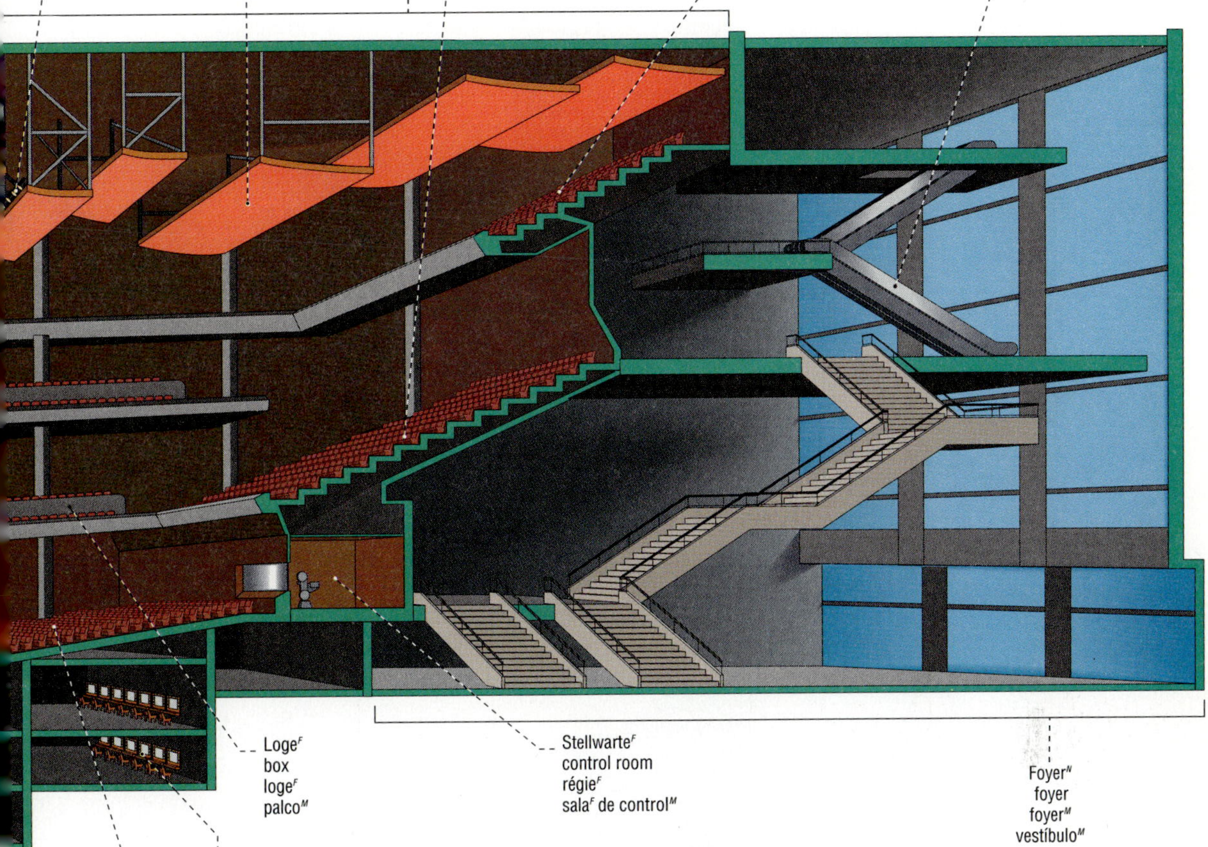

BÜHNE^{F}
STAGE
SCÈNE^{F}
ESTRADO^{M}

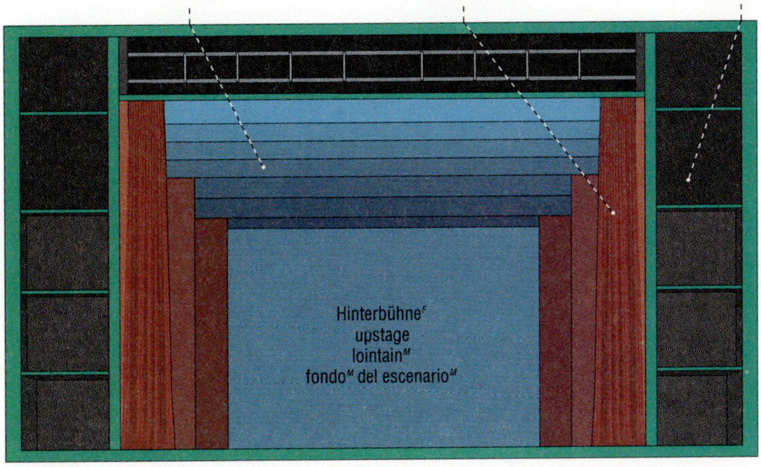

BÜROGEBÄUDE[N]
OFFICE BUILDING
ÉDIFICE[M] À BUREAUX[M]
EDIFICIO[M] DE OFICINAS[F]

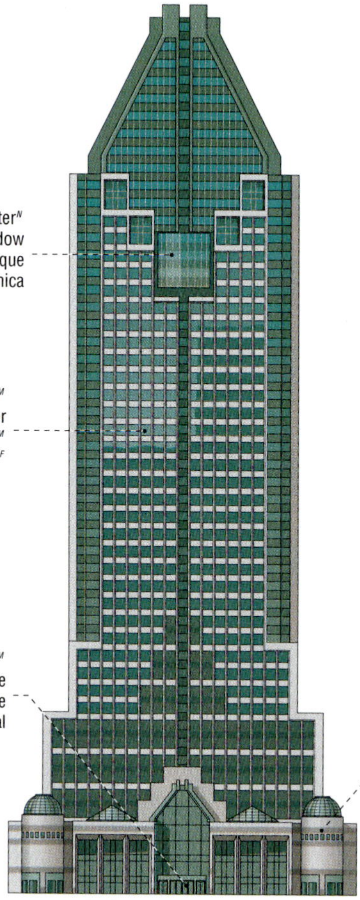

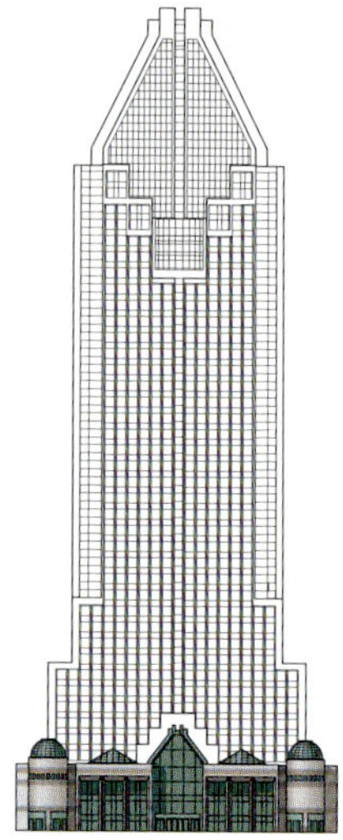

SOCKEL[M] UND UNTERGESCHOSS[N]
PODIUM AND BASEMENT
BASILAIRE[M] ET SOUS-SOL[M]
PODIO[M] Y BASAMENTO[M]

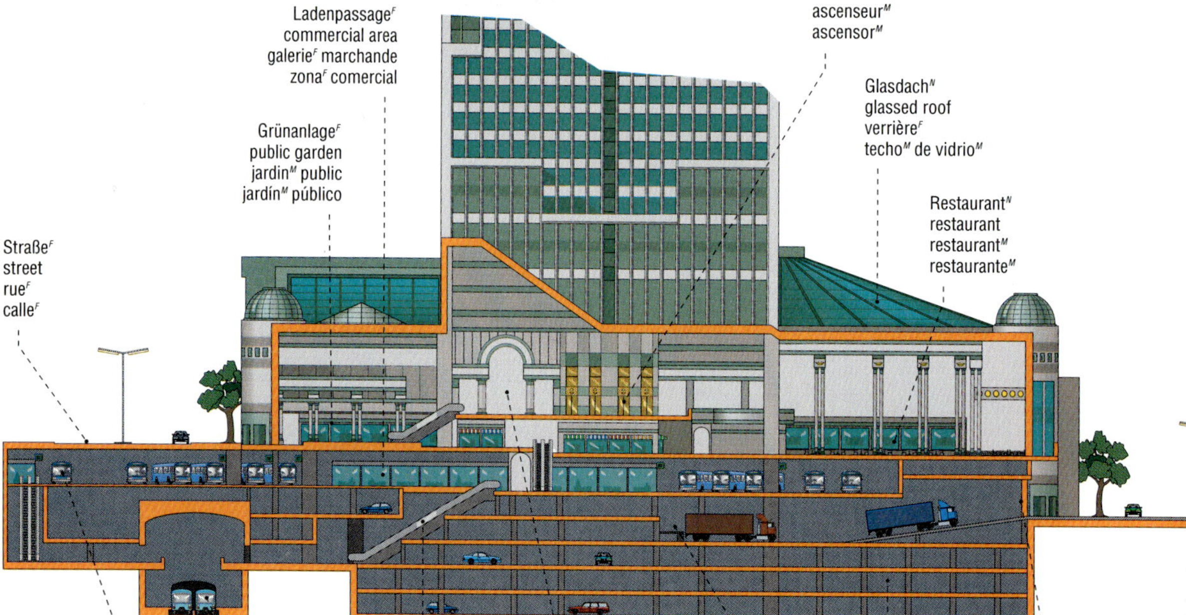

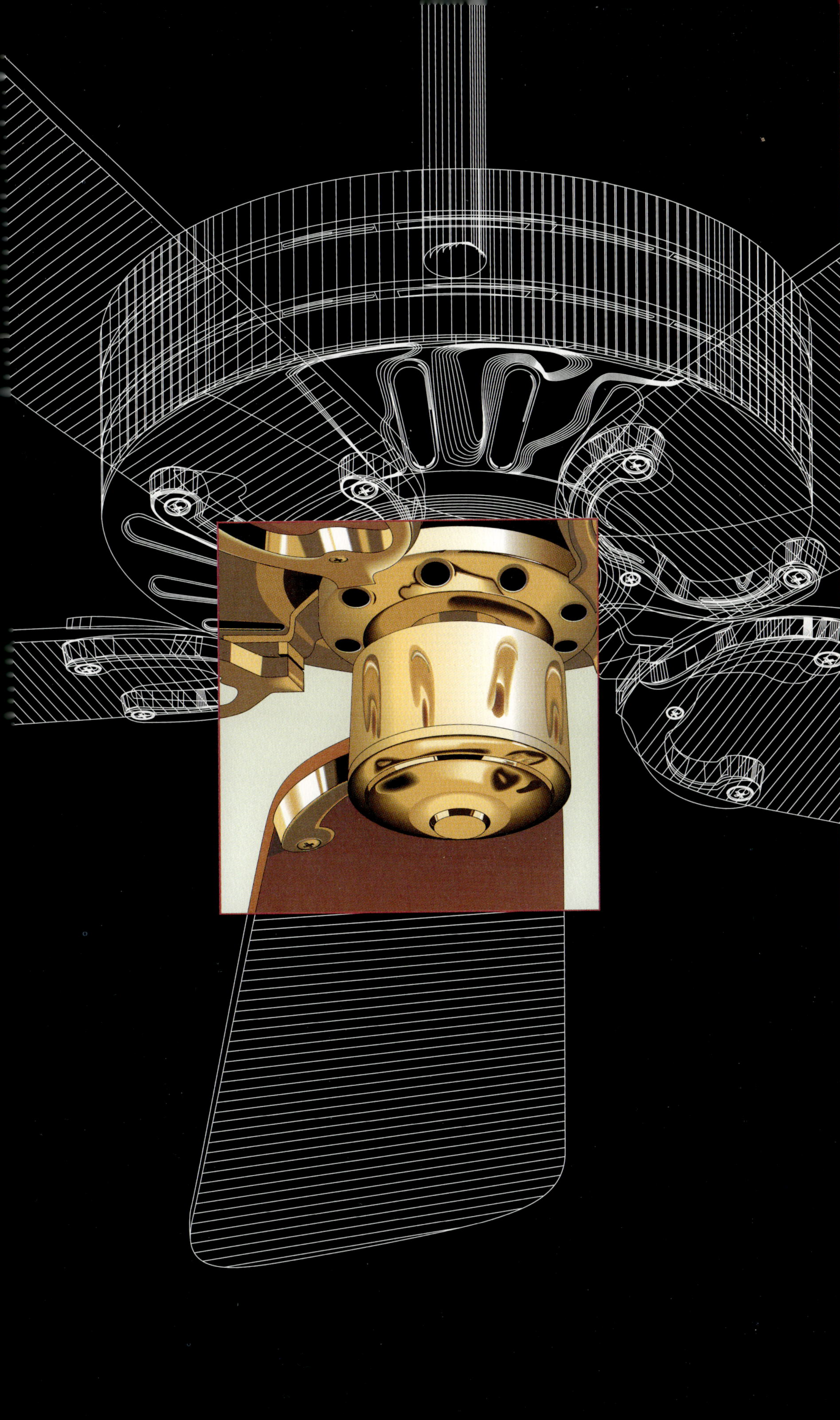

INHALT

GEBÄUDEPLANUNG 193
AUSSENANSICHT EINES HAUSES 196
KONSTRUKTION EINES HAUSES 198
PARKETTBODEN 200
TREPPE 201
TÜR 202
FENSTER 203
HEIZUNG 204
KLIMAANLAGE 214
SANITÄRINSTALLATIONSSYSTEM 215
VERSITZGRUBE 216
SCHMUTZWASSERHEBEANLAGE 216

GEBÄUDEPLANUNG^F
BLUEPRINT READING
LECTURE^F DE PLANS^M
PLANO^M DE UNA CASA

ANSICHT^F
ELEVATION
ÉLÉVATION^F
ELEVACIÓN^F

LAGEPLAN^M
SITE PLAN
PLAN^M DU TERRAIN^M
PLANO^M DEL TERRENO

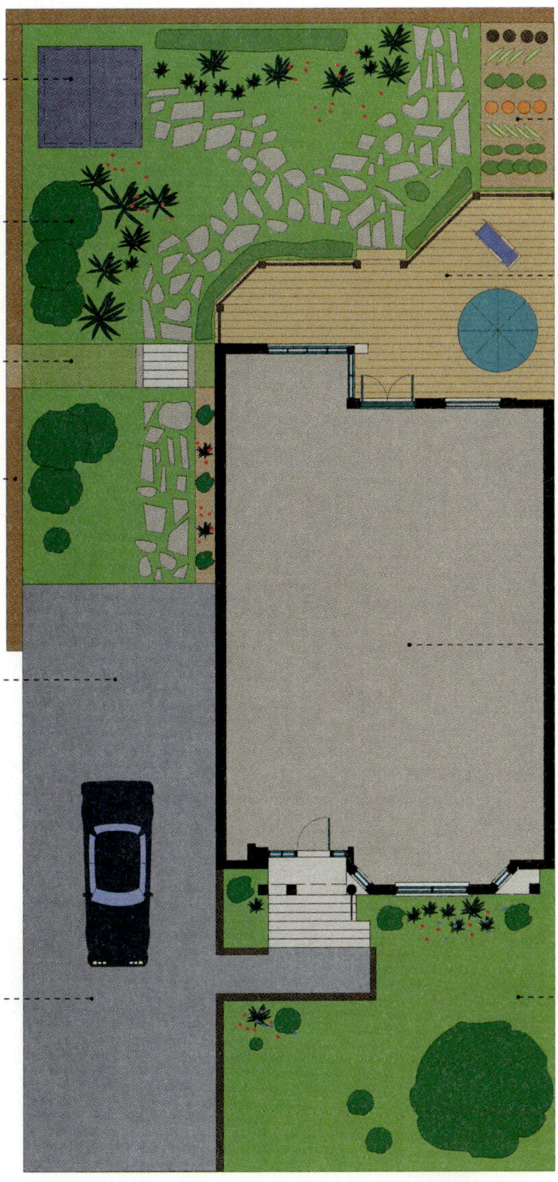

HALBGESCHOSS^{N}
MEZZANINE FLOOR
MEZZANINE^{F}
ENTRESUELO^{M}

ERSTER STOCK^{M}
FIRST FLOOR
ÉTAGE^{M}
PLANTA^{F} ALTA

ERDGESCHOSS^{N}
GROUND FLOOR
REZ-DE-CHAUSSÉE^{M}
PLANTA^{F} BAJA

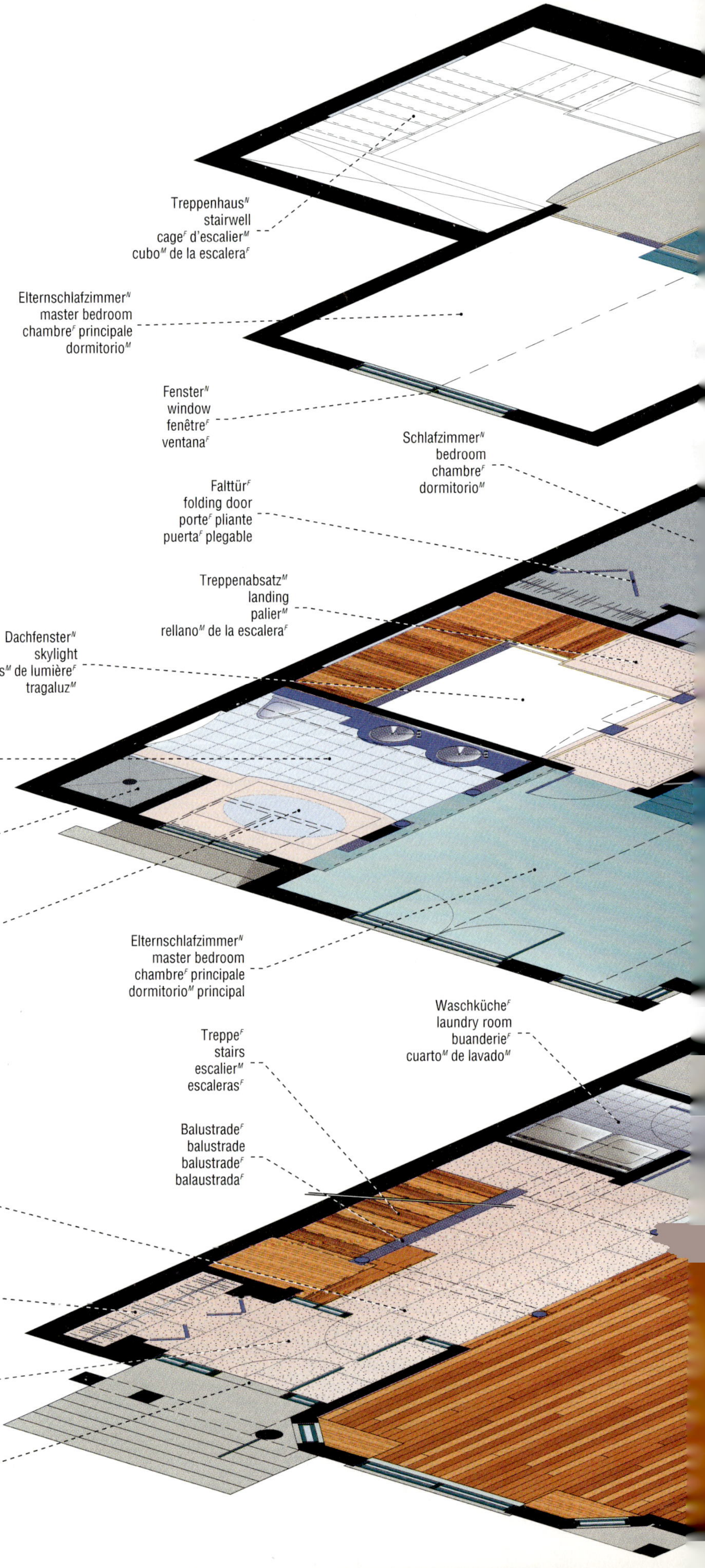

GEBÄUDEPLANUNG[F]
BLUEPRINT READING
LECTURE[F] DE PLANS[M]
ELEMENTOS[M] BÁSICOS DE UN PLANO[M]

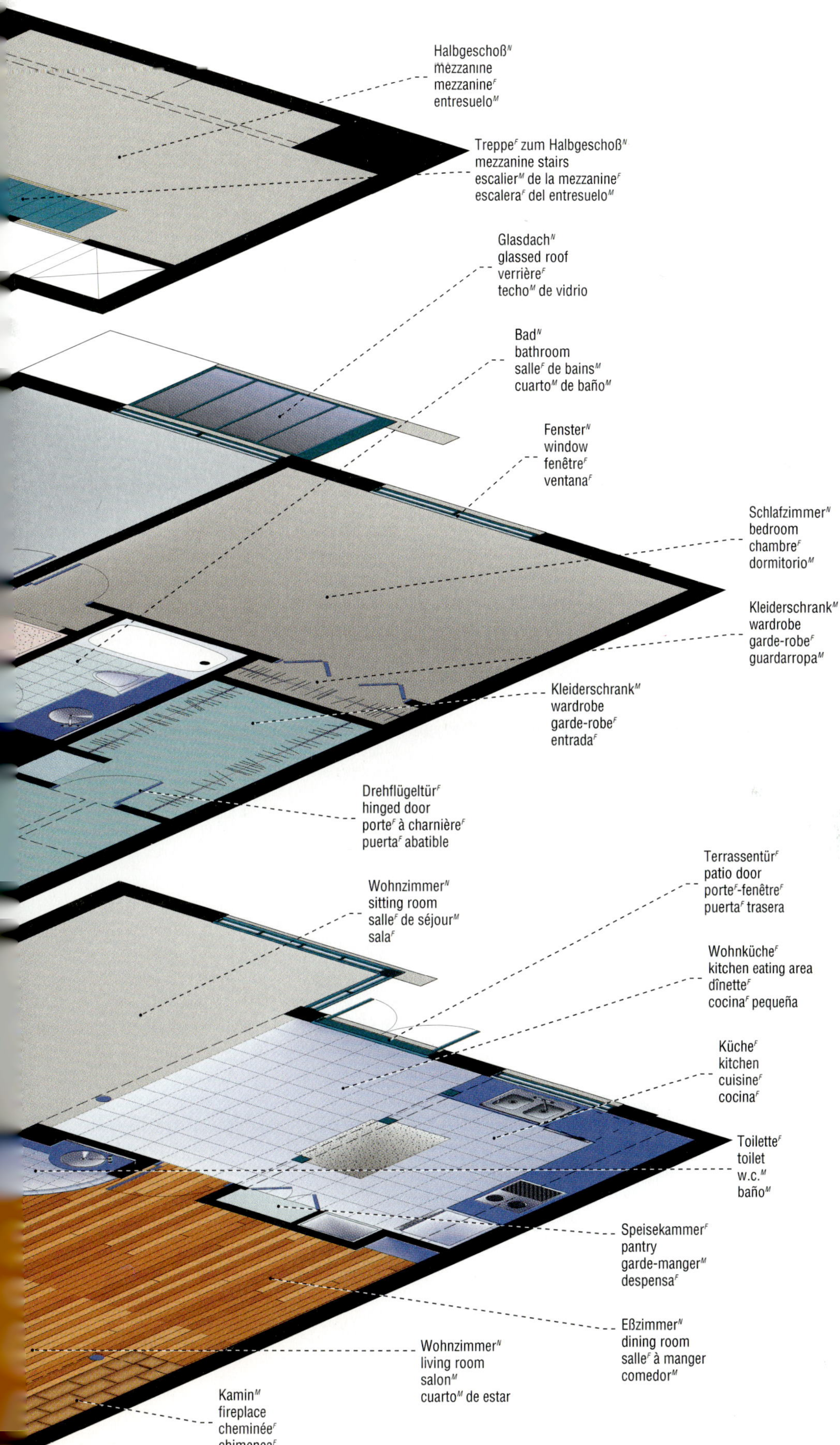

AUSSENANSICHT^F EINES HAUSES^N
EXTERIOR OF A HOUSE
EXTÉRIEUR^M D'UNE MAISON^F
EXTERIOR^M DE UNA CASA^F

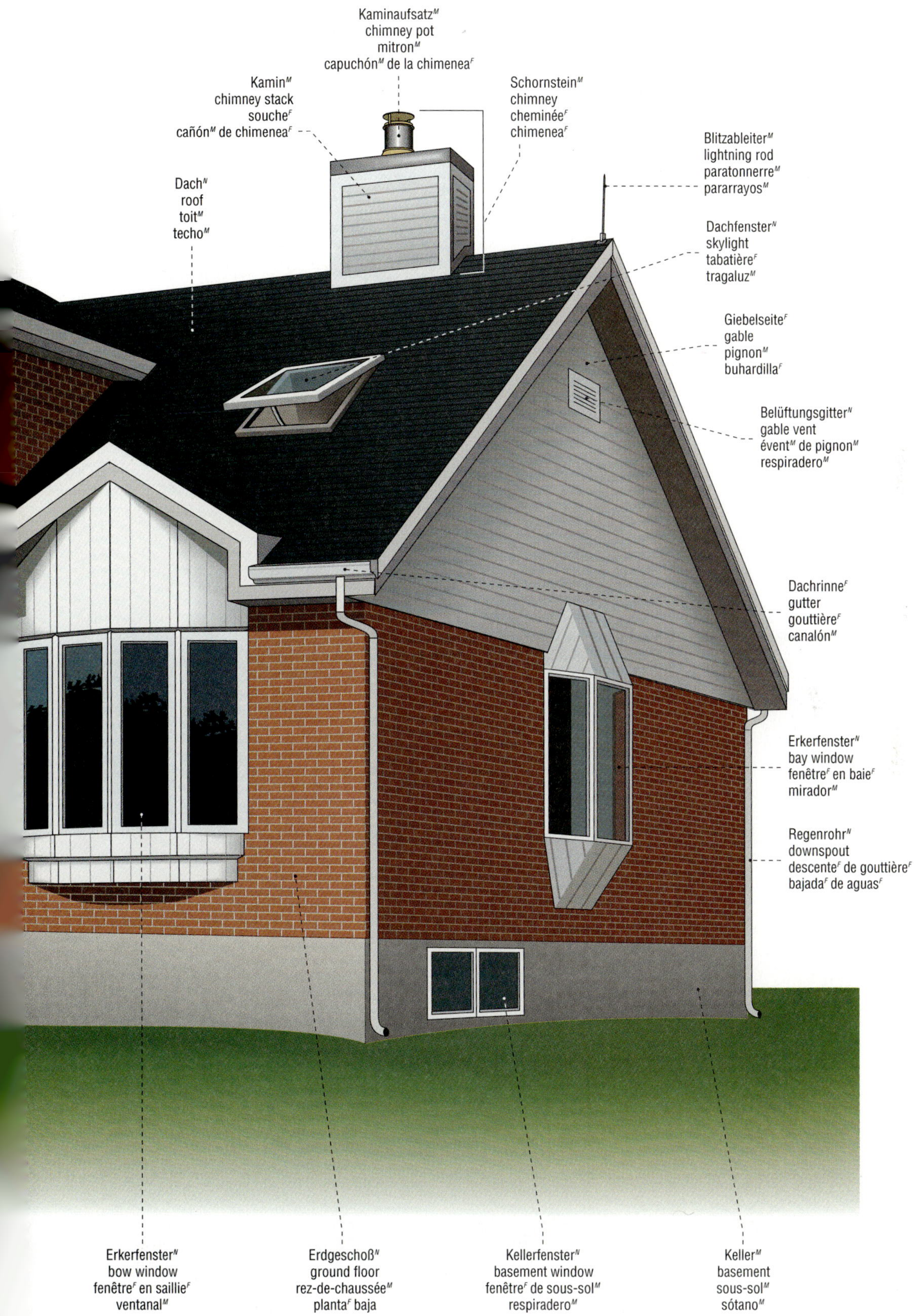
Kaminaufsatz^{M}
chimney pot
mitron^{M}
capuchón^{M} de la chimenea^{F}
Kamin^{M}
chimney stack
souche^{F}
cañón^{M} de chimenea^{F}
Schornstein^{M}
chimney
cheminée^{F}
chimenea^{F}
Blitzableiter^{M}
lightning rod
paratonnerre^{M}
pararrayos^{M}
Dach^{N}
roof
toit^{M}
techo^{M}
Dachfenster^{N}
skylight
tabatière^{F}
tragaluz^{M}
Giebelseite^{F}
gable
pignon^{M}
buhardilla^{F}
Belüftungsgitter^{N}
gable vent
évent^{M} de pignon^{M}
respiradero^{M}
Dachrinne^{F}
gutter
gouttière^{F}
canalón^{M}
Erkerfenster^{N}
bay window
fenêtre^{F} en baie^{F}
mirador^{M}
Regenrohr^{N}
downspout
descente^{F} de gouttière^{F}
bajada^{F} de aguas^{F}
Erkerfenster^{N}
bow window
fenêtre^{F} en saillie^{F}
ventanal^{M}
Erdgeschoß^{N}
ground floor
rez-de-chaussée^{M}
planta^{F} baja
Kellerfenster^{N}
basement window
fenêtre^{F} de sous-sol^{M}
respiradero^{M}
Keller^{M}
basement
sous-sol^{M}
sótano^{M}

KONSTRUKTION^F EINES HAUSES^N
STRUCTURE OF A HOUSE
STRUCTURE^F D'UNE MAISON^F
ESTRUCTURA^F DE UNA CASA^F

RAHMEN^M
FRAME
CHARPENTE^F
ARMAZÓN^M

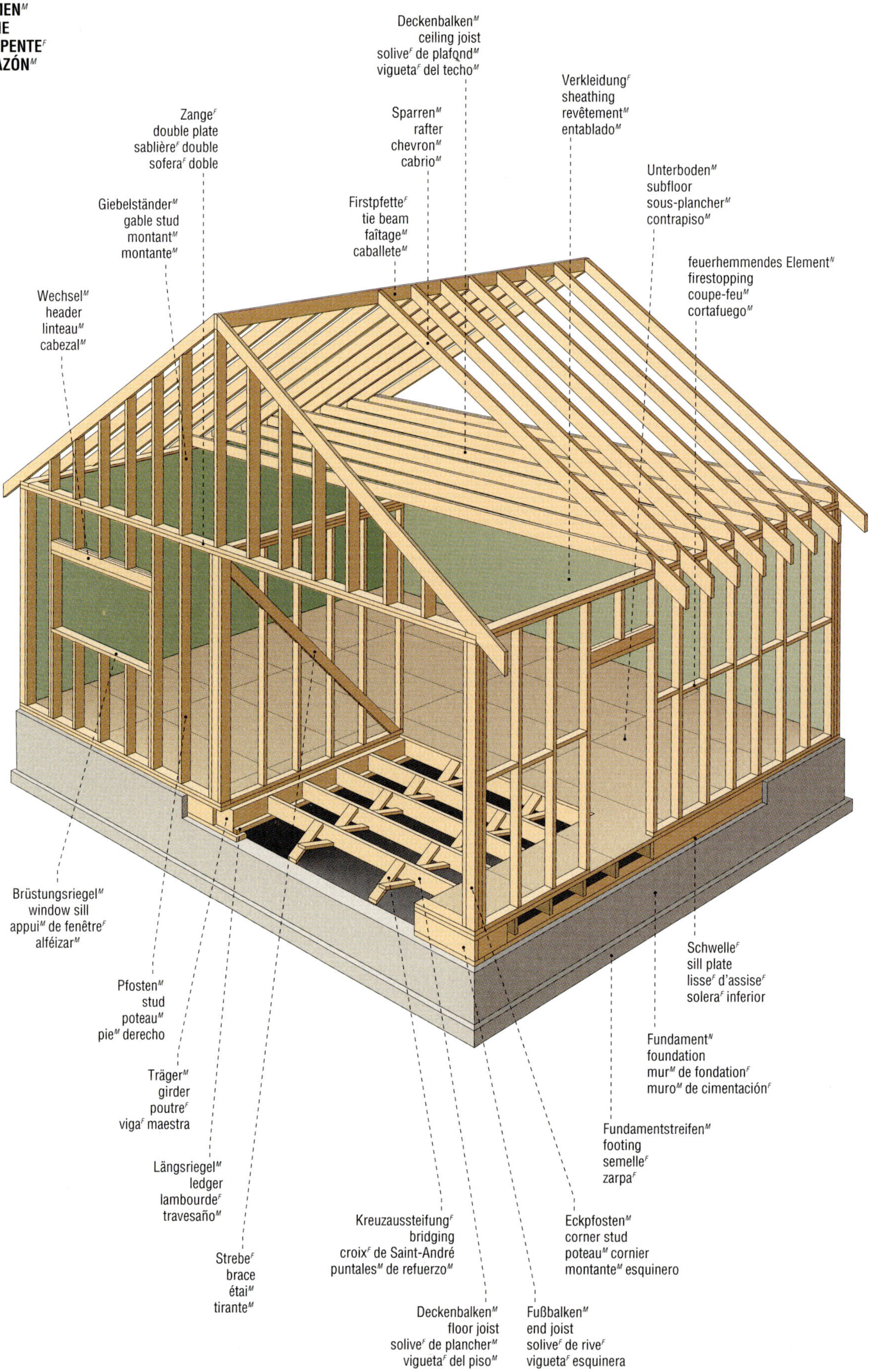

DACHSTUHL[M]
ROOF TRUSS
FERME[F] DE TOIT[M]
ARMADURA[F] DEL TECHO[M]

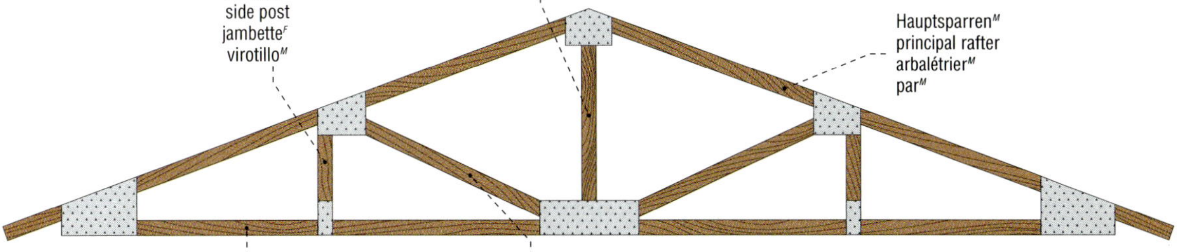

FUNDAMENT[N]
FOUNDATIONS
FONDATIONS[F]
CIMIENTOS[M]

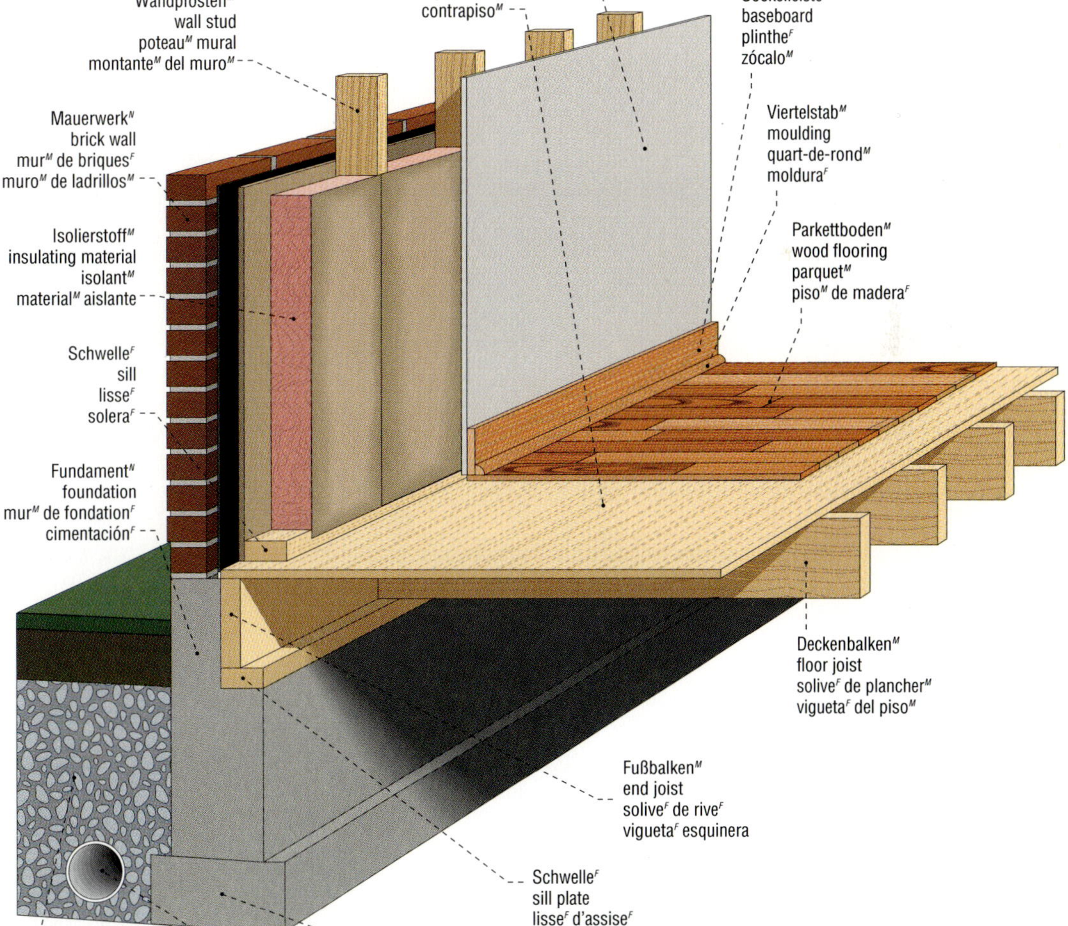

PARKETTBODEN^{M}
WOOD FLOORING
PARQUET^{M}
PISOS^{M} DE MADERA^{F}

PARKETTBODEN^{M} AUF ZEMENTESTRICH^{M}
WOOD FLOORING ON CEMENT SCREED
PARQUET^{M} SUR CHAPE^{F} DE CIMENT^{M}
PARQUÉ^{M} SOBRE BASE^{F} DE CEMENTO^{M}

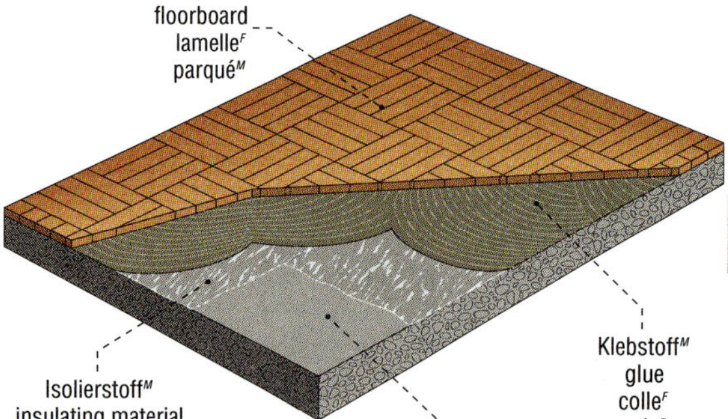

PARKETTBODEN^{M} AUF HOLZUNTERBAU^{M}
WOOD FLOORING ON WOODEN STRUCTURE
PARQUET^{M} SUR OSSATURE^{F} DE BOIS^{M}
ENTARIMADO^{M} SOBRE ESTRUCTURA^{F} DE MADERA^{F}

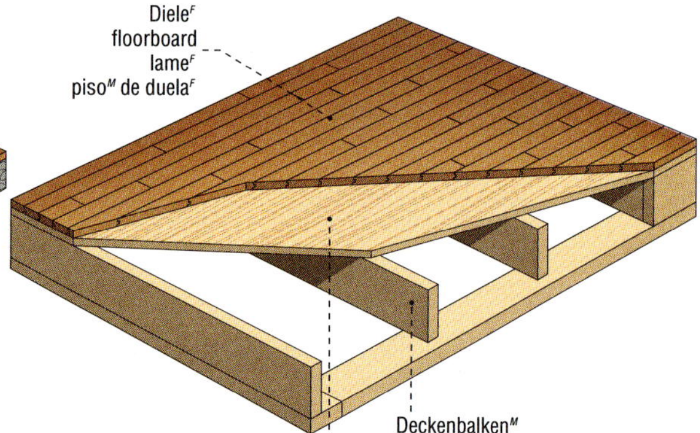

PARKETTMUSTER^{N}
WOOD FLOORING ARRANGEMENTS
ARRANGEMENTS^{M} DES PARQUETS^{M}
TIPOS^{M} DE PARQUÉ^{M}

Stabparkett^{N} im verlorenen Verband^{M}
overlay flooring
parquet^{M} à coupe^{F} perdue
parqué^{M} sobrepuesto

Stabparkett^{N}
strip flooring with alternate joints
parquet^{M} à coupe^{F} de pierre^{F}
parqué^{M} alternado a la inglesa

Fischgrätenparkett^{N}
herringbone parquet
parquet^{M} à bâtons^{M} rompus
parqué^{M} espinapez^{M}

Fischgrätenmuster^{N}
herringbone pattern
parquet^{M} en chevrons^{M}
espinapez^{M}

Mosaikparkett^{N}
inlaid parquet
parquet^{M} mosaïque^{F}
parqué^{M} entretejido

Würfelmusterparkett^{N}
basket weave pattern
parquet^{M} en vannerie^{F}
parqué^{M} de cestería^{F}

Arenberg-Parkett^{N}
Arenberg parquet
parquet^{M} d'Arenberg
parqué^{M} Arenberg

Chantilly-Parkett^{N}
Chantilly parquet
parquet^{M} Chantilly
parqué^{M} Chantilly

Versailles-Parkett^{N}
Versailles parquet
parquet^{M} Versailles
parqué^{M} Versailles

TREPPE[F]
STAIRS
ESCALIER[M]
ESCALERA[F]

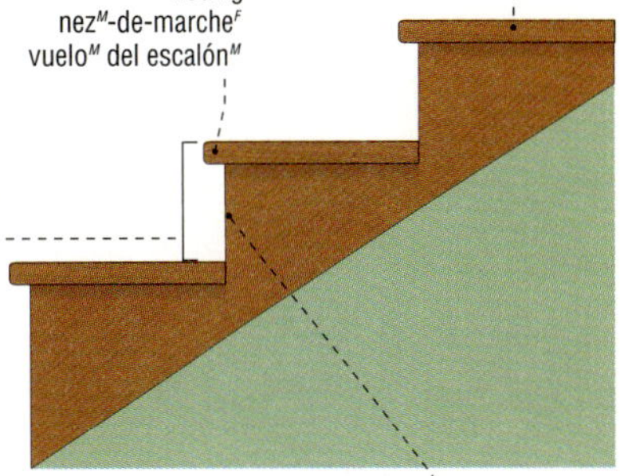

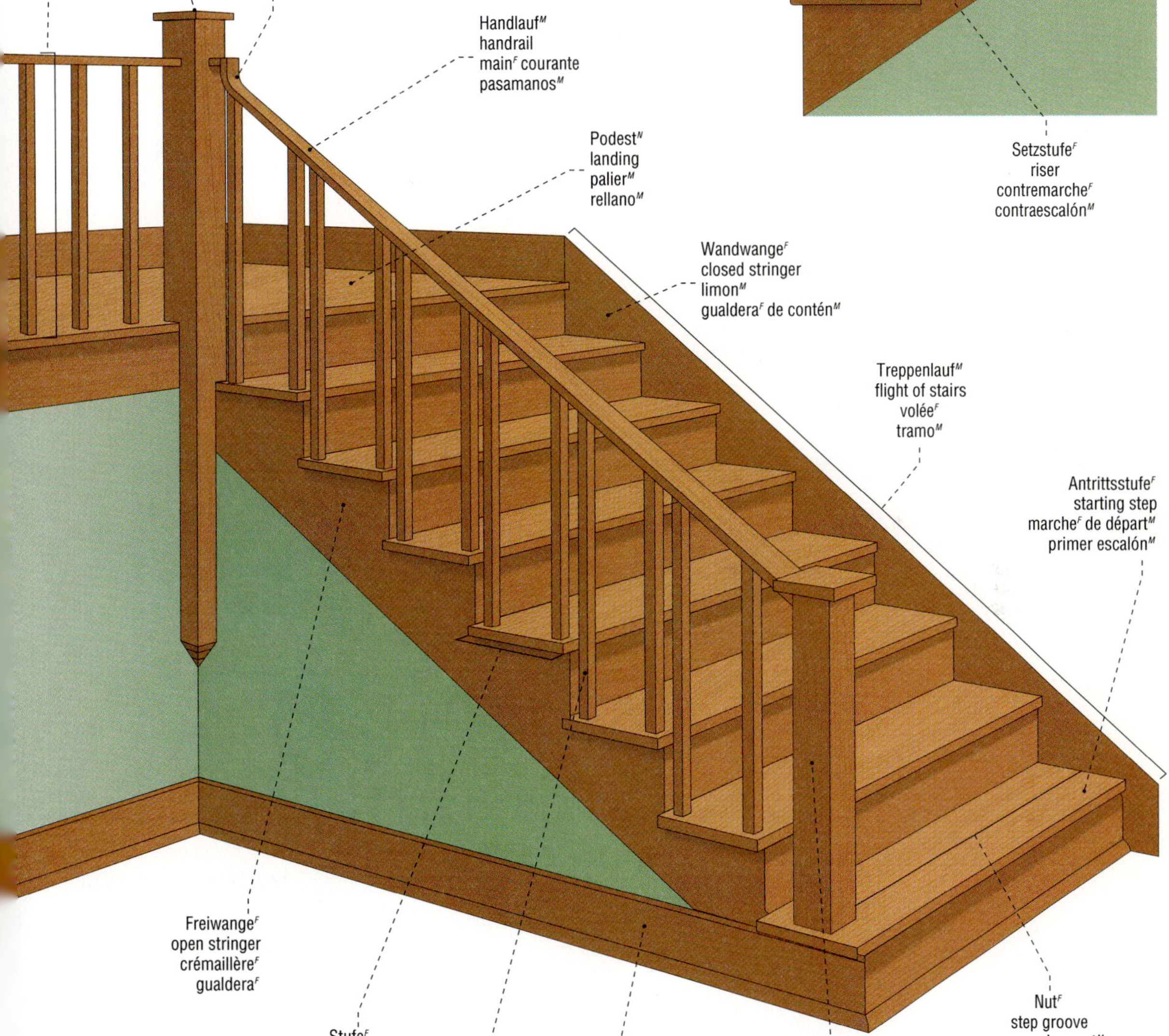

TÜR[F]
DOOR
PORTE[F]
PUERTA[F]

HAUSTÜR[F]
EXTERIOR DOOR
PORTE[F] EXTÉRIEURE
PUERTA[F] DE ENTRADA[F]

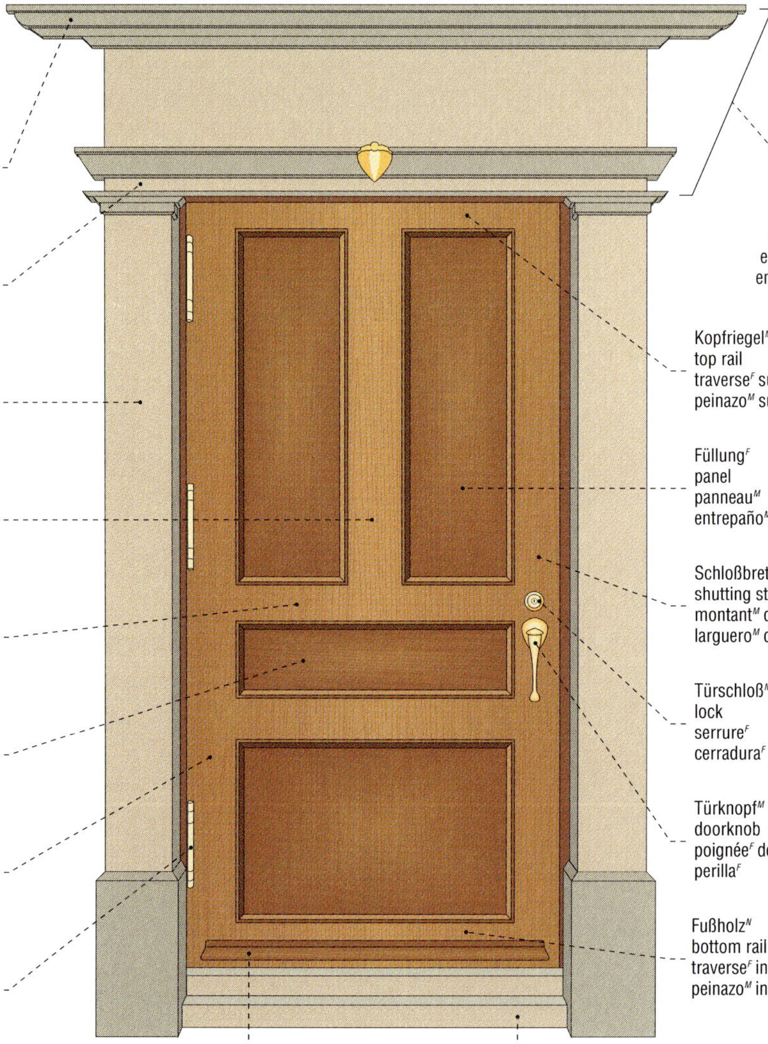

TÜRFORMEN[F]
TYPES OF DOORS
TYPES[M] DE PORTES[F]
TIPOS[M] DE PUERTAS[F]

Drehflügeltür[F]
conventional door
porte[F] classique
puerta[F] convencional

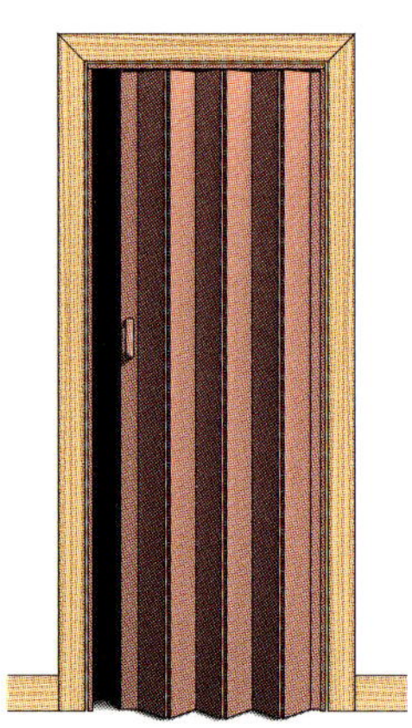
Harmonikatür[F]
sliding folding door
porte[F] accordéon[M]
puerta[F] de acordeón[M]

Falttür[F]
folding door
porte[F] pliante
puerta[F] plegable

Schiebetür[F]
sliding door
porte[F] coulissante
puerta[F] corrediza

FENSTER[N]
WINDOW
FENÊTRE[F]
VENTANA[F]

KONSTRUKTION[F]
STRUCTURE
STRUCTURE[F]
ESTRUCTURA[F]

FENSTERTYPEN[M]
TYPES OF WINDOWS
TYPES[M] DE FENÊTRES[F]
TIPOS[M] DE VENTANA[F]

Drehflügel[M] nach innen
French window
fenêtre[F] à la française[F]
ventana[F] francesa

Drehflügel[M] nach außen
casement window
fenêtre[F] à l'anglaise[F]
ventana[F] de dos hojas[F]

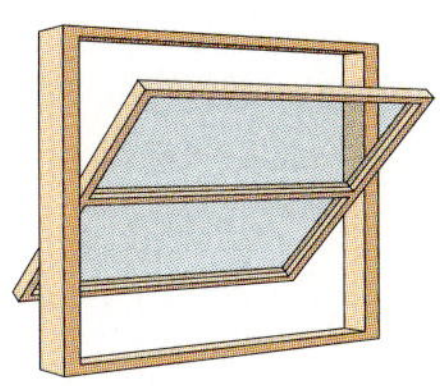

Schwingflügel[M]
horizontal pivoting window
fenêtre[F] basculante
ventana[F] basculante

horizontales Schiebefenster[N]
sliding window
fenêtre[F] coulissante
ventana[F] corrediza

Faltfenster[N]
sliding folding window
fenêtre[F] en accordéon[M]
ventana[F] de acordeón[M]

Wendeflügel[M]
vertical pivoting window
fenêtre[F] pivotante
ventana[F] giratoria

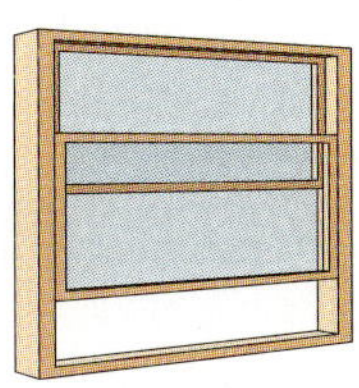

vertikales Schiebefenster[N]
sash window
fenêtre[F] à guillotine[F]
ventana[F] de guillotina[F]

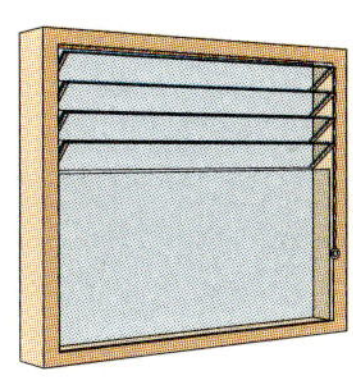

Jalousiefenster[N]
louvred window
fenêtre[F] à jalousies[F]
ventana[F] de celosía[F]

HEIZUNG^{F}
HEATING
CHAUFFAGE^{M}
CALEFACCIÓN^{F}

KAMIN^{M}
FIREPLACE
CHEMINÉE^{F} À FOYER^{M} OUVERT
CHIMENEA^{F}

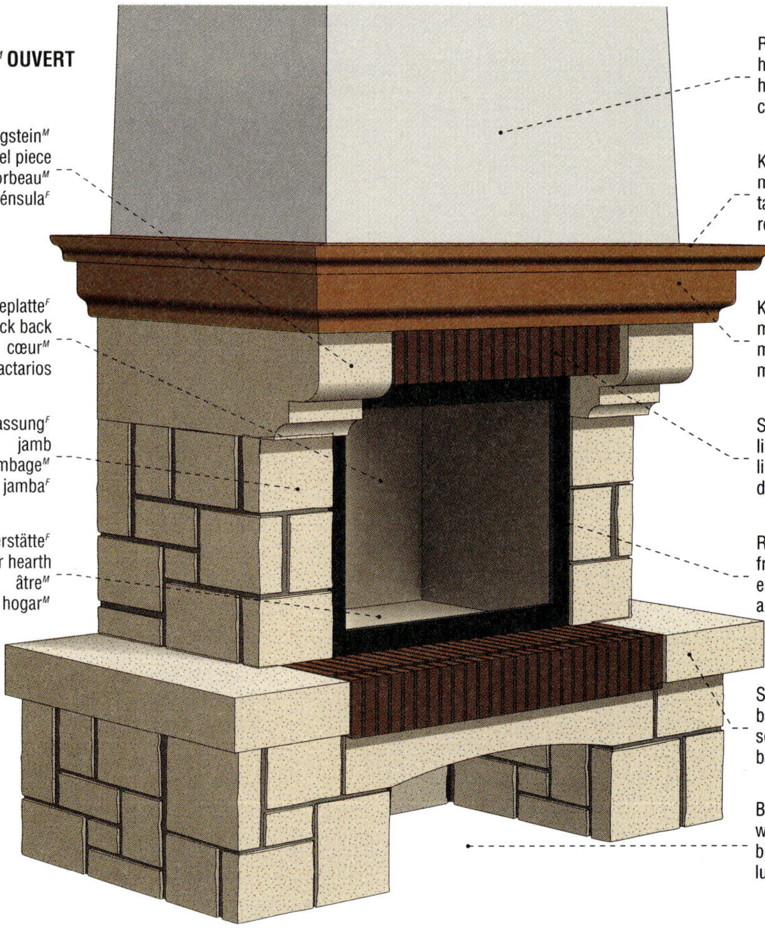

LANGSAM BRENNENDER OFEN^{M}
SLOW-BURNING STOVE
POÊLE^{M} À COMBUSTION^{F} LENTE
ESTUFA^{F} DE LEÑA^{F} A FUEGO^{M} LENTO

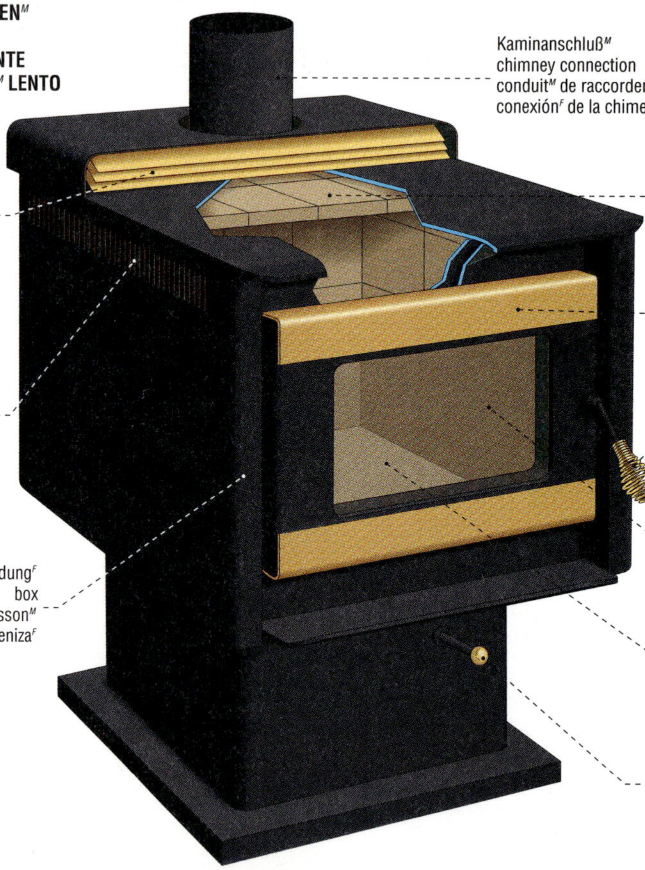

KAMIN[M]
CHIMNEY
CHEMINÉE[F]
CHIMENEA[F]

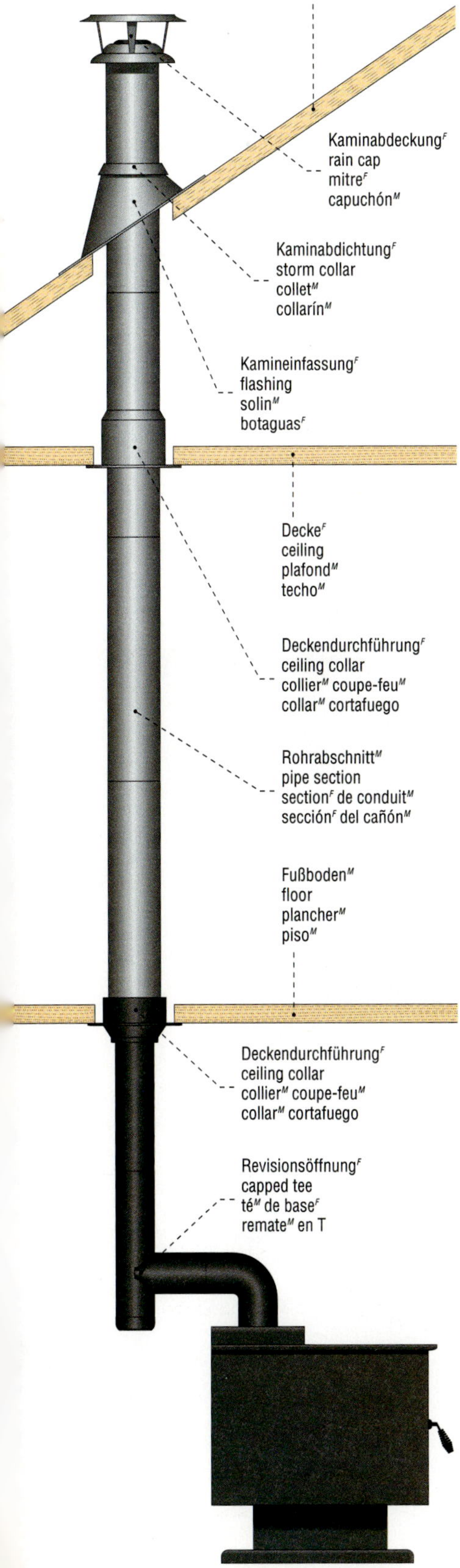

KAMINBESTECK[N]
FIRE IRONS
ACCESSOIRES[M] DE FOYER[M]
UTENSILIOS[M] PARA LA CHIMENEA[F]

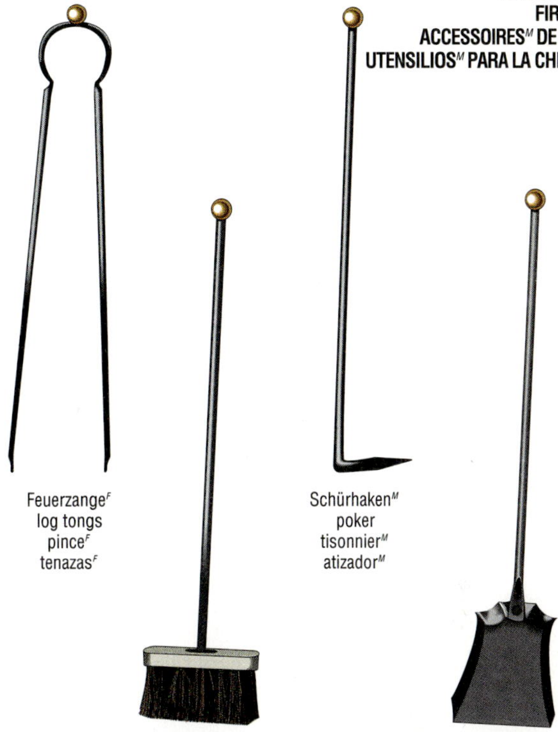

Holzträger[M]
log carrier
porte-bûches[M]
portaleños[M]

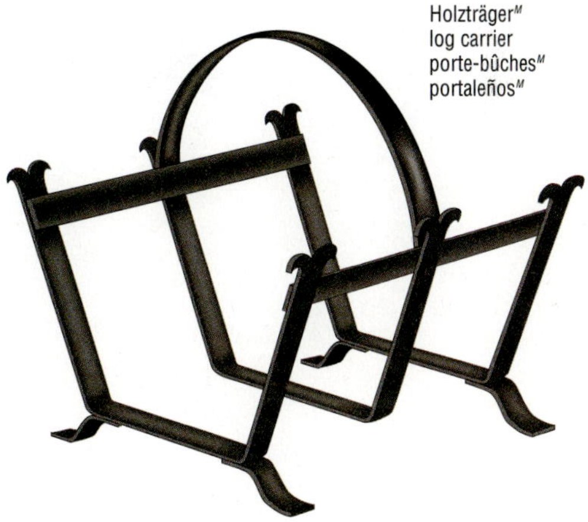

Feuerbock[M]
andirons
chenêts[M]
morillos[M]

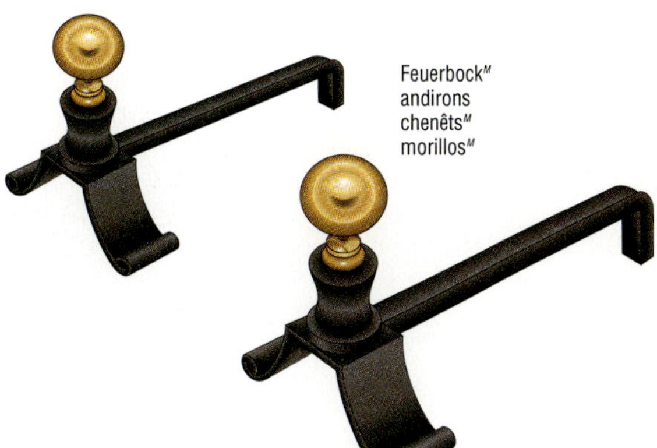

WARMLUFTSYSTEM[N] MIT ZWANGSUMLAUF[M]
FORCED WARM-AIR SYSTEM
INSTALLATION[F] À AIR[M] CHAUD PULSÉ
SISTEMA[M] DE AIRE[M] CALIENTE A PRESIÓN[F]

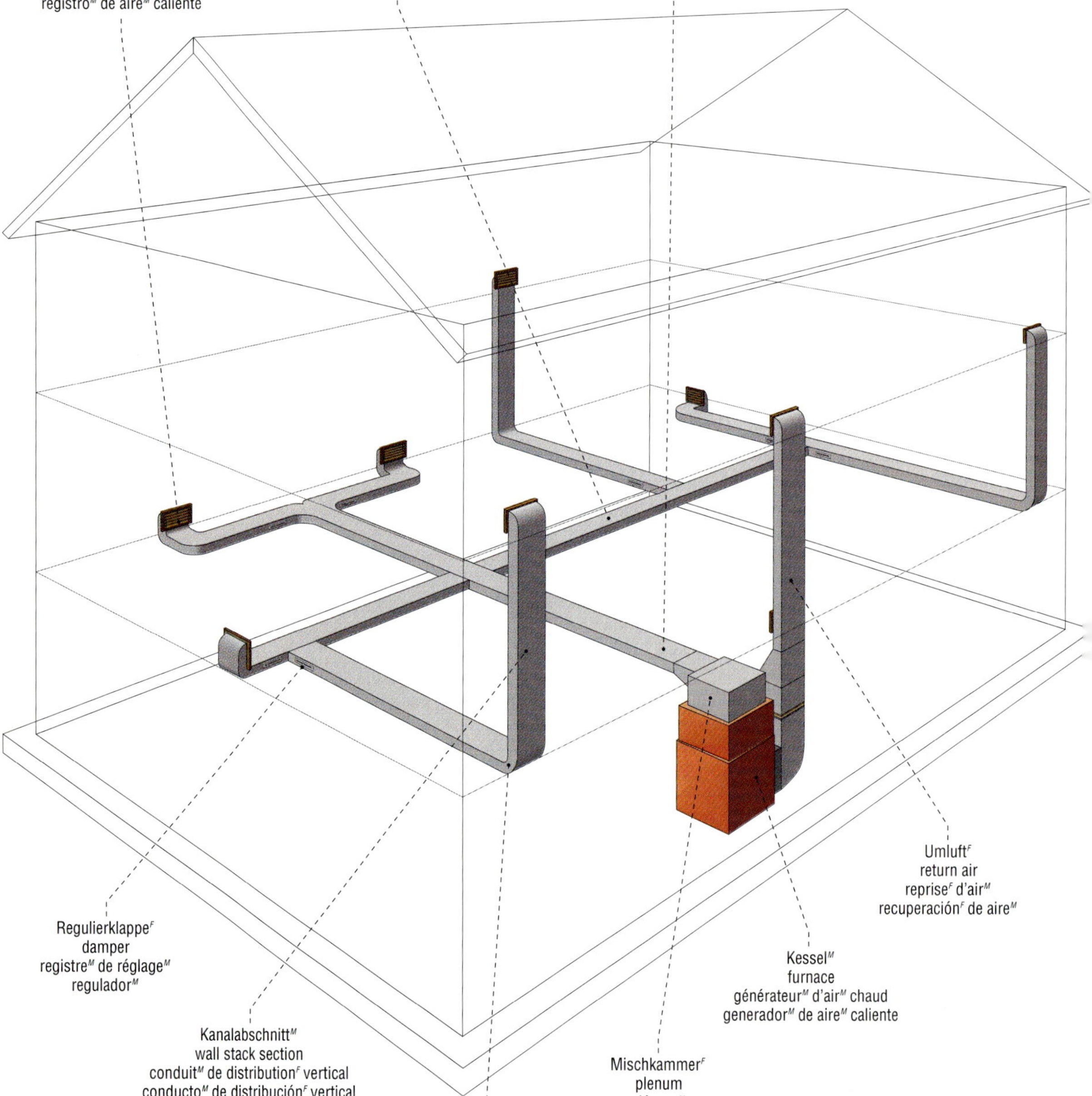

ELEKTRISCHER KESSEL[M]
ELECTRIC FURNACE
GÉNÉRATEUR[M] D'AIR[M] CHAUD ÉLECTRIQUE
CALEFACCIÓN[F] ELÉCTRICA

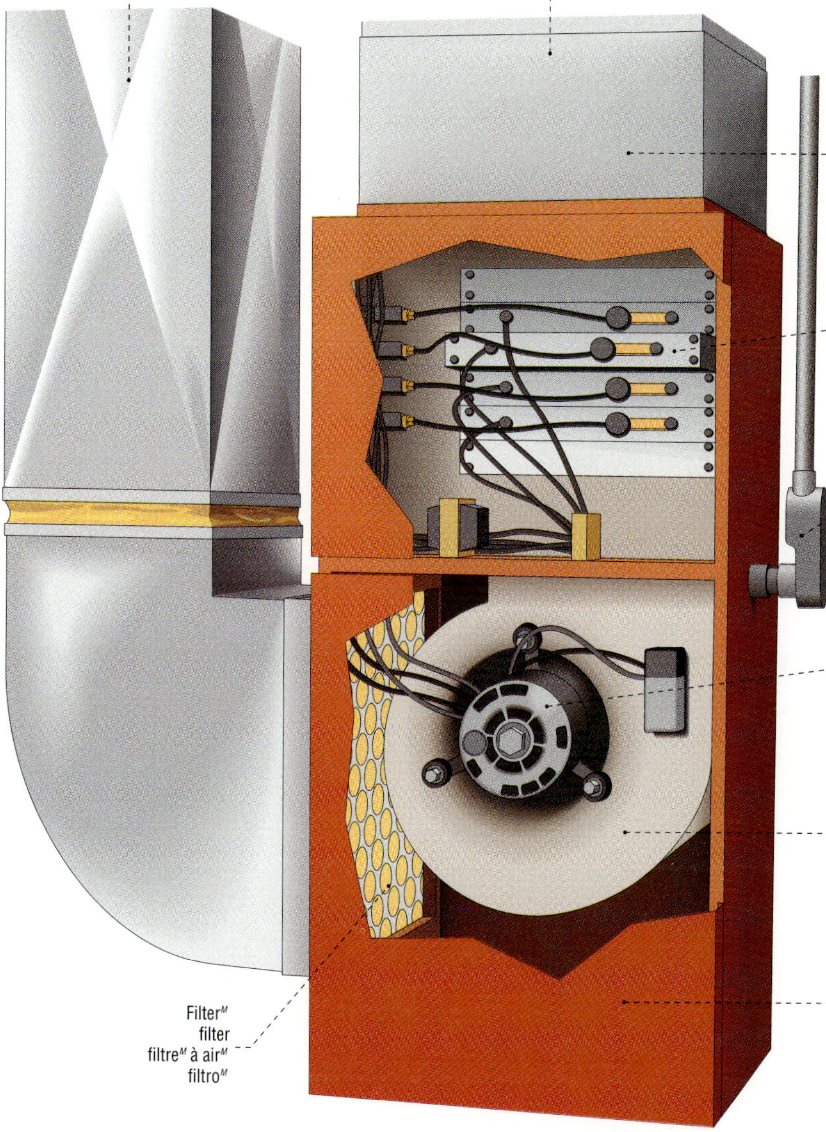

LUFTDURCHLÄSSE[M]
TYPES OF GRILLES
TYPES[M] DE BOUCHES[F]
REJILLAS[F]

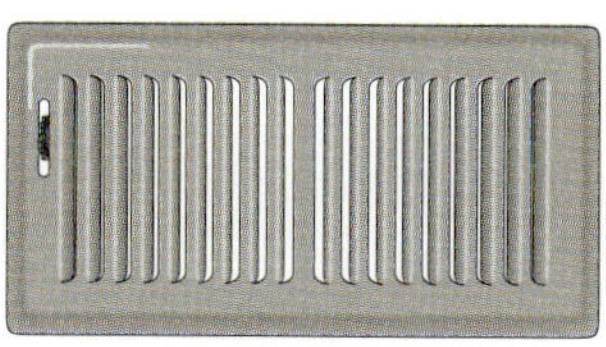

Leistendurchlaß[M]
skirting grille
bouche[F] de soufflage[M]
rejilla[F] de piso[M]

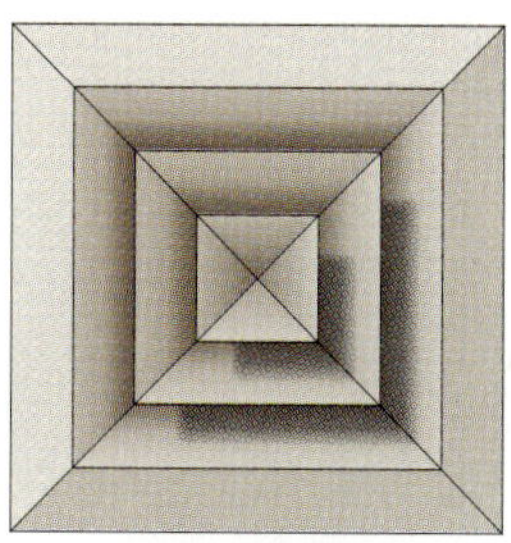

Deckendurchlaß[M]
ceiling grille
bouche[F] à induction[F]
rejilla[F] de techo[M]

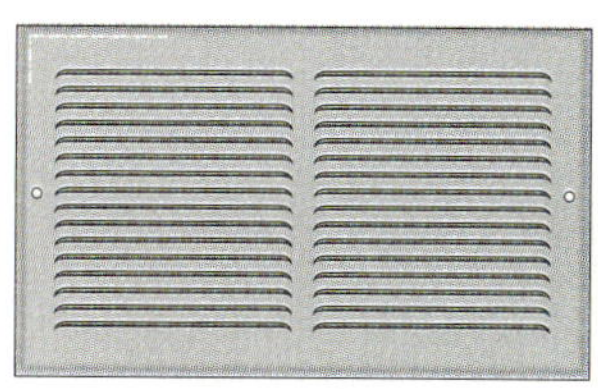

Wanddurchlaß[M]
wall grille
bouche[F] d'extraction[F]
rejilla[F] de pared[F]

HEIZUNG[F]
HEATING
CHAUFFAGE[M]
CALEFACCIÓN[F]

WARMWASSERHEIZUNG[F] MIT ZWANGSUMLAUF[M]
FORCED HOT-WATER SYSTEM
INSTALLATION[F] À EAU[F] CHAUDE
SISTEMA[M] DE AGUA[F] CALIENTE A PRESIÓN[F]

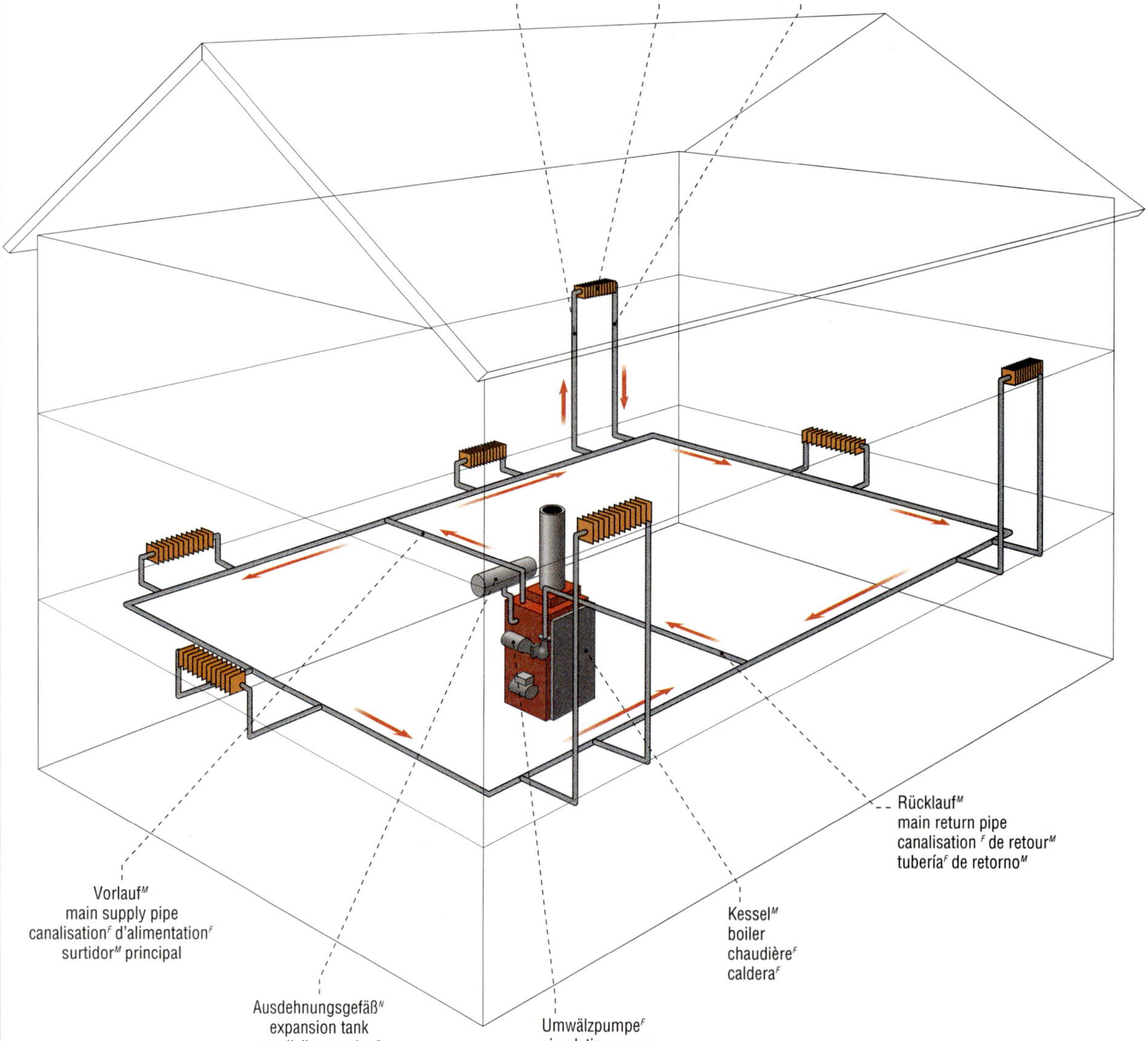

PLATTENHEIZKÖRPER[M]
COLUMN RADIATOR
RADIATEUR[M] À COLONNES[F]
RADIADOR[M] TUBULAR

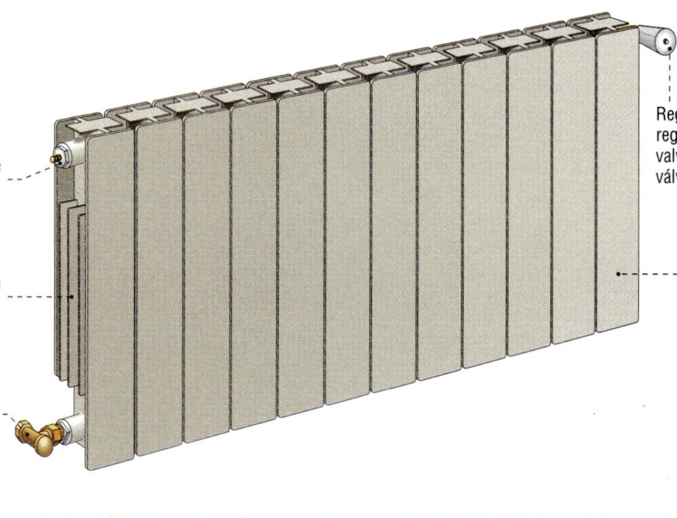

KESSEL[M]
BOILER
CHAUDIÈRE[F]
CALDERA[F]

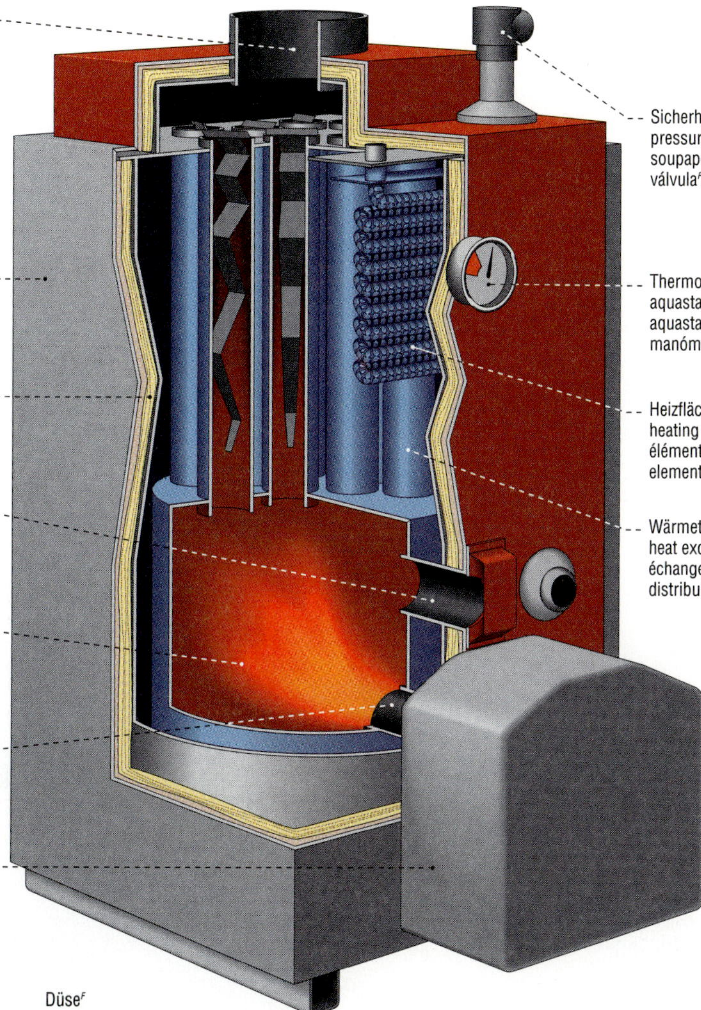

ÖLBRENNER[M]
OIL BURNER
BRÛLEUR[M] À MAZOUT[M]
CALENTADOR[M] DE PETRÓLEO[M]

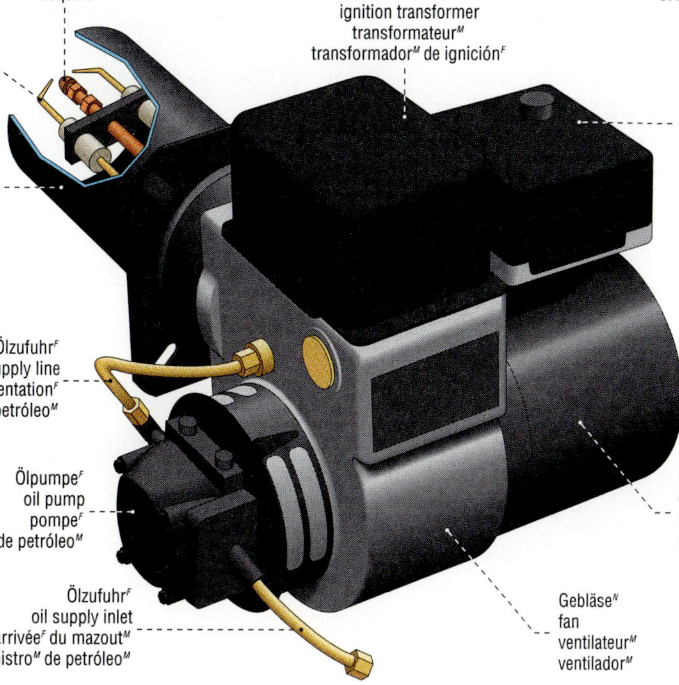

HEIZUNG[F]
HEATING
CHAUFFAGE[M]
CALEFACCIÓN[F]

LUFTBEFEUCHTER[M]
HUMIDIFIER
HUMIDIFICATEUR[M]
HUMIDIFICADOR[M]

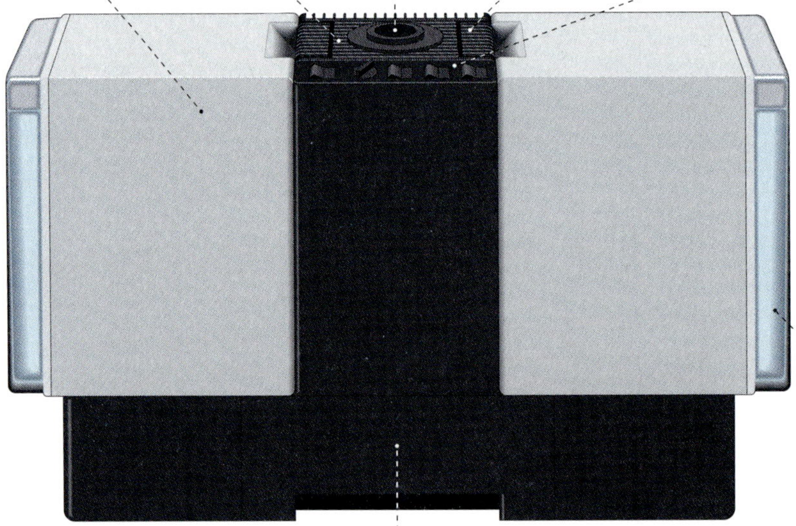

HYGROMETER[N]
HYGROMETER
HYGROMÈTRE[M]
HIGRÓMETRO[M]

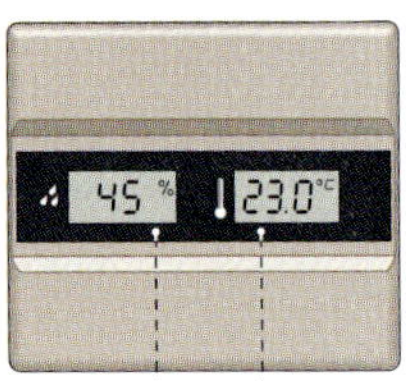

ELEKTROKONVEKTOR[M]
ELECTRIC SKIRTING CONVECTOR
PLINTHE[F] CHAUFFANTE ÉLECTRIQUE
RADIADOR[M] ELÉCTRICO

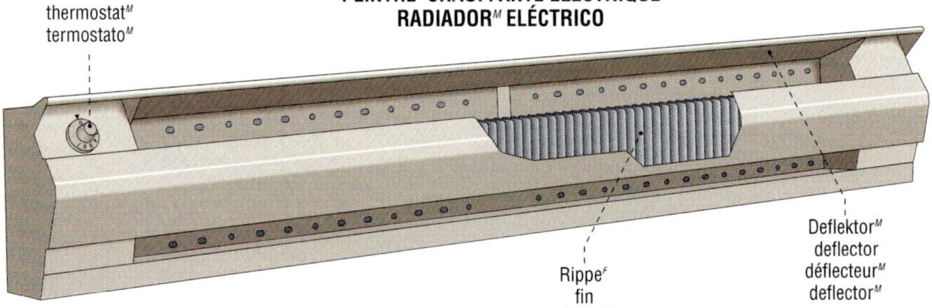

KONVEKTOR[M]
CONVECTOR
CONVECTEUR[M]
RADIADOR[M] DE CONVEXIÓN[F]

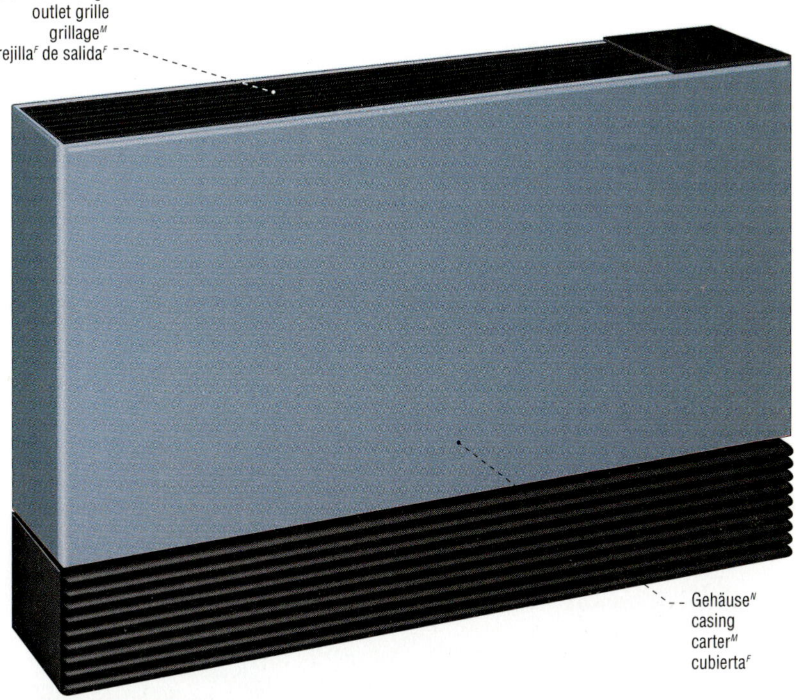

ZUSATZHEIZUNG[F]
AUXILIARY HEATING
CHAUFFAGE[M] D'APPOINT[M]
CALEFACCIÓN[F] AUXILIAR

Heizstrahler[M]
radiant heater
radiateur[M] rayonnant
calentador[M] eléctrico

ölgefüllter Heizkörper[M]
oil-filled radiator
radiateur[M] bain[M] d'huile[F]
calentador[M] de aceite[M]

Heizlüfter[M]
fan heater
radiateur[M] soufflant
ventilador[M] de aire[M] caliente

WÄRMEPUMPE^{F}
HEAT PUMP
POMPE^{F} À CHALEUR^{F}
SISTEMA^{M} DE BOMBA^{F} DE CALOR^{M}

ANLAGE^{F} FÜR AUSSENAUFSTELLUNG^{F}
OUTDOOR UNIT
MODULE^{M} EXTÉRIEUR
UNIDAD^{F} EXTERIOR

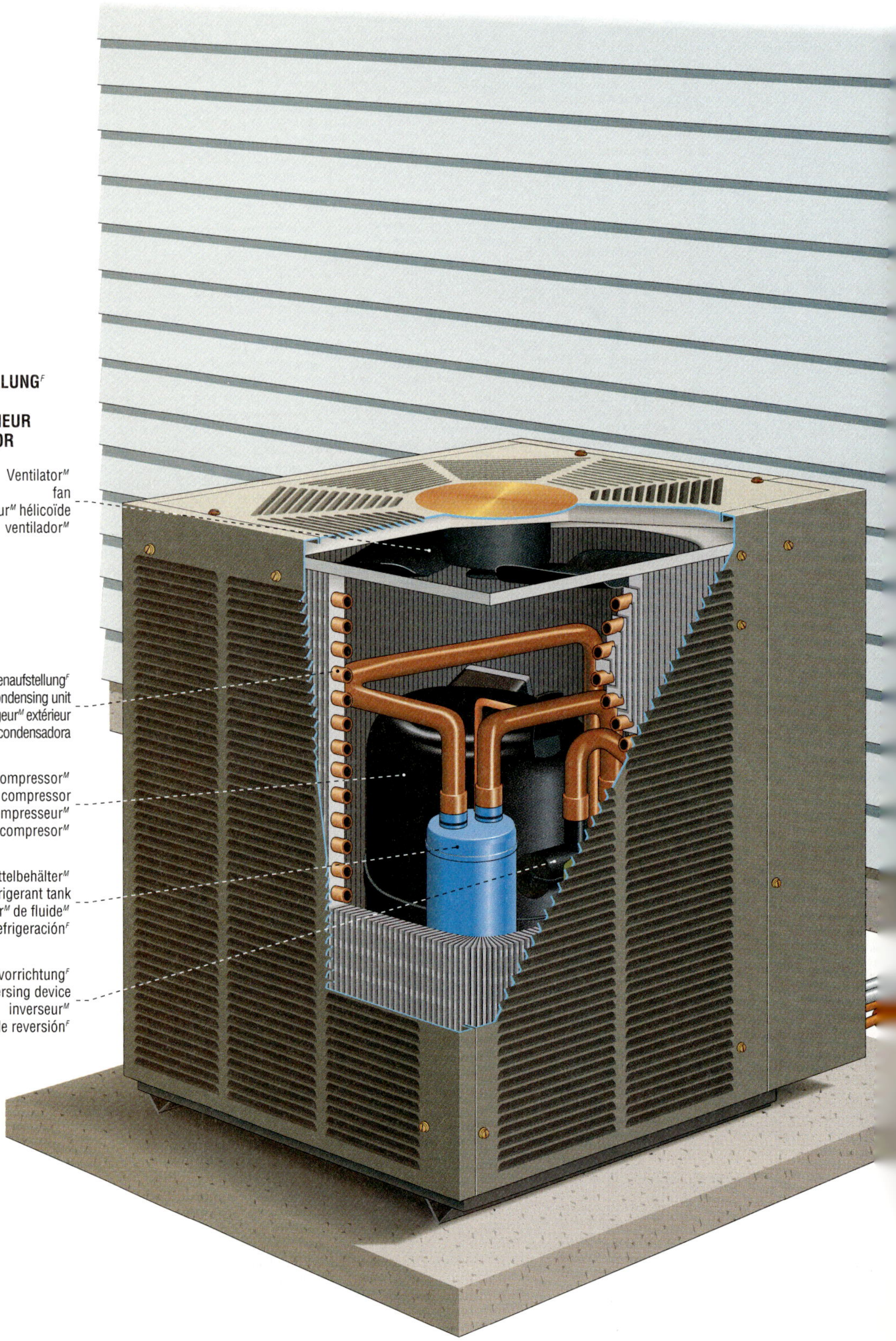

Ventilator^{M}
fan
ventilateur^{M} hélicoïde
ventilador^{M}

Kondensator^{M} für Außenaufstellung^{F}
outdoor condensing unit
échangeur^{M} extérieur
unidad^{F} exterior condensadora

Kompressor^{M}
compressor
compresseur^{M}
compresor^{M}

Kältemittelbehälter^{M}
refrigerant tank
réservoir^{M} de fluide^{M}
tanque^{M} de refrigeración^{F}

Umschaltvorrichtung^{F}
reversing device
inverseur^{M}
mecanismo^{M} de reversión^{F}

ANLAGE[F] FÜR INNENAUFSTELLUNG[F]
INDOOR UNIT
MODULE[M] INTÉRIEUR
UNIDAD[F] INTERIOR

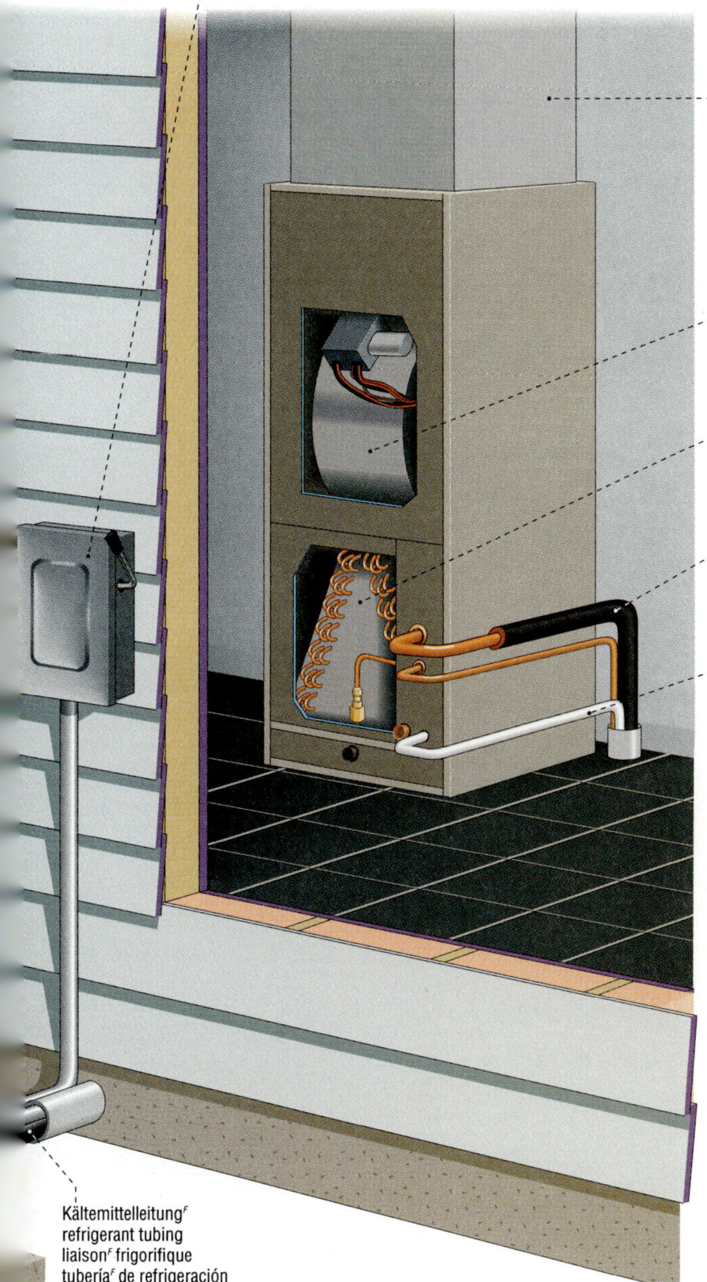

Leistungsschalter[M]
circuit breaker
disjoncteur[M]
interruptor[M] automático

Zuluftkanal[M]
supply duct
gaine[F] de distribution[F]
manga[F] de distribución[F]

Ventilator[M]
blower
ventilateur[M]
ventilador[M] centrífugo

Kühl- und Heizbatterie[F]
cooling/heating coils
échangeur[M] intérieur
serpentines[M] de enfriamiento[M] y calefacción[F]

Kältemittelleitung[F]
refrigerant tubing
liaison[F] frigorifique
tubería[F] de refrigeración

Stromanschluß[M]
electric connection
liaison[F] électrique
conexión[F] eléctrica

Kältemittelleitung[F]
refrigerant tubing
liaison[F] frigorifique
tubería[F] de refrigeración

RAUMTHERMOSTAT[M]
ROOM THERMOSTAT
THERMOSTAT[M] D'AMBIANCE[F]
TERMOSTATO[M]

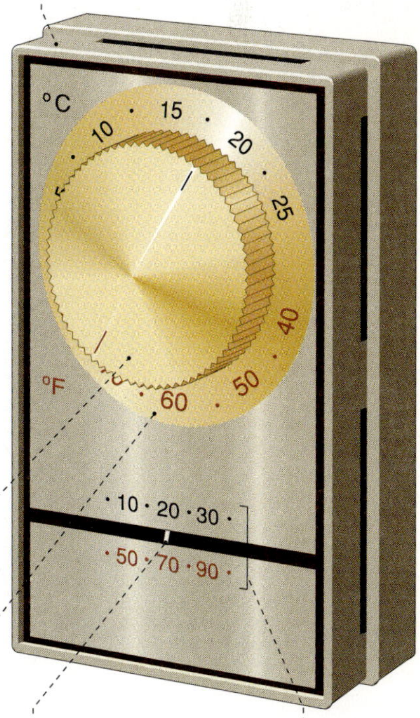

Abdeckung[F]
cover
couvercle[M]
tapa[F]

Temperaturregler[M]
temperature control
réglage[M] de la température[F]
control[M] de temperatura

Solltemperatur[F]
desired temperature
température[F] désirée
temperatura[F] deseada

Zeiger[M]
pointer
aiguille[F]
aguja[F] indicadora

tatsächliche Temperatur[F]
actual temperature
température[F] ambiante
temperatura[F] real

KLIMAANLAGE^F
AIR CONDITIONING
CLIMATISATION^F
AIRE^M ACONDICIONADO

DECKENVENTILATOR^M
CEILING FAN
VENTILATEUR^M DE PLAFOND^M
VENTILADOR^M DE TECHO^M

RAUMKLIMAANLAGE^F
ROOM AIR CONDITIONER
CLIMATISEUR^M DE FENÊTRE^F
ACONDICIONADOR^M DE AIRE^M

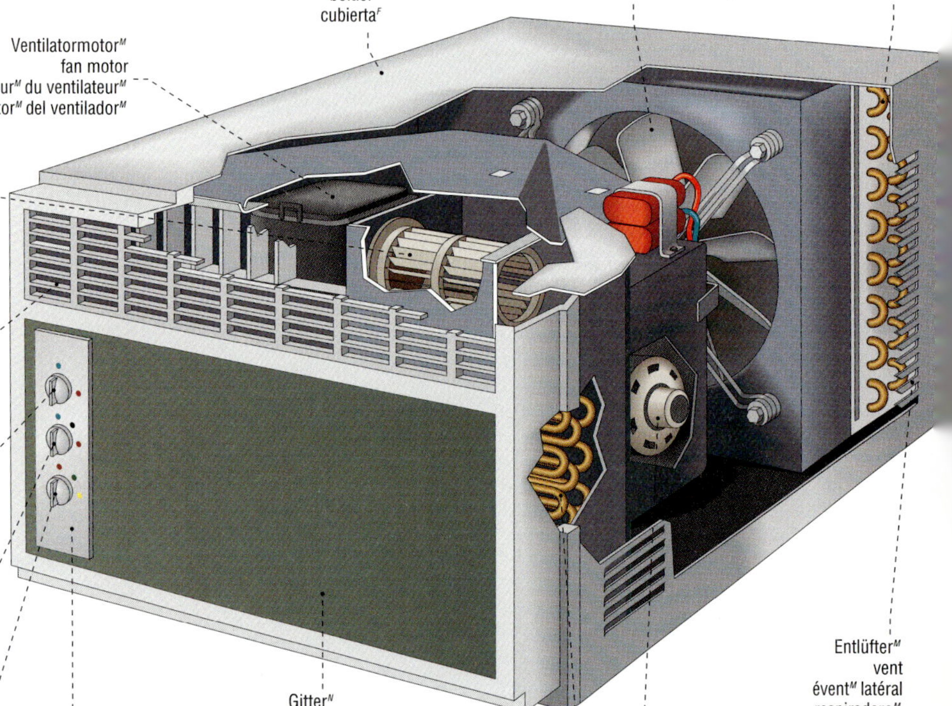

SANITÄRINSTALLATIONSSYSTEM[N]
PLUMBING SYSTEM
CIRCUIT[M] DE PLOMBERIE[F]
CAÑERÍAS[F]

Hauptringentlüfter[M]
main circuit vent
colonne[F] de ventilation[F] principale
toma[F] de aire[M] principal

Dachentlüfter[M]
roof vent
chapeau[M] de ventilation[F]
toma[F] de aire[M] del tejado[M]

Toilette[F]
toilet
w.c.[M]
retrete[M]

Ringentlüfter[M]
circuit vent
colonne[F] de ventilation[F]
derivación[F] de toma[F] de aire[M]

Waschbecken[N]
sink
lavabo[M]
lavabo[M]

Spüle[F] mit Doppelablauf[M]
double kitchen sink
évier[M] double
fregadero[M] doble

Badewanne[F]
bath
baignoire[F]
bañera[F]

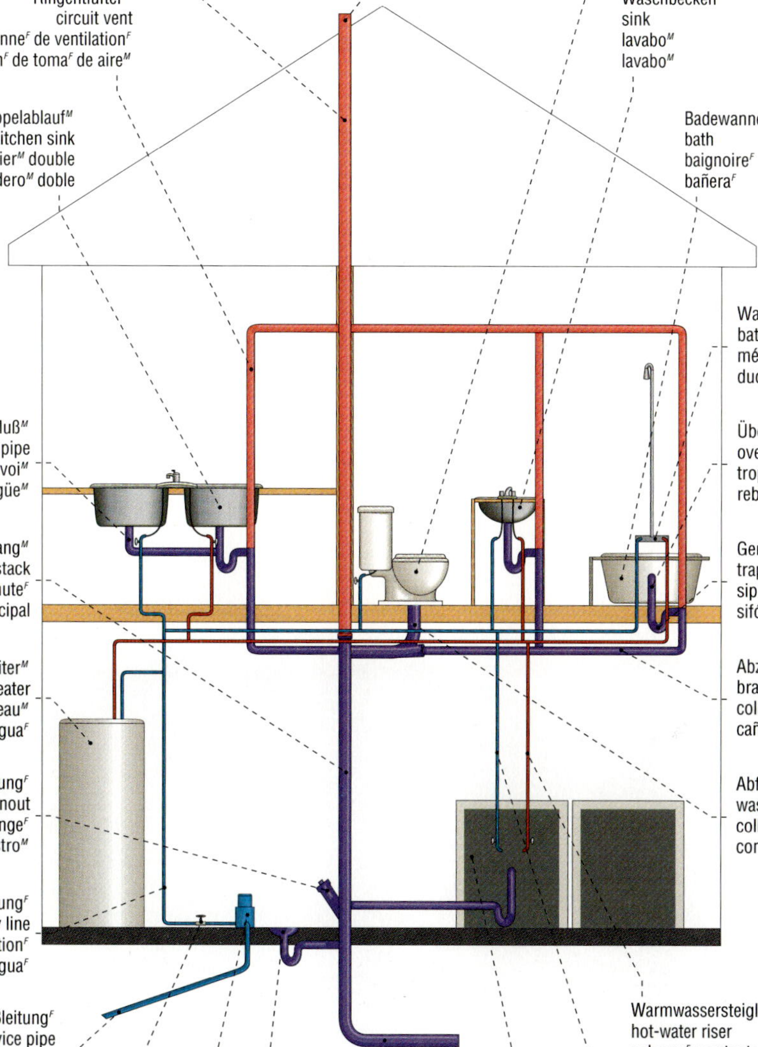

Wannenfüll- und Brausegarnitur[F]
bath and shower taps
mélangeur[M] bain[M]-douche[F]
ducha[F] y bañera[F]

Abfluß[M]
waste pipe
renvoi[M]
desagüe[M]

Überlauf[M]
overflow
trop-plein[M]
rebosadero[M]

Fallstrang[M]
waste stack
tuyau[M] de chute[F]
desagüe[M] principal

Geruchsverschluß[M]
trap
siphon[M]
sifón[M]

Warmwasserbereiter[M]
hot-water heater
chauffe-eau[M]
calentador[M] de agua[F]

Abzweigleitung[F]
branch
collecteur[M] d'évacuation[F]
cañería[F]

Reinigungsöffnung[F]
main cleanout
bouchon[M] de vidange[F]
tapón[M] de registro[M]

Abfluß[M]
waste pipe
collecteur[M] d'appareil[M]
conector[M] del desagüe[M]

Steigleitung[F]
supply line
conduite[F] d'alimentation[F]
tubo[M] de suministro[M] de agua[F]

Anschlußleitung[F]
water service pipe
canalisation[F] de branchement[M]
tubo[M] de toma[F] de agua[F]

Warmwassersteigleitung[F]
hot-water riser
colonne[F] montante d'eau[F] chaude
tubería[F] de agua[F] caliente

Absperrventil[N]
shutoff valve
robinet[M] d'arrêt[M] général
llave[F] de paso[M]

Kaltwassersteigleitung[F]
cold-water riser
colonne[F] montante d'eau[F] froide
tubería[F] de agua[F] fría

Wasserzähler[M]
water meter
compteur[M]
medidor[M] de agua[F]

Waschmaschine[F]
washing machine
lave-linge[M]
lavadora[F]

Bodenablauf[M]
floor drain
puisard[M]
desagüe[M]

Kanalisation[F]
building sewer
collecteur[M] principal
cañería[F] del desagüe[M]

Entlüftungskreis[M]
ventilating circuit
circuit[M] de ventilation[F]
circuito[M] de ventilación[F]

Abflußkreis[M]
draining circuit
circuit[M] d'évacuation[F]
circuito[M] de desagüe[M]

Kaltwasserkreis[M]
cold-water circuit
circuit[M] d'eau[F] froide
circuito[M] de agua[F] fría

Warmwasserkreis[M]
hot-water circuit
circuit[M] d'eau[F] chaude
circuito[M] de agua[F] caliente

SCHMUTZWASSERHEBEANLAGE^F
PEDESTAL-TYPE SUMP PUMP
POMPE^F DE PUISARD^M
BOMBA^F TIPO^M PEDESTAL^M PARA SUMIDERO^M

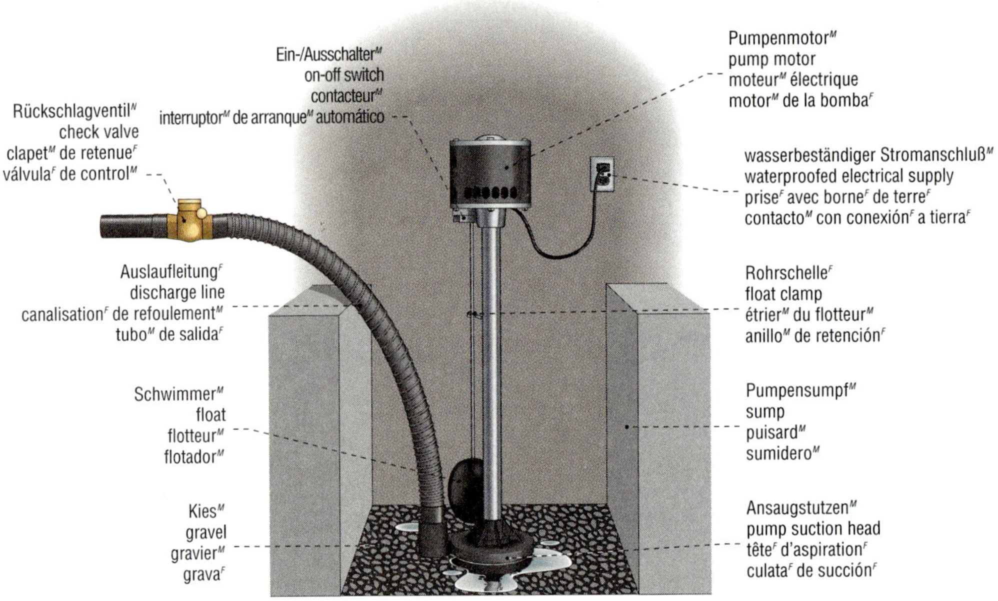

VERSITZGRUBE^F
SEPTIC TANK
FOSSE^F SEPTIQUE
FOSA^F SÉPTICA

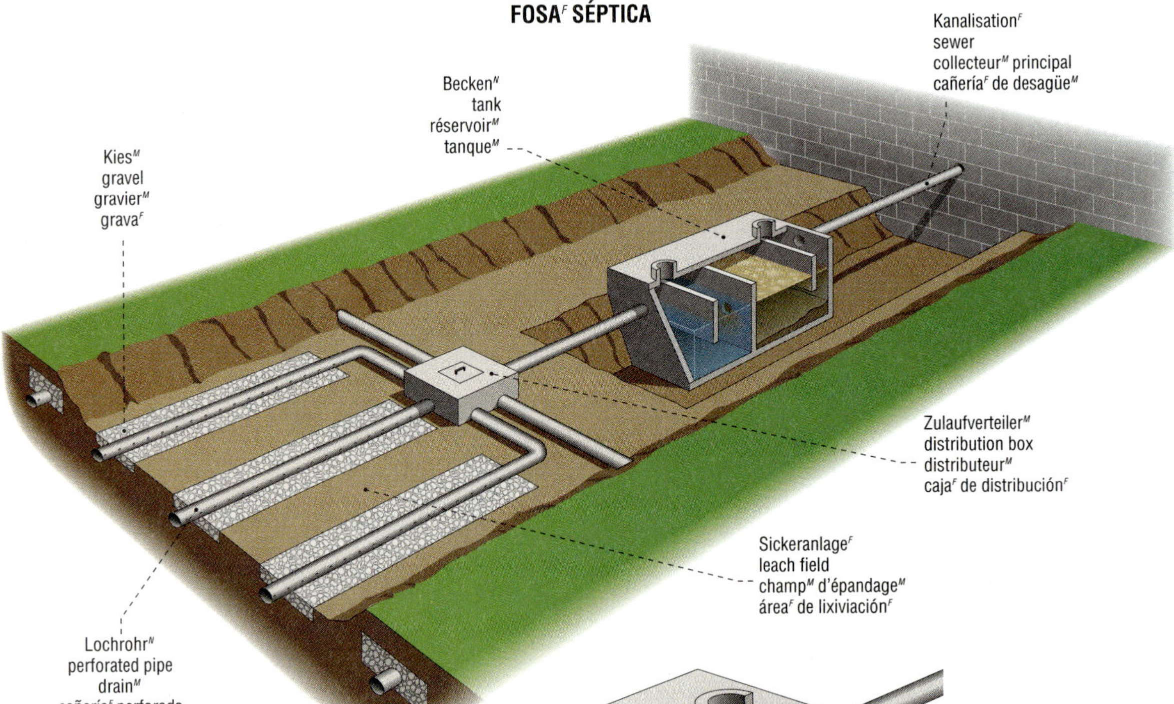

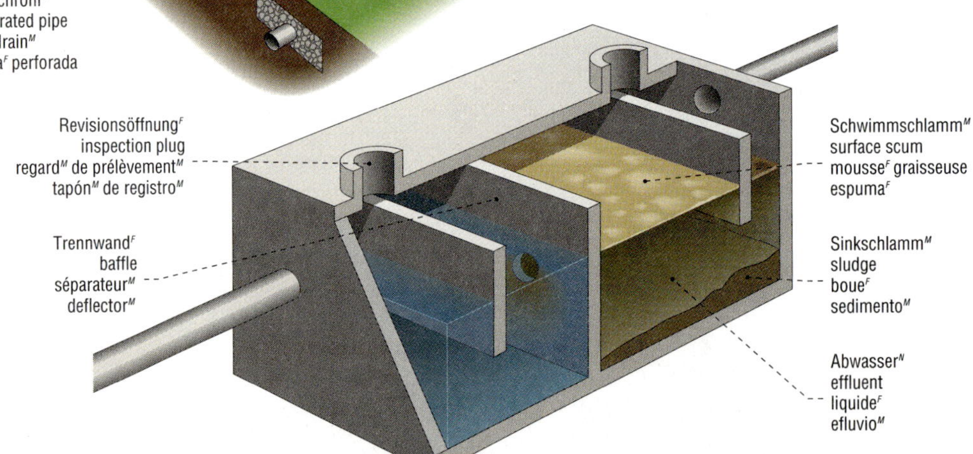

HAUSEINRICHTUNG
HOUSE FURNITURE

AMEUBLEMENT DE LA MAISON
ENSERES DOMÉSTICOS

INHALT

TISCH 219
ARMLEHNSTUHL 220
SITZMÖBEL 222
STUHL 223
BETT 224
AUFBEWAHRUNGSMÖBEL 225
DEKORATIONEN 228
LAMPEN 232
GLÄSER 237
GESCHIRR 238
SILBERBESTECK 239
KÜCHENUTENSILIEN 242
KAFFEEMASCHINEN 247
KOCHGERÄTE 248
HAUSHALTSGERÄTE 250

TISCH[M]
TABLE
TABLE[F]
MESA[F]

KLAPPTISCH[M]
GATE-LEG TABLE
TABLE[F] À ABATTANTS[M]
MESA[F] DE HOJAS[F] ABATIBLES

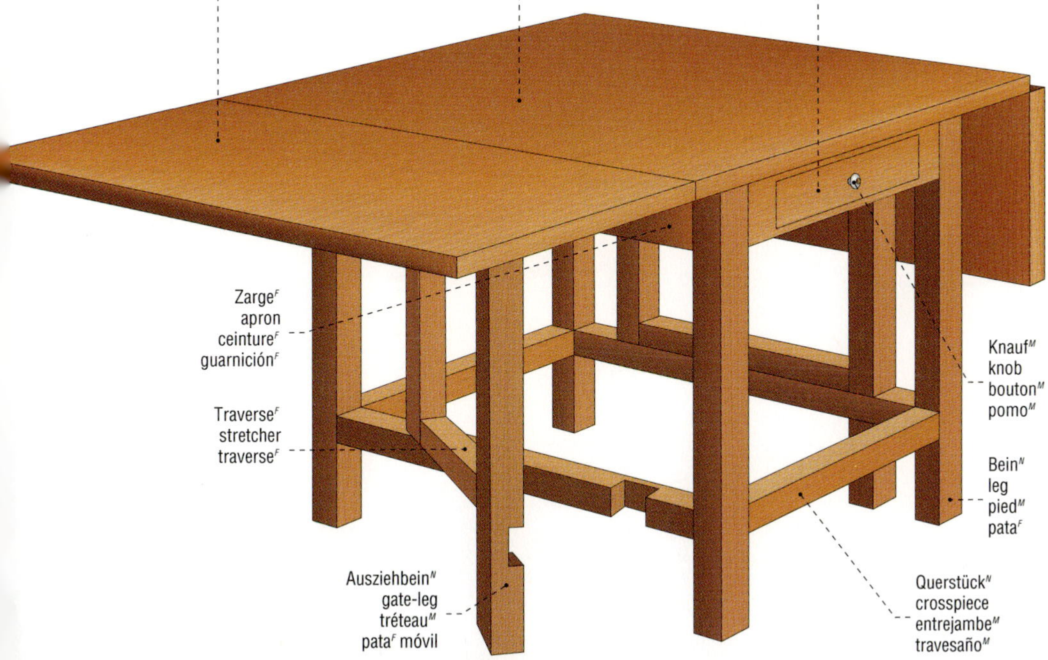

Klappe[F]
drop-leaf
abattant[M]
extensión[F] plegable

Tischplatte[F]
top
plateau[M]
tablero[M]

Schublade[F]
drawer
tiroir[M]
cajón[M]

Zarge[F]
apron
ceinture[F]
guarnición[F]

Knauf[M]
knob
bouton[M]
pomo[M]

Traverse[F]
stretcher
traverse[F]

Bein[N]
leg
pied[M]
pata[F]

Ausziehbein[N]
gate-leg
tréteau[M]
pata[F] móvil

Querstück[N]
crosspiece
entrejambe[M]
travesaño[M]

DIE WICHTIGSTEN TISCHTYPEN[M]
PRINCIPAL TYPES OF TABLES
PRINCIPAUX TYPES[M] DE TABLES[F]
TIPOS[M] DE MESAS[F]

Ausziehtisch[M]
extension table
table[F] à rallonges[F]
mesa[F] plegable

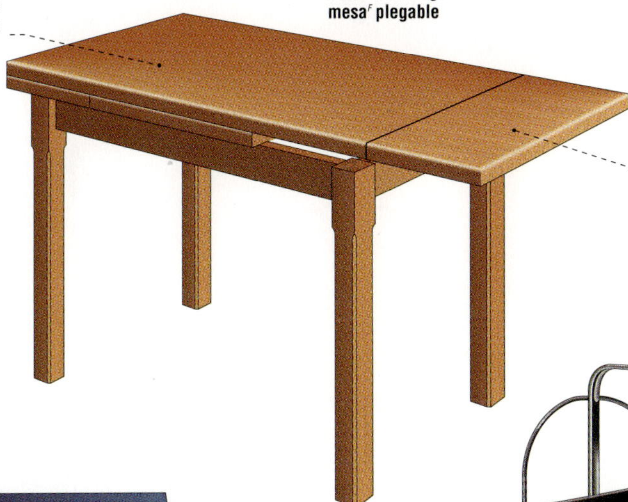

Tischplatte[F]
top
plateau[M]
tablero[M]

Auszug[M]
extension
rallonge[F]
extensión[F]

Satztische[M]
nest of tables
tables[F] gigognes
juego[M] de mesas[F]

Servierwagen[M]
serving trolley
desserte[F]
mesita[F] de servicio[M]

ARMLEHNSTUHL[M]
ARMCHAIR
FAUTEUIL[M]
SILLA[F] DE BRAZOS[M]

TEILE[N]
PARTS
PARTIES[F]
PARTES[F]

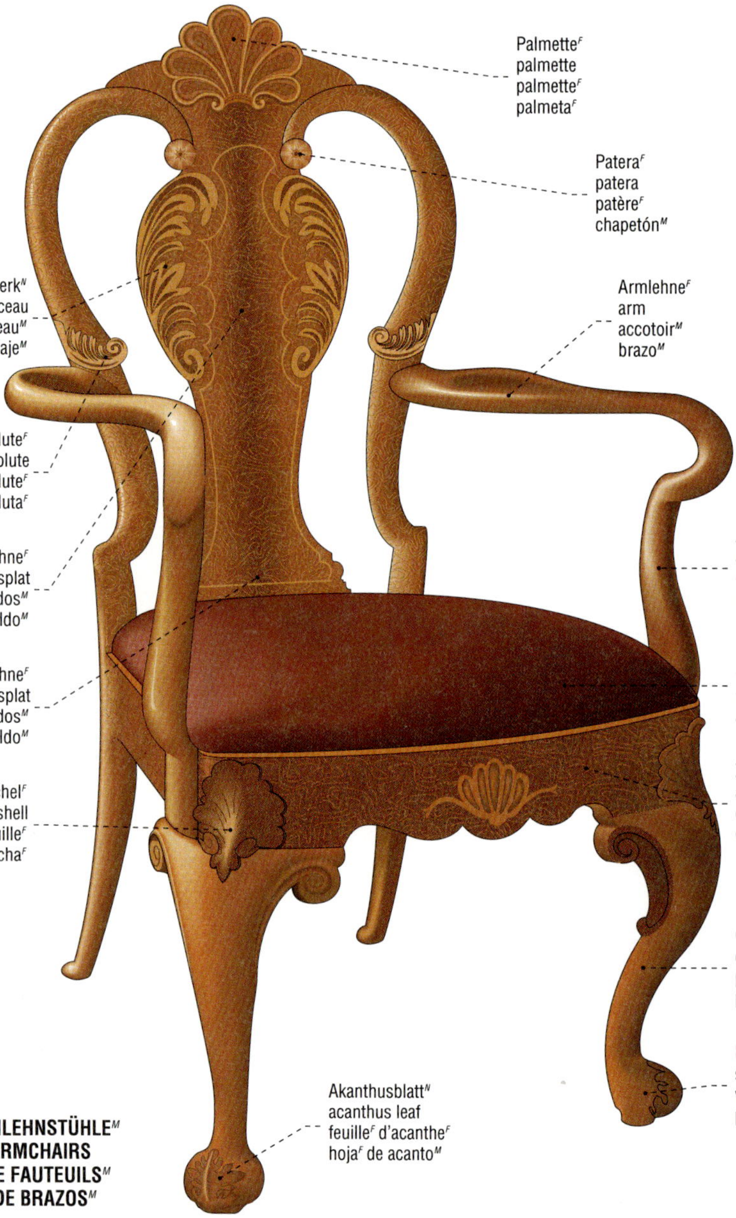

DIE WICHTIGSTEN ARMLEHNSTÜHLE[M]
PRINCIPAL TYPES OF ARMCHAIRS
PRINCIPAUX TYPES[M] DE FAUTEUILS[M]
PRINCIPALES SILLAS[F] DE BRAZOS[M]

Bergère[F]
bergère
bergère[F]
silla[F] poltrona

kleiner Lehnstuhl[M]
cabriolet
cabriolet[M]
silla[F] cabriolé

Regiestuhl[M]
director's chair
fauteuil[M] metteur[M] en scène[F]
silla[F] plegable de lona[F]

Sofa[N]
sofa
canapé[M]
sofá[F]

Zweisitzer[M]
two-seater settee
causeuse[F]
confidente[M]

Récamiere[F]
récamier
récamier[M]
sofá[M] tipo[M] imperio

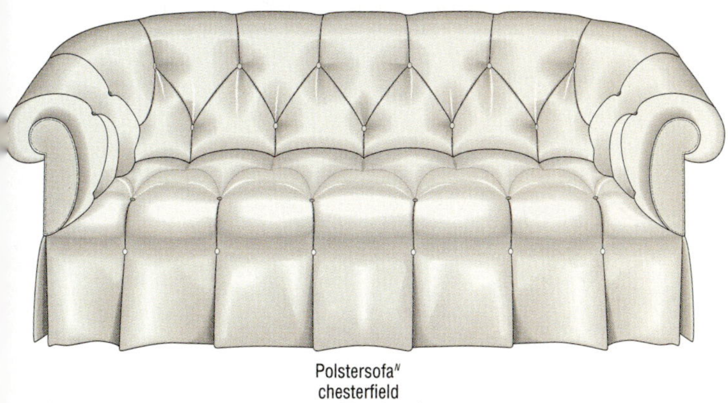

Polstersofa[N]
chesterfield
canapé[M] capitonné
chesterfield[M]

Kanapee[N]
méridienne
méridienne[F]
meridiana[F]

Wassily-Stuhl[M]
Wassily chair
fauteuil[M] Wassily
silla[F] Wassily

Schaukelstuhl[M]
rocking chair
berceuse[F]
mecedora[F]

Clubsessel[M]
club chair
fauteuil[M] club[M]
butaca[F]

SITZMÖBEL^{N}
SEATS
SIÈGES^{M}
ASIENTOS^{M}

Sitzbank^{F}
banquette
banquette^{F}
banco^{M}

Puff^{M}
ottoman
pouf^{M}
taburete^{M}

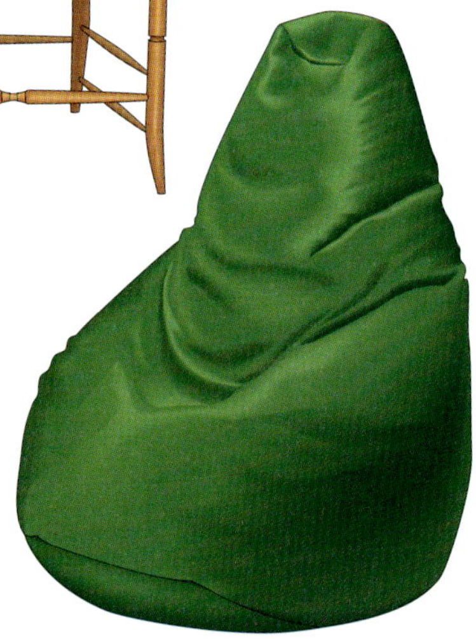

Sitzsack^{M}
bean bag chair
fauteuil^{M}-sac^{M}
silla^{F} cojín^{M}

Bank^{F}
bench
banc^{M}
banco^{F}

Barhocker^{M}
bar stool
tabouret^{M}-bar^{M}
taburete^{M}

Hocker^{M}
footstool
tabouret^{M}
escabel^{M}

Tritthocker^{M}
step chair
chaise^{F}-escabeau^{M}
banco^{M} escalera^{F}

STUHL^{M}
SIDE CHAIR
CHAISE^{F}
SILLA^{F} SIN BRAZOS^{M}

TEILE^{N}
PARTS
PARTIES^{F}
PARTES^{F}

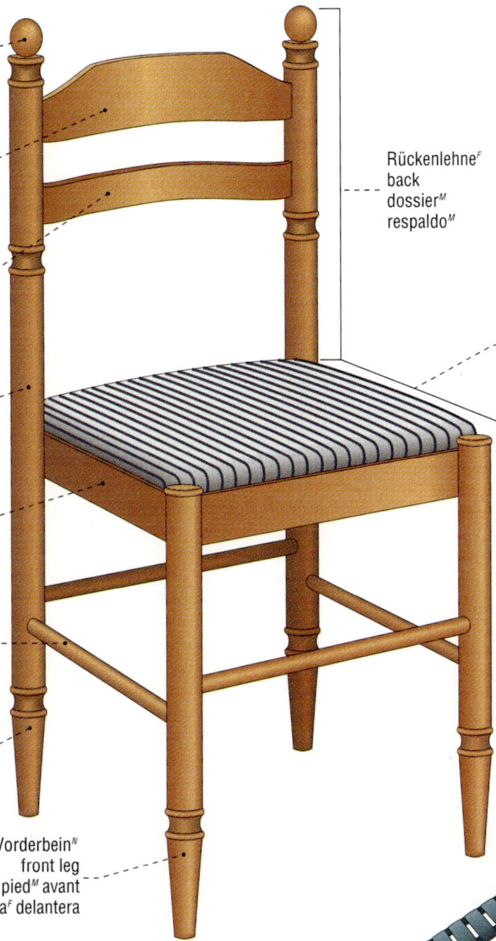

STUHLTYPEN^{M}
TYPES OF CHAIRS
TYPES^{M} DE CHAISES^{F}
TIPOS^{M} DE SILLAS^{F}

Liegestuhl^{M}
lounger
chaise^{F} longue
tumbona^{F}

Stapelstühle^{M}
stacking chairs
chaises^{F} empilables
sillas^{F} apilables

Schaukelstuhl^{M}
rocking chair
chaise^{F} berçante
mecedora^{F}

Klappstuhl^{M}
folding chair
chaise^{F} pliante
silla^{F} plegable

BETT[N]
BED
LIT[M]
CAMA[F]

TEILE[N]
PARTS
PARTIES[F]
PARTES[F]

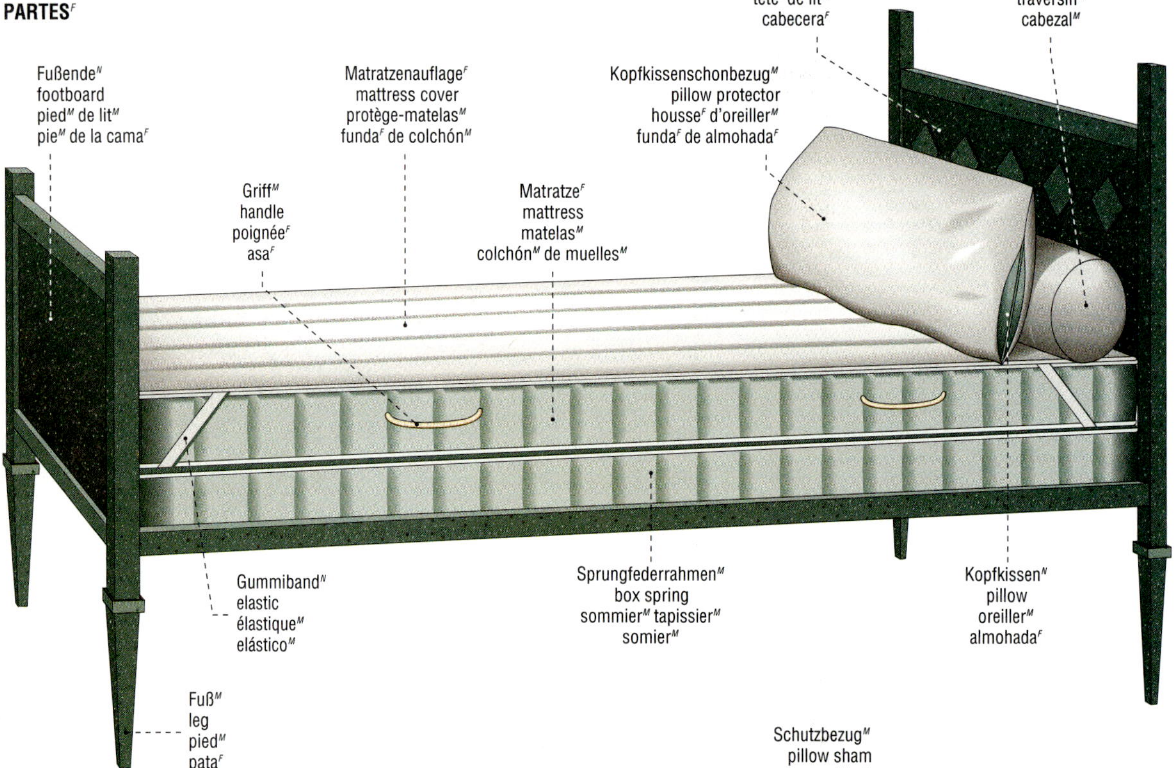

BETTWÄSCHE[F]
LINEN
LITERIE[F]
ROPA[F] DE CAMA[F]

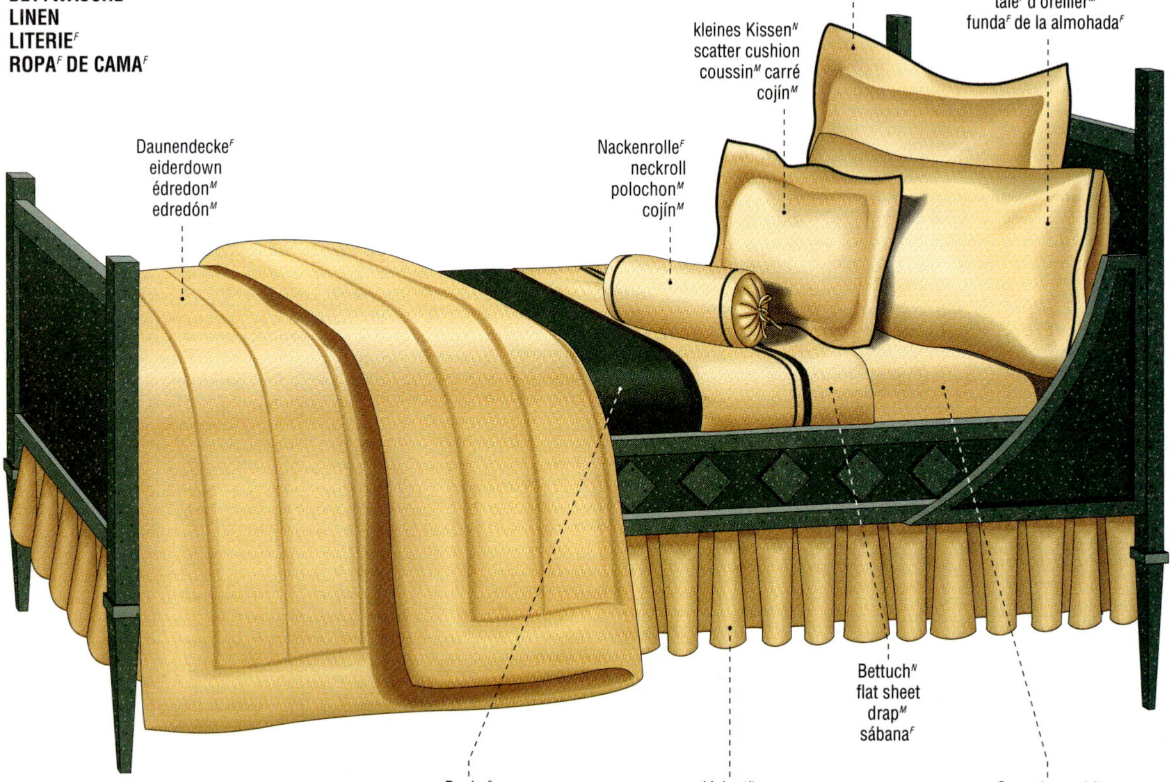

AUFBEWAHRUNGSMÖBEL[N]
STORAGE FURNITURE
MEUBLES[M] DE RANGEMENT[M]
ARMARIOS[M] Y GABINETES[M]

KLEIDERSCHRANK[M]
ARMOIRE
ARMOIRE[F]
ARMARIO[M]

Rahmen[M]
frame
bâti[M]
armazón[M]

Tür[F]
door
vantail[M]
puerta[F]

AUFBEWAHRUNGSMÖBEL[N]
STORAGE FURNITURE
MEUBLES[M] DE RANGEMENT[M]
ARMARIOS[M] Y GABINETES[M]

Truhe[F]
linen chest
coffre[M]
baúl[M]

Kommode[F]
dressing table
commode[F]
tocador[M]

Chiffoniere[F]
chiffonier
chiffonnier[M]
chifonier[M]

Sekretär[M]
bureau
secrétaire[M]
bufete[M]

Kleiderschrank[M]
wardrobe
armoire[F]-penderie[F]
ropero[M]

Cocktailbar^{F}
cocktail cabinet
bar^{M}
mueble^{M} bar^{M}

Vitrine^{F}
display cabinet
vitrine^{F}
vitrina^{F}

Vitrinenschrank^{M}
glass-fronted display cabinet
buffet^{M}-vaisselier^{M}
armario^{M} de vajilla^{F}

Eckschrank^{M}
corner cupboard
encoignure^{F}
rinconera^{F}

Büfett^{N}
sideboard
buffet^{M}
aparador^{M}

DEKORATIONEN^{F}
WINDOW ACCESSORIES
PARURES^{F} DE FENÊTRE^{F}
ACCESORIOS^{M} PARA LAS VENTANAS^{F}

GARDINENTYPEN^{M}
TYPES OF CURTAINS
TYPES^{M} DE RIDEAUX^{M}
TIPOS^{M} DE CORTINAS^{F}

SCHEIBENGARDINE^{F}
GLASS CURTAIN
RIDEAU^{M} DE VITRAGE^{M}
CORTINA^{F} DE VENTANA^{F}

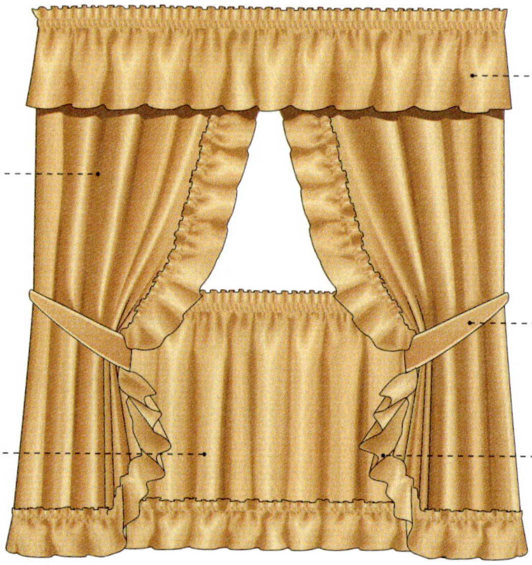

SPANNER^{M}
ATTACHED CURTAIN
RIDEAU^{M} COULISSÉ
CORTINA^{F} SUJETA DE DOBLE BARRA^{F}

LOSER VORHANG^{M}
LOOSE CURTAIN
RIDEAU^{M} FLOTTANT
CORTINA^{F} SUELTA CORREDIZA

FALTENARTEN^{F}
TYPES OF PLEATS
TYPES^{M} DE PLIS^{M}
TIPOS^{M} DE CENEFAS^{F}

Schachtelfalte^{F}
box pleat
pli^{M} creux
pliegue^{M} de cajón^{M}

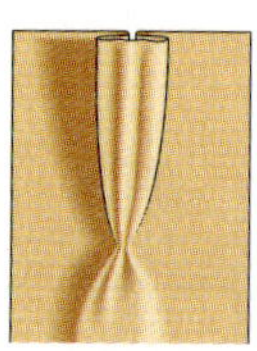

Kirsorfalte^{F}
pinch pleat
pli^{M} pincé
pliegue^{M} de pinza^{F}

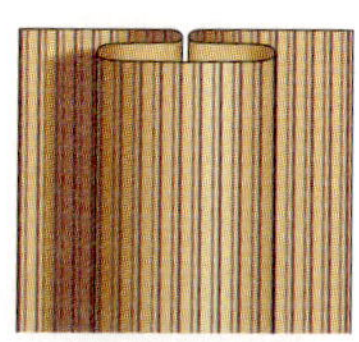

eingelegte Falte^{F}
inverted pleat
pli^{M} rond
pliegue^{M} de cajón^{M} invertido

VORHANG[M]
CURTAIN
RIDEAU[M]
CORTINA[F]

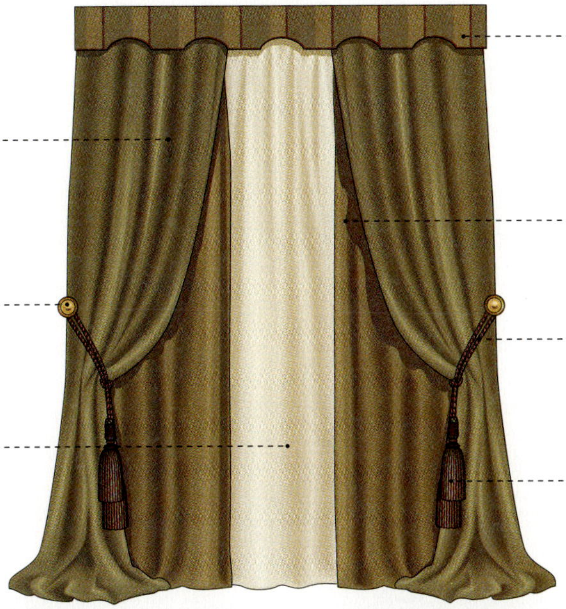

BALLONVORHANG[M]
BALLOON CURTAIN
RIDEAU[M] BALLON[M]
CORTINA[F] ABOMBADA

RAFFGARDINE[F]
CRISSCROSS CURTAINS
RIDEAUX[M] CROISÉS
CORTINAS[F] CRUZADAS

KÖPFCHENTYPEN[M]
TYPES OF HEADINGS
TYPES[M] DE TÊTES[F]
TIPOS[M] DE DOSELES[M]

Freihand-Dekoration[F]
draped swag
cantonnière[F] drapée
festón[M] colgado

Bleistiftband[N]
pencil pleat heading
fronçage[M] tuyauté
dosel[M] plisado de canotillo[M]

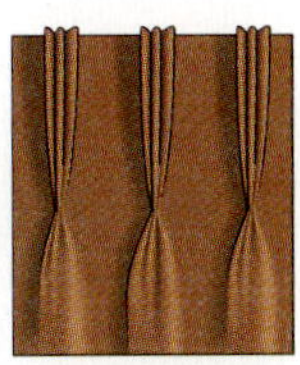

Kirschband[N]
pleated heading
tête[F] plissée
dosel[M] plisado

Durchzug[M]
shirred heading
tête[F] froncée
dosel[M] fruncido

FENSTERZUBEHÖR[N]
WINDOW ACCESSORIES
PARURES[F] DE FENÊTRE[F]
ACCESORIOS[M] PARA LAS VENTANAS[F]

GARDINENSTANGE[F]
CURTAIN POLE
TRINGLE[F]-BARRE[F]
PALO[M] DE CORTINA[F]

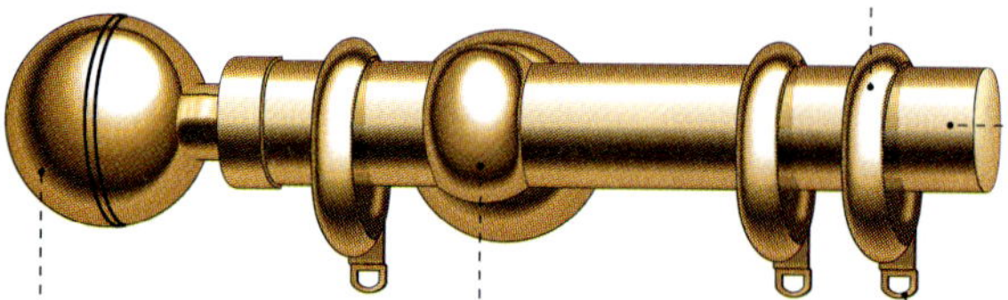

einfache Stange[F]
plain pole
barre[F] lisse
palo[M] liso

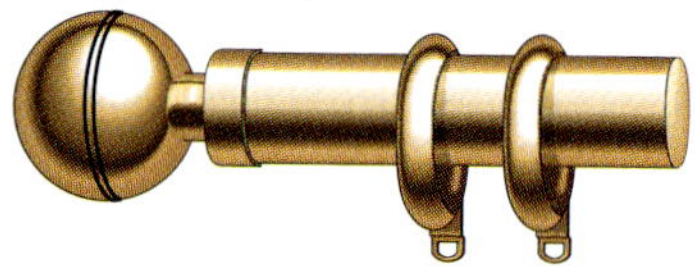

Vollmessingstange[F]
fluted pole
barre[F] cannelée
palo[M] acanalado

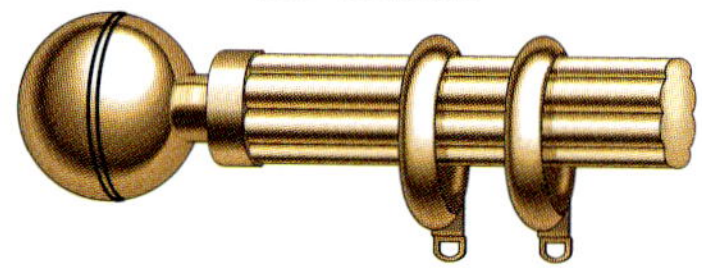

einläufige Gardinenstange[F]
single curtain rod
tringle[F] simple
barra[F] de varilla[F] simple

zweiläufige Gardinenstange[F]
double curtain rod
tringle[F] double
barra[F] de varilla[F] doble

GARDINENSCHIENE[F]
CURTAIN TRACK
TRINGLE[F]-RAIL[M]
RIEL[M]

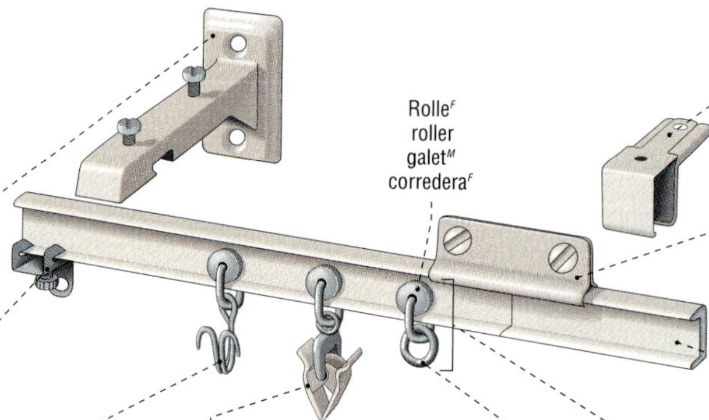

KOPFSCHIENE[F]
TRAVERSE ROD
TRINGLE[F] EXTENSIBLE
CORTINA[F] DE RIEL[M]

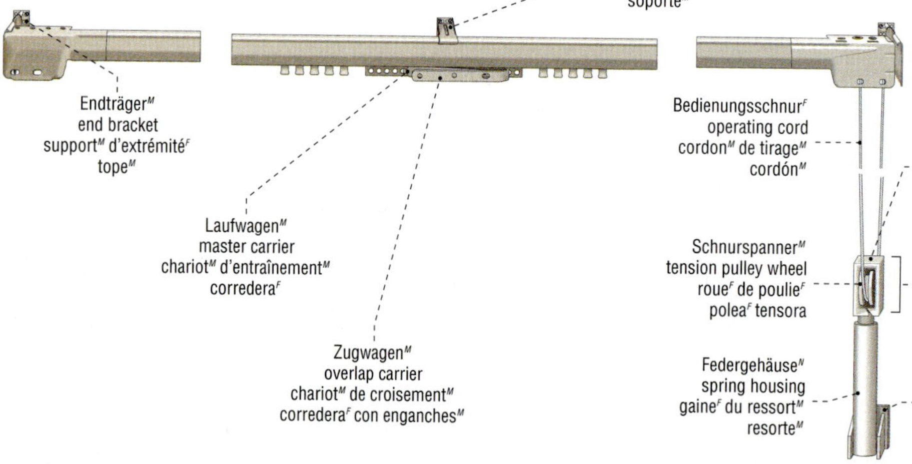

ROLLO[N]
ROLLER BLIND
STORE[M] À ENROULEMENT[M] AUTOMATIQUE
STORE[M]

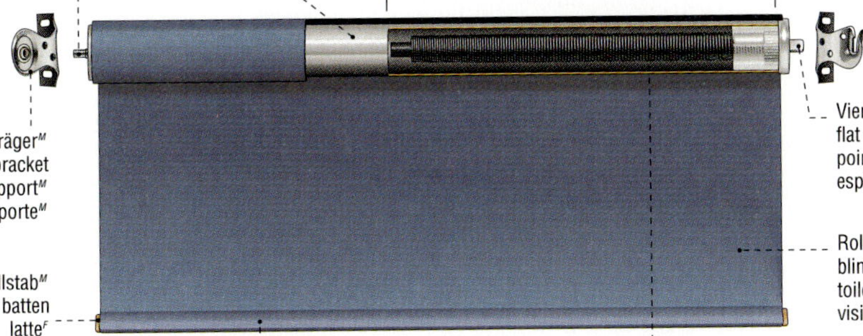

JALOUSIE[F]
VENETIAN BLIND
STORE[M] VÉNITIEN
PERSIANA[F] VENECIANA

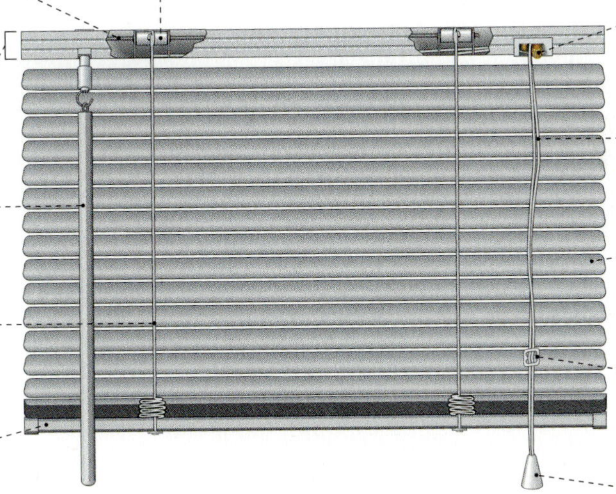

Raffrollo[N]
roman shade
store[M] bateau[M]
persianas[F] romana

Stäbchenrollo[N]
roll-up blind
store[M] à enroulement[M] manuel
persiana[F] enrollable

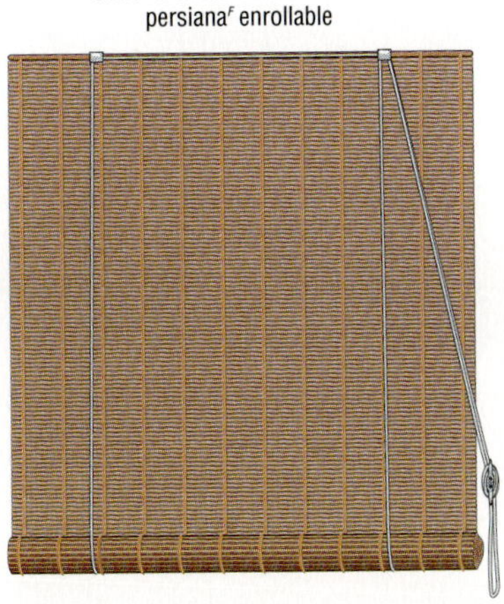

Innenläden[M]
indoor shutters
volets[M] d'intérieur[M]
postigos[M] interiores

LAMPEN^F
LIGHTS
LUMINAIRES^M
LÁMPARAS^F

GLÜHLAMPE^F
INCANDESCENT LAMP
LAMPE^F À INCANDESCENCE^F
BOMBILLA^F INCANDESCENTE

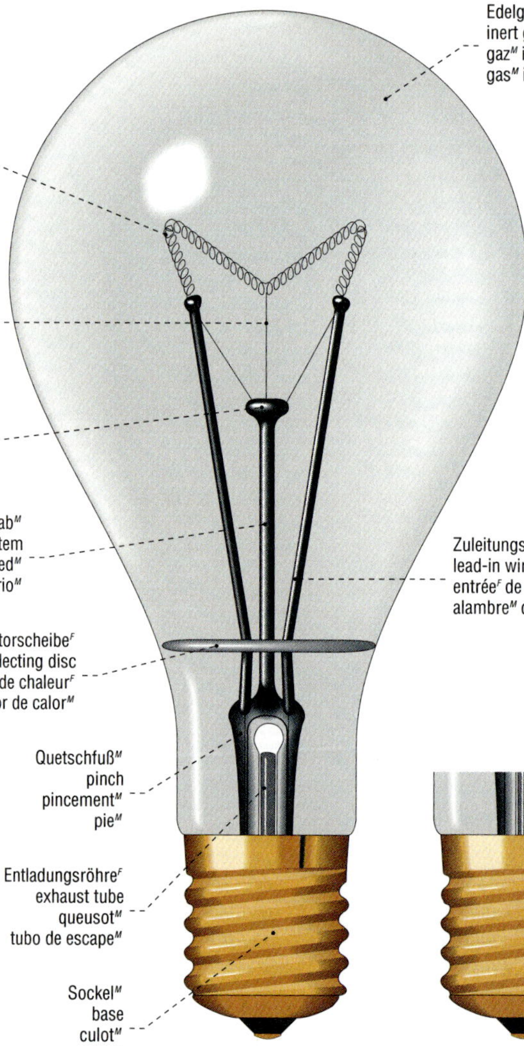

Schraubfassung^F
screw base
culot^M à vis^F
bombilla^F de rosca^F

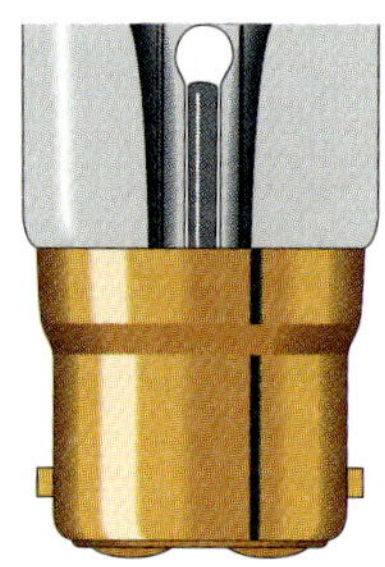
Bajonettfassung^F
bayonet base
culot^M à baïonnette^F
bombilla^F de bayoneta^F

LEUCHTSTOFFRÖHRE^F
FLUORESCENT TUBE
TUBE^M FLUORESCENT
TUBO^M FLUORESCENTE

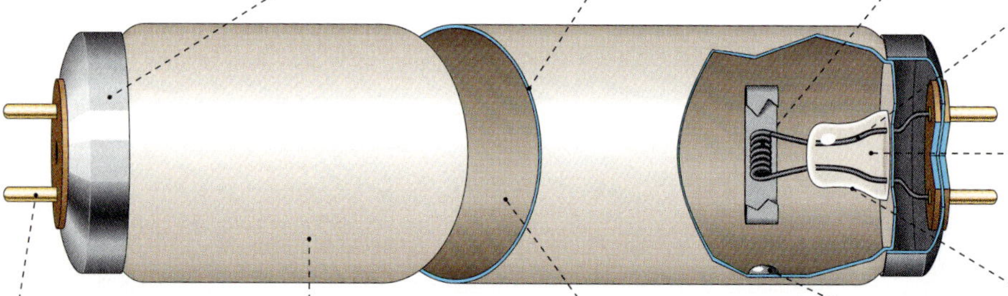

WOLFRAM-HALOGENLAMPE^{F}
TUNGSTEN-HALOGEN LAMP
LAMPE^{F} À HALOGÈNE^{M}
LÁMPARA^{F} HALÓGENA

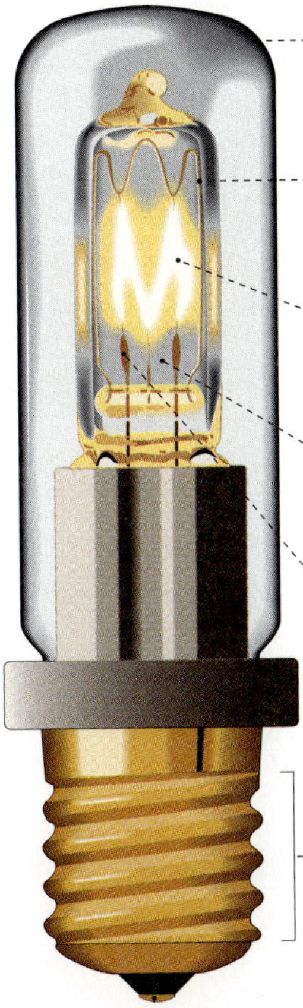

WOLFRAM-HALOGENLAMPE^{F}
TUNGSTEN-HALOGEN LAMP
LAMPE^{F} À HALOGÈNE^{M}
LÁMPARA^{F} HALÓGENA

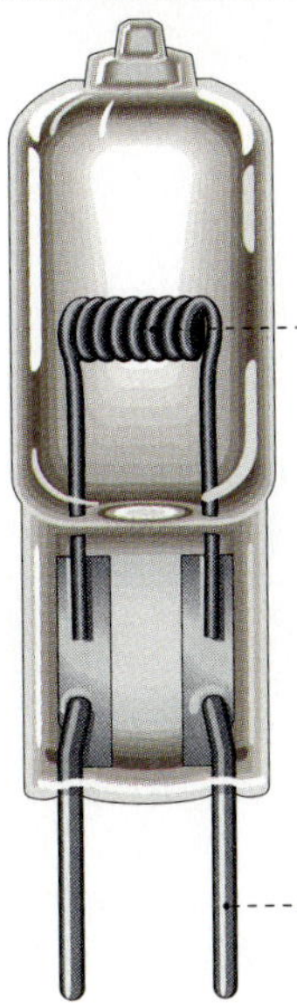

ENERGIESPARLAMPE^{F}
ENERGY SAVING BULB
LAMPE^{F} À ÉCONOMIE^{F} D'ÉNERGIE^{F}
BOMBILLA^{F} ECONÓMICA

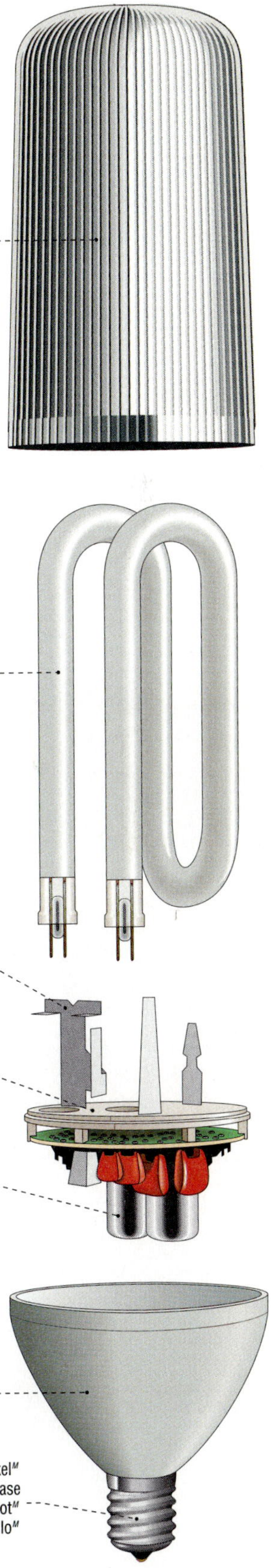

LAMPEN[F]
LIGHTS
LUMINAIRES[M]
LÁMPARAS[F]

Wandleuchte[F]
wall lamp
applique[F]
aplique[M]

Scherenleuchte[F]
swivel wall lamp
applique[F] orientable
lámpara[F] orientable de pared[F]

ARBEITSLEUCHTE[F]
ADJUSTABLE LAMP
LAMPE[F] D'ARCHITECTE[M]
LÁMPARA[F] AJUSTABLE

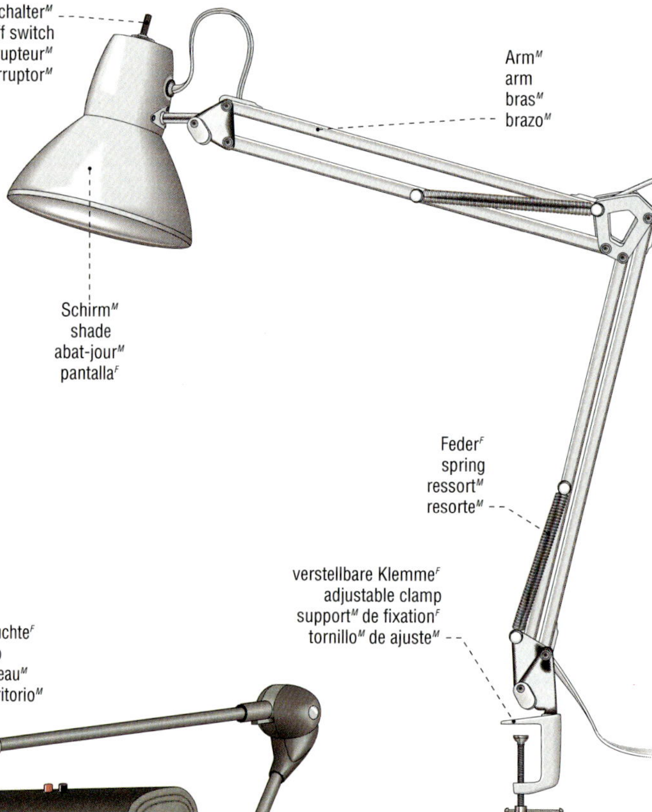

Schreibtischleuchte[F]
desk lamp
lampe[F] de bureau[M]
lámpara[F] de escritorio[M]

Leseleuchte[F]
bed lamp
lampe[F] liseuse
lámpara[F] de cabecera[F]

STROMSCHIENENLEUCHTE[F]
TRACK LIGHTING
RAIL[M] D'ÉCLAIRAGE[M]
RIEL[M] DE ILUMINACIÓN[F]

Straßenlaterne[F]
post lantern
lanterne[F] de pied[M]
farola[F]

Klemmspot[M]
clamp spotlight
spot[M] à pince[F]
lámpara de pinza[F]

Wandlaterne[F]
wall lantern
lanterne[F] murale
farol[M]

Lampenreihe[F]
strip light
rampe[F] d'éclairage[M]
lámparas[F] en serie[F]

LAMPEN[F]
LIGHTS
LUMINAIRES[M]
LÁMPARAS[F]

KRONLEUCHTER[M]
CHANDELIER
LUSTRE[M]
ARAÑA[F] DE LUCES[F]

Standleuchte[F]
standard lamp
lampadaire[M]
lámpara[F] de pie[M]

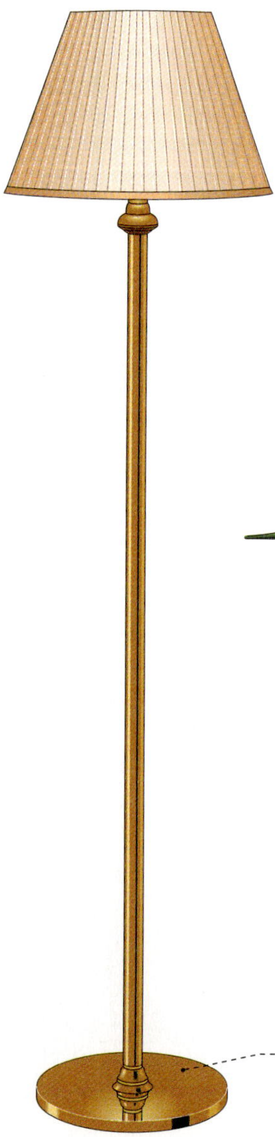

Hängeleuchte[F]
hanging pendant
suspension[F]
lámpara[F] de techo[M]

Deckenleuchte[F]
ceiling light
plafonnier[M]
aplique[M]

Tischleuchte[F]
table lamp
lampe[F] de table[F]
lámpara[F] de mesa[F]

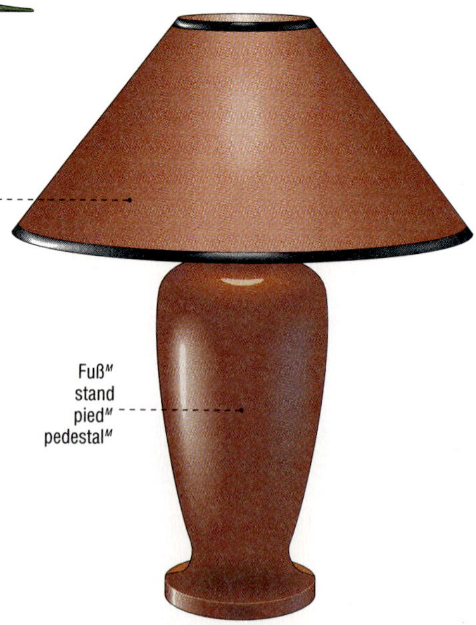

GLÄSER[N]
GLASSWARE
VERRES[M]
CRISTALERÍA[F]

Süßweinglas[N]
port glass
verre[M] à porto[M]
copa[F] para oporto[M]

Sektschale[F]
sparkling wine glass
coupe[F] à mousseux[M]
copa[F] de cava[F]

Kognakschwenker[M]
brandy snifter
verre[M] à cognac[M]
copa[F] de coñac[M]

Likörglas[N]
liqueur glass
verre[M] à liqueur[F]
copa[F] para licores[M]

Weißweinglas[N]
white wine glass
verre[M] à vin[M] blanc
copa[F] de vino[M] blanco

Bordeauxglas[N]
bordeaux glass
verre[M] à bordeaux[M]
copa[F] para vinos[M] de Burdeos

Burgunderglas[N]
burgundy glass
verre[M] à bourgogne[M]
copa[F] para vinos[M] de Borgoña

Elsaßglas[N]
Alsace glass
verre[M] à vin[M] d'Alsace
copa[F] para vino[M] de Alsacia

Whiskybecher[M]
tumbler
verre[M] à whisky[M]
vaso[M] corto

Longdrinkglas[N]
tall tumbler
verre[M] à gin[M]
vaso[M] largo

Cocktailglas[N]
cocktail glass
verre[M] à cocktail[M]
copa[F] de cóctel[M]

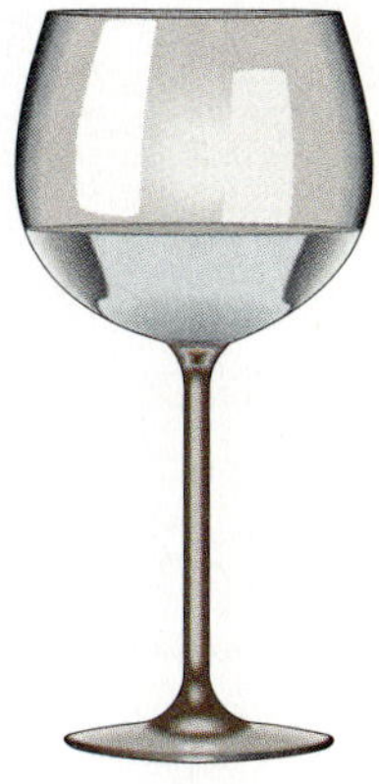

Wasserglas[N]
water goblet
verre[M] à eau[F]
copa[F] para agua[F]

Karaffe[F]
decanter
carafe[F]
garrafa[F]

kleine Karaffe[F]
carafe
carafon[M]
garrafita[F]

Sektkelch[M]
champagne flute
flûte[F] à champagne[M]
copa[F] de champaña[F]

Bierkrug[M]
beer mug
chope[F] à bière[F]
jarra[M] para cerveza[F]

GESCHIRR^{N}
DINNERWARE
VAISSELLE^{F}
VAJILLA^{F} Y SERVICIO^{M} DE MESA^{F}

Mokkatasse^{F}
demitasse
tasse^{F} à café^{M}
tacita^{F} de café^{M}

Tasse^{F}
cup
tasse^{F} à thé^{M}
taza^{F}

Becher^{M}
mug
chope^{F} à café^{M}
jarra^{F} para café^{M}

Milchkännchen^{N}
cream jug
crémier^{M}
jarrito^{M} de la leche^{F}

Zuckerdose^{F}
sugar bowl
sucrier^{M}
azucarero^{M}

Pfefferstreuer^{M}
pepperpot
poivrière^{F}
pimentera^{F}

Salzstreuer^{M}
saltcellar
salière^{F}
salero^{M}

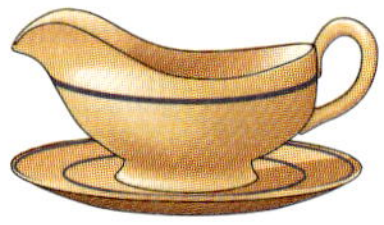
Sauciere^{F}
gravy boat
saucière^{F}
salsera^{F}

Butterdose^{F}
butter dish
beurrier^{M}
mantequera^{F}

Auflaufförmchen^{N}
ramekin
ramequin^{M}
cuenco^{M} de queso^{M} blando

Suppenschale^{F}
soup bowl
bol^{M}
bol^{M} para sopa^{F}

Suppenteller^{M}
rim soup bowl
assiette^{F} creuse
plato^{M} sopero

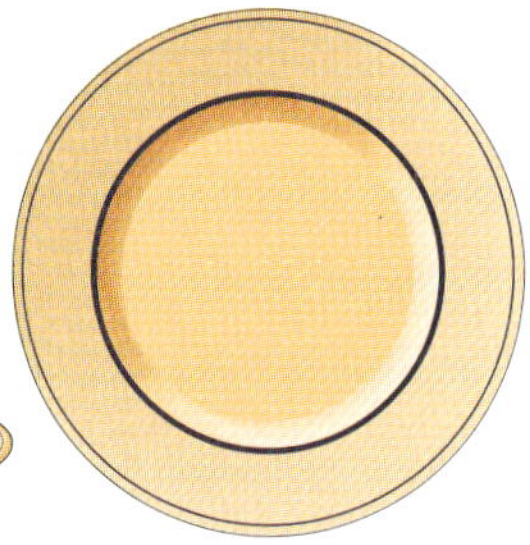
flacher Teller^{M}
dinner plate
assiette^{F} plate
plato^{M} llano

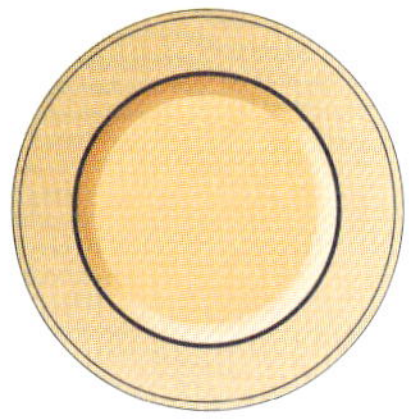
Salatteller^{M}
salad plate
assiette^{F} à salade^{F}
plato^{M} para ensalada^{F}

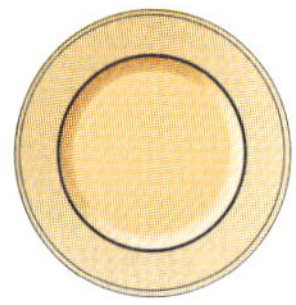
kleiner Teller^{M}
bread and butter plate
assiette^{F} à dessert^{M}
plato^{M} para pan^{M} y mantequilla^{F}

Teekanne^{F}
teapot
théière^{F}
tetera^{F}

Platte^{F}
platter
plat^{M} ovale
fuente^{F} de servir

Kartoffelschüssel^{F}
vegetable bowl
légumier^{M}
fuente^{F} de verdura^{F}

Fischplatte^{F}
fish platter
plat^{M} à poisson^{M}
fuente^{F} para pescado^{M}

Horsd'oeuvre-Schale^{F}
hors d'oeuvre dish
ravier^{M}
bandeja^{F} para canapés^{M}

Wasserkrug^{M}
water jug
pichet^{M}
jarra^{F} para agua^{F}

Salatschüssel^{F}
salad bowl
saladier^{M}
ensaladera^{F}

Salatschale^{F}
salad dish
bol^{M} à salade^{F}
bol^{M} para ensalada^{F}

Suppenterrine^{F}
soup tureen
soupière^{F}
sopera^{F}

SILBERBESTECK^{N}
SILVERWARE
COUVERT^{M}
CUBERTERÍA^{F}

MESSER^{N}
KNIFE
COUTEAU^{M}
CUCHILLO^{M}

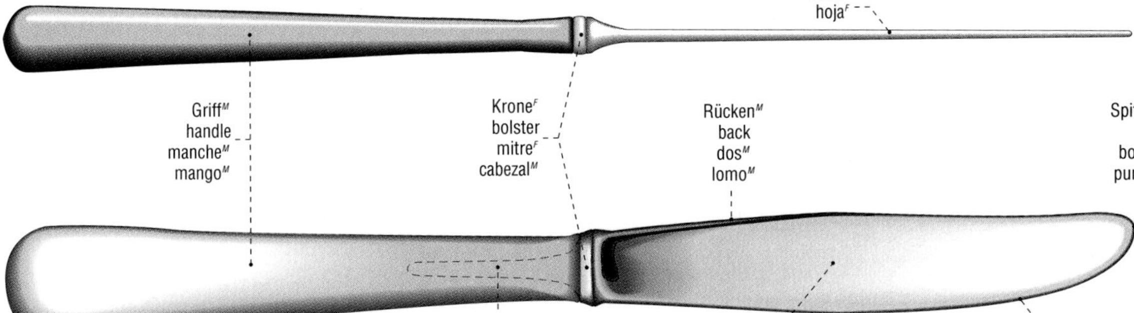

DIE WICHTIGSTEN MESSERTYPEN^{M}
PRINCIPAL TYPES OF KNIVES
PRINCIPAUX TYPES^{M} DE COUTEAUX^{M}
TIPOS^{M} DE CUCHILLOS^{M}

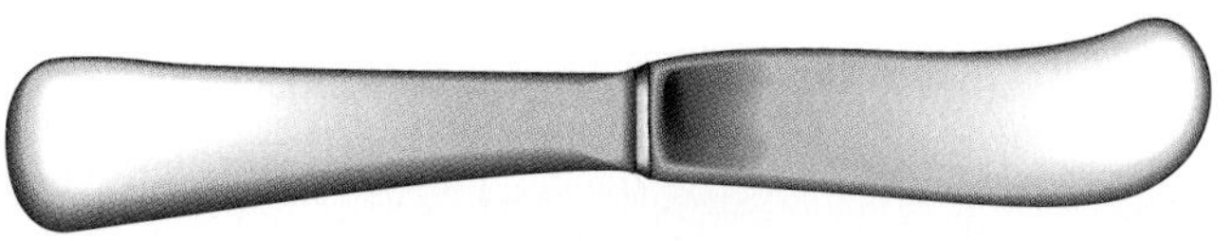

Buttermesser^{N}
butter knife
couteau^{M} à beurre^{M}
cuchillo^{M} para mantequilla^{F}

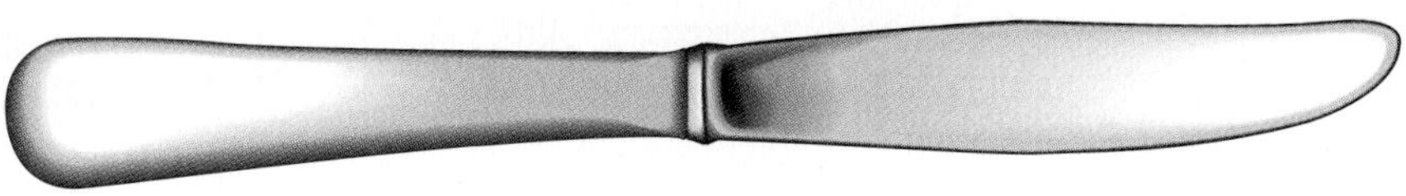

Dessertmesser^{N}
dessert knife
couteau^{M} à dessert^{M}
cuchillo^{M} para postre^{M}

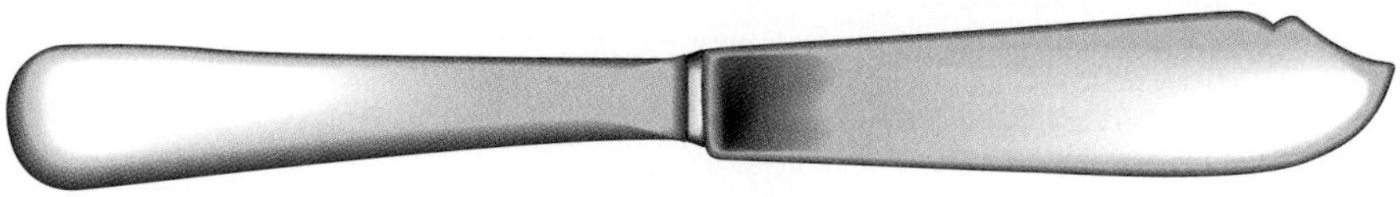

Fischmesser^{N}
fish knife
couteau^{M} à poisson^{M}
cuchillo^{M} para pescado^{M}

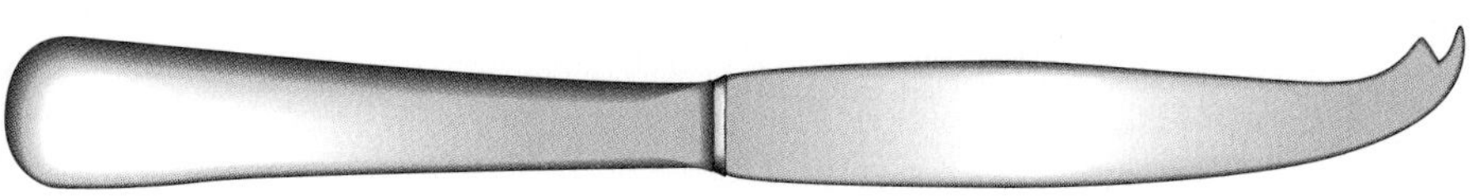

Käsemesser^{N}
cheese knife
couteau^{M} à fromage^{M}
cuchillo^{M} para queso^{M}

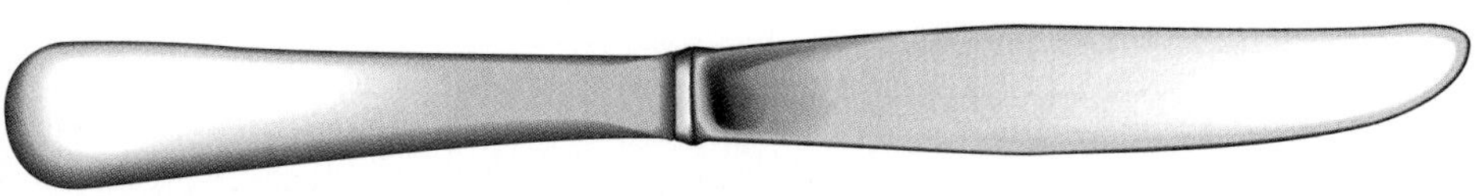

Menümesser^{N}
dinner knife
couteau^{M} de table^{F}
cuchillo^{M} de mesa^{F}

Steakmesser^{N}
steak knife
couteau^{M} à bifteck^{M}
cuchillo^{M} para carne^{F}

SILBERBESTECK[N]
SILVERWARE
COUVERT[M]
CUBERTERÍA[F]

GABEL[F]
FORK
FOURCHETTE[F]
TENEDOR[M]

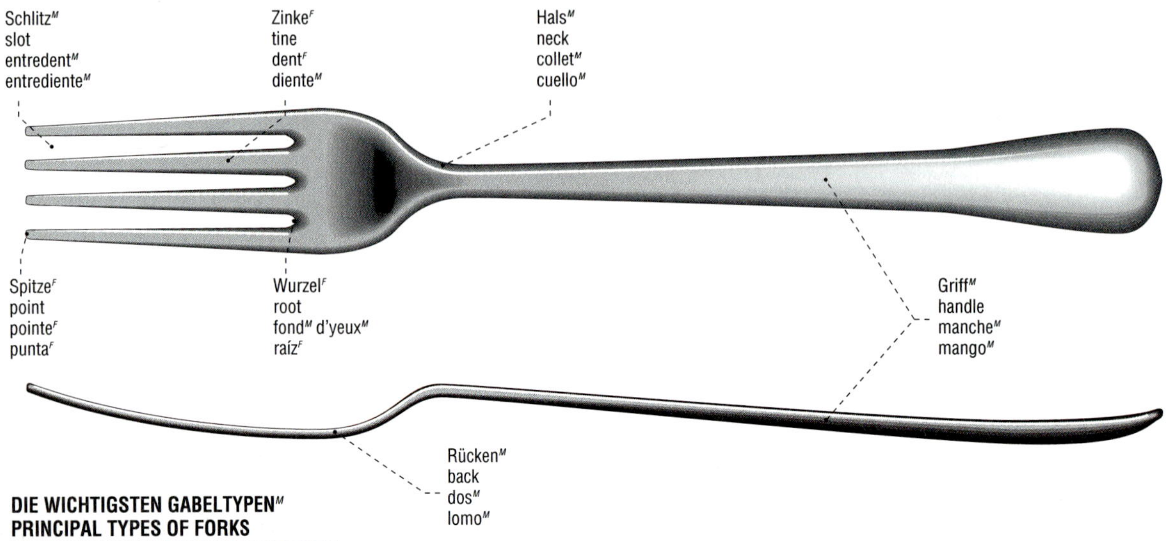

DIE WICHTIGSTEN GABELTYPEN[M]
PRINCIPAL TYPES OF FORKS
PRINCIPAUX TYPES[M] DE FOURCHETTES[F]
TIPOS[M] DE TENEDORES[M]

Austerngabel[F]
oyster fork
fourchette[F] à huîtres[F]
tenedor[M] para ostras[F]

Dessertgabel[F]
dessert fork
fourchette[F] à dessert[M]
tenedor[M] para postre[M]

Salatgabel[F]
salad fork
fourchette[F] à salade[F]
tenedor[M] para ensalada[F]

Fischgabel[F]
fish fork
fourchette[F] à poisson[M]
tenedor[M] para pescado[M]

Menügabel[F]
dinner fork
fourchette[F] de table[F]
tenedor[M] de mesa[F]

Fonduegabel[F]
fondue fork
fourchette[F] à fondue[F]
tenedor[M] para fondue[F]

LÖFFEL[M]
SPOON
CUILLER[F]
CUCHARA[F]

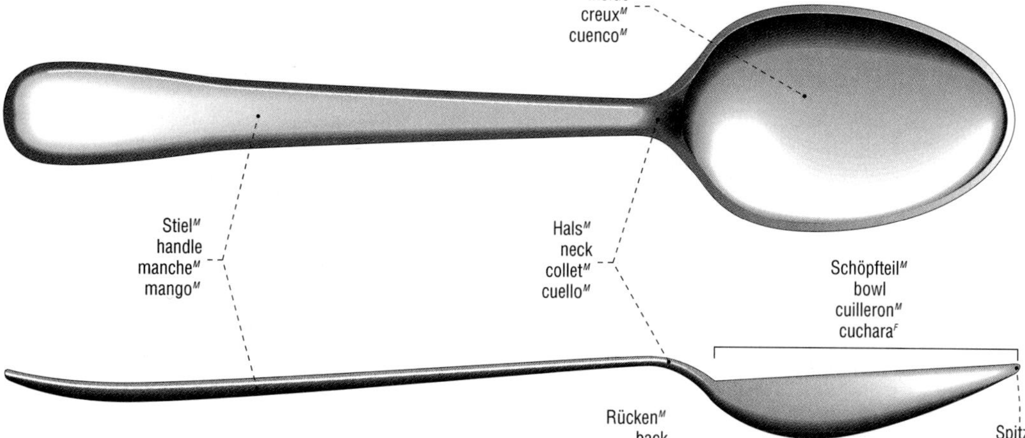

DIE WICHTIGSTEN LÖFFELTYPEN[M]
PRINCIPAL TYPES OF SPOONS
PRINCIPAUX TYPES[M] DE CUILLERS[F]
TIPOS[M] DE CUCHARAS[F]

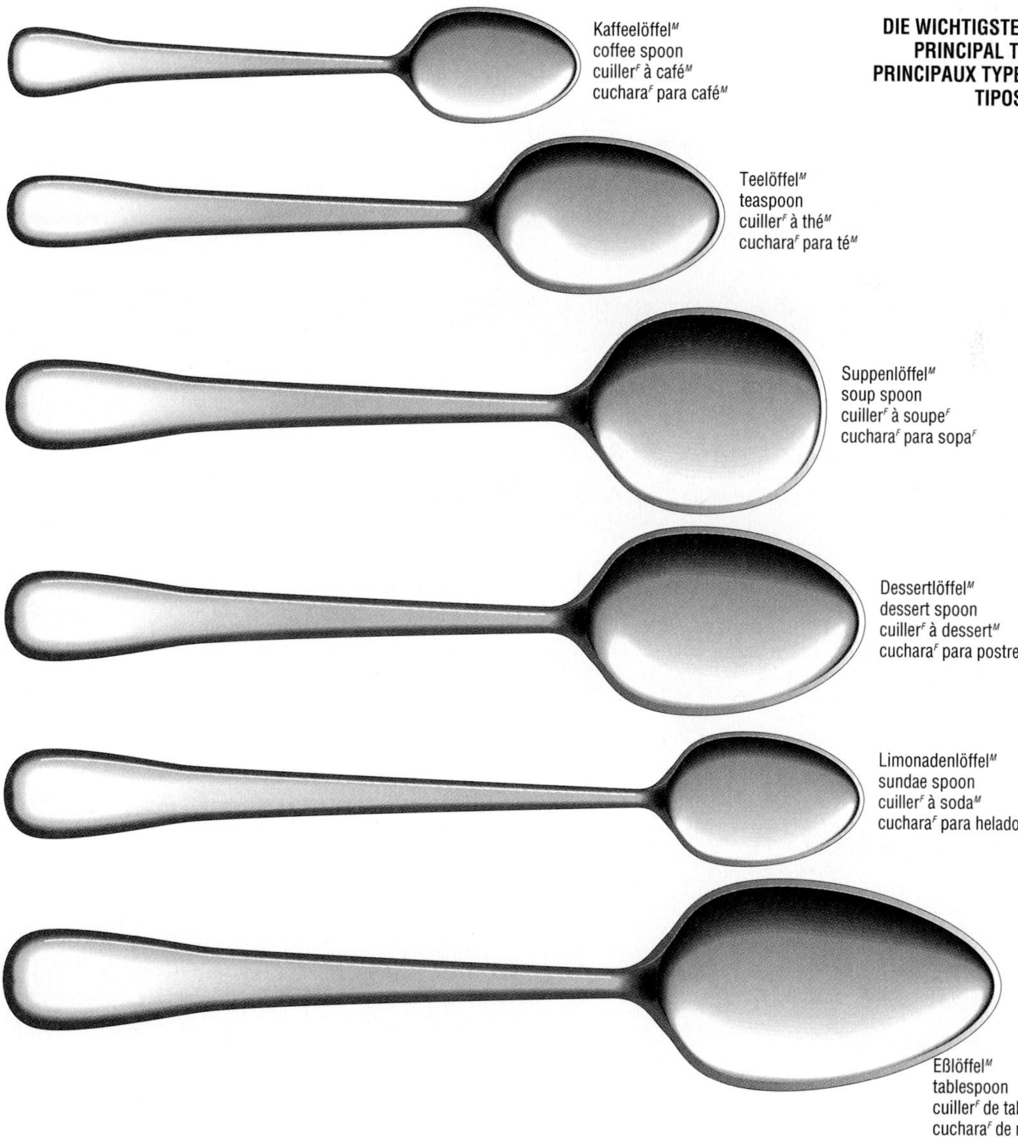

KÜCHENUTENSILIEN^{N}
KITCHEN UTENSILS
USTENSILES^{M} DE CUISINE^{F}
UTENSILIOS^{M} DE COCINA^{F}

KÜCHENMESSER^{N}
KITCHEN KNIFE
COUTEAU^{M} DE CUISINE^{F}
CUCHILLO^{M} DE COCINA^{F}

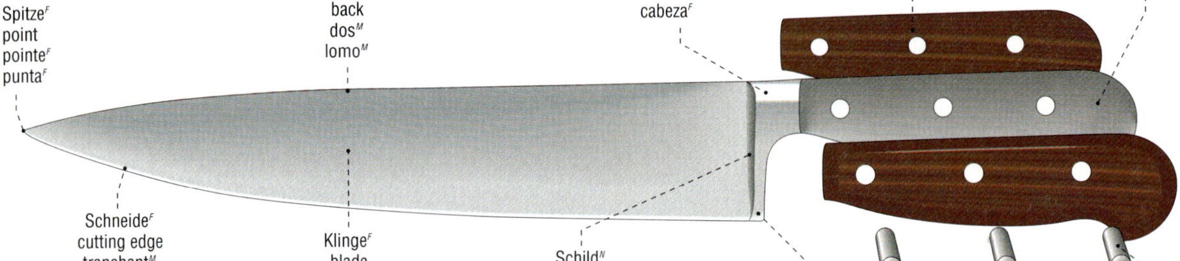

MESSERTYPEN^{M}
TYPES OF KITCHEN KNIVES
TYPES^{M} DE COUTEAUX^{M} DE CUISINE^{F}
TIPOS^{M} DE CUCHILLOS^{M} DE COCINA^{F}

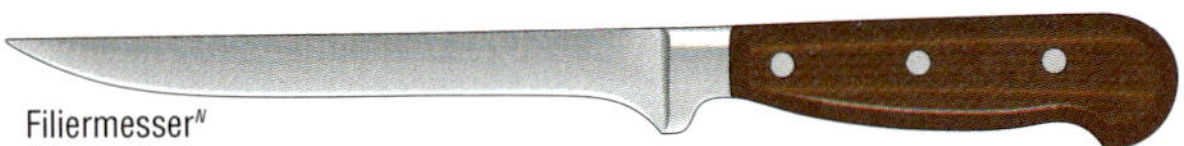
Filiermesser^{N}
filleting knife
couteau^{M} à filets^{M} de sole^{F}
filetero^{M}

Küchenspalter^{M}
cleaver
couperet^{M}
hacha^{F} de cocinero^{M}

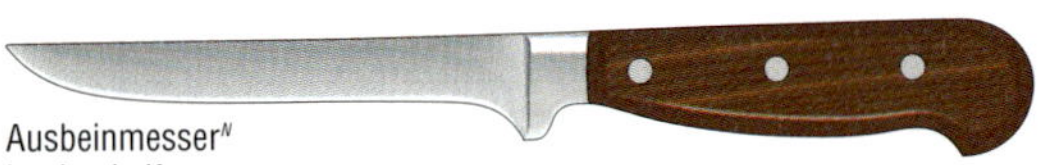
Ausbeinmesser^{N}
boning knife
couteau^{M} à désosser
para deshuesar

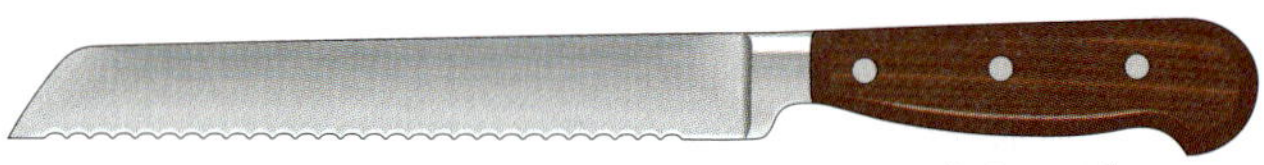
Brotmesser^{N}
bread knife
couteau^{M} à pain^{M}
para pan^{M}

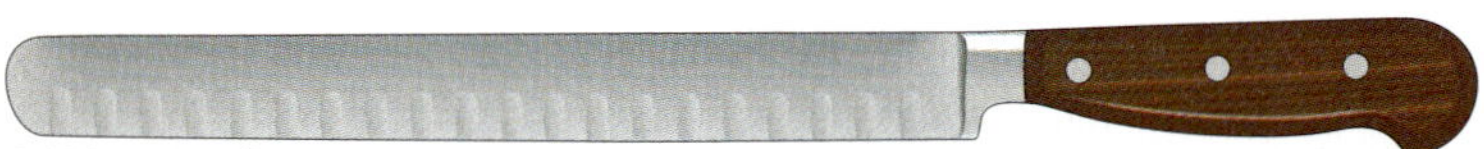
Schinkenmesser^{N}
ham knife
couteau^{M} à jambon^{M}
para jamón^{M}

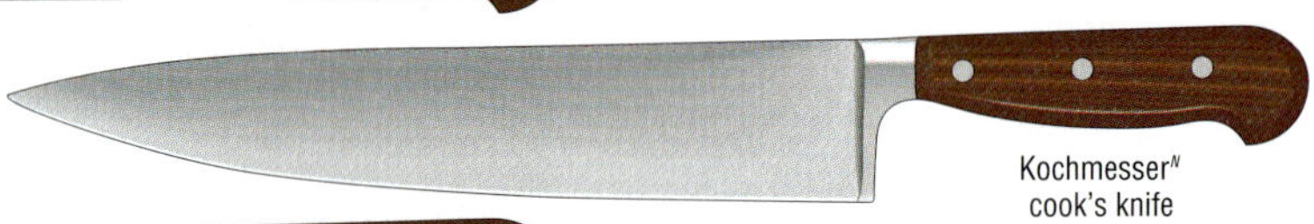
Kochmesser^{N}
cook's knife
couteau^{M} de chef^{M}
de carnicero^{M}

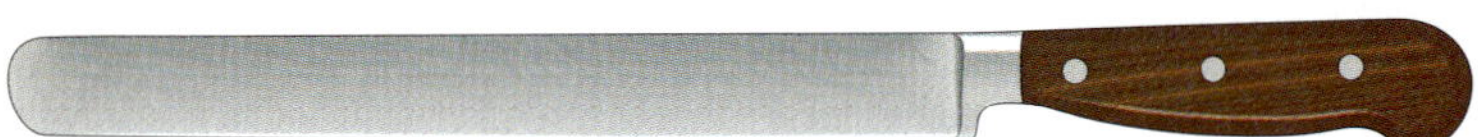
Tranchiermesser^{N}
carving knife
couteau^{M} à découper
cuchillo^{M} de trinchar

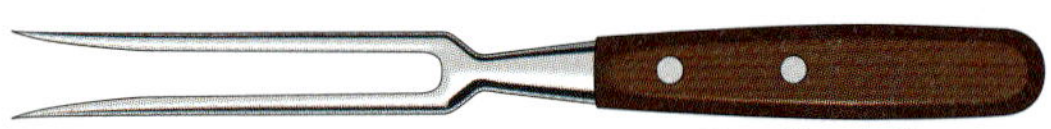
Tranchiergabel^{F}
carving fork
fourchette^{F} à découper
tenedor^{M} de trinchar

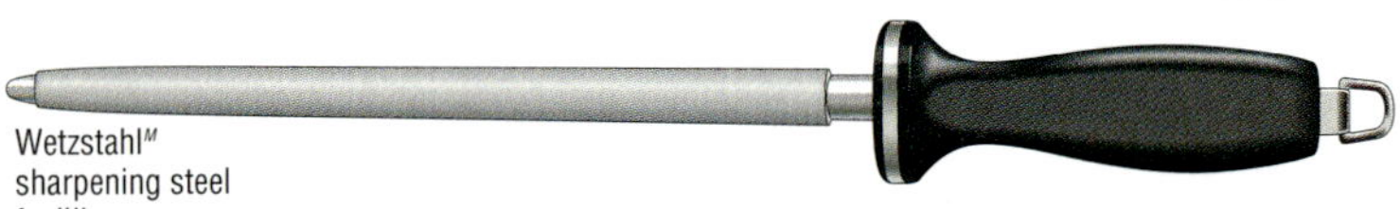
Wetzstahl^{M}
sharpening steel
fusil^{M}
afilador^{M}

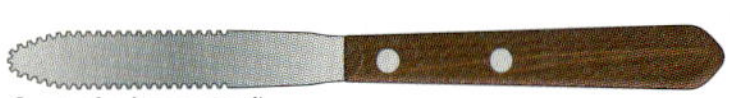
Grapefruitmesser^{N}
grapefruit knife
couteau^{M} à pamplemousse^{M}
para pomelos^{M}

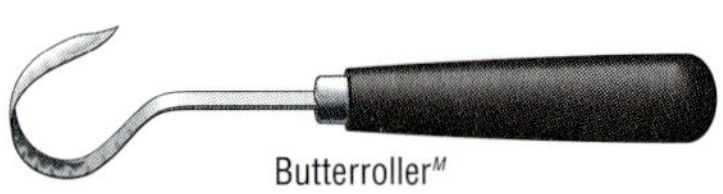
Butterroller^{M}
butter curler
coquilleur^{M} à beurre^{M}
rizador^{M} de mantequilla^{F}

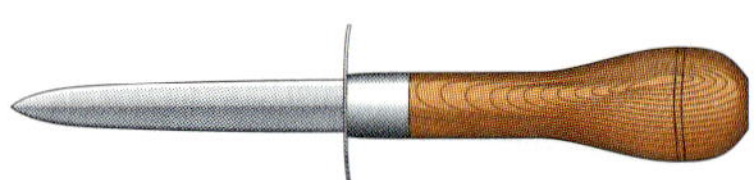
Austernmesser^{N}
oyster knife
couteau^{M} à huîtres^{F}
para ostras^{F}

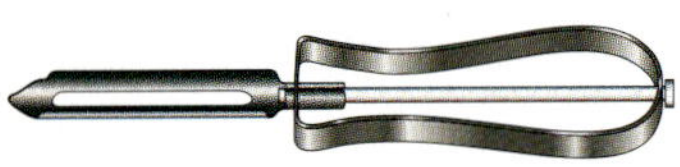
Schäler^{M}
peeler
éplucheur^{M}
pelapatatas^{M}

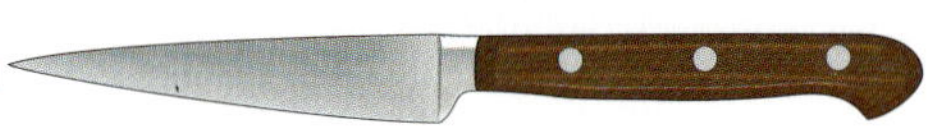
Officemesser^{N}
paring knife
couteau^{M} d'office^{M}
montado

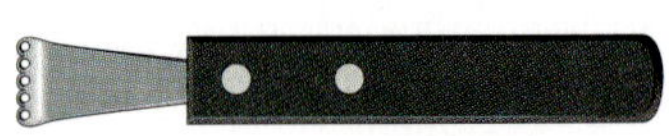
Zitronenschaber^{M}
zester
couteau^{M} à zester
rallador^{M}

Trichter[M]
funnel
entonnoir[M]
embudo[M]

ZUM SIEBEN[N] UND TROCKNEN[N]
FOR STRAINING AND DRAINING
POUR PASSER ET ÉGOUTTER
COLADORES[M] Y ESCURRIDORES[M]

Durchschlag[M]
colander
passoire[F]
escurridor[M]

Sieb[N]
strainer
passoire[F]
cedazo[M]

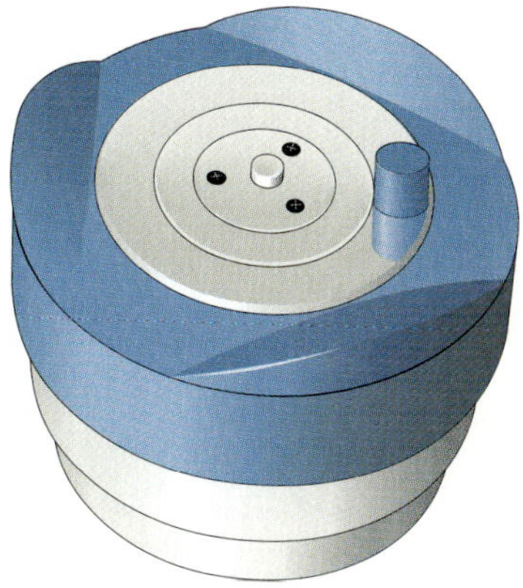

Salatschleuder[F]
salad spinner
essoreuse[F] à salade[F]
secadora[F] de ensalada[F]

ZUM ZERKLEINERN[N] UND ZERREIBEN[N]
FOR GRINDING AND GRATING
POUR BROYER ET RÂPER
PARA MOLER Y RALLAR

Stößel[M]
pestle
pilon[M]
mano[M]

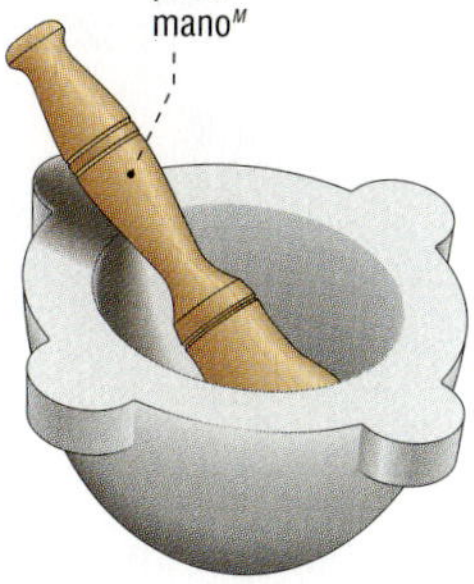

Mörser[M]
mortar
mortier[M]
mortero[M]

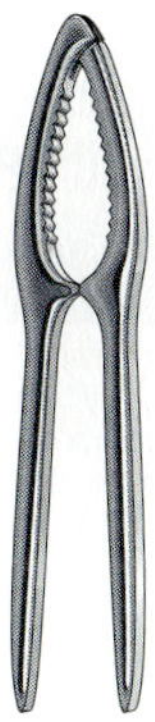

Nußknacker[M]
nutcracker
casse-noix[M]
cascanueces[M]

Knoblauchpresse[F]
garlic press
presse-ail[M]
exprimidor[M] de ajos[M]

Zitronenpresse[F]
lemon squeezer
presse-agrumes[M]
exprimelimones[M]

Fleischwolf[M]
mincer
hachoir[M]
máquina de picar carne[F]

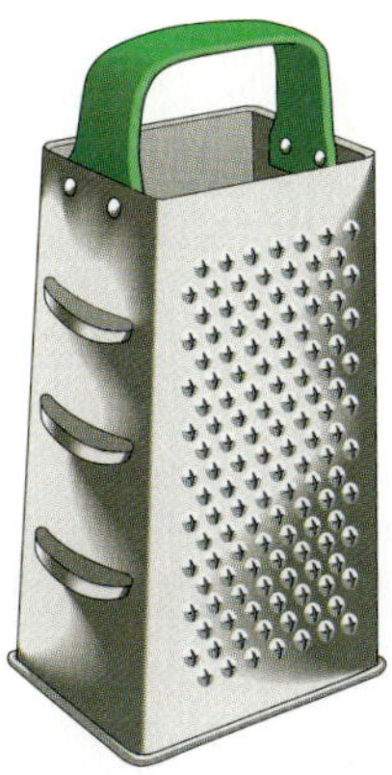

Reibe[F]
grater
râpe[F]
rallador[M]

Nudelmaschine[F]
pasta maker
machine[F] à faire les pâtes[F]
máquina[F] para hacer pasta[F] italiana

KÜCHENUTENSILIEN[N]
KITCHEN UTENSILS
USTENSILES[M] DE CUISINE[F]
UTENSILIOS[M] DE COCINA[F]

KÜCHENSET[N]
SET OF UTENSILS
JEU[M] D'USTENSILES[M]
JUEGO[M] DE UTENSILIOS[M]

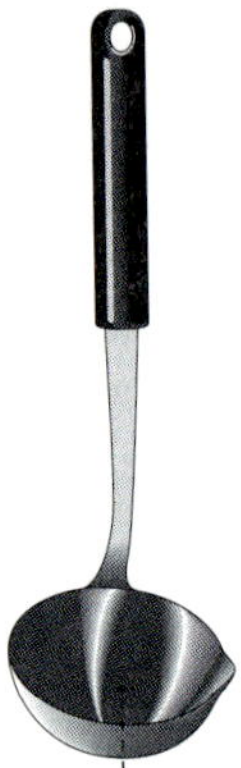

Schöpflöffel[M]
ladle
louche[F]
cucharón[M]

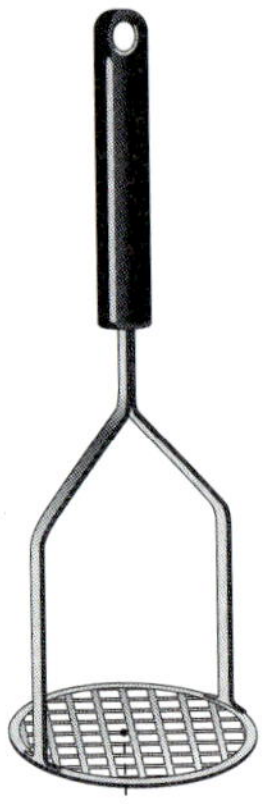

Kartoffelstampfer[M]
potato masher
pilon[M]
pasapuré[M]

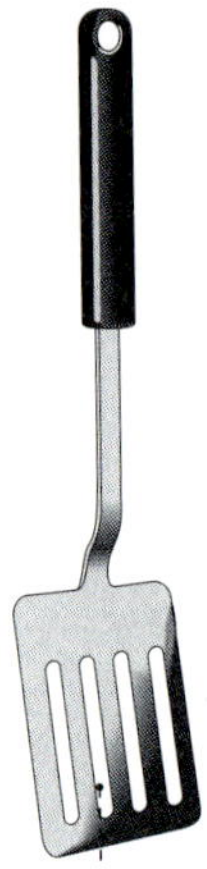

Pfannenwender[M]
spatula
pelle[F]
paleta[F]

Palette[F]
palette knife
spatule[F]
espátula[F]

Abseihlöffel[M]
draining spoon
cuiller[F] à égoutter
escurridera[F]

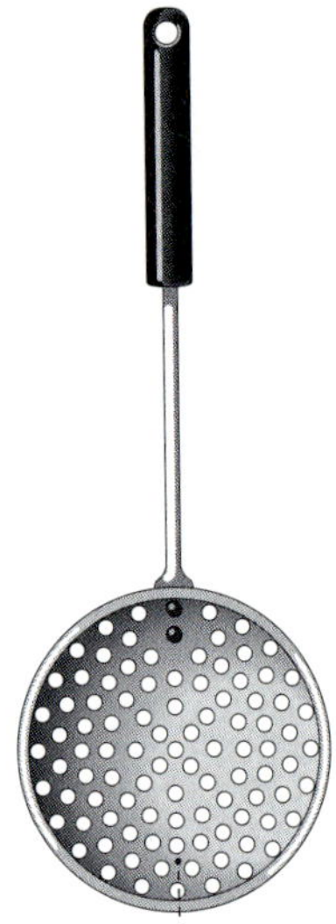

Abseihkelle[F]
skimmer
écumoire[F]
espumadera[F]

ZUM ÖFFNEN[N]
FOR OPENING
POUR OUVRIR
UTENSILIOS[M] PARA ABRIR Y DESCORCHAR

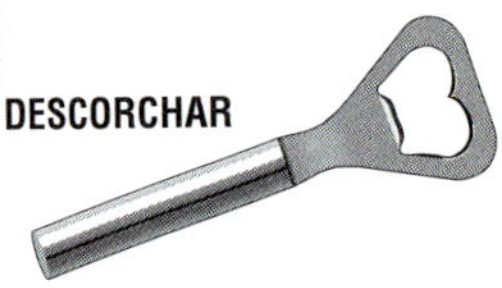

Flaschenöffner[M]
bottle opener
décapsuleur[M]
abrebotellas[M]

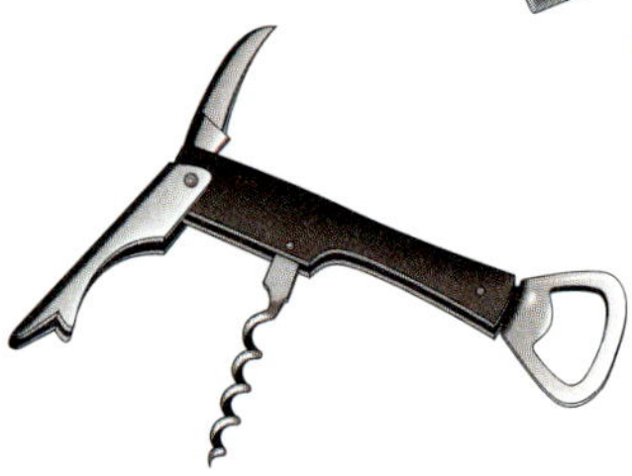

Kellnerbesteck[N]
wine waiter corkscrew
tire-bouchon[M] de sommelier[M]
sacacorchos[M]

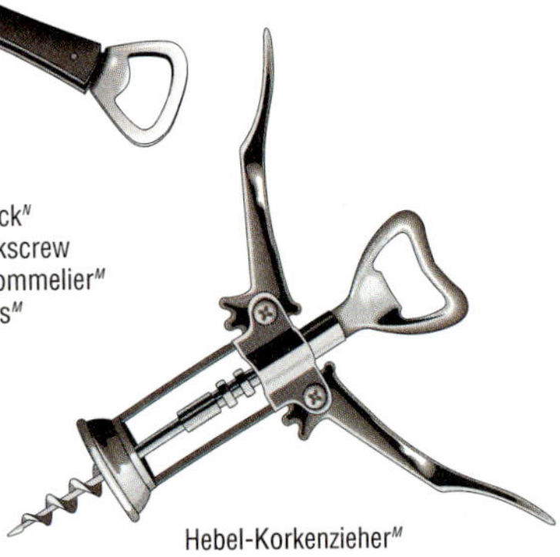

Hebel-Korkenzieher[M]
lever corkscrew
tire-bouchon[M] à levier[M]
sacacorchos[M] con brazos[M]

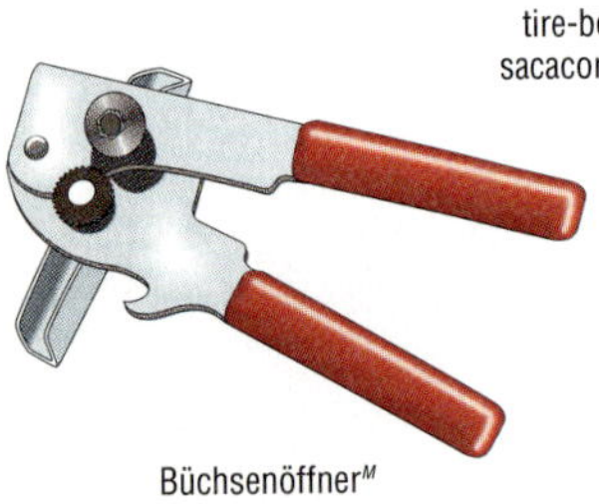

Büchsenöffner[M]
tin opener
ouvre-boîtes[M]
abrelatas[M]

Küchenuhr[F]
kitchen timer
minuteur[M]
reloj[M] de cocina[F]

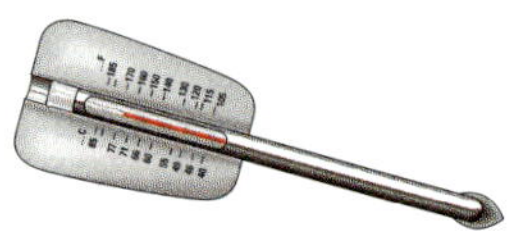

Fleischthermometer[N]
meat thermometer
thermomètre[M] à viande[F]
termómetro[M] para carne[F]

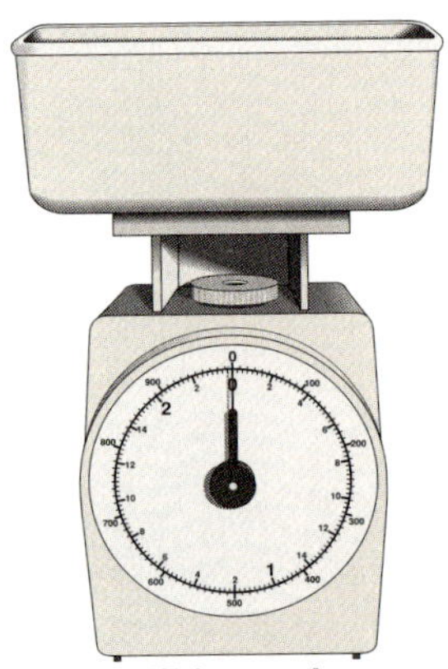

Küchenwaage[F]
kitchen scale
balance[F] de cuisine[F]
báscula[F] de cocina[F]

ZUM MESSEN[N]
FOR MEASURING
POUR MESURER
UTENSILIOS[M] PARA MEDIR

Eieruhr[F]
egg timer
sablier[M]
minutero[M] para huevos[M] pasados por agua[F]

Meßlöffel[M]
measuring spoons
cuillers[F] doseuses
cucharas[F] para medir

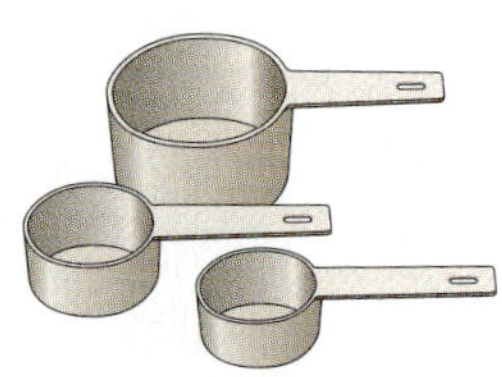

Meßbecher[M]
measuring cups
mesures[F]
tazas[F] para medir

BACKGERÄT[N]
BAKING UTENSILS
POUR LA PÂTISSERIE[F]
UTENSILIOS[M] PARA HORNEAR

Kuchenpinsel[M]
pastry brush
pinceau[M] à pâtisserie[F]
pincel[M] de repostería[F]

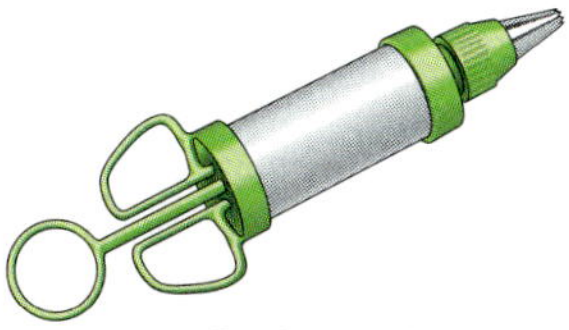

Garnierspritze[F]
icing syringe
piston[M] à décorer
tubito[M] de decoración[F]

Schneebesen[M]
whisk
fouet[M]
batidor[M]

Rad-Schneeschläger[M]
egg beater
batteur[M] à œufs[M]
batidor[M] mecánico

Kuchenrad[N]
pastry cutting wheel
roulette[F] de pâtissier[M]
cortapastas[M]

Mehlsieb[N]
sifter
tamis[M] à farine[F]
tamiz[M]

Mohrenkopfform[F]
bun tin
moule[M] à muffins[M]
molde[M] para magdalenas[F]

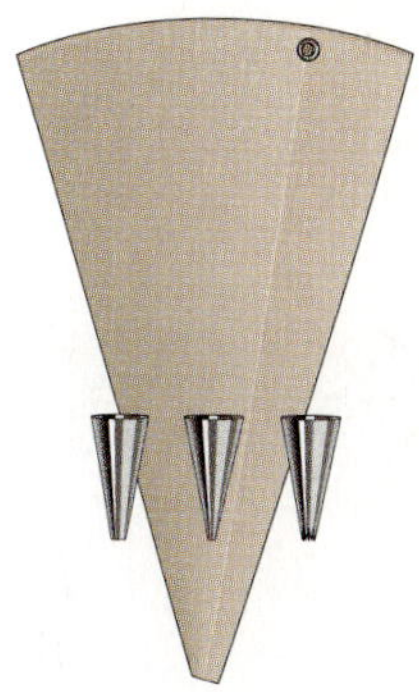

Spritzbeutel[M] mit Düsen[F]
pastry bag and nozzles
poche[F] à douilles[F]
manga[F] y boquillas[F]

Backblech[N]
baking tray
plaque[F] à biscuits[M]
bandeja[F] para hornear galletas[F]

Nudelholz[N]
rolling pin
rouleau[M] à pâtisserie[F]
rodillo[M]

Rührschüsseln[F]
mixing bowls
bols[M] à mélanger
boles[M] para batir

Ausstechformen[F]
biscuit cutters
emporte-pièces[M]
moldes[M] de pastas[F]

Springform[F]
removable-bottomed tin
moule[M] à fond[M] amovible
molde[M] redondo con muelles[M]

flache Kuchenform[F]
pie tin
moule[M] à tarte[F]
molde[M] para tartas[F]

Quicheform[F]
quiche tin
moule[M] à quiche[F]
molde[M] acanalado

Kuchenform[F]
cake tin
moule[M] à gâteau[M]
molde[M] para bizcocho[M]

KÜCHENUTENSILIEN[N]
KITCHEN UTENSILS
USTENSILES[M] DE CUISINE[F]
UTENSILIOS[M] DE COCINA[F]

VERSCHIEDENERLEI UTENSILIEN[N]
MISCELLANEOUS UTENSILS
USTENSILES[M] DIVERS
UTENSILIOS[M] DIVERSOS

Entsteiner[M]
stoner
dénoyauteur[M]
deshuesador[M] de frutas[F]

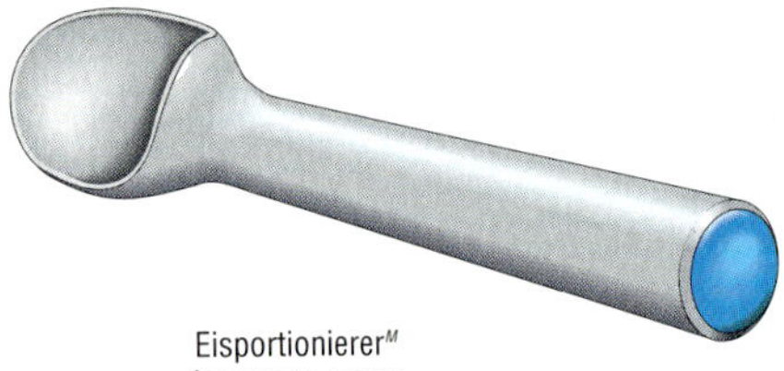

Eisportionierer[M]
ice cream scoop
cuiller[F] à glace[F]
cuchara[F] para servir helado[M]

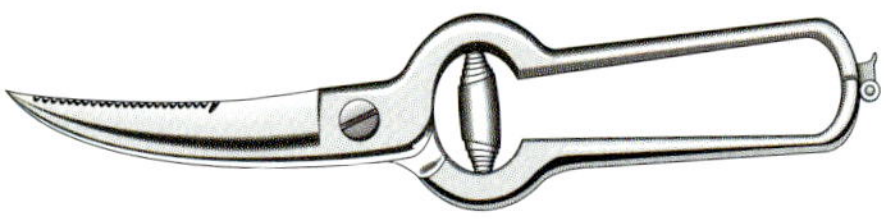

Geflügelschere[F]
poultry shears
cisaille[F] à volaille[F]
tijeras[F] para aves[F]

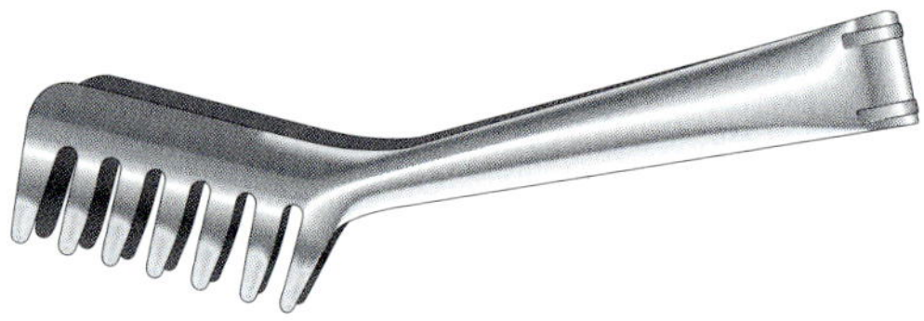

Spaghettizange[F]
spaghetti tongs
pince[F] à spaghettis[M]
tenacillas[F] para espagueti[M]

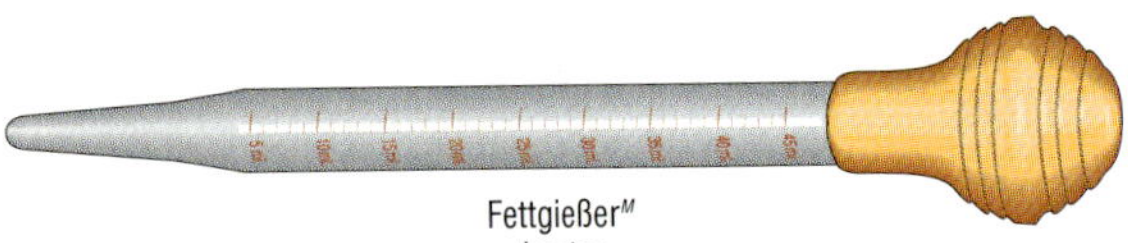

Fettgießer[M]
baster
poire[F] à jus[M]
engrasador[M]

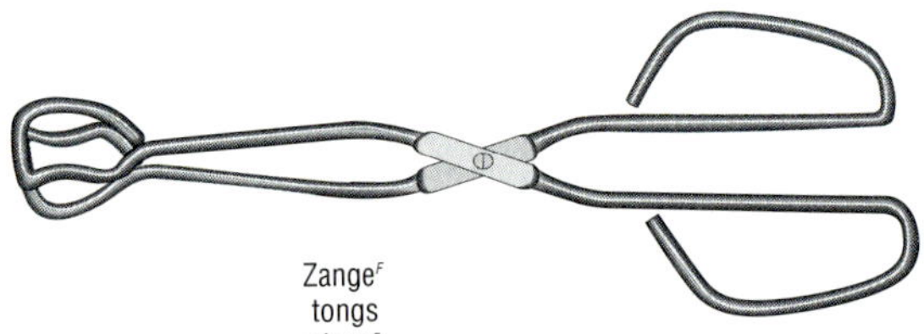

Zange[F]
tongs
pince[F]
tenacillas[F]

Gemüsebürste[F]
vegetable brush
brosse[F] à légumes[M]
cepillo[M] para verduras[F]

Tee-Ei[N]
tea infuser
boule[F] à thé[M]
esfera[F] de té[M]

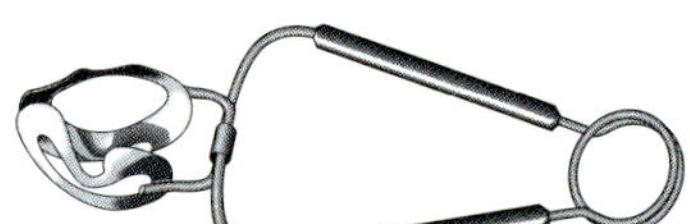

Schneckenzange[F]
snail tongs
pince[F] à escargots[M]
tenacillas[F] para caracoles[M]

Streuer[M]
dredger
saupoudreuse[F]
espolvoreador[M]

Eierschneider[M]
egg slicer
coupe-œuf[M]
cortador[M] de huevos[M] duros

Schneckenpfännchen[N]
snail dish
plat[M] à escargots[M]
plato[M] para caracoles[M]

KAFFEEMASCHINEN[F]
COFFEE MAKERS
CAFETIÈRES[F]
CAFETERAS[F]

KAFFEEMASCHINE[F]
AUTOMATIC FILTER COFFEE MAKER
CAFETIÈRE[F] FILTRE[M]
CAFETERA[F] DE FILTRO[M] AUTOMÁTICA

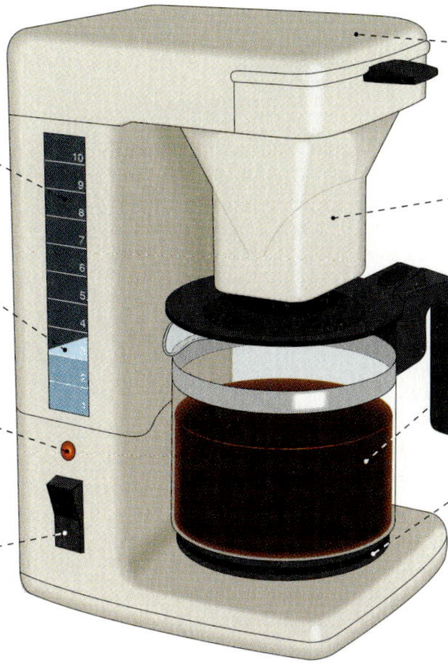

VAKUUM-KAFFEEMASCHINE[F]
VACUUM COFFEE MAKER
CAFETIÈRE[F] À INFUSION[F]
CAFETERA[F] DE INFUSIÓN[F]

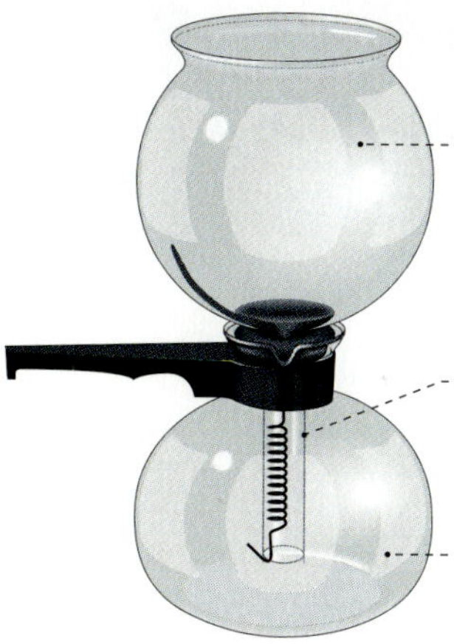

PERKULATOR[M]
PERCOLATOR
PERCOLATEUR[M]
PERCOLADOR[M]

PRESSFILTERKANNE[F]
PLUNGER
CAFETIÈRE[F] À PISTON[M]
CAFETERA[F] DE ÉMBOLO[M]

NEAPOLITANISCHE TROPFKANNE[F]
NEAPOLITAN COFFEE MAKER
CAFETIÈRE[F] NAPOLITAINE
CAFETERA[F] NAPOLITANA

ESPRESSO-MASCHINE[F]
ESPRESSO COFFEE MAKER
CAFETIÈRE[F] ESPRESSO[M]
CAFETERA[F] ITALIANA

KOCHGERÄTE[N]
COOKING UTENSILS
BATTERIE[F] DE CUISINE[F]
UTENSILIOS[M] DE COCINA[F]

WOK-SET[N]
WOK SET
WOK[M]
WOK[M]

FISCHKOCHTOPF[M]
FISH KETTLE
POISSONNIÈRE[F]
BESUGUERA[F]

FONDUE-SET[N]
FONDUE SET
SERVICE[M] À FONDUE[F]
JUEGO[M] PARA FONDUE[F]

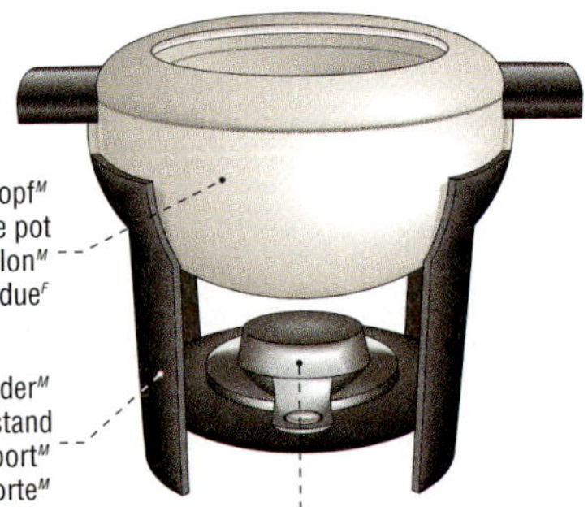

DAMPFKOCHTOPF[M]
PRESSURE COOKER
AUTOCUISEUR[M]
OLLA[F] A PRESIÓN[F]

flacher Bratentopf[M]
Dutch oven
faitout[M]
cacerola[F] refractaria

Suppentopf[M]
stock pot
marmite[F]
olla[F]

Bratpfanne[F]
frying pan
poêle[F] à frire
sartén[F]

Crêpe-Pfanne[F]
pancake pan
poêle[F] à crêpes[F]
sartén[F] para crepas[F]

Kuskustopf[M]
couscous kettle
couscoussier[M]
olla[F] para alcuzcuz[M]

Eipochierer[M]
egg poacher
pocheuse[F]
escalfador[M] de huevos[M]

Schmorpfanne[F]
sauté pan
sauteuse[F]
sartén[F] honda

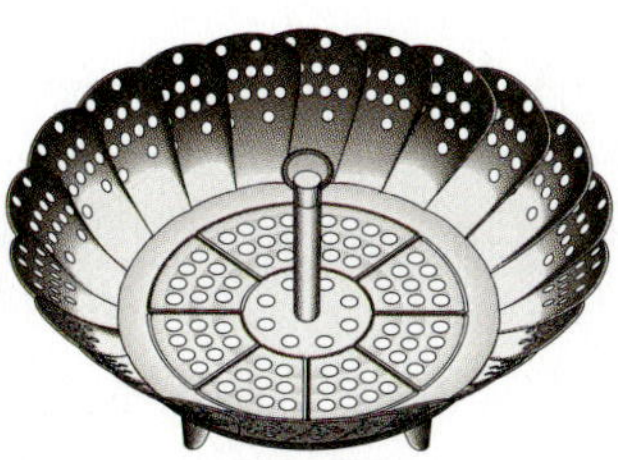

Gemüsedünster[M]
vegetable steamer
étuveuse[F]
alcachofa[F] para vegetales[M]

Wasserbadtopf[M]
double boiler
bain-marie[M]
cacerola[F] para baño[M] de María

Stielkasserolle[F]
saucepan
casserole[F]
cacerola[F]

HAUSHALTSGERÄTE^{N}
DOMESTIC APPLIANCES
APPAREILS^{M} ÉLECTROMÉNAGERS
APARATOS^{M} ELECTRODOMÉSTICOS

MIXER^{M}
BLENDER
MÉLANGEUR^{M}
BATIDORA^{F}

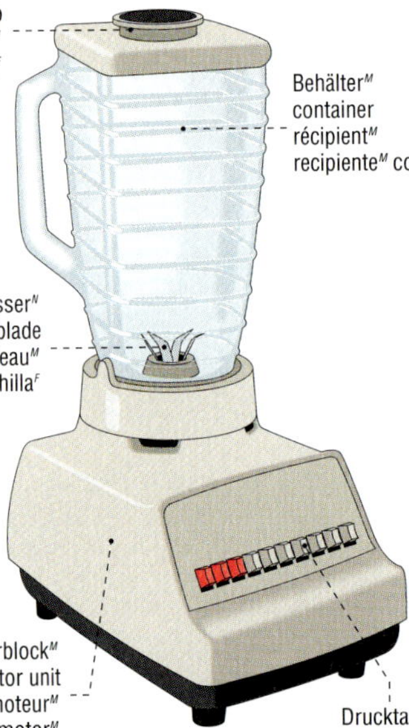

HANDRÜHRGERÄT^{N}
HAND MIXER
BATTEUR^{M} À MAIN^{F}
BATIDORA^{F} DE MANO^{F}

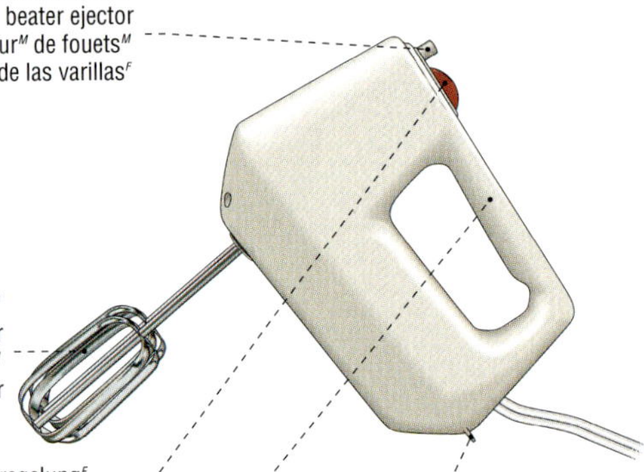

STABMIXER^{M}
HAND BLENDER
MÉLANGEUR^{M} À MAIN^{F}
BATIDORA^{F} DE BRAZO^{M}

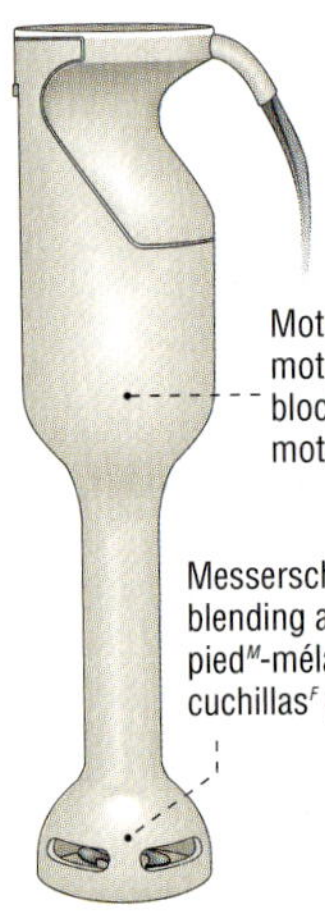

TISCHRÜHRGERÄT^{N}
TABLE MIXER
BATTEUR^{M} SUR SOCLE^{M}
BATIDORA^{F} DE MESA^{F}

RÜHRBESEN^{M}
BEATERS
FOUETS^{M}
TIPOS^{M} DE VARILLAS^{F}

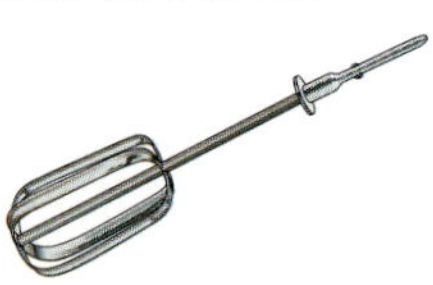
Rührbesen^{M}
four blade beater
fouet^{M} quatre pales^{F}
de aspas^{F}

Spiralkneter^{M}
spiral beater
fouet^{M} en spirale^{F}
en espiral^{F}

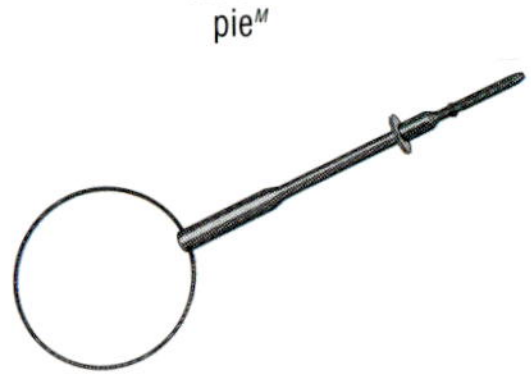
Drahtbesen^{M}
wire beater
fouet^{M} à fil^{M}
circular

Knethaken^{M}
dough hook
crochet^{M} pétrisseur
de gancho^{M}

KÜCHENMASCHINE^{F}
FOOD PROCESSOR
ROBOT^{M} DE CUISINE^{F}
ROBOT^{M} DE COCINA^{F}

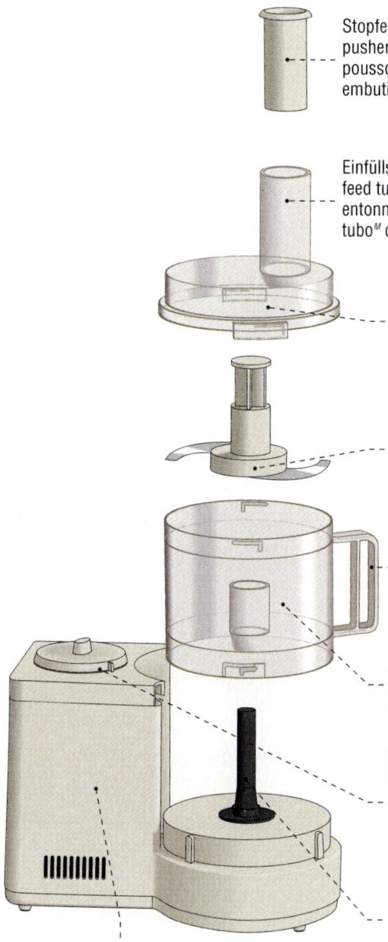

EISMASCHINE^{F}
ICE CREAM FREEZER
SORBETIÈRE^{F}
HELADERA^{F}

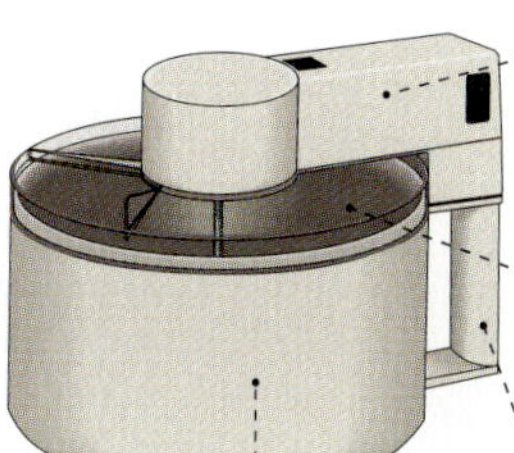

SCHEIBEN^{F}
DISCS
DISQUES^{M}
DISCO^{M}

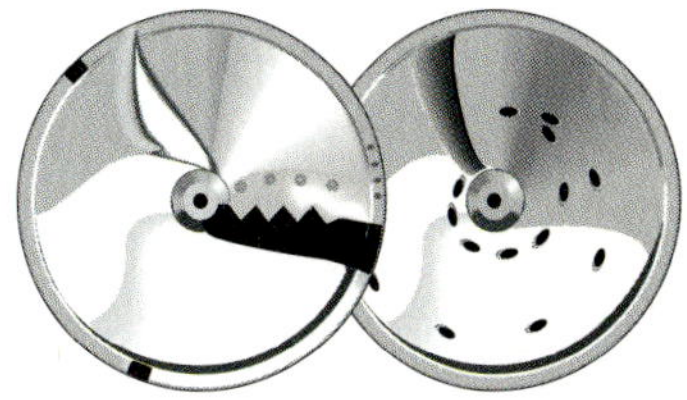

ZITRUSPRESSE^{F}
LEMON SQUEEZER
PRESSE-AGRUMES^{M}
EXPRIMIDOR^{M} DE CÍTRICOS^{M}

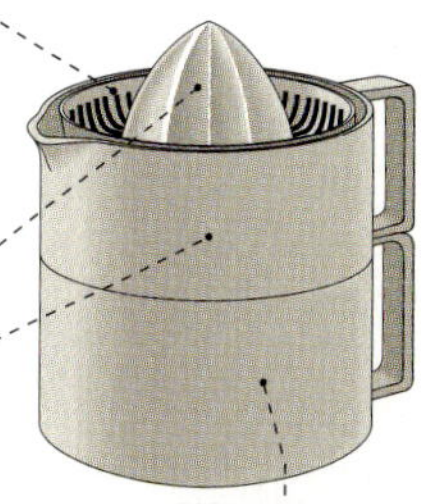

ENTSAFTER^{M}
JUICE EXTRACTOR
CENTRIFUGEUSE^{F}
EXTRACTOR^{M} DE JUGOS^{M}

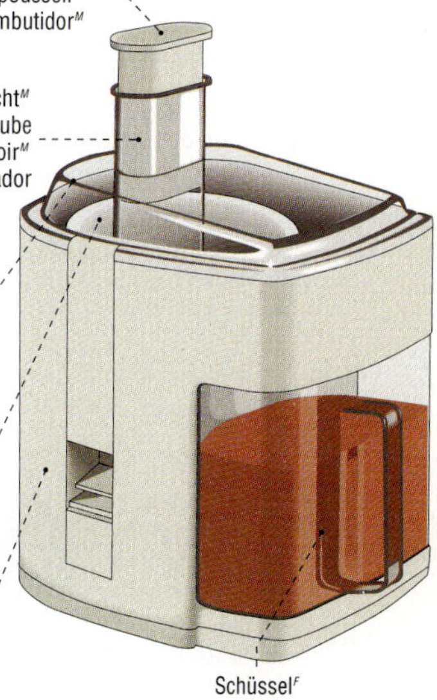

HAUSHALTSGERÄTE^{N}
DOMESTIC APPLIANCES
APPAREILS^{M} ÉLECTROMÉNAGERS
APARATOS^{M} ELECTRODOMÉSTICOS

WASSERKESSEL^{M}
KETTLE
BOUILLOIRE^{F}
HERVIDOR^{M} DE SILBATO^{M}

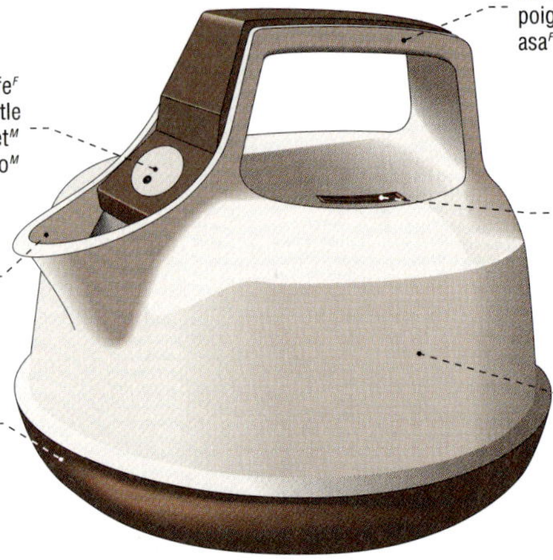

TOASTER^{M}
TOASTER
GRILLE-PAIN^{M}
TOSTADOR^{M}

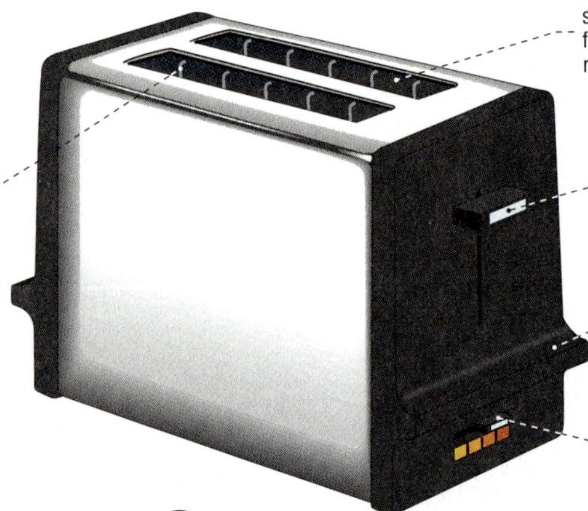

FRITEUSE^{F}
DEEP FRYER
FRITEUSE^{F}
FREIDORA^{F}

WAFFELEISEN^{N}
WAFFLE IRON
GAUFRIER^{M}-GRIL^{M}
BARQUILLERO^{M} ELÉCTRICO

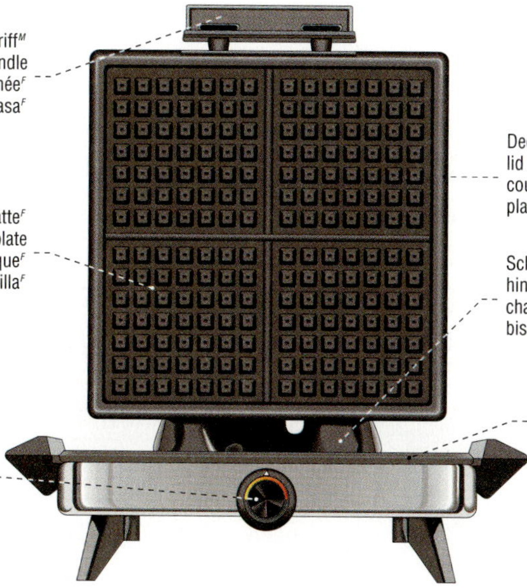

MIKROWELLENGERÄT^{N}
MICROWAVE OVEN
FOUR^{M} À MICRO-ONDES^{F}
HORNO^{M} DE MICROONDAS^{F}

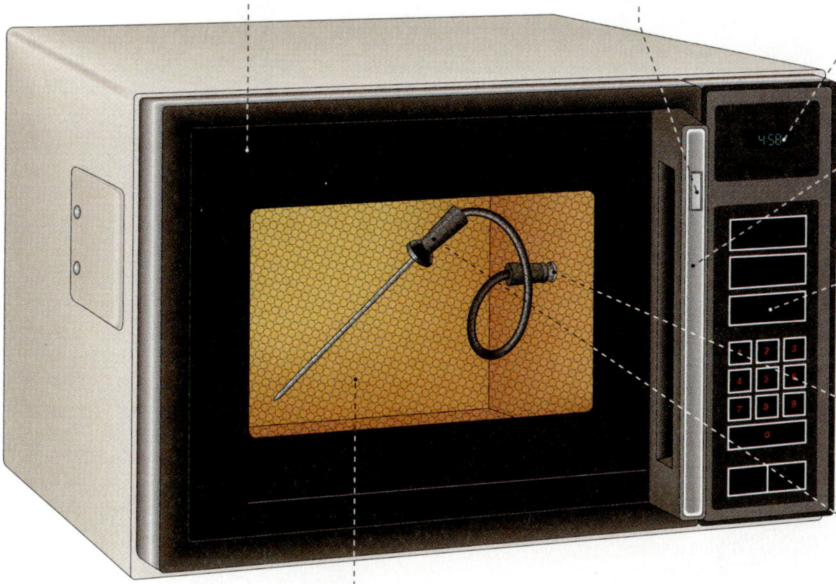

GRILL^{M}
GRIDDLE
GRIL^{M} ÉLECTRIQUE
PLANCHA^{F}

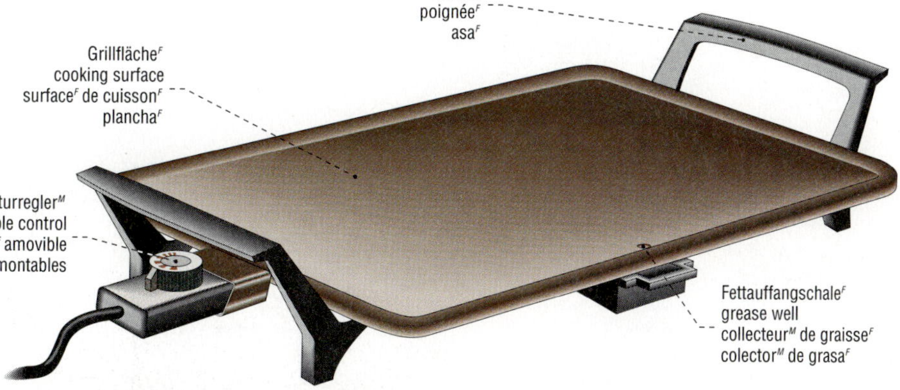

HAUSHALTSGERÄTE^N
DOMESTIC APPLIANCES
APPAREILS^M ÉLECTROMÉNAGERS
APARATOS^M ELECTRODOMÉSTICOS

KÜHLSCHRANK^M
REFRIGERATOR
RÉFRIGÉRATEUR^M
FRIGORÍFICO^M

DUNSTABZUGSHAUBE[F]
EXTRACTOR HOOD
HOTTE[F]
CAMPANA[F]

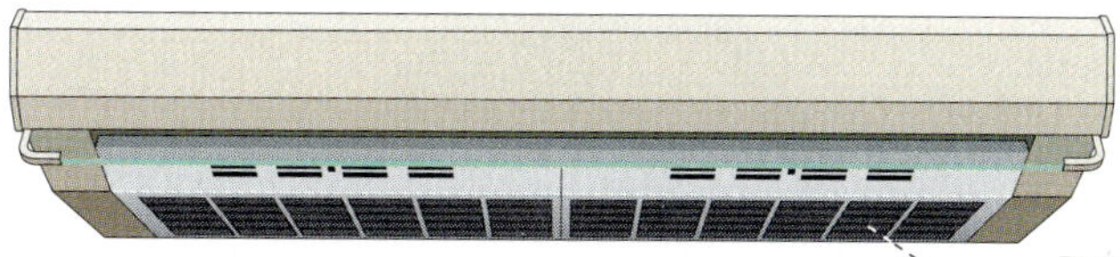

ELEKTROHERD[M]
ELECTRIC COOKER
CUISINIÈRE[F] ÉLECTRIQUE
COCINA[F] ELÉCTRICA

HAUSHALTSGERÄTE[N]
DOMESTIC APPLIANCES
APPAREILS[M] ÉLECTROMÉNAGERS
APARATOS[M] ELECTRODOMÉSTICOS

DAMPFBÜGELEISEN[N]
STEAM IRON
FER[M] À VAPEUR[F]
PLANCHA[F] DE VAPOR[M]

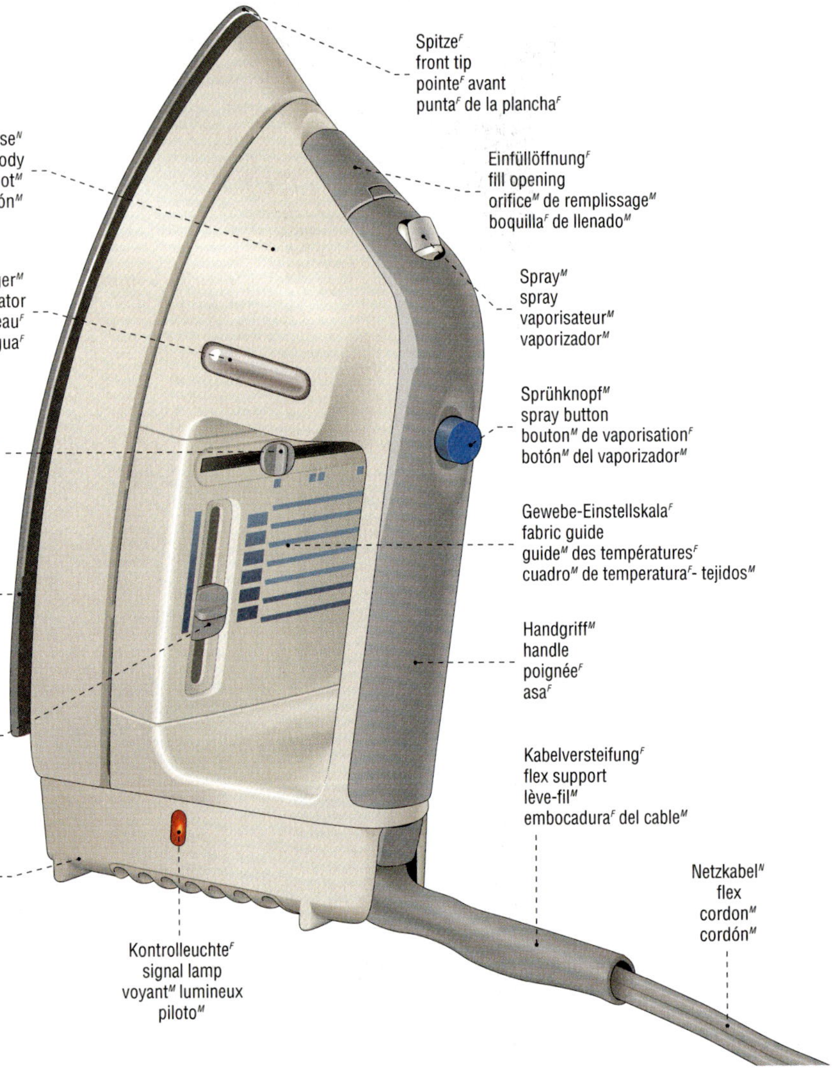

KAFFEEMÜHLE[F]
COFFEE MILL
MOULIN[M] À CAFÉ[M]
MOLINILLO[M] DE CAFÉ[M]

DOSENÖFFNER[M]
TIN OPENER
OUVRE-BOÎTES[M]
ABRELATAS[M]

HAUSHALTSGERÄTE[N]
DOMESTIC APPLIANCES
APPAREILS[M] ÉLECTROMÉNAGERS
APARATOS[M] ELECTRODOMÉSTICOS

BEDIENBLENDE[F]
CONTROL PANEL
TABLEAU[M] DE COMMANDE[F]
PANEL[M] DE MANDOS[M]

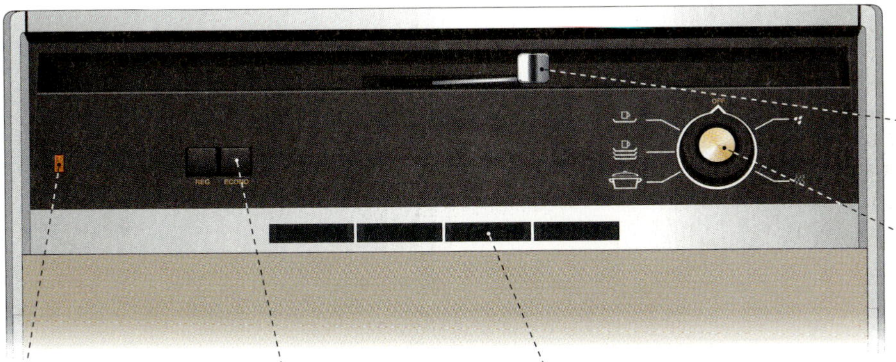

GESCHIRRSPÜLMASCHINE[F]
DISHWASHER
LAVE-VAISSELLE[M]
LAVAVAJILLAS[M]

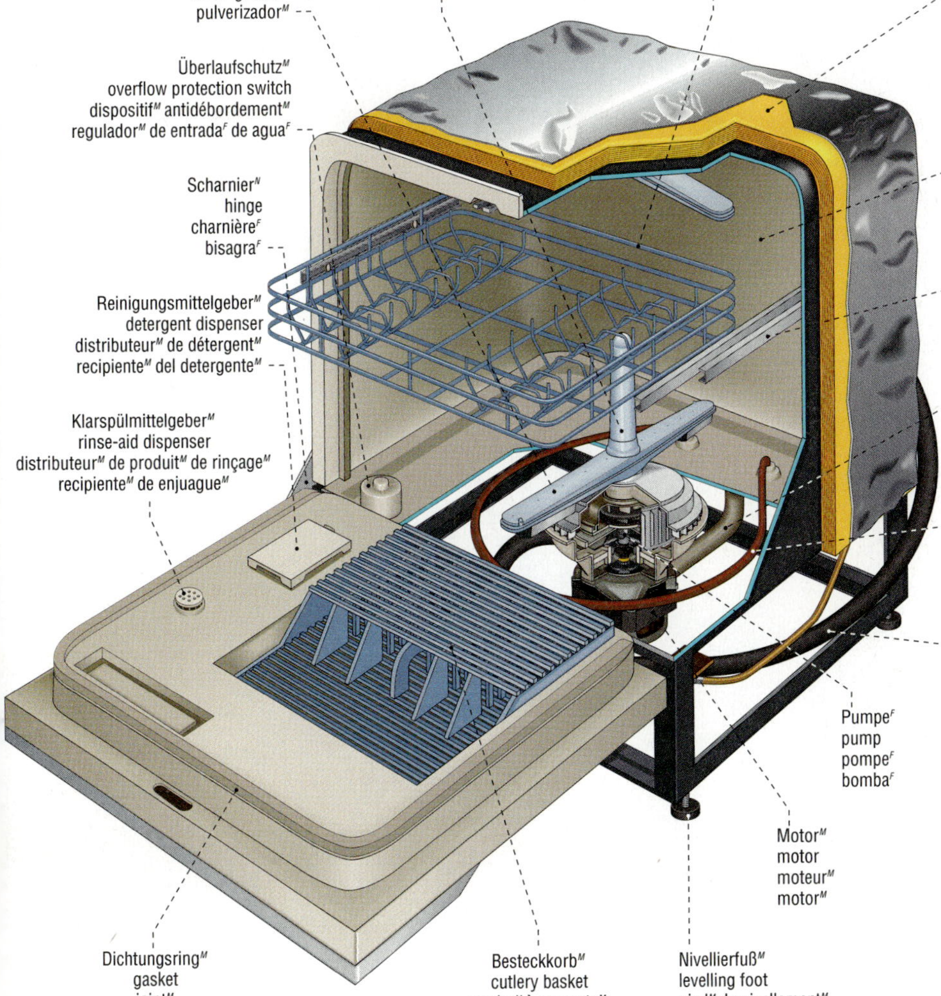

HAUSHALTSGERÄTE[N]
DOMESTIC APPLIANCES
APPAREILS[M] ÉLECTROMÉNAGERS
APARTOS[M] ELECTRODOMÉSTICOS

WASCHMASCHINE[F]
WASHING MACHINE
LAVE-LINGE[M]
LAVADORA[F]

Wasserstandsregler[M]
water-level selector
sélecteur[M] de niveau[M] d'eau[F]
selector[M] de nivel[M] de agua[F]

Temperaturwähler[M]
temperature selector
sélecteur[M] de température[F]
selector[M] de temperatura[F]

Bedienblende[F]
control panel
tableau[M] de commande[F]
panel[M] de mandos[M]

Programmwähler[M]
control knob
programmateur[M]
programador[M]

Blende[F]
backguard
dosseret[M]
panel[M] de mandos[M]

Deckel[M]
lid
couvercle[M]
tapa[F]

Bottichrand[M]
tub rim
rebord[M] de cuve[F]
borde[M] de la cubeta[F]

Rührwerk[N]
agitator
agitateur[M]
agitador[M] de aspas[F]

Trommel[F]
drum
panier[M] de lavage[M]
tambor[M]

Gehäuse[N]
cabinet
carrosserie[F]
armazón[M]

Laugenbehälter[M]
tub
cuve[F]
cubeta[F]

Flusensieb[N]
lint filter
filtre[M] à charpie[F]
filtro[M] de pelusa[F]

Getriebe[N]
transmission
transmission[F]
transmisión[F]

Schwingungsdämpfer[M]
vibration damper
bras[M] de suspension[F]
brazo[M] de suspensión[F]

Motor[M]
motor
moteur[M]
motor[M]

Ablaufschlauch[M]
drain hose
tuyau[M] d'évacuation[F]
manguera[F] de desagüe[M]

Entleerungsschlauch[M]
emptying hose
tuyau[M] de vidange[F]
manguera[F] de vaciado[M]

Pumpe[F]
pump
pompe[F]
bomba[F]

Drehmomentwandler[M]
torque converter
convertisseur[M] de couple[M]
convertidor[M] de tensión[F]

Nivellierfuß[M]
levelling foot
pied[M] de nivellement[M]
pie[M] ajustable

Keilriemen[M]
drive belt
courroie[F] d'entraînement[M]
correa[F] del tambor[M]

Feder[F]
spring
ressort[M] de suspension[F]
resorte[M]

WÄSCHETROCKNER[M]
ELECTRIC TUMBLE DRYER
SÈCHE-LINGE[M] ÉLECTRIQUE
SECADORA[F] DE ROPA[F]

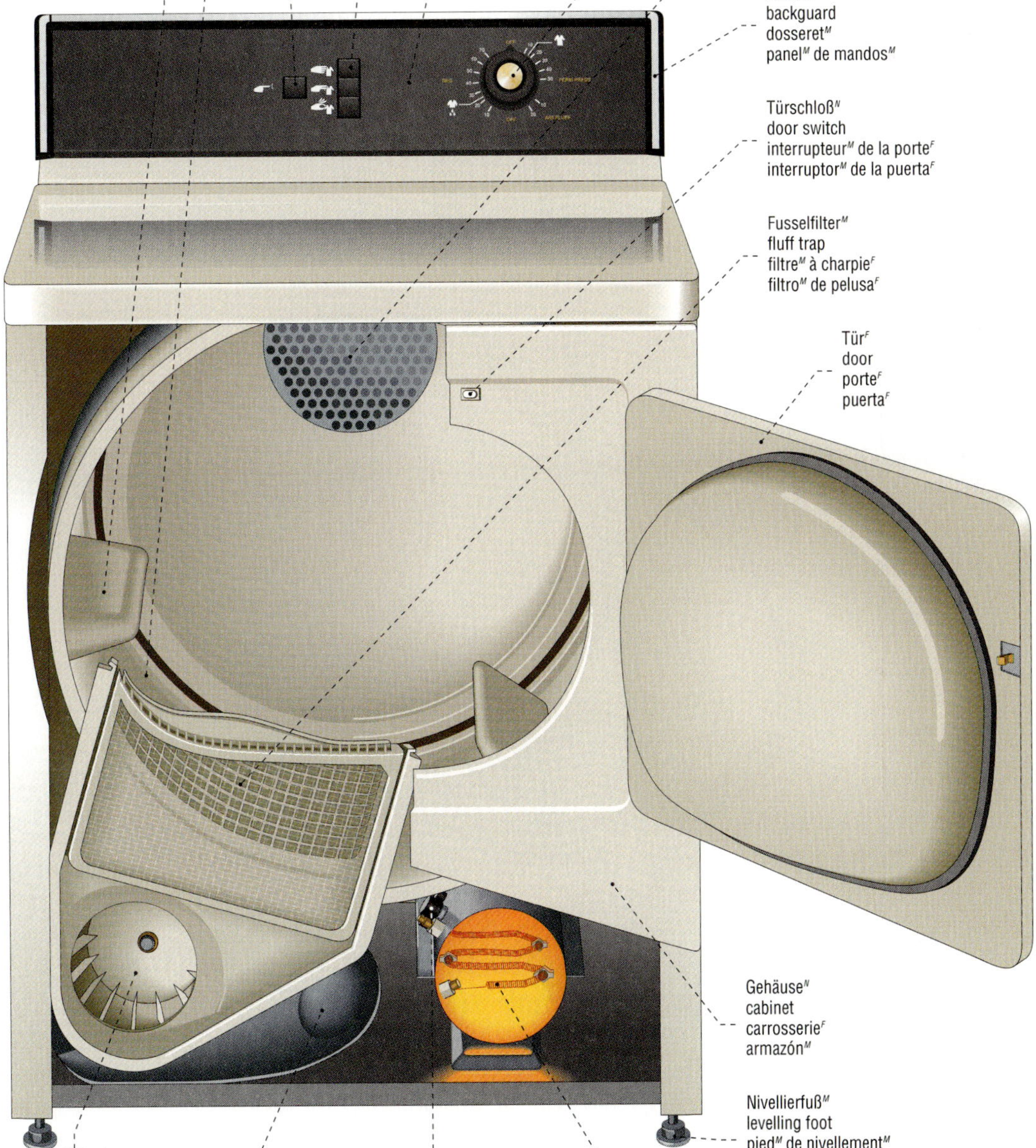

HAUSHALTSGERÄTE[N]
DOMESTIC APPLIANCES
APPAREILS[M] ÉLECTROMÉNAGERS
APARATOS[M] ELECTRODOMÉSTICOS

AKKU-MINI-STAUBSAUGER[M]
HAND VACUUM CLEANER
ASPIRATEUR[M] À MAIN[F]
ASPIRADOR[M] MANUAL

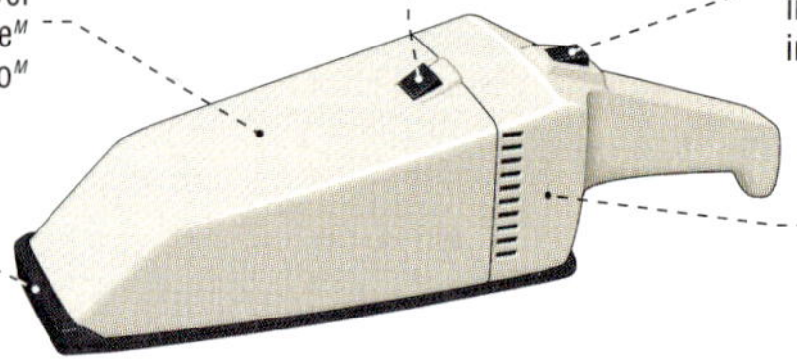

Entriegelungstaste[F]
locking button
verrouillage[M]
botón[M] de cierre[M]

Staubbehälter[M]
dust receiver
godet[M] à poussière[M]
depósito de polvo[M]

Ein-/Ausschalter[M]
on-off switch
interrupteur[M]
interruptor[M]

Motorblock[M]
motor unit
bloc[M]-moteur[M]
motor[M]

Lade-Anschlußbuchse[F]
recharging base
socle[M]-chargeur[M]
cargador[M]

KESSELSTAUBSAUGER[M]
CYLINDER VACUUM CLEANER
ASPIRATEUR[M]-TRAÎNEAU[M]
ASPIRADOR[M]

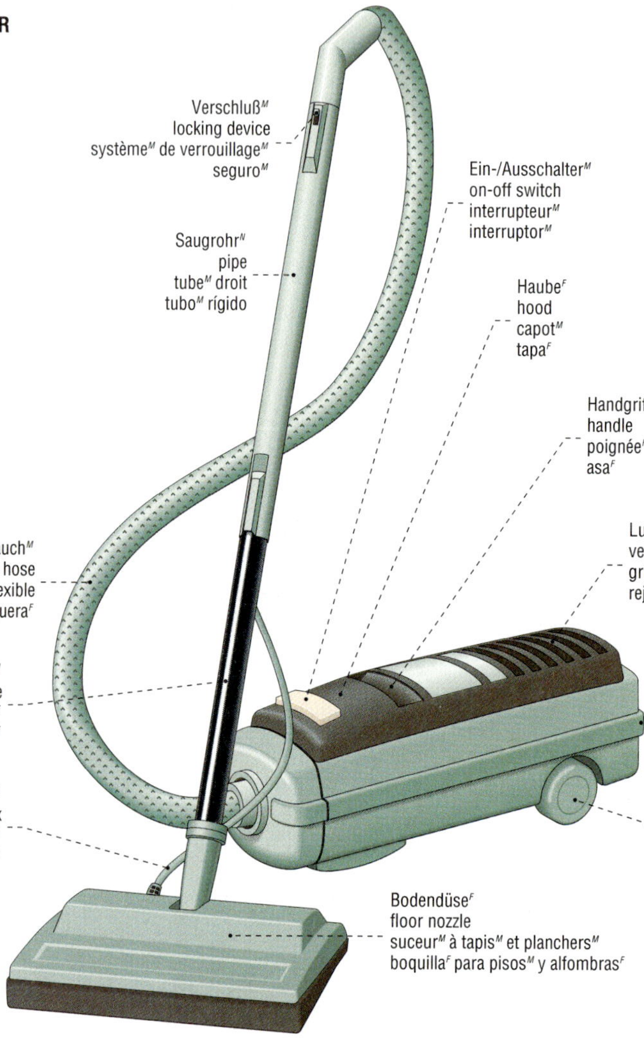

Verschluß[M]
locking device
système[M] de verrouillage[M]
seguro[M]

Ein-/Ausschalter[M]
on-off switch
interrupteur[M]
interruptor[M]

Saugrohr[N]
pipe
tube[M] droit
tubo[M] rígido

Haube[F]
hood
capot[M]
tapa[F]

Handgriff[M]
handle
poignée[F]
asa[F]

Luftaustrittsschlitz[M]
ventilating grille
grille[F] de ventilation[F]
rejilla[F] del ventilador[M]

beweglicher Schlauch[M]
flexible hose
tuyau[M] flexible
manguera[F]

Ansatzrohr[N]
extension pipe
rallonge[F]
tubo[M] de extensión[F]

Stoßleiste[F]
bumper
pare-chocs[M]
tope[M] amortiguador

Lenkrolle[F]
caster
roulette[F]
ruedecilla[F]

Kabel[N]
flex
cordon[M]
cordón[M]

Bodendüse[F]
floor nozzle
suceur[M] à tapis[M] et planchers[M]
boquilla[F] para pisos[M] y alfombras[F]

SAUGZUBEHÖR[N]
CLEANING TOOLS
ACCESSOIRES[M]
ACCESORIOS[M]

Polsterdüse[F]
upholstery nozzle
suceur[M] triangulaire à tissus[M]
boquilla[F] para tapicería[F]

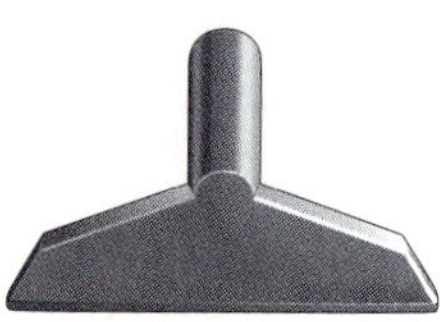

Fugendüse[F]
crevice nozzle
suceur[M] plat
boquilla[F] rinconera

Bürste[F]
floor brush
brosse[F] à planchers[M]
cepillo[M] para pisos[M]

Saugpinsel[M]
dusting brush
brosse[F] à épousseter
cepillo[M]-plumero[M]

GARTENARBEIT JARDINAGE
GARDENING JARDINERÍA

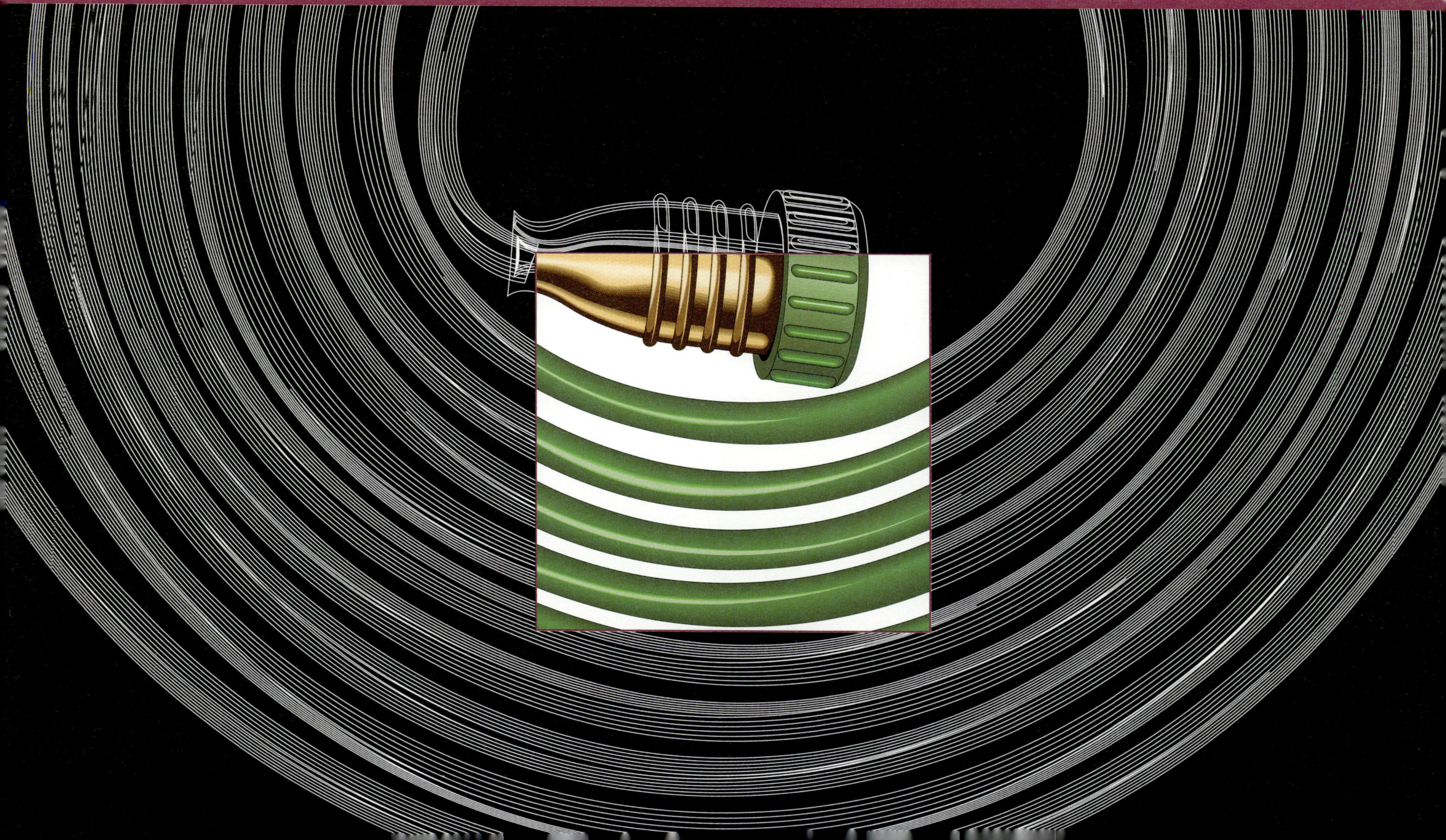

INHALT

ZIERGARTEN 263
GARTENGERÄT 264

ZIERGARTEN[M]
PLEASURE GARDEN
JARDIN[M] D'AGRÉMENT[M]
JARDÍN[M]

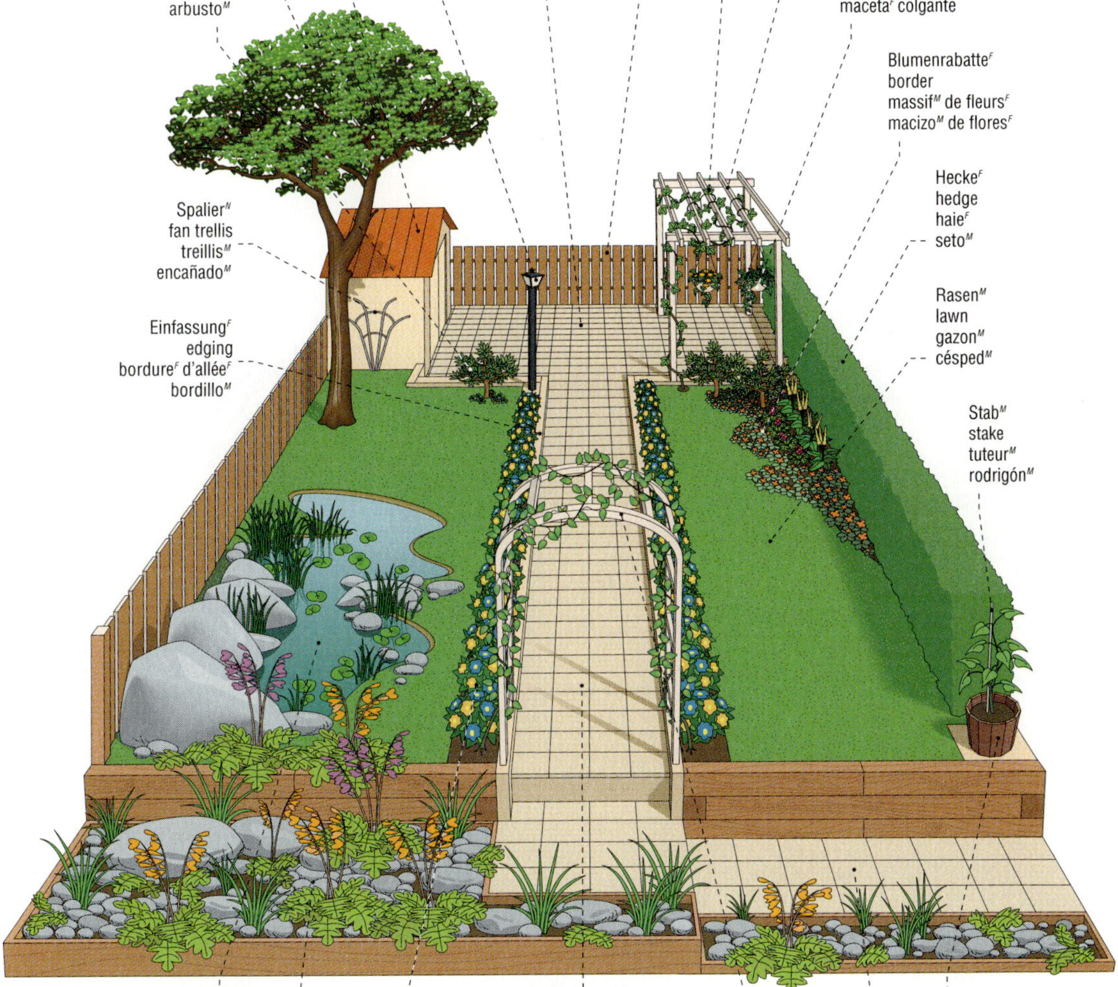

GARTENGERÄT^{N}
TOOLS AND EQUIPMENT
OUTILLAGE^{M}
HERRAMIENTAS^{F} Y MÁQUINAS^{F}

Gießpistole^{F}
pistol nozzle
pistolet^{M} d'arrosage^{M}
pistola^{F} pulverizadora

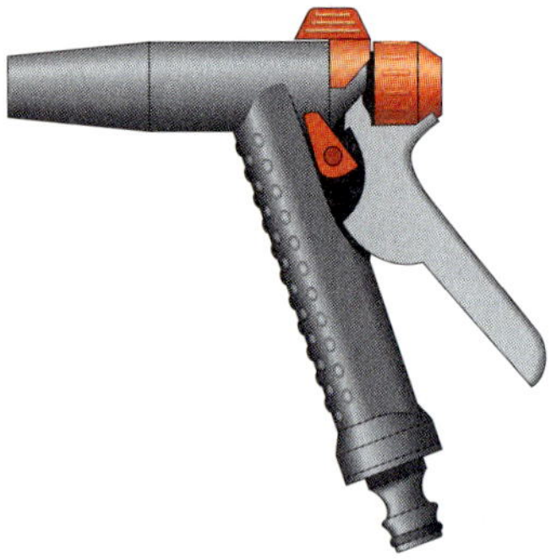

Sprühflasche^{F}
sprayer
vaporisateur^{M}
pulverizador^{M}

Gießbrause^{F}
spray nozzle
pistolet^{M} arrosoir^{M}
boquilla^{F} pulverizadora

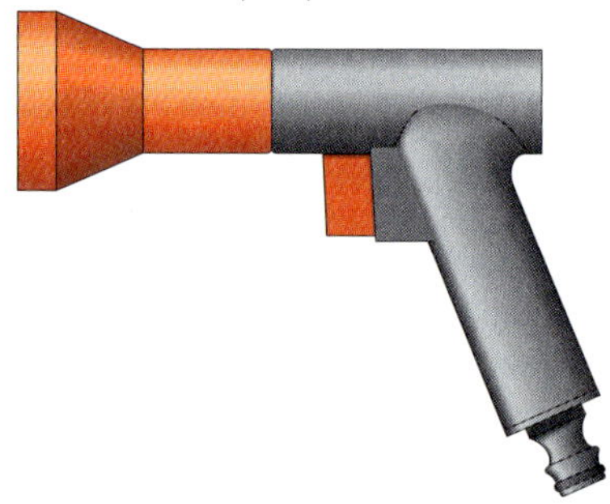

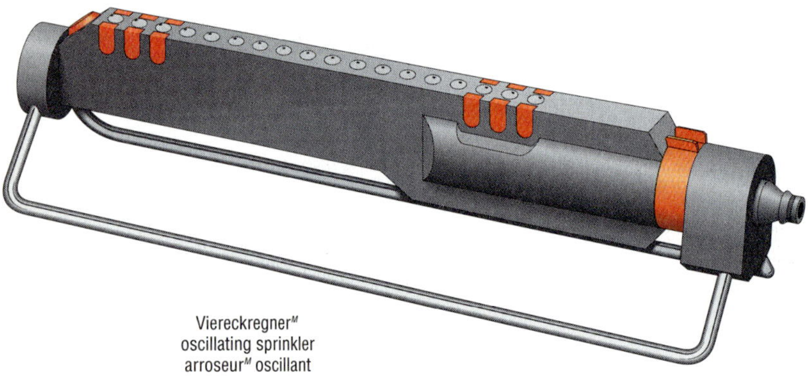

Viereckregner^{M}
oscillating sprinkler
arroseur^{M} oscillant
irrigador^{M} oscilante

KREISREGNER^{M}
REVOLVING SPRINKLER
ARROSEUR^{M} ROTATIF
IRRIGADOR^{M} GIRATORIO

IMPULSREGNER^{M}
IMPULSE SPRINKLER
ARROSEUR^{M} CANON^{M}
IRRIGADOR^{M} DE IMPULSO^{M}

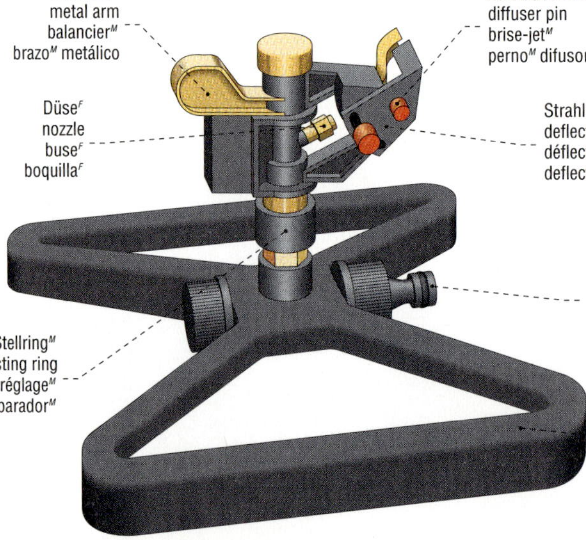

SCHLAUCHWAGEN[M]
HOSE TROLLEY
DÉVIDOIR[M] SUR ROUES[F]
CARRETILLA[F] PARA MANGUERA[F]

Regnerschlauch[M]
sprinkler hose
tuyau[M] perforé
manguera[F] de riego[M]

Gartenspritze[F]
tank sprayer
pulvérisateur[M]
pulverizador[M]

GIESSKANNE[F]
WATERING CAN
ARROSOIR[M]
REGADERA[F]

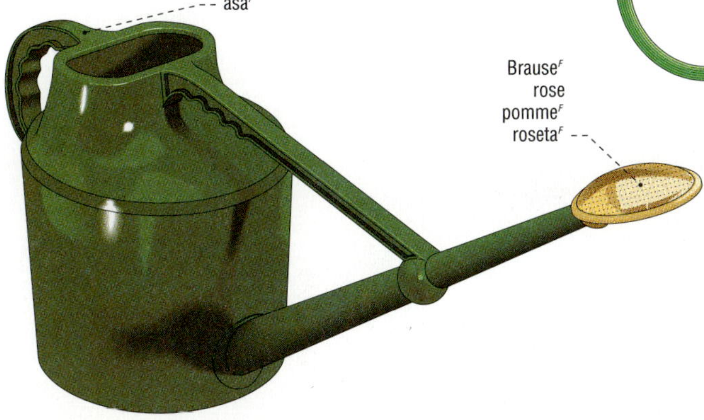

GARTENGERÄT[N]
TOOLS AND EQUIPMENT
OUTILLAGE[M]
HERRAMIENTAS[F] Y MÁQUINAS[F]

Grabschaufel[F]
shovel
pelle[F]
pala[F]

Spaten[M]
spade
bêche[F]
laya[F]

Grabgabel[F]
digging fork
fourche[F] à bêcher
horca[F]

Kantenstecher[M]
lawn edger
coupe-bordures[M]
cuchilla[F] para delimitar el césped[M]

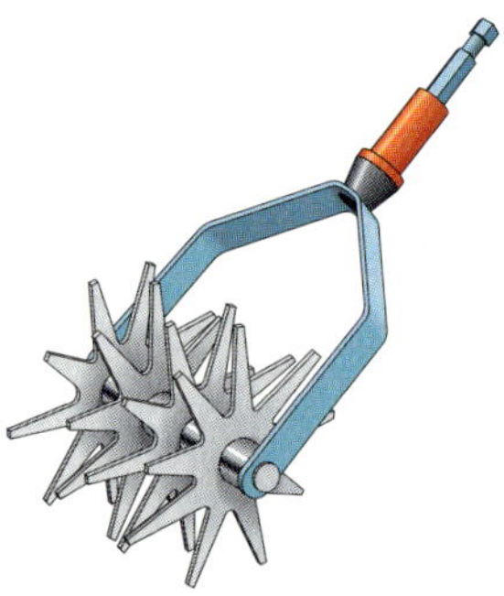

Vertikulator[M]
lawn aerator
aérateur[M] à gazon[M]
ventilador[M] de césped[M]

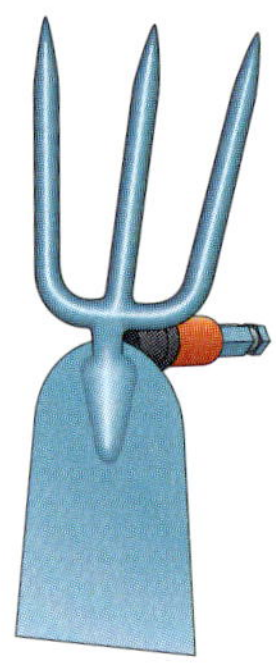

Kombihacke[F]
hoe-fork
serfouette[F]
almocafre[M]

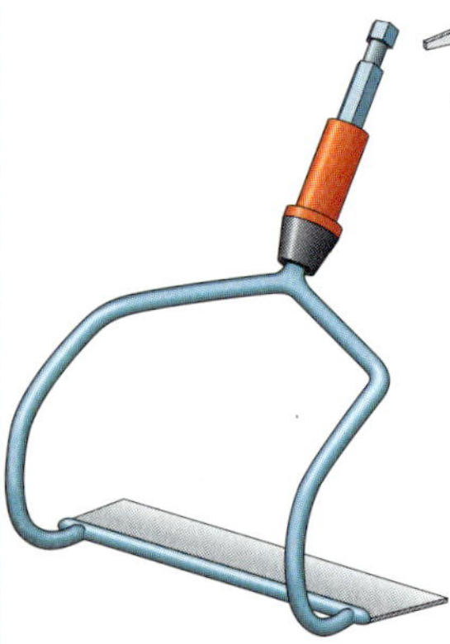

Ziehhacke[F]
scuffle hoe
ratissoire[F]
azada[F] de doble filo[M]

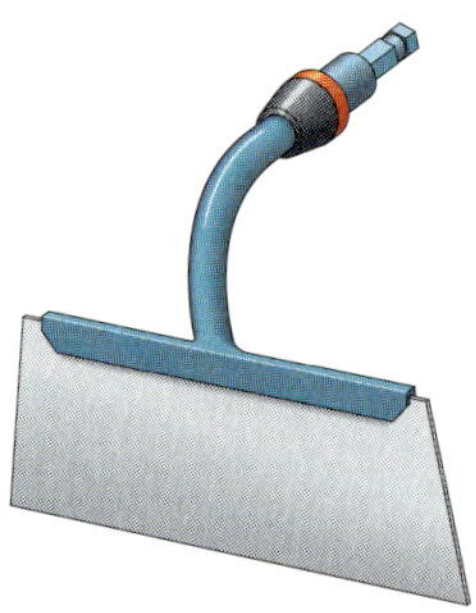

Rübenhacke[F]
draw hoe
binette[F]
azada[F]

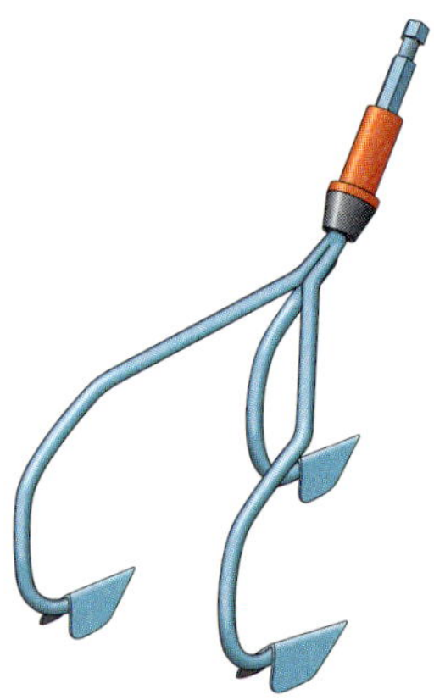

Handkultivator[M]
weeding hoe
sarcloir[M]
escardillo[M]

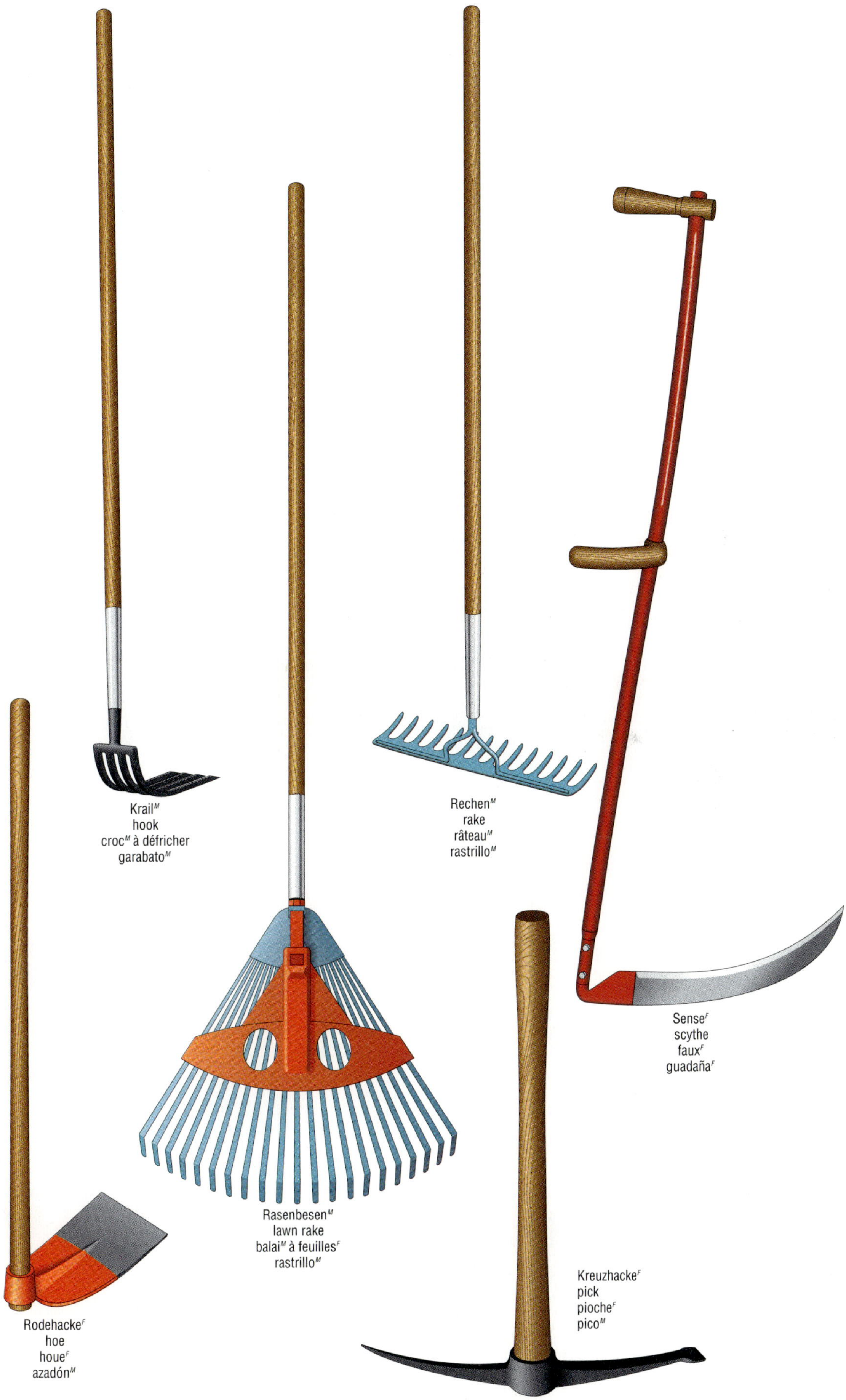
Krail[M]
hook
croc[M] à défricher
garabato[M]
Rechen[M]
rake
râteau[M]
rastrillo[M]
Sense[F]
scythe
faux[F]
guadaña[F]
Rasenbesen[M]
lawn rake
balai[M] à feuilles[F]
rastrillo[M]
Rodehacke[F]
hoe
houe[F]
azadón[M]
Kreuzhacke[F]
pick
pioche[F]
pico[M]

GARTENGERÄT[N]
TOOLS AND EQUIPMENT
OUTILLAGE[M]
HERRAMIENTAS[F] Y MÁQUINAS[F]

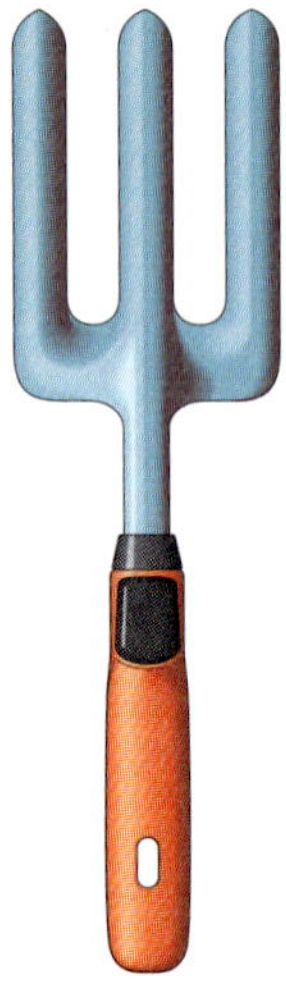

Handgabel[F]
hand fork
fourche[F] à fleurs[F]
horquilla[F] de mano[F]

Unkrautstecher[M]
weeder
tire-racine[M]
desyerbador[M]

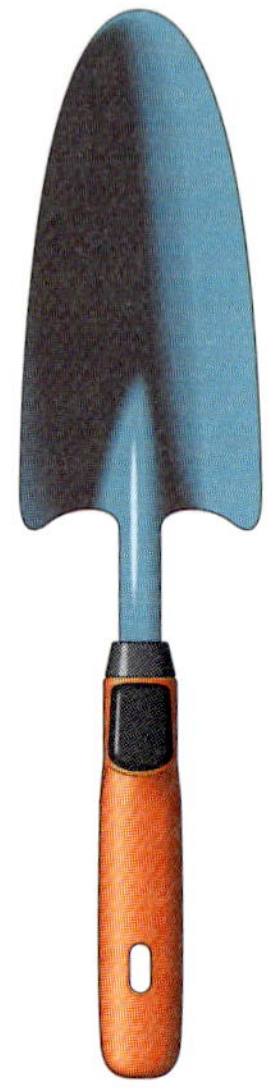

Blumenkelle[F]
trowel
transplantoir[M]
desplantador[M]

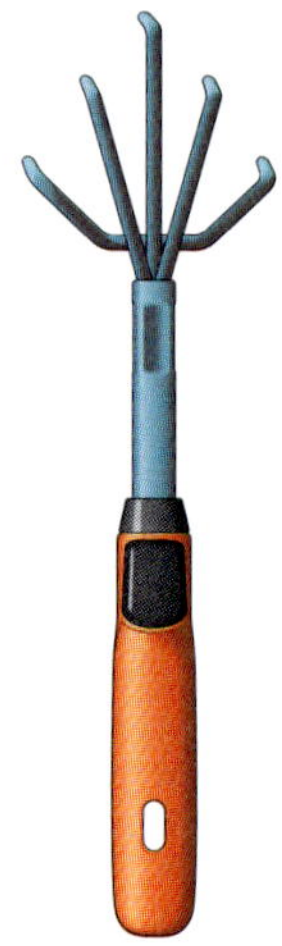

Kralle[F]
small hand cultivator
griffe[F] à fleurs[F]
cultivador[M] de mano[F]

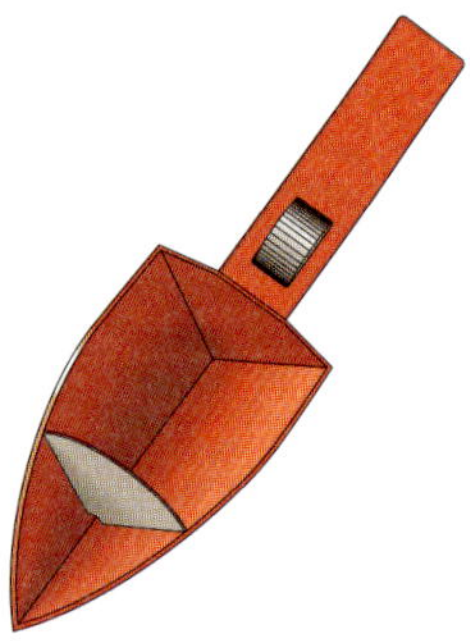

Sähkelle[F]
seeder
semoir[M] à main[F]
sembradora[F] de mano[F]

Pflanzschnur[F]
garden line
cordeau[M]
instrumento[M] para alinear el jardín[M]

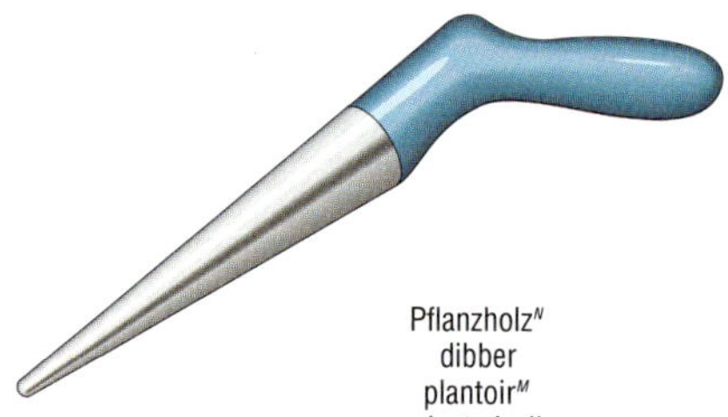

Pflanzholz[N]
dibber
plantoir[M]
plantador[M]

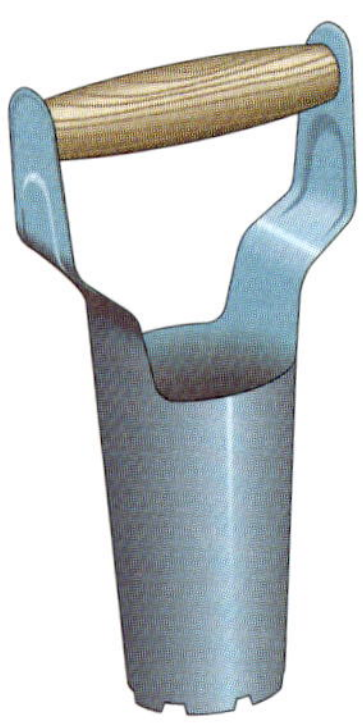

Pflanzlochstecher[M]
bulb dibber
plantoir[M] à bulbes[M]
plantador[M] de bulbos[M]

ELEKTRISCHE HECKENSCHERE[F]
HEDGE TRIMMER
TAILLE-HAIES[M]
CORTASETOS[M] ELÉCTRICO

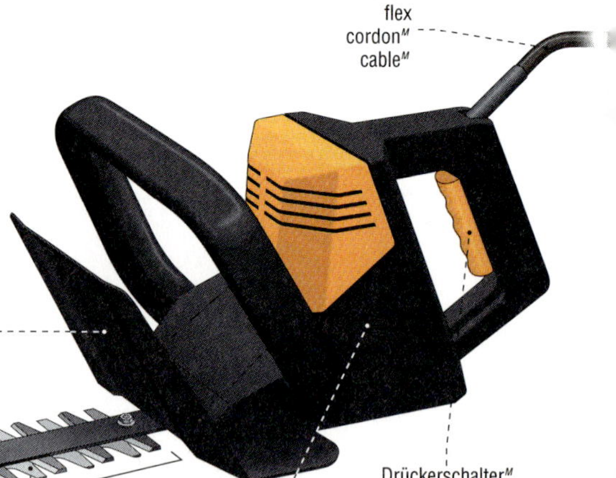
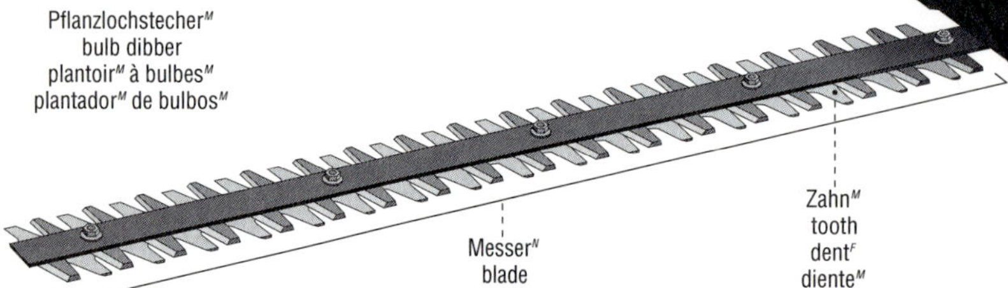

Astschere[F]
lopping shears
ébrancheur[M]
podadera[F]

Heckenschere[F]
hedge shears
cisaille[F] à haies[F]
tijeras[F] para podar setos[M]

Veredelungsmesser[N]
grafting knife
greffoir[M]
navaja[F] de injertar

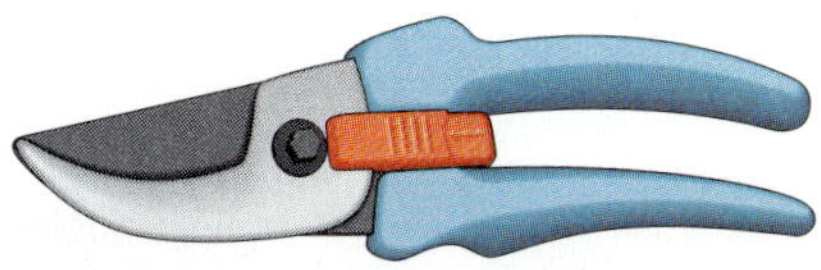

Baumschere[F]
secateurs
sécateur[M]
tijeras[F] de podar

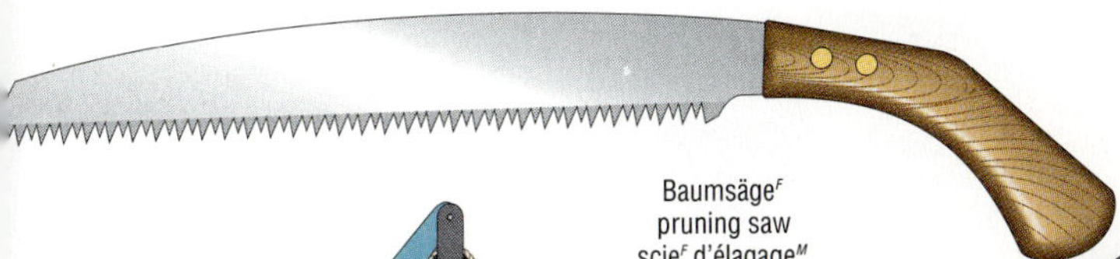

Baumsäge[F]
pruning saw
scie[F] d'élagage[M]
sierra[F] de podar

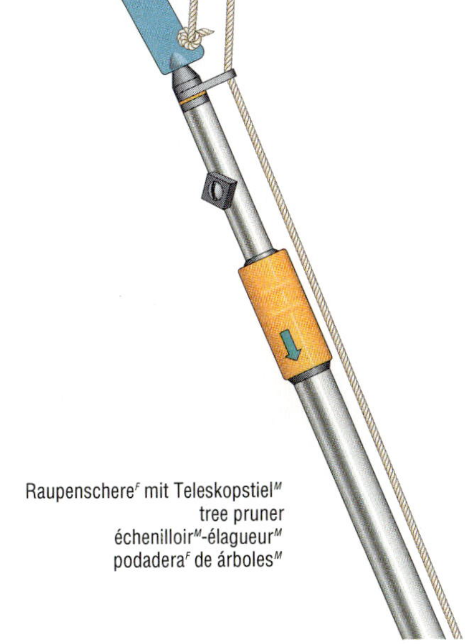

Raupenschere[F] mit Teleskopstiel[M]
tree pruner
échenilloir[M]-élagueur[M]
podadera[F] de árboles[M]

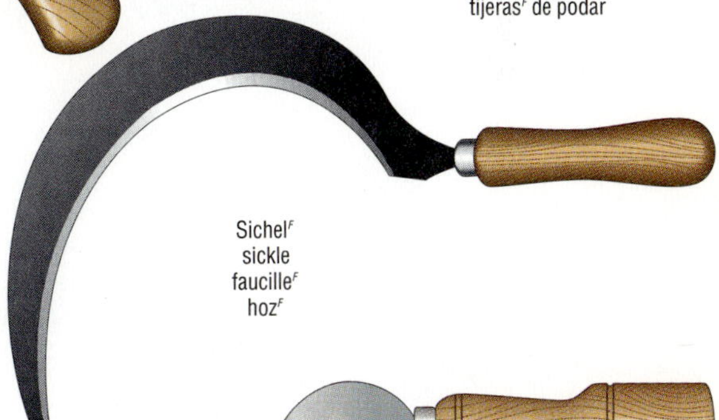

Sichel[F]
sickle
faucille[F]
hoz[F]

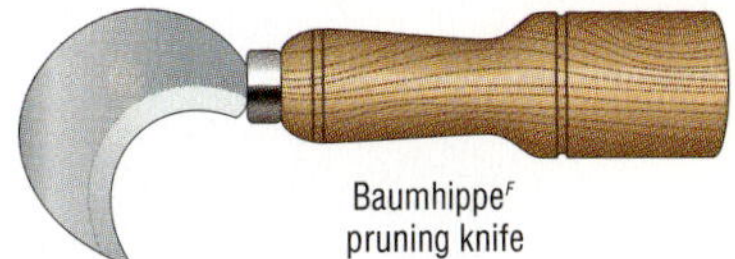

Baumhippe[F]
pruning knife
serpette[F]
podón[M]

Hippe[F]
billhook
serpe[F]
navaja[F] jardinera

GARTENGERÄT^{N}
TOOLS AND EQUIPMENT
OUTILLAGE^{M}
HERRAMIENTAS^{F} Y MÁQUINAS^{F}

ERDBOHRER^{M}
MOTORIZED EARTH AUGER
TARIÈRE^{F} MOTORISÉE
TALADRO^{M} DE MOTOR^{M}

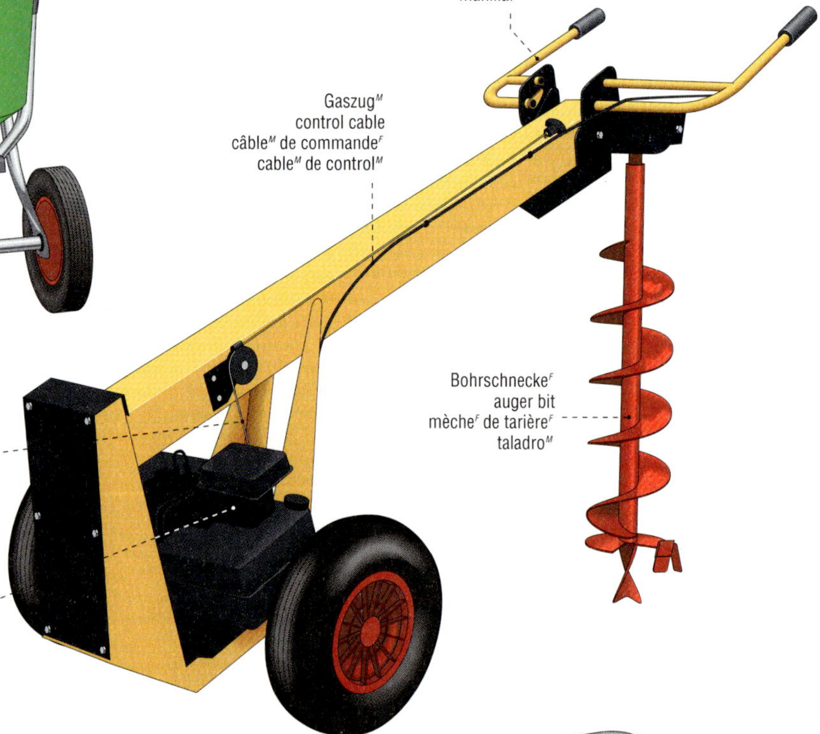

SCHUBKARRE^{F}
WHEELBARROW
BROUETTE^{F}
CARRETILLA^{F}

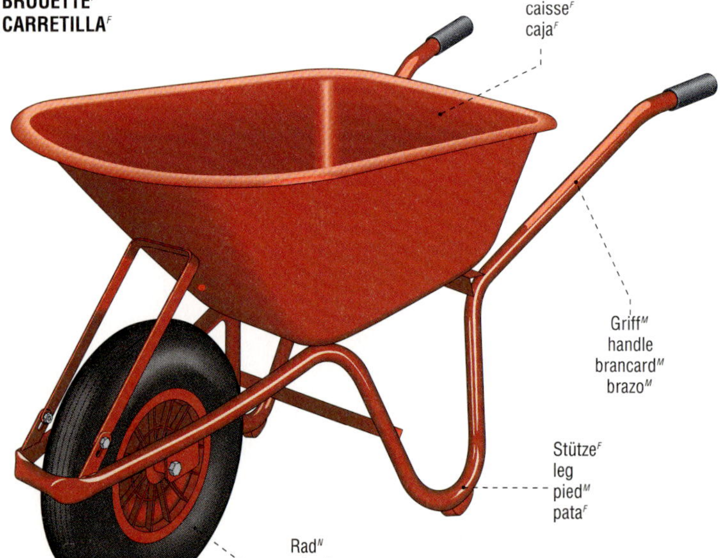

HANDRASENMÄHER[M]
HAND MOWER
TONDEUSE[F] MÉCANIQUE
CORTACÉSPED[M]

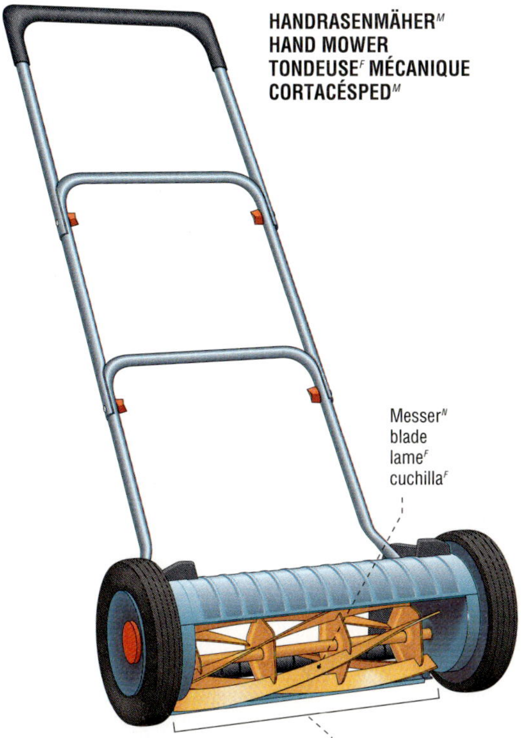

RASENTRIMMER[M]
EDGER
TAILLE-BORDURES[M]
PODADORA[F] DE BORDES[M]

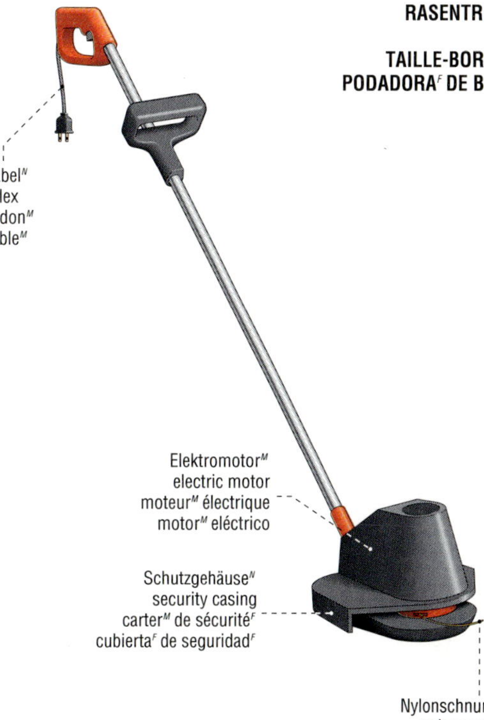

MOTORRASENMÄHER[M]
POWER MOWER
TONDEUSE[F] À MOTEUR[M]
CORTACÉSPED[M] ELÉCTRICO

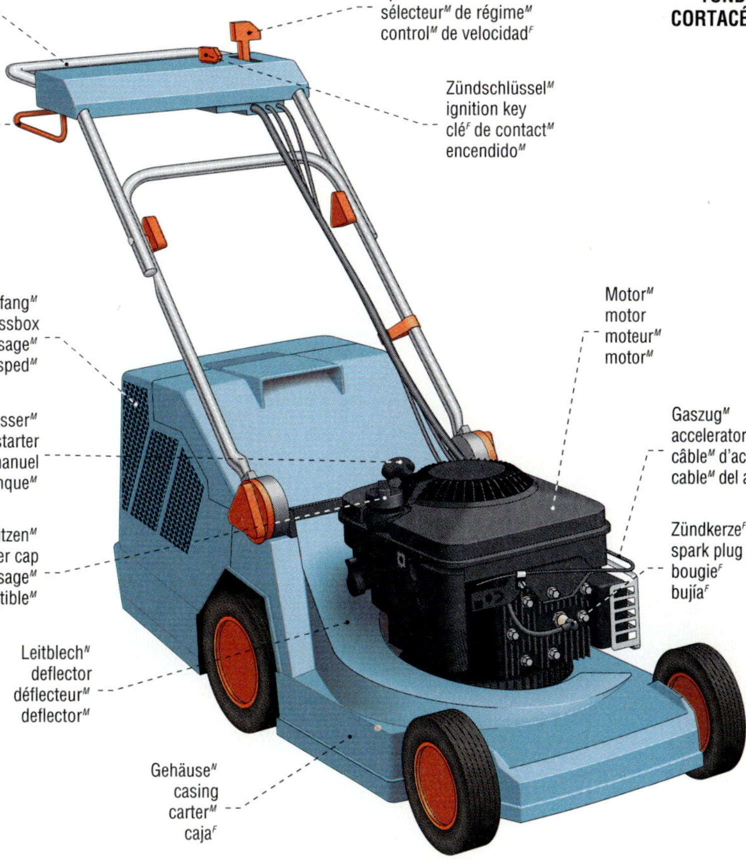

GARTENGERÄT[N]
TOOLS AND EQUIPMENT
OUTILLAGE[M]
HERRAMIENTAS[F] Y MÁQUINAS[F]

KETTENSÄGE[F]
CHAINSAW
SCIE[F] À CHAÎNE[F]
SIERRA[F] DE CADENA[F]

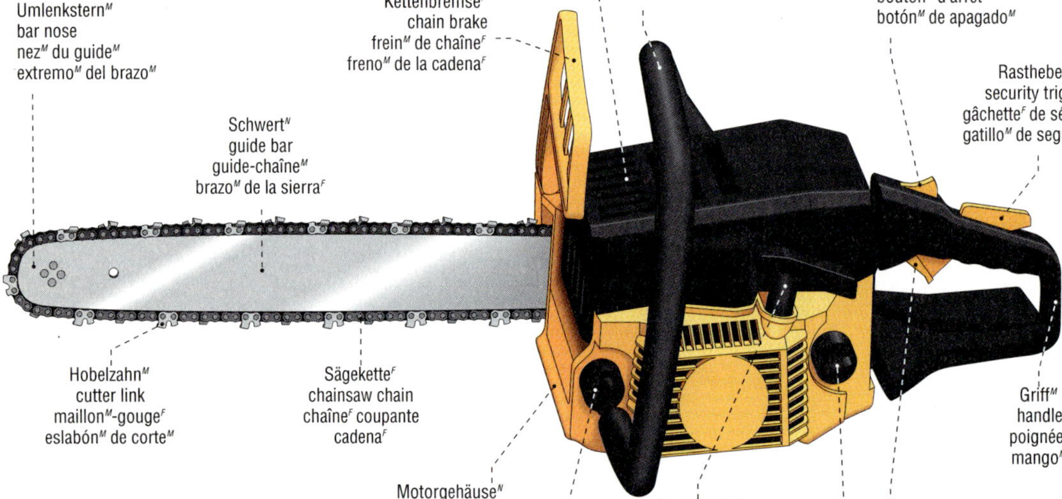

GARTENFRÄSE[F]
ROTAVATOR
MOTOCULTEUR[M]
CULTIVADORA[F]

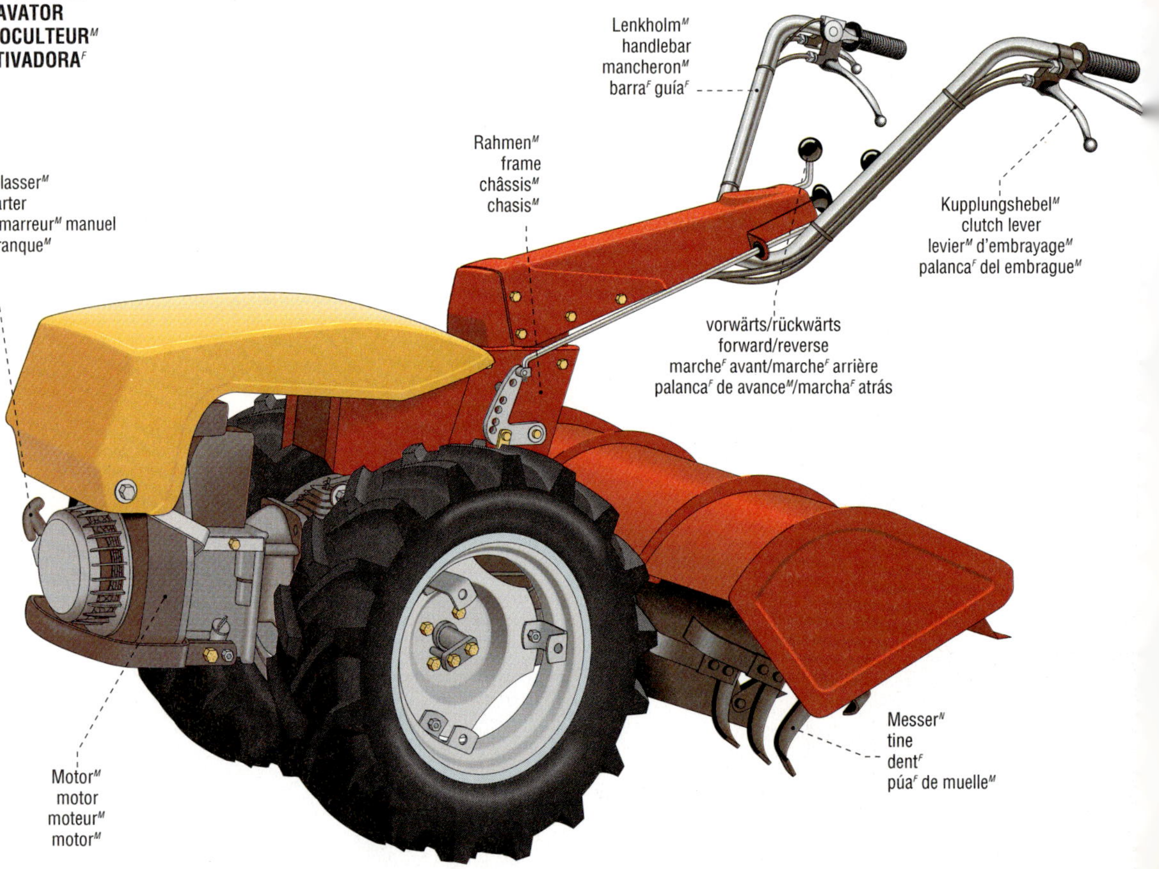

DO-IT-YOURSELF BRICOLAGE
DO-IT-YOURSELF REPARACIONES CASERAS

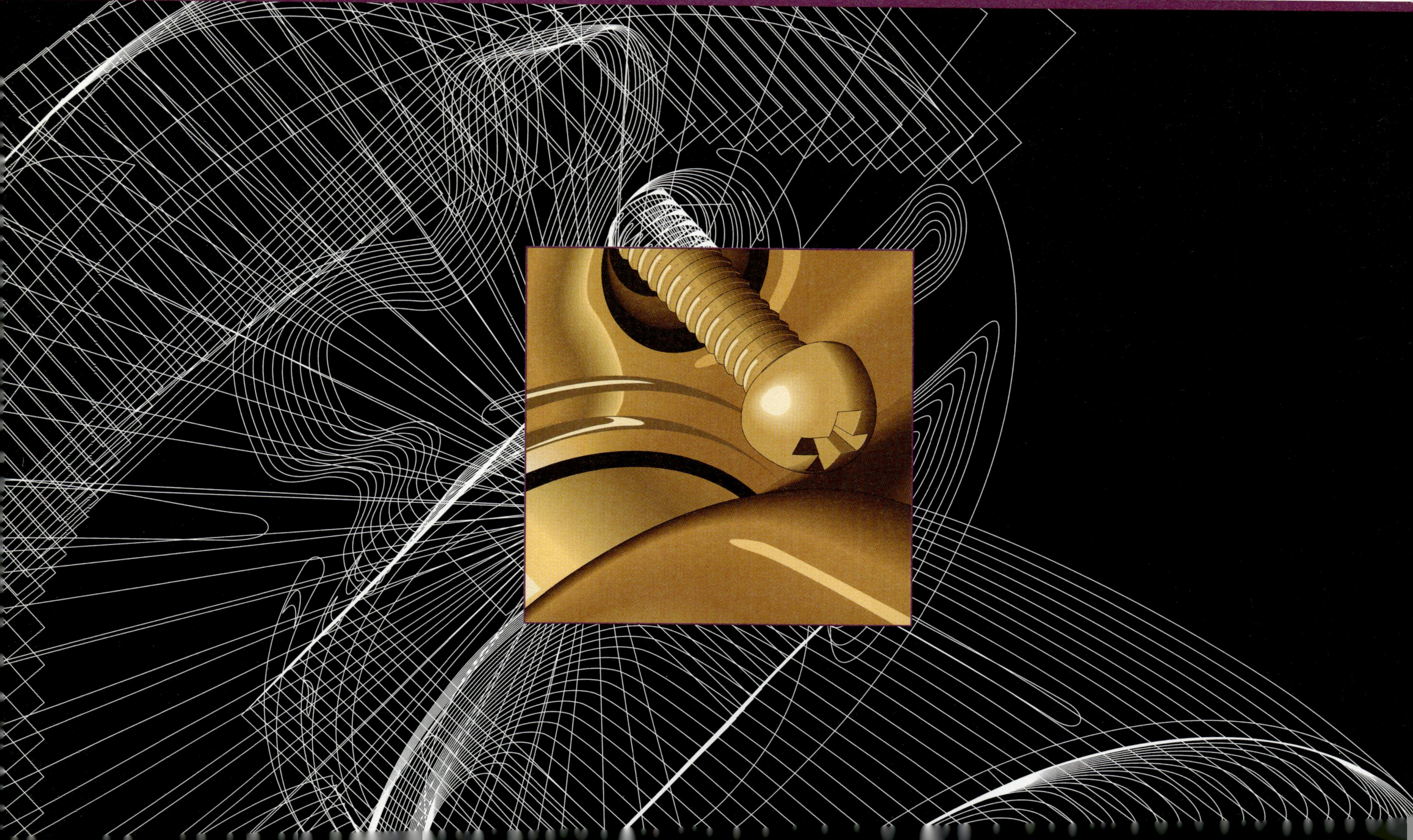

INHALT

SCHREINEREI: WERKZEUGE 275
BAUMATERIALIEN 286
SCHLOSS 289
MAUREREI 291
SANITÄRINSTALLATION: BADEZIMMER 292
SANITÄRINSTALLATION 294
LEITERN UND STEHLEITERN 302
MALERBEDARF 304
LÖTEN UND SCHWEISSEN 305
ELEKTRIZITÄT 309

SCHREINEREI[F]: WERKZEUGE[N]
CARPENTRY: TOOLS
MENUISERIE[F]: OUTILS[M]
HERRAMIENTAS[F], CARPINTERÍA[F]

ZIMMERMANNSHAMMER[M]
CLAW HAMMER
MARTEAU[M] DE CHARPENTIER[M]
MARTILLO[M] DE UÑA[F]

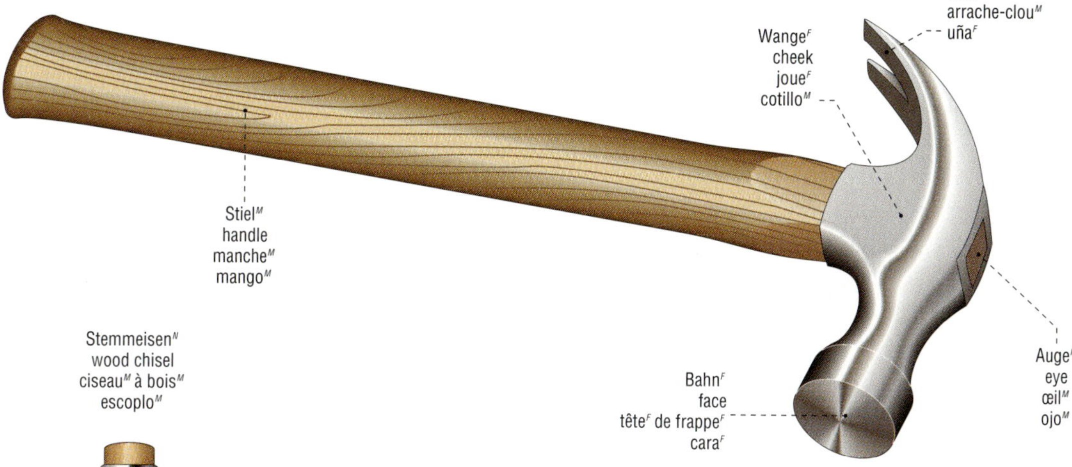

Stemmeisen[N]
wood chisel
ciseau[M] à bois[M]
escoplo[M]

Hammer[M]
carpenter's hammer
marteau[M] de menuisier[M]
martillo[M] de carpintero[M]

HAMMER[M] MIT RUNDER BAHN[F]
BALL-PEEN HAMMER
MARTEAU[M] À PANNE[F] RONDE
MARTILLO[M] DE BOLA[F]

HOLZHAMMER[M]
MALLET
MAILLET[M]
MAZO[M]

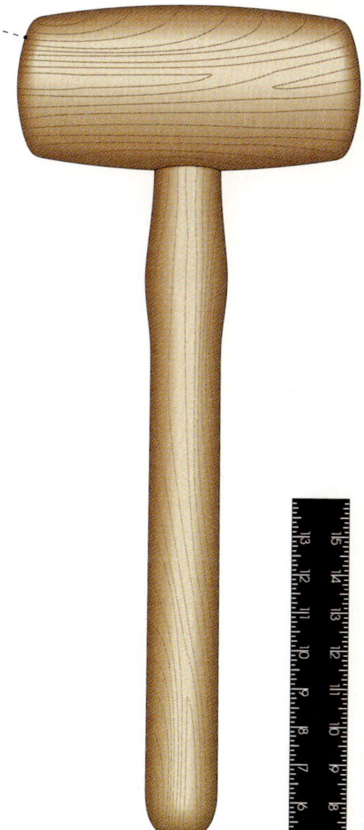

NAGEL[M]
NAIL
CLOU[M]
CLAVO[M]

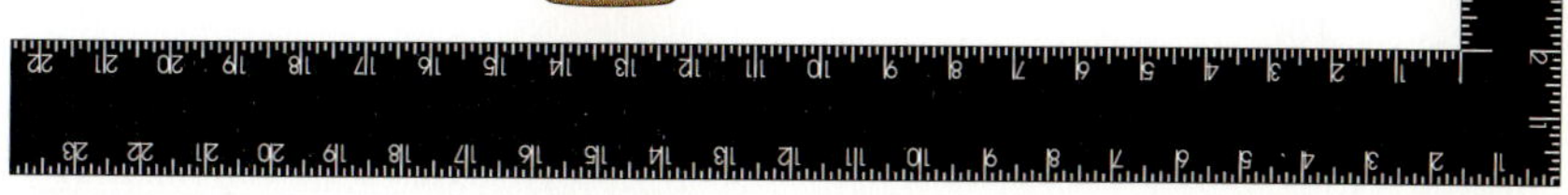

SCHREINEREI[F]: WERKZEUGE[N]
CARPENTRY: TOOLS
MENUISERIE[F]: OUTILS[M]
CARPINTERÍA[F]: HERRAMIENTAS[F]

SCHRAUBENZIEHER[M]
SCREWDRIVER
TOURNEVIS[M]
DESTORNILLADOR[M]

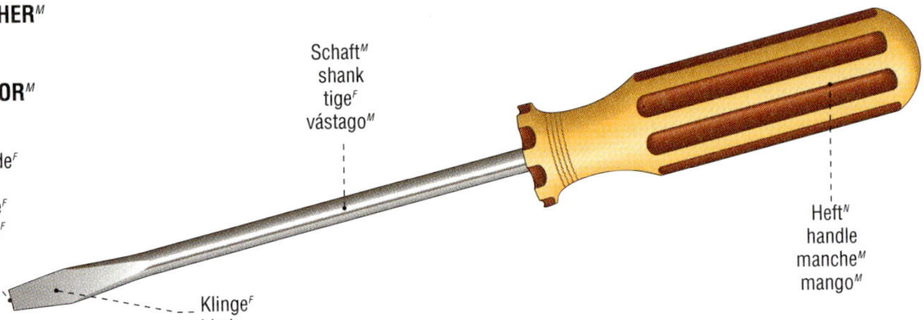

DRILLSCHRAUBENZIEHER[M]
SPIRAL SCREWDRIVER
TOURNEVIS[M] À SPIRALE[F]
DESTORNILLADOR[M] DE TRINQUETE[M]

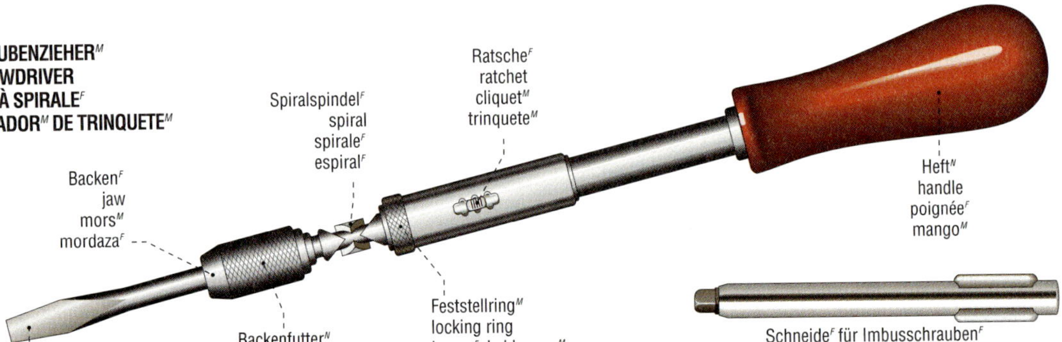

KNEBELBOLZEN[M]
TOGGLE BOLT
BOULON[M] À AILETTES[F]
PERNO[M] PARA FALSO PLAFÓN[M]

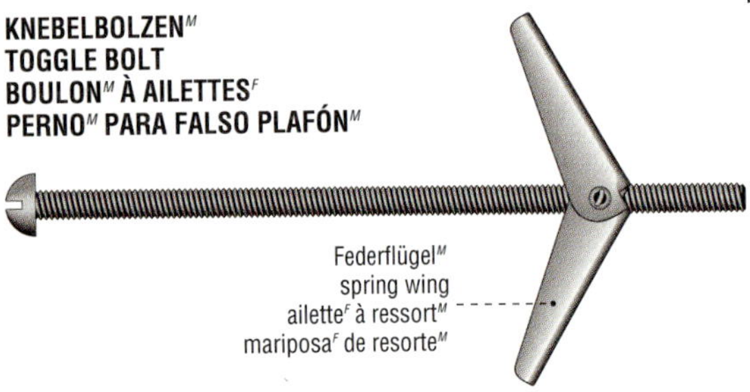

SCHRAUBE[F]
SCREW
VIS[F]
TORNILLO[M]

KOPFARTEN[F]
TYPES OF HEADS
TYPES[M] DE TÊTES[F]
TIPOS[M] DE CABEZA[F]

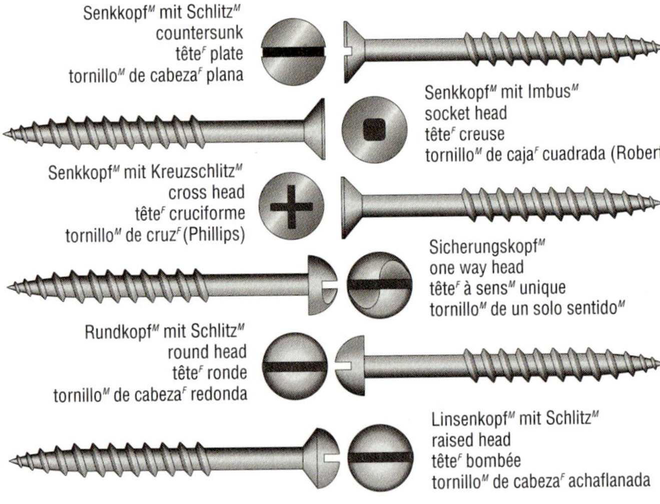

HOBEL^{M}
PLANE
RABOT^{M}
CEPILLO^{M}

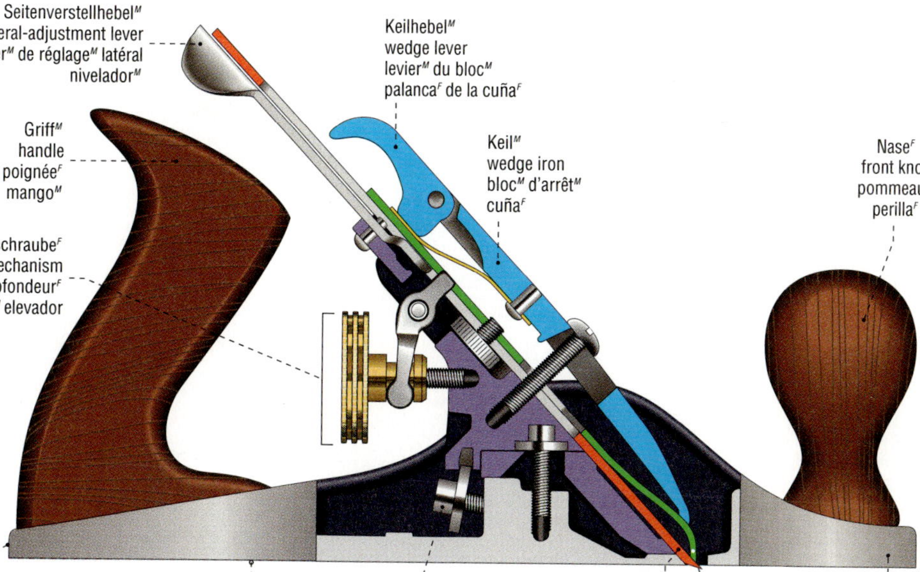

BÜGELSÄGE^{F}
HACKSAW
SCIE^{F} À MÉTAUX^{M}
SIERRA^{F} PARA METALES^{M}

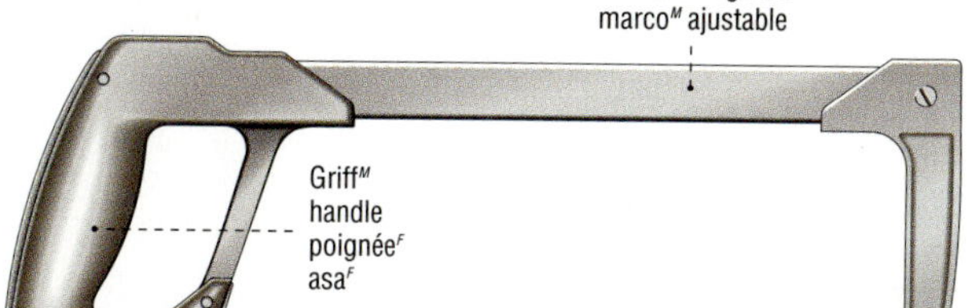

FUCHSSCHWANZ^{M}
HANDSAW
SCIE^{F} ÉGOÏNE
SERRUCHO^{M}

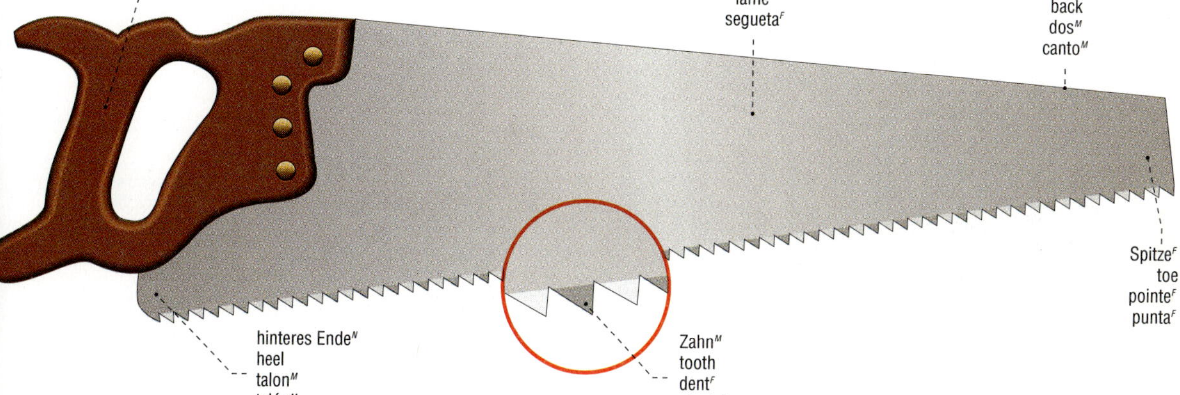

SCHREINEREI[F]: WERKZEUGE[N]
CARPENTRY: TOOLS
MENUISERIE[F]: OUTILS[M]
CARPINTERÍA[F]: HERRAMIENTAS[F]

KOMBIZANGE[F]
SLIP JOINT PLIERS
PINCE[F] MOTORISTE
ALICATES[M] DE PIVOTE[M] MÓVIL

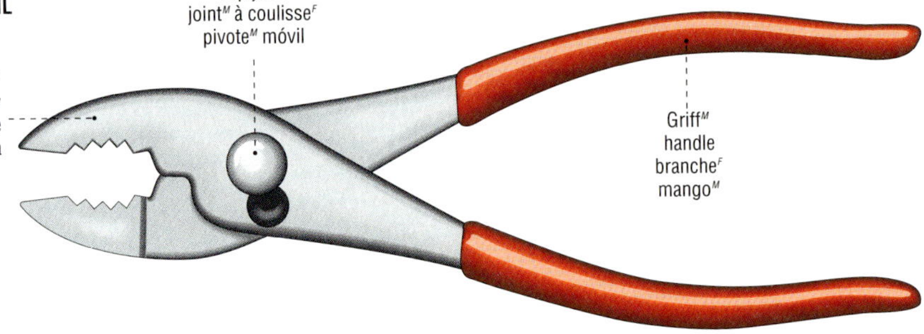

ECKROHRZANGE[F]
RIB JOINT PLIERS
PINCE[F] MULTIPRISE
ALICATES[M] DE EXTENSIÓN[F]

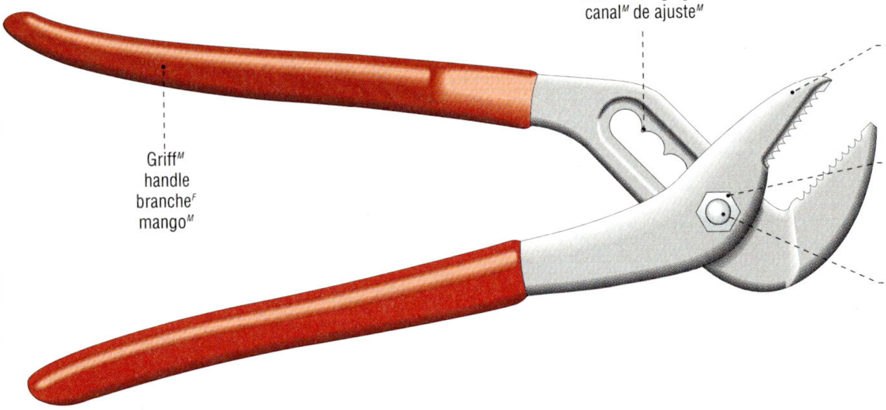

WASSERPUMPENZANGE[F]
LOCKING PLIERS
PINCE[F]-ÉTAU[M]
ALICATES[M] DE PRESIÓN[F]

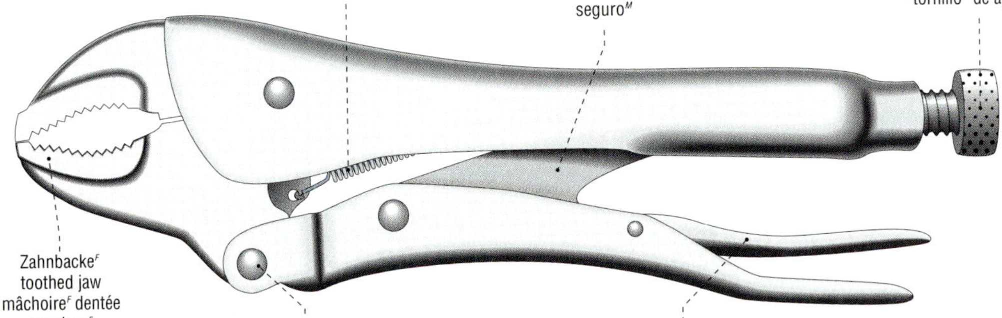

BEILAGSCHEIBEN[F]
WASHERS
RONDELLES[F]
ARANDELAS[F]

Beilagscheibe[F]
flat washer
rondelle[F] plate
arandela[F] simple

Federring[M]
spring washer
rondelle[F] à ressort[M]
arandela[F] de presión[F] común

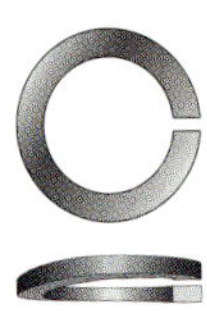

Sicherungsscheibe[F]
internal tooth lock washer
rondelle[F] à denture[F] intérieure
arandela[F] de presión[F] con dientes[M]

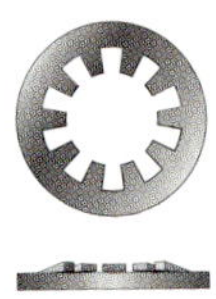

Zahnscheibe[F]
external tooth lock washer
rondelle[F] à denture[F] extérieure
arandela[F] de presión[F] con dientes[M]

ENGLÄNDER^{M}
ADJUSTABLE SPANNER
CLÉ^{F} À MOLETTE^{F}
LLAVES^{F} DE TUERCAS^{F}

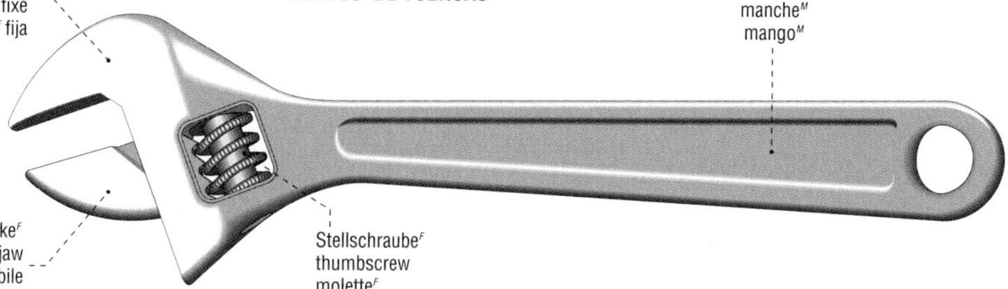

feste Backe^{F}
fixed jaw
mâchoire^{F} fixe
mordaza^{F} fija

Griff^{M}
handle
manche^{M}
mango^{M}

bewegliche Backe^{F}
movable jaw
mâchoire^{F} mobile
mordaza^{F} móvil

Stellschraube^{F}
thumbscrew
molette^{F}
tornillo^{M}

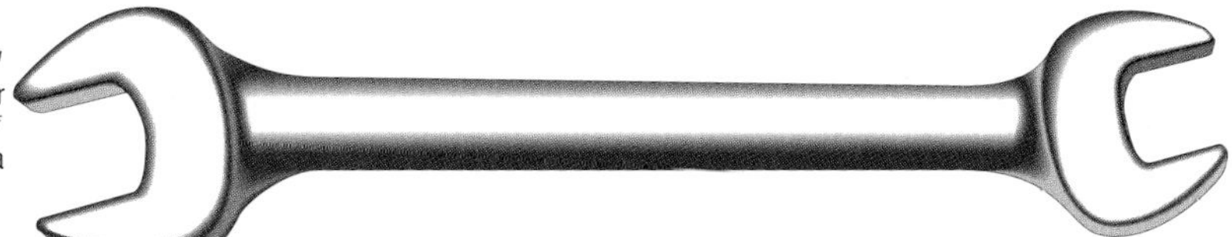

Gabelschlüssel^{M}
open end spanner
clé^{F} à fourches^{F}
llave^{F} de tuercas^{F} española

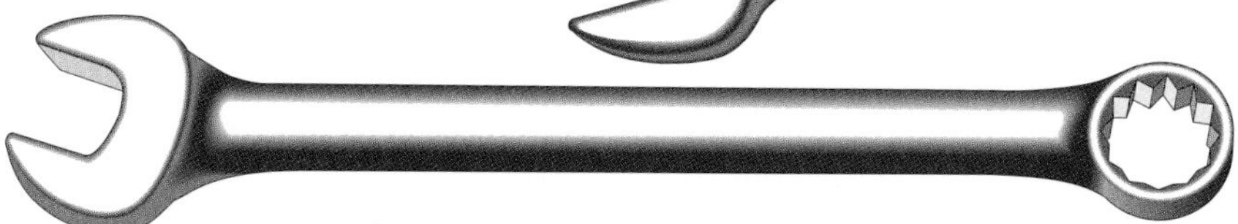

Gabel-Ringschlüssel^{M}
combination spanner
clé^{F} mixte
llave^{F} combinada

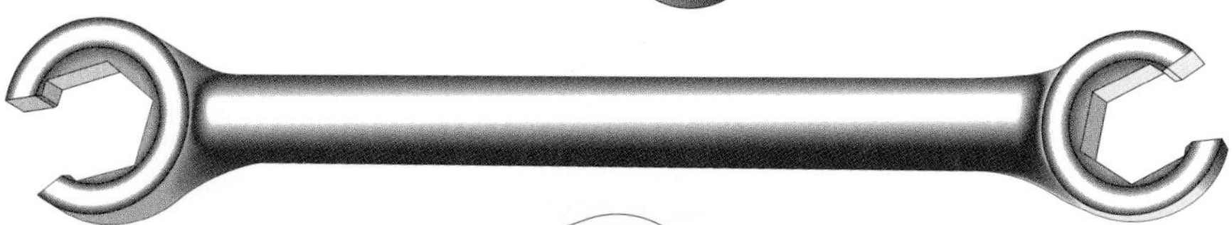

offener Doppelringschlüssel^{M}
flare nut spanner
clé^{F} polygonale à têtes^{F} fendues
llave^{F} de estrías^{F} abierta

Ratschenringschlüssel^{M}
ratchet ring spanner
clé^{F} à cliquet^{M}
llave^{F} de estrías^{F} hexagonal

Ringschlüssel^{M}
ring spanner
clé^{F} polygonale
llave^{F} de estrías^{F} común

Mutter^{F}
nut
écrou^{M}
tuerca^{F}

Hutmutter^{F}
acorn nut
écrou^{M} borgne
tuerca^{F} cerrada

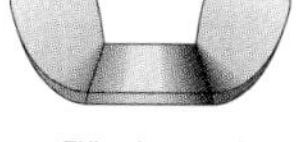

Flügelmutter^{F}
wing nut
écrou^{M} à oreilles^{F}
tuerca^{F} de mariposa^{F}

SCHRAUBENBOLZEN^{M} MIT ANSATZ^{M}
SHOULDER BOLT
BOULON^{M} À ÉPAULEMENT^{M}
PERNO^{M} CON COLLARÍN^{M}

Ansatz^{M}
shoulder
épaulement^{M}
collarín^{M}

SCHRAUBENBOLZEN^{M}
BOLT
BOULON^{M}
PERNO^{M}

Kopf^{M}
head
tête^{F}
cabeza^{F}

Mutter^{F}
nut
écrou^{M}
tuerca^{F}

Gewindeschaft^{M}
threaded rod
tige^{F} filetée
rosca^{F}

SCHREINEREI[F]: WERKZEUGE[N]
CARPENTRY: TOOLS
MENUISERIE[F]: OUTILS[M]
CARPINTERÍA[F]: HERRAMIENTAS[F]

ELEKTRISCHE BOHRMASCHINE[F]
ELECTRIC DRILL
PERCEUSE[F] ÉLECTRIQUE
TALADRO[M] ELÉCTRICO

HANDBOHRER[M]
HAND DRILL
CHIGNOLE[F]
TALADRO[M] DE MANO[F]

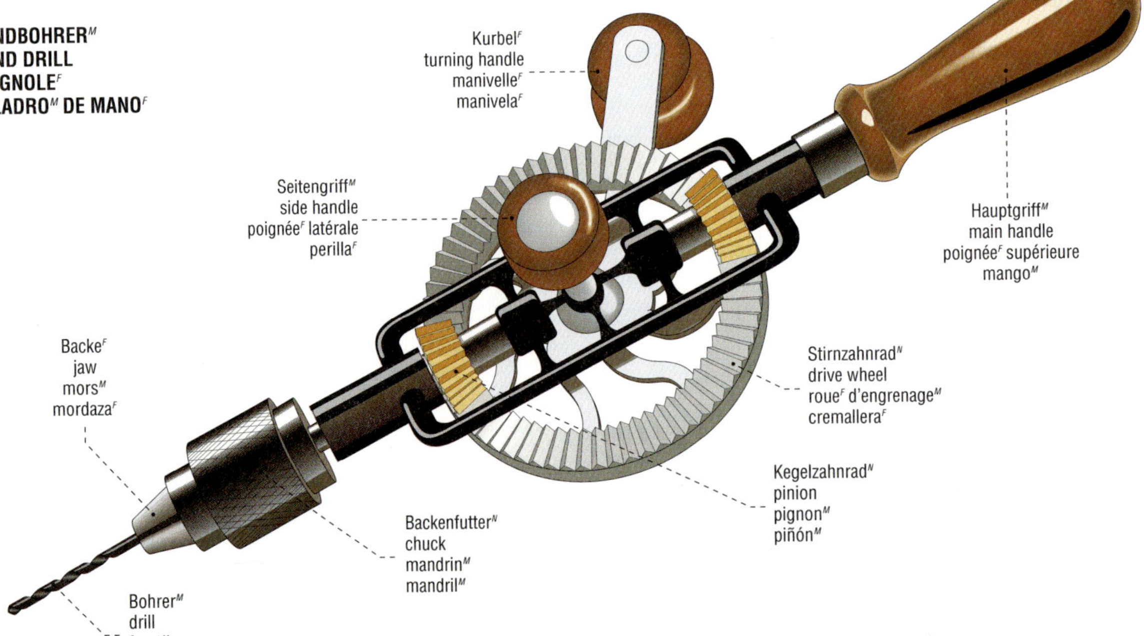

BOHRWINDE^F^
BRACE
VILEBREQUIN^M^
BERBIQUÍ^M^

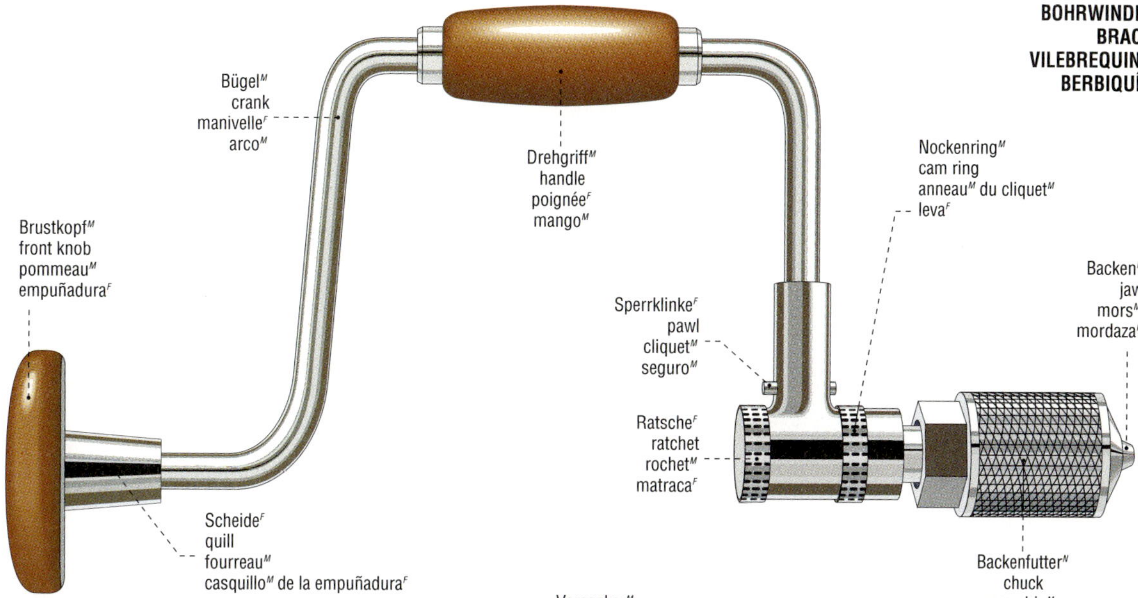

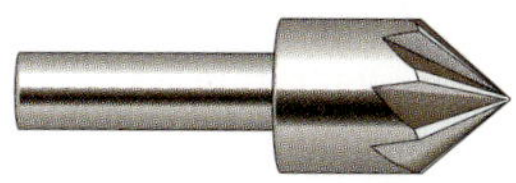

SPIRALBOHRER^M^
TWIST DRILL
FORET^M^ HÉLICOÏDAL
BROCA^F^ COMÚN

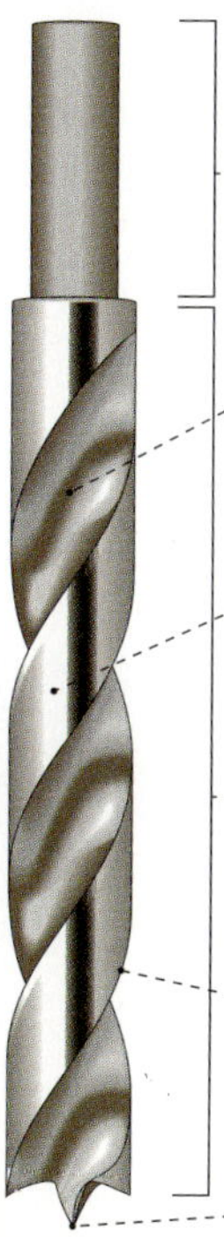

doppelschneckiger Schlangenbohrer^M^
double-twist auger bit
mèche^F^ double torsade^F^
broca^F^ salomónica de canal^M^ angosto

AMERIKANISCHER SCHLANGENBOHRER^M^
AUGER BIT
MÈCHE^F^ HÉLICOÏDALE
BROCA^F^ SALOMÓNICA DE CANAL^M^ ANCHO

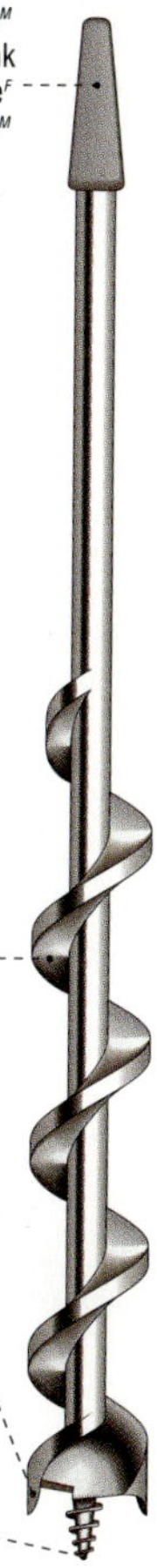

SCHREINEREI[F]: WERKZEUGE[N]
CARPENTRY: TOOLS
MENUISERIE[F]: OUTILS[M]
CARPINTERÍA[F]: HERRAMIENTAS[F]

ZWINGE[F]
C-CLAMP
SERRE-JOINT[M]
PRENSA[F] EN C

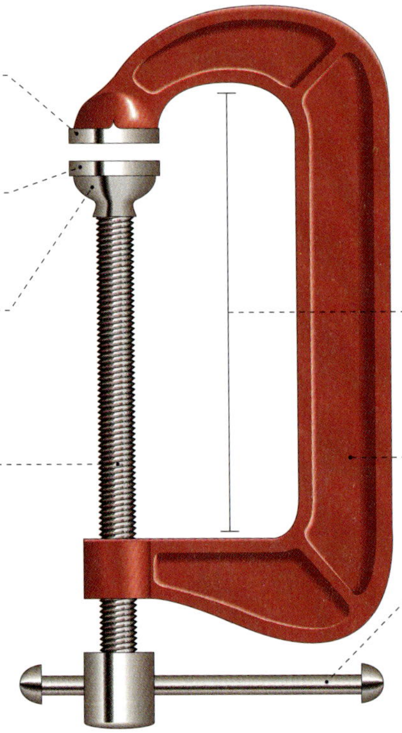

SCHRAUBSTOCK[M]
VICE
ÉTAU[M]
TORNO[M] DE BANCO[M]

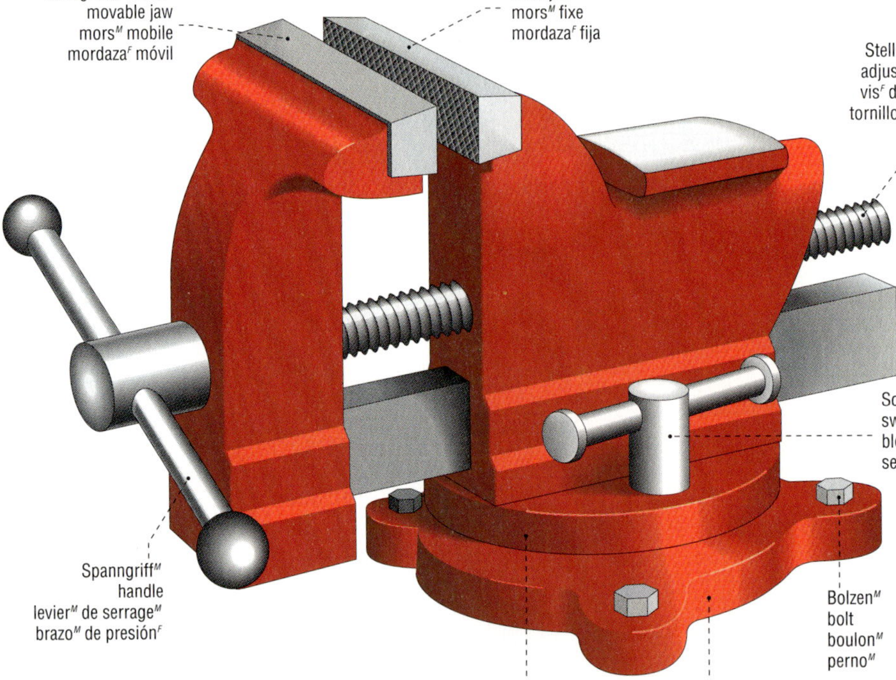

OBERFRÄSER[M]
ROUTER
TOUPIE[F]
ACANALADOR[M]

STÄNDERBOHRMASCHINE[F]
DRILL PRESS
PERCEUSE[F] À COLONNE[F]
TALADRO[M] VERTICAL

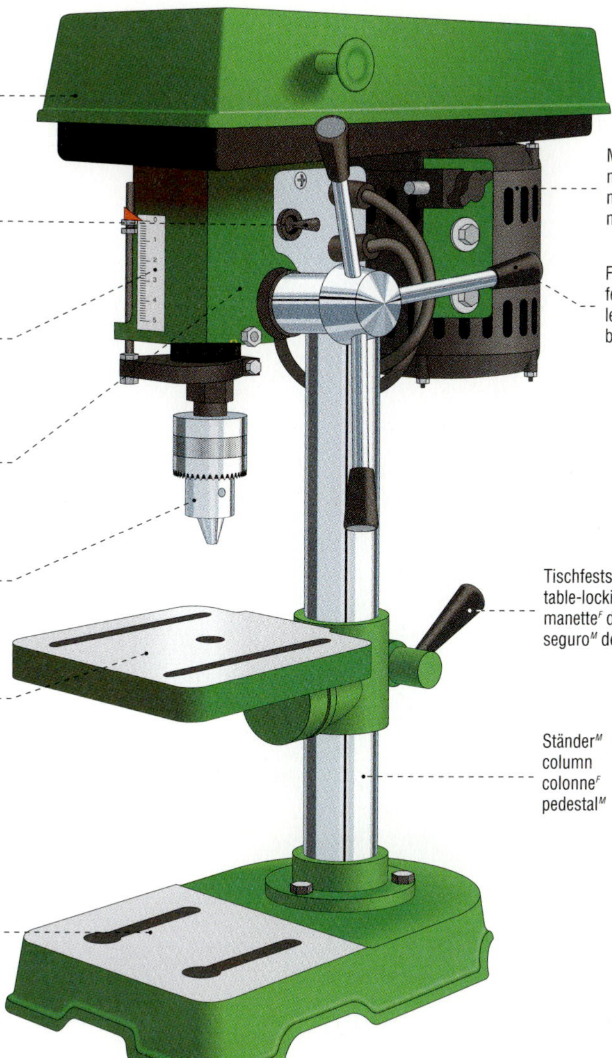

SCHREINEREI[F]: WERKZEUGE[N]
CARPENTRY: TOOLS
MENUISERIE[F]: OUTILS[M]
CARPINTERÍA[F]: HERRAMIENTAS[F]

KREISSÄGEBLATT[N]
CIRCULAR SAW BLADE
LAME[F] DE SCIE[F] CIRCULAIRE
DISCO[M]

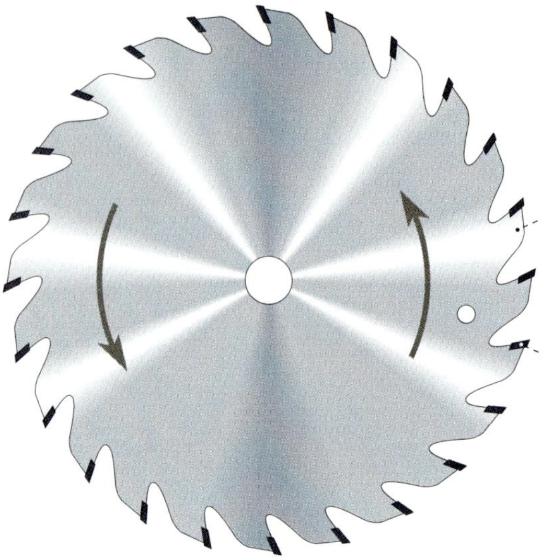

HANDKREISSÄGE[F]
CIRCULAR SAW
SCIE[F] CIRCULAIRE
SIERRA[F] CIRCULAR DE MANO[F]

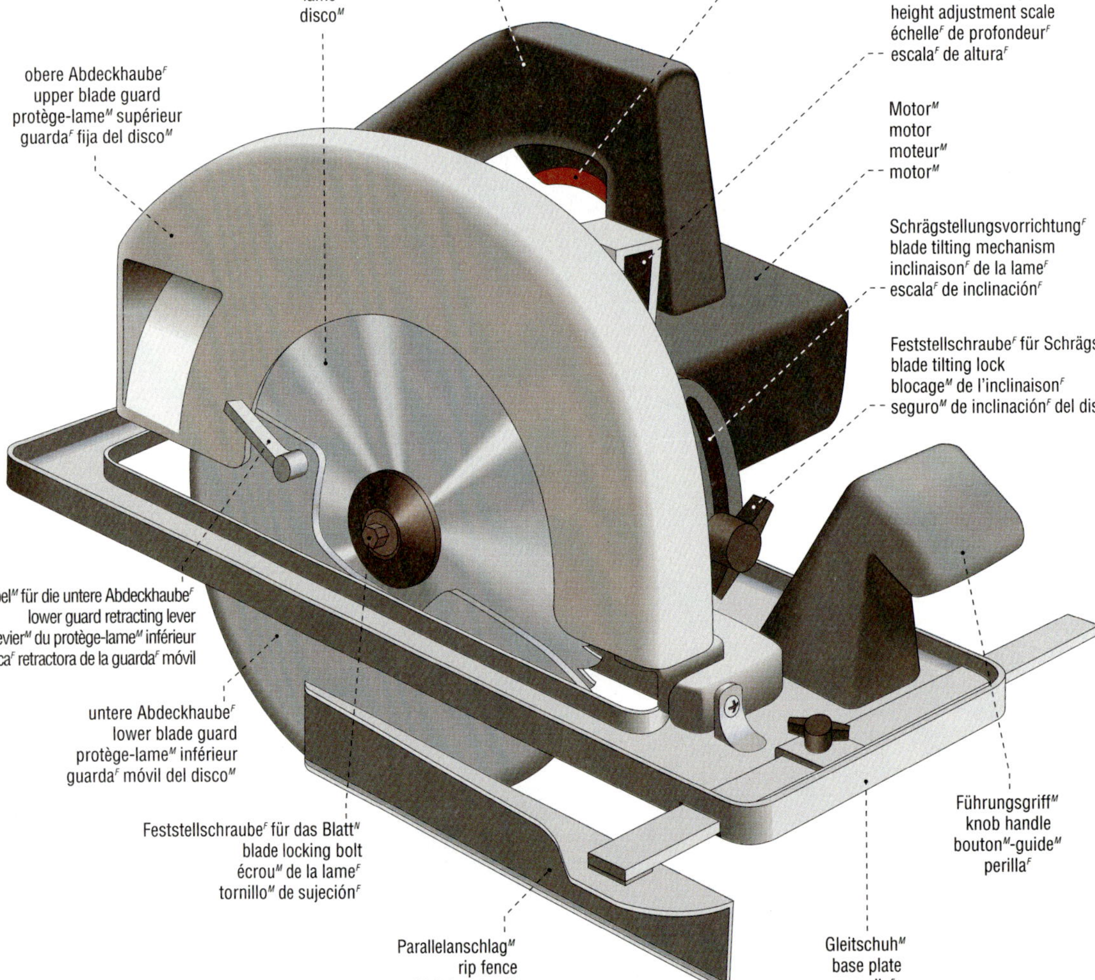

TISCHKREISSÄGE[F]
TABLE SAW
PLATEAU[M] DE SCIAGE[M]
SIERRA[F] CIRCULAR DE MESA[F]

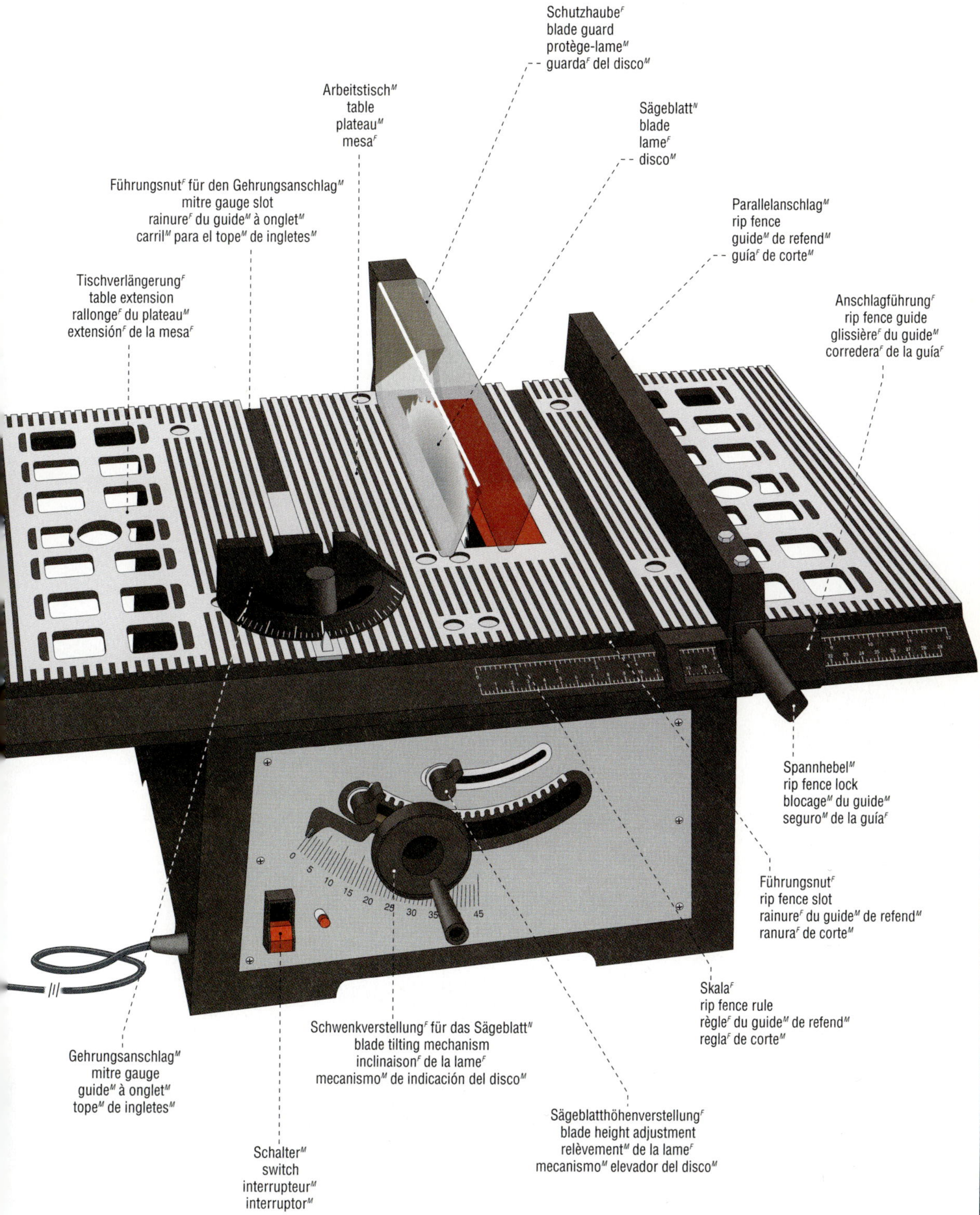

BAUMATERIALIEN[N]
BUILDING MATERIALS
MATÉRIAUX[M] DE CONSTRUCTION[F]
MATERIALES[M] DE CONSTRUCCIÓN[F]

DIE WICHTIGSTEN BAUMATERIALIEN[N]
BASIC BUILDING MATERIALS
MATÉRIAUX[M] DE BASE[F]
MATERIALES[M] BÁSICOS

Ziegelstein[M]
brick
brique[F]
ladrillo[M]

Stahl[M]
steel
acier[M]
acero[M]

Bruchstein[M]
stone
pierre[F]
piedra[F]

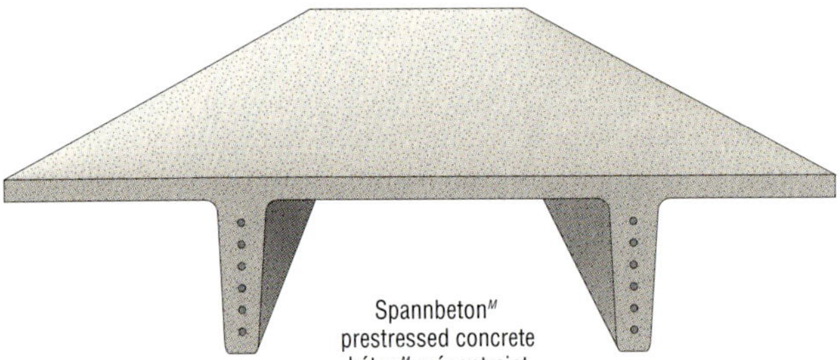

Spannbeton[M]
prestressed concrete
béton[M] précontraint
hormigón[M] precomprimido

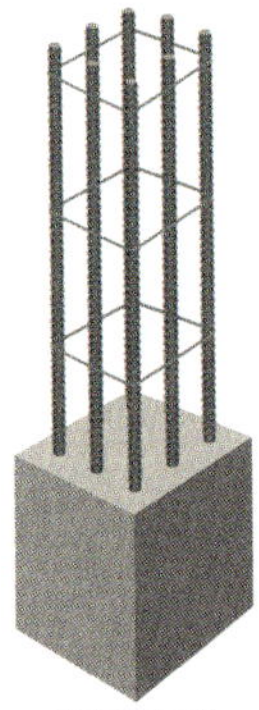

Stahlbeton[M]
reinforced concrete
béton[M] armé
hormigón[M] armado

Betonblock[M]
concrete block
bloc[M] de béton[M]
bloque[M] de hormigón[M]

VERKLEIDUNGSMATERIALIEN[N]
COVERING MATERIALS
MATÉRIAUX[M] DE REVÊTEMENT[M]
MATERIALES[M] DE REVESTIMIENTO[M]

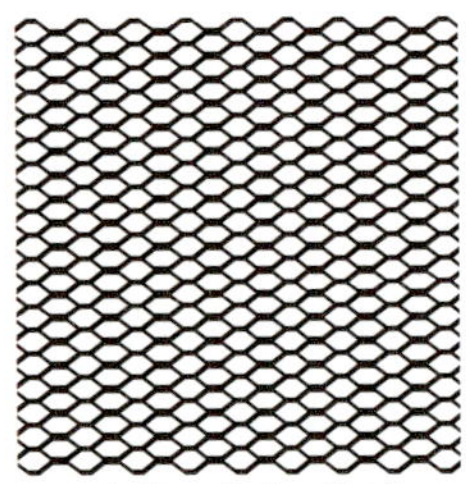

metallenes Lattengitter[N]
diamond mesh metal lath
lattis[M] métallique à losanges[M]
hoja[F] de lámina[F] diamantada

Dachziegel[M]
tile
tuile[F]
teja[F]

Teerpappe[F]
roofing felt
papier[M] goudronné
papel[M] de brea[F]

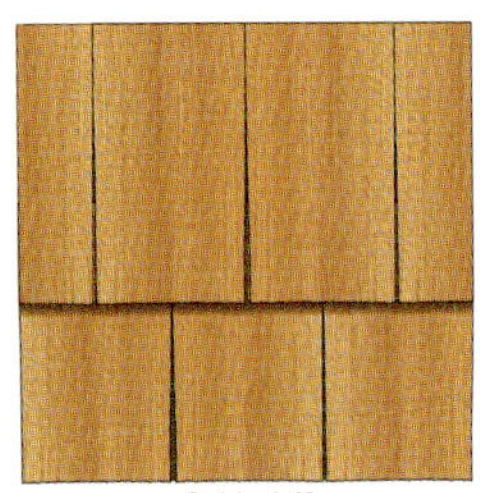

Schindel[F]
shingle
bardeau[M]
ripia[F]

Rigipsplatte[F]
gypsum tile
carreau[M] de plâtre[M]
tablero[M] de yeso[M]

ebene Rigipsplatte[F]
plain gypsum lath
lattis[M] de plâtre[M] lisse
hoja[F] de yeso[M] liso

Fliese[F]
floor tile
carreau[M]
baldosa[F]

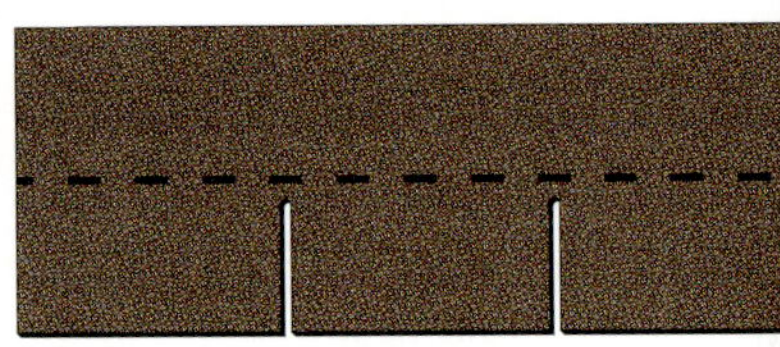

Asphaltschindel[F]
asphalt shingle
bardeau[M] d'asphalte[M]
teja[F] de asfalto[M]

ISOLIERMATERIALIEN[N]
INSULATING MATERIALS
ISOLANTS[M]
MATERIALES[M] AISLANTES

Metallverbindung[F]
spring-metal insulation
isolant[M] de ruban[M] métallique
aislante[M] metálico

Bauschaumisolierung[F]
foam insulation
isolant[M] moussé
aislante[M] de espuma[F]

geformte Rohrummantelung[F]
moulded insulation
isolant[M] en coquille[F]
aislante[M] premoldeado

Schaumgummiisolierung[F]
foam-rubber insulation
isolant[M] en caoutchouc[M]-mousse[F]
aislante[M] de esponja[F]

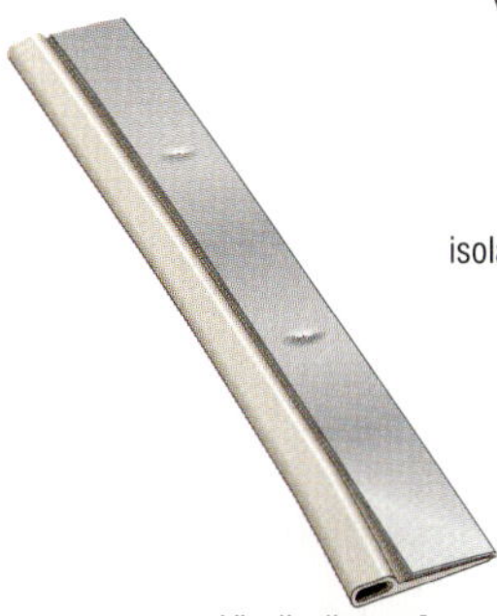

Vinylisolierung[F]
vinyl insulation
isolant[M] en vinyle[M]
aislante[M] vinílico

Plattenisolierung[F]
board insulation
isolant[M] en panneau[M]
tablero[M] rígido aislante

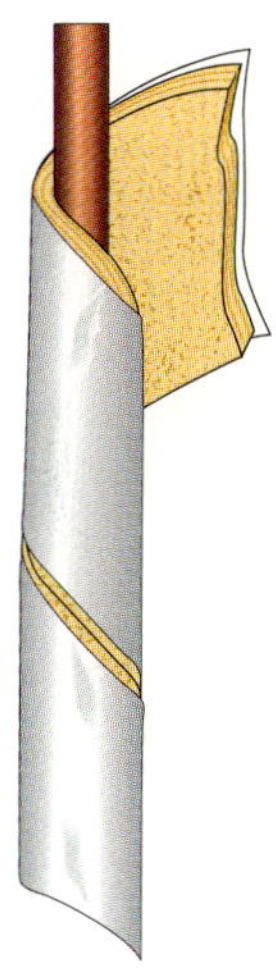

Rohrummantelung[F]
pipe-wrapping insulation
isolant[M] en ruban[M]
cinta[F] aislante para tubería[F]

Schüttungsisolierung[F]
loose fill insulation
isolant[M] en vrac[M]
aislante[M] a granel

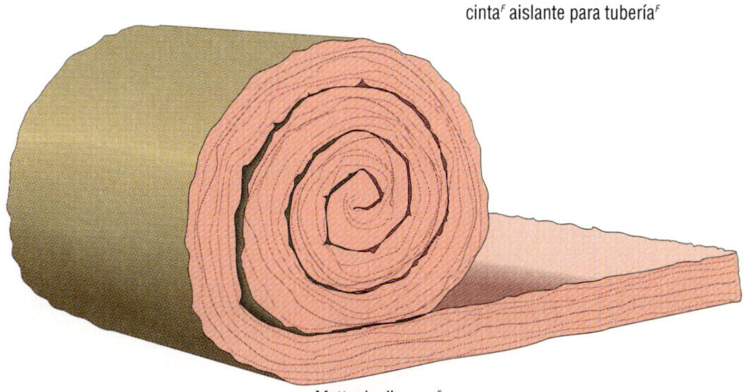

Mattenisolierung[F]
blanket insulation
isolant[M] en rouleau[M]
rollo[M] para recubrimiento[M] impermeabilizante

BAUMATERIALIEN^N
BUILDING MATERIALS
MATÉRIAUX^M DE CONSTRUCTION^F
MATERIALES^M DE CONSTRUCCIÓN^F

HOLZ^N
WOOD
BOIS^M
MADERA^F

SCHNITT^M DURCH EINEN BAUMSTAMM^M
SECTION OF A LOG
COUPE^F D'UNE BILLE^F
CORTE^M DE UN TRONCO^M

BRETT^N
BOARD
PLANCHE^F
TABLA^F

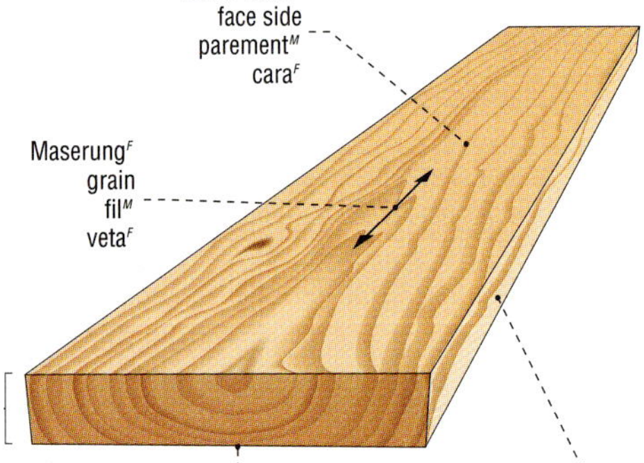

HOLZWERKSTOFFE^M
WOOD-BASED MATERIALS
DÉRIVÉS^M DU BOIS^M
LÁMINAS^F Y TABLEROS^M

Stabplatte^F
blockboard
panneau^M à âme^F lattée
panel^M de listones^M

Mehrschichtsperrholz^N
multi-ply plywood
contre-plaqué^M multiplis
contrachapado^M múltiple

Stäbchenplatte^F
laminboard
panneau^M à âme^F lamellée
panel^M laminado

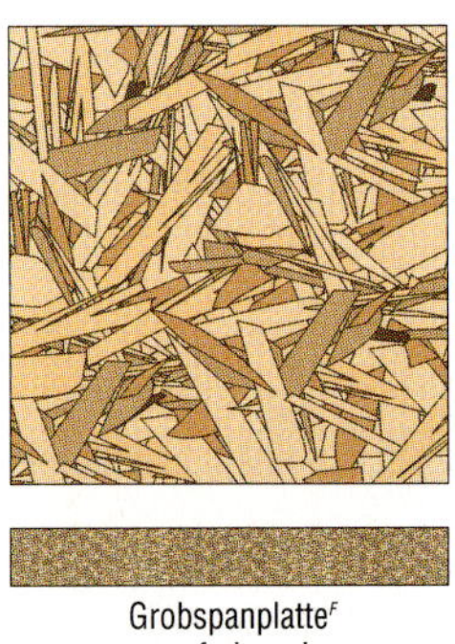
Grobspanplatte^F
waferboard
panneau^M de copeaux^F
aglomerado^M

Schälfurnier^N
peeled veneer
placage^M déroulé
chapa^F de madera^F

HOLZWERKSTOFFE[M]
WOOD-BASED MATERIALS
DÉRIVÉS[M] DU BOIS[M]
LÁMINAS[F] Y TABLEROS[M]

Hartfaserplatte[F]
hardboard
panneau[M] de fibres[F]
tablero[M] de fibra[F] de madera[F]

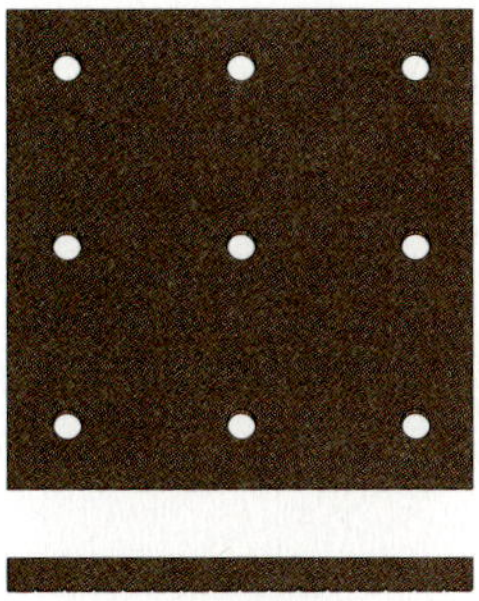

gelochte Hartfaserplatte[F]
perforated hardboard
panneau[M] de fibres[F] perforé
tablero[M] de fibra[F] de madera[F] perforada

kunststoffbeschichtete Hartfaserplatte[F]
plastic-laminated chipboard
panneau[M] de particules[F] lamifié
tablero[M] de aglomerado[M] con laminado[M] de plástico[M]

Spanplatte[F]
chipboard
panneau[M] de particules[F]
tablero[M] de aglomerado[M]

SCHLOSS[N]
LOCK
SERRURE[F]
CERRAJERÍA[F]

ÜBERSICHT[F]
GENERAL VIEW
VUE[F] D'ENSEMBLE[M]
VISTA[F] GENERAL

SCHLOSS^{N}
LOCK
SERRURE^{F}
CERRAJERÍA^{F}

ZYLINDERSCHLOSS^{N}
MORTISE LOCK
SERRURE^{F} À MORTAISER
CERRADURA^{F} EMBUTIDA

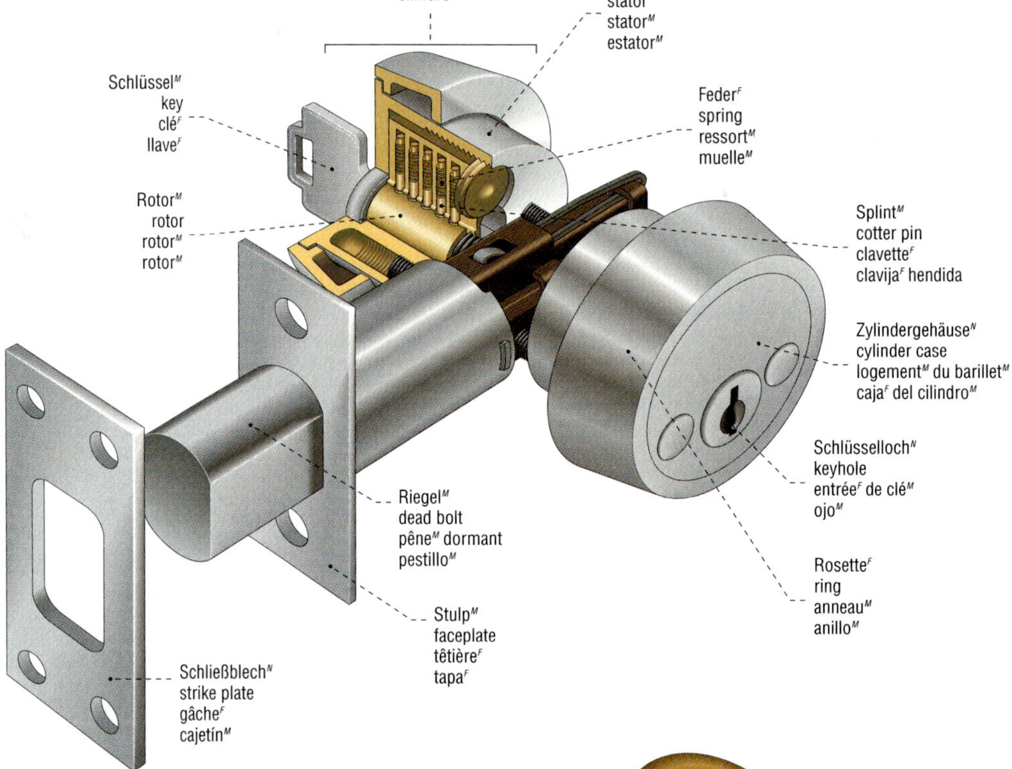

EINSTECKSCHLOSS^{N} MIT DREH- UND VERRIEGELUNGSMECHANIK^{F}
TUBULAR LOCK
SERRURE^{F} TUBULAIRE
CERRADURA^{F} DE POMO^{M} CON SEGURO^{M}

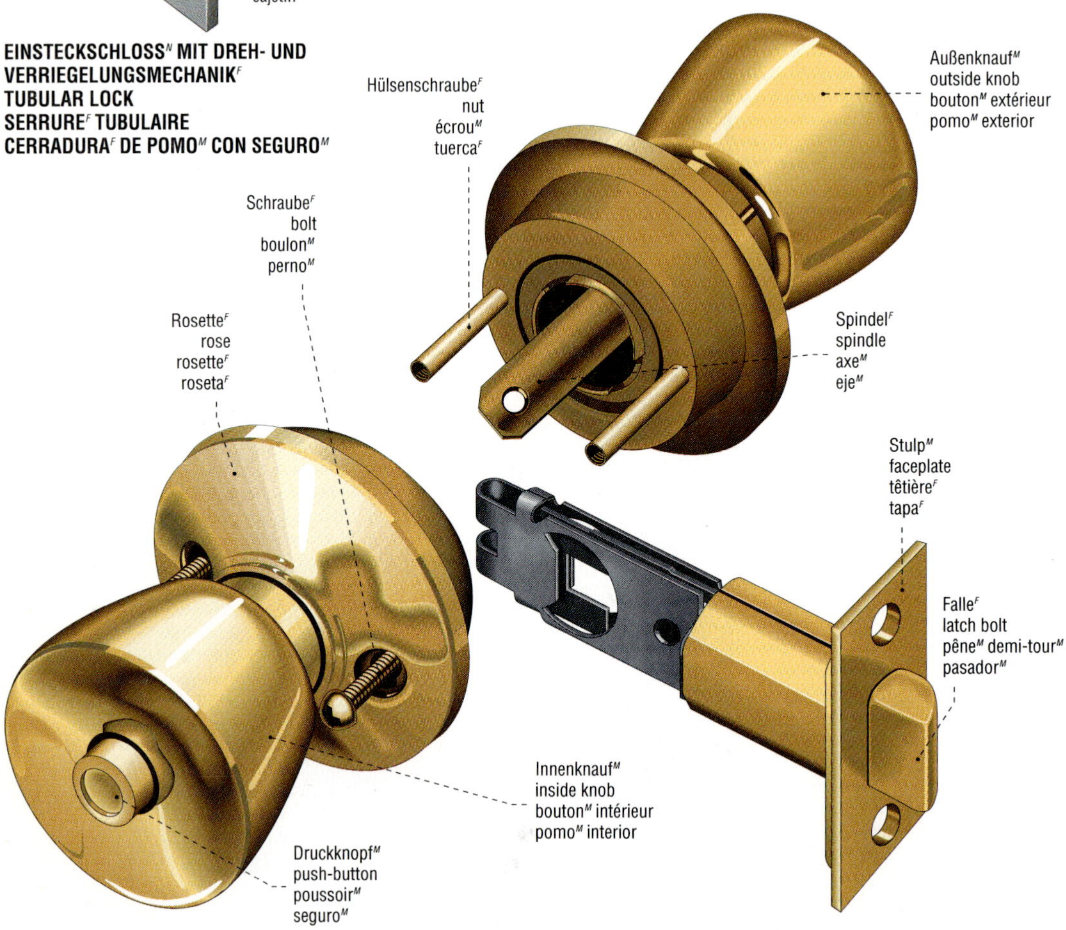

MAUREREI[F]
MASONRY
MAÇONNERIE[F]
HERRAMIENTAS[F] DE ALBAÑIL[M]

MAURERKELLE[F]
MASON'S TROWEL
TRUELLE[F] DE MAÇON[M]
PALETA[F] DE ALBAÑIL[M]

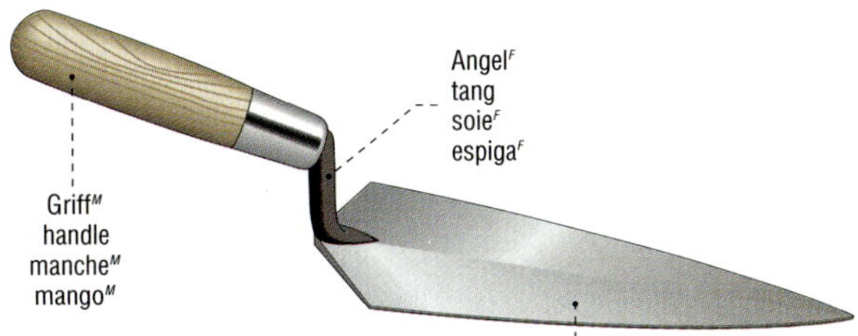

Putzkelle[F]
square trowel
truelle[F] de plâtrier[M]

Maurerhammer[M]
bricklayer's hammer
marteau[M] de maçon[M]
martillo[M] de albañil[M]

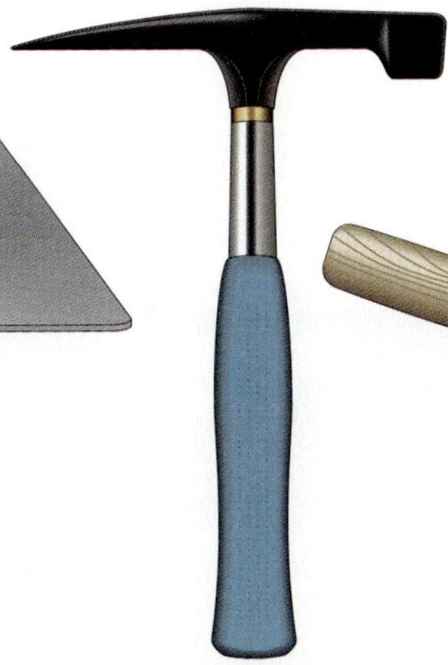

Reibebrett[F]
hawk
taloche[F]
esparavel[M]

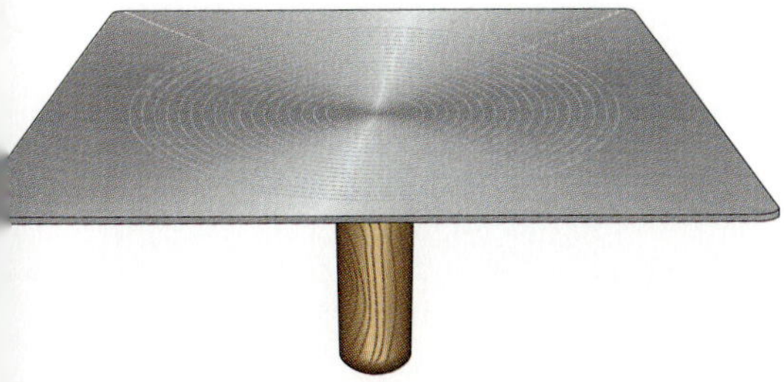

Fugenkelle[F]
joint filler
tire-joint[M]
paleta[F] de relleno[M]

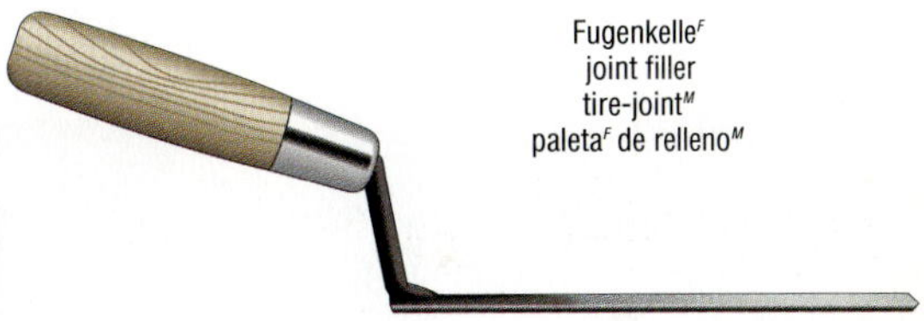

Wasserwaage[F]
spirit level
niveau[M] à bulle[F]
nivel[M] de aire[M]

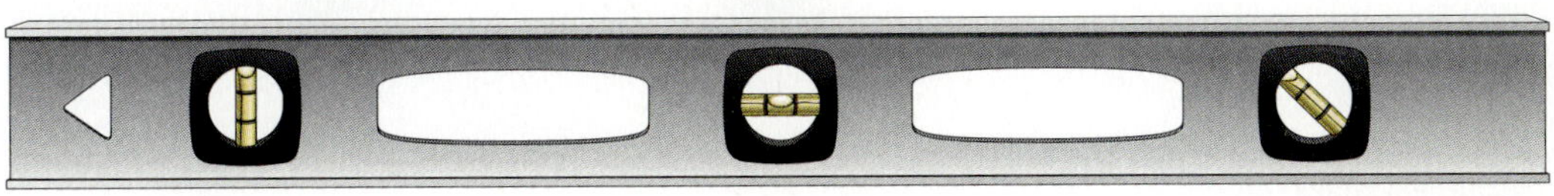

KARTUSCHENPISTOLE[F]
CAULKING GUN
PISTOLET[M] À CALFEUTRER
PISTOLA[F] PARA CALAFATEO[M]

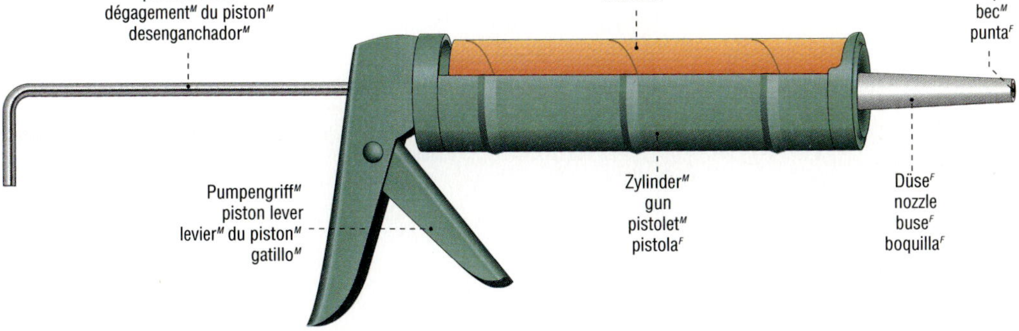

SANITÄRINSTALLATION[F]: BADEZIMMER[N]
PLUMBING: BATHROOM
PLOMBERIE[F]: SALLE[F] DE BAINS[M]
FONTANERÍA: CUARTO[M] DE BAÑO[M]

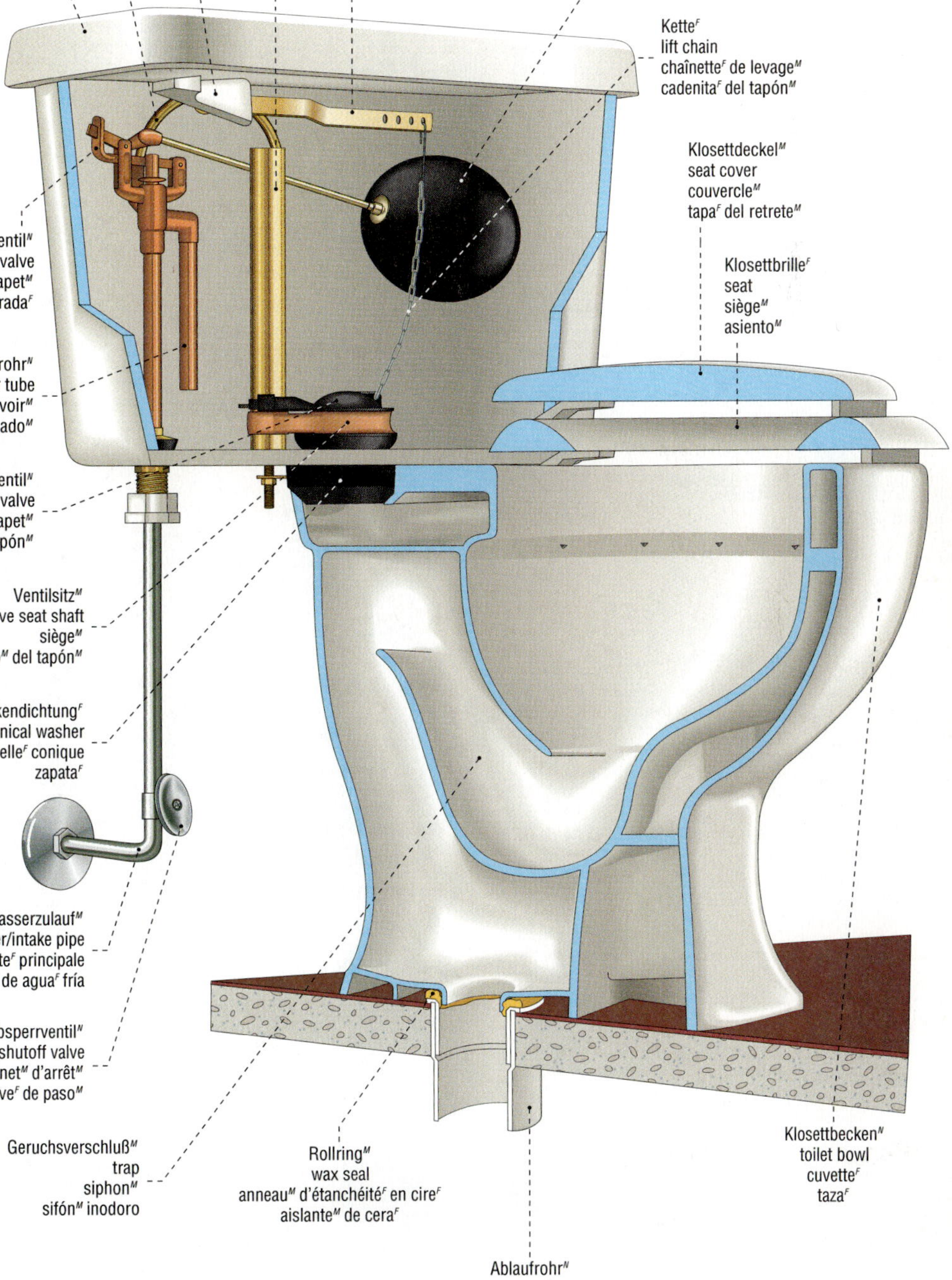
Spülhebel^M
flush handle
manette^F de chasse^F d'eau^F
palanca^F de la cisterna^F
Überlauf^M
overflow tube
trop-plein^M
rebosadero^M
Nachfüllrohr^N
refill tube
tube^M de remplissage^M de la cuvette^F
manguera del rebosadero
Spülarm^M
trip lever
levier^M de déclenchement^M
palanca^F del tapón^M
Schwimmer^M
float ball
flotteur^M
flotador^M
Spülkastendeckel^M
cistern lid
couvercle^M de réservoir^M
tapa^F de la cisterna^F
Kette^F
lift chain
chaînette^F de levage^M
cadenita^F del tapón^M
Klosettdeckel^M
seat cover
couvercle^M
tapa^F del retrete^M
Schwimmerventil^N
ball-cock supply valve
robinet^M flotteur à clapet^M
válvula^F de entrada^F
Klosettbrille^F
seat
siège^M
asiento^M
Füllrohr^N
filler tube
tube^M de remplissage^M du réservoir^M
tubo^M de llenado^M
Ventil^N
valve
clapet^M
tapón^M
Ventilsitz^M
valve seat shaft
siège^M
asiento^M del tapón^M
Glockendichtung^F
conical washer
rondelle^F conique
zapata^F
Kaltwasserzulauf^M
cold-water/intake pipe
conduite^F principale
tubería^F de agua^F fría
Absperrventil^N
shutoff valve
robinet^M d'arrêt^M
llave^F de paso^M
Geruchsverschluß^M
trap
siphon^M
sifón^M inodoro
Rollring^M
wax seal
anneau^M d'étanchéité^F en cire^F
aislante^M de cera^F
Klosettbecken^N
toilet bowl
cuvette^F
taza^F
Ablaufrohr^N
waste pipe
tuyau^M de chute^F
tubo^M de desagüe^M

SANITÄRINSTALLATION[F]
PLUMBING
PLOMBERIE[F]
FONTANERÍA[F]

WANDAUSLAUFVENTIL[N]
BIB TAP
ROBINET[M]
GRIFO[M]

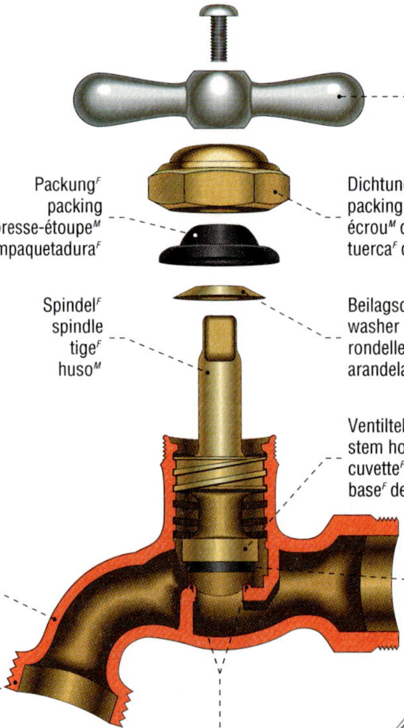

MISCHBATTERIE[F] MIT KUGELDICHTUNG[F]
BALL-TYPE TAP
MITIGEUR[M] À BILLE[F] CREUSE
GRIFO[M] DE BOLA[F]

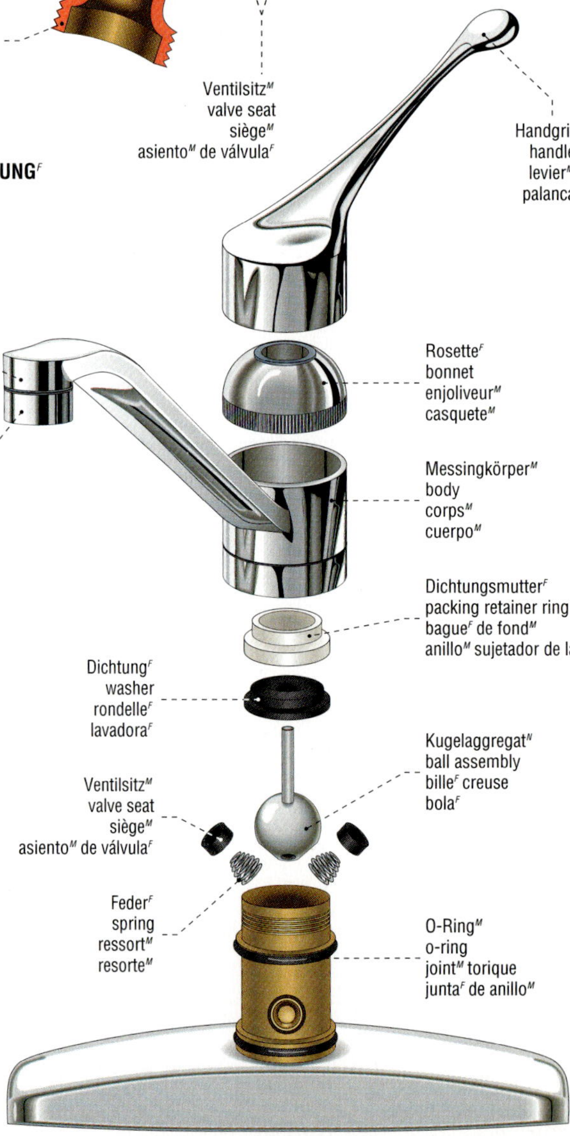

MISCHBATTERIE[F] MIT KERAMIKDICHTUNG[F]
DISK TAP
MITIGEUR[M] À DISQUE[M]
GRIFO[M] DE DISCO[M]

MISCHBATTERIE[F] MIT KARTUSCHENDICHTUNG[F]
CARTRIDGE TAP
MITIGEUR[M] À CARTOUCHE[F]
GRIFO[M] DE CARTUCHO[M]

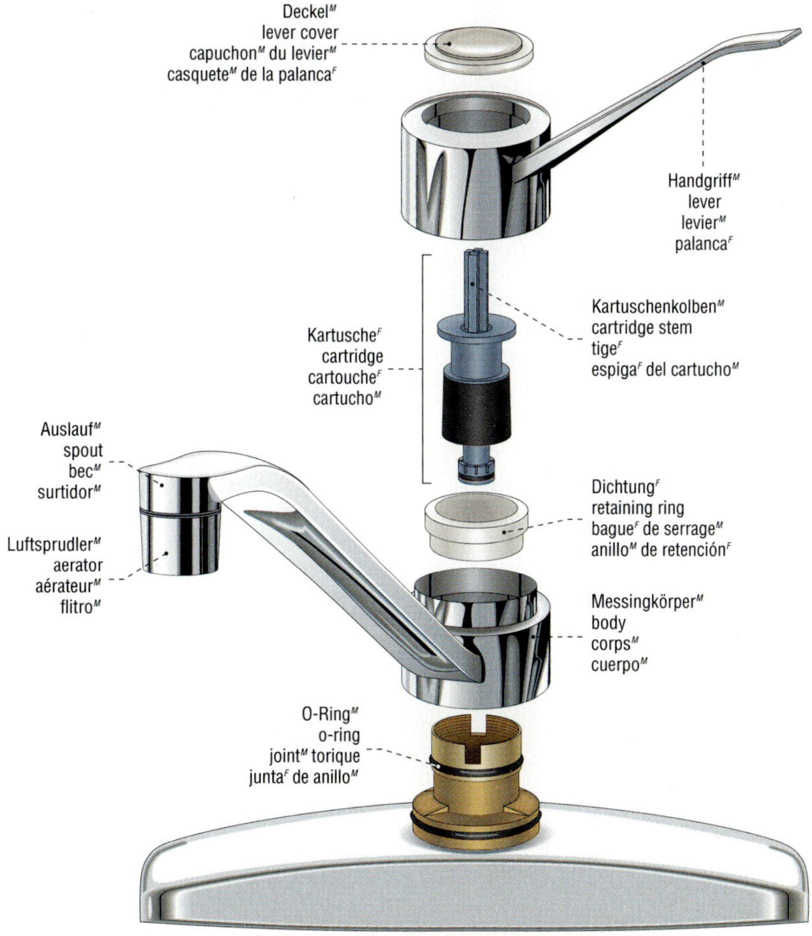

SPÜLE[F] MIT MÜLLSCHLUCKER[M]
SINK WITH WASTE DISPOSAL UNIT
ÉVIER[M]-BROYEUR[M]
FREGADERO[M] CON TRITURADOR[M] DE BASURA[F]

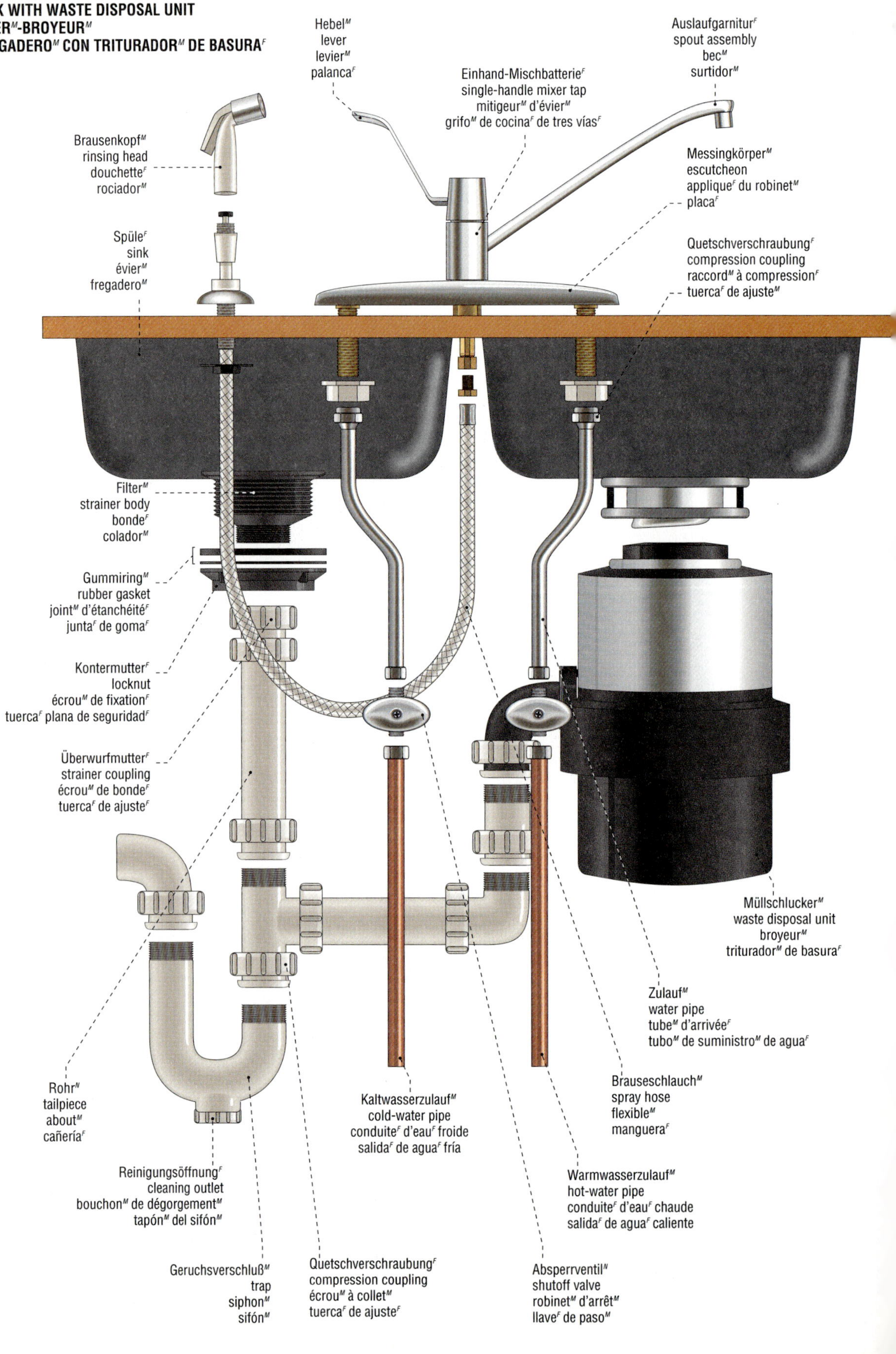

GASWARMWASSERBEREITER[M]
GEYSER
CHAUFFE-EAU[M] AU GAZ[M]
CALENTADOR[M] DE GAS[M]

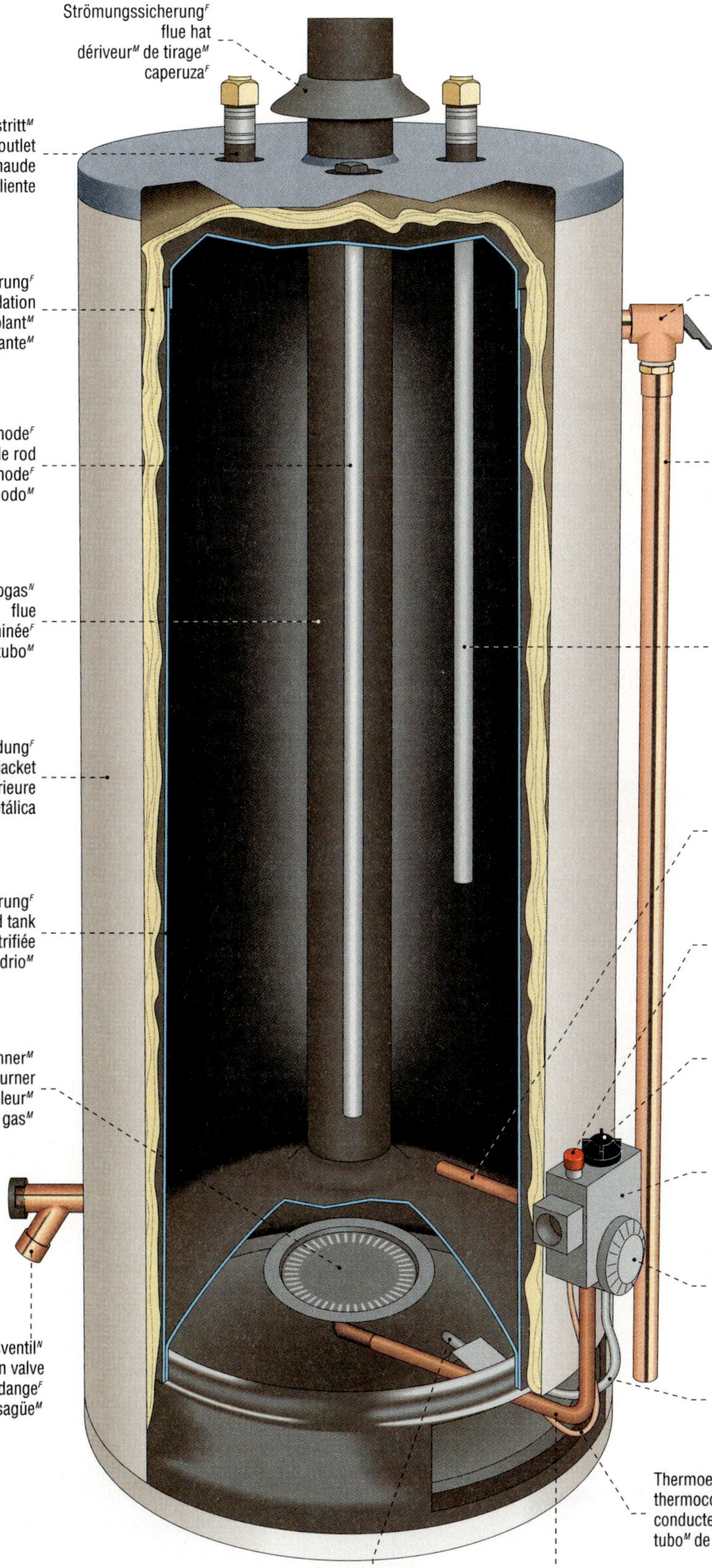

SANITÄRINSTALLATION[F]: BEISPIELE[N] FÜR ABZWEIGUNGEN[F]
PLUMBING: EXAMPLES OF BRANCHING
PLOMBERIE[F]: EXEMPLES[M] DE BRANCHEMENT[M]
FONTANERÍA[F]: CONEXIONES[F]

WASCHMASCHINE[F]
WASHING MACHINE
LAVE-LINGE[M]
LAVADORA[F]

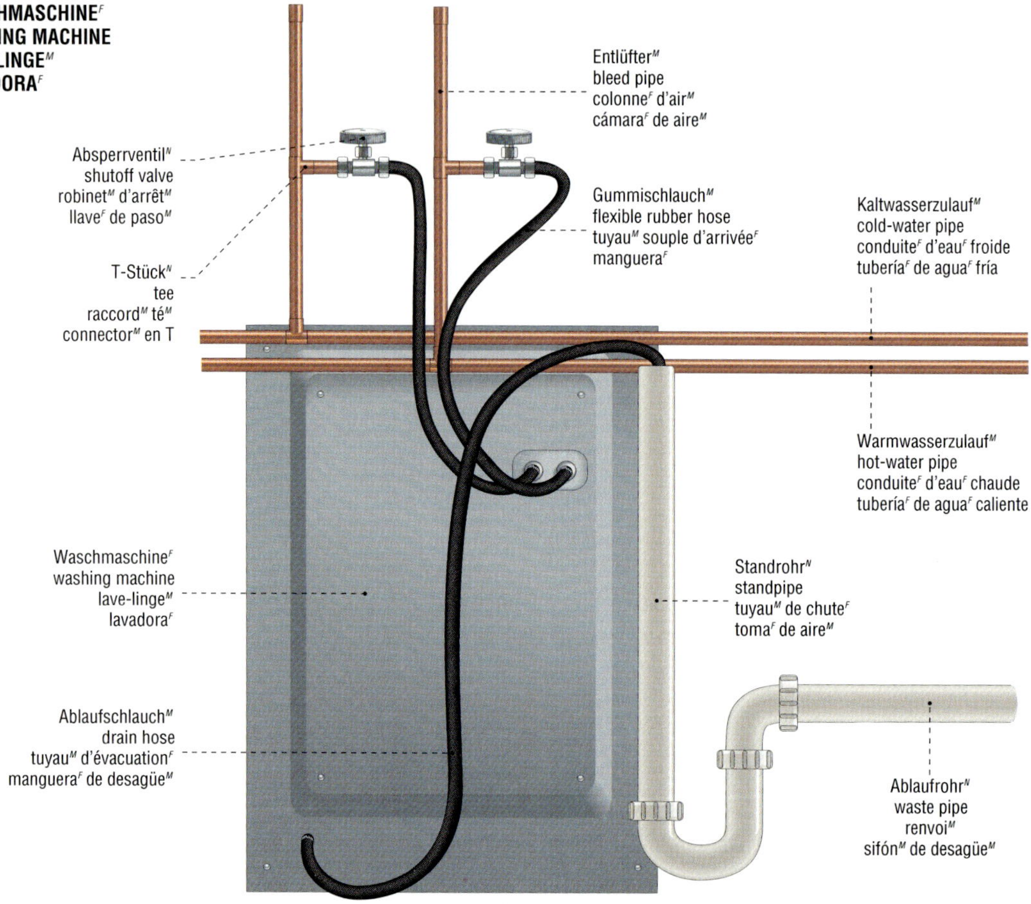

GESCHIRRSPÜLMASCHINE[F]
DISHWASHER
LAVE-VAISSELLE[M]
MÁQUINA[F] LAVAPLATOS[M]

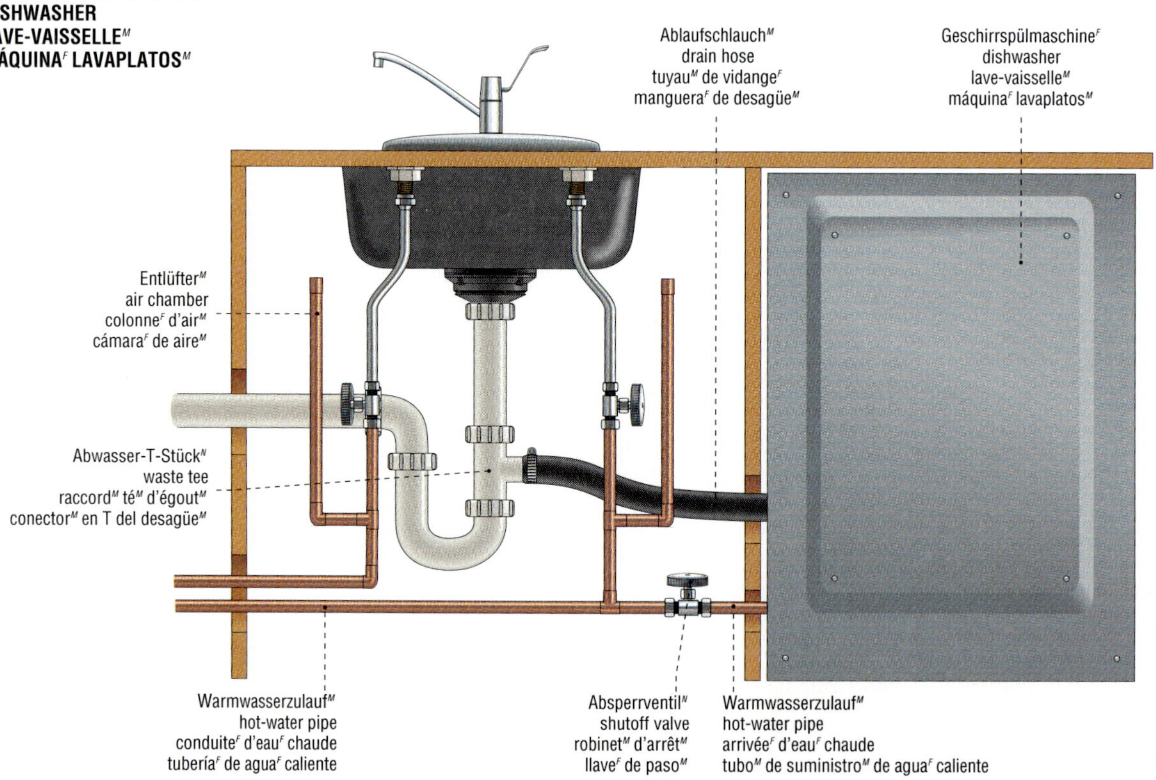

SANITÄRINSTALLATION[F]
PLUMBING
PLOMBERIE[F]
FONTANERÍA[F]

INSTALLATIONSWERKZEUGE[N]
PLUMBING TOOLS
OUTILS[M] POUR PLOMBERIE[F]
HERRAMIENTAS[F] DE FONTANERO[M]

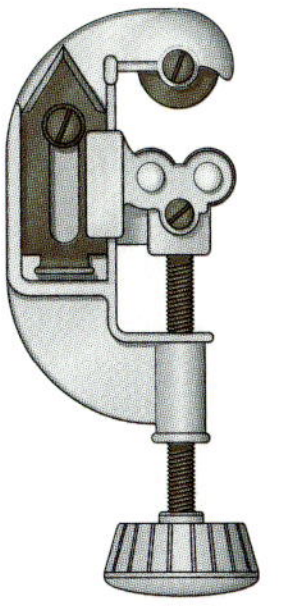
Rohrabschneider[M]
tube cutter
coupe-tube[M]
cortatubos[M]

Lötlampe[F]
blowlamp
lampe[F] à souder
soplete[M]

Punktbrenner[M]
pencil point tip
brûleur[M] flamme[F] crayon[M]
boquilla[F] del soplete[M]

Einwegbrennstoffflasche[F]
disposable fuel cylinder
cartouche[F] jetable
bombona[F] de gas[M]

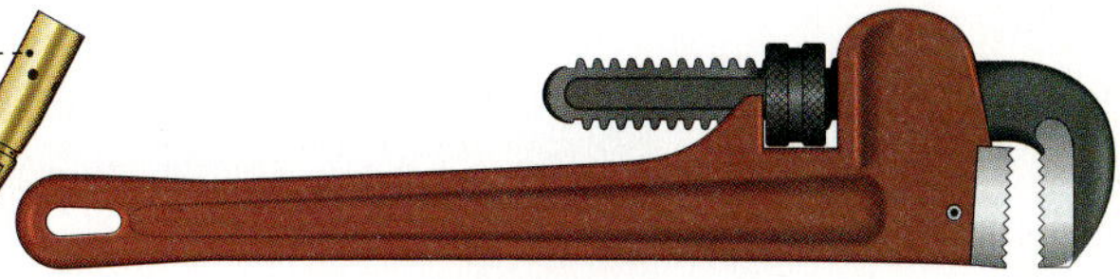
Einhand-Rohrzange[F]
pipe wrench
clé[F] à tuyau[M]
llave[F] inglesa

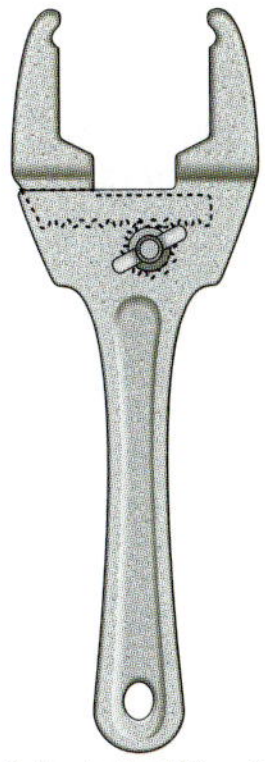
Rollgabelschlüssel[M]
adjustable spud wrench
clé[F] à crémaillère[F]
llave[F] ajustable

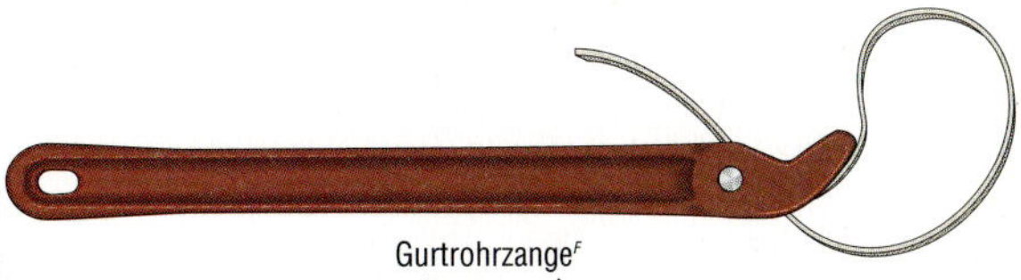
Gurtrohrzange[F]
strap wrench
clé[F] à sangle[F]
llave[F] de cincho[M]

Kettenrohrzange[F]
chain pipe wrench
clé[F] à chaîne[F]
llave[F] de cadena[F]

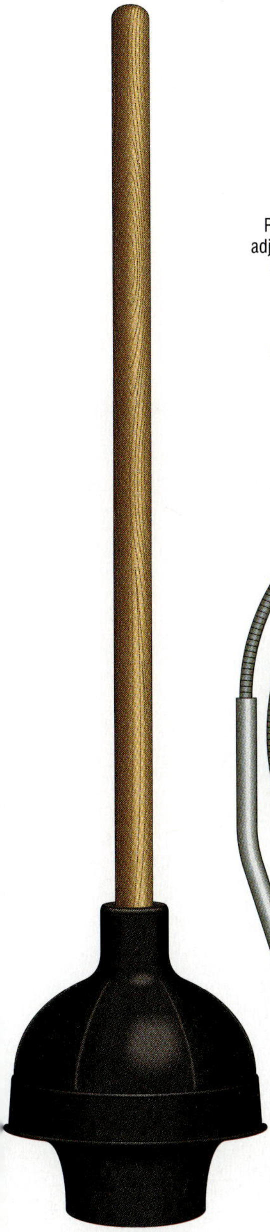
Ausgußreiniger[M]
plunger
ventouse[F]
desatrancador[M]

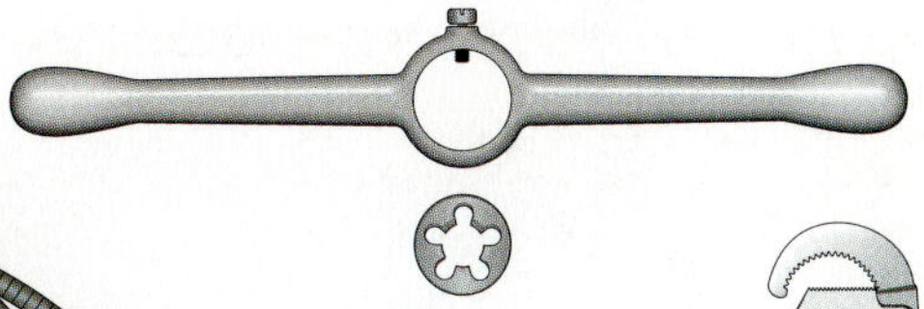
Gewindeschneider[M]
pipe threader
filière[F]
terraja[F]

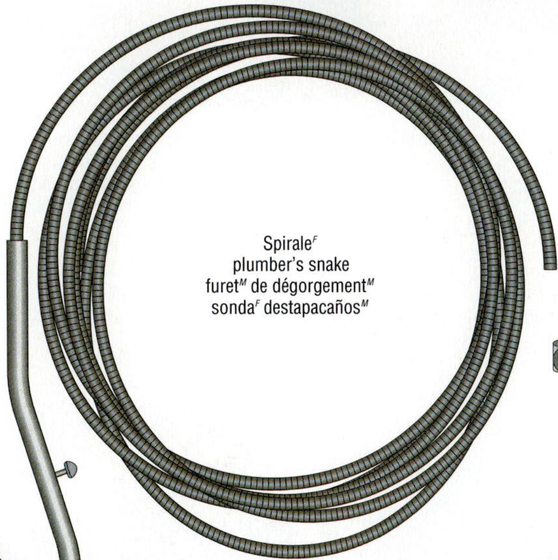
Spirale[F]
plumber's snake
furet[M] de dégorgement[M]
sonda[F] destapacaños[M]

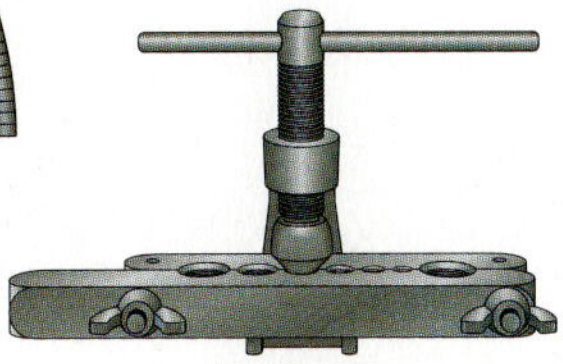
Bördelgerät[N]
tube flaring tool
évaseur[M]
avellanadora[F] de tubos[M]

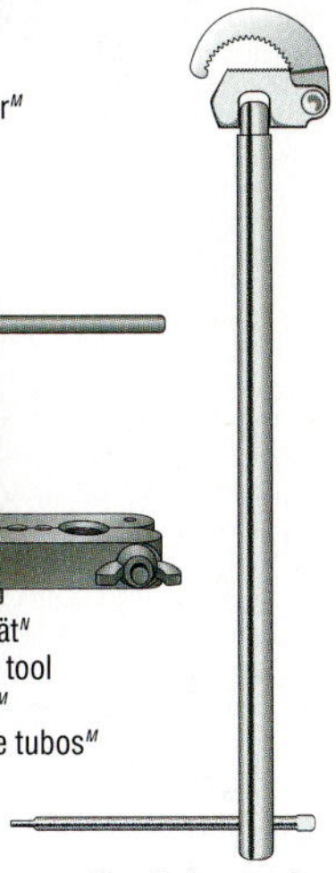
Standhahnzange[F]
plumbing wrench
clé[F] coudée à tuyau[M]
llave[F] pico[M] de ganso[M]

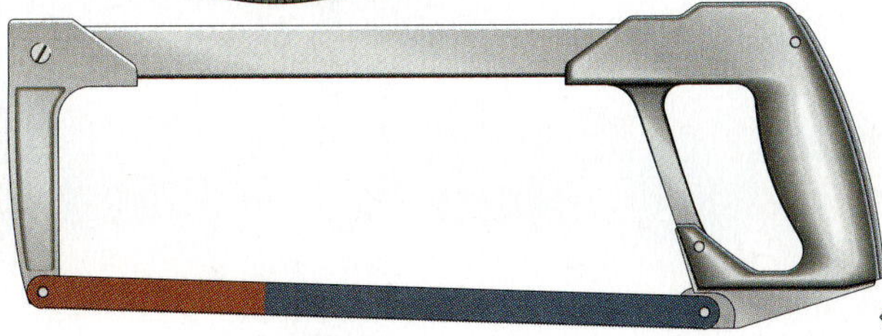
Bügelsäge[F]
hacksaw
scie[F] à métaux[M]
sierra[F] para metales[M]

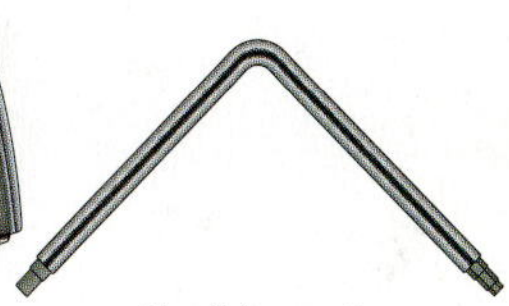
Ventilsitzzange[F]
valve seat wrench
lève-soupape[M]
llave[F] de asientos[M] de válvula[F]

SANITÄRINSTALLATION[F]
PLUMBING
PLOMBERIE[F]
FONTANERÍA[F]

MECHANISCHE VERBINDUNGEN[F]
MECHANICAL CONNECTORS
RACCORDS[M] MÉCANIQUES
CONEXIONES[F] MECÁNICAS

Quetschverschraubung[F]
compression fitting
raccord[M] à compression[F]
ensamblaje[M] por compresión[F]

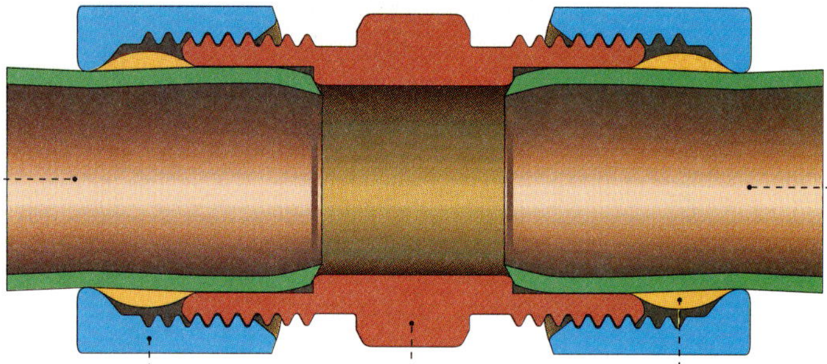

Bördelverbindung[F]
flare joint
raccord[M] à collet[M] repoussé
ensamblaje[M] abocinado

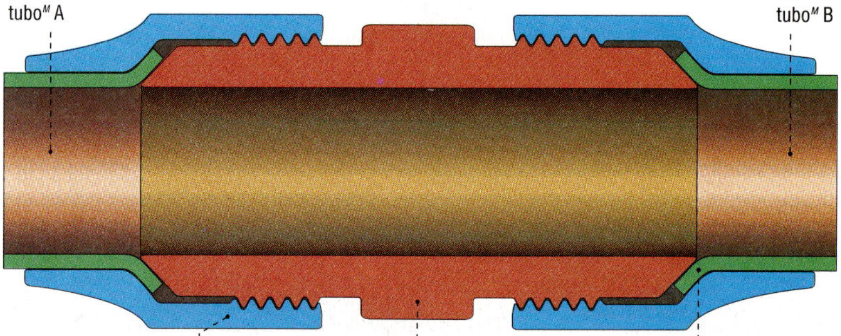

Verschraubung[F]
union
raccord[M] union[F]
unión[F]

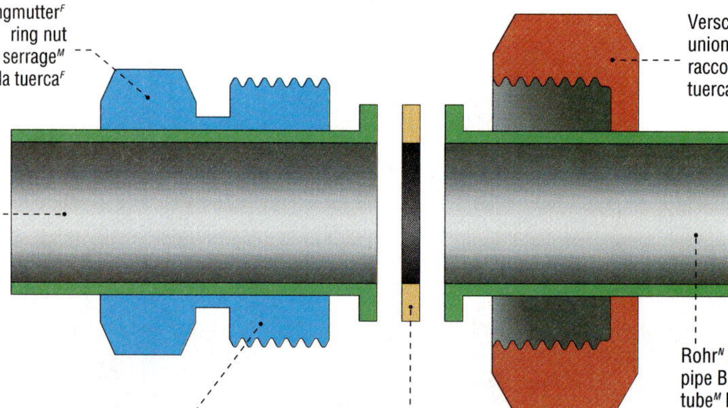

ÜBERGÄNGE[M]
TRANSITION FITTINGS
ADAPTEURS[M]
CONEXIONES[F] DE TRANSICIÓN[F]

Stahl[M] auf Kunststoff[M]
steel to plastic
plastique[M] et acier[M]
de acero[M] a plástico[M]

Kupfer[N] auf Kunststoff[M]
copper to plastic
plastique[M] et cuivre[M]
de cobre[M] a plástico[M]

Kupfer[N] auf Stahl[M]
copper to steel
cuivre[M] et acier[M]
de cobre[M] a acero[M]

FITTINGS[N]
FITTINGS
RACCORDS[M]
CONEXIONES[F]

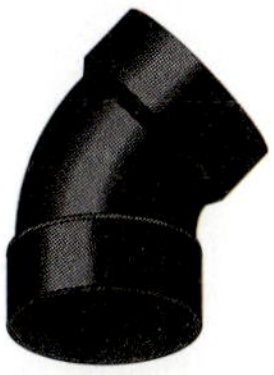

Winkel[M] 45°
45° elbow
coude[M] à 45°
codo[M] de 45 grados[M]

Winkel[M]
elbow
coude[M]
codo[M] de 90 grados[M]

Doppelbogen[M]
U-bend
coude[M] à 180°
conexión[F] en U

Strömungs-T[N]
tee
té[M]
conexión[F] en T

Abzweig[M] 45°
Y-branch
culotte[F]
conexión[F] en Y

Etagenbogen[M]
offset
coude[M] de renvoi[M]
desviación[F]

Siphonwinkel[M]
trap
siphon[M]
sifón[M]

Vierkantstopfen[M]
square head plug
bouchon[M] mâle sans bourrelet[M]
tapón[M] macho[M]

Kappe[F]
cap
bouchon[M] femelle
tapón[M]

Muffe[F]
flush bushing
réduction[F] mâle-femelle
boquilla[F] de reducir

Nippel[M]
nipple
mamelon[M] double
boquilla[F]

Reduziermuffenippel[M]
reducing coupling
raccord[M] de réduction[F]
reductor[M] de calibre[M]

Gewindekappe[F]
threaded cap
bouchon[M] femelle à visser
tapón[M] hembra[F]

Rohrverschraubung[F]
pipe coupling
manchon[M]
unión[F]

Sechskantstopfen[M]
hexagon bushing
réduction[F] mâle-femelle
hexagonale

LEITERN[F] UND STEHLEITERN[F]
LADDERS AND STEPLADDERS
ÉCHELLES[F] ET ESCABEAUX[M]
ESCALERAS[F] DE MANO[F]

STEHLEITER[F]
STEPLADDER
ESCABEAU[M]
ESCALERA[F] DE TIJERA[F]

Tritthocker[M]
step stool
tabouret[M]-escabeau[M]
escalerilla[F]

AUSZIEHLEITER[F]
EXTENSION LADDER
ÉCHELLE[F] COULISSANTE
ESCALERA[F] DE EXTENSIÓN[F]

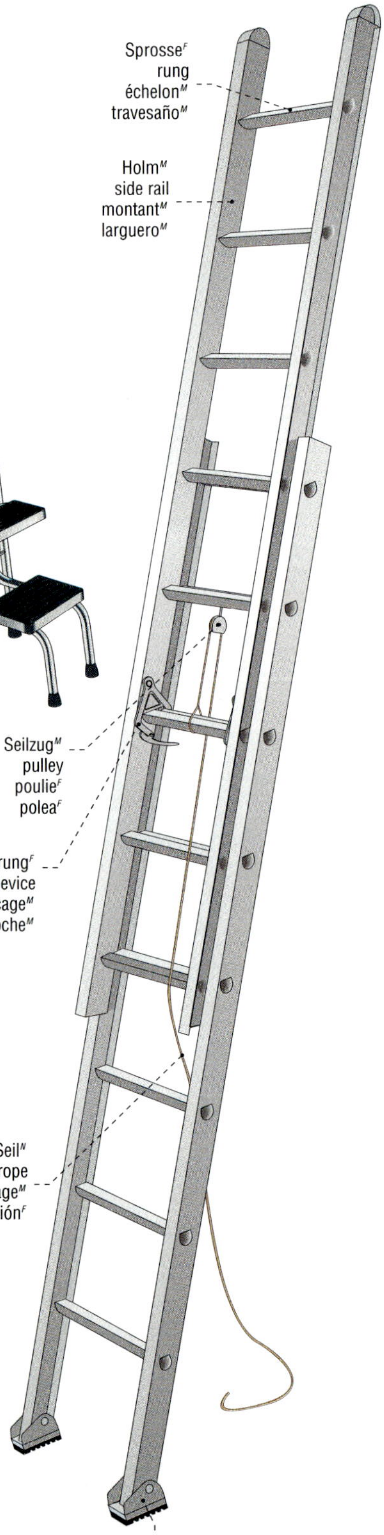

TRITTLEITER[F]
PLATFORM LADDER
MARCHEPIED[M]
ESCALERA[F] DE PLATAFORMA[F]

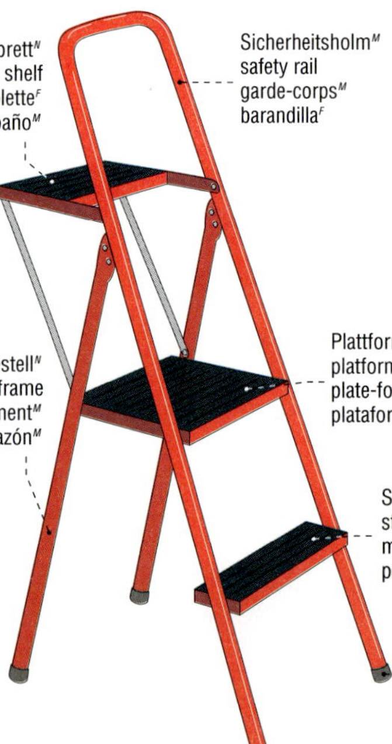

Anlegeleiter[F]
straight ladder
échelle[F] droite
escalera[F] común

Dachbodenklappleiter[F]
foldaway ladder
échelle[F] escamotable
escalera[F] de guardilla[F]

Einhängeleiter[F]
hook ladder
échelle[F] à crochets[M]
escalera[F] de gancho[M]

Strickleiter[F]
rope ladder
échelle[F] de corde[F]
escalera[F] de cuerda[F]

Mehrzweckleiter[F]
multi-purpose ladder
échelle[F] transformable
escalera[F] para usos[M] múltiples

Leitergerüst[N]
ladder scaffold
échelle[F] d'échafaudage[M]
andamio[M] sobre ruedas[F]

landwirtschaftliche Nutzleiter[F]
fruit-picking ladder
échelle[F] fruitière
escalera[F] de recolección[F] de fruta[F]

Rollenleiter[F]
rolling ladder
échelle[F] roulante
escalera[F] rodante

MALERBEDARF[M]
PAINTING UPKEEP
PEINTURE[F] D'ENTRETIEN[M]
HERRAMIENTAS[F] PARA PINTAR

SPRITZPISTOLE[F]
SPRAY PAINT GUN
PISTOLET[M] À PEINTURE[F]
PISTOLA[F] DE PINTAR

SPACHTEL[M]
SCRAPER
GRATTOIR[M]
RASPADOR[M]

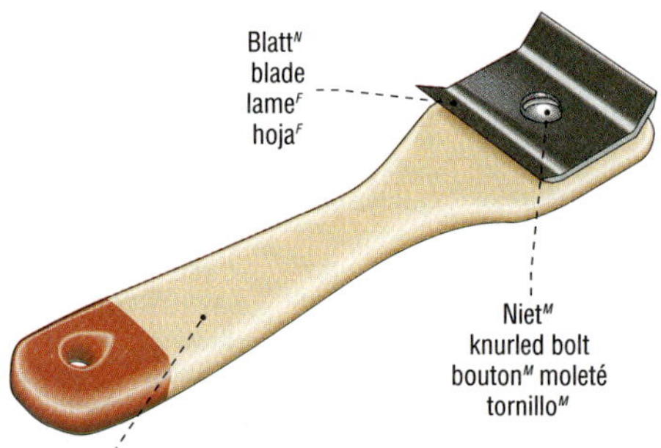

STREICHBÜRSTE[F]
BRUSH
PINCEAU[M]
BROCHA[F]

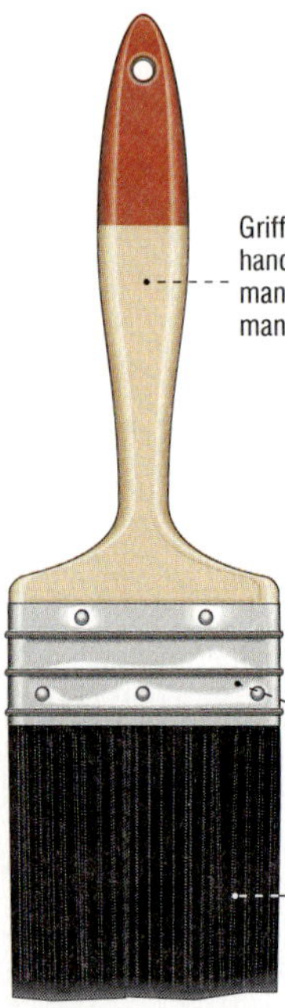

FARBROLLER[M]
PAINT ROLLER
ROULEAU[M]
RODILLO[M] DE PINTOR[M]

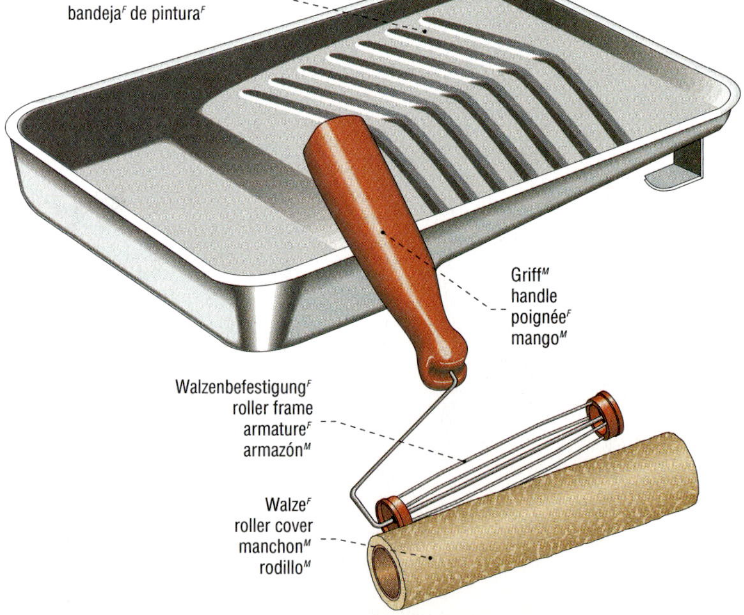

LÖTEN[N] UND SCHWEISSEN[N]
SOLDERING AND WELDING
SOUDAGE[M]
SOLDADURA[F]

Lötkolben[M]
soldering iron
fer[M] à souder
hierro[M] para soldar

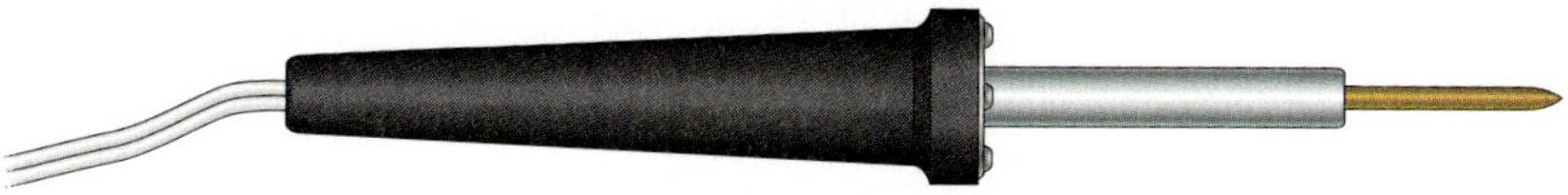

LÖTPISTOLE[F]
SOLDERING GUN
PISTOLET[M] À SOUDER
PISTOLA[F] PARA SOLDAR

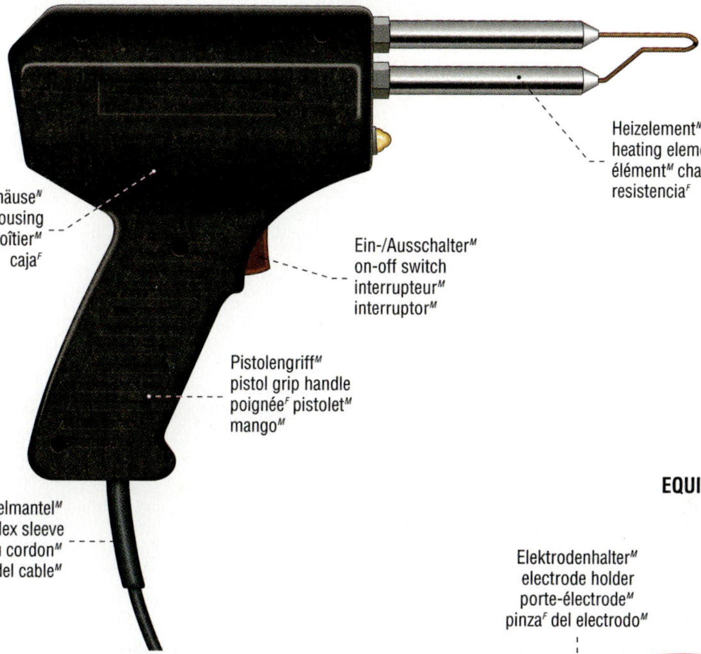

ELEKTROSCHWEISSEN[N]
ARC WELDING
SOUDAGE[M] À L'ARC[M]
EQUIPO[M] DE SOLDADURA[F] ELÉCTRICA

LÖTEN[N] UND SCHWEISSEN[N]
SOLDERING AND WELDING
SOUDAGE[M]
SOLDADURA[F]

SCHWEISSBRENNER[M] MIT SCHNEIDEEINSATZ[M]
CUTTING TORCH
CHALUMEAU[M] COUPEUR
SOPLETE[M] DE CORTE[M]

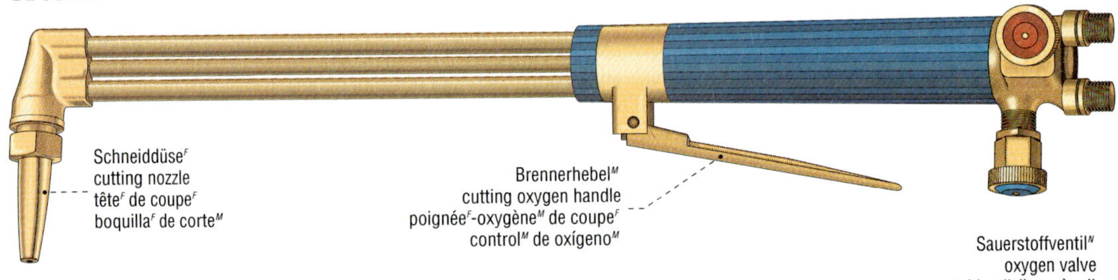

SCHWEISSBRENNER[M]
WELDING TORCH
CHALUMEAU[M] SOUDEUR
SOPLETE[M] DE SOLDADURA[F] AUTÓGENA

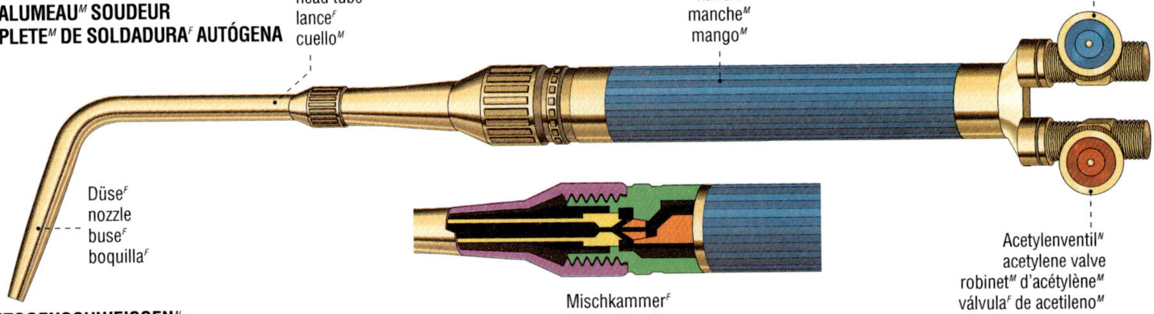

AUTOGENSCHWEISSEN[N]
OXYACETYLENE WELDING
SOUDAGE[M] OXYACÉTYLÉNIQUE
EQUIPO[M] DE SOLDADURA[F] AUTÓGENA

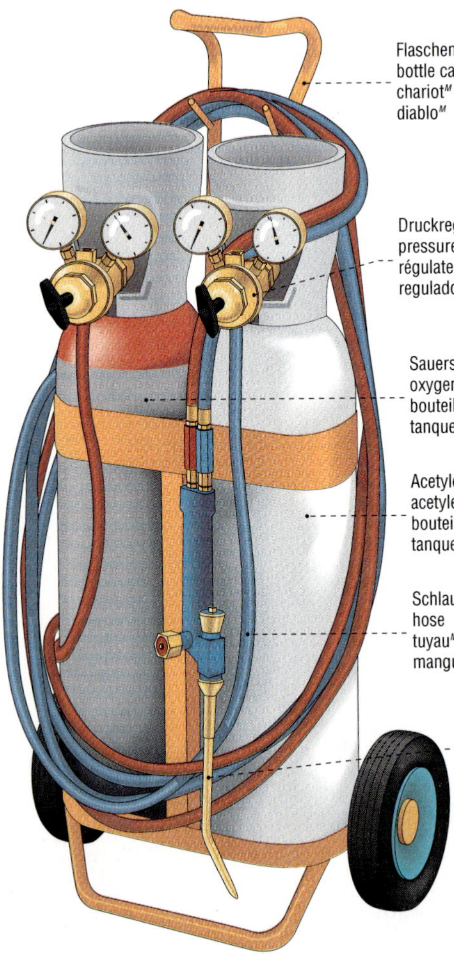

DRUCKREGLER[M]
PRESSURE REGULATOR
RÉGULATEUR[M] DE PRESSION[F]
REGULADOR[M] DE PRESIÓN[F]

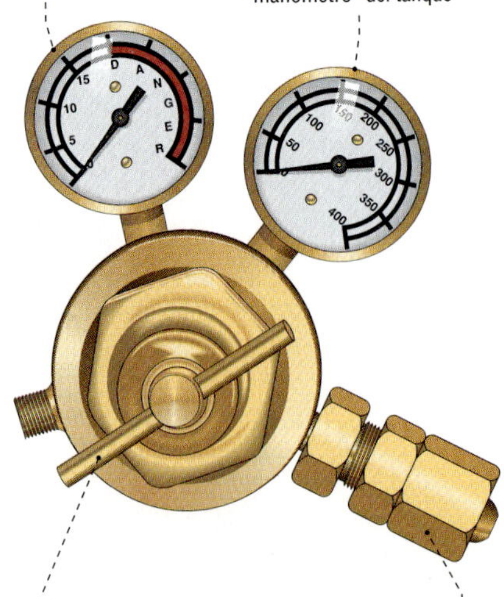

SCHMELZSCHWEISSEN^{N}
BUTT WELDING
SOUDAGE^{M} BOUT^{M} À BOUT^{M}
SOLDADURA^{F} A TOPE^{M}

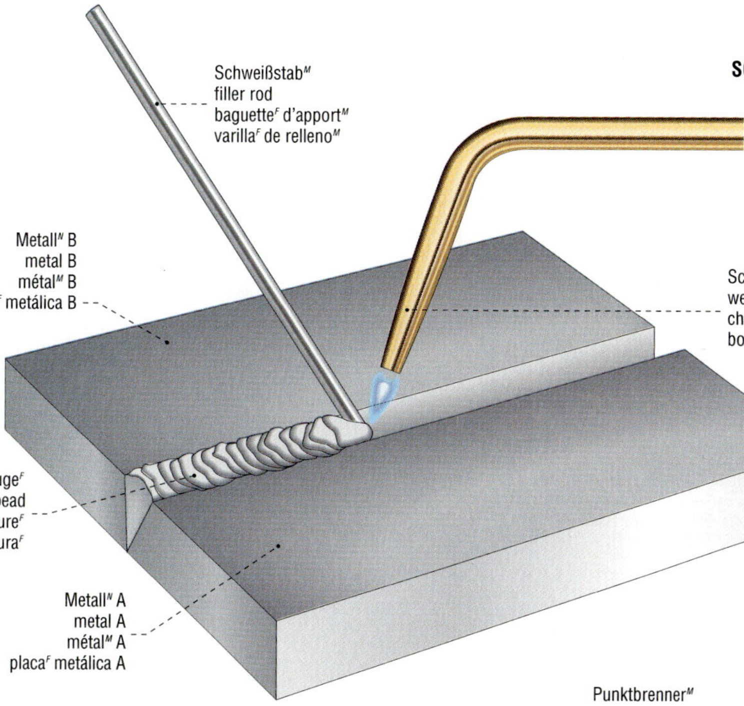

LÖTLAMPE^{F}
BLOWLAMP
LAMPE^{F} À SOUDER
SOPLETE^{M}

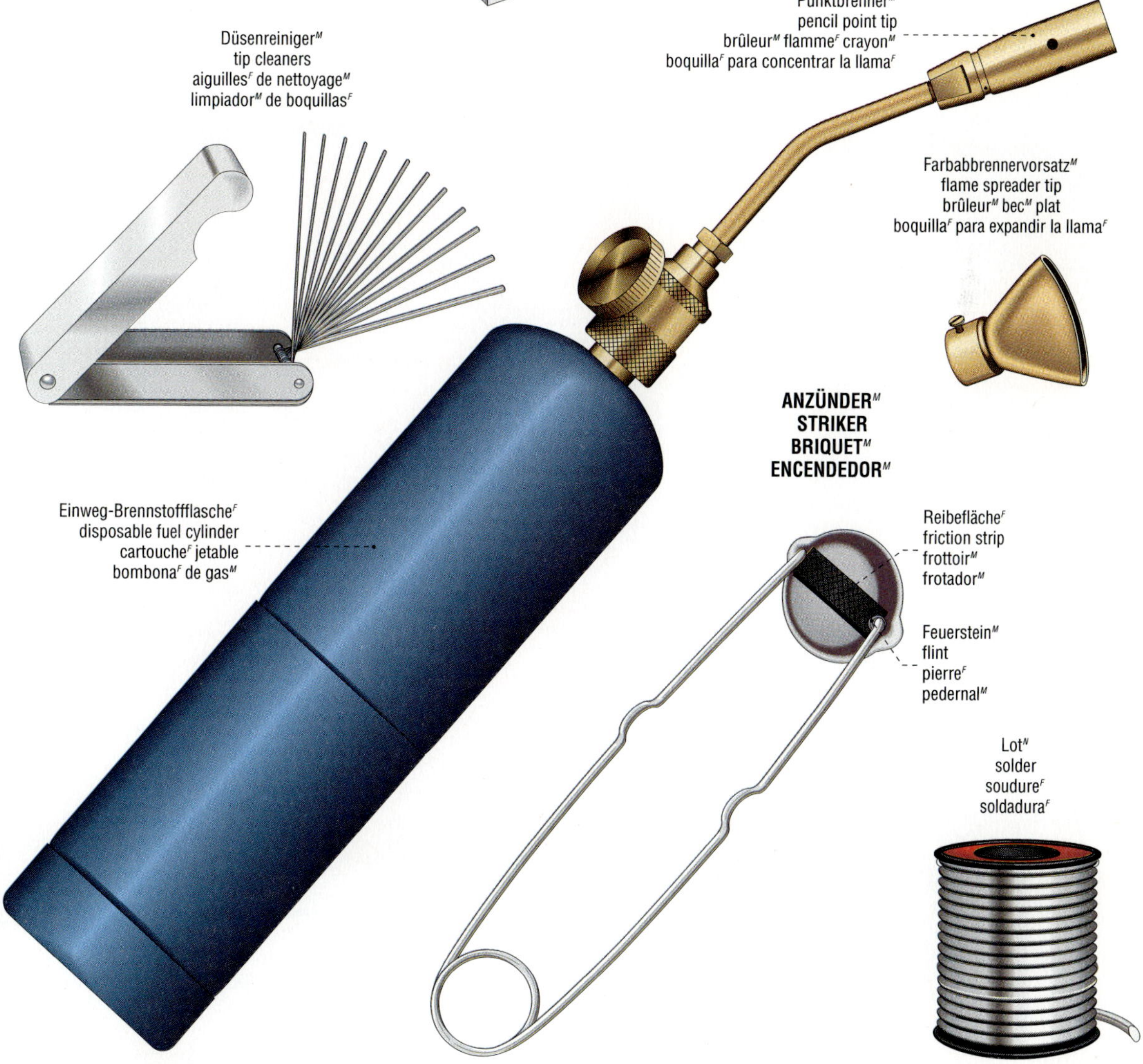

LÖTEN[N] UND SCHWEISSEN[N]: SCHUTZKLEIDUNG[F]
SOLDERING AND WELDING: PROTECTIVE CLOTHING
SOUDAGE[M]: ÉQUIPEMENT[M] DE PROTECTION[F]
SOLDADURA[F]: ACCESORIOS[M] DE PROTECCIÓN[F]

Schutzbrille[F]
goggles
lunettes[F]
anteojos[M] protectores

Handschild[N]
hand-held shield
écran[M] à main[F]
careta[F] de mano[F]

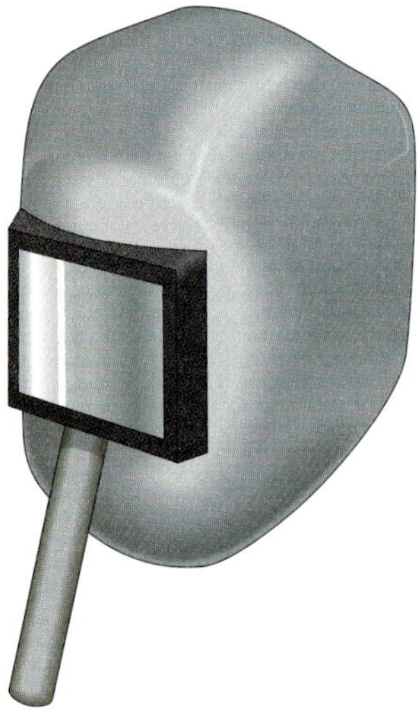

Gesichtsschutz[M]
face shield
casque[M]
careta[F]

fünffingriger Schweißerhandschuh[M]
gauntlet
gant[M] à crispin[M]
guantes[M]

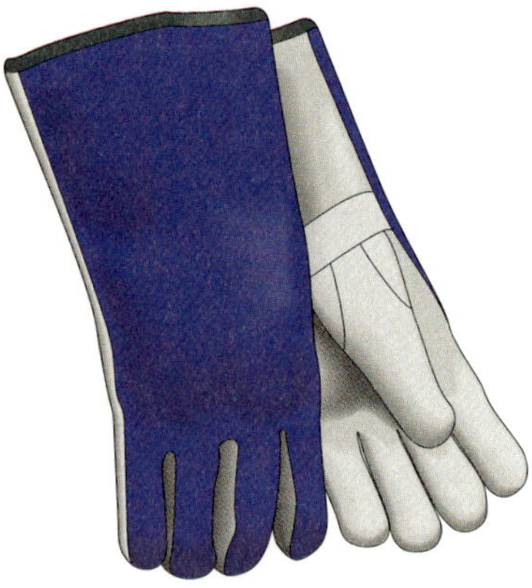

Fausthandschuh[M]
mitten
moufle[F]
manoplas[F]

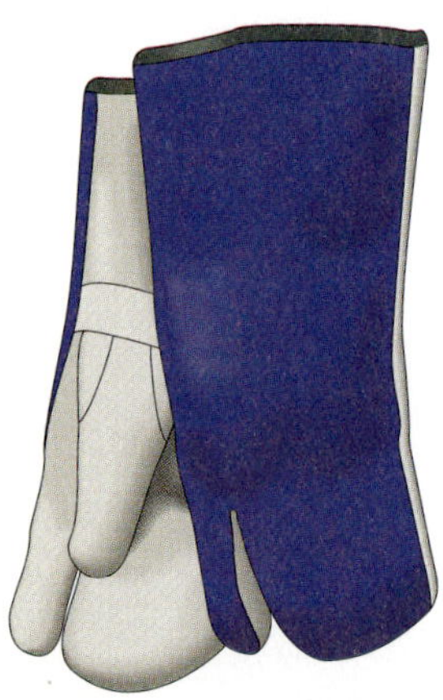

Schutzschirm[M]
welding curtain
écran[M] de soudeur[M]
biombo[M] para soldar

ELEKTRIZITÄT^{F}
ELECTRICITY
ÉLECTRICITÉ^{F}
ELECTRICIDAD^{F}

Dimmerschalter^{M}
dimmer switch
rhéostat^{M}
conmutador^{M} de intensidad^{F}

Schalterabdeckplatte^{F}
escutcheon plate
plaque^{F} de commutateur^{M}
placa^{F} del interruptor^{M}

LAMPENFASSUNG^{F}
LAMP SOCKET
DOUILLE^{F} DE LAMPE^{F}
PORTALÁMPARAS^{M}

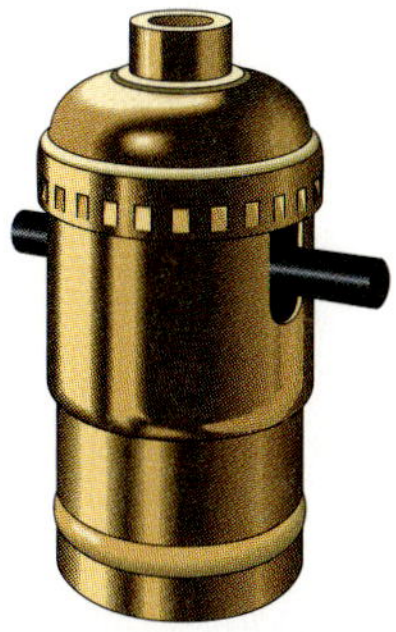

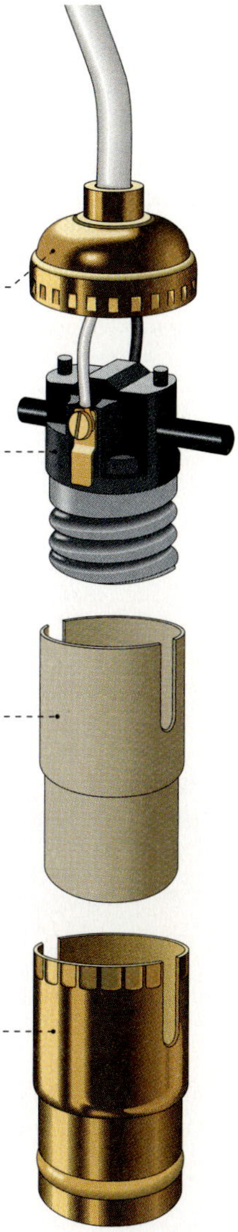

Kappe^{F}
cap
capuchon^{M}
tapa^{F}

Fassung^{F}
socket
douille^{F}
casquillo^{M}

Isolierhülse^{F}
insulating sleeve
gaine^{F} isolante
manga^{F} de aislamiento^{M}

äußere Hülse^{F}
outer shell
enveloppe^{F}
cubierta^{F}

Buchsenhalter^{M}
electrical box
boîte^{F} électrique
caja^{F} de conexiones^{F}

Schalter^{M}
switch
interrupteur^{M}
interruptor^{M}

dreipolige Steckdose^{F}
three-pin socket
prise^{F} de courant^{M}
enchufe^{M}

AMERIKANISCHER DREIPOLIGER STECKER^{M}
AMERICAN PLUG
FICHE^{F} AMÉRICAINE
ENCHUFE^{M} DE TIPO^{M} AMERICANO

Spannungsstift^{M}
pin
lame^{F}
pata^{F}

Erdungsstift^{M}
earthing pin
prise^{F} de terre^{F}
pata^{F} de conexión^{F} a tierra^{F}

STECKER^{M}
EUROPEAN PLUG
FICHE^{F} EUROPÉENNE
ENCHUFE^{M} DE TIPO^{M} EUROPEO

Anschlußklemme^{F}
terminal
borne^{F}
terminal^{M}

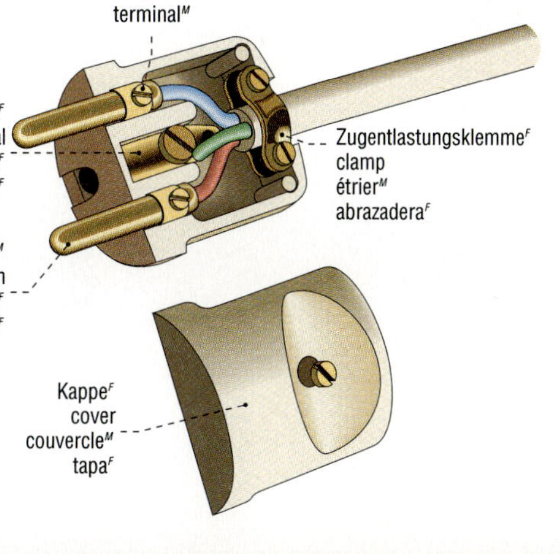

Erdungsklemme^{F}
earth terminal
prise^{F} de terre^{F}
terminal^{M} de tierra^{F}

Zugentlastungsklemme^{F}
clamp
étrier^{M}
abrazadera^{F}

Stift^{M}
pin
broche^{F}
pata^{F}

Kappe^{F}
cover
couvercle^{M}
tapa^{F}

ELEKTRIZITÄT[F]
ELECTRICITY
ÉLECTRICITÉ[F]
ELECTRICIDAD[F]

ELEKTROINSTALLATEURWERKZEUGE[N]
ELECTRICIAN'S TOOLS
OUTILS[M] D'ÉLECTRICIEN[M]
HERRAMIENTAS[F] DE ELECTRICISTA[M]

Multimeter[N]
multimeter
multimètre[M]
voltímetro[M]

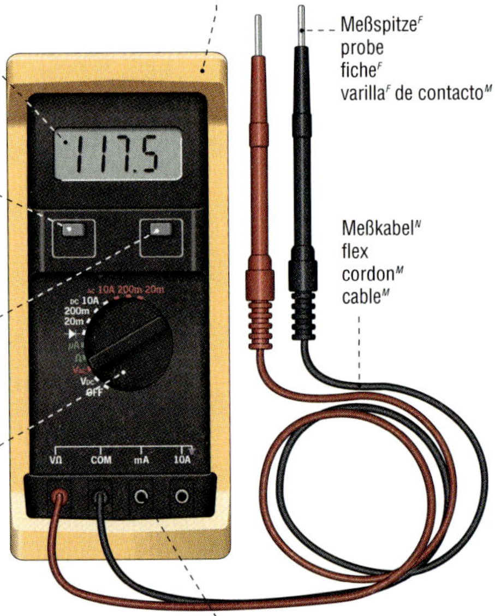

Gehäuse[N]
housing
boîtier[M]
caja[F]

Meßspitze[F]
probe
fiche[F]
varilla[F] de contacto[M]

Digitalanzeige[F]
digital display
afficheur[M] numérique
registro[M] digital

Meßspeicher[M]
data hold
mémorisation[F] des données[F]
retención[F] de datos[M]

Meßkabel[N]
flex
cordon[M]
cable[M]

Auto-Manualumschalter[M]
auto/manual switch
lecture[F] automatique/manuelle
selección auto/manual

Bereichsumschalter[M]
selector switch
commutateur[M]
selector[M]

Eingangsbuchse[F]
input terminal
borne[F] d'entrée[F]
terminal[M] de entrada[F]

Spannungsprüfer[M]
neon screwdriver
vérificateur[M] de tension[F]
detector[M] de tensión[F]

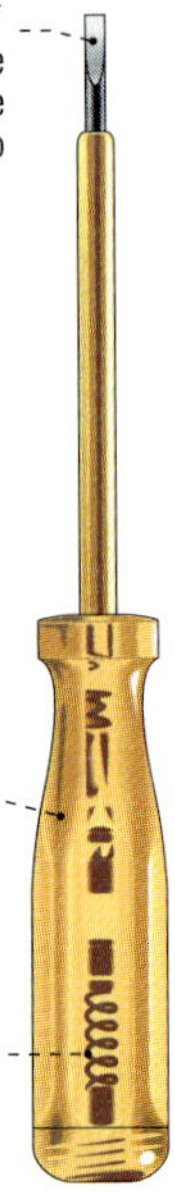

isolierte Klinge[F]
insulated blade
lame[F] isolée
vástago[M] aislado

isolierter Griff[M]
insulated handle
manche[M] isolé
mango[M] aislado

Glimmlampe[F]
neon lamp
lampe[F] au néon[M]
lámpara[F] de neón[M]

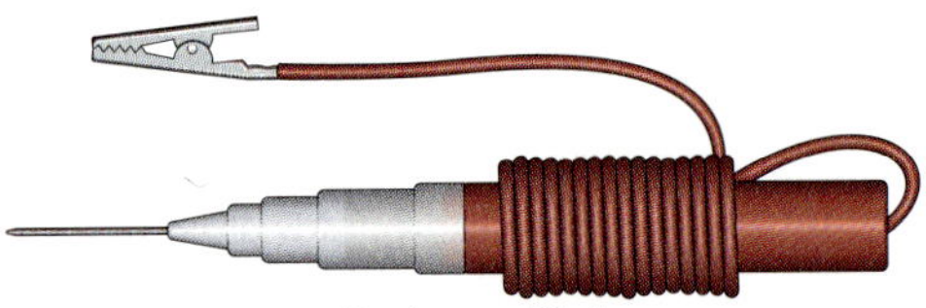

Durchgangsprüfer[M]
continuity tester
vérificateur[M] de continuité[F]
detector[M] de continuidad[F]

Handlampe[F]
inspection light
baladeuse[F]
linterna[F] movible

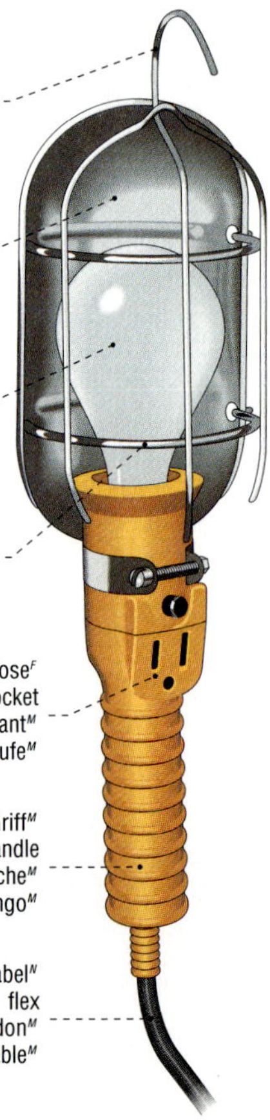

Haken[M]
hook
crochet[M]
gancho[M]

Reflektor[M]
reflector
réflecteur[M]
reflector[M]

Glühbirne[F]
bulb
lampe[F]
bombilla[F]

Schutzgitter[N]
guard
grillage[M] de protection[F]
reja[F]

Zusatzsteckdose[F]
auxiliary socket
prise[F] de courant[M]
enchufe[M]

Griff[M]
handle
manche[M]
mango[M]

Kabel[N]
flex
cordon[M]
cable[M]

Steckdosenprüfer[M]
socket tester
vérificateur[M] de prise[F] de courant[M]
probador[M] de contactos[M] con tierra[F]

Prüflampe[F]
test-lamp
vérificateur[M] de circuit[M]
lámpara[F] de prueba[F] de neón[M]

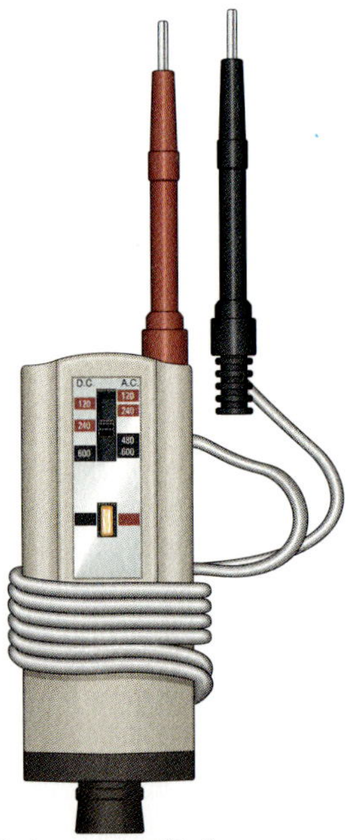

Hochspannungsprüfer[M]
high-voltage tester
vérificateur[M] de haute tension[F]
detector[M] de alta tensión[F]

ELEKTROINSTALLATEURWERKZEUGE[N]
ELECTRICIAN'S TOOLS
OUTILS[M] D'ÉLECTRICIEN[M]
HERRAMIENTAS[F] DE ELECTRICISTA[M]

Mehrzweckzange[F]
multipurpose tool
pince[F] universelle
pinzas[F] multiuso

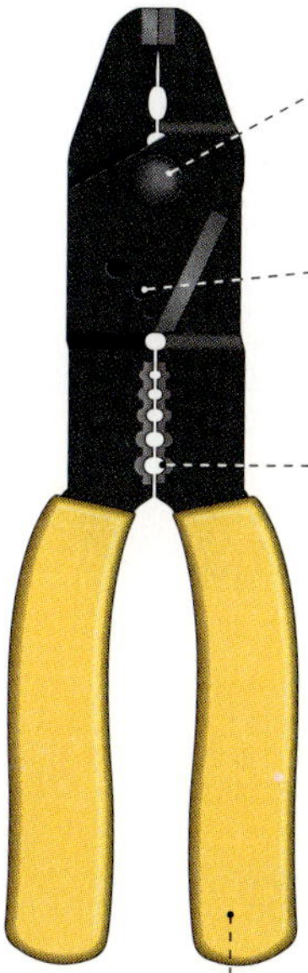

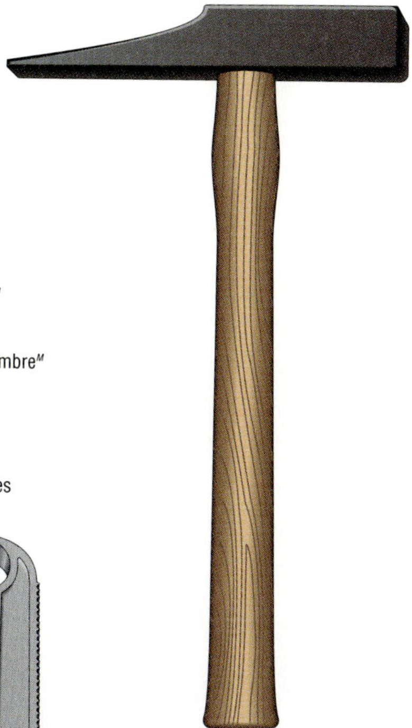

Hammer[M]
hammer
marteau[M] d'électricien[M]
martillo[M]

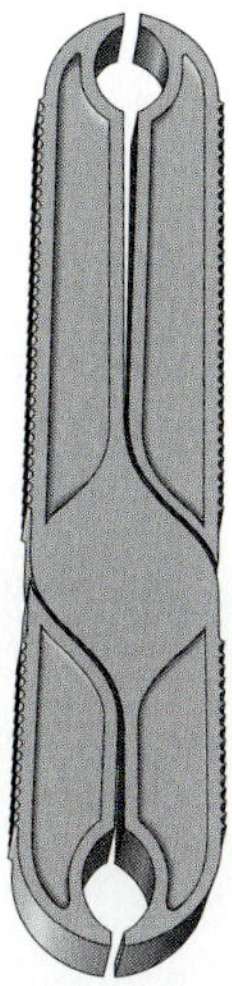

Sicherungszieher[M]
fuse puller
pince[F] à fusible[M]
extractor[M] de fusibles[M]

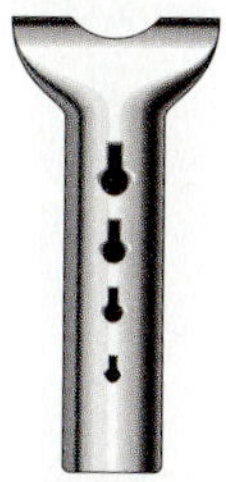

Kabelabisolierer[M]
cable ripper
dénudeur[M] de fil[M]
pelacables[M]

Kombizange[F]
combination pliers
pince[F] d'électricien[M]
alicates[M] de electricista[M]

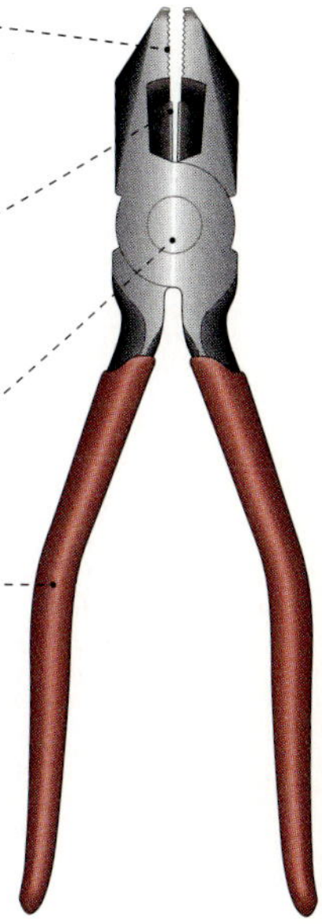

Messer[N]
cutter
couteau[M] d'électricien[M]
cuchilla[F]

Kabeltülle[F]
wire nut
marette[F]
capuchón[M] de plástico[M]

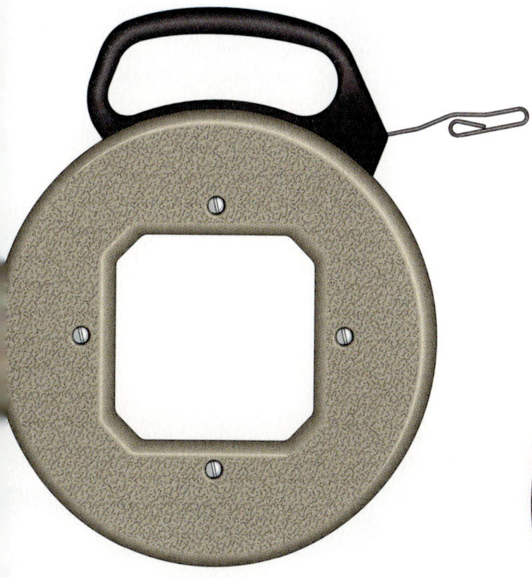

Einziehdraht[M]
fish wire
câble[M] de traction[F]
alambre[M] en tubo[M]

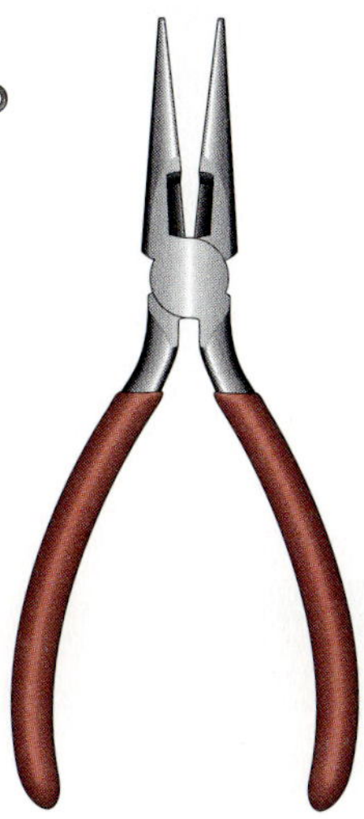

Spitzzange[F]
needle-nose pliers
pince[F] à long bec[M]
alicates[M]

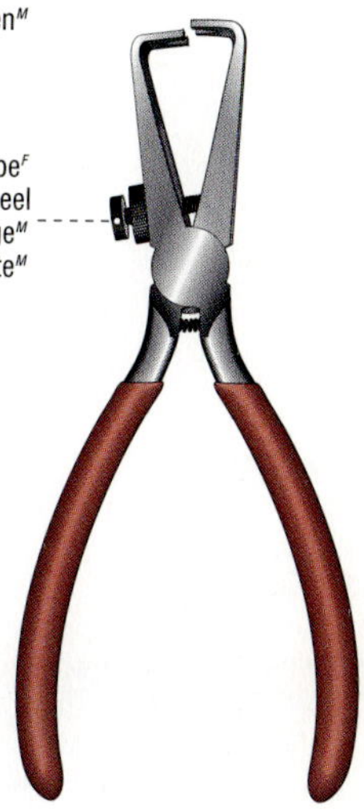

Abisolierzange[F]
wire stripper
pince[F] à dénuder
pinzas[F] pelacables

ELEKTRIZITÄT[F]
ELECTRICITY
ÉLECTRICITÉ[F]
ELECTRICIDAD[F]

SICHERUNGSKASTEN[M]
FUSE BOX
TABLEAU[M] DE DISTRIBUTION[F]
CAJETÍN[M] DE FUSIBLES[M]

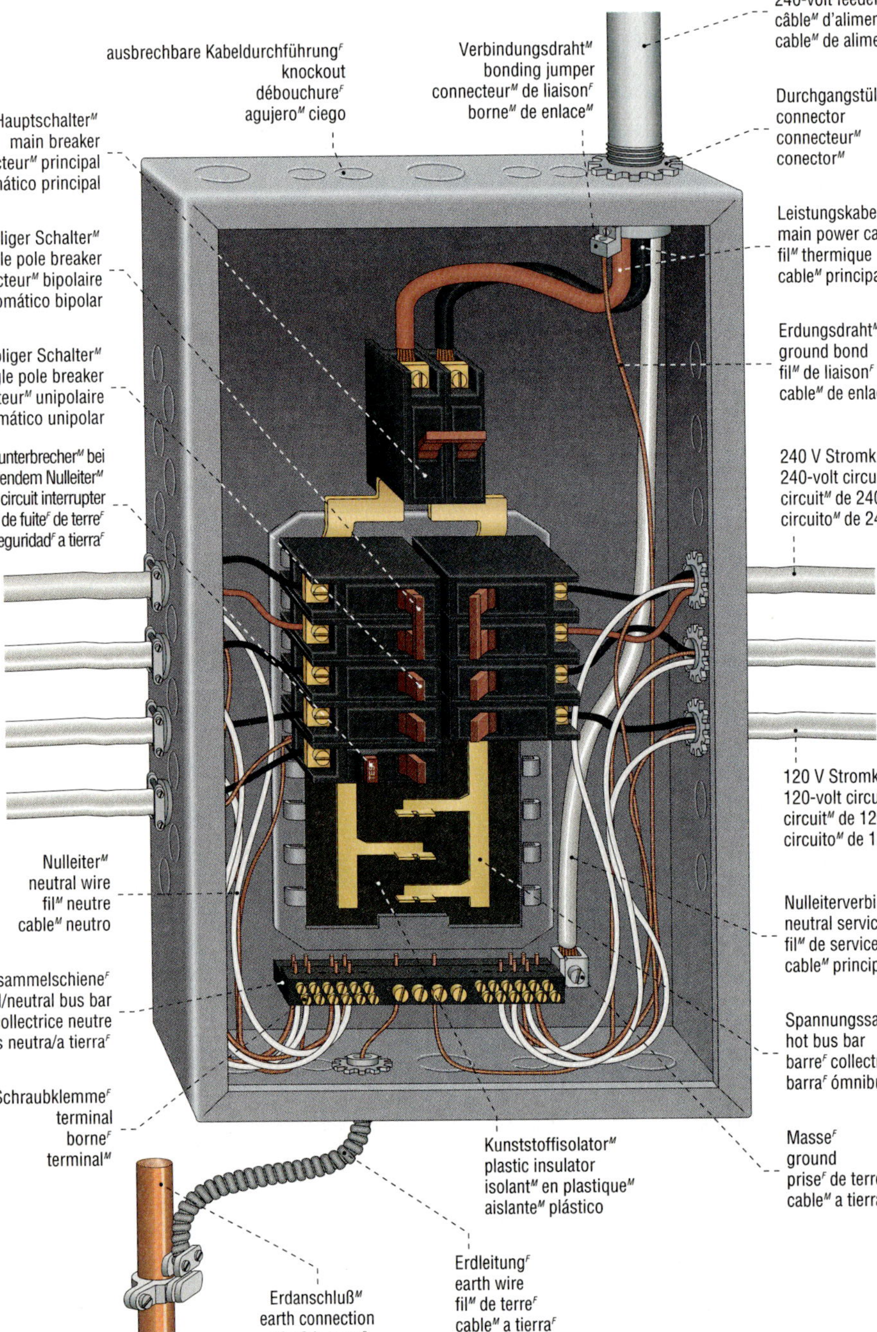

SICHERUNGEN[F]
FUSES
FUSIBLES[M]
FUSIBLES[M]

Patronensicherung[F]
cartridge fuse
fusible[M]-cartouche[F]
fusible[M] de cartucho[M]

Stöpselsicherung[F]
plug fuse
fusible[M] à culot[M]
fusible[M] de rosca[F]

Hauptsicherung[F]
knife-blade cartridge fuse
fusible[M]-cartouche[F] à lames[F]
fusible[M] de bayoneta[F]

KLEIDUNG
CLOTHING
VÊTEMENTS
VESTIDO

INHALT

ELEMENTE HISTORISCHER KOSTÜME ... 315
HERRENKLEIDUNG ... 319
PULLOVER ... 326
HANDSCHUHE ... 327
KOPFBEDECKUNGEN ... 328
DAMENKLEIDUNG ... 330
KINDERKLEIDUNG ... 349
SPORTKLEIDUNG ... 352
SCHUHE ... 354

ELEMENTE^{N} HISTORISCHER KOSTÜME^{N}
ELEMENTS OF ANCIENT COSTUME
ÉLÉMENTS^{M} DU COSTUME^{M} ANCIEN
VESTIDURAS^{F} ANTIGUAS

PEPLOS^{M}
PEPLOS
PÉPLOS^{M}
PEPLO^{M}

TOGA^{F}
TOGA
TOGE^{F}
TOGA^{F}

ELEMENTE[N] HISTORISCHER KOSTÜME[N]
ELEMENTS OF ANCIENT COSTUME
ÉLÉMENTS[M] DU COSTUME[M] ANCIEN
VESTIDURAS[F] ANTIGUAS

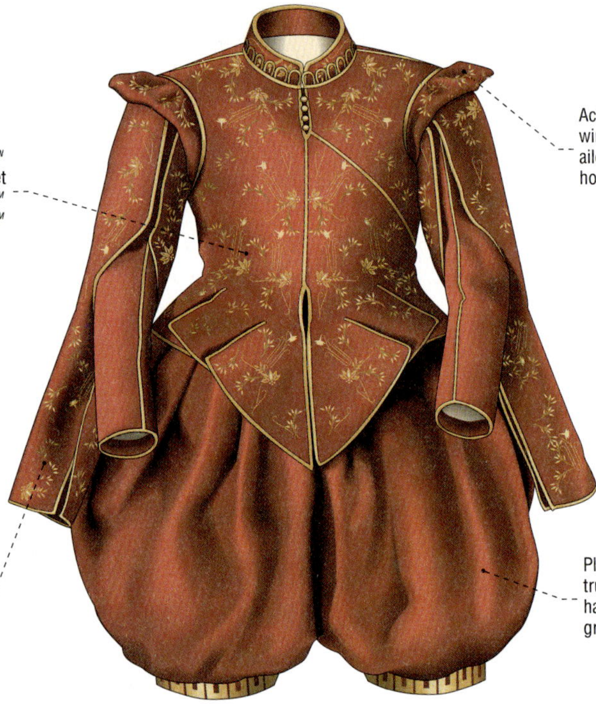

COTARDIE[F]
COTEHARDIE
COTARDIE[F]
TÚNICA[F] DE MANGA[F] LARGA

KLEID[N] MIT TURNÜRE[F]
DRESS WITH BUSTLE
ROBE[F] À TOURNURE[F]
VESTIDO[M] CON POLISÓN[M]

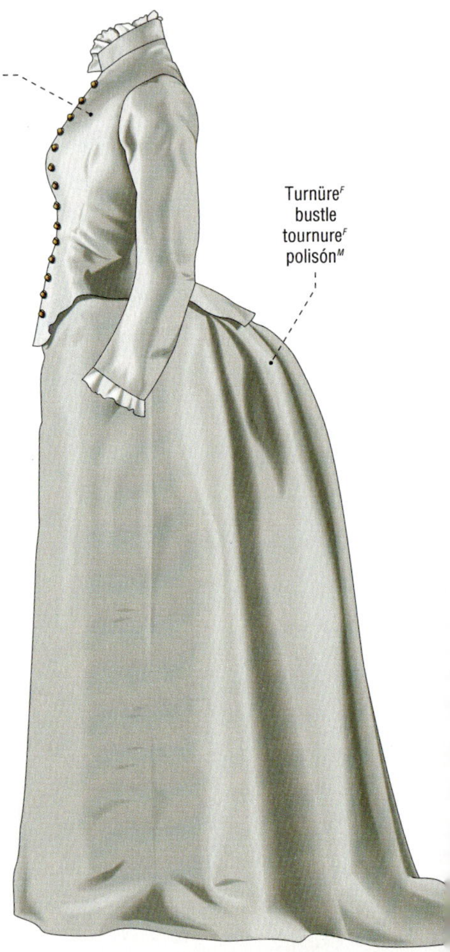

HOUPPELANDE[F]
HOUPPELANDE
HOUPPELANDE[F]
TOGA[F]

KLEID[N] MIT FLACHEM REIFROCK[M]
DRESS WITH PANNIERS
ROBE[F] À PANIERS[M]
GUARDAINFANTE[M]

ELEMENTE^{N} HISTORISCHER KOSTÜME^{N}
ELEMENTS OF ANCIENT COSTUME
ÉLÉMENTS^{M} DU COSTUME^{M} ANCIEN
VESTIDURAS^{F} ANTIGUAS

KLEID^{N} MIT KRINOLINENROCK^{M}
DRESS WITH CRINOLINE
ROBE^{F} À CRINOLINE^{F}
MIRIÑAQUE^{M}

Hennin^{M}
hennin
hennin^{M}
cofia^{F} cónica

Zweispitz^{M}
bicorne
bicorne^{M}
bicornio^{M}

Dreispitz^{M}
tricorne
tricorne^{M}
tricornio^{M}

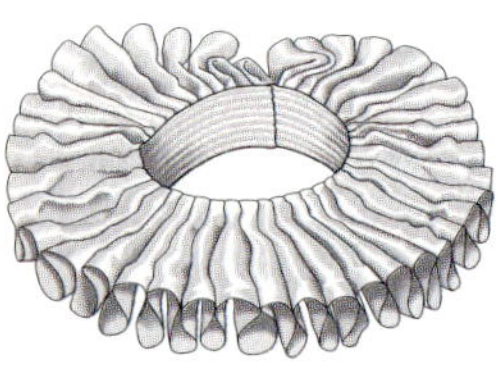

Halskrause^{F}
fraise
fraise^{F}
gorguera^{F}

kleiner Kragen^{M}
collaret
collerette^{F}
cuello^{M} de Holanda

Absatzschuh^{M}
heeled shoe
soulier^{M} à talon^{M}
zapato^{M} de tacón^{M}

Schnabelschuh^{M}
crakow
soulier^{M} à la poulaine^{F}
zapato^{M} a la polaca

REGENMANTEL^M
RAINCOAT
IMPERMÉABLE^M
IMPERMEABLE^M

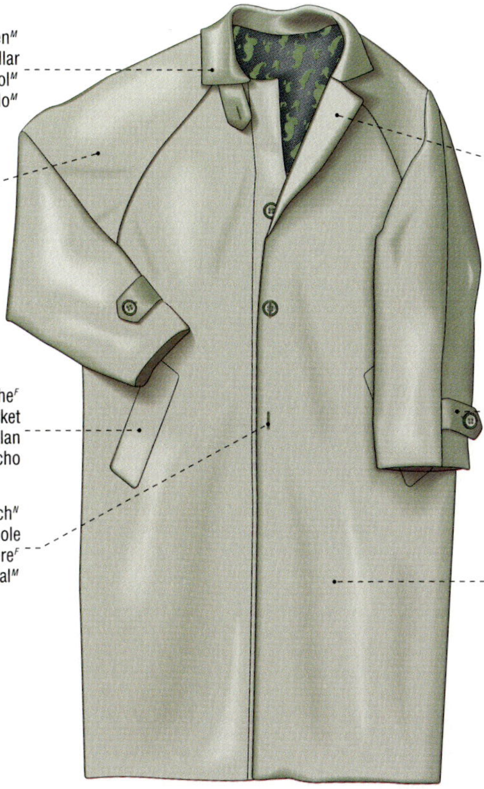

TRENCHCOAT^M
TRENCH COAT
TRENCH^M
TRINCHERA^F

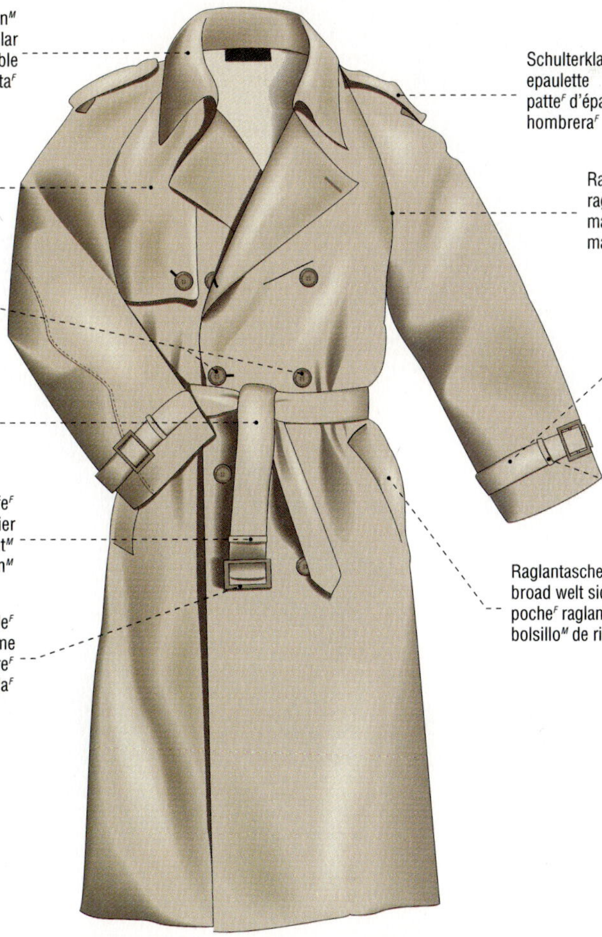

HERRENKLEIDUNG[F]
MEN'S CLOTHING
VÊTEMENTS[M] D'HOMME[M]
ROPA[F] DE HOMBRE[M]

DUFFLECOAT[M]
DUFFLE COAT
DUFFLE-COAT[M]
CAZADORA[F] DE TRES CUARTOS

MANTEL[M]
OVERCOAT
PARDESSUS[M]
ABRIGO[M]

WINDJACKE[F]
WINDCHEATER
BLOUSON[M] LONG
CAZADORA[F]

dreiviertellanger Mantel[M]
three-quarter coat
paletot[M]
abrigo[M] de tres cuartos

PARKA[M]
PARKA
PARKA[F]
PARKA[M]

Reißverschluß[M]
zipper
fermeture[F] à glissière[F]
cremallera[F]

Druckknopfleiste[F]
snap-fastening tab
patte[F] à boutons[M]-pression[F]
corchete[M] de presión[F]

WINDJACKE[F]
WINDCHEATER
BLOUSON[M] COURT
CAZADORA[F]

Druckknopf[M]
snap fastener
bouton[M]-pression[F]
broche[M] de presión[F]

Mufftasche[F]
hand-warmer pocket
poche[F] repose-bras[M]
bolsillo[M] de ojal[M]

elastischer Bund[M]
elastic waistband
ceinture[F] élastique
pretina[F] elástica

Lammfelljacke[F]
sheepskin jacket
canadienne[F]
zamarra[F]

HERRENKLEIDUNG^{F}
MEN'S CLOTHING
VÊTEMENTS^{M} D'HOMME^{M}
ROPA^{F} DE HOMBRE^{M}

ZWEIREIHER^{M}
DOUBLE-BREASTED JACKET
VESTON^{M} CROISÉ
CHAQUETA^{F} CRUZADA

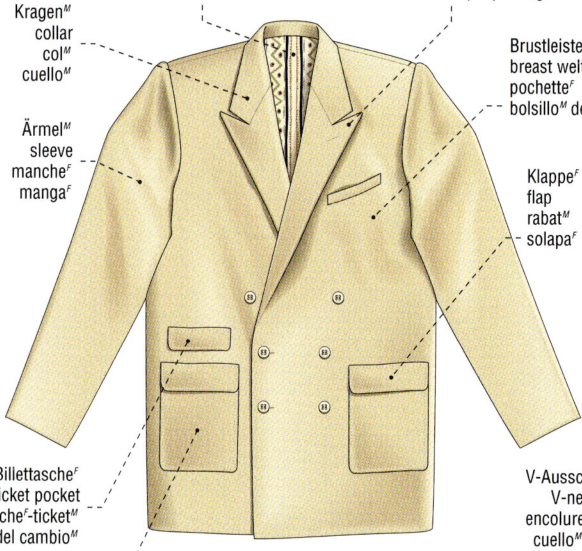

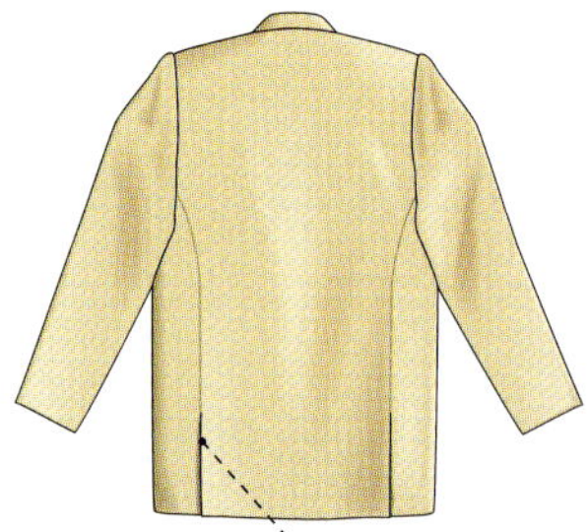

WESTE^{F}
WAISTCOAT
GILET^{M}
CHALECO^{M}

EINREIHER^{M}
SINGLE-BREASTED JACKET
VESTE^{F} DROITE
CHAQUETA^{F}

GÜRTEL[M]
BELT
CEINTURE[F]
CINTURÓN[M]

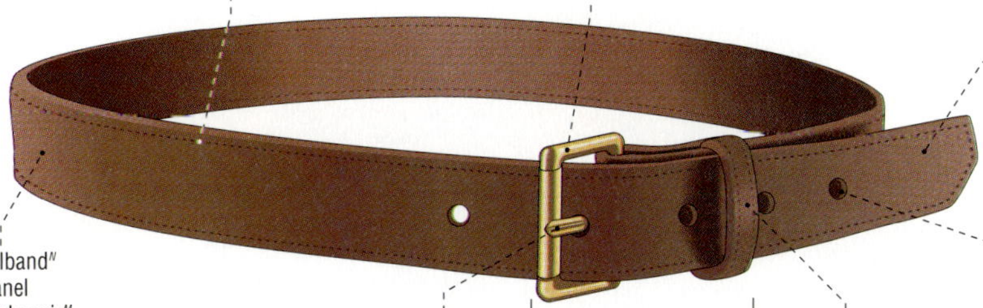

HOSENTRÄGER[M]
BRACES
BRETELLES[F]
TIRANTES[M]

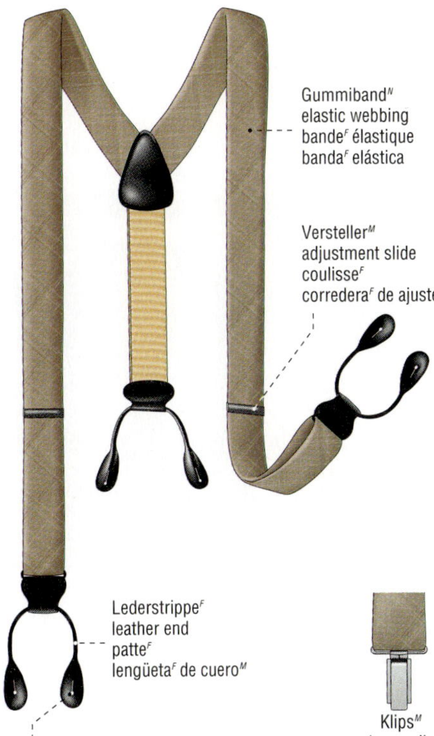

HOSE[F]
TROUSERS
PANTALON[M]
PANTALONES[M]

HERRENKLEIDUNG^{F}
MEN'S CLOTHING
VÊTEMENTS^{M} D'HOMME^{M}
ROPA^{F} DE HOMBRE^{M}

HEMD^{N}
SHIRT
CHEMISE^{F}
CAMISA^{F}

Button-down-Kragen^{M}
buttondown collar
col^{M} pointes^{F} boutonnées
cuello^{M} con botones^{M}

Krawattenschal^{M}
cravat
lavallière^{F}
corbata^{F} inglesa

gespreizter Kragen^{M}
spread collar
col^{M} italien
cuello^{M} italiano

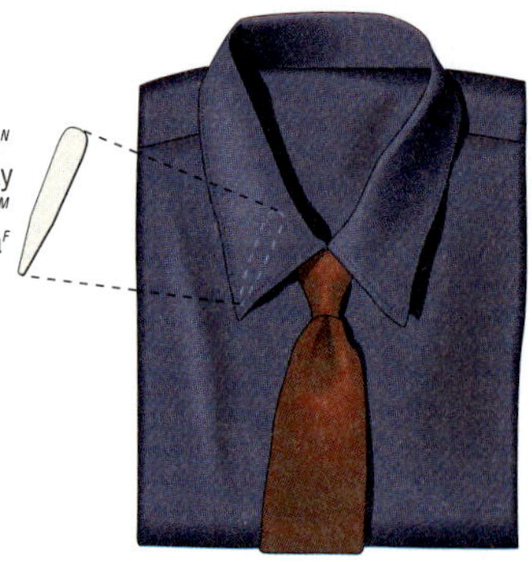

Fliege^{F}
bow tie
nœud^{M} papillon^{M}
pajarita^{F}

KRAWATTE^{F}
NECKTIE
CRAVATE^{F}
CORBATA^{F}

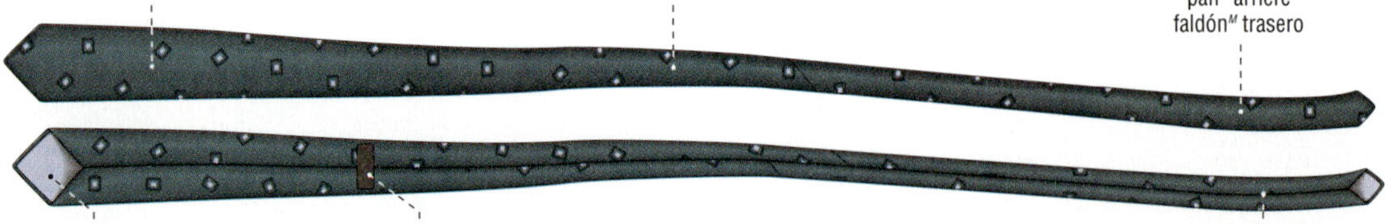

UNTERWÄSCHE[F]
UNDERWEAR
SOUS-VÊTEMENTS[M]
ROPA[F] INTERIOR

Trägerhemd[N]
vest
gilet[M] athlétique
camiseta[F]

Halsausschnitt[N]
neckhole
encolure[F]
cuello[M]

Armausschnitt[M]
armhole
emmanchure[F]
sisa[F]

Slip[M]
briefs
slip[M] ouvert
trusa[F]

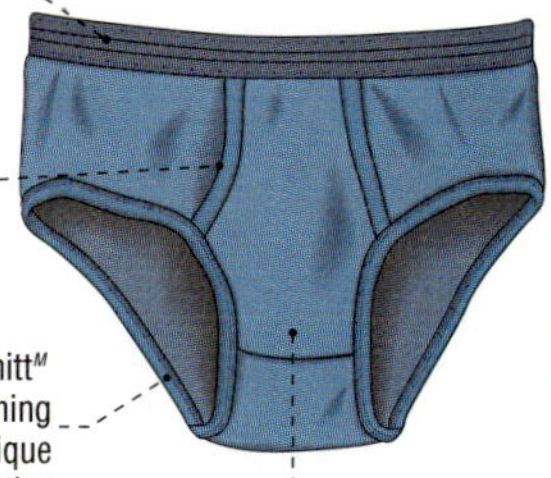

Bündchen[N]
waistband
ceinture[F] élastique
pretina[F] elástica

Schlitz[M]
fly
braguette[F]
bragueta[F]

elastischer Beinausschnitt[M]
elasticized leg opening
jambe[F] élastique
pierna[F] elástica

Schritt[M]
crotch
enfourchure[F]
entrepierna[F]

Hemdhose[F]
all-in-one pyjama suit
combinaison[F]
mameluco[M]

Minislip[M]
sport briefs
sport-slip[M]
minitrusa[F]

lange Unterhose[F]
long johns
caleçon[M] long
calzoncillos[M] largos

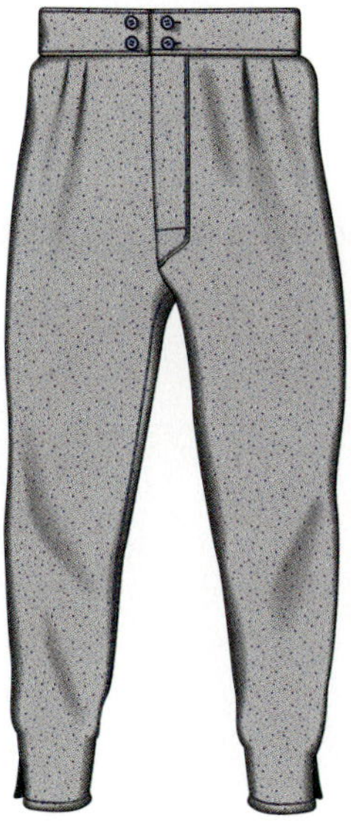

Boxershorts[F]
boxer shorts
caleçon[M]
calzoncillos[M]

SOCKEN[F]
SOCKS
CHAUSSETTES[F]
CALCETINES[M]

Wadenstrumpf[M]
short
chaussette[F]
largo[M] a media pantorrilla[F]

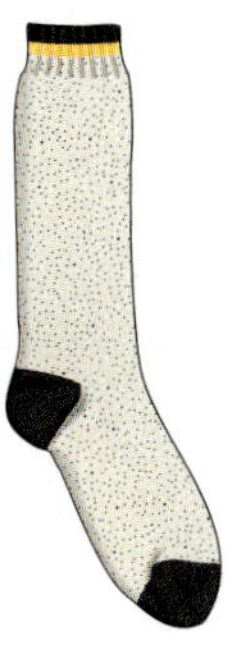

Knöchelsocke[F]
ankle length
mi-chaussette[F]
largo[M] al tobillo[M]

Kniestrumpf[M]
half hoe
mi-bas[M]
largo[M] ejecutivo

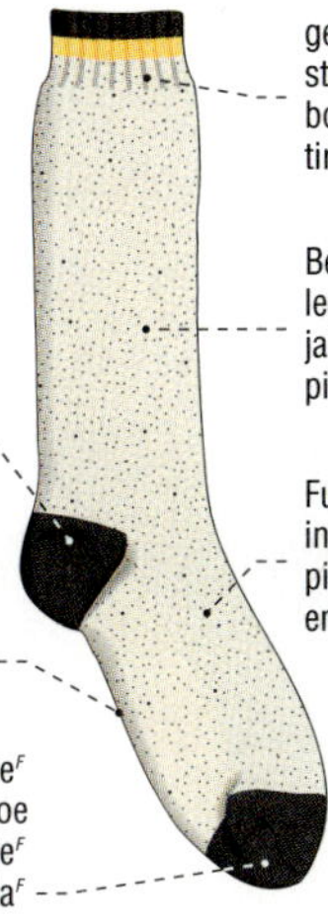

gerades Rippenbündchen[N]
straight-up ribbed top
bord[M]-côte[F]
tirilla[F] elástica

Bein[N]
leg
jambe[F]
pierna[F]

Ferse[F]
heel
talon[M]
talón[M]

Fuß[M]
instep
pied[M]
empeine[M]

Sohle[F]
sole
semelle[F]
planta[F]

Spitze[F]
toe
pointe[F]
punta[F]

PULLOVER^{M}
SWEATERS
TRICOTS^{M}
SUÉTERES^{M}

STRICKJACKE^{F} MIT V-AUSSCHNITT^{M}
V-NECK CARDIGAN
GILET^{M} DE LAINE^{F}
SUÉTER^{M} DE CUELLO^{M} EN V

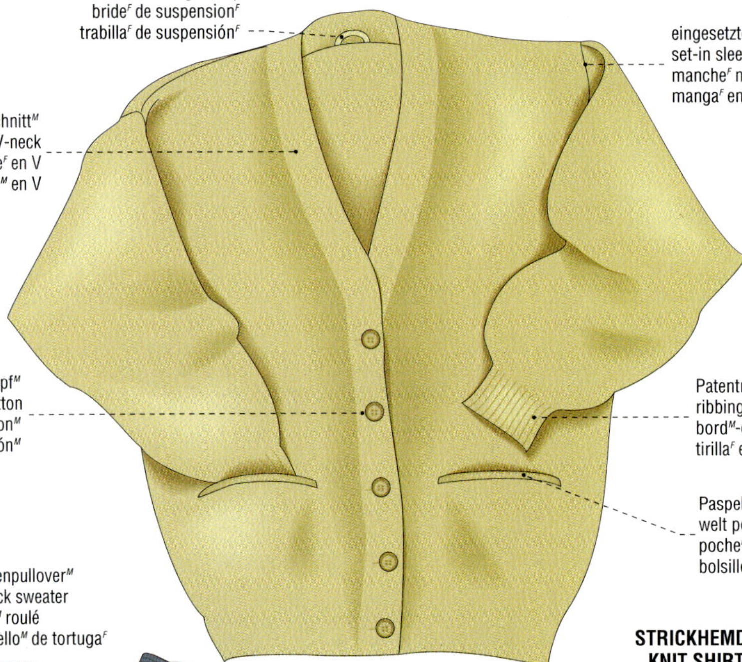

Rollkragenpullover^{M}
polo neck sweater
col^{M} roulé
suéter^{M} de cuello^{M} de tortuga^{F}

STRICKHEMD^{N}
KNIT SHIRT
POLO^{M}
POLO^{M}

kragenloser Pullover^{M}
crew neck sweater
ras-de-cou^{M}
suéter^{M} de cuello^{M} redondo

Pullunder^{M}
slipover
débardeur^{M}
chaleco^{M} de punto^{M}

Strickjacke^{F}
cardigan
cardigan^{M}
chaqueta^{F} de punto^{M}

HANDSCHUHE[M]
GLOVES
GANTS[M]
GUANTES[M]

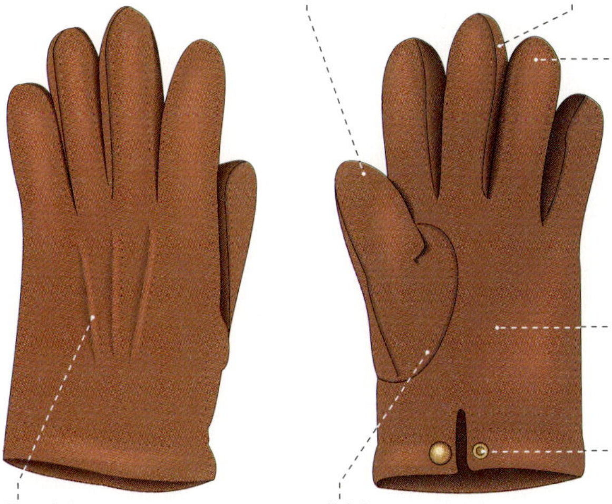

Daumen[M]
thumb
pouce[M]
pulgar[M]

Keil[M]
fourchette
fourchette[F]
horquilla[F]

Finger[M]
glove finger
doigt[M]
dedo[M]

Innenfläche[F]
palm
paume[F]
palma[F]

Druckknopf[M]
snap fastener
bouton[M]-pression[F]
broche[M] de presión[F]

Ziernaht[F]
stitching
baguette[F]
sobrepespunte[M]

Naht[F]
seam
couture[F] d'assemblage[M]
costura[F]

AUTOHANDSCHUH[M]
DRIVING GLOVE
GANT[M] DE CONDUITE[F]
GUANTE[M] PARA CONDUCIR

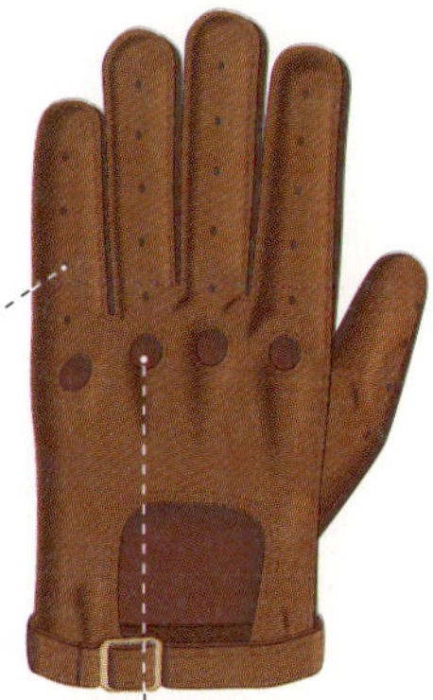

Perforierung[F]
perforation
perforation[M]
perforaciones[F]

Öffnung[F]
opening
fenêtre[F]
aberturas[F] para los nudillos[M]

FINGERLOSER SPITZENHANDSCHUH[M]
FINGERLESS LACE GLOVE
MITAINE[F]
MITÓN[M] SIN DEDOS[M]

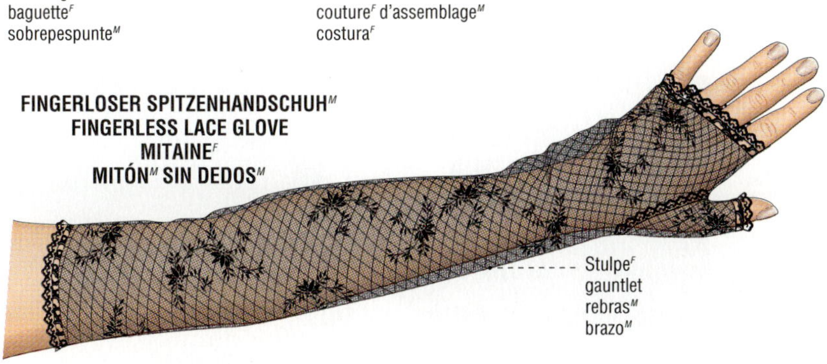

Stulpe[F]
gauntlet
rebras[M]
brazo[M]

Fäustling[M]
mitten
moufle[F]
manopla[F]

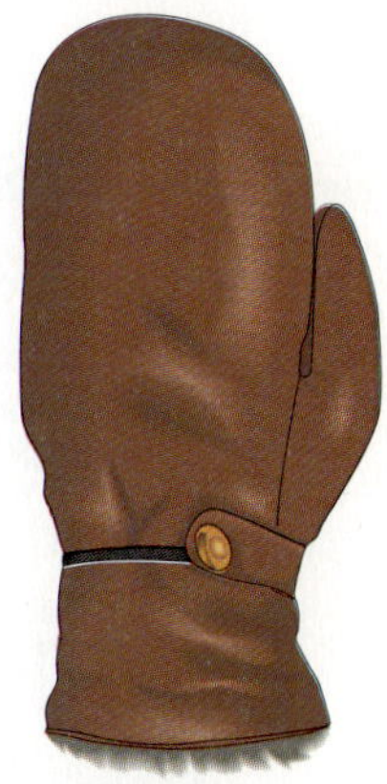

langer Abendhandschuh[M]
evening glove
gant[M] long
guante[M] de brazo[M] largo

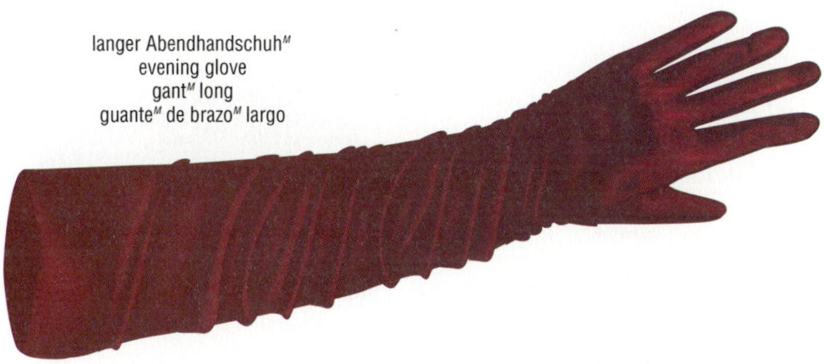

Langhandschuh[M]
wrist-length glove
gant[M] saxe
guante[M] a la muñeca[F]

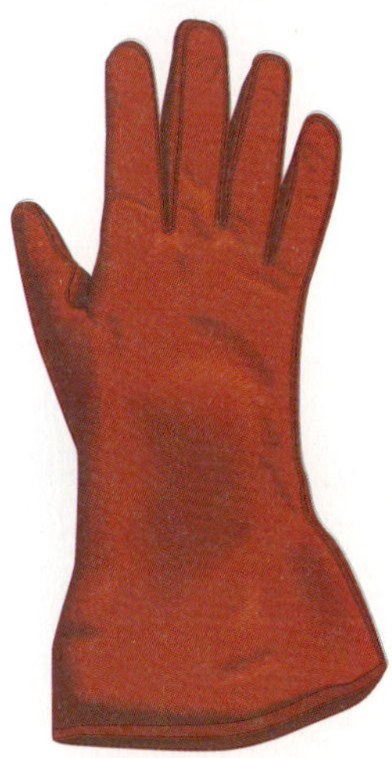

Stulpenhandschuh[M]
gauntlet
gant[M] à crispin[M]
manopla[F]

Kurzhandschuh[M]
short glove
gant[M] court
guante[M] corto

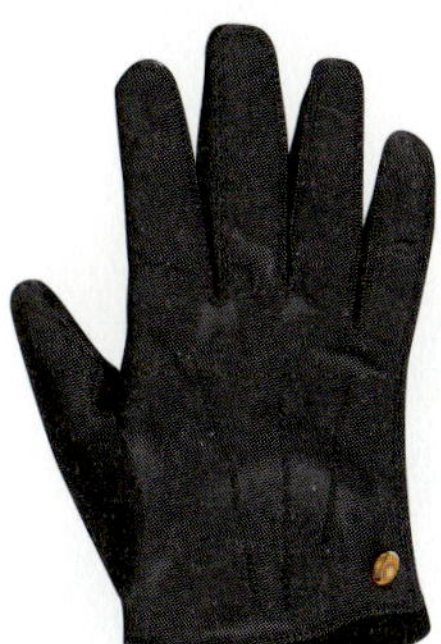

KOPFBEDECKUNGEN[F]
HEADGEAR
COIFFURE[F]
SOMBREROS[M]

FILZHUT[M]
TRILBY
CHAPEAU[M] DE FEUTRE[M]
SOMBRERO[M] DE FIELTRO[M]

Kopfteil[M]
crown
calotte[F]
copa[F]

Hutband[N]
hatband
bourdalou[M]
cinta[F]

Einfaßband[N]
binding
galon[M]
ribete[M]

Schleife[F]
bow
nœud[M] plat
lazo[M]

Krempe[F]
brim
bord[M]
ala[F]

Strohhut[M]
boater
canotier[M]
canotier[M]

Zylinder[M]
top hat
haut-de-forme[M]
chistera[F]

Melone[F]
bowler
melon[M]
sombrero[M] de hongo[M]

JAGDKAPPE[F]
HUNTING CAP
CASQUETTE[F] NORVÉGIENNE
GORRA[F] NORUEGA

Ohrschützer[M]
ear flap
cache-oreilles[M] abattant
orejera[F]

Kosakenmütze[F]
shapka
chapka[M]
chapka[F]

SCHIRMMÜTZE[F]
CAP
CASQUETTE[F]
GORRA[F]

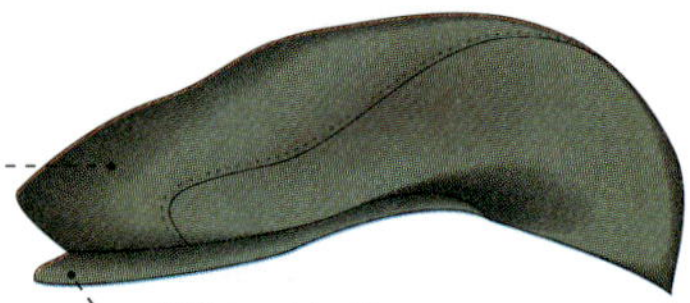

Kopfteil[M]
crown
calotte[F]
copa[F]

Mützenschirm[M]
peak
visière[F]
visera[F]

Panamahut[M]
panama
panama[M]
panamá[M]

Fellmütze[F]
astrakhan cap
calot[M]
gorra[F] de cuartel[M]

Käppchen[N]
skullcap
calotte[F]
casquete[M]

Toque^{F}
toque
toque^{F}
toca^{F}

Pagenkäppi^{N}
pillbox hat
tambourin^{M}
sombrero^{M} sin alas^{F}

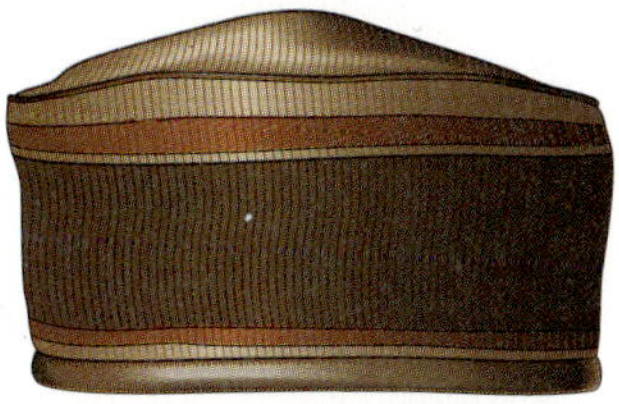

Baskenmütze^{F}
beret
béret^{M}
boina^{F}

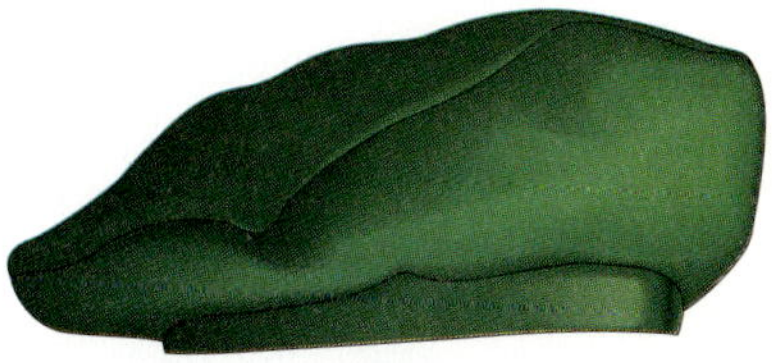

Turban^{M}
turban
turban^{M}
turbante^{M}

Topfhut^{M}
cloche
cloche^{F}
sombrero^{M} de campana^{F}

Filzhut^{M}
trilby
feutre^{M}
sombrero^{M} de fieltro^{M}

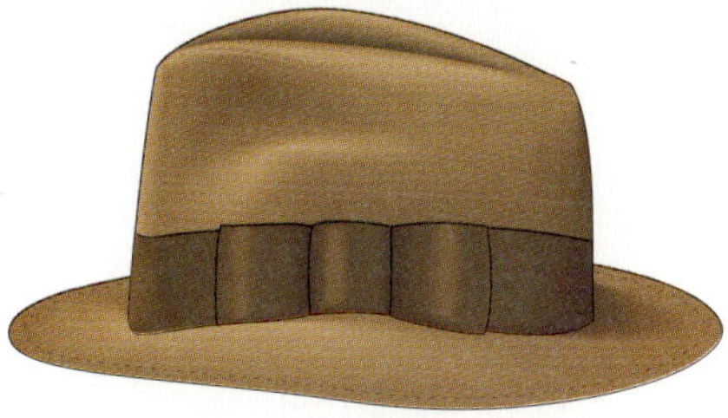

Südwester^{M}
sou'wester
suroît^{M}
sueste^{M}

KAPUZENMÜTZE^{F}
BALACLAVA
CAGOULE^{F}
BALACLAVA^{F}

Mützenschirm^{M}
peak
visière^{F}
visera^{F}

Pudelmütze^{F}
bobble hat
bonnet^{M} pompon^{M}
gorro^{M} de punto^{M}

Strickmütze^{F}
woollen hat
bonnet^{M}
gorro^{M} de punto^{M}

REGENHUT^{M}
GOB HAT
BOB^{M}
SOMBRERO^{M} DE MARINERO^{M}

Kopfteil^{M}
crown
calotte^{F}
copa^{F}

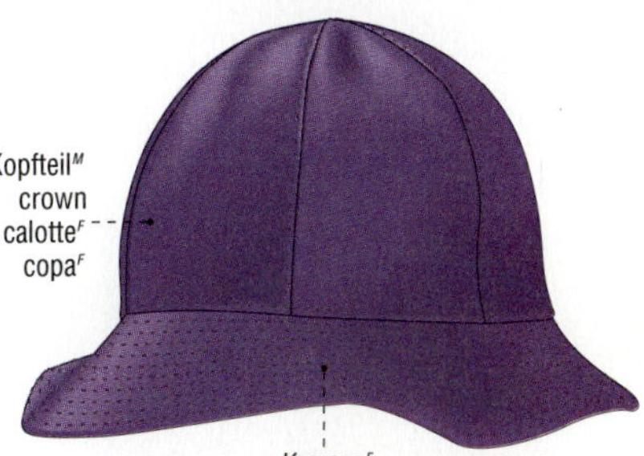

Krempe^{F}
brim
bord^{M}
ala^{F}

Wagenradhut^{M}
cartwheel hat
capeline^{F}
pamela^{F}

DAMENKLEIDUNG^{F}
WOMEN'S CLOTHING
VÊTEMENTS^{M} DE FEMME^{F}
ROPA^{F} DE MUJER^{F}

MANTELARTEN^{F}
TYPES OF COATS
TYPES^{M} DE MANTEAUX^{M}
ABRIGOS^{M} Y CHAQUETAS^{F}

Caban^{M}
pea jacket
caban^{M}
chaquetón^{M} marinero

Schneiderkragen^{M}
tailored collar
col^{M} tailleur^{M}
cuello^{M} hechura^{F} sastre^{M}

Mufftasche^{F}
hand warmer pocket
poche^{F} repose-bras^{M}
bolsillo^{M} de ojal^{M}

falsche Tasche^{F}
mock pocket
fausse poche^{F}
bolsillo^{M} simulado

Autocoat^{M}
car coat
paletot^{M}
chaquetón^{M}

Rückengürtel^{M}
back belt
martingale^{F}
cinturón^{M} trasero^{M}

Raglanmantel^{M}
raglan
raglan^{M}
abrigo^{M} corto

Raglanärmel^{M}
raglan sleeve
manche^{F} raglan
manga^{F} ranglán

verdeckte Knopfleiste^{F}
fly front closure
boutonnage^{M} sous patte^{F}
pestaña^{F}

schräge Pattentasche^{F}
broad welt side pocket
poche^{F} raglan
bolsillo^{M} de ribete^{M} ancho

Pelerine^{F}
pelerine
pèlerine^{F}
abrigo^{M} con esclavina^{F}

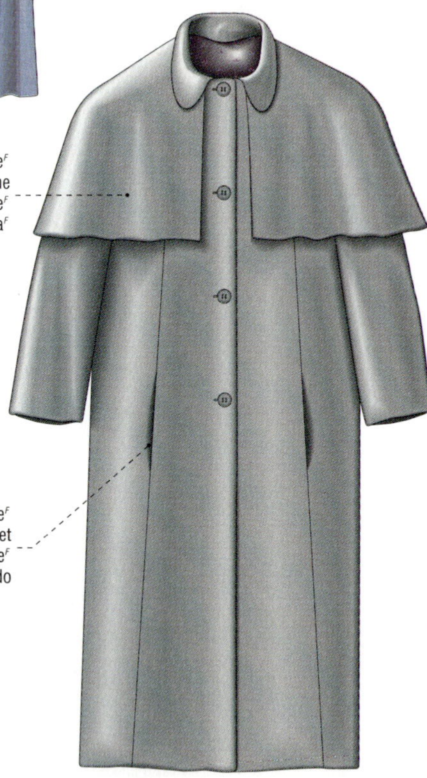

Pelerine^{F}
pelerine
pèlerine^{F}
esclavina^{F}

Nahttasche^{F}
seam pocket
poche^{F} prise dans une couture^{F}
bolsillo^{M} disimulado

Cape[N]
cape
cape[F]
capa[F]

Mantel[M]
overcoat
manteau[M]
abrigo[M]

Redingote[F]
riding coat
redingote[F]
abrigo[M] cruzado

Poncho[M]
poncho
poncho[M]
poncho[M]

Kostüm[N]
suit
tailleur[M]
traje[M]

Blazer[M]
jacket
veste[F]
chaquetón[M]

DAMENKLEIDUNG^F^
WOMEN'S CLOTHING
VÊTEMENTS^M^ DE FEMME^F^
ROPA^F^ DE MUJER^F^

KLEIDERARTEN^F^
TYPES OF DRESSES
TYPES^M^ DE ROBES^F^
TIPOS^M^ DE VESTIDO^M^

Schlauchkleid^N^
sheath dress
robe^F^ fourreau^M^
recto entallado

Prinzeßkleid^N^
princess dress
robe^F^ princesse^F^
corte^M^ princesa^F^

Mantelkleid^N^
coat dress
robe^F^-manteau^M^
vestido^M^ abrigo

Kleid^N^ mit angesetztem Schoß^M^
drop waist dress
robe^F^ taille^F^ basse
de talle^M^ largo

Trapez-Form^F^
trapeze dress
robe^F^ trapèze^M^
de campana^F^

Trägerkleid^N^
sundress
robe^F^ bain^M^-de-soleil^M^
de verano^M^

Polokleid[N]
polo dress
robe[F]-polo[M]
de camiseta[F]

Hauskleid[N]
house dress
robe[F] de maison[F]
casero

Hemdblusenkleid[N]
shirtwaist dress
robe[F] chemisier[M]
camisero[M]

Kleiderrock[M]
pinafore
chasuble[F]
jumper[M]

Wickelkleid[N]
wrapover dress
robe[F] enveloppe[F]
cruzado

Tunikakleid[N]
tunic dress
robe[F] tunique[F]
túnica[F]

DAMENKLEIDUNG[F]
WOMEN'S CLOTHING
VÊTEMENTS[M] DE FEMME[F]
ROPA[F] DE MUJER[F]

ROCKARTEN[F]
TYPES OF SKIRTS
TYPES[M] DE JUPES[F]
TIPOS[M] DE FALDA[F]

Etuirock[M]
sheath skirt
jupe[F] fourreau[M]
recta con abertura[F] al frente[M]

Sattelrock[M]
yoke skirt
jupe[F] à empiècement[M]
de campana[F]

Bahnenrock[M]
gored skirt
jupe[F] à lés[M]
de piezas[F]

Stufenrock[M]
ruffled skirt
jupe[F] à volants[M] étagés
de volantes[M]

Sarong[M]
sarong
paréo[M]
sarong[M] malayo

Wickelrock[M]
wrapover skirt
jupe[F] portefeuille[M]
cruzada

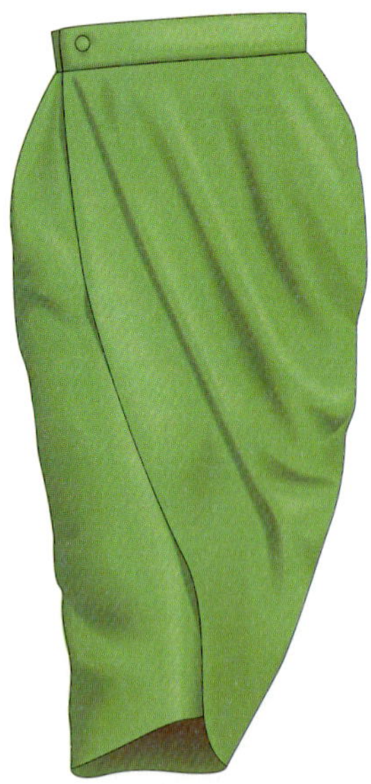

gerader Rock[M]
straight skirt
jupe[F] droite
recta

Hosenrock[M]
culottes
jupe[F]-culotte[F]
falda[F] pantalón[M]

Schottenrock[M]
kilt
kilt[M]
escocesa

Kräuselrock[M]
gather skirt
jupe[F] froncée
fruncida

FALTENARTEN[F]
TYPES OF PLEATS
TYPES[M] DE PLIS[M]
TIPOS[M] DE PLIEGUE[M]

Kellerfalte[F]
inverted pleat
pli[M] creux
tablón[M] delantero

Gehfalte[F]
kick pleat
pli[M] d'aisance[F]
tabla[F] abierta

Bahnenplissee[N]
accordion pleat
plissé[M] accordéon[M]
plisada

einfache Falte[F]
knife pleat
pli[M] plat
tablas[F]

abgesteppte Falte[F]
top stitched pleat
pli[M] surpiqué
sobrepespunteada[F]

DAMENKLEIDUNG[F]
WOMEN'S CLOTHING
VÊTEMENTS[M] DE FEMME[F]
ROPA[F] DE MUJER[F]

HOSENARTEN[F]
TYPES OF TROUSERS
TYPES[M] DE PANTALONS[M]
PANTALONES[M]

Jeans[F]
jeans
jean[M]
vaqueros[M]

Bermudashorts[F]
Bermuda shorts
bermuda[M]
bermudas[M]

Shorts[F]
shorts
short[M]
pantalón[M] corto

Steghose[F]
ski pants
fuseau[M]
pantalones[M] de tubo[M]

Steg[M]
footstrap
sous-pied[M]
trabilla[F]

Kniebundhose[F]
knickerbockers
knicker[M]
bombachos[M]

Caprihose[F]
pedal pushers
corsaire[M]
pescadores[M]

Overall[M]
jumpsuit
combinaison[F]-pantalon[M]
traje[M] pantalón[M]

Schlaghose[F]
bell bottoms
pantalon[M] pattes[F] d'éléphant[M]
acampanado

Latzhose[F]
dungarees
salopette[F]
mono[M]

BLUSENARTEN[F]
TYPES OF BLOUSES
TYPES[M] DE CHEMISIERS[M]
BLUSAS[F]

klassische Bluse[F]
classic blouse
chemisier[M] classique
camisera clásica

Matrosenbluse[F]
sailor tunic
marinière[F]
marinera

Polohemd[N]
casual shirt
polo[M]
camiseta[F]

Kittelbluse[F]
button-through smock
tablier[M]-blouse[F]
blusón[M]

Arbeitskittel[M]
smock
tunique[F]
blusón[M] con aletilla[F]

Wickelbluse[F]
wrapover top
cache-cœur[M]
blusa[F] cruzada

Hosenbluse[F]
overshirt
liquette[F]
camisa[F]

Bodyshirt[N]
body shirt
corsage[M]-culotte[F]
pantiblusa[F]

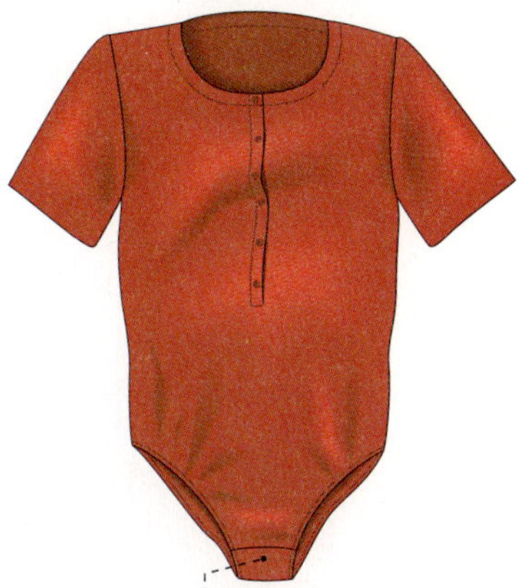

Tunika[F]
tunic
casaque[F]
túnica[F]

DAMENKLEIDUNG[F]
WOMEN'S CLOTHING
VÊTEMENTS[M] DE FEMME[F]
ROPA[F] DE MUJER[F]

WESTEN[F] UND JACKEN[F]
WAISTCOATS AND JACKETS
VESTES[F] ET PULLS[M]
CHALECOS[M], SUÉTERES[M] Y CHAQUETAS[F]

Safarijacke[F]
safari jacket
saharienne[F]
cazadora[F]

Blasebalgtasche[F]
gusset pocket
poche[F] soufflet[M]
bolsillo[M] de fuelle[M]

Blazer[M]
blazer
blazer[M]
blazer[M]

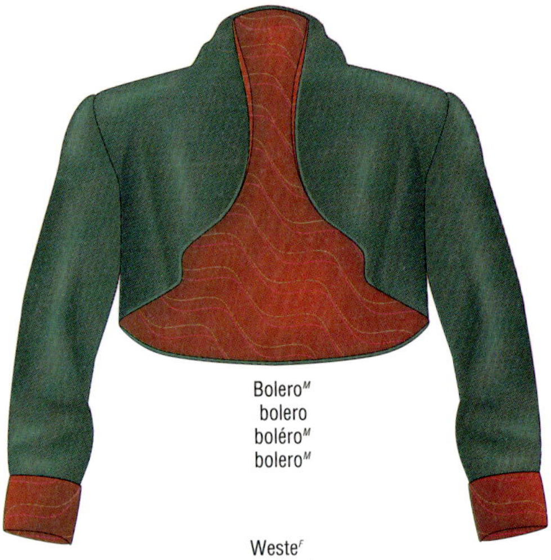

Bolero[M]
bolero
boléro[M]
bolero[M]

Spenzer[M]
spencer
spencer[M]
bolero[M] con botones[M]

Weste[F]
waistcoat
gilet[M]
chaleco[M]

Twinset[N]
twinset
tandem[M]
suéteres[M] combinados

Rollkragen[M]
turtleneck
col[M] roulé
de tortuga[F]

Strickjacke[F] mit V-Ausschnitt[M]
V-neck cardigan
gilet[M] de laine[F]
suéter[M] abierto de cuello[M] en V

TASCHENARTEN[F]
TYPES OF POCKETS
TYPES[M] DE POCHES[F]
TIPOS[M] DE BOLSILLO[M]

eingesetzte Tasche[F]
inset pocket
poche[F] prise dans une découpe[F]
simulado

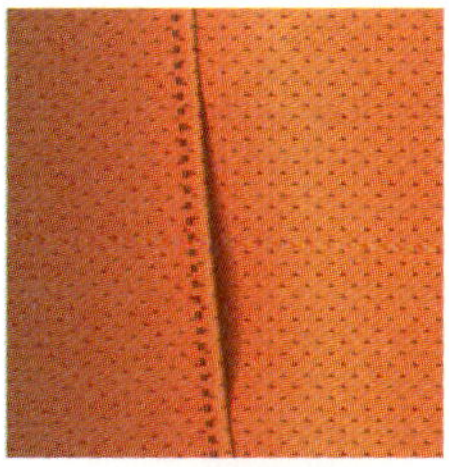

Nahttasche[F]
seam pocket
poche[F] prise dans une couture[F]
bolsillo[M] disimulado

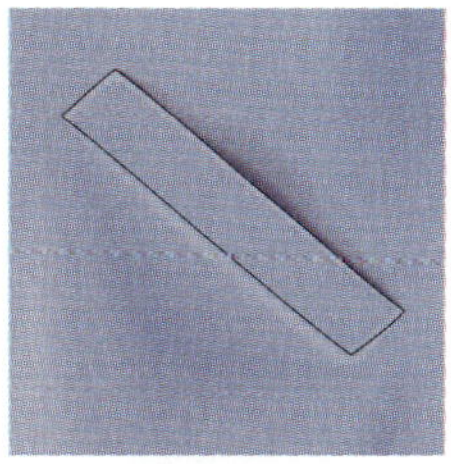

Raglantasche[F]
broad welt side pocket
poche[F] raglan
de ojal[M] con ribete[M]

Mufftasche[F]
hand warmer pouch
poche[F] manchon[M]
de manguito[M]

Blasebalgtasche[F]
gusset pocket
poche[F] soufflet[M]
de fuelle[M]

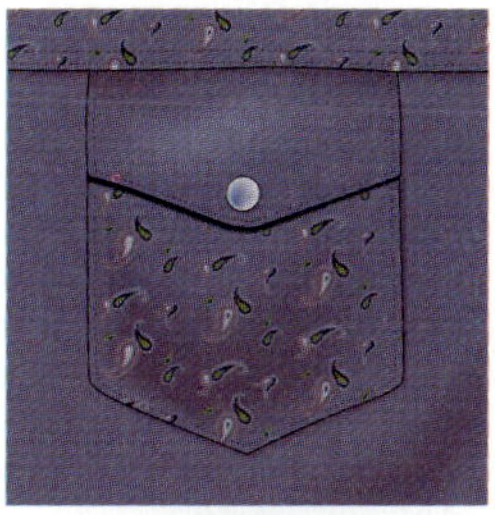

Klappentasche[F]
flap pocket
poche[F] à rabat[M]
bolsa[F] de parche[M] con cartera[F]

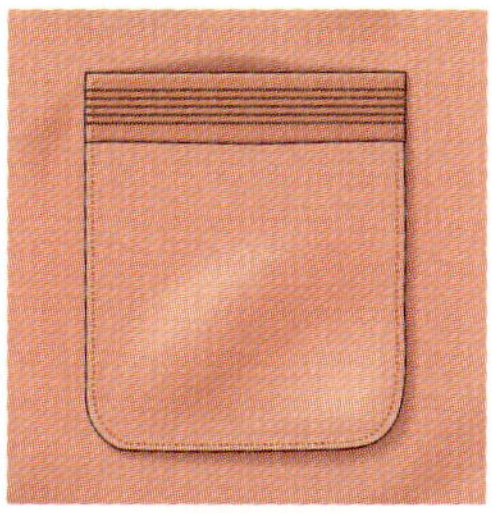

aufgesetzte Tasche[F]
patch pocket
poche[F] plaquée
de parche[M]

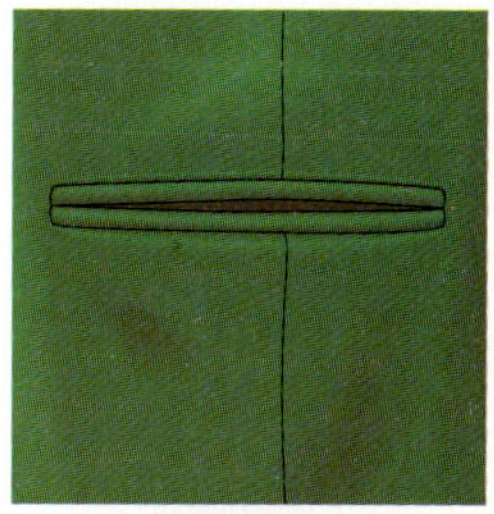

Paspeltasche[F]
welt pocket
poche[F] passepoilée
de ojal[M] de sastre[M]

ÄRMELARTEN[F]
TYPES OF SLEEVES
TYPES[M] DE MANCHES[F]
TIPOS[M] DE MANGA[F]

Doppelmanschette[F]
French cuff
poignet[M] mousquetaire[M]
puño[M] para gemelos[M]

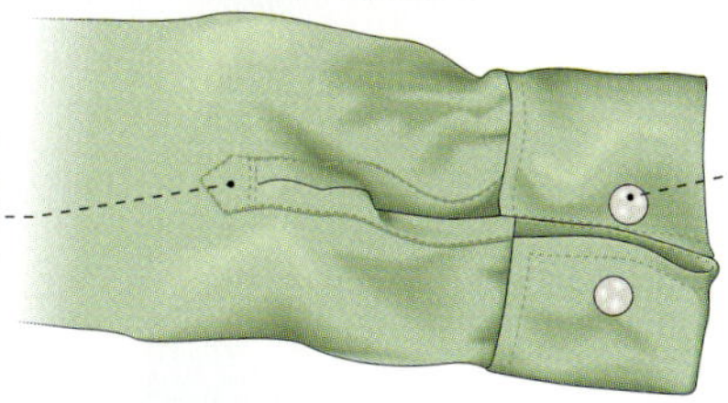

Dreiviertelarm[M]
three-quarter sleeve
manche[F] trois-quarts
recta de tres cuartos[M]

Fledermausärmel[M]
batwing sleeve
manche[F] chauve-souris[F]
de murciélago[M]

angeschnittener Ärmel[M]
cap sleeve
mancheron[M]
corta sencilla

DAMENKLEIDUNG[F]
WOMEN'S CLOTHING
VÊTEMENTS[M] DE FEMME[F]
ROPA[F] DE MUJER[F]

ÄRMELARTEN[F]
TYPES OF SLEEVES
TYPES[M] DE MANCHES[F]
TIPOS[M] DE MANGA[F]

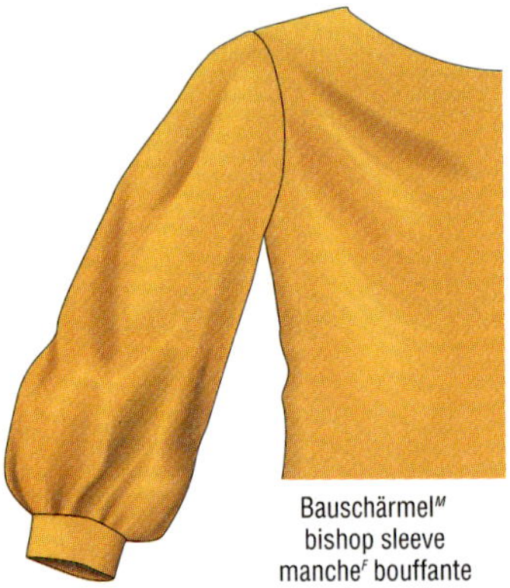

Bauschärmel[M]
bishop sleeve
manche[F] bouffante
común fruncida

Keulenärmel[M]
leg-of-mutton sleeve
manche[F] gigot[M]
de jamón[M]

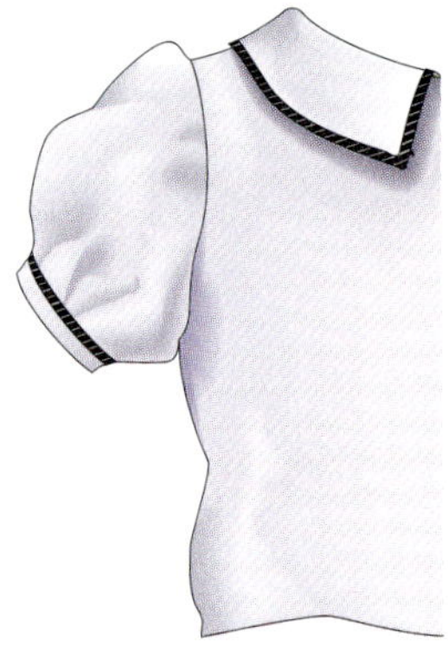

Puffärmel[M]
puff sleeve
manche[F] ballon[M]
de globo[M]

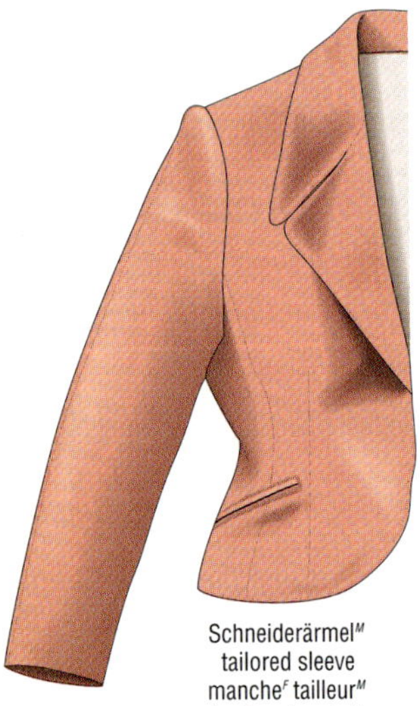

Schneiderärmel[M]
tailored sleeve
manche[F] tailleur[M]
hechura[F] sastre[M]

Zungenraglan[M]
epaulet sleeve
manche[F] marteau[M]
con hombrera[F]

Kimonoärmel[M]
kimono sleeve
manche[F] kimono[M]
kimono[M]

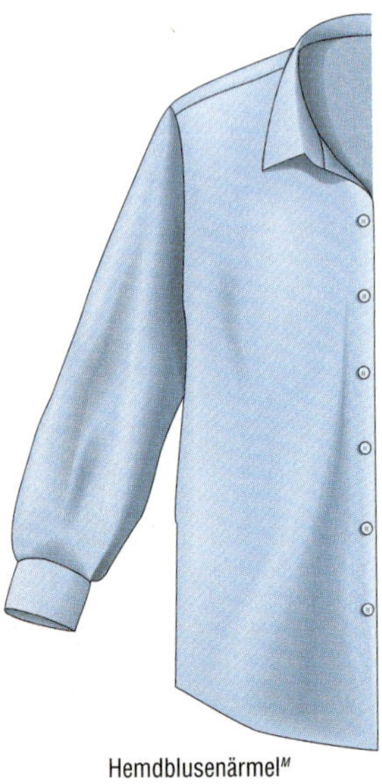

Hemdblusenärmel[M]
shirt sleeve
manche[F] chemisier[M]
camisera[F]

Raglanärmel[M]
raglan sleeve
manche[F] raglan
manga[F] ranglán

Pagodenärmel[M]
pagoda sleeve
manche[F] pagode[F]
de pagoda[F]

KRAGEN^{M}
COLLAR
COL^{M}
CUELLO^{M}

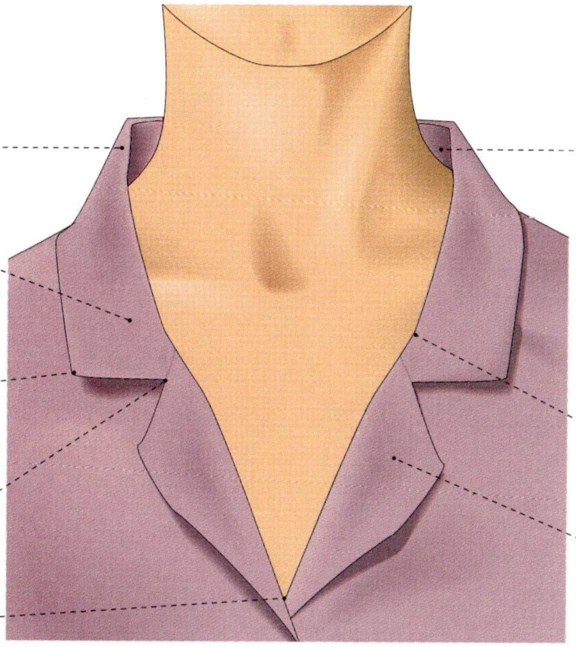

KRAGENARTEN^{F}
TYPES OF COLLARS
TYPES^{M} DE COLS^{M}
CUELLOS^{M}

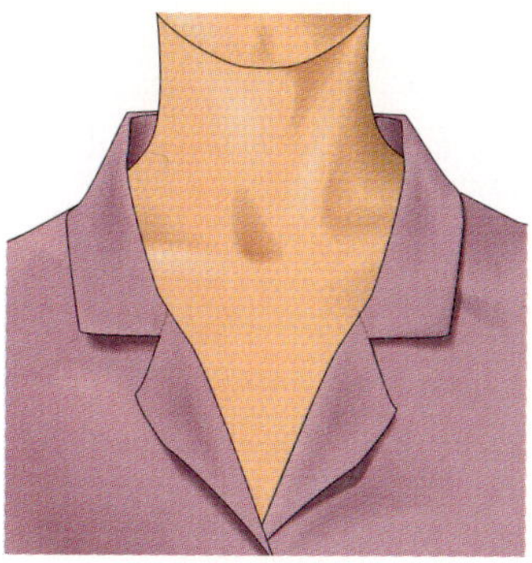

Hemdblusenkragen^{M}
shirt collar
col^{M} chemisier^{M}
camisero

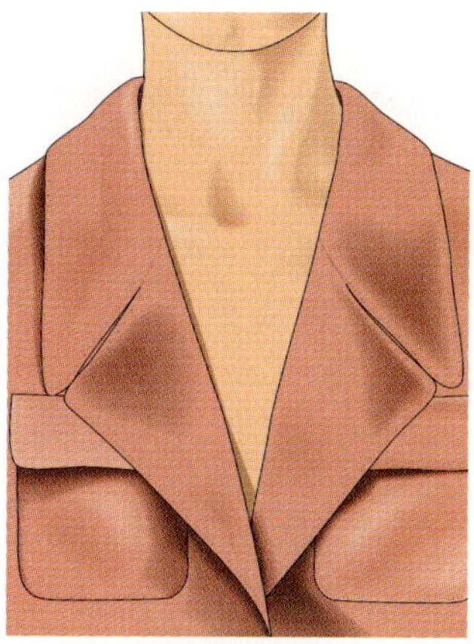

Schneiderkragen^{M}
tailored collar
col^{M} tailleur^{M}
hechura^{F} de sastre^{M}

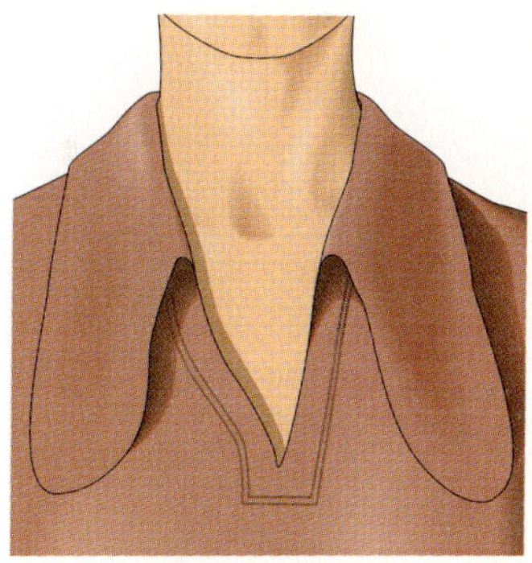

Dackelohrkragen^{M}
dog ear collar
col^{M} banane^{F}
plano con orejas^{F}

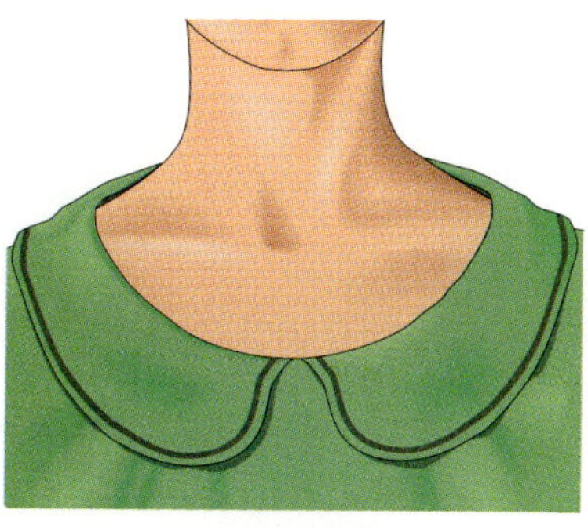

Bubikragen^{M}
Peter Pan collar
col^{M} Claudine
plano tipo^{M} Peter Pan

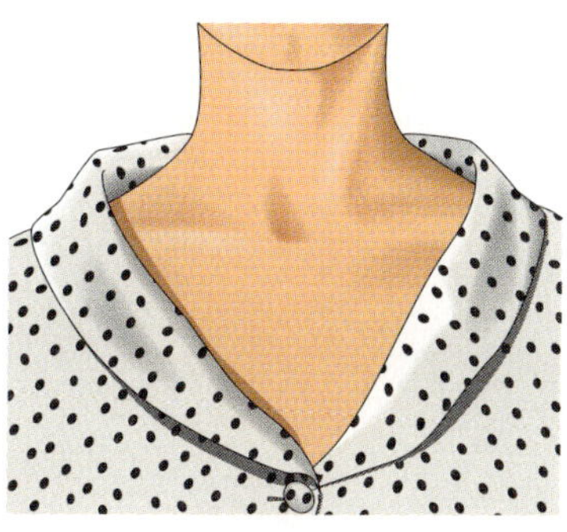

Schalkragen^{M}
shawl collar
col^{M} châle^{M}
de chal^{M}

Halskrause^{F}
collaret
collerette^{F}
de volantes^{M}

DAMENKLEIDUNG[F]
WOMEN'S CLOTHING
VÊTEMENTS[M] DE FEMME[F]
ROPA[F] DE MUJER[F]

KRAGENARTEN[F]
TYPES OF COLLARS
TYPES[M] DE COLS[M]
CUELLOS[M]

Berthe[F]
bertha collar
col[M] berthe[F]
Berta

Schleifenkragen[M]
bow collar
col[M] cravate[F]
de lazo[M]

Matrosenkragen[M]
sailor collar
col[M] marin[M]
marinero

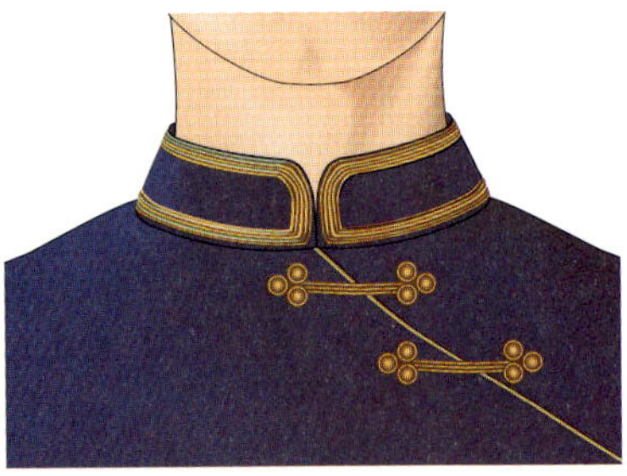

Chinesenkragen[M]
mandarin collar
col[M] chinois
chino

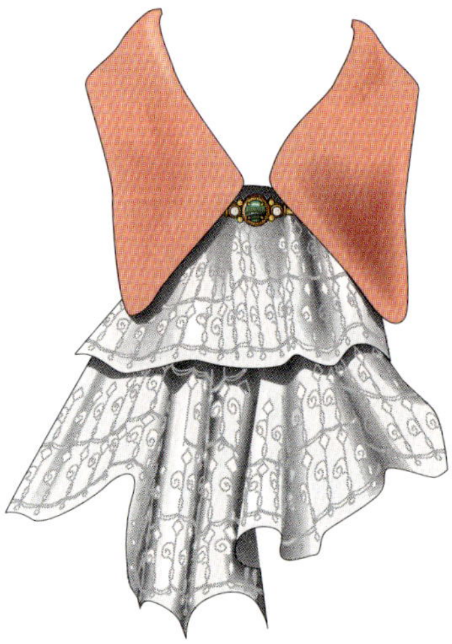

Jabot[N]
jabot
jabot[M]
con chorrera[F]

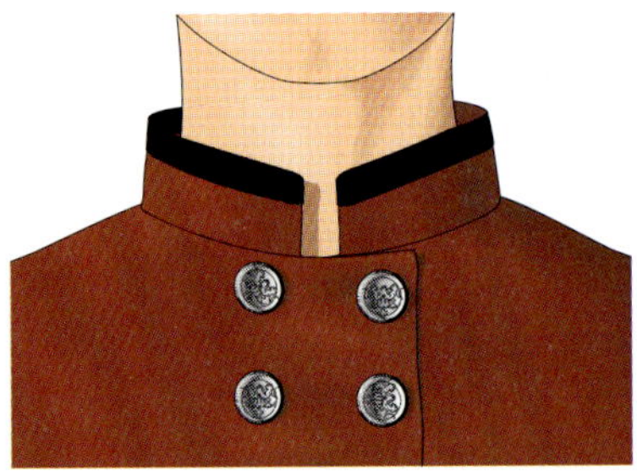

Stehbordkragen[M]
stand-up collar
col[M] officier[M]
Mao

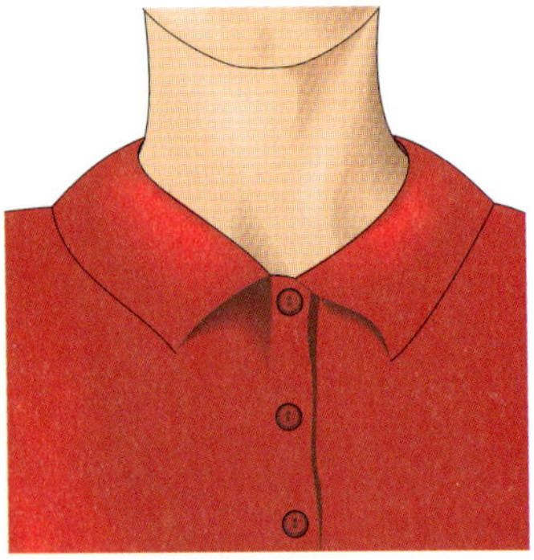

Polokragen[M]
polo collar
col[M] polo[M]
con aletilla[F]

Kuttenkragen[M]
cowl neck
col[M] cagoule[F]
tipo[M] cogulla[F]

Rollkragen[M]
rollneck
col[M] roulé
de tortuga[F]

DEKOLLETÉS[N] UND AUSSCHNITTE[M]
NECKLINES AND NECKS
DÉCOLLETÉS[M] ET ENCOLURES[F]
ESCOTES[M]

spitzes Dekolleté[N]
plunging neckline
décolleté[M] plongeant
bajo

Bateau-Kragen[M]
bateau neck
encolure[F] bateau[M]
de ojal[M]

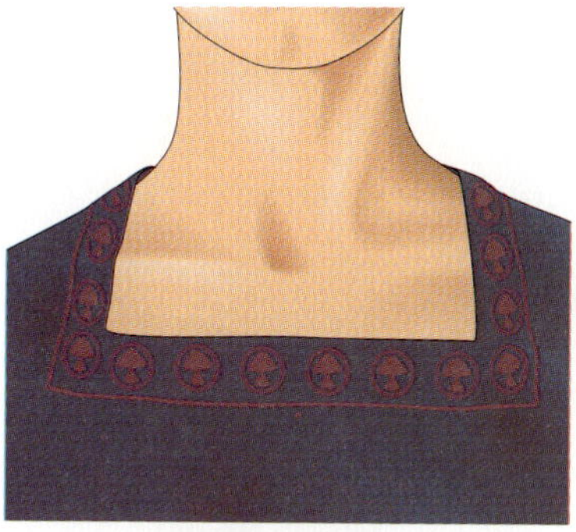

viereckiger Ausschnitt[M]
square neck
décolleté[M] carré
cuadrado

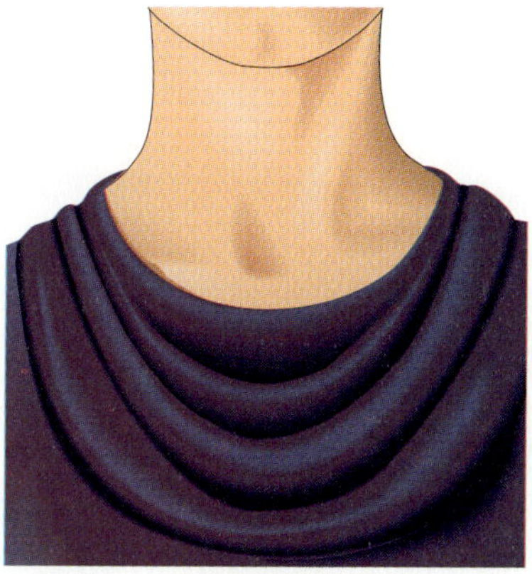

drapierter Kragen[M]
draped neck
encolure[F] drapée
drapeado

runder Ausschnitt[M]
round neck
encolure[F] ras-de-cou[M]
redondo

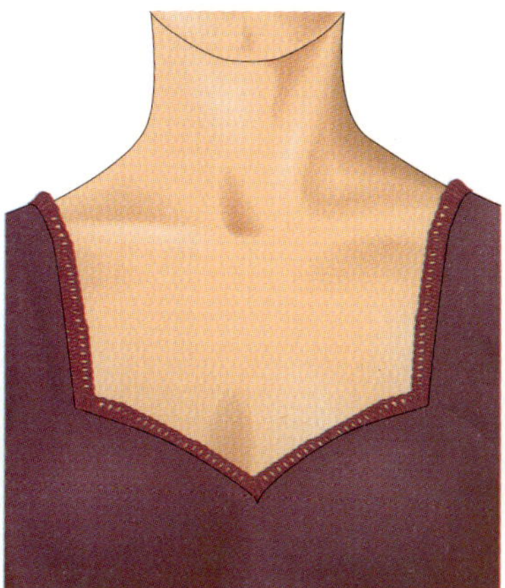

Coeur-Dekolleté[N]
sweetheart neckline
décolleté[M] en cœur[M]
de corazón[M]

drapierter Ausschnitt[M]
draped neckline
décolleté[M] drapé
drapeado

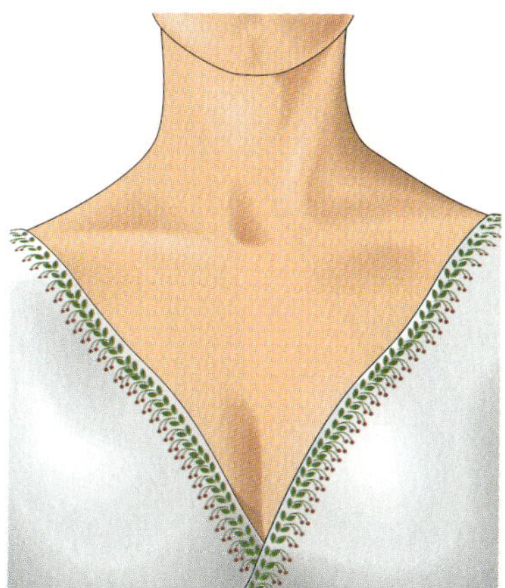

V-Ausschnitt[M]
V-shaped neck
décolleté[M] en V
en V

DAMENKLEIDUNG[F]
WOMEN'S CLOTHING
VÊTEMENTS[M] DE FEMME[F]
ROPA[F] DE MUJER[F]

STRÜMPFE[M]
HOSE
BAS[M]
MEDIAS[F]

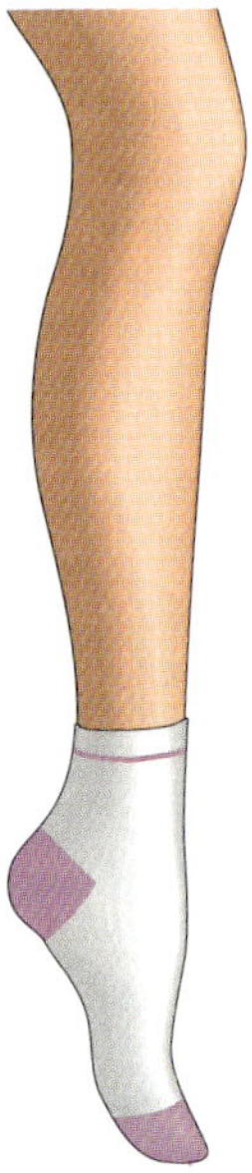

Kurzsocke[F]
short sock
socquette[F]
calcetín[M]

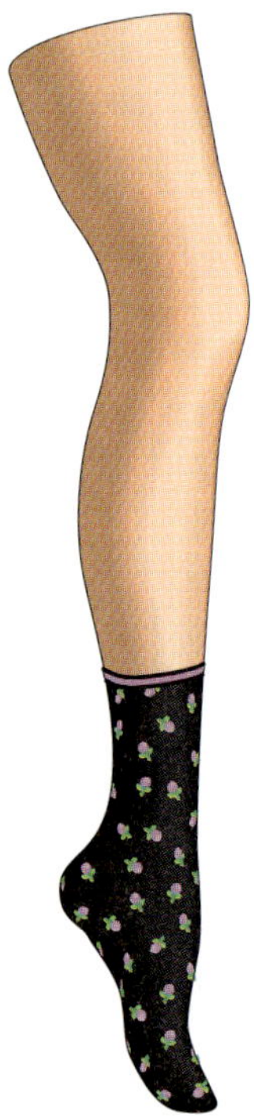

Söckchen[N]
ankle sock
mi-chaussette[F]
tobillera[F]

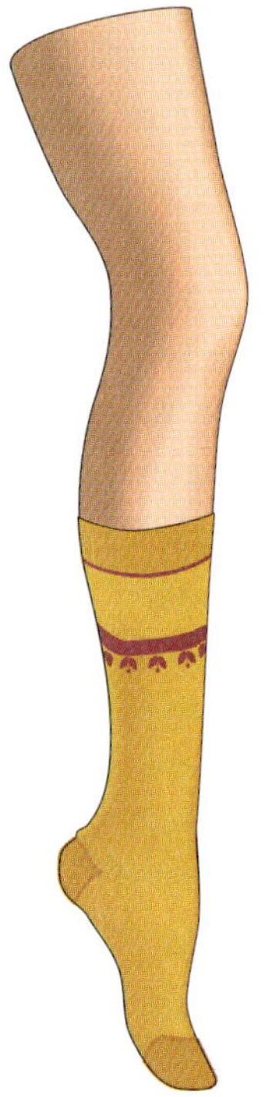

Socke[F]
sock
chaussette[F]
calcetín[M] largo

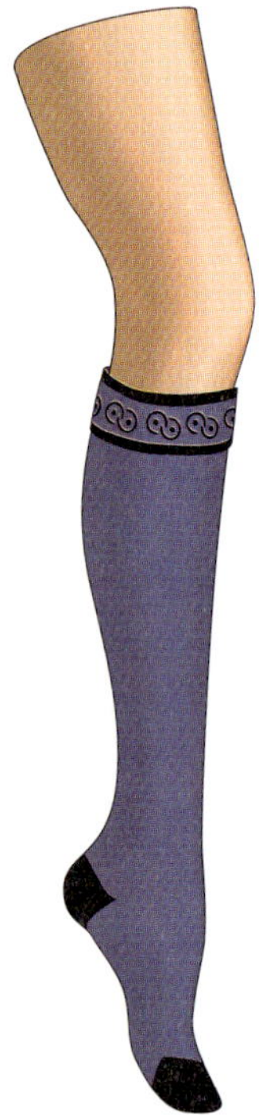

Kniestrumpf[M]
knee-high sock
mi-bas[M]
calceta[F]

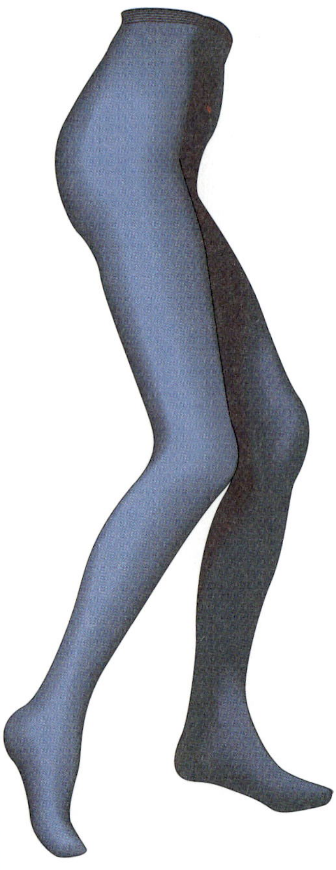

Strumpfhose[F]
tights
collant[M]
pantimedias[F]

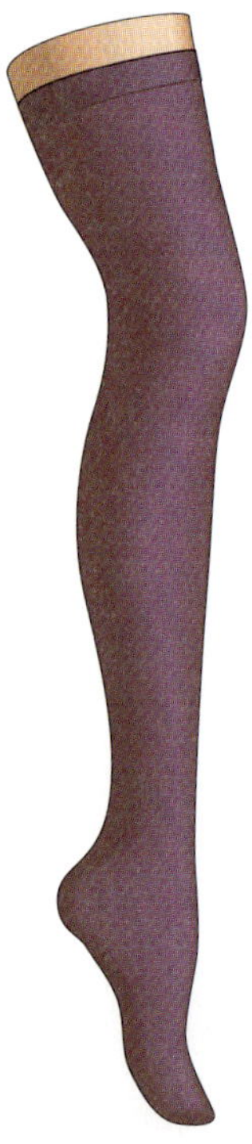

Strumpf[M]
stocking
bas[M]
medias[F]

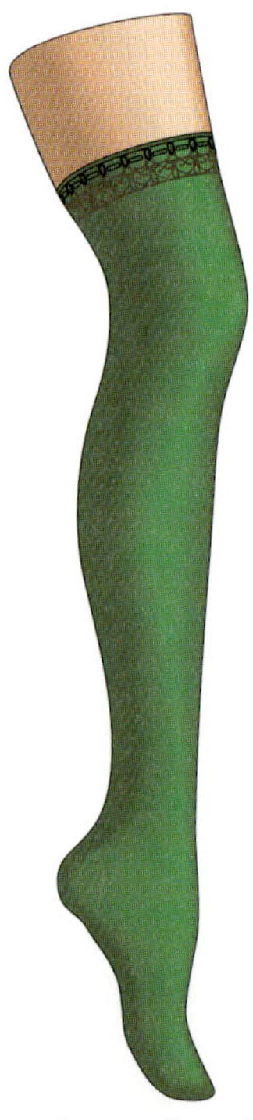

Overknee-Strumpf[M]
thigh-high stocking
bas[M]-cuissarde[F]
media[F] tres-cuartos

Netzstrumpf[M]
fishnet stocking
bas[M] résille[F]
medias[F] de malla[F]

UNTERWÄSCHE^{F}
UNDERWEAR
SOUS-VÊTEMENTS^{M}
ROPA^{F} INTERIOR

Bodysuit^{M}
body suit
body^{M}
corpiño^{M}

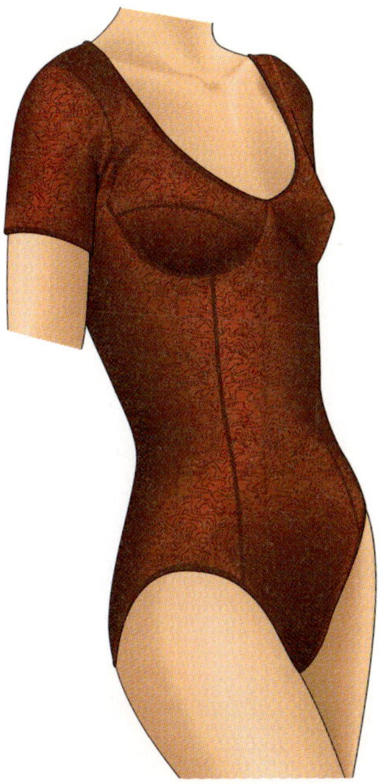

Teddy^{M}
teddy
teddy^{M}
canesú^{M}

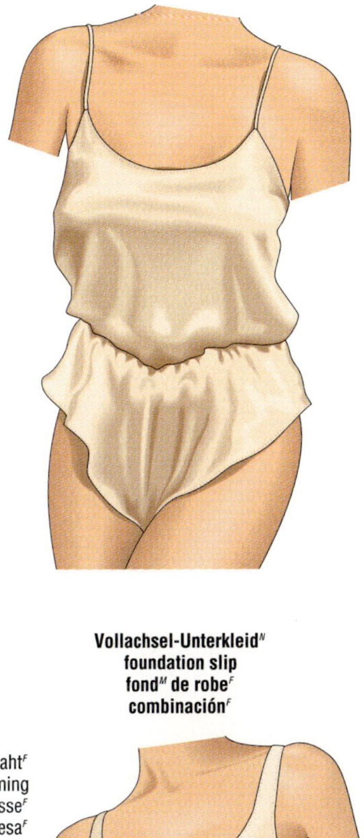

Camisol^{N}
camisole
caraco^{M}
camisola^{F}

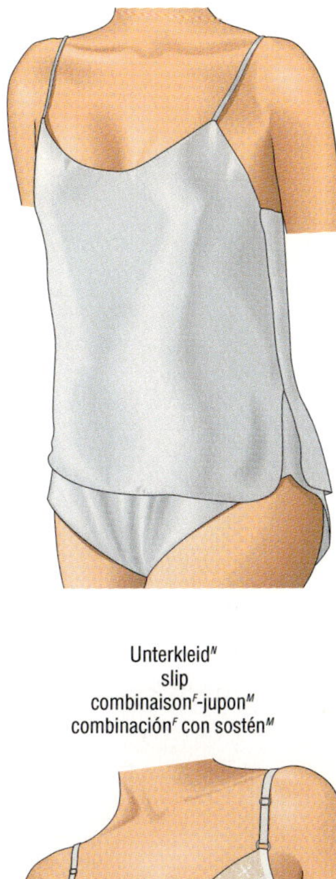

Unterrock^{M}
half-slip
jupon^{M}
media combinación^{F}

Vollachsel-Unterkleid^{N}
foundation slip
fond^{M} de robe^{F}
combinación^{F}

Prinzeßnaht^{F}
princess seaming
découpe^{F} princesse^{F}
costura^{F} de corte^{M} princesa^{F}

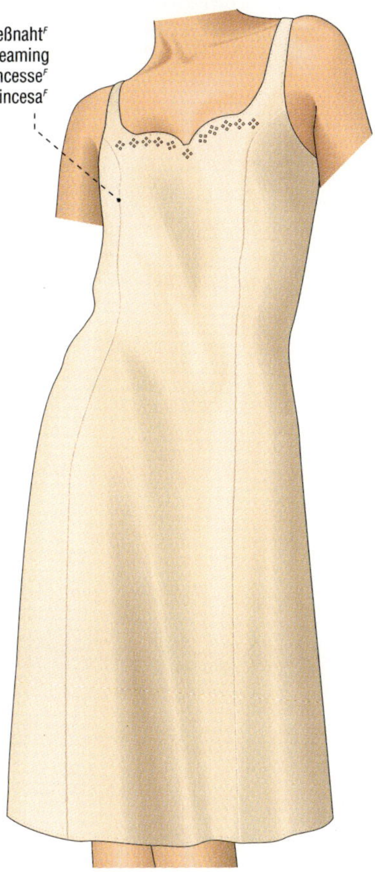

Unterkleid^{N}
slip
combinaison^{F}-jupon^{M}
combinación^{F} con sostén^{M}

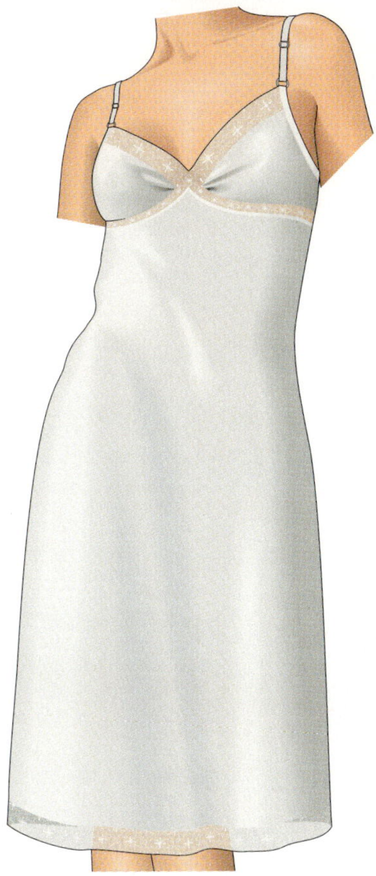

DAMENKLEIDUNG[F]
WOMEN'S CLOTHING
VÊTEMENTS[M] DE FEMME[F]
ROPA[F] DE MUJER[F]

UNTERWÄSCHE[F]
UNDERWEAR
SOUS-VÊTEMENTS[M]
ROPA[F] INTERIOR

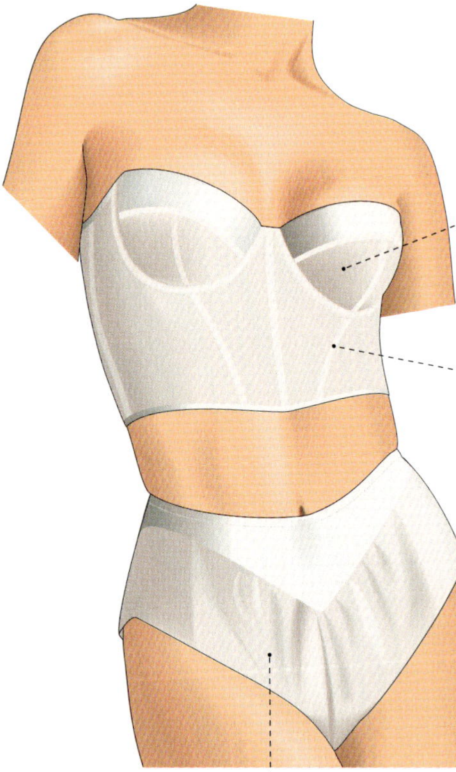

Halbschale[F]
décolleté bra
soutien-gorge[M] corbeille[F]
sostén[M] de escote[M] bajo

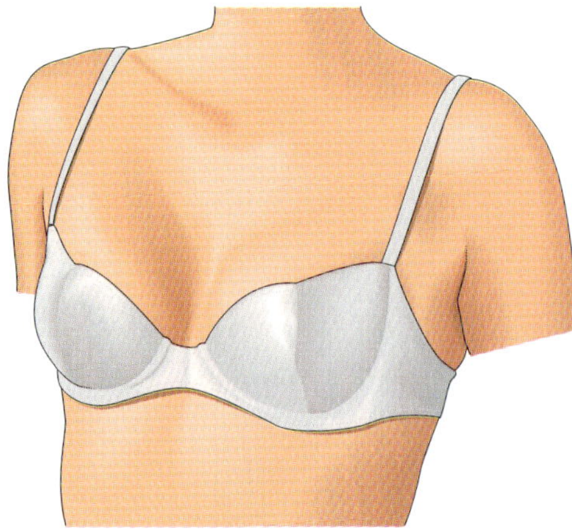

BH[M]
bra
soutien-gorge[M]
sostén[M]

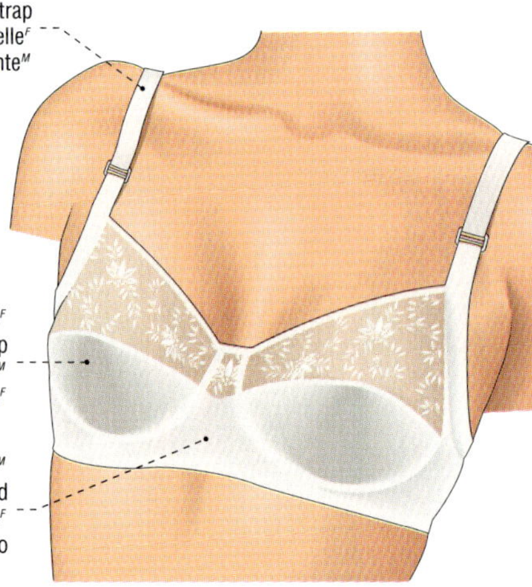

Mieder[N]
girdle
gaine[F]
faja[F]

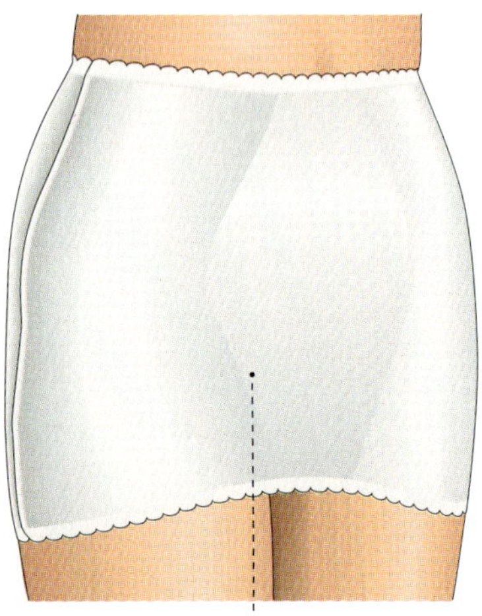

Miederhose[F]
panty girdle
gaine[F]-culotte[F]
pantifaja[F]

Korsett[N]
corset
corset[M]
faja[F] con sostén[M]

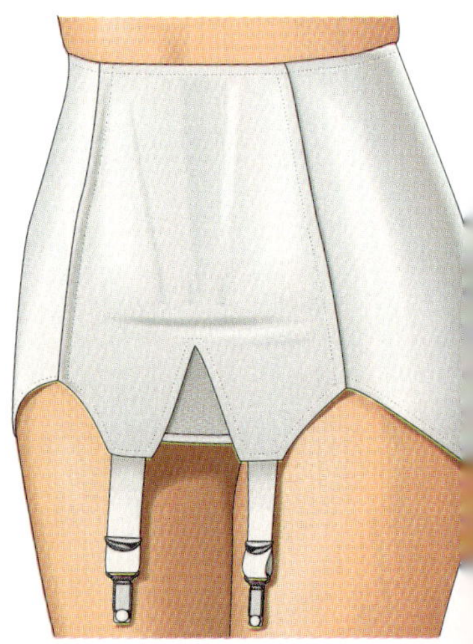

Korselett^{N}
corselette
combiné^{M}
faja^{F} con sostén^{M}

Dirndl-BH^{M}
uplift bra
soutien-gorge^{M} balconnet^{M}
sostén^{M} con talle^{M} reforzado

Unterbruststäbchen^{N}
underwiring
armature^{F}
varilla^{F}

Strumpfhaltergürtel^{M}
suspender belt
porte-jarretelles^{M}
liguero^{M}

Slip^{M}
bikini briefs
slip^{M}
slip^{M}

Strumpfhalter^{M}
suspender
jarretelle^{F}
liga^{F}

Strumpf^{M}
stocking
bas^{M}
medias^{F}

Panty-Korselett^{N}
panty corselette
combiné^{M}-culotte^{F}
faja^{F} corsé^{M}

Torselett^{N}
wasp-waisted corset
guêpière^{F}
corsé^{M} de cinturón^{M} de avispa^{F}

DAMENKLEIDUNG^{F}
WOMEN'S CLOTHING
VÊTEMENTS^{M} DE FEMME^{F}
ROPA^{F} DE MUJER^{F}

NACHTWÄSCHE^{F}
NIGHTWEAR
VÊTEMENTS^{M} DE NUIT^{F}
LENCERÍA^{F}

Nachthemd^{N}
nightgown
chemise^{F} de nuit^{F}
camisón^{M}

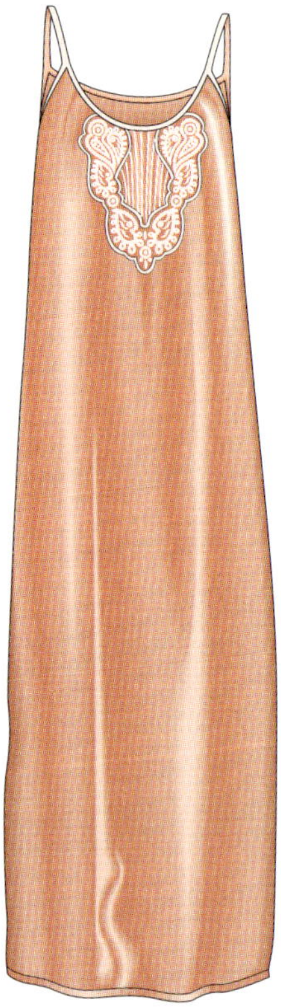

Baby-Doll^{N}
baby doll
nuisette^{F}
camisón^{M} corto

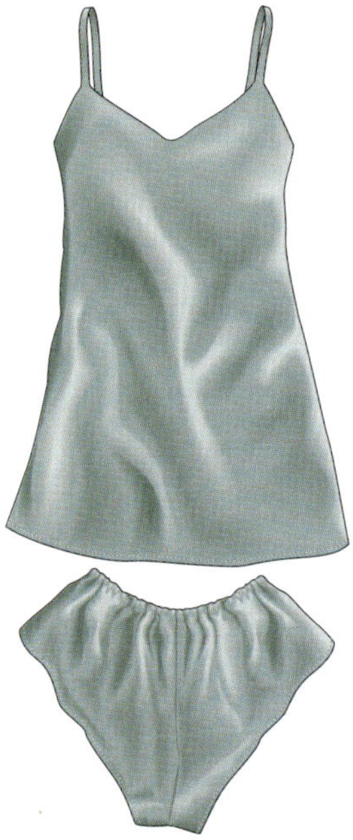

Kimono^{M}
kimono
kimono^{M}
kimono^{M}

Schlafanzug^{M}
pyjamas
pyjama^{M}
pijama^{M}

Negligé^{N}
negligee
déshabillé^{M}
salto^{M} de cama^{F}

Bademantel^{M}
bathrobe
peignoir^{M}
bata^{F} de baño^{M}

KINDERKLEIDUNG[F]
CHILDREN'S CLOTHING
VÊTEMENTS[M] D'ENFANT[M]
ROPA[F] DE NIÑOS[M]

Badetuch[N] mit Kapuze[F]
hooded towelling robe
cape[F] de bain[M]
toalla[F] con capuchón[M]

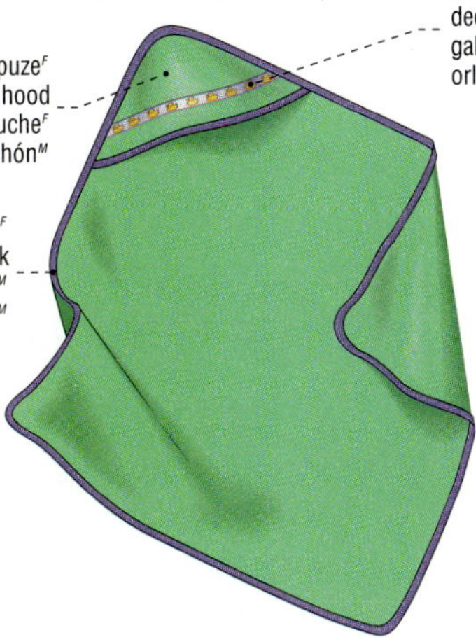

Kapuze[F]
hood
capuche[F]
capuchón[M]

Zierborte[F]
decorative braid
galon[M] d'ornement[M]
orla[F] decorativa

Paspel[F]
false tuck
biais[M]
falso doblez[M]

Gummihöschen[N]
plastic pants
culotte[F] plastique
bragas[F] de hule[M]

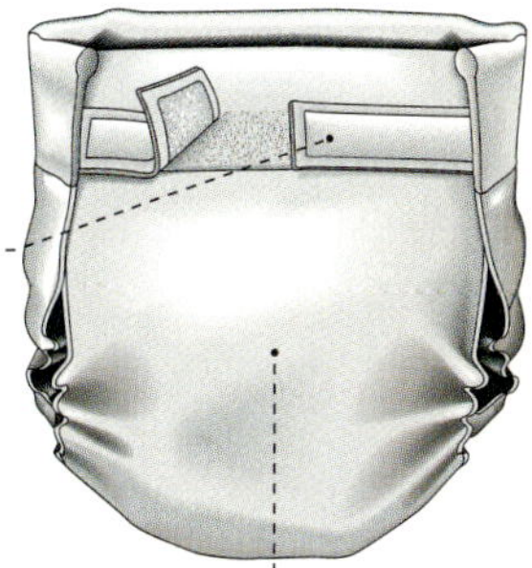

Haftgurtband[N]
Velcro® closure
fermeture[F] Velcro®
tirita[F] Velcro®

dichtes Windelhöschen[N]
waterproof pants
poche[F] intérieure isolante
material[M] impermeable

Rüschenstrumpfhose[F]
nylon frilly tights
collant[M] fantaisie[F]
mallas[F] con volantes[M]

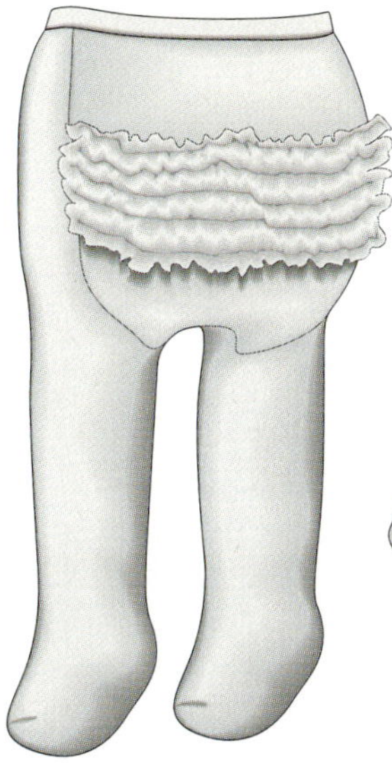

Lätzchen[N]
bib
bavoir[M]
babero[M]

Windel[F]
nappy
couche[F]
panal[M]

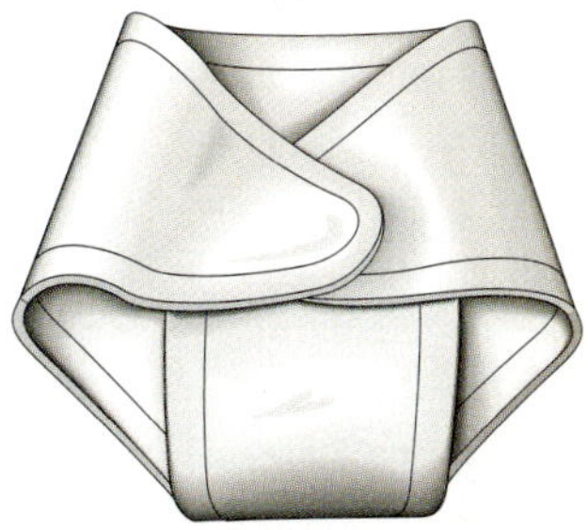

Schneesack[M]
bunting bag (U.S.)
nid[M] d'ange[M]
bolsa[F] portabebé[M]

Strampelhöschen[N]
rompers
grenouillère[F]
pantalón[M] de peto[M]

Hemdchen[N]
shirt
brassière[F]
camiseta[F]

Rüschenhöschen[N]
frilly pants
culotte[F] à ruchés[M]
calzón[M] de volantes[M]

Rüschen[F]
ruching
ruché[M]
volantes[M]

KINDERKLEIDUNG[F]
CHILDREN'S CLOTHING
VÊTEMENTS[M] D'ENFANT[M]
ROPA[F] DE NIÑOS[M]

Wagenanzug[M]
jump suit
dormeuse[F]-couverture[F]
mameluco[M]

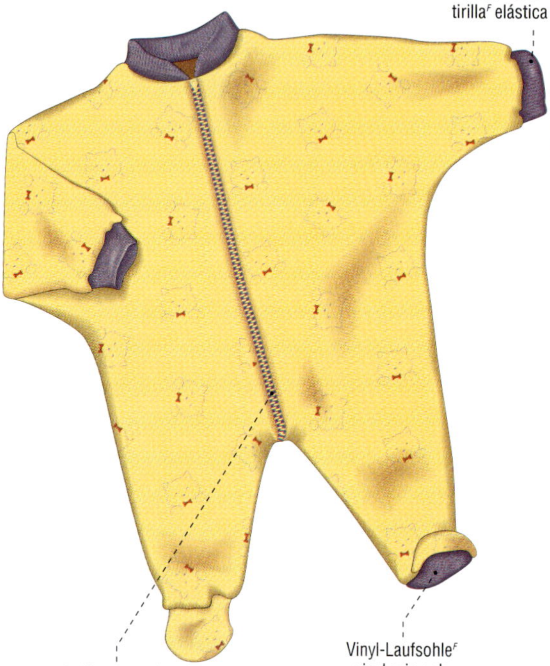

Schlafanzug[M]
sleeping-suit
combinaison[F] de nuit[F]
mamelucos[M]

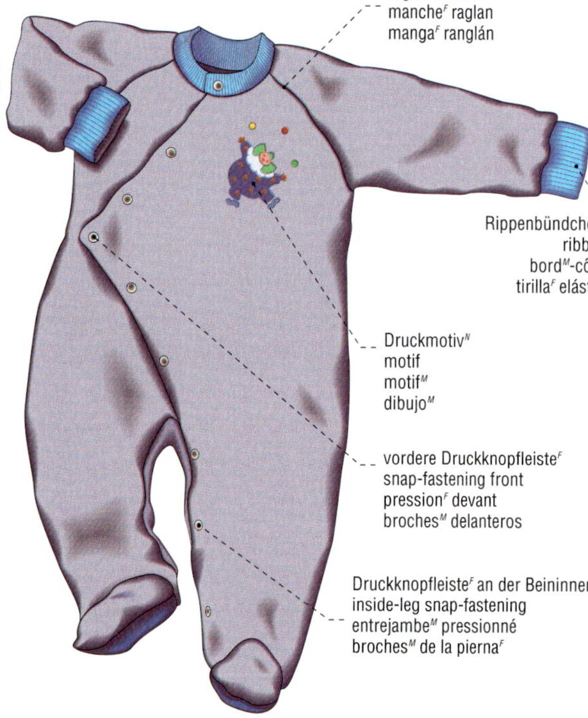

Latzhose[F] mit hohem Rückenteil[M]
high-back dungarees
salopette[F] à dos[M] montant
pantalón[M] con tirantes[M]

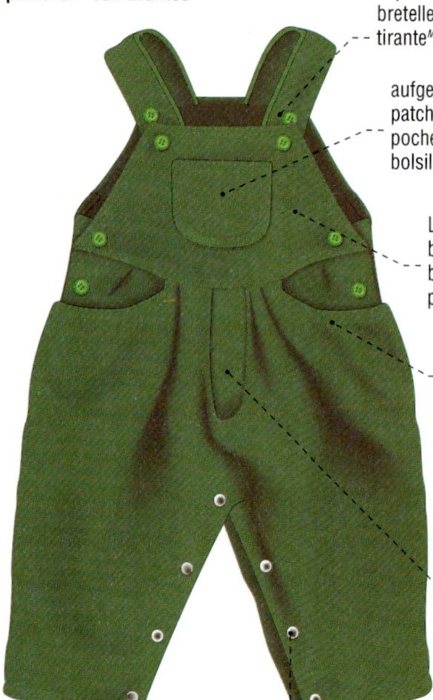

zweiteiliger Schlafanzug[M]
babygro
dormeuse[F] de croissance[F]
mamelucos[M] de dos piezas[F]

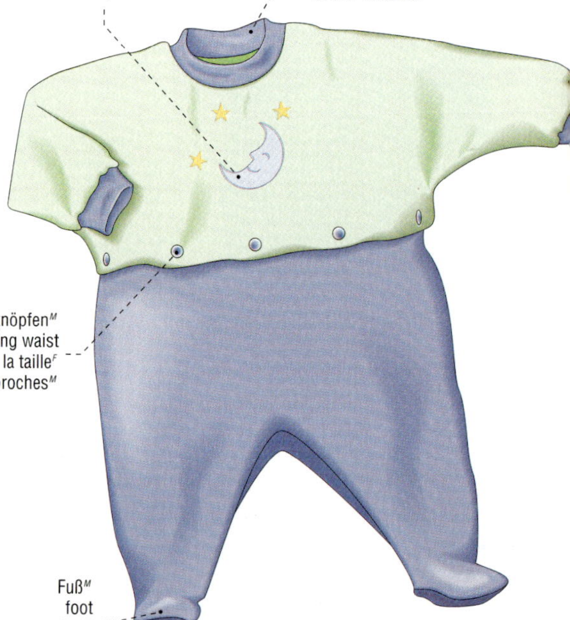

Sportset^{N}
training set
tenue^{F} d'exercice^{M}
conjunto^{M} deportivo

Trägerhemdchen^{N}
singlet
débardeur^{M}
camiseta^{F}

kurze Hose^{F}
shorts
short^{M}
pantalón^{M} corto

Latzhose^{F} mit gekreuzten Rückenträgern^{M}
dungarees with crossover back straps
salopette^{F} à bretelles^{F} croisées
mono^{M} de tirantes cruzados atrás

Träger^{M} mit Knopf^{M}
button strap
bretelle^{F} boutonnée
tirante^{M} con botones^{M}

Lätzchen^{N}
bib
bavette^{F}
peto^{M}

Schlafanzug^{M} in Schlupfform^{F}
slip-on pyjamas
polojama^{M}
pijama^{M}

Schneeanzug^{M}
snowsuit
esquimau^{M}
traje^{M} de invierno^{M} con capuchón^{M}

Kapuze^{F} mit Zugband^{N}
drawstring hood
capuche^{F} coulissée
capuchón^{M} con cordón^{M}

Verschluß^{M} mit verdeckter Knopfleiste^{F}
fly front closure
fermeture^{F} sous patte^{F}
cremallera^{F}

Spielanzug^{M}
playsuit
barboteuse^{F}
pelele^{M}

T-Shirt Kleid^{N}
T-shirt dress
robe^{F} tee-shirt^{M}
camiseta^{F} de cuerpo^{M} entero

Overall^{M}
jumpsuit
combinaison^{F}
traje^{M} pantalón^{M}

SPORTKLEIDUNG^{F}
SPORTSWEAR
TENUE^{F} D'EXERCICE^{M}
ROPA^{F} DEPORTIVA

JOGGINGSCHUH^{M}
RUNNING SHOE
CHAUSSURE^{F} DE SPORT^{M}
ZAPATO^{M} DEPORTIVO

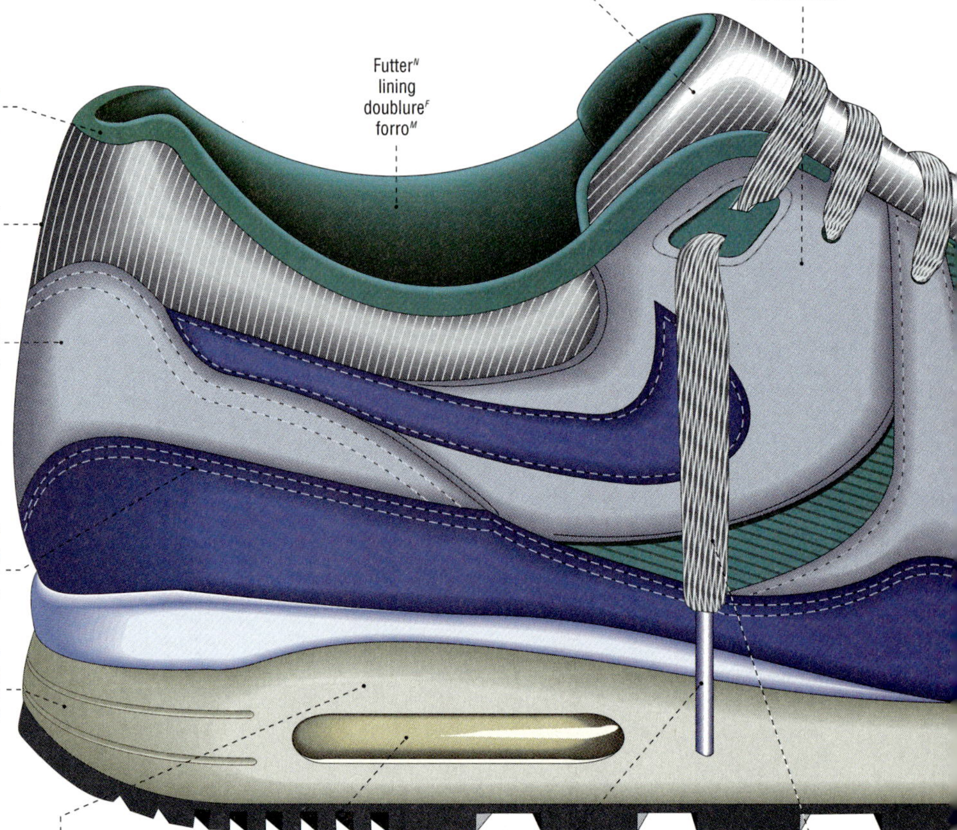

TRAININGSANZUG^{M}
TRACKSUIT
SURVÊTEMENT^{M}
TRAJE^{M} DE ENTRENAMIENTO^{M}

Sweatshirt^{N} mit Kapuze^{F}
hooded sweat shirt
pull^{M} à capuche^{F}
camisa^{F} de entrenamiento^{M} con capucha^{F}

Trainingshose^{F}
sweat trousers
pantalon^{M} molleton^{M}
pantalones^{M} de entrenamiento^{M}

Sweatshirt^{N}
sweat shirt
pull^{M} d'entraînement^{M}
camisa^{F} de entrenamiento^{M}

SPORTKLEIDUNG[F]
EXERCISE WEAR
VÊTEMENT[M] D'EXERCICE[M]
ROPA[F] PARA EJERCICIO[M]

Badehose[F]
swimming trunks
slip[M] de bain[M]
pantalón[M] de baño[M]

Badeanzug[M]
swimsuit
maillot[M] de bain[M]
traje[M] de baño[M]

Trikot[N]
leotard
justaucorps[M]
leotardo[M]

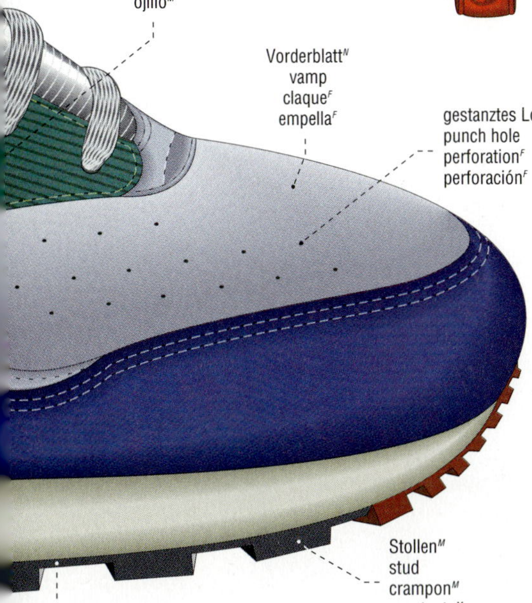

Gymnastikhose[F] ohne Fuß[M]
footless tights
collant[M] sans pied[M]
traje[M] de malla[F]

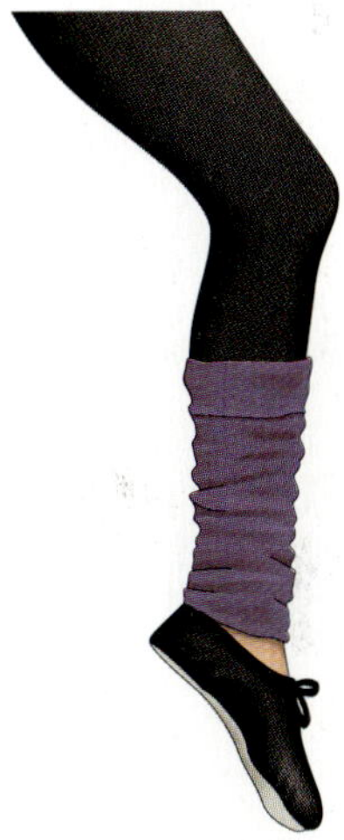

Legwarmer[M]
leg-warmer
jambière[F]
calentador[M] de pierna[F]

Shorts[F]
running shorts
short[M] boxeur[M]
pantalón[M] de boxeo[M]

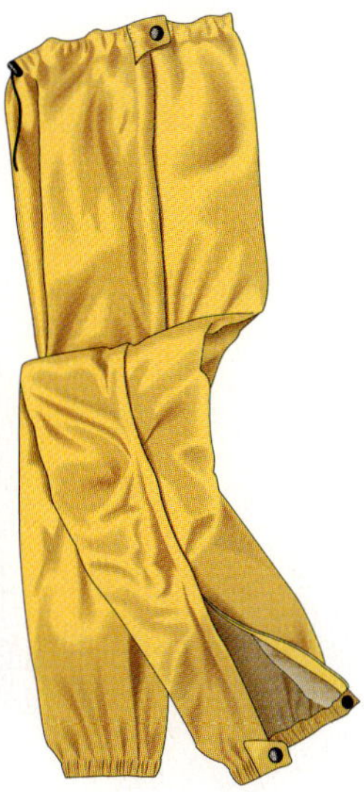

Hose[F]
trousers
pantalon[M]
pantalones[M]

Anorak[M]
anorak
anorak[M]
anorak[M]

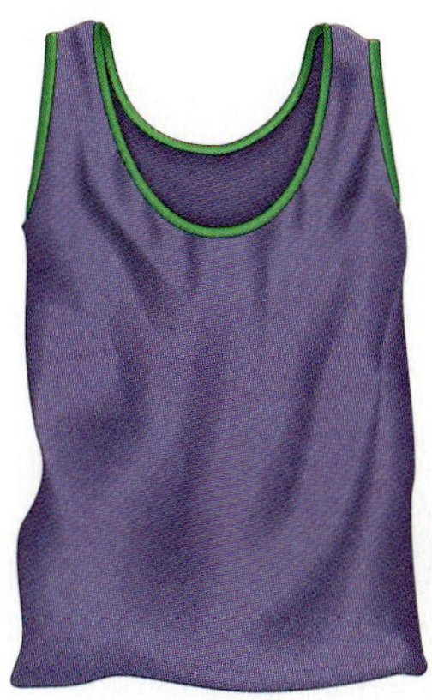

Trägerhemd[N]
singlet
débardeur[M]
camiseta[F]

SCHUHE^{M}
SHOES
CHAUSSURES^{F}
ZAPATOS^{M}

TEILE^{N} DES SCHUHS^{M}
PARTS OF A SHOE
PARTIES^{F} D'UNE CHAUSSURE^{F}
PARTES^{F} DE UN ZAPATO^{M}

DIE WICHTIGSTEN SCHUHTYPEN^{M}
MAJOR TYPES OF SHOES
PRINCIPAUX TYPES^{M} DE CHAUSSURES^{F}
TIPOS^{M} DE CALZADO^{M}

Herrenhalbschuh^{M}
oxford shoe
richelieu^{M}
zapato^{M} de cordones^{M}

Boot^{M}
chukka
chukka^{M}
media bota^{F}

Halbstiefel^{M}
bootee
bottillon^{M}
botina^{F}

DIE WICHTIGSTEN SCHUHTYPEN^M^
MAJOR TYPES OF SHOES
PRINCIPAUX TYPES^M^ DE CHAUSSURES^F^
TIPOS^M^ DE CALZADO^M^

Tennisschuh^M^
plimsoll
tennis^M^
zapato^M^ de tenis^M^

Schnürschuh^M^
lace-up
derby^M^
zapato^M^ de vestir

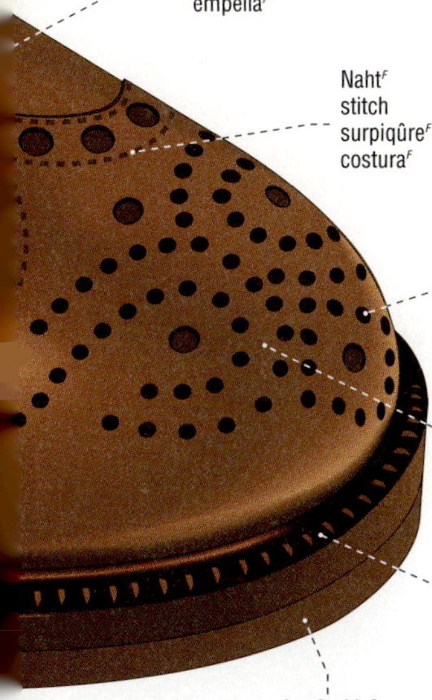

Mokassin^M^
moccasin
mocassin^M^
mocasín^M^

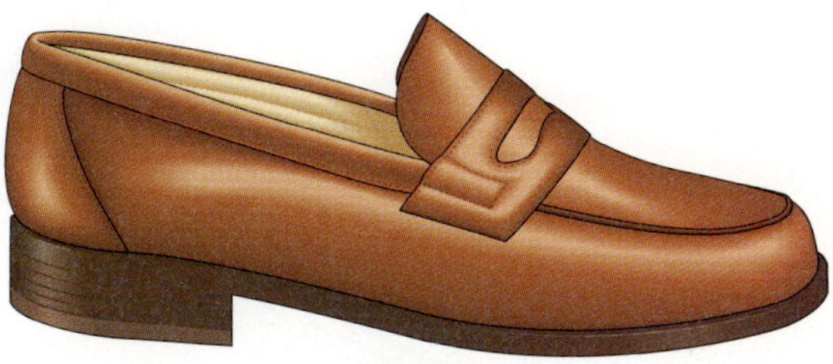

Slipper^M^
slip-on
loafer^M^
zapato^M^ de calle^F^

Pantoffel^M^
mule
mule^F^
pantufla^F^

Arbeitsstiefel^M^
heavy duty boot
brodequin^M^
bota^F^ de trabajo^M^

Überziehschuh^M^
galosh
claque^F^
chanclo^M^ de goma^F^

SCHUHE[M]
SHOES
CHAUSSURES[F]
CALZADO[M]

DIE WICHTIGSTEN SCHUHTYPEN[M]
MAJOR TYPES OF SHOES
PRINCIPAUX TYPES[M] DE CHAUSSURES[F]
TIPOS[M] DE CALZADO[M]

Slingpumps[M]
sling back shoe
escarpin[M]-sandale[F]
zapato[M] de tacón[M] alto con presillas[F]

Pumps[M]
court
escarpin[M]
zapato[M] de tacón[M] alto

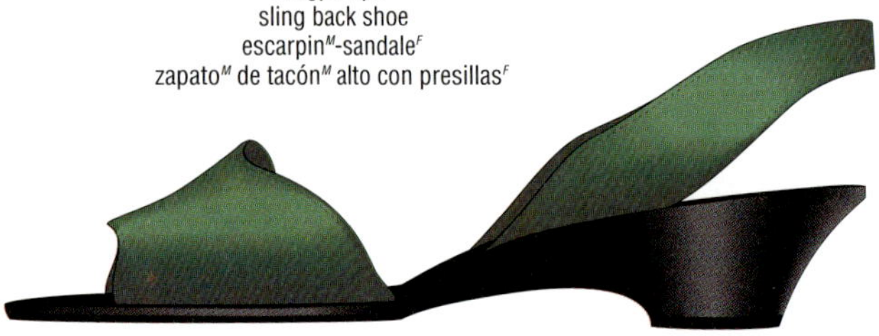

Sandalette[F] mit Fersenriemen[M]
ankle-strap
sandale[F]
sandalia[F]

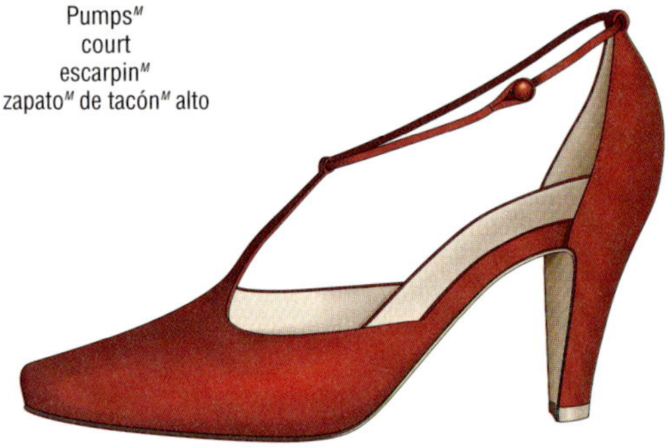

Stegspangenschuh[M]
T-strap shoe
salomé[M]
zapato[M] de correa[F]

Einspangenschuh[M]
one-bar shoe
Charles IX[M]
escarpín[M] con correa[F]

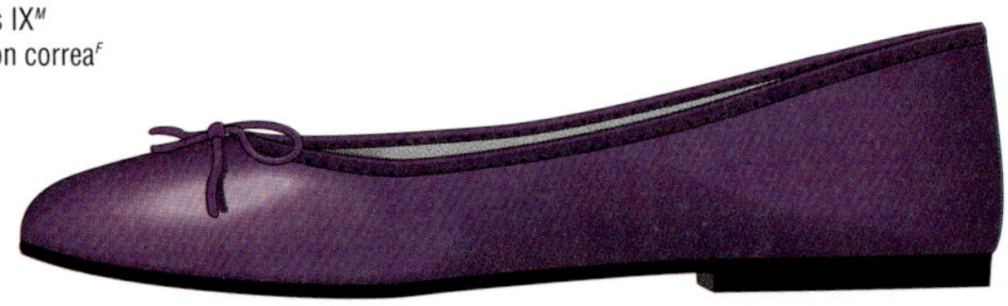

Ballerinaschuh[M]
pump
ballerine[F]
zapatilla[F] de ballet[M]

Straßenschuh[M]
casual shoe
trotteur[M]
zapato[M] de calle[F]

Stiefel[M]
boot
botte[F]
bota[F]

Sandale^{F} mit Zehenriemchen^{N}
toe-strap sandal
nu-pied^{M}
sandalia^{F}

Römerpantolette^{F}
thong sandal
tong^{M}
chancleta^{F}

knöchelhohe Stiefelette^{F}
ankle boot
bottine^{F}
botín^{M}

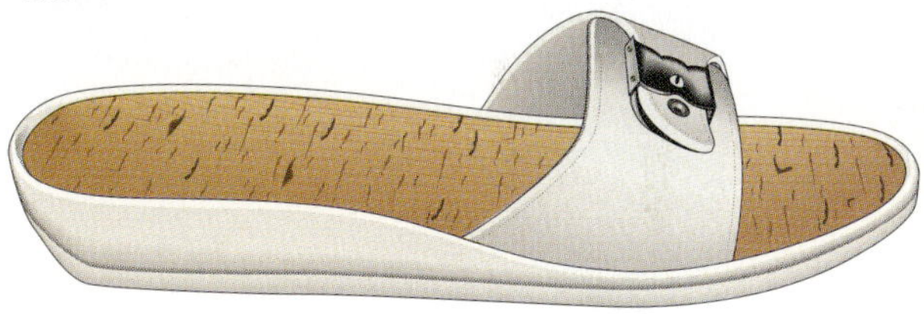

Pantolette^{F}
clog
socque^{M}
chanclo^{M}

Espadrille^{F}
espadrille
espadrille^{F}
alpargata^{F}

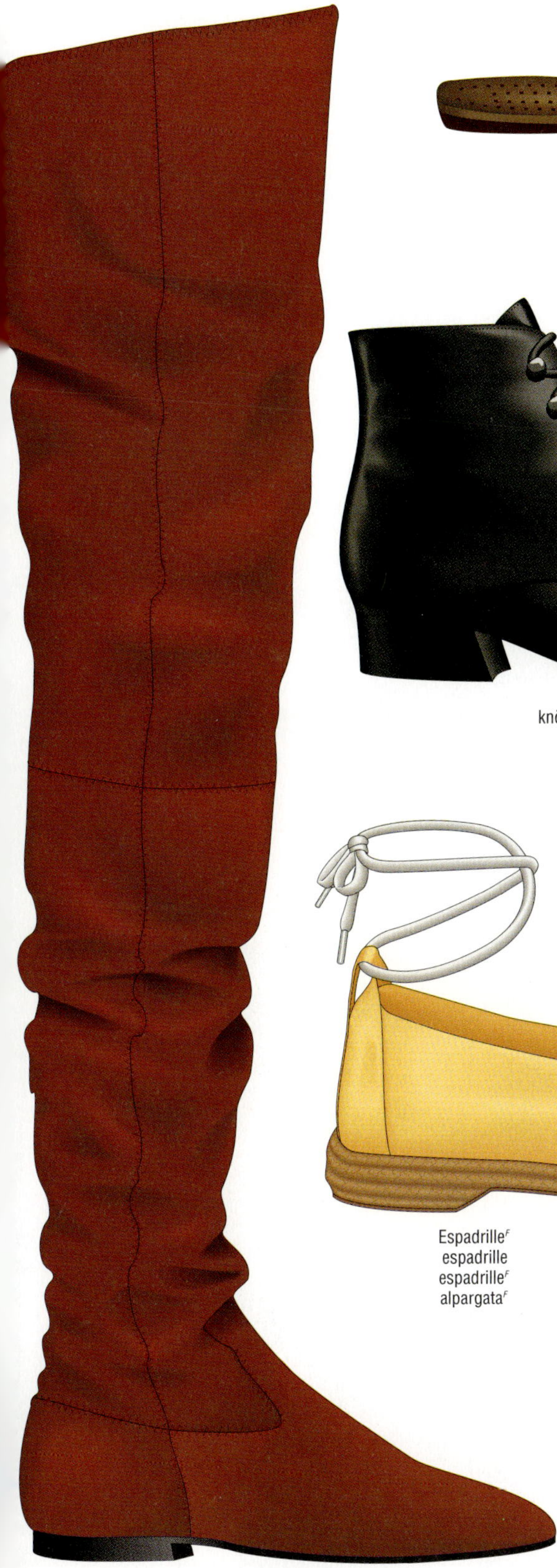

Schaftstiefel^{M}
thigh-boot
cuissarde^{F}
bota^{F} de medio muslo^{M}

Sandale^{F}
sandal
sandalette^{F}
sandalia^{F}

SCHUHE^M
SHOES
CHAUSSURES^F
CALZADO^M

ZUBEHÖR^N
ACCESSORIES
ACCESSOIRES^M
ACCESORIOS^M

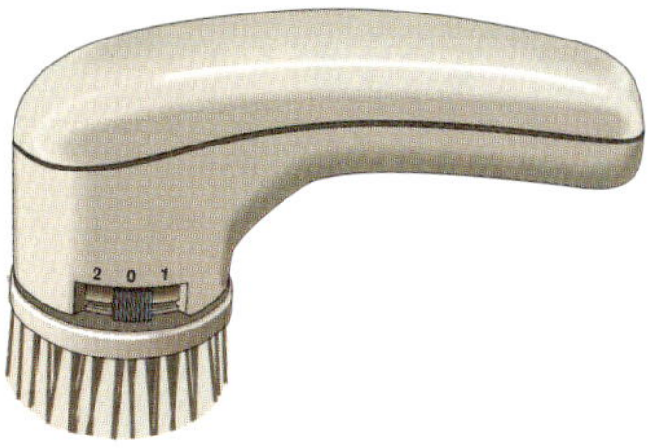

Schuhbürste^F
shoe polisher
cireur^M
enceradora^F

Schuhlöffel^M
shoehorn
chausse-pied^M
calzador^M

Schuhputzzeug^N
shoeshine kit
nécessaire^M à chaussures^F
juego^M limpiabotas^M

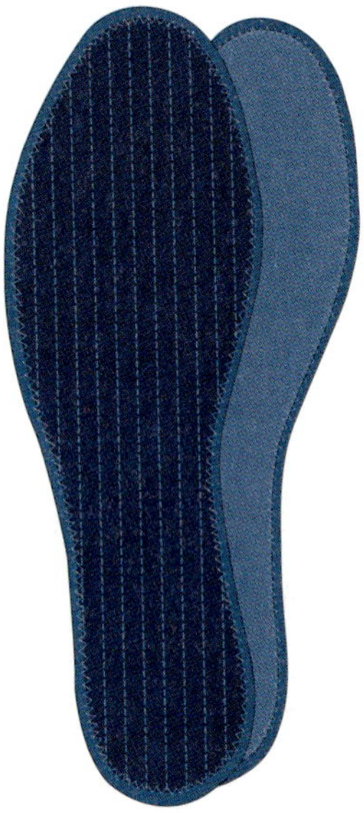

Einlegesohle^F
insole
semelle^F
plantilla^F

Steigeisen^N
climbing iron
crampon^M
trepadora^F

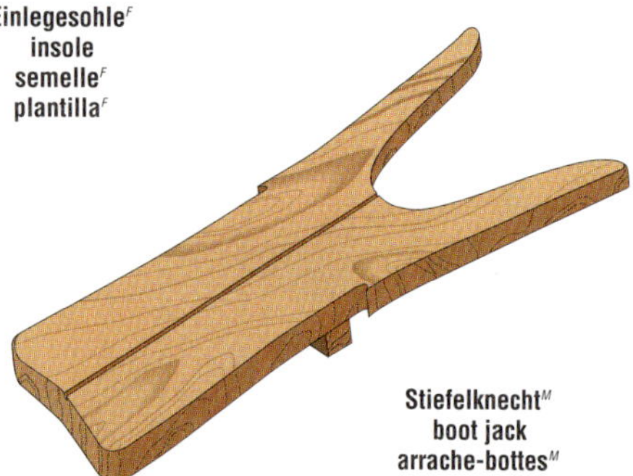

Stiefelknecht^M
boot jack
arrache-bottes^M
sacabotas^M

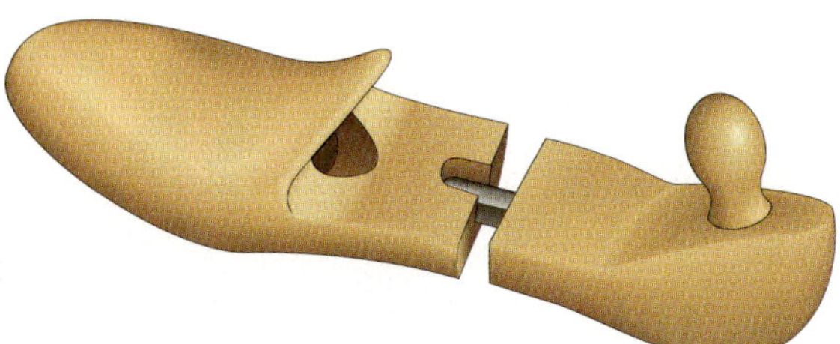

Schuhspanner^M
shoetree
embauchoir^M
horma^F

Schuhständer^M
shoe rack
porte-chaussures^M
zapatera^F de alambre^M

SCHMUCK UND SCHÖNHEITSPFLEGE
PERSONAL ADORNMENT
PARURE
ADORNOS PERSONALES

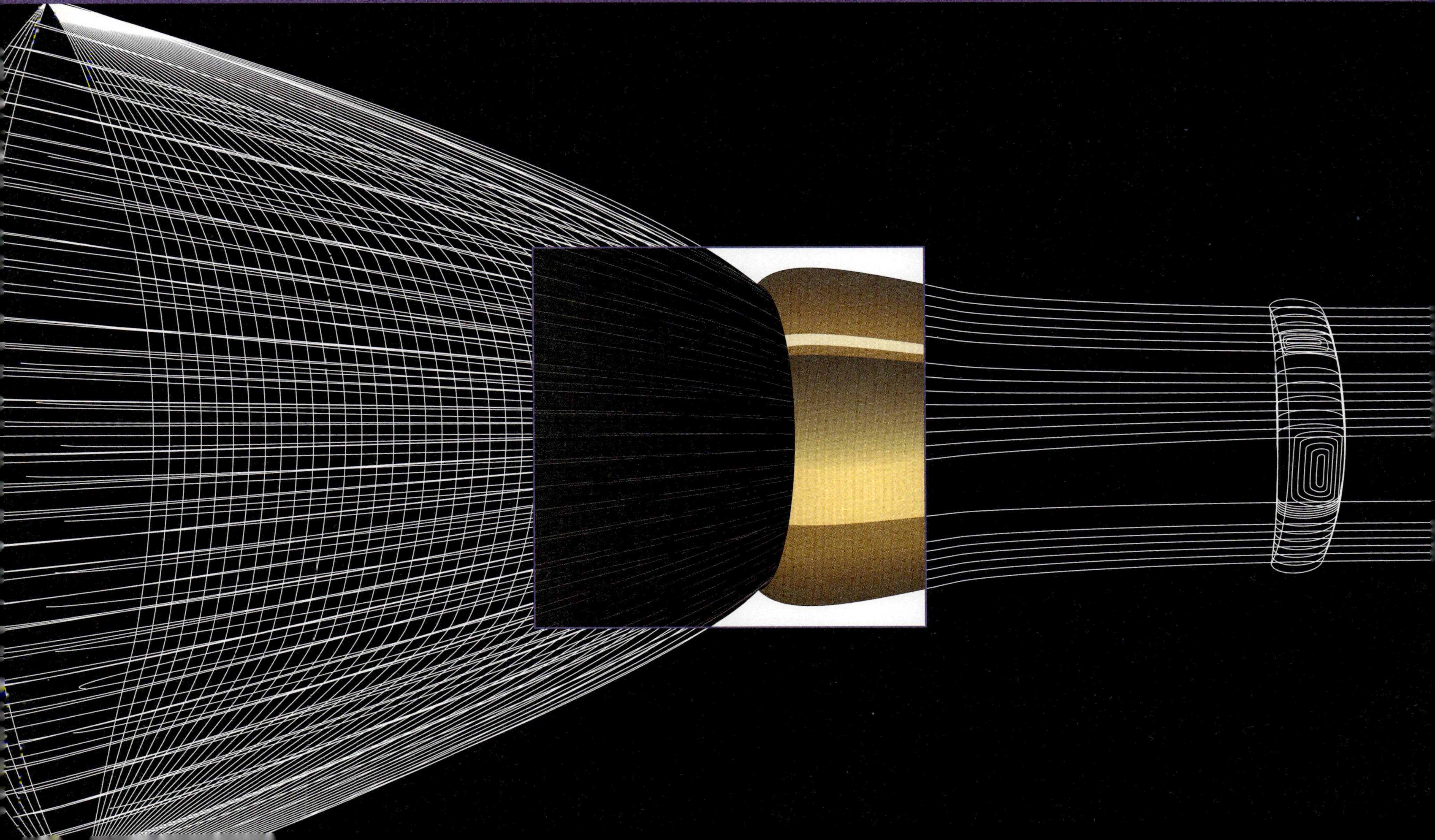

INHALT

SCHMUCK 361
MANIKÜRE 365
MAKE-UP 366
HAARPFLEGE 368

SCHMUCK^{M}
JEWELLERY
BIJOUTERIE^{F}
JOYERÍA^{F}

OHRRINGE^{M}
EARRINGS
BOUCLES^{F} D'OREILLE^{F}
PENDIENTES^{M}

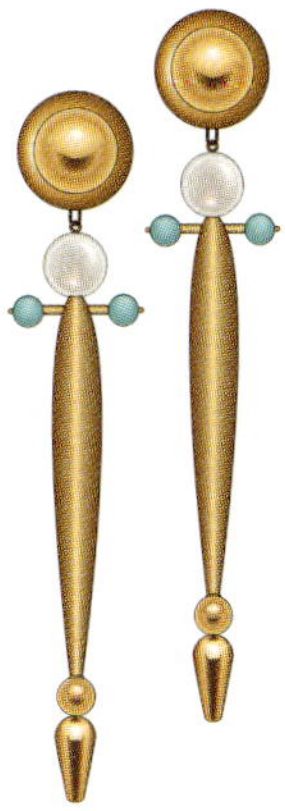

Ohrgehänge^{N}
drop earrings
pendants^{M} d'oreille^{F}
pendientes^{M}

Kreolen^{F}
hoop earrings
anneaux^{M}
zarcillos^{M} de aro^{M}

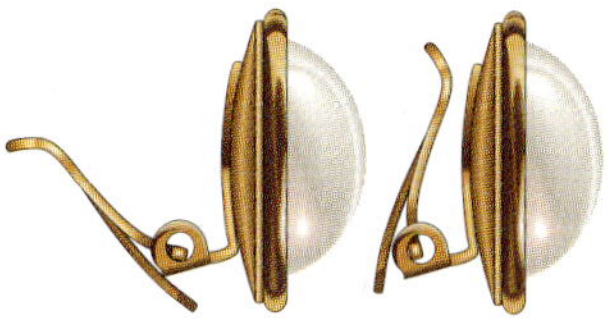

Klips^{M}
clip earrings
boucles^{F} d'oreille^{F} à pince^{F}
pendientes^{M} de clip^{M}

Ohrstecker^{M}
stud earrings
boucles^{F} d'oreille^{F} à tige^{F}
pendientes^{M} de espiga^{F}

Ohrringe^{M} mit Schraubverschluß^{M}
screw earrings
boucles^{F} d'oreille^{F} à vis^{F}
pendientes^{M} de tornillo^{M}

HALSKETTEN^{F}
NECKLACES
COLLIERS^{M}
COLLARES^{M}

Anhänger^{M}
pendant
pendentif^{M}
pendiente^{M}

Medaillon^{N}
locket
médaillon^{M}
relicario^{M}

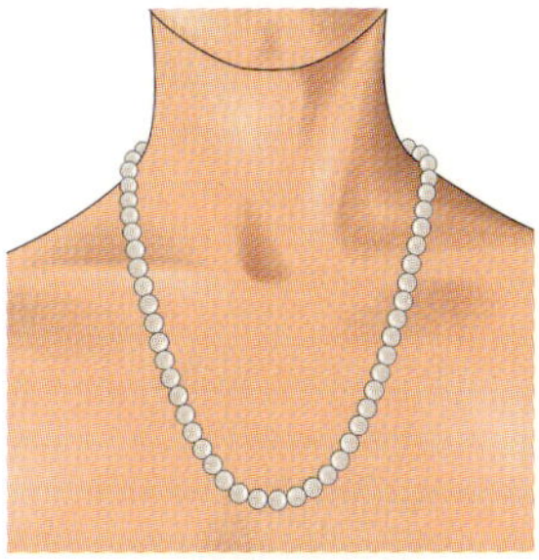

Halskette^{F} in Matineelänge^{F}
matinee-length necklace
collier^{M} de perles^{F}, longueur^{F} matinée^{F}
collar^{M} de una vuelta^{F}

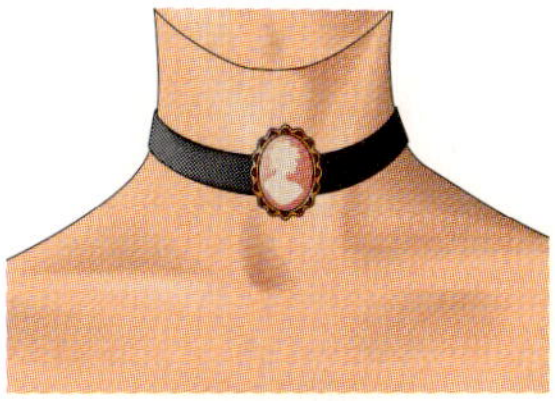

Samtkropfband^{N}
velvet-band choker
collier^{M}-de-chien^{M}
garagantilla^{F} de terciopelo^{M}

Halskette^{F} in Opernlänge^{F}
opera-length necklace
sautoir^{M}, longueur^{F} opéra^{M}
collar^{M} de una vuelta^{F}

Endlosperlenkette^{F}
rope
sautoir^{M}
sarta^{F}

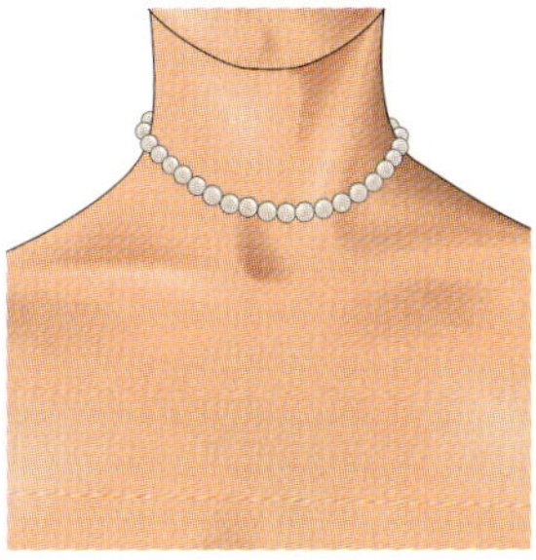

Chokerkette^{F}
choker
ras-de-cou^{M}
gargantilla^{F}

mehrreihige Halskette^{F}
bib necklace
collier^{M} de soirée^{F}
collar^{M} de 5 hilos^{M}

SCHMUCK^{M}
JEWELLERY
BIJOUTERIE^{F}
JOYERÍA^{F}

SCHLIFFORMEN^{F} FÜR EDELSTEINE^{M}
CUT FOR GEMSTONES
TAILLE^{F} DES PIERRES^{F}
TALLAS^{F} DE PIEDRAS^{F} PRECIOSAS

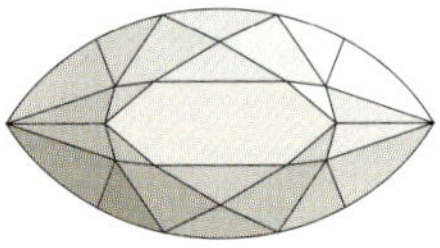

Navette^{F}
navette cut
taille^{F} marquise^{F}
marquesa^{F}

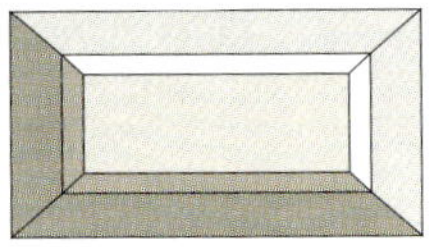

Baguetteform^{F}
baguette cut
taille^{F} baguette^{F}
baguette^{F}

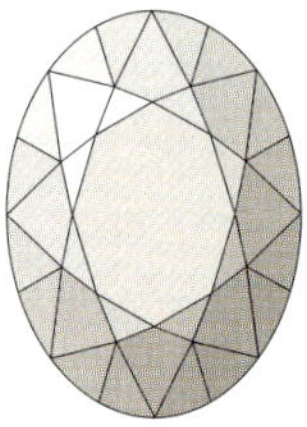

ovale Form^{F}
oval cut
taille^{F} ovale
oval

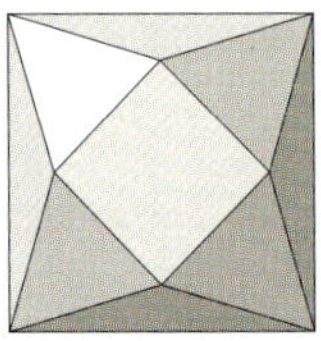

French-cut^{M}
French cut
taille^{F} française
francés

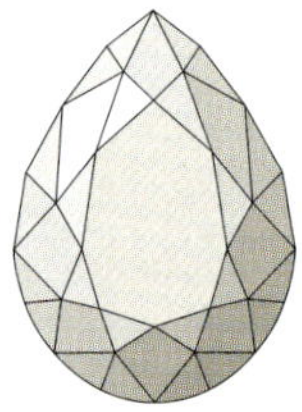

Birnkernform^{F}
pear-shaped cut
taille^{F} en poire^{F}
pera^{F}

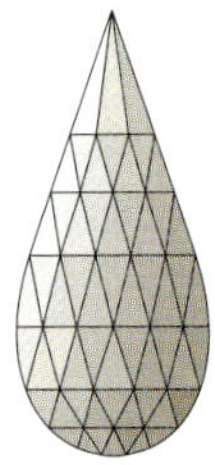

Briolettform^{F}
briolette cut
taille^{F} en goutte^{F}
gota^{F}

Tafelschliff^{M}
table cut
taille^{F} en table^{F}
tabla^{F}

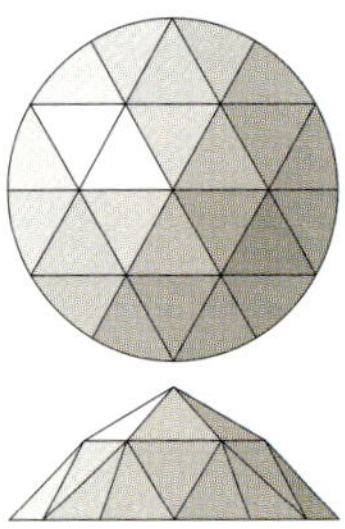

Rosenschliff^{M}
rose cut
taille^{F} en rose^{F}
rosa^{F} holandesa

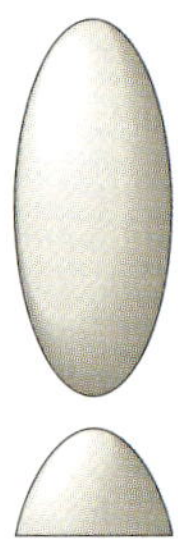

Cabochonschliff^{M}
cabochon cut
taille^{F} cabochon^{M}
cabujón^{M}

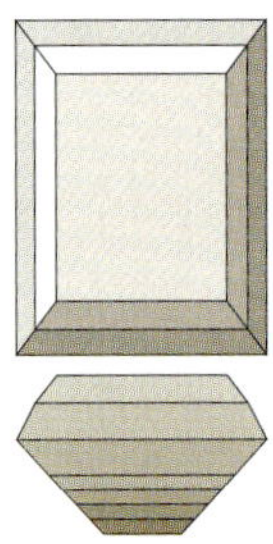

Treppenschliff^{M}
step cut
taille^{F} en escalier^{M}
en escalera^{F}

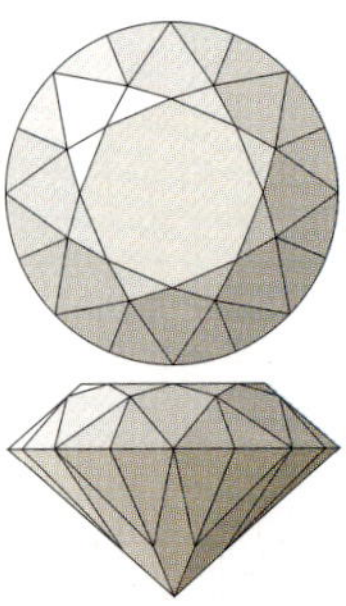

Vollbrillantschliff^{M}
brilliant full cut
taille^{F} brillant^{M}
brillante^{M}

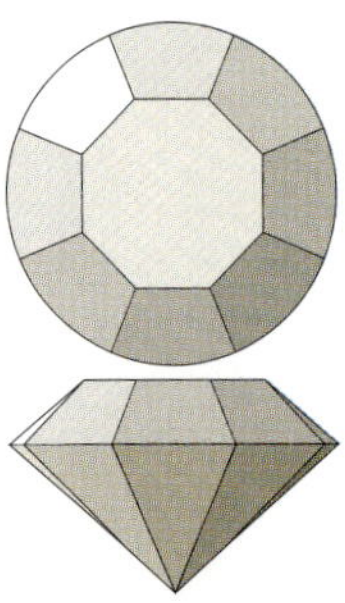

Achtkant^{M}
eight cut
taille^{F} huit facettes^{F}
ocho facetas^{F}

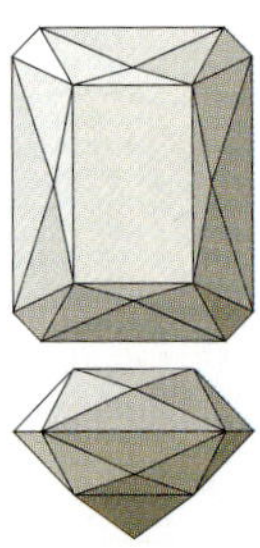

Scherenschliff^{M}
scissors cut
taille^{F} en ciseaux^{M}
en tijera^{F}

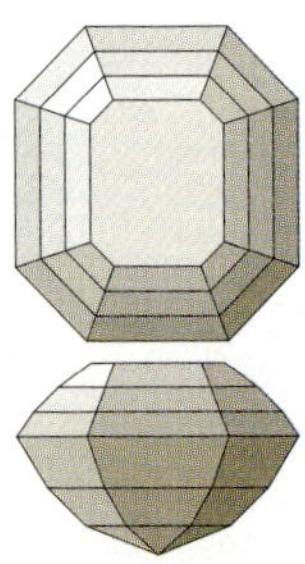

Smaragdschliff^{M}
emerald cut
taille^{F} émeraude^{F}
esmeralda^{F}

FACETTEN^{F} DES BRILLANTSCHLIFFS^{M}
BRILLIANT CUT FACETS
TAILLE^{F} D'UN DIAMANT^{M}
CORTE^{M} DE UN DIAMANTE^{M}

RÜCKSEITE^{F}
BOTTOM FACE
FACE^{F} INFÉRIEURE
CARA^{F} INFERIOR

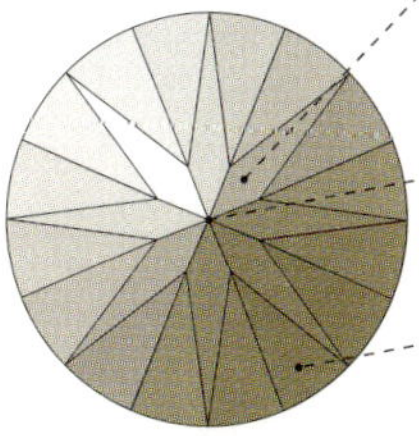

Unterteilhauptfacette^{F} (8)
pavilion facet (8)
pavillon^{M} (8)
faceta^{F} de pabellón^{M}

Kulette^{F}
culet
colette^{F}
culata^{F}

untere Rondistenfacette^{F} (16)
lower girdle facet (16)
halefis^{M} de culasse^{F} (16)
faceta^{F} inferior del contorno^{M}

VORDERSEITE^{F}
TOP FACE
FACE^{F} SUPÉRIEURE
CARA^{F} SUPERIOR

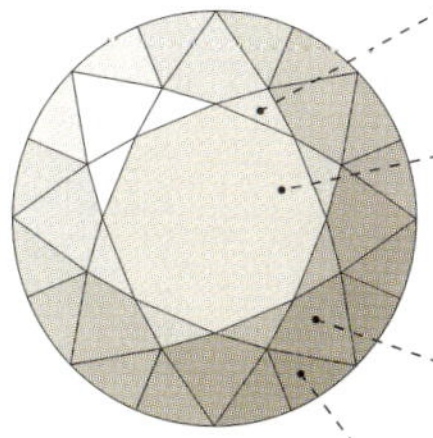

Tafelfacette^{F} (8)
star facet (8)
étoile^{F} (8)
faceta^{F} de estrella^{FB}

Tafel^{F}
table
table^{F}
tabla^{F}

Oberteilhauptfacette^{F} (8)
bezel facet (8)
bezel^{M} (8)
faceta^{F} bisel^{B}

obere Rondistenfacette^{F} (16)
upper girdle facet (16)
halefis^{M} de table^{F} (16)
faceta^{F} superior del contorno^{M}

SEITENANSICHT^{F}
SIDE FACE
PROFIL^{M}
PERFIL^{M}

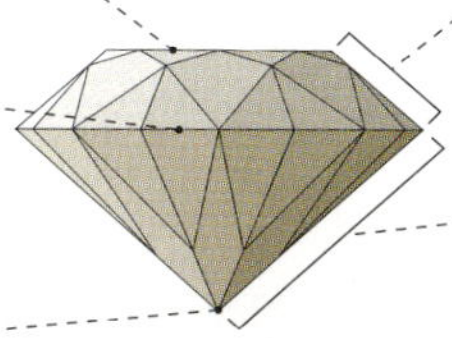

Tafel^{F}
table
table^{F}
tabla^{F}

Rondiste^{F}
girdle
rondiste^{M}
cinturón^{M}

Kulette^{F}
culet
colette^{F}
culata^{F}

Krone^{F}
crown
couronne^{F} de table^{F}
corona^{F}

Unterteil^{N}
pavilion
culasse^{F}
pabellón^{M}

EDELSTEINE^{M}
PRECIOUS STONES
PIERRES^{F} PRÉCIEUSES
PIEDRAS^{F} PRECIOSAS

Smaragd^{M}
emerald
émeraude^{F}
esmeralda^{F}

Rubin^{M}
ruby
rubis^{M}
rubí^{M}

Saphir^{M}
sapphire
saphir^{M}
zafiro^{M}

Diamant^{M}
diamond
diamant^{M}
diamante^{M}

HALBEDELSTEINE^{M}
SEMIPRECIOUS STONES
PIERRES^{F} FINES
PIEDRAS^{F} SEMIPRECIOSAS

Amethyst^{M}
amethyst
améthyste^{F}
amatista^{F}

Granat^{M}
garnet
grenat^{M}
granate^{M}

Topas^{M}
topaz
topaze^{F}
topacio^{M}

Aquamarin^{M}
aquamarine
aigue-marine^{F}
aguamarina^{F}

Turmalin^{M}
tourmaline
tourmaline^{F}
turmalina^{F}

Opal^{M}
opal
opale^{F}
ópalo^{M}

Türkis^{M}
turquoise
turquoise^{F}
turquesa^{F}

Lapislazuli^{M}
lapis lazuli
lapis-lazuli^{M}
lapislázuli^{M}

SCHMUCK[M]
JEWELLERY
BIJOUTERIE[F]
JOYERÍA[F]

RINGE[M]
RINGS
BAGUES[F]
ANILLOS[M]

Herrenring[M]
man's ring
chevalière[F]
sortija[F] de sello[M]

Collegering[M]
class ring
bague[F] de finissant[M]
anillo[M] de graduación[F]

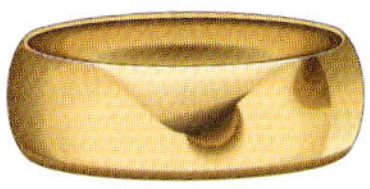

Bandring[M]
band ring
jonc[M]
anillo[M] de bodas[F]

Ehering[M]
wedding ring
alliance[F]
anillo[M] de bodas[F]

Verlobungsring[M]
engagement ring
bague[F] de fiançailles[F]
anillo[M] de compromiso[M]

Solitärring[M]
solitaire ring
bague[F] solitaire[M]
solitario[M]

ARMBÄNDER[N]
BRACELETS
BRACELETS[M]
BRAZALETES[M]

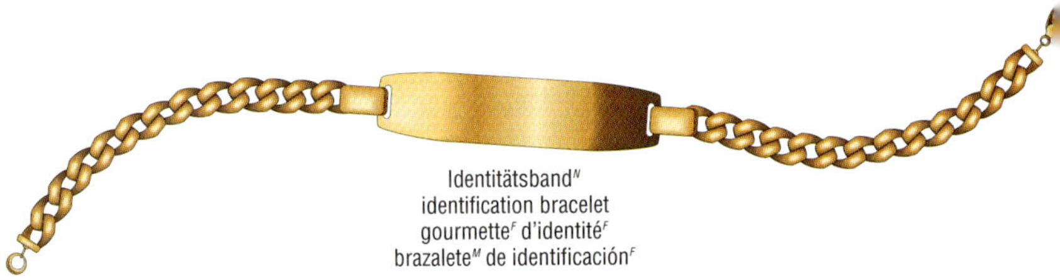

Identitätsband[N]
identification bracelet
gourmette[F] d'identité[F]
brazalete[M] de identificación[F]

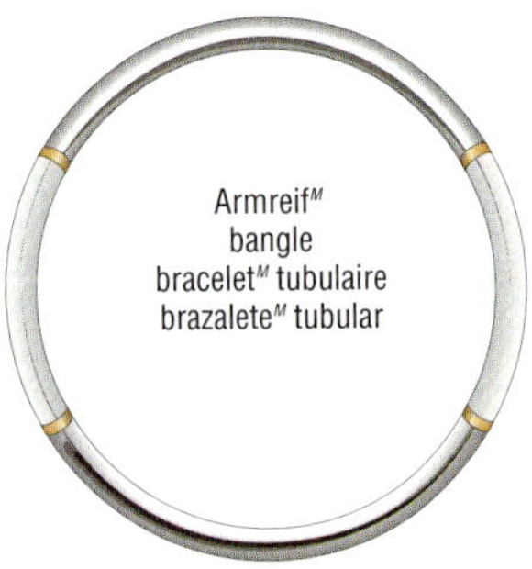

Armreif[M]
bangle
bracelet[M] tubulaire
brazalete[M] tubular

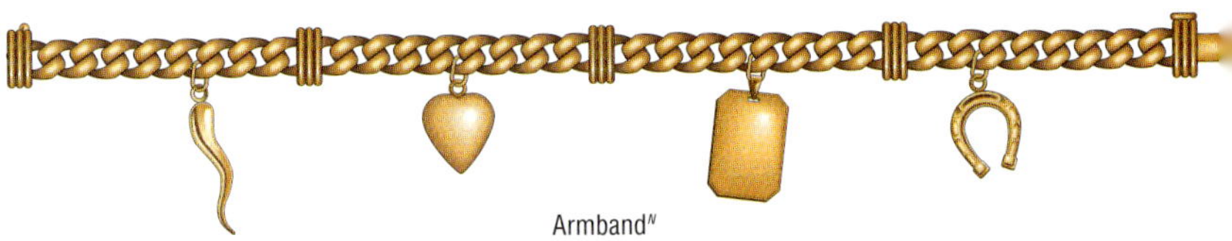

Armband[N]
bracelet
gourmette[F]
pulsera[F] de dijes[M]

ANSTECKNADELN[F]
PINS
ÉPINGLES[F]
ALFILERES[M]

Brosche[F]
brooch
broche[F]
broche[M]

Sticker[M]
stickpin
broche[F] épingle[F]
alfiler[M] de corbata[F]

Krawattennadel[F]
tiepin
épingle[F] à cravate[F]
alfiler[M] de corbata[F]

Kragenklammer[F]
collar stud
tige[F] pour col[M]
yugo[M]

Krawattenklemme[F]
tie clip
pince[F] à cravate[F]
pisacorbatas[M]

ANHÄNGER[M]
CHARMS
BRELOQUES[F]
DIJES[M]

Gravurplatte[F]
nameplate
plaque[F] d'identité[F]
placa[F] de identificación[F]

Hufeisen[N]
horseshoe
fer[M] à cheval[M]
herradura[F]

Horn[N]
horn
corne[F]
cuerno[M]

MANIKÜRE[F]
MANICURE
MANUCURE[F]
MANICURA[F]

NAGELNECESSAIRE[N]
MANICURE SET
TROUSSE[F] DE MANUCURE[F]
ESTUCHE[M] DE MANICURA[F]

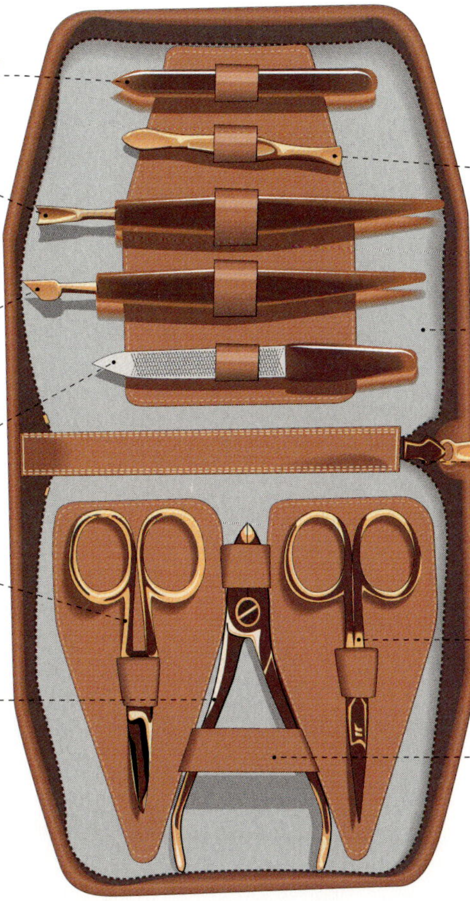

NAGELKNIPSER[M]
NAIL CLIPPERS
COUPE-ONGLES[M]
CORTAÚÑAS[M]

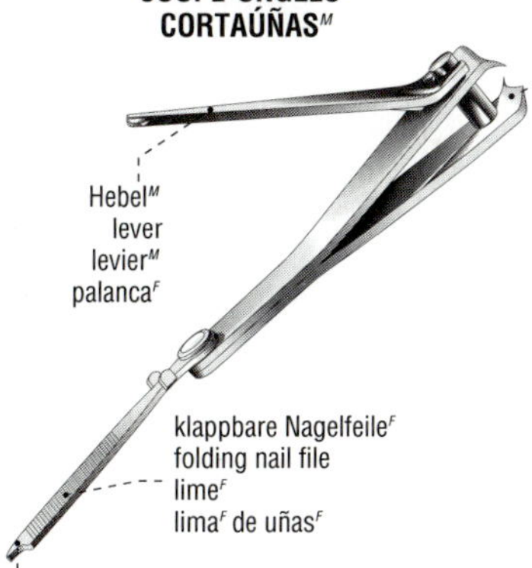

NAGELPFLEGEZUBEHÖR[N]
MANICURING IMPLEMENTS
ACCESSOIRES[M] DE MANUCURE[F]
INSTRUMENTOS[M] DE MANICURA[F]

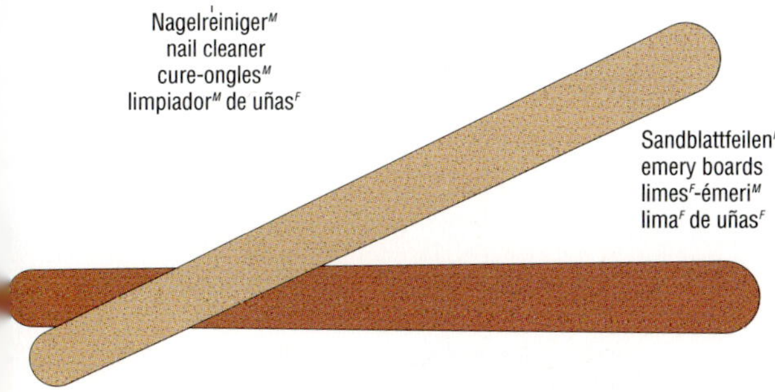

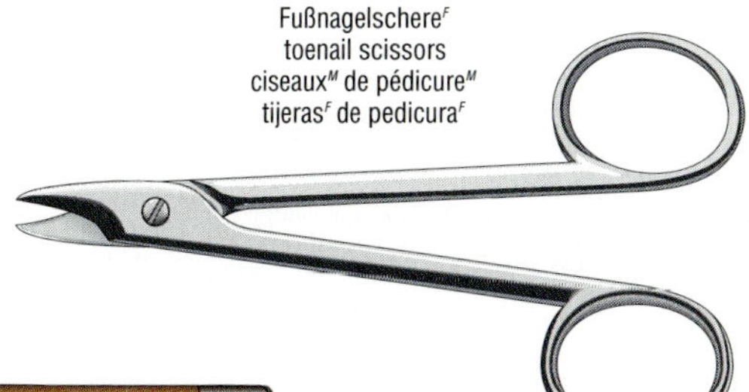

MAKE-UP^{N}
MAKE-UP
MAQUILLAGE^{M}
MAQUILLAJE^{M}

MAKE-UP^{N}
MAKE-UP
MAQUILLAGE^{M}
MAQUILLAJE^{M} FACIAL

Puderpinsel^{M}
loose powder brush
pinceau^{M} pour poudre^{F} libre
brocha^{F}

loser Puder^{M}
loose powder
poudre^{F} libre
polvos^{M} sueltos

Fächerpinsel^{M}
fan brush
pinceau^{M} éventail^{M}
brocha^{F} en forma^{F} de abanico^{M}

flüssige Grundierung^{F}
liquid foundation
fond^{M} de teint^{M} liquide
base^{F} líquida

Puderdose^{F}
compact
poudrier^{M}
polvera^{F}

gepreßter Puder^{M}
pressed powder
poudre^{F} pressée
polvo^{M} compacto

Puderkissen^{N}
powder puff
houpette^{F}
borla^{F}

Rougepinsel^{M}
blusher brush
pinceau^{M} pour fard^{M} à joues^{F}
brocha^{F} aplicadora de rubor^{M}

Puderrouge^{N}
powder blusher
fard^{M} à joues^{F} en poudre^{F}
rubor^{M} en polvo^{M}

LIPPEN-MAKE-UP^{N}
LIP MAKE-UP
MAQUILLAGE^{M} DES LÈVRES^{F}
MAQUILLAJE^{M} LABIAL

Lippenpinsel^{M}
lipbrush
pinceau^{M} à lèvres^{F}
pincel^{M} para labios^{M}

Lippenstift^{M}
lipstick
rouge^{M} à lèvres^{F}
lápiz^{M} labial

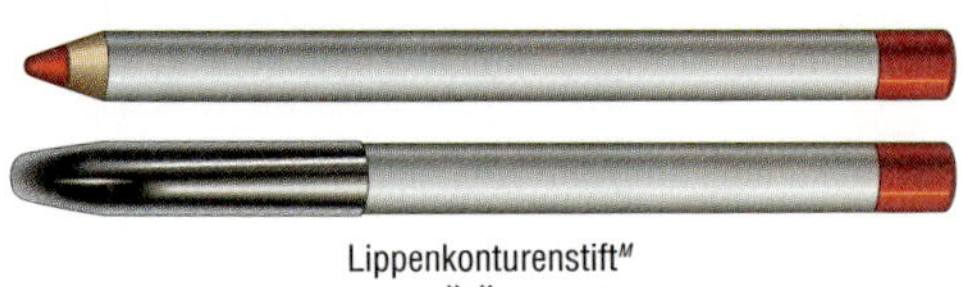

Lippenkonturenstift^{M}
lipliner
crayon^{M} contour^{M} des lèvres^{F}
delineador^{M} de labios^{M}

AUGEN-MAKE-UP[N]
EYE MAKE-UP
MAQUILLAGE[M] DES YEUX[M]
MAQUILLAJE[M] PARA OJOS[M]

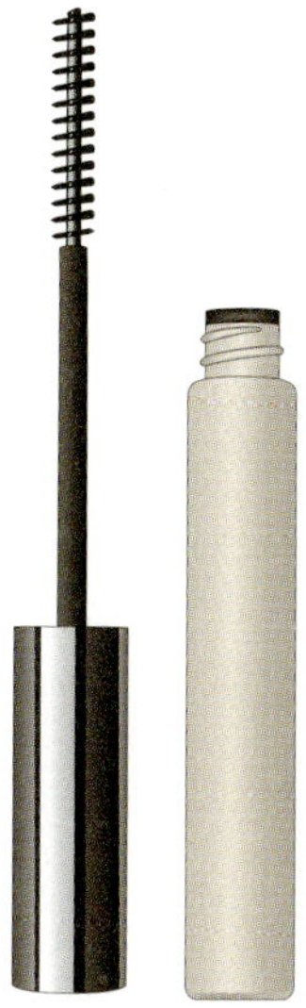

flüssige Mascara[F]
liquid mascara
mascara[M] liquide
rímel[M] líquido

flüssiger Eyeliner[M]
liquid eyeliner
eye-liner[M] liquide
delineador[M]

Augenbrauenstift[M]
eyebrow pencil
crayon[M] à sourcils[M]
lápiz[M] de cejas[F]

Brauenbürstchen[N] und Wimpernkämmchen[N]
brow brush and lash comb
brosse[F]-peigne[M] pour cils[M] et sourcils[M]
cepillo[M] para cejas[F] y pestañas[F]

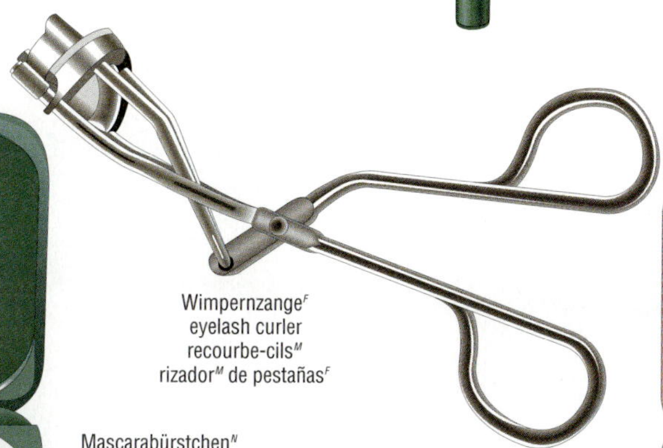

Wimpernzange[F]
eyelash curler
recourbe-cils[M]
rizador[M] de pestañas[F]

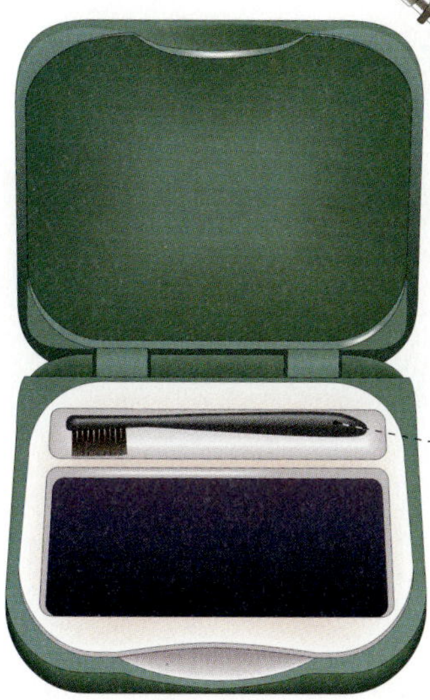

Mascarabürstchen[N]
mascara brush
brosse[F] à mascara[M]
cepillo[M] aplicador de rímel[M]

Mascarastein[M]
cake mascara
mascara[M] en pain[M]
rímel[M] en pasta[F]

Schwammstäbchen[N]
sponge-tipped applicator
applicateur[M]-mousse[F]
aplicador[M] de esponja[F]

Lidschatten[M]
eyeshadow
ombre[F] à paupières[F]
sombra[F] de ojos[M]

SCHWÄMME[M]
SPONGES
ÉPONGES[F]
ESPONJAS[F]

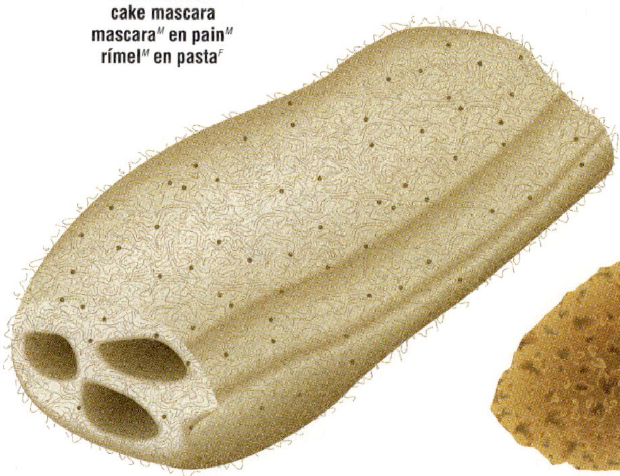

Luffaschwamm[M]
vegetable sponge
éponge[F] végétale
esponja[F] vegetal

Naturschwamm[M]
natural sponge
éponge[F] de mer[F]
esponja[F] natural

Kunstschwamm[M]
synthetic sponge
éponge[F] synthétique
esponja[F] sintética

HAARPFLEGE^{F}
HAIRDRESSING
COIFFURE^{F}
PEINADO^{M}

BELEUCHTETER SPIEGEL^{M}
LIGHTED MIRROR
MIROIR^{M} LUMINEUX
ESPEJO^{M} LUMINOSO

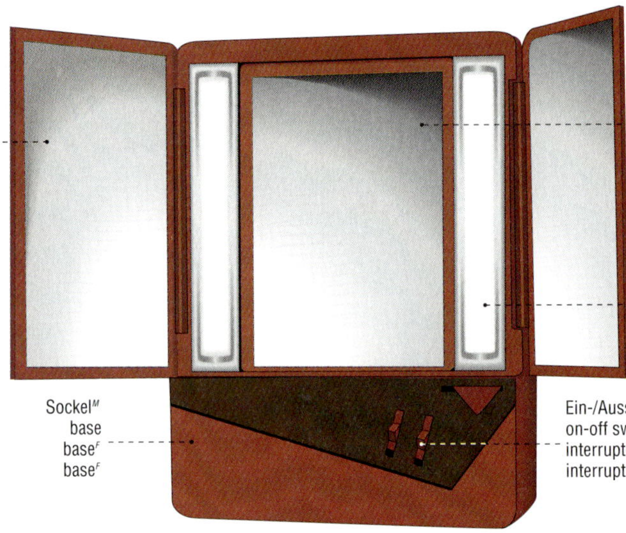

HAARBÜRSTEN^{F}
HAIRBRUSHES
BROSSES^{F} À CHEVEUX^{M}
CEPILLOS^{M}

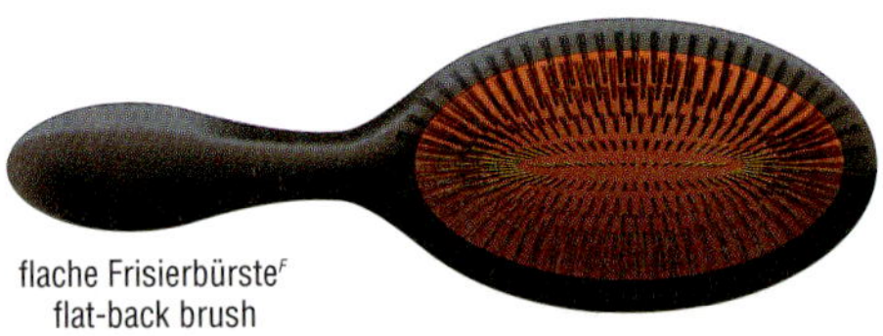

flache Frisierbürste^{F}
flat-back brush
brosse^{F} pneumatique
cepillo^{M} con base^{F} de goma^{F}

Rundbürste^{F}
round brush
brosse^{F} ronde
cepillo^{M} redondo

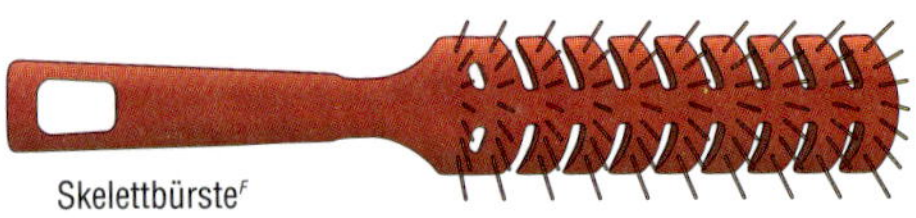

Skelettbürste^{F}
vent brush
brosse^{F}-araignée^{F}
cepillo^{M} metálico

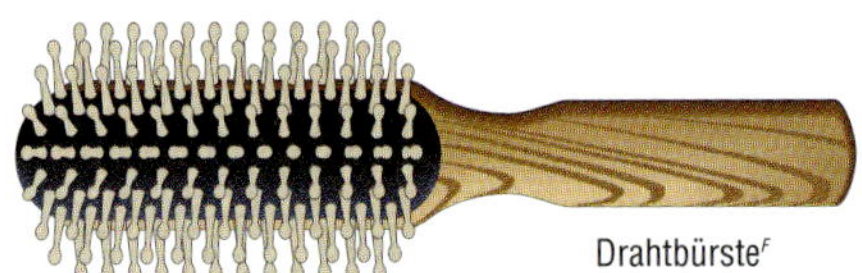

Drahtbürste^{F}
quill brush
brosse^{F} anglaise
cepillo^{M} de púas^{F}

KÄMME^{M}
COMBS
PEIGNES^{M}
PEINES^{M}

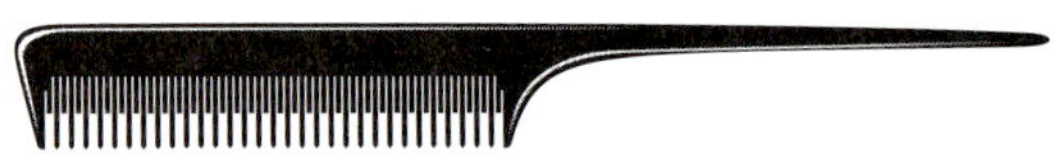

Toupierkamm^{M}
teaser comb
peigne^{M} à crêper
peine^{M} metálico

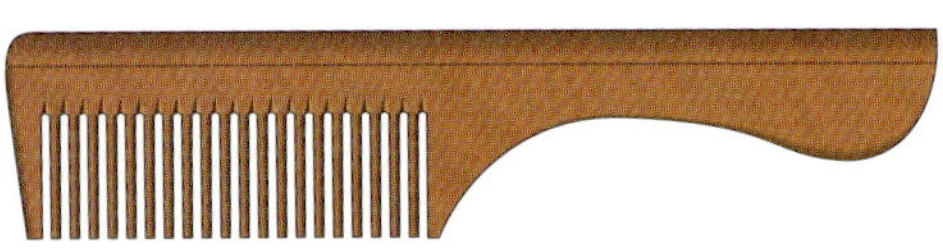

Griffkamm^{M}
rake comb
démêloir^{M}
peine^{M} para desenredar

Strähnenkamm^{M}
Afro pick
peigne^{M} afro
peine^{M} tenedor^{M}

Stielkamm^{M}
tail comb
peigne^{M} à tige^{F}
peine^{M} de mango^{M}

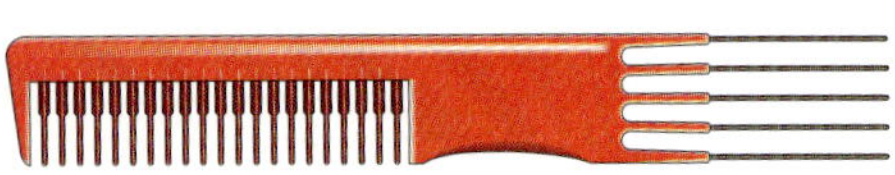

Haarliftkamm^{M}
pitchfork comb
combiné^{M} 2 dans 1
peine^{M} combinado^{M}

Haarschneidekamm^{M}
barber comb
peigne^{M} de coiffeur^{M}
peine^{M} de peluquero^{M}

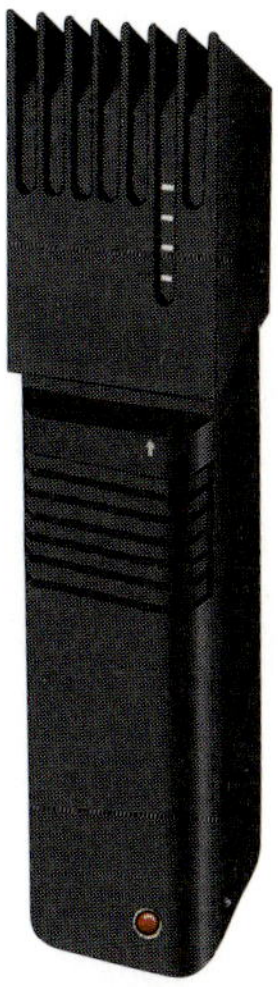

Haarschneider^{M}
clippers
tondeuse^{F}
maquinilla^{F} para cortar el cabello^{M}

HAARSCHNEIDESCHERE^{F}
HAIRCUTTING SCISSORS
CISEAUX^{M} DE COIFFEUR^{M}
TIJERAS^{F} DE PELUQUERO^{M}

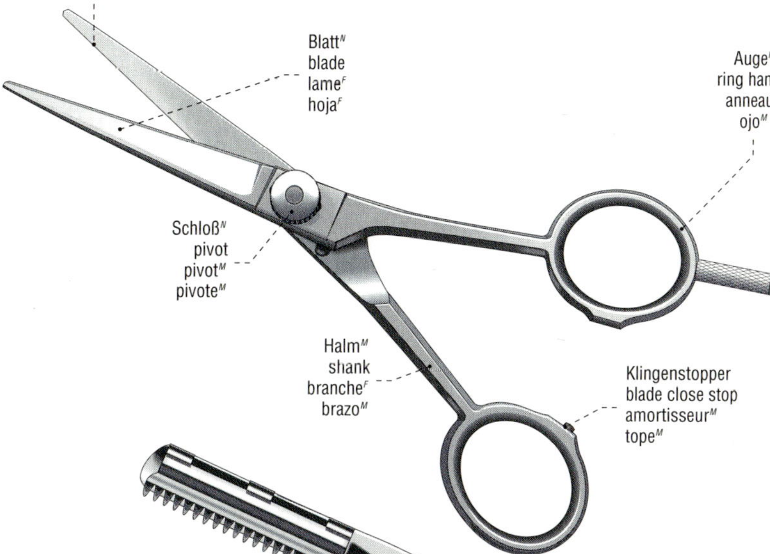

Effiliermesser^{N}
thinning razor
rasoir^{M} effileur
navaja^{F} para entresacar

ZWEISEITIG GEZAHNTE EFFILIERSCHERE^{F}
NOTCHED DOUBLE-EDGED THINNING SCISSORS
CISEAUX^{M} À EFFILER
TIJERAS^{F} CON DOBLE FILO^{M} PARA ENTRESACAR

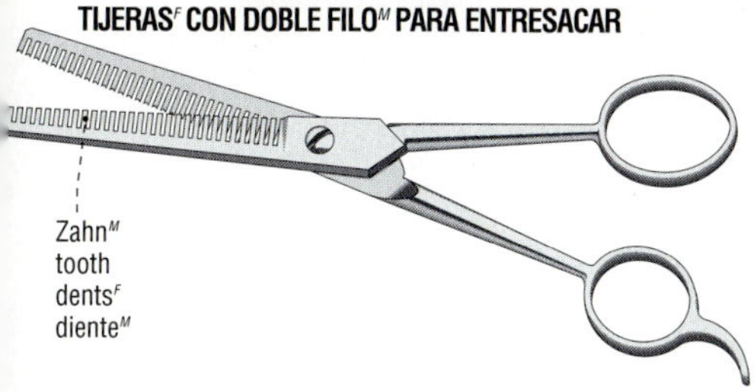

EINSEITIG GEZAHNTE MODELLIERSCHERE^{F}
NOTCHED SINGLE-EDGED THINNING SCISSORS
CISEAUX^{M} SCULPTEURS
TIJERAS^{F} CON FILO^{M} SIMPLE PARA ENTRESACAR

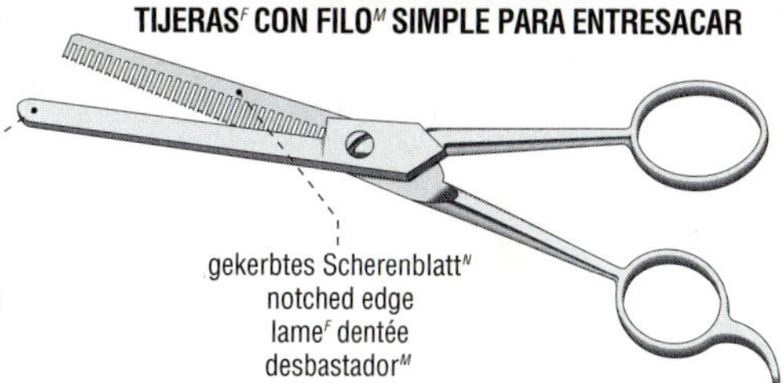

HAARZUBEHÖR^{N}
HAIRSTYLING IMPLEMENTS
ACCESSOIRES^{M} DE COIFFURE^{F}
ACCESORIOS^{M} PARA EL PEINADO^{M}

Haarklemme^{F}
hair grip
pince^{F} à cheveux^{M}
horquilla^{F}

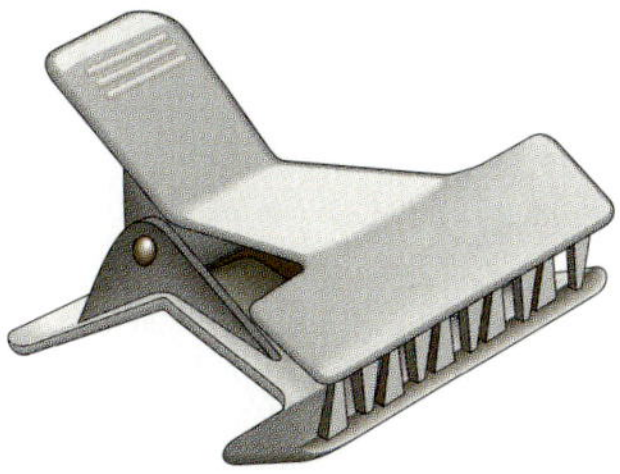

Abteilklammer^{F}
wave clip
pince^{F} à boucles^{F} de cheveux^{M}
pinza^{F} para rizar

Lockennadel^{F}
hairpin
épingle^{F} à cheveux^{M}
horquilla^{F}

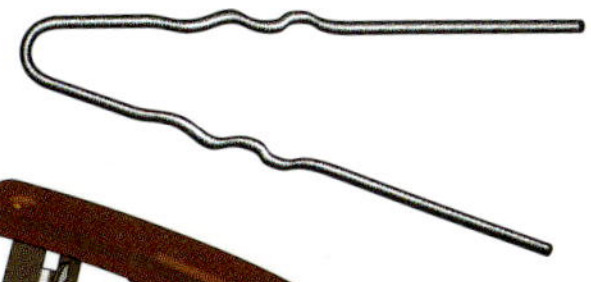

LOCKENWICKLER^{M}
HAIR ROLLER
BIGOUDI^{M}
TUBO^{M} PARA EL CABELLO^{M}

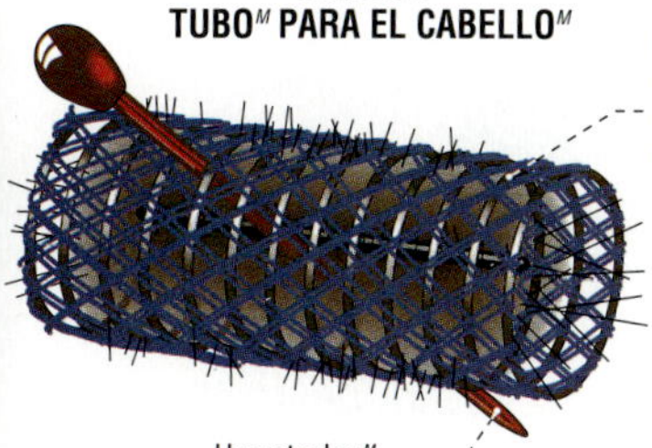

Haarclip^{M}
hair clip
pince^{F} de mise^{F} en plis^{M}
pinza^{F} para el cabello^{M}

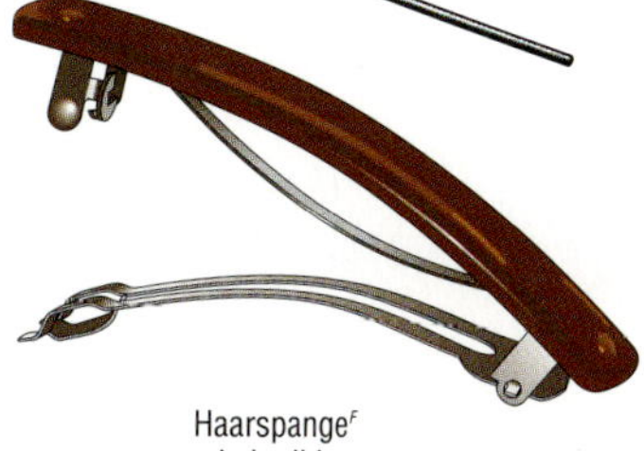

Haarspange^{F}
hair slide
barrette^{F}
pasador^{M}

HAARPFLEGE[F]
HAIRDRESSING
COIFFURE[F]
PEINADO[M]

LOCKENSTAB[M]
CURLING IRON
FER[M] À FRISER
PINZA[F] RIZADORA

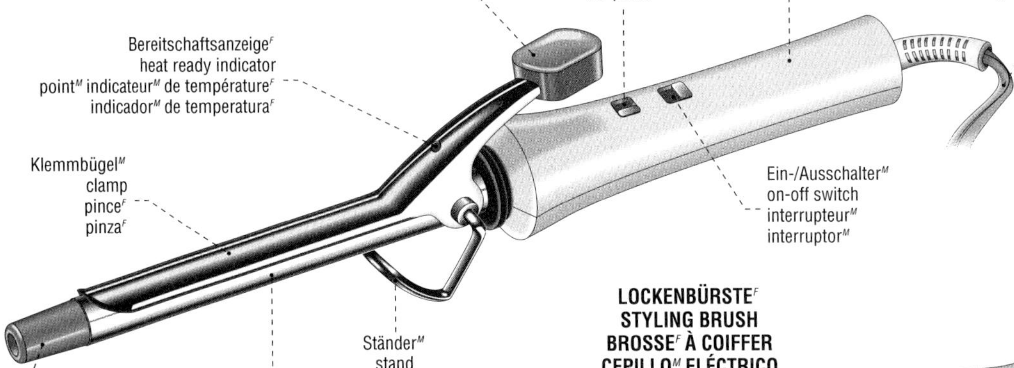

LOCKENBÜRSTE[F]
STYLING BRUSH
BROSSE[F] À COIFFER
CEPILLO[M] ELÉCTRICO

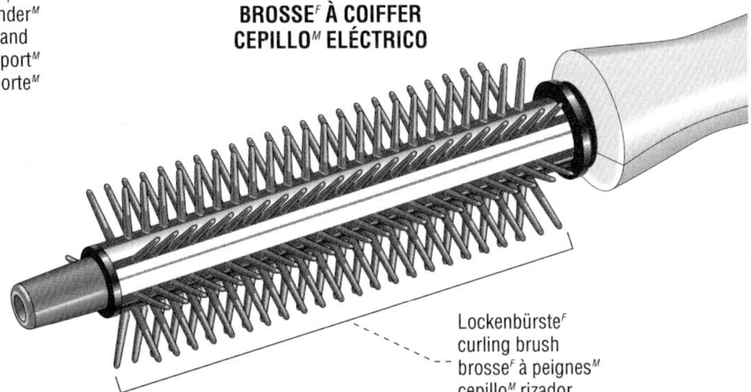

FÖN[M]
HAIR DRYER
SÈCHE-CHEVEUX[M]
SECADOR[F] MANUAL

PERSÖNLICHE ARTIKEL
PERSONAL ARTICLES
OBJETS PERSONNELS
ARTÍCULOS PERSONALES

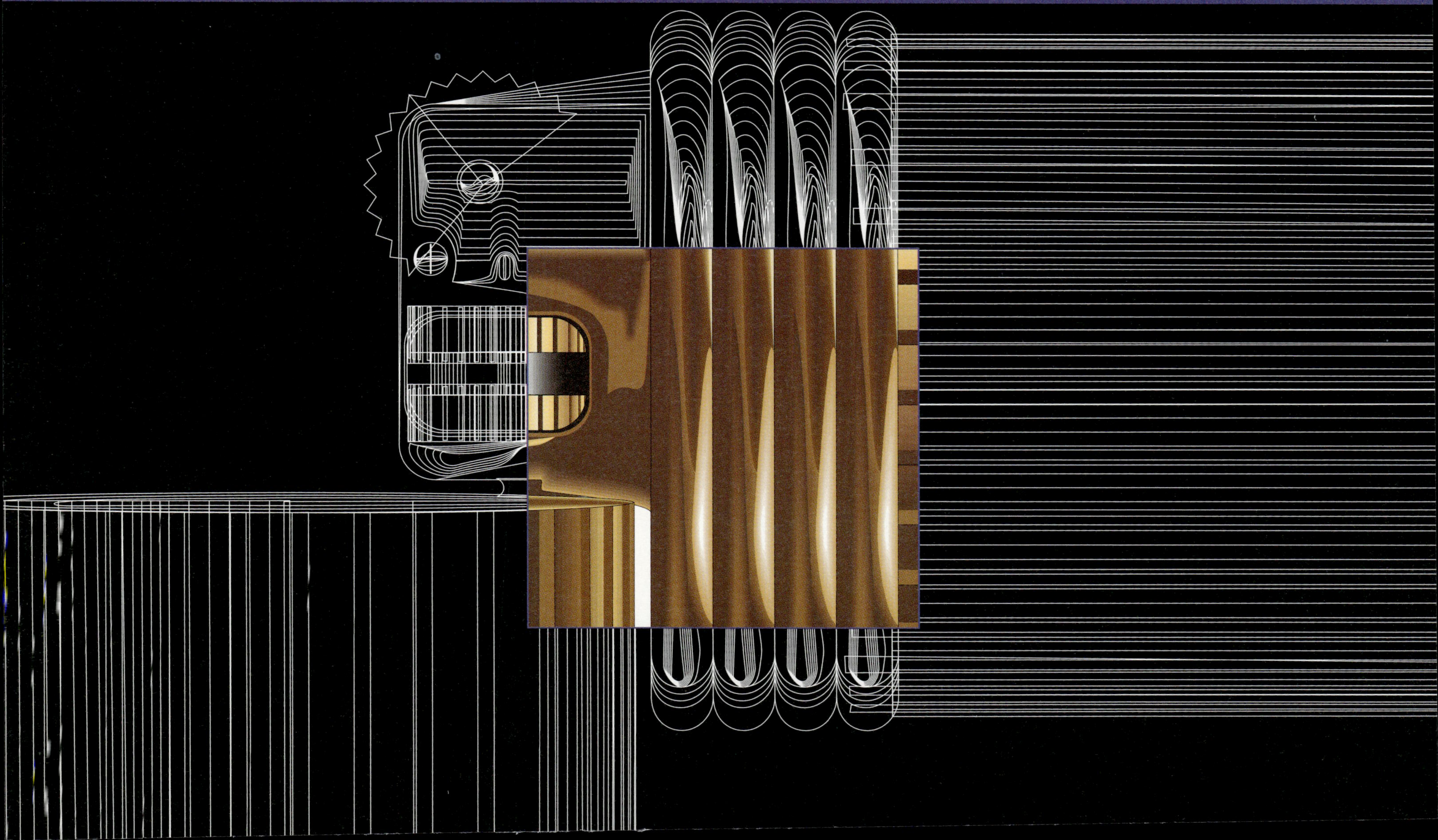

INHALT

ZAHNPFLEGE 373
RASIERER 374
SCHIRM UND STOCK 375
BRILLE 376
LEDERWAREN 378
HANDTASCHEN 380
GEPÄCK 382
RAUCHERBEDARF 384

ZAHNPFLEGE[F]
DENTAL CARE
HYGIÈNE[F] DENTAIRE
HIGIENE[F] DENTAL

ZAHNBÜRSTE[F]
TOOTHBRUSH
BROSSE[F] À DENTS[F]
CEPILLO[M] DE DIENTES[M]

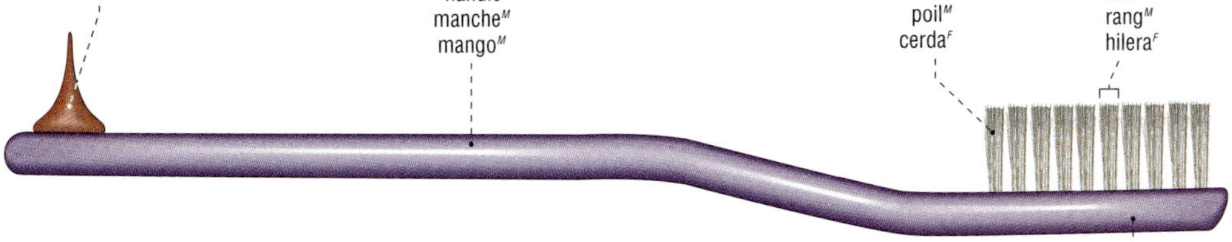

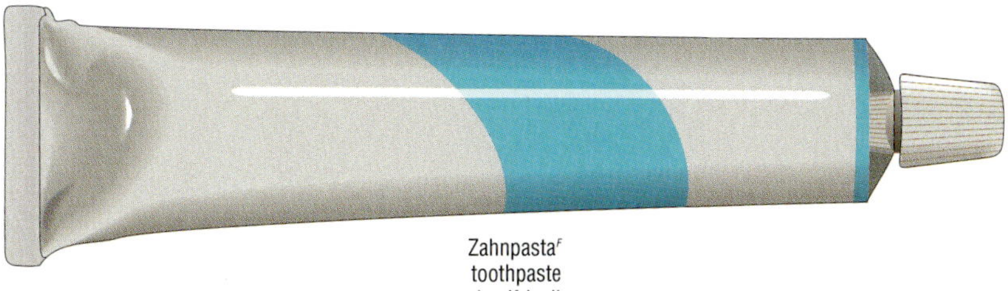

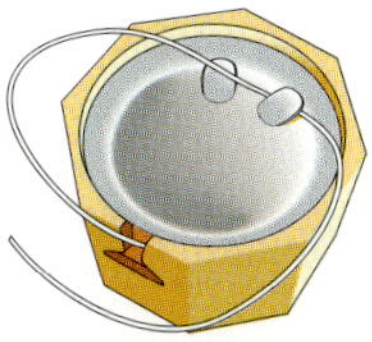

ELEKTRISCHE ZAHNBÜRSTE[F]
ELECTRIC TOOTHBRUSH
COMBINÉ[M] BUCCO-DENTAIRE
CEPILLO[M] DE DIENTES[M] ELÉCTRICO

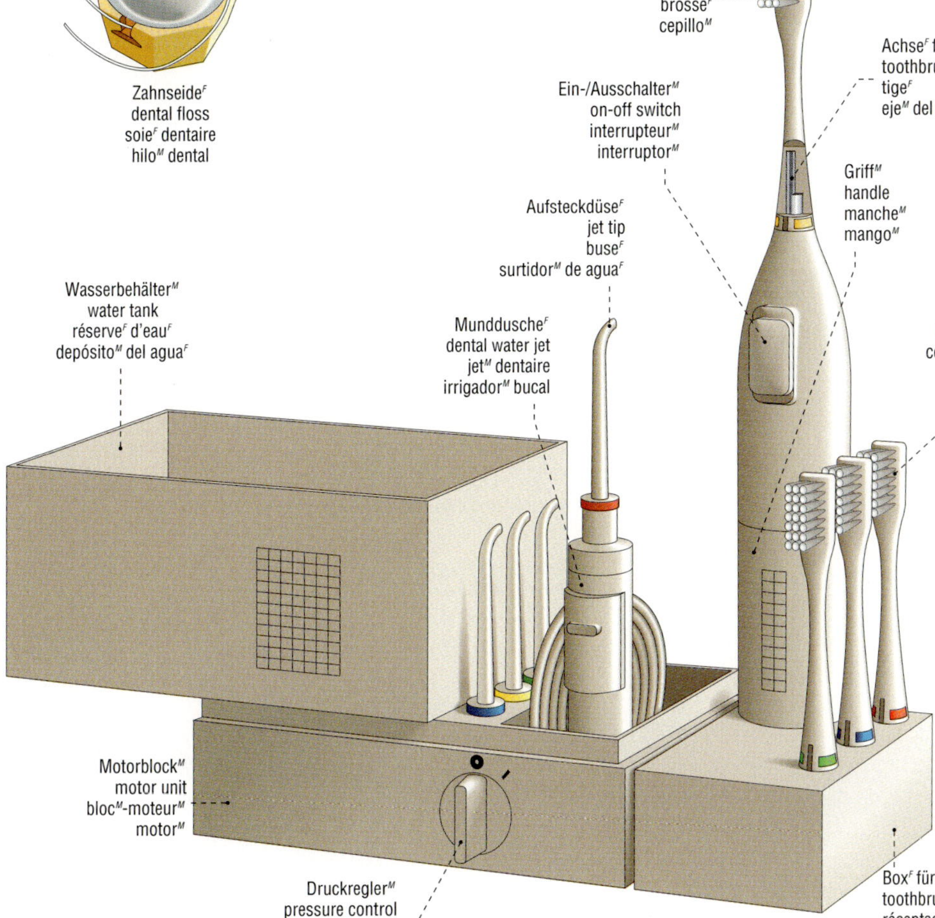

RASIERER[M]
RAZORS
RASOIRS[M]
RASURADORAS[F]

ELEKTRORASIERER[M]
ELECTRIC RAZOR
RASOIR[M] ÉLECTRIQUE
MAQUINILLA[F] DE AFEITAR ELÉCTRICA

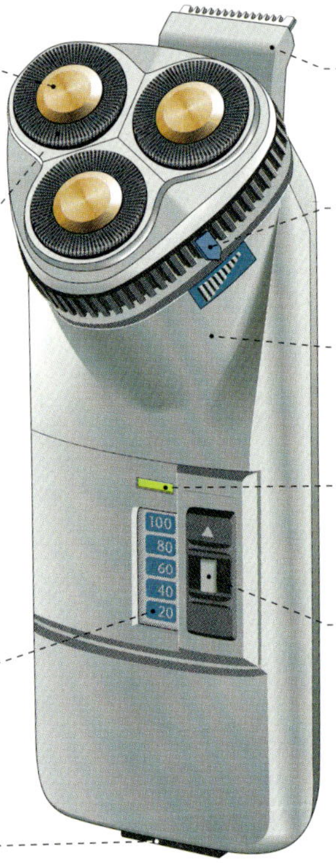

Scherkopf[M]
floating head
tête[F] flottante
cabeza[F] flotante

Scherkopfhalter[M]
screen
grille[F]
peine[M] y cuchilla[F]

Langhaarschneider[M]
trimmer
tondeuse[F]
recortador[M] de patillas[F]

Justierring[M]
closeness setting
sélecteur[M] de coupe[F]
selector[M] de corte[M]

Gehäuse[N]
housing
boîtier[M]
caja[F]

Ladekontrollampe[F]
charging light
voyant[M] de charge[F]
luz[F] de encendido[M]

Ein-/Ausschalter[M]
on-off switch
interrupteur[M]
interruptor[M]

Kapazitätsanzeige[F]
charge indicator
indicateur[M] de charge[F]
indicador[M] de recarga[F]

Geräteanschluß[M]
charging plug
prise[F] de charge[F]
enchufe[M] de recarga[F]

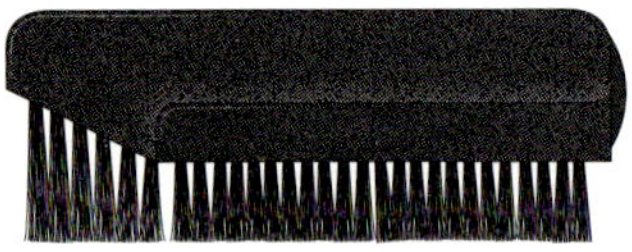

Reinigungsbürste[F]
cleaning brush
brosse[F] de nettoyage[M]
escobilla[F] limpiadora

Netzkabel[N]
flex
cordon[M] d'alimentation[F]
cable[M] de corriente[F]

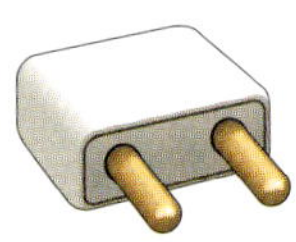

Adapter[M]
plug adapter
adaptateur[M] de fiche[F]
adaptador[M] de enchufes[M]

RASIERMESSER[N]
CUT-THROAT RAZOR
RASOIR[M] À MANCHE[M]
NAVAJA[F] DE BARBERO[M]

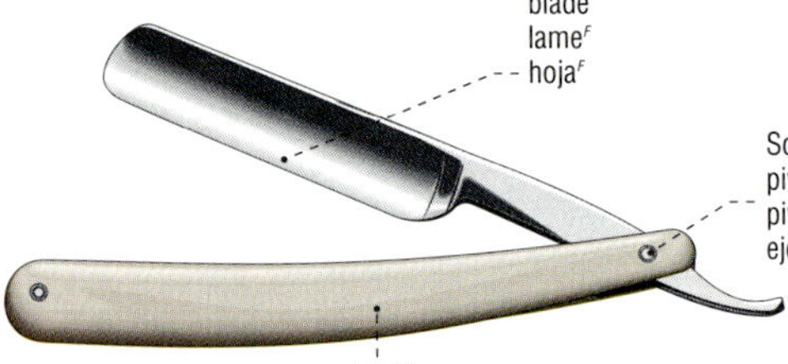

Klinge[F]
blade
lame[F]
hoja[F]

Schloß[N]
pivot
pivot[M]
eje[M]

Griff[M]
handle
manche[M]
mango[M]

ZWEISCHNEIDIGER RASIERER[M]
DOUBLE-EDGE RAZOR
RASOIR[M] À DOUBLE TRANCHANT[M]
MAQUINILLA[F] DE AFEITAR

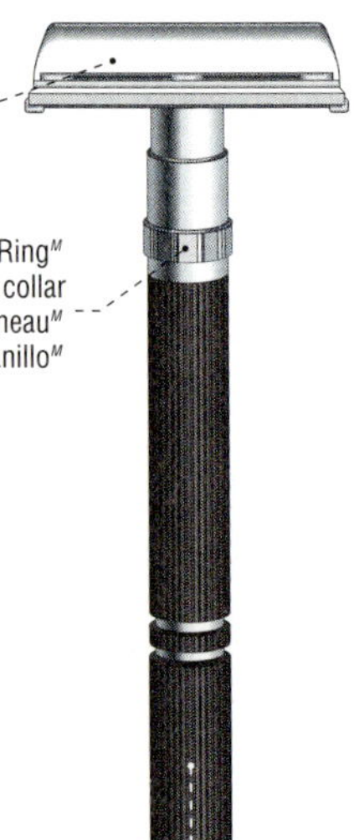

Kopf[M]
head
tête[F]
cabeza[F]

Ring[M]
collar
anneau[M]
anillo[M]

Griff[M]
handle
manche[M]
mango[M]

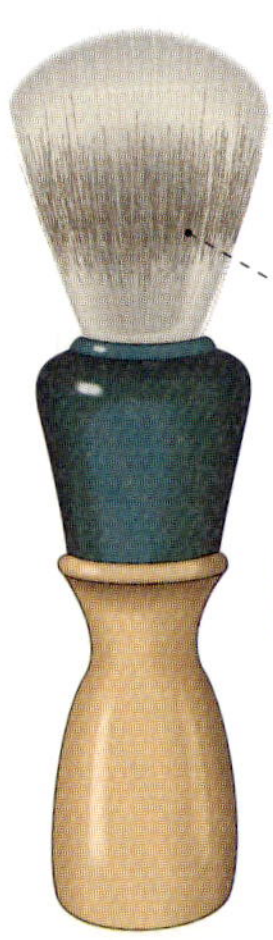

Borste[F]
bristle
soie[F]
cerdas[F]

RASIERPINSEL[M]
SHAVING BRUSH
BLAIREAU[M]
BROCHA[F] DE AFEITAR

Seifenbecher[M]
shaving mug
bol[M] à raser
jabonera[F]

Einwegrasierer[M]
disposable razor
rasoir[M] jetable
maquinilla[F] desechable

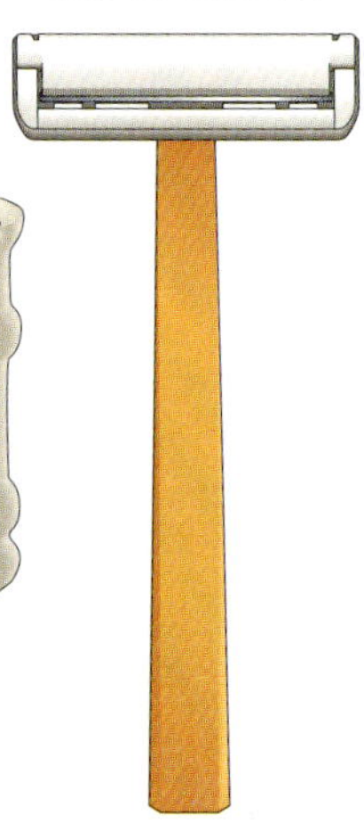

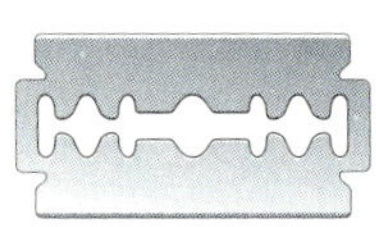

zweischneidige Klinge[F]
double-edge blade
lame[F] à double tranchant[M]
hoja[F] de afeitar

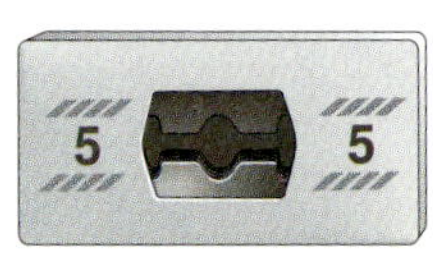

Klingenkassette[F]
blade dispenser
distributeur[M] de lames[F]
despachador[M] de hojas[F] de afeitar

SCHIRM[M] UND STOCK[M]
UMBRELLA AND STICK
PARAPLUIE[M] ET CANNE[F]
PARAGUAS[M] Y BASTONES[M]

SCHIRM[M]
UMBRELLA
PARAPLUIE[M]
PARAGUAS[M]

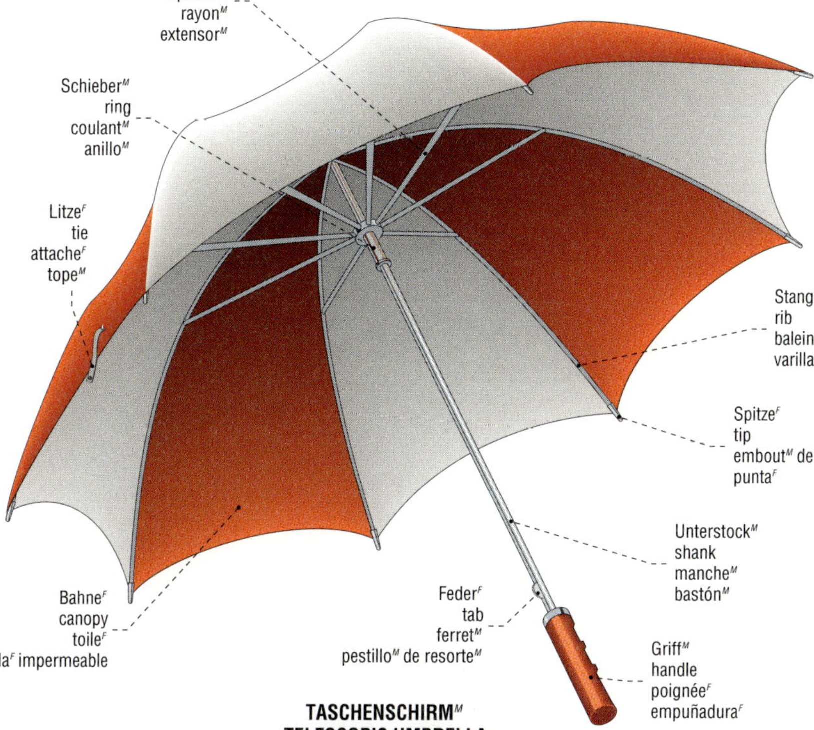

TASCHENSCHIRM[M]
TELESCOPIC UMBRELLA
PARAPLUIE[M] TÉLESCOPIQUE
PARAGUAS[M] PLEGABLE

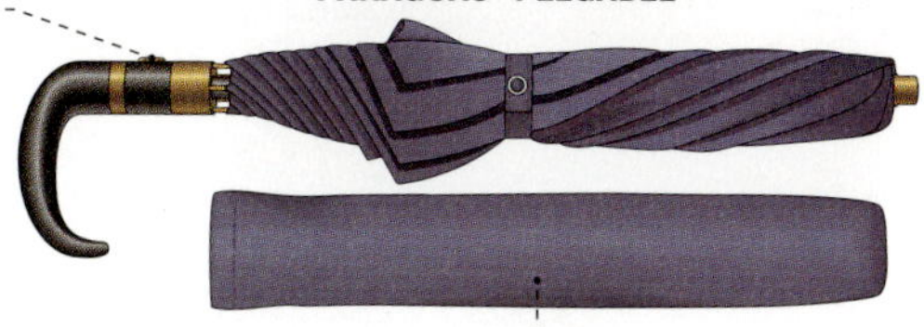

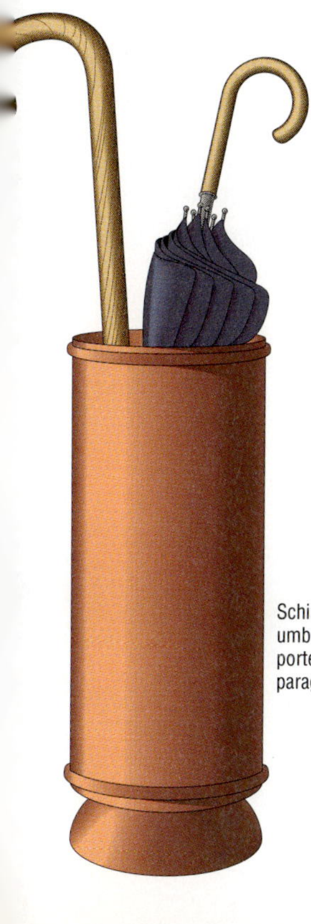

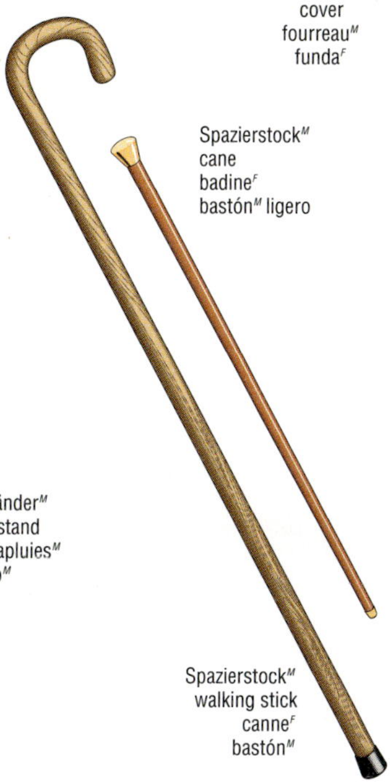

STOCKSCHIRM[M]
STICK UMBRELLA
PARAPLUIE[M]-CANNE[F]
PARAGUAS[M] DE BASTÓN[M]

BRILLE[F]
GLASSES
LUNETTES[F]
GAFAS[F]

TEILE[N] DER BRILLE[F]
PARTS OF GLASSES
PARTIES[F] DES LUNETTES[F]
GAFAS[F]: PARTES[F]

BIFOKALGLAS[N]
BIFOCAL LENS
VERRE[M] BIFOCAL
LENTE[F] BIFOCAL

FASSUNGEN[F]
FRAMES
MONTURE[F]
MONTURA[F]

DIE WICHTIGSTEN BRILLENARTEN[F]
PRINCIPAL TYPES OF GLASSES
PRINCIPAUX TYPES[M] DE LUNETTES[F]
PRINCIPALES TIPOS[M] DE LENTES[M]

Scherenbrille[F]
scissors-glasses
binocle[M]
binóculos[M] de tijera[F]

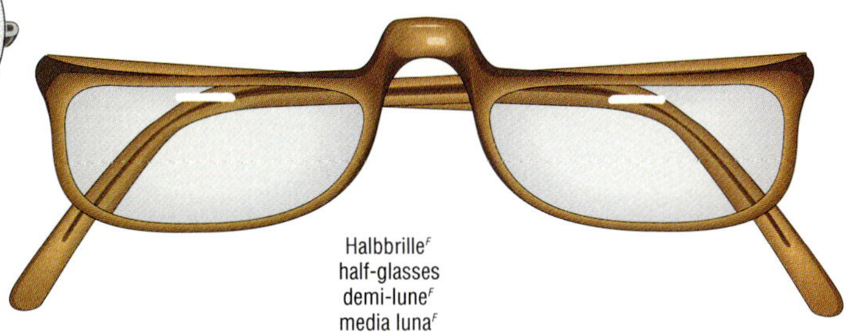

Halbbrille[F]
half-glasses
demi-lune[F]
media luna[F]

Sonnenbrille[F]
sunglasses
lunettes[F] de soleil[M]
gafas[F] de sol[M]

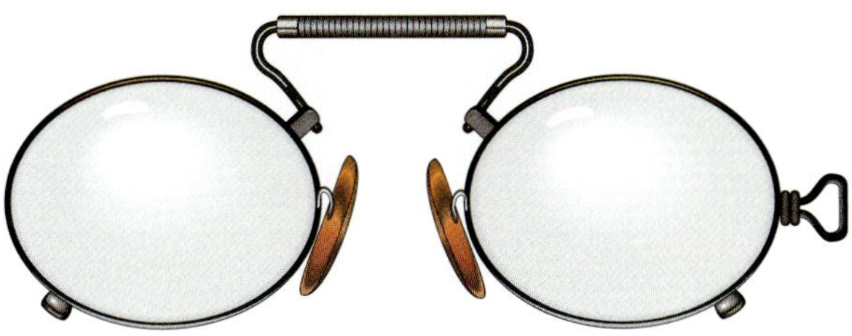

Kneifer[M]
pince-nez
bésicles[F] à pont[M] élastique
quevedos[M]

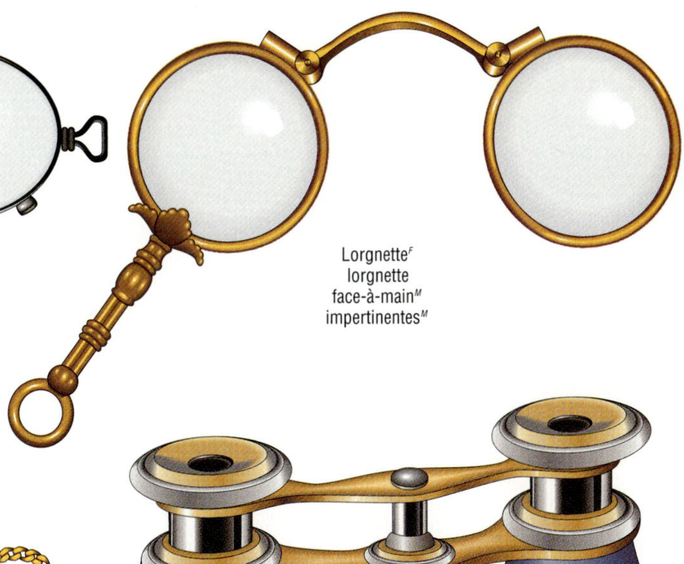

Lorgnette[F]
lorgnette
face-à-main[M]
impertinentes[M]

Monokel[N]
monocle
monocle[M]
monóculo[M]

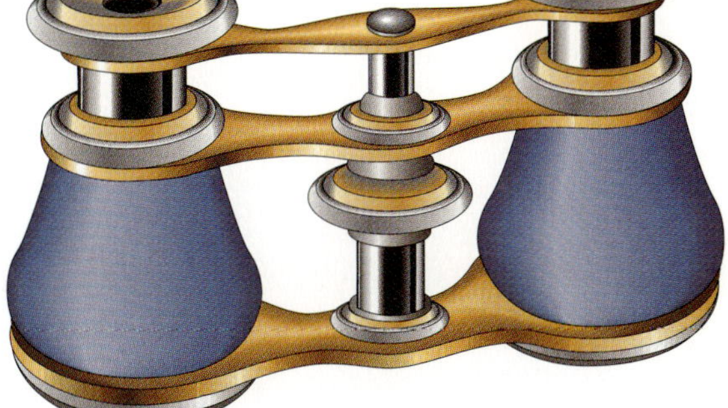

Opernglas[N]
opera glasses
lorgnette[F]
gemelos[M] de teatro[M]

LEDERWAREN[F]
LEATHER GOODS
ARTICLES[M] DE MAROQUINERIE[F]
ARTÍCULOS[M] DE PIEL[F]

AKTENKOFFER[M]
ATTACHÉ CASE
MALLETTE[F] PORTE-DOCUMENTS[M]
MALETÍN[M]

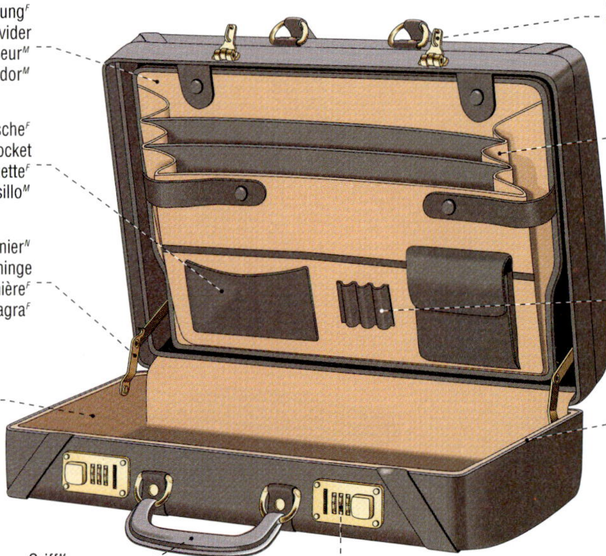

AKTENTASCHE[F]
BRIEFCASE
SERVIETTE[F]
CARTERA[F]

KOLLEGMAPPE[F] MIT GRIFF[M]
BOTTOM-FOLD PORTFOLIO
PORTE-DOCUMENTS[M] À SOUFFLET[M]
CARTERA[F] DE FONDO[M] PLEGABLE

Unterarmmappe[F]
underarm portfolio
porte-documents[M] plat
cartera[F] portadocumentos[M]

Schreibmappe[F]
writing case
écritoire[F]
agenda[F]

Brillenetui[N]
glasses case
étui[M] à lunettes[F]
funda[F] para gafas[F]

ETUI[N] FÜR RECHNER[M] UND SCHECKHEFT[N]
CALCULATOR/CHEQUE BOOK HOLDER
PORTEFEUILLE[M] CHÉQUIER[M]
PORTACHEQUERA[F] CON CALCULADORA[F]

Druckverschluß[M]
snap fastener
grébiche[F]
filete[M]

Kreditkartenfach[N]
credit card wallet
porte-cartes[M]
tarjetero[M]

Taschenrechner[M]
calculator
calculette[F]
calculadora[F]

Stifthalter[M]
pen holder
porte-stylo[M]
portaplumas[M]

Unterfach[N]
hidden pocket
poche[F] secrète
bolsillo[M] secreto

Scheckheft[N]
cheque book
chéquier[M]
talonario[M] de cheques[M]

KREDITKARTENETUI[N]
CREDIT CARD WALLET
PORTE-CARTES[M]
TARJETERO[M]

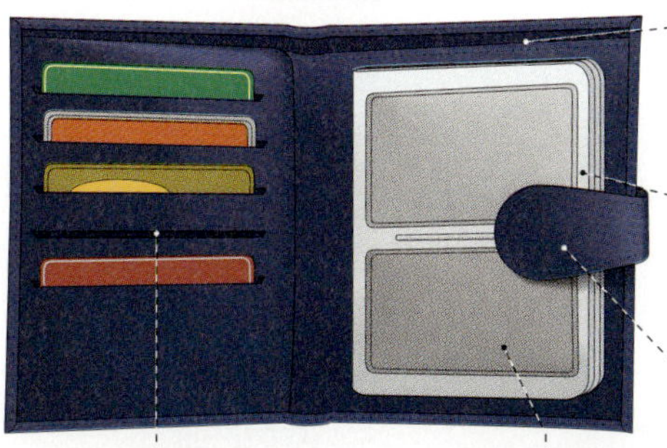

Scheinfach[N]
compartment for notes
poche[F] américaine
billetera[F]

Klarsichtfenster[N]
clear plastic holders
feuillets[M]
plásticos[M] transparentes

Lasche[F]
tab
patte[F]
lengüeta[F]

Fach[N]
compartment
fente[F]
ranura[F]

Klarsichtfenster[N]
clear plastic holder
volet[M] transparent
plástico[M] transparente

Schlüsseletui[N]
key case
porte-clés[M]
llavero[M]

Scheintasche[F]
wallet
porte-coupures[M]
billetera[F]

Knipsbörse[F]
purse
bourse[F] à monnaie[F]
monedero[M]

Scheintasche[F]
wallet
portefeuille[M]
billetera[F]

Scheckhülle[F]
cheque book cover
porte-chéquier[M]
talonario[M] de cheques[M]

Brieftasche[F]
passport case
porte-passeport[M]
portapasaportes[M]

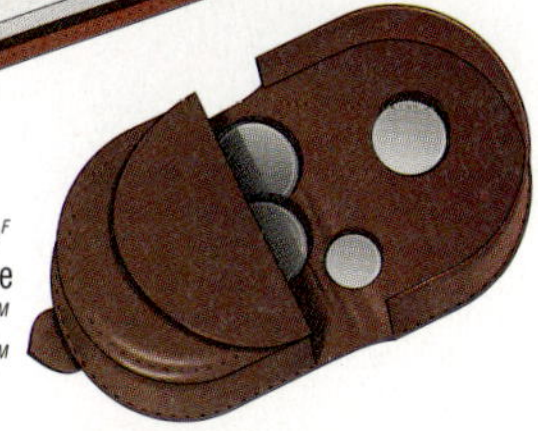

Schüttelbörse[F]
coin purse
porte-monnaie[M]
portamonedas[M]

HANDTASCHEN^{F}
HANDBAGS
SACS^{M} À MAIN^{F}
BOLSAS^{F} DE MANO^{F}

Herrentasche^{F}
men's bag
pochette^{F} d'homme^{M}
bolso^{M} de hombre^{M}

AKTENTASCHE^{F}
BRIEFCASE
SAC^{M} CARTABLE^{M}
BOLSO^{M} CLÁSICO

Griff^{M}
handle
poignée^{F}
mango^{M}

Überschlag^{M}
flap
rabat^{M}
ala^{F}

Schnappschloß^{N}
clasp
fermoir^{M}
broche^{M}

Schloß^{N}
lock
serrure^{F}
cierre^{M}

Beutel^{M}
pouch
aumonière^{F}
bolsita^{F} de cordones^{M}

SCHULTERTASCHE^{F}
SHOULDER BAG
SAC^{M} À BANDOULIÈRE^{F}
BOLSO^{M}

Schnalle^{F}
buckle
boucle^{F}
hebilla^{F}

Schulterriemen^{M}
shoulder strap
bandoulière^{F}
bandolera^{F}

UMHÄNGETASCHE^{F} MIT DEHNFALTE^{F}
ACCORDION BAG
SAC^{M} ACCORDÉON^{M}
BOLSA^{F} DE ACORDEÓN^{M}

Keil^{M}
gusset
soufflet^{M}
fuelle^{M}

Stadttasche^{F}
tote bag
sac^{M} fourre-tout^{M}
bolsa^{F} de paja^{F}

kleine Beuteltasche^{F}
small drawstring bag
balluchon^{M}
saco^{M} de viaje^{M}

Umhängetasche^{F} mit Reißverschluß^{M}
zip-fastened shoulder bag
sac^{M} besace^{F}
morral^{M}

Matchbeutel[M]
duffel bag
sac[M] marin[M]
saco[M] de marinero[M]

Boxtasche[F]
box bag
sac[M] boîte[F]
bolsa[F] de vestir

Klemmtasche[F]
clutch bag
pochette[F]
monedero[M]

BEUTELTASCHE[F]
DRAWSTRING BAG
SAC[M] SEAU[M]
BOLSA[F] DE CORDONES[M]

Dreivierteltasche[F]
holdall
sac[M] polochon[M]
bolsa[F] de viaje[M]

Mufftasche[F]
muff bag
manchon[M]
bolsa[F] manguito[M]

Einkaufstasche[F]
shopping bag
cabas[M]
cesto[M] de la compra[F]

Tragetasche[F]
shopping bag
sac[M] à provisions[F]
cesto[M]

GEPÄCK^{N}
LUGGAGE
BAGAGES^{M}
EQUIPAJE^{M}

REISETASCHE^{F}
TRAVEL BAG
SAC^{M} DE VOL^{M}
BOLSA^{F} DE VIAJE^{M}

Flugtasche^{F}
flight bag
sac^{M} fourre-tout^{M}
maletín^{M}

KOSMETIKKOFFER^{M}
VANITY CASE
MALLETTE^{F} DE TOILETTE^{F}
NECESER^{M}

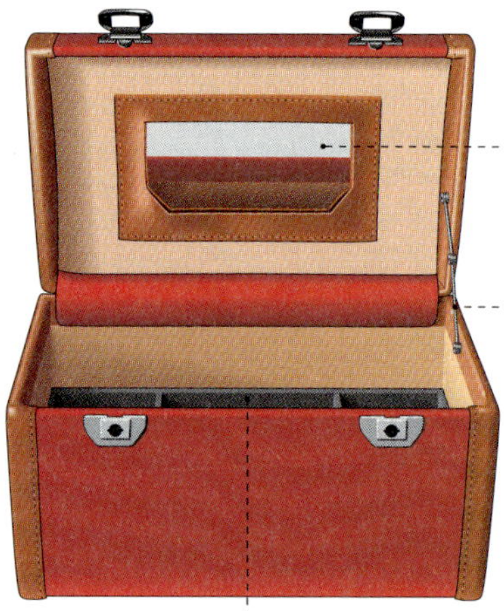

KLEIDERSACK^{M}
SUIT BAG
HOUSSE^{F} À VÊTEMENTS^{M}
BOLSA^{F} PARA TRAJES^{M}

Kulturbeutel^{M}
sponge bag
trousse^{F} de toilette^{F}
estuche^{M} de tocador^{M}

GEPÄCKROLLER^{M}
LUGGAGE TROLLEY
PORTE-BAGAGES^{M}
CARRITO^{M} PORTAMALETAS^{M}

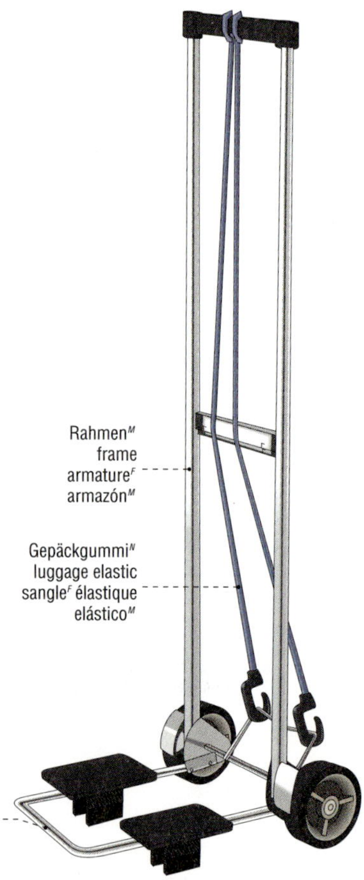

KOFFER[M]
SUITCASE
VALISE[F] PULLMAN[M]
MALETA[F] CLÁSICA

WOCHENENDKOFFER[M]
WEEKEND CASE
VALISE[F] FIN[F] DE SEMAINE[F]
MALETA[F] DE FIN[M] DE SEMANA[F]

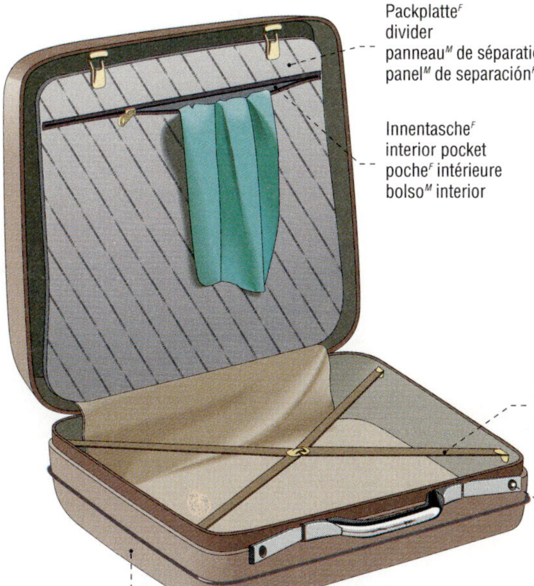

ÜBERSEEKOFFER[M]
TRUNK
MALLE[F]
BAÚL[M]

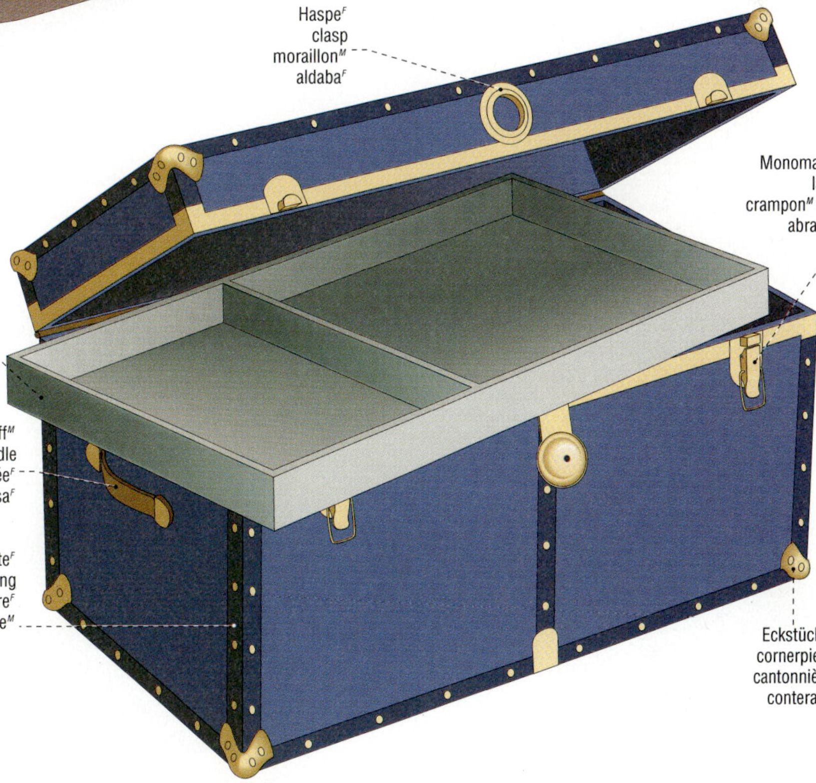

RAUCHERBEDARF[M]
SMOKING ACCESSORIES
ARTICLES[M] DE FUMEUR[M]
ACCESORIOS[M] PARA FUMAR

ZIGARRE[F]
CIGAR
CIGARE[M]
PURO[M]

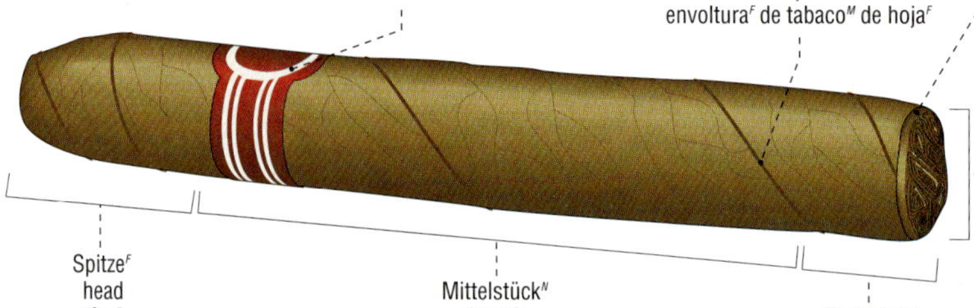

ZIGARETTE[F]
CIGARETTE
CIGARETTE[F]
CIGARRILLO[M]

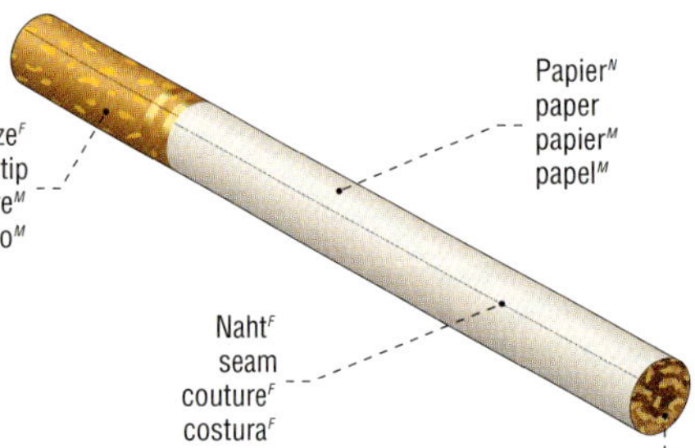

ZIGARETTENPACKUNG[F]
CIGARETTE PACKET
PAQUET[M] DE CIGARETTES[F]
PAQUETE[M] DE CIGARRILLOS[M]

PFEIFE[F]
PIPE
PIPE[F]
PIPA[F]

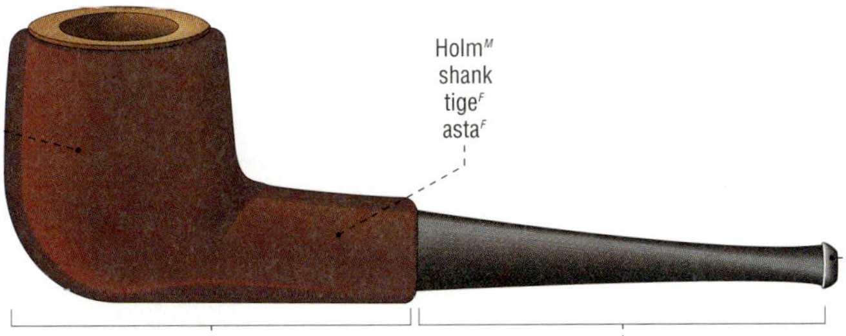

QUERSCHNITT[M] EINER PFEIFE[F]
CROSS SECTION OF A PIPE
COUPE[F] D'UNE PIPE[F]
CORTE[M] TRANSVERSAL DE UNA PIPA[F]

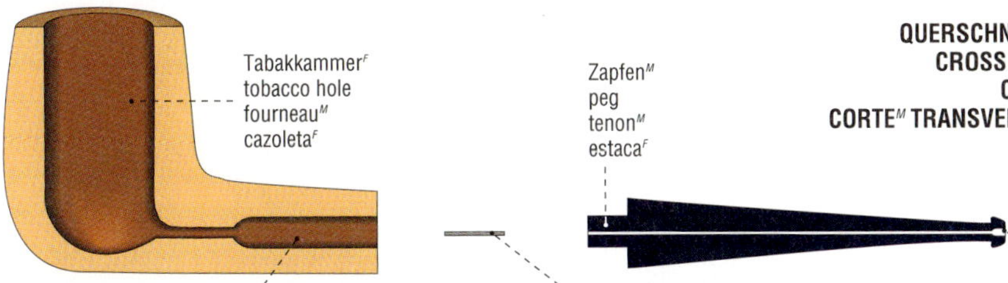

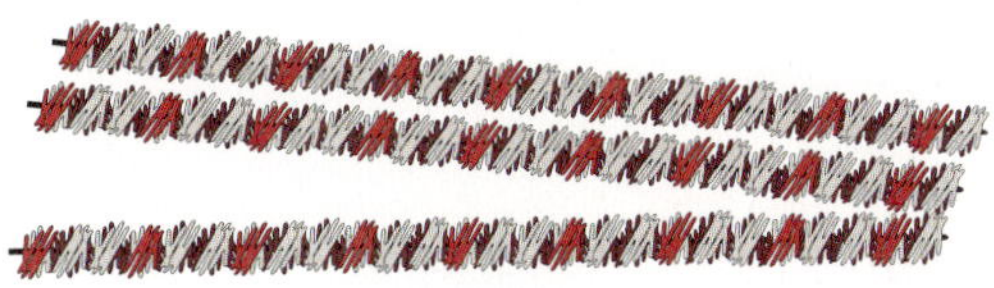

PFEIFENBESTECK[N]
PIPE TOOLS
BOURRE-PIPE[M]
ACCESORIOS[M] PARA LA PIPA[F]

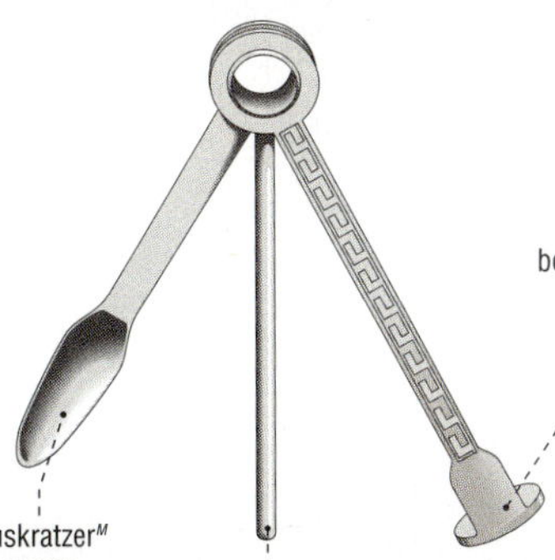

RAUCHERBEDARF^{M}
SMOKING ACCESSORIES
ARTICLES^{M} DE FUMEUR^{M}
ACCESORIOS^{M} PARA FUMAR

STREICHHOLZHEFTCHEN^{N}
BOOK OF MATCHES
POCHETTE^{F} D'ALLUMETTES^{F}
CARTERITA^{F} DE FÓSFOROS^{M}

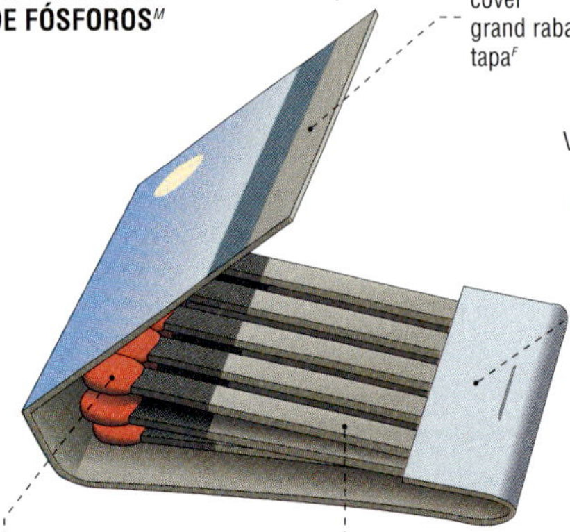

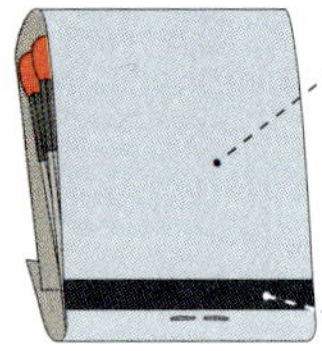

STREICHHOLZSCHACHTEL^{F}
MATCHBOX
BOÎTE^{F} D'ALLUMETTES^{F}
CAJA^{F} DE FÓSFOROS^{M}

GASFEUERZEUG^{N}
GAS LIGHTER
BRIQUET^{M} À GAZ^{M}
ENCENDEDOR^{M}

ASCHENBECHER^{M}
ASHTRAY
CENDRIER^{M}
CENICERO^{M}

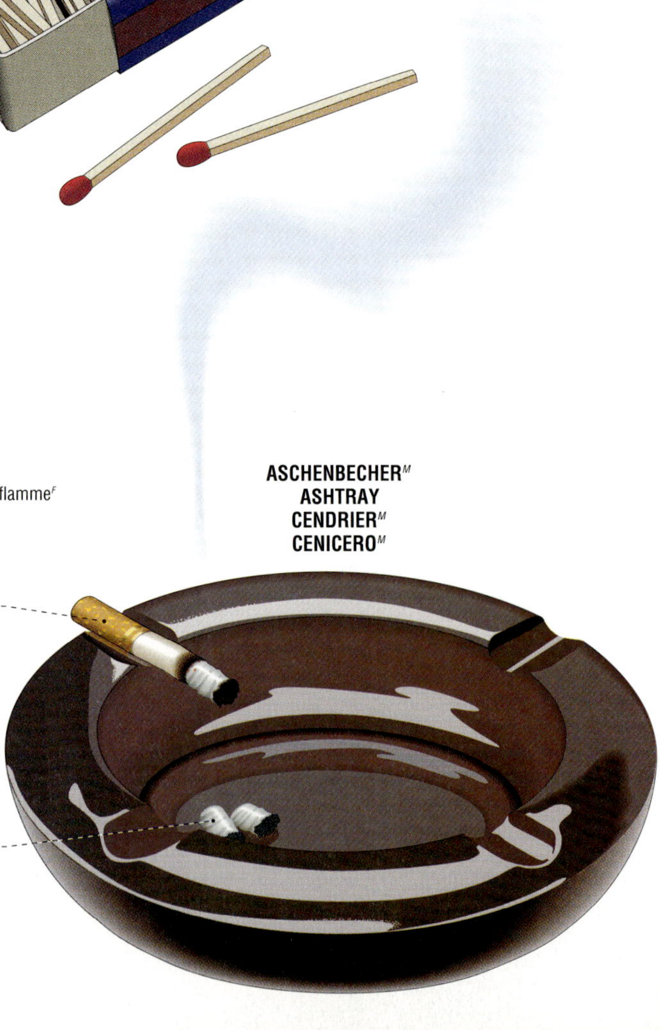

KOMMUNIKATION COMMUNICATIONS
COMMUNICATIONS COMUNICACIONES

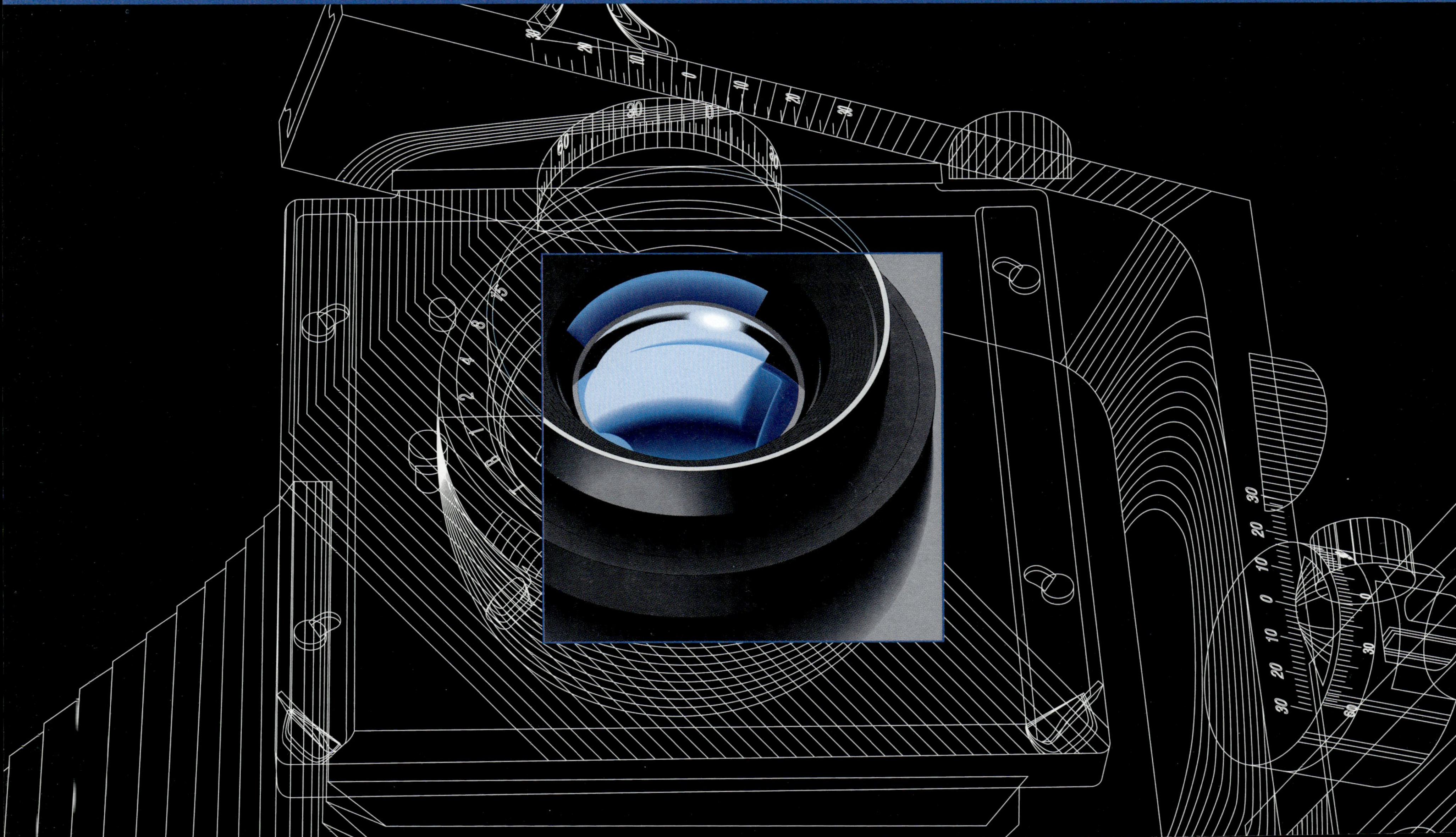

INHALT

SCHREIBGERÄTE 389
FOTOGRAFIE 390
TONWIEDERGABESYSTEM 400
ELEKTRODYNAMISCHES MIKROFON 406
KOPFHÖRER 406
RUNDFUNK: SPRECHERRAUM UND REGIERAUM 407
TRAGBARE TONWIEDERGABESYSTEME 408
VIDEOKAMERA 409
FERNSEHEN 410
ÜBERTRAGUNGSWAGEN 415
ÜBERTRAGUNGSSATELLITENTECHNIK 416
TELEKOMMUNIKATION ÜBER NACHRICHTENSATELLIT 417
FERNMELDESATELLITEN 418
TELEFONISCHE KOMMUNIKATION 420

SCHREIBGERÄTE[N]
WRITING INSTRUMENTS
INSTRUMENTS[M] D'ÉCRITURE[F]
INSTRUMENTOS[M] PARA ESCRIBIR

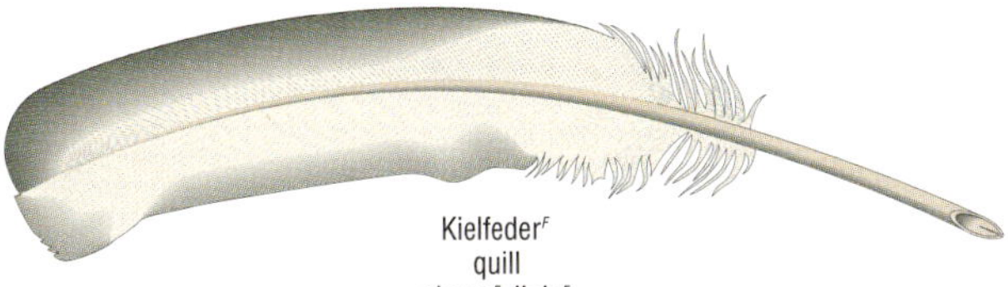

Kielfeder[F]
quill
plume[F] d'oie[F]
pluma[F] de ave[F]

römische Metallfeder[F]
Roman metal pen
plume[F] métallique romaine
pluma[F] metálica romana

Rohrfeder[F]
cane pen
plume[F] creuse de roseau[M]
pluma[F] de caña[F]

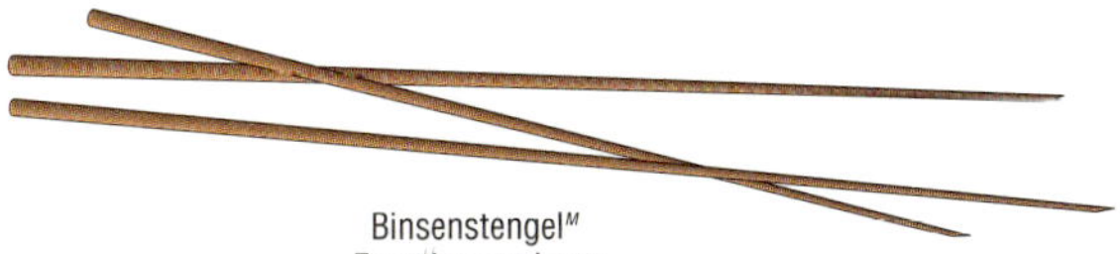

Binsenstengel[M]
Egyptian reed pen
calame[M]
cálamo[M] egipcio

Schreibpinsel[M]
writing brush
pinceau[M]
pincel[M]

Stilus[M]
stylus
stylet[M]
estilo[M]

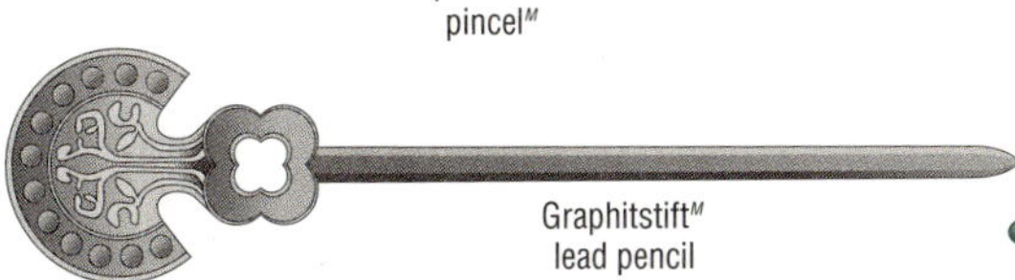

Graphitstift[M]
lead pencil
crayon[M] en plomb[M]
lápiz[M] de grafito[M]

Stahlschreibfeder[F]
steel pen
plume[F] métallique
pluma[F] metálica

Bleistift[M]
pencil
crayon[M]
lápiz[M]

Marker[M]
marker
marqueur[M]
marcador[M]

FÜLLFEDERHALTER[M]
FOUNTAIN PEN
STYLO[M]-PLUME[F]
ESTILOGRÁFICA[F]

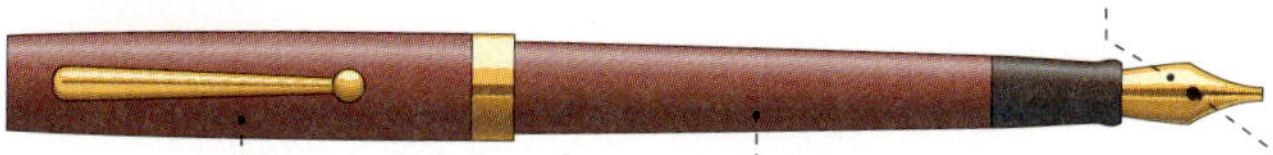

Druckbleistift[M]
retractable pencil
porte-mine[M]
lápiz[M] mecánico

KUGELSCHREIBER[M]
BALLPOINT PEN
STYLO[M]-BILLE[F]
BOLÍGRAFO[M]

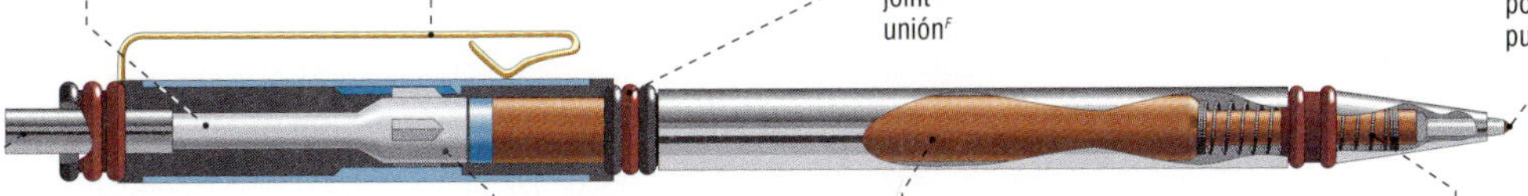

Nachfüllmine[F]
refill
recharge[F]
repuesto[M]

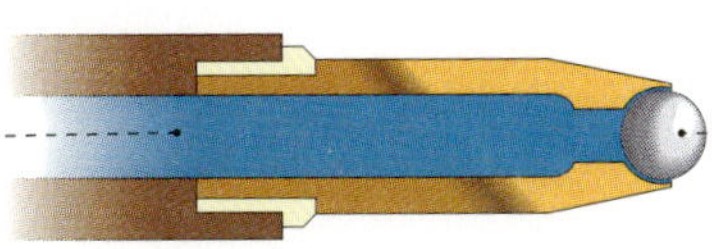

FOTOGRAFIE[F]
PHOTOGRAPHY
PHOTOGRAPHIE[F]
FOTOGRAFÍA[F]

QUERSCHNITT[M] DURCH EINE SPIEGELREFLEXKAMERA[F]
CROSS SECTION OF A REFLEX CAMERA
COUPE[F] D'UN APPAREIL[M] REFLEX
CORTE[M] TRANSVERSAL DE UNA CÁMARA[F] REFLEX

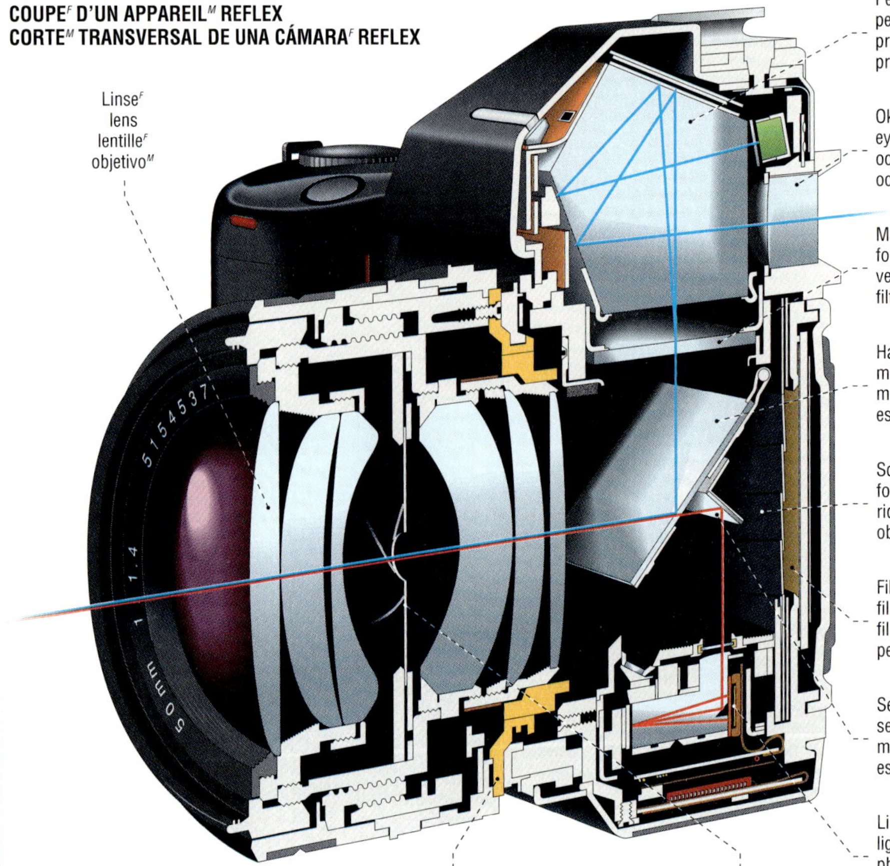

RÜCKSEITE[F] DER KAMERA[F]
CAMERA BACK
DOS[M] DE L'APPAREIL[M]
PARTE[F] TRASERA DE UNA CÁMARA[F]

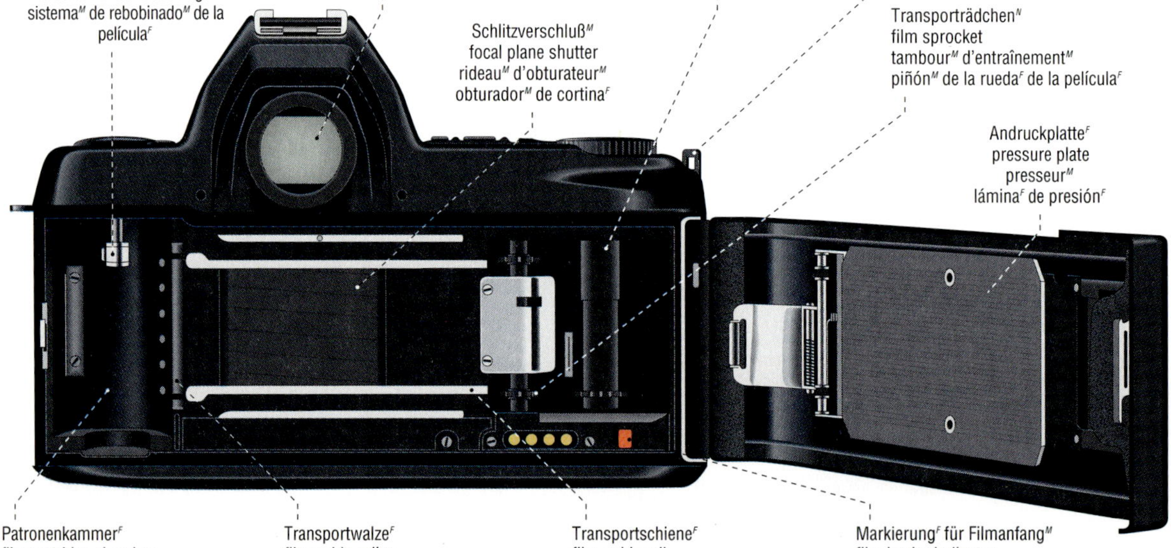

EINÄUGIGE SPIEGELREFLEXKAMERA[F]
SINGLE-LENS REFLEX (SLR) CAMERA
APPAREIL[M] À VISÉE[F] REFLEX MONO-OBJECTIF[M]
CÁMARA[F] RÉFLEX DE UN OBJETIVO[M]

Rückspulknopf[M]
film rewind knob
rebobinage[M]
tornillo[M] de rebobinado[M] de la película[F]

Datenmonitor[M]
control panel
écran[M] de contrôle[M]
panel[M] de controles[M]

Belichtungskorrekturknopf[M]
exposure adjustment knob
correction[F] d'exposition[F]
tornillo[M] de ajuste[M] de la exposición[F]

Ein-/Ausschalter[M]
on/off switch
commutateur[M] marche[F]/arrêt[M]
interruptor[M] de encendido[M]/apagado[M]

Programmwählscheibe[F]
command control dial
sélecteur[M] de fonctions[F]
esfera[F] de control[M] de la modalidad[F]

Zubehörschuh[M]
accessory shoe
griffe[F] porte-accessoires[M]
patín[M] para accesorios[M]

Blitzkontakt[M]
hot-shoe contact
contact[M] électrique
contacto[M] del patín[M]

Filmtransporteinstellung[F]
film advance mode
mode[M] d'entraînement[M] du film[M]
modalidad[F] de avance[M] de la película[F]

Filmempfindlichkeit[F]
film speed
sensibilité[F] du film[M]
indicador[M] de velocidad[F]

Belichtungsmesser[M]
multiple exposure mode
surimpression[F]
modalidad[F] de exposición[F] múltiple

Belichtungseinstellung[F]
exposure mode
mode[M] d'exposition[F]
modalidad[F] de exposición[F]

Selbstauslöser-Lichtsignal[N]
self-timer indicator
témoin[M] du retardateur[M]
indicador[M] de tiempo[M]

Auslöser[M]
shutter release button
déclencheur[M]
botón[M] liberador de la película[F]

Kameragehäuse[N]
camera body
boîtier[M]
caja[F]

Objektivauswurf[M]
lens release button
déverrouillage[M] de l'objectif[M]
botón[M] liberador[M] del objetivo[M]

Objektiv[N]
objective lens
objectif[M]
objetivo[M]

Schärfentiefenknopf[M]
depth-of-field preview button
vérification[F] de la profondeur[F] de champ[M]
botón[M] de visionamiento[M] preliminar de profundidad[F] de campo[M]

Autofocus-Umschalter[M]
focus mode selector
mode[M] de mise[F] au point[M]
selector[M] de focalización[F]

Diode[F] des Selbstauslösers[M]
remote control terminal
prise[F] de télécommande[F]
terminal[M] del control[M] a larga distancia[F]

FOTOGRAFIE^{F}
PHOTOGRAPHY
PHOTOGRAPHIE^{F}
FOTOGRAFÍA^{F}

OBJEKTIVE^{N}
LENSES
OBJECTIFS^{M}
OBJETIVOS^{M}

Standardobjektiv^{N}
standard lens
objectif^{M} normal
objetivo^{M} normal

Linse^{F}
lens
lentille^{F}
objetivo^{M}

Entfernungsskala^{F}
distance scale
échelle^{F} des distances^{F}
escala^{F} de distancia^{F}

Blendenring^{M}
focus setting ring
bague^{F} de mise^{F} au point^{M}
anillo^{M} de ajuste^{M} del enfoque^{M}

Schärfentiefenskala^{F}
depth-of-field scale
échelle^{F} de profondeur^{F} de champ^{M}
escala^{F} de profundidad^{F} de campo^{M} de visión^{F}

Blendenskala^{F}
lens aperture scale
échelle^{F} d'ouverture^{F} de diaphragme^{M}
escala^{F} de abertura^{F} del diafragma^{M}

Bayonettanschluß^{M}
bayonet mount
monture^{F} baïonnette^{F}
montura^{F} de bayoneta^{F}

Weitwinkelobjektiv^{N}
wide-angle lens
objectif^{M} grand-angulaire
gran angular^{M}

Zoomobjektiv^{N}
zoom lens
objectif^{M} zoom^{M}
zoom^{M}

Super-Weitwinkelobjektiv^{N}
semi-fisheye lens
objectif^{M} super-grand-angle^{M}
ojo^{M} de pez^{M}

Teleobjektiv^{N}
telephoto lens
téléobjectif^{M}
teleobjetivo^{M}

Fischaugenobjektiv^{N}
fisheye lens
hypergone^{M}
lente^{M} de 180 grados^{M}

OBJEKTIVZUBEHÖR^{N}
LENS ACCESSORIES
ACCESSOIRES^{M} DE L'OBJECTIF^{M}
OBJETIVOS^{M} Y ACCESORIOS^{M}

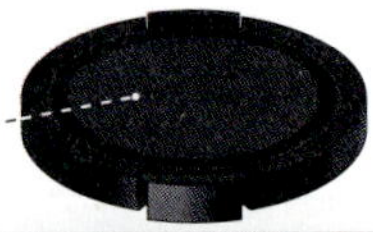

Objektivschutzdeckel^{M}
lens cap
capuchon^{M} d'objectif^{M}
tapa^{F} del objetivo^{M}

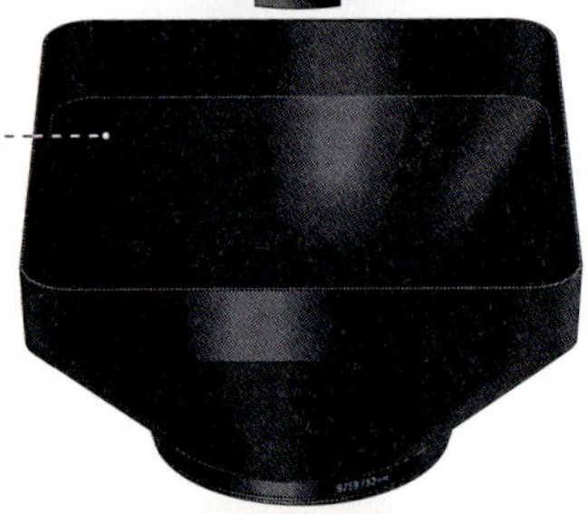

Gegenlichtblende^{F}
lens hood
parasoleil^{M}
capuchón^{M}

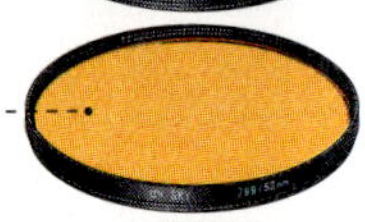

Farbfilter^{M}
colour filter
filtre^{M} de couleur^{F}
filtro^{M} de color^{M}

Nahlinse^{F}
close-up lens
lentille^{F} de macrophotographie^{F}
lente^{M} de acercamiento^{M}

Polarisationsfilter^{M}
polarizing filter
filtre^{M} de polarisation^{F}
filtro^{M} de polarización^{F}

Objektiv^{N}
objective lens
objectif^{M}
objetivo^{M} normal

Telekonverter^{M}
tele-converter
multiplicateur^{M} de focale^{F}
teleconvertidor^{M}

FOTOGRAFISCHES ZUBEHÖR^{N}
PHOTOGRAPHIC ACCESSORIES
ACCESSOIRES^{M} PHOTOGRAPHIQUES
ACCESORIOS^{M} FOTOGRÁFICOS

Elektronenblitz^{M}
electronic flash
flash^{M} électronique
flash^{M} electrónico

pneumatischer Auslöser^{M}
air bulb shutter release
déclencheur^{M} pneumatique
disparador^{M} neumático

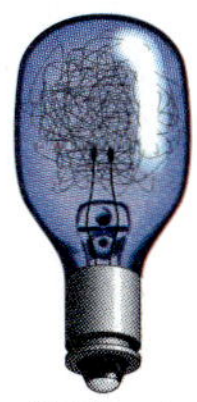

Blitzbirne^{F}
flash lamp
lampe^{F}-éclair^{M}
bombilla^{F} de flash^{M}

Blitzwürfel^{M}
flashcube
flash^{M}-cube^{M}
cubo^{M} de flash^{M}

Batterie^{F}
battery
pile^{F}
pila^{F}

Drahtauslöser^{M}
cable shutter release
déclencheur^{M} souple
disparador^{M} de cable^{M}

STATIV^{N}
TRIPOD
TRÉPIED^{M}
TRÍPODE^{M}

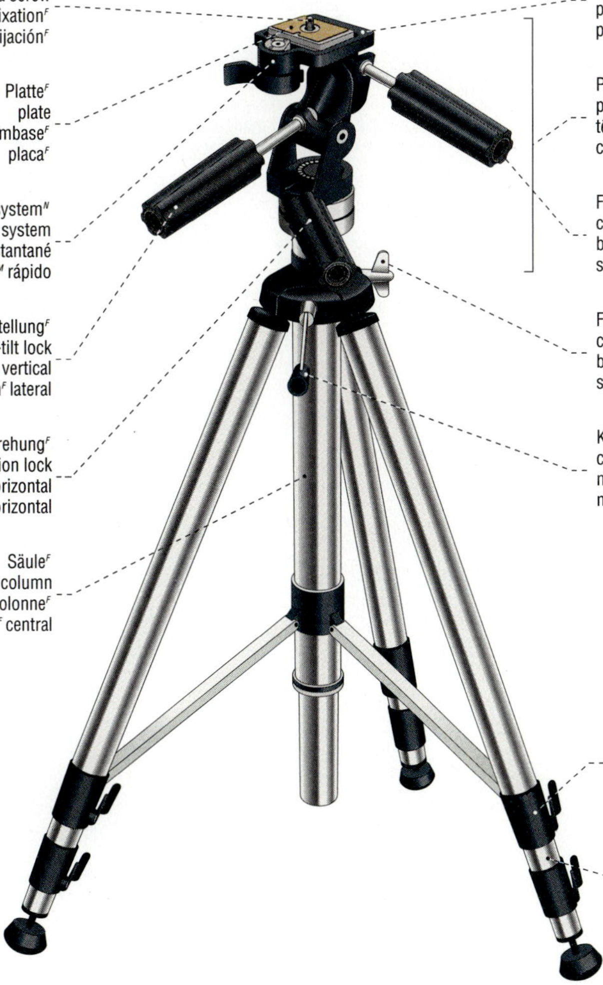

FOTOGRAFIE^{F}
PHOTOGRAPHY
PHOTOGRAPHIE^{F}
FOTOGRAFÍA^{F}

FOTOAPPARATE^{M}
STILL CAMERAS
APPAREILS^{M} PHOTOGRAPHIQUES
CÁMARAS^{M} FIJAS

Sucherkamera^{F}
rangefinder
appareil^{M} à télémètre^{M} couplé
telémetro^{M}

Sofortbildkamera^{F}
Polaroid® Land camera
Polaroid®^{M}
cámara^{F} Polaroid Land

Unterwasserkamera^{F}
underwater camera
appareil^{M} de plongée^{F}
cámara^{F} submarina

einäugige Spiegelreflexkamera^{F}
single-lens reflex camera
appareil^{M} à visée^{F} reflex mono-objectif^{M}
cámara^{F} reflex con objetivo^{M} simple

Einwegkamera^{F}
disposable camera
appareil^{M} jetable
cámara^{F} desechable

zweiäugige Spiegelreflexkamera^{F}
twin-lens reflex camera
appareil^{M} reflex à deux objectifs^{M}
cámara^{F} tipo^{M} réflex con dos objetivos^{M}

Großformatkamera^{F}
view camera
chambre^{F} photographique
cámara^{F} de enfoque^{M}

FOTOAPPARATE^{M}
STILL CAMERAS
APPAREILS^{M} PHOTOGRAPHIQUES
DIFERENTES TIPOS^{M} DE CÁMARAS^{F} FOTOGRÁFICAS

Mittelformatkamera^{F} SLR(6 x 6)
medium format SLR (6 x 6)
appareil^{M} reflex 6 X 6 mono-objectif^{M}
formato^{M} mediano SLR (6x6)

Pocket-Instamatic Kamera^{F}
pocket camera
appareil^{M} petit-format^{M}
cámara^{F} de bolsillo^{M}

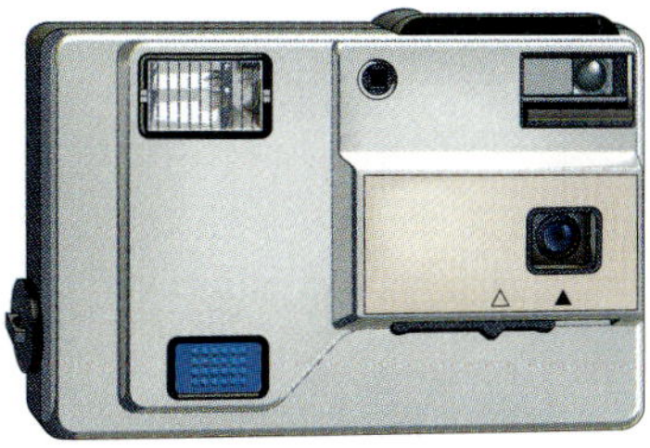

Disc-Kamera^{F}
disc camera
appareil^{M} pour photodisque^{M}
cámara^{F} de disco^{M}

Stereokamera^{F}
stereo camera
appareil^{M} stéréoscopique
cámara^{F} estereofotogramétrica

Videokamera^{F}
still video camera
appareil^{M} de videophoto^{F}
cámara^{F} de video^{M} fijo

FILME^{M}
FILMS
PELLICULES^{F}
PELÍCULAS^{F}

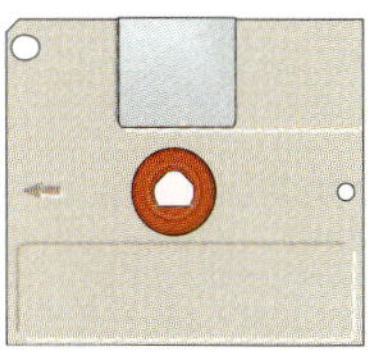

Videofilmdiskette^{F}
still video film disc
disque^{M} videophoto^{F}
película^{F} de disco^{M} para video^{M} fijo

Filmlasche^{F}
film leader
amorce^{F}
principio^{M} de la película^{F}

Perforierung^{F}
perforation
perforation^{F}
perforación^{F}

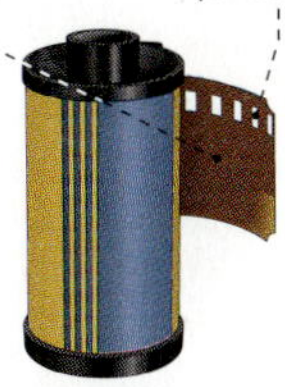

Patronenfilm^{M}
cartridge film
cartouche^{F} de pellicule^{F}
cartucho^{M} de la película^{F}

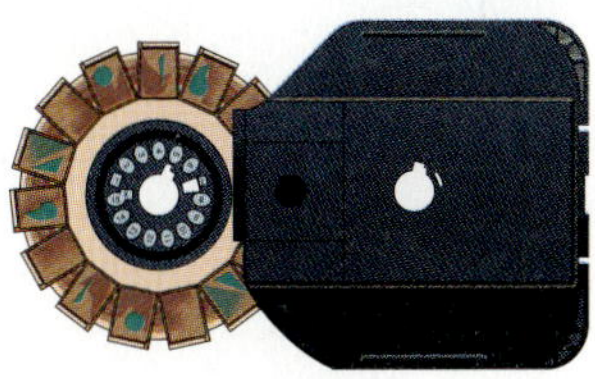

Filmdiskette^{F}
film disc
film^{M}-disque^{M}
película^{F} de disco^{M}

Kassettenfilm^{M}
cassette film
cassette^{F} de pellicule^{F}
cartucho^{M} de la película^{F}

Planfilm^{M}
sheet film
pellicule^{F} en feuille^{F}
hoja^{F} de la película^{F}

Rollfilm^{M}
roll film
rouleau^{M} de pellicule^{F}
rollo^{M} de la película^{F}

Filmkassette^{F}
film pack
film^{M}-pack^{M}
paquete^{M} de placas^{F} fotográficas

FOTOGRAFIE[F]
PHOTOGRAPHY
PHOTOGRAPHIE[F]
FOTOGRAFÍA[F]

BELICHTUNGSMESSER[M]
EXPOSURE METER
POSEMÈTRE[M] PHOTO-ÉLECTRIQUE
FOTÓMETRO[M]

Diffusionskalotte[F]
diffuser
tête[F] diffusante
difusor[M]

Anzeigenadel[F]
indicator needle
aiguille[F]
aguja[F] indicadora

Lichtwertskala[F]
light-reading scale
échelle[F] de lecture[F] de la luminosité[F]
escala[F] de lectura[F]

Belichtungswert[M]
exposure value
indice[F] d'exposition[F]
índices[M] de exposición[F]

Cine-Skala[F]
cine scale
cadence[F] images[F]/seconde[F]
escala[F] de imágenes[F] por segundo[M]

Belichtungszeitskala[F]
exposure-time scale
échelle[F] des temps[M] d'exposition[F]
escala[F] de duración[F] de la exposición[F]

Blendenskala[F]
aperture scale
échelle[F] d'ouverture[F]
escala[F] de abertura[F]

Filmempfindlichkeit[F]
film speed
sensibilité[F] du film[M]
velocidad[F] de la película[F]

Rechenscheibe[F]
calculator dial
disque[M] de réglage[M]
cuadrante[M] calculador

Umrechnungsskala[F]
transfer scale
report[M] de lecture[F]
escala[F] de transferencia[F]

SPOTMETER[M]
SPOTMETER
POSEMÈTRE[M] À VISÉE[F] REFLEX
FOTÓMETRO[M] ELECTRÓNICO

Shadow-Taste[F]
shadow key
réglage[M] sur ombre[F]
botón[M] de sombra[F]

Taste[F] für Mittelwerte[M]
average key
réglage[M] sur demi-teinte[F]
botón[M] de luminosidad[F] media

Hi.-Taste[F]
highlight key
réglage[M] sur haute lumière[F]
botón[M] de fuerte luminosidad[F]

Okular[N]
eyepiece
oculaire[M]
ocular[M]

Ein-/Ausschalter[M]
lock switch
fixe-lecture[M]
seguro[M]

Display[N]
data display
écran[M] d'affichage[M]
visualización[F] de la información[F]

Objektiv[N]
objective lens
objectif[M]
objetivo[M]

Speicherlöschtaste[F]
memory cancel
effacement[M] de mémoire[F]
botón[M] para cancelar la memoria[F]

Tasten[F] für Erhöhen[N]/Absenken[N]
shutter speed setting
réglage[M] de la vitesse[F] d'obturation[F]
ajuste[M] de la velocidad[F] del obturador[M]

Meßtaste[F]
measuring button
bouton[M] de mise[F] en circuit[M]
botón[M] de medición[F]

Anzeige[F] für Blende[F]/Belichtungswert[M]
aperture/exposure value display
affichage[M] ouverture[F]/temps[M] d'exposition[F]
visualización[F] de valores[M] de abertura[F] y de exposici

Filmempfindlichkeit[F]
film speed
sensibilité[F] du film[M]
sensibilidad[F] de la película[F]

Rückruftaste[F]
memory recall key
rappel[M] de mémoire[F]
botón[M] de llamado[M] de memoria[F]

Displaybeleuchtungstaste[F]
data display illumination button
éclairage[M] de l'écran[M] d'affichage[M]
botón[M] de iluminación[F] de la pantalla[F]

Speichertaste[F]
memory key
commande[F] de mémoire[F]
botón[M] de memoria[F]

DIAPROJEKTOR[M]
SLIDE PROJECTOR
PROJECTEUR[M] DE DIAPOSITIVES[F]
PROYECTOR[M] DE DIAPOSITIVAS[F]

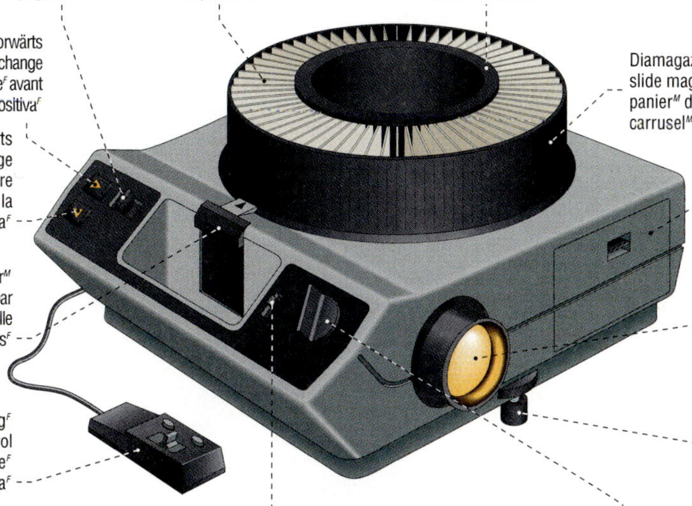

PROJEKTIONSWAND[F]
PROJECTION SCREEN
ÉCRAN[M] DE PROJECTION[F]
PANTALLA[F] DE PROYECCIÓN[F]

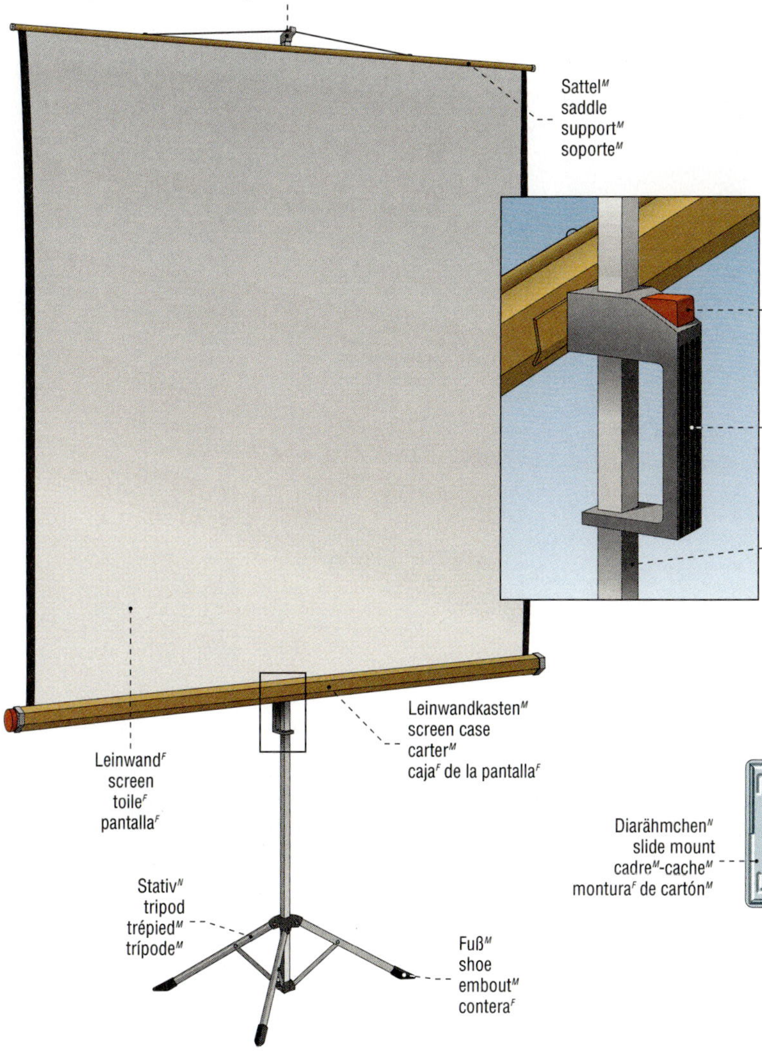

DIA[N]
SLIDE
DIAPOSITIVE[F]
DIAPOSITIVA[F]

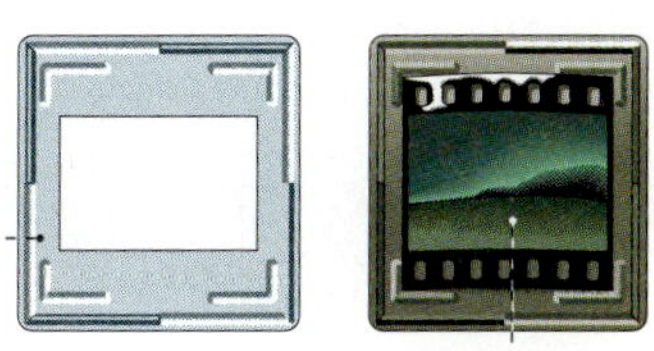

FOTOGRAFIE^F
PHOTOGRAPHY
PHOTOGRAPHIE^F
FOTOGRAFÍA^F

ENTWICKLUNGSTROMMEL^F
DEVELOPING TANK
CUVE^F DE DÉVELOPPEMENT^M
TANQUE^M DE REVELADO^M

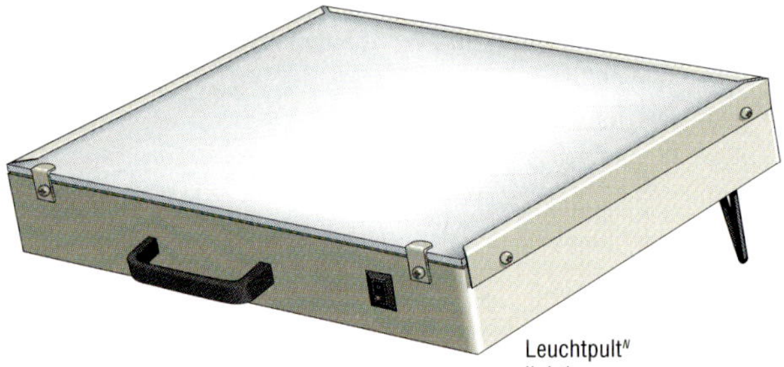

Leuchtpult^N
lightbox
négatoscope^M
caja^F luminosa

Laboruhr^F
timer
minuterie^F
reloj^M

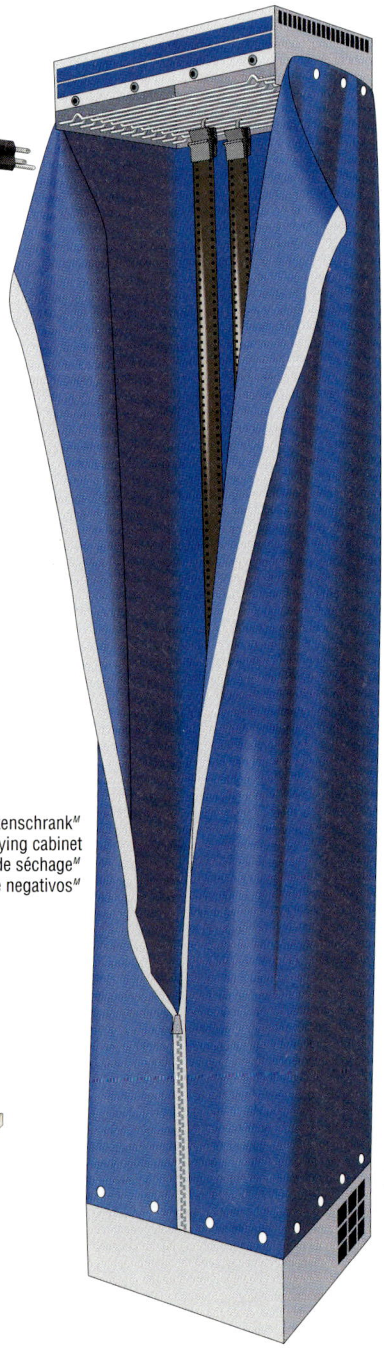

Trockenschrank^M
film drying cabinet
armoire^F de séchage^M
armario^M de secado^M de negativos^M

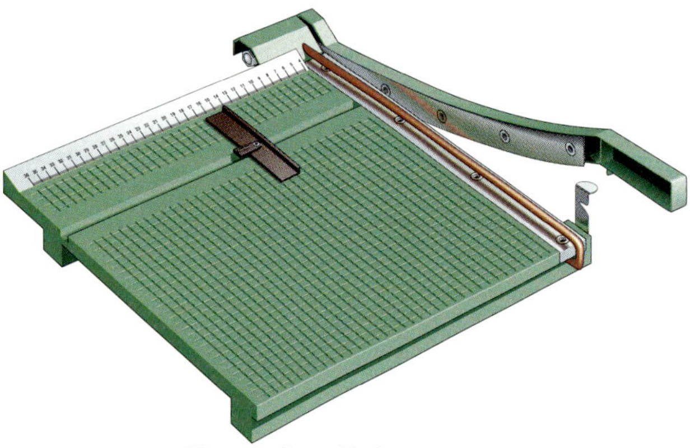

Längsschneidemaschine^F
guillotine trimmer
cisaille^F
guillotina^F

Laborleuchte^F
safelight
éclairage^M inactinique
luz^F inactínica

Vergrößerungsrahmen^M
easel
margeur^M
marginadora^F

Kontaktkopiergerät^N
contact printer
châssis^M-presse^F
prensa^F de contactos^M

NEGATIVHALTER[M]
NEGATIVE CARRIER
PORTE-NÉGATIF[M]
PORTANEGATIVOS[M]

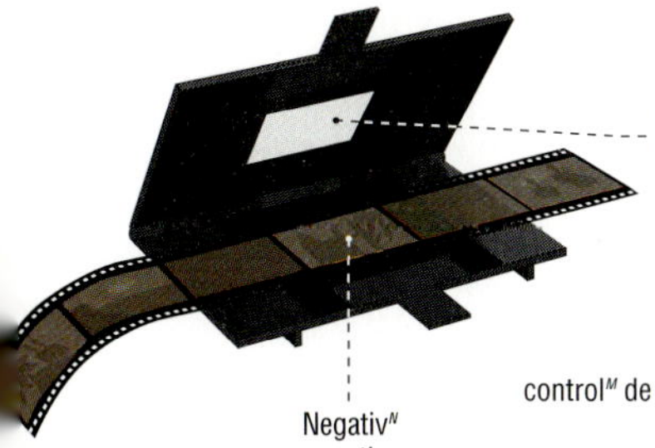

VERGRÖSSERER[M]
ENLARGER
AGRANDISSEUR[M]
AMPLIADORA[F]

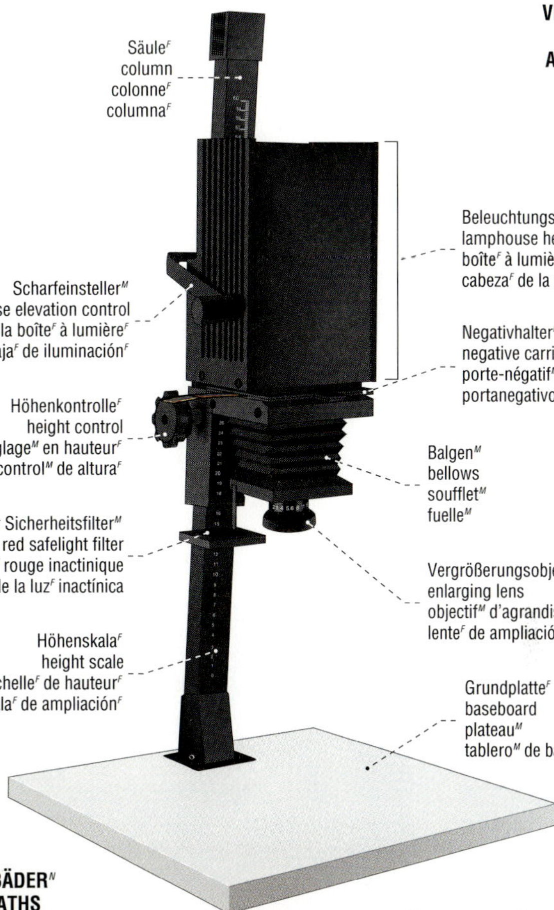

Belichtungs-Schaltuhr[F]
enlarger timer
compte-pose[M]
reloj[M] de la ampliadora[F]

ENTWICKLUNGSBÄDER[N]
DEVELOPING BATHS
BAINS[M] DE DÉVELOPPEMENT[M]
BAÑOS[M] DE REVELADO[M]

Entwickler[M]
developer bath
bain[M] de révélateur[M]
baño[M] de revelado[M]

Stoppbad[N]
stop bath
bain[M] d'arrêt[M]
baño[M] de pare[M]

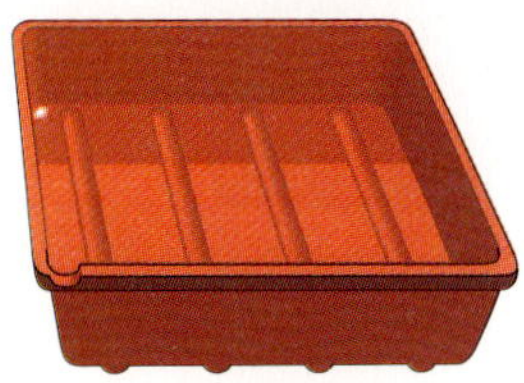

Fixierbad[N]
fixing bath
bain[M] de fixation[F]
baño[M] de fijación[F]

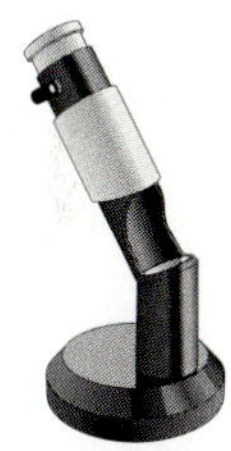

Scharfsteller[M]
focusing magnifier
loupe[F] de mise[F] au point[M]
lupa[F] de focalización[F]

BILDERWASCHER[M]
PRINT WASHER
LAVEUSE[F] POUR ÉPREUVES[F]
CUBETA[F] PARA LAVAR IMPRESIONES[F]

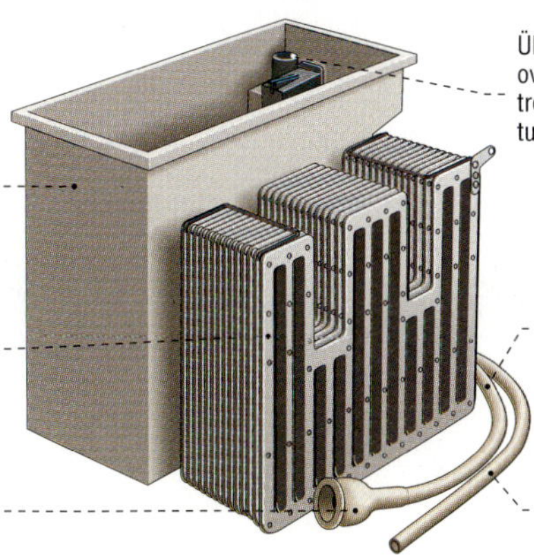

Trockenständer[M]
print drying rack
séchoir[M] d'épreuves[F]
secadora[F] de pruebas[F]

TONWIEDERGABESYSTEM^{N}
SOUND REPRODUCING SYSTEM
CHAÎNE^{F} STÉRÉO
EQUIPO^{M} ESTEREOFÓNICO

SYSTEMBAUSTEINE^{M}
SYSTEM COMPONENTS
COMPOSANTES^{F} D'UN SYSTÈME^{M}
COMPONENTES^{M}

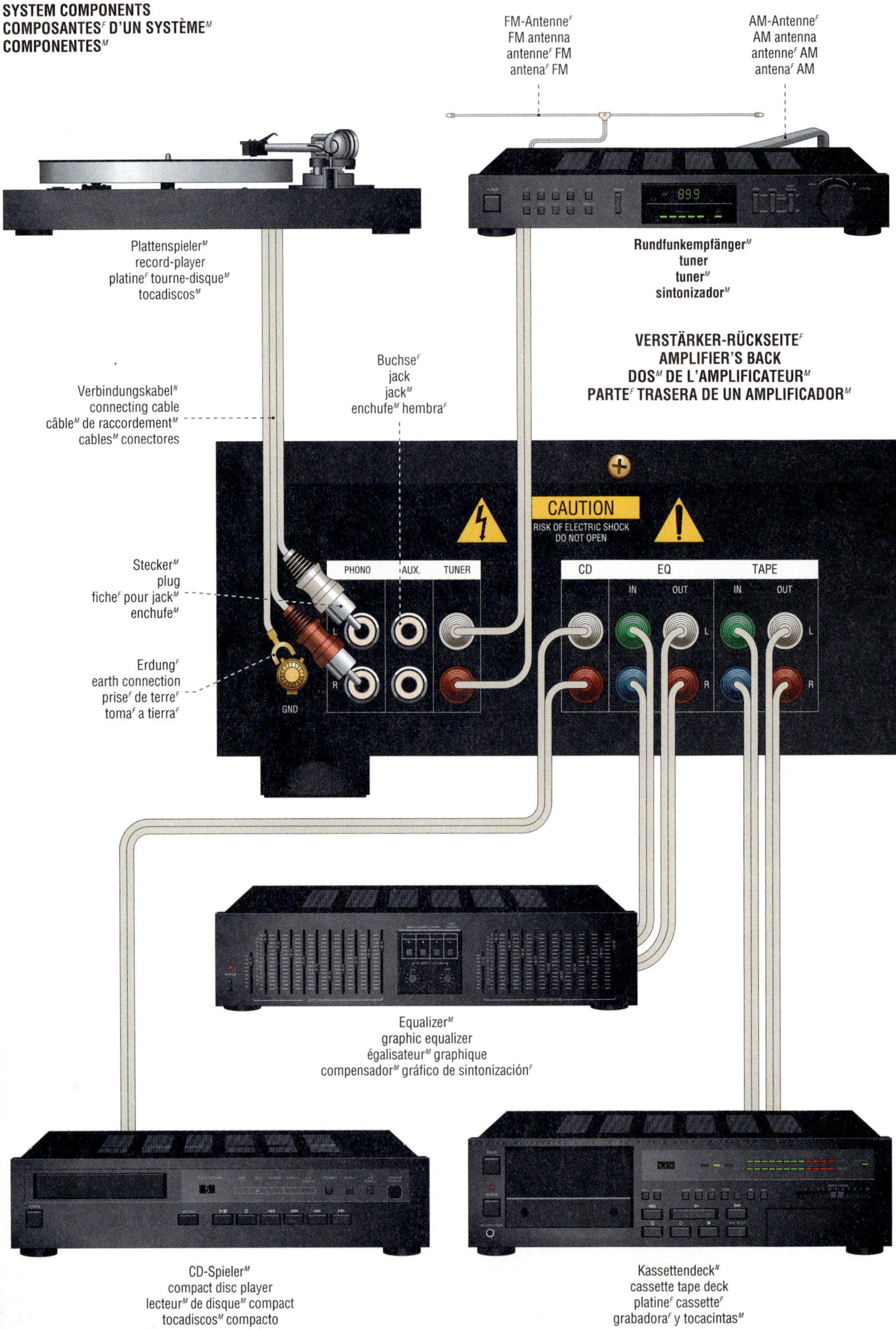

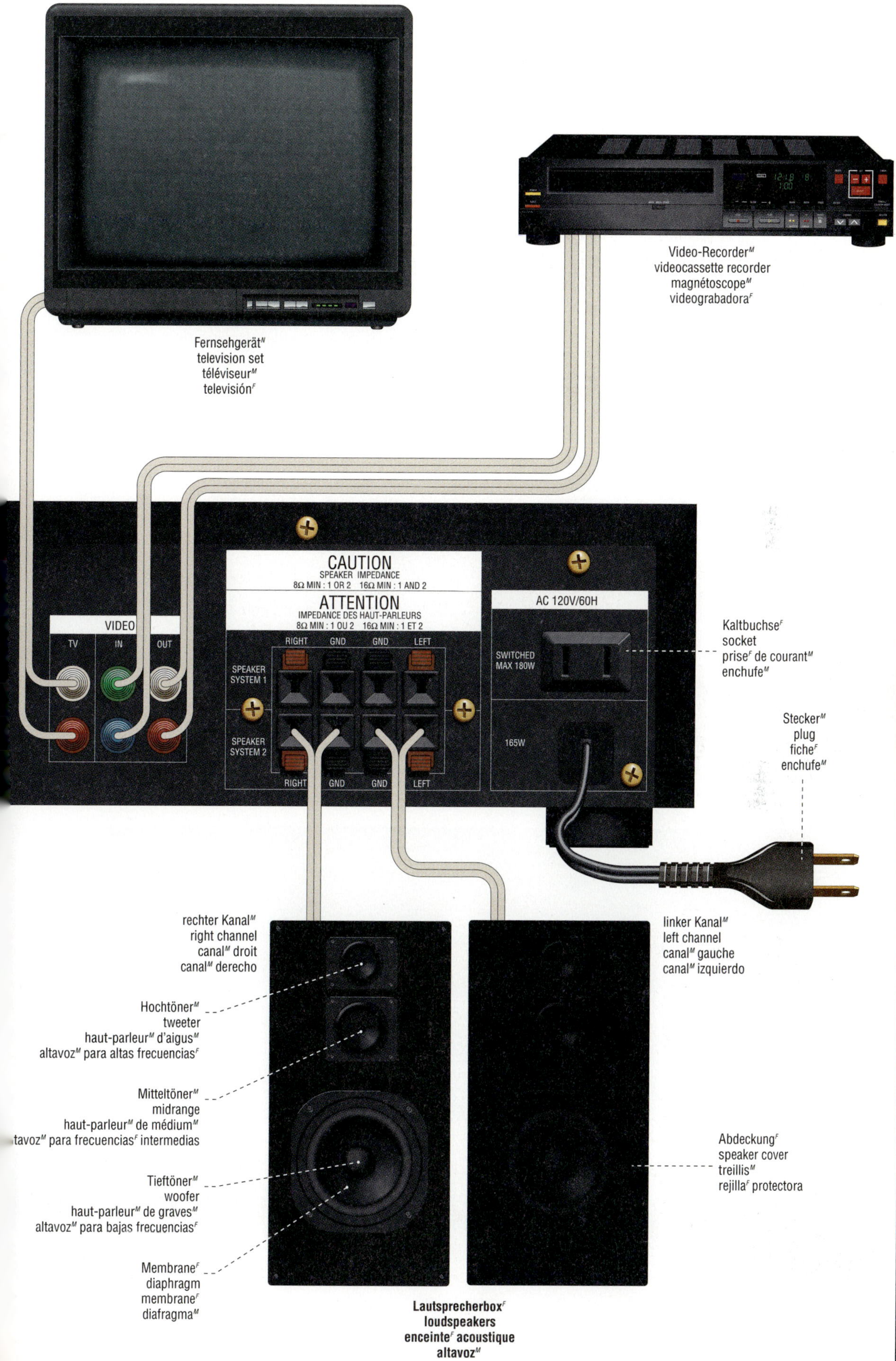
Fernsehgerät N
television set
téléviseur M
televisión F
Video-Recorder M
videocassette recorder
magnétoscope M
videograbadora F
VIDEO
TV
IN
OUT
CAUTION
SPEAKER IMPEDANCE
8Ω MIN : 1 OR 2 16Ω MIN : 1 AND 2
ATTENTION
IMPEDANCE DES HAUT-PARLEURS
8Ω MIN : 1 OU 2 16Ω MIN : 1 ET 2
RIGHT GND GND LEFT
SPEAKER SYSTEM 1
SPEAKER SYSTEM 2
AC 120V/60H
SWITCHED MAX 180W
165W
Kaltbuchse F
socket
prise F de courant M
enchufe M
Stecker M
plug
fiche F
enchufe M
rechter Kanal M
right channel
canal M droit
canal M derecho
linker Kanal M
left channel
canal M gauche
canal M izquierdo
Hochtöner M
tweeter
haut-parleur M d'aigus M
altavoz M para altas frecuencias F
Mitteltöner M
midrange
haut-parleur M de médium M
altavoz M para frecuencias F intermedias
Tieftöner M
woofer
haut-parleur M de graves M
altavoz M para bajas frecuencias F
Membrane F
diaphragm
membrane F
diafragma M
Abdeckung F
speaker cover
treillis M
rejilla F protectora
Lautsprecherbox F
loudspeakers
enceinte F acoustique
altavoz M

TONWIEDERGABESYSTEM[N]
SOUND REPRODUCING SYSTEM
CHAÎNE[F] STÉRÉO
EQUIPO[M] ESTEREOFÓNICO

RUNDFUNKEMPFÄNGER[M]
TUNER
TUNER[M]
SINTONIZADOR[M]

Stationsspeichertaste[F]
preset tuning button
touche[F] de présélection[F]
selector[M] de emisoras[F] memorizadas

Speichertaste[F]
memory button
touche[F] mémoire[F]
botón[M] de memoria[F]

Mono-Stereo-Taste[F]
mode selector
commutateur[M] mono[F]/stéréo[F]
selector[M] mono/estéreo

automatischer Sendersuchlauf[M]
active tracking
balayage[M] automatique des stations[F]
fonolocalización[F] activa

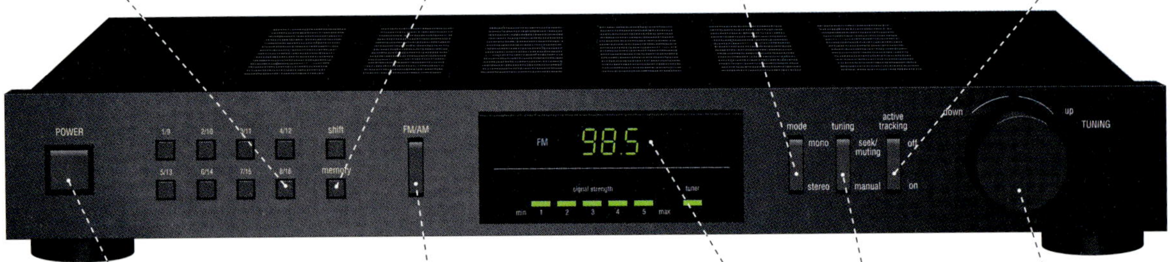

Netzschalter[M]
power button
interrupteur[M] d'alimentation[F]
botón[M] de encendido[M]

Wellenbereichseinstellung[F]
band selector
touche[F] de modulation[F]
selector[M] de banda[F]

digitale Frequenzanzeige[F]
digital frequency display
affichage[M] numérique des stations[F]
indicador[M] digital de frecuencia[F]

Sendereinstellung[F]
tuning control
sélecteur[M] de stations[F]
control[M] del sintetizador[M]

Modus-Taste[F]
tuning mode
mode[M] de sélection[F] des stations[F]
modalidad[F] sintetizador[M]

VERSTÄRKER[M]
AMPLIFIER
AMPLIFICATEUR[M]
AMPLIFICADOR[M]

Netzschalter[M]
power button
interrupteur[M] d'alimentation[F]
botón[M] de encendido[M]

Lautsprecherschalter[M]
speaker selector
sélecteur[M] d'enceintes[F]
selector[M] de altavoz[M]

Balanceregler[M]
balance control
équilibrage[M] des haut-parleurs[M]
control[M] de balance[M]

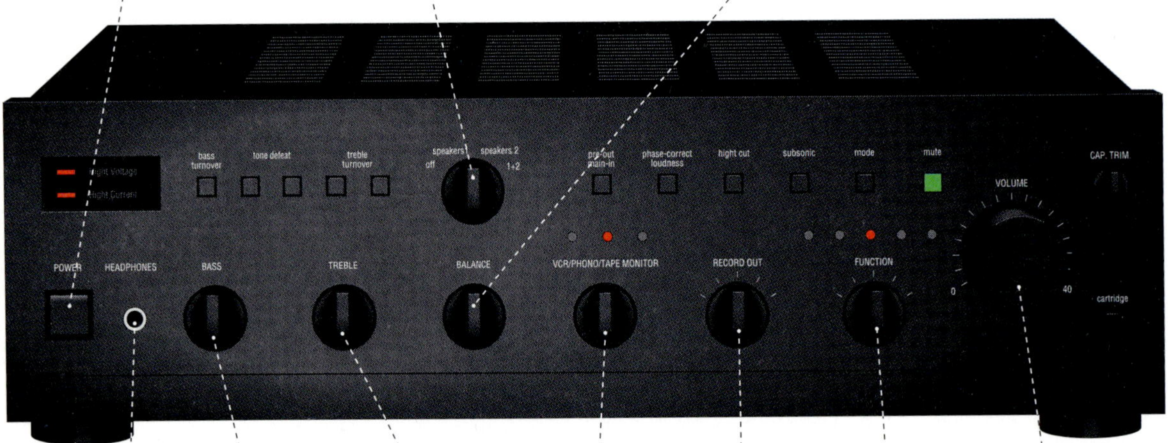

Kopfhörerbuchse[F]
headphone jack
prise[F] casque[M]
entrada[F] para audífonos[M]

Höhenregler[M]
treble tone control
contrôle[M] de tonalité[F] des aigus[M]
control[M] de agudos[M]

Aufnahmeregler[M]
record control
contrôle[M] d'enregistrement[M]
control[M] de grabación[F]

Lautstärkeregler[M]
volume control
réglage[M] du volume[M]
control[M] del volumen[M]

Baßregler[M]
bass tone control
contrôle[M] de tonalité[F] des graves[M]
control[M] de graves[M]

Eingangsschalter[M]
input selector
commutateur[M] d'entrée[F]
selector[M] de entrada[F]

Funktionsschalter[M]
function selector
commutateur[M] de fonctions[F]
selector[M] de función[F]

**KASSETTE^{F}
CASSETTE
CASSETTE^{F}
CASETE^{M}**

Aufwickelkern^{M}
take-up reel
bobine^{F} réceptrice
carrete^{M} receptor de la cinta^{F}

Gehäuse^{N}
housing
boîtier^{M}
cubierta^{F}

Kassettenband^{N}
recording tape
bande^{F} magnétique
cinta^{F} de grabación^{F}

Führungsrolle^{F}
guide roller
galet^{M}
rodillo^{M}guía^{F}

Aussparung^{F} für Magnetköpfe^{M}
playing window
fenêtre^{F} de lecture^{F}
ventana^{F} de lectura^{F}

Bandführung^{F}
tape-guide
guide-bande^{M}
guía^{F} para la cinta^{F}

**KASSETTENDECK^{N}
CASSETTE TAPE DECK
PLATINE^{F} CASSETTE^{F}
GRABADORA^{F} Y TOCACINTAS^{M}**

Rückstelltaste^{F}
counter reset button
bouton^{M} de remise^{F} à zéro^{M}
botón^{M} del contador^{M} a ceros^{M}

Bandsortenschalter^{M}
tape selector
sélecteur^{M} de bandes^{F}
selector^{M} de tipo^{M} de cinta^{F}

Schnellvorlauf-Taste^{F}
fast-forward button
avance^{F} rapide
botón^{M} de avance^{M} rápido

Auswurf-Taste^{F}
eject button
bouton^{M} d'éjection^{F}
botón^{M} de expulsión^{F}

Zählwerk^{N}
tape counter
compteur^{M}
contador^{M}

Play-Taste^{F}
play button
lecture^{F}
botón^{M} de reproducción^{F}

LED-Pegelanzeige^{F}
peak level meter
indicateur^{M} de niveau^{M}
medidor^{M} de altos niveles^{M} de frecuencia^{F}

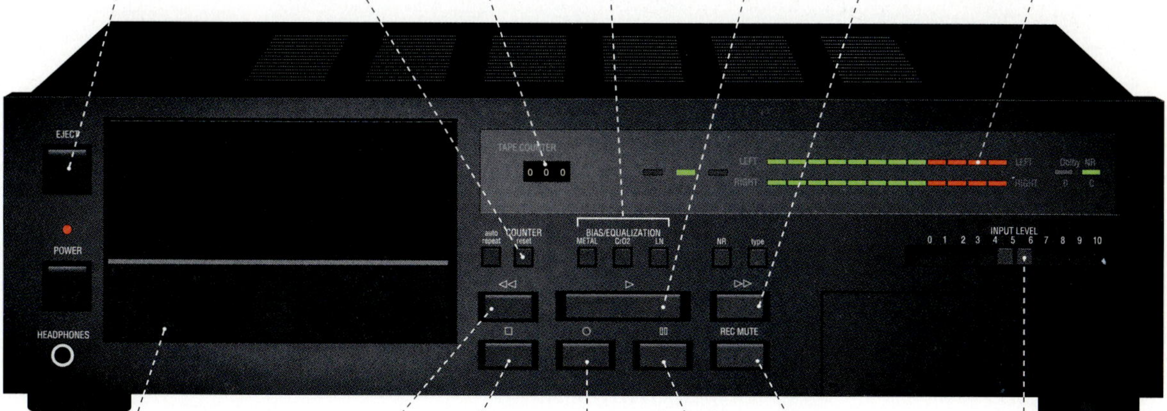

Kassettenfach^{N}
cassette holder
logement^{M} de cassette^{F}
compartimiento^{M} del casete^{M}

Stop-Taste^{F}
stop button
arrêt^{M}
botón^{M} de paro^{M}

Pause-Taste^{F}
pause button
pause^{F}
botón^{M} de pausa^{F}

manuelle Aussteuerung^{F}
recording level control
réglage^{M} de niveau^{M} d'enregistrement^{M}
botón^{M} de nivel^{M} de grabación^{F}

Rücklauf-Taste^{F}
rewind button
rebobinage^{M}
botón^{M} de rebobinado^{M}

Aufnahme-Taste^{F}
record button
enregistrement^{M}
botón^{M} de inicio^{M} de grabación^{F}

Stummaufnahme-Taste^{F}
record muting button
interrupteur^{M} d'accord^{M}
botón^{M} de grabación^{F} silenciosa

TONWIEDERGABESYSTEM[N]
SOUND REPRODUCING SYSTEM
CHAÎNE[F] STÉRÉO
EQUIPO[M] ESTEREOFÓNICO

SCHALLPLATTE[F]
RECORD
DISQUE[M]
DISCO[M]

PLATTENSPIELER[M]
RECORD-PLAYER
TOURNE-DISQUE[M]
TOCADISCOS[M]

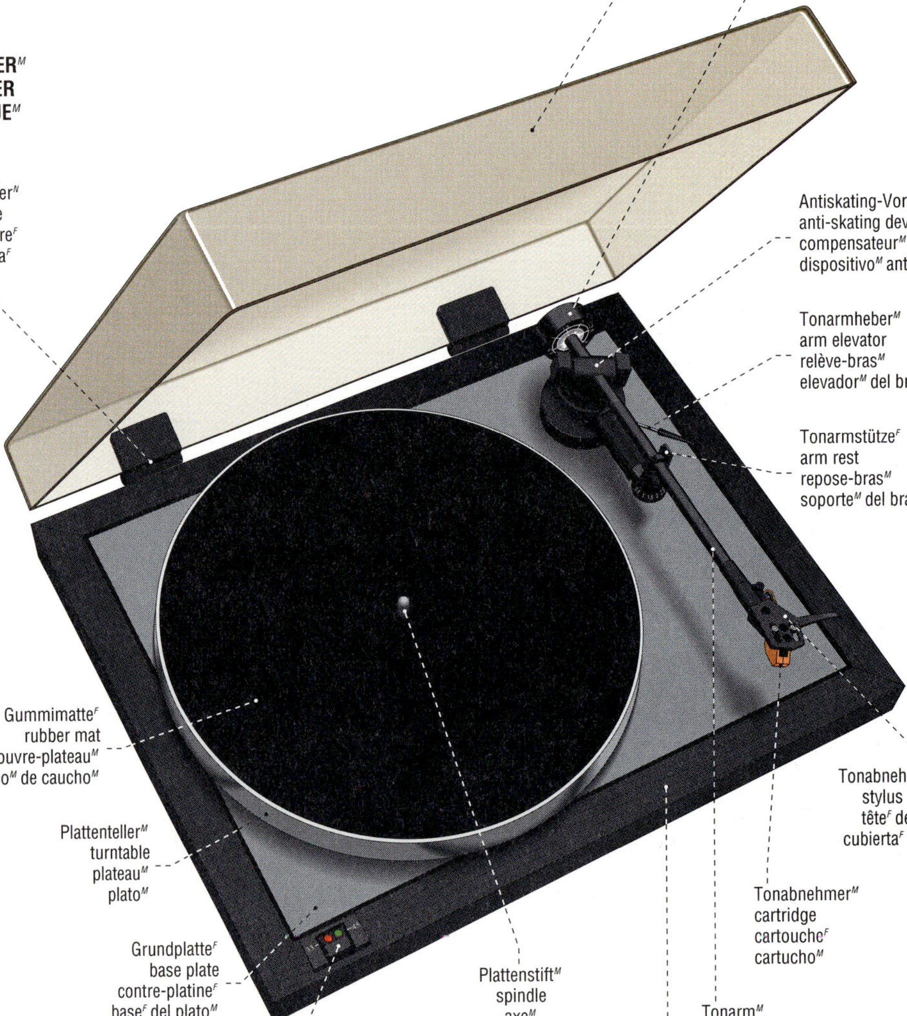

COMPACT DISC[F]
COMPACT DISC
DISQUE[M] COMPACT
DISCO[M] COMPACTO

CD-SPIELER[M]
COMPACT DISC PLAYER
LECTEUR[M] DE DISQUE[M] COMPACT
LECTOR[M] DE DISCO[M] COMPACTO

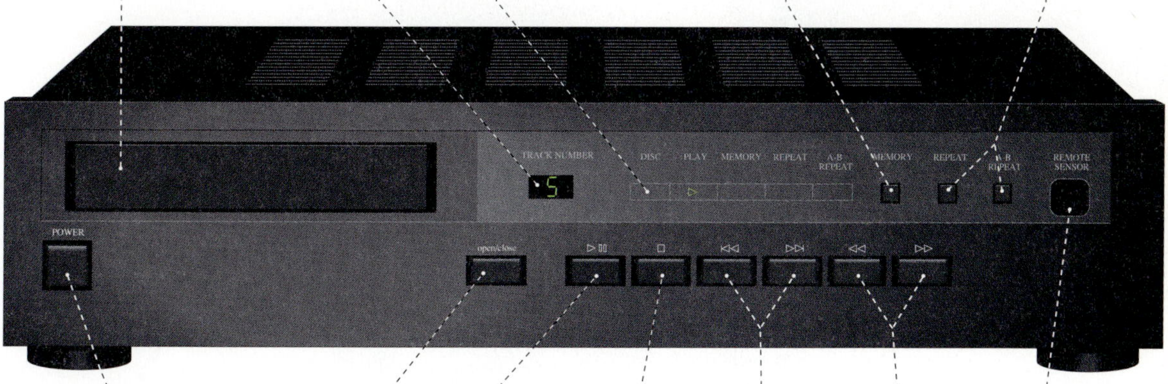

ELEKTRODYNAMISCHES MIKROFON[N]
DYNAMIC MICROPHONE
MICROPHONE[M] DYNAMIQUE
MICRÓFONO[M] ELECTRODINÁMICO

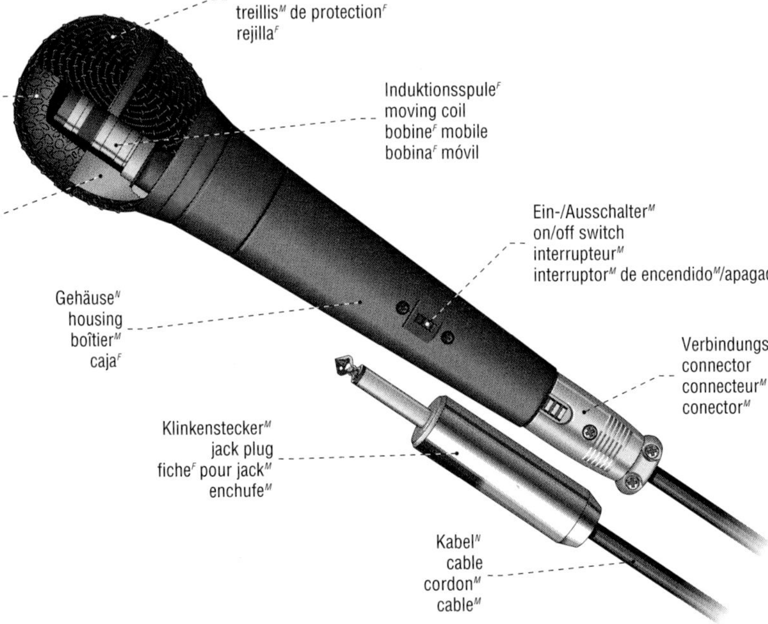

KOPFHÖRER[M]
HEADPHONES
CASQUE[M] D'ÉCOUTE[F]
AURICULARES[M]

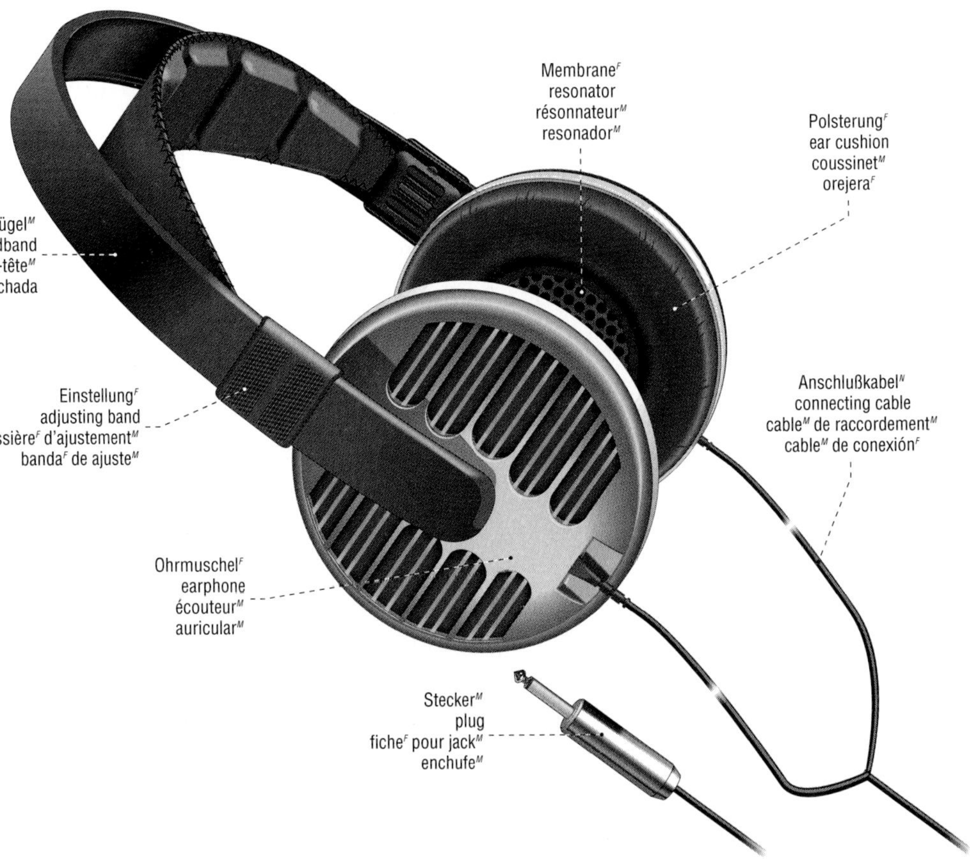

RUNDFUNK^{M}: SPRECHERRAUM^{M} UND REGIERAUM^{M}
RADIO: STUDIO AND CONTROL ROOM
RADIO^{F}: STUDIO^{M} ET RÉGIE^{F}
ESTUDIO^{M} DE RADIO^{M} Y SALA^{F} DE CONTROL^{M}

TRAGBARE TONWIEDERGABESYSTEME[N]
PORTABLE SOUND SYSTEMS
APPAREILS[M] DE SON[M] PORTATIFS
SISTEMAS[M] DE SONIDO[M] PORTÁTILES

WALKMAN[M] ® MIT RADIOTEIL[N]
PERSONAL RADIO CASSETTE PLAYER
BALADEUR[M]
RADIO AM\FM Y LECTOR[M] DE CASETES[M] PERSONAL

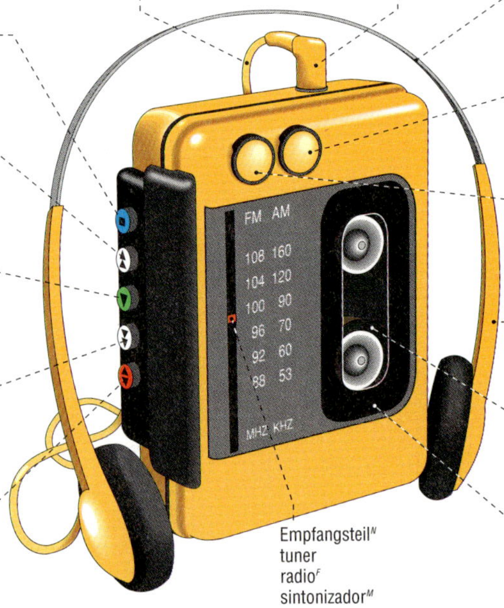

RADIORECORDER[M] MIT CD-SPIELER[M]
PORTABLE CD RADIO CASSETTE RECORDER
RADIOCASSETTE[F]
GRABADORA[F] PORTÁTIL

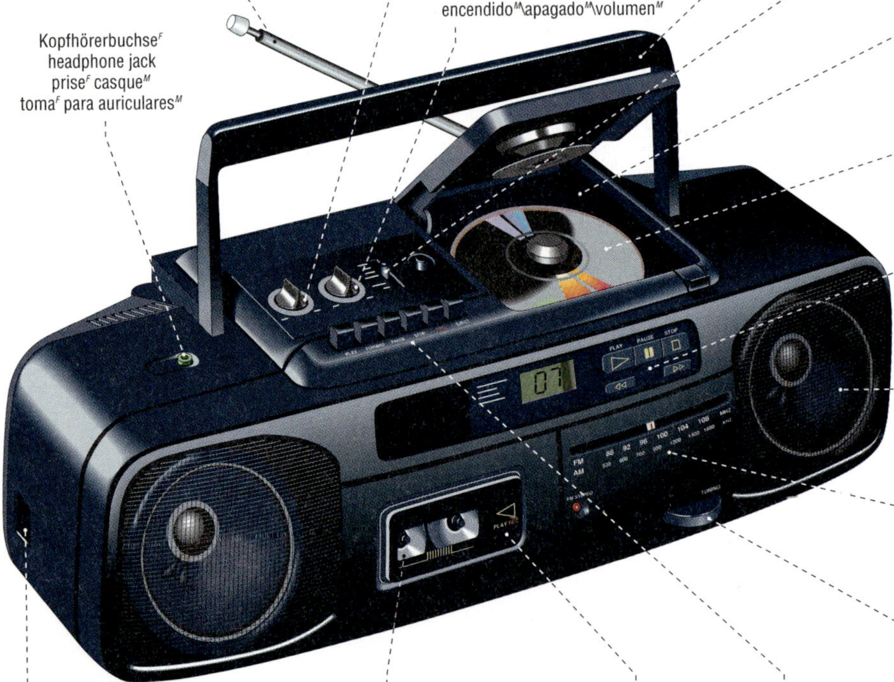

VIDEOKAMERA[F]
VIDEO CAMERA
CAMÉRA[M] VIDÉO
CÁMARA[F] DE VIDEO[M]

FERNSEHEN^{N}
TELEVISION
TÉLÉVISION^{F}
TELEVISIÓN^{F}

FERNSEHAPPARAT^{M}
TELEVISION SET
TÉLÉVISEUR^{M}
TELEVISOR^{M}

BILDRÖHRE^{F}
PICTURE TUBE
TUBE^{M}-IMAGE^{F}
TUBO^{M} DE PANTALLA^{F}

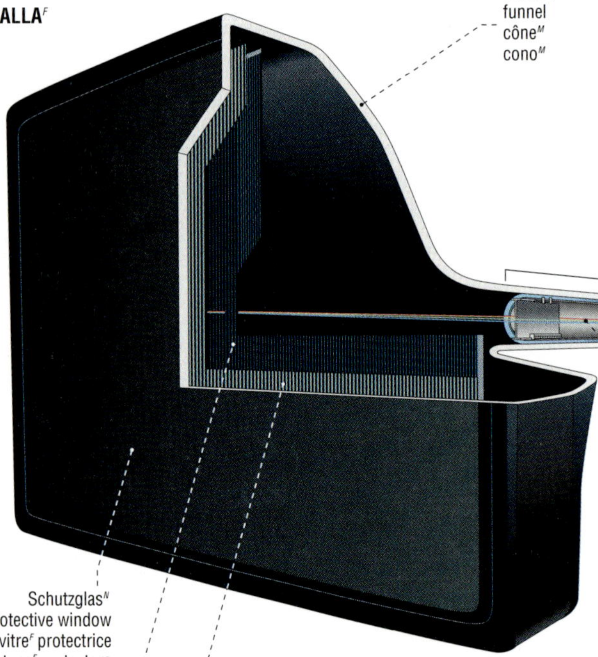

Elektronenkanone^{F}
electron gun
canon^{M} à électrons^{M}
cañón^{M} de electrones^{M}

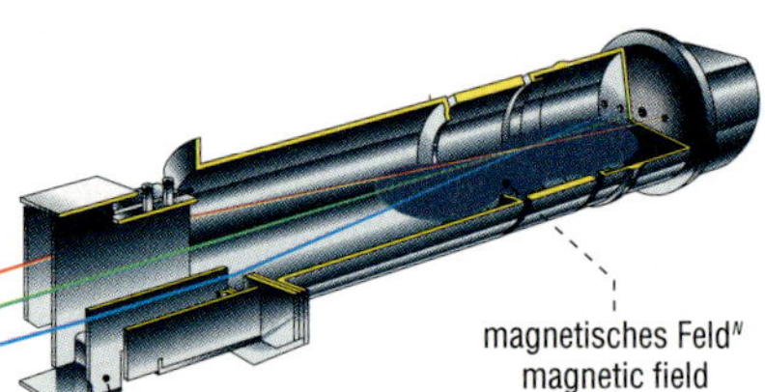

FERNBEDIENUNG[F]
REMOTE CONTROL
TÉLÉCOMMANDE[F]
CONTROL[M] A LARGA DISTANCIA[F]

TV-Einstellung[F]
TV mode
mode[M] télévision[F]
modalidad[F] TV

Lautstärkeregler[M]
volume control
réglage[M] du volume[M]
control[M] de volumen[M]

VCR-Einstellung[F]
VCR mode
mode[M] magnétoscope[M]
modalidad[F] VCR

TV/Video-Taste[F]
TV/video button
sélecteur[M] télé[F]/vidéo[F]
botón[M] TV video[M]

Programmwahltasten[F]
channel selector controls
sélection[F] des canaux[M]
selector[M] de canales[M]

TV-Netzschalter[M]
TV power button
interrupteur[M] du téléviseur[M]
botón[M] de encendido[M] TV

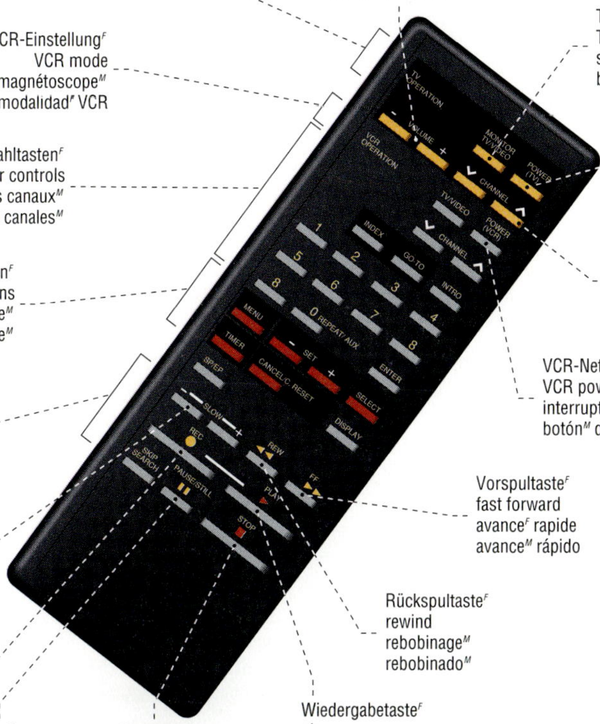

Programmiertasten[F]
preset buttons
commandes[F] de préréglage[M]
botones[M] de ajuste[M]

Kanalsuchtasten[F]
channel scan buttons
recherche[F] des canaux[M]
botones[M] para buscar los canales[M]

VCR-Tasten[F]
VCR controls
commandes[F] du magnétoscope[M]
controles[M] VCR

VCR-Netzschalter[M]
VCR power button
interrupteur[M] du magnétoscope[M]
botón[M] de encendido[M] VCR

Zeitlupe[F]
slow-motion
ralenti[M]
cámara[F] lenta

Vorspultaste[F]
fast forward
avance[F] rapide
avance[M] rápido

Aufnahmetaste[F]
record
enregistrement[M]
grabación[F]

Rückspultaste[F]
rewind
rebobinage[M]
rebobinado[M]

Pausetaste[F]
pause/still
pause[F]/arrêt[M] sur l'image[F]
pausa[F]\imagen[F] fija

Stoptaste[F]
stop
arrêt[M]
pare[M]

Wiedergabetaste[F]
play
lecture[F]
funcionamiento[M]

VIDEORECORDER[M]
VIDEOCASSETTE RECORDER
MAGNÉTOSCOPE[M]
VIDEOGRABADORA[F]

Abspieltaste[F]
play button
commande[F] de lecture[F]
botón[M] de lectura[F]

Netzschalter[M]
power button
interrupteur[M] d'alimentation[F]
interruptor[M]

Display[N]
data display
affichage[M] des données[F]
visualización[F] de la información[F]

Vorspultaste[F]
fast forward button
commande[F] d'avance[F] rapide
botón[M] de avance[M] rápido

Programmiertasten[F]
preset buttons
commandes[F] de préréglage[M]
botones[M] de ajuste[M]

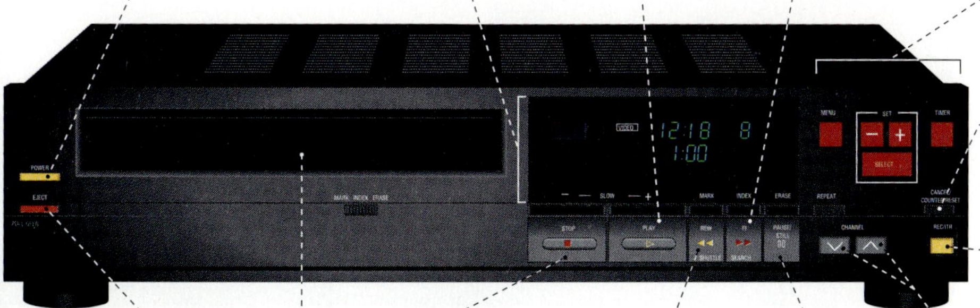

Rückstelltaste[F]
reset button
commande[F] de remise[F] à zéro[M]
botón[M] del contador[M] a cero

Aufnahmetaste[F]
record button
commande[F] d'enregistrement[M]
botón[M] de grabación[F]

Kassettenauswurfschalter[M]
cassette eject switch
commande[F] d'éjection[F] de la cassette[F]
interruptor[M] de expulsión[F]

Stoptaste[F]
stop button
commande[F] d'arrêt[M]
botón[M] de pare[M]

Pausetaste[F]
pause/still button
pause[F]/arrêt[M] sur l'image[F]
pausa[F]\imagen[F] fija

Kanalsuchtasten[F]
channel scan buttons
recherche[F] des canaux[M]
botones[M] para buscar canales[M]

Kassettenlift[M]
cassette compartment
logement[M] de la cassette[F]
compartimento[M] para el casete[M]

Rückspultaste[F]
rewind button
commande[F] de rebobinage[M]
botón[M] de rebobinado[M]

FERNSEHEN[N]
TELEVISION
TÉLÉVISION[F]
TELEVISIÓN[F]

SPRECHER- UND REGIERÄUME[M]
STUDIO AND CONTROL ROOMS
PLATEAU[M] ET RÉGIES[F]
ESTUDIO[M] DE TELEVISIÓN[F] Y CABINAS[F] DE CONTROL[M]

Zugang[M] zur Beleuchtungsanlage[F]
lighting grid access
accès[M] à la grille[F] d'éclairage[M]
puerta[F] de acceso[M] a la rejilla[F] de las luces[F]

zusätzliches Studiopersonal[N]
additional production personnel
personnel[M] additionnel de production[F]
personal[M] suplementario de producción[F]

Beleuchter(in[F])[M]
lighting technician
éclairagiste[M]
técnico[M] de luces[F]

allgemeiner Geräteraum[M]
auxiliary facilities room
salle[F] polyvalente
sala[F] de instalaciones[F] auxiliares

Kamera-Steckfeld[N]
connection box
boîte[F] de raccordement[M]
caja[F] de conexiones[F]

abgedunkelter Raum[M]
dimmer room
salle[F] des gradateurs[M]
sala[F] de regulación[F] de luces

Bildkontrolle[F]
camera control unit
bloc[M] de commande[F] des caméras[F]
unidad[F] de control[M] de cámaras[F]

Kamera[F]
camera
caméra[F]
cámara[F]

Oberbeleuchter(in[F])[M]
lighting board operator
opérateur[M] de régie[F] d'éclairage[M]
tablero[M] de operación[F] de luces[F]

Bildtechniker(in[F])[M]
camera control technician
contrôleur[M] d'images[F]
técnico[M] de control[M] de cámaras[F]

Mikrofonausleger[M]
microphone boom
perche[F]
jirafa[F] del micrófono[M]

Lichtregelanlage[F]
lighting board
pupitre[M] d'éclairage[M]
tablero[M] de luces[F]

Aufsichtsingenieur(in[F])[M]
technical producer
directeur[M] technique
productor[M] técnico

Video-Switcher[M]
video switcher technician
technicien[M] aiguilleur[M]
operador[M] técnico de video[M]

Kontrollmonitore[M]
monitor wall
baie[F] de contrôle[M]
panel[M] de monitores[M]

Sendeleiter(in[F])[M]
producer
réalisateur[M]
productor[M]

Skript-Assistent(in[F])[M]
script assistant
assistant[M] à la réalisation[F]
asistente[M] del guionista[M]

Regieassistent(in[F])[M]
production adviser
conseiller[M] de production[F]
consejero[M] de producción[F]

Tonregiepult[N]
sound desk
pupitre[M] de son[M]
consola[F] de sonido[M]

Tontechniker(in[F])[M]
sound technician
preneur[M] de son[M]
técnico[M] de sonido[M]

Baßfalle[F]
bass trap
trappe[F] acoustique
retenedor[M] de frecuencias[F] bajas

Musikregie[F]
musical advisers
conseillers[M] musicaux
consejeros[M] musicales

Ausrüstungsspind[M]
equipment rack
bâti[M] d'équipement[M]
soporte[M] para el equipo[M]

Lautsprecher[M]
sound monitor
haut-parleur[M] de contrôle[M]
monitor[M] del sonido[M]

Studioebene[F]
studio floor
plateau[M]
estudio[M]

Beleuchtung[F]/Bildregie[F]
lighting/camera control area
régie[F] image[F]/éclairage[M]
sala[F] de control[M] de luces[F]

Tonregieraum[M]
sound control room
régie[F] du son[M]
control[M] de sonido[M]

Regieraum[M]
production control room
régie[F] de production[F]
sala[F] de producción[F] y control[M]

REGIERAUM[M]
PRODUCTION CONTROL ROOM
RÉGIE[F] DE PRODUCTION[F]
SALA[F] DE CONTROL[M] DE PRODUCCIÓN[F]

FERNSEHEN[N]
TELEVISION
TÉLÉVISION[F]
TELEVISIÓN[F]

STUDIOEBENE[F]
STUDIO FLOOR
PLATEAU[M]
ESTUDIO[M]

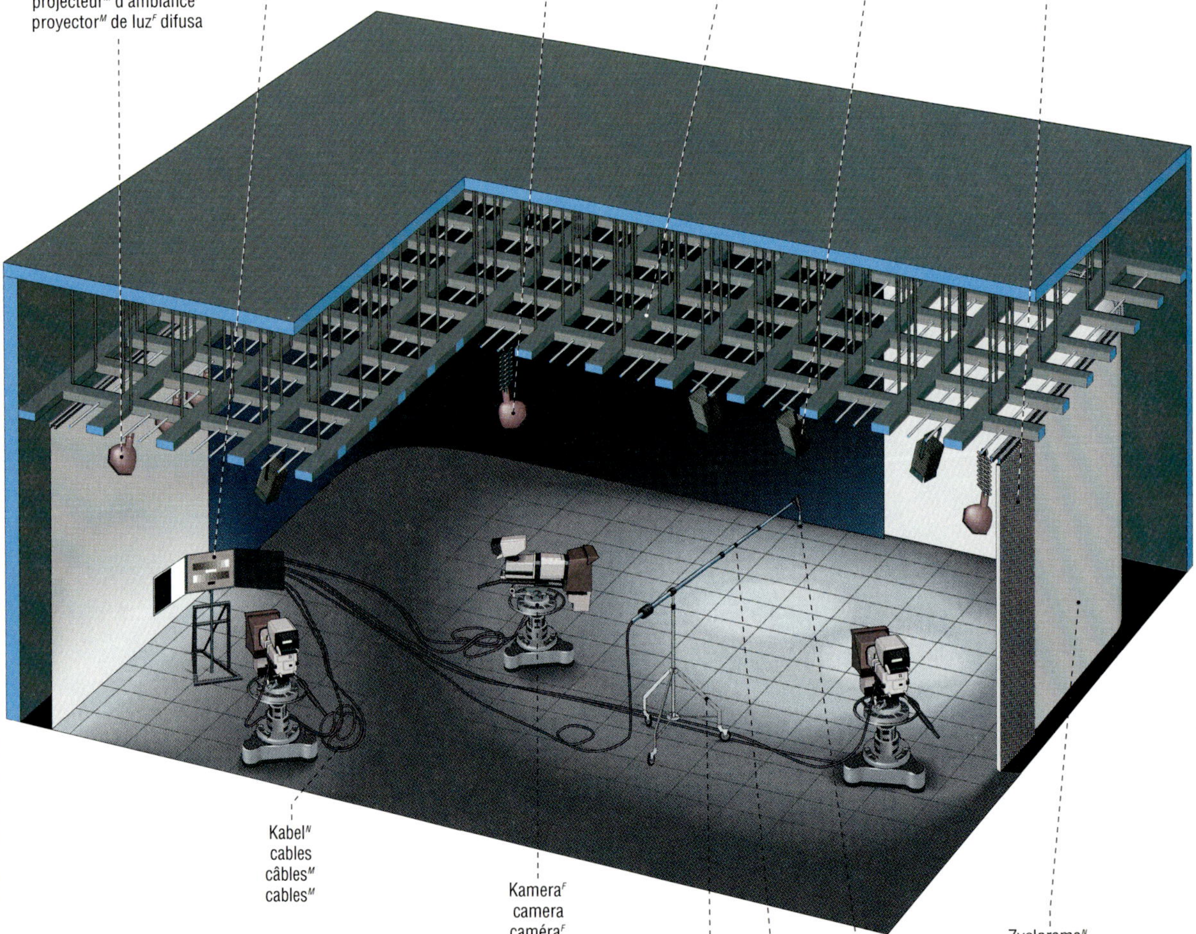

KAMERA[F]
CAMERA
CAMÉRA[F]
CÁMARA[F]

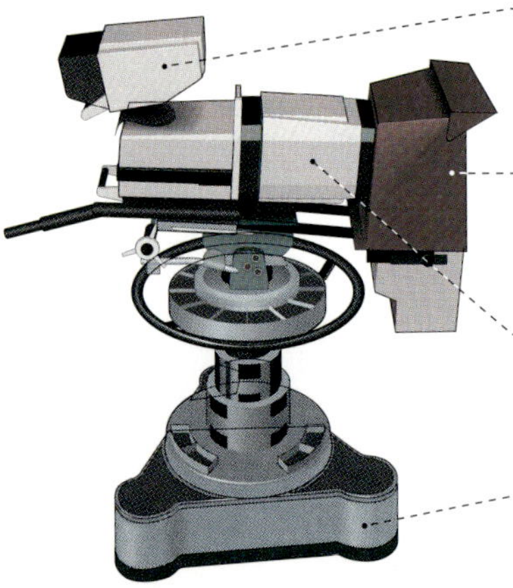

ÜBERTRAGUNGSWAGEN^{M}
MOBILE UNIT
CAR^{M} DE REPORTAGE^{M}
UNIDAD^{F} MÓBIL

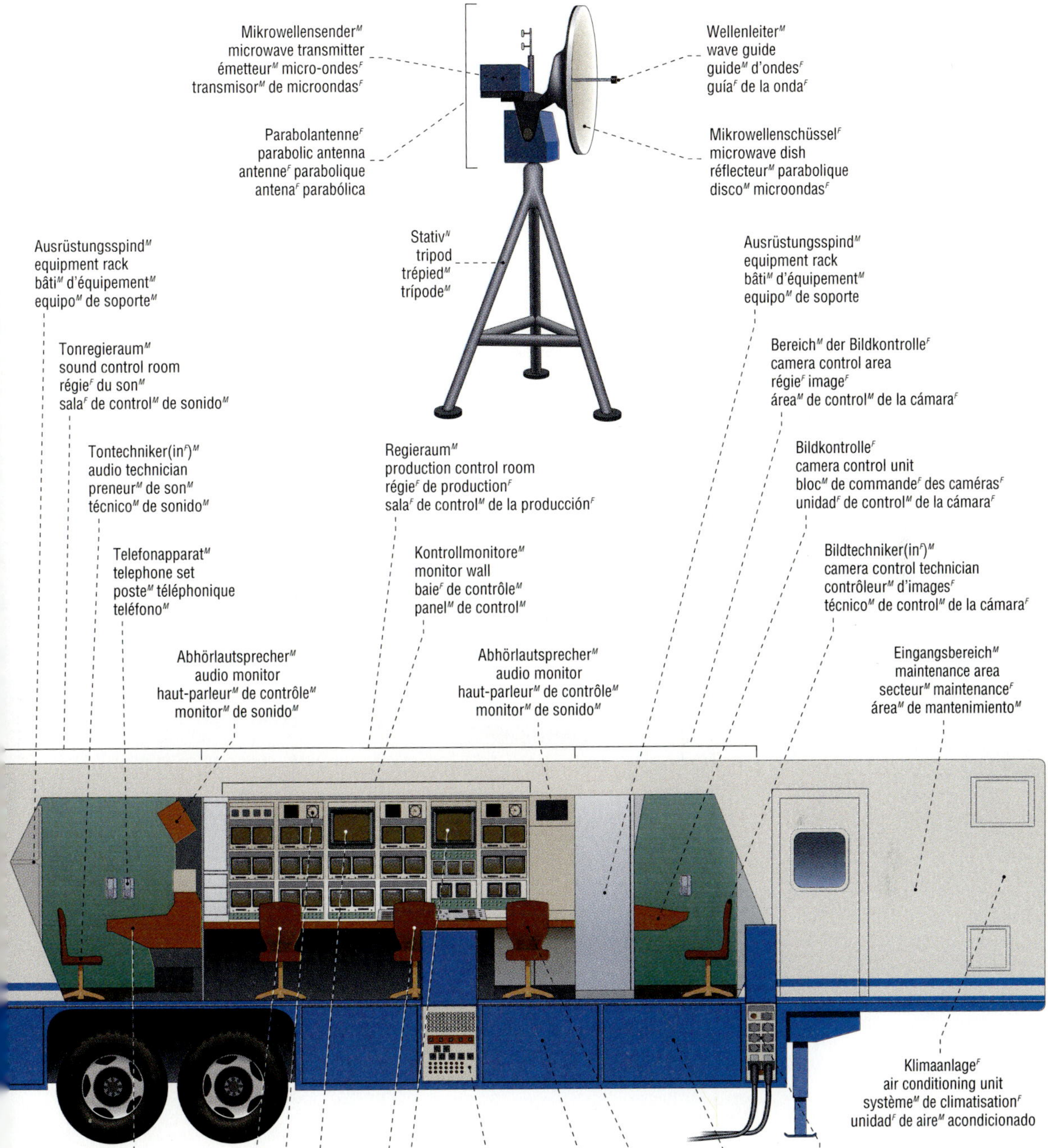

ÜBERTRAGUNGSSATELLITENTECHNIK[F]
BROADCAST SATELLITE COMMUNICATION
TÉLÉDIFFUSION[F] PAR SATELLITE[M]
COMUNICACIÓN[F] POR SATÉLITE DE TRANSMISIÓN[F]

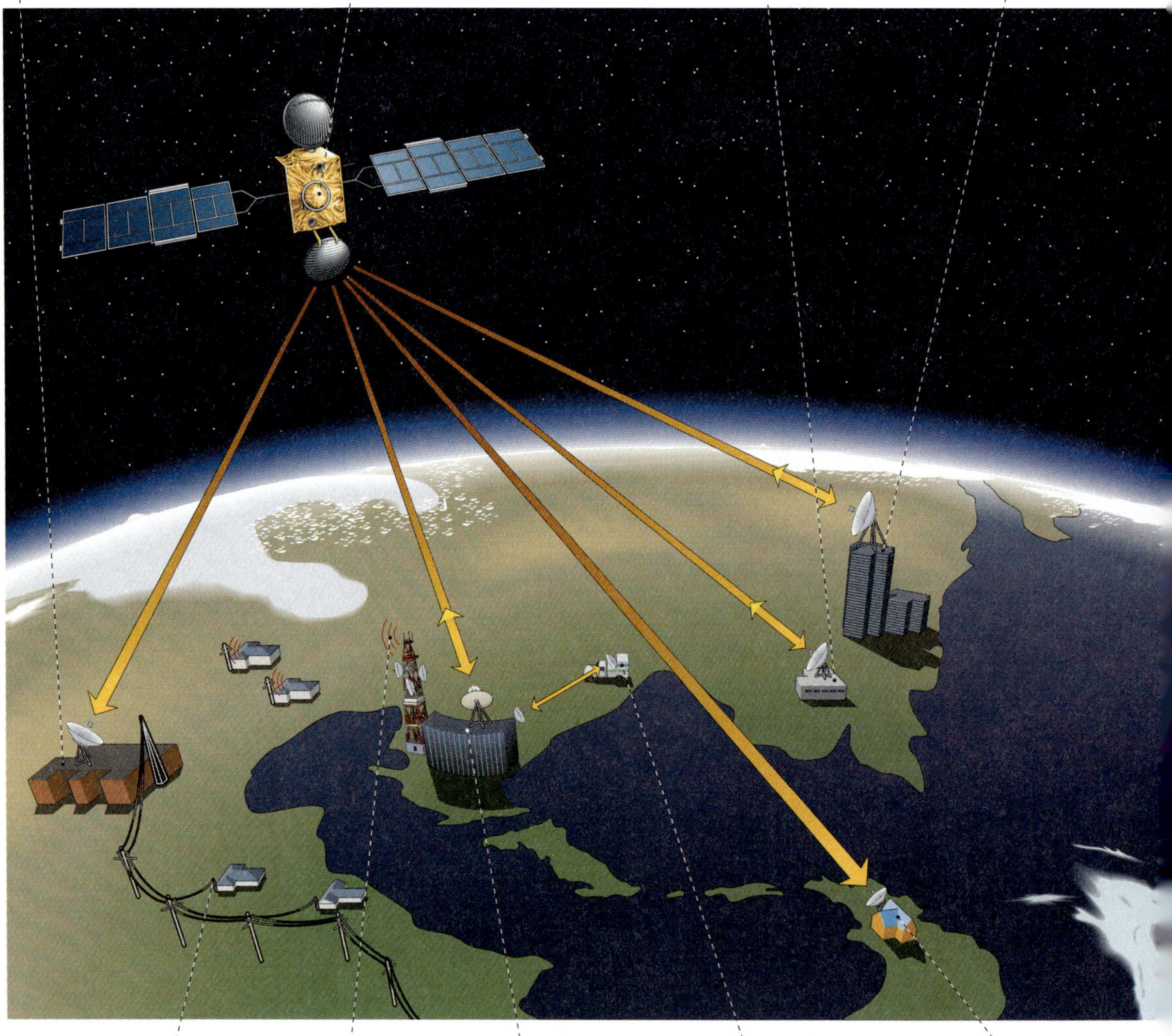

TELEKOMMUNIKATION^F ÜBER NACHRICHTENSATELLIT^M
TELECOMMUNICATIONS BY SATELLITE
TÉLÉCOMMUNICATIONS^F PAR SATELLITE^M
TELECOMUNICACIONES^F POR SATÉLITE^M

industrielle Telekommunikation^F
industrial communications
communications^F industrielles
comunicaciones^F industriales

Teleport^M
teleport
téléport^M
teleporte^M

Telekommunikation^F für die Luftfahrt^F
air communications
communications^F aériennes
comunicaciones^F aéreas

militärische Telekommunikation^F
military communications
communications^F militaires
comunicaciones^F militares

maritime Telekommunikation^F
maritime communications
communications^F maritimes
comunicaciones^F marítimas

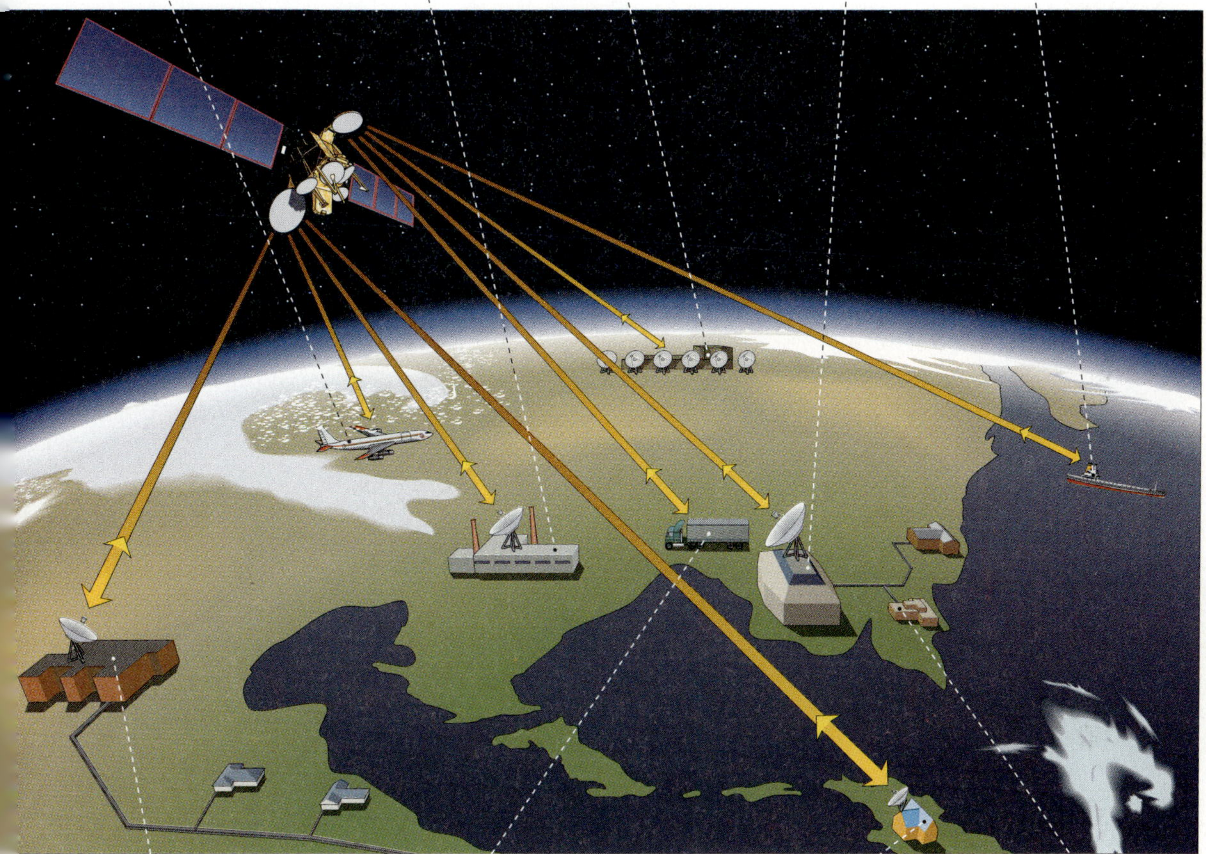

Telefonnetz^N
telephone network
réseau^M téléphonique
red^F telefónica

Telekommunikation^F für den Straßenverkehr^M
road communications
communications^F routières
comunicaciones^F terrestres

persönliche Telekommunikation^F
personal communications
communications^F individuelles
comunicaciones^F personales

Konsument^M
consumer
client^M
consumidor^M

Telekommunikation^F über Computer^M
computer communication
téléinformatique^F
comunicación^F por computador^M

Telefax-Gerät^N
facsimile machine
télécopieur^M
facsímil^M

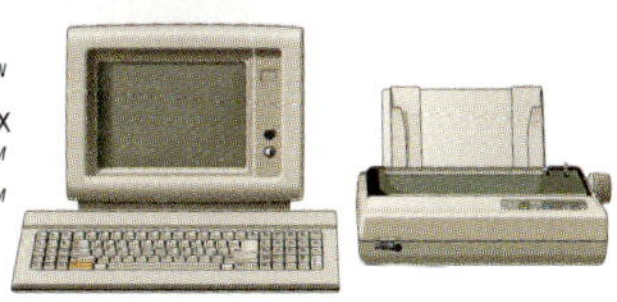

Telex^N
telex
télex^M
télex^M

TELEKOMMUNIKATIONSTECHNIK^F ÜBER DAS TELEFONNETZ^N
TELECOMMUNICATIONS BY TELEPHONE NETWORK
TÉLÉCOMMUNICATIONS^F PAR LIGNE^F TÉLÉPHONIQUE
TELECOMUNICACIONES^F POR RED^F TELEFÓNICA

Zellfunktelefon^N
cellular telephone
téléphone^M cellulaire
teléfono^M celular

Telefonapparat^M
telephone set
poste^M téléphonique
teléfono^M

FERNMELDESATELLITEN[M]
TELECOMMUNICATION SATELLITES
SATELLITES[M] DE TÉLÉCOMMUNICATIONS[F]
SATÉLITES[M] DE TELECOMUNICACIONES[F]

VERSCHIEDENE SATELLITEN[M]
EXAMPLES OF SATELLITES
EXEMPLES[M] DE SATELLITES[M]
EJEMPLOS[M] DE SATÉLITES[M]

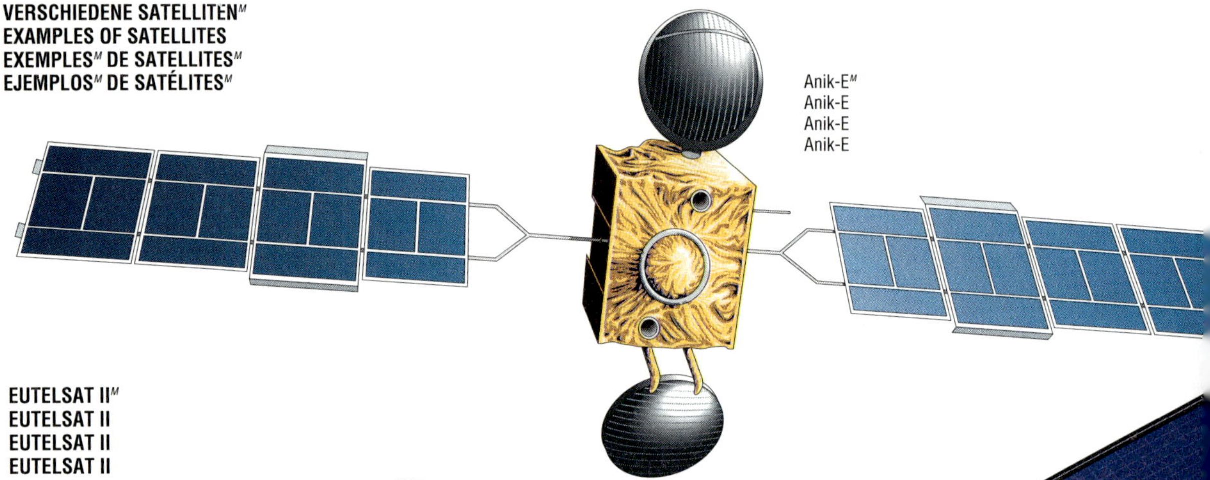

Anik-E[M]
Anik-E
Anik-E
Anik-E

EUTELSAT II[M]
EUTELSAT II
EUTELSAT II
EUTELSAT II

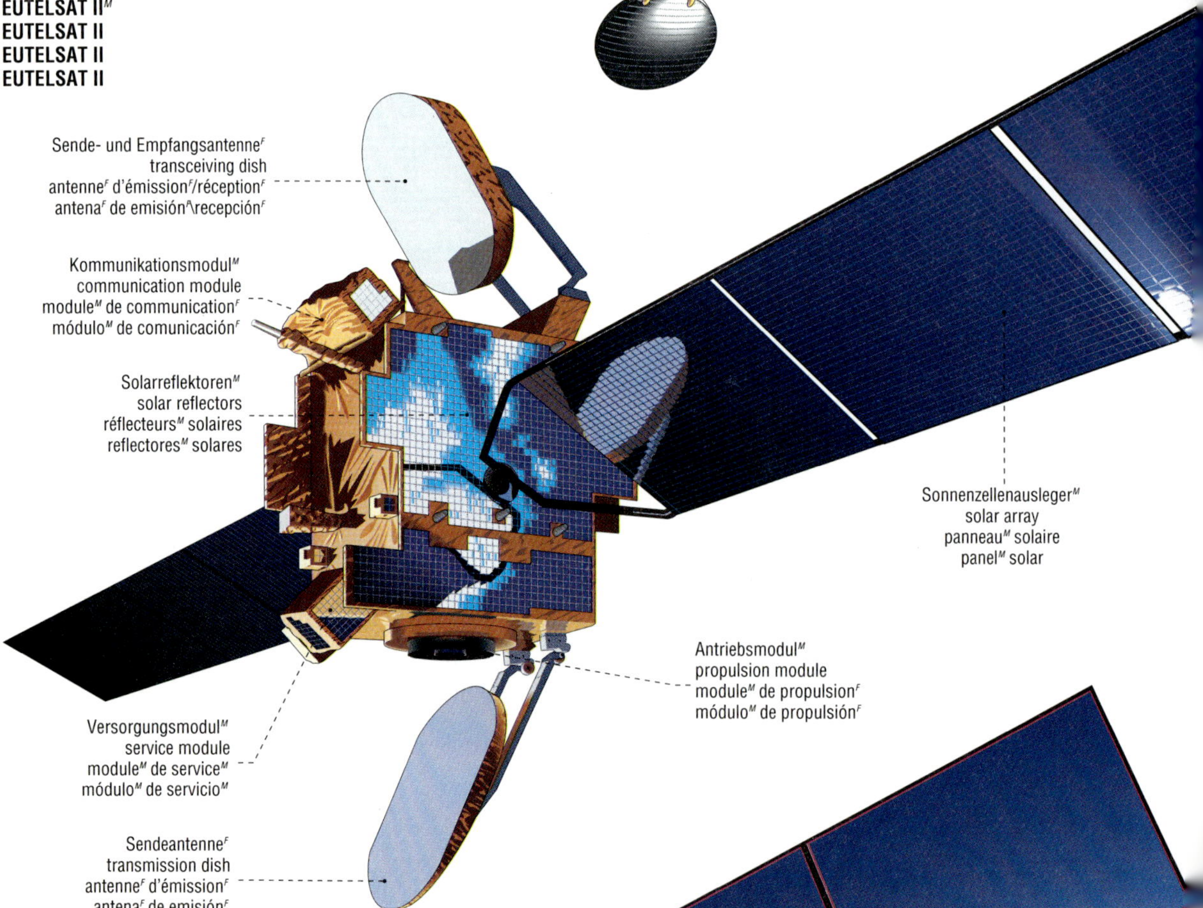

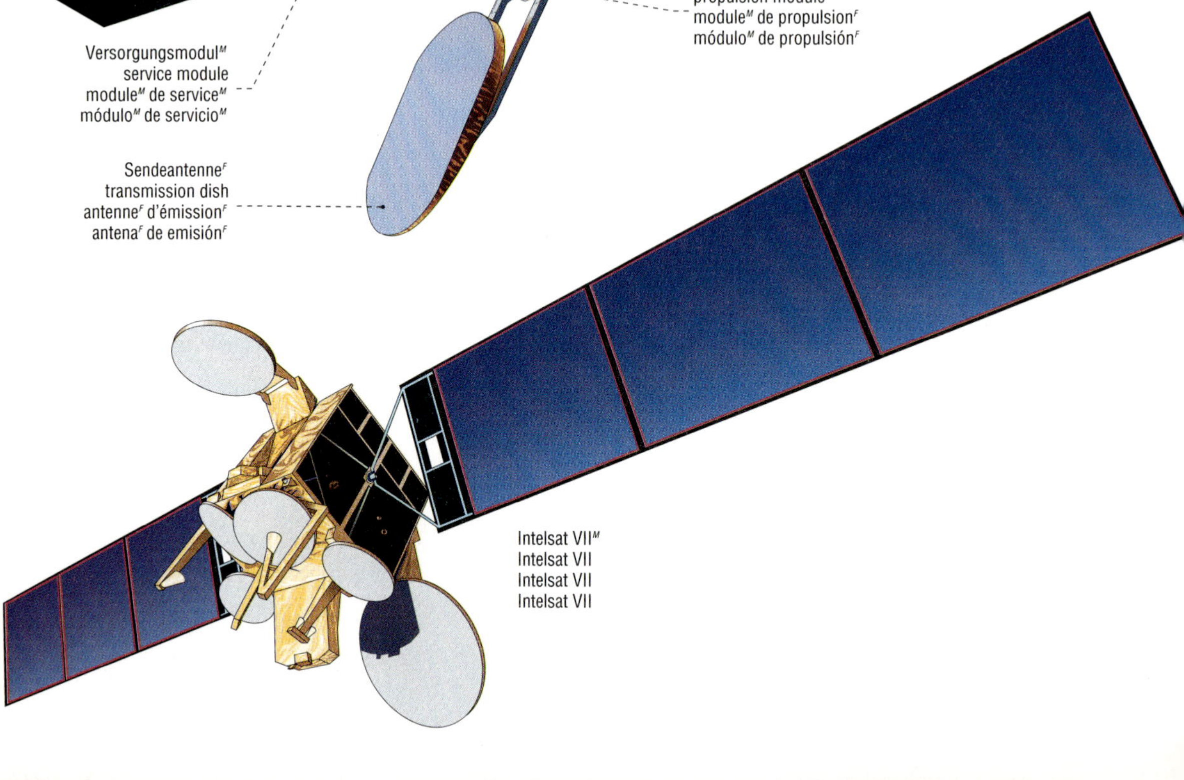

Intelsat VII[M]
Intelsat VII
Intelsat VII
Intelsat VII

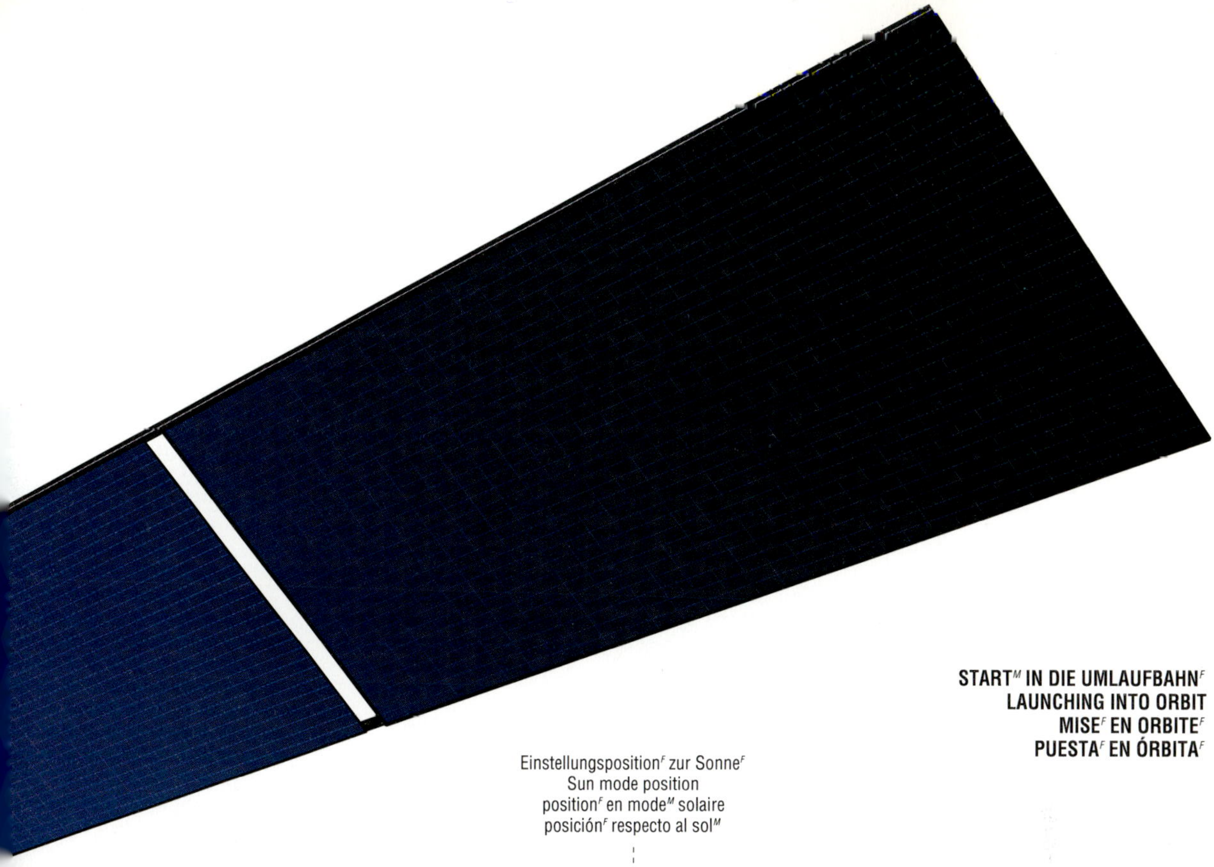

START[M] IN DIE UMLAUFBAHN[F]
LAUNCHING INTO ORBIT
MISE[F] EN ORBITE[F]
PUESTA[F] EN ÓRBITA[F]

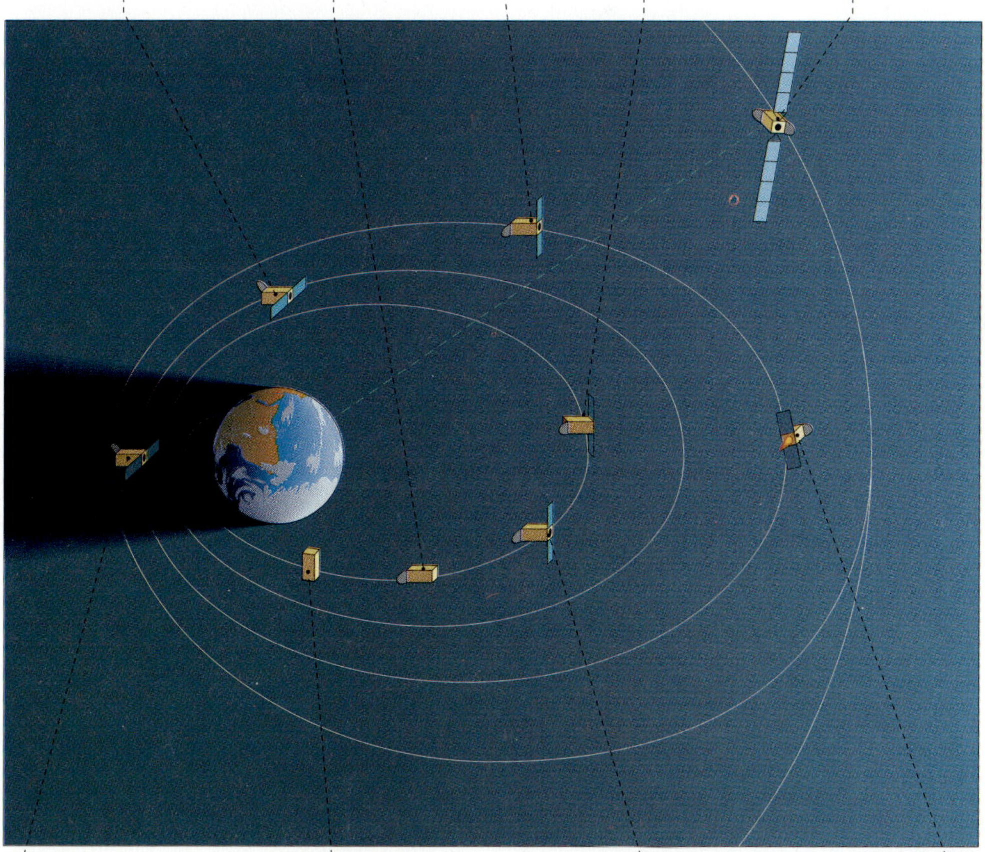

TELEFONISCHE KOMMUNIKATION[F]
COMMUNICATION BY TELEPHONE
COMMUNICATION[F] PAR TÉLÉPHONE[M]
COMUNICACIONES[F] POR TELÉFONO[M]

ANRUFBEANTWORTER[M]
TELEPHONE ANSWERING MACHINE
RÉPONDEUR[M] TÉLÉPHONIQUE
CONTESTADORA[F] AUTOMÁTICA

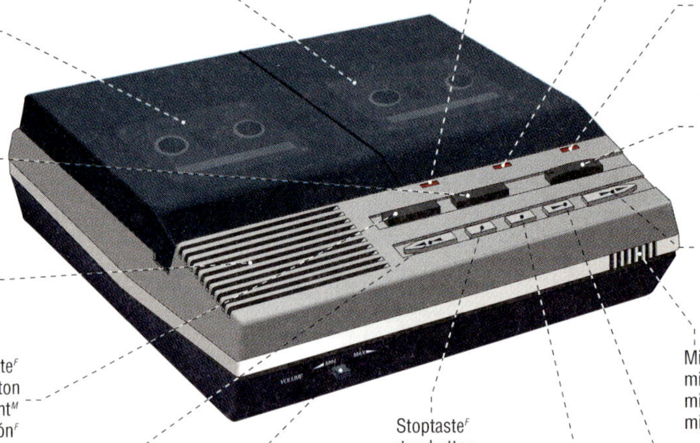

Aufzeichnungskassette[F]
incoming message cassette
cassette[F] messages[M]
cassette[M] para grabar los mensajes[M]

Nachrichtenanzeige[F]
calls indicator
voyant[M] de réception[F] de messages[M]
indicador[M] de llamadas[F]

Netzkontrollampe[F]
power-on light
voyant[M] de mise[F] en circuit[M]
luz[F] de encendido[M]

Ansagekassette[F]
outgoing announcement cassette
cassette[F] annonce[F]
cassette[M] con saludo[M]

Bereitschaftsanzeige[F]
auto answer indicator
voyant[M] de réponse[F] automatique
indicador[M] de respuesta[F] automática

Netzschalter[M]
power-on button
bouton[M] de mise[F] en circuit[M]
botón[M] de encendido[M]

Mithörtaste[F]
listen button
écoute[F]
botón[M] de reproducción[F]

Vorlauftaste[F]
fast-forward button
avance[F] rapide
botón[M] de avance[M] rápido

Lautsprecher[M]
speaker
haut-parleur[M]
altavoz[M]

Mikrofon[N]
microphone
microphone[M]
micrófono[M]

Aufzeichnungstaste[F]
record announcement button
enregistrement[M]
botón[M] de grabación[F]

Stoptaste[F]
stop button
arrêt[M]
botón[M] de paro[M]

Einschalt-/Wiedergabetaste[F]
on/play button
mise[F] en marche[F]
botón[M] de encendido[M]

Rücklauftaste[F]
rewind button
rebobinage[M]
botón[M] de rebobinado[M]

Lautstärkeregler[M]
volume control
commande[F] de volume[M]
control[M] del volumen[M]

Löschtaste[F]
erase button
effacement[M]
botón[M] para borrar

TELEFONAPPARAT[M]
TELEPHONE SET
POSTE[M] TÉLÉPHONIQUE
TELÉFONO[M]

Hörer[M]
receiver
récepteur[M]
receptor[M]

Display[N]
display
afficheur[M]
visualización[F]

Handapparat[M]
handset
combiné[M]
auricular[M]

An-/Auskontrollampe[F]
on/off light
voyant[M] de mise[F] en circuit[M]
luz[F] de encendido[M]\apagado[M]

Lautstärkeregler[M] für den Hörer[M]
receiver volume control
commande[F] de volume[M] du récepteur[M]
control[M] de volumen[M] del auricular[M]

Sprechmuschel[F]
transmitter
microphone[M]
transmisor[M]

Displayeinstellung[F]
display setting
réglage[M] de l'afficheur[M]
ajuste[M] de la visualización[F]

Lautstärkeregler[M] für den Rufton[M]
ringing volume control
commande[F] de volume[M] de la sonnerie[F]
control[M] de volumen[M] de la campana[F]

Leitung[F]
handset flex
cordon[M] de combiné[M]
cable[M] del auricular[M]

Rufnummernregister[N] für automatische Wahl[F]
automatic dialer index
index[M] de composition[F] automatique
marcador[M] automático

Funktionswähler[M]
function selectors
sélecteurs[M] de fonctions[F]
selectores[M] de funciones[F]

Tasten[F]
push buttons
clavier[M]
teclado[M]

Rufnummernregister[N]
telephone index
répertoire[M] téléphonique
índice[M] de teléfonos[M]

Speichertaste[F]
memory button
commande[F] mémoire[F]
botón[M] de memoria[F]

TELEX[N]
TELEX
TÉLEX[M]
TÉLEX[M]

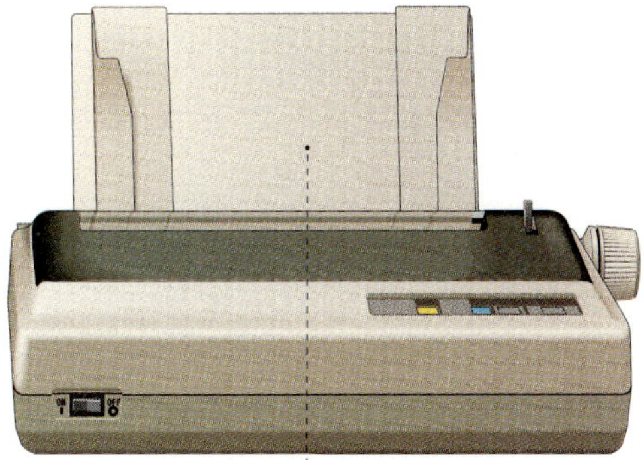

TELEFAXGERÄT[N]
FACSIMILE MACHINE
TÉLÉCOPIEUR[M]
FACSIMIL[M]

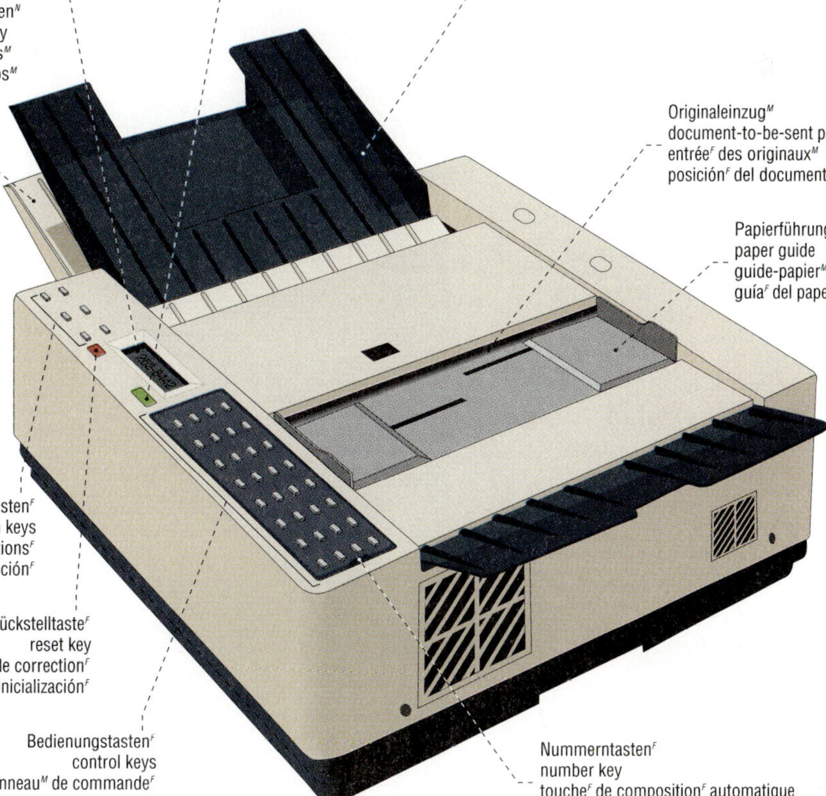

TELEFONISCHE KOMMUNIKATION^{F}
COMMUNICATION BY TELEPHONE
COMMUNICATION^{F} PAR TÉLÉPHONE^{M}
COMUNICACIONES^{F} POR TELÉFONO^{M}

TELEFONARTEN^{F}
TYPES OF TELEPHONES
TYPES^{M} DE POSTES^{M} TÉLÉPHONIQUES
TELÉFONOS^{M}

FERNMELDETERMINAL^{N}
TELECOMMUNICATION TERMINAL
TERMINAL^{M} DE TÉLÉCOMMUNICATION^{F}
TERMINAL^{M} DE COMUNICACIONES^{F}

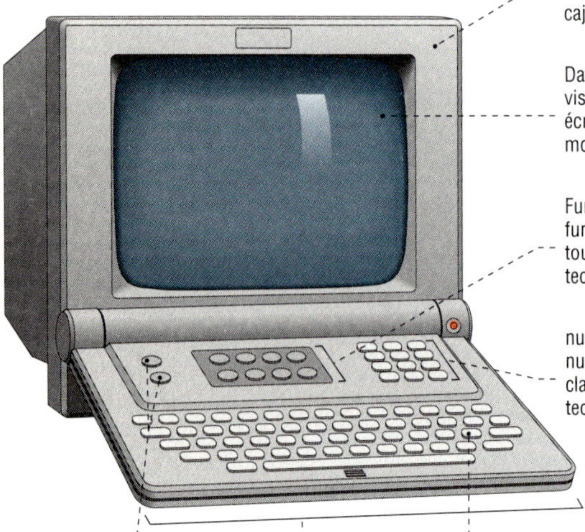

Gehäuse^{N}
housing
boîtier^{M}
caja^{F}

Datensichtgerät^{N}
visual display unit
écran^{M}
monitor^{M}

Funktionstasten^{F}
function keys
touches^{F} de fonctions^{F}
teclas^{F} de función^{F}

numerische Tastatur^{F}
numeric keyboard
clavier^{M} numérique
teclado^{M} numérico

Bedienungstasten^{F}
operation keys
touches^{F} de commande^{F}
teclas^{F} de operación^{F}

alphanumerische Tastatur^{F}
alphanumeric keyboard
clavier^{M} alphanumérique
teclado^{M} alfanumérico

Tastatur^{F}
keyboard
clavier^{M}
teclado^{M}

drahtloses Telefon^{N}
cordless telephone
poste^{M} sans cordon^{M}
teléfono^{M} inalámbrico

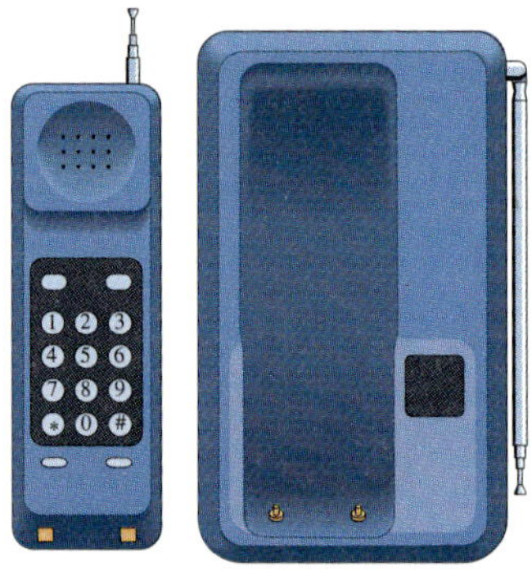

Abfrageapparat^{M}
call director telephone
pupitre^{M} dirigeur
teléfono^{M} para ejecutivo^{M}

mobiles Zellfunktelefon^{N}
portable cellular telephone
téléphone^{M} cellulaire portatif
teléfono^{M} celular portátil

ÖFFENTLICHER FERNSPRECHER^{M}
PAY PHONE
TÉLÉPHONE^{M} PUBLIC
TELÉFONO^{M} PÚBLICO

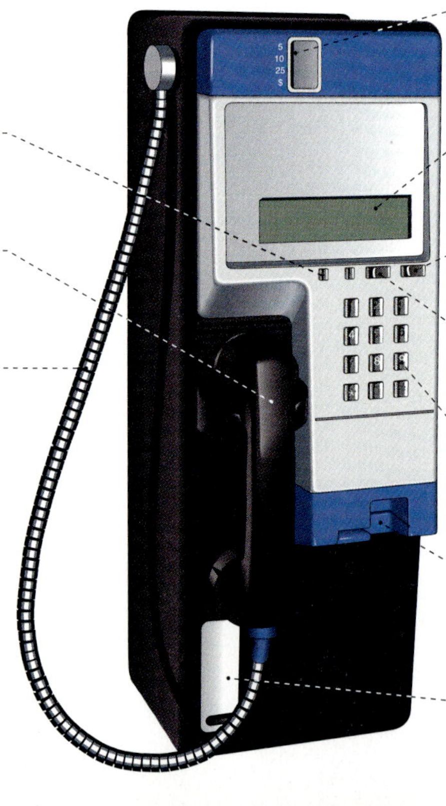

Münzeinwurf^{M}
coin slot
fente^{F} à monnaie^{F}
ranura^{F} para monedas^{F}

Display^{N}
display
écran^{M}
visualización^{F}

Lautstärkeregler^{M}
volume control
contrôle^{M} du volume^{M}
control^{M} de volumen^{M}

nächster Ruf^{M}
next call
appel^{M} suivant
próxima llamada^{F}

Handapparat^{M}
handset
combiné^{M}
auricular^{M}

Sprachanzeigetaste^{F}
language display button
choix^{M} de la langue^{F} d'affichage^{M}
botón^{M} de selección^{F} de lengua^{F}

Panzerschnur^{F}
armoured flex
cordon^{M} à gaine^{F} métallique
cable^{M} con funda^{F} metálica

Tasten^{F}
push buttons
clavier^{M}
teclas^{F}

Kartenschlitz^{M}
card reader
lecteur^{M} de carte^{F}
lector^{M} de tarjetas^{F}

Geldrückgabe^{F}
coin return
sébile^{F} de remboursement^{M}
devolución^{F} de monedas^{F}

Tastentelefon^{N}
push-button telephone
poste^{M} à clavier^{M}
teléfono^{M} de teclado^{M}

FORTBEWEGUNG
TRANSPORT

TRANSPORT
TRANSPORTE

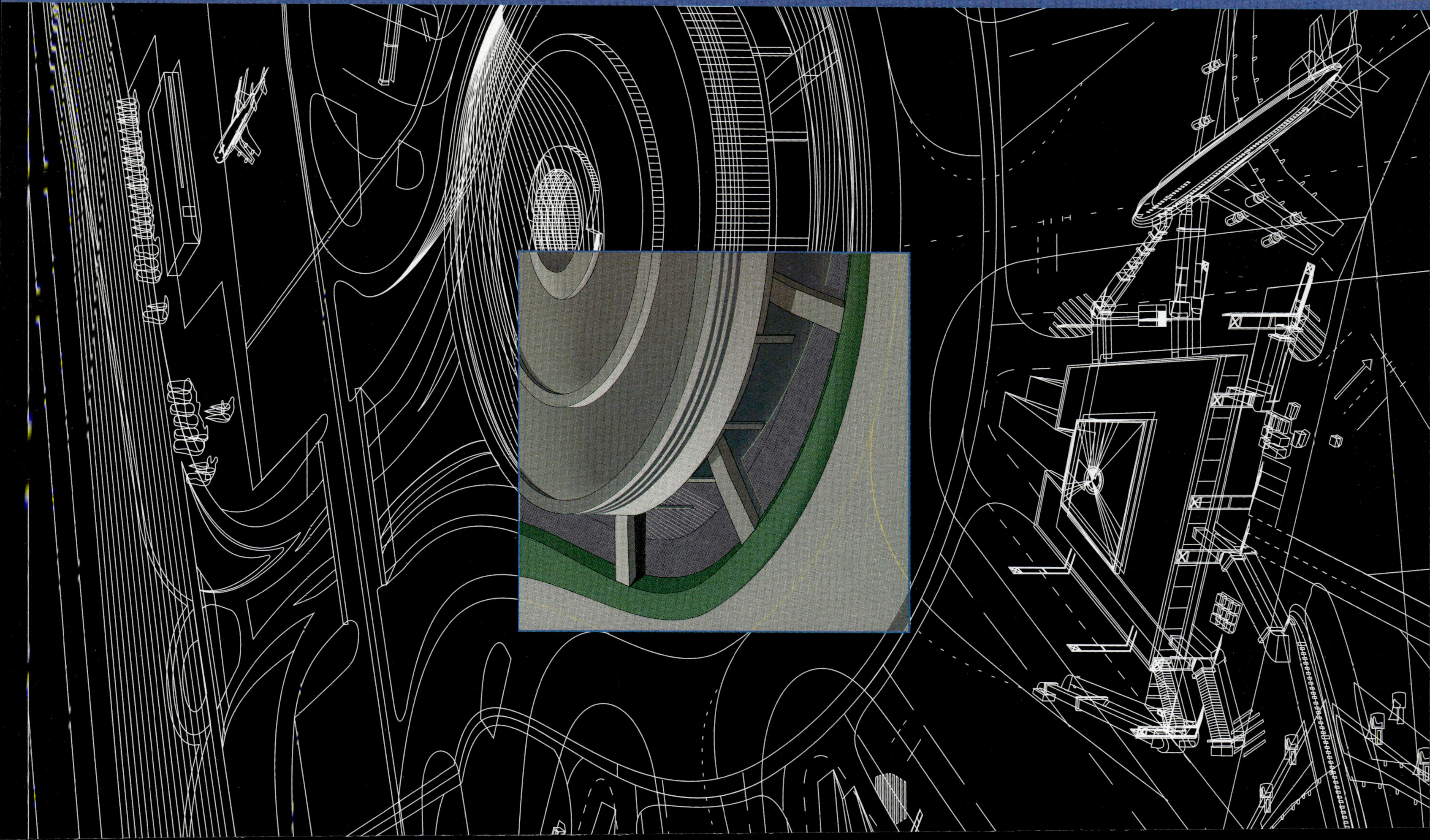

INHALT

STRASSENVERKEHR

AUTO 425
LASTKRAFTFAHRZEUGE 440
MOTORRAD 442
SCHNEEMOBIL 445
FAHRRAD 446
WOHNWAGEN 449
STRASSENBAU 450
TANKSTELLE 453
STARRE BRÜCKEN 454
BEWEGLICHE BRÜCKEN 457

SCHIENENVERKEHR

HOCHGESCHWINDIGKEITSZUG 458
PERSONENZÜGE: WAGENTYPEN 460
BAHNHOF 462
BAHNHOF 464
RANGIERBAHNHOF 465
EISENBAHN-OBERBAU 466
DIESELELEKTRISCHE LOKOMOTIVE 468
WAGEN 470
GÜTERWAGEN 472

UNTERIRDISCHE TRANSPORTMITTEL

U-BAHN 474

SCHIFFAHRT

VIERMASTBARK 478
SEGELTYPEN 482
ARTEN DER TAKELUNG 482
ANKER 483
NAVIGATIONSINSTRUMENTE 484
SEEZEICHEN 486
BETONNUNGSSYSTEM 488
HAFEN 490
KANALSCHLEUSE 492
LUFTKISSENFAHRZEUG 492
FÄHRE 494
CONTAINERSCHIFF 494
TRAGFLÜGELSCHIFF 495
PASSAGIERDAMPFER 496

LUFTVERKEHR

LANGSTRECKEN-DÜSENFLUGZEUG 498
LEITWERKSFORMEN 498
TRAGFLÜGELFORMEN 499
COCKPIT 500
ZWEISTROMTRIEBWERK 501
FLUGHAFEN 502
HUBSCHRAUBER 508

RAUMFAHRT

RAKETE 509
RAUMFÄHRE 510
RAUMANZUG 512

AUTO^{N}
CAR
AUTOMOBILE^{F}
AUTOMÓVIL^{M}

WAGENTYPEN^{M}
TYPES OF BODIES
TYPES^{M} DE CARROSSERIES^{F}
TIPOS^{M} DE CARROCERÍAS^{F}

Sportwagen^{M}
sports car
voiture^{F} sport^{M}
deportivo^{M}

Coupé^{N}
coupé
coach^{M}
turismo^{M} de dos puertas^{F}

Schrägheckmodell^{N}
hatchback
trois-portes^{F}
turismo^{M} de tres puertas^{F}

Kombiwagen^{M}
estate car
break^{M}
rubia^{F}

Kabriolett^{N}
convertible
cabriolet^{M}
descapotable^{M}

Pickup^{M}
pickup truck
camionnette^{F}
camioneta^{F}

viertürige Limousine^{F}
four-door saloon
berline^{F}
sedán^{M} de cuatro puertas^{F}

Geländewagen^{M}
all-terrain vehicle
véhicule^{M} tout-terrain^{M}
vehículo^{M} todo terreno^{M}

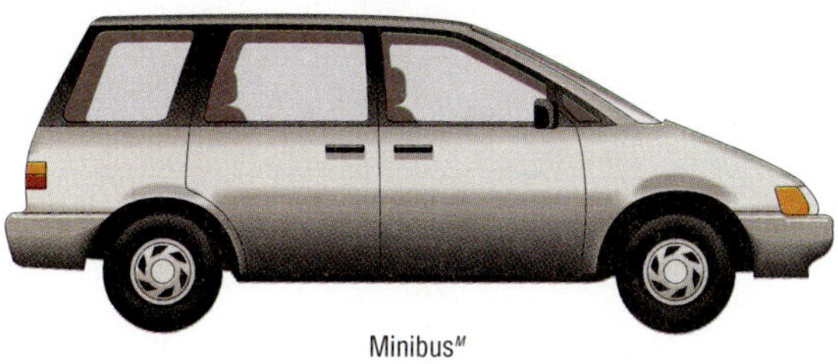

Minibus^{M}
minibus
fourgonnette^{F}
camioneta^{F} cubierta

Pullman-Limousine^{F}
stretch-limousine
limousine^{F}
pullman^{M} de ocho plazas^{F}

AUTO[N]
CAR
AUTOMOBILE[F]
AUTOMÓVIL[M]

KAROSSERIE[F]
BODY
CARROSSERIE[F]
CARROCERÍA[F]

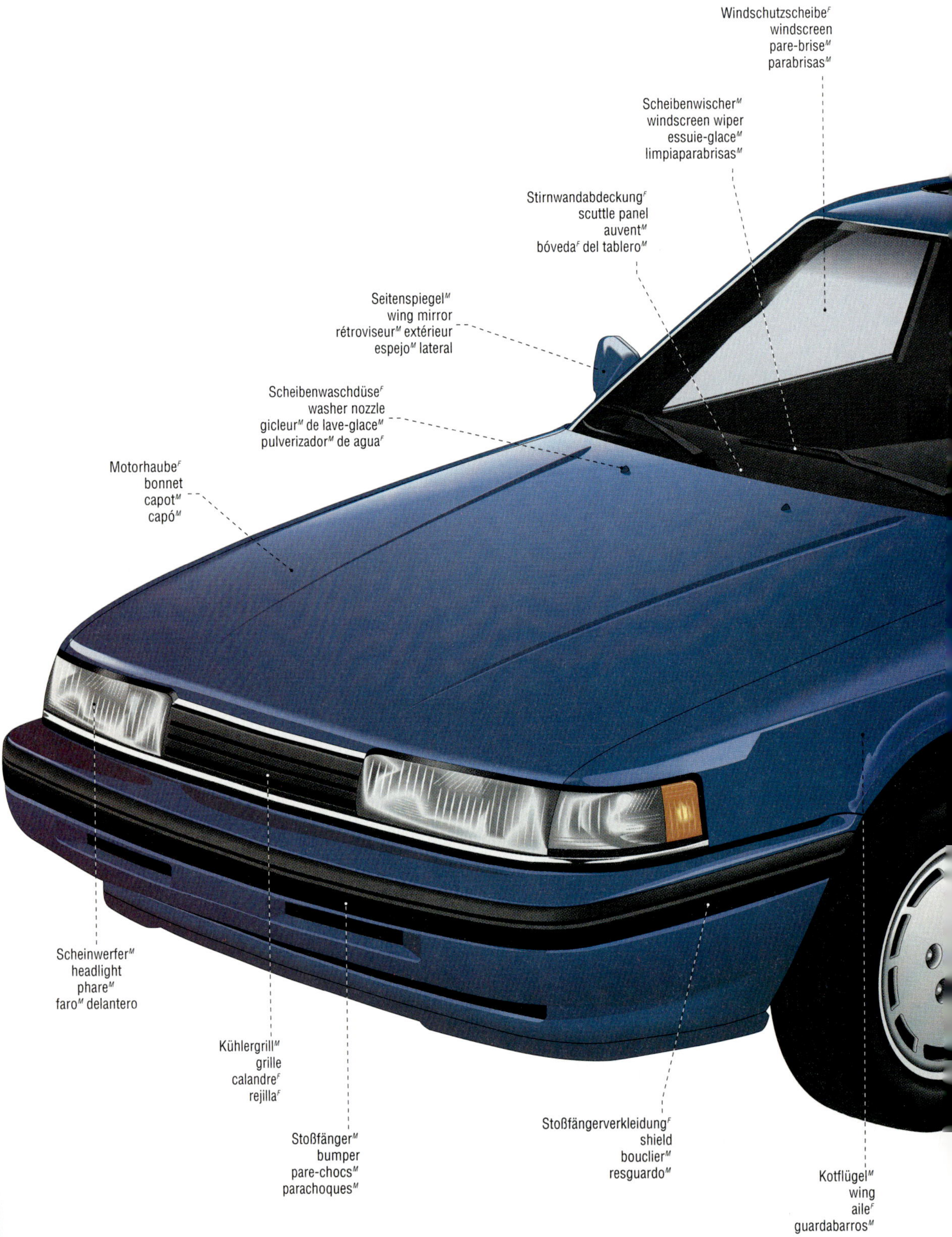

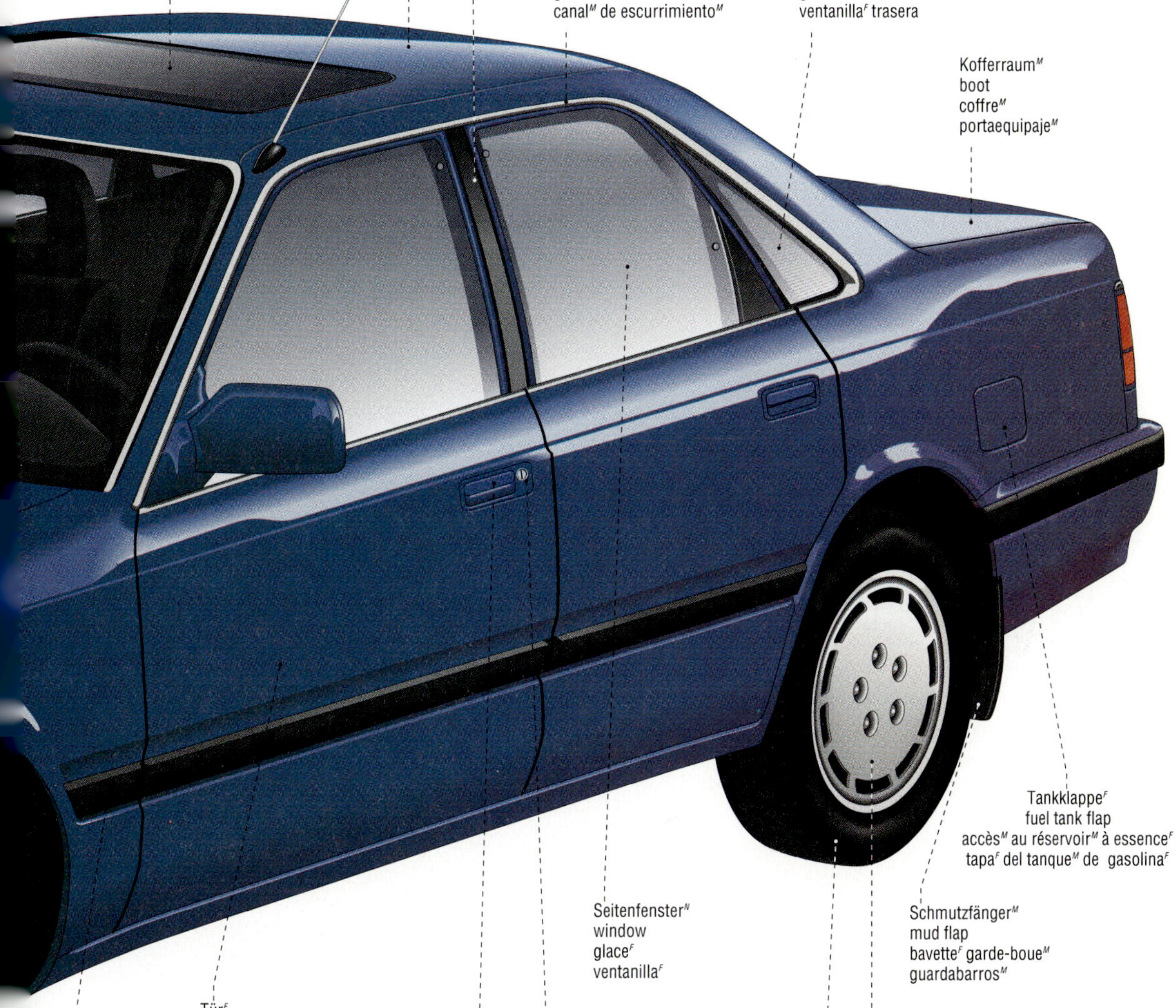
Antenne^F
aerial
antenne^F
antena^F
Dach^N
roof
pavillon^M
techo^M
Schiebedach^N
sun roof
toit^M ouvrant
techo^M corredizo
Mittelsäule^F
door pillar
montant^M latéral
montante^M central
Regenleiste^F
drip moulding
gouttière^F
canal^M de escurrimiento^M
Dreieckfenster^N
quarter window
glace^F de custode^F
ventanilla^F trasera
Kofferraum^M
boot
coffre^M
portaequipaje^M
Tankklappe^F
fuel tank flap
accès^M au réservoir^M à essence^F
tapa^F del tanque^M de gasolina^F
Seitenfenster^N
window
glace^F
ventanilla^F
Schmutzfänger^M
mud flap
bavette^F garde-boue^M
guardabarros^M
Tür^F
door
portière^F
puerta^F
Türschloß^N
door lock
serrure^F de porte^F
cerradura^F
Radkappe^F
wheel cover
enjoliveur^M
tapacubos^M
Seitenverkleidung^F
side panel
baguette^F de flanc^M
moldura^F lateral
Türgriff^M
door handle
poignée^F de porte^F
puño^M de la puerta^F
Rad^N
wheel
roue^F
rueda^F

AUTO[N]
CAR
AUTOMOBILE[F]
AUTOMÓVIL[M]

SCHALENSITZ[M]
BUCKET SEAT
SIÈGE[M]-BAQUET[M]
ASIENTO[M] RECLINABLE

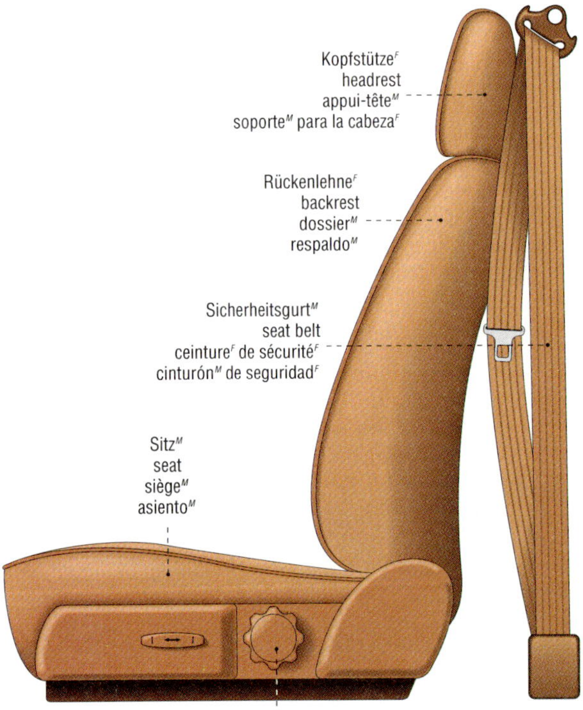

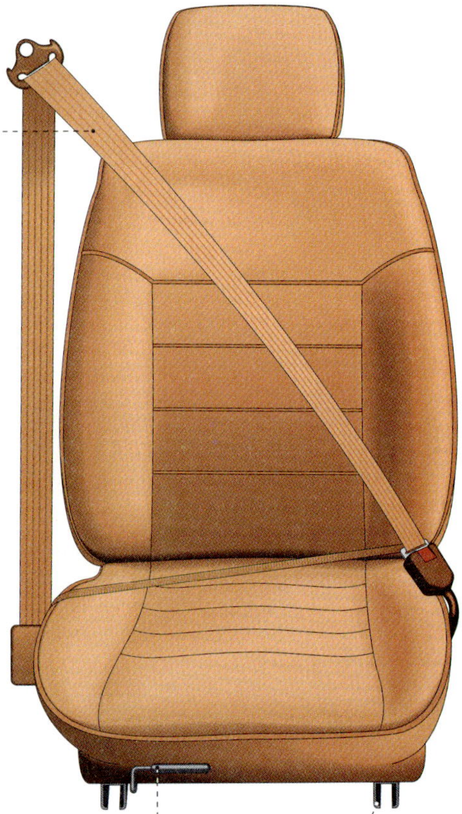

RÜCKSITZBANK[F]
REAR SEAT
BANQUETTE[F] ARRIÈRE
ASIENTO[M] TRASERO

WAGENTÜR^{F}
DOOR
PORTIÈRE^{F}
PUERTA^{F}

FAHRZEUGBELEUCHTUNG^{F}
CAR LIGHTS
FEUX^{M}
FAROS^{M}

Bugleuchten^{F}
front lights
feux^{M} avant
faros^{M} delanteros

Heckleuchten^{F}
rear lights
feux^{M} arrière
luces^{F} traseras

AUTO[N]
CAR
AUTOMOBILE[F]
AUTOMÓVIL[M]

ARMATURENBRETT[N]
DASHBOARD
TABLEAU[M] DE BORD[M]
TABLERO[M]

Scheibenwischerhebel[M]
wiper switch
commande[F] d'essuie-glace[M]
interruptor[M] del limpiaparabrisas[M]

Spiegel[M]
vanity mirror
miroir[M] de courtoisie[F]
espejo[M] de cortesía[F]

Hupe[F]
horn
avertisseur[M]
claxón[M]

Zeituhr[F]
clock
montre[F]
reloj[M]

Sonnenblende[F]
sun visor
pare-soleil[M]
parasol[M]

Instrumententafel[F]
instrument panel
instruments[M] de bord[M]
tablero[M] de instrumentos[M]

Rückspiegel[M]
rearview mirror
rétroviseur[M]
espejo[M] retrovisor

Luftdüse[F]
vent
bouche[F] d'air[M]
ventilación[F]

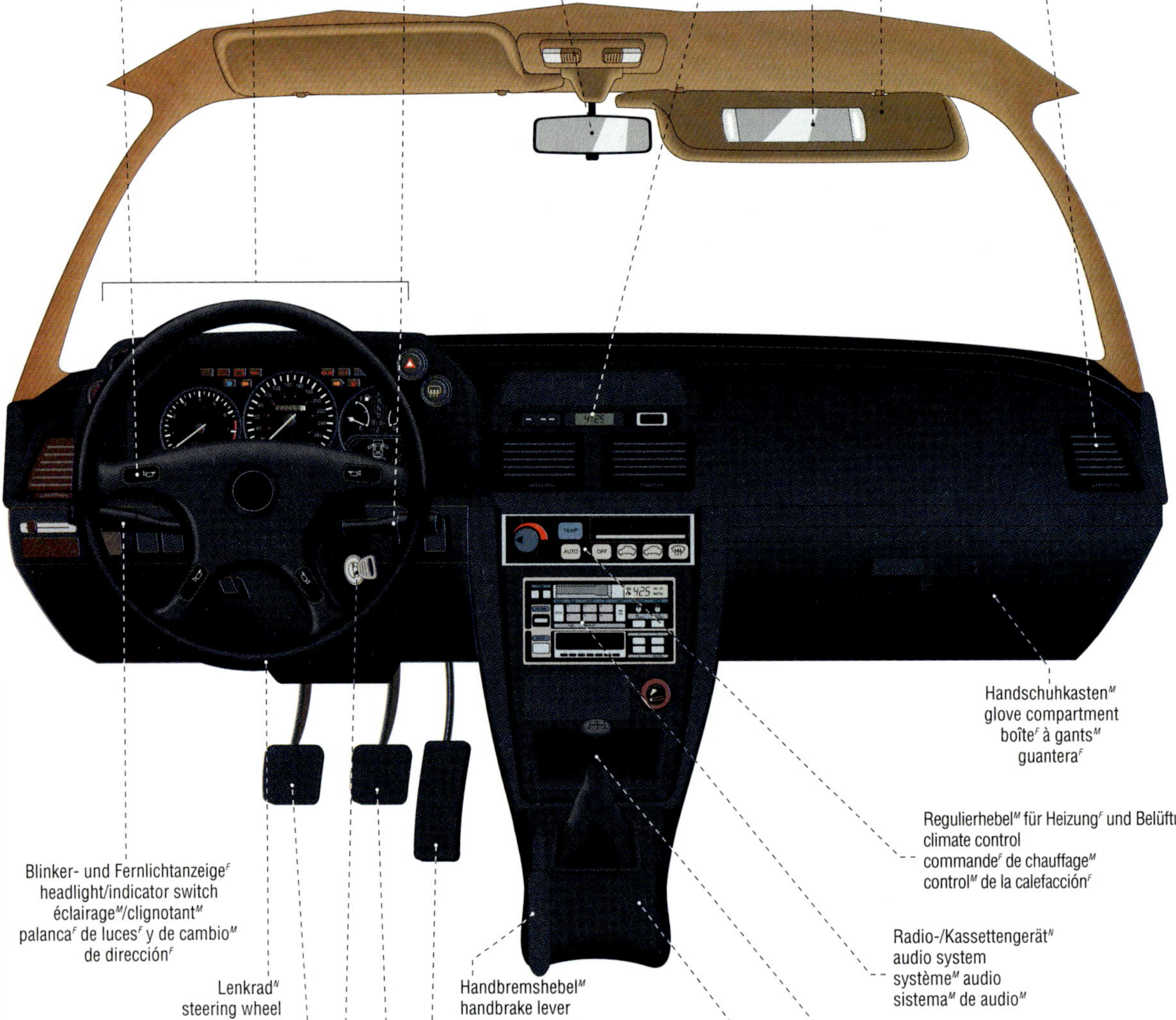

Handschuhkasten[M]
glove compartment
boîte[F] à gants[M]
guantera[F]

Regulierhebel[M] für Heizung[F] und Belüftung
climate control
commande[F] de chauffage[M]
control[M] de la calefacción[F]

Blinker- und Fernlichtanzeige[F]
headlight/indicator switch
éclairage[M]/clignotant[M]
palanca[F] de luces[F] y de cambio[M] de dirección[F]

Radio-/Kassettengerät[N]
audio system
système[M] audio
sistema[M] de audio[M]

Lenkrad[N]
steering wheel
volant[M]
volante[M]

Handbremshebel[M]
handbrake lever
levier[M] de frein[M] à main[F]
freno[M] de mano[F]

Schalthebel[M]
gear lever
levier[M] de vitesse[F]
palanca[F] de cambio[M] de velocidades[F]

Kupplungspedal[N]
clutch pedal
pédale[F] de débrayage[M]
pedal[M] del embrague[M]

Gaspedal[N]
accelerator pedal
pédale[F] d'accélérateur[M]
pedal[M] del acelerador[M]

Mittelkonsole[F]
centre console
console[F] centrale
consola[F] central

Zündschloß[N]
ignition switch
démarreur[M] électrique
interruptor[M] de encendido[M]

Bremspedal[N]
brake pedal
pédale[F] de frein[M]
pedal[M] de los frenos[M]

INSTRUMENTENTAFEL[F]
INSTRUMENT PANEL
INSTRUMENTS[M] DE BORD[M]
INSTRUMENTOS[M] DEL TABLERO[M]

SCHEIBENWISCHER[M]
WINDSCREEN WIPER
ESSUIE-GLACE[M]
LIMPIAPARABRISAS[M]

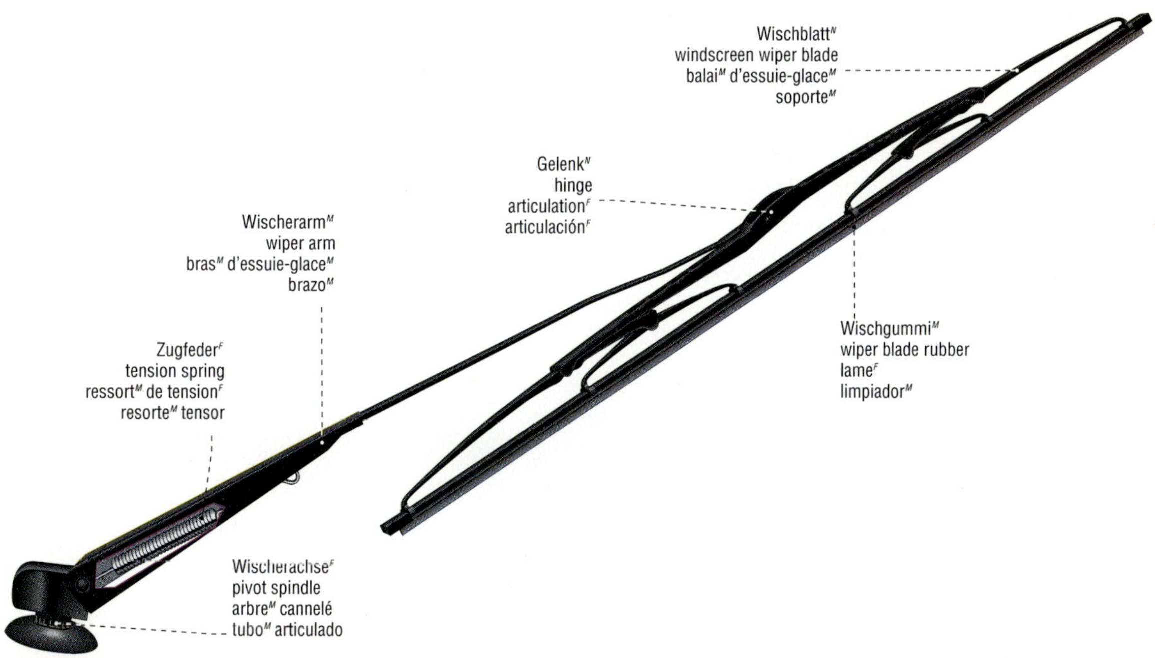

AUTO[N]
CAR
AUTOMOBILE[F]
AUTOMÓVIL[M]

SCHEIBENBREMSE[F]
DISC BRAKE
FREIN[M] À DISQUE[M]
FRENO[M] DE DISCO[M]

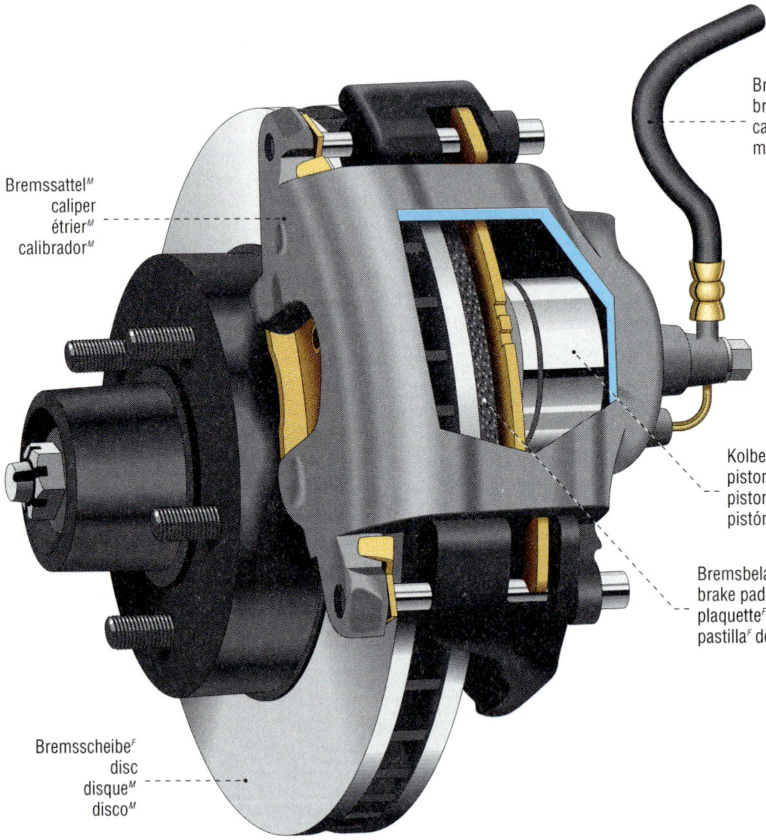

TROMMELBREMSE[F]
DRUM BRAKE
FREIN[M] À TAMBOUR[M]
FRENO[M] DE TAMBOR[M]

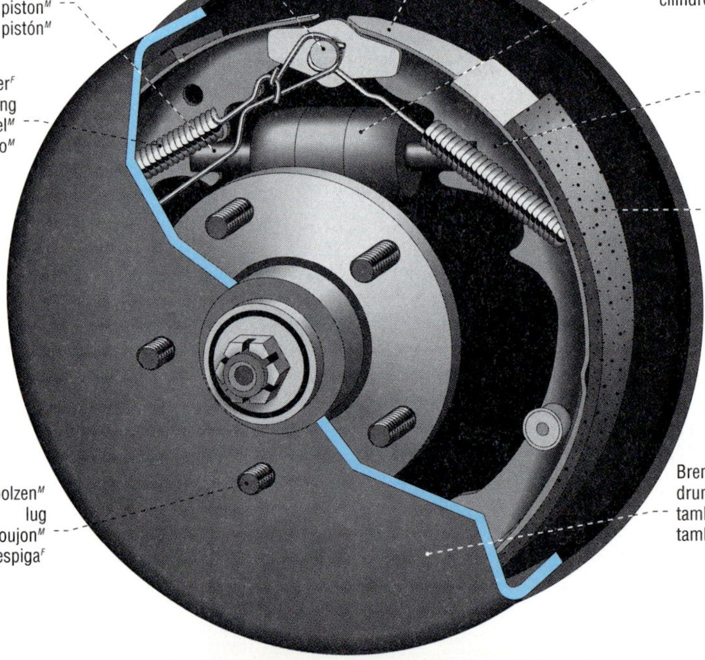

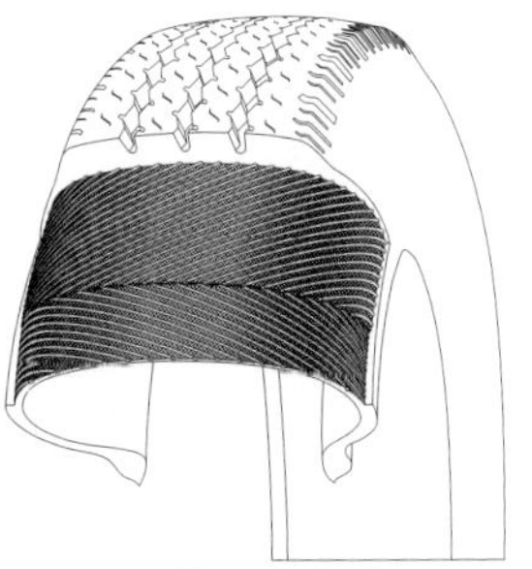

Diagonalreifen[M]
bias-ply tyre
pneu[M] à carcasse[F] diagonale
neumático[M] de capas[F] al sesgo[M]

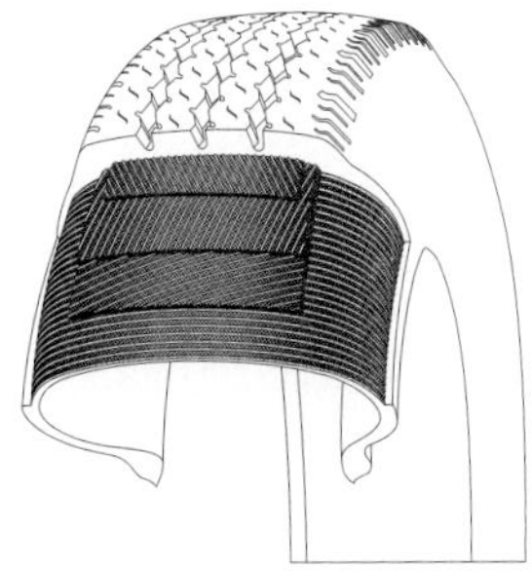

Radialreifen[M]
radial tyre
pneu[M] à carcasse[F] radiale
neumático[M] radial

RADIALGÜRTELREIFEN[M]
BELTED RADIAL TYRE
PNEU[M] À CARCASSE[F] RADIALE CEINTURÉE
NEUMÁTICO[M] RADIAL CON CINTURONES[M]

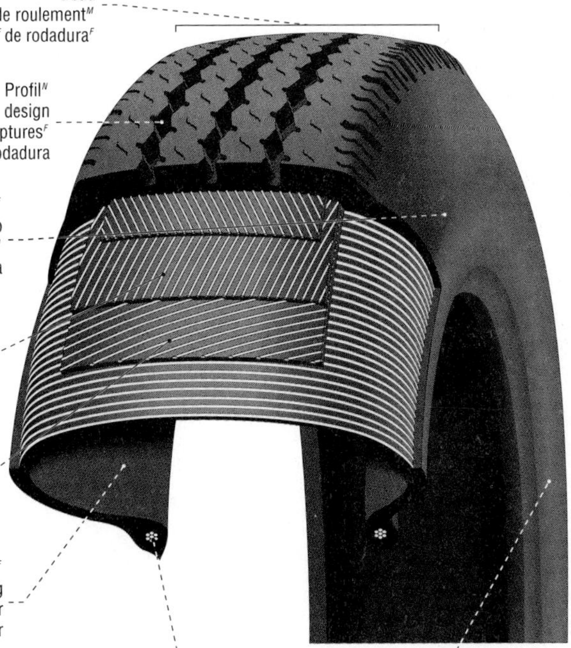

Lauffläche[F]
tread
bande[F] de roulement[M]
superficie[F] de rodadura[F]

Profil[N]
tread design
sculptures[F]
diseño[M] de la superficie[F] de rodadura

Scheuerleiste[F]
rubbing strip
bourrelet[M]
banda[F] protectora

Gürtellage[F]
belt
ceinture[F]
cinturón[M]

Radialkarkasse[F]
radial ply
pli[M]
capa[F] del casco[M]

Innendichtschicht[F]
inner lining
revêtement[M] intérieur
revestimiento[M] interior

Wulstkern[M]
bead wire
tringle[F]
alambre[M] del reborde[M]

Reifenflanke[F]
rubber wall
flanc[M]
costado[M]

REIFEN[M]
TYRE
PNEU[M]
NEUMÁTICO[M]

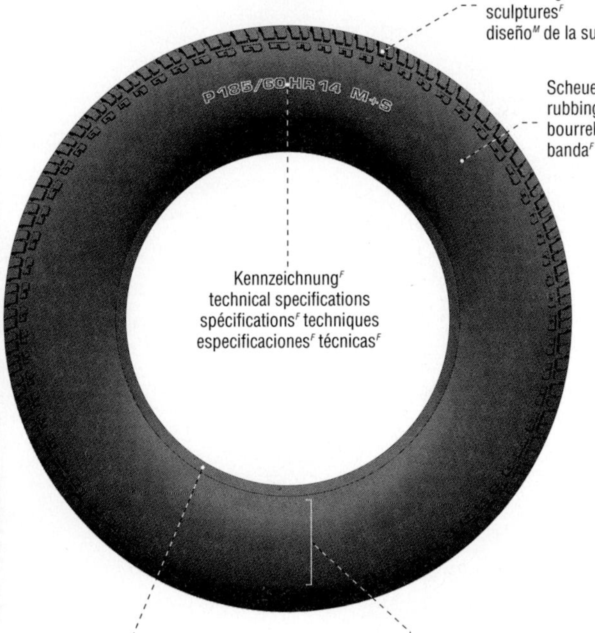

Profil[N]
tread design
sculptures[F]
diseño[M] de la superficie[F] de rodadura[F]

Scheuerleiste[F]
rubbing strip
bourrelet[M]
banda[F] protectora

Kennzeichnung[F]
technical specifications
spécifications[F] techniques
especificaciones[F] técnicas[F]

Wulst[M]
bead
talon[M]
moldura[F]

Reifenflanke[F]
rubber wall
flanc[M]
costado[M]

RAD[N]
WHEEL
ROUE[F]
RUEDA[F]

Radschüssel[F]
disc
voile[M]
disco[M]

Felge[F]
rim
jante[F]
llanta[F]

Felgenhorn[N]
rim flange
joue[F] de jante[F]
pestaña[F] de la llanta[F]

AUTO[N]
CAR
AUTOMOBILE[F]
AUTOMÓVIL[M]

OTTOMOTOR[M]
PETROL ENGINE
MOTEUR[M] À ESSENCE[F]
MOTOR[M] DE GASOLINA[F]

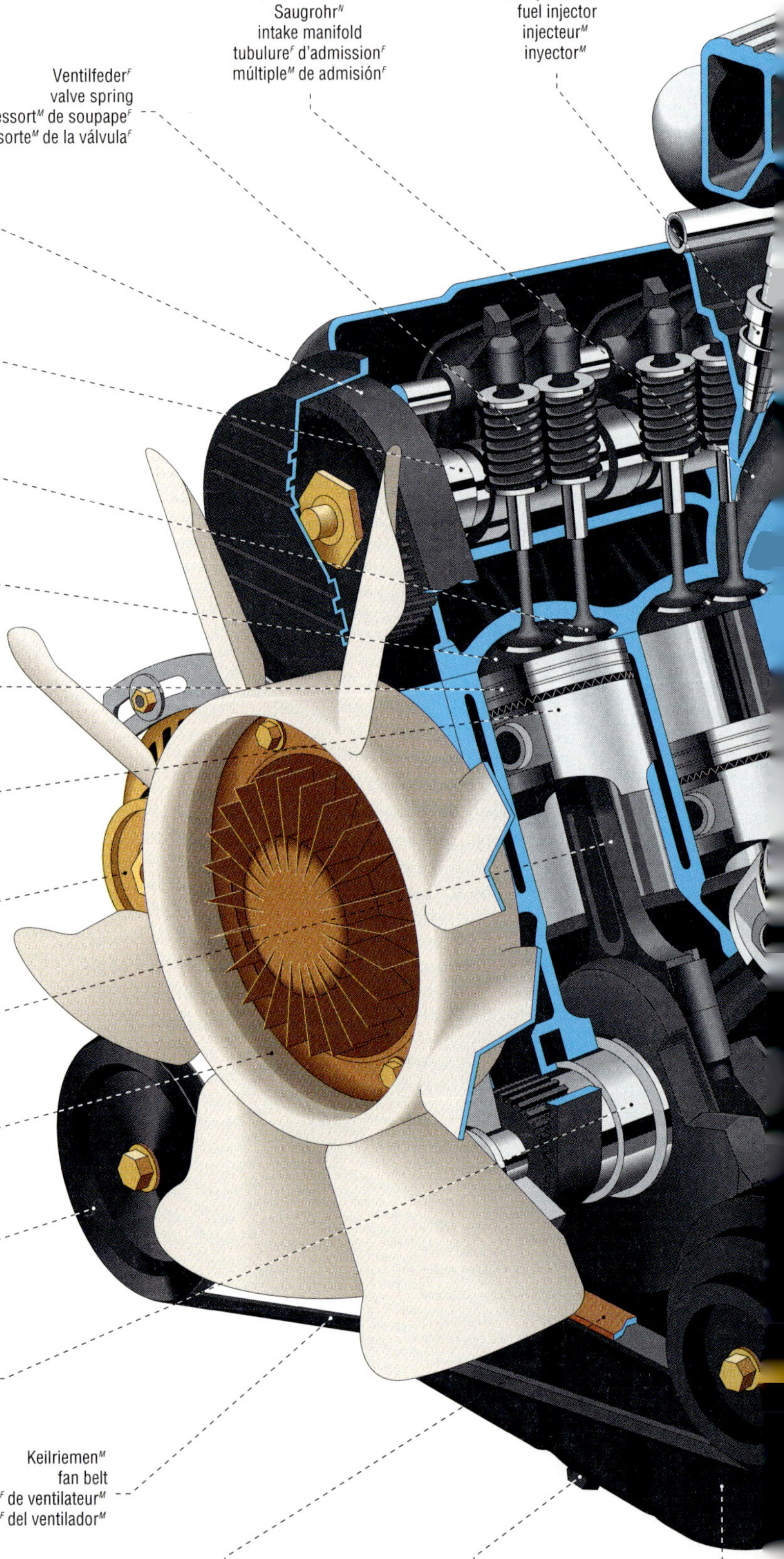

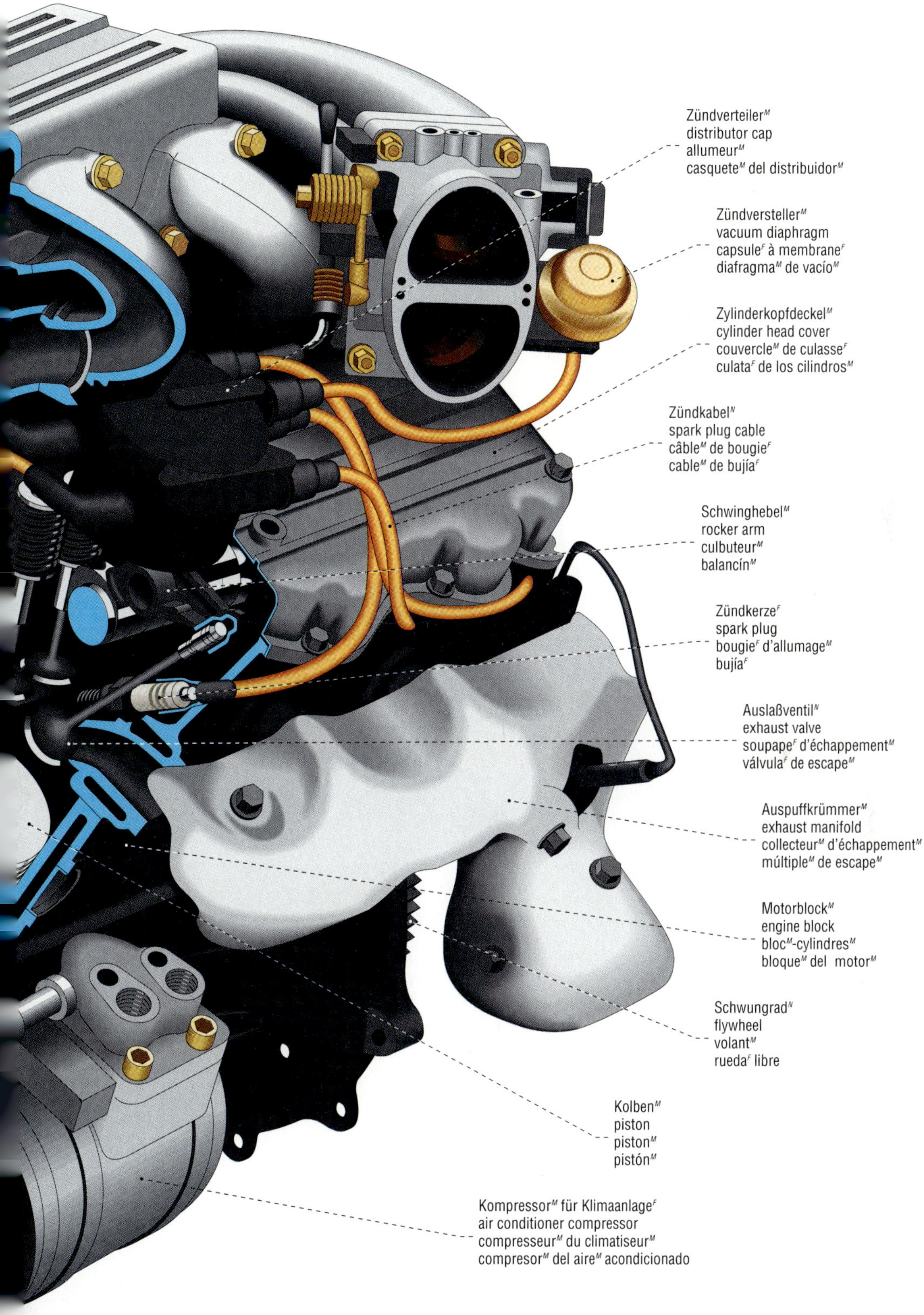
Zündverteiler[M]
distributor cap
allumeur[M]
casquete[M] del distribuidor[M]
Zündversteller[M]
vacuum diaphragm
capsule[F] à membrane[F]
diafragma[M] de vacío[M]
Zylinderkopfdeckel[M]
cylinder head cover
couvercle[M] de culasse[F]
culata[F] de los cilindros[M]
Zündkabel[N]
spark plug cable
câble[M] de bougie[F]
cable[M] de bujía[F]
Schwinghebel[M]
rocker arm
culbuteur[M]
balancín[M]
Zündkerze[F]
spark plug
bougie[F] d'allumage[M]
bujía[F]
Auslaßventil[N]
exhaust valve
soupape[F] d'échappement[M]
válvula[F] de escape[M]
Auspuffkrümmer[M]
exhaust manifold
collecteur[M] d'échappement[M]
múltiple[M] de escape[M]
Motorblock[M]
engine block
bloc[M]-cylindres[M]
bloque[M] del motor[M]
Schwungrad[N]
flywheel
volant[M]
rueda[F] libre
Kolben[M]
piston
piston[M]
pistón[M]
Kompressor[M] für Klimaanlage[F]
air conditioner compressor
compresseur[M] du climatiseur[M]
compresor[M] del aire[M] acondicionado

MOTORTYPEN[M]
TYPES OF ENGINES
TYPES[M] DE MOTEURS[M]
TIPOS[M] DE MOTORES[M]

VIERTAKTMOTOR[M]
FOUR-STROKE-CYCLE ENGINE
MOTEUR[M] À QUATRE TEMPS[M]
MOTOR[M] DE CUATRO TIEMPOS[M]

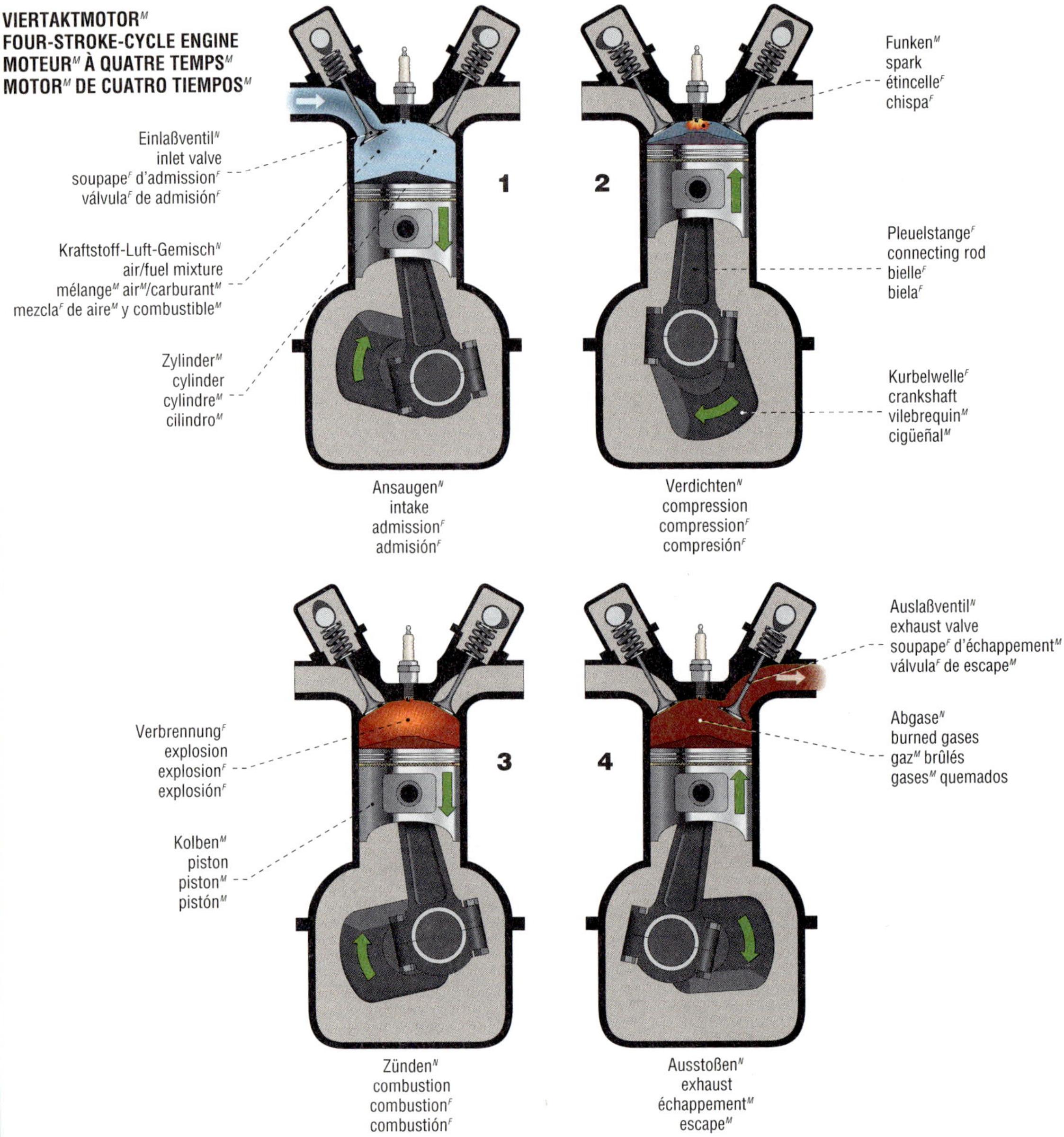

ZWEITAKTMOTOR[M]
TWO-STROKE-CYCLE ENGINE
MOTEUR[M] À DEUX TEMPS[M]
MOTOR[M] DE DOS TIEMPOS[M]

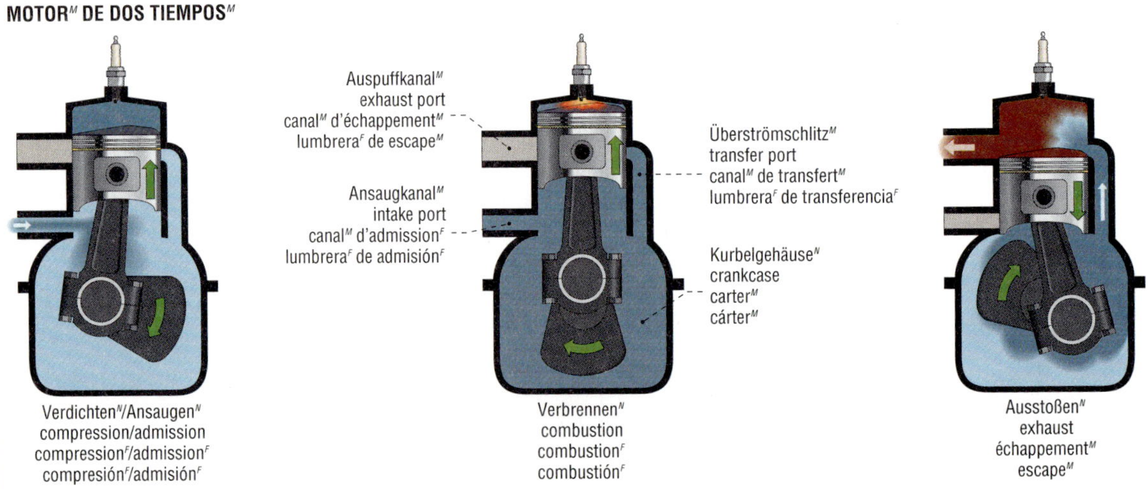

DIESELMOTOR^M
DIESEL ENGINE
MOTEUR^M DIESEL
MOTOR^M DIESEL

Luft^F
air
air^M
aire^M

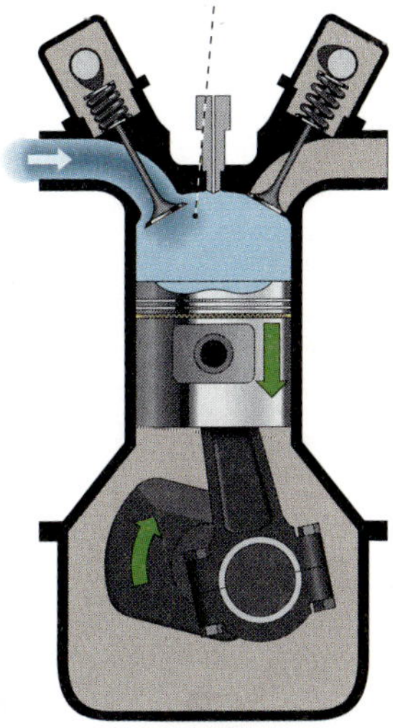

Ansaugen^N
intake
admission^F
admisión^F

Einspritzung^F/Verbrennung^F
injection/explosion
injection^F/explosion^F
injección^F/explosión^F

Verdichten^N
compression
compression^F
compresión^F

Einspritzdüse^F
fuel injector
injecteur^M
injector^M de combustible^M

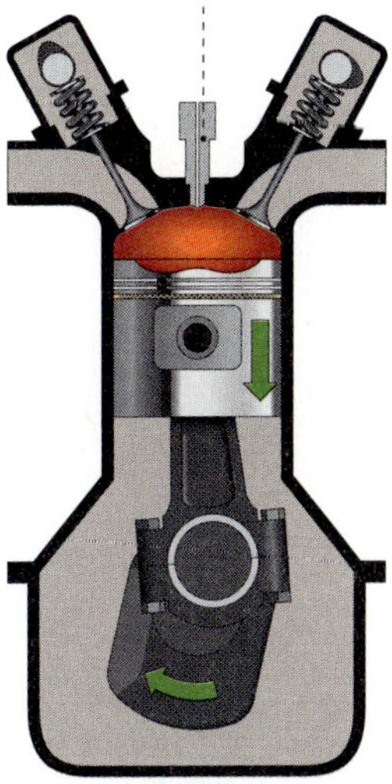

Zünden^N
combustion
combustion^F
combustión^F

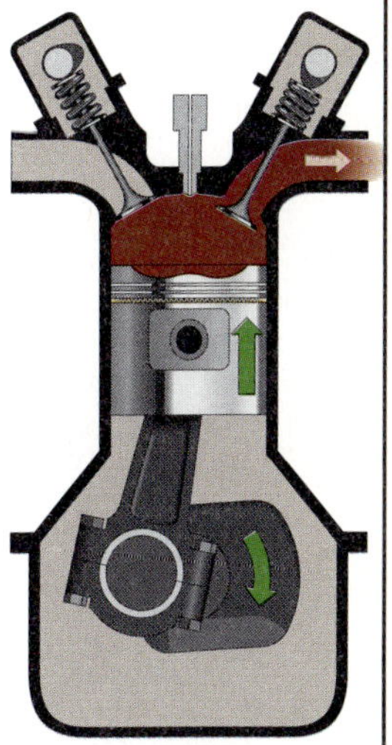

Ausstoßen^N
exhaust
échappement^M
escape^M

KREISKOLBENMOTOR^M
ROTARY ENGINE
MOTEUR^M ROTATIF
MOTOR^M ROTATORIO

Einlaßkanal^M
intake manifold
tubulure^F d'admission^F
múltiple^M de admisión^F

Auslaßkanal^M
exhaust manifold
tubulure^F d'échappement^M
múltiple^M de escape^M

1

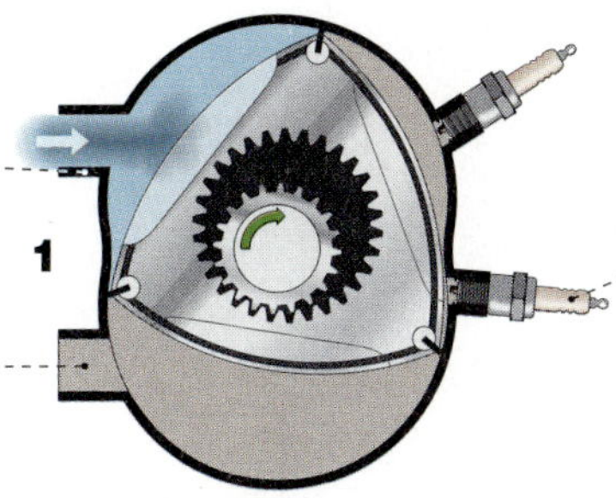

Zündkerze^F
spark plug
bougie^F d'allumage^M
bujía^F

Ansaugen^N
intake
admission^F
admisión^F

2

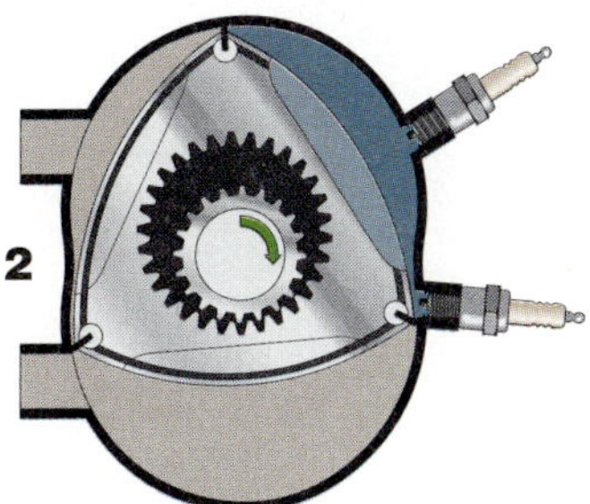

Verdichten^N
compression
compression^F
compresión^F

3

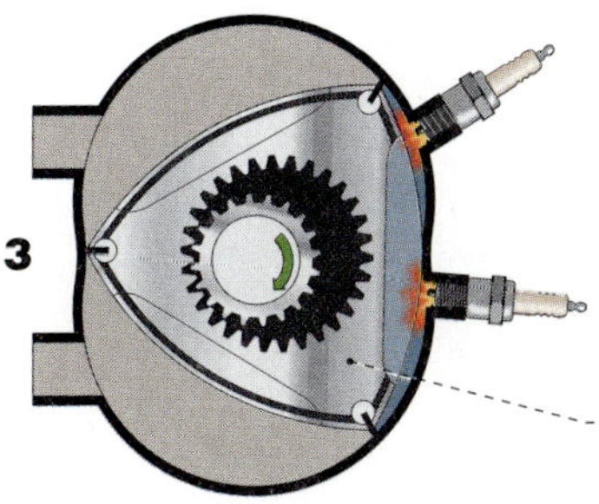

Kolben^M
rotor
rotor^M
rotor^M

Zünden^N
combustion
combustion^F
combustión^F

4

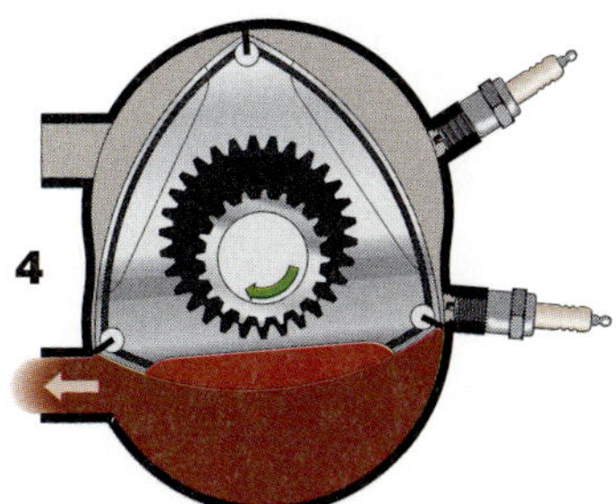

Ausstoßen^N
exhaust
échappement^M
escape^M

AUTO^N CAR AUTOMOBILE^F AUTOMÓVIL^M

KÜHLER^M RADIATOR RADIATEUR^M RADIADOR^M

MOTOR^M MIT ABGASTURBOLADER^M TURBO-CHARGED ENGINE MOTEUR^M À TURBOCOMPRESSION^F MOTOR^M TURBO COMPRESOR

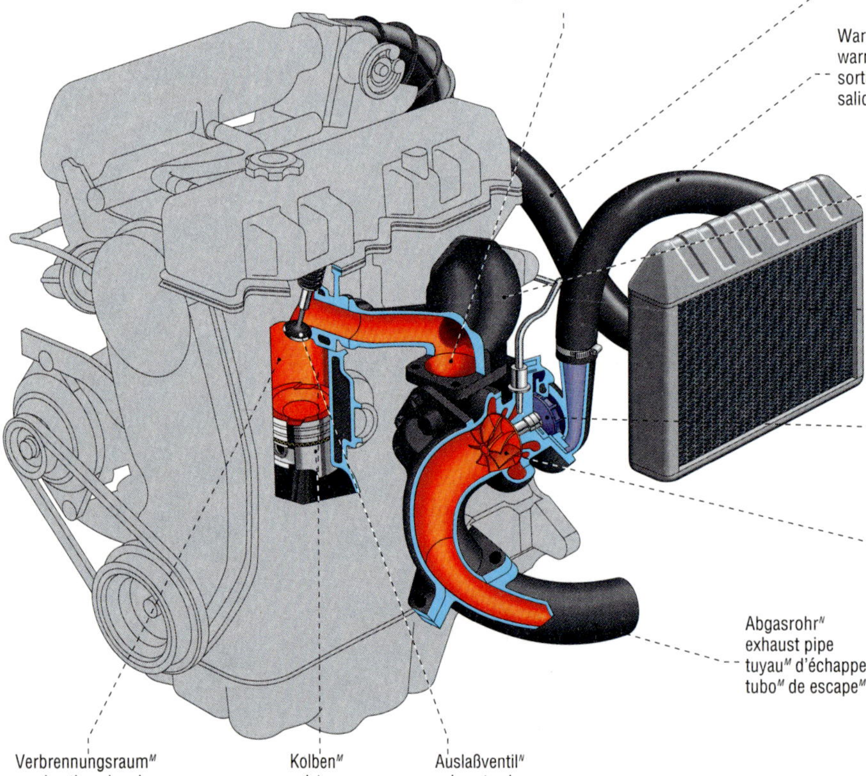

ZÜNDKERZE[F]
SPARKING PLUG
BOUGIE[F] D'ALLUMAGE[M]
BUJÍA[F]

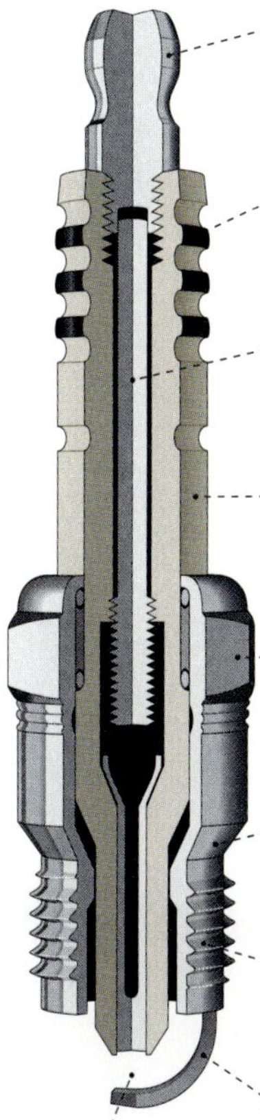

AUSPUFFANLAGE[F]
EXHAUST SYSTEM
SYSTÈME[M] D'ÉCHAPPEMENT[M]
SISTEMA[M] DE ESCAPE[M]

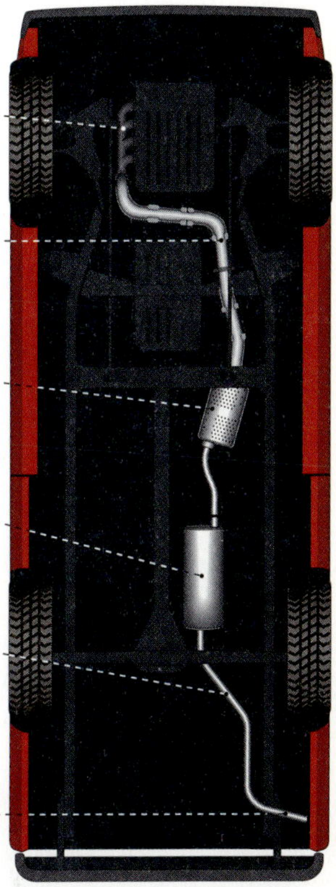

BATTERIE[F]
BATTERY
BATTERIE[F] D'ACCUMULATEURS[M]
BATERÍA[F]

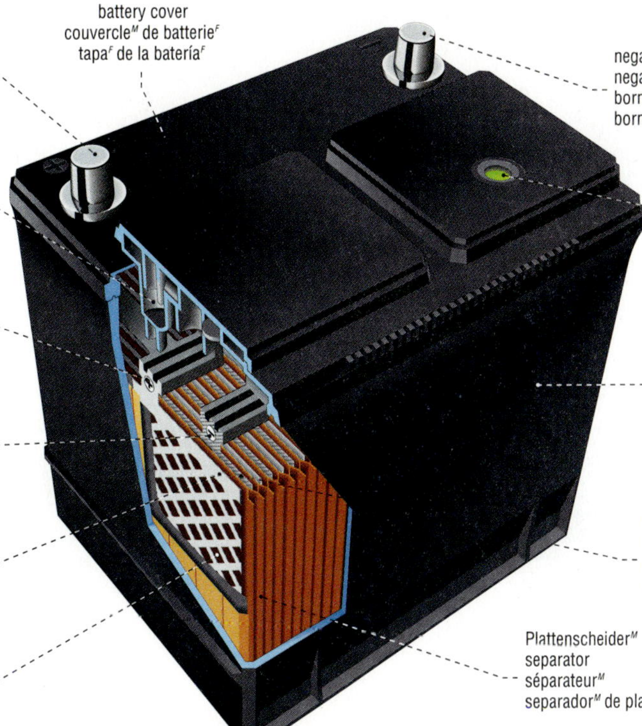

LASTKRAFTFAHRZEUGE[N]
TRUCKING
CAMIONNAGE[M]
CAMIONES[M]

SATTELSCHLEPPER[M]
TRACTOR UNIT
TRACTEUR[M] ROUTIER
CAMIÓN[M] TRACTOR[M]

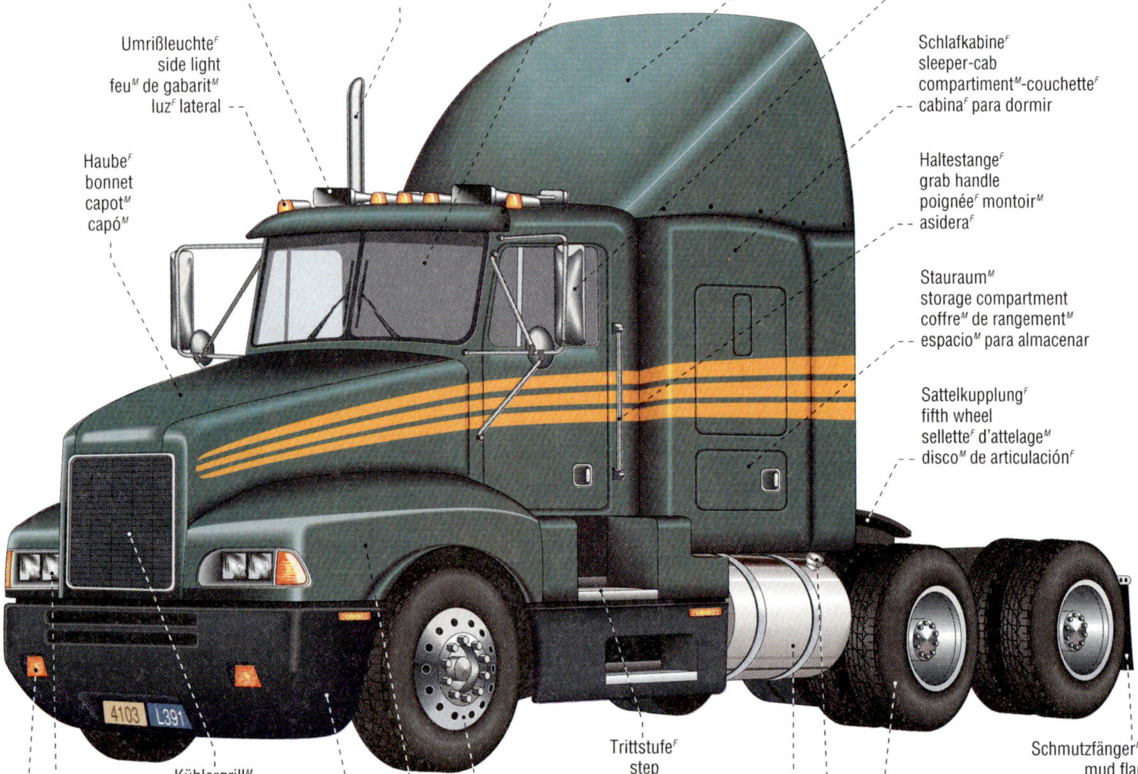

SATTELZUG[M]
ARTICULATED LORRY
TRAIN[M] ROUTIER
CAMIÓN[M] TRACTOR[M] CON DOBLE CAJA[F]

AUFLIEGER^{M}
SEMITRAILER
SEMI-REMORQUE^{F}
CAJA^{F} TIPO^{M} SEMIRREMOLQUE^{M}

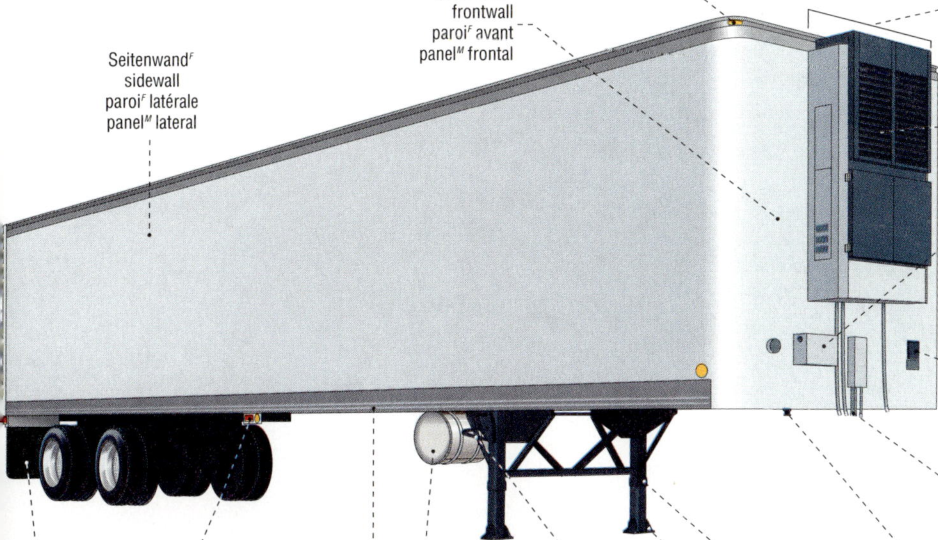

KOFFER-SATTELANHÄNGER^{M}
FLATBED
SEMI-REMORQUE^{F} PLATE-FORME^{F}
PLATAFORMA^{F}

MOTORRAD[N]
MOTORCYCLE
MOTO[F]
MOTOCICLETA[F]

SEITENANSICHT[F]
SIDE VIEW
VUE[F] LATÉRALE
VISTA[F] LATERAL

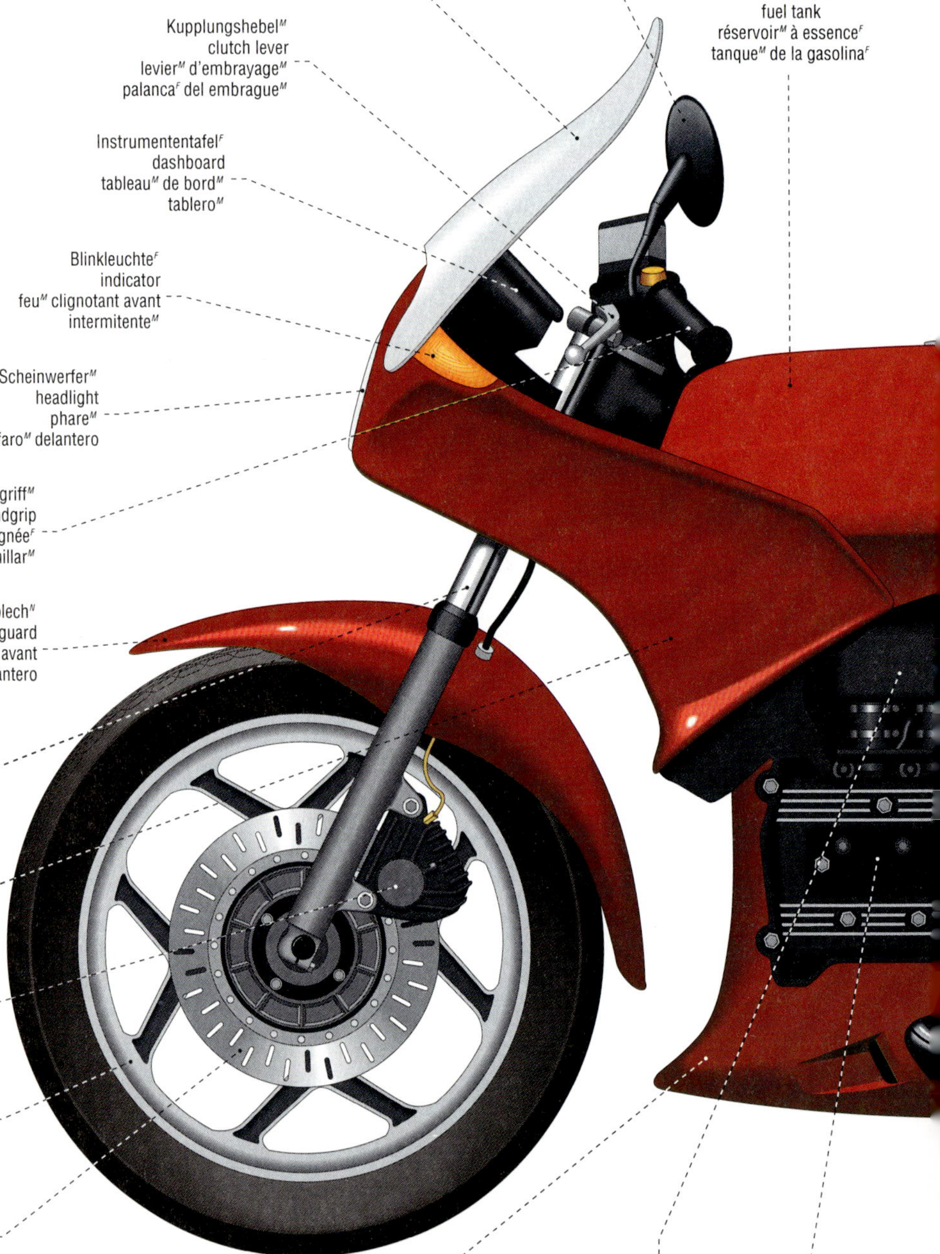

SCHUTZHELM[M]
PROTECTIVE HELMET
CASQUE[M] DE PROTECTION[F]
CASCO[M] PROTECTOR

MOTORRAD[N]
MOTORCYCLE
MOTO[F]
MOTOCICLETA[F]

DRAUFSICHT[F]
VIEW FROM ABOVE
VUE[F] EN PLONGÉE[F]
VISTA[F] POR ENCIMA

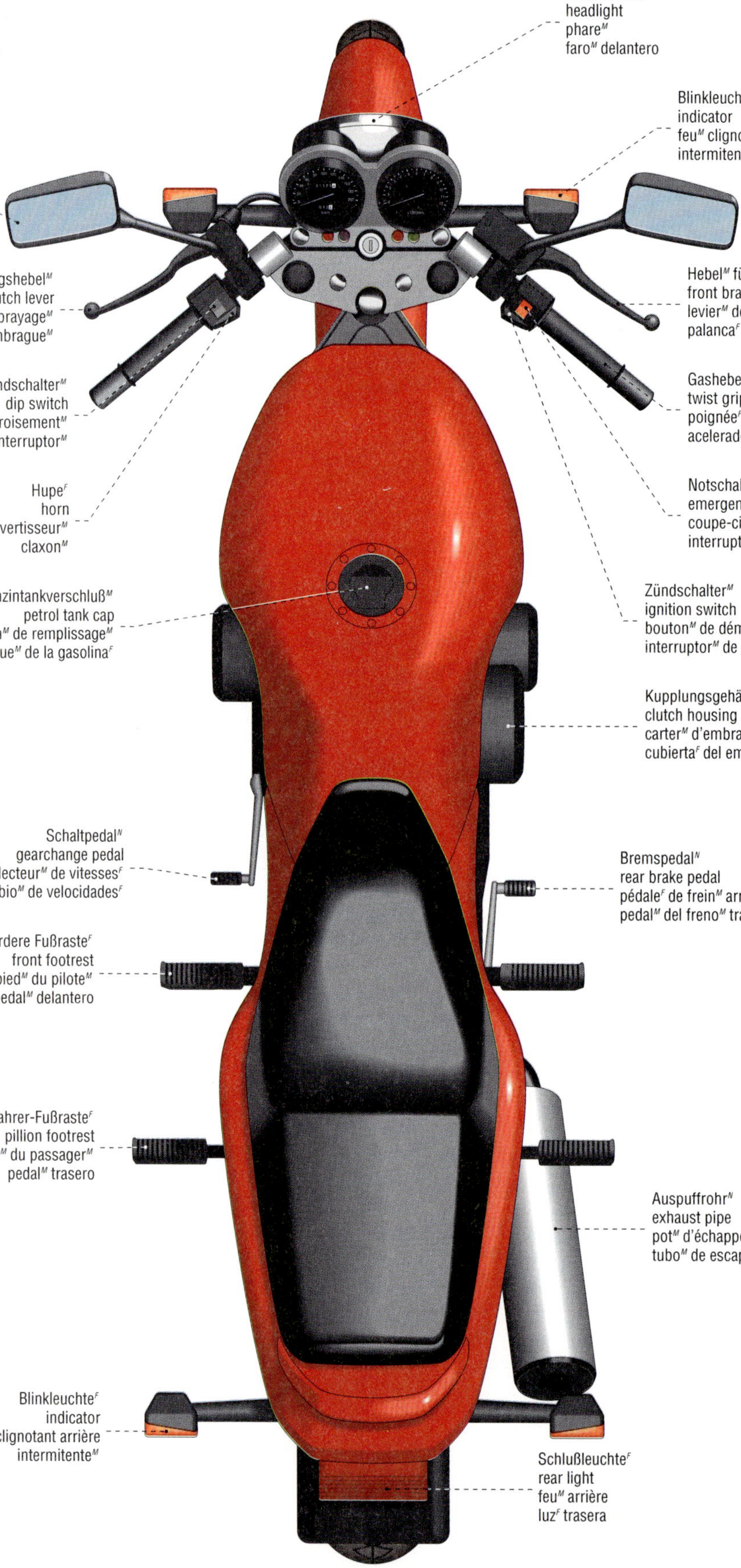

INSTRUMENTENTAFEL[F]
MOTORCYCLE DASHBOARD
TABLEAU[M] DE BORD[M]
TABLERO[M]

SCHNEEMOBIL[N]
SNOWMOBILE
MOTONEIGE[F]
TRINEO[M] MOTORIZADO

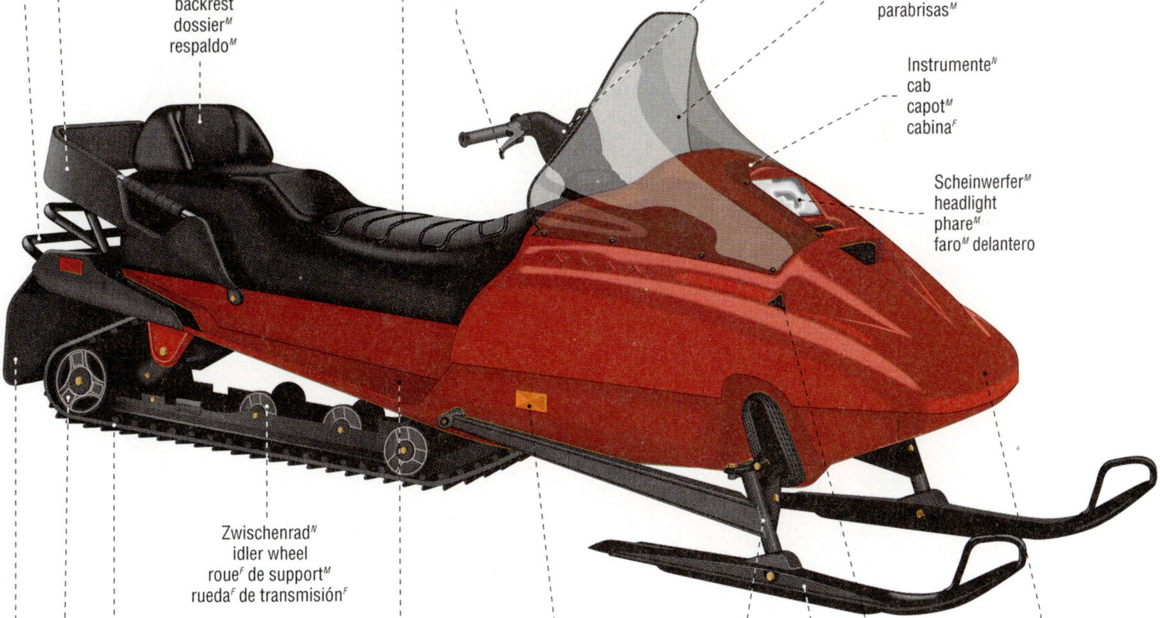

FAHRRAD^N
BICYCLE
BICYCLETTE^F
BICICLETA^F

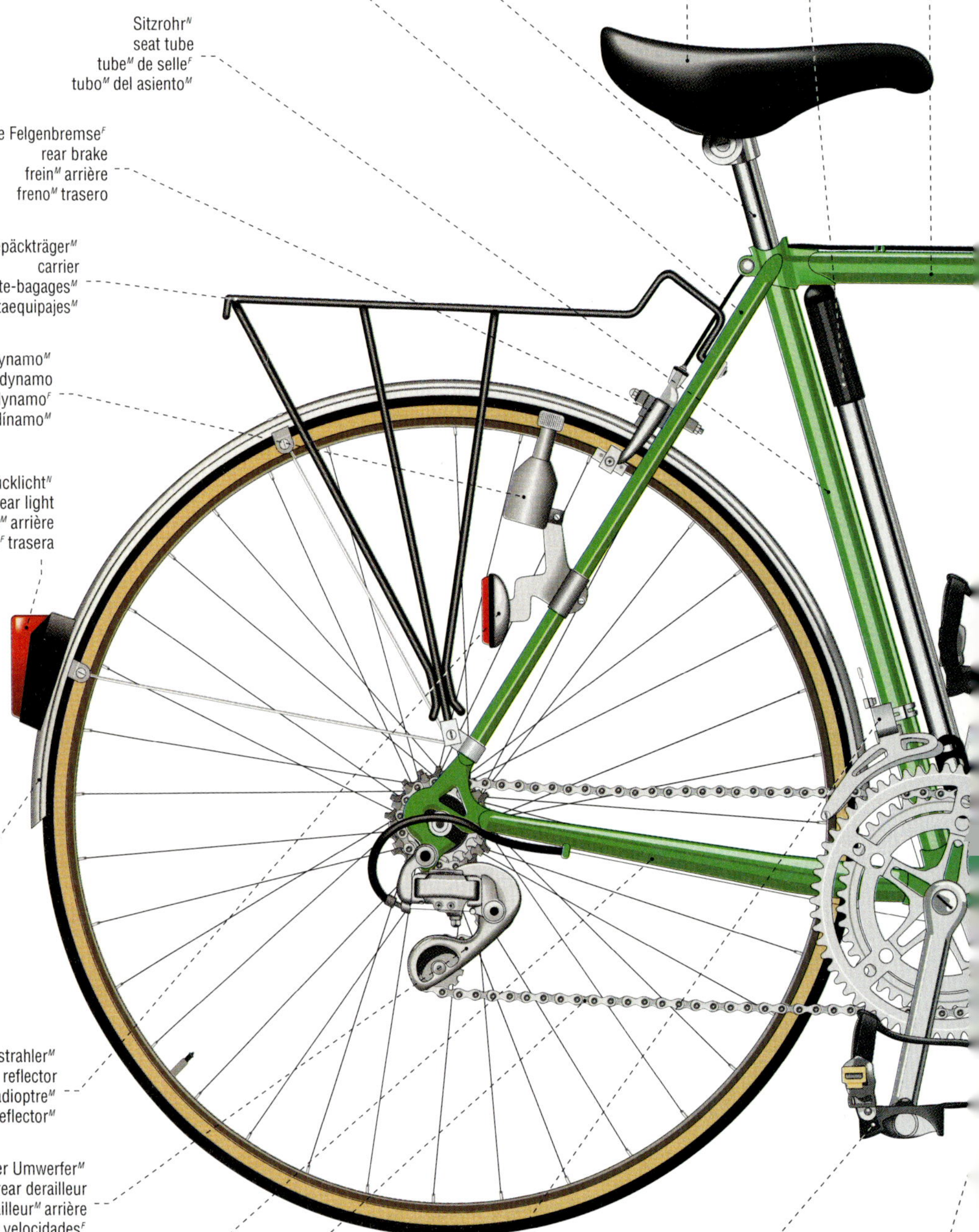

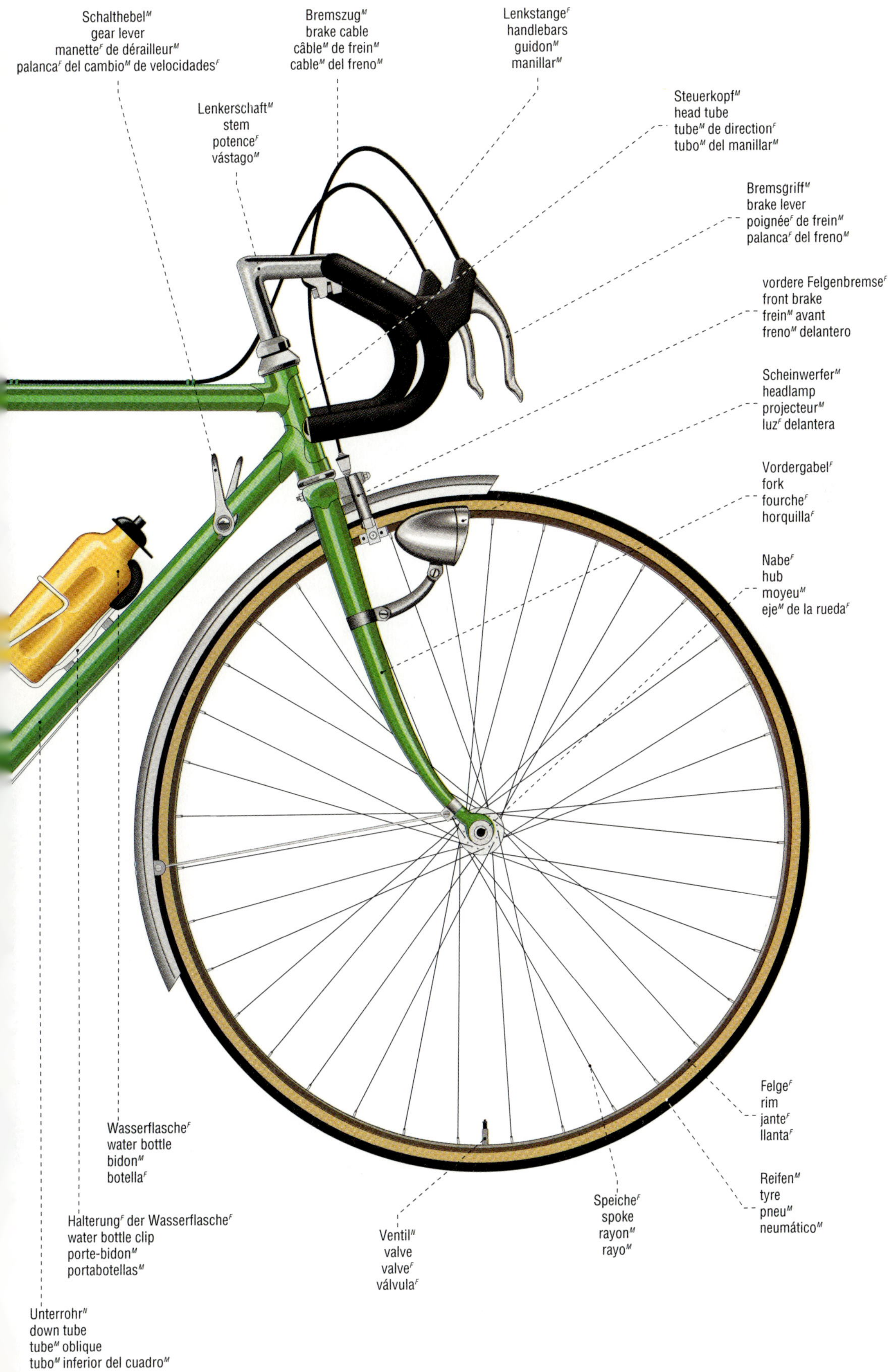
Schalthebel[M]
gear lever
manette[F] de dérailleur[M]
palanca[F] del cambio[M] de velocidades[F]
Bremszug[M]
brake cable
câble[M] de frein[M]
cable[M] del freno[M]
Lenkstange[F]
handlebars
guidon[M]
manillar[M]
Lenkerschaft[M]
stem
potence[F]
vástago[M]
Steuerkopf[M]
head tube
tube[M] de direction[F]
tubo[M] del manillar[M]
Bremsgriff[M]
brake lever
poignée[F] de frein[M]
palanca[F] del freno[M]
vordere Felgenbremse[F]
front brake
frein[M] avant
freno[M] delantero
Scheinwerfer[M]
headlamp
projecteur[M]
luz[F] delantera
Vordergabel[F]
fork
fourche[F]
horquilla[F]
Nabe[F]
hub
moyeu[M]
eje[M] de la rueda[F]
Felge[F]
rim
jante[F]
llanta[F]
Reifen[M]
tyre
pneu[M]
neumático[M]
Speiche[F]
spoke
rayon[M]
rayo[M]
Ventil[N]
valve
valve[F]
válvula[F]
Wasserflasche[F]
water bottle
bidon[M]
botella[F]
Halterung[F] der Wasserflasche[F]
water bottle clip
porte-bidon[M]
portabotellas[M]
Unterrohr[N]
down tube
tube[M] oblique
tubo[M] inferior del cuadro[M]

FAHRRAD[N]
BICYCLE
BICYCLETTE[F]
BICICLETA[F]

KRAFTÜBERTRAGUNG[F]
POWER TRAIN
MÉCANISME[M] DE PROPULSION[F]
TRANSMISIÓN[F] DE CADENA[F]

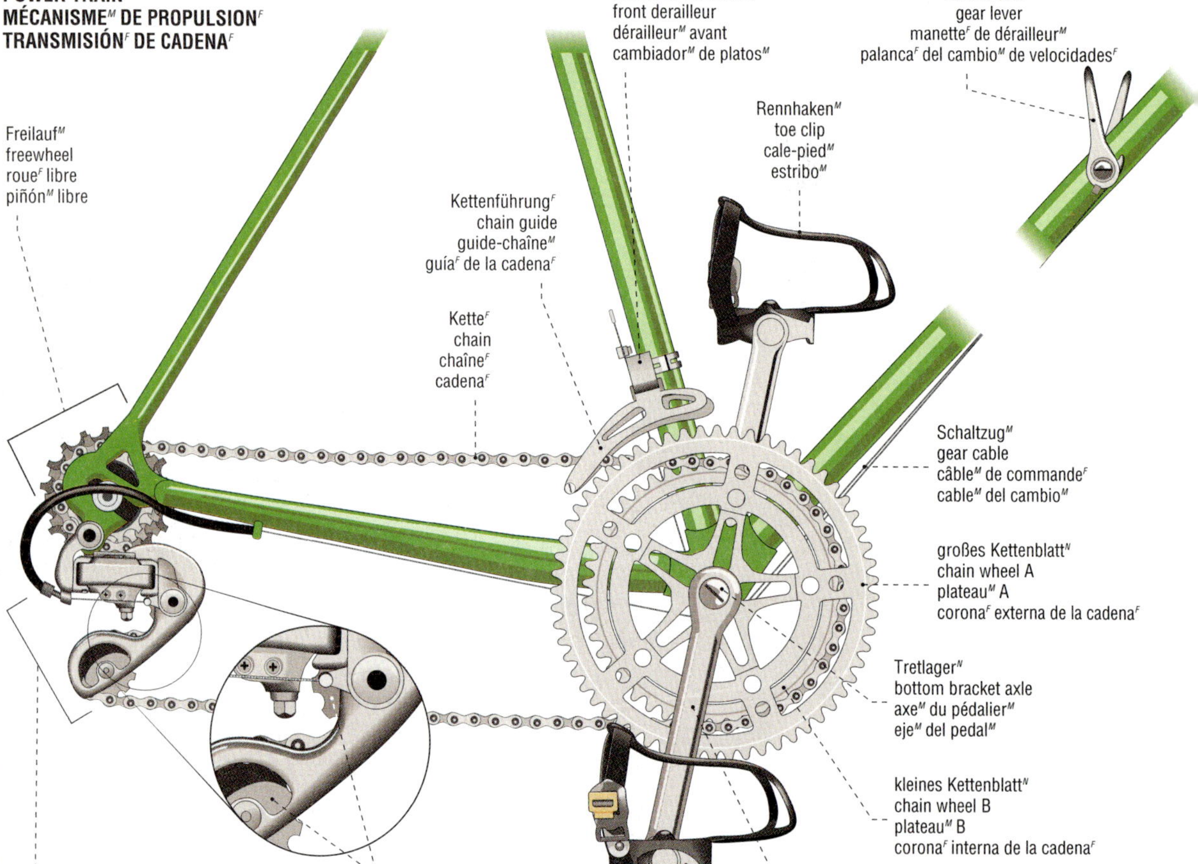

ZUBEHÖR[N]
ACCESSORIES
ACCESSOIRES[M]
ACCESORIOS[M]

Schloß[N]
lock
cadenas[M]
candado[M] para bicicleta[F]

Schutzhelm[M]
protective helmet
casque[M] de protection[F]
casco[M] protector

Satteltasche[F]
pannier (bag)
sacoche[F]
bolsa[F]

WOHNWAGEN[M]
CARAVAN
CARAVANE[F]
CARAVANA[F]

WOHNWAGEN[M]
CARAVAN
CARAVANE[F] TRACTÉE
REMOLQUE[M]

WOHNMOBIL[N]
CAMPER
AUTO-CARAVANE[F]
CASA[F] RODANTE

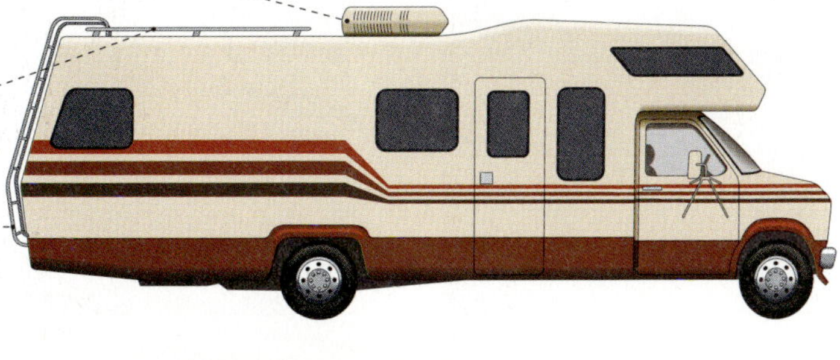

STRASSENBAU[M]
ROAD SYSTEM
SYSTÈME[M] ROUTIER
SISTEMA[M] DE CARRETERAS[F]

QUERSCHNITT[M] EINER STRASSE[F]
CROSS SECTION OF A ROAD
COUPE[F] D'UNE ROUTE[F]
VISTA[F] TRANSVERSAL DE UNA CARRETERA[F]

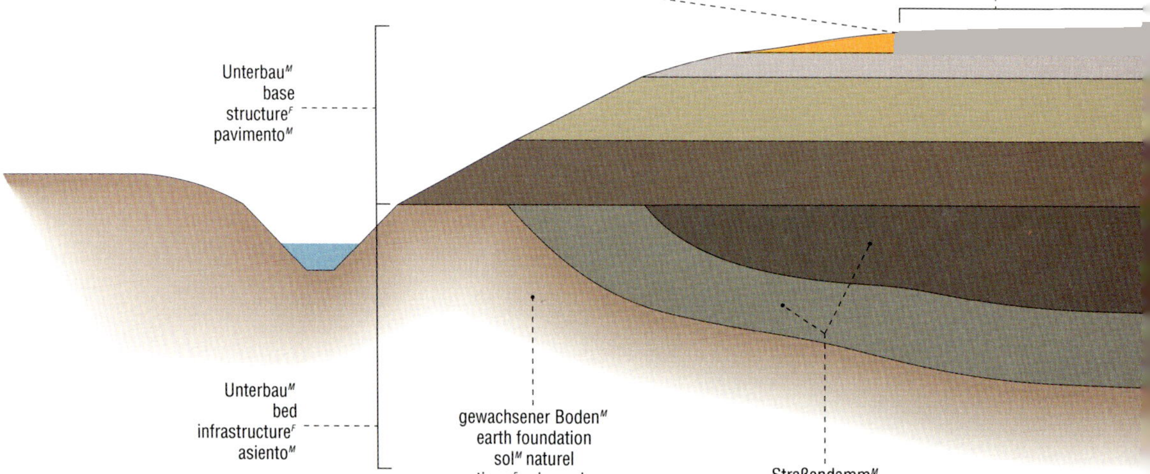

HAUPTTYPEN[M] VON AUTOBAHNKREUZEN[N]
MAJOR TYPES OF INTERCHANGES
PRINCIPAUX TYPES[M] D'ÉCHANGEURS[M]
PRINCIPALES TIPOS[M] DE INTERCAMBIOS[M]

Kleeblatt[N]
cloverleaf
échangeur[M] en trèfle[M]
trébol[M]

Verteiler[M]
traffic circle
carrefour[M] giratoire
glorieta[F]

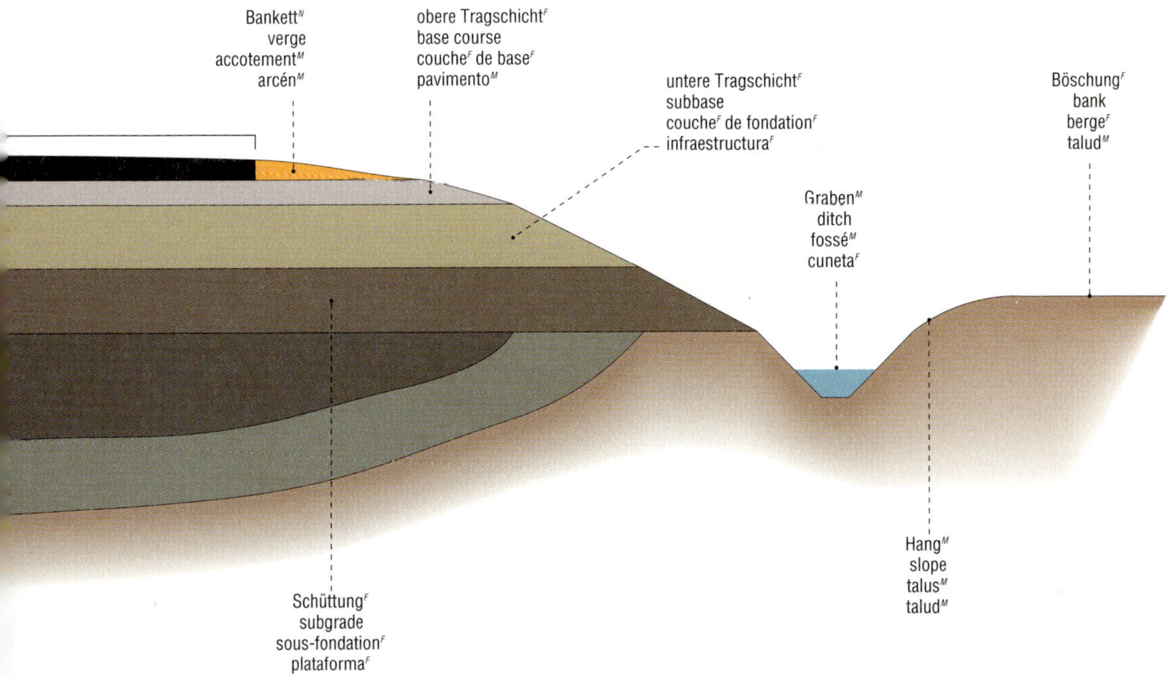

Raute[F]
diamond interchange
échangeur[M] en losange[M]
diamante[M]

Trompete[F]
trumpet interchange
échangeur[M] en trompette[F]
trompeta[F]

AUTOBAHNKREUZ^{N}
ROAD SYSTEM
SYSTÈME^{M} ROUTIER
SISTEMA^{M} DE CARRETERAS^{F}

KLEEBLATT^{N}
CLOVERLEAF
ÉCHANGEUR^{M} EN TRÈFLE^{M}
TRÉBOL^{M}

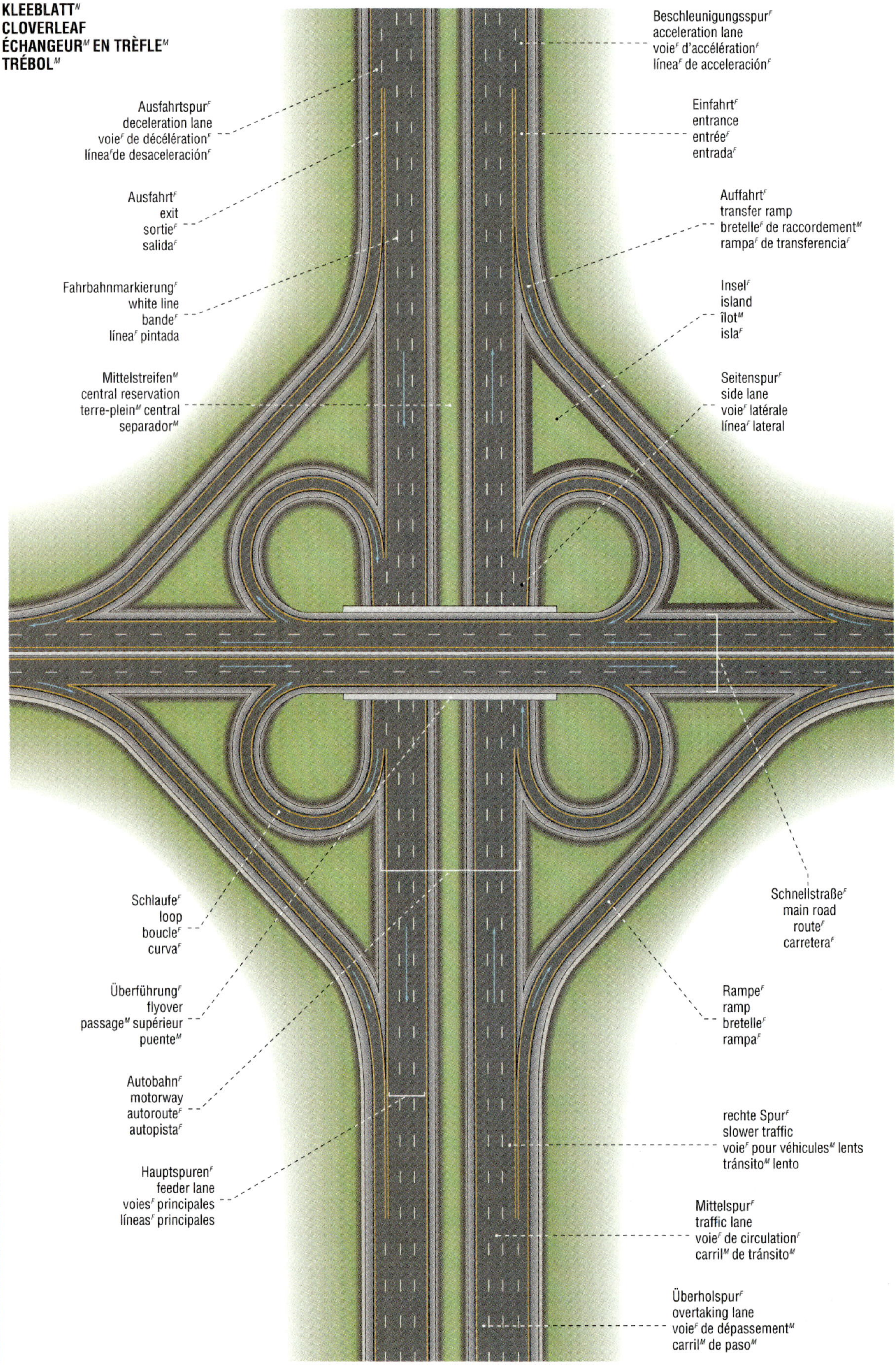

TANKSTELLE[F]
PETROL STATION
STATION[F]-SERVICE[M]
ESTACIÓN[F] DE SERVICIO[M]

ZAPFSÄULE[F]
PETROL PUMP
DISTRIBUTEUR[M] D'ESSENCE[F]
SURTIDOR[M] DE GASOLINA[F]

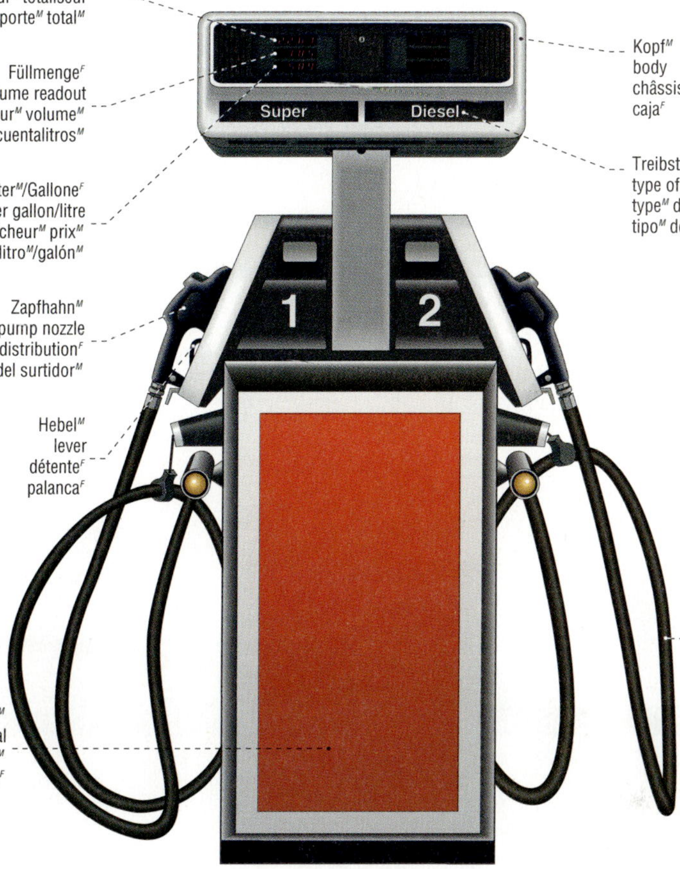

TANKSTELLE[F]
PETROL STATION
STATION[F]-SERVICE[M]
ESTACIÓN[F] DE SERVICIO[M]

STARRE BRÜCKEN[F]
FIXED BRIDGES
PONTS[M] FIXES
PUENTES[M] FIJOS

BALKENBRÜCKE[F]
BEAM BRIDGE
PONT[M] À POUTRE[F]
PUENTE[M] DE VIGA[F]

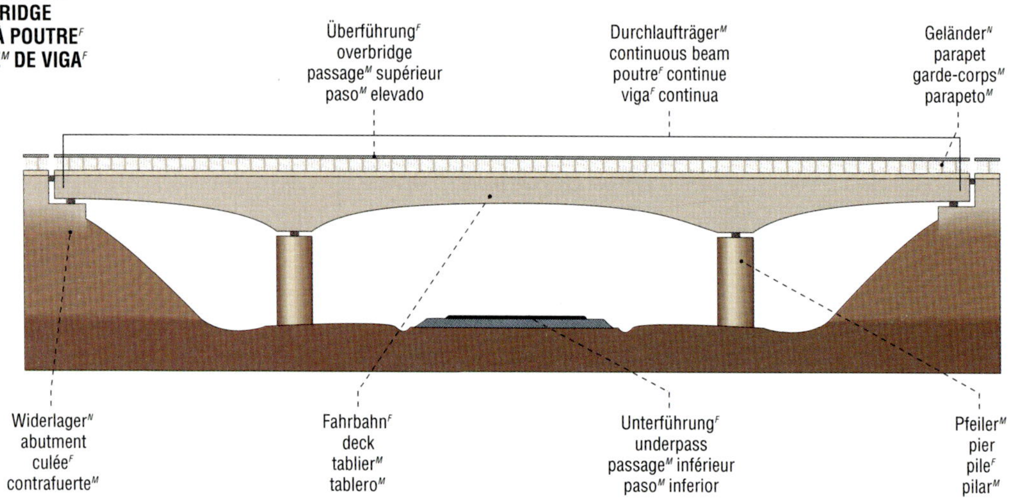

BALKENBRÜCKEN[F]
TYPES OF BEAM BRIDGES
TYPES[M] DE PONTS[M] À POUTRE[F]
TIPOS[M] DE PUENTES[M] DE VIGA[F]

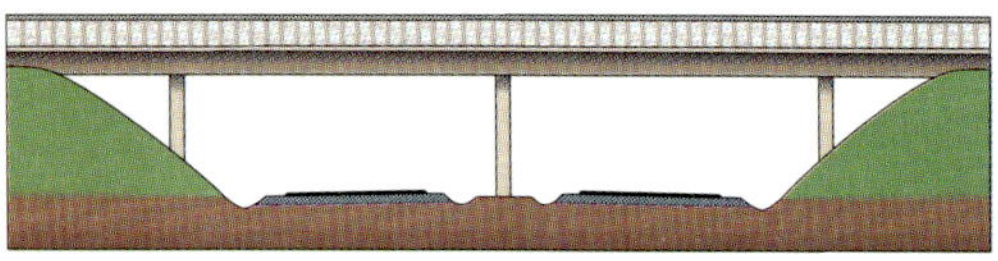

Einfeldbrücke[F]
simple-span beam bridge
pont[M] à poutre[F] simple
puente[M] de viga[F] de un tramo[M]

Mehrfeldbrücke[F]
multiple-span beam bridge
pont[M] à poutres[F] indépendantes
puente[M] de viga[F] de varios tramos[M]

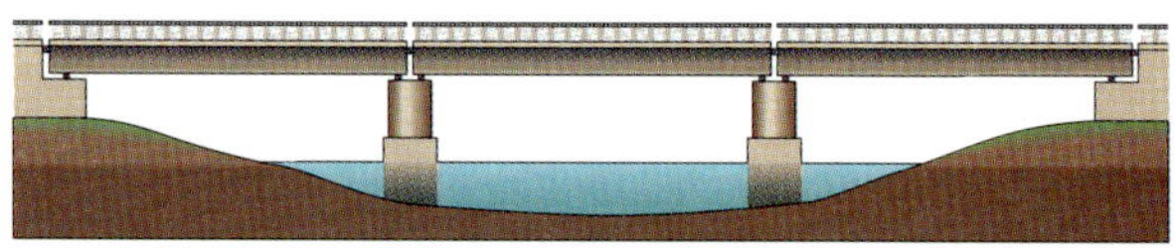

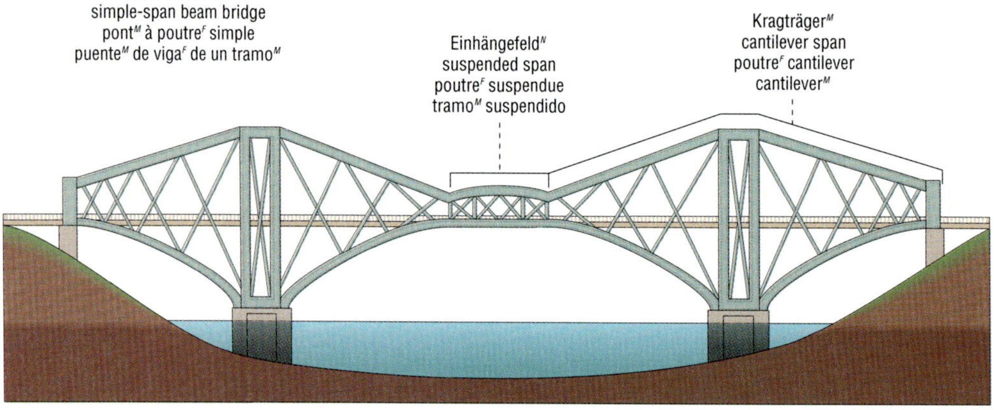

Auslegerbrücke[F]
cantilever bridge
pont[M] cantilever
puente[M] de cantilever

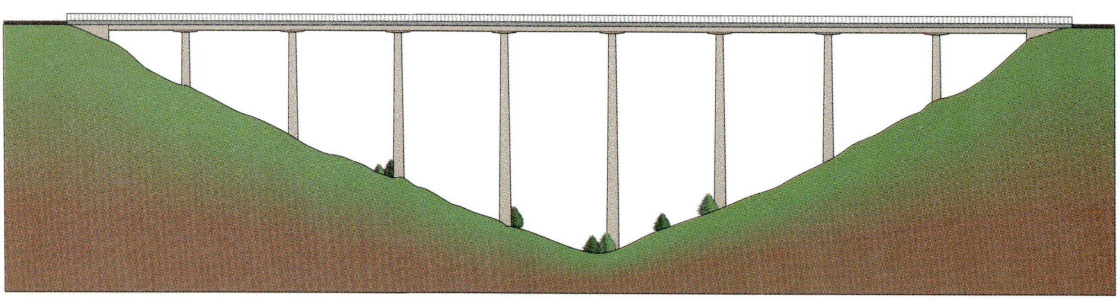

Viadukt[M]
viaduct
viaduc[M]
viaducto[M]

BOGENBRÜCKE^{F}
ARCH BRIDGE
PONT^{M} EN ARC^{M}
PUENTE^{M} DE ARCO^{M}

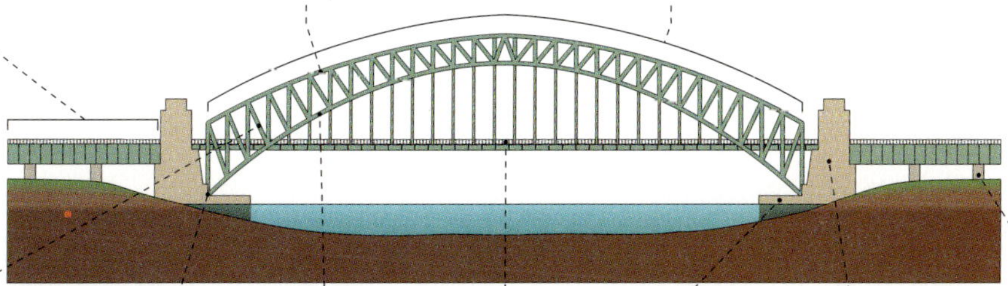

BOGENBRÜCKEN^{F}
TYPES OF ARCH BRIDGES
TYPES^{M} DE PONTS^{M} EN ARC^{M}
TIPOS^{M} DE PUENTES^{M} DE ARCO^{M}

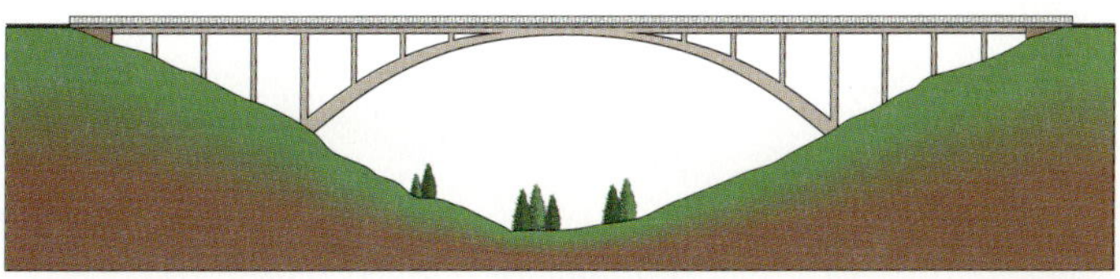

Deckbrücke^{F}
deck arch bridge
pont^{M} à tablier^{M} supérieur
puente^{M} de tablero^{M} superior

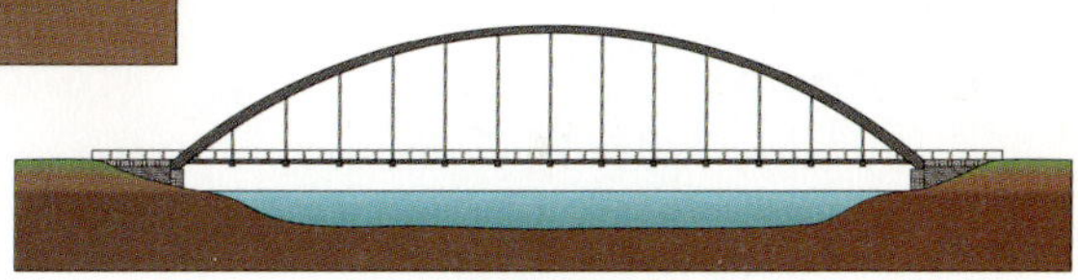

Stabbogenbrücke^{F}
through arch bridge
pont^{M} à tablier^{M} inférieur
puente^{M} de tablero^{M} inferior

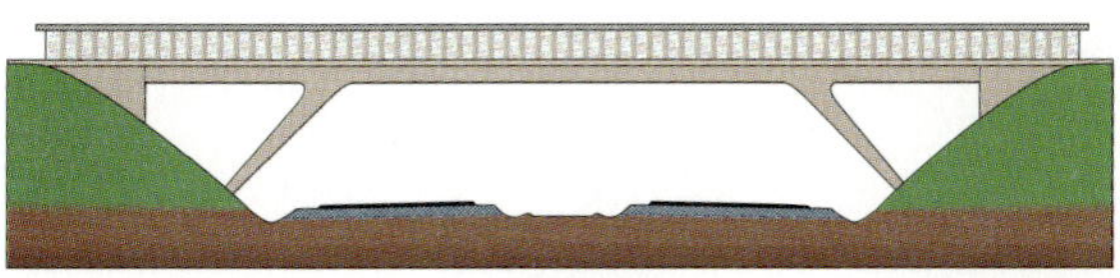

Portalbrücke^{F}
portal bridge
pont^{M} à béquilles^{F}
puente^{M} de portal^{M}

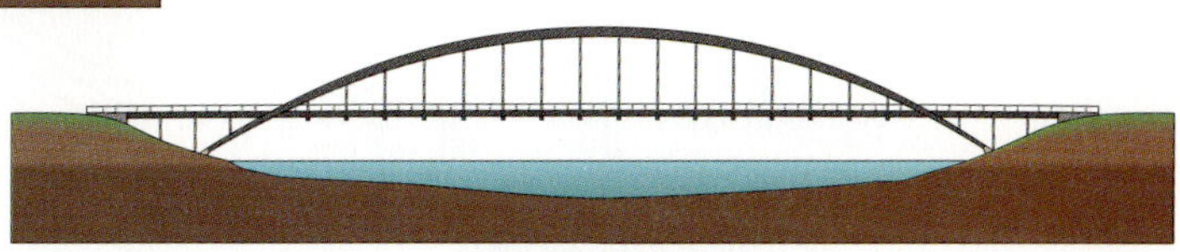

Hängesprengwerkbrücke^{F}
half-through arch bridge
pont^{M} à tablier^{M} intermédiaire
puente^{M} de tablero^{M} intermedio

BOGENARTEN^{F}
TYPES OF ARCHES
TYPES^{M} D'ARCS^{M}
VARIEDADES^{F} DE ARCOS^{M}

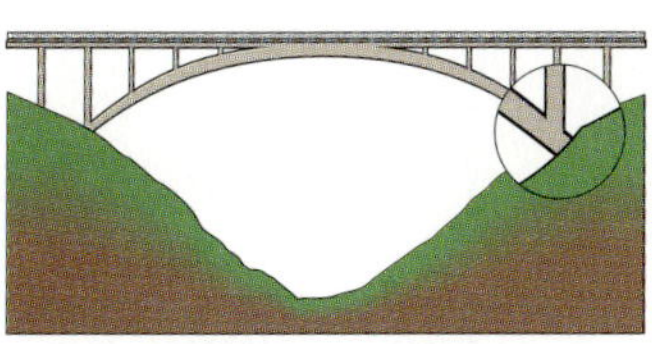

gelenkloser Bogen^{M}
fixed arch
arc^{M} encastré
arco^{M} fijo

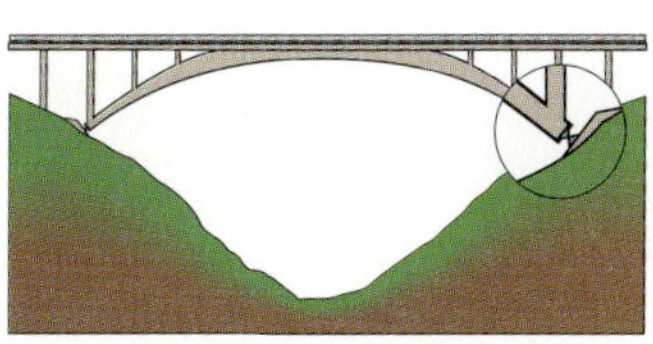

zweiteiliger Bogen^{M}
two-hinged arch
arc^{M} à deux articulations^{F}
arco^{M} de dos articulaciones^{F}

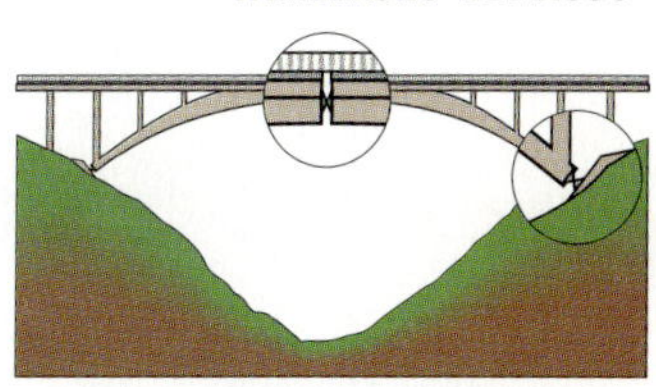

dreiteiliger Bogen^{M}
three-hinged arch
arc^{M} à trois articulations^{F}
arco^{M} de tres articulaciones^{F}

STARRE BRÜCKEN[F]
FIXED BRIDGES
PONTS[M] FIXES
PUENTES[M] FIJOS

HÄNGEBRÜCKE[F]
SUSPENSION BRIDGE
PONT[M] SUSPENDU À CÂBLE[M] PORTEUR
PUENTE[M] COLGANTE

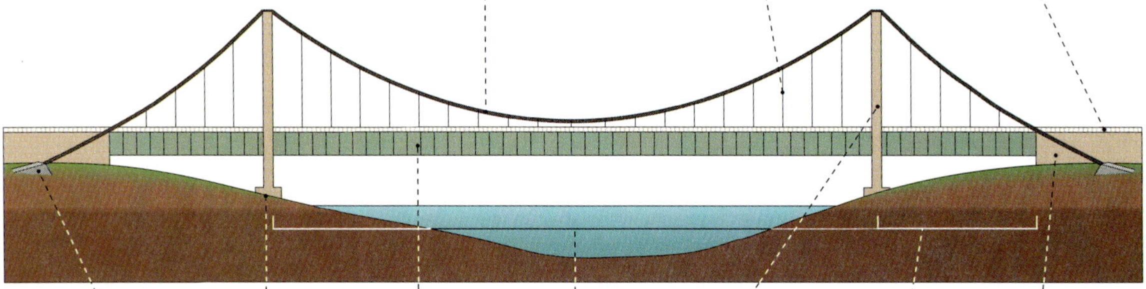

SCHRÄGSEILBRÜCKE[F]
CABLE-STAYED BRIDGES
PONTS[M] SUSPENDUS À HAUBANS[M]
PUENTES[M] DE TIRANTES[M]

Fächerschrägseile[N]
fan cable stays
haubans[M] en éventail[M]
tirantes[M] en abanico[M]

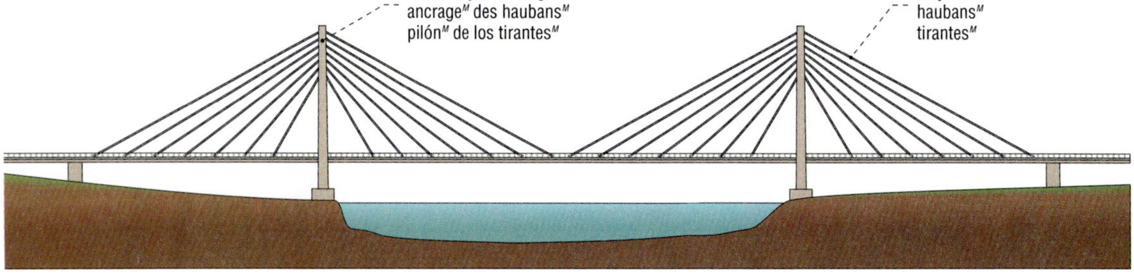

parallele Schrägseile[N]
harp cable stays
haubans[M] en harpe[F]
tirantes[M] en forma[F] de arpa[F]

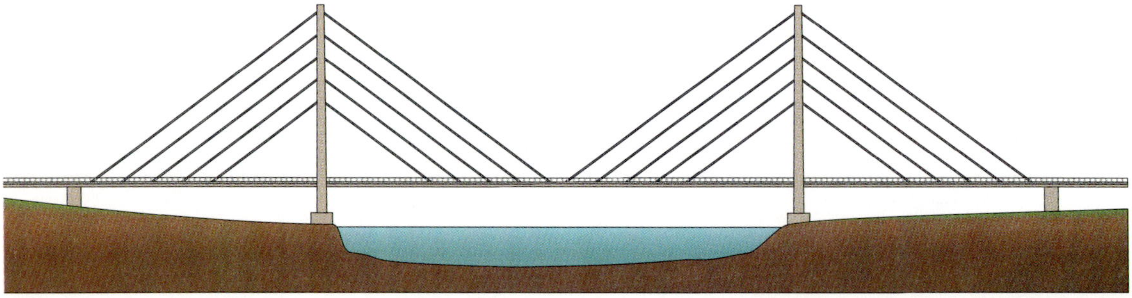

BEWEGLICHE BRÜCKEN[F]
MOVABLE BRIDGES
PONTS[M] MOBILES
PUENTES[M] MOVIBLES

DREHBRÜCKE[F]
SWING BRIDGE
PONT[M] TOURNANT
PUENTE[M] GIRATORIO

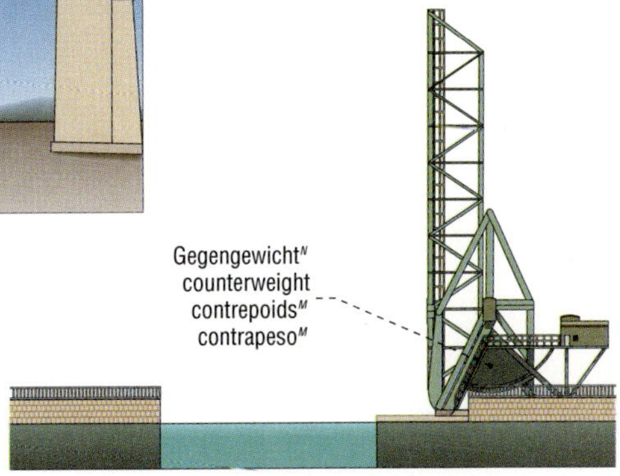

KLAPPBRÜCKE[F]
SINGLE-LEAF BASCULE BRIDGE
PONT[M] BASCULANT À SIMPLE VOLÉE[F]
PUENTE[M] LEVADIZO SENCILLO

PONTONBRÜCKE[F]
FLOATING BRIDGE
PONT[M] FLOTTANT
PUENTE[M] DE PONTONES[M]

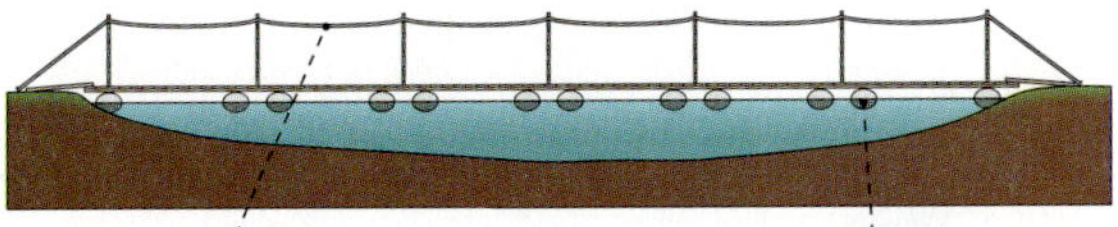

Bailey-Brücke[F]
Bailey bridge
pont[M] Bailey
puente[M] desmontable tipo[M] Bailey

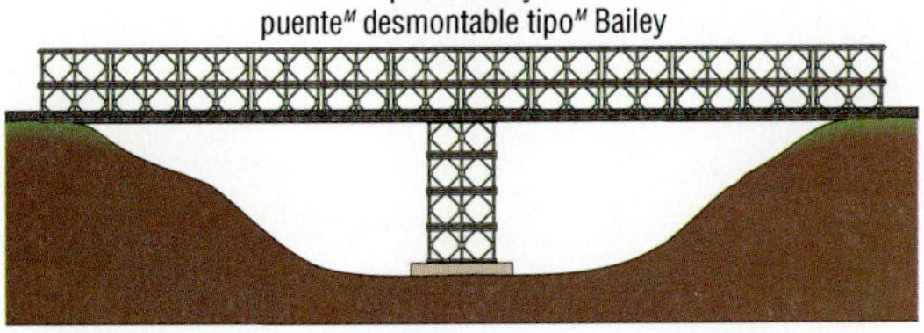

HUBBRÜCKE[F]
LIFT BRIDGE
PONT[M] LEVANT
PUENTE[M] ELEVADOR

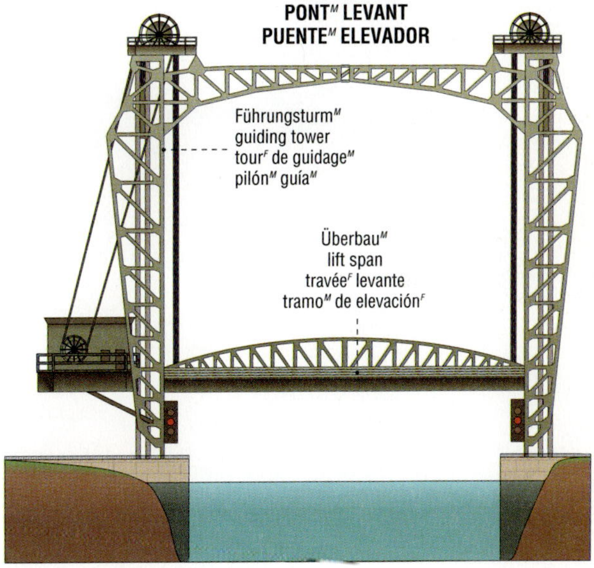

Doppelklappbrücke[F]
double-leaf bascule bridge
pont[M] basculant à double volée[F]
puente[M] levadizo doble

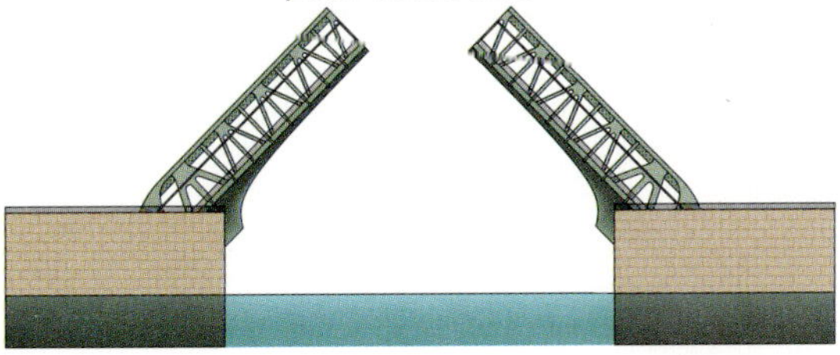

SCHWEBEFÄHRE[F]
TRANSPORTER BRIDGE
PONT[M] TRANSBORDEUR
PUENTE[M] TRANSPORTADOR

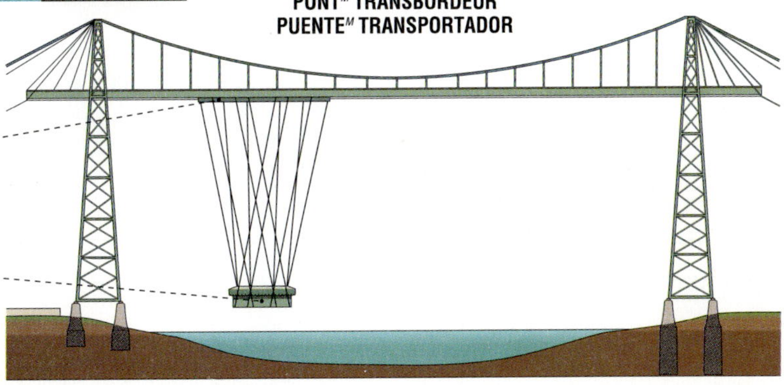

HOCHGESCHWINDIGKEITSZUG^{M}
HIGH-SPEED TRAIN
TRAIN^{M} À GRANDE VITESSE^{F} (T.G.V.)
TREN^{M} DE ALTA VELOCIDAD^{F}

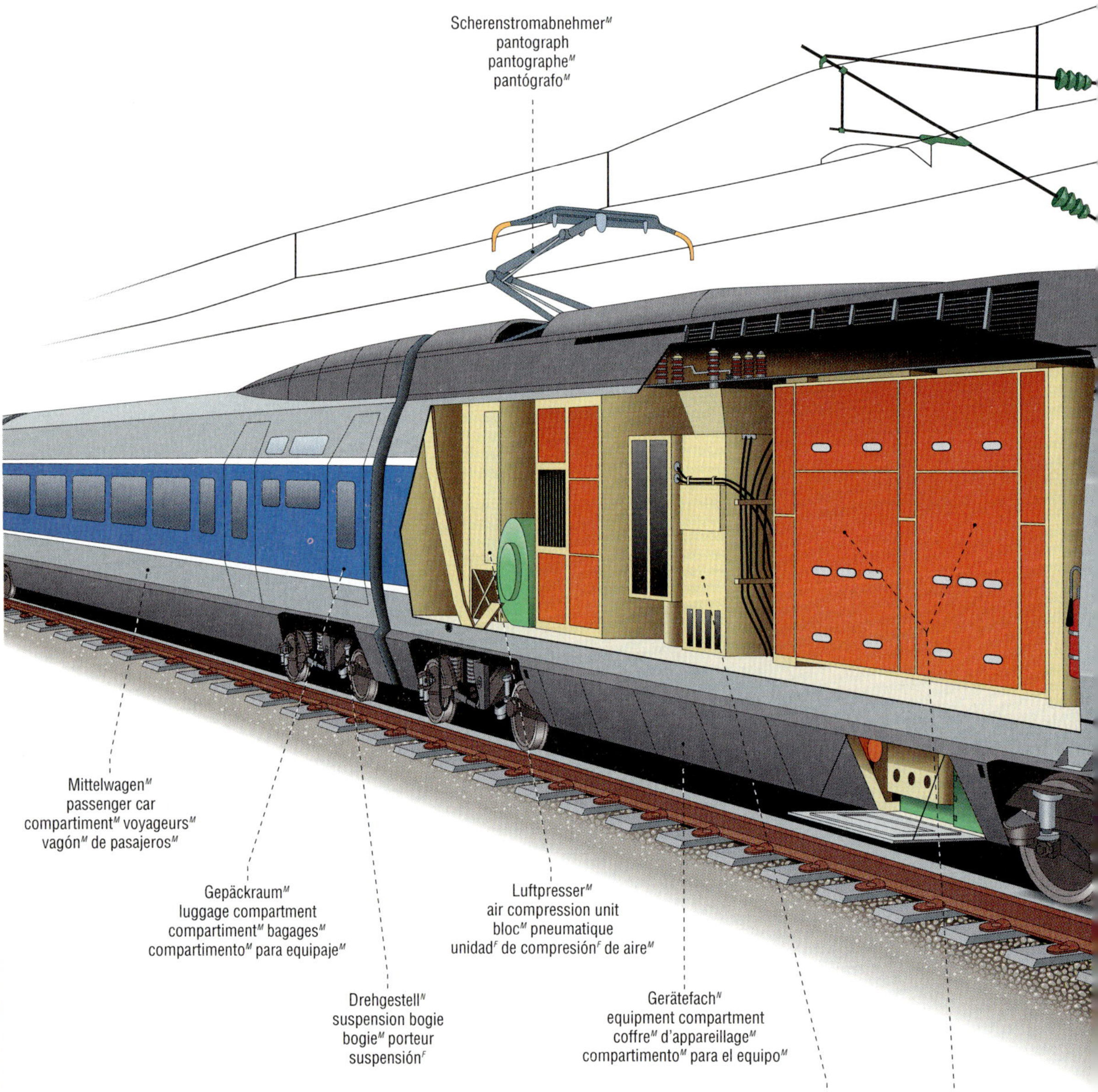

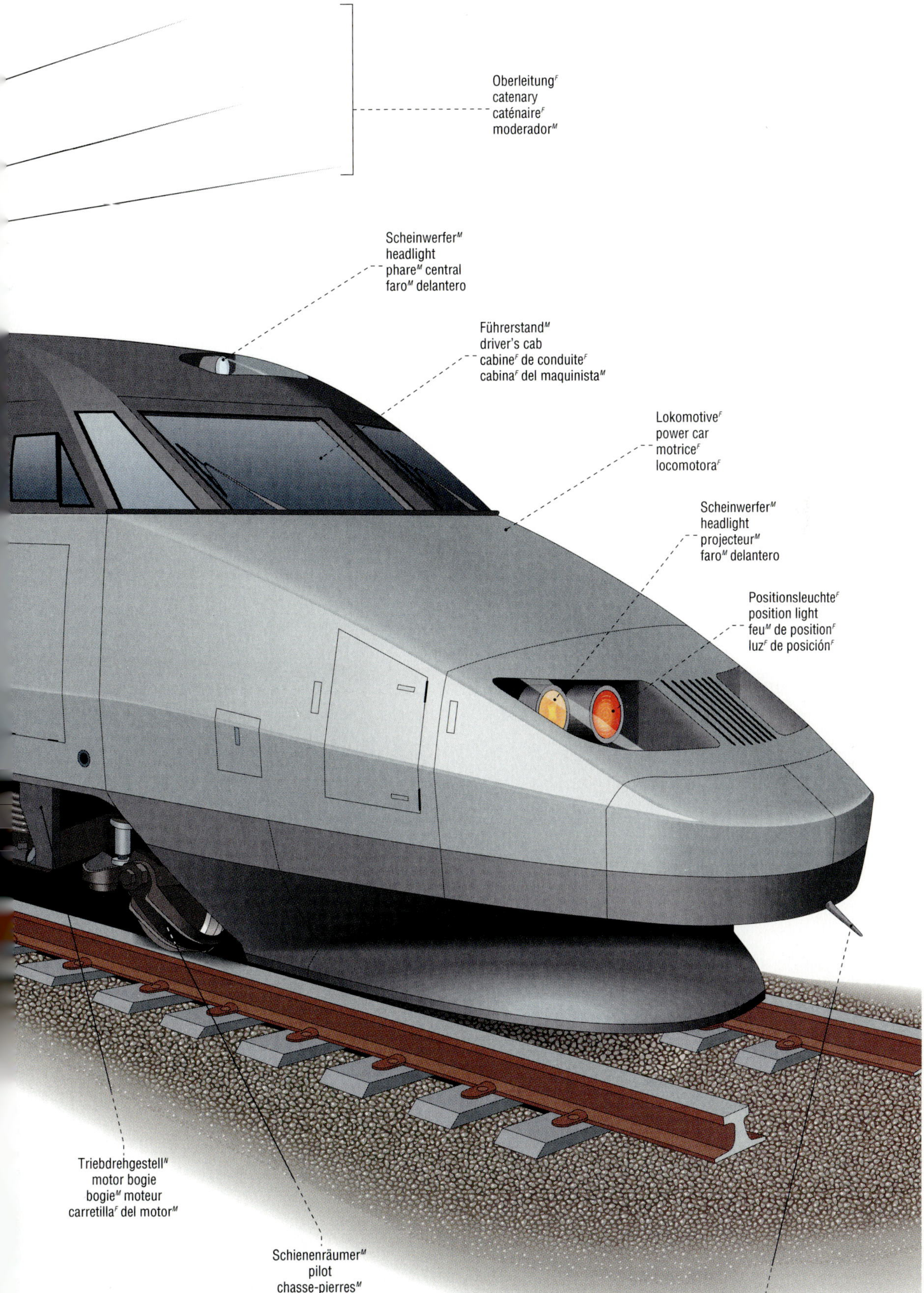
Oberleitung[F]
catenary
caténaire[F]
moderador[M]
Scheinwerfer[M]
headlight
phare[M] central
faro[M] delantero
Führerstand[M]
driver's cab
cabine[F] de conduite[F]
cabina[F] del maquinista[M]
Lokomotive[F]
power car
motrice[F]
locomotora[F]
Scheinwerfer[M]
headlight
projecteur[M]
faro[M] delantero
Positionsleuchte[F]
position light
feu[M] de position[F]
luz[F] de posición[F]
Triebdrehgestell[N]
motor bogie
bogie[M] moteur
carretilla[F] del motor[M]
Schienenräumer[M]
pilot
chasse-pierres[M]
quitapiedras[M]
Antenne[F] für die Linienzugbeeinflussung[F]
coupling guide device
corne[F] de guidage[M] de l'attelage[M]
guía[F] de enganche[M]

PERSONENZÜGE[M]: WAGENTYPEN[M]
TYPES OF RAILWAY CARRIAGES
TYPES[M] DE VOITURES[F]
VAGONES[M] DE PASAJEROS[M]

GROSSRAUMWAGEN[M]
COACH CAR
VOITURE[F]-COACH[M]
VAGÓN[M] DE PASAJEROS[M]

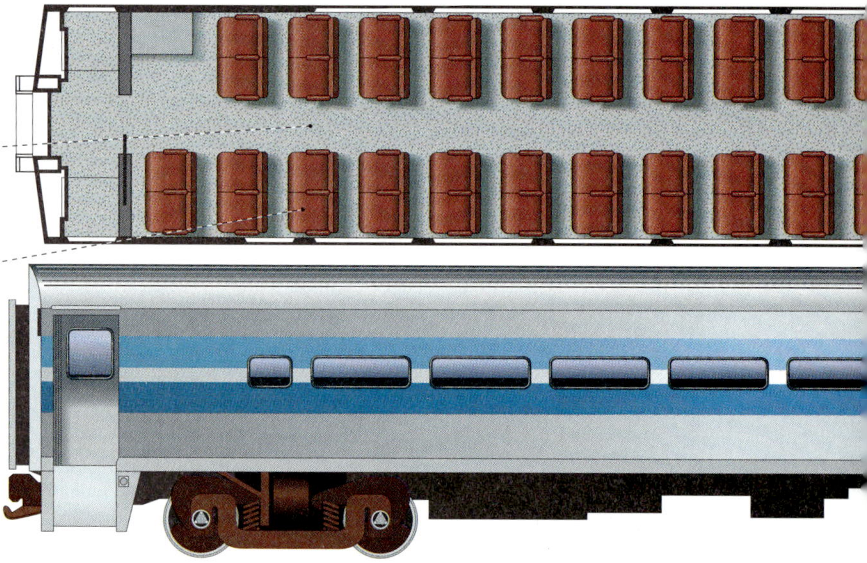

Mittelgang[M]
centre-aisle
couloir[M] central
pasillo[M] central

verstellbarer Sitz[M]
adjustable seat
siège[M] réglable
asiento[M] ajustable

SCHLAFWAGEN[M]
SLEEPING CAR
VOITURE[F]-LIT[M]
COCHE[M] CAMA[F]

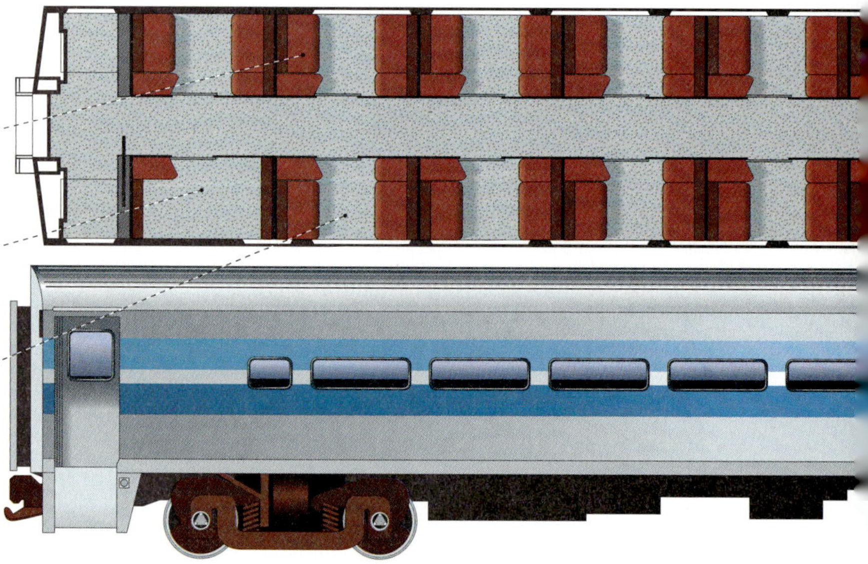

Schlafplatz[M]
berth
couchette[F]
litera[F]

Bettwäsche[F]
linen
lingerie[F]
lencería[F]

Schlafwagenabteil[N]
sleeping compartment
chambre[F]
dormitorio[M]

SPEISEWAGEN[M]
RESTAURANT CAR
VOITURE[F]-RESTAURANT[M]
VAGÓN[M] COMEDOR[M]

Speiseraum[M]
dining section
salle[F] à manger
comedor[M]

Zugküche[F]
kitchen
cuisine[F]
cocina[F]

Panoramafenster[N]
panoramic window
fenêtre[F] panoramique
ventanilla[F] panorámica

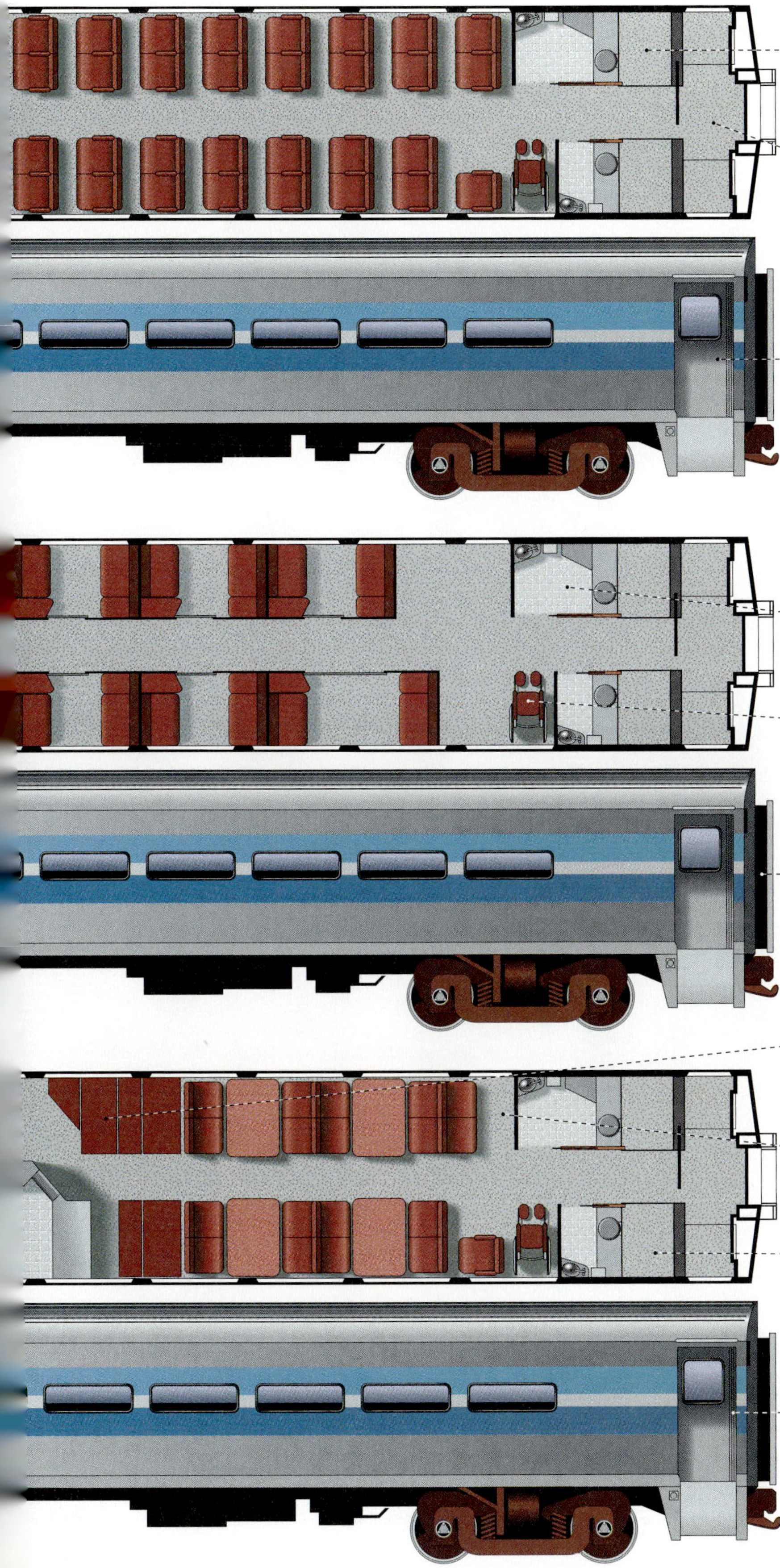
Gepäckablage[F]
luggage rack
case[F] à bagages[M]
red[F] para el equipaje[M]
Vorraum[M]
vestibule
plate-forme[F]
vestíbulo[M]
Einstiegstür[F]
vestibule door
porte[F] d'accès[M] de plate-forme[F]
puerta[F] del vestíbulo[M]
Toilette[F]
toilet
toilettes[F]
servicios[M] sanitarios
Rollstuhl[M]
wheelchair
fauteuil[M] roulant
silla[F] de ruedas[F]
Wagenübergang[M]
corridor connection
couloir[M] d'intercommunication[F]
corredor[M] de enlace[M]
Schaffnertisch[M]
steward's desk
desserte[F]
despacho[M] de camareros[M]
Gepäckraum[M]
storage space
rangement[M]
espacio[M] de almacenamiento[M]
Personalschließfach[N]
crew's locker
vestiaire[M] du personnel[M]
armario[M] para el personal[M]
Griff[M]
grab handle
poignée[F] montoir[M]
asidero[M]

BAHNHOF^M
PASSENGER STATION
GARE^F DE VOYAGEURS^M
ESTACIÓN^F DE FERROCARRIL^M

Eisenträger^{M}
metal structure
structure^{M} métallique
estrucutra^{F} de metal^{M}

Förderwagen^{M}
baggage trolley
chariot^{M} à bagages^{M}
carro^{M} portaequipaje

Abfahrtzeiten^{F}
departure time indicator
affichage^{M} de l'heure^{F} de départ^{M}
indicador^{M} de hora^{F} de salida^{F}

Fahrkartenkontrolleur^{M}
ticket collector
contrôleur^{M}
colector^{M} de billetes^{M}

Gepäckschließfächer^{N}
luggage lockers
consigne^{F} automatique
casillas^{F} de consigna^{F} automática

Zielbahnhof^{M}
destination
destination^{F}
destinos^{M}

Zugang^{M} zum Gleis^{N}
platform entrance
accès^{M} aux quais^{M}
acceso^{M} a los andenes^{M}

Gleis^{N}
track
voie^{F} ferrée
vía^{F}

Kursbuchtafeln^{F}
timetables
tableau^{M} horaire
horarios^{M}

Fahrkartenkontrolle^{F}
ticket control
contrôle^{M} des billets^{M}
control^{M} de billetes^{M}

BAHNHOF[M]
RAILWAY STATION
GARE[F]
ESTACIÓN[F] DE FERROCARRIL[M]

Bahnsteig[M]
station platform
quai[M]
andén[M]

Personenbahnhof[M]
passenger station
gare[F] de voyageurs[M]
estación[F] de ferrocarril[M]

S-Bahn[F]
suburban commuter railway
voie[F] de banlieue[F]
vía[F] de tren[M] suburbano

Parkplatz[M]
parking
parking[M]
estacionamiento[M]

Bahnsteigüberdachung[F]
platform shelter
abri[M]
cobertizo[M] del andén[M]

Fußgängerbrücke[F]
footbridge
passerelle[F]
puente[M] peatonal

Pendlerzug[M]
commuter train
train[M] de banlieue[F]
tren[M] suburbano

Nebengleis[N]
subsidiary track
voie[F] de service[M]
vía[F] subsidiaria

Prellbock[M]
buffers
butoir[M]
tope[M]

Hauptgleis[N]
main line
grandes lignes[F]
vía[F] principal

Bahnübergang[M]
level crossing
passage[M] à niveau[M]
paso[M] a nivel[M]

Formsignal[N]
semaphore
sémaphore[M]
semáforo[M]

Stellwerk[N]
signal box
poste[M] d'aiguillage[M]
torre[F] de señales[F]

Signalbrücke[F]
signal gantry
portique[M] de signalisation[F]
puente[M] de señales[F]

Pfeiler[M]
mast
pylône[M]
poste[M]

Unterführung[F]
subway
passage[M] souterrain
pasaje[M] subterráneo

Güterwagen[M]
goods van
wagon[M]
vagón[M] de carga[F]

Güterbahnhof[M]
goods station
gare[F] de marchandises[F]
estación[F] de carga[F]

Gleiskreuzung[F]
crossover
bretelle[F]
vía[F] de unión[F]

Weiche[F]
points
aiguillage[M]
aguja[F] de cambio[M]

Lokschuppen[M]
diesel shop
atelier[M] diesel[M]
taller[M] de máquinas[F] diesel

RANGIERBAHNHOF[M]
YARD
GARE[F] DE TRIAGE[M]
TALLERES[M] DE FERROCARRIL[M]

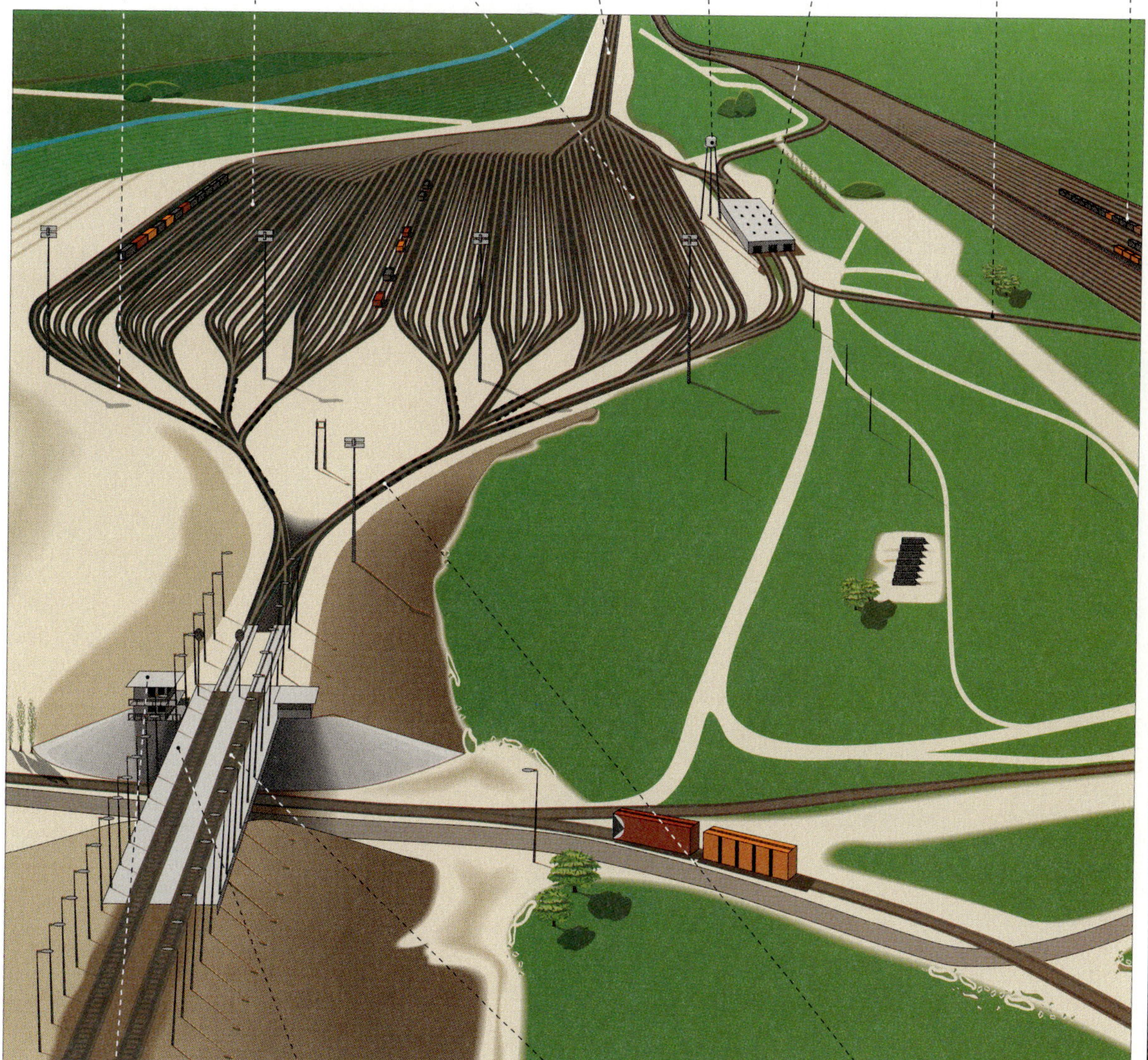

EISENBAHN-OBERBAU^{M}
RAILWAY TRACK
VOIE^{F} FERRÉE
VÍA^{F} FÉRREA

SCHIENENSTOSS^{M}
RAIL JOINT
JOINT^{M} DE RAIL^{M}
EMPALME^{M} DE RIELES^{M}

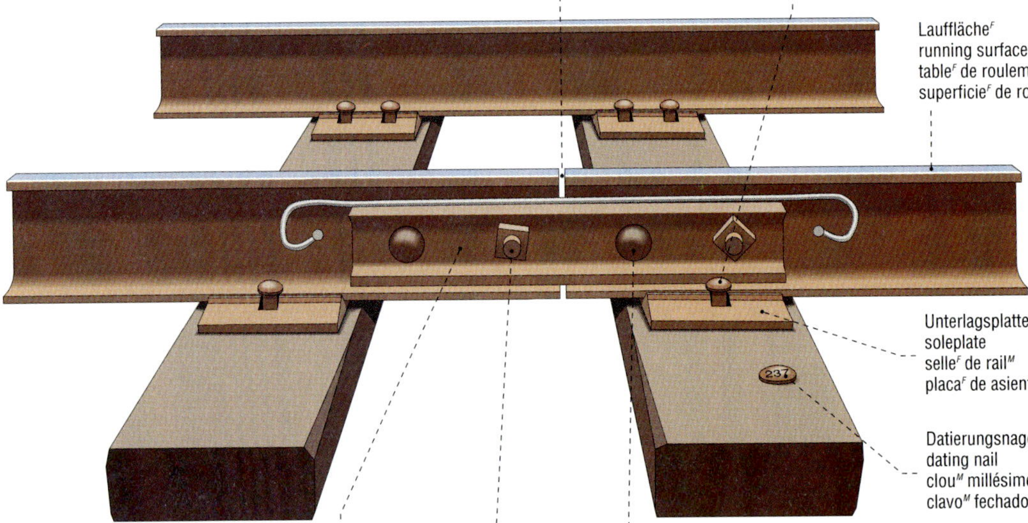

QUERSCHNITT^{M} EINER SCHIENE^{F}
RAIL SECTION
PROFIL^{M} DE RAIL^{M}
CORTE^{M} DE UN RIEL^{M}

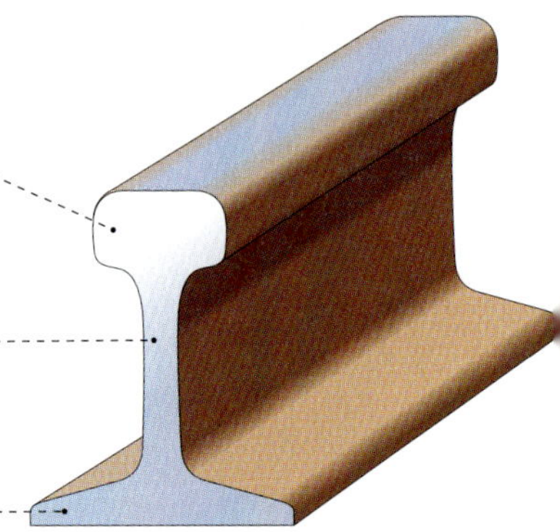

OBERBAU^{M}
RAILWAY TRACK
VOIE^{F} FERRÉE
VÍA^{F} FÉRREA

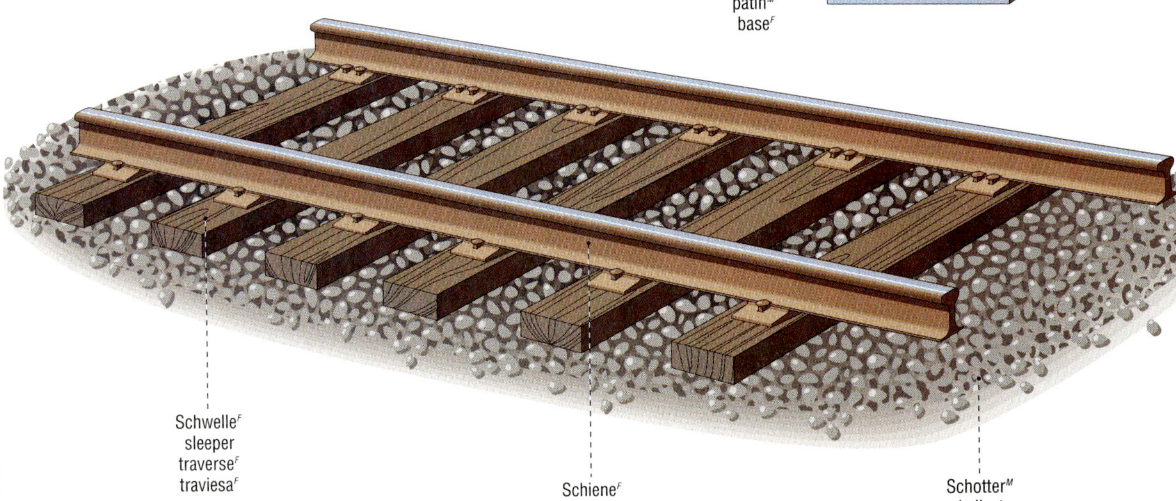

FERNBEDIENTE WEICHE^{F}
REMOTE-CONTROLLED POINTS
AIGUILLAGE^{M} MANŒUVRÉ À DISTANCE^{F}
AGUJA^{F} DE CONTROL^{M} A LARGA DISTANCIA^{F}

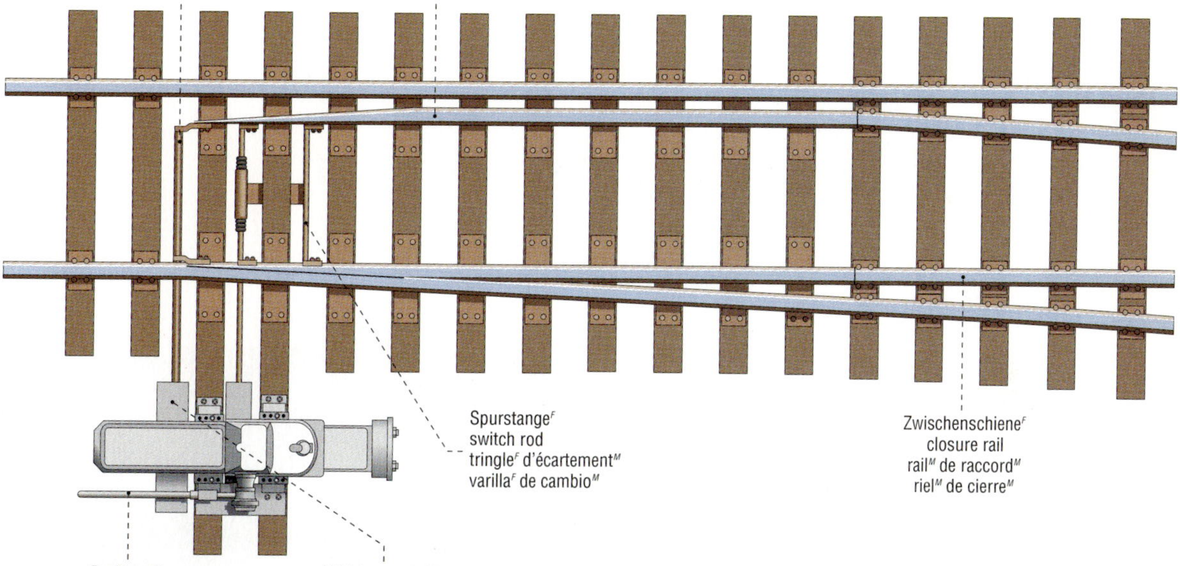

HANDBEDIENTE WEICHE^{F}
MANUALLY-OPERATED POINTS
AIGUILLAGE^{M} MANŒUVRÉ À PIED^{M} D'ŒUVRE^{F}
CAMBIADOR^{M} MANUAL DE VÍA^{F}

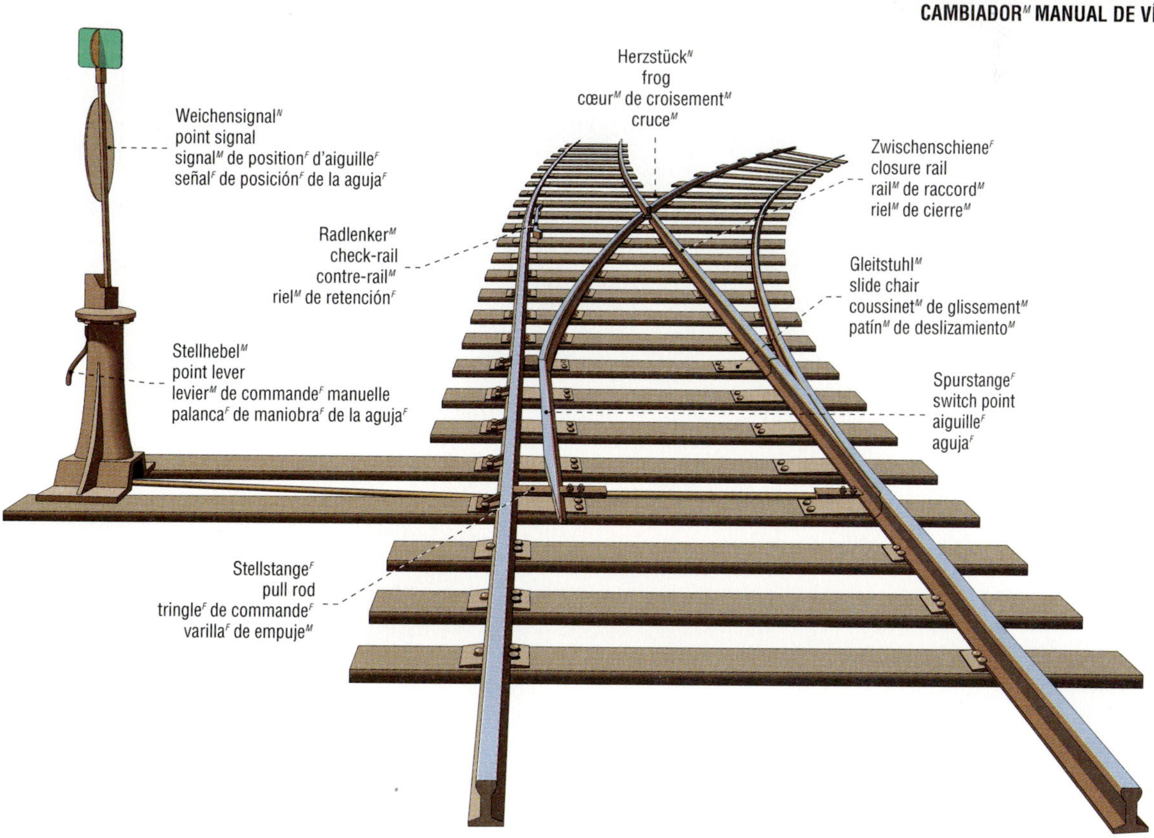

DIESELELEKTRISCHE LOKOMOTIVE^F
DIESEL-ELECTRIC LOCOMOTIVE
LOCOMOTIVE^F DIESEL-ÉLECTRIQUE
LOCOMOTORA^F DIESEL ELÉCTRICA

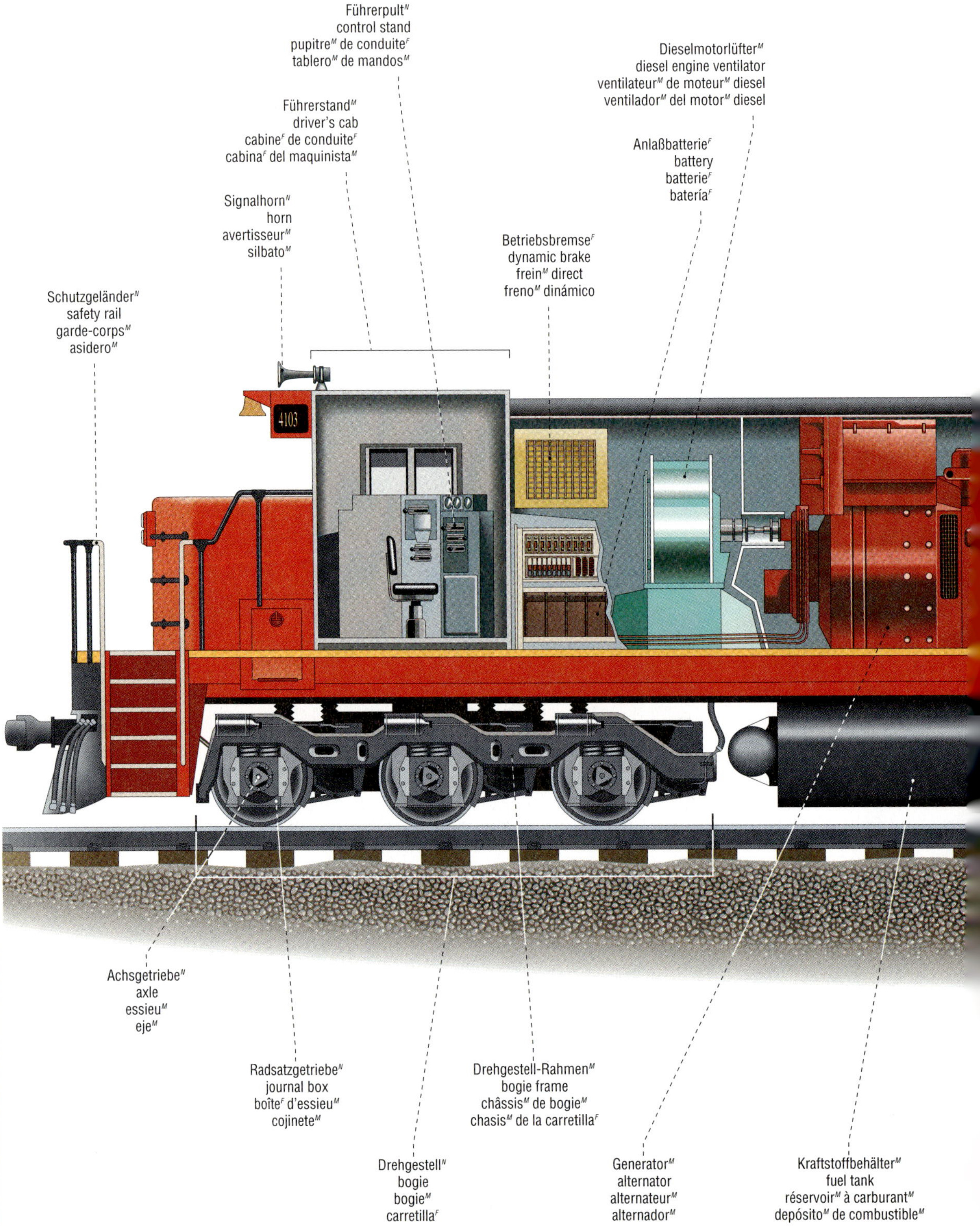

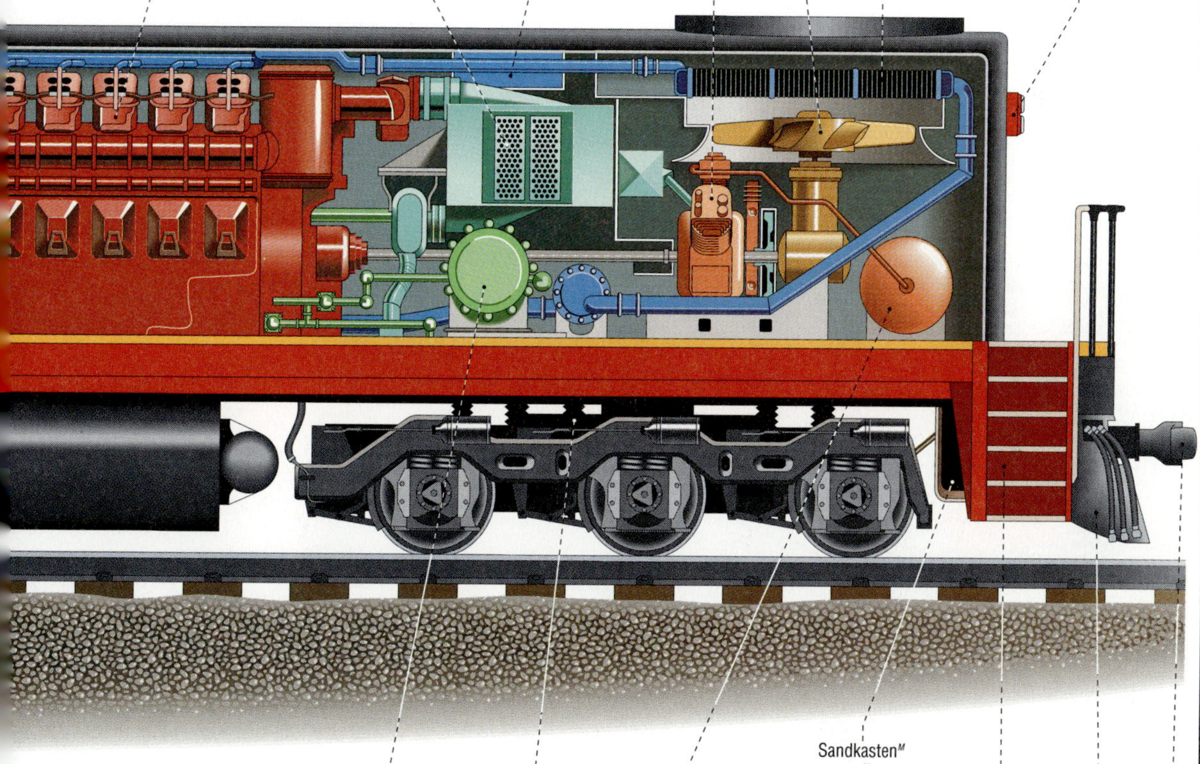
Luftpresser[M]
air compressor
compresseur[M] d'air[M]
compresor[M] de aire[M]
Kühlwasserventilator[M]
ventilating fan
ventilateur[M] des radiateurs[M]
ventilador[M]
Luftfilter[M]
air filter
filtre[M] à air[M]
filtro[M] de aire[M]
Kühlergruppe[F]
radiator
radiateur[M]
radiador[M]
Dieselmotor[M]
diesel engine
moteur[M] diesel
motor[M] diesel
Speisewasserbehälter[M]
water tank
soute[F] à eau[F]
depósito[M] de agua[F]
Scheinwerfer[M]
headlight
phare[M]
faro[M] delantero
Sandkasten[M]
sandbox
sablière[F]
arenera[F]
Schmiersystem[N]
lubricating system
système[M] de lubrification[F]
sistema[M] de lubricación[F]
Hauptluftbehälter[M]
compressed air reservoir
réservoir[M] d'air[M] comprimé
depósito[M] de aire[M] comprimido
Laufbrett[N]
side footboard
marchepied[M] latéral
escalerilla[F] lateral
Schraubenfeder[F]
spring
ressort[M] de suspension[F]
resorte[M]
Schienenräumer[M]
pilot
chasse-pierres[M]
quitapiedras[M]
Kupplungsbügel[M]
coupler head
tête[F] d'attelage[M]
cabeza[F] de empalme[M]

WAGEN[M]
WAGON
WAGON[M]
VAGÓN[M]

DREHGESTELLKASTENWAGEN[M]
BOGIE WAGON
WAGON[M] COUVERT
FURGÓN[M]

CONTAINER[M]
CONTAINER
CONTENEUR[M]
CONTENEDOR[M]

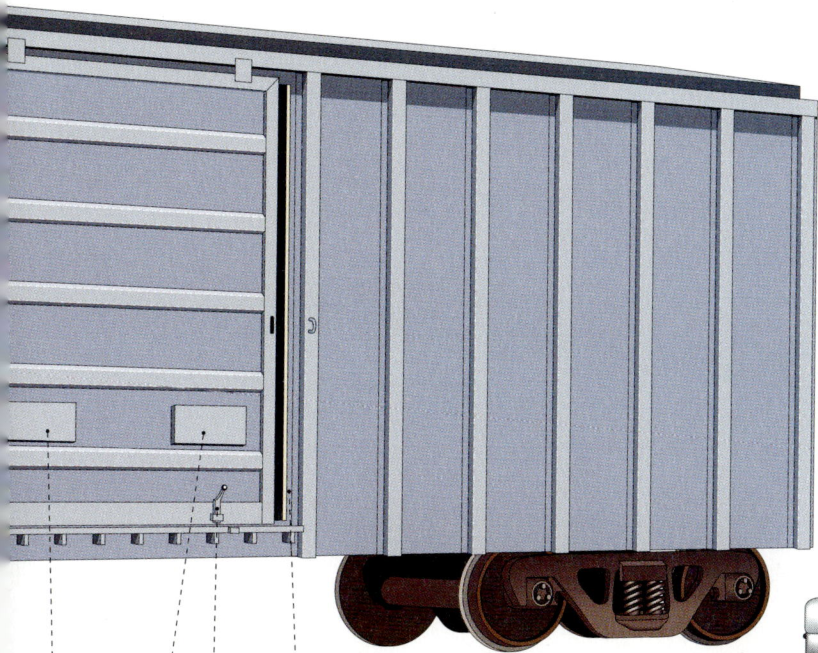

KUPPLUNGSKOPF[M]
COUPLER HEAD
TÊTE[F] D'ATTELAGE[M]
CABEZA[F] DE ENGANCHE[M]

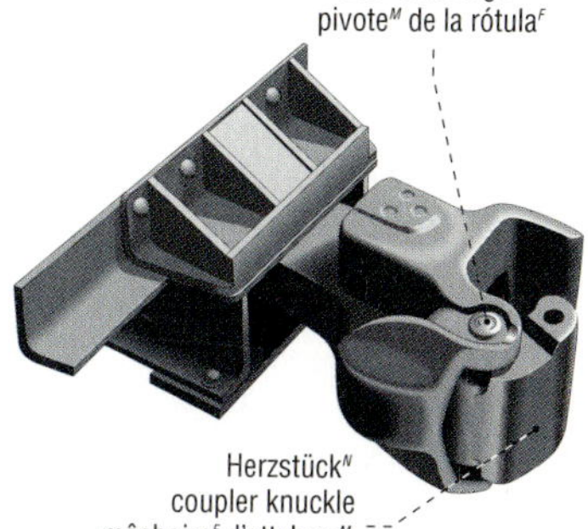

SCHIENENGLEICHER BAHNÜBERGANG[M]
LEVEL CROSSING
PASSAGE[M] À NIVEAU[M]
PASO[M] A NIVEL[M]

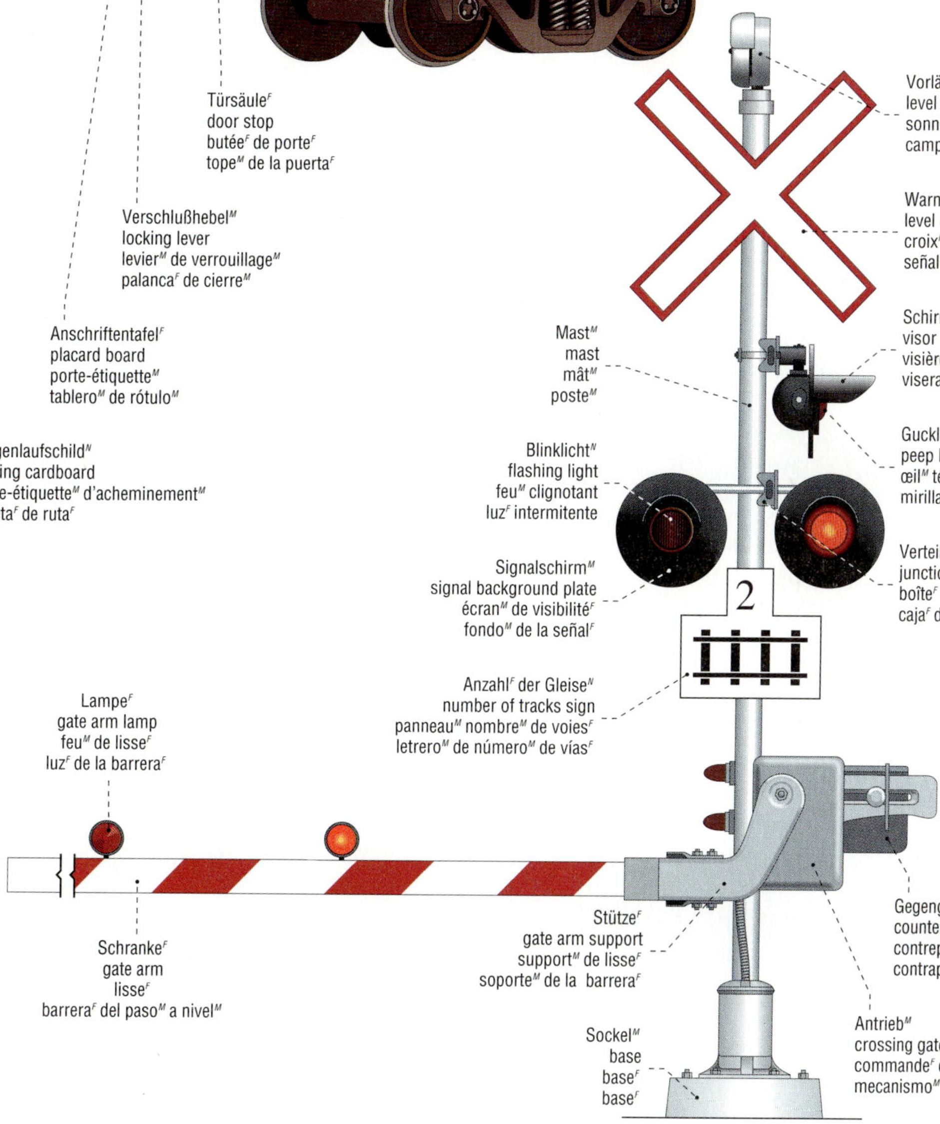

GÜTERWAGEN[M]
TYPES OF FREIGHT WAGONS
TYPES[M] DE WAGONS[M]
TIPOS[M] DE VAGONES[M] DE CARGA[F]

Drehgestellkastenwagen[M]
bogie wagon
wagon[M] couvert
vagón[M] cerrado

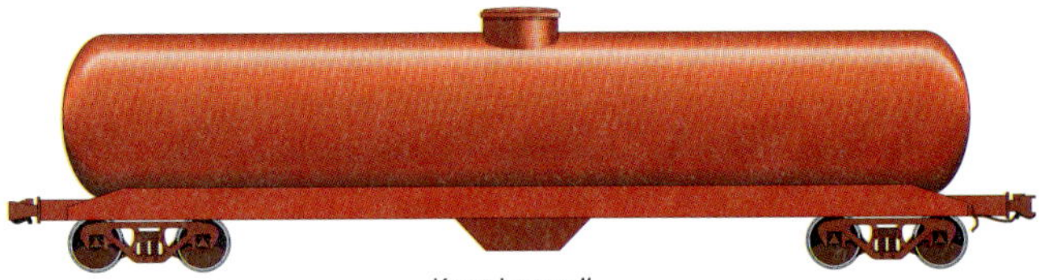

Kesselwagen[M]
bogie tank wagon
wagon[M]-citerne[F]
vagón[M] cisterna[F]

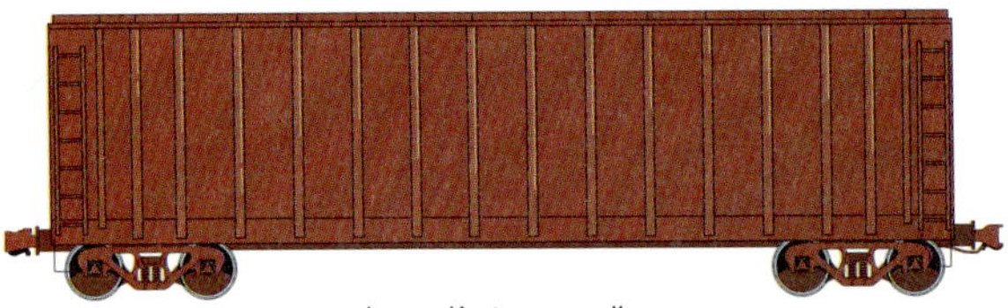

langer Kastenwagen[M]
bogie van
wagon[M] à copeaux[M]
vagón[M] para madera[F]

Verschlagwagen[M]
livestock van
wagon[M] à bestiaux[M]
vagón[M] para ganado[M]

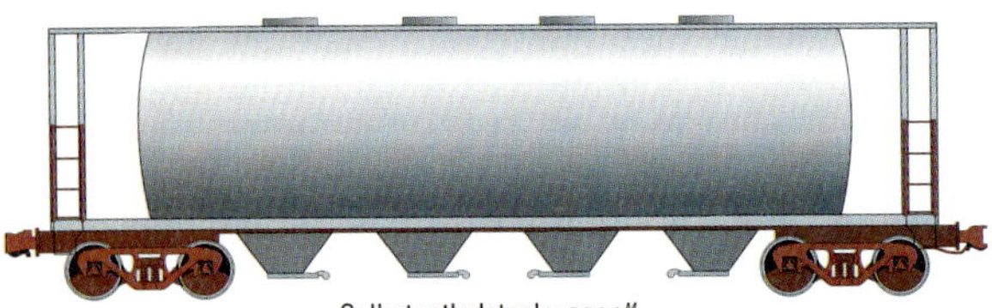

Selbstentladetankwagen[M]
hopper wagon
wagon[M]-trémie[F]
vagón[M] tolva[F]

Planenwagen[M]
hard top open wagon
wagon[M]-tombereau[M] couvert
vagón[M] con cubierta[F] alquitranada

Schüttgutwagen[M]
hopper ore wagon
wagon[M]-trémie[F] à minerai[M]
vagón[M] tolva[F] para minerales[M]

Kühlwagen[M]
refrigerator van
wagon[M] réfrigérant
vagón[M] frigorífico

Autotransportwagen[M]
bogie car-carrying wagon
wagon[M] porte-automobiles[M]
vagón[M] para automóviles[M]

Containerflachwagen[M]
container flat wagon
wagon[M] porte-conteneurs[M]
vagón[M] para contenedores[M]

Spezialflachwagen[M] für den Transport[M] von Schwerfahrzeugen[N]
piggyback flat wagon
wagon[M] rail[M]-route[F]
plataforma[F] para transportar vagones[M]

Drehgestellflachwagen[M]
bogie flat wagon
wagon[M] plat
plataforma[F]

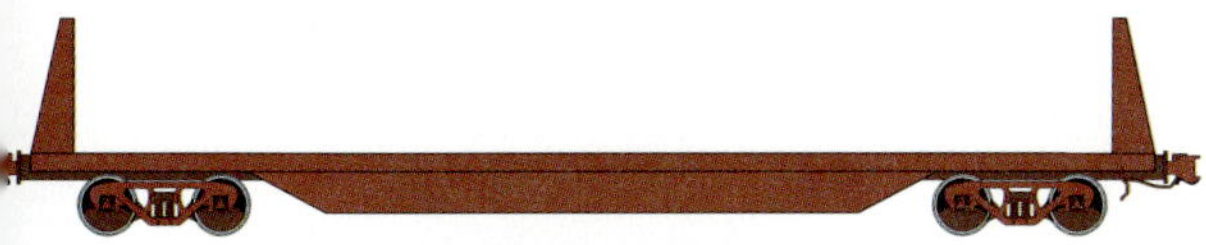

Stirnwandflachwagen[M]
bulkhead flat wagon
wagon[M] plat à parois[F] de bout[M]
vagón[M] plano con retenedores[M]

offener Güterwagen[M]
bogie open wagon
wagon[M]-tombereau[M]
vagón[M] de mercancías[F]

Tiefladewagen[M]
bogie well wagon
wagon[M] plat surbaissé
plataforma[F] de piso[M] bajo

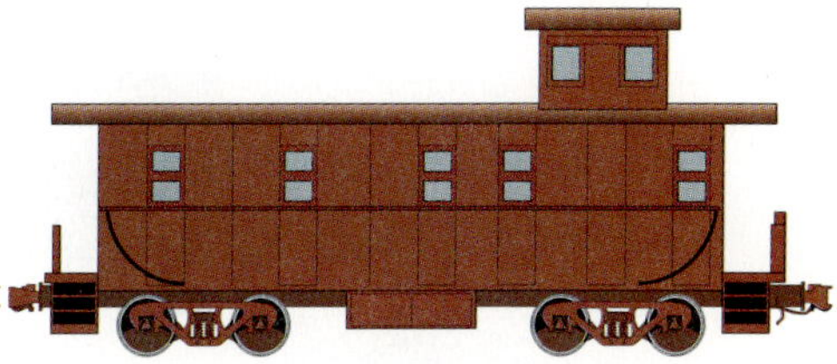

Bremswagen[M]
brake van
wagon[M] de queue[F]
furgón[M] de cola[F]

U-BAHN[F]
UNDERGROUND RAILWAY
CHEMIN[M] DE FER[M] MÉTROPOLITAIN
METRO[M]

U-BAHN-STATION[F]
UNDERGROUND STATION
STATION[F] DE MÉTRO[M]
ESTACIÓN[F] DE METRO[M]

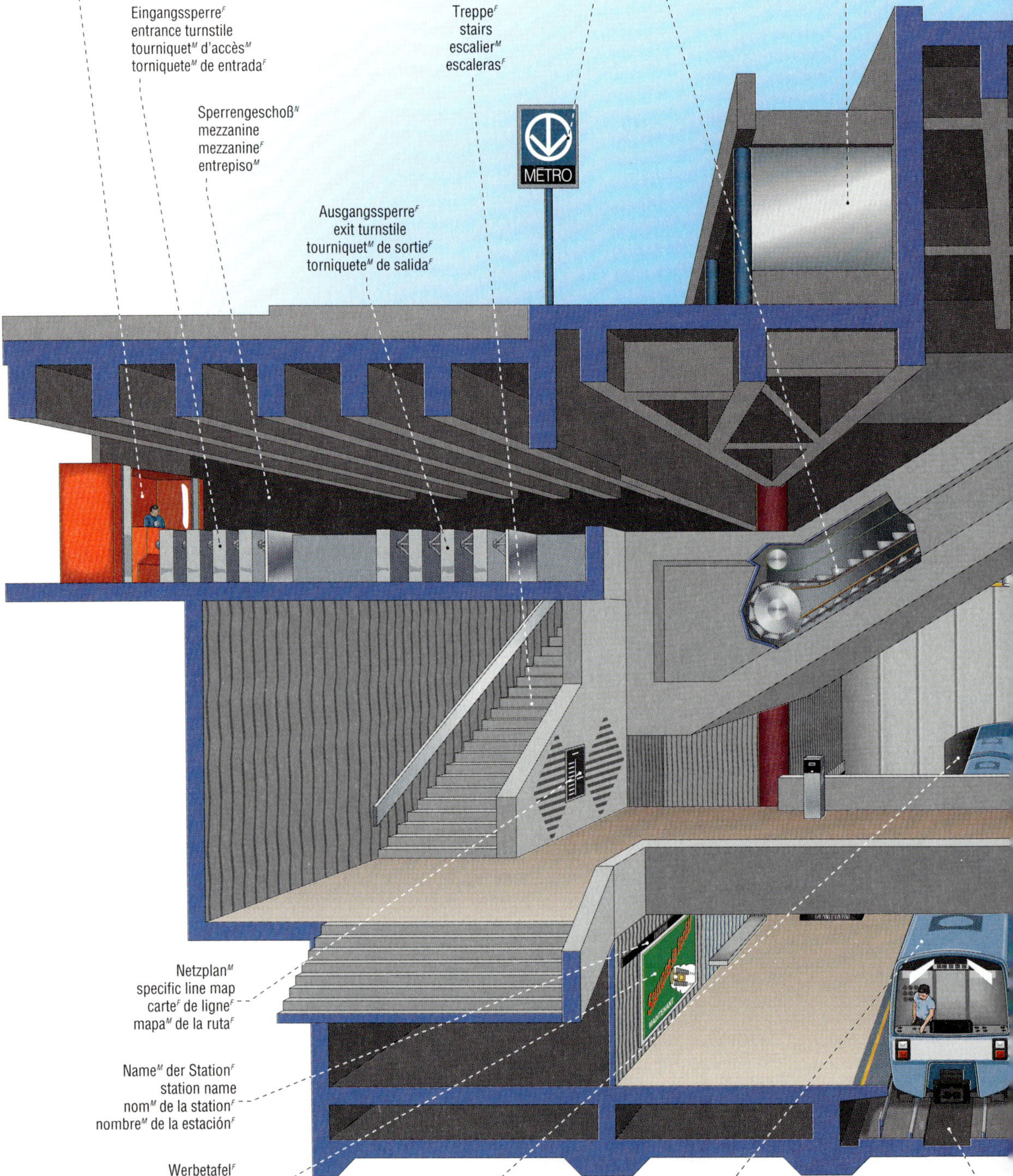

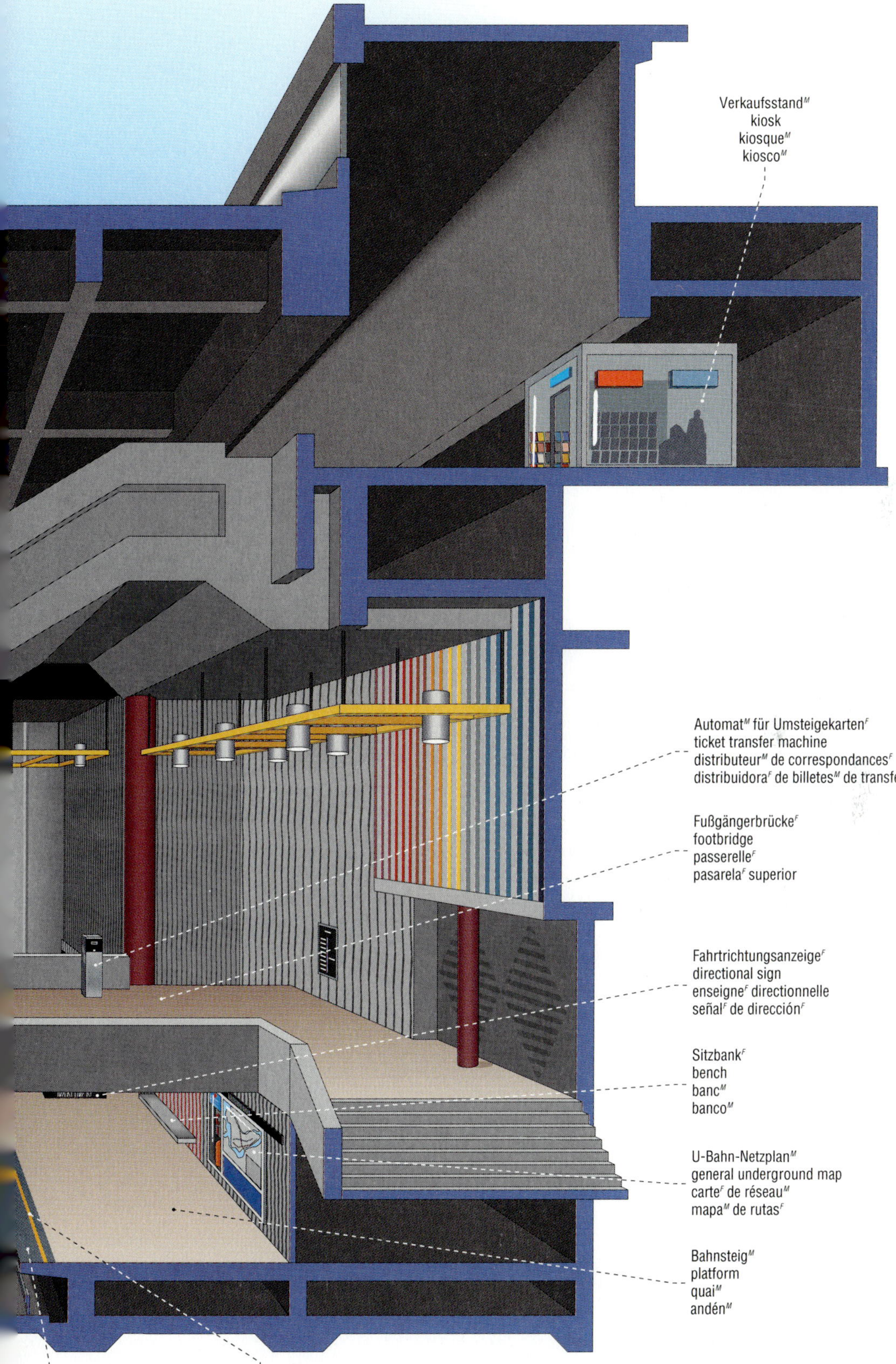
Verkaufsstand[M]
kiosk
kiosque[M]
kiosco[M]
Automat[M] für Umsteigekarten[F]
ticket transfer machine
distributeur[M] de correspondances[F]
distribuidora[F] de billetes[M] de transferencia[F]
Fußgängerbrücke[F]
footbridge
passerelle[F]
pasarela[F] superior
Fahrtrichtungsanzeige[F]
directional sign
enseigne[F] directionnelle
señal[F] de dirección[F]
Sitzbank[F]
bench
banc[M]
banco[M]
U-Bahn-Netzplan[M]
general underground map
carte[F] de réseau[M]
mapa[M] de rutas[F]
Bahnsteig[M]
platform
quai[M]
andén[M]
Bahnsteigkante[F]
platform edge
bordure[F] de quai[M]
borde[M] del andén[M]
Sicherheitsstreifen[M]
safety line
ligne[F] de sécurité[F]
línea[F] de seguridad[F]

U-BAHN^{F}
UNDERGROUND RAILWAY
CHEMIN^{M} DE FER^{M} MÉTROPOLITAIN
METRO^{M}

DREHGESTELL^{N} UND GLEIS^{N}
BOGIE AND TRACK
BOGIE^{M} ET VOIE^{F}
CARRETILLA^{F} Y VÍA^{F}

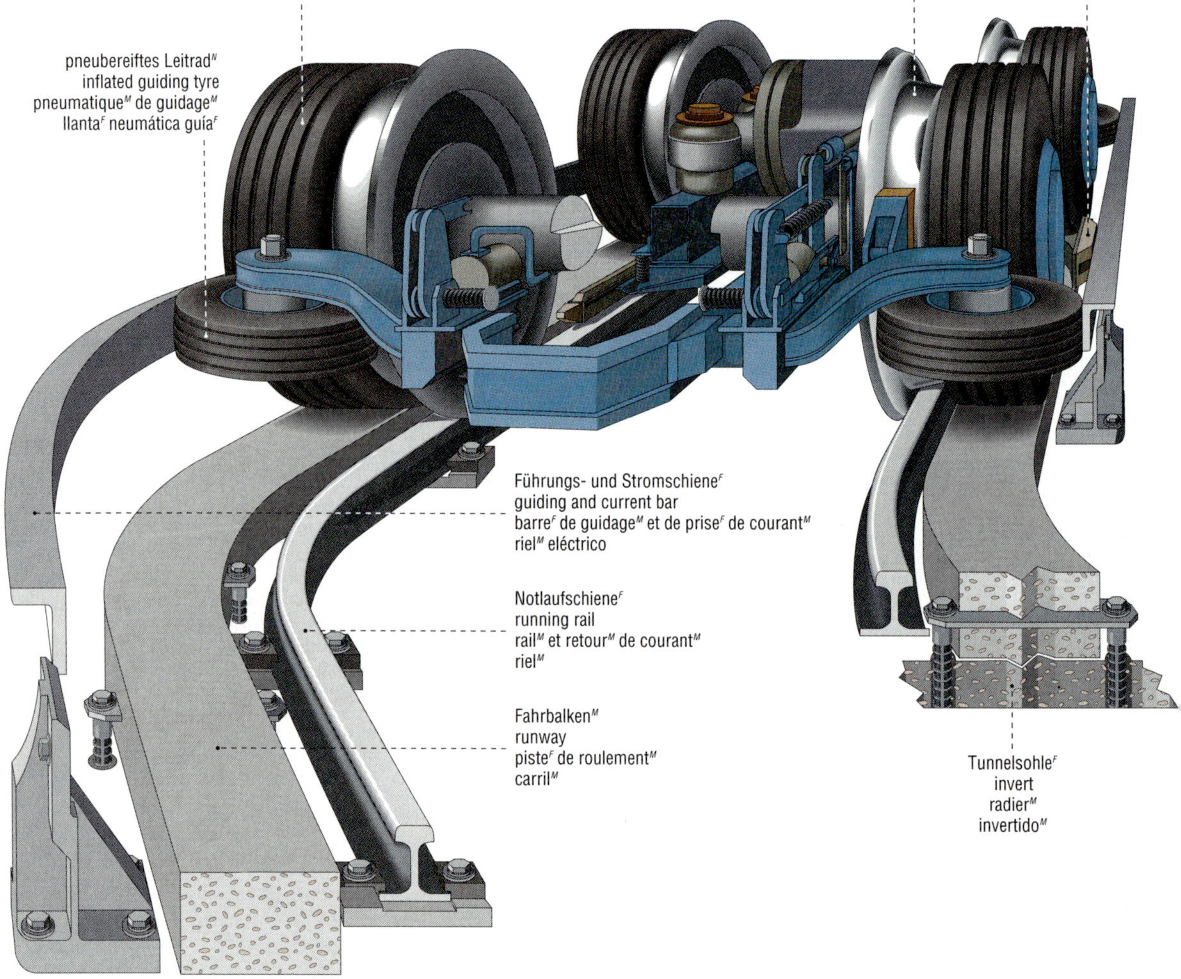

U-BAHN-ZUG^{M}
UNDERGROUND TRAIN
RAME^{F} DE MÉTRO^{M}
TREN^{M} SUBTERRÁNEO

MITTELWAGEN[M]
PASSENGER CAR
VOITURE[F]
VAGÓN[M] DE PASAJEROS[M]

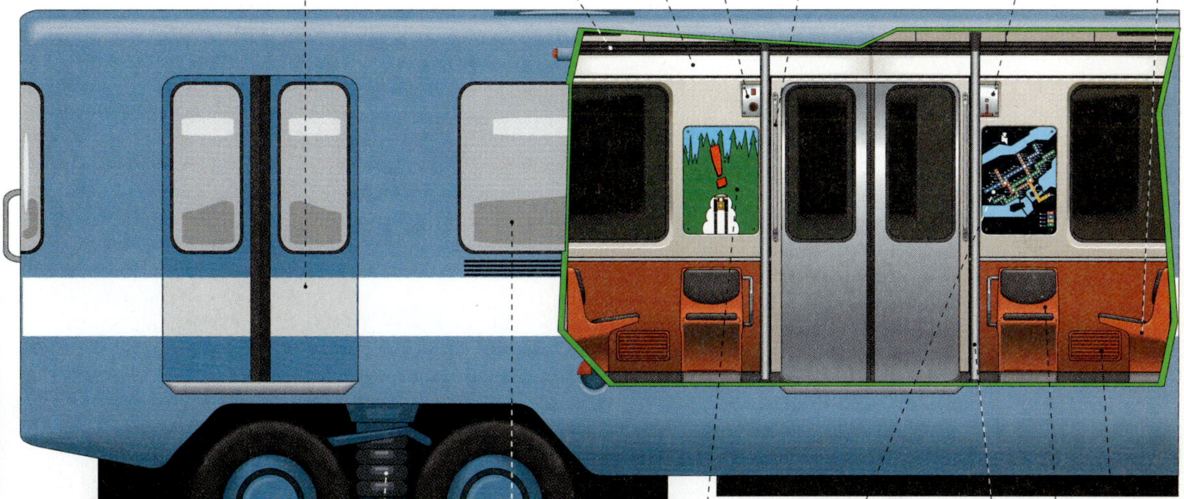

VIERMASTBARK[F]
FOUR-MASTED BARQUE
QUATRE-MÂTS[M] BARQUE[F]
BARCO[M] DE VELA[F] DE CUATRO PALOS[M]

TAKELAGE[F]
MASTS AND RIGGING
MÂTURE[F] ET GRÉEMENT[M]
ARBOLADURA[F] Y APAREJOS[M]

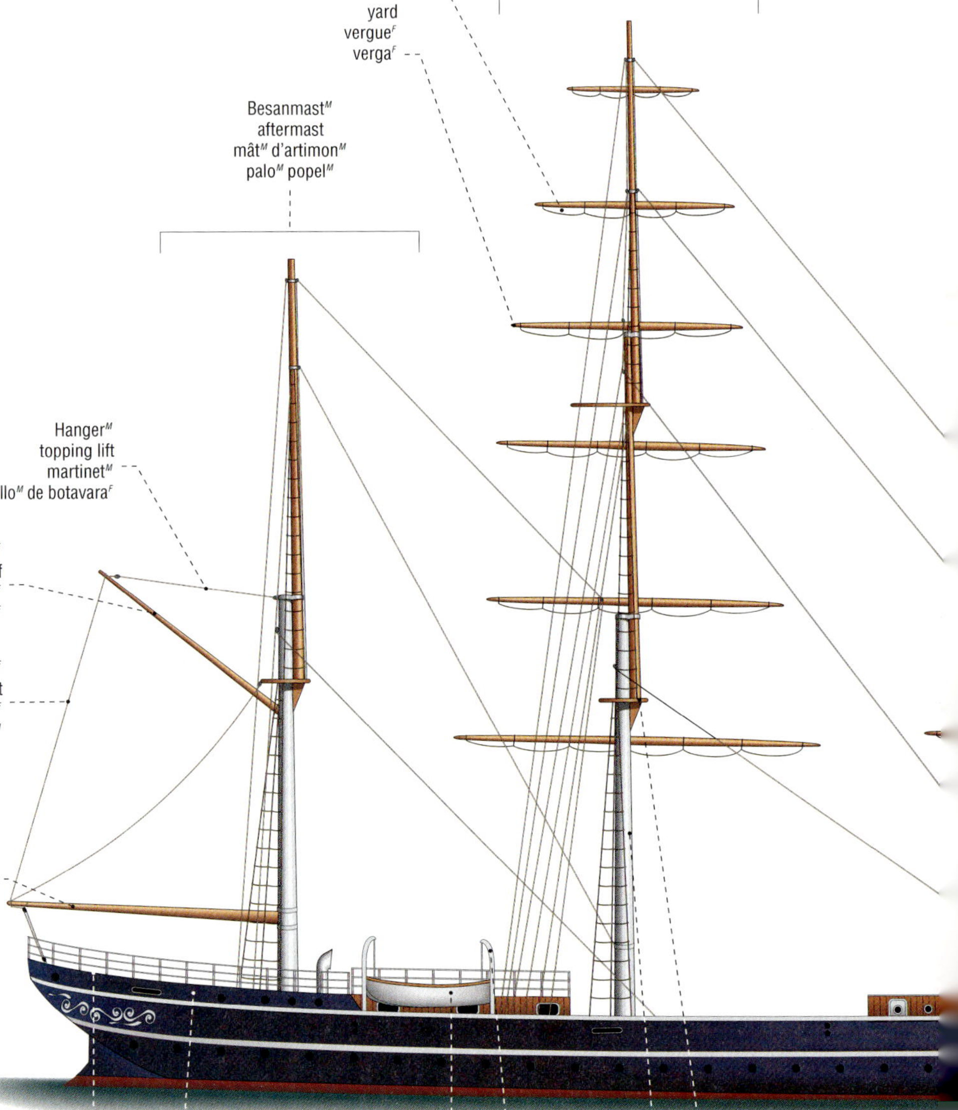

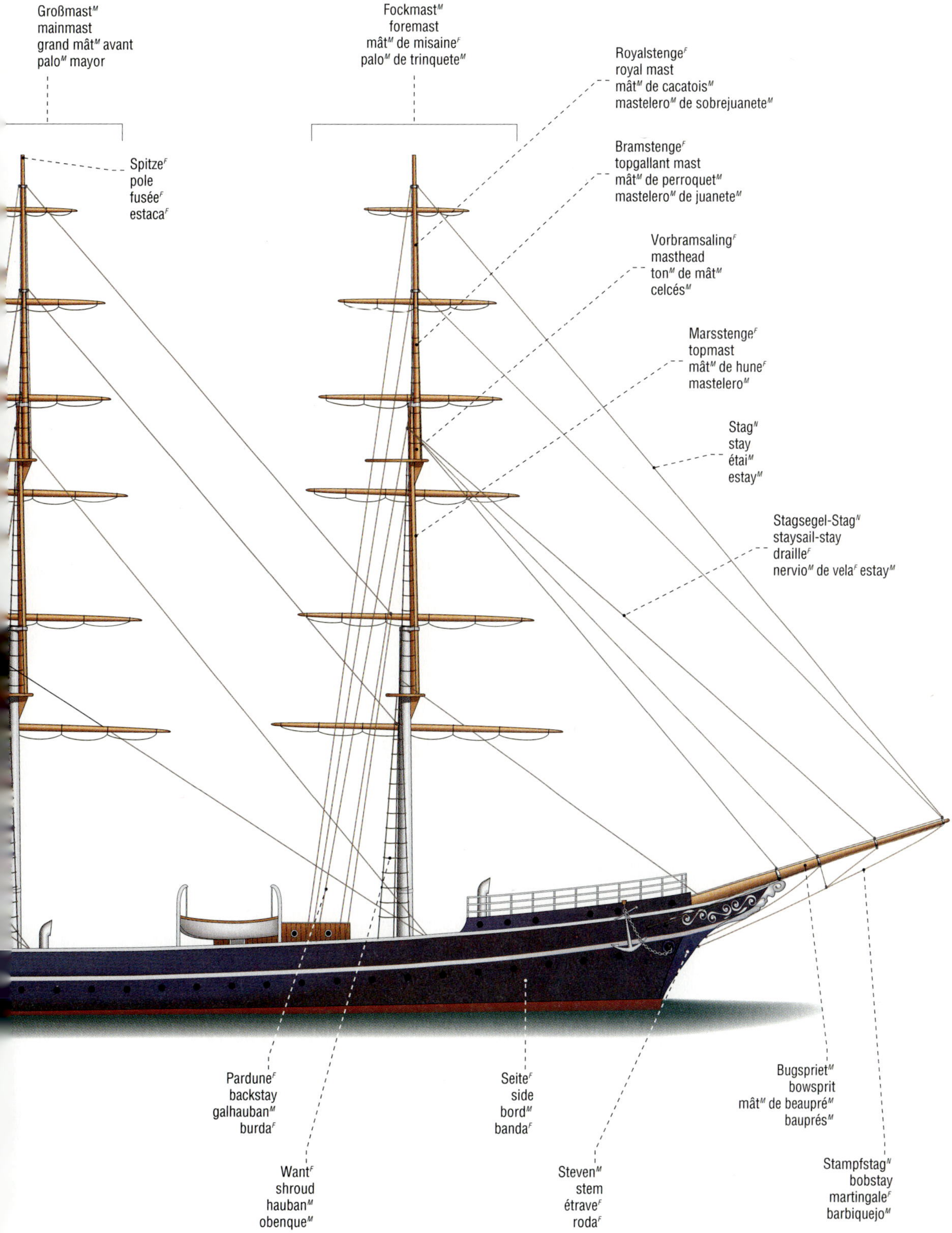
Großmast[M]
mainmast
grand mât[M] avant
palo[M] mayor
Fockmast[M]
foremast
mât[M] de misaine[F]
palo[M] de trinquete[M]
Royalstenge[F]
royal mast
mât[M] de cacatois[M]
mastelero[M] de sobrejuanete[M]
Spitze[F]
pole
fusée[F]
estaca[F]
Bramstenge[F]
topgallant mast
mât[M] de perroquet[M]
mastelero[M] de juanete[M]
Vorbramsaling[F]
masthead
ton[M] de mât[M]
celcés[M]
Marsstenge[F]
topmast
mât[M] de hune[F]
mastelero[M]
Stag[N]
stay
étai[M]
estay[M]
Stagsegel-Stag[N]
staysail-stay
draille[F]
nervio[M] de vela[F] estay[M]
Pardune[F]
backstay
galhauban[M]
burda[F]
Seite[F]
side
bord[M]
banda[F]
Bugspriet[M]
bowsprit
mât[M] de beaupré[M]
bauprés[M]
Want[F]
shroud
hauban[M]
obenque[M]
Steven[M]
stem
étrave[F]
roda[F]
Stampfstag[N]
bobstay
martingale[F]
barbiquejo[M]

VIERMASTBARK[F]
FOUR-MASTED BARQUE
QUATRE-MÂTS[M] BARQUE[F]
BARCO[M] DE VELA[F] DE CUATRO PALOS[M]

SEGEL[N]
SAILS
VOILURE[F]
VELAMEN[M]

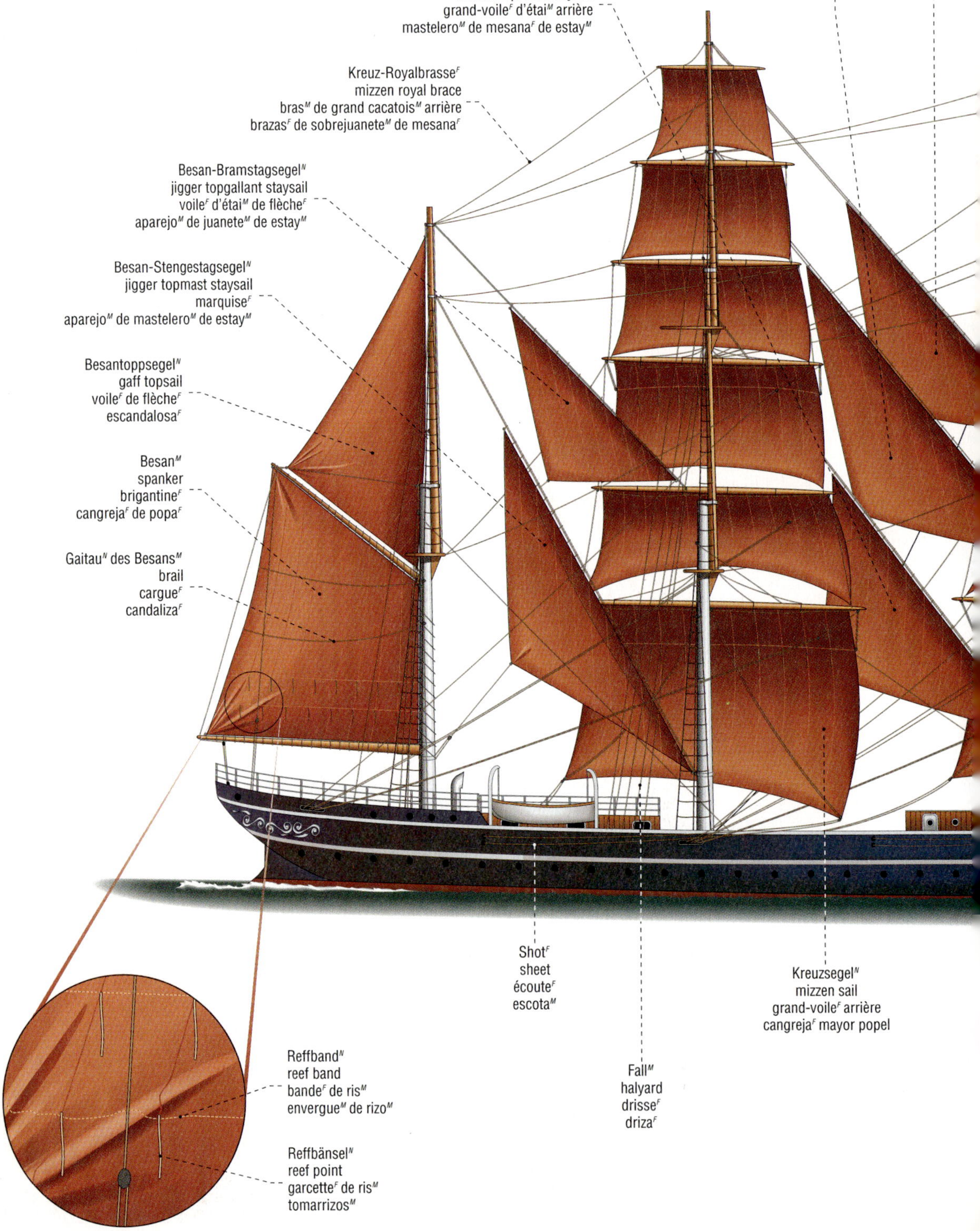

Groß-Royalsegel[N]
main royal sail
grand cacatois[M] avant
sobrejuanete[M] mayor

Groß-Oberbramsegel[N]
main upper topgallant sail
grand perroquet[M] volant avant
juanete[M] mayor proel alto

Groß-Unterbramsegel[N]
main lower topgallant sail
grand perroquet[M] fixe avant
juanete[M] mayor bajo

Groß-Obermarsegel[N]
main upper topsail
grand hunier[M] volant avant
gavia[F] mayor alta

Vor-Royalsegel[N]
fore royal sail
petit cacatois[M]
sobrejuanete[M] de proa[F]

Vor-Oberbramsegel[N]
upper fore topgallant sail
petit perroquet[M] volant
juanete[M] de proa[F] alto

Vor-Unterbramsegel[N]
lower fore topgallant sail
petit perroquet[M] fixe
juanete[M] de proa[F] bajo

Vor-Obermarsegel[N]
upper fore topsail
petit hunier[M] volant
gavia[F] proel alta

Flieger[M]
flying jib
clin foc[M]
petifoque[M]

Groß-Untermarsegel[N]
main lower topsail
grand hunier[M] fixe avant
gavia[F] mayor baja

Vor-Untermarssegel[N]
lower fore topsail
petit hunier[M] fixe
gavia[F] inferior proel

Außenklüver[M]
outer jib
grand foc[M]
foque[M]

Gaitau[N]
clew line
cargue-point[M]
chafaldete[M]

Fock[F]
foresail
misaine[F]
trinquete[M]

Binnenklüver[M]
middle jib
faux foc[M]
fofoque[M]

Großsegel[N]
main sail
grand-voile[F] avant
vela[F] mayor proel

Vorstenge-Stagsegel[N]
inner jib
petit foc[M]
contrafoque[M]

SEGELTYPEN^{M}
TYPES OF SAILS
TYPES^{M} DE VOILES^{F}
TIPOS^{M} DE VELAS^{F}

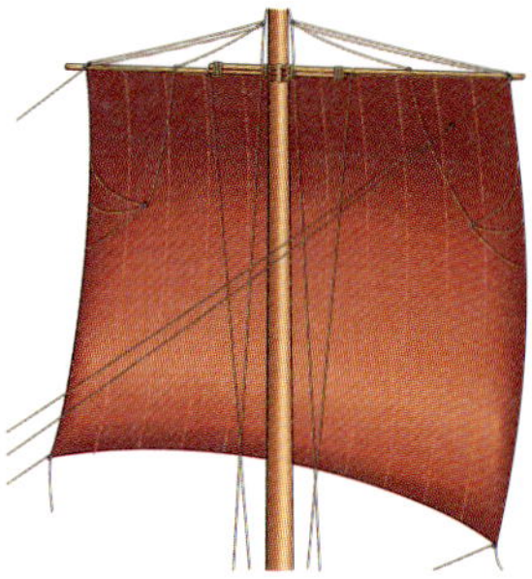

Rahsegel^{N}
square sail
voile^{F} carrée
vela^{F} cuadrada

Lateinersegel^{N}
lateen sail
voile^{F} latine
vela^{F} latina

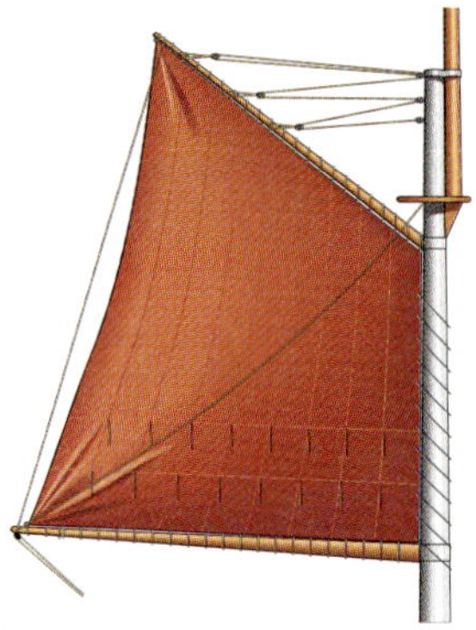

Gaffelsegel^{N}
gaff sail
voile^{F} aurique
vela^{F} cangreja

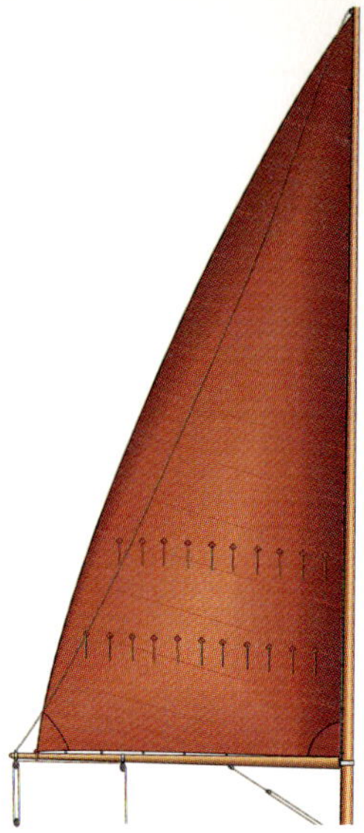

Spitzsegel^{N}
Bermuda sail
voile^{F} bermudienne
vela^{F} Bermuda

ARTEN^{F} DER TAKELUNG^{F}
TYPES OF RIGS
TYPES^{M} DE GRÉEMENTS^{M}
TIPOS^{M} DE APAREJOS^{M}

Walboot^{N}
whale boat
baleinière^{F}
ballenera^{F}

Brigantine^{F}
brigantine
brigantin^{M}
bergantín^{M} goleta^{F}

Ketsch^{F}
ketch
ketch^{M}
queche^{M}

Marconikutter^{M}
Marconi cutter
cotre^{M} Marconi
cúter^{M} Marconi

Brigg^{F}
brig
brick^{M}
bergantín^{M}

Schoner^{M}
schooner
goélette^{F}
goleta^{F}

ANKER[M]
ANCHOR
ANCRE[F]
ANCLA[F]

SCHIFFSANKER[M]
SHIP'S ANCHOR
ANCRE[F] DE MARINE[F]
ANCLA[F] DE BUQUE[M]

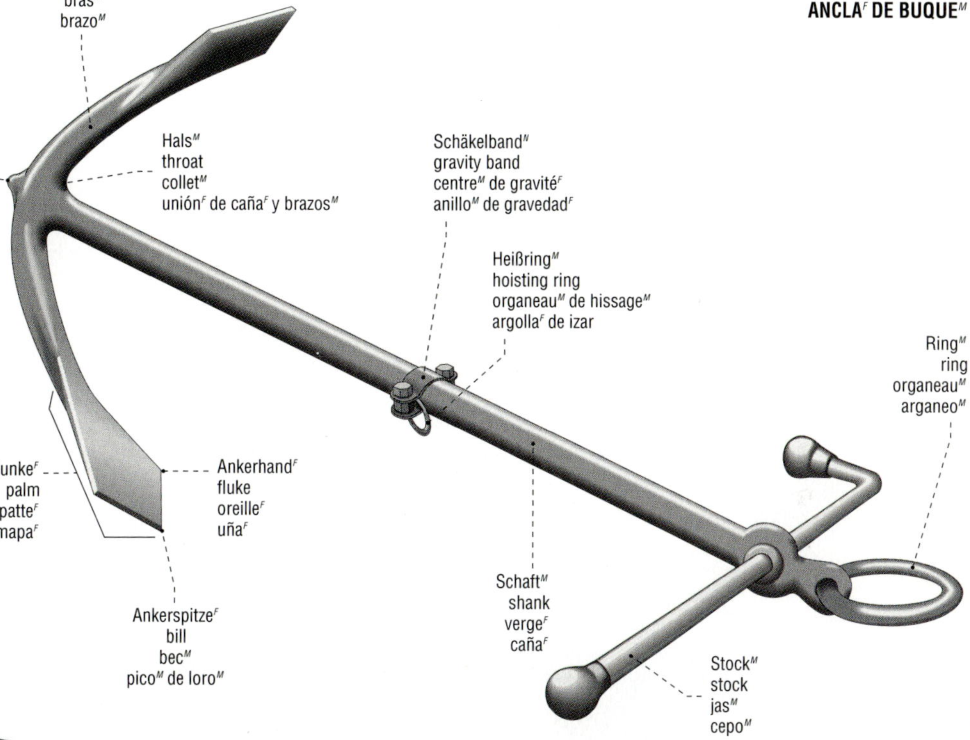

ANKERARTEN[F]
TYPES OF ANCHORS
TYPES[M] D'ANCRES[F]
TIPOS[M] DE ANCLAS[F]

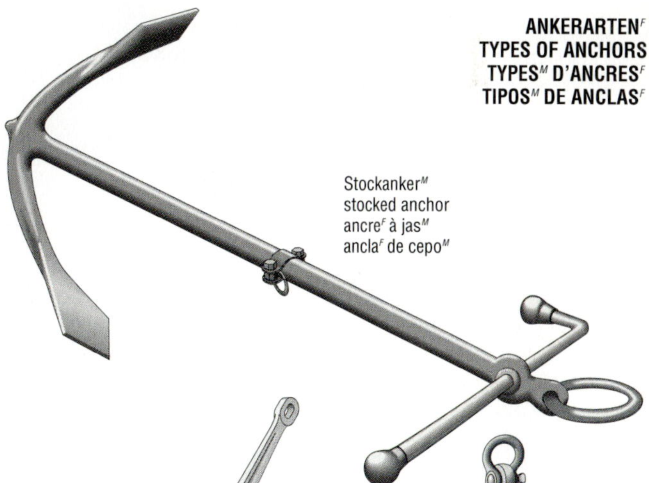

Stockanker[M]
stocked anchor
ancre[F] à jas[M]
ancla[F] de cepo[M]

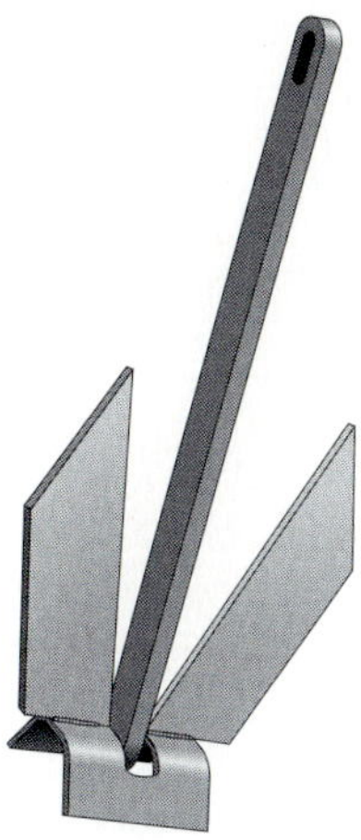

Patentanker[M]
stockless anchor
ancre[F] sans jas[M]
ancla[F] sin cepo[M]

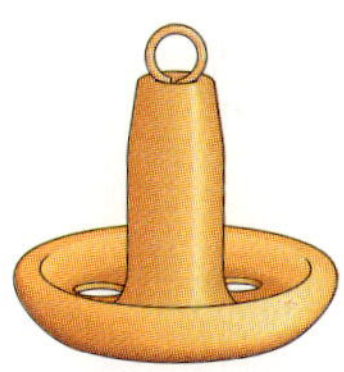

Pilzanker[M]
mushroom anchor
ancre[F] à champignon[M]
ancla[F] de hongo[M]

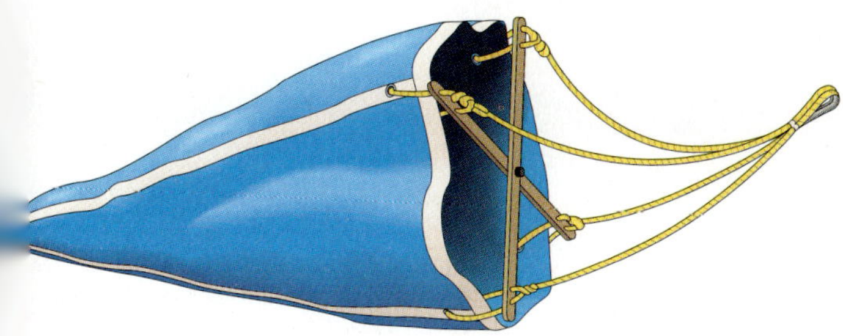

Treibanker[M]
sea anchor
ancre[F] flottante
ancla[F] flotante

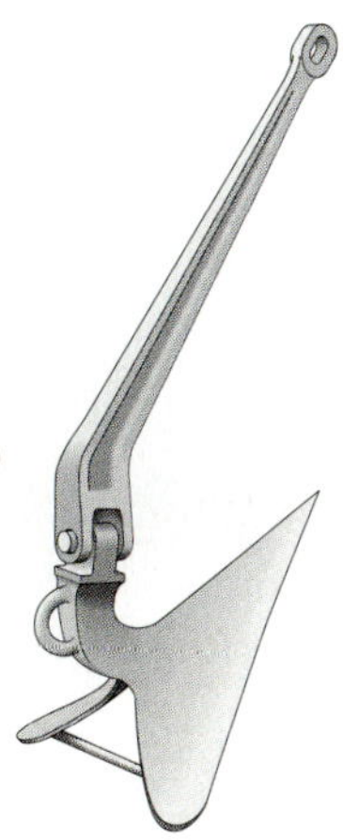

Pfluganker[M]
plow anchor
ancre[F] charrue[F]
ancla[F] de arado[M]

Draggen[M]
grapnel
grappin[M]
anclote[M]

NAVIGATIONSINSTRUMENTE[N]
NAVIGATION DEVICES
APPAREILS[M] DE NAVIGATION[F]
APARATOS[M] DE NAVEGACIÓN[F]

SEXTANT[M]
SEXTANT
SEXTANT[M]
SEXTANTE[M]

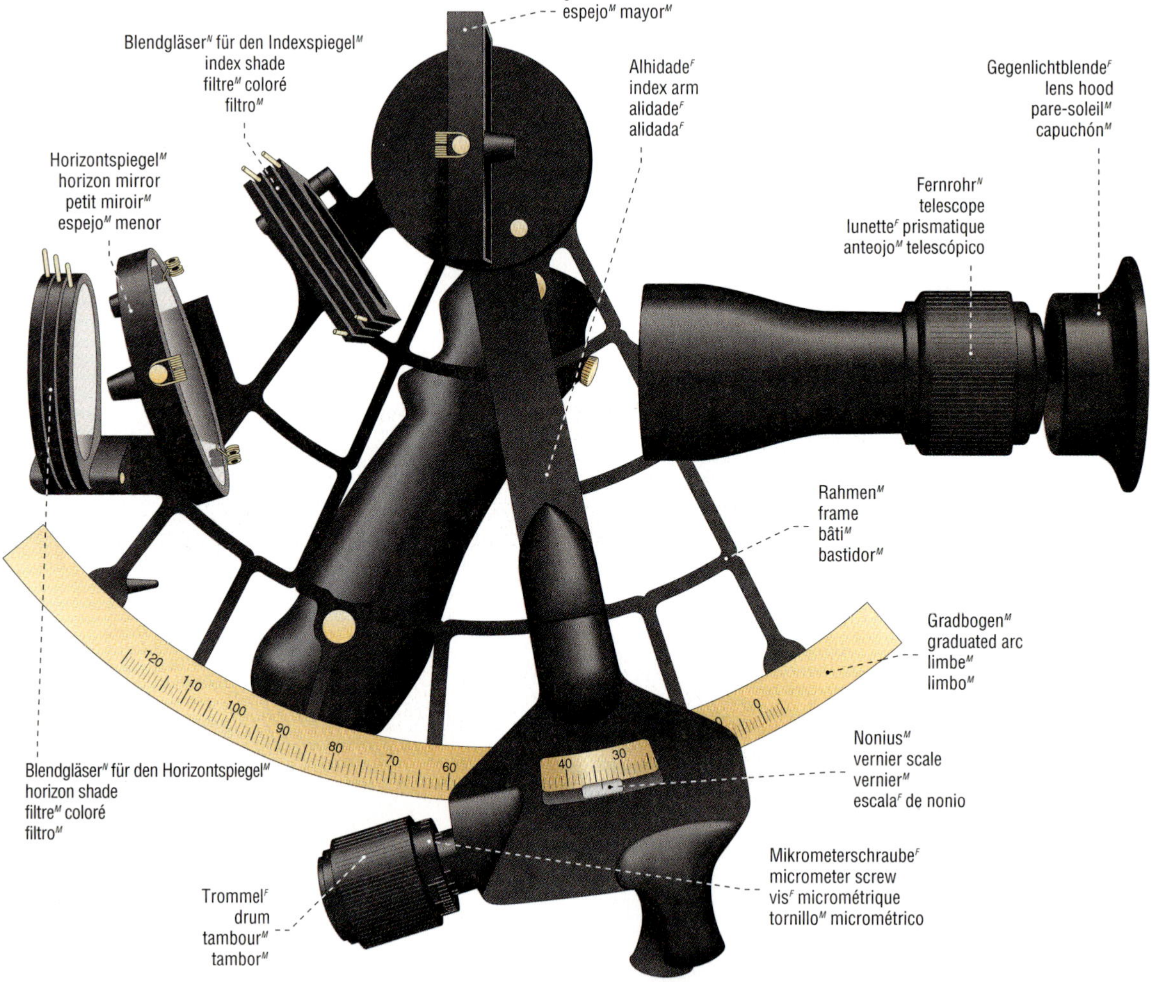

FLÜSSIGKEITSKOMPASS[M]
LIQUID COMPASS
COMPAS[M] MAGNÉTIQUE LIQUIDE
BRÚJULA[F] LÍQUIDA

ECHOLOT[N]
ECHO SOUNDER
SONDEUR[M] À ÉCLATS[M]
SONAR[M]

SCHWINGER[M]
ECHO SOUNDER
SONDE[F]
SONDA[F]

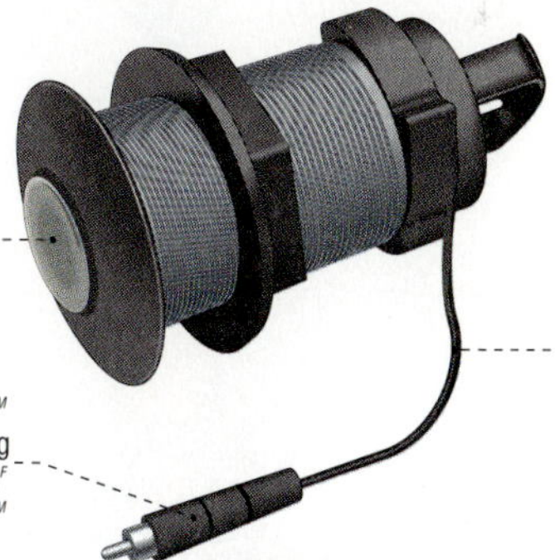

QUERSCHNITT[M] DURCH EINEN FLÜSSIGKEITSKOMPASS[M]
CROSS SECTION OF A LIQUID COMPASS
COUPE[F] D'UN COMPAS[M] MAGNÉTIQUE LIQUIDE
CORTE[M] TRANSVERSAL DE UNA BRÚJULA[F] LÍQUIDA

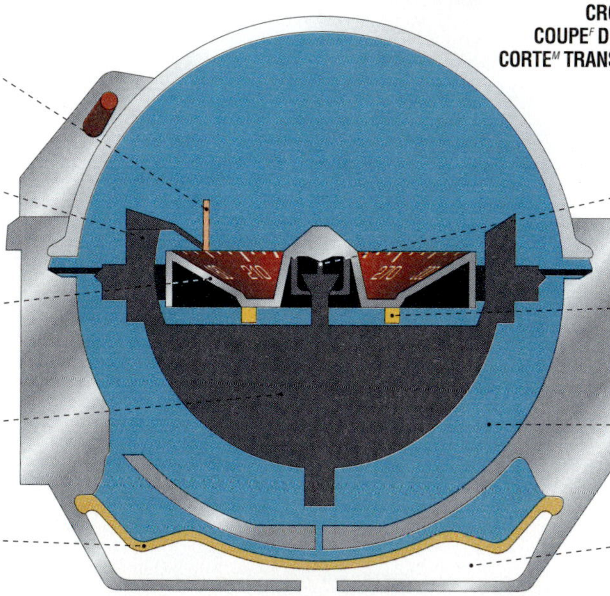

SEEZEICHEN[N]
MARITIME SIGNALS
SIGNALISATION[F] MARITIME
SEÑALES[F] MARÍTIMAS

LEUCHTTURMLAMPE[F]
LIGHTHOUSE LANTERN
LANTERNE[F] DE PHARE[M]
LINTERNA[F] DEL FARO[M]

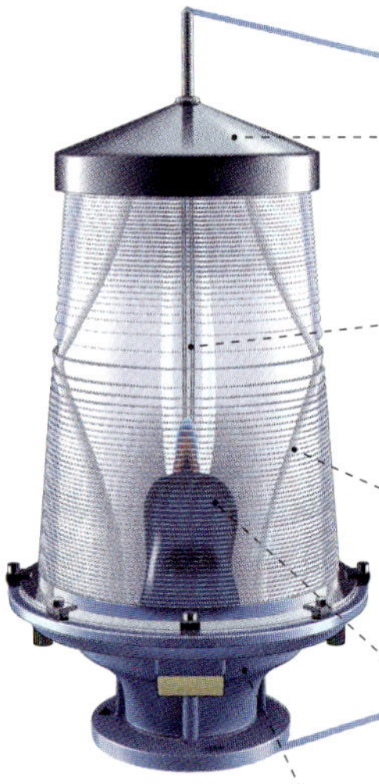

LEUCHTTURM[M]
LIGHTHOUSE
PHARE[M]
FARO[M] MARÍTIMO

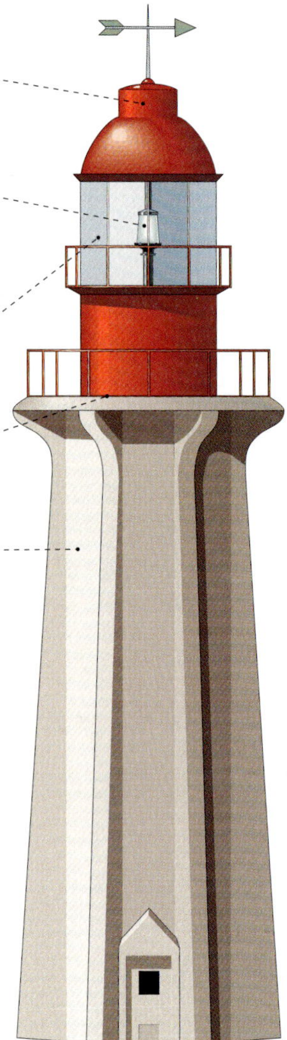

STUMPFTONNE[F]
CYLINDRICAL BUOY
BOUÉE[F] CYLINDRIQUE
BOYA[F] CILÍNDRICA

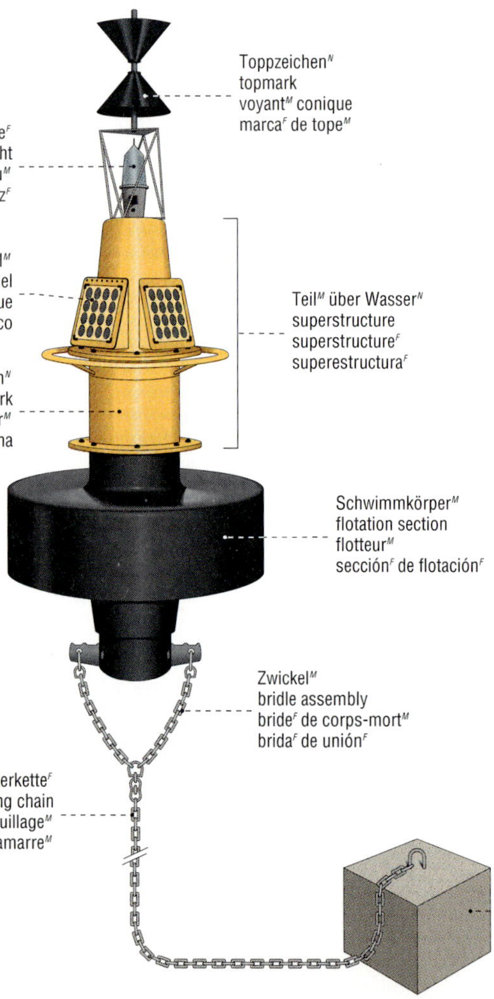

GROSSTONNE[F]
HIGH FOCAL PLANE BUOY
BOUÉE[F] À PLAN[M] FOCAL ÉLEVÉ
BOYA[F] DE PLANO[M] FOCAL ELEVADO

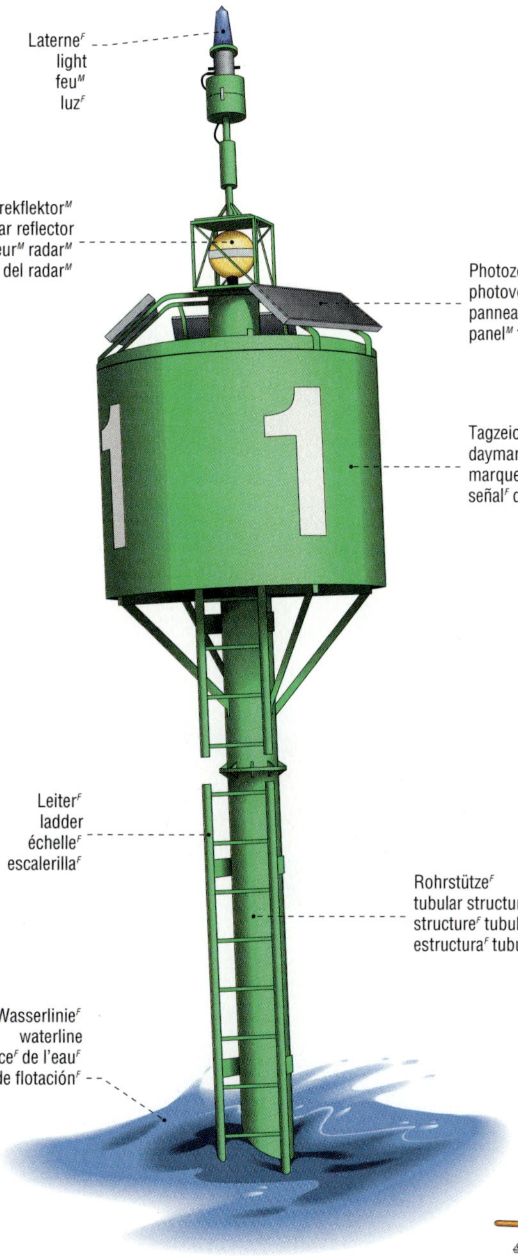

Spitztonne[F]
conical buoy
bouée[F] conique
boya[F] cónica

Spierentonne[F]
pillar buoy
bouée[F] charpente[F]
boya[F] torre[M]

BETONNUNGSSYSTEM[N]
MARITIME BUOYAGE SYSTEM
SYSTÈME[M] DE BALISAGE[M] MARITIME
SISTEMA[M] DE BOYAS[F] MARITIMAS

KARDINALSEEZEICHEN[N]
CARDINAL MARKS
MARQUES[F] CARDINALES
SEÑALES[F] DE LOS PUNTOS[M] CARDINALES

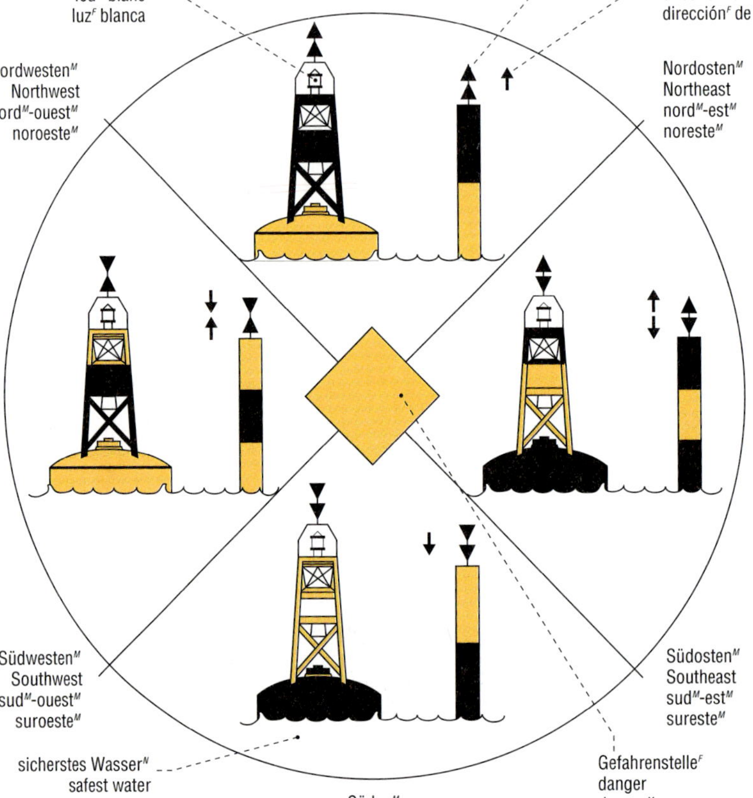

BETONNTE FAHRWASSER[N]
BUOYAGE REGIONS
RÉGIONS[F] DE BALISAGE[M]
REGIONES[F] DE BOYAS[F]

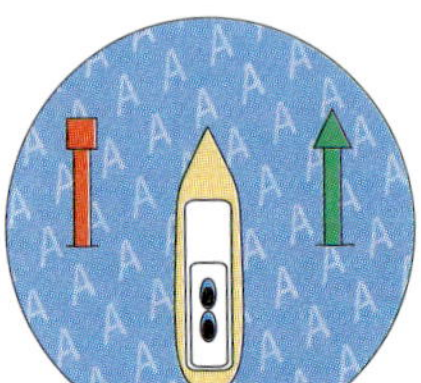

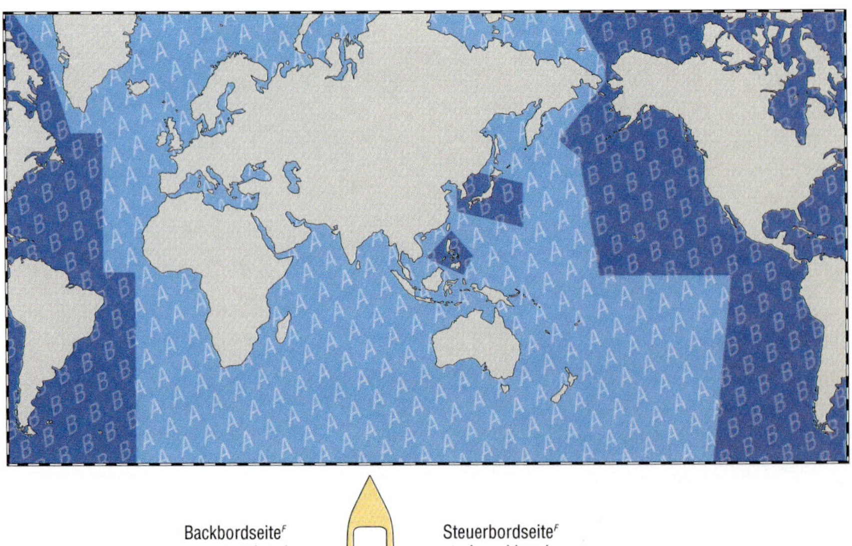

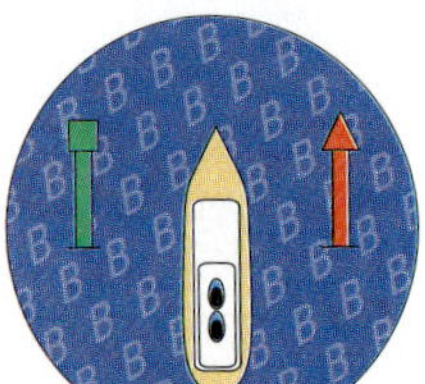

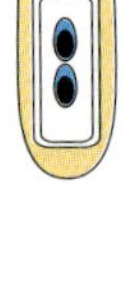

LEUCHTFEUERKENNUNG^F
RHYTHM OF MARKS BY NIGHT
RYTHME^M DES MARQUES^F DE NUIT^F
RITMO^M DE LAS SEÑALES^F NOCTURNAS

Lichterscheinung^F
light
lumière^F
luz^F

Verdunkelung^F
darkness
obscurité^F
oscuridad^F

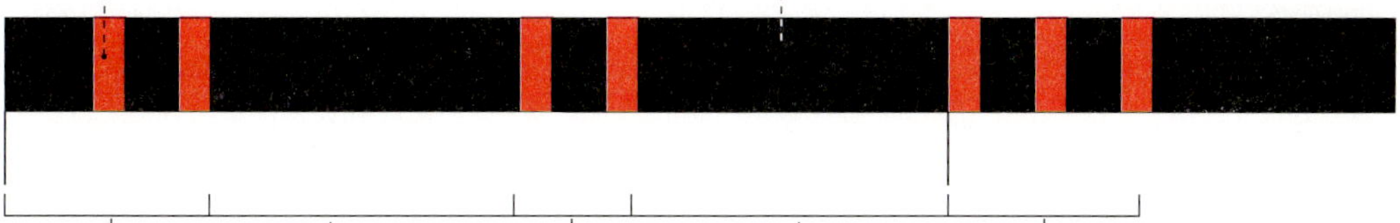

Taktkennung^F
period
période^F
periodo^M

Unterbrechung^F
interval
intervalle^M
intervalo^M

Taktkennung^F
period
période^F
periodo^M

Unterbrechung^F
interval
intervalle^M
intervalo^M

Taktkennung^F
period
période^F
periodo^M

TAGZEICHEN^N (REGION^F B)
DAYMARKS (REGION B)
MARQUES^F DE JOUR^M (RÉGION^F B)
SEÑALES^F DIURNAS (REGIÓN B)

Steuerbordseite^F
starboard hand
tribord^M
estribor^M

Sonderzeichen^N
special mark
marque^F spéciale
señal^F especial

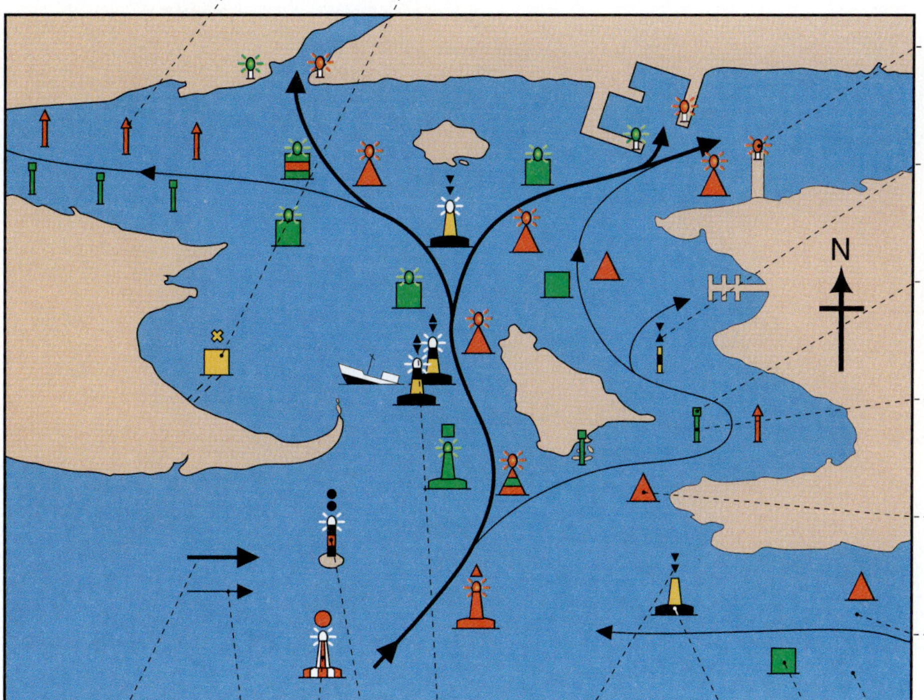

Leuchtfeuer^N
light
feu^M
luz^F

Westliches Kardinalseezeichen^N
West cardinal mark
marque^F cardinale ouest^M
señal^F cardinal del oeste^M

Backbordseite^F
port hand
bâbord^M
babor^M

Lateralzeichen^N: Spierentonne^F
spar buoy
bouée^F espar^M
boya^F de pértiga^F

Lateralzeichen^N: Spitztonne^F
conical buoy
bouée^F conique
boya^F cónica

Steuerbordseite^F
starboard hand
tribord^M
estribor^M

Hauptfahrwasser^N
preferred channel
chenal^M principal
canal^M principal

Südliches Kardinalseezeichen^N
South cardinal mark
marque^F cardinale sud^M
señal^F cardinal del sur^M

Backbordseite^F
port hand
bâbord^M
babor^M

Nebenfahrwasser^N
secondary channel
chenal^M secondaire
canal^M secundario

Östliches Kardinalzeichen^N
East cardinal mark
marque^F cardinale est^M
señal^F cardinal del este^M

Lateralzeichen^N: Stumpftonne^F
lateral mark
marque^F latérale
señal^F lateral

Fahrwassermitte^F
safe water mark
marque^F d'eaux^F sécuritaires
señal^F de aguas^F seguras

Einzelgefahrenzeichen^N
isolated danger mark
marque^F de danger^M isolé
señal^F aislada de peligro^M

Lateralzeichen^N: Spierentonne^F
pillar buoy
bouée^F charpente^F
boya^F torre^F

HAFEN^M
HARBOUR
PORT^M MARITIME
PUERTO^M

Kühlhaus[N]
cold shed
entrepôt[M] frigorifique
cámara[F] frigorífica

Hafenfähre[F]
ferryboat
transbordeur[M]
transbordador[M]

Tanker[M]
tanker
pétrolier[M]
buque[M] cisterna[F]

Leuchtturm[M]
lighthouse
phare[M]
faro[M]

Fahrgastanlage[F]
passenger terminal
gare[F] maritime
terminal[M] de pasajeros[M]

Öllöschbrücke[F]
oil terminal
terminal[M] pétrolier
terminal[M] de petróleo[M]

Hafenbahn[F]
quayside railway
voie[F] ferrée bord[M] à quai[M]
ferrocarril[M] de muelle[M]

Straßengüterverkehr[M]
road transport
transport[M] routier
transporte[M] terrestre

Hafenzollamt[N]
customs house
bureau[M] des douanes[F]
aduana[F]

Brücke[F]
bridge
portique[M]
puente[M]

Bürogebäude[N]
office building
bâtiment[M] administratif
oficina[F] del puerto[M]

Containerterminal[M]
container terminal
terminal[M] à conteneurs[M]
depósito[M] de contenedores[M]

Parkplatz[M]
parking lot
parking[M]
estacionamiento[M]

KANALSCHLEUSE^F
CANAL LOCK
ÉCLUSE^F
ESCLUSA^F DE CANAL^M

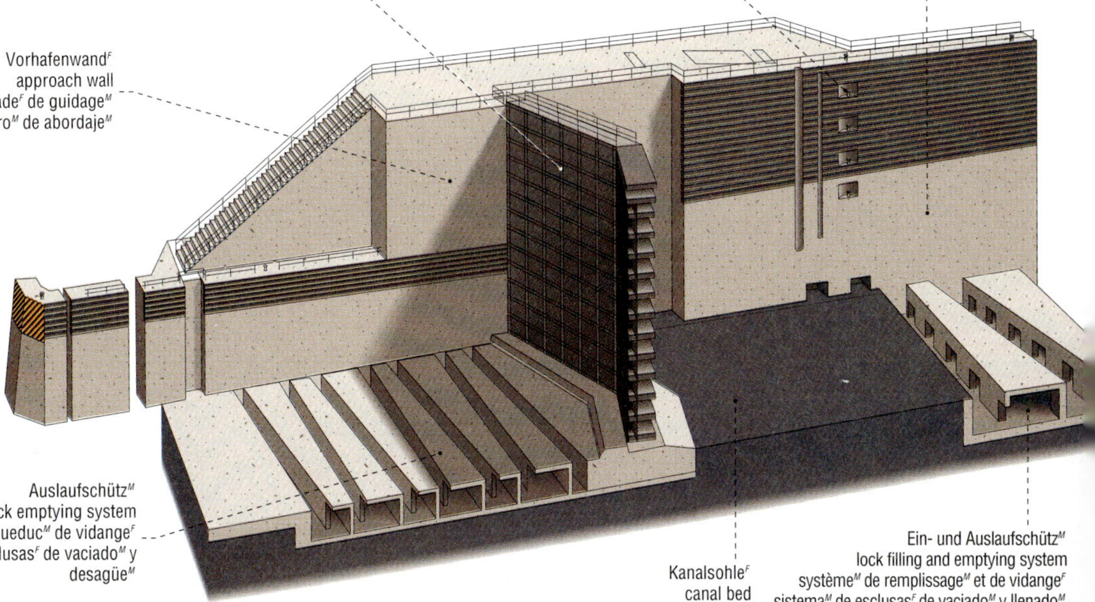

LUFTKISSENFAHRZEUG^N
HOVERCRAFT
AÉROGLISSEUR^M
AERODESLIZADOR^M (HOVERCRAFT^M)

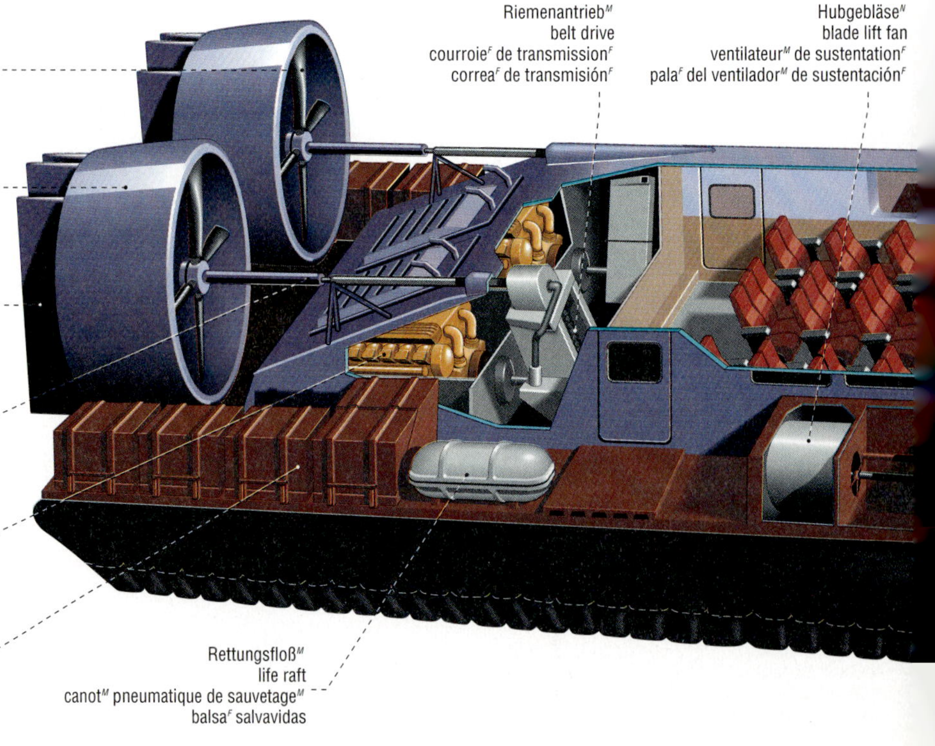

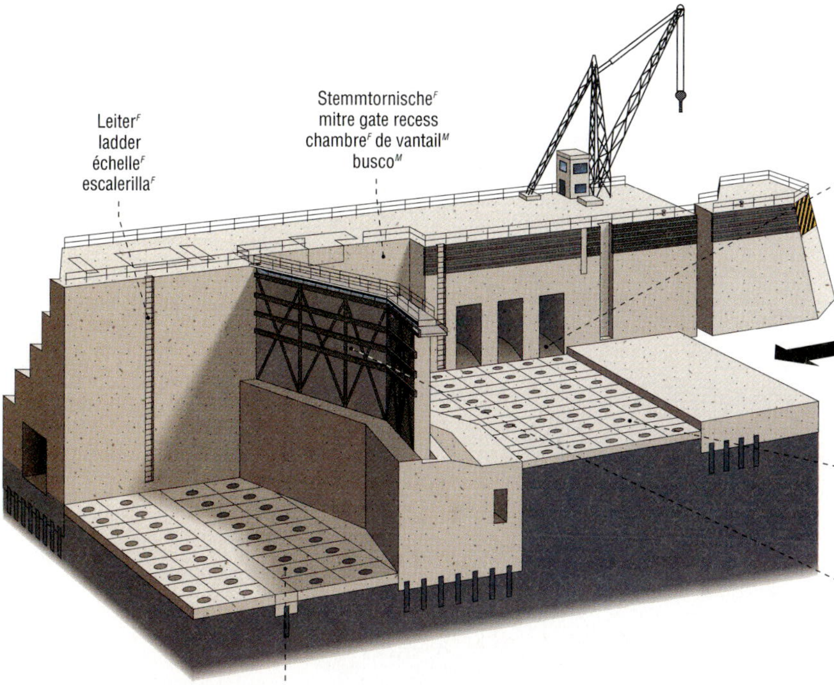

Leiter^{F}
ladder
échelle^{F}
escalerilla^{F}
Stemmtornische^{F}
mitre gate recess
chambre^{F} de vantail^{M}
busco^{M}
Einlaufkanal^{M}
lock filling intake
aqueduc^{M} de remplissage^{M}
toma^{F} de llenado^{M}
Strömung^{F}
flow
courant^{M}
flujo^{M}
Öffnung^{F} zum Fluten^{N} der Schleusenkammer^{F}
lock filling opening
pertuis^{M} de remplissage^{M}
abertura^{F} de llenado^{M}
Obertor^{N}
upper gate
porte^{F} amont^{M}
compuerta^{F} de llenado^{M}
nung^{F} zum Fluten^{N} und Leeren^{N} der Schleusenkammer^{F}
lock filling and emptying opening
pertuis^{M} de remplissage^{M} et de vidange^{F}
abertura^{F} de llenado^{M} y vaciado^{M}

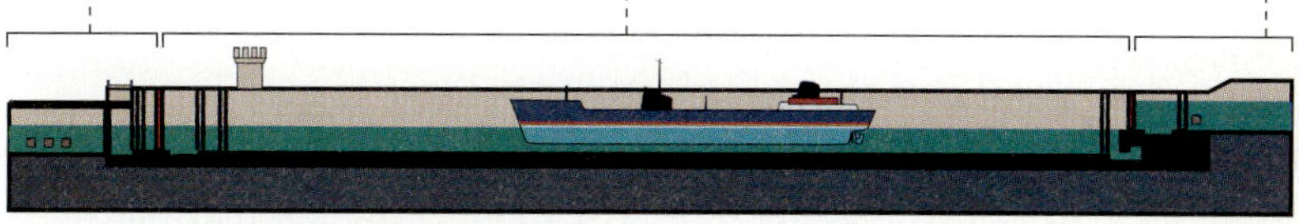

niedrigerer Wasserstand^{M}
lower level
tête^{F} aval^{M}
nivel^{M} inferior
Schleusenkammer^{F}
lock chamber
sas^{M}
cámara^{F} de la esclusa^{F}
höherer Wasserstand^{M}
upper level
tête^{F} amont^{M}
nivel^{M} superior

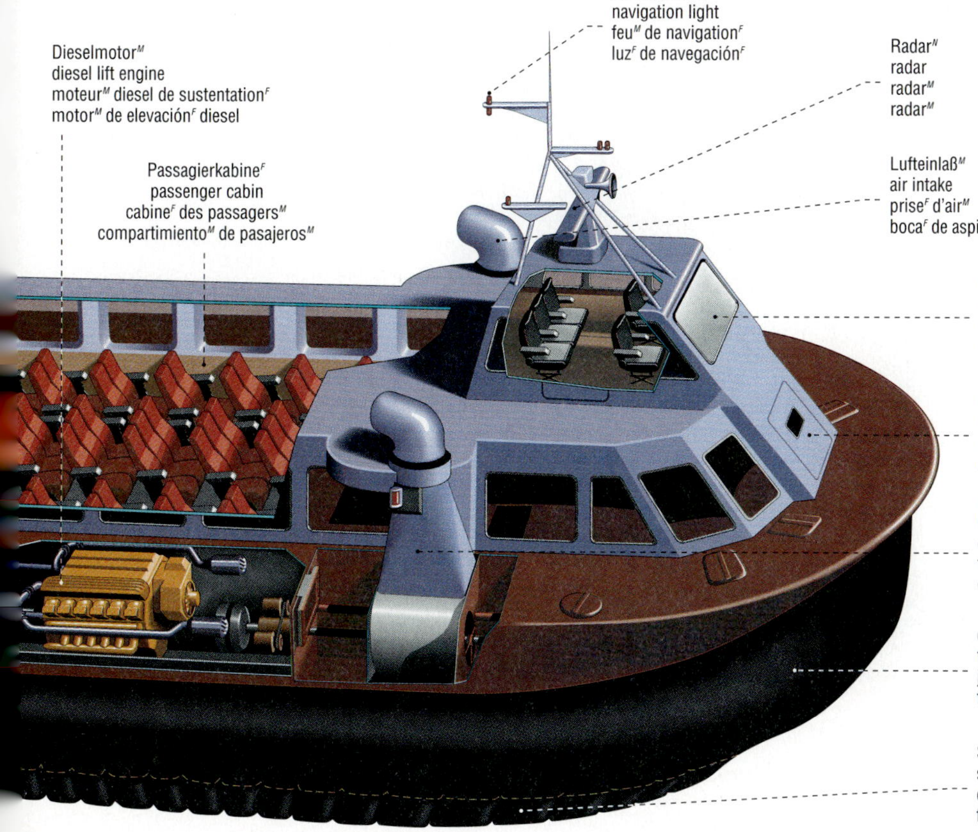

Positionslicht^{N}
navigation light
feu^{M} de navigation^{F}
luz^{F} de navegación^{F}
Dieselmotor^{M}
diesel lift engine
moteur^{M} diesel de sustentation^{F}
motor^{M} de elevación^{F} diesel
Radar^{N}
radar
radar^{M}
radar^{M}
Passagierkabine^{F}
passenger cabin
cabine^{F} des passagers^{M}
compartimiento^{M} de pasajeros^{M}
Lufteinlaß^{M}
air intake
prise^{F} d'air^{M}
boca^{F} de aspiración^{F} de aire^{M}
Kommandobrücke^{F}
control deck
cabine^{F} de pilotage^{M}
cabina^{F} de mando^{M}
Bugtür^{F}
bow door
porte^{F} avant
puerta^{F} de proa^{F}
Luftansaugrohr^{N} für Hubgebläse^{N}
lift-fan air intake
entrée^{F} d'air^{M} du ventilateur^{M}
toma^{F} de aire^{M} para el ventilador^{M}
de sustentación^{F}
elastische Schürze^{F}
flexible skirt
jupe^{F} souple
faldón^{M} flexible
Schürzenfinger^{M}
skirt finger
doigt^{M} de jupe^{F}
franja^{F} del faldón^{M}

FÄHRE[F]
FERRY
TRANSBORDEUR[M]
TRANSBORDADOR[M]

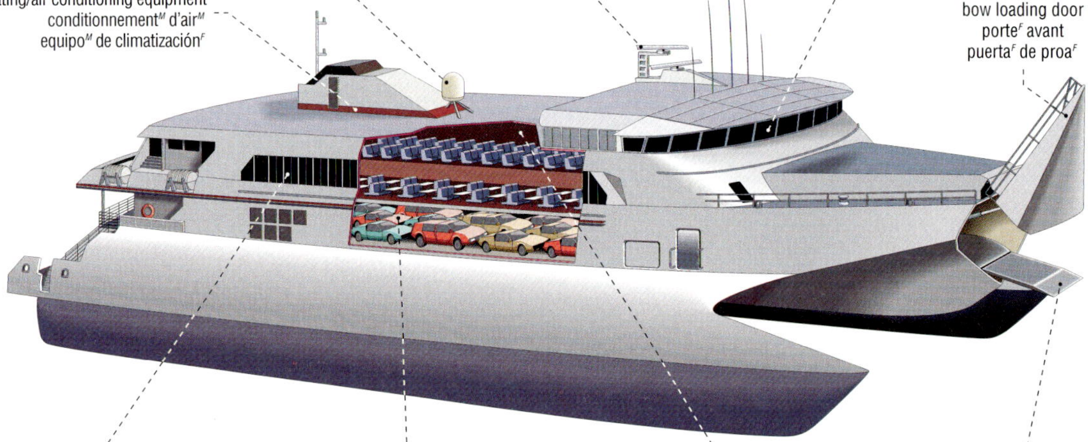

CONTAINERSCHIFF[N]
CONTAINER SHIP
CARGO[M] PORTE-CONTENEURS[M]
CARGUERO[M] PORTACONTENEDORES

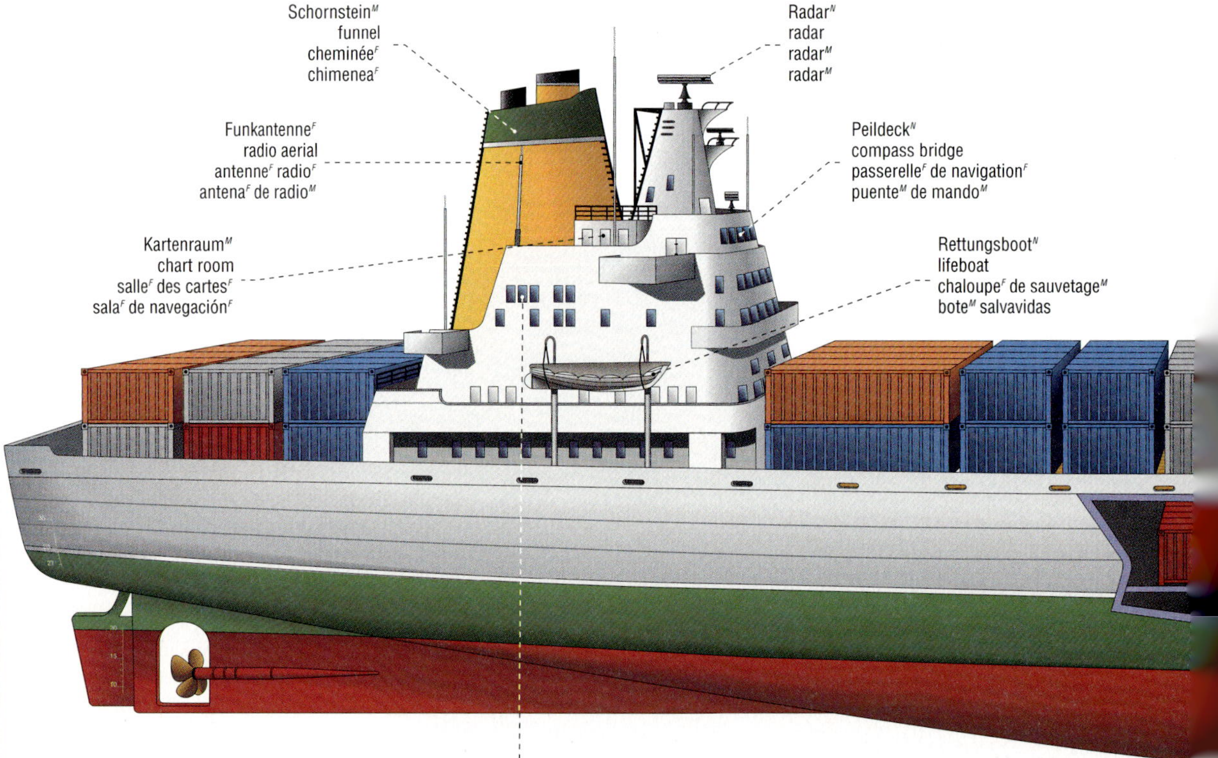

TRAGFLÜGELSCHIFF[N]
HYDROFOIL
HYDROPTÈRE[M]
AERODESLIZADOR[M]

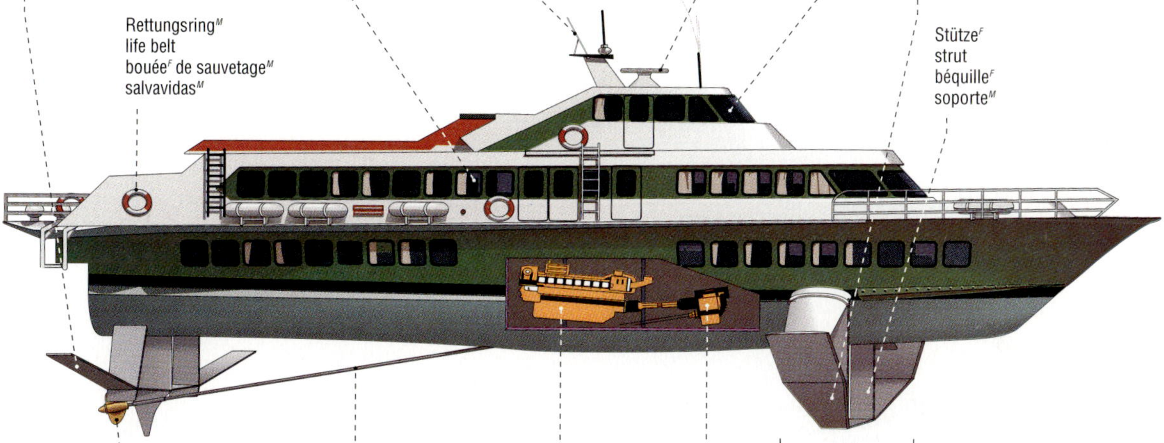

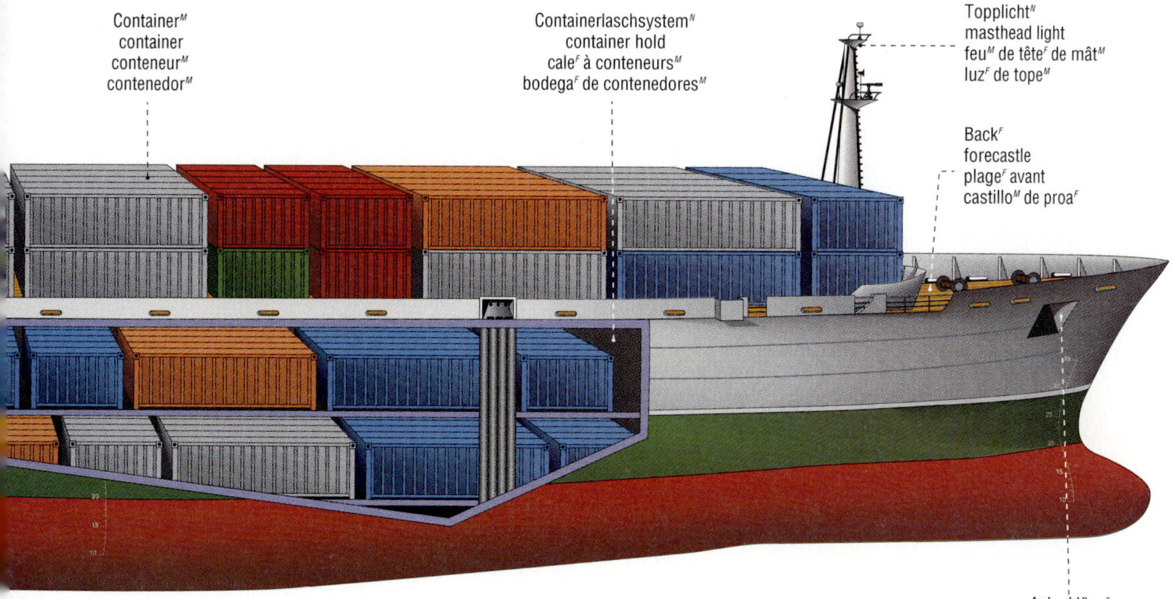

PASSAGIERDAMPFER[M]
CRUISE LINER
PAQUEBOT[M]
BUQUE[M] TRASATLÁNTICO

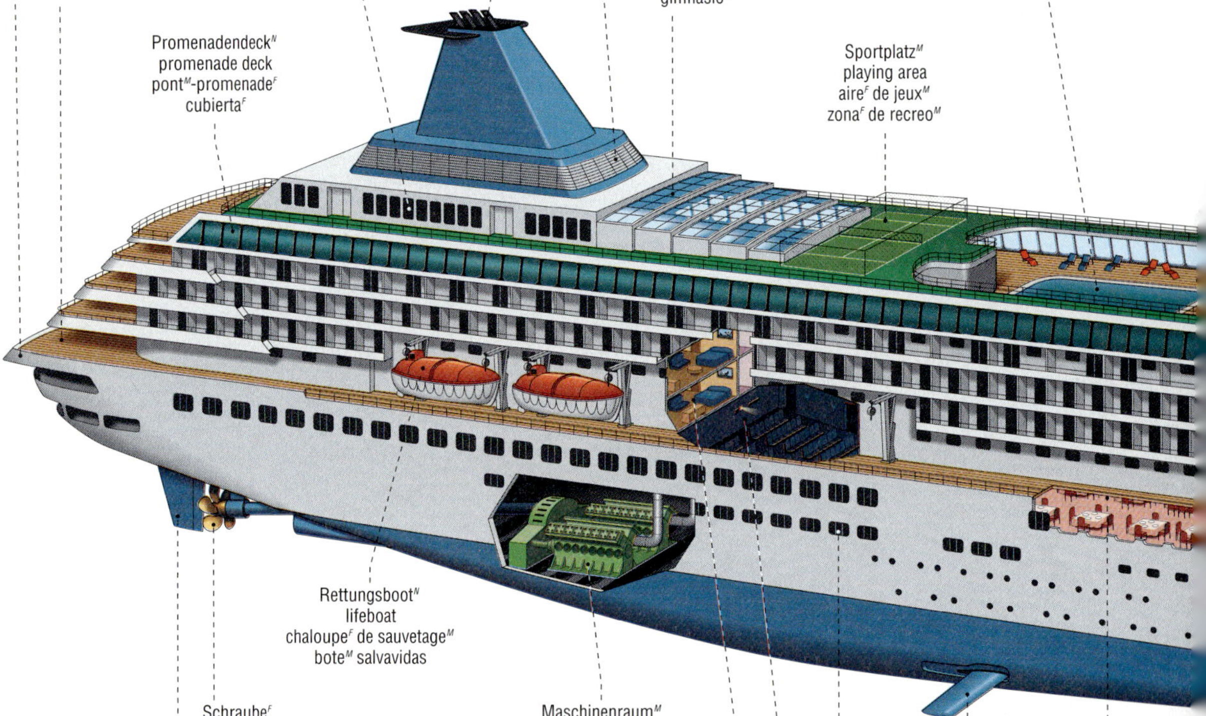

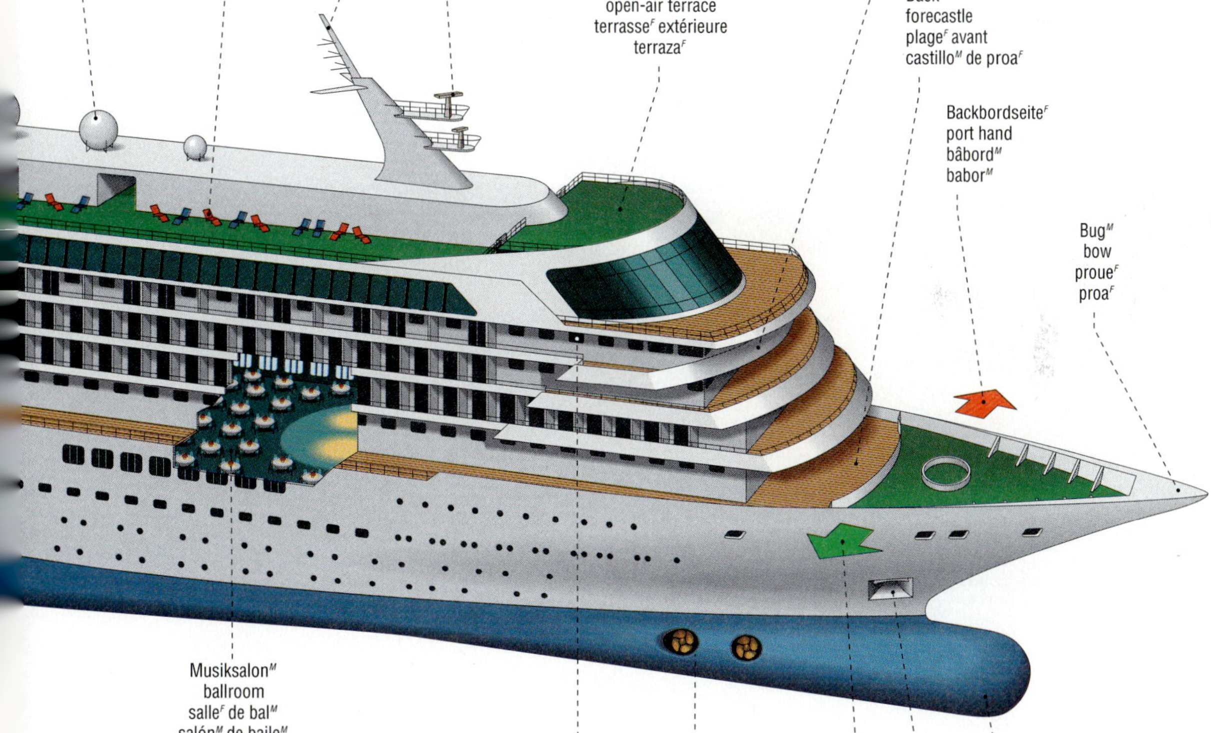
Telekommunikationsantenne[F]
telecommunication aerial
antenne[F] de télécommunication[F]
antena[F] de telecomunicaciones[F]
Funkantenne[F]
radio aerial
antenne[F] radio[F]
antena[F] de radio[M]
Sonnendeck[N]
sundeck
pont[M] bain[M] de soleil[M]
solario[M]
Radar[N]
radar
radar[M]
radar[M]
Peildeck[N]
compass bridge
passerelle[F] de navigation[F]
puente[M] de mando[M]
Freiluftterrasse[F]
open-air terrace
terrasse[F] extérieure
terraza[F]
Back[F]
forecastle
plage[F] avant
castillo[M] de proa[F]
Backbordseite[F]
port hand
bâbord[M]
babor[M]
Bug[M]
bow
proue[F]
proa[F]
Musiksalon[M]
ballroom
salle[F] de bal[M]
salón[M] de baile[M]
Bugwulst[F]
stem bulb
bulbe[M] d'étrave[F]
foco[M] de proa[F]
Offizierskabine[F]
captain's quarters
appartement[M] du commandant[M]
camarote[M] del capitán[M]
Ankerklüse[F]
anchor-windlass room
écubier[M]
sala[F] de molinetes[M] del ancla[F]
Bugstrahler[M]
bow thruster
propulseur[M] d'étrave[F]
propulsor[M] de proa[F]
Steuerbordseite[F]
starboard hand
tribord[M]
estribor[M]

LANGSTRECKEN-DÜSENFLUGZEUG^N^
LONG-RANGE JET
AVION^M^ LONG-COURRIER^M^
AVIÓN^M^ TURBORREACTOR DE PASAJEROS^M^

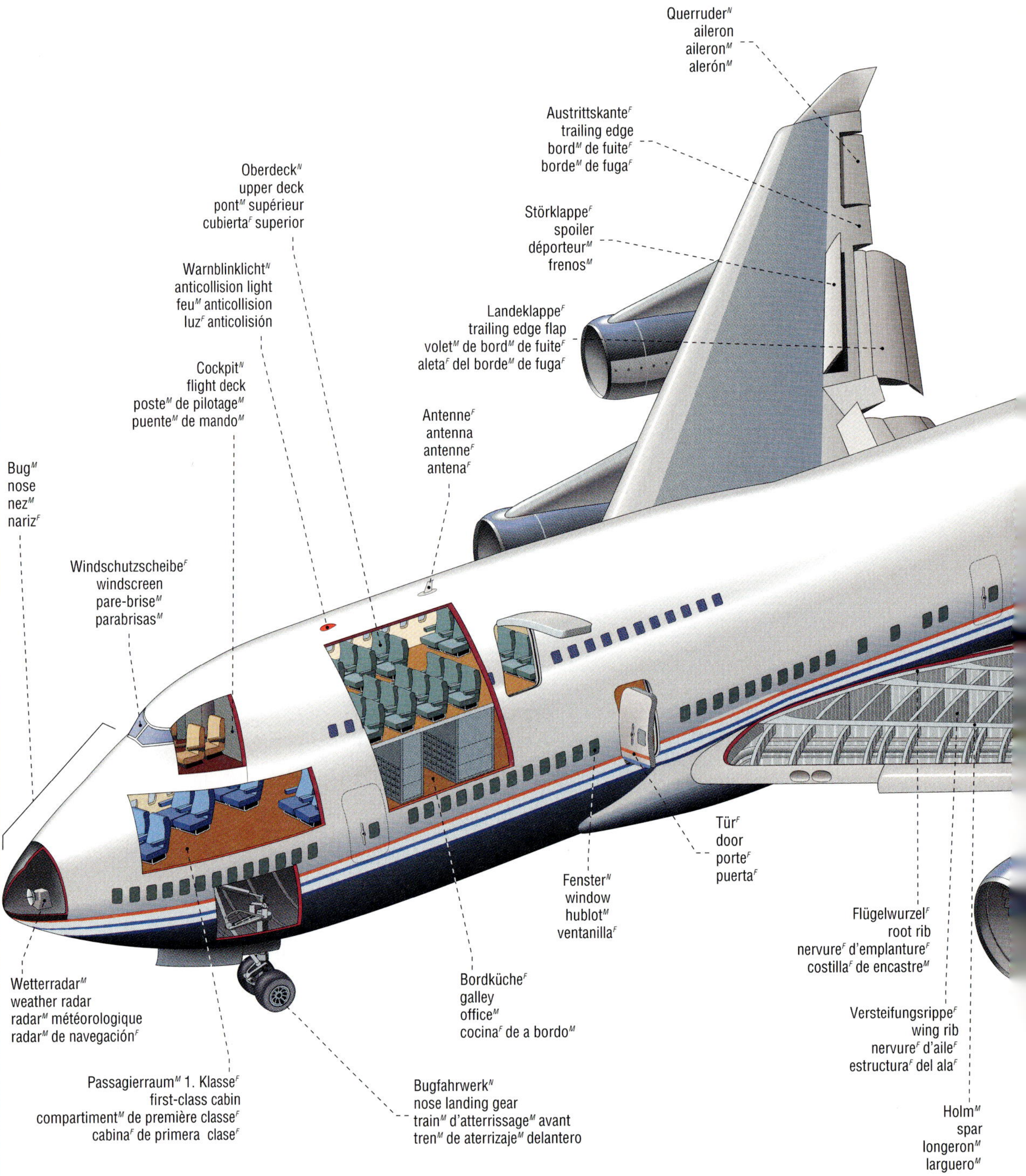

LEITWERKSFORMEN^F^
TYPES OF TAIL SHAPES
TYPES^M^ D'EMPENNAGES^M^
TIPOS^M^ DE COLAS^F^

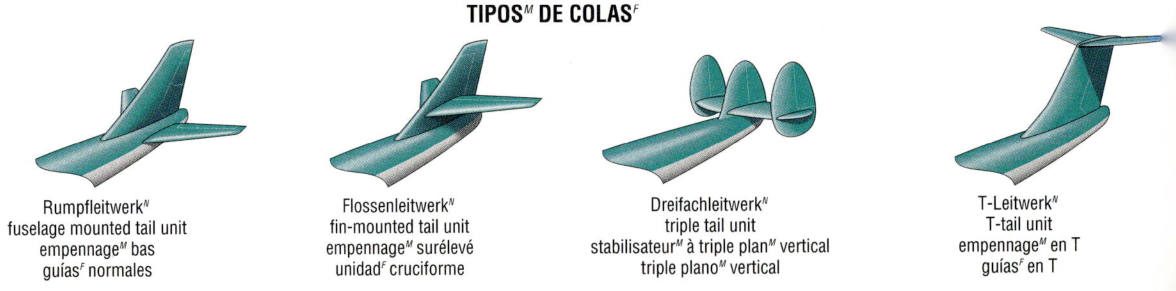

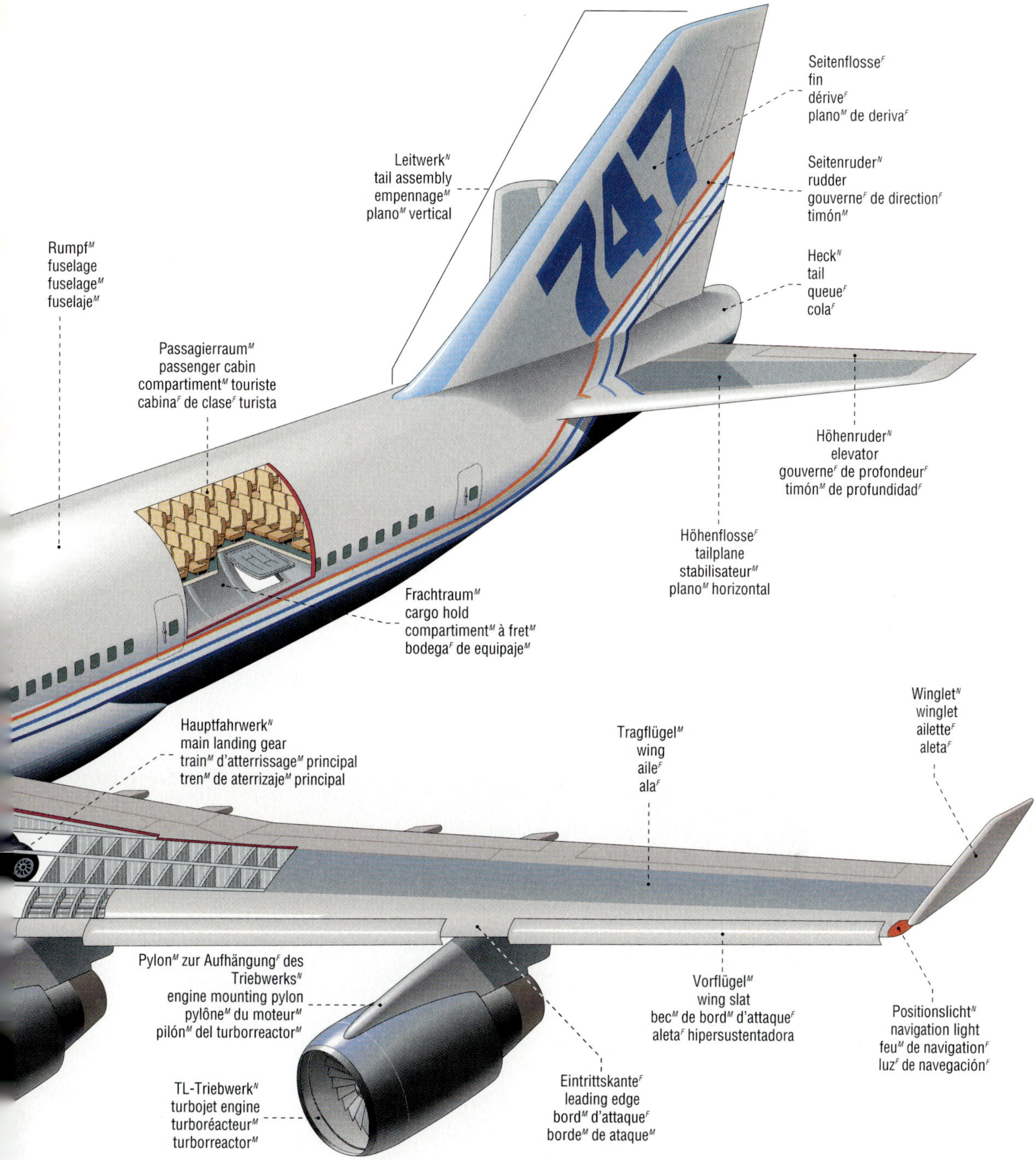

TRAGFLÜGELFORMEN^{F}
TYPES OF WING SHAPES
TYPES^{M} DE VOILURES^{F}
DIFERENTES FORMAS^{F} DE ALAS^{F}

Pfeilflügel^{M}
swept-back wing
voilure^{F} en flèche^{F}
ala^{F} en flecha^{F}

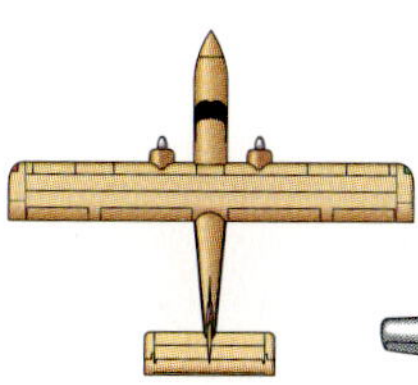

Rechteckflügel^{M}
straight wing
voilure^{F} droite
ala^{F} recta

Trapezflügel^{M}
tapered wing
voilure^{F} trapézoïdale
ala^{F} trapezoidal

Schwenkflügel^{M}
variable-geometry wing
aile^{F} à géométrie^{F} variable
ala^{F} variable

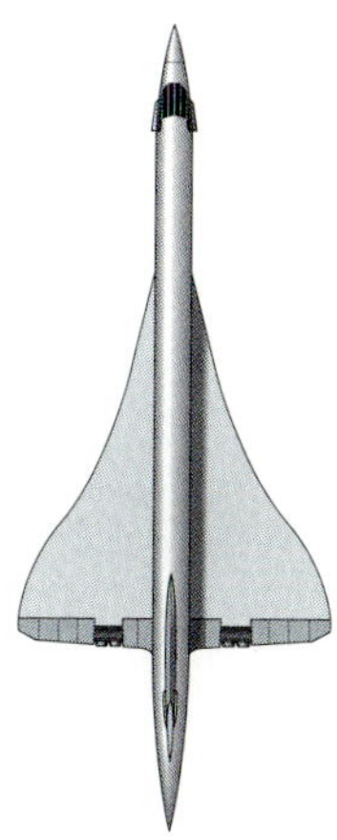

Deltaflügel^{M}
delta wing
voilure^{F} delta^{M}
ala^{F} en delta

COCKPIT[N]
FLIGHT DECK
POSTE[M] DE PILOTAGE[M]
PUENTE[M] DE MANDO[M]

Fahrwerkhebel[M]
landing gear lever
levier[M] du train[M] d'atterrissage[M]
palanca[F] del tren[M] de aterrizaje delantero

Lautsprecher[M]
speaker
haut-parleur[M]
altavoz[M]

Windschutzscheibe[F]
windscreen
pare-brise[M]
parabrisas[M]

Selbststeueranlage[F]
autopilot controls
commandes[F] du pilote[M] automatique
controles[M] del piloto[M] automático

Beleuchtung[F]
lighting
éclairage[M]
luz[F]

Reserve-Fluglageanzeige[F]
standby attitude indicator
horizon[M] de secours[M]
indicador[M] de emergencia[F] de inclinación[F]

Warnanzeige[F]- Besatzung[F] und Triebwerke[N]
engine and crew alarm display
paramètres[M] moteurs[M]/alarmes[F]
pantalla[F] de alarma[F] de motor y tripulación[F]

Überkopfschaltbrett[N]
overhead switch panel
panneau[M] de disjoncteurs[M]
tablero[M] de conmutadores[M]

Reserve-Fahrtmesser[M]
standby airspeed indicator
anémomètre[M] de secours[M]
indicador[M] de emergencia[F] de velocidad[F]

Reserve-Höhenmesser[M]
standby altimeter
altimètre[M] de secours[M]
altímetro[M] de emergencia[F]

Navigationsanzeige[F]
navigation display
informations[F]-navigation[F]
pantalla[F] de navegación[F]

Hauptanzeige[F] der Flugdaten[N]
primary flight display
informations[F]-pilotage[M]
pantalla[F] principal de vuelo[M]

Steuerknüppel[M]
control column
manche[M] de commande[F]
columna[F] de control[M]

Steuerrad[N]
control wheel
volant[M] de manche[M]
timón[M] de control[M]

Flugbremshebel[M]
speedbrake lever
levier[M] des aérofreins[M]
palanca[F] de freno[M]

Displayanzeige[F]
systems display
informations[F]-systèmes[M] de bord[M]
pantalla[F] de los sistemas[M]

Kapitänssitz[M]
captain's seat
siège[M] du commandant[M]
asiento[M] del capitán[M]

Gashebel[M]
throttles
manettes[F] de poussée[F]
válvulas[F] de control[M] de combustible[M]

Steuerpult[N]
control console
pupitre[M] de commande[F]
consola[F] de control[M]

Kopilotensitz[M]
first officer's seat
siège[M] du copilote[M]
asiento[M] del copiloto[M]

Fernmeldeschaltbrett[N]
communication panels
panneaux[M] de commandes[F] radio[F]
paneles[M] de comunicación[F]

Klappenhebel[M]
flap lever
levier[M] des volets[M]
palanca[F] de los alerones[M] de hipersustentación[F]

Flugrechner[M]
flight management computer
ordinateur[M] de gestion[F] de vol[M]
computador[M] de gestión[F] de vuelo[M]

Brennstoffventile[N]
engine fuel valves
robinets[M] de carburant[M]
válvulas[F] de combustible[M] del motor[M]

Luftdatenrechner[M]
air data computer
ordinateur[M] des données[F] aérodynamiques
computador[M] de vuelo[M]

ZWEISTROMTRIEBWERK[N]
TURBOFAN ENGINE
TURBORÉACTEUR[M] À DOUBLE FLUX[M]
TURBOREACTOR[M]

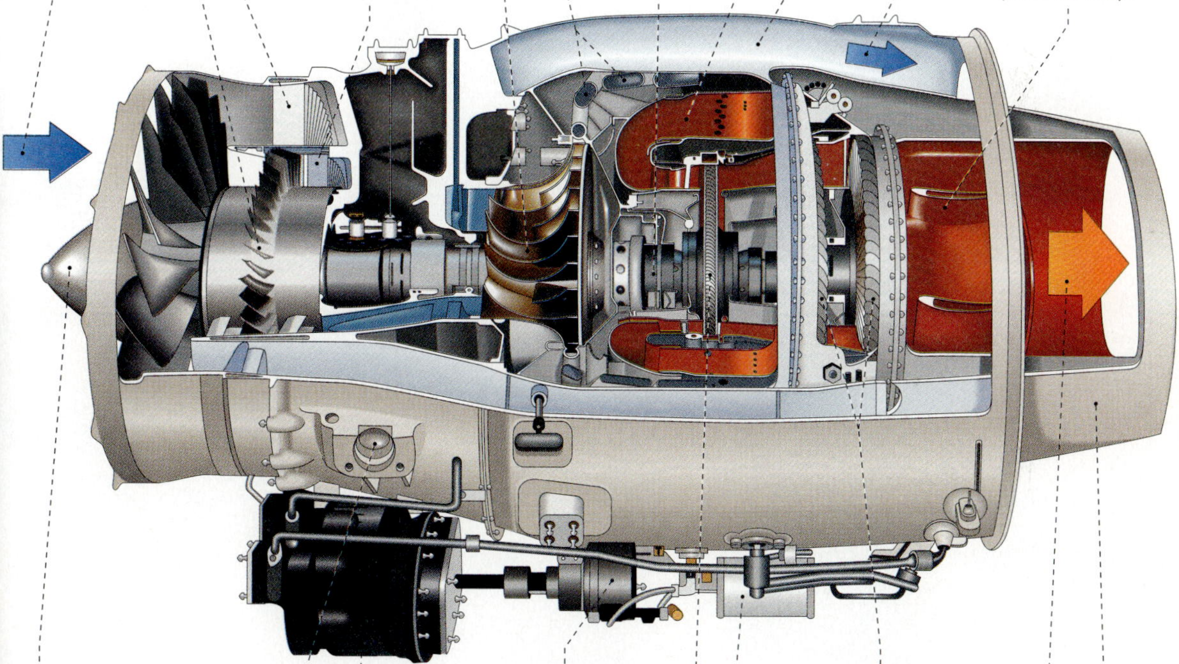

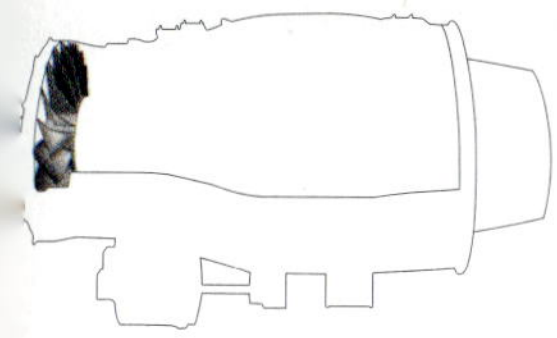

Niederdruckverdichtung[F]
fan
soufflante[F]
ventilador[M]

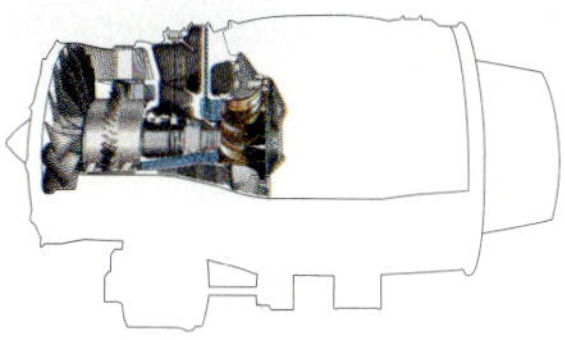

Verdichtung[F]
compression
compression[F]
compresión[F]

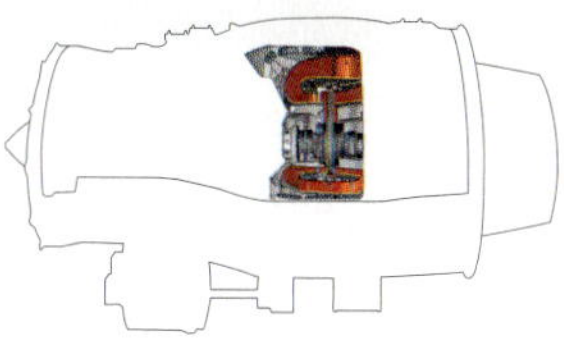

Verbrennung[F]
combustion
combustion[F]
combustión[F]

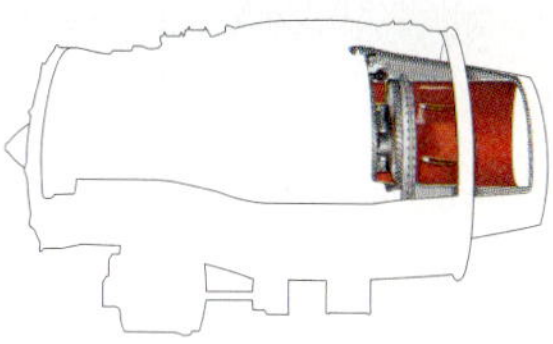

Abgas[N]
exhaust
échappement[M]
escape[M]

FLUGHAFEN^M
AIRPORT
AÉROPORT^M
AEROPUERTO^M

Flugzeugwartungshalle^{F}
maintenance hangar
hangar^{M}
hangar^{M} de mantenimiento^{M}

Passagierterminal^{M}
passenger terminal
aérogare^{F} de passagers^{M}
terminal^{M} de pasajeros^{M}

Abstellplatz^{M}
parking area
aire^{F} de stationnement^{M}
zona^{F} de estacionamiento^{M}

ausziehbare Fluggastbrücke^{F}
telescopic corridor
passerelle^{F} télescopique
corredor^{M} telescópico

Fluggastbrücke^{F}
boarding walkway
quai^{M} d'embarquement^{M}
túnel^{M} de embarque^{M}

radiale Einsteigestation^{F}
radial passenger loading area
aérogare^{F} satellite^{M}
terminal^{M} radial de pasajeros^{M}

Versorgungsbereich^{M}
service area
aire^{F} de service^{M}
zona^{F} de servicio^{M}

Rollbahnmarkierung^{F}
taxiway line
marques^{F} de circulation^{F}
línea^{F} de pista^{F}

FLUGHAFEN^{M}
AIRPORT
AÉROPORT^{M}
AEROPUERTO^{M}

PASSAGIERTERMINAL^{M}
PASSENGER TERMINAL
AÉROGARE^{F}
TERMINAL^{M} DE PASAJEROS^{M}

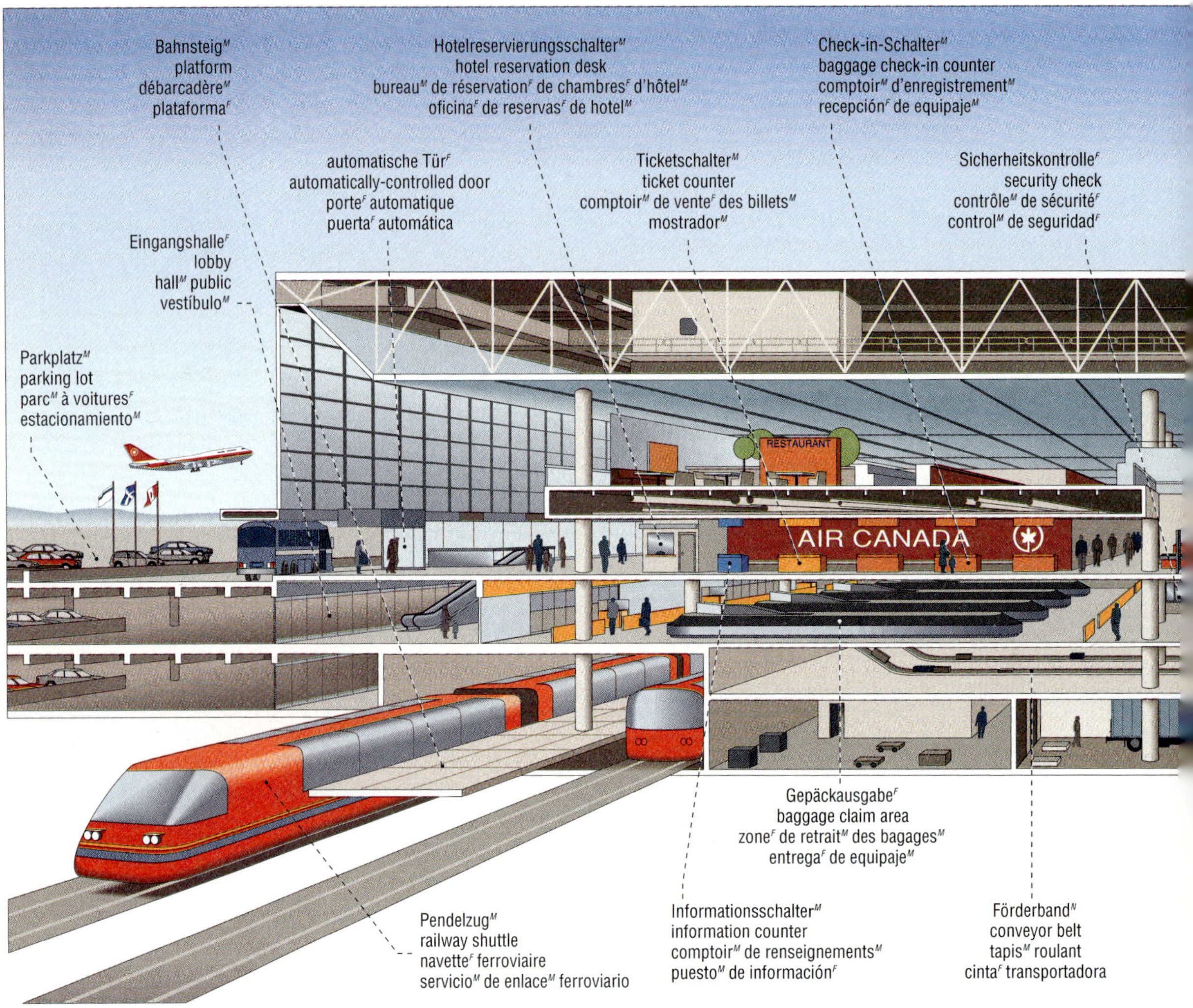

START- UND LANDEBAHN^{F}
RUNWAY
PISTE^{F}
PISTA^{F} DE ATERRIZAJE^{M} Y DESPEGUE^{M}

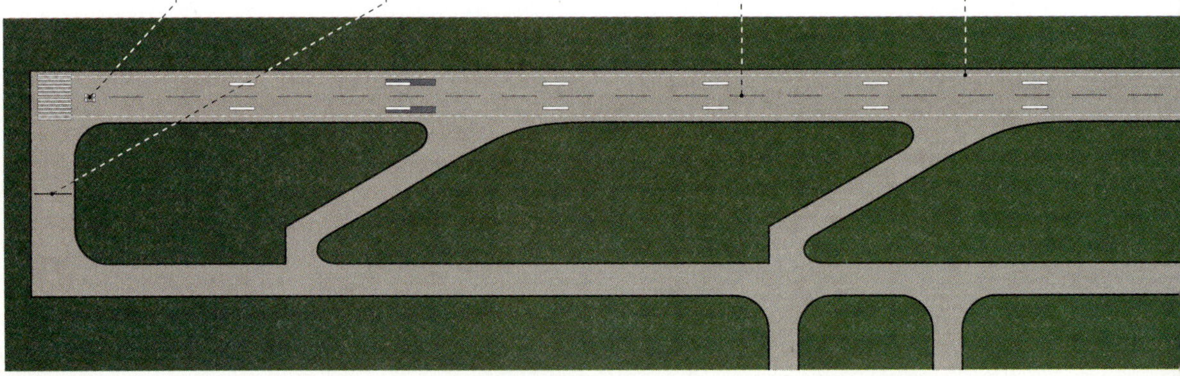

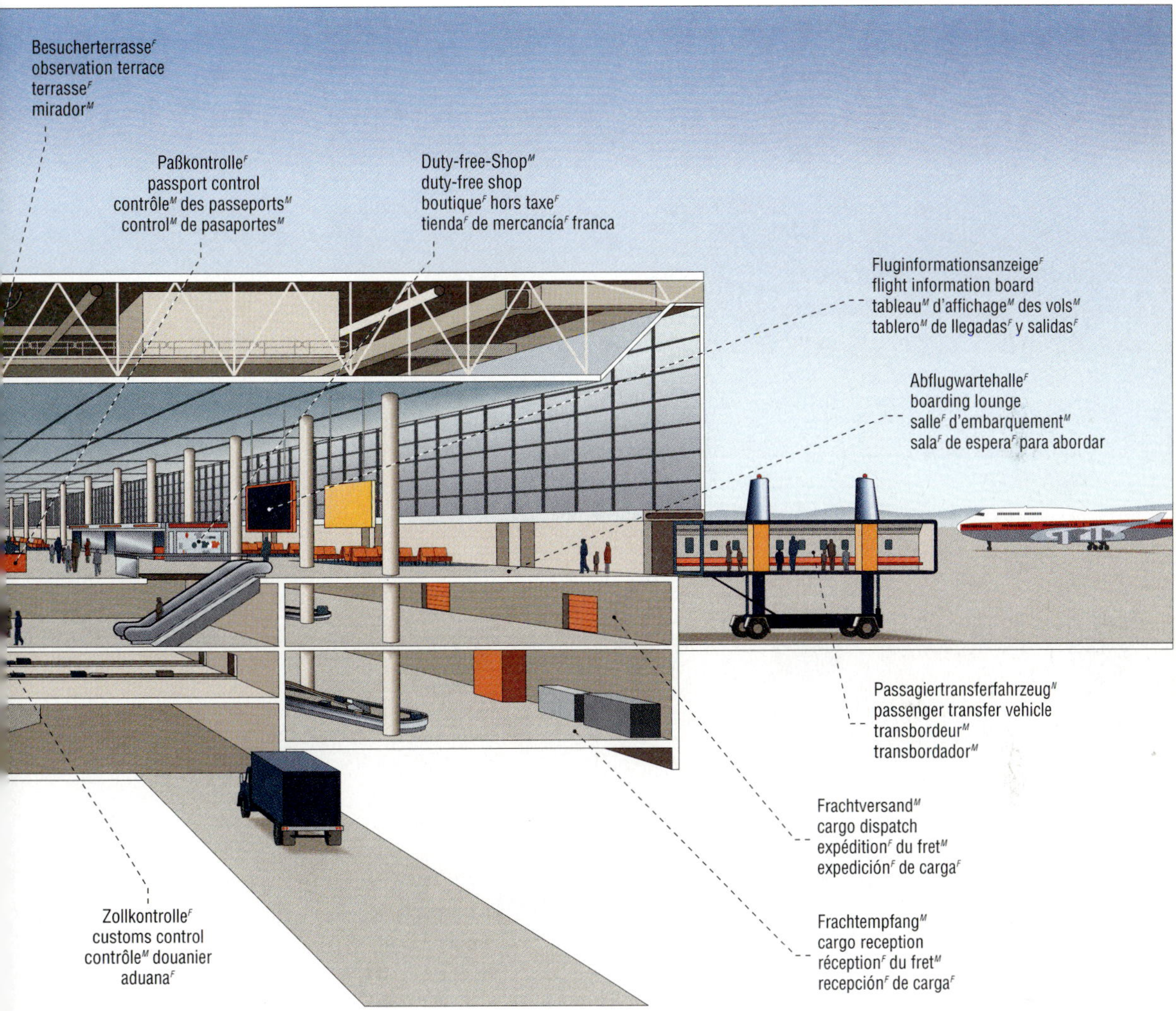
Besucherterrasse[F]
observation terrace
terrasse[F]
mirador[M]
Paßkontrolle[F]
passport control
contrôle[M] des passeports[M]
control[M] de pasaportes[M]
Duty-free-Shop[M]
duty-free shop
boutique[F] hors taxe[F]
tienda[F] de mercancía[F] franca
Fluginformationsanzeige[F]
flight information board
tableau[M] d'affichage[M] des vols[M]
tablero[M] de llegadas[F] y salidas[F]
Abflugwartehalle[F]
boarding lounge
salle[F] d'embarquement[M]
sala[F] de espera[F] para abordar
Passagiertransferfahrzeug[N]
passenger transfer vehicle
transbordeur[M]
transbordador[M]
Frachtversand[M]
cargo dispatch
expédition[F] du fret[M]
expedición[F] de carga[F]
Frachtempfang[M]
cargo reception
réception[F] du fret[M]
recepción[F] de carga[F]
Zollkontrolle[F]
customs control
contrôle[M] douanier
aduana[F]

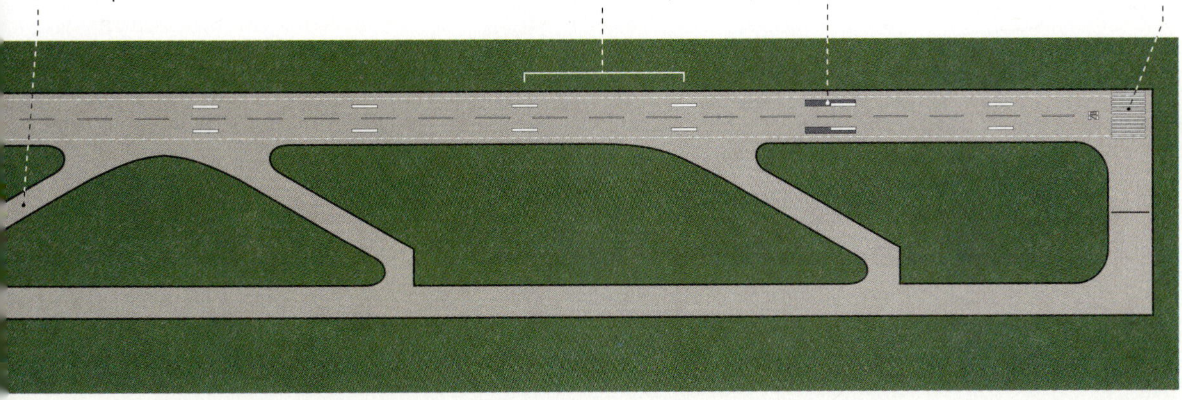
Aufsetzzonenmarkierungen[F]
runway touchdown zone marking
marque[F] d'aire[F] de prise[F] de contact[M]
señal[F] de zona[F] de contacto[M] de pista[F]
Abrollbahn[F]
exit taxiway
sortie[F] de piste[F]
salida[F] de la pista[F]
Festabstandmarkierung[F]
fixed distance marking
marque[F] de distance[F] constante
señal[F] de distancia[F] fija
Schwellenmarkierungen[F]
runway threshold markings
marques[F] de seuil[M] de piste[F]
señales de limite[M] de la pista[F]

FLUGHAFEN[M]
AIRPORT
AÉROPORT[M]
AEROPUERTO[M]

BODENAUSRÜSTUNG[F]
GROUND EQUIPMENT
ÉQUIPEMENTS[M] AÉROPORTUAIRES
EQUIPO[M] DE TIERRA[F]

Abschleppstange[F]
tow bar
barre[F] de tractage[M]
barra[F] de remolque[M]

Schlepper[M]
tow tractor
tracteur[M] de piste[F]
tractor[M] remolque[M]

Bodenanlaßgerät[N]
air start unit
groupe[M] de démarrage[M] pneumatique
unidad[F] de aire[M]

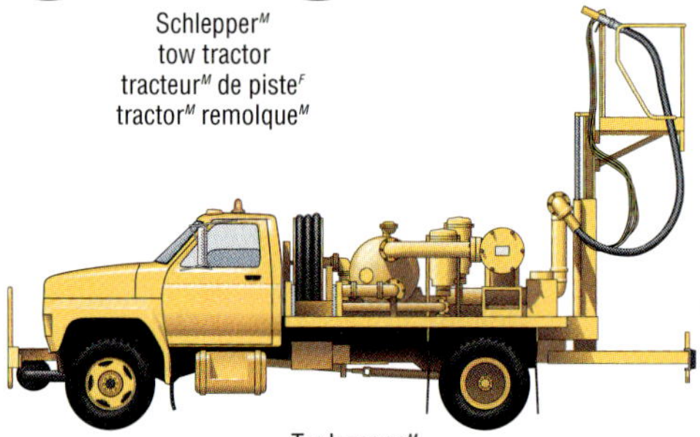

Tankwagen[M]
jet refueler
camion[M] avitailleur
camión[M] cisterna[F] de combustible[M]

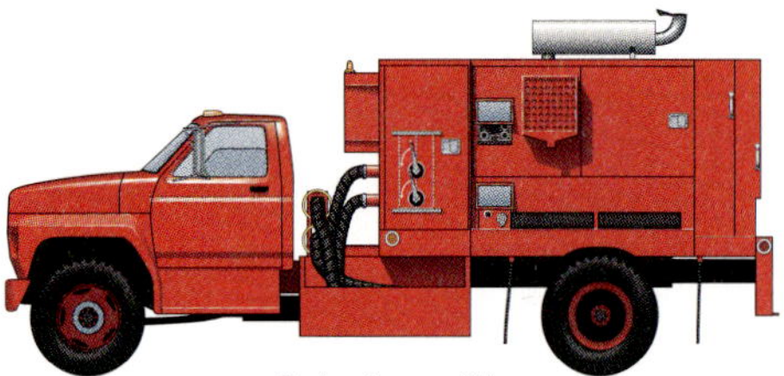

Bodenstromgerät[N]
electrical power unit
groupe[M] électrogène
grupo[M] electrógeno

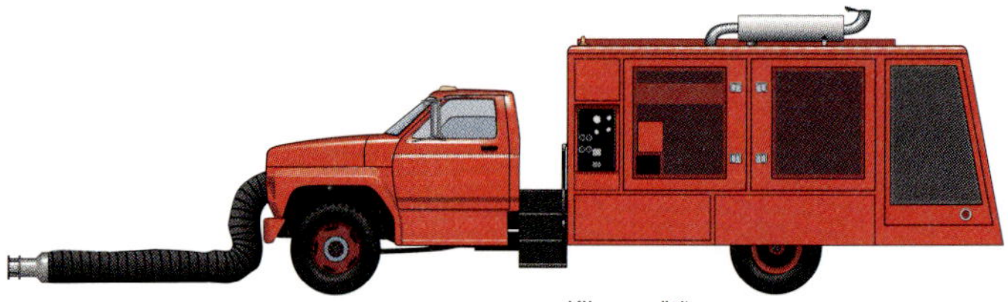

Klimagerät[N]
ground air conditioner
groupe[M] de climatisation[F]
aire[M] acondicionado de tierra[F]

Toilettenwagen[M]
toilet truck
camion[M] vide-toilette[M]
camión[M] sanitario

Wartungsfahrzeug[N]
aircraft maintenance truck
véhicule[M] de service[M] technique
camioneta[F] de mantenimiento[M] de aviones[M]

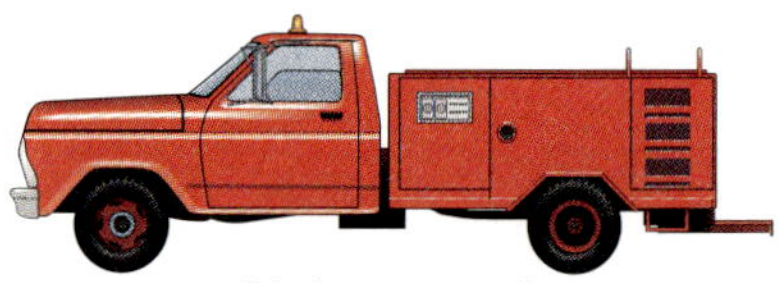

Frischwasserwagen[M]
drinking water truck
camion[M]-citerne[F] d'eau[F] potable
camión[M] cisterna[F] de agua[F] potable

Bremsklotz[M]
wheel chock
cale[F]
calzo[M] de la rueda[F]

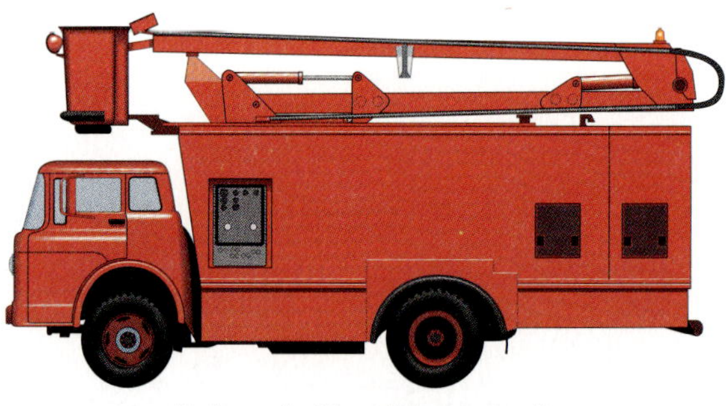

Tankwagen[M] mit beweglichem Ausleger[M]
boom truck
nacelle[F] élévatrice
camioneta[F] con canastilla[F] telescópica

Leitwerkstütze[F]
tripod tail support
tripode[M] de stabilisation[F]
soporte[M] trípode de cola[F]

Gepäckanhänger[M]
baggage trailer
remorque[F] à bagages[M]
remolque[M]

Schlepper[M]
tow tractor
tracteur[M]
tractor[M] remolcador

Gepäckförderer[M]
baggage conveyor
convoyeur[M] à bagages[M]
transportador[M] de equipaje[M]

Ladegerät[N] für Paletten[F] und Container[M]
container/pallet loader
plate-forme[F] élévatrice automotrice
cargador[M] de contenedores[M] y plataformas[F]

Küchenwagen[M]
catering vehicle
camion[M] commissariat[M]
camión[M] de aprovisionamiento[M]

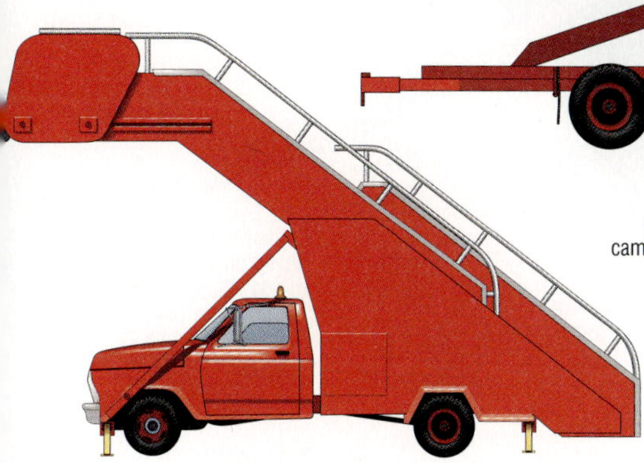

bewegliche Fluggasttreppe[F]
mobile stairs
escalier[M] automoteur
escalerilla[F] transportable

Universaltreppe[F]
universal steps
escalier[M] d'accès[M]
escalerilla[F] rodante

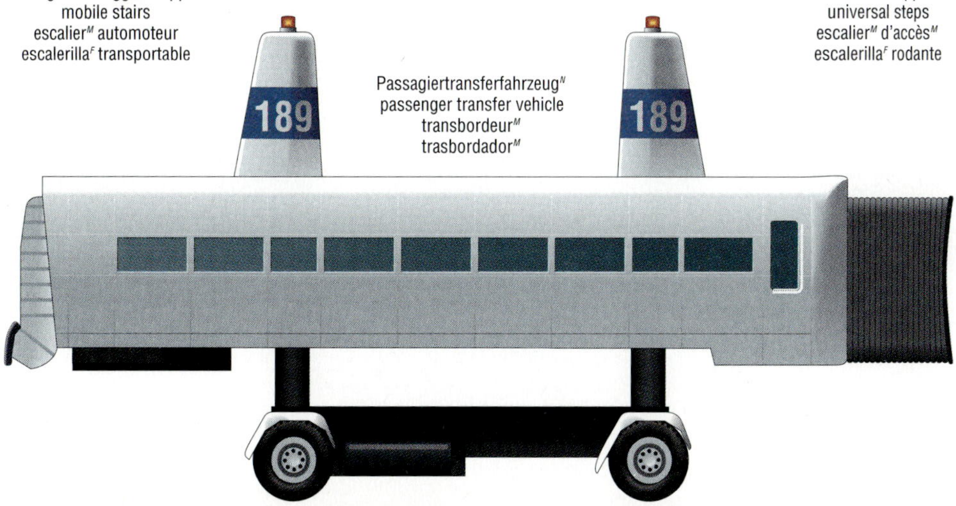

Passagiertransferfahrzeug[N]
passenger transfer vehicle
transbordeur[M]
trasbordador[M]

HUBSCHRAUBER[M]
HELICOPTER
HÉLICOPTÈRE[M]
HELICÓPTERO[M]

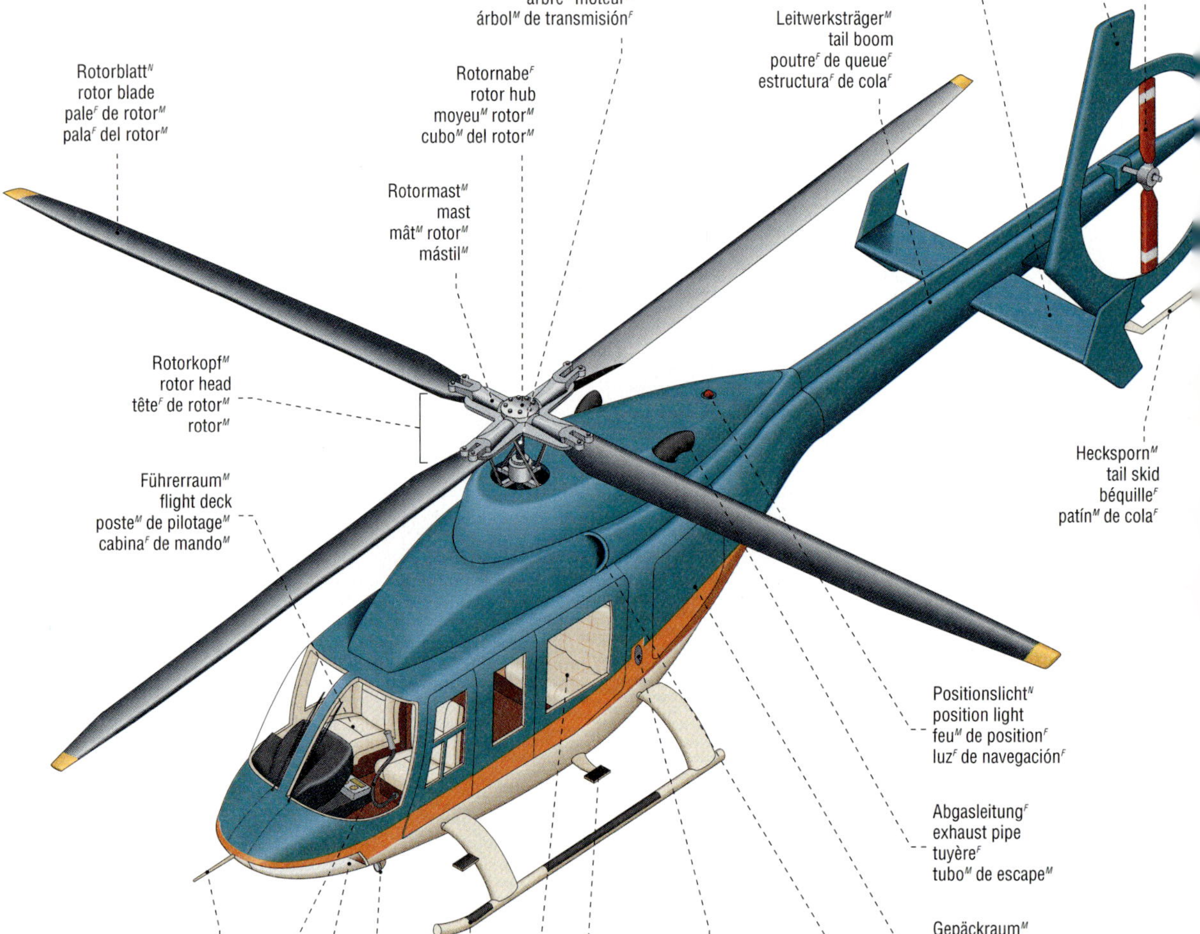

RAKETE[F]
ROCKET
FUSÉE[F]
COHETE[M]

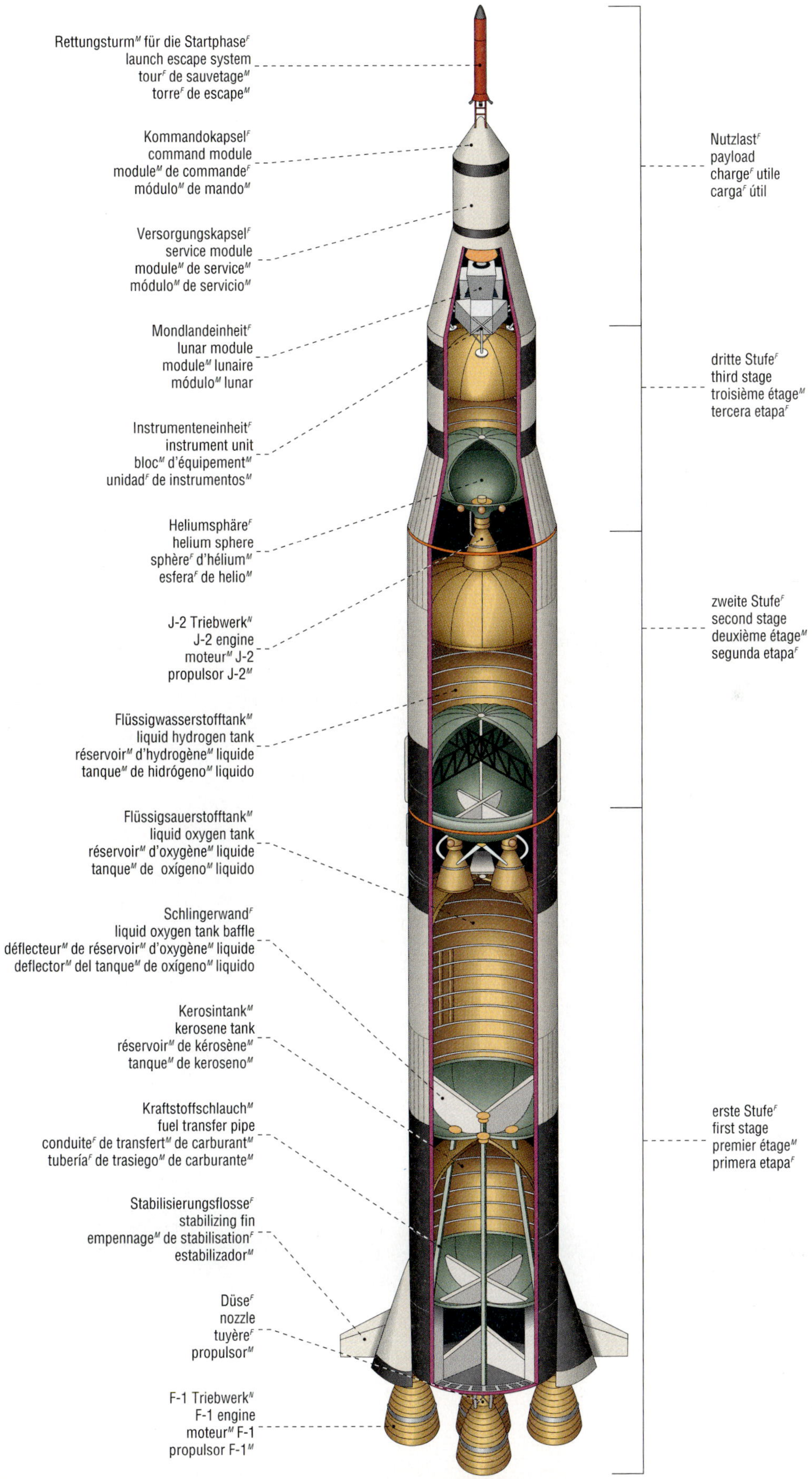

RAUMFÄHRE[F]
SPACE SHUTTLE
NAVETTE[F] SPATIALE
TRANSBORDADOR[M] ESPACIAL

RAUMFÄHRE[F] BEIM START[M]
SPACE SHUTTLE AT TAKEOFF
NAVETTE[F] SPATIALE AU DÉCOLLAGE[M]
TRANSBORDADOR[M] ESPACIAL EN POSICIÓN[F] DE LANZAMIENTO[M]

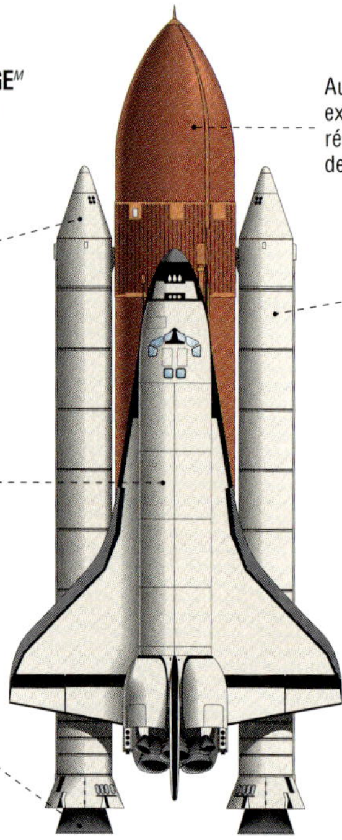

RAUMFÄHRE[F] IN DER UMLAUFBAHN[F]
SPACE SHUTTLE IN ORBIT
NAVETTE[F] SPATIALE EN ORBITE[F]
TRANSBORDADOR ESPACIAL EN ÓRBITA

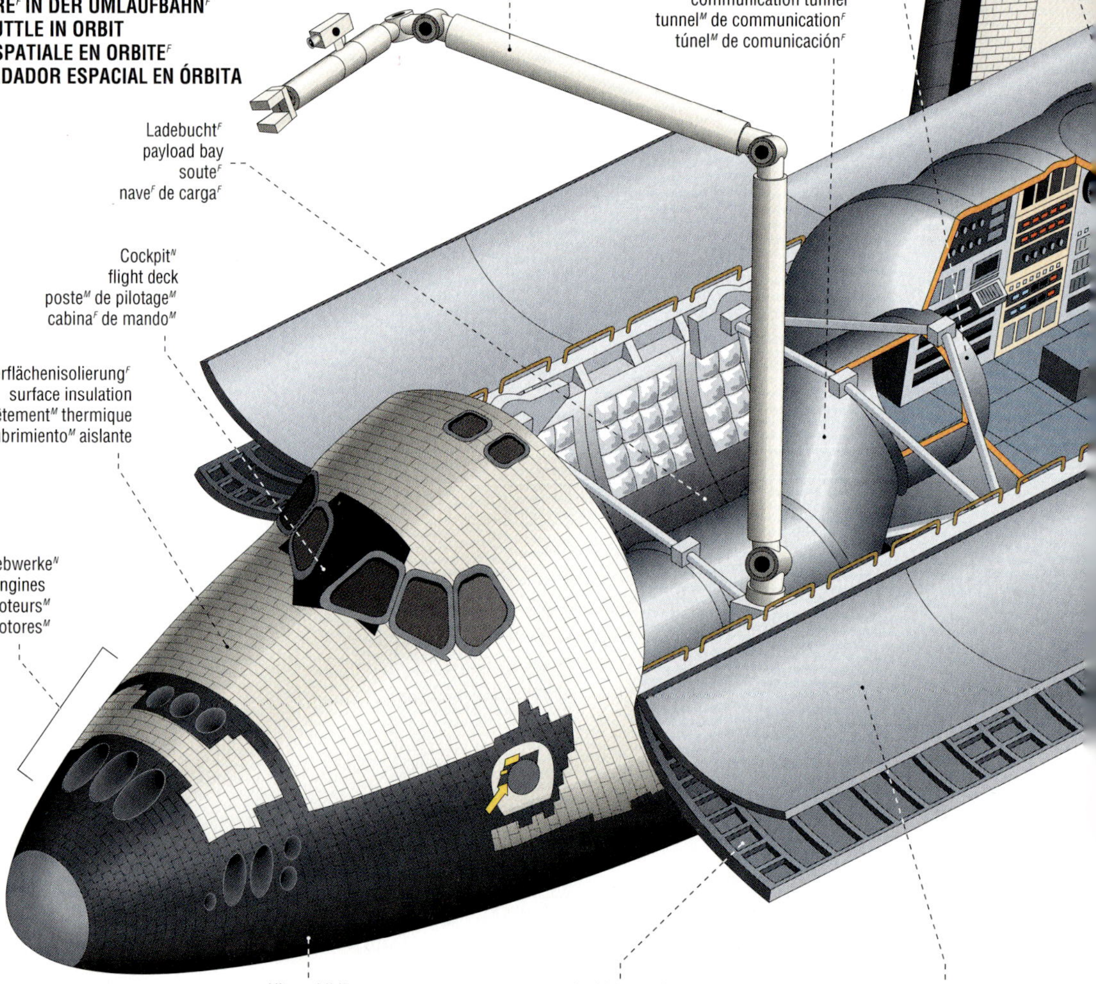

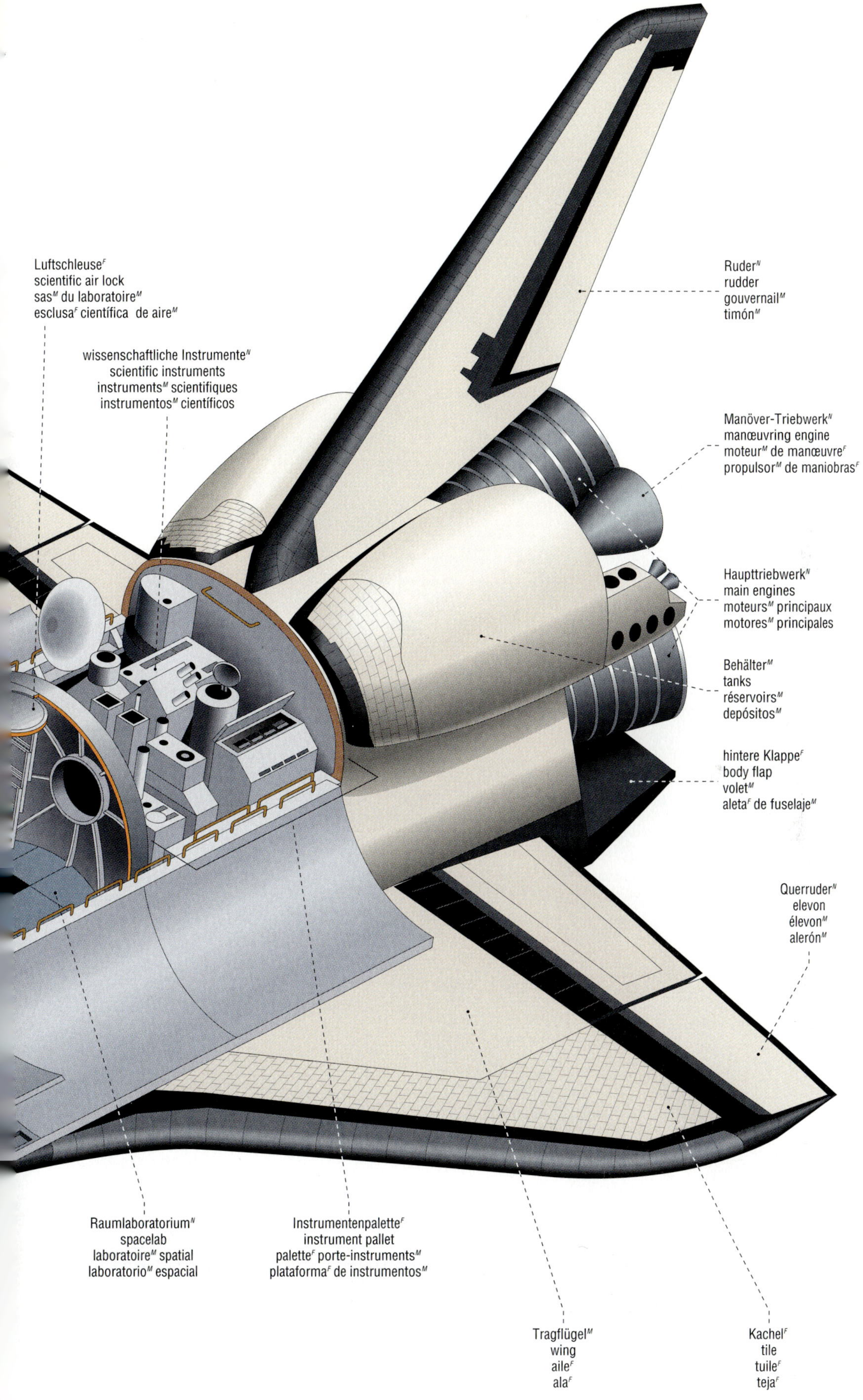
Luftschleuse^{F}
scientific air lock
sas^{M} du laboratoire^{M}
esclusa^{F} científica de aire^{M}
wissenschaftliche Instrumente^{N}
scientific instruments
instruments^{M} scientifiques
instrumentos^{M} científicos
Ruder^{N}
rudder
gouvernail^{M}
timón^{M}
Manöver-Triebwerk^{N}
manœuvring engine
moteur^{M} de manœuvre^{F}
propulsor^{M} de maniobras^{F}
Haupttriebwerk^{N}
main engines
moteurs^{M} principaux
motores^{M} principales
Behälter^{M}
tanks
réservoirs^{M}
depósitos^{M}
hintere Klappe^{F}
body flap
volet^{M}
aleta^{F} de fuselaje^{M}
Querruder^{N}
elevon
élevon^{M}
alerón^{M}
Raumlaboratorium^{N}
spacelab
laboratoire^{M} spatial
laboratorio^{M} espacial
Instrumentenpalette^{F}
instrument pallet
palette^{F} porte-instruments^{M}
plataforma^{F} de instrumentos^{M}
Tragflügel^{M}
wing
aile^{F}
ala^{F}
Kachel^{F}
tile
tuile^{F}
teja^{F}

RAUMANZUG[M]
SPACESUIT
SCAPHANDRE[M] SPATIAL
TRAJE[M] ESPACIAL

35mm Fotoapparat[M]
35 mm still camera
appareil[M] photographique 35 mm
cámara[F] rígida de 35 mm

Treibstoff-Füllstandanzeige[F]
propellant level gauge
indicateur[M] de niveau[M] de carburant[M]
sensor[M] de nivel[M] de combustible[M]

Lebenserhaltungssystem[N]
life support system
équipement[M] de survie[F]
sistema[M] de soporte[M] vital

Solarschild[N]
solar shield
visière[F] antisolaire
protector[M] solar

Ringverschluß[M]
helmet ring
collier[M] de serrage[M] du casque[M]
anillo[M] de unión del casco[M]

Helm[M]
helmet
casque[M]
casco[M]

Computerbildschirm[M] mit Helligkeitsregelung[F]
computer screen intensity controls
réglage[M] de l'écran[M] de l'ordinateur[M]
controles[M] de intensidad[F] de la pantalla[F] del computador[M]

Farbfernsehkamera[F]
colour television camera
caméra[F] de télévision[F] couleurs[F]
cámara[F] de televisión[F] de color[M]

Lautstärkerregler[M] des Funkübertragungssystems[N]
communications volume controls
réglage[M] du volume[M] des communications[F]
controles[M] de volumen[M] de comunicaciones[F]

Checkliste[F]
procedure checklist
aide-mémoire[M] des procédures[F]
lista[F] de procedimientos[M]

Handschuh[M]
glove
gant[M]
guante[M]

Verbindung[F] des Ventilations- und Kühlsystems[N]
safety suit connection
joint[M] de sécurité[F] du scaphandre[M]
conexión[F] de seguridad[F] del traje[M]

Sicherheitsriemen[M]
safety tether
attache[F] de sécurité[F]
correa[F] de seguridad[F]

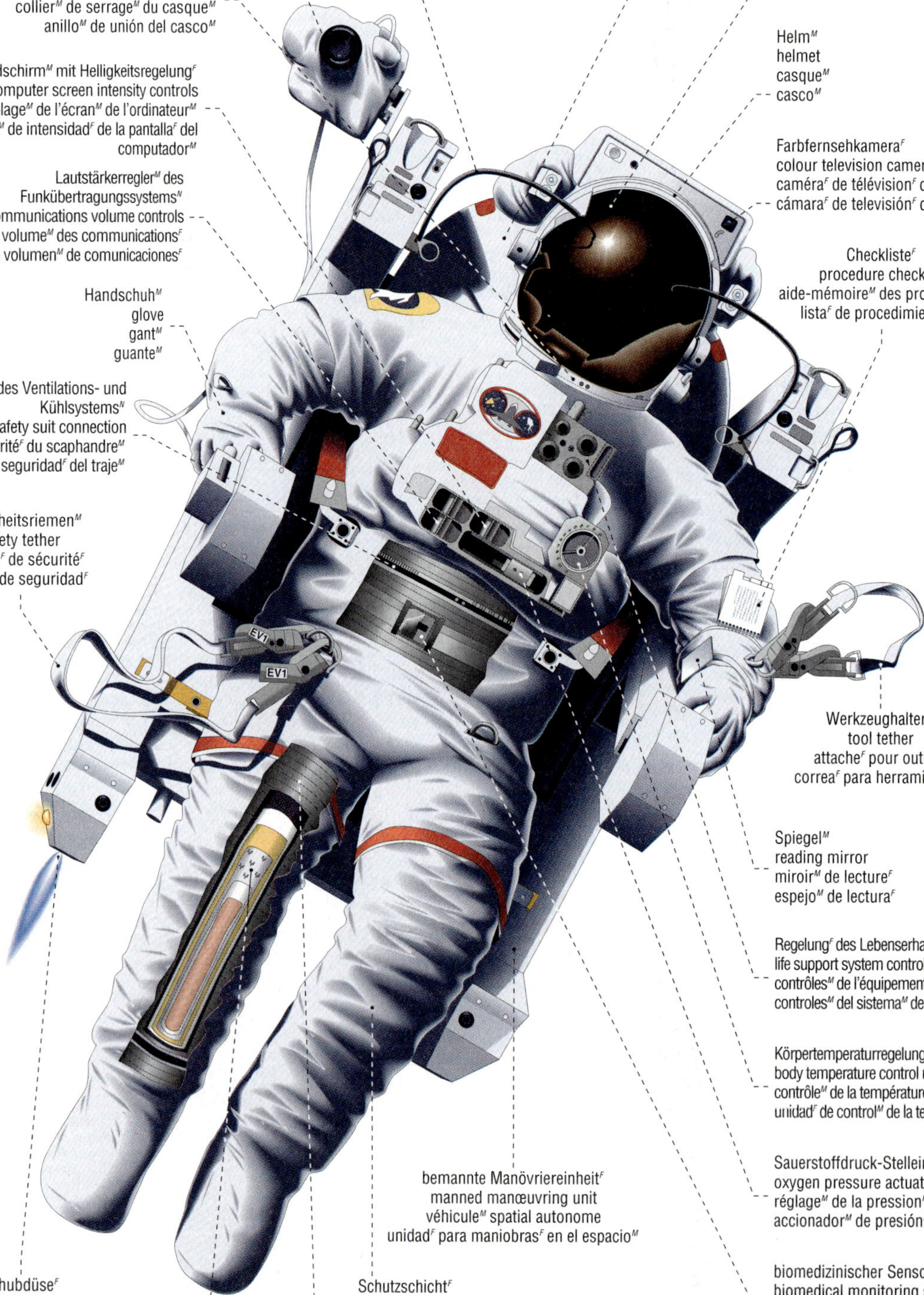

Werkzeughalter[M]
tool tether
attache[F] pour outils[M]
correa[F] para herramientas[F]

Spiegel[M]
reading mirror
miroir[M] de lecture[F]
espejo[M] de lectura[F]

Regelung[F] des Lebenserhaltungssystems[N]
life support system controls
contrôles[M] de l'équipement[M] de survie[F]
controles[M] del sistema[M] de soporte[M] vital

Körpertemperaturregelung[F]
body temperature control unit
contrôle[M] de la température[F] du corps[M]
unidad[F] de control[M] de la temperatura[F] del c

Sauerstoffdruck-Stelleinrichtung[F]
oxygen pressure actuator
réglage[M] de la pression[F] d'oxygène[M]
accionador[M] de presión[F] del oxígeno[M]

bemannte Manövriereinheit[F]
manned manœuvring unit
véhicule[M] spatial autonome
unidad[F] para maniobras[F] en el espacio[M]

biomedizinischer Sensor[M]
biomedical monitoring sensor
équipement[M] de contrôle[M] biomédical
sensor[M] de control[M] biomédico

Schubdüse[F]
thruster
propulseur[M]
propulsor[M]

Schutzschicht[F]
protection layer
revêtement[M] de sécurité[F]
capa[F] protectora

Unteranzug[M] zur Kühlung[F] und Ventilation[F]
liquid cooling and ventilation garment
sous-vêtement[M] de contrôle[M] thermique
liquido[M] de enfriamiento[M] y ventilación[F] del traje[M]

Isolierschichten[F]
insulation layers
sous-vêtement[M] d'isolation[F]
capas[F] aislantes

BÜROBEDARF / OFFICE SUPPLIES / FOURNITURES DE BUREAU / EQUIPO DE OFICINA

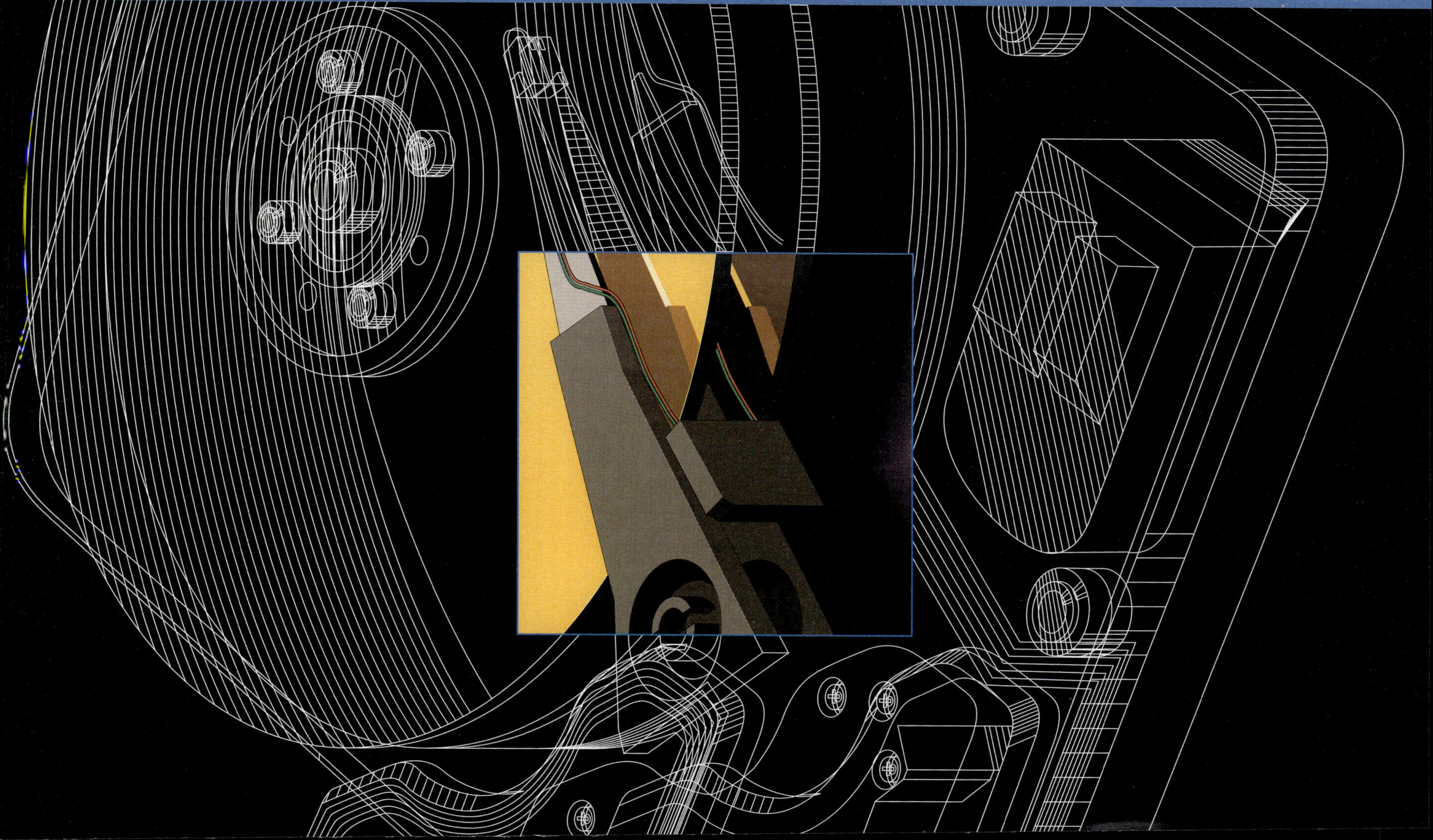

INHALT

BÜROBEDARF

SCHREIBWAREN ... 515
BÜROMÖBEL ... 520
RECHNER ... 523
ELEKTRISCHE SCHREIBMASCHINE ... 524

BÜROAUTOMATION

ZUSAMMENSTELLUNG EINES AUTOMATISIERTEN BÜROS ... 526
GRUNDBAUTEILE ... 528
FOTOKOPIERER ... 532

SCHREIBWAREN[F]
STATIONERY
ARTICLES[M] DE BUREAU[M]
ARTÍCULOS[M] DE ESCRITORIO[M]

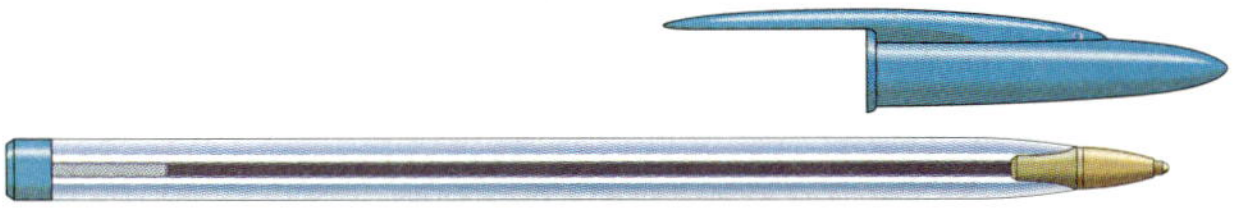

Kugelschreiber[M]
ballpoint pen
stylo[M]-bille[F]
bolígrafo[M]

Druckbleistift[M]
retractable pencil
porte-mine[M]
lapicero[M]

Bleistift[M]
pencil
crayon[M]
lápiz[M]

Füllfederhalter[M]
fountain pen
stylo[M]-plume[F]
estilográfica[F]

Radiergummihalter[M]
rubber holder
porte-gomme[M]
portaborrador[M]

Radierstift[M]
stick rubber
crayon[M] gomme[F]
lápiz[M] borrador[M]

Textmarker[M]
marker
marqueur[M]
marcador[M]

Klebestift[M]
glue stick
bâtonnet[M] de colle[F]
lápiz[M] adhesivo

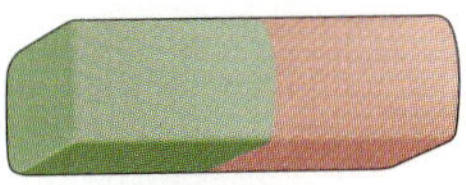

Radiergummi[M]
rubber
gomme[F]
borrador[M]

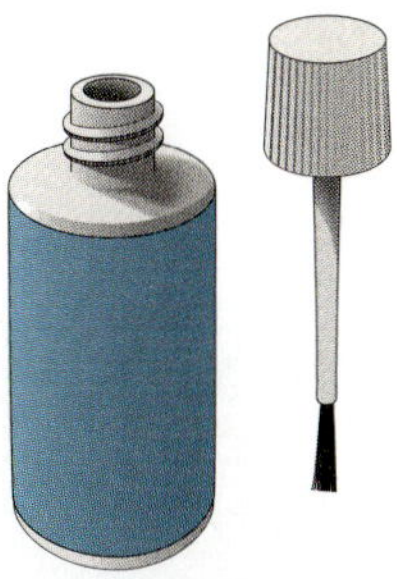

Korrekturflüssigkeit[F]
correction fluid
correcteur[M] liquide
corrector[M] líquido

Leuchtstift[M]
highlighter pen
surligneur[M]
destacador[M]

Papierclip[M]
bulldog clip
pince-notes[M]
pinza[F]

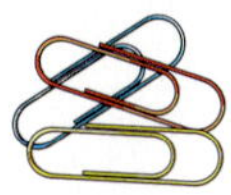

Büroklammern[F]
paper clips
trombones[M]
presillas[F]

Hefter[M]
stapler
agrafeuse[F]
engrapadora[F]

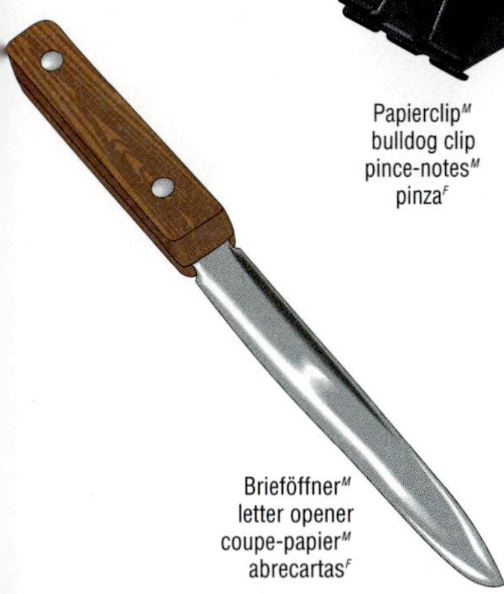

Brieföffner[M]
letter opener
coupe-papier[M]
abrecartas[F]

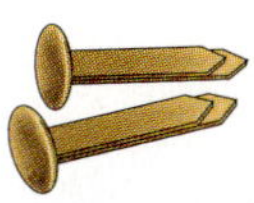

Beutelklammern[F]
paper fasteners
attaches[F] parisiennes
tachuelas[F] para papel[M]

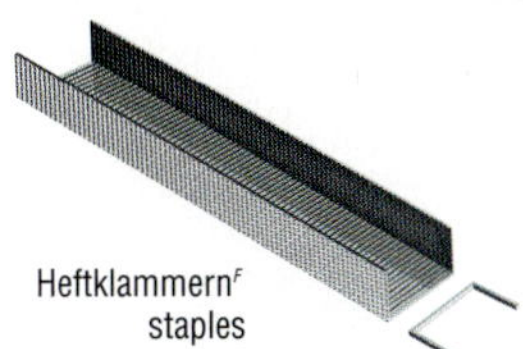

Heftklammern[F]
staples
agrafes[F]
grapas[F]

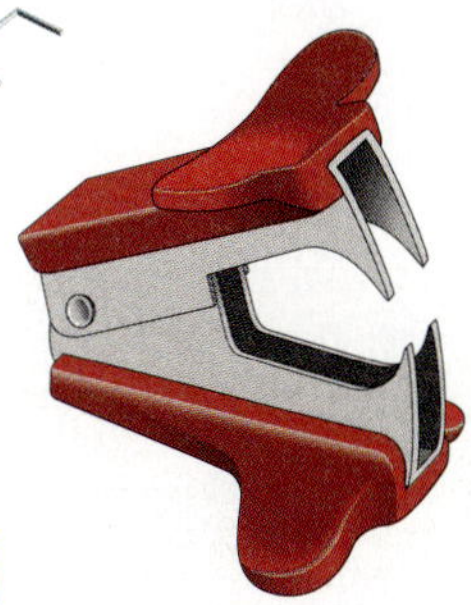

Entklammerer[M]
staple remover
dégrafeuse[F]
uñas[F]

Reißnägel[M]
drawing pins
punaises[F]
chinches[M]

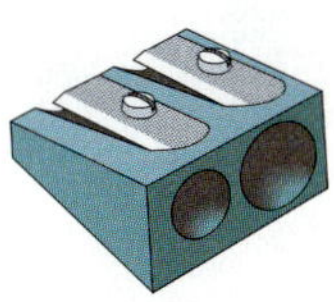

Bleistiftspitzer[M]
pencil sharpener
taille-crayon[M]
sacapuntas[M]

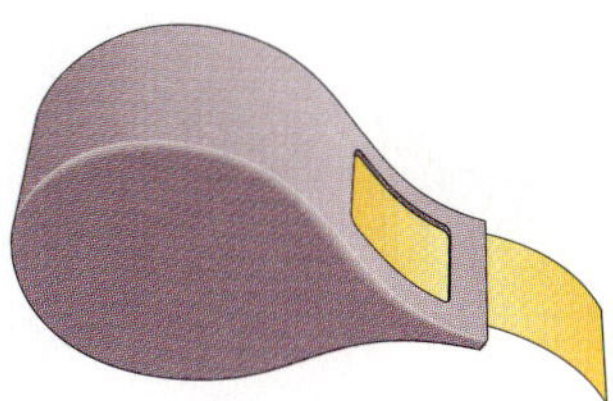

Korrekturstreifen[M]
correction paper
ruban[M] correcteur
papel[M] corrector

SCHREIBWAREN[F]
STATIONERY
ARTICLES[M] DE BUREAU[M]
ARTÍCULOS[M] DE ESCRITORIO[M]

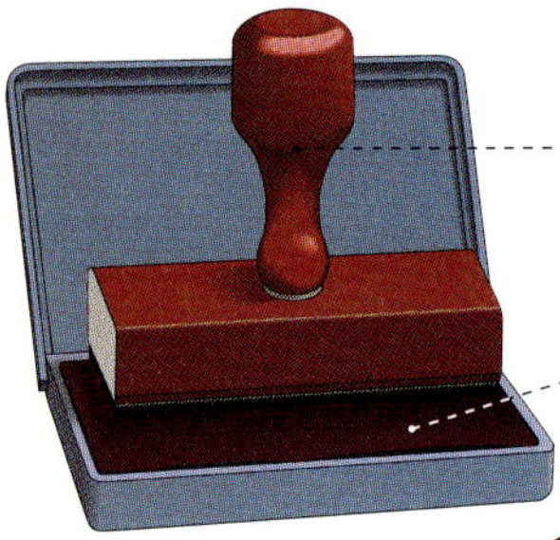

Stempel[M]
rubber stamp
timbre[M] caoutchouc[M]
sello[M] de goma[F]

Stempelkissen[N]
stamp pad
tampon[M] encreur
cojín[M] para sellos[M]

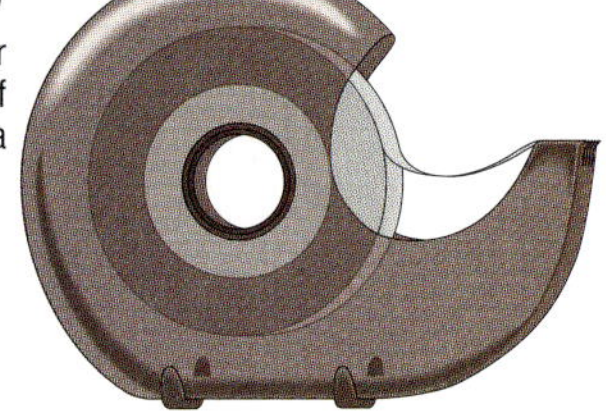

Klebefilmspender[M]
adhesive tape dispenser
dévidoir[M] de ruban[M] adhésif
carrete[M] de cinta[F] adhesiva

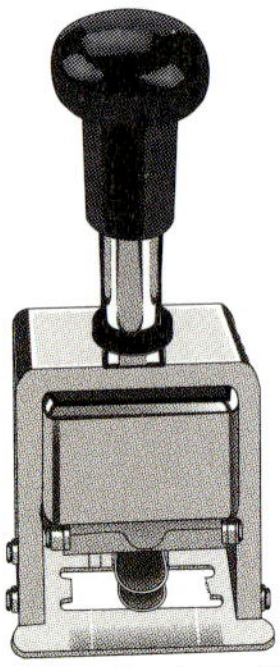

Numerierstempel[M]
numbering machine
numéroteur[M]
foliador[M]

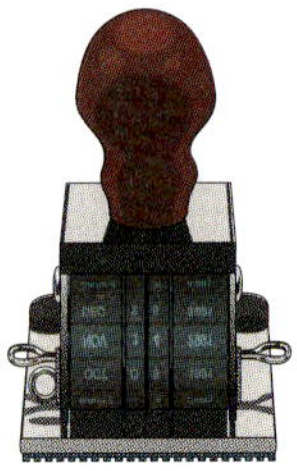

Datumstempel[M]
dater
timbre[M] dateur
fechador[M]

Stempelträger[M]
stamp rack
porte-timbres[M]
portasellos[M]

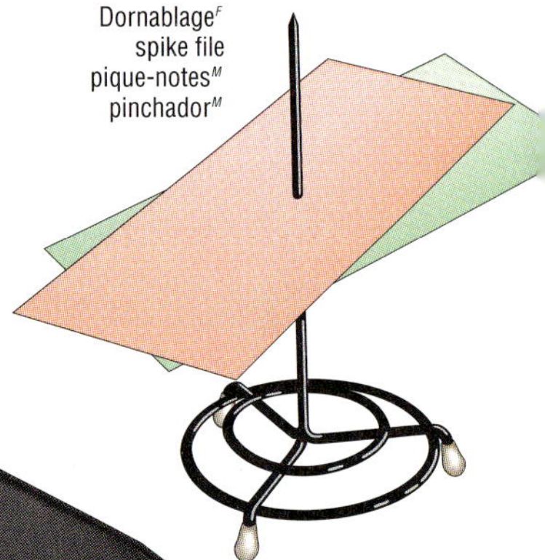

Dornablage[F]
spike file
pique-notes[M]
pinchador[M]

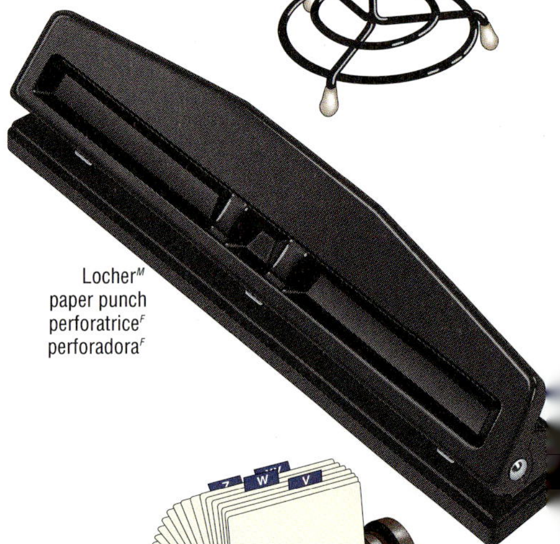

Locher[M]
paper punch
perforatrice[F]
perforadora[F]

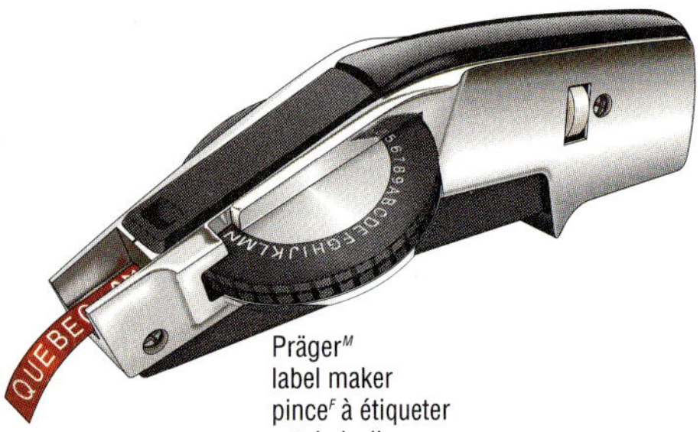

Präger[M]
label maker
pince[F] à étiqueter
rotulador[M]

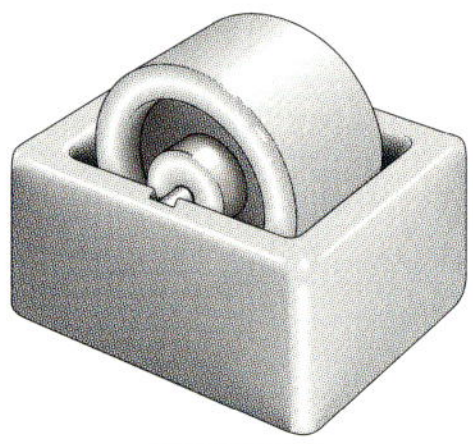

Befeuchter[M]
moistener
mouilleur[M]
rueda[F] humedecedora

Drehkartei[F]
rotary file
fichier[M] rotatif
fichero[M] giratorio

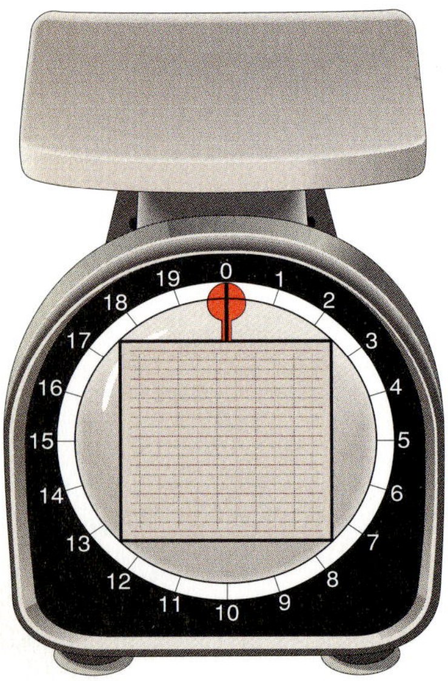

Briefwaage[F]
letter scale
pèse-lettres[M]
balanza[F] para cartas[F]

Bleistiftspitzer[M]
pencil sharpener
taille-crayon[M]
sacapuntas[M]

Telefonnummernverzeichnis[N]
telephone index
répertoire[M] téléphonique
directorio[M] telefónico

KARTEISCHUBFACH[N]
INDEX CARD DRAWER
TIROIR[M] DE FICHIER[M]
GAVETA[F] DE ARCHIVADOR[M]

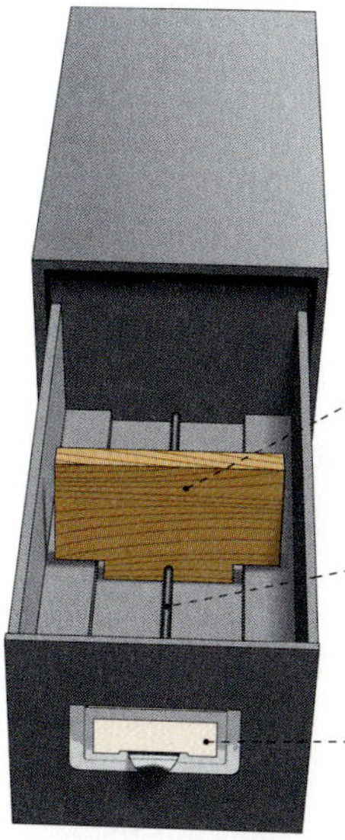

Begrenzungseinsatz[M]
compressor
compresseur[M]
compresor[M]

Führungsschiene[F]
metal rail
tringle[F] métallique
riel[M] metálico

Etikettenfenster[N]
label holder
porte-étiquette[M].
soporte[M] del rótulo[M]

Erweiterungskartei[F]
expanding file
pochette[F] de classement[M]
archivo[M] acordeón

Bücherstütze[F]
book ends
serre-livres[M]
sujetalibros[M]

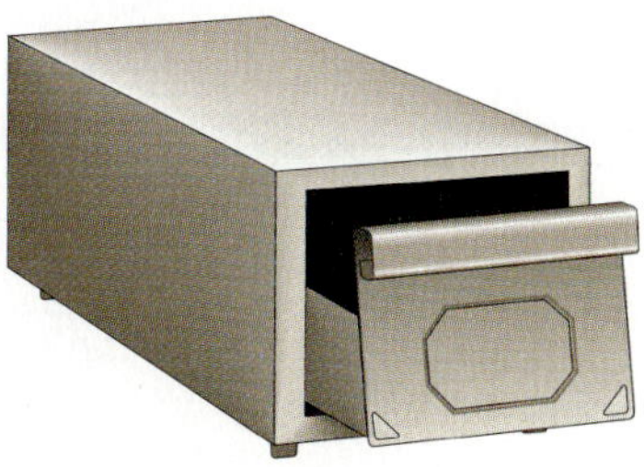

Karteikasten[M]
index card cabinet
fichier[M]
archivador[M] de fichas[F]

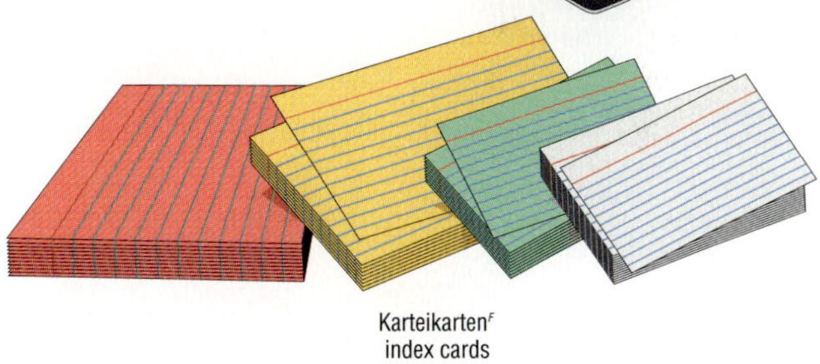

Karteikarten[F]
index cards
fiches[F]
fichas[F]

Aktenbox[F]
filing box
boîte[F]-classeur[M]
caja[F] archivo[M]

Dokumentenablage[F]
desk tray
boîte[F] à courrier[M]
bandeja[F] de correspondencia[F]

SCHREIBWAREN[F]
STATIONERY
ARTICLES[M] DE BUREAU[M]
ARTÍCULOS[M] DE ESCRITORIO[M]

Abreißkalender[M]
tear-off calendar
calendrier[M]-mémorandum[M]
calendario[M] de pared[F]

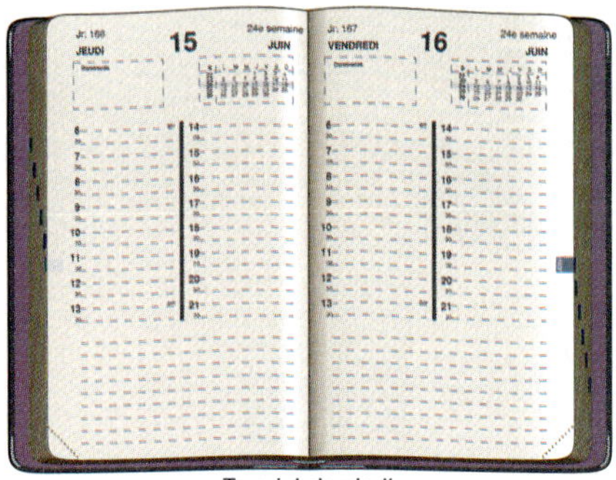

Terminkalender[M]
appointment book
agenda[M]
agenda[F]

Ringbuchkalender[M]
calendar pad
bloc[M]-éphéméride[F]
calendario[M] de escritorio[M]

Geschäftsbuch[N]
account book
registre[M] de comptabilité[F]
agenda[F] de caja[F]

Notizblock[M]
memo pad
bloc[M]-notes[F]
libreta[F]

Klebeetiketten[N]
self-adhesive labels
étiquettes[F] autocollantes
etiquetas[F] adhesivas

Reiter[M]
tab
onglet[M]
indicador[M]

Ringablage[F]
archboard
planchette[F] à arches[F]
tabla[F] con argollas[F]

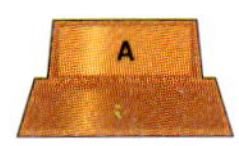

durchsichtiger Reiter[M]
window tab
onglet[M] à fenêtre[F]
indicador[M] transparente

Aktenmappe[F]
folder
chemise[F]
carpeta[F] de archivo[M]

Karteiregister[N]
file guides
guides[M] de classement[M]
guías[F] de archivo[M]

Hängemappe[F]
suspension file
dossier[M] suspendu
archivador[M] colgante

Klemmbrett^{N}
clipboard
planchette^{F} à pince^{F}
tabla^{F} con broche^{M} de presión^{F}

Hefter^{M}
post binder
reliure^{F} à vis^{F}
carpeta^{F} de tornillos^{M}

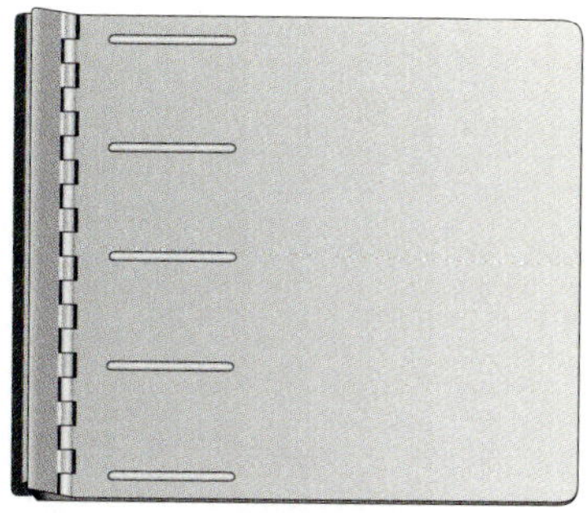

Klemmhefter^{M}
spring binder
reliure^{F} à ressort^{M}
carpeta^{F} de costilla^{F} de resorte^{M}

Ringbuch^{N}
ring binder
classeur^{M}
carpeta^{F} de argollas^{F}

Dokumentenmappe^{F}
document folder
pochette^{F} d'information^{F}
carpeta^{F} con guardas^{F}

Registriereinlagen^{F}
dividers
feuillets^{M} intercalaires
divisores^{M}

Spiralringbuch^{N}
spiral binder
reliure^{F} spirale^{F}
carpeta^{F} de espiral^{F}

Aktenordner^{M}
clamp binder
reliure^{F} à pince^{F}
carpeta^{F} con mecanismo^{M} de presión^{F}

Schnellhefter^{M}
fastener binder
reliure^{F} à glissière^{F}
carpeta^{F} de broches^{M}

BÜROMÖBEL^{N}
OFFICE FURNITURE
MOBILIER^{M} DE BUREAU^{M}
MUEBLES^{M} DE OFICINA^{F}

Chefschreibtisch^{M}
executive desk
bureau^{M} de direction^{F}
escritorio^{M} de ejecutivo

Drehsessel^{M}
swivel armchair
fauteuil^{M} pivotant à bascule^{F}
sillón^{M} giratorio

Aktenschrank^{M}
filing cabinet
bahut^{M}
aparador^{M}

Schreibunterlage^{F}
desk pad
sous-main^{M}
carpeta^{F}

Trennwand^{F}
partition
cloison^{F} amovible
biombo^{M}

Hängekartei^{F}
lateral filing cabinet
classeur^{M} à clapets^{M}
archivero^{M} lateral

COMPUTERTISCH[M]
COMPUTER TABLE
TABLE[F] **D'ORDINATEUR**[M]
MESA[F] **DEL COMPUTADOR**[M]

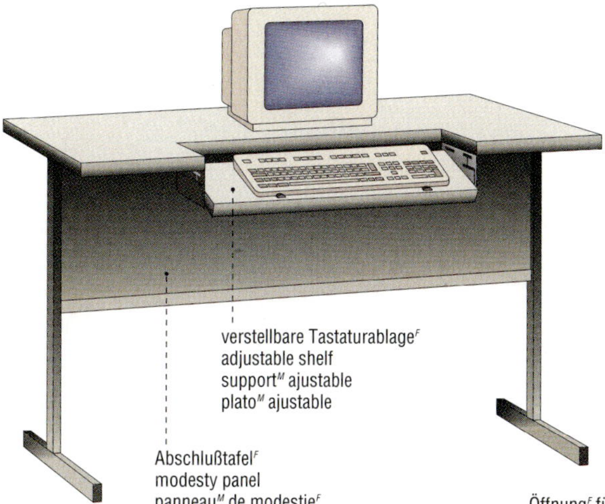

DRUCKERTISCH[M]
PRINTER TABLE
TABLE[F] **D'IMPRIMANTE**[F]
MESA[F] **DE LA IMPRESORA**[F]

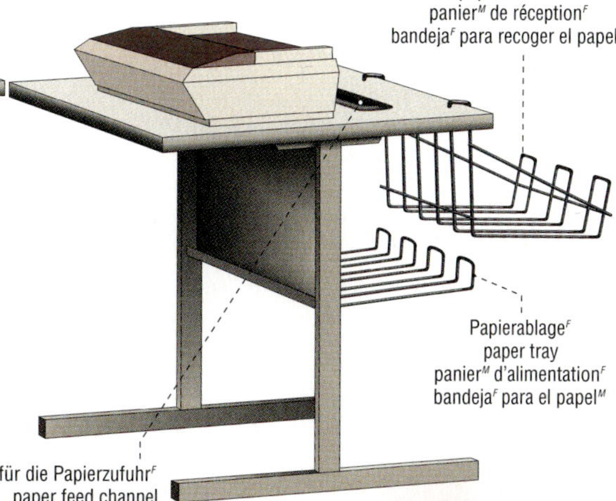

fahrbare Aktenablage[F]
mobile filing unit
classeur[M] mobile
archivo[M] movible

fahrbares Schubladenelement[N]
mobile drawer unit
caisson[M]
archivador[M] movible con cajones[M]

Bürodrehstuhl[M]
office chair
chaise[F] dactylo[M]
silla[F] de secretaria[F]

ARBEITSPLATZ[M]
WORKSPACE
BUREAU[M] **SECRÉTAIRE**[M]
ESCRITORIO[M] **DE SECRETARIA**[F]

BÜROMÖBEL[N]
OFFICE FURNITURE
MOBILIER[M] DE BUREAU[M]
MUEBLES[M] DE OFICINA[F]

Ausstellungsregal[N]
display cabinet
présentoir[M] à revues[F]
estante[M] para revistas[F]

Kleiderhaken[M]
coat hook
patère[F]
perchero[M] de pared[F]

Schrank[M]
stationery cabinet
armoire[F] à papeterie[F]
gabinete[M] para papelería[F]

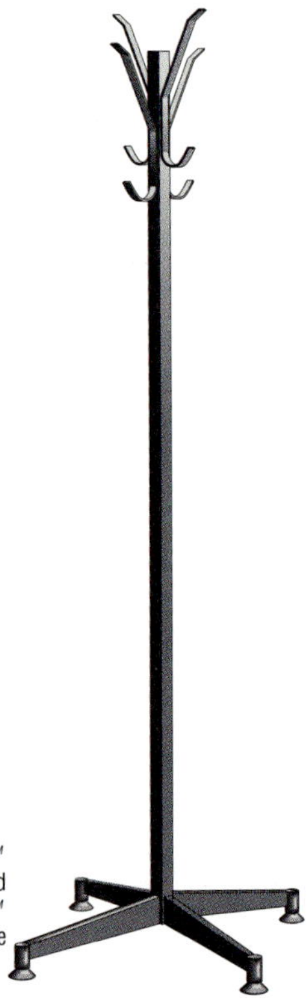

Garderobenständer[M]
hat stand
porte-manteau[M]
perchero[M] de pie

Kleiderschrank[M]
wardrobe
armoire[F]-vestiaire[M]
armario[M]

Garderobe[F]
coat rack
vestiaire[M] de bureau[M]
perchero[M]

RECHNER[M]
CALCULATOR
CALCULATRICE[F]
CALCULADORAS[F]

TASCHENRECHNER[M]
POCKET CALCULATOR
CALCULETTE[F]
CALCULADORA[F] DE BOLSILLO[M]

TISCHRECHNER[M] MIT DRUCKERTEIL[N]
PRINTING CALCULATOR
CALCULATRICE[F] À IMPRIMANTE[F]
CALCULADORA[F] CON IMPRESORA[F]

ELEKTRISCHE SCHREIBMASCHINE[F]
ELECTRONIC TYPEWRITER
MACHINE[F] À ÉCRIRE ÉLECTRONIQUE
MÁQUINA[F] DE ESCRIBIR ELECTRÓNICA

Walze[F]
platen
cylindre[M]
rodillo[M]

Papierhalter[M]
paper bail
presse-papier[M]
sujetapapel[M]

Schreibkopf[M]
printing unit
tête[F] d'impression[F]
unidad[F] de impresión[F]

Schriftgrößenskala[F]
pitch scale
échelle[F] d'espacement[M]
escala[F] de ajuste[M]

Textanzeige[F]
text display
affichage[M] du texte[M]
visualización[F] del texto[M]

Randlösetaste[F]
margin release
dégagement[M] du margeur[M]
liberador[M] del margen[M]

Tabuliertaste[F]
tabulator
tabulateur[M]
tabulador[M]

Einzugtaste[F]
indent
retrait[M]
tecla[F] de duplicado[M]

Dezimal-Tabuliertaste[F]
decimal tab
tabulateur[M] décimal
tabulador[M] decimal

Umschaltfeststelltaste[F]
shift lock key
touche[F] fixe-majuscules[F]
tecla[F] de seguro[M] para las mayúsculas[F]

Zentriertaste[F]
centring
centrage[M]
tecla[F] de centrado[M]

Umschalttaste[F]
shift key
touche[F]-majuscules[F]
tecla[F] de mayúsculas[F]

Rechtschreibkorrekturtaste[F]
spelling corrector
correcteur[M] orthographique
corrector[M] de ortografía[F]

Texttaste[F]
text
texte[M]
texto[M]

Code-Taste[F]
code
code[M]
código[M]

E PERENNIUS
Papierstütze[F]
paper support
support-papier[M]
soporte[M] del papel[M]
Papierlösehebel[M]
paper release lever
levier[M] de dégagement[M] du papier[M]
palanca[F] de aflojar el papel[M]
Papierfreigabehebel[M]
paper bail release lever
levier[M] de dégagement[M] du presse-papier[M]
palanca[F] para liberar el sujetapapel[M]
Walzendrehknopf[M]
variable spacer
bouton[M] d'interligne[M] variable
embrague[M] de espacios[M]
Gehäuseabdeckung[F]
top plate
capot[M]
lámina[F] superior
Wortkorrekturtaste[F]
word correction
correction[F] de mots[M]
corrección[F] de palabras[F]
Zeichenkorrekturtaste[F]
character correction
correction[F] de caractères[M]
corrección[F] de caracteres[M]
Hoch-/Tiefstelltaste[F]
half indexing
positionnement[M] du papier[M]
indicador[M] de la mitad[F]
Wagenrücklauftaste[F]
carriage return
retour[M] de chariot[M]
tecla[F] de regreso[M] del carro[M]
Randkontrolltaste[F]
margin control
commande[F] de marge[F]
control[M] del margen[M]
Tabulatoreinstelltaste[F]
tab setting
contrôle[M] de tabulation[F]
ajuste[M] del tabulador[M]
Tabulatorsetztaste[F]
set
validation[F]
ajuste[M]
Fixiertaste[F]
relocation
repositionnement[M]
otra posición[F]
Mode-Taste[F]
mode
mode[M]
modalidad[F]
Leertaste[F]
space bar
barre[F] d'espacement[M]
barra[F] espaciadora

ZUSAMMENSTELLUNG[F] EINES AUTOMATISIERTEN BÜROS[N]
CONFIGURATION OF AN OFFICE AUTOMATION SYSTEM
CONFIGURATION[F] D'UN SYSTÈME[M] BUREAUTIQUE
CONFIGURACIÓN[F] DEL SISTEMA[M] DE UNA OFICINA[F] AUTOMATIZADA

EINGABEGERÄTE[N]
INPUT DEVICES
PÉRIPHÉRIQUES[M] D'ENTRÉE[F]
UNIDADES[F] DE ENTRADA[F] DE INFORMACIÓN[F]

Tastatur[F]
keyboard
clavier[M]
teclado[M]

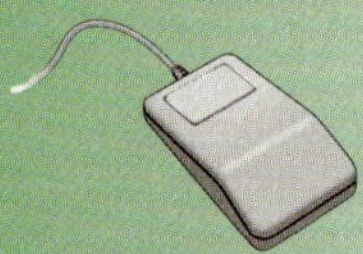

Maus[F]
mouse
souris[F]
ratón[M]

Joystick[M]
joystick
manche[M] à balai[M]
palanca[F] de mando[M]

Rollkugel[F]
trackball
boule[F]
bola[F] de rastreo[M]

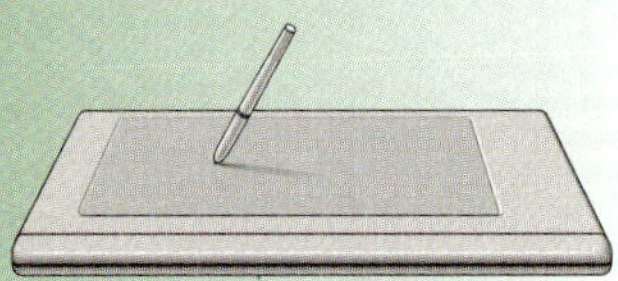

Digitalisierungsunterlage[F]
digitizing pad
tablette[F] graphique
almohadilla[F] digitalizada

Videorekorder[M]
video cassette recorder
magnétoscope[M]
videograbadora[F]

Videokamera[F]
video camera
caméra[F] vidéo
cámara[F] de video[M]

Scanner[M]
optical scanner
scanneur[M]
explorador[M] óptico

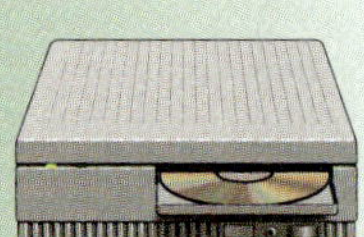

CD-ROM-Laufwerk[N]
CD/ROM player
lecteur[M] de disque[M] compact
lector[M] de CD\ROM

ÜBERTRAGUNGSGERÄTE[N]
COMMUNICATION DEVICES
PÉRIPHÉRIQUES[M] DE COMMUNICATION[F]
UNIDADES[F] DE COMUNICACIÓN[F]

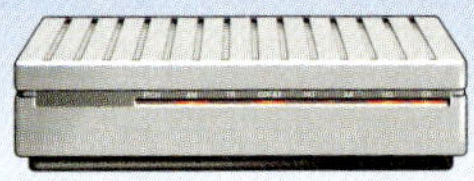

Modem[N]
modem
modem[M]
modem[M]

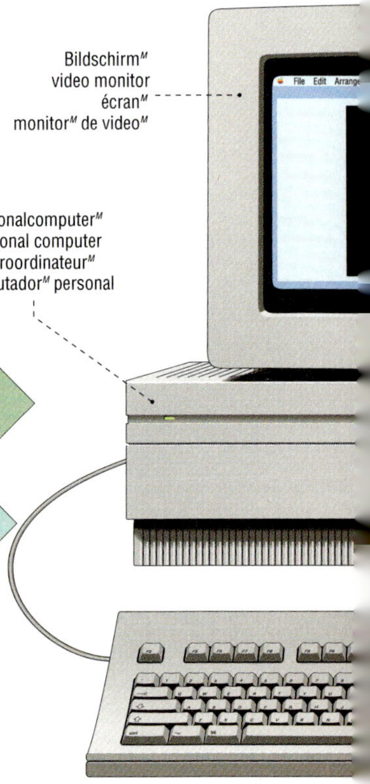

Bildschirm[M]
video monitor
écran[M]
monitor[M] de video[M]

Personalcomputer[M]
personal computer
microordinateur[M]
computador[M] personal

SPEICHERGERÄTE[N]
DATA STORAGE DEVICES
PÉRIPHÉRIQUES[M] DE STOCKAGE[M]
UNIDADES[F] DE ALMACENAMIENTO[F] DE INFORMACIÓN[F]

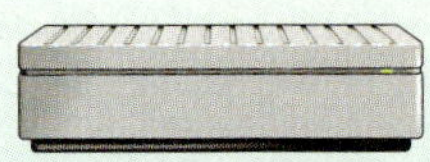

Festplattenlaufwerk[N]
hard disk drive
lecteur[M] de disque[M] dur
unidad[F] del disco[M] duro

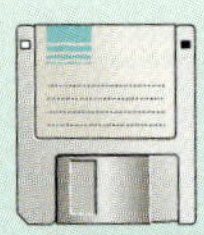

Diskette[F]
diskette
disquette[F]
diskette[M]

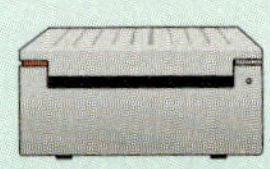

Diskettenlaufwerk[N]
diskette drive
lecteur[M] de disquette[F]
unidad[F] de diskettes[M]

Kassette[F]
cassette
cassette[F]
casete[M]

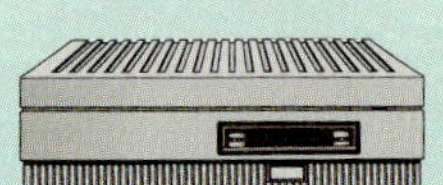

Kassettenlaufwerk[N]
cassette drive
lecteur[M] de cassette[F]
unidad[F] de casetes[M]

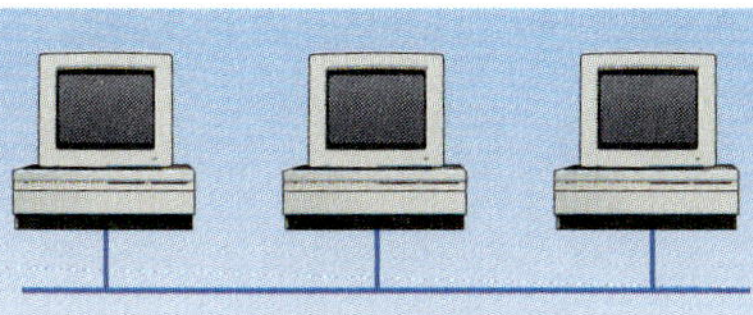

Netzwerkkommunikation^F
network communication
communication^F par réseau^M
red^F de comunicación^F

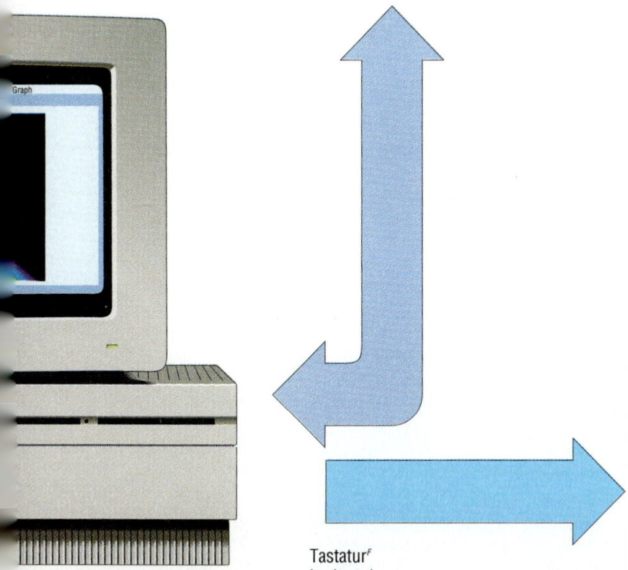

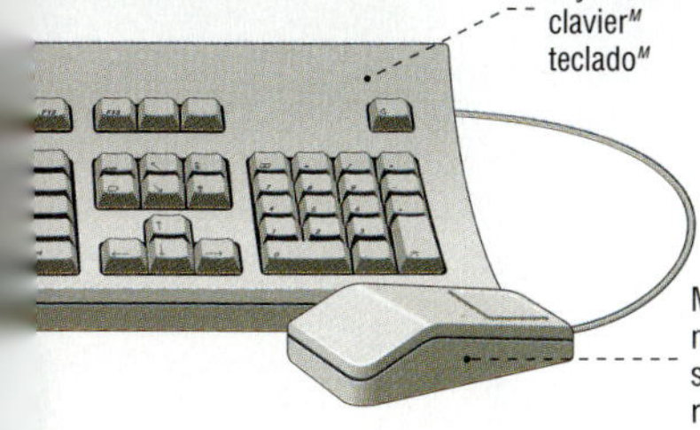

Tastatur^F
keyboard
clavier^M
teclado^M

Maus^F
mouse
souris^F
ratón^M

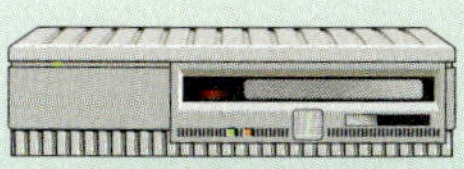

Magnetbandlaufwerk^N
cartridge drive
lecteur^M de cartouche^F
unidad^F de cartuchos^M

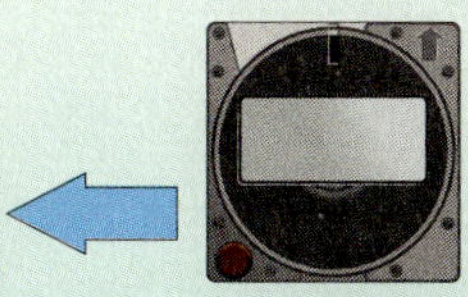

Magnetband^N
cartridge
cartouche^F
cartucho^M de película^F

Bildplattenlaufwerk^N
optical disk drive
lecteur^M de disque^M optique
unidad^F de disco^M óptico

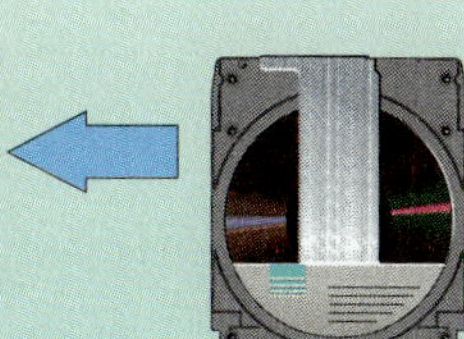

Bildplatte^F
optical disk
disque^M optique
disco^M óptico

AUSGABEGERÄTE^N
OUTPUT DEVICES
PÉRIPHÉRIQUES^M DE SORTIE^F
UNIDADES^F DE SALIDA^F DE INFORMACIÓN^F

Bildschirm^M
video monitor
écran^M
monitor^M de video^M

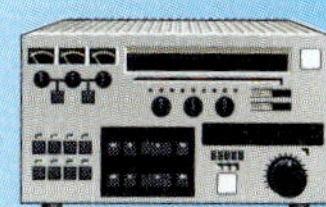

Schreibtisch-Videogerät^N
desktop video unit
unité^F vidéo
consola^F de la unidad^F de video^M

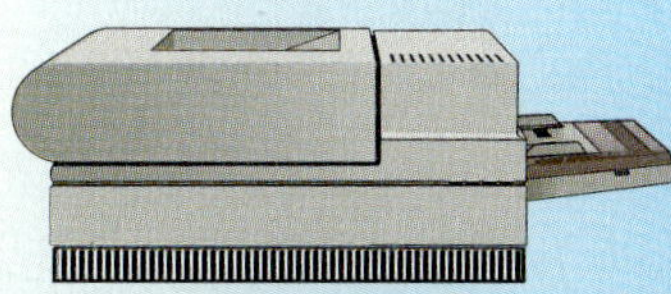

Laserdrucker^M
laser printer
imprimante^F laser^M
impresora^F laser

Nadeldrucker^M
dot matrix printer
imprimante^F matricielle
impresora^F matriz

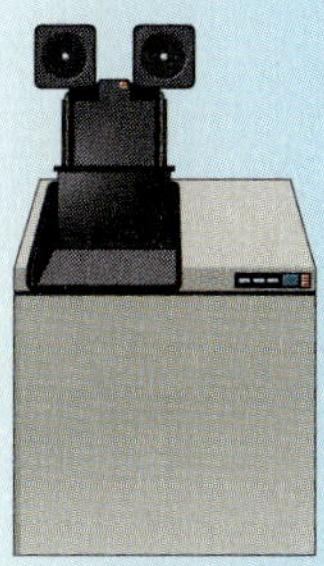

Filmaufnahmegerät^N
film recorder
enregistreur^M de film^M
filmadora^F

Imagesetter^M
imagesetter
composeuse^F
ajuste^F de imagen^F

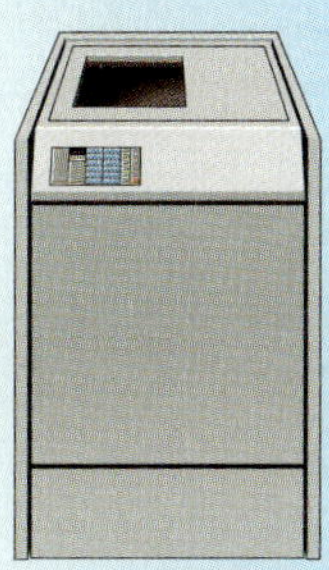

CD-Lesegerät^N
compact disk unit
unité^F de disque^M compact
unidad^F de disco^M compacto

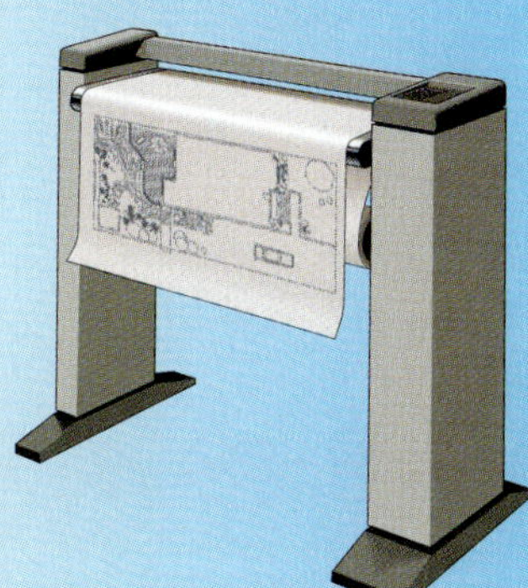

Plotter^M
plotter
traceur^M
graficador^M

GRUNDBAUTEILE^{N}
BASIC COMPONENTS
SYSTÈME^{M} DE BASE^{F}
COMPONENTES^{M} BÁSICOS

PERSONALCOMPUTER^{M}
PERSONAL COMPUTER (VIEW FROM ABOVE)
MICRO-ORDINATEUR^{M} (VUE^{F} EN PLONGÉE^{F})
VISTA^{F} POR ENCIMA DE UN COMPUTADOR^{M} PERSONAL

BILDSCHIRMEINHEIT[F]
VIDEO MONITOR
ÉCRAN[M]
MONITOR[M] DEL VIDEO[M]

FLOPPY-DISK[F]
FLOPPY DISK
DISQUETTE[F] SOUPLE
DISCO[M] FLEXIBLE

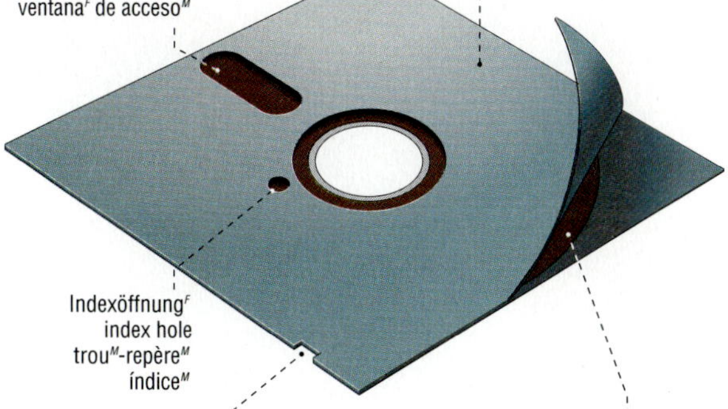

MINI-DISKETTE[F]
MINI-FLOPPY DISK
DISQUETTE[F] RIGIDE
DISCO[M] FLEXIBLE PEQUEÑO

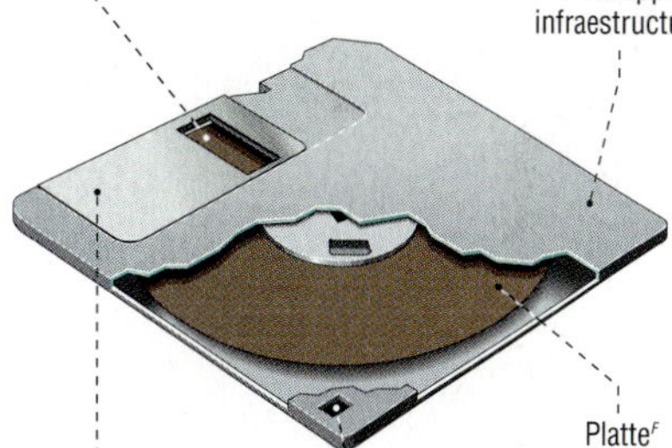

FESTPLATTENLAUFWERK[N]
HARD DISK DRIVE
LECTEUR[M] DE DISQUE[M] DUR
UNIDAD[F] DEL DISCO[M] DURO

GRUNDBAUTEILE[N]
BASIC COMPONENTS
SYSTÈME[M] DE BASE[F]
COMPONENTES[M] BÁSICOS

TASTATUR[F]
KEYBOARD
CLAVIER[M]
TECLADO[M]

Funktionstasten[F]
function key
touche[F] programmable
tecla[F] de función[F]

Eingabetaste[F]
return key
touche[F] de retour[M]
tecla[F] de aceptación[F]

Reset-Taste[F]
start-up key
touche[F] de démarrage[M]
tecla[F] de corrección[F]

Tab-Taste[F]
tab key
touche[F] de tabulateur[M]
tecla[F] de tabulación[F]

Umschaltfeststelltaste[F]
shift lock key
touche[F] fixe-majuscules[M]
tecla[F] seguro[M] de mayúsculas[F]

Löschtaste[F]
delete key
touche[F] d'effacement[M]
tecla[F] de supresión[F]

Eingabetaste[F]
enter key
touche[F] d'envoi[M]
tecla[F] de entrada[F]

Taste[F] für erweiterten Zeichensatz[M]
extended character
jeu[M] étendu de caractères[M]
juego[M] extenso de caracteres[M]

alphanumerisches Tastenfeld[N]
alphanumeric keyboard
clavier[M] alphanumérique
teclado[M] alfanumérico

numerisches Tastenfeld[N]
numeric keypad
clavier[M] numérique
teclado[M] numérico

Steuerungstaste[F]
control key
touche[F] de service[M]
tecla[F] de servicio[M]

Leertaste[F]
space bar
barre[F] d'espacement[M]
barra[F] espaciadora

Richtungstasten[F]
cursor movement keys
touches[F] de directivité[F]
teclas[F] direccionales

Umschalttasten[F]
shift key
touche[F] majuscule[F]
tecla[F] de mayúsculas[F]

Befehlstaste[F]
command key
touche[F] de commande[F]
tecla[F] de mando[M]

MAUS[F]
MOUSE
SOURIS[F]
RATÓN[M]

Verbindungskabel[N]
connection cable
câble[M] de raccordement[M]
cable[M] de conexión[F]

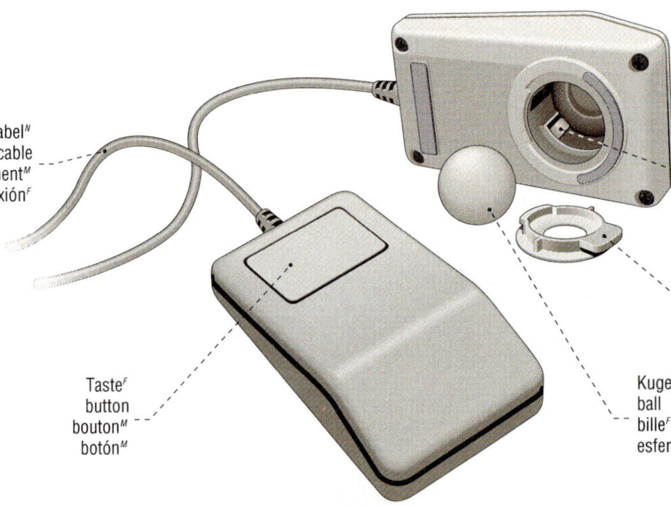

Laufrolle[F]
roller
galet[M]
rodamiento[M]

Kugelhalterung[F]
lock dial
verrou[M]
retén[M] de la esfera[F]

Taste[F]
button
bouton[M]
botón[M]

Kugel[F]
ball
bille[F]
esfera[F]

NADELDRUCKER^{M}
DOT MATRIX PRINTER
IMPRIMANTE^{F} MATRICIELLE
IMPRESORA^{F} MATRIZ

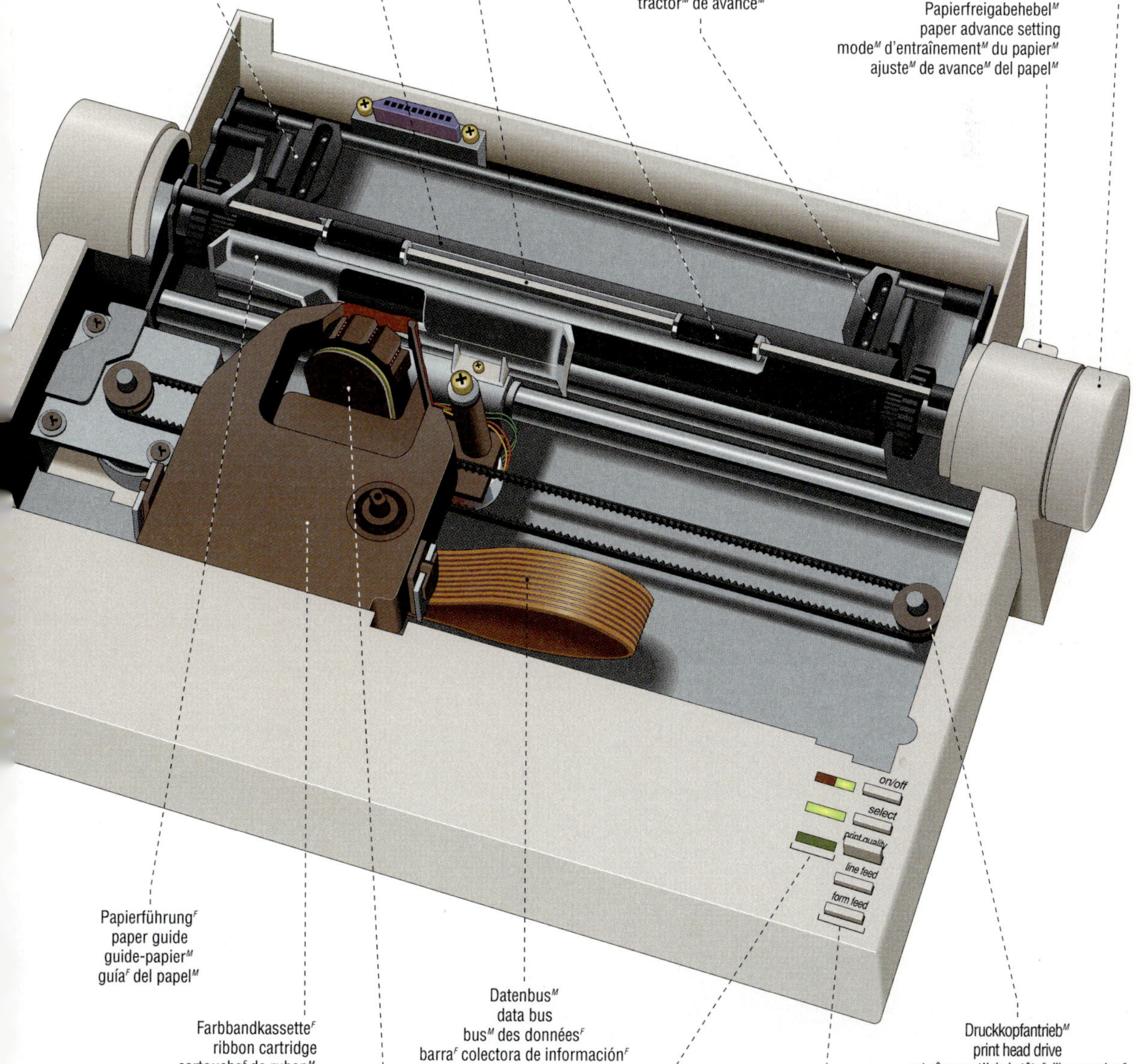

FOTOKOPIERER[M]
PHOTOCOPIER
PHOTOCOPIEUR[M]
FOTOCOPIADORA[F]

Kopienablage[F]
feeder output tray
plateau[M] récepteur
bandeja[F] de arrastre[M] de la producción[F]

Ablage[F]
document handler
chargeur[M] manuel
manipulador[M] de documentos[M]

Abdeckung[F]
cover
couvercle[M]
tapa[F]

Bedienungskonsole[F]
control panel
tableau[M] de commande[F]
tablero[M] de controles[M]

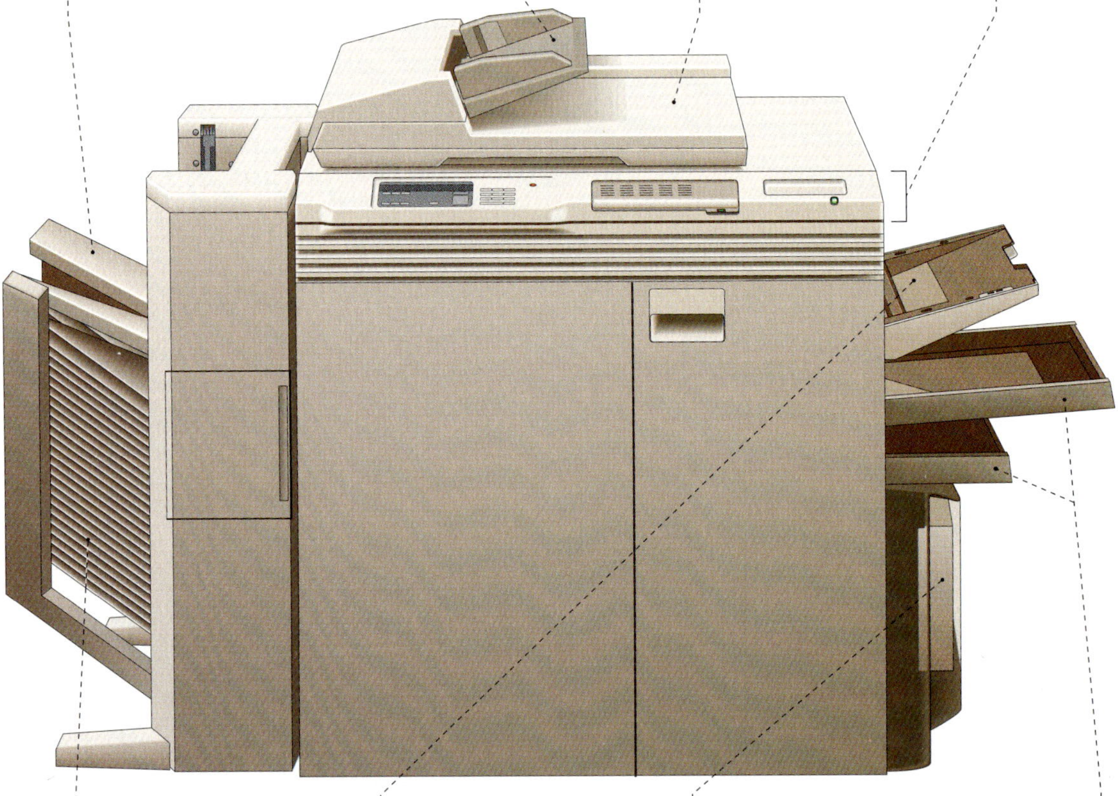

automatische Sortierablagen[F]
automatic sorting trays
plateau[M] de tri[M] automatique
cambio[M] automático de bandejas[F]

Papiereinschubfach[N]
bypass feeder
chargeur[M] automatique
alimentador[M]

Reservepapier[N]
paper in reserve
réverve[F] de papier[M]
papel[M] de reserva[F]

Papierablagen[F]
paper trays
magasins[M]
bandejas[F] para el papel[M]

BEDIENUNGSKONSOLE[F]
CONTROL PANEL
TABLEAU[M] DE COMMANDE[F]
TABLERO[M] DE CONTROLES[M]

Meldungsanzeige[F]
message display
écran[M] d'affichage[M]
visualización[F] del mensaje

Kopierkontrolle[F]
photocopy control
contrôle[M] de la photocopie[F]
control[M] de fotocopias[F]

Verkleinern[N]/Vergrößern[N]
reduce/enlarge
réduction[F]/agrandissement[M]
reducción[N]\ampliación[F]

Einstellungen[F] löschen
reset
remise[F] à zéro[M]
vuelta[F] al comienzo[M]

beidseitiges Kopieren[N]
two-sided copies
copie[F] recto[M]/verso[M]
copias[F] anverso[M]/reverso[M]

Kopienausgabemodus[M]
copy output mode
mode[M] de sortie[F] des copies[F]
modalidad[F] de producción[F] de copia[F]

Farbeinstellung[F]
colour control
contrôle[M] de la couleur[F]
control[M] de color[M]

Überlappanzeige[F]
original overlay
superposition[F] d'originaux[M]
sobreimpresión[F] del original[M]

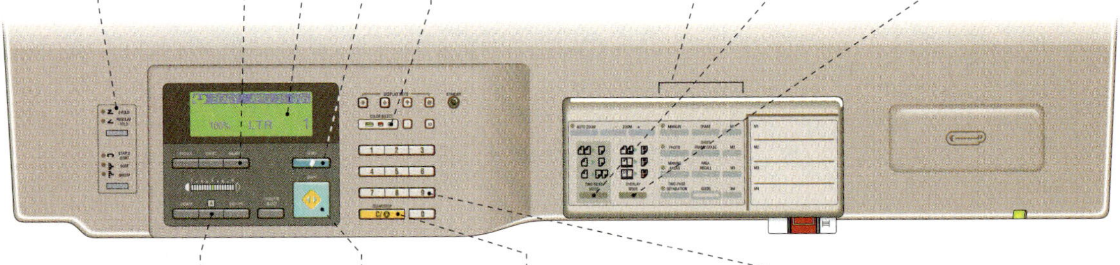

Kontrasteinstellung[F]
contrast control
contrôle[M] du contraste[M]
control[M] de contraste[M]

Start-Taste[F]
start
impression[F]
puesta[F] en marcha[F]

Stop-Taste[F]
stop
arrêt[M] d'impression[F]
pare[M]

Kopienanzahl[F]
copy quantity
nombre[M] de copies[F]
cantidad[F] de copias[F]

MUSIK MUSIQUE
MUSIC MÚSICA

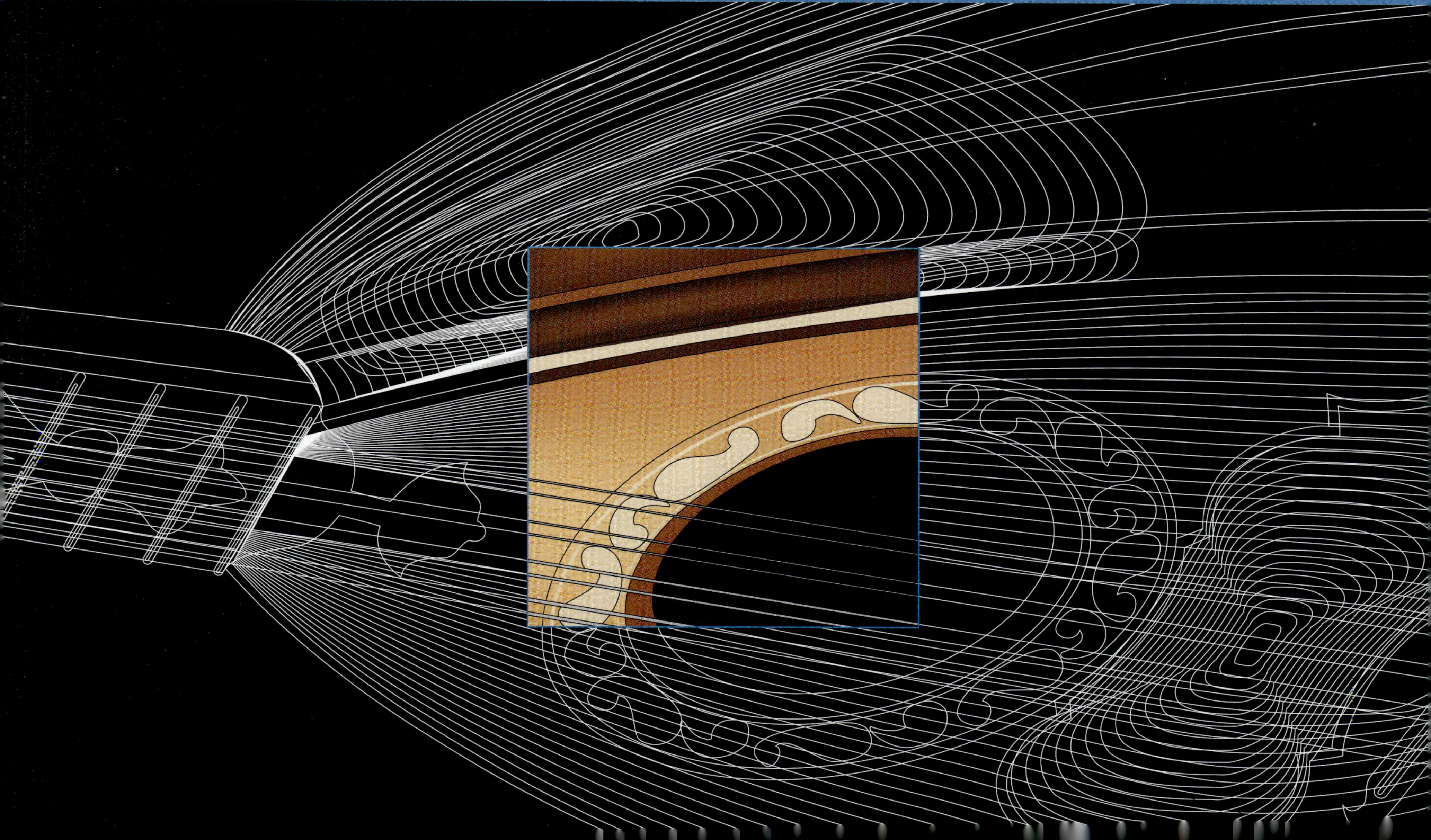

INHALT

TRADITIONELLE MUSIKINSTRUMENTE 535
MUSIKNOTATION 537
MUSIKZUBEHÖR 539
TASTENINSTRUMENTE 540
ORGEL 542
SAITENINSTRUMENTE 544
BLASINSTRUMENTE 548
SCHLAGINSTRUMENTE 552
ELEKTRONISCHE INSTRUMENTE 555
SINFONIEORCHESTER 556
BEISPIELE FÜR INSTRUMENTALGRUPPIERUNGEN 558

TRADITIONELLE MUSIKINSTRUMENTE[N]
TRADITIONAL MUSICAL INSTRUMENTS
INSTRUMENTS[M] TRADITIONNELS
INSTRUMENTOS[M] MUSICALES TRADICIONALES

ZITHER[F]
ZITHER
CITHARE[F]
CÍTARA[F]

LYRA[F]
LYRE
LYRE[F]
LIRA[F]

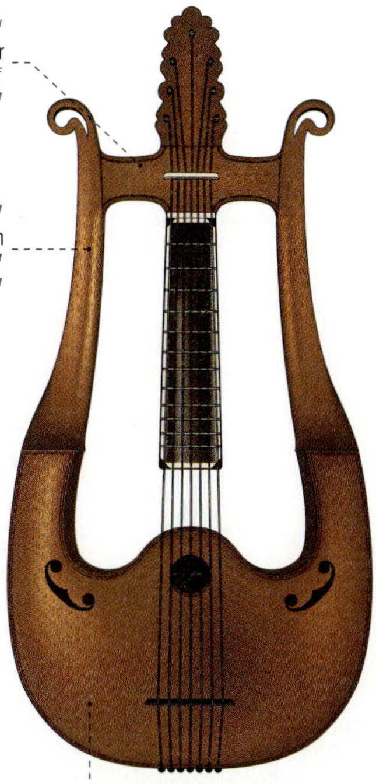

BALALAIKA[F]
BALALAIKA
BALALAÏKA[F]
BALALAIKA[F]

MANDOLINE[F]
MANDOLIN
MANDOLINE[F]
MANDOLINA[F]

BANJO[N]
BANJO
BANJO[M]
BANJO[M]

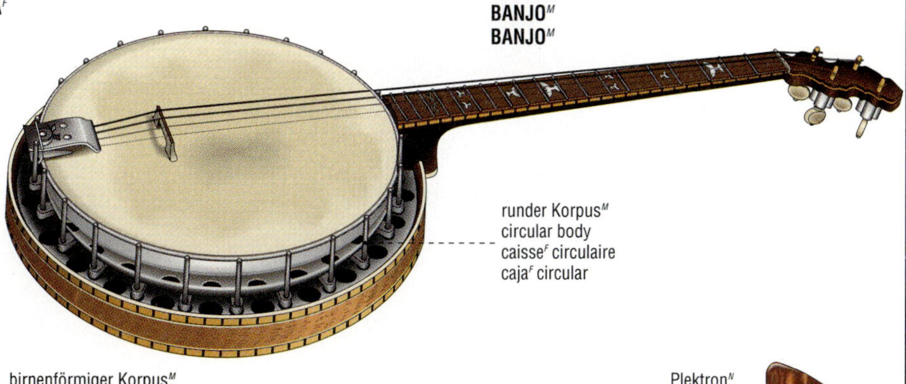

TRADITIONELLE MUSIKINSTRUMENTE[N]
TRADITIONAL MUSICAL INSTRUMENTS
INSTRUMENTS[M] TRADITIONNELS
INSTRUMENTOS[M] MUSICALES TRADICIONALES

AKKORDEON[N]
ACCORDION
ACCORDÉON[M]
ACORDEÓN[M]

DUDELSACK[M]
BAGPIPES
CORNEMUSE[F]
GAITA[F]

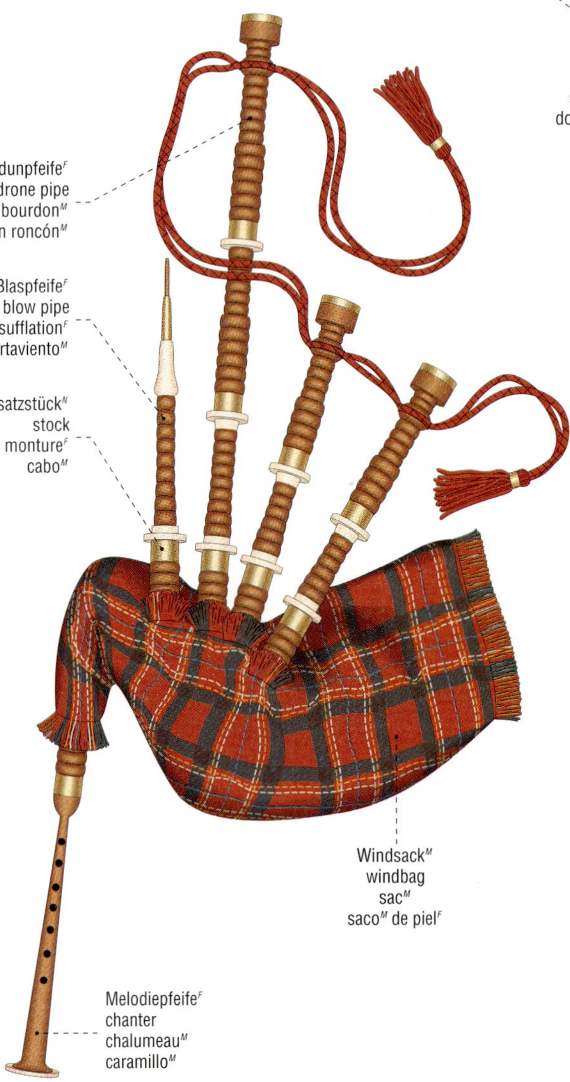

MAULTROMMEL[F]
JEW'S HARP
GUIMBARDE[F]
BIRIMBAO[M]

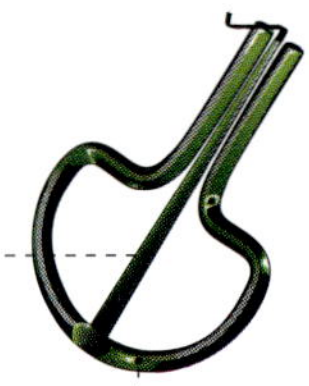

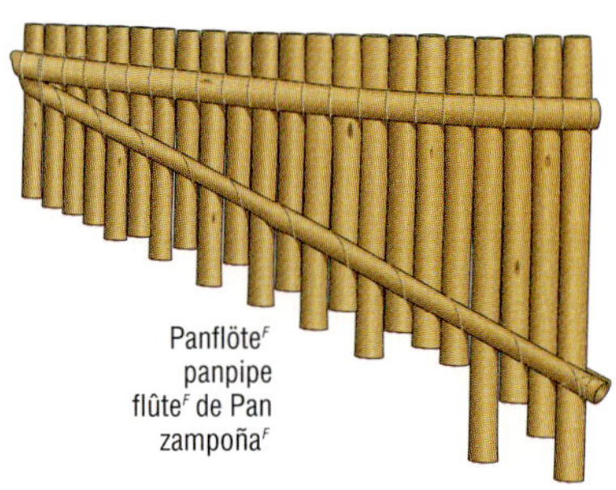

MUSIKNOTATION[F]
MUSICAL NOTATION
NOTATION[F] MUSICALE
NOTACIÓN[F] MUSICAL

LINIENSYSTEM[N]
STAFF
PORTÉE[F]
PENTAGRAMA[F]

Hilfslinie[F]
ledger line
ligne[F] supplémentaire
línea[F] suplementaria

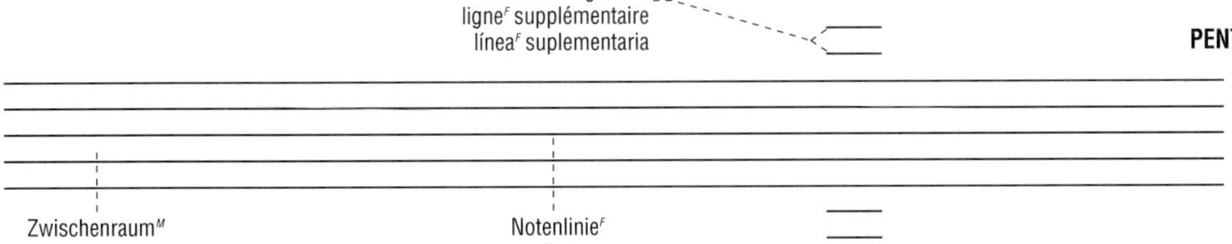

Zwischenraum[M]
space
interligne[M]
espacio[M]

Notenlinie[F]
line
ligne[F]
línea[F]

NOTENSCHLÜSSEL[M]
CLEFS
CLÉS[F]
CLAVES[F]

Violinschlüssel[M]
g clef
clé[F] de sol[M]
clave[F] de sol

Baßschlüssel[M]
f clef
clé[F] de fa[M]
clave[F] de fa

Altschlüssel[M]
c clef
clé[F] d'ut[M]
clave[F] de do

TAKTARTEN[F]
TIME SIGNATURES
MESURES[F]
COMPÁS[M]

Taktstrich[M]
bar line
barre[F] de mesure[F]
barra[F] de compás[M]

Zweihalbetakt[M]
two-two time
mesure[F] à deux temps[M]
de dos mitades[F]

Dreivierteltakt[M]
three-four time
mesure[F] à trois temps[M]
de tres cuartos[M]

Viervierteltakt[M]
four-four time
mesure[F] à quatre temps[M]
de cuatro cuartos[M]

Wiederholungszeichen[N]
repeat mark
barre[F] de reprise[F]
barra[F] de repetición[F]

TONLEITER[F]
SCALE
GAMME[F]
ESCALA[F]

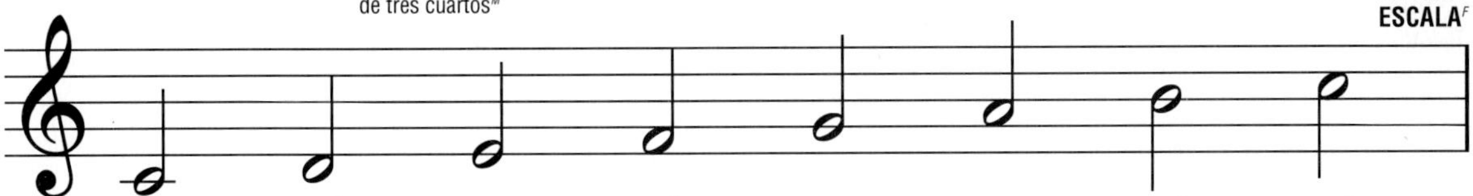

c	d	e	f	g	a	h	c
c	d	e	f	g	a	b	c
do[M]	ré[M]	mi[M]	fa[M]	sol[M]	la[M]	si[M]	do[M]
do[C]	re[D]	mi[E]	fa[F]	sol[G]	la[A]	si[B]	do[C]

INTERVALLE[N]
INTERVALS
INTERVALLES[M]
INTERVALOS[M]

Prime[F]
unison
unisson[M]
unísono[M]

Sekunde[F]
second
seconde[F]
segunda[F]

Terz[F]
third
tierce[F]
tercera[F]

Quarte[F]
fourth
quarte[F]
cuarta[F]

Quinte[F]
fifth
quinte[F]
quinta[F]

Sexte[F]
sixth
sixte[F]
sexta[F]

Septime[F]
seventh
septième[F]
séptima[F]

Oktave[F]
octave
octave[F]
octava[F]

MUSIKNOTATION^{F}
MUSICAL NOTATION
NOTATION^{F} MUSICALE
NOTACIÓN^{F} MUSICAL^{F}

NOTENWERTE^{M}
NOTE SYMBOLS
VALEUR^{F} DES NOTES^{F}
VALORES^{M} DE LAS NOTAS^{F} MUSICALES

ganze Note^{F}
semibreve
ronde^{F}
redonda^{F} (unidad^{F})

halbe Note^{F}
minim
blanche^{F}
blanca^{M} (itad^{F})

Viertelnote^{F}
crotchet
noire^{F}
negra^{F} (cuarto^{M})

Achtelnote^{F}
quaver
croche^{F}
corchea^{F} (octavo^{M})

Sechzehntelnote^{F}
semiquaver
double croche^{F}
semicorchea^{F} (dieciseisavo^{M})

Zweiunddreißigstelnote^{F}
demisemiquaver
triple croche^{F}
fusa^{F} (treintaidosavo^{M})

Vierundsechzigstelnote^{F}
hemidemisemiquaver
quadruple croche^{F}
semifusa^{F} (sesentaicuatroavo^{M})

PAUSENZEICHEN^{N}
REST SYMBOLS
VALEUR^{F} DES SILENCES^{M}
VALORES^{M} DE LOS SILENCIOS^{M}

ganze Pause^{F}
semibreve rest
pause^{F}
silencio^{M} de redonda^{F}

halbe Pause^{F}
minim rest
demi-pause^{F}
silencio^{M} de blanca^{F}

Viertelpause^{F}
crotchet rest
soupir^{M}
silencio^{M} de negra^{F}

Achtelpause^{F}
quaver rest
demi-soupir^{M}
silencio^{M} de corchea^{F}

Sechzehntelpause^{F}
semiquaver rest
quart^{M} de soupir^{M}
silencio^{M} de semicorchea^{F}

Zweiunddreißigstelpause^{F}
demisemiquaver rest
huitième^{M} de soupir^{M}
silencio^{M} de fusa^{F}

Vierundsechzigstelpause^{F}
hemidemisemiquaver rest
seizième^{M} de soupir^{M}
silencio^{M} de semifusa^{F}

VERSETZUNGSZEICHEN^{N}
ACCIDENTALS
ALTÉRATIONS^{F}
ACCIDENTALES^{M}

B^{N}
flat
bémol^{M}
bemol^{M}

Doppelkreuz^{N}
double sharp
double dièse^{M}
doble^{M} sostenido

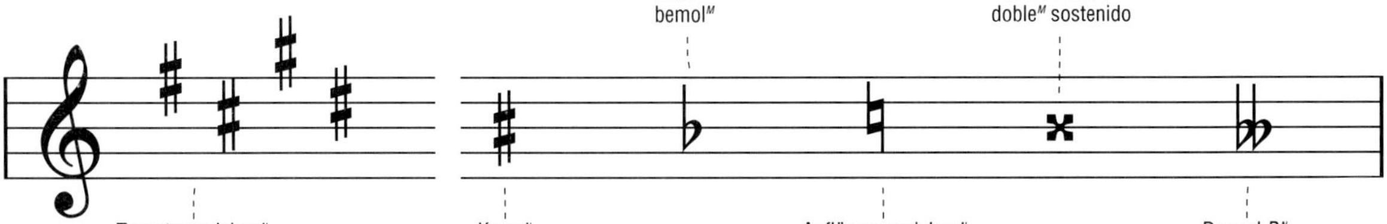

Tonartvorzeichen^{N}
key signature
armature^{F} de la clé^{F}
armadura^{F}

Kreuz^{N}
sharp
dièse^{M}
sostenido^{M}

Auflösungszeichen^{N}
natural
bécarre^{M}
becuadro^{M}

Doppel-B^{N}
double flat
double bémol^{M}
doble^{M} bemol

VERZIERUNGEN^{F}
ORNAMENTS
ORNEMENTS^{M}
ADORNOS^{M}

Vorschlag^{M}
appoggiatura
appoggiature^{F}
apoyatura^{F}

Triller^{M}
trill
trille^{M}
trino^{M}

Doppelschlag^{M}
turn
gruppetto^{M}
grupeto^{M}

Mordent^{M}
mordent
mordant^{M}
mordente^{M}

AKKORD^{M}
CHORD
ACCORD^{M}
ACORDE^{M}

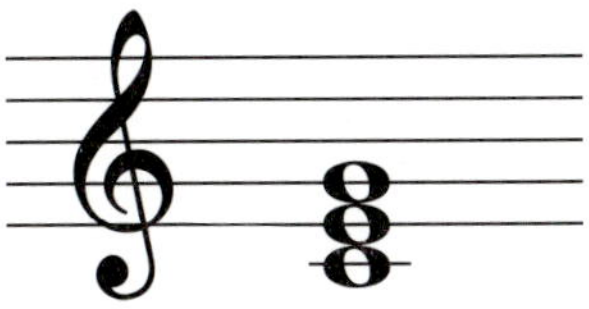

ANDERE ZEICHEN^{N}
OTHER SIGNS
AUTRES SIGNES^{M}
OTROS SIGNOS^{M}

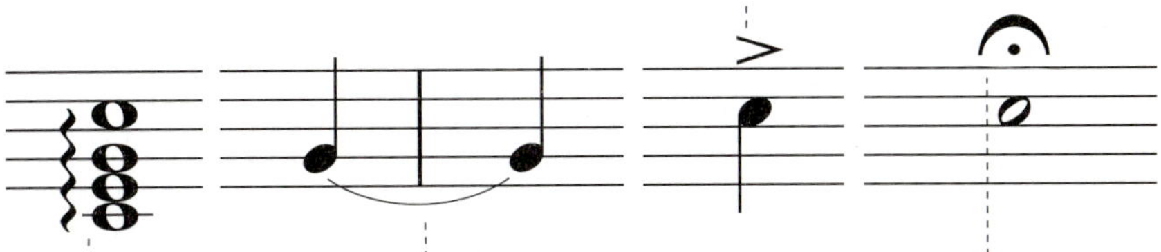

MUSIKZUBEHÖR^{N}
MUSICAL ACCESSORIES
ACCESSOIRES^{M}
ACCESORIOS^{M} MUSICALES

NOTENSTÄNDER^{M}
MUSIC STAND
PUPITRE^{M} À MUSIQUE^{F}
ATRIL^{M}

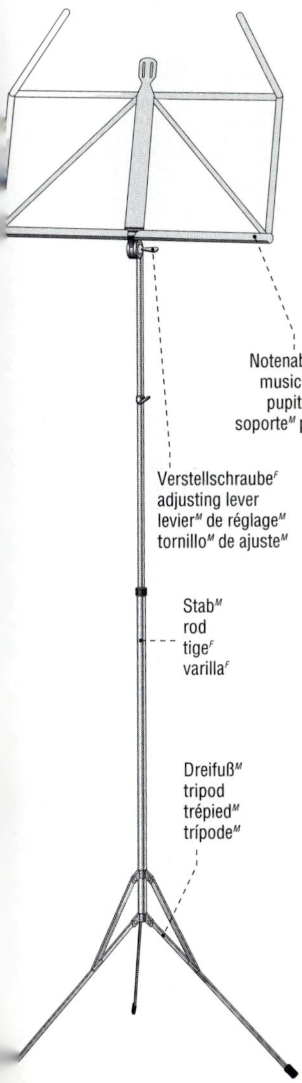

QUARZMETRONOM^{N}
QUARTZ METRONOME
MÉTRONOME^{M} À QUARTZ^{M}
METRÓNOMO^{M} DE CUARZO^{M}

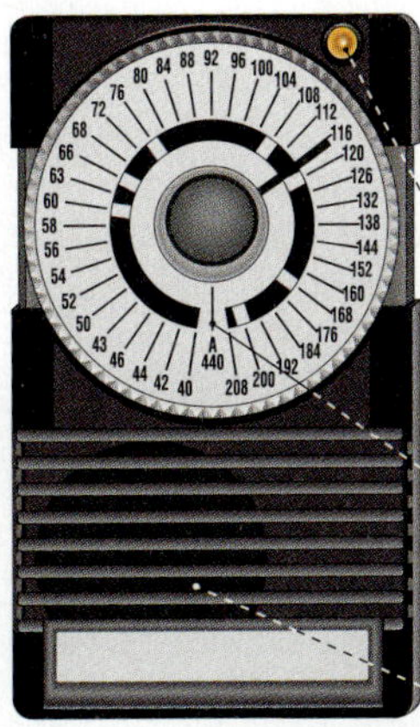

METRONOM^{N}
METRONOME
MÉTRONOME^{M} MÉCANIQUE
METRÓNOMO^{M}

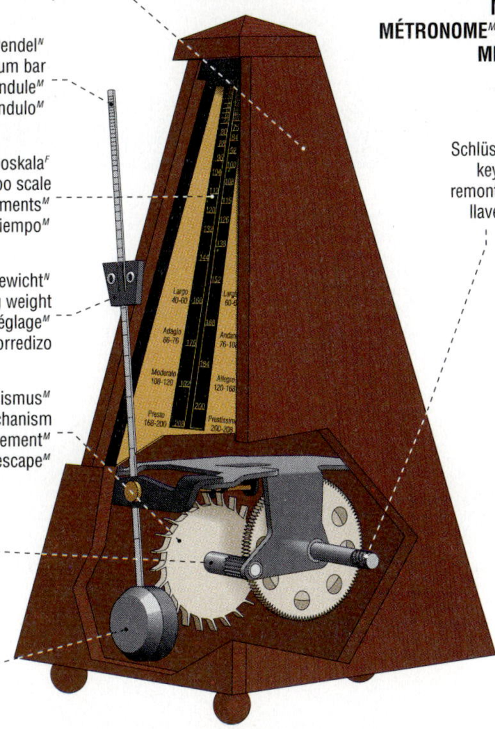

TASTENINSTRUMENTE^N
KEYBOARD INSTRUMENTS
INSTRUMENTS^M À CLAVIER^M
INSTRUMENTOS^M DE TECLADO^M

KLAVIER^N
UPRIGHT PIANO
PIANO^M DROIT
PIANO^M VERTICAL

KLAVIERMECHANIK^F
UPRIGHT PIANO ACTION
MÉCANIQUE^F DU PIANO^M DROIT
MECANISMO^M DEL PIANO^M VERTICAL

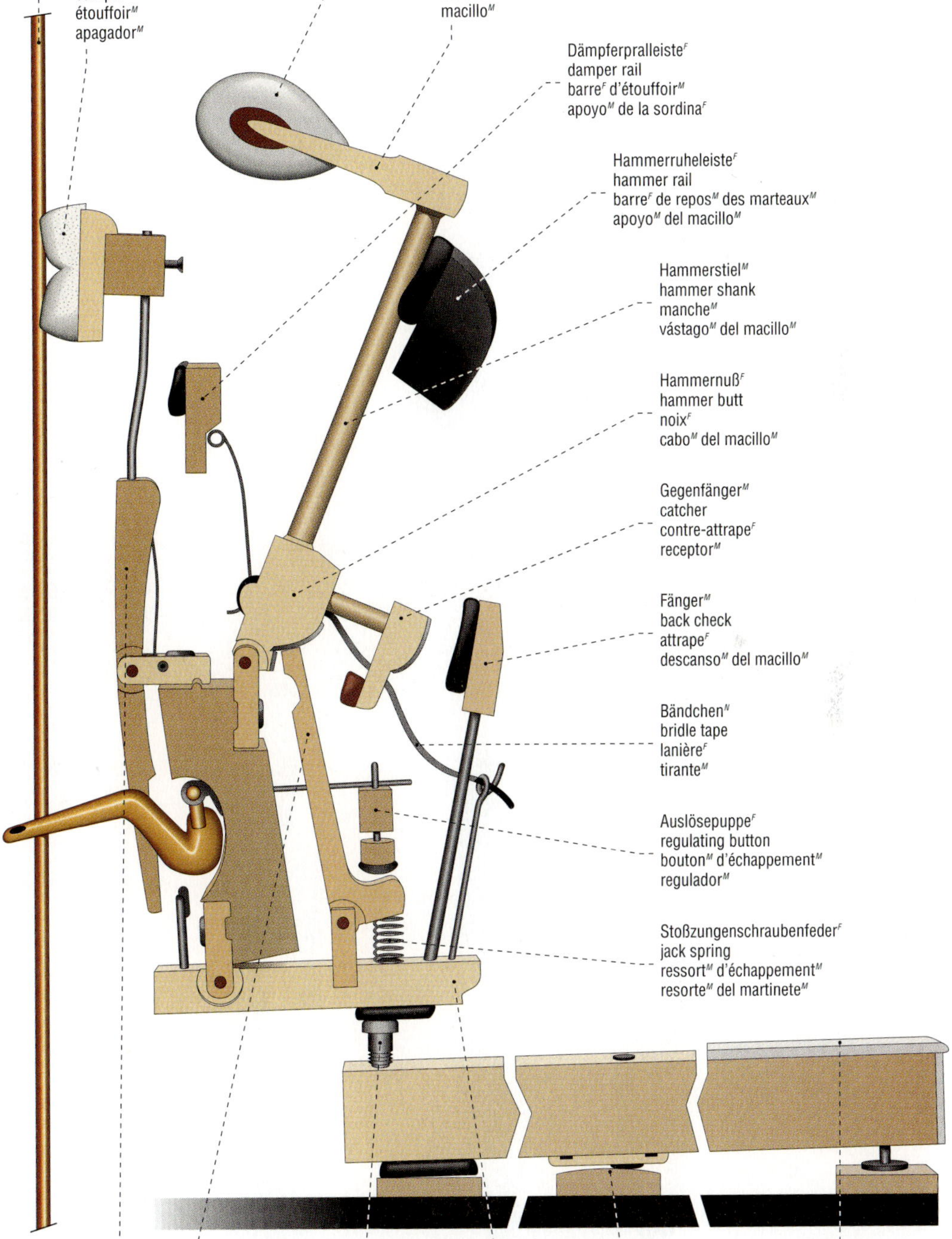

ORGEL^F
ORGAN
ORGUE^M
ÓRGANO^M ELECTRONEUMÁTICO

ORGELSPIELTISCH^M
ORGAN CONSOLE
CONSOLE^F D'ORGUE^M
CONSOLA^F

LIPPENPFEIFE^F
FLUE PIPE
TUYAU^M À BOUCHE^F
CAÑO^M DEL ÓRGANO^M

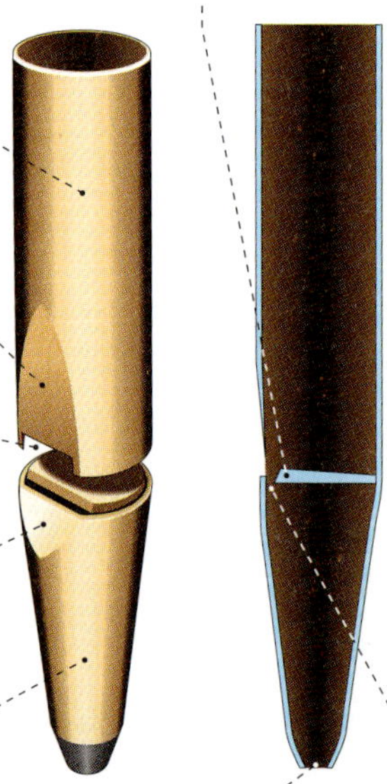

ZUNGENPFEIFE^F
REED PIPE
TUYAU^M À ANCHE^F
TUBO^M DE LENGÜETA^F

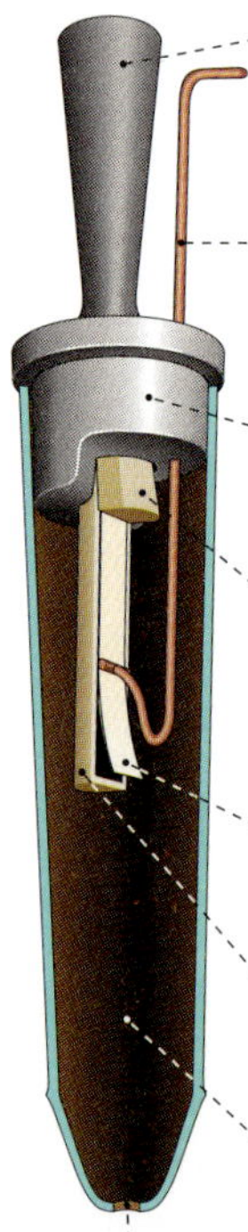

ORGELMECHANIK[F]
MECHANISM OF THE ORGAN
MÉCANISME[M] DE L'ORGUE[M]
MECANISMO[M] DEL ÓRGANO[M]

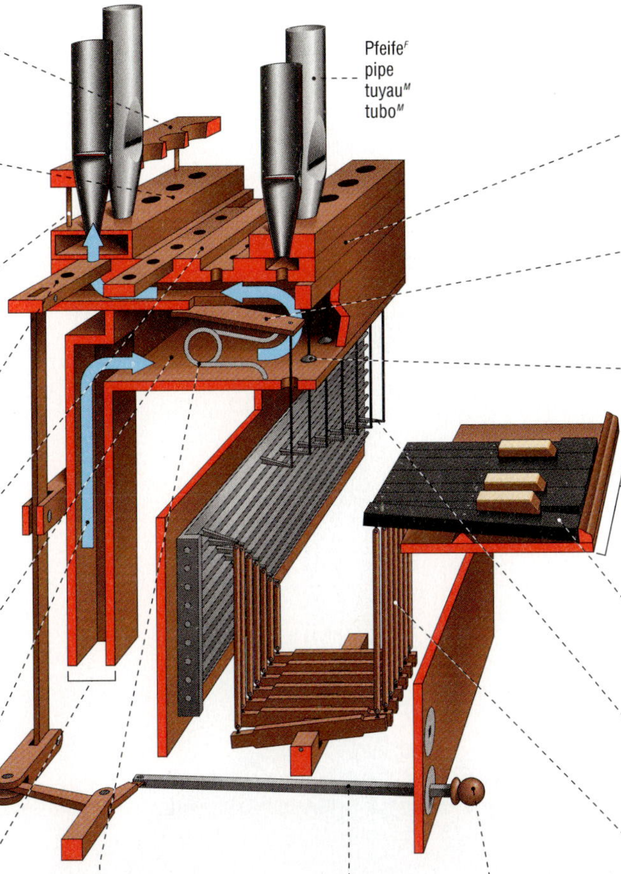

TONERZEUGUNG[F]
PRODUCTION OF SOUND
PRODUCTION[F] DU SON[M]
PRODUCCIÓN[F] DEL SONIDO[M]

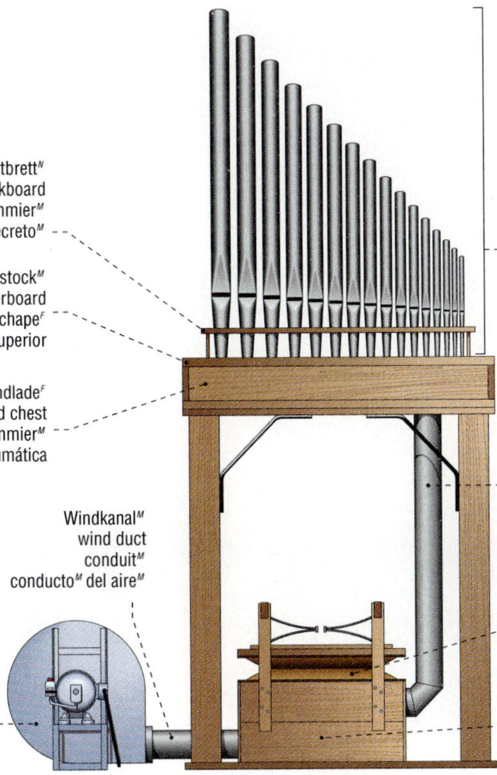

SAITENINSTRUMENTE[N]
STRINGED INSTRUMENTS
INSTRUMENTS[M] À CORDES[F]
INSTRUMENTOS[M] DE CUERDA[F]

VIOLINE[F]
VIOLIN
VIOLON[M]
VIOLÍN[M]

BOGEN[M]
BOW
ARCHET[M]
ARCO[M]

GEIGENFAMILIE[F]
VIOLIN FAMILY
FAMILLE[F] DU VIOLON[M]
FAMILIA[F] DE LOS VIOLINES[M]

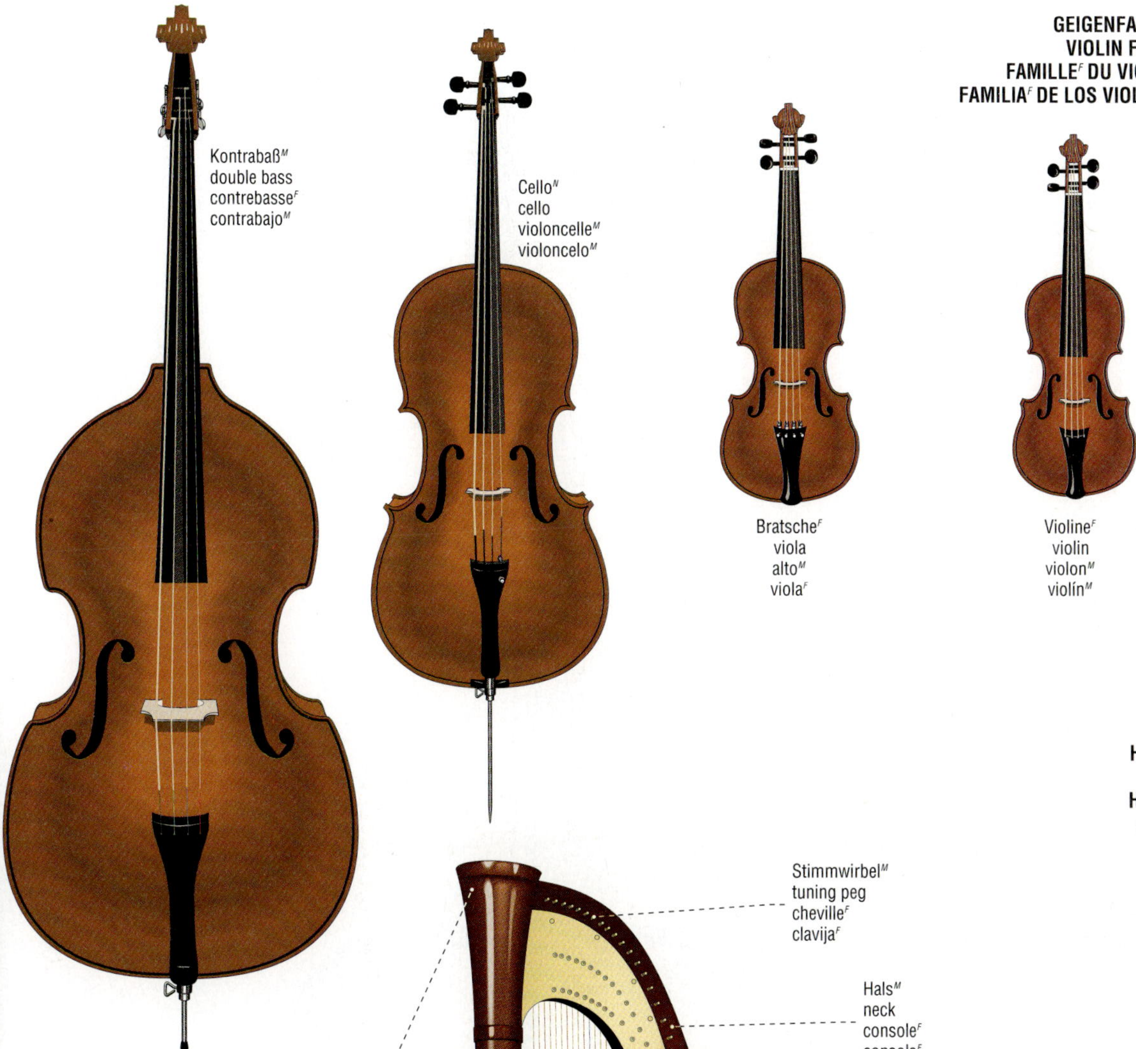

HARFE[F]
HARP
HARPE[F]
ARPA[F]

SAITENINSTRUMENTE^N
STRINGED INSTRUMENTS
INSTRUMENTS^M À CORDES^F
INSTRUMENTOS^M DE CUERDA^F

AKUSTISCHE GITARRE^F
ACOUSTIC GUITAR
GUITARE^F ACOUSTIQUE
GUITARRA^F CLÁSICA

ELEKTRISCHE GITARRE[F]
ELECTRIC GUITAR
GUITARE[F] ÉLECTRIQUE
GUITARRA[F] ELÉCTRICA

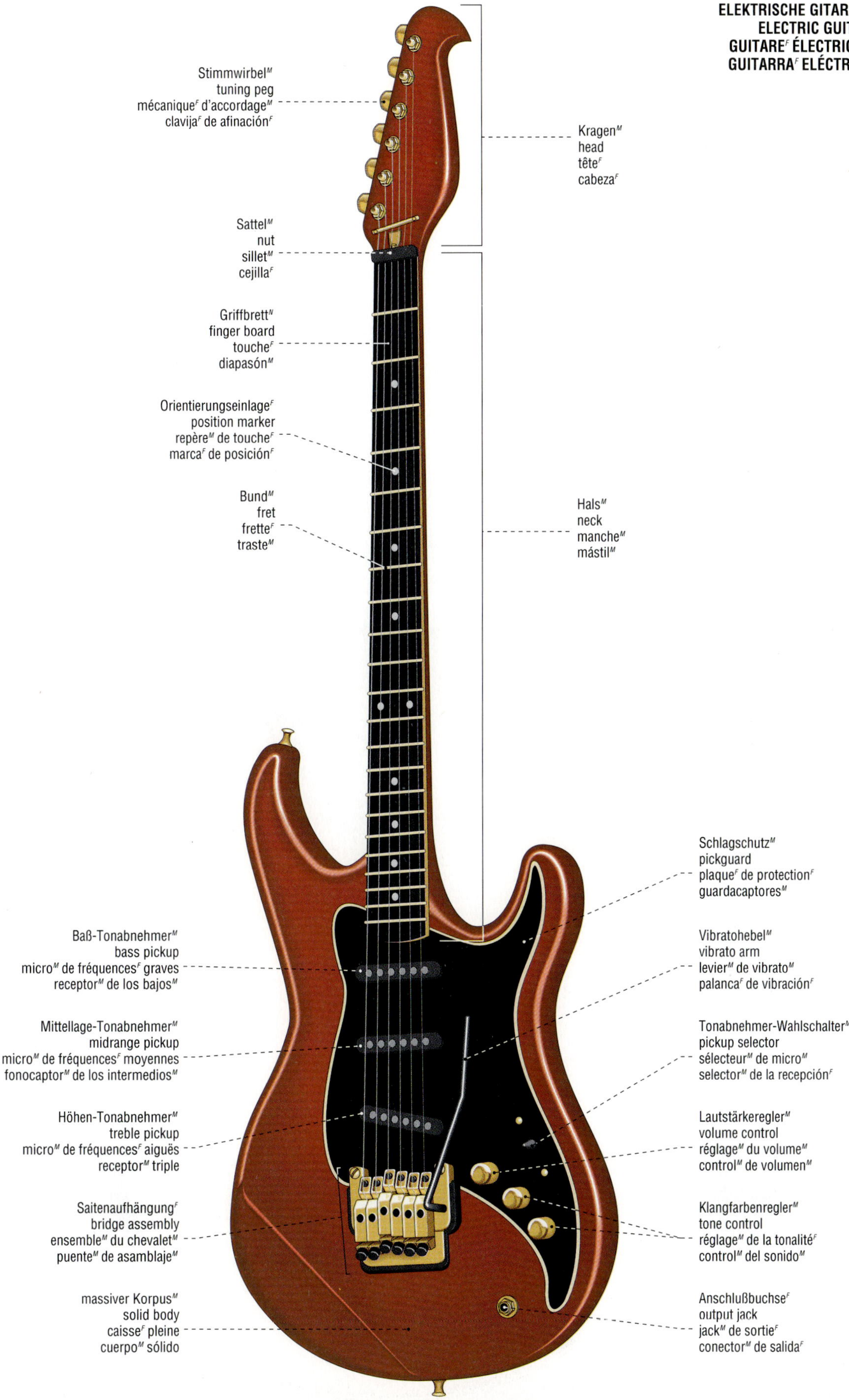

BLASINSTRUMENTE[N]
WIND INSTRUMENTS
INSTRUMENTS[M] À VENT[M]
INSTRUMENTOS[M] DE VIENTO[M]

SAXOPHON[N]
SAXOPHONE
SAXOPHONE[M]
SAXOFÓN[M]

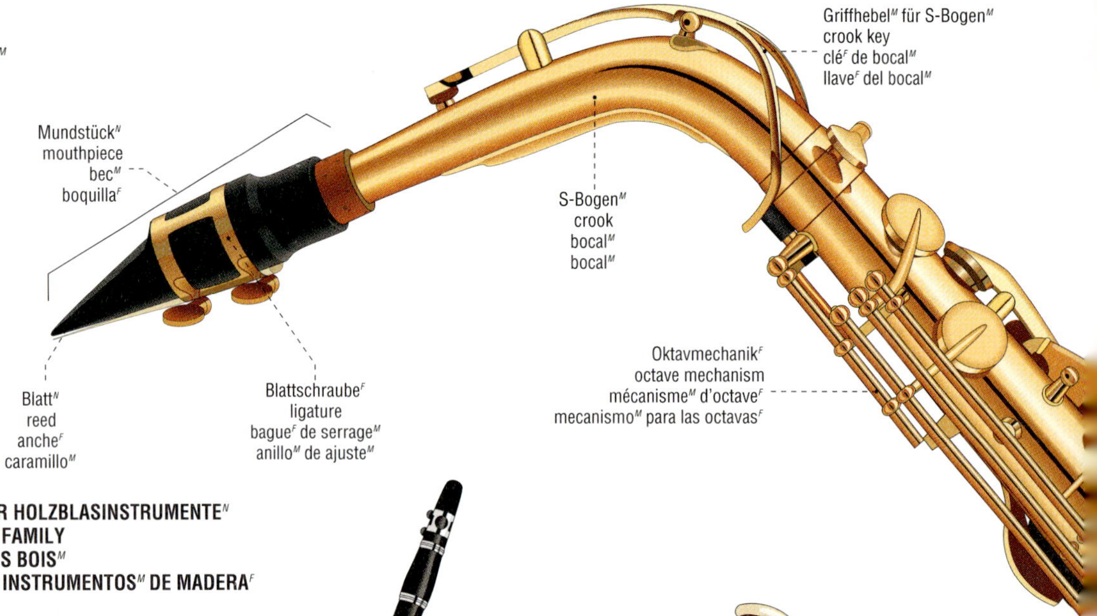

FAMILIE[F] DER HOLZBLASINSTRUMENTE[N]
WOODWIND FAMILY
FAMILLE[F] DES BOIS[M]
FAMILIA[F] DE INSTRUMENTOS[M] DE MADERA[F]

BLÄTTER^{N}
REEDS
ANCHES^{F}
CAÑAS^{F}

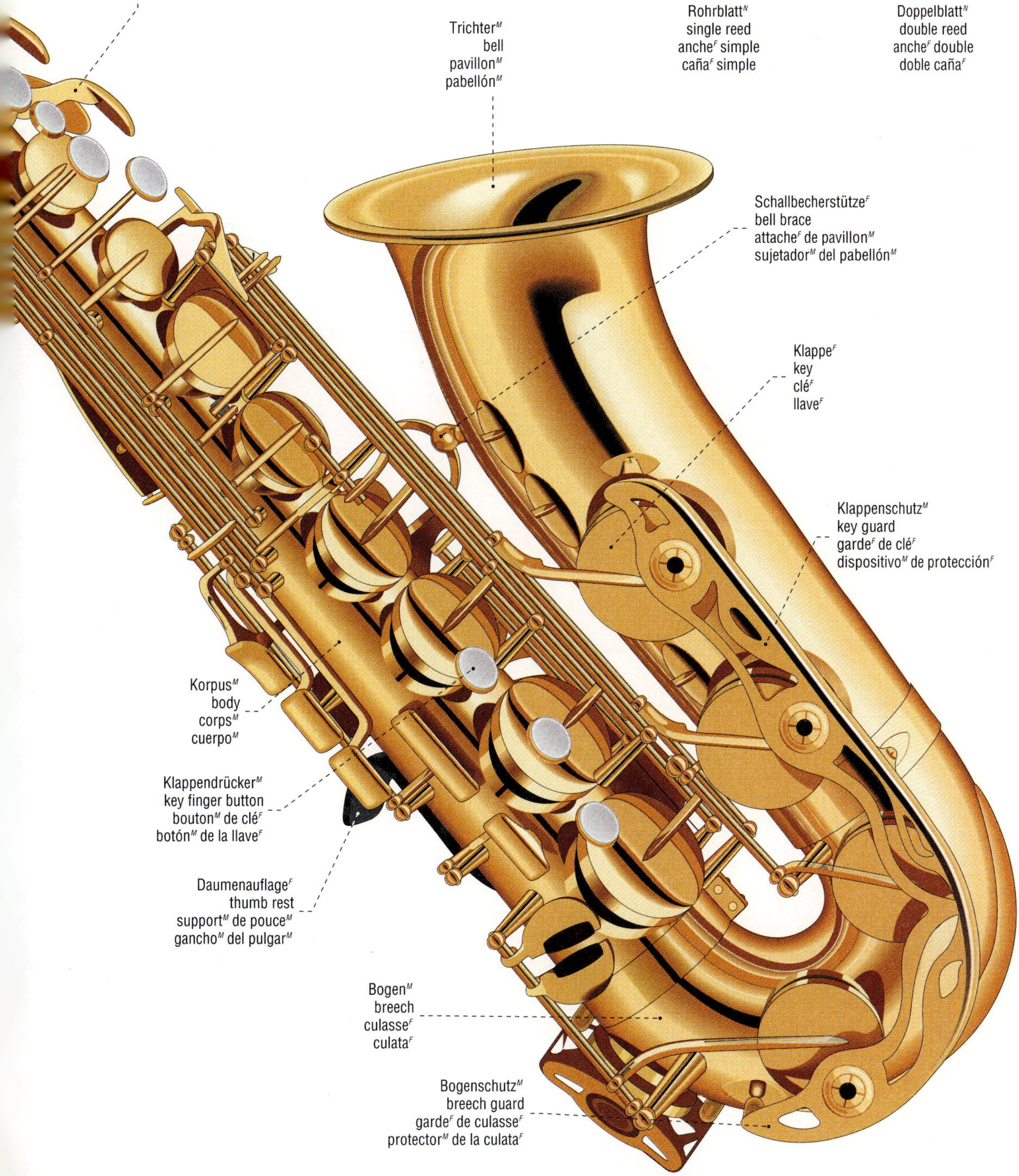

BLASINSTRUMENTE[N]
WIND INSTRUMENTS
INSTRUMENTS[M] À VENT[M]
INSTRUMENTOS[M] DE VIENTO[M]

TROMPETE[F]
TRUMPET
TROMPETTE[F]
TROMPETA[F]

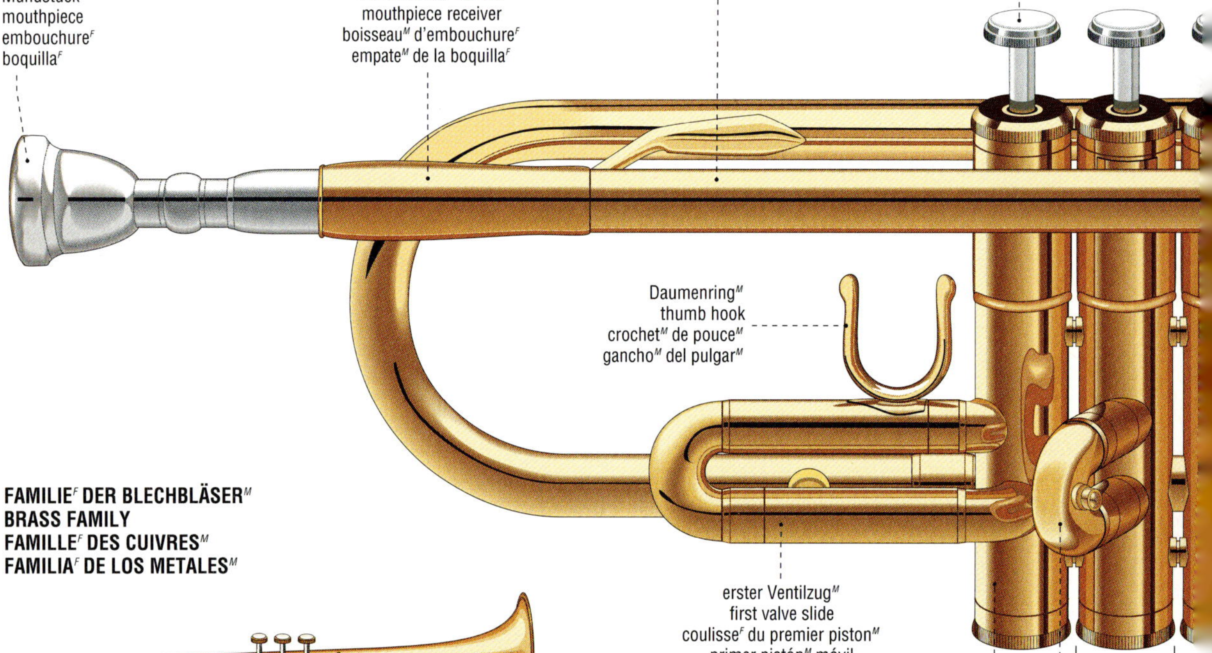

FAMILIE[F] DER BLECHBLÄSER[M]
BRASS FAMILY
FAMILLE[F] DES CUIVRES[M]
FAMILIA[F] DE LOS METALES[M]

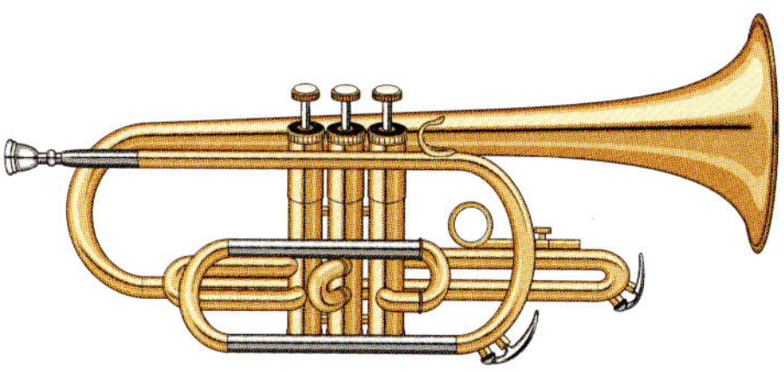

Kornett[N]
cornet
cornet[M] à pistons[M]
cornetín[M]

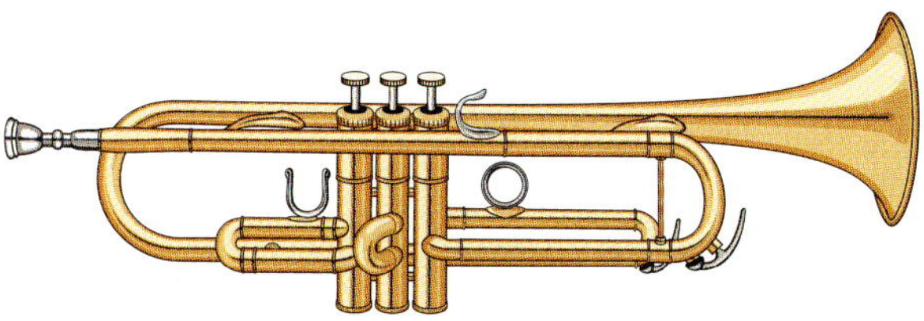

Trompete[F]
trumpet
trompette[F]
trompeta[F]

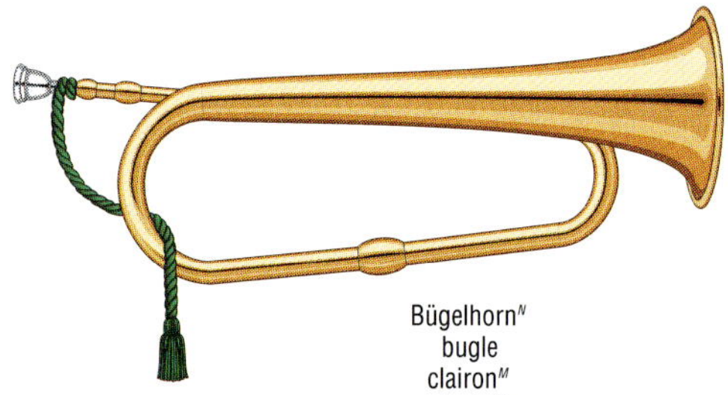

Bügelhorn[N]
bugle
clairon[M]
clarín[M]

Posaune[F]
trombone
trombone[M]
trombón[M]

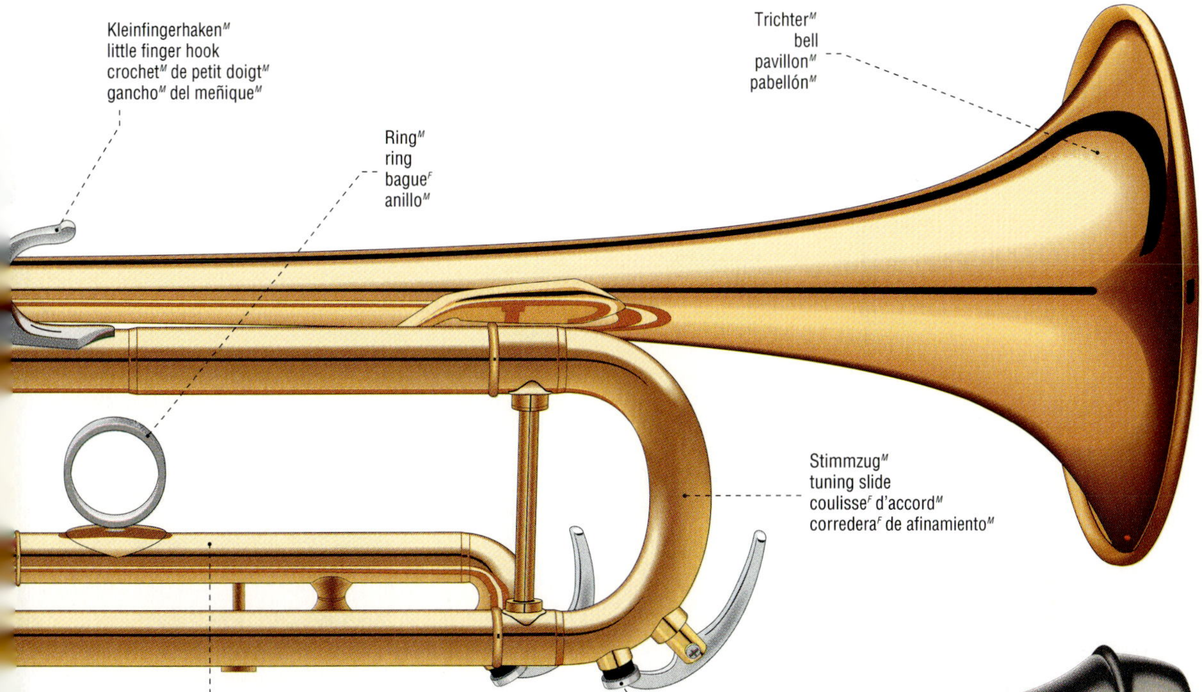

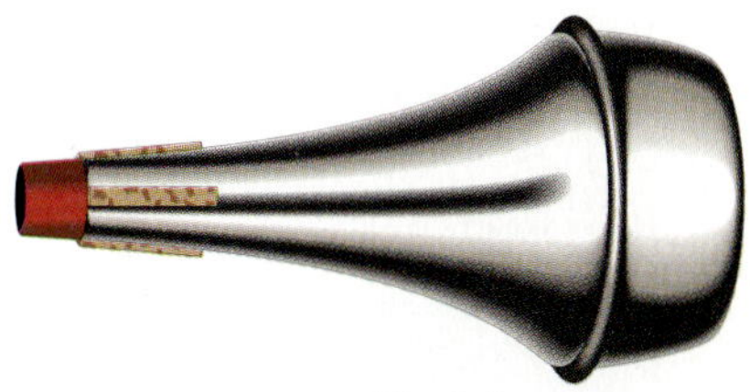

Dämpfer[M]
mute
sourdine[F]
sordina[F]

Tuba[F]
tuba
tuba[M]
tuba[F]

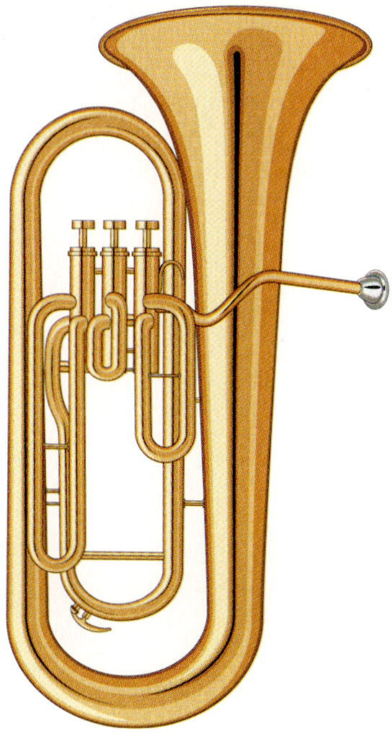

Saxhorn[N]
saxhorn
saxhorn[M]
bombardino[M]

Waldhorn[N]
French horn
cor[M] d'harmonie[F]
corno[M] francés

SCHLAGINSTRUMENTE[N]
PERCUSSION INSTRUMENTS
INSTRUMENTS[M] À PERCUSSION[F]
INSTRUMENTOS[M] DE PERCUSIÓN[F]

TROMMELN[F]
DRUMS
BATTERIE[F]
TAMBORES[M]

KLEINE TROMMEL[F]
SNARE DRUM
CAISSE[F] CLAIRE
TAMBOR[M] DE TIRANTES[M]

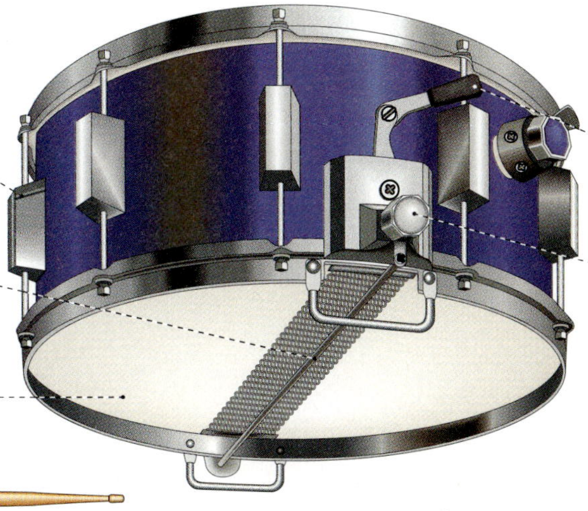

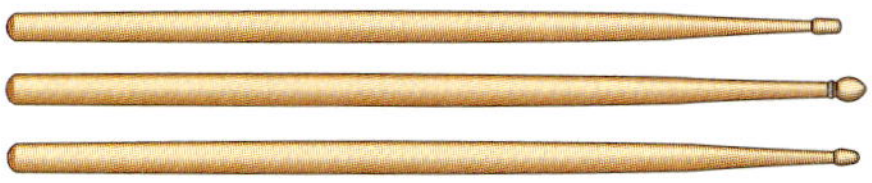

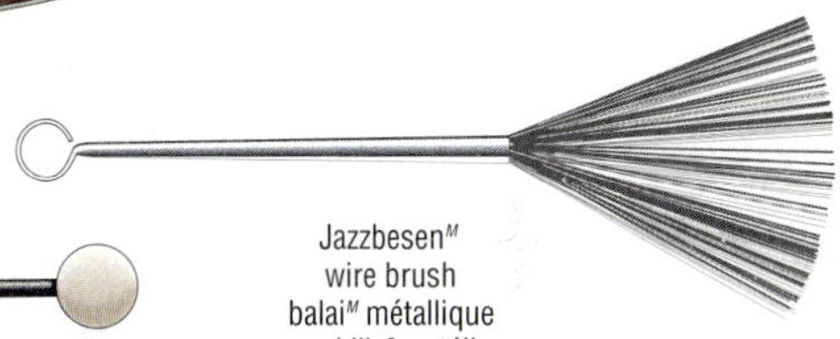

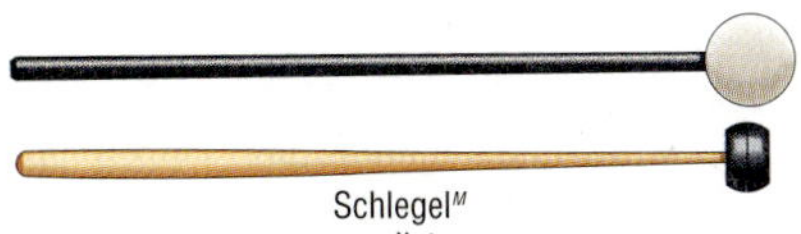

KESSELPAUKE[F]
KETTLEDRUM
TIMBALE[F]
TIMBAL[M]

SCHLAGINSTRUMENTE[N]
PERCUSSION INSTRUMENTS
INSTRUMENTS[M] À PERCUSSION[F]
INSTRUMENTOS[M] DE PERCUSIÓN[F]

TRIANGEL[M]
TRIANGLE
TRIANGLE[M]
TRIÁNGULO[M]

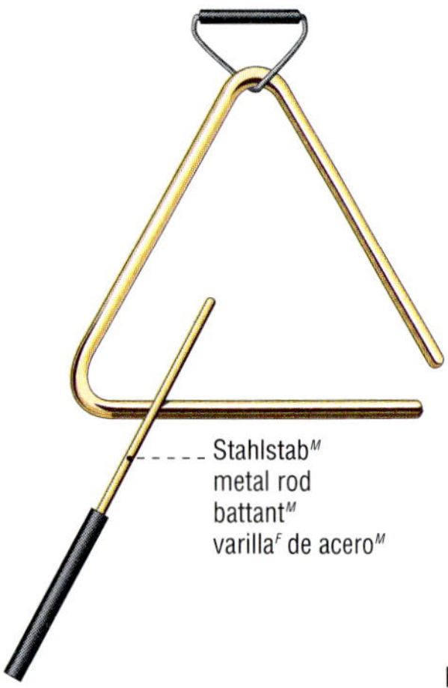

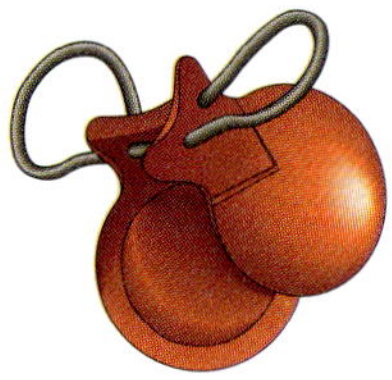

TAMBURIN[N]
TAMBOURINE
TAMBOUR[M] DE BASQUE[M]
PANDERETA[F]

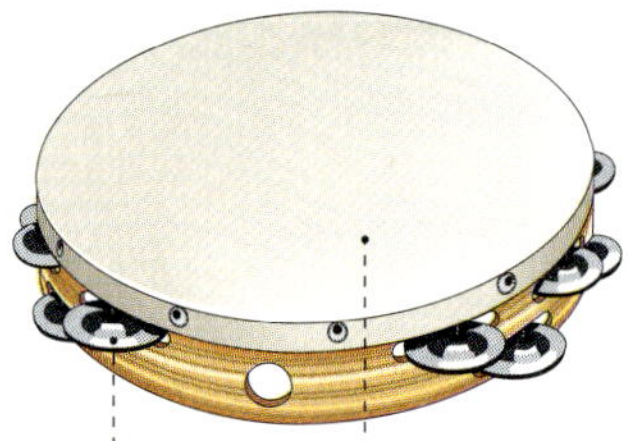

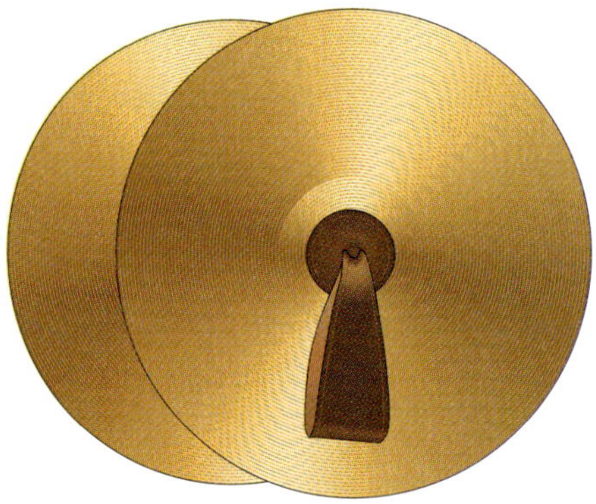

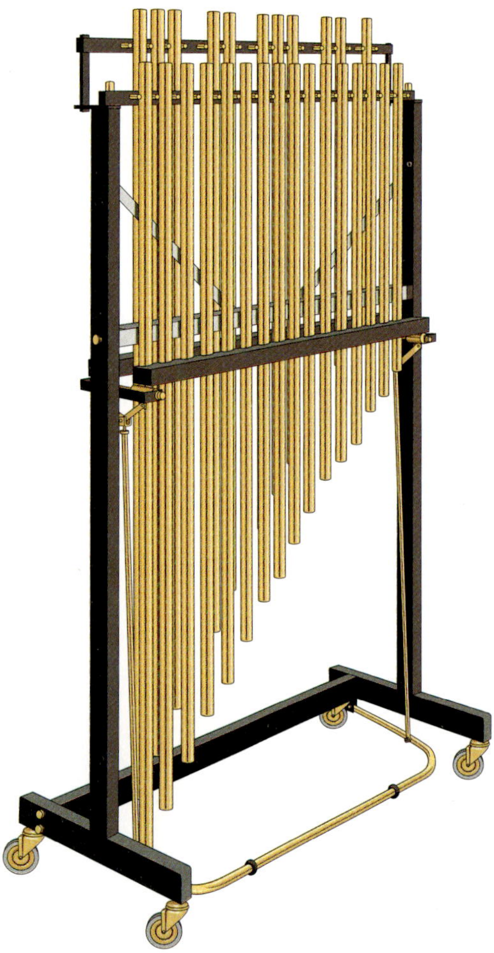

XYLOPHON[N]
XYLOPHONE
XYLOPHONE[M]
XILÓFONO[M]

ELEKTRONISCHE INSTRUMENTE[N]
ELECTRONIC INSTRUMENTS
INSTRUMENTS[M] ÉLECTRONIQUES
INSTRUMENTOS[M] ELECTRÓNICOS

SYNTHESIZER[M]
SYNTHESIZER
SYNTHÉTISEUR[M]
SINTETIZADOR[M]

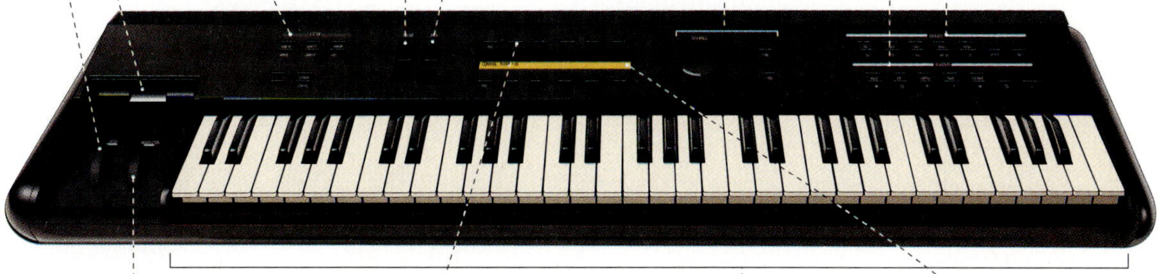

ELEKTRONISCHES PIANO[N]
ELECTRONIC PIANO
PIANO[M] ÉLECTRONIQUE
PIANO[M] ELECTRÓNICO

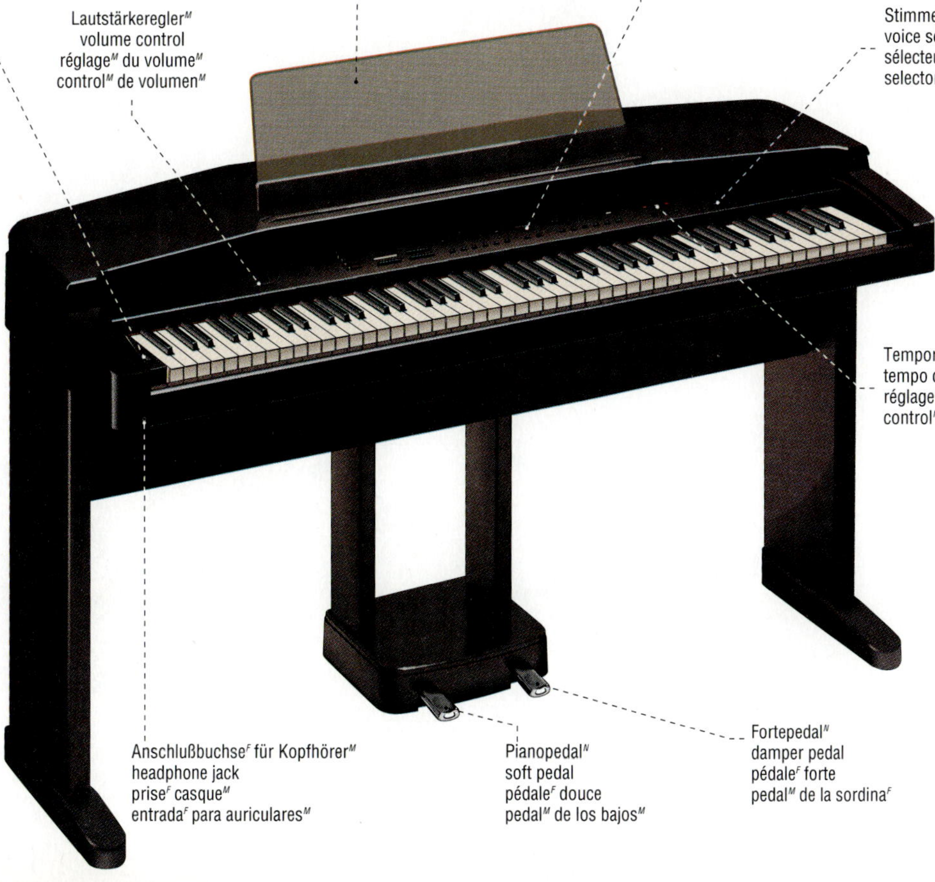

SINFONIEORCHESTER^{N} SYMPHONY ORCHESTRA ORCHESTRE^{M} SYMPHONIQUE ORQUESTA^{F} SINFÓNICA

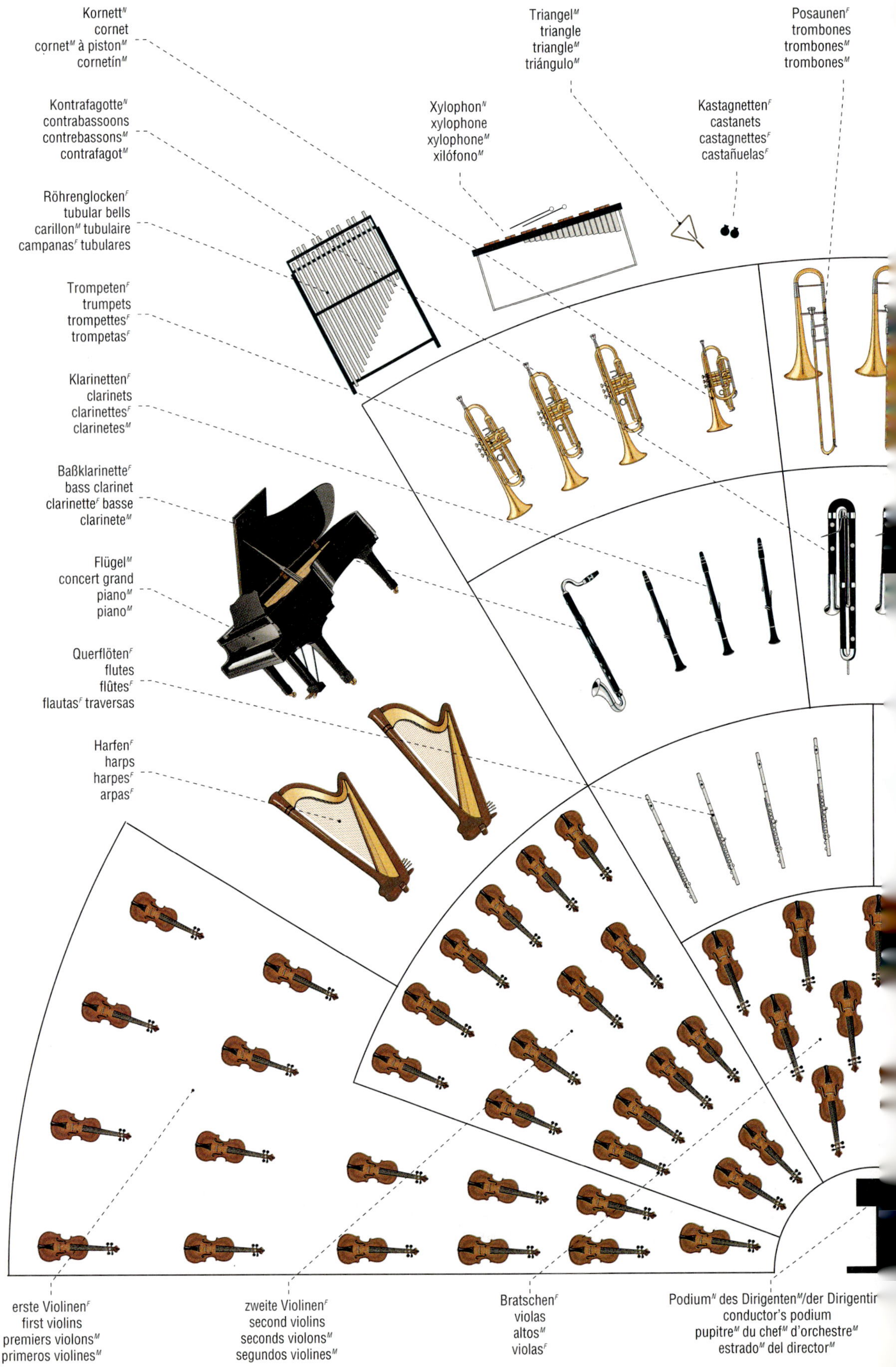

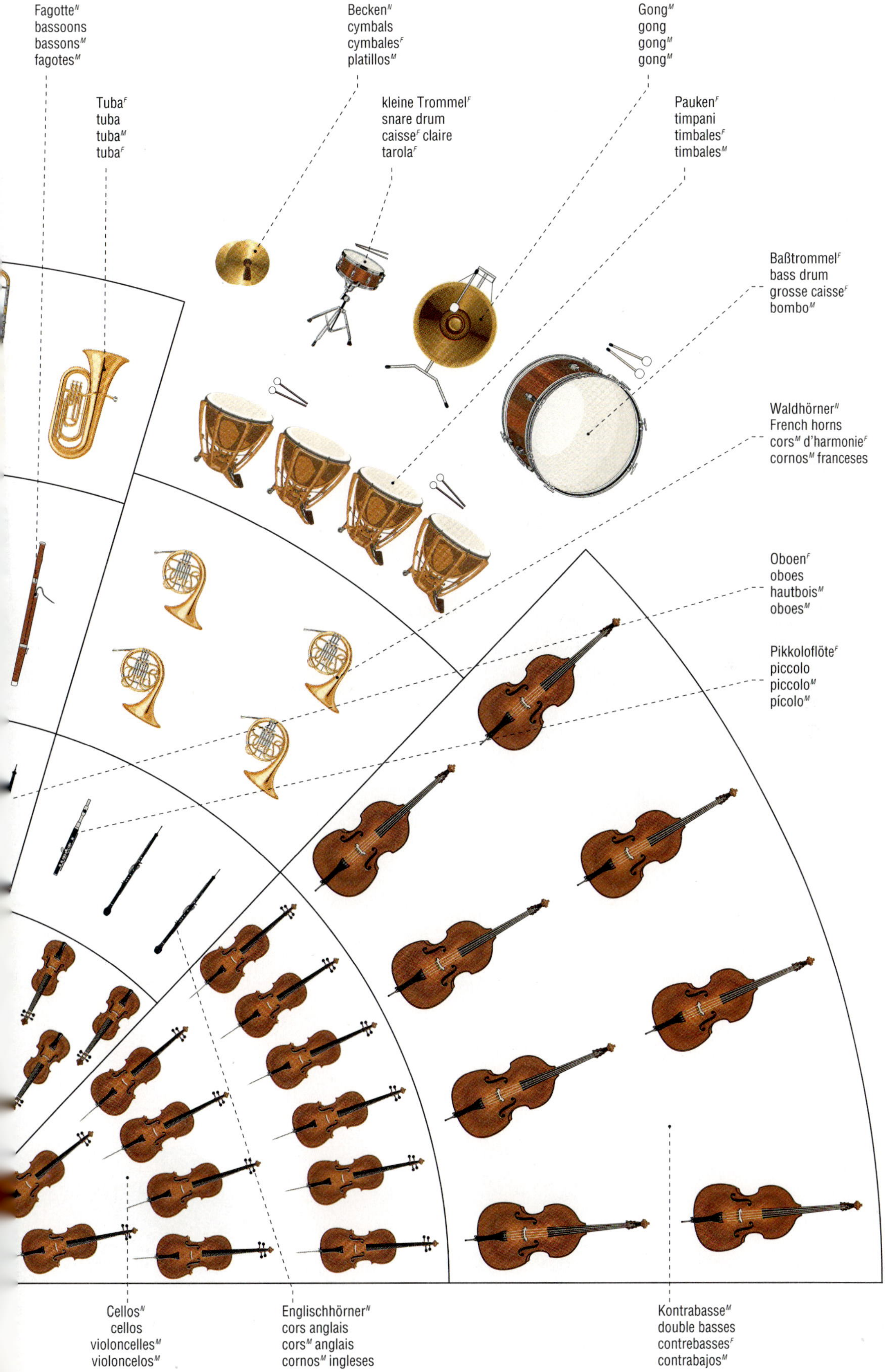
Fagotte[N]
bassoons
bassons[M]
fagotes[M]
Tuba[F]
tuba
tuba[M]
tuba[F]
Becken[N]
cymbals
cymbales[F]
platillos[M]
kleine Trommel[F]
snare drum
caisse[F] claire
tarola[F]
Gong[M]
gong
gong[M]
gong[M]
Pauken[F]
timpani
timbales[F]
timbales[M]
Baßtrommel[F]
bass drum
grosse caisse[F]
bombo[M]
Waldhörner[N]
French horns
cors[M] d'harmonie[F]
cornos[M] franceses
Oboen[F]
oboes
hautbois[M]
oboes[M]
Pikkoloflöte[F]
piccolo
piccolo[M]
pícolo[M]
Cellos[N]
cellos
violoncelles[M]
violoncelos[M]
Englischhörner[N]
cors anglais
cors[M] anglais
cornos[M] ingleses
Kontrabasse[M]
double basses
contrebasses[F]
contrabajos[M]

BEISPIELE[N] FÜR INSTRUMENTALGRUPPIERUNGEN[F]
EXAMPLES OF INSTRUMENTAL GROUPS
EXEMPLES[M] DE GROUPES[M] INSTRUMENTAUX
EJEMPLOS[M] DE CONJUNTOS[M] INSTRUMENTALES

Duo[N]
duo
duo[M]
dúo[M]

Trio[N]
trio
trio[M]
trio[M]

Quartett[N]
quartet
quatuor[M]
cuarteto[M]

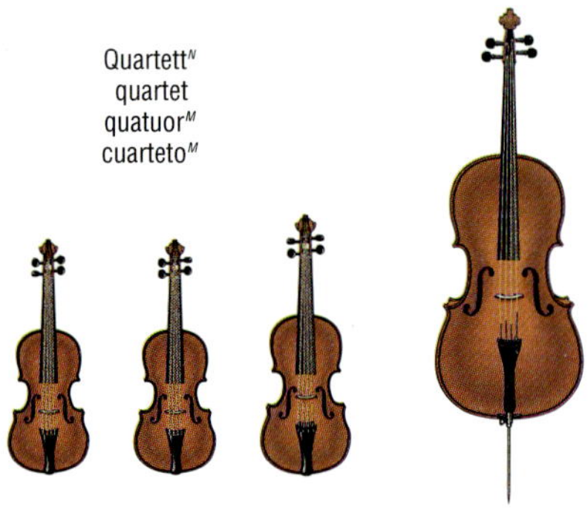

Quintett[N]
quintet
quintette[M]
quinteto[M]

Sextett[N]
sextet
sextuor[M]
sexteto[M]

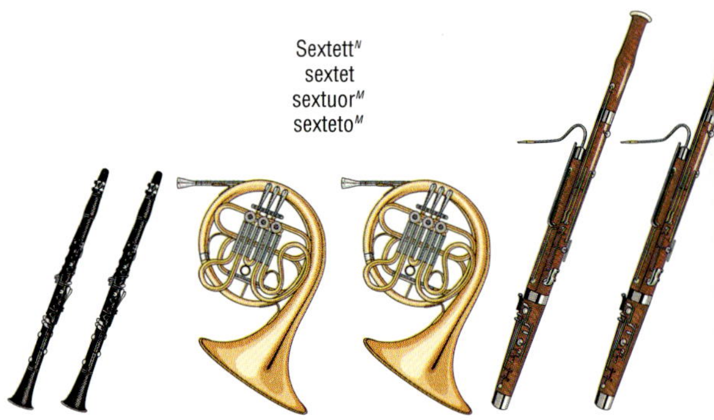

Jazzband[F]
jazz band
formation[F] de jazz[M]
banda[F] de jazz[M]

KREATIVE FREIZEITAKTIVITÄTEN
CREATIVE LEISURE ACTIVITIES
LOISIRS DE CRÉATION
TRABAJOS MANUALES

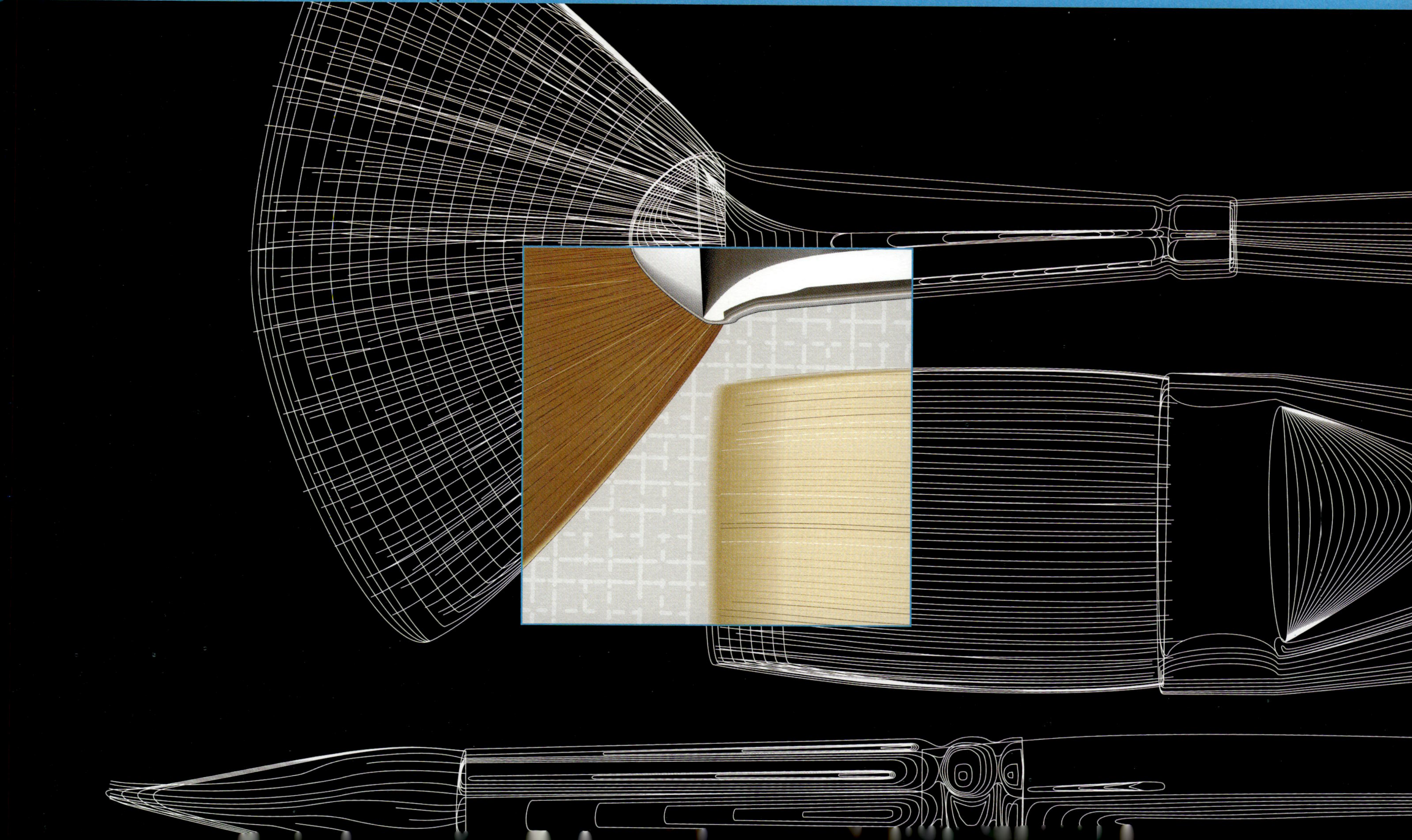

INHALT

NÄHEN 561
STRICKEN 567
STRICKMASCHINE 568
KLÖPPELSPITZE 570
STICKEREI 571
WEBEN 572
HANDBUCHBINDEREI 577
DRUCKEN 580
HOCHDRUCKVERFAHREN 581
TIEFDRUCKVERFAHREN 582
LITHOGRAPHIE 583
TÖPFEREI 584
HOLZSCHNITZEREI 586
MALEN UND ZEICHNEN 588

NÄHEN[N]
SEWING
COUTURE[F]
COSTURA[F]

NÄHMASCHINE[F]
SEWING MACHINE
MACHINE[F] À COUDRE
MÁQUINA[F] DE COSER

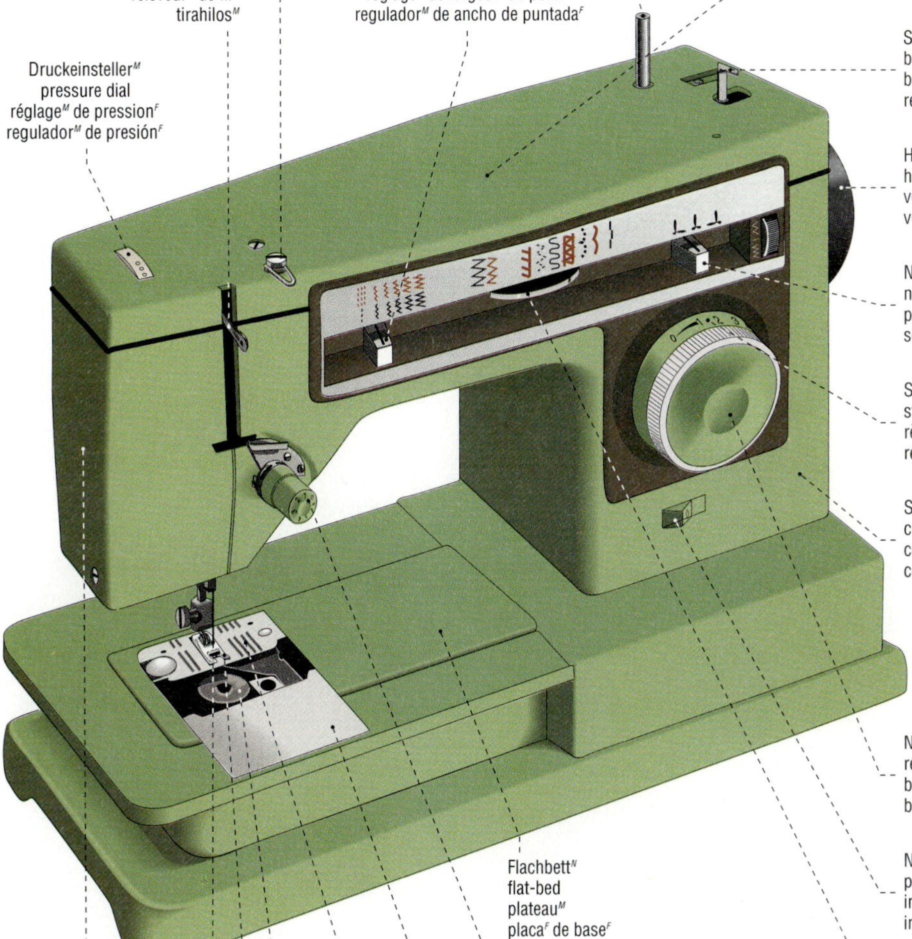

TRETPLATTE[F]
FOOT CONTROL
COMMANDE[F] AU PIED[M]
PEDAL[M] ELÉCTRICO

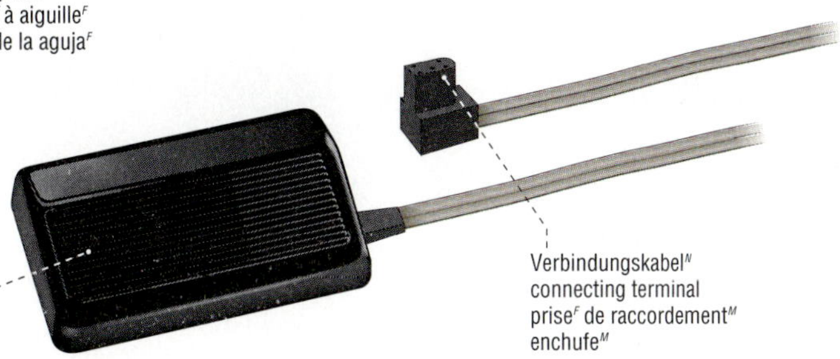

NÄHEN[N]
SEWING
COUTURE[F]
COSTURA[F]

STOFFDRÜCKER[M]
PRESSER FOOT
PIED[M] PRESSEUR
PRENSATELAS[M]

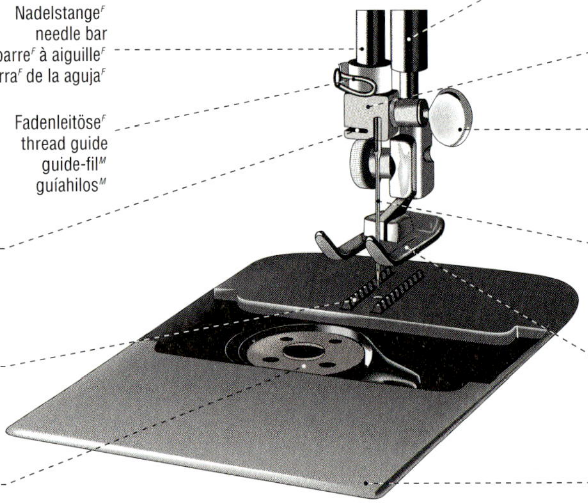

NADEL[F]
NEEDLE
AIGUILLE[F]
AGUJA[F]

SPANNEINRICHTUNG[F]
TENSION BLOCK
BLOC[M]-TENSION[F]
COLUMNA[F] DE TENSIÓN[F]

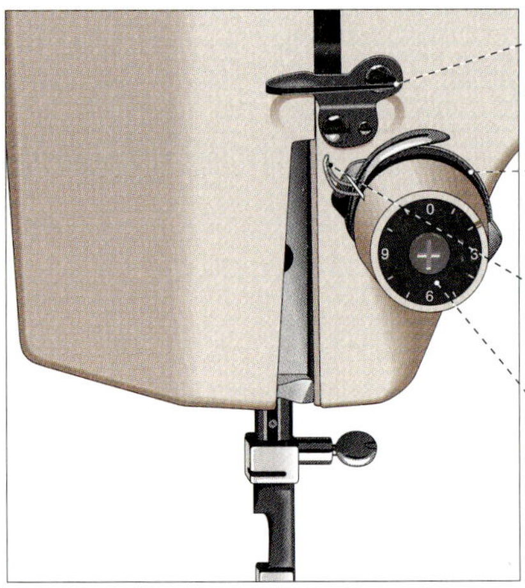

SPULENKAPSEL[F]
BOBBIN CASE
BOÎTE[F] À CANETTE[F]
BOBINAS[F]

Kapselfinger[M]
latch lever
verrou[M]
lengüeta[F]

Spule[F]
bobbin
canette[F]
canilla[F]

Greifer[M]
hook
crochet[M]
portacanilla[M]

ZUBEHÖR[N]
ACCESSORIES
ACCESSOIRES[M]
ACCESORIOS[M]

NADELKISSEN[N]
PIN CUSHION
PELOTE[F]
ALFILETERO[M]

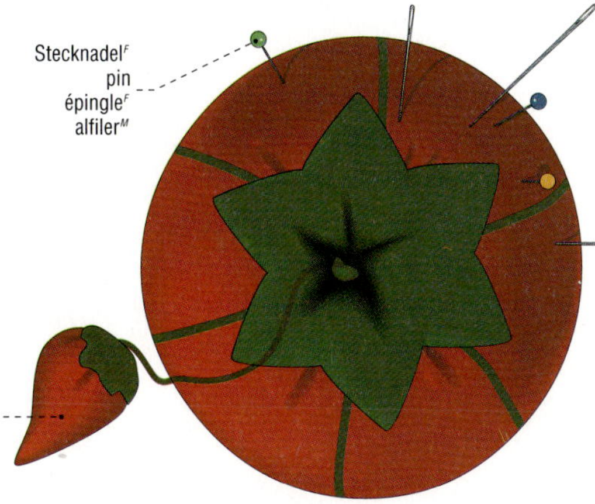

Stecknadel[F]
pin
épingle[F]
alfiler[M]

Öhr[N]
eye
chas[M]
ojo[M]

Nadel[F]
needle
aiguille[F]
aguja[F]

Schmirgelsäckchen[N]
emery pack
coussinet[M] d'émeri[M]
esmeril[M]

Fingerhut[M]
thimble
dé[M]
dedal[M]

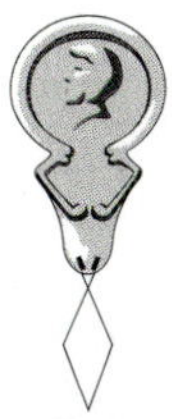

Einfädler[M]
needle threader
enfile-aiguille[M]
enhebrador[M]

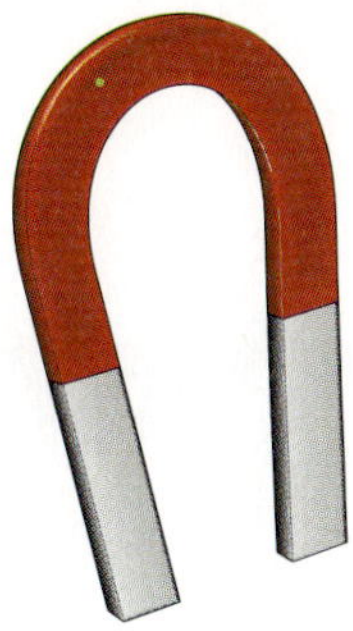

Magnet[M]
magnet
aimant[M]
imán[M]

Saummaß[N]
seam gauge
règle[F] de couture[F]
regla[F]

KOPIERRAD[M]
TRACING WHEEL
ROULETTE[F]
MARCADOR[M]

Rädchen[N]
wheel
disque[M]
rueda[F]

Zubehör[N]
shank
axe[M]
vástago[M]

Griff[M]
handle
manche[M]
mango[M]

Maßband[N]
tape measure
mètre[M] à ruban[M]
cinta[F] métrica

NÄHEN[N]
SEWING
COUTURE[F]
COSTURA[F]

ZUBEHÖR[N]
ACCESSORIES
ACCESSOIRES[M]
ACCESORIOS[M] DE COSTURA[F]

SCHERE[F]
SCISSORS
CISEAUX[M]
TIJERAS[F] DE MODISTA[F]

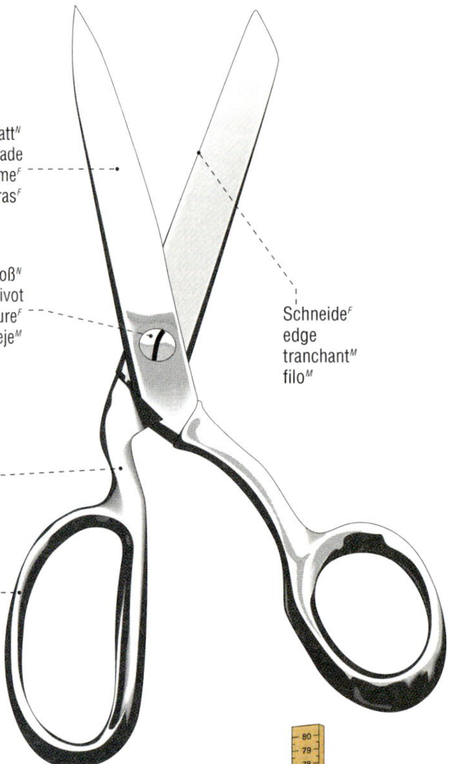

Zickzackschere[F]
pinking shears
ciseaux[M] à denteler
tijeras[F] para rematar

Rockabrunder[M]
skirt marker
arrondisseur[M]
marcador[M] del dobladillo[M]

FUTTERSTOFFE^{M}
LININGS FABRICS
TISSUS^{M} DE SOUTIEN^{M}
FORRO^{M} Y ENTRETELAS^{F}

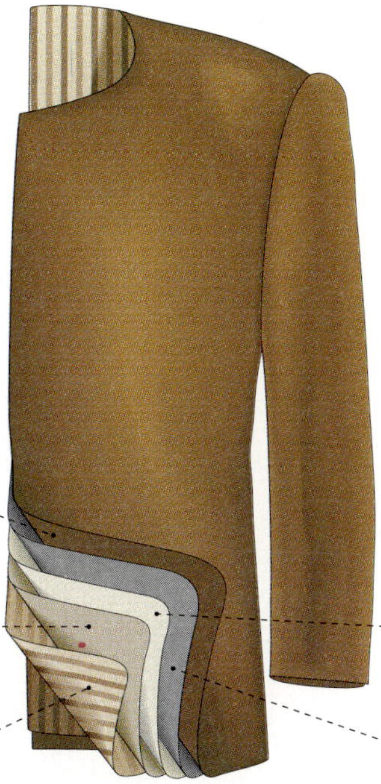

SCHNITTMUSTER^{N}
PATTERN
PATRON^{M}
PATRÓN^{M}

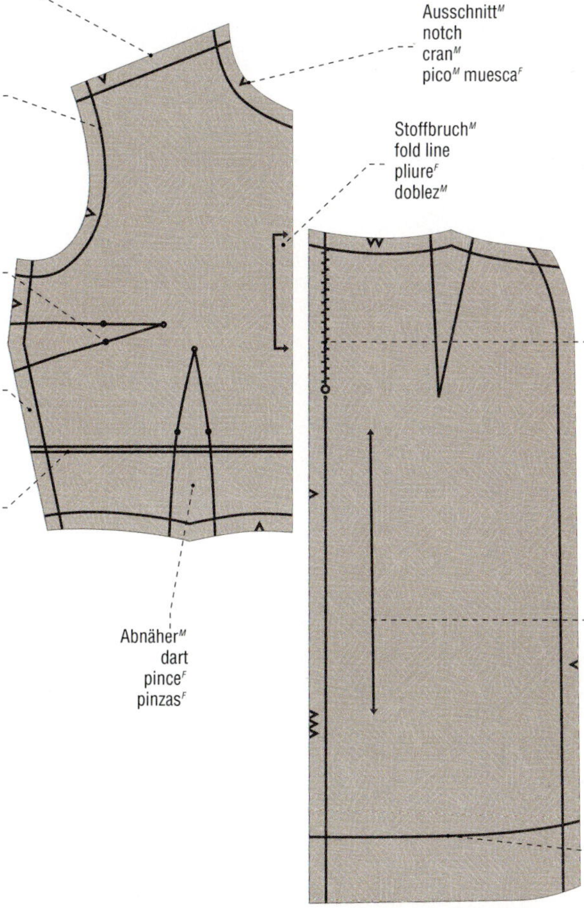

NÄHEN[N]
SEWING
COUTURE[F]
COSTURA[F]

VERSCHLÜSSE[M]
FASTENERS
ATTACHES[F]
ACCESORIOS[M] PARA CERRAR

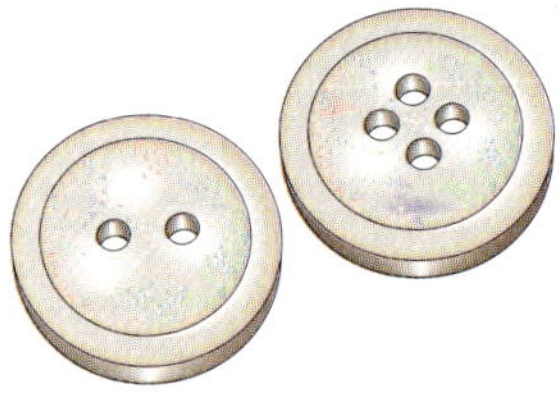

DRUCKKNOPF[M]
SNAP
BOUTON[M]-PRESSION[F]
AUTOMÁTICO[M]

HAKEN[M] UND ÖSEN[F]
HOOK AND EYES
AGRAFES[F]
CORCHETES[M]

SCHNALLE[F]
BUCKLE
BOUCLE[F]
HEBILLA[F]

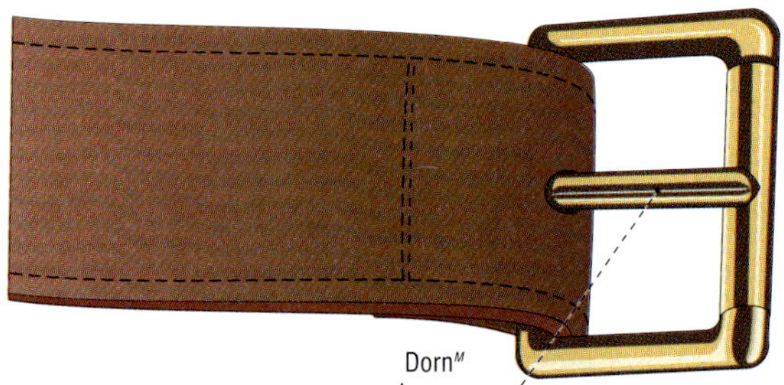

Sicherheitsnadel[F]
safety pin
épingle[F] de sûreté[F]
alfiler[M] imperdible

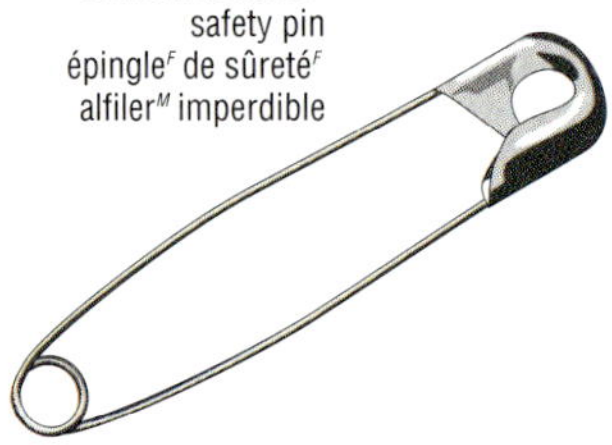

GEWEBESTRUKTUR[F]
FABRIC STRUCTURE
STRUCTURE[F] DU TISSU[M]
TEJIDOS[M]

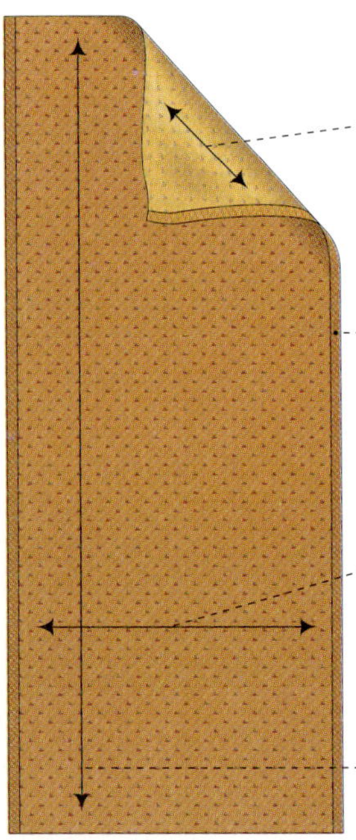

REISSVERSCHLUSS[M]
ZIP
FERMETURE[F] À GLISSIÈRE[F]
CREMALLERA[F]

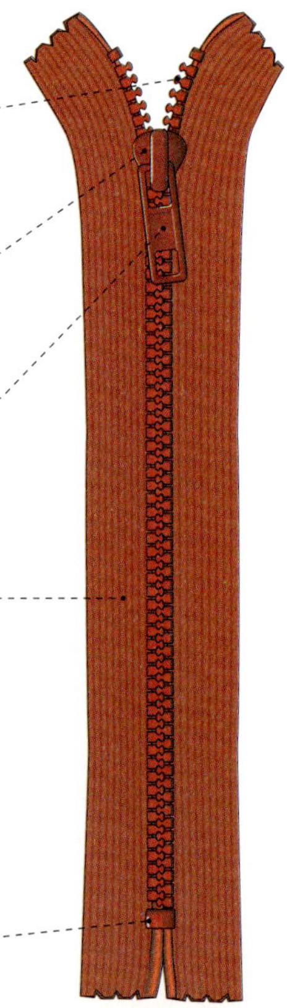

STRICKEN[N]
KNITTING
TRICOT[M]
TEJIDO[M] DE PUNTO[M]

STRICKNADELN[F]
KNITTING NEEDLES
AIGUILLES[F] À TRICOTER
AGUJAS[F] PARA TEJER

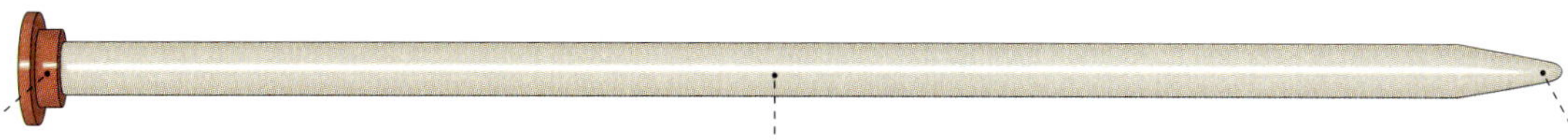

HÄKELNADEL[F]
CROCHET HOOK
CROCHET[M]
GANCHILLO[M]

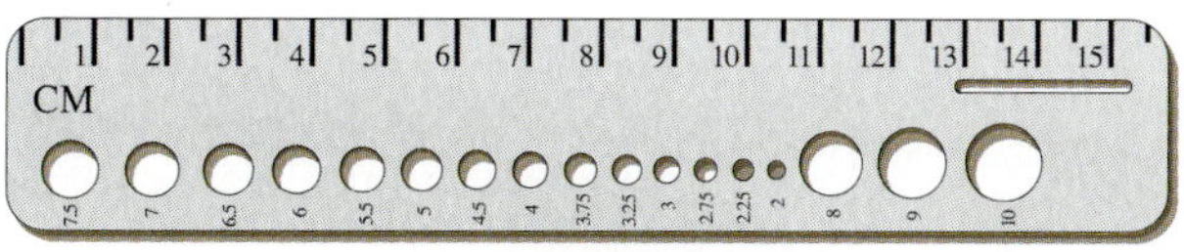

Strickmaß[N]
knitting measure
jauge[F] à aiguilles[F]
regla[F] para medir puntos[M]

Maschenanschlag[M]
cast-on stitches
mailles[F] de montage[M]
puntos[M] de montado[M]

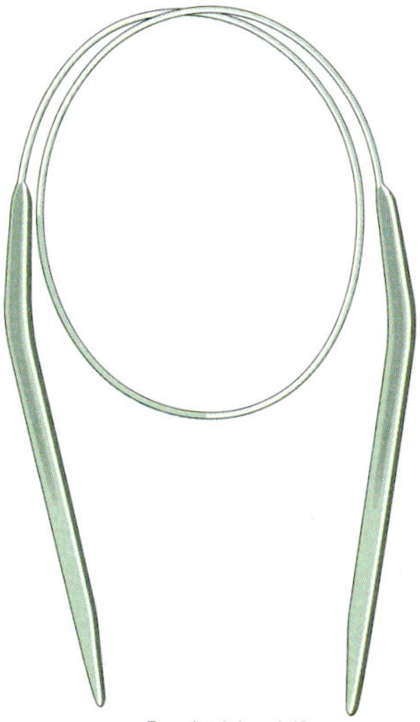

Rundstricknadel[F]
circular needle
aiguille[F] circulaire
aguja[F] circular

STRICKMUSTER[N]
STITCH PATTERNS
POINTS[M] DE TRICOT[M]
TIPOS[M] DE PUNTO[M]

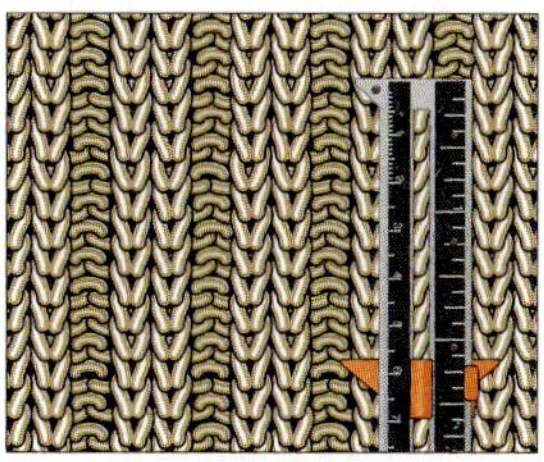

Maschenprobe[F]
sample
échantillon[M]
muestra[F]

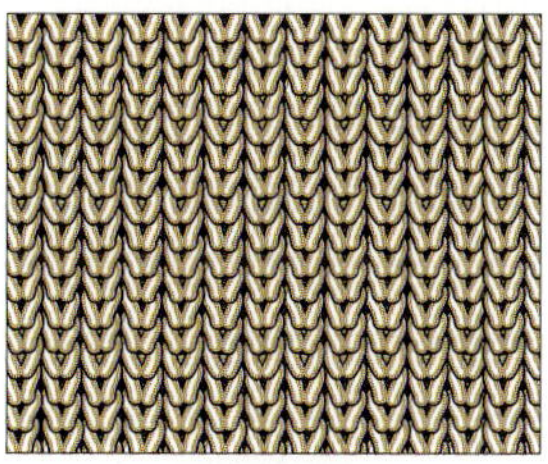

Glattstrick[M]
stocking stitch
point[M] de jersey[M]
derecho[M]

Krausstrick[M]
garter stitch
point[M] mousse[F]
revés[M]

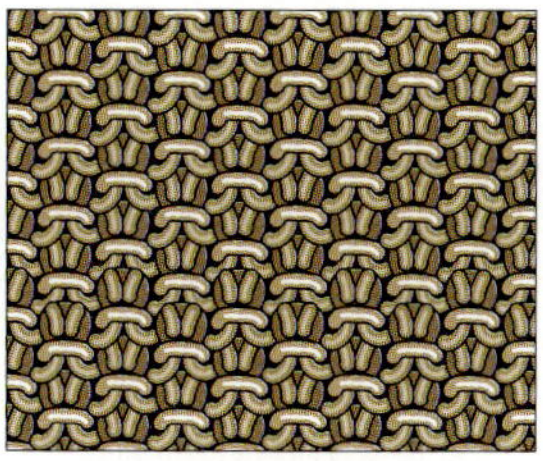

Gerstenkornmuster[N]
moss stitch
point[M] de riz[M]
punto[M] de musgo[M]

Perlrippen[F]
rib stitch
point[M] de côtes[F]
punto[M] de respiguilla[F]

Korbstich[M]
basket stitch
point[M] de damier[M]
punto[M] de malla[F]

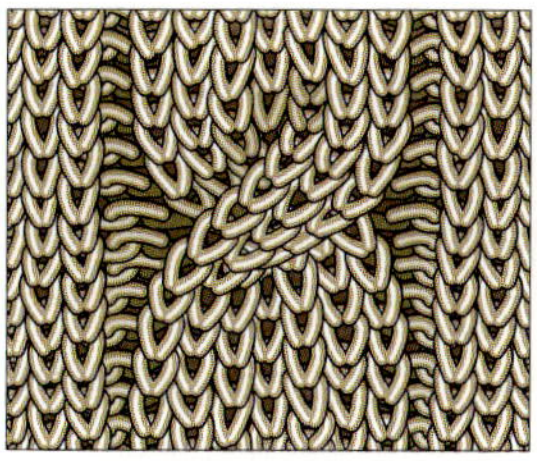

Zopfmuster[N]
cable stitch
point[M] de torsades[F]
punto[M] de ochos[M]

STRICKMASCHINE[F]
KNITTING MACHINE
MACHINE[F] À TRICOTER
MÁQUINA DE TRICOTAR

NADELBETT[N] UND SCHLITTEN[M]
NEEDLE BED AND CARRIAGES
FONTURE[F] ET CHARIOTS[M]
TRICOTADORAS[F]

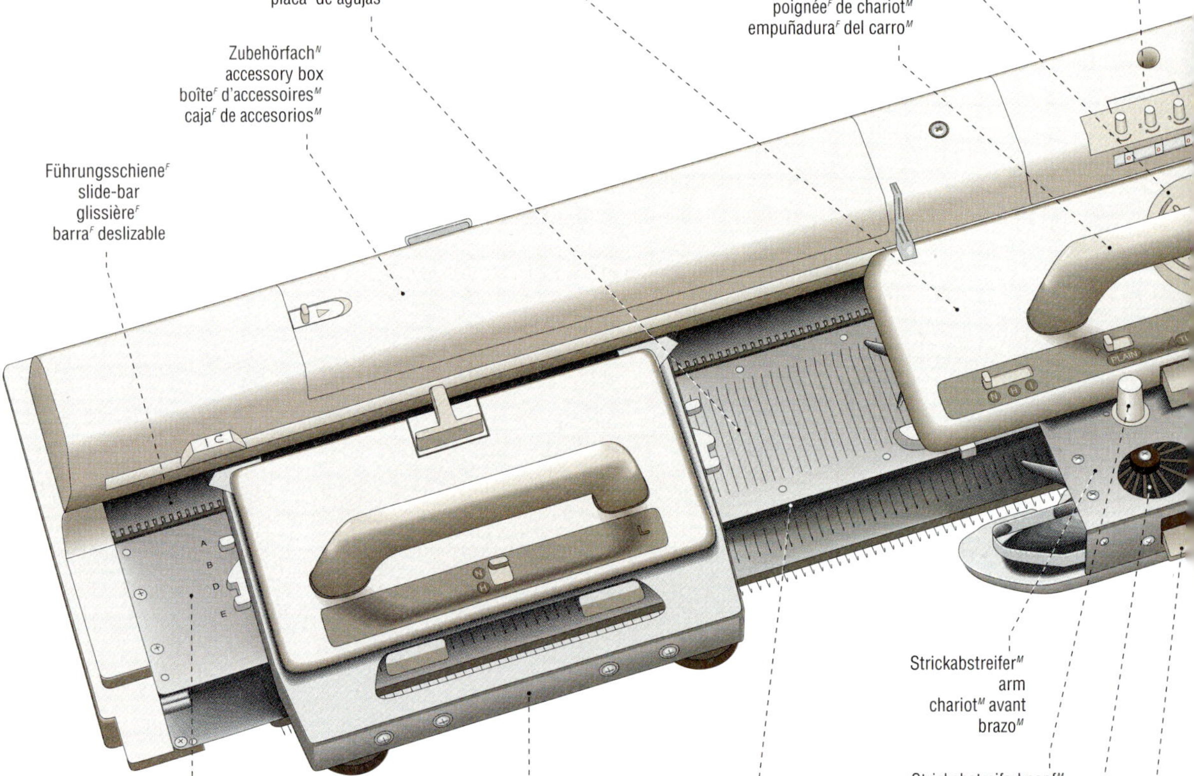

ZUNGENNADEL[F]
LATCH NEEDLE
AIGUILLE[F] À CLAPET[M]
AGUJA[F] CON LENGÜETA[F]

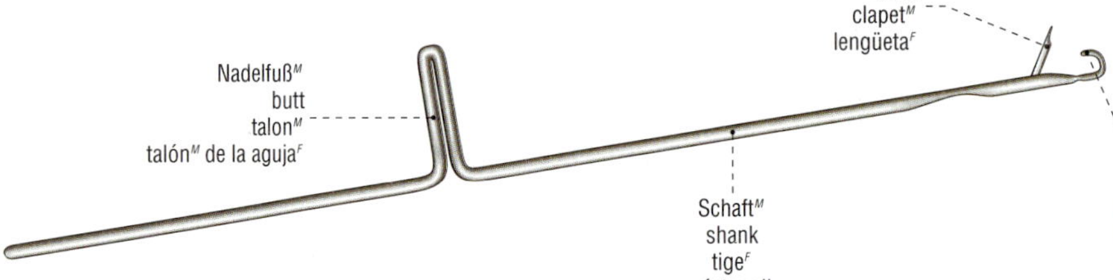

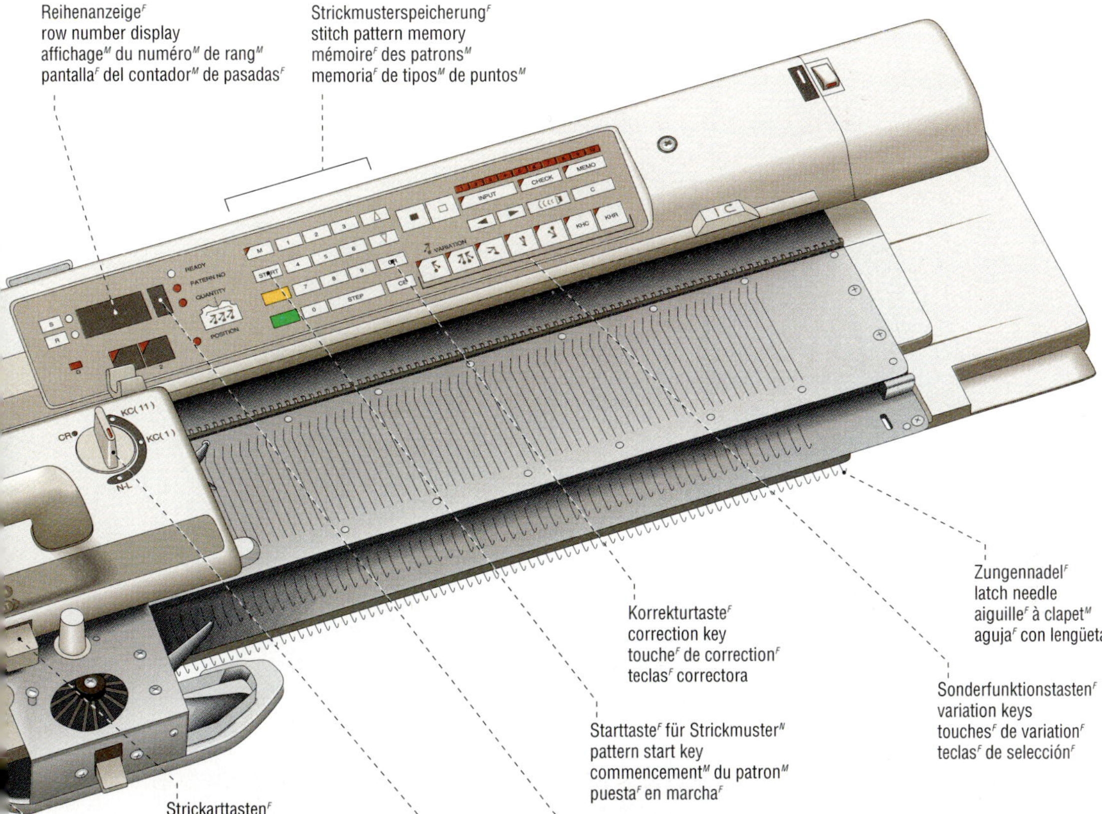

SPANNEINRICHTUNG[F]
TENSION BLOCK
BLOC[M]-TENSION[F]
SISTEMA[M] DE TENSIÓN[F]

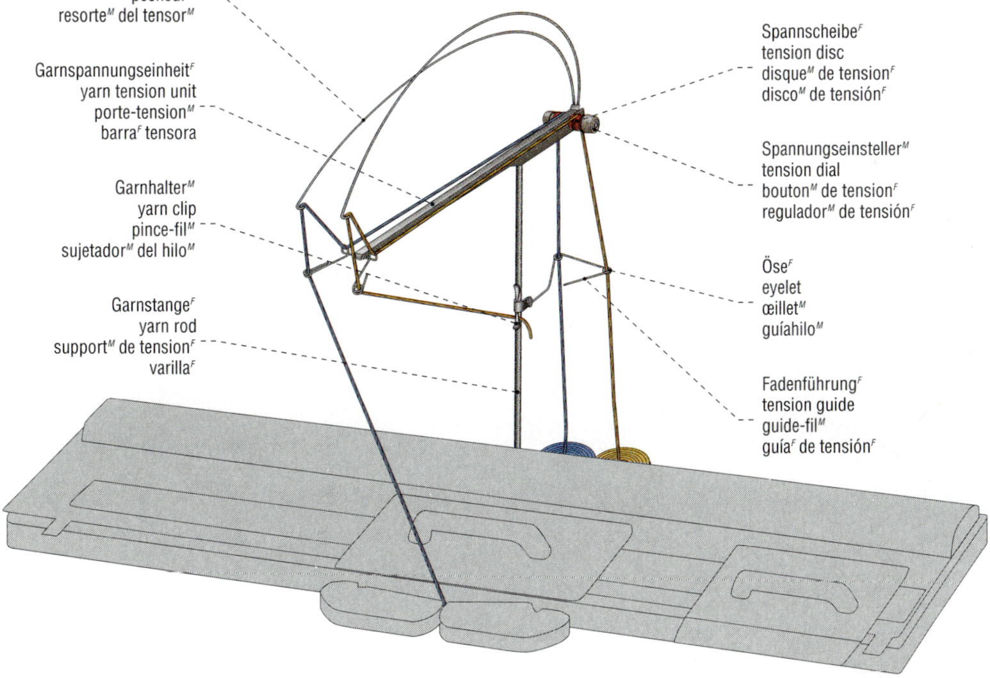

KLÖPPELSPITZE[F]
BOBBIN LACE
DENTELLE[F] AUX FUSEAUX[M]
ENCAJE[M] DE BOLILLOS[M]

KLÖPPELKISSEN[N]
PILLOW
CARREAU[M]
ALMOHADILLA[F]

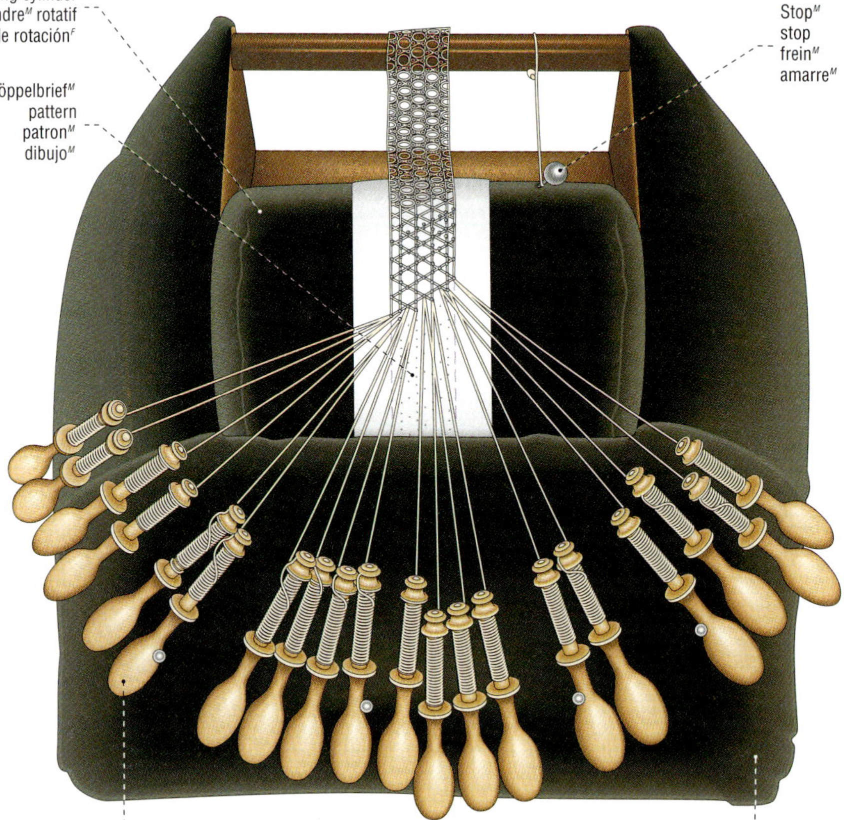

KLÖPPEL[M]
BOBBIN
FUSEAU[M]
BOLILLO[M]

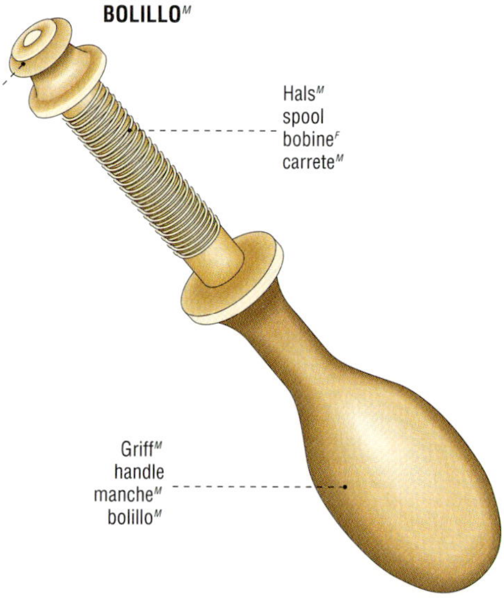

STICKEREI[F]
EMBROIDERY
BRODERIE[F]
BORDADO[M]

RAHMEN[M]
FRAME
MÉTIER[M] À BRODER
BASTIDOR[M]

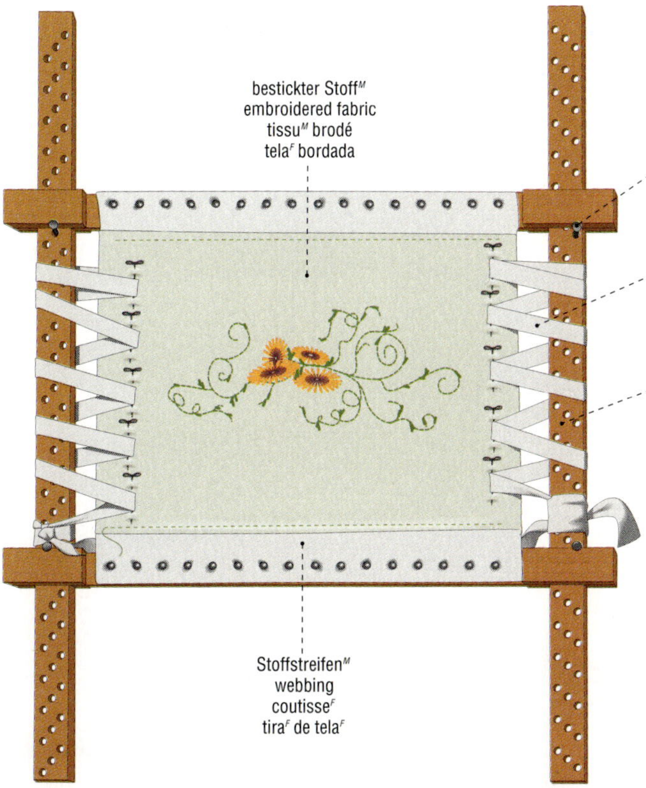

runder Stickrahmen[M]
hoop
tambour[M]
lanzadera[F]

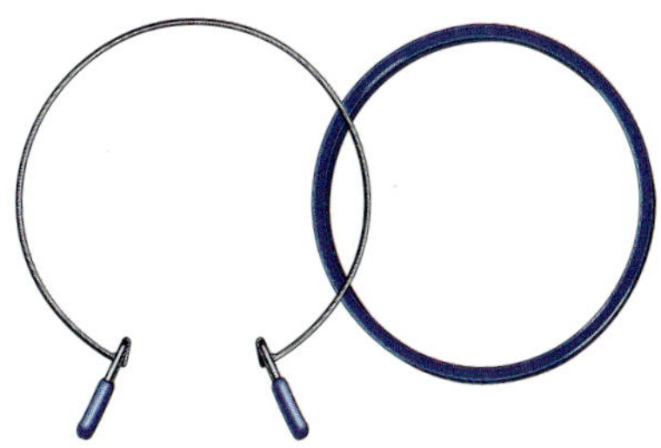

STICKSTICHE[M]
STITCHES
CATÉGORIES[F] DE POINTS[M]
TIPOS[M] DE PUNTOS[M]

Kreuzstiche[M]
cross stitches
points[M] croisés
puntos[M] de cruz[F]

Smokstich[M]
herringbone stitch
point[M] de chausson[M]
punto[M] de escapulario[M]

Hexenstich[M]
chevron stitch
point[M] de chevron[M]
punto[M] de cruz[F]

Plattstiche[M]
flat stitches
points[M] plats
puntos[M] de relleno[M]

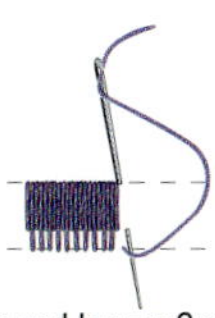

langer und kurzer Spannstich[M]
long and short stitch
point[M] passé empiétant
lanzado[M] desigual

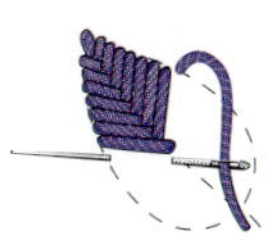

Zopfstich[M]
fishbone stitch
point[M] d'arête[F]
punto[M] de espiga[F]

Überfangstiche[M]
couched stitches
points[M] couchés
bordados[M] planos

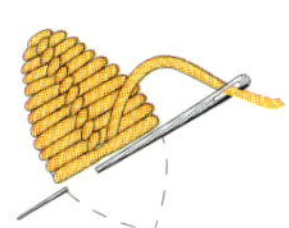

rumänischer Überfangstich[M]
Romanian couching stitch
point[M] roumain
bordado[M] plano

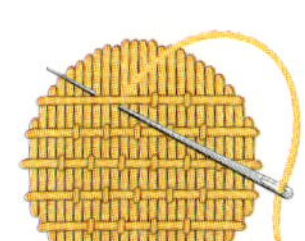

orientalischer Überfangstich[M]
Oriental couching stitch
point[M] d'Orient[M]
relleno[M] alternado

Knötchenstiche[M]
knot stitches
points[M] noués
puntos[M] de relleno[M] sueltos

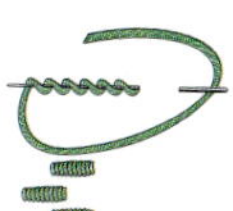

Tressenstich[M]
bullion stitch
point[M] de poste[F]
pespunte[M]

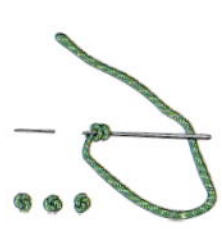

französischer Knötchenstich[M]
French knot stitch
point[M] de nœud[M]
punto[M] de nudos[M]

Schlingstiche[M]
loop stitches
points[M] bouclés
puntos[M] de malla[F]

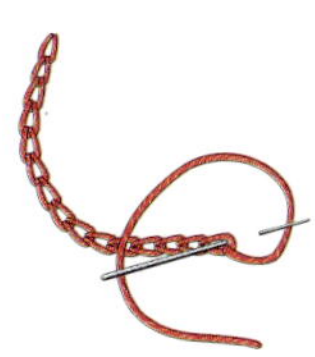

Kettenstich[M]
chain stitch
point[M] de chaînette[F]
cadeneta[F]

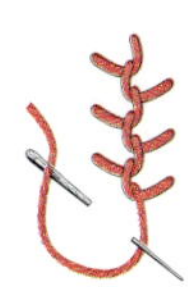

Krähenfußstich[M]
feather stitch
point[M] d'épine[F]
pata[F] de gallo[M]

WEBEN[N]
WEAVING
TISSAGE[M]
TELAR[M]

FLACHWEBSTUHL[M]
LOW WARP LOOM
MÉTIER[M] DE BASSE LISSE[F]
TELAR[M] DE CUATRO MARCOS[M]

ZUBEHÖR[N]
ACCESSORIES
ACCESSOIRES[M]
ACCESORIOS[M]

LITZEN[F]
HEDDLES
LISSES[F]
LIZOS[M]

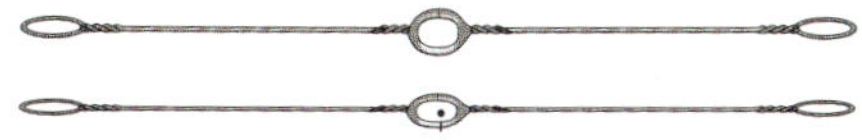

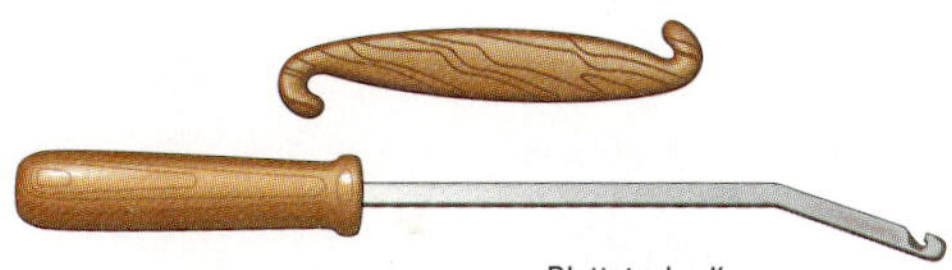

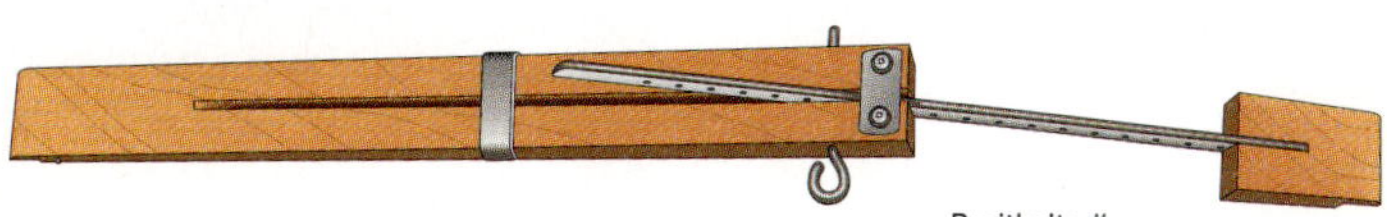

WEBSCHÜTZ[M]
SHUTTLE
NAVETTE[F]
LANZADERA[F]

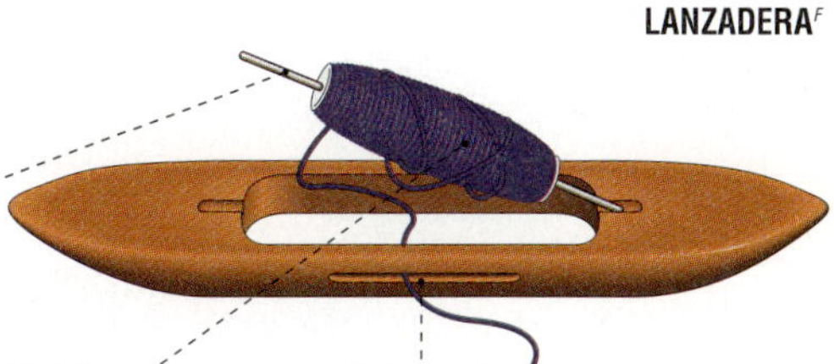

WEBEN[N]
WEAVING
TISSAGE[M]
TEJIDO[M]

HOCHWEBSTUHL[M]
HIGH WARP LOOM
MÉTIER[M] DE HAUTE LISSE[F]
TELAR[M] DE TAPICERÍA[F]

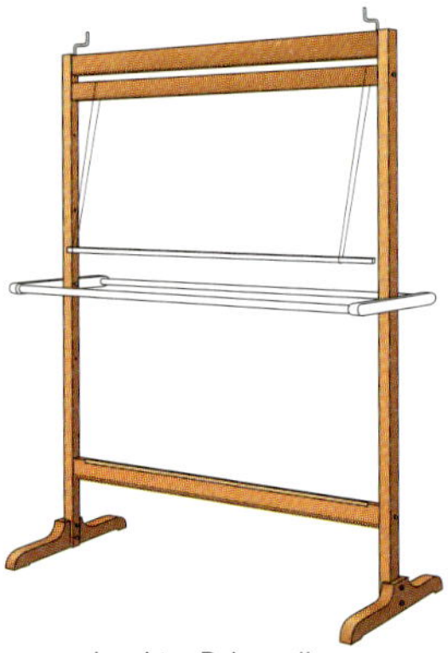

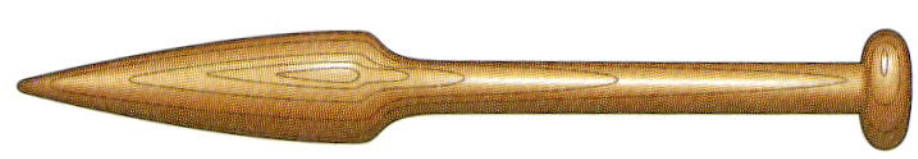

HANDSPULGERÄT[N]
BOBBIN WINDER
CANETIÈRE[F]
DEVANADOR[M] DE BOBINAS[F]

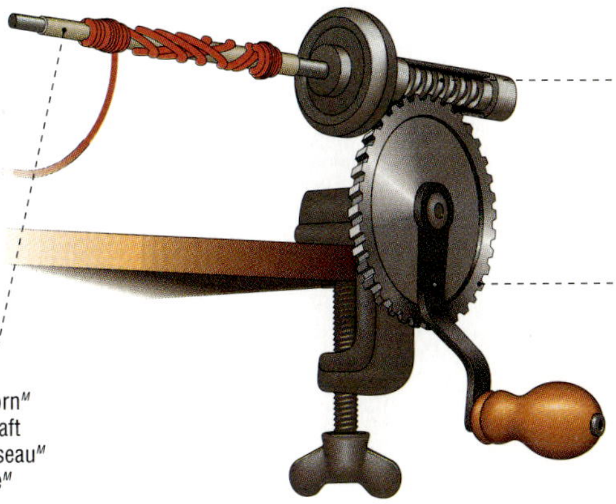

Spindel[F]
worm
vis[F] sans fin[F]
tornillo[M] sinfín

Zahnrad[N]
gear
roue[F] d'engrenage[M]
engranaje[M]

Dorn[M]
shaft
fuseau[M]
eje[M]

ELEKTRISCHES SPULGERÄT[N]
BALL WINDER
BOBINOIR[M]
DEVANADOR[M]

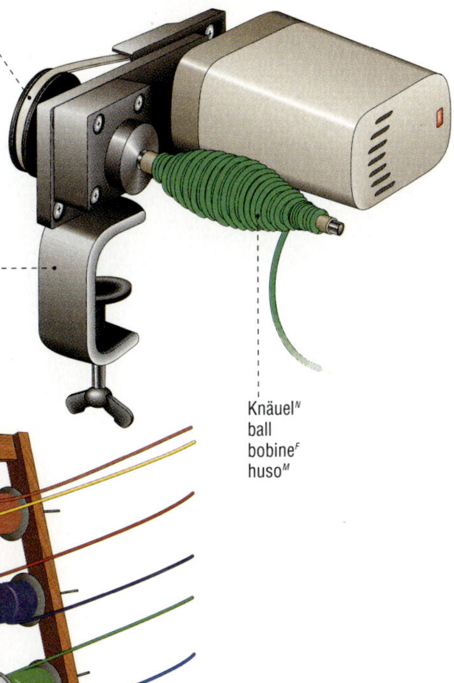

Spulrad[N]
driving wheel
roue[F] d'entraînement[M]
polea[F] de transmisión[F]

Zwinge[F]
clamp
serre-joint[M]
abrazadera[F]

Knäuel[N]
ball
bobine[F]
huso[M]

Spulengestell[N]
spool rack
cantre[M]
portabobinas[M]

ZUBEHÖR[N]
ACCESSORIES
ACCESSOIRES[M]
ACCESORIOS[M]

Schirmwinde[F]
swift
dévidoir[M]
devanadera[F]

SCHÄRBAUM[M]
WARPING FRAME
OURDISSOIR[M]
URDIDOR[M]

Zapfen[M]
peg
cheville[F]
espiga[F]

WEBEN^{N}
WEAVING
TISSAGE^{M}
TEJIDOS^{M}

SCHAUBILD^{N} FÜR DAS WEBPRINZIP^{N}
DIAGRAM OF WEAVING PRINCIPLE
SCHÉMA^{M} DE PRINCIPE^{M} DU TISSAGE^{M}
DIAGRAMAS^{M} DE TEJIDOS^{M}

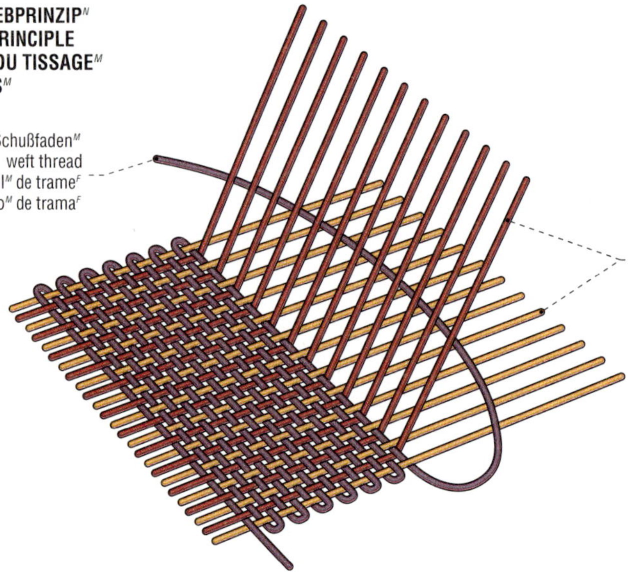

GRUNDBINDUNGEN^{F}
BASIC WEAVES
ARMURES^{F} DE BASE^{F}
LIGAMENTOS^{M} TEXTILES BÁSICOS

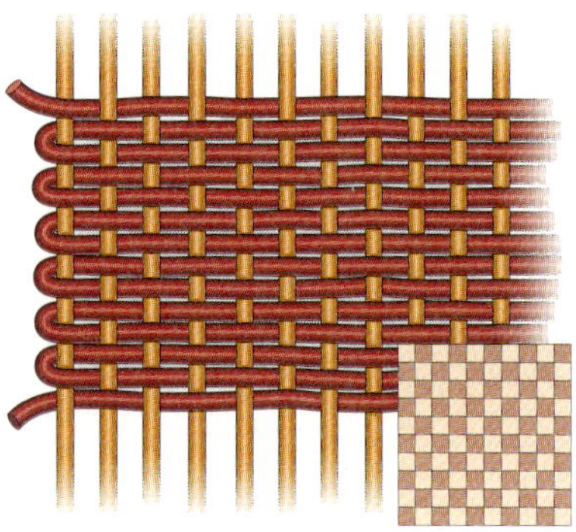

Leinwandbindung^{F}
plain weave
toile^{F}
tafetán^{M}

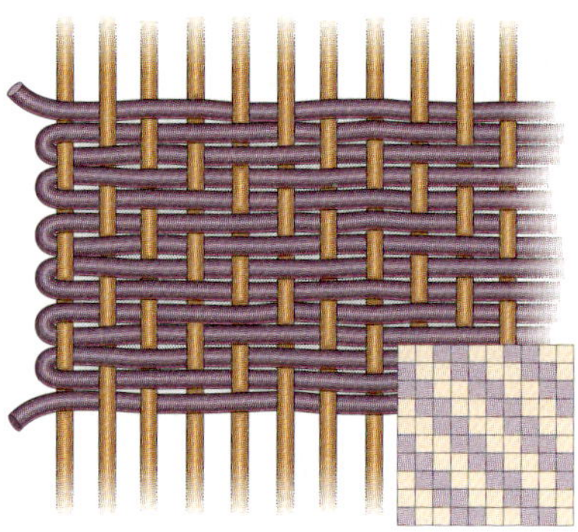

Köperbindung^{F}
twill weave
sergé^{M}
sarga^{F}

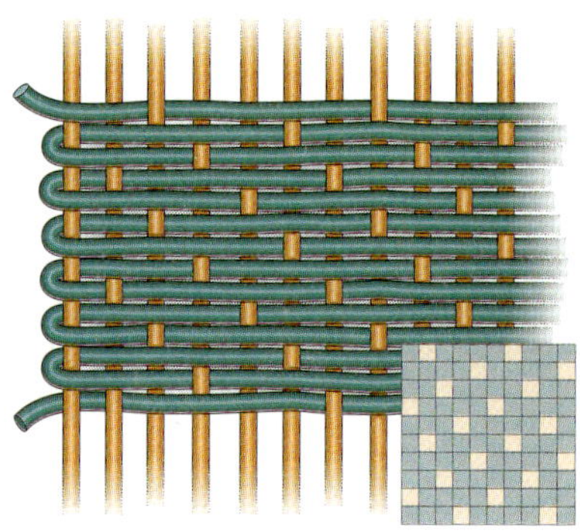

Atlasbindung^{F}
satin weave
satin^{M}
satén^{M}

ANDERE TECHNIKEN^{F}
OTHER TECHNIQUES
AUTRES TECHNIQUES^{F}
OTROS LIGAMENTOS^{M} TEXTILES

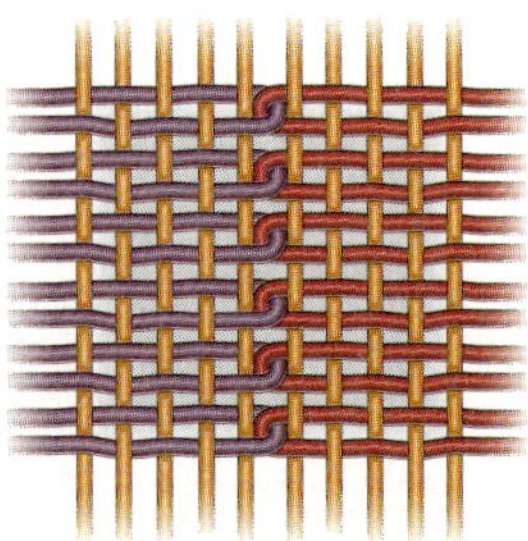

Gobelinbindung^{F}
interlock
croisement^{M}
ligamento^{M} entrecruzado

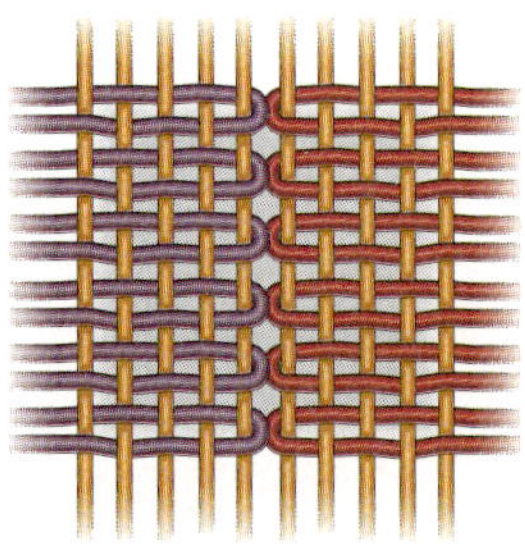

senkrechte Kelimbindung^{F}
slit
fente^{F}
ligamento^{M} vertical

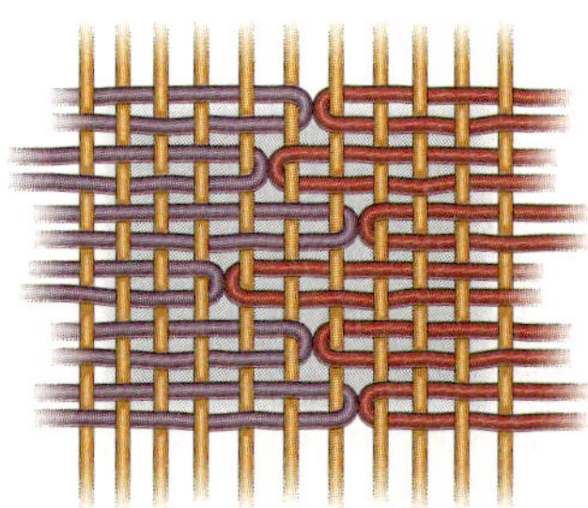

Kelimbindung^{F} mit wechselnden Wenden^{F}
hatching
hachure^{F}
ligamento^{M} de rayas^{F}

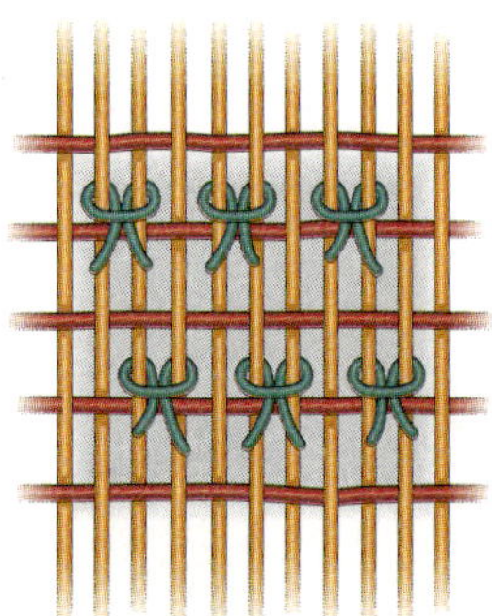

Knoten^{M}
knot
nœud^{M}
ligamento^{M} de nudos^{M}

HANDBUCHBINDEREI[F]
FINE BOOKBINDING
RELIURE[F] D'ART[M]
ENCUADERNACIÓN[F] ARTÍSTICA[F]

GEBUNDENES BUCH[N]
BOUND BOOK
LIVRE[M] RELIÉ
LIBRO[M] ENCUADERNADO

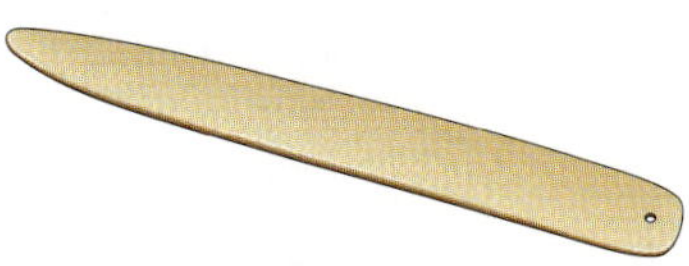

ZUSAMMENTRAGEN[N]
GATHERING
PLAÇURE[F]
COSIDO[M]

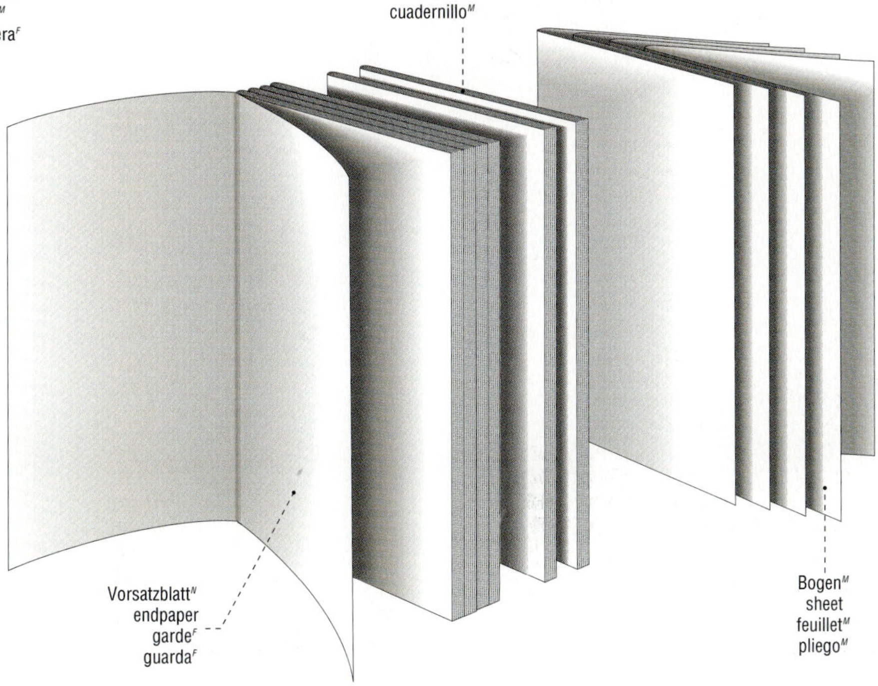

HANDBUCHBINDEREI[F]
FINE BOOKBINDING
RELIURE[F] D'ART[M]
ENCUADERNACIÓN[F] ARTÍSTICA

SCHNEIDEN[N]
TRIMMING
ÉBARBAGE[M]
GUILLOTINA[F]

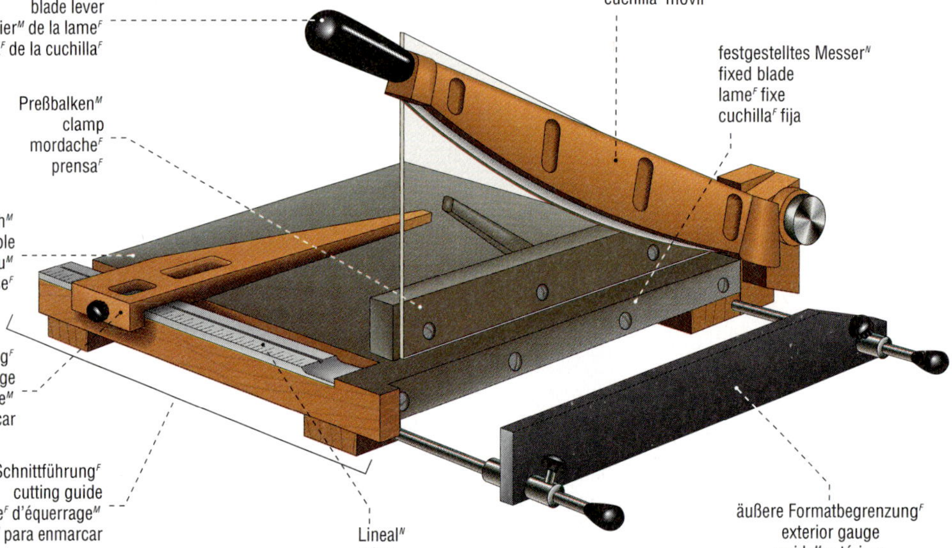

EINSÄGEN[N]
SAWING-IN
GRECQUAGE[M]
ENSAMBLAJE[M] A ESPIGA[F]

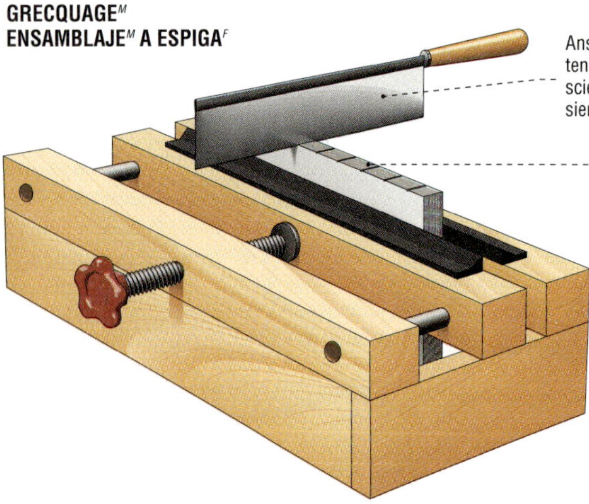

HEFTEN[N]
SEWING
COUTURE[F]
ENCUADERNACIÓN[F] EN RÚSTICA

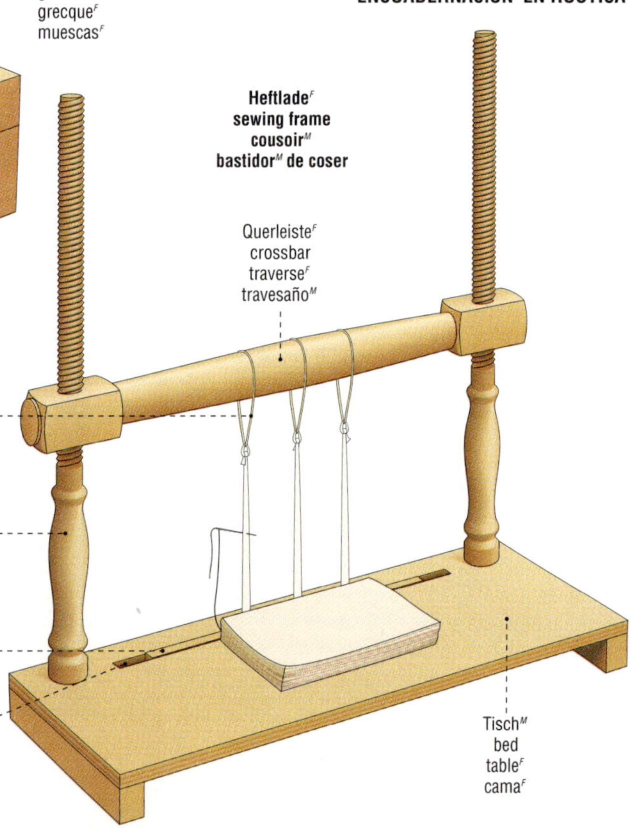

PRESSEN^{N}
PRESSING
MISE^{F} EN PRESSE^{F}
PRENSA^{F}

Stockpresse^{F}
standing press
presse^{F} à percussion^{F}
prensa^{F} de tornillo^{M}

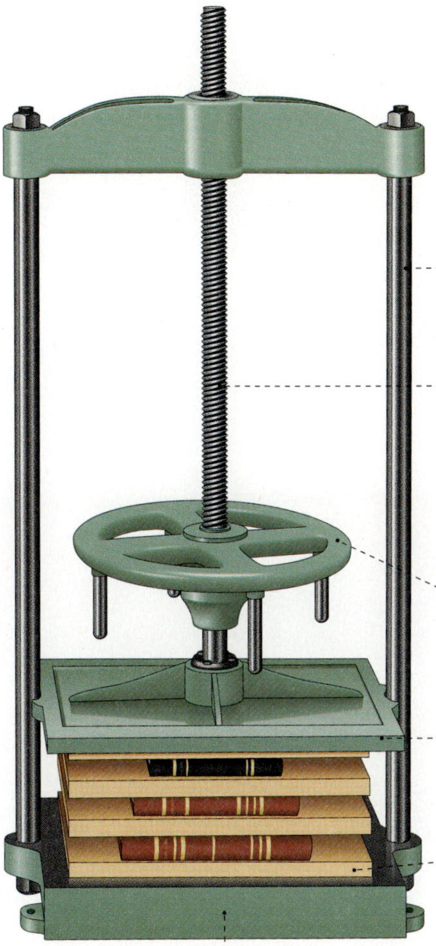

BUCHRÜCKENBEARBEITUNG^{F}
BACKING
ENDOSSURE^{F}
REDONDEO^{M}

BUCHRÜCKENPRESSE^{F}
BACKING PRESS
ÉTAU^{M} À ENDOSSER
PRENSA^{F} DE CAJOS^{M}

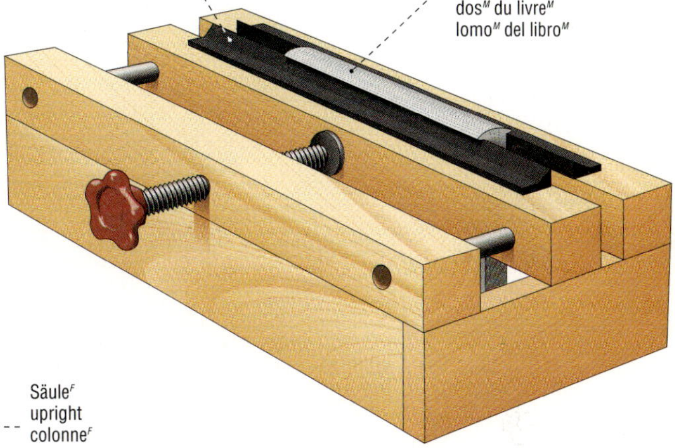

HAMMER^{M} ZUM RUNDKLOPFEN^{N}
BACKING HAMMER
MARTEAU^{M} À ENDOSSER
MARTILLO^{M} DE ENCUADERNADOR^{M}

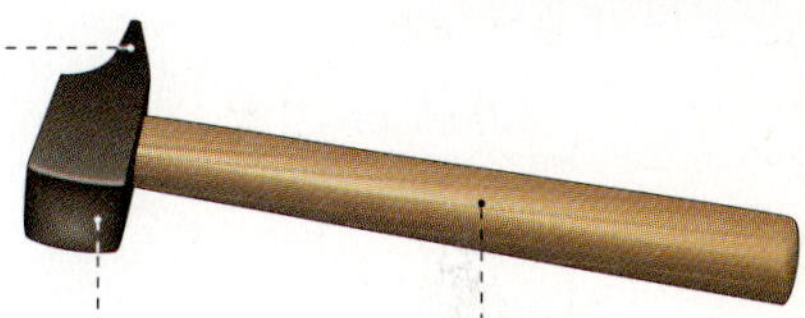

EINBINDEN^{N}
COVERING
COUVRURE^{F}
CUBIERTA^{F}

Einbandleder^{N}
bookbinding leather
peau^{F}
piel^{F} para encuadernar

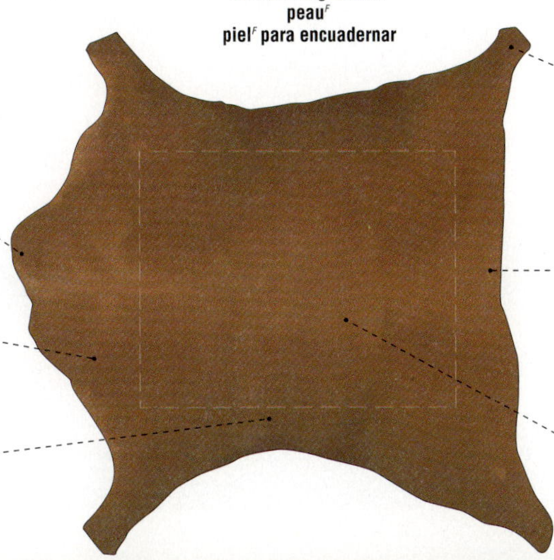

DRUCKEN[N]
PRINTING
IMPRESSION[F]
IMPRESIÓN[F]

HOCHDRUCK[M]
RELIEF PRINTING
IMPRESSION[F] EN RELIEF[M]
IMPRESIÓN[F] EN RELIEVE[M]

TIEFDRUCK[M]
INTAGLIO PRINTING
IMPRESSION[F] EN CREUX[M]
HUECOGRABADO[M]

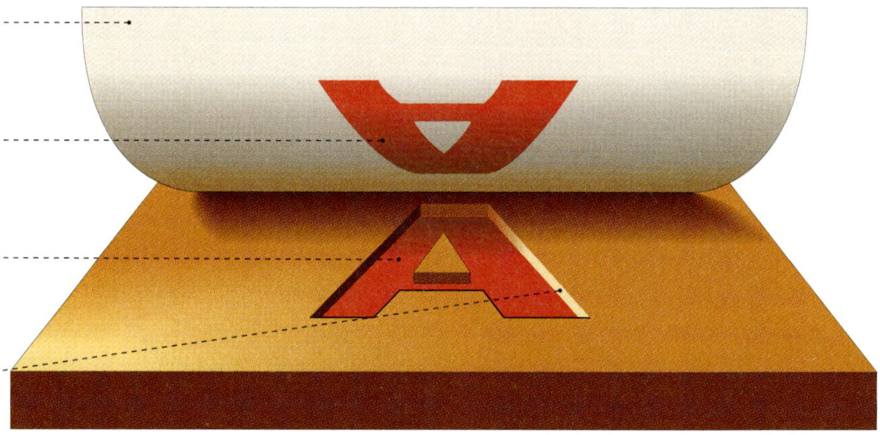

LITHOGRAPHIE[F]
LITHOGRAPHIC PRINTING
IMPRESSION[F] À PLAT[M]
IMPRESIÓN LITOGRÁFICA

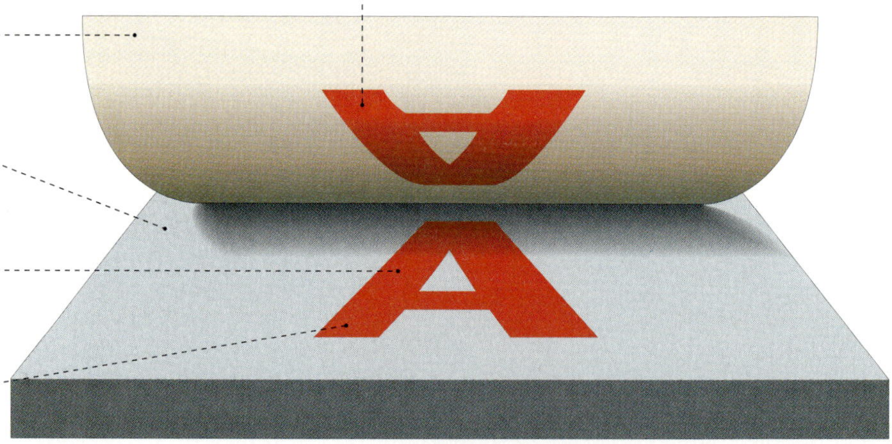

HOCHDRUCKVERFAHREN[N]
RELIEF PRINTING PROCESS
GRAVURE[F] EN RELIEF[M]
IMPRESIÓN[F] EN RELIEVE[M]

AUSSTATTUNG[F]
EQUIPMENT
MATÉRIEL[M]
EQUIPO[M]

Messer[N]
knife
canif[M]
cuchillo[M] de contornear

Rundeisen[N]
U-shaped gouge
gouge[F] creuse
gubia[F]

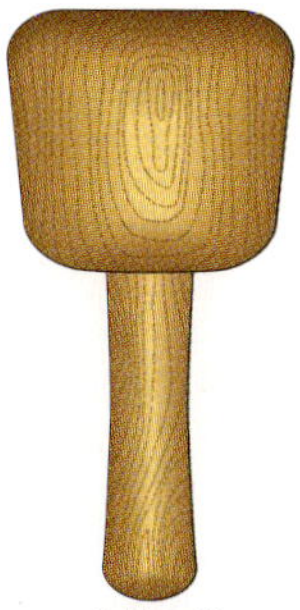

Schlegel[M]
mallet
maillet[M]
maza[F]

Beitel[M]
chisel
ciseau[M]
escoplo[M]

gerades Hohleisen[N]
block cutter
burin[M]
buril[M]

Geißfuß[M]
V-shaped gouge
gouge[F] en V
cincel[M] de rincón[M]

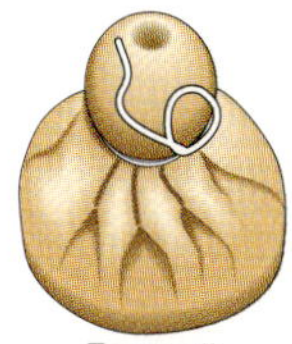

Tampon[M]
dabber
tampon[M]
tampón[M]

Farbe[F]
ink
encre[F]
tinta[F]

Farbwalze[F]
ink roller
rouleau[M] d'encrage[M]
rodillo[M] entintador

FARBSTEIN[M]
INKING SLAB
MARBRE[M]
PLANCHA[F] DE ENTINTADO[M]

Holzstock[M]
woodcut
gravure[F] sur bois[M] de fil[M]
bloque[M] de madera[F] grabado

Holzschnitt[M]
wood engraving
gravure[F] sur bois[M] debout
bloque[M] de madera[F] para grabar

ZYLINDERDRUCKPRESSE[F]
ETCHING PRESS
PRESSE[F] À TAILLE-DOUCE[F]
PRENSA[F] DE AGUAFUERTE[F]

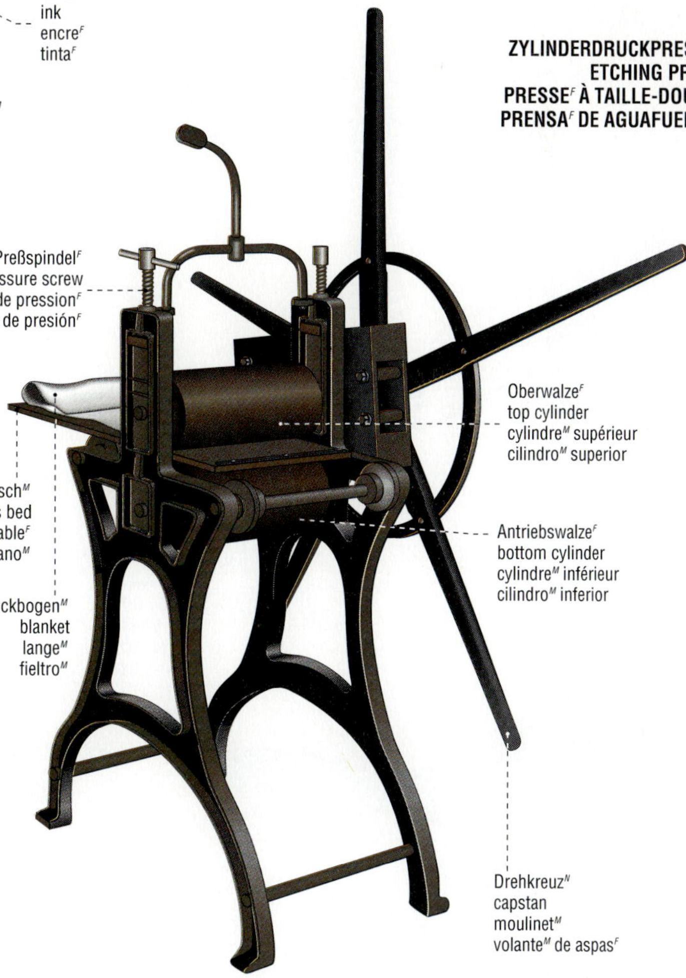

TIEFDRUCKVERFAHREN^{N}
INTAGLIO PRINTING PROCESS
GRAVURE^{F} EN CREUX^{M}
IMPRESIÓN^{F} EN HUECOGRABADO^{M}

AUSSTATTUNG^{F}
EQUIPMENT
MATÉRIEL^{M}
EQUIPO^{M}

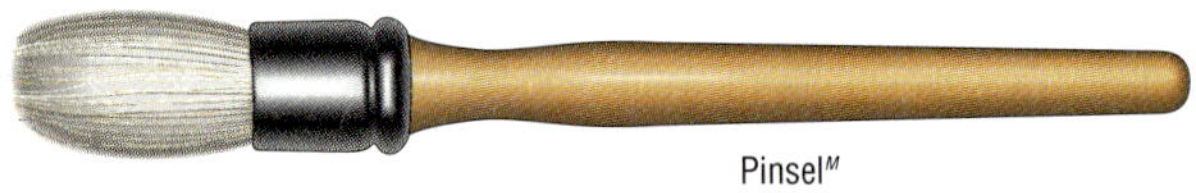

Pinsel^{M}
brush
pinceau^{M}
bruza^{F}

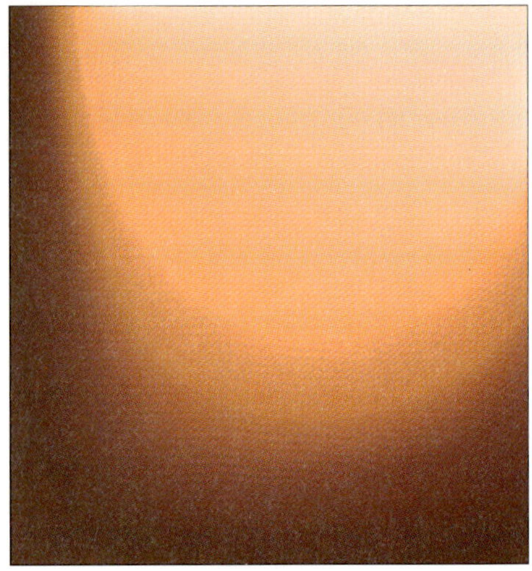

Kupferplatte^{F}
copperplate
planche^{F} de cuivre^{M}
placa^{F} de cobre^{M}

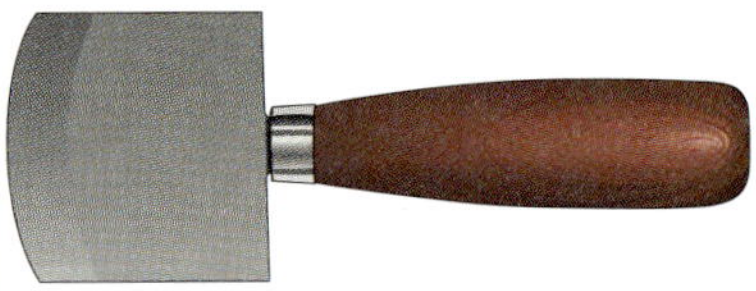

Wiegestahl^{M}
rocking tool
berceau^{M}
graneador^{M} para el grabado^{M} al humo^{M}

Roulette^{F}
roulette
roulette^{F}
ruleta^{F} estriada

Kaltnadel^{F}
dry point
pointe^{F} sèche
punta^{F} seca

Polierstahl^{M}
burnisher
brunissoir^{M}
bruñidor^{M}

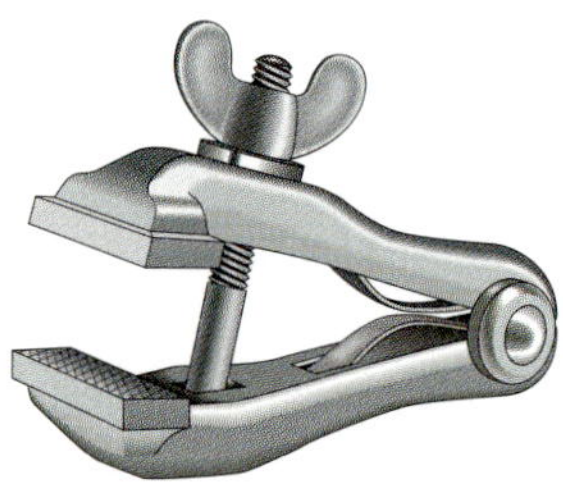

Plattenhalter^{M}
hand vice
étau^{M}
pinza^{F}

Schaber^{M}
scraper
ébarboir^{M}
raedor^{M}

dünne Wachskerze^{F}
taper
rat^{M} de cave^{F}
vela^{F}

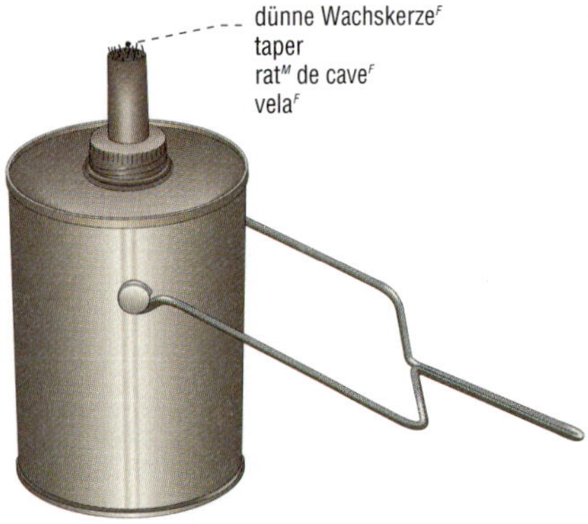

Räucherapparat^{M}
smoking-apparatus
enfumoir^{M}
ahumador^{M}

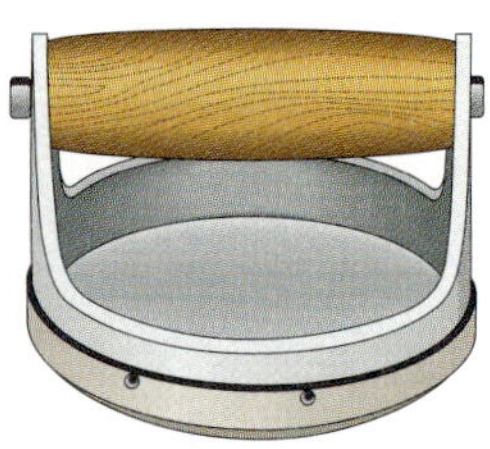

Baren^{M}
baren
baren^{M}
frotador^{M}

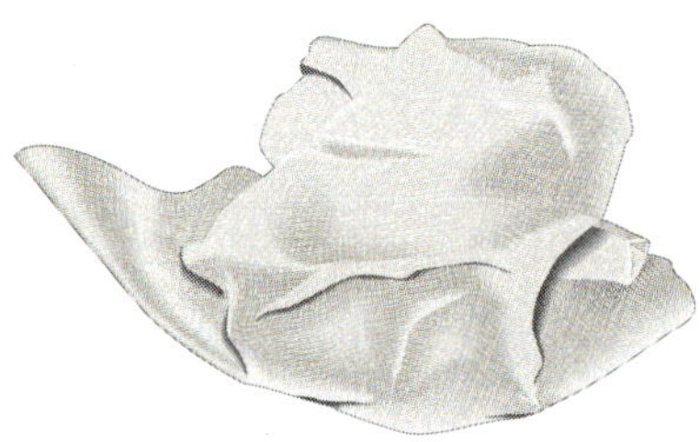

Tarlatan^{M}
tarlatan
tarlatane^{F}
tarlatana^{M}

Lederwalze^{F}
varnish-roller
rouleau^{M} à vernir
rodillo^{M} para barnizar

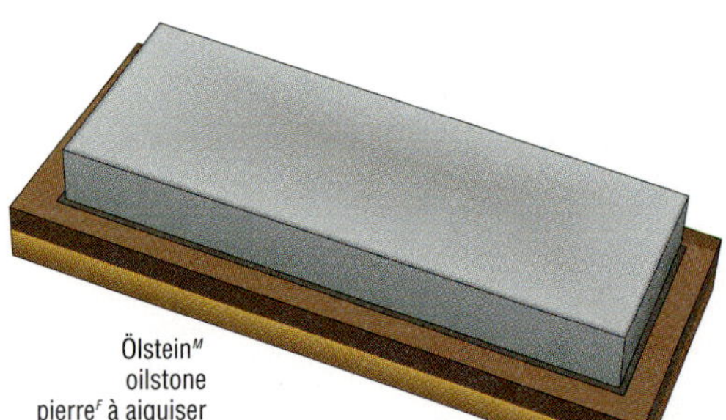

Ölstein^{M}
oilstone
pierre^{F} à aiguiser
piedra^{F} de aceite^{M}

LITHOGRAPHIE[F]
LITHOGRAPHY
LITHOGRAPHIE[F]
LITOGRAFÍA[F]

AUSSTATTUNG[F]
EQUIPMENT
MATÉRIEL[M]
EQUIPO[M]

Lithostift[M]
litho pencil
crayon[M] lithographique
lápiz[M] litográfico

Lithokreide[F]
litho crayon
bâton[M] de craie[F]
jaboncillo[M] litográfico

Graviernadel[F]
dry-point
pointe[F] sèche
punta[F] seca

Bimsstein-Korrekturstift[M]
pumice correcting pencil
crayon[M] de pierre[F] ponce
lápiz[M] corrector de piedra[F] pómez

lithographische Tusche[F]
lithographic tusche
encre[F] lithographique
barra[F] diluida al agua[F]

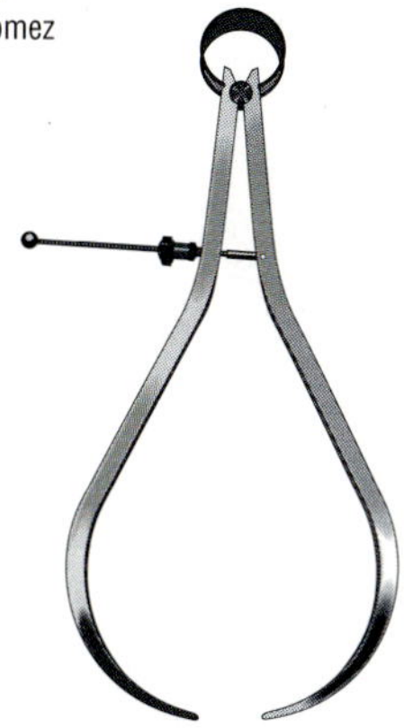

Greifzirkel[M]
caliper
compas[M] d'épaisseur[F]
calibrador[M]

roter Ockerstift[M]
red ochre pencil
sanguine[F]
lápiz[M] corrector de ocre[M] rojo

SCHLEIFSCHEIBE[F]
LEVIGATOR
BOURRIQUET[M]
BARRIQUETE[M]

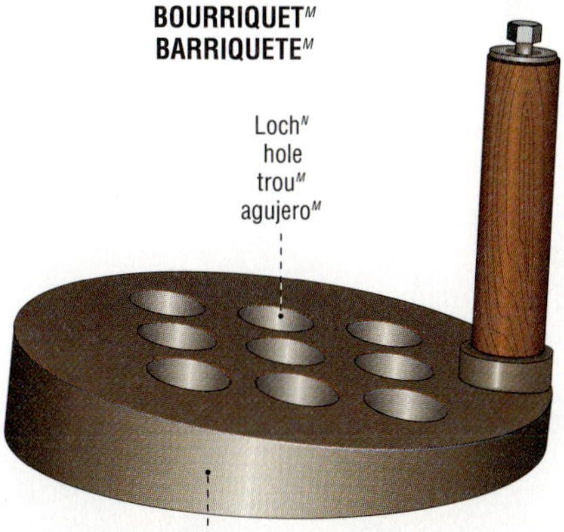

STEINDRUCKPRESSE[F]
LITHOGRAPHIC PRESS
PRESSE[F] LITHOGRAPHIQUE
PRENSA[F] LITOGRÁFICA

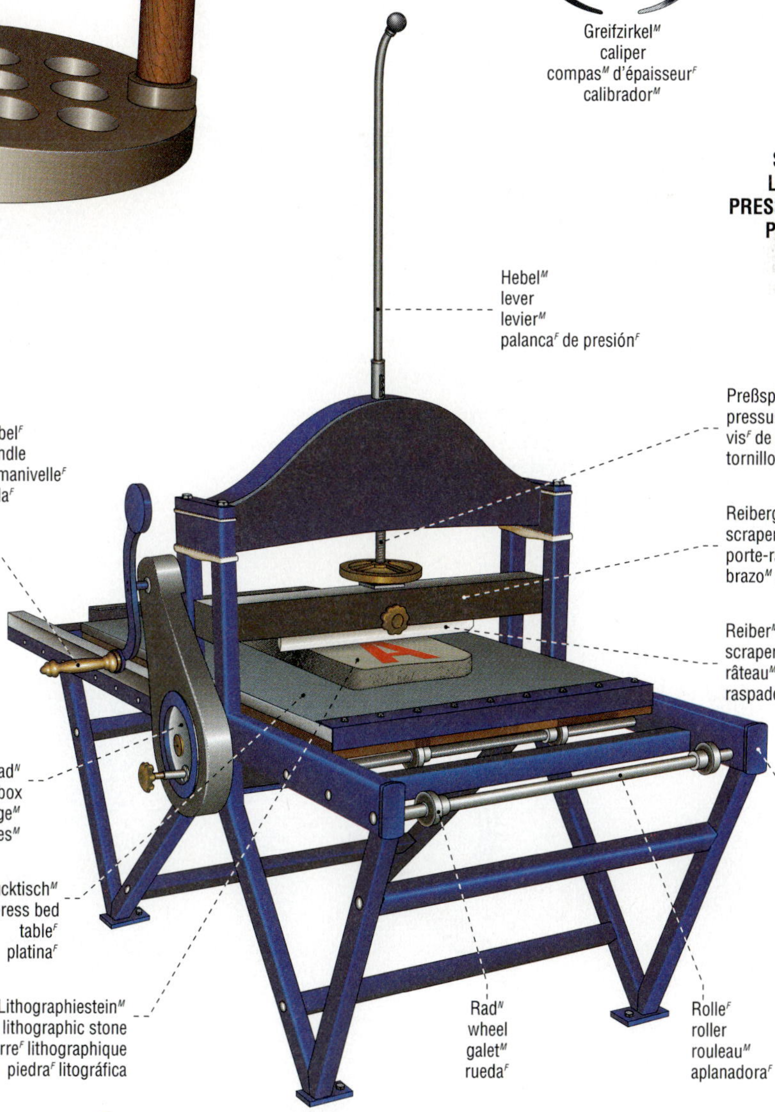

TÖPFEREI[F]
POTTERY
POTERIE[F]
CERÁMICA[F]

DREHEN[N]
TURNING
TOURNAGE[M]
TORNO[M]

DREHSCHEIBE[F]
TURNING WHEEL
TOUR[M] À PIED[M]
TORNO[M]

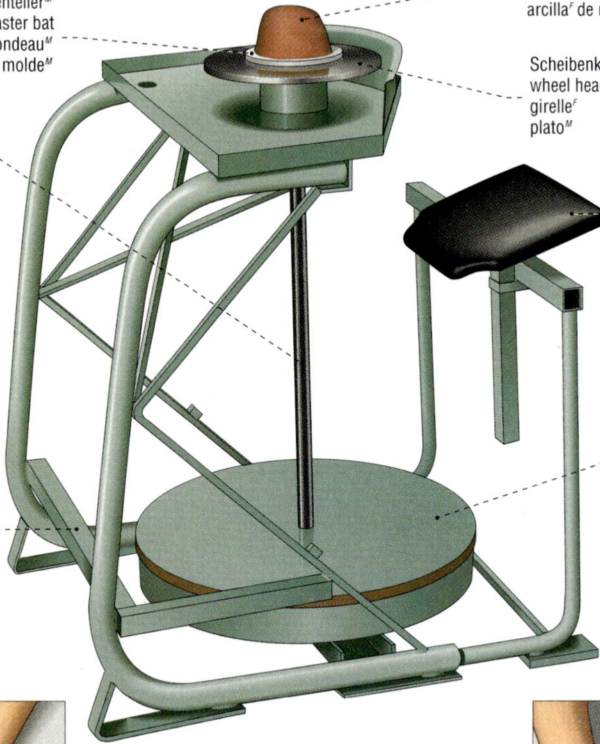

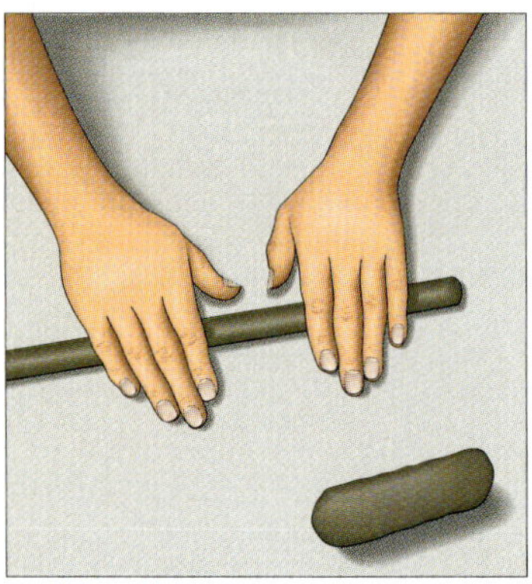

SPIRALWÜLSTE[F] ROLLEN
COILING
COLOMBIN[M]
CORDÓN[M] PARA ESPIRALES[F]

PLATTEN[F] AUSROLLEN
SLAB BUILDING
GALETTAGE[M]
RODILLO[M]

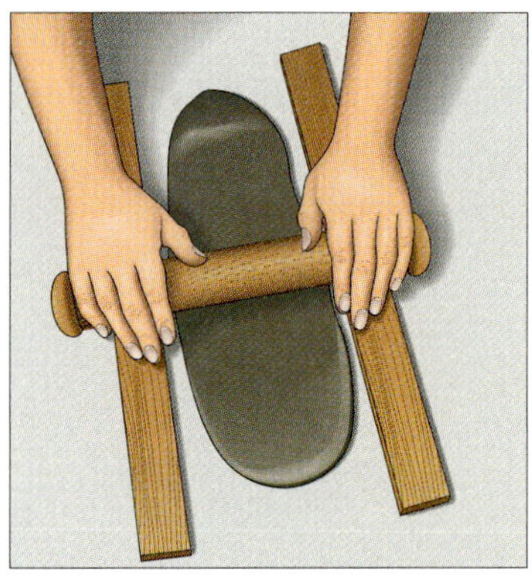

WERKZEUG[N]
TOOLS
OUTILS[M]
HERRAMIENTAS[F]

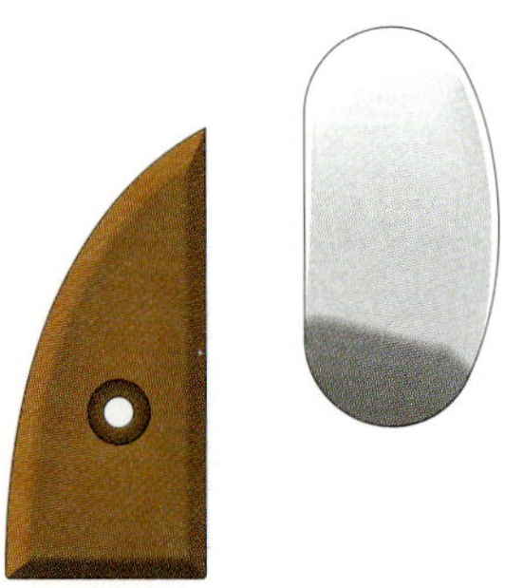

Drehschiene[F]
ribs
esthèques[F]
costillar[M]

Schneidedraht[M]
cutting wire
fil[M] à couper la pâte[F]
alambre[M] para cortar

Modellierscheibe[F]
banding wheel
tournette[F]
torneta[F]

WERKZEUG^{N} TOOLS OUTILS^{M} HERRAMIENTAS^{F}

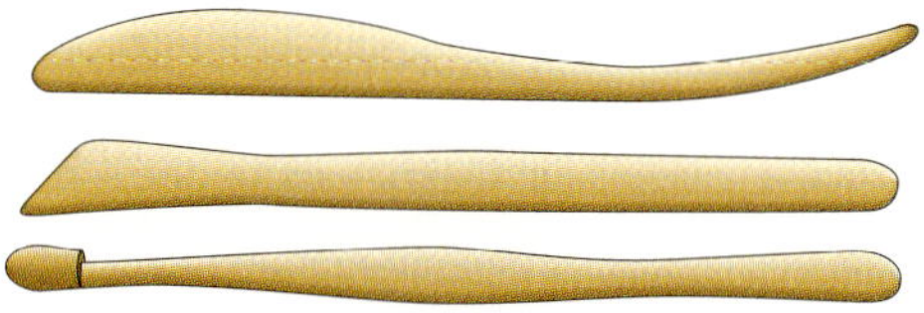

Modellierhölzer^{N}
wooden modelling tools
ébauchoirs^{M}
espátulas^{F} de modelar

Ausstreichmesser^{N}
fettling knife
couteau^{M} de potier^{M}
cuchillo^{M} para desbastar

Nadelwerkzeug^{N}
needle tool
pige^{F}
punzón^{M}

Gipsschlinge^{F}
trimming tool
mirette^{F}
raspador^{M}

Segerkegel^{M}
pyrometric cone
montre^{F}
cono^{M} pirométrico

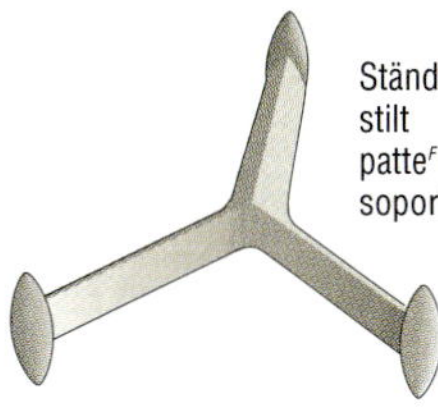

Ständer^{M}
stilt
patte^{F} de coq^{M}
soporte^{M}

BRENNEN^{N} FIRING CUISSON^{F} COCCIÓN^{F}

elektrischer Brennofen^{M}
electric kiln
four^{M} électrique
horno^{M} eléctrico

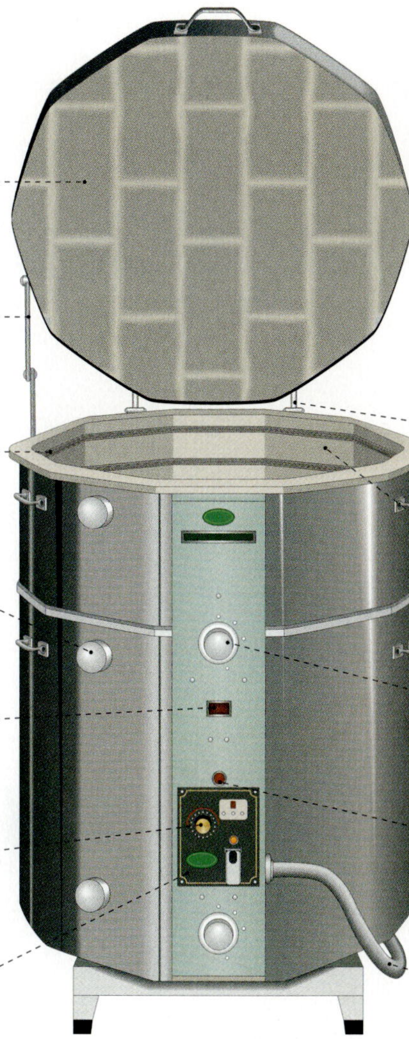

HOLZSCHNITZEREI^{F}
WOOD CARVING
SCULPTURE^{F} SUR BOIS^{M}
TALLA^{F} EN MADERA^{F}

SCHRITTE^{M}
STEPS
ÉTAPES^{F}
ETAPAS^{F}

Zeichnen^{N}
drawing
traçage^{M}
diseño^{M}

Aussägen^{N}
roughing out
dégrossissage^{M}
desbaste^{M}

Schnitzen^{N}
carving
sculpture^{F}
talla^{F}

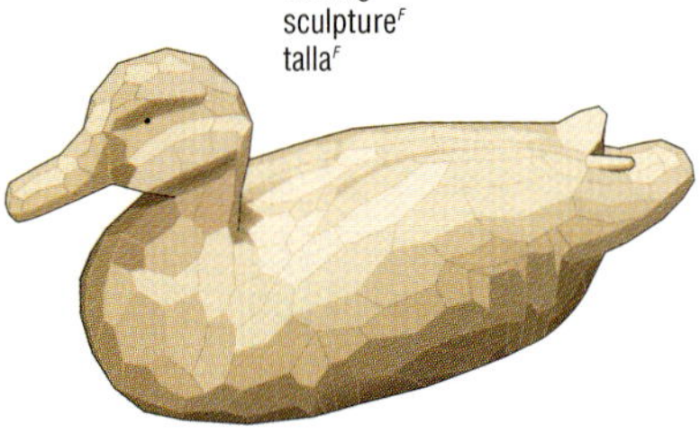

Herausarbeiten^{N}
finishing
finition^{F}
acabado^{M}

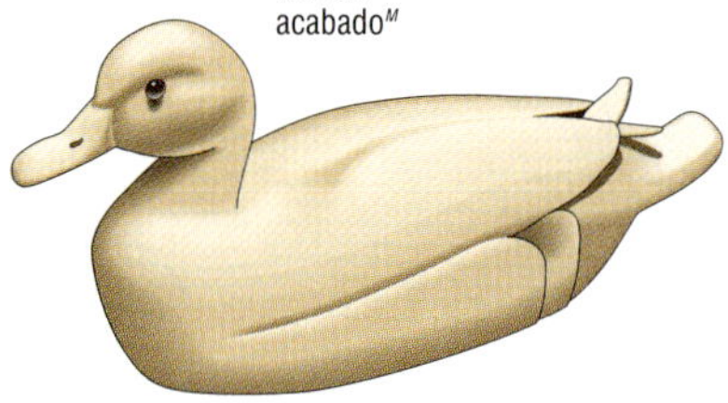

ZUBEHÖR^{N}
ACCESSORIES
ACCESSOIRES^{M}
ACCESORIOS^{M}

Schnitzbankschraube^{F}
carver's bench screw
queue-de-cochon^{F}
tornillo^{M}

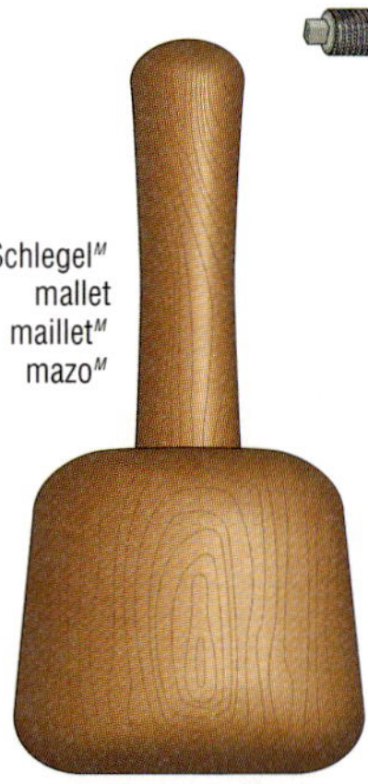

Schlegel^{M}
mallet
maillet^{M}
mazo^{M}

Bock^{M}
stand
sellette^{F}
tarima^{F}

Prägung^{F} und Muster^{N}
punch and pattern
poinçon^{M} et fond^{M}
punteo^{M}

WERKZEUGE^{N}
TYPES OF TOOLS
TYPES^{M} D'OUTILS^{M}
TIPOS DE HERRAMIENTAS^{F}

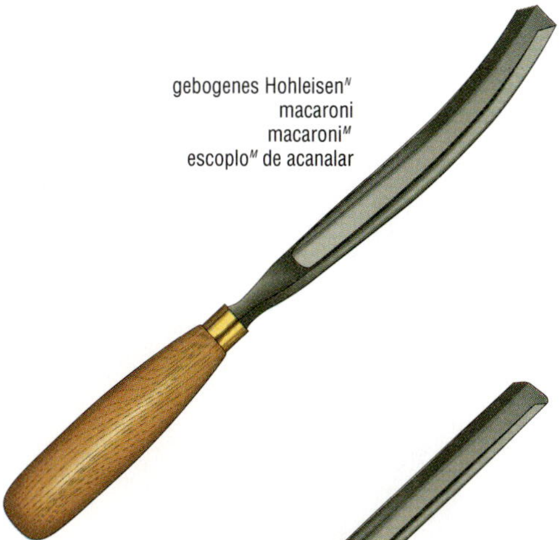

gebogenes Hohleisen^{N}
macaroni
macaroni^{M}
escoplo^{M} de acanalar

Kasteneisen^{N}
fluteroni
fluteroni^{M}
escoplo^{M} de acanalar

Dechsel^{F}
adze
herminette^{F}
azuela^{F} para desbastar

Riffelfeile^{F}
riffler
rifloir^{M}
bruñidor^{M} con rascador^{M}

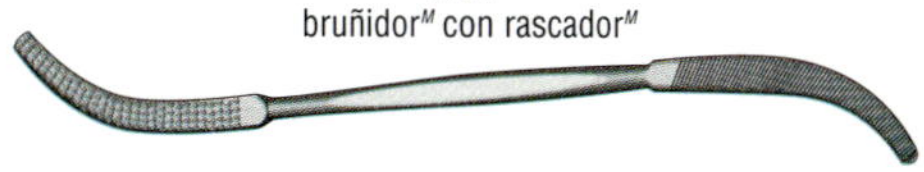

gerades Hohleisen^{N}
block cutter
burin^{M}
escoplo^{M} redondo

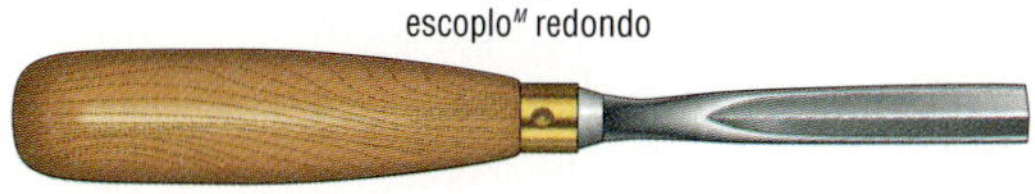

Messer^{N}
knife
couteau^{M}
cuchillo^{M} de contornear

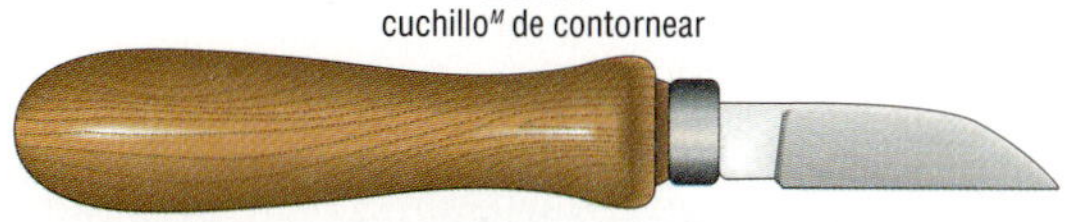

gerades Balleisen^{N}
firmer chisel
fermoir^{M}
escoplo^{M}

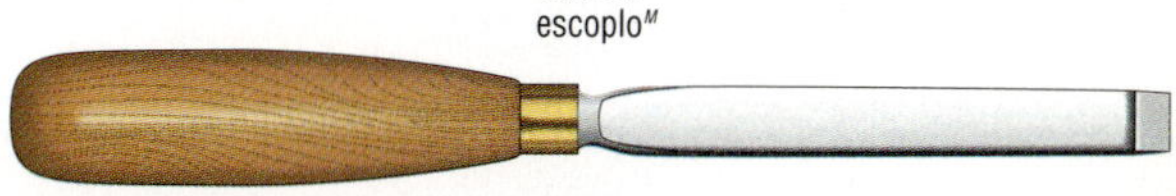

Hohlbeitel^{M}
gouge
gouge^{F}
gubia^{F}

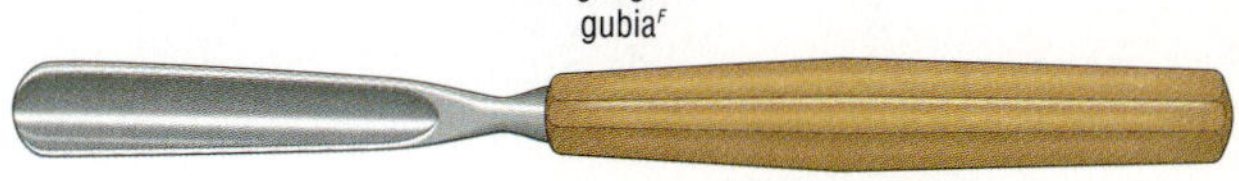

Raspel^{F}
rasp
râpe^{F}
lima^{F}

DIE WICHTIGSTEN SCHNITZEISEN^{N}
MAJOR TYPES OF BLADES
PRINCIPALES FORMES^{F} DE LAMES^{F}
TIPOS^{M} DE CUCHILLAS^{F}

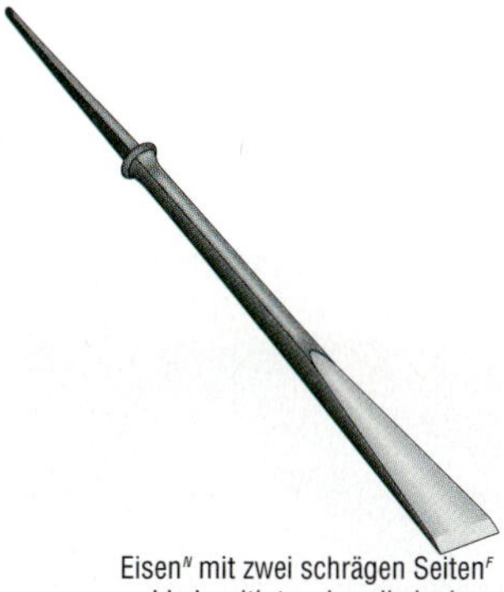

Eisen^{N} mit zwei schrägen Seiten^{F}
blade with two bevelled edges
lame^{F} à deux biseaux^{M}
escoplo^{M}

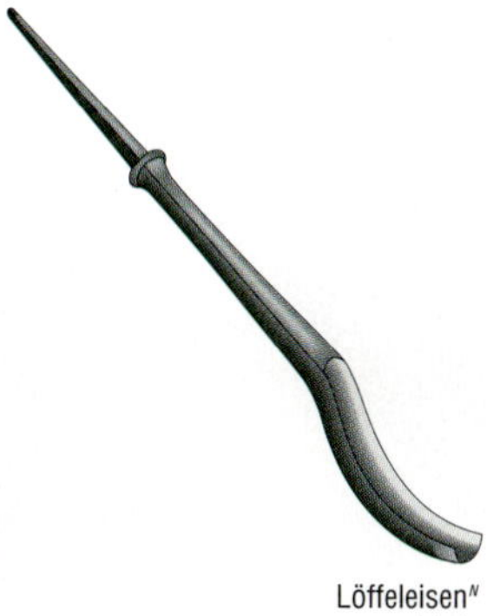

Löffeleisen^{N}
spoon blade
lame^{F} en cuiller^{F}
cuchara^{F}

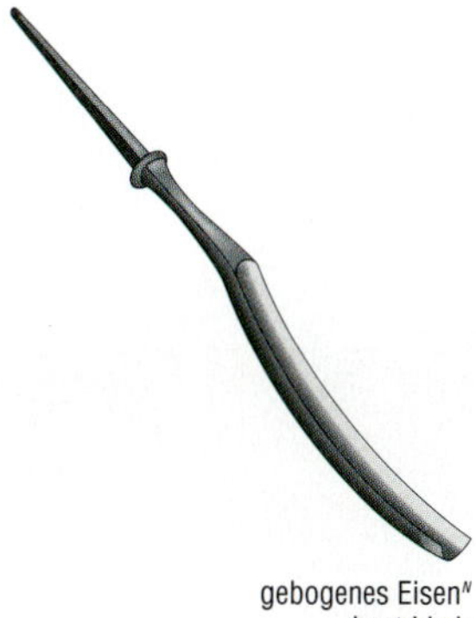

gebogenes Eisen^{N}
bent blade
lame^{F} coudée
curvada

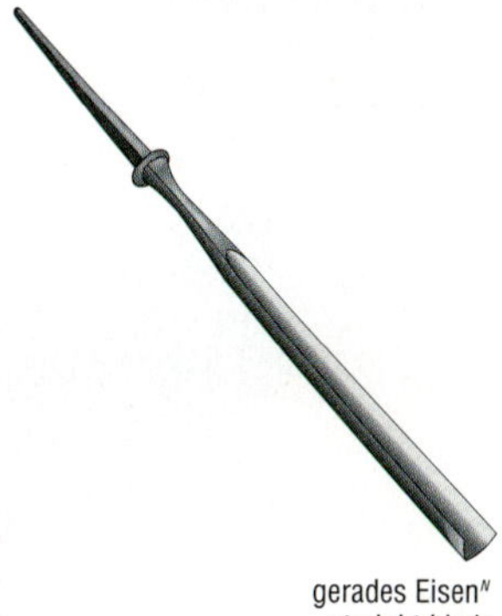

gerades Eisen^{N}
straight blade
lame^{F} droite
plana

MALEN[N] UND ZEICHNEN[N]
PAINTING AND DRAWING
PEINTURE[F] ET DESSIN[M]
PINTURA[F] Y DIBUJO[M]

DIE WICHTIGSTEN TECHNIKEN[F]
MAJOR TECHNIQUES
PRINCIPALES TECHNIQUES[F]
TÉCNICAS PRINCIPALES

Kohle[F]
charcoal
fusain[M]
carboncillo[M]

Tinte[F]
ink
encre[F]
tinta[F] china

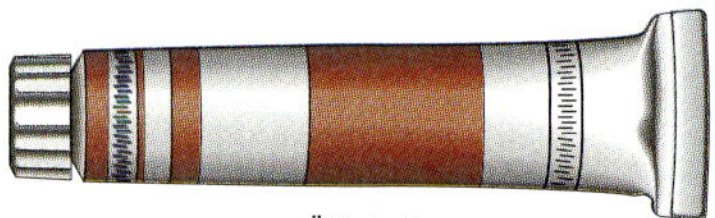

Ölfarbe[F]
oil paint
couleur[F] à l'huile[F]
óleo[M]

Aquarellfarbe[F] und Gouache[F]
watercolour and gouache
aquarelle[F] et gouache[F]
acuarela[F] y aguazo[M]

Tube[F]
tube
tube[M]
tubo[M]

Kissen[N]
cakes
pastilles[F]
caja[F] de acuarelas[F]

Marker[M]
marker pen
marqueur[M]
rotulador[M]

Filzstift[M]
felt tip pen
feutre[M]
rotulador[M]

Pastell[N]
soft pastel
pastel[M] sec
pastel[M]

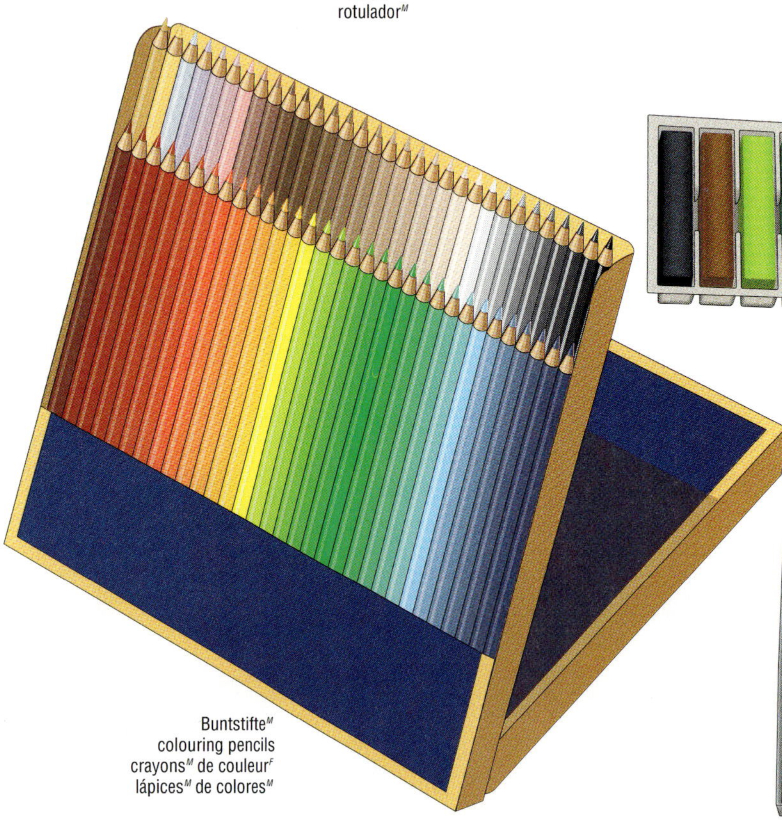

Buntstifte[M]
colouring pencils
crayons[M] de couleur[F]
lápices[M] de colores[M]

Ölpastell[N]
oil pastel
pastel[M] gras
pastel[M] de óleo[M]

AUSSTATTUNG[F]
EQUIPMENT
MATÉRIEL[M]
EQUIPO[M]

Palettmesser[N]
spatula
spatule[F]
espátula[F]

Malspachtel[M]
painting knife
couteau[M] à peindre
cuchillo[M] paleta[F]

Graphosfeder[F]
reservoir-nib pen
plume[F]
plumafuente[F]

Flachpinsel[M]
flat brush
brosse[F]
pincel[M] plano

Japanpinsel[M]
sumie
pinceau[M] à sumie[M]
sumie[M]

Fächerpinsel[M]
fan brush
brosse[F] éventail[M]
brocha[F]

Pinsel[M]
brush
pinceau[M]
pincel[M]

BILDTRÄGER[M]
SUPPORTS
SUPPORTS[M]
LIENZOS[M]

Papier[N]
paper
papier[M]
papel[M]

Malpappe[F]
cardboard
carton[M]
cartón[M]

Leinwand[F]
canvas
toile[F]
lienzo[M]

Platte[F]
panel
panneau[M]
tabla[F]

MALEN^{N} UND ZEICHNEN^{N}
PAINTING AND DRAWING
PEINTURE^{F} ET DESSIN^{M}
PINTURA^{F} Y DIBUJO^{M}

SPRITZPISTOLE^{F}
AIRBRUSH
AÉROGRAPHE^{M}
PISTOLA^{F} DE PINTAR

QUERSCHNITT^{M} DURCH EINE SPRITZPISTOLE^{F}
CROSS SECTION OF AN AIRBRUSH
COUPE^{F} D'UN AÉROGRAPHE^{M}
CORTE^{M} TRANSVERSAL DE UNA PISTOLA^{F} DE PINTAR

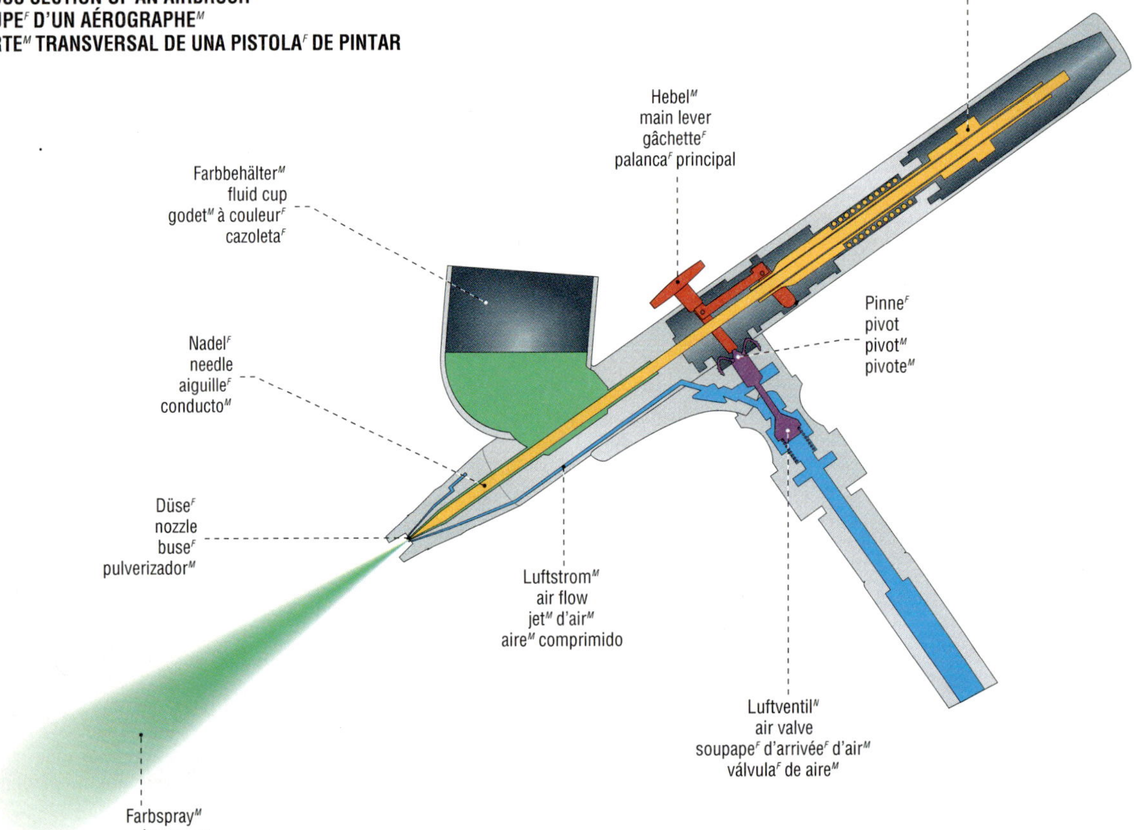

ZUBEHÖR^{N}
ACCESSORIES
ACCESSOIRES^{M}
ACCESORIOS^{M}

REISSBRETT^{N}
DRAWING BOARD
TABLE^{F} À DESSIN^{M}
TABLERO^{M} DE DIBUJO^{M}

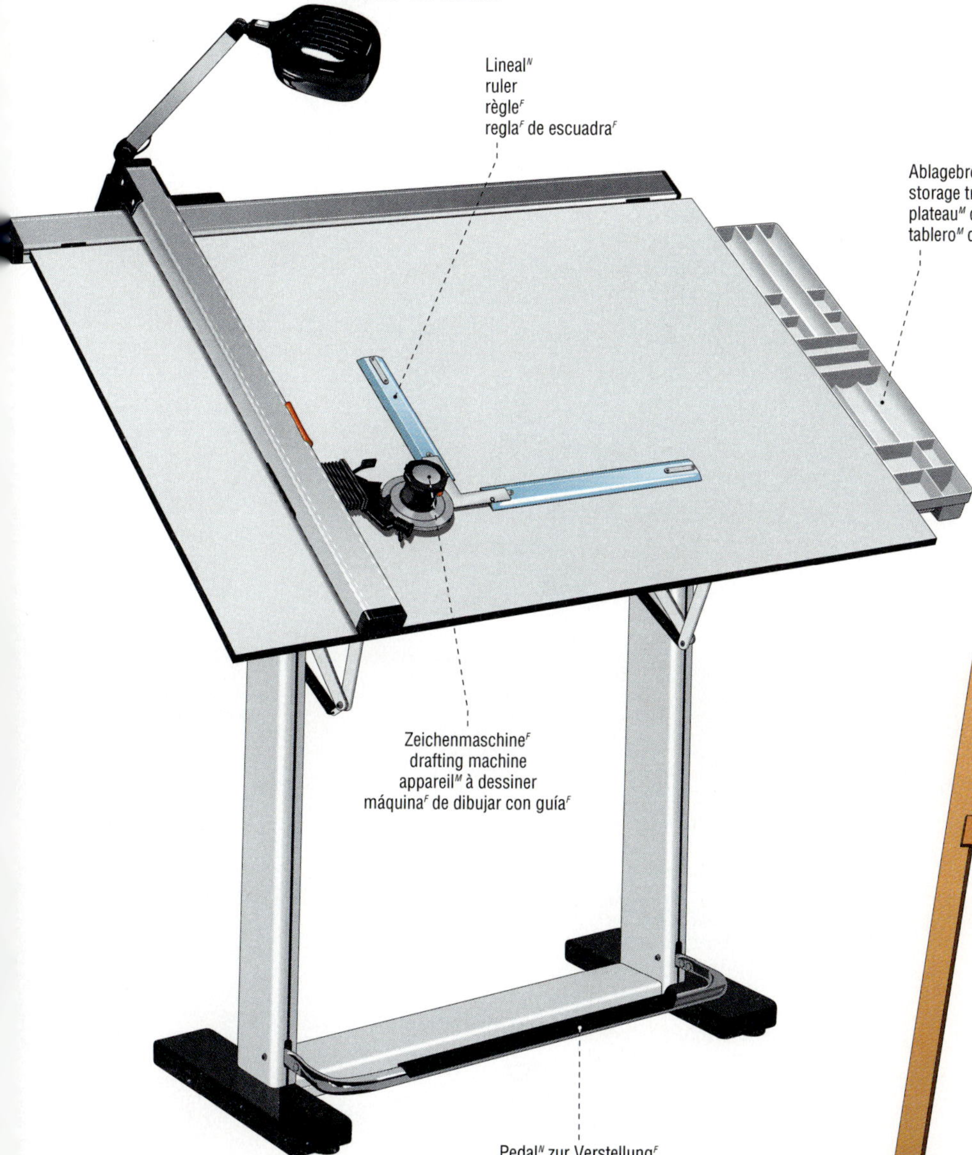

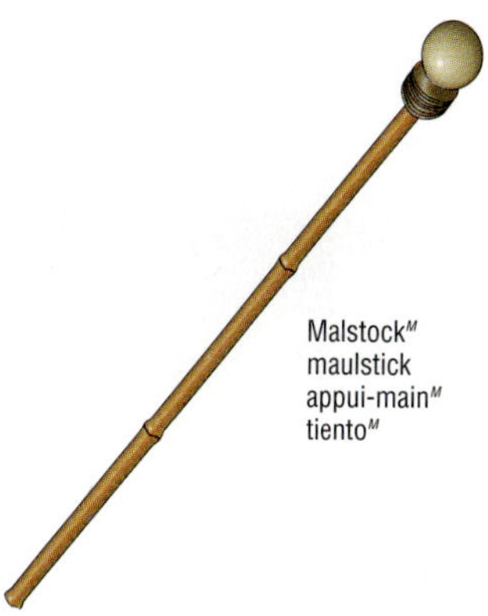

MALEN[N] UND ZEICHNEN[N]
PAINTING AND DRAWING
PEINTURE[F] ET DESSIN[M]
PINTURA[F] Y DIBUJO[M]

ZUBEHÖR[N]
ACCESSORIES
ACCESSOIRES[M]
ACCESORIOS[M]

Farbtafel[F]
colour chart
nuancier[M]
gama[F] de colores[M]

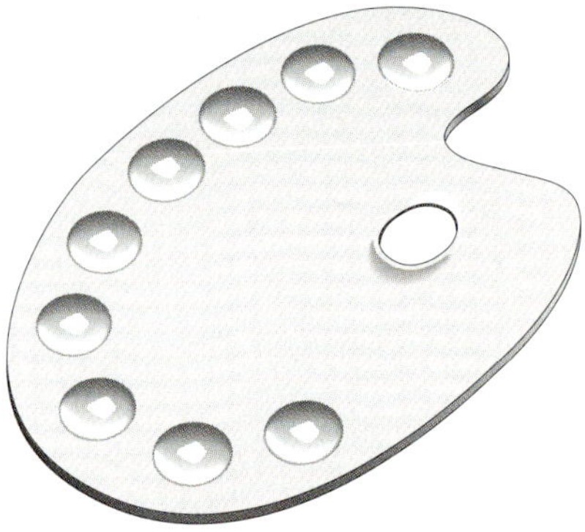

Palette[F] mit Vertiefungen[F]
palette with hollows
palette[F] à alvéoles[F]
paleta[F] con huecos[M] para pintura[F]

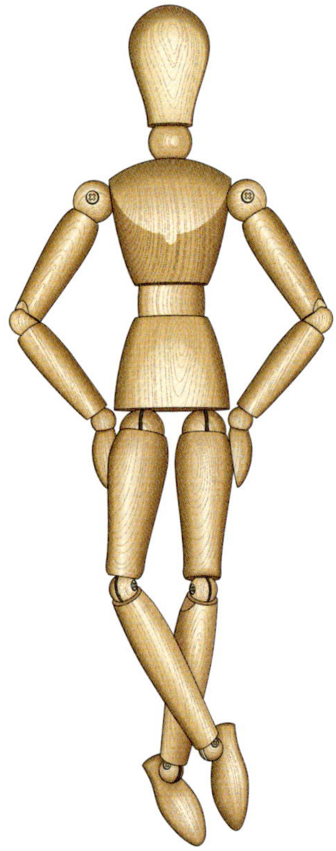

Gliederpuppe[F]
articulated mannequin
mannequin[M] articulé
maniquí[M]

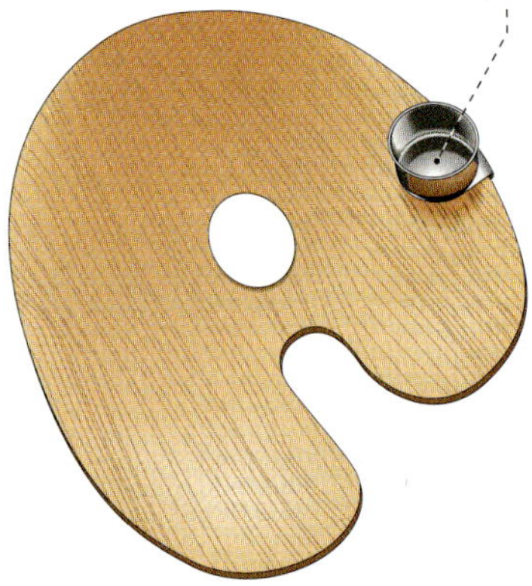

Palette[F] mit Stecker[M]
palette with dipper
palette[F] avec godet[M]
paleta[F] con tarrito[M]

HILFSMITTEL[N]
UTILITY LIQUIDS
LIQUIDES[M] D'APPOINT[M]
LÍQUIDOS[M] ACCESORIOS

Firnis[M]
varnish
vernis[M]
barniz[M]

Leinöl[N]
linseed oil
huile[F] de lin[M]
aceite[M] de linaza[F]

Terpentin[N]
turpentine
térébenthine[F]
aguarrás[M]

Fixativ[N]
fixative
fixatif[M]
fijador[M]

SPORTARTEN SPORTS
SPORTS DEPORTES

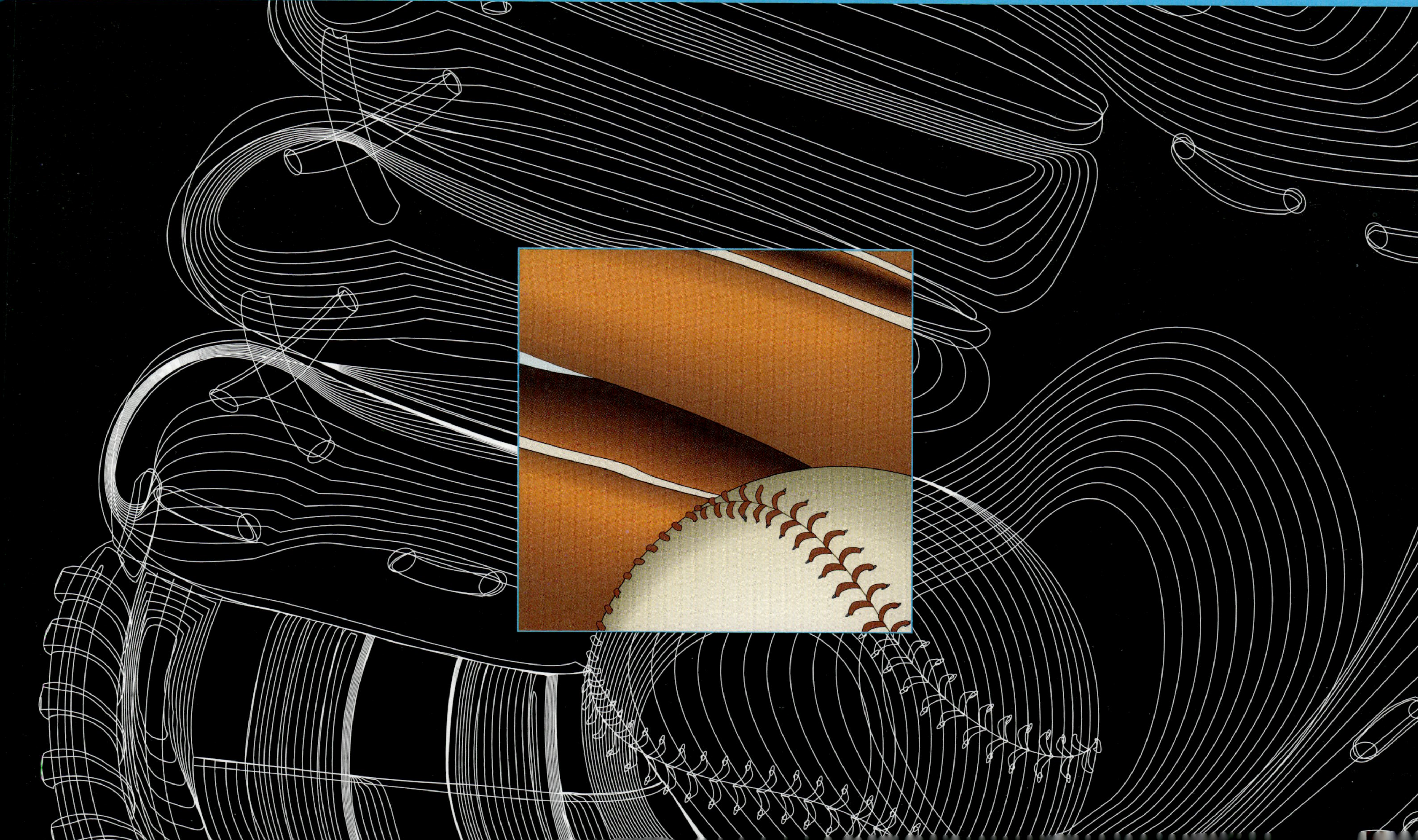

INHALT

MANNSCHAFTSSPORTARTEN

BASEBALL ... 595
CRICKET ... 598
FUSSBALL ... 600
FOOTBALL ... 602
RUGBY ... 606
HOCKEY ... 607
EISHOCKEY ... 608
BASKETBALL ... 610
NETZBALLSPIEL ... 611
HANDBALL ... 612
VOLLEYBALL ... 613
TENNIS ... 614
SQUASH ... 616
RACQUETBALLSPIEL ... 617
BADMINTON ... 618
TISCHTENNIS ... 619
CURLING ... 620

WASSERSPORT

SCHWIMMEN ... 621
KUNSTSPRINGEN ... 624
WASSERBALLSPIEL ... 626
TAUCHEN ... 627
SEGELSPORT ... 628
SURFBRETT ... 631
RUDERN UND SKULLEN ... 632
WASSERSKI ... 633

LUFTSPORT

FREIBALLONSPORT ... 634
FALLSCHIRMSPRINGEN ... 635
GLEITSCHIRMFLIEGEN ... 636
DRACHENFLIEGEN ... 637
SEGELFLIEGEN ... 638

WINTERSPORT

ALPINES SKILAUFEN ... 640
SKILANGLAUF ... 642
BOBSCHLITTEN ... 643
RENNRODEL ... 643
EISLAUFEN ... 644
ROLLSCHUH ... 645
SCHNEESCHUH ... 645

REITSPORT

REITEN ... 646
GEBISSTÜCKARTEN ... 650
GALOPPRENNEN ... 651
TRABRENNSPORT ... 652

EINZELSPORTARTEN

LEICHTATHLETIK ... 654
GERÄTETURNEN ... 659
GEWICHTHEBEN ... 662
FITNESSGERÄTE ... 663

KAMPFSPORTARTEN

FECHTSPORT ... 666
JUDO ... 668
BOXEN ... 669

FREIZEITSPORT

SPORTFISCHEREI ... 670
BILLIARD ... 673
GOLFSPIEL ... 676
BERGSTEIGEN ... 680
BOULE UND PETANQUE ... 682
BOWLING ... 683
BOGENSCHIESSEN ... 684

CAMPING

CAMPING ... 685
KNOTEN ... 691
TAUWERK ... 692

BASEBALL[M]
BASEBALL
BASEBALL[M]
BÉISBOL[M]

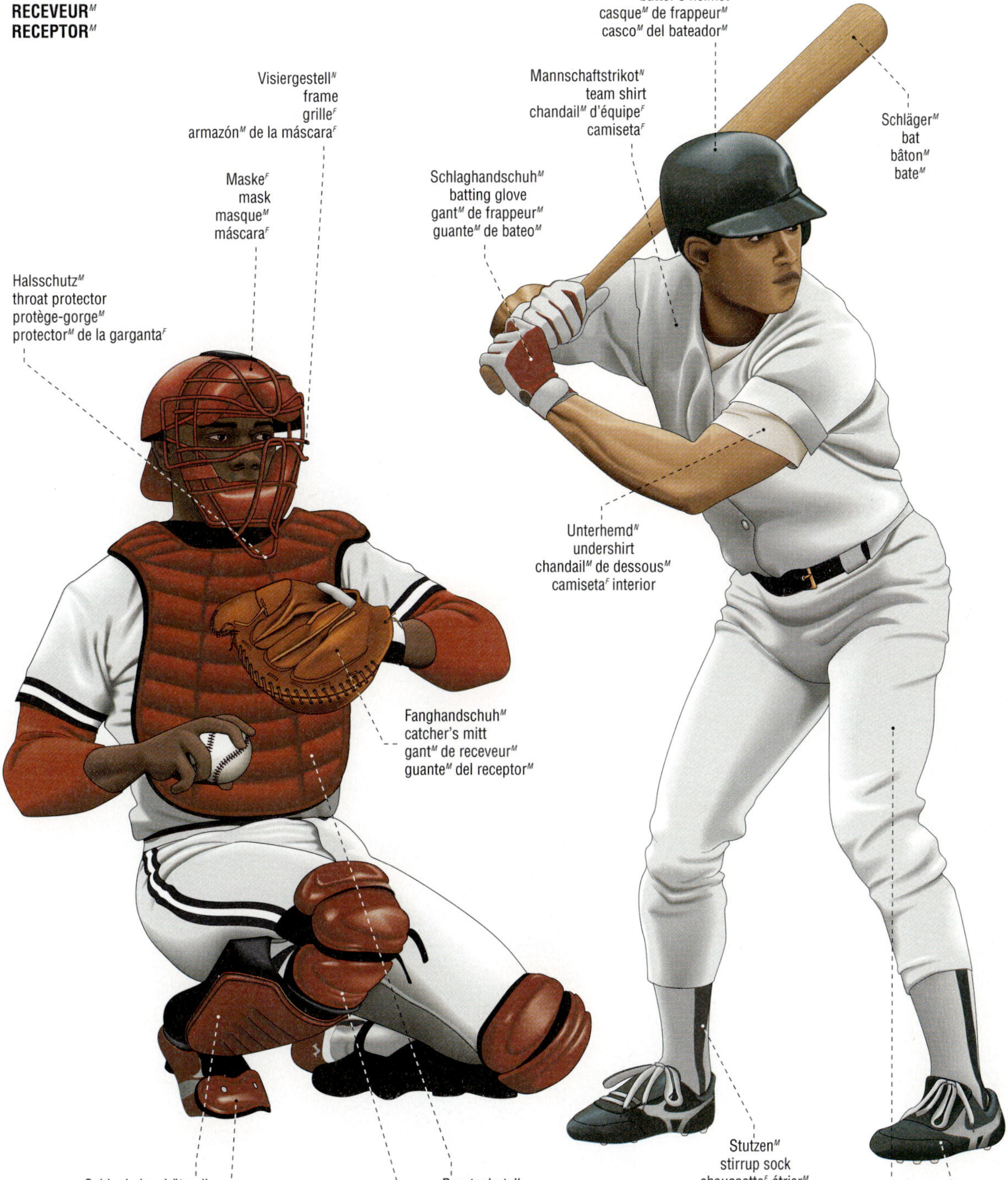

BASEBALL[M]
BASEBALL
BASEBALL[M]
BÉISBOL[M]

SCHLÄGER[M]
BAT
BÂTON[M]
BATE[M]

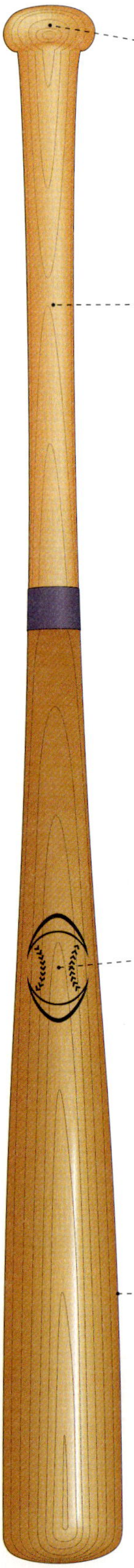

BASEBALL[M]
BASEBALL
BALLE[F] DE BASEBALL[M]
BÉISBOL[M]

BASEBALL[M] IM QUERSCHNITT
BASEBALL, CROSS SECTION
COUPE[F] DE LA BALLE[F]
CORTE[M] TRANSVERSAL DE LA PELOTA[F]

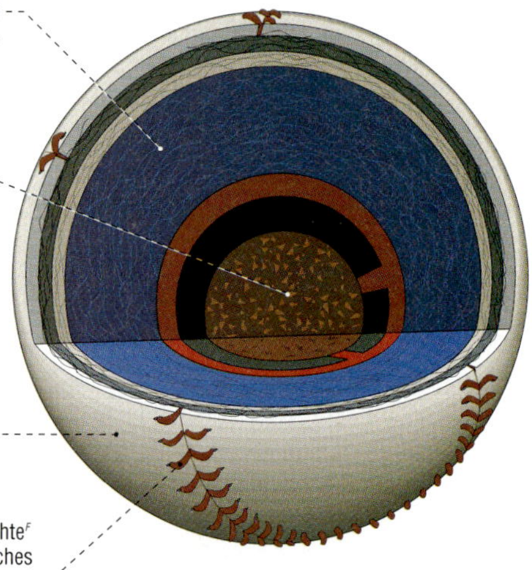

HANDSCHUH[M]
FIELDER'S GLOVE
GANT[M]
GUANTE[M] DE RECOGIDA[F]

SPIELFELD^{N}
FIELD
TERRAIN^{M}
TERRENO^{M}

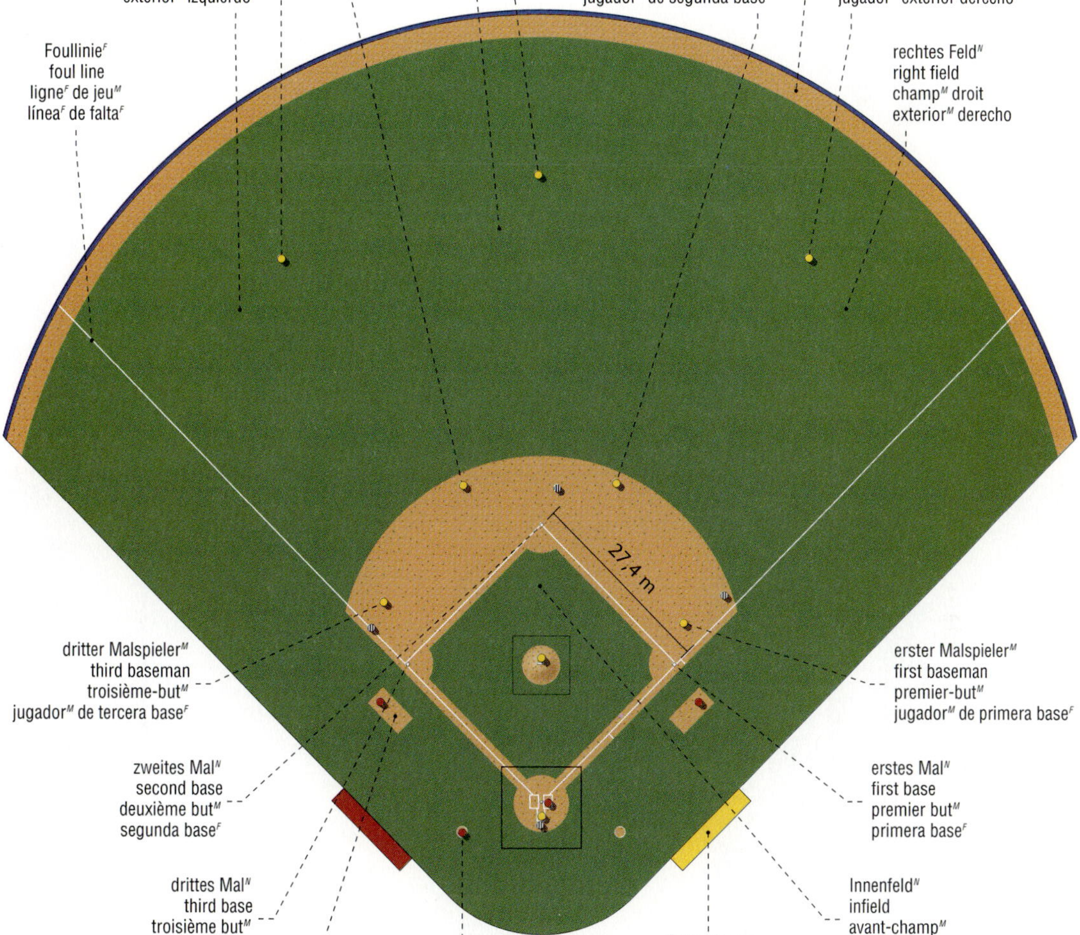

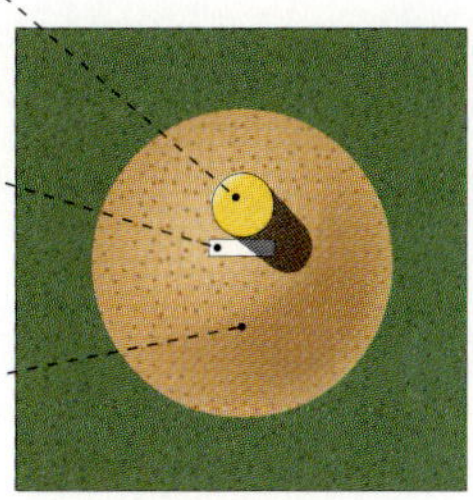

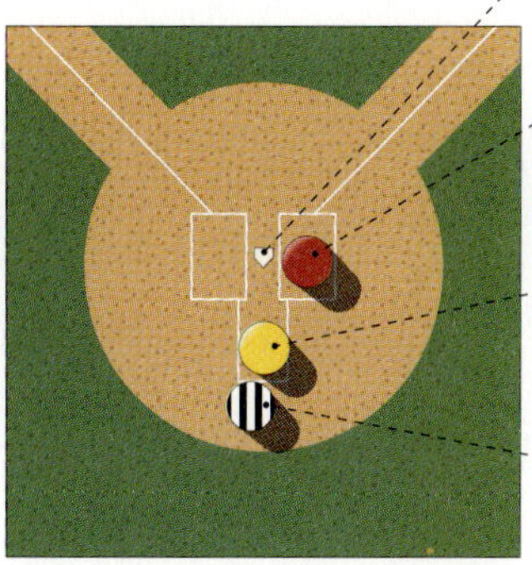

CRICKET[N]
CRICKET
CRICKET[M]
CRICKET[M]

CRICKETSPIELER[M]
CRICKET PLAYER
JOUEUR[M] DE CRICKET[M]
JUGADOR[M] DE CRICKET[M]

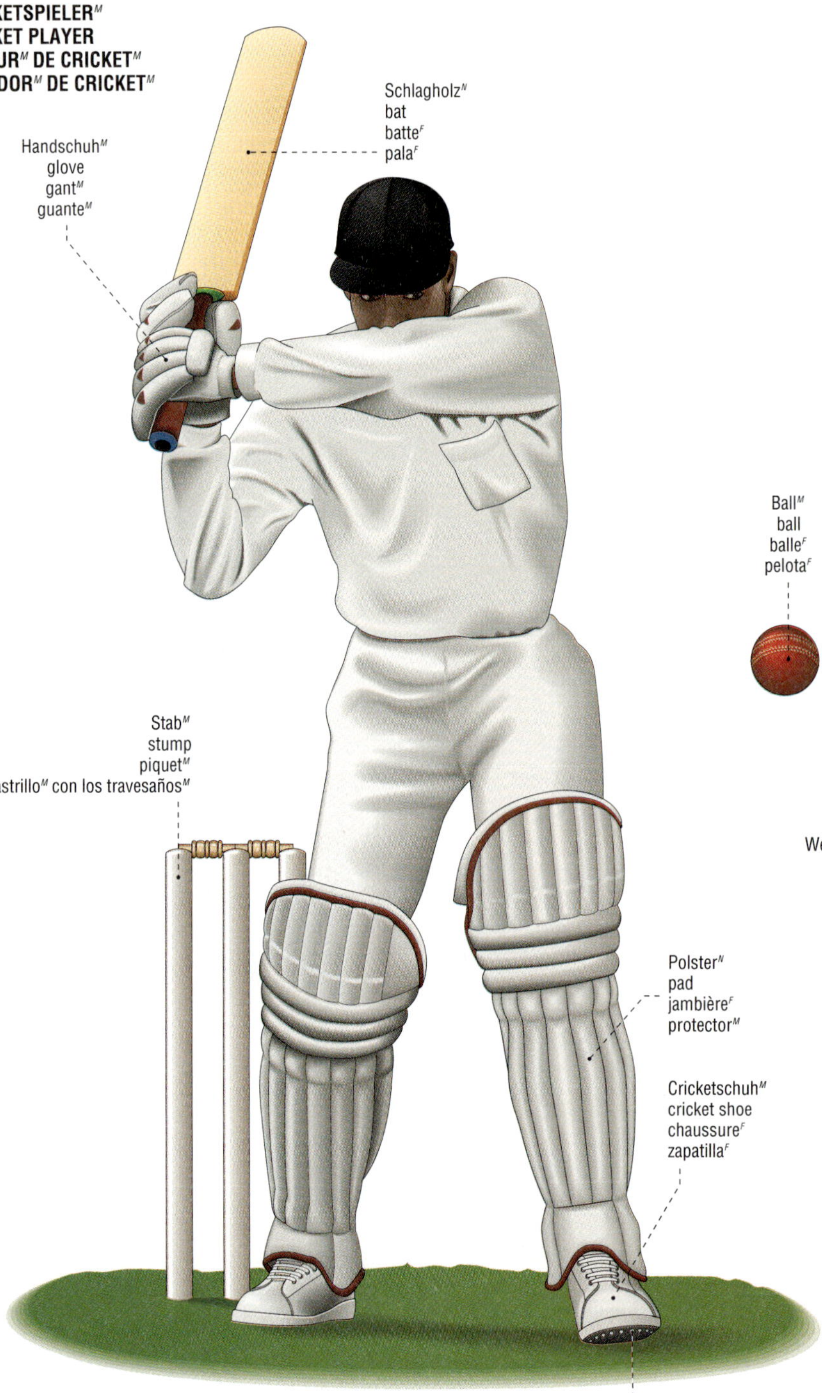

SCHLAGHOLZ[N]
BAT
BATTE[F]
PALA[F]

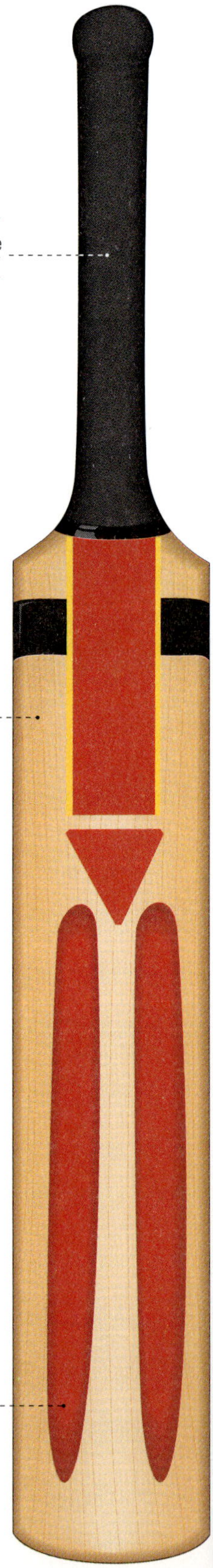

CRICKETBALL[M]
CRICKET BALL
BALLE[F] DE CRICKET[M]
PELOTA[F] DE CRICKET[M]

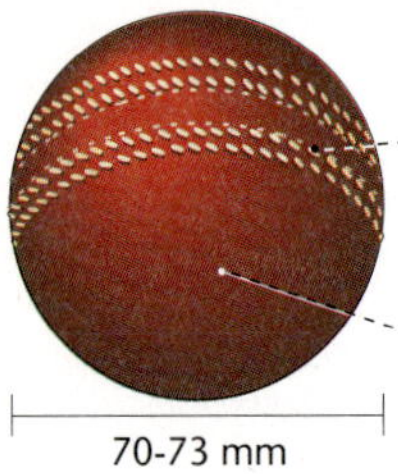

MAL[N]
WICKET
GUICHET[M]
RASTRILLO[M] CON LOS TRAVESAÑOS[M]

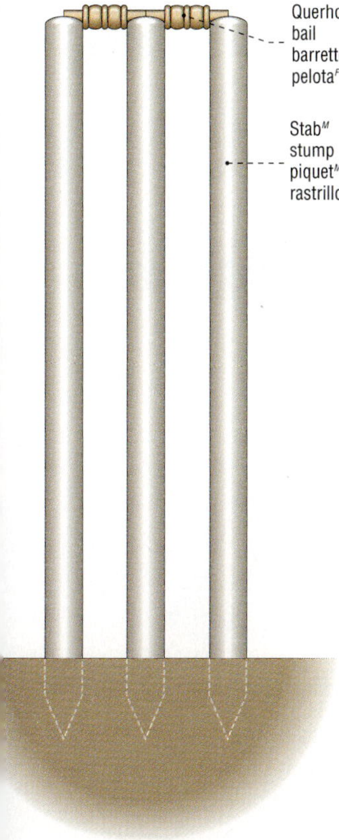

FELD[N]
FIELD
TERRAIN[M]
CAMPO[M]

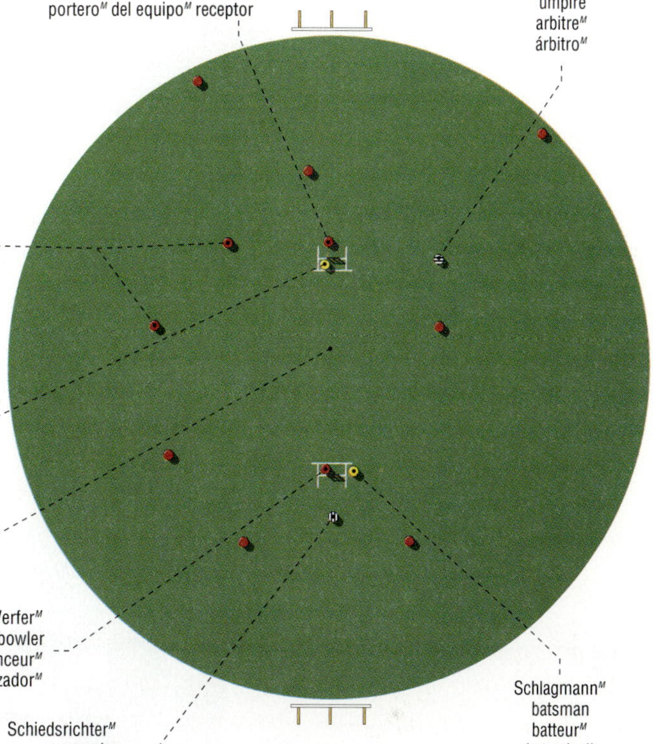

SPIELFELD[N]
PITCH
LIVRÉE[F]
TERRENO[M] DE JUEGO[M]

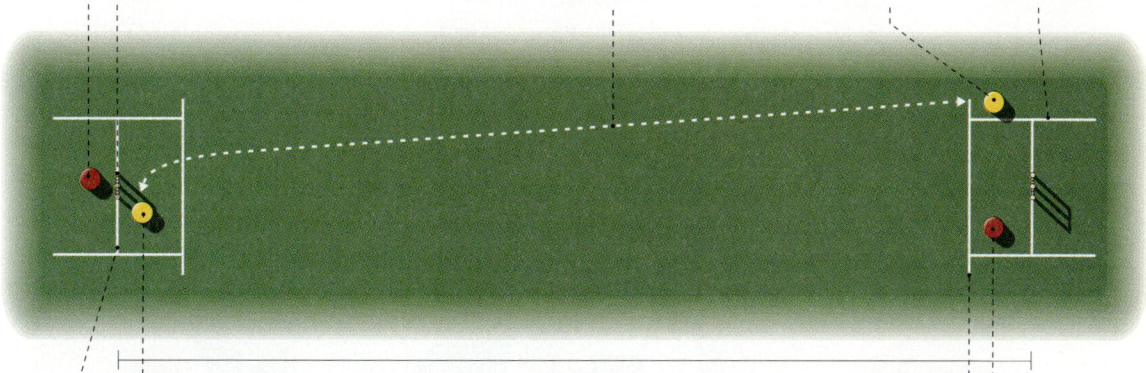

FUSSBALL^M
SOCCER
FOOTBALL^M
FÚTBOL^M

SPIELFELD[N]
PITCH
TERRAIN[M]
CAMPO[M]

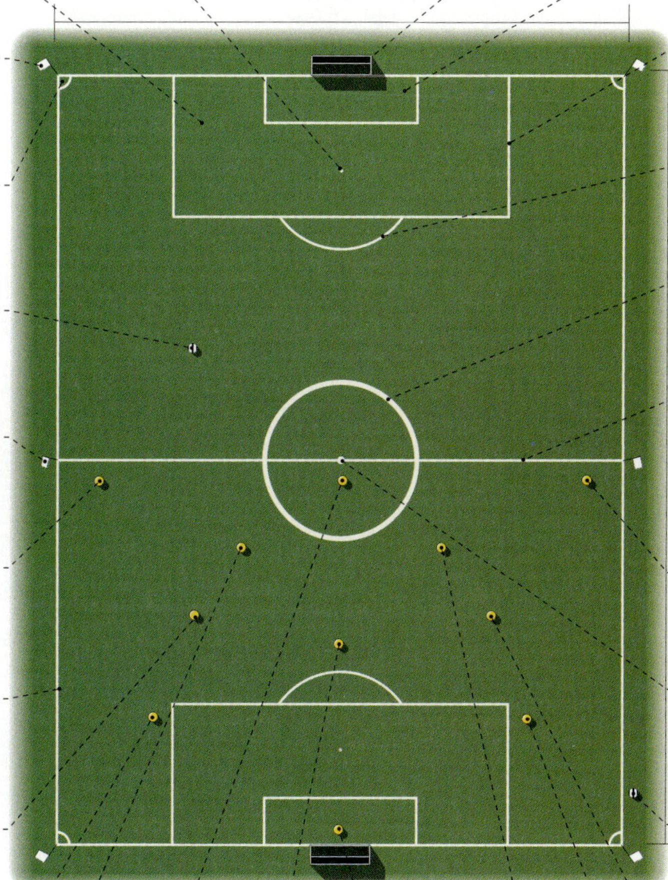

FOOTBALL[N]
AMERICAN FOOTBALL
FOOTBALL[M] AMÉRICAIN
FÚTBOL[M] AMERICANO

FOOTBALLSPIELER[M]
AMERICAN FOOTBALL PLAYER
FOOTBALLEUR[M]
JUGADOR[M]

SCHUTZAUSRÜSTUNG[F]
PROTECTIVE EQUIPMENT
ÉQUIPEMENT[M] DE PROTECTION[F]
EQUIPO[M] DE PROTECCIÓN[F]

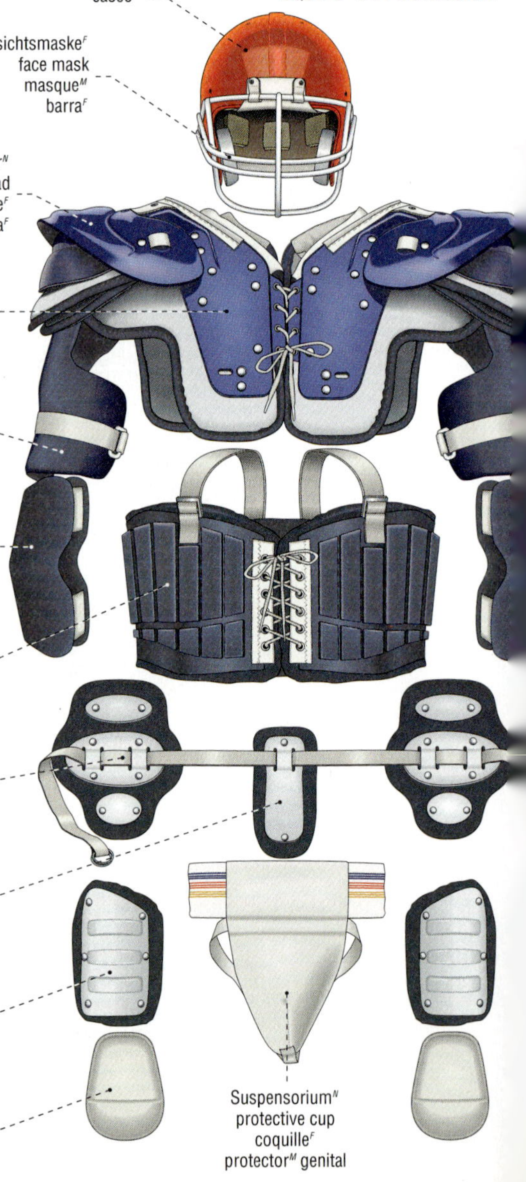

FOOTBALL[N]
FOOTBALL
BALLON[M] DE FOOTBALL[M]
FÚTBOL[M] AMERICANO

SCRIMMAGE^{N}
SCRIMMAGE
MÊLÉE^{F}
MELÉ^{M}

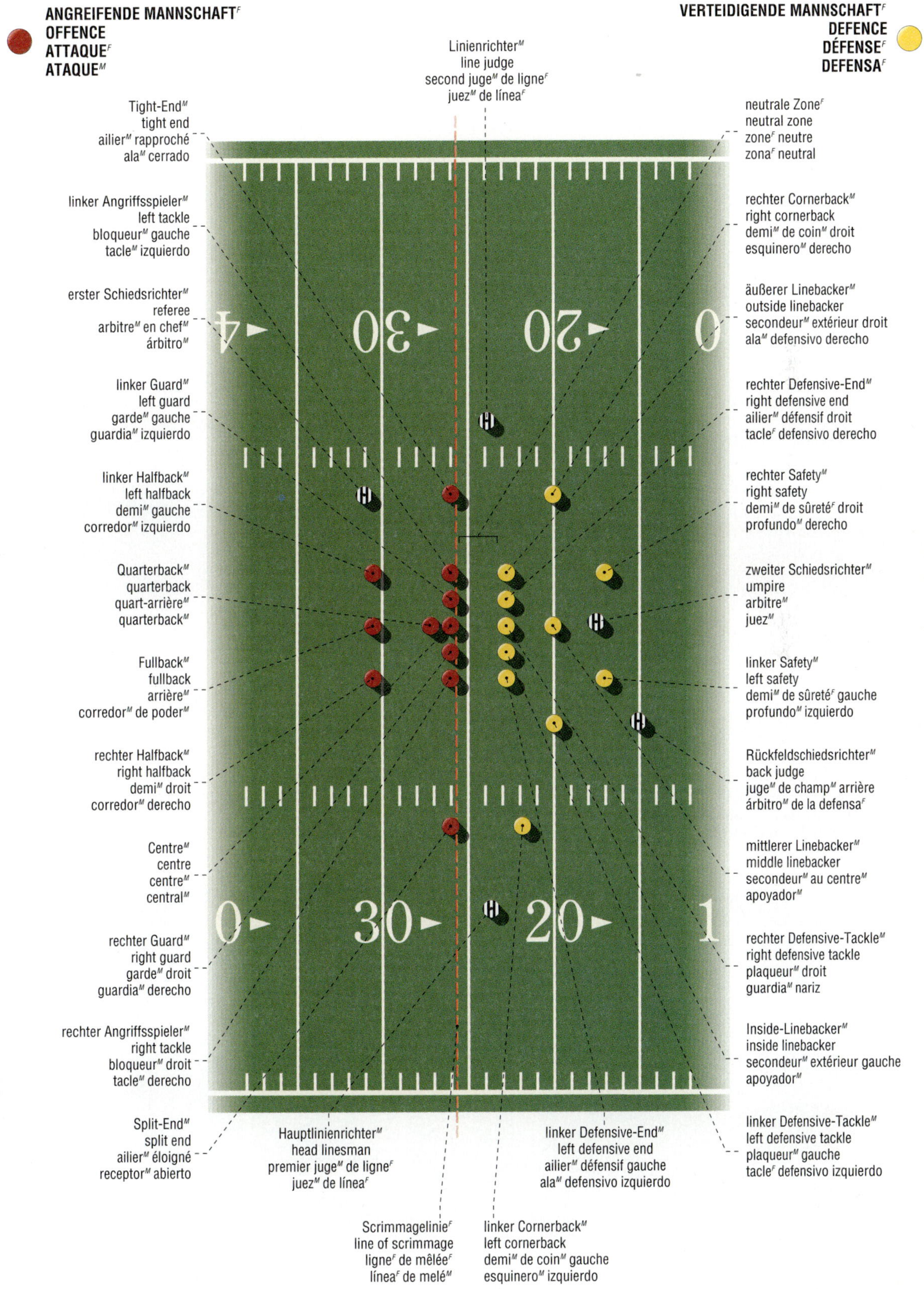

FOOTBALL[N]
AMERICAN/CANADIAN FOOTBALL
FOOTBALL[M]
FÚTBOL[M] AMERICANO

SPIELFELD[N] FÜR AMERIKANISCHES FOOTBALL[N]
PLAYING FIELD FOR AMERICAN FOOTBALL
TERRAIN[M] DE FOOTBALL[M] AMÉRICAIN
CAMPO[M] DE JUEGO[M] PARA FÚTBOL[M] AMERICANO

Spielerbank[F]
players' bench
banc[M] des joueurs[M]
banquillo[M] de jugadores[M]

Seitenlinie[F]
sideline
ligne[F] de touche[F]
banda[F]

Torpfosten[M]
goal post
poteau[M] de but[M]
poste[M]

Torlinie[F]
goal line
ligne[F] de but[M]
línea[F] de gol[M]

Mittellinie[F]
centre line
ligne[F] de centre[M]
línea[F] media

Tor[N]
goal
but[M]
gol[M]

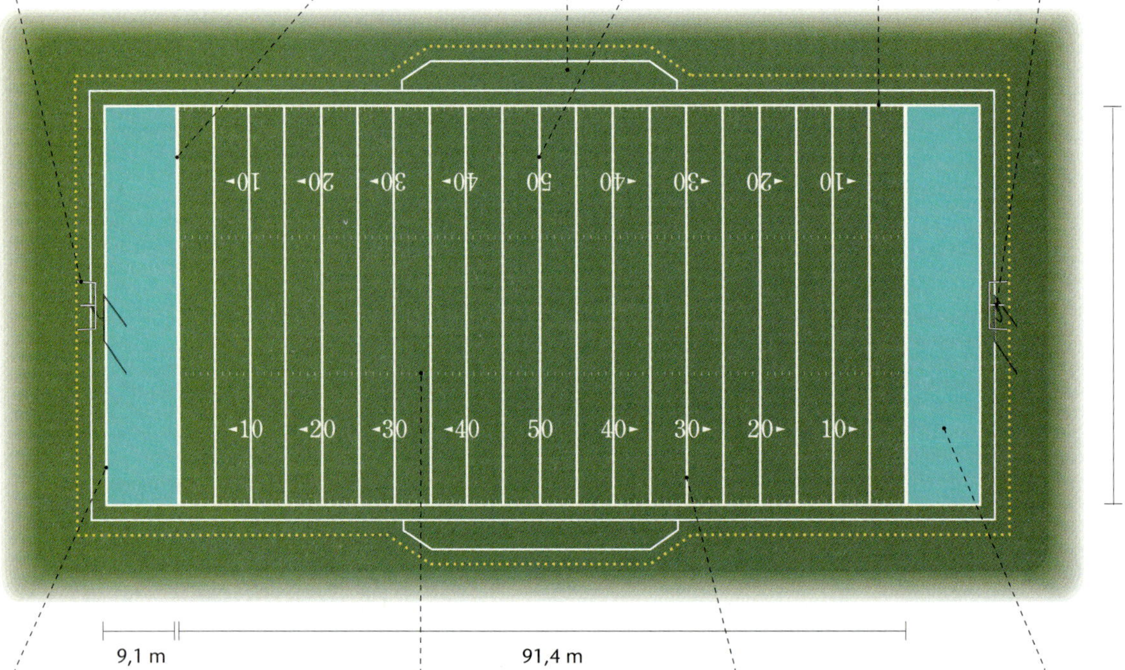

Endlinie[F]
end line
ligne[F] de fond[M]
línea[F] de fondo[M]

Inbound-Linie[F]
inbound line
trait[M] de mise[F] au jeu[M]
línea[F] límite[M] de inicio[M] de jugada[F]

Yardlinie[F]
yard line
ligne[F] des verges[F]
yardas[F]

Endzone[F]
end zone
zone[F] de but[M]
zona[F] de anotación[F]

SPIELFELD[N] FÜR KANADISCHES FOOTBALL[N]
PLAYING FIELD FOR CANADIAN FOOTBALL
TERRAIN[M] DE FOOTBALL[M] CANADIEN
CAMPO[M] DE JUEGO[M] PARA FÚTBOL[M] CANADIENSE

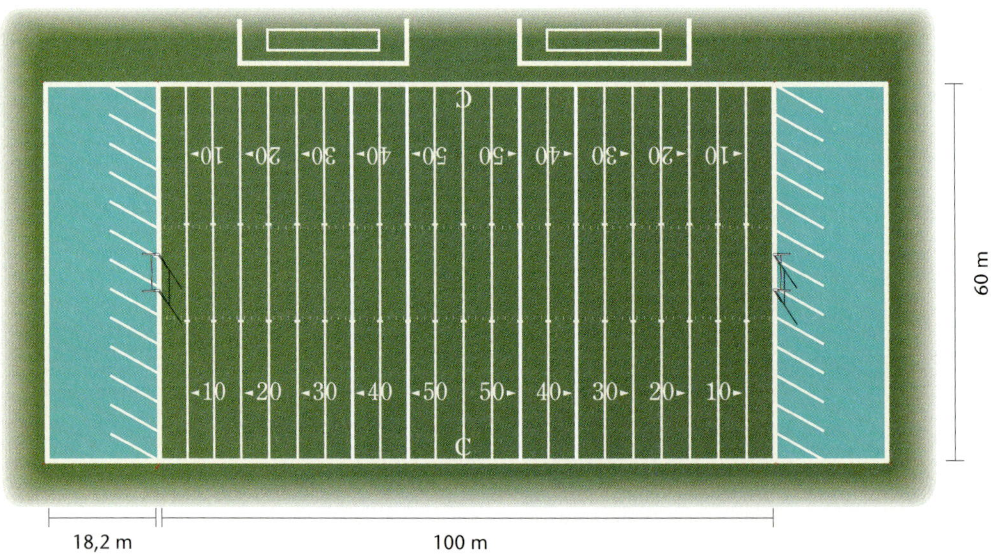

SCRIMMAGE[N] IM KANADISCHEN FOOTBALL[M]
SCRIMMAGE IN CANADIAN FOOTBALL
MÊLÉE[F] AU FOOTBALL[M] CANADIEN
MELÉ[M] EN EL FÚTBOL[M] CANADIENSE

angreifende Mannschaft[F]
offence
attaque[F]
ataque[M]

verteidigende Mannschaft[F]
defence
défense[F]
defensa[F]

Scrimmagelinie[F]
line of scrimmage
ligne[F] de mêlée[F]
línea[F] de disputa[F]

erster Linienrichter[M]
line judge
juge[M] de mêlée[F]
juez[M] de línea[F]

neutrale Zone[F]
neutral zone
zone[F] neutre
zona[F] neutral

Rechtsaußen-Linebacker[M]
right outside linebacker
secondeur[M] extérieur droit
apoyador[M] externo derecho

Tight-End[M]
tight end
ailier[M] rapproché
ala[M] cerrado

linker Tackle[M]
left tackle
bloqueur[M] gauche
tacle[M] izquierdo

erster Schiedsrichter[M]
referee
arbitre[M] en chef[M]
árbitro[M]

linker Guard[M]
left guard
garde[M] gauche
guardia[M] izquierdo

Slotback[M]
slotback
demi-inséré[M]
flanqueador[M] izquierdo

Fullback[M]
fullback
arrière[M]
corredor[M] de poder[M]

Halfback[M]
halfback
demi[M]
corredor[M] ligero

Flanker[M]
flanker
flanqueur[M]
flanqueador[M] derecho

Quarterback[M]
quarterback
quart-arrière[M]
quarterback[M]

Centre[M]
centre
centre[M]
centro[M]

rechter Guard[M]
right guard
garde[M] droit
guardia[M] derecho

rechter Tackle[M]
right tackle
bloqueur[M] droit
tacle[M] derecho

Split-End[M]
split end
ailier[M] éloigné
receptor[M] abierto

zweiter Linienrichter[M]
linesman
juge[M] de ligne[F]
juez[M] de línea[F]

Linksaußen-Linebacker[M]
left outside linebacker
secondeur[M] extérieur gauche
apoyador[M] externo izquierdo

linker Defensive-End[M]
left defensive end
ailier[M] défensif gauche
ala[M] defensivo izquierdo

Rückfeldrichter[M]
back judge
juge[M] de champ[M] arrière
juez[M] de campo[M]

rechter Cornerback[M]
right cornerback
demi[M] de coin[M] droit
esquinero[M] derecho

rechter Defensive-End[M]
right defensive end
ailier[M] défensif droit
ala[M] defensivo derecho

rechter Defensive-Tackle[M]
right defensive tackle
plaqueur[M] droit
tacle[M] defensivo derecho

zweiter Schiedsrichter[M]
umpire
arbitre[M]
juez[M]

rechter Safetyback[M]
right safety back
demi[M] de sûreté[F] droit
profundo[M] derecho

Monster[M]
monster
demi[M] en maraude[F]
profundo[M] libre

linker Safetyback[M]
left safety back
demi[M] de sûreté[F] gauche
profundo[M] izquierdo

mittlerer Linebacker[M]
middle linebacker
secondeur[M] au centre[M]
apoyador[M] central

Feldrichter[M]
field judge
juge[M] de passes[F] et de bottés[M]
árbitro[M]

linker Defensive-Tackle[M]
left defensive tackle
plaqueur[M] gauche
tacle[M] defensivo izquierdo

linker Cornerback[M]
left cornerback
demi[M] de coin[M] gauche
esquinero[M] izquierdo

Seitenlinienrichter[M]
side judge
juge[M] de touche[F]
juez[M] de línea[F]

RUGBY^{N}
RUGBY
RUGBY^{M}
RUGBY^{M}

SPIELFELD^{N}
FIELD
TERRAIN^{M}
CAMPO^{M} DE JUEGO^{M}

Tor^{N}
goal
but^{M}
gol^{M}

Auslinie^{F}
dead-ball line
ligne^{F} de ballon^{M} mort
línea^{F} de fondo^{M}

Torbereich^{M}
touch-in goal
en-but^{M}
zona^{F} de gol^{M}

Torlinie^{F}
goal line
ligne^{F} de but^{M}
línea^{F} de gol^{M}

22-Meter-Linie^{F}
22 meter line
ligne^{F} des 22 mètres^{M}
línea^{F} de los 22 metros^{M}

10-Meter-Linie^{F}
10 metre line
ligne^{F} des 10 mètres^{M}
línea^{F} de los 10 metros^{M}

Mittellinie^{F}
halfway line
ligne^{F} médiane
centro^{M} del campo^{M}

Prop-Forward^{M}
prop forward
pilier^{M} gauche
puntal^{M} izquierdo

Wing-Forward^{M}
wing forward
avant^{M} gauche
ala^{M} delantero

Lock-Forward^{M}
lock forward
aile^{F} gauche
delantero^{M}

Left-Wing^{M}
left wing
ailier^{M} gauche
extremo^{M} izquierdo

Fly-Half^{M}
fly half
demi^{M} d'ouverture^{F}
medio^{M} alejado

linker Centre^{M}
left centre
centre^{M} gauche
centro^{M} izquierdo

Nummer-8-Forward^{M}
no. 8 forward
centre^{M}
delantero^{M} número 8

Fullback^{M}
full back
arrière^{M}
defensa^{F} de cierre^{M}

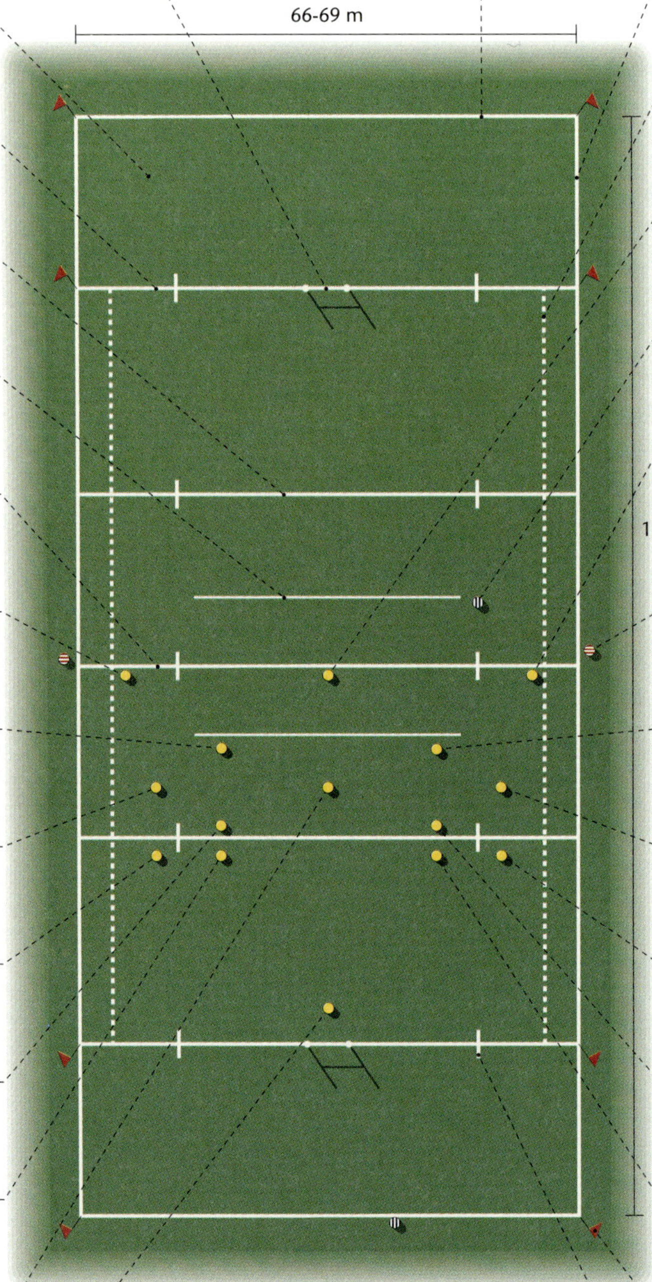

Seitenlinie^{F}
touchline
ligne^{F} de touche^{F}
línea^{F} de touché^{M}

5-Meter-Linie^{F}
5 metre line
ligne^{F} des 5 mètres^{M}
línea^{F} de los 5 metros^{M}

Hakler^{M}
hooker
talonneur^{M}
taloneador^{M}

Schiedsrichter^{M}
referee
arbitre^{M}
árbitro^{M}

Prop-Forward^{M}
prop forward
pilier^{M} droit
puntal^{M} derecho

Linienrichter^{M}
touch judge
juge^{M} de touche^{F}
juez^{M} de línea^{F}

Wing-Forward^{M}
wing forward
avant^{M} droit
ala^{M} delantero

Lock-Forward^{M}
lock forward
aile^{F} droite
delantero^{M}

rechter Flügelspieler^{M}
right wing
ailier^{M} droit
extremo^{M} derecho

Gedrängehalbspieler^{M}
scrum half
demi^{M} de mêlée^{F}
medio de melé^{M}

rechter Centre^{M}
right centre
centre^{M} droit
centro^{M} derecho

Fahne^{F}
flag
drapeau^{M}
bandera^{F}

15-Meter-Linie^{F}
15 metre line
ligne^{F} des 15 mètres^{M}
línea^{F} de los 15 metros^{M}

RUGBYBALL^{M}
RUGBY BALL
BALLON^{M} DE RUGBY^{M}
BALÓN^{M} DE RUGBY^{M}

HOCKEY[N]
HOCKEY
HOCKEY[M] SUR GAZON[M]
HOCKEY[M] SOBRE HIERBA[F]

SPIELFELD[N]
PLAYING FIELD
TERRAIN[M]
CAMPO[M] DE JUEGO[M]

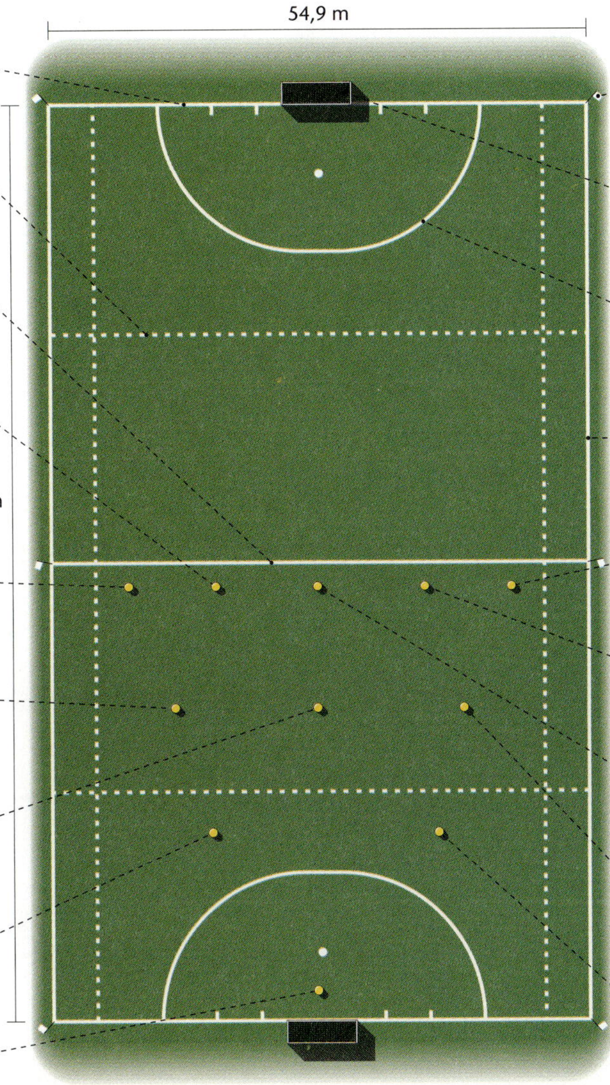

SCHLÄGER[M]
STICK
CROSSE[F]
STICK[M]

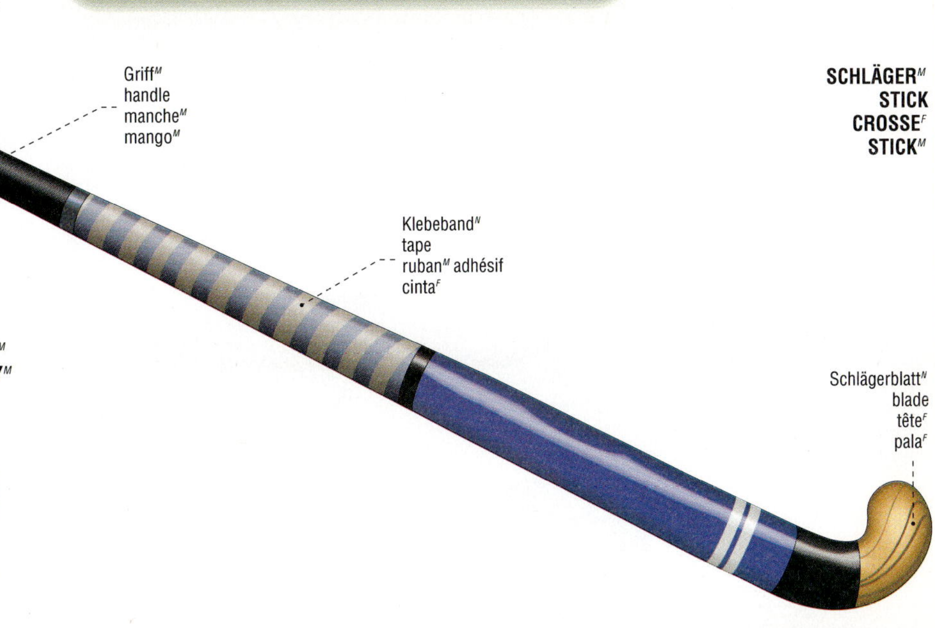

HOCKEYBALL[M]
HOCKEY BALL
BALLE[F] DE HOCKEY[M]
PELOTA[F] DE HOCKEY[M]

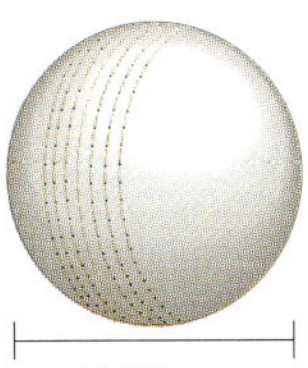

EISHOCKEY^{N}
ICE HOCKEY
HOCKEY^{M} SUR GLACE^{F}
HOCKEY^{M} SOBRE HIELO

EISFLÄCHE^{F}
RINK
PATINOIRE^{F}
PISTA^{F}

Torlinie^{F}
goal line
ligne^{F} de but^{M}
línea^{F} de gol^{M}

Anspielpunkt^{M}
face-off spot
point^{M} de mise^{F} au jeu^{M}
punto^{M} de saque^{M}

Anspielpunkt^{M}
face-off circle
cercle^{M} de mise^{F} au jeu^{M}
círculo^{M} de reanudación^{F} del juego^{M}

neutrale Zone^{F}
neutral zone
zone^{F} neutre
zona^{F} neutral

linker Stürmer^{M}
left wing
ailier^{M} gauche
extremo^{M} izquierdo

Strafbank^{F}
penalty bench
banc^{M} des pénalités^{M}
banquillo^{M} de castigo

Offiziellenbank^{F}
officials' bench
banc^{M} des officiels^{M}
mesa^{F} arbitral

Sturmspitze^{F}
centre
centre^{M}
centro^{M}

mittlerer Anspielpunkt^{M}
centre face-off circle
cercle^{M} central
círculo^{M} de saque^{M} inicial

linker Verteidiger^{M}
left defence
défenseur^{M} gauche
defensa^{M} izquierdo

Verteidigungszone^{F}
defending zone
zone^{F} de défense^{F}
zona^{F} de defensa^{F}

Bande^{F}
boards
bande^{F}
valla^{F} de madera^{F}

Tor^{N}
goal
but^{M}
portería^{F}

Torraum^{M}
goal crease
zone^{F} de but^{M}
zona^{F} de la portería^{F}

Angriffszone^{F}
attacking zone
zone^{F} d'attaque^{F}
zona^{F} de ataque^{M}

blaue Linie^{F}
blue line
ligne^{F} bleue
línea^{F} azul

Schiedsrichter^{M}
referee
arbitre^{M}
árbitro^{M}

Spielerbank^{F}
players' bench
banc^{M} des joueurs^{M}
banquillo^{M} de los jugadores^{M}

Mittellinie^{F}
centre line
ligne^{F} centrale
línea^{F} media

rechter Stürmer^{M}
right wing
ailier^{M} droit
extremo^{M} derecho

Linienrichter^{M}
linesman
juge^{M} de ligne^{F}
juez^{M} de línea^{F}

rechter Verteidiger^{M}
right defence
défenseur^{M} droit
defensa^{M} derecho

Torwart^{M}
goalkeeper
gardien^{M} de but^{M}
portero^{M}

Ecke^{F}
rink corner
coin^{M} de patinoire^{F}
esquina^{F}

Torrichter^{M}
goal judge
juge^{M} de but^{M}
juez^{M} de gol^{M}

PUCK^{M}
PUCK
RONDELLE^{F}
DISCO^{M}

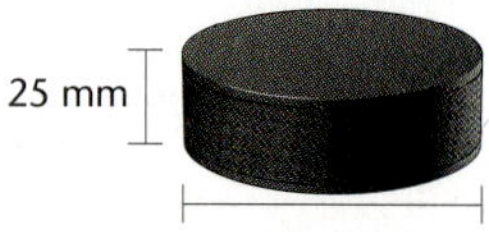

EISHOCKEYSCHLÄGER[M]
PLAYER'S STICK
BÂTON[M] DE JOUEUR[M]
BASTÓN[M] DEL JUGADOR[M]

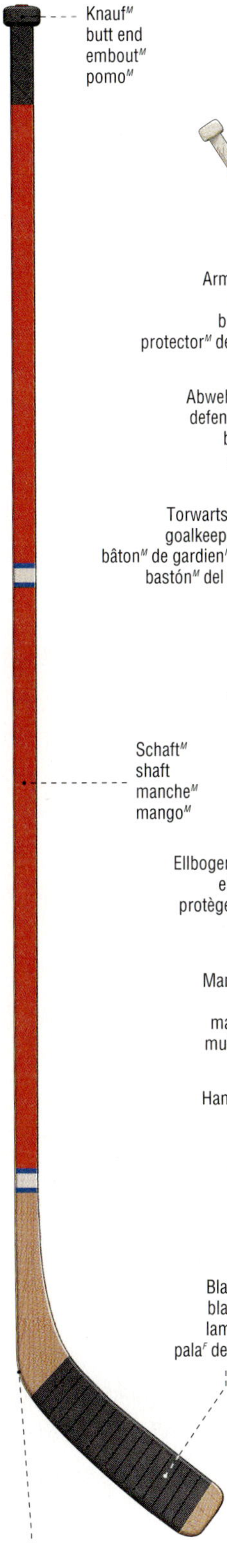

TORWART[M]
GOALKEEPER
GARDIEN[M] DE BUT[M]
PORTERO[M]

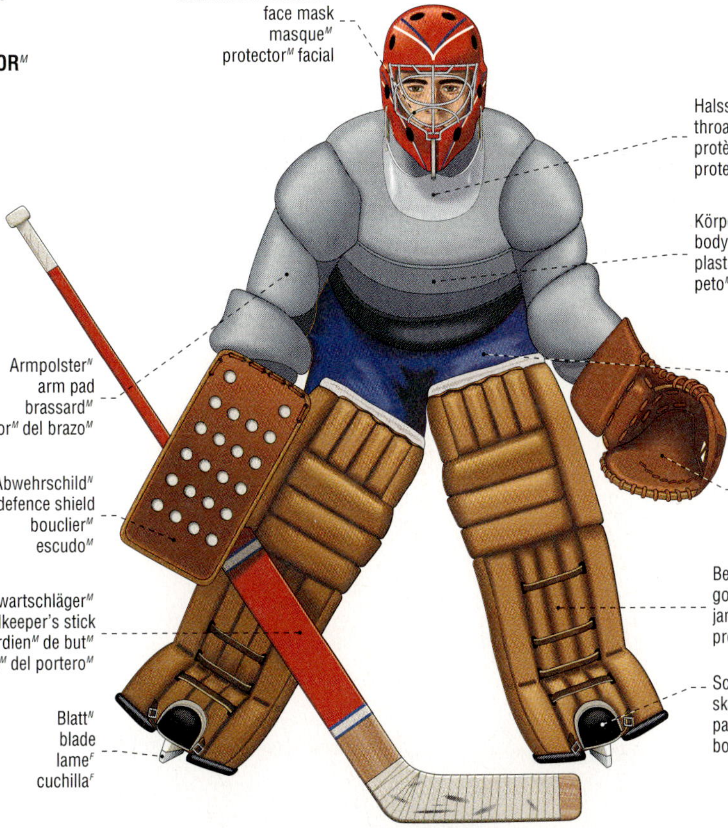

EISHOCKEYSPIELER[M]
ICE HOCKEY PLAYER
HOCKEYEUR[M]
JUGADOR[M]

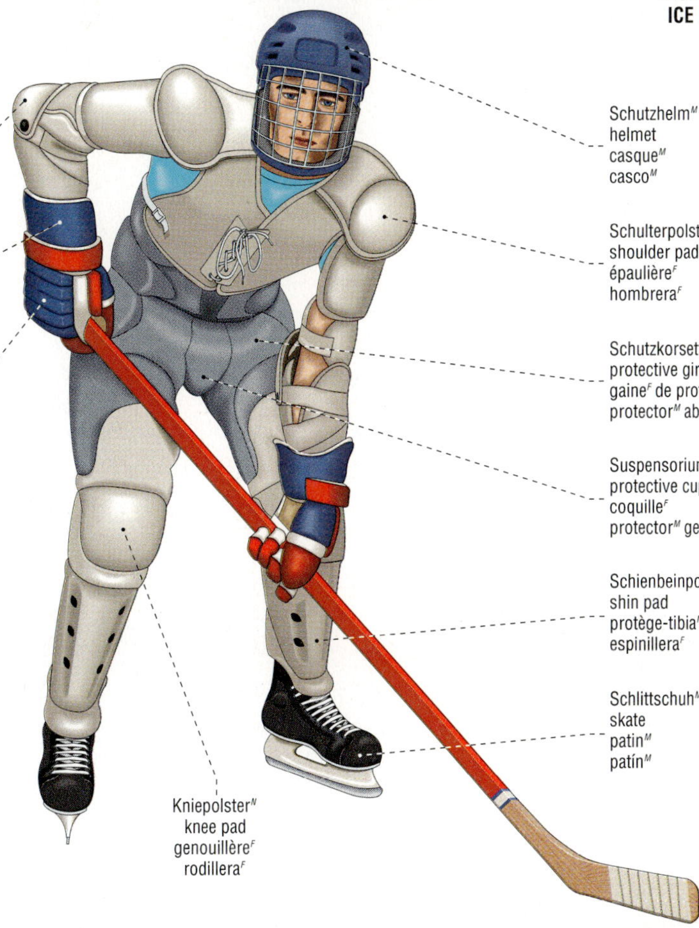

BASKETBALLSPIEL[N]
BASKETBALL
BASKETBALL[M]
BALONCESTO[M]

SPIELFELD[N]
COURT
TERRAIN[M]
CANCHA[F]

BASKETBALL[M]
BASKETBALL
BALLON[M] DE BASKET[M]
BALONCESTO[M]

KORB[M]
BASKET
PANIER[M]
CANASTA[F]

NETZBALLSPIEL^{N}
NETBALL
NETBALL^{M}
BALONCESTO^{M} DE MUJERES^{F}

SPIELFELD^{N}
COURT
TERRAIN^{M}
CANCHA^{F}

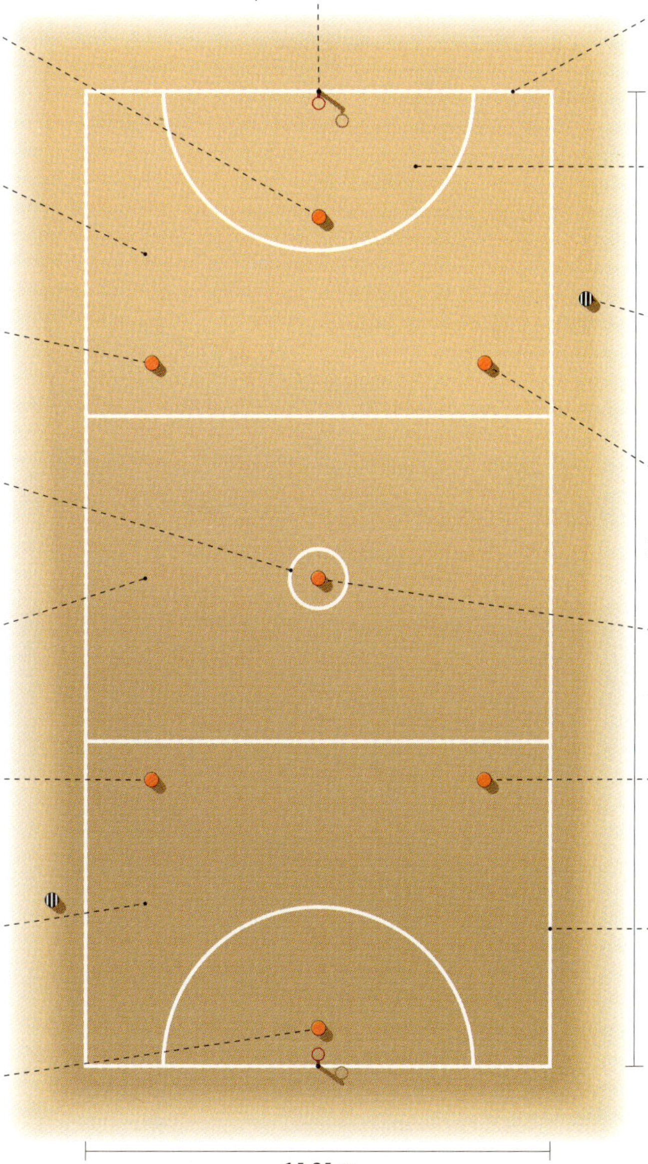

NETZBALLSPIEL^{N}
NETBALL
BALLON^{M} DE NETBALL^{M}
BALÓN^{M}

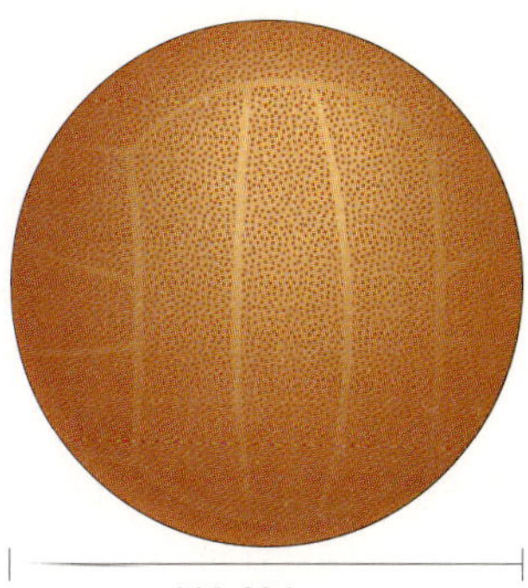

HANDBALL^{M}
HANDBALL
HANDBALL^{M}
BALÓN^{M}

SPIELFELD^{N}
COURT
TERRAIN^{M}
CANCHA^{F}

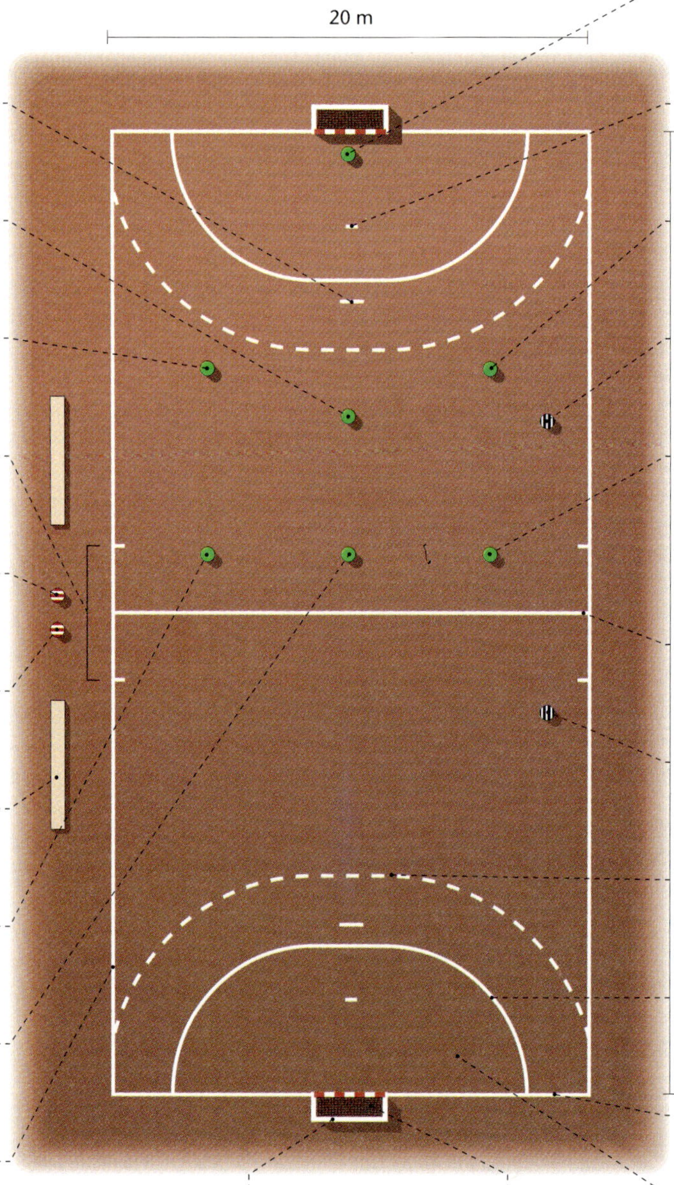

Penalty-Linie^{F}
penalty line
ligne^{F} des sept mètres^{M}
línea^{F} de pénalty^{M}

zurückgezogener Mittelfeldspieler^{M}
centre back
demi-centre^{M}
centro^{M}

zurückgezogener linker Feldspieler^{M}
left back
arrière^{M} gauche
lateral^{M} izquierdo

Wechselraum^{M}
substitute corridor
couloir^{M} des remplacements^{M}
zona^{F} de cambio^{M}

Schriftführer^{M}
secretary
secrétaire^{M}
secretario^{M}

Zeitnehmer^{M}
timekeeper
chronométreur^{M}
cronometrador^{M}

Spielerbank^{F}
players' bench
banc^{M} des joueurs^{M}
banquillo^{M} de jugadores^{M}

linker Angriffsfeldspieler^{M}
left winger
ailier^{M} gauche
extremo^{M} izquierdo

Mittelfeldangriffsspieler^{M}
centre forward
avant-centre^{M}
pivote^{M}

Seitenlinie^{F}
sideline
ligne^{F} de touche^{F}
banda^{F}

Torhüter^{M}
goalkeeper
gardien^{M} de but^{M}
portero^{M}

Torhütermarkierung^{F}
guide mark
repère^{M}
límite^{M} de salida^{F} del portero^{M}

zurückgezogener rechter Feldspieler^{M}
right back
arrière^{M} droit
lateral^{M} derecho

Linienrichter^{M}
goal line referee
arbitre^{M} de ligne^{F} de but^{M}
árbitro^{M} auxiliar

rechter Angriffsfeldspieler^{M}
right winger
ailier^{M} droit
extremo^{M} derecho

Mittellinie^{F}
centre line
ligne^{F} médiane
línea^{F} central

Feldschiedsrichter^{M}
court referee
arbitre^{M} de champ^{M}
árbitro^{M} principal

Freiwurflinie^{F}
free throw line
ligne^{F} de jet^{M} franc
línea^{F} de tiro^{M} libre

Torraumlinie^{F}
goal area line
ligne^{F} de surface^{F} de but^{M}
línea^{F} del área^{F} de gol^{M}

Torlinie^{F}
goal line
ligne^{F} de but^{M}
línea^{F} de gol^{M}

Torraum^{M}
goal area
surface^{F} de but^{M}
área^{F} de gol^{M}

Tor^{N}
goal
but^{M}
portería^{F}

Netz^{N}
net
filet^{M}
red^{F}

HANDBALL^{M}
HANDBALL
BALLON^{M} DE HANDBALL^{M}
BALONMANO^{M}

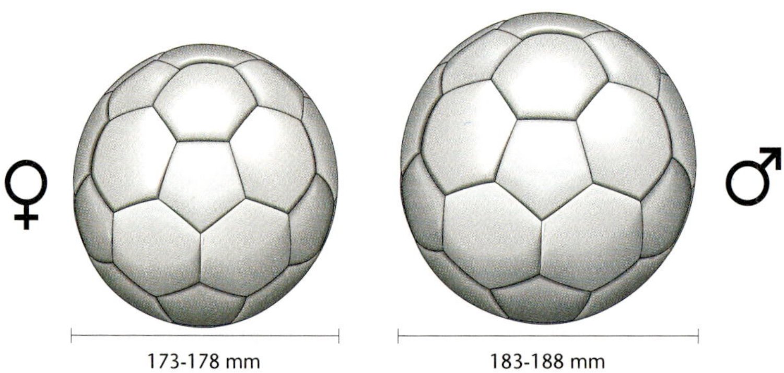

VOLLEYBALLSPIEL[N]
VOLLEYBALL
VOLLEYBALL[M]
BALÓN[M] VOLEA

SPIELFELD[N]
COURT
TERRAIN[M]
CANCHA[F]

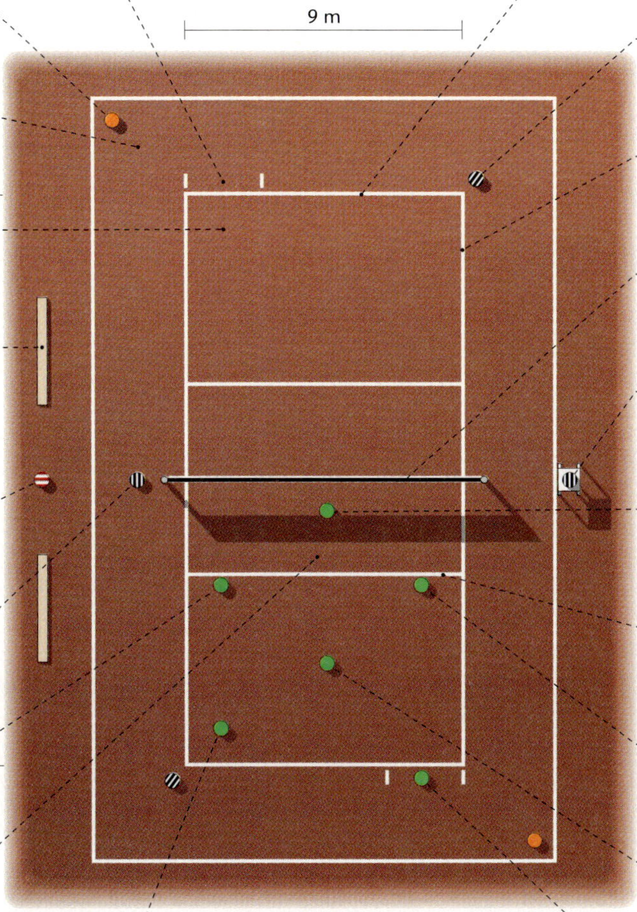

VOLLEYBALL[M]
VOLLEYBALL
BALLON[M] DE VOLLEYBALL[M]
BALÓN[M] VOLEA

NETZ[N]
NET
FILET[M]
RED[F]

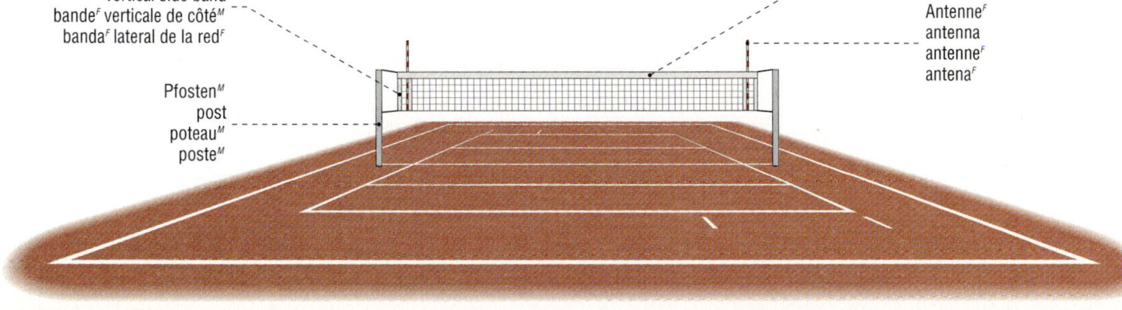

TENNIS[N]
TENNIS
TENNIS[M]
TENIS[M]

TENNISPLATZ[M]
COURT
TERRAIN[M]
CANCHA[F]

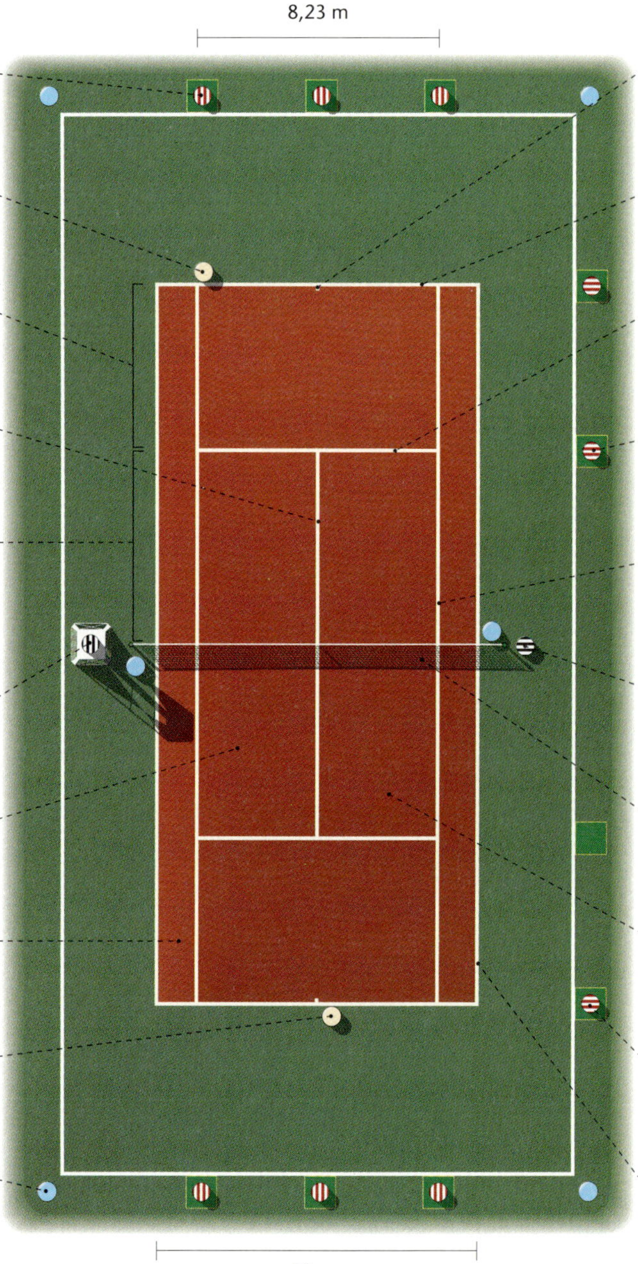

NETZ[N]
NET
FILET[M]
RED[F]

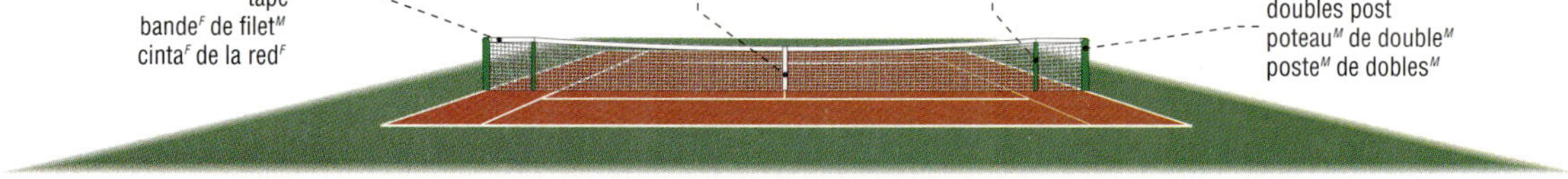

TENNISSPIELERIN[F]
TENNIS PLAYER
JOUEUSE[F] DE TENNIS[M]
TENISTA[M/F]

TENNISSCHLÄGER[M]
TENNIS RACKET
RAQUETTE[F] DE TENNIS[M]
RAQUETA[F] DE TENIS[M]

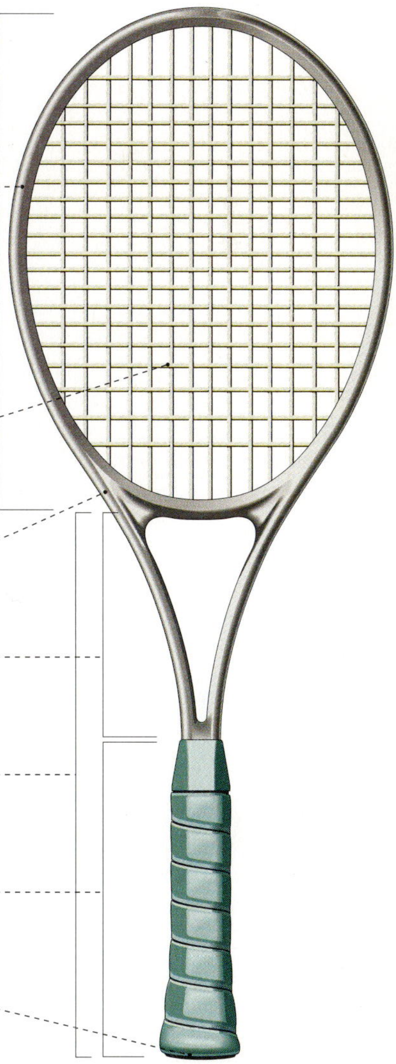

TENNISBALL[M]
TENNIS BALL
BALLE[F] DE TENNIS[M]
PELOTA[F] DE TENIS[M]

SQUASH[N]
SQUASH
SQUASH[M]
SQUASH[M]

SQUASHBALL[M]
SQUASH BALL
BALLE[F] DE SQUASH[M]
PELOTA[F] DE SQUASH[M]

SQUASHSCHLÄGER[M]
SQUASH RACKET
RAQUETTE[F] DE SQUASH[M]
RAQUETA[F] DE SQUASH[M]

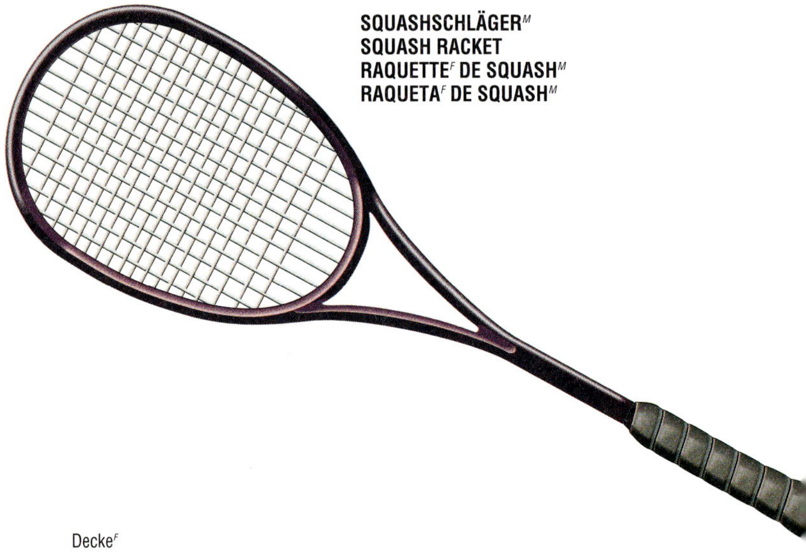

INTERNATIONALES EINZELSPIELFELD[N]
INTERNATIONAL SINGLES COURT
TERRAIN[M] INTERNATIONAL DE SIMPLES[M]
CANCHA[F] INTERNACIONAL DE SINGLES[M]

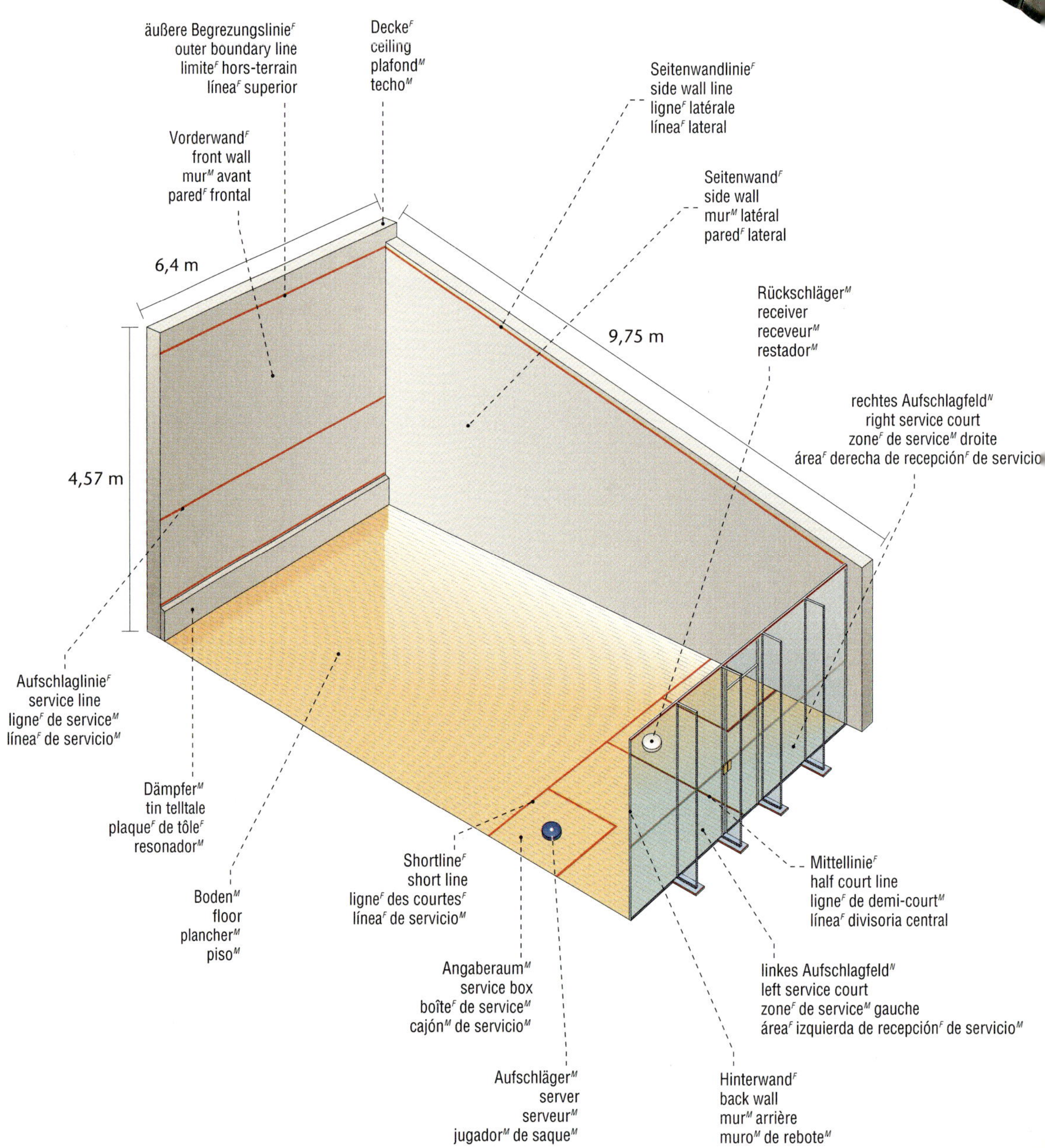

RACQUETBALLSPIEL^{N}
RACQUETBALL
RACQUETBALL^{M}
RAQUETBOL^{M}

RACQUETBALLSCHLÄGER^{M}
RACQUETBALL RACQUET
RAQUETTE^{F} DE RACQUETBALL^{M}
RAQUETA^{F} DE RAQUETBOL^{M}

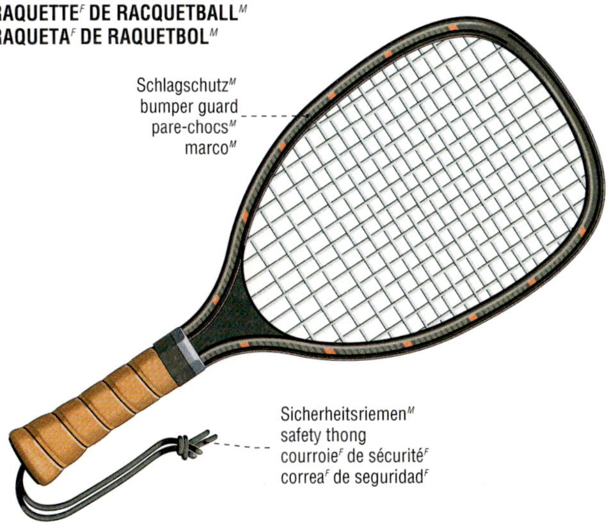

RACQUETBALL^{M}
RACQUETBALL
BALLE^{F} DE RACQUETBALL^{M}
PELOTA^{F} DE RAQUETBOL^{M}

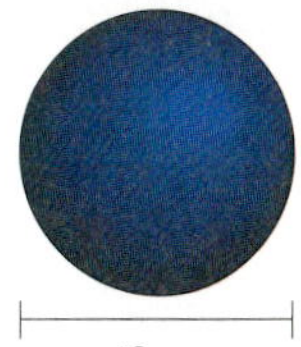

SPIELFELD^{N}
COURT
TERRAIN^{M}
CANCHA^{F}

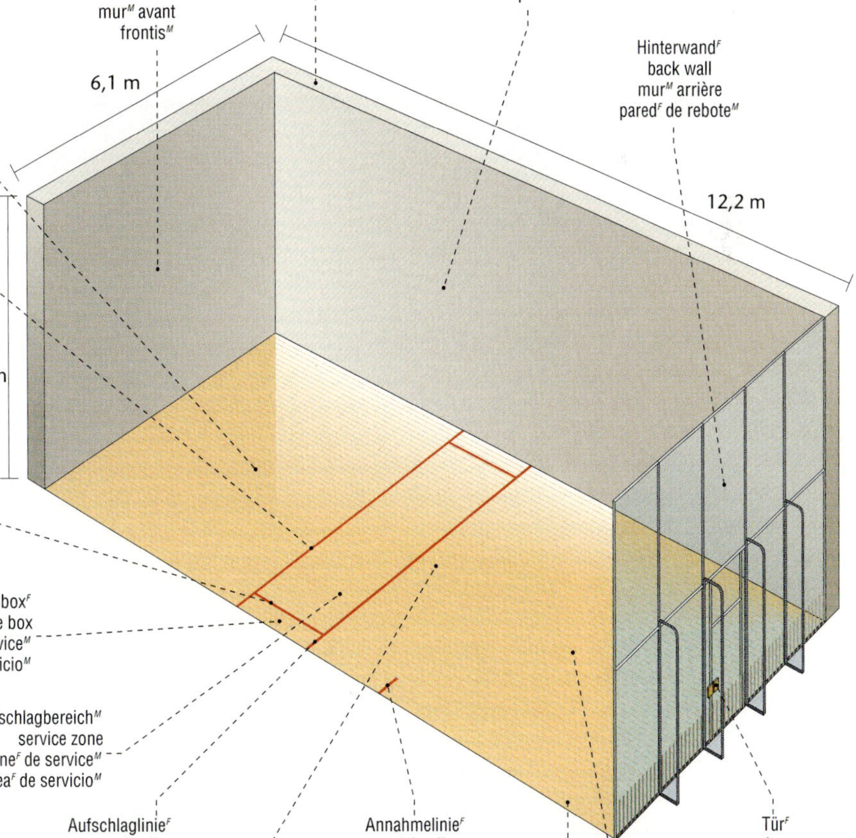

BADMINTON^{N}
BADMINTON
BADMINTON^{M}
BÁDMINTON^{M}

BADMINTONSCHLÄGER^{M}
BADMINTON RACKET
RAQUETTE^{F} DE BADMINTON^{M}
RAQUETA^{F} DE BÁDMINTON^{M}

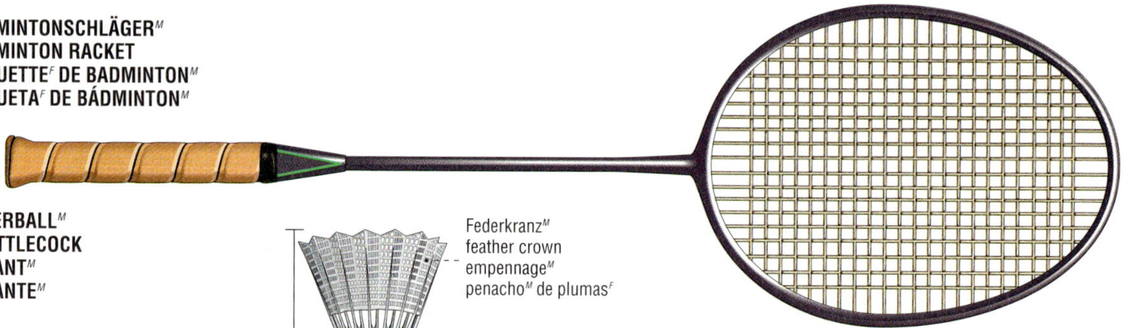

FEDERBALL^{M}
SHUTTLECOCK
VOLANT^{M}
VOLANTE^{M}

BADMINTONPLATZ^{M}
COURT
TERRAIN^{M}
CANCHA^{F}

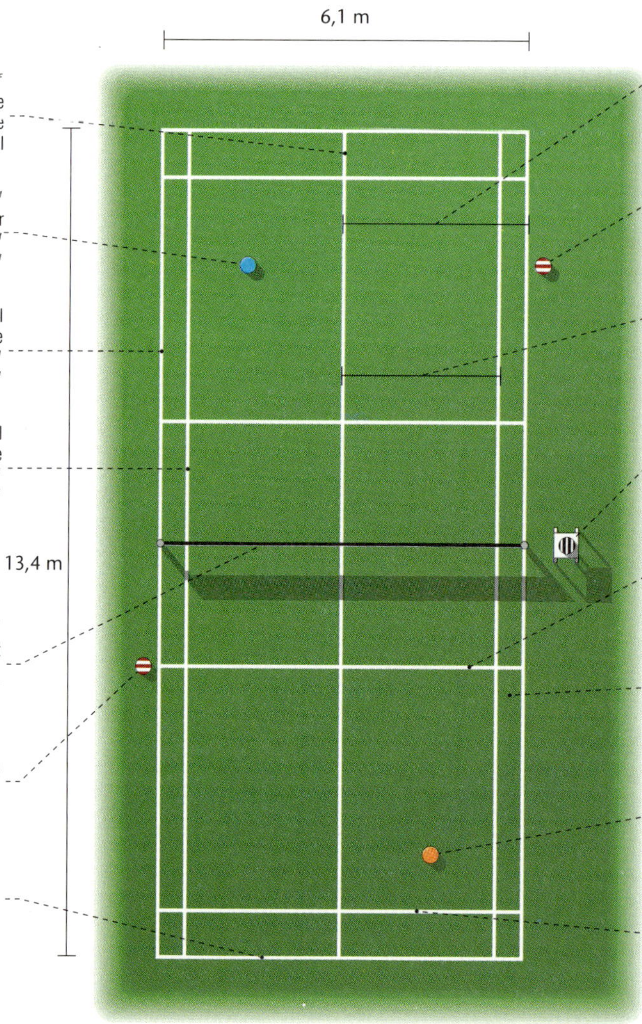

NETZ^{N}
NET
FILET^{M}
RED^{F}

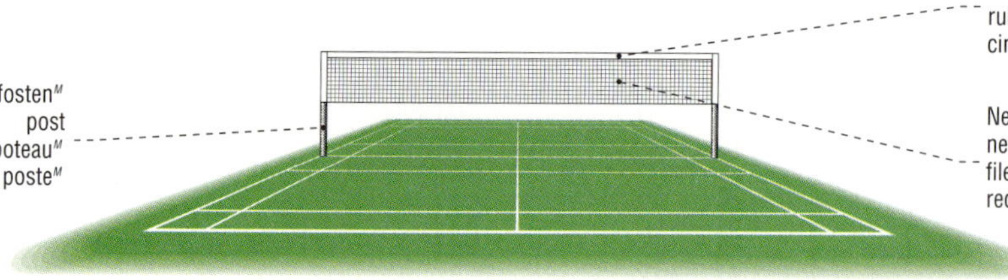

TISCHTENNIS[N]
TABLE TENNIS
TENNIS[M] DE TABLE[F]
PING PONG[M]

TISCHTENNISPLATTE[F]
TABLE
TABLE[F]
MESA[F]

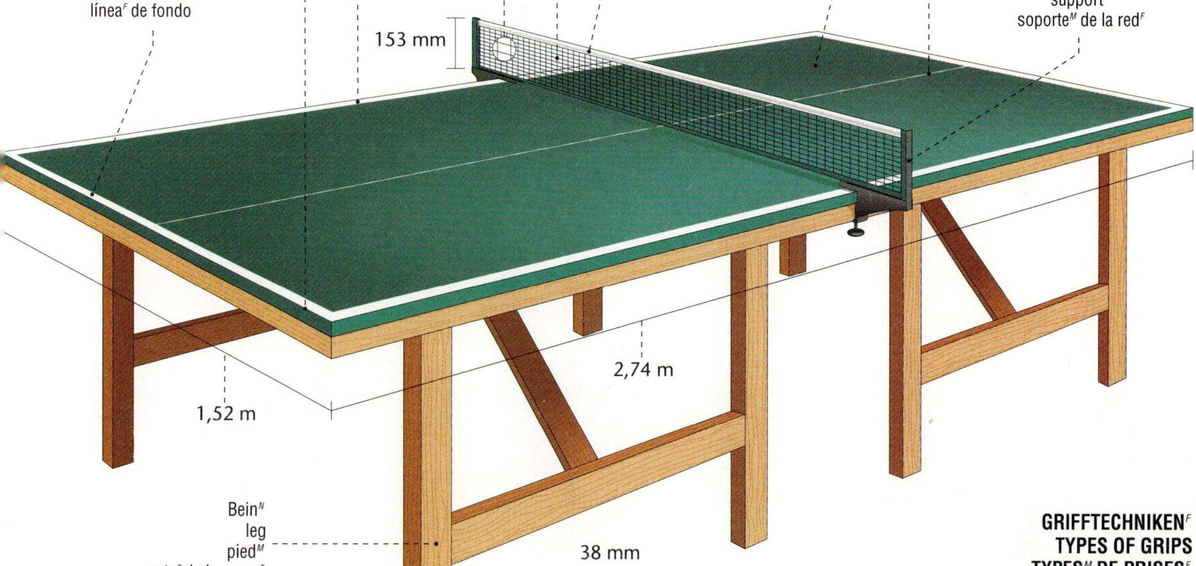

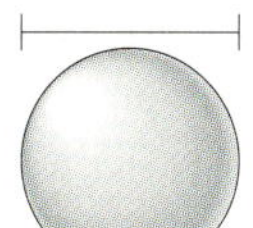

Tischtennisball[M]
table tennis ball
balle[F] de tennis[M] de table[F]
pelota[F] de ping pong[M]

TISCHTENNISSCHLÄGER[M]
TABLE TENNIS BAT
RAQUETTE[F] DE TENNIS[M] DE TABLE[F]
PALETA[F] DE PING PONG[M]

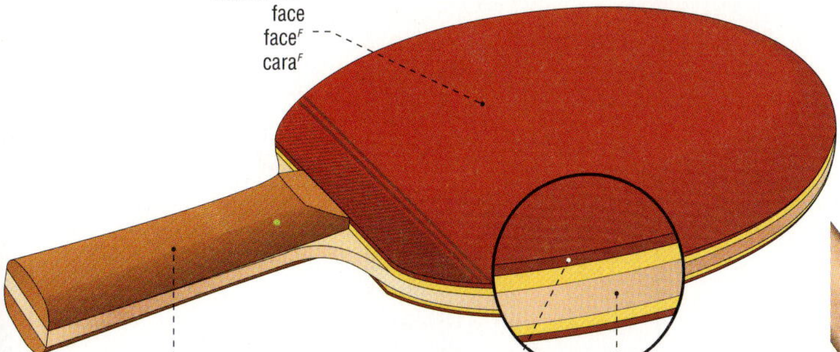

GRIFFTECHNIKEN[F]
TYPES OF GRIPS
TYPES[M] DE PRISES[F]
FORMAS[F] DE ASIR LA PALETA[F]

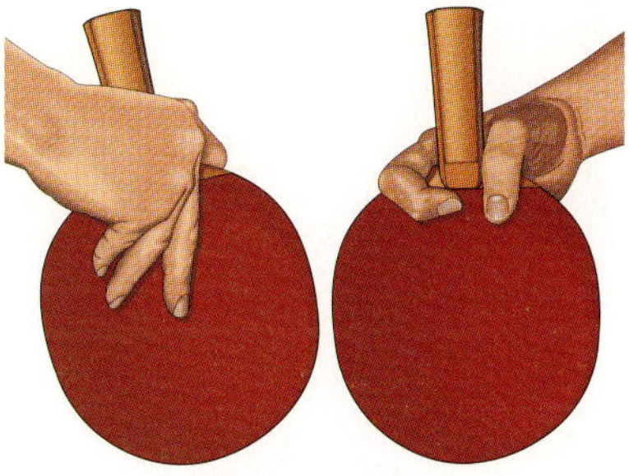

Penholdergriff[M]
penholder grip
prise[F] porte-plume[M]
oriental

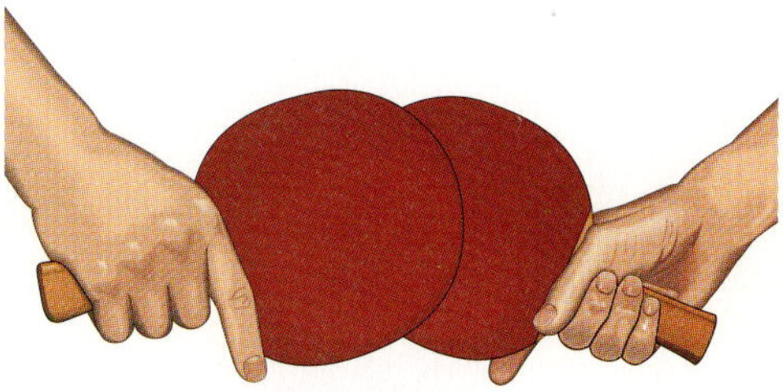

Shake-Hands-Griff[M]
shake-hands grip
prise[F] classique
occidental

CURLING^{N}
CURLING
CURLING^{M}
CURLING^{M}

CURLINGSTEIN^{M}
CURLING STONE
PIERRE^{F} DE CURLING^{M}
PIEDRA^{F} DE CURLING^{M}

CURLINGBESEN^{M}
CURLING BROOMS
BALAIS^{M} DE CURLING^{M}
ESCOBAS^{F} DE CURLING^{M}

EISBAHN^{F}
RINK
TERRAIN^{M}
PISTA^{F}

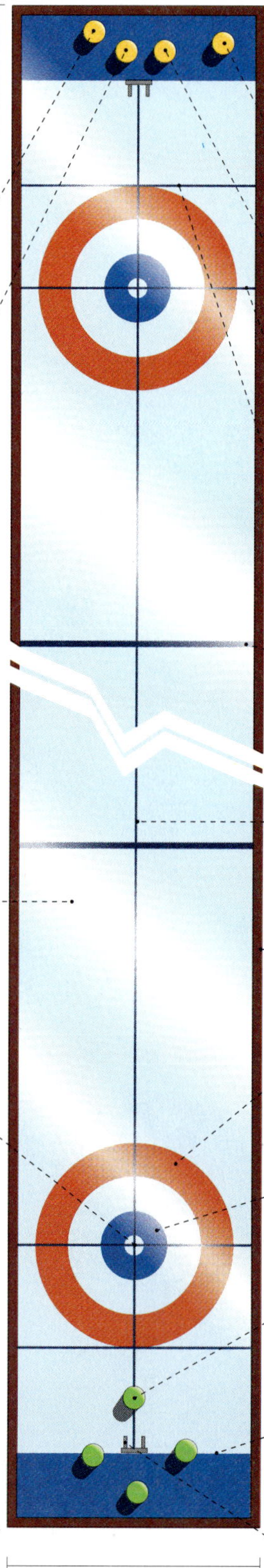

SCHWIMMEN^{N}
SWIMMING
NATATION^{F}
NATACIÓN^{F}

WETTKAMPFBECKEN^{N}
COMPETITION POOL
BASSIN^{M} DE COMPÉTITION^{F}
PISCINA^{F} OLÍMPICA

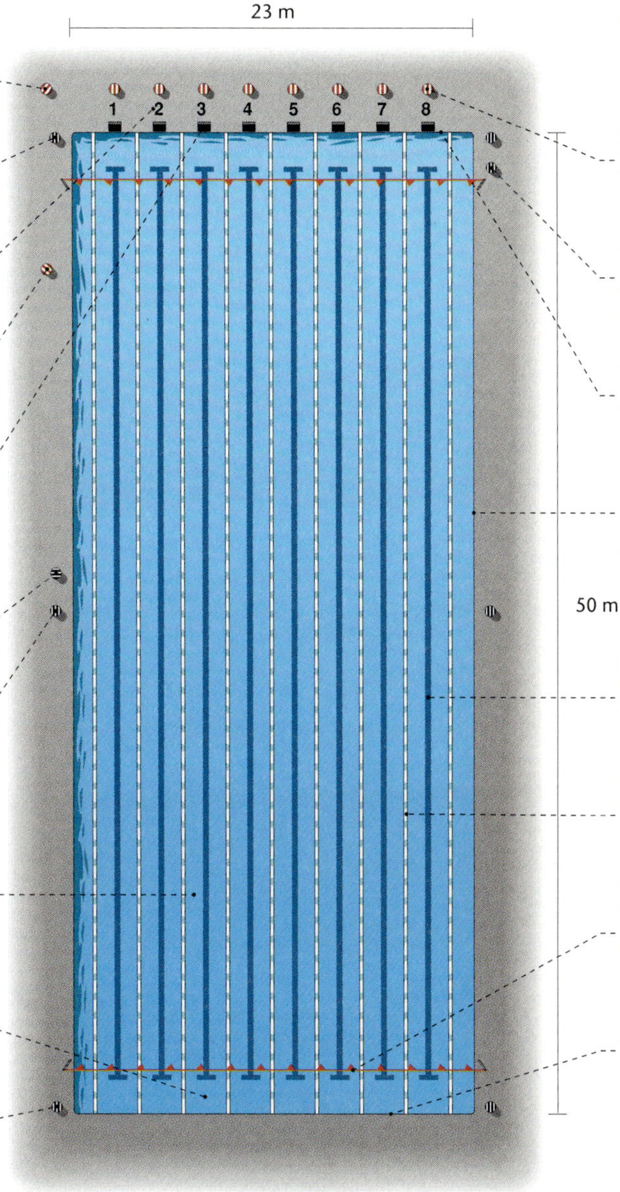

STARTBLOCK^{M}
STARTING BLOCK
PLOT^{M} DE DÉPART^{M}
PODIO^{M} DE SALIDA^{F}

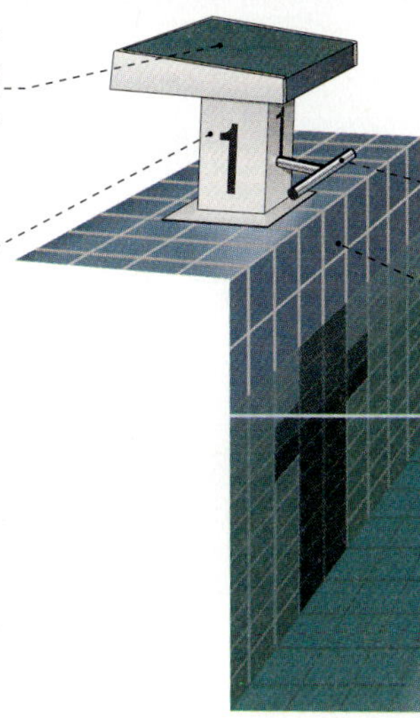

SCHWIMMEN[N]
SWIMMING
NATATION[F]
NATACIÓN[F]

VERSCHIEDENE SCHWIMMSTILE[M]
TYPES OF STROKES
TYPES[M] DE NAGES
[F]ESTILOS[M] DE NATACIÓN[F]

KRAULEN[N]
FRONT CRAWL STROKE
CRAWL[M]
BRAZADA[F] DE CROL[M]

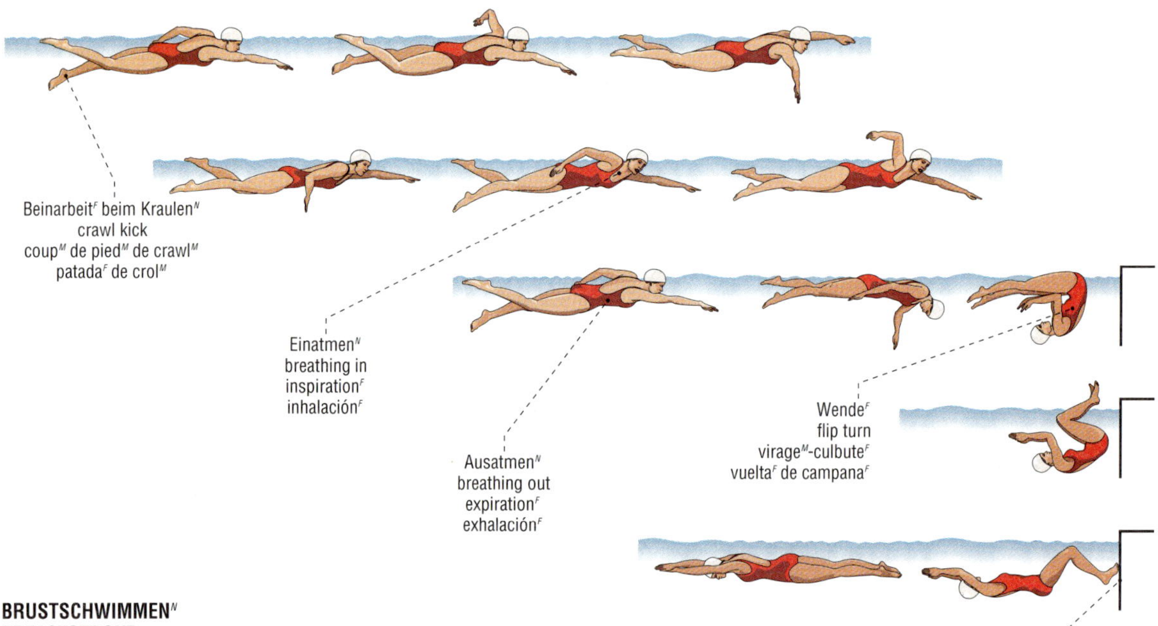

BRUSTSCHWIMMEN[N]
BREASTSTROKE
BRASSE[F]
BRAZADA[F] DE PECHO[M]

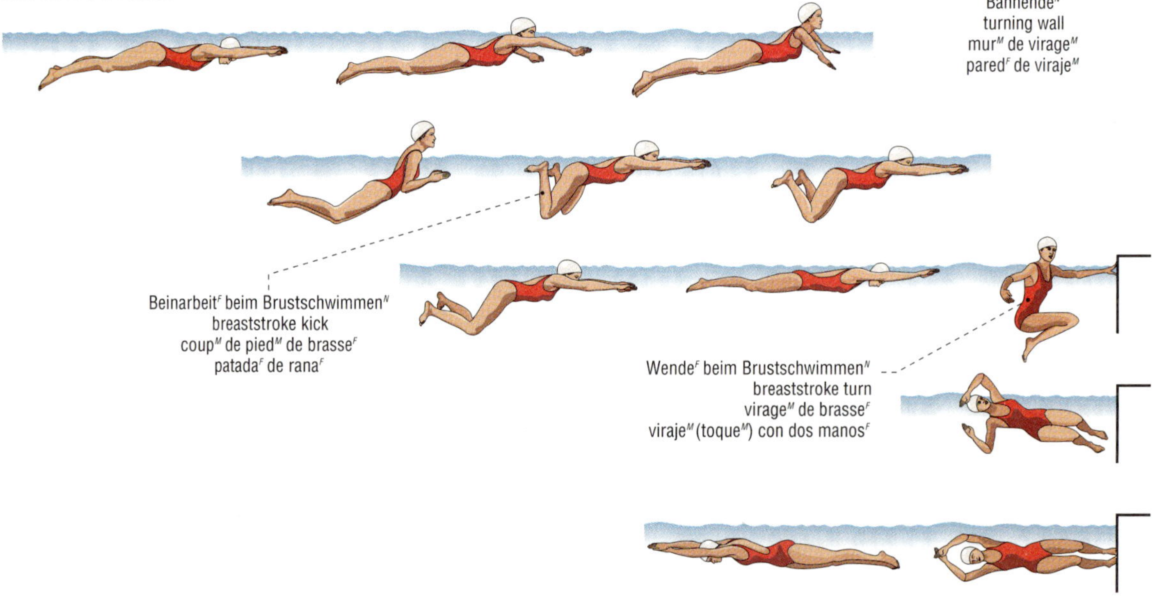

BUTTERFLYSCHWIMMSTIL[M]
BUTTERFLY STROKE
PAPILLON[M]
BRAZADA[F] DE MARIPOSA[F]

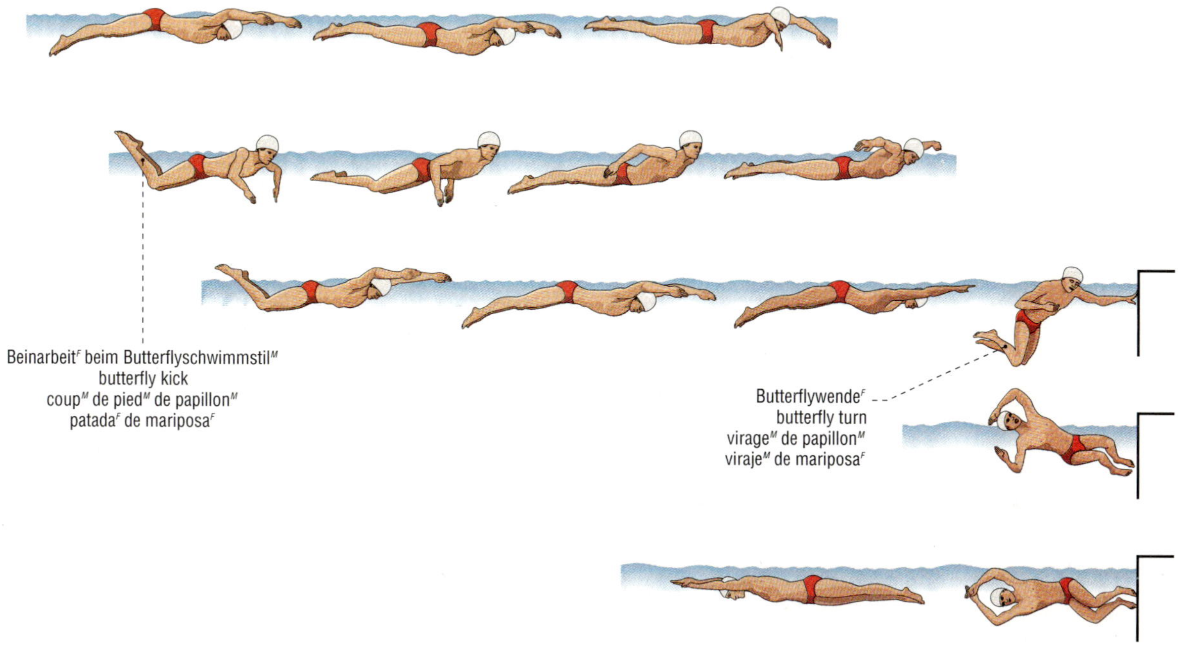

START[M] BEIM RÜCKENSCHWIMMEN[N]
BACKSTROKE START
DÉPART[M] DE DOS[M]
POSICIÓN[F] DE SALIDA[F] DE ESPALDA[F]

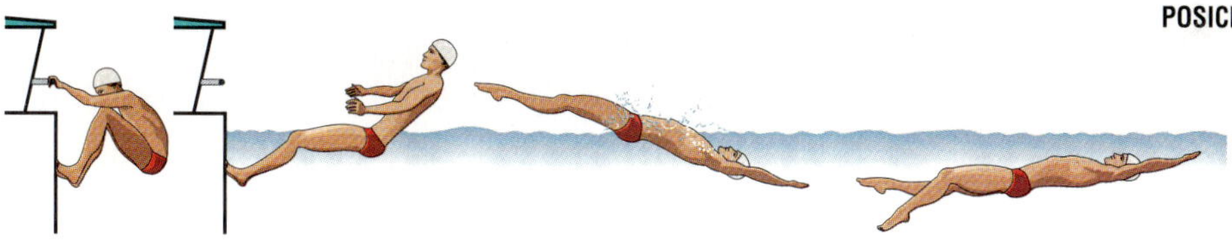

RÜCKENSCHWIMMEN[N]
BACKSTROKE
NAGE[F] SUR LE DOS[M]
BRAZADA[F] DE ESPALDA[F]

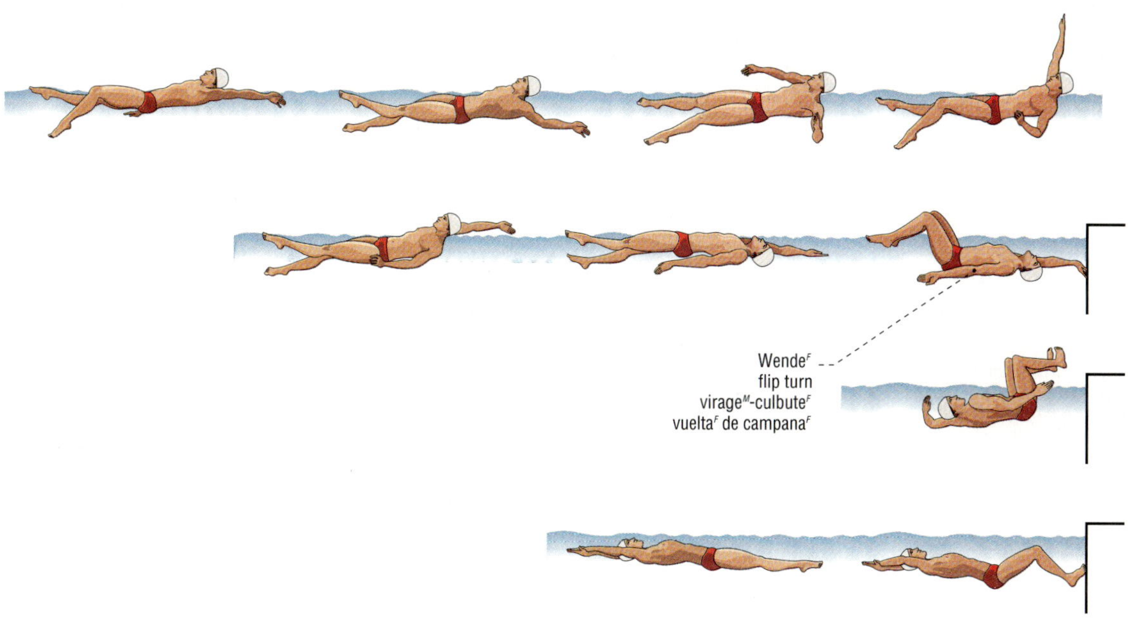

KUNSTSPRINGEN[N]
DIVING
PLONGEON[M]
SALTO[M]

SPRINGEINRICHTUNGEN[F]
DIVING INSTALLATIONS
PLONGEOIR[M]
TORRE[F] DE SALTOS[M]

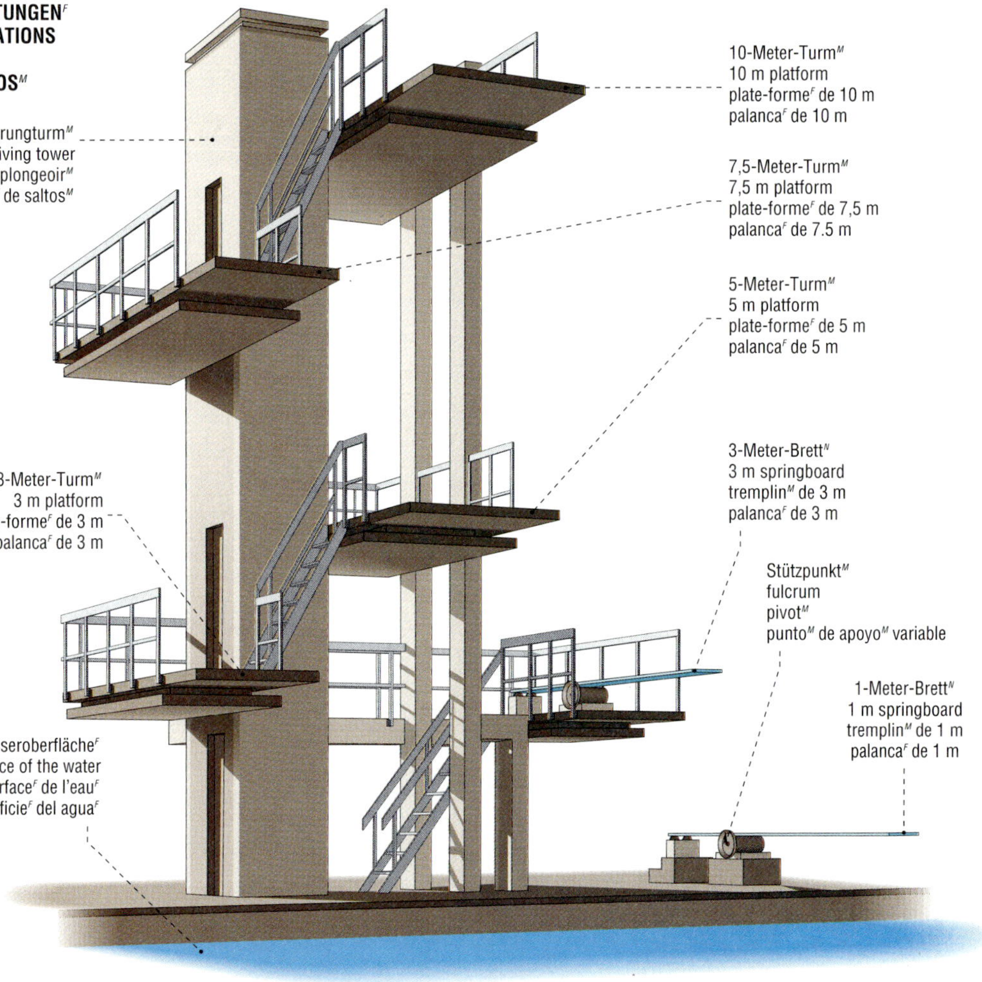

STARTPOSITIONEN[F]
STARTING POSITIONS
POSITIONS[F] DE DÉPART[M]
POSICIONES[F] DE SALTO[M]

vorwärts
forward
avant
salto[M] al frente[M]

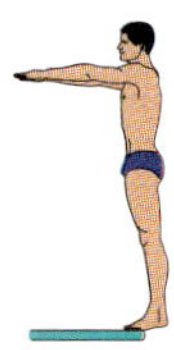
rückwärts
backward
arrière
salto[M] atrás

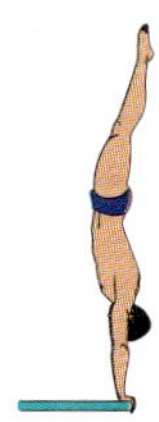
Handstand[M]
armstand
en équilibre[M]
equilibrio[M]

SPRUNGFIGUREN[F]
FLIGHTS
VOLS[M]
SALTOS[M]

Hechtsprungstellung[F]
pike position
position[F] carpée
posición[F] B - hacer la carpa[F]

Bohrerstellung[F]
straight position
position[F] droite
posición[F] A - derecho

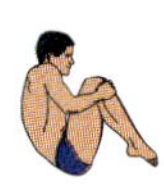
Saltostellung[F]
tuck position
position[F] groupée
posición[F] C - cuerpo[M] encogido

EINTAUCHSTELLUNGEN[F]
ENTRIES
ENTRÉES[F] DANS L'EAU[F]
ENTRADAS[F] AL AGUA[F]

Kopf[M] voraus
head-first entry
entrée[F] tête[F] première
entrada[F] de cabeza[F]

Füße[M] voraus
feet-first entry
entrée[F] pieds[M] premiers
entrada[F] de pie[M]

KOPFSPRUNG[M] VORWÄRTS
FORWARD DIVE
PLONGEON[M] EN AVANT
SALTO[M] AL FRENTE[M] EN POSICIÓN[F] A

KOPFSPRUNG[M] RÜCKWÄRTS
BACKWARD DIVE
PLONGEON[M] EN ARRIÈRE
SALTO[M] ATRÁS EN POSICIÓN[F] A

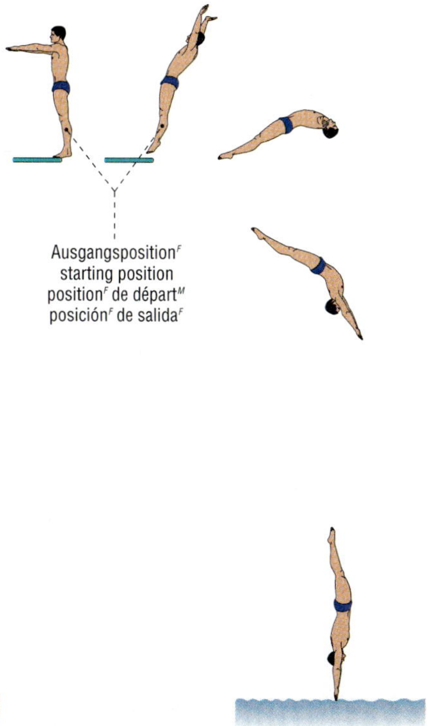

HANDSTANDSPRUNG[M]
ARMSTAND DIVE
PLONGEON[M] EN ÉQUILIBRE[M]
SALTO[M] EN EQUILIBRIO[M]

SCHRAUBE[F]
TWIST DIVE
TIRE-BOUCHON[M]
SALTO[M] TIRABUZÓN[M] EN POSICIÓN[F] A

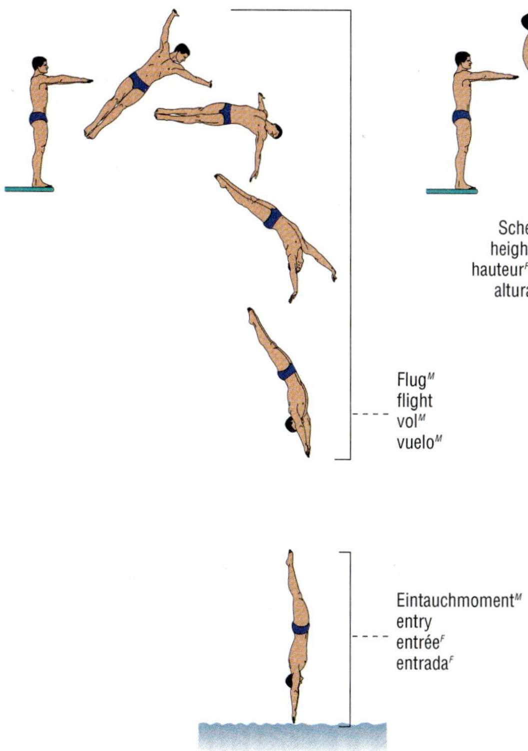

SALTO[M]
REVERSE DIVE
PLONGEON[M] RENVERSÉ
SALTO[M] INVERSO EN POSICIÓN[F] B

KLAPPMESSERSPRUNG[M]
INWARD DIVE
PLONGEON[M] RETOURNÉ
SALTO[M] INTERIOR EN POSICIÓN[F] B

WASSERBALLSPIEL^{N}
WATER POLO
WATER-POLO^{M}
WATERPOLO^{M}

SPIELBEREICH^{M}
PLAYING AREA
SURFACE^{F} DE JEU^{M}
TERRENO^{M} DE JUEGO^{M}

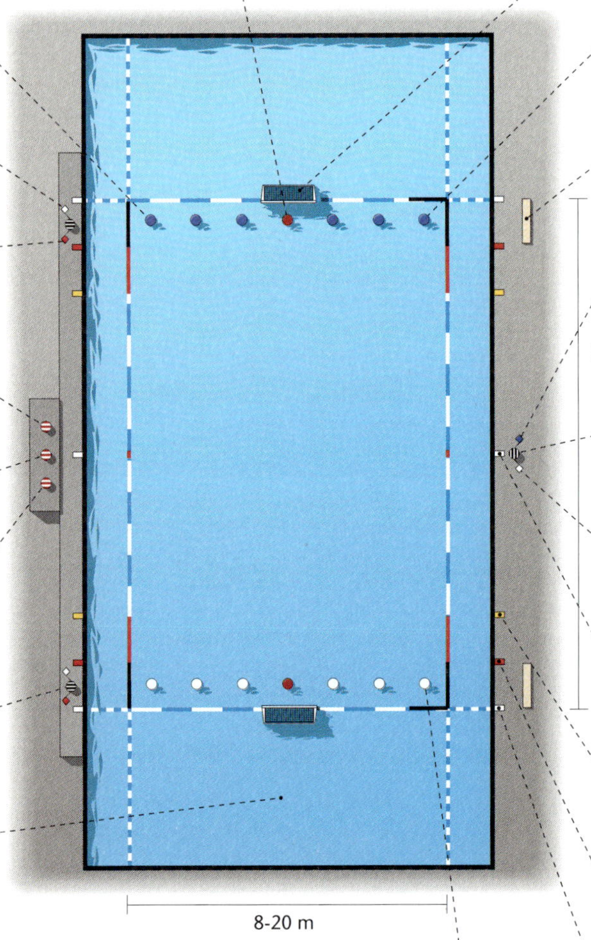

TOR^{N}
GOAL
BUT^{M}
PORTERÍA^{F}

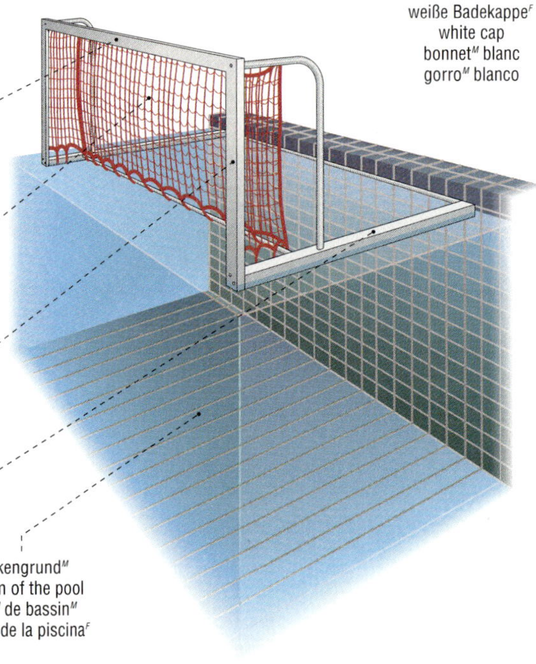

WASSERBALL^{M}
WATER POLO BALL
BALLON^{M} DE WATER-POLO^{M}
BALÓN^{M}

TAUCHEN[N]
SCUBA DIVING
PLONGÉE[F] SOUS-MARINE
BUCEO[M]

TAUCHER[M]
SCUBA DIVER
PLONGEUR[M]
BUCEADOR[M]

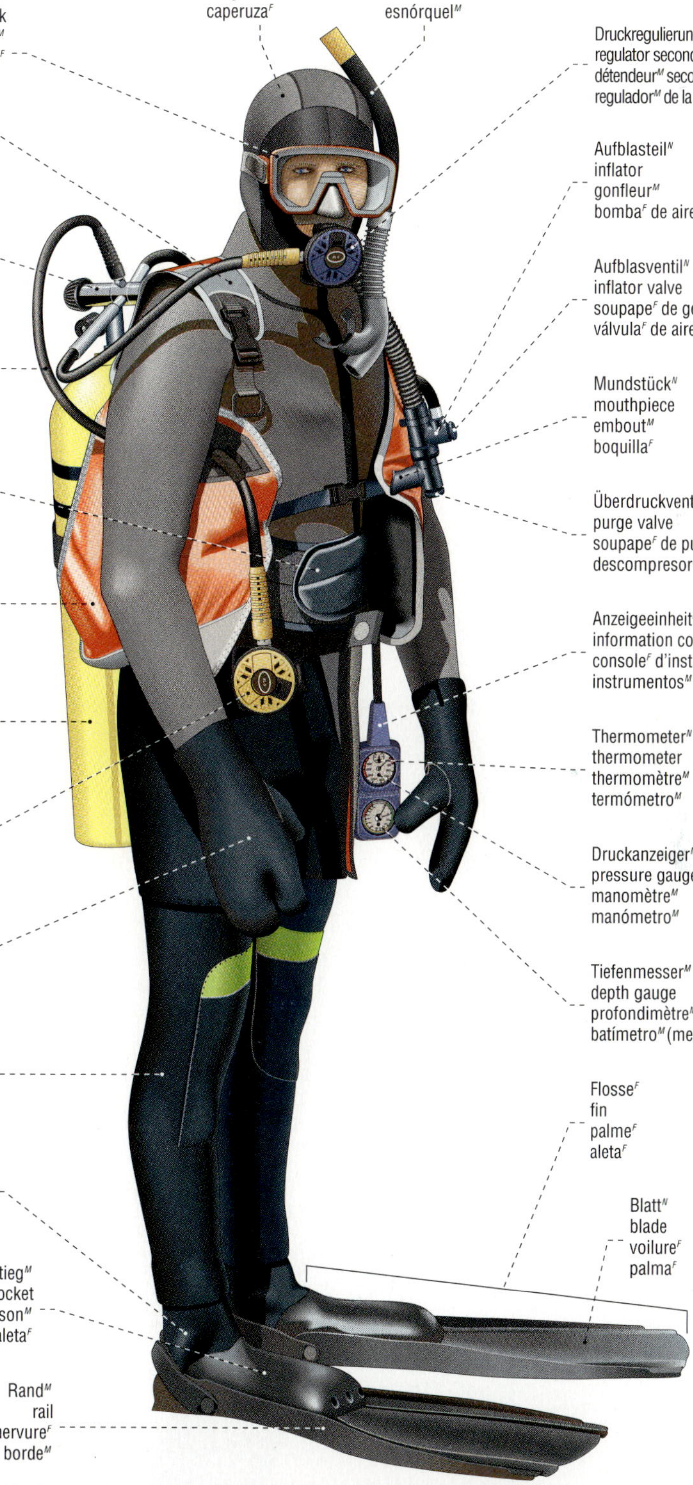

SEGELSPORT^{M}
SAILING
VOILE^{F}
VELA^{F}

SEGELBOOT^{N}
SAILING BOAT
DÉRIVEUR^{M}
VELERO^{M}

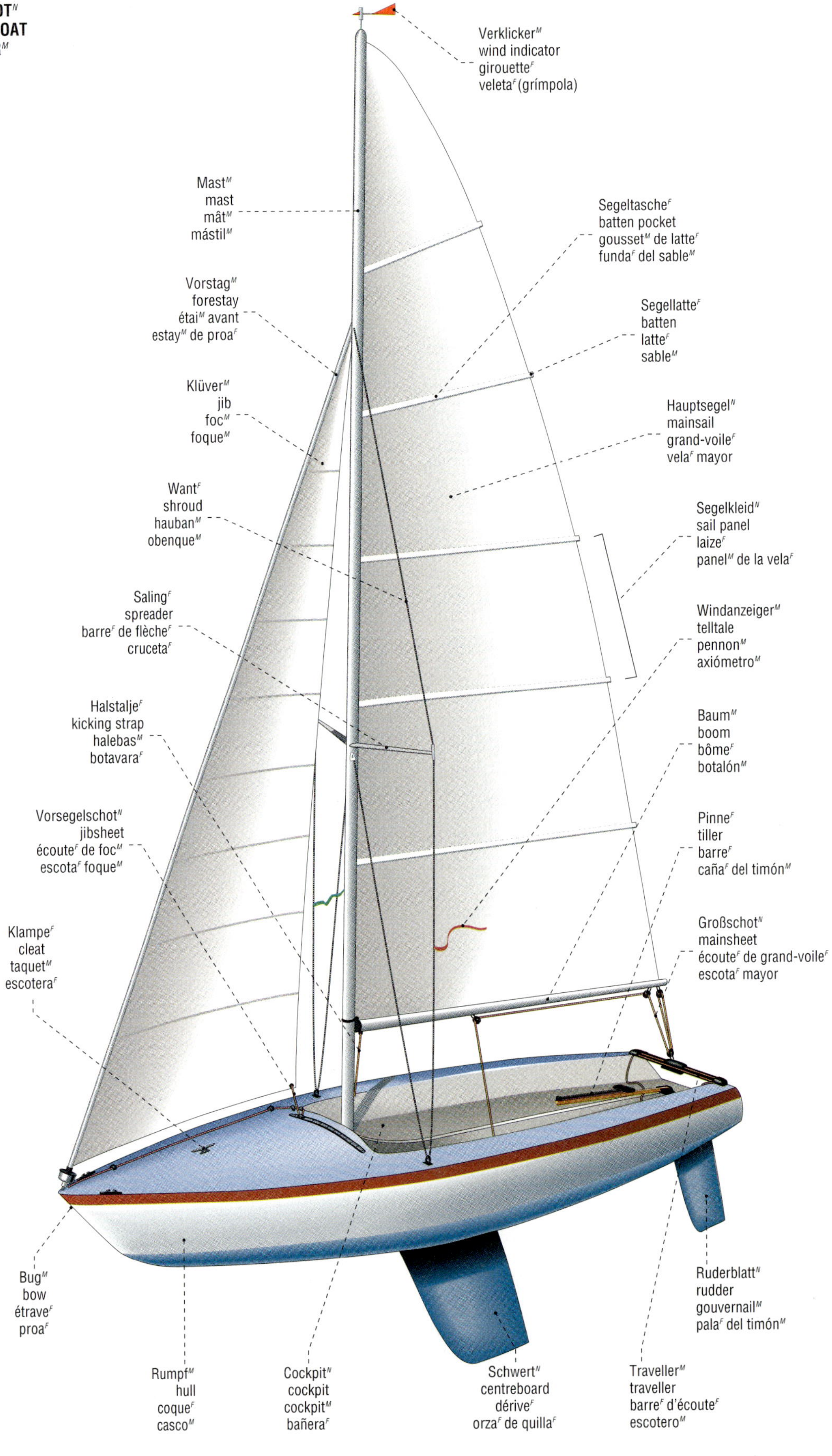

KURSE[M]
POINTS OF SAILING
ALLURES[F]
DISPOSICIONES[F] DE LAS VELAS[F]

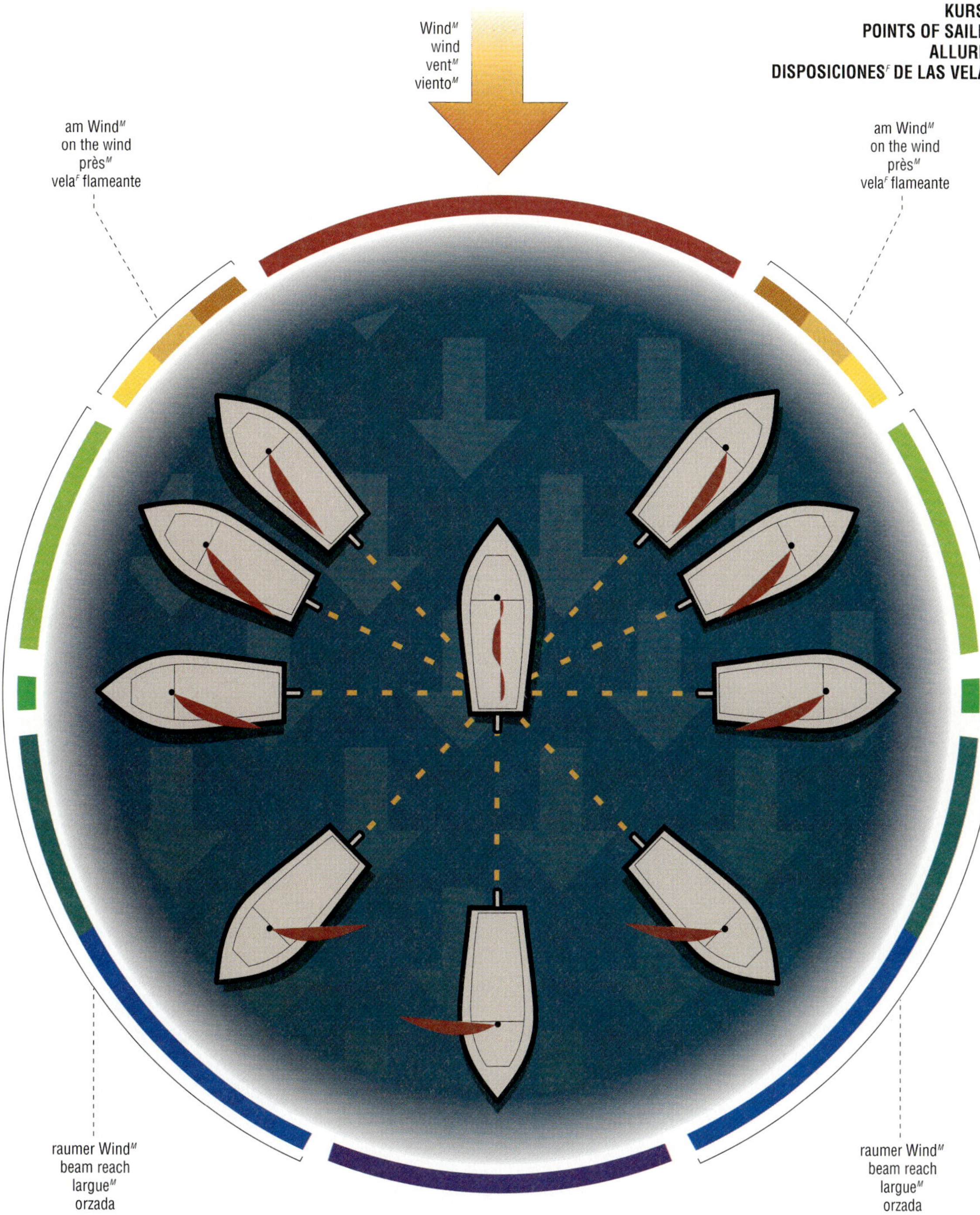

Boot[N] ohne Fahrt[F]
head to wind
vent[M] debout
viento[M] en proa[F]

hart am Wind[M]
close hauled
près[M] serré
bolina[F]

am Wind[M]
on the wind
près[M]
viento[M] contrario

voll und bei
full and by
près[M] bon plein[M]
a buen viento[M]

Segeln[N] mit halbem Wind[M]
close reach
petit largue[M]
ciñendo el viento[M]

halber Wind[M]
wind abeam
vent[M] de travers[M]
viento[M] de través

Wind[M] querab
beam reach
largue[M]
por lo ancho[M]

raumer Wind[M]
broad reach
grand largue[M]
a un largo[M]

mit dem Wind[M]
down wind
vent[M] arrière
viento[M] en popa[F]

SEGELSPORT^M
SAILING
VOILE^F
VELA^F

BESCHLÄGE^M
FITTINGS
ACCASTILLAGE^M
OBRA^F MUERTA

Wantenspanner^M
turnbuckle
ridoir^M
tensor^M

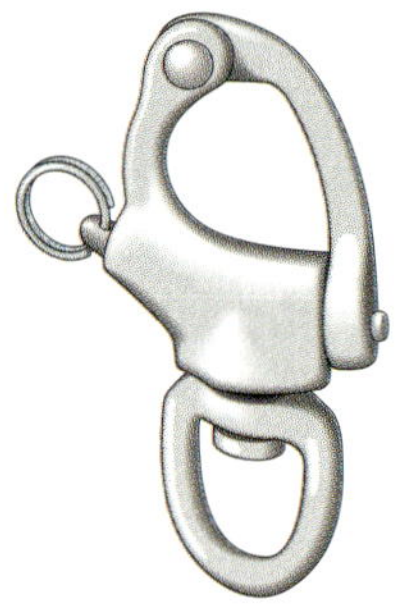

Gelenkschäkel^M
hank
mousqueton^M
mosquetón^M

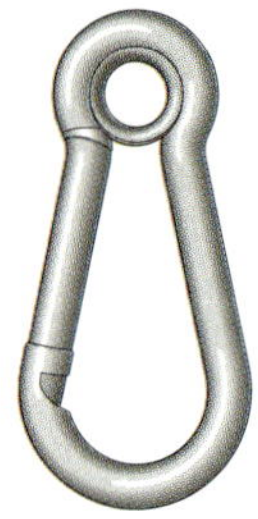

Karabinerhaken^M
snap shackle
mousqueton^M à ressort^M
grillete^M de resorte^M

Schraubschäkel^M
shackle
manille^F
grillete^M

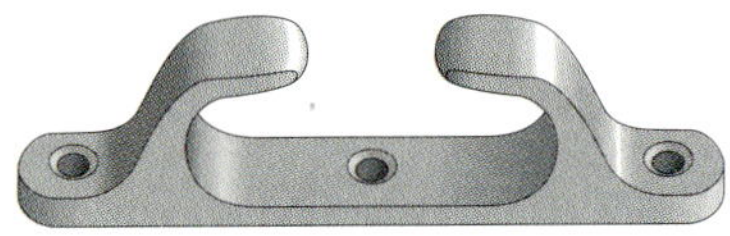

Lippe^F
fairlead
chaumard^M
guía^F

Klampe^F
cleat
taquet^M
abrazadera^F

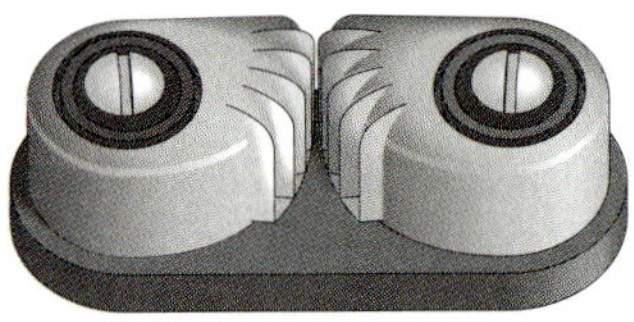

Curryklemme^F
clam cleat
taquet^M coinceur
escotera^F

Winsch^F
winch
winch^M
manubrio^M

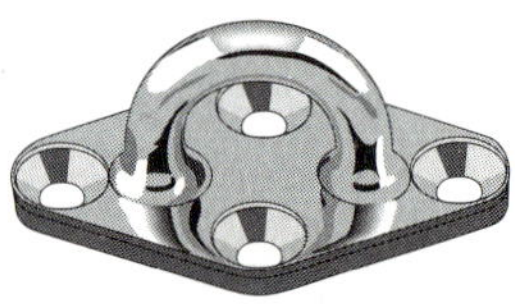

Leitöse^F
sheet lead
filoir^M d'écoute^F
guía^F de escotas^F

TRAVELLER^M
TRAVELLER
BARRE^F D'ÉCOUTE^F
BARRA^F DE ESCOTAS^F

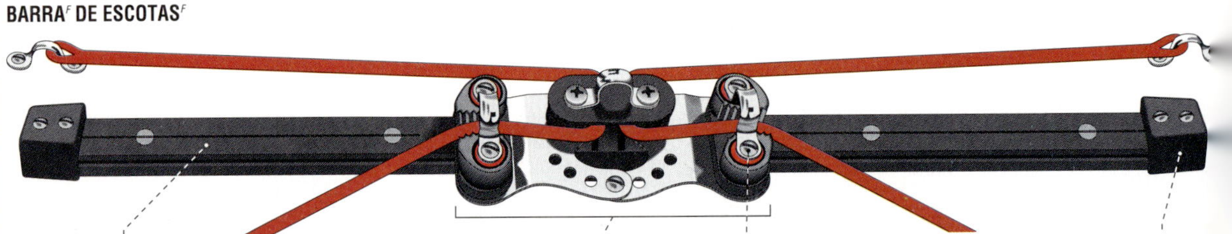

SURFBRETT[N]
SAILBOARD
PLANCHE[F] À VOILE[M]
PLANCHA[F] DE WINDSURF[M]

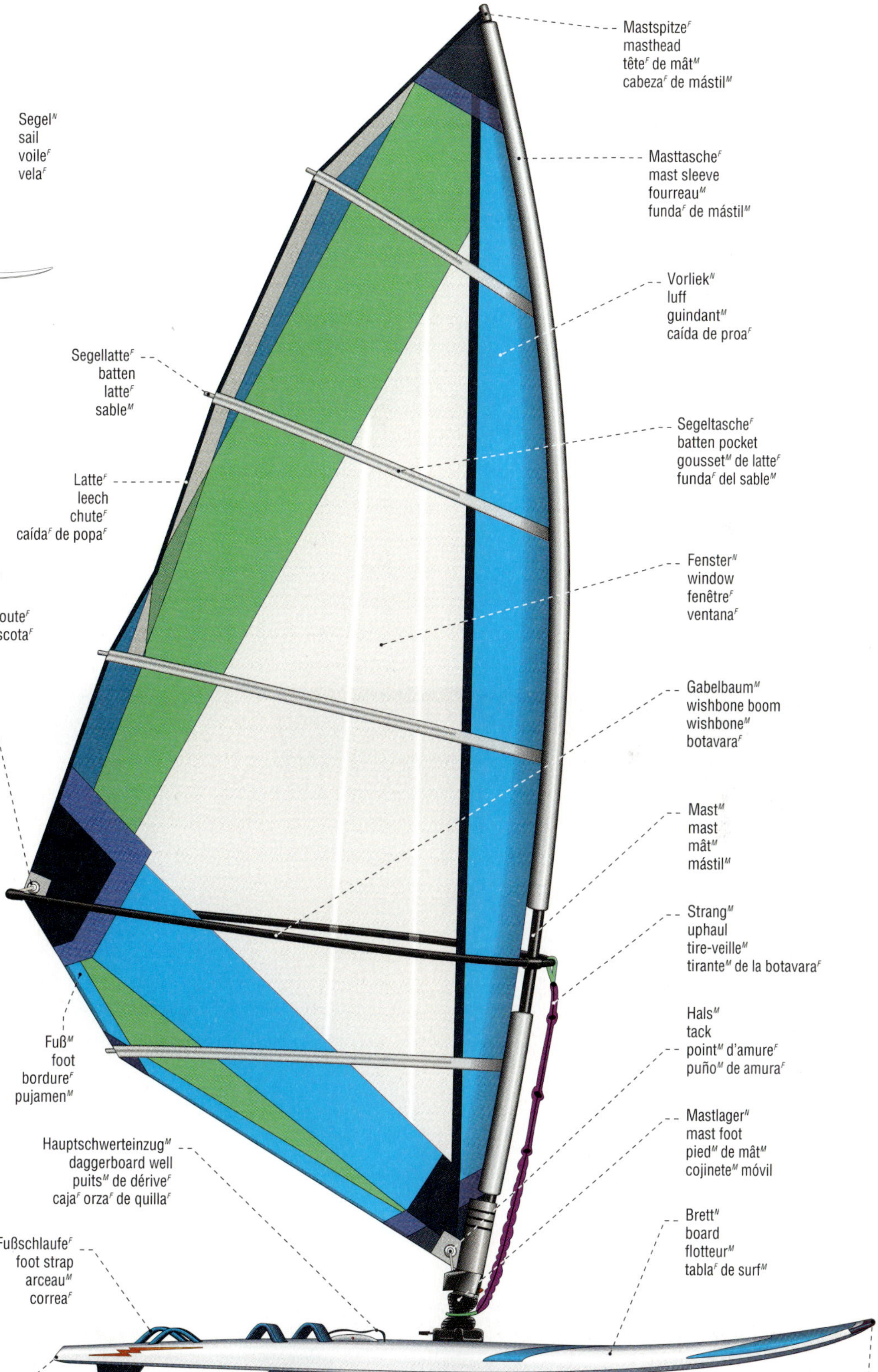

RUDERN[N] UND SKULLEN[N]
ROWING AND SCULLING
AVIRON[M]
REMO[M]

SKULLEN[N] (ZWEI SKULLS[N])
SCULLING (TWO OARS)
AVIRONS[M] À COUPLE[M]
SKIF[M]

RUDERN[N] (EIN RIEMEN[M])
ROWING (ONE OAR)
AVIRON[M] EN POINTE[F]
REMO[M]

RIEMENARTEN[F]
TYPES OF OARS
TYPES[M] D'AVIRONS[M]
TIPOS DE REMOS[M]

Nadelriemen[M]
needle
aviron[M] de pointe[F]
cuello[M] del remo[M]

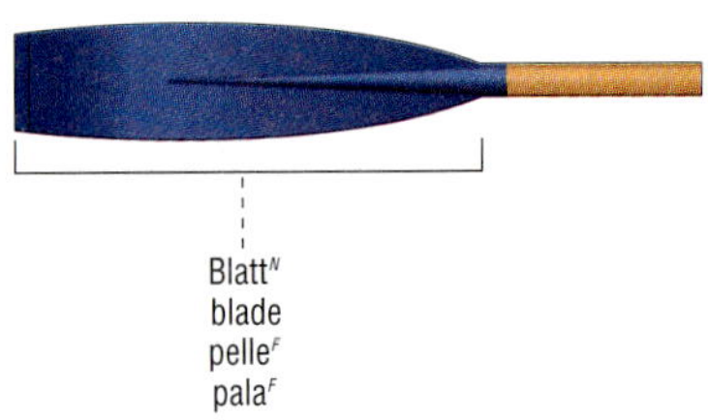

Spatenriemen[M]
spade
aviron[M] de couple[M]
timón[M]

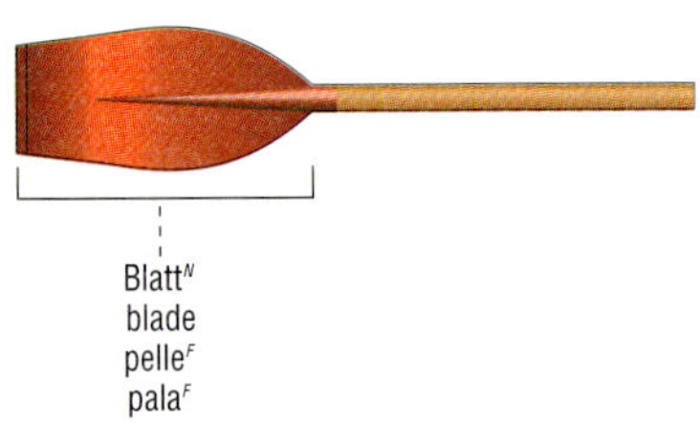

SKULLBOOTE[N]
SCULLING BOATS
BATEAUX[M] DE COUPLE[M]
SKIF[M]

Einer[M]
single scull
skiff[M]
skif[M] unipersonal

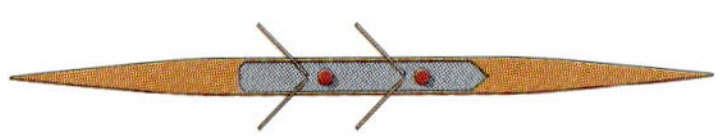

Zweier[M]
double scull
double-scull[M]
skif[M] doble

RUDERBOOTE[N]
ROWING BOATS
BATEAUX[M] DE POINTE[F]
OUTRIGGERS[M]

Zweier[M] ohne Steuermann[M]
coxless pair
deux sans barreur[M]
el dos

Zweier[M] mit Steuermann[M]
coxed pair
deux avec barreur[M]
el dos con timonel[M]

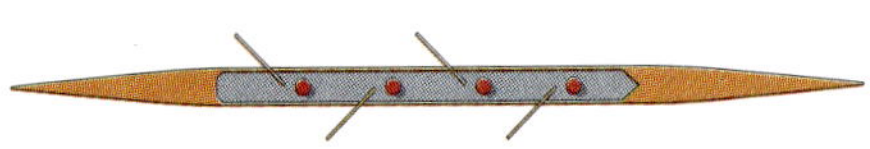

Vierer[M] ohne Steuermann[M]
coxless four
quatre sans barreur[M]
el cuatro

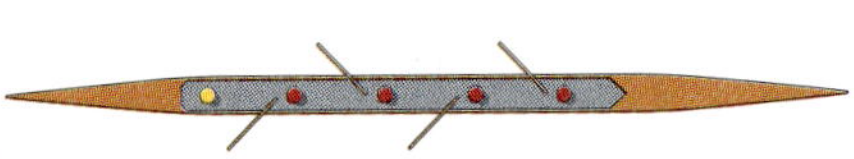

Vierer[M] mit Steuermann[M]
coxed four
quatre avec barreur[M]
el cuatro con timonel[M]

Achter[M]
eight
huit
bote[M] de a ocho (con timonel[M])

WASSERSKI[N]
WATER SKIING
SKI[M] NAUTIQUE
ESQUÍ[M] ACUÁTICO

ARTEN VON WASSERSKI[M]
TYPES OF SKIS
TYPES[M] DE SKIS[M]
TIPOS[M] DE ESQUÍS[M]

HANTELARTEN[F]
TYPES OF HANDLES
TYPES[M] DE TRAPÈZES[M]
EMPUÑADURAS[F] PARA ESQUÍ[M]

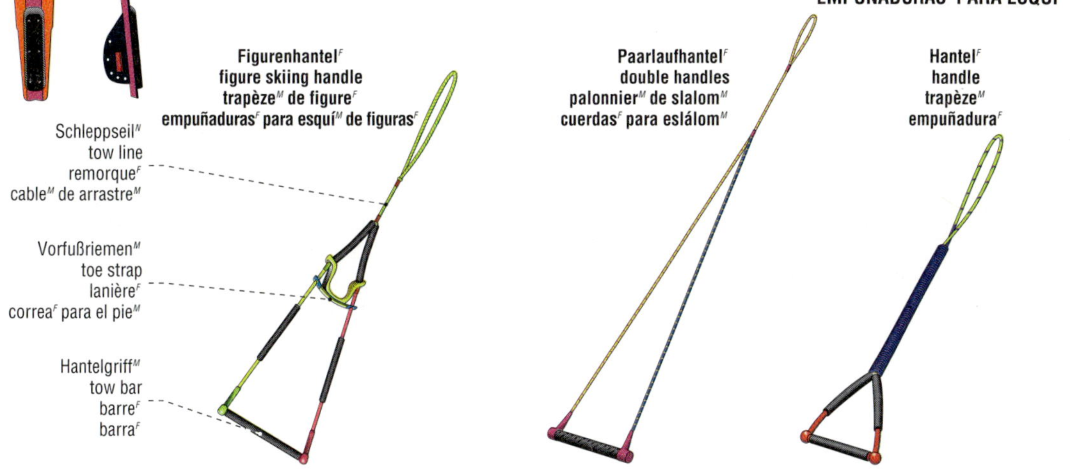

FREIBALLONSPORT^{M}
BALLOONING
MONTGOLFIÈRE^{F}
VUELO^{M} EN GLOBO^{M}

FREIBALLON^{M}
BALLOON
BALLON^{M}
GLOBO^{M} AEROSTÁTICO

GONDEL^{F}
BASKET
NACELLE^{F}
BARQUILLA^{F}

FALLSCHIRMSPRINGEN^{N}
SKY DIVING
CHUTE^{F} LIBRE
PARACAIDISMO^{M}

FALLSCHIRMSPRINGER^{M}
SKY DIVER
SAUTEUR^{M}
PARACAIDISTA$^{M/F}$

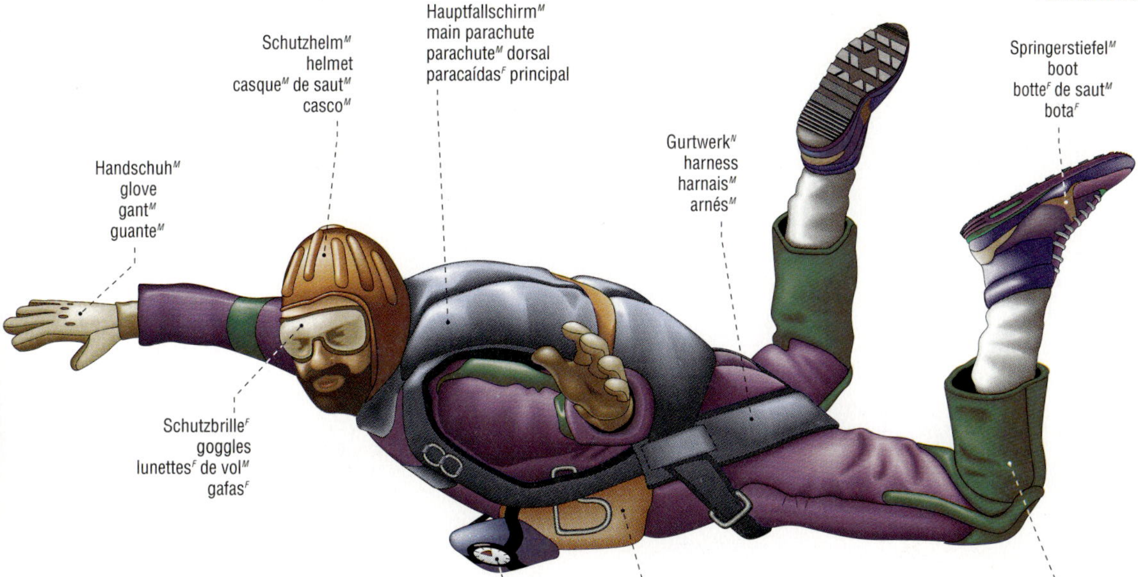

GLEITSCHIRMFLIEGEN^N^
PARAGLIDING
PARAPENTE^M^
PLANEADOR^M^

GLEITSCHIRM^M^
CANOPY
AILE^F^
CASQUETE^M^

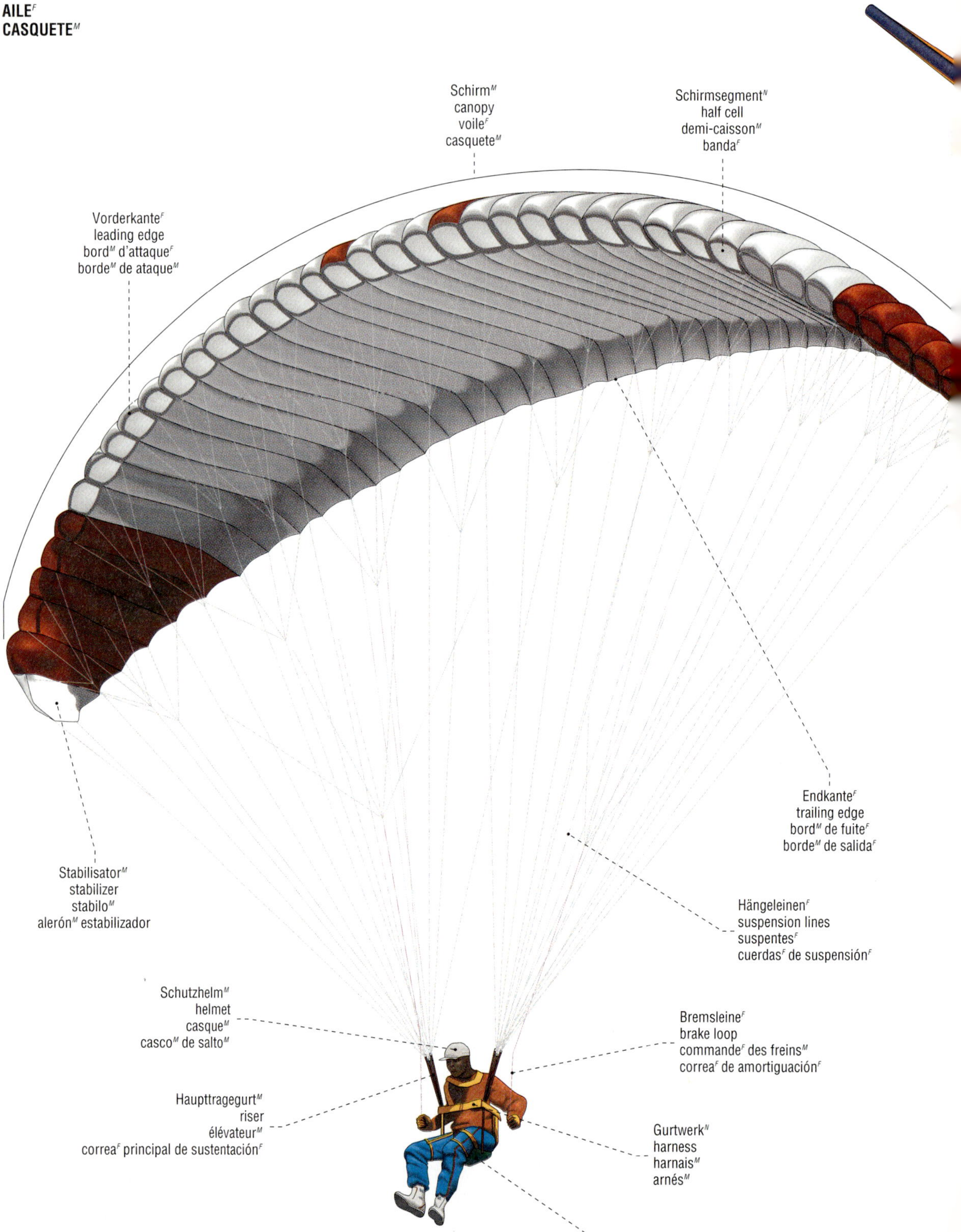

DRACHENFLIEGEN[N]
HANG GLIDING
VOL[M] LIBRE
VUELO[M] LIBRE

SEGELFLIEGEN[N]
GLIDING
VOL[M] À VOILE[F]
VUELO[M] SIN MOTOR[M]

SEGELFLUGZEUG[N]
GLIDER
PLANEUR[M]
PLANEADOR[M]

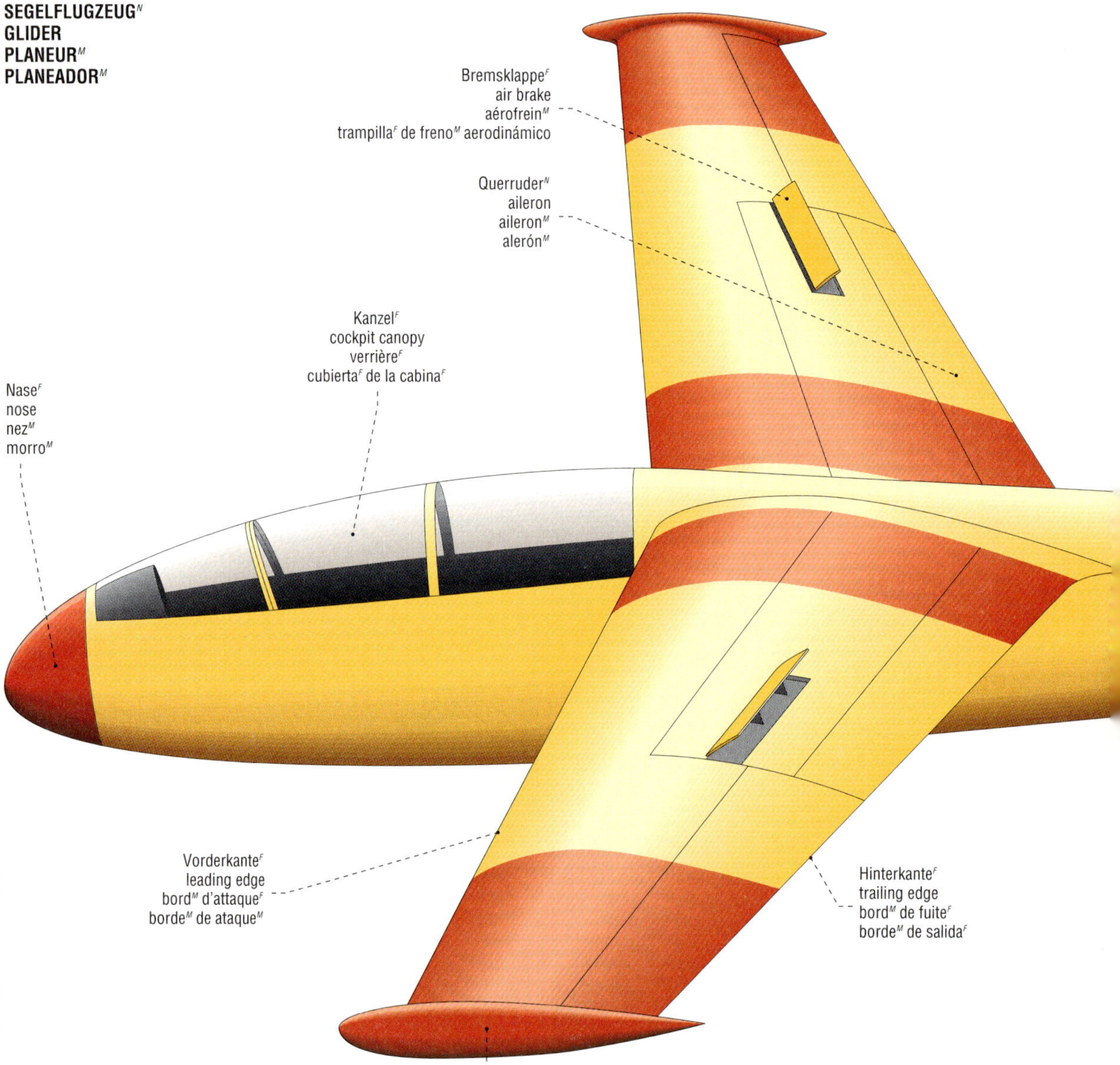

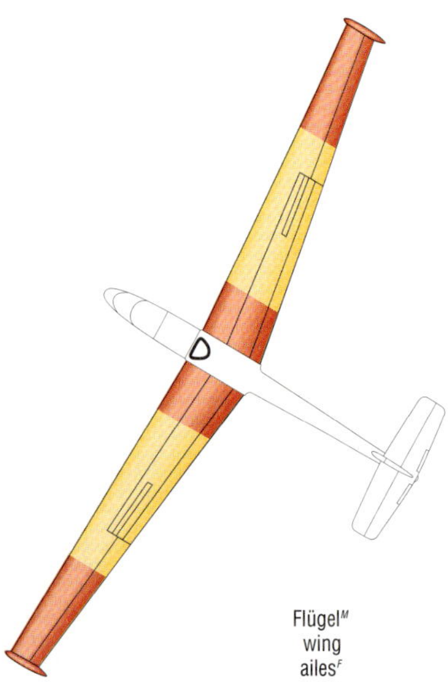

Flügel[M]
wing
ailes[F]
ala[F]

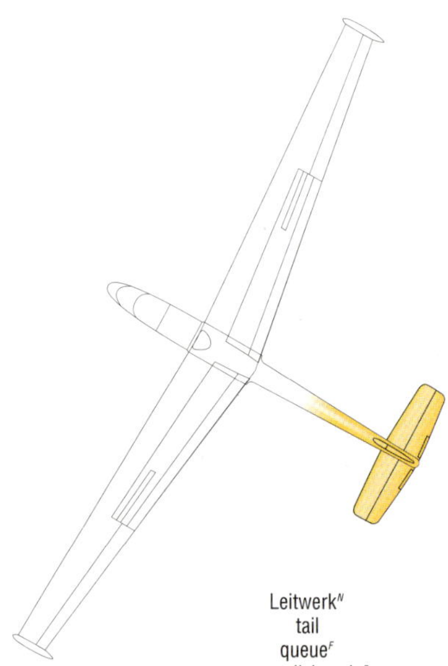

Leitwerk[N]
tail
queue[F]
grupo[M] de cola[F]

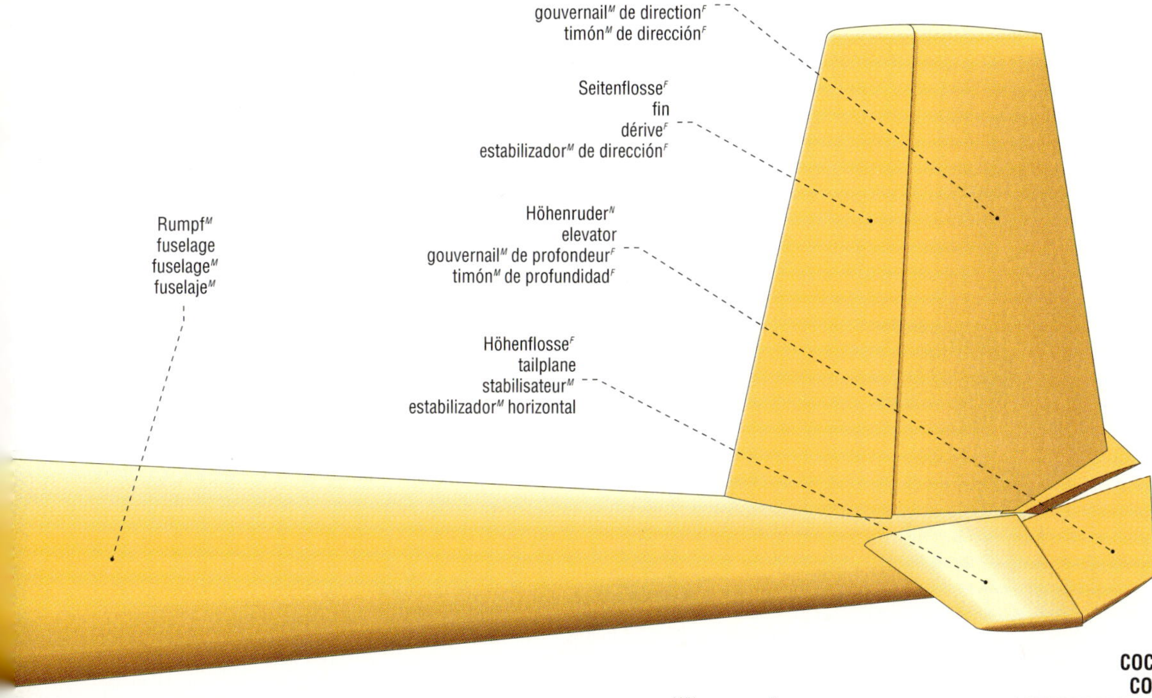

COCKPIT[N]
COCKPIT
CABINE[F] DE PILOTAGE[M]
CABINA[F] DEL PILOTO[M]

ALPINES SKILAUFEN[N]
ALPINE SKIING
SKI[M] ALPIN
ESQUI[M] ALPINO

ALPINER SKILÄUFER[M]
ALPINE SKIER
SKIEUR[M] ALPIN
ESQUIADOR[M] ALPINO

SICHERHEITSBINDUNG[F]
SAFETY BINDING
FIXATION[F] DE SÉCURITÉ[F]
FIJACIÓN[F] DE SEGURIDAD[F] DEL ESQUÍ[M]

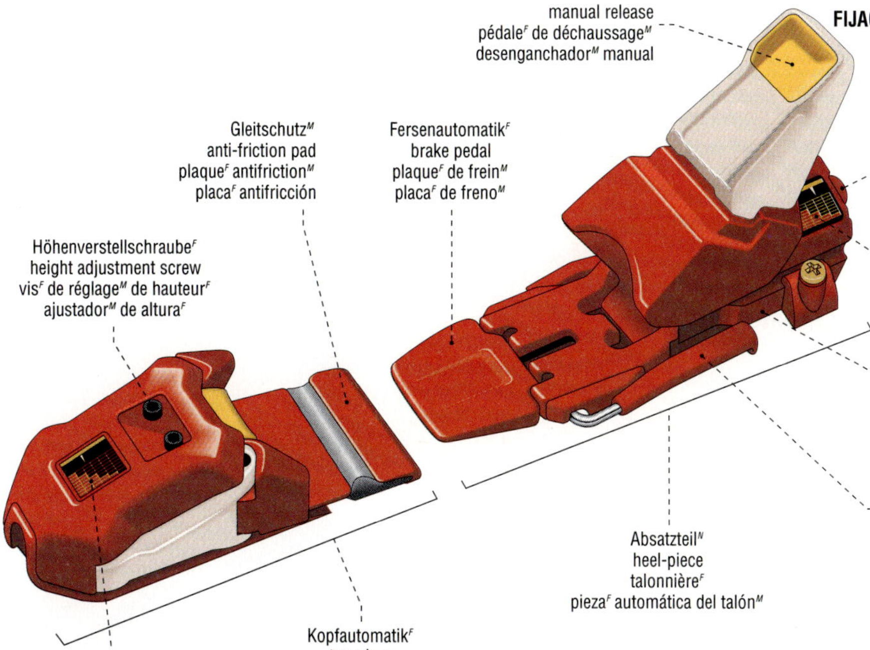

SKISTIEFEL[M]
SKI BOOT
CHAUSSURE[F] DE SKI[M]
BOTAS[F] PARA ESQUIAR

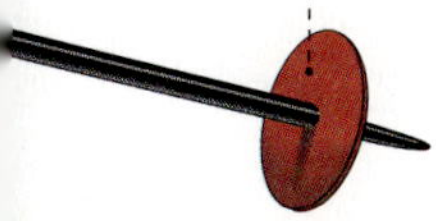

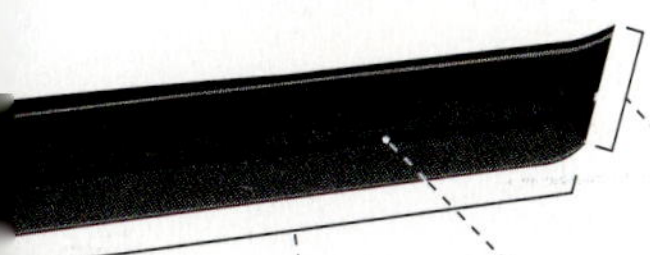

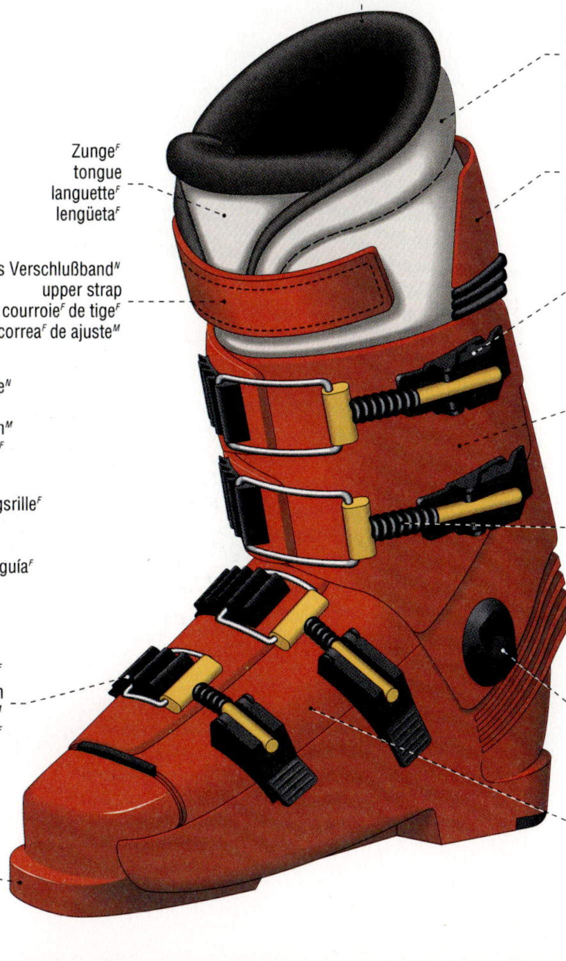

SKILANGLAUF[M]
CROSS-COUNTRY SKIING
SKI[M] DE FOND[M]
ESQUÍ[M] DE FONDO[M]

LANGLÄUFER (IN[F])[M]
CROSS-COUNTRY SKIER
SKIEUSE[F] DE FOND[M]
ESQUIADORA[F] DE CAMPO[M] TRAVIESA

LANGLAUFSKI[M]
CROSS-COUNTRY SKI
SKI[M] DE FOND[M]
ESQUÍ[M] DE CAMPO[M] TRAVIESA

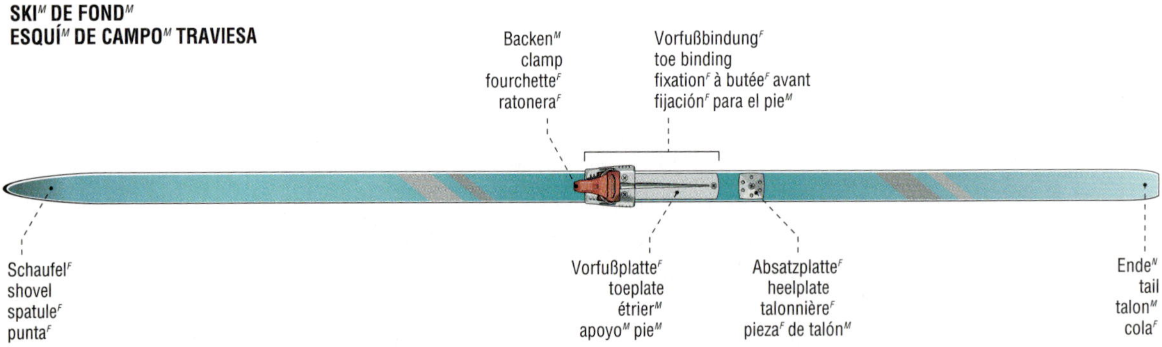

RENNRODEL[M]
LUGE
LUGE[F]
LUGE[M]

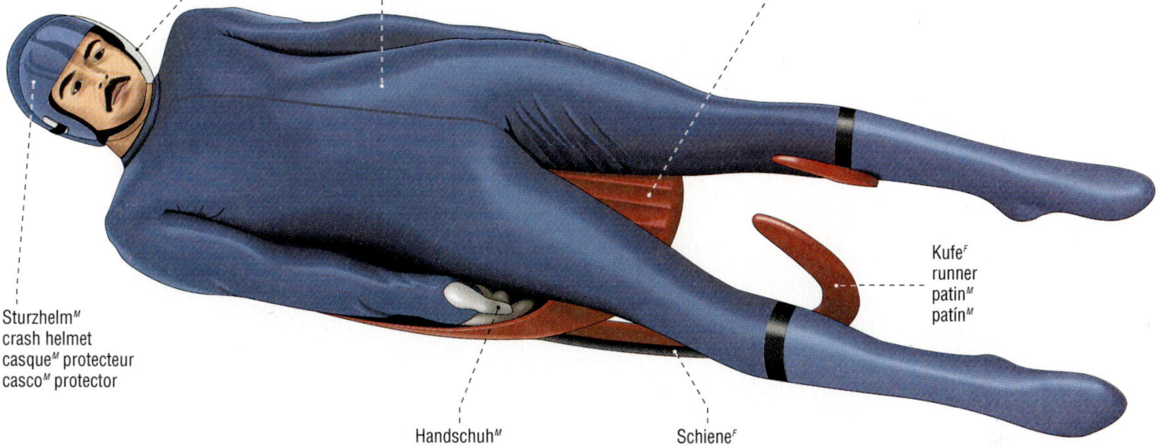

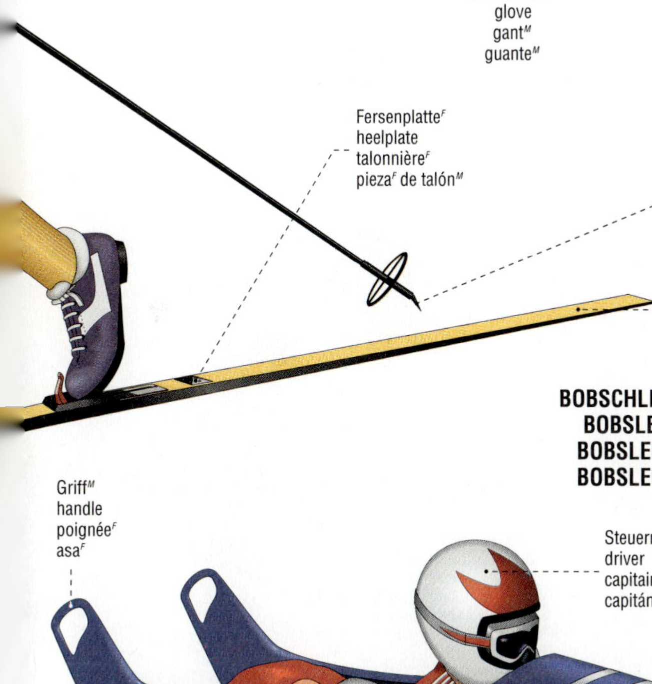

BOBSCHLITTEN[M]
BOBSLEIGH
BOBSLEIGH[M]
BOBSLEIGH[M]

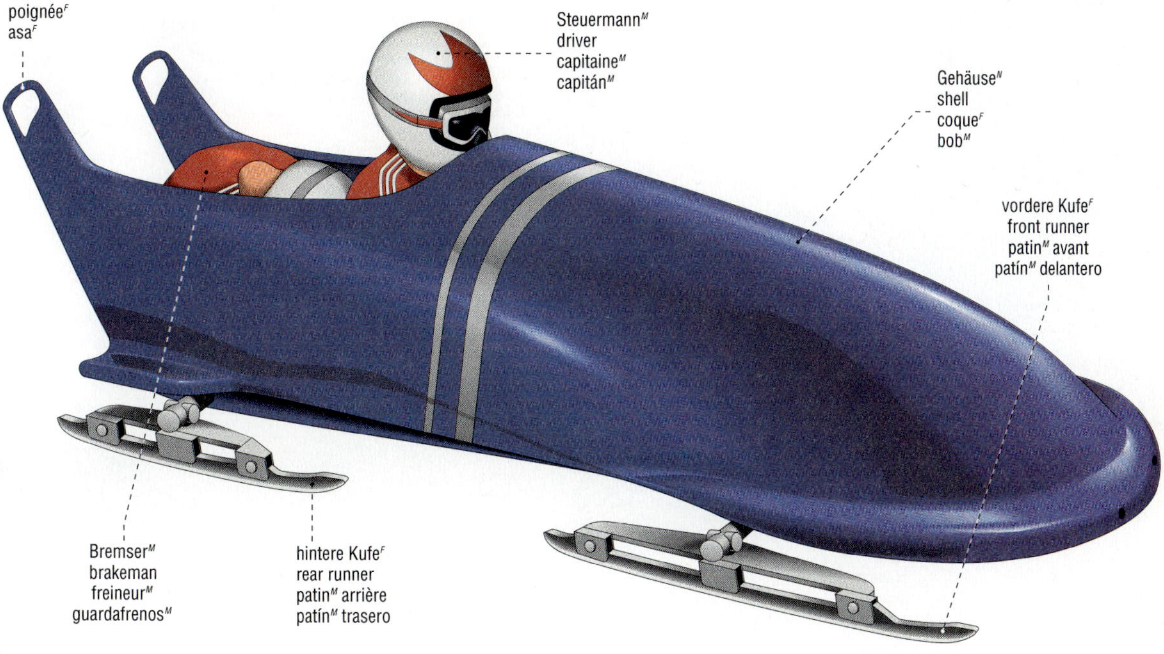

EISLAUFEN[N]
SKATING
PATINAGE[M]
PATINAJE[M]

EISKUNSTLAUFSTIEFEL[M]
FIGURE SKATE
PATIN[M] DE FIGURE[F]
PATÍN[M] PARA FIGURAS[F]

EISHOCKEYSCHLITTSCHUH[M]
ICE HOCKEY SKATE
PATIN[M] DE HOCKEY[M]
PATÍN[M] DE HOCKEY[M]

Schnellaufschlittschuh[M]
speed skate
patin[M] de course[F]
patín[M] de velocidad[F]

Schlittschuhschoner[M]
skate guard
protège-lame[M]
funda[F] protectora de la cuchilla[F]

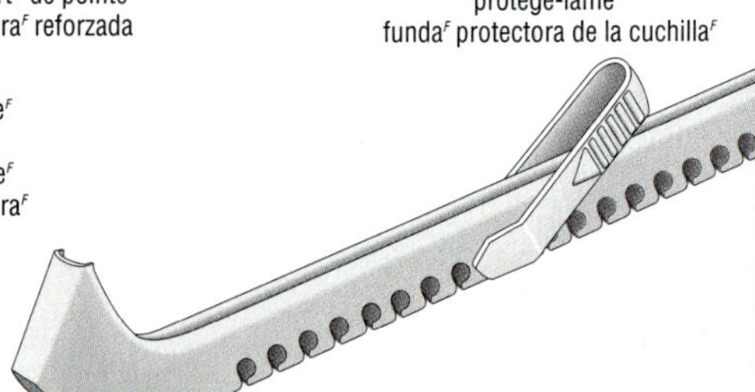

SCHNEESCHUH^{M}
SNOWSHOE
RAQUETTE^{F}
RAQUETA^{F}

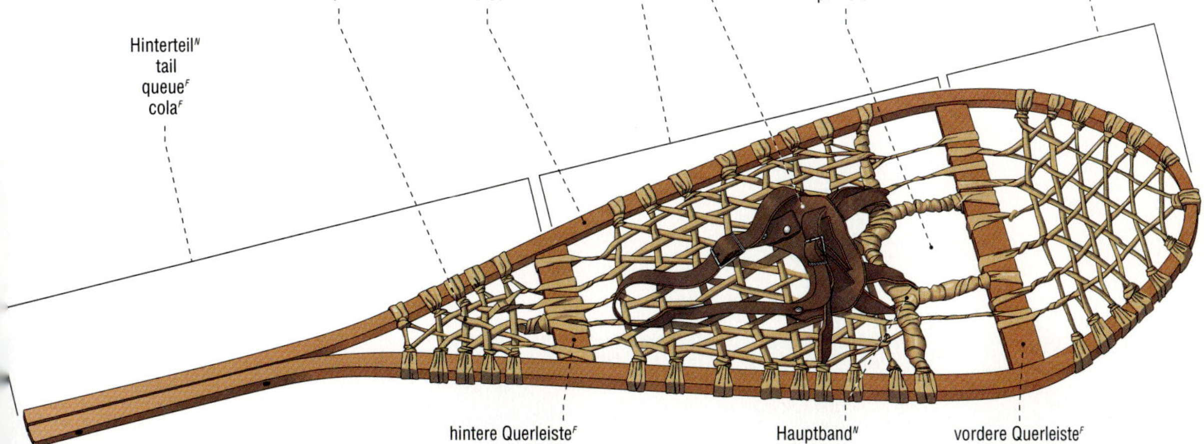

ROLLSCHUH^{M}
ROLLER SKATE
PATIN^{M} À ROULETTES^{F}
PATÍN^{M} DE RUEDAS^{F}

REITEN[N]
RIDING
ÉQUITATION[F]
EQUITACIÓN[F]: CONCURSO[M] DE SALTOS[M]

WETTKAMPFPARCOURS[M]
COMPETITION RING
PARCOURS[M] D'OBSTACLES[M]
PISTA[F] PARA PRUEBA[F] DE OBSTÁCULOS[M]

Gerade[F]: Pfosten[M] mit Stange[F]
straight: post and rail
droit[M]: stationata[F]
vertical de barras[F]

Oxer[M]
oxer
oxer[M]
óxer[M] de barras[F]

Mauer[F] mit Stangen[F]
wall and rails
mur[M] barré
muro[M] con barras[F]

Mauer[F]
wall
mur[M]
muro[M]

Pfosten[M] mit Latte[F]
post and plank
palanque[F]
poste[M] con tablas[F]

Bürste[F] mit Stangen[F]
brush and rails
haie[F] barrée
seto[M] y barra[F]

Ziel[N]
finish
arrivée[F]
llegada[F]

Gatter[N]
gate
barrière[F]
empalizada[F]

Wassergraben[M]
water jump
haie[F] rivière[F]
ría[F]

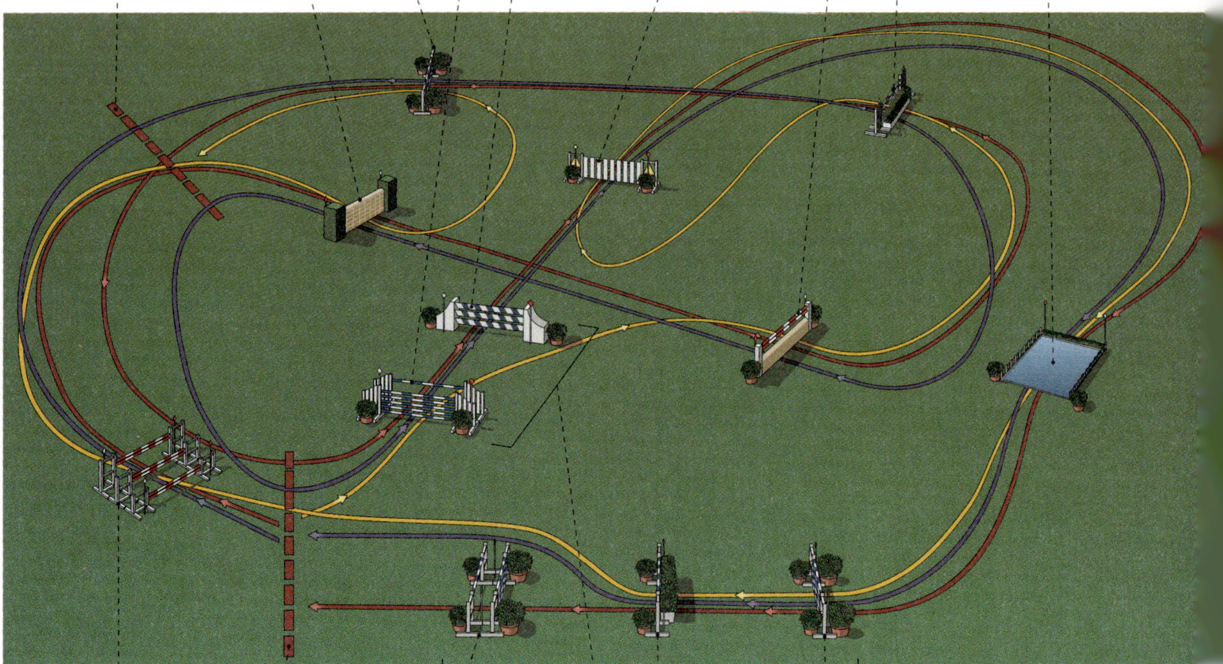

Triplebar[F]
triple bars
barres[F] de Spa
triple barra[F]

Doppeloxer[M]
double oxer
oxer[M]
óxer[M] de barras[F]

Mauer[F]
wall
mur[M]
muro[M]

Start[M] und Ziel[N]
start and finish
départ[M] et arrivée[F]
salida[F] y llegada[F]

Doppelkombination[F]
double
double[M]
doble

Dreifachkombination[F]
treble
triple[M]
triple

Bürste[F] mit Stangen[F]
brush and rails
haie[F] barrée
seto[M] y barra[F]

Fortgeschrittenenparcours[M]
expert driver's course
parcours[M] des cavaliers[M] avancés
concurso[M] profesional

Anfängerparcours[M]
beginner's course
parcours[M] des débutants[M]
carrera[F] de aprendices[M]

Hochgeschuindigkeitsparcours[M]
speed course
parcours[M] de vitesse[F]
concurso[M] de velocidad[F]

HÜRDEN[F]
OBSTACLES
OBSTACLES[M]
OBSTÁCULOS[M]

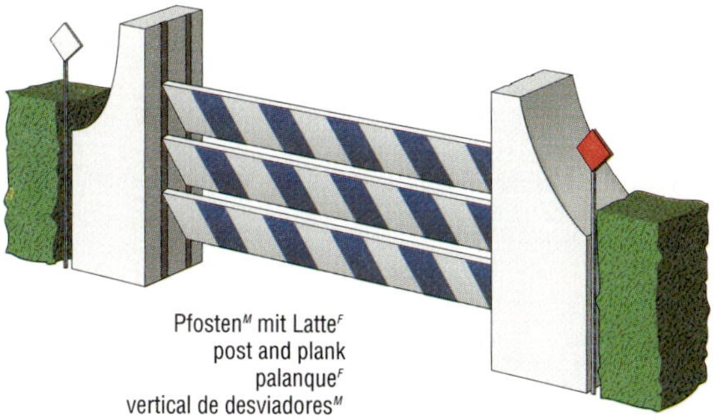

Pfosten[M] mit Latte[F]
post and plank
palanque[F]
vertical de desviadores[M]

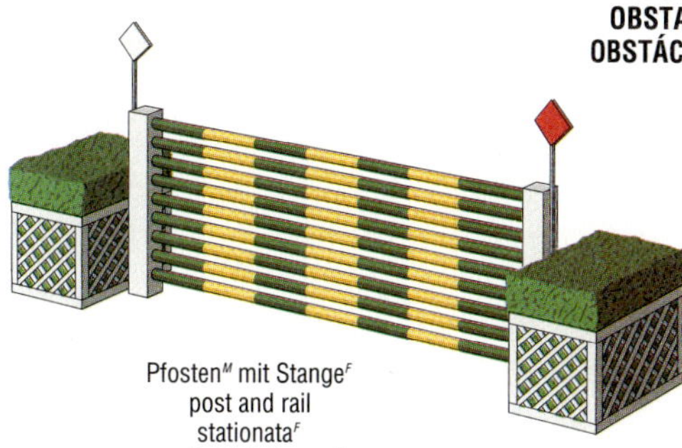

Pfosten[M] mit Stange[F]
post and rail
stationata[F]
vertical[M] de barras[F]

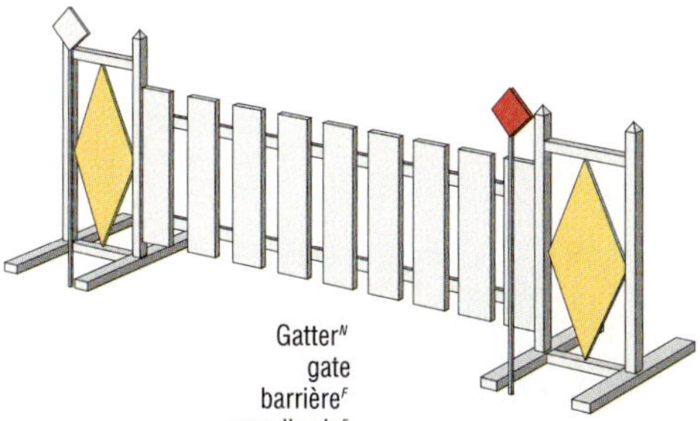

Gatter[N]
gate
barrière[F]
empalizada[F]

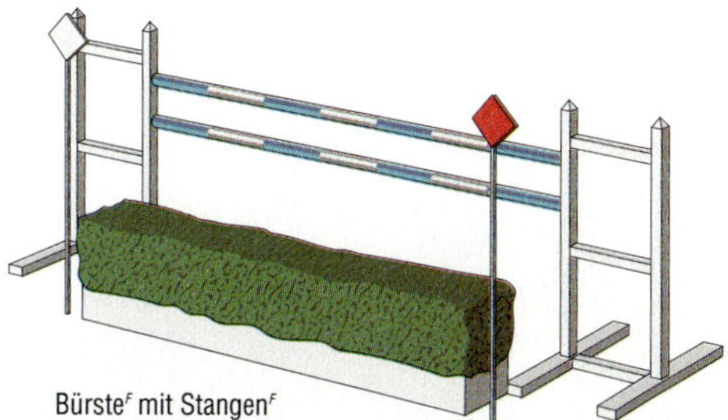

Bürste[F] mit Stangen[F]
brush and rails
haie[F] barrée
valla[F] sobre seto[M]

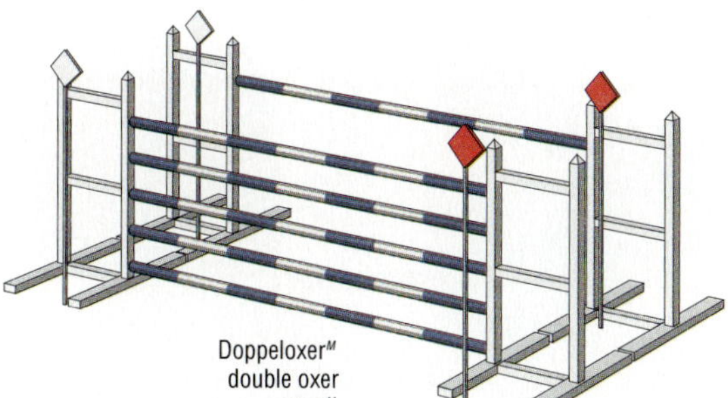

Doppeloxer[M]
double oxer
oxer[M]
óxer[M] de barras[F]

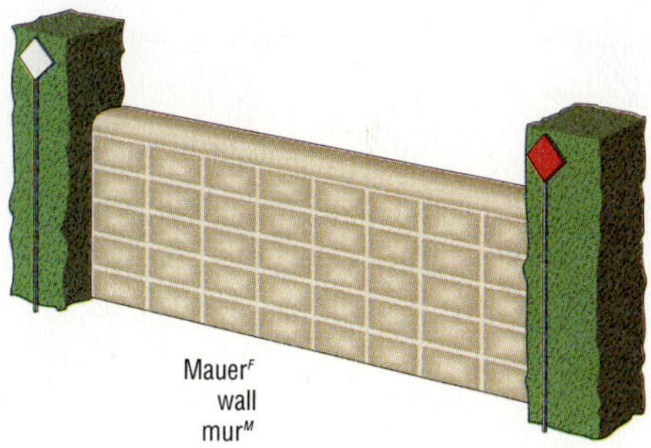

Mauer[F]
wall
mur[M]
muro[M]

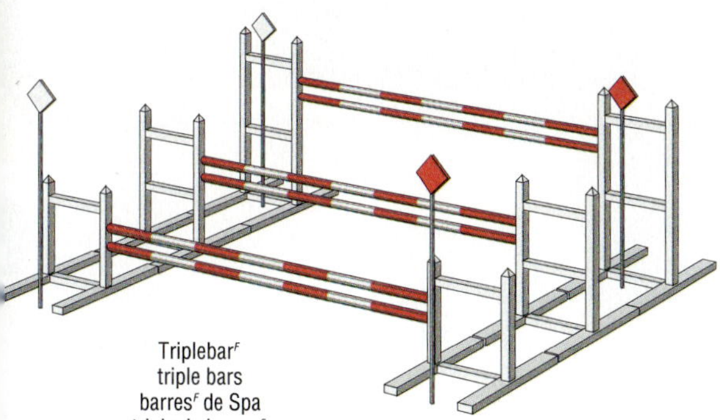

Triplebar[F]
triple bars
barres[F] de Spa
triple de barras[F]

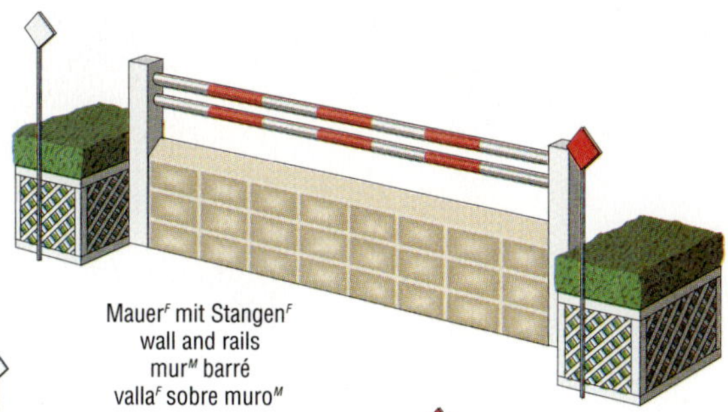

Mauer[F] mit Stangen[F]
wall and rails
mur[M] barré
valla[F] sobre muro[M]

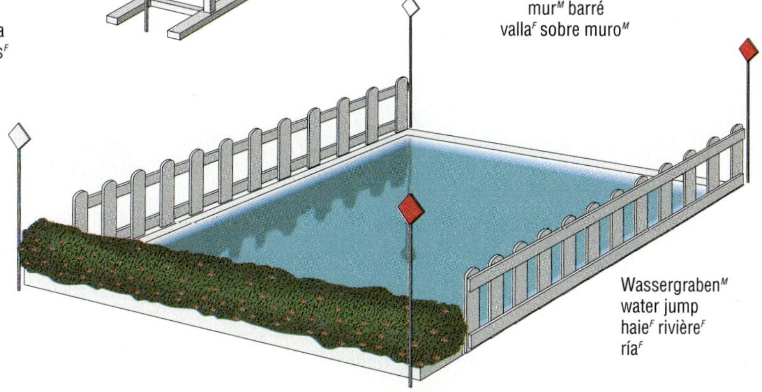

Wassergraben[M]
water jump
haie[F] rivière[F]
ría[F]

REITEN[N]
RIDING
ÉQUITATION[F]
EQUITACIÓN[F]

REITER[M]
RIDER
CAVALIER[M]
JINETE[M]

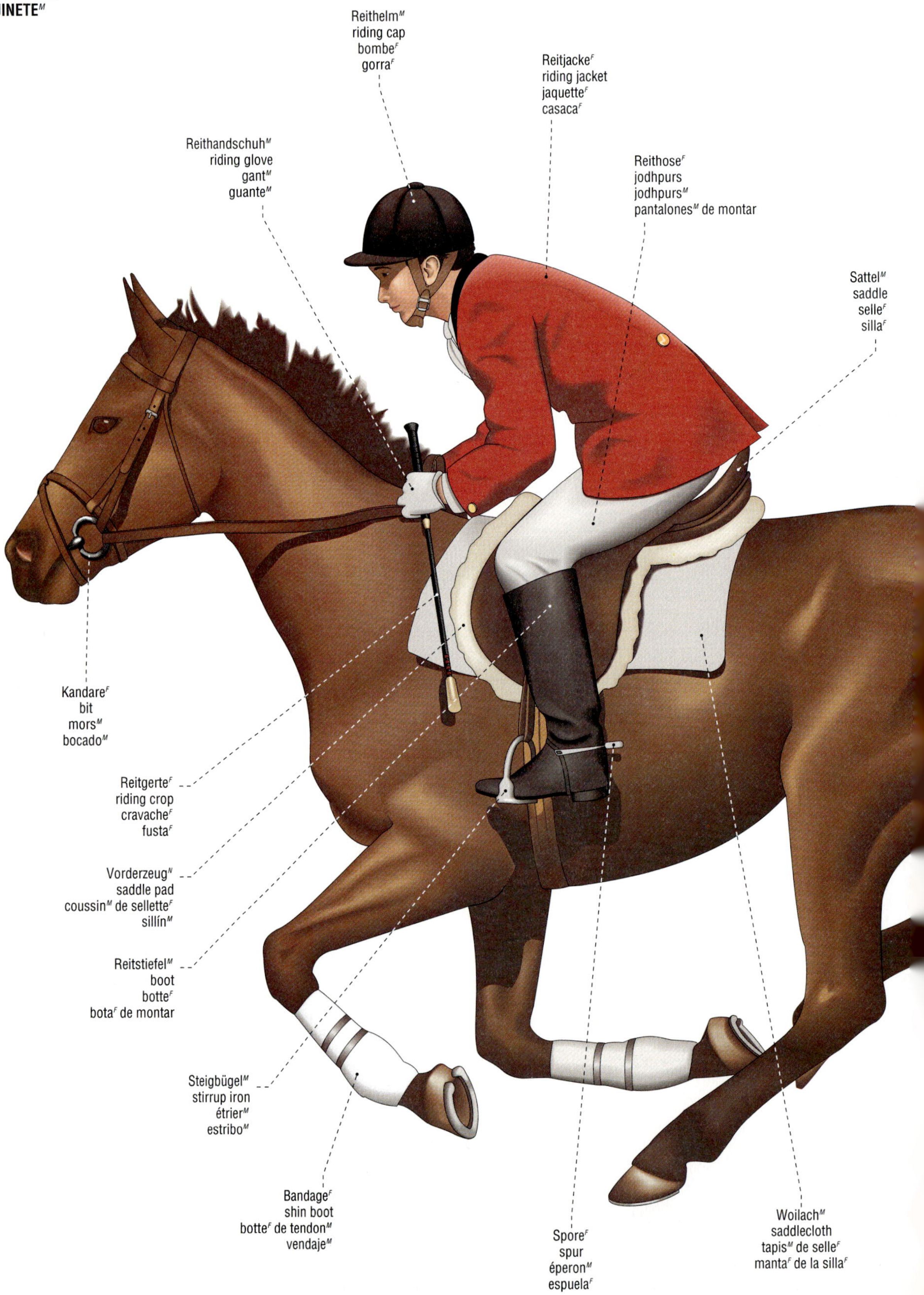

SATTEL^M
SADDLE
SELLE^F
SILLA^F DE MONTAR

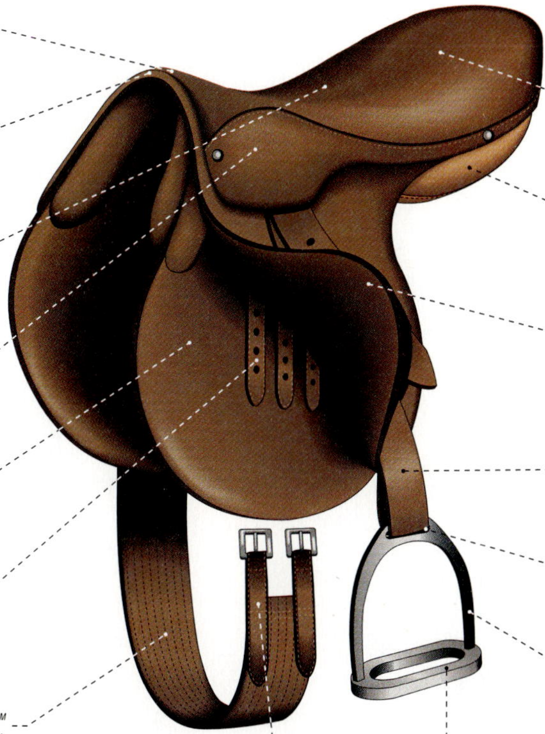

ZAUMZEUG^N
BRIDLE
BRIDE^F
BRIDA^F

GEBISSSTÜCKARTEN[F]
TYPES OF BITS
TYPES[M] DE MORS[M]
BOCADOS[M]

TRENSE[F]
SNAFFLE BIT
MORS[M] DE FILET[M]
BOCADO[M] ACODADO

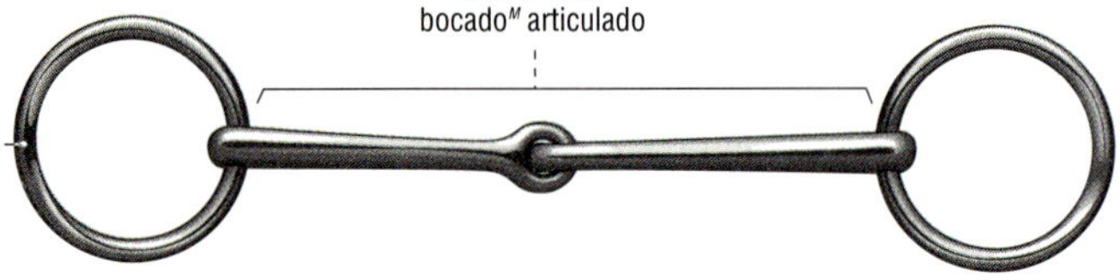

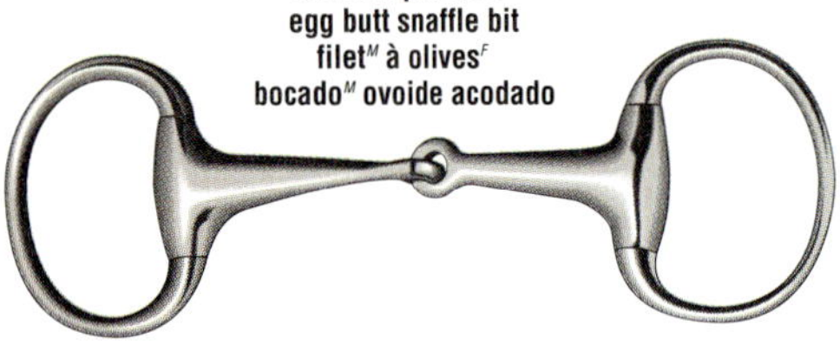

Olivenkopftrense[F]
egg butt snaffle bit
filet[M] à olives[F]
bocado[M] ovoide acodado

Gummigebiß[N]
rubber snaffle bit
filet[M] en caoutchouc[M]
bocado[M] acodado elástico

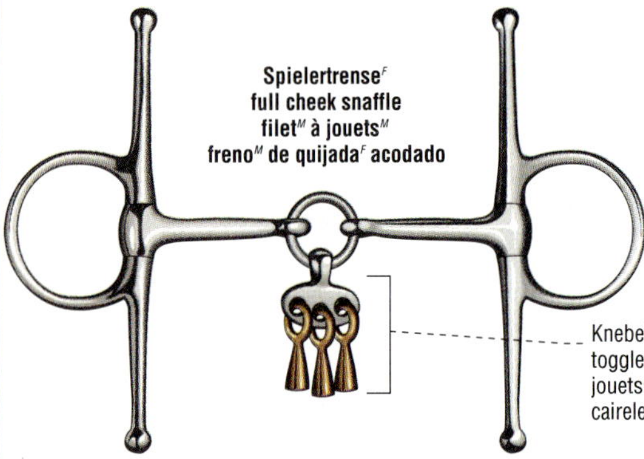

Spielertrense[F]
full cheek snaffle
filet[M] à jouets[M]
freno[M] de quijada[F] acodado

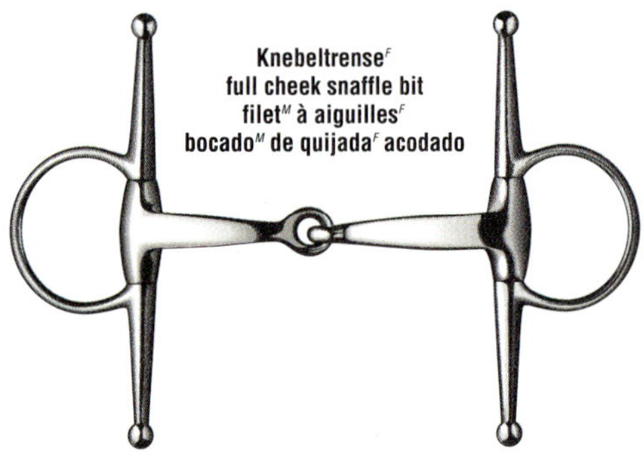

Knebeltrense[F]
full cheek snaffle bit
filet[M] à aiguilles[F]
bocado[M] de quijada[F] acodado

KANDARE[F]
CURB BIT
MORS[M] DE BRIDE[F]
BOCADO[M] CON LA BARBADA[F]

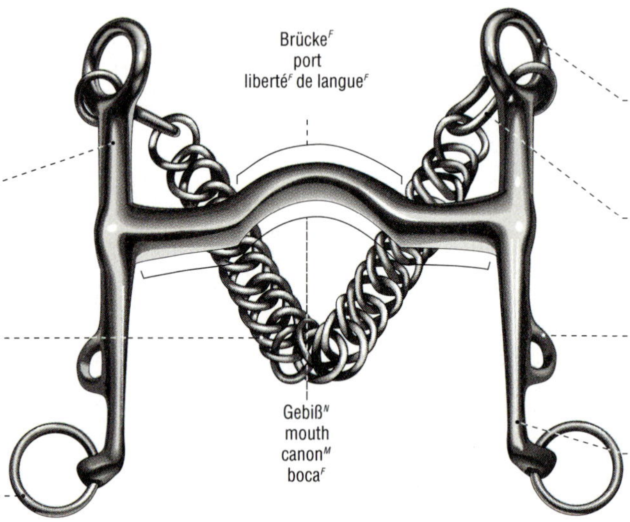

Pelham-Kandare[F]
jointed mouth bit
mors[M] à canon[M] brisé
bocado[M] articulado

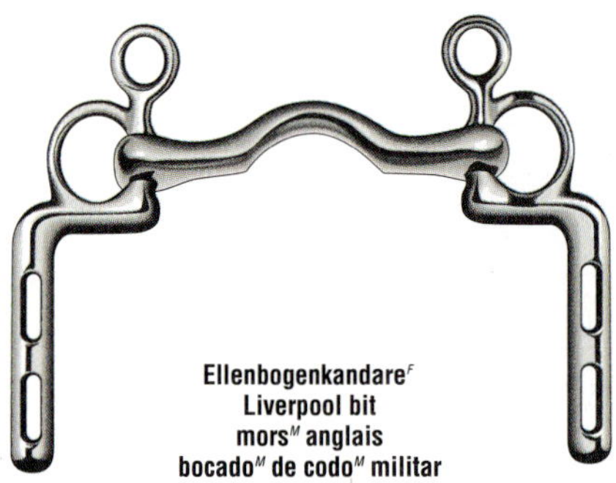

Ellenbogenkandare[F]
Liverpool bit
mors[M] anglais
bocado[M] de codo[M] militar

einfache Kandare[F]
sliding cheek bit
mors[M] à pompe[F]
bocado[M] corredizo

GALOPPRENNEN[N]
HORSE RACING
COURSE[F] DE CHEVAUX[M]
CARRERA[F] DE CABALLOS[M]

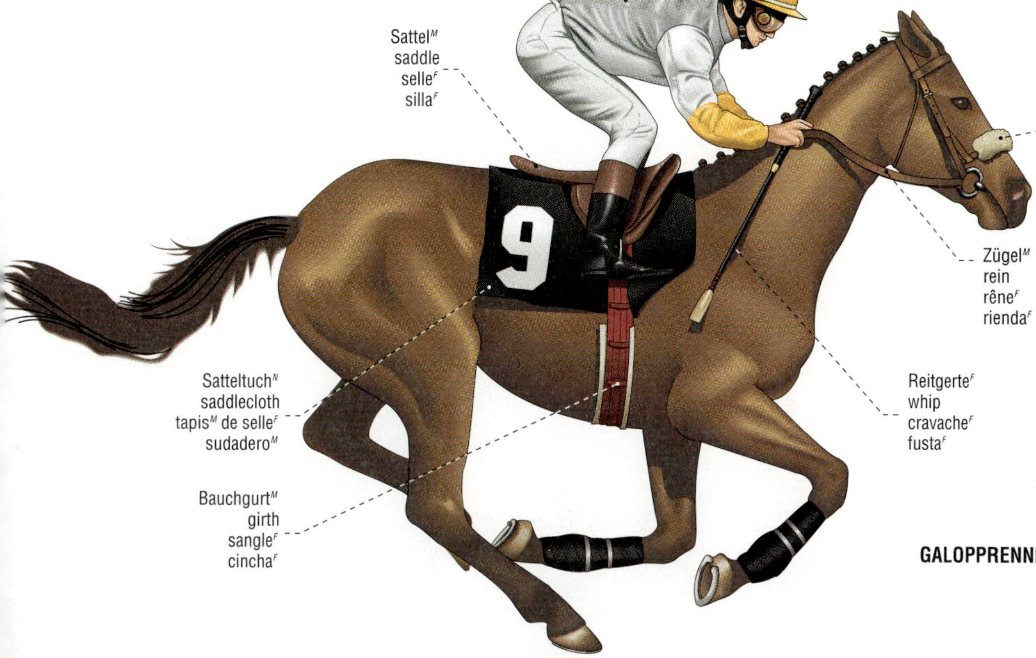

GALOPPRENNBAHN[F] MIT TRIBÜNE[F]
STAND AND TRACK
ESTRADE[F] ET PISTE[F]
TRIBUNAS[F] Y PISTA[F]

TRABRENNSPORT[M]
HARNESS RACING
COURSE[F] SOUS HARNAIS[M]
CARRERAS[F] DE TROTONES[M]

SULKY[M]
SULKY
AMBLEUR[M] SOUS HARNAIS[M]
ARNESES[M] PARA TROTONES[M]

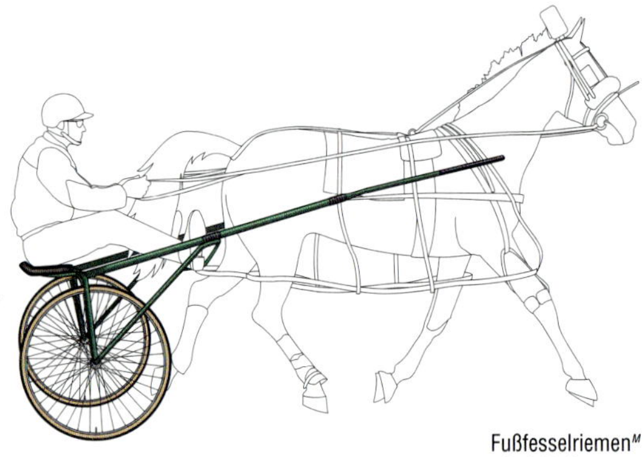

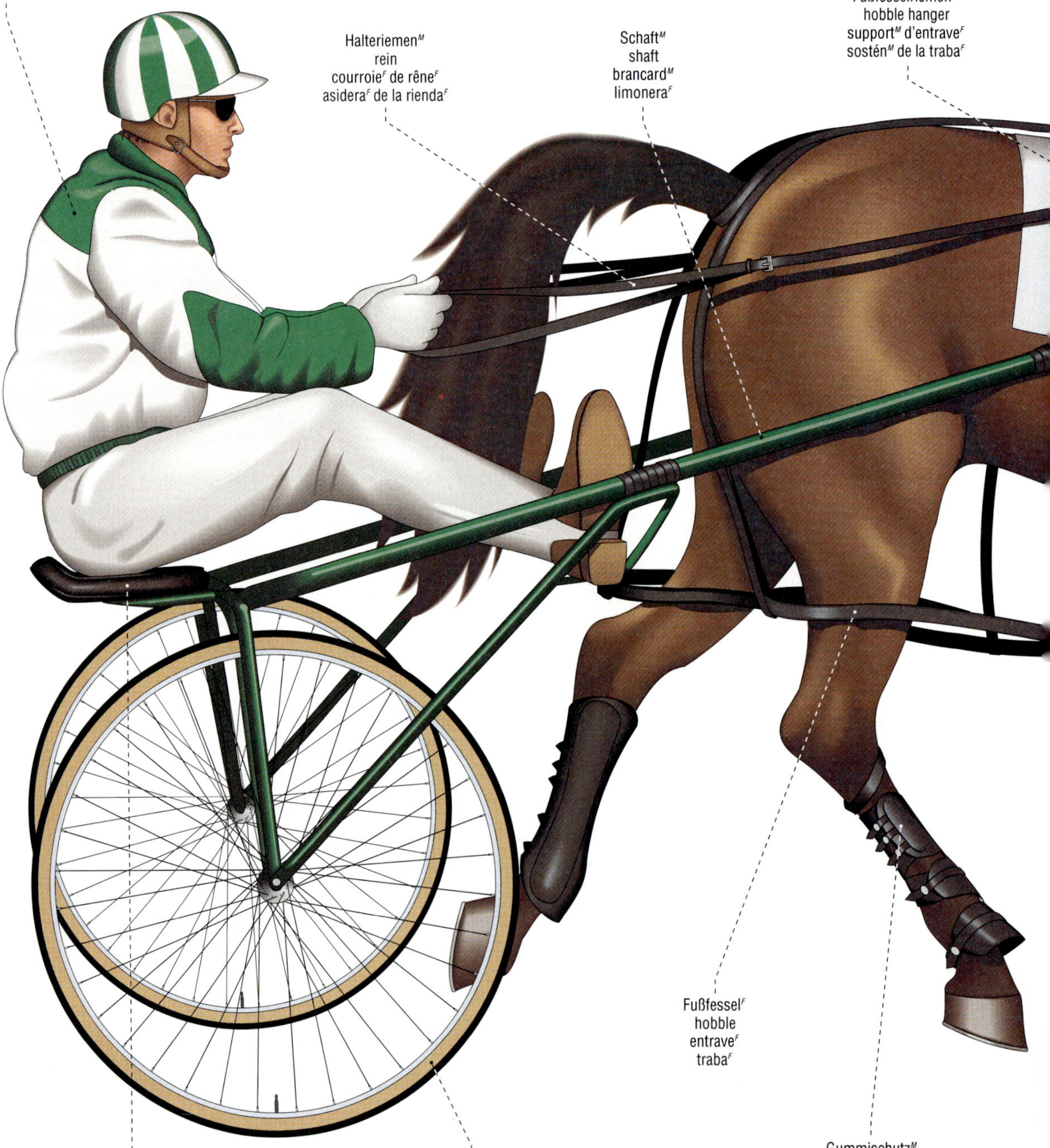

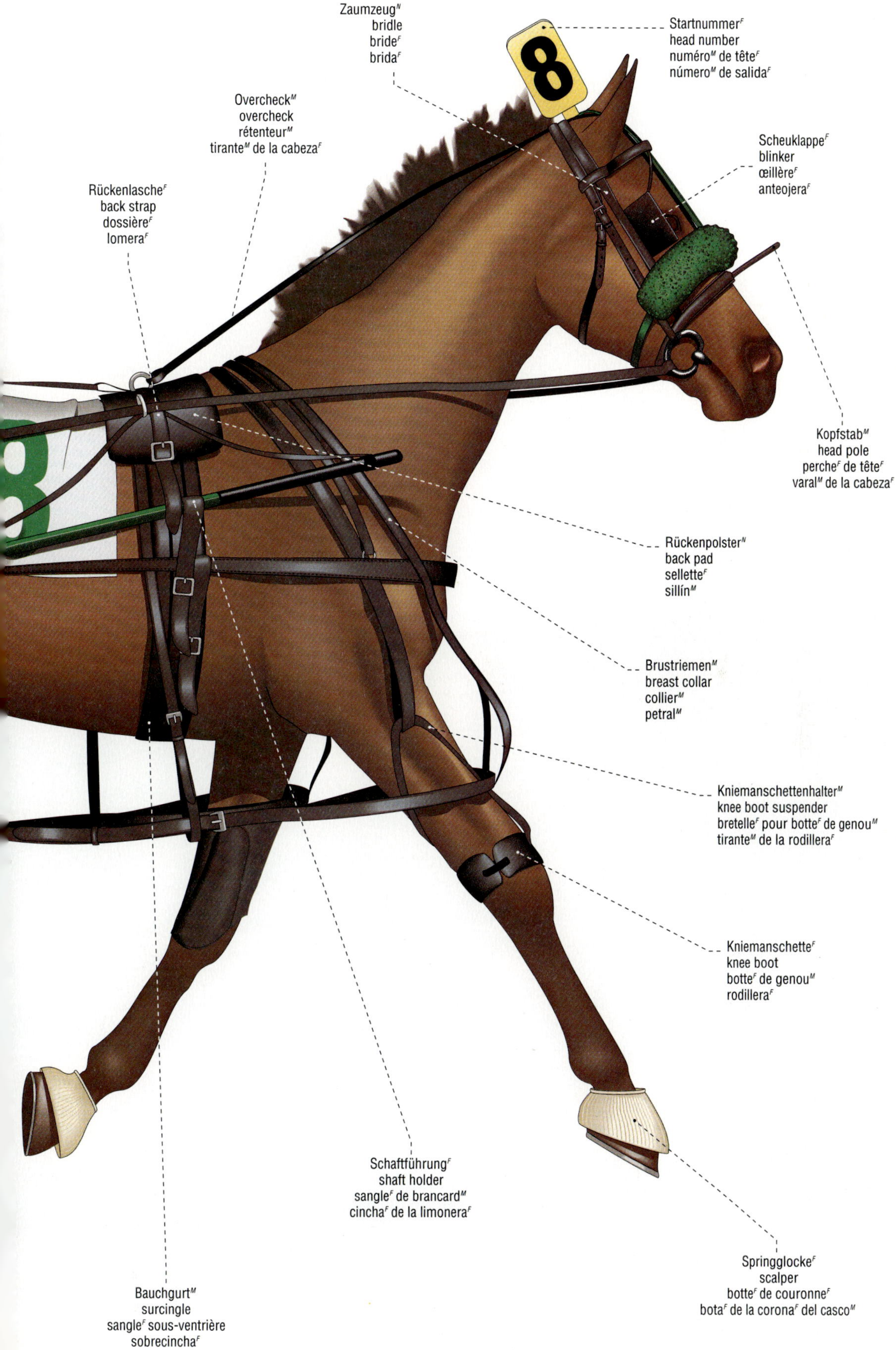
Zaumzeug[N]
bridle
bride[F]
brida[F]
Startnummer[F]
head number
numéro[M] de tête[F]
número[M] de salida[F]
Overcheck[M]
overcheck
rétenteur[M]
tirante[M] de la cabeza[F]
Scheuklappe[F]
blinker
œillère[F]
anteojera[F]
Rückenlasche[F]
back strap
dossière[F]
lomera[F]
Kopfstab[M]
head pole
perche[F] de tête[F]
varal[M] de la cabeza[F]
Rückenpolster[N]
back pad
sellette[F]
sillín[M]
Brustriemen[M]
breast collar
collier[M]
petral[M]
Kniemanschettenhalter[M]
knee boot suspender
bretelle[F] pour botte[F] de genou[M]
tirante[M] de la rodillera[F]
Kniemanschette[F]
knee boot
botte[F] de genou[M]
rodillera[F]
Schaftführung[F]
shaft holder
sangle[F] de brancard[M]
cincha[F] de la limonera[F]
Springglocke[F]
scalper
botte[F] de couronne[F]
bota[F] de la corona[F] del casco[M]
Bauchgurt[M]
surcingle
sangle[F] sous-ventrière
sobrecincha[F]

LEICHTATHLETIK[F]
TRACK AND FIELD ATHLETICS
ATHLÉTISME[M]
ATLETISMO[M] DE CAMPO[M] Y PISTA[F]

STADION[N]
ARENA
STADE[M]
ESTADIO[M]

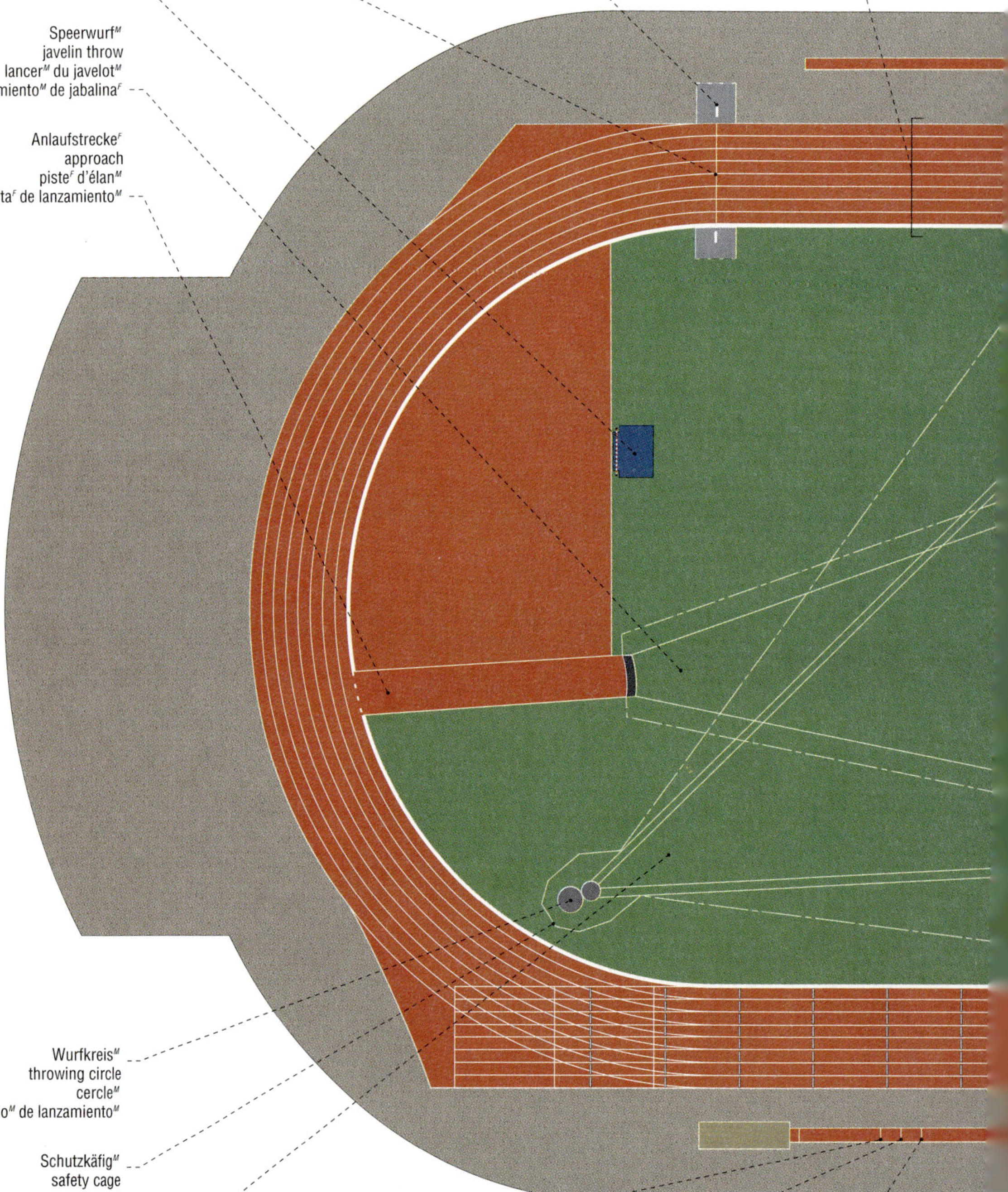

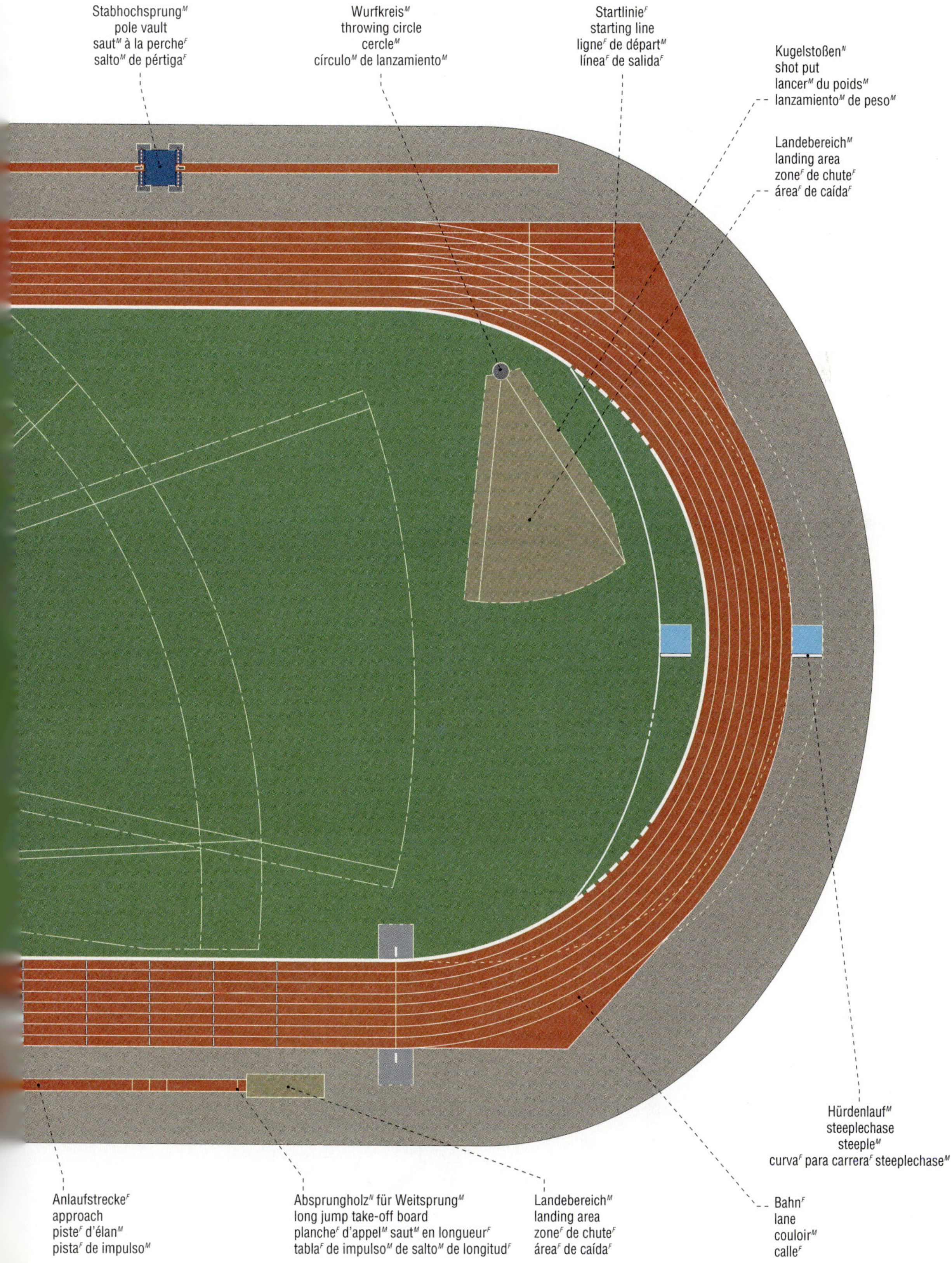
Stabhochsprung[M]
pole vault
saut[M] à la perche[F]
salto[M] de pértiga[F]
Wurfkreis[M]
throwing circle
cercle[M]
círculo[M] de lanzamiento[M]
Startlinie[F]
starting line
ligne[F] de départ[M]
línea[F] de salida[F]
Kugelstoßen[N]
shot put
lancer[M] du poids[M]
lanzamiento[M] de peso[M]
Landebereich[M]
landing area
zone[F] de chute[F]
área[F] de caída[F]
Hürdenlauf[M]
steeplechase
steeple[M]
curva[F] para carrera[F] steeplechase[M]
Anlaufstrecke[F]
approach
piste[F] d'élan[M]
pista[F] de impulso[M]
Absprungholz[N] für Weitsprung[M]
long jump take-off board
planche[F] d'appel[M] saut[M] en longueur[F]
tabla[F] de impulso[M] de salto[M] de longitud[F]
Landebereich[M]
landing area
zone[F] de chute[F]
área[F] de caída[F]
Bahn[F]
lane
couloir[M]
calle[F]

LEICHTATHLETIK^{F}
TRACK AND FIELD ATHLETICS
ATHLÉTISME^{M}
ATLETISMO^{M} DE CAMPO^{M} Y PISTA^{F}

STARTBLOCK^{M}
STARTING BLOCK
BLOC^{M} DE DÉPART^{M}
TACO^{M} DE SALIDA^{F}

Hürde^{F}
hurdle
haie^{F}
valla^{F}

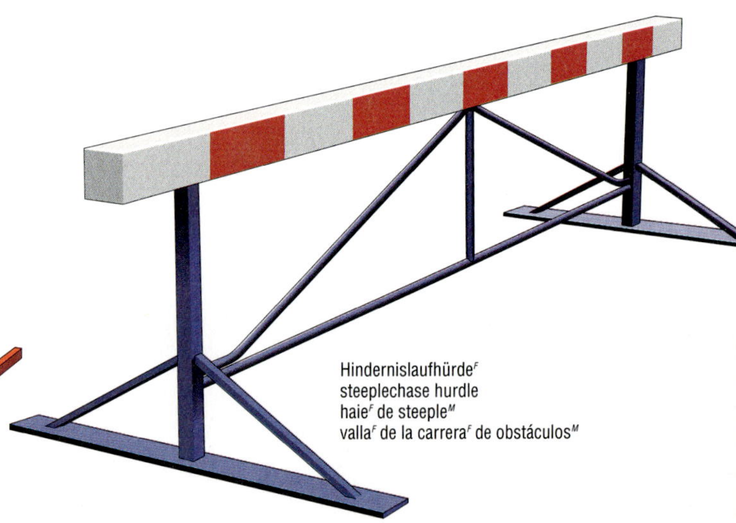

Hindernislaufhürde^{F}
steeplechase hurdle
haie^{F} de steeple^{M}
valla^{F} de la carrera^{F} de obstáculos^{M}

HOCHSPRUNG[M]
HIGH JUMP
SAUT[M] EN HAUTEUR[F]
SALTO[M] DE ALTURA[F]

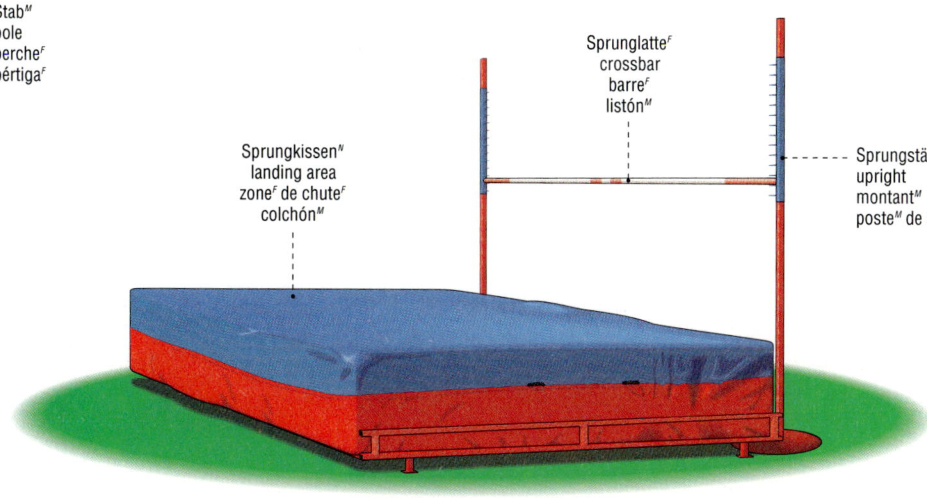

STABHOCHSPRUNG[M]
POLE VAULT
SAUT[M] À LA PERCHE[F]
SALTO[M] DE PÉRTIGA[F]

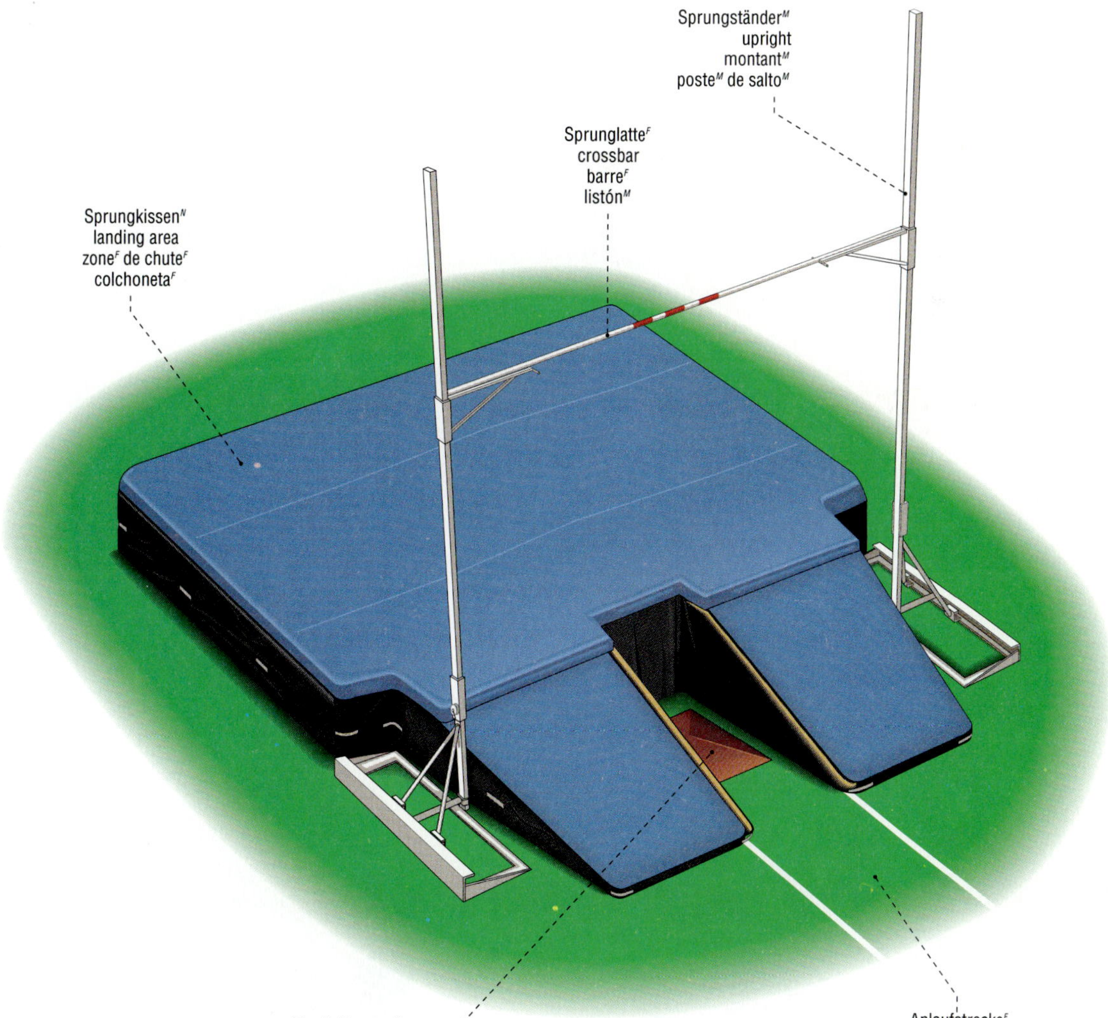

LEICHTATHLETIK^{F}
TRACK AND FIELD ATHLETICS
ATHLÉTISME^{M}
ATHLETISMO^{M} DE CAMPO^{M} Y PISTA^{F}

WURFGERÄTE^{N}
THROWINGS
LANCERS^{M}
LANZAMIENTOS^{M}

Hammer^{M}
hammer
marteau^{M}
martillo^{M}

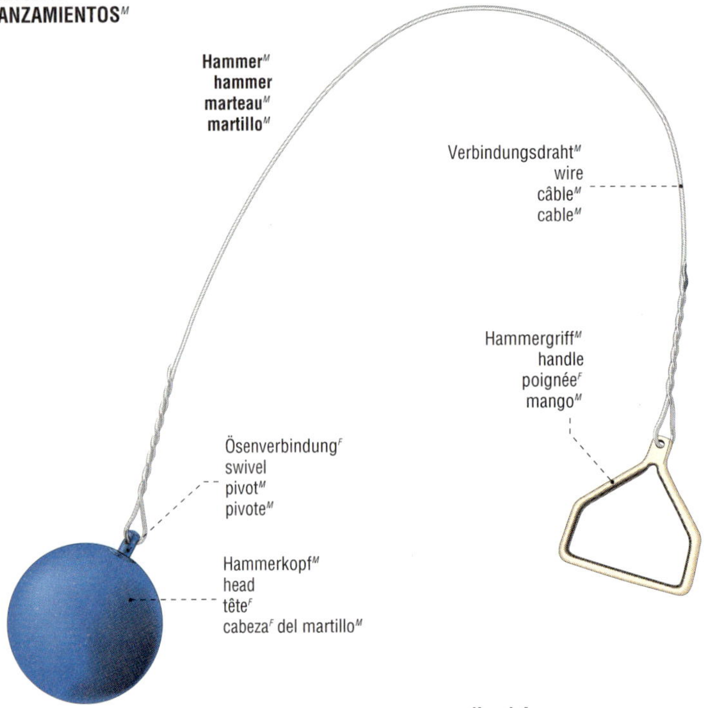

Kugeln^{F}
shot
poids^{M}
peso^{M}

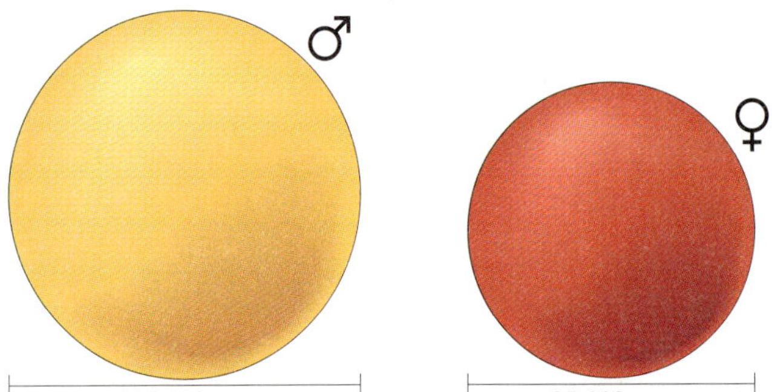

Diskus^{M}
discus
disques^{M}
disco^{M}

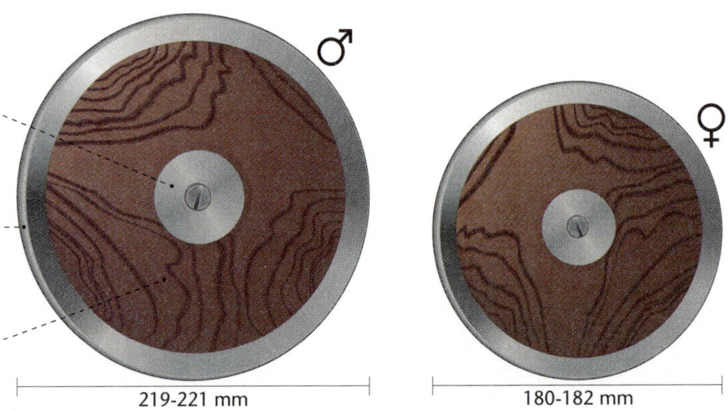

Speere^{M}
javelins
javelots^{M}
jabalina^{F}

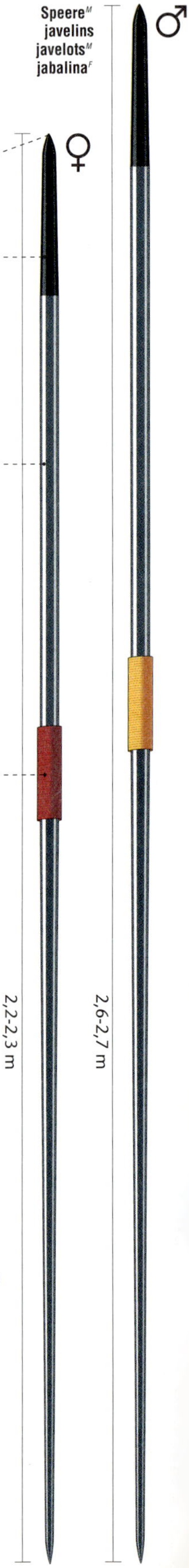

GERÄTETURNEN[N]
GYMNASTICS
GYMNASTIQUE[F]
GIMNASIA[F]

STUFENBARREN[M]
ASYMMETRICAL BARS
BARRES[F] ASYMÉTRIQUES
BARRAS[F] ASIMÉTRICAS

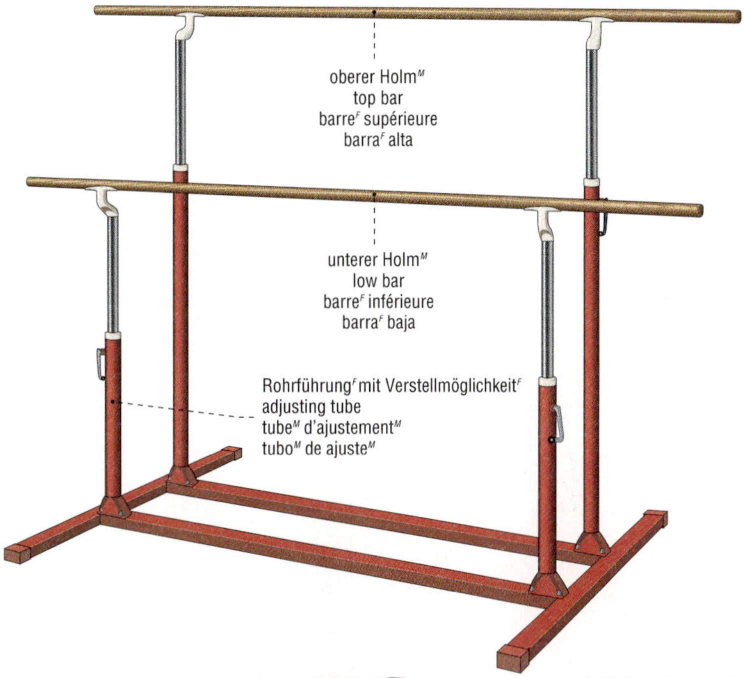

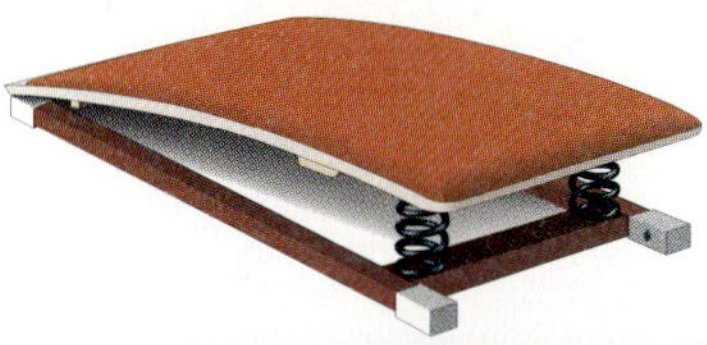

SCHWEBEBALKEN[M]
BALANCE BEAM
POUTRE[F] D'ÉQUILIBRE[M]
BARRA[F] DE EQUILIBRIO[M]

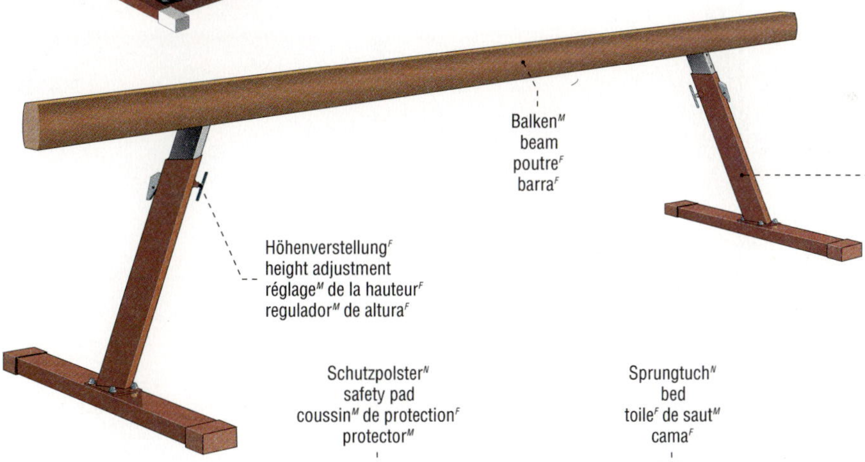

TRAMPOLIN[N]
TRAMPOLINE
TRAMPOLINE[F]
CAMA[F] ELÁSTICA

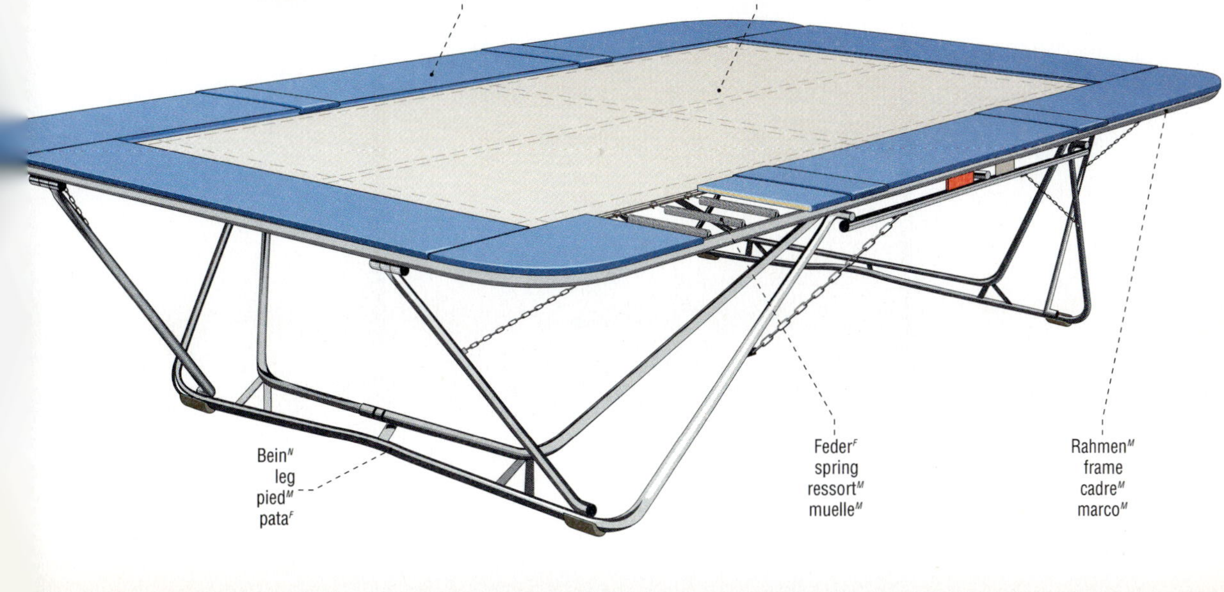

GERÄTETURNEN[N]
GYMNASTICS
GYMNASTIQUE[F]
GIMNASIA[F]

RINGE[M]
RINGS
ANNEAUX[M]
ANILLAS[M]

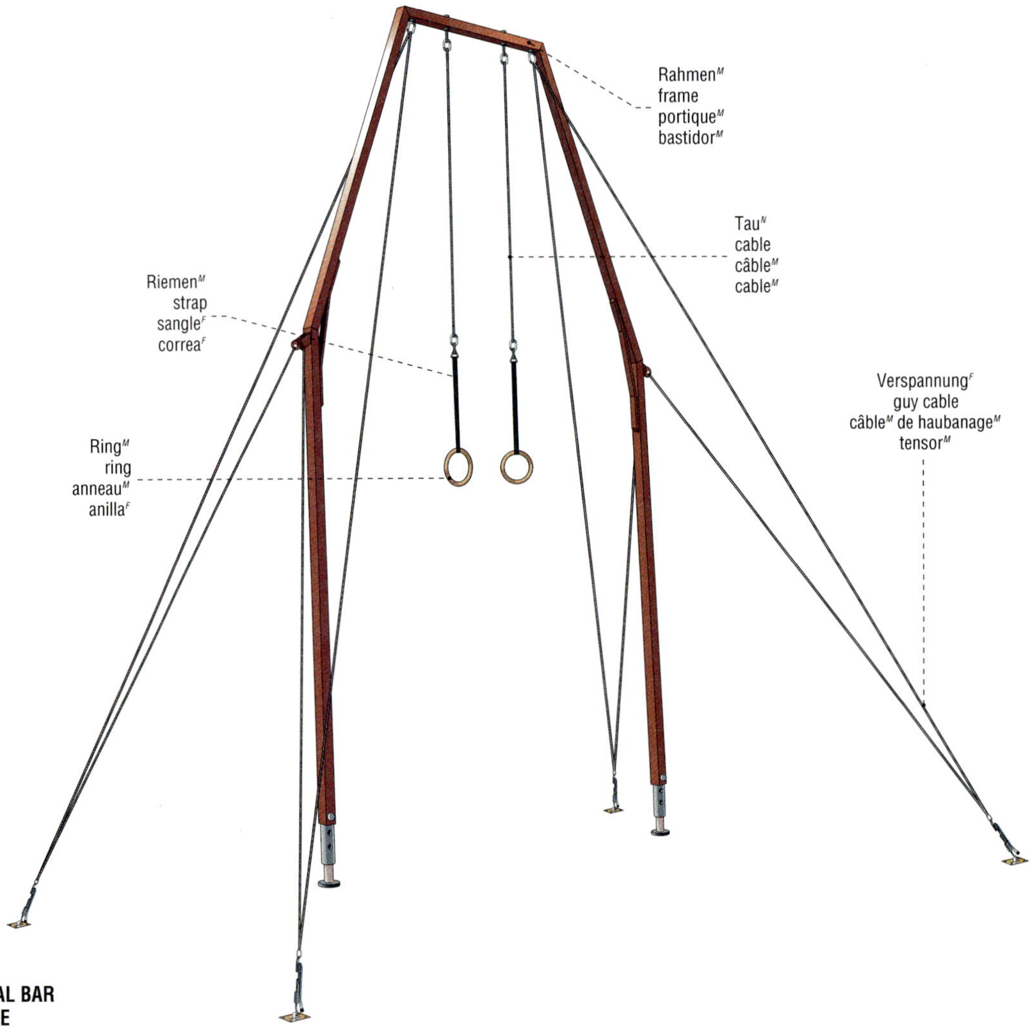

RECK[N]
HORIZONTAL BAR
BARRE[F] FIXE
BARRA[F] FIJA

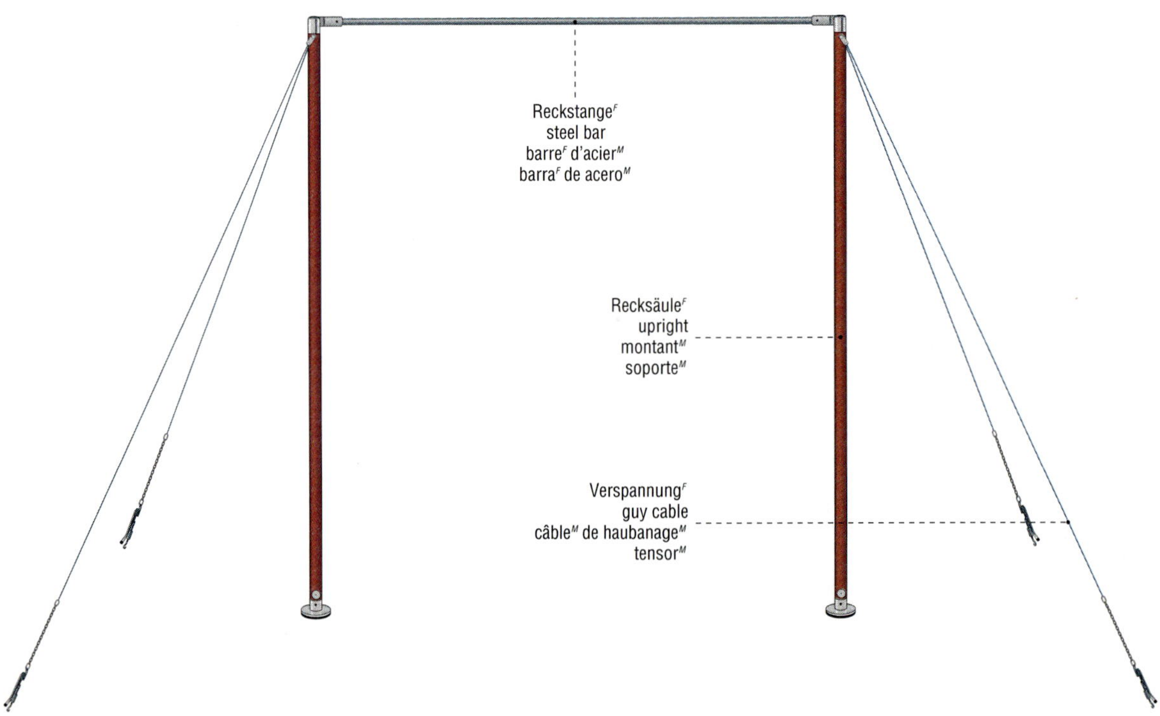

PAUSCHENPFERD^{N}
POMMEL HORSE
CHEVAL^{M} D'ARÇONS^{M}
CABALLO^{M} DE ARZÓN^{M}

PARALLELBARREN^{M}
PARALLEL BARS
BARRES^{F} PARALLÈLES
BARRAS^{F} PARALELAS

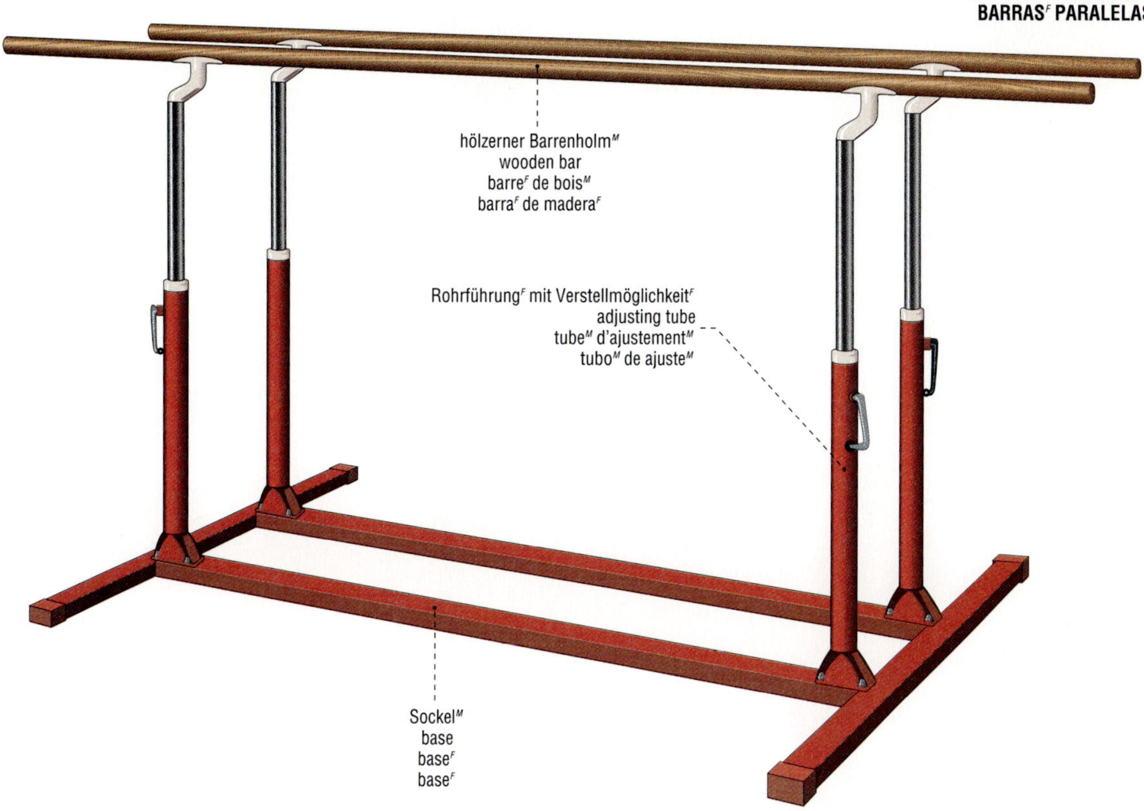

GEWICHTHEBEN^{N}
WEIGHTLIFTING
HALTÉROPHILIE^{F}
HALTEROFILIA^{F}

GEWICHTHEBER^{M}
WEIGHTLIFTER
HALTÉROPHILE^{M}
LEVANTADOR^{M} DE PESAS^{F}

ZWEIARMIGES REISSEN^{N}
TWO-HAND SNATCH
ARRACHÉ^{M} À DEUX BRAS^{M}
MODALIDAD^{F} ARRANQUE^{M}

ZWEIARMIGES STOSSEN^{N} MIT AUSFALLSCHRITT^{M}
TWO-HAND CLEAN AND JERK
ÉPAULÉ^{M}-JETÉ^{M} À DEUX BRAS^{M}
MODALIDAD^{F} CON IMPULSO^{M} EN DOS TIEMPOS^{M}

FITNESSGERÄTE[N]
FITNESS EQUIPMENT
APPAREILS[M] DE CONDITIONNEMENT[M] PHYSIQUE
APARATOS[M] DE EJERCICIOS[M]

MULTITRAINER[M]
WEIGHT STACK EXERCISE UNIT
BANC[M] DE MUSCULATION[F]
UNIDAD[F] DE PESAS[F]

HANTEL[F]
BARBELL
HALTÈRE[M] LONG
HALTERA[F]

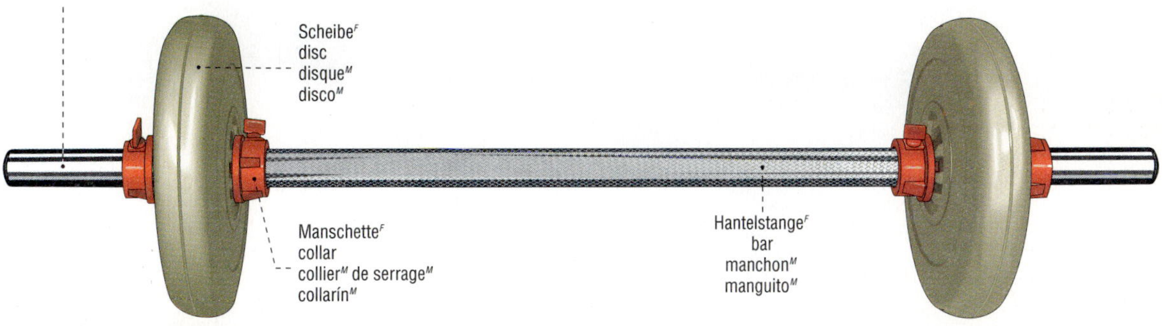

FITNESSGERÄTE^{N}
FITNESS EQUIPMENT
APPAREILS^{M} DE CONDITIONNEMENT^{M} PHYSIQUE
APARATOS^{M} DE EJERCICIOS^{M}

HEIMTRAINER^{M}
EXERCISE BIKE
VÉLO^{M} D'EXERCICE^{M}
BICICLETA^{F} ESTÁTICA

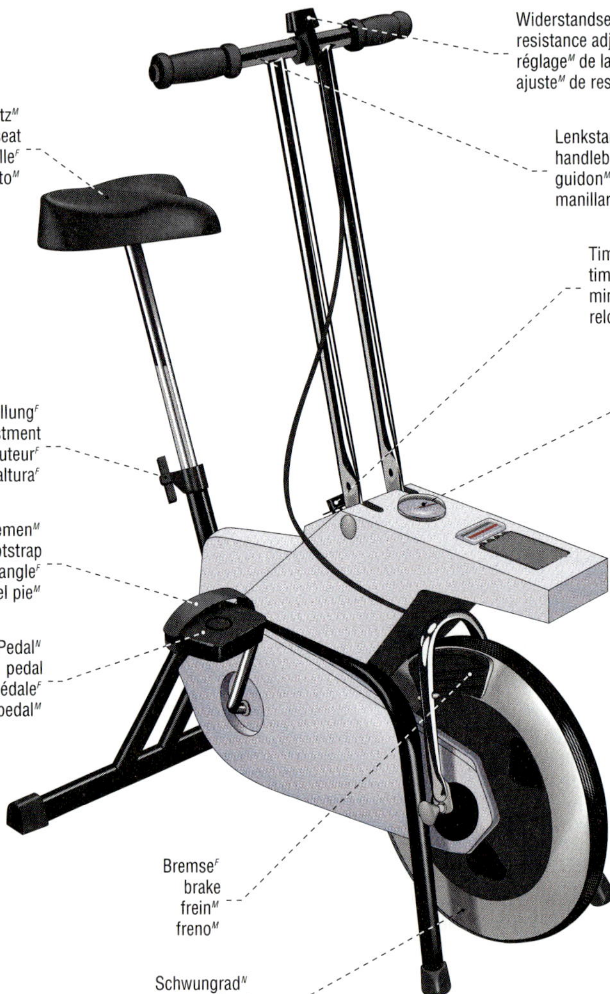

Climber^{M}
climber
simulateur^{M} d'escalier^{M}
escalera^{F}

RUDERGERÄT^{N}
ROWING MACHINE
RAMEUR^{M}
REMO^{M}

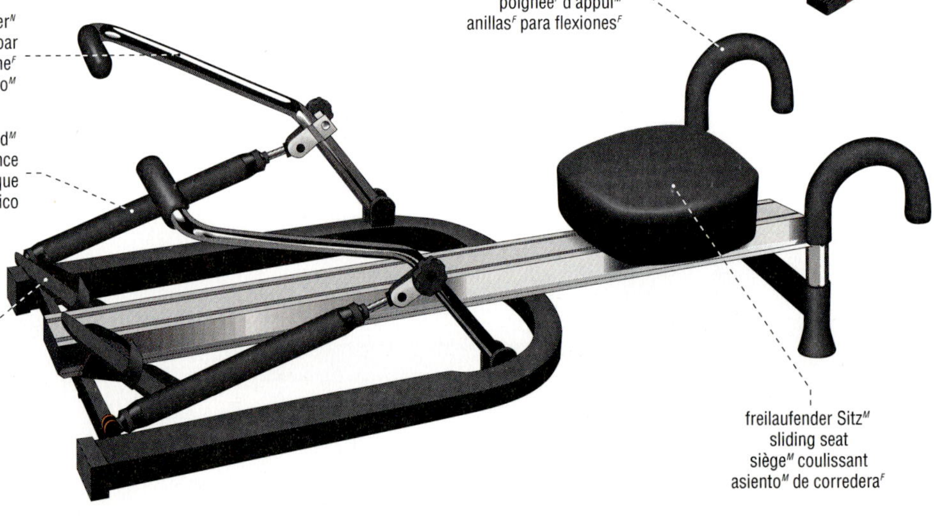

HANTEL[F]
DUMBBELL
HALTÈRE[M] COURT
PESAS[F]

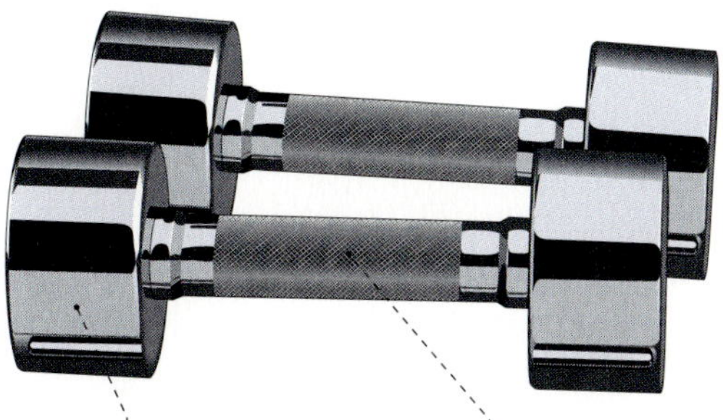

Handmuskeltrainer[M]
handgrips
poignée[F] à ressort[M]
empuñaderas[F]

Fuß-/Handgelenksgewicht[N]
ankle/wrist weight
bracelet[M] lesté
pesas[F] para muñecas[F] y tobillos[M]

Springseil[N]
skipping-rope
corde[F] à sauter
cuerda[F]

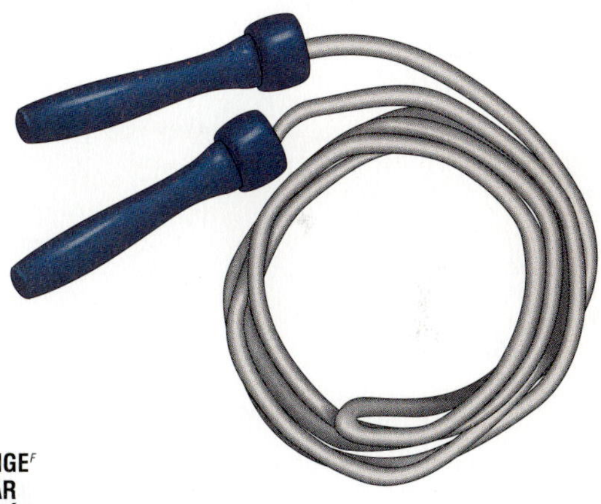

FEDERSTANGE[F]
TWIST BAR
RESSORT[M] ATHLÉTIQUE
BARRA[F] DE TORSIÓN[F]

Expander[M]
chest expander
extenseur[M]
tensores[M] pectorales

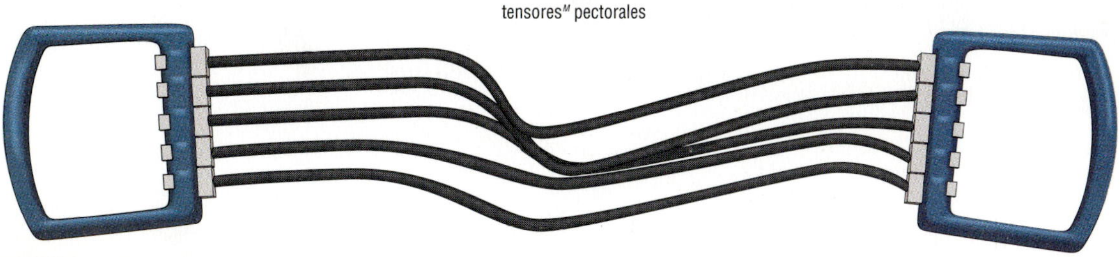

FECHTSPORT[M]
FENCING
ESCRIME[F]
ESGRIMA[F]

TEILE DER WAFFE[F]
PARTS OF THE WEAPON
PARTIES[F] DE L'ARME[F]
PARTES[F] DEL ARMA[F]

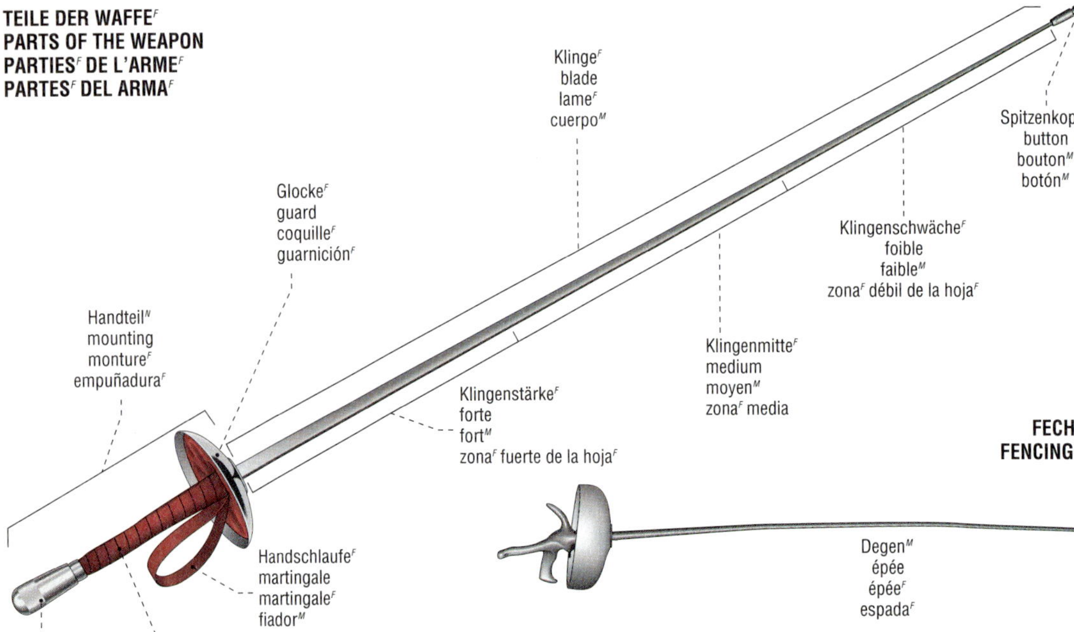

FECHTWAFFEN[F]
FENCING WEAPONS
ARMES[F]
ARMAS[F]

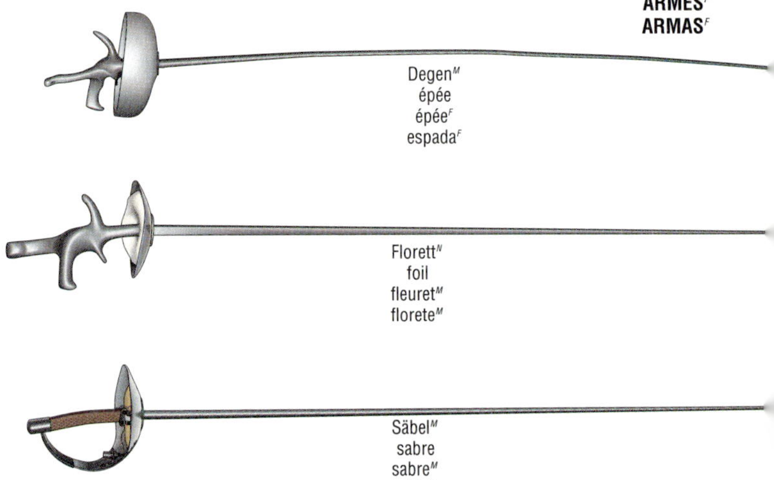

FECHTBAHN[F]
PISTE
PISTE[F]
PISTA[F] DE ESGRIMA[F]

Warnlinie[F] beim Säbel- und Degenfechten[N]
sabre and épée warning line
ligne[F] d'avertissement[M]- épée[F] et sabre[M]
línea[F] de puesta[F] en guardia[F] de sable[M] y espada[F]

Mittellinie[F]
centre line
ligne[F] médiane
línea[F] del centro[M]

Startlinie[F]
on guard line
ligne[F] de mise[F] en garde[F]
línea[F] de puesta[F] en guardia[F]

hintere Begrenzungslinie[F]
rear limit line
ligne[F] de limite[F] arrière
línea[F] límite[M] de salida[F]

Elektroflorett[N]
electric foil
fleuret[M] électrique
florete[M] eléctrico

Elektrometer[M]
electrical scoring apparatus
compte-touches[M] électrique
equipo[M] marcador electrónico

Kabel[N]
wire
fil[M]
cable[M]

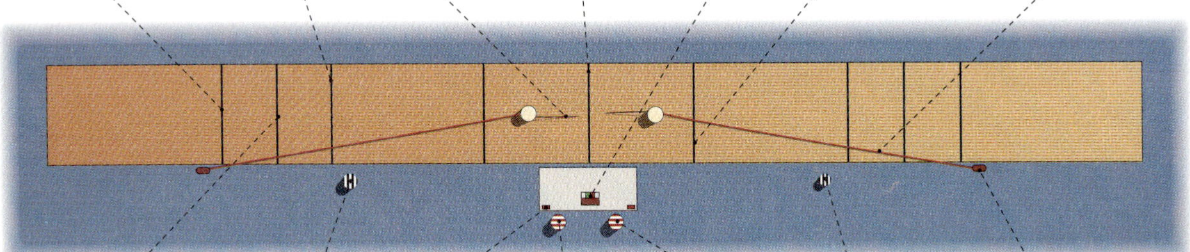

Warnlinie[F] beim Florettfechten[N]
foil warning line
ligne[F] d'avertissement[M]- fleuret[M]
línea[F] de puesta[F] en guardia[F] de florete[M]

Trefferanzeige[F]
scoring light
lampe[F]-témoin[M]
lámpara indicadora de tocado[M]

Zeitnehmer[M]
timekeeper
chronométreur[M]
cronometrador[M]

Kabelrolle[F]
reel
enrouleur[M]
carrete[M] del cable[M]

Kampfrichter[M]
judge
juge[M]
juez[M]

Anschreiber[M]
scorer
marqueur[M]
marcador[M]

Obmann[M]
president
président[M]
presidente[M]

TREFFLÄCHEN^{F}
TARGET AREAS
CIBLES^{F}
ÁREAS^{F} VÁLIDAS DE TOCADO^{M}

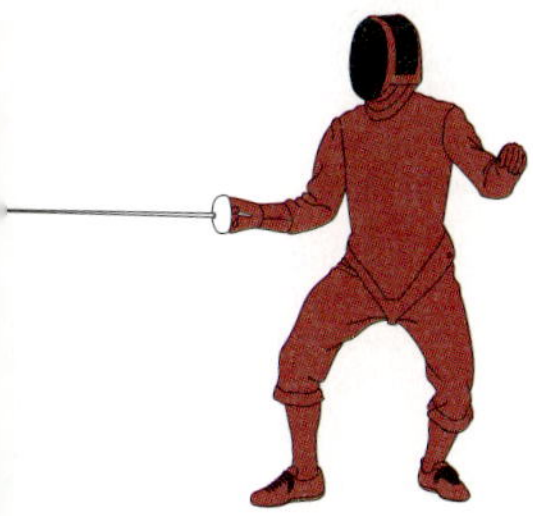

Degenfechter^{M}
épéeist
épéiste^{M}
tirador^{M} de espada^{F}

Florettfechter^{M}
foilist
fleurettiste^{M}
tirador^{M} de florete^{M}

Säbelfechter^{M}
sabreur
sabreur^{M}
tirador^{M} de sable^{M}

FECHTER^{M}
FENCER
ESCRIMEUR^{M}
FLORETISTA^{M}

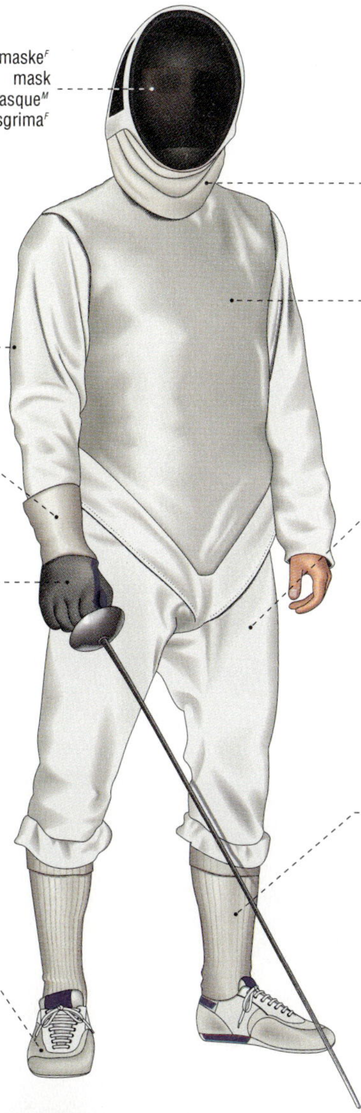

EINLADUNGEN^{F}
POSITIONS
POSITIONS^{F}
POSICIONES^{F}

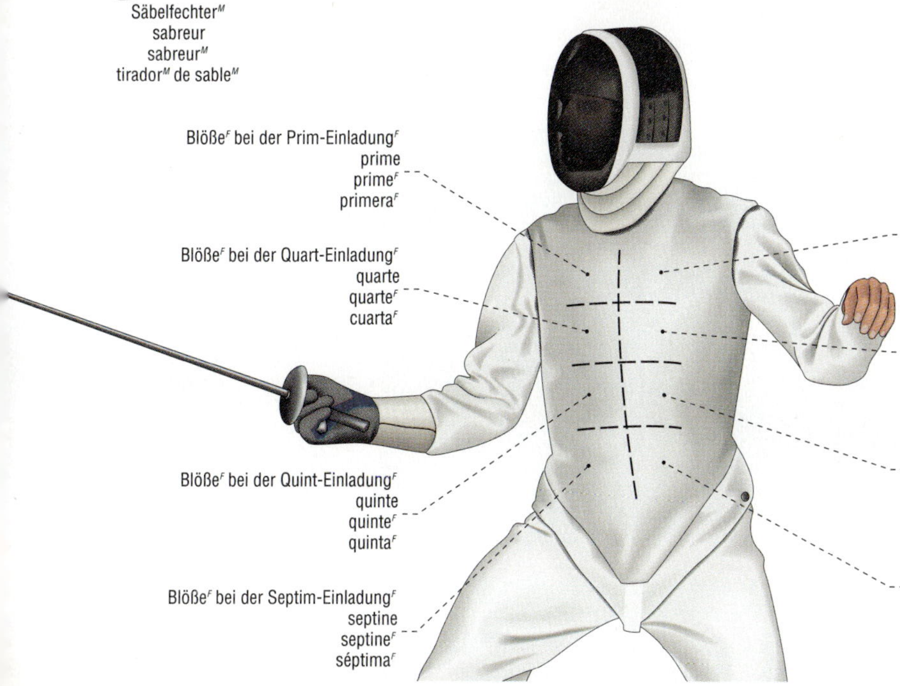

JUDO^N^
JUDO
JUDO^M^
JUDO^M^

JUDOANZUG^M^
JUDO SUIT
COSTUME^M^ DE JUDO^M^
JUDOKA^M^

GRIFF- UND WURFBEISPIELE^N^
EXAMPLES OF HOLDS/THROWS
EXEMPLES^M^ DE PRISES^F^
EJEMPLOS^M^ DE LLAVES^F^

Armhebel^M^
arm lock
clé^F^ de bras^M^
presa^F^ de brazo^M^

Haltegriffe^M^
holding
immobilisation^F^
presa^F^

Große Außensichel^F^
major outer reaping throw
grand fauchage^M^ extérieur
osoto-gari (gran siega^F^) exterior

einarmiger Schulterwurf^M^
one-arm shoulder throw
projection^F^ d'épaule^F^ par un côté^M^
ippon-seoi-nage (proyección^F^) por encima del hombro^M^ con una mano^F^

Große Innensichel^F^
major inner reaping throw
grand fauchage^M^ intérieur
o-uchi-gari (gran siega^F^) interior

Halsumklammerung^F^
naked strangle
étranglement^M^
estrangulación^F^

Kopfwurf^M^
stomach throw
projection^F^ en cercle^M^
proyección^F^ en círculo^M^

Hüftwurf^M^
sweeping hip throw
hanche^F^ ailée
proyección^F^ primera de cadera^F^

MATTE^F^
MAT
TAPIS^M^
TATAMI^M^

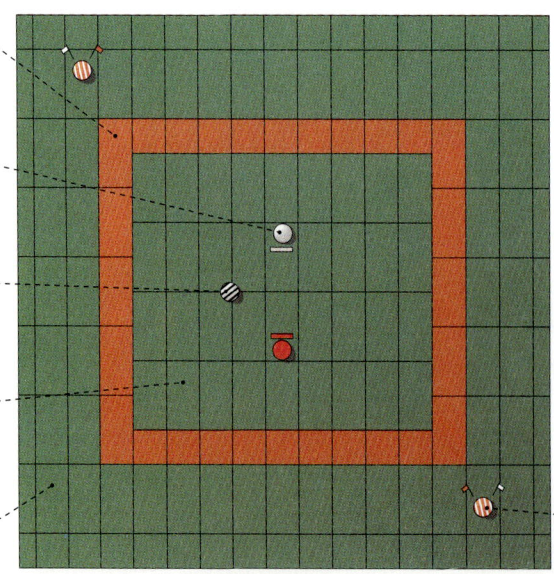

BOXEN[N]
BOXING
BOXE[F]
BOXEO[M]

RING[M]
RING
RING[M]
RING[M] DE BOXEO[M]

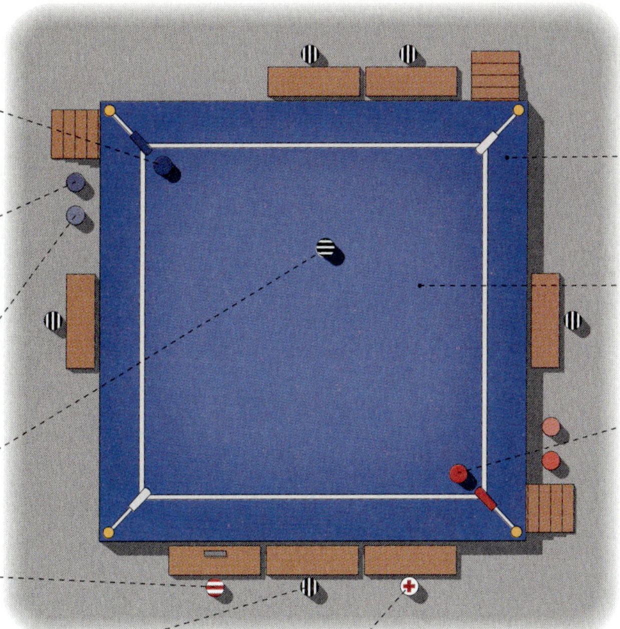

BOXHANDSCHUHE[M]
BOXING GLOVES
GANTS[M] DE BOXE[F]
GUANTES[M] DE BOXEO[M]

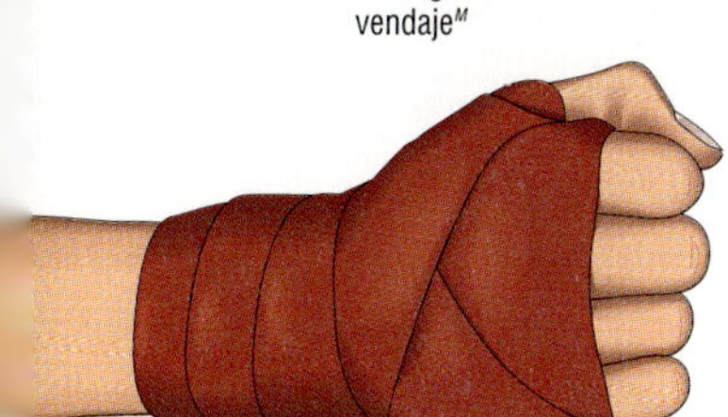

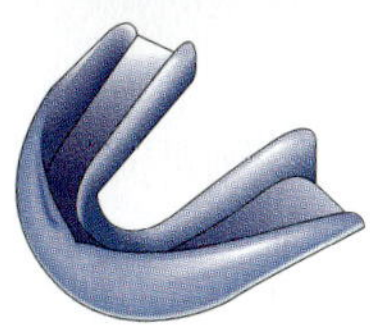

SPORTFISCHEREI[F]
FISHING
PÊCHE[F]
PESCA[F]

FLIEGENRUTE[F]
FLY ROD
CANNE[F] À MOUCHE[F]
CAÑA[F] PARA MOSCA[F]

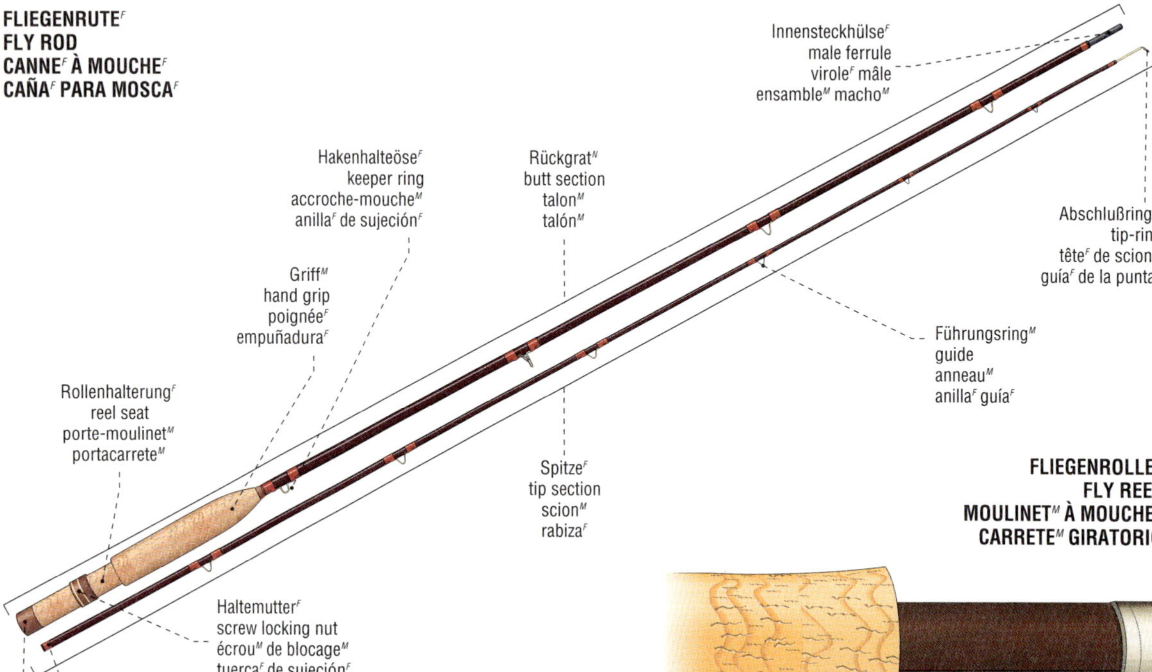

FLIEGENROLLE[F]
FLY REEL
MOULINET[M] À MOUCHE[F]
CARRETE[M] GIRATORIO

KUNSTFLIEGE[F]
ARTIFICIAL FLY
MOUCHE[F] ARTIFICIELLE
MOSCA[F] ARTIFICIAL

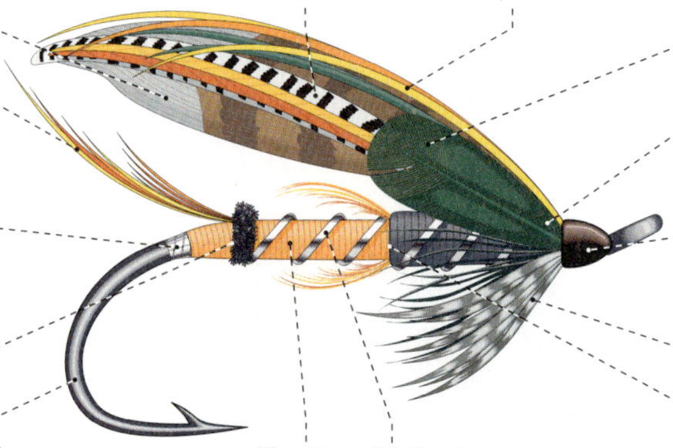

SPINNRUTE^{F}
SPINNING ROD
CANNE^{F} À LANCER^{M}
CAÑA^{F} PARA LANZAR

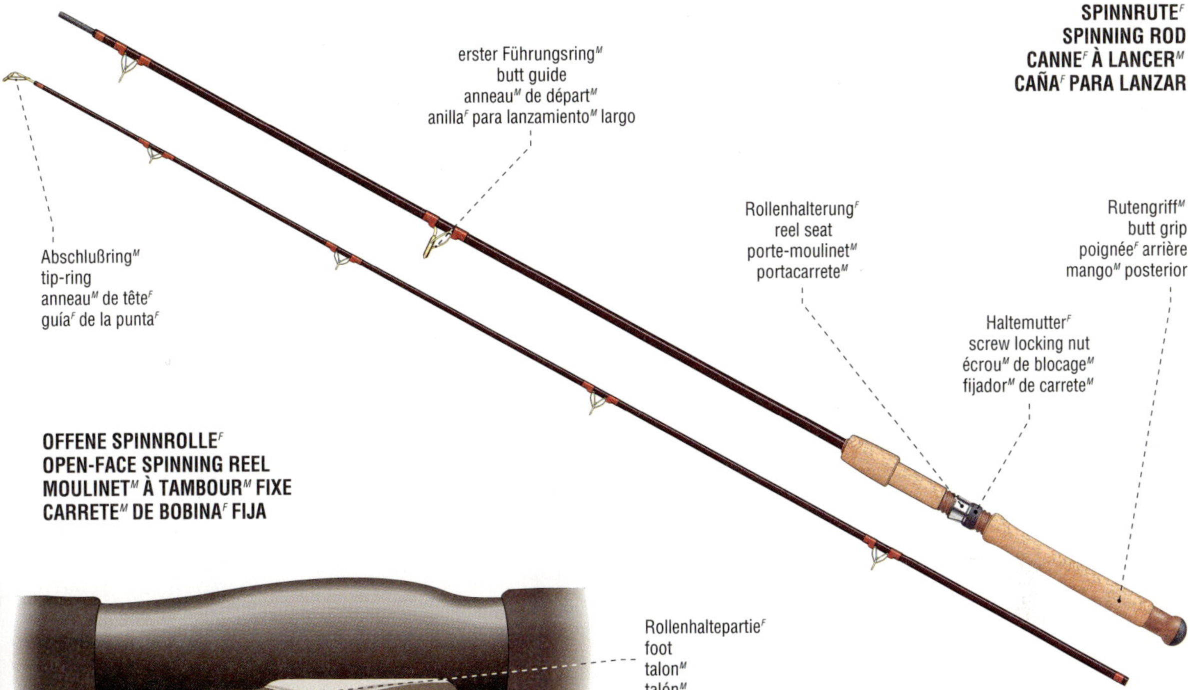

OFFENE SPINNROLLE^{F}
OPEN-FACE SPINNING REEL
MOULINET^{M} À TAMBOUR^{M} FIXE
CARRETE^{M} DE BOBINA^{F} FIJA

ANGELHAKEN^{M}
FISHHOOK
HAMEÇON^{M}
ANZUELO^{M}

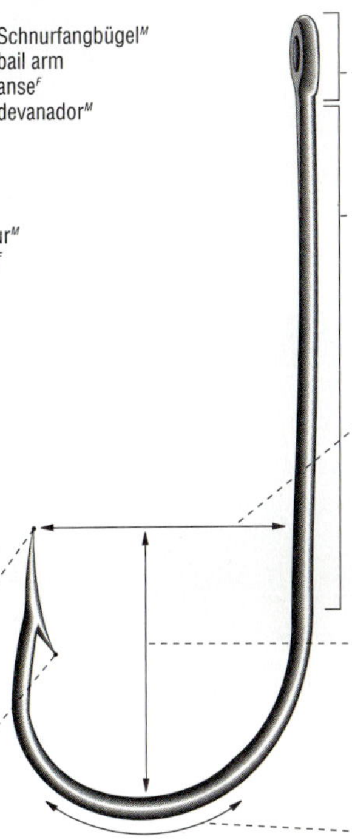

SPORTFISCHEREI[F]
FISHING
PÊCHE[F]
PESCA[F]

BLINKER[M]
SPINNER
CUILLER[F]
CUCHARA[F]

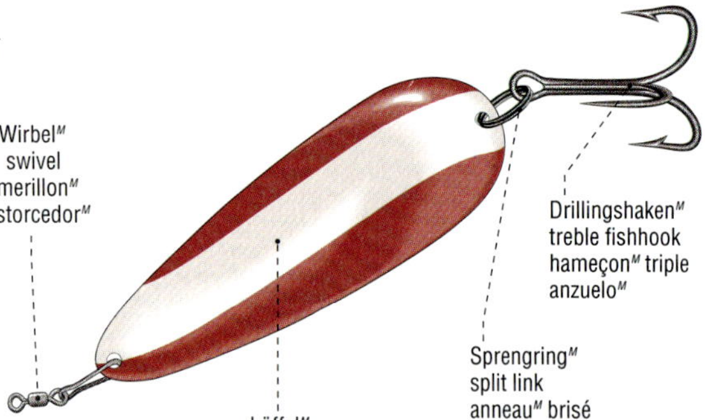

FANGZUBEHÖR[N]
TERMINAL TACKLE
BAS[M] DE LIGNE[F]
APAREJO[M]

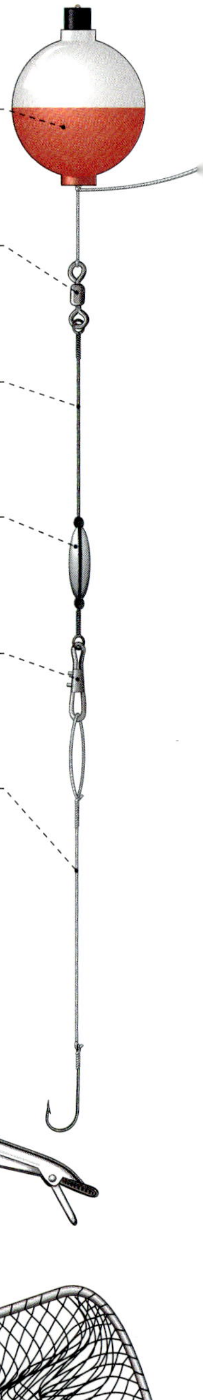

ANGELBEKLEIDUNG[F]
FISHING GARMENTS
VÊTEMENTS[M]
VESTIDO[M] DE PESCADOR[M]

Anglerweste[F]
fishing jacket
veste[F] de pêche[F]
chaleco[M] de pescador[M]

Watstiefel[M]
waders
cuissardes[F]
botas[F] altas

ZUBEHÖR[N]
ACCESSORIES
ACCESSOIRES[M]
ACCESORIOS[M]

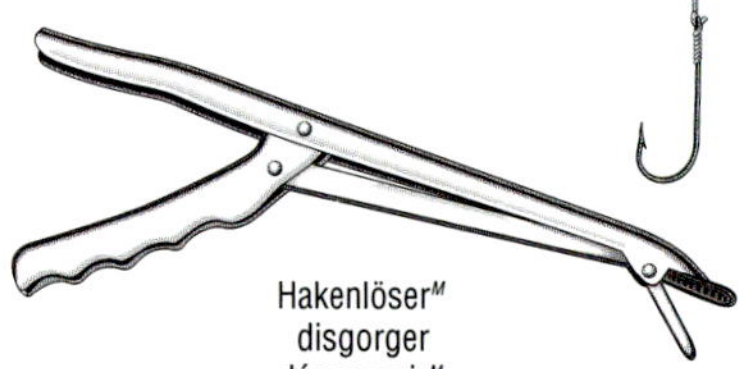

Hakenlöser[M]
disgorger
dégorgeoir[M]
sacaanzuelos[M]

Spinnerschachtel[F]
tackle box
boîte[F] à leurres[M]
caja[F] de pesca[F]

Fischkorb[M]
creel
panier[M]
cesta[F] de pescador[M]

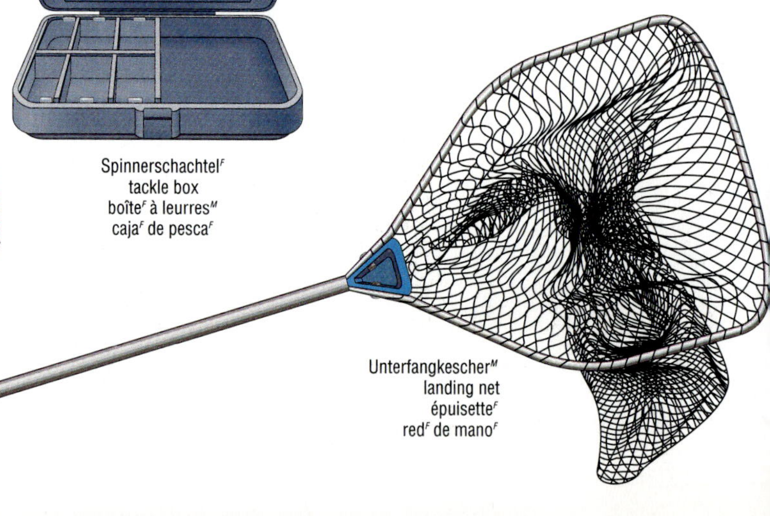

Unterfangkescher[M]
landing net
épuisette[F]
red[F] de mano[F]

BILLIARD^{N}
BILLIARDS
BILLARD^{M}
BILLAR^{M}

KARAMBOLAGEBILLARD^{N}
CAROM BILLIARDS
BILLARD^{M} FRANÇAIS
CARAMBOLA^{F}

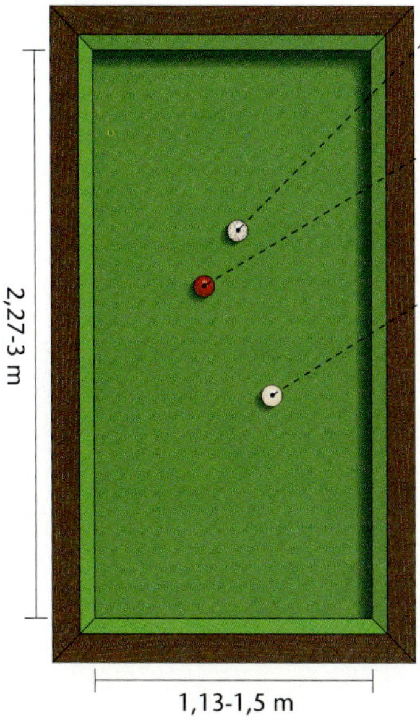

POOL^{N}
POOL
BILLARD^{M} POOL
POOL^{M}

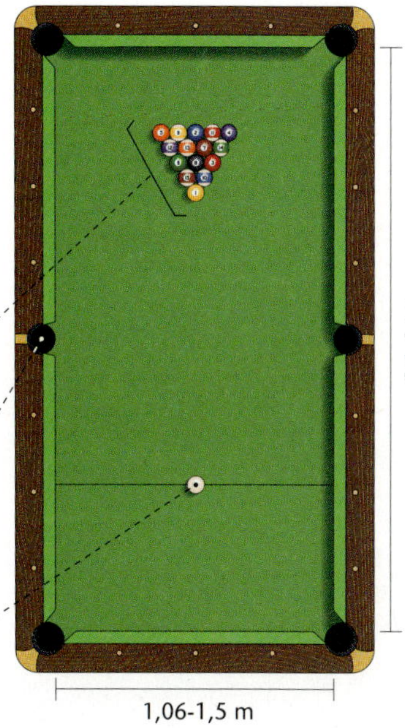

LOCHBILLARD^{N}
ENGLISH BILLIARDS
BILLARD^{M} ANGLAIS
BILLAR^{M} INGLÉS

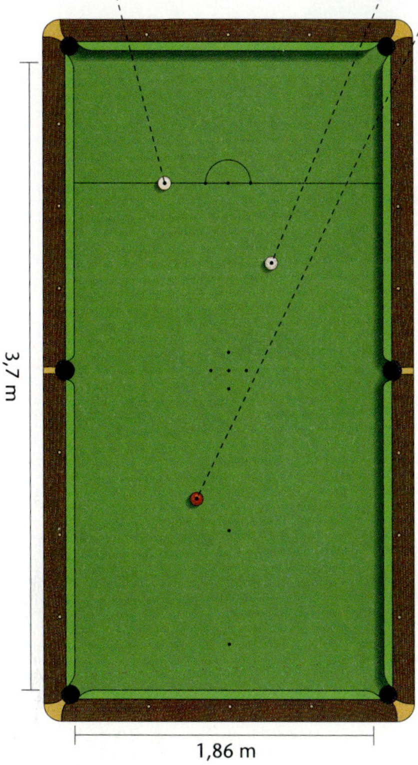

SNOOKER^{N}
SNOOKER
SNOOKER^{M}
SNOOKER^{M}

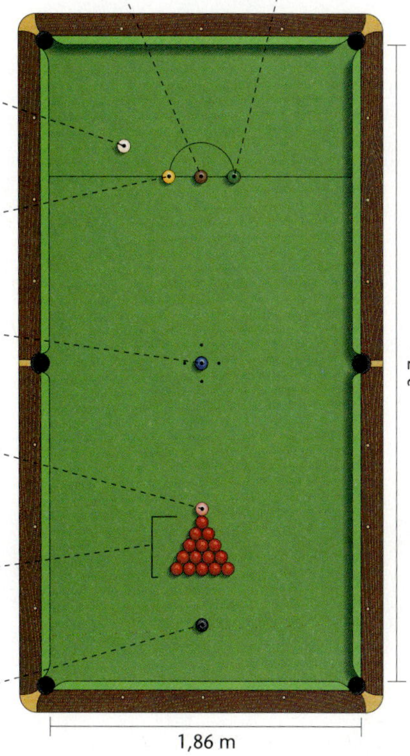

LOCHBILLARD[N] UND SNOOKER[N]
ENGLISH BILLIARDS AND SNOOKER
BILLARD[M] ANGLAIS ET SNOOKER[M]
BILLAR[M] INGLÉS Y SNOOKER[M]

BILLARDTISCH[M]
TABLE
TABLE[F]
MESA[F]

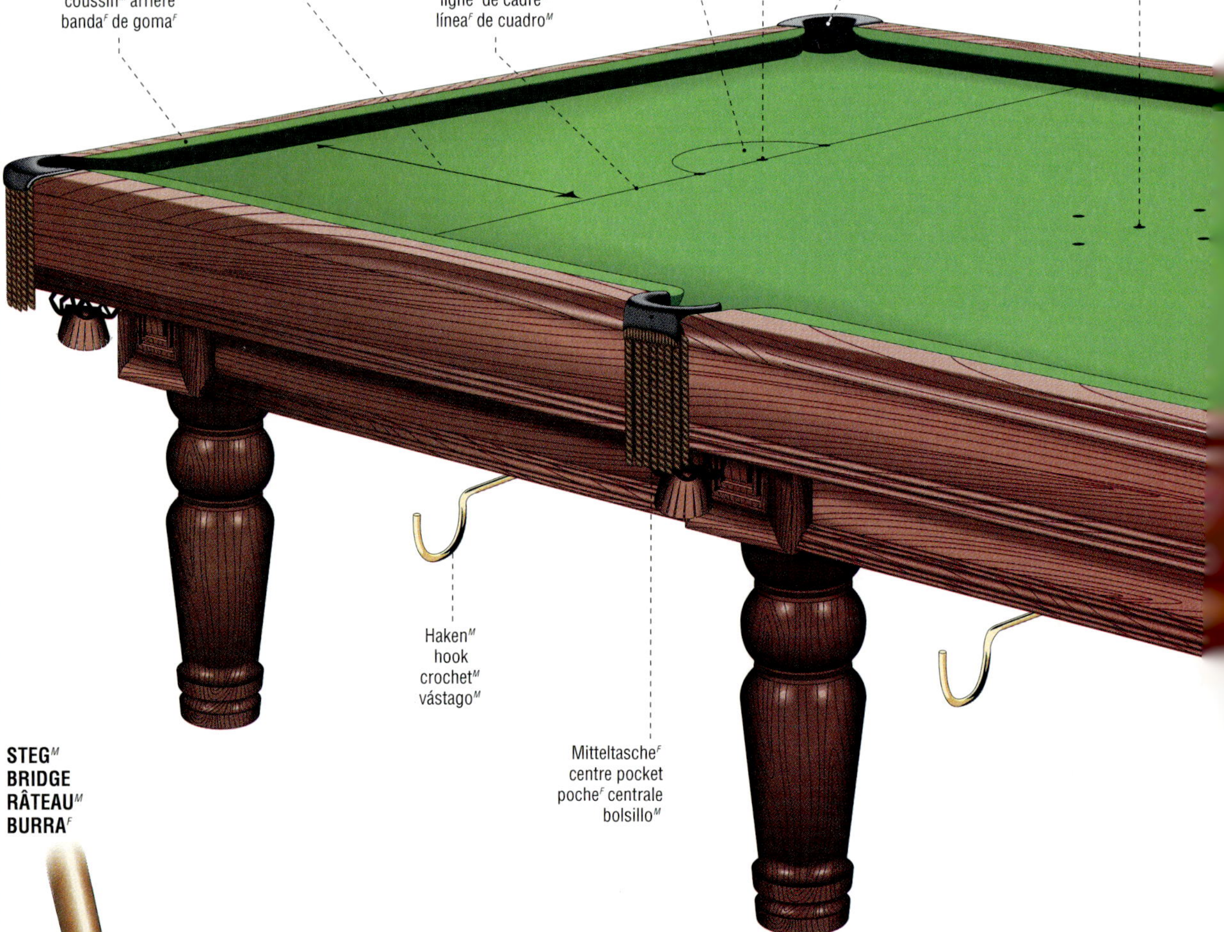

STEG[M]
BRIDGE
RÂTEAU[M]
BURRA[F]

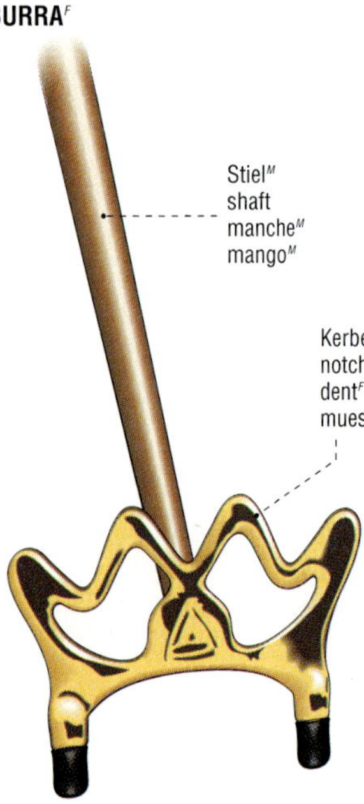

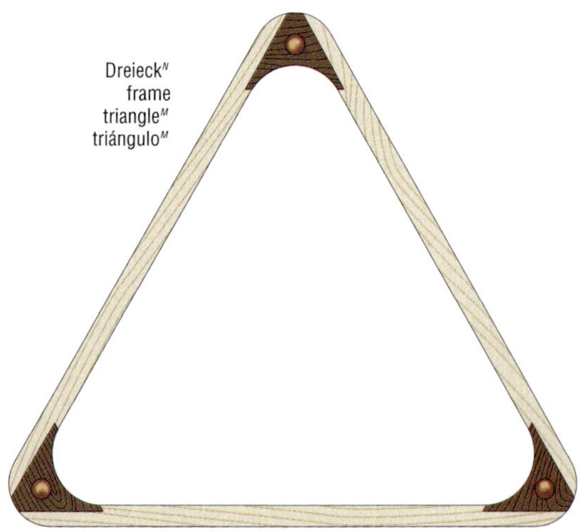

BILLARDQUEUEM
BILLIARD CUE
QUEUEF DE BILLARDM
TACOM DE BILLARM

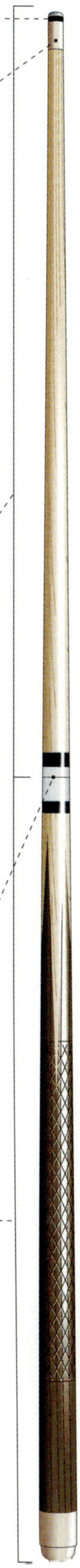

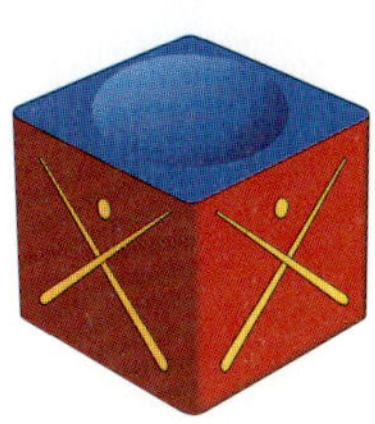

GOLFSPIEL[N]
GOLF
GOLF[M]
ACCESORIOS[M] DE GOLF[M]

GOLFPLATZ[M]
COURSE
PARCOURS[M]
CAMPO[M] DE GOLF[M]

Feldweg[M]
buggy path
chemin[M]
vereda[F]

Puttergrün[N]
putting green
vert[M]
césped[M]

Loch[N]
hole
trou[M]
zona[F] del hoyo[M]

Klubhaus[N]
clubhouse
chalet[M]
casa[F] club[M]

Übungsgrün[N]
practice green
vert[M] d'entraînement[M]
green[M] de entrenamiento[M]

Fairway[N]
fairway
allée[F]
pista[F]

Rauh[N]
rough
rough[M]
maleza[F]

Wasserhindernis[N]
water hazard
obstacle[M] d'eau[F]
trampa[F] de agua[F]

Bach[M]
brook
ruisseau[M]
ría[F]

Bunker[M]
bunker
fosse[F] de sable[M]
trampa[F] de arena[F]

Bäume[M]
trees
arbres[M]
árboles[M]

Abschlagplatz[M]
tee
départ[M]
punto[M] de salida[F]

GOLFBALL[M] IM QUERSCHNITT
CROSS SECTION OF A GOLF BALL
COUPE[F] D'UNE BALLE[F] DE GOLF[M]
CORTE[M] TRANSVERSAL DE UNA PELOTA[F] DE GOLF[M]

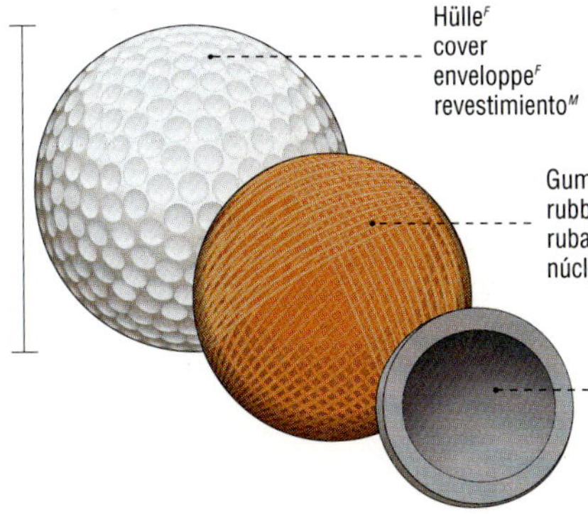

GOLFBALL[M]
GOLF BALL
BALLE[F] DE GOLF[M]
PELOTA[F] DE GOLF[M]

ARTEN VON GOLFSCHLÄGER[M]
TYPES OF GOLF CLUBS
TYPES[M] DE BÂTONS[M] DE GOLF[M]
BASTONES[M]

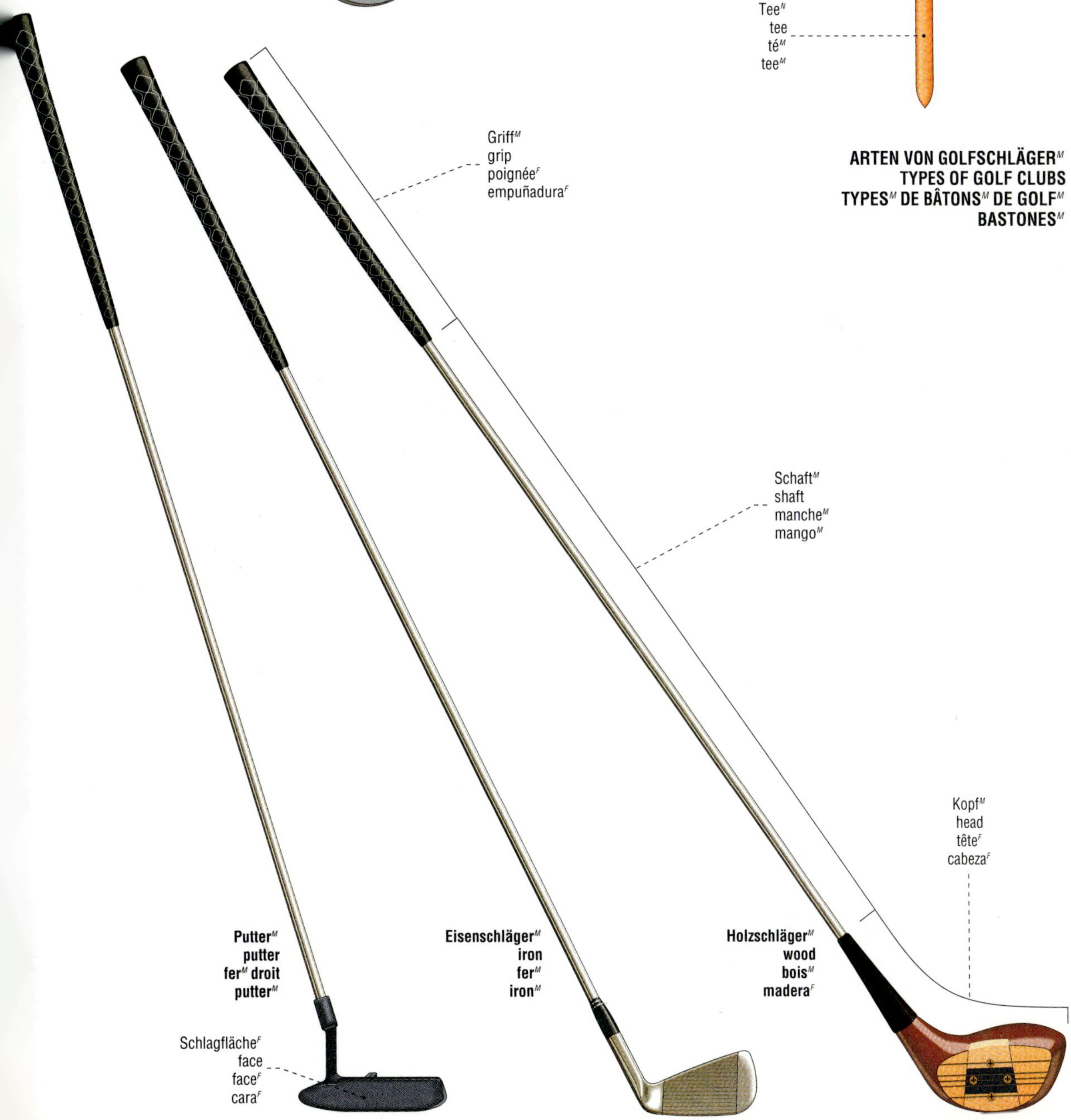

GOLFSPIEL^{N}
GOLF
GOLF^{M}
GOLF^{M}

HOLZ^{N}
WOOD
BOIS^{M}
PALO^{M}

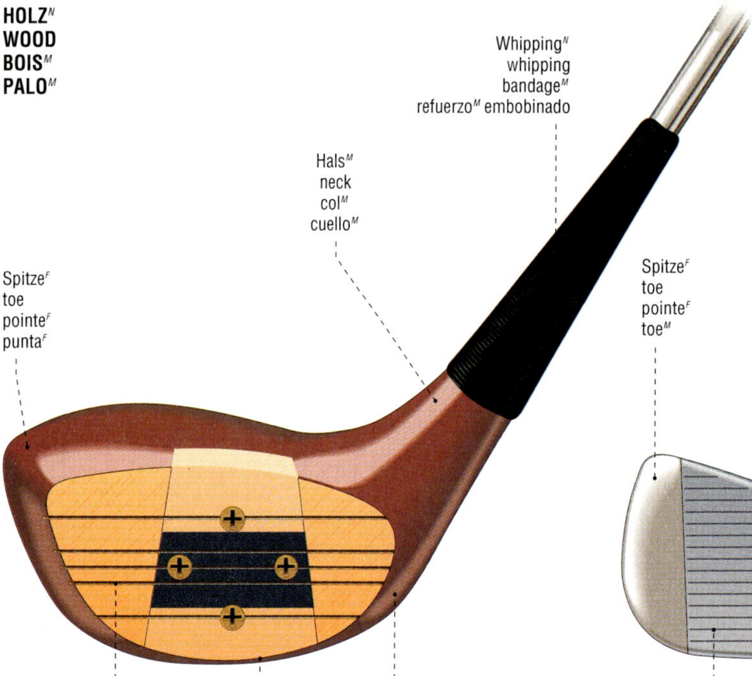

EISEN^{N}
IRON
FER^{M}
HIERRO^{M}

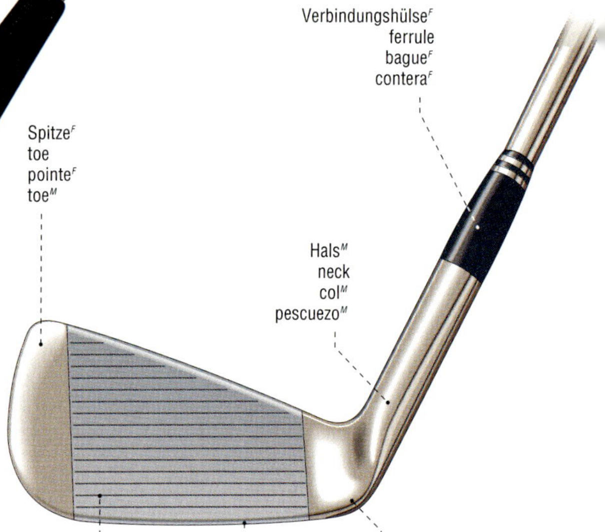

GOLFSCHLÄGER^{M}
GOLF CLUBS
BÂTONS^{M} DE GOLF^{M}
HIERROS^{M} Y PALOS^{M}

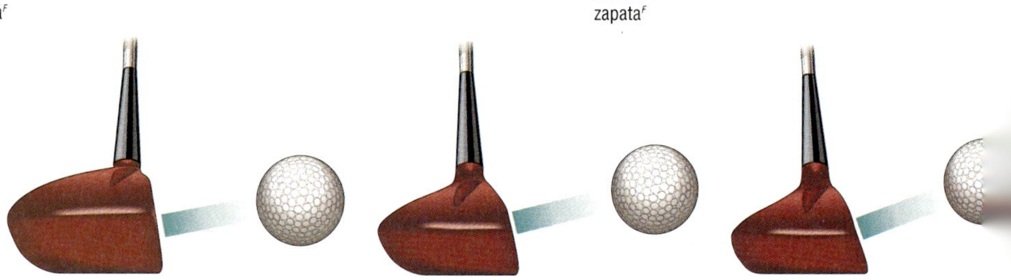

Holz^{N} 1
no. 1 wood
bois^{M} nº 1
driver^{M}, palo^{M} núm. 1

Holz^{N} 3
no. 3 wood
bois^{M} nº 3
madera^{F} núm.3

Holz^{N} 5
no. 5 wood
bois^{M} nº 5
madera^{F} núm.5

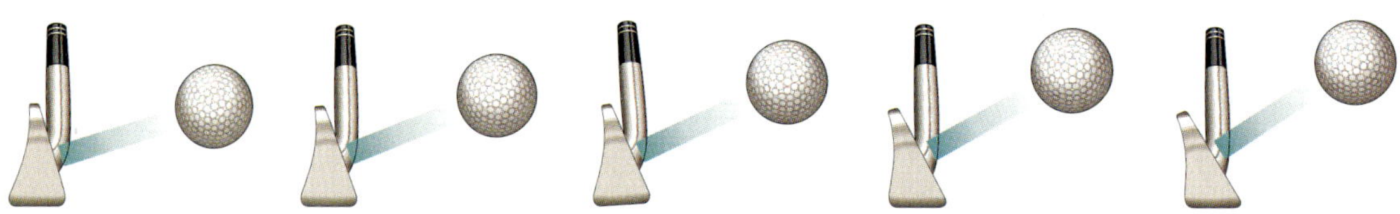

Eisen^{N} 3
no. 3 iron
fer^{M} nº 3
iron^{M} núm.3

Eisen^{N} 4
no. 4 iron
fer^{M} nº 4
iron^{M} núm.4

Eisen^{N} 5
no. 5 iron
fer^{M} nº 5
iron^{M} núm.5

Eisen^{N} 6
no. 6 iron
fer^{M} nº 6
iron^{M} núm.6

Eisen^{N} 7
no. 7 iron
fer^{M} nº 7
iron^{M} núm.7

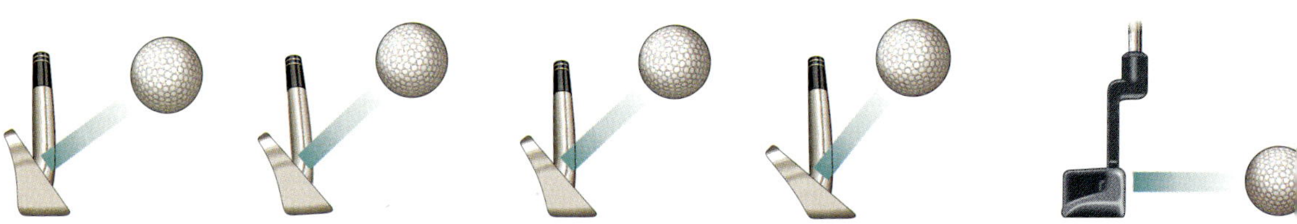

Eisen^{N} 8
no. 8 iron
fer^{M} nº 8
iron^{M} núm.8

Eisen^{N} 9
no. 9 iron
fer^{M} nº 9
niblick^{M}, hierro^{M} núm. 9

Pitching-Wedge^{N}
pitching wedge
cocheur^{M} d'allée^{F}
wedge^{M} para rough^{M}

Sand-Wedge^{N}
sand wedge
cocheur^{M} de sable^{M}
wedge^{M} para arena^{F}

Putter^{M}
putter
fer^{M} droit
putter^{M}

Golfhandschuh[M]
golf glove
gant[M] de golf[M]
guante[M] de golf[M]

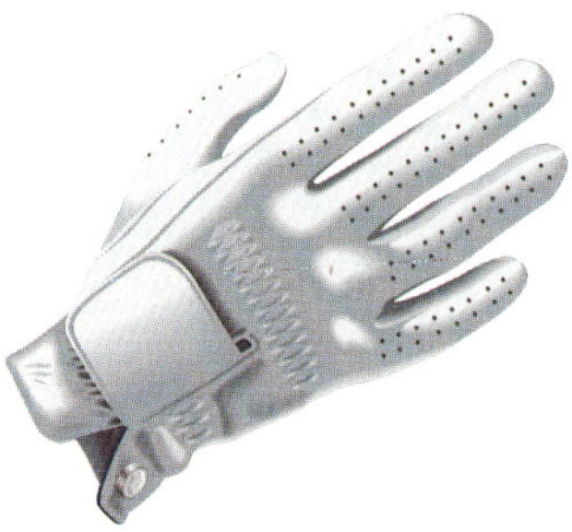

SCHLÄGERABDECKUNG[F]
HEAD COVER
CAPUCHON[M]
CAPUCHÓN[M] DE BASTONES[M]

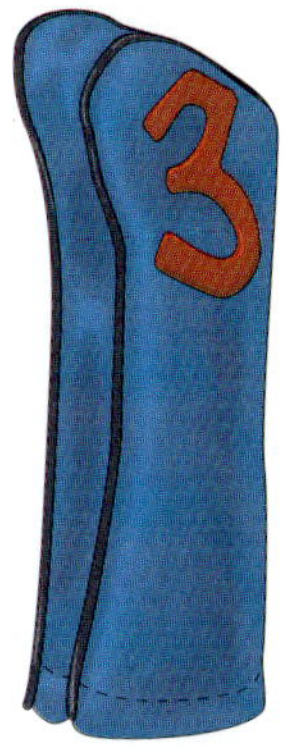

Golfschuh[M]
golf shoe
chaussure[F] de golf[M]
zapato[M] de golf[M]

Golfwagen[M]
golf trolley
chariot[M]
carrito[M] de golf[M]

GOLFTASCHE[F]
GOLF BAG
SAC[M] DE GOLF[M]
BOLSA[F] DE GOLF[M]

ELEKTRISCHER GOLFWAGEN[M]
ELECTRIC GOLF BUGGY
VOITURETTE[F] DE GOLF[M] ÉLECTRIQUE
CARRO[M] DE GOLF[M] ELÉCTRICO

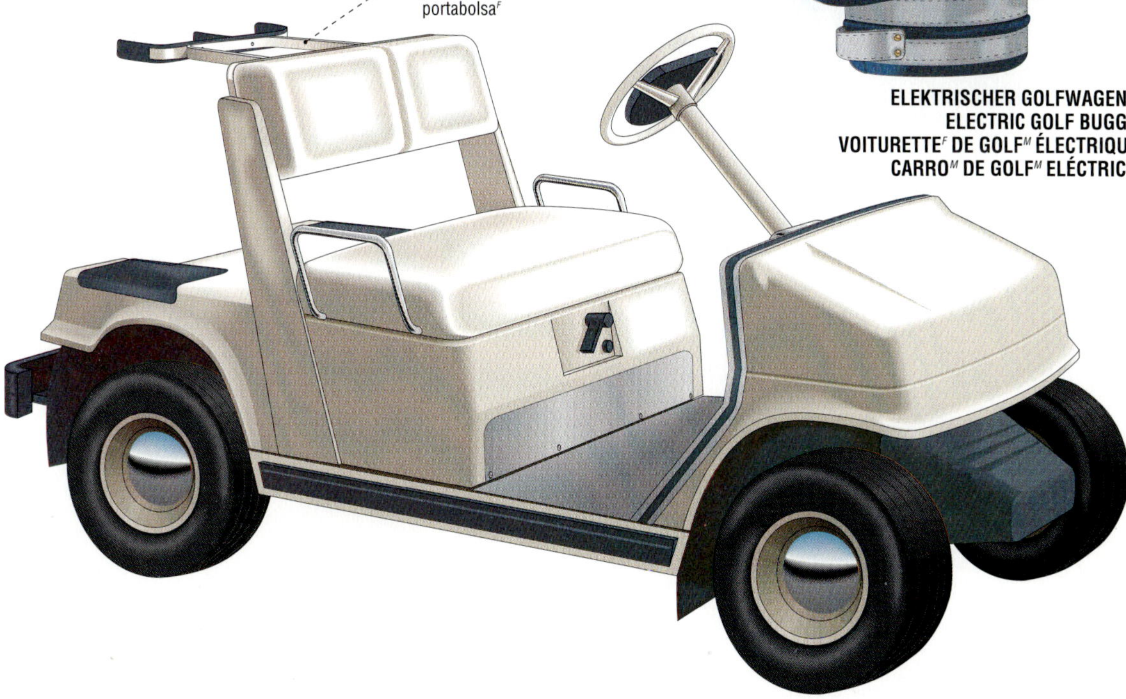

BERGSTEIGEN[N]
MOUNTAINEERING
ALPINISME[M]
ALPINISMO[M]

BERGSTEIGER[M]
MOUNTAINEER
ALPINISTE[M]
ALPINISTA[M]

AUSRÜSTUNG[F]
EQUIPMENT
MATÉRIEL[M] ET ÉQUIPEMENT[M]
EQUIPO[M]

KOMBIHAMMER[M]
HAMMER AXE
MARTEAU[M]-PIOLET[M]
MARTILLO[M] PARA HIELO[M]

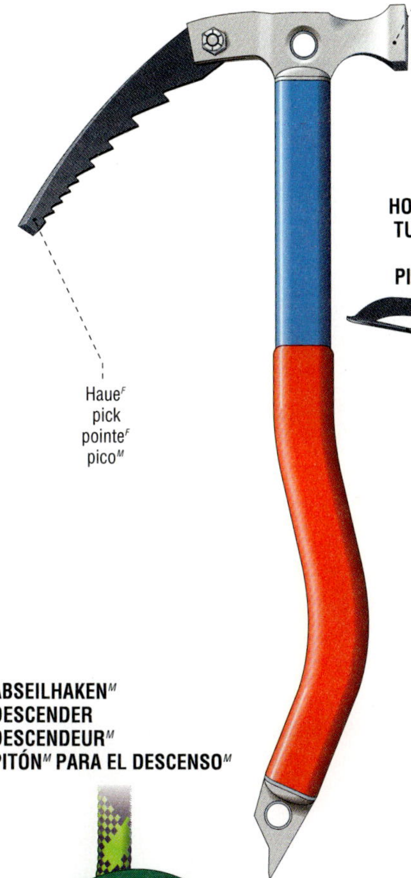

HOHLE EISSCHRAUBE[F]
TUBULAR ICE SCREW
VIS[F] À GLACE[F]
PITÓN[M] PARA HIELO[M]

KARABINER[M]
KARABINER
MOUSQUETON[M]
MOSQUETÓN[M]

EISPICKEL[M]
ICE AXE
PIOLET[M]
PIOLET[M]

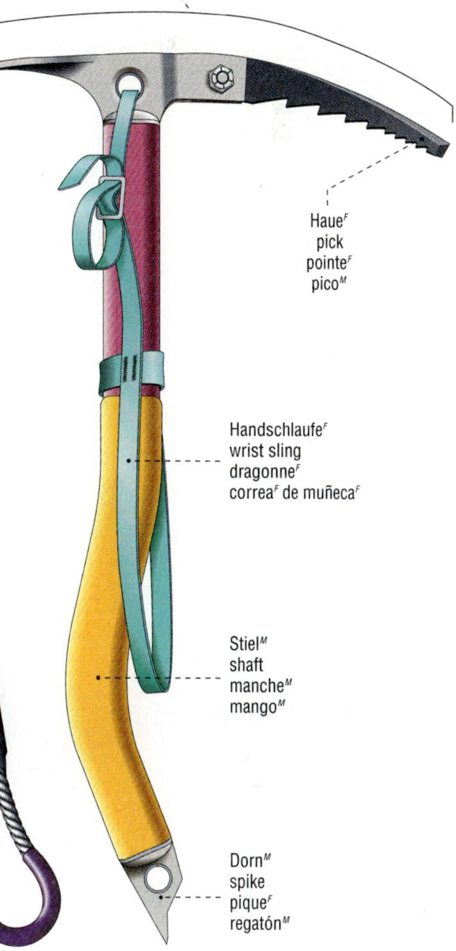

ABSEILHAKEN[M]
DESCENDER
DESCENDEUR[M]
PITÓN[M] PARA EL DESCENSO[M]

KLEMMSCHLAUFE[F]
CHOCK
COINCEUR[M]
CUÑA[F]

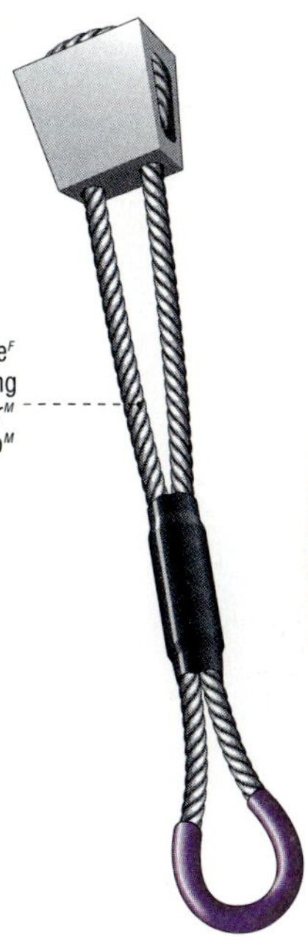

KLETTERHAKEN[M]
PITON
PITON[M]
PITÓN[M]

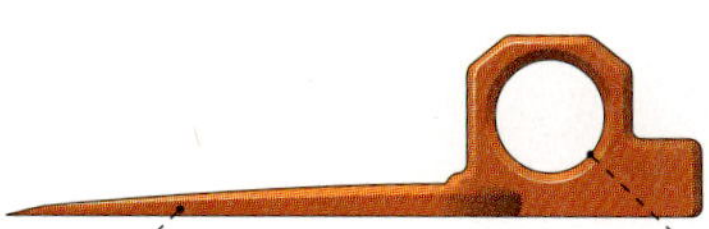

BOULE[N] UND PETANQUE[N]
BOWLS AND PETANQUE
BOULES[F] ANGLAISES ET PÉTANQUE[F]
BOLOS[M] Y PETANCA[F]

GRÜN[N]
GREEN
PELOUSE[F]
BOLERA[F] EN EL CÉSPED[M]

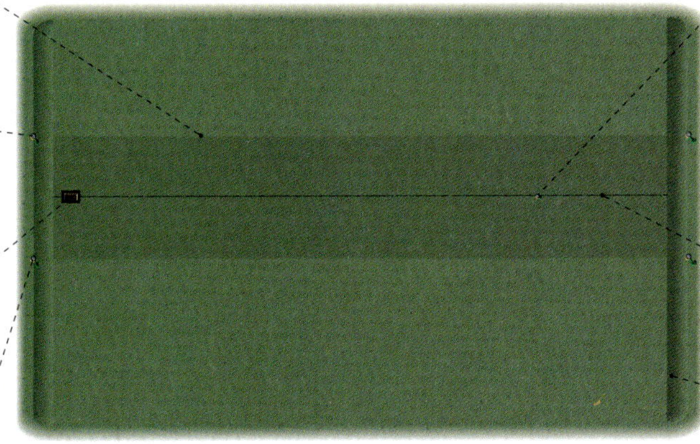

ABWURF[M]
DELIVERY
LANCEMENT[M] DE LA BOULE[F]
LANZAMIENTO[M]

Schwungholen[N]
forward swing
élan[M]
impulso[M] de lanzamiento[M]

Aufsetzen[N]
delivery
lancer[M]
lanzamiento[M]

Abwurf[M]
follow-through
accompagnement[M]
seguimiento[M] de la bola[F]

Boulekugel[F]
bowl
boule[F] anglaise
bola[F]

Petanquekugel[F]
petanque bowl
boule[F] de pétanque[F]
bocha[F]

Zielkugel[F]
jack
cochonnet[M]
boliche[M]

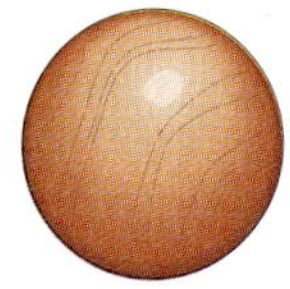

BOWLING^{N}
BOWLING
JEU^{M} DE QUILLES^{F}
JUEGO^{M} DE BOLOS^{M}

BOWLINGKUGEL^{F}
BOWLING BALL
BOULE^{F} DE QUILLES^{F}
BOLA^{F}

VERSCHIEDENE PINS^{M}
TYPES OF PINS
TYPES^{M} DE QUILLES^{F}
TIPOS^{M} DE BOLOS^{M}

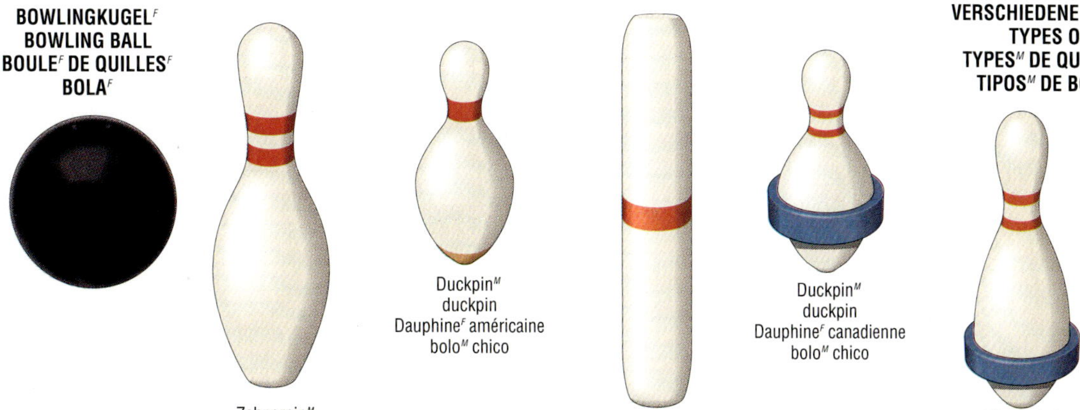

AUFSTELLUNG^{F}
SET-UP
QUILLIER^{M}
DISPOSICIÓN^{F} DE LOS BOLOS^{M}

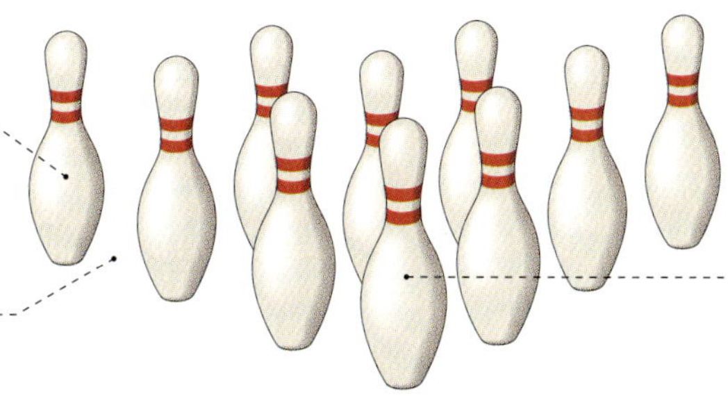

BAHN^{F}
LANE
PISTE^{F}
PISTA^{F}

BOGENSCHIESSEN[N]
ARCHERY
TIR[M] À L'ARC[M]
TIRO[M] AL ARCO[M]

PFEIL[M]
ARROW
FLÈCHE[F]
FLECHA[F]

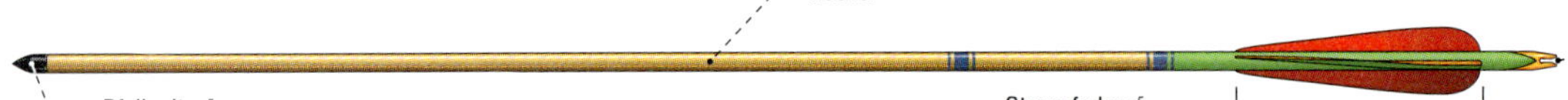

BOGENSCHÜTZE[M]
ARCHER
ARCHER[M]
ARQUERO[M]

ZIELSCHEIBE[F]
TARGET
CIBLE[F]
BLANCO[M]

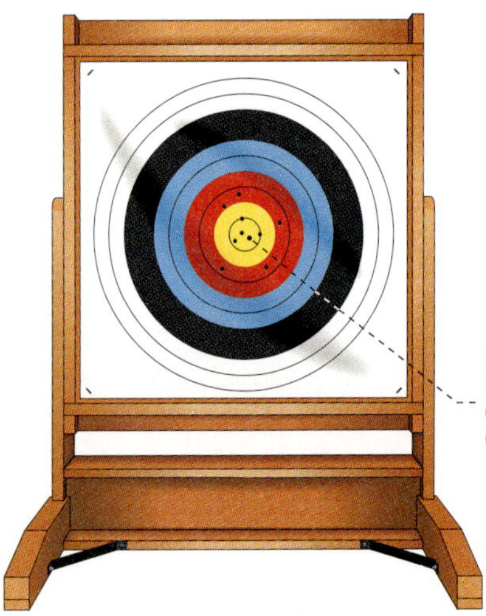

COMPOUND-BOGEN[M]
COMPOUND BOW
ARC[M] À POULIES[F]
ARCO[M] DE COMPETICIÓN[F]

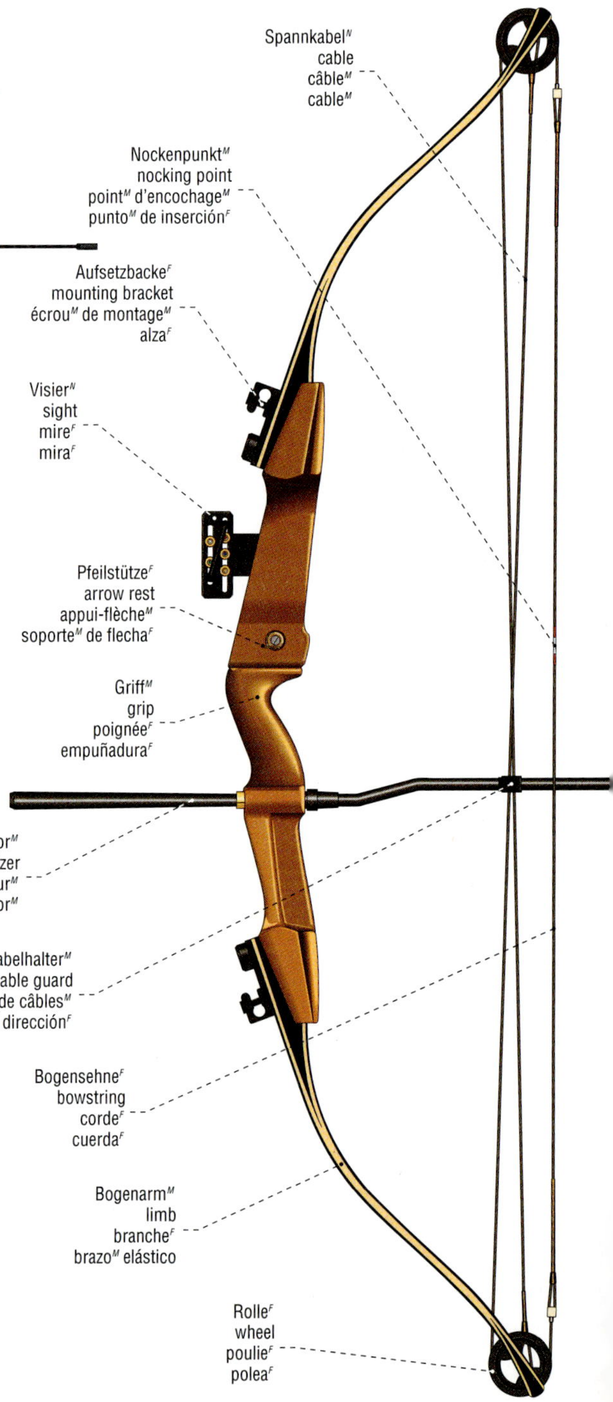

CAMPING^{N}
CAMPING
CAMPING^{M}
CAMPING^{M}

ZWEIPERSONENZELT^{N}
TWO-PERSON TENT
TENTE^{F} DEUX PLACES^{F}
TIENDA^{F} PARA DOS

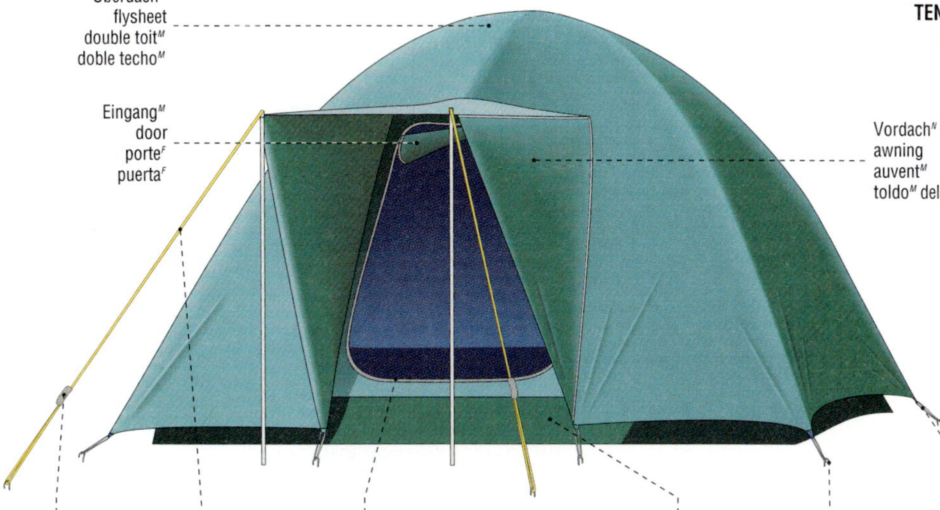

FAMILIENZELT^{N}
FAMILY TENT
TENTE^{F} FAMILIALE
TIENDA^{F} DE CAMPAÑA^{F} TAMAÑO^{M} FAMILIAR

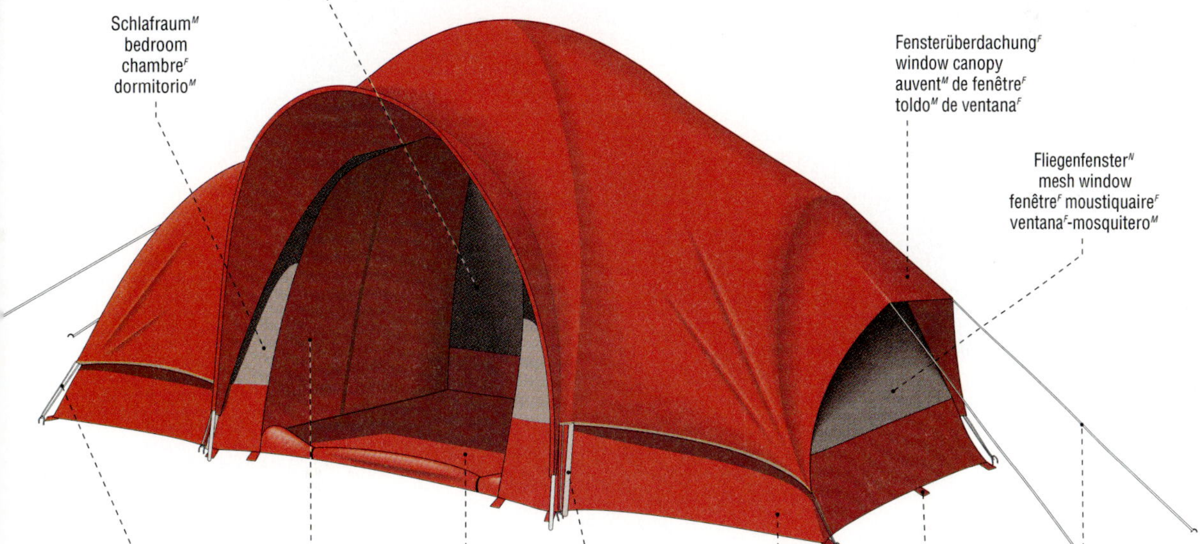

CAMPING[N]
CAMPING
CAMPING[M]
CAMPING[M]

HAUSZELT[N]
RIDGE TENT
TENTE[F] CANADIENNE
TIENDA[F] DE CAMPAÑA[F] CLÁSICA

Überdach[N]
flysheet
double toit[M]
doble toldo[M]

Innenzelt[N]
inner tent
tente[F] intérieure
tienda[F] interior

Zeltstange[F]
tent pole
mât[M] de toit[M]
palo[M] de la tienda[F]

Eingang[M]
door
porte[F]
puerta[F]

Gummispannring[M]
elastic loop
Sandow®[M]
fiador[M] elástico

eingenähter Boden[M]
sewn-in floor
tapis[M] de sol[M] cousu
piso[M] cosido

Heringsschlaufe[F]
peg loop
boucle[F] de piquet[M]
presilla[F] de estaquilla[F]

Hering[M]
peg
piquet[M]
estaquilla[F]

DIE WICHTIGSTEN ZELTARTEN[F]
MAJOR TYPES OF TENTS
PRINCIPAUX TYPES[M] DE TENTES[F]
TIPOS[M] DE TIENDAS[F]

Steilwandzelt[N]
wall tent
tente[F] rectangulaire
tienda[F] rectangular

Mannschaftszelt[N]
wagon tent
tente[F] grange[F]
tienda[F] tipo[M] vagón[M]

Einpersonenzelt[N]
one-person tent
tente[F] individuelle
tienda[F] unipersonal

Kuppelzelt[N]
dome tent
tente[F] dôme[M]
tienda[F] tipo[M] domo[M]

aufklappbares Igluzelt[N]
pop-up tent
tente[F] igloo[M]
tienda[F] tipo[M] iglú[M]

BETT[N] MIT MATRATZE[F]
BED AND MATTRESS
LIT[M] ET MATELAS[M]
CAMAS[F] Y COLCHONETAS[F]

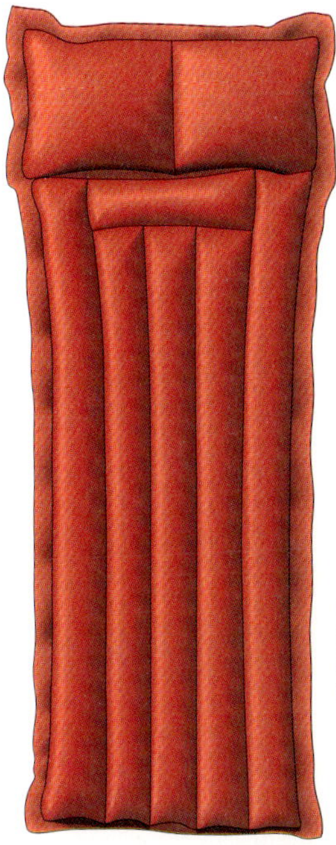

Luftmatratze[F]
air mattress
matelas[M] pneumatique
colchón[M] de aire[M]

Schaumgummimatratze[F]
foam pad
matelas[M] mousse[F]
colchón[M] de espuma[F]

Luftmatratze[F]
self inflating mattress
matelas[M] autogonflant
colchón[M] aislante

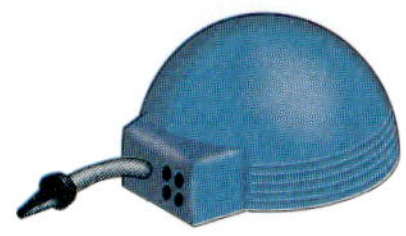

Blasebalg[M]
inflator
gonfleur[M]
inflador[M]

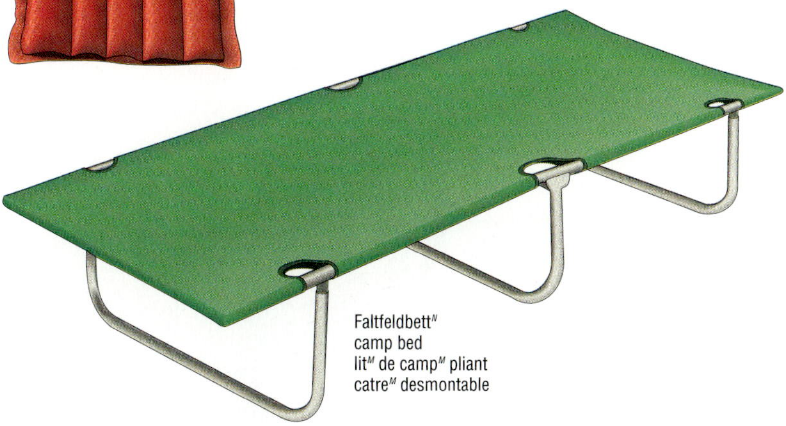

Faltfeldbett[N]
camp bed
lit[M] de camp[M] pliant
catre[M] desmontable

Kombipumpe[F]
inflator-deflator
gonfleur[M]-dégonfleur[M]
muelle[M] para inflar y desinflar

SCHLAFSÄCKE[M]
SLEEPING BAGS
SACS[M] DE COUCHAGE[M]
SACOS[M] DE DORMIR

Mumienschlafsack[M]
mummy
à cagoule[F]
montañero[M]

Halbmumienschlafsack[M]
semi-mummy
semi-rectangulaire
saco[M] semirrectangular

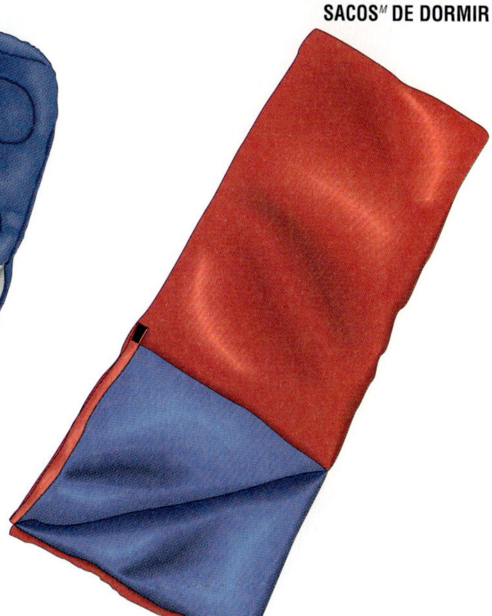

Rechteckschlafsack[M]
rectangular
rectangulaire
saco[M] rectangular

CAMPINGAUSRÜSTUNG^{F}
CAMPING EQUIPMENT
MATÉRIEL^{M} DE CAMPING^{M}
EQUIPO^{M} PARA ACAMPAR

SCHWEIZER OFFIZIERSMESSER^{N}
SWISS ARMY KNIFE
COUTEAU^{M} SUISSE
NAVAJA^{F} TIPO^{M} SUIZO

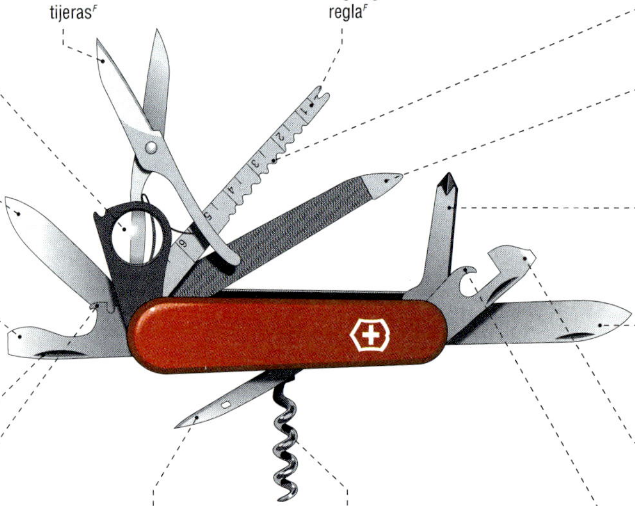

KOCHGESCHIRR^{N}
COOKING SET
POPOTE^{F}
UTENSILIOS^{M} DE COCINA^{F}

ESSBESTECK^{N}
CUTLERY SET
USTENSILES^{M} DE CAMPEUR^{M}
CUBERTERÍA^{F}

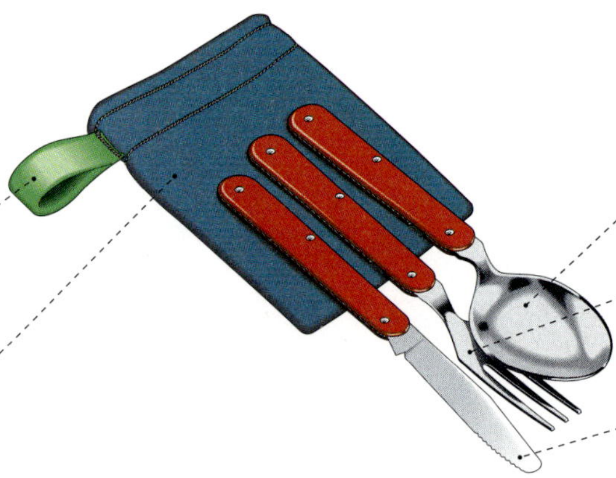

PROPAN-/BUTANGASBETRIEBENE GERÄTE[N]
PROPANE OR BUTANE ACCESSORIES
ACCESSOIRES[M] AU PROPANE[M] OU AU BUTANE[M]
EQUIPO[M] DE GAS[M]

Lampe[F]
lantern
lanterne[F]
linterna[F]

Heizstrahler[M]
heater
chaufferette[F]
calentador[M]

einflammiger Gasbrenner[M]
single-burner camp stove
réchaud[M] à un feu[M]
camping[M] gas[M]

zweiflammiger Gasbrenner[M]
two-burner camp stove
réchaud[M] à deux feux[M]
cocina[F]

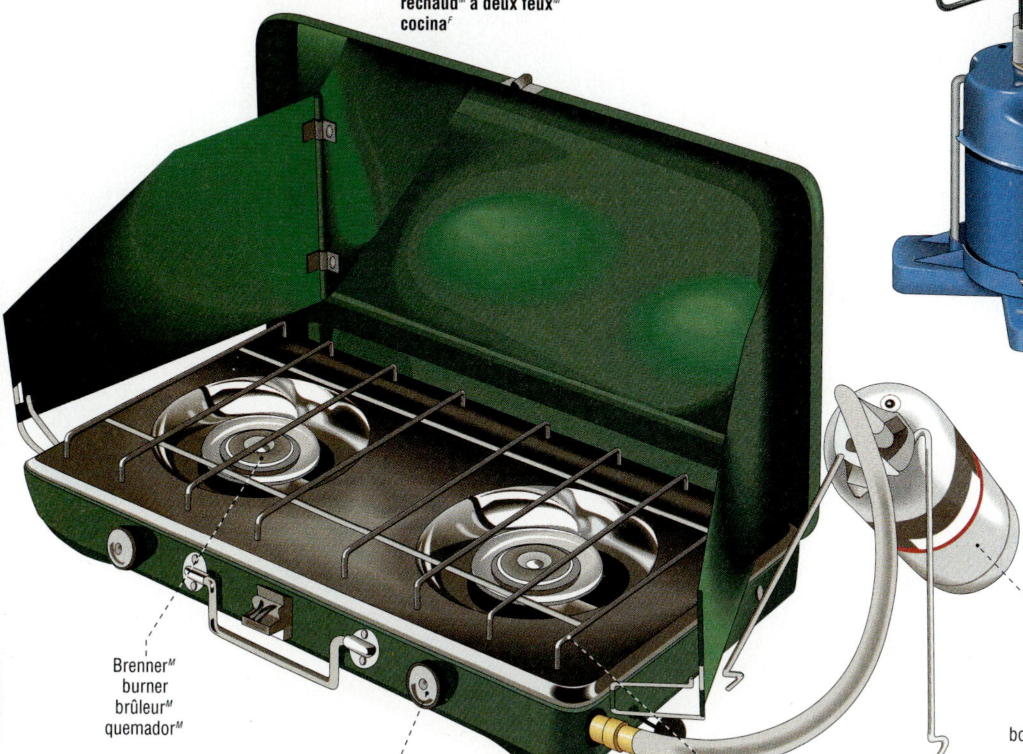

CAMPING[N]
CAMPING
CAMPING[M]
CAMPING[M]

CAMPINGAUSRÜSTUNG[F]
CAMPING EQUIPMENT
MATÉRIEL[M] DE CAMPING[M]
EQUIPO[M] PARA ACAMPAR

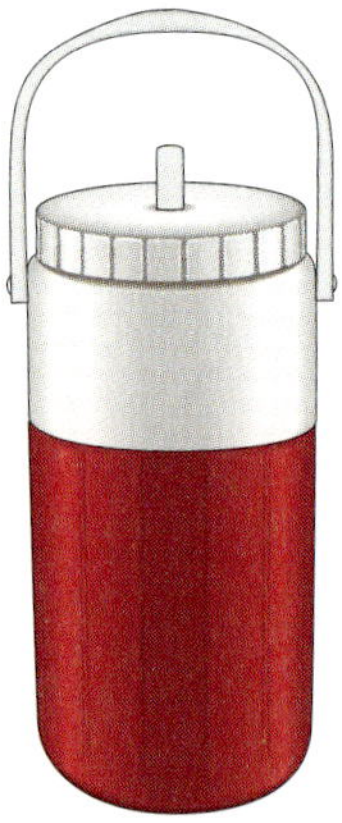

Thermosflasche[F]
vacuum flask
bouteille[F] isolante
termos[M]

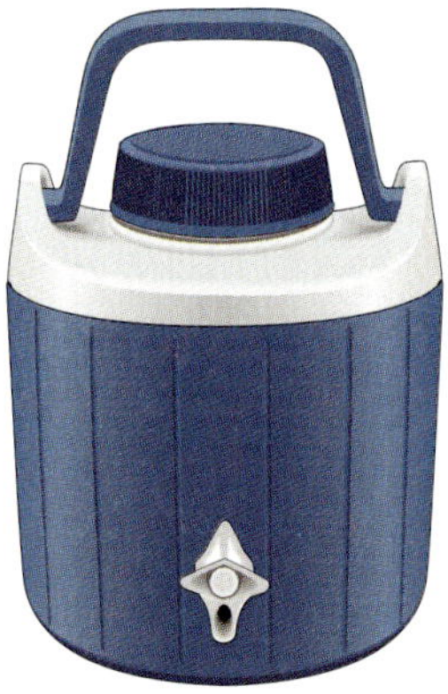

Wasserkanister[M]
water carrier
cruche[F]
termos[M] con llave[F] de servicio[M]

Feldflasche[F]
canteen
gourde[F]
cantimplora[F]

Sturmlampe[F]
hurricane lamp
lampe[F]-tempête[F]
lámpara[F] de petróleo[M]

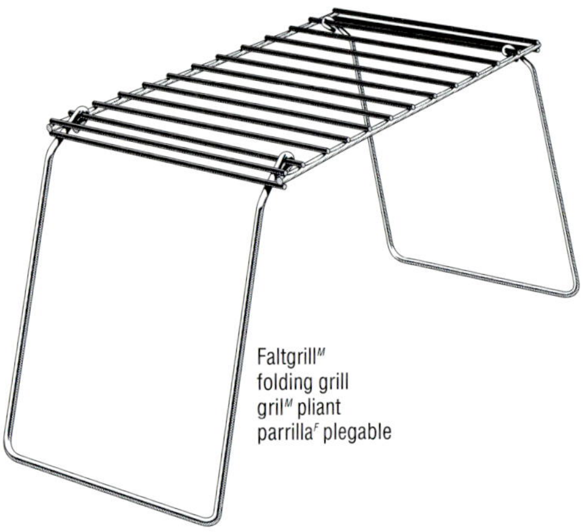

Faltgrill[M]
folding grill
gril[M] pliant
parrilla[F] plegable

Kühlbox[F]
cooler
glacière[F]
nevera[F]

WERKZEUG[N]
TOOLS
OUTILS[M]
HERRAMIENTAS[F]

Beil[N]
hatchet
hachette[F]
hacha[F]

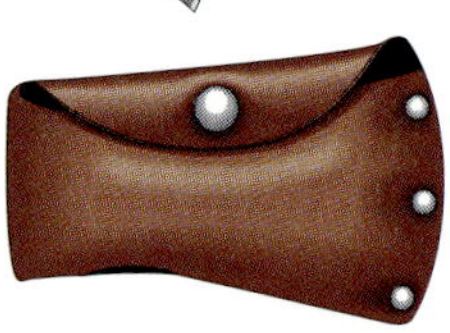

Lederschutz[M]
leather sheath
étui[M] de cuir[M]
funda[F] de cuero[M]

Scheide[F]
sheath
gaine[F]
funda[F]

Messer[N]
knife
couteau[M]
cuchillo[M]

Klappspaten[M]
folding shovel
pelle[F]-pioche[F] pliante
pala[F] plegable

Bogensäge[F]
log saw
scie[F] de camping[M]
sierra[F] de campo[M]

KNOTEN^{M}
KNOTS
NŒUDS^{M}
NUDOS^{M}

Kreuzknoten^{M}
square knot
nœud^{M} plat
nudo^{M} de rizo^{M}

Hausfrauenknoten^{M}
overhand knot
nœud^{M} simple
nudo^{M} llano

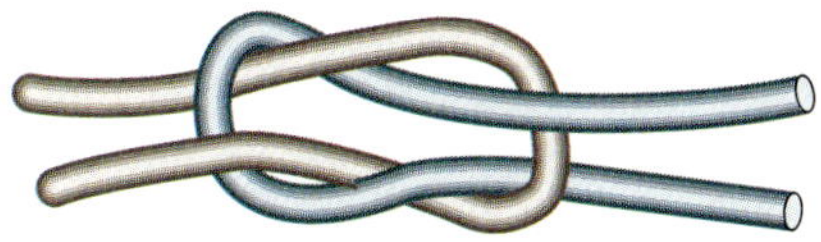

Altweiberknoten^{M}
granny knot
nœud^{M} de vache^{F}
nudo^{M} de tejedor^{M}

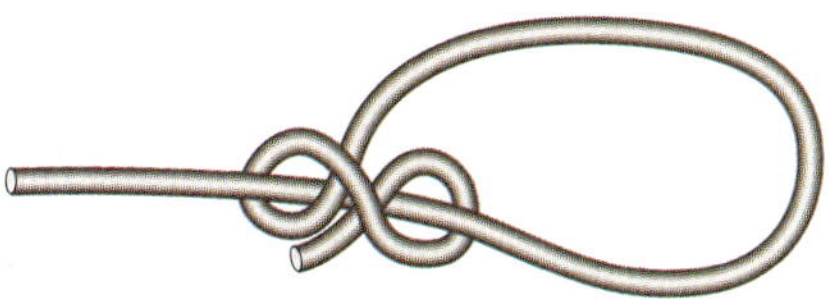

laufender Pahlstek^{M}
running bowline
nœud^{M} coulant
balso^{M}

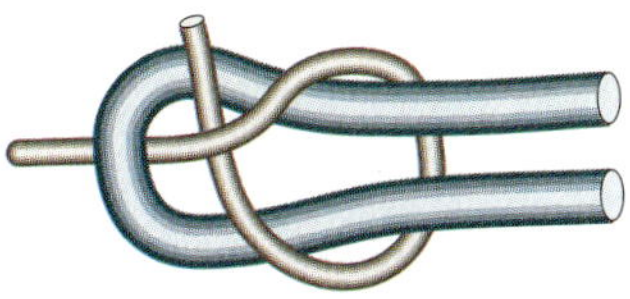

einfacher Schotstek^{M}
sheet bend
noeud^{M} d'écoute^{F} simple
vuelta^{F} de escota^{F}

doppelter Schotstek^{M}
double sheet bend
noeud^{M} d'écoute^{F} double
vuelta^{F} de escota^{F} doble

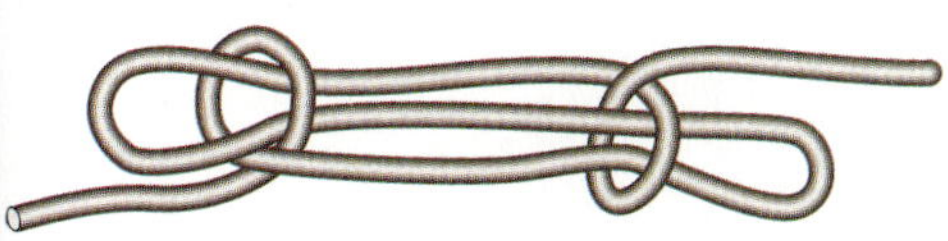

Verkürzungsstek^{M}
sheepshank
nœud^{M} de jambe^{F} de chien^{M}
margarita^{F}

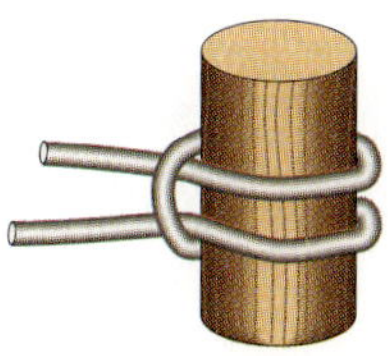

Kuhstek^{M}
cow hitch
demi-clé^{F} renversée
vuelta^{F} de cabo^{M}

Wurflinienknoten^{M}
heaving line knot
noeud^{M} de Franciscain^{M}
nudo^{M} de guía^{M}

Fischerknoten^{M}
fisherman's knot
nœud^{M} de pêcheur^{M}
nudo^{M} de pescador^{M}

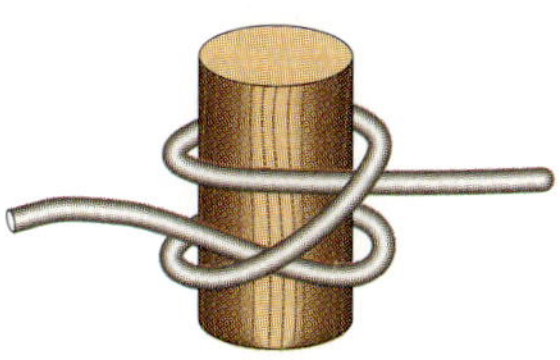

Slipstek^{M}
clove hitch
nœud^{M} de cabestan^{M}
nudo^{M} de dos cotes^{M}

Achtknoten^{M}
figure-eight knot
nœud^{M} d'arrêt^{M}
lasca^{F} doble

einfacher Takling^{M}
common whipping
surliure^{F}
sobrenudo^{M}

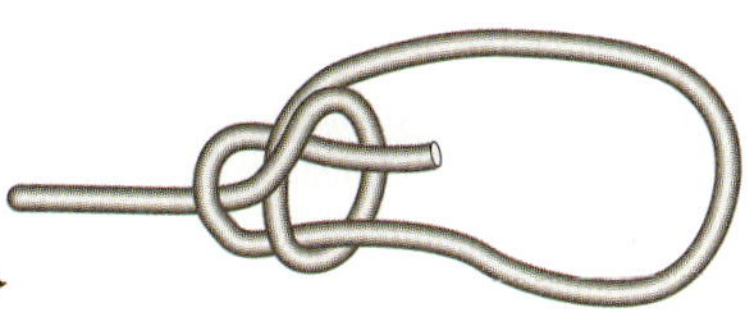

Pahlstek^{M}
bowline
nœud^{M} de chaise^{F} simple
as^{M} de guía^{F}

doppelter Pahlstek^{M}
bowline on a bight
nœud^{M} de chaise^{F} double
as^{M} de guía^{F} de eslinga^{F} doble

KNOTEN^{M}
KNOTS
NŒUDS^{M}
NUDOS^{M} NÁUTICOS

SPLEISS^{M}
SHORT SPLICE
ÉPISSURE^{F} COURTE
EMPALMADURA^{F}

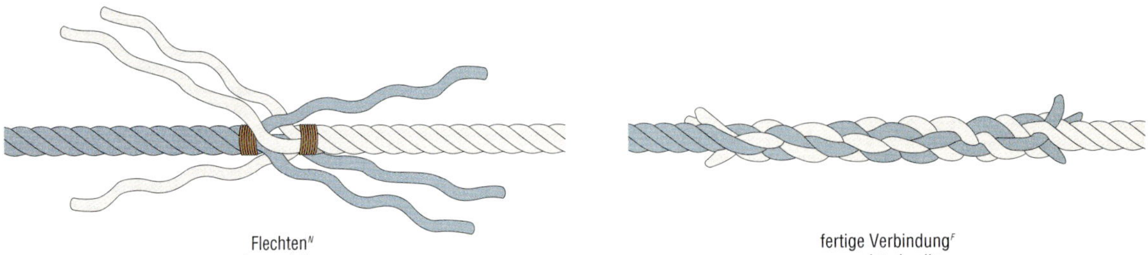

TAUWERK^{N}
CABLE
CÂBLE^{M}
CABLE^{M}

GEDREHTES SEIL^{N}
TWISTED ROPE
CORDAGE^{M} COMMIS
CABLE^{M} TORCIDO

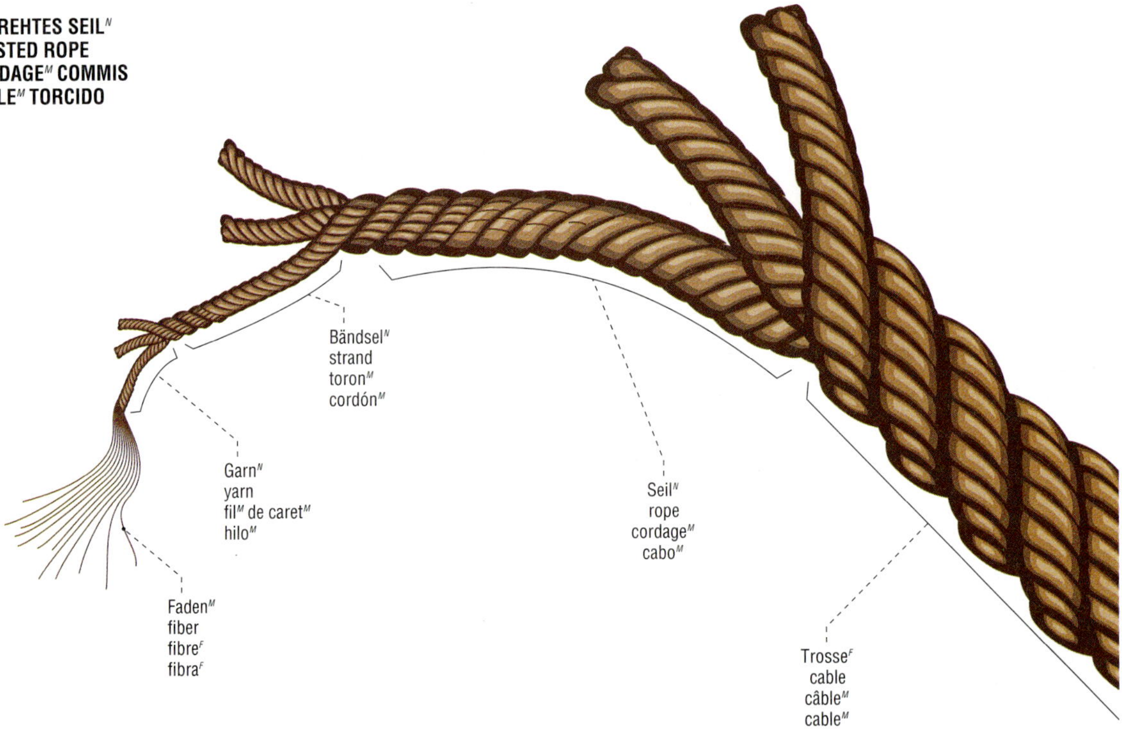

GEFLOCHTENES SEIL^{N}
BRAIDED ROPE
CORDAGE^{M} TRESSÉ
CABLE^{M} TRENZADO

SPIELE
INDOOR GAMES
JEUX DE SOCIÉTÉ
JUEGOS DE INTERIOR

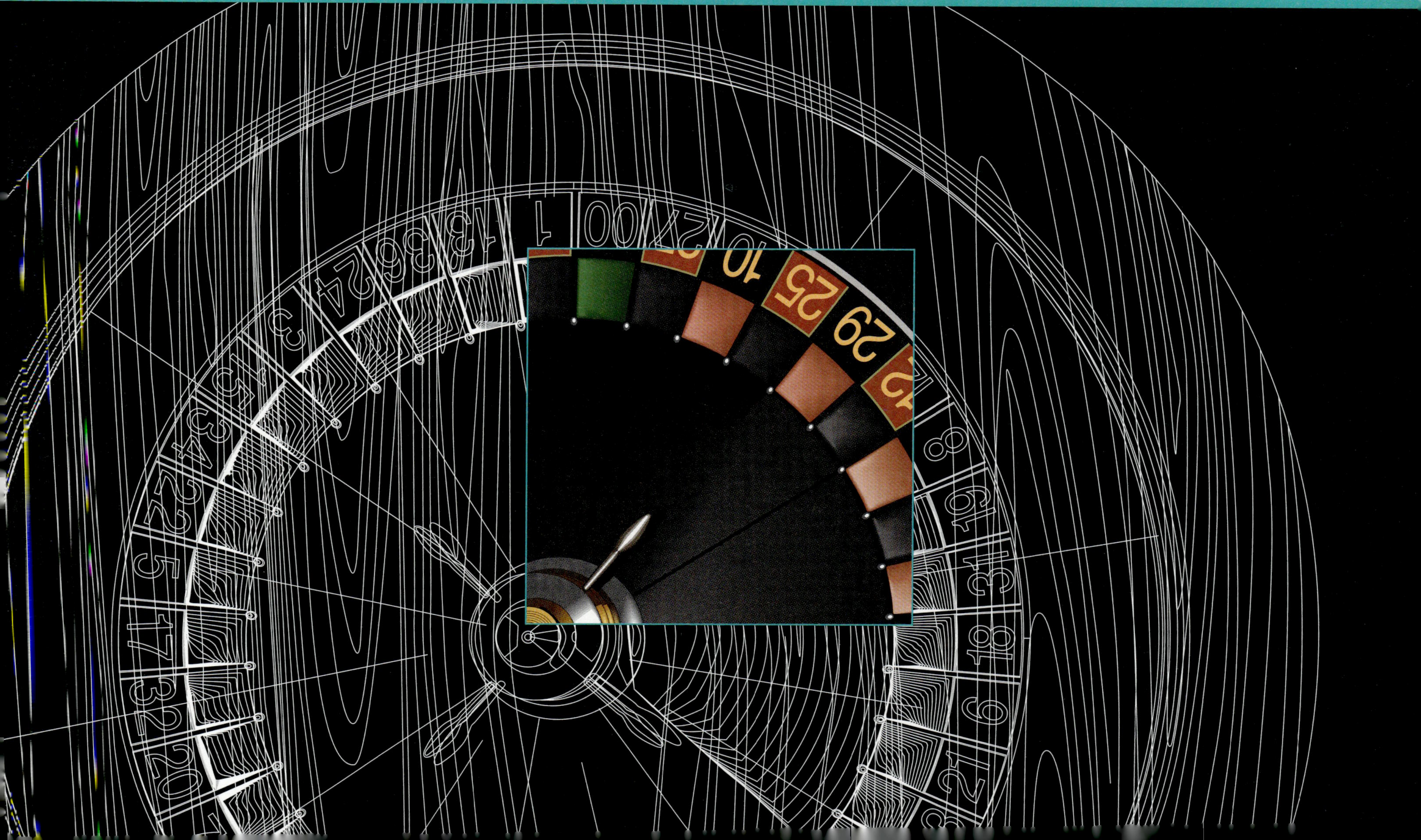

INHALT

KARTENSPIELE 695
DOMINO 695
SCHACH 696
BACKGAMMON 697
GO 697
DARTSPIEL 698
VIDEOSPIELSYSTEM 699
WÜRFEL 699
ROULETTESPIELTISCH 700
EINARMIGER BANDIT 702

KARTENSPIELE^N
CARD GAMES
CARTES^F
BARAJA^F

FARBEN^F
SUITS
COULEURS^F
PALOS^M

Herz^N
heart
cœur^M
corazón^M

Karo^N
diamond
carreau^M
diamante^M

Kreuz^N
club
trèfle^M
trébol^M

Pik^N
spade
pique^M
espada^F

Joker^M
Joker
Joker^M
comodín^M

Ass^N
Ace
As^M
as^M

König^M
King
Roi^M
rey^M

Dame^F
Queen
Dame^F
reina^F

Bube^M
Jack
Valet^M
jota^F

NORMALE POKERBLÄTTER^N
STANDARD POKER HANDS
COMBINAISONS^F AU POKER^M
MANOS^F DE PÓQUER^M

Royal Flush^M
royal flush
quinte^F royale
escalera^F real

Straight Flush^M
straight flush
quinte^F
escalera^F de color^M

Vierling^M
four-of-a-kind
carré^M
póquer^M

Full House^N
full house
main^F pleine
full

Flush^M
flush
couleur^F
color^M

Straße^F
straight
séquence^F
escalera^F

Drilling^M
three-of-a-kind
brelan^M
trío^M

zwei Pärchen^N
two pairs
double paire^F
dos pares^M

ein Pärchen^N
one pair
paire^F
un par^M

höchste Karte^F
high card
carte^F isolée
cartas^F altas

DOMINO^N
DOMINOES
DOMINOS^M
DOMINÓ^M

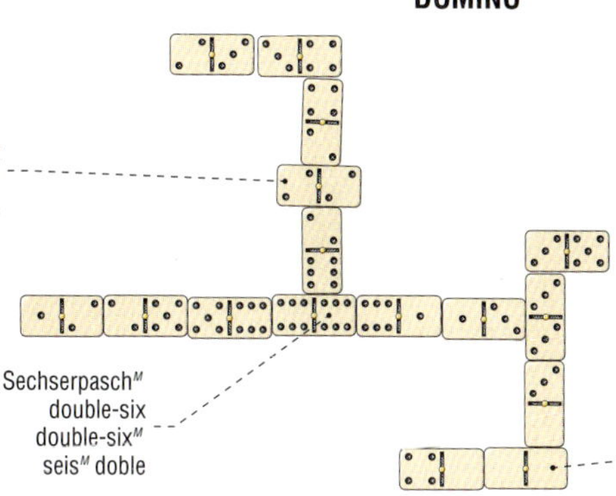

Doublette^F
doublet
double^M
dos^M doble

Sechserpasch^M
double-six
double-six^M
seis^M doble

Doppelblank^N
double-blank
double-blanc^M
blanca^F doble

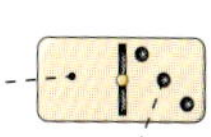

Blank^N
blank
blanc^M
blanca^F

Auge^N
pip
point^M
punto^M

SCHACH[N]
CHESS
ÉCHECS[M]
AJEDREZ[M]

SCHACHBRETT[N]
CHESSBOARD
ÉCHIQUIER[M]
TABLERO[M] DE AJEDREZ[M]

Damenflanke[F]
Queen's side
aile[F] Dame[F]
lado[M] de la dama[F]

Königsflanke[F]
King's side
aile[F] Roi[M]
lado[M] del rey[M]

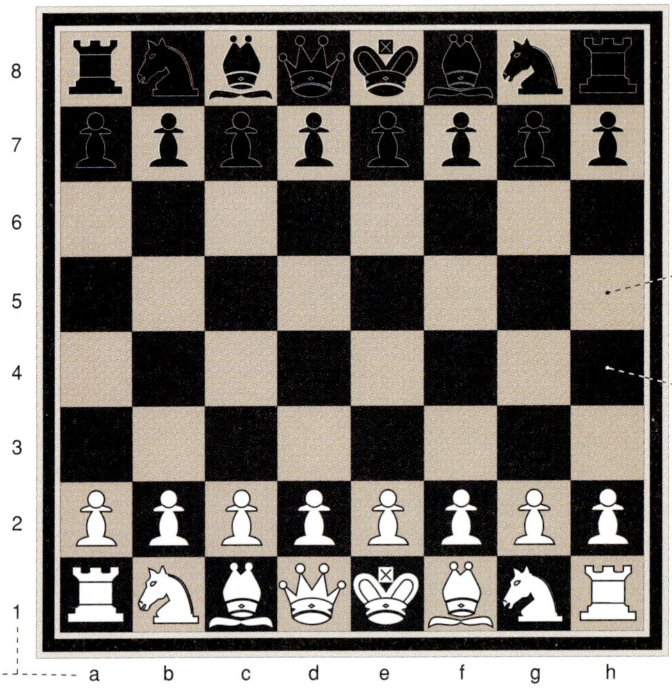

Schwarz[N]
Black
Noirs[M]
negras[F]

weißes Feld[N]
white square
case[F] blanche
escaque[M] blanco

schwarzes Feld[N]
black square
case[F] noire
escaque[M] negro

Weiß[N]
White
Blancs[M]
blancas[F]

Notation[F]
chess notation
notation[F] algébrique
notación[F] del ajedrez[M]

GANGARTEN[F]
TYPES OF MOVEMENTS
TYPES[M] DE DÉPLACEMENTS[M]
TIPOS[M] DE MOVIMIENTOS[M]

diagonaler Zug[M]
diagonal movement
déplacement[M] diagonal
movimiento[M] diagonal

Rösselsprung[M]
square movement
déplacement[M] en équerre[F]
movimiento[M] en ángulo[M]

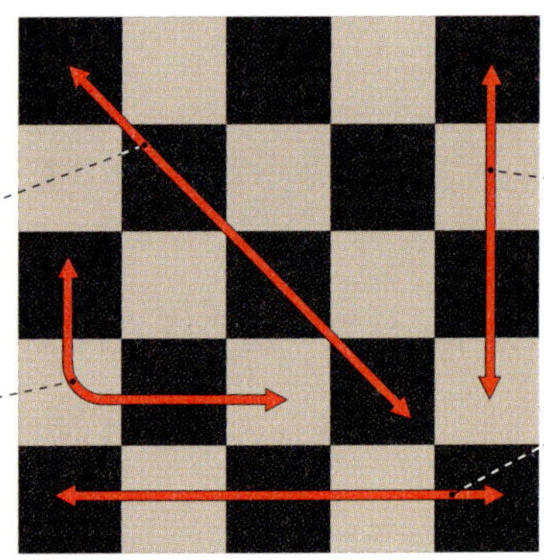

vertikaler Zug[M]
vertical movement
déplacement[M] vertical
movimiento[M] vertical

horizontaler Zug[M]
horizontal movement
déplacement[M] horizontal
movimiento[M] horizontal

FIGUREN[F]
MEN
PIÈCES[F]
PIEZAS[F]

Bauer[M]
Pawn
Pion[M]
peón[M]

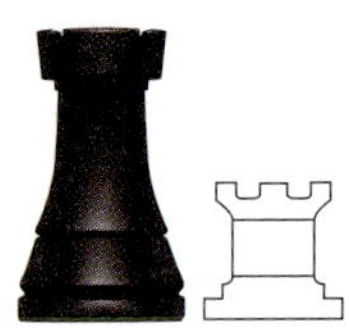

Turm[M]
castle
Tour[F]
torre[F]

König[M]
King
Roi[M]
rey[M]

Dame[F]
Queen
Dame[F]
reina[F]

Läufer[M]
Bishop
Fou[M]
alfil[M]

Pferd[N]
Knight
Cavalier[M]
caballo[M]

BACKGAMMON[N]
BACKGAMMON
JACQUET[M]
BACKGAMMON[M]

GO[N]
GO
GO[M]
GO(SUN-TSE)

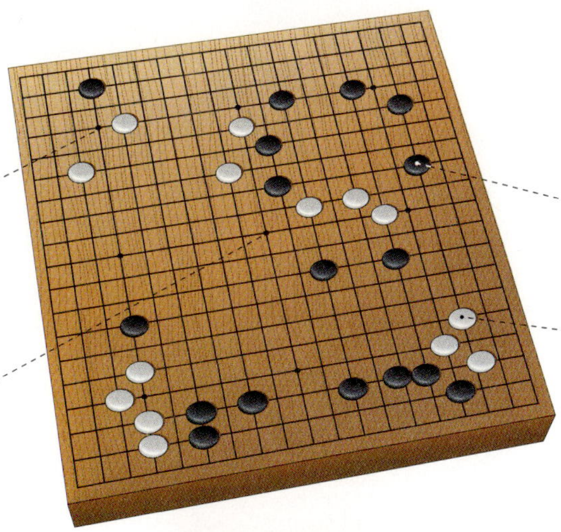

HAUPTSPIELZÜGE[M]
PRINCIPAL MOVES
PRINCIPAUX MOUVEMENTS[M]
MOVIMIENTOS[M] PRINCIPALES

Fangen[N]
capture
capture[F]
captura[F]

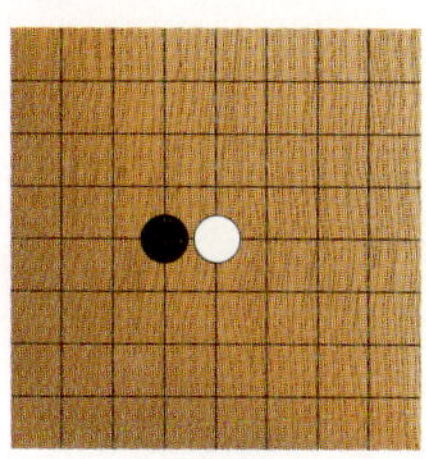

Berührung[F]
contact
contact[M]
contacto[M]

Verbindung[F]
connection
connexion[F]
conexión[F]

DARTSPIEL^{N}
GAME OF DARTS
JEU^{M} DE FLÉCHETTES^{F}
JUEGO^{M} DE DARDOS^{M}

DARTSCHEIBE^{F}
DARTBOARD
CIBLE^{F}
TABLERO^{M} DE TIRO^{M}

WURFPFEIL^{M}
DART
FLÉCHETTE^{F}
DARDO^{M}

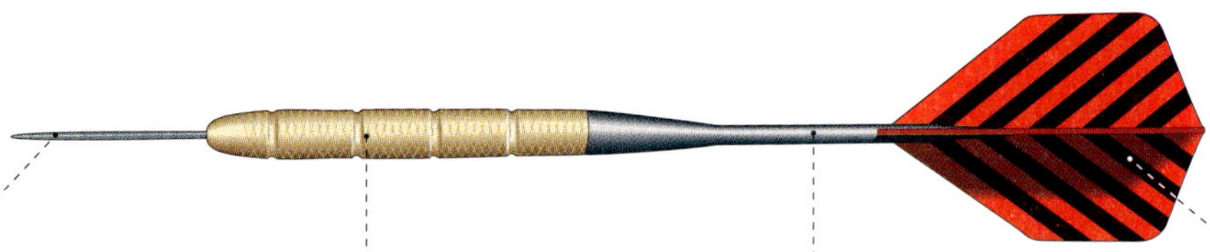

SPIELBEREICH^{M}
PLAYING AREA
AIRE^{F} DE JEU^{M}
ÁREA^{F} DE JUEGO^{M}

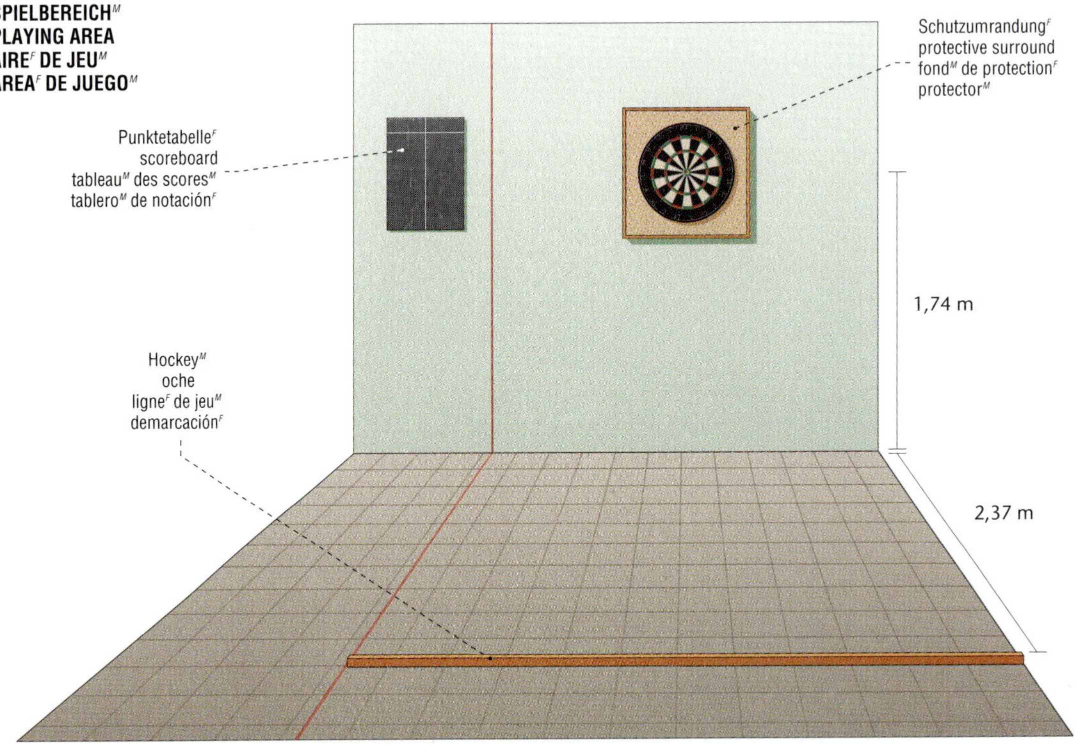

VIDEOSPIELSYSTEM[N]
VIDEO ENTERTAINMENT SYSTEM
SYSTÈME[M] DE JEUX[M] VIDÉO
SISTEMA[M] DE VIDEO[M] DE JUEGOS[M]

Monitor[M]
visual display unit
écran[M]
pantalla[F]

Steuereinheit[F]
control pad
bloc[M] de commande[F]
mecanismo[M] de control

Kontrollgerät[N]
control deck
console[F] de traitement[M]
cubierta[F] de control[M]

Spielcassette[F]
game cartridge
cartouche[F] de jeu[M]
casete[M] de juego[M]

Funktionstaste[F]
function button
bouton[M] de fonction[F]
botón[M] de funcionamiento[M]

WÜRFEL[M]
DICE
DÉS[M]
DADOS[M]

Pokerwürfel[M]
poker die
dé[M] à poker[M]
dado[M] de póquer[M]

gewöhnlicher Würfel[M]
ordinary die
dé[M] régulier
dado[M] común

ROULETTESPIELTISCH[M]
ROULETTE TABLE
TABLE[F] DE ROULETTE
MESA[F] DE LA RULETA[F]

AMERIKANISCHES ROULETTE[N]
AMERICAN ROULETTE WHEEL
ROULETTE[F] AMÉRICAINE
RULETA[F] AMERICANA

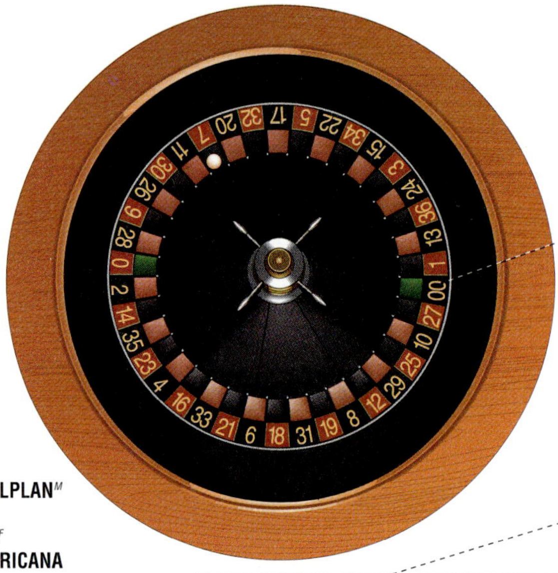

Double-zero[N]
double zero
double zéro[M]
doble[M] cero

AMERIKANISCHER ROULETTESPIELPLAN[M]
AMERICAN BETTING LAYOUT
TABLEAU[M] AMÉRICAIN DES MISES[F]
DISTRIBUCIÓN[F] DE APUESTA[F] AMERICANA

Hauptabschnitt[M]
main section
bande[F] centrale
banda[F] central

Manque[N] (1 bis 18)
low (1 to 18)
manque[M] (1 à 18)
falta (F1 A 18)

Zero[N]
single zero
zéro[M]
cero[M]

Double zero[N]
double zero
double zéro[M]
doble cero[M]

Douze premier[N] (1 bis 12)
dozen (1 to 12)
douzaine[F] (1 à 12)
docena (F1 A 12)

Pair[N]
even
pair[M]
par[M]

Carré[N]
square bet
carré[M]
apuesta[F] en cuadro[M]

Rouge[N]
red
rouge[M]
roja[F]

Cheval[N]
split bet
à cheval[M] sur deux numéros[M]
partido[M]

Douze milieu[N] (13 bis 24)
dozen (13 to 24)
douzaine[F] (13 à 24)
docena (F13 A 24)

Transversale simple[F]
line
sixain[M]
línea[F]

Noir[N]
black
noir[M]
negra[F]

fünf Nummern[F]
five-number bet
quinte[F]
apuesta[F] de cinco números[M]

en prison
en prison
en prison[F]
en prisión[F]

Plein[N]
straight bet
numéro[M] plein
seco[M]

Impair[N]
odd
impair[M]
impar[M]

Transversale pleine[F]
street bet
transversale[F] pleine
apuesta[F] libre

Passe[N] (19 bis 36)
high (19 to 36)
passe[F] (19 à 36)
pasa (F19 A 36)

zwei Kolonnen Cheval[N]
two columns split bet
à cheval[M] sur deux colonnes[F]
apuesta[F] sobre dos columnas[F]

Douze dernier[N] (25 bis 36)
dozen (25 to 36)
douzaine[F] (25 à 36)
docena (F25 A 36)

Kolonne[F]
column
colonne[F]
columna[F]

FRANZÖSISCHES ROULETTE^{N}
FRENCH ROULETTE WHEEL
ROULETTE^{F} FRANÇAISE
RULETA^{F} FRANCESA

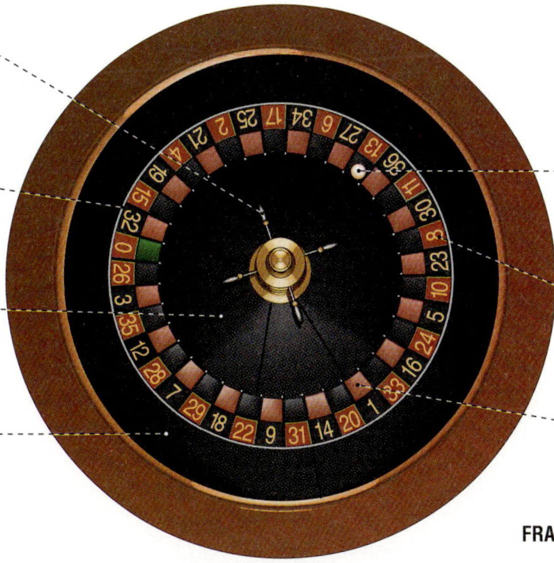

Drehkreuz^{N}
cross handle
tourniquet^{M}
manija^{F} en cruz^{F}

Rand^{M}
fret
cloison^{F}
canal^{M}

Drehscheibe^{F}
rotating wheel
plateau^{M} mobile
rueda^{F} giratoria

Roulettekessel^{M}
stationary bowl
cuvette^{F}
plato^{M}

Roulettekugel^{F}
ivory ball
bille^{F} d'ivoire^{M}
bola^{F} de marfil^{M}

Zahl^{F}
number
numéro^{M}
número^{M}

Fach^{N}
compartment
case^{F}
compartimiento^{M}

FRANZÖSISCHER ROULETTESPIELPLAN^{M}
FRENCH BETTING LAYOUT
TABLEAU^{M} FRANÇAIS DES MISES^{F}
DISTRIBUCIÓN^{F} DE APUESTA^{F} FRANCESA

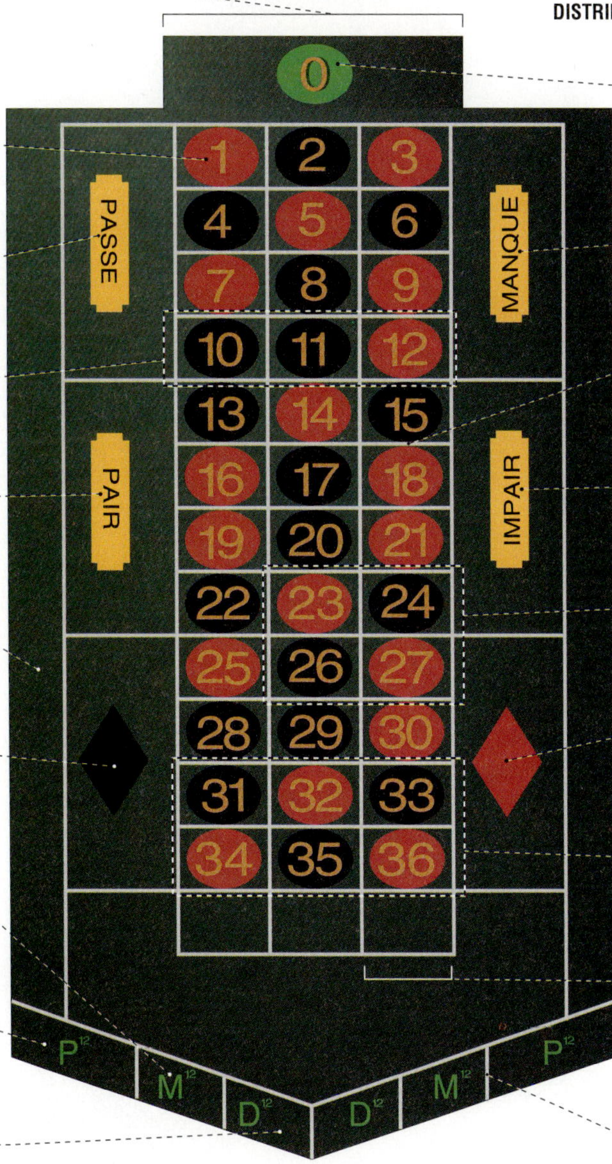

Hauptabschnitt^{M}
main section
bande^{F} centrale
sección^{F} principal

Plein^{N}
straight bet
numéro^{M} plein
seco^{M}

Passe^{N} (19 bis 36)
high (19 to 36)
passe^{F} (19 à 36)
pasa (F19 A 36)

Transversale pleine^{F}
street bet
transversale^{F} pleine
apuesta^{F} libre

Pair^{N}
even
pair^{M}
par^{M}

en prison
en prison
en prison^{F}
en prisión^{F}

Noir^{N}
black
noir^{M}
negro^{M}

Douze milieu^{N} (13 bis 24)
dozen (13 to 24)
douzaine^{F} (13 à 24)
docena (F13 A 24)

Douze premier^{N} (1 bis 12
dozen (1 to 12)
douzaine^{F} (1 à 12)
docena (F1 A 12)

Douze dernier^{N} (25 bis 36)
dozen (25 to 36)
douzaine^{F} (25 à 36)
docena (F25 A 36)

Zero^{N}
single zero
zéro^{M}
cero^{M}

Manque^{N} (1 bis 18)
low (1 to 18)
manque^{M} (1 à 18)
falta (F1 A 18)

Cheval^{N}
split bet
à cheval^{M} sur deux numéros^{M}
partida^{F}

Impair^{N}
odd
impair^{M}
impar^{M}

Carré^{N}
square bet
carré^{M}
apuesta^{F} en cuadro^{M}

Rouge^{N}
red
rouge^{M}
rojo^{M}

Transversale simple^{F}
line
sixain^{M}
línea^{F}

Kolonne^{F}
column
colonne^{F}
columna^{F}

zwei Dutzend^{N} geteilt
two dozens split bet
à cheval^{M} sur deux douzaines^{F}
apuesta^{F} de dos docenas^{F} sobre
dos columnas^{F}

EINARMIGER BANDIT[M]
ONE-ARMED BANDIT
MACHINE[F] À SOUS[M]
TRAGAMONEDAS[M]

QUERSCHNITT
CROSS SECTION
COUPE[F]
CORTE[M] TRANSVERSAL

MESSINTRUMENTE
MEASURING DEVICES

APPAREILS DE MESURE
APARATOS DE MEDICIÓN

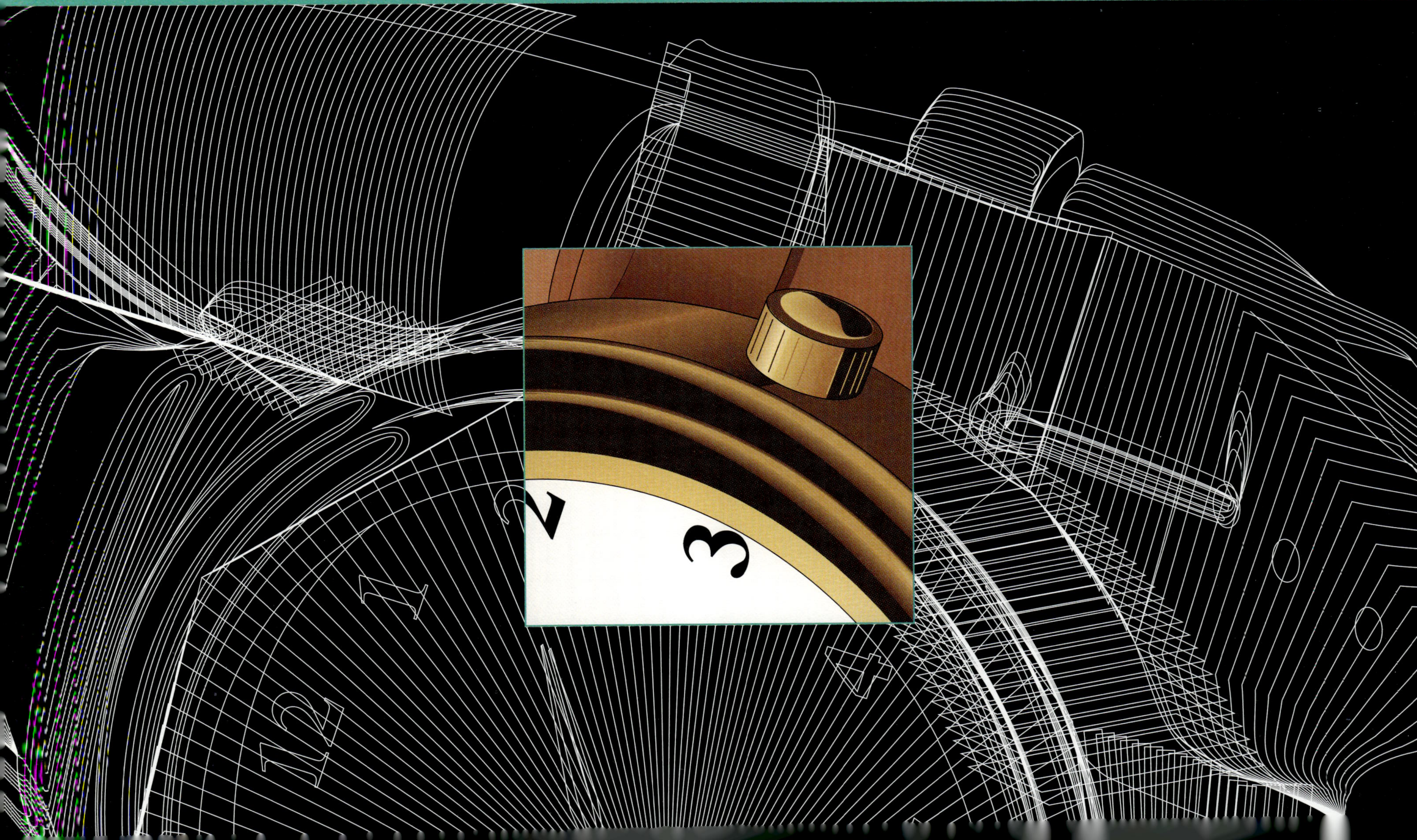

INHALT

TEMPERATURMESSUNG 705
ZEITMESSUNG 706
WIEGEN 708
DRUCKMESSUNG 710
LÄNGENMESSUNG 711
ENTFERNUNGSMESSUNG 711
DICKEMESSUNG 711
STROMZÄHLER 712
WINKELMESSUNG 713
MESSUNG SEISMISCHER WELLEN 714

TEMPERATURMESSUNG^{F}
MEASUREMENT OF TEMPERATURE
MESURE^{F} DE LA TEMPÉRATURE^{F}
MEDICIÓN^{F} DE LA TEMPERATURA^{F}

THERMOMETER^{N}
THERMOMETER
THERMOMÈTRE^{M}
TERMÓMETRO^{M}

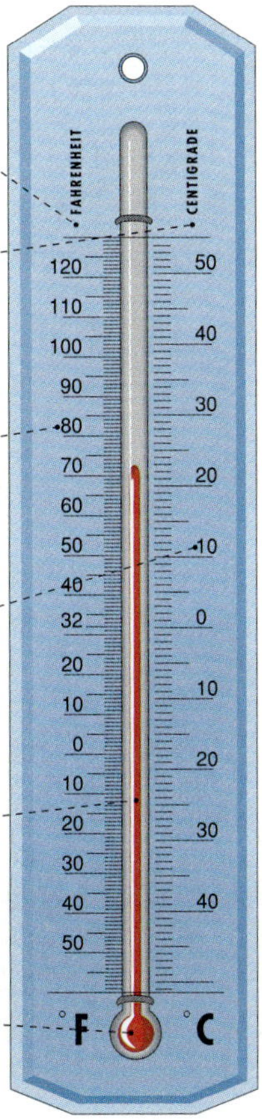

FIEBERTHERMOMETER^{N}
CLINICAL THERMOMETER
THERMOMÈTRE^{M} MÉDICAL
TERMÓMETRO^{M} CLÍNICO

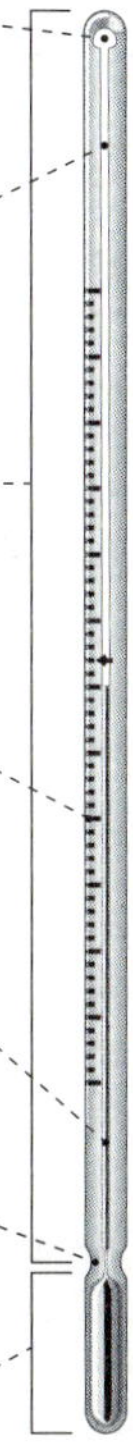

BIMETALL-THERMOMETER^{N}
BIMETALLIC THERMOMETER
THERMOMÈTRE^{M} BIMÉTALLIQUE
TERMÓMETRO^{M} BIMETÁLICO

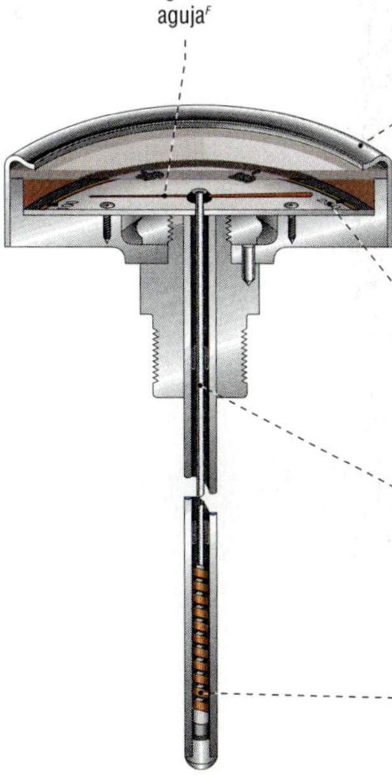

RAUMTHERMOSTAT^{M}
ROOM THERMOSTAT
THERMOSTAT^{M} D'AMBIANCE^{F}
TERMOSTATO^{M} AMBIENTAL

ZEITMESSUNG[F]
MEASUREMENT OF TIME
MESURE[F] DU TEMPS[M]
MEDICIÓN[F] DEL TIEMPO[M]

STOPPUHR[F]
STOPWATCH
CHRONOMÈTRE[M]
CRONÓMETRO[M]

MECHANISCHE UHR[F]
MECHANICAL WATCH
MONTRE[F] MÉCANIQUE
RELOJ[M] MECÁNICO

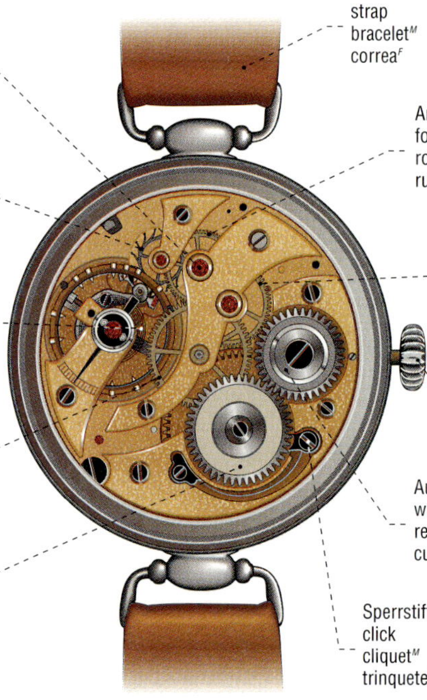

ANALOGUHR[F]
ANALOGUE WATCH
MONTRE[F] À AFFICHAGE[M] ANALOGIQUE
RELOJ[M] DE PULSERA[F]

DIGITALUHR[F]
DIGITAL WATCH
MONTRE[F] À AFFICHAGE[M] NUMÉRIQUE
RELOJ[M] DIGITAL

SONNENUHR[F]
SUNDIAL
CADRAN[M] SOLAIRE
RELOJ[M] DE SOL[M]

STANDUHR[F]
GRANDFATHER CLOCK
HORLOGE[F] DE PARQUET[M]
RELOJ[M] DE PÉNDULO[M]

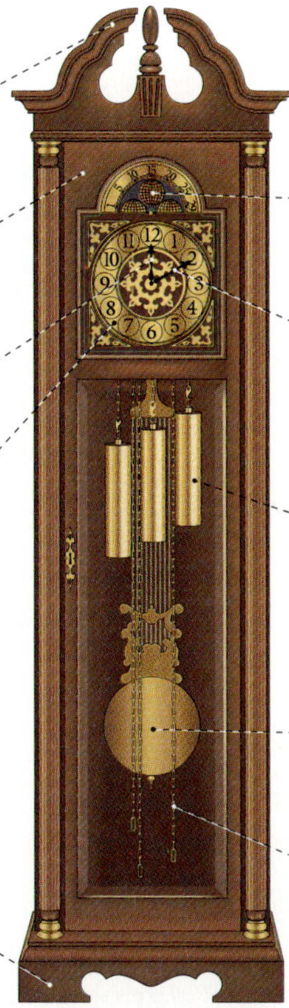

ZUGGETRIEBENES UHRWERK[N]
WEIGHT-DRIVEN CLOCK MECHANISM
MÉCANISME[M] DE L'HORLOGE[F] À POIDS[M]
MECANISMO[M] DEL RELOJ[M] DE PESAS[F]

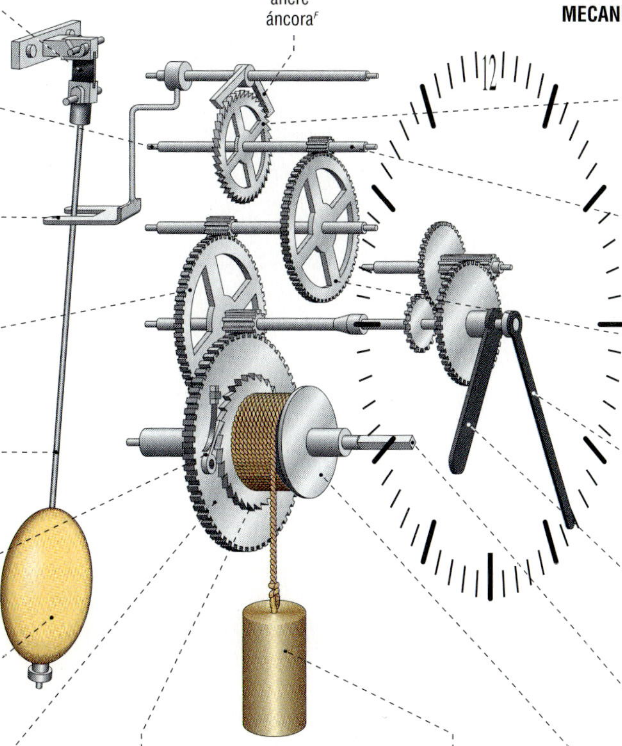

WIEGEN[N]
MEASUREMENT OF WEIGHT
MESURE[F] DE LA MASSE[F]
MEDICIÓN[F] DEL PESO[M]

BALKENWAAGE[F]
BEAM BALANCE
BALANCE[F] À FLÉAU[M]
BALANZA[F] DE ASTIL[M]

HANDWAAGE[F]
STEELYARD
BALANCE[F] ROMAINE
BÁSCULA[F] ROMANA

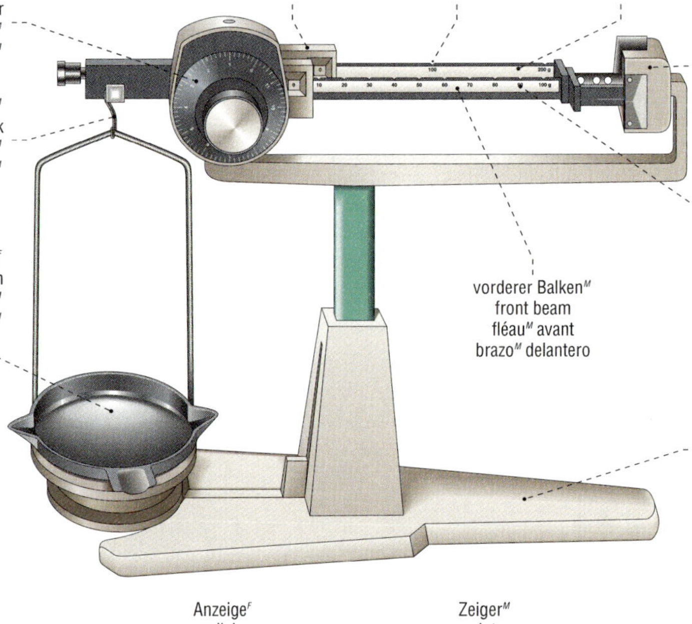

ROBERVAL-WAAGE[F]
ROBERVAL'S BALANCE
BALANCE[F] DE ROBERVAL
BALANZA[F] DE ROBERVAL

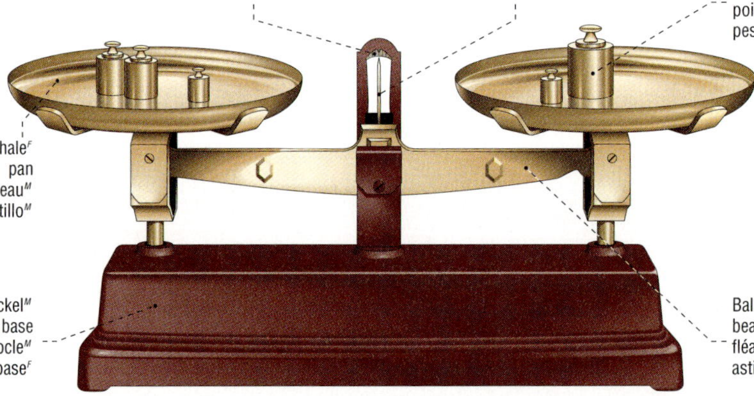

FEDERWAAGE[F]
SPRING BALANCE
PESON[M]
DINAMÓMETRO[M]

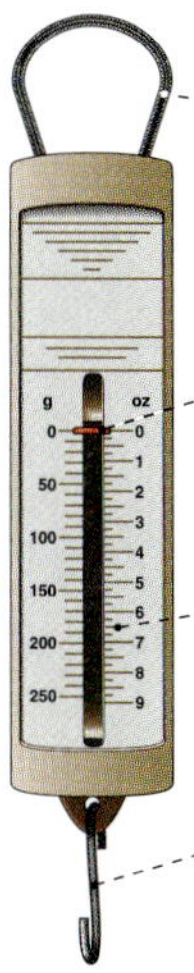

ELEKTRONISCHE WAAGE[F]
ELECTRONIC SCALES
BALANCE[F] ÉLECTRONIQUE
BÁSCULA[F] ELECTRÓNICA

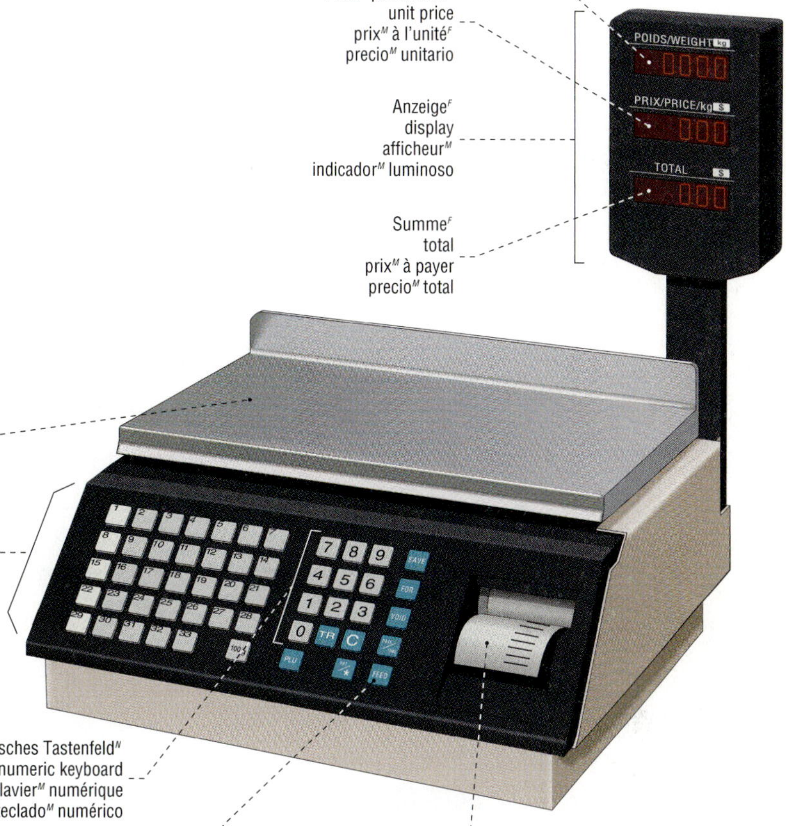

PERSONENWAAGE[F]
BATHROOM SCALES
PÈSE-PERSONNE[M]
BÁSCULA[F] DE BAÑO[M]

PRÄZISIONSWAAGE[F]
ANALYTICAL BALANCE
BALANCE[F] DE PRÉCISION[F]
BALANZA[F] DE PRECISIÓN[F]

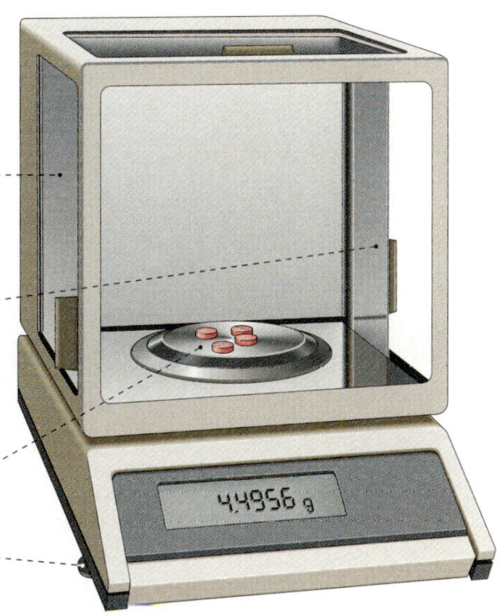

DRUCKMESSUNG^F
MEASUREMENT OF PRESSURE
MESURE^F DE LA PRESSION^F
MEDICIÓN^F DE LA PRESIÓN^F

BAROMETER^N/THERMOMETER^N
BAROMETER/THERMOMETER
BAROMÈTRE^M/THERMOMÈTRE^M
BARÓMETRO^M/TERMÓMETRO^M

Indikator^M
indicator
repère^M
indicador^M

Anzeigeskala^F
graduated scale
cadran^M gradué
esfera^F graduada

Barometerskalen^F
barometer scales
échelles^F barométriques
escalas^F barométricas

Zeiger^M
pointer
aiguille^F
aguja^F

Vakuumkammer^F
vacuum chamber
caisse^F cylindrique
vacío^M barométrico

Temperaturskalen^F
temperature scales
échelles^F de la température^F
escalas^F de temperatura^F

Gehäuse^N
case
boîtier^M
caja^F

BLUTDRUCKMESSGERÄT^N
SPHYGMOMANOMETER
TENSIOMÈTRE^M
TENSIÓMETRO^M

Druckmeßgerät^N
pressure gauge
manomètre^M
manómetro^M

Digitalanzeige^F
digital display
affichage^M numérique
indicador^M digital

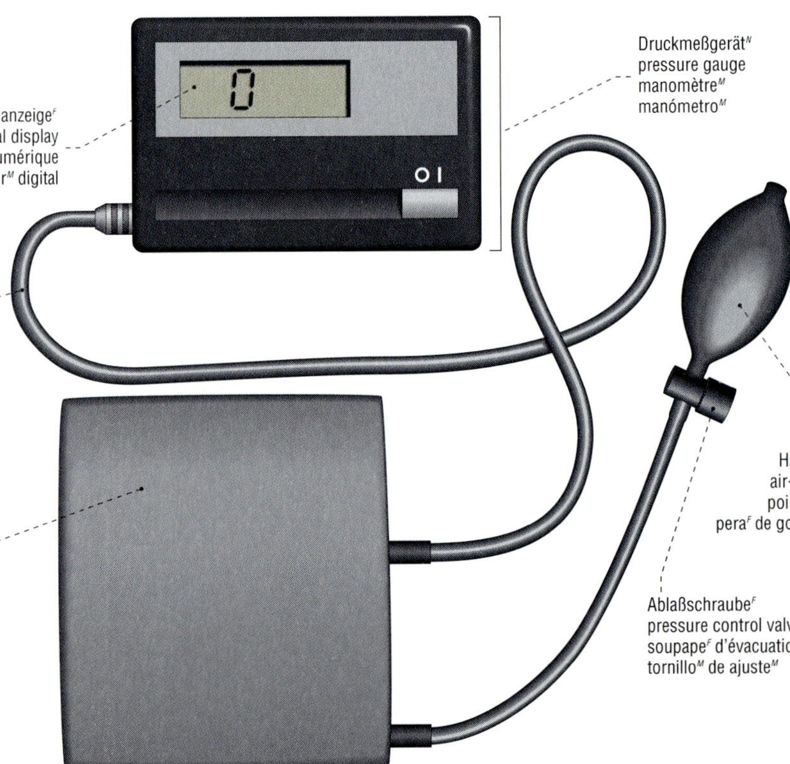

Schlauch^M
tube
tube^M
tubo^M

Handblasebalg^M
air-pressure pump
poire^F de gonflage^M
pera^F de goma^F para inyectar aire^M

aufblasbare Manschette^F
pneumatic armlet
brassard^M pneumatique
brazalete^M neumático

Ablaßschraube^F
pressure control valve
soupape^F d'évacuation^F
tornillo^M de ajuste^M

LÄNGENMESSUNG[F]
MEASUREMENT OF LENGTH
MESURE[F] DE LA LONGUEUR[F]
MEDICIÓN[F] DE LA LONGITUD[F]

MESSBAND[N]
TAPE MEASURE
MÈTRE[M] À RUBAN[M]
CINTA[F] MÉTRICA

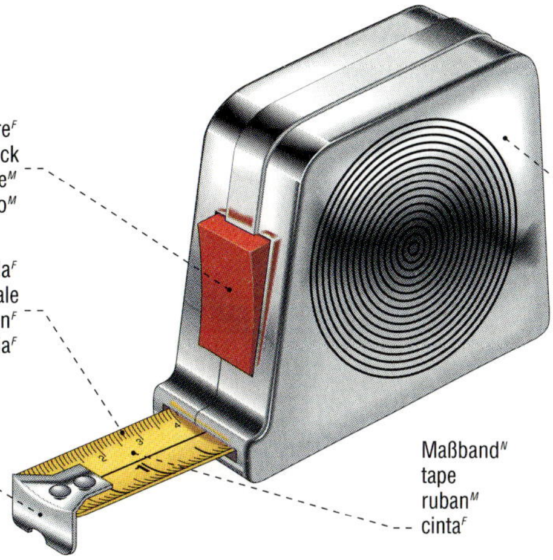

ENTFERNUNGSMESSUNG[F]
MEASUREMENT OF DISTANCE
MESURE[F] DE LA DISTANCE[F]
MEDICIÓN[F] DE LA DISTANCIA[F]

PEDOMETER[N]
PEDOMETER
PODOMÈTRE[M]
ODÓMETRO[M]

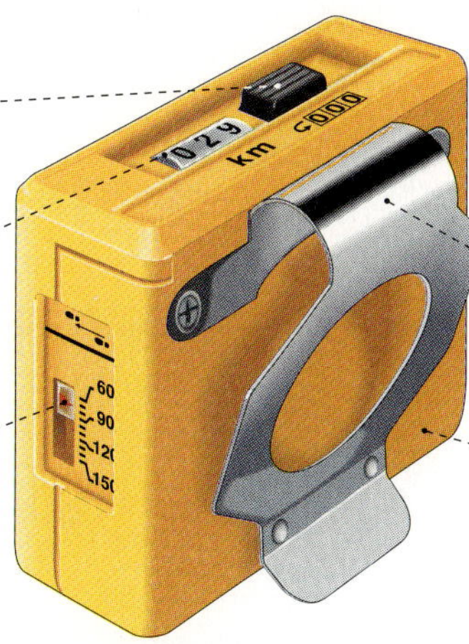

DICKEMESSUNG[F]
MEASUREMENT OF THICKNESS
MESURE[F] DE L'ÉPAISSEUR[F]
MEDICIÓN[F] DEL ESPESOR[M]

MIKROMETERSCHRAUBE[F]
MICROMETER CALLIPER
MICROMÈTRE[M] PALMER[M]
MICRÓMETRO[M]

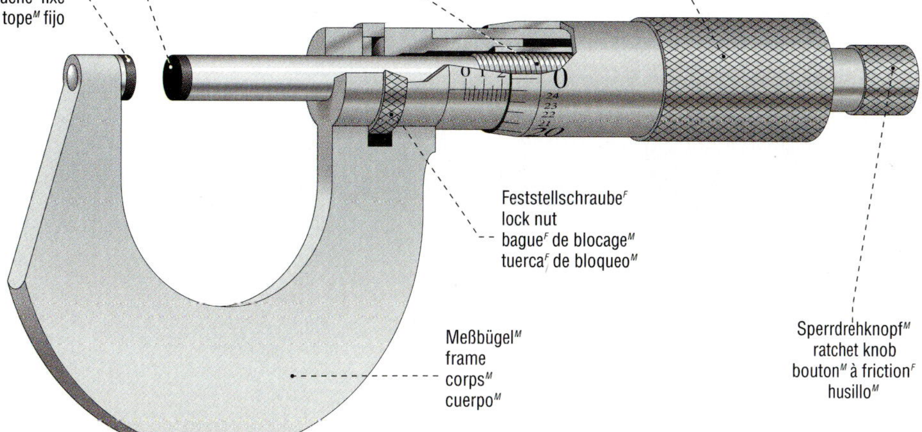

STROMZÄHLER[M]
ELECTRICITY METER
WATTHEUREMÈTRE[M]
VATÍMETRO[M]

AUSSENANSICHT[F]
EXTERIOR VIEW
VUE[F] EXTÉRIEURE
VISTA[F] EXTERIOR

Abdeckung[F]
cover
couvercle[M]
tapa[F]

Registriereinheit[F]
register
minuterie[F]
registro[M]

Kennplakette[F]
name plate
plaque[F] signalétique
placa[F] indicadora

Leichtbelastungseinstellschraube[F]
light-load adjustment screw
vis[F] de réglage[M] de petit débit[M]
tornillo[M] de regulación[F] para carga[F] ligera

Vollbelastungseinstellschraube[F]
full-load adjustment screw
vis[F] de réglage[M] de grand débit[M]
tornillo[M] de regulación[F] para carga[F] completa

Ziffernblatt[N]
dial
cadran[M]
cuadrante[M]

Drehscheibe[F]
disc
disque[M]
disco[M]

Stromverbrauchernummer[F]
consumer number
numéro[M] de l'abonné[M]
número[M] del consumidor[M]

MECHANISMUS[M]
MECHANISM
MÉCANISME[M]
MECANISMO[M]

Magnetaufhängung[F]
magnetic suspension
palier[M] magnétique
suspensión[F] magnética

Registriereinheit[F]
register
minuterie[F]
registro[M]

Spindel[F]
spindle
arbre[M]
árbol[M]

Retardiermagnet[M]
retarding magnet
aimant[M]-frein[M]
imán[M] frenador

Potentialspule[F]
potential coil
bobine[F] de tension[F]
bobina[F] de tensión[F]

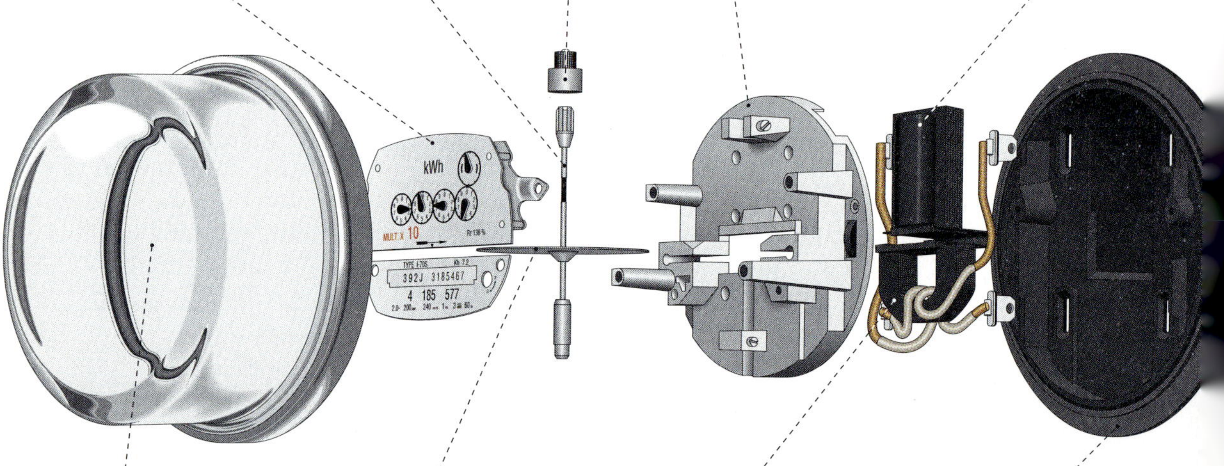

Abdeckung[F]
cover
couvercle[M]
tapa[F]

Drehscheibe[F]
disc
disque[M]
disco[M]

Stromspule[F]
current coil
bobine[F] de courant[M]
bobina[F] de corriente[F]

Grundplatte[F]
base
socle[M]
base[F]

WINKELMESSUNG[F]
MEASUREMENT OF ANGLES
MESURE[F] DES ANGLES[M]
MEDICIÓN[F] DE ÁNGULOS[M]

THEODOLIT[M]
THEODOLITE
THÉODOLITE[M]
TEODOLITO[M]

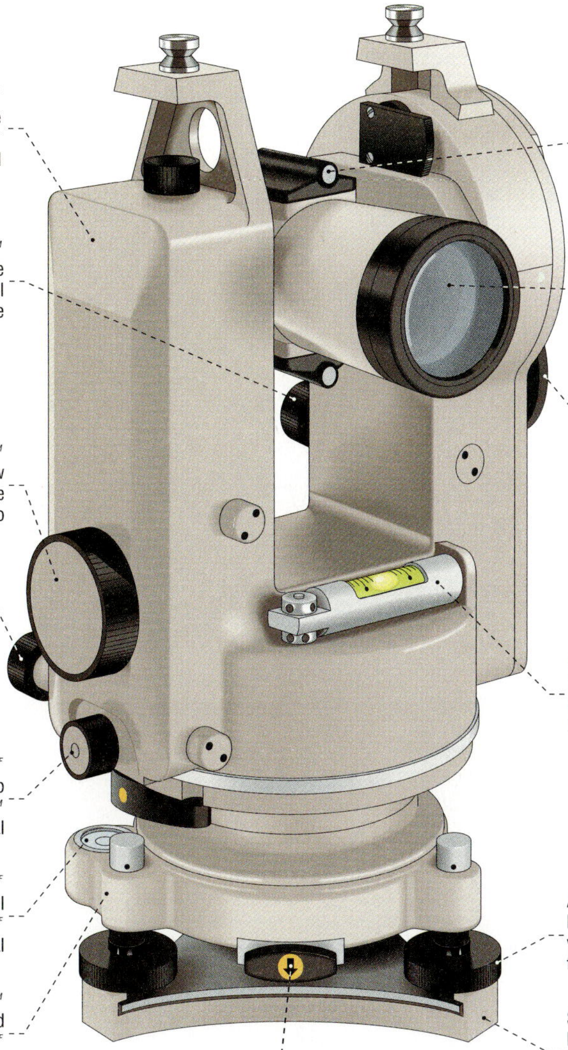

Schrägmaß[N]
bevel square
fausse-équerre[F]
falsa escuadra[F]

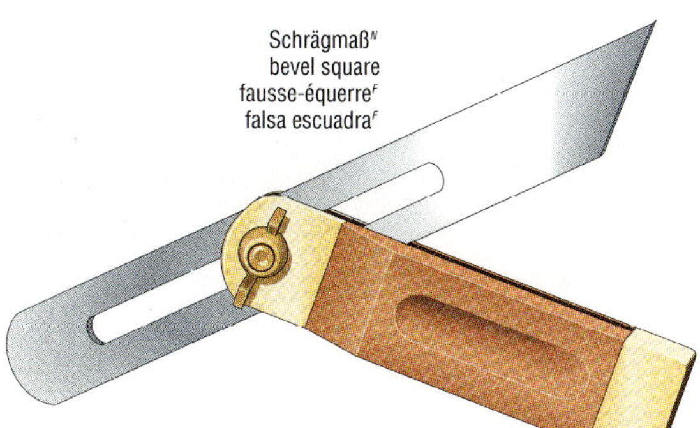

Winkelmesser[M]
protractor
rapporteur[M] d'angle[M]
transportador[M]

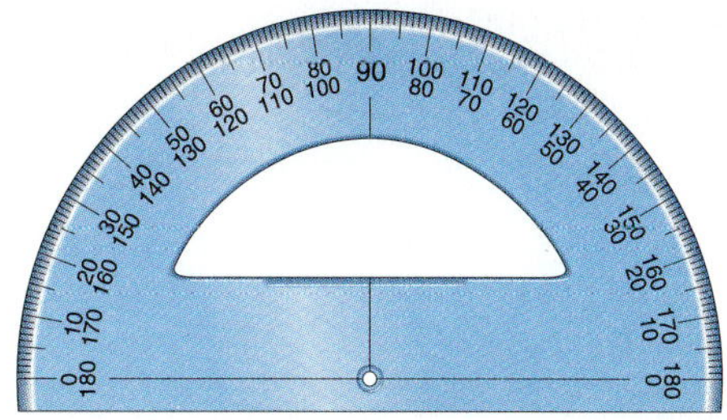

MESSUNG[F] SEISMISCHER WELLEN[F]
MEASUREMENT OF SEISMIC WAVES
MESURE[F] DES ONDES[F] SISMIQUES
MEDICIÓN[F] DE ONDAS[F] SÍSMICAS

REGISTRIERUNG[F] SEISMISCHER WELLEN[F]
DETECTION OF SEISMIC WAVES
DÉTECTION[F] DES ONDES[F] SISMIQUES
DETECCIÓN[F] DE ONDAS[F] SÍSMICAS

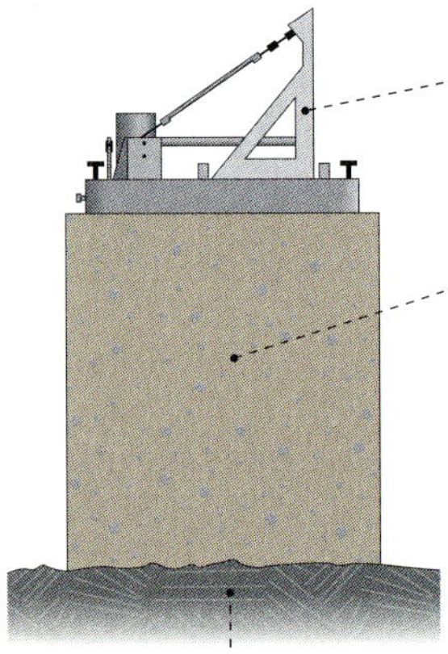

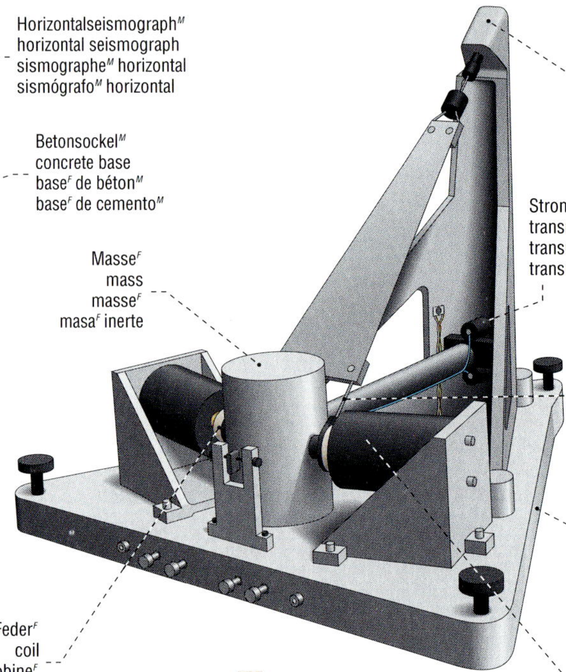

VERSTÄRKUNG[F] SEISMISCHER WELLEN[F]
AMPLIFICATION OF SEISMIC WAVES
AMPLIFICATION[F] DES ONDES[F] SISMIQUES
AMPLIFICACIÓN[F] DE ONDAS[F] SÍSMICAS

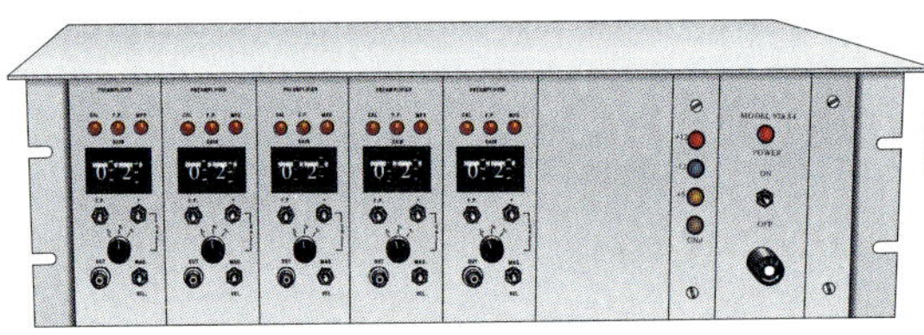

AUFZEICHNUNG[F] SEISMISCHER WELLEN[F]
TRANSCRIPTION OF SEISMIC WAVES
TRANSCRIPTION[F] DES ONDES[F] SISMIQUES
TRANSCRIPCIÓN[F] DE ONDAS[F] SÍSMICAS

Drehwalze[F]
rotating drum
cylindre[M] enregistreur
tambor[M] rotativo

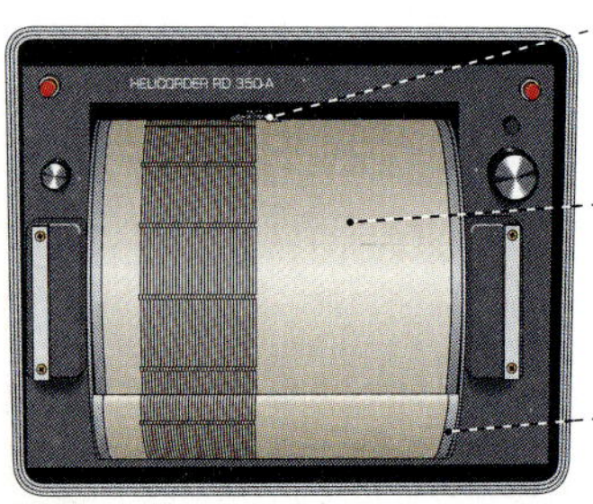

Sichtbarmachung[F] seismischer Wellen[F]
visualization of seismic waves
visualisation[F] des ondes[F] sismiques
visualización[F] de las ondas[F] sísmicas

OPTISCHE INSTRUMENTE
OPTICAL INSTRUMENTS
APPAREILS DE VISION
INSTRUMENTOS ÓPTICOS

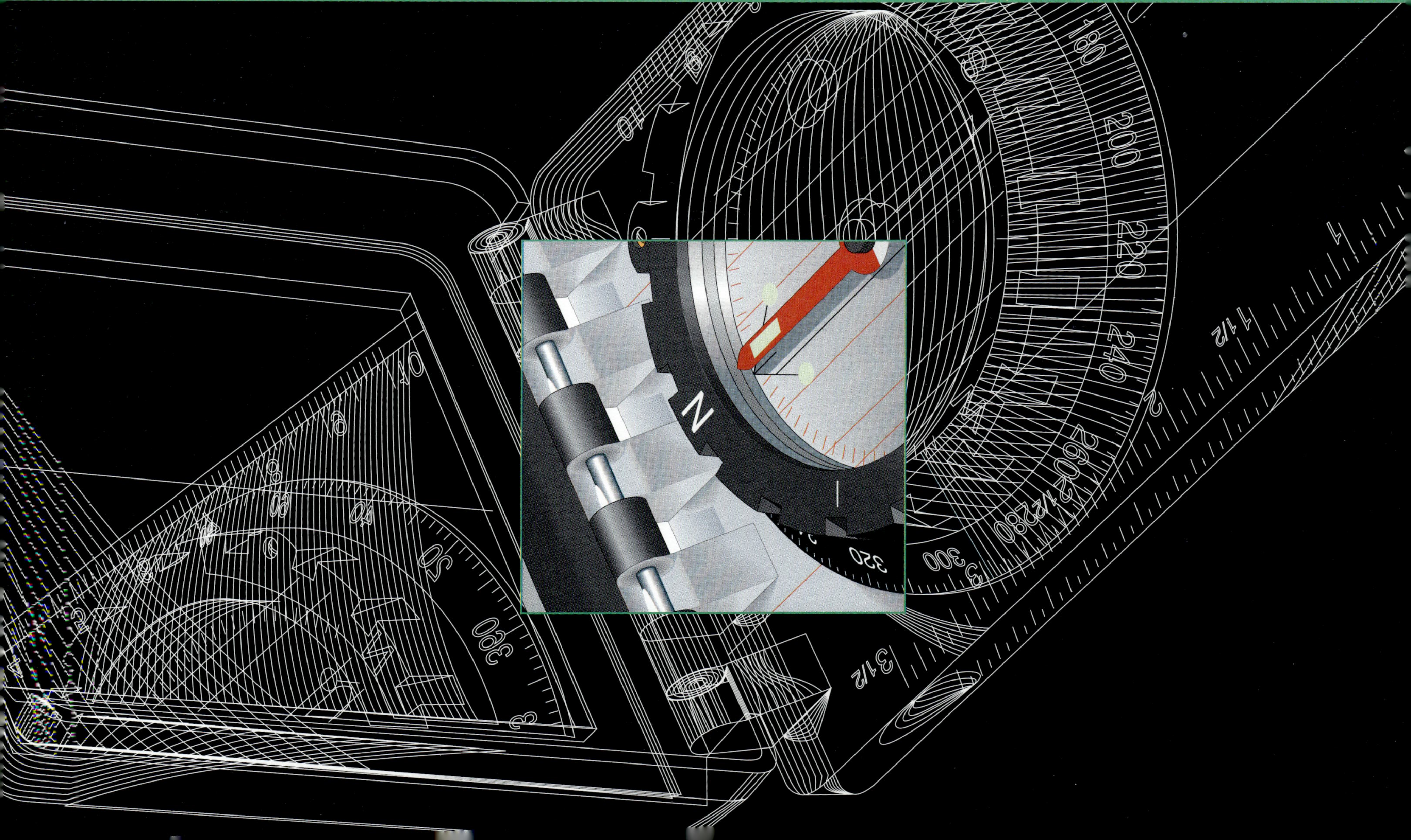

OPTISCHE INSTRUMENTE
OPTICAL INSTRUMENTS
APPAREILS DE VISION
INSTRUMENTOS ÓPTICOS

INHALT

ELEKTRONENMIKROSKOP 717
BINOKULARMIKROSKOP 718
ZIELFERNROHR 718
PRISMENFERNGLAS 719
MAGNETKOMPASS 719
SPIEGELTELESKOP 720
LINSENFERNROHR 721
RADAR 722
LINSEN 722

ELEKTRONENMIKROSKOP[N]
ELECTRON MICROSCOPE
MICROSCOPE[M] ÉLECTRONIQUE
MICROSCOPIO[M] DE ELECTRONES

QUERSCHNITT[M] DURCH EIN ELEKTRONENMIKROSKOP[N]
CROSS SECTION OF AN ELECTRON MICROSCOPE
COUPE[F] D'UN MICROSCOPE[M] ÉLECTRONIQUE
CORTE[M] TRANSVERSAL DE UN MICROSCOPIO[M] DE ELECTRONES[M]

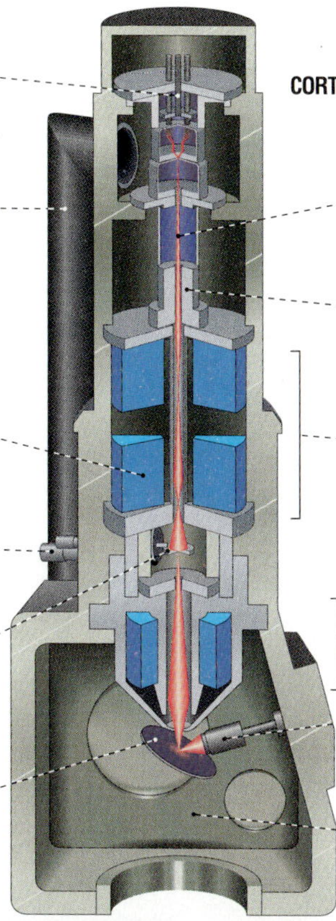

TEILE[N] DES ELEKTRONENMIKROSKOPS[N]
ELECTRON MICROSCOPE ELEMENTS
COMPOSANTES[F] D'UN MICROSCOPE[M] ÉLECTRONIQUE
ELEMENTOS[M] DEL MICROSCOPIO[M] DE ELECTRONES[M]

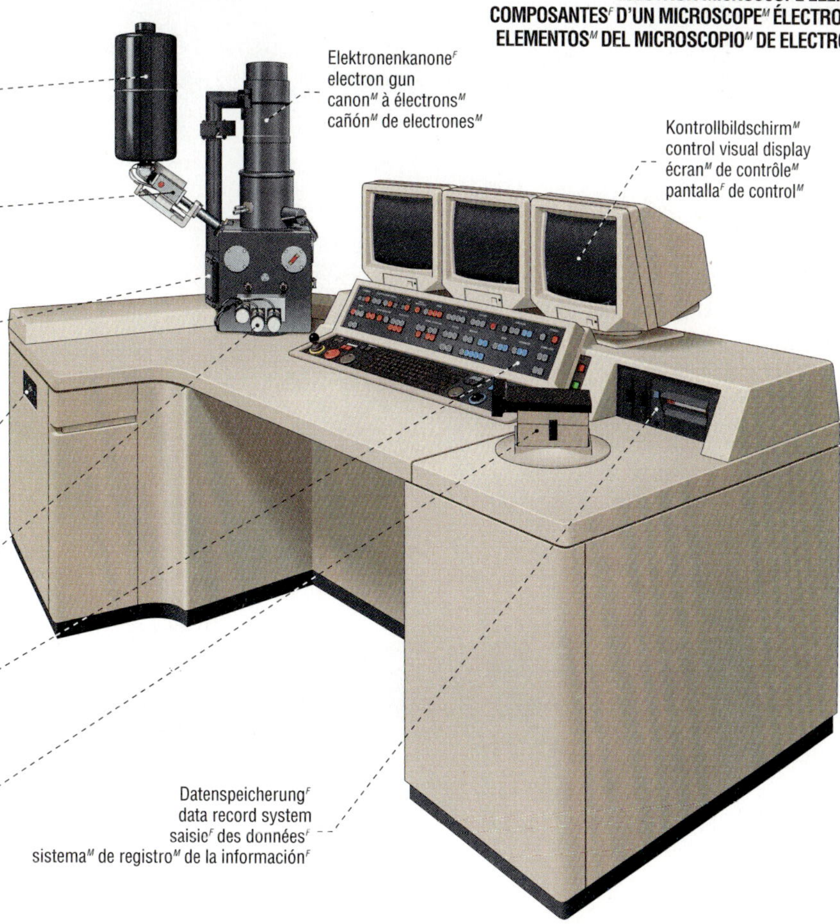

BINOKULARMIKROSKOP^N
BINOCULAR MICROSCOPE
MICROSCOPE^M BINOCULAIRE
MICROSCOPIO^M BINOCULAR

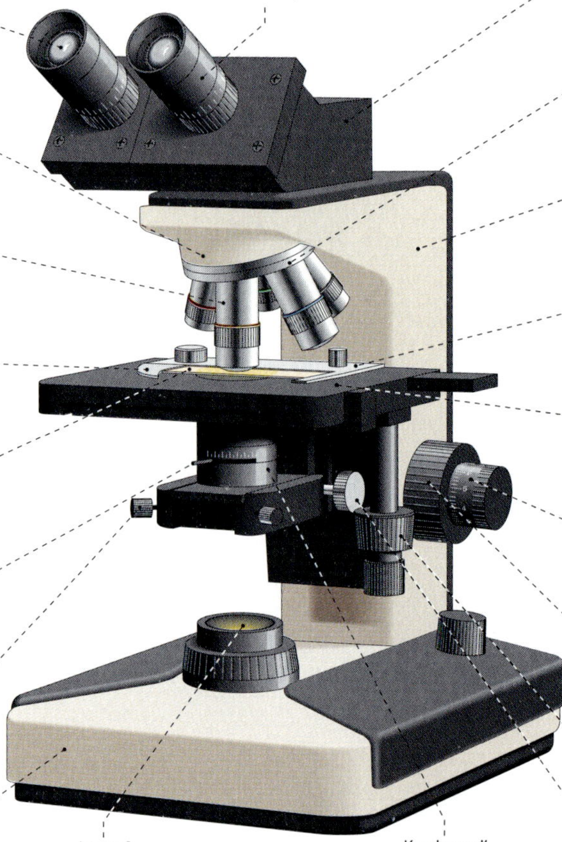

ZIELFERNROHR^N
TELESCOPIC SIGHT
LUNETTE^F DE VISÉE^F
VISOR^M TELESCÓPICO

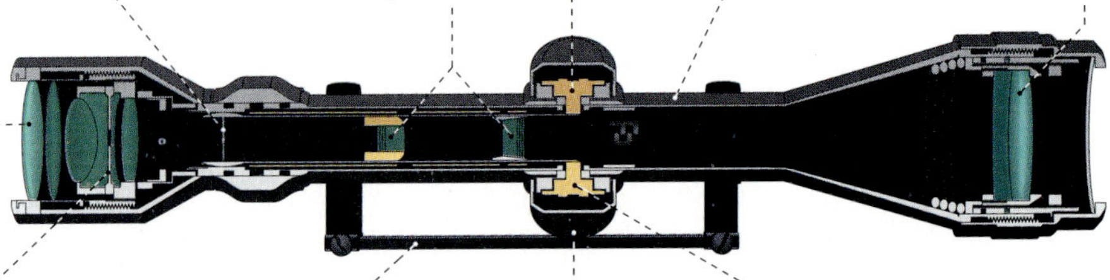

PRISMENFERNGLAS^N
PRISM BINOCULARS
JUMELLES^F À PRISMES^M
PRISMÁTICOS^M BINOCULARES

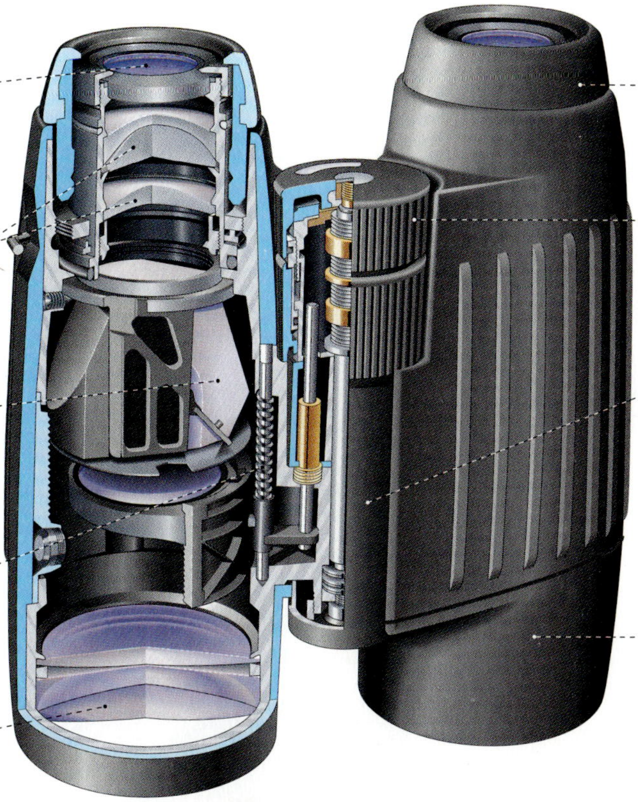

MAGNETKOMPASS^M
MAGNETIC COMPASS
BOUSSOLE^F MAGNÉTIQUE
BRÚJULA^F MAGNÉTICA

SPIEGELTELESKOP[N]
REFLECTING TELESCOPE
TÉLESCOPE[M]
TELESCOPIO[M] REFLECTOR

QUERSCHNITT[M] DURCH EIN SPIEGELTELESKOP[N]
CROSS SECTION OF A REFLECTING TELESCOPE
COUPE[F] D'UN TÉLESCOPE[M]
CORTE[M] TRANSVERSAL DE UN TELECOPIO[M] REFLECTOR

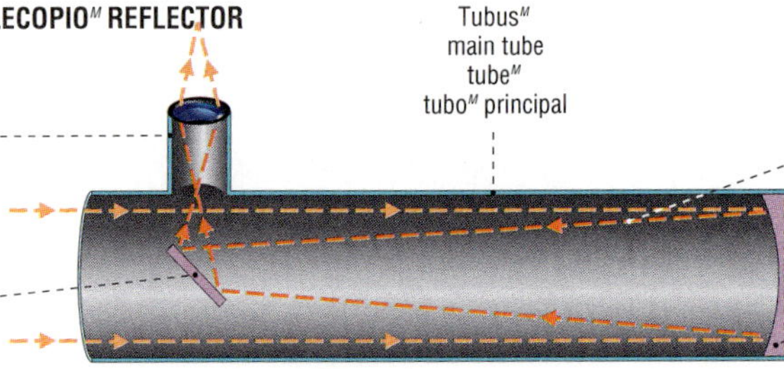

LINSENFERNROHR^{N}
REFRACTING TELESCOPE
LUNETTE^{F} ASTRONOMIQUE
TELESCOPIO^{M} REFRACTOR

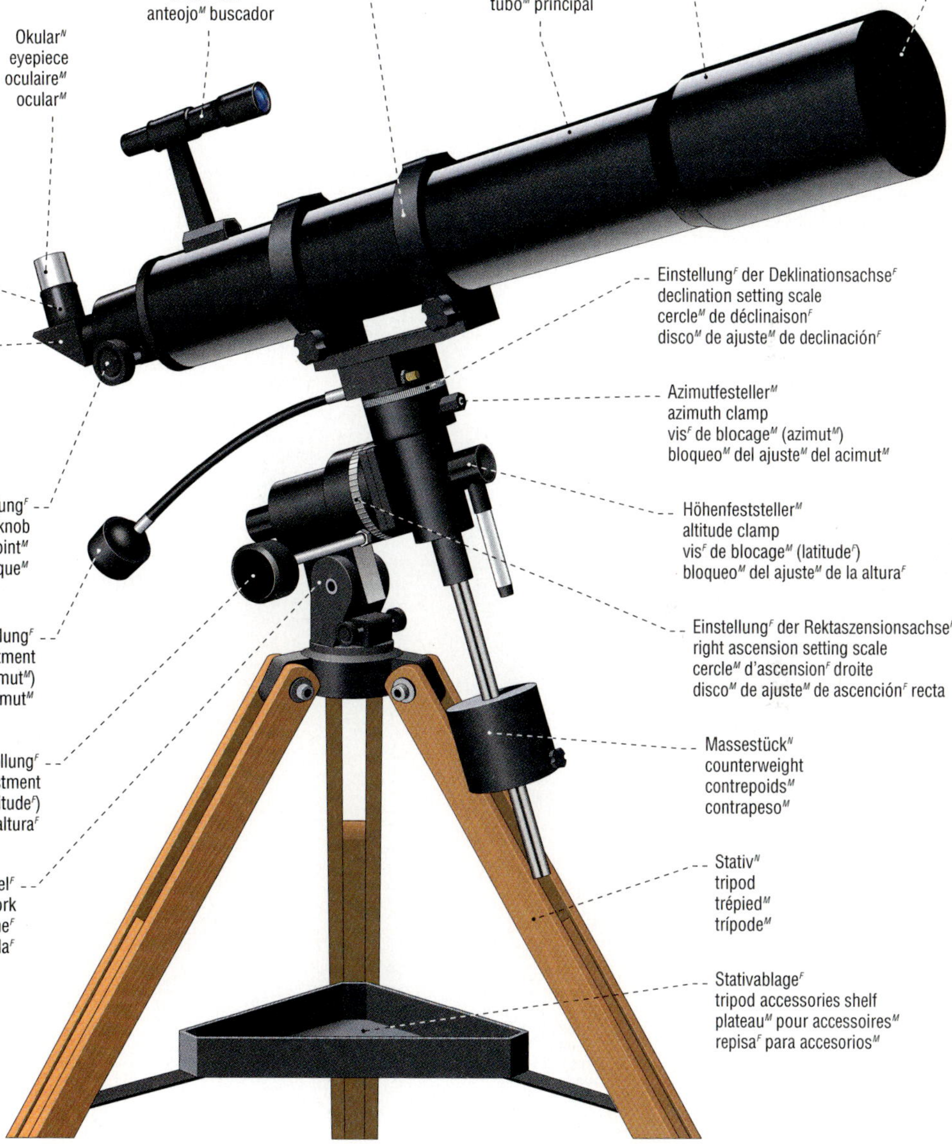

QUERSCHNITT^{M} DURCH EIN LINSENFERNROHR^{N}
CROSS SECTION OF A REFRACTING TELESCOPE
COUPE^{F} D'UNE LUNETTE^{F} ASTRONOMIQUE
CORTE^{M} TRANSVERSAL DE UN TELESCOPIO^{M} REFRACTOR

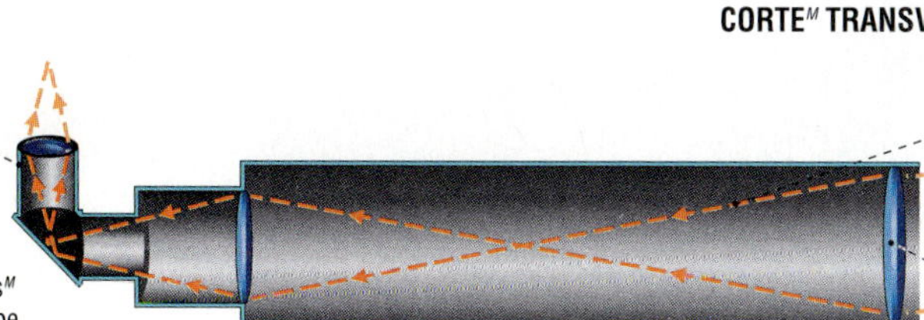

LINSEN[F]
LENSES
LENTILLES[F]
LENTES[F]

SAMMELLINSEN[F]
CONVERGING LENSES
LENTILLES[F] CONVERGENTES
LENTES[F] CONVERGENTES

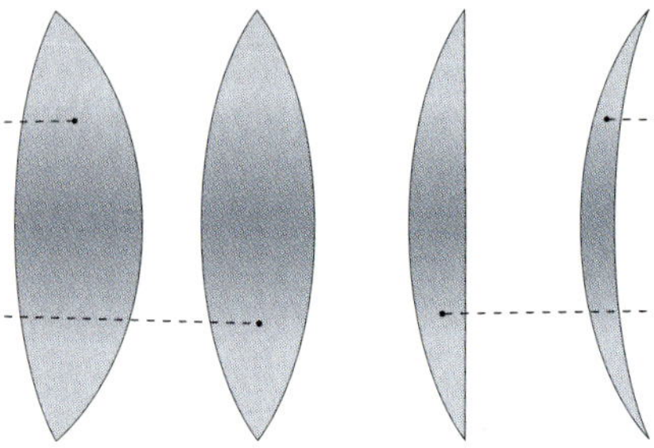

ZERSTREUUNGSLINSEN[F]
DIVERGING LENSES
LENTILLES[F] DIVERGENTES
LENTES[F] DIVERGENTES

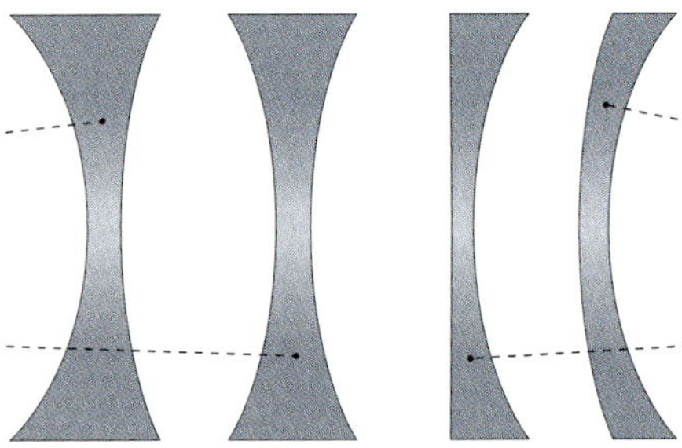

RADAR[N]
RADAR
RADAR[M]
RADAR[M]

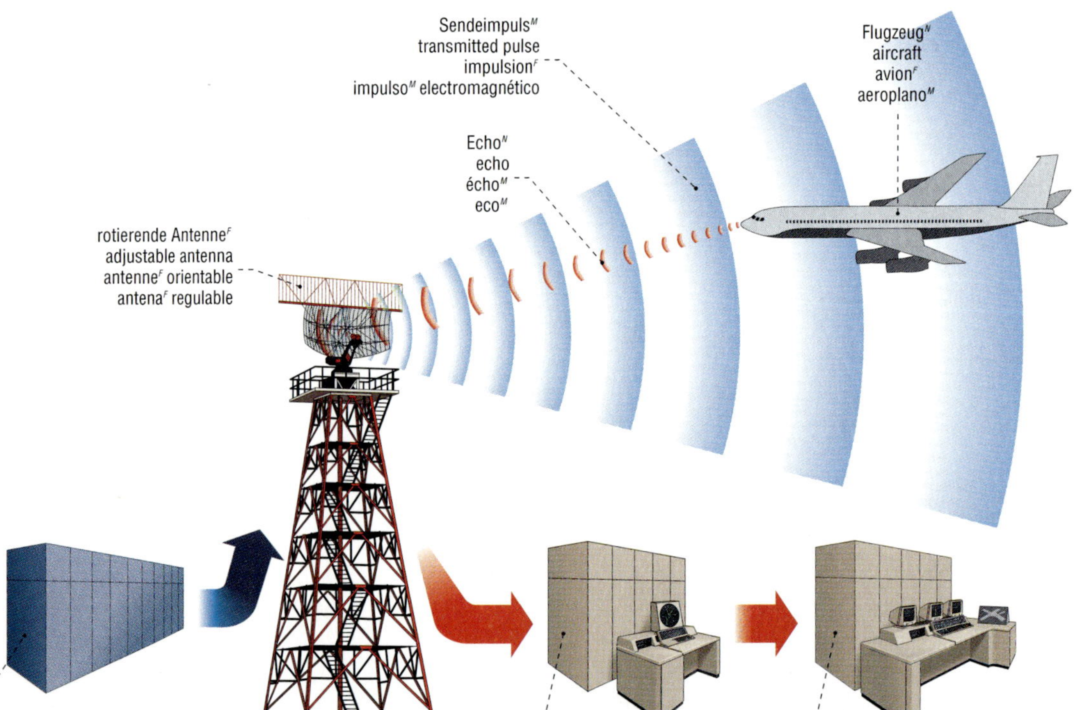

GESUNDHEIT UND UNFALLSCHUTZ
HEALTH AND SAFETY
SANTÉ ET SÉCURITÉ
SALUD Y SEGURIDAD

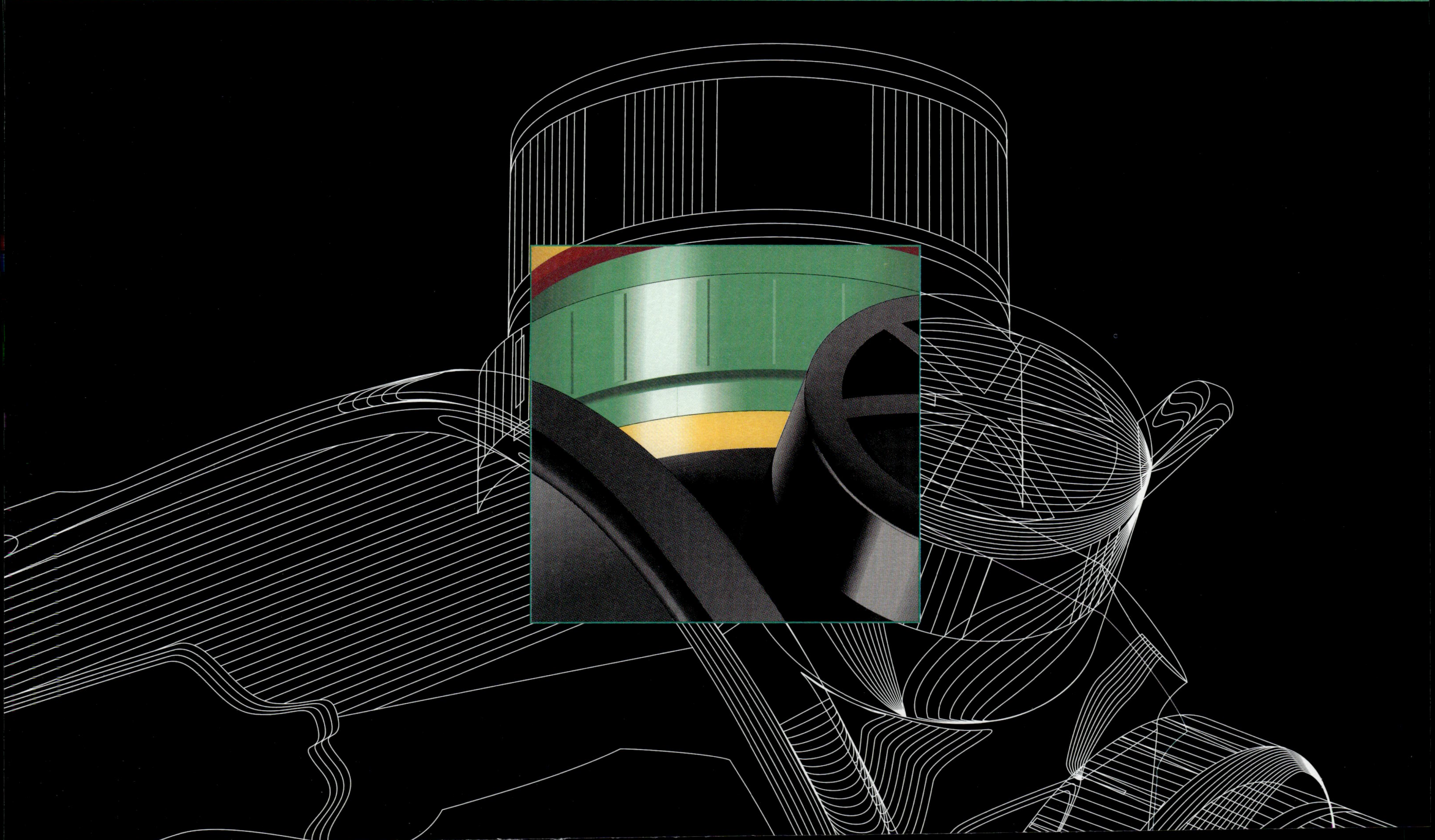

INHALT

ERSTE-HILFE-KASTEN ... 725
NOTFALLAUSRÜSTUNG ... 726
ROLLSTUHL ... 727
GEHHILFEN ... 728
GEHÖRSCHUTZ ... 729
AUGENSCHUTZ ... 729
KOPFSCHUTZ ... 729
ATEMSCHUTZ ... 730
SICHERHEITSWESTE ... 730
FUSSCHUTZ ... 730

ERSTE-HILFE-KASTEN[M]
FIRST AID KIT
TROUSSE[F] DE SECOURS[M]
BOTIQUÍN[M] DE PRIMEROS AUXILIOS[M]

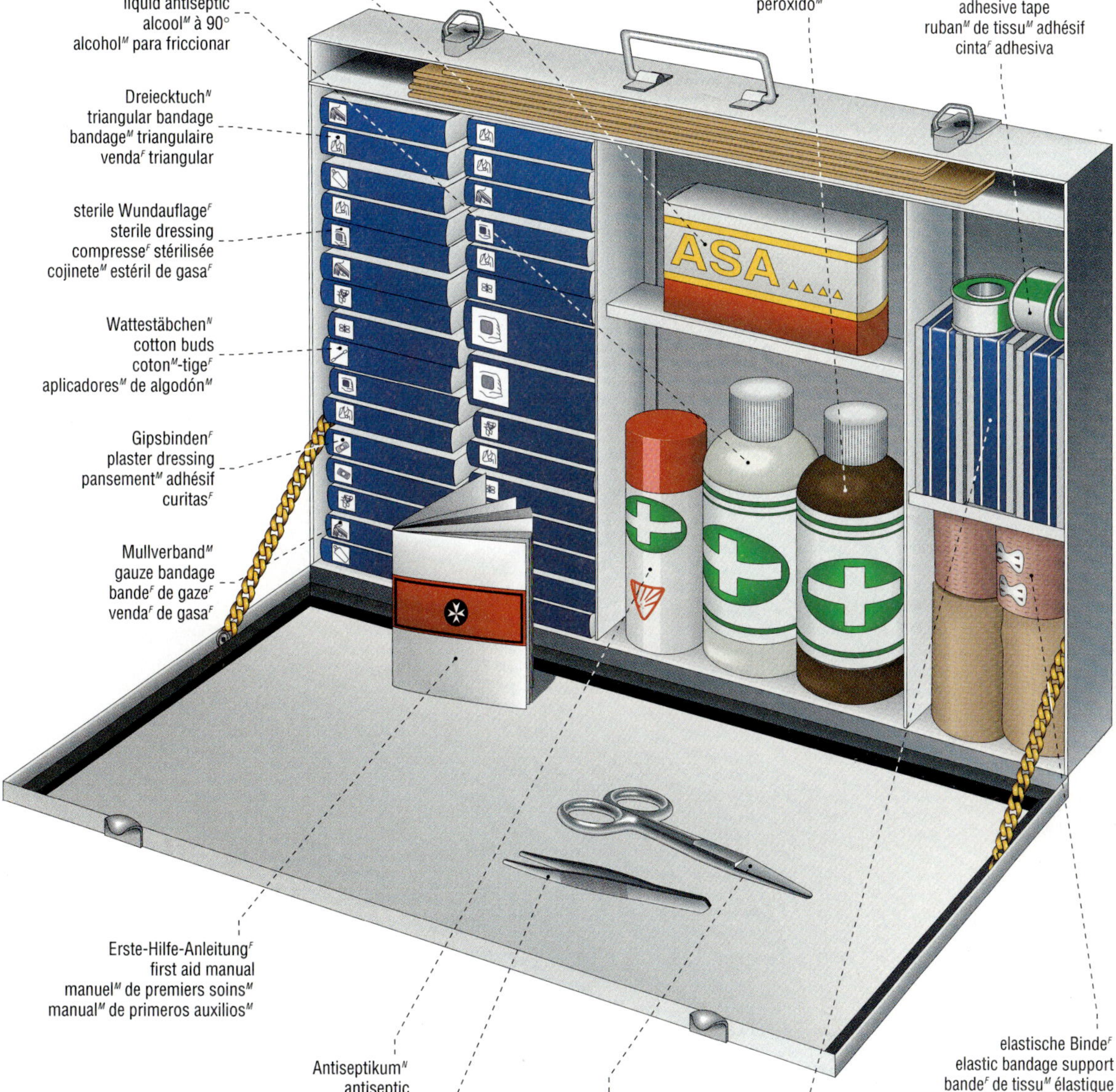

Schienen[F]
splints
attelles[F]
tablillas[F]

Aspirin[N]
aspirin
aspirine[F]
aspirina[F]

Peroxyd[N]
peroxide
peroxyde[M]
peróxido[M]

Heftpflaster[N]
adhesive tape
ruban[M] de tissu[M] adhésif
cinta[F] adhesiva

antiseptische Flüssigkeit[F]
liquid antiseptic
alcool[M] à 90°
alcohol[M] para friccionar

Dreiecktuch[N]
triangular bandage
bandage[M] triangulaire
venda[F] triangular

sterile Wundauflage[F]
sterile dressing
compresse[F] stérilisée
cojinete[M] estéril de gasa[F]

Wattestäbchen[N]
cotton buds
coton[M]-tige[F]
aplicadores[M] de algodón[M]

Gipsbinden[F]
plaster dressing
pansement[M] adhésif
curitas[F]

Mullverband[M]
gauze bandage
bande[F] de gaze[F]
venda[F] de gasa[F]

Erste-Hilfe-Anleitung[F]
first aid manual
manuel[M] de premiers soins[M]
manual[M] de primeros auxilios[M]

elastische Binde[F]
elastic bandage support
bande[F] de tissu[M] élastique
venda[F] elástica

Antiseptikum[N]
antiseptic
antiseptique[M]
antiséptico[M]

Schere[F]
scissors
ciseaux[M]
tijeras[F]

Wattetupfer[M]
cotton wool
coton[M] hydrophile
algodón[M] absorbente

Pinzette[F]
tweezers
pince[F] à échardes[F]
pinzas[F]

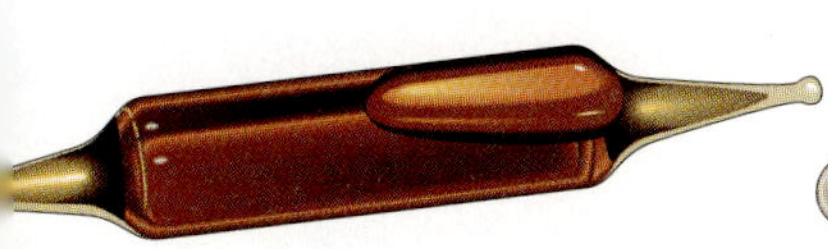

Ampulle[F]
ampoule
ampoule[F]
ampolleta[F]

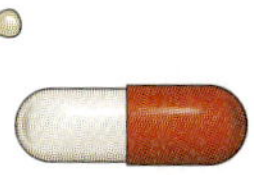

Kapsel[F]
capsule
capsule[F]
cápsula[F]

Tablette[F]
tablet
comprimé[M]
tableta[F]

Gelatinekapsel[F]
gelatin capsule
gélule[F]
cápsula[F] de gelatina[F]

NOTFALLAUSRÜSTUNG[F]
FIRST AID EQUIPMENT
MATÉRIEL[M] DE SECOURS[M]
EQUIPO[M] DE PRIMEROS AUXILIOS[M]

STETHOSKOP[N]
STETHOSCOPE
STÉTHOSCOPE[M]
ESTETOSCOPIO[M]

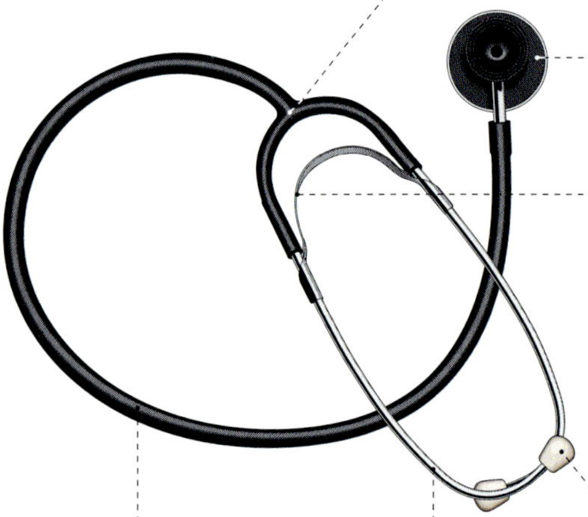

SPRITZE[F]
SYRINGE
SERINGUE[F]
JERINGA[F]

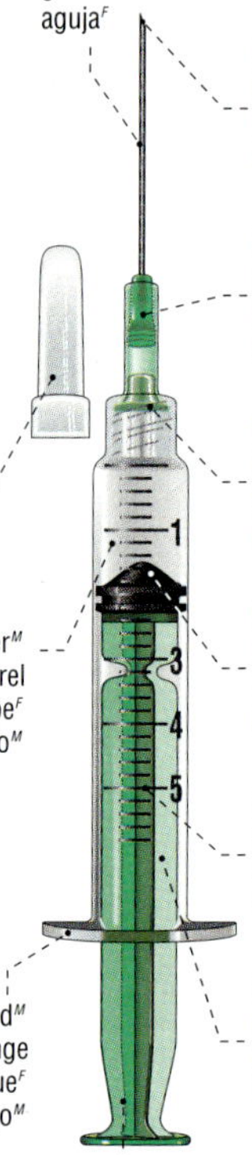

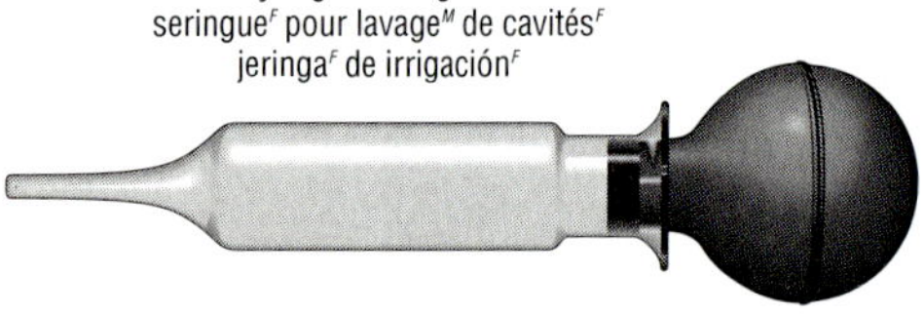

FAHRTRAGE[F]
COT
CIVIÈRE[F]
CAMILLA[F]

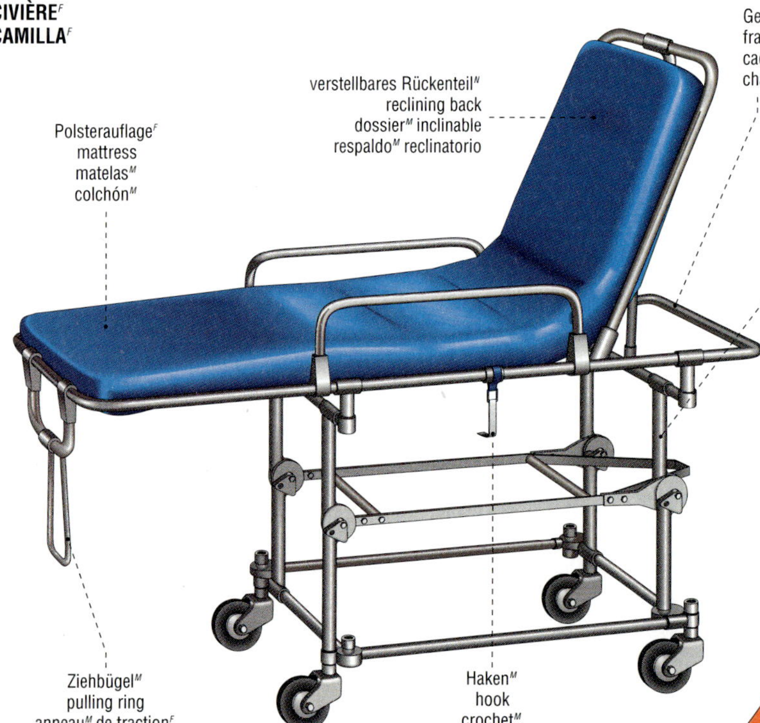

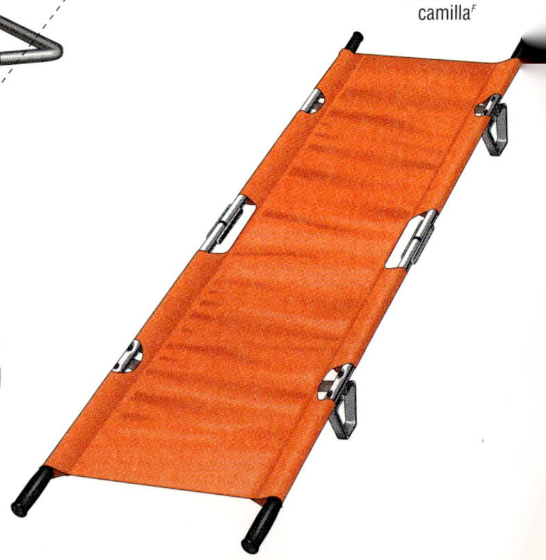

ROLLSTUHL[M]
WHEELCHAIR
FAUTEUIL[M] ROULANT
SILLA[F] DE RUEDAS[F]

GEHHILFEN[F]
WALKING AIDS
AIDES[F] À LA MARCHE[F]
AUXILIARES[M] ORTOPÉDICOS PARA CAMINAR

GEHKRÜCKE[F]
FOREARM CRUTCH
BÉQUILLE[F] D'AVANT-BRAS[M]
MULETA[F] DE ANTEBRAZO[M]

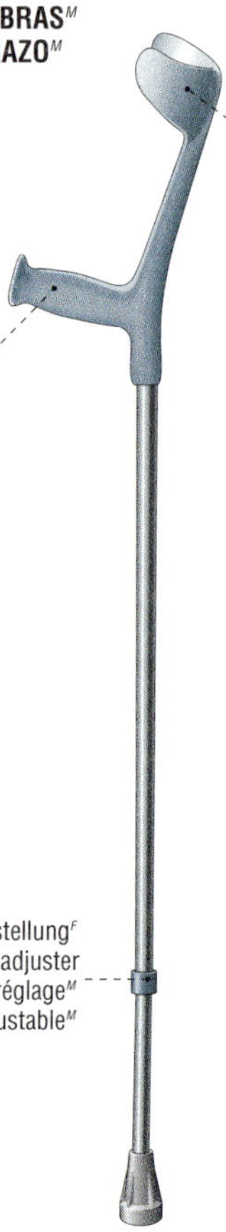

ACHSELKRÜCKE[F]
UNDERARM CRUTCH
BÉQUILLE[F] COMMUNE
MULETA[F] DE SOBACO[M]

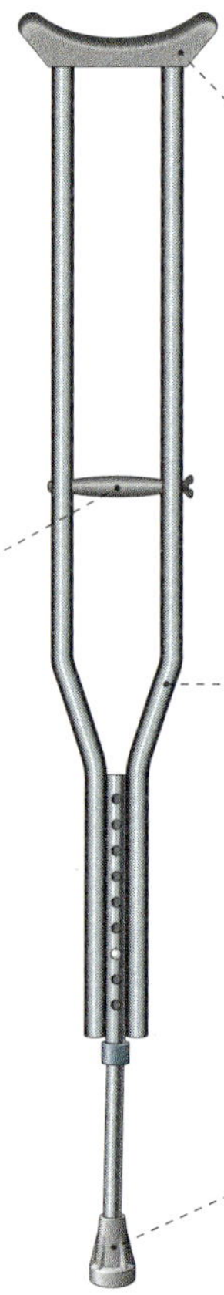

STÖCKE[M]
STICKS
CANNES[F]
BASTONES[M]

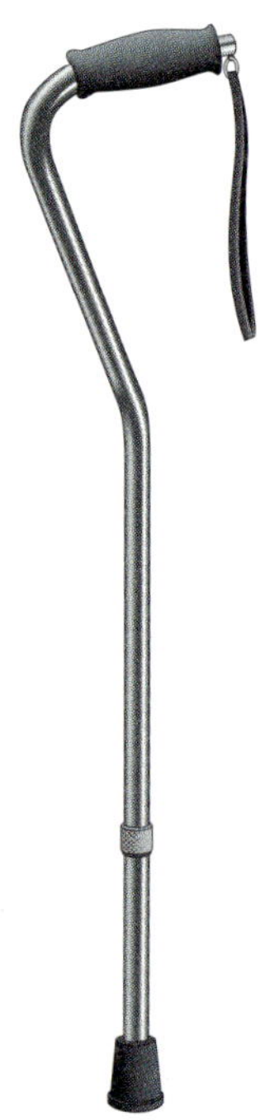

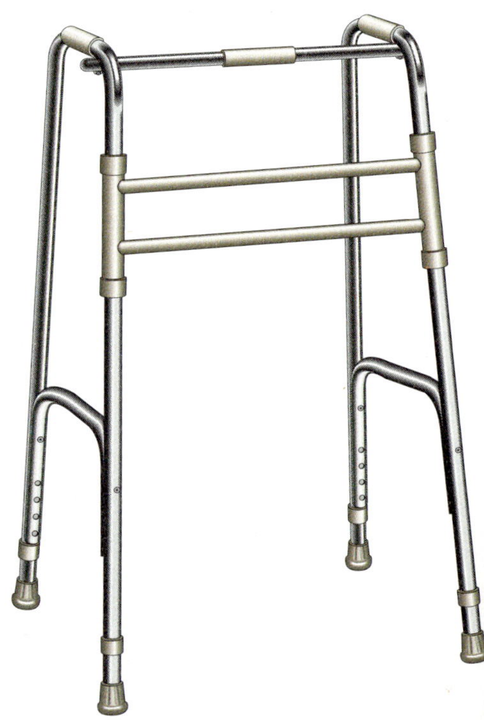

GEHÖRSCHUTZ[M]
EAR PROTECTION
PROTECTION[F] DE L'OUÏE[F]
PROTECCIÓN[F] PARA LOS OÍDOS[M]

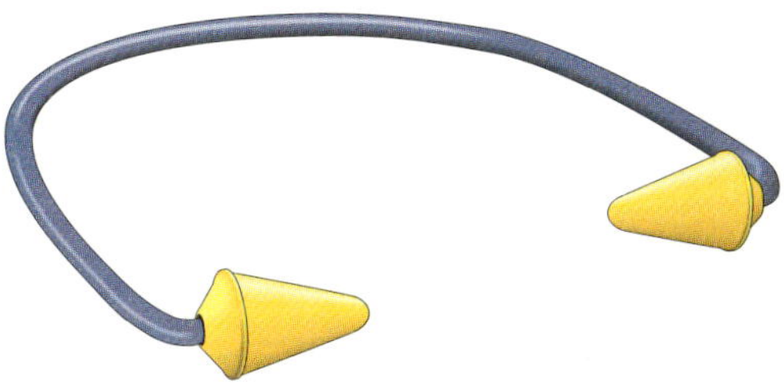

AUGENSCHUTZ[M]
EYE PROTECTION
PROTECTION[F] DES YEUX[M]
PROTECCIÓN[F] PARA LOS OJOS[M]

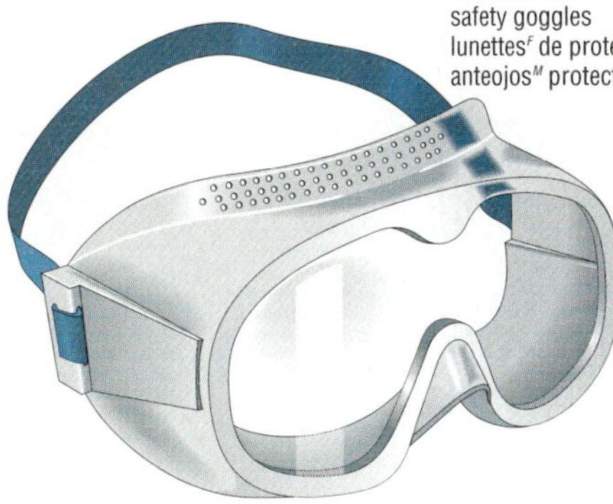

KOPFSCHUTZ[M]
HEAD PROTECTION
PROTECTION[F] DE LA TÊTE[F]
PROTECCIÓN[F] PARA LA CABEZA[F]

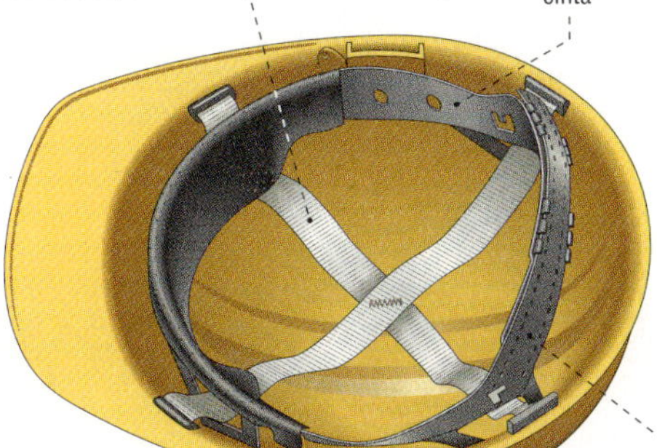

ATEMSCHUTZ[M]
RESPIRATORY SYSTEM PROTECTION
PROTECTION[F] DES VOIES[F] RESPIRATOIRES
PROTECCIÓN[F] PARA EL SISTEMA[M] RESPIRATORIO[M]

GASMASKE[F]
RESPIRATOR
MASQUE[M] RESPIRATOIRE
MÁSCARA[F] DE GAS[M]

Gesichtsstück[N]
facepiece
jupe[F] de masque[M]
sección[F] frontal

Trageriemen[M]
head harness
jeu[M] de brides[F]
correas[F]

Filterabdeckung[F]
filter cover
couvre-filtre[M]
tapa[F] del filtro[M]

Visier[N]
visor
oculaire[M]
careta[F]

Kartusche[F]
cartridge
cartouche[F]
cartucho[M]

Einatemventil[N]
inhalation valve
soupape[F] inspiratoire
válvula[F] de inhalación[F]

Ausatemventil[N]
exhalation valve
soupape[F] expiratoire
válvula[F] de exhalación[F]

LEICHTE ATEMSCHUTZMASKE[F]
HALF-MASK RESPIRATOR
MASQUE[M] BUCCO-NASAL
MÁSCARA[F] PARA EL POLVO[M]

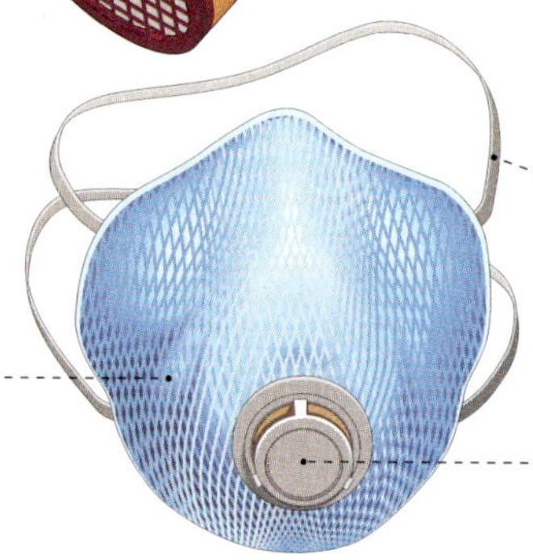

Maskendichtung[F]
cup gasket
coupelle[F] d'étanchéité[F]
mascarilla[F]

Kopfband[N]
headband
serre-tête[M]
cinta[F]

Ausatemventil[N]
exhalation valve
soupape[F] expiratoire
válvula[F] de exhalación[F]

SICHERHEITSWESTE[F]
SAFETY JACKET
GILET[M] DE SÉCURITÉ[F]
CHALECO[M] DE SEGURIDAD[F]

Leuchtstreifen[M]
reflective stripe
bande[F] réfléchissante
banda[F] reflectora

FUSSCHUTZ[M]
FEET PROTECTION
PROTECTION[F] DES PIEDS[M]
PROTECCIÓN[F] PARA LOS PIES[M]

Zehenschützer[M]
toe guard
protège-orteils[M]
puntera[F] protectora

SICHERHEITSSCHUH[M]
SAFETY BOOT
BRODEQUIN[M] DE SÉCURITÉ[F]
BOTA[F] DE SEGURIDAD[F]

Stahlkappe[F]
reinforced toe
embout[M] de protection[F]
tope[M]

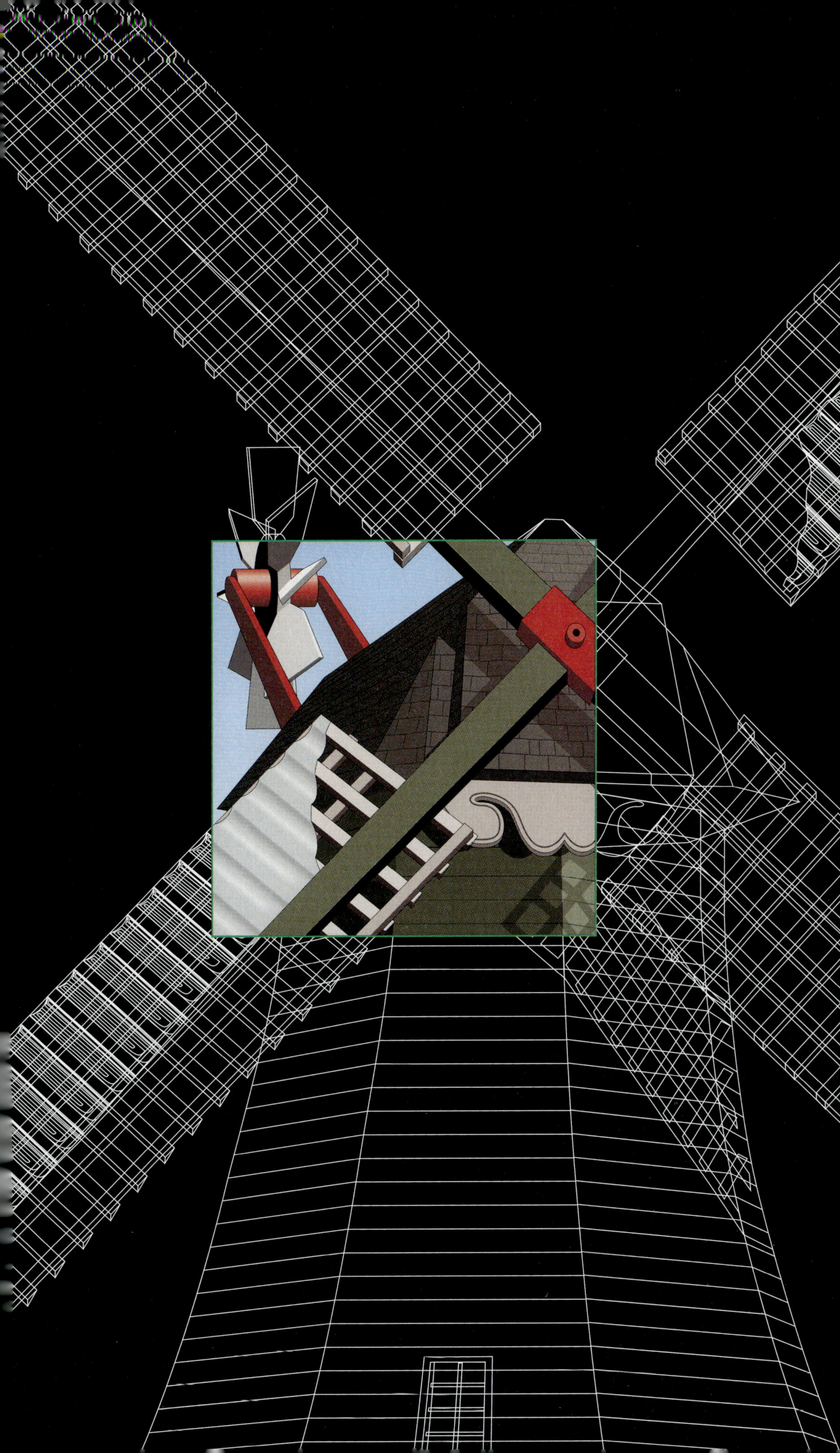

ENERGIE
ENERGY
ÉNERGIES
ENERGÍA

INHALT

KOHLEBERGWERK 733
ERDÖL 737
ELEKTRIZITÄT 746
KERNENERGIE 758
SONNENENERGIE 768
WINDENERGIE 773

KOHLEBERGWERK^{N}
COAL MINE
MINE^{F} DE CHARBON^{M}
MINAS^{F} DE CARBÓN^{M}

OFFENE GRUBE^{F}
OPEN-PIT MINE
CARRIÈRE^{F} EN ENTONNOIR^{M}
MINA^{F} A CIELO^{M} ABIERTO

ÜBERTAGEABBAU^{M}
STRIP MINE
CARRIÈRE^{F} EXPLOITÉE EN CHASSANT
EXCAVACIÓN^{F} A CIELO^{M} ABIERTO

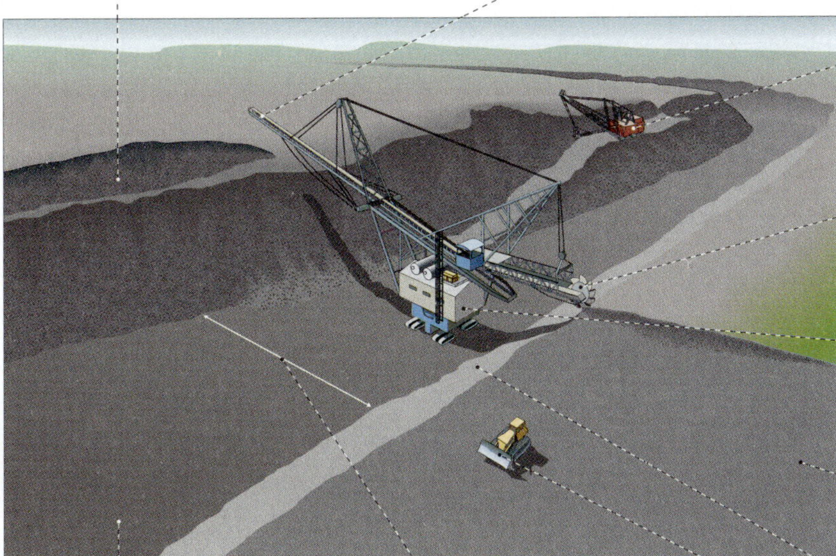

KOHLEBERGWERK^N
COAL MINE
MINE^F DE CHARBON^M
MINA^F DE CARBÓN^M SUBTERRÁNEA

BOHRHAMMER^M
JACKLEG DRILL
MARTEAU^M PERFORATEUR À POUSSOIR^M PNEUMATIQUE
TALADRO^M DE POSTE^M EXTENSIBLE

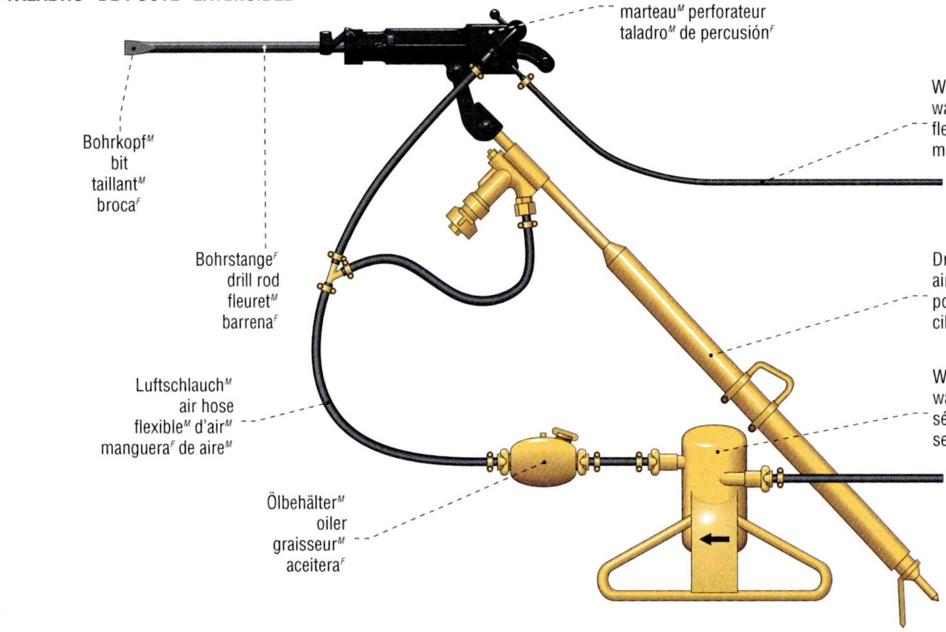

ÜBERTAGEANLAGEN^F
PITHEAD
CARREAU^M DE MINE^F
PLANTA^F EXTERIOR

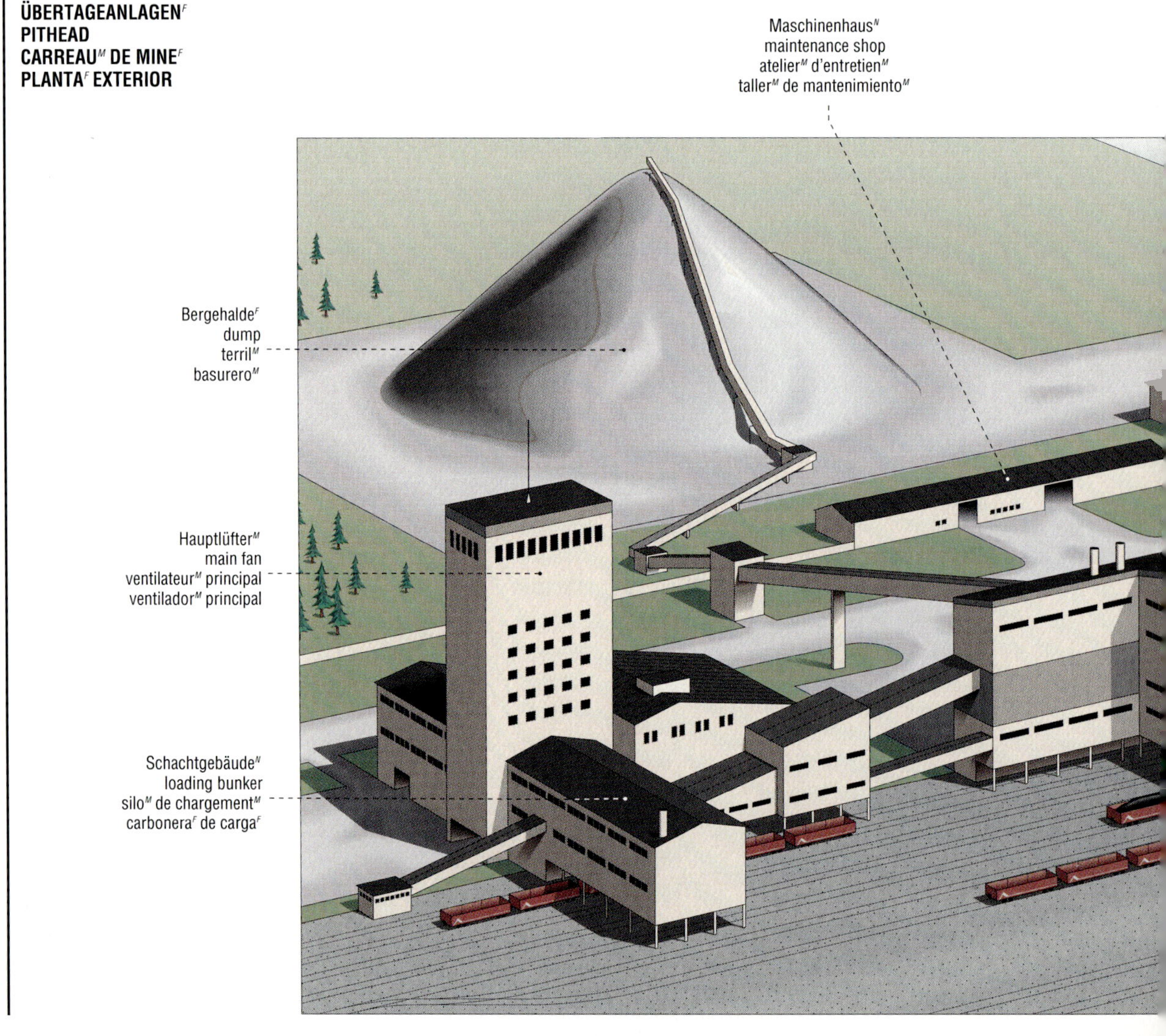

PRESSLUFTBOHRER[M]
PNEUMATIC HAMMER
MARTEAU[M] PNEUMATIQUE
MARTILLO[M] NEUMÁTICO

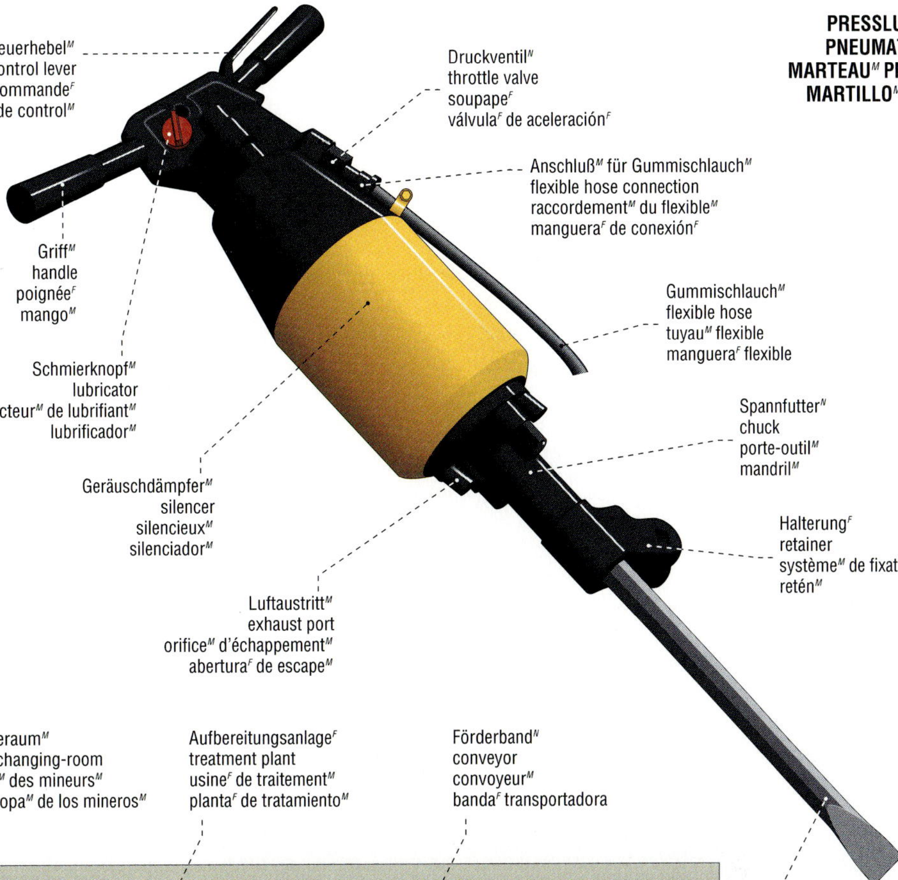

KOHLEBERGWERK[N]
COAL MINE
MINE[F] DE CHARBON[M]
MINA[F] DE CARBÓN[M]

GRUBE[F]
UNDERGROUND MINE
MINE[F] SOUTERRAINE
MINA[F] SUBTERRÁNEA

ERDÖL[N]
OIL
PÉTROLE[M]
PETRÓLEO[M]

BOHRANLAGE[F]
DRILLING RIG
APPAREIL[M] DE FORAGE[M]
TORRE[F] DE PERFORACIÓN[F]

DREHBOHRVERFAHREN[F]
ROTARY SYSTEM
SYSTÈME[M] ROTARY[M]
SISTEMA[M] ROTATIVO

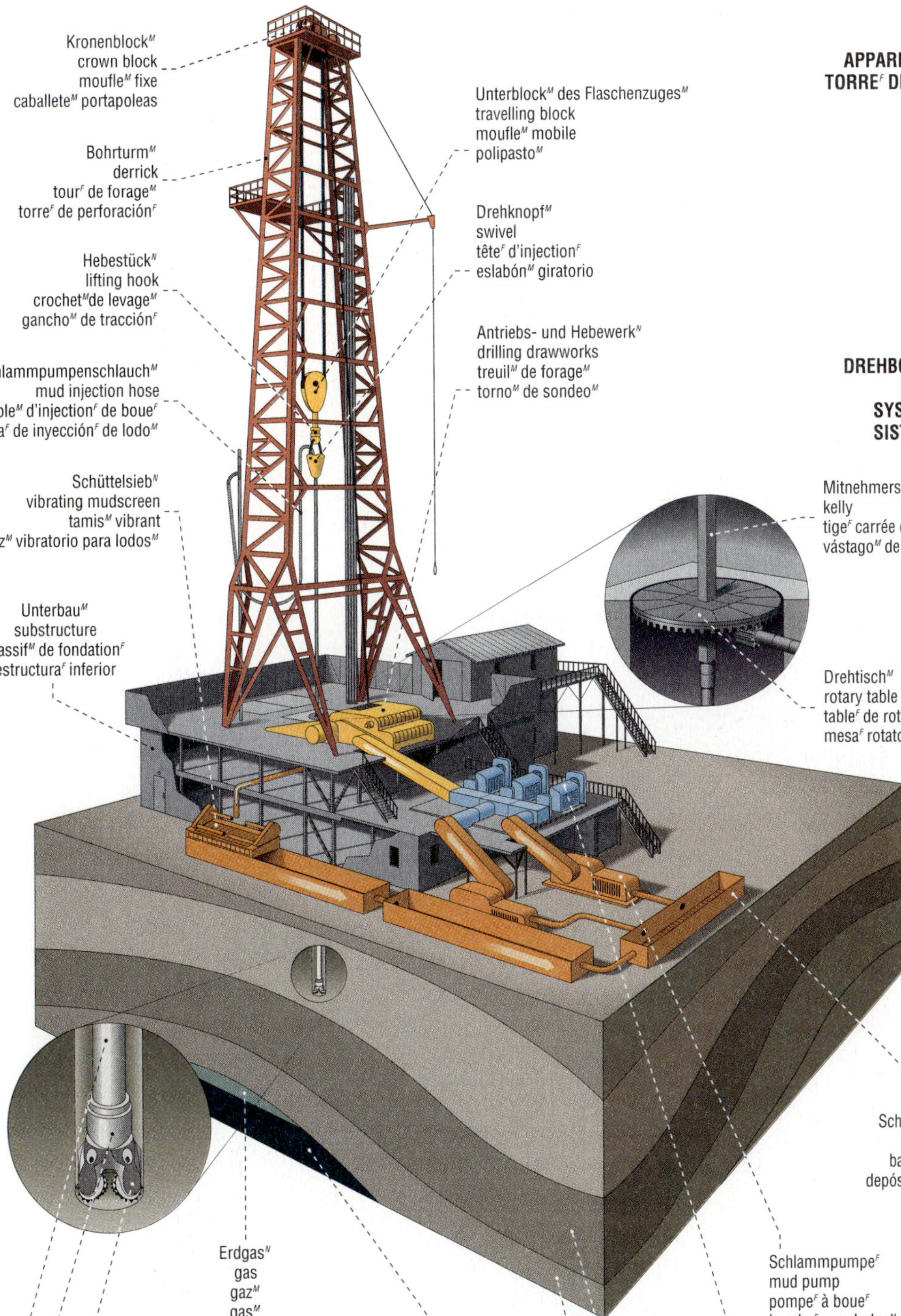

ERDÖL^{N}
OIL
PÉTROLE^{M}
PETRÓLEO^{M}

BOHRINSEL^{F}
PRODUCTION PLATFORM
PLATE-FORME^{F} DE PRODUCTION^{F}
PLATAFORMA^{F} DE PRODUCCIÓN^{F}

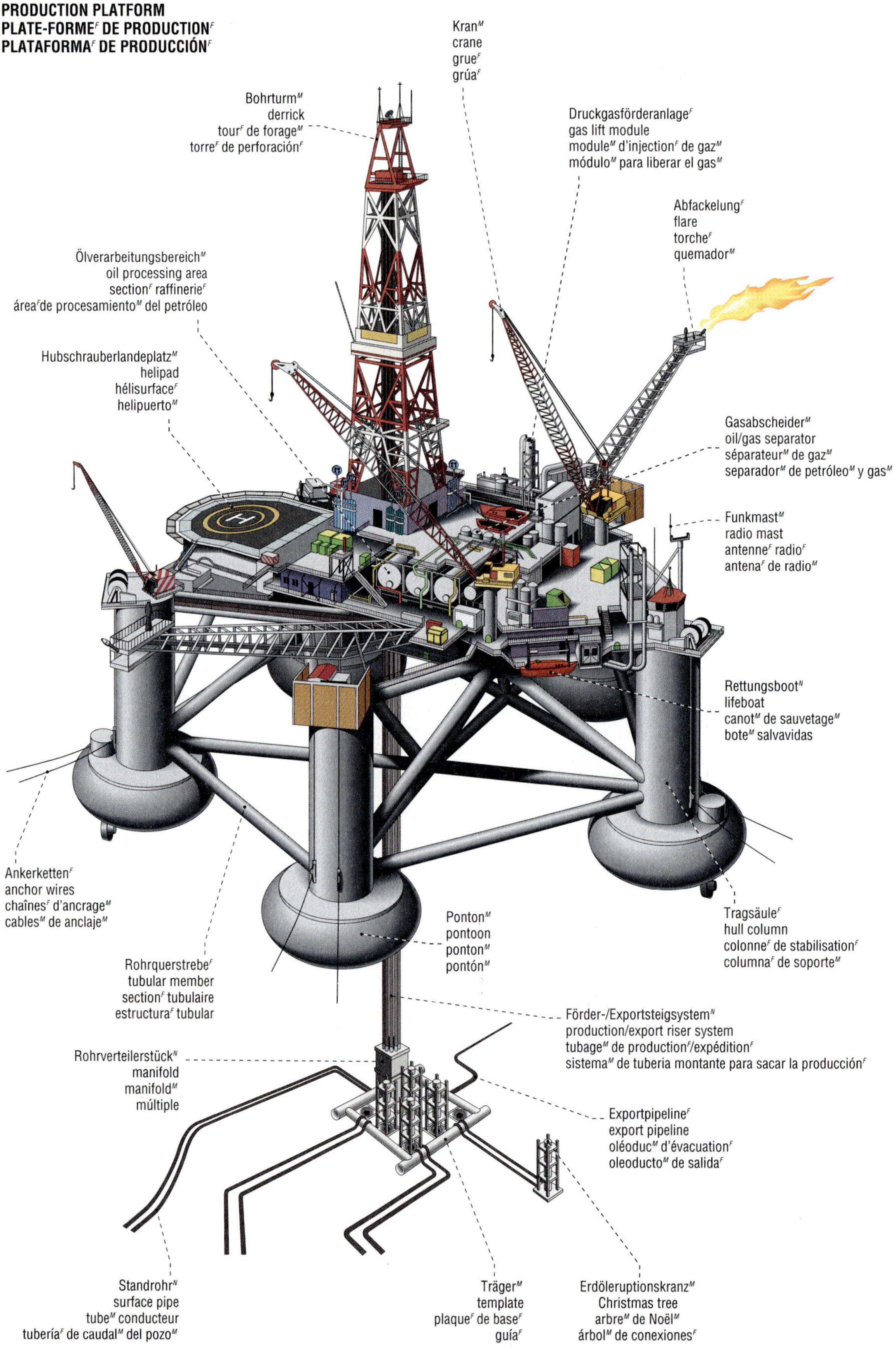

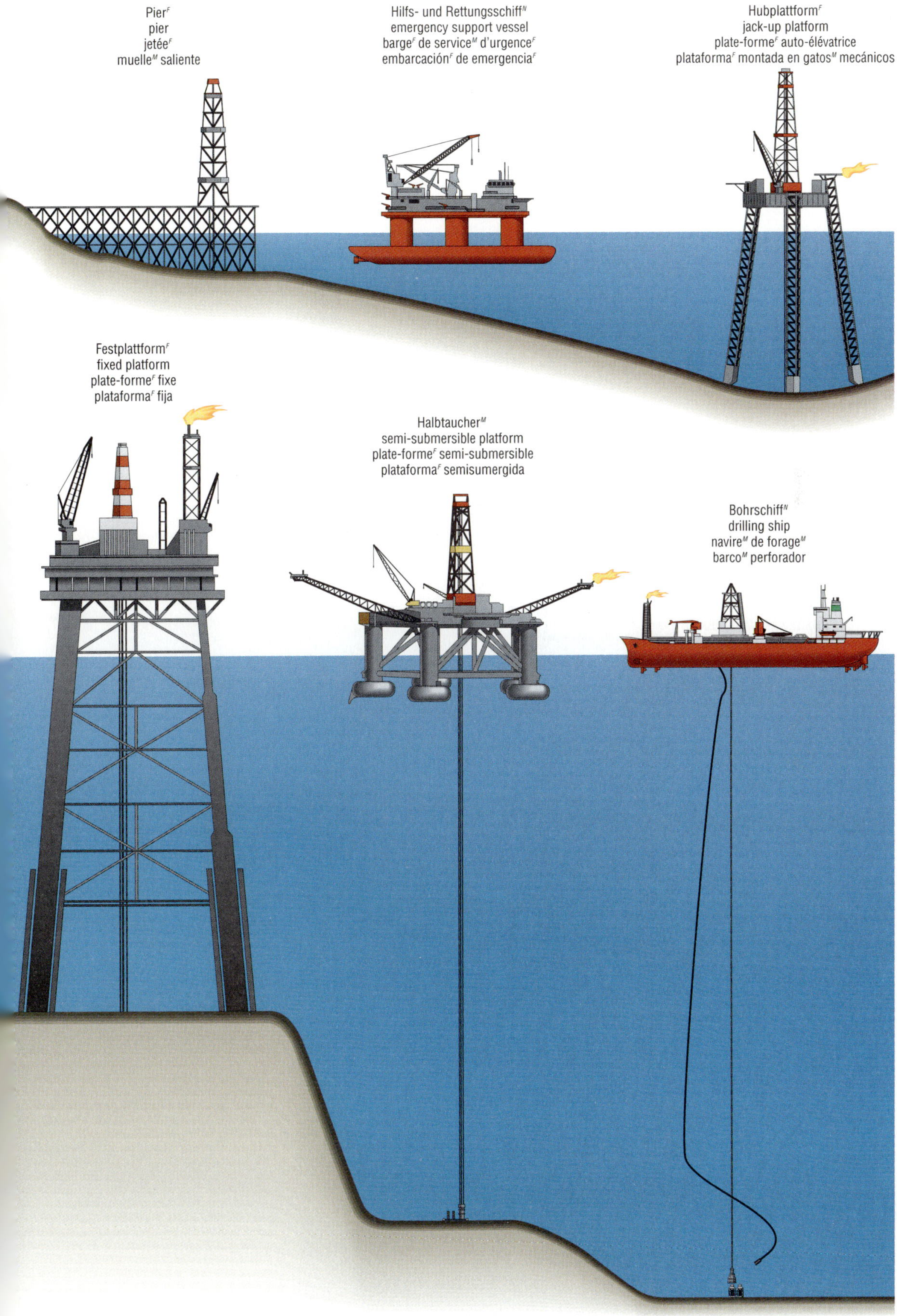
Pier[F]
pier
jetée[F]
muelle[M] saliente
Hilfs- und Rettungsschiff[N]
emergency support vessel
barge[F] de service[M] d'urgence[F]
embarcación[F] de emergencia[F]
Hubplattform[F]
jack-up platform
plate-forme[F] auto-élévatrice
plataforma[F] montada en gatos[M] mecánicos
Festplattform[F]
fixed platform
plate-forme[F] fixe
plataforma[F] fija
Halbtaucher[M]
semi-submersible platform
plate-forme[F] semi-submersible
plataforma[F] semisumergida
Bohrschiff[N]
drilling ship
navire[M] de forage[M]
barco[M] perforador

ERDÖL[N]
OIL
PÉTROLE[M]
PETRÓLEO[M]

ERDÖLERUPTIONSKRANZ[M]
CHRISTMAS TREE
ARBRE[M] DE NOËL[M]
ÁRBOL[M] DE CONEXIONES[F]

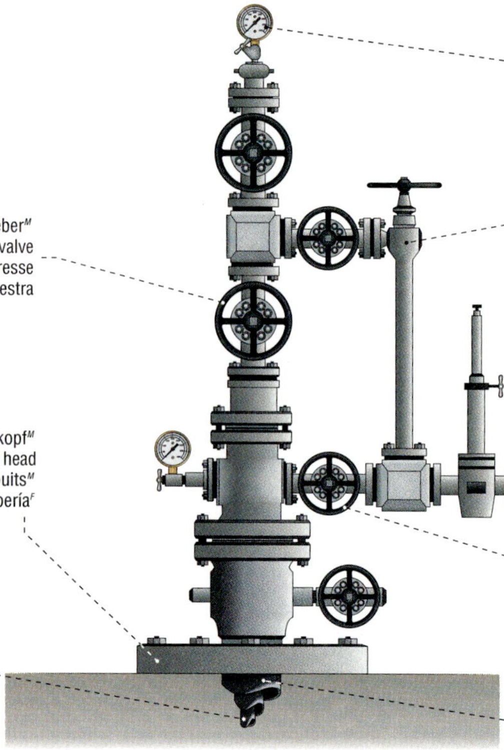

Druckmesser[M]
pressure gauge
manomètre[M]
manómetro[M]

Eruptionsdüse[F]
flow bean
duse[F]
reductor[M] de flujo[M]

Hauptschieber[M]
master gate valve
vanne[F] maîtresse
válvula[F] maestra

Pipeline[F]
pipeline
oléoduc[M]
oleoducto[M]

Steigrohrkopf[M]
tubing head
tête[F] de puits[M]
cabeza[F] de la tubería[F]

Steigrohrventil[N]
tubing valve
vanne[F] de production[F]
válvula[F] de la tubería[F]

Steigrohr[N]
tubing
colonne[F] de production[F]
tubería[F]

Rohrfahrteingang[M]
casing first string
tubage[M] de surface[F]
recubrimiento[M] de la primera tubería[F]

ROHÖLPIPELINE[F]
CRUDE-OIL PIPELINE
RÉSEAU[M] D'OLÉODUCS[M]
OLEODUCTO[M] PARA PETRÓLEO[M] CRUDO

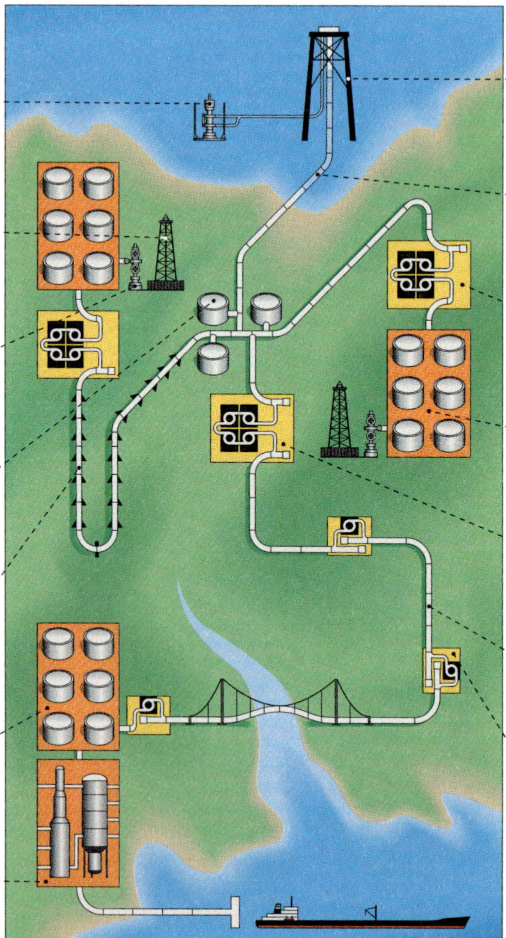

Bohranlage[F] vor der Meeresküste[F]
offshore well
puits[M] sous-marin
pozo[M] marino

Förderplattform[F]
production platform
plate-forme[F] de production[F]
plataforma[F] de producción[F]

Unterwasserpipeline[F]
submarine pipeline
oléoduc[M] sous-marin
oleoducto[M] submarino

Bohrturm[M]
derrick
tour[F] de forage[M]
torre[F] de perforación[F]

Pumpstation[F]
pumping station
station[F] de pompage[M]
planta[F] de bombeo[M]

Erdöleruptionskranz[M]
Christmas tree
arbre[M] de Noël[M]
árbol[M] de conexiones[F]

Tankanlage[F]
tank farm
parc[M] de stockage[M]
patio[M] de tanques[M]

Puffertank[M]
buffer tank
réservoir[M] tampon[M]
tanque[M] de regulación[F] de presión[F]

zentrale Pumpstation[F]
central pumping station
station[F] de pompage[M] principale
estación[F] central de bombeo[M]

überirdische Pipeline[F]
overground pipeline
oléoduc[M] surélevé
oleoducto[M] de superficie[F]

Pipeline[F]
pipeline
oléoduc[M]
oleoducto[M]

Erdölterminal[N]
terminal
parc[M] de stockage[M] terminal
terminal[M]

Druckverstärkerpumpanlage[F]
intermediate booster station
station[F] de pompage[M] intermédiaire
planta[F] intermedia de refuerzo[M]

Raffinerie[F]
refinery
raffinerie[F]
refinería[F]

FESTDACHTANK[M]
FIXED-ROOF TANK
RÉSERVOIR[M] À TOIT[M] FIXE
TANQUE[M] DE TECHO[M] FIJO

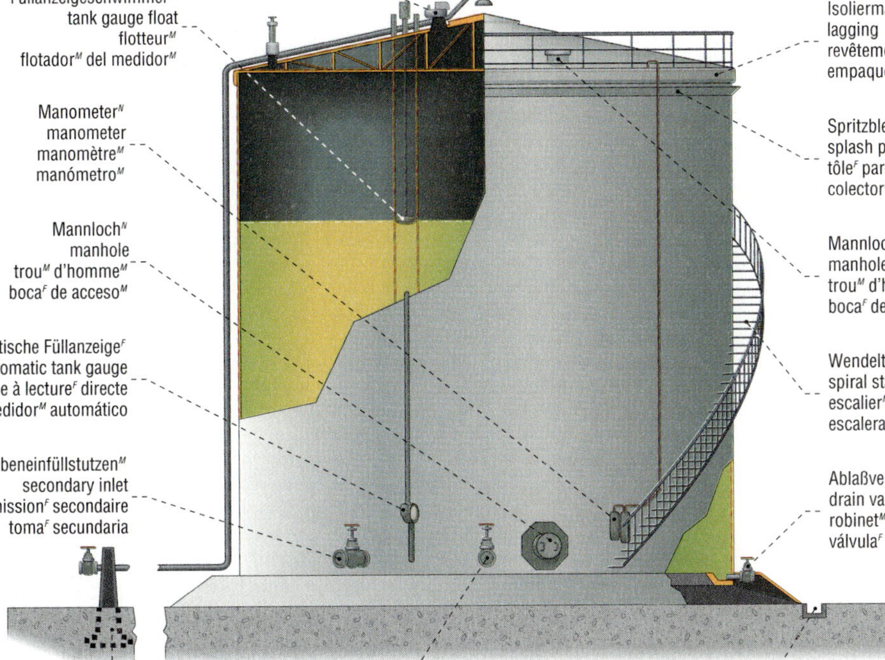

SCHWIMMDACHTANK[M]
FLOATING-ROOF TANK
RÉSERVOIR[M] À TOIT[M] FLOTTANT
TANQUE[M] DE TECHO[M] PONTÓN

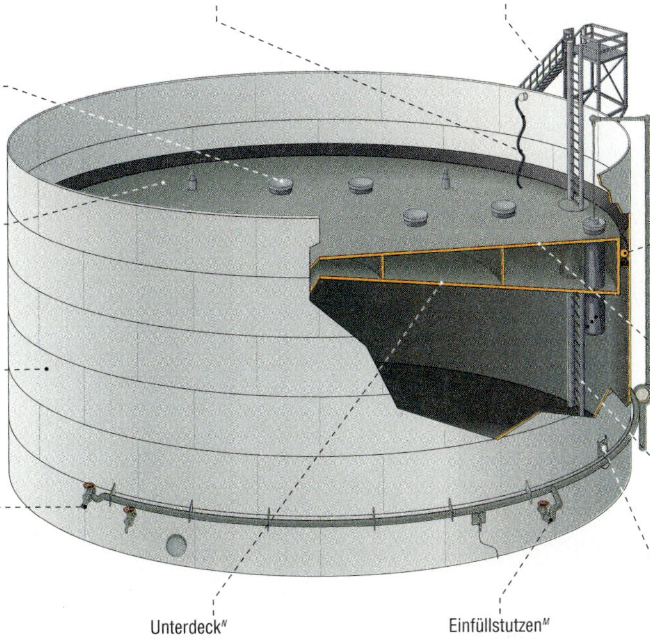

ERDÖL[N]
OIL
PÉTROLE[M]
PETRÓLEO[M]

TANKLASTZUG[M]
ROAD TANKER
SEMI-REMORQUE[F] CITERNE[F]
CAMIÓN[M] CISTERNA[F]

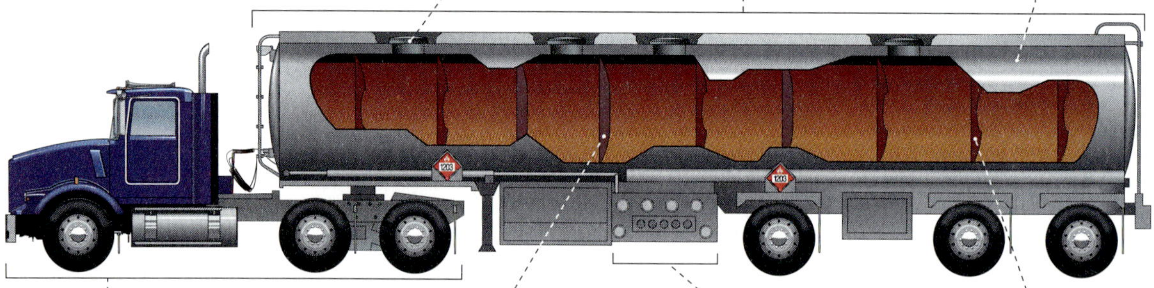

TANKER[M]
TANKER
PÉTROLIER[M]
BARCO[M] PETROLERO

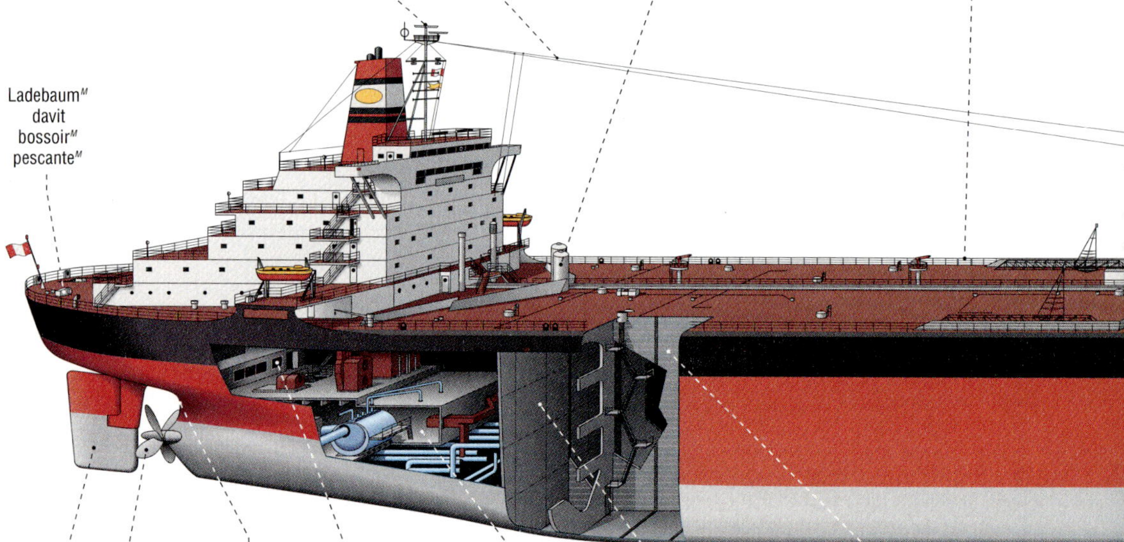

TANKANHÄNGER^{M}
TANK WAGON
WAGON^{M}-CITERNE^{F}
VAGÓN^{M} CISTERNA^{F}

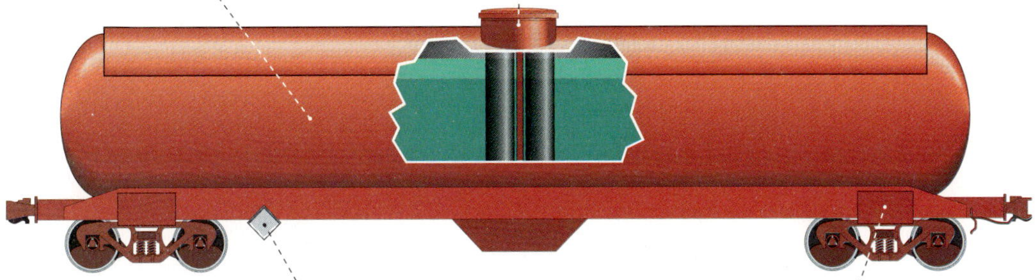

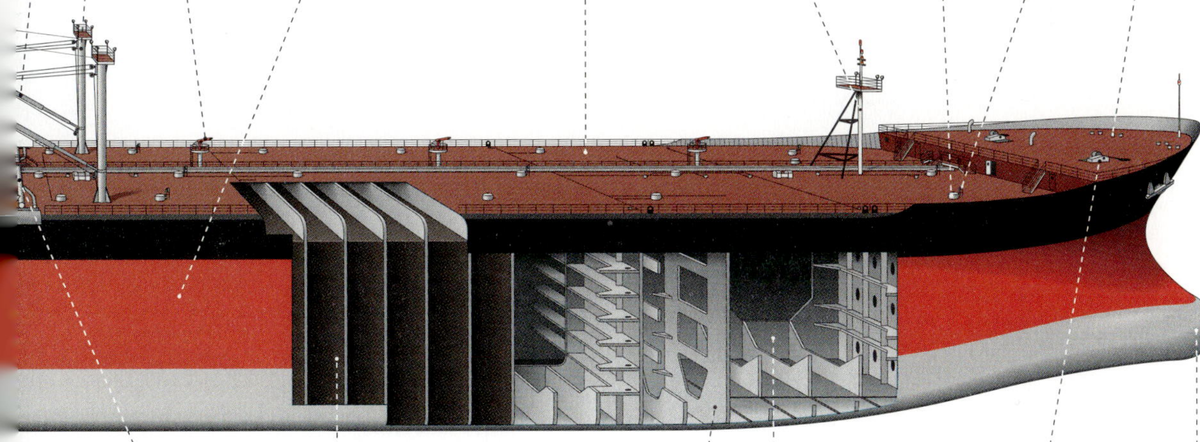

ERDÖL[N]
OIL
PÉTROLE[M]
PETRÓLEO[M]

RAFFINERIEERZEUGNISSE[N]
REFINERY PRODUCTS
PRODUITS[M] DE LA RAFFINERIE[F]
PRODUCTOS[M] DEL REFINADO[M]

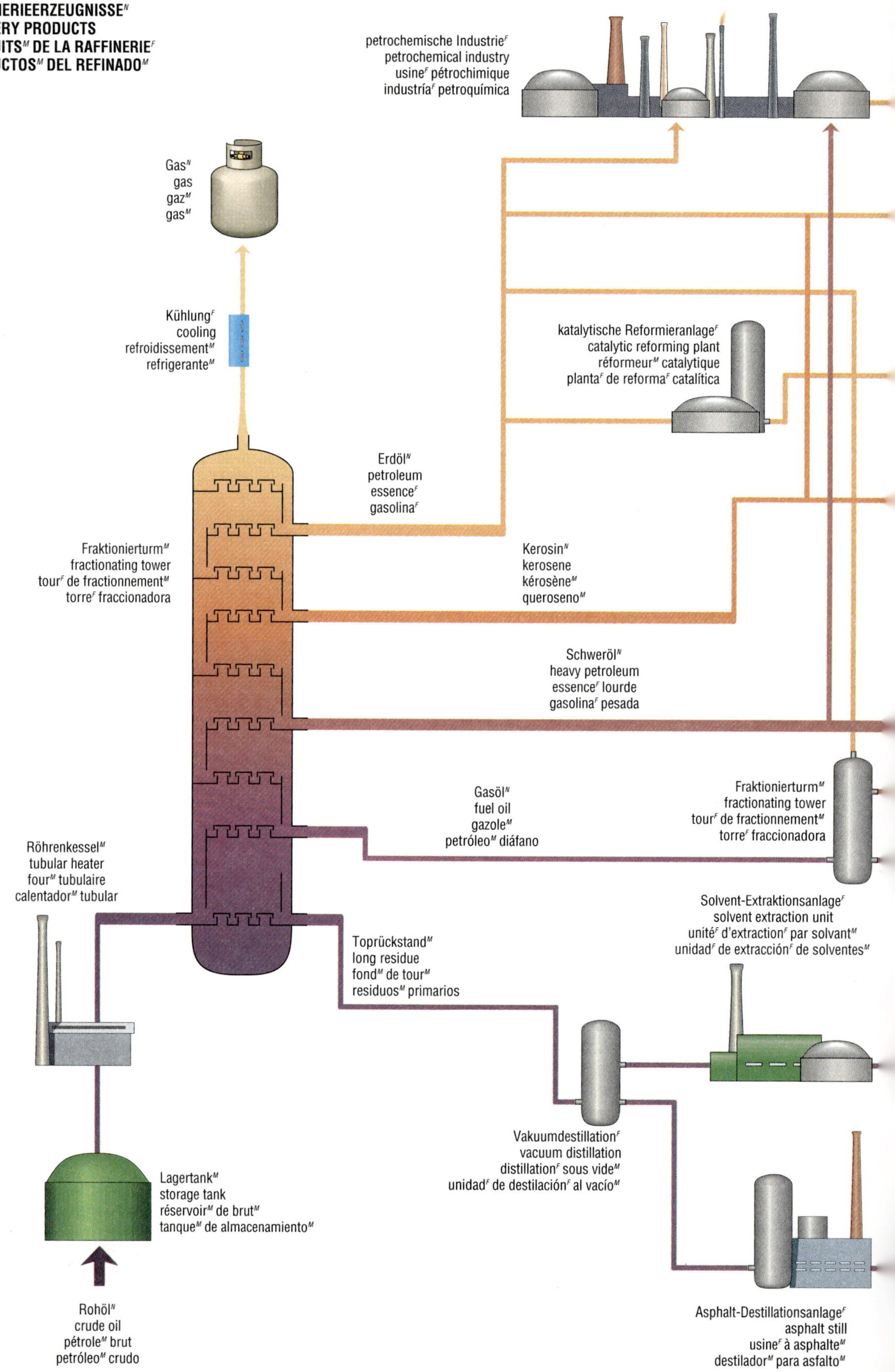

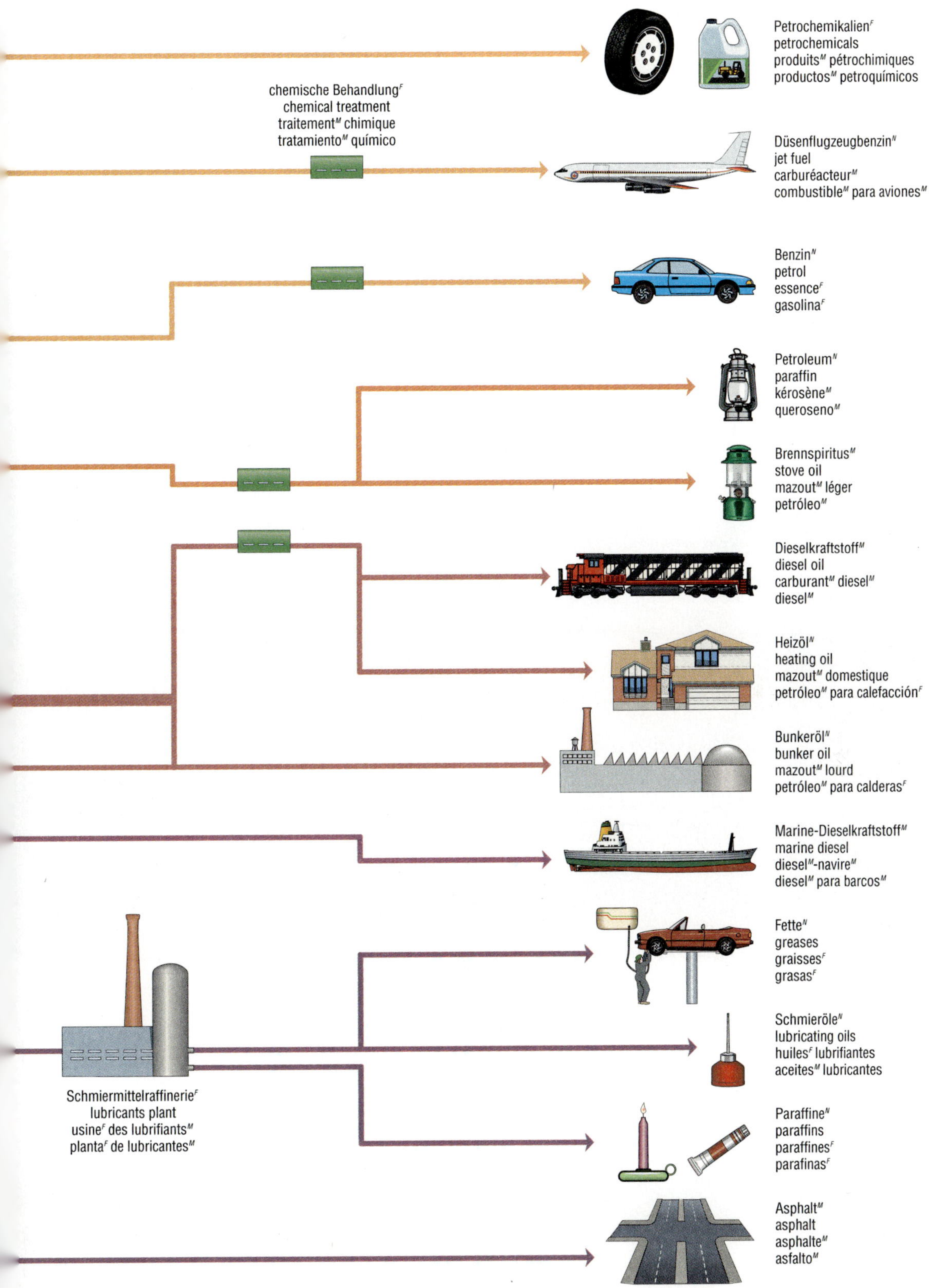
Petrochemikalien[F]
petrochemicals
produits[M] pétrochimiques
productos[M] petroquímicos
chemische Behandlung[F]
chemical treatment
traitement[M] chimique
tratamiento[M] químico
Düsenflugzeugbenzin[N]
jet fuel
carburéacteur[M]
combustible[M] para aviones[M]
Benzin[N]
petrol
essence[F]
gasolina[F]
Petroleum[N]
paraffin
kérosène[M]
queroseno[M]
Brennspiritus[M]
stove oil
mazout[M] léger
petróleo[M]
Dieselkraftstoff[M]
diesel oil
carburant[M] diesel[M]
diesel[M]
Heizöl[N]
heating oil
mazout[M] domestique
petróleo[M] para calefacción[F]
Bunkeröl[N]
bunker oil
mazout[M] lourd
petróleo[M] para calderas[F]
Marine-Dieselkraftstoff[M]
marine diesel
diesel[M]-navire[M]
diesel[M] para barcos[M]
Fette[N]
greases
graisses[F]
grasas[F]
Schmieröle[N]
lubricating oils
huiles[F] lubrifiantes
aceites[M] lubricantes
Schmiermittelraffinerie[F]
lubricants plant
usine[F] des lubrifiants[M]
planta[F] de lubricantes[M]
Paraffine[N]
paraffins
paraffines[F]
parafinas[F]
Asphalt[M]
asphalt
asphalte[M]
asfalto[M]

ELEKTRIZITÄT^{F}
ELECTRICITY
ÉLECTRICITÉ^{F}
ELECTRICIDAD^{F}

WASSERKRAFTWERK^{N}
HYDROELECTRIC COMPLEX
COMPLEXE^{M} HYDROÉLECTRIQUE
COMPLEJO^{M} HIDROELÉCTRICO

Überlaufkrone^{F}
crest of spillway
seuil^{M} de déversoir^{M}
cresta^{F} del aliviadero^{M}

Überlaufwehr^{N}
spillway
déversoir^{M}
aliviadero^{M}

Überlauftor^{N}
spillway gate
vanne^{F}
compuerta^{F} del aliviadero

Dammkrone^{F}
top of dam
crête^{F}
cresta^{F} de la presa^{F}

Stausee^{M}
reservoir
réservoir^{M}
embalse^{M}

Falleitung^{F}
penstock
conduite^{F} forcée
tubería^{F} de carga^{F}

Oberwasser^{N}
headbay
bief^{M} d'amont^{M}
embalse^{M}

Bockkran^{M}
gantry crane
portique^{M}
grúa^{F} de caballete^{M}

Trift^{F}
log chute
passe^{F} à billes^{F}
rebosadero^{M}

Steuerzentrale^{F}
control room
salle^{F} de commande^{F}
sala^{F} de control^{M}

Ablenkkanal^{M}
diversion canal
canal^{M} de dérivation^{F}
canal^{M} de derivación^{F}

Damm^{M}
dam
barrage^{M}
presa^{F}

Unterwasser^{N}
afterbay
bief^{M} d'aval^{M}
cámara^{F} de salida^{F}

Überfallrinne^{F}
spillway chute
coursier^{M} d'évacuateur^{M}
canal^{M} del aliviadero^{M}

Stromführung^{F}
bushing
traversée^{F} de transformateur^{M}
boquilla^{F} reducidora

Leitwerk^{N}
guiding wall
mur^{M} bajoyer^{M}
muro^{M} de encauzamiento^{M}

Kraftwerk^{N}
powerhouse
centrale^{F}
central^{F} hidroeléctrica

Maschinenhalle^{F}
machine hall
salle^{F} des machines^{F}
sala^{F} de máquinas^{F}

WASSERKRAFTWERK^{N} IM QUERSCHNITT^{M}
CROSS SECTION OF A HYDROELECTRIC POWER STATION
COUPE^{F} D'UNE CENTRALE^{F} HYDROÉLECTRIQUE
CORTE^{M} TRANSVERSAL DE UNA CENTRAL^{F} HIDROELÉCTRICA

UFERDAMM^{M}
EMBANKMENT DAM
BARRAGE^{M} EN REMBLAI^{M}
DIQUE^{M} DE TERRAPLÉN^{M}

UFERDAMM^{M} IM QUERSCHNITT^{M}
CROSS SECTION OF AN EMBANKMENT DAM
COUPE^{F} D'UN BARRAGE^{M} EN REMBLAI^{M}
CORTE^{M} TRANSVERSAL DE UN DIQUE^{M} DE TERRAPLÉN^{M}

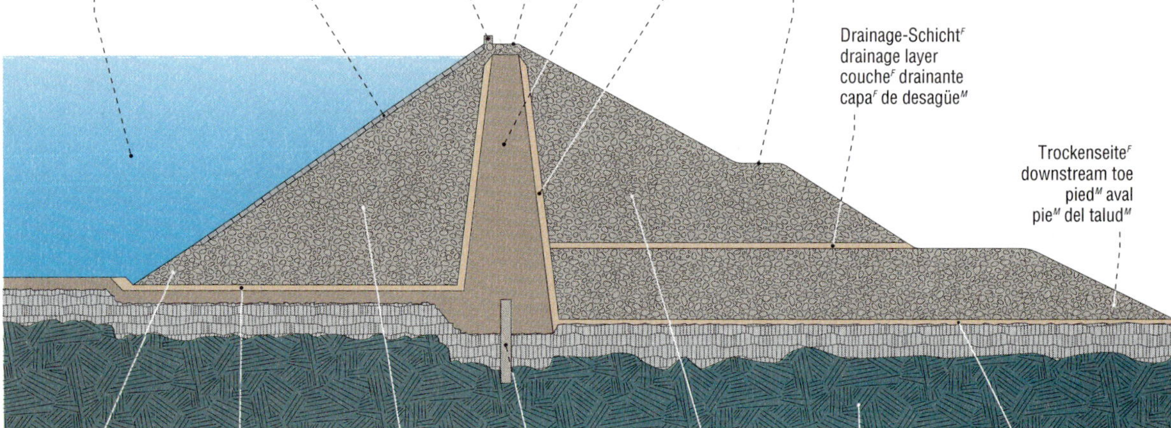

GEWICHTSSTAUDAMM^M
GRAVITY DAM
BARRAGE^M-POIDS^M
PRESA^F

GEWICHTSSTAUDAMM^M IM QUERSCHNITT^M
CROSS SECTION OF A GRAVITY DAM
COUPE^F D'UN BARRAGE^M-POIDS^M
CORTE^M TRANSVERSAL DE UNA PRESA^F

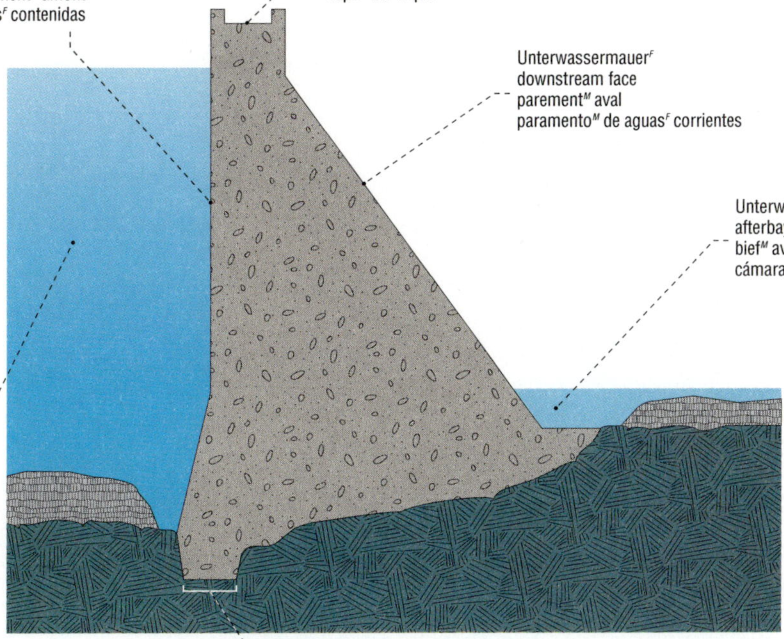

BOGENSTAUDAMM[M]
ARCH DAM
BARRAGE[M]-VOÛTE[F]
PRESA[F] DE ARCO[M]

BOGENSTAUDAMM[M] IM QUERSCHNITT[M]
CROSS SECTION OF AN ARCH DAM
COUPE[F] D'UN BARRAGE[M]-VOÛTE[F]
CORTE[M] TRANSVERSAL DE UNA PRESA[F] DE ARCO[M]

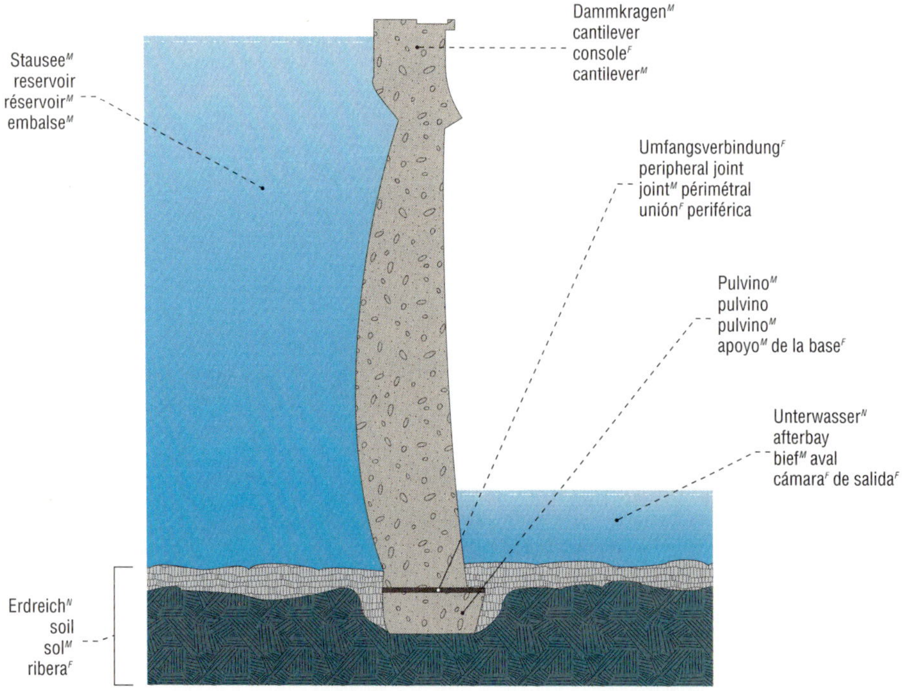

STÜTZPFEILERSTAUDAMM^M^
BUTTRESS DAM
BARRAGE^M^ À CONTREFORTS^M^
DIQUE^M^ DE MACHONES^M^

STÜTZPFEILERSTAUDAMM^M^ IM QUERSCHNITT^M^
CROSS SECTION OF A BUTTRESS DAM
COUPE^F^ D'UN BARRAGE^M^ À CONTREFORTS^M^
CORTE^M^ TRANSVERSAL DE UN DIQUE^M^ DE MACHONES^M^

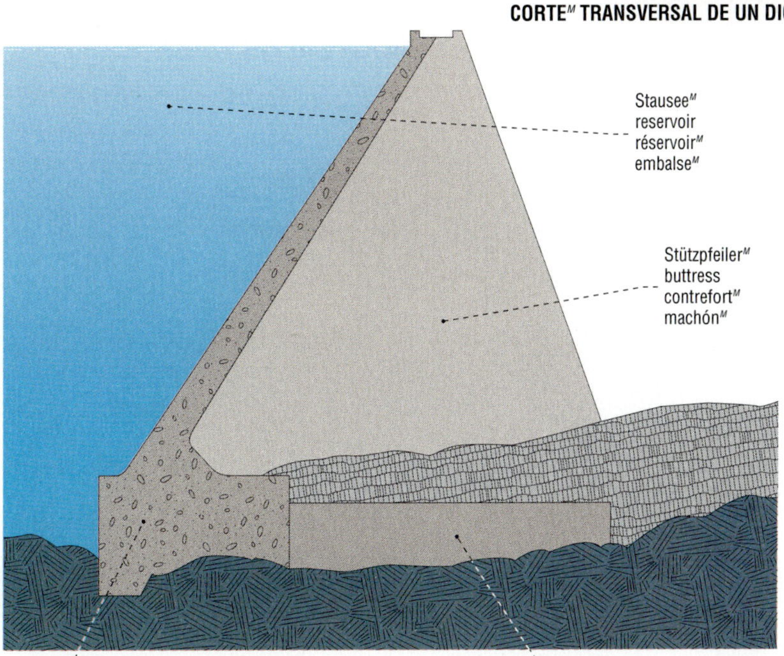

ELEKTRIZITÄT[F]
ELECTRICITY
ÉLECTRICITÉ[F]
ELECTRICIDAD[F]

GEZEITENKRAFTWERK[N]
TIDAL POWER PLANT
USINE[F] MARÉMOTRICE
CENTRAL[F] MAREMOTRIZ

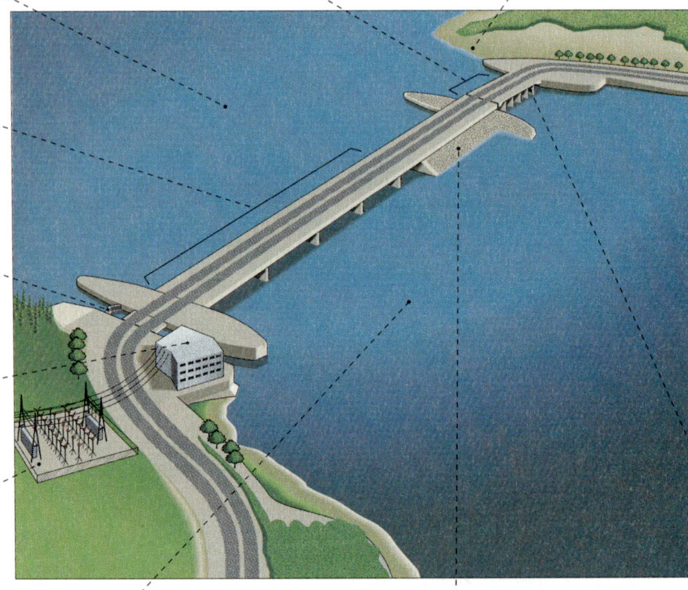

KRAFTWERK[N] IM QUERSCHNITT[M]
CROSS SECTION OF POWER PLANT
COUPE[F] DE L'USINE[F]
CORTE[M] TRANSVERSAL DE UNA PLANTA[F] MAREMOTRIZ

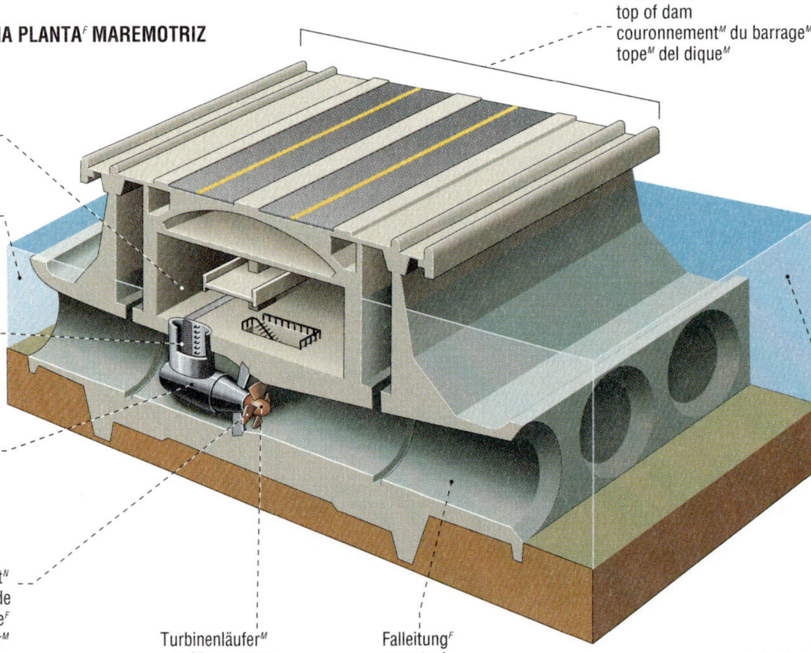

STROMGENERATOR^{M}
GENERATOR UNIT
GROUPE^{M} TURBO-ALTERNATEUR^{M}
UNIDAD^{F} GENERADORA

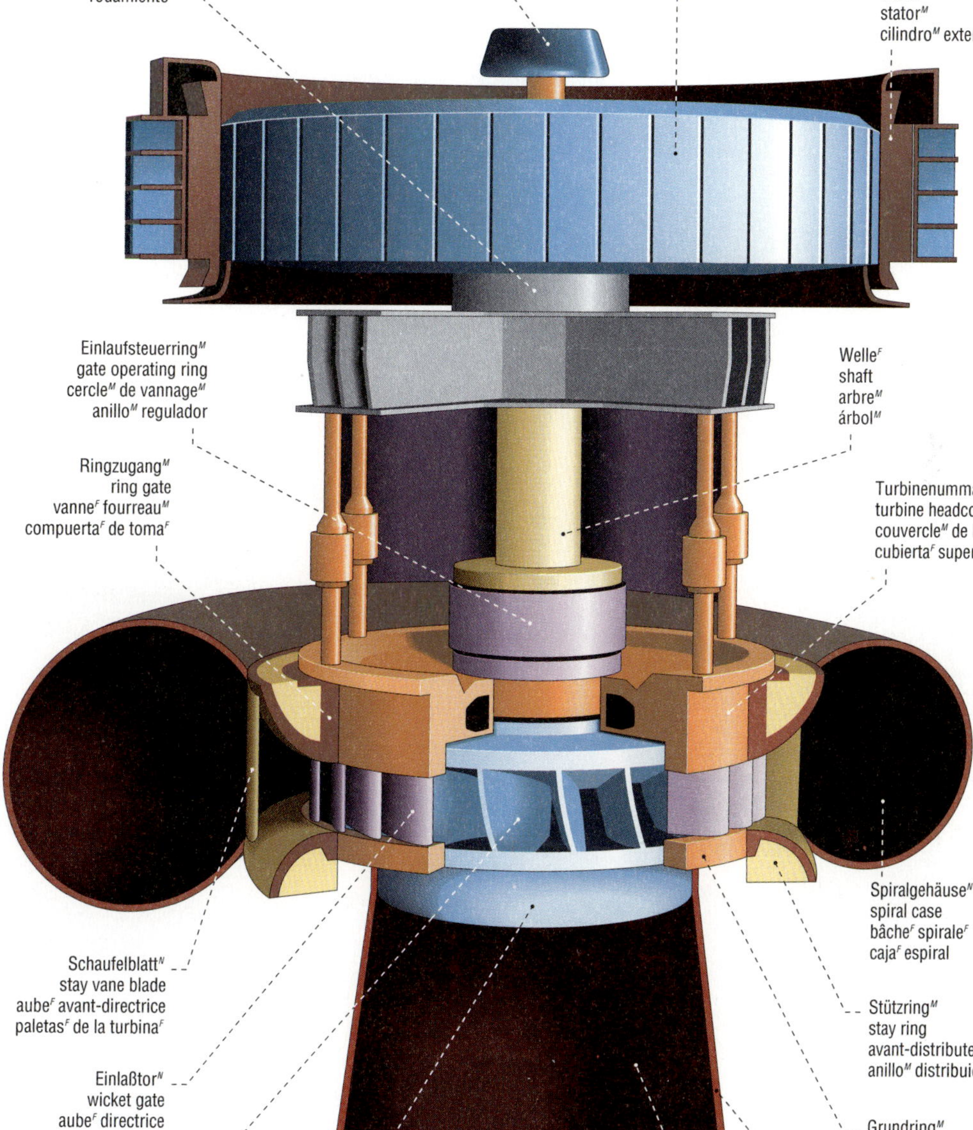

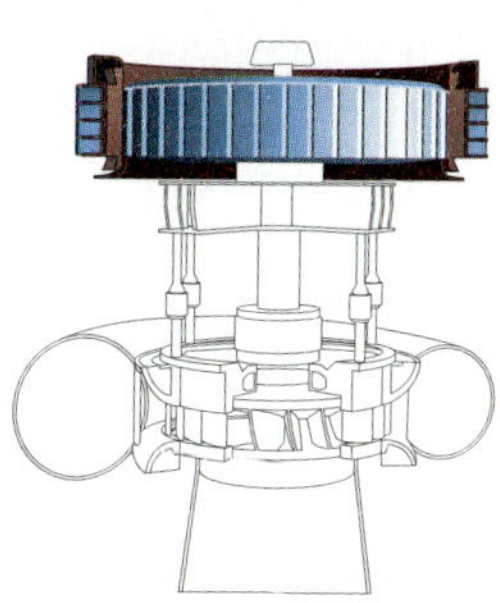

Generator^{M}
generator
alternateur^{M}
generador^{M}

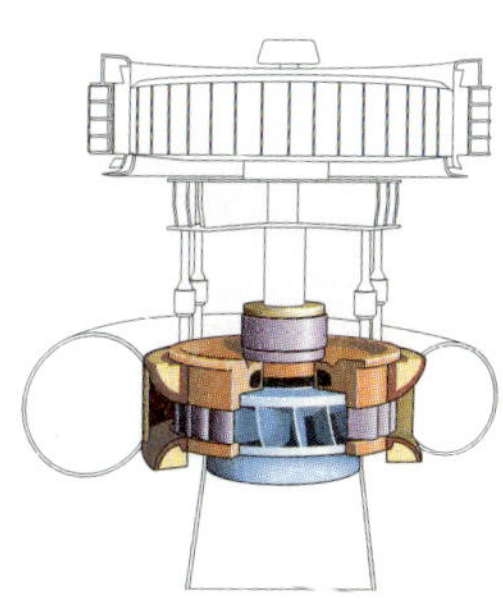

Turbine^{F}
turbine
turbine^{F}
turbina^{F}

ELEKTRIZITÄT[F]
ELECTRICITY
ÉLECTRICITÉ[F]
ELECTRICIDAD[F]

FRANCISTURBINE[F]
FRANCIS TURBINE
TURBINE[F] FRANCIS
TURBINA[F] FRANCIS

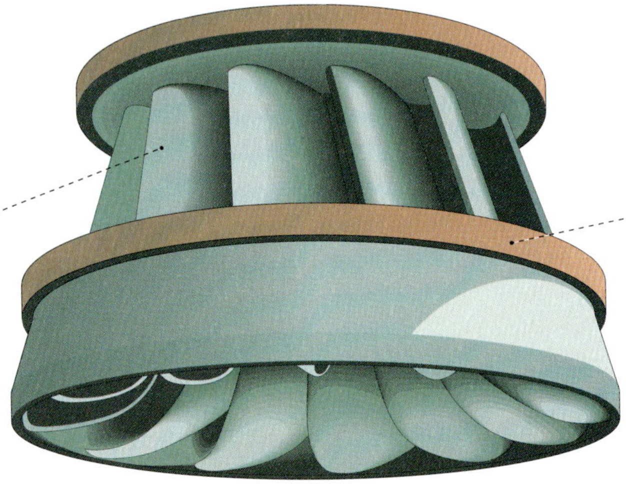

KAPLANTURBINE[F]
KAPLAN TURBINE
TURBINE[F] KAPLAN
TURBINA[F] KAPLAN

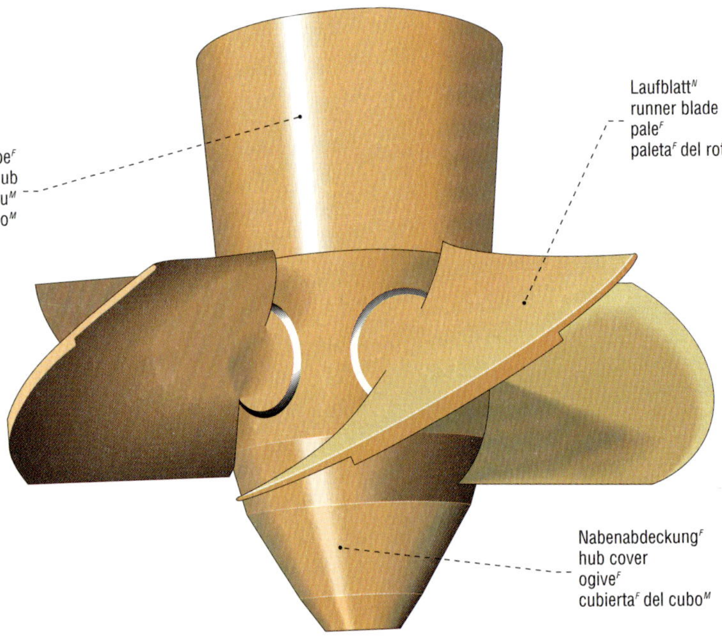

PELTONTURBINE[F]
PELTON TURBINE
TURBINE[F] PELTON
TURBINA[F] PELTON

EINZELSCHRITTE[M] BEI DER STROMERZEUGUNG[F]
STEPS IN PRODUCTION OF ELECTRICITY
ÉTAPES[F] DE PRODUCTION[F] DE L'ÉLECTRICITÉ[F]
ETAPAS[F] DE LA PRODUCCIÓN[F] DE ELECTRICIDAD

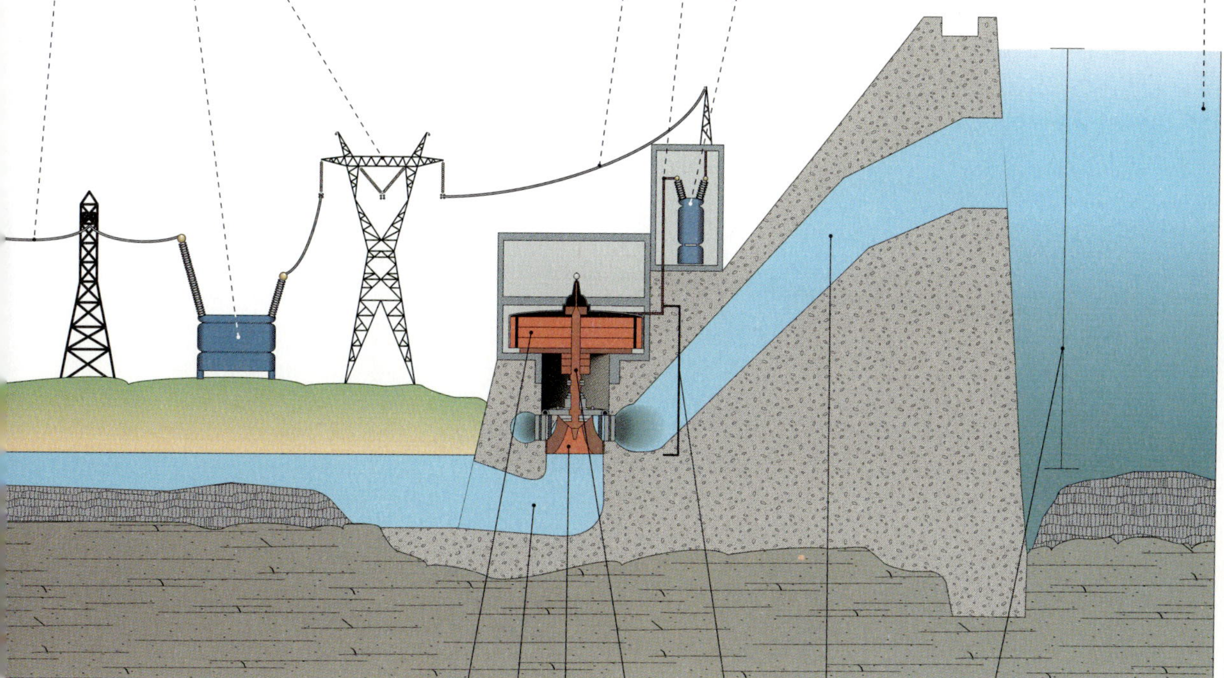

ELEKTRIZITÄT[F]
ELECTRICITY
ÉLECTRICITÉ[F]
ELECTRICIDAD[F]

HOCHSPANNUNGSMAST[M]
PYLON
PYLÔNE[M]
TORRE[F] DE ALTA TENSIÓN[F]

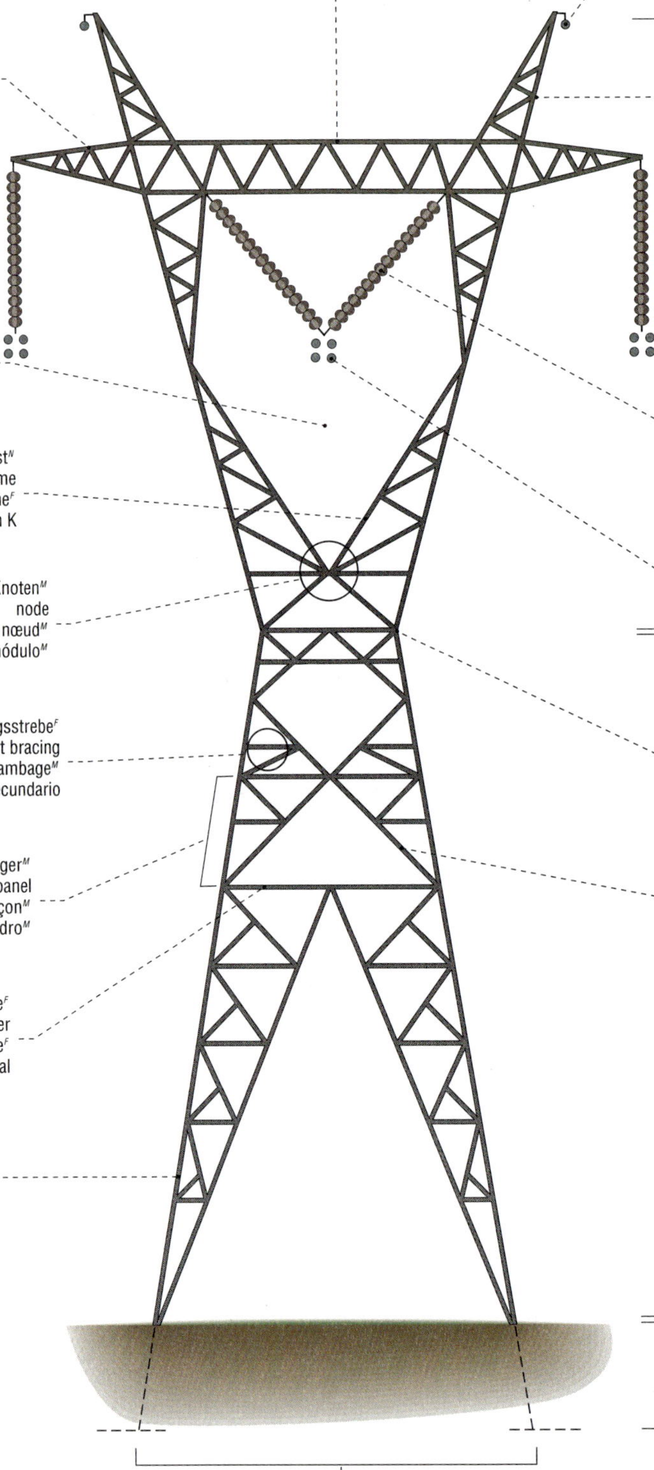

Gerüstträger[M]
beam gantry
poutre[F]
pórtico[M] de tirantes[M]

Überkopferdleitung[F]
overhead earth wire
câble[M] de garde[F]
conexión[F]

Masttraverse[F]
crossarm
console[F]
travesaño[M]

Erdleitungsspitze[F]
earth-wire peak
chevalet[M] de câble[M] de garde[F]
soporte[M] de la conexión[F]

Mastoberteil[N]
top
tête[F]
cabeza[F] de la torre[F]

Mastfenster[N]
window
fenêtre[F]
ventana[F] de la torre[F]

Hängeisolator[M]
suspension insulator string
chaîne[F] de suspension[F]
aislador[M] de suspensión[F]

K-Gerüst[N]
K-frame
fourche[F]
estructura[F] en K

Bündel[N]
bundle
conducteur[M] en faisceau[M]
haz[M]

Knoten[M]
node
nœud[M]
nódulo[M]

Verstärkungsstrebe[F]
redundant bracing
treillis[M] de contreflambage[M]
refuerzo[M] secundario

Mittelteil[N]
waist
corset[M]
cintura[F]

Träger[M]
panel
tronçon[M]
recuadro[M]

Diagonalstrebe[F]
diagonal
diagonale[F]
diagonal[M]

Querstrebe[F]
horizontal member
traverse[F]
elemento[M] horizontal

Mastkörper[M]
body
fût[M]
cuerpo[M] de la torre[F]

Hauptstandbein[N]
main leg
membrure[F] principale
pata[F] principal

Mastfuß[M]
foot
pied[M]
pie[M] de la torre[F]

Sockelbreite[F]
base width
empattement[M]
anchura[F] de la base[F]

STROMTRANSPORT[M]
ELECTRICITY TRANSMISSION
TRANSPORT[M] DE L'ÉLECTRICITÉ[F]
TRANSMISIÓN[F] DE ELECTRICIDAD[F]

FREILEITUNG[F]
OVERHEAD CONNECTION
BRANCHEMENT[M] AÉRIEN
CONEXIÓN[F] AÉREA

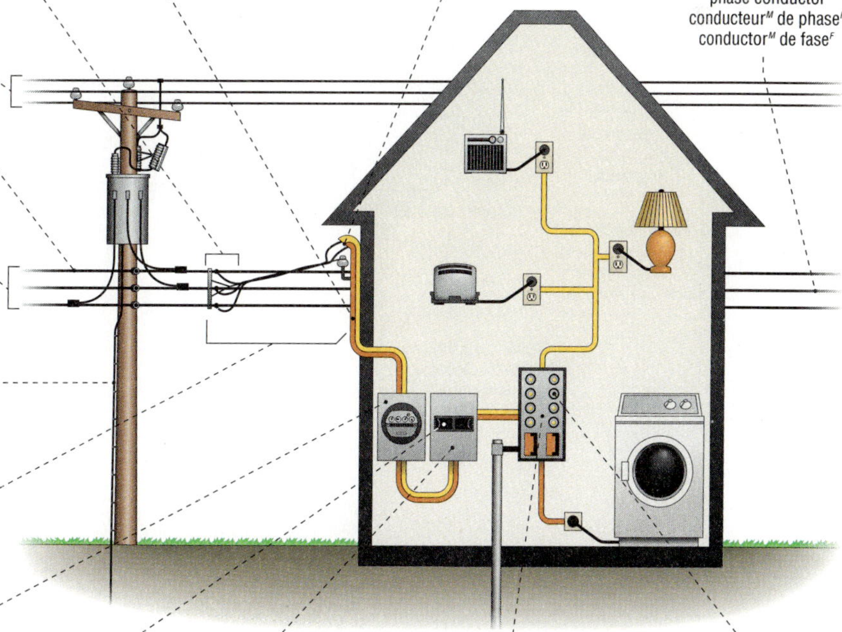

KERNENERGIE[F]
NUCLEAR ENERGY
ÉNERGIE[F] NUCLÉAIRE
ENERGÍA[F] NUCLEAR

KERNKRAFTWERK[N]
NUCLEAR POWER STATION
CENTRALE[F] NUCLÉAIRE
CENTRAL[F] NUCLEAR

Abklingbecken[N]
spent fuel storage bay
piscine[F] de stockage[M] du combustible[M] irradié
fosa[F] de almacenamiento[M] de residuos[M] de combustible[M]

Luftschleuse[F] des Reaktorgebäudes[N]
reactor building airlock
sas[M] du bâtiment[M] du réacteur[M]
esclusa[F] de aire[M] del edificio[M] del reactor[M]

Entsorgungsbecken[N]
spent fuel discharge bay
piscine[F] de déchargement[M] du combustible[M] irradié
fosa[F] de descarga[F] de residuos[M] de combustible[M]

Turbinengebäude[N]
turbine building
bâtiment[M] de la turbine[F]
edificio[M] de la turbina[F]

Generator[M]
generator
alternateur[M]
generador[M]

Turbine[F]
turbine
turbine[F]
turbina[F]

Transformator[M]
transformer
transformateur[M]
transformador[M]

Kondensator[M]
condenser
condenseur[M]
condensador[M]

Niederdruckdampf[M]
low-pressure steam
vapeur[F] à basse pression[F]
vapor[M] a baja presión[F]

Abdampfleitung[F]
separator steam release
sortie[F] de la vapeur[F] des séparateurs[M]
separador[M] del escape[M] de vapor[M]

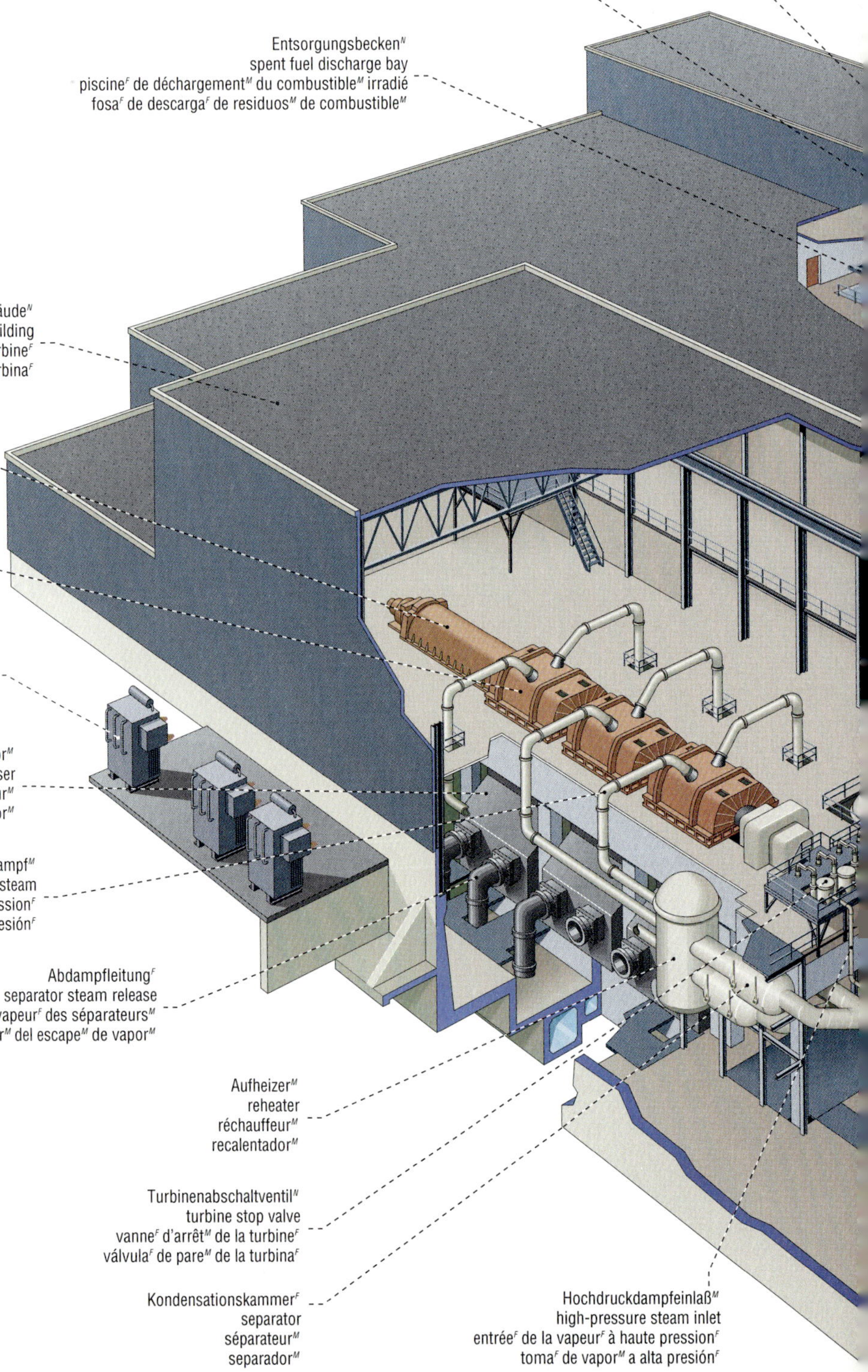

Aufheizer[M]
reheater
réchauffeur[M]
recalentador[M]

Turbinenabschaltventil[N]
turbine stop valve
vanne[F] d'arrêt[M] de la turbine[F]
válvula[F] de pare[M] de la turbina[F]

Kondensationskammer[F]
separator
séparateur[M]
separador[M]

Hochdruckdampfeinlaß[M]
high-pressure steam inlet
entrée[F] de la vapeur[F] à haute pression[F]
toma[F] de vapor[M] a alta presión[F]

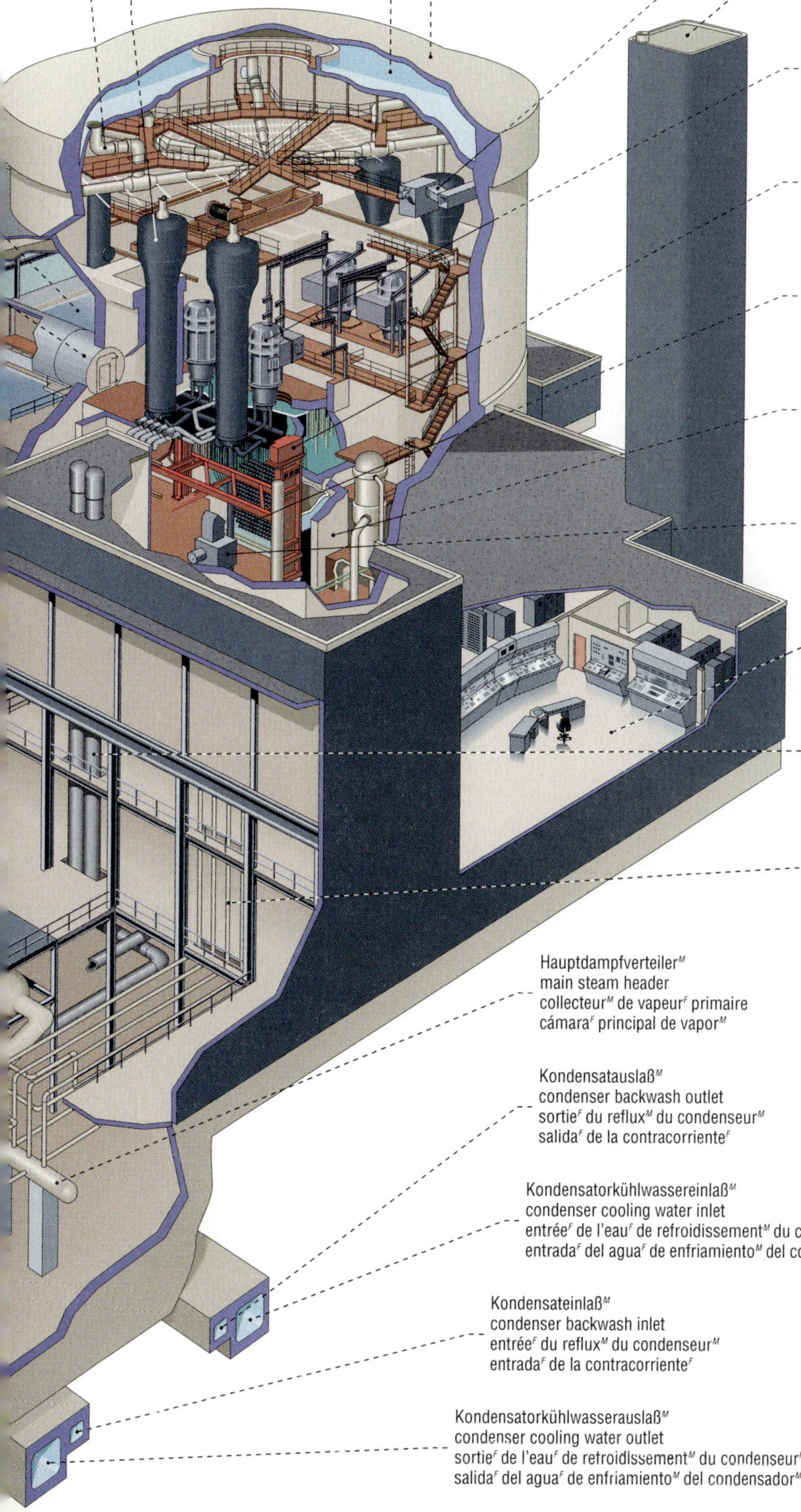

Kühlwasserventil^{N}
dousing water valve
vanne^{F} d'arrosage^{M}
válvula^{F} de agua^{F} de rociado^{M}
Kühlwassertank^{M}
dousing water tank
réservoir^{M} d'arrosage^{M}
tanque^{M} de agua^{F} de rociado^{M}
Kühler^{M} für Dampfgeneratorraum^{M}
steam generator room cooler
refroidisseur^{M} de la salle^{F} des générateurs^{M} de vapeur^{F}
enfriador^{M} de la cámara^{F} del generador^{M} de vapor^{M}
Dampfgenerator^{M}
steam generator
générateur^{M} de vapeur^{F}
generador^{M} de vapor^{M}
Reaktorgebäude^{N}
reactor building
bâtiment^{M} du réacteur^{M}
edificio^{M} del reactor^{M}
Schwerwasseranreicherung^{F}
deuterium oxide upgrading
reconcentration^{F} de l'oxyde^{M} de deutérium^{M}
enriquecimiento^{M} del agua^{F} pesada
Wärmepumpe^{F}
heat transport pump
pompe^{F} de caloportage^{M}
bomba^{F} transportadora de calor^{M}
Speisekopf^{M}
feeder header
collecteur^{M} du réacteur^{M}
cargadora^{F} de combustible^{M}
Reaktor^{M}
reactor
réacteur^{M}
reactor^{M}
Verdampferkörpermantel^{M}
calandria
cuve^{F} du réacteur^{M}
calandria^{F}
Beschickungsmaschine^{F}
fuelling machine
machine^{F} à combustible^{M}
máquina^{F} abastecedora de combustible^{M}
Steuerzentrale^{F}
control room
salle^{F} de commande^{F}
sala^{F} de control^{M}
Abdampfleitungen^{F}
steam release pipes
tuyauterie^{F} de sortie^{F} de la vapeur^{F} des séparateurs^{M}
tubería^{F} de escape^{M} del vapor^{M}
Hauptdampfleitungen^{F}
main steam pipes
tuyauterie^{F} de vapeur^{F} primaire
tubería^{F} principal del vapor^{M}
Hauptdampfverteiler^{M}
main steam header
collecteur^{M} de vapeur^{F} primaire
cámara^{F} principal de vapor^{M}
Kondensatauslaß^{M}
condenser backwash outlet
sortie^{F} du reflux^{M} du condenseur^{M}
salida^{F} de la contracorriente^{F}
Kondensatorkühlwassereinlaß^{M}
condenser cooling water inlet
entrée^{F} de l'eau^{F} de refroidissement^{M} du condenseur^{M}
entrada^{F} del agua^{F} de enfriamiento^{M} del condensador^{M}
Kondensateinlaß^{M}
condenser backwash inlet
entrée^{F} du reflux^{M} du condenseur^{M}
entrada^{F} de la contracorriente^{F}
Kondensatorkühlwasserauslaß^{M}
condenser cooling water outlet
sortie^{F} de l'eau^{F} de refroidissement^{M} du condenseur^{M}
salida^{F} del agua^{F} de enfriamiento^{M} del condensador^{M}

KERNENERGIE^{F}
NUCLEAR ENERGY
ÉNERGIE^{F} NUCLÉAIRE
ENERGÍA^{F} NUCLEAR

KOHLENDIOXIDREAKTOR^{M}
CARBON DIOXIDE REACTOR
RÉACTEUR^{M} AU GAZ^{M} CARBONIQUE
REACTOR^{M} DE BIÓXIDO^{M} DE CARBONO^{M}

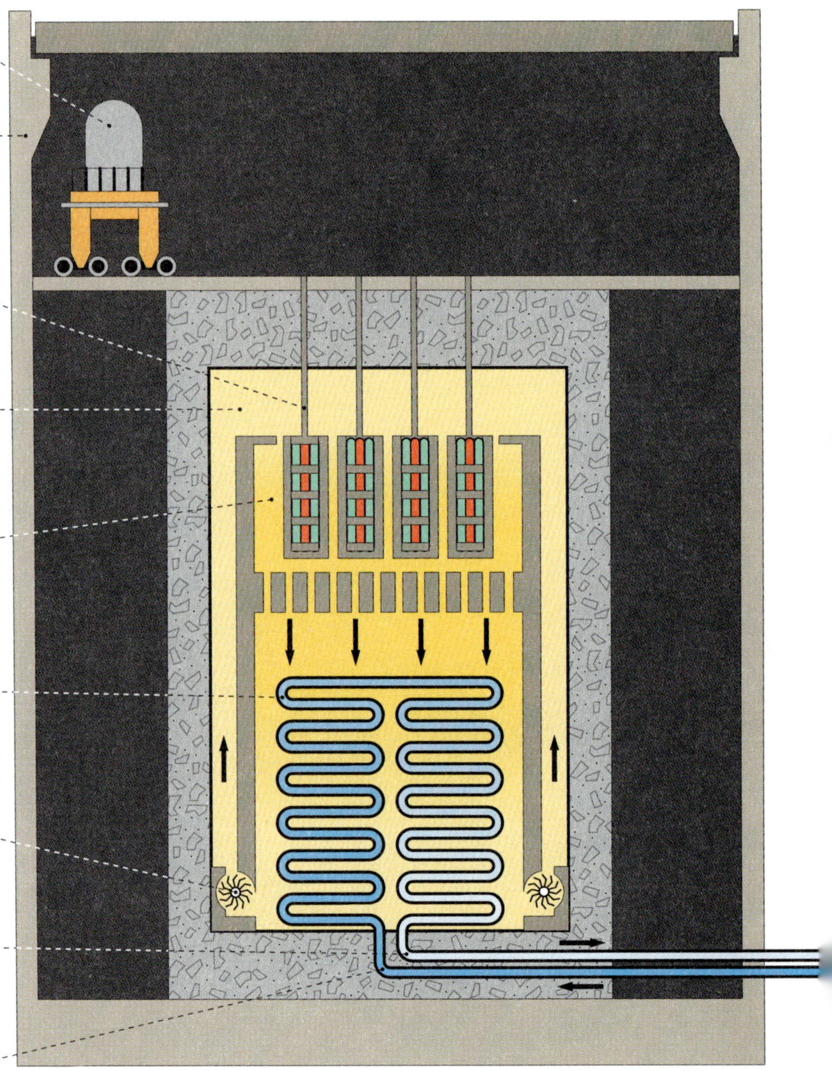

Beschickungsmaschine^{F}
fuelling machine
machine^{F} de chargement^{M}
mecanismo^{M} de carga^{F} del combustible^{M}

Betonmantel^{M}
concrete shielding
enceinte^{F} en béton^{M}
resguardo^{M} de hormigón^{M}

Steuerstab^{M}
control rod
barre^{F} de contrôle^{M}
varilla^{F} de control^{M}

Kohlendioxidkühlgas^{N}
carbon dioxide gas coolant
gaz^{M} carbonique de refroidissement^{M}
gas refrigerante de bióxido de carbono

Reaktorkern^{M}
reactor core
cœur^{M} du réacteur^{M}
núcleo^{M} del reactor^{M}

Wärmetauscher^{M}
heat exchanger
échangeur^{M} de chaleur^{F}
intercambiador^{M} de calor^{M}

Gebläse^{N}
blower
soufflante^{F}
ventilador^{M} del evaporador^{M}

Dampfauslaß^{M}
steam outlet
sortie^{F} de la vapeur^{F}
salida^{F} de vapor^{M}

Speisewasser^{N}
feedwater
alimentation^{F} en eau^{F}
alimentación^{F} de agua^{F}

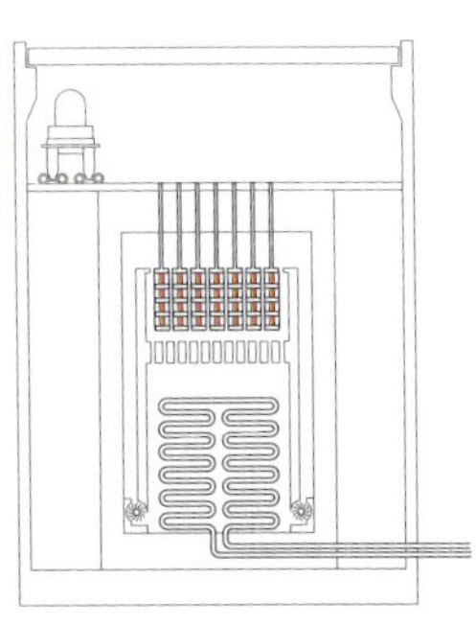

Brennstoff^{M}: nichtangereichertes Uran^{N}
fuel: natural uranium
combustible^{M}: uranium^{M} naturel
combustible^{M}: uranio^{M} natural

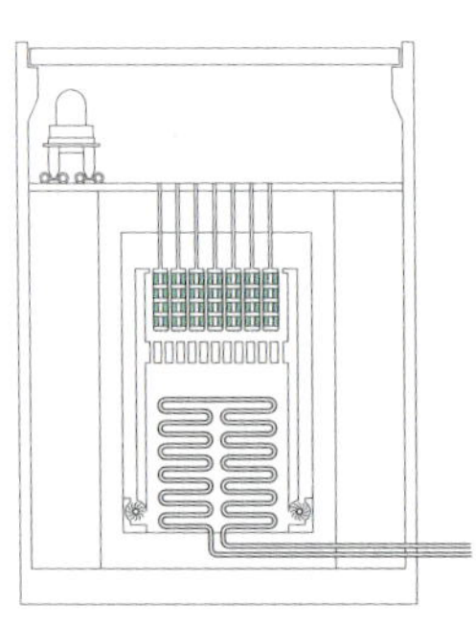

Moderator^{M}: Graphit^{M}
moderator: graphite
modérateur^{M}: graphite^{M}
moderador^{M}: grafito^{M}

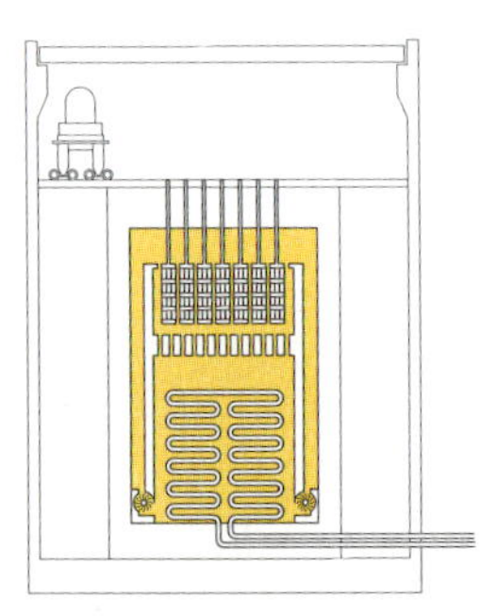

Kühlmittel^{N}: Kohlendioxid^{N}
coolant: carbon dioxide
caloporteur^{M}: gaz^{M} carbonique
refrigerante^{M}: bióxido^{M} de carbono^{M}

SCHWERWASSERREAKTOR^{M}
HEAVY-WATER REACTOR
RÉACTEUR^{M} À EAU^{F} LOURDE
REACTOR^{M} DE AGUA^{F} PESADA

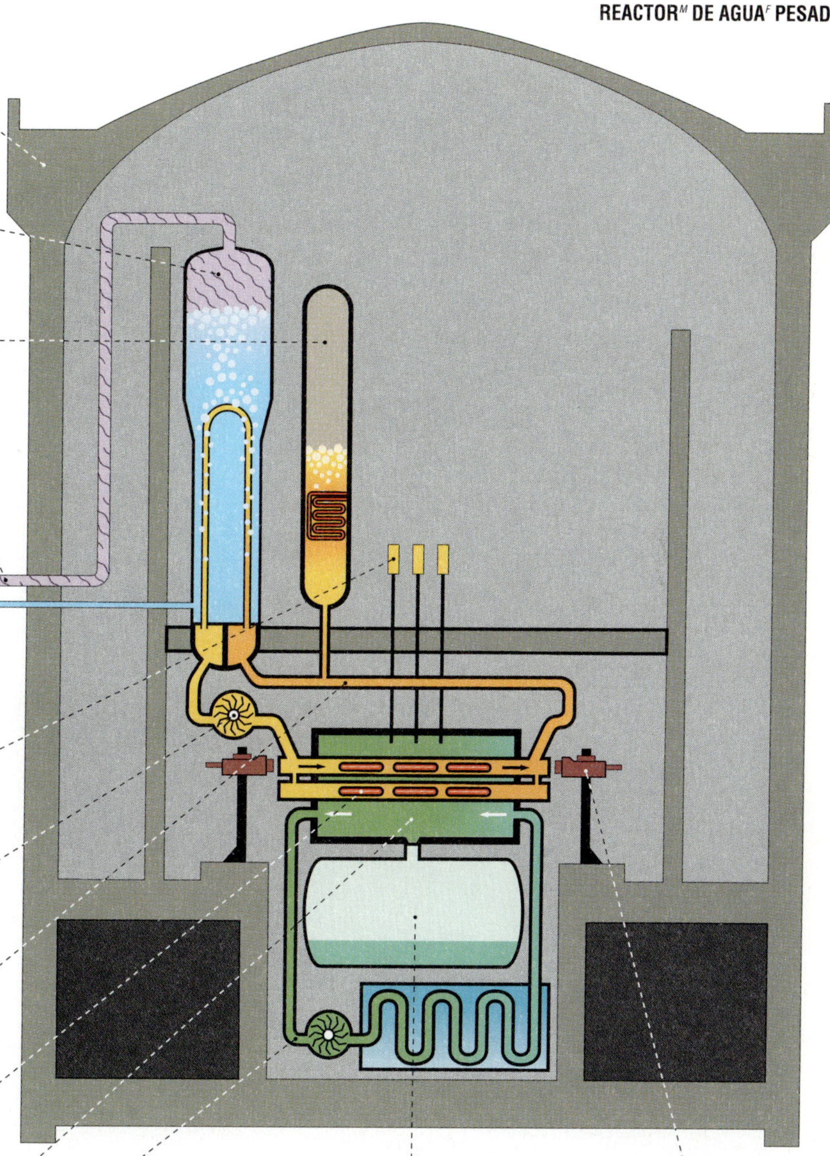

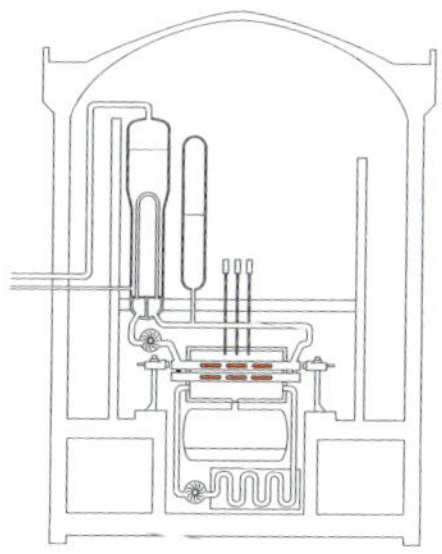

Brennstoff^{M}: nichtangereichertes Uran^{N}
fuel: natural uranium
combustible^{M}: uranium^{M} naturel
combustible^{M}: uranio^{M} natural

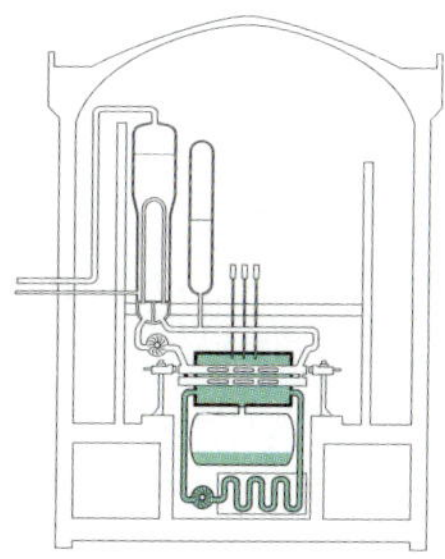

Moderator^{M}: schweres Wasser^{N}
moderator: heavy water
modérateur^{M}: eau^{F} lourde
moderador^{M}: agua^{F} pesada

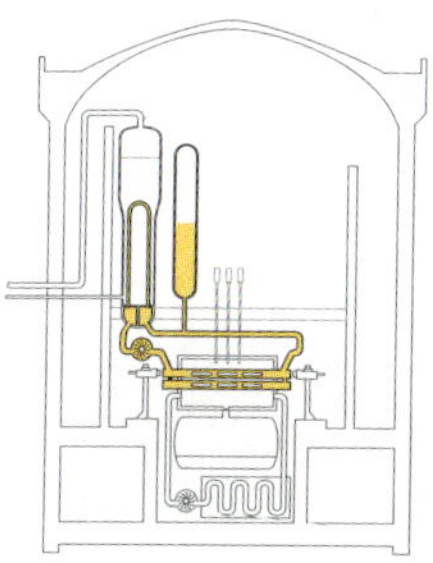

Kühlmittel^{N}: Druckwasser^{N}
coolant: pressurized heavy water
caloporteur^{M}: eau^{F} lourde sous pression^{F}
refrigerante^{M}: agua^{F} pesada a presión^{F}

KERNENERGIE[F]
NUCLEAR ENERGY
ÉNERGIE[F] NUCLÉAIRE
ENERGÍA[F] NUCLEAR

DRUCKWASSERREAKTOR[M]
PRESSURIZED-WATER REACTOR
RÉACTEUR[M] À EAU[F] SOUS PRESSION[F]
REACTOR[M] DE AGUA[F] A PRESIÓN[F]

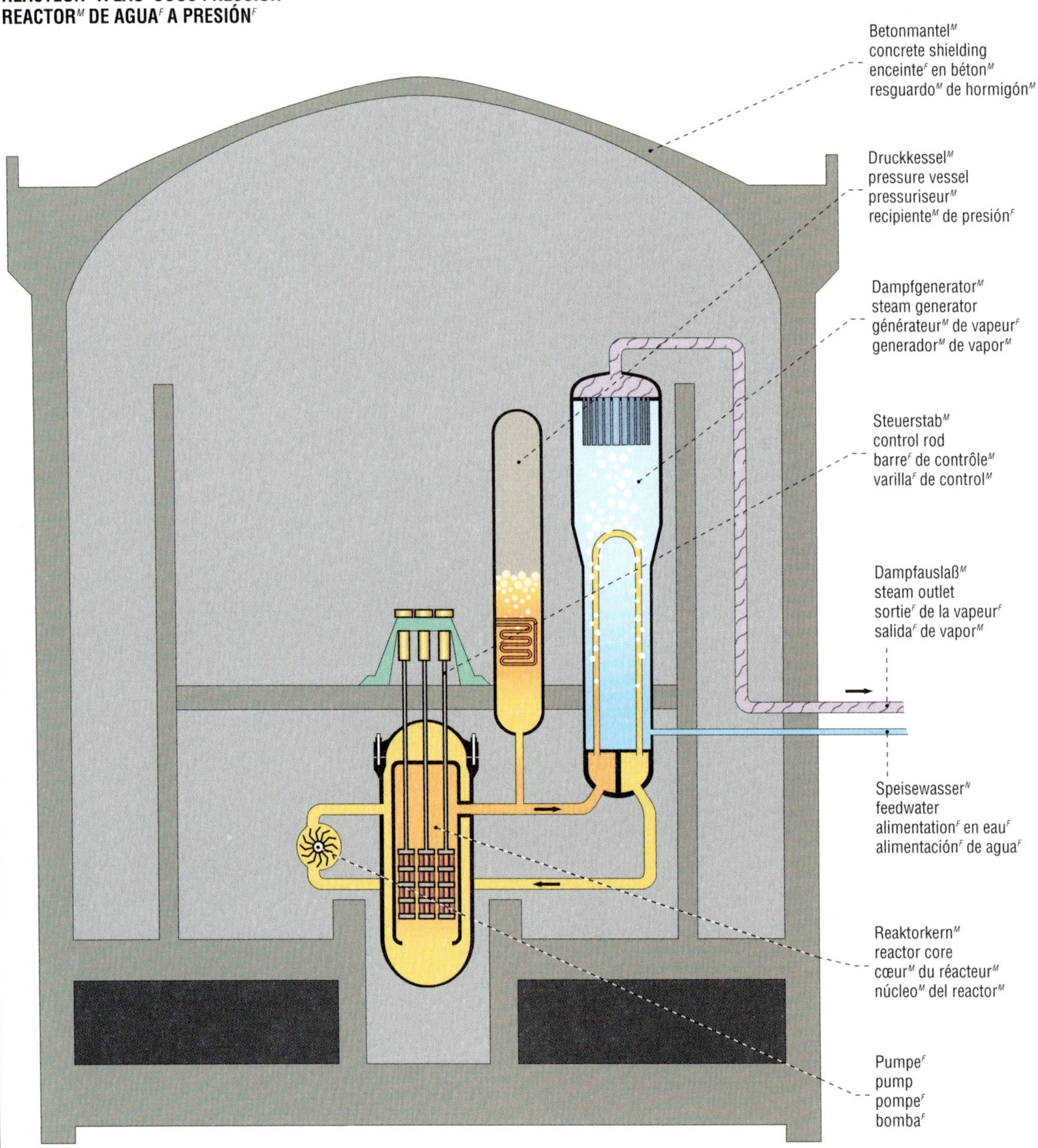

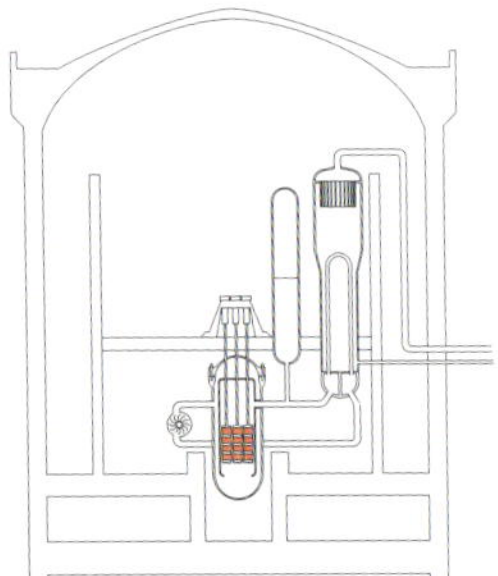

Brennstoff[M]: angereichertes Uran[N]
fuel: enriched uranium
combustible[M]: uranium[M] enrichi
combustible[M]: uranio[M] enriquecido

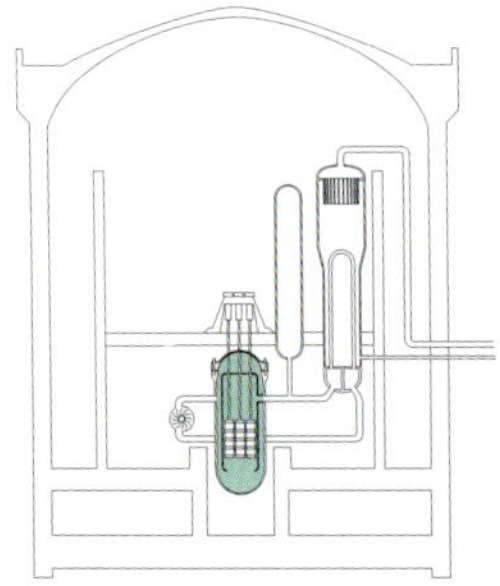

Moderator[M]: Wasser[N]
moderator: natural water
modérateur[M]: eau[F] naturelle
moderador[M]: agua[F] natural

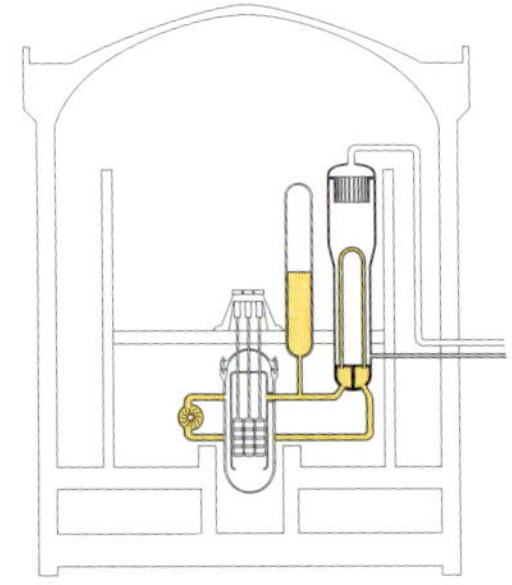

Kühlmittel[N]: Druckwasser[N]
coolant: pressurized water
caloporteur[M]: eau[F] sous pression[F]
refrigerante[M]: agua[F] a presión[F]

SIEDEWASSERREAKTOR^{M}
BOILING-WATER REACTOR
RÉACTEUR^{M} À EAU^{F} BOUILLANTE
REACTOR^{M} DE AGUA^{F} HIRVIENTE

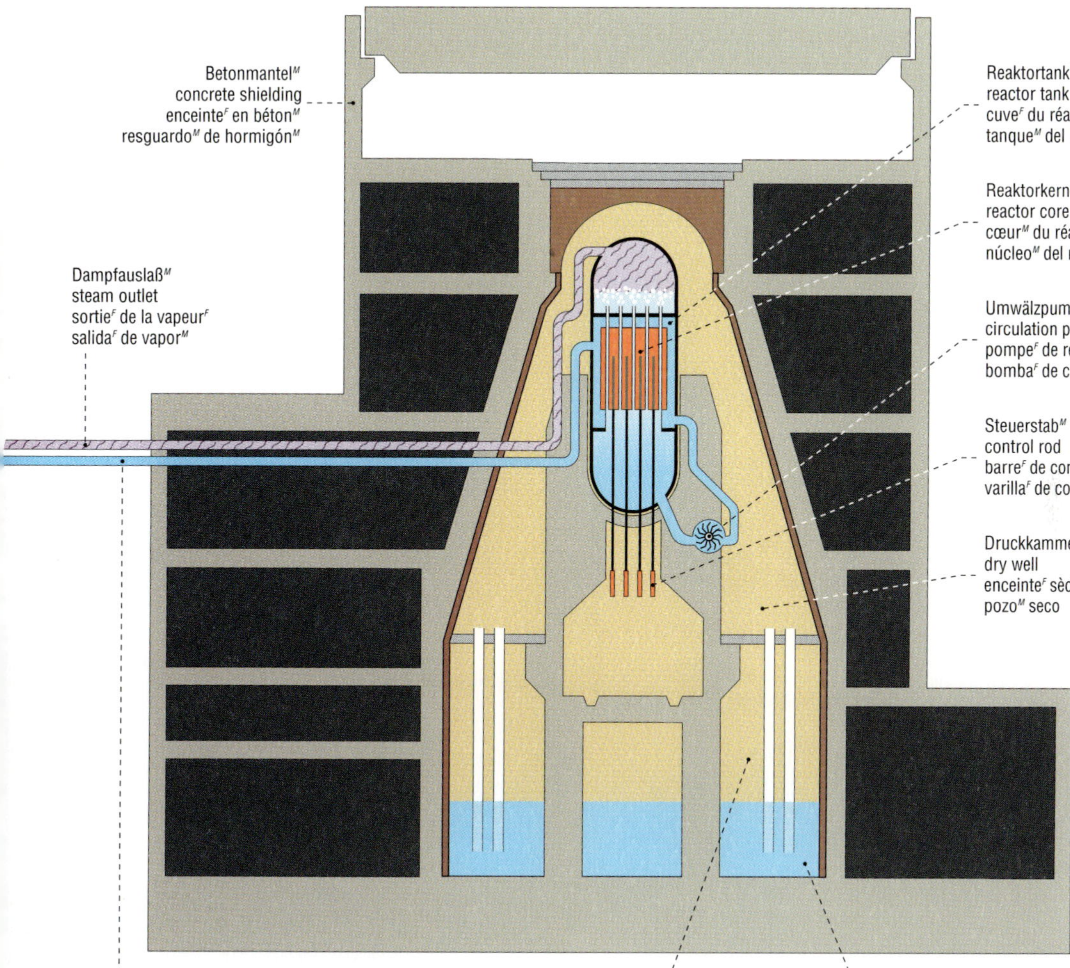

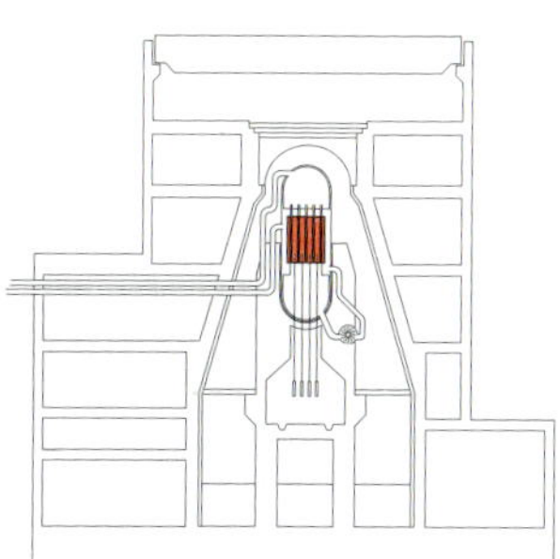

Brennstoff^{M}: angereichertes Uran^{N}
fuel: enriched uranium
combustible^{M}: uranium^{M} enrichi
combustible^{M}: uranio^{M} enriquecido

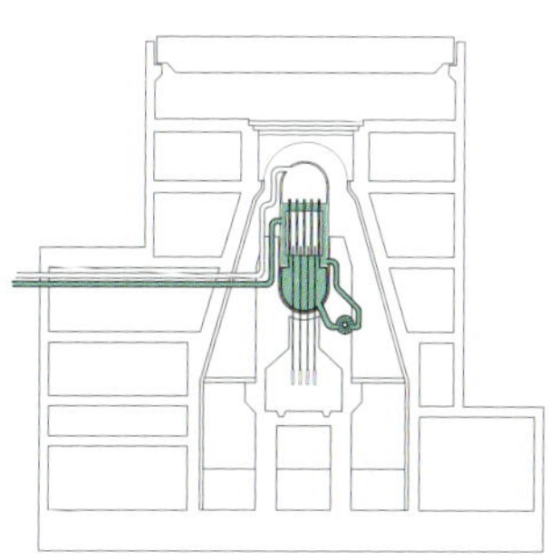

Moderator^{M}: Wasser^{N}
moderator: natural water
modérateur^{M}: eau^{F} naturelle
moderador^{M}: agua^{F} natural

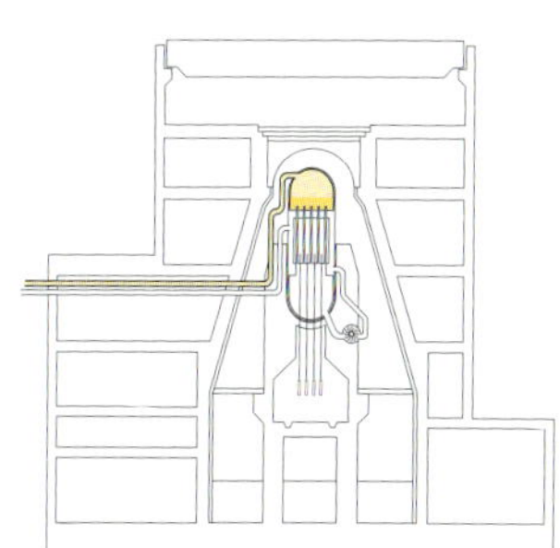

Kühlmittel^{N}: Siedewasser^{N}
coolant: boiling water
caloporteur^{M}: eau^{F} bouillante
refrigerante^{M}: agua^{F} hirviente

KERNENERGIE[F]
NUCLEAR ENERGY
ÉNERGIE[F] NUCLÉAIRE
ENERGÍA[F] NUCLEAR

BRENNELEMENTEBESCHICKUNG[F]
FUEL HANDLING SEQUENCE
SÉQUENCE[F] DE MANIPULATION[F] DU COMBUSTIBLE[M]
SECUENCIA[F] EN EL MANEJO[M] DE COMBUSTIBLE[M]

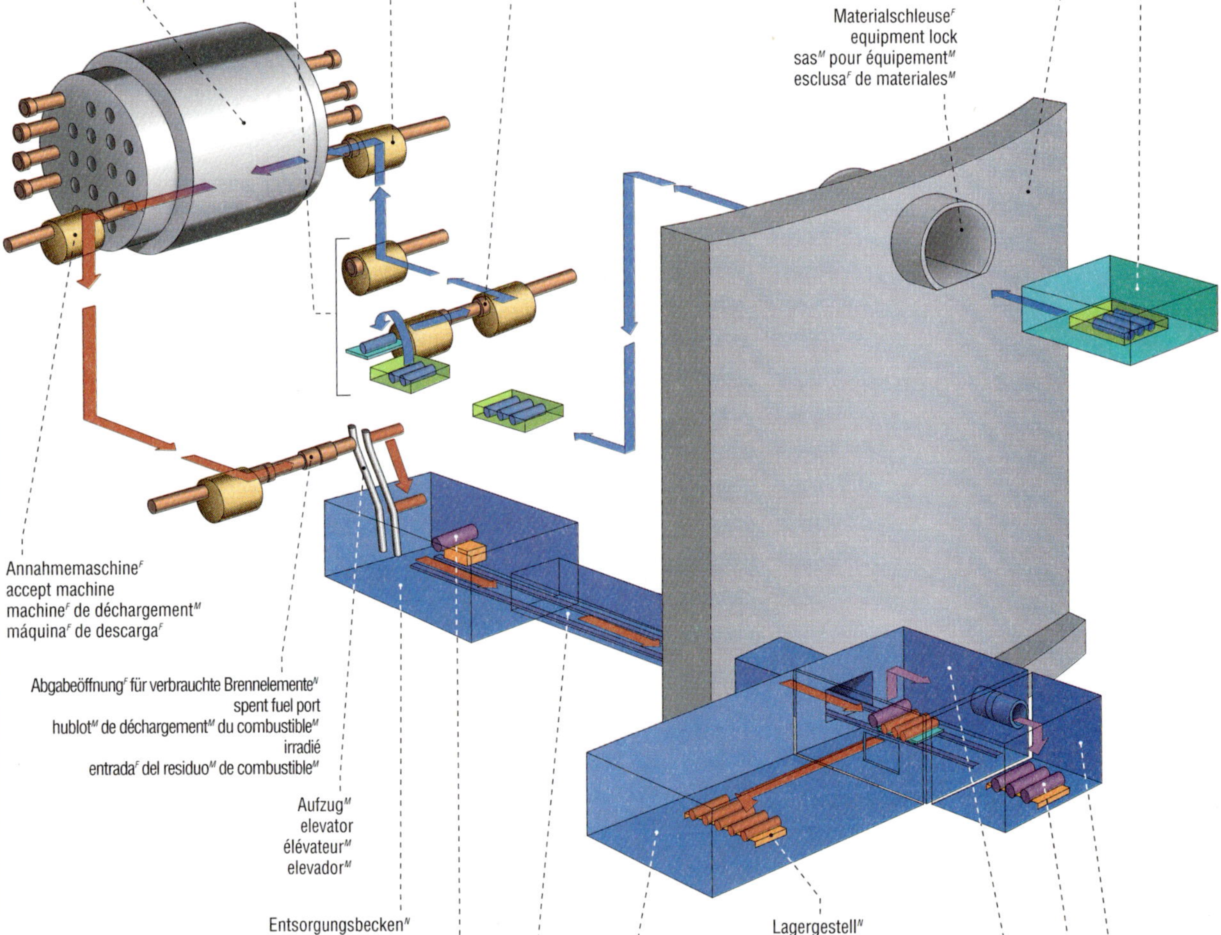

BRENNELEMENT[N]
FUEL BUNDLE
GRAPPE[F] DE COMBUSTIBLE[M]
ELEMENTO[M] CARGADOR DE COMBUSTIBLE[M]

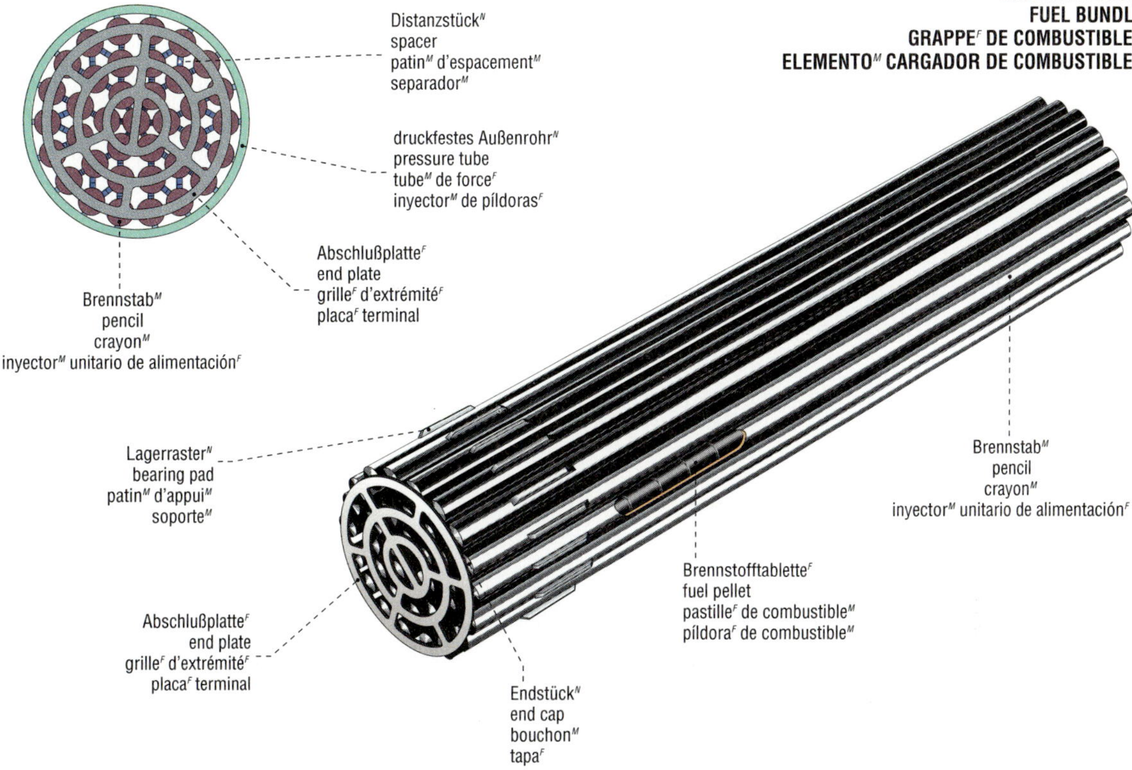

KERNREAKTOR[M]
NUCLEAR REACTOR
RÉACTEUR[M] NUCLÉAIRE
CARGA[F] DEL REACTOR[M] NUCLEAR

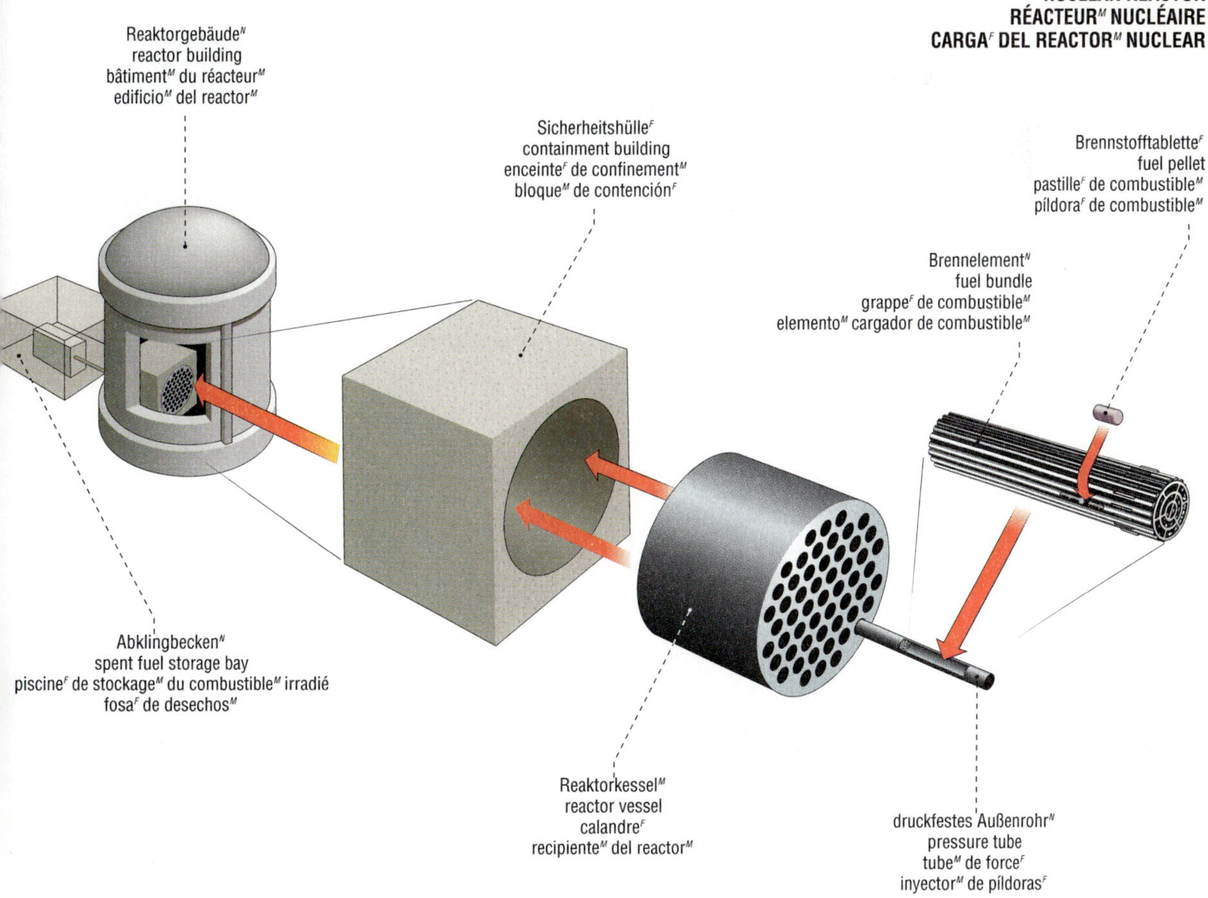

KERNENERGIE[F]
NUCLEAR ENERGY
ÉNERGIE[F] NUCLÉAIRE
ENERGÍA[F] NUCLEAR

STROMERZEUGUNG[F] AUS KERNENERGIE[F]
PRODUCTION OF ELECTRICITY FROM NUCLEAR ENERGY
PRODUCTION[F] D'ÉLECTRICITÉ[F] PAR ÉNERGIE[F] NUCLÉAIRE
PRODUCCIÓN[F] DE ELECTRICIDAD[F] POR MEDIO DE ENERGÍA[F] NUCLEAR

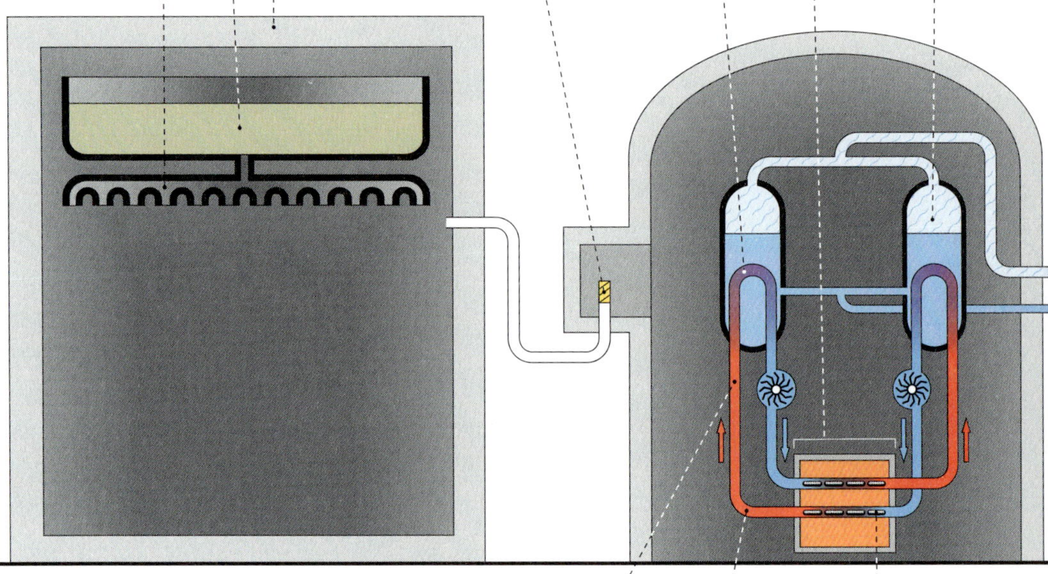

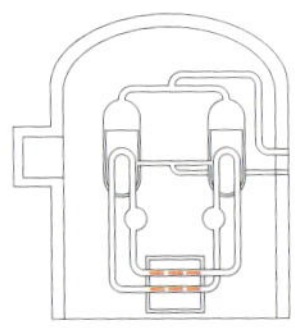

Brennstoff[M]
fuel
combustible[M]
combustible[M]

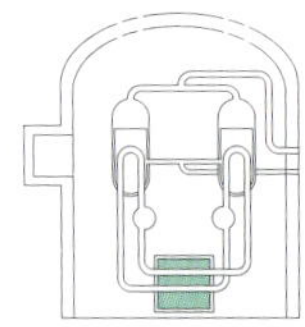

Moderator[M]
moderator
modérateur[M]
moderador[M]

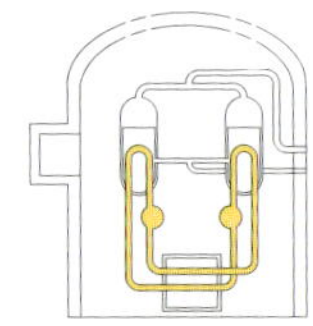

Kühlmittel[N]
coolant
caloporteur[M]
refrigerante[M]

Dampfdruck^{M} treibt Turbine^{F} an
steam pressure drives turbine
entraînement^{M} de la turbine^{F} par la vapeur^{F}
la presión^{F} del vapor^{M} impulsa las turbinas^{F}

Stromfortleitung^{F}
electricity transmission
transport^{M} de l'électricité^{F}
transmisión^{F} de electricidad^{F}

Spannungserhöhung^{F}
voltage increase
élévation^{F} de la tension^{F}
ampliación^{F} del voltaje^{M}

Turbinenwelle^{F} treibt Generator^{M} an
turbine shaft turns generator
entraînement^{M} du rotor^{M} de l'alternateur^{M}
la flecha^{F} de la turbina^{F} hace girar el generador^{M}

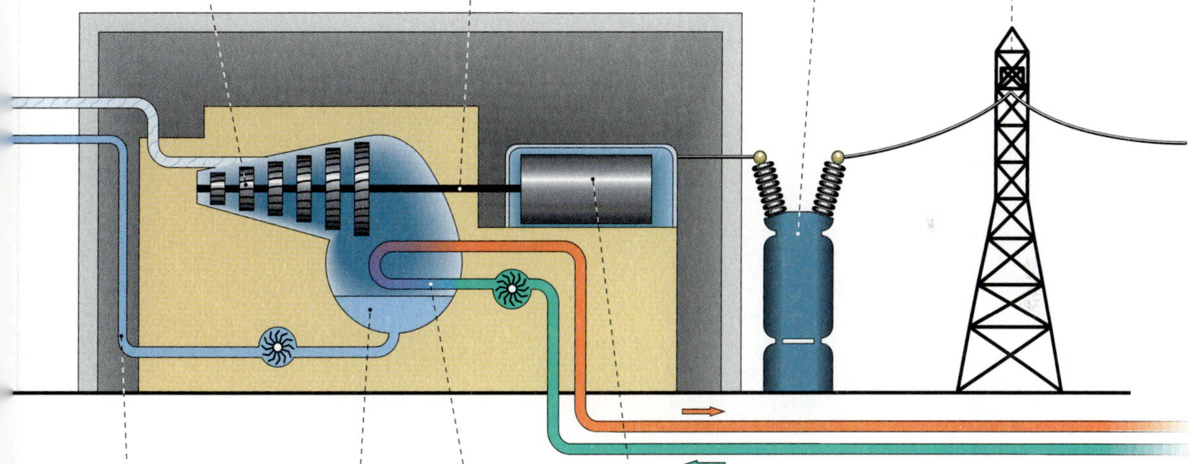

Stromerzeugung^{F}
electricity production
production^{F} d'électricité^{F}
producción^{F} de electricidad^{F}

Wasser^{N} kühlt Brauchdampf^{M} ab
water cools the used steam
refroidissement^{M} de la vapeur^{F} par l'eau^{F}
el agua^{F} de un lago^{M} o de un río^{M} enfría el vapor^{M} utilizado

Dampf^{M} kondensiert zu Wasser^{N}
condensation of steam into water
condensation^{F} de la vapeur^{F}
el vapor^{M} se condensa en agua^{F}

Wasser^{N} wird zum Dampfgenerator^{M} zurückgepumpt
water is pumped back into the steam generator
retour^{M} de l'eau^{F} au générateur^{M} de vapeur^{F}
el agua^{F} regresa al generador^{M} de vapor^{M}

SONNENENERGIE[F]
SOLAR ENERGY
ÉNERGIE[F] SOLAIRE
ENERGÍA[F] SOLAR

SOLARZELLE[F]
SOLAR CELL
PHOTOPILE[F]
CELDA[F] SOLAR[F]

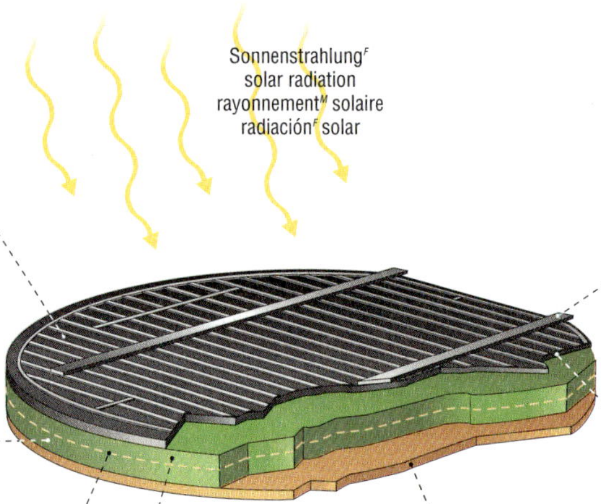

FLACHKOLLEKTOR[M]
FLAT-PLATE SOLAR COLLECTOR
CAPTEUR[M] SOLAIRE PLAN[M]
COLECTOR[M] SOLAR PLANO

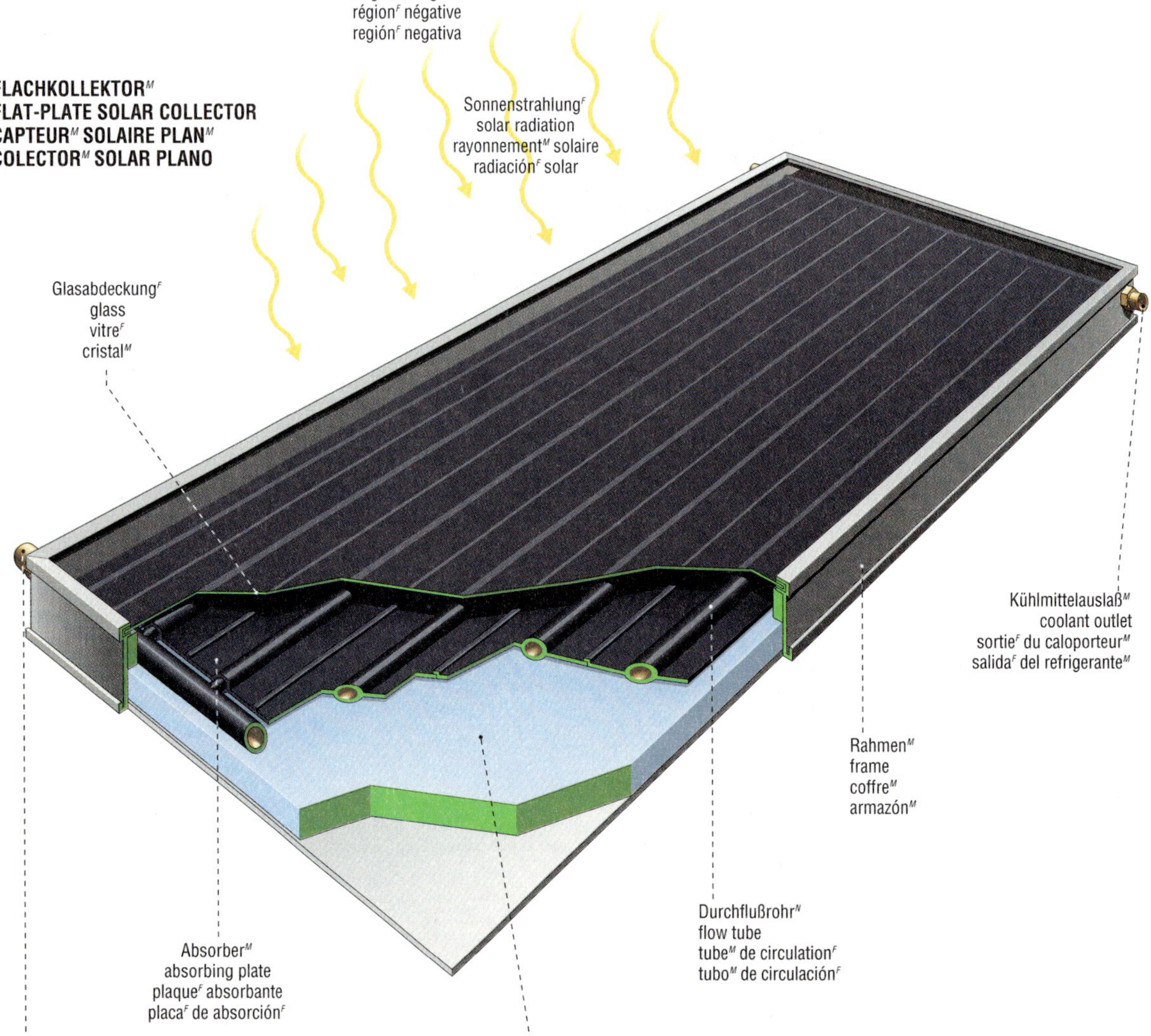

SOLARZELLENSYSTEM^{N}
SOLAR-CELL SYSTEM
CIRCUIT^{M} DE PHOTOPILES^{F}
SISTEMA^{M} DE CELDAS^{F} SOLARES

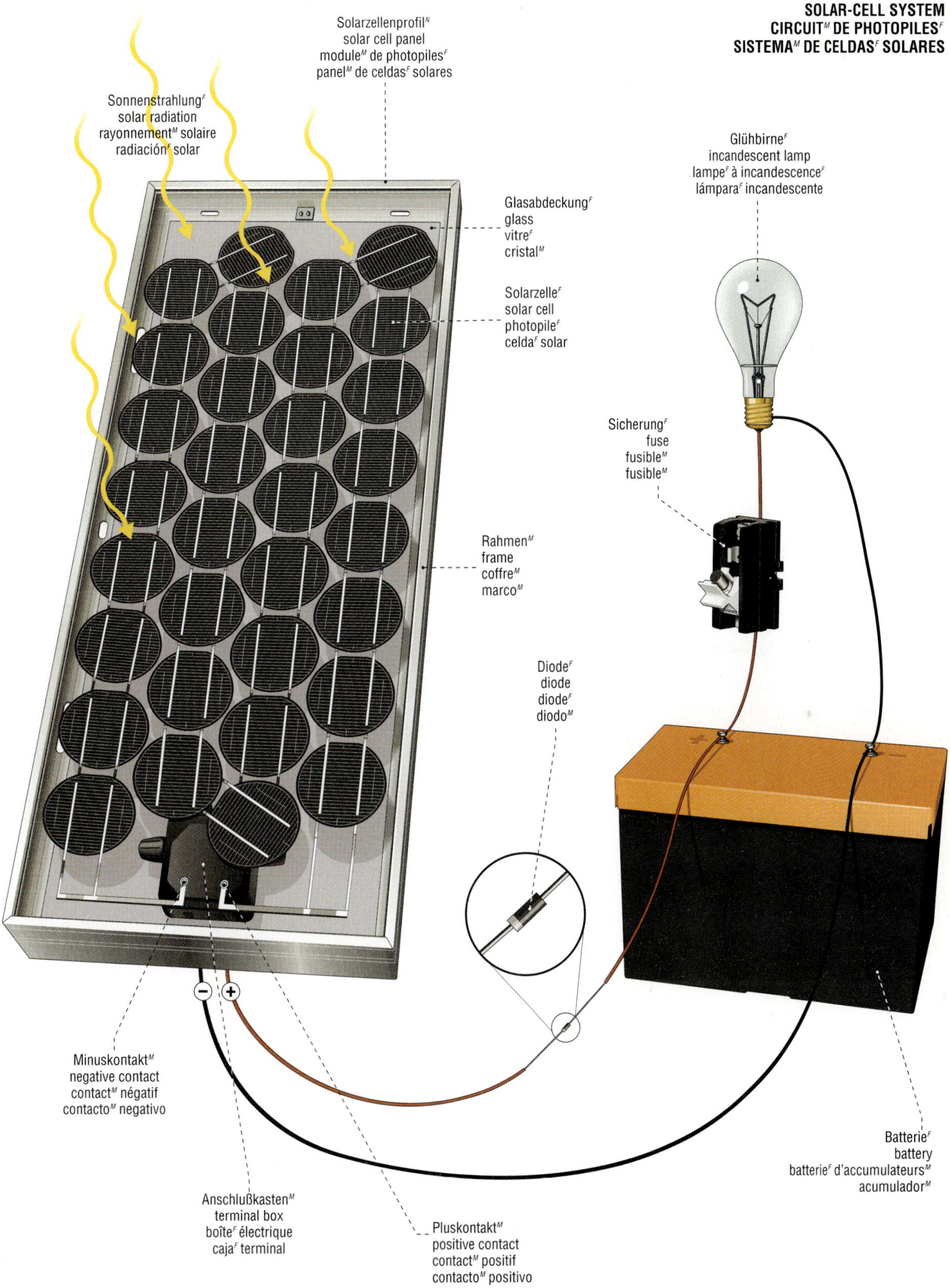

SONNENENERGIE^F
SOLAR ENERGY
ÉNERGIE^F SOLAIRE
ENERGÍA^F SOLAR

SONNENOFEN^M
SOLAR FURNACE
FOUR^M SOLAIRE
HORNO^M SOLAR

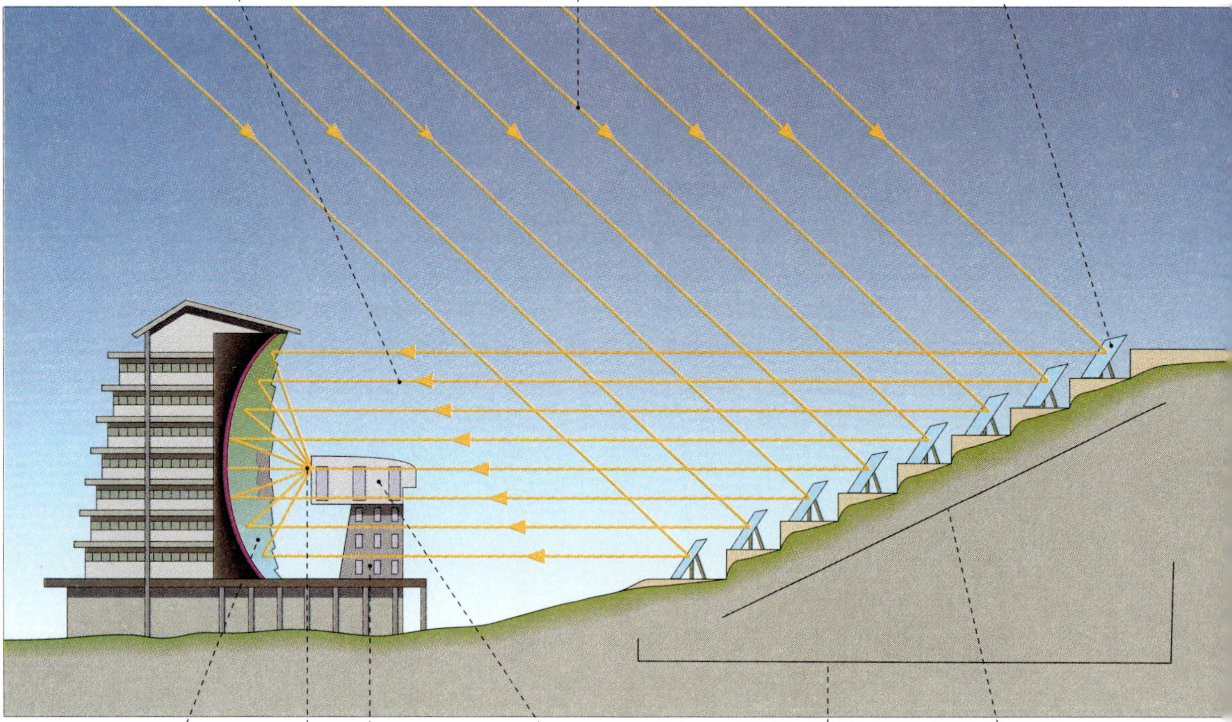

STROMERZEUGUNG^F AUS SONNENENERGIE^F
PRODUCTION OF ELECTRICITY FROM SOLAR ENERGY
PRODUCTION^F D'ÉLECTRICITÉ^F PAR ÉNERGIE^F SOLAIRE
PRODUCCIÓN^F DE ELECTRICIDAD^F POR ENERGÍA^F SOLAR

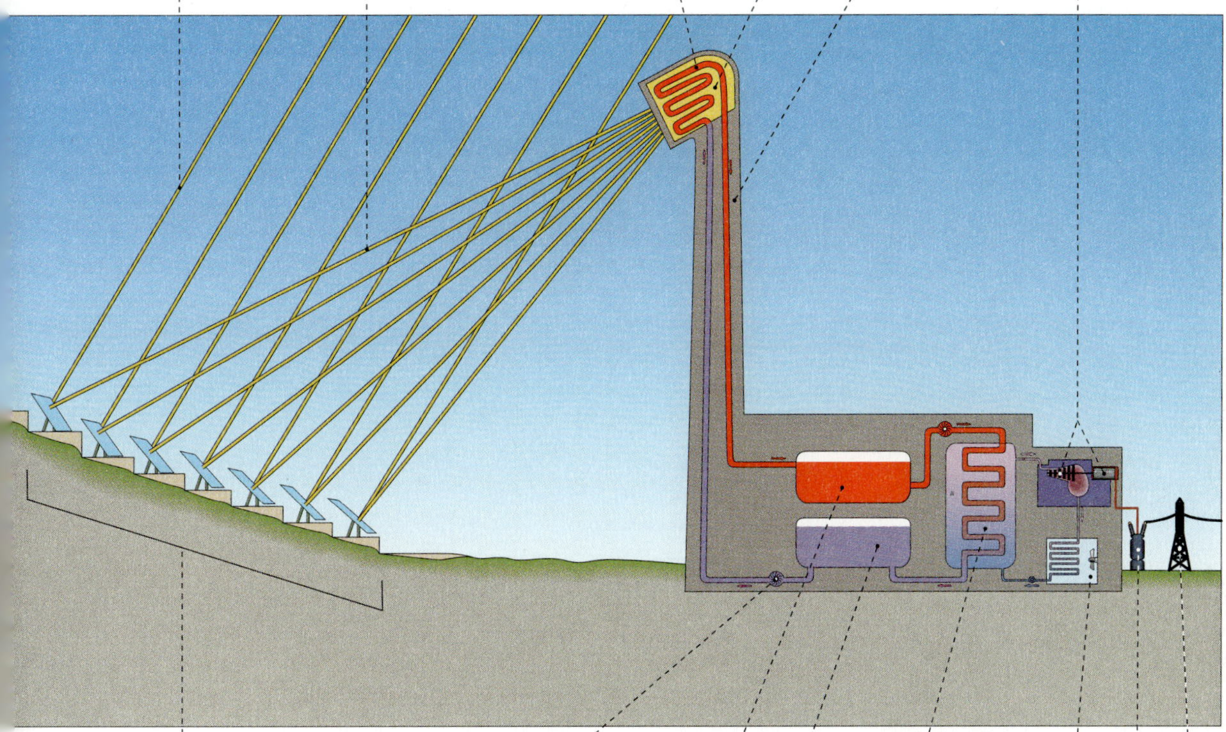

SONNENENERGIE[F]
SOLAR ENERGY
ÉNERGIE[F] SOLAIRE
ENERGÍA[F] SOLAR

SOLARHAUS[N]
SOLAR HOUSE
MAISON[F] SOLAIRE
CASA[F] SOLAR

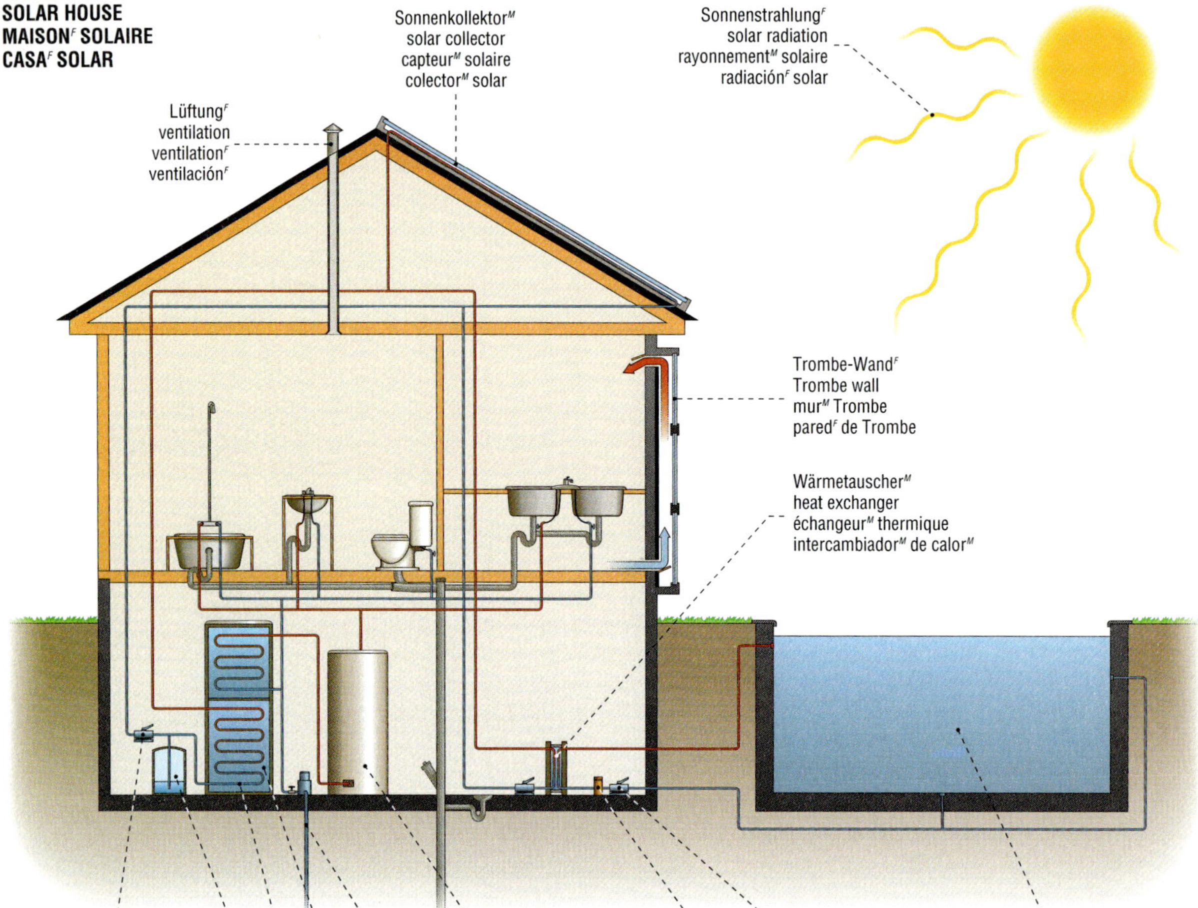

TROMBE-WAND[F]
TROMBE WALL
MUR[M] TROMBE
PARED[F] DE TROMBE

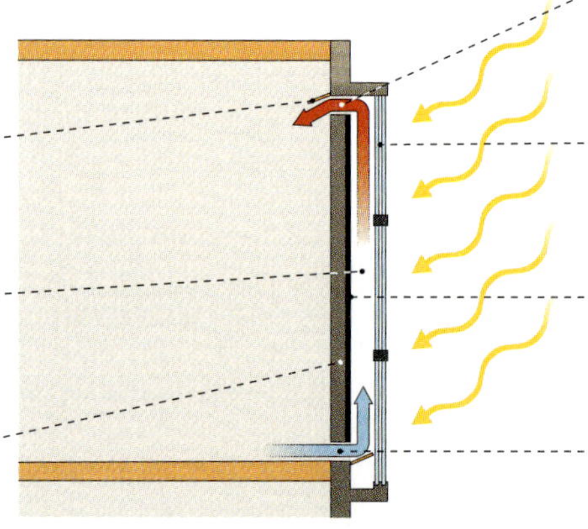

WINDENERGIE[F]
WIND ENERGY
ÉNERGIE[F] ÉOLIENNE
ENERGÍA[F] EÓLICA

WINDMÜHLE[F]
WINDMILL
MOULIN[M] À VENT[M]
MOLINO[M] DE VIENTO[M]

BOCKMÜHLE[F]
POST MILL
MOULIN[M] PIVOT[M]
MOLINO[M] DE PLATAFORMA[F] GIRATORIA

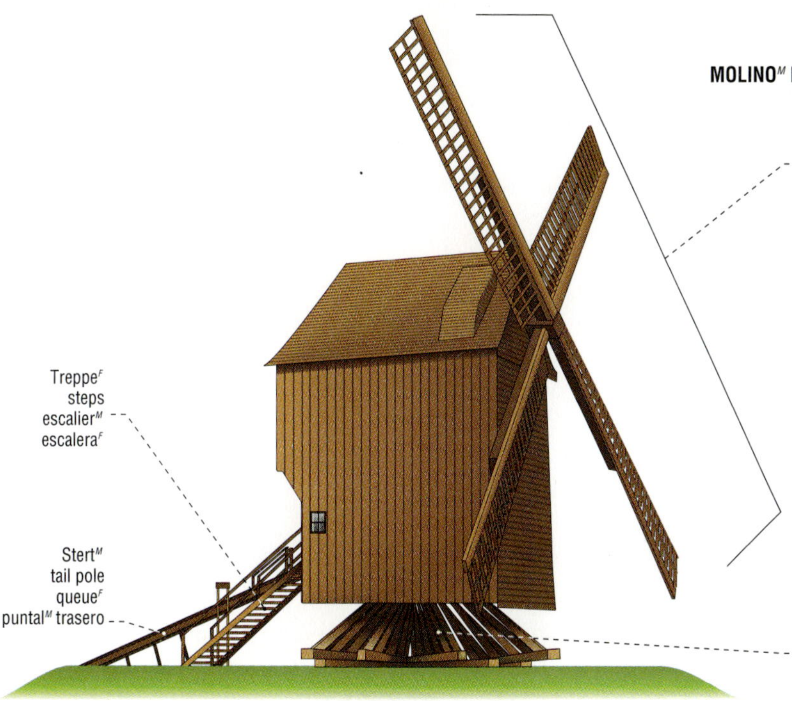

WINDENERGIE^{F}
WIND ENERGY
ÉNERGIE^{F} ÉOLIENNE
ENERGÍA^{F} EÓLICA

LÄNGSACHSENWINDTURBINE^{F}
HORIZONTAL-AXIS WIND TURBINE
ÉOLIENNE^{F} À AXE^{M} HORIZONTAL
TURBINA^{F} DE VIENTO^{M} DE EJE^{M} HORIZONTAL

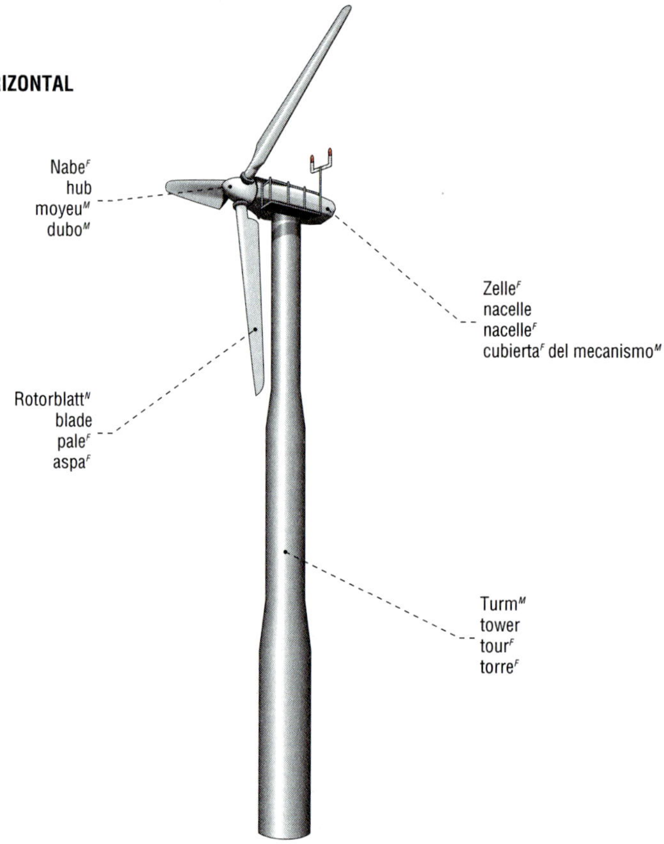

VERTIKALACHSENWINDTURBINE^{F}
VERTICAL-AXIS WIND TURBINE
ÉOLIENNE^{F} À AXE^{M} VERTICAL
TURBINA^{F} DE VIENTO^{M} DE EJE^{M} VERTICAL

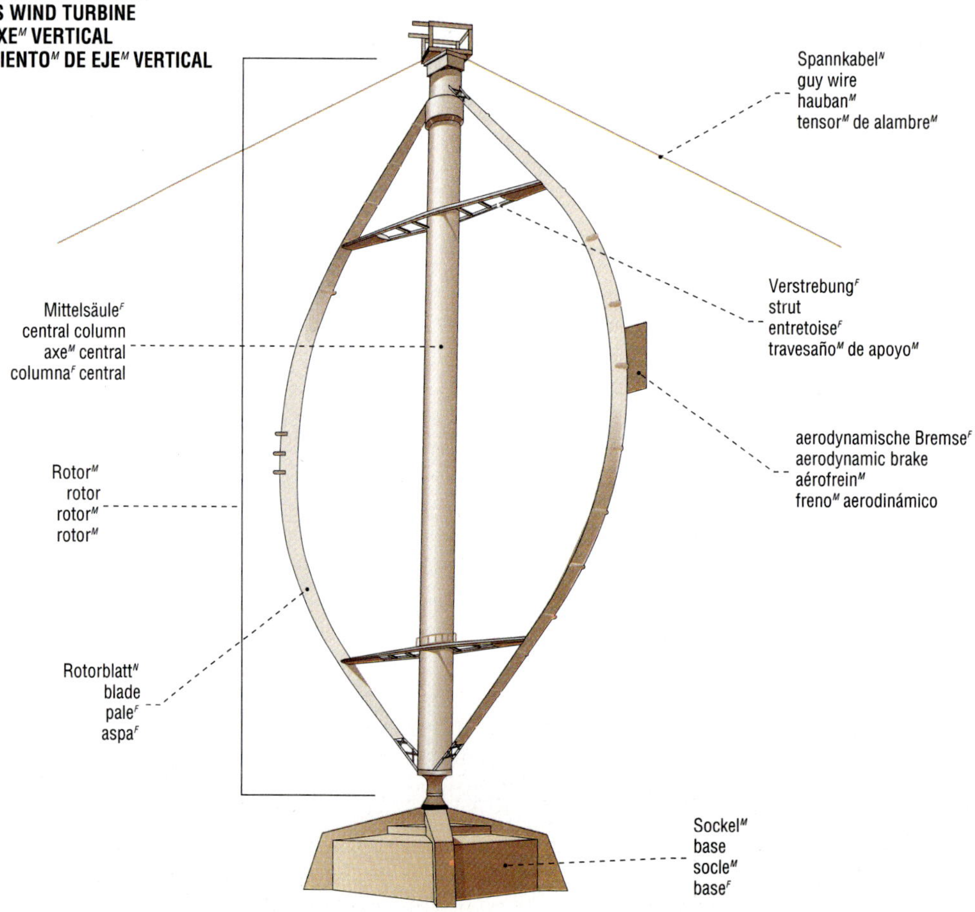

SCHWERMASCHINEN
HEAVY MACHINERY
ENGINS ET MACHINES
MAQUINARIA PESADA

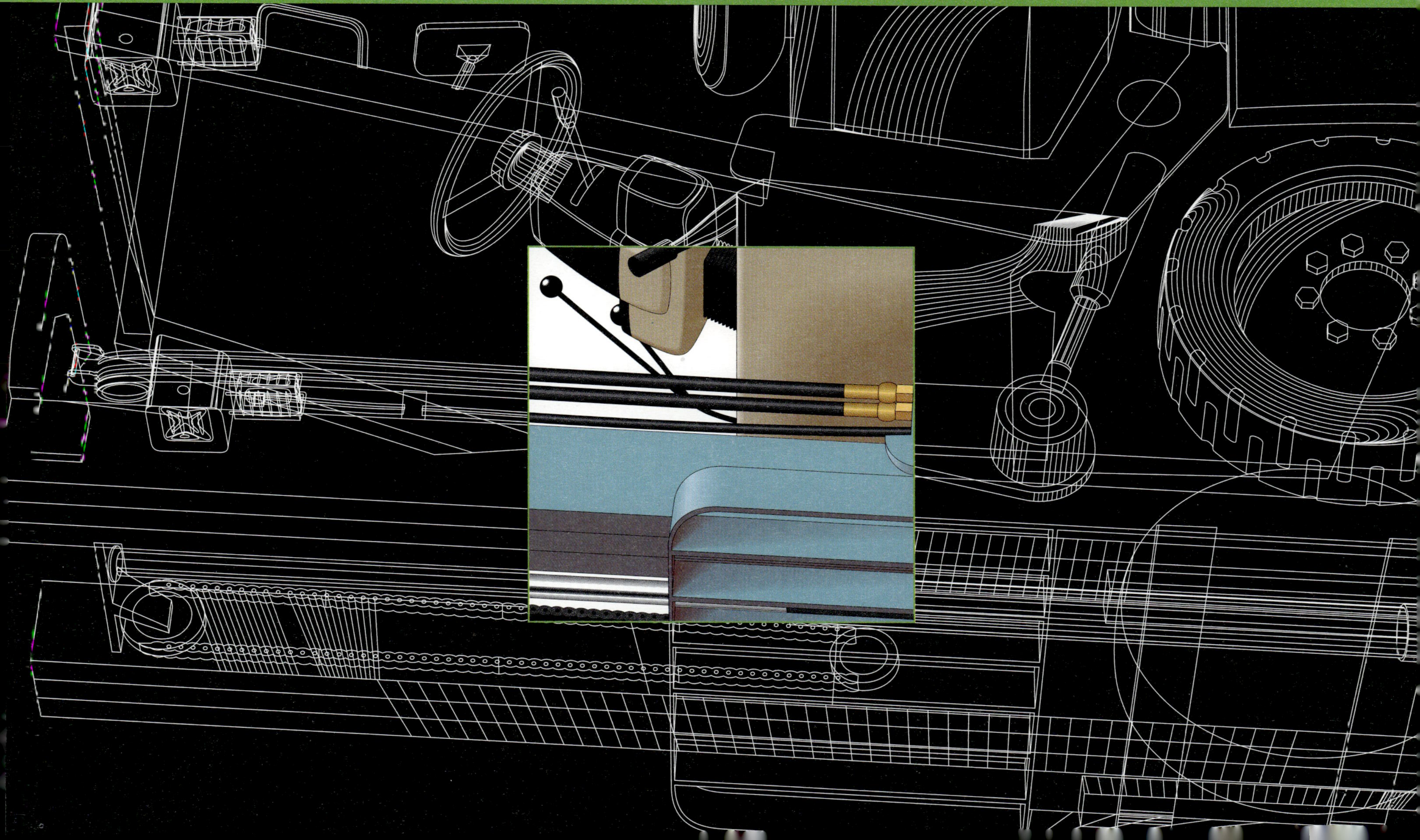

INHALT

BRANDBEKÄMPFUNG 777
FEUERWEHRAUTO 778
LASTENFORTBEWEGUNG 786

BRANDBEKÄMPFUNG[F]
FIRE FIGHTING
PRÉVENTION[F] DES INCENDIES[M]
PREVENCIÓN[F] DE INCENDIOS[M]

TASCHENLAMPE[F]
HAND LAMP
LAMPE[F] PORTATIVE
REFLECTOR[M] PORTÁTIL

FEUERWEHRMANN[M]
FIREMAN
SAPEUR[M]-POMPIER[M]
BOMBERO[M]

Hakengurt[M] für Leiter[F] und Schlauch[M]
ladder and hose strap
attache[F] pour tuyaux[M] et échelles[F]
correa[F] para escalera[F] y manguera[F]

FEUERSCHUTZHELM[M]
HELMET
CASQUE[M] DE SAPEUR[M]-POMPIER[M]
CASCO[M] DE BOMBERO[M]

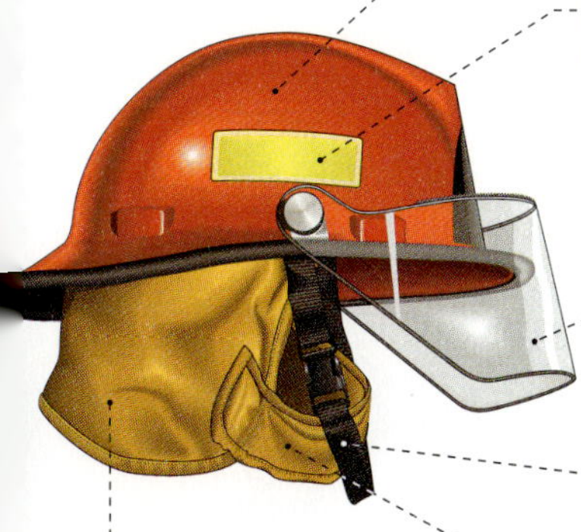

FEUERWEHRAUTO^{N}
FIRE ENGINE
VÉHICULES^{M} D'INCENDIE^{M}
COCHE^{M} DE BOMBEROS^{M}

PUMPLÖSCHFAHRZEUG^{N}
PUMPER
FOURGON^{M}-POMPE^{F}
CAMIÓN^{M} BOMBA^{F}

Saugrohr^{N}
suction hose
tuyau^{M} d'aspiration^{F}
manguera^{F} de succión^{F}

Kupplung^{F}
fitting
pièce^{F} de jonction^{F}
conector^{M}

Scheinwerfer^{M}
spotlight
projecteur^{M} orientable
faro^{M} reflector

Wasserhahn^{M}
control wheel
volant^{M} de manœuvre^{F}
volante^{M} de control^{M}

Wasserkanone^{F}
water cannon
lance^{F}-canon^{M}
cañón^{M} lanzaagua

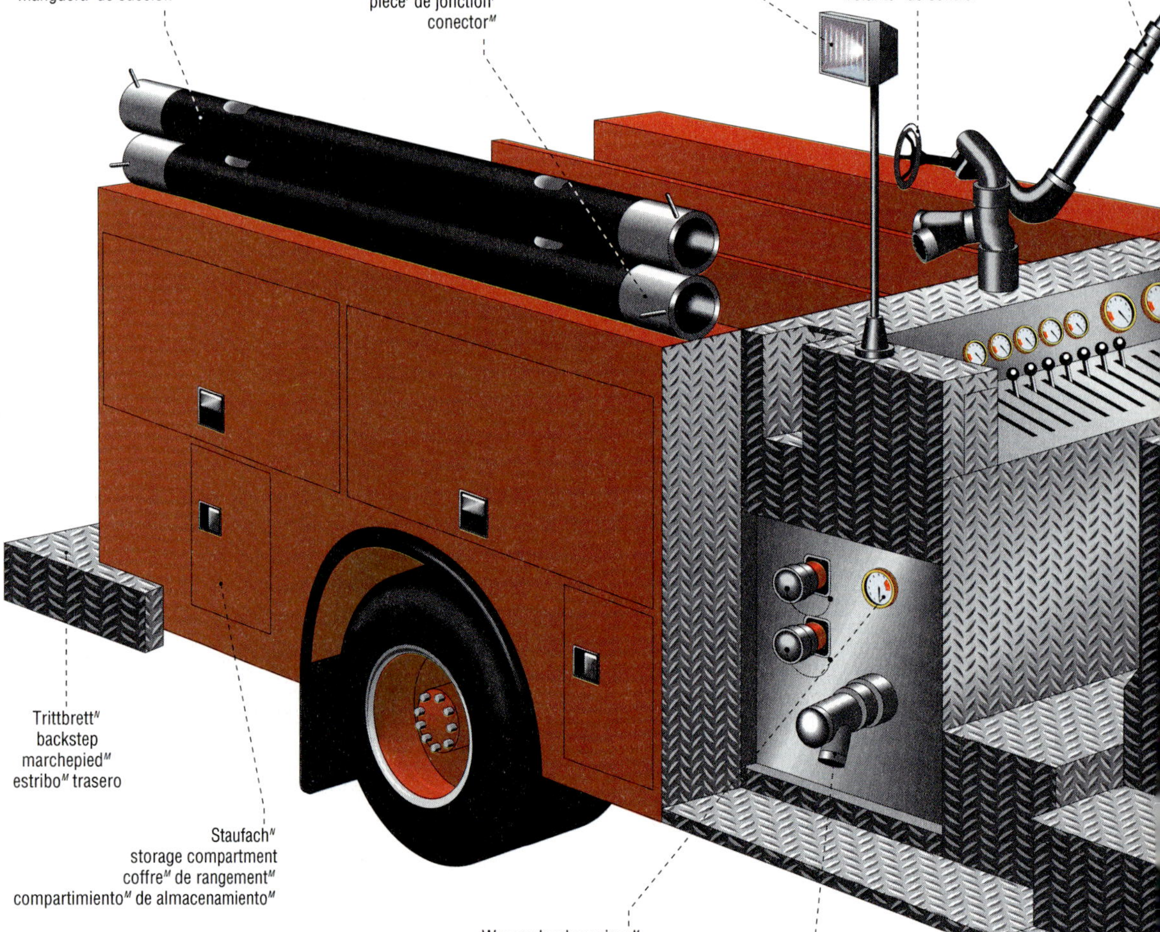

Trittbrett^{N}
backstep
marchepied^{M}
estribo^{M} trasero

Staufach^{N}
storage compartment
coffre^{M} de rangement^{M}
compartimiento^{M} de almacenamiento^{M}

Wasserdruckanzeiger^{M}
water pressure gauge
manomètre^{M}
manómetro^{M}

Hydrantenanschluß^{M}
hydrant intake
orifice^{M} d'alimentation^{F}
boca^{F} de agua^{F}

Schlauchleitung^{F}
fire hose
tuyau^{M} de refoulement^{M}
manguera^{F} de incendios^{M}

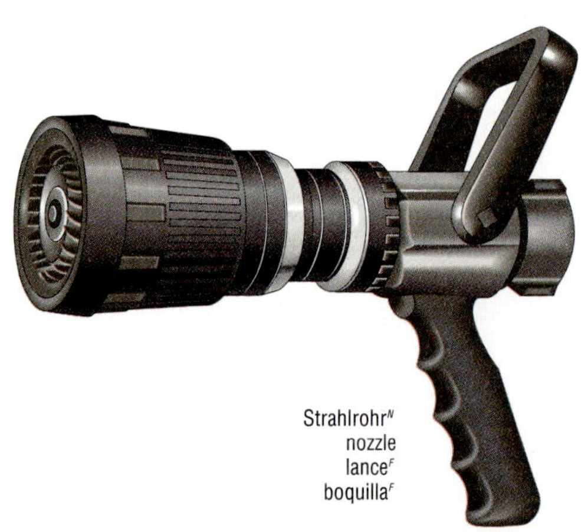

Strahlrohr^{N}
nozzle
lance^{F}
boquilla^{F}

Y-Verbindungsstück[N]
dividing breeching
pièce[F] d'embranchement[M]
separador[M] de boca[F] de agua[F]

Bedienkonsole[F]
control panel
panneau[M] de commande[F]
tablero[M] de operaciónes[F]

Martinshorn[N]
horn
corne[F] de feu[M]
bocina[F]

Signalleiste[F]
light bar
rampe[F] de signalisation[F]
luces[F] de emergencia[F]

Lautsprecher[M]
loudspeaker
haut-parleur[M]
sirena[F]

Haltegriff[M]
grab handle
poignée[F] montoir[M]
asidero[M]

Hydrantenanschluß[M]
hydrant intake
orifice[M] d'alimentation
boca[F] de agua[F]

Hydrantenschlüssel[M]
fire hydrant wrench
clé[F] de barrage[M]
llave[F] de boca[F] de agua[F]

FEUERWEHRAUTO[N]
FIRE ENGINE
VÉHICULES[M] D'INCENDIE[M]
COCHE[M] DE BOMBEROS[M]

DREHLEITERFAHRZEUG[N]
AERIAL LADDER TRUCK
GRANDE ÉCHELLE[F]
CAMIÓN[M] DE ESCALELERA[F] TELESCÓPICA

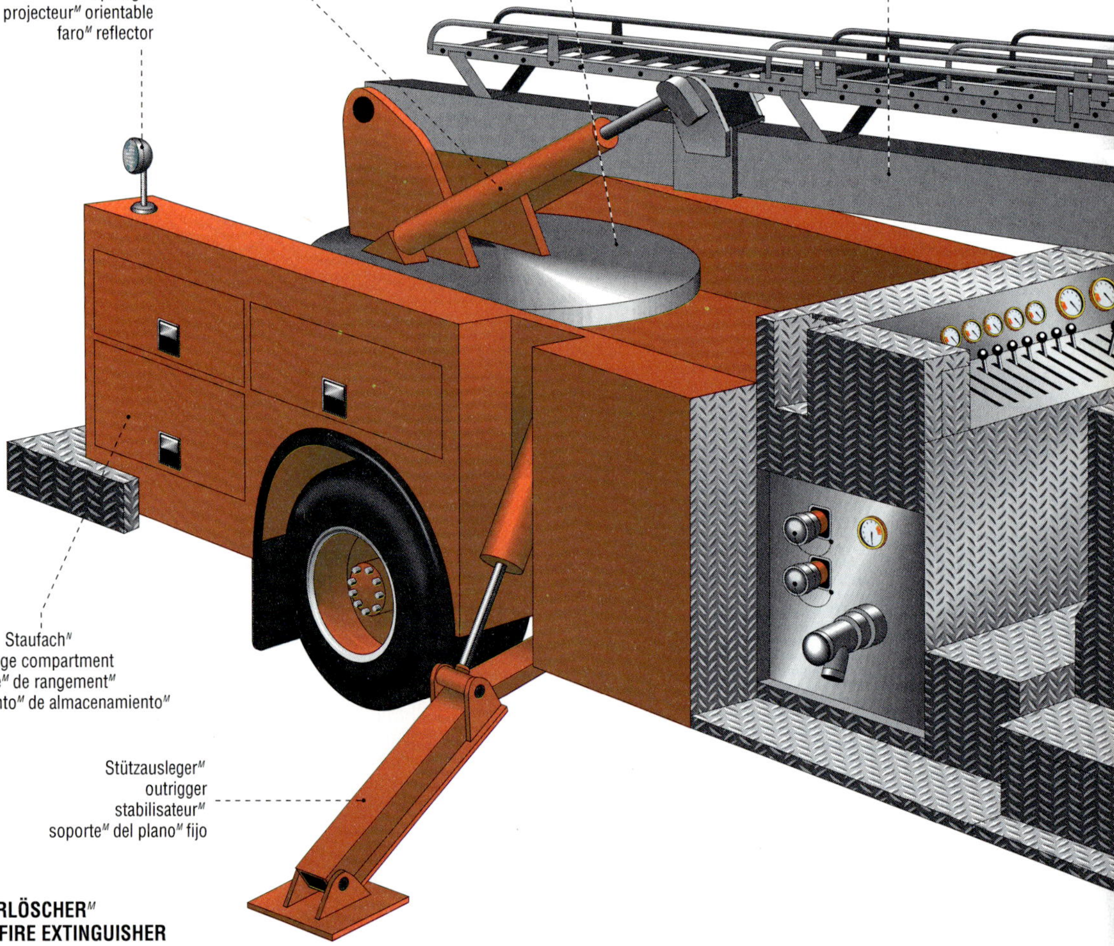

HANDFEUERLÖSCHER[M]
PORTABLE FIRE EXTINGUISHER
EXTINCTEUR[M]
EXTINGUIDOR[M] PORTÁTIL

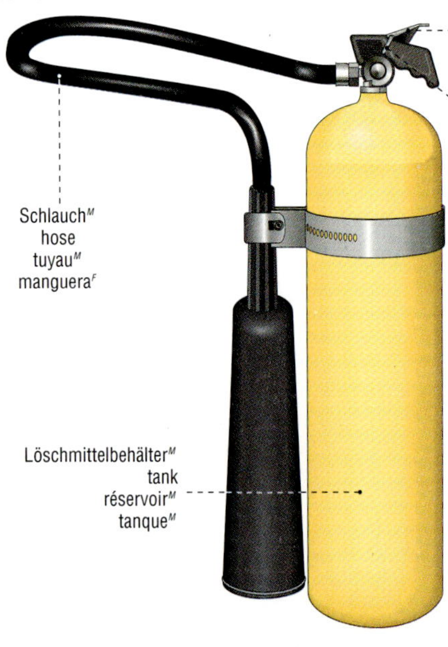

Schiebeleiter[F]
tower ladder
parc[M] à échelles[F]
escalera[F] telescópica
Blaulicht[N]
mars light
gyrophare[M]
faro[M] de destello[M]
Oberleiter[F]
top ladder
échelle[F] de tête[F]
tope[M] de la escalera[F]
Leiterstrahlrohr[N]
ladder pipe nozzle
lance[F] à eau[F]
escalera[F] con boquilla[F] telescópica

Feuerwehrbeil[N]
fireman's hatchet
hache[F]
hacha[F] de bombero[M]

Hakenleiter[F]
hook ladder
échelle[F] à crochets[M]
escalera[F] de ganchos[M]

SCHWERFAHRZEUGE[N]
HEAVY VEHICLES
MACHINERIE[F] LOURDE
VEHÍCULOS[M] PESADOS

RADLADER[M]
JCB®
CHARGEUSE[F]-PELLETEUSE[F]
RETROEXCAVADORA[F] CARGADORA[F]

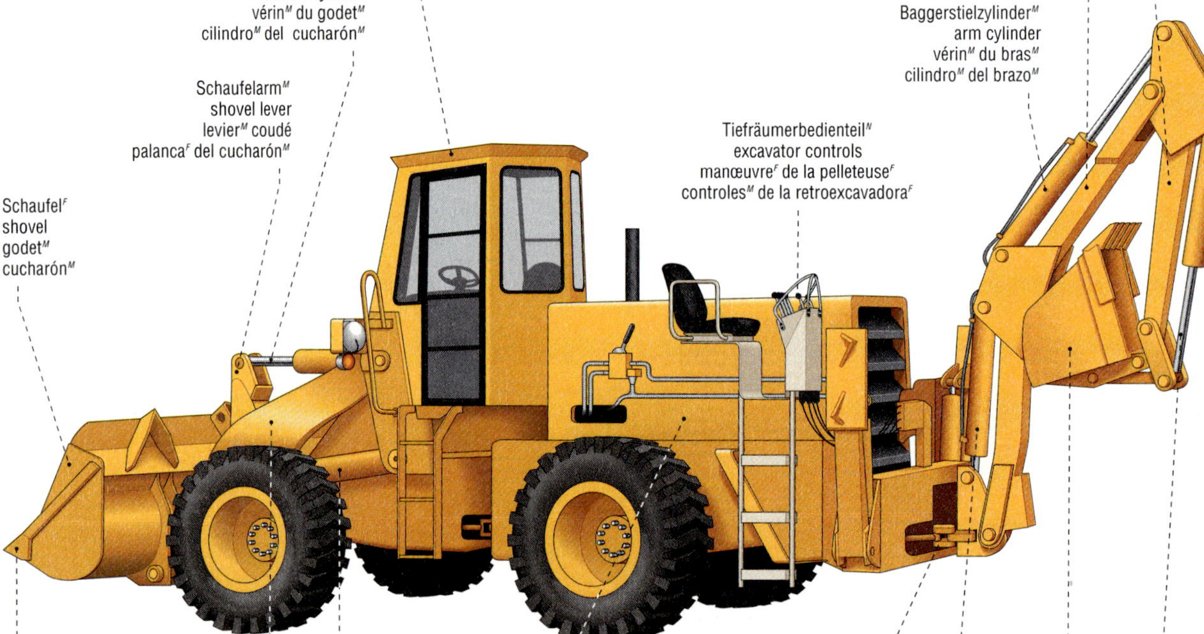

Schaufellader[M]
front-end loader
chargeuse[F] frontale
cargador[M] delantero

Radtraktor[M]
wheel tractor
tracteur[M]
tractor[M] de ruedas[F]

Tiefräumer[M]
rear excavator
pelleteuse[F]
retroexcavadora[F]

PLANIERRAUPE^{F}
BULLDOZER
BOUTEUR^{M}
BULLDOZER^{M}

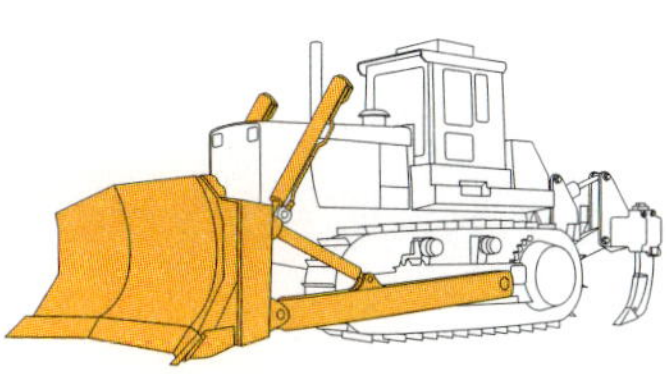

Planierschaufel^{F}
blade
lame^{F}
pala^{F}

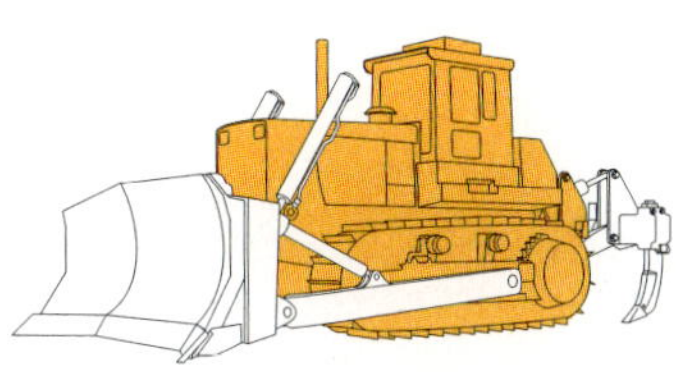

Gleiskettenschlepper^{M}
crawler tractor
tracteur^{M} à chenilles^{F}
tractor^{M} de orugas^{F}

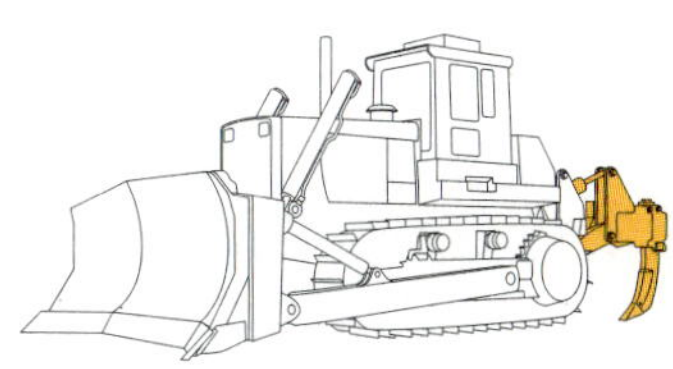

Aufreißer^{M}
ripper
défonceuse^{F}
zanco^{M}

SCHWERFAHRZEUGE^{N}
HEAVY VEHICLES
MACHINERIE^{F} LOURDE
VEHÍCULOS^{M} PESADOS

SCHRAPPER^{M}
SCRAPER
DÉCAPEUSE^{F}
RASPADOR^{M}

STRASSENHOBEL^{M}
GRADER
NIVELEUSE^{F}
NIVELADORA^{F}

SCHWERMASCHINEN[F]
HEAVY MACHINERY
MACHINERIE[F] LOURDE
MAQUINARIA[F] PESADA

HINTERKIPPER[M]
DUMPER TRUCK
CAMION[M]-BENNE[F]
CAMIÓN[M] BASCULANTE

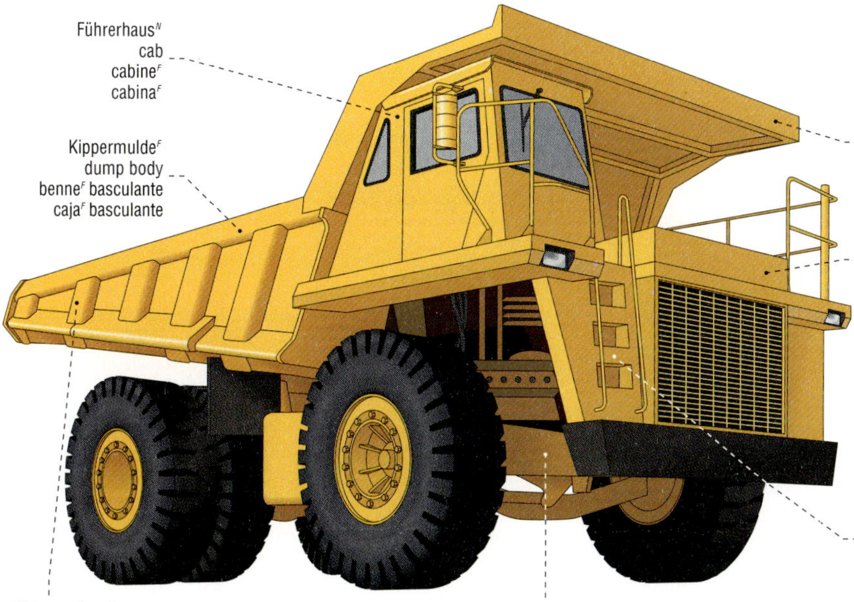

HYDRAULIK-HOCHLÖFFELBAGGER[M]
MECHANICAL SHOVEL
PELLE[F] HYDRAULIQUE
PALA[F] HIDRÁULICA

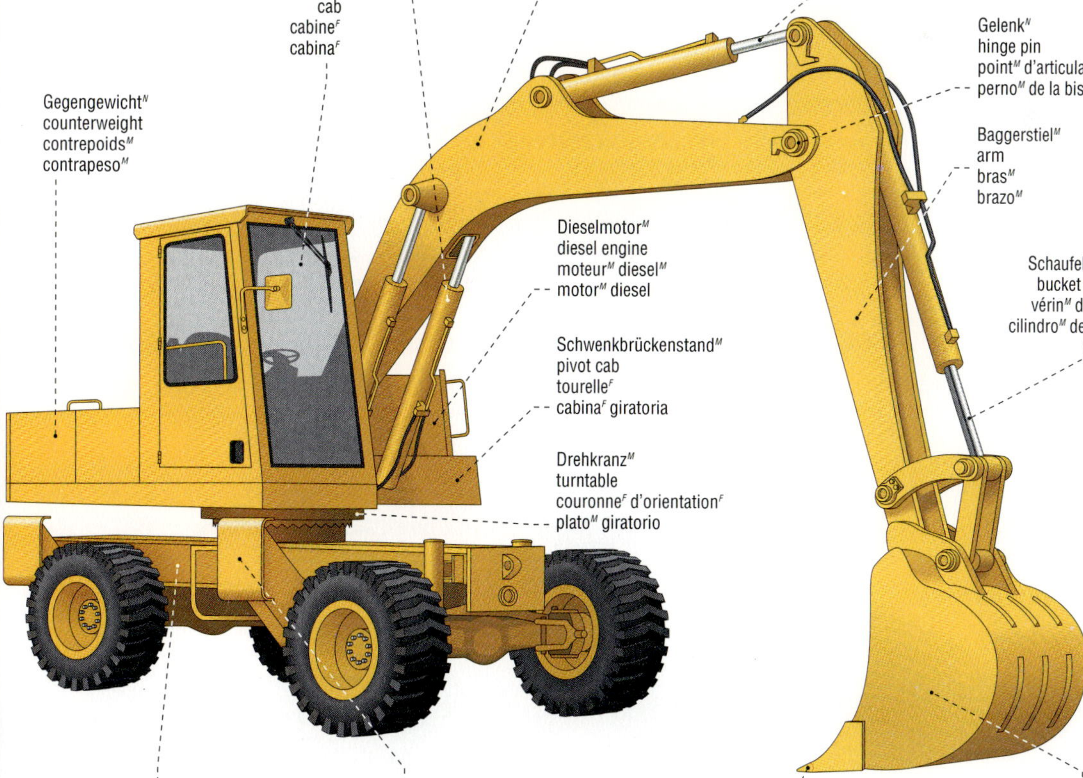

LASTENFORTBEWEGUNG[F]
MATERIAL HANDLING
MANUTENTION[F]
MANEJO[M] DE MATERIALES[M]

TURMKRAN[M]
TOWER CRANE
GRUE[F] À TOUR[F]
GRÚA[F] TORRE[F]

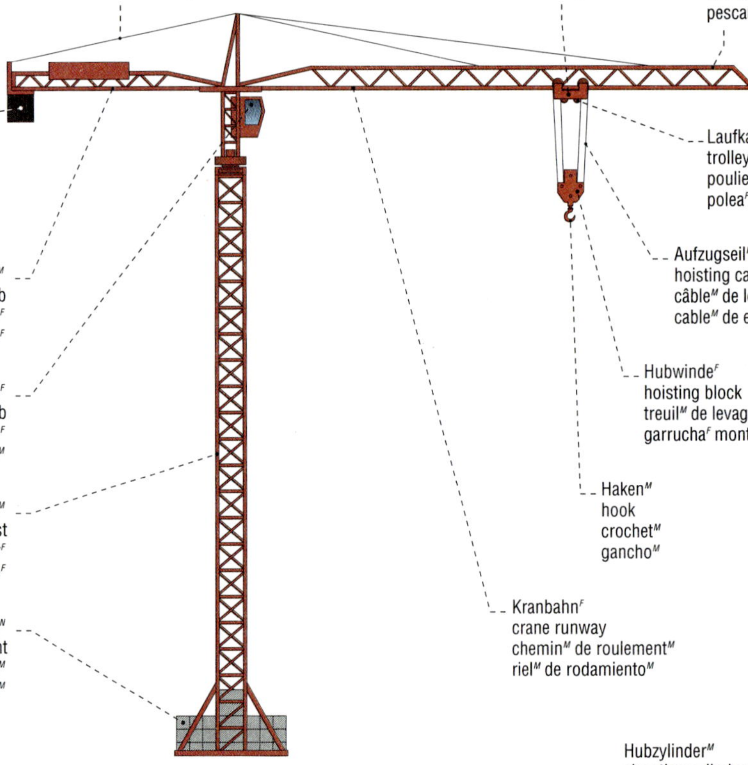

FAHRKRAN[M]
TRUCK CRANE
GRUE[F] SUR PORTEUR[M]
GRÚA[F] MÓVIL[M]

LAUFKRAN[M]
GANTRY CRANE
PORTIQUE[M]
GRÚA[F] DE PÓRTICO[M]

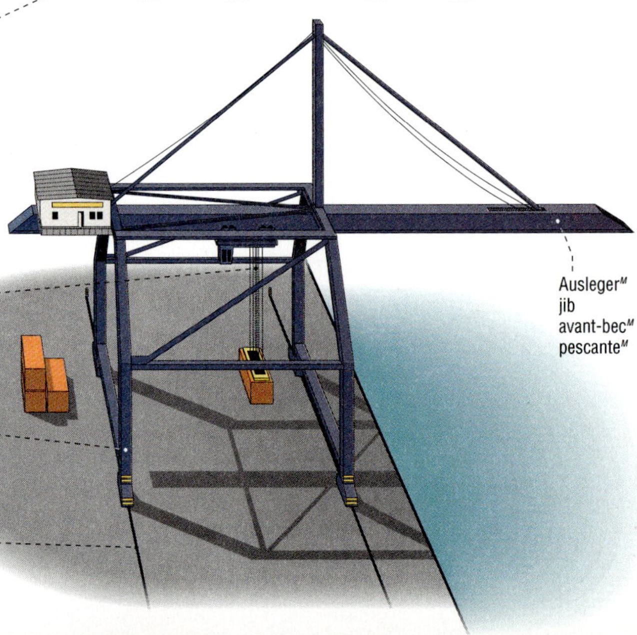

GABELSTAPLER[M]
FORKLIFT TRUCK
CHARIOT[M] ÉLÉVATEUR
MONTACARGAS[M] DE HORQUILLA[F]

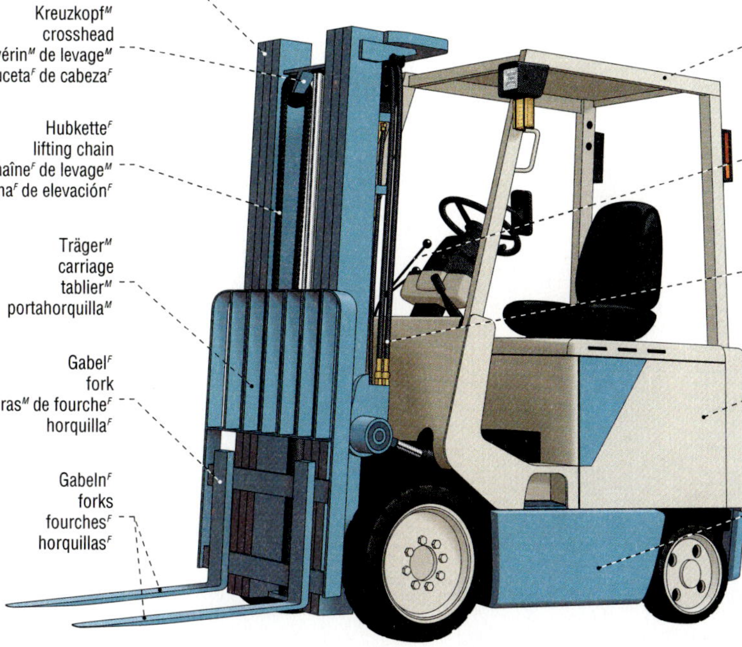

RÜCKSPRUNGPALETTE[F]
WING PALLET
PALETTE[F] À AILES[F]
TARIMA[F] CON ALAS[F]

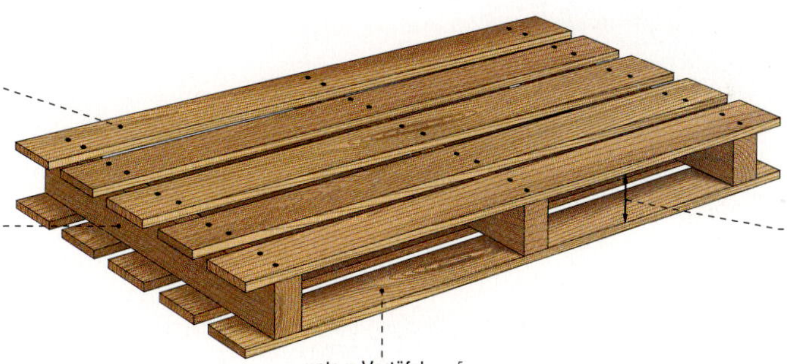

Doppeldeck-Flachpalette[F]
double-decked pallet
palette[F] à double face[F]
tarima[F] de plataforma[F] doble

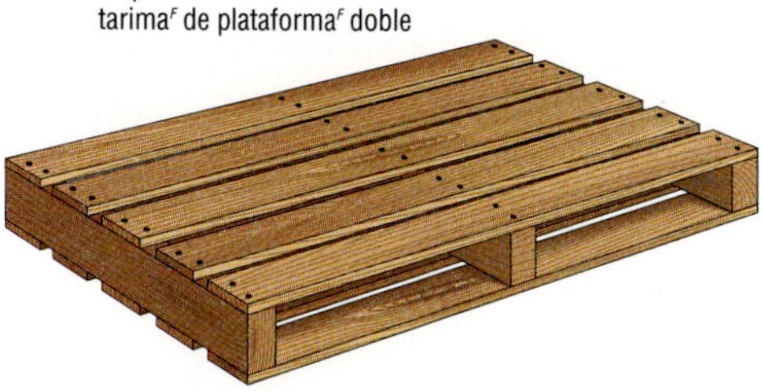

Einfachdeck-Flachpalette[F]
single-decked pallet
palette[F] à simple face[F]
tarima[F] de plataforma[F] sencilla

GITTERBOXPALETTE[F]
BOX PALLET
PALETTE[F]-CAISSE[F]
TARIMA[F] DE CAJA[F]

LASTENFORTBEWEGUNG[F]
MATERIAL HANDLING
MANUTENTION[F]
MANEJO[M] DE MATERIALES[M]

HYDRAULISCHER PALETTENHUBWAGEN[M]
HYDRAULIC PALLET TRUCK
GERBEUR[M]
MONTACARGAS[M] HIDRÁULICO DE TARIMA[F]

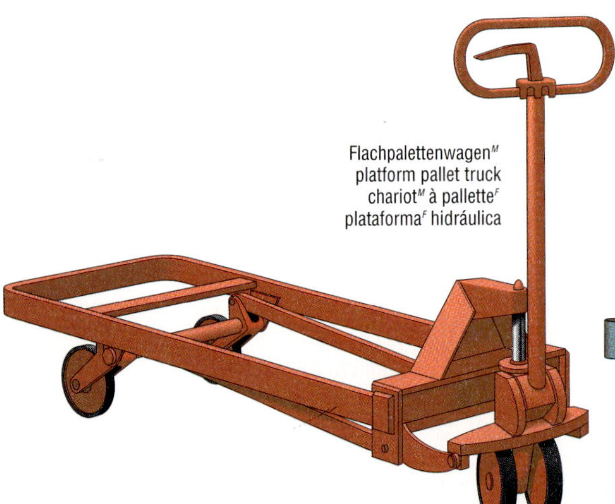

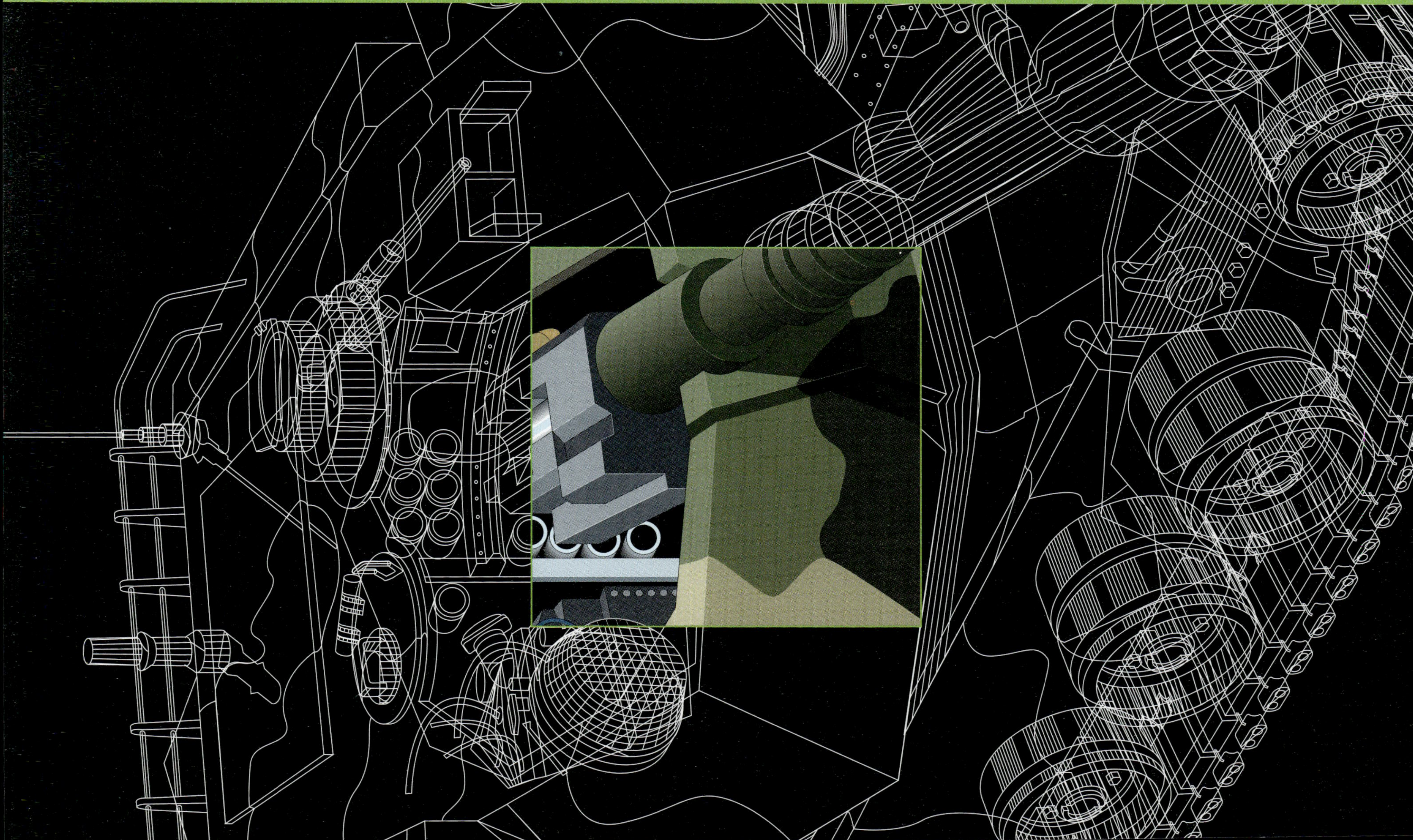

INHALT

WAFFEN IN DER STEINZEIT 791
WAFFEN IN DER RÖMERZEIT 791
RÜSTUNG 792
BOGEN UND ARMBRUST 793
HIEB- UND STICHWAFFEN 794
ARKEBUSE 795
MASCHINENPISTOLE 795
AUTOMATISCHES GEWEHR 796
LEICHTES MASCHINENGEWEHR 796
PISTOLE 797
REVOLVER 797
JAGDWAFFEN 798
KANONE AUS DEM 17. JAHRHUNDERT 800
MODERNE HAUBITZE 802
MÖRSER 803
HANDGRANATE 804
PANZERFAUST 804
RÜCKSTOSSFREIES GESCHÜTZ 804
PANZER 805
UNTERSEEBOOT 806
FREGATTE 808
FLUGZEUGTRÄGER 810
KAMPFFLUGZEUG 812
FLUGKÖRPER 814

WAFFEN[F] IN DER STEINZEIT[F]
STONE AGE WEAPONS
ARMES[F] DE L'ÂGE[M] DE PIERRE[F]
ARMAS[F] DE LA EDAD[F] DE PIEDRA[F]

polierter Steinfaustkeil[M]
polished stone hand axe
hache[F] en pierre[F] polie
hacha[F] de piedra[F] pulida

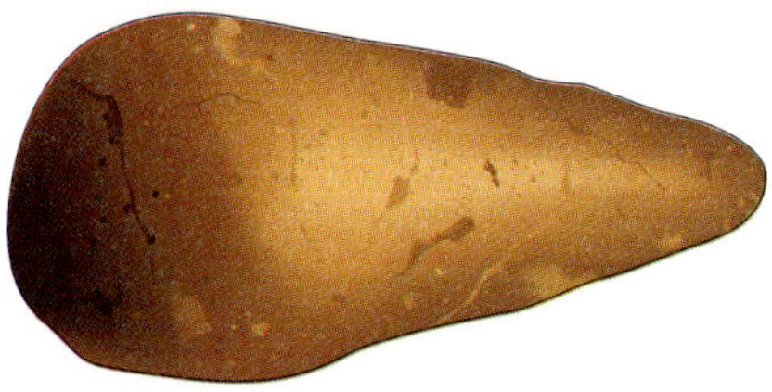

Pfeilspitze[F] aus Feuerstein[M]
flint arrowhead
pointe[F] de flèche[F] en silex[M]
punta[F] de flecha[F] de pedernal[M]

Messer[N] aus Feuerstein[M]
flint knife
couteau[M] en silex[M]
cuchillo[M] de pedernal[M]

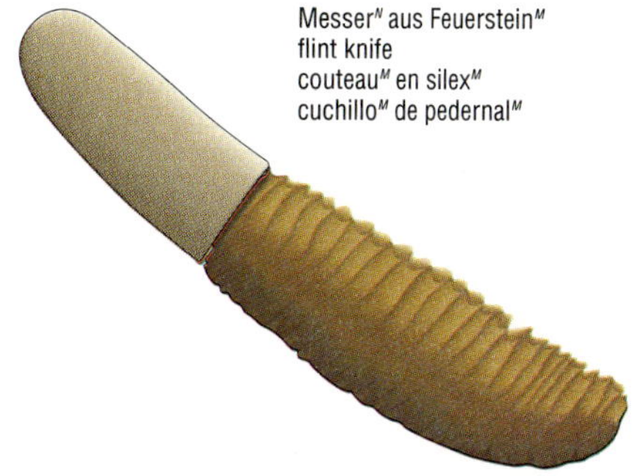

WAFFEN[F] IN DER RÖMERZEIT[F]
WEAPONS IN THE AGE OF THE ROMANS
ARMES[F] DE L'ÉPOQUE[F] ROMAINE
ARMAS[F] DEL IMPERIO[M] ROMANO

GALLISCHER KRIEGER[M]
GALLIC WARRIOR
GUERRIER[M] GAULOIS
GUERRERO[M] GALO

RÖMISCHER LEGIONÄR[M]
ROMAN LEGIONARY
LÉGIONNAIRE[M] ROMAIN
LEGIONARIO[M] ROMANO

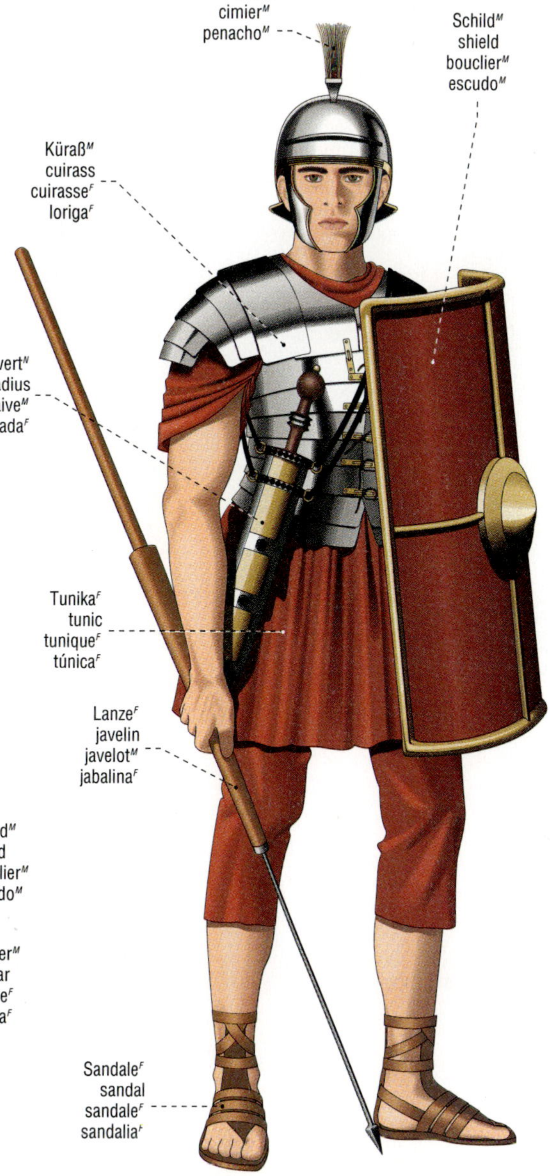

RÜSTUNG[F]
ARMOUR
ARMURE[F]
ARMADURA[F]

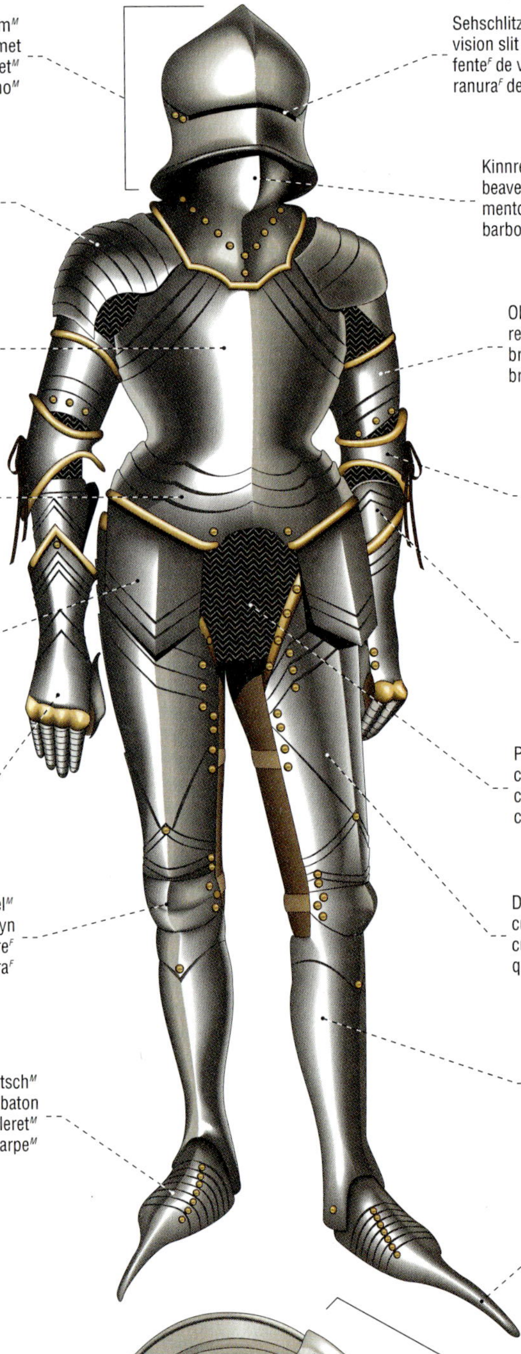

HELM[M]
ARMET
ARMET[M]
YELMO[M]

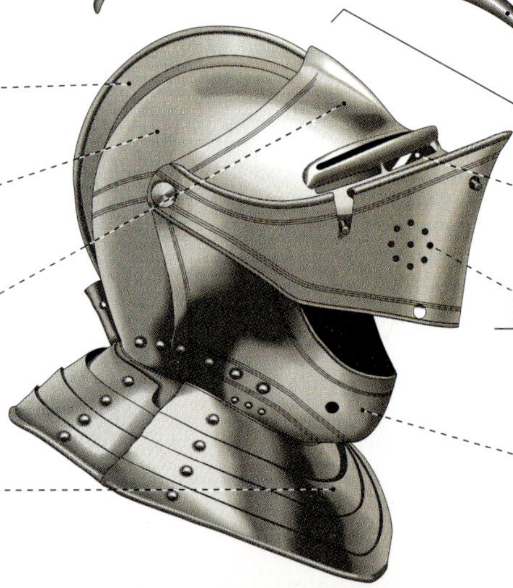

BOGEN[M] UND ARMBRUST[F]
BOWS AND CROSSBOW
ARCS[M] ET ARBALÈTE[F]
ARCOS[M] Y BALLESTA[F]

BOGEN[M] / BOW / ARC[M] / ARCO[M]

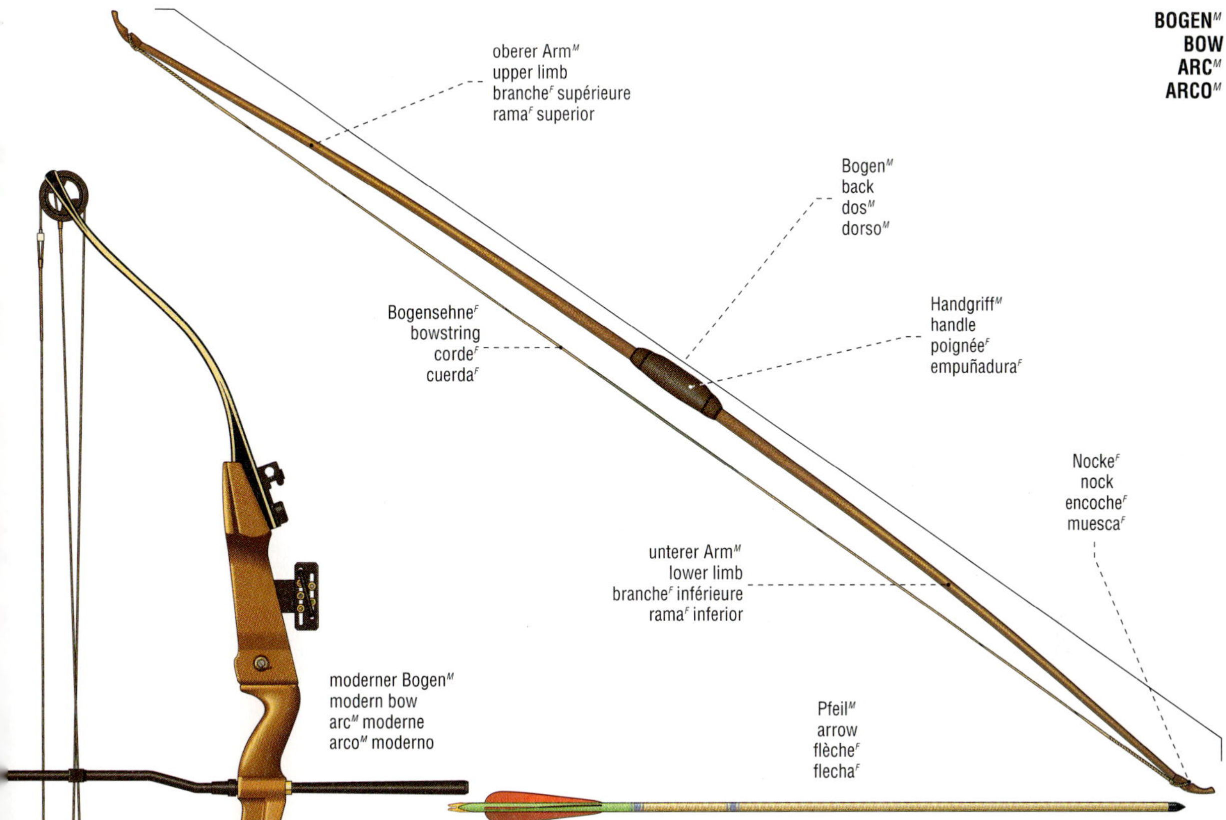

ARMBRUST[F] / CROSSBOW / ARBALÈTE[F] / BALLESTA[F]

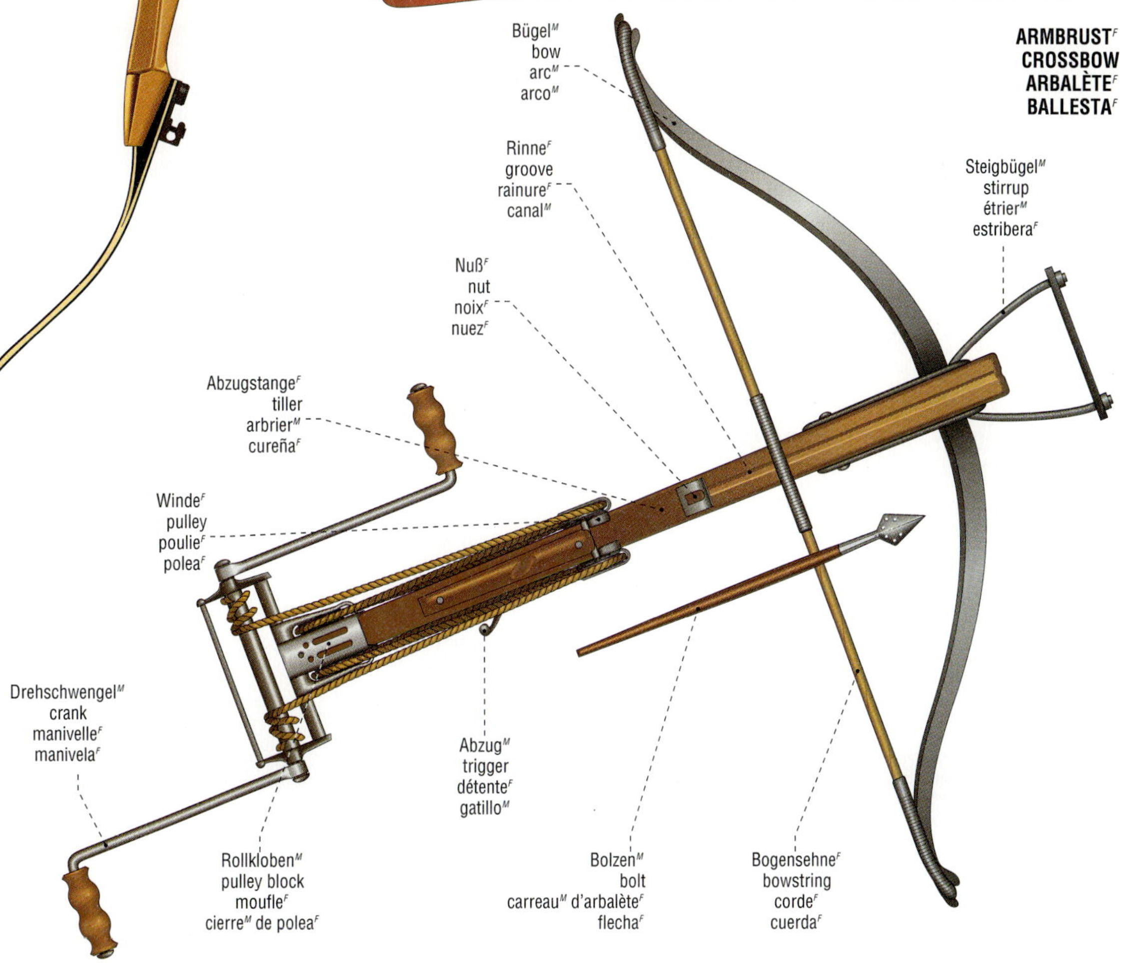

HIEB- UND STICHWAFFEN[F]
THRUSTING AND CUTTING WEAPONS
ARMES[F] BLANCHES
ARMAS[F] CORTANTES Y DE ESTOCADA[F]

Säbel[M]
sabre
sabre[M]
sable[M]

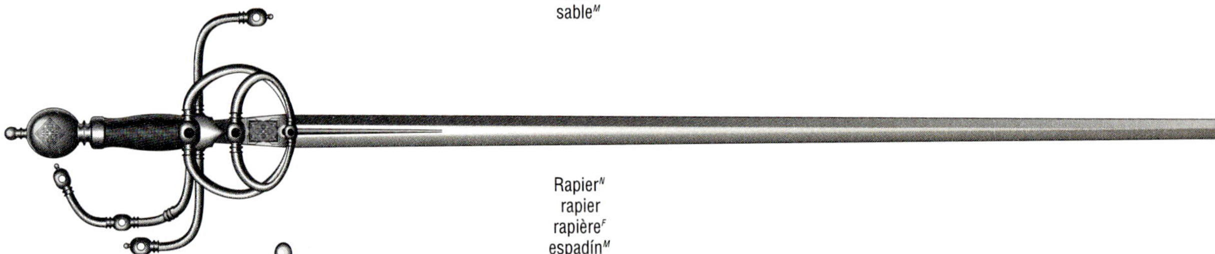

Rapier[N]
rapier
rapière[F]
espadín[M]

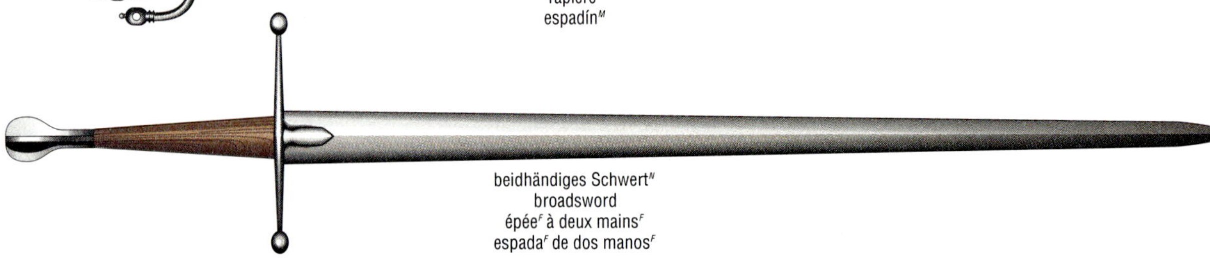

beidhändiges Schwert[N]
broadsword
épée[F] à deux mains[F]
espada[F] de dos manos[F]

Stilett[N]
stiletto
stylet[M]
estilete[M]

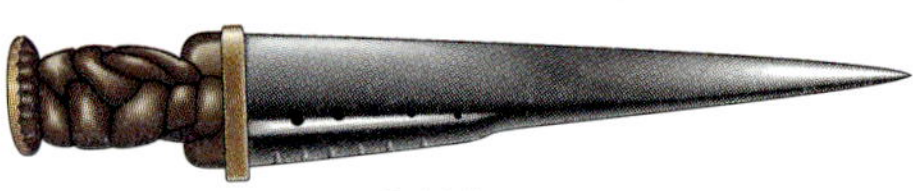

Dolch[M]
poniard
poignard[M]
puñal[M]

Dolch[M]
dagger
dague[F]
daga[F]

Machete[F]
machete
machette[F]
machete[M]

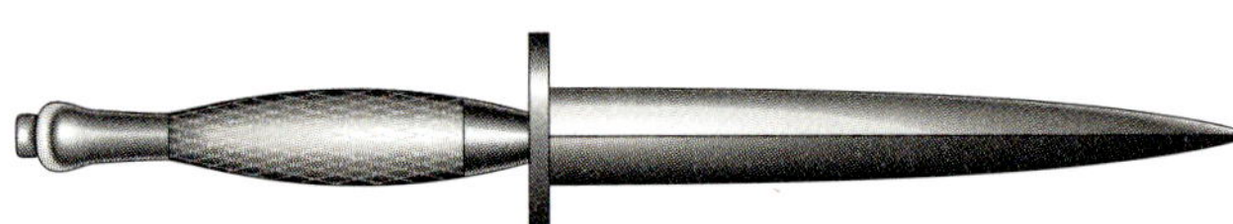

Kampfmesser[N]
commando knife
couteau[M] de combat[M]
cuchillo[M] de combate[M]

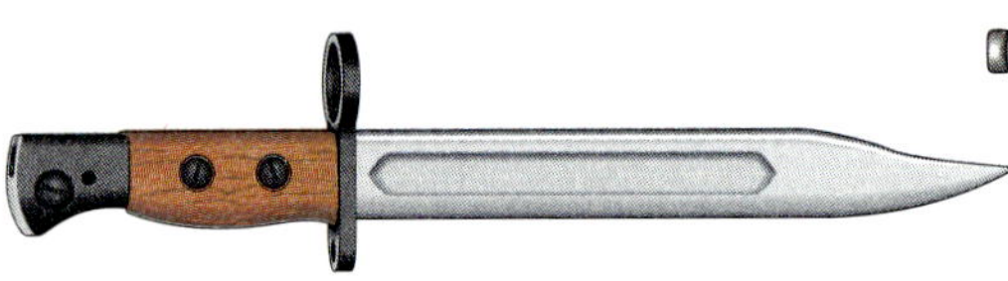

Messerbayonett[N]
hilted bayonet
baïonnette[F] à poignée[F]
bayoneta[F] con empuñadura[F]

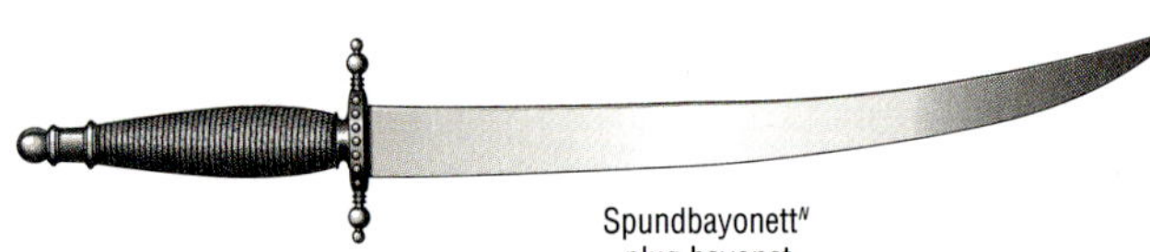

Spundbayonett[N]
plug bayonet
baïonnette[F] à manche[M]
bayoneta[F] de mango[M]

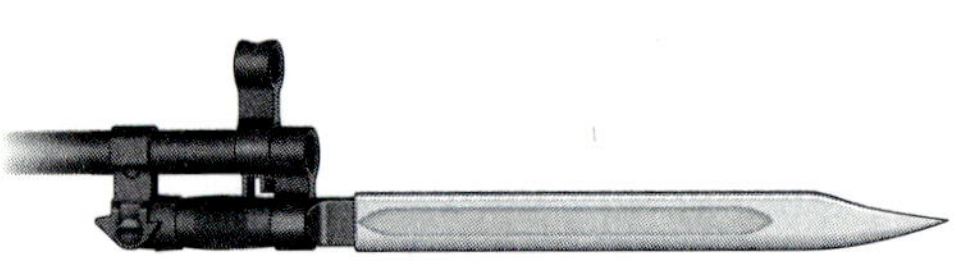

aufgepflanztes Bayonett[N]
integral bayonet
baïonnette[F] incorporée
bayoneta[F] integral

Tüllenbayonett[N]
socket bayonet
baïonnette[F] à douille[F]
bayoneta[F] de cubo[M]

ARKEBUSE[F]
ARQUEBUS
ARQUEBUSE[F]
ARCABUZ[M]

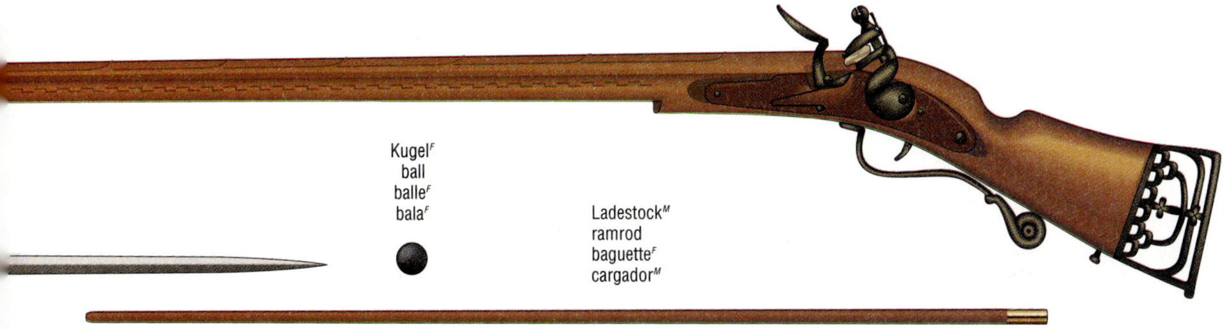

STEINSCHLOSS[N]
FLINTLOCK
PLATINE[F] À SILEX[M]
PEDERNAL[M]

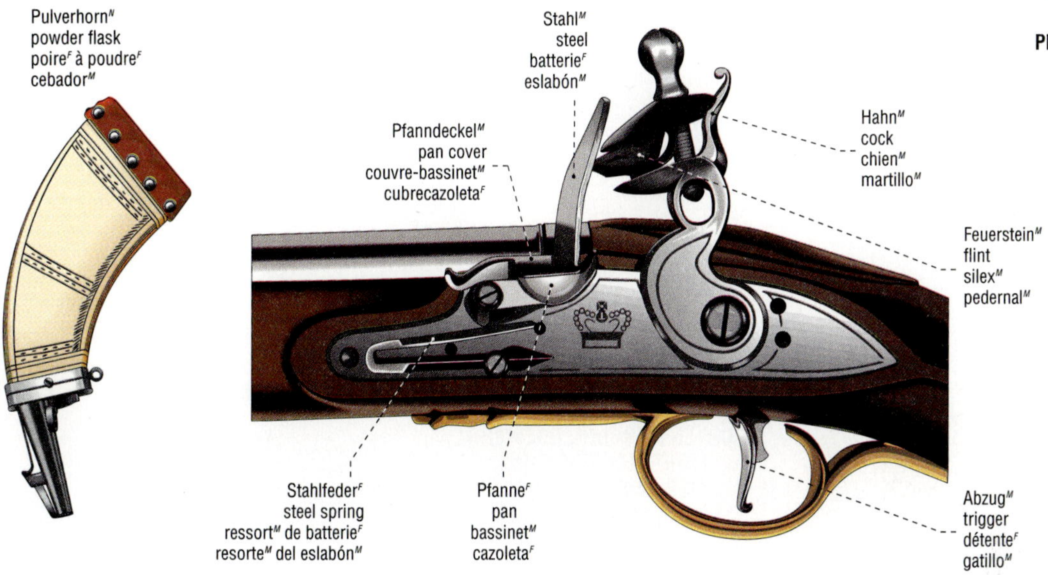

MASCHINENPISTOLE[F]
SUBMACHINE GUN
PISTOLET[M] MITRAILLEUR[M]
METRALLETA[F]

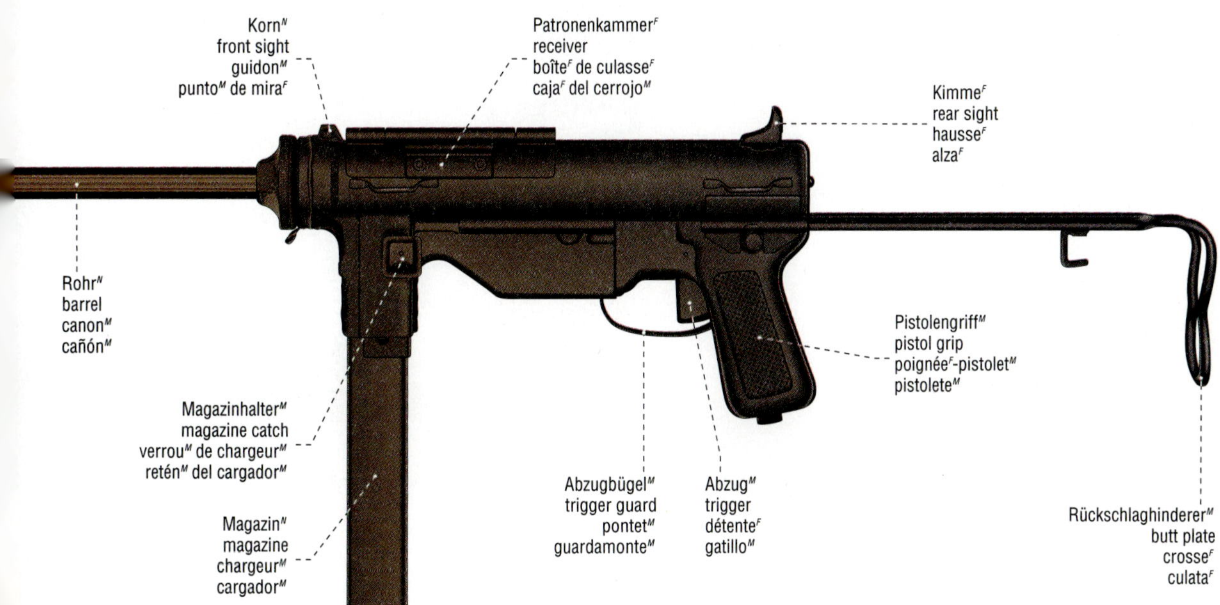

AUTOMATISCHES GEWEHR^{N}
AUTOMATIC RIFLE
FUSIL^{M} AUTOMATIQUE
FUSIL^{M} AUTOMÁTICO

LEICHTES MASCHINENGEWEHR^{N}
LIGHT MACHINE GUN
FUSIL^{M} MITRAILLEUR^{M}
FUSIL^{M} AMETRALLADOR

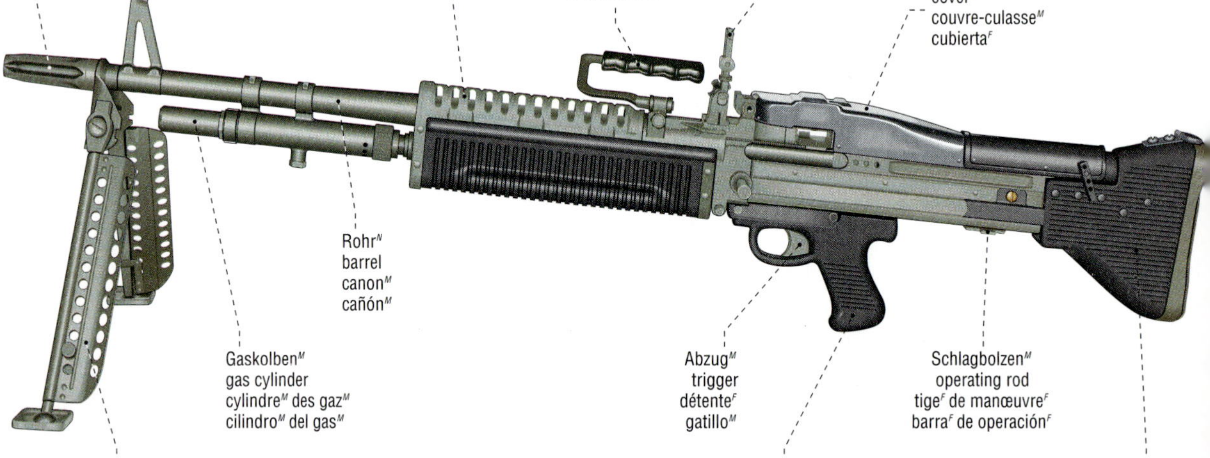

REVOLVER^{M}
REVOLVER
REVOLVER^{M}
REVÓLVER^{M}

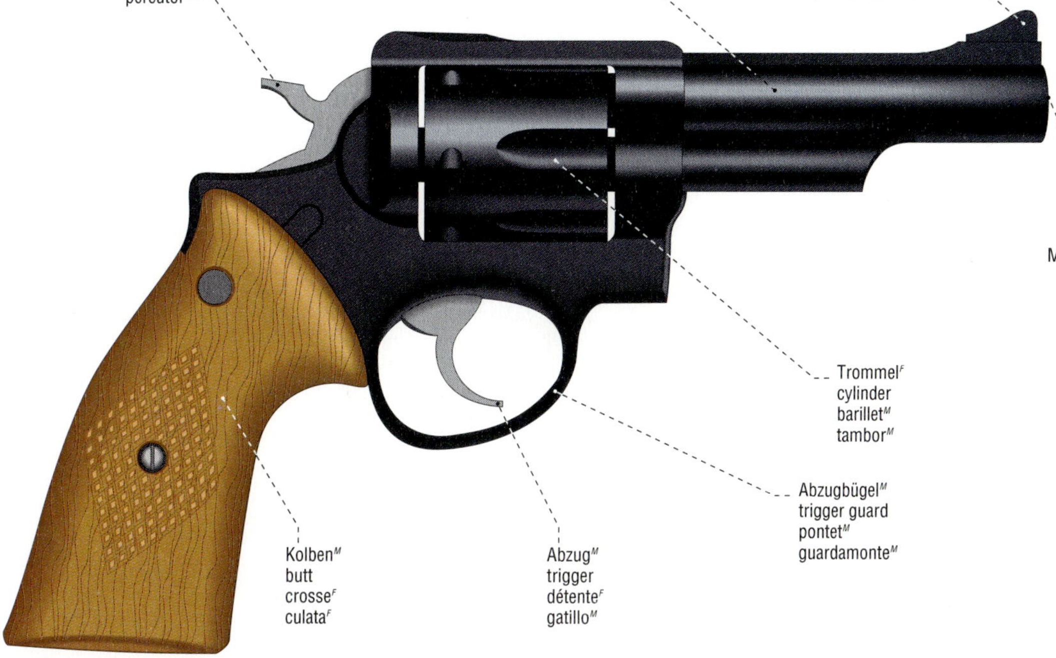

PISTOLE^{F}
PISTOL
PISTOLET^{M}
PISTOLA^{F}

JAGDWAFFEN[F]
HUNTING WEAPONS
ARMES[F] DE CHASSE[F]
ARMAS[F] DE CAZA[F]

PATRONE[F] (GEWEHR[N])
CARTRIDGE (RIFLE)
CARTOUCHE[F] (CARABINE[F])
CARTUCHO[M] DE RIFLE[M]

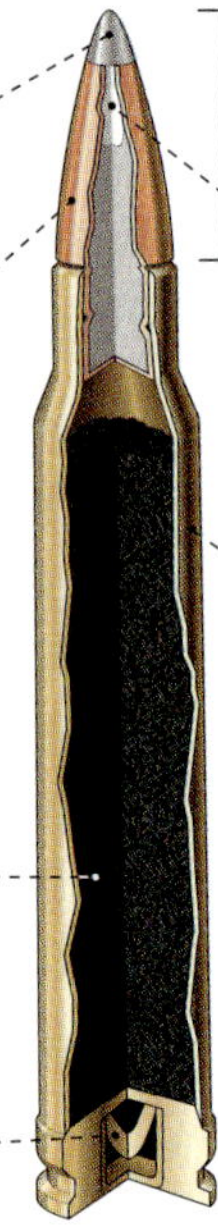

GEWEHR[N] (GEZOGENER LAUF[M])
RIFLE (RIFLED BORE)
CARABINE[F] (CANON[M] RAYÉ)
RIFLE[M]

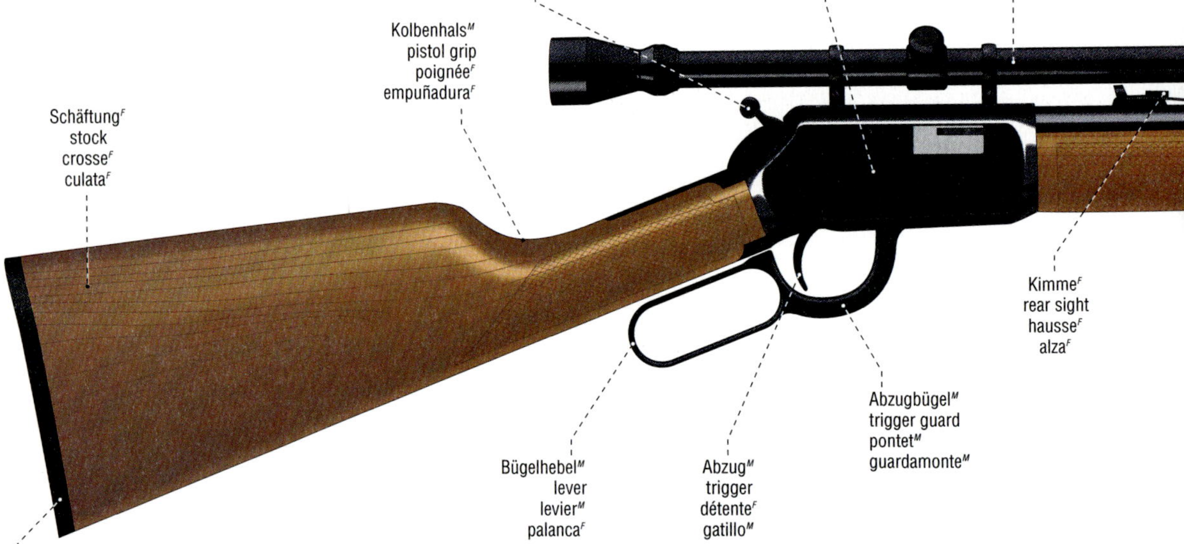

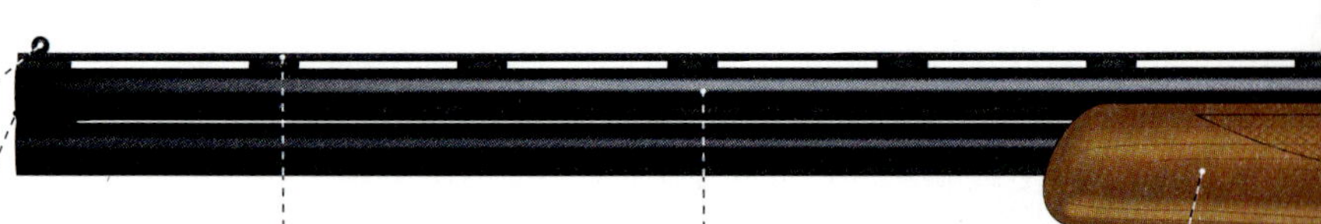

PATRONE^{F} (SCHROTFLINTE^{F})
CARTRIDGE (SHOTGUN)
CARTOUCHE^{F} (FUSIL^{M})
CARTUCHO^{M} DE ESCOPETA^{F}

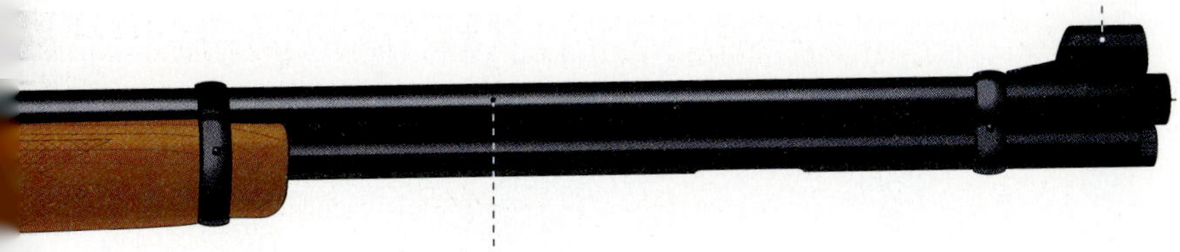

SCHROTFLINTE^{F} (GLATTER LAUF^{M})
SHOTGUN (SMOOTH-BORE)
FUSIL^{M} (CANON^{M} LISSE)
ESCOPETA^{F}

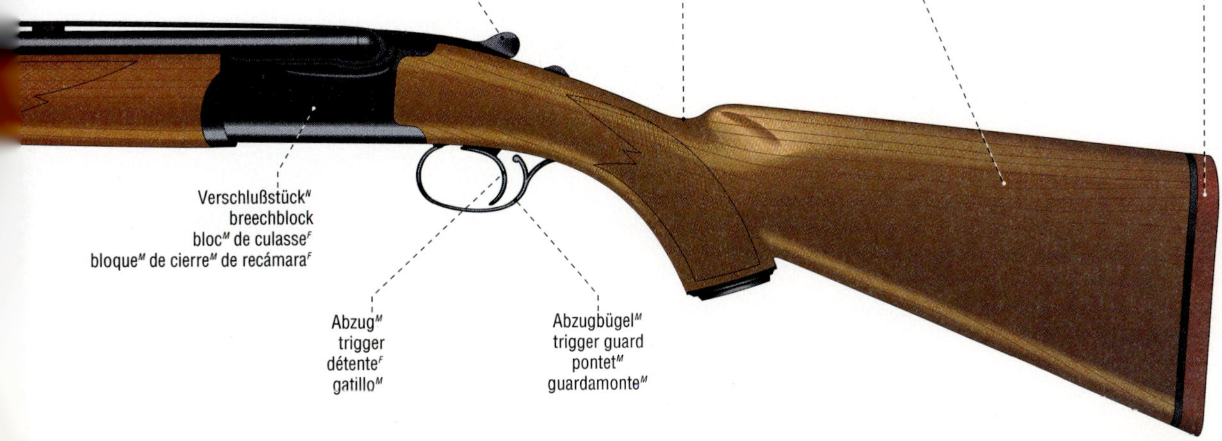

KANONE^{F} AUS DEM 17. JAHRHUNDERT^{N}
SEVENTEENTH CENTURY CANNON
CANON^{M} DU XVIIE SIÈCLE^{M}
CAÑÓN^{M} DEL SIGLO^{M} XVII

VORDERLADE-GESCHÜTZ^{N}
MUZZLE LOADING
BOUCHE^{F} À FEU^{M}
CAÑÓN^{M} DE AVANCARGA^{F}

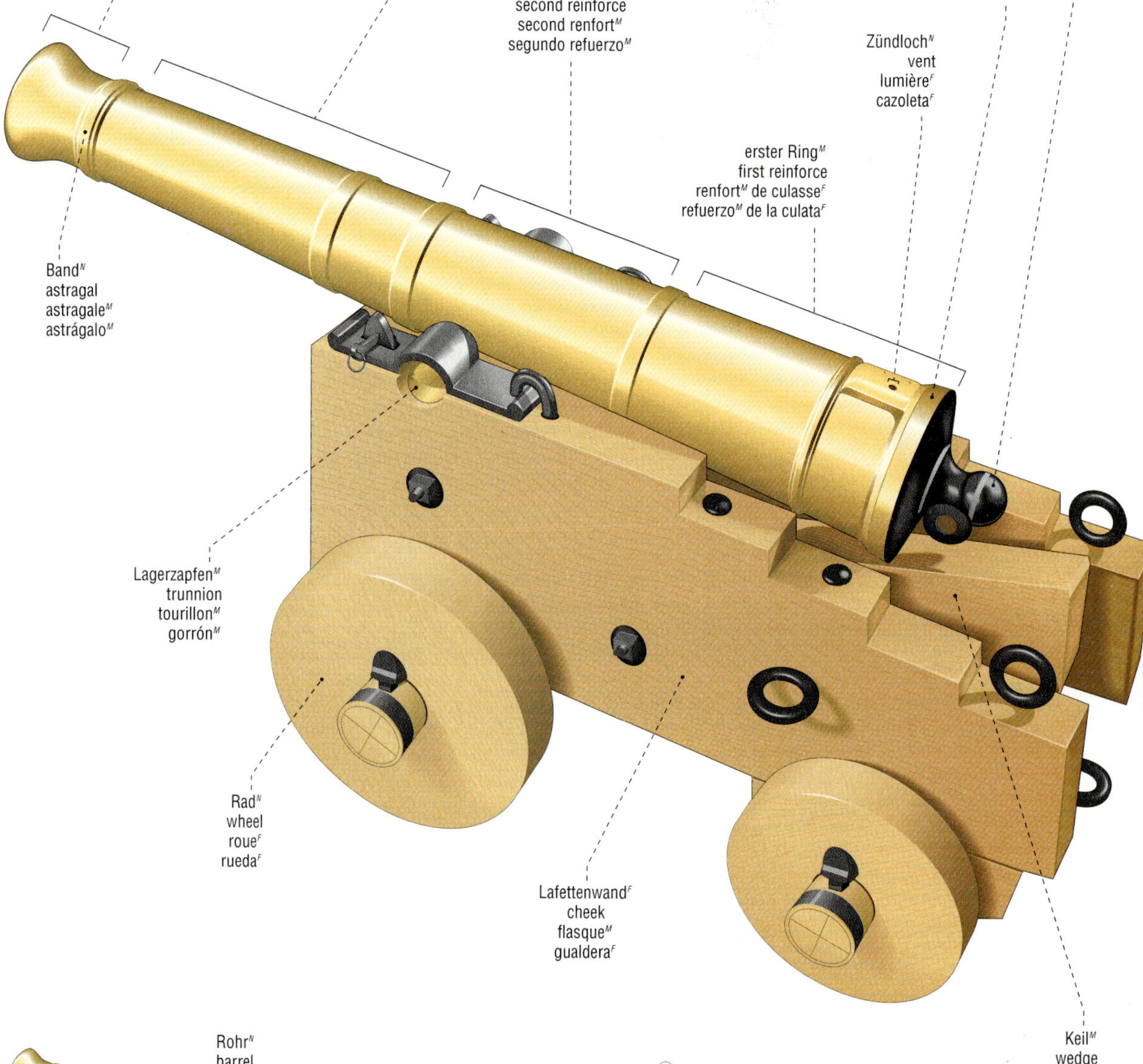

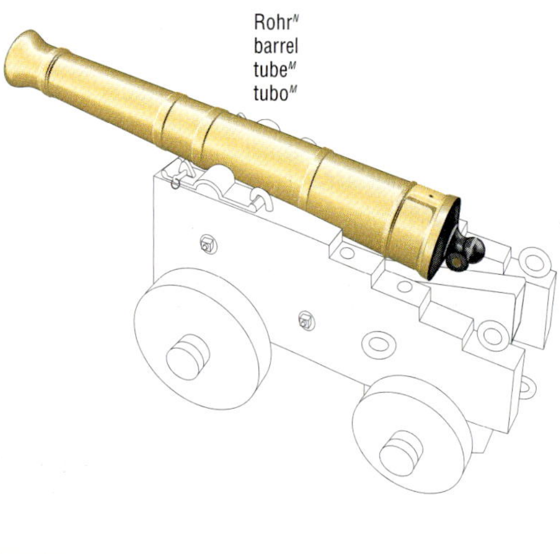

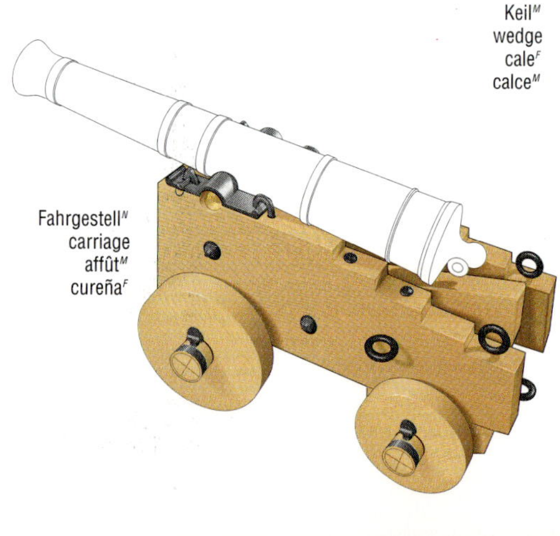

QUERSCHNITT[M] EINER VORDERLADUNG[F]
CROSS SECTION OF A MUZZLE LOADING
COUPE[F] D'UNE BOUCHE[F] À FEU[M]
CORTE[M] TRANSVERSAL DE UN CAÑÓN[M] DE AVANCARGA[F]

Zündloch[N]
vent
lumière[F]
cazoleta[F]

Geschoß[N]
shot
boulet[M]
bala[F]

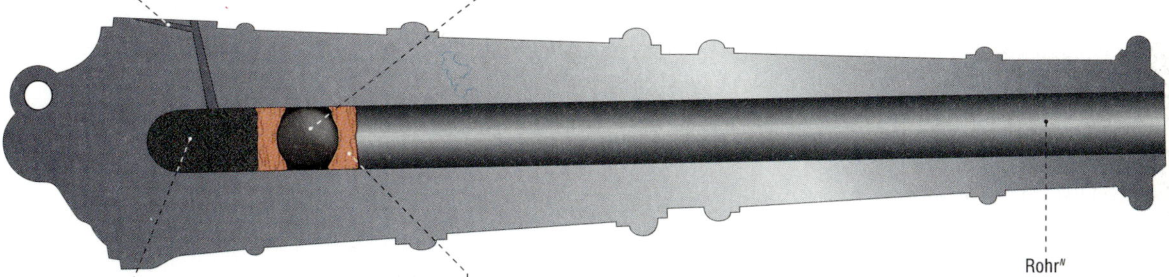

Pulverkammer[F]
powder chamber
chambre[F] à poudre[F]
cámara[F] de la pólvora[F]

Pfropf[M]
wad
bourre[F]
taco[M]

Rohr[N]
bore
âme[F]
alma[F]

GESCHOSSZUBEHÖR[N]
FIRING ACCESSORIES
ACCESSOIRES[M] DE MISE[F] À FEU[M]
ACCESORIOS[M] DE DISPARO[M]

Ladestock[M]
ramrod
refouloir[M]
atacador[M]

Luntenstock[M]
linstock
boutefeu[M]
botafuego[M]

Spirale[F]
worm
tire-bourre[M]
sacatrapos[M]

Ladeschaufel[F]
ladle
lanterne[F]
cucharón[M]

Schwamm[M]
sponge
écouvillon[M]
escobillón[M]

PROJEKTILE[N]
PROJECTILES
PROJECTILES[M]
PROYECTILES[M]

Stangenkugel[F]
bar shot
boulet[M] ramé
bala[F] de barra[F]

Kartätsche[F]
grapeshot
grappe[F] de raisin[M]
metralla[F]

Vollgeschoß[N]
solid shot
boulet[M]
bala[F] sólida

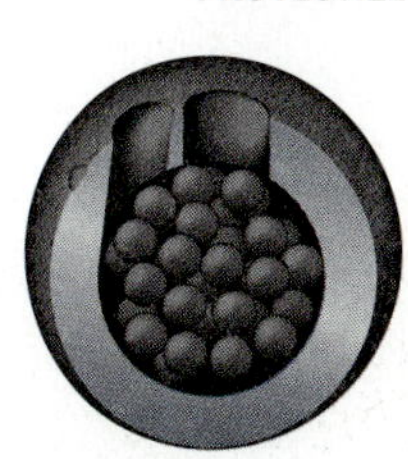

Hohlladungsgeschoß[N]
hollow shot
boulet[M] creux
bala[F] con perdigones[M]

MODERNE HAUBITZE[F]
MODERN HOWITZER
OBUSIER[M] MODERNE
OBÚS[M] MODERNO

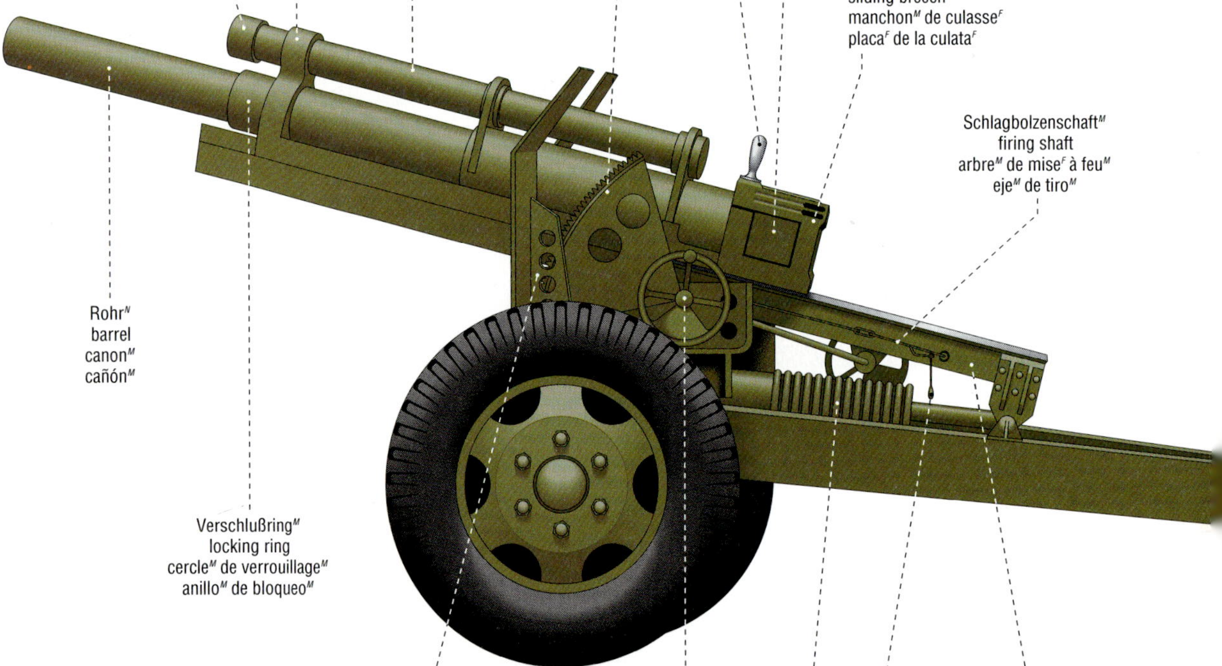

MÖRSER[M]
MORTAR
MORTIER[M]
MORTEROS[M]

MODERNER MÖRSER[M]
MODERN MORTAR
MORTIER[M] MODERNE
MORTERO[M] MODERNO

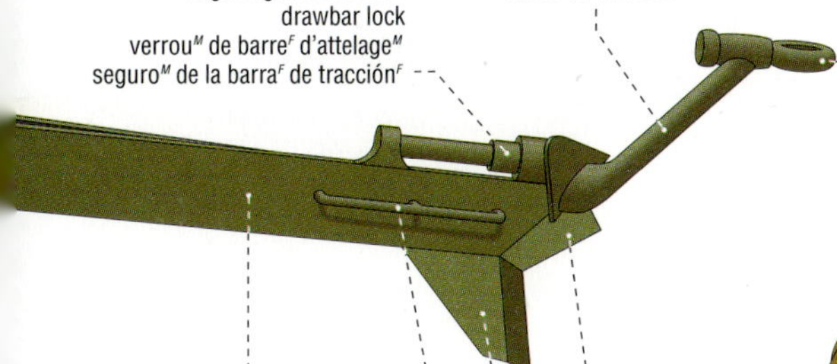

MÖRSER[M] AUS DEM 17. JAHRHUNDERT[N]
SEVENTEENTH CENTURY MORTAR
MORTIER[M] DU XVIIE SIÈCLE[M]
MORTERO[M] DEL SIGLO[M] XVII

HANDGRANATE[F]
HAND GRENADE
GRENADE[F] À MAIN[F]
GRANADA[F] DE MANO[F]

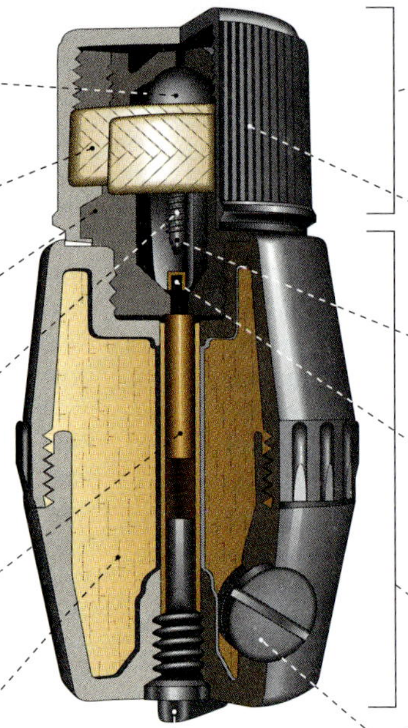

PANZERFAUST[F]
BAZOOKA
BAZOOKA[M]
BAZUCA[F]

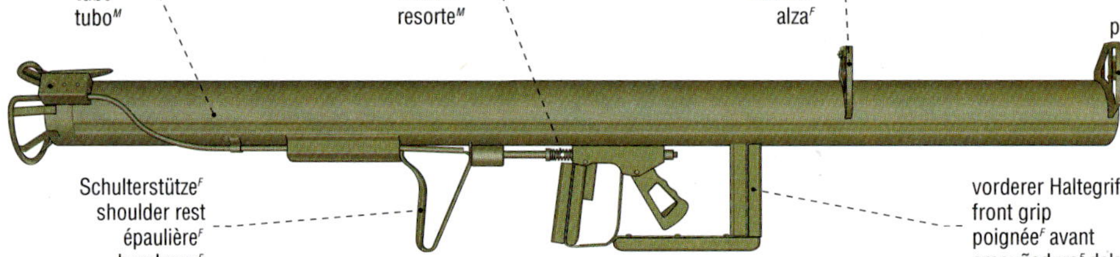

RÜCKSTOSSFREIES GESCHÜTZ[N]
RECOILLESS GUN
CANON[M] SANS RECUL[M]
FUSIL[M] SIN RETROCESO

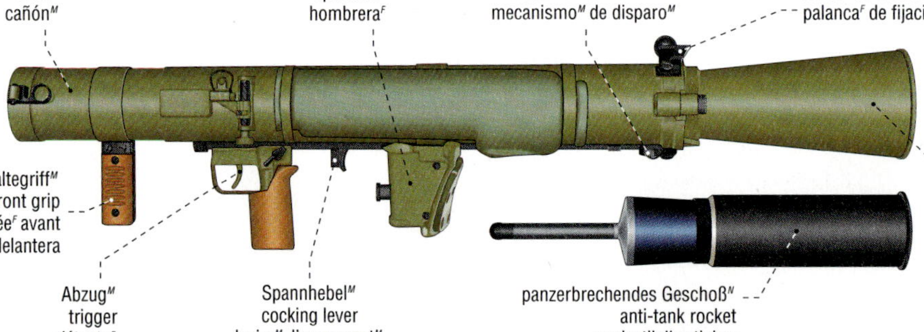

PANZER[M]
TANK
CHAR[M] D'ASSAUT[M]
TANQUE[M]

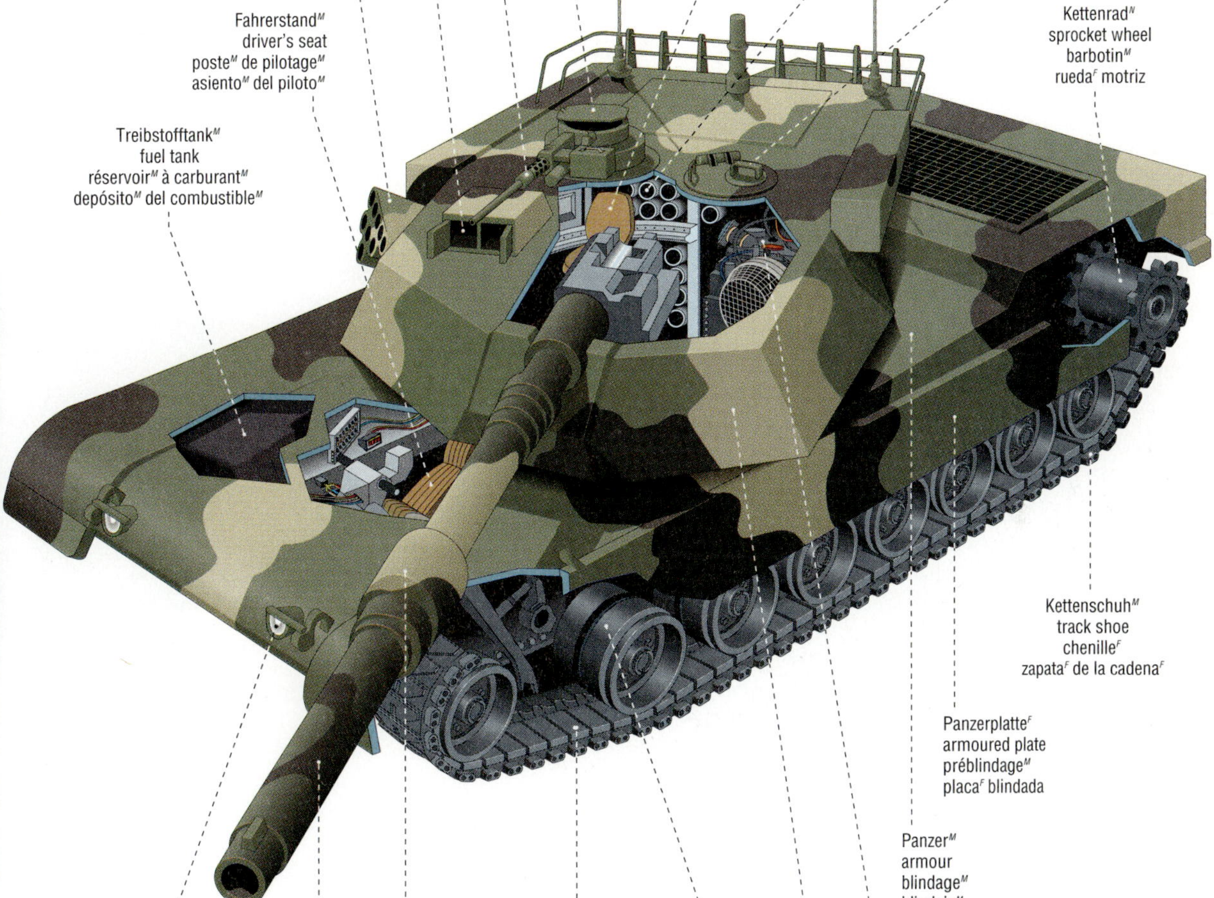

UNTERSEEBOOT^{N}
SUBMARINE
SOUS-MARIN^{M}
SUBMARINO^{M}

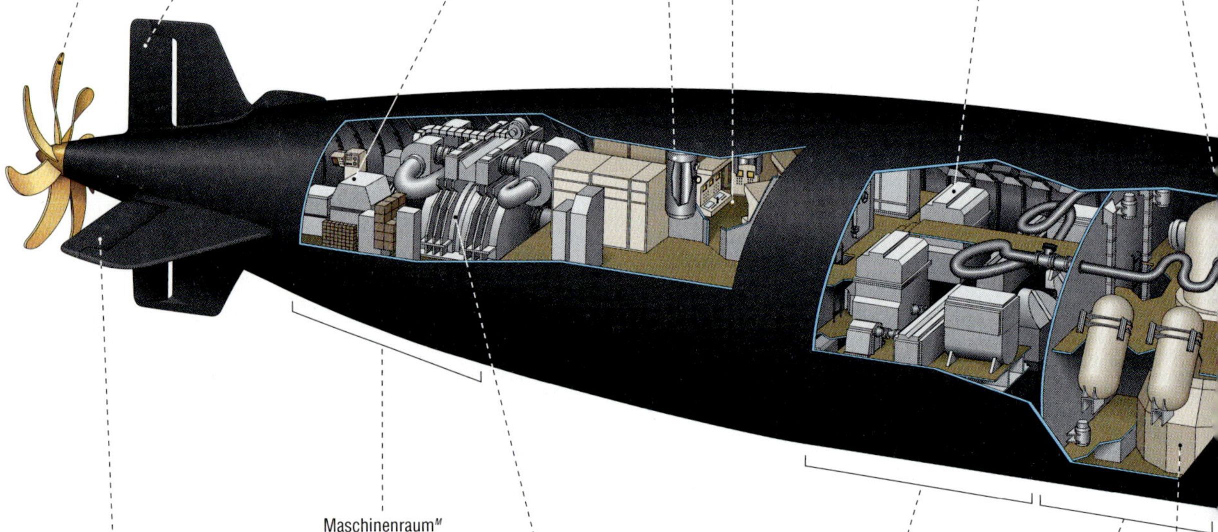

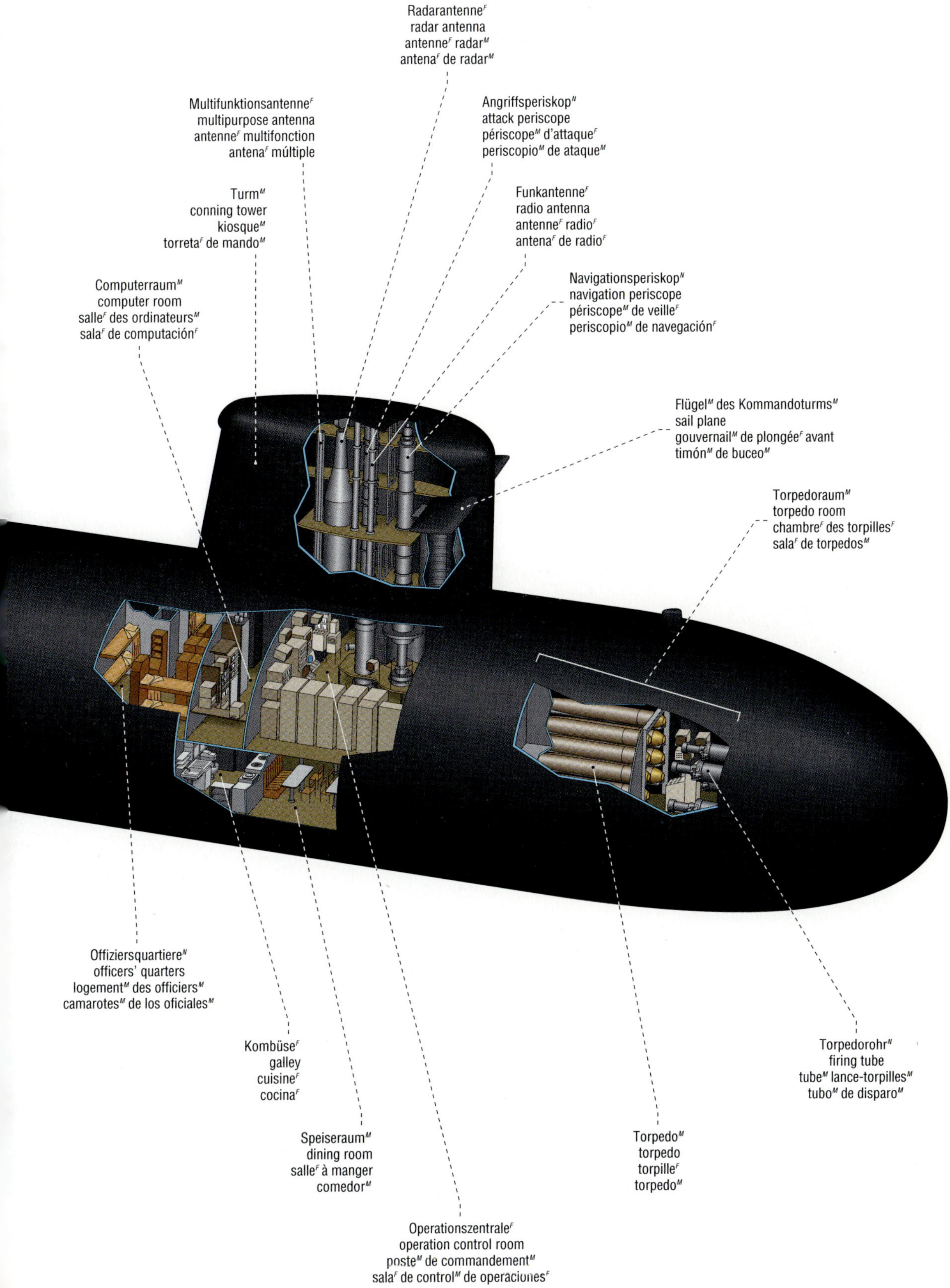
Radarantenne^{F}
radar antenna
antenne^{F} radar^{M}
antena^{F} de radar^{M}
Multifunktionsantenne^{F}
multipurpose antenna
antenne^{F} multifonction
antena^{F} múltiple
Angriffsperiskop^{N}
attack periscope
périscope^{M} d'attaque^{F}
periscopio^{M} de ataque^{M}
Turm^{M}
conning tower
kiosque^{M}
torreta^{F} de mando^{M}
Funkantenne^{F}
radio antenna
antenne^{F} radio^{F}
antena^{F} de radio^{F}
Computerraum^{M}
computer room
salle^{F} des ordinateurs^{M}
sala^{F} de computación^{F}
Navigationsperiskop^{N}
navigation periscope
périscope^{M} de veille^{F}
periscopio^{M} de navegación^{F}
Flügel^{M} des Kommandoturms^{M}
sail plane
gouvernail^{M} de plongée^{F} avant
timón^{M} de buceo^{M}
Torpedoraum^{M}
torpedo room
chambre^{F} des torpilles^{F}
sala^{F} de torpedos^{M}
Offiziersquartiere^{N}
officers' quarters
logement^{M} des officiers^{M}
camarotes^{M} de los oficiales^{M}
Kombüse^{F}
galley
cuisine^{F}
cocina^{F}
Torpedorohr^{N}
firing tube
tube^{M} lance-torpilles^{M}
tubo^{M} de disparo^{M}
Speiseraum^{M}
dining room
salle^{F} à manger
comedor^{M}
Torpedo^{M}
torpedo
torpille^{F}
torpedo^{M}
Operationszentrale^{F}
operation control room
poste^{M} de commandement^{M}
sala^{F} de control^{M} de operaciones^{F}

FREGATTE[F]
FRIGATE
FRÉGATE[F]
FRAGATA[F]

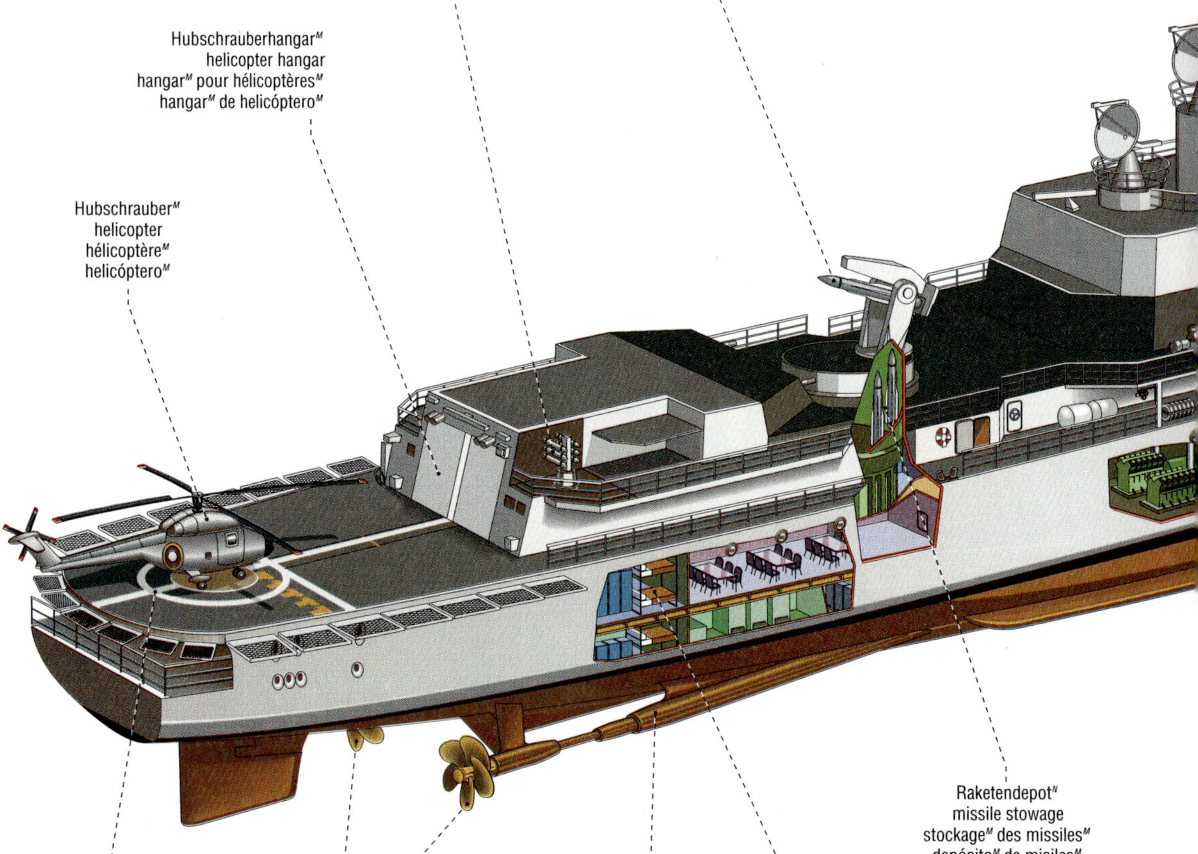

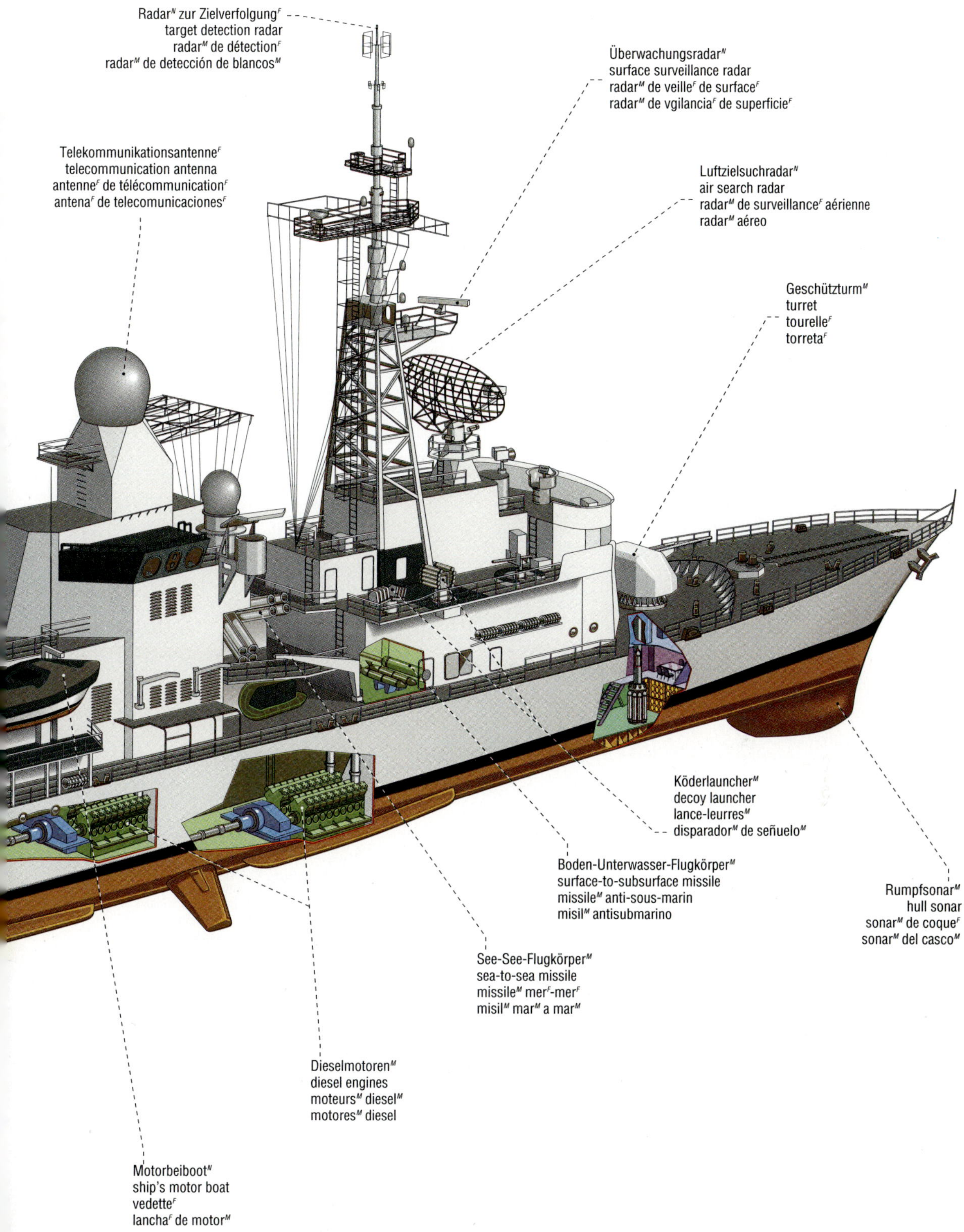
Radar[N] zur Zielverfolgung[F]
target detection radar
radar[M] de détection[F]
radar[M] de detección de blancos[M]
Überwachungsradar[N]
surface surveillance radar
radar[M] de veille[F] de surface[F]
radar[M] de vgilancia[F] de superficie[F]
Telekommunikationsantenne[F]
telecommunication antenna
antenne[F] de télécommunication[F]
antena[F] de telecomunicaciones[F]
Luftzielsuchradar[N]
air search radar
radar[M] de surveillance[F] aérienne
radar[M] aéreo
Geschützturm[M]
turret
tourelle[F]
torreta[F]
Köderlauncher[M]
decoy launcher
lance-leurres[M]
disparador[M] de señuelo[M]
Boden-Unterwasser-Flugkörper[M]
surface-to-subsurface missile
missile[M] anti-sous-marin
misil[M] antisubmarino
Rumpfsonar[M]
hull sonar
sonar[M] de coque[F]
sonar[M] del casco[M]
See-See-Flugkörper[M]
sea-to-sea missile
missile[M] mer[F]-mer[F]
misil[M] mar[M] a mar[M]
Dieselmotoren[M]
diesel engines
moteurs[M] diesel[M]
motores[M] diesel
Motorbeiboot[N]
ship's motor boat
vedette[F]
lancha[F] de motor[M]

FLUGZEUGTRÄGER[M]
AIRCRAFT CARRIER
PORTE-AVIONS[M]
PORTAAVIONES[M]

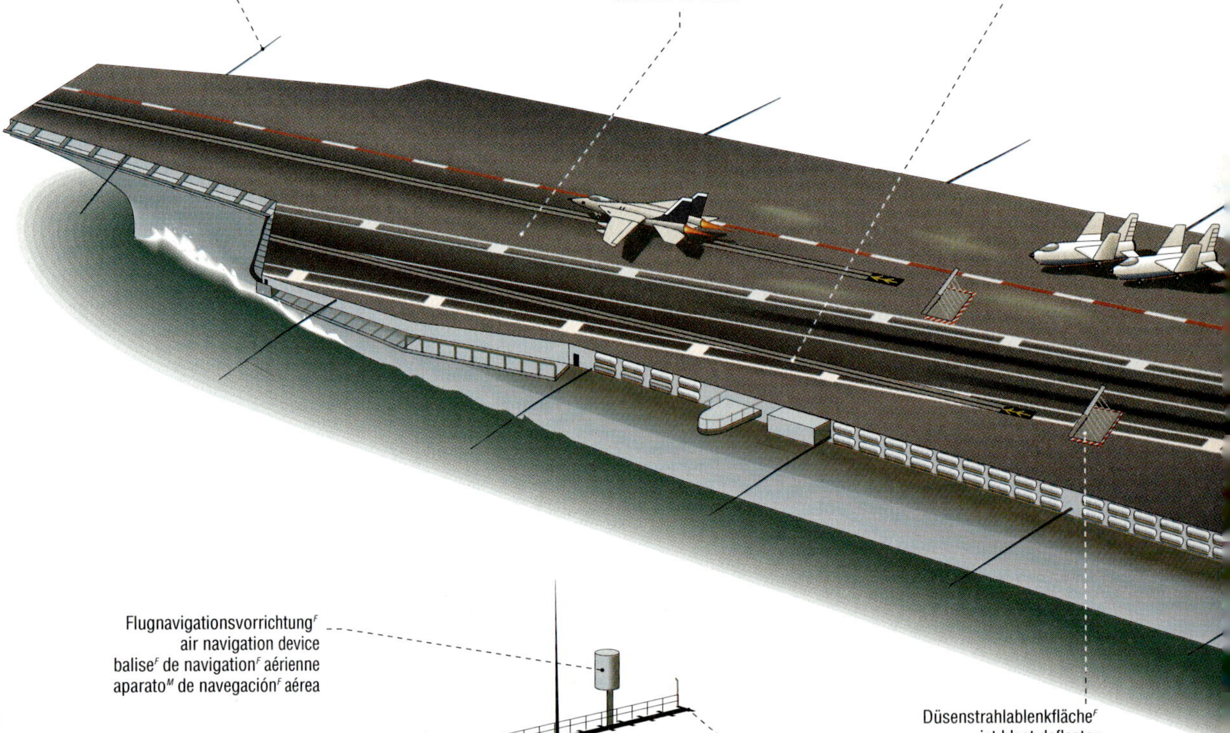

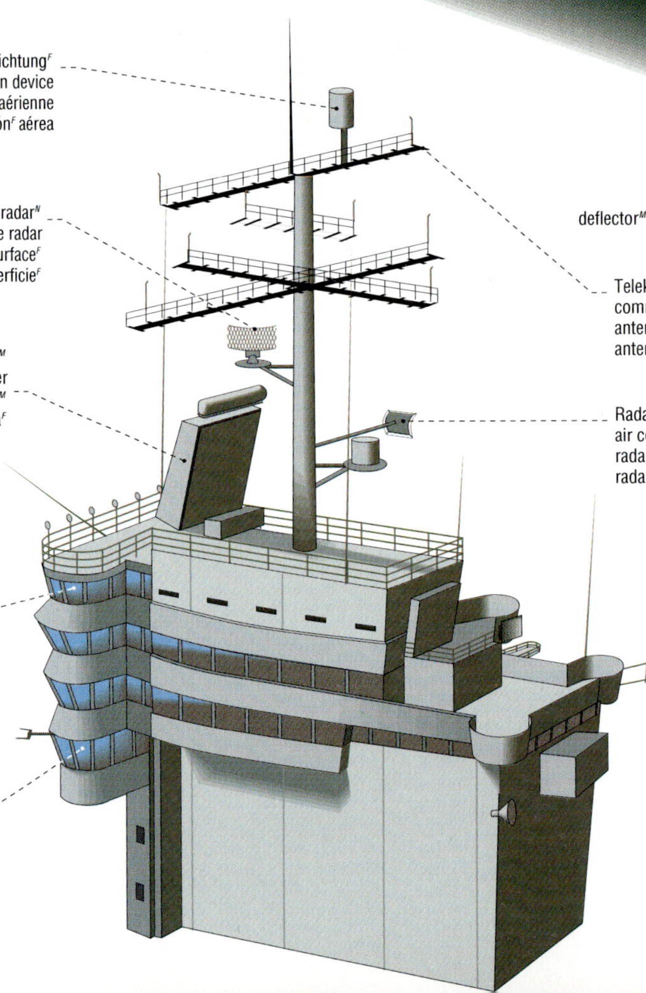

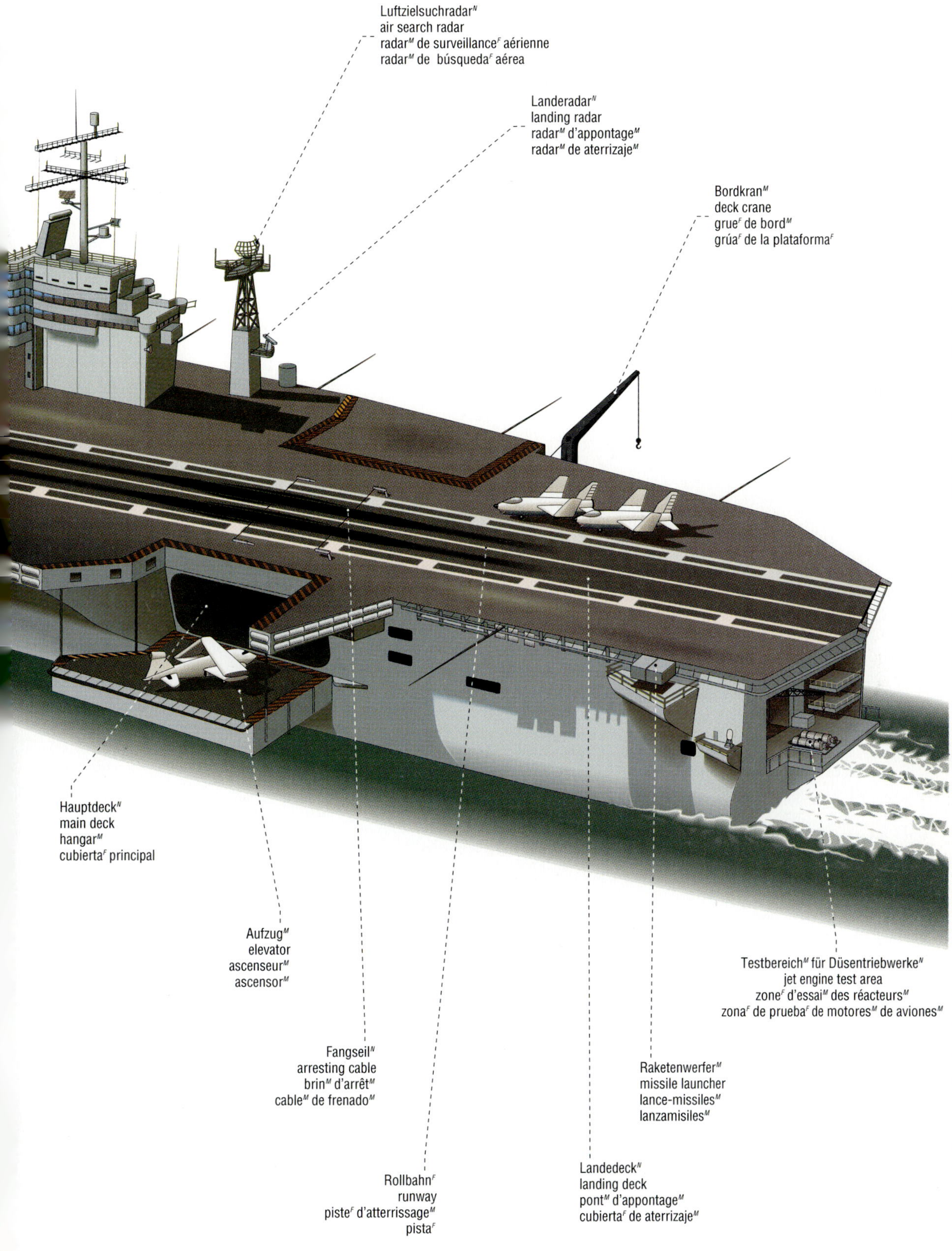
Luftzielsuchradar[N]
air search radar
radar[M] de surveillance[F] aérienne
radar[M] de búsqueda[F] aérea
Landeradar[N]
landing radar
radar[M] d'appontage[M]
radar[M] de aterrizaje[M]
Bordkran[M]
deck crane
grue[F] de bord[M]
grúa[F] de la plataforma[F]
Hauptdeck[N]
main deck
hangar[M]
cubierta[F] principal
Aufzug[M]
elevator
ascenseur[M]
ascensor[M]
Testbereich[M] für Düsentriebwerke[N]
jet engine test area
zone[F] d'essai[M] des réacteurs[M]
zona[F] de prueba[F] de motores[M] de aviones[M]
Fangseil[N]
arresting cable
brin[M] d'arrêt[M]
cable[M] de frenado[M]
Raketenwerfer[M]
missile launcher
lance-missiles[M]
lanzamisiles[M]
Rollbahn[F]
runway
piste[F] d'atterrissage[M]
pista[F]
Landedeck[N]
landing deck
pont[M] d'appontage[M]
cubierta[F] de aterrizaje[M]

KAMPFFLUGZEUG[N]
COMBAT AIRCRAFT
AVION[M] DE COMBAT[M]
AVIÓN[M] DE COMBATE[M]

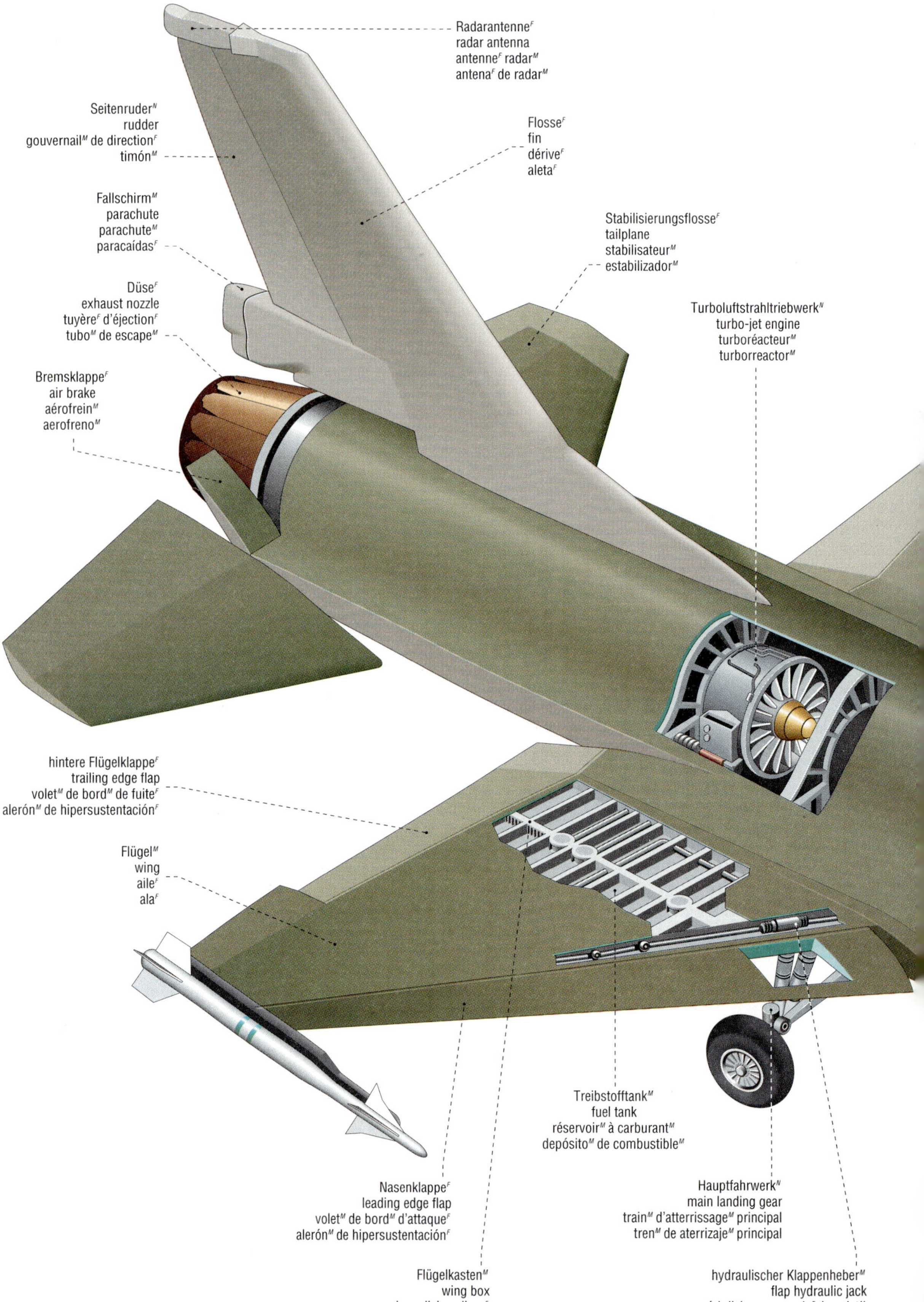

LUFTBETANKUNG[F]
IN-FLIGHT REFUELLING
RAVITAILLEMENT[M] EN VOL[M]
REAPROVISIONAMIENTO[M] DE COMBUSTIBLE[M] EN VUELO[M]

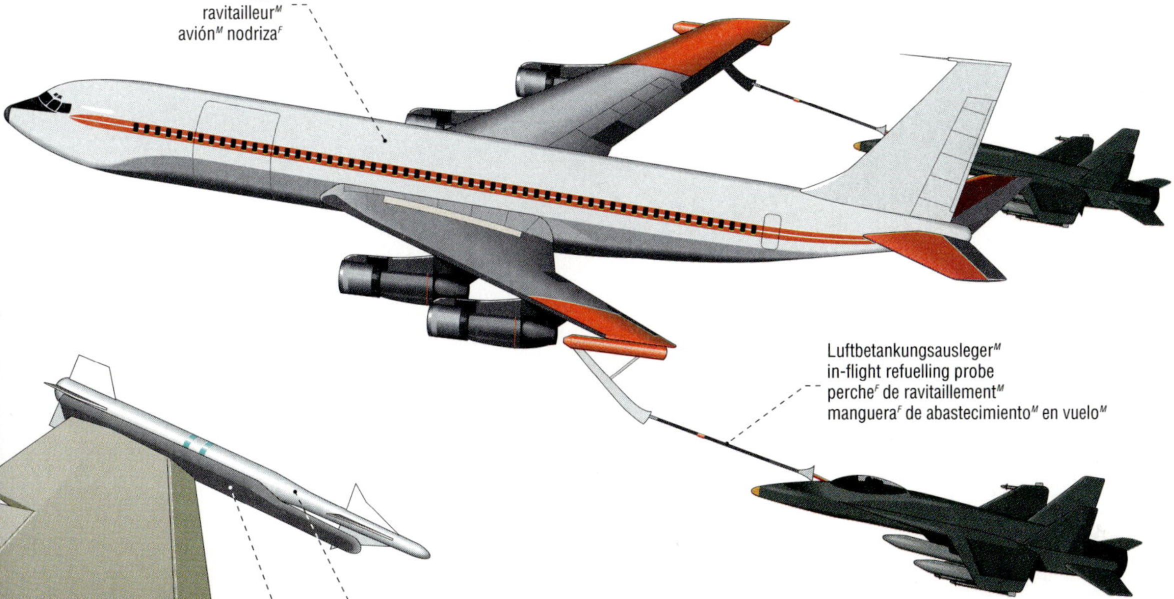

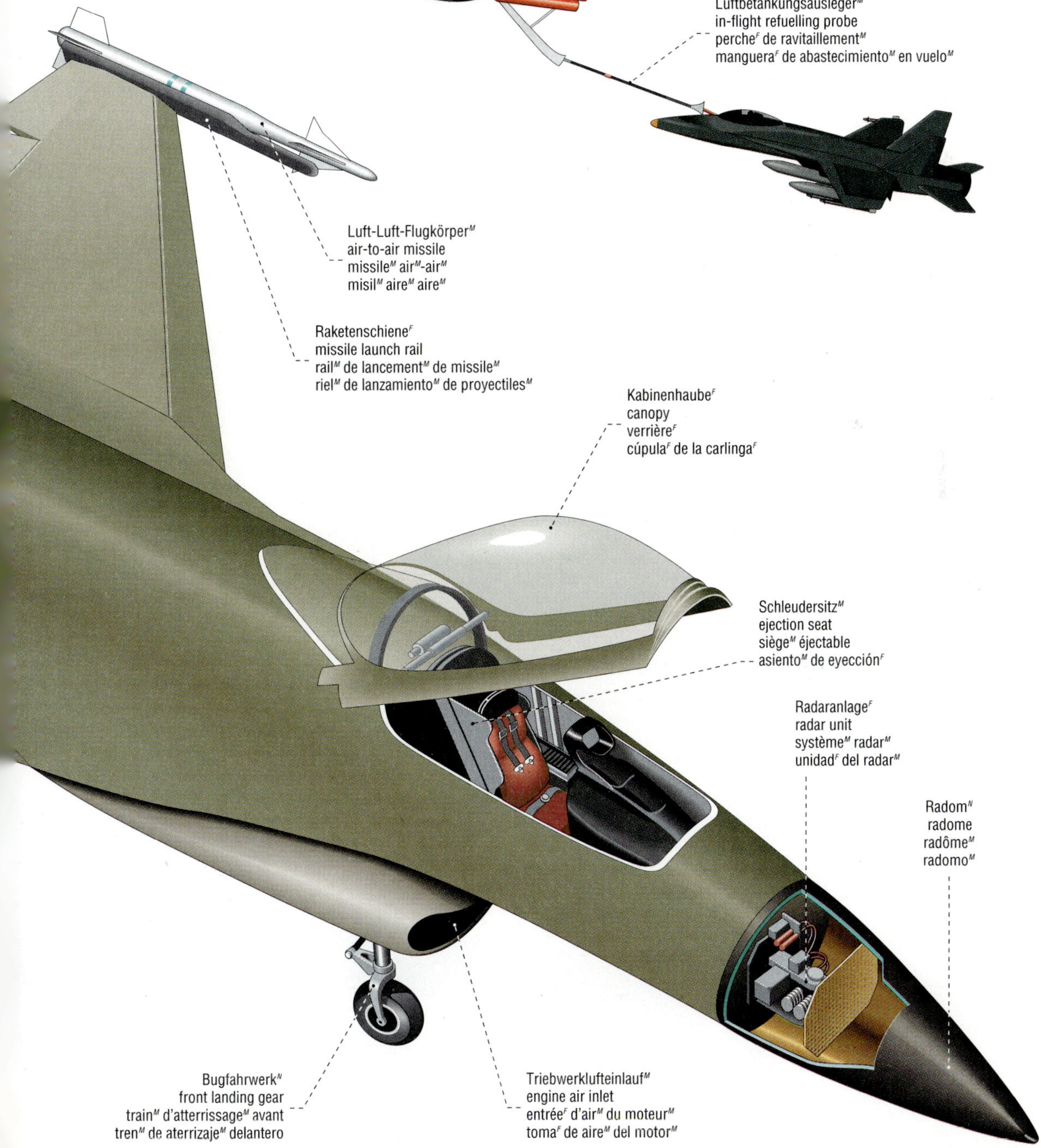

FLUGKÖRPER[M]
MISSILES
MISSILES[M]
PROYECTILES[M]

AUFBAU[M] EINES FLUGKÖRPERS[M]
STRUCTURE OF A MISSILE
STRUCTURE[F] D'UN MISSILE[M]
ESTRUCTURA[F] DE UN MISIL[M]

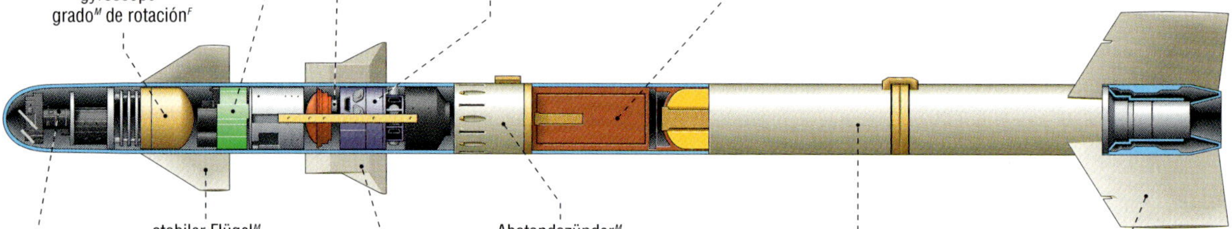

DIE WICHTIGSTEN FLUGKÖRPER[M]
PRINCIPAL TYPES OF MISSILES
PRINCIPAUX TYPES[M] DE MISSILES[M]
PRINCIPALES TIPOS[M] DE MISILES[M]

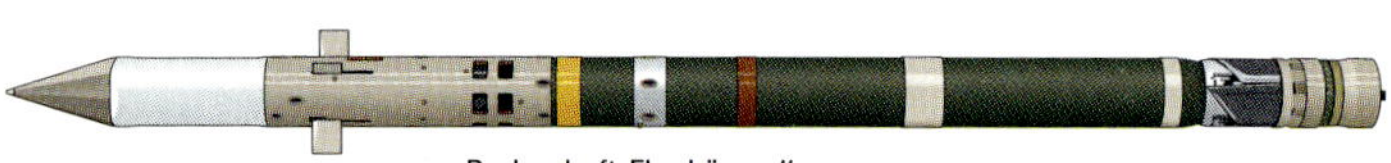

Boden-Luft-Flugkörper[M]
surface-to-air missile
missile[M] sol[M]-air[M]
misil[M] tierra[F] aire[M]

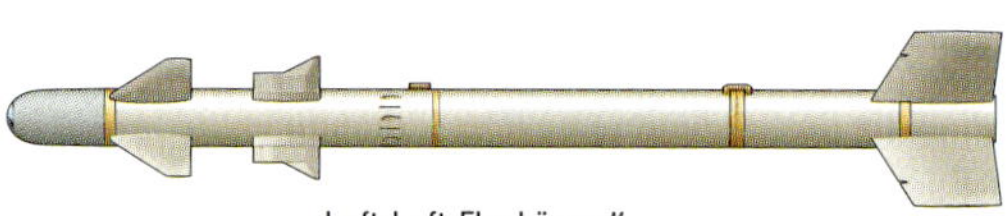

Luft-Luft-Flugkörper[M]
air-to-air missile
missile[M] air[M]-air[M]
misil[M] aire[M] aire[M]

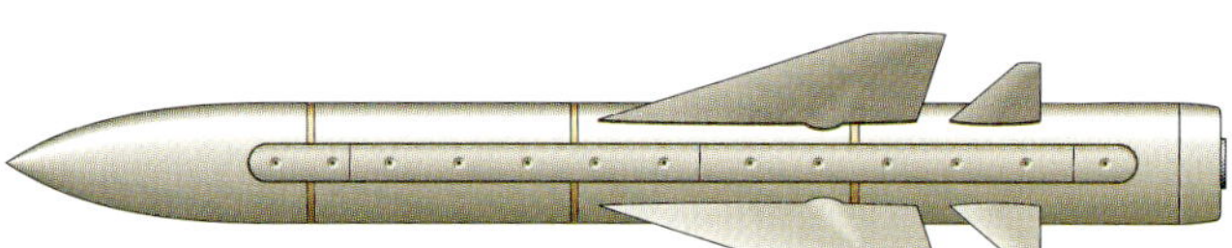

Radarabwehrflugkörper[M]
anti-radar missile
missile[M] antiradar
misil[M] antiradar

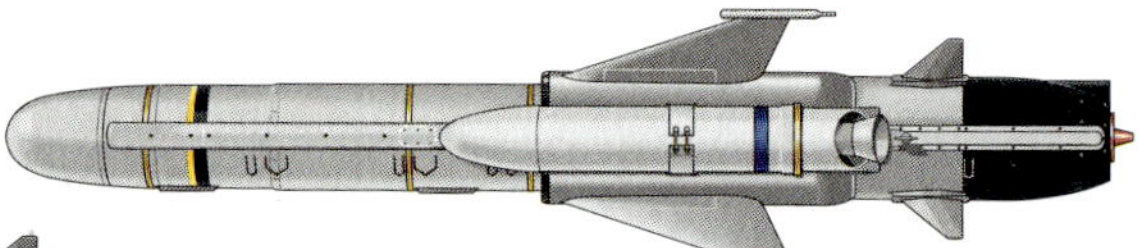

Seezielflugkörper[M]
anti-ship missile
missile[M] antinavire
misil[M] antibuques

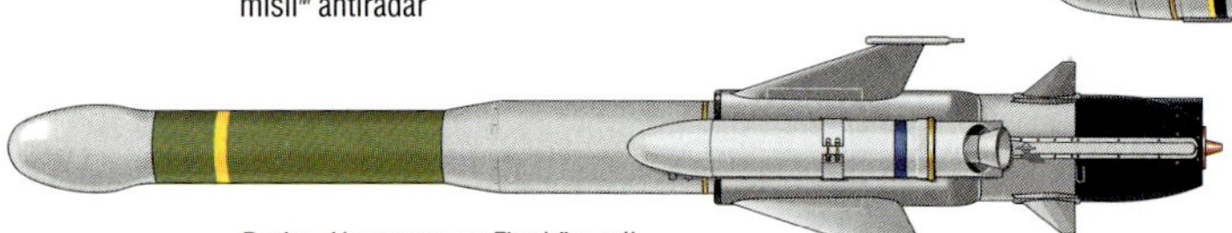

Boden-Unterwasser-Flugkörper[M]
surface-to-subsurface missile
missile[M] anti-sous-marin
misil[M] antisubmarino

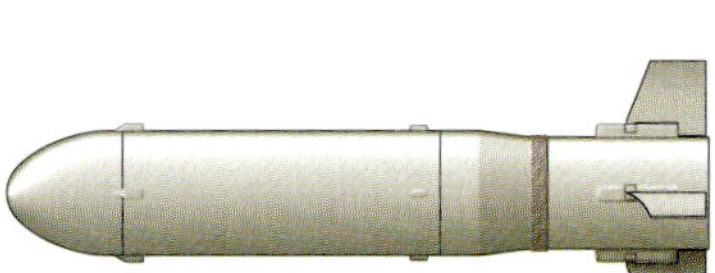

Panzerabwehrflugkörper[M]
anti-tank missile
missile[M] antichar
misil[M] antitanque

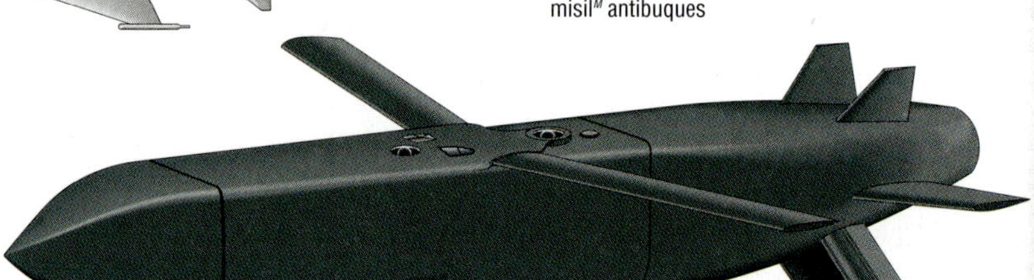

Luft-Boden-Flugkörper[M]
air-to-surface missile
missile[M] air[M]-sol[M]
misil[M] aire[M] tierra[F]

SYMBOLE SYMBOLES
SYMBOLS SÍMBOLOS

INHALT

HERALDIK 817
TIERKREISZEICHEN 820
WARN- UND GEBOTSZEICHEN 821
ALLGEMEINE ZEICHEN 822
VERKEHRSZEICHEN 824
TEXTILPFLEGE 829
ALLGEMEINE SYMBOLE IN DEN WISSENSCHAFTEN 830
DIAKRITISCHE ZEICHEN 832
SATZZEICHEN 832
BEISPIELE FÜR WÄHRUNGSABKÜRZUNGEN 832

HERALDIK^{F}
HERALDRY
HÉRALDIQUE^{F}
HERÁLDICA^{F}

TEILE^{N} DER FAHNE^{F}
PARTS OF A FLAG
ÉLÉMENTS^{M} D'UN DRAPEAU^{M}
PARTES^{F} DE UNA BANDERA^{F}

FAHNENFORMEN^{F}
FLAG SHAPES
FORMES^{F} DE DRAPEAUX^{M}
FORMAS^{F} DE BANDERAS^{F}

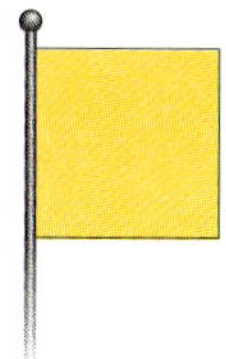

viereckige Fahne^{F}
square flag
drapeau^{M} carré
bandera^{F} cuadrada

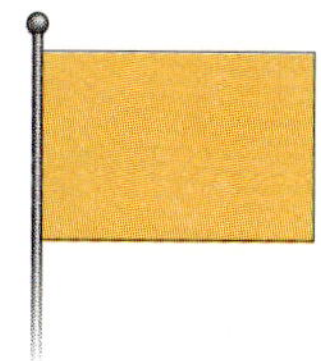

rechteckige Fahne^{F}
rectangular flag
drapeau^{M} rectangulaire
bandera^{F} rectangular

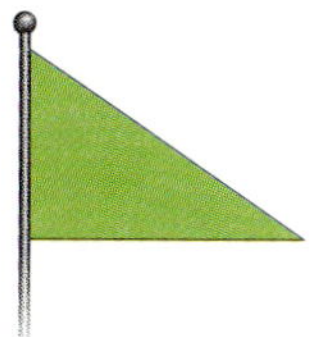

Wimpel^{M}
pennant
pennon^{M}
pendón^{M}

Doppelwimpel^{M}
double pennant
pennon^{M} double
banderín^{M} doble

Doppelstander^{M}
swallowtail
pavillon^{M} à deux pointes^{F}
bandera^{F} de dos puntas^{F}

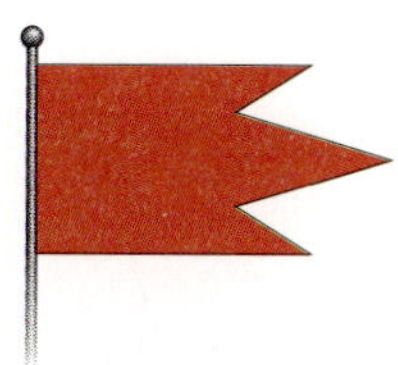

Doppelstander^{M} mit Zunge^{F}
swallowtail and tongue
pavillon^{M} à deux pointes^{F} et langue^{F}
bandera^{F} de dos puntas^{F} y lengua^{F}

Guidon^{M}
burgee
guidon^{M}
corneta^{F}

Windsack^{M}
wind sock
manche^{F} à air^{M}
manga^{F}

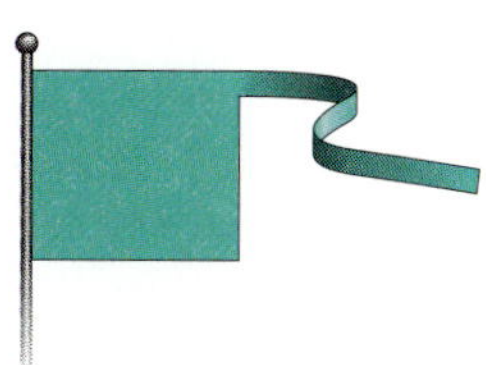

Fahne^{F} mit Schwenkel^{M}
flag with Schwenkel
drapeau^{M} à Schwenkel
bandera^{F} con Schwenkel

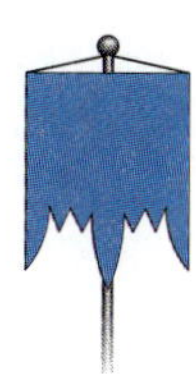

Gonfalon^{M}
gonfalon
gonfalon^{M}
gonfalón^{M}

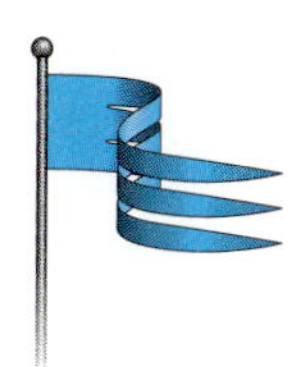

Oriflamme^{F}
oriflamme
oriflamme^{F}
oriflama^{F}

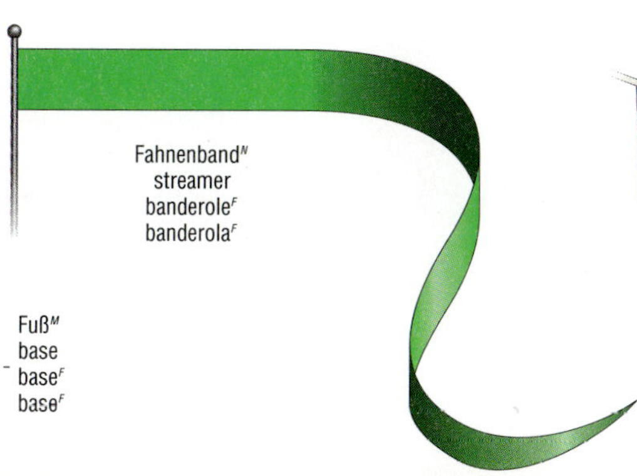

Fahnenband^{N}
streamer
banderole^{F}
banderola^{F}

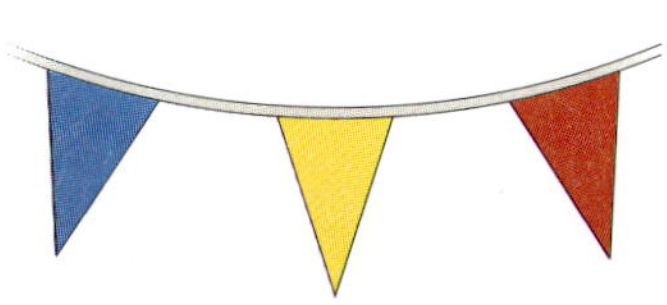

Bunting^{N}
bunting
pavois^{M}
lanilla^{F}

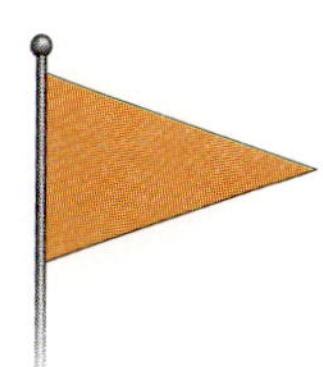

Fanion^{M}
fanion
fanion^{M}
banderín^{M}

HERALDIK^F
HERALDRY
HÉRALDIQUE^F
HERÁLDICA^F

SCHILDPLÄTZE^M
SHIELD DIVISIONS
DIVISIONS^F DE L'ÉCU^M
DIVISIONES^F DE LOS ESCUDOS^M

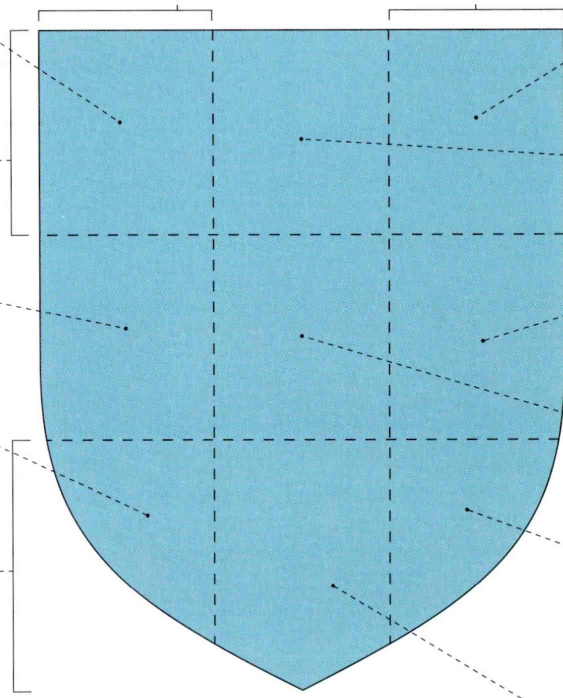

TEILUNGSBEISPIELE^N
EXAMPLES OF PARTITIONS
EXEMPLES^M DE PARTITIONS^F
EJEMPLOS^M DE PARTICIONES^F

geteilt
per fess
coupé^M
escudo^M cortado

gespalten
per pale
parti^M
escudo^M partido

schrägrechts geteilt
per bend
tranché^M
escudo^M tronchado

geviert
quarterly
écartelé^M
escudo^M acuartelado

BEISPIELE^N FÜR HEROLDSBILDER^N
EXAMPLES OF ORDINARIES
EXEMPLES^M DE PIÈCES^F HONORABLES
EJEMPLOS^M DE PIEZAS^F HONORABLES

Hauptrand^M
chief
chef^M
jefe^M

Sparren^M
chevron
chevron^M
cheurón^M

Pfahl^M
pale
pal^M
palo^M

Kreuz^N
cross
croix^F
cruz^F

BEISPIELE[N] FÜR WAPPENZEICHEN[N]
EXAMPLES OF CHARGES
EXEMPLES[M] DE MEUBLES[M]
EJEMPLOS[M] DE CARGAS[F]

Lilie[F]
fleur-de-lis
fleur[F] de lis[M]
flor[F] de lis[F]

Mond[M]
crescent
croissant[M]
creciente[M]

schreitender Löwe[M]
lion passant
lion[M] passant
león[M] rampante

Adler[M]
eagle
aigle[M]
aguila[F]

Stern[M]
mullet
étoile[F]
estrella[F]

BEISPIELE[N] FÜR METALL[N]
EXAMPLES OF METALS
EXEMPLES[M] DE MÉTAUX[M]
EJEMPLOS[M] DE METALES[M]

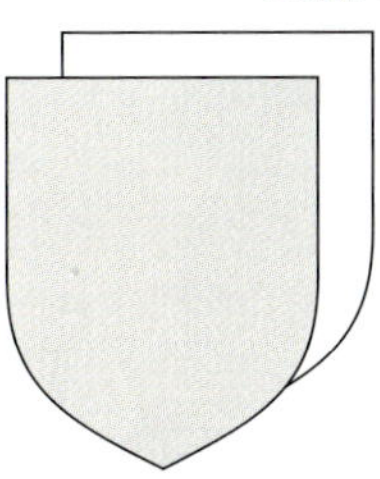

Silber[N]
argent
argent[M]
plata[F]

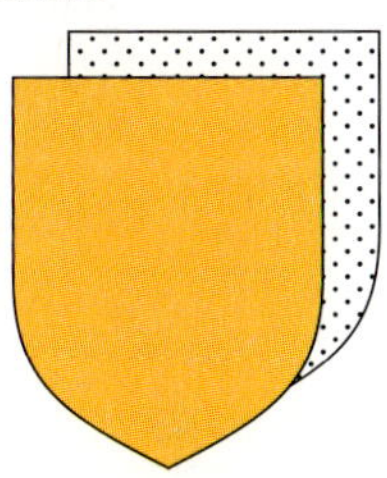

Gold[N]
or
or[M]
oro[M]

BEISPIELE[N] FÜR PELZWERK[N]
EXAMPLES OF FURS
EXEMPLES[M] DE FOURRURES[F]
EJEMPLOS[M] DE FORROS[M]

Hermelin[M]
ermine
hermine[F]
armiño[M]

Eishutfeh[N]
vair
vair[M]
cerros[M]

FARBBEISPIELE[N]
EXAMPLES OF COLOURS
EXEMPLES[M] DE COULEURS[F]
EJEMPLOS[M] DE COLORES[M]

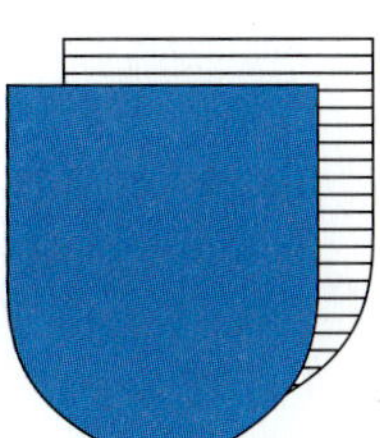

blau
azure
azur[M]
azur[M]

rot
gules
gueules[M]
gules[M]

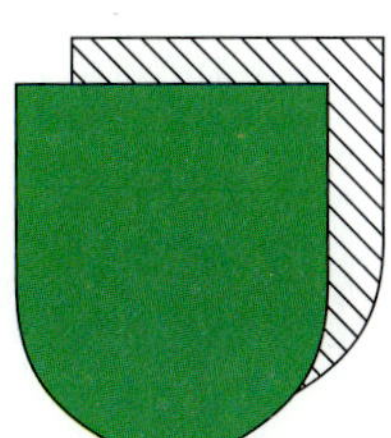

grün
vert
sinople[M]
sinople[M]

purpur
purpure
pourpre[M]
púrpura[M]

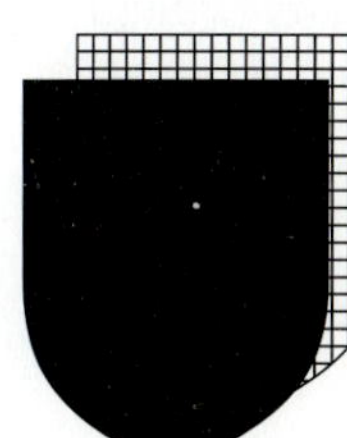

schwarz
sable
sable[M]
sable[M]

TIERKREISZEICHEN^{N}
SIGNS OF THE ZODIAC
SIGNES^{M} DU ZODIAQUE^{M}
SIGNOS^{M} DEL ZODÍACO^{M}

FEUERZEICHEN^{N}
FIRE SIGNS
SIGNES^{M} DE FEU^{M}
SIGNOS^{M} DE FUEGO^{M}

Widder^{M}, Aries (21. März)
Aries the Ram (March 21)
Bélier^{M} (21 mars)
Aries, el Carnero (21 de marzo)

Löwe^{M}, Leo (23. Juli)
Leo the Lion (July 23)
Lion^{M} (23 juillet)
Leo, el León (23 de julio)

Schütze^{M}, Sagittarius (22. November)
Sagittarius the Archer (November 22)
Sagittaire^{M} (22 novembre)
Sagitario, el Arquero (22 de noviembre)

ERDZEICHEN
EARTH SIGNS
SIGNES^{M} DE TERRE^{F}
SIGNOS^{M} DE TIERRA^{F}

Stier^{M}, Taurus (20. April)
Taurus the Bull (April 20)
Taureau^{M} (20 avril)
Tauro, el Toro (20 de abril)

Jungfrau^{F}, Virgo (23. August)
Virgo the Virgin (August 23)
Vierge^{F} (23 août)
Virgo, la Virgen (23 de agosto)

Steinbock^{M}, Capricornus (22. Dezember)
Capricorn the Goat (December 22)
Capricorne^{M} (22 décembre)
Capricornio, la Cabra (22 de diciembre)

LUFTZEICHEN^{N}
AIR SIGNS
SIGNES^{M} D'AIR^{M}
SIGNOS^{M} DE AIRE^{M}

Waage^{F}, Libra (23. September)
Libra the Balance (September 23)
Balance^{F} (23 septembre)
Libra, la Balanza (23 de septiembre)

Wassermann^{M}, Aquarius (20. Januar)
Aquarius the Water Bearer (January 20)
Verseau^{M} (20 janvier)
Acuario, el Aguador (20 de enero)

Zwillinge^{M}, Gemini (21. Mai)
Gemini the Twins (May 21)
Gémeaux^{M} (21 mai)
Géminis, los Gemelos (21 de mayo)

WASSERZEICHEN^{N}
WATER SIGNS
SIGNES^{M} D'EAU^{F}
SIGNOS^{M} DE AGUA^{F}

Krebs^{M}, Cancer (22. Juni)
Cancer the Crab (June 22)
Cancer^{M} (22 juin)
Cáncer, el Cangrejo (22 de junio)

Skorpion^{M}, Scorpius (24. Oktober)
Scorpio the Scorpion (October 24)
Scorpion^{M} (24 octobre)
Escorpio, el Escorpión (24 de octubre)

Fische^{M}, Pisces (19. Februar)
Pisces the Fishes (February 19)
Poissons^{M} (19 février)
Piscis, los peces (19 de febrero)

WARN- UND GEBOTSZEICHEN[N]
SAFETY SYMBOLS
SYMBOLES[M] DE SÉCURITÉ[F]
SÍMBOLOS[M] DE SEGURIDAD[F]

GEFÄHRLICHE SUBSTANZEN[F]
DANGEROUS MATERIALS
MATIÈRES[F] DANGEREUSES
MATERIALES[M] PELIGROSOS

ätzend
corrosive
matières[F] corrosives
corrosivo

elektrische Spannung[F]
electrical hazard
danger[M] électrique
alto voltaje[M]

explosionsgefährlich
explosive
matières[F] explosives
explosivo

leicht entzündlich
flammable
matières[F] inflammables
inflamable

radioaktiv
radioactive
matières[F] radioactives
radioactivo

Gift[N]
poison
matières[F] toxiques
veneno[M]

SCHUTZMASSNAHMEN[F]
PROTECTION
PROTECTION[F]
PROTECCIÓN[F]

Augenschutz[M] tragen
eye protection
protection[F] obligatoire de la vue[F]
protección[F] de los ojos[M]

Gehörschutz[M] tragen
ear protection
protection[F] obligatoire de l'ouïe[F]
protección[F] de los oidos[M]

Schutzhelm[M] tragen
head protection
protection[F] obligatoire de la tête[F]
protección[F] de la cabeza[F]

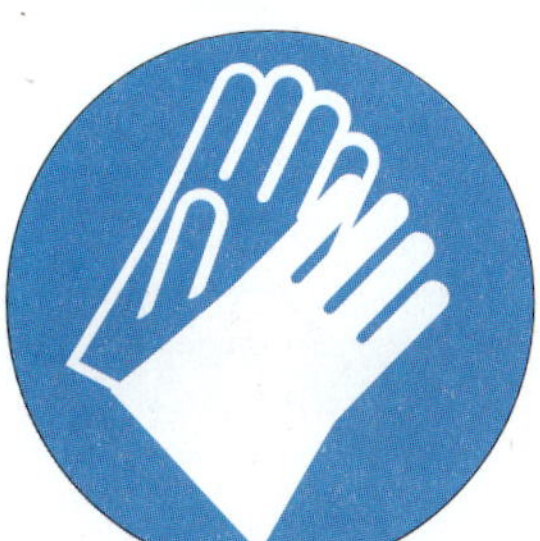

Schutzhandschuhe[M] tragen
hand protection
protection[F] obligatoire des mains[F]
protección[F] de las manos[F]

Schutzschuhe[M] tragen
feet protection
protection[F] obligatoire des pieds[M]
protección[F] de los pies[M]

Atemschutz[M] tragen
respiratory system protection
protection[F] obligatoire des voies[F] respiratoires
protección del sistema[M] respiratorio

ALLGEMEINE ZEICHEN[N]
COMMON SYMBOLS
SYMBOLES[M] D'USAGE[M] COURANT
SÍMBOLOS[M] DE USO[M] COMÚN

Cafeteria[F]
cafeteria
casse-croûte[M]
cafetería[F]

Telefon[N]
telephone
téléphone[M]
teléfono[M]

Restaurant[N]
restaurant
restaurant[M]
restaurante[M]

Toiletten[F] (Herren[M])
Toilets (Gents)
Toilettes[F] (Messieurs[M])
Servicios[M] (Caballeros[M])

Toiletten[F] (Damen[F])
Toilets (Ladies)
Toilettes[F] (Dames[F])
Servicios[M] (Señoras[F])

für Schwerbehinderte[M]
access for physically handicapped
accès[M] pour handicapés[M] physiques
acceso[M] para minusválidos[M]

Apotheke[F]
chemist's shop
pharmacie[F]
farmacia[F]

nicht für Rollstuhlfahrer[M]
no access for wheelchairs
ne pas utiliser avec une chaise[F] roulante
prohibido usar silla[F] de ruedas[F]

Erste Hilfe[F]
first aid
premiers soins[M]
puesto[M] de socorro[M]

Krankenhaus[N]
hospital
hôpital[M]
hospital[M]

Polizei[F]
police
police[F]
policía[F]

Taxi[N]
taxi rank
transport[M] par taxi[M]
servicio[M] de taxis[M]

Zeltplatz[M]
camping (tent)
camping[M]
zona[F] para acampar

Zelten[N] verboten
camping prohibited
camping[M] interdit
prohibido acampar

Platz[M] für Wohnwagen[M]
camping (caravan)
caravaning[M]
zona[F] para casas[F] rodantes

Platz[M] für Zelte[N] und Wohnwagen[M]
camping (caravan and tent)
camping[M] et caravaning[M]
zona[F] para acampar y para casas[F] rodantes

Picknick[N] verboten
picnics prohibited
pique-nique[M] interdit
prohibido hacer comidas[F] campestres

Rastplatz[M]
picnic area
pique-nique[M]
zona[F] de comidas[F] campestres

Tankstelle[F]
service station
poste[M] de carburant[M]
gasolinera[F]

Information[F]
information
renseignements[M]
información[F]

Information[F]
information
renseignements[M]
información[F]

Geldwechsel[M]
currency exchange
change[M]
casa[F] de cambio[M]

Fundbüro[N]
lost property
articles[M] perdus et retrouvés
oficina[F] de objetos[M] perdidos

Feuerlöscher[M]
fire extinguisher
extincteur[M] d'incendie[M]
extintor[M] de incendios[M]

VERKEHRSZEICHEN^{N}
ROAD SIGNS
SIGNALISATION^{F} ROUTIÈRE
SEÑALES^{F} DE TRANSITO^{M}

DIE WICHTIGSTEN NORDAMERIKANISCHEN VERKEHRSZEICHEN^{N}
PRINCIPAL NORTH AMERICAN ROAD SIGNS
PRINCIPAUX PANNEAUX^{M} NORD-AMÉRICAINS
PRINCIPALES SEÑALES^{F} DE TRANSITO^{M} NORTEAMERICANAS

Halt! Vorfahrt^{F} gewähren
stop at intersection
arrêt^{M} à l'intersection^{F}
alto

Verbot^{N} der Einfahrt^{F}
no entry
accès^{M} interdit
prohibido el paso^{M}

Vorfahrt^{F} gewähren
give way
cédez le passage^{M}
ceda el paso^{M}

Einbahnstraße^{F}
one-way traffic
voie^{F} à sens^{M} unique
una vía^{F}

vorgeschriebene Fahrtrichtung^{F}
direction to be followed
direction^{F} obligatoire
dirección^{F} obligatoria

vorgeschriebene Fahrtrichtung^{F}
direction to be followed
direction^{F} obligatoire
dirección^{F} obligatoria

vorgeschriebene Fahrtrichtung^{F}
direction to be followed
direction^{F} obligatoire
dirección^{F} obligatoria

vorgeschriebene Fahrtrichtung^{F}
direction to be followed
direction^{F} obligatoire
dirección^{F} obligatoria

Wenden^{N} verboten
no U-turn
interdiction^{F} de faire demi-tour^{M}
prohibido dar vuelta^{F} en U

Überholverbot^{N}
passing prohibited
interdiction^{F} de dépasser
prohibido adelantar

Gegenverkehr^{M}
two-way traffic
circulation^{F} dans les deux sens^{M}
doble vía^{F}

Vorfahrt^{F} an nächster Einmündung^{F}
merging traffic
intersection^{F} avec priorité^{F}
señal^{F} de unión^{M}

DIE WICHTIGSTEN INTERNATIONALEN VERKEHRSZEICHEN[N]
PRINCIPAL INTERNATIONAL ROAD SIGNS
PRINCIPAUX PANNEAUX[M] INTERNATIONAUX
PRINCIPALES SEÑALES[F] DE TRÁNSITO[M] INTERNACIONALES

Halt! Vorfahrt[F] gewähren
stop at intersection
arrêt[M] à l'intersection[F]
alto

Verbot[N] der Einfahrt[F]
no entry
accès[M] interdit
prohibido el paso

Vorfahrt[F] gewähren
give way
cédez le passage[M]
ceda el paso[M]

Einbahnstraße[F]
one-way traffic
voie[F] à sens[M] unique
una vía[F]

vorgeschriebene Fahrtrichtung[F]
direction to be followed
direction[F] obligatoire
dirección[F] obligatoria

vorgeschriebene Fahrtrichtung[F]
direction to be followed
direction[F] obligatoire
dirección[F] obligatoria

vorgeschriebene Fahrtrichtung[F]
direction to be followed
direction[F] obligatoire
dirección[F] obligatoria

vorgeschriebene Fahrtrichtung[F]
direction to be followed
direction[F] obligatoire
dirección[F] obligatoria

Wenden[N] verboten
no U-turn
interdiction[F] de faire demi-tour[M]
prohibido dar vuelta[F] en U

Überholen[N] verboten
passing prohibited
interdiction[F] de dépasser
prohibido adelantar

Gegenverkehr[M]
two-way traffic
circulation[F] dans les deux sens[M]
doble vía[F]

Vorfahrt[F] an nächster Einmündung[F]
priority intersection
intersection[F] avec priorité[F]
cruce[M] con preferencia[F]

VERKEHRSZEICHEN^{N}
ROAD SIGNS
SIGNALISATION^{F} ROUTIÈRE
SEÃLES^{F} DE TRÁNSITO^{M}

DIE WICHTIGSTEN NORDAMERIKANISCHEN VERKEHRSZEICHEN^{N}
PRINCIPAL NORTH AMERICAN ROAD SIGNS
PRINCIPAUX PANNEAUX^{M} NORD-AMÉRICAINS
PRINCIPALES SEÑALES^{F} DE TRÁNSITO^{M} NORTEAMERICANAS

Rechtskurve^{F}
right bend
virage^{M} à droite^{F}
curva^{F} a la derecha^{F}

Doppelkurve^{F}
double bend
double virage^{M}
curva^{F} doble

verengte Fahrbahn^{F}
roadway narrows
chaussée^{F} rétrécie
estrechamiento^{M} del camino^{M}

Schleudergefahr^{F}
slippery road
chaussée^{F} glissante
camino^{M} resbaladizo

unebene Fahrbahn^{F}
bumps
chaussée^{F} cahoteuse
superficie^{F} irregular

Gefälle^{N}
steep hill
descente^{F} dangereuse
bajada^{F} pronunciada

Steinschlag^{M}
falling rocks
chutes^{F} de pierres^{F}
zona^{F} de derrumbes^{M}

Verbot^{N} für Fahrzeuge^{N} über angegebene Höhe^{F}
overhead clearance
limitation^{F} de hauteur^{F}
altura^{F} máxima

Lichtzeichenanlage^{F}
signal ahead
signalisation^{F} lumineuse
semáforo^{M}

Schule^{F}
school zone
zone^{F} scolaire
zona^{F} escolar

Fußgängerüberweg^{M}
pedestrian crossing
passage^{M} pour piétons^{M}
paso^{M} de peatones^{M}

Baustelle^{F}
road works ahead
travaux^{M}
obras^{F}

DIE WICHTIGSTEN INTERNATIONALEN VERKEHRSZEICHEN^{N}
PRINCIPAL INTERNATIONAL ROAD SIGNS
PRINCIPAUX PANNEAUX^{M} INTERNATIONAUX
PRINCIPALES SEÑALES^{F} DE TRÁNSITO^{M} INTERNACIONALES

Rechtskurve^{F}
right bend
virage^{M} à droite^{F}
curva^{F} a la derecha^{F}

Doppelkurve^{F}
double bend
double virage^{M}
curva^{F} doble

verengte Fahrbahn^{F}
roadway narrows
chaussée^{F} rétrécie
estrechamiento^{M} del camino^{M}

Schleudergefahr^{F}
slippery road
chaussée^{F} glissante
camino^{M} resbaladizo

unebene Fahrbahn^{F}
bumps
chaussée^{F} cahoteuse
badén^{M}

Gefälle^{N}
steep hill
descente^{F} dangereuse
bajada^{F} pronunciada

Steinschlag^{M}
falling rocks
chutes^{F} de pierres^{F}
zona^{F} de derrumbes^{M}

Verbot^{N} für Fahrzeuge^{N} über angegebene Höhe^{F}
overhead clearance
limitation^{F} de hauteur^{F}
altura^{F} máxima

Lichtzeichenanlage^{F}
signal ahead
signalisation^{F} lumineuse
semáforo^{M}

Schule^{F}
school zone
zone^{F} scolaire
zona^{F} escolar

Fußgängerüberweg^{M}
pedestrian crossing
passage^{M} pour piétons^{M}
paso^{M} de peatones^{M}

Baustelle^{F}
road works ahead
travaux^{M}
obras^{F}

VERKEHRSZEICHEN[N]
ROAD SIGNS
SIGNALISATION[F] ROUTIÈRE
SEÑALES[F] DE TRÁNSITO[M]

DIE WICHTIGSTEN NORDAMERIKANISCHEN VERKEHRSZEICHEN[N]
PRINCIPAL NORTH AMERICAN ROAD SIGNS
PRINCIPAUX PANNEAUX[M] NORD-AMÉRICAINS
PRINCIPALES SEÑALES[F] DE TRÁNSITO[M] NORTEAMERICANAS

Bahnübergang[M]
level crossing
passage[M] à niveau[M]
paso[M] a nivel[M]

Wildwechsel[M]
deer crossing
passage[M] d'animaux[M] sauvages
cruce[M] de animales[M] salvajes

gesperrt für Fußgänger[M]
closed to pedestrians
accès[M] interdit aux piétons[M]
prohibido el paso[M] de peatones[M]

gesperrt für Radfahrer[M]
closed to bicycles
accès[M] interdit aux bicyclettes[F]
prohibido el paso[M] de bicicletas[F]

gesperrt für Krafträder[N]
closed to motorcycles
accès[M] interdit aux motocycles[M]
prohibido el paso[M] de motocicletas[F]

gesperrt für Kfz[N] über 2,8t
closed to trucks
accès[M] interdit aux camions[M]
prohibido el paso[M] de camiones[M]

DIE WICHTIGSTEN INTERNATIONALEN VERKEHRSZEICHEN[N]
PRINCIPAL INTERNATIONAL ROAD SIGNS
PRINCIPAUX PANNEAUX[M] INTERNATIONAUX
PRINCIPALES SEÑALES[F] DE TRÁNSITO[M] INTERNACIONALES

Bahnübergang[M]
railroad crossing
passage[M] à niveau[M]
paso[M] a nivel[M]

Wildwechsel[M]
deer crossing
passage[M] d'animaux[M] sauvages
cruce[M] de animales[M] salvajes

gesperrt für Fußgänger[M]
closed to pedestrians
accès[M] interdit aux piétons[M]
prohibido el paso[M] de peatones[M]

gesperrt für Radfahrer[M]
closed to bicycles
accès[M] interdit aux bicyclettes[F]
prohibido el paso[M] de bicicletas[F]

gesperrt für Krafträder[N]
closed to motorcycles
accès[M] interdit aux motocycles[M]
prohibido el paso[M] de motocicletas[F]

gesperrt für Kfz[N] über 2,8t
closed to trucks
accès[M] interdit aux camions[M]
prohibido el paso[M] de camiones[M]

TEXTILPFLEGE^{F}
FABRIC CARE
ENTRETIEN^{M} DES TISSUS^{M}
CUIDADO^{M} DE TELAS^{F}

WASCHEN^{N}
WASHING
LAVAGE^{M}
LAVADO^{M}

nicht waschen
do not wash
ne pas laver
no se lave

Handwäsche^{F} in handwarmem Wasser^{N}
hand wash in lukewarm water
laver à la main^{F} à l'eau^{F} tiède
lávese a mano^{F} con agua^{F} tibia

Hand- und Maschinenwäsche^{F}, Schonwaschgang^{M}
machine wash in lukewarm water at a gentle setting/reduced agitation
laver à la machine^{F} à l'eau^{F} tiède avec agitation^{F} réduite
lávese en lavadora^{F} con agua^{F} tibia en el ciclo^{M} para ropa^{F} delicada

Hand- und Maschinenwäsche^{F}, Schonwaschgang^{M}
machine wash in warm water at a gentle setting/reduced agitation
laver à la machine^{F} à l'eau^{F} chaude avec agitation^{F} réduite
lávese en lavadora^{F} con agua^{F} caliente en el ciclo^{M} para ropa^{F} delicada

Hand- und Maschinenwäsche^{F}, Normalwaschgang^{M}
machine wash in warm water at a normal setting
laver à la machine^{F} à l'eau^{F} chaude avec agitation^{F} normale
lávese en lavadora^{F} con agua^{F} caliente, en el ciclo^{M} normal

Hand- und Maschinenwäsche^{F}, Normalwaschgang^{M}
machine wash in hot water at a normal setting
laver à la machine^{F} à l'eau^{F} très chaude avec agitation^{F} normale
lávese en lavadora^{F} con agua^{F} muy caliente, en el ciclo^{M} normal

nicht chloren
do not use chlorine bleach
ne pas utiliser de chlorure^{M} décolorant
no use blanqueador^{M} de cloro^{M}

chloren möglich
use chlorine bleach as directed
utiliser un chlorure^{M} décolorant suivant les indications^{F}
use blanqueador^{M} de cloro^{M} siguiendo las indicaciones^{F}

TROCKNEN^{N}
DRYING
SÉCHAGE^{M}
SECADO^{M}

zum Trocknen^{N} hängen
hang to dry
suspendre pour sécher
cuelgue al aire^{M} libre después de escurrir

zum Trocknen^{N} legen
dry flat
sécher à plat
seque extendido sobre una toalla^{F} después de escurrir

Wäschetrockner^{M} mit mittlerer bis hoher Temperatur^{F}
tumble dry at medium to high temperature
sécher par culbutage^{M} à moyenne ou haute température^{F}
seque en secadora^{F} a temperatura^{F} de mediana a alta

Wäschetrockner^{M} mit niedriger Temperatur^{F}
tumble dry at low temperature
sécher par culbutage^{M} à basse température^{F}
seque en secadora^{F} a temperatura^{F} baja

tropfnaß hängen
drip dry
suspendre pour sécher sans essorer
cuelgue sin exprimir, dando forma^{F} a mano^{F}

BÜGELN^{N}
IRONING
REPASSAGE^{M}
PLANCHADO^{M}

nicht bügeln
do not iron
ne pas repasser
no use plancha^{F}

bügeln bei niedriger Einstellung^{F}
iron at low setting
repasser à basse température^{F}
use plancha^{F} tibia

bügeln bei mittlerer Einstellung^{F}
iron at medium setting
repasser à moyenne température^{F}
use plancha^{F} caliente

bügeln bei hoher Einstellung^{F}
iron at high setting
repasser à haute température^{F}
use plancha^{F} muy caliente

ALLGEMEINE SYMBOLE[N] IN DEN WISSENSCHAFTEN[F]
COMMON SCIENTIFIC SYMBOLS
SYMBOLES[M] SCIENTIFIQUES USUELS
SÍMBOLOS[M] CIENTÍFICOS COMUNES

MATHEMATIK[F]
MATHEMATICS
MATHÉMATIQUES[F]
MATEMÁTICAS[F]

$-$ Subtraktion[F] subtraction soustraction[F] menos[M]	$+$ Addition[F] addition addition[F] más[M]	$\times$ Multiplikation[F] multiplication multiplication[F] por[M]	$\div$ Division[F] division division[F] entre[M]
$=$ ist gleich is equal to égale igual a	$\neq$ ist ungleich is not equal to n'égale pas desigual a	$\approx$ ist annähernd gleich is approximately equal to égale à peu près casi igual a	$\sim$ ist äquivalent mit is equivalent to équivaut à equivalente a
$\equiv$ ist identisch mit is identical with est identique à idéntico a	$\not\equiv$ ist nicht identisch mit is not identical with n'est pas identique à no es idéntico a	$\pm$ plus oder minus plus or minus plus ou moins más[M] o menos[M]	$\emptyset$ Leermenge[F] empty set ensemble[M] vide conjunto[M] vacío
$>$ ist größer als is greater than plus grand que mayor que	$\geqslant$ ist gleich oder größer als is equal to or greater than égal ou plus grand que igual o mayor que	$<$ ist kleiner als is less than plus petit que menor que	$\leqslant$ ist gleich oder kleiner als is equal to or less than égal ou plus petit que igual o menor que
$\cup$ Vereinigung[F] union réunion[F] unión[F]	$\cap$ Durchschnitt[M] intersection intersection[F] intersección[F]	$\subset$ echte Teilmenge[F] von is contained in inclusion[F] contenido en	$\%$ Prozent[N] percent pourcentage[M] porcentaje[M]
$\in$ Element[N] von belongs to appartenance[F] pertenece a	$\notin$ nicht Element[N] von does not belong to non-appartenance[F] no pertenece a	$\sqrt{}$ Quadratwurzel[F] aus square root of racine[F] carrée de raíz[F] cuadrada de	$\sum$ Summe[F] sum sommation[F] suma[F]
∞ unendlich infinity infini[M] infinito[M]	$\int$ Integral[N] integral intégrale[F] integral	$!$ Fakultät[F] factorial factorielle[F] factorial	

GEOMETRIE[F]
GEOMETRY
GÉOMÉTRIE[F]
GEOMETRÍA[F]

$^\circ$ Grad[M] degree degré[M] grado[M]	$'$ Minute[F] minute minute[F] minuto[M]	$''$ Sekunde[F] second seconde[F] segundo[M]	π Pi[N] pi pi[M] pi	$\perp$ Senkrechte[F] perpendicular perpendiculaire[F] perpendicular
$\angle$ spitzer Winkel[M] acute angle angle[M] aigu ángulo[M] agudo	$\llcorner$ rechter Winkel[M] right angle angle[M] droit ángulo[M] recto	$\diagdown\!\!\_$ stumpfer Winkel[M] obtuse angle angle[M] obtu ángulo[M] obtuso	$\parallel$ ist parallel zu is parallel to parallèle es paralelo a	$\nparallel$ ist nicht parallel zu is not parallel to non-parallèle no es paralelo a

BIOLOGIE[F]
BIOLOGY
BIOLOGIE[F]
BIOLOGÍA[F]

♂

männlich
male
mâle[M]
masculino[M]

♀

weiblich
female
femelle[F]
femenino[M]

*

geboren
birth
naissance[F]
nacimiento[M]

Rh+

Rhesusfaktor[M] positiv
Rh-positive
facteur[M] Rhésus positif
factor[M]RH positivo

Rh-

Rhesusfaktor[M] negativ
Rh-negative
facteur[M] Rhésus négatif
factor[M]RH negativo

†

gestorben
death
mort[F]
muerte[F]

CHEMIE[F]
CHEMISTRY
CHIMIE[F]
QUÍMICA[F]

−

negativ geladen
negative charge
négatif[M]
elemento[M] negativo

+

positiv geladen
positive charge
positif[M]
elemento[M] positivo

⇄

reversible Reaktion[F]
reversible reaction
réaction[F] réversible
reacción[F]

→

Reaktionsrichtung[F]
reaction direction
direction[F] d'une réaction[F]
dirección[F]

WEITERE SYMBOLE[N]
MISCELLANEOUS
DIVERS[M]
VARIOS

wiederverwertet
recycled
recyclé
recuperado

wiederverwertbar
recyclable
recyclable
recuperable

&

Et-Zeichen[N]
ampersand
esperluette[F]
y

®

eingetragenes Warenzeichen[N]
registered trademark
marque[F] déposée
marca[F] registrada

©

Copyright[N]
copyright
copyright[M]
copyright (derechos[M] de autor[M])

℞

verschreibungspflichtig
prescription
ordonnance[F]
receta[F] médica

❚❚

Pause[F]
pause/still
pause[F]/arrêt[M] sur l'image[F]
pausa[F]

■

Stop[M]
stop
arrêt[M]
paro[M]

◀◀

Rücklauf[M]
rewind
rebobinage[M]
rebobinado[M]

▶

Spiel[N]
play
lecture[F]
reproducción[F]

▶▶

Vorlauf[M]
fast forward
avance[F] rapide
avance rápido

DIAKRITISCHE ZEICHEN[N]
DIACRITIC SYMBOLS
SIGNES[M] DIACRITIQUES
SIGNOS[M] DIACRÍTICOS

é
Accent[M] aigu
acute accent
accent[M] aigu
acento[M] agudo

ü
Umlaut[M]
umlaut
tréma[M]
diéresis[F]

à
Accent[M] grave
grave accent
accent[M] grave
acento[M] grave

â
Accent[M] circonflexe
circumflex accent
accent[M] circonflexe
acento[M] circunflejo

ç
Cedille[F]
cedilla
cédille[F]
cedilla[F]

ñ
Tilde[F]
tilde
tilde[M]
tilde[F]

SATZZEICHEN[N]
PUNCTUATION MARKS
SIGNES[M] DE PONCTUATION[F]
SIGNOS[M] DE PUNTUACIÓN[F]

;
Semikolon[N]
semicolon
point[M]-virgule[F]
punto[M] y coma[F]

.
Punkt[M]
full stop
point[M]
punto[M]

,
Komma[N]
comma
virgule[F]
coma[F]

...
Fortführungspunkte[M]
ellipsis
points[M] de suspension[F]
puntos[M] suspensivos

:
Doppelpunkt[M]
colon
deux-points[M]
dos puntos[M]

*****
Sternchen[N]
asterisk
astérisque[M]
asterisco[M]

« »
Anführungszeichen[N] (französische)
quotation marks (French)
guillemets[M]
comillas[F]

‘ ’
halbe Anführungszeichen[N]
single quotation marks
guillemets[M]
comillas[F] sencillas

“ ”
Anführungszeichen[N]
quotation marks
guillemets[M]
comillas[F]

—
Gedankenstrich[M]
dash
tiret[M]
guión[M] largo

( )
runde Klammern[F]
parentheses
parenthèses[F]
paréntesis[M]

/
Querstrich[M]
slash
barre[F] oblique
diagonal[F]

!
Ausrufezeichen[N]
exclamation mark
point[M] d'exclamation[F]
admiración[F]

?
Fragezeichen[N]
question mark
point[M] d'interrogation[F]
interrogación[F]

[ ]
eckige Klammern[F]
square brackets
crochets[M]
corchetes[M]

BEISPIELE[N] FÜR WÄHRUNGSABKÜRZUNGEN[F]
EXAMPLES OF CURRENCY ABBREVIATIONS
EXEMPLES[M] D'UNITÉS[F] MONÉTAIRES
EJEMPLOS[M] DE ABREVIACIONES[F] DE MONEDAS[F]

$
Dollar[M]
dollar
dollar[M]
dólar[M]

¢
Cent[M]
cent
cent[M]
centavo[M]

£
Pfund[N]
pound
livre[F]
libras[F]

¥
Yen[M]
yen
yen[M]
yen[M]

F
Franc[M]
franc
franc[M]
franco[M]

DM
Deutsche Mark[F]
Deutsche Mark
mark[M]
marco[M]

Dr
Drachme[F]
drachma
drachme[M]
dracma[M]

L
Lira[F]
lira
lire[F]
lira[F]

Kr
Krone[F]
krone
couronne[F]
corona[F]

IS
Schekel[M]
shekel
shekel[M]
shekel[M]

ECU
Europäische Verrechnungseinheit[F]
European Currency Unit
écu[M]
monedas[F] de la Comunidad[F] Europea

Esc
Escudo[M]
escudo
escudo[M]
escudo[M]

Pta
Peseta[F]
peseta
peseta[F]
peseta[F]

Fl
Florin[M]
florin
florin[M]
florín[M]

DEUTSCHES REGISTER

«D»(n) 674.
1-Meter-Brett(n) 624.f
10-Meter-Linie(f) 606.
10-Meter-Turm(m) 624.
15-Meter-Linie(f) 606.
2-Meter-Linie(f) 626.
2. Finger(m) 112.
22-Meter-Linie(f) 606, 607.
3-Meter-Brett(n) 624.
3-Meter-Turm(m) 624.
3. Finger(m) 112.
35mm Fotoapparat(m) 512.
4-Meter-Linie(f) 626.
4. Finger(m) 112.
5-Meter-Linie(f) 606.
5-Meter-Turm(m) 624.
5. Finger(m) 112.
7,5-Meter-Turm(m) 624.

A

a 537.
Abakus(m) 166, 167.
Abbaupfeiler(m) 736.
Abblendlicht(n) 429.
Abblendschalter(m) 444.
Abdampfleitung(f) 758.
Abdampfleitungen(f) 759.
Abdeckhaube(f) 284, 404.
Abdeckkappe(f) 386.
Abdeckung(f) 208, 213, 400, 532, 705, 712.
Abendhandschuh(m), langer 327.
Abfackelung(f) 738.
Abfahrtzeiten(f) 463.
Abflugwartehalle(f) 505.
Abfluß(m) 215.
Abfluß(m), oberirdischer 32, 34, 35.
Abfluß(m), unterirdischer 32.
Abflußkreis(m) 215.
Abfrageapparat(m) 422.
Abgas(n) 297, 501.
Abgase(n) 436.
Abgaseintritt(m) 438.
Abgasleitschaufeln(f) 501.
Abgasleitung(f) 508.
Abgasrohr(n) 209, 438.
Abgasturbolader(m) 438.
Abhalter(m) 448.
Abhörlautsprecher(m) 407, 415.
Abisolierer(m) 311.
Abisolierzange(f) 311.
Abklingbecken(n) 758, 764, 765.
Abkoppelvorrichtung(f) 470.
Abladegebläse(n) 162.
Abladegebläse(n) 155.
Ablage(f) 302, 532.
Ablagebrett(n) 302, 591.
Ablaßschraube(f) 710.
Ablaßventil(n) 741.
Ablaufberg(m) 465.
Ablaufrohr(n) 293, 298.
Ablaufschlauch(m) 257, 258, 298.
Ablaufstellwerk(n) 465.
Ablenkkanal(m) 746.
Abnäher(m) 565.
abnehmender Mond(m) 7.
Abreißkalender(m) 518.
Abrollbahn(f) 505.
Absatz(m) 352, 354, 644.
Absatzoberflecken(m) 354.
Absatzplatte(f) 643.
Absatzschuh(m) 318.
Absatzstopper(m) 645.
Absatzteil(n) 641.
Abschalter(m) 747.
Abschlagplatz(m) 676.
Abschleppstange(f) 506.
Abschlußkappe(f) 670.
Abschlußplatte(f) 765.
Abschlußprofil(n) 231.
Abschlußring(m) 670, 671.
Abschlußtafel(f) 521.
Abschlußwand(f) 621.
Abseihkelle(f) 244.
Abseihlöffel(m) 244.
Abseilhaken(m) 681.
Absorber(m) 768.
Absperrgitter(n) 82.
Absperrventil(n) 215, 293, 296, 298, 306.
Abspielraum(m) 620.
Abspieltaste(f) 411.
Absprungholz(n) beim Dreisprung(m) 654.
Absprungholz(n) für Weitsprung(m) 655.
Absprunglinie(f) beim Dreisprung(m) 654.
Abstandstück(n) 727.
Abstandszünder(m) 814.
Abstellplatz(m) 193, 503.
Abstellrost(n) 254.
Abstellstütze(f) 156.
Abstimmtasten(f) 410.
Abstoßsäge(f) 644.
Abstrakte(f) 543.
Abteilklammer(f) 369.
Abtransport(m) per Schiff(n) 735.
Abwasser(n) 216.
Abwasser-T-Stück(n) 298.
Abwasserkanal(m) 186.
Abwehrschild(n) 609.
Abwehrspieler(m), linker 613.
Abwehrspieler(m), mittlerer 613.
Abwurf(m) 682.
Abwurfstelle(f) 682.
Abzug(m) 780, 793, 795, 796, 797, 798, 799, 804.
Abzugbügel(m) 795, 797, 798, 799.
Abzugsleine(f) 802.
Abzugstange(f) 793.
Abzweig(m) 45° 301.
Abzweigkanal(m) 206.
Abzweigleitung(f) 215.
Abzweigungen(f) 298.
Accent(m) aigu 832.
Accent(m) circonflexe 832.
Accent(m) grave 832.
Acetylenflasche(f) 306.
Acetylenventil(n) 306.
Achse(f) 373, 645.
Achselhöhle(f) 116, 118.
Achselknospe(f) 57.
Achselkrücke(f) 728.
Achselnerv(m) 133.
Achselstück(n) 316.
Achselstütze(f) 728.
Achselvene(f) 126.
Achsgetriebe(n) 468.
Achtelmeileneinlauf(m) 651.
Achtelnote(f) 538.
Achtelpause(f) 538.
Achter(m) 632.
Achterschiff(n) 13.
Achtkant(m) 362.
Achtknoten(m) 691.
Adamsapfel(m) 116.
Adapter(m) 374.
Adapter(m) 399.
Addiertaste(f) 523.
Addition(f) 830.
Additionstaste(f) 523.
Aderhaut(f) 140.
Adler(m) 819.
Adler(m) 11.
aerodynamische Bremse(f) 774.
Afrika(n) 21.
After(m) 89, 92, 127, 128, 131.
Afterfeder(f) 110.
Afterflosse(f) 87.
Afterfurche(f) 117, 119.
Afterfüße(m) 91.
Afterkralle(f) 106.
Afterkrallenballen(m) 106.
Afterschließmuskel(m) 131.
Aggregat(n), irreguläres 37.
Ahle(f) 688.
Ähre(f) 60.
Ährenbrot(n) 153.
Akanthusblatt(n) 167, 220.
Akkord(m) 539.
Akkordeon(n) 536.
Akku-Mini-Staubsauger(m) 260.
Akroterion(n) 167, 168.
Akrylharz(m), transparenter 405.
Aktenablage(f), fahrbare 521.
Aktenbox(f) 517.
Aktenkoffer(m) 378.
Aktenmappe(f) 518.
Aktenordner(m) 519.
Aktenschrank(m) 520.
Aktentasche(f) 378, 380.
Aktuator(m) 814.
Akustik-Decke(f) 189.
Alarmschwellenwert-Anzeige(f) 485.
Alarmschwellenwert-Einstellung(f) 485.
Alhidade(f) 41, 484, 713.
Alhidadenebene(f) 713.
Alkohol(m) 485.
Alkoholkolben(m) 705.
Alkoholsäule(f) 705.
Allee(f) 52.
alphanumerisches Tastenfeld(n) 530.
Altar(m) 13.
altazimutale Montierung(f) 15.
Altokumulus(m) 44.
Altostratus(m) 44.
Altschlüssel(m) 537.
Altweiberknoten(m) 691.
Aluminiumschicht(f), reflektierende 405.
Alveolarknochen(m) 144.
Alveolenwand(f) 144.
am Wind(m) 629.
AM-Antenne(f) 400.
Amboß(m) 138, 798.
Ameise(f) 77.
amerikanisches Maisbrot(n) 153.
amerikanisches Weißbrot(n) 153.
Amethyst(m) 362.
Ampel(f) 263.
Amphibien(f) 84.
Amphibien(f), wichtigste 85.
Ampulle(f) 725.
An-/Auskontrollampe(f) 420.
Analfuß(m) 78.
Analoguhr(f) 706.
Ananas(f) 68.
Anatomie(f) 88.
Änderungslinie(f) 565.
Andromeda(f) 11.
Andruckplatte(f) 390.
Anemometer(n) 41.
Anfänger(m) 174.
Anfängerparcours(m) 646.
Anführungszeichen(n) 832.
Anführungszeichen(n), einfache 832.
Angaberaum(m) 616.
Angel(f) 239, 242, 291.
Angelbekleidung(f) 672.
Angelhaken(m) 671.
Angelhaken(m) 670.
Angelhaken(m) mit Vorfach(n) 672.
Angelwurzel(f) 242.
Anglerweste(f) 672.
Angriff(m) auf den Menschen(m) 35.
Angriff(m) auf die Natur(f) 35.
Angriffsfeldspieler(m), linker 612.
Angriffsfeldspieler(m), rechter 612.
Angriffslinie(f) 613.
Angriffsperiskop(n) 807.
Angriffsspieler(m), linker 603, 610.
Angriffsspieler(m), mittlerer 610.
Angriffsspieler(m), rechter 603, 610.
Angriffszone(f) 608, 613.
Anhängemähwerk(n) 158.
Anhängemähwerk(n) 154.
Anhängemaul(n) 158, 159, 162.
Anhänger(m) 361, 364.
Anhänger(m) 440.
Anhängerkupplung(f) 449.
Anhöhe(f) 770.
Anik-E(m) 418.
Anker(m) 483.
Anker(m) 656.
Ankerarten(f) 483.
Ankerbolzen(m) 432.
Ankerhand(f) 483.
Ankerkette(f) 486.
Ankerketten(f) 738.
Ankerklüse(f) 495, 497.
Ankerrad(n) 706.
Ankerspitze(f) 483.
Anlage(f) 156.
Anlage(f) für Außenaufstellung(f) 212.
Anlage(f) für Innenaufstellung(f) 213.
Anlaßbatterie(f) 468.
Anlasser(m) 271, 272.
Anlaufhülse(f) 283.
Anlaufstrecke(f) 654, 655, 657, 683.
Anlegeeinrichtung(f) 578.
Anlegeleiter(f) 303.
annähernd gleich 830.
Annahmelinie(f) 617.
Annahmemaschine(f) 764.
Anorak(m) 353, 680.
Anrufbeantworter(m) 420.
Ansagekassette(f) 420.
Ansatz(m) 279.
Ansatzrohr(n) 260.
Ansatzsäge(f) 578.
Ansaugen(n) 436, 436, 437.
Ansauggitter(n) 370.
Ansaugkanal(m) 436.
Ansaugstutzen(m) 216.
Anschlag(m) 630, 632, 711.
Anschlagführung(f) 285.
Anschluß(m) 230, 255.
Anschluß(m) für Gummischlauch(m) 735.
Anschlußbolzen(m) 439.
Anschlußbuchse(f) 547.
Anschlußbuchse(f) für Kopfhörer(m) 555.
Anschlußkabel(n) 406.
Anschlußkasten(m) 769.
Anschlußklemme(f) 309.
Anschlußleitung(f) 215.
Anschlußpol(m), negativer 439.
Anschlußpol(m), positiver 439.
Anschlußtafel(f) 407.
Anschreiber(m) 610, 613, 666.
Anschriftentafel(f) 471.
Ansicht(f) 193.
Anspielpunkt(m) 608.
Anspielpunkt(m), mittlerer 608.
Anstecknadeln(f) 364.
Anstoßlinie(f) 674.
Anstoßpunkt(m) 601, 674.
Anstoßraum(m) 674.
Antarktis(f) 20.
Antenne(f) 16, 43, 78, 79, 80, 81, 91, 408, 427, 498, 508, 613, 805, 810.
Antenne(f) für die Linienzugbeeinflussung(f) 459.
Antenne(f), rotierende 722.
Antennula(f) 90.
Anti-Rutschfuß(m) 302.
Antiklinale(f) 737.
Antiseptikum(n) 725.
Antiskating-Vorrichtung(f) 404.
Antrieb(m) 158, 471.
Antriebsmodul(m) 418.
Antriebsrad(n) 147, 445, 783.
Antriebsräder(n) 784.
Antriebsriemen(m) 434.
Antriebswalze(f) 581.
Antriebswelle(f) 251.
Antriebswerk(n) 706, 707, 737.
Antriebswerke(n) 806.
Antrittspfosten(m) 201.
Antrittsstufe(f) 201.
Anzeige(f) 523, 708, 709.
Anzeige(f) "Sicherheitsgurte anlegen" 431.
Anzeigeeinheit(f) 627.
Anzeigefläche(f) 654, 654.
Anzeigen(f) 405.
Anzeigenadel(f) 396.
Anzeigeskala(f) 485, 705, 709, 710.
Anzug(m), einteiliger 643.
Anzugring(m) 650.
Anzünder(m) 307.
Aorta(f) 125, 130.
Aorta(f), absteigende 124.
Aorta(f), aufsteigende 124.
Aorta(f), ventrale 88.
Aortenbogen(m) 124, 125, 126.
Aortenklappe(f) 125.
Aperturblende(f) 717.
Apex(m) 83, 94.
Apfel(m) 64.
Apfel(m) 64.
Apogäum(n) 419.
Apogäum-Motor(m) 419.
Apotheke(f) 822.
Aprikose(f) 63.
Aquamarin(m) 362.
Aquarellfarbe(f) 588.
Aquarius 820.
Äquator(m) 3, 47.
äquivalent 830.
Arbeiterin(f) 80.
Arbeiterin(f) 81.
Arbeitsbrett(n) 302.
Arbeitsdruckmesser(m) 306.
Arbeitsgalerie(f) 188.
Arbeitskittel(m) 337.
Arbeitsleuchte(f) 234.
Arbeitsplatz(m) 521.
Arbeitsspeichermodul(n) 528.
Arbeitsstiefel(m) 355.
Arbeitstisch(m) 285.
Arbeitsturbinen(f) 501.
Archipel(m) 51.
Architrav(m) 166, 168.
Archivolte(f) 175.
Arenberg-Parkett(n) 200.
Aries 820.
Arkade(f) 176.
Arkaden(f) 172, 173.
Arkebuse(f) 795.
Arktis(f) 20.
arktisch-kontinental 38.
arktisch-maritim 38.
Arm(m) 100, 117, 119, 157, 234, 483, 561, 727.
Arm(m), oberer 793.
Arm(m), unterer 793.
Armaturenbrett(n) 430.
Armausschnitt(m) 325.
Armband(n) 364.
Armbänder(n) 364.
Armbeuger(m) 120.
Armbrust(f) 793, 793.
Armdecken(f), große 110.
Armdecken(f), kleine 110.

Die Bezeichnungen der Illustrationen sind **fettgedruckt**.

Armdecken(f), mittlere 110.
Ärmel(m) 318, 322.
Ärmel(m), angeschnittener 339.
Ärmel(m), eingesetzter 324, 326.
Ärmelarten(f) 339, 340.
Ärmelaufschlag(m) 667.
Ärmellasche(f) 319.
Ärmelpuff(m) 318.
Ärmelschlitz(m) 324, 339.
Armgeflecht(n) 133.
Armhaltung(f) 625.
Armhebel(m) 668.
Armkachel(f) 792.
Armlehne(f) 220.
Armlehnstuhl(m) 220.
Armlehnstühle(m) 220.
Armpolster(n) 609.
Armreif(m) 364.
Armschutz(m) 684.
Armschützer(m) 602.
Armschwingen(f) 110.
Armstrecker(m), dreiköpfiger 121.
Armstrecker(m), zweiköpfiger 120.
Armstütze(f) 220, 428, 429, 727.
Arpeggio(n) 539.
Arterien(f) 126.
Artischocke(f) 69.
Arzt(m) 669.
Asche(f) 386.
Asche(f), vulkanische 25.
Aschenbecher(m) 386.
Ascheschicht(f) 25.
Asien(n) 21.
Asphalt(m) 745.
Asphalt-Destillationsanlage(f) 745.
Asphaltschindel(f) 286.
Aspirin(n) 725.
Ass(n) 695.
Ast(m) 58.
Ast(m) 59, 110.
Äste(m) 59.
Asteroidengürtel(m) 4.
Asthenosphäre(f) 22.
Astragal(m) 167.
Astschere(f) 269.
Atemloch(n) 83.
Atemlöcher(n) 792.
Atemluftzufuhrschlauch(m) 777.
Atemschutz(m) 730.
Atemschutz(m) 821.
Atemschutzmaske(f), leichte 730.
Atemschutzsystem(n), geschlossenes 777.
Atlantischer Ozean(m) 20.
Atlas(m) 102, 123.
Atlasbindung(f) 576.
Atmosphäre(f) 22, 31.
Atoll(n) 28.
Atrium(n) 170.
ätzend 821.
Aubergine(f) 69.
Aufbereitungsanlage(f) 735.
Aufbewahrungsfach(n) 397.
Aufbewahrungsmöbel(n) 225, 226.
Aufblasteil(n) 627.
Aufblasventil(n) 627.
Aufdruck(m) 350.
Auffahrgleis(n) 465.
Auffahrt(f) 184, 452, 456.
Auffanggefäß(n) 40.
Auffangschüssel(f) 255.
Aufgaberaum(m) 613.
Aufgeber(m) 613, 618.
Aufhängeband(n) 140.
Aufhängefeder(f) 707.
Aufhängeöse(f) 370.
Aufhängepunkt(m) 637.
Aufhänger(m) 326, 397.
Aufhängung(f) 230, 501, 553.
Aufheizer(m) 758.
Auflagetisch(m) 578.
Auflaufförmchen(n) 238.
Auflieger(m) 441.
Auflieger(m) 440.
Auflösungszeichen(n) 538.
Aufnahme-Taste(f) 403.
Aufnahmebecken(n) 764.
Aufnahmeeinstellungstasten(f) 409.
Aufnahmefläche(f) 772.
Aufnahmekammer(f) 717.
Aufnahmelicht(n) 407.
Aufnahmeregler(m) 402.
Aufnahmetaste(f) 411.
Aufnahmezeitanzeige(f) 407.
Aufreißband(n) 384.
Aufreißer(m) 783.
Aufreißerspitze(f) 783.
Aufreißerzahn(m) 783.
Aufreißerzylinder(m) 783.
Aufsatz(m) 248.
Aufsatzstück(n) 536.
Aufschlag(m) 315.
Aufschlag(m) 323.
Aufschlagbereich(m) 617.
Aufschlagbox(f) 617.
Aufschlagboxlinie(f) 617.
Aufschläger(m) 614, 616.
Aufschlagfeld(n) für das Doppelspiel 618.
Aufschlagfeld(n) für das Einzelspiel 618.
Aufschlagfeld(n), linkes 614, 616.
Aufschlagfeld(n), rechtes 614, 616.
Aufschlaglinie(f) 614, 616, 617.
Aufschlaglinie(f), hintere 618.
Aufschlaglinie(f), mittlere 614.
Aufschlaglinie(f), vordere 618.
Aufschlagrichter(m) 614, 618.
Aufschnitt(m) 542.
Aufsetzbacke(f) 684.
Aufsetzen(n) 682.
Aufsetzzonenmarkierungen(f) 505.
Aufsichtsingenieur(in(f))(m) 412, 415.
aufspringender Winkel(m) 178.
Aufsteckbürste(f) 373.
Aufsteckdüse(f) 373.
Aufsteckschuh(m) 393.
Aufstellmaschine(f) 683.
Aufstellpunkt(m) 674, 675.
Aufstellung(f) 683.
Aufstieg(m) 147.
Auftriebsausgleich(m) 627.
Aufwickelkern(m) 403.
Aufzeichnung(f) seismischer Wellen(f) 714.
Aufzeichnungsgerät(n) 40.
Aufzeichnungskassette(f) 420.
Aufzeichnungstaste(f) 420.
Aufzug(m) 15, 188, 190, 736, 764, 811.
Aufzugseil(n) 786.
Aufzugsmechanismus(m) 707.
Aufzugsrad(n) 706.
Augapfel(m) 140.
Augapfel(m) 84.
Auge(n) 140.
Auge(n) 83, 90, 96, 97, 107, 118, 275, 369, 649, 681, 695, 803.
Augen-Make-up(n) 367.
Augenbraue(f) 140.
Augenbrauenpinzette(f) 365.
Augenbrauenstift(m) 367.
Augenkammer(f), hintere 140.
Augenkammer(f), vordere 140.
Augenlid(n) 97.
Augenlid(n), oberes 84, 107.
Augenlid(n), unteres 84, 107.
Augenmuskel(m), äußerer gerader 140.
Augenmuskel(m), medialer gerader 140.
Augenring(m) 109.
Augenringmuskel(m) 120.
Augenschutz(m) 729.
Augenschutz(m) 821.
Augenstreif(m) 109.
Augenträger(m) 83.
Augsproß(m) 105.
Ausatemventil(n) 730.
Ausatmen(n) 622.
Ausbeinmesser(n) 242.
Ausbereich(m) 682.
Ausbruchstätigkeit(f), Vulkan(m) 25.
Ausdehnungsgefäß(n) 208.
Ausdehnungskammer(f) 485, 705.
Ausdehnungsmembran(f) 485.
Ausfahrgleis(n) 465.
Ausfahrt(f) 452.
Ausfahrtsspur(f) 452.
Ausfallpforte(f) 179.
Ausflugloch(n) 82.
Ausflußleitung(f) 738.
Ausführungsgang(m), Schweißdrüse(f) 136.
Ausgabegeräte(n) 527.
Ausgangsmonitor(m) 413, 415.
Ausgangsposition(f) 625.
Ausgangssperre(f) 474.
Ausgußreiniger(m) 299.
Ausklapparretierung(f) 302.
Ausklinkhebel(m) 639.
Auskratzer(m) 385.
Auslaßkanal(m) 437.
Auslaßrohr(n) 742.
Auslaßventil(n) 435, 436, 438.
Auslauf(m) 149, 294, 295.
Auslaufgarnitur(f) 296.
Auslaufleitung(f) 216.
Auslaufrille(f) 404.
Auslaufrohr(n) 161, 747.
Auslaufschütz(m) 492.
Ausleger(m) 632, 782, 785, 786.
Ausleger(m), beweglicher 506.
Auslegerbrücke(f) 454.
Auslegerseil(n) 786.
Auslegerzylinder(m) 782, 785.
Auslinie(f) 606.
Auslöseknopf(m) 375.
Auslösepuppe(f) 541.
Auslöser(m) 391.
Auslöser(m), pneumatischer 393.
Auspuff(m) 147.
Auspuffanlage(f) 439.
Auspuffkanal(m) 436.
Auspuffkrümmer(m) 435, 438, 439.
Auspuffrohr(n) 440, 443, 444, 783, 784.
Auspuffrohr(n), hinteres 439.
Auspuffrohr(n), vorderes 439.
Ausrichtknopf(m) 713.
Ausrichtkopfblockierung(f) 713.
Ausrichtkopfebene(f) 713.
Ausrichtschraube(f) 709, 713.
Ausrufezeichen(n) 832.
Ausrüstung(f) 681.
Ausrüstung(f), technische 415.
Ausrüstungsspind(m) 412, 415.
Aussägen(n) 586.
Ausschalter(m) 272.
Ausschaltrille(f) 404.
Ausscheider(m) 742.
Ausschnitt(m) 565.
Ausschnitt(m), drapierter 343.
Ausschnitt(m), halsnaher 350.
Ausschnitt(m), runder 343.
Ausschnitt(m), viereckiger 343.
Ausschnitte(m) 343.
Außenansicht(f) 712.
Außenansicht(f) eines Hauses(n) 196.
Außenbrett(n) 697.
Außenfeld(n) 597.
Außenfeldspieler(m), linker 597.
Außenfeldspieler(m), mittlerer 597.
Außenfeldspieler(m), rechter 597.
Außenkelch(m) 62.
Außenklüver(m) 481.
Außenknauf(m) 290.
Außenkreis(m) 620.
Außenleuchte(f) 196.
Außenlippe(f) 94.
Außenrohr(n), druckfestes 765.
Außenschicht(f) 596.
Außensichel(f), Große 668.
Außensteckhülse(f) 670.
Außensteg(m) 577.
Außentank(m) 510.
Außentasche(f) 378, 382.
äußere Kuppelhülle(f) 14.
äußerer Hausflur(m) 170.
Aussparung(f) für Magnetköpfe(m) 403.
Ausstattung(f) 581, 582, 583, 589.
Ausstechformen(f) 245.
Ausstellungsregal(n) 522.
Aussteuerung(f), manuelle 403.
Ausstoßen(n) 436, 437.
Ausstreichmesser(n) 585.
Ausströmmantel(m) 753.
Austauschring(m) 14.
Auster(f) 92.
Auster(f) 93.
Austerngabel(f) 240.
Austernmesser(n) 242.
Austernseitling(m) 55.
Australien(n) 21.
Austrittsdüse(f) 501.
Austrittskante(f) 498.
Auswerfer(m) 784.
Auswurf-Taste(f) 403.
Auswurfrohr(n) 162.
Auswurftaste(f) 250.
Auszahlungselement(n), elektrisches 702.
Auszahlungshebel(m) 702.
Auszahlungsschale(f) 702.
Ausziehbein(n) 219.
Ausziehleiter(f) 302.
Ausziehtisch(m) 219.
Auszug(m) 219.
Auto(n) 425, 426, 428, 430, 432, 434, 438.
Auto-Manualumschalter(m) 310.
Autobahn(f) 52, 184, 452.
Autobahnkreuz(n) 450, 452.
Autobahnnummer(f) 52.
Autocoat(m) 330.
Autofocus-Schalter(m) 397.
Autofocus-Umschalter(m) 391.
Autogenschweißen(n) 306.
Autohandschuh(m) 327.
Automat(m) für Umsteigekarten(f) 475.
Autopilot(m) 814.
Autoreverse-Taste(f) 408.
Autotransportwagen(m) 473.
Autowaschanlage(f) 453.
Avocado(f) 68.
Axialrippe(f) 94.
Axialverdichterschaufel(f) 501.
Axis(f) 123.
Axon(n) 135.
Azimutalprojektion(f) 50.
Azimutfeineinstellung(f) 720, 721.
Azimutfesteller(m) 721.
Azimutfeststeller(m) 720.

B

B(n) 538.
Baby-Doll(n) 348.
Bach(m) 676.
Back(f) 495, 497.
Back-Line(f) 620.
Backblech(n) 245.
Backbordflügel(m) 807.
Backbordseite(f) 488, 489, 497.
Backe(f) 106, 280, 376.
Backe(f), bewegliche 279, 282.
Backe(f), feste 279, 282.
Backe(f), gekrümmte 278.
Backe(f), gerade 278.
Backen(f) 276, 280, 281, 311.
Backen(m) 642.
Backenfutter(n) 276, 280, 281.
Backenfutterschlüssel(m) 281.
Backenriemen(m) 649.
Backenzahn(m), erster vorderer 144.
Backenzahn(m), zweiter vorderer 144.
Backenzähne(m), vordere 144.
Backgammon(n) 697.
Backgerät(n) 245.
Backofen(m) 255.
Backofenschalter(m) 255.
Bad(n) 194, 195.
Badeanzug(m) 353.
Badehose(f) 353.
Badekappe(f), blaue 626.
Badekappe(f), weiße 626.
Bademantel(m) 348.
Badetuch(n) 349.
Badewanne(f) 194, 215, 292.
Badezimmer(n) 292.
Badminton(n) 618.
Badmintonplatz(m) 618.
Badmintonschläger(m) 618.
Baggerlöffel(m) 785.
Baggerstiel(m) 782, 785.
Baggerstielzylinder(m) 782, 785.
Baguette(n) 153.
Baguetteform(f) 363.
Bahn(f) 683.
Bahn(f) 275, 621, 655.
Bahne(f) 375.
Bahnende(n) 622.
Bahnenplissee(n) 335.
Bahnenrock(m) 334.
Bahngleise(n) 735.
Bahnhof(m) 462, 464.
Bahnhof(m) 52, 184.
Bahnhofshalle(f) 462.
Bahnmarkierung(f) 656.
Bahnnummer(f) 621.
Bahnseil(n) 621.
Bahnsteig(m) 462, 464, 475, 504.
Bahnsteigkante(f) 462, 475.
Bahnsteigüberdachung(f) 464.
Bahnübergang(m) 828.
Bahnübergang(m) 464.
Bahnübergang(m), schienengleicher 471.
Bahnzeitnehmer(m) 621.
Bailey-Brücke(f) 457.
Bajonettfassung(f) 232.
Bakelitgehäuse(n) 804.
Balalaika(f) 535.
Balancegewicht(n) 404.
Balanceregler(m) 402.
Balg(m) 536, 543.
Balgen(m) 399.
Balgenverschluß(m) 536.
Balken(m) 134, 168, 170, 659, 708.
Balken(m), hinterer 708.
Balken(m), vorderer 708.
Balkenbrücke(f) 454.
Balkenbrücken(f) 454.
Balkenspiralgalaxie(f) 9.
Balkenwaage(f) 708.

DEUTSCHES REGISTER

Die Bezeichnungen der Illustrationen sind **fettgedruckt**.

Ball(m) 598.
Ball(m), blauer 673.
Ball(m), brauner 673.
Ball(m), gelber 673.
Ball(m), grüner 673.
Ball(m), rosa 673.
Ball(m), roter 673.
Ball(m), schwarzer 673.
Bälle(m). rote 673.
Balleisen(n), gerades 587.
Ballen(m) 104.
Ballerinaschuh(m) 356.
Balljunge(m) 614.
Ballon(m) 634.
Ballonvorhang(m) 229.
Balustrade(f) 194.
Banane(f) 68.
Band(n) 566, 571, 613, 800, 804.
Band(n), erhabenes 577.
Band(n), weißes 618, 619.
Bandage(f) 648, 662, 669.
Bändchen(n) 541.
Bande(f) 608.
Banderole(f) 384.
Bandführung(f) 403.
Bandit(m), einarmiger 702.
Bandring(m) 364.
Bändsel(n) 692.
Bandsortenschalter(m) 403.
Bandsperre(f) 711.
Banjo(n) 535.
Bank(f) 222.
Bank(f) 663, 733.
Bankett(n) 451.
Bankhöhe(f) 733.
Bar(f) 697.
Barbakane(f) 180.
Baren(m) 582.
Bärenhüter(m) 11.
Barhocker(m) 222.
Bärlatsch(m) 792.
Barograph(m) 41.
Barometer(n) 710.
Barometerskalen(f) 710.
Baronstange(f) 545.
Barrenholm(m), hölzerner 661.
Bart(m) 72.
Bartregion(f) 109.
Basalschicht(f) 136.
Basaltschale(f) 22.
Baseball(m) 595, 596.
Baseball(m) im Querschnitt 596.
Basilikum(n) 74.
Basis(f) 166, 410, 656.
Basis(f) der Stuhllehne(f) 220.
Baskenmütze(f) 329.
Basketball(m) 610.
Basketballspiel(n) 610.
Baß-Tonabnehmer(m) 547.
Baßfalle(f) 412.
Baßklarinette(f) 556.
Baßlautsprecher(m) 16.
Baßregister(n) 536.
Baßregler(m) 402.
Baßschlüssel(m) 537.
Baßsteg(m) 540.
Baßtastatur(f) 536.
Baßtrommel(f) 552, 557.
Bast(m) 59.
Bateau-Kragen(m) 343.
Batterie(f) 393, 439.
Batterie(f) 409, 528, 769, 777, 814.
Batterie-Radiator(m) 49.
Batterieauswurfschalter(m) 409.
Batteriekasten(m) 441.
Batterieladekontrolleuchte(f) 431.
Batteriemodule(m) 43.
Bauch(m) 101, 108, 116, 118.
Bauchaorta(f) 126, 132.
Bauchfell(n) 127, 128.
Bauchflosse(f) 86.
Bauchfuß(m) 78.
Bauchgurt(m) 651, 653.
Bauchhöhle(f) 127, 128.
Bauchmuskel(m), äußerer Schräger 120, 121.
Bauchmuskel(m), gerader 120.
Bauchpanzer(m) 96.
Bauchreifen(m) 792.
Bauchschuppe(f) 97.
Bauchspeicheldrüse(f) 131.
Bauer(m) 696.
Bauernbrot(n) 153.
Bauernhof(m) 148.
Baum(m) 59.
Baum(m) 628, 649.
Baum(m), Aufbau(m) 59.
Baum(m), ausfahrbarer 786.
Baumaterialien(n) 286, 288.
Bäume(m) 676.
Baumhippe(f) 269.
Baumsäge(f) 269.
Baumschere(f) 269.
Baumstamm(m) 288.
Baumstamm(m) 288.
Baumstamm(m), Querschnitt(m) 59.
Baumvogel(m) 111.
Bauschärmel(m) 340.
Bauschaumisolierung(f) 287.
Bauschmuskel(m) 121.
Baustelle(f) 826, 827.
Baustile(m) 166.
Bayonett(n), aufgepflanztes 794.
Bayonettanschluß(m) 392.
Becher(m) 238.
Becher(m) 13.
Becken(n) 554.
Becken(n) 216, 552, 557, 752.
Becken(n) für schadhafte Brennelemente(n) 764.
Becken(n), oberes 552.
Becken(n), unteres 552.
Beckengrund(m) 626.
Beckengurt(m) 428.
Beckenseite(f) 752.
bedeckte Säule(f) 37.
Bedeckungsgrad(m) 39.
Bedienblende(f) 257.
Bedienblende(f) 253, 255, 258, 259.
Bedienhebel(m) 787, 788.
Bedienkonsole(f) 779.
Bedienpult(n) 717.
Bedienungselement(n) für Objektbewegung(f) 717.
Bedienungshebel(m) 162.
Bedienungshebel(m) für Verschlußblock(m) 802.
Bedienungskonsole(f) 532.
Bedienungskonsole(f) 532.
Bedienungsschnur(f) 230.
Bedienungstasten(f) 421, 422.
Beere(f), Querschnitt(m) 62.
Beerenarten(f) 62.
Beerenobst(n) 62.
Beete(f), rote 71.
Beetpflug(n) 156.
Beetpflug(n) 154.
Befehlstaste(f) 530.
befestigte Umfassungsmauer(f) 172.
Befestigungsclip(m) 711.
Befestigungshebel(m) 235.
Befestigungsriemen(m) 645, 777.
Befestigungsschiene(f) 718.
Befestigungssystem(n) 661.
Befeuchter(m) 516.
begrenzte Zone(f) 610.
Begrenzungseinsatz(m) 517.
Begrenzungskreis(m) 610.
Begrenzungsleuchte(f) 429, 441.
Begrenzungslinie(f), äußere 616.
Begrenzungslinie(f), rückwärtige 618.
Behälter(m) 40, 162, 250, 304, 511.
Behälter(m) mit Gießer(m) 251.
Behandlung(f), chemische 745.
Beifahrer-Fußraste(f) 444.
Beifahrerfußraste(f) 443.
Beil(n) 690.
Beilagscheibe(f) 278.
Beilagscheibe(f) 294.
Beilagscheiben(f) 278.
Bein(n) 97, 117, 119, 219, 220, 325, 553, 619, 659.
Beinarbeit(f) beim Brustschwimmen(n) 622.
Beinarbeit(f) beim Butterflyschwimmstil(m) 623.
Beinarbeit(f) beim Kraulen(n) 622.
Beinausschnitt(m), elastischer 325.
Beincurler(m) 663.
Beinhaltung(f) 625.
Beinklemme(f) 393.
Beinpolster(n) 609.
Beinröhre(f) 792.
Beinstreckerzug(m) 663.
Beitel(m) 581.
Belederung(f) 632.
Beleuchter(in(f))(m) 412.
Beleuchtung(f) 189, 368, 412, 500.
Beleuchtungsanlage(f) 412, 414.
Beleuchtungskopf(m) 399.
Beleuchtungsspiegel(m) 713.
Belichtungs-Schaltuhr(f) 399.
Belichtungseinstellung(f) 391.
Belichtungskorrekturknopf(m) 391.
Belichtungsmesser(m) 396.
Belichtungsmesser(m) 391.
Belichtungswert(m) 396, 396.
Belichtungszeitskala(f) 396.
Belüftungsgitter(n) 197.
Belüftungsschlitz(m) 257.
Benzin(n) 745.
Benzintankverschluß(m) 444.
Bereichsumschalter(m) 310.
Bereitschaftsanzeige(f) 370, 420.
Berg(m) 27.
Bergehalde(f) 733, 734.
Bergère(f) 220.
Bergfried(m) 181.
Berghang(m) 27.
Bergkette(f) 7.
Bergschrund(m) 26.
Bergsteigen(n) 680.
Bergsteiger(m) 680.
Bergsteigerspaten(m) 680.
Bergsteigerstiefel(m) 680.
Beringmeer(n) 21.
Berme(f) 748.
Bermudashorts(f) 336.
Berthe(f) 342.
Berührung(f) 697.
Besan(m) 480.
Besan-Bramstagsegel(n) 480.
Besan-Stengestagsegel(n) 480.
Besanbaum(m) 478.
Besanmast(m) 478.
Besantoppsegel(n) 480.
Besatzungsunterkünfte(f) 494.
Beschichtung(f) 619.
Beschichtung(f), nichtreflektierende 768.
Beschickungsbereich(m) 764.
Beschickungsmaschine(f) 759, 760, 761, 764.
Beschläge(m) 630.
Beschleunigungsspur(f) 452.
Besen(m) 205.
Bespannung(f) 615, 645, 675.
Besteckkorb(m) 257.
Bestückung(f) 284.
Besucherterrasse(f) 505.
Betonauslauf(m) 741.
Betonblock(m) 286.
Betonmantel(m) 760, 761, 762, 763.
Betonmauer(f) 772.
Betonnte Fahrwasser(n) 488.
Betonnungssystem(n) 488.
Betonsockel(m) 714.
Betriebsanzeigen(f) 410.
Betriebsbremse(f) 468.
Betriebsebene(f) 752.
Betriebseinstellung(f) 408.
Betriebsraum(m) 172, 173.
Bett(n) 224.
Bett(n) mit Matratze(f) 687.
Bettuch(n) 224.
Bettwäsche(f) 224.
Bettwäsche(f) 460.
Beutel(m) 380.
Beutelklammern(f) 515.
Beuteltasche(f) 380, 381.
Bewegungsenergie(f) 755.
BH(m) 346.
Biber(m) 98.
Bidet(n) 292.
Bienenstock(m) 82.
Bienenstock(m) 149.
Bierkrug(m) 237.
Bifokalglas(n) 376.
Bilderwascher(m) 399.
Bildkontrolle(f) 412, 415.
Bildplatte(f) 527.
Bildplattenlaufwerk(n) 527.
Bildregie(f) 412.
Bildröhre(f) 410.
Bildschirm(m) 410, 526, 527.
Bildschirmeinheit(f) 529.
Bildsucher(m) 390, 409, 414.
Bildsucher(m), elektronischer 409.
Bildtechniker(in(f))(m) 412, 415.
Bildträger(m) 589.
Billardqueue(m) 675.
Billardtisch(m) 674.
Billettasche(f) 322.
Billiard(n) 673.
Bimetall-Thermometer(n) 705.
Bimetallfeder(f) 705.
Bimsstein-Korrekturstift(m) 583.
Binde(f), elastische 725.
Bindebogen(m) 539.
Bindegewebe(n) 137.
Bindehaut(f) 140.
Bindeteil(n) 324.
Bindung(f) 633.
Binnenklüver(m) 481.
Binnenraum(m) 179.
Binokularmikroskop(n) 718.
Binsenstengel(m) 389.
Biologie(f) 831.
Biosphäre(f), Struktur(f) 31.
Birne(f) 64.
Birnkernform(f) 363.
Biß(m) 385.
Blank(n) 695.
Blasebalg(m) 687.
Blasebalgtasche(f) 339.
Blasebalgtasche(f) 338.
Blasinstrumente(n) 548, 550.
Blaspfeife(f) 536.
Blatt(n) 56.
Blatt(n) 57, 72, 214, 277, 284, 291, 304, 369, 548, 564, 609, 619, 627, 632, 754.
Blattachsel(f) 56.
Blattader(f) 56.
Blattansatz(m) 56.
Blätter(n) 549.
Blätter(n), einfache 56.
Blätter(n), zusammengesetzte 56.
Blattformen(f) 56, 58.
Blattgemüse(n) 73.
Blattgrund(m) 57.
Blattrand(m) 56.
Blattrand(m) 57.
Blattscheide(f) 56, 70.
Blattschraube(f) 548.
Blattstecher(m) 573.
Blattstiel(m) 56.
Blattstieleinschnitt(m) 61.
blau 819.
Blaulicht(n) 781.
Blaustrahl(m) 410.
Blazer(m) 331, 338.
Blechbläser(m) 550.
Blechverkleidung(f) 204.
Bleigürtel(m) 627.
Bleikopf(m) 542.
Bleikugel(f) 804.
Bleistift(m) 389, 515.
Bleistiftband(n) 229.
Bleistiftspitzer(m) 515, 516.
Blende(f) 255, 258, 259, 383, 390, 396.
Blendeneinsteller(m) 717.
Blendenring(m) 392.
Blendenskala(f) 392, 396.
Blendgläser(n) 484.
Blendrahmen(m) 203.
Blendrahmen(m), oben 203.
Blinddarm(m) 131.
blinder Fleck(m) 140.
Blindschacht(m) 736.
Blinker(m) 672.
Blinkeranzeige(f) 430.
Blinkerkontrolleuchte(f) 445.
Blinkleuchte(f) 429, 442, 443, 444.
Blinklicht(n) 471.
Blinklichtkontrolle(f) 431.
Blitz(m) 36.
Blitzableiter(m) 197, 747, 757.
Blitzbirne(f) 393.
Blitzkontakt(m) 391.
Blitzröhre(f) 393.
Blitzwürfel(m) 393.
Block(m) 656.
Blockdeckel(m) 439.
Blockkasten(m) 439.
Blöße(f) 667.
Blößen(f) 667.
Blumenbeet(n) 263.
Blumenkelle(f) 268.
Blumenkohl(m) 69.
Blumenkrone(f) 60.
Blumenrabatte(f) 263.
Bluse(f), klassische 337.
Blusenarten(f) 337.
Blutdruckmeßgerät(n) 710.
Blüte(f) 57, 61.
Blüte(f), Aufbau(m) 60.
Blütenblatt(n) 60.
Blütenboden(m) 60, 62.
Blütengemüse(n) 69.
Blütenkelch(m) 60.
Blütenknospe(f) 57.
Blütenstände(m) 60.
Blütenstiel(m) 60, 61.
Blutgefäß(n) 136.
Blutgefäße(n) 112.
Blutkreislauf(m) 124, 126.
Blutkreislauf(m), Schema(n) 124.
Bö(f) 39.
Bobschlitten(m) 643.
Bock(m) 586.
Böckchen(n) 553.
Bockkran(m) 746, 747.
Bockmühle(f) 773.
Boden(m) 252, 486, 616, 617, 799.
Boden(m), eingenähter 685, 686.
Boden(m), gewachsener 450.
Boden-Luft-Flugkörper(m) 814.

Boden-Unterwasser-Flugkörper(m) 809, 814.
Bodenablauf(m) 215.
Bodenanlaßgerät(n) 506.
Bodenausrüstung(f) 506.
Bodenbearbeitung(f) 154.
Bodendüse(f) 260.
Bodengesims(n) 800.
Bodenlinie(f) 621.
Bodenplättchen(n) 546.
Bodenplatte(f) 553, 719.
Bodenstöpsel(m) 804.
Bodenstromgerät(n) 506.
Bodyshirt(n) 337.
Bodysuit(m) 345.
Bogen(m) 174, 544, 793.
Bogen(m) 14, 206, 455, 549, 577, 793.
Bogen(m), dreiteiliger 455.
Bogen(m), gelenkloser 455.
Bogen(m), moderner 793.
Bogen(m), zweiteiliger 455.
Bogenansatz(m) 544.
Bogenarm(m) 684.
Bogenarten(f) 455.
Bogenbrücke(f) 455.
Bogenbrücken(f) 455.
Bogenfeld(n) 175.
Bogenformen(f) 174.
Bogengang(m), äußerer 139.
Bogengang(m), hinterer 139.
Bogengang(m), oberer 139.
Bogensäge(f) 690.
Bogenschießen(n) 684.
Bogenschutz(m) 549.
Bogenschütze(m) 684.
Bogensehne(f) 684, 793.
Bogenstaudamm(m) 750.
Bohne(f), grüne 69.
Bohnen(f), dicke 72.
Bohnenkraut(n) 74.
Bohranlage(f) 737.
Bohranlage(f) vor der Meeresküste(f) 740.
Bohren(n) vor der Meeresküste(f) 739.
Bohrer(m) 280.
Bohrerstellung(f) 624.
Bohrfutter(n) 283.
Bohrgestänge(n) 737.
Bohrhammer(m) 734.
Bohrinsel(f) 738.
Bohrkopf(m) 734, 737.
Bohrkörper(m) 281.
Bohrkragen(m) 737.
Bohrmaschine(f), elektrische 280.
Bohrschiff(n) 739.
Bohrschnecke(f) 270.
Bohrstange(f) 734.
Bohrtisch(m) 283.
Bohrturm(m) 737, 738, 740.
Bohrwinde(f) 281.
Bolero(m) 338.
Bollwerk(n) 179.
Bolzen(m) 282, 793.
Bolzenmutter(f) 466.
Bomben(f), vulkanische 25.
Boot(m) 354.
Boot(n) ohne Fahrt(f) 629.
Bordeauxglas(n) 237.
Bördelgerät(n) 299.
Bördelverbindung(f) 300.
Bordinstrumente(n) 635.
Bordkran(m) 811.
Bordküche(f) 498.
Bordstein(m) 186.
Bordunpfeife(f) 536.
Boretsch(m) 74.
Borke(f) 59.
Borste(f) 373, 374.
Borsten(f) 304.
Böschung(f) 193, 451.
Bottich(m) 257.
Bottichrand(m) 258.
Boule(n) und Petanque(n) 682.
Boulekugel(f) 682.
Boulevard(m) 52, 184.
Bowling(n) 683.
Bowlingkugel(f) 683.
Box(f) 373.
Boxen(n) 669.
Boxer(m) 669.
Boxershorts(f) 325.
Boxhandschuhe(m) 669.
Boxtasche(f) 381.
Brachacker(m) 148.
Bramstenge(f) 479.
Brandbekämpfung(f) 777.
Brandungspfeiler(m) 30.
Brandungstor(n) 30.
Bratentopf(m) 249.
Bräter(m) 248.
Bratpfanne(f) 249, 688.
Bratsche(f) 545.
Bratschen(f) 556.
Brauchdampf(m) 767.
Brauenbürstchen(n) 367.
Brause(f) 265.
Brausenkopf(m) 292, 296.
Brauseschlauch(m) 292, 296.
Brecheisen(n) 780.
Brecher(m) 30.
Breitengrad(m) 3.
Breitengrade(m) 47.
Breitengradskala(f) 40.
Breitenkreis(m) 47.
Breithalter(m) 573.
Bremsbacke(f) 432.
Bremsbelag(m) 432.
Bremse(f) 664, 670, 727.
Bremse(f), einstellbare 671.
Bremser(m) 643.
Bremsgriff(m) 447.
Bremshebel(m) 445.
Bremsklappe(f) 638, 812.
Bremsklappenhebel(m) 639.
Bremsklotz(m) 506.
Bremsleine(f) 636.
Bremsleuchte(f) 429.
Bremspedal(n) 430, 444.
Bremssattel(m) 432, 442.
Bremsscheibe(f) 432.
Bremsschlauch(m) 432.
Bremsträger(m) 432.
Bremstrommel(f) 432.
Bremswagen(m) 473.
Bremszug(m) 447.
Brennelement(n) 765.
Brennelement(n) 761, 765.
Brennelemente(n), Abgabeöffnung(f) für verbrauchte 764.
Brennelemente(n), Aufbewahrung(f) schadhafter 764.
Brennelemente(n), Becken(n) für schadhafte 764.
Brennelemente(n), Füllöffnung(f) für neue 764.
Brennelemente(n), Lagerraum(m) für neue 764.
Brennelemente(n), Tonnen(f) mit schadhaften 764.
Brennelementebeschickung(f) 764.
Brennen(n) 585.
Brenner(m) 209, 248, 634, 635, 689.
Brennerhebel(m) 306.
Brennholzstauraum(m) 204.
Brennofen(m), elektrischer 585.
Brennraum(m) 204, 209, 585.
Brennsockel(m) 689.
Brennspiritus(m) 745.
Brennstab(m) 765.
Brennstoff(m) 760, 761, 762, 763, 766.
Brennstoffregelung(f) 501.
Brennstofftablette(f) 765.
Brennstoffventile(n) 500.
Brett(n) 288.
Brett(n) 288, 631.
Brieföffner(m) 515.
Brieftasche(f) 379.
Briefwaage(f) 516.
Brigantine(f) 482.
Brigg(f) 482.
Brillantschliff(m) 363.
Brille(f) 376.
Brille(f), Teile 376.
Brillenarten(f), wichtigste 377.
Brillenetui(n) 379.
Briolettform(f) 363.
Broccoli(m) 69.
Bronchie(f), rechte 130.
Brosche(f) 364.
Brot(n) 153.
Brothalter(m) 252.
Brotmesser(n) 242.
Bruchstein(m) 286.
Brücke(f) 52, 134, 230, 491, 650, 719, 810.
Brücke(n) 376.
Brücken(f), bewegliche 457.
Brücken(f), starre 454, 456.
Brunnen(m) für rituelle Waschungen(f) 172, 173.
Brunnenkresse(f) 73.
Brust(f) 129.
Brust(f) 100, 108, 116, 118.
Brustbaum(m) 572.
Brustbein(n) 102, 122.
Brustbeine(n) 90.
Brustdrüse(f) 129.
Brustflosse(f) 86.
Brustkopf(m) 281.
Brustkorb(m) 116, 118.
Brustleistentasche(f) 322.
Brustmuskel(m), großer 120.
Brustriemen(m) 653.
Brustschutz(m) 595, 602, 684.
Brustschwimmen(n) 622.
Bruststück(n) 792.
Brusttasche(f) 320, 324.
Brüstungsriegel(m) 198.
Brustwarze(f) 116, 118, 129.
Brustwehr(f) 179.
Brustwirbel(m) 102.
Brustwirbel(m)(12) 123.
Brutraum(m) 82.
Brutzwiebel(f) 70.
Bube(m) 695.
Bubikragen(m) 341.
Buch(n), gebundenes 577.
Bücherstütze(f) 517.
Buchrücken(m) 579.
Buchrückenbearbeitung(f) 579.
Buchrückenpresse(f) 579.
Buchse(f) 400.
Buchsenhalter(m) 309.
Büchsenöffner(m) 244.
Bucht(f) 7, 51.
Buchweizen(m) 152.
Büfett(n) 227.
Bug(m) 497, 498, 628, 631.
Bügel(m) 281, 376, 406, 544, 649, 793.
Bügel(m), verstellbarer 277.
Bügelanschlag(m) 376.
Bügelbug(m) 376.
Bügelende(n) 376.
Bügelfalte(f) 323.
Bügelhebel(m) 798.
Bügelheck(n) 256.
Bügelhorn(n) 550.
bügeln 829.
Bügeln(n) 829.
Bügelriemen(m) 649.
Bügelsäge(f) 277, 299.
Bügelsohle(f) 256.
Bügelspannmechanismus(m) 671.
Bügeltritt(m) 470.
Bugfahrwerk(n) 498, 813.
Bugladeklappe(f) 494.
Bugleuchten(f) 429.
Bugspriet(m) 479.
Bugstrahler(m) 497.
Bugtür(f) 493.
Bugwulst(f) 497.
Bühne(f) 189.
Bühne(f) 188.
Bull's eye(n) 698.
Bull(m), äußerer 698.
Bullauge(n) 496.
Bulldozer(m) 733.
Bund(m) 320, 546, 547.
Bund(m) mit Druckknöpfen(m) 350.
Bund(m), elastischer 321.
Bund(n) 72.
Bundbalken(m) 199.
Bündchen(n) 325.
Bündel(n) 756.
Bundesstaat(m) 51.
Bundverlängerung(f) 323.
Bunker(m) 676.
Bunkeröl(n) 745.
Bunting(n) 817.
Buntstifte(m) 588.
Burg(f) 180.
Burg(f) 180.
Bürgersteig(m) 186.
Burggraben(m) 181.
Burghof(m) 180.
Burgunderglas(n) 237.
Büro(n) 462.
Büro(n), automatisiertes 526.
Bürodrehstuhl(m) 521.
Bürogebäude(n) 190.
Bürogebäude(n) 185, 491.
Bürohochhaus(n) 184.
Büroklammern(f) 515.
Büromöbel(n) 520, 522.
Büroturm(m) 190.
Bürstchen(n) für Webeffekt(m) 568.
Bürste(f) 260, 373.
Bürste(f) mit Stangen(f) 647.
Bürste(f) mit Stangen(f) 646.
Bürzel(m) 109.
Bus(m) 190.
Bushaltestelle(f) 186.
Busmodul(n) 49.
Büstenhalter(m), trägerloser 346.
Büstenschale(f) 346.
butangasbetriebene Geräte(n) 689.
Butangastank(m) 386.
Butterdose(f) 238.
Butterfach(n) 254.
Butterfly(m) 663.
Butterflyschwimmstil(m) 623.
Butterflywende(f) 623.
Buttermesser(n) 239.
Butterroller(m) 242.
Button-down-Kragen(m) 324.

C

c 537.
Caban(m) 330.
Cabochonschliff(m) 363.
Cabriole-Bein(n) 220.
Cafeteria(f) 822.
Callisto(m) 4.
Camisol(n) 345.
Camping(n) 685, 686, 690.
Campingausrüstung(f) 688, 690.
Cancer 820.
Candlepin(m) 683.
Cañon(m), untermeerischer 29.
Cape(n) 331.
Capricornus 820.
Caprihose(f) 336.
Caraco(m) 316.
Carapax(m) 91.
Carré(n) 700, 701.
Cashewkern(m) 66.
Cassiopeia(f) 11.
CD-Fach(n) 405.
CD-Lesegerät(n) 527.
CD-ROM-Laufwerk(n) 526.
CD-Spieler(m) 405.
CD-Spieler(m) 400, 407, 408.
CD-Tasten(f) 408.
Cedille(f) 832.
Cello(n) 545.
Cellos(n) 557.
Celsiusskala(f) 705.
Cent(m) 832.
Centre(m) 603, 605.
Centre(m), linker 606.
Centre(m), rechter 606.
Chamäleon(n) 13.
Chantilly-Parkett(n) 200.
Charlestonmaschine(f) 552.
Charon(m) 5.
Chaton(m) 364.
Check-in-Schalter(m) 504.
Checkliste(f) 512.
Chefschreibtisch(m) 520.
Chemie(f) 831.
Chemischer Ofen(m) 13.
Cheval(n) 700, 701.
Cheval(n), zwei Kolonnen(f) 700.
Chicorée(m/f) 73.
Chiffoniere(f) 226.
Chinakohl(m) 73.
Chinesenkragen(m) 342.
Chinesisches Meer(n) 21.
Chirimoya(f) 68.
chloren 829.
Chloroplast(m) 115.
Chokerkette(f) 361.
Chor(m) 177.
Chorhaupt(n) 177.
Chorscheitelkapelle(f) 177.
Chorumgang(m) 177.
Chromatin(n) 115.
Chromosphäre(f) 6.
Cine-Skala(f) 396.
City(f) 184.
Climber(m) 664.
Clip(m) 389.
Clubsessel(m) 221.
Coach-Box(f) 597.
Cockpit(n) 500, 639.
Cockpit(n) 498, 510, 628.
Cocktailbar(f) 227.
Cocktailglas(n) 237.
Code-Taste(f) 524.
Coeur-Dekolleté(n) 343.
Collegering(m) 364.
Compact Disc(f) 405.
Compact Disc(f) 408.
Compluvium(n) 170, 171.
Compound-Bogen(m) 684.
Computerbildschirm(m) 512.
Computerraum(m) 807.
Computertisch(m) 521.
Concorde(f) 19.
Condylus(m) femoris lateralis 123.
Condylus(m) femoris medialis 123.
Container(m) 470.
Container(m) 495.

Die Bezeichnungen der Illustrationen sind **fettgedruckt**.

Containerbrücke(f) 490.
Containerflachwagen(m) 473.
Containerlaschsystem(n) 495.
Containerschiff(n) 494.
Containerschiff(n) 490.
Containerterminal(m) 491.
Cool tip(m) 370.
Copyright(n) 831.
Cornerback(m), linker 603, 605.
Cornerback(m), rechter 603, 605.
Corona(f) radiata 128.
Costalschild(m) 97.
Cotardie(f) 316.
Cottage(n) 187.
Coudé-Okular(n) 721.
Coupé(n) 425.
Cowper-Drüse(f) 127.
Crêpe-Pfanne(f) 249.
Cricket(n) 598.
Cricketball(m) 598.
Cricketschuh(m) 598.
Cricketspieler(m) 598.
Crochetwinkel(m) 322, 341.
Croissant(n) 153.
Cubiculum(n) 170.
Curling(n) 620.
Curlingbesen(m) 620.
Curlingstein(m) 620.
Curlingstein(m) 620.
Curryklemme(f) 630.
Curryklemme(f) 630.

D

d 537.
Dach(n) 82, 171, 197, 205, 427, 470, 733.
Dach(n) mit Firstlaterne(f) 182.
Dachbodenklappleiter(f) 303.
Dachentlüfter(m) 215.
Dächer 182.
Dachfenster(n) 194, 197.
Dachluke(f) 449.
Dachrestaurant(n) 185.
Dachrinne(f) 197.
Dachstuhl(m) 199.
Dachziegel(m) 286.
Dackelohrkragen(m) 341.
Dame(f) 695.
Dame(f) 696.
Damenflanke(f) 696.
Damenkleidung(f) 330, 332, 334, 336, 338, 340, 342, 344, 346, 348.
Damm(m) 543, 746.
Dammbrust(f) 748.
Dammkragen(m) 750.
Dammkrone(f) 746, 748, 749.
Dammsockel(m) 748.
Dampf(m) 767.
Dampfauslaß(m) 760, 761, 762, 763.
Dampfbügeleisen(n) 256.
Dampfdruck(m) 767.
Dämpfer(m) 541, 551, 616.
Dämpferarm(m) 541.
Dämpferpralleiste(f) 541.
Dampfgenerator(m) 759, 761, 762, 766, 767, 771, 806.
Dampfgeneratorraum(m), Kühler(m) für 759.
Dampfkochtopf(m) 248.
Dämpfung(f), magnetische 708.
dänisches Roggenbrot(n) 153.
Darm(m) 88, 92, 97, 124.
Darmbein(n) 103, 122.
Dartscheibe(f) 698.
Dartspiel(n) 698.
Datenanfang(m) 405.
Datenbus(m) 528, 531.
Datendisplay(n) 421.
Dateneingabe(f) 555.
Datenmonitor(m) 391.
Datensichtgerät(n) 421, 422.
Datenspeicherung(f) 717.
Datenverarbeitung(f) 722.
Datierungsnagel(f) 466.
Dattel(f) 63.
Datumstempel(m) 516.
Daumen(m) 112, 137, 327, 596.
Daumenauflage(f) 549.
Daumenfittich(m) 110.
Daumenring(m) 550.
Daumenteil(m) 726.
Daunendecke(f) 224.
Davit(m) 478.
Dechsel(f) 587.
Deckblatt(n) 66, 384.
Deckblatt(n), äußeres 70.
Deckbrücke(f) 455.
Decke(f) 205, 224, 450, 616, 617.
Deckel(m) 247, 248, 251, 252, 253, 256, 258, 295, 386, 398, 585, 590, 719, 796.
Deckelbügel(m) 585.
Deckelhalter(m), magnetischer 256.
Deckelknopf(m) 250.
Deckenbalken(m) 198, 199, 200.
Deckendurchführung(f) 205.
Deckendurchlaß(m) 207.
Deckenleuchte(f) 236.
Deckenträger(m) 230.
Deckenventilator(m) 214.
Deckfeder(f) 108.
Deckleiste(f) 203.
Deckung(f), linke 610.
Deckung(f), rechte 610.
Defensive-End(m), linker 603, 605.
Defensive-End(m), rechter 603, 605.
Defensive-Tackle(m), linker 603, 605.
Defensive-Tackle(m), rechter 603, 605.
Deflektor(m) 210.
Degen(m) 666.
Degenfechter(m) 667.
Dehnungsfuge(f) 466.
Deichkrone(f) 752.
Deimos(m) 4.
Deklination(f) 3.
Deklinationsachse(f) 14, 720, 721.
Dekolletés(n) 343.
Dekorationen(f) 228.
Dekorationsaufzug(m) 188.
Delle(f) 677.
Delphin(m) 11.
Deltaflügel(m) 499.
Deltamuskel(m) 120.
Dendrit(m) 135.
Dendrit(m), räumlicher 36.
Denkmal(n) 52.
Dessertgabel(f) 240.
Dessertlöffel(m) 241.
Dessertmesser(n) 239.
Deutsche Mark(f) 832.
deutsches Roggenbrot(n) 153.
Dezimal-Tabuliertaste(f) 524.
Dia(n) 397.
Dia(n) 397.
Diagonalreifen(m) 433.
Diagonalstrebe(f) 756.
Diamagazin(n) 397.
Diamant(m) 362.
Diapositiv(n) 397.
Diaprojektor(m) 397.
Diarähmchen(n) 397.
Diawahl(f) 397.
Diawechsel(m) 397.
Dichtemesser(m) 439.
Dichtring(m) 741.
Dichtung(f) 294, 295, 300.
Dichtung(f), magnetische 254.
Dichtungsmutter(f) 294.
Dichtungsring(m) 257.
Dichtungsschleier(m) 748, 749.
Dichtverschluß(m) 689.
Dickdarm(m) 131.
Dickdarm(m), absteigender 131.
Dickdarm(m), aufsteigender 131.
Dickdarm(m), querverlaufender 131.
Dickemessung(f) 711.
Diechling(m) 792.
Diele(f) 194, 200.
Dieselkraftstoff(m) 745.
Dieselmotor(m) 437.
Dieselmotor(m) 469, 493, 495, 782, 783, 785.
Dieselmotoren(m) 809.
Dieselmotorlüfter(m) 468.
Dieseltriebwerk(n) 492.
Diffusionskalotte(f) 396.
Diffusoren(m) 501.
Digitalanzeige(f) 310, 709, 710.
Digitalisierungsunterlage(f) 526.
Digitaluhr(f) 706.
Dill(m) 74.
Dimmerschalter(m) 309.
Diode(f) 391, 769.
Dioxid(n) 33.
Dirigent(in(f))(m) 556.
Dirndl-BH(m) 347.
Disc-Kamera(f) 395.
Diskantregister(n) 536.
Diskantsteg(m) 540.
Diskanttastatur(f) 536.
Diskette(f) 526, 529.
Diskettenalufwerk(n), Anschluß(m) für 528.
Diskettenlaufwerk(n) 526, 528, 555.
Diskus(m) 658.
Diskuswerfen(n) 654.
Display(n) 396, 409, 411, 420, 422.
Displayanzeige(f) 500.
Displaybeleuchtungstaste(f) 396.
Displayeinstellung(f) 420.
Distanzstück(n) 765.
Division(f) 830.
Divisionstaste(f) 523.
Dock(n) 490.
Dokumente(n) 421.
Dokumentenablage(f) 517.
Dokumentenmappe(f) 519.
Dolch(m) 794.
Dolde(f) 60.
Doldentraube(f) 60.
Doline(f) 24.
Dollar(m) 832.
Dolle(f) 632.
Dom(m) 176.
Dom(m), gotischer 176.
Dom(m), Grundriß(m) 177.
Domino(n) 695.
Doppel-B(n) 538.
Doppel-Null-Taste(f) 523.
Doppelblank(n) 695.
Doppelblatt(n) 549.
Doppelbogen(m) 301.
Doppeldeck-Flachpalette(f) 787.
Doppelhaus(n) 187.
Doppelklappbrücke(f) 457.
Doppelkombination(f) 646.
Doppelkreuz(n) 538.
Doppelkurve(f) 826, 827.
Doppelmanschette(f) 339.
Doppeloxer(m) 647.
Doppelpunkt(m) 832.
Doppelringschlüssel(m) 279.
Doppelschlag(m) 538.
Doppelsitz(m) 443, 477.
Doppelspiel(n) 614, 618.
Doppelstander(m) 817.
Doppelstander(m) mit Zunge(f) 817.
doppelt gesägt 56.
Doppelverglasung(f) 772.
Doppelwimpel(m) 817.
Doppelxer(m) 646.
Dopplerwürfel(m) 697.
dorische Säulenordnung(f) 167.
Dorn(m) 323, 385, 566, 573, 575, 681.
Dornablage(f) 516.
Dornfortsatz(m) 135.
Dose(f) 398.
Dosenöffner(m) 256.
Dosenöffner(m) 688.
Dosierteller(m) 162.
Dotterhaut(n) 109.
Double zero(n) 700.
Double(m) 698.
Double-zero(n) 700.
Doublette(f) 695.
Douglasscher Raum(m) 128.
Douze dernier(n)(25 bis 36) 700, 701.
Douze milieu(n)(13 bis 24) 700, 701.
Douze premier(n)(1 bis 12) 700, 701.
Drache(m) 11.
Drachenfliegen(n) 637.
Drachme(f) 832.
Draggen(m) 483.
Draht(m) 663, 714.
Drahtauslöser(m) 393.
Drahtbesen(m) 250.
Drahtbürste(f) 368.
Drahtschlinge(f) 681.
Drahtschneider(m) 311.
Drahtzug(m) 467.
Drainage-Decke(f) 748.
Drainage-Schicht(f) 748.
Draufsicht(f) 171, 444.
Drehanschlußleitung(f) 370.
Drehbohrverfahren(f) 737.
Drehbrücke(f) 457.
Drehdüse(f) 264.
Drehen(n) 584.
Drehflügel(m) nach außen 203.
Drehflügel(m) nach innen 203.
Drehflügeltür(f) 202.
Drehflügeltür(f) 195.
Drehgestell(n) 476.
Drehgestell(n) 458, 468.
Drehgestell-Rahmen(m) 468.
Drehgestellflachwagen(m) 473.
Drehgestellkastenwagen(m) 470, 472.
Drehgriff(m) 281.
Drehkartei(f) 516.
Drehknopf(m) 670, 671, 737.
Drehkranz(m) 457, 702, 785.
Drehkreuz(n) 581, 701.
Drehkuppel(f) 14.
Drehleiterfahrzeug(n) 780.
Drehmomentwandler(m) 258.
Drehscheibe(f) 584.
Drehscheibe(f) 250, 701, 712, 780.
Drehschiene(f) 584.
Drehschiene(f) 14.
Drehschwengel(m) 793.
Drehsessel(m) 520.
Drehspiegel(m) 368.
Drehstromgenerator(m) 771.
Drehteller(m) 584.
Drehtisch(m) 737.
Drehwalze(f) 714.
Drehzahl-Einstellung(f) 404.
Drehzahlmesser(m) 431, 445.
Drehzapfen(m) 311.
Drei-Zehenhuf(m) 99.
Dreieck(n) 674.
Dreieck(n) 11.
Dreieckfenster(n) 427.
Dreiecksgruppe(f) 139.
Dreiecktuch(n) 725.
Dreifachkombination(f) 646.
Dreifachleitwerk(n) 498.
Dreifuß(m) 539.
Dreifußständer(m) 552.
Dreipaß(m) 175.
Dreipunktbock(m) 156.
Dreispitz(m) 318.
Dreisprung(m) 654.
DreivierteIarm(m) 339.
Dreivierteltakt(m) 537.
Dreivierteltasche(f) 381.
dreizählig 56.
Dreschkorb(m) 161.
Dreschtrommel(f) 160.
Dreschwerk(n) 161.
Drilling(m) 695.
Drillingshaken(m) 672.
Drillmaschine(f) 158.
Drillmaschine(f) 154.
Drillschraubenzieher(m) 276.
dritter Rang(m) 189.
Dritter(m) 620.
Drohne(f) 81.
Drosselvene(f), äußere 126.
Drosselvene(f), innere 126.
Druck(m) 580.
Druckabzug(m) 304.
Druckanzeiger(m) 627.
Druckbleistift(m) 389, 515.
Druckbogen(m) 581.
Druckeinsteller(m) 561.
Drucken(n) 580.
Drucker(m) 421.
Drücker(m) 397, 550.
Druckeranschluß(m) 528.
Drückerschalter(m) 268.
Druckerteil(n) 523.
Druckertisch(m) 521.
Druckerzeuger(m) 761.
Druckgasförderanlage(f) 738.
Druckkammer(f) 763.
Druckkessel(m) 762.
Druckknopf(m) 566.
Druckknopf(m) 290, 321, 327, 389, 542, 666.
Druckknopfleiste(f) 321, 350.
Druckkopf(m) 531.
Druckkopfantrieb(m) 531.
Drucklager(n) 753.
Druckluft(f) 453.
Druckluft-Bohrknecht(m) 734.
Druckluftflasche(f) 627, 777.
Druckmechanik(f) 389.
Druckmesser(m) 740.
Druckmeßgerät(n) 710.
Druckmessung(f) 710.
Druckminderer(m) 627.
Druckmotiv(n) 350.
Druckregler(m) 306.
Druckregler(m) 306, 373, 777.
Druckregulierung(f) 627.
Druckrohr(n) 389.
Druckrolle(f) 158.
Druckschalter(m) 284.
Druckstab(m) 291.
Drückstange(f) 663.
Drucksteg(m) 540.
Drucktaste 250.
Drucktaste(f) 257.
Drucktendenz(f) 38.
Drucktisch(m) 581, 583.
Druckventil(n) 735.
Druckverschluß(m) 379.
Druckverstärkerpumpanlage(f) 740.
Druckwasser(n) 761, 762.
Druckwasser(n) 755.
Druckwasserreaktor(m) 762.
Druckzahnrädchen(n) 256.
Duckpin(m) 683.
Dudelsack(m) 536.

Dufflecoat(m) 320.
Düne(f) 30.
Düne(f), komplexe 46.
Dünenzug(m) 46.
Düngemittel(n) 32.
Düngen(n) 156.
Düngen(n) des Bodens(m) 154.
Düngerstreuer(m) 270.
Dungstreuer(m) 156.
Dungstreuer(m) 154.
dunkles Roggenbrot(n) 153.
Dünndarm(m) 131.
Dunst(m) 37, 39.
Dunstabzugshaube(f) 255.
Duo(n) 558.
Durchflußrohr(n) 768.
Durchführung(f) 757.
Durchgangsprüfer(m) 310.
Durchgangstülle(f) 312.
Durchgrifftasche(f) 331.
Durchladegriff(m) 796.
Durchlaufträger(m) 454.
Durchschlag(m) 243.
Durchschnitt(m) 830.
Durchziehschnur(f) 320.
Durchzug(m) 229.
Durchzugsöffnung(f) 209.
Dusche(f) 194.
Duschkabine(f) 292.
Düse(f) 209, 264, 291, 304, 306, 509, 510, 590, 812.
Düsen(f) 245.
Düsenflugzeugbenzin(n) 745.
Düsenkappe(f) 590.
Düsenreiniger(m) 307.
Düsenstrahlablenkfläche(f) 810.
Düsentriebwerke(n) 811.
Duty-free-Shop(m) 505.
Dynamo(m) 446.

E

e 537.
Ebene(f) 51.
ebener Spiegel(m) 14.
Echinus(m) 167.
Echo(n) 722.
Echolot(n) 485.
echter Reizker(m) 55.
Eckballfahne(f) 601.
Eckbeschlag(m) 470.
Eckbogen(m) 601.
Ecke(f) 577, 608, 669.
Eckfahne(f) 607.
Eckhocker(m) 669.
Eckholz(n) 682.
Eckpfosten(m) 198.
Eckpolster(n) 669.
Eckrohrzange(f) 278.
Ecksäule(f) 470.
Eckschrank(m) 227.
Eckstrebe(f) 104.
Eckstück(n) 383.
Eckturm(m) 180.
Eckzahn(m) 98, 144.
Eckzähne(m) eines Walrosses(n) 99.
Edelgas(n) 232, 233.
Edelsteine(m) 362, 363.
Editsearch-Tasten(f) 409.
Effiliermesser(n) 369.
Effilierschere(f) 369.
Eggen(n) des Bodens(m) 154, 157.
Ehering(m) 364.
Ei(n) 109, 128.
Ei(n) 82.
Eichel(f) 127.
Eidechse(f) 11.
Eier(n) 84, 89.
Eierfach(n) 254.
Eierschneider(m) 246.
Eierstock(m) 128, 129.
Eieruhr(f) 244.
eiförmig 56.
Eigelb(n) 109.
Eigentumswohnungen(f) 187.
Eileiter(m) 128.
Eileiterampulle(f) 129.
Eileiterenge(f) 129.
Eileitertrichter(m) 129.
Ein- und Auslaufschütz(m) 492.
Ein-/Ausschalter(m) 216, 234, 247, 256, 260, 305, 368, 370, 373, 374, 391, 396, 397, 406, 485.
Ein-Zehenhuf(m) 99.
Ein/Aus 408.
Ein/Aus/Lautstärke(f) 408.
Einatemventil(n) 730.
Einatmen(n) 622.
Einbahnstraße(f) 824, 825.
Einbandleder(n) 579.
Einbauwaschtisch(m) 292.
Einbinden(n) 579.
Einblicklupe(f) 717.
Einbuchtung(f), vordere 139.
Einer(m) 632.
Einfachdeck-Flachpalette(f) 787.
einfache Falte(f) 323.
Einfädler(m) 563.
Einfahrgleis(n) 465.
Einfahröffnung(f) 787.
Einfahrt(f) 452.
Einfamilienhaus(n) 187.
Einfaßband(n) 328.
Einfassung(f) 263, 354.
Einfassung(f), seitliche 204.
Einfeldbrücke(f) 454.
Einflugloch(n) 82.
Einfüllöffnung(f) 256.
Einfüllschacht(m) 251.
Einfüllschlacht(m) 251.
Einfüllstutzen(m) 271, 741.
Eingabe-Löschtaste(f) 523.
Eingabegeräte(n) 526.
Eingabetaste(f) 530.
Eingang(m) 173, 474, 685, 686.
Eingangsbereich(m) 415.
Eingangsbuchse(f) 310.
Eingangshalle(f) 190, 504.
Eingangsmonitore(m) 413.
Eingangsschalter(m) 402.
Eingangssperre(f) 474.
eingeschnittenes Satteldach(n) 183.
Eingeweideschlagader(f) 124, 132.
Einhand-Mischbatterie(f) 296.
Einhand-Rohrzange(f) 299.
Einhängefeld(n) 454.
Einhängeleiter(f) 303.
Einheit(f), mobile 416.
Einkaufstasche(f) 381.
Einlage(f) 384, 544, 546, 565.
Einlaßkanal(m) 437.
Einlaßtor(n) 753.
Einlaßventil(n) 434, 436.
Einlaufkanal(m) 493.
Einlaufrille(f) 404.
Einlaufsteuerring(m) 753.
Einlegesohle(f) 358.
Einmündung(f) 824.
Einpersonenzelt(n) 686.
Einreiher(m) 322.
Einreißhaken(m) 780.
Einsägen(n) 578.
Einsatz(m) 382, 383, 735.
Einschalter(m) 259.
Einschalttaste(f) 420.
Einschnitt(m), oberer seitlicher 61.
Einschnitt(m), unterer seitlicher 61.
Einspangenschuh(m) 356.
Einspritzdüse(f) 434, 437.
Einspritzung(f) 437.
Einstechhebel(m) 256.
Einsteckschloß(n) 290.
Einstecktuch(n) 322.
Einsteigegriff(m) 477.
Einsteigestation(f) 503.
Einsteigetreppe(f) 508.
Einstellanzeige(f) 641.
Einstellhebel(m) 158.
Einstellkerbe(f) 641.
Einstellrad(n) 428.
Einstellspanner(m) 645.
Einstelltasten(f) 531.
Einstellung(f) 406.
Einstellung(f), hohe 829.
Einstellung(f), horizontale 529.
Einstellung(f), mittlere 829.
Einstellung(f), niedrige 829.
Einstellung(f), vertikale 529.
Einstellungen(f) löschen 532.
Einstellungsposition(f) zur Sonne(f) 419.
Einstellventil(n) 304.
Einstichkasten(m) 657.
Einstieg(m) 627.
Einstiegschacht(m) 736.
Einstiegsloch(n) 24.
Einstiegsluke(f) 510.
Einstiegstür(f) 461, 477.
Eintauchmoment(m) 625.
Eintauchstellungen(f) 624.
Einteilung(f) 378.
Eintrittskante(f) 499.
Einwärtsdreher(m), runder 120.
Einweg-Brennstoffflasche(f) 307.
Einwegbrennstoffflasche(f) 299.
Einwegkamera(f) 394.
Einwegrasierer(m) 374.
Einzel-Spielfeld(n), internationales 616.
Einzelgefahrenzeichen(n) 489.
Einzelsitz(m) 477.
Einzelspiel(n) 614, 618.
Einziehdraht(m) 311.
Einzugsschnecke(f) 160.
Einzugswalze(f) 162.
Einzugtaste(f) 524.
Eipochierer(m) 249.
Eis(n) 34.
Eisautomat(m) 453.
Eisbahn(f) 620.
Eisbehälter(m) 251.
Eisen(n) 678.
Eisen(n) 3 678.
Eisen(n) 4 678.
Eisen(n) 5 678.
Eisen(n) 6 678.
Eisen(n) 7 678.
Eisen(n) 8 678.
Eisen(n) 9 678.
Eisen(n) mit zwei schrägen Seiten(f) 587.
Eisen(n), gebogenes 587.
Eisen(n), gerades 587.
Eisenbahn(f) 52, 184.
Eisenbahn-Oberbau(m) 466.
Eisenschläger(m) 677.
Eisenträger(m) 463.
eiserner Vorhang(m) 188.
Eisfeld(n) 620.
Eisfläche(f) 608.
Eishaken(m) 680.
Eishockey(n) 608.
Eishockeyschläger(m) 609.
Eishockeyschlittschuh(m) 644.
Eishockeyspieler(m) 609.
Eishutfeh(n) 819.
Eiskappe(f) 45.
Eiskörnchen(n) 37.
Eiskunstlaufstiefel(m) 644.
Eislaufen(n) 644.
Eismaschine(f) 251.
Eispickel(m) 681.
Eispickel(m) 680.
Eisportionierer(m) 246.
Eisregen(m) 39.
Eisschraube(f) 680.
Eisschraube(f), hohle 681.
Eissproß(m) 105.
Eiswürfelschale(f) 254.
Eiweiß(n) 109.
Ekliptik(f) 3, 419.
elastische Schürze(f) 493.
Elch(m) 105.
Elefant(m), Stoßzähne(f) 99.
elektrische Heckenschere(f) 268.
elektrische Schreibmaschine(f) 524.
Elektrizität(f) 309, 310, 312, 746, 748, 750, 752, 754, 756.
Elektrizität(f) 755.
Elektrizitätsraum(m) 806.
Elektrode(f) 232, 305.
Elektrodenhalter(m) 305.
Elektrodenkabel(n) 305.
Elektroelement(n) 585.
Elektroflorett(n) 666.
Elektroherd(m) 255.
Elektroinstallateurwerkzeuge(n) 310, 311.
Elektrokonvektor(m) 210.
Elektromotor(m) 209, 268, 271, 438.
Elektronenblitz(m) 393.
Elektronenkanone(f) 410.
Elektronenkanone(f) 410, 717.
Elektronenmikroskop(n) 717.
Elektronenstrahl(m) 410, 717.
Elektronenstrahljustierung(f) 717.
Elektrorasierer(m) 374.
Elektroschweißen(n) 305.
Elektrovariometer(n) 639.
Elektroweste(f) 667.
Element(n) 830.
Elfmeterpunkt(m) 601.
Ellbogen(m) 100, 106, 112, 117, 119.
Ellbogenhöcker(m) 102.
Ellbogenpolster(n) 602, 609.
Elle(f) 102, 122.
Ellenbogenkandare(f) 650.
Ellennerv(m) 133.
Ellenseite(f), Handbeuger(m) 120, 121.
Ellenseite(f), Handstrecker(m) 121.
elliptische Galaxie(f) 9.
Elsaßglas(n) 237.
Elternschlafzimmer(n) 194.
Emaillierung(f) 297.
Emblem(n) 817.
Embryonalgewinde(n) 94.
Empfänger(m) 15.
Empfängerstation(f) 722.
Empfangsantenne(f) 418.
Empfangsauge(n) 410.
Empfangsgleise(n) 465.
Empfangshalle(f) 172, 173.
Empfangsteil(n) 408.
en prison 700, 701.
Endableitung(f) 757.
Endaufzweigung(f) 135.
Endbande(f) 674.
Endbronchiole(f) 130.
Ende(n) 641, 642, 643.
Ende(n), hinteres 95, 277.
Ende(n), vorderes 95.
Endfaden(m) 134.
Endglied(n) 123.
Endivie(f), glatte 73.
Endivie(f), krause 73.
Endkante(f) 636, 637.
Endklammer(f) 566.
Endknopf(m) 230.
Endknospe(f) 57.
Endlappen(m) 61.
Endlinie(f) 604, 610, 611, 613, 619.
Endlosperlenkette(f) 361.
Endmoräne(f) 27.
Endokarp(n) 63, 64.
endoplasmatisches Retikulum(n) 115.
Endplatte(f), motorische 134.
Endrohr(n) 439.
Endstück(n) 127, 384, 633, 674, 765.
Endteil(n) 324.
Endträger(m) 230.
Endwindung(f) 94.
Endzone(f) 604.
Energiesparlampe(f) 233.
Engländer(m) 279.
englischer Stock(m) 728.
englisches Weißbrot(n) 153.
Englischhorn(n) 548.
Englischhörner(n) 557.
Ente(f) 150.
Entfaltung(f) der Sonnenzellenausleger(m) 48.
Entfaltung(f), volle 419.
Entfaltungsmechanismus(m) 49.
Entfernungsmessung(f) 711.
Entfernungsskala(f) 392.
Entgasungsbohrung(f) 439.
Entklammerer(m) 515.
Entladungsröhre(f) 232.
Entleerungsschlauch(m) 258.
Entleerungsventil(n) 297.
Entlüfter(m) 214, 298.
Entlüftung(f) 304.
Entlüftungskreis(m) 215.
Entlüftungsventil(n) 208, 741, 743.
Entriegelungshebel(m) 428.
Entriegelungstaste(f) 260.
Entsafter(m) 251.
Entschärfer(m) 805.
Entsorgungsbecken(m) 758, 764.
Entspannhebel(m) 278.
Entsteiner(m) 246.
Entwickler(m) 399.
Entwicklungsbäder(n) 399.
Entwicklungstrommel(f) 398.
Epizentrum(n) 23.
Equalizer(m) 400.
Erbse(f) 67.
Erbsen(f), grüne 72.
Erbsenschote(f) 67.
Erdanschluß(m) 312.
Erdatmosphäre(f), Profil(n) 19.
Erdbeben(n) 23.
Erdbeere(f), Querschnitt(m) 62.
Erdbohrer(m) 270.
Erde(f) 4, 8.
Erde(f), Struktur(f) 22.
Erdgas(n) 737.
Erdgeschoß(n) 194.
Erdgeschoß(n) 197.
Erdkruste(f) 22, 23.
Erdkruste(f), Schnitt(m) 22.
Erdkugel(f) 3.
Erdkugel(f), Koordinatensystem(n) 3.
Erdleitung(f) 312, 757.
Erdleitungsspitze(f) 756.
Erdnuß(f) 66.
Erdoberfläche(f) 733.
Erdöl(n) 737, 738, 740, 742, 744.
Erdöl(n) 737, 744.
Erdöleruptionskranz(m) 740.
Erdöleruptionskranz(m) 738, 740.
Erdölterminal(m) 740.
Erdreich(n) 750.
Erdsatellit(m), künstlicher 19.
Erdsensor(m) 42, 43, 49.
Erdstrahlungsscanner(m) 43.

Die Bezeichnungen der Illustrationen sind **fettgedruckt**.

Erdstrahlungssensor(m) 43.
Erdung(f) 400, 741.
Erdungsdraht(m) 312.
Erdungsklemme(f) 309.
Erdungsstift(m) 309.
Erdzeichen 820.
Erhebung(f) 566.
Erhöhen(n)/Absenken(n) 396.
Erkerfenster(n) 197.
Ernten(n) 155, 159, 160, 162.
Ersatzelektromotor(m) 806.
Erste Hilfe(f) 822.
Erste-Hilfe-Anleitung(f) 725.
Erste-Hilfe-Kasten(m) 725.
erster Rang(m) 189.
erster Raum(m) 610.
erster Stock(m) 194.
erster Stock(m) 196.
Eruptionsdüse(f) 740.
Eruptivgesteine(n) 23.
erweiterter Zeichensatz(m), Taste(f) für 530.
Erweiterungskartei(f) 517.
Erz(n) 733.
Erzgang(m) 736.
Escudo(m) 832.
Espadrille(f) 357.
Espresso-Maschine(f) 247.
eßbare Schnecken 83.
Eßbesteck(n) 688.
Eßkastanie(f) 66.
Eßlöffel(m) 241.
Eßzimmer(n) 195.
Estragon(m) 74.
Et-Zeichen(n) 831.
Etagenbogen(m) 301.
Etikettenfenster(n) 517.
Etui(n) 365, 523.
Etui(n) für Rechner(m) und Scheckheft(n) 379.
Etuirock(m) 334.
Eurasien(n) 21.
Europa(f) 4.
Europa(n) 21.
Europäische Verrechnungseinheit(f) 832.
Eustachische Röhre(f) 139, 141.
Eutelsat II(m) 418.
Euthynterie(f) 166, 168.
ewiger Schnee(m) 27.
Excavatio(f) vesicouterina 128.
Exkretionsöffnung(f) 83.
Exokarp(n) 62, 63, 64.
Exosphäre(f) 19.
Expander(m) 665.
Expansionsgefäß(n) 772.
explosionsgefährlich 821.
Exportpipeline(f) 738.
Exportsteigsystem(n) 738.

F

f 537.
F-1 Triebwerk(n) 509.
Facetten(f) 363.
Facettenauge(n) 79, 80, 81.
Fach(n) 226, 379, 701.
Fach(n) für Molkereiprodukte(n) 254.
Fächergerüst(n) 773.
Fächerkorb(m) 399.
Fächerpinsel(m) 366, 589.
Fächerschrägseile(n) 456.
Fachwerkbogen(m) 455.
Fackeln(f) 6.
Faden(m) 692.
Fadenabschneider(m) 562.
Fadenauge(n) 573.
Fadenführung(f) 569.
Fadenhebel(m) 561.
Fadenkreuz(n) 718.
Fadenleitöse(f) 561, 562.
Fagott(n) 548.
Fagotte(n) 557.
Fähnchen(n) 38.
Fahne(f) 817.
Fahne(f) 110, 606.
Fahne(f) mit Schwenkel(m) 817.
Fahne(f), blaue 626.
Fahne(f), rechteckige 817.
Fahne(f), rote 626, 668.
Fahne(f), viereckige 817.
Fahne(f), weiße 626.
Fahnenband(n) 817.
Fahnenformen(f) 817.
Fahrbahn(f) 186, 450, 454, 455, 456.
Fahrbahn(f), unebene 826, 827.
Fahrbahn(f), verengte 826, 827.
Fahrbahnmarkierung(f) 452.
Fahrbalken(m) 476.
Fähre(f) 494.
Fähre(f) 457.
Fahrenheitskala(f) 705.
Fahrer(m) 652.
Fahrerstand(m) 805.
Fahrgastanlage(f) 491.
Fahrgestell(n) 800.
Fahrgestell(n) 802.
Fahrkartenkontrolle(f) 463, 474.
Fahrkartenkontrolleur(m) 463.
Fahrkran(m) 786.
Fahrmotor(m) 458.
Fahrplan(m) 462.
Fahrrad(n) 446, 448.
Fahrtrage(f) 726.
Fahrtrichtung(f) 824, 825.
Fahrtrichtungsanzeige(f) 475.
Fahrwassermitte(f) 489.
Fahrwerkhebel(m) 500.
Fahrzeugbeleuchtung(f) 429.
Fairway(n) 676.
Fakultät(f) 830.
Fall(m) 341, 480.
Fall-out(n) 35.
Falle(f) 289, 290.
Falleitung(f) 746, 747, 752.
Fallrohr(n) 158.
Fallschirm(m) 510, 812.
Fallschirmspringen(n) 635.
Fallschirmspringer(m) 635.
Fallstrang(m) 215.
Falte(f), abgesteppte 335.
Falte(f), einfache 335.
Falte(f), eingelegte 228.
Faltenarten(f) 228, 335.
Faltfeldbett(n) 687.
Faltfenster(n) 203.
Faltgrill(m) 690.
Faltkegeldach(n) 183.
Falttür(f) 202.
Falttür(f) 194.
Faltverschluß(m) 799.
Falz(f) 577.
Falz(m) 203.
Falzbein(n) 577.
Familienzelt(n) 685.
Fanfare(f) 440.
Fangen(n) 697.
Fänger(m) 595.
Fänger(m) 541, 597.
Fanghandschuh(m) 595, 609.
Fangseil(n) 811.
Fangzubehör(n) 672.
Fanion(m) 817.
Farbabbrennervorsatz(m) 307.
Farbanzeige(f) 569.
Farbbandkassette(f) 531.
Farbbehälter(m) 590.
Farbbeispiele(n) 819.
Farbe(f) 581.
Farbe(f) 581.
Farbeinstellung(f) 532.
Farben(f) 695.
Farbfernsehkamera(f) 512.
Farbfilter(m) 392, 410.
Farbmasse(f) 389.
Farbroller(m) 304.
Farbspray(m) 590.
Farbstein(m) 581.
Farbtafel(f) 592.
Farbwalze(f) 581.
Faserwurzel(f) 57, 59.
Fassade(f) 175.
Fassonübertritt(m) 341.
Fassung(f) 309, 364.
Fassungen(f) 376.
Faszie(f) 166.
Fausthandschuh(m) 308.
Fäustling(m) 327.
Fechtbahn(f) 666.
Fechter(m) 667.
Fechthandschuh(m) 667.
Fechthose(f) 667.
Fechtjacke(f) 667.
Fechtmaske(f) 667.
Fechtschuh(m) 667.
Fechtsport(m) 666.
Fechtwaffen(f) 666.
Feder(f) 234, 258, 278, 290, 294, 375, 389, 659, 714, 804.
Federball(m) 618.
Federflügel(m) 276.
Federgehäuse(n) 230.
Federhaus(n) 706.
Federkranz(m) 618.
Federring(m) 278.
Federstange(f) 665.
Federung(f) 477.
Federverbindung(f) 702.
Federwaage(f) 709.
Feile(f) 688.
Feineinstellung(f) 708.
Feinnachführungssystem(n) 16.
Feinregler(m) für Dateneingabe(f) 555.
Feintrieb(m) 718.
Feld(n) 599.
Feld(n) 697.
Feld(n), langes 800.
Feld(n), linkes 597.
Feld(n), magnetisches 410.
Feld(n), mittleres 456.
Feld(n), rechtes 597.
Feld(n), schwarzes 696.
Feld(n), weißes 696.
Feldflasche(f) 690.
Feldhäckseler(m) 162.
Feldhäckseler(m) 155.
Feldlinse(f) 718.
Feldlinseneinstellung(f) 718.
Feldrichter(m) 605.
Feldsalat(m) 73.
Feldschiedsrichter(m) 612.
Feldseite(f), Spieler(m) der 599.
Feldspieler(m), zurückgezogener linker 612.
Feldspieler(m), zurückgezogener rechter 612.
Feldweg(m) 676.
Felge(f) 147, 433, 442, 447.
Felgenbremse(f), hintere 446.
Felgenbremse(f), vordere 447.
Felgenhorn(n) 433.
Fell(n) 107, 554.
Fellmütze(f) 328.
Felsen(m) 7, 30.
Felsenbecken(n) 26.
Femurkopf(m) 123.
Fenchel(m) 72.
Fenster(n) 203.
Fenster(n) 194, 195, 429, 477, 498, 631.
Fensterbrett(n) 203.
Fensterhebel(m) 429.
Fensterladen(m) 203.
Fenstertypen(m) 203.
Fensterüberdachung(f) 685.
Fensterzubehör(n) 230.
Fernbedienung(f) 411.
Fernbedienung(f) 397.
Fernbedienungssensor(m) 405.
Fernlicht(n) 429.
Fernlichtanzeige(f) 430, 431.
Fernlichtkontrolleuchte(f) 445.
Fernmeldeantenne(f) 494.
Fernmeldesatelliten(m) 418.
Fernmeldeschaltbrett(n) 500.
Fernmeldeterminal(n) 422.
Fernrohr(n) 484, 713.
Fernsehapparat(m) 410.
Fernsehen(n) 410, 412, 414.
Fernsehgerät(n) 401.
Fernteil(n) 376.
Ferse(f) 117, 119, 325.
Fersenautomatik(f) 641.
Fersenbein(n) 123.
Fersenbeinhöcker(m) 103.
Fersenhalter(m) 354.
Fersenplatte(f) 642.
Fersenrand(m) 352.
Fersenriemen(m) 356.
Fersenstütze(f) 640, 727.
Fessel(f) 101.
Fesselbein(n) 103, 107.
Festabstandmarkierung(f) 505.
Festdachtank(m) 741.
Festmachwinsch(n) 743.
Festplattenbus(m) 528.
Festplattenlaufwerk(n) 529.
Festplattenlaufwerk(n) 526, 528.
Festplattform(f) 739.
Feststeller(m) 230.
Feststeller(m) für Säule(f) 393.
Feststellgriff(m) für Hochkantstellung(f) 393.
Feststellgriff(m) für Kameraplattform(f) 393.
Feststellgriff(m) für Panoramadrehung(f) 393.
Feststellknopf(m) 280.
Feststellring(m) 276.
Feststellschraube(f) 284, 711.
Feststellspitze(f) 552.
Feststellvorrichtung(f) 230.
Feststoffrakete(f) 510.
Festungswall(m) 178.
Fett-Tröpfchen(n) 115.
Fettauffangschale(f) 253.
Fette(n) 745.
Fettgewebe(n) 129, 136.
Fettgießer(m) 246.
feucht - kurzer Sommer(m) 45.
feucht - langer Sommer(m) 45.
feuchte Subtropen(f) 45.
Feuchtigkeitsauslaß(m) 259.
Feuerbock(m) 205.
Feuerdämpfer(m) 796.
feuerhemmendes Element(n) 198.
Feuerlöscher(m) 823.
Feuerschutzhelm(m) 777.
Feuerschutzhelm(m) 777.
Feuerstätte(f) 204.
Feuerstein(m) 791.
Feuerstein(m) 307, 795.
Feuerwehrauto(n) 778, 780.
Feuerwehrbeil(n) 781.
Feuerwehrmann(m) 777.
Feuerzange(f) 205.
Feuerzeichen(n) 820.
Fiale(f) 176, 181.
Fibel(f) 315.
Fieberthermometer(n) 705.
fiederteilig 56.
Figuren(f) 696.
Figurenhantel(f) 633.
Figurenski(m) 633.
Filament(n) 6.
Filiermesser(n) 242.
Filigrangewinde(n) 711.
Film(m) 390.
Filmanfang(m), Markierung(f) 390.
Filmaufnahmegerät(n) 527.
Filmaufrollspule(f) 390.
Filmdiskette(f) 395.
Filme(m) 395.
Filmempfindlichkeit(f) 391, 396.
Filmkassette(f) 395.
Filmlasche(f) 395.
Filmrückspulung(f) 390.
Filmtransporteinstellung(f) 391.
Filter(m) 207, 247, 252, 255, 296, 385, 772.
Filterabdeckung(f) 730.
Filterspitze(f) 384.
filum(n) terminale 134.
Filzhut(m) 328, 329.
Filzstift(m) 588.
Finger(m) 137.
Finger(m) 84, 327, 596.
Finger(m), kleiner 137.
Fingerbeere(f) 137.
Fingerendglied(n) 137.
Fingerhut(m) 563.
Fingernagel(m) 137.
Fingernerv(m) 133.
Fingerrand(m) 726.
Fingerstrecker(m), gemeinsamer 121.
Finne(f) 579.
Finsternisarten(f) 8.
Firn(m) 26.
Firnis(m) 592.
Firstpfette(f) 198.
Fisch(m) 86, 88.
Fischaugenobjektiv(n) 392.
Fische(m) 820.
Fische(m) 11.
Fischerknoten(m) 691.
Fischgabel(f) 240.
Fischgrätenmuster(n) 200.
Fischgrätenparkett(n) 200.
Fischkochtopf(m) 248.
Fischkorb(m) 672.
Fischmesser(n) 239.
Fischplatte(f) 238.
Fischschupper(m) 688.
Fitneßgeräte(n) 663, 664.
Fittings(n) 301.
Fixativ(n) 592.
Fixierbad(n) 399.
Fixiertaste(f) 525.
Flachbett(n) 561.
Flachbogen(m) 174.
Flachdach(n) 182.
Flächenleuchte(f) 414.
Flachfeile(f) 277.
Flachform(f) 580.
Flachkollektor(m) 768.
Flachpalettenwagen(m) 788.
Flachpinsel(m) 589.
Flachsilo(m) 149.
Flachwebstuhl(m) 572.
Flachwurzel(f) 59.
Flammenregulierung(f) 386.
Flanke(f) 101, 108, 179, 281.
Flanke(f), linke 818.
Flanke(f), rechte 818.
Flanker(m) 605.
Flare(m) 6.
Flaschendruckmesser(m) 306.
Flaschenöffner(m) 244, 688.
Flaschenwagen(m) 306.
Flechten(n) 692.

Die Bezeichnungen der Illustrationen sind **fettgedruckt**.

Fleck(m), blinder 140.
Fleck(m), gelber 140.
Fledermaus(f) 112.
Fledermaus(f), Kopf(m) 112.
Fledermausärmel(m) 339.
Fleisch(n) 33.
Fleisch- und Wurstfach(n) 254.
Fleischfresser(m) 31, 33.
Fleischfressergebiß(n) 98.
fleischige Früchte(f) 65.
Fleischthermometer(n) 244.
Fleischwolf(m) 243.
Fliege(f) 324.
Fliege(f) 13, 77.
Fliegender Fisch(m) 13.
Fliegenfenster(n) 685.
Fliegenpilz(m) 55.
Fliegenrolle(f) 670.
Fliegenrute(f) 670.
Fliegenschnur(f) 670.
Flieger(m) 481.
Fliese(f) 286.
Fliese(f) 263.
Floppy-Disk(f) 529.
Florett(n) 666.
Florettfechten(n) 666.
Florettfechter(m) 667.
Florin(m) 832.
Flosse(f) 627, 812, 814.
Flossenleitwerk(n) 498.
Flossenstrahl(m) 86.
Flug(m) 625.
Flugabwehrrakete(f) 808.
Flugbremshebel(m) 500.
Flugbrettchen(n) 82.
Flugdaten(n) 500.
Flugdeck(n) 810.
Flugdrachen(m) 637.
Flügel(m) 110.
Flügel(m) 78, 108, 112, 203, 556, 637, 638, 670, 773, 812.
Flügel(m), stabiler 814.
Flügelader(f) 79.
Flügelangreifer(m) 611.
Flügelkasten(m) 812.
Flügelklappe(f), hintere 812.
Flügelmutter(f) 279.
Flügelrahmen(m) 203.
Flügelspieler(m), linker 607.
Flügelspieler(m), rechter 606, 607.
Flügelspitze(f) 637, 638.
Flügeltasche(f) 323.
Flügelverteidiger(m) 611.
Flügelwurzel(f) 498.
Fluggastbrücke(f) 503.
Fluggasttreppe(f), bewegliche 507.
Flughafen(m) 502, 504, 506.
Flughafen(m) 52.
Flughaut(f) 112.
Fluginformationsanzeige(f) 505.
Flugkörper(m) 814.
Flugkörper(m), wichtigste 814.
Flugkörperabwehr(f) 808.
Fluglochschieber(m) 82.
Flugnavigationsvorrichtung(f) 810.
Flugrechner(m) 500.
Flugseite(f) 817.
Flugtasche(f) 382.
Flugzeug(n) 722.
Flugzeugträger(m) 810.
Flugzeugwartungshalle(f) 503.
Flunke(f) 483.
Flur(m) 194.
Flusensieb(n) 258.
Flush(m) 695.
Fluß(m) 51, 52.
Fluß(m) Eridanus(m) 13.
flüssiger Eyeliner(m) 367.
Flüssigkeit(f), antiseptische 725.
Flüssigkeitskompaß(m) 484, 485.
Flüssigsauerstofftank(m) 509.
Flüssigwasserstofftank(m) 509.
Flußkrebs(m) 90.
Flußmündung(f) 30, 51.
Fluten(n) 493.
Fly-Half(m) 606.
FM-Antenne(f) 400.
Fock(f) 481.
Fockmast(m) 479.
Fokuseinstelltaste(f), manuelle 397.
Fön(m) 370.
Fondue-Set(n) 248.
Fonduegabel(f) 240.
Fonduetopf(m) 248.
Föngehäuse(n) 370.
Foot-Line(f) 620.
Football(m), kanadischer 605.
Football(n) 602, 604.
Footballspieler(m) 602.
Foramen(n) caecum 143.
Förderband(n) 504, 733, 735.
Fördergebäude(n) 735.
Fördergerüst(n) 734.
Förderkorbstockwerk(n) 736.
Förderkübel(m) 736.
Förderplattform(f) 740.
Förderschacht(m) 736.
Fördersteigsystem(n) 738.
Förderturm(m) 735.
Förderwagen(m) 463.
Form(f), hochstehende 580.
Form(f), ovale 363.
Form(f), tiefliegende 580.
Formatbegrenzung(f), äußere 578.
Formsignal(n) 464.
Fortepedal(n) 540, 555.
Fortführungspunkte(m) 832.
Fortgeschrittenenparcours(m) 646.
Fotoapparate(m) 394, 395.
Fotografie(f) 390, 392, 394, 396, 398.
Fotokopierer(m) 532.
Fotozelle(f) 393.
Foullinie(f) 597, 683.
Foyer(n) 189.
Frachtempfang(m) 505.
Frachtraum(m) 499.
Frachtversand(m) 505.
Fragezeichen(n) 832.
Fraktionierturm(m) 744.
Franc(m) 832.
Francisturbine(f) 754.
Franse(f) 318.
Fransen(f) 229.
französisches Weißbrot(n) 153.
Fregatte(f) 808.
Freiballon(m) 634.
Freiballonsport(m) 634.
Freifahrtschlitz(m) 188.
Freihand-Dekoration(f) 229.
Freilauf(m) 448.
Freileitung(f) 757.
Freiluftterrasse(f) 497.
Freiraum(m) 613.
Freisaiten(f) 535.
Freiwange(f) 201.
Freiwurfbahn(f) 610.
Freiwurflinie(f) 610, 612.
French-cut(m) 363.
Frequenzanzeige(f), digitale 402.
Fresko(n) 170.
Friedhof(m) 52.
Fries(m) 166, 168, 225.
Frischluftzufuhr(f) 639.
Frischwasserwagen(m) 506.
Frisierbürste(f), flache 368.
Friteuse(f) 252.
Fritierkorb(m) 252.
Front(f), stationäre 39.
Frontalzacken(m) 680.
Fronten(f) 39.
Frontgewicht(n) 147.
Frosch(m) 84.
Frosch(m) 544.
Frosch(m), Lebenszyklus(m) 84.
Fruchtbecher(m) 66.
Fruchtbildung(f) 61.
Fruchtblatt(n) 67.
Früchte(f), fleischige 62.
Fruchtfach(n) 65.
Fruchtfleisch(n) 62, 63, 64, 65.
Fruchtgemüse(n) 69.
Fruchtholz(n) 61.
Fruchtkapsel(f) 67.
Fruchtkapsel(f), Querschnitt(m) 67.
Fruchtknoten(m) 60.
Fruchtknotenfach(n) 64.
Fruchtschote(f), Längsschnitt(m) 67.
Fruchtwand(f) 65, 66.
Frühling(m) 8.
Frühlingsäquinoktium(n) 3, 8.
Frühlingszwiebel(f) 70.
Fuchsschwanz(m) 277.
Fugendüse(f) 260.
Fugenkelle(f) 291.
Fühlerputzer(m) 80.
Führerhaus(n) 785.
Führerkabine(f) 782, 783, 784, 785.
Führerpult(n) 468.
Führerraum(m) 508.
Führerstand(m) 459, 468.
Fuhrmann(m) 11.
Führungsgriff(m) 283, 284.
Führungshebel(m) 283.
Führungsnut(f) 285.
Führungsrille(f) 641.
Führungsring(m) 670.
Führungsring(m), erster 671.
Führungsrolle(f) 403.
Führungsschiene(f) 428, 476, 517, 568.
Führungsschienenantrieb(m) 529.
Führungsständer(m) 787, 788.
Führungsturm(m) 457.
Full House(n) 695.
Füllanzeige(f), automatische 741.
Füllanzeigeschwimmer(m) 741.
Fullback(m) 603, 605, 606.
Füllen(n) 11.
Füllfederhalter(m) 389, 515.
Füllmenge(f) 453.
Fülloch(n) 804.
Füllrohr(n) 293.
Fülltür(f) 204.
Füllung(f) 202.
Fumarole(f) 24.
Fundament(n) 199.
Fundament(n) 198, 199, 750.
Fundamentklotz(m) 750.
Fundamentstreifen(m) 198, 199.
Fundamenttafel(f) 543.
Fundbüro(n) 823.
fünf Nummern(f) 700.
Fünferpin(m) 683.
Fungerät(n) 639.
Funiculus(m) 62.
Funkantenne(f) 494, 495, 497, 742, 807.
Funken(m) 436.
Funkenstrecke(f) 439.
Funkmast(m) 738.
Funktionsanzeige(f) 555.
Funktionsschalter(m) 402.
Funktionstaste(f) 699.
Funktionstasten(f) 421, 422, 530, 709.
Funktionswähler(m) 214, 420.
Funkübertragungssystem(n) 512.
Furche(f) 105.
Fuß(m) 78, 80, 83, 112, 116, 117, 118, 119, 224, 225, 236, 264, 283, 325, 350, 397, 542, 545, 574, 579, 631, 718, 817.
Fußablage(f) 727.
Fußarten(f) 111.
Fußbalken(m) 198, 199.
Fußball(m) 600.
Fußballschuh(m) 600.
Fußballspieler(m) 600.
Fußboden(m) 205.
Fußbohrung(f) 542.
Fußschutz(m) 730.
Füße(m) voraus 624.
Fusselfilter(m) 259.
Fußende(n) 224.
Fußfessel(f) 652.
Fußfesselriemen(m) 652.
Fußgänger(m) 828.
Fußgängerbrücke(f) 464, 475.
Fußgängerüberweg(m) 826, 827.
Fußgängerüberweg(m) 186.
Fußgelenk(n) 106.
Fußgelenksgewicht(n) 665.
Fußgestell(n) 223.
Fußgewölbearterie(f) 126.
Fußholz(n) 202.
Fußnagelschere(f) 365.
Fußpferd(n) 478.
Fußrand(m) 818.
Fußraste(f), vordere 443, 444.
Fußriemen(m) 664.
Fußrückenarterie(f) 126.
Fußschlaufe(f) 631.
Fußsteg(m) 577.
Fußstelle(f) 818.
Fußstück(n) 579.
Fußstütze(f) 584, 656, 664.
Fußtritt(m) 542.
Fußwurzel(f) 103.
Fußwurzelknochen(m) 122.
Futter(n) 322, 324, 352, 354, 378, 565, 644.
Futteral(n) 375.
Futtergetreide(n) 149.
Futterstoffe(m) 565.

G

g 537.
Gabel(f) 240.
Gabel(f) 105, 375, 688, 707, 721, 787.
Gabel-Ringschlüssel(m) 279.
Gabelbaum(m) 631.
Gabeln(f) 787, 788.
Gabelschlüssel(m) 279.
Gabelstapler(m) 787.
Gabelstaplertasche(f) 470.
Gabeltypen(m) 240.
Gaffel(f) 478.
Gaffelsegel(n) 482.
Gaitau(n) 481.
Gaitau(n) des Besans(m) 480.
Galaxie(f) 9.
Galerie(f) 175, 486, 773.
Gallenblase(f) 97, 131.
Galopp(m) 101.
Galopprennbahn(f) mit Tribüne(f) 651.
Galopprennen(n) 651.
Ganasche(f) 100.
Gang(m) 25.
Gangarten(f) 101, 696.
Ganglion(n), symphatisches 135.
Gangway(f) 742.
Gans(f) 150.
Ganymed(m) 4.
ganzrandig 56.
Garage(f) 196.
Garagenzufahrt(f) 196.
Garderobe(f) 522.
Garderobe(f) 189, 194.
Garderobenständer(m) 522.
Gardinenschiene(f) 230.
Gardinenstange(f) 230.
Gardinenstange(f), einläufige 230.
Gardinenstange(f), zweiläufige 230.
Gardinentypen(m) 228.
Garn(n) 692.
Garnball(m) 596.
Garnele(f) 90.
Garnführer(m) 569.
Garnhalter(m) 569.
Garnierspritze(f) 245.
Garnrollenstift(m) 561.
Garnspannungseinheit(f) 569.
Garnstange(f) 569.
Garten(m) 171.
Garten-Sauerampfer(m) 73.
Gartenfräse(f) 272.
Gartengerät(n) 264, 266, 268, 270, 272.
Gartenhäuschen(n) 263.
Gartenkürbis(m) 69.
Gartenschlauch(m) 265.
Gartenspritze(f) 265.
Gartenteich(m) 263.
Gartenweg(m) 263.
Gas(n) 34, 35, 232, 744.
Gasabscheider(m) 738.
Gasbehälter(m) 689.
Gasbrenner(m) 297.
Gasbrenner(m), einflammiger 689.
Gasbrenner(m), zweiflammiger 689.
Gasfeuerzeug(n) 386.
Gashebel(m) 272, 444, 500.
Gaskolben(m) 796.
Gasleitung(f) 186.
Gasmaske(f) 730.
Gasöl(n) 744.
Gaspedal(n) 430.
Gasrohr(n) 297.
Gasschweif(m) 9.
Gasse(f) 614, 618, 683.
Gasstromregulierung(f) 689.
Gasventil(n) 297.
Gaswarmwasserbereiter(m) 297.
Gaszug(m) 270, 271.
Gatter(n) 647.
Gatter(n) 646.
Gaumen(m), harter 141, 142.
Gaumen(m), weicher 141, 142.
Gaumenbogen(m), forderer 142.
Gaumenmandel(f) 143.
Gebälk(n) 166, 168, 202.
Gebärmutter(f) 128, 129.
Gebärmutterhals(m) 128.
Gebäude(n), öffentliches 52.
Gebäudeplanung(f) 193, 195.
Gebetshalle(f) 172, 173.
Gebirgsbach(m) 27.
Gebirgskette(f) 23, 51.
Gebirgsmasse(f) 51.
Gebiß(n) 650.
Gebiß(n), menschliches 144.
Gebißarten(f) 98.
Gebißriemen(m) 649.
Gebißstückarten(f) 650.
Gebläse(n) 161, 162, 207, 209, 214, 259, 543, 760.
Gebläsemotor(m) 207.
Gebläserohr(n) 162.
geboren 831.

Die Bezeichnungen der Illustrationen sind **fettgedruckt**.

gebräuchliche Bezeichnungen(f) 62, 63, 64, 65.
gebuchtet 56.
Gedankenstrich(m) 832.
gedeckter Weg(m) 178.
gedeckter Wehrgang(m) 180.
Gedrängehalbspieler(m) 606.
Gefahrenbereich(m) 668.
Gefahrenstelle(f) 488.
Gefälle(n) 826, 827.
Gefechtskopf(m) 814.
Geflügelschere(f) 246.
Gefrierfach(n) 254.
Gegenausleger(m) 786.
Gegenauslegerballast(m) 786.
Gegenfänger(m) 541.
gegengedrehter Teil(m) 42.
Gegengewicht(n) 15, 457, 471, 784, 785, 786.
Gegenleiste(f) 139.
Gegenlichtblende(f) 392, 409, 484.
Gegenmutter(f) 40.
Gegensprechanlage(f) 477.
Gegenverkehr(m) 824, 825.
Gehäuse(n) 82, 83, 211, 214, 233, 252, 256, 258, 259, 271, 280, 305, 310, 374, 403, 406, 410, 422, 485, 486, 540, 643, 702, 705, 706, 707, 710, 711.
Gehäuseabdeckung(f) 525.
Gehäuseverstärkung(f) 702.
Gehfalte(f) 335.
Gehgestell(n) 728.
Gehhilfen(f) 728.
Gehirn(n) 88.
Gehkrücke(f) 728.
Gehör(n) 138.
Gehörgang(m) 138, 139.
Gehörknöchelchen(n) 138.
Gehörknöchelchen(n) 139.
Gehörnerv(m) 139.
Gehörschutz(m) 729.
Gehörschutz(m) 821.
Gehrungsanschlag(m) 285, 285.
Gehstock(m) 728.
Geigenfamilie(f) 545.
Geißfuß(m) 581.
gekerbt 56.
Gekrösearterie(f), obere 132.
Gekrösearterie(f), untere 132.
Gekröseschlagader(f), obere 126.
Geländer(n) 201, 454.
Geländerstab(m) 201.
Geländewagen(m) 425.
Gelatinekapsel(f) 725.
gelber Fleck(m) 140.
Geldbetrag(m) 453.
Geldrückgabe(f) 422.
Geldwechsel(m) 823.
Gelenk(n) 354, 431, 641, 785.
Gelenkhöcker(m) 123.
Gelenkschäkel(m) 630.
gemäßigte Klimate(n) 45.
Gemini 820.
Gemüse(n) 69, 70, 71, 72, 73.
Gemüse(n) 33.
Gemüsebürste(f) 246.
Gemüsedünster(m) 249.
Gemüsegarten(m) 148.
Gemüsezwiebel(f) 70.
Generator(m) 753.
Generator(m) 468, 755, 758, 767.
Generatoreinheit(f) 747.
Generatorspannungsübertragung(f) 755.
Genicklasche(f) 729.
Genickstück(n) 649.
Geometrie(f) 830.
Gepäck(n) 382.
Gepäckablage(f) 461.
Gepäckanhänger(m) 507.
Gepäckanhänger(m) 383.
Gepäckaufbewahrung(f) 462.
Gepäckausgabe(f) 504.
Gepäckcontainer(m) 492.
Gepäckförderer(m) 507.
Gepäckgummi(n) 382.
Gepäckraum(m) 458, 461, 508.
Gepäckroller(m) 382.
Gepäckschließfächer(n) 463.
Gepäckträger(m) 445, 446, 449.
Gerade(f): Pfosten(m) mit Stange(f) 646.
Gerade(f), hintere 651.
Geradseite(f) 743.
Geräteanschluß(m) 374.
Gerätefach(n) 458.
Geräteraum(m), allgemeiner 412.
Geräteschuppen(m) 148.
Geräteteil(m) 16.
Geräteturnen(n) 659, 660.
Geräuschdämpfer(m) 735.
Gerste(f) 152.
Gerstenkornmuster(n) 567.
Geruchssinn(m) 141, 142.
Geruchsverschluß(m) 215, 293, 296.
Gerüstträger(m) 756.
gesägt 56.
Gesäß(n) 117, 119, 127, 128.
Gesäßmuskel(m), großer 121.
Gesäßnerv(m) 133.
Gesäßtasche(f) 323.
Geschäftsbuch(n) 518.
Geschäftshaus(n) 185.
Geschirr(n) 238.
Geschirr(n) 572.
Geschirrspülmaschine(f) 257, 298.
Geschirrspülmaschine(f) 298.
Geschirrwagen(m) 255.
Geschlechtsöffnung(f) 83.
Geschlechtsorgane(n), männliche 127.
Geschlechtsorgane(n), weibliche 128, 129.
Geschmack(m), bitterer 143.
Geschmack(m), salziger 143.
Geschmack(m), saurer 143.
Geschmack(m), süßer 143.
Geschmacksempfindungen(f) 143.
Geschmackssinn(m) 142.
Geschoß(n) 801.
Geschoß(n), panzerbrechendes 804.
Geschoßzubehör(n) 801.
Geschütz(n), rückstoßfreies 804.
Geschützrohr(n) 805.
Geschützturm(m) 809.
Geschwindigkeitsanzeige(f) 639.
Geschwindigkeitsregelung(f) 250, 251, 561.
Geschwindigkeitsregler(m) 271.
Gesicht(n) 116.
Gesichtsmaske(f) 602, 643.
Gesichtsnerv(m) 139.
Gesichtsschutz(m) 308.
Gesichtsschutz(m) 777.
Gesichtsschutz(m), geschlossener 777.
Gesichtsschutzmaske(f) 609.
Gesichtsstück(n) 730.
Gesims(n) 196, 202.
gespalten 818.
Gestänge(n) 685.
gestanztes Loch(n) 353.
Gestein(n), undurchdringliches 737.
Gestell(n) 302, 726.
gestelzter Bogen(m) 174.
gestorben 831.
geteilt 818.
Getränkeautomat(m) 453.
Getreidesilo(m) 490.
Getreidesorten(f) 152.
Getriebe(n) 258, 495.
geviert 818.
Gewände(n) 175.
Gewebe(n) 634.
Gewebe-Einstellskala(f) 256.
Gewebestruktur(f) 566.
Gewehr(n) 798.
Gewehr(n), automatisches 796.
Gewicht(n) 658, 665, 707, 708, 709.
Gewicht(n), feststehendes 539.
Gewichte(n) 663.
Gewichtheben(n) 662.
Gewichtheber(m) 662.
Gewichthebergürtel(m) 662.
Gewichtheberschuh(m) 662.
Gewichtsausgleicher(m) 802.
Gewichtsstaudamm(m) 749.
gewimpert 56.
Gewinde(n) 94, 276, 294, 675.
Gewindekappe(f) 301.
Gewindeschaft(m) 279.
Gewindeschneider(m) 299.
Gewinnkombination(f) 702.
Gewitter(n) 39.
Gewitter(n), starkes 39.
Gewölbe(n) 177.
Gewölbekörper(m) 134.
Geysir(m) 25.
gezähnter Rand(m) 95.
Gezeitenkraftwerk(n) 752.
Giebeldreieck(n) 166, 168, 707.
Giebelseite(f) 197.
Giebelständer(m) 198.
Gießbrause(f) 264.
Gießkanne(f) 265.
Gießpistole(f) 264.
Gift(n) 821.
Gift-Leitfurche(f) 96.
Giftdrüse(f) 96.
Giftkanal(m) 96.
Giftpilz(m) 55.
Giftschlange(f), Kopf(m) 96.
Giftzahn(m) 96.
Gipfel(m) 27.
Gipsbinden(f) 725.
Gipsschlinge(f) 585.
Giraffe(f) 11.
Giraffe(f), Hörner(n) 99.
Gitarre(f), akustische 546.
Gitarre(f), elektrische 547.
Gitter(n) 168, 214, 410, 536.
Gitterboxpalette(f) 787.
Gittereinsatz(m) 248.
Glacis(n) 178.
Glanzschicht(f) 136.
Glas(n) 376, 689.
Glasabdeckung(f) 768, 769.
Glasdach(n) 190, 195.
Gläser(n) 237.
Glasgehäuse(n) 709.
Glashaube(f) 484.
Glaskolben(m) 247.
Glaskörper(m) 140.
Glaskugel(f) 40.
Glasmalerei(f) 175.
Glasplatte(f) 254.
Glasscheibe(f) 718.
Glasüberdachung(f) 462.
Glattstrick(m) 567.
gleich 830.
gleich oder größer als 830.
gleich oder kleiner als 830.
Gleichtaste(f) 523.
Gleis(n) 476.
Gleis(n) 463, 474.
Gleise(n) 471.
Gleiskette(f) 783.
Gleiskettenschlepper(m) 783.
Gleiskreuzung(f) 464.
Gleisnummer(f) 462.
Gleitflieger(m) 636.
Gleitfuge(f) 278.
Gleitschirm(m) 636.
Gleitschirmfliegen(n) 636.
Gleitschuh(m) 284.
Gleitschutz(m) 641.
Gleitstuhl(m) 467.
Gletscher(m) 26.
Gletscherspalte(f) 26.
Gletscherzunge(f) 26.
Gliederpuppe(f) 592.
Gliedmaßen(f), obere 124.
Gliedmaßen(f), untere 124.
Glimmlampe(f) 310.
Glocke(f) 666.
Glockendach(n) 183.
Glockendichtung(f) 293.
Glockenstube(f) 175, 176.
Glockenturm(m) 175.
Glottis(f) 96, 142.
Glücksrad(n) 702.
Glühbirne(f) 310, 769.
Glühfaden(m) 232.
Glühlampe(f) 232.
Glühlampe(f) 486.
Gnomon(m) 706.
Go(n) 697.
Gobelinbindung(f) 576.
Gold(n) 819.
Golf(m) 51.
Golfball(m) 677.
Golfhandschuh(m) 679.
Golfplatz(m) 676.
Golfschläger(m) 677, 678.
Golfschuh(m) 679.
Golfspiel(n) 676, 678.
Golftasche(f) 679.
Golfwagen(m) 679.
Golfwagen(m), elektrischer 679.
Golgi-Apparat(m) 115.
Gondel(f) 635.
Gondel(f) 634.
Gondelhaltegriff(m) 635.
Gonfalon(m) 817.
Gong(m) 554.
Gong(m) 557.
gothischer Dom(m) 175.
gotischer Dom(m) 176.
Gouache(f) 588.
Graben(m) 178, 451, 682, 733.
Grabgabel(f) 266.
Grabschaufel(f) 266.
Grabstichel(m) 13.
Grad(m) 830.
Grad(m) Celsius 705.
Grad(m) Fahrenheit 705.
Gradbogen(m) 484.
Gradeinteilung(f) 719.
Gradnetz(n) 47.
Grahambrot(n) 153.
Granat(m) 362.
Granatapfel(m) 68.
Granitschale(f) 22.
Granne(f) 152.
Granulation(f) 6.
Grapefruit(f) 65.
Grapefruitmesser(n) 242.
Graphit(m) 760.
Graphitstift(m) 389.
Graphosfeder(f) 589.
Grasfang(m) 271.
Grat(m) 27, 167.
graue Substanz(f) 135.
Graviernadel(f) 583.
Gravurplatte(f) 364.
Greifer(m) 562.
Greifzirkel(m) 583.
Grenze(f), innere 51.
griechischer Tempel(m) 168.
griechischer Tempel(m), Grundriß(m) 169.
griechisches Brot(n) 153.
Griessäule(f) 156.
Griff(m) 204, 224, 239, 240, 255, 265, 270, 271, 272, 277, 278, 279, 284, 291, 304, 306, 310, 370, 373, 374, 375, 378, 380, 382, 383, 461, 544, 563, 564, 566, 570, 573, 579, 596, 598, 607, 615, 619, 620, 632, 640, 643, 665, 666, 670, 677, 679, 684, 688, 728, 735.
Griff(m), ausziehbarer 378.
Griff(m), isolierter 310, 311.
Griff(m), zusätzlicher 280.
Griffbeispiele(n) 668.
Griffbrett(n) 535, 544, 547.
Griffel(m) 60, 67.
Griffelbein(n) 102.
Griffhebel(m) für S-Bogen(m) 548.
Griffkamm(m) 368.
Grifftechniken(f) 619.
Griffteil(n) 675.
Griffzeitnehmer(m) 668.
Grill(m) 253.
Grillfläche(f) 253.
Grindel(m) 156.
Grobregler(m) für Dateneingabe(f) 555.
Grobspanplatte(f) 288.
Grobtrieb(m) 718.
Grönlandsee(f) 20.
Groß-Oberbramsegel(n) 481.
Groß-Obermarsegel(n) 481.
Groß-Royalsegel(n) 481.
Groß-Unterbramsegel(n) 481.
Groß-Untermarsegel(n) 481.
Große Außensichel(f) 668.
Große Innensichel(f) 668.
größer als 830.
Großer Bär(m) 11.
Großer Hund(m) 13.
Großformatkamera(f) 394.
Großhirn(n) 134.
Großmast(m) 479.
Großrad(n) 727.
Großraumwagen(m) 460.
Großschot(n) 628.
Großsegel(n) 481.
Großtonne(f) 487.
Grubber(m) 157.
Grube(f) 736.
Grube(f) 683.
Grube(f), offene 733.
Grubenorgan(n) 96.
grün 819.
Grün(n) 682.
Grünanlage(f) 184, 190.
Grundbauteile(n) 528, 530.
Grundbindungen(f) 576.
Grundgestein(n) 714.
Grundglied(n) 123.
Grundierung(f), flüssige 366.
Grundlinie(f) 614.
Grundlinienrichter(m) 614.
Grundmoräne(f) 26.
Grundplatte(f) 40, 399, 404, 641, 712, 803.
Grundring(m) 753.
Grundstücksgrenze(f) 193.
Grundwasserspiegel(m) 24.
Grünkohl(m) 73.
Grünstrahl(m) 410.
Guard(m), linker 603, 605.
Guard(m), rechter 603, 605.
Guave(f) 68.
Guckloch(n) 471.
Guidon(m) 817.
Gummiband(n) 224, 323.
Gummieinsatz(m) 677.

Die Bezeichnungen der Illustrationen sind **fettgedruckt**.

Gummigebiß(n) 650.
Gummihöschen(n) 349.
Gummikappe(f) 728.
Gummimatte(f) 404.
Gummipfropfen(m) 726.
Gummiring(m) 296.
Gummischlauch(m) 298, 726, 735.
Gummischutz(m) 652.
Gummispannring(m) 685, 686.
Gummistiefel(m) 777.
Gummistöpsel(m) 302.
Gurke(f) 69.
Gurt(m) 668.
Gurtbogen(m) 177.
Gürtel(m) 323.
Gürtel(m) 319.
Gürtelband(n) 323.
Gürtellage(f) 433.
Gürtelschlaufe(f) 319, 323, 688.
Gürtelschnalle(f) 323.
Gürtelspitze(f) 323.
Gurtrohrzange(f) 299.
Gurtschließe(f) 428.
Gurtschnalle(f) 649.
Gurtstrippe(f) 649.
Gurtwerk(n) 627, 635, 636, 637.
Gußerker(m) 181.
Gußlochreihe(f) 181.
Gußlochreihe(f) 180.
Gußrad(n) 440.
Gutenberg-Diskontinuität(f) 22.
Güterbahnhof(m) 464.
Güterwagen(m) 472.
Güterwagen(m) 464.
Güterwagen(m), offener 473.
Gutta(f) 167.
Guyot(m) 28.
Gymnastikhose(f) ohne Fuß(m) 353.

H

h 537.
H (für Hochdruckgebiet) 38.
Haar(n) 117, 119, 136, 544.
Haar(n) der Berenike(f) 11.
Haaraufrichter(m) 136.
Haarbalg(m) 136.
Haarbürsten(f) 368.
Haarclip(m) 369.
Haarklemme(f) 369.
Haarliftkamm(m) 368.
Haarpflege(f) 368, 370.
Haarschaft(m) 136.
Haarschneidekamm(m) 368.
Haarschneider(m) 369.
Haarschneideschere(f) 369.
Haarspange(f) 369.
Haarstecker(m) 369.
Haarzubehör(n) 369.
Haarzwiebel(f) 136.
Hack(m) 620.
Hackrahmen(m) 154.
Hafen(m) 490.
Hafenbahn(f) 491.
Hafenfähre(f) 491.
Hafenzollamt(n) 491.
Hafer(m) 152.
Haferwurz(f) 71.
Haftgurtband(n) 349.
Haftscheibe(f) 85.
Hagel(m) 37.
Hagelschauer(m) 39.
Hagelschnur(f) 109.
Hahn(m) 150.
Hahn(m) 795.
Häkelnadel(f) 567.
Haken(m) 566.
Haken(m) 230, 310, 566, 567, 568, 674, 681, 709, 711, 726, 786.
Hakenbogen(m) 671.
Hakenbogentiefe(f) 671.
Hakengurt(m) 777.
Hakenhalteöse(f) 670.
Hakenhalter(m) 680.
Hakeninnenweite(f) 671.
Hakenleiter(f) 781.
Hakenlöser(m) 672.
Hakenspitze(f) 671.
Hakenverriegelung(f) 203.
Hakler(m) 606.
Halbbrille(f) 377.
Halbedelsteine(m) 362.
halber Wind(m) 629.
Halbgeschoß(n) 194.
Halbgeschoß(n) 195.
Halbinsel(f) 51.
Halbkreis(m) 610.
Halbmond(m) 179.
Halbmond(m) (erstes Viertel(n)) 6.
Halbmond(m) (letztes Viertel(n)) 7.
Halbmumienschlafsack(m) 687.
Halbschale(f) 346.
Halbsehnenmuskel(m) 121.
Halbseite(f) 787.
Halbspieler(m) 597.
Halbstiefel(m) 354.
Halbtaucher(m) 739.
Halfback(m) 605.
Halfback(m), linker 603.
Halfback(m), rechter 603.
Halm(m) 369, 564.
Halmteiler(m) 160.
Hals(m) 57, 97, 100, 117, 118, 119, 127, 144, 240, 241, 410, 483, 544, 545, 546, 547, 570, 579, 615, 631, 661, 678.
Halsausschnitt(n) 325.
Halsberge(f) 792.
Halskette(f) in Matineelänge(f) 361.
Halskette(f) in Opernlänge(f) 361.
Halskette(f), mehrreihig 361.
Halsketten(f) 361.
Halskrause(f) 318, 341.
Halsring(m) 167.
Halsschlagader(f) 126.
Halsschutz(m) 595, 609.
Halstalje(f) 628.
Halsumklammerung(f) 668.
Halswirbel(m) 102.
Halswirbel(m)(7) 123.
Haltebügel(m) 727.
Haltegriff(m) 779.
Haltegriff(m), vorderer 804.
Haltegriffe(m) 668.
Haltemutter(f) 670, 671.
Halter(m) 232.
Halteriemen(m) 652.
Halterung 447.
Halterung(f) 709, 735.
Halterung(f) für die Registrierkarten(f) 40.
Halterungsschraube(f), obere 40.
Halterungsschraube(f), untere 40.
Haltestange(f) 440, 449.
Hammer(m) 275, 311, 658.
Hammer(m) 138, 264, 540, 541, 797, 798, 799.
Hammer(m) mit runder Bahn(f) 275.
Hammer(m) zum Rundklopfen(n) 579.
Hammerbahn(f) 579.
Hammerfilz(m) 541.
Hammergriff(m) 658.
Hammerkopf(m) 658, 681.
Hammerleiste(f) 540.
Hammernuß(f) 541.
Hammerruheleiste(f) 541.
Hammerstiel(m) 541.
Hammerwerfen(n) 654.
Hand(f) 137.
Hand(f) 117, 119.
Hand- und Maschinenwäsche(f) 829.
Handapparat(m) 420, 422.
Handball(m) 612.
Handbeuger(m) der Ellenseite(f) 120, 121.
Handblasebalg(m) 710.
Handbohrer(m) 280.
Handbrause(f) 292.
Handbremshebel(m) 430.
Handbremsrad(n) 470.
Handbuchbinderei(f) 577, 578.
Handdecken(f), große 110.
Handdecken(f), mittlere 110.
Handebremsehebel(m) 470.
Handfeuerlöscher(m) 780.
Handfläche(f) 137, 596.
handförmig 56.
Handgabel(f) 268.
Handgelenk(n) 112, 117, 119, 137.
Handgelenkpolster(n) 602.
Handgelenksgewicht(n) 665.
Handgranate(f) 804.
Handgriff(m) 250, 251, 252, 253, 254, 256, 260, 294, 295, 793.
Handkreissäge(f) 284.
Handkultivator(m) 266.
Handkurbel(f) 441, 583.
Handlampe(f) 310.
Handlauf(m) 201.
Handlöser(m) 641.
Handmuskeltrainer(m) 665.
Handrad(n) 561, 802.
Handrasenmäher(m) 271.
Handrührgerät(n) 250.
Handschild(n) 308.
Handschlaufe(f) 640, 642, 666, 681.
Handschuh(m) 596.
Handschuh(m) 512, 598, 609, 635, 642, 643, 680.
Handschuhe(m) 327.
Handschuhkasten(m) 430.
Handschutz(m) 268, 796.
Handschwingen(f) 110.
Handspulgerät(n) 575.
Handstand(m) 624.
Handstandsprung(m) 625.
Handstange(f) 470, 477.
Handstrecker(m) der Ellenseite(f) 121.
Handstrecker(m), kurzer 121.
Handstrecker(m), langer 121.
Handtaschen(f) 380.
Handteil(n) 666.
Handtuchhalter(m) 292.
Handwaage(f) 708.
Handwagen(m) 788.
Handwäsche(f) 829.
Handwurzel(f) 596.
Handwurzelknochen(m) 122.
Hang(m) 451.
Hängeärmel(m) 316.
Hängeärmel(m) 316.
Hängebrücke(f) 456.
Hängegletscher(m) 26.
Hängeisolator(m) 756.
Hängekartei(f) 520.
Hängeleinen(f) 636.
Hängeleuchte(f) 236.
Hängemappe(f) 518.
Hanger(m) 478.
Hänger(m) 456.
Hängesäule(f) 199, 225.
Hängesprengwerkbrücke(f) 455.
Hantel(f) 633, 663, 665.
Hantelarten(f) 633.
Hantelgriff(m) 633.
Hantelstange(f) 662, 663.
Harfe(f) 545.
Harfen(f) 556.
Harmonikatür(f) 202.
Harnblase(f) 89, 127, 128, 132.
Harnleiter(m) 129, 132.
Harnröhre(f) 127, 128, 132.
Harnröhrengang(m) 127.
Harnsystem(n) 132.
Harpune(f) 627.
hart am Wind(m) 629.
Hartfaserplatte(f) 289.
Hase(m) 13.
Haselnuß(f) 66.
Haselnuß(f), Längsschnitt(m) 66.
Haspe(f) 383.
Haspel(f) 158, 160.
Haspelrohr(n) 160.
Häubchen(n) 577.
Haube(f) 260, 440.
Haubitze(f), moderne 802.
Haue(f) 681.
Hauer(m) eines Warzenschweins(n) 99.
Hauptabschnitt(m) 700, 701.
Hauptanschluß(m) 757.
Hauptanzeige(f) 500.
Hauptapsis(f) 177.
Hauptband(n) 645.
Hauptbolzen(m) 471.
Hauptdampfleitungen(f) 759.
Hauptdampfverteiler(m) 759.
Hauptdeck(n) 743, 811.
Haupteinfüllstutzen(m) 741.
Haupteingang(m) 190, 194.
Hauptelektromotor(m) 806.
Hauptfahrwasser(n) 489.
Hauptfahrwerk(n) 499, 812.
Hauptfallschirm(m) 635.
Hauptgleis(n) 464.
Hauptgriff(m) 280.
Hauptlinienrichter(m) 603.
Hauptluftbehälter(m) 469.
Hauptlüfter(m) 734.
Hauptmannloch(n) 743.
Hauptrad(m) 707.
Hauptrand(m) 818.
Hauptreflexspiegel(m) 390.
Hauptringentlüfter(m) 215.
Hauptschalter(m) 312, 757.
Hauptschieber(m) 740.
Hauptschiedsrichter(m) 597.
Hauptschlitten(m) 568.
Hauptschlot(m) 25.
Hauptschwert(n) 631.
Hauptschwerteinzug(m) 631.
Hauptsegel(n) 628.
Hauptsicherung(f) 312.
Hauptsparren(m) 199.
Hauptspiegel(m) 14, 720.
Hauptspielzüge(m) 697.
Hauptspuren(f) 452.
Hauptstadt(f) 51.
Hauptstandbein(n) 756.
Hauptständer(m) 443.
Hauptstiel(m) 61.
Haupttragegurt(m) 636.
Haupttransformator(m) 458.
Haupttribüne(f) 651.
Haupttriebwerk(n) 511.
Hauptverteilleitung(f) 206.
Hauptvorhang(m) 188, 189.
Hauptvorschaumonitor(m) 413.
Hauptwurzel(f) 57.
Hauptzeitnehmer(m) 621.
Haus(n) 193, 620.
Hausbaum(m) 773.
Häuserformen(f) in der Stadt 187.
Hausfrauenknoten(m) 691.
Haushaltsgeräte(n) 250, 252, 254, 256, 257, 258, 260.
Hauskleid(n) 333.
Haustür(f) 202.
Hauszelt(n) 686.
Haut(f) 136.
Haut(f) 62, 63, 84, 134.
Hautoberfläche(f) 137.
Hebeglied(n) 541.
Hebegriff(m) 803.
Hebel(m) 252, 278, 284, 296, 365, 444, 453, 583, 590, 702.
Hebel-Korkenzieher(m) 244.
Heber(m) 785.
Hebestück(n) 737.
Hebewerk(n) 737.
Hechtsprungstellung(f) 624.
Heck(n) 250, 496, 499, 631.
Hecke(f) 263.
Heckenschere(f) 269.
Heckleuchten(f) 429.
Heckrotor(m) 508.
Hecksporn(m) 508.
Heft(n) 276.
Heft(n), halbes 242.
Heften(n) 578.
Hefter(m) 515, 519.
Heftklammern(f) 515.
Heftlade(f) 578.
Heftpflaster(n) 725.
Heidelbeere(f) 62.
Heidelbeere(f), amerikanische 62.
Heimtrainer(m) 664.
Heißluft(f) 501.
Heißluftaustritt(m) 204.
Heißring(m) 483.
Heizelement(n) 207, 257, 259, 305, 585.
Heizer(m) 771.
Heizfläche(f) 370.
Heizflächen(f) 209.
Heizkörper(m) 208.
Heizlüfter(m) 211.
Heizöl(n) 745.
Heizspirale(f) 255, 635.
Heizstrahler(m) 211, 689.
Heizung(f) 204, 206, 208, 210, 212.
Heizung(f) 494.
Heizungsgitter(n) 477.
Heizventil(n) 635.
Heliostatanordnung(f) 770, 771.
Heliumsphäre(f) 509.
Helixschwanz(m) 139.
Helligkeitsregelung(f) 512.
Helligkeitsregler(m) 529.
Helm(m) 792.
Helm(m) 512, 791, 792.
Helmbusch(m) 791.
Helmdach(n) 183.
Helmglocke(f) 792.
Helmlampe(f) 680.
Hemd(n) 324.
Hemd(n) 656.
Hemdblusenärmel(m) 340.
Hemdblusenkleid(n) 333.
Hemdblusenkragen(m) 341.
Hemdchen(n) 349.
Hemdhose(f) 325.
Hemisphäre(f), nördliche 47.
Hemisphäre(f), östliche 47.
Hemisphäre(f), südliche 47.
Hemisphäre(f), westliche 47.
Hemisphären(f) 47.
Hemmrad(n) 706, 707.
Hemmungslappen(m) 707.
Henne(f) 150.
Hennin(m) 318.
Hepad(m) 42.
Heraldik(f) 817, 818.
Herausarbeiten(n) 586.
Herbst(m) 8.
Herbstäquinoktium(n) 8.

Die Bezeichnungen der Illustrationen sind **fettgedruckt**.

Herd(m) 23.
Herdkante(f) 255.
Herdtiefe(f) 23.
Hering(m) 685, 686.
Heringsschlaufe(f) 685, 686.
Herkules(m) 11.
Hermelin(m) 819.
Heroldsbilder(n) 818.
Herrenhalbschuh(m) 354.
Herrenkleidung(f) 319, 320, 322, 324.
Herrenring(m) 364.
Herrentasche(f) 380.
Hertz-Wellen(f) 416.
Herz(n) 125, 695.
Herz(n) 88, 92, 97, 130, 615.
Herzbeutel(m) 130.
herzförmig 56.
Herzkammer(f), linke 124, 125.
Herzkammer(f), rechte 124, 125.
Herzmuschel(f) 93.
Herzstelle(f) 818.
Herzstück(n) 467, 471.
Heuboden(m) 148.
Heuschrecke(f) 77.
Hexenstich(m) 571.
Hi.-Taste(f) 396.
Hiebwaffen(f) 794.
Hilfslinie(f) 537.
Hilfsmittel(n) 592.
Hilfsprojektor(m) 16.
Hilfsschiff(n) 739.
Hilfsschwert(n) 631.
Himbeere(f), Querschnitt(m) 62.
Himmel(m) mit vereinzelten Wolken(f) 39.
Himmel(m), bedeckter 39.
Himmel(m), bewölkter 39.
Himmel(m), heiterer 39.
Himmel(m), stark bewölkter 39.
Himmel(m), stürmischer 36.
Himmel(m), wolkenloser 39.
Himmelsäquator(m) 3.
Himmelskugel(f) 3.
Himmelskugel(f), Koordinatensystem(n) 3.
Himmelsmeridian(m) 3.
Himmelsnordpol(m) 3.
Himmelssüdpol(m) 3.
Hindernislaufhürde(f) 656.
Hinteransicht(f) 147.
Hinterbein(n) 78.
Hinterbein(n) 79, 81, 84, 85, 223.
Hinterbein(n)(Innenseite(f)) 81.
Hinterbindung(f) 633.
Hinterbühne(f) 188, 189.
Hinterdeckel(m) 577.
hintere Begrenzungslinie(f) 666.
hinteres Gehäuse(n) 16.
Hinterfeld(n) 617.
Hinterflügel(m) 79, 81.
Hinterhauptbein(n) 123.
Hinterhauptmuskel(m) 121.
Hinterkante(f) 638.
Hinterkappe(f) 352.
Hinterkipper(m) 785.
Hinterleib(m) 78, 79, 81.
Hinterleib(n) 91.
Hinterleibssegment(n) 78.
Hinterpartie(f) 670.
Hinterrohr(n) 446.
Hinterteil(n) 645.
Hinterwand(f) 616, 617.
Hinterzehe(f) 108, 111.
Hinterzwiesel(f) 649.
Hippe(f) 269.
Hirnanhangsdrüse(f) 134.
Hirnholzende(n) 288.
Hirnnerven(m) 133.
Hirscharten(f) 105.
Hirsche(m), Familie(f) 105.
Hirschgeweih(n) 105.
Hirse(f) 152.
Hitzeschild(n) 510.
Hobel(m) 277.
Hobeleisen(n) 277.
Hobelschar(f) 784.
Hobelzahn(m) 272.
Hoch-/Tiefstelltaste(f) 525.
Hochdruck(m) 580.
Hochdruckdampfeinlaß(m) 758.
Hochdruckgebiet(n) 38.
Hochdruckpresse(f) 159.
Hochdruckpresse(f) 155.
Hochdruckverfahren(n) 581.
Hochebene(f) 27.
Hochgeschuindigkeitsparcours(m) 646.
Hochgeschwindigkeitszug(m) 458.
Hochhaus(n) 185.
Hochlandklimate(n) 45.
Hochlandklimate(n) 45.
Hochsilo(m) 149.
Hochspannungsleitung(f) 755.
Hochspannungsleitung(f), Anschluß(m) für 757.
Hochspannungsmast(m) 756.
Hochspannungsprüfer(m) 310.
Hochsprung(m) 657.
Hochsprung(m) 654.
Hochtöner(m) 400.
Hochtonlautsprecher(m) 16.
Hochwebstuhl(m) 574.
Hocker(m) 222.
Hockey(m) 698.
Hockey(n) 607.
Hockeyball(m) 607.
Hoden(m) 127.
Hodensack(m) 116, 127.
Hof(m) 148.
Hog-Line(f) 620.
Höhen-Tonabnehmer(m) 547.
Höheneinstellhebel(m) 803.
Höheneinstellung(f) 718.
Höhenfeineinstellung(f) 720, 721.
Höhenfeintrieb(m) 713.
Höhenfeststeller(m) 720, 721.
Höhenflosse(f) 499, 508, 639.
Höhenkaltfront(f) 39.
Höhenkontrolle(f) 399.
Höhenmesser(m) 635, 639.
Höhenregler(m) 402.
Höhenruder(n) 499, 639.
Höhenskala(f) 19, 399.
Höhensucher(m) 810.
Höhenverstellfuß(m) 397.
Höhenverstellschraube(f) 641.
Höhenverstellskala(f) 284.
Höhenverstellung(f) 659, 661, 664.
Höhenwarmfront(f) 39.
Hohlbeitel(m) 587.
Höhle(f) 24.
Höhle(f) 30.
Hohleisen(n), gebogenes 587.
Hohleisen(n), gerades 581, 587.
Höhlenraum(m), trockenliegender 24.
Hohlhandmuskel(m), kurzer 120.
Hohlhandmuskel(m), langer 120.
Hohlladungsgeschoß(n) 801.
Hohlvene(f), obere 124, 125, 126, 130.
Hohlvene(f), untere 124, 125, 126, 132.
Holm(m) 302, 385, 498, 728.
Holm(m), oberer 659.
Holm(m), unterer 659.
Holz(n) 288, 678.
Holz(n) 1 678.
Holz(n) 3 678.
Holz(n) 5 678.
Holzblasinstrumente(n) 548.
Holzboden(m) 635.
Holzhammer(m) 275.
Holzleibung(f) 203.
Holzschläger(m) 677.
Holzschnitt(m) 581.
Holzschnitzerei(f) 586.
Holzstock(m) 581.
Holzträger(m) 205.
Holzunterbau(m) 200.
Holzwerkstoffe(m) 288, 289.
Honigbiene(f) 80, 82.
Honigmelone(f) 69.
Honigraum(m) 82.
Honigzelle(f) 82.
Höraufsatz(m) 726.
Hörer(m) 420.
Horizontalseismograph(m) 714.
Horizontspiegel(m) 484, 484.
Horn(n) 364.
Horn(n) 631.
Hornarten(f) 99.
Hornhaut(f) 140.
Hornschicht(f) 136.
Hornschnabel(m) 97.
Hornschuppe(f) 111.
Hornsohle(f) 104.
Hornstrahl(m) 104.
Hornwand(f) 104.
Horsd'oeuvre-Schale(f) 238.
Hose(f) 323.
Hose(f) 101, 353, 595, 600, 602, 609, 662, 668, 791.
Hose(f), kurze 351.
Hosenarten(f) 336.
Hosenbluse(f) 337.
Hosenbund(m) 323.
Hosenrock(m) 334.
Hosenschlitz(m) 323.
Hosenträger(m) 323.
Hotel(n) 185.
Hotelreservierungsschalter(m) 504.
Houppelande(f) 317.
Hubarm(m) 782.
Hubarmzylinder(m) 782.
Hubble Raumteleskop(n) 16.
Hubblesche Klassifikation(f) 9.
Hubbrücke(f) 457.
Hubel(m) 584.
Hubgebläse(n) 492, 493.
Hubkette(f) 787.
Hubplattform(f) 739.
Hubschrauber(m) 508.
Hubschrauber(m) 808.
Hubschrauberhangar(m) 808.
Hubschrauberlandeplattform(f) 808.
Hubschrauberlandeplatz(m) 738.
Hubstreben(m) 147.
Hubvorrichtung(f) 786.
Hubwerk(n) 157.
Hubwinde(f) 786.
Hubzylinder(m) 780, 786.
Huf(m) 104.
Huf(m) 101.
Huf(m), Unterseite(f) 104.
Hufarten(f) 99.
Hufbein(n) 103.
Hufeisen(n) 104, 364.
Hufeisen(n) 104.
Hufeisenbogen(m) 174.
Hufeisenmontierung(f) 14.
Hüft-Becken-Nerv(m) 133.
Hüft-Leisten-Nerv(m) 133.
Hüftarterie(f), gemeinsame 126, 132.
Hüftarterie(f), innere 124, 126, 132.
Hüfte(f) 78, 80, 117, 119.
Hüftlochnerv(m) 133.
Hüftnerv(m) 133.
Hüftpolster(n) 602.
Hüftstelle(f), linke 818.
Hüftstelle(f), rechte 818.
Hüftvene(f), gemeinsame 132.
Hüftvene(f), innere 124.
Hüftwurf(m) 668.
Hügel(m) 27.
Hühnerstall(m) 148.
Hülle(f) 66.
Hülle(f) 529, 634, 677, 688.
Hülse(f) 72, 798.
Hülse(f), äußere 309.
Hülsenauswurf(m) 796.
Hülsenfrucht(f), Längsschnitt(m) 67.
Hülsenfrüchte(f) 72.
Hülsenschraube(f) 290.
Humeruskopf(m) 123.
Hummer(m) 90.
Hund(m) 106.
Hund(m), Vorderpfote(f) 106.
Hupe(f) 430, 444.
Hürde(f) 656.
Hürden(f) 647.
Hürdenlauf(m) 655.
Hut(m) 55.
Hutband(n) 328.
Hütchen(n) 485.
Hutmutter(f) 279.
Hütte(f) 165.
Hydrant(m) 186.
Hydrantenanschluß(m) 778, 779.
Hydrantenschlüssel(m) 779.
Hydraulik(f) 787.
Hydraulik-Heber(m) 449.
Hydraulik-Hochlöffelbagger(m) 785.
Hydraulikanschluß(m) 158.
Hydraulikkupplung(f) 147.
Hydraulikschlauch(m) 156, 157.
Hydraulikzylinder(m) 147, 784, 788.
Hydrosphäre(f) 31.
hydrostatische Lagerung(f) 14.
Hygrograph(m) 41.
Hygrometer(n) 210.

I

Identifikationsnummer(f), technische 405.
identisch 830.
Identitätsband(n) 364.
Iglu(m) 165.
Igluzelt(n), aufklappbares 686.
Imagesetter(m) 527.
Impair(n) 700, 701.
Impluvium(n) 170, 171.
Impulsregner(m) 264.
Inbound-Linie(f) 604.
Incisura(f) intertragica 139.
Inder(m) 13.
Indexöffnung(f) 529.
Indexspiegel(m) 484, 484.
Indikator(m) 710.
Indischer Ozean(m) 21.
indisches Fladenbrot(n) 153.
indisches Naanbrot(n) 153.
Induktionsspule(f) 406.
Industrie(f), petrochemische 744.
Infiltration(f) 34.
Information(f) 823.
Informationsschalter(m) 504.
Infrarot-Zielsuchkopf(m) 814.
Infrarotsensor(m) 43.
Innenbeleuchtung(f) 477.
Innenbrett(n) 697.
Innendichtschicht(f) 433.
Innenfeld(n) 597.
Innenfeldspieler(m), linker 607.
Innenfläche(f) 327.
Innenhof(m) 172, 173.
Innenknauf(m) 290.
Innenkreis(m) 620.
Innenläden(m) 231.
Innenlippe(f) 94.
Innenohr(n) 138.
Innenputz(m) 199.
Innensichel(f), Große 668.
Innensteckhülse(f) 670.
Innenstiefel(m) 641, 645.
Innentasche(f) 383.
Innentür(f) 254.
Innenzelt(n) 685, 686.
innere Grabenböschung(f) 178.
innere Kuppelhülle(f) 14.
Insekten(n) 77.
Insektenfresser(m) 31, 111.
Insel(f) 51, 452.
Inside-Linebacker(m) 603.
Installationswerkzeuge(n) 299.
Instrumentalgruppierungen(f) 558.
Instrumente(f), wissenschaftliche 511.
Instrumente(n) 16, 445.
Instrumente(n), elektronische 555.
Instrumenteneinheit(f) 509.
Instrumentenpalette(f) 511.
Instrumentenplattform(f) 43.
Instrumententafel(f) 431, 445.
Instrumententafel(f) 430, 442.
Integral(n) 830.
Intelsat VII(m) 418.
Interkostalnerv(m) 133.
internationale Wettersymbole(n) 39.
Intervalle(n) 537.
Intrusivgesteine(n) 23.
Io(f) 4.
Ionisationsclip(m) 233.
ionische Säulenordnung(f) 166.
Iris(f) 140.
irisches Brot(n) 153.
irreguläres Aggregat(n) 37.
Isba(f) 165.
Isobare(f) 38.
Isolator(m) 439, 757.
Isolierabdeckung(f) 528.
Isolierhülse(f) 309.
Isoliermaterial(n) 257, 741.
Isoliermaterialien(n) 287.
Isolierschichten(f) 512.
Isolierstoff(m) 199, 200.
Isolierung(f) 297, 768.
Isoseiste(f) 23.

J

J-2 Triebwerk(n) 509.
Jabot(n) 342.
Jacke(f) 331, 668.
Jacken(f) 338.
Jackpot-Kasten(m) 702.
Jackpot-Leitung(f) 702.
Jagdhunde(m) 11.
Jagdkappe(f) 328.
Jagdwaffen(f) 798.
Jahresring(m) 59.
Jahreszeiten(f) 8.
Jakobsmuschel(f) 93.
Jalousie(f) 231.
Jalousie(f) 203, 214.
Jalousiefenster(n) 203.
Jalousieschweller(m) 542.
Japanpinsel(m) 589.
Jazzband(f) 558.
Jazzbesen(m) 553.
Jeans(f) 336.
Jocharm(m) 535.
Jochbein(n) 122.
Jockey(m) 651.
Joggingschuh(m) 352.
Johannisbeere(f) 62.
Johannisbeere(f), schwarz 62.

Joker(m) 695.
Joystick(m) 526.
jüdisches Weißbrot(n) 153.
Judo(n) 668.
Judoanzug(m) 668.
Judokämpfer(m) 668.
Jungfrau(f) 820.
Jungfrau(f) 11, 13.
Jupiter(m) 4.
Jurte(f) 165.
Justaucorps(m) 315.
Justierring(m) 374.

K

K-Gerüst(n) 756.
Kabel(n) 260, 268, 271, 280, 310, 406, 408, 414.
Kabelabisolierer(m) 311.
Kabeldurchführung(f) 312.
Kabelmantel(m) 280, 283, 305.
Kabelnetz(n) 416.
Kabelrolle(f) 666.
Kabelschacht(m) 186.
Kabeltrommel(f) 415.
Kabeltülle(f) 311.
Kabelversteifung(f) 256.
Kabelverteiler(m) 416.
Kabine(f) 147, 160, 496.
Kabinenhaube(f) 813.
Kabriolett(n) 425.
Kachel(f) 511.
Kaffeehausgardine(f) 228.
Kaffeekanne(f) 688.
Kaffeelöffel(m) 241.
Kaffeemaschine(f) 247.
Kaffeemaschinen(f) 247.
Kaffeemühle(f) 256.
Kai(m) 490.
Kairampe(f) 490.
Kaiserdach(n) 183.
Kaiserling(m) 55.
Kaki(f) 68.
Kaktusfeige(f) 68.
Kalb(n) 151.
Kaltbuchse(f) 401.
Kältemittelbehälter(m) 212.
Kältemittelleitung(f) 213.
Kaltfront(f) am Boden(m) 39.
Kaltluft(f) 501.
Kaltluftzuleitung(f) 438.
Kaltnadel(f) 582.
Kaltwasserkreis(m) 215.
Kaltwassersteigleitung(f) 215.
Kaltwasserzulauf(m) 293, 296, 297, 298.
Kambium(n) 59.
Kamera(f) 414.
Kamera(f) 16, 412, 414.
Kamera(f), Rückseite(f) 390.
Kamera-Dolly(m) 414.
Kamera-Steckfeld(n) 412.
Kameragehäuse(n) 391.
Kameraplattform(f) 393.
Kameraschraube(f) 393.
Kamin(m) 204, 205.
Kamin(m) 195, 197.
Kaminabdeckung(f) 205.
Kaminabdichtung(f) 205.
Kaminanschluß(m) 204.
Kaminaufsatz(m) 197.
Kaminbesteck(n) 205.
Kamineinfassung(f) 204, 205.
Kaminsims(m) 204.
Kamm(m) 574.
Kamm(m) 27, 30.
Kämme(m) 368.
Kammer(f) 736.
Kammerscheidewand(f) 125.
Kammerton(m) A 539.
Kammerwasser(n) 140.
Kammlade(f) 572.
Kammuschel(f) 93.
Kampfbereich(m) 668.
Kämpfer(m) 174.
Kampfflugzeug(n) 812.
Kampfmesser(n) 794.
Kampfrichter(m) 666, 668, 669.
Kampfrichtertribüne(f) 651.
Kanal(m), linker 401.
Kanal(m), rechter 401.
Kanalabschnitt(m) 206.
Kanalisation(f) 215, 216.
Kanalschleuse(f) 492.
Kanalschleuse(f) 490.
Kanalsohle(f) 492.
Kanalsuchtasten(f) 411.
Kanapee(n) 221.
Kandare(f) 650.
Kandare(f) 648, 649.
Kandare(f), einfache 650.
Kandarenkette(f) 649.
Kandarenzügel(m) 649.
Kanne(f) 247.
Kannelüre(f) 166, 167.
Kanone(f) aus dem 17. Jahrhundert(n) 800.
Kante(f) 281, 719.
Kantenfläche(f) 288.
Kantenstecher(m) 266.
Kantholz(n) 572.
Kanüle(f) 726.
Kanülenansatz(m) 726.
Kanzel(f) 638.
Kanzellösehebel(m) 639.
Kap(n) 51.
Kapazitätsanzeige(f) 374.
Kapelle(f) 181.
Kapillargefäß(n) 137.
Kapillarröhrchen(n) 705.
Kapitalband(n) 577.
Kapitänssitz(m) 500.
Kapitell(n) 166.
Kaplanturbine(f) 754.
Käppchen(n) 328.
Kappe(f) 301.
Kappe(f) 309, 389, 398, 644.
Kappe(f), äußere 354.
Kapsel(f) 725.
Kapsel(f), Längsschnitt(m) 67.
Kapselfinger(m) 562.
Kapuze(f) 320, 349, 680.
Kapuze(f) mit Zugband(n) 351.
Kapuzenmuskel(m) 120, 121.
Kapuzenmütze(f) 329.
Kar(n) 7, 26.
Karabiner(m) 681.
Karabiner(m) 672.
Karabinerhaken(m) 630.
Karabinerhaken(m) 680.
Karaffe(f) 237.
Karambolagebillard(n) 673.
Kardanring(m) 485.
Kardinalseezeichen(n) 488.
Kardone(f) 72.
Karibisches Meer(n) 20.
Karo(n) 695.
Karotte(f) 71.
Karpalballen(m) 106.
Karrosserie(f) 426.
Karrosserie(f) 449.
Kartätsche(f) 801.
Karte(f), höchste 695.
Karte(f), politische 51.
Karteikarten(f) 517.
Karteikasten(m) 517.
Karteiregister(n) 518.
Karteischubfach(n) 517.
Kartennetzentwürfe(m) 50.
Kartenraum(m) 494.
Kartenschlitz(m) 422.
Kartenspiele(n) 695.
Kartoffel(f) 71.
Kartoffelschüssel(f) 238.
Kartoffelstampfer(m) 244.
Kartographie(f) 47, 50, 52.
Kartreppe(f) 26.
Kartusche(f) 291, 295, 730.
Kartuschendichtung(f) 295.
Kartuschenkolben(m) 295.
Kartuschenpistole(f) 291.
Käsemesser(n) 239.
Kaserne(f) 179.
Kaspisches Meer(n) 21.
Kasse(f) 453.
Kassette(f) 403.
Kassette(f) 408, 526.
Kassettenauswurfschalter(m) 409, 411.
Kassettenband(n) 403.
Kassettendeck(n) 403.
Kassettendeck(n) 400, 407.
Kassettendecktasten(f) 408.
Kassettenfach(n) 403.
Kassettenfilm(m) 395.
Kassettenlaufwerk(n) 526.
Kassettenlift(m) 409, 411.
Kassettenteil(n) 408.
Kastagnetten(f) 554.
Kastagnetten(f) 556.
Kastanie(f) 100.
Kasten(m) 539.
Kasteneisen(n) 587.
Kastenwagen(m), langer 472.
Katalysator(m) 439.
Katapult(n) 810.
Kathedrale(f) 184.
Katze(f) 107.
Katze(f) 178.
Katze(f), Kopf(m) 107.
Kaulquappe(f) 84.
Kaumuskel(m) 120.
Kegel(m) 24, 251.
Kegeldach(n) 183.
Kegelprojektion(f) 50.
Kegelzahnrad(n) 280.
Kehldeckel(m) 130, 142, 143.
Kehle(f) 108, 542.
Kehlkopf(m) 130, 142.
Kehlriemen(m) 649.
Keil(m) 277, 327, 378, 380, 542, 800.
Keilbeinhöhle(f) 141.
Keilhebel(m) 277.
Keilriemen(m) 258, 434.
Keilstein(m) 174.
Keim(m) 152.
Keimblatt(n) 57.
Keimpflanze(f) 70.
Keimscheibe(f) 109.
Kelch(m) 62, 67.
Kelchblatt(n) 60, 62.
Kelimbindung(f) mit wechselnden Wenden(f) 576.
Kelimbindung(f), senkrechte 576.
Keller(m) 197.
Kellerfalte(f) 335.
Kellerfenster(n) 197.
Kellnerbesteck(n) 244.
Kennplakette(f) 712.
Kennzeichnung(f) 433.
Kepheus(m) 11.
Keramikdichtung(f) 295.
Kerbe(f) 674, 708.
Kerbel(m) 74.
Kern(m) 6, 9, 62, 63, 64, 65, 72, 542, 677, 692, 798.
Kern(m), äußerer 22.
Kern(m), innerer 22.
Kernenergie(f) 758, 760, 762, 764, 766.
Kernenergie(f), Stromerzeugung(f) aus 766.
Kernfrucht(f), Querschnitt(m) 64.
Kerngehäuse(n) 64.
Kernholz(n) 59.
Kernkraftwerk(n) 758.
Kernmembran(f) 115.
Kernobst(n) 64.
Kernobstsorten(f) 64.
Kernreaktor(m) 765.
Kernreaktorraum(m) 806.
Kernspalte(f) 542.
Kerosin(n) 744.
Kerosintank(m) 509.
Kessel(m) 209.
Kessel(m) 206, 208, 484, 553.
Kessel(m), elektrischer 207.
Kesselpauke(f) 553.
Kesselstaubsauger(m) 260.
Kesselwagen(m) 472.
Ketsch(f) 482.
Kettbaum(m) 573.
Kette(f) 293, 445, 446, 448, 573, 574, 661, 707.
Kettenantrieb(m) 156.
Kettenblatt(n), großes 448.
Kettenblatt(n), kleines 448.
Kettenblattumwerfer(m) 446, 448.
Kettenbremse(f) 272.
Kettenführung(f) 448.
Kettenlaufwerkrahmen(m) 783.
Kettenplatte(f) 805.
Kettenrad(n) 805.
Kettenrohrzange(f) 299.
Kettensäge(f) 272.
Kettenschuh(m) 805.
Kettenstich(m) 571.
Kettfaden(m) 576.
Keule(f) 106.
Keulenärmel(m) 340.
Kfz(n) 828.
Kibla(f) 173.
Kichererbsen(f) 72.
Kieferfüße(m) 90.
Kiefernnadeln(f) 58.
Kiel(m) 633.
Kielbogen(m) 174.
Kieldach(n) 182.
Kielfeder(f) 389.
Kielstange(f) 637.
Kiemen(f) 87.
Kiemen(f) 88, 92.
Kiemen(f), äußere 84.
Kiemenbogen(m), oberer 87.
Kiemenbogen(m), unterer 87.
Kiemendeckel(m) 84, 86.
Kiemenfaden(m) 87.
Kiemenreuse(f) 87.
Kies(m) 199, 216.
Kilometerzähler(m) 431.
Kimme(f) 795, 796, 797, 798, 804.
Kimono(m) 348.
Kimonoärmel(m) 340.
Kinderkleidung(f) 349, 350.
Kinn(n) 108, 118.
Kinnkette(f) 650.
Kinnkettenhaken(m) 650.
Kinnreff(n) 792.
Kinnriemen(m) 602, 777.
Kinnschutz(m) 443, 777.
Kinnstütze(f) 544.
Kino(n) 496.
Kiosk(m) 453.
Kippermulde(f) 785.
Kipphebel(m) 727.
Kirche(f) 185.
Kirschband(n) 229.
Kirsche(f) 63.
Kirsorfalte(f) 228.
Kissen(n) 588.
Kissen(n) 570.
Kissen(n), kleines 224.
Kittelbluse(f) 337.
Kiwi(f) 68.
Klaffmuschel(f) 93.
Klammer(f) 230.
Klammern(f), eckige 832.
Klammern(f), runde 832.
Klampe(f) 630.
Klampe(f) 628.
Klangfarbenregler(m) 547.
Klangprozessor(m) 528.
Klappbrücke(f) 457.
Klappe(f) 95, 219, 277, 322, 549.
Klappe(f), hintere 511.
Klappe(f), linke 95.
Klappendrücker(m) 549.
Klappenhebel(m) 500.
Klappenheber(m), hydraulischer 812.
Klappenschutz(m) 549.
Klappenstiel(m) 549.
Klappentasche(f) 339.
Klappentasche(f) 320, 322.
Klapperschlange(f) 97.
Klappmessersprung(m) 625.
Klappspaten(m) 690.
Klappstufe(f) 449.
Klappstuhl(m) 223.
Klapptisch(m) 219.
Klarinette(f) 548.
Klarinetten(f) 556.
Klarsichtfenster(n) 379.
Klarsichtscheibe(f) 445.
Klarspülmittelgeber(m) 257.
Klaue(f) 78, 80, 91, 112, 275.
Klaviaturboden(m) 540.
Klavier(n) 540.
Klaviermechanik(f) 541.
Klebeband(n) 607.
Klebeetiketten(n) 518.
Klebefilmspender(m) 516.
Klebestift(m) 515.
Klebstoff(m) 200.
Kleeblatt(n) 452.
Kleeblatt(n) 450.
Kleeblattbogen(m) 174.
Kleid(n) mit flachem Reifrock(m) 317.
Kleid(n) mit Krinolinenrock(m) 318.
Kleid(n) mit Turnüre(f) 316.
Kleid(n), mit angesetztem Schoß(m) 332.
Kleiderarten(f) 332.
Kleiderhaken(m) 522.
Kleiderrock(m) 333.
Kleidersack(m) 382.
Kleiderschrank(m) 225, 226, 522.
Kleiderschrank(m) 195.
Kleiderschutz(m) 727.
Kleiderstoff(m) 565.
Kleidung(f), feuer- und wasserfeste 777.
Kleine Wasserschlange(f) 13.
kleiner als 830.
Kleiner Bär(m) 11.
kleiner Finger(m) 137.
kleiner Hüftnerv(m) 133.
Kleiner Hund(m) 11.
Kleiner Löwe(m) 11.
Kleinfingerhaken(m) 551.
Kleinhirn(n) 134.
Klemmbacke(f) 365.
Klemmbrett(n) 519.
Klemmbügel(m) 370.
Klemme(f), verstellbare 234.
Klemmhefter(m) 519.
Klemmschlaufe(f) 681.
Klemmschlaufe(f) 680.
Klemmschraube(f), obere 40.
Klemmschraube(f), untere 40.

Die Bezeichnungen der Illustrationen sind **fettgedruckt**.

Klemmspot(m) 235.
Klemmtasche(f) 381.
Klettergürtel(m) 680.
Kletterhaken(m) 681.
Kletterhose(f) 680.
Kletterpflanze(f) 263.
Kliff(n) 23, 30.
Klimaanlage(f) 214.
Klimaanlage(f) 415, 449, 494.
Klimagerät(n) 506.
Klimate(n) der Welt(f) 45.
Klimate(n), gemäßigte 45.
Klimate(n), subarktische 45.
Klimate(n), subarktische 45.
Klimate(n), subtropische 45.
Klimate(n), tropische 45.
Klinge(f) 239, 242, 276, 374, 666.
Klinge(f), große 688.
Klinge(f), isolierte 310.
Klinge(f), kleine 688.
Klinge(f), zweischneidige 374.
Klingenkassette(f) 374.
Klingenmitte(f) 666.
Klingenschwäche(f) 666.
Klingenstärke(f) 666.
Klingenstopper 369.
Klinke(f) 573.
Klinkenstecker(m) 406.
Klips(m) 323, 361.
Klistierspritze(f) 726.
Klitoris(f) 128.
Klöppel(m) 570.
Klöppel(m) 570.
Klöppelbrief(m) 570.
Klöppelkissen(n) 570.
Klöppelspitze(f) 570.
Klosettbecken(n) 293.
Klosettbrille(f) 293.
Klosettdeckel(m) 293.
Klotz(m) 787.
Klubhaus(n) 651, 676.
Klubhauskurve(f) 651.
Klüver(m) 628.
Knarre(f) 670.
Knäuel(n) 575.
Knauf(m) 219, 596, 609, 615, 666.
Knebel(m) 650, 817.
Knebelbolzen(m) 276.
Knebeltrense(f) 650.
Knebelverschluß(m) 320.
Kneifer(m) 377.
Knethaken(m) 250.
Knie(n) 100, 106, 116, 118.
Kniebuckel(m) 792.
Kniebundhose(f) 336.
Kniehose(f) 315.
Kniehose(f) 317.
Kniemanschette(f) 653.
Kniemanschettenhalter(m) 653.
Kniepolster(n) 602, 609.
Kniescheibe(f) 101, 103, 122.
Knieschützer(m) 595.
Kniestrumpf(m) 325, 344.
Kniestrumpf(m) 642, 667.
Knipsbörse(f) 379.
Knoblauch(m) 70.
Knoblauchpresse(f) 243.
Knöchel(m) 116, 118.
Knöchelsocke(f) 325.
Knolle(f) 72.
Knollenblätterpilz(m) 55.
Knollengemüse(n) 71.
Knopf(m) 231, 232, 324, 326, 536, 800.
Knöpfe(m), gelochte 566.
Knopflasche(f) 323.
Knopfleiste(f) 324, 326.
Knopfleiste(f), verdeckte 330, 351.
Knopfloch(n) 319.
Knorrenmuskel(m) 121.
Knötchenstich(m), französischer 571.
Knötchenstiche(m) 571.
Knoten(m) 576, 691, 692.
Knoten(m) 756.
Knoter(m) 159.
Ko-Prozessor(m) 528.
Köcher(m) 684.
Kochgeräte(n) 248.
Kochgeschirr(n) 688.
Kochmesser(n) 242.
Kochplatte(f) 255.
Kochstelle(f) 255.
Kochtopf(m) 688.
Köderlauncher(m) 809.
Koffer(m) 383.
Koffer-Sattelanhänger(m) 441.
Kofferraum(m) 427.
Kognakschwenker(m) 237.
Kohl(m) 73.
Kohle(f) 588.
Kohlebergwerk(n) 733, 734, 736.
Kohlendioxid(n) 760.
Kohlendioxidkühlgas(n) 760.
Kohlendioxidreaktor(m) 760.
Kohlenschaufel(f) 205.
Kohlrabi(m) 71.
Kohlrübe(f) 71.
Kokosnuß(f) 66.
Kolben(m) 60, 72, 232, 233, 432, 435, 436, 437, 438, 562, 797.
Kolbenantrieb(m) 159.
Kolbenhals(m) 798.
Kolbenring(m) 434.
Kolbenschaft(f) 434.
Kollaterale(f) 135.
Kollegmappe(f) 378.
Kollektor(m) 753.
Koller(m) 319.
Kolonne(f) 700, 701.
Koma(f) 9.
Kombihacke(f) 266.
Kombihammer(m) 681.
Kombihammer(m) 680.
Kombipumpe(f) 687.
Kombiwagen(m) 425.
Kombizange(f) 278, 311.
Kombüse(f) 807.
Komet(m) 9.
Komma(n) 832.
Kommandantenstand(m) 805.
Kommandoantenne(f), ferngesteuerte 49.
Kommandobrücke(f) 493.
Kommandokapsel(f) 509.
Kommandoturm(m) 807.
Kommastellen(f) 523.
Kommataste(f) 523.
Kommode(f) 226.
Kommunikation(f), telefonische 420, 422.
Kommunikationsmodul(m) 418.
Kompass(m) 639.
Kompaßrose(f) 484, 719.
Kompressor(m) 212.
Kompressor(m) für Klimaanlage(f) 435.
Koncha(f) 139.
Kondensatauslaß(m) 759.
Kondensateinlaß(m) 759.
Kondensation(f) 35.
Kondensationskammer(f) 758.
Kondensator(m) 758, 771.
Kondensator(m) für Außenaufstellung(f) 212.
Kondensatorkühlwasserauslaß(m) 759.
Kondensatorkühlwasserbecken(n) 763.
Kondensatorkühlwassereinlaß(m) 759.
Kondensor(m) 717, 718.
Kondensoreinstellung(f) 718.
Kondensorhöhenverstellung(f) 718.
Kondenssammler(m) 210.
Konditionierer(m) 158.
Konfiguration(f), zusammengefaltete 48.
Kongreßzentrum(n) 184.
König(m) 695.
König(m) 696.
Königin(f) 81.
Königsflanke(f) 696.
Konstellationen(f) der nördlichen Halbkugel(f) 10.
Konstellationen(f) der südlichen Halbkugel(f) 12.
Konstruktion(f) 203.
Konstruktion(f) eines Hauses(n) 198.
Konsument(m) 417.
Kontakt(m) 233.
Kontaktkopiergerät(n) 398.
Kontergarde(f) 179.
Kontermutter(f) 296.
Kontinent(m) 29.
kontinental-trocken - halbtrocken 45.
kontinental-trocken - trocken 45.
Kontinentalfuß(m) 29.
Kontinentalhang(m) 22, 29.
Kontinentalklimate(n) 45.
Kontinentalrand(m) 29.
Kontinentalschelf(m) 22, 29.
Kontinente(m), Konfiguration(f) 20.
Kontrabaß(m) 545.
Kontrabasse(m) 557.
Kontrafagotte(n) 556.
Kontrasteinstellung(f) 532.
Kontrastregler(m) 529.
Kontreskarpe(f) 178.
Kontrollampe(f) 370.
Kontrollbildschirm(m) 717.
Kontrolleuchte(f) 247, 252, 255, 256, 257, 585.
Kontrollgerät(n) 699.
Kontrollkonsole(f) 683.
Kontrollmonitor(m) 413.
Kontrollmonitore(m) 412, 413, 415.
Kontrollmutter(f) 40.
Kontrollraum(m) 502, 806.
Kontrollturm(m) 502, 810.
Kontrolluhr(f) 413, 415.
Konturfeder(f) 110.
Konvektionszone(f) 6.
Konvektor(m) 211.
Konvektor(m) 208.
Koordinatensystem(n) der Erdkugel(f) 3.
Koordinatensystem(n) der Himmelskugel(f) 3.
Köperbindung(f) 576.
Kopf(m) 109.
Kopf(m) 9, 78, 79, 80, 83, 117, 119, 124, 127, 275, 276, 279, 283, 373, 374, 386, 453, 544, 561, 567, 570, 579, 615, 670, 677, 681.
Kopf(m) der Katze(f) 107.
Kopf(m) voraus 624.
Kopfarten(f) 276.
Kopfautomatik(f) 640, 641.
Kopfband(n) 729, 730.
Kopfbedeckungen(f) 328.
Kopfbruststück(n) 90.
Kopfbügel(m) 408.
Köpfchen(n) 60.
Köpfchentypen(m) 229.
Kopfende(n) 224.
Kopfhörer(m) 406.
Kopfhörer(m) 408.
Kopfhörerbuchse(f) 402, 408.
Kopfhörerstecker(m) 408.
Kopfkissen(n) 224.
Kopfkissenbezug(m) 224.
Kopfkissenschonbezug(m) 224.
Kopfnicker(m) 120.
Kopfprofil(n) 231.
Kopfriegel(m) 202.
Kopfsalat(m) 73.
Kopfschiene(f) 230.
Kopfschutz(m) 729.
Kopfseite(f) 736.
Kopfsprung(m) rückwärts 625.
Kopfsprung(m) vorwärts 625.
Kopfstab(m) 653.
Kopfsteg(m) 577.
Kopfstrecke(f) 736.
Kopfstütze(f) 428.
Kopfteil(m) 201, 328, 329.
Kopfwurf(m) 668.
Kopienablage(f) 532.
Kopienanzahl(f) 532.
Kopienausgabemodus(m) 532.
Kopieren(n), beidseitiges 532.
Kopierkontrolle(f) 532.
Kopierrad(m) 563.
Kopilotensitz(m) 500.
Koppel-Kipptaste(f) 542.
Koppen(m) 236.
Korb(m) 610.
Korb(m) 257, 610.
Korbbrett(n) 610.
Korbhaltetrossen(f) 634.
Korbring(m) 610.
Korbstich(m) 567.
Korbtragerohr(n) 635.
Kordel(f) 229.
Kordgriff(m) 658.
Koriander(m) 74.
korinthische Säulenordnung(f) 167.
Korkball(m) 596.
Korkenzieher(m) 688.
Korkspitze(f) 618.
Korn(n) 795, 797, 798, 799, 804.
Kornelevator(m) 161.
Körnerfresser(m) 111.
Körnerschicht(f) 136.
Kornett(n) 550, 556.
Kornhalter(m) mit Korn(n) 796.
Kornschnecke(f) 161.
Korntank(m) 160.
Korona(f) 6.
Körper(m) 143, 542, 670.
Körper(m), menschlicher 116, 118.
Körperchen(n), Ruffinisches 136.
Körperchen(n), Vater-Pacinische 136.
Körperkabel(n) 666.
Körperpolster(n) 609.
Körpertemperaturregelung(f) 512.
Korpus(m) 546, 549, 645, 658.
Korpus(m), birnenförmiger 535.
Korpus(m), dreieckiger 535.
Korpus(m), massiver 547.
Korpus(m), runder 535.
Korrekturflüssigkeit(f) 515.
Korrekturstreifen(m) 515.
Korrekturtaste(f) 569.
Korrekturtriebwerk(n) 49.
Korselett(n) 347.
Korsett(n) 346.
Kosakenmütze(f) 328.
Kosmetikkoffer(m) 382.
Kostüm(n) 331.
Kostüme(f), historische 318.
Kostüme(n), historische 315, 316.
Köte(f) 101.
Kötengelenk(n) 101.
Kotflügel(m) 147, 426, 440.
Krabbe(f) 90.
Krafträder(n) 828.
Kraftstoff-Luft-Gemisch(n) 436.
Kraftstoffanzeige(f) 431.
Kraftstoffbehälter(m) 468.
Kraftstoffreserveanzeige(f) 431.
Kraftstoffschlauch(m) 509.
Kraftstofftank(m) 272, 440, 442.
Kraftübertragung(f) 448.
Kraftwerk(n) 752.
Kraftwerk(n) 746, 752.
Kraftwerksgebäude(n) 764.
Kragen(m) 341.
Kragen(m) 319, 322, 324, 546, 547.
Kragen(m), drapierter 343.
Kragen(m), gespreizter 324.
Kragen(m), kleiner 318.
Kragen(m), transformabler 319.
Kragenarten(f) 341, 342.
Kragenecke(f) 341.
Kragenklammer(f) 364.
Kragenspitze(f) 324.
Kragenstäbchen(n) 324.
Kragensteg(m) 341.
Kragstein(m) 180, 181, 204.
Kragträger(m) 454.
Krähenfußstich(m) 571.
Krail(m) 267.
Kralle(f) 268.
Kralle(f) 97, 106, 107, 108, 111.
Kralle(f), ausgestreckte 107.
Kralle(f), eingezogene 107.
Krallenbein(n) 107.
Kran(m) 14, 738.
Kranbahn(f) 786.
Kranführerkabine(f) 786.
Kranich(m) 13.
Krankenhaus(n) 822.
Krankentrage(f) 726.
Kranzgesims(n) 166, 168.
Kranzprofil(n) 225.
Krappe(f) 364.
Krater(m) 7, 25, 733.
Kraulen(n) 622.
Kräuselfalte(f) 337.
Kräuselrock(m) 335.
Krausstrick(m) 567.
Kräuter(n) 74.
Krawatte(f) 324.
Krawattenklemme(f) 364.
Krawattennadel(f) 364.
Krawattenschal(m) 324.
Krebs(m) 820.
Krebs(m) 11.
Krebse(m), eßbare 90.
Krebstiere(n) 90.
Kreditkartenetui(n) 379.
Kreditkartenfach(n) 379.
Kreide(f) 675.
Kreiskolbenmotor(m) 437.
Kreislauf(m), elektrischer 233.
Kreisregner(m) 264.
Kreissägeblatt(n) 284.
Kreisverkehr(m) 52.
Kremaster(m) 78.
Krempe(f) 328, 329.
Kreolen(f) 361.
Krepis(f) 166, 168, 169.
Kreuz(n) 695, 818.
Kreuz(n) 483, 538.
Kreuz(n) des Südens(m) 13.
Kreuz-Bramstagsegel(n) 480.
Kreuz-Royalbrasse(f) 480.
Kreuz-Royalstagsegel(n) 480.
Kreuz-Stengestagsegel(n) 480.
Kreuzaussteifung(f) 198.
Kreuzbein(n) 122, 123.
Kreuzbeinwirbel(m) 103.
Kreuzgeflecht(n) 133.
Kreuzhacke(f) 267.
Kreuzknoten(m) 691.
Kreuzkopf(m) 787.
Kreuzmast(m) 478.
Kreuzrippe(f) 177.

Die Bezeichnungen der Illustrationen sind **fettgedruckt**.

Kreuzschlitzschraubenzieher(m) 688.
Kreuzsegel(n) 480.
Kreuzstiche(m) 571.
Kreuztisch(m) 718.
Kreuztischeinstellung(f) 718.
Kriechstrombarriere(f) 439.
Krieger(m), gallischer 791.
Krinolinenrock(m) 318.
Kristalltropfen(m) 236.
Kronbein(n) 103, 107.
Krone(f) 832.
Krone(f) 59, 101, 105, 144, 239, 242, 363, 545, 706.
Kronenblock(m) 737.
Kronenende(n) 105.
Kronleuchter(m) 236.
Kröte(f) 85.
Krummdarm(m) 131.
Krümmling(m) 201.
Kruppe(f) 101, 661.
Kübel(m) 263.
Küche(f) 171, 195.
Kuchenform(f) 245.
Kuchenform(f), flache 245.
Küchenmaschine(f) 251.
Küchenmesser(n) 242.
Kuchenpinsel(m) 245.
Kuchenrad(n) 245.
Küchenset(n) 244.
Küchenspalter(m) 242.
Küchenuhr(f) 244.
Küchenutensilien(n) 242, 244, 246.
Küchenwaage(f) 244.
Küchenwagen(m) 507.
Kufe(f) 445, 508, 643, 644.
Kufe(f), hintere 643.
Kufe(f), vordere 643.
Kugel(f) 795.
Kugel(f) 530, 683, 798.
Kugelaggregat(n) 294.
Kugeldichtung(f) 294.
Kugelhalterung(f) 40, 530.
Kugelmechanik(f) 389.
Kugeln(f) 658.
Kugelrücklaufkasten(m) 683.
Kugelschreiber(m) 389, 515.
Kugelstoßen(n) 655.
Kugelträger(m) 683.
Kuh(f) 151.
Kühl- und Heizbatterie(f) 213.
Kühlaggregat(n) 441.
Kühlbox(f) 690.
Kühler(m) 438.
Kühler(m) 771.
Kühler(m) für Dampfgeneratorraum(m) 759.
Kühlerblock(m) 438.
Kühlergrill(m) 426, 440.
Kühlergruppe(f) 469.
Kühlerverschlußdeckel(m) 438.
Kühlfach(n) 254.
Kühlgebläse(n) 528.
Kühlhaus(n) 491.
Kühlmantel(m) 796.
Kühlmittel(n) 760, 761, 762, 763, 766.
Kühlmittel(n) 766.
Kühlmittel(n), heißes 771.
Kühlmittel(n), kaltes 771.
Kühlmittelauslaß(m) 768.
Kühlmitteleinlaß(m) 768.
Kühlschrank(m) 254.
Kühlung(f) 744.
Kühlwagen(m) 472.
Kühlwasserschlauch(m) 438.
Kühlwassertank(m) 759.
Kühlwasserventilator(m) 469.
Kuhstall(m) 149.
Kuhstek(m) 691.
Küken(n) 150.
Kulette(f) 363.
Kühlwassertank(m) 766.
Kühlwasserventil(n) 759.
Kulissen(f) 189.
Kultbild(n), Standort(m) 169.
Kulturbeutel(m) 382.
Kumquat(f) 65.
Kumulonimbus(m) 44.
Kumulus(m) 44.
Kunstfliege(f) 670.
Kunstschwamm(m) 367.
Kunstspringen(n) 624.
Kunststoff(m) 301.
Kunststoffisolator(m) 312.
Kupfer(n) 301.
Kupferplatte(f) 582.
Kuppe(f) 675.
Kuppel(f) 486.
Kuppel(f) des Mihrab(m) 173.
Kuppelantrieb(m) 14.
Kuppeldach(n) 183.
Kuppelspaltabdeckung(f) 14.
Kuppelzelt(n) 686.
Kuppenring(m) 675.
Kupplung(f) 778.
Kupplungsbolzen(m) 754.
Kupplungsbügel(m) 469.
Kupplungsgehäuse(n) 444.
Kupplungshebel(m) 272, 442, 444.
Kupplungskopf(m) 471.
Kupplungskopf(m) 147.
Kupplungsmaul(n) 156, 157.
Kupplungspedal(n) 430.
Küraß(m) 791.
Kurbel(f) 265, 280, 448, 671.
Kurbel(f) für Säule(f) 393.
Kurbelgehäuse(n) 436.
Kurbelwelle(f) 434, 436.
Kürbis(m) 69.
Kursbuchtafeln(f) 463.
Kurse(m) 629.
Kursstrich(m) 485.
Kurtine(f) 178, 180.
Kurve(f) 651.
Kurzhandschuh(m) 327.
Kurzschwert(n) 791.
Kurzsocke(f) 344.
Kuskustopf(m) 249.
Küstenformen(f) 30.
Kuttenkragen(m) 342.

L

Label(n) 404.
Laboratorium(n) 15.
Laborleuchte(f) 398.
Laboruhr(f) 398.
Lade-Anschlußbuchse(f) 260.
Ladeband(n) 733.
Ladebaum(m) 742, 743.
Ladebucht(f) 510.
Ladefläche(f) 156, 441.
Ladegerät(n) für Paletten(f) und Container(m) 507.
Ladekennziffer-Plakette(f) 743.
Ladeklappen(f) 510.
Ladekontrollampe(f) 374.
Ladeluftkühler(m) 438.
Lademast(m) 743.
Laden(m) 98, 170.
Ladenbahn(f) 572.
Ladenpassage(f) 190.
Laderampe(f) 190.
Laderampe(f), klappbare 494.
Ladeschaufel(f) 801.
Ladestock(m) 795, 801.
Ladung(f) 799.
Lafettenwand(f) 800.
Laffe(f) 241.
Lage(f) 678.
Lageplan(m) 193.
Lagergang(m) 24.
Lagergestell(n) 764.
Lagerraster(n) 765.
Lagertank(m) 744.
Lagerzapfen(m) 800.
Lagune(f) 30.
Laibung(f) 174.
Lakkolith(m) 25.
Lamelle(f) 55, 231.
Lamm(n) 150.
Lammfelljacke(f) 321.
Lampe(f) 689.
Lampe(f) 471, 718.
Lampen(f) 232, 234, 236.
Lampenfassung(f) 309.
Lampenreihe(f) 235.
Land(n) 51.
Landebereich(m) 655.
Landedeck(n) 811.
Landefenster(n) 508.
Landeklappe(f) 498.
Landenge(f) 51.
Landeradar(n) 811.
Landescheinwerfer(m) 508.
Landhausgardine(f) 228.
landschaftlich schöne Strecke(f) 52.
Landschaftskarte(f) 51.
Landspitze(f) 30.
Landung(f) 736.
Landzunge(f) 30.
Längengrad(m) 3.
Längengrade(m) 47.
Längenmessung(f) 711.
Längenpfosten(m) 651.
Längenverstellung(f) 728.
Langhaarschneider(m) 374.
Langhandschuh(m) 327.
Langlauf-Rattenfallbindung(f) 642.
Langläufer(in(f))(m) 642.
Langlaufschuh(m) 642.
Langlaufski(m) 642.
Langlaufski(m) 642.
Längsachsenwindturbine(f) 774.
Längsdünen(f) 46.
Längsfaden(m) 565, 566.
Längslatte(f) 637.
Längsriegel(m) 198.
Längsschneidemaschine(f) 398.
Längsschott(n) 742.
Längsträger(m), unterer 470.
Langstrecken-Düsenflugzeug(n) 498.
Languste(f) 91.
Langustine(f) 91.
Lanze(f) 791.
Lanzettbogen(m) 174.
lanzettlich 56.
Lapislazuli(m) 362.
Lappen(m) 111.
Lappen(m), oberer seitlicher 61.
Lappen(m), unterer seitlicher 61.
Lärche(f) 58.
Larve(f) 82.
Lasche(f) 320, 378, 379.
Laschenbolzen(m) 466.
Laserdrucker(m) 527.
Laserstrahl(m) 405.
Lastenfortbewegung(f) 786, 788.
Lastkraftfahrzeuge(n) 440.
Lateinersegel(n) 482.
Lateralzeichen(n) 489.
Laterne(f) 263, 486, 487.
Latissimuszug(m) 663.
Latrinen(f) 171.
Latte(f) 571, 626, 631, 646.
Lattengitter(n) 286.
Lattenzaun(m) 263.
Latz(m) 667.
Lätzchen(n) 349.
Lätzchen(n) 350, 351.
Latzenstab(m) 574.
Latzhose(f) 336, 350, 351.
Laub(m) 59.
Laubfrosch(m) 85.
Laubwerk(n) 220.
Lauch(m) 70.
Lauf(m) 108, 599, 796.
Lauf(m), gezogener 798.
Lauf(m), glatter 799.
Laufbahn(f) 654.
Laufbein(n) 78.
Laufblatt(n) 752, 753, 754.
Laufbrett(n) 469.
Läufer(m) 696, 697, 753.
Läufer(m), halbbrechter 607.
Lauffläche(f) 433, 466.
Laufgewicht(n) 539, 708.
Laufkatze(f) 457, 786.
Laufkatzenrolle(f) 786.
Laufkran(m) 786.
Laufkran(m) 747.
Laufrad(n) 583.
Laufrad(n), pneubereiftes 476, 477.
Laufrolle(f) 530, 805.
Laufschiene(f) 786, 798.
Laufschuh(m) 656.
Laufsohle(f) 353, 355, 640.
Laufwagen(m) 230.
Laugenbehälter(m) 258.
Lautsprecher(m) 408, 412, 413, 420, 485, 500, 779.
Lautsprecherbox(f) 400.
Lautsprecherschalter(m) 402.
Lautstärkeregler(m) 402, 408, 411, 420, 422, 512, 547, 555.
Lautstärkeregler(m) für den Hörer(m) 420.
Lautstärkeregler(m) für den Rufton(m) 420.
Lavaschicht(f) 25.
Lavastrom(m) 25.
LCD-Anzeige(f) 706.
Lead(m) 620.
Lebenserhaltungssystem(n) 512.
Leber(f) 88, 97, 124, 131.
Lebervene(f) 124.
LED-Pegelanzeige(f) 403.
Lederhaut(f) 137, 598.
Lederschutz(m) 690.
Lederstrippe(f) 323.
Ledertuch(n) 358.
Lederwalze(f) 582.
Lederwaren(f) 378.
Leerdarm(m) 131.
Leermenge(f) 830.
Leertaste(f) 525, 530.
Left-Wing(m) 606.
Lefzen(f) 106.
Legionär(m), römischer 791.
Legwarmer(m) 353.
Lehmkern(m) 748.
Lehnstuhl(m) 220.
leicht entzündlich 821.
Leichtathletik(f) 654, 656, 658.
Leichtbelastungseinstellschraube(f) 712.
Leier(f) 11.
Leine(f) 817.
Leinöl(n) 592.
Leinwand(f) 589.
Leinwand(f) 397.
Leinwandbindung(f) 576.
Leinwandkasten(m) 397.
Leiste(f) 116, 118, 578.
Leistendurchlaß(m) 207.
Leistentasche(f) 322.
Leistungskabel(n) 312.
Leistungsschalter(m) 212.
Leitblech(n) 271.
Leiter(f) 449, 487, 493, 741, 785.
Leiterbaum(m), ausfahrbarer 780.
Leitergerüst(n) 303.
Leiterkordel(f) 231.
Leitern(f) 302.
Leiterstrahlrohr(n) 781.
Leitöse(f) 630.
Leitrad(n), pneubereiftes 477.
Leitschaufeln(f), äußere 501.
Leitschaufeln(f), innere 501.
Leitung(f) 420.
Leitwerk(n) 499, 638, 746.
Leitwerksformen(f) 498.
Leitwerksträger(m) 508.
Leitwerkstütze(f) 507.
Lende(f) 101, 117, 119.
Lendengeflecht(n) 133.
Lendenpolster(n) 602.
Lendenwirbel(m) 135.
Lendenwirbel(m) 103.
Lendenwirbel(m)(5) 123.
Lenkachse(f) 788.
Lenker(m) 445.
Lenkergriff(m) 442.
Lenkerschaft(m) 447.
Lenkhebel(m) 788.
Lenkholm(m) 270, 272.
Lenkrad(n) 147, 430.
Lenkrolle(f) 260.
Lenkstange(f) 447, 637, 664.
Lenkzylinder(m) 784.
Leo 820.
Leseleuchte(f) 234.
Leuchtanzeige(f) 529.
Leuchtanzeigen(f) 531.
leuchtende Nachtwolke(f) 19.
Leuchtfeuer(n) 489.
Leuchtfeuerkennung(f) 489.
Leuchtpult(n) 398.
Leuchtstift(m) 515.
Leuchtstoffröhre(f) 232.
Leuchtstoffröhre(f) 233.
Leuchtstreifen(m) 730, 777.
Leuchtturm(m) 486.
Leuchtturm(m) 491.
Leuchtturmlampe(f) 486.
Leukoplast(m) 115.
Libelle(f) 77.
Libero(m) 601.
Libra 820.
Licht(n) 720, 721.
Lichterscheinung(f) 489.
Lichtmaschine(f) 434.
Lichtregelanlage(f) 412.
Lichtsensor(m) 390.
Lichtwertskala(f) 396.
Lichtzeichenanlage(f) 826, 827.
Lidschatten(m) 367.
Liebstöckel(m) 74.
Lieferanteneinfahrt(f) 190.
Liegestuhl(m) 223.
Ligament(n), elastisches 107.
Likörglas(n) 237.
Lilie(f) 819.
Limonadenlöffel(m) 241.
Limousine(f), viertürige 425.
lineal 56.
Lineal(n) 578, 591, 688.
Linebacker(m), äußerer 603.
Linebacker(m), mittlerer 603, 605.
Linie(f), blaue 608.
Linie(f), kurze 617.
Linienrichter(m) 601, 603, 606, 608, 612, 613, 614, 618.
Linienrichter(m), erster 605.
Linienrichter(m), zweiter 605, 613.
Liniensystem(n) 537.
links 189.
Linksaußen(m) 601.
Linksaußen-Linebacker(m) 605.

Die Bezeichnungen der Illustrationen sind **fettgedruckt**.

Linse(f) 140, 390, 392.
Linse(f), bikonkave 722.
Linse(f), bikonvexe 722.
Linse(f), konkave 722.
Linse(f), konkavkonvexe 722.
Linse(f), konvexe 722.
Linse(f), konvexkonkave 722.
Linse(f), plankonkave 722.
Linse(f), plankonvexe 722.
Linsen(f) 722.
Linsen(f) 72.
Linsen(f), elektronenoptische 717.
Linsenfernrohr(n) 721.
linsenförmige Galaxie(f) 9.
Linsenkopf(m) mit Schlitz(m) 276.
Linsensystem(n) 719.
Lippe(f) 630.
Lippe(f) 100, 107.
Lippen-Make-up(n) 366.
Lippenkonturenstift(m) 366.
Lippenpfeife(f) 542.
Lippenpinsel(m) 366.
Lippenstift(m) 366.
Lippentaster(m) 79, 81, 92.
Lira(f) 832.
Lithographie(f) 580, 583.
Lithographiestein(m) 583.
Lithokreide(f) 583.
Lithosphäre(f) 31.
Lithostift(m) 583.
Litschi(f) 68.
Litze(f) 375.
Litzen(f) 573.
Litzen(f) 572, 574.
Litzenstab(m) 574.
Loch(n) 583, 676.
Loch(n), gestanztes 323, 355.
Lochbillard(n) 673, 674.
Locher(m) 516.
Lochrohr(n) 216.
Lochschlitten(m) 568.
Lock-Forward(m) 606.
Lockenbürste(f) 370.
Lockenbürste(f) 370.
Lockennadel(f) 369.
Lockenstab(m) 370.
Lockenwickler(m) 369.
Löffel(m) 241.
Löffel(m) 672, 688.
Löffeleisen(n) 587.
Löffeltypen(m) 241.
Loge(f) 189.
Lokomotive(f) 459.
Lokomotive(f), dieselelektrische 468.
Lokschuppen(m) 464.
Lokverkehrsgleis(n) 465.
Longdrinkglas(n) 237.
Lorbeer(m) 74.
Lorgnette(f) 377.
Löschmittelbehälter(m) 780.
Löschtaste(f) 405, 420, 523, 530.
Löseeinstellschraube(f) 641.
Lot(n) 307.
Löten(n) 305, 306, 308.
Lötkolben(m) 305.
Lötlampe(f) 299, 307.
Lötpistole(f) 305.
Lötspitze(f) 305.
Lounge(f) 496.
Löwe(m) 98, 820.
Löwe(m) 11.
Löwe(m), schreitender 819.
Löwenzahn(m) 73.
Luchs(m) 11.
Luer-Lock-Spitze(f) 726.
Luffaschwamm(m) 367.
Luft(f) 437.
Luft(f), kalte 772.
Luft(f), warme 772.
Luft-Boden-Flugkörper(m) 814.
Luft-Luft-Flugkörper(m) 813, 814.
Luftansaugrohr(n) 493.
Luftaustritt(m) 735.
Luftaustrittsöffnung(f) 211, 370.
Luftaustrittsschlitz(m) 260.
Luftbefeuchter(m) 210.
Luftbetankung(f) 813.
Luftbetankungsausleger(m) 813.
Luftdatenrechner(m) 500.
Luftdruck(m) 38.
Luftdruck(m) in Meereshöhe(f) 38.
Luftdruck(m), Messung(f) 41.
Luftdruckänderung(f) 38.
Luftdruckanschluß(m) 304.
Luftdruckkammer(f) 806.
Luftdurchlässe(m) 207.
Luftdüse(f) 430.
Lufteinlaß(m) 304, 443, 445, 449, 493.
Lufteinlauf(m) 508.
Lufteintritt(m) 14, 501.
Lüfter(m) 434, 438.
Lüfterkopf(m) 486.
Luftfahrt(f) 417.
Luftfeuchtigkeit(f) 34, 210.
Luftfeuchtigkeit(f), Messung(f) 41.
Luftfilter(m) 210, 469, 783.
Luftfilter(n) 272.
Luftkammer(f) 109.
Luftkissenfahrzeug(n) 492.
Luftklappe(f) 441.
Luftloch(n) 385, 389.
Luftmasse(f) 38.
Luftmatratze(f) 687.
Luftpolster(n) 352.
Luftpresser(m) 458, 469.
Luftpropeller(m) 492.
Luftpumpe(f) 446.
Luftreiniger(m) 210.
Luftröhre(f) 130.
Luftschlauch(m) 590, 627, 734.
Luftschleuse(f) 14, 511.
Luftschleuse(f) des Reaktorgebäudes(n) 758.
Luftspalt(m) 14, 772.
Luftsprudler(m) 294, 295.
Luftstrom(m) 590.
Luftstromrichtdüse(f) 370.
Luftstromschalter(m) 370.
Lufttemperatur(f) 38.
Lüftung(f) 477, 772.
Lüftungsziegel(m) 196.
Luftventil(n) 304, 590.
Luftwege(m) 130.
Luftzeichen(n) 820.
Luftzielsuchradar(n) 809, 811.
Luftzufuhrregler(m) 204.
Luke(f) 805.
Lunge(f) 97.
Lunge(f), linke 124, 130.
Lunge(f), rechte 124, 130.
Lungenarterie(f) 126, 130.
Lungenarterienstamm(m) 125.
Lungenmittellappen(m) 130.
Lungenoberlappen(m) 130.
Lungenunterlappen(m) 130.
Lungenvene(f) 126.
Lungenvene(f), linke 125.
Lungenvene(f), rechte 125.
Luntenstock(m) 801.
Lunula(f) 95.
Lupe(f) 688.
Lyra(f) 535.
Lysosom(n) 115.

M

Machete(f) 794.
Magazin(n) 188, 795, 796, 797.
Magazinabschluß(m) 797.
Magazinbalg(m) 543.
Magazinhalter(m) 795, 797.
Magen(m) 88, 92, 97, 124, 131.
Magenstütze(f) 346.
Magma(n) 25, 28.
Magmakammer(f) 25.
Magnet(m) 563.
Magnet(m) 406, 485, 714.
Magnetaufhängung(f) 712.
Magnetband(n) 527.
Magnetbandlaufwerk(n) 527.
Magnetbandmaschine(f) 407.
Magnetkompaß(m) 719.
Magnetnadel(f) 719.
Magnetometer(n) 42.
Mähdrescher(m) 160.
Mähdrescher(m) 155.
Mähen(n) 154, 158.
Mahlzahn(m) 144.
Mahlzahn(m), erster 144.
Mahlzahn(m), zweiter 144.
Mahlzähne(m) 144.
Mähne(f) 100.
Mais(m) 152.
Make-up(n) 366.
Makro-Einstelltaste(f) 409.
Mal(n) 599.
Mal(n) 599.
Mal(n), drittes 597.
Mal(n), erstes 597.
Mal(n), zweites 597.
Malen(n) 590, 592.
Malen(n) und Zeichnen(n) 588.
Malerbedarf(m) 304.
Malerstaffelei(f) 13.
Malpappe(f) 589.
Malspachtel(m) 589.
Malspieler(m), dritter 597.
Malspieler(m), erster 597.
Malspieler(m), zweiter 597.
Malstock(m) 591.
Mandarine(f) 65.
Mandel(f) 66, 142.
Mandoline(f) 535.
Mango(f) 63.
Mangold(m) 72.
Maniküre(f) 365.
Manipulatorarm(m), ferngesteuerter 510.
männlich 831.
männlicher Zapfen(m) 58.
Mannloch(n) 741, 742.
Mannschaft(f), angreifende 603, 605.
Mannschaft(f), verteidigende 603, 605.
Mannschaftsbank(f) 626.
Mannschaftstrikot(n) 595.
Mannschaftszelt(n) 686.
Manometer(n) 741.
Manöver-Triebwerk(n) 511.
Manövriereinheit(f), bemannte 512.
Manque(n)(1 bis 18) 700, 701.
Mansarddach(n) 183.
Manschette(f) 324, 609, 663, 681.
Manschette(f), aufblasbare 710.
Manschette(f), obere 641.
Manschettenknopf(m) 339.
Mantel(m) 320, 331.
Mantel(m) 692, 798, 804.
Mantel(m), dreiviertellanger 321.
Mantel(m), oberer 22.
Mantel(m), unterer 22.
Mantelarten(f) 330.
Mantelblech(n) 741.
Mantelkleid(n) 332.
Mantellinie(f) 95.
Mantelmauer(f) 181.
Mantelrand(m) 92.
Mantelstromführung(f) 501.
Manual(n) 543.
Manual(n) für das Hauptwerk(n) 542.
Manual(n) für das Oberwerk(n) 542.
Manual(n) für das Rückpositiv(n) 542.
Manuale(n) 542.
Manuell-/Automatikeinstellung(f) 585.
Marcato-Zeichen(n) 539.
Marconikutter(m) 482.
Marginalschild(m) 96.
Marienkäfer(m) 77.
Marine-Dieselkraftstoff(m) 745.
maritim 45.
Mark(n) 59, 132.
Mark(n), verlängertes 134.
Markenname(m) 384.
Marker(m) 389, 588.
Markierungslinie(f) 719.
Markierungspunkt(m) 565.
Markscheide(f) 135.
Markstrahlen(m) 59.
Mars(m) 4.
Marsstenge(f) 479.
Martinshorn(n) 779.
Mascara(f), flüssige 367.
Mascarabürstchen(n) 367.
Mascarastein(m) 367.
Maschen(f) 619.
Maschenanschlag(m) 567.
Maschenprobe(f) 567.
Maschinengewehr(n) 805.
Maschinengewehr(n), leichtes 796.
Maschinenhalle(f) 746, 747.
Maschinenhaus(n) 734.
Maschinenpistole(f) 795.
Maschinenraum(m) 496, 742, 806.
Maserung(f) 288.
Maske(f) 595, 627.
Maskendichtung(f) 730.
Massagespitze(f) 373.
Maßband(n) 563.
Maßband(n) 711.
Masse(f) 312, 714.
Masseelektrode(f) 439.
Massekabel(n) 305.
Massengut-Terminal(m) 490.
Massestück(n) 721.
Maßwerk(n) 175, 176.
Mast(m) 471, 628, 631.
Mastdarm(m) 127, 128, 131.
Mastfenster(n) 756.
Mastfuß(m) 756.
Mastkörper(m) 756.
Mastlager(n) 631.
Mastoberteil(n) 756.
Mastspitze(f) 631.
Masttasche(f) 631.
Masttraverse(f) 756.
Matchbeutel(m) 381.
Materialschleuse(f) 764.
Mathematik(f) 830.
Matratze(f) 224.
Matratzenauflage(f) 224.
Matrosenbluse(f) 337.
Matrosenkragen(m) 342.
Matte(f) 668.
Matte(f) 682.
Mattenisolierung(f) 287.
Mattscheibe(f) 390.
Mauer(f) 647.
Mauer(f) 646.
Mauer(f) mit Stangen(f) 647.
Mauer(f) mit Stangen(f) 646.
Mauerturm(m) 180.
Mauertürmchen(n) 180.
Mauerwerk(n) 199.
Maul(n) 100.
Maultrommel(f) 536.
Maurerei(f) 291.
Maurerhammer(m) 291.
Maurerkelle(f) 291.
Maus(f) 530.
Maus(f) 526, 527.
Maximumthermometer(n) 41.
Mechanismus(m) 712.
Medaillon(n) 361.
mediane Zungenfurche(f) 143.
mediterrane Subtropen(f) 45.
Meer(n) 7, 51, 752.
Meerenge(f) 51.
Meeresgrund(m) 28.
Meeresseite(f) 752.
Meeresspiegel(m) 22, 28.
Meerrettich(m) 71.
Mehlsieb(n) 245.
Mehrfeldbrücke(f) 454.
Mehrschichtsperrholz(n) 288.
Mehrzweckleiter(f) 303.
Mehrzweckzange(f) 311.
Meissnersches Tastkörperchen(n) 136.
Meldungsanzeige(f) 532.
Melodiepfeife(f) 536.
Melodiesaiten(f) 535.
Melone(f) 328.
Membrane(f) 400, 406.
Menügabel(f) 240.
Menümesser(n) 239.
Meridian(m), östlicher 47.
Meridian(m), westlicher 47.
Meridianlinie(f) 719.
Merkmale(n), topographische 28.
Merkur(m) 4.
Mesokarp(n) 62, 63, 64, 65.
Mesosphäre(f) 19.
Mesothorax(m) 78.
Meßband(n) 711.
Meßbecher(m) 244.
Meßbügel(m) 711.
Messen(n) 244.
Messer(n) 239, 311, 581, 587, 690.
Messer(n) 256, 268, 271, 272, 688.
Messer(n) aus Feuerstein(m) 791.
Messer(n), festgestelltes 578.
Messerbalken(m) 158, 160.
Messerbayonett(n) 794.
Messerscheide(f) 93.
Messerschutz(m) 250.
Messertypen(m) 239, 242.
Messingkörper(m) 294, 295, 296.
Meßinstrumente(n), meteorologische 40.
Meßkabel(n) 310.
Meßkabine(f) 15.
Meßkreisel(m) 814.
Meßlöffel(m) 244.
Meßrohr(n) 40.
Meßspeicher(m) 310.
Meßspindel(f) 711.
Meßspitze(f) 310.
Meßtaste(f) 396.
Meßtrommel(f) 711.
Messung(f) seismischer Wellen(f) 714.
Metall(n) 819.
Metall(n) A 307.
Metall(n) B 307.
Metallaufsatz(m) 689.
Metalle(n) 33.
Metallfeder(f), römische 389.
Metallkontaktgitter(n) 768.
Metallkopf(m) 658.
Metallrahmen(m) 540.
Metallspannreifen(m) 553.
Metallverbindung(f) 287.
Metallwinkel(m) 275.
metamorphe Gesteine(n) 23.
Metathorax(m) 78.

Die Bezeichnungen der Illustrationen sind **fettgedruckt**.

Meteore(m) 39.
Meteorologie(f) 38.
meteorologische Meßinstrumente(n) 40.
Metope(f) 167.
Metronom(m) 539.
Michigan-Schneeschuh(m) 645.
Mieder(n) 346.
Mieder(n) 317.
Miederhose(f) 346.
Miesmuschel(f) 93.
Mihrab(m) 173.
Mikrofon(m) zum Studio(n) 413.
Mikrofon(n) 407, 414, 420, 639.
Mikrofon(n), eingebautes 409.
Mikrofon(n), elektrodynamisches 406.
Mikrofon-Fahrspinne(f) 414.
Mikrofonausleger(m) 412, 414.
Mikrometerknopf(m) 713.
Mikrometerschraube(f) 711.
Mikrometerschraube(f) 484.
Mikroprozessor(m) 528.
Mikroskopokular(n) 713.
Mikrowellengerät(n) 253.
Mikrowellenscanner(m) 43.
Mikrowellenschüssel(f) 415.
Mikrowellensender(m) 415.
Milchbrot(n) 153.
Milchgang(m) 129.
Milchkammer(f) 149.
Milchkännchen(n) 238.
Milchstraße(f) 11.
Milz(f) 88, 124.
Minarett(n) 172, 173.
Minbar(m) 173.
Mine(f) 389.
Mini-Diskette(f) 529.
Minibus(m) 425.
Minimumthermometer(n) 41.
Minislip(m) 325.
Minusbereich(m) 768.
Minuskontakt(m) 768, 769.
Minusplatte(f) 439.
Minuspolbrücke(f) 439.
Minute(f) 830.
Minutenzeiger(m) 706, 707.
Minze(f) 74.
Mischbatterie(f) 294, 295.
Mischkammer(f) 306.
Mischkammer(f) 206, 207.
Mischpult(n) 407.
Mischwasserkanal(m) 186.
Mispel(f) 64.
mit dem Wind(m) 629.
Mithörtaste(f) 420.
Mitnehmerrippe(f) 259.
Mitnehmerstange(f) 737.
Mitochondrium(n) 115.
Mitralklappe(f) 125.
Mittelamerika(n) 20.
Mittelarmnerv(m) 133.
Mittelbein(n) 79, 80.
Mittelbein(n)(Außenseite(f)) 80.
Mitteldrittel(n) 611.
Mittelelektrode(f) 439.
Mittelfahne(f) 601.
Mittelfeld(n) 597, 617.
Mittelfeldangriffsspieler(m) 612.
Mittelfeldspieler(m) 601, 607, 611.
Mittelfeldspieler(m), linker 607.
Mittelfeldspieler(m), rechter 607.
Mittelfeldspieler(m), zurückgezogener 612.
Mittelfinger(m) 137.
Mittelformatkamera(f) SLR(6 x 6) 395.
Mittelfüllung(f) 202.
Mittelfuß(m) 80, 101.
Mittelfußknochen(m) 103, 122.
Mittelgang(m) 460.
Mittelglied(n) 107, 122, 123, 137.
Mittelhandknochen(m) 122.
Mittelkielschwein(n) 743.
Mittelkonsole(f) 430.
Mittelkreis(m) 601, 610, 611.
Mittellage-Tonabnehmer(m) 547.
Mittellinie(f) 601, 604, 606, 607, 608, 610, 612, 616, 618, 619, 620, 626, 666, 682.
Mittelloch(n) 404.
Mittelmeer(n) 21.
Mittelmoräne(f) 26.
Mittelohr(n) 138.
Mittelpunkt(m) 674, 697.
Mittelrippe(f) 56, 67.
Mittelsäule(f) 236, 427, 774.
Mittelschiff(n) 173, 177.
Mittelspannungsleitung(f) 757.
Mittelsproß(m) 105.
Mittelspur(f) 452.
Mittelsteg(m) 346.
Mittelstreifen(m) 184, 186, 452, 614.
Mittelstück(n) 127, 384.
Mittelstürmer(m) 601, 607.
Mitteltasche(f) 674.
Mittelteil(n) 756.
Mitteltöner(m) 400.
Mitteltonlautsprecher(m) 16.
Mitteltorus(m) 167.
Mittelwagen(m) 477.
Mittelwagen(m) 458, 476.
Mittelzeichen(n) 614.
Mixer(m) 250.
Mode-Taste(f) 525.
Modellierhölzer(n) 585.
Modellierscheibe(f) 584.
Modellierschere(f) 369.
Modem(n) 526.
Modemanschluß(m) 528.
Moderator(m) 760, 761, 762, 763, 766.
Moderatorfilz(m) 540.
Moderatorpedal(n) 540.
Moderatortank(m) 761.
Modillon(n) 167.
Modulationsrad(n) 555.
Modus-Taste(f) 402.
Mohn(m) 67.
Mohorovicic-Diskontinuität(f) 22.
Mohrenkopfform(f) 245.
Mokassin(m) 355.
Mokkatasse(f) 238.
Molar(m) 98.
Molkereiprodukte(n) 33.
Mond(m) 7, 819.
Mond(m) 4, 8.
Mond(m), Oberflächenformationen(f) 7.
Mondbahn(f) 8.
Monde(m) 4.
Mondfinsternis(f) 8.
Mondlandeeinheit(f) 509.
Mondphasen(f) 6.
Mondphasenzeiger(m) 707.
Mondsichel(f) (abnehmender Mond(m)) 7.
Mondsichel(f) (zunehmender Mond(m)) 6.
Monitor(m) 699.
Monitoranschluß(m) 528.
Mono-Stereo-Taste(f) 402.
Monokel(n) 377.
Monomatic-Schloß(n) 383.
Monoski(m) 633.
Monster(m) 605.
Morchel(m) 55.
Mordent(m) 538.
Morphologie(f) 86, 100, 106, 108.
Mörser(m) 243, 803.
Mörser(m), moderner 803.
Mosaik(n) 171.
Mosaikparkett(n) 200.
Moschee(f) 172.
Moschee(f), Grundriß(m) 173.
Motor(m) 438.
Motor(m) 147, 161, 214, 257, 258, 259, 270, 271, 272, 283, 284, 442, 737, 784, 787, 805.
Motorbeiboot(n) 809.
Motorblock(m) 250, 251, 256, 260, 373, 435.
Motorgehäuse(n) 272.
Motorhaube(f) 426.
Motorrad(n) 442, 444.
Motorrasenmäher(m) 271.
Motortypen(m) 436.
Mouche(f) 684.
Mount Everest(m) 19.
Muffe(f) 301.
Mufflon(m), Hörner(n) 99.
Mufftasche(f) 339, 381.
Mufftasche(f) 321, 330.
Mulde(f) 270.
Müllschlucker(m) 296.
Müllschlucker(m) 296.
Mullverband(m) 725.
Multifunktionsantenne(f) 807.
Multifunktionstaste(f) 523.
Multimeter(n) 310.
Multiplikation(f) 830.
Multiplikationstaste(f) 523.
Multitrainer(m) 663.
Mumienschlafsack(m) 687.
Mund(m) 142.
Mund(m) 83, 84, 92, 118.
Munddusche(f) 373.
Mundharmonika(f) 536.
Mundhöhle(f) 130, 131.
Mundrohr(n) 550.
Mundschutz(m) 669.
Mundspeicheldrüse(f) 131.
Mundstück(n) 548, 550, 627.
Mundstückaufnahme(f) 550.
Mündung(f) 94, 797, 798, 799, 800, 803.
Mundwerkzeuge(n) 81.
Mundwinkel(m) 142.
Munitionsbehälter(m) 805.
Münzeinwurf(m) 422, 702.
Münzleitung(f) 702.
Münzrückgabe(f) 702.
Muschel(f) 220.
Musculus(m) bulbospongiosus 127.
Museum(n) 185.
Musikinstrumente(n), traditionelle 535, 536.
Musiknotation(f) 537, 538.
Musikregie(f) 412.
Musiksalon(m) 497.
Musikzubehör(n) 539.
Muskelblock(m) 89.
Muskeleindruck(m) 95.
Muskelfaser(f) 134.
Muskeln(m) 120.
Muster(n) 586.
Mutter(f) 279.
Mutter(f) 278, 279, 300.
Mutterband(n), breites 129.
Mutterband(n), rundes 129.
Mutulus(m) 167.
Mütze(f) 627.
Mützenschirm(m) 328, 329.
Myzel(n) 55.

N

Nabe(f) 447, 727, 754, 774.
Nabel(m) 116, 118.
Nabel(m), oberer 110.
Nabel(m), unterer 110.
Nabelstrang(m) 67.
Nabenabdeckung(f) 754.
Nachführsensor(m) 16.
Nachfüllmine(f) 389.
Nachfüllrohr(n) 293.
Nachrichten(f), ausdrucken 421.
Nachrichten(f), senden und empfangen 421.
Nachrichtenanzeige(f) 420.
Nachrichtensatellit(m) 417.
Nachthemd(n) 348.
Nachtwäsche(f) 348.
Nacken(m) 108, 117, 119.
Nackenfeder(f) 670.
Nackenrolle(f) 224.
Nackenrolle(f), große 224.
Nackenschutz(m) 777.
Nadel(f) 562.
Nadel(f) 36, 561, 562, 563, 590.
Nadelbaum(m) 58.
Nadelbett(n) 568.
Nadelbett(n) 568.
Nadelbettrille(f) 568.
Nadeldrucker(m) 531.
Nadeldrucker(m) 527.
Nadelfuß(m) 568.
Nadelhalter(m) 562.
Nadelhalterschraube(f) 562.
Nadelkissen(n) 563.
Nadelklemmschraube(f) 590.
Nadelpositionswähler(m) 561.
Nadelriemen(m) 632.
Nadelstange(f) 562.
Nadelwerkzeug(n) 585.
Nagel(m) 275.
Nagel(m) 104.
Nagelbett(n) 137.
Nagelfeile(f) 365.
Nagelfeile(f), klappbare 365.
Nagelhautentferner(m) 365.
Nagelhautschaber(m) 365.
Nagelhautschere(f) 365.
Nagelhautschieber(m) 365.
Nagelknipser(m) 365.
Nagelkörper(m) 137.
Nagelloch(n) 104.
Nagelmöndchen(n) 137.
Nagelnecessaire(n) 365.
Nagelpflegezubehör(n) 365.
Nagelreiniger(m) 365.
Nagelschere(f) 365.
Nageltasche(f) 137.
Nagelweißstift(m) 365.
Nagelwurzel(f) 137.
Nagelzange(f) 365.
Nagelzieher(m) 688.
Nagetiergebiß(n) 98.
Nähen(n) 561, 562, 564, 566.
Nahlinse(f) 392.
Nähmaschine(f) 561.
Nährichtungseinsteller(m) 561.
Nahrungskette(f) 31.
Nahrungsmittelquelle(f), primäre 31.
Naht(f) 67, 94, 327, 352, 355, 384.
Nähte(f) 596.
Nahteil(n) 376.
Nahtlinie(f) 565.
Nahttasche(f) 339.
Nahttasche(f) 330.
Nahtzugabe(f) 565.
Name(m) der Station(f) 474.
Naos(m) 169.
Napfschnecke(f) 83.
Narbe(f) 60, 66.
Naris(f) 141.
Nase(f) 100, 118, 277, 637, 638, 792.
Nase(f), äußere 141.
Nasen-Bartschere(f) 365.
Nasenbein(n) 141.
Nasenblatt(n) 112.
Nasenflügel(m) 141.
Nasenhöhle(f) 141.
Nasenhöhle(f) 130.
Nasenklappe(f) 812.
Nasenknorpel(m), großer 141.
Nasenloch(n) 84, 96, 109.
Nasenmuschel(f), mittlere 141.
Nasenmuschel(f), obere 141.
Nasenmuschel(f), untere 141.
Nasenöffnung(f) 86.
Nasenrachenraum(m) 141.
Nasenriemen(m) 649.
Nasenrücken(m) 141.
Nasenscheidewandknorpel(m) 141.
Nasenschoner(m) 651.
Nasenspiegel(m) 107.
Nasenspitze(f) 141.
Nasenwurzel(f) 141.
Nashorn(n), Hörner(n) 99.
Naßkammer(f) 763.
Nationalpark(m) 52.
Naturschwamm(m) 367.
Navette(f) 363.
Navigationsanzeige(f) 500.
Navigationsinstrumente(n) 484.
Navigationsperiskop(n) 807.
Neapolitanische Tropfkanne(f) 247.
Nebel(m) 37, 39.
Nebelleuchte(f) 429.
Nebelscheinwerfer(m) 440.
Nebeneinfüllstutzen(m) 741.
Nebenfahrwasser(n) 489.
Nebengleis(n) 464.
Nebenniere(f) 132.
Nebenstraße(f) 52.
negativ geladen 831.
Negativ(n) 399.
Negativhalter(m) 399.
Negativhalter(m) 399.
Negligé(n) 348.
Nehrung(f) 30.
Neigung(f) 748.
Nektarine(f) 63.
Neptun(m) 5.
Nerv(m) 136.
Nervenendigung(f) 136.
Nervenfaser(f) 136.
Nervengeflecht(n) 144.
Nervensystem(n) 133, 134.
Nervensystem(n), peripheres 133.
Nervensystem(n), zentrales 134.
Nervus(m) cutaneus femoris lateralis 133.
Netz(n) 613, 614, 618.
Netz(n) 13, 596, 610, 612, 613, 614, 618, 619, 626.
Netz-/Lichtschalter(m) 561.
Netzanschluß(m) 408.
Netzballspiel(n) 611.
Netzband(n) 614.
Netzhalter(m) 619.
Netzhaut(f) 140.
Netzkabel(n) 374.
Netzkabel(n) 256, 370.
Netzkontrollampe(f) 420.
Netzplan(m) 474.
Netzrichter(m) 614.
Netzschalter(m) 402, 405, 410, 411, 420, 529, 555.
Netzspieler(m), linker 613.
Netzspieler(m), mittlerer 613.
Netzspieler(m), rechter 613.
Netzstrumpf(m) 344.
Netzteil(n) 528.

Die Bezeichnungen der Illustrationen sind **fettgedruckt**.

Netzwerkanschluß(m) 528.
Netzwerkkommunikation(f) 527.
Neumond(m) 6.
Neuralfortsatz(m) 89.
Neuron(n), motorisches 135.
Neuron(n), peripher-sensorisches 135.
Neuron(n), sensibles 134.
Neuronenkette(f) 135.
Neutralanzeigelicht(n) 445.
neutrale Zone(f) 603, 605, 608.
nicht angebbar (z.B. wegen Nebel(m)) 39.
nicht identisch 830.
nicht waschen 829.
Nickhaut(f) 107.
Niederdruckdampf(m) 758.
Niederdruckverdichtung(f) 501.
Niederschlag(m) 34, 35.
Niederschlag(m), saurer 32, 33, 35.
Niederschläge(m) 36.
Niederschlagsgebiet(n) 38.
Niederschlagsschreiber(m) 40.
Niedrigspannungsleitung(f) 757.
Niere(f) 89, 97, 124.
Niere(f), linke 132.
Niere(f), rechte 132.
Nierenarterie(f) 126, 132.
Nierenbecken(n) 132.
nierenförmig 56.
Nierenhilus(m) 132.
Nierenkelch(m) 132.
Nierenpapille(f) 132.
Nierenvene(f) 126, 132.
Niet(m) 242, 278, 304.
Nimbostratus(m) 44.
Nippel(m) 301.
Nivellierfuß(m) 257, 258, 259.
Nivellierschraube(f) 40.
Nocke(f) 684, 793.
Nockenpunkt(m) 684.
Nockenring(m) 281.
Nockenwelle(f) 434.
Noir(n) 700, 701.
Nonius(m) 484.
Nordamerika(n) 20.
Norden(m) 488.
nördliche Halbkugel(f) 3.
nördliche Halbkugel(f), Konstellationen(f) 10.
Nördliche Krone(f) 11.
Nördliche Wasserschlange(f) 11.
nördlicher Polarkreis(m) 3.
Nördliches Kardinalzeichen(n) 489.
Nordosten(m) 488.
Nordpol(m) 3.
Nordpolarmeer(n) 21.
Nordsee(f) 21.
Nordwesten(m) 488.
Normalwaschgang(m) 829.
Notation(f) 696.
Notbremse(f) 477.
Note(f), ganze 538.
Note(f), halbe 538.
Notenablage(f) 539, 542, 555.
Notenlinie(f) 537.
Notenschlüssel(m) 537.
Notenständer(m) 539.
Notenwerte(m) 538.
Notfallausrüstung(f) 726.
Notizblock(m) 518.
Notlaufschiene(f) 476.
Notregulierung(f) 627.
Notschalter(m) 444.
Nuchalschild(m) 97.
Nudelholz(n) 245.
Nudelmaschine(f) 243.
Nukleolus(m) 115, 128.
Null-Leiter(m) 757.
Nulleiter(m) 312.
Nulleitersammelschiene(f) 312.
Nulleiterverbinder(m) 312.
Nullmeridian(m) 47.
Numerierstempel(m) 516.
numerisches Tastenfeld(n) 530.
Nummer-8-Forward(m) 606.
Nummernschildbeleuchtung(f) 429.
Nummerntasten(f) 421.
Nuß(f) 793.
Nuß(f) 66.
Nußarten(f) 66.
Nußknacker(m) 243.
Nüster(f) 100.
Nut(f) 201.
Nutzgarten(m) 193.
Nutzlast(f) 509.
Nutzlastmodul(n) 49.
Nutzleiter(f) 303.
Nutzvieh(n) 150.
Nylonschnur(f) 271.

O

O-Ring(m) 294, 295.
Oase(f) 46.
Oberarmarterie(f) 126.
Oberarmbein(n) 102.
Oberarmknochen(m) 122.
Oberarmschiene(f) 792.
Oberarmspeichenmuskel(m) 120, 121.
Oberbau(m) 466.
Oberbeleuchter(in(f))(m) 412.
Oberbühne(f) 188.
Oberdeck(n) 498, 741.
obere Tasche(f) 675.
Obereck(n), linkes 818.
Obereck(n), rechtes 818.
oberer Anzug(m) 650.
Oberfläche(f) 619.
Oberfläche(f), befeuchtete 580.
Oberfläche(f), farbige 580.
Oberflächenformationen(f) des Mondes(m) 7.
Oberflächenisolierung(f) 510.
Oberfräser(m) 283.
Obergestein(n) 733.
Obergurt(m) 455.
Oberhaut(f) 137.
Oberkante(f) 619.
Oberkiefer(m) 81, 86, 90, 122, 141.
Oberkiefer(m), beweglicher 96.
Oberkiefer(m), vorderer 86.
Oberkieferknochen(m) 144.
Oberleiter(f) 781.
Oberleitung(f) 459.
Oberlenker(m) 147.
Oberlicht(n) 188.
Oberlid(n) 140.
Oberlippe(f) 81, 142, 542.
Obermesser(n) 578.
Obermesserhebel(m) 578.
Oberpartie(f) 670.
Oberrohr(n) 446.
Oberschale(f) 443, 645.
Oberschenkel(m) 103, 117, 119, 127, 128, 203.
Oberschenkelanzieher(m), großer 121.
Oberschenkelanzieher(m), langer 120.
Oberschenkelknochen(m) 122.
Oberschenkelnerv(m) 133.
Oberschenkelpolster(n) 602.
Oberschenkelschlagader(f) 126.
Oberschenkelvene(f) 126.
Oberschnabel(m) 109.
Oberschwanzdecken(f) 109.
Oberschwelle(f) 202.
Oberstützmauer(f) 748.
Oberteilhauptfacette(f) 363.
Obertor(n) 493.
Oberwalze(f) 581.
Oberwasser(n) 746.
Oberwasserdecke(f) 748.
Oberwassermauer(f) 749.
Objektiv(n) 391, 392, 396, 397, 718, 719, 721.
Objektivanschluß(m) 390.
Objektivauswurf(m) 391.
Objektive(n) 392.
Objektivlinse(f) 405.
Objektivrevolver(m) 718.
Objektivschutzdeckel(m) 392.
Objektivzubehör(n) 392.
Objektklammer(f) 718.
Objekttisch(m) 717, 718.
Obmann(m) 666.
Oboe(f) 548.
Oboen(f) 557.
Obst- und Gemüseschale(f) 254.
Obstbaum(m) 149.
Obstgarten(m) 149.
Ochse(m) 151.
Ockerstift(m), roter 583.
Ofen(m) 770.
Ofen(m), langsam brennender 204.
öffentlicher Fernsprecher(m) 422.
Officemesser(n) 242.
Offiziellenbank(f) 608.
Offizierskabine(f) 497.
Offiziersquartiere(n) 807, 808.
Öffnen(n) 244.
Öffnung(f) 282, 327.
Ohr(n) 107, 112, 116, 223.
Öhr(n) 562, 563.
Ohr(n), äußeres 138.
Ohrdecken(f) 109.
Ohrgehänge(n) 361.
Ohrklappe(f) 112.
Ohrkrempe(f) 139.
Ohrläppchen(n) 139.
Ohrmuschel(f) 139.
Ohrmuschel(f) 138, 406.
Ohrmuschelhöcker(m) 139.
Ohrmuschelwindung(f) 139.
Ohrringe(m) 361.
Ohrringe(m) mit Schraubverschluß(m) 361.
Ohrschützer(m) 328, 729.
Ohrstecker(m) 361.
Ohrstöpsel(m) 726.
Okklusion(f) 39.
Ökologie(f) 31, 32, 34.
Okraschote(f) 69.
Oktav-Einladung(f) 667.
Oktave(f) 537.
Oktavmechanik(f) 548.
Okular(n) 390, 396, 409, 718, 719, 720, 721.
Okularträger(m) 721.
Okulartubus(m) 718.
Ölablaßschraube(f) 434.
Ölbehälter(m) 734.
Ölbrenner(m) 209.
Öldruckkontrolleuchte(f) 445.
Öldruckwarnleuchte(f) 431.
Olekranon(n) 123.
Ölfarbe(f) 588.
ölgefüllter Heizkörper(m) 211.
Olive(f) 63.
Olivenkopftrense(f) 650.
Öllöschbrücke(f) 491.
Ölpastell(n) 588.
Ölpumpe(f) 209.
Ölstein(m) 582.
Ölsumpf(m) 272.
Ölverarbeitungsbereich(m) 738.
Ölwanne(f) 434.
Ölwannendichtung(f) 434.
Ölzufuhr(f) 209.
On-Deck-Kreis(m) 597.
Opal(m) 362.
Operationszentrale(f) 807.
Operngläs(n) 377.
Opferanode(f) 297.
Opisthodomos(m) 169.
Orange(f) 65.
Orange(f) 65.
Orchestergraben(m) 188.
Orchestersitz(m) 188.
Ordnungsgleise(n) 465.
Oregano(m) 74.
Orgel(f) 542.
Orgelmechanik(f) 543.
Orgelspieltisch(m) 542.
Orientierungseinlage(f) 546, 547.
Oriflamme(f) 817.
Originaleinzug(m) 421.
Originalrückführung(f) 421.
Orion(m) 11, 13.
Orkan(m) 39.
Ort(n) 818.
Ortsstation(f) 416.
Öse(f) 353, 381, 569, 671.
Öse(f) für Schulterriemen(m) 390.
Öse(f), gerade 566.
Öse(f), runde 566.
Ösen(f) 566.
Ösenknopf(m) 566.
Ösenverbindung(f) 658.
Osten(m) 488.
Oszillationswelle(f) 30.
Oszillograph-/Oszilloskopmonitor(m) 413.
Otolith(m) 88.
Ottomotor(m) 434.
Overall(m) 336, 351.
Overall(m), einteiliger 635.
Overcheck(m) 653.
Overknee-Strumpf(m) 344.
Oxer(m) 646.
Ozean(m) 7, 35, 51.
Ozeanien(n) 21.
ozeanischer Rücken(m) 28.
Ozon(n) 19.

P

paarig gefiedert 56.
Paarlaufhantel(f) 633.
Packplatte(f) 383.
Packriemen(m) 383.
Packung(f) 294.
Pagenkäppi(n) 329.
Pagodenärmel(m) 340.
Pahlstek(m) 691.
Pahlstek(m), doppelter 691.
Pahlstek(m), laufender 691.
Pair(n) 700, 701.
Paketannahme(f) 462.
Palette(f) 244, 787.
Palette(f) mit Stecker(m) 592.
Palette(f) mit Vertiefungen(f) 592.
Paletten(f) 507.
Palettenhubwagen(m) 788.
Palettenhubwagen(m), hydraulischer 788.
Palettmesser(n) 589.
Palisade(f) 181.
Pallialsinus(m) 95.
Palmenhain(m) 46.
Palmette(f) 220.
Panamahut(m) 328.
Panel(n) 229.
Panflöte(f) 536.
Panoramafenster(n) 190, 460.
Panoramakopf(m) 393.
Pantoffel(m) 355.
Pantolette(f) 357.
Panty-Korselett(n) 347.
Panzer(m) 96, 805.
Panzer(m) 805.
Panzerabwehrflugkörper(m) 814.
Panzerfaust(f) 804.
Panzerhandschuh(m) 792.
Panzerplatte(f) 805.
Panzerschnur(f) 422.
Panzerschurz(m) 792.
Panzerturm(m) 805.
Papaya(f) 68.
Papier(n) 589.
Papier(n) 384, 580.
Papierablage(f) 521.
Papierablagen(f) 532.
Papierclip(m) 515.
Papiereinschubfach(n) 532.
Papierfänger(m) 521.
Papierfreigabehebel(m) 525, 531.
Papierführung(f) 421, 531.
Papierführungsstachel(m) 531.
Papierführungsstange(f) 531.
Papierhalter(m) 524.
Papierhalterollen(f) 531.
Papierklammer(f) 531.
Papierlösehebel(m) 525.
Papierstütze(f) 525.
Papiervorschubtaste(f) 523.
Papierzufuhr(f) 521.
Papillarmuskel(m) 125.
Papille(f) 136.
Pappschere(f) 578.
Paprika(m) 69.
Parabeldüne(f) 46.
Parabolantenne(f) 415.
parabolischer Reflektor(m) 15.
Parabolspiegel(m) 770.
Paradiesvogel(m) 13.
Paraffine(n) 745.
parallel 830.
Parallelanschlag(m) 284, 285.
Parallelbarren(m) 661.
Paranuß(f) 66.
Pärchen(n), ein 695.
Pärchen(n), zwei 695.
Pardune(f) 479.
parietale Pleura(f) 130.
Park(m) 52, 184.
Parka(m) 321.
Parkdeck(n) 190.
Parkettboden(m) 200.
Parkettboden(m) 199.
Parkettboden(m) auf Holzunterbau(m) 200.
Parkettboden(m) auf Zementestrich(m) 200.
Parkettmuster(n) 200.
Parkplatz(m) 185, 464, 491, 504.
Parterre(n) 189.
partielle Finsternis(f) 8.
Partlow-Diagramm(n) 441.
Paspel(f) 349.
Paspeltasche(f) 339.
Paspeltasche(f) 326.
Pass(m) 27.
Passagierdampfer(m) 496.
Passagierkabine(f) 493, 494, 495.
Passagierraum(m) 499, 508.
Passagierraum(m) 1. Klasse(f) 498.
Passagierterminal(m) 504.
Passagierterminal(m) 503.
Passagiertransferfahrzeug(n) 507.
Passagiertransferfahrzeug(n) 505.
Passe(n)(19 bis 36) 700, 701.
Paßgang(m) 101.
Paßkontrolle(f) 505.
Pastell(n) 588.
Pastinake(f) 71.
Patentanker(m) 483.
Patentrand(m) 326.

Patera(f) 220.
Patisson-Kürbis(m) 69.
Patrone(f) 797, 798, 799.
Patronenfilm(m) 395.
Patronenkammer(f) 390, 795, 796.
Patronensicherung(f) 312.
Patte(f) 322.
Pattentasche(f), schräge 330.
Pauken(f) 557.
Pausche(f) 649, 661.
Pauschenpferd(n) 661.
Pause(f) 539, 831.
Pause(f), ganze 538.
Pause(f), halbe 538.
Pause-Taste(f) 403.
Pausenzeichen(n) 538.
Pausetaste(f) 411.
Pavillondach(n) 183.
Pazifischer Ozean(m) 20.
Pecannuß(f) 66.
Pedal(n) 446, 448, 545, 552, 553, 664.
Pedal(n) zur Verstellung(f) 591.
Pedalhaken(m) 446.
Pedalklaviatur(f) 542.
Pedalstange(f) 540.
Pedaltaste(f) 542.
Pedometer(n) 711.
Pegasus(m) 11.
Pegelanzeige(f), digitale 407.
Pegeltongenerator(m) 407.
Peildeck(n) 494, 495, 497.
Pelerine(f) 330.
Pelerine(f) 330.
Pelham-Kandare(f) 650.
Peltonturbine(f) 754.
Pelzwerk(n) 819.
Penalty-Linie(f) 612.
Pendel(n) 539, 707.
Pendelaufhängung(f) 714.
Pendelstab(m) 707.
Pendelzug(m) 504.
Pendlerzug(m) 464.
Penholdergriff(m) 619.
Penis(m) 116, 127.
Pentaprisma(n) 390.
Penumbra(f) 8.
Peperoni(f) 69.
Peplos(m) 315.
Perforierung(f) 327, 395.
Pergola(f) 263.
Perikarp(n) 65.
Peripheriegeräte(n), Anschluß(m) für 528.
Peristyl(n) 168, 169, 171.
Perkulator(m) 247.
Perle(f) 105.
Perlen(f) 105.
Perlmutterwolke(f) 19.
Perlrippen(f) 567.
Perlzwiebel(f) 70.
Peroxyd(n) 725.
Perseus(m) 11.
Personalcomputer(m) 528.
Personalcomputer(m) 526.
Personalschließfach(n) 461.
Personenbahnhof(m) 464.
Personenwaage(f) 709.
Personenzüge(m) 460.
Peseta(f) 832.
Pestizide(n) 32.
Petanquekugel(f) 682.
Petersilie(f) 74.
Petrochemikalien(f) 745.
Petroleum(n) 745.
Pfahl(m) 818.
Pfahlbau(m) 165.
Pfahlwurzel(f) 59.
Pfanndeckel(m) 795.
Pfanne(f) 795.
Pfannenwender(m) 244.
Pfau(m) 13.
Pfefferstreuer(m) 238.
Pfeife(f) 385.
Pfeife(f) 252, 543.
Pfeife(f), Querschnitt 385.
Pfeifenbesteck(n) 385.
Pfeifenkopf(m) 385.
Pfeifenmundstück(n) 385.
Pfeifenputzer(m) 385.
Pfeifenrastbrett(n) 543.
Pfeifenständer(m) 385.
Pfeifenstock(m) 543.
Pfeifenwerk(n) 543.
Pfeil(m) 684.
Pfeil(m) 11, 38, 793.
Pfeiler(m) 175, 176, 454, 455, 464.
Pfeilerfundament(n) 456.
Pfeilflügel(m) 499.
pfeilförmig 56.
Pfeilspitze(f) 791.
Pfeilspitze(f) 684.
Pfeilstütze(f) 684.
Pferd(n) 98, 100, 102, 104.
Pferd(n) 661, 696.
Pfifferling(m) 55.
Pfirsich(m) 63.
Pfirsich(m) 63.
Pflanze(f), Aufbau(m) 57.
Pflanzenfresser(m) 31, 33.
Pflanzenfressergebiß(n) 98.
Pflanzenzelle(f) 115.
Pflanzholz(n) 268.
Pflanzlochstecher(m) 268.
Pflanzschnur(f) 268.
Pflaume(f) 63.
Pfluganker(m) 483.
Pflügen(n) 156.
Pflügen(n) des Bodens(m) 154.
Pflugrahmen(m) 156.
Pfortader(f) 124, 126.
Pfosten(m) 198, 572, 613, 614, 618, 626.
Pfosten(m) mit Latte(f) 647.
Pfosten(m) mit Latte(f) 646.
Pfosten(m) mit Stange(f) 647.
Pfropf(m) 799, 801.
Pfund(n) 832.
Phase(f) 757.
Philtrum(n) 141.
Phobos(m) 4.
Phönix(m) 13.
Phosphorschicht(f) 232.
Photosphäre(f) 6.
Photozellenspiegel(m) 486, 487.
Pi(n) 830.
Piano(n), elektronisches 555.
Pianopedal(n) 540, 555.
Picknick(n) 823.
Pickup(m) 425.
Pickup(m) 159, 162.
Piedmont-Gletscher(m) 27.
Pier(f) 739.
Pik(n) 695.
Pikkoloflöte(f) 548, 557.
Pilot(m) 637.
Pilote(f) 541.
Pilz(m) 55.
Pilz(m), Aufbau(m) 55.
Pilz(m), tödlich giftiger 55.
Pilzanker(m) 483.
Pilzfaden(m) 55.
Pin(m) 683.
Pinie(f) 58.
Pinienkern(m) 58, 66.
Pinne(f) 484, 485, 539, 590, 628, 719.
Pinocytosebläschen(n) 115.
Pins(m), verschiedene 683.
Pinsel(m) 582, 589.
Pinzette(f) 725.
Pipeline(f) 740.
Pipeline(f), überirdische 740.
Pisces 820.
Pistazie(f) 66.
Pisten-Mittelliniemarkierungen(f) 504.
Pistenbezeichnungsmarkierung(f) 504.
Pistenrandmarkierungen(f) 504.
Pistole(f) 797.
Pistolengriff(m) 280, 304, 305, 795, 796, 799.
Pit(n) 405.
Pitching-Wedge(n) 678.
Pittabrot(n) 153.
Pittabrot(n) mit Sesam(m) 153.
Planenwagen(m) 472.
Planetarium(n) 16.
Planetarium(n) 184.
Planetariumsprojektor(m) 16.
Planeten(m) 4.
Planeten(m), Umlaufbahnen(f) 4.
Planfilm(m) 395.
Planierraupe(f) 783.
Planierschaufel(f) 783.
Planierschild(n) 783.
Plasmabrücke(f) 115.
Plastikhülse(f) 799.
Plateau(n) 51.
Platine(f) 528.
Plättchen(n) 36.
Platte(f) 238, 589.
Platte(f) 253, 393, 529, 554.
Platten(f) ausrollen 584.
Plattenantrieb(m) 529.
Plattengitter(n) 439.
Plattenhalter(m) 582.
Plattenheizkörper(m) 208.
Plattenisolierung(f) 287.
Plattenscheider(m) 439.
Plattenspieler(m) 404.
Plattenspieler(m) 400, 407.
Plattenstift(m) 404, 540.
Plattenteller(m) 404.
Plattform(f) 302, 621.
Plattsehnenmuskel(m) 121.
Plattstiche(m) 571.
Platz(m) für Wohnwagen(m) 823.
Play-Taste(f) 403.
Plazierungsrichter(m) 621.
Plein(n) 700, 701.
Plektron(n) 535.
Pleuelstange(f) 434, 436.
Pleura(f), parietale 130.
Pleurahöhle(f) 130.
Plinthe(f) 707.
Plotter(m) 527.
Pluderhose(f) 316.
plus oder minus 830.
Plusbereich(m) 768.
Pluskontakt(m) 768, 769.
Plusplatte(f) 439.
Pluspolbrücke(f) 439.
Pluto(m) 5.
PN-Übertragung(f) 768.
Pocket-Instamatic Kamera(f) 395.
Podest(n) 14, 201, 292.
Podium(n) 556.
Pokerblätter(n), normale 695.
Pokerwürfel(m) 699.
Polachse(f) 14.
polar-maritim 38.
Polarisationsfilter(m) 392.
Polarklimate(n) 45.
Polarkreis(m), nördlicher 47.
Polarlicht(n) 19.
Polarstern(m) 11.
Polartundra(f) 45.
Polierstahl(m) 582.
Polizei(f) 822.
Pollenbürste(f) 80, 81.
Pollenkamm(m) 81.
Pollenkörbchen(n) 81.
Pollenschieber(m) 81.
Pollenzange(f) 81.
Pollenzelle(f) 82.
Poller(m) 743.
Polohemd(n) 337.
Polohemd(n) 615.
Polokleid(n) 333.
Polokragen(m) 342.
Polster(n) 598.
Polsterauflage(f) 726.
Polsterdüse(f) 260.
Polstersofa(n) 221.
Polsterung(f) 406, 635.
Polzwinge(f) 305.
Poncho(m) 331.
Ponton(m) 457, 738.
Pontonbrücke(f) 457.
Pool(n) 673.
Poop(f) 478.
Pore(f) 67, 115, 136.
Porro-Prismensystem(n) 719.
Portal(n) 172, 175, 177.
Portalbrücke(f) 455.
Portalkuppel(f) 172, 173.
Portalrahmen(m) 455.
Posaune(f) 550.
Posaunen(f) 556.
Positionsleuchte(f) 459.
Positionslicht(n) 493, 499, 508.
positiv geladen 831.
Potentialspule(f) 712.
Poterne(f) 181.
Präger(m) 516.
Prägung(f) 586.
Prallblech(n) 742.
Prämolar(m) 98.
Prärie(f) 51.
Präzisionswaage(f) 709.
Preis(m) 453.
Preis(m) pro Einheit(f) 709.
Preiselbeere(f) 62.
Prellbock(m) 464.
Preßbalken(m) 578, 579.
Pressen(n) 579.
Preßfilterkanne(f) 247.
Presskammer(f) 159.
Preßluftbohrer(m) 735.
Preßplatte(f) 579.
Preßspindel(f) 581, 583.
Prim-Einladung(f) 667.
Primärfokus(m) 14.
Primärfokuskabine(f) 14, 15.
Primärkonsumenten(m) 31.
Primärspiegel(m) 16.
Prime(f) 537.
Prinzeßkleid(n) 332.
Prinzeßnaht(f) 345.
Prismenfernglas(n) 719.
Probebühne(f) 188.
Probenkammer(f) 717.
Profil(n) 433.
Programmbereich(m) 405.
Programmiertasten(f) 411.
Programmwähler(m) 257, 258, 259.
Programmwahlschalter(m) 555.
Programmwählscheibe(f) 391.
Programmwahltasten(f) 411.
Projektile(n) 801.
Projektionskuppel(f) 16.
Projektionswand(f) 397.
Promenadendeck(n) 496.
Pronaos(m) 168, 169.
Prop-Forward(m) 606.
Propanflasche(f) 449.
propangasbetriebene Geräte(n) 689.
Propeller(m) 160.
Propellerummantelung(f) 492.
Prospekt(m) 188.
Prostata(f) 127.
Prothorax(m) 78.
Protokollant(m) 621, 626.
Protuberanz(f) 6.
Provinz(f) 51.
Prozent(n) 830.
Prozenttaste(f) 523.
Prüflampe(f) 310.
Psychrometer(n) 41.
Puck(m) 608.
Pudelmütze(f) 329.
Puder(m), gepreßter 366.
Puder(m), loser 366.
Puderdose(f) 366.
Puderkissen(n) 366.
Puderpinsel(m) 366.
Puderrouge(n) 366.
Puff(m) 222.
Puffärmel(m) 340.
Puffertank(m) 740.
Pullman-Limousine(f) 425.
Pullover(m) 326.
Pullover(m), kragenloser 326.
Pullunder(m) 326.
Pulmonalklappe(f) 125.
Pulpa(f) 144.
Pulpahöhle(f) 144.
Pulpete(f) 543.
Pultdach(n) 182.
Pulverhorn(n) 795.
Pulverkammer(f) 801.
Pulvino(m) 750.
Pumpe(f) 257, 258, 689, 761, 762, 771.
Pumpengriff(m) 291.
Pumpenmotor(m) 216.
Pumpenraum(m) 742.
Pumpensumpf(m) 216.
Pumpernickel(m) 153.
Pumplöschfahrzeug(n) 778.
Pumps(m) 356.
Pumpstation(f) 740.
Pumpstation(f), zentrale 740.
Punkt(m) 832.
Punkt(m), schwacher 697.
Punktauge(n) 78, 80, 81.
Punktball(m), weißer 673.
Punktbrenner(m) 299, 307.
Punktekonsole(f) 683.
Punktetabelle(f) 698.
Punktezähler(m) 668.
Pupille(f) 107, 140.
Pupille(f), senkrechte 96.
Puppe(f) 78.
Puppe(f) 82.
purpur 819.
Purpursaum(m) 315.
Pushup-Griff(m) 664.
Putter(m) 677.
Putter(m) 678.
Puttergrün(n) 676.
Putzkelle(f) 291.
Putzsporn(m) 80.
Pygalschild(m) 96.
Pylon(m) 456, 499.
pylorische Blindsäcke(m) 88.
Pyramidendach(n) 183.

Q

Quadratwurzel(f) 830.
Quadratwurzeltaste(f) 523.
Quart-Einladung(f) 667.
Quarte(f) 537.
Quarterback(m) 603, 605.
Quarterdeck(n) 496.
Quartett(n) 558.
Quartier(n) 352, 354.
Quarzmetronom(n) 539.
Quecksilber(n) 232.

Die Bezeichnungen der Illustrationen sind **fettgedruckt**.

Quecksilberbarometer(n) 41.
Quecksilberkolben(m) 705.
Quecksilbersäule(f) 705.
Quellwolken(f) 44.
Querbalken(m) 574.
Querbehang(m) 228.
Querdünen(f) 46.
Querfaden(m) 566.
Querflöte(f) 548.
Querflöten(f) 556.
Querfortsatz(m) 135.
Querholz(n) 223, 572, 599.
Querjoch(n) 535.
Querleiste(f) 225, 578.
Querleiste(f), hintere 645.
Querleiste(f), vordere 645.
Querriegel(m) 202.
Querruder(n) 498, 511, 638.
Querschiff(n) 177.
Querschlag(m) 736.
Querschnitt 702.
Querschott(n) 743.
Querstange(f) 637.
Querstrebe(f) 727, 756.
Querstrich(m) 832.
Querstrich(m), ganzer 38.
Querstrich(m), halber 38.
Querstück(n) 219, 728.
Querträger(m), oberer 470.
Querträger(m), unterer 470.
Quetschfuß(m) 232.
Quetschverschraubung(f) 300.
Quetschverschraubung(f) 296.
Quicheform(f) 245.
Quint-Einladung(f) 667.
Quinte(f) 537.
Quintett(n) 558.
Quitte(f) 64.

R

Rabe(m) 13.
Rachen(m) 130, 131.
Rachenenge(f) 142.
Racquetball(m) 617.
Racquetballschläger(m) 617.
Racquetballspiel(n) 617.
Rad(n) 433.
Rad(n) 270, 427, 583, 800.
Rad-Schneeschläger(m) 245.
Radar(n) 722.
Radar(n) 493, 494, 495, 497.
Radar(n) zur Luftüberwachung(f) 810.
Radar(n) zur Zielverfolgung(f) 809.
Radarabwehrflugkörper(m) 814.
Radaranlage(f) 813.
Radarantenne(f) 48, 49, 807, 812.
Radarmast(m) 742.
Radarrekflektor(m) 487.
Radarsat(m) 49.
Radbefestigungsbolzen(m) 432.
Radbremszylinder(m) 432.
Rädchen(n) 563.
Radfahrer(m) 828.
Radialgürtelreifen(m) 433.
Radialkapelle(f) 177.
Radialkarkasse(f) 433.
Radialreifen(m) 433.
Radialschubdüse(f) 42.
Radiatoren(m) 510.
Radiergummi(m) 515.
Radiergummihalter(m) 515.
Radierstift(m) 515.
Radieschen(n) 71.
Radio-/Kassettengerät(n) 430.
radioaktiv 821.
Radiometer(f) 42.
Radiometer(n) 43.
Radiorecorder(m) mit CD-Spieler(m) 408.
Radioteleskop(n) 15.
Radiowelle(f) 15.
Radkappe(f) 427.
Radlader(m) 782.
Radlenker(m) 467.
Radom(n) 813.
Radsatzgetriebe(n) 468.
Radschüssel(f) 433.
Radtraktor(m) 782.
Raffgardine(f) 229.
Raffinerie(f) 740.
Raffinerieerzeugnisse(n) 744.
Raffrollo(n) 231.
Raglanärmel(m) 340.
Raglanärmel(m) 319, 330, 350.
Raglanmantel(m) 330.
Raglantasche(f) 339.
Raglantasche(f) 319.
Rah(f) 478.
Rähmchen(n) 82.
Rahmen(m) 198, 571, 572.
Rahmen(m) 156, 157, 159, 204, 225, 272, 282, 355, 378, 382, 383, 443, 484, 536, 554, 583, 615, 645, 659, 660, 675, 768, 769, 785, 787, 788.
Rahmen(m), obenliegender 784.
Rahmen(m), senkrechter 574.
Rahmenleiste(f) 225.
Rahmenspant(m) 743.
Rahsegel(n) 482.
Rakete(f) 509.
Raketenantrieb(m) 814.
Raketendepot(n) 808.
Raketenschiene(f) 813.
Raketenwerfer(m) 811.
RAM-Modul(n) 528.
Rammschutzleiste(f) 441.
Rampe(f) 168, 452, 733.
Rampenlicht(n) 188.
Rand(m) 376, 627, 658, 701.
Rand(m), äußerer 104.
Rand(m), innerer 104.
Randkontrolltaste(f) 525.
Randlösetaste(f) 524.
Rand, freier 137.
Rangierbahnhof(m) 465.
Ranvierscher Schnürring(m) 135.
Rapier(n) 794.
Rasen(m) 193, 263.
Rasenbesen(m) 267.
Rasentrimmer(m) 271.
Rasierer(m) 374.
Rasierer(m), zweischneidiger 374.
Rasiermesser(n) 374.
Rasierpinsel(m) 374.
Raspel(f) 587.
Rassel(f) 97.
Raste(f) 656.
Rasterleiste(f) 254.
Rasthebel(m) 272.
Rastplatz(m) 823.
Rastplatz(m) 52.
Raststätte(f) 52.
Ratsche(f) 276, 281.
Ratschenringschlüssel(m) 279.
Raubvogel(m) 111.
Raubvogel(m) 111.
Rauch(m) 39.
Rauchabsauger(m) 805.
Rauchbombe(f) 805.
Räucherapparat(m) 582.
Raucherbedarf(m) 384, 386.
Rauchklappe(f) 204.
Rauchmantel(m) 204.
Rauh(n) 676.
Rauhreif(m) 37.
Raum(m), abgedunkelter 412.
Raum(m), erster 610.
Raum(m), zweiter 610.
Raumanzug(m) 512.
raumer Wind(m) 629.
Raumfähre(f) 510.
Raumfähre(f) 510.
Raumklimaanlage(f) 214.
Raumlaboratorium(n) 511.
räumlicher Dendrit(m) 36.
Raumsonde(f) 19.
Raumteiler(m) 685.
Raumthermostat(m) 213, 705.
Raupe(f) 78.
Raupenschere(f) mit Teleskopstiel(m) 269.
Raute(f) 451.
Rautenspitze(f) 225.
Reaktion(f), reversible 831.
Reaktionsrichtung(f) 831.
Reaktionstriebwerk(n) 43.
Reaktor(m) 759, 764, 766, 806.
Reaktorgebäude(n) 759, 765.
Reaktorgebäude(n), Luftschleuse(f) des 758.
Reaktorkern(m) 760, 762, 763.
Reaktorkessel(m) 765.
Reaktortank(m) 763.
Rebe(f) 61.
Rebstock(m) 61.
Récamiere(f) 221.
Rechen(m) 267.
Rechen(m) 747, 752.
Rechenbalken(m) 159.
Rechenscheibe(f) 396.
Rechner(m) 523.
Rechteckflügel(m) 499.
Rechteckschlafsack(m) 687.
rechts 189.
Rechtsaußen(m) 601.
Rechtsaußen-Linebacker(m) 605.
Rechtschreibkorrekturtaste(f) 524.
Rechtskurve(f) 826, 827.
Reck(n) 660.
Recksäule(f) 660.
Reckstange(f) 660.
Redingote(f) 331.
Reduziermuffennippel(m) 301.
Reffband(n) 480.
Reffbänsel(n) 480.
Reflektionsfläche(f) 770.
Reflektor(m) 310, 419.
Reformieranlage(f), katalytische 744.
Regelgerät(n) 297.
Regelung(f) des Lebenserhaltungssystems(n) 512.
Regen(m) 36.
Regen(m) mit Unterbrechungen(f) 39.
Regen(m), anhaltender 39.
Regenbogen(m) 36.
Regenfall(m), Messung(f) 40.
Regenhut(m) 329.
Regenleiste(f) 427.
Regenmantel(m) 319.
Regenmesser(m), selbstschreibender 40.
Regenrohr(n) 197.
Regenschauer(m) 39.
Regenschirmhalter(m) 679.
Regentropfen(m) 36.
Regenwald(m), tropischer 45.
Regenwasserabfluß(m) 186.
Regieassistent(in(f))(m) 412.
Regiepult(n) 407, 413.
Regieraum(m) 413.
Regieraum(m) 14, 16, 407, 412, 415.
Regiestuhl(m) 220.
Registerleiste(f) 543.
Registerschleife(f) 543.
Registerzug(m) 542, 543.
Registriereinheit(f) 712.
Registriereinlagen(f) 519.
Registrierkarten(f), Halterung(f) 40.
Registrierpapier(n) 714.
Registrierung(f) seismischer Wellen(f) 714.
Regler(m) 252.
Reglerventil(n) 689.
Regnerschlauch(m) 265.
Regulierhebel(m) 430.
Regulierklappe(f) 206.
Regulierventil(n) 208.
Reh(n) 105.
Reibe(f) 243.
Reibebrett(f) 291.
Reibefläche(f) 307, 386.
Reiber(m) 583.
Reibergehäuse(n) 583.
Reif- und Frostgraupel(f) 37.
Reife(f), Stufen(f) 61.
Reifen(m) 433.
Reifen(m) 440, 447.
Reifenflanke(f) 433.
Reifeprozeß(m) 61.
Reifrock(m), flacher 317.
Reihe(f) 373.
Reihenanzeige(f) 569.
Reihenhaus(n) 187.
Reihenzähler(m) 568.
Reinigungsbürste(f) 374.
Reinigungsmittelgeber(m) 257.
Reinigungsöffnung(f) 215, 296.
Reis(m) 152.
Reisetasche(f) 382.
Reisezug(m) 462.
Reißbahn(f) 634.
Reißbrett(n) 591.
Reißen(n), zweiarmiges 662.
Reißnägel(m) 515.
Reißschenkelschutz(m) 783.
Reißverschluß(m) 566.
Reißverschluß(m) 321, 350, 365, 382, 685.
Reißverschlußlinie(f) 565.
Reißzahn(m) 98.
Reiten(n) 646, 648.
Reiter(m) 518, 648.
Reiter(m), durchsichtiger 518.
Reitgerte(f) 648, 651.
Reithandschuh(m) 648.
Reithelm(m) 648.
Reithose(f) 648.
Reitjacke(f) 648.
Reitkappe(f) 651.
Reitstiefel(m) 648.
Rektaszension(f) 3.
Rektaszensionsachse(f) 720, 721.
Rennhaken(m) 448.
Rennrodel(m) 643.
Rentier(n) 105.
Reparaturwerkstatt(f) 453.
Reptil(n) 96.
Reserve-Fahrtmesser(m) 500.
Reserve-Fluglageanzeige(f) 500.
Reserve-Höhenmesser(m) 500.
Reservefallschirm(m) 635.
Reservepapier(n) 532.
Reset-Taste(f) 530.
Resonanzboden(m) 540.
Resonanzdecke(f) 535, 544, 545, 546.
Resonanzfell(n) 553.
Resonanzkörper(m) 545.
Resonanzröhren(f) 554.
Restaurant(n) 822.
Restaurant(n) 190, 494.
Retardiermagnet(m) 712.
Retikulum(n), endoplasmatisches 115.
Rettungsboot(n) 478, 494, 496, 738.
Rettungsfloß(m) 492.
Rettungsring(m) 495.
Rettungsschiff(n) 739.
Rettungssystem(n) 637.
Rettungsturm(m) 509.
Revers(n) 322, 341.
Revers(n), abfallendes 319, 320.
Revers(n), steigendes 322.
Revisionsöffnung(f) 205, 216.
Revisionstür(f) 207.
Revolver(m) 797.
Rhabarber(m) 72.
Rhesusfaktor(m) negativ 831.
Rhesusfaktor(m) positiv 831.
Ribosom(n) 115.
Richtaufsatz(m) 803.
Richtkurbel(f) 803.
Richtschacht(m) 736.
Richtschütze(m), Stand(m) des 805.
Richtung(f) Mekka 173.
Richtungsanzeiger(m) 441.
Richtungsbezeichnung(f) 488.
Richtungsgleis(n) 465.
Richtungstasten(f) 530.
Riechkapsel(f) 88.
Riechlappen(m) 142.
Riechmembran(f) 142.
Riechnerv(m) 88, 142.
Riegel(m) 253, 257, 289, 290, 319.
Riemen(m) 632.
Riemen(m) 596, 660, 662.
Riemenantrieb(m) 492.
Riemenarten(f) 632.
Riemenmuskel(m) 121.
Riemenscheibe(f) 434.
Riementriebabdeckung(f) 283.
Riet(n) 572.
Riffelfeile(f) 587.
Rift(n) 28.
Rigg-Stahlseil(n) 637.
Rigipsplatte(f) 286.
Rigipsplatte(f), ebene 286.
Rille(f) 578.
Rille(f) 598, 678.
Rinde(f) 132.
Ring(m) 669.
Ring(m) 55, 230, 374, 483, 551, 566, 660, 681, 706, 754.
Ring(m), dioptrischer 486.
Ring(m), erster 800.
Ring(m), zweiter 800.
Ringablage(f) 518.
Ringbrennkammer(f) 501.
Ringbuch(n) 519.
Ringbuchkalender(m) 518.
Ringe(m) 364, 660.
Ringentlüfter(m) 215.
Ringfinger(m) 137.
ringförmige Finsternis(f) 8.
Ringmutter(f) 300.
Ringpfosten(m) 669.
Ringschlüssel(m) 279.
Ringstraße(f) 52.
Ringstufe(f) 669.
Ringumgebung(f) 669.
Ringumrandung(f) 669.
Ringverschluß(m) 512.
Ringzugang(m) 753.
Rinne(f) 562, 683, 793.
Rippe(f) 72, 97, 102, 129, 210.
Rippe(f), frei endigende 122.
Rippe(f), freie(3) 123.
Rippen(f) 122.
Rippenbündchen(n) 350.
Rippenbündchen(n), gerades 325.
Rippenpolster(n) 602.
Ritzel(n) 707.
Roberval-Waage(f) 708.
Rock(m) 331, 615.
Rock(m), gerader 334.
Rockabrunder(m) 564.
Rockarten(f) 334.
Rodehacke(f) 267.
Rodel(m) 643.
Roggen(m) 152.

Die Bezeichnungen der Illustrationen sind **fettgedruckt**.

Roggenbrot(n) mit Kümmel(m) 153.
Roggenknäckebrot(n) 153.
Rohöl(n) 744.
Rohölpipeline(f) 740.
Rohr(n) 800.
Rohr(n) 296, 397, 795, 796, 797, 798, 799, 801, 802, 803, 804.
Rohr(n) A 300.
Rohr(n) B 300.
Rohrabschneider(m) 299.
Rohrabschnitt(m) 205.
Röhrbein(n) 102.
Rohrblatt(n) 549.
Röhre(f) 247, 705.
Rohrende(n) 300.
Röhrenfassung(f) 233.
Röhrenglocken(f) 554.
Röhrenglocken(f) 556.
Röhrenkessel(m) 744.
Rohrfahrteingang(m) 740.
Rohrfeder(f) 389.
Rohrführung(f) mit Verstellmöglichkeit(f) 659, 661.
Rohrquerstrebe(f) 738.
Rohrrücklauf(m) 802.
Rohrschelle(f) 216.
Rohrstück(n) 726.
Rohrstütze(f) 487.
Rohrturbine(f) 752.
Rohrummantelung(f) 287.
Rohrverschraubung(f) 301.
Rohrverteilerstück(n) 738.
Rollbahn(f) 502, 811.
Rollbahnmarkierung(f) 503.
Rolle(f) 230, 383, 553, 583, 645, 684, 788.
Rolle(f), gekehlte 123.
Rolle(f), obere 572.
Rollenfuß(m) 670, 671.
Rollenhaltepartie(f) 671.
Rollenhalterung(f) 670, 671.
Rollenleiter(f) 303.
Rollfilm(m) 395.
Rollgabelschlüssel(m) 299.
Rollkloben(m) 793.
Rollkragen(m) 342.
Rollkragen(m) 338, 642.
Rollkragenpullover(m) 326.
Rollkugel(f) 526.
Rollmechanismus(m) 231.
Rollo(n) 231.
Rollo-Fallstab(m) 231.
Rollostoff(m) 231.
Rollring(m) 293.
Rollschuh(m) 645.
Rollschweller(m) 542.
Rollstuhl(m) 727.
Rollstuhl(m) 461.
Rollstuhlfahrer(m) 822.
Rolltreppe(f) 189, 190, 474.
ROM-Modul(n) 528.
Romagna-Salat(m) 73.
Römerpantolette(f) 357.
römisches Wohnhaus(n) 170.
Rondiste(f) 363.
Rondistenfacette(f), obere 363.
Rondistenfacette(f), untere 363.
Rose(f) 105.
Rosenkohl(m) 73.
Rosennerv(m), großer 133.
Rosenschliff(m) 363.
Rosenstock(m) 105.
Rosenvene(f), große 126.
Rosette(f) 167, 175, 289, 290, 294, 295.
Rosmarin(m) 74.
Rösselsprung(m) 696.
Rost(m) 255.
Rostrum(n) 90.
rot 819.
Rot(n) 697.
Rotationsschiene(f) 15.
Rotes Meer(n) 21.
Rotor(m) 161, 290, 753, 755, 773, 774.
Rotorblatt(n) 508, 774.
Rotorkopf(m) 508.
Rotormast(m) 508.
Rotornabe(f) 508.
Rotstrahl(m) 410.
Rotunde(f) 190.
Rouge(n) 700, 701.
Rougepinsel(m) 366.
Roulette(f) 582.
Roulette(n), amerikanisches 700.
Roulette(n), französisches 701.
Roulettekessel(m) 701.
Roulettekugel(f) 701.
Roulettespielplan(m), amerikanischer 700.
Roulettespielplan(m), französischer 701.
Roulettespieltisch(m) 700.
Royal Flush(m) 695.
Royalstenge(f) 479.
Rübe(f) 71.
Rübenhacke(f) 266.
Rubin(m) 362.
Rückansicht(f) 95, 121, 123, 129.
Rücken(m) 322.
Rücken(m) 101, 106, 108, 117, 119, 174, 239, 240, 241, 242, 277, 386, 577.
Rücken(m), ozeanischer 28.
Rückenflosse(f), erste 86.
Rückenflosse(f), zweite 86.
Rückengürtel(m) 330.
Rückenlage(f) 621.
Rückenlasche(f) 653.
Rückenlehne(f) 220, 223, 428, 445, 727.
Ruckenmark(n) 135.
Rückenmark(n) 89, 134.
Rückenmarkshaut(f), harte 134, 135.
Rückenmittelschlitz(m) 322.
Rückenmuskel(m), breiter 121.
Rückenpanzer(m) 96.
Rückenpolster(n) 653.
Rückenschlitz(m), seitlicher 322.
Rückenschwimmen(n) 623.
Rückenspange(f) 322.
Rückenteil(n), verstellbares 726.
Rückenverstärkung(f) 644.
Rückfahrscheinwerfer(m) 429.
Rückfeld(n) 614.
Rückfeldrichter(m) 605.
Rückfeldschiedsrichter(m) 603.
Rückgrat(n) 670.
Rückholfeder(f) 432.
Rücklagenstütze(f) 641.
Rücklauf(m) 831.
Rücklauf(m) 208.
Rücklauf-Taste(f) 403.
Rücklaufboden(m) 161.
Rücklauftaste(f) 408, 420.
Rücklaufverschraubung(f) 208.
Rücklicht(n) 147, 441, 446.
Rückruftaste(f) 396.
Rucksack(m) 680.
Rückschläger(m) 614, 616, 618.
Rückschlaghinderer(m) 795, 798, 799.
Rückschlagventil(n) 216.
Rückseite(f) 363.
Rücksitzbank(f) 428.
Rückspiegel(m) 430, 442.
Rücksprungpalette(f) 787.
Rückspulknopf(m) 391.
Rückspultaste(f) 411.
Rückstellknopf(m) 706, 711.
Rückstelltaste(f) 403, 411, 421.
Rückstrahler(m) 441, 445, 446.
rückwärts 624.
Rückwurflinie(f) 599.
Ruder(n) 492, 496, 511, 664, 742, 814.
Ruder(n), oberes 806.
Ruderblatt(n) 628.
Ruderboote(n) 632.
Rudergerät(n) 664.
Rudern(n) 632.
Ruf(m), nächster 422.
Ruffinisches Körperchen(n) 136.
Rufnummernregister(n) 420.
Rufnummernregister(n) für automatische Wahl(f) 420.
Rugby(n) 606.
Rugbyball(m) 606.
Rührbesen(m) 250.
Rührbesen(m) 250.
Rührschüssel(f) 250.
Rührschüsseln(f) 245.
Rührwerk(n) 258.
Rumpf(m) 117, 119, 445, 499, 628, 639, 698.
Rumpfleitwerk(n) 498.
Rumpfsonar(m) 809.
rund 56.
Rundblickperiskop(n) 805.
Rundbogen(m) 174.
Rundbürste(f) 368.
runde Bahn(f) 275.
Rundeisen(n) 581.
Rundfunk(m): Sprecherraum(m) und Regieraum(m) 407.
Rundfunkempfänger(m) 400, 402.
Rundfunknetz(n), privates 416.
Rundkopf(m) mit Schlitz(m) 276.
Rundmuskel(m), großer 121.
Rundmuskel(m), kleiner 121.
Rundstricknadel(f) 567.
Rungentasche(f) 441.
Rüschen(f) 349.
Rüschenhöschen(n) 349.
Rüschenstrumpfhose(f) 349.
Rüssel(m) 79.
russischer Pumpernickel(m) 153.
Rüstung(f) 792.
Rutengriff(m) 671.
Rutenschwellkörper(m) 127.
Rutsche(f) 736.
Rythmuswahlschalter(m) 555.

S

S-Bahn(f) 464.
S-Band Antenne(f) 43.
S-Band hochbündelnde Antenne(f) 42.
S-Band Rundstrahlantenne(f) 42.
S-Bogen(m) 548.
Saal(m) 496.
Saatgutbehälter(m) 158.
Säbel(m) 794.
Säbel(m) 666.
Säbel- und Degenfechten(n) 666.
Säbelfechter(m) 667.
Sackkarren(m) 788.
Säen(n) 154, 158.
Safarijacke(f) 338.
Safety(m), linker 603.
Safety(m), rechter 603.
Safetyback(m), linker 605.
Safetyback(m), rechter 605.
Sägeblatt(n) 277, 285.
Sägeblatthöhenverstellung(f) 285.
Sägekette(f) 272.
Sagittalschnitt(m) 127, 128, 129, 142.
Sagittarius 820.
Sähkelle(f) 268.
Saite(f) 541, 544, 545.
Saitenaufhängung(f) 547.
Saitenbezug(m) 540.
Saitenhalter(m) 544.
Saiteninstrumente(n) 544, 546.
Salamander(m) 85.
Salatgabel(f) 240.
Salatschale(f) 238.
Salatschleuder(f) 243.
Salatschüssel(f) 238.
Salatteller(m) 238.
Salbei(m) 74.
Saling(f) 478, 628.
Salto(m) 625.
Saltostellung(f) 624.
Salzsee(m) 46.
Salzstreuer(m) 238.
Salzsumpf(m) 30.
Samen(m) 62, 63, 64, 65, 66, 67.
Samenanlage(f) 60.
Samenbläschen(n) 127.
Samenleiter(m) 127.
Samenmantel(m) 63.
Samenschale(f) 152.
Samenstrang(m) 127.
Sammellinsen(f) 722.
Sammelrohr(n) 162.
Sammelschiene(f) 747.
Sammeltrichter(m) 40.
Samtkropfband(n) 361.
Sand(m) 748.
Sand- oder Staubsturm(m) 39.
Sand-Wedge(n) 678.
Sandale(f) 357.
Sandale(f) 791.
Sandalette(f) 356.
Sandbank(f) 30.
Sandblattfeilen(f) 365.
Sandinsel(f) 30.
Sandkasten(m) 469.
Sandwüste(f) 46.
Sanitärinstallation(f) 292, 294, 296, 298, 299, 300.
Sanitärinstallationssystem(n) 215.
Saphir(m) 362.
Sarong(m) 334.
Satellit(m) 416, 419.
Satellit(m), erderkennungsgeodätischer 48.
Satellit(m), geostationärer 42.
Satellit(m), polarumlaufender 43.
Satelliten(m) 418.
Satelliten(m), Umlaufbahn(f) 43.
Satelliten-Direktempfang(m) 416.
Sattel(m) 649.
Sattel(m) 320, 324, 337, 397, 446, 544, 546, 547, 648, 651, 661.
Satteldach(n) 182.
Sattelgurt(m) 649.
Sattelkupplung(f) 440.
Sattelplatz(m) 651.
Sattelpolster(n) 649.
Sattelrock(m) 334.
Sattelschlepper(m) 440.
Sattelstütze(f) 446.
Satteltasche(f) 448.
Satteltuch(n) 651.
Sattelzug(m) 440.
Saturn(m) 5.
Satztische(m) 219.
Satzzeichen(n) 832.
Sau(f) 151.
Sauciere(f) 238.
Sauerstoffdruck-Stelleinrichtung(f) 512.
Sauerstoffflasche(f) 306.
Sauerstoffventil(n) 306.
Sauerstoffzufuhranzeige(f) 639.
Sauerstoffzufuhrregler(m) 639.
Saugarm(m) 784.
Saugpinsel(m) 260.
Saugrohr(n) 260, 434, 747, 753, 778, 784.
Saugzubehör(n) 260.
Säule(f) 24, 36, 166, 168, 169, 393, 399, 455, 573, 574, 578, 579, 621.
Säule(f), bedeckte 37.
Säulenordnung(f), dorische 167.
Säulenordnung(f), ionische 166.
Säulenordnung(f), korinthische 167.
Saum(m) 231, 565, 598.
Saummaß(n) 563.
Saumrand(m) 104.
Savanne(f), tropische 45.
Saxhorn(n) 551.
Saxophon(n) 548.
Saxophon(n) 548.
Scanner(m) 526.
Schaber(m) 582.
Schabracke(f) 229.
Schach(n) 696.
Schachbrett(n) 696.
Schachtelfalte(f) 228.
Schachtfördergerüst(n) 736.
Schachtgebäude(n) 734.
Schachtsumpf(m) 736.
Schädel(m) 88, 102, 116, 134.
Schadstoffbelastung(f) im Boden(m) 32.
Schadstoffbelastung(f) im Wasser(n) 32.
Schaf(n) 150.
Schaffnertisch(m) 461.
Schafstall(m) 149.
Schaft(m) 110, 166, 275, 276, 281, 483, 562, 567, 568, 573, 609, 615, 632, 652, 658, 675, 677, 684, 698, 773.
Schaftführung(f) 653.
Schaftstiefel(m) 357.
Schäftung(f) 798, 799.
Schäkelband(n) 483.
Schale(f) 64, 65, 66, 92, 109, 383.
Schale(f), einklappige 94.
Schale(f), obere 641.
Schale(f), untere 641.
Schale(f), zweiklappige 95.
Schalenhaut(f) 109.
Schalensitz(m) 428.
Schäler(m) 242.
Schälfurnier(n) 288.
Schalkragen(m) 341.
Schallbecher(m) 542.
Schallbecherstütze(f) 549.
Schallbrett(n) 175.
Schalldämpfer(m) 439.
Schalloch(n) 544.
Schallplatte(f) 404.
Schallrille(f) 404.
Schallrose(f) 546.
Schalotte(f) 70.
Schalter(m) 309.
Schalter(m) 254, 255, 280, 283, 285.
Schalter(m), einpoliger 312.
Schalter(m), zweipoliger 312.
Schalterabdeckplatte(f) 309.
Schalthebel(m) 430, 447, 448.
Schaltpedal(n) 443, 444.
Schaltpult(n) 16.
Schalttafel(f) 210, 214.
Schaltuhr(f) 255.
Schaltung(f), elektronische 233.
Schaltzug(m) 448.
Schambein(n) 116, 118.
Schamhügel(m) 128.
Schamlippe(f), große 128, 129.
Schamlippe(f), kleine 128, 129.

Die Bezeichnungen der Illustrationen sind **fettgedruckt**.

Schamotteplatte(f) 204.
Schamottestein(m) 204.
Schanzkleid(n) 478.
Schar(n) 156.
Schärbaum(m) 575.
Schardrehkranz(m) 784.
Schardrehvorrichtung(f) 784.
Scharfeinsteller(m) 399.
Scharfeinstellung(f) 409, 720, 721.
Schärfentiefenknopf(m) 391.
Schärfentiefenskala(f) 392.
Scharfsteller(m) 399.
Scharfstellrad(n), zentrales 719.
Scharfstellring(m) 719.
Scharhubvorrichtung(f) 784.
Scharnier 202.
Scharnier(n) 203, 225, 253, 257, 378, 382, 404, 429, 443, 585, 719.
Scharwachturm(m) 178, 181.
Schatten(m) 706.
Schaufel(f) 640, 642, 681, 782.
Schaufel(f), hintere 782.
Schaufelarm(m) 782.
Schaufelblatt(n) 753.
Schaufelbolzengelenk(n) 782.
Schaufellader(m) 782.
Schaufelradbagger(m) 733.
Schaufelzahn(m) 782, 785.
Schaufelzylinder(m) 782, 785.
Schaufelzylinder(m), hinterer 782.
Schaukelstuhl(m) 221, 223.
Schaum(m) 30.
Schaumanzeiger(m) 743.
Schaumgummiisolierung(f) 287.
Schaumgummimatratze(f) 687.
Schaumgummipolsterung(f) 729.
Scheckheft(n) 379.
Scheckhülle(f) 379.
Scheibe(f) 157, 203, 583, 663.
Scheiben(f) 251.
Scheibenbremse(f) 432.
Scheibenbremse(f) 442.
Scheibenegge(f) 157.
Scheibenegge(f) 154.
Scheibengardine(f) 228.
Scheibenkopf(m) 584.
Scheibensech(n) 156.
Scheibensechhalter(m) 156.
Scheibenwaschdüse(f) 426.
Scheibenwischer(m) 431.
Scheibenwischer(m) 426.
Scheibenwischerhebel(m) 430.
Scheide(f) 690.
Scheide(f) 55, 101, 106, 128, 129, 281, 283.
Scheide(f), Schwannsche 135.
Scheidewand(f) 65, 66, 67, 141.
Scheinfach(n) 379.
Scheintasche(f) 379.
Scheinwerfer(m) 147, 426, 440, 442, 444, 445, 447, 459, 469, 778, 780, 805.
Scheinwerferraum(m) 486.
Scheitel(m) 109.
Scheitelbein(n) 123.
Scheitelpunkt(m) 625.
Scheitelrippe(f) 177.
Scheitelstück(n) 792.
Schekel(m) 832.
Schelle(f) 40, 554.
Schenkel(m) 78, 80, 101, 104, 108, 671.
Schenkelbein(n) 123.
Schenkelbindenspanner(m) 120.
Schenkelhals(m) 123.
Schenkelmuskel(m), äußerer 120, 121.
Schenkelmuskel(m), gerader 120.
Schenkelmuskel(m), innerer 120.
Schenkelmuskel(m), zweiköpfiger 121.
Schenkelring(m) 78, 80.
Schere(f) 564.
Schere(f) 90, 688, 725.
Scherenaufhängung(f) 414.
Scherenblatt(n), gekerbtes 369.
Scherenbrille(f) 377.
Scherenleuchte(f) 234.
Scherenschliff(m) 362.
Scherenstromabnehmer(m) 458.
Scherkopf(m) 374.
Scherkopfhalter(m) 374.
Scheuerleiste(f) 433, 449.
Scheuklappe(f) 653.
Scheune(f) 148.
Schiebedach(n) 427.
Schiebedeckel(m) 484.
Schiebefenster(n), horizontales 203.
Schiebefenster(n), vertikales 203.
Schiebegriff(m) 568, 727.
Schiebeleiter(f) 781.
Schiebeöffnung(f) 709.
Schiebeplatte(f) 561, 562.
Schieber(m) 375, 566, 585, 747, 797.
Schieberad(n) 727.
Schiebetür(f) 202.
Schiebetür(f) 292.
Schiedsrichter(m) 599, 601, 606, 608, 610, 611, 614, 618, 621, 626, 668, 669.
Schiedsrichter(m), erster 603, 605, 613.
Schiedsrichter(m), zweiter 603, 605, 613.
Schienbein(n) 122.
Schienbeinarterie(f), vordere 126.
Schienbeinmuskel(m), vorderer 120.
Schienbeinnerv(m) 133.
Schienbeinpolster(n) 609.
Schienbeinschützer(m) 595, 600.
Schiene(f) 466.
Schiene(f) 78, 80, 230, 235, 257, 466, 568, 643, 656.
Schienen(f) 725.
Schienenfuß(m) 466.
Schienenkopf(m) 466.
Schienenlasche(f) 466.
Schienenräumer(m) 459, 469.
Schienensteg(m) 466.
Schienenstoß(m) 466.
Schießgrube(f) 179.
Schießscharte(f) 179, 181.
Schiffsanker(m) 483.
Schiffskiel(m) 13.
Schiffsschraube(f) 742.
Schiffssegel(n) 13.
Schild(m) 579, 791.
Schild(n) 242, 729.
Schildbogen(m) 177.
Schildchen(n) 95.
schildförmig 56.
Schildhaupt(n) 818.
Schildhubzylinder(m) 783.
Schildkröte(f) 97.
Schildplätze(m) 818.
Schindel(f) 286.
Schinkenmesser(n) 242.
Schirm(m) 375.
Schirm(m) 234, 236, 471, 636.
Schirmfeder(f) 110.
Schirmmütze(f) 328.
Schirmsegment(n) 636.
Schirmständer(m) 375.
Schirmwinde(f) 575.
Schlafanzug(m) 348, 350, 351.
Schlafanzug(m), zweiteilig 350.
Schläfe(f) 116.
Schläfenbein(n) 122.
Schlafkabine(f) 440.
Schlafplatz(m) 460.
Schlafraum(m) 685.
Schlafsack(m) mit Rettungssystem(n) 637.
Schlafsäcke(m) 687.
Schlafwagen(m) 460.
Schlafwagenabteil(n) 460.
Schlafzimmer(n) 194, 195.
Schlagbereich(m) 596.
Schlagbohrer(m) 734.
Schlagbolzen(m) 796, 804.
Schlagbolzenmechanismus(m) 796.
Schlagbolzenschaft(m) 802.
Schläger(m) 596, 607.
Schläger(m) 595.
Schlägerabdeckung(f) 679.
Schlägerblatt(n) 607.
Schlagfell(n) 552, 553.
Schlagfläche(f) 677.
Schlaghandschuh(m) 595.
Schlagholz(n) 598.
Schlagholz(n) 598.
Schlaghose(f) 336.
Schlaginstrumente(n) 552, 554.
Schlagmal(n) 597.
Schlagmallinie(f) 599.
Schlagmann(m) 595.
Schlagmann(m) 597, 599.
Schlagmannshelm(m) 595.
Schlagrad(n) 579.
Schlagschutz(m) 547, 617.
Schlammgrube(f) 737.
Schlammpumpe(f) 737.
Schlammpumpenschlauch(m) 737.
Schlange(f) 11, 13.
Schlangenbohrer(m) 281.
Schlangenträger(m) 11, 13.
Schlankmuskel(m) 121.
Schlauch(m) 260, 306, 710, 780.
Schlauchdüse(f) 265.
Schlauchkleid(n) 332.
Schlauchkupplung(f) 264, 265.
Schlauchleitung(f) 778.
Schlauchwagen(m) 265.
Schlaufe(f) 324, 365, 452.
Schlegel(m) 553, 581, 586.
Schlegel(m) 552.
Schleier(m) 670.
Schleife(f) 328.
Schleifenkragen(m) 342.
Schleifscheibe(f) 583.
Schlepper(m) 506, 507.
Schleppseil(n) 633.
Schleppstange(f) 803.
Schleudergefahr(f) 826, 827.
Schleudersitz(m) 813.
Schleuse(f) 752.
Schleusenkammer(f) 493.
Schleusenwand(f) 492.
Schließblech(n) 290.
Schließfrucht(f) 66.
Schließklappe(f) 772.
Schließmuskel(m) 92.
Schließzylinder(m) 290.
Schlifformen(f) 363.
Schlingerwand(f) 509.
Schlingstiche(m) 571.
Schlitten(m) 568.
Schlitten(m) 630.
Schlitteneinstellung(f) 569.
Schlittschuh(m) 609.
Schlittschuhschoner(m) 644.
Schlitz(m) 240, 252, 276, 325, 350, 578.
Schlitzverschluß(m) 390.
Schloß(n) 289, 290.
Schloß(n) 225, 289, 369, 374, 380, 383, 448, 564.
Schloßband(n) 95.
Schloßband(n), elastisches 92.
Schloßband(n), Lage(f) 95.
Schloßbrett(n) 202.
Schloßzahn(m) 95.
Schlucht(f) 24.
Schluckloch(n) 24.
Schlüssel(m) 290, 539.
Schlüsselbein(n) 122.
Schlüsselbeinarterie(f) 126.
Schlüsselbeinvene(f) 126.
Schlüsseletui(n) 379.
Schlüsselloch(n) 290.
Schlüsselschild(n) 289.
Schlüsselschloß(n) 378.
Schlußleuchte(f) 147, 429, 443, 444.
Schlußstein(m) 174, 177.
Schmelz(m) 144.
Schmelzschweißen(n) 307.
Schmelzwasser(n) 27.
Schmetterling(m) 78, 79.
Schmierknopf(m) 735.
Schmiermittelraffinerie(f) 745.
Schmieröle(n) 745.
Schmiersystem(n) 469.
Schmirgelsäckchen(n) 563.
Schmorpfanne(f) 249.
Schmuck(m) 361, 362, 364.
Schmutzfänger(m) 427, 440, 441.
Schmutzwasserhebeanlage(f) 216.
Schnabel(m) 108, 792.
Schnabelarten(f) 111.
Schnabelschuh(m) 318.
Schnalle(f) 566.
Schnalle(f) 319, 323, 380.
Schnallenabdeckung(f) 649.
Schnappschloß(n) 378, 380.
Schnarrsaite(f) 553.
Schnarrsaitenspanner(m) 553.
Schnauze(f) 84, 106, 107.
Schnecke(f) 83.
Schnecke(f) 139, 544.
Schnecke(f), einfache 281.
Schneckenpfännchen(n) 246.
Schneckenzange(f) 246.
Schnecken, eßbare 83.
Schnee(m) 34.
Schnee(m) mit Unterbrechungen(f) 39.
Schnee(m), anhaltender 39.
Schnee(m), ewiger 27.
Schneeanzug(m) 351.
Schneebesen(m) 245.
Schneefall(m), Messung(f) 41.
Schneegamaschen(f) 680.
Schneekristalle(m), Klassifikation(f) 36.
Schneemesser(m) 41.
Schneemobil(n) 445.
Schneeregen(m) 39.
Schneesack(m) 349.
Schneeschauer(m) 39.
Schneeschuh(m) 645.
Schneetreiben(n), leichtes 39.
Schneetreiben(n), starkes 39.
Schneiddüse(f) 306.
Schneide(f) 239, 242, 276, 369, 564, 644.
Schneidedraht(m) 584.
Schneideeinsatz(m) 306.
Schneiden(n) 578.
Schneiderärmel(m) 340.
Schneiderbüste(f) 564.
Schneiderkragen(m) 341.
Schneiderkragen(m) 330.
Schneidermuskel(m) 120.
Schneidezahn(m) 98.
Schneidezahn(m), äußerer 144.
Schneidezahn(m), mittlerer 144.
Schneidezähne(m) 144.
Schneidkante(f) 783, 784.
Schneidklinge(f) 256.
Schneidmesser(n) 250, 251.
Schneidring(m) 300.
Schneidwerk(n) 161.
Schneidzylinder(m) 271.
Schnellabrollbahn(f) 502.
Schnellaufschlittschuh(m) 644.
Schnellhefter(m) 519.
Schnellkupplungssystem(n) 393.
Schnellstraße(f) 452.
Schnellvorlauf-Taste(f) 403.
Schnellvorlauftaste(f) 408.
Schnittführung(f) 578.
Schnittlauch(m) 70.
Schnittlinie(f) 565.
Schnittmuster(n) 565.
Schnitzbankschraube(f) 586.
Schnitzeisen(n) 587.
Schnitzen(n) 586.
Schnorchel(m) 627.
Schnur(f) 578.
Schnur(f) am Tritt(m) 572.
Schnürband(n) 596.
Schnürboden(m) 188.
Schnurfangbügel(m) 671.
Schnurfeststeller(m) 231.
Schnürhaken(m) 644.
Schnurlaufröllchen(n) 671.
Schnürloch(n) 354.
Schnürlochteil(n) 354.
Schnüröse(f) 644.
Schnurrhaare(n) 107.
Schnürschuh(m) 355.
Schnürsenkel(m) 354.
Schnürsenkel(m) 352, 644, 669.
Schnürsenkelende(n) 352, 354.
Schnurspanner(m) 230.
Schnurversteller(m) 231.
Schnurwelle(f) 230.
Schollenmuskel(m) 120.
Schoner(m) 482.
Schonwaschgang(m) 829.
Schöpflöffel(m) 244.
Schöpfteil(m) 241.
Schornstein(m) 197, 494, 496.
Schoß(m) 324, 337.
Schößling(m) 57, 59.
Schoßrock(m) 317.
Schote(f) 67.
Schotstek(m), doppelter 691.
Schotstek(m), einfacher 691.
Schottenrock(m) 335.
Schotter(m) 466.
Schotterfläche(f) 27.
schräg zum Fadenlauf(m) 566.
Schräge(f) 726.
Schrägförderer(m) 160.
Schrägfördererkette(f) 160.
Schräggeison(m) 168.
Schrägheckmodell(n) 425.
Schrägmaß(n) 713.
schrägrechts geteilt 818.
Schrägseilbrücke(f) 456.
Schrägseile(n), parallele 456.
Schrägseilverankerung(f) 456.
Schrägstellungsvorrichtung(f) 284.
Schrank(m) 522.
Schranke(f) 471.
Schrankteil(n) 226.
Schrapper(m) 784.
Schratten(m) 24.
Schraube(f) 276, 625.
Schraube(f) 278, 290, 495, 496, 544, 806.
Schrauben(f) 808.
Schraubenbolzen(m) 279.
Schraubenbolzen(m) mit Ansatz(m) 279.
Schraubenfeder(f) 469.
Schraubenwelle(f) 492, 495.
Schraubenzieher(m) 276.
Schraubenzieher(m) 688.
Schraubfassung(f) 232.
Schraubfeder(f) 681.

Die Bezeichnungen der Illustrationen sind **fettgedruckt**.

Schraubklemme(f) 312.
Schraubschäkel(m) 630.
Schraubstock(m) 282.
Schraubstollen(m) 600.
Schreib-/Lesekopf(m) 529.
Schreibgeräte(n) 389.
Schreibkopf(m) 524.
Schreibmappe(f) 378.
Schreibmaschine(f), elektrische 524.
Schreibpinsel(m) 389.
Schreibplatte(f), herausklappbare 226.
Schreibschutz(m) 529.
Schreibschutzöffnung(f) 529.
Schreibspitze(f) 714.
Schreibtisch-Videogerät(n) 527.
Schreibtischleuchte(f) 234.
Schreibunterlage(f) 520.
Schreibwaren(f) 515, 516, 518.
Schreinerei(f) 275, 276, 278, 280, 282, 284.
Schriftführer(m) 612.
Schriftgrößenskala(f) 524.
Schritt(m) 101, 325, 337.
Schritte(m) 586.
Schrittlängeneinstellung(f) 711.
Schrot(m) 799.
Schrotflinte(f) 799.
Schub(m) 455.
Schubdüse(f) 512.
Schubkarre(f) 270.
Schubkurbelverschluß(m) 802.
Schublade(f) 219, 226.
Schubladenelement(n), fahrbares 521.
Schubrahmen(m) 783.
Schubrechwender(m) 159.
Schubrechwender(m) 155.
Schuh(m) 627.
Schuh(m) mit Stoßplatten(f) 602.
Schuhbürste(f) 358.
Schuhcreme(f) 358.
Schuhe(m) 354, 356, 358.
Schuhlöffel(m) 358.
Schuhputzzeug(n) 358.
Schuhspanner(m) 358.
Schuhständer(m) 358.
Schuhtypen(m), wichtigste 354, 355, 356.
Schule(f) 826, 827.
Schulter(f) 100, 106, 116, 118, 545, 670.
Schulterblatt(n) 102, 117, 119, 122, 123.
Schulterblattgräte(f) 123.
Schulterfeder(f) 110.
Schultergurt(m) 428, 679.
Schulterhöhe(f) 123.
Schulterklappe(f) 319.
Schulterpolster(n) 602, 609.
Schulterriemen(m) 375, 380, 382.
Schulterstütze(f) 796, 804.
Schultertasche(f) 380.
Schulterwurf(m), einarmiger 668.
Schuppe(f) 87, 96, 97.
Schupper(m) 193.
Schürfkübel(m) 784.
Schürhaken(m) 205.
Schürzenfinger(m) 493.
Schuß(m) 573, 574.
Schüssel(f) 251.
Schußfaden(m) 576.
Schußkreis(m) 607.
Schüttelbörse(f) 379.
Schüttelsieb(n) 737.
Schüttgutwagen(m) 472.
Schüttung(f) 451.
Schüttungsisolierung(f) 287.
Schutzausrüstung(f) 602.
Schutzbezug(m) 224.
Schutzblech(n) 445, 446.
Schutzblech(n), vorderes 442.
Schutzbrille(f) 308.
Schutzbrille(f) 635, 729.
Schutzdach(n) 787.
Schütze(m) 820.
Schütze(m) 13.
Schutzgehäuse(n) 271.
Schutzgeländer(n) 468.
Schutzgitter(n) 310.
Schutzglas(n) 410.
Schutzhandschuhe(m) 821.
Schutzhaube(f) 285.
Schutzhelm(m) 443, 729.
Schutzhelm(m) 448, 602, 609, 635, 636, 821.
Schutzkäfig(m) 654.
Schutzkante(f) 383.
Schutzkappe(f) 718, 726.
Schutzkasten(m) für Kegelräder(n) 470.
Schutzklappe(f) 16.
Schutzkorsett(n) 609.
Schutzmaske(f) 729.
Schutzmaßnahmen(f) 821.
Schutzpolster(n) 659.
Schutzring(m) 255.
Schutzschicht(f) 512.
Schutzschirm(m) 308.
Schutzschuhe(m) 821.
Schutzumrandung(f) 698.
Schwamm(m) 801.
Schwämme(m) 367.
Schwammstäbchen(n) 367.
Schwan(m) 11.
Schwanenhals(m) 784.
Schwannsche Scheide(f) 135.
Schwanz(m) 91, 96, 97, 101, 106, 107, 112, 127, 579, 670.
Schwanzfächer(m) 91.
Schwanzfeder(f) 109.
Schwanzflosse(f) 87.
Schwanzflughaut(f) 112.
Schwanzwirbel(m) 103.
Schwarte(f) 288.
schwarz 819.
Schwarz(n) 696.
Schwarzes Meer(n) 21.
Schwarzwurzel(f) 71.
Schwebebalken(m) 659.
Schwebefähre(f) 457.
Schwein(n) 151.
Schweinestall(m) 149.
Schweißband(n) 615.
Schweißblatt(n) 649.
Schweißbrenner(m) 306.
Schweißbrenner(m) 306, 307.
Schweißdrüse(f), apokrine 136.
Schweißdrüse(f), Ausführungsgang(m) 136.
Schweißdrüse(f), ekkrine 136.
Schweißeinsatz(m) 306.
Schweißen(n) 305, 306, 308.
Schweißerhandschuh(m) 308.
Schweißfuge(f) 307.
Schweißstab(m) 307.
Schweißtransformator(m) 305.
schweizer Offiziersmesser(n) 688.
Schwelle(f) 198, 199, 202, 466.
Schwellenmarkierungen(f) 505.
Schwellenschraube(f) 466.
Schwenkarm(m) 250.
Schwenkbrückenstand(m) 785.
Schwenkflügel(m) 499.
Schwenkkopf(m) 282.
Schwenklade(f) 572.
Schwenksockel(m) 282.
Schwenkverschluß(m) 282.
Schwenkverstellung(f) 285.
Schwerbehinderte(m) 822.
Schwerfahrzeuge(n) 782, 784.
Schwermaschinen(f) 785.
Schweröl(n) 744.
Schwert(n) 272, 628.
Schwert(n), beidhändiges 794.
Schwertfisch(m) 13.
Schwerwasser(n) unter Druck(m) 761.
Schwerwasser(n), kaltes 761.
Schwerwasseranreicherung(f) 759.
Schwerwasserreaktor(m) 761.
Schwimmbecken(n) 621, 626, 772.
Schwimmblase(f) 89.
Schwimmdach(n) 741.
Schwimmdachtank(m) 741.
Schwimmen(n) 621, 622.
Schwimmer(m) 216, 293, 485, 672, 803.
Schwimmerventil(n) 293.
Schwimmfuß(m) 84.
Schwimmhaut(f) 84, 111.
Schwimmhautzeh(m) 111.
Schwimmholz(n) 626.
Schwimmkörper(m) 486.
Schwimmkran(m) 490.
Schwimmlappenzeh(m) 111.
Schwimmschlamm(m) 216.
Schwimmstile(m) 622.
Schwinger(m) 485.
Schwingflügel(m) 203.
Schwinghebel(m) 435.
schwingungsdämpfender Bügelgriff(m) 272.
Schwingungsdämpfer(m) 258.
Schwungholen(n) 682.
Schwungrad(n) 435, 584, 664.
Scorpius 820.
Scrimmage(n) 603, 605.
Scrimmagelinie(f) 603, 605.
Sech(m) 158.
Sechserpasch(m) 695.
Sechskantmutter(f) 439.
Sechskantstopfen(m) 301.
Sechzehntelnote(f) 538.
Sechzehntelpause(f) 538.
Second-Einladung(f) 667.
Sedimentgesteine(n) 23.
See(m) 7, 27, 51.
See-See-Flugkörper(m) 809.
Seezeichen(n) 486.
Seezielflugkörper(m) 814.
Segel(n) 480.
Segel(n) 631.
Segelboot(n) 628.
Segelfliegen(n) 638.
Segelflugzeug(n) 638.
Segelkleid(n) 628.
Segellatte(f) 628, 631.
Segeln(n) mit halbem Wind(m) 629.
Segelsport(m) 628, 629, 630.
Segelstange(f) 773.
Segeltasche(f) 628, 631.
Segeltuchbespannung(f) 773.
Segeltuchboden(m) 669.
Segeltypen(m) 482.
Segerkegel(m) 585.
Segmentpunktzahl(f) 698.
Sehenswürdigkeit(f) 52.
Sehne(f) 107.
Sehnenschützer(m) 644.
Sehnerv(m) 140.
Sehnervkreuzung(f) 134.
Sehschlitz(m) 792.
Sehvermögen(n) 140.
Seifenbecher(m) 374.
Seifenschale(f) 292.
Seil(n) 302, 457, 669, 680, 692.
Seil(n), gedrehtes 692.
Seil(n), geflochtenes 692.
Seile(n) 456.
Seilverspannung(f) 669.
Seilzug(m) 302.
seismische Welle(f) 23.
seismische Wellen(f) 714.
Seismogramm(n) 714.
Seite(f) 239, 479, 579.
Seite(f), linke 288.
Seite(f), rechte 288.
Seitenansicht(f) 363, 442.
Seitenauslinie(f) 601.
Seitenband(n),vertikales 613.
Seitenfeintrieb(m) 713.
Seitenfenster(n) 427.
Seitenflosse(f) 499, 508, 639.
Seitengriff(m) 280, 429.
Seitenkapelle(f) 176.
Seitenklemme(f) 713.
Seitenlinie(f) 87, 604, 606, 607, 610, 611, 612, 613, 619, 620.
Seitenlinie(f) für das Doppelspiel 614, 618.
Seitenlinie(f) für das Einzelspiel 614, 618.
Seitenlinienrichter(m) 605.
Seitenmoräne(f) 27.
Seitenöffnung(f) 456.
Seitenruder(n) 499, 639, 812.
Seitenruderpedal(n) 639.
Seitenschiff(n) 177.
Seitenschlot(m) 25.
Seitenschwinge(f) 572.
Seitenspiegel(m) 368, 426, 440, 444.
Seitenspiegelverstellhebel(n) 429.
Seitensprossen(f) 470.
Seitenspur(f) 452.
Seitenständer(m) 443.
Seitensteg(m) 376.
Seitenstollen(m) 736.
Seitenstück(n) 223.
Seitentasche(f) 679.
Seitenteil(n) 319, 787.
Seitenverkleidung(f) 427.
Seitenverstellhebel(m) 277.
Seitenwand(f) 104, 441, 470, 616, 617, 621.
Seitenwandlinie(f) 616.
Seitenwurzel(f) 57.
Sekretär(m) 226.
Sektkelch(m) 237.
Sektschale(f) 237.
Sekundant(m) 669.
Sekundärfokuskabine(f) 15.
Sekundärkonsumenten(m) 31.
Sekundärspiegel(m) 15, 16, 390.
Sekunde(f) 830.
Sekunde(f) 537.
Sekundenzeiger(m) 706, 707.
Selbstauslöser(m) 391.
Selbstauslöser-Lichtsignal(n) 391.
Selbstentladetankwagen(m) 472.
Selbststeueranlage(f) 500.
Sellerie(f) 71.
Semikolon(n) 832.
Sendeantenne(f) 418.
Sendeimpuls(m) 722.
Sendeleiter(in(f))(m) 412, 415.
Sendereinstellung(f) 402, 408.
Sendersuchlauf(m), automatischer 402.
Sendung(f) auf Hertz-Wellen(f) 416.
Senf(m) 67.
Senkkopf(m) mit Imbus(m) 276.
Senkkopf(m) mit Kreuzschlitz(m) 276.
Senkkopf(m) mit Schlitz(m) 276.
Senkrechte(f) 830.
Sense(f) 267.
Sensor(m) 253.
Sensor(m), biomedizinischer 512.
Sensorhülse(f) 253.
Sepalum(n) 64.
Septim-Einladung(f) 667.
Septime(f) 537.
Septum(n) pellucidum 134.
Sequenzerregler(m) 555.
Serac(m) 26.
Service-Bereich(m) 453.
Servierwagen(m) 219.
Sesambein(n) 102.
Setzholz(n) 225.
Setzstufe(f) 201.
Sextant(m) 484.
Sextant(m) 13.
Sexte(f) 537.
Sextett(n) 558.
Shadow-Taste(f) 396.
Shake-Hands-Griff(m) 619.
Sheddach(n) 182.
Shortline(f) 616.
Shorts(f) 336.
Shorts(f) 353.
Shot(f) 480.
Sichel(f) 269.
Sicheldüne(f) 46.
Sicherheitsbereich(m) 668.
Sicherheitsbindung(f) 641.
Sicherheitsfilter(m), roter 399.
Sicherheitsgriff(m) 271.
Sicherheitsgurt(m) 428.
Sicherheitshinweisschild(n) 280.
Sicherheitsholm(m) 302.
Sicherheitshülle(f) 765, 766.
Sicherheitskontrolle(f) 504.
Sicherheitsleiste(f) 254.
Sicherheitsnadel(f) 566.
Sicherheitsohrenschützer(m) 729.
Sicherheitsriemen(m) 512, 617.
Sicherheitsschuh(m) 730.
Sicherheitsstreichholz(n) 386.
Sicherheitsstreifen(m) 475.
Sicherheitstank(m) 761.
Sicherheitsthermostat(n) 259.
Sicherheitsventil(n) 209, 248, 297, 766.
Sicherheitsweste(f) 730.
Sicherung(f) 757, 769, 796.
Sicherungen(f) 312.
Sicherungsabschnitt(m) 757.
Sicherungskappe(f) 804.
Sicherungskasten(m) 312.
Sicherungskette(f) 449.
Sicherungsknopf(m) 429.
Sicherungskopf(m) 276.
Sicherungsscheibe(f) 278.
Sicherungsstift(m) 780.
Sicherungsträger(m) 757.
Sicherungszieher(m) 311.
Sichtbarmachung(f) seismischer Wellen(f) 714.
Sichtfenster(n) 253, 255, 399, 510.
Sichtlinie(f) 719.
Sickeranlage(f) 216.
Sickerrohr(n) 199.
Sieb(n) 243.
Sieb(n) 161, 251.
Siebbein(f), Siebplatte(f) 141.
Sieben(n) 243.
Siebplatte(f) 142.
Siebplatte(f) des Siebbeins(n) 141.
Siedewasser(n) 763.
Siedewasserreaktor(m) 763.
Sigmoid(n) 131.
Signal(n), akustisches 539.
Signal(n), optisches 539.
Signalbrücke(f) 464.
Signalhorn(n) 468.
Signalleiste(f) 779.
Signalschirm(m) 471.
Signatur(f) 577.
Silber(n) 819.
Silberbesteck(n) 239, 240.

Die Bezeichnungen der Illustrationen sind **fettgedruckt**.

Silieren(n) 155, 162.
Silos(m) 490.
Sima(f) 166.
Sinfonieorchester(n) 556.
Sinkblei(n) 672.
Sinkschlamm(m) 216.
Sinnesimpuls(m) 135.
Sinnesorgane(n) 136, 138, 140, 141.
Sinnesrezeptor(m) 134.
Sinus(m) 315.
Siphon(m) 24.
Siphonalkanal(m) 94.
Siphonwinkel(m) 301.
Sitz(m) 220, 223, 292, 428, 584, 636, 639, 649, 652, 664, 727.
Sitz(m), freilaufender 664.
Sitz(m), verstellbarer 460.
Sitzbank(f) 222.
Sitzbank(f) 428, 445, 475.
Sitzbein(n) 123.
Sitzmöbel(n) 222.
Sitzrohr(n) 446.
Sitzsack(m) 222.
Sixt-Einladung(f) 667.
Skala(f) 285, 705, 708, 711, 719, 726.
skandinavisches Knäckebrot(n) 153.
Skelett(n) 102, 122.
Skelettbürste(f) 368.
Ski(m) 641.
Skianzug(m) 640, 642.
Skibremse(f) 640, 641.
Skibrille(f) 640.
Skihandschuhe(m) 640.
Skihose(f) 336.
Skilanglauf(m) 642.
Skilaufen(n), alpines 640.
Skiläufer(m), alpiner 640.
Skimütze(f) 640, 642.
Skip(m) 620.
Skispitze(f) 642.
Skistiefel(m) 641.
Skistiefel(m) 640.
Skistock(m) 640, 642.
Sklera(f) 140.
Skorpion(m) 820.
Skorpion(m) 13.
Skript-Assistent(in(f))(m) 412.
Skull(n) 632.
Skullboote(n) 632.
Skullen(n) 632, 632.
Slalomski(m) 633.
Slingpumps(m) 356.
Slip(m) 325, 346, 347.
Slipper(m) 355.
Slipstek(m) 691.
Slotback(m) 605.
Smaragd(m) 362.
Smaragdschliff(m) 362.
Smokstich(m) 571.
Snooker(n) 673, 674.
Söckchen(n) 344.
Socke(f) 344.
Socke(f) 602, 615.
Sockel(m) 190.
Sockel(m) 40, 190, 204, 232, 233, 236, 368, 404, 453, 471, 545, 661, 708, 774.
Sockel(m), fester 282.
Sockel(m), rutschfester 661.
Sockelbreite(f) 756.
Sockelleiste(f) 199, 201.
Sockelplatte(f) 713.
Sockelprofil(n) 225.
Socken(f) 325.
Sofa(n) 221.
Soffitte(f) 188, 189.
Sofortbildkamera(f) 394.
Sohle(f) 277, 325, 641, 644, 678, 736.
Sohlenballen(m) 106, 107.
Sohlenspanner(m) 121.
Sohlenstrecke(f) 736.
Sojabohnen(f) 72.
Sojasprossen(m) 72.
Solarhaus(n) 772.
Solarreflektoren(m) 418.
Solarschild(n) 512.
Solarzelle(f) 768.
Solarzelle(f) 523, 769.
Solarzellen(f) 42.
Solarzellenfläche(f) 42.
Solarzellenfläche(f), Steuerung(f) 42.
Solarzellenprofil(n) 769.
Solarzellensystem(n) 769.
Solitärring(m) 364.
Solltemperatur(f) 213.
Solvent-Extraktionsanlage(f) 744.
Sommer(m) 8.
Sommersonnenwende(f) 8.
Sonderfunktionstasten(f) 569.
Sonderzeichen(n) 489.
Sonne(f) 6.
Sonne(f) 4, 8.
Sonne(f), Struktur(f) 6.
Sonnenblende(f) 430, 449, 721.
Sonnenbrille(f) 377.
Sonnendeck(n) 497.
Sonnenenergie(f) 768, 770, 771, 772.
Sonnenfinsternis(f) 8.
Sonnenfleck(m) 6.
Sonnenkollektor(m) 772.
Sonnenofen(m) 770.
Sonnenschein(m), Messung(f) 40.
Sonnenscheinautograph(m) 40.
Sonnenschutzschirm(m) 42.
Sonnensegel(n) 16.
Sonnensensor(m) 42, 43, 49.
Sonnenstrahl(m), reflektierter 770, 771.
Sonnenstrahlung(f) 768, 769, 770, 771, 772.
Sonnensystem(n) 4.
Sonnenuhr(f) 706.
Sonnenzellenausleger(m) 48, 418, 419.
Sonnenzellenausleger(m), entfaltete 48.
Sorghum(n) 152.
Sortierablagen(f), automatische 532.
Souffleurkasten(m) 188.
Spachtel(m) 304.
Spachtel(m) 581.
Spaghettizange(f) 246.
Spalier(n) 263.
Spalierbogen(m) 263.
Spalt(m) 65.
Spangang(m) 281.
Spange(f) 319.
Spannbeton(m) 286.
Spannbettuch(n) 224.
Spanndraht(m) 641.
Spanneinrichtung(f) 562, 569.
Spanneinrichtung(f) 561.
Spanner(m) 228.
Spanner(m) 661, 685.
Spannfeder(f) 562, 569, 665.
Spannfutter(n) 735.
Spanngriff(m) 282.
Spannhandgriff(m) 572.
Spannhebel(m) 285, 804.
Spannkabel(n) 684, 774.
Spannkabelhalter(m) 684.
Spannmast(m) 637.
Spannrad(n) 706, 707, 783.
Spannscheibe(f) 562, 569.
Spannschraube(f) 277, 553.
Spannstich(m), langer und kurzer 571.
Spannung(f), elektrische 821.
Spannungseinsteller(m) 562, 568, 569.
Spannungserhöhung(f) 755, 767.
Spannungsprüfer(m) 310.
Spannungsreduzierung(f) 755.
Spannungssammelschiene(f) 312.
Spannungsstift(m) 309.
Spanplatte(f) 289.
Spargel(m) 72.
Sparren(m) 818.
Sparren(m) 198.
spatelförmig 56.
Spaten(m) 266.
Spaten(m) 803.
Spatenriemen(m) 632.
Spazierstock(m) 375.
Speer(m) 791.
Speere(m) 658.
Speerspitze(f) 658.
Speerwurf(m) 654.
Speiche(f) 102, 122, 447.
Speichennerv(m) 133.
Speichenrad(n) 652.
Speichenseite(f), Handstrecker(m) 121.
Speicheranzeigetaste(f) 523.
Speichererweiterungsanschluß(m) 528.
Speichergeräte(n) 526.
Speicherlöschtaste(f) 396, 523.
Speichertaste(f) 396, 402, 405, 420, 523.
Speisekabel(n) 312.
Speisekammer(f) 195.
Speisekopf(m) 759.
Speisepilze(m) 55.
Speiseraum(m) 460, 807.
Speiseröhre(f) 88, 92, 97, 130, 131, 142.
Speisesaal(m) 496.
Speisewagen(m) 460.
Speisewasser(n) 760, 761, 762, 763.
Speisewasserbehälter(m) 469.
Spektrometer(m) 717.
Spenzer(m) 338.
Sperma(n) 127.
Sperrad(n) 573, 707.
Sperrdrehknopf(m) 711.
Sperre(f) 186, 462.
Sperrengeschoß(n) 474.
Sperrholzschichten(f) 288.
Sperrklinke(f) 281.
Sperrstift(m) 706, 707.
Spezialflachwagen(m) 473.
Spiegel(m) 292, 382, 430, 512, 719.
Spiegel(m), beleuchteter 368.
Spiegelreflexkamera(f) 390.
Spiegelreflexkamera(f), einäugige 391, 394.
Spiegelreflexkamera(f), zweiäugige 394.
Spiegelteleskop(n) 720.
Spiel(n) 831.
Spielanzug(m) 351.
Spielball(m) 673.
Spielball(m), weißer 673.
Spielbereich(m) 626, 698.
Spielbrett(n) 697.
Spielcassette(f) 699.
Spieler(m) 626.
Spieler(m) der Feldseite(f) 599.
Spielerbank(f) 597, 604, 608, 610, 612, 613.
Spielernummer(f) 602.
Spielertrense(f) 650.
Spielfeld(n) 597, 599, 601, 606, 607, 610, 611, 612, 613, 617.
Spielfeld(n) 599.
Spielfeld(n) für amerikanisches Football(n) 604.
Spielfeld(n) für kanadisches Football(n) 604.
Spielfläche(f) 619.
Spielraumeinstellung(f) 718.
Spielventil(n) 543.
Spierentonne(f) 487.
Spierentonne(f) 489.
Spike(m) 680.
Spikulen(f) 6.
Spinalganglion(n) 135.
Spinalnerv(m) 135.
Spinat(m) 73.
Spindel(f) 94, 290, 294, 575, 579, 707, 712.
Spindelfalte(f) 94.
Spinne(f) 77.
Spinne(f) 77.
Spinnerschachtel(f) 672.
Spinnrolle(f), offene 671.
Spinnrute(f) 671.
Spiralarm(m) 9.
Spiralbindung(f) 670.
Spiralbohrer(m) 281.
Spirale(f) 299, 801.
Spirale(f) 398.
Spiralfeder(f) 706.
Spiralgalaxie(f) 9.
Spiralgehäuse(n) 753.
Spiralkneter(m) 250.
Spiralringbuch(n) 519.
Spiralskulptur(f) 94.
Spiralspindel(f) 276.
Spiralwülste(f) rollen 584.
Spitzbogen(m) 174.
Spitze(f) 27, 57, 72, 143, 144, 239, 240, 241, 242, 256, 275, 277, 291, 325, 375, 384, 389, 479, 501, 544, 562, 567, 633, 640, 644, 645, 670, 678, 681, 698, 798, 817.
Spitzenhandschuh(m), fingerloser 327.
Spitzenvolant(n) 317.
spitzes Dekolleté(n) 343.
Spitzsegel(n) 482.
Spitztonne(f) 487.
Spitztonne(f) 489.
Spitzzange(f) 311.
Spleiß(m) 692.
Splint(m) 290.
Splintholz(n) 59.
Split-End(m) 603, 605.
Spoiler(m) 442.
Spore(f) 648.
Sporen(f) 55.
Sporn(m) 80, 112.
Sportfischerei(f) 670, 672.
Sporthalle(f) 496.
Sporthemd(n), ärmelloses 662.
Sporthose(f) 656.
Sportkleidung(f) 352, 353.
Sportplatz(m) 496.
Sportset(n) 351.
Sportwagen(m) 425.
Spot(m) 235.
Spotlight(n) 414.
Spotmeter(m) 396.
Sprachanzeigetaste(f) 422.
Spray(m) 256.
Sprayregler(m) 256.
Sprecher- und Regieräume(m) 412.
Sprecherpult(n) 407.
Sprecherraum(m) 407.
Sprechmuschel(f) 420.
Spreite(f) 57.
Spreizdübel(m) 276.
Sprengkapsel(f) 804.
Sprengladung(f) 804.
Sprengring(m) 672.
Springeinrichtungen(f) 624.
Springerstiefel(m) 635.
Springform(f) 245.
Springglocke(f) 653.
Springseil(n) 665.
Sprinkler(m) 766.
Spritzbeutel(m) 245.
Spritzblech(n) 741.
Spritze(f) 726.
Spritzenkolben(m) 726.
Spritzenkörper(m) 726.
Spritzkanälchen(n) 127.
Spritzlappen(m) 441.
Spritzpistole(f) 304, 590.
Sproß(m), unterirdischer 70.
Sprosse(f) 202, 203, 223, 302.
Sprossenarretierung(f) 302.
Sprossengemüse(n) 72.
Sprüharm(m) 257.
Sprühflasche(f) 264.
Sprühknopf(m) 256.
Sprühregen(m) mit Unterbrechungen(f) 39.
Sprühregen(m), anhaltender 39.
Sprungbein(n) 123.
Sprungbrett(n) 659.
Sprungfeder(f) 231.
Sprungfederrahmen(m) 224.
Sprungfiguren(f) 624.
Sprunggelenk(n) 101, 106.
Sprungkissen(n) 657.
Sprunglatte(f) 657.
Sprungpferd(n) 659.
Sprungski(m) 633.
Sprungständer(m) 657.
Sprungtuch(n) 659.
Sprungturm(m) 624.
Spülarm(m) 293.
Spule(f) 110, 561, 562, 573, 670, 671.
Spüle(f) 296.
Spüle(f) 296.
Spüle(f) mit Doppelablauf(m) 215.
Spulengestell(n) 575.
Spulenkapsel(f) 562.
Spuler(m) 561.
Spulgerät(n), elektrisches 575.
Spülhebel(m) 293.
Spülkasten(m) 292.
Spülkastendeckel(m) 293.
Spulrad(n) 575.
Spundbayonett(n) 794.
Spur(f), rechte 452.
Spurkranzrad(n) 476.
Spurnummer(f) 405.
Spurstange(f) 467.
Spursuchtasten(f) 405.
Squash(n) 616.
Squashball(m) 616.
Squashschläger(m) 616.
Staatsgrenze(f) 51.
Stab(m) 657.
Stab(m) 232, 263, 346, 539, 598, 599.
Stabbogenbrücke(f) 455.
Stäbchenplatte(f) 288.
Stäbchenrollo(n) 231.
Stabhochsprung(m) 657.
Stabhochsprung(m) 655.
Stabilisator(m) 636, 684, 788.
Stabilisierungsflosse(f) 496, 509, 812.
Stabmixer(m) 250.
Stabparkett(n) 200.
Stabparkett(n) im verlorenen Verband(m) 200.
Stabplatte(f) 288.
Stabwerk(n) 773.
Stachel(m) 81.
Stachelbeere(f) 62.
Stachelzellenschicht(f) 136.
Stadion(n) 654.
Stadion(n) 185.
Stadt(f) 51.
Stadtgrenze(f) 52.
Stadtplan(m) 52.
Stadttasche(f) 380.
Stadtteil(m) 52.
Stadtteilgrenze(f) 52.

Die Bezeichnungen der Illustrationen sind **fettgedruckt**.

Staffelei(f) 591.
Stag(n) 479.
Stagsegel-Stag(n) 479.
Stahl(m) 286, 301, 301.
Stahl(m) 795.
Stahlbeton(m) 286.
Stahlfeder(f) 795.
Stahlkante(f) 640.
Stahlkappe(f) 730.
Stahlschreibfeder(f) 389.
Stahlspitze(f) 375.
Stahlstab(m) 554.
Stalagmit(m) 24.
Stalaktit(m) 24.
Stall(m) 651.
Stamen(n) 64.
Stamm(m) 59, 61.
Stampfstag(n) 479.
Stand(m) 341.
Standardobjektiv(n) 392.
Standbagger(m) 733.
Standbein(n) 441.
Ständer(m) 585.
Ständer(m) 40, 199, 248, 250, 283, 370, 382, 552, 561, 659.
Ständerbohrmaschine(f) 283.
Standhahnzange(f) 299.
Standleuchte(f) 236.
Standrohr(n) 298.
Standsockel(m) 714.
Standtom(n) 553.
Standuhr(f) 707.
Stange(f) 384.
Stange(f) 72, 105, 214, 230, 375, 544, 663, 817.
Stange(f), einfache 230.
Stangen(f) 646.
Stangenkugel(f) 801.
Stangensellerie(m/f) 72.
Stapelstühle(m) 223.
Stärke(f) 152.
Stärkekörnchen(n) 115.
Start(m) beim Rückenschwimmen(n) 623.
Start(m) in die Umlaufbahn(f) 419.
Start(m) und Ziel(n) 646.
Start(m)/Pause(f) 405.
Start- und Landebahn(f) 504.
Start-Taste(f) 532.
Startblock(m) 621, 656.
Startblock(m) 621.
Starter(m) 621.
Startergriff(m) 272.
Starterzug(m) 270.
Startknopf(m) 706.
Startlinie(f) 655, 656, 666.
Startnummer(f) 653, 656.
Startpositionen(f) 624.
Startsprung(m) 622.
Startstange(f) 621.
Starttaste(f) 421.
Starttaste(f) für Strickmuster(n) 569.
Startumlaufbahn(f) 48.
Startwand(f) 621.
Stationskreis(m) 38.
Stationsmodell(n) 38.
Stationsspeichertaste(f) 402.
Stativ(n) 393.
Stativ(n) 397, 415, 718, 721.
Stativablage(f) 721.
Stator(m) 290, 753.
Staub(m) 34, 35.
Staubbehälter(m) 260.
Staubbeutel(m) 60.
Staubblatt(n) 60.
Staubfaden(m) 60.
Staubschweif(m) 9.
Staufach(n) 778, 780.
Stauraum(m) 440, 449.
Stausee(m) 746, 747, 748, 749, 750.
Steakmesser(n) 239.
Stecher(m) 570.
Steckdose(f) 449.
Steckdose(f), dreipolige 309.
Steckdosenprüfer(m) 310.
Stecker(m) 309.
Stecker(m) 280, 400, 401, 406, 485, 592.
Stecker(m), dreipoliger 309.
Stecknadel(f) 563.
Steg(m) 674.
Steg(m) 166, 167, 180, 223, 336, 376, 544, 546.
Stegplättchen(n) 376.
Stegschlaufe(f) 633.
Stegspangenschuh(m) 356.
Stegstütze(f) 376.
Stehbordkragen(m) 342.
Stehleiter(f) 302.
Stehleitern(f) 302.
Steigbügel(m) 138, 648, 793.
Steigeisen(n) 358.
Steigeisenriemen(m) 680.
Steigleitung(f) 215.
Steigleitung(f), Rücklauf(m) 208.
Steigleitung(f), Vorlauf(m) 208.
Steigradmechanismus(m) 539.
Steigrohr(n) 740.
Steigrohrkopf(m) 740.
Steigrohrventil(n) 740.
Steigung(f) 201.
Steigungseinstellung(f) 508.
steiles Satteldach(n) 182.
Steilhang(m) 27.
Steilwandzelt(n) 686.
Stein(m) 63, 364, 706.
Stein(m), schwarzer 697.
Stein(m), weißer 697.
Steinbock(m) 820.
Steinbock(m) 13.
Steindruckpresse(f) 583.
Steine(m) 697.
Steinfaustkeil(m), polierter 791.
Steinfrucht(f), Querschnitt(m) 63.
Steinfrüchtchen(n) 62.
Steingarten(m) 263.
Steinobst(n) 63.
Steinobstsorten(f) 63.
Steinpilz(m) 55.
Steinschlag(m) 826, 827.
Steinschlaghelm(m) 680.
Steinschloß(n) 795.
Steinwüste(f) 46.
Steißbein(n) 122.
Stellhebel(m) 467.
Stellring(m) 264.
Stellschraube(f) 278, 279, 282, 306, 311, 552.
Stellstange(f) 467.
Stellwarte(f) 189.
Stellwerk(n) 464.
Stemmeisen(n) 275.
Stemmtornische(f) 493.
Stempel(m) 516.
Stempel(m) 60.
Stempelkissen(n) 516.
Stempelträger(m) 516.
Stengel(m) 57.
Stengelgemüse(n) 72.
Stengelglied(n) 57.
Steppe(f) 45.
Stereokamera(f) 395.
Stereotaste(f) 408.
Stern(m) 819.
Stern(m) 36.
Sternanis(m) 67.
Sternchen(n) 832.
Sternscheibe(f) 157.
Sternschnuppe(f) 19.
Sternwarte(f) 14.
Stert(m) 773.
Stethoskop(n) 726.
Steuerbordseite(f) 488, 489, 497.
Steuerbordtiefenruder(n) 806.
Steuerbügel(m) 637.
Steuereinheit(f) 699.
Steuerfeder(f) 698.
Steuerfedern(f) 684.
Steuerhebel(m) 735.
Steuerknüppel(m) 500, 508, 639.
Steuerkopf(m) 447.
Steuermann(m) 643.
Steuermarke(f) 384.
Steuerpult(n) 500.
Steuerrad(n) 500.
Steuerstab(m) 760, 761, 762, 763.
Steuerungstaste(f) 530.
Steuerzentrale(f) 746, 759.
Steven(m) 479.
Stichbreitenwähler(m) 561.
Stichlängenwähler(m) 561.
Stichplatte(f) 561.
Stichwaffen(f) 794.
Stichwähler(m) 561.
Sticker(m) 364.
Stickerei(f) 571.
Stickrahmen(m), runder 571.
Stickstiche(m) 571.
Stickstoff(m), flüssiger 717.
Stiefel(m) 356.
Stiefel(m) 542, 644, 645.
Stiefelette(f), knöchelhohe 357.
Stiefelknecht(m) 358.
Stiel(m) 55, 62, 63, 64, 70, 72, 241, 275, 674, 681.
Stielgrund(m) 72.
Stielkamm(m) 368.
Stielkasserolle(f) 249.
Stier(m) 820.
Stier(m) 11.
Stift(m) 232, 233, 309.
Stift(m) mit rundem Ende(n) 231.
Stifthalter(m) 379.
Stifthalter(m) 378.
Stiftsockel(m) 232.
Stigma(n) 78, 79.
Stilett(n) 794.
Stillwasserspiegel(m) 30.
Stilus(m) 389.
Stimmanzeiger(m) 553.
Stimmband(n) 130.
Stimmeinrichtung(f) 553.
Stimmenwahlschalter(m) 555.
Stimmgabel(f) 539.
Stimmkrücke(f) 542.
Stimmnagel(m) 540.
Stimmstock(m) 540.
Stimmwirbel(m) 545, 547.
Stimmzug(m) 551.
Stirn(f) 109, 116, 120, 277, 792.
Stirnband(n) 615, 642.
Stirnbande(f) 675.
Stirnbein(n) 122.
Stirnhöhle(f) 141.
Stirnriemen(m) 649.
Stirnschopf(m) 100.
Stirntür(f) 470.
Stirnwand(f) 441, 785.
Stirnwandabdeckung(f) 426.
Stirnwandflachwagen(m) 473.
Stirnwandleiter(f) 470.
Stirnzahnrad(n) 280.
Stirnziegel(m) 169.
Stock(m) 375.
Stock(m) 304, 483.
Stock(m), orthopädischer 728.
Stock(m), vierfüßiger 728.
Stockanker(m) 483.
Stöcke(m) 553, 728.
Stockgriff(m) 642.
Stockpresse(f) 579.
Stockschaft(m) 642.
Stockschirm(m) 375.
Stockseite(f) 817.
Stockspitze(f) 643.
Stockteller(m) 641, 642.
Stockwerk(n) 773.
Stoff(m), bestickter 571.
Stoffbruch(m) 565.
Stoffdrücker(m) 562.
Stoffdrücker(m) 561, 562.
Stoffdrückerstange(f) 562.
Stoffstreifen(m) 571.
Stollen(m) 147, 353, 598, 656.
Stollenschuh(m) 595.
Stop(m) 831.
Stop(m) 106, 570.
Stop-Taste(f) 403, 532.
Stopfer(m) 251, 385.
Stoppbad(n) 399.
Stoppknopf(m) 706.
Stoppuhr(f) 706.
Stöpselsicherung(f) 312.
Stoptaste(f) 405, 411, 420.
Störklappe(f) 498.
Stoßball(m), roter 673.
Stoßdämpfer(m) 445.
Stoßdämpfer(m), hinterer 443.
Stößel(m) 243.
Stoßen(n), zweiarmiges mit Ausfallschritt(m) 662.
Stoßfänger(m) 426, 440.
Stoßfängerverkleidung(f) 426.
Stoßleiste(f) 260.
Stoßstange(f) 445.
Stoßzähne(m) 99.
Stoßzähne(m) eines Elefanten(m) 99.
Stoßzunge(f) 541.
Stoßzungenschraubenfeder(f) 541.
Strafbank(f) 608.
Strafraum(m) 601.
Strafraumbogen(m) 601.
Strafraumlinie(f) 601.
Strahlbein(n) 102.
Strahler(m) 777.
Strahlgrube(f), mittlere 104.
Strahlgrube(f), seitliche 104.
Strahlrohr(n) 778.
Strahlstörer(m) 264.
Strahlungszone(f) 6.
Strähnenkamm(m) 368.
Straight Flush(m) 695.
Strampelhöschen(n) 349.
Strand(m) 23, 30.
Strandschnecke(f) 83.
Strang(m) 631.
Straße(f) 450, 695.
Straße(f) 52, 184, 190.
Straße(f) für den Abtransport(m) 733.
Straße(f), Querschnitt(m) 186.
Straßenbau(m) 450.
Straßendamm(m) 450.
Straßengüterverkehr(m) 491.
Straßenhobel(m) 784.
Straßenkarte(f) 52.
Straßenlaterne(f) 235.
Straßenlaterne(f) 185, 186.
Straßennummer(f) 52.
Straßenschuh(m) 356.
Stratokumulus(m) 44.
Stratosphäre(f) 19.
Stratus(m) 44.
Strauch(m) 263.
Streb(m) 733, 736.
Strebe(f) 198, 199, 553.
Strebebogen(m) 175, 176.
Streben(m), hinterer 446.
Strebepfeiler(m) 176.
Strecke(f), landschaftlich schöne 52.
Strecke(f), zurückgelegte 711.
Streckenplakette(f) 743.
Streichbaum(m) 573.
Streichblech(n) 156.
Streichbürste(f) 304.
Streichholz(n) 386.
Streichholzheftchen(n) 386.
Streichholzschachtel(f) 386.
Streuer(m) 246.
Streuwerk(n) 156.
Strickabstreifer(m) 568.
Strickabstreiferknopf(m) 568.
Strickarttasten(f) 569.
Stricken(n) 567.
Strickhemd(n) 326.
Strickjacke(f) 326.
Strickjacke(f) mit V-Ausschnitt(m) 338.
Strickleiter(f) 303.
Strickmaschine(f) 568.
Strickmaß(n) 567.
Strickmuster(n) 567.
Strickmusterspeicherung(f) 569.
Strickmütze(f) 329.
Stricknadeln(f) 567.
Strohhut(m) 328.
Strohverteiler(m) 161.
Stromabgabe(f) an Verbraucher(m) 755.
Stromabnehmer(m) 476.
Stromanschluß(m) 207, 213, 441.
Stromanschluß(m), wasserbeständiger 216.
Stromanschlußkabel(n) 449.
Stromanschlußpunkt(m) 757.
Stromerzeugung(f) 755, 771.
Stromerzeugung(f) 755, 767.
Stromerzeugung(f) aus Kernenergie(f) 766.
Stromerzeugungsabschnitt(m) 752.
Stromfortleitung(f) 767.
Stromführung(f) 746, 747.
Stromgenerator(m) 753.
Stromkreis(m) 312.
Stromnetz(n) 755, 771.
Stromschiene(f) 476.
Stromschienenleuchte(f) 235.
Stromspule(f) 712.
Stromtransport(m) 757.
Strömung(f) 493.
Strömungs-T(n) 301.
Strömungssicherung(f) 297.
Stromunterbrecher(m) 312.
Stromverbrauchernummer(f) 712.
Stromversorgungskabel(n) 186.
Stromverteiler(m) 415.
Stromweiterleitung(f) 714.
Stromzähler(m) 712.
Stromzähler(m) 757.
Struktur(f) der Sonne(f) 6.
Struktur(f), stützende 48.
Strumpf(m) 344.
Strumpf(m) 347.
Strümpfe(m) 344.
Strumpfhalter(m) 347.
Strumpfhaltergürtel(m) 347.
Strumpfhose(f) 344.
Studio-Kommandoanlage(f) 413.
Studioebene(f) 414.
Studioebene(f) 412.
Studiopersonal(n) 412.
Stufe(f) 201, 302.
Stufe(f), dritte 509.
Stufe(f), erste 509.
Stufe(f), zweite 509.
Stufenbarren(m) 659.
Stufenrock(m) 334.
Stuhl(m) 223.
Stuhltypen(m) 223.
Stulp(m) 289, 290.

Die Bezeichnungen der Illustrationen sind **fettgedruckt**.

Stulpe(f) 327.
Stulpenhandschuh(m) 327.
Stummaufnahme-Taste(f) 403.
Stummel(m) 386, 670.
Stumpf(m) 59.
Stumpftonne(f) 486.
Stumpftonne(f) 489.
Stundenwinkelantrieb(m) 14.
Stundenzeiger(m) 707.
Sturm(m), tropischer 39.
Stürmer(m), linker 608.
Stürmer(m), rechter 608.
Sturmlampe(f) 690.
Sturmspitze(f) 608.
Sturz(m) 204.
Sturzhelm(m) 643.
Stützarm(m) 786.
Stützausleger(m) 780.
Stütze(f) 270, 471, 495, 661, 720, 757.
Stützen(f) der Pfeifenrastbretter(n) 543.
Stutzen(m) 595.
Stützfuß(m) 441, 449.
Stützpfeiler(m) 750.
Stützpfeilerstaudamm(m) 750.
Stützpunkt(m) 624.
Stützring(m) 15, 753.
Stylobat(m) 166, 168.
Stylus(m) 62, 63, 64.
subarktische Klimate(n) 45.
subarktische Klimate(n) 45.
Sublimation(f) 34.
Substanz(f), graue 135.
Substanz(f), weiße 135.
Substanzen(f), gefährliche 821.
Subtraktion(f) 830.
Subtraktionstaste(f) 523.
Subtropen(f), feuchte 45.
Subtropen(f), mediterrane 45.
Subtropen(f), trockene 45.
subtropische Klimate(n) 45.
Such- und Rettungsantennen(f) 43.
Sucharm(m) 529.
Sucher(m) 720, 721.
Sucherkamera(f) 394.
Südamerika(n) 20.
Süden(m) 488.
Südfrüchte(f) 68.
südliche Halbkugel(f) 3.
südliche Halbkugel(f), Konstellationen(f) 12.
Südliche Krone(f) 13.
Südliche Wasserschlange(f) 13.
Südlicher Fisch(m) 13.
südlicher Polarkreis(m) 3.
Südliches Dreieck(n) 13.
Südliches Kardinalseezeichen(n) 489.
Südosten(m) 488.
Südpol(m) 3.
Südwesten(m) 488.
Südwester(m) 329.
Sulcus(m) terminalis 143.
Sulky(m) 652.
Sulky(m) 652.
Summe(f) 830.
Summe(f) 709.
Super-Weitwinkelobjektiv(n) 392.
Suppenlöffel(m) 241.
Suppenschale(f) 238.
Suppenteller(m) 238.
Suppenterrine(f) 238.
Suppentopf(m) 249.
Surfbrett(n) 631.
Suspensorium(n) 602, 609.
Süßkartoffel(f) 71.
Süßweinglas(n) 237.
Sweatshirt(n) 352.
Sweatshirt(n) mit Kapuze(f) 352.
Sweeping-Line(f) 620.
Swimmingpool(m) 496.
Symbol(n) 702.
Symbole(n) 831.
Symbole(n) in den Wissenschaften(f) 830.
Symbole(n), meteorologische 44.
Symphyse(f) 127, 128.
Synapse(f) 135.
Synthesizer(m) 555.
Systembausteine(m) 400.
Systemschalter(m) 555.

T

T (für Tiefdruckgebiet) 38.
T-Leitwerk(n) 498.
T-Shirt Kleid(n) 351.
T-Stück(n) 298.
Tab-Taste(f) 530.
Tabak(m) 384.
Tabakkammer(f) 385.
Tabaksbeutel(m) 385.
Tablette(f) 725.
Tablinum(n) 170.
Tabulatoreinstelltaste(f) 525.
Tabulatorsetztaste(f) 525.
Tabuliertaste(f) 524.
Tachometer(m) 431, 445.
Tachometer(n) 664.
Tackle(m), linker 605.
Tackle(m), rechter 605.
Tafel(f) 363.
Tafelberg(m) 46.
Tafelfacette(f) 363.
Tafelschliff(m) 363.
Tageskilometerzähler(m) 431.
Tagzeichen(n) 486, 487.
Tagzeichen(n)(Region(f) B) 489.
Taille(f) 117, 119.
Taillenabnäher(m) 320.
Takelage(f) 478.
Takelung(f) 482.
Takling(m), einfacher 691.
Taktarten(f) 537.
Taktkennung(f) 489.
Taktstrich(m) 537.
Tal(n) 27, 30.
Talgdrüse(f) 136.
Tambour(m) 167.
Tamburin(n) 554.
Tampon(m) 581.
Tank(m) 742, 743.
Tankanhänger(m) 743.
Tankanlage(f) 740.
Tankaufsatz(m) 742.
Tankdeckel(m) 440.
Tanker(m) 742.
Tanker(m) 491.
Tankerflugzeug(n) 813.
Tankklappe(f) 427.
Tanklastzug(m) 742.
Tankluke(f) 743.
Tankstelle(f) 453, 823.
Tankwagen(m) 506.
Tankwall(m) 741.
Tankwand(f) 742.
Tannennadeln(f) 58.
Tarlatan(m) 582.
Tasche(f) 358, 378, 673.
Tasche(f), aufgesetzte 339.
Tasche(f), aufgesetzte 320, 322, 350.
Tasche(f), eingesetzte 339.
Tasche(f), falsche 330.
Tasche(f), senkrechte 316.
Taschenarten(f) 339.
Taschenlampe(f) 777.
Taschenrechner(m) 523.
Taschenrechner(m) 379.
Taschenschirm(m) 375.
Taschenträger(m) 679.
Tasse(f) 238, 688.
Tastatur(f) 530.
Tastatur(f) 422, 526, 527, 540, 555.
Tastatur(f), alphanumerische 422.
Tastatur(f), numerische 422.
Tastaturablage(f), verstellbare 521.
Tastaturanschluß(m) 528.
Taste(f) 530, 536, 540, 541, 543.
Taste(f) für Mittelwerte(m) 396.
Tasten(f) 420, 422.
Tastenfeld(n), alphanumerisches 530.
Tastenfeld(n), numerisches 530, 709.
Tasteninstrumente(n) 540.
Tastentelefon(n) 422.
Tastkörperchen(n), Meissnersches 136.
Tastsinn(m) 136.
tatsächliche Temperatur(f) 213.
Tau(m) 37.
Tau(n) 660.
Taube(f) 13.
Taubesfestigung(f) 492.
Täubling(m), grasgrüner 55.
Tauchanzug(m) 627.
Tauchen(n) 627.
Taucher(m) 627.
Taucherhandschuh(m) 627.
Taupunkttemperatur(f) 38.
Taurus 820.
Tauwerk(n) 692.
Taxi(n) 822.
Techniken(f), andere 576.
Techniken(f), wichtigste 588.
Teddy(m) 345.
Tee(n) 620, 677.
Tee-Ei(n) 246.
Teekanne(f) 238.
Teelöffel(m) 241.
Teerpappe(f) 286.
Teil(m) über Wasser(n) 486.
Teil(m), flacher 567.
Teile(n) 220, 223, 224.
Teile(n) des Ohrs(n) 138.
Teile(n) des Schuhs(m) 354.
Teilmenge(f), echte 830.
Teilungsbeispiele(n) 818.
Teilungsnaht(f) 322.
Telefax-Gerät(n) 417.
Telefaxgerät(n) 421.
Telefon(n) 822.
Telefon(n) 413.
Telefon(n), drahtloses 422.
Telefonapparat(m) 420.
Telefonapparat(m) 415, 417.
Telefonarten(f) 422.
Telefonkabel(n) 186.
Telefonnetz(n) 417.
Telefonnummernverzeichnis(n) 516.
Telekommunikation(f) 417.
Telekommunikation(f) 417.
Telekommunikation(f) für den Straßenverkehr(m) 417.
Telekommunikation(f) über Computer(m) 417.
Telekommunikation(f), industrielle 417.
Telekommunikation(f), maritime 417.
Telekommunikation(f), militärische 417.
Telekommunikationsantenne(f) 497, 809, 810.
Telekommunikationstechnik(f) über das Telefonnetz(n) 417.
Telekommunkation(f), persönliche 417.
Telekonverter(m) 392.
Teleobjektiv(n) 392.
Teleport(m) 417.
Teleskop(n) 14.
Teleskop(n) 14, 42.
Teleskopbein(n) 393.
Teleskopgabel(f) 442.
Teleskoptragebein(n) 726.
Telex(n) 421.
Telex(n) 417.
Telezoom-Taste(f) 409.
Teller(m) 688.
Teller(m) 236.
Teller(m), flacher 238.
Teller(m), kleiner 238.
Telson(n) 91.
Tempel(m), griechischer 168.
Temperatur(f) 210.
Temperatur(f), gewünschte 705.
Temperatur(f), Messung(f) 41.
Temperatur(f), mittlere bis hohe 829.
Temperatur(f), niedrige 829.
Temperatur(f), tatsächliche 705.
Temperaturanzeige(f) 431.
Temperatureinsteller(m) 585.
Temperaturmessung(f) 705.
Temperaturregler(m) 209, 213, 252, 254, 256, 297, 705.
Temperaturregler(m), abziehbarer 253.
Temperaturschalter(m) 370.
Temperaturskala(f) 19.
Temperaturskalen(f) 710.
Temperaturwähler(m) 253, 258, 259.
Temporegler(m) 555.
Temposkala(f) 539.
Tennis(n) 614.
Tennisball(m) 615.
Tennisplatz(m) 614.
Tennisschläger(m) 615.
Tennisschuh(m) 355.
Tennisschuh(m) 615.
Tennisspielerin(f) 615.
Tentakel(m), große 83.
Tentakel(m), kleiner 83.
Teppichmuschel(f) 93.
Teppichschiffchen(n) 574.
Teppichschiffchen(n) 574.
Terminal(n) 421.
Terminkalender(m) 518.
Terpentin(n) 592.
Terrasse(f) 193, 263.
Terrassentür(f) 195.
Tertiärkonsumenten(m) 31.
Terz(f) 537.
Terz-Einladung(f) 667.
Testbereich(m) für Düsentriebwerke(n) 811.
Testbild(n) 414.
Textablesetafel(f) 414.
Textanzeige(f) 524.
Textilpflege(f) 829.
Textmarker(m) 515.
Texttaste(f) 524.
Theater(n) 188.
Theodolit(m) 713.
Theodolit(m) 41.
Thermoelement(n) 297.
Thermoelementkabel(n) 297.
Thermometer(n) 705, 710.
Thermometer(n) 209, 627, 635, 741.
Thermoschalter(m) 438.
Thermosflasche(f) 690.
Thermosphäre(f) 19.
Thermostat(m) 210, 214, 252, 297.
Thorax(m) 78, 79, 80, 116, 118.
Thymian(m) 74.
Ticketschalter(m) 504.
Tiefdruck(m) 580.
Tiefdruckgebiet(n) 38.
Tiefdruckverfahren(n) 582.
Tiefenanschlag(m) 283.
Tiefeneinstellung(f) 283.
Tiefenmesser(m) 627.
Tiefenskala(f) 485.
Tiefenverstellschraube(f) 277.
Tiefladewagen(m) 473.
Tiefräumer(m) 782.
Tiefräumerbedienteil(n) 782.
Tiefsee-Ebene(f) 29.
Tiefsee-Ebene(f) 29.
Tiefseeberg(m) 29.
Tiefseeboden(m) 22.
Tiefseegraben(m) 28.
Tiefseehügel(m) 29.
Tieftöner(m) 400.
Tierceron(m) 177.
tierische Zelle(f) 115.
Tierkreiszeichen(n) 820.
Tight-End(m) 603, 605.
Tilde(f) 832.
Timer(m) 664.
Tinte(f) 588.
Tintenraum(m) 389.
Tipi(n) 165.
Tisch(m) 219.
Tisch(m) 578.
Tischfeststellschraube(f) 283.
Tischkreissäge(f) 285.
Tischleuchte(f) 236.
Tischplatte(f) 219.
Tischrechner(m) 523.
Tischrührgerät(n) 250.
Tischtennis(n) 619.
Tischtennisball(m) 619.
Tischtennisplatte(f) 619.
Tischtennisschläger(m) 619.
Tischtypen(f) 219.
Tischverlängerung(f) 285.
Titan(m) 5.
TL-Triebwerk(n) 499.
Toaster(m) 252.
Toga(f) 315.
Toilette(f) 293.
Toilette(f) 195, 215, 292, 461.
Toiletten(f) (Damen(f)) 822.
Toiletten(f) (Herren(m)) 822.
Toilettenpapierhalter(m) 292.
Toilettenwagen(m) 506.
Tomate(f) 69.
Tomtom(n) 552.
Ton V.U.Meter(m) 413.
Ton-/Bild-Vorschaueinheit(f) 413.
Tonabnehmer(m) 404.
Tonabnehmer-Wahlschalter(m) 547.
Tonabnehmersystem(n) 404.
Tonarm(m) 404.
Tonarmheber(m) 404.
Tonarmstütze(f) 404.
Tonartvorzeichen(n) 538.
Tonbandgerät(n), digitales 407.
Tonerzeugung(f) 543.
Tonhöhenrad(n) 555.
Tonleiter(f) 537.
Tonnen(f) mit schadhaften Brennelementen(n) 764.
Tonnenstein(m) 486.
Tonregiepult(n) 412, 415.
Tonregieraum(m) 412, 415.
Tontechniker(in(f))(m) 412, 415.
Tonvormischung(f) 413.
Tonwiedergabesystem(n) 400, 402, 404.
Tonwiedergabesysteme(n), tragbare 408.
Topas(m) 362.
Töpferei(f) 584.
Topfhut(m) 329.
Topinambur(m/f) 71.
topographische Merkmale(n) 28.
Topplicht(n) 495.
Toppnant(f) 478.
Toppzeichen(n) 486, 488.
Toprückstand(m) 744.
Toque(f) 329.
Tor(n) 626.
Tor(n) 490, 601, 604, 606, 607, 608, 612, 626.
Torangreifer(m) 611.
Torbereich(m) 606.

Tordrittel(n) 611.
Torhüter(m) 612, 626.
Torhütermarkierung(f) 612.
Torkreis(m) 611.
Torlinie(f) 604, 606, 607, 608, 612, 626.
Torpedo(m) 807.
Torpedoraum(m) 807.
Torpedorohr(n) 807.
Torpfosten(m) 604, 611.
Torraum(m) 601, 608, 612.
Torraumlinie(f) 612.
Torrichter(m) 608, 626.
Torschütze(m) 611.
Torselett(n) 347.
Torus(m) 166, 167.
Torverteidiger(m) 611.
Torwächter(m) 599.
Torwart(m) 609.
Torwart(m) 601, 607, 608, 611.
Torwartschläger(m) 609.
totale Finsternis(f) 8.
Totalisator(m) 651.
Toupierkamm(m) 368.
Trab(m) 101.
Trabrennsport(m) 652.
Trachte(f) 104.
Trachtenwand(f) 104.
Track(m) 404.
traditionelle Wohnhäuser(n) 165.
Trageband(n) 729.
Tragebügel(m) 408.
Tragegriff(m) 796.
Träger(m) 198, 231, 346, 644, 756, 787.
Träger(m) mit Knopf(m) 351.
Träger(m), runder 230.
Träger(m), verstellbarer 350.
Trägerhemd(n) 325.
Trägerhemd(n) 353.
Trägerhemdchen(n) 351.
Trageriemen(m) 730.
Trägerkleid(n) 332.
Trägerrakete(f) 419.
Tragetasche(f) 381.
Tragflügel(m) 499, 511.
Tragflügel(m), hinterer 495.
Tragflügel(m), teilgetauchter 495.
Tragflügel(m), vorderer 495.
Tragflügelformen(f) 499.
Tragflügelschiff(n) 495.
Tragkabel(n) 456.
Tragsäule(f) 738.
Tragschicht(f), obere 451.
Tragschicht(f), untere 451.
Tragsegel(n) 637.
Tragus(m) 139.
Trainer(m) 669.
Trainingsanzug(m) 352.
Trainingshose(f) 352.
Traktor(m) 147.
Traktormotor(m) 784.
Trampolin(n) 659.
Tranchiergabel(f) 242.
Tranchiermesser(n) 242.
Tränenkanal(m) 140.
Transform-Verwerfung(f) 28.
Transformator(m) 235, 747, 757, 758, 771.
Transitlagerschuppen(m) 490.
Translationswelle(f) 30.
Transpiration(f) 35.
Transporteur(m) 562.
Transporträdchen(n) 390.
Transportschiene(f) 390.
Transportwalze(f) 390.
Transversale pleine(f) 700, 701.
Transversale simple(f) 700, 701.
Trapez-Form(f) 332.
Trapezflügel(m) 499.
Traube(f) 61.
Traube(f) 60.
Traveller(m) 630.
Traveller(m) 628.
Traverse(f) 178, 219, 757.
Treble(m) 698.
Trefferanzeige(f) 666.
Trefferflächen(f) 667.
Trefferzähler(m), elektrischer 666.
Treibanker(m) 483.
Treibhaus(n) 149.
Treibladung(f) 798.
Treibstoff-Füllstandanzeige(f) 512.
Treibstoffart(f) 453.
Treibstofftank(m) 508, 805, 812.
Treibstoffzufuhrleitungen(f) 635.
Trenchcoat(m) 319.
Trennstab(m) 574.
Trennwand(f) 520.
Trennwand(f) 216.
Trense(f) 650.
Trense(f) 649.
Trensenzügel(m) 649.
Treppe(f) 201.
Treppe(f) 194, 474, 773.
Treppe(f) zum Halbgeschoß(n) 195.
Treppenabsatz(m) 194.
Treppenaufgang(m) 741.
Treppenhaus(n) 194.
Treppenlauf(m) 201.
Treppenschliff(m) 363.
Treppenvorbau(m) 196.
Tressenstich(m) 571.
Tretlager(n) 448.
Tretplatte(f) 561.
Triangel(m) 554.
Triangel(m) 556.
Tribüne(f) 651.
Trichter(m) 243.
Trichter(m) 410, 549, 551.
Trickmischer(m) 413.
Triclinium(n) 171.
Trieb(m) 61.
Triebdrehgestell(n) 459.
Triebwagen(m) 476, 477.
Triebwerke(n) 510.
Triebwerklufteinlauf(m) 813.
Trift(f) 746.
Triglyphe(f) 167.
Trikot(n) 353, 600, 602.
Trikuspidalklappe(f) 125.
Triller(m) 538.
Trinkwasserleitung(f) 186.
Trio(n) 558.
Triplebar(f) 647.
Triplebar(f) 646.
Triton(m) 5.
Tritt(m) 302, 572.
Trittbrett(n) 445, 778.
Trittfläche(f) 649.
Tritthocker(m) 222, 302.
Trittleiter(f) 302.
Trittlöser(m) 573.
Trittstufe(f) 201, 440.
Trizepszug(m) 663.
Trochilus(m) 166, 167.
Trockendock(n) 490.
trockene Subtropen(f) 45.
Trockenfrüchte(f) 66, 67.
Trockenschrank(m) 398.
Trockenseite(f) 748.
Trockenständer(m) 399.
Trocknen(n) 243.
Trocknen(n) 829.
Troddel(f) 229.
Trog(m) 38.
Trombe-Wand(f) 772.
Trombe-Wand(f) 772.
Trommel(f) 231, 258, 259, 265, 484, 707, 797.
Trommel(f), kleine 553.
Trommel(f), kleine 552, 557.
Trommelbremse(f) 432.
Trommelfell(n) 84, 97, 139.
Trommeln(f) 552.
Trompete(f) 550.
Trompete(f) 451, 550.
Trompeten(f) 556.
tropfnaß hängen 829.
tropisch-maritim 38.
tropische Klimate(n) 45.
tropische Savanne(f) 45.
tropischer Regenwald(m) 45.
tropischer Sturm(m) 39.
Troposphäre(f) 19.
Trosse(f) 692.
Trüffel(f) 55.
Trugdolde(f), eingliedrige 60.
Trugdolde(f), zweigliedrige 60.
Truhe(f) 226.
Truthahn(m) 150.
Tuba(f) 551, 557.
Tube(f) 588.
Tubus(m) 16, 718, 719, 720, 721.
Tubusträger(m) 718.
Tudorbogen(m) 174.
Tukan(m) 13.
Tülle(f) 247, 252.
Tüllenbayonett(n) 794.
Tunika(f) 337.
Tunika(f) 791.
Tunikakleid(n) 333.
Tunnel(m) 474.
Tunnelsohle(f) 476.
Tür(f) 202.
Tür(f) 225, 253, 254, 259, 427, 449, 498, 617.
Tür(f), automatische 504.
Turban(m) 329.
Turbine(f) 753.
Turbine(f) 758, 767.
Turbinenabschaltventil(n) 758.
Turbinendrehung(f) 755.
Turbinengebäude(n) 758.
Turbinenläufer(m) 752.
Turbinenrad(n) 438.
Turbinenummantelung(f) 753.
Turbinenwasserabfluß(m) 755.
Turbinenwelle(f) 767.
Turboalternator(m) 806.
Turboluftstrahltriebwerk(n) 812.
Turboverdichter(m) 501.
Turboverdichterwelle(f) 501.
Türfach(n) 254.
Türformen(f) 202.
Türführungsschiene(f) 470.
Türfüllung(f) 225.
Türgriff(m) 289, 427.
Türinnenschale(f) 429.
Türkis(m) 362.
Türknopf(m) 202.
Turm(m) 176, 486, 696, 770, 771, 773, 774, 786, 807.
Turmalin(m) 362.
Turmkran(m) 786.
Turmmast(m) 786.
Turmspitze(f) 175.
Turnüre(f) 316.
Turnüre(f) 316.
Türöffnungshebel(m) 429.
Türpfosten(m) 202.
Türsäule(f) 471.
Türschloß(n) 202, 259, 427, 429.
Türstopper(m) 254.
Türsturz(m) 175.
Türtasche(f) 429.
Türverkleidung(f) 429.
Türzapfen(m) 202.
Tusche(f), lithographische 583.
TV-Einstellung(f) 411.
TV-Netzschalter(m) 411.
TV/Video-Taste(f) 411.
Twinset(n) 338.
Tympanon(n) 166, 168.
Typenschild(n) 280.

U

U-Bahn(f) 474, 476.
U-Bahn(f) 190.
U-Bahn-Netzplan(m) 475, 477.
U-Bahn-Schild(n) 474.
U-Bahn-Station(f) 474.
U-Bahn-Zug(m) 476.
U-Bahn-Zug(m) 474.
Überbau(m) 457.
Überbehang(m) 229.
Überdach(n) 685, 686.
Überdruckventil(n) 248, 627.
Überfallrinne(f) 746.
Überfangstich(m), orientalischer 571.
Überfangstich(m), rumänischer 571.
Überfangstiche(m) 571.
Überführung(f) 452, 454.
Übergänge(m) 301.
Überholen(n) verboten 825.
Überholrollbahn(f) 502.
Überholspur(f) 452.
Überholverbot(n) 824.
Überkehr(f) 161.
Überkopfleitung(f) 756.
Überkopfschaltbrett(n) 500.
Überlappanzeige(f) 532.
Überlauf(m) 215, 292, 293, 297.
Überlaufkrone(f) 746.
Überlaufschutz(m) 257.
Überlaufstutzen(m) 399.
Überlauftor(n) 746.
Überlaufwehr(n) 746.
Überleitungstunnel(m) 764.
Überschlag(m) 380.
Überseekoffer(m) 383.
Übersetzungsgehäuse(n) 671.
Übersicht(f) 289.
Überstand(m) 201.
Überströmschlitz(m) 436.
Übertageabbau(m) 733.
Übertageanlage(f) 736.
Übertageanlagen(f) 734.
Überträger(m) 485.
Übertragungnsnetz(n), öffentliches 416.
Übertragungsgeräte(n) 526.
Übertragungskabel(n) 485.
Übertragungssatellitentechnik(f) 416.
Übertragungsstation(f) 722.
Übertragungswagen(m) 415.
Überwachungsradar(n) 809, 810.
Überwurfmutter(f) 296.
Überziehschuh(m) 355.
Übungsgrün(n) 676.
Übungsplatz(m) 178.
Ufer(n) 30, 752.
Uferdamm(m) 748.
UHF-Antenne(f) 42.
Uhr(f) 407, 714.
Uhr(f), mechanische 706.
Uhrband(n) 706.
Uhrenmeister(m) 610.
Uhrwerk(n), zuggetriebenes 707.
Ultraviolett-Spektrometer(n) 43.
Umbra(f) 8.
Umfangsverbindung(f) 750.
Umgehungsstraße(f) 52.
Umhängetasche(f) mit Dehnfalte(f) 380.
Umhängetasche(f) mit Reißverschluß(m) 380.
Umkehrsystem(n) 718.
Umkleideraum(m) 735.
Umladeabschnitt(m) 743.
Umlaufbahn(f) 419, 510.
Umlaufbahn(f), anvisierte 48.
Umlaufbahn(f), geostationäre 43.
Umlaufbahn(f), polare 43.
Umlaufbahn(f), Satelliten(m) 43.
Umlaufbahnen(f) der Planeten(m) 4.
Umlaufgehäuse(n) 747.
Umlaut(m) 832.
Umlenkspiegel(m) 720.
Umlenkstern(m) 272.
Umluft(f) 206, 207.
Umrechnungsskala(f) 396.
Umrißleuchte(f) 440.
Umschaltfeststelltaste(f) 524, 530.
Umschalttaste(f) 524.
Umschalttasten(f) 530.
Umschaltvorrichtung(f) 212.
Umschlag(m) 315, 341.
Umspannwerk(n) 752.
Umwälzpumpe(f) 208, 763, 772.
Umwerfer(m), hinterer 446, 448.
unbewegter Deich(m) 752.
unendlich 830.
ungesäuertes Brot(n) 153.
ungleich 830.
Universaltreppe(f) 507.
Unkrautstecher(m) 268.
unpaarig gefiedert 56.
unregelmäßige Galaxie(f) 9.
Unteranzug(m) 512.
Unterarm(m) 106, 112, 117, 119.
Unterarmmappe(f) 378.
Unterarmschiene(f) 792.
Unterarmstütze(f) 728.
Unterbau(m) 450, 737.
Unterblock(m) des Flaschenzuges(m) 737.
Unterboden(m) 198, 199, 200.
Unterbrechung(f) 489.
Unterbrett(n) 543.
Unterbruststäbchen(n) 347.
Unterdeck(n) 741.
untere Tasche(f) 675.
Untereck(n), linkes 818.
Untereck(n), rechtes 818.
unterer Anzug(m) 650.
Unterfach(n) 379.
Unterfahrschutz(m) 441.
Unterfangkescher(m) 672.
Unterführung(f) 454, 464.
Unterfutter(n) 565.
Untergeschoß(n) 190.
Untergrätenmuskel(m) 121.
Untergurt(m) 455.
Unterhaut(f) 137.
Unterhemd(n) 595.
Unterhose(f), lange 325.
unterirdisches Gerinne(n) 24.
Unterkante(f) 609.
Unterkiefer(m) 78, 80, 81, 86, 102, 122.
Unterkleid(n) 345.
Unterlagsplatte(f) 466.
Unterlenker(m) 147.
Unterlid(n) 140.
Unterlippe(f) 142, 542.
Untermast(m) 478.
untermeerischer Cañon(m) 29.
Unterrock(m) 345.
Unterrohr(n) 447.
Untersattel(m) 544.
Unterschenkel(m) 103, 112.
Unterschnabel(m) 109.
Unterschwanzdecken(f) 109.
Unterseeboot(n) 806.

Die Bezeichnungen der Illustrationen sind **fettgedruckt**.

Unterseite(f) 633.
Unterstock(m) 375.
Unterstützmauer(f) 748.
Unterteil(n) 363.
Unterteilhauptfacette(f) 363.
Untertor(n) 492.
Untervorhang(m) 229.
Unterwäsche(f) 325, 345, 346.
Unterwasser(n) 746, 747, 749, 750.
Unterwasserkamera(f) 394.
Unterwassermauer(f) 749.
Unterwasserpipeline(f) 740.
Uran(n), angereichertes 762, 763.
Uran(n), nichtangereichertes 760, 761.
Uranbrennstoff(m), Spaltung(f) des 766.
Uranus(m) 5.
Urogenital-Öffnung(f) 89.
Ursprungskegel(m) 135.
Utensilien(n) 246.

V

V-Ausschnitt(m) 343.
V-Ausschnitt(m) 322, 326.
V.U.-Meter(n) 407.
Vakuole(f) 115.
Vakuum-Kaffeemaschine(f) 247.
Vakuumdestillation(f) 744.
Vakuumkammer(f) 710, 717.
Vakuumpumpe(f) 717.
Vakuumrohr(n) 717.
Variometer(n) 635.
Variometer(n), mechanisches 639.
Vater-Pacinische Körperchen(n) 136.
Vauban-Festung(f) 178.
VCR-Einstellung(f) 411.
VCR-Netzschalter(m) 411.
VCR-Tasten(f) 411.
Vena(f) cephalica 126.
Vene(f), königliche 126.
Venen(f) 126.
Ventil(n) 293, 447, 550, 634.
Ventilator(m) 212, 213, 214.
Ventilatormotor(m) 214.
Ventilatorregler(m) 214.
Ventilbüchse(f) 550.
Ventilfeder(f) 434, 543.
Ventilsitz(m) 293, 294.
Ventilsitzzange(f) 299.
Ventilteller(m) 294.
Ventilzug(m), dritter 551.
Ventilzug(m), erster 550.
Ventilzug(m), zweiter 550.
Venturidüse(f) 804.
Venus(f) 4.
Venusmuschel(f) 93.
Verankerung(f) 456.
Verbindung(f) 697.
Verbindung(f) 389.
Verbindung(f) des Ventilations- und Kühlsystems(n) 512.
Verbindung(f), fertige 692.
Verbindungen(f), mechanische 300.
Verbindungsast(m) 135.
Verbindungsclip(m) 726.
Verbindungsdraht(m) 312, 658.
Verbindungshülse(f) 678.
Verbindungskabel(n) 400, 530, 561, 585.
Verbindungspunkt(m) 757.
Verbindungsstück(n) 406.
Verbindungstunnel(m) 510.
Verbot(n) der Einfahrt(f) 824, 825.
Verbot(n) für Fahrzeuge(n) 826, 827.
Verbrennen(n) 436.
Verbrennung(f) 436, 437, 501.
Verbrennungsraum(m) 434, 438.
Verdampfer(m) 210.
Verdampferkörpermantel(m) 759.
Verdampferschlangen(f) 214.
Verdampfungsgitter(n) 210.
Verdauungsdrüse(f) 92.
Verdauungssystem(n) 131.
Verdichten(n) 436, 437.
Verdichterrad(n) 438.
Verdichterturbine(f) 501.
Verdichtung(f) 501.
Verdunkelung(f) 489.
Verdunstung(f) 34, 35.
Veredelungsmesser(n) 269.
Vereinigung(f) 830.
Verengung(f) 705.
Vergaser(m) 442.
Vergrößerer(m) 399.
Vergrößerungsobjektiv(n) 399.
Vergrößerungsrahmen(m) 398.
Verkaufsstand(m) 475.
Verkehrsampel(f) 186.
Verkehrsinsel(f) 184.
Verkehrszeichen(n) 824, 826, 828.
Verkehrszeichen(n), internationale 825, 827, 828.
Verkehrszeichen(n), nordamerikanische 824, 826, 828.
Verkleidung(f) 198, 209, 297, 442.
Verkleidungsmaterialien(n) 286.
Verkleinern(n)/Vergrößern(n) 532.
Verklicker(m) 628.
Verkürzungsstek(m) 691.
Verlobungsring(m) 364.
Verminderung(f) des Strahlendiameters(m) 717.
Versailles-Parkett(n) 200.
Verschiedenes(n) 831.
Verschlagwagen(m) 472.
Verschluß(m) 260, 351, 529, 641.
Verschlußband(n), oberes 641.
Verschlußblock(m) 802.
Verschlüsse(m) 566.
Verschlußhebel(m) 471.
Verschlußring(m) 397, 802.
Verschlußstück(n) 798, 799.
Verschmutzung(f), atmosphärische 34.
Verschmutzung(f), industrielle 32, 33.
Verschmutzung(f), landwirtschaftliche 32.
Verschmutzungsquellen(f) 34.
Verschraubung(f) 300.
Verschraubung(f) 300.
Verschraubungsmutter(f) 300.
verschreibungspflichtig 831.
Versenker(m) 288.
Versetzungszeichen(n) 538.
Versitzgrube(f) 216.
Versorgungsbereich(m) 503.
Versorgungskapsel(f) 509.
Versorgungsmodul(m) 418.
Versorgungsstraße(f) 502.
Verspannung(f) 660.
Verstärker(m) 402.
Verstärker(m) 714.
Verstärker-Rückseite(f) 400.
Verstärkerregler(m) 485.
Verstärkung(f) seismischer Wellen(f) 714.
Verstärkungsrippe(f) 785.
Verstärkungsschwelle(f) 729.
Verstärkungsstrebe(f) 756.
Versteifungsrippe(f) 498.
Versteller(m) 323.
Verstellnut(f) 278.
Verstellschraube(f) 539.
Verstellspindel(f) 159.
Verstrebung(f) 774.
Vertäfelung(f), obere 787.
Vertäfelung(f), untere 787.
Vertebralschild(m) 97.
Verteidiger(m) 601.
Verteidiger(m), linker 607, 608.
Verteidiger(m), rechter 601, 607, 608.
Verteidigungsdrittel(n) 611.
Verteidigungszone(f) 608, 613.
Verteiler(m) 450.
Verteilerdose(f) 471.
Verteilerkasten(m) 757.
Verteilerschleife(f) 757.
Verteilung(f) durch Kabelnetz(n) 416.
Vertiefung(f) 566.
Vertikalachsenwindturbine(f) 774.
Vertikulator(m) 266.
Verwaltungsgebäude(n) 752.
Verwerfung(f) 23.
Verziehnaht(f) 324.
Verzierungen(f) 538.
Vestibularnerv(m) 139.
VHF-Antenne(f) 808.
Viadukt(m) 454.
Vibratohebel(m) 547.
Video-Kreuzschiene(f) 413.
Video-Recorder(m) 401.
Video-Switcher(m) 412, 413, 415.
Videobedientasten(f) 409.
Videofilmdiskette(f) 395.
Videokamera(f) 395, 409.
Videokamera(f) 526.
Videorecorder(m) 411.
Videorekorder(m) 526.
Videoschalttafel(f) 415.
Videospielsystem(n) 699.
Vier-Zehenhuf(m) 99.
Viereck(n) 577.
Viereckregner(m) 264.
Vierer(m) mit Steuermann(m) 632.
Vierer(m) ohne Steuermann(m) 632.
Vierkantstift(m) 231.
Vierkantstopfen(m) 301.
Vierling(m) 695.
Viermastbark(f) 478, 480.
Viertaktmotor(m) 436.
Viertelnote(f) 538.
Viertelpause(f) 538.
Viertelstab(m) 199.
Vierundsechzigstelnote(f) 538.
Vierundsechzigstelpause(f) 538.
Vierung(f) 176, 177.
Vierungsturm(m) 176.
Viervierteltakt(m) 537.
Vinyl-Laufsohle(f) 350.
Vinylisolierung(f) 287.
Violine(f) 544.
Violine(f) 545.
Violinen(f), erste 556.
Violinen(f), zweite 556.
Violinschlüssel(m) 537.
Virgo 820.
Visier(n) 443, 642, 684, 719, 730, 792.
Visiergestell(n) 595.
Vitrine(f) 227.
Vitrinenschrank(m) 227.
Vogel(m) 108, 110.
Volant(m) 228.
Volant(n) 224.
voll und bei 629.
Vollachsel-Unterkleid(n) 345.
Vollbelastungseinstellschraube(f) 712.
Vollbrillantschliff(m) 362.
Volleyball(m) 613.
Volleyballspiel(m) 613.
Vollgeschoß(n) 801.
Vollgummirad(n) 788.
Vollkornbrot(n) 153.
Vollmessingstange(f) 230.
Vollmond(m) 7.
Vollreife(f) 61.
Volute(f) 166, 167, 220.
Vor- und Rücklauf(m) 405.
Vor-Oberbramsegel(n) 481.
Vor-Obermarsegel(n) 481.
Vor-Royalsegel(n) 481.
Vor-Unterbramsegel(n) 481.
Vor-Untermarssegel(n) 481.
Vorbramsaling(f) 479.
Vorbühne(f) 188.
Vordach(n) 685.
Vordachrille(f) 449.
Vorderachse(f) 784.
Vorderansicht(f) 120, 122, 147.
Vorderbein(n) 79, 80, 84, 223.
Vorderbein(n)(Außenseite(f)) 80.
Vorderbindung(f) 633.
Vorderblatt(n) 353, 355.
Vorderbremse(f) 444.
Vorderdeckel(m) 577.
Vordereckpin(m) 683.
Vorderfeld(n) 614, 617.
Vorderfläche(f) 386.
Vorderflug(m) 792.
Vorderflügel(m) 79, 81.
Vorderfußwurzel(f) 102.
Vordergabel(f) 447.
Vorderkante(f) 636, 638.
Vorderkappe(f), perforierte 355.
Vorderlade-Geschütz(n) 800.
Vorderladung(f) 801.
Vordermast(m) 743.
Vorderpfote(f) des Hundes(m) 106.
Vorderrad(n) 147, 727, 784.
Vorderschaft(m) 798.
Vorderschürze(f) 792.
Vorderseite(f) 363.
Vorderseite(f) 179, 322, 324.
Vorderstangentasche(f) 637.
Vorderteil(n) 324, 352, 354.
Vorderwand(f) 616, 617.
Vorderzeug(n) 648.
Vorderzwiesel(m) 649.
Vorfach(n) 672.
Vorfach(n), Angelhaken(m) mit 672.
Vorfahrt(f) 824, 825.
Vorfahrt(f) gewähren 824.
Vorfeld(n) 502.
Vorflügel(m) 499.
Vorfußbindung(f) 642.
Vorfußgummi(n) 633.
Vorfußplatte(f) 642.
Vorfußriemen(m) 633.
Vorhafenwand(f) 492.
Vorhang(m) 229.
Vorhang(m) 414.
Vorhang(m), loser 228.
Vorhaut(f) 127.
Vorhof(m) 139, 453.
Vorhof(m), linker 124, 125.
Vorhof(m), rechter 124, 125.
Vorholer(m) 802.
Vorholervorderteil(n) 802.
Vorlauf(m) 831.
Vorlauf(m) 208.
Vorlauftaste(f) 420.
Vorläutewerk(n) 471.
Vorliek(n) 631.
Vororte(m) 52.
Vorraum(m) 461.
Vorsatzblatt(n) 577.
Vorschaumonitor(m) 415.
Vorschaumonitore(m) 413.
Vorschlag(m) 538.
Vorschneider(m) 281.
Vorsegelschot(n) 628.
Vorsprung(m) 27.
Vorspultaste(f) 411.
Vorstag(m) 628.
Vorstenge-Stagsegel(n) 481.
Vorstopper(m) 601.
Vortasche(f) 381.
vorwärts 624.
vorwärts/rückwärts 272.
Vorzeichentaste(f) 523.
Vulkan(m) 25.
Vulkan(m) 23.
Vulkan(m) mit Ausbruchstätigkeit(f) 25.
Vulkan(m), untätiger 24.
vulkanische Asche(f) 25.
vulkanische Bomben(f) 25.
vulkanische Insel(f) 28.
Vulva(f) 118, 128.

W

Waage(f) 820.
Waage(f) 13.
Waage(f), elektronische 709.
Waagebalken(m) 541.
Waagschale(f) 708, 709.
Waagschalenhaken(m) 708.
Wabe(f) 82.
Wabenausschnitt(m) 82.
Wache(f) 180.
Wachhäuschen(n) 178.
Wachskerze(f), dünne 582.
Wade(f) 117, 119.
Wadenbein(n) 122.
Wadenbeinmuskel(m), kurzer 121.
Wadenbeinmuskel(m), langer 120.
Wadenbeinnerv(m), gemeinsamer 133.
Wadenbeinnerv(m), oberflächlicher 133.
Wadenbeinnerv(m), tiefer 133.
Wadennerv(m) 133.
Wadenstrumpf(m) 325.
Waffe(f), Teile der 666.
Waffeleisen(n) 253.
Waffen(f) in der Römerzeit(f) 791.
Waffen(f) in der Steinzeit(f) 791.
Wagen(m) 470.
Wagen(m) 162, 630, 645.
Wagenanzug(m) 350.
Wagenausbesserungshalle(f) 465.
Wagendeck(n) 494.
Wagenlaufschild(n) 471.
Wagenradhut(m) 329.
Wagenrücklauftaste(f) 525.
Wagentür(f) 429.
Wagentypen(m) 425, 460.
Wagenübergang(m) 461.
Währungsabkürzungen(f) 832.
Walboot(n) 482.
Wald(m) 27, 52.
Waldhorn(n) 551.
Waldhörner(n) 557.
Walfisch(m) 11, 13.
Walkman(m)® mit Radioteil(n) 408.
Walmdach(n) 182.
Walnuß(f) 66.
Walnuß(f), Längsschnitt(m) 66.
Walroß(n), Eckzähne(m) 99.
Walze(f) 270.
Walze(f) 304, 524, 531, 714.
Walze(f), drehbare 570.
Walzenbefestigung(f) 304.
Walzendrehknopf(m) 525, 531.
Wams(n) 316.
Wand(f) 7.
Wand-Untergurt(m) 441.
Wandauslaufventil(n) 294.
Wanddurchlaß(m) 207.
Wandlaterne(f) 235.
Wandleuchte(f) 234.
Wandpfosten(m) 199.

Die Bezeichnungen der Illustrationen sind **fettgedruckt**.

Wandträger(m) 230.
Wandwange(f) 201.
Wange(f) 118, 275, 670.
Wanne(f) 304.
Wannenfüll- und Brausegarnitur(f) 215.
Want(f) 479, 628.
Wantenspanner(m) 630.
Wapitihirsch(m) 105.
Wappen(n) 596.
Wappenzeichen(n) 819.
Warenbaum(m) 572.
Warencode(m) 709.
Warenzeichen(n), eingetragenes 831.
Wärmeabgabe(f) an Wasser(n) 766.
Wärmeabstrahler(m) 42.
Wärmedämmung(f) 209.
Wärmedeflektorscheibe(f) 232.
Wärmeerzeugung(f) 766.
Wärmejalousie(f) 43.
Wärmepumpe(f) 212.
Wärmepumpe(f) 759.
Wärmetauscher(m) 16, 209, 214, 760, 772.
Warmfront(f) am Boden(m) 39.
Warmhalteplatte(f) 247.
Warmluftauslaß(m) 438.
Warmluftaustritt(m) 206, 207.
Warmluftklappe(f) 204.
Warmluftsystem(n) mit Zwangsumlauf(m) 206.
Warmwasseraustritt(m) 297.
Warmwasserbereiter(m) 215.
Warmwasserheizung(f) mit Zwangsumlauf(m) 208.
Warmwasserkreis(m) 215.
Warmwassersteigleitung(f) 215.
Warmwasserzulauf(m) 296, 298.
Warn- und Gebotszeichen(n) 821.
Warnanzeige(f) 500.
Warnblinklicht(n) 498.
Warngerät(n) 777.
Warnkreuz(n) 471.
Warnleuchte(f) "Tür offen" 431.
Warnleuchten(f) 431.
Warnlinie(f) beim Florettfechten(n) 666.
Warnlinie(f) beim Säbel- und Degenfechten(n) 666.
Wartebereichmarkierung(f) 504.
Wartehäuschen(n) 186.
Wartungsfahrzeug(n) 506.
Wartungskasten(m) 757.
Wartungsschacht(m) 16.
Warzenhaut(f) 85.
Warzenhof(m) 129.
Warzenschwein(n), Hauer(m) 99.
Waschbecken(n) 215, 292.
Waschen(n) 829.
Wascherarm(m) 257.
Wäschetrockner(m) 259.
Wäschetrockner(m) 829.
Waschküche(f) 194.
Waschmaschine((f) 298.
Waschmaschine(f) 258, 298.
Waschmaschine(f) 215.
Waschplatte(f) 465.
Wasser(n) 762, 763.
Wasser(n) 485, 767, 767.
Wasser(n) verdampft 766.
Wasser(n), schweres 761.
Wasser(n), sicherstes 488.
Wasser(n), Wärmeabgabe(f) an 766.
Wasserablauf(m) 399.
Wasserabscheider(m) 734.
Wasserbadtopf(m) 249.
Wasserball(m) 626.
Wasserballspiel(n) 626.
Wasserbehälter(m) 210, 247, 373.
Wasserdruckanzeiger(m) 778.
Wassereinlaß(m) 747.
Wasserfall(m) 27.
Wasserflasche(f) 447, 447.
Wasserglas(n) 237.
Wassergraben(m) 647.
Wassergraben(m) 646.
Wasserhahn(m) 292, 778.
Wasserheizkessel(m) 772.
Wasserhindernis(n) 676.
Wasserkanister(m) 690.
Wasserkanone(f) 778.
Wasserkessel(m) 252.
Wasserklappe(f) 551.
Wasserkraftwerk(n) 746, 747.
Wasserkreislauf(m) 34.
Wasserkrug(m) 238.
Wasserlinie(f) 487.
Wassermann(m) 820.
Wassermann(m) 13.
Wassermelone(f) 69.
Wasseroberfläche(f) 624.
Wasserpumpenzange(f) 278.
Wasserschlauch(m) 257, 734.
Wasserski(m) 633.
Wasserski(n) 633.
Wasserstand(m) 210, 247, 755.
Wasserstand(m), höherer 493.
Wasserstand(m), niedrigerer 493.
Wasserstandsanzeiger(m) 256.
Wasserstandsregler(m) 258.
Wassertrense(f) 650.
Wasserturm(m) 465.
Wässerungswanne(f) 399.
Wasserversorgung(f), öffentliche 772.
Wasservogel(m) 111.
Wasservogel(m) 111.
Wasservorrat(m) 755.
Wasservorratstank(m) 772.
Wasserwaage(f) 291.
Wasserzähler(m) 215.
Wasserzeichen(n) 820.
Wasserzufluß(m) 399.
Wasserzulauf(m) 295.
Wasser, handwarm 829.
Wassily-Stuhl(m) 221.
Watstiefel(m) 672.
Wattestäbchen(n) 725.
Wattetupfer(m) 725.
Watvogel(m) 111.
Weben(n) 572, 574, 576.
Webkante(f) 566.
Webmustereinstellung(f) 568.
Webnadel(f) 573.
Webprinzip(n), Schaubild(n) 576.
Webschütz(m) 573.
Wechsel(m) 198.
Wechselanzeige(f) 621.
Wechselraum(m) 612.
Wehrgang(m) 181.
Wehrmauer(f) 180.
weiblich 831.
weiblicher Zapfen(m) 58.
Weiche(f) 464.
Weiche(f), fernbediente 467.
Weiche(f), handbediente 467.
Weichenantrieb(m) 467.
Weichensignal(n) 467.
Weichenzunge(f) 467.
Weichstrahl(m) 87.
Weichtier(n) 92.
Weichtiere(n), eßbare 93.
Weideland(n) 148.
Weidenholz(n) 598.
Weidenkorb(m) 635.
Weinblatt(n) 61.
Weinblatt(n) 73.
Weinranke(f) 61.
Weintraube(f) 62.
Weintraube(f) 61, 62.
Weiselwiege(f) 82.
Weisheitszahn(m) 144.
Weiß(n) 696, 697.
Weißabgleichsensor(m) 409.
weiße Linie(f) 104.
weiße Substanz(f) 135.
Weißes Feuer(n) 488.
Weißkohl(m) 73.
Weißweinglas(n) 237.
Weitsprung(m) 655.
Weitwinkelobjektiv(n) 392.
Weizen(m) 152.
Weizenkorn(n) 152.
Wellärmchen(n) 543.
Wellbrett(n) 543.
Welle(f) 30.
Welle(f) 231, 584, 705, 753, 773, 808.
Wellenbasis(f) 30.
Wellenbereichseinstellung(f) 402.
Wellenhöhe(f) 30.
Wellenhose(f) 742.
Wellenlänge(f) 30.
Wellenleiter(m) 415.
Wellenmauer(f) 748.
Wellhornschnecke(f) 83.
Wende(f) 622, 623.
Wende(f) beim Brustschwimmen(n) 622.
Wendeflügel(m) 203.
Wendehebel(m) 639.
Wendekreis(m) des Krebses(m) 3, 47.
Wendekreis(m) des Steinbocks(m) 3, 47.
Wendelhalter(m) 233.
Wendeltreppe(f) 741.
Wenden(n) 824.
Wenden(n) verboten 825.
Wenderichter(m) 621.
Wenderohr(n) 231.
Wendestab(m) 231.
Wendewand(f) 621.
Wendezeiger(m) 639.
Werbetafel(f) 474, 477.
Werfer(m) 597, 599.
Werftkran(m) 490.
Werkzeug(n) 584, 585, 690.
Werkzeuge(n) 275, 276, 278, 280, 282, 284, 587.
Werkzeugfutter(n) 283.
Werkzeughalter(m) 512.
Weste(f) 315, 322, 338.
Weste(f) 317.
Westen(f) 338.
Westen(m) 488.
Westliches Kardinalseezeichen(n) 489.
Wetterhütte(f) 41.
Wetterkarte(f) 38.
Wetterlage(f), gegenwärtige 38.
Wetterradar(m) 498.
Wettersatellit(m) 42.
Wetterschenkel(m) 202, 203.
Wettersymbole(n), internationale 39.
Wettkampfbecken(n) 621.
Wettkampfparcours(m) 646.
Wetzstahl(m) 242.
Whipping(n) 678.
Whiskybecher(m) 237.
Wickelbluse(f) 337.
Wickelkleid(n) 333.
Wickelrock(m) 334.
Wickler(m) 369.
Wicklung(f) 670.
Widder(m) 820.
Widder(m) 11.
Widerhaken(m) 671.
Widerlager(m) 174, 176.
Widerlager(n) 454, 455, 456.
Widerrist(m) 100, 106.
Widerstand(m), hydraulischer 664.
Widerstandseinstellung(f) 664.
Wiedergabetaste(f) 408, 411, 420.
Wiederholungstasten(f) 405.
Wiederholungszeichen(n) 537.
wiederverwertbar 831.
wiederverwertet 831.
Wiege(f) 720, 721, 802.
Wiegeetikett(n) 709.
Wiegefläche(f) 709.
Wiegen(n) 708.
Wiegestahl(m) 582.
Wiener Brot(n) 153.
Wiese(f) 149.
Wigwam(m) 165.
Wildwechsel(m) 828.
Wimpel(m) 817.
Wimper(f) 140.
Wimperg(m) 175.
Wimpern(f) 107.
Wimpernkämmchen(n) 367.
Wimpernzange(f) 367.
Wind(m) 38.
Wind(m) 629, 629.
Wind(m) querab 629.
Wind(m), raumer 629.
Wind(m), Wirkung(f) 35.
Windabweiser(m) 440.
Windanzeiger(m) 628.
Winde(f) 793.
Windel(f) 349.
Windelhöschen(n) 349.
Windenergie(f) 773, 774.
Windfahne(f) 41.
Windgeschwindigkeit(f) 38, 38.
Windjacke(f) 320, 321.
Windkanal(m) 543.
Windlade(f) 543.
Windmühle(f) 773.
Windmühlenkappe(f) 773.
Windrichtung(f) 38.
Windrichtung(f), Messung(f) 41.
Windsack(m) 817.
Windsack(m) 536.
Windschutz(m) 14, 406, 634.
Windschutzscheibe(f) 426, 440, 442, 498, 500.
Windstärke(f), Messung(f) 41.
Windstärkefiederchen(n) 38.
Windstille(f) 38.
Windung(f) 83, 94.
Windzuleitung(f) 543.
Wing-Forward(m) 606.
Winglet(n) 499.
Winkel(m) 301.
Winkel(m) 45° 301.
Winkel(m), rechter 830.
Winkel(m), spitzer 830.
Winkel(m), stumpfer 830.
Winkelmesser(m) 713.
Winkelmessung(f) 713.
Winkeltisch(m) 521.
Winsch(f) 630.
Winter(m) 8.
Wintersonnenwende(f) 8.
Wipfel(m) 59.
Wirbel(m) 95, 544, 546, 672.
Wirbelkasten(m) 544.
Wirbelkörper(m) 135.
Wirbelsäule(f) 89, 122, 134.
Wischblatt(n) 431.
Wischerachse(f) 431.
Wischerarm(m) 431.
Wischgummi(m) 431.
wissenschaftliche Bezeichnungen(f) 62, 63, 64, 65.
Wochenendkoffer(m) 383.
Wohnblock(n) 187.
Wohnhaus(n) 148.
Wohnhaus(n), römisches 170.
Wohnhäuser(n), traditionelle 165.
Wohnküche(f) 195.
Wohnmobil(n) 449.
Wohnraum(m) 685.
Wohnwagen(m) 449, 823.
Wohnzimmer(n) 195.
Woilach(m) 648.
Wok(m) 248.
Wok-Set(n) 248.
Wolfram-Halogenlampe(f) 233.
Wolframwendel(f) 233.
Wolfssproß(m) 105.
Wolke(f) 36.
Wolken(f) 44.
Wolken(f), Art(f) der hohen 38.
Wolken(f), Art(f) der mittelhohen 38.
Wolken(f), Art(f) der tiefen 38.
Wolken(f), hohe 44.
Wolken(f), mittelhohe 44.
Wolken(f), tiefe 44.
Wolkenhöhe(f), Messung(f) 41.
Wolkenhöhenmesser(m) 41.
Wolkenkratzer(m) 185.
Wortkorrekturtaste(f) 525.
Wulst(f) 743.
Wulst(m) 433.
Wulstkern(m) 433.
Wundauflage(f), sterile 725.
Wurfbeispiele(n) 668.
Würfel(m) 699.
Würfel(m) 697.
Würfel(m), gewöhnlicher 699.
Würfelbecher(m) 697.
Würfelmusterparkett(n) 200.
Wurfgeräte(n) 658.
Wurfhöhe(f) 597.
Wurfkreis(m) 654, 655.
Wurflinie(f) 599.
Wurflinienknoten(m) 691.
Wurfmal(n) 597.
Wurfpfeil(m) 698.
Wurmfortsatz(m) 131.
Wurzel(f) 70, 143, 144, 240.
Wurzel(f), hintere 135.
Wurzel(f), motorische 135.
Wurzel(f), sensorische 135.
Wurzel(f), vordere 135.
Wurzelgemüse(n) 71.
Wurzelhaare(n) 57.
Wurzelhaarzone(f) 59.
Wurzelhaube(f) 57.
Wurzelhaut(f) 144.
Wurzelkanal(m) 144.
Wurzelsystem(n) 57, 61.
Wüste(f) 46.
Wüste(f) 45.

X

X-Band-Antenne(f) 49.
Xylophon(n) 554.
Xylophon(n) 556.

Y

Y-Schlauch(m) 726.
Y-Verbindungsstück(n) 779.
Yardlinie(f) 604.
Yen(m) 832.
Ysop(m) 74

Z

Zahl(f) 701.
Zahlenschloß(n) 378.
Zählwerk(n) 403.
Zahn(m) 96, 268, 277, 284, 369.
Zahnbacke(f) 278.
Zahnbein(n) 144.
Zahnbogen(m) 802.
Zahnbogen(m), oberer 142.

Die Bezeichnungen der Illustrationen sind **fettgedruckt**.

Zahnbogen(m), unterer 142.
Zahnbürste(f) 373.
Zahnbürste(f) 373.
Zahnbürste(f), elektrische 373.
Zähne(m) 144.
Zähne(m) 566.
Zahnfleisch(n) 142, 144.
Zahnpasta(f) 373.
Zahnpflege(f) 373.
Zahnrad(n) 575.
Zahnrädchen(n) 386.
Zahnscheibe(f) 278.
Zahnschnitt(m) 166, 167.
Zahnseide(f) 373.
Zahnwurzelkanalöffnung(f) 144.
Zange(f) 246.
Zange(f) 198.
Zangenwerk(n) 179.
Zäpfchen(n) 141, 142.
Zapfen(m) 58, 225, 385, 571, 575.
Zapfenloch(n) 385.
Zapfhahn(m) 453.
Zapfsäule(f) 453.
Zapfsäule(f) 453.
Zapfschlauch(m) 453.
Zapfwelle(f) 156, 159, 162.
Zapfwellenstummel(m) 147.
Zarge(f) 219, 220, 223, 544, 546.
Zaumzeug(n) 649.
Zaumzeug(n) 653.
Zaun(m) 148.
Zeh(m) 104, 106, 116, 118.
Zehe(f) 111.
Zehe(f), dritte 108.
Zehe(f), vierte 108.
Zehe(f), zweite 108.
Zehenaufzug(m) 104.
Zehenballen(m) 106, 107.
Zehenendglied(n) 122.
Zehengrundglied(n) 122.
Zehenloch(n) 645.
Zehenschützer(m) 730.
Zehenschützer(m) 595.
Zehenstrecker(m), kurzer 120.
Zehenstrecker(m), langer 120.
Zehenwand(f) 104.
Zehnerpin(m) 683.
Zehntelsekundenzeiger(m) 706.
Zeichen(n) 539.
Zeichen(n), allgemeine 822.
Zeichen(n), diakritische 832.
Zeichenkorrekturtaste(f) 525.
Zeichenmaschine(f) 591.
Zeichnen(n) 586, 590, 592.
Zeigefinger(m) 137.
Zeiger(m) 213, 705, 708, 709, 710.
Zeitlupe(f) 411.
Zeitmessung(f) 706.
Zeitnehmer(m) 610, 612, 626, 666, 668, 669.
Zeitnehmer(m), zweiter 626.
Zeitschalter(m) 253.
Zeituhr(f) 252, 430, 585.
Zelle(f) 79, 82, 754, 774.
Zelle(f), tierische 115.
Zelle(f), verdeckelte 82.
Zellenring(m) 754.
Zellfunktelefon(n) 417.
Zellfunktelefon(n), mobiles 422.
Zellkern(m) 115, 128, 135.
Zellkörper(m) 135.
Zellwand(f) 115.
Zeltarten(f) 686.
Zelte(n) 823.
Zelten(n) 823.
Zeltplatz(m) 823.
Zeltspannleine(f) 685.
Zeltstange(f) 686.
Zeltwand(f) 685.
Zement(m) 144.
Zementestrich(m) 200.
Zenit(m) 16.
Zenith S-Band-Antenne(f) 49.
Zentaur(m) 13.
Zentrale(f) 15.
zentrales Nervensystem(n) 134.
Zentriereinstellung(f) 529.
Zentrierspitze(f) 281.
Zentriertaste(f) 524.
Zentriol(n) 115.
Zerkleinern(n) 243.
zerlappte Projektion(f) 50.
Zero(n) 700, 701.
Zerreiben(n) 243.
Zerstäuber(m) 741.
Zerstäuberstift(m) 264.
Zerstreuungslinsen(f) 722.
Zetten(n) und Wenden(n) 155, 159.
Zeugenberg(m) 24, 46.
Zickzackschere(f) 564.
Ziege(f) 150.
Ziegel(m) 169, 170.
Ziegelstein(m) 286.
Ziegelstein(m), feuerfester 585.
Ziehbügel(m) 726.
Ziehhacke(f) 266.
Ziehharmonikafach(f) 378.
Ziel(n) 646, 646.
Zielbahnhof(m) 463.
Zielbälle(m) 673.
Zielfernrohr(n) 718.
Zielfernrohr(n) 798.
Zielgebiet(n) 770.
Zielgerade(f) 651.
Zielkugel(f) 682.
Zielkugel(f) 682.
Ziellinie(f) 651, 654, 683.
Zielpfosten(m) 654.
Zielscheibe(f) 684.
Zier-Steppnaht(f) 323, 350.
Zierbaum(m) 148, 263.
Zierborte(f) 349.
Ziergarten(m) 263.
Ziergarten(m) 193.
Ziernaht(f) 327.
Ziffernblatt(n) 706, 707, 712.
Zifferntaste(f) 523.
Zigarette(f) 384.
Zigarettenpackung(f) 384.
Zigarettenpapier(n) 384.
Zigarettenspitze(f) 384.
Zigarre(f) 384.
Zikade(f) 77.
Ziliarkörper(m) 140.
Zimmermannshammer(m) 275.
Zinke(f) 157, 158, 159, 160, 162, 240.
Zinne(f) 181.
Zinnenkranz(m) 181.
Zinnenlücke(f) 181.
Zirbeldrüse(f) 134.
Zirkel(m) 13.
Zirrostratus(m) 44.
Zirrus(m) 44.
Zirruskumulus(m) 44.
Zither(f) 535.
Zitrone(f) 65.
Zitronenpresse(f) 243.
Zitronenschaber(m) 242.
Zitrusfrucht(f), Querschnitt(m) 65.
Zitrusfrüchte(f) 65, 65.
Zitruspresse(f) 251.
Zollkontrolle(f) 505.
Zona(f) pellucida 128.
Zone(f), begrenzte 610.
Zone(f), neutrale 603, 605, 608.
Zoomobjektiv(n) 392.
Zoomobjektiv(n) 409, 414.
Zopfmuster(n) 567.
Zopfstich(m) 571.
Zubehör(n) 358, 448, 563, 564, 573, 575, 586, 591, 592, 672.
Zubehör(n) 563.
Zubehör(n), fotografisches 393.
Zubehörfach(n) 568.
Zubehörschuh(m) 391, 409.
Zubehörtasche(f) 684.
Zucchini(f) 69.
Zuchtchampignon(m) 55.
Zuckerdose(f) 238.
Zuckererbsen(f) 72.
Zuckermais(m) 72.
Zuckermelone(f) 69.
Zufahrt(f) 193.
Zufahrtsstraße(f) 502.
Zug(m), diagonaler 696.
Zug(m), horizontaler 696.
Zug(m), vertikaler 696.
Zugang(m) 747.
Zugang(m) zum Gleis(n) 463.
Zugangschacht(m) 752.
Zugbrücke(f) 180.
Zügel(m) 109, 651.
Zügelring(m) 650.
Zugentlastungsklemme(f) 309.
Zugfeder(f) 431.
Zuggriff(m) 397.
Zugküche(f) 460.
Zugmaschine(f) 440, 742.
Zugpendel(n) 147.
Zugrichter(m) 621.
Zugriemen(m) 383.
Zugriffsöffnung(f) 529.
Zugrohr(n) 158, 159, 162.
Zugsattelzapfen(m) 441.
Zugschnur(f) 231, 381.
Zugschublade(f) 226.
Zugstange(f) 803.
Zugstangenverschluß(m) 803.
Zugvorhang(m) 229.
Zugwagen(m) 230.
Zulauf(m) 296.
Zulaufverteiler(m) 216.
Zuleitungsdraht(m) 232.
Zuluft(f) 209.
Zuluftkanal(m) 213.
Zündanlage(f) 501.
Zündelektroden(f) 209.
Zünden(n) 436, 437.
Zündergehäuse(n) 804.
Zündgasleitung(f) 297.
Zündhütchen(n) 798, 799.
Zündkabel(n) 435.
Zündkerze(f) 439.
Zündkerze(f) 271, 435, 437.
Zündkerzendichtring(m) 439.
Zündkerzengehäuse(n) 439.
Zündknopf(m) 297.
Zündladung(f) 804.
Zündloch(n) 800, 801.
Zündmechanismus(m) 804.
Zündschalter(m) 444, 445.
Zündschloß(n) 430.
Zündschlüssel(m) 271.
Zündtransformator(m) 209.
Zündversteller(m) 435.
Zündverteiler(m) 435.
zunehmender Mond(m) 6.
Zunge(f) 81, 88, 131, 142, 352, 354, 536, 542, 568, 641, 644.
Zunge(f), gespaltene 96.
Zungenmandel(f) 143.
Zungennadel(f) 568.
Zungennadel(f) 569.
Zungenpapille(f) 143.
Zungenpfeife(f) 542.
Zungenraglan(m) 340.
Zungenrücken(m) 143.
Zungenscheide(f) 96.
Zurückhalter(m) 228, 229.
Zusammentragen(n) 577.
Zusatzgetriebegehäuse(n) 501.
Zusatzheizung(f) 211.
zusätzlicher Video-Switcher(m) 413.
Zusatzsteckdose(f) 310.
Zusatzstecker(m) 255.
Zusatztank(m) 441.
Zuschauergrenze(f) 597.
Zuschauerraum(m) 189.
Zuschauerraum(m) 16.
Zustreicher(m) 158.
Zuwachsstreifen(m) 83, 95.
Zwangsumlauf(m) 206, 208.
zwei Dutzend(n) geteilt 701.
Zwei-Zehenhuf(m) 99.
Zweibein(n) 796, 803.
Zweier(m) 632.
Zweier(m) mit Steuermann(m) 632.
Zweier(m) ohne Steuermann(m) 632.
Zweig(m) 57, 59.
Zweihalbetakt(m) 537.
Zweikanalton(m) 413.
Zweipersonenzelt(n) 685.
Zweireiher(m) 322.
zweireihig 319.
Zweisitzer(m) 221.
Zweispitz(m) 318.
Zweistromtriebwerk(n) 501.
Zweitaktmotor(m) 436.
zweiter Raum(m) 610.
Zweiter(m) 620.
Zweiunddreißigstelnote(f) 538.
Zweiunddreißigstelpause(f) 538.
Zwerchfell(n) 130.
Zwickel(m) 174, 486.
Zwiebel(f) 70.
Zwiebelgemüse(n) 70.
Zwillinge(m) 820.
Zwillinge(m) 11.
Zwillingswadenmuskel(m) 120, 121.
Zwinge(f) 282.
Zwinge(f) 575.
Zwinger(m) 181.
Zwischenfutter(n) 565.
Zwischenknochenmuskel(m) 120.
Zwischenrad(n) 445.
Zwischenraum(m) 537.
Zwischenschiene(f) 467.
Zwischensohle(f) 352.
Zwischensummentaste(f) 523.
Zwölffingerdarm(m) 131.
Zyclorama(n) 414.
Zylinder(m) 328.
Zylinder(m) 291, 295, 370, 436.
Zylinderdruckpresse(f) 581.
Zylindergehäuse(n) 290.
Zylinderkopfdeckel(m) 435.
Zylinderprojektion(f) 50.
Zylinderschloß(n) 290.
Zypressennadeln(f) 58.
Zytoplasma(n) 115, 128.
Zytoplasmamembran(f) 115.

Die Bezeichnungen der Illustrationen sind **fettgedruckt**.

ENGLISH INDEX

«D» 674.
1 m springboard 624.
1/10th second hand 706.
10 m platform 624.
10 metre line 606.
120-volt circuit 312.
15 metre line 606.
2 m line 626.
22 metre line 606, 607.
240-volt circuit 312.
240-volt feeder cable 312.
25 ring 698.
2nd metacarpal 112.
3 m platform 624.
3 m springboard 624.
35 mm still camera 512.
3rd metacarpal 112.
4 m line 626.
4th metacarpal 112.
5 m platform 624.
5 metre line 606.
5th metacarpal 112.
7.5 m platform 624.

A

a 537.
abacus 166, 167.
abdomen 78, 79, 81, 91, 108, 116, 118.
abdominal aorta 126, 132.
abdominal cavity 127, 128.
abdominal rectus 120.
abdominal segment 78.
ablutions fountain 172, 173.
abruptly pinnate 56.
absorbing plate 768.
absorbing surface 772.
abutment 176, 454, 455, 456.
abyssal hill 29.
abyssal plain 29.
abyssal plain 29.
acanthus leaf 167, 220.
acceleration lane 452.
accelerator cable 271.
accelerator control 272.
accelerator pedal 430.
accent mark 539.
accept machine 764.
access for physically handicapped 822.
access gallery 747.
access panel 207.
access road 502.
access shaft 752.
access window 529.
accessory box 568.
accessory gear box 501.
accessory pocket 429.
accessory pouch 684.
accessory shoe 391, 409.
accidentals 538.
accordion 536.
accordion bag 380.
accordion pleat 335.
account book 518.
Ace 695.
acetylene cylinder 306.
acetylene valve 306.
achene 62, 66.
acid precipitation 32, 33, 35.
acorn nut 279.
acoustic ceiling 189.
acoustic guitar 546.
acromion 123.
acroterion 167, 168.
action of wind 35.
active tracking 402.
actual temperature 213, 705.
actuator 814.
actuator arm 529.
actuator arm motor 529.
acute accent 832.
acute angle 830.
Adam's apple 116.
adaptor 399.
add in memory 523.
add key 523.
addition 830.
additional production personnel 412.
adductor muscle 92.
adhesive disc 85.
adhesive tape 725.
adhesive tape dispenser 516.
adipose tissue 129, 136.
adjustable antenna 722.
adjustable channel 278.
adjustable clamp 234.
adjustable frame 277.
adjustable lamp 234.
adjustable seat 460.
adjustable shelf 521.
adjustable shower attachment 292.
adjustable spanner 279.
adjustable spud wrench 299.
adjustable strap 350.
adjustable waist tab 322.
adjuster 728.
adjusting band 406.
adjusting buckle 645.
adjusting catch 641.
adjusting lever 539.
adjusting ring 264.
adjusting screw 278, 282, 306.
adjusting tube 659, 661.
adjustment for horizontal-circle image 713.
adjustment for vertical-circle image 713.
adjustment pedal 591.
adjustment slide 323.
adjustment wheel 311.
administrative building 752.
adrenal gland 132.
advertising panel 474.
advertising sign 477.
adze 587.
adze 681.
aerator 294, 295.
aerial 408, 427, 508.
aerial ladder truck 780.
aerodynamic brake 774.
Africa 21.
Afro pick 368.
aft shroud 16.
afterbay 746, 747, 749, 750.
afterfeather 110.
aftermast 478.
agitator 258.
aileron 498, 638.
air 437.
air bladder 89.
air brake 638, 812.
air brake handle 639.
air bulb shutter release 393.
air cap 304.
air chamber 298.
air communications 417.
air compression unit 458.
air compressor 469.
air concentrator 370.
air conditioner 449.
air conditioner compressor 435.
air conditioning 214.
air conditioning unit 415.
air control radar 810.
air data computer 500.
air fan 161.
air filter 210, 272, 469.
air flow 590.
air gap 772.
air hole 385, 389.
air horn 440.
air hose 590, 627, 734.
air hose connection 304.
air inlet 443, 501, 508.
air inlet control 204.
air intake 14, 493.
air leg 734.
air lock 806.
air mattress 687.
air navigation device 810.
air pressure, measure 41.
air purifier 210.
air relief valve 743.
air scoop 445.
air sealing gland 543.
air search radar 809, 811.
air signs 820.
air space 14, 109.
air start unit 506.
air temperature 38.
air tube 209.
air unit 352.
air valve 304, 590.
air vent 257.
air-cleaner filter 783.
air-inlet grille 370.
air-outlet grille 370.
air-pressure pump 710.
air-supply tube 777.
air-to-air missile 813, 814.
air-to-surface missile 814.
air/fuel mixture 436.
airbrush 590.
airbrush, cross section 590.
aircraft 722.
aircraft carrier 810.
aircraft maintenance truck 506.
airframe 637.
airlock 14.
airport 502, 504, 506.
airport 52.
airspeed indicator 639.
aisle 177.
ala 141.
alarm threshold display button 485.
alarm threshold setting 485.
albumen 109.
alcohol bulb 705.
alcohol column 705.
alidade 41, 713.
alidade level 713.
alighting board 82.
all-in-one pyjama suit 325.
all-terrain vehicle 425.
almond 63, 66.
alphanumeric keyboard 422, 530.
alpine skier 640.
alpine skiing 640.
Alsace glass 237.
Altar 13.
altazimuth mounting 15.
alteration line 565.
alternator 434, 468.
altimeter 635, 639.
altitude clamp 720, 721.
altitude fine adjustment 720, 721.
altitude scale 19.
altocumulus 44.
altostratus 44.
alula 110.
aluminum layer 405.
alveolar bone 144.
AM antenna 400.
ambulatory 177.
American betting layout 700.
American corn bread 153.
american football 602.
american football player 602.
American football, playing field 604.
american plug 309.
American roulette wheel 700.
American white bread 153.
american/canadian football 604.
amethyst 362.
ammunition stowage 805.
ampersand 831.
amphibians 84.
amplification of seismic waves 714.
amplifier 402.
amplifier 714.
amplifier's back 400.
ampoule 725.
ampulla of fallopian tube 129.
anal fin 87.
anal proleg 78.
anal sphincter 131.
analogue watch 706.
analytical balance 709.
anchor 483.
anchor 656.
anchor chains 738.
anchor pin 432.
anchor-windlass room 495, 497.
anchorage block 456.
anchors, types 483.
ancient costume, elements 315, 316, 318.
anconeus 121.
andirons 205.
Andromeda 11.
anemometer 41.
Anik-E 418.
animal cell 115.
ankle 116, 118.
ankle bone 123.
ankle boot 357.
ankle length 325.
ankle sock 344.
ankle-strap 356.
ankle/wrist weight 665.
announcer's desk 407.
annual ring 59.
annular combustion chamber 501.
annular eclipse 8.
annulet 167.
anode rod 297.
anorak 353.
ant 77.
Antarctic Circle 3.
Antarctica 20.
antefix 169.
antenna 16, 43, 78, 79, 80, 81, 91, 498, 613, 805, 810.
antennae cleaner 80.
antennule 90.
anterior chamber 140.
anterior end 95.
anterior notch 139.
anterior root 135.
anterior tibial 120.
anterior tibial artery 126.
anther 60.
anti-aircraft missile 808.
anti-friction pad 641.
anti-radar missile 814.
anti-ship missile 814.
anti-skating device 404.
anti-slip shoe 302, 661.
anti-tank missile 814.
anti-tank rocket 804.
anti-torque tail rotor 508.
anti-vibration handle 272.
anticline 737.
anticollision light 498.
antihelix 139.
antimissile self-defence 808.
antireflection coating 768.
antiseptic 725.
antitragus 139.
anus 89, 92, 127, 128, 131.
anvil 711.
aorta 125, 130.
aortic arch 124, 125, 126.
aortic valve 125.
apartment block 187.
aperture 94.
aperture changer 717.
aperture diaphragm 717.
aperture door 16.
aperture scale 396.
aperture/exposure value display 396.
apex 83, 94, 143, 144.
apical foramen 144.
apocrine sweat gland 136.
apogee motor firing 419.
apogee passage 419.
apple 64.
apple 64.
appoggiatura 538.
appointment book 518.
approach 654, 655, 657, 683.
approach ramp 456.
approach wall 492.
apricot 63.
apron 219, 220, 223, 502, 669.
apse 177.
apsidiole 177.
aquamarine 362.
Aquarius the Water Bearer(January 20) 820.
aquastat 209.
aquatic bird 111.
aquatic bird 111.
aqueous humour 140.
arc welding 305.
arc welding machine 305.
arcade 176.
arch 174.
arch 14, 455.
arch bridge 455.
arch bridges, types 455.
arch dam 750.
arch dam, cross section 750.
arch of foot artery 126.
archboard 518.
archer 684.
Archer 13.
archery 684.
arches, types 174, 455.
archipelago 51.
architectural styles 166.
architrave 166, 168.
Arctic 20.
Arctic Circle 3, 47.
Arctic Ocean 21.
area of ice 620.
arena 654.
Arenberg parquet 200.
areola 129.
argent 819.
Aries the Ram(March 21) 820.
arm 100, 117, 119, 157, 220, 234, 264, 483, 535, 561, 568, 727, 785.
arm cylinder 782, 785.
arm elevator 404.
arm guard 602.
arm lock 668.
arm nut 568.
arm pad 609.
arm position 625.
arm rest 404.
arm slit 331.
arm stump 220.
armchair 220.
armchairs, principal types 220.
armet 792.

The terms in **bold type** indicate the title of an illustration.

armet 792.
armguard 684.
armhole 325.
armoire 225.
armour 792.
armour 805.
armoured flex 422.
armoured plate 805.
armpit 116, 118.
armrest 428, 429, 727.
armstand 624.
armstand dive 625.
arpeggio 539.
arquebus 795.
arrector pili muscle 136.
arresting cable 811.
arris 167.
arrow 684.
Arrow 11, 793.
arrow rest 684.
arteries 126.
artichoke 69.
articulated lorry 440.
articulated mannequin 592.
artificial fly 670.
artificial satellite 19.
ascending aorta 124.
ascending colon 131.
ash 386.
ash layer 25.
ashtray 386.
Asia 21.
asparagus 72.
asphalt 745.
asphalt shingle 286.
asphalt still 745.
aspirin 725.
assistant timer 626.
asterisk 832.
asteroid belt 4.
asthenosphere 22.
astragal 167, 800.
astrakhan cap 328.
astronomical observatory 14.
asymmetrical bars 659.
Atlantic Ocean 20.
atlas 102, 123.
atmosphere 22, 31.
atoll 28.
atrium 170.
attaché case 378.
attached curtain 228.
attack line 613.
attack on human being 35.
attack on nature 35.
attack periscope 807.
attack zone 613.
attacking zone 608.
aubergine 69.
audio console 415.
audio monitor 407, 415.
audio monitoring selector 413.
audio system 430.
audio technician 415.
audio volume unit meters 413.
audio/video preview unit 413.
auditorium 16.
auditory ossicles 138.
auditory ossicles 139.
auger bit 281.
auger bit 270.
auricle 81, 138.
auricle, ear 139.
auriculars 109.
Australia 21.
auto answer indicator 420.
auto reverse button 408.
auto/manual switch 310.
autofocus on/off switch 397.
automatic dialer index 420.
automatic filter coffee maker 247.
automatic rifle 796.
automatic sorting trays 532.
automatic tank gauge 741.
automatically-controlled door 504.
autopilot 814.
autopilot controls 500.
autumn 8.
autumn squash 69.
autumnal equinox 8.
auxiliary facilities room 412.
auxiliary handle 280.
auxiliary heating 211.
auxiliary parachute bay 510.
auxiliary projector 16.
auxiliary socket 255, 310.
auxiliary tank 441.
auxiliary video switcher 413.
avenue 52.
average key 396.
avocado 68.
awl 688.
awning 685.
awning channel 449.
axial compressor blade 501.
axial rib 94.
axillary artery 126.
axillary bud 57.
axillary nerve 133.
axillary vein 126.
axis 123.
axle 468, 645.
axon 135.
axon hillock 135.
azimuth clamp 720, 721.
azimuth fine adjustment 720, 721.
azure 819.

B

b 537.
baby doll 348.
babygro 350.
back 322.
back 101, 106, 108, 117, 119, 223, 239, 240, 241, 242, 277, 288, 386, 727, 793.
back beam 573.
back belt 330.
back binding 633.
back board 577.
back boundary line 618.
back check 541.
back crossbar 645.
back judge 603, 605.
back line 611.
back pad 653.
back pocket 323.
back rest 428.
back score line 620.
back straight 651.
back strap 653.
back wall 616, 617.
back zone 613.
backboard 610.
backcourt 614, 617.
backdrop 188.
backgammon 697.
backguard 255, 258, 259.
backing 579.
backing board 579.
backing hammer 579.
backing plate 432.
backing press 579.
backrest 445.
backstay 479, 644.
backstep 778.
backstroke 623.
backstroke start 623.
backstroke turn indicator 621.
backward 624.
backward bucket 782.
backward bucket cylinder 782.
backward dive 625.
badminton 618.
badminton racket 618.
badminton, court 618.
badminton, net 618.
baffle 216, 742.
bag holder 679.
baggage check-in counter 504.
baggage claim area 504.
baggage compartment 508.
baggage conveyor 507.
baggage trailer 507.
baggage trolley 463.
bagpipes 536.
baguette cut 363.
bail 599.
bail arm 671.
bail arm opening mechanism 671.
bailey 180.
Bailey bridge 457.
baize 675.
bakelite body 804.
baking tray 245.
baking utensils 245.
balaclava 329.
balalaika 535.
Balance 13.
balance beam 659.
balance control 402.
balance rail 541.
ball 598, 795.
ball 530, 566, 575, 683.
ball assembly 294.
ball bearing 389.
ball boy 614.
ball of clay 584.
ball peen 275.
ball return 683.
ball stand 683.
ball winder 575.
ball-cock supply valve 293.
ball-peen hammer 275.
ball-type tap 294.
ballast 466.
balloon 634.
balloon 634.
balloon curtain 229.
ballooning 634.
ballpoint pen 389, 515.
ballroom 497.
baluster 201.
balustrade 194.
banana 68.
band 404.
band ring 364.
band selector 402.
bandage 669.
banding wheel 584.
bangle 364.
banjo 535.
bank 451, 752.
bank of heliostats 770, 771.
banquette 222.
bar 104, 376, 554, 662, 663, 665, 697.
bar frame 235.
bar line 537.
bar nose 272.
bar shot 801.
bar stool 222.
barb 38, 110, 671.
barbell 663.
barber comb 368.
barbican 180.
baren 582.
bargraph type peak meter 407.
bark 59.
barley 152.
barn 148.
barograph 41.
barometer scales 710.
barometer/thermometer 710.
barometric pressure 38.
barometric tendency 38.
barrack buildings 179.
barred spiral galaxy 9.
barrel 800.
barrel 370, 389, 698, 706, 795, 796, 797, 798, 799, 802, 804.
barrel jacket 796.
barrier 186.
bartizan 178, 181.
basaltic layer 22.
base 166, 204, 232, 233, 236, 252, 283, 368, 404, 410, 450, 466, 471, 579, 656, 661, 708, 712, 718, 774, 799, 817, 818.
base course 451.
base line 719.
base of splat 220.
base plate 40, 284, 404, 641, 713, 719.
base plug 804.
base ring 800.
base width 756.
baseball 595, 596.
baseball, cross section 596.
baseball, field 597.
baseboard 199, 201, 399.
baseline 614.
basement 190.
basement 197.
basement window 197.
baseplate 803.
basic building materials 286.
basic components 528, 530.
basic source of food 31.
basic weaves 576.
basil 74.
basilic vein 126.
basin 752.
basin side 752.
basket 610, 635.
basket 252, 610, 634, 641, 642.
basket handle 174.
basket handle 635.
basket stitch 567.
basket suspension cables 634.
basket weave pattern 200.
basketball 610.
basketball, court 610.
bass bridge 540.
bass clarinet 556.
bass drum 552, 557.
bass keyboard 536.
bass pickup 547.
bass register 536.
bass tone control 402.
bass trap 412.
bassoon 548.
bassoons 557.
baster 246.
bastion 179.
bat 112, 596, 598.
bat 160, 595, 598.
bateau neck 343.
bath 194, 215, 292.
bath and shower taps 215.
bathrobe 348.
bathroom 292.
bathroom 194, 195.
bathroom scales 709.
batsman 599.
batten 188, 231, 628, 631, 637.
batten pocket 628, 631.
batter 595.
batter 597.
batter head 552, 553.
batter's helmet 595.
battery 393, 439.
battery 409, 468, 528, 769, 777, 814.
battery box 441.
battery case 439.
battery cover 439.
battery eject switch 409.
battery modules 43.
battery radiator 49.
battery warning light 431.
batting glove 595.
battlement 179, 181.
batwing sleeve 339.
baulk area 674.
baulk line 674.
baulk line spot 674.
bay 7, 51.
bay antler 105.
bay window 197.
bayonet base 232.
bayonet mount 392.
bazooka 804.
beach 23, 30.
bead 433.
bead wire 433.
beam 105, 156, 659, 708.
beam balance 708.
beam bridge 454.
beam bridges, types 454.
beam diameter reduction 717.
beam gantry 756.
beam reach 629.
bean bag chair 222.
bean sprouts 72.
bearer 543.
bearing pad 765.
beater 156, 250, 572.
beater ejector 250.
beater handtree 572.
beater sley 572.
beaters 250.
beaver 98.
beaver 792.
bed 224, 687.
bed 450, 578, 659.
bed chamber 170.
bed lamp 234.
bedrock 714.
bedroom 194, 195, 685.
beer mug 237.
beetroot 71.
beginner's course 646.
belfry 175, 176.
bell 549, 551.
bell bottoms 336.
bell brace 549.
bell roof 183.
bell tower 175.
bellow 543.
bellows 399, 536.
bellows strap 536.
belly 101.
belly scale 97.
belongs to 830.
belt 323.
belt 319, 433, 668.
belt carrier 319, 323.
belt drive 492.
belt highway 52.
belt loader 733.
belt loop 688.
belted radial tyre 433.
bench 222.
bench 475, 663, 733.
bench height 733.
bench seat 428.
bend 376, 671.
bent blade 587.

The terms in **bold type** indicate the title of an illustration.

Berenice's Hair 11.
beret 329.
bergère 220.
bergschrund 26.
Bering Sea 21.
berm 748.
Bermuda sail 482.
Bermuda shorts 336.
berries, major types 62.
berry fruits 62.
berry, section 62.
berth 460.
bertha collar 342.
bevel 726.
bevel square 713.
bezel 364.
bezel facet (8) 363.
bias 566.
bias-ply tyre 433.
bib 349.
bib 350, 351, 667.
bib necklace 361.
bib tap 294.
biceps of arm 120.
biceps of thigh 121.
biconcave lens 722.
biconvex lens 722.
bicorne 318.
bicuspid valve 125.
bicycle 446, 448.
bicycle, accessories 448.
bidet 292.
bifocal lens 376.
Big Dog 13.
bilberry 62.
bill 108, 483.
billhook 269.
billiard cue 675.
billiard spot 675.
billiards 673.
bills, principal types 111.
bimetallic helix 705.
bimetallic thermometer 705.
binder 159.
binding 328, 633, 642.
binocular microscope 718.
biology 831.
biomedical monitoring sensor 512.
biosphere, structure 31.
biparous cyme 60.
bipod 796, 803.
bird 108, 110.
Bird of Paradise 13.
bird of prey 111.
bird of prey 111.
bird, morphology 108.
birth 831.
biscuit cutters 245.
Bishop 696.
bishop sleeve 340.
bit 385, 648, 734, 737.
bits, types 650.
bitt 743.
bitter taste 143.
bivalve shell 95.
Black 696, 700, 701.
black ball 673.
black rye bread 153.
black salsify 71.
Black Sea 21.
black square 696.
black stone 697.
blackcurrant 62.
blade 783.
blade 57, 214, 239, 242, 251, 256, 268, 271, 276, 277, 284, 285, 291, 304, 369, 374, 562, 564, 607, 609, 619, 627, 632, 644, 666, 672, 681, 754, 774, 783, 784.
blade close stop 369.
blade dispenser 374.
blade guard 285.
blade height adjustment 285.
blade lever 578.
blade lift cylinder 783.
blade lift fan 492.
blade lifting mechanism 784.
blade locking bolt 284.
blade rotation mechanism 784.
blade tilting lock 284.
blade tilting mechanism 284, 285.
blade with two bevelled edges 587.
blades, major types 587.
blank 695.
blanket 224, 581.
blanket insulation 287.
blast valve 635.
blastodisc 109.
blazer 338.
bleed pipe 298.
bleeder valve 208.
blender 250.
blending attachment 250.
blind cloth 231.
blind spot 140.
blinker 653.
block 542, 656, 787.
block bracket 230.
block cutter 581, 587.
blockboard 288.
blood circulation 124, 126.
blood circulation, schema 124.
blood vessel 136.
blood vessels 112.
blouses, types 337.
blow pipe 536.
blower 207, 213, 543, 760.
blower motor 207, 214.
blowlamp 299, 307.
blue ball 673.
blue beam 410.
blue cap 626.
blue flag 626.
blue line 608.
blue mussel 93.
blueprint reading 193, 195.
blusher brush 366.
board 288.
board 288, 631.
board cutter 578.
board insulation 287.
boarding lounge 505.
boarding step 508.
boarding walkway 503.
boards 608.
boater 328.
bobbin 570.
bobbin 561, 562, 570, 573.
bobbin case 562.
bobbin lace 570.
bobbin winder 575.
bobbin winder 561.
bobble hat 329.
bobsleigh 643.
bobstay 479.
bodies, types 425.
body 426.
body 143, 252, 256, 281, 294, 295, 445, 449, 453, 542, 546, 549, 645, 658, 670, 707, 719, 756.
body flap 511.
body guard moulding 449.
body of fornix 134.
body of nail 137.
body pad 609.
body shirt 337.
body suit 345.
body temperature control unit 512.
body tube 718.
body whorl 94.
body wire 666.
bogie 476.
bogie 468.
bogie car-carrying wagon 473.
bogie flat wagon 473.
bogie frame 468.
bogie open wagon 473.
bogie tank wagon 472.
bogie van 472.
bogie wagon 470, 472.
bogie well wagon 473.
boiler 209.
boiler 208, 771.
boiling-water reactor 763.
bole 59.
bolero 338.
boletus 55.
bolster 224, 239, 242.
bolt 279.
bolt 278, 282, 290, 793.
bolt assist mechanism 796.
bonding jumper 312.
bone 346.
bone folder 577.
boning knife 242.
bonnet 294, 295, 426, 440.
book ends 517.
book of matches 386.
bookbinding leather 579.
booking hall 462.
boom 628, 785.
boom cylinder 782, 785.
boom truck 506.
boot 356.
boot 427, 542, 627, 635, 644, 645, 648.
boot jack 358.
bootee 354.
borage 74.
bordeaux glass 237.
border 188, 189, 263.
bore 801.
bottle cart 306.
bottle opener 244, 688.
bottom 633, 640.
bottom bracket axle 448.
bottom cushion 674.
bottom cylinder 581.
bottom deck 741.
bottom deckboard 787.
bottom line 621.
bottom of the pool 626.
bottom pocket 675.
bottom rail 202, 225, 231.
bottom ring 753.
bottom road 736.
bottom side rail 470.
bottom-end transverse member 470.
bottom-fold portfolio 378.
bottomboard 543.
boulevard 52, 184.
bound book 577.
bow 544, 793.
bow 328, 497, 628, 631, 793.
bow collar 342.
bow door 493.
bow loading door 494.
bow thruster 497.
bow tie 324.
bow window 197.
bowl 682.
bowl 241, 251, 385, 484, 784.
bowl with spout 251.
bowler 328.
bowler 599.
bowline 691.
bowline on a bight 691.
bowling 683.
bowling ball 683.
bowling crease 599.
bowling lane 683.
bowls and petanque 682.
bows 793.
bowsprit 479.
bowstring 684, 793.
box 156, 189, 204, 209.
box bag 381.
box pallet 787.
box pleat 228.
box spring 224.
boxer 669.
boxer shorts 325.
boxing 669.
boxing gloves 669.
bra 346.
brace 281.
brace 198, 302, 757.
brace clip 323.
bracelet 364.
bracelets 364.
braces 323.
brachial 120.
brachial artery 126.
brachial plexus 133.
brachioradialis 120, 121.
bracket 231.
bracket base 225.
bract 66.
braided rope 692.
brail 480.
brain 88.
brake 664, 727.
brake cable 447.
brake caliper 442.
brake hose 432.
brake lever 445, 447.
brake light 429.
brake lining 432.
brake loop 636.
brake pad 432.
brake pedal 430.
brake shoe 432.
brake van 473.
brakeman 643.
branch 58.
branch 59, 61, 72, 104, 215, 649, 726.
branch clip 726.
branch duct 206.
branch return pipe 208.
branch supply pipe 208.
branches 59.
branching, plumbing 298.
brandy snifter 237.
brass family 550.
brassiere cup 346.
brattice 181.
Brazil nut 66.
bread 153.
bread and butter plate 238.
bread guide 252.
bread knife 242.
break line 341.
breaker 30.
breast 129.
breast 108, 116, 118.
breast beam 572.
breast collar 653.
breast dart 320.
breast pocket 320, 324.
breast welt pocket 322.
breastplate 792.
breaststroke 622.
breaststroke kick 622.
breaststroke turn 622.
breather valve 741.
breathing in 622.
breathing out 622.
breech 549.
breech guard 549.
breechblock 798, 799, 802.
breechblock operating lever assembly 802.
breeches 315.
breeches 317, 667, 791.
brick 286.
brick wall 199.
bricklayer's hammer 291.
bridge 674.
bridge 52, 230, 376, 491, 544, 546, 719, 810.
bridge assembly 547.
bridge of nose 141.
bridging 198.
bridle 649.
bridle 653.
bridle assembly 486.
bridle tape 541.
briefcase 378, 380.
briefs 325, 346, 347.
brig 482.
brigantine 482.
brightness control 529.
brilliant cut facets 363.
brilliant full cut 362.
brim 328, 329.
briolette cut 363.
bristle 373, 374.
bristles 304.
broad beans 72.
broad ligament of uterus 129.
broad reach 629.
broad welt side pocket 339.
broad welt side pocket 319, 330.
broad-leaved endive 73.
broadcast satellite communication 416.
broadsword 794.
broccoli 69.
brooch 364.
brood chamber 82.
brook 676.
broom 205.
brow brush and lash comb 367.
brow reinforce 792.
brow tine 105.
browband 649.
brown ball 673.
brush 304, 582, 589.
brush 152, 373.
brush and rails 647.
brush and rails 646.
Brussels sprouts 73.
bubble 443.
bucket 754.
bucket cylinder 785.
bucket hinge pin 782.
bucket ring 754.
bucket seat 428.
bucket wheel excavator 733.
buckle 566.
buckle 323, 380, 428, 641.
buckwheat 152.
bud 70.
buffer tank 740.
buffers 464.
buggy path 676.
bugle 550.
building materials 286, 288.
building sewer 215.
built-in microphone 409.
bulb 72, 104, 232, 233, 310, 743.
bulb dibber 268.
bulb unit 752.
bulb vegetables 70.
bulbil 70.
bulbocavernous muscle 127.
bulk terminal 490.
bulkhead 441.
bulkhead flat wagon 473.

The terms in **bold type** indicate the title of an illustration.

Bull 11.
bull's-eye 684, 698.
bulldog clip 515.
bulldozer 783.
bulldozer 733.
bullet 798.
bullion stitch 571.
bulwark 478.
bumper 260, 426, 440, 441.
bumper guard 617.
bumps 826, 827.
bun tin 245.
bunch 384.
bunch of grapes 61.
bund wall 741.
bundle 72, 756.
bunker 676.
bunker oil 745.
bunker silo 149.
bunting 817.
bunting bag (U.S.) 349.
buoyage regions 488.
buoyancy compensator 627.
bureau 226.
burgee 817.
burgundy glass 237.
burned gases 436.
burner 209, 248, 634, 635, 689.
burner frame 689.
burner gas tube 297.
burner ring 248.
burnisher 582.
burr 105.
bursting charge 804.
bus 190.
bus module 49.
bus shelter 186.
bus stop 186.
busbar 747.
bush 263.
bushing 746, 747, 757.
bustle 316.
butt 386, 568, 579, 615, 670, 675, 796, 797.
butt cap 670.
butt end 609.
butt grip 671.
butt guide 671.
butt plate 795, 798, 799.
butt section 670.
butt welding 307.
butt-strap 376.
butte 46.
butter compartment 254.
butter curler 242.
butter dish 238.
butter knife 239.
butterfly 78, 79.
butterfly kick 623.
butterfly stroke 623.
butterfly turn 623.
butterfly, hind leg 78.
buttock 117, 119, 127, 128.
button 232, 324, 326, 530, 536, 666, 800.
button loop 323.
button strap 351.
button-through smock 337.
buttondown collar 324.
buttoned placket 324, 326.
buttonhole 319.
buttress 176, 750.
buttress dam 750.
buttress dam, cross section 750.
by-pass taxiway 502.
bypass duct 501.
bypass feeder 532.

C

c 537.
c clef 537.
C degrees 705.
C-clamp 282.
cab 147, 160, 445, 782, 783, 784, 785.
cabbage lettuce 73.
cabin 496, 508.
cabinet 258, 259, 410.
cable 692.
cable 280, 406, 660, 663, 684, 692.
cable distributor 416.
cable drum compartment 415.
cable guard 684.
cable ripper 311.
cable shutter release 393.
cable sleeve 280.
cable stay anchorage 456.
cable stitch 567.
cable-stayed bridges 456.
cables 414.
cabochon cut 363.
cabriole leg 220.
cabriolet 220.
caecum 131.
café curtain 228.
cafeteria 822.
cake mascara 367.
cake tin 245.
cakes 588.
calamus 110.
calandria 759.
calcaneus 103.
calcar 112.
calculator 523.
calculator 379.
calculator dial 396.
calculator/cheque book holder 379.
calendar pad 518.
calf 151.
calf 117, 119.
caliper 583.
caliper 432.
call director telephone 422.
Callisto 4.
calls indicator 420.
calm 38.
calyx 60, 62, 67, 132.
cam ring 281.
cambium 59.
camera 414.
camera 16, 412, 414.
camera back 390.
camera body 391.
camera control area 415.
camera control technician 412, 415.
camera control unit 412, 415.
camera dolly 414.
camera platform 393.
camera platform lock 393.
camera screw 393.
camera viewfinder 414.
camisole 345.
camp bed 687.
camper 449.
camping 685, 686, 690.
camping (caravan and tent) 823.
camping (caravan) 823.
camping (tent) 823.
camping equipment 688, 690.
camping prohibited 823.
camping tools 690.
camping, accessories 689.
camshaft 434.
Canadian elk 105.
Canadian football, playing field 604.
canal bed 492.
canal lock 492.
canal lock 490.
Cancer the Crab(June 22) 820.
candlepin 683.
cane 375.
cane pen 389.
canine 98, 144.
canned failed fuel 764.
cannon 101.
canopy 636.
canopy 375, 636, 785, 813.
canopy release knob 639.
cantaloupe 69.
canteen 690.
cantilever 750.
cantilever bridge 454.
cantilever span 454.
cantle 649.
canvas 589.
canvas 669.
canvas divider 685.
cap 301, 328.
cap 55, 201, 250, 309, 389, 398, 590, 773.
cap iron 277.
cap sleeve 339.
cape 331.
cape 51.
capillary 137.
capillary bore 705.
capital 51, 166.
capitulum 60.
caponiere 179.
capped column 37.
capped tee 205.
Capricorn the Goat(December 22) 820.
capstan 581.
capstan button 541.
capsule 725.
capsule, section 67.
captain's quarters 497.
captain's seat 500.
capture 697.
car 425, 426, 428, 430, 432, 434, 438.
car 630.
car coat 330.
car deck 494.
car lights 429.
car wash 453.
carabiner 680.
caraco jacket 316.
carafe 237.
carapace 91, 96.
caravan 449.
caraway seeded rye bread 153.
carbon dioxide gas coolant 760.
carbon dioxide reactor 760.
carburettor 442.
card games 695.
card games, symbols 695.
card reader 422.
card support 40.
cardboard 589.
cardigan 326.
cardinal marks 488.
cardoon 72.
cargo dispatch 505.
cargo hold 499.
cargo reception 505.
Caribbean Sea 20.
carnassial 98.
carnivore's jaw 98.
carnivores 31, 33.
carom billiards 673.
carpal bone 122.
carpal pad 106.
carpenter's hammer 275.
carpentry: tools 275.
carpentry: tools 276.
carpentry: tools 278.
carpentry: tools 280.
carpentry: tools 282.
carpentry: tools 284.
carpus 102.
carriage 800.
carriage 787, 802.
carriage cleaning yard 465.
carriage control dial 569.
carriage handle 568.
carriage repair shop 465.
carriage return 525.
carriages 568.
carrier 230, 323, 446.
carrot 71.
carrying handle 796.
cartography 47, 50, 52.
carton 384.
cartridge 797.
cartridge 291, 295, 389, 404, 527, 730.
cartridge (rifle) 798.
cartridge (shotgun) 799.
cartridge drive 527.
cartridge film 395.
cartridge fuse 312.
cartridge stem 295.
cartridge tap 295.
cartridge tape recorder 407.
cartwheel hat 329.
carver's bench screw 586.
carving 586.
carving fork 242.
carving knife 242.
case 358, 365, 539, 540, 705, 706, 710, 711, 798.
casement 203.
casement window 203.
cash readout 453.
cashew 66.
casing 211, 214, 271, 702.
casing first string 740.
Caspian Sea 21.
cassette 403.
cassette 408, 526.
cassette compartment 409, 411.
cassette deck 407.
cassette drive 526.
cassette eject switch 409, 411.
cassette film 395.
cassette holder 403.
cassette player 408.
cassette player controls 408.
cassette tape deck 403.
cassette tape deck 400.
Cassiopeia 11.
cast-on stitches 567.
castanets 554.
castanets 556.
caster 260, 553.
castle 180.
castle 180, 696.
casual shirt 337.
casual shoe 356.
cat 107.
cat's head 107.
catalytic converter 439.
catalytic reforming plant 744.
catapult 810.
catch glove 609.
catcher 595.
catcher 541, 597.
catcher's mitt 595.
catenary 459.
catering vehicle 507.
caterpillar 78.
cathedral 176.
cathedral 184.
cathedral, plan 177.
catwalk 188.
caudal fin 87.
caudal vertebrae 103.
cauliflower 69.
caulking gun 291.
cave 24.
cave 30.
CD/ROM player 526.
cedilla 832.
ceiling 205, 616, 617.
ceiling bracket 230.
ceiling collar 205.
ceiling fan 214.
ceiling grille 207.
ceiling joist 198.
ceiling light 236.
ceiling projector 41.
celeriac 71.
celery 72.
celestial coordinate system 3.
celestial equator 3.
celestial meridian 3.
celestial sphere 3.
cell 79, 82.
cell body 135.
cell membrane 115.
cell wall 115.
cello 545.
cellos 557.
cellular telephone 417.
Celsius scale 705.
cement screed 200.
cementum 144.
cemetery 52.
cent 832.
Centaur 13.
Central America 20.
central circle 611.
central column 774.
central focusing wheel 719.
central incisor 144.
central nave 173.
central nervous system 134.
central pumping station 740.
central reservation 184, 186, 452.
central screw 579.
centre 603, 605, 608, 610, 611, 697.
centre back 612, 613.
centre back vent 322.
centre base 818.
centre chief 818.
centre circle 601, 610.
centre console 430.
centre court 617.
centre electrode 439.
centre face-off circle 608.
centre field 597.
centre fielder 597.
centre flag 601.
centre forward 607, 612, 613.
centre half 607.
centre hole 404.
centre keelson 743.
centre line 604, 607, 608, 610, 612, 618, 619, 620, 666, 682.
centre mark 614.
centre pocket 674.
centre point 818.
centre post 225.
centre service line 614.
centre span 456.
centre spot 601, 674.
centre strap 614.
centre third 611.
centre wheel 706, 707.
centre-aisle 460.
centre-back 601.
centre-forward 601.
centreboard 628.
centrifugal compressor 501.
centring 524.

The terms in **bold type** indicate the title of an illustration.

centring control 529.
centriole 115.
cephalic vein 126.
cephalothorax 90.
Cepheus 11.
cereals, principal types 152.
cerebellum 134.
cerebrum 134.
cervical vertebra (7) 123.
cervical vertebrae 102.
cervix 128.
chain 446, 448, 661, 707.
chain brake 272.
chain drive 156, 158.
chain guide 448.
chain mail 792.
chain of dunes 46.
chain of neurons 135.
chain pipe wrench 299.
chain stay 446.
chain stitch 571.
chain wheel A 448.
chain wheel B 448.
chainsaw 272.
chainsaw chain 272.
chairs, types 223.
chalaza 109.
chalk 675.
Chameleon 13.
chamois leather 358.
champagne flute 237.
chandelier 236.
change sign key 523.
channel scan buttons 411.
channel selector controls 411.
chanter 536.
chanterelle 55.
Chantilly parquet 200.
chapel 181.
character correction 525.
charcoal 588.
charge 799.
charge indicator 374.
charges, examples 819.
charging handle 796.
charging light 374.
charging plug 374.
Charioteer 11.
Charleston cymbal 552.
charms 364.
Charon 5.
chart room 494.
chase 800.
check nut 40.
check valve 216.
check-rail 467.
cheek 100, 106, 118, 275, 670, 800.
cheek bone 122.
cheek ring 650.
cheek strap 649.
cheese knife 239.
chemical treatment 745.
chemise 181.
chemist's shop 822.
chemistry 831.
cheque book 379.
cheque book cover 379.
cherimoya 68.
cherry 63.
chervil 74.
chess 696.
chess notation 696.
chessboard 696.
chess, men 696.
chess, movements 696.
chest 100, 116, 118.
chest expander 665.
chest protector 595, 602, 684.
chesterfield 221.
chestnut 66, 100.
chevet 177.
chevron 818.
chevron stitch 571.
chick 150.
chick peas 72.
chicory 73.
chief 818.
chief 818.
chief timekeeper 621.
chiffonier 226.
children's clothing 349, 350.
chilli 69.
chimney 205.
chimney 197, 209.
chimney connection 204.
chimney pot 197.
chimney stack 197.
chin 108, 118.
chin guard 777.
chin protector 443.
chin rest 544.
chin strap 602, 777.
China Sea 21.
Chinese cabbage 73.
chipboard 289.
chisel 581.
Chisel 13.
chive 70.
chloroplast 115.
chock 681.
chock 680.
choir 177.
choir organ manual 542.
choker 361.
chord 539.
choroid 140.
Christmas tree 740.
Christmas tree 738, 740.
chromatin 115.
chromosphere 6.
chrysalis 78.
chrysalis 82.
chuck 276, 280, 281, 283, 735.
chuck key 281.
chukka 354.
church 185.
chute 736.
cicada 77.
cigar 384.
cigar band 384.
cigarette 384.
cigarette holder 384.
cigarette packet 384.
cigarette papers 384.
ciliary body 140.
ciliate 56.
cine scale 396.
cinema 496.
circuit breaker 212, 747.
circuit vent 215.
circular body 535.
circular needle 567.
circular saw 284.
circular saw blade 284.
circulating pump 208.
circulation pump 763, 772.
circumflex accent 832.
cirque 7.
cirrocumulus 44.
cirrostratus 44.
cirrus 44.
cistern 292.
cistern lid 293.
citrus fruits 65.
citrus fruits, major types 65.
citrus fruit, section 65.
city 51.
city centre 184.
city houses 187.
city limit 52.
clam 93.
clam cleat 630.
clam cleat 630.
clamp 309, 370, 575, 578, 642.
clamp binder 519.
clamp lever 370.
clamp spotlight 235.
clarinet 548.
clarinets 556.
clasp 378, 380, 383.
class ring 364.
classic blouse 337.
claw 78, 80, 90, 91, 97, 106, 107, 108, 112, 275, 364.
claw hammer 275.
claw, extended 107.
claw, retracted 107.
clay core 748.
cleaning brush 374.
cleaning outlet 296.
cleaning tools 260.
clear key 523.
clear plastic holders 379.
clear sky 39.
clear space 613.
clear-entry key 523.
cleat 630.
cleat 628.
cleated shoe 602.
cleaver 242.
clefs 537.
clew 631.
clew line 481.
click 706, 707.
cliff 7, 23, 27, 30.
climate control 430.
climates of the world 45.
climber 664.
climbing harness 680.
climbing iron 358.
climbing plant 263.
clinical thermometer 705.
clip 230, 389, 711.
clip earrings 361.
clipboard 519.
clippers 369.
clitoris 128.
cloche 329.
clock 407, 413, 415, 430, 714.
clock operator 610.
clock timer 253, 255.
clog 357.
close hauled 629.
close reach 629.
close-up lens 392.
closed stringer 201.
closed to bicycles 828.
closed to motorcycles 828.
closed to pedestrians 828.
closed to trucks 828.
closeness setting 374.
closet 194.
closure rail 467.
cloth roller 572.
clothing guard 727.
cloud 36.
cloud amount 39.
cloud ceiling, measure 41.
cloud of volcanic ash 25.
clouds 44.
clouds of vertical development 44.
clouds symbols 44.
cloudy sky 39.
clove hitch 691.
cloverleaf 452.
cloverleaf 450.
club 695.
club chair 221.
clubhouse 651, 676.
clubhouse turn 651.
clubs, golf 678.
clutch bag 381.
clutch housing 444.
clutch lever 272, 442, 444.
clutch pedal 430.
coach car 460.
coach's box 597.
coal mine 733, 734, 736.
coarse adjustment knob 718.
coastal features 30.
coat dress 332.
coat hook 522.
coat rack 522.
coats, types 330.
cob 72.
coccyx 122.
cochlea 139.
cochlear nerve 139.
cock 795.
cocking lever 804.
cockle 93.
cockleshell 220.
cockpit 639.
cockpit 628.
cockpit canopy 638.
cockpit ventilation 639.
cocktail cabinet 227.
cocktail glass 237.
coconut 66.
code 524.
coeliac trunk 124, 132.
coffee makers 247.
coffee mill 256.
coffee pot 688.
coffee pot 247.
coffee spoon 241.
coil 714.
coil spring 231.
coiling 584.
coin chute 702.
coin purse 379.
coin reject slot 702.
coin return 422.
coin slot 422, 702.
colander 243.
cold air 501, 772.
cold air inlet 438.
cold coolant 771.
cold heavy water 761.
cold shed 491.
cold-water circuit 215.
cold-water intake pipe 293.
cold-water pipe 296, 297, 298.
cold-water riser 215.
collar 341.
collar 57, 319, 322, 324, 352, 374, 663.
collar bone 122.
collar point 324, 341.
collar stay 324.
collar stud 364.
collaret 318, 341.
collars, types 341, 342.
collateral 135.
collecting funnel 40.
collecting vessel 40.
collector 753.
collet 283, 393.
colon 832.
colour chart 592.
colour control 532.
colour display 569.
colour filter 392.
colour selection filter 410.
colour spray 590.
colour television camera 512.
colouring pencils 588.
colours, examples 819.
columella 94.
columella fold 94.
column 24, 36, 166, 168, 169, 208, 236, 283, 393, 399, 455, 561, 621, 700, 701.
column crank 393.
column lock 393.
column of mercury 705.
column radiator 208.
coma 9.
comb 574.
comb 792.
combat aircraft 812.
combination lock 378.
combination pliers 311.
combination spanner 279.
combine harvester 160.
combine harvester 155.
combs 368.
combustion 436, 437, 501.
combustion chamber 434, 438.
comet 9.
comma 832.
command control dial 391.
command key 530.
command module 509.
commander's seat 805.
commando knife 794.
commercial area 190.
commercial premises 185.
commissure of lips of mouth 142.
common carotid artery 126.
common extensor of fingers 121.
common iliac artery 126, 132.
common iliac vein 132.
common periwinkle 83.
common peroneal nerve 133.
common scientific symbols 830.
common symbols 822.
common whipping 691.
communicating ramus 135.
communication antenna 810.
communication devices 526.
communication module 418.
communication panels 500.
communication set 477.
communication tunnel 510.
communications volume controls 512.
commuter train 464.
compact 366.
compact disc 405.
compact disc 408.
compact disc player 405.
compact disc player 400, 407, 408.
compact disc player controls 408.
compact disk unit 527.
comparment 379.
compartment 701.
compartment for notes 379.
Compass 13, 639.
compass bridge 494, 495, 497.
compass card 484, 719.
compass meridian line 719.
competition pool 621.
competition ring 646.
completed splice 692.
complex dune 46.
complexus 121.
compluvium 170, 171.
compound bow 684.
compound eye 79, 80, 81.
compound leaves 56.
compressed air reservoir 469.
compressed-air cylinder 627, 777.
compression 436, 437, 501.
compression coupling 296.
compression fitting 300.
compression link 147.
compression/admission 436.
compressor 212, 517.
compressor turbine 438, 501.
computer communication 417.

The terms in **bold type** indicate the title of an illustration.

computer room 807.
computer screen intensity controls 512.
computer table 521.
concave 160.
concave lens 722.
concert grand 556.
concha 139.
Concorde 19.
concrete base 714.
concrete block 286.
concrete drain 741.
concrete shielding 760, 761, 762, 763.
concrete wall 772.
condensation 35.
condensation of steam into water 767.
condensation pool 763.
condenser 717, 718, 758, 771.
condenser adjustment knob 718.
condenser backwash inlet 759.
condenser backwash outlet 759.
condenser coil 214.
condenser cooling water inlet 759.
condenser cooling water outlet 759.
condenser fan 214.
condenser height adjustment 718.
conductor's podium 556.
cone 24, 58, 251.
configuration of an office automation system 526.
conic projection 50.
conical broach roof 183.
conical buoy 487.
conical buoy 489.
conical washer 293.
conifer 58.
conjunctiva 140.
connecting cable 400, 406, 585.
connecting module 528.
connecting rod 434, 436.
connecting terminal 561.
connection 697.
connection box 412.
connection cable 530.
connection point 757.
connective tissue 137.
connector 300, 312, 406.
conning tower 807.
constellations of the northern hemisphere 10.
constellations of the southern hemisphere 12.
constriction 705.
consumer 417.
consumer number 712.
contact 697.
contact 233.
contact lever 235.
contact printer 398.
container 470.
container 40, 250, 304, 495.
container flat wagon 473.
container hold 495.
container ship 494.
container ship 490.
container terminal 491.
container-loading bridge 490.
container/pallet loader 507.
containment building 765, 766.
contents identification board 743.
contest area 668.
contestant 668.
continent 29.
continental climates 45.
continental margin 29.
continental rise 29.
continental shelf 22, 29.
continental slope 22, 29.
continents, configuration 20.
continuity tester 310.
continuous beam 454.
continuous drizzle 39.
continuous rain 39.
continuous snow 39.
contour feather 110.
contrabassoons 556.
contrast control 529, 532.
control bar 637.
control box 297.
control cable 270.
control column 500.
control console 16, 500.
control deck 493, 699.
control key 530.
control keys 421.
control knob 252, 255, 257, 258, 259.
control knobs 531.
control lever 735.
control pad 699.
control panel 257, 532.
control panel 210, 214, 253, 255, 258, 259, 391, 532, 717, 779.
control rod 760, 761, 762, 763.
control room 14, 15, 16, 189, 407, 746, 759.
control rooms, television 412.
control room, radio 407.
control stand 468.
control stick 508, 639.
control tower 502, 810.
control tower cab 502.
control valve 689.
control visual display 717.
control wheel 500, 778.
convection zone 6.
convector 211.
convention centre 184.
converging lenses 722.
convertible 425.
convex lens 722.
conveyor 733, 735.
conveyor belt 504.
cook's knife 242.
cooking set 688.
cooking surface 253.
cooking utensils 248.
cooktop 255.
cooktop edge 255.
cool tip 370.
coolant 766.
coolant 771.
coolant inlet 768.
coolant outlet 768.
coolant transfers the heat to the steam generator 766.
coolant: boiling water 763.
coolant: carbon dioxide 760.
coolant: pressurized heavy water 761.
coolant: pressurized water 762.
cooler 690.
cooling 744.
cooling fan 434, 438.
cooling/heating coils 213.
copper to plastic 301.
copper to steel 301.
copperplate 582.
coprocessor 528.
copy output mode 532.
copy quantity 532.
copyright 831.
cor anglais 548.
corbel 180, 181.
corbel piece 204.
cord 231, 578.
cord grip 658.
cord tieback 229.
cordate 56.
cordless telephone 422.
core 6, 64, 677, 692, 798.
coriander 74.
corinthian order 167.
cork ball 596.
cork tip 618.
corkscrew 688.
corn 152.
corn salad 73.
cornea 140.
corner 577, 669.
corner arc 601.
corner cap 470.
corner cupboard 227.
corner fitting 470.
corner flag 601, 607.
corner pad 669.
corner pin 682.
corner stool 669.
corner structure 470.
corner stud 198.
corner tower 180.
cornerpiece 383.
cornet 550, 556.
cornice 166, 168, 196, 202, 225, 229.
corolla 60.
corona 6.
corona radiata 128.
coronet 101.
corpus callosum 134.
corpus cavernosum 127.
correction fluid 515.
correction key 569.
correction paper 515.
corridor connection 461.
corrosive 821.
cors anglais 557.
corselette 347.
corset 346.
cortex 132.
corymb 60.
cos lettuce 73.
cosmetic tray 382.
costal shield 97.
cot 726.
cotehardie 316.
cottage curtain 228.
cotter pin 290.
cotton buds 725.
cotton wool 725.
couched stitches 571.
coulter 156, 158.
coulter shaft 156.
counter 352.
counter reset button 403.
counterguard 179.
counterjib 786.
counterjib ballast 786.
counterscarp 178.
countersink 281.
countersunk 276.
counterweight 15, 147, 404, 457, 471, 721, 784, 785, 786.
country 51.
coupé 425.
coupler head 471.
coupler head 147, 156, 157, 158, 159, 162, 469.
coupler knuckle 471.
coupler knuckle pin 471.
coupler-tilt tablet 542.
coupling bolt 754.
coupling guide device 459.
courgette 69.
course, golf 676.
court 356.
court referee 612.
courtyard 172, 173.
couscous kettle 249.
couter 792.
cover 375.
cover 213, 251, 309, 386, 532, 596, 677, 705, 712, 719, 796, 804.
covered parapet walk 180.
covered way 178.
covering 579.
covering 619.
covering disc 158.
covering grille 208.
covering materials 286.
cow 151.
cow hitch 691.
cowl neck 342.
Cowper's gland 127.
cowshed 149.
coxa 78, 80.
coxed four 632.
coxed pair 632.
coxless four 632.
coxless pair 632.
Crab 11, 90.
cradle 399, 720, 721, 802.
crakow 318.
crampon strap 680.
cranberry 62.
Crane 13, 14, 738.
crane runway 786.
cranial nerves 133.
crank 281, 448, 671, 793.
crank handle 583.
crankcase 436.
crankshaft 434, 436.
crash helmet 643.
crater 7, 25, 733.
cravat 324.
crawl kick 622.
crawler tractor 783.
crayfish 90.
cream jug 238.
crease 323.
credit card wallet 379.
credit card wallet 379.
creel 672.
cremaster 78.
crenate 56.
crenel 181.
crenulate margin 95.
crepidoma 166, 168, 169.
crescendo pedal 542.
crescent 819.
crescentic dune 46.
crest 27, 30, 596, 791.
crest of spillway 746.
crevasse 26.
crevice nozzle 260.
crew neck 350.
crew neck sweater 326.
crew quarters 494.
crew's locker 461.
cribriform plate 142.
cribriform plate of ethmoid 141.
cricket 598.
cricket ball 598.
cricket player 598.
cricket shoe 598.
cricquet, field 599.
crimping 799.
crisper 254.
crisscross curtains 229.
crochet hook 567.
croissant 153.
crook 548.
crook key 548.
crop elevator 160.
cross 818.
cross brace 727.
cross cut 736.
cross handle 701.
cross head 276.
cross rail 223.
cross section of an electron microscope 717.
cross stitches 571.
cross-country ski 642.
cross-country ski 642.
cross-country skier 642.
cross-country skiing 642.
cross-headed tip 276.
cross-tip screwdriver 688.
crossarm 756, 757.
crossbar 446, 535, 574, 578, 626, 637, 657.
crossbeam 572.
crossbow 793, 793.
crosshead 787.
crossing 176, 177.
crossing gate mechanism 471.
crossover 464.
crossover cargo deck line 743.
crosspiece 219, 572, 728.
crosswise grain 566.
crotch 325.
crotch piece 337.
crotchet 538.
crotchet rest 538.
croup 101, 661.
Crow 13.
crown 59, 109, 144, 328, 329, 363, 483, 545, 553, 590, 706.
crown block 737.
crown tine 105.
crownpiece 649.
crude oil 744.
crude-oil pipeline 740.
cruise liner 496.
crus of helix 139.
crushing roll 158.
crustacea 90.
crystal button 236.
crystal drop 236.
cucumber 69.
cue ball 673.
cuff 315.
cuff 324, 354, 609.
cuff link 339.
cuirass 791.
cuisse 792.
culet 363.
culottes 334.
cultivated mushroom 55.
cultivating soil, steps 154.
cultivator 157.
cultivator 154.
cumulonimbus 44.
cumulus 44.
cup 238, 688.
Cup 13, 798.
cup gasket 730.
cupboard 226.
cupola 486.
cupule 66.
curb bit 650.
curb bit 649.
curb chain 649, 650.
curb hook 650.
curb rein 649.
curler 620.
curling 620.
curling brooms 620.
curling brush 370.
curling iron 370.
curling stone 620.
curling, rink 620.
curly endive 73.
curly kale 73.
currency abbreviations, examples 832.
currency exchange 823.
current coil 712.
cursor movement keys 530.
curtain 229.
curtain 178, 414.

The terms in **bold type** indicate the title of an illustration.

curtain pole 230.
curtain track 230.
curtain wall 180.
curtains, types 228.
curved jaw 278.
customer's branch circuit 757.
customs control 505.
customs house 491.
cut for gemstones 363.
cut-off trench 748, 749.
cut-throat razor 374.
cuticle pusher 365.
cuticle scissors 365.
cuticle trimmer 365.
cuticule shaper 365.
cutlery basket 257.
cutlery set 688.
cutter 311.
cutter bar 158, 160.
cutter link 272.
cutting blade 250, 256, 578.
cutting cylinder 271.
cutting edge 239, 242, 369, 783, 784.
cutting guide 578.
cutting line 565.
cutting nozzle 306.
cutting oxygen handle 306.
cutting torch 306.
cutting wire 584.
cyclorama 414.
cylinder 290, 295, 436, 784, 797.
cylinder case 290.
cylinder head cover 435.
cylinder pressure gauge 306.
cylinder vacuum cleaner 260.
cylindrical buoy 486.
cylindrical projection 50.
cymbal 552.
cymbals 554.
cymbals 557.
cypress scalelike leaves 58.
cytoplasm 115, 128.

D

d 537.
dabber 581.
dagger 794.
daggerboard 631.
daggerboard well 631.
dairy 149.
dairy compartment 254.
dairy products 33.
dam 746.
damper 206, 541, 585.
damper lever 541.
damper pedal 540, 555.
damper rail 541.
dandelion 73.
danger 488.
danger area 668.
Danish rye bread 153.
darkness 489.
dart 698.
dart 565.
dartboard 698.
dart, playing area 698.
dash 832.
dashboard 430, 430.
dashboard 442.
data bus 528, 531.
data display 396, 409, 411, 421.
data display illumination button 396.
data hold 310.
data record system 717.
data storage devices 526.
date 63.
dater 516.
dating nail 466.
davit 478, 742.
daymark 486, 487.
daymarks (region B) 489.
dead bolt 289, 290.
dead bowl area 682.
dead-ball line 606.
deadly poisonous mushroom 55.
death 831.
decanter 237.
deceleration lane 452.
decimal key 523.
decimal tab 524.
deck 441, 454, 455, 456, 736.
deck arch bridge 455.
deck crane 811.
declination 3.
declination axis 14.
declination setting scale 720, 721.
décolleté bra 346.
decorative braid 349.
decoy launcher 809.
deep fryer 252.
deep peroneal nerve 133.
deep-sea floor 22.
deer antlers 105.
deer crossing 828.
deer family 105.
deer, kinds 105.
defence 603, 605.
defence shield 609.
defence third 611.
defending zone 608.
deflector 210, 264, 271.
degree 830.
Deimos 4.
delete key 530.
delicious lactarius 55.
delivery 682.
delivery entrance 190.
delivery ramp 184.
delta wing 499.
deltoid 120.
demilune 179.
demisemiquaver 538.
demisemiquaver rest 538.
demitasse 238.
dendrite 135.
dental alveolus 144.
dental care 373.
dental floss 373.
dental water jet 373.
dentate 56.
dentil 166, 167.
dentin 144.
departure time indicator 463.
deployment mechanism 49.
depth adjustment 283.
depth gauge 627.
depth of focus 23.
depth scale 485.
depth stop 283.
depth-adjustment mechanism 277.
depth-of-field preview button 391.
depth-of-field scale 392.
dermis 137.
derrick 737, 738, 740, 743.
derrick mast 743.
descender 681.
descending aorta 124.
descending colon 131.
desert 46.
desert 45.
designed orbit 48.
desired temperature 213, 705.
desk lamp 234.
desk pad 520.
desk tray 517.
desktop video unit 527.
despun section 42.
dessert fork 240.
dessert knife 239.
dessert spoon 241.
destination 463.
destroying angel 55.
detachable control 253.
detached house 187.
detection of seismic waves 714.
detergent dispenser 257.
detonator 804.
deuterium oxide upgrading 759.
Deutsche Mark 832.
developer bath 399.
developing baths 399.
developing tank 398.
dew 37.
dew pad 106.
dew shield 721.
dewclaw 106.
dexter 818.
dexter base 818.
dexter chief 818.
dexter flank 818.
diacritic symbols 832.
diagonal 756.
diagonal buttress 177.
diagonal movement 696.
diagram of weaving, diagram of principle 576.
dial 705, 706, 708, 712.
dial-type display 485.
diamond 362, 695.
diamond interchange 451.
diamond mesh metal lath 286.
diamond point 225.
diaphragm 130, 390, 400, 406.
diastema 98.
dibber 268.
dice 699.
dice cup 697.
die 697.
diesel engine 437.
diesel engine 469, 495, 782, 783, 785.
diesel engine ventilator 468.
diesel engines 809.
diesel lift engine 493.
diesel oil 745.
diesel propulsion engine 492.
diesel shop 464.
diesel-electric locomotive 468.
diffuser 396.
diffuser pin 264.
digestive gland 92.
digestive system 131.
digging fork 266.
digit 84.
digital audio tape recorder 407.
digital display 310, 709, 710.
digital frequency display 402.
digital nerve 133.
digital pad 106, 107.
digital pulp 137.
digital video effects monitor 413.
digital video special effects 413.
digital watch 706.
digitizing pad 526.
dike 25.
dill 74.
dimmer room 412.
dimmer switch 309.
dimple 677.
dining room 171, 195, 496, 807.
dining section 460.
dinner fork 240.
dinner knife 239.
dinner plate 238.
dinnerware 238.
diode 769.
dioptric ring 486.
dioxide 33.
dip switch 444.
dipped 429.
dipper 592.
dipper shovel 785.
direct home reception 416.
direct-reading rain gauge 40.
direction of Mecca 173.
direction of points 488.
direction to be followed 824, 825.
directional sign 475.
director's chair 220.
disc 157, 432, 433, 583, 663, 712.
disc brake 432.
disc brake 442.
disc camera 395.
disc compartment 405.
disc compartment control 405.
disc spacing lever 158.
discharge bay 764.
discharge line 216.
discharge liner 753.
discharge pipe 742.
discs 251.
discus 658.
discus and hammer throw 654.
disgorger 672.
dishwasher 257, 298.
dishwasher 298.
disk 529.
disk drive 555.
disk drive port 528.
disk motor 529.
disk tap 295.
diskette 526.
diskette drive 526.
display 420, 422, 523, 709.
display cabinet 227, 522.
display setting 420.
disposable camera 394.
disposable fuel cylinder 299, 307.
disposable razor 374.
distal phalanx 107, 122, 123, 137.
distal sesamoid 102.
distance 376.
distance scale 392.
distance travelled 711.
distribution board 757.
distribution box 216.
distribution by cable network 416.
distributor cap 435.
distributor service loop 757.
district 52.
district limit 52.
ditch 451, 682.
diverging lenses 722.
diversion canal 746.
divide key 523.
divider 160, 378, 383.
dividers 519.
dividing breeching 779.
diving 624.
diving glove 627.
diving installations 624.
diving tower 624.
diving, entries 624.
diving, flights 624.
diving, starting positions 624.
division 830.
do not iron 829.
do not use chlorine bleach 829.
do not wash 829.
dock 490.
document folder 519.
document handler 532.
document-to-be-sent position 421.
does not belong to 830.
dog 106.
dog ear collar 341.
dog's forepaw 106.
dog, morphology 106.
dollar 832.
Dolphin 11.
dome roof 183.
dome shutter 14.
dome tent 686.
domestic appliances 250, 252, 254, 256, 257, 258, 260.
dominoes 695.
door 202, 429.
door 173, 225, 253, 259, 427, 449, 498, 617, 685, 686.
door access 709.
door grip 429.
door handle 289, 427.
door lock 427.
door open warning light 431.
door panel 225.
door pillar 427.
door shelf 254.
door stop 254, 471.
door switch 259.
doorknob 202.
doors, types 202.
doric order 167.
dormant volcano 24.
dorsalis pedis artery 126.
dorsum of nose 141.
dot matrix printer 531.
dot matrix printer 527.
double 646.
double bass 545.
double basses 557.
double bend 826, 827.
double boiler 249.
double curtain rod 230.
double flat 538.
double glazing 772.
double handles 633.
double kitchen sink 215.
double oxer 647.
double oxer 646.
double pennant 817.
double plate 198.
double pole breaker 312.
double reed 549.
double ring 698.
double scull 632.
double seat 477.
double sharp 538.
double sheet bend 691.
double zero 700.
double zero key 523.
double-blank 695.
double-breasted buttoning 319.
double-breasted jacket 322.
double-decked pallet 787.
double-edge blade 374.
double-edge razor 374.
double-leaf bascule bridge 457.
double-six 695.
double-twist auger bit 281.
doubles post 614.
doubles service court 618.
doubles service line 618.
doubles sideline 614, 618.
doublet 316.
doublet 695.
doubling die 697.
doubly dentate 56.
dough hook 250.
dousing water tank 759, 766.
dousing water valve 759.
Dove 13.
dovetail 718.
down tube 447.
down wind 629.
downspout 197.
downstream face 749.
downstream shoulder 748.
downstream toe 748.
dozen (1 to 12) 700, 701.
dozen (13 to 24) 700, 701.

The terms in **bold type** indicate the title of an illustration.

dozen (25 to 36) 700, 701.
drachma 832.
draft hole 209.
drafting machine 591.
drag 670.
Dragon 11.
dragonfly 77.
drain hose 257, 258, 298.
drain tile 199.
drain valve 297, 741.
drainage blanket 748.
drainage layer 748.
draining circuit 215.
draining spoon 244.
draped neck 343.
draped neckline 343.
draped swag 229.
draught arm 784.
draught tube 747, 753, 784.
draw curtain 229.
draw hoe 266.
draw tube 718.
drawbar 803.
drawbar lock 803.
drawbridge 180.
drawer 219, 226, 255.
drawing 586, 588, 590, 592.
drawing board 591.
drawing pins 515.
drawing, accessories 591, 592.
drawing, equipment 589.
drawstring 320, 381.
drawstring bag 380, 381.
drawstring hood 351.
dredger 246.
dress circle 189.
dress with bustle 316.
dress with crinoline 318.
dress with panniers 317.
dresses, types 332.
dressing room 189.
dressing table 226.
dressmaker's model 564.
drift 736.
drill 280.
drill collar 737.
drill pipe 737.
drill press 283.
drill rod 734.
drilling drawworks 737.
drilling rig 737.
drilling ship 739.
drinking water truck 506.
drip bowl 255.
drip dry 829.
drip moulding 427.
drive belt 258.
drive shaft 492, 508.
drive wheel 256, 280.
drive wheels 784.
driver 643, 652.
driver's cab 459, 468.
driver's seat 805.
driveway 193, 196.
driving glove 327.
driving turbine 438.
driving wheel 147, 575.
drone 81.
drone pipe 536.
drop earrings 361.
drop waist dress 332.
drop-leaf 219.
drum 167, 231, 258, 259, 432, 484, 707, 714.
drum brake 432.
drums 552.
drupelet 62.
dry continental - arid 45.
dry continental - semiarid 45.
dry dock 490.
dry flat 829.
dry fruits 66.
dry gallery 24.
dry point 582.
dry subtropical 45.
dry well 763.
dry-point 583.
drying 829.
dual seat 443.
dual swivel mirror 368.
duck 150.
duckpin 683.
duct deferens 127.
duffel bag 381.
duffle coat 320.
dugout 597.
dumbbell 665.
dump 733, 734.
dump body 785.
dumper truck 785.
dune 30.
dungarees 336.
dungarees with crossover back straps 351.
duo 558.
duodenum 131.
dura mater 134, 135.
dust 34, 35.
dust cover 404.
dust receiver 260.
dust tail 9.
dusting brush 260.
Dutch oven 249.
duty-free shop 505.
dynamic brake 468.
dynamic microphone 406.
dynamics propeller 492.
dynamo 446.

E

e 537.
eagle 819.
Eagle 11.
ear 107, 112, 116, 223.
ear canal 138, 139.
ear cushion 406.
ear drum 139.
ear flap 328.
ear loaf 153.
ear plugs 729.
ear protection 729.
ear protection 821.
earphone 406.
earpiece 376, 726.
earrings 361.
Earth 4, 8.
earth clamp 305.
earth connection 312, 400.
Earth coordinate system 3.
earth foundation 450.
earth radiation scanner 43.
earth radiation sensor 43.
earth sensor 42, 43, 49.
earth signs 820.
earth terminal 309.
earth wire 312, 757.
Earth's atmosphere, profile 19.
Earth's crust 22, 23.
Earth's crust, section 22.
earth-wire peak 756.
earthing pin 309.
earthquake 23.
Earth, structure 22.
ear, auricle 139.
ear, parts 138.
easel 398, 591.
East 488.
East cardinal mark 489.
East reflector deployment 419.
Eastern hemisphere 47.
Eastern meridian 47.
eccrine sweat gland 136.
echinus 167.
echo 722.
echo sounder 485.
echo sounder probe 485.
eclipse crossing 419.
eclipse preparation 419.
eclipses, types 8.
ecliptic 3.
ecology 31, 32, 34.
edge 288, 564, 640, 643, 644, 719.
edger 271.
edging 263.
edible crustaceans 90.
edible gastropods 83.
edible mollusks 93.
edible mushrooms 55.
edit/search buttons 409.
effluent 216.
egg 109, 128.
egg 82.
egg beater 245.
egg butt snaffle bit 650.
egg poacher 249.
egg slicer 246.
egg timer 244.
egg tray 254.
eggs 84, 89.
Egyptian reed pen 389.
eiderdown 224.
eight 632.
eight cut 362.
ejaculatory duct 127.
eject button 403.
ejection port 796.
ejection seat 813.
ejector 784.
elastic 224.
elastic bandage support 725.
elastic ligament 92, 107.
elastic loop 685, 686.
elastic waistband 321.
elastic webbing 323.
elasticized leg opening 325.
elbow 301.
elbow 100, 106, 112, 117, 119, 206.
elbow pad 602, 609.
elbow, 45° 301.
electric circuit 233.
electric connection 207, 213.
electric cooker 255.
electric drill 280.
electric foil 666.
electric furnace 207.
electric golf buggy 679.
electric guitar 547.
electric kiln 585.
electric motor 209, 268, 271, 438.
electric razor 374.
electric skirting convector 210.
electric toothbrush 373.
electric tumble dryer 259.
electric variometer 639.
electrical box 309.
electrical connection 441.
electrical connection panel 415.
electrical element 585.
electrical hazard 821.
electrical payout linkage 702.
electrical power unit 506.
electrical scoring apparatus 666.
electrician's tools 311.
electricity 309, 310, 312, 746, 748, 750, 752, 754, 756.
electricity cable 186.
electricity meter 712.
electricity meter 757.
electricity production 767.
electricity production room 806.
electricity transmission 757.
electricity transmission 767.
electricity transmission network 771.
electricity, tools 310, 311.
electrode 232, 305.
electrode assembly 209.
electrode holder 305.
electrode lead 305.
electron beam 410, 717.
electron beam positioning 717.
electron gun 410.
electron gun 410, 717.
electron microscope 717.
electron microscope elements 717.
electronic ballast 233.
electronic flash 393.
electronic instruments 555.
electronic piano 555.
electronic scales 709.
electronic typewriter 524.
electronic viewfinder 409.
elevating arc 802.
elevating cylinder 780, 786.
elevating handle 803.
elevation 193.
elevation adjustment 718.
elevator 15, 499, 639, 736, 764, 811.
elevon 511.
elk 105.
ellipsis 832.
elliptical galaxy 9.
embankment 450.
embankment dam 748.
embankment dam, cross section 748.
emblem 817.
embrasure 179.
embroidered fabric 571.
embroidery 571.
emerald 362.
emerald cut 362.
emergency brake 477.
emergency electric motor 806.
emergency regulator 627.
emergency support vessel 739.
emergency switch 444.
emery boards 365.
emery pack 563.
empty set 830.
emptying hose 258.
en prison 700, 701.
enamel 144.
enclosure 149.
end bracket 230.
end button 544.
end cap 230, 765.
end door 470.
end grain 288.
end joist 198, 199.
end ladder 470.
end line 604, 610, 613, 619.
end piece 127.
end plate 765.
end stop 230, 630.
end wall 621.
end zone 604.
end-piece 674.
endocarp 63, 64.
endoplasmic reticulum 115.
endpaper 577.
endpiece 376.
energy saving bulb 233.
engagement ring 364.
engine 147, 161, 442, 737, 784, 787, 805.
engine air inlet 813.
engine and crew alarm display 500.
engine block 435.
engine control room 742.
engine fuel valves 500.
engine housing 272.
engine mounting pylon 499.
engine room 496, 806.
engines 510.
engines, types 436.
English billiards 673.
English billiards and snooker 674.
English loaf 153.
English sitck 728.
enlarger 399.
enlarger timer 399.
enlarging lens 399.
ensiling 155, 162.
ensiling tube 162.
entablature 166, 168, 202.
enter key 530.
entire 56.
entrance 82.
entrance slide 82.
entrance turnstile 474.
entries 624.
entry 625, 787.
envelope 634.
epaulet 319.
epaulet sleeve 340.
épée 666.
épéeist 667.
epicalyx 62.
epicentre 23.
epicondyle 123.
epidermis 137.
epiglottis 130, 142, 143.
epitrochlea 123.
equal key 523.
equalizing buckle 231.
equator 3, 47.
equilateral 174.
equilibrator 802.
equipment compartment 458.
equipment lock 764.
equipment rack 412, 415.
equipment section 16.
erase button 420.
erecting lenses 718.
ermine 819.
escalator 189, 190, 474.
escape wheel 706, 707.
escapement mechanism 539.
escudo 832.
escutcheon 95, 289, 295, 296.
escutcheon plate 309.
espadrille 357.
espresso coffee maker 247.
estate car 425.
etching press 581.
Eurasia 21.
Europa 4.
Europe 21.
European Currency Unit 832.
European plug 309.
Eustachian tube 139, 141.
Eutelsat II 418.
euthynteria 166, 168.
evaporation 34, 35.
evaporator blower 214.
evaporator coils 214.
even 700, 701.
evening glove 327.
examples of instrumental groups 558.
excavator arm 782.
excavator controls 782.
exclamation mark 832.
excretory opening 83.
executive desk 520.
exercise bike 664.
exercise wear 353.
exhalation valve 730.

The terms in **bold type** indicate the title of an illustration.

exhaust 436, 437, 501.
exhaust duct 501.
exhaust gas admission 438.
exhaust guide vanes 501.
exhaust manifold 435, 437, 438, 439.
exhaust nozzle 812.
exhaust pipe 438, 439, 443, 444, 508.
exhaust port 436, 735.
exhaust stack 147, 440, 783, 784.
exhaust system 439.
exhaust tube 232.
exhaust valve 435, 436, 438.
exit 82, 452.
exit taxiway 505.
exit turnstile 474.
exocarp 62, 63, 64.
exosphere 19.
expandable file pouch 378.
expanding file 517.
expansion bolt 276.
expansion chamber 485, 705.
expansion diaphragm 485.
expansion slot 528.
expansion space 466.
expansion tank 208, 772.
expert's course 646.
explosion 436.
explosive 821.
export pipeline 738.
exposure adjustment knob 391.
exposure meter 396.
exposure mode 391.
exposure value 396.
exposure-time scale 396.
extended character 530.
extended claw 107.
extended fishhook 672.
extension 219.
extension ladder 302.
extension pipe 260.
extension table 219.
exterior dome shell 14.
exterior door 202.
exterior gauge 578.
exterior of a house 196.
exterior pocket 378, 382.
exterior sign 474.
external fuel tank 510.
external gills 84.
external jugular vein 126.
external oblique 120, 121.
external semicircular canal 139.
external socket 449.
external tooth lock washer 278.
extractor hood 255.
extrados 174.
eye 140.
eye 83, 90, 96, 97, 107, 118, 275, 562, 563, 573, 649, 671, 681.
eye guard 777.
eye make-up 367.
eye protection 729.
eye protection 821.
eye ring 109.
eyeball 140.
eyeball 84.
eyebrow 140.
eyebrow pencil 367.
eyebrow stripe 109.
eyebrow tweezers 365.
eyelash 140.
eyelash curler 367.
eyelashes 107.
eyelet 230, 353, 354, 381, 569, 644.
eyelet tab 354.
eyelid 97.
eyepiece 390, 396, 409, 718, 719, 720, 721.
eyepiece holder 721.
eyeshadow 367.
eyestalk 83.

F

f 537.
f clef 537.
F degrees 705.
F-1 engine 509.
fabric care 829.
fabric guide 256.
fabric structure 566.
façade 175.
face 116, 179, 275, 277, 579, 619, 677, 707, 733, 736.
face mask 602, 609, 643.
face shield 308.
face side 288.
face-off circle 608.
face-off spot 608.
facepiece 730.
faceplate 289, 290.
facial nerve 139.
facsimile machine 421.
facsimile machine 417.
factorial 830.
faculae 6.
Fahrenheit scale 705.
failed fuel bay 764.
failed fuel canning 764.
fairing 442.
fairlead 630.
fairway 676.
fall 341.
fall front 226.
falling rocks 826, 827.
fallopian tube 128.
fallopian tubes 128.
fallout 35.
fallow 148.
false rib (3) 123.
false tuck 349.
family tent 685.
fan 162, 209, 212, 259, 501, 528.
fan belt 434.
fan brush 366, 589.
fan cable stays 456.
fan control 214.
fan heater 211.
fan housing 370.
fan motor 214.
fan thermostat 438.
fan trellis 263.
fan tube 162.
fang 96.
fanion 817.
fantail 773.
far turn 651.
farm animals 150.
farm pollution 32.
farmhouse 148.
farmhouse bread 153.
farmstead 148.
farmyard 148.
fascia 166.
fast data entry control 555.
fast forward 831.
fast forward 411.
fast forward button 411.
fast operation 405.
fast-forward button 403, 408, 420.
fastener binder 519.
fasteners 566.
fastening device 230.
fastening system 661.
fault 23.
feather crown 618.
feather stitch 571.
feed dog 562.
feed lever 283.
feed pin 531.
feed table 162.
feed tube 251.
feeder header 759.
feeder lane 452.
feeder output tray 532.
feeding tube 160.
feedwater 760, 761, 762, 763.
feet protection 730.
feet protection 821.
feet-first entry 624.
feet, principal types 111.
felt tip pen 588.
female 831.
female cone 58.
female ferrule 670.
female genital organs 128, 129.
femoral artery 126.
femoral nerve 133.
femoral vein 126.
femur 78, 80, 103, 122.
fence 148.
fencer 667.
fencing 666.
fencing shoe 667.
fencing weapons 666.
fencing, parts of the weapon 666.
fencing, piste 666.
fencing, positions 667.
fencing, target areas 667.
fennel 72.
ferrule 304, 375, 675, 678.
ferry 494.
ferryboat 491.
fertilizers 32.
fertilizing soil 154, 156.
fetlock 101.
fetlock joint 101.
fettling knife 585.
fiber 692.
fibula 102, 122, 315.
field judge 605.
field lens 718.
field lens adjustment 718.
fielder's glove 596.
fielders 599.
fifth 537.
fifth wheel 440.
figure skate 644.
figure ski 633.
figure skiing handle 633.
figure-eight knot 691.
filament 6, 60, 232.
filament support 233.
file 277.
file 688.
file guides 518.
filing box 517.
filing cabinet 520.
fill opening 256.
filler 384.
filler cap 271, 438, 440.
filler rod 307.
filler tube 293.
fillet 166, 167.
filleting knife 242.
filling hole 804.
filling inlet 741.
film 390.
film advance mode 391.
film cartridge chamber 390.
film disc 395.
film drying cabinet 398.
film guide rail 390.
film guide roller 390.
film leader 395.
film leader indicator 390.
film pack 395.
film recorder 527.
film rewind knob 391.
film rewind system 390.
film speed 391, 396.
film sprocket 390.
films 395.
filter 207, 247, 252, 255, 385, 772.
filter cover 730.
filter tip 384.
fin 210, 499, 508, 627, 633, 639, 812, 814.
fin-mounted tail unit 498.
finderscope 720, 721.
fine adjustment knob 718.
fine bookbinding 577, 578.
fine data entry control 555.
fine guidance system 16.
finely threaded screw 711.
finger 137.
finger 596.
finger board 535, 544, 547.
finger button 550.
finger flange 726.
fingerless lace glove 327.
fingernail 137.
finial 817.
finish 646.
finishing 586.
finishing line 651, 654.
finishing post 654.
fir needles 58.
fire engine 778, 780.
fire extinguisher 823.
fire fighting 777.
fire hose 778.
fire hydrant 186.
fire hydrant wrench 779.
fire irons 205.
fire pot 204, 209.
fire signs 820.
firebrick 204.
firebrick back 204.
fireman 777.
fireman's hatchet 781.
fireplace 204.
fireplace 195.
fireproof and waterproof garment 777.
firestopping 198.
firing 585.
firing accessories 801.
firing chamber 585.
firing lanyard 802.
firing mechanism 804.
firing shaft 802.
firing tube 807.
firmer chisel 587.
firn 26.
first aid 822.
first aid equipment 726.
first aid kit 725.
first aid manual 725.
first base 597.
first baseman 597.
first dorsal fin 86.
first floor 194.
first floor 196.
first focal room 15.
first molar 144.
first officer's seat 500.
first premolar 144.
first quarter 6.
first reinforce 800.
first space 610.
first stage 509.
first valve slide 550.
first violins 556.
first-class cabin 498.
fish 86, 88.
fish fork 240.
fish kettle 248.
fish knife 239.
fish platter 238.
fish scaler 688.
fish wire 311.
fishbone stitch 571.
fisherman's knot 691.
Fishes 11.
fisheye lens 392.
fishhook 671.
fishhook 670.
fishing 670, 672.
fishing garments 672.
fishing jacket 672.
fishnet stocking 344.
fishplate 466.
fishplate bolt 466.
fish, anatomy 88.
fish, morphology 86.
fission of uranium fuel 766.
fitness equipment 663, 664.
fitted sheet 224.
fitting 778.
fittings 301, 630.
five-number bet 700.
fivepin 683.
fixative 592.
fixed arch 455.
fixed base 282.
fixed blade 578.
fixed bridges 454, 456.
fixed distance marking 505.
fixed jaw 279, 282.
fixed platform 739.
fixed weight 539.
fixed winglet 814.
fixed-roof tank 741.
fixing bath 399.
flag 606.
flag shapes 817.
flag with Schwenkel 817.
flagstone 263.
flag, parts 817.
flail mower 158.
flail mower 154.
flame adjustment wheel 386.
flame spreader tip 307.
flammable 821.
flank 101, 108, 179, 579.
flanker 605.
flanking tower 180.
flap 322, 380, 649.
flap hydraulic jack 812.
flap lever 500.
flap pocket 339.
flap pocket 320, 322.
flare 6, 738.
flare joint 300.
flare nut spanner 279.
flash hider 796.
flash lamp 393.
flashcube 393.
flashing 205.
flashing light 471.
flashtube 393.
flat 538.
flat brush 589.
flat end pin 231.
flat mirror 14, 720.
flat part 567.
flat roof 182.
flat sheet 224.
flat shuttle 573.
flat stitches 571.
flat tip 276.
flat washer 278.
flat-back brush 368.
flat-bed 561.
flat-plate solar collector 768.
flatbed 441.
flesh 62, 63, 64.
fleshy fruits 62, 65.
fleshy leaf 70.
fletching 684.

The terms in **bold type** indicate the title of an illustration.

fleur-de-lis 819.
flews 106.
flex 374.
flex 256, 260, 268, 271, 310, 370.
flex sleeve 283, 305.
flex support 256.
flexible hose 260, 735.
flexible hose connection 735.
flexible rubber hose 298.
flexible skirt 493.
flexible tube 726.
flies 188.
flight 625, 698.
flight bag 382.
flight bag 637.
flight deck 500.
flight deck 498, 508, 510, 810.
flight information board 505.
flight instruments 635.
flight management computer 500.
flight of stairs 201.
flights 624.
flint 307, 795.
flint arrowhead 791.
flint knife 791.
flintlock 795.
flip turn 622, 623.
float 216, 485, 672, 803.
float ball 293.
float clamp 216.
floater 626.
floating bridge 457.
floating crane 490.
floating head 374.
floating rib 122.
floating roof 741.
floating sleeve 316.
floating-roof tank 741.
floodlight 414.
floodlight on pantograph 414.
floor 205, 616, 617, 773.
floor brush 260.
floor drain 215.
floor joist 198, 199.
floor nozzle 260.
floor tile 286.
floorboard 200.
floppy disk 529.
floppy disk drive 528.
florin 832.
flotation section 486.
flow 493.
flow bean 740.
flow tube 768.
flower 57.
flower bed 263.
flower bud 57.
flowering 61.
flower, inflorescences 60.
flower, structure 60.
flue 297, 542.
flue hat 297.
flue pipe 542.
fluff trap 259.
fluid cup 590.
fluke 483.
fluorescent tube 232.
fluorescent tube 233.
flush 695.
flush bushing 301.
flush handle 293.
flute 166, 167, 281, 548.
fluted land 281.
fluted pole 230.
fluteroni 587.
flutes 556.
Fly 13, 77, 323, 325, 350, 817.
fly agaric 55.
fly front closure 330, 351.
fly half 606.
fly line 670.
fly reel 670.
fly rod 670.
flying buttress 175, 176.
Flying Fish 13.
flying jib 481.
flyleaf 577.
flyover 452.
flysheet 685, 686.
flywheel 435, 584, 664.
FM antenna 400.
foam 30.
foam cushion 729.
foam insulation 287.
foam monitor 743.
foam pad 687.
foam-rubber insulation 287.
focal plane shutter 390.
focus 23.
focus mode selector 391.
focus setting ring 392.
focusing knob 720, 721.
focusing lenses 717.
focusing magnifier 399.
focusing ring 719.
focusing screen 390.
fodder corn 149.
fog 37, 39.
fog lamp 429.
fog light 440.
foible 666.
foil 666.
foil warning line 666.
foilist 667.
fold 315.
fold line 565.
foldaway ladder 303.
folder 518.
folding chair 223.
folding door 202.
folding door 194.
folding grill 690.
folding nail file 365.
folding ramp 494.
folding shovel 690.
foliage 59.
follicle 67.
follicle, section 67.
follow-through 682.
fondue fork 240.
fondue pot 248.
fondue set 248.
food chain 31.
food pollution 32.
food processor 251.
foot 83, 112, 116, 117, 118, 119, 225, 264, 350, 542, 545, 553, 579, 631, 670, 671, 756.
foot control 561.
foot fault judge 614.
foot hole 542.
foot pocket 627.
foot rest 664.
foot score line 620.
foot strap 631.
football 602.
footboard 224, 445.
footbridge 180, 464, 475.
footing 198, 199.
footless tights 353.
footlights 188.
footrest 584, 727.
footrope 478.
footstool 222.
footstrap 336, 664.
forage blower 162.
forage blower 155.
forage harvester 162.
forage harvester 155.
foramen caecum 143.
forced hot-water system 208.
forced warm-air system 206.
fore edge 577.
fore royal sail 481.
forearm 106, 117, 119, 798.
forearm crutch 728.
forearm support 728.
forecastle 495, 497.
forecourt 453, 614.
forehead 109, 116.
foreleg 79, 80.
foreleg, honeybee 80.
forelimb 84.
forelock 100.
foremast 479, 743.
foresail 481.
forest 27.
forestay 628.
forewing 79, 81.
fork 240.
fork 105, 447, 688, 707, 721, 787.
fork pocket 470.
forked tongue 96.
forklift truck 787.
forks 787, 788.
forks, principal types 240.
formeret 177.
forte 666.
fortified wall 172.
forward 624.
forward dive 625.
forward slide change 397.
forward swing 682.
forward/reverse 272.
foul line 597, 683.
foundation 198, 199, 750.
foundation block 750.
foundation of dam 748.
foundation of tower 456.
foundation slip 345.
foundations 199.
fountain pen 389, 515.
four blade beater 250.
four-door saloon 425.
four-four time 537.
four-masted barque 478, 480.
four-of-a-kind 695.
four-stroke-cycle engine 436.
four-toed hoof 99.
fourchette 327.
fourth 537.
fourth wheel 706.
foyer 189.
fractionating tower 744.
fraise 318.
frame 198, 572, 674.
frame 82, 156, 157, 159, 204, 225, 272, 282, 302, 319, 323, 378, 382, 383, 443, 484, 536, 554, 583, 595, 615, 645, 659, 660, 685, 711, 726, 768, 769, 773, 785, 787, 788.
frame push 783.
frame stile 225.
frames 376.
frame, embroidery 571.
framing square 275.
franc 832.
Francis turbine 754.
free margin 137.
free throw lane 610.
free throw line 610, 612.
freewheel 448.
freezer bucket 251.
freezer compartment 254.
freezer door 254.
freezing rain 39.
freight wagons, types 472.
French betting layout 701.
French bread 153.
French cuff 339.
French cut 363.
French horn 551.
French horns 557.
French knot stitch 571.
French loaf 153.
French roulette wheel 701.
French window 203.
fresco 170.
fret 546, 547, 701.
friction strip 307, 386.
frieze 166, 168, 225.
frigate 808.
frilly pants 349.
fringe 318.
fringe trimming 229.
frock coat 317.
frog 84.
frog 104, 156, 320, 467, 544.
frog-adjustment screw 277.
frog, life cycle 84.
front 322, 324.
front apron 324.
front axle 784.
front beam 708.
front binding 633.
front board 577.
front brake 447.
front brake lever 444.
front crawl stroke 622.
front crossbar 645.
front derailleur 446, 448.
front flap 386.
front foil 495.
front footrest 443, 444.
front grip 804.
front knob 277, 281.
front landing gear 813.
front leg 223.
front lights 429.
front lights 189.
front mudguard 442.
front pocket 381.
front point 680.
front runner 643.
front sight 795, 797, 798, 799, 804.
front sight housing 796.
front tip 256.
front top pocket 323.
front view 147.
front wall 616, 617.
front wheel 147, 727, 784.
front-end loader 782.
frontal 120.
frontal bone 122.
frontal sinus 141.
frontcourt 617.
fronts 39.
frontwall 441.
fruit branch 61.
fruit tree 149.
fruit vegetables 69.
fruit-picking ladder 303.
fruition 61.
frying pan 249, 688.
fuel 766.
fuel 761.
fuel bundle 765.
fuel bundle 765.
fuel control 501.
fuel handling sequence 764.
fuel indicator 431.
fuel injector 434, 437.
fuel lines 635.
fuel oil 744.
fuel pellet 765.
fuel reservoir 386.
fuel tank 272, 440, 442, 468, 508, 805, 812.
fuel tank flap 427.
fuel transfer pipe 509.
fuel: enriched uranium 762.
fuel: enriched uranium 763.
fuel: natural uranium 760.
fuel: natural uranium 761.
fueling machine 761.
fuelling machine 759, 760, 764.
fulcrum 624.
full and by 629.
full back 606.
full cheek snaffle 650.
full cheek snaffle bit 650.
full deployment 419.
full face mask 777.
full house 695.
full moon 7.
full stop 832.
full-load adjustment screw 712.
fullback 601, 603, 605.
fumarole 24.
fume extractor 805.
function button 699.
function display 555.
function key 530.
function keys 421, 422, 709.
function selector 214, 402.
function selectors 420.
funiculus 62, 67.
funnel 243.
funnel 410, 494, 496.
fur 107.
furlong chute 651.
Furnace 13, 206, 770.
furs, examples 819.
fuse 757, 769.
fuse body 804.
fuse box 312.
fuse cutout 757.
fuse holder 757.
fuse puller 311.
fuselage 499, 639.
fuselage mounted tail unit 498.
fuses 312.

G

g 537.
g clef 537.
gable 175, 197.
gable roof 182.
gable stud 198.
gable vent 197.
gaff 478.
gaff sail 482.
gaff topsail 480.
gaffsail boom 478.
gain control 485.
gaits, horse 101.
galaxy 9.
galaxy, classification 9.
gall bladder 97.
gall-bladder 131.
gallery 175, 189, 486, 773.
galley 498, 807.
Gallic warrior 791.
gallop 101.
galosh 355.
game cartridge 699.
game of darts 698.
gangway 742.
gantry crane 786.
gantry crane 746, 747.
Ganymede 4.
gap 671.
garage 196.
garden 171.
garden hose 265.
garden line 268.
garden sorrel 73.
gardening equipment 264, 266, 268, 270, 272.

ENGLISH INDEX

The terms in **bold type** indicate the title of an illustration.

gardening tools 264, 266, 268, 270, 272.
garlic 70.
garlic press 243.
garment fabric 565.
garments, fishing 672.
garnet 362.
garter stitch 567.
gas 34, 35, 232, 737, 744.
gas burner 297.
gas cock 297.
gas cylinder 796.
gas lift module 738.
gas lighter 386.
gas main 186.
gas tail 9.
gasket 257, 300.
gaskin 101.
gastrocnemius 120, 121.
gastropod 83.
gate 647.
gate 462, 490, 646, 681, 747, 752.
gate arm 471.
gate arm lamp 471.
gate arm support 471.
gate operating ring 753.
gate-leg 219.
gate-leg table 219.
gather 337.
gather skirt 335.
gathering 577.
gauge 578.
gauntlet 308, 327.
gauntlet 327, 792.
gauze bandage 662, 725.
gear 575.
gear cable 448.
gear housing 671.
gear lever 430, 447, 448.
gearbox 495, 583.
gearchange pedal 443, 444.
gelatin capsule 725.
Gemini the Twins(May 21) 820.
general underground map 475.
generator 753.
generator 758.
generator unit 753.
generator unit 747.
genital opening 83.
geometry 830.
geostationary orbit 43.
geostationary satellite 42.
germ 152.
German rye bread 153.
geyser 297.
geyser 25.
gill 55.
gill filament 87.
gill raker 87.
gills 87.
gills 88, 92.
gimbal ring 485.
Giraffe 11.
girder 14, 198.
girdle 346.
girdle 363.
girth 649, 651.
girth strap 649.
give way 824, 825.
glacial cirque 26.
glacier 26.
glacier tongue 26.
glacis 178.
gladius 791.
glans penis 127.
glass 689, 768, 769.
glass case 709.
glass cover 254.
glass curtain 228.
glass dome 484.
glass slide 718.
glass sphere 40.
glass-fronted display cabinet 227.
glass-lined tank 297.
glassed roof 190, 195, 462.
glasses 376.
glasses case 379.
glasses, parts of 376.
glasses, principal types 377.
glassware 237.
glazed frost 37.
glider 638.
gliding 638.
glottis 96, 142.
glove 512, 598, 609, 635, 642, 643, 667.
glove compartment 430.
glove finger 327.
gloves 327.
glue 200.
glue stick 515.
gluteal nerve 133.
gluteus maximus 121.
gnomon 706.
go 697.
goal 601, 604, 606, 607, 608, 612, 626.
goal area 601, 612.
goal area line 612.
goal attack 611.
goal circle 611.
goal crease 608.
goal defence 611.
goal judge 608, 626.
goal line 604, 606, 607, 608, 612, 626.
goal line referee 612.
goal post 604.
goal shooter 611.
goal third 611.
goalkeeper 609.
goalkeeper 601, 607, 608, 611, 612, 626.
goalkeeper's pad 609.
goalkeeper's stick 609.
goalpost 611.
goat 150.
gob hat 329.
goggles 308.
goggles 635.
golf 676, 678.
golf bag 679.
golf ball 677.
golf ball, cross-section 677.
golf clubs 678.
golf clubs, types 677.
golf course 676.
golf glove 679.
golf shoe 679.
golf trolley 679.
golf, iron 678.
golf, wood 678.
Golgi apparatus 115.
gonfalon 817.
gong 554.
gong 557.
goods station 464.
goods van 464.
goose 150.
goose-neck 201.
gooseberry 62.
gooseneck 784.
gored skirt 334.
gorge 24.
gorget 792.
gothic cathedral 175, 176.
gouge 587.
gour 24.
go, board 697.
grab handle 440, 449, 461, 779.
gracile 121.
grade slope 193.
grader 784.
graduated arc 484.
graduated dial 719.
graduated scale 708, 709, 710.
grafting knife 269.
grain 288.
grain auger 161.
grain elevator 161.
grain of wheat, section 152.
grain pan 161.
grain tank 160.
grain terminal 490.
grain tube 158.
grandfather clock 707.
grandstand 651.
granitic layer 22.
granivorous bird 111.
granny knot 691.
granulation 6.
grape 61, 62.
grape 61, 62.
grape leaf 61.
grapefruit 65.
grapefruit knife 242.
grapeshot 801.
graphic equalizer 400.
grapnel 483.
grassbox 271.
grasshopper 77.
grater 243.
grating, utensils for 243.
grave accent 832.
gravel 199, 216.
gravity band 483.
gravity dam 749.
gravity dam, cross section 749.
gravy boat 238.
grease well 253.
greases 745.
great adductor 121.
Great Bear 11.
great organ manual 542.
great saphenous vein 126.
great scallop 93.
greater covert 110.
greater nasal cartilage 141.
greater pectoral 120.
greater trochanter 123.
greave 792.
Greek bread 153.
Greek temple 168.
Greek temple, plan 169.
green 682.
green ball 673.
green beam 410.
green bean 69.
green cabbage 73.
green peas 72.
green russula 55.
green space 184.
green walnut 66.
greenhouse 149.
Greenland Sea 20.
grey matter 135.
grid 188, 410.
grid system 47.
griddle 253.
grille 168, 214, 426, 438, 536.
grinding, utensils for 243.
grip 632, 665, 677, 684.
grips, tennis table 619.
grips, types 619.
groin 116, 118.
groove 578.
groove 562, 598, 641, 678, 793.
ground 312, 741.
ground air conditioner 506.
ground bond 312.
ground electrode 439.
ground equipment 506.
ground fault circuit interrupter 312.
ground floor 194.
ground floor 197.
ground moraine 26.
ground sill 178.
ground surface 733.
ground/neutral bus bar 312.
growth line 83, 95.
guard 201, 242, 310, 666.
guard rail 254.
guardhouse 178, 180.
guava 68.
guide 670.
guide bar 272.
guide handle 283.
guide mark 612.
guide roller 403.
guiding and current bar 476.
guiding tower 457.
guiding wall 746.
guillotine trimmer 398.
gules 819.
gulf 51.
gum 142, 144.
gumshield 669.
gun 291, 805.
gun flap 319.
gunner's sight 805.
gusset 378, 380.
gusset pocket 339.
gusset pocket 338.
Gutenberg discontinuity 22.
gutta 167.
gutter 105, 197, 683.
guy cable 660.
guy line 685.
guy wire 774.
guyot 28.
gymnasium 496.
gymnastics 659, 660.
gypsum tile 286.

H

hack 620.
hackle 670.
hacksaw 277, 299.
hail 37.
hail shower 39.
hair 117, 119, 136, 544.
hair bulb 136.
hair clip 369.
hair dryer 370.
hair follicle 136.
hair grip 369.
hair roller 369.
hair roller pin 369.
hair shaft 136.
hair slide 369.
hairbrushes 368.
haircutting scissors 369.
hairdressing 368, 370.
hairpin 369.
hairspring 706.
hairstyling implements 369.
half barb 38.
half cell 636.
half court line 616.
half handle 242.
half hoe 325.
half indexing 525.
half-distance line 626.
half-glasses 377.
half-mask respirator 730.
half-side 787.
half-slip 345.
half-through arch bridge 455.
halfback 605.
halfway line 601, 606.
hall 189.
hall 194, 496.
hallway 194.
halyard 480, 817.
ham knife 242.
hammer 311, 658.
hammer 540, 541, 797, 798, 799.
hammer axe 681.
hammer axe 680.
hammer butt 541.
hammer drill 734.
hammer felt 541.
hammer head 681.
hammer rail 540, 541.
hammer shank 541.
hand 137.
hand 117, 119.
hand blender 250.
hand brake gear housing 470.
hand brake wheel 470.
hand brake winding lever 470.
hand drill 280.
hand fork 268.
hand grenade 804.
hand grip 670.
hand lamp 777.
hand mixer 250.
hand mower 271.
hand protection 821.
hand protector 268.
hand vacuum cleaner 260.
hand vice 582.
hand warmer pocket 330.
hand warmer pouch 339.
hand wash in lukewarm water 829.
hand wheel 561.
hand-held shield 308.
hand-warmer pocket 321.
hand-wheel 579.
handbags 380.
handball 612.
handball, court 612.
handbrake lever 430.
handgrip 442, 728.
handgrips 665.
handguard 796.
handicap spot 697.
handle 633.
handle 204, 224, 239, 240, 241, 250, 251, 252, 253, 254, 255, 256, 260, 265, 270, 271, 272, 275, 276, 277, 278, 279, 281, 282, 284, 291, 294, 295, 304, 306, 310, 370, 373, 374, 375, 378, 380, 382, 383, 408, 544, 563, 564, 570, 573, 579, 596, 598, 607, 615, 619, 620, 640, 643, 658, 666, 670, 671, 679, 688, 727, 735, 793.
handlebar 272, 664.
handlebars 445, 447.
handrail 201, 477.
handsaw 277.
handset 420, 422.
handset flex 420.
hang glider 637.
hang gliding 637.
hang point 637.
hang to dry 829.
hang-up ring 370.
hanger 397.
hanger bracket 727.
hanger loop 326.
hanging basket 263.
hanging glacier 26.
hanging pendant 236.
hanging sleeve 316.
hanging stile 202, 203, 225.
hank 630.
harbour 490.
hard disk bus 528.

The terms in **bold type** indicate the title of an illustration.

hard disk drive 529.
hard disk drive 526, 528.
hard hat 729.
hard palate 141, 142.
hard shell clam 93.
hard top open wagon 472.
hardboard 289.
hardwood base 635.
Hare 13.
harmonica 536.
harness 573, 627, 635, 636, 637, 645.
harness racing 652.
harnesses 572.
harp 545.
Harp 11.
harp cable stays 456.
harps 556.
harvesting 155, 159, 160, 162.
hastate 56.
hat stand 522.
hatband 328.
hatch 510, 805.
hatchback 425.
hatchet 690.
hatching 576.
haulage road 733.
hawk 291.
hay baler 159.
hay baler 155.
hayloft 148.
hazelnut 66.
hazelnut, section 66.
head 112.
head 9, 72, 78, 79, 80, 83, 117, 119, 124, 127, 275, 276, 279, 283, 373, 374, 384, 386, 466, 544, 546, 547, 554, 561, 567, 570, 579, 615, 658, 670, 677, 681.
head cover 679.
head harness 730.
head linesman 603.
head number 653.
head of femur 123.
head of frame 203.
head of humerus 123.
head pole 653.
head protection 729.
head protection 821.
head roller 572.
head to wind 629.
head tube 306, 447.
head-first entry 624.
headband 406, 408, 577, 615, 642, 729, 730.
headbay 746.
headboard 224.
headcap 577.
header 161.
header 198, 202.
headframe 736.
headgear 328.
headings, types 229.
headlamp 447.
headland 30.
headlight 147, 426, 440, 442, 444, 445, 459, 469, 805.
headlight/indicator switch 430.
headphone jack 402, 408, 555.
headphone plug 408.
headphones 406.
headphones 408.
headpin 683.
headrail 231.
headrest 428.
head, bat 112.
head, bird 109.
hearing 138.
heart 125, 695.
heart 88, 92, 97, 130.
heartwood 59.
heat control 209.
heat deflecting disc 232.
heat exchanger 209, 760, 772.
heat production 766.
heat pump 212.
heat ready indicator 370.
heat selector switch 370.
heat shield 510.
heat transport pump 759.
heater 689.
heating 204, 206, 208, 210, 212.
heating coil 635.
heating element 207, 209, 255, 257, 259, 305, 585.
heating grille 477.
heating oil 745.
heating/air conditioning equipment 494.
heating, forced hot-water system 208.
heating, forced warm-air system 206.
heating, registers 207.
heaving line knot 691.
heavy drifting snow low 39.
heavy duty boot 355.
heavy machinery 785.
heavy petroleum 744.
heavy thunderstorm 39.
heavy vehicles 782, 784.
heavy-water reactor 761.
heddle rod 574.
heddles 573.
heddles 572, 574.
hedge 263.
hedge shears 269.
hedge trimmer 268.
heel 104, 117, 119, 156, 242, 277, 325, 352, 354, 544, 546, 596, 609, 644, 678.
heel bone 123.
heel flange 641.
heel grip 354.
heel loop 727.
heel piece 633, 640.
heel rest 250, 256.
heel stop 645.
heel-piece 641.
heeled shoe 318.
heelplate 642, 643.
height adjustment 157, 159, 659, 661, 664.
height adjustment scale 284.
height adjustment screw 641.
height control 399.
height finder 810.
height of the dive 625.
height scale 399.
helicopter 508.
helicopter 808.
helicopter flight deck 808.
helicopter hangar 808.
helipad 738.
helium sphere 509.
helix 139.
helm roof 183.
helmet 777.
helmet 512, 602, 609, 635, 636, 680, 777, 791.
helmet lamp 680.
helmet ring 512.
hem 231.
hemidemisemiquaver 538.
hemidemisemiquaver rest 538.
hemispheres 47.
hemlath 773.
hemline 565.
hen 150.
hen house 148.
hennin 318.
hepad 42.
hepatic vein 124.
heraldry 817, 818.
herbivore's jaw 98.
herbivores 31, 33.
herbs 74.
Hercules 11.
Herdsman 11.
herringbone parquet 200.
herringbone pattern 200.
herringbone stitch 571.
Hertzian wave transmission 416.
hex nut 439.
hexagon bushing 301.
hidden pocket 379.
high (19 to 36) 700, 701.
high card 695.
high clouds 44.
high focal plane buoy 487.
high jump 657.
high jump 654.
high pressure centre 38.
high warp loom 574.
high-back dungarees 350.
high-pressure steam inlet 758.
high-rise block 185.
high-speed exit taxiway 502.
high-speed train 458.
high-voltage tester 310.
highland climates 45.
highland climates 45.
highlight key 396.
highlighter pen 515.
hill 27, 770.
hilted bayonet 794.
hind leg 79, 81.
hind leg, butterfly 78.
hind leg, honeybee 81.
hind limb 84, 85.
hind toe 108, 111.
hind wing 79, 81.
hinge 202, 203, 225, 253, 257, 378, 382, 404, 429, 431, 585, 641, 719.
hinge pin 785.
hinge tooth 95.
hinged door 195.
hinged presser foot 561, 562.
hip 117, 119.
hip pad 602.
hip roof 182.
hip-and-valley roof 183.
hitch pin 540.
hitting area 596.
hive 82.
hive 149.
hive body 82.
hobble 652.
hobble hanger 652.
hock 101, 106.
hockey 607.
hockey ball 607.
hockey, playing field 607.
hoe 267.
hoe-fork 266.
hog score line 620.
hoist 188, 817.
hoisting block 786.
hoisting cable 786.
hoisting ring 483.
hoisting rope 302.
hoisting system 786.
holdall 381.
holdback 229.
holding 668.
holding area marking 504.
holding timekeeper 668.
holds, judo 668.
hole 583, 676.
hollow barrel 726.
hollow shot 801.
home plate 597.
home straight 651.
home-plate umpire 597.
honey cell 82.
honeybee 80, 82.
honeybee, foreleg 80.
honeybee, hind leg 81.
honeybee, middle leg 80.
honeycomb 82.
honeycomb section 82.
hood 204, 260, 320, 349, 627, 680.
hooded sweat shirt 352.
hooded towelling robe 349.
hoof 104.
hoof 101.
hoofs, types 99.
hoof, plantar surface 104.
hook 267.
hook 203, 230, 310, 562, 566, 567, 568, 644, 674, 709, 711, 726, 786.
hook and eyes 566.
hook ladder 303.
hook ladder 781.
hooker 606.
hoop 571.
hoop earrings 361.
hopper 158, 162.
hopper ore wagon 472.
hopper wagon 472.
horizon mirror 484.
horizon shade 484.
horizontal bar 660.
horizontal clamp 713.
horizontal control 529.
horizontal end handhold 470.
horizontal member 756.
horizontal motion lock 393.
horizontal movement 696.
horizontal pivoting window 203.
horizontal seismograph 714.
horizontal-axis wind turbine 774.
horn 364.
horn 430, 444, 468, 779.
horns 83.
horns of a giraffe 99.
horns of a mouflon 99.
horns of a rhinoceros 99.
horns, principal types 99.
horny beak 97.
hors d'oeuvre dish 238.
horse 98, 100, 102, 104.
horse 661.
horse racing 651.
horseradish 71.
horseshoe 104, 174, 364.
horseshoe 104.
horseshoe mount 14.
horse, gaits 101.
horse, morphology 100.
horse, skeleton 102.
hose 344.
hose 306, 780.
hose connector 264, 265.
hose nozzle 265.
hose trolley 265.
hospital 822.
hot air 501.
hot bus bar 312.
hot coolant 771.
hot line connector 757.
hot-air grille 206.
hot-air outflow 207.
hot-air outlet 204.
hot-shoe contact 391.
hot-water circuit 215.
hot-water heater 215.
hot-water outlet 208, 297.
hot-water pipe 296, 298.
hot-water riser 215.
hotel 185.
hotel reservation desk 504.
hotplate 255.
houppelande 317.
hour angle gear 14.
hour hand 707.
house 193, 620.
house dress 333.
house, exterior 196.
house, foundations 199.
house, frame 198.
house, structure 198.
housing 233, 280, 305, 310, 374, 403, 406, 422, 485, 486.
hovercraft 492.
hub 447, 727, 754, 774.
hub cover 754.
Hubble space telescope 16.
Hubble's classification 9.
huckleberry 62.
hull 67, 628.
hull column 738.
hull sonar 809.
human body 116, 118.
human denture 144.
humerus 102, 122.
humid - long summer 45.
humid - short summer 45.
humid subtropical 45.
humidifier 210.
humidity 210.
humidity, measure 41.
hump 465.
hump lead 465.
hump office 465.
hunting cap 328.
Hunting Dogs 11.
hunting weapons 798.
hurdle 656.
hurricane 39.
hurricane lamp 690.
husk 66.
husk 72.
hut 165.
hydrant intake 778, 779.
hydraulic boom 782.
hydraulic coupler 147.
hydraulic cylinder 147, 788.
hydraulic hose 156, 157, 158.
hydraulic jack 449.
hydraulic pallet truck 788.
hydraulic resistance 664.
hydraulic system 787.
hydroelectric complex 746.
hydroelectric power station, cross section 747.
hydrofoil 495.
hydrologic cycle 34.
hydrometer 439.
hydrosphere 31.
hydrostatic pad 14.
hygrograph 41.
hygrometer 210.
hypha 55.
hyssop 74.

I

ice 34.
ice axe 681.
ice axe 680.
ice cream freezer 251.
ice cream scoop 246.
ice cube tray 254.
ice dispenser 453.
ice hockey 608.
ice hockey player 609.
ice hockey skate 644.
ice hockey, rink 608.
ice piton 680.
ice screw 680.

The terms in **bold type** indicate the title of an illustration.

icing syringe 245.
identification bracelet 364.
idler wheel 445.
igloo 165.
igneous rocks 23.
ignition box 501.
ignition key 271.
ignition switch 430, 444, 445.
ignition transformer 209.
ileum 131.
iliohypogastric nerve 133.
ilioinguinal nerve 133.
ilium 122.
illumination mirror 713.
imagesetter 527.
imperial roof 183.
impervious rock 737.
impluvium 170, 171.
impost 174.
impulse sprinkler 264.
in-flight refuelling 813.
in-flight refuelling probe 813.
inactive dyke 752.
inbound line 604.
incandescent lamp 232.
incandescent lamp 486, 769.
incised figure 580.
incisor 98.
incisors 144.
incoming document tray 421.
incoming message cassette 420.
incus 138.
indent 524.
index arm 484.
index card cabinet 517.
index card drawer 517.
index cards 517.
index finger 137.
index hole 529.
index mirror 484.
index shade 484.
Indian 13.
Indian chapati bread 153.
Indian fig 68.
Indian nan bread 153.
Indian Ocean 21.
indicator 429, 441, 442, 443, 444, 705, 710.
indicator board 462, 654.
indicator light 431, 445.
indicator lights 531.
indicator needle 396.
indicators 405, 410.
indoor shutters 231.
indoor unit 213.
industrial communications 417.
industrial pollution 32, 33.
inert gas 232, 233.
inferior cymbal 552.
inferior dental arch 142.
inferior lobe 130.
inferior mesenteric artery 132.
inferior nasal concha 141.
inferior umbilicus 110.
inferior vena cava 124, 125, 126, 132.
infield 597.
infiltration 34.
infinity 830.
inflated carrying tyre 476, 477.
inflated guiding tyre 476, 477.
inflator 687.
inflator 627.
inflator valve 627.
inflator-deflator 687.
inflorescences, types 60.
inflorescent vegetables 69.
information 823.
information console 627.
information counter 504.
information processing 722.
infrared homing head 814.
infrared sounder 43.
infraspiatus 121.
infundibulum of fallopian tube 129.
inhalation valve 730.
injection/explosion 437.
ink 581, 588.
ink 389, 581.
ink roller 581.
inked surface 580.
inking slab 581.
inlaid parquet 200.
inlet hose 399.
inlet valve 434, 436.
inner boot 641, 645.
inner circle 620.
inner core 22.
inner door shell 429.
inner ear 138.
inner edge 104.
inner hearth 204.
inner jib 481.
inner lining 433.
inner lip 94.
inner stators 501.
inner table 697.
inner tent 685, 686.
inner toe 108.
input devices 526.
input monitors 413.
input selector 402.
input terminal 310.
insectivores 31.
insectivorous bird 111.
insects 77.
inset pocket 339.
inside 241.
inside knob 290.
inside linebacker 603.
inside-leg snap-fastening 350.
insole 358.
inspection light 310.
inspection plug 216.
instep 325.
instrument pallet 511.
instrument panel 431.
instrument panel 430.
instrument platform 43.
instrument shelter 41.
instrument unit 509.
insulated blade 310.
insulated handle 310, 311.
insulating material 199, 200, 257.
insulating materials 287.
insulating sheet 528.
insulating sleeve 309.
insulation 209, 297, 768.
insulation layers 512.
insulator 439, 757.
intaglio printing 580.
intaglio printing process 582.
intaglio printing process, equipment 582.
intake 436, 437.
intake manifold 434, 437.
intake port 436.
integral 830.
integral bayonet 794.
Intelsat VII 418.
interchangeable end assembly 14.
interchangeable studs 600.
interchanges, major types 450.
intercom microphone 413.
intercom station 413.
intercooler 438.
intercostal nerve 133.
interfacing 565.
interfemoral membrane 112.
interior dome shell 14.
interior door handle 429.
interior door lock button 429.
interior pocket 383.
interlining 565.
interlock 576.
intermediate booster station 740.
intermittent drizzle 39.
intermittent rain 39.
intermittent snow 39.
internal boundary 51.
internal filum terminale 134.
internal iliac artery 124, 126, 132.
internal iliac vein 124.
internal jugular vein 126.
internal tooth lock washer 278.
international boundary 51.
international road signs 827, 828.
international weather symbols 39.
internode 57.
interrupted projection 50.
intersection 830.
intertragic notch 139.
intertwining 692.
interval 489.
intervals 537.
interventricular septum 125.
intestine 88, 92, 97, 124.
intrados 174.
intrusive rocks 23.
invert 476.
inverted pleat 228, 335.
inward dive 625.
Io 4.
ionic order 166.
iris 140.
Irish bread 153.
iron 677.
iron at high setting 829.
iron at low setting 829.
iron at medium setting 829.
iron curtain 188.
ironing 829.
iron, golf 678.
irregular crystal 37.
irregular galaxy 9.
is approximately equal to 830.
is contained in 830.
is equal to 830.
is equal to or greater than 830.
is equal to or less than 830.
is equivalent to 830.
is greater than 830.
is identical with 830.
is less than 830.
is not equal to 830.
is not identical with 830.
is not parallel to 830.
is parallel to 830.
isba 165.
ischium 123.
island 51, 452.
isobar 38.
isolated danger mark 489.
isoseismal line 23.
isthmus 51.
isthmus of fallopian tube 129.
isthmus of fauces 142.
ivory ball 701.

J

J C B® 782.
J-2 engine 509.
jabot 342.
jack 682, 695.
jack 400, 541, 682, 785, 786.
jack field 407.
jack plug 406.
jack spring 541.
jack-up platform 739.
jacket 331.
jacket 331, 529, 667, 668, 798.
jackleg drill 734.
jackpot box 702.
jackpot feed 702.
jalousie 203.
jamb 202, 203, 204.
Japan plum 64.
Japanese persimmon 68.
javelin 791.
javelin throw 654.
javelins 658.
jaw 276, 280, 281, 311, 365.
jaws, types 98.
jaw, carnivore's 98.
jaw, herbivore's 98.
jaw, rodent's 98.
jazz band 558.
jeans 336.
jejunum 131.
jersey 602.
Jerusalem artichoke 71.
jet blast deflector 810.
jet engine test area 811.
jet fuel 745.
jet refueler 506.
jet tip 373.
Jew's harp 536.
jewel 706.
jewel cap 485.
jewellery 361, 362, 364.
Jewish challah 153.
jib 628, 786.
jib tie 786.
jibsheet 628.
jigger topgallant staysail 480.
jigger topmast staysail 480.
jingle 554.
jockey 651.
jockey rollers 448.
jodhpurs 648.
joint 389, 577, 670, 675.
joint filler 291.
jointed mouth 650.
jointed mouth bit 650.
joist 200.
Joker 695.
journal box 468.
joystick 526.
judge 666, 668, 669.
judge's stand 651.
judo 668.
judo suit 668.
juice extractor 251.
juice sac 65.
jump ski 633.
jump suit 350.
jump suit 635.
jumpsuit 336, 351.
junction box 471.
Jupiter 4.
justaucorps 315.

K

K-frame 756.
Kaplan turbine 754.
karabiner 681.
keel 637.
keep 181.
keeper ring 670.
kelly 737.
kerb 186.
kernel 72.
kerosene 744.
kerosene tank 509.
ketch 482.
kettle 252.
kettledrum 553.
key 290, 536, 539, 540, 541, 543, 549.
key case 379.
key finger button 549.
key guard 549.
key lever 549.
key lock 378.
key signature 538.
keybed 540.
keyboard 530.
keyboard 422, 526, 527, 540, 555, 683.
keyboard instruments 540.
keyboard port 528.
keyhole 290.
keystone 174, 177.
kick pleat 335.
kicking strap 628.
kickstand 443.
kidney 89, 97, 124.
kilt 335.
kimono 348.
kimono sleeve 340.
King 695.
King 696.
king post 199, 637.
King's side 696.
kingpin 441.
kiosk 453, 475.
kitchen 171, 195, 460.
kitchen knife 242.
kitchen knives, types 242.
kitchen scale 244.
kitchen timer 244.
kitchen utensils 242, 244, 246.
kitchenette 195.
kiwi 68.
knee 100, 106, 116, 118.
knee boot 653.
knee boot suspender 653.
knee cap 122.
knee pad 595, 602, 609.
knee roll 649.
knee sock 642.
knee-high sock 344.
knickerbockers 336.
knife 239, 581, 587, 690.
knife 688.
knife pleat 335.
knife pleat 323.
knife-blade cartridge fuse 312.
Knight 696.
knit shirt 326.
knitting 567.
knitting machine 568.
knitting measure 567.
knitting needles 567.
knives, principal types 239.
knob 219, 596.
knob handle 284.
knockout 312.
knot 576.
knot stitches 571.
knots 691, 692.
knurled bolt 304.
kohlrabi 71.
krone 832.
kumquat 65.

L

L-shaped table 521.
label 404.
label holder 517.
label maker 516.
labial palp 79, 81, 92.
labium majus 128, 129.
labium minus 128, 129.
laboratory 15.
laccolith 25.
lace 596, 644, 669.
lace carriage 568.
lace-up 355.
lacing 645.

The terms in **bold type** indicate the title of an illustration.

lacrimal duct 140.
lactiferous duct 129.
ladder 449, 487, 493, 741, 785.
ladder and hose strap 777.
ladder pipe nozzle 781.
ladder scaffold 303.
ladders 302.
ladle 801.
ladle 244.
Lady chapel 177.
ladybird 77.
lagging 741.
lagoon 30.
lake 7, 27, 51.
lam 572.
lamb 150.
laminboard 288.
lamp 718.
lamp base 486.
lamp socket 309.
lamphouse elevation control 399.
lamphouse head 399.
lanceolate 56.
lancet 174.
land 281.
landing 194, 201, 736.
landing area 655, 657.
landing deck 811.
landing gear lever 500.
landing light 508.
landing net 672.
landing radar 811.
landing window 508.
lane 683.
lane 621, 655.
lane line 656.
lane number 621.
lane rope 621.
lane timekeeper 621.
langoustine 91.
language display button 422.
languid 542.
lantern 689.
lantern 263, 486.
lantern pane 486.
lap belt 428.
lapel 322, 341.
lapiaz 24.
lapis lazuli 362.
larch 58.
large blade 688.
large intestine 131.
large wheel 727.
larva 82.
larynx 130, 142.
laser beam 405.
laser printer 527.
last quarter 7.
latch 253, 257, 383, 568, 681.
latch bolt 289, 290.
latch lever 562.
latch needle 568.
latch needle 569.
lateen sail 482.
lateral bar 663.
lateral condyle of femur 123.
lateral cutaneous femoral nerve 133.
lateral filing cabinet 520.
lateral groove 104.
lateral incisor 144.
lateral line 87, 620.
lateral mark 489.
lateral moraine 27.
lateral rectus muscle 140.
lateral-adjustment lever 277.
latissimus dorsi 121.
latitude 3.
latitude scale 40.
latrines 171.
launch escape system 509.
launcher/satellite separation 419.
launching into orbit 419.
launching orbit 48.
laundry room 194.
laurel bay 74.
lava flow 25.
lava layer 25.
lawn 193, 263.
lawn aerator 266.
lawn edger 266.
lawn rake 267.
leach field 216.
lead 408, 620.
lead ball 804.
lead pencil 389.
lead screw 281.
lead-in wire 232.
leader 672.
leading edge 341, 499, 636, 638.
leading edge flap 812.
leading edge tube 637.
leaf 56.
leaf 57, 72.
leaf axil 56.
leaf margin 56.
leaf node 57.
leaf vegetables 73.
leakproof cap 689.
lean-to roof 182.
leash rod 574.
leather end 323.
leather goods 378.
leather sheath 690.
leather sheath 632.
leather skin 598.
leaves, types 56.
leaves, types of 58.
ledger 198.
ledger line 537.
leech 631.
leek 70.
left atrium 124, 125.
left back 607, 612, 613.
left centre 606.
left channel 401.
left cornerback 603, 605.
left defence 608.
left defensive end 603, 605.
left defensive tackle 603, 605.
left elevating handwheel 802.
left field 597.
left fielder 597.
left forward 610, 613.
left guard 603, 605, 610.
left half 607.
left halfback 603.
left inner 607.
left kidney 132.
left lung 124, 130.
left outside linebacker 605.
left pulmonary vein 125.
left safety 603.
left safety back 605.
left service court 614, 616.
left tackle 603, 605.
left trail 803.
left valve, shell 95.
left ventricle 124, 125.
left wing 601, 606, 607, 608.
left winger 612.
left-luggage office 462.
leg 97, 117, 119, 156, 219, 224, 270, 325, 553, 619, 659, 671.
leg curl bar 663.
leg extension bar 663.
leg position 625.
leg-of-mutton sleeve 340.
leg-warmer 353.
legging 680.
legume, section 67.
lemon 65.
lemon squeezer 243, 251.
length post 651.
lengthways bulkhead 742.
lengthwise grain 565, 566.
lens 140, 376, 390, 392.
lens accessories 392.
lens aperture scale 392.
lens cap 392.
lens hood 392, 409, 484.
lens mount 390.
lens release button 391.
lens system 719.
lenses 392, 722.
lenticular galaxy 9.
lentils 72.
Leo the Lion(July 23) 820.
leotard 353.
lesser covert 110.
letter opener 515.
letter scale 516.
leucoplast 115.
level 736.
level crossing 471, 828
level crossing 464.
level crossing bell 471.
level crossing sign 471.
levelling foot 257, 258, 259.
levelling head 713.
levelling head level 713.
levelling head locking knob 713.
levelling screw 40, 709, 713.
levelling-adjustment foot 397.
lever 252, 278, 295, 296, 365, 453, 583, 702, 798.
lever corkscrew 244.
lever cover 295.
levigator 583.
Libra the Balance(September 23) 820.
lid 247, 248, 251, 252, 253, 256, 258, 398, 585.
lid brace 585.
lierne 177.
life belt 495.
life raft 492.
life support system 512.
life support system controls 512.
lifeboat 478, 494, 496, 738.
lift 190, 478.
lift arm 782.
lift bridge 457.
lift chain 293.
lift cord 231.
lift cord lock 231.
lift span 457.
lift-arm cylinder 782.
lift-fan air intake 493.
lifting chain 787.
lifting handle 803.
lifting hook 737.
lifting lever 147.
lifting link 147.
ligament 95.
ligature 548.
light 477, 486, 487, 489, 720, 721.
light bar 779.
light machine gun 796.
light sensor 390.
light shield 16.
light signal 539.
light-load adjustment screw 712.
light-reading scale 396.
lightbox 398.
lighted mirror 368.
lighthouse 486.
lighthouse 491.
lighthouse lantern 486.
lighting 368, 500.
lighting board 412.
lighting board operator 412.
lighting cable 449.
lighting grid 414.
lighting grid access 412.
lighting technician 412.
lighting/camera control area 412.
lightning 36.
lightning arrester 747, 757.
lightning rod 197.
lights 232, 234, 236.
limb 59, 684.
limb top 718.
limpet 83.
line 537, 700, 701.
line guide 671.
line hook 492.
line judge 603, 605, 614, 618.
line of scrimmage 603, 605.
linear 56.
linen 224.
linen 460.
linen chest 226.
lines of latitude 47.
lines of longitude 47.
linesman 601, 605, 608, 613.
lingual papillae 143.
lingual tonsil 143.
lining 322, 324, 352, 354, 378, 565, 644.
linings 565.
linseed oil 592.
linstock 801.
lint filter 258.
lintel 175, 204.
lion 98.
Lion 11.
lion passant 819.
lip 100, 107.
lip make-up 366.
lip strap ring 650.
lipbrush 366.
lipid droplet 115.
lipliner 366.
lipstick 366.
liqueur glass 237.
liquid antiseptic 725.
liquid compass 484.
liquid compass, cross section 485.
liquid cooling and ventilation garment 512.
liquid eyeliner 367.
liquid foundation 366.
liquid hydrogen tank 509.
liquid mascara 367.
liquid nitrogen tank 717.
liquid oxygen tank 509.
liquid oxygen tank baffle 509.
liquid-crystal display 706.
liquid/gas separator 439.
lira 832.
listen button 420.
lists 181.
litchi 68.
litho crayon 583.
litho pencil 583.
lithographic press 583.
lithographic printing 580.
lithographic stone 583.
lithographic tusche 583.
lithography 583.
lithography, equipment 583.
lithosphere 31.
Little Bear 11.
Little Dog 11.
little finger 137.
little finger hook 551.
Little Horse 11.
Little Lion 11.
liver 88, 97, 124, 131.
Liverpool bit 650.
livestock van 472.
living room 195, 685.
Lizard 11.
load support 635.
loading area 764.
loading bunker 734.
loading dock 190.
loading door 204.
lobate 56.
lobate toe 111.
lobby 190, 504.
lobe 111, 139.
lobster 90.
local station 416.
location of the statue 169.
lock 289, 290.
lock 202, 225, 289, 380, 383, 429, 448, 752.
lock chamber 493.
lock dial 530.
lock emptying system 492.
lock filling and emptying opening 493.
lock filling and emptying system 492.
lock filling intake 493.
lock filling opening 493.
lock forward 606.
lock nut 40, 711.
lock rail 202.
lock ring 397.
lock switch 396.
locked groove 404.
locket 361.
locking button 260.
locking device 260, 302.
locking lever 471.
locking pliers 278.
locking ring 276, 802.
locknut 296.
locomotive track 465.
loculus 64.
log 288.
log carrier 205.
log chute 746.
log saw 690.
log tongs 205.
log, section 288.
loin 101, 117, 119.
long adductor 120.
long and short stitch 571.
long extensor of toes 120.
long johns 325.
long jump take-off board 655.
long palmar 120.
long peroneal 120.
long radial extensor of wrist 121.
long residue 744.
long-range jet 498.
longitude 3.
longitudinal dunes 46.
loop 324, 452.
loop stitches 571.
loophole 181.
loose curtain 228.
loose fill insulation 287.
loose powder 366.
loose powder brush 366.
lopping shears 269.
lore 109.
lorgnette 377.
lost property 823.
loudspeaker 779.
loudspeakers 400.
lounge 496.
lounger 223.
louvre 214.
louvre-board 175.
louvred window 203.
lovage 74.
low (1 to 18) 700, 701.
low bar 659.

The terms in **bold type** indicate the title of an illustration.

low clouds 44.
low fuel warning light 431.
low pressure centre 38.
low warp loom 572.
low-pressure steam 758.
low-tension distribution line 757.
lower blade guard 284.
lower bowl 247.
lower cheek 650.
lower chord 455.
lower eyelid 84, 107, 140.
lower fore topgallant sail 481.
lower fore topsail 481.
lower gate 492.
lower gill arch 87.
lower girdle facet (16) 363.
lower guard retracting lever 284.
lower lateral lobe 61.
lower lateral sinus 61.
lower level 493.
lower limb 793.
lower lip 142, 542.
lower mandible 109.
lower mantle 22.
lower mast 478.
lower shell 641.
lower sphere clamp 40.
lower support screw 40.
lubber's line 485.
lubricants plant 745.
lubricating oils 745.
lubricating system 469.
lubricator 735.
Luer-Lock tip 726.
luff 631.
lug 432, 553.
luge 643.
luge toboggan 643.
luggage 382.
luggage compartment 458.
luggage elastic 382.
luggage label 383.
luggage lockers 463.
luggage rack 445, 449, 461.
luggage racks 492.
luggage trolley 382.
lumbar pad 602.
lumbar plexus 133.
lumbar vertebra 135.
lumbar vertebra (5) 123.
lumbar vertebrae 103.
lunar eclipse 8.
lunar features 7.
lunar module 509.
lung 97.
lunula 137.
lunule 95.
Lynx 11.
lyre 535.
lysosome 115.

M

macaroni 587.
machete 794.
machicolation 181.
machicolation 180.
machine gun 805.
machine hall 746, 747.
machine wash in hot water at a normal setting 829.
machine wash in lukewarm water at a gentle setting/reduced agitation 829.
machine wash in warm water at a gentle setting/reduced agitation 829.
machine wash in warm water at a normal setting 829.
machinery shed 148.
macro set button 409.
magazine 795, 796, 797.
magazine base 797.
magazine catch 795, 797.
magma 25, 28.
magma chamber 25.
magnet 563.
magnet 406, 485, 714.
magnetic compass 719.
magnetic damping system 708.
magnetic field 410.
magnetic gasket 254.
magnetic lid holder 256.
magnetic needle 719.
magnetic suspension 712.
magnetometer 42.
magnifier 688.
main beam 429.
main beam indicator light 431.
main beam warning light 445.
main breaker 312.
main carriage 568.
main circuit vent 215.
main cleanout 215.
main deck 743, 811.
main duct 206.
main electric motor 806.
main engines 511.
main entrance 190, 194.
main fan 734.
main handle 280.
main inlet 741.
main landing gear 499, 812.
main lanes 452.
main leg 756.
main lever 590.
main line 464.
main lower topgallant sail 481.
main lower topsail 481.
main mirror 720.
main parachute 635.
main power cable 312.
main preview monitor 413.
main reflex mirror 390.
main return pipe 208.
main road 452.
main royal sail 481.
main sail 481.
main scope tube 718.
main section 700, 701.
main sewer 186.
main stalk 61.
main stand 443.
main steam header 759.
main steam pipes 759.
main supply pipe 208.
main switch 757.
main transformer 458.
main tube 720, 721.
main upper topgallant sail 481.
main upper topsail 481.
main vent 25.
main wheel 707.
mainmast 479.
mainsail 628.
mainsheet 628.
maintenance area 415, 453.
maintenance hangar 503.
maintenance shop 734.
major amphibians 85.
major inner reaping throw 668.
major outer reaping throw 668.
make-up 366.
malar region 109.
male 831.
male cone 58.
male ferrule 670.
male genital organs 127.
male urethra 127.
mallet 275, 581, 586.
mallet 552.
mallets 553.
malleus 138.
mammary gland 129.
man's ring 364.
mandarin 65.
mandarin collar 342.
mandible 78, 80, 81, 86, 102, 122.
mandolin 535.
mane 100.
mange-tout 72.
mango 63.
manhole 186, 741, 742.
manicure 365.
manicure set 365.
manicuring implements 365.
manifold 738.
manned manœuvring unit 512.
manœuvring bar 162.
manœuvring engine 511.
manœuvring lever 787, 788.
manometer 741.
manrope 457.
mansard roof 183.
mantel 204.
mantel shelf 204.
mantle edge 92.
manual 543.
manual focusing knob 397.
manual release 641.
manual/automatic mode 585.
manually-operated points 467.
manuals 542.
manure spreader 156.
manure spreader 154.
manway 736.
map projections 50.
Marconi cutter 482.
margin 57.
margin control 525.
margin release 524.
marginal shield 96.
marine 45.
marine diesel 745.
maritime buoyage system 488.
maritime communications 417.
maritime signals 486.
maritime transport 735.
marker 389, 515.
marker 683.
marker pen 588.
marking dot 565.
marks by night, rhythm 489.
marrow 69.
Mars 4.
mars light 781.
marshalling yard 465.
martingale 666.
mascara brush 367.
mask 595, 627, 667.
mason's trowel 291.
masonry 291.
mass 714.
masseter 120.
mast 464, 471, 508, 628, 631, 787, 788.
mast foot 631.
mast sleeve 631.
master bedroom 194.
master carrier 230.
master cord 645.
master gate valve 740.
masthead 479, 631.
masthead light 495.
masts 478.
mat 668.
mat 682.
matchbox 386.
matchstick 386.
material handling 786, 788.
mathematics 830.
matinee-length necklace 361.
mattress 687.
mattress 224, 726.
mattress cover 224.
maulstick 591.
maxilla 81, 86, 90, 122, 141.
maxillary bone 144.
maxillipeds 90.
maximum thermometer 41.
meadow 149.
measure of air pressure 41.
measure of cloud ceiling 41.
measure of humidity 41.
measure of rainfall 40.
measure of snowfall 41.
measure of sunshine 40.
measure of temperature 41.
measure of wind direction 41.
measure of wind strength 41.
measurement of angles 713.
measurement of distance 711.
measurement of length 711.
measurement of pressure 710.
measurement of seismic waves 714.
measurement of temperature 705.
measurement of thickness 711.
measurement of time 706.
measurement of weight 708.
measuring button 396.
measuring cups 244.
measuring spoons 244.
measuring tube 40.
measuring, utensils 244.
meat 33.
meat compartment 254.
meat thermometer 244.
mechanical connectors 300.
mechanical shovel 785.
mechanical shovel 733.
mechanical stage 718.
mechanical stage control 718.
mechanical variometer 639.
mechanical watch 706.
medial condyle of femur 123.
medial moraine 26.
medial rectus muscle 140.
median groove 104.
median lingual sulcus 143.
median nerve 133.
Mediterranean Sea 21.
Mediterranean subtropical 45.
medium 666.
medium format SLR (6 x 6) 395.
medium tension distribution line 757.
medulla 132.
medulla oblongata 134.
medullary ray 59.
Meissner's corpuscle 136.
melody strings 535.
meltwater 27.
memo pad 518.
memory button 402, 420.
memory cancel 396, 523.
memory key 396, 405.
memory recall 523.
memory recall key 396.
men 697.
men's bag 380.
men's clothing 319, 320, 322, 324.
Mercury 4, 232.
mercury barometer 41.
mercury bulb 705.
merging traffic 824.
méridienne 221.
merlon 181.
mesa 46.
mesh 619.
mesh window 685.
mesocarp 62, 63, 64, 65.
mesosphere 19.
mesothorax 78.
message display 532.
metacarpal bone 122.
metacarpus 102, 107.
metal A 307.
metal arm 264.
metal B 307.
metal counterhoop 553.
metal frame 540.
metal head 658.
metal rail 517.
metal rod 554.
metal structure 463.
metallic contact grid 768.
metallic plastron 667.
metals 33.
metals, examples 819.
metamorphic rocks 23.
metatarsal bone 122.
metatarsus 80, 103.
metathorax 78.
meteorology 38.
meteorology, measuring instruments 40.
meteorology, station model 38.
meteors 39.
metope 167.
metronome 539.
mezzanine 195, 474.
mezzanine floor 194.
mezzanine stairs 195.
Michigan snowshoe 645.
micrometer calliper 711.
micrometer screw 484, 713.
microphone 407, 414, 420, 639.
microphone boom 412, 414.
microphone boom tripod 414.
microprocessor 528.
microwave dish 415.
microwave oven 253.
microwave scanner 43.
microwave transmitter 415.
mid-ocean ridge 28.
middle clouds 44.
middle covert 110.
middle ear 138.
middle finger 137.
middle jib 481.
middle leg 79, 80.
middle leg, honeybee 80.
middle linebacker 603, 605.
middle lobe 130.
middle nasal concha 141.
middle panel 202.
middle phalanx 107, 122, 123, 137.
middle piece 127.
middle primary covert 110.
middle sole 352.
middle toe 108.
middle torus 167.
midfield 601.
midrange 16, 400.
midrange pickup 547.
midrib 56, 67.
midriff band 346.
Mihrab 173.
Mihrab dome 173.
mileometer 431.
military communications 417.
milk bread 153.
Milky Way 11.
millet 152.
minaret 172, 173.
Minbar 173.
mincer 243.
miners' changing-room 735.
mini-floppy disk 529.
minibus 425.

The terms in **bold type** indicate the title of an illustration.

minim 538.
minim rest 538.
minimum thermometer 41.
minor sciatic nerve 133.
mint 74.
minute 830.
minute hand 706, 707.
mirror 292, 382, 442, 444.
missile launch rail 813.
missile launcher 811.
missile stowage 808.
missiles 814.
missiles, principal types 814.
missile, structure 814.
mist 37, 39.
mitochondrion 115.
mitre gate recess 493.
mitre gauge 285.
mitre gauge slot 285.
mitten 308, 327.
mitten 680.
mixer 407.
mixing bowl 250.
mixing bowls 245.
mixing chamber 306.
mizzen royal brace 480.
mizzen royal staysail 480.
mizzen sail 480.
mizzen topgallant staysail 480.
mizzen topmast staysail 480.
mizzenmast 478.
moat 178, 181.
mobile drawer unit 521.
mobile filing unit 521.
mobile stairs 507.
mobile unit 415.
mobile unit 416.
moccasin 355.
mock pocket 330.
mode 525.
mode selector 402.
mode selectors 408.
modem 526.
modem port 528.
moderator 766.
moderator tank 761.
moderator: graphite 760.
moderator: heavy water 761.
moderator: natural water 762.
moderator: natural water 763.
modern bow 793.
modern howitzer 802.
modern mortar 803.
modesty panel 521.
modillion 167.
modulation wheel 555.
Mohorovicic discontinuity 22.
moist surface 580.
moistener 516.
moisture in the air 34.
molar 98.
molars 144.
molar, cross section 144.
moldboard 156.
mollusc 92.
monitor roof 182.
monitor wall 412, 413, 415.
monocle 377.
mons pubis 128.
monster 605.
monument 52.
Moon 7.
Moon 4, 8.
Moon dial 707.
Moon's orbit 8.
moons 4.
Moon, phases 6.
mooring chain 486.
mooring winch 743.
mordent 538.
morel 55.
mortar 243, 803.
mortise 385.
mortise lock 290.
mosaic 171.
mosque 172.
mosque, plan 173.
moss stitch 567.
motif 350.
motor 214, 257, 258, 259, 270, 271, 272, 283, 284.
motor bogie 459.
motor car 476, 477.
motor end plate 134.
motor neuron 135.
motor root 135.
motor unit 250, 251, 256, 260, 373, 458.
motorcycle 442, 444.
motorcycle dashboard 445.
motorcycle, dashboard 445.
motorized earth auger 270.
motorway 52, 184, 452.
motorway number 52.
moulded insulation 287.
moulding 199.
mountain 27.
mountain mass 51.
mountain range 7, 23, 51.
mountain slope 27.
mountain torrent 27.
mountaineer 680.
mountaineering 680.
mountaineering boot 680.
mountaineering shovel 680.
mountaineering, equipment 681.
mounting 666.
mounting bracket 684.
mounting foot 393.
mounting plate 233.
mounting point 501.
mouse 530.
mouse 526, 527.
mouth 142.
mouth 83, 84, 92, 118, 542, 650.
mouthparts 81.
mouthpiece 548, 550, 627.
mouthpiece receiver 550.
mouthpipe 550.
movable bridges 457.
movable jaw 279, 282.
movable maxillary 96.
moving coil 406.
mowing 154, 158.
Mt Everest 19.
mud flap 427, 440, 441.
mud injection hose 737.
mud pit 737.
mud pump 737.
mudguard 147, 446.
muff bag 381.
muffler felt 540.
muffler pedal 540.
mug 238.
mule 355.
mullet 819.
multi-ply plywood 288.
multi-purpose ladder 303.
multimeter 310.
multiple exposure mode 391.
multiple use key 523.
multiple-span beam bridge 454.
multiplication 830.
multiply key 523.
multipurpose antenna 807.
multipurpose tool 311.
mummy 687.
muntin 202, 203.
muscle fibre 134.
muscle scar 95.
muscle segment 89.
muscles 120.
museum 185.
mushroom 55.
mushroom anchor 483.
mushroom, structure 55.
music rest 539.
music stand 539.
music stand 542, 555.
musical accessories 539.
musical advisers 412.
musical notation 537, 538.
muskmelon 69.
mustard 67.
mute 551.
mutule 167.
muzzle 100, 106, 107, 797, 798, 799, 800, 803.
muzzle loading 800.
muzzle loading, cross section 801.
mycelium 55.
myelin sheath 135.

N

nacelle 774.
nacreous cloud 19.
nail 275.
nail 104.
nail bed 137.
nail cleaner 365.
nail clippers 365.
nail clippers 365.
nail file 365.
nail hole 104.
nail matrix 137.
nail nick 688.
nail scissors 365.
nail whitener pencil 365.
naked strangle 668.
name plate 280, 712.
nameplate 364.
naos 169.
nape 108, 117, 119.
nappy 349.
nasal bone 141.
nasal cavity 141.
nasal cavity 130.
nasopharynx 141.
national park 52.
natural 538.
natural arch 30.
natural sponge 367.
nave 177.
navel 116, 118.
navette cut 363.
navigation devices 484.
navigation display 500.
navigation light 493, 499.
navigation periscope 807.
Neapolitan coffee maker 247.
neck 97, 100, 117, 118, 119, 127, 144, 240, 241, 410, 544, 545, 546, 547, 579, 661, 678.
neck end 324.
neck guard 777.
neck of femur 123.
neck strap 729.
neckhole 325.
necklaces 361.
necklines 343.
neckroll 224.
necks 343.
neckstrap eyelet 390.
necktie 324.
nectarine 63.
needle 562, 632.
needle 36, 561, 562, 563, 590, 726.
needle assembly 590.
needle bar 562.
needle bed 568.
needle bed 568.
needle bed groove 568.
needle clamp 562.
needle clamp screw 562.
needle hub 726.
needle plate 561.
needle position selector 561.
needle threader 563.
needle tool 585.
needle-nose pliers 311.
negative 399.
negative carrier 399.
negative carrier 399.
negative charge 831.
negative contact 768, 769.
negative meniscus 722.
negative plate 439.
negative plate strap 439.
negative region 768.
negative terminal 439.
negligee 348.
neon lamp 310.
neon screwdriver 310.
Neptune 5.
nerve 136.
nerve ending 136.
nerve fibre 136.
nervous system 133, 134.
nest of tables 219.
net 613, 614, 618.
Net 13, 610, 612, 613, 614, 618, 619, 626.
net support 619.
netball 611.
netball, court 611.
netcord judge 614.
network communication 527.
network port 528.
neural spine 89.
neurons 135.
neutral conductor 757.
neutral indicator 445.
neutral service wire 312.
neutral wire 312.
neutral zone 603, 605, 608.
new crescent 6.
new fuel storage room 764.
new moon 6.
newel post 201.
next call 422.
nib 389.
nictitating membrane 107.
nightgown 348.
nightwear 348.
nimbostratus 44.
nipple 301.
nipple 116, 118, 129.
no access for wheelchairs 822.
no entry 824, 825.
no U-turn 824, 825.
no. 1 wood 678.
no. 3 iron 678.
no. 3 wood 678.
no. 4 iron 678.
no. 5 iron 678.
no. 5 wood 678.
no. 6 iron 678.
no. 7 iron 678.
no. 8 forward 606.
no. 8 iron 678.
no. 9 iron 678.
nock 684, 793.
nocking point 684.
noctilucent cloud 19.
node 756.
node of Ranvier 135.
non-add/subtotal 523.
North 488.
North America 20.
North American road signs 826, 828.
North celestial pole 3.
North Pole 3.
North Sea 21.
Northeast 488.
Northern Crown 11.
Northern hemisphere 3, 47.
Northwest 488.
nose 141.
nose 100, 118, 498, 637, 638, 792, 798.
nose cone 501.
nose landing gear 498.
nose leaf 112.
nose leather 107.
nose of the quarter 352, 354.
nose pad 376.
noseband 649.
nosing 201.
nostril 84, 86, 96, 100, 109, 141.
notch 322, 341, 565, 656, 674, 708.
notched double-edged thinning scissors 369.
notched edge 369.
notched lapel 319, 320.
notched single-edged thinning scissors 369.
note symbols 538.
nozzle 209, 264, 291, 304, 306, 509, 510, 590, 778.
nuchal shield 97.
nuclear boiler room 806.
nuclear energy 758, 760, 762, 764, 766.
nuclear fuel handling sequence 764.
nuclear membrane 115.
nuclear power station 758.
nuclear reactor 765.
nuclear whorl 94.
nucleolus 115, 128.
nucleus 9, 115, 128, 135.
number 656, 701.
number key 421, 523.
number of decimals 523.
number of tracks sign 471.
number plate light 429.
number three 620.
number two 620.
numbering machine 516.
numeric keyboard 422, 709.
numeric keypad 530.
nut 279.
nut 278, 279, 290, 300, 466, 544, 546, 547, 793.
nutcracker 243.
nuts 66.
nuts, principal types 66.
nylon frilly tights 349.
nylon yarn 271.

O

o-ring 294, 295.
oar 664.
oars, types 632.
oasis 46.
oats 152.
object balls 673.
objective 718.
objective lens 391, 392, 396, 397, 405, 718, 719, 721.
oboe 548.
oboes 557.
obscured sky 39.
observation terrace 505.
observation window 510.
observatory 14.
obstacles 647.

The terms in **bold type** indicate the title of an illustration.

obturator nerve 133.
obtuse angle 830.
occipital 121.
occipital bone 123.
occluded front 39.
ocean 7, 35, 51.
ocean floor 28.
Oceania 21.
ocean, topography 28.
oche 698.
octave 537, 667.
octave mechanism 548.
odd 700, 701.
odd pinnate 56.
oesaphagus 97.
oesophagus 88, 92, 130, 131, 142.
offence 603, 605.
office 453, 462.
office building 190.
office building 185, 491.
office chair 521.
office furniture 520, 522.
office tower 184, 190.
officers' quarters 807, 808.
officials' bench 608.
offset 301.
offshore drilling 739.
offshore well 740.
ogee 174.
ogee roof 182.
oil 737, 738, 740, 742, 744.
oil 737.
oil burner 209.
oil drain plug 434.
oil paint 588.
oil pastel 588.
oil pressure warning indicator 445.
oil processing area 738.
oil pump 209.
oil supply inlet 209.
oil supply line 209.
oil terminal 491.
oil warning light 431.
oil-filled radiator 211.
oil/gas separator 738.
oiler 734.
oilstone 582.
okra 69.
old crescent 7.
olecranon 102, 123.
olfactory bulb 88, 142.
olfactory membrane 142.
olfactory nerve 88, 142.
olive 63.
on guard line 666.
on the wind 629.
on-air warning light 407.
on-deck circle 597.
on-off button 256.
on-off indicator 370.
on-off switch 216, 234, 247, 260, 305, 368, 370, 373, 374, 485.
on/off 408.
on/off light 420.
on/off switch 391, 397, 406.
on/off/volume 408.
on/play button 420.
one pair 695.
one way head 276.
one-arm shoulder throw 668.
one-armed bandit 702.
one-bar shoe 356.
one-person tent 686.
one-piece suit 643.
one-toe hoof 99.
one-way traffic 824, 825.
onion 70.
opal 362.
open end spanner 279.
open stringer 201.
open strings 535.
open-air terrace 497.
open-face spinning reel 671.
open-pit mine 733.
opening 327.
opening, utensils 244.
opera glasses 377.
opera-length necklace 361.
operating cord 230.
operating dam 752.
operating floor 752.
operating rod 796.
operation control room 807.
operation keys 422.
operator's cab 786.
operculum 84, 86.
opisthodomos 169.
opposite prompt side 189.
optic chiasm 134.
optic nerve 140.
optical disk 527.
optical disk drive 527.
optical scanner 526.
optical sight 713.
or 819.
oral cavity 130, 131.
orange 65.
orange 65.
orbicularis oculi 120.
orbiculate 56.
orbit of the satellites 43.
orbits of the planets 4.
orchard 149.
orchestra pit 188.
orchestra seats 188.
order 175.
ordinaries, examples 818.
ordinary die 699.
ore 733.
ore pass 736.
oregano 74.
organ 542.
organ console 542.
organ, mechanism 543.
organ, production of sound 543.
Oriental couching stitch 571.
oriflamme 817.
original overlay 532.
Orion 11, 13.
ornamental tree 148, 263.
ornaments 538.
ortho-stick 728.
oscillating sprinkler 264.
otolith 88.
ottoman 222.
outbound track 465.
outdoor condensing unit 212.
outdoor light 196.
outdoor unit 212.
outer boundary line 616.
outer circle 620.
outer core 22.
outer ear 138.
outer edge 104.
outer jacket 297.
outer jib 481.
outer lip 94.
outer shell 309.
outer stators 501.
outer table 697.
outer toe 108.
outfield 597.
outgoing announcement cassette 420.
outlet grille 211.
outlet hose 399.
output devices 527.
output jack 547.
output monitor 413, 415.
outrigger 632, 780.
outside counter 354.
outside knob 290.
outside linebacker 603.
outside ticket pocket 322.
outsole 353, 355.
outwash plain 27.
oval cut 363.
ovary 60, 128, 129.
ovate 56.
oven 255.
oven control knob 255.
over curtain 229.
overbridge 454.
overburden 733.
overcast sky 39.
overcheck 653.
overcoat 320, 331.
overflow 215, 292.
overflow pipe 297.
overflow protection switch 257.
overflow tube 293, 399.
overground pipeline 740.
overhand knot 691.
overhead clearance 826, 827.
overhead connection 757.
overhead earth wire 756.
overhead frame 784.
overhead guard 787.
overhead switch panel 500.
overlap carrier 230.
overlay flooring 200.
overshirt 337.
overtaking lane 452.
ovule 60.
ox 151.
oxer 646.
oxford shoe 354.
oxyacetylene welding 306.
oxygen cylinder 306.
oxygen feeding control 639.
oxygen feeding knob 639.
oxygen pressure actuator 512.
oxygen valve 306.
oyster 92.
oyster 93.
oyster fork 240.
oyster knife 242.
oyster mushroom 55.
ozone 19.

P

pace 101.
Pacific Ocean 20.
Pacinian corpuscle 136.
packing 294.
packing nut 294.
packing retainer ring 294.
pad 598.
pad arm 376.
pad plate 376.
padding 635.
paddock 651.
pagoda sleeve 340.
paint roller 304.
Painter's Easel 13.
painting 588, 590, 592.
painting knife 589.
painting upkeep 304.
painting, accessories 591, 592.
painting, equipment 589.
palatine tonsil 143.
palatoglossal arch 142.
pale 818.
palette knife 244.
palette with dipper 592.
palette with hollows 592.
paling fence 263.
pallet 543, 707, 787.
pallet spring 543.
pallet truck 788.
pallial line 95.
pallial sinus 95.
palm 105, 137, 327, 483, 596.
palm grove 46.
palmar pad 106.
palmate 56.
palmette 220.
pan 708, 709, 795.
pan cover 795.
pan hook 708.
panama 328.
pancake pan 249.
pancreas 131.
pane 203.
panel 589.
panel 202, 229, 323, 346, 634, 649, 736, 756.
pannier (bag) 448.
panoramic head 393.
panoramic window 190, 460.
panpipe 536.
pantograph 458.
pantry 195.
panty corselette 347.
panty girdle 346.
papaya 68.
paper 589.
paper 384, 580.
paper advance setting 531.
paper bail 524, 531.
paper bail release lever 525.
paper bail roller 531.
paper catcher 521.
paper clamp 531.
paper clips 515.
paper fasteners 515.
paper feed channel 521.
paper feed key 523.
paper guide 421, 531.
paper in reserve 532.
paper punch 516.
paper release lever 525.
paper support 525.
paper tray 521.
paper trays 532.
papilla 136.
papillary muscle 125.
parabolic antenna 415.
parabolic dune 46.
parabolic mirror 770.
parabolic reflector 15.
parachute 812.
parachute valve 634.
parade ground 178.
paraffin 745.
paraffins 745.
paragliding 636.
paragliding pilot 636.
parallel 47.
parallel bars 661.
parapet 454.
parapet walk 181.
parcels office 462.
parentheses 832.
parietal bone 123.
parietal pleura 130.
paring knife 242.
park 52, 184.
parka 321.
parka 680.
parking 190, 193, 464.
parking area 503.
parking lot 185, 491, 504.
parsley 74.
parsnip 71.
parterre 189.
partial eclipse 8.
partition 520.
partition 66.
partitions, examples 818.
partlow chart 441.
pass 27.
passenger cabin 493, 494, 495, 499.
passenger car 477.
passenger car 458, 476.
passenger station 462.
passenger station 184, 464.
passenger terminal 504.
passenger terminal 491, 503.
passenger train 462.
passenger transfer vehicle 507.
passenger transfer vehicle 505.
passing prohibited 824, 825.
passport case 379.
passport control 505.
pasta maker 243.
pastern 101.
pastry bag and nozzles 245.
pastry brush 245.
pastry cutting wheel 245.
patch pocket 339.
patch pocket 320, 322, 350.
patella 103.
patera 220.
path 263.
patio 193, 263.
patio door 195.
pattern 565, 586.
pattern 570.
pattern start key 569.
pauldron 792.
pause 539.
pause button 403.
pause/still 411, 831.
pause/still button 411.
pavement 186.
pavilion 363.
pavilion facet (8) 363.
pavilion roof 183.
pawl 281.
Pawn 696.
pay phone 422.
payload 509.
payload bay 510.
payload bay door 510.
payload module 49.
payout tray 702.
payout trigger 702.
pea 67.
pea 67.
pea jacket 330.
peach 63.
peach 63.
Peacock 13.
peak 27, 328, 329, 729.
peak level meter 403.
peaked lapel 322.
peanut 66.
pear 64.
pear-shaped body 535.
pear-shaped cut 363.
pearl 105.
pearls 105.
pecan nut 66.
pecten 81.
pectoral deck 663.
pectoral fin 86.
pectoral limb 124.
pedal 446, 448, 545, 552, 553, 656, 664.
pedal key 542.
pedal keyboard 542.
pedal pushers 336.
pedal rod 540.
pedestal 453, 545.
pedestal-type sump pump 216.
pedestrian crossing 826, 827.
pedestrian crossing 186.
pedicel 60, 61, 62, 63, 64.
pedicle 105.

The terms in **bold type** indicate the title of an illustration.

pediment 166, 168, 707.
pedometer 711.
peeled veneer 288.
peeler 242.
peen 579.
peep hole 471.
peg 225, 385, 544, 546, 571, 575, 685, 686.
peg box 544.
peg loop 685, 686.
Pegasus 11.
pelerine 330.
pelerine 330.
pellets 799.
peltate 56.
Pelton turbine 754.
pelvic fin 86.
pelvic limb 124.
pelvis 103.
pen 714.
pen holder 379.
pen holder 378.
penalty arc 601.
penalty area 601.
penalty area marking 601.
penalty bench 608.
penalty line 612.
penalty spot 601.
pencil 389, 515.
pencil 765.
pencil pleat heading 229.
pencil point tip 299, 307.
pencil sharpener 515, 516.
pendant 361.
pendulum 707.
pendulum bar 539.
pendulum rod 707.
penholder grip 619.
peninsula 51.
penis 116, 127.
pennant 817.
pennant 38.
penstock 746, 747, 752.
pentaprism 390.
penumbra shadow 8.
peplos 315.
pepperpot 238.
per bend 818.
per fess 818.
per pale 818.
percent 830.
percent key 523.
perching bird 111.
percolator 247.
percussion bar 780.
percussion instruments 552, 554.
perforated hardboard 289.
perforated pipe 216.
perforated toe cap 355.
perforation 327, 395.
pergola 263.
pericardium 130.
pericarp 65, 66.
period 489.
periodontal ligament 144.
periople 104.
peripheral device port 528.
peripheral joint 750.
peripheral nervous system 133.
periscopic sight 805.
peristyle 168, 169, 171.
peritoneum 127, 128.
permanent pasture 148.
peroxide 725.
perpendicular 830.
perpetual snows 27.
perron 196.
Perseus 11.
personal communications 417.
personal computer 526.
personal computer (view from above) 528.
personal radio cassette player 408.
peseta 832.
pesticides 32.
pestle 243.
petal 60.
petanque bowl 682.
Peter Pan collar 341.
petiolar sinus 61.
petiole 56.
petrochemical industry 744.
petrochemicals 745.
petrol 745.
petrol engine 434.
petrol pump 453.
petrol pump 453.
petrol pump hose 453.
petrol station 453.
petrol tank cap 444.
petroleum 744.
phalanx prima 103.
phalanx secunda 103.
phalanx tertia 103.
pharynx 130, 131.
phase conductor 757.
phases of the Moon 6.
philtrum 141.
phloem 59.
Phobos 4.
Phoenix 13.
phosphorescent coating 232.
photocopier 532.
photocopy control 532.
photoelectric cell 393.
photographic accessories 393.
photographic chamber 717.
photographic picture 397.
photography 390, 392, 394, 396, 398.
photosphere 6.
photovoltaic panel 486, 487.
physical map 51.
physician 669.
pi 830.
piccolo 548, 557.
pick 267.
pick 385, 681.
pickguard 547.
pickling onion 70.
pickup cylinder 159, 162.
pickup reel 158, 160.
pickup selector 547.
pickup truck 425.
picnic area 823.
picnics prohibited 823.
picture tube 410.
pie tin 245.
piedmont glacier 27.
pier 739.
pier 174, 175, 454, 455.
pierce lever 256.
pig 151.
piggyback flat wagon 473.
pigsty 149.
pike pole 780.
pike position 624.
pile dwelling 165.
pillar 176, 545, 714, 736.
pillar buoy 487.
pillar buoy 489.
pillbox hat 329.
pillion footrest 443, 444.
pillow 570.
pillow 224, 570.
pillow protector 224.
pillow sham 224.
pillowcase 224.
pilot 459, 469, 637.
pilot gas tube 297.
pin 232, 233, 309, 563, 683, 780.
pin base 232.
pin block 540.
pin cushion 563.
pinafore 333.
pince-nez 377.
pinch 232.
pinch pleat 228.
pine needles 58.
pine nut 66.
pine seed 58.
pineal body 134.
pineapple 68.
pinion 280, 707.
pink ball 673.
pinking shears 564.
pinnacle 176, 181.
pinnatifid 56.
pinocytotic vesicle 115.
pins 364.
pins, types 683.
pip 62, 64, 65, 695.
pipe 385.
pipe 260, 543.
pipe A 300.
pipe B 300.
pipe cleaners 385.
pipe coupling 301.
pipe diffusers 501.
pipe rack 385.
pipe section 205.
pipe threader 299.
pipe tools 385.
pipe wrench 299.
pipe-wrapping insulation 287.
pipeline 740.
pipework 543.
pipe, cross section 385.
Pisces the Fishes(February 19) 820.
pistachio nut 66.
piste 666.
pistil 60.
pistol 797.
pistol grip 304, 795, 796, 798, 799.
pistol grip handle 280, 305.
pistol nozzle 264.
piston 432, 435, 436, 438.
piston lever 291.
piston release 291.
piston skirt 434.
pit 96, 405, 683.
pitch 599.
pitch 599.
pitch scale 524.
pitch wheel 555.
pitched roof 182.
pitcher 597.
pitcher's mound 597.
pitcher's plate 597.
pitchfork comb 368.
pitching 748.
pitching wedge 678.
pith 59.
pithead 734.
pithead 736.
piton 681.
piton-carrier 680.
pitta bread 153.
pituitary gland 134.
pivot 311, 369, 374, 484, 485, 539, 564, 590, 719.
pivot cab 785.
pivot spindle 431.
placard board 471.
placing judge 621.
plain 51.
plain gypsum lath 286.
plain pole 230.
plain weave 576.
plan reading, elevation 193.
plane 277.
plane figure 580.
plane projection 50.
planetarium 16.
planetarium 184.
planetarium projector 16.
planets 4.
planets, orbits 4.
plano-concave lens 722.
plano-convex lens 722.
plant cell 115.
plantar interosseous 120.
plantar pad 107.
plantar surface of the hoof 104.
plantar tensor 121.
planting 154, 158.
planting box 657.
plant, structure 57.
plasmodesma 115.
plaster bat 584.
plaster dressing 725.
plastic case 799.
plastic insulator 312.
plastic pants 349.
plastic-laminated chipboard 289.
plastron 96.
plate 688.
plate 253, 393.
plate crystal 36.
plate grid 439.
plateau 27, 51.
platen 524, 531, 579.
platen knob 531.
platform 292, 302, 457, 462, 475, 504, 621, 709.
platform edge 462, 475.
platform entrance 463.
platform ladder 302.
platform number 462.
platform pallet truck 788.
platform shelter 464.
platform trolley 788.
platter 238.
play 831.
play 411.
play button 403, 408, 411.
play/pause 405.
player 626.
player's number 602.
player's stick 609.
players' bench 604, 608, 610, 612, 613.
playing area 496.
playing surface 619.
playing window 403.
playsuit 351.
pleasure garden 263.
pleasure garden 193.
pleated heading 229.
pleats, types 228, 335.
plectrum 535.
plenum 206, 207.
pleural cavity 130.
plexus of nerves 144.
plimsoll 355.
plinth 707.
plotter 527.
plow anchor 483.
plowing soil 154, 156.
plug 280, 400, 401, 406, 485.
plug adapter 374.
plug bayonet 794.
plug fuse 312.
plum 63.
plumber's snake 299.
plumbing 292, 294, 296, 298, 299, 300.
plumbing system 215.
plumbing tools 299.
plumbing wrench 299.
plunger 247, 299.
plunger 726.
plungerhead 159.
plunging neckline 343.
plus or minus 830.
plus/equals key 523.
Pluto 5.
ply 288.
pneumatic armlet 710.
pneumatic hammer 735.
pocket 378, 673, 679, 683.
pocket calculator 523.
pocket camera 395.
pocket handkerchief 322.
pockets, types 339.
podium 190.
podium 190.
point 240, 242, 389, 544, 562, 567, 644, 671, 684, 697, 698.
point lever 467.
point of interest 52.
point signal 467.
point wire 467.
pointed tab end 324, 339.
pointer 213, 705, 708, 709, 710.
points 464.
poison 821.
poisonous mushroom 55.
poker 205.
poker die 699.
poker, standard hands 695.
polar axis 14.
polar climates 45.
polar ice cap 45.
polar lights 19.
polar orbit 43.
polar tundra 45.
polar-orbiting satellite 43.
polarizing filter 392.
Polaroid® Land camera 394.
pole 657.
pole 230, 479.
pole grip 642.
pole shaft 642.
Pole Star 11.
pole tip 643.
pole vault 657.
pole vault 655.
poleyn 792.
police 822.
polished stone hand axe 791.
political map 51.
pollen basket 81.
pollen brush 80, 81.
pollen cell 82.
pollen press 81.
pollution, atmospheric 34.
pollution, food 32.
polo collar 342.
polo dress 333.
polo neck sweater 326.
pome fleshy fruits 64.
pome fruits, major types 64.
pome fruit, section 64.
pomegranate 68.
pommel 649, 661, 666.
pommel horse 661.
poncho 331.
pond 263.
poniard 794.
pons Varolii 134.
pontoon 457, 738.
pool 673.
pool 772.
poop 478.
pop-up tent 686.
popping crease 599.

The terms in **bold type** indicate the title of an illustration.

poppy 67.
porch 172, 177.
porch dome 172, 173.
pore 67, 115, 136.
Porro prism 719.
port 650, 764.
port glass 237.
port hand 488, 489, 497.
port sail plane 807.
portable CD radio cassette recorder 408.
portable cellular telephone 422.
portable fire extinguisher 780.
portable sound systems 408.
portal 175.
portal bridge 455.
portal frame 455.
portal vein 124, 126.
porthole 496.
position light 459, 508.
position marker 546, 547.
position of the ligament 95.
positive charge 831.
positive contact 768, 769.
positive meniscus 722.
positive plate 439.
positive plate strap 439.
positive region 768.
positive terminal 439.
positive/negative junction 768.
post 572, 613, 618, 626, 773.
post and plank 647.
post and plank 646.
post and rail 647.
post binder 519.
post lantern 235.
post mill 773.
posterior chamber 140.
posterior end 95.
posterior root 135.
posterior ruga 117, 119.
posterior semicircular canal 139.
postern 179, 181.
potato 71.
potato masher 244.
potential coil 712.
pothole 24.
pottery 584.
pottery, tools 584, 585.
pouch 380.
pouch of Douglas 128.
poulaine 792.
poultry shears 246.
pound 832.
powder blusher 366.
powder chamber 801.
powder flask 795.
powder puff 366.
power button 402, 405, 410, 411.
power car 459.
power indicator 529.
power mower 271.
power plant, cross section 752.
power socket 408.
power station 752.
power switch 529, 555.
power switch machine 467.
power takeoff 147.
power train 448.
power turbines 501.
power zoom button 409.
power-off/slide-select bar 397.
power-on button 420.
power-on light 420.
power-takeoff shaft 156, 159, 162.
power/light switch 561.
powerhouse 746.
practice green 676.
prairie 51.
prawn 90.
prayer hall 172, 173.
precious stones 362.
precipitation 34, 35.
precipitation area 38.
precipitations 36.
preferred channel 489.
premaxilla 86.
premolar 98.
premolars 144.
prepuce 127.
prescription 831.
present state of weather 38.
preset buttons 411.
preset tuning button 402.
president 666.
press bar 663.
press bed 581, 583.
press chamber 159.
press wheel 158.
pressed area 405.
pressed powder 366.
presser bar 562.
presser foot 562.
pressing 579.
pressing board 579.
pressure bar 540.
pressure change 38.
pressure control 373.
pressure control valve 710.
pressure cooker 248.
pressure demand regulator 777.
pressure dial 561.
pressure gauge 627, 710, 740.
pressure plate 390.
pressure regulator 306.
pressure regulator 248, 306, 689.
pressure relief valve 209.
pressure screw 581, 583.
pressure tube 765.
pressure vessel 762.
pressure-relief valve 297.
pressurized heavy water 761.
pressurized-water reactor 762.
pressurizer 761.
prestressed concrete 286.
preview monitor 415.
preview monitors 413.
price per gallon/litre 453.
pricker 570.
primaries 110.
primary consumers 31.
primary covert 110.
primary flight display 500.
primary marshalling 465.
primary mirror 14, 16.
primary root 57.
prime 667.
prime focus 14.
prime focus observing capsule 14.
prime meridian 47.
primer 798, 799, 804.
princess dress 332.
princess seaming 345.
principal international road signs 825.
principal North American road signs 824.
principal rafter 199.
print drying rack 399.
print head 531.
print head drive 531.
print washer 399.
printed circuit 528.
printed image 580.
printer 421.
printer 523.
printer port 528.
printer table 521.
printing 580.
printing calculator 523.
printing of messages 421.
printing unit 524.
printout 709.
priority intersection 825.
prism binoculars 719.
private broadcasting network 416.
probe 310.
probe receptacle 253.
proboscis 79.
procedure checklist 512.
producer 412, 415.
product code 709.
production adviser 412.
production control room 413.
production control room 412, 415.
production desk 407, 413.
production of electricity from nuclear energy 766.
production of electricity from solar energy 771.
production of electricity, steps 755.
production platform 738.
production platform 740.
production video switcher 413.
production/export riser system 738.
program selector 555.
progressive wave 30.
projectiles 801.
projection dome 16.
projection screen 397.
proleg 78.
promenade deck 496.
prominence 6.
prompt box 188.
prompt side 189.
pronaos 168, 169.
prop forward 606.
propane gas cylinder 449.
propellant 798.
propellant level gauge 512.
propeller 160, 495, 496, 742, 806.
propeller duct 492.
propeller shaft 495.
propellers 808.
property line 193.
propulsion machinery control room 806.
propulsion module 418.
proscenium 188.
prostate 127.
protect tab 529.
protection layer 512.
protective cup 602, 609.
protective equipment 602.
protective girdle 609.
protective helmet 443.
protective helmet 448.
protective surround 698.
protective window 410.
prothorax 78.
protoneuron 135.
protractor 713.
province 51.
proximal phalanx 107, 122, 123.
proximal sesamoid 102.
proximity fuse 814.
pruning knife 269.
pruning saw 269.
psychrometer 41.
pubis 116, 118.
public broadcasting network 416.
public building 52.
public garden 190.
puck 608.
puff sleeve 340.
pull bail 397.
pull rod 467.
pull strap 383.
pulley 230, 302, 434, 793.
pulley block 793.
pulley safety guard 283.
pulling ring 726.
pulmonary artery 126, 130.
pulmonary opening 83.
pulmonary trunk 125.
pulmonary valve 125.
pulmonary vein 126.
pulp 65, 144.
pulp cavity 144.
pulverizing soil 154, 157.
pulvino 750.
pumice correcting pencil 583.
pump 356.
pump 257, 258, 446, 689, 761, 762, 771.
pump motor 216.
pump nozzle 453.
pump room 742.
pump suction head 216.
pumper 778.
pumpernickel bread 153.
pumping station 740.
pumpkin 69.
punch 586.
punch hole 323, 353, 355.
punctuation marks 832.
pupil 107, 140.
purfling 544, 546.
purge valve 627.
purple border 315.
purpure 819.
purse 379.
push button 250, 257, 375.
push buttons 420, 422.
push rim 727.
push-button 290, 389, 397.
push-button telephone 422.
push-up stand 664.
pusher 251.
putter 677.
putter 678.
putting green 676.
pygal shield 96.
pyjamas 348.
pylon 756.
pyloric caecum 88.
pyramid spot 674.
pyrometric cone 585.

Q

Qibla wall 173.
quadruped stick 728.
quarte 667.
quarter 104, 352, 354.
quarter window 427.
quarterback 603, 605.
quarterdeck 496.
quarterly 818.
quartet 558.
quartz metronome 539.
quaver 538.
quaver rest 538.
quay 490.
quay ramp 490.
quayside crane 490.
quayside railway 491.
Queen 695.
Queen 696.
queen cell 82.
queen excluder 82.
Queen's side 696.
queen, honeybee 81.
question mark 832.
quiche tin 245.
quick release system 393.
quill 389.
quill 281, 283.
quill brush 368.
quince 64.
quinte 667.
quintet 558.
quiver 684.
quotation marks 832.
quotation marks (French) 832.

R

raceme 60.
rachis 110.
rack 248, 255, 257, 656.
rackboard 543.
rackboard support 543.
racquetball 617.
racquetball racquet 617.
racquetball, court 617.
radar 722.
radar 493, 494, 495, 497.
radar antenna 48, 807, 812.
radar mast 742.
radar reflector 487.
radar unit 813.
Radarsat satellite 49.
radial nerve 133.
radial passenger loading area 503.
radial ply 433.
radial thruster 42.
radial tyre 433.
radiant heater 211.
radiation zone 6.
radiator 438.
radiator 16, 208, 469.
radiator grille 440.
radiator hose 438.
radiator panel 510.
radicle 57, 59.
radio 639.
radio aerial 494, 495, 497.
radio antenna 742, 807.
radio mast 738.
radio telescope 15.
radio wave 15.
radioactive 821.
radiometer 42, 43.
radish 71.
radius 102, 112, 122.
radome 813.
rafter 198.
raglan 330.
raglan sleeve 340.
raglan sleeve 319, 330, 350.
rail 225, 466, 568, 627, 675.
rail joint 466.
rail section 466.
rail track 735.
railroad station 52.
railway 52, 184.
railway shuttle 504.
railway station 464.
railway track 466.
rain 36.
rain cap 205.
rain gauge recorder 40.
rain shower 39.
rainbow 36.
raincoat 319.
raindrop 36.
rainfall, measure 40.
raining, utensils for 243.
raised band 577.
raised figure 580.
raised head 276.
rake 159, 267.
rake 155.
rake bar 159.
rake comb 368.
Ram 11.
ramekin 238.
ramp 168, 452, 733.

rampart 178, 180.
ramrod 795, 801.
random access memory (RAM) module 528.
rangefinder 394.
rapier 794.
rasp 587.
raspberry, section 62.
ratchet 276, 281, 573, 670.
ratchet knob 711.
ratchet ring spanner 279.
ratchet wheel 573, 707.
rate gyro 814.
rattle 97.
rattlesnake 97.
razor clam 93.
razors 374.
reaction direction 831.
reaction engine assembly 43.
reactor 759, 764, 766, 806.
reactor building 759, 765.
reactor building airlock 758.
reactor core 760, 762, 763.
reactor tank 763.
reactor vessel 765.
read-only memory (ROM) module 528.
read/write head 529.
reading 376.
reading mirror 512.
reading start 405.
rear apron 324.
rear beam 708.
rear brake 446.
rear brake pedal 444.
rear bumper 445.
rear derailleur 446, 448.
rear excavator 782.
rear foil 495.
rear leg 223.
rear light 429, 441, 443, 444, 446.
rear lights 429.
rear limit line 666.
rear runner 643.
rear seat 428.
rear shock absorber 443.
rear sight 795, 796, 797, 798, 804.
rear view 147.
rearview mirror 430.
récamier 221.
receiver 15, 420, 614, 616, 618, 795, 796.
receiver volume control 420.
receiving line 617.
receiving station 722.
receiving yard 465.
receptacle 60, 62.
reception bay 764.
reception hall 172, 173.
recharging base 260.
reclining back 726.
recoil sleigh 802.
recoilless gun 804.
record 404.
record 411.
record announcement button 420.
record button 403, 411.
record control 402.
record muting button 403.
record-player 404.
recorder 621.
recording level control 403.
recording tape 403.
recording unit 40.
rectangular 687.
rectangular flag 817.
rectum 127, 128, 131.
rectus femoris 120.
recuperator cylinder 802.
recuperator cylinder front head 802.
recyclable 831.
recycled 831.
Red 697, 700, 701.
red ball 673.
red balls 673.
red beam 410.
red currant 62.
red flag 626, 668.
red ochre pencil 583.
red safelight filter 399.
Red Sea 21.
reduce/enlarge 532.
reducing coupling 301.
redundant bracing 756.
reed 548, 572.
reed hooks 573.
reed pipe 542.
reeds 549.
reef band 480.
reef point 480.
reel 265, 398, 666, 702.
reel plate 702.
reel seat 670, 671.
referee 601, 603, 605, 606, 608, 610, 613, 621, 626, 668, 669.
refill 389.
refill tube 293.
refinery 740.
refinery products 744.
reflecting surface 770.
reflecting telescope 720.
reflecting telescope, cross section 720.
reflective stripe 730, 777.
reflector 310, 441, 445, 446.
reflex camera, cross section 390.
refracting telescope 721.
refracting telescope, cross section 721.
refractory brick 585.
refrigerant tank 212.
refrigerant tubing 213.
refrigeration unit 441.
refrigerator 254.
refrigerator compartment 254.
refrigerator van 472.
register 712.
registered trademark 831.
regulating button 541.
regulating valve 208.
regulator first stage 627.
regulator second stage 627.
rehearsing room 188.
reheater 758.
rein 651, 652.
rein ring 650.
reindeer 105.
reinforced concrete 286.
reinforced edging 383.
reinforced toe 730.
release lever 278.
release setting screw 641.
release treadle 573.
relief printing 580.
relief printing process 581.
relief printing process, equipment 581.
relocation 525.
remote command antenna 49.
remote control 411.
remote control 397.
remote control sensor 405, 410.
remote control terminal 391.
remote detection satellite 48.
remote-control arm 510.
remote-controlled points 467.
removable-bottomed tin 245.
renal artery 126, 132.
renal hilus 132.
renal papilla 132.
renal pelvis 132.
renal vein 126, 132.
reniform 56.
repair shop 453.
repeat keys 405.
repeat mark 537.
reptile 96.
rerebrace 792.
reserve parachute 635.
reservoir 247, 543, 746, 747, 748, 749, 750.
reservoir-nib pen 589.
reset 532.
reset button 297, 411, 706, 711.
reset key 421.
resin surface 405.
resistance adjustment 664.
resonator 406, 542, 554.
respirator 730.
respiratory system 130.
respiratory system protection 730.
respiratory system protection 821.
rest area 52.
rest symbols 538.
restaurant 822.
restaurant 185, 190, 494.
restaurant car 460.
restricted area 610.
restricting circle 610.
retainer 735.
retaining ring 295.
retarding magnet 712.
reticle 718.
retina 140.
retractable handle 378.
retractable pencil 389, 515.
retractable step 449.
retracted claw 107.
retrenchment 178.
return air 206, 207.
return crease 599.
return key 530.
return spring 432.
reverse dive 625.
reverse slide change 397.
reverse stitch button 561.
reversible reaction 831.
reversing device 212.
reversing light 429.
revolver 797.
revolving cylinder 570.
revolving nosepiece 718.
revolving sprinkler 264.
rewind 831.
rewind 411.
rewind button 403, 408, 411, 420.
Rh-negative 831.
Rh-positive 831.
rhubarb 72.
rhythm selector 555.
rib 72, 97, 102, 129, 375, 544, 546, 729, 785.
rib joint pliers 278.
rib pad 602.
rib stitch 567.
ribbing 326, 350, 670.
ribbing plough 156.
ribbing plough 154.
ribbon cartridge 531.
ribosome 115.
ribs 584.
ribs 122.
rice 152.
rider 648.
ridge 27.
ridge beam 199.
ridge tent 686.
riding 646, 648.
riding cap 648, 651.
riding coat 331.
riding crop 648.
riding glove 648.
riding jacket 648.
riffler 587.
rifle (rifled bore) 798.
rift 28.
rigging 478.
rigging wire 637.
right angle 830.
right ascension 3.
right ascension setting scale 720, 721.
right atrium 124, 125.
right back 607, 612.
right bend 826, 827.
right bronchus 130.
right centre 606.
right channel 401.
right cornerback 603, 605.
right defence 608.
right defensive end 603, 605.
right defensive tackle 603, 605.
right field 597.
right fielder 597.
right forward 610, 613.
right guard 603, 605, 610.
right half 607.
right halfback 603.
right inner 607.
right kidney 132.
right lung 124, 130.
right outside linebacker 605.
right pulmonary vein 125.
right safety 603.
right safety back 605.
right service court 614, 616.
right tackle 603, 605.
right ventricle 124, 125.
right wing 601, 606, 607, 608.
right winger 612.
rigs, types 482.
rim 147, 376, 433, 442, 447, 610, 658.
rim flange 433.
rim soup bowl 238.
rinceau 220.
rind 65.
ring 669.
ring 55, 230, 290, 375, 434, 483, 551, 566, 660, 681, 706, 709, 754.
ring binder 519.
ring gate 753.
ring nut 300.
ring post 669.
ring road 52.
ring spanner 279.
ring step 669.
ringhandle 369.
ringing volume control 420.
rings 364, 660.
ringside 669.
rink 608, 620.
rink 620, 682.
rink corner 608.
rinse-aid dispenser 257.
rinsing head 296.
rip fence 284, 285.
rip fence guide 285.
rip fence lock 285.
rip fence rule 285.
rip fence slot 285.
ripeness 61.
ripening 61.
ripper 783.
ripper cylinder 783.
ripper tip 783.
ripper tooth 783.
rise 201.
riser 201, 636.
river 51, 52.
River Eridanus 13.
river estuary 30, 51.
rivet 242, 278.
road 52.
road communications 417.
road map 52.
road number 52.
road signs 824, 826, 828.
road system 450, 452.
road tanker 742.
road transport 491.
road work ahead 827.
road works ahead 826.
roadway 186, 450.
roadway narrows 826, 827.
road, cross section 450.
roasting pans 248.
Roberval's balance 708.
rock 30.
rock basin 26.
rock garden 263.
rock step 26.
rocker arm 435.
rocket 509.
rocket motor 814.
rocking chair 221, 223.
rocking tool 582.
rocky desert 46.
rod 214, 539, 573.
rodent's jaw 98.
roe deer 105.
roll 341.
roll film 395.
roll-up blind 231.
roller 270.
roller 230, 231, 369, 530, 583, 788.
roller blind 231.
roller board and arms 543.
roller cover 304.
roller frame 304.
roller skate 645.
rolling ladder 303.
rolling pin 245.
rollneck 342.
Roman house 170.
Roman legionary 791.
Roman metal pen 389.
roman shade 231.
Romanian couching stitch 571.
rompers 349.
roof 82, 171, 197, 205, 427, 470, 733.
roof truss 199.
roof vent 196, 215, 449.
roofing felt 286.
roofs 182.
room 736.
room air conditioner 214.
room thermostat 213, 705.
rooster 150.
root 70, 143, 144, 240.
root canal 144.
root cap 57.
root hairs 57.
root of nail 137.
root rib 498.
root system 57, 61.
root vegetables 71.
root-hair zone 59.
rope 361.
rope 669, 680, 692.
rope ladder 303.
rose 265, 289, 290, 546.
rose cut 363.
rose window 175.
rosemary 74.
rosette 167.
rostrum 90.
rotary engine 437.
rotary file 516.

The terms in **bold type** indicate the title of an illustration.

rotary hoe 157.
rotary system 737.
rotary table 737.
rotating auger 160, 162.
rotating dome 14.
rotating dome truck 14.
rotating drum 714.
rotating track 15.
rotating wheel 701.
Rotavator 272.
rotor 161, 290, 437, 753, 773, 774.
rotor blade 508.
rotor head 508.
rotor hub 508.
rotunda 190.
rotunda roof 183.
rough 676.
roughing out 586.
roulette 582.
roulette table 700.
round brush 368.
round end pin 231.
round eye 566.
round head 276.
round ligament of uterus 129.
round neck 343.
round pronator 120.
roundabout 52.
router 283.
routing board 743.
routing cardboard 471.
row 373.
row counter 568.
row number display 569.
rowing (one oar) 632.
rowing and sculling 632.
rowing boats 632.
rowing machine 664.
rowlock 632.
royal agaric 55.
royal antler 105.
royal flush 695.
royal mast 479.
rub rail 441.
rubber 515.
rubber boot 777.
rubber bulb 726.
rubber ferrule 728.
rubber gasket 296.
rubber holder 515.
rubber mat 404.
rubber snaffle bit 650.
rubber stamp 516.
rubber stopper 302.
rubber thread 677.
rubber wall 433.
rubbing strip 433.
ruby 362.
ruching 349.
rucksack 680.
rudder 492, 496, 499, 511, 628, 639, 742, 812, 814.
rudder pedal 639.
Ruffini's corpuscule 136.
ruffle 228, 317.
ruffled skirt 334.
rugby 606.
rugby ball 606.
rugby, field 606.
ruler 578, 591, 688.
rump 109.
run 201, 599.
rung 302.
runner 643, 697, 753.
runner blade 752, 753, 754.
running bowline 691.
running rail 476.
running shoe 352.
running shorts 353.
running surface 466.
running track 654, 786.
runway 504.
runway 476, 811.
runway centre line markings 504.
runway designation marking 504.
runway side stripe markings 504.
runway threshold markings 505.
runway touchdown zone marking 505.
Russian pumpernickel 153.
rye 152.
rye crispbread 153.

S

S-band antenna 43.
S-band high gain antenna 42.
S-band omnidirectional antenna 42.
sabaton 792.
sable 819.
sabre 794.
sabre 666.
sabre and épée warning line 666.
sabreur 667.
sacral plexus 133.
sacral vertebrae 103.
sacrum 122, 123.
saddle 649.
saddle 397, 636, 648, 651, 661.
saddle pad 648.
saddlecloth 648, 651.
safari jacket 338.
safe water mark 489.
safelight 398.
safest water 488.
safety 796.
safety area 668.
safety binding 641.
safety boot 730.
safety cage 654.
safety cap 804.
safety chain 449.
safety earmuffs 729.
safety glasses 729.
safety goggles 729.
safety handle 271.
safety jacket 730.
safety line 475.
safety match 386.
safety pad 659.
safety pin 566.
safety rail 302, 468.
safety scissors 365.
safety suit connection 512.
safety symbols 821.
safety tank 761.
safety tether 512.
safety thermostat 259.
safety thong 617.
safety valve 248, 766.
sage 74.
Sagittarius the Archer (November 22) 820.
sail 631, 637, 773.
sail cloth 773.
sail panel 628.
sailbar 773.
sailboard 631.
sailing 628, 629, 630.
sailing boat 628.
sailing, points 629.
sailor collar 342.
sailor tunic 337.
sails 480.
sails, types 482.
salad bowl 238.
salad dish 238.
salad fork 240.
salad plate 238.
salad spinner 243.
salamander 85.
salient angle 178.
saline lake 46.
salivary glands 131.
salsify 71.
salt marsh 30.
saltcellar 238.
salty taste 143.
sample 567.
sand 748.
sand bar 30.
sand island 30.
sand shoe 441.
sand wedge 678.
sandal 357.
sandal 791.
sandbox 469.
sandstorm or dust storm 39.
sandy desert 46.
saphenous nerve 133.
sapphire 362.
sapwood 59.
sarong 334.
sartorius 120.
sash frame 203.
sash window 203.
satellite 416.
satin weave 576.
Saturn 5.
saucepan 249, 688.
sauté pan 249.
savory 74.
sawing-in 578.
sawtooth roof 182.
saxhorn 551.
saxophone 548.
saxophone 548.
scale 537.
scale 87, 96, 97, 111, 705, 711, 719, 726.
scale leaf 70.
scallop 93.
scalper 653.
Scandinavian crispbread 153.
scapula 102.
scapular 110.
scarp 178.
scatter cushion 224.
scattered sky 39.
scenery lift 188.
scenery storage 188.
scenic route 52.
school zone 826, 827.
schooner 482.
sciatic nerve 133.
scientific air lock 511.
scientific instruments 16, 511.
scissors 564.
scissors 688, 725.
scissors cut 362.
scissors-glasses 377.
sclera 140.
sconce 236.
scoop 385.
score-console 683.
scoreboard 698.
scorer 610, 613, 666, 668.
scoring light 666.
Scorpio the Scorpion(October 24) 820.
Scorpion 13.
scotia 166, 167.
scraper 304, 582, 784.
scraper 583.
scraper bar holder 583.
screen 161, 374, 397, 410, 747.
screen case 397.
screw 276.
screw 544.
screw base 232.
screw earrings 361.
screw locking nut 670, 671.
screwdriver 276.
screwdriver 688.
screwsleeve 681.
scrimmage 603.
scrimmage in Canadian football 605.
script assistant 412.
scroll 544.
scroll case 747.
scroll foot 220.
scrotum 116, 127.
scrum half 606.
scuba diver 627.
scuba diving 627.
scuffle hoe 266.
sculling (two oars) 632.
sculling boats 632.
scuttle panel 426.
scythe 267.
sea 7, 51, 752.
sea anchor 483.
Sea Goat 13.
sea level 22, 28.
Sea Serpent 13.
sea side 752.
sea-level pressure 38.
sea-to-sea missile 809.
seal 295.
sealed cell 82.
sealing ring 741.
seam 327, 384, 598.
seam allowance 565.
seam gauge 563.
seam line 565.
seam pocket 339.
seam pocket 330.
seaming 322.
seamount 29.
search-and-rescue antennas 43.
seasons of the year 8.
seat 220, 223, 292, 293, 428, 445, 446, 584, 639, 649, 652, 664, 727.
seat adjuster 428.
seat belt 428.
seat cover 293.
seat post 446.
seat stay 446.
seat tube 446.
seat-belt warning light 431.
seats 222.
sebaceous gland 136.
secateurs 269.
second 830.
second 537, 669.
second base 597.
second baseman 597.
second dorsal fin 86.
second focal room 15.
second hand 706.
second linesman 613.
second molar 144.
second premolar 144.
second reinforce 800.
second space 610.
second stage 509.
second valve slide 550.
second violins 556.
secondaries 110.
secondary channel 489.
secondary consumers 31.
secondary inlet 741.
secondary marshalling track 465.
secondary mirror 16, 390.
secondary reflector 15.
secondary road 52.
secondary root 57.
seconde 667.
secretary 612, 626.
section of a bulb 70.
security casing 271.
security check 504.
security trigger 272.
sedimentary rocks 23.
seed 62, 63, 64, 65, 66, 67.
seed coat 63, 152.
seed drill 158.
seed drill 154.
seed leaf 57.
seed vegetables 72.
seeder 268.
segment 65.
segment score number 698.
seismic wave 23.
seismogram 714.
selector switch 310.
self-adhesive labels 518.
self-contained breathing apparatus 777.
self-inflating mattress 687.
self-timer indicator 391.
selvage 566.
semaphore 464.
semi-circle 610.
semi-detached house 187.
semi-fisheye lens 392.
semi-mummy 687.
semi-submersible platform 739.
semibreve 538.
semibreve rest 538.
semicircular arch 174.
semicolon 832.
semimembranosus 121.
seminal vesicle 127.
semiprecious stones 362.
semiquaver 538.
semiquaver rest 538.
semitendinosus 121.
semitrailer 441.
semitrailer 440, 742.
sense organs 136, 138, 140, 141.
senses of smell 142.
senses of taste 142.
sensor probe 253.
sensory impulse 135.
sensory neuron 134.
sensory receptor 134.
sensory root 135.
sent document recovery 421.
sepal 60, 62, 64.
separator 439, 742, 758.
separator steam release 758.
septal cartilage of nose 141.
septic tank 216.
septime 667.
septum 67, 141.
septum pellucidum 134.
sequencer control 555.
serac 26.
Serpent 11, 13.
Serpent Bearer 11, 13.
server 613, 614, 616, 618.
service area 52, 503, 613.
service box 616, 617, 757.
service box line 617.
service building 764.
service judge 618.
service line 614, 616, 617.
service line judge 614.
service module 418, 509.
service road 502.
service room 172, 173.
service station 823.
service zone 617.
serving trolley 219.
sesame seeded pitta 153.
set 525.
set of utensils 244.
set-in sleeve 324, 326.
set-up 683.

The terms in **bold type** indicate the title of an illustration.

set-up 683.
setting 364.
setting indicator 641.
seventeenth-century cannon 800.
seventeenth-century mortar 803.
seventh 537.
sew-through buttons 566.
sewer 186, 216.
sewing 561, 562, 564, 566, 578.
sewing frame 578.
sewing machine 561.
sewing, accessories 563, 564.
sewn-in floor 686.
sewn-in groundsheet 685.
sextant 484.
Sextant 13.
sextet 558.
shackle 630.
shade 234, 236.
shadow 706.
shadow key 396.
shadow roll 651.
shady arcades 172, 173.
shaft 38, 166, 575, 584, 609, 615, 632, 652, 658, 674, 675, 677, 681, 684, 698, 705, 753, 808.
shaft bossing 742.
shaft head 734.
shaft holder 653.
shake-hands grip 619.
shallot 70, 542.
shallow root 59.
shank 275, 276, 281, 369, 375, 385, 483, 562, 563, 564, 567, 568, 671.
shank button 566.
shank protector 783.
shapka 328.
share 156.
sharp 538.
sharpening steel 242.
shaving brush 374.
shaving mug 374.
shawl collar 341.
sheath 690.
sheath 56, 101, 106, 688, 692.
sheath dress 332.
sheath of Schwann 135.
sheath skirt 334.
sheathing 198, 199.
shed 193, 263.
shed stick 574.
sheep 150.
sheep shelter 149.
sheepshank 691.
sheepskin jacket 321.
sheer curtain 229.
sheet 480, 577.
sheet bend 691.
sheet film 395.
sheet lead 630.
sheet of paper 714.
shekel 832.
shelf 226, 254, 302.
shelf rail 254.
shell 96.
shell 66, 83, 92, 109, 383, 553, 643, 741.
shell membrane 109.
shell, valve 95.
shield 426, 791.
shield divisions 818.
shift key 524, 530.
shift lock key 524, 530.
shin boot 648, 652.
shin guard 595, 600.
shin pad 609.
shingle 286.
ship's anchor 483.
Ship's Keel 13.
ship's motor boat 809.
Ship's Sails 13.
Ship's Stern 13.
shirred heading 229.
shirt 324, 349.
shirt 656.
shirt collar 341.
shirt sleeve 340.
shirttail 324, 337.
shirtwaist dress 333.
shock absorber 445.
shoe 397.
shoe polish 358.
shoe polisher 358.
shoe rack 358.
shoebrush 358.
shoehorn 358.
shoelace 354.
shoelace 352.
shoes 354, 356, 358.
shoeshine kit 358.
shoes, accessories 358.
shoes, major types 354, 355, 356.
shoetree 358.
shoe, parts 354.
shoot 57, 59.
shooting adjustment keys 409.
shooting star 19.
shop 170.
shopping bag 381.
shore 30.
short 325.
short extensor of toes 120.
short glove 327.
short line 616, 617.
short palmar 120.
short peroneal 121.
short radial extensor of wrist 121.
short service line 618.
short sleeve 318.
short sock 344.
short splice 692.
shorts 336.
shorts 351, 600, 656.
shortstop 597.
shot 658.
shot 801.
shot put 655.
shotgun (smooth-bore) 799.
shoulder 100, 106, 116, 118, 279, 545, 615, 670.
shoulder bag 380.
shoulder belt 428.
shoulder black 122.
shoulder blade 117, 119, 123.
shoulder bolt 279.
shoulder pad 602, 609, 804.
shoulder rest 804.
shoulder strap 346, 375, 380, 382, 679.
shovel 205, 266.
shovel 640, 642, 782.
shovel cylinder 782.
shovel lever 782.
shovel tooth 782.
shower 194.
shower cubicle 292.
shower head 292.
shower hose 292.
shroud 479, 628.
shutoff valve 215, 293, 296, 298, 306.
shutter 203, 529, 772.
shutter release button 391.
shutter speed setting 396.
shutting stile 202.
shuttle 573.
shuttle 510.
shuttlecock 618.
sickle 269.
side 239, 479, 787.
side back vent 322.
side chair 223.
side chapel 176.
side door 477.
side footboard 469.
side handle 280.
side handrail 477.
side judge 605.
side ladder 470.
side lane 452.
side light 429, 440, 441.
side line 619.
side mirror 368.
side panel 319, 427.
side piece 376.
side post 199.
side rail 302, 441.
side span 456.
side vent 25, 449.
side wall 104, 470, 492, 616, 617, 621.
side wall line 616.
side-tilt lock 393.
sideboard 227.
sideline 604, 607, 610, 611, 612, 613.
sidewall 441.
sieve 161.
sifter 245.
sight 140.
sight 684, 719, 803.
sighting line 719.
sighting mirror 719.
sigmoid colon 131.
signal ahead 826, 827.
signal background plate 471.
signal box 464.
signal gantry 464.
signal lamp 247, 252, 255, 256, 257, 585.
signature 577.
signs of the zodiac 820.
silencer 439, 735.
silique, section 67.
silk 72.
silk-screen print 350.
sill 24, 199.
sill of frame 203.
sill plate 198, 199.
sill step 470.
silos 490.
silverware 239, 240.
sima 166.
simple eye 78, 80, 81.
simple leaves 56.
simple-span beam bridge 454.
single curtain rod 230.
single pole breaker 312.
single quotation marks 832.
single reed 549.
single scull 632.
single seat 477.
single twist 281.
single zero 700, 701.
single-breasted jacket 322.
single-burner camp stove 689.
single-decked pallet 787.
single-handle mixer tap 296.
single-leaf bascule bridge 457.
single-lens reflex (SLR) camera 391.
single-lens reflex camera 394.
singles post 614.
singles service court 618.
singles sideline 614, 618.
singlet 351, 353.
sinister 818.
sinister base 818.
sinister chief 818.
sinister flank 818.
sink 215, 292, 296.
sink with waste disposal unit 296.
sinker 486, 672.
sinkhole 24.
sinus 315.
siphon 24.
siphonal canal 94.
site plan 193.
sitting room 195.
sixte 667.
sixth 537.
skate 609.
skate guard 644.
skating 644.
skeg 631.
skeleton 122.
skeleton, horse 102.
ski 445, 641.
ski boot 641.
ski boot 640.
ski glove 640.
ski goggles 640.
ski hat 640, 642.
ski pants 336.
ski pole 640, 642.
ski stop 640, 641.
ski suit 640, 642.
ski tip 642.
skid 508.
skimmer 244.
skin 136.
skin 62, 63, 64, 84, 134.
skin surface 137.
skip 620, 736.
skipping-rope 665.
skirt 331, 615, 649, 792.
skirt finger 493.
skirt marker 564.
skirting grille 207.
skirts, types 334.
skull 88, 102, 116, 134, 792.
skullcap 328.
sky diver 635.
sky diving 635.
skylight 194, 197.
skyscraper 185.
slab 288.
slab building 584.
slalom ski 633.
slash 832.
slat 231, 571.
slat tilt device 231.
sleeper 466.
sleeper-cab 440.
sleeping bags 687.
sleeping car 460.
sleeping compartment 460.
sleeping-suit 350.
sleet 37, 39.
sleeve 318, 322, 667.
sleeve strap 319.
sleeve strap loop 319.
sleeveless singlet 662.
sleeves, types 339, 340.
slide 397.
slide 257, 397, 566, 797.
slide chair 467.
slide magazine 397.
slide mount 397.
slide plate 561, 562.
slide projector 397.
slide-bar 568.
slider 543.
sliding block 476.
sliding breech 802.
sliding channel 470.
sliding cheek bit 650.
sliding cover 484.
sliding door 202.
sliding door 292.
sliding folding door 202.
sliding folding window 203.
sliding lever 428.
sliding rail 428, 630.
sliding seat 664.
sliding weight 539, 708.
sliding window 203.
slight drifting snow low 39.
slightly covered sky 39.
sling back shoe 356.
slip 345.
slip joint 278.
slip joint pliers 278.
slip-on 355.
slip-on pyjamas 351.
slip-stitched seam 324.
slipover 326.
slippery road 826, 827.
slit 576.
slope 451.
sloped turret 183.
sloping cornice 168.
slot 188, 240, 252, 276, 578.
slotback 605.
slow-burning stove 204.
slow-motion 411.
slower traffic 452.
sludge 216.
small blade 688.
small hand cultivator 268.
small intestine 131.
smell 141.
smock 337.
smoke 39.
smoke baffle 204.
smoke bomb discharger 805.
smoking accessories 384, 386.
smoking-apparatus 582.
snaffle bit 650.
snaffle bit 649.
snaffle rein 649.
snaffle strap 649.
snail 83.
snail dish 246.
snail tongs 246.
snap 566.
snap 672.
snap fastener 321, 327, 379.
snap shackle 630.
snap-fastening front 350.
snap-fastening tab 321.
snap-fastening waist 350.
snare 553.
snare drum 553.
snare drum 552, 557.
snare head 553.
snare strainer 553.
snooker 673.
snorkel 627.
snout 84.
snow 34.
snow crystals, classification 36.
snow gauge 41.
snow guard 445.
snow pellet 37.
snow shower 39.
snowfall, measure 41.
snowmobile 445.
snowshoe 645.
snowsuit 351.
soap dish 292.
soccer 600.
soccer ball 600.
soccer boot 600.
soccer player 600.
soccer, pitch 601.
sock 344.
sock 602, 615.
socket 309, 401, 566.
socket bayonet 794.
socket head 276.
socket tester 310.

The terms in **bold type** indicate the title of an illustration.

socks 325.
sofa 221.
soft palate 141, 142.
soft pastel 588.
soft pedal 540, 555.
soft ray 87.
soft shell clam 93.
soft-drink dispenser 453.
soil 750.
solar array 42, 48, 418.
solar array deployment 419.
solar array drive 42.
solar cell 768.
solar cell 523, 769.
solar cell panel 769.
solar cells 42.
solar collector 772.
solar eclipse 8.
solar energy 768, 770, 772.
solar furnace 770.
solar house 772.
solar panel 16.
solar radiation 768, 769, 770, 771, 772.
solar ray reflected 770, 771.
solar reflectors 418.
solar shield 512.
solar system 4.
solar-cell system 769.
solder 307.
soldering 305, 306, 308.
soldering gun 305.
soldering iron 305.
sole 104, 325, 641, 644, 678.
soleplate 256, 466.
soleus 120.
solid body 547.
solid rubber tyre 788.
solid shot 801.
solid-rocket booster 510.
solitaire ring 364.
solvent extraction unit 744.
sorghum 152.
sou'wester 329.
sound alarm 485.
sound control room 412, 415.
sound desk 412.
sound digitizing processor 528.
sound hole 544.
sound monitor 412, 413.
sound receiver 726.
sound reproducing system 400, 402, 404.
sound reproducing system, components 400.
sound signal 539.
sound technician 412.
soundboard 535, 540, 544, 545, 546.
soundbox 545.
soup bowl 238.
soup spoon 241.
soup tureen 238.
sour taste 143.
sources of pollution 34.
South 488.
South America 20.
South cardinal mark 489.
South celestial pole 3.
South Pole 3.
Southeast 488.
Southern Cross 13.
Southern Crown 13.
Southern Fish 13.
Southern hemisphere 3, 47.
Southern Triangle 13.
Southwest 488.
sow 151.
soya beans 72.
space 537.
space bar 525, 530.
space probe 19.
space shuttle 510.
space shuttle at takeoff 510.
space shuttle in orbit 510.
spacelab 511.
spacer 727, 765.
spacesuit 512.
spade 266, 632, 695.
spade 803.
spadix 60.
spaghetti tongs 246.
spandrel 174.
spanker 480.
spar 498.
spar buoy 489.
spark 436.
spark plug 271, 435, 437.
spark plug cable 435.
sparking plug 439.
sparking plug body 439.
sparking plug gap 439.
sparking plug gasket 439.
sparking plug terminal 439.
sparkling wine glass 237.
spatial dendrite 36.
spatula 589.
spatula 244, 581.
spatulate 56.
speaker 408, 420, 500.
speaker cover 400.
speaker selector 402.
spear 72, 791.
speargun 627.
special mark 489.
specific line map 474.
specimen chamber 717.
specimen positioning control 717.
spectrometer 717.
speed control 250, 271.
speed controller 561.
speed course 646.
speed selector 251, 404.
speed selector switch 370.
speed skate 644.
speedbrake lever 500.
speedometer 431, 445, 664.
spelling corrector 524.
spencer 338.
spent fuel discharge bay 758.
spent fuel port 764.
spent fuel storage bay 758, 764, 765.
sperm duct 127.
spermatozoon 127.
sphenoidal sinus 141.
sphere support 40.
sphygmomanometer 710.
spicules 6.
spider 77.
spider 77.
spike 60, 466, 656, 680, 681.
spike file 516.
spillway 746.
spillway chute 746.
spillway gate 746.
spinach 73.
spinal column 122, 134.
spinal cord 89, 134, 135.
spinal ganglion 135.
spinal nerve 135.
spindle 223, 251, 290, 294, 404, 707, 711, 712.
spine 577.
spine of the book 579.
spine of the scapula 123.
spinner 672.
spinning rod 671.
spinous process 135.
spiny lobster 91.
spiny ray 86.
spiracle 78, 79.
spiral 276, 404.
spiral arm 9.
spiral beater 250.
spiral binder 519.
spiral case 753.
spiral galaxy 9.
spiral rib 94.
spiral screwdriver 276.
spiral staircase 741.
spiral-in groove 404.
spire 94, 175.
spirit level 291.
spit 30.
splash plate 741.
splat 220.
splay 175.
spleen 88, 124.
splenius muscle of head 121.
spline 439.
splints 725.
split bet 700, 701.
split end 603, 605.
split link 672.
spoiler 442, 498.
spoke 447.
spoked wheel 652.
sponge 801.
sponge bag 382.
sponge-tipped applicator 367.
sponges 367.
spool 570, 670, 671.
spool pin 561.
spool rack 575.
spoon 241.
spoon 688.
spoon blade 587.
spoons, principal types 241.
spores 55.
sport briefs 325.
sports car 425.
sportswear 352.
spot 235.
spotlight 414, 777, 778, 780.
spotmeter 396.
spout 162, 247, 252, 294, 295.
spout assembly 296.
spray 256.
spray arm 257.
spray button 256.
spray control 256.
spray hose 296.
spray nozzle 264.
spray nozzle 741.
spray paint gun 304.
sprayer 264.
spread collar 324.
spreader 270.
spreader 375, 628.
spreader adjustment screw 304.
spring 8, 234, 258, 278, 290, 294, 389, 469, 659, 804.
spring balance 709.
spring binder 519.
spring housing 230.
spring linkage 702.
spring onion 70.
spring washer 278.
spring wing 276.
spring-metal insulation 287.
springboard 659.
springer 174.
sprinkler hose 265.
sprinklers 766.
sprocket 445.
sprocket wheel 783, 805.
spur 27, 80, 281, 552, 648.
squall 39.
square 577.
square bet 700, 701.
square brackets 832.
square flag 817.
square head plug 301.
square knot 691.
square movement 696.
square neck 343.
square root key 523.
square root of 830.
square sail 482.
square trowel 291.
square-headed tip 276.
squash 616.
squash ball 616.
squash racket 616.
squash, court 616.
stabilizer 636, 684.
stabilizer fin 496.
stabilizing fin 509.
stabilizing shaft 788.
stable 651.
stack 30.
stacking chairs 223.
stadium 185.
staff 537.
staff 817.
stage 189.
stage 188, 717, 718.
stage clip 718.
stage curtain 188, 189.
stained glass 175.
stairs 201.
stairs 194, 474, 741.
stairwell 194.
stake 263.
stake pocket 441.
stalactite 24.
stalagmite 24.
stalk 62, 63, 64, 72.
stalk vegetables 72.
stamen 60, 64.
stamp 384.
stamp pad 516.
stamp rack 516.
stanchion 644.
stand 651.
stand 236, 248, 250, 341, 370, 382, 552, 586, 714, 718.
stand-up collar 342.
standard A 539.
standard lens 392.
standart lamp 236.
standby airspeed indicator 500.
standby altimeter 500.
standby attitude indicator 500.
standing press 579.
standpipe 298.
stapes 138.
staple remover 515.
stapler 515.
staples 515.
star anise 67.
star diagonal 721.
star facet (8) 363.
star tracker 16.
starboard diving plane 806.
starboard hand 488, 489, 497.
starch 152.
starch granule 115.
start 532.
start and finish 646.
start button 706.
start key 421.
start line 656.
start switch 259.
start wall 621.
start-up key 530.
starter 271, 272, 621.
starter handle 272.
starting bar (backstroke) 621.
starting block 621, 656.
starting block 621.
starting cable 270.
starting dive 622.
starting line 655.
starting position 625.
starting step 201.
state 51.
station circle 38.
station entrance 474.
station name 474.
station platform 464.
stationary bowl 701.
stationary front 39.
stationery 515, 516, 518.
stationery cabinet 522.
stator 290, 753.
stay 479.
stay ring 753.
stay vane blade 753.
stays 456.
staysail-stay 479.
steak knife 239.
steam generator 759, 761, 762, 771, 806.
steam generator room cooler 759.
steam iron 256.
steam outlet 760, 761, 762, 763.
steam pressure drives turbine 767.
steam release pipes 759.
steel 286.
steel 795.
steel bar 660.
steel pen 389.
steel safety wheel 476.
steel spring 795.
steel to plastic 301.
steelyard 708.
steep hill 826, 827.
steeplechase 655.
steeplechase hurdle 656.
steering axle 788.
steering cylinder 784.
steering lever 788.
steering wheel 147, 430.
stellar crystal 36.
stem 55, 57, 70, 232, 247, 385, 447, 479, 705.
stem bulb 497.
stem holder 294.
stem washer 294.
step 147, 302, 440.
step chair 222.
step cut 363.
step groove 201.
step setting 711.
step stool 302.
stepladder 302.
stepladders 302.
steppe 45.
steps 773.
stereo camera 395.
stereo control 408.
stereo phase monitor 413.
sterile dressing 725.
stern 496, 631.
sternocleidomastoid 120.
sternum 102, 122.
stethoscope 726.
steward's desk 461.
stick 375, 607.
stick 544.
stick rubber 515.
stick umbrella 375.
stickpin 364.
sticks 553, 728.
stifle 101.
stigma 60, 66.
stile 223.
stile groove of sash 203.
stile tongue of sash 203.
stiletto 794.

The terms in **bold type** indicate the title of an illustration.

still cameras 394, 395.
still video camera 395.
still video film disc 395.
still water level 30.
stilt 585.
stilted 174.
stimulator tip 373.
stinger 81.
stipule 56.
stirrup 793.
stirrup iron 648.
stirrup leather 649.
stirrup sock 595.
stitch 352, 355.
stitch control buttons 569.
stitch length regulator 561.
stitch pattern memory 569.
stitch patterns 567.
stitch selector 561.
stitch width selector 561.
stitches 596.
stitches, embroidery 571.
stitching 327.
stock 483, 536, 773, 798, 799.
stock pot 249.
stockade 181.
stocked anchor 483.
stocking 344.
stocking 347, 667.
stocking stitch 567.
stockless anchor 483.
stomach 88, 92, 97, 124, 131.
stomach throw 668.
stomacker 317.
stone 286.
stone 63, 364.
Stone Age weapons 791.
stone fleshy fruits 63.
stone fruits, major types 63.
stone fruit, section 63.
stoner 246.
stop 831.
stop 106, 411, 532, 566, 570, 632.
stop at intersection 824, 825.
stop bath 399.
stop button 272, 403, 411, 420, 706.
stop knob 542, 543.
stop rod 543.
stop watch 407.
stop/clear key 405.
stopwatch 706.
storage compartment 397, 440, 449, 778, 780.
storage door 254.
storage furniture 225, 226.
storage space 461.
storage tank 744, 772.
storage tray 591, 764.
storm collar 205.
stormy sky 36.
stove oil 745.
straight 695.
straight bet 700, 701.
straight blade 587.
straight eye 566.
straight flush 695.
straight jaw 278.
straight ladder 303.
straight position 624.
straight skirt 334.
straight wing 499.
straight-up ribbed top 325.
straight: post and rail 646.
strainer 243.
strainer 251.
strainer body 296.
strainer coupling 296.
straining, utensils for 243.
strait 51.
strand 692.
strap 365, 596, 660, 662, 706, 777.
strap wrench 299.
strapless brassiere 346.
stratocumulus 44.
stratosphere 19.
stratum basale 136.
stratum corneum 136.
stratum granulosum 136.
stratum lucidum 136.
stratum spinosum 136.
stratus 44.
straw spreader 161.
strawberry, section 62.
streamer 817.
street 52, 184, 190.
street bet 700, 701.
street light 185, 186.
street, cross section 186.
stretch-limousine 425.
stretcher 219, 726.
strike plate 290.
striker 307.
striker 804.
striker wheel 386.
striking circle 607.
string 541, 544, 545.
stringed instruments 544, 546.
stringer 787.
strings 540, 615.
strip flooring with alternate joints 200.
strip light 235.
strip mine 733.
stroke judge 621.
strokes, types 622.
strongbox 702.
structure of the Sun 6.
strut 199, 495, 553, 774.
stud 198, 353.
stud earrings 361.
studded shoe 595.
studio 407.
studio floor 412.
studio, radio 407.
studio, television 412, 414.
studs 598.
stummel 385.
stump 59.
stump 598, 599.
style 60, 62, 63, 64, 67.
styling brush 370.
stylobate 166, 168.
stylus 389.
stylus cartridge 404.
sub-base 40.
subarctic climates 45.
subarctic climates 45.
subbase 451.
subclavian artery 126.
subclavian vein 126.
subcutaneous tissue 137.
subfloor 198, 199, 200.
subgrade 451.
sublimation 34.
submachine gun 795.
submarine 806.
submarine canyon 29.
submarine pipeline 740.
subsidiary track 464.
substation 752.
substitute corridor 612.
substructure 737.
subterranean stream 24.
subtract from memory 523.
subtract key 523.
subtraction 830.
subtropical climates 45.
suburban commuter railway 464.
suburbs 52.
subway 464.
sucker 61.
suction hose 778.
sugar bowl 238.
suit 331.
suit bag 382.
suitcase 383.
sulcus terminalis 143.
sulky 652.
sulky 652.
sum 830.
sumie 589.
summer 8.
summer solstice 8.
summit 27.
sump 216, 272, 434, 736.
sump gasket 434.
Sun 6.
Sun 4, 8.
Sun mode position 419.
sun roof 427.
sun sensor 42, 43, 49.
sun visor 430, 449.
sundae spoon 241.
sundeck 497.
sundial 706.
sundress 332.
sunglasses 377.
sunshade 42.
sunshine recorder 40.
sunshine, measure 40.
sunspot 6.
Sun, structure 6.
super 82.
superficial peroneal nerve 133.
superior cymbal 552.
superior dental arch 142.
superior lobe 130.
superior mesenteric artery 126, 132.
superior mesenteric vein 126.
superior nasal concha 141.
superior semicircular canal 139.
superior umbilicus 110.
superior vena cava 124, 125, 126, 130.
superstructure 486.
supply duct 213.
supply line 215.
supply point 757.
support 40, 223, 230, 232, 574, 720.
support leg 156, 441, 449.
support leg crank 441.
support structure 15, 48.
supports 589.
sural nerve 133.
surcingle 653.
surface cold front 39.
surface course 450.
surface insulation 510.
surface of the water 624.
surface runoff 32, 34.
surface scum 216.
surface surveillance radar 809, 810.
surface warm front 39.
surface water drain 186.
surface-piercing foils 495.
surface-to-air missile 814.
surface-to-subsurface missile 809, 814.
surroyal antler 105.
suspended span 454.
suspender 347, 456.
suspender belt 347.
suspension 477.
suspension band 729.
suspension bogie 458.
suspension bridge 456.
suspension cable 456.
suspension file 518.
suspension insulator string 756.
suspension lines 636.
suspension spring 707.
suspensory ligament 140.
suture 67, 94.
swallow hole 24.
swallowtail 817.
swallowtail and tongue 817.
Swan 11.
sweat duct 136.
sweat shirt 352.
sweat trousers 352.
sweaters 326, 338.
swede 71.
sweeper 601.
sweeping hip throw 668.
sweeping score line 620.
sweet corn 72.
sweet pepper 69.
sweet potato 71.
sweet taste 143.
sweetheart neckline 343.
swell organ manual 542.
swell pedals 542.
swept-back wing 499.
swift 575.
swimmerets 91.
swimming 621, 622.
swimming pool 496, 621, 626.
swimming trunks 353.
swimsuit 353.
swing bridge 457.
swinging door 202.
Swiss army knife 688.
Swiss chard 72.
switch 309.
switch 254, 280, 283, 285.
switch lock 280.
switch point 467.
switch rod 467.
swivel 658, 672, 737.
swivel armchair 520.
swivel base 282.
swivel flex 370.
swivel head 282.
swivel lock 282.
swivel wall lamp 234.
Swordfish 13.
symbol 702.
symbols, dangerous materials 821.
symbols, protection 821.
sympathetic ganglion 135.
symphony orchestra 556.
symphysis pubis 127, 128.
synapse 135.
synthesizer 555.
synthetic sponge 367.
syringe 726.
syringe for irrigation 726.
system buttons 555.
systems display 500.

T

T-shirt dress 351.
T-strap shoe 356.
T-tail unit 498.
tab 518.
tab 319, 375, 378, 379, 566, 649.
tab key 530.
tab setting 525.
table 219, 674.
table 283, 285, 363, 578.
table cut 363.
table extension 285.
table lamp 236.
table mixer 250.
table saw 285.
table tennis 619.
table tennis ball 619.
table tennis bat 619.
table-locking clamp 283.
tablespoon 241.
tables, principal types 219.
tablet 725.
table, tennis 619.
tablinum 170.
tabulator 524.
tachometer 431, 445.
tack 631.
tackle box 672.
tadpole 84.
tag 352, 354.
tail 91, 96, 97, 101, 106, 107, 112, 127, 499, 579, 633, 638, 641, 642, 643, 645, 670.
tail assembly 499.
tail boom 508.
tail comb 368.
tail edge 577.
tail feather 109.
tail of helix 139.
tail pipe 439.
tail pipe extension 439.
tail pole 773.
tail shapes, types 498.
tail skid 508.
tail-out groove 404.
tailing auger 161.
taillight 147.
tailored collar 341.
tailored collar 330.
tailored sleeve 340.
tailpiece 296, 544.
tailplane 499, 508, 639, 812.
tailrace 747.
take-up handle 572.
take-up reel 403.
take-up spool 390.
tall tumbler 237.
talon 111.
tambourine 554.
tamper 385.
tandem disc harrow 157.
tandem disc harrow 154.
tang 239, 242, 291.
tank 805.
tank 216, 398, 399, 689, 742, 743, 780.
tank farm 740.
tank gauge float 741.
tank hatch 743.
tank sprayer 265.
tank wagon 743.
tank wall 742.
tanker 742.
tanker 491, 813.
tanks 511.
tap 292.
tape 566, 571, 607, 613, 614, 711, 804.
tape counter 403.
tape lock 711.
tape measure 563, 711.
tape selector 403.
tape-guide 403.
taper 582.
tapered wing 499.
tapestry bobbin 574.
tapestry bobbin 574.
taproot 59.
target 684.
target area 770.
target areas 667.
target detection radar 809.
tarlatan 582.
tarragon 74.
tarsal bone 122.
tarsus 78, 80, 103, 108.
tassel 229, 231.
tasset 792.

The terms in **bold type** indicate the title of an illustration.

taste sensations 143.
Taurus the Bull(April 20) 820.
taxi rank 822.
taxiway 502.
taxiway line 503.
tea infuser 246.
team bench 626.
team shirt 595, 600.
teapot 238.
tear tape 384.
tear-off calendar 518.
teaser comb 368.
teaspoon 241.
technical equipment compartment 415.
technical identification band 405.
technical producer 412, 415.
technical producer monitor 413.
technical specifications 433.
tedding 155, 159.
teddy 345.
tee 301.
tee 298, 620, 676, 677.
teeth 144.
teeth 566.
tele-converter 392.
telecommunication aerial 494, 497.
telecommunication antenna 809.
telecommunication satellites 418.
telecommunication satellites, examples 418.
telecommunication terminal 422.
telecommunications by satellite 417.
telecommunications by telephone network 417.
telephone 822.
telephone 413.
telephone answering machine 420.
telephone cable 186.
telephone index 516.
telephone index 420.
telephone network 417.
telephone set 420.
telephone set 415, 417.
telephones, types 422.
telephone, communication 420, 422.
telephoto lens 392.
teleport 417.
teleprompter 414.
telescope 14.
telescope 14, 42, 484, 713.
telescope base 14.
telescopic boom 780, 786.
telescopic corridor 503.
telescopic front fork 442.
telescopic leg 726.
telescopic sight 718.
telescopic sight 798.
telescopic umbrella 375.
telescoping leg 393.
telescoping uncoupling rod 470.
television 410, 412, 414.
television set 410.
television set 401.
telex 421.
telex 417.
telltale 628.
telson 91.
temperate climates 45.
temperature 210.
temperature control 213, 252, 256, 297.
temperature control knob 585, 705.
temperature indicator 431.
temperature of dew point 38.
temperature scale 19.
temperature scales 710.
temperature selector 253, 258, 259.
temperature, measure 41.
temple 573.
temple 116, 578.
tempo control 555.
tempo scale 539.
temporal bone 122.
tenaille 179.
tendon 107.
tendon guard 644.
tendril 61.
tennis 614.
tennis ball 615.
tennis player 615.
tennis racket 615.
tennis shirt 615.
tennis shoe 615.
tennis, court 614.
tennis, net 614.
tenon saw 578.
tenor drum 553.
tenpin 683.
tension adjuster 685.
tension adjustment 671.
tension block 562, 569.
tension block 561.
tension dial 562, 568, 569.
tension disc 562, 569.
tension guide 569.
tension pulley wheel 230.
tension rod 553.
tension screw 552.
tension spring 431, 562, 569, 665.
tensor of fascia lata 120.
tent pole 686.
tentacle 83.
tents, major types 686.
tepee 165.
teres major 121.
teres minor 121.
terminal 421.
terminal 255, 309, 312, 740, 757.
terminal arborization 135.
terminal box 769.
terminal bronchiole 130.
terminal bud 57.
terminal filament 134.
terminal lobe 61.
terminal moraine 27.
terminal tackle 672.
terraced town house 187.
terreplein 179.
terrestrial sphere 3.
tertial 110.
tertiary consumers 31.
test pattern 414.
test-lamp 310.
testicle 127.
text 524.
text display 524.
theatre 188.
theodolite 713.
theodolite 41.
thermal barrier 42.
thermal louver 43.
thermocouple 297.
thermocouple tube 297.
thermometer 705.
thermometer 627, 635, 741.
thermosphere 19.
thermostat 210, 214, 252, 297.
thermostat control 254.
thigh 101, 106, 108, 117, 119, 127, 128.
thigh pad 602.
thigh-boot 357.
thigh-high stocking 344.
thimble 563.
thimble 711.
thinning razor 369.
third 537.
third base 597.
third baseman 597.
third finger 137.
third stage 509.
third valve slide 551.
third wheel 706, 707.
thong sandal 357.
thoracic legs 90.
thoracic vertebra (12) 123.
thoracic vertebrae 102.
thorax 78, 79, 80, 116, 118.
thread 276, 294.
thread guide 561, 562.
thread take-up lever 561.
thread trimmer 562.
threaded cap 301.
threaded rod 279.
three-four time 537.
three-hinged arch 455.
three-of-a-kind 695.
three-pin socket 309.
three-quarter coat 321.
three-quarter sleeve 339.
three-toed hoof 99.
threshing area 161.
threshold 202.
throat 108, 282, 483, 615, 671.
throat lash 649.
throat protector 595, 609.
throttle valve 735.
throttles 500.
through arch bridge 455.
throwing circle 654, 655.
throwings 658.
throws, judo 668.
thrust 455.
thrust bearing 753.
thrust device 389.
thrust tube 389.
thruster 49, 512.
thrusting and cutting weapons 794.
thumb 112, 137, 327, 596.
thumb hook 550.
thumb piston 542.
thumb rest 549, 726.
thumbscrew 279.
thunderstorm 39.
thyme 74.
tibia 78, 80, 103, 112, 122.
tibial nerve 133.
ticket collector 463.
ticket collector's booth 474.
ticket control 463.
ticket counter 504.
ticket transfer machine 475.
tidal power plant 752.
tie 375, 539.
tie beam 198.
tie clip 364.
tie rod 553.
tieback 228.
tiepin 364.
tierce 667.
tierceron 177.
tight end 603, 605.
tightener 661.
tightening band 40.
tights 344.
tilde 832.
tile 286.
tile 169, 170, 511.
tiller 628, 793.
tilt tube 231.
tilt-back head 250.
timber 168, 170.
time signatures 537.
timekeeper 610, 612, 626, 666, 668, 669.
timer 398.
timer 252, 585, 664.
timetables 463.
timing belt 434.
timpani 557.
tin opener 256.
tin opener 244, 688.
tin telltale 616.
tine 157, 240, 272.
tip 57, 72, 239, 241, 275, 276, 284, 291, 305, 323, 375, 633, 637, 640, 645, 658, 670, 675.
tip cleaners 307.
tip of nose 141.
tip protector 726.
tip section 670.
tip-ring 670, 671.
tipping lever 727.
Titan 5.
toad 85.
toaster 252.
tobacco 384.
tobacco hole 385.
tobacco pouch 385.
toe 104, 106, 111, 116, 118, 277, 325, 678.
toe binding 642.
toe box 644.
toe clip 104, 446, 448.
toe guard 730.
toe guard 595.
toe hole 645.
toe pick 644.
toe piece 633, 640.
toe piston 542.
toe strap 633.
toe-piece 641.
toe-strap sandal 357.
toenail scissors 365.
toeplate 642.
toga 315.
toggle 817.
toggle bolt 276.
toggle fastening 320.
toggles 650.
toilet 293.
toilet 195, 215, 292, 461.
toilet bowl 293.
toilet paper holder 292.
toilet truck 506.
Toilets (Gents) 822.
Toilets (Ladies) 822.
tom-tom 552.
tomato 69.
tombolo 30.
tone arm 404.
tone control 547.
tone leader generator 407.
tongs 246.
tongue 81, 88, 131, 142, 323, 352, 354, 536, 542, 566, 641, 644.
tongue sheath 96.
tongue, dorsum 143.
tonsil 142.
tool 735.
tool holder 283.
tool shelf 302.
tool tether 512.
tools, carpentry 275, 276, 278, 280, 282, 284.
tools, electricity 310, 311.
tools, plumbing 299.
tools, wood carving 587.
tooth 96, 158, 159, 160, 162, 268, 277, 284, 369, 785.
toothbrush 373.
toothbrush 373.
toothbrush shaft 373.
toothbrush well 373.
toothed jaw 278.
toothpaste 373.
top 59, 219, 302, 478, 756.
top bar 659.
top central manhole 743.
top cushion 675.
top cylinder 581.
top deck 741.
top deckboard 787.
top edge 577.
top hat 328.
top ladder 781.
top lift 354.
top of dam 746, 748, 749, 752.
top plate 525.
top pocket 675.
top rail 202, 223, 225.
top rail of sash 203.
top road 736.
top stitched pleat 335.
top stitching 323, 350.
top-end transverse member 470.
topaz 362.
topgallant mast 479.
topmark 486, 488.
topmast 479.
topping 670.
topping lift 478.
toque 329.
torpedo 807.
torpedo room 807.
torque converter 258.
torus 166, 167.
total 709.
total eclipse 8.
tote bag 380.
tote board 651.
Toucan 13.
touch 136.
touch judge 606.
touch-in goal 606.
touchline 601, 606.
touring boot 642.
tourmaline 362.
tow bar 506.
tow bar 158, 159, 162, 449, 633.
tow line 633.
tow release knob 639.
tow tractor 506, 507.
towel rail 292.
tower 176, 456, 486, 770, 771, 773, 774, 786.
tower block 187.
tower crane 786.
tower ladder 781.
tower mast 786.
tower silo 149.
towing eye 803.
towing hitch 147, 449.
town house 187.
tracery 175, 176.
trachea 130.
tracing wheel 563.
track 476, 651.
track 230, 445, 463, 474, 783.
track and field athletics 654, 656, 658.
track idler 783.
track lighting 235.
track link 805.
track number 405.
track roller frame 783.
track search keys 405.
track shoe 656, 805.
trackball 526.
tracker 543.
tracksuit 352.
tractor 147.

The terms in **bold type** indicate the title of an illustration.

tractor 742.
tractor engine 784.
tractor unit 440.
tractor unit 440.
trade name 384.
traditional houses 165.
traditional musical instruments 535, 536.
traffic circle 450.
traffic island 184.
traffic lane 452.
traffic light 186.
tragus 112, 139.
trailing edge 498, 636, 637, 638.
trailing edge flap 498, 812.
trainer 669.
training set 351.
tramlines 614, 618.
trampoline 659.
transceiving dish 418.
transcription of seismic waves 714.
transducer 485.
transept 177.
transept spire 176.
transfer canal 764.
transfer of heat to water 766.
transfer port 436.
transfer ramp 452.
transfer scale 396.
transform fault 28.
transformer 235, 747, 757, 758, 771.
transit shed 490.
transition fittings 301.
translation wave 30.
transmission 258.
transmission cable 485.
transmission dish 418.
transmission of the electrical current 714.
transmission/reception of messages 421.
transmitted pulse 722.
transmitter 420.
transmitting station 722.
transpiration 35.
transporter bridge 457.
transverse bulkhead 743.
transverse colon 131.
transverse dunes 46.
transverse process 135.
trap 301.
trap 215, 293, 296.
trapeze dress 332.
trapezius 120, 121.
travel bag 382.
traveller 630.
traveller 628.
travelling block 737.
travelling crane 747.
traverse arch 177.
traverse rod 230.
traversing handle 803.
tray 210, 226, 270, 304, 383.
tread 201, 433, 649.
tread bar 147.
tread design 433.
treadle 572.
treadle cord 572.
treatment plant 735.
treble 646.
treble bridge 540.
treble fishhook 672.
treble keyboard 536.
treble pickup 547.
treble register 536.
treble tone control 402.
tree 59.
tree 649.
tree frog 85.
tree pruner 269.
trees 676.
tree, structure 59.
tree, trunk 59.
trefoil 174.
trefoil 175.
trellis arch 263.
trench 28, 733.
trench coat 319.
triangle 554.
Triangle 11, 556.
triangular bandage 725.
triangular body 535.
triangular fossa 139.
triceps bar 663.
triceps of arm 121.
tricorne 318.
tricuspid valve 125.
trifoliolate 56.
trigger 268, 304, 780, 793, 795, 796, 797, 798, 799, 804.
trigger guard 795, 797, 798, 799.
trigger switch 284.
triglyph 167.
trilby 328, 329.
trill 538.
trim 383.
trim panel 429.
trim ring 255.
trimmer 374.
trimming 578.
trimming tool 585.
trio 558.
trip lever 293.
trip mileometer 431.
triple bars 647.
triple bars 646.
triple jump take-off board 654.
triple jump take-off line 654.
triple ring 698.
triple tail unit 498.
tripod 393.
tripod 397, 415, 539, 721.
tripod accessories shelf 721.
tripod stand 552.
tripod tail support 507.
Triton 5.
trochanter 78, 80.
trolley 788.
trolley 457, 786.
trolley crank 265.
trolley pulley 786.
Trombe wall 772.
Trombe wall 772.
trombone 550.
trombones 556.
tropic of Cancer 3, 47.
tropic of Capricorn 3, 47.
tropical climates 45.
tropical fruits 68.
tropical fruits, major types 68.
tropical rain forest 45.
tropical savanna 45.
tropical storm 39.
troposphere 19.
trot 101.
trough 30, 38.
trousers 323.
trousers 353, 595, 602, 609, 668, 680.
trousers, types 336.
trowel 268.
truck 645.
truck crane 786.
truck trailer 440.
trucking 440.
truffle 55.
trumpet 550.
trumpet 550.
trumpet interchange 451.
trumpets 556.
trunk 383.
trunk 59, 61, 117, 119.
trunk hose 316.
trunks 662.
trunk, cross section 59.
trunnion 800.
trussed arch 455.
tub 257, 258, 263.
tub rim 258.
tuba 551, 557.
tube 588.
tube 397, 710, 803, 804.
tube cutter 299.
tube end 300.
tube flaring tool 299.
tube retention clip 233.
tuber vegetables 71.
tubing 740.
tubing head 740.
tubing valve 740.
tubular bells 554.
tubular bells 556.
tubular heater 744.
tubular ice screw 681.
tubular lock 290.
tubular member 738.
tubular structure 487.
tuck 384.
tuck position 624.
Tudor 174.
tumble dry at low temperature 829.
tumble dry at medium to high temperature 829.
tumbler 237.
tuner 400, 402.
tuner 408.
tungsten filament 233.
tungsten-halogen lamp 233.
tunic 337.
tunic 791.
tunic dress 333.
tuning control 402, 408.
tuning controls 410.
tuning dial 408.
tuning fork 539.
tuning gauge 553.
tuning mode 402.
tuning peg 545, 547.
tuning pin 540.
tuning slide 551.
tuning wire 542.
tunnel 474.
turban 329.
turbine 753.
turbine 758.
turbine building 758.
turbine headcover 753.
turbine runner 752.
turbine shaft turns generator 767.
turbine stop valve 758.
turbine-compressor shaft 501.
turbo-alternator 806.
turbo-charged engine 438.
turbo-generator 771.
turbo-jet engine 812.
turbofan engine 501.
turbojet engine 499.
turkey 150.
turn 538.
turn and bank indicator 639.
turn and bank knob 639.
turn-up 323.
turnbuckle 630.
turnbuckle 669.
turning 584.
turning handle 280.
turning judge 621.
turning wall 621, 622.
turning wheel 584.
turnip 71.
turntable 250, 400, 404, 407, 457, 784, 785.
turntable mounting 780.
turpentine 592.
turquoise 362.
turret 180, 805, 809.
turret cap 718.
turtle 97.
turtle neck 642.
turtleneck 338.
tusks of a walrus 99.
tusks of a wart hog 99.
tusks of an elephant 99.
tusks, principal types 99.
TV mode 411.
TV power button 411.
TV/video button 411.
tweeter 16, 400.
tweezers 725.
twig 57, 59.
twill weave 576.
twin skis 633.
twin-lens reflex camera 394.
Twins 11.
twinset 338.
twist bar 665.
twist dive 625.
twist drill 281.
twist grip throttle 444.
twisted rope 692.
two columns split bet 700.
two dozens split bet 701.
two pairs 695.
two-burner camp stove 689.
two-hand clean and jerk 662.
two-hand snatch 662.
two-hinged arch 455.
two-person tent 685.
two-seater settee 221.
two-sided copies 532.
two-stroke-cycle engine 436.
two-toed hoof 99.
two-two time 537.
two-way collar 319.
two-way traffic 824, 825.
tympanum 84, 97, 166, 168, 175.
type of fuel 453.
type of high cloud 38.
type of low cloud 38.
type of middle cloud 38.
type of the air mass 38.
types of grilles 207.
types of heads 276.
types of railway carriages 460.
tyre 433.
tyre 440, 447.
tyre inflator 453.

U

U-bend 301.
U-shaped gouge 581.
UHF antenna 42.
ulna 102, 122.
ulnar extensor of wrist 121.
ulnar flexor of wrist 120, 121.
ulnar nerve 133.
ultraviolet spectrometer 43.
umbel 60.
umbo 95.
umbra shadow 8.
umbrella 375.
umbrella pine 58.
umbrella ring 679.
umbrella stand 375.
umlaut 832.
umpire 599, 603, 605, 611, 613, 614, 618.
under tail covert 109.
underarm crutch 728.
underarm portfolio 378.
underarm rest 728.
underground 190.
underground flow 32, 35.
underground map 477.
underground mine 736.
underground railway 474, 476.
underground station 474.
underground stem 70.
underground train 476.
underground train 474.
underlining 565.
underpass 454.
undershirt 595.
underwater camera 394.
underwear 325, 345, 346.
underwiring 347.
union 300.
union 830.
union nut 300.
uniparous cyme 60.
unison 537.
unit price 709.
univalve shell 94.
universal steps 507.
unleavened bread 153.
unloading tube 161.
uphaul 631.
upholstery nozzle 260.
uplift bra 347.
upper 641.
upper blade guard 284.
upper bowl 247.
upper cheek 650.
upper chord 455.
upper cold front 39.
upper cuff 641.
upper deck 498.
upper edge 619.
upper eyelid 84, 107, 140.
upper fore topgallant sail 481.
upper fore topsail 481.
upper gate 493.
upper gill arch 87.
upper girdle facet (16) 363.
upper laboratory 15.
upper lateral lobe 61.
upper lateral sinus 61.
upper level 493.
upper limb 793.
upper lip 81, 142, 542.
upper mandible 109.
upper mantle 22.
upper rudder 806.
upper shell 641, 645.
upper sphere clamp 40.
upper strap 641.
upper support screw 40.
upper tail covert 109.
upper warm front 39.
upperboard 543.
upright 573, 574, 578, 579, 657, 659, 660, 661, 728.
upright piano 540.
upright piano action 541.
upstage 188, 189.
upstream blanket 748.
upstream face 749.
upstream shoulder 748.
upstream toe 748.
Uranus 5.
urban map 52.
ureter 132.
urethra 128, 129, 132.
urinary bladder 89, 127, 128, 132.
urinary meatus 127.
urinary system 132.

The terms in **bold type** indicate the title of an illustration.

urogenital aperture 89.
uropod 91.
use chlorine bleach as directed 829.
utensils, set 244.
uterovesical pouch 128.
uterus 128, 129.
utility liquids 592.
uvula 141, 142.

V

V-neck 322, 326.
V-neck cardigan 326.
V-neck cardigan 338.
V-shaped gouge 581.
V-shaped neck 343.
vacuole 115.
vacuum chamber 710, 717.
vacuum coffee maker 247.
vacuum diaphragm 435.
vacuum distillation 744.
vacuum flask 690.
vacuum manifold 717.
vacuum system console 717.
vagina 128, 129.
vair 819.
valance 224, 228.
valley 27.
valve 67, 95, 293, 447, 550.
valve casing 550.
valve seat 294.
valve seat shaft 293.
valve seat wrench 299.
valve spring 434.
vambrace 792.
vamp 353, 355.
vane 110, 259.
vanity cabinet 292.
vanity case 382.
vanity mirror 430.
vaporizer 210.
vaporizing grille 210.
variable spacer 525.
variable-geometry wing 499.
variation keys 569.
variometer 635.
various dry fruits 67.
varnish 592.
varnish-roller 582.
vastus lateralis 120, 121.
vastus medialis 120.
Vauban fortification 178.
vault 177.
vaulting horse 659.
VCR controls 411.
VCR mode 411.
VCR power button 411.
vector/waveform monitor 413.
vegetable bowl 238.
vegetable brush 246.
vegetable garden 148, 193.
vegetable sponge 367.
vegetable steamer 249.
vegetables 69, 70, 71, 72, 73.
vegetables 33.
veil 670.
vein 56.
veins 126.
Velcro® closure 349.
velum 80.
velvet-band choker 361.
Venetian blind 231.
venom canal 96.
venom gland 96.
venom-conducting tube 96.
venomous snake's head 96.
vent 214, 430, 800, 801.
vent brush 368.
vent door 441.
vent hole 304.
ventail 792.
ventilated rib 798.
ventilating circuit 215.
ventilating fan 469.
ventilating grille 260.
ventilation 772.
ventilation duct 259.
ventilation hood 486.
ventilator 477.
ventral aorta 88.
venturi 804.
venturi fastening lever 804.
Venus 4.
verge 451.
vermiform appendix 131.
vernal equinox 3, 8.
vernier 708.
vernier scale 484.
Versailles parquet 200.
vert 819.
vertebral body 135.
vertebral column 89.
vertebral shield 97.
vertical control 529.
vertical frame 574.
vertical movement 696.
vertical pivoting window 203.
vertical pocket 316.
vertical pupil 96.
vertical shaft 736.
vertical side band 613.
vertical-axis wind turbine 774.
very cloudy sky 39.
vest 325.
vestibular nerve 139.
vestibule 139, 170, 461.
vestibule door 461.
VHF antenna 808.
viaduct 454.
vibrating mudscreen 737.
vibration damper 258.
vibrato arm 547.
vice 282.
video camera 409.
video camera 526.
video cassette recorder 526.
video connection panel 415.
video entertainment system 699.
video monitor 529.
video monitor 526, 527.
video monitoring selector 413.
video port 528.
video switcher technician 412, 415.
videocassette recorder 411.
videocassette recorder 401.
videotape operation controls 409.
Vienna bread 153.
view camera 394.
viewfinder 390.
viewfinder adjustment keys 409.
vine leaf 73.
vine shoot 61.
vine stock 61.
vine, maturing steps 61.
vinyl grip sole 350.
vinyl insulation 287.
viola 545.
violas 556.
violin 544.
violin 545.
violin family 545.
Virgin 11, 13.
Virgo the Virgin(August 23) 820.
vision slit 792.
visor 443, 471, 642, 730, 792.
visor hinge 443.
visual display unit 421, 422, 699.
visual transmission 717.
visualization of seismic waves 714.
vitelline membrane 109.
vitreous body 140.
vocal cord 130.
voice edit buttons 555.
voice selector 555.
volcanic bombs 25.
volcanic island 28.
volcano 25.
volcano 23.
volcano during eruption 25.
volleyball 613.
volleyball, court 613.
volleyball, net 613.
voltage increase 767.
volume adjustment screw 304.
volume control 402, 408, 411, 420, 422, 547, 555.
volume readout 453.
volume unit meters 407.
volute 166, 167, 220.
volva 55.
voussoir 174.
vulva 118, 128.

W

wad 799, 801.
waders 672.
wading bird 111.
waferboard 288.
waffle iron 253.
wagon 470.
wagon 162.
wagon tent 686.
waist 117, 119, 354, 544, 756.
waistband 320, 323, 325.
waistband extension 323.
waistcoat 315, 322, 338.
waistcoat 317.
waistcoats and jackets 338.
walk 101.
walking aids 728.
walking frame 728.
walking leg 78.
walking stick 375.
walking stick 728.
wall 647.
wall 7, 65, 104, 646, 685.
wall and rails 647.
wall and rails 646.
wall bracket 230.
wall grille 207.
wall lamp 234.
wall lantern 235.
wall side 743.
wall stack section 206.
wall stud 199.
wall tent 686.
wallet 379.
wallet 523.
walnut 66.
walnut, section 66.
waning gibbous 7.
wardrobe 226, 522.
wardrobe 195.
warhead 814.
warm air 772.
warm air outlet 438.
warm-air baffle 204.
warming plate 247.
warning device 777.
warning lights 431.
warning plate 280.
warning track 597.
warp 573, 574.
warp roller 573.
warp thread 576.
warping frame 575.
warty skin 85.
wash tower 257.
washer 294.
washer nozzle 426.
washers 278.
washing 829.
washing machine 258, 298.
washing machine 215, 298.
wasp-waisted corset 347.
Wassily chair 221.
waste disposal unit 296.
waste pipe 215, 293, 298.
waste stack 215.
waste tee 298.
Water Bearer 13.
water bottle 447.
water bottle clip 447.
water cannon 778.
water carrier 690.
water cools the used steam 767.
water goblet 237.
water hazard 676.
water hose 257, 734.
water inlet 295.
water intake 747.
water is pumped back into the steam generator 767.
water jug 238.
water jump 647.
water jump 646.
water key 551.
water level 210, 247.
water main 186, 772.
water meter 215.
Water Monster 11, 13.
water pipe 296.
water polo 626.
water polo ball 626.
water polo, goal 626.
water polo, playing area 626.
water pressure gauge 778.
water separator 734.
water service pipe 215.
water signs 820.
water skiing 633.
water skiing handles, types 633.
water skiing skis, types 633.
water table 24.
water tank 210, 373, 469.
water tower 465.
water turns into steam 766.
water-heater tank 772.
water-level indicator 256.
water-level selector 258.
water/alcohol 485.
watercolour and gouache 588.
watercress 73.
waterfall 27.
watering can 265.
waterline 487.
watermelon 69.
waterproof pants 349.
waterproofed electrical supply 216.
watt-hour meter, mechanism 712.
wave 30.
wave base 30.
wave clip 369.
wave guide 415.
wave height 30.
wave length 30.
wave wall 748.
wax seal 293.
waxing gibbous 6.
weapons in the age of the Romans 791.
weather map 38.
weather radar 498.
weather satellite 42.
weatherboard 202, 203.
weaving 572, 574, 576.
weaving pattern brush 568.
weaving pattern lever 568.
weaving, accessories 573, 575.
web 84, 111, 466, 596.
web frame 743.
webbed foot 84.
webbed toe 111.
webbing 383, 571, 634.
wedding ring 364.
wedge 542, 800.
wedge iron 277.
wedge lever 277.
weeder 268.
weeding hoe 266.
weekend case 383.
weft 573, 574.
weft thread 576.
weighing platform 709.
weight 658, 665, 707, 708, 709.
weight belt 627.
weight stack exercise unit 663.
weight-driven clock mechanism 707.
weightlifter 662.
weightlifting 662.
weightlifting belt 662.
weightlifting shoe 662.
weights 663.
weld bead 307.
welding 305, 306, 308.
welding curtain 308.
welding torch 306.
welding torch 306, 307.
well flow line 738.
welt 322, 355.
welt pocket 339.
welt pocket 322, 326.
West 488.
West cardinal mark 489.
Western hemisphere 47.
Western meridian 47.
wet suit 627.
wet well 763.
Whale 11, 13.
whale boat 482.
wheat 152.
wheat, grain 152.
wheel 433.
wheel 270, 383, 427, 440, 563, 583, 645, 684, 800, 805.
wheel chock 506.
wheel cover 427.
wheel cylinder 432.
wheel head 584.
wheel tractor 782.
wheelbarrow 270.
wheelchair 727.
wheelchair 461.
whelk 83.
whip 651.
whipping 678.
whisk 245.
whiskers 107.
whistle 252.
White 696, 697.
white balance sensor 409.
white cabbage 73.
white cap 626.
white cue ball 673.
white flag 626.
white light 488.
white line 104, 452.
white matter 135.
white spot ball 673.
white square 696.
white stone 697.
white tape 618, 619.
white wine glass 237.
whole wheat bread 153.
wholemeal bread 153.
whorl 83, 94.
wicker basket 635.
wicket 599.

The terms in **bold type** indicate the title of an illustration.

wicket 599.
wicket gate 753.
wicketkeeper 599.
wide-angle lens 392.
wigwam 165.
willow 598.
winch 630.
wind 38.
wind 629.
wind abeam 629.
wind arrow 38.
wind chest 543.
wind chest table 543.
wind deflector 440.
wind direction 38.
wind direction and speed 38.
wind direction, measure 41.
wind duct 543.
wind energy 773, 774.
wind guard 634.
wind indicator 628.
wind instruments 548, 550.
wind sock 817.
wind speed 38.
wind strength, measure 41.
wind supply 543.
wind trunk 543.
wind vane 41.
windbag 536.
windcheater 320, 321.
winder 706.
winder house 735.
winding adjustment 718.
winding mechanism 231, 707.
winding shaft 736.
winding tower 735.
windmill 773.
window 203.
window 194, 195, 253, 255, 399, 427, 429, 477, 498, 631, 756.
window accessories 228, 230.
window canopy 685.
window sill 198.
window tab 518.
window winder handle 429.
windows, types 203.
windscreen 14, 406, 426, 440, 442, 445, 498, 500.
windscreen wiper 431.
windscreen wiper 426.
windscreen wiper blade 431.
windshaft 773.
wine waiter corkscrew 244.
wing 316.
wing 78, 108, 426, 440, 499, 511, 637, 638, 670, 812.
wing attack 611.
wing box 812.
wing covert 108.
wing defence 611.
wing forward 606.
wing membrane 112.
wing mirror 426, 440.
wing mirror control 429.
wing nut 279.
wing pallet 787.
wing rib 498.
wing shapes, types 499.
wing slat 499.
wing tip 638.
wing vein 79.
winglet 499.
wings 112, 189.
wings, bat 112.
wing, bird 110.
winning line 702.
winter 8.
winter solstice 8.
winze 736.
wiper arm 431.
wiper blade rubber 431.
wiper switch 430.
wippen 541.
wire 641, 658, 714.
wire beater 250.
wire brush 553.
wire cutter 311.
wire sling 681.
wire stripper 311.
wire stripper 311.
wire support 689.
wisdom tooth 144.
wishbone boom 631.
withers 100, 106.
wok 248.
wok set 248.
women's clothing 330, 332, 334, 336, 338, 340, 342, 344, 346, 348.
wood 288, 677.
wood carving 586.
wood chisel 275.
wood engraving 581.
wood flooring 200.
wood flooring 199.
wood flooring arrangements 200.
wood flooring on cement screed 200.
wood flooring on wooden structure 200.
wood-based materials 288, 289.
woodbox 204.
woodcut 581.
wooden bar 661.
wooden modelling tools 585.
woods 52.
woodwind family 548.
wood, golf 678.
woofer 16, 400.
woollen hat 329.
word correction 525.
work lead 305.
worker, honeybee 80.
worker, honeybee 81.
working area 16.
working pressure gauge 306.
workspace 521.
worm 801.
worm 575.
wrapover dress 333.
wrapover skirt 334.
wrapover top 337.
wrapper 384.
wrist 106, 112, 117, 119, 137.
wrist sling 681.
wrist strap 640, 642.
wrist-length glove 327.
wristband 602, 615.
write protect notch 529.
writing brush 389.
writing case 378.
writing instruments 389.

X

X-band antenna 49.
xylophone 554.
xylophone 556.

Y

Y-branch 301.
Y-tube 726.
yard 465.
yard 478.
yard line 604.
yarn 692.
yarn ball 596.
yarn clip 569.
yarn feeder 569.
yarn rod 569.
yarn tension unit 569.
yellow ball 673.
yellow spot 140.
yen 832.
yoke 230, 320, 324, 337.
yoke skirt 334.
yolk 109.
yurt 165.

Z

zenith 16.
zenith S-band antenna 49.
zest 65.
zester 242.
zip 566.
zip 350, 365, 382, 685.
zip line 565.
zip-fastened shoulder bag 380.
zipper 321.
zither 535.
zona pellucida 128.
zoom lens 392.
zoom lens 409, 414.

INDEX FRANÇAIS

°C 705.
°F 705.
«D»(m) 674.
25 points(m) 698.
2e métacarpien(m) 112.
3e métacarpien(m) 112.
4e métacarpien(m) 112.
50 points(m) 698.
5e métacarpien(m) 112.
à cagoule(f) 687.
à cheval(m) sur deux colonnes(f) 700.
à cheval(m) sur deux douzaines(f) 701.
à cheval(m) sur deux numéros(m) 700, 701.

A

abaque(m) 166, 167.
abat-jour(m) 234, 236.
abat-son(m) 175.
abattant(m) 219, 226, 292.
abdomen(m) 78, 79, 81, 91, 108.
abeille(f) 80, 82.
abeille(f), ouvrière(f) 80.
abeille(f), patte(f) antérieure 80.
abeille(f), patte(f) médiane 80.
abeille(f), patte(f) postérieure 81.
about(m) 296.
abrégé(m) et pilotes(m) 543.
abri(m) 464.
abri(m) des joueurs(m) 597.
abri(m) météorologique 41.
abribus(m) 186.
abricot(m) 63.
abside(f) 177.
absidiole(f) 177.
accastillage(m) 630.
accent(m) 539.
accent(m) aigu 832.
accent(m) circonflexe 832.
accent(m) grave 832.
accès(m) à la grille(f) d'éclairage(m) 412.
accès(m) au garage(m) 196.
accès(m) au réservoir(m) à essence(f) 427.
accès(m) aux quais(m) 463.
accès(m) interdit 824, 825.
accès(m) interdit aux bicyclettes(f) 828.
accès(m) interdit aux camions(m) 828.
accès(m) interdit aux motocycles(m) 828.
accès(m) interdit aux piétons(m) 828.
accès(m) pour handicapés(m) physiques 822.
accessoires(m) de coiffure(f) 369.
accessoires(m) de manucure(f) 365.
accessoires(m) photographiques 393.
accessoires(m), aspirateur(m) 260.
accompagnement(m) 682.
accord(m) 539.
accordéon(m) 536.
accotement(m) 451.
accotoir(m) 220.
accoudoir(m) 727.
accouplement(m) électrique 441.
accroche-mouche(m) 670.
acheminement(m) de la chaleur(f) au générateur(m) de vapeur(f) par le caloporteur(m) 766.
acier(m) 286.
acromion(m) 123.
acrotère(m) 167, 168.
action(f) du vent(m) 35.
adaptateur(m) de fiche(f) 374.
adapteurs(m) 301.
addition(f) 830.
addition(f) 523.
addition(f) en mémoire(f) 523.
admission(f) 436, 437.
admission(f) d'air(m) refroidi 438.
aérateur(m) 294, 295.
aérateur(m) à gazon(m) 266.
aérateur(m) de toit(m) 449.
aérateur(m) latéral 449.
aérofrein(m) 638, 774, 812.
aérogare(f) 504.
aérogare(f) de passagers(m) 503.
aérogare(f) satellite(m) 503.
aéroglisseur(m) 492.
aérographe(m) 590.
aérographe(m), coupe(f) 590.
aéroport(m) 502, 504, 506.
aéroport(m) 52.
affichage(m) 523.
affichage(m) de l'heure(f) de départ(m) 463.
affichage(m) de la couleur(f) 569.
affichage(m) des données(f) 409, 411.
affichage(m) des fonctions(f) 555.
affichage(m) du numéro(m) de rang(m) 569.
affichage(m) du texte(m) 524.
affichage(m) numérique 709, 710.
affichage(m) numérique des stations(f) 402.
affichage(m) ouverture(f)/temps(m) d'exposition(f) 396.
affiche(f) publicitaire 477.
afficheur(m) 420, 709.
afficheur(m) numérique 310.
afficheur(m) prix(m) 453.
afficheur(m) totaliseur 453.
afficheur(m) volume(m) 453.
affût(m) 800.
affût(m) 802.
Afrique(f) 21.
age(m) 156.
agenda(m) 518.
agitateur(m) 258.
agneau(m) 150.
agrafe(f) 230, 389, 711.
agrafes(f) 515, 566.
agrafeuse(f) 515.
agrandisseur(m) 399.
agrume(m), coupe(f) 65.
agrumes(m) 65.
agrumes(m), principales variétés(f) 65.
aide(m)-arbitre(m) 610.
aide(m)-chronométreur(m) 626.
aide-mémoire(m) des procédures(f) 512.
aides(f) à la marche(f) 728.
aigle(m) 819.
Aigle(m) 11.
aigue-marine(f) 362.
aiguillage(m) 464.
aiguillage(m) manœuvré à distance(f) 467.
aiguillage(m) manœuvré à pied(m) d'œuvre(f) 467.
aiguille(f) 562.
aiguille(f) 30, 36, 213, 396, 467, 561, 562, 563, 590, 705, 708, 710, 726.
aiguille(f) à clapet(m) 568.
aiguille(f) à clapet(m) 569.
aiguille(f) aimantée 719.
aiguille(f) circulaire 567.
aiguille(f) des dixièmes(m) de seconde(f) 706.
aiguille(f) des heures(f) 707.
aiguille(f) des minutes(f) 706, 707.
aiguilles(f) à tricoter 567.
aiguilles(f) de nettoyage(m) 307.
aiguilles(f) de pin(m) 58.
aiguilles(f) de sapin(m) 58.
aiguilleur(m) vidéo de production(f) 413.
aiguillon(m) 81.
ail(m) 70.
aile(f) 636.
aile(f) 78, 108, 426, 440, 499, 511, 637, 670, 773, 812.
aile(f) à géométrie(f) variable 499.
aile(f) antérieure 79, 81.
aile(f) arrière 495.
aile(f) avant 495.
aile(f) Dame(f) 696.
aile(f) de quartier(m) 352, 354.
aile(f) droite 606.
aile(f) du nez(m) 141.
aile(f) gauche 606.
aile(f) libre 637.
aile(f) postérieure 79, 81.
aile(f) Roi(m) 696.
aile(f), oiseau(m) 110.
aileron(m) 316.
aileron(m) 498, 631, 638.
ailes(f) 112, 638.
ailes(f) en V 495.
ailes(f), chauve-souris(f) 112.
ailette(f) 210, 259, 499.
ailette(f) à ressort(m) 276.
ailier(m) défensif droit 603, 605.
ailier(m) défensif gauche 603, 605.
ailier(m) droit 601, 606, 607, 608, 612.
ailier(m) éloigné 603, 605.
ailier(m) gauche 601, 606, 607, 608, 612.
ailier(m) rapproché 603, 605.
aimant(m) 563.
aimant(m) 406, 485, 714.
aimant(m) de retenue(f) 256.
aimant(m)-frein(m) 712.
aine(f) 116, 118.
air(m) 437.
air(m) calme 38.
air(m) chaud 501, 772.
air(m) frais 772.
air(m) froid 501.
air(m), pollution(f) 34.
aire(f) de jeux(m) 496.
aire(f) de manœuvre(f) 502.
aire(f) de ravitaillement(m) 453.
aire(f) de repos(m) 52.
aire(f) de service(m) 52, 503.
aire(f) de stationnement(m) 185, 503.
aire(f) de trafic(m) 502.
airelle(f) 62.
ais(m) 579.
ais(m) ferré 579.
aisselle(f) 116, 118.
ajustement(m) de l'image(f) du cercle(m) horizontal 713.
ajustement(m) de l'image(f) du cercle(m) vertical 713.
ajustement(m) de la hauteur(f) 157, 159.
akène(m) 62, 66.
alarme(f) sonore 485.
albumen(m) 109.
albumen(m) farineux 152.
alcool(m) à 90° 725.
alidade(f) 41, 484, 713.
alignement(m) du faisceau(m) dans l'axe(m) 717.
alimentation(f) en air(m) 543.
alimentation(f) en eau(f) 760, 761, 762, 763.
alimentation(f) jackpot(m) 702.
alimentation(f) solaire 523.
alimentation(f) sur secteur(m) 408.
aliments(m), pollution(f) 32.
allée(f) 193, 263, 676.
alliance(f) 364.
allumage(m) manuel 297.
allumette(f) de sûreté(f) 386.
allumeur(m) 435.
allures(f), cheval(m) 101.
allures(f), voile(f) 629.
alpinisme(m) 680.
alpinisme(m), équipement(m) 681.
alpinisme(m), matériel(m) 681.
alpiniste(m) 680.
altérations(f) 538.
alternateur(m) 753.
alternateur(m) 434, 468, 758.
altimètre(m) 635, 639, 810.
altimètre(m) de secours(m) 500.
alto(m) 545.
alto-cumulus(m) 44.
alto-stratus(m) 44.
altos(m) 556.
alule(f) 110.
alvéole(f) 82.
alvéole(f) de plaque(f) 439.
alvéole(f) dentaire 144.
alvéole(m) 677.
alvéole(m) à miel(m) 82.
alvéole(m) à pollen(m) 82.
alvéole(m) operculé 82.
amande(f) 63, 66.
amanite(f) vireuse 55.
amble(m) 101.
ambleur(m) sous harnais(m) 652.
âme(f) 466, 692, 801.
Amérique(f) centrale 20.
Amérique(f) du Nord(m) 20.
Amérique(f) du Sud(m) 20.
améthyste(f) 362.
ameublir la terre(f) 154, 157.
amorce(f) 395, 798, 799, 804.
amortisseur(m) 369, 445.
amortisseur(m) arrière 443.
amortisseur(m) magnétique 708.
amphibiens(m) 84.
amplificateur(m) 402.
amplificateur(m) 714.
amplification(f) des ondes(f) sismiques 714.
ampoule(f) 725.
ampoule(f) 232, 233.
ampoule(f) de la trompe(f) utérine 129.
amygdale(f) 142.
amygdale(f) linguale 143.
amygdale(f) palatine 143.
ananas(m) 68.
anche(f) 542, 548.
anche(f) double 549.
anche(f) simple 549.
anches(f) 549.
anconé(m) 121.
ancrage(m) des haubans(m) 456.
ancre(f) 483.
ancre(f) 707.
ancre(f) à champignon(m) 483.
ancre(f) à jas(m) 483.
ancre(f) charrue(f) 483.
ancre(f) de marine(f) 483.
ancre(f) flottante 483.
ancre(f) sans jas(m) 483.
ancres(f), types(m) 483.
andouiller(m) de massacre(m) 105.
Andromède 11.
anémomètre(m) 41, 639.
anémomètre(m) de secours(m) 500.
aneth(m) 74.
angle(m) aigu 830.
angle(m) droit 830.
angle(m) obtu 830.
Anik-E 418.
animaux(m) de la ferme(f) 150.
anis(m) étoilé 67.
anneau(m) 55, 230, 255, 290, 369, 374, 564, 610, 660, 670, 681, 706, 709.
anneau(m) brisé 672.
anneau(m) d'étanchéité(f) 295.
anneau(m) d'étanchéité(f) en cire(f) 293.
anneau(m) de branche(f) 650.
anneau(m) de départ(m) 671.
anneau(m) de montant(m) 650.
anneau(m) de rêne(f) 650.
anneau(m) de retenue(f) 726.
anneau(m) de suspension(f) 370.
anneau(m) de tête(f) 671.
anneau(m) de tête(f) amovible 14.
anneau(m) de traction(f) 726.
anneau(m) dioptrique 486.
anneau(m) du cliquet(m) 281.
anneau(m) oculaire 109.
anneaux(m) 361, 660.
annelet(m) 167.
annulaire(m) 137.
anode(f) 297.
anorak(m) 353, 680.
anse(f) 265, 671.
Antarctique(f) 20.
antéfixe(f) 169.
antenne(f) 16, 43, 78, 79, 80, 81, 91, 408, 427, 498, 508, 613, 805, 810.
antenne(f) AM 400.
antenne(f) d'émission(f) 43, 418.
antenne(f) d'émission(f) à haut gain(m) 42.
antenne(f) d'émission(f) équidirective 42.
antenne(f) d'émission(f)/réception(f) 418.
antenne(f) de bande(f) S au zénith(m) 49.
antenne(f) de communication(f) 810.
antenne(f) de télécommande(f) 49.
antenne(f) de télécommunication(f) 494, 497, 809.
antenne(f) en bande(f) X 49.
antenne(f) FM 400.
antenne(f) multifonction 807.
antenne(f) orientable 722.
antenne(f) parabolique 415.
antenne(f) radar(m) 48, 807, 812.
antenne(f) radio(f) 494, 495, 497, 738, 742, 807.
antenne(f) UHF 42.
antenne(f) VHF 808.
antennule(f) 90.
anthélix(m) 139.
anthère(f) 60.
anticlinal(m) 737.
anticyclone(m) 38.
antiseptique(m) 725.
antitragus(m) 139.
anus(m) 89, 92, 127, 128, 131.
aorte(f) 125, 130.
aorte(f) abdominale 126, 132.
aorte(f) ascendante 124.
aorte(f) descendante 124.
aorte(f) ventrale 88.
apex(m) 83, 94, 143, 144.
apophyse(f) épineuse 135.
apophyse(f) transverse 135.
appareil(m) à dessiner 591.
appareil(m) à télémètre(m) couplé 394.
appareil(m) à visée(f) reflex mono-objectif(m) 391, 394.
appareil(m) de forage(m) 737.
appareil(m) de Golgi 115.
appareil(m) de levage(m) 786.
appareil(m) de plongée(f) 394.
appareil(m) de pointage(m) 803.

Les termes en **caractères gras** renvoient à une illustration.

appareil(m) de protection(f) respiratoire 777.
appareil(m) de videophoto(f) 395.
appareil(m) digestif 131.
appareil(m) enregistreur 40.
appareil(m) jetable 394.
appareil(m) petit-format(m) 395.
appareil(m) photographique 35 mm 512.
appareil(m) pour photodisque(m) 395.
appareil(m) reflex 6 X 6 mono-objectif(m) 395.
appareil(m) reflex à deux objectifs(m) 394.
appareil(m) reflex, coupe(f) 390.
appareil(m) respiratoire 130.
appareil(m) stéréoscopique 395.
appareil(m) urinaire 132.
appareils(m) de conditionnement(m) physique 663, 664.
appareils(m) de navigation(f) 484.
appareils(m) de son(m) portatifs 408.
appareils(m) électroménagers 250, 252, 254, 256, 257, 258, 260.
appareils(m) photographiques 394, 395.
appareils(m) scientifiques 16.
appartement(m) du commandant(m) 497.
appartements(m) en copropriété(f) 187.
appartenance(f) 830.
appel(m) suivant 422.
appendice(m) nasal 112.
appendice(m) vermiculaire 131.
applicateur(m)-mousse(f) 367.
applique(f) 234.
applique(f) d'extérieur(m) 196.
applique(f) du robinet(m) 295, 296.
applique(f) orientable 234.
appoggiature(f) 538.
appui(m) de fenêtre(f) 198.
appui-bras(m) 428, 429.
appui-flèche(m) 684.
appui-main(m) 591.
appui-pied(m) 584.
appui-pieds(m) 620.
appui-tête(m) 428.
aquarelle(f) et gouache(f) 588.
aquastat(m) 209.
aqueduc(m) de remplissage(m) 493.
aqueduc(m) de vidange(f) 492.
arachide(f) 66.
araignée(f) 77.
araignée(f) 77.
arbalète(f) 793, 793.
arbalétrier(m) 199.
arbitre(m) 599, 601, 603, 605, 606, 608, 610, 611, 614, 618, 621, 626, 668, 669.
arbitre(m) de champ(m) 612.
arbitre(m) de ligne(f) de but(m) 612.
arbitre(m) en chef(m) 597, 603, 605.
arborisation(f) terminale 135.
arbre(m) 59.
arbre(m) 251, 705, 707, 712, 753, 773, 808.
arbre(m) à cames(f) 434.
arbre(m) cannelé 431.
arbre(m) d'ornement(m) 148, 263.
arbre(m) de l'hélice(f) 495.
arbre(m) de mise(f) à feu(m) 802.
arbre(m) de Noël(m) 740.
arbre(m) de Noël(m) 738, 740.
arbre(m) de transmission(f) 492.
arbre(m) fruitier 149.
arbre(m) moteur(m) 508.
arbre(m) turbine(f)-compresseur(m) 501.
arbre(m), structure(f) 59.
arbre(m), tronc(m) 59.
arbres(m) 676.
arbrier(m) 793.
arbuste(m) 263.
arc(m) 174, 793.
arc(m) 793.
arc(m) à deux articulations(f) 455.
arc(m) à poulies(f) 684.
arc(m) à trois articulations(f) 455.
arc(m) branchial inférieur 87.
arc(m) branchial supérieur 87.
arc(m) de cercle(m) 601.
arc(m) de l'aorte(f) 124, 125, 126.
arc(m) diagonal 177.
arc(m) en plein cintre(m) 174.
arc(m) encastré 455.
arc(m) métallique à treillis(m) 455.
arc(m) moderne 793.
arc(m)-boutant 175, 176.
arc(m)-doubleau(m) 177.
arc(m)-formeret(m) 177.
arc-en-ciel(m) 36.
arcade(f) 176, 649.
arcade(f) dentaire inférieure 142.
arcade(f) dentaire supérieure 142.
arceau(m) 263, 631.
arche(f) 14, 455.
arche(f) naturelle 30.
archer(m) 684.
archet(m) 544.
archipel(m) 51.
architecture(f), styles(m) 166.
architrave(f) 166, 168.
arçon(m) 661.
arcs(m) 793.
arcs(m), types(m) 174, 455.
Arctique(f) 20.
ardillon(m) 323, 566, 671.
aréole(f) 129.
arête(f) 27, 643.
arête(f) neurale 89.
arête(f) plate 166, 167.
arête(f) supérieure 619.
arête(f) vive 167.
argent(m) 819.
armature(f) 304, 347, 382, 685.
armature(f) de la clé(f) 538.
armes(f) 666.
armes(f) blanches 794.
armes(f) de chasse(f) 798.
armes(f) de l'âge(m) de pierre(f) 791.
armes(f) de l'époque(f) romaine 791.
armet(m) 792.
armet(m) 792.
armoire(f) 225.
armoire(f) à papeterie(f) 522.
armoire(f) de séchage(m) 398.
armoire(f)-penderie(f) 226.
armoire(f)-vestiaire(m) 522.
armure(f) 792.
armures(f) de base(f) 576.
arpège(m) 539.
arquebuse(f) 795.
arraché(m) à deux bras(m) 662.
arrache-bottes(m) 358.
arrache-clou(m) 275.
arrêt(m) 831.
arrêt(m) 403, 411, 420.
arrêt(m) à l'intersection(f) 824, 825.
arrêt(m) d'autobus(m) 186.
arrêt(m) d'impression(f) 532.
arrêt(m)/effacement(m) de mémoire(f) 405.
arrêt-court(m) 597.
arrêtoir(m) de chargeur(m) 797.
arrière 624.
arrière court(m) 614.
arrière(m) 603, 605, 606.
arrière(m) central 601.
arrière(m) centre 613.
arrière(m) droit 601, 607, 610, 612.
arrière(m) du court(m) 617.
arrière(m) gauche 601, 607, 610, 612, 613.
arrière-champ(m) 597.
arrivée(f) 646.
arrivée(f) d'eau(f) chaude 298.
arrivée(f) du mazout(m) 209.
arrondie 56.
arrondissement(m) 52.
arrondisseur(m) 564.
arroseur(m) canon(m) 264.
arroseur(m) oscillant 264.
arroseur(m) rotatif 264.
arrosoir(m) 265.
artère(f) arquée 126.
artère(f) axillaire 126.
artère(f) brachiale 126.
artère(f) carotide primitive 126.
artère(f) dorsale du pied(m) 126.
artère(f) fémorale 126.
artère(f) iliaque 124.
artère(f) iliaque commune 126, 132.
artère(f) iliaque interne 126, 132.
artère(f) mésentérique inférieure 132.
artère(f) mésentérique supérieure 126, 132.
artère(f) pulmonaire 125, 126, 130.
artère(f) rénale 126, 132.
artère(f) sous-clavière 126.
artère(f) tibiale antérieure 126.
artères(f) 126.
artichaut(m) 69.
articles(m) de bureau(m) 515, 516, 518.
articles(m) de fumeur(m) 384, 386.
articles(m) de maroquinerie(f) 378.
articles(m) perdus et retrouvés 823.
articulation(f) 431, 670.
articulation(f) de la pelleteuse(f) 782.
As(m) 695.
ascenseur(m) 15, 190, 736, 811.
ascension(f) droite 3.
Asie(f) 21.
asperge(f) 72.
aspérité(f) 405.
asphalte(m) 745.
aspirateur(m) 747, 753.
aspirateur(m) à main(f) 260.
aspirateur(m)-traîneau(m) 260.
aspirine(f) 725.
assiette(f) à dessert(m) 238.
assiette(f) à salade(f) 238.
assiette(f) creuse 238.
assiette(f) plate 238, 688.
assistant(m) à la réalisation(f) 412.
astérisque(m) 832.
astéroïdes(m) 4.
asthénosphère(f) 22.
astragale(m) 123, 167, 800.
atelier(m) d'entretien(m) 734.
atelier(m) de mécanique(f) 453.
atelier(m) de réparation(f) des wagons(m) 465.
atelier(m) diesel(m) 464.
athlétisme(m) 654, 656, 658.
atlas(m) 102, 123.
atmosphère(f) 22, 31.
atmosphère(f) terrestre, coupe(f) 19.
atoll(m) 28.
âtre(m) 204.
atrium(m) 170.
attache(f) 375, 553.
attache(f) de pavillon(m) 549.
attache(f) de sécurité(f) 512.
attache(f) du tube(m) 233.
attache(f) pour outils(m) 512.
attache(f) pour tuyaux(m) et échelles(f) 777.
attaches(f) 566.
attaches(f) parisiennes 515.
attaquant(m) à l'aile(f) 611.
attaquant(m) au but(m) 611.
attaque(f) 603, 605.
atteinte(f) à la nature(f) 35.
atteinte(f) à la personne(f) 35.
attelles(f) 725.
attrape(f) 541.
aubage(m) directeur de sortie(f) 501.
aube(f) 754.
aube(f) avant-directrice 753.
aube(f) de roue(f) 753.
aube(f) directrice 753.
aube(f) du compresseur(m) axial 501.
aubergine(f) 69.
aubier(m) 59.
auget(m) 754.
aumonière(f) 380.
auriculaire(m) 137.
aurore(f) polaire 19.
Australie(f) 21.
Autel(m) 13.
auto-caravane(f) 449.
auto-inversion(f) 408.
autobus(m) 190.
autocuiseur(m) 248.
autodéfense(f) antimissile 808.
autodirecteur(m) infrarouge 814.
automne(m) 8.
automobile(f) 425, 426, 428, 430, 432, 434, 438.
autoroute(f) 52, 184, 452.
autoroute(f) de ceinture(f) 52.
auvent(m) 426, 685, 785.
auvent(m) de fenêtre(f) 685.
avance(f) 408.
avance(f) rapide 831.
avance(f) rapide 403, 408, 411, 420.
avançon(m) 672.
avant 624.
avant court(m) 614.
avant(m) centre 601, 607, 613.
avant(m) droit 606, 607, 610, 613.
avant(m) du court(m) 617.
avant(m) gauche 606, 607, 610, 613.
avant-bec(m) 786.
avant-bras(m) 106, 117, 119.
avant-centre(m) 612.
avant-champ(m) 597.
avant-distributeur(m) 753.
avant-scène(f) 188.
aven(m) 24.
avenue(f) 52.
averse(f) de grêle(f) 39.
averse(f) de neige(f) 39.
averse(f) de pluie(f) 39.
avertisseur(m) 430, 444, 468.
avertisseur(m) pneumatique 440.
avertisseur(m) sonore 777.
avion(f) 722.
avion(m) de combat(m) 812.
avion(m) long-courrier(m) 498.
aviron(m) 632.
aviron(m) de couple(m) 632.
aviron(m) de pointe(f) 632.
aviron(m) en pointe(f) 632.
avirons(m) à couple(m) 632.
avirons(m), types(m) 632.
avocat(m) 68.
avoine(f) 152.
axe(m) 290, 404, 563, 584.
axe(m) central 774.
axe(m) d'attelage(m) 471.
axe(m) de déclinaison(f) 14.
axe(m) du pédalier(m) 448.
axe(m) horaire 14.
axe(m) principal 61.
axis(m) 123.
axone(m) 135.
azur(m) 819.

B

babines(f) 106.
bâbord(m) 488, 489, 497.
bac(m) 304.
bac(m) à boue(f) 737.
bac(m) à glaçons(m) 254.
bac(m) à légumes(m) 254.
bac(m) à plante(f) 263.
bac(m) à viande(f) 254.
bac(m) de ramassage(m) 271.
bâche(f) spirale(f) 747, 753.
badine(f) 375.
badminton(m) 618.
badminton(m), filet(m) 618.
badminton(m), raquette(f) 618.
badminton(m), terrain(m) 618.
bagages(m) 382.
bague(f) 384, 551, 678.
bague(f) de blocage(m) 276, 711.
bague(f) de correction(f) dioptrique 719.
bague(f) de fiançailles(f) 364.
bague(f) de finissant(m) 364.
bague(f) de fond(m) 294.
bague(f) de mise(f) au point(m) 392.
bague(f) de réglage(m) 264.
bague(f) de serrage(m) 295, 393, 548.
bague(f) filetée 681.
bague(f) inférieure de blocage(m) de la sphère(f) 40.
bague(f) solitaire(m) 364.
bague(f) supérieure de blocage(m) de la sphère(f) 40.
bagues(f) 364.
baguette(f) 795.
baguette(f) 327, 544.
baguette(f) d'apport(m) 307.
baguette(f) d'écartement(m) 574.
baguette(f) d'encroix(m) 574.
baguette(f) de flanc(m) 427.
baguette(f) épi(m) 153.
baguette(f) parisienne 153.
baguettes(f) 553.
bahut(m) 520.
baie(f) 7, 51.
baie(f) de contrôle(m) 412, 413, 415.
baie(f) de jacks(m) 407.
baie(f), coupe(f) 62.
baies(f) 62.
baies(f), principales variétés(f) 62.
baignoire(f) 194, 215, 292.
bain(m) d'arrêt(m) 399.
bain(m) de fixation(f) 399.
bain(m) de révélateur(m) 399.
bain-marie(m) 249.
bains(m) de développement(m) 399.
baïonnette(f) à douille(f) 794.
baïonnette(f) à manche(m) 794.
baïonnette(f) à poignée(f) 794.
baïonnette(f) incorporée 794.
bajoyer(m) 492.
baladeur(m) 408.

Les termes en **caractères gras** renvoient à une illustration.

baladeuse(f) 310.
balai(m) 205.
balai(m) à feuilles(f) 267.
balai(m) d'essuie-glace(m) 431.
balai(m) métallique 553.
balais(m) de curling(m) 620.
balalaïka(f) 535.
Balance(f) 13.
balance(f) à fléau(m) 708.
balance(f) de cuisine(f) 244.
balance(f) de précision(f) 709.
balance(f) de Roberval 708.
balance(f) électronique 709.
balance(f) romaine 708.
Balance(f)(23 septembre) 820.
balancier(m) 264.
balancier(m) d'extension(f) 663.
balancier(m) de traction(f) 663.
balancine(f) 478.
balayage(m) automatique des stations(f) 402.
balcon(m) 189.
balcon(m) de veille(f) 486.
balconnet(m) 254.
Baleine(f) 11, 13, 346, 375.
baleine(f) de col(m) 324.
baleinière(f) 482.
balisage(m) maritime, système(m) 488.
balise(f) de navigation(f) aérienne 810.
ballast(m) 466.
ballast(m) électronique 233.
balle(f) 598, 795.
balle(f) 798.
balle(f) de baseball(m) 596.
balle(f) de baseball(m), coupe(f) 596.
balle(f) de fil(m) 596.
balle(f) de golf(m) 677.
balle(f) de golf(m), coupe(f) 677.
balle(f) de hockey(m) 607.
balle(f) de liège(m) 596.
balle(f) de racquetball(m) 617.
balle(f) de squash(m) 616.
balle(f) de tennis(m) 615.
balle(f) de tennis(m) de table(f) 619.
ballerine(f) 356.
ballon(m) 634.
ballon(m) 247, 634.
ballon(m) de basket(m) 610.
ballon(m) de football(m) 600, 602.
ballon(m) de handball(m) 612.
ballon(m) de netball(m) 611.
ballon(m) de rugby(m) 606, 606.
ballon(m) de volleyball(m) 613.
ballon(m) de water-polo(m) 626.
balluchon(m) 380.
balustrade(f) 194.
banane(f) 68.
banc(m) 222.
banc(m) 475.
banc(m) d'équipe(f) 626.
banc(m) de musculation(f) 663.
banc(m) de sable(m) 30.
banc(m) des joueurs(m) 604, 608, 610, 612, 613.
banc(m) des officiels(m) 608.
banc(m) des pénalités(m) 608.
bandage(m) 669, 678.
bandage(m) de gaze(f) 662.
bandage(m) de roue(f) caoutchoutée 788.
bandage(m) triangulaire 725.
bande(f) 452, 608, 675.
bande(f) centrale 700, 701.
bande(f) d'identification(f) technique 405.
bande(f) de filet(m) 614.
bande(f) de gaze(f) 725.
bande(f) de pourpre(f) 315.
bande(f) de ris(m) 480.
bande(f) de roulement(m) 433.
bande(f) de tissu(m) élastique 725.
bande(f) élastique 323.
bande(f) horizontale 613.
bande(f) magnétique 403.
bande(f) réfléchissante 730, 777.
bande(f) ventilée 798.
bande(f) verticale de côté(m) 613.
bandeau(m) 229.
bandelette(f) d'arrachage(m) 384.
banderole(f) 817.
bandoulière(f) 375, 380, 382.
banjo(m) 535.
banlieue(f) 52.
banquette(f) 222.
banquette(f) 292, 428.
banquette(f) arrière 428.
bar(m) 227.
bar(m) 496.
barbacane(f) 180.
barbe(f) 72, 110.
barboteuse(f) 351.
barbotin(m) 783, 805.
barbule(f) 38.
bardeau(m) 286.
bardeau(m) d'asphalte(m) 286.
baren(m) 582.
barge(f) de service(m) d'urgence(f) 739.
barillet(m) 290, 797.
baromètre(m) à mercure(m) 41.
baromètre(m) enregistreur 41.
baromètre(m)/thermomètre(m) 710.
barrage(m) 746.
barrage(m) à contreforts(m) 750.
barrage(m) à contreforts(m), coupe(f) 750.
barrage(m) en remblai(m) 748.
barrage(m) en remblai(m), coupe(f) 748.
barrage(m) mobile 752.
barrage(m)-poids(m) 749.
barrage(m)-poids(m), coupe(f) 749.
barrage(m)-voûte(f) 750.
barrage(m)-voûte(f), coupe(f) 750.
barre(f) 98, 104, 230, 376, 628, 633, 657, 663, 665.
barre(f) à aiguille(f) 562.
barre(f) à dorsaux(m) 663.
barre(f) à lisses(f) 574.
barre(f) à pectoraux(m) 663.
barre(f) à triceps(m) 663.
barre(f) blindée 747.
barre(f) cannelée 230.
barre(f) collectrice neutre 312.
barre(f) collectrice thermique 312.
barre(f) d'acier(m) 660.
barre(f) d'attelage(m) 803.
barre(f) d'écoute(f) 630.
barre(f) d'écoute(f) 628.
barre(f) d'espacement(m) 525, 530, 727.
barre(f) d'étouffoir(m) 541.
barre(f) de bois(m) 661.
barre(f) de commande(f) 637.
barre(f) de contrôle(m) 760, 761, 762, 763.
barre(f) de coupe(f) 158, 160.
barre(f) de départ(m)(dos(m)) 621.
barre(f) de flèche(f) 628.
barre(f) de guidage(m) et de prise(f) de courant(m) 476.
barre(f) de manœuvre(f) 162.
barre(f) de mesure(f) 537.
barre(f) de pied(m) presseur 562.
barre(f) de plongée(f) 806.
barre(f) de pression(f) 540.
barre(f) de repos(m) des marteaux(m) 540, 541.
barre(f) de reprise(f) 537.
barre(f) de retenue(f) 254.
barre(f) de tractage(m) 506.
barre(f) fixe 660.
barre(f) inférieure 231, 659.
barre(f) lisse 230.
barre(f) oblique 832.
barre(f) supérieure 659.
barre(f) transversale 626.
barreau(m) 201, 223.
barres(f) asymétriques 659.
barres(f) de Spa 647.
barres(f) de Spa 646.
barres(f) parallèles 661.
barrette(f) 369.
barrette(f) 599.
barrette(f) négative 439.
barrette(f) positive 439.
barrière(f) 647.
barrière(f) 186, 462, 646.
barrière(f) thermique 42.
bas(m) 344.
bas(m) 347.
bas(m) de ligne(f) 672.
bas(m) résille(f) 344.
bas(m)-cuissarde(f) 344.
bas-mât(m) 478.
base(f) 14, 40, 143, 166, 283, 368, 446, 471, 626, 661, 719, 817.
base(f) de béton(m) 714.
base(f) de dormant(m) 203.
base(f) de la vague(f) 30.
base(f) en bois(m) 635.
baseball(m) 595, 596.
baseball(m), balle(f) 596.
baseball(m), terrain(m) 597.
basilaire(m) 190.
basilaire(m) 190.
basilic(m) 74.
basket(m), ballon(m) 610.
basketball(m) 610.
basketball(m), terrain(m) 610.
basque(f) 346.
bassin(m) 103, 263, 490, 621, 626, 752.
bassin(m) de compétition(f) 621.
bassin(m) de radoub(m) 490.
bassinet(m) 132, 795.
basson(m) 548.
bassons(m) 557.
bastion(m) 179.
bateaux(m) de couple(m) 632.
bateaux(m) de pointe(f) 632.
bâti(m) 572.
bâti(m) 225, 484, 583.
bâti(m) d'équipement(m) 412, 415.
bâti(m) de la pompe(f) à vide(m) 717.
bâti(m) du brûleur(m) 689.
bâtiment(m) administratif 491, 752.
bâtiment(m) de la turbine(f) 758.
bâtiment(m) des services(m) 764.
bâtiment(m) du réacteur(m) 759, 765.
bâton(m) 596.
bâton(m) 595, 642.
bâton(m) de craie(f) 583.
bâton(m) de gardien(m) de but(m) 609.
bâton(m) de joueur(m) 609.
bâton(m) de ski(m) 640.
bâtonnet(m) de colle(f) 515.
bâtons(m) de golf(m) 678.
bâtons(m) de golf(m), types(m) 677.
battant(m) 203, 554, 572, 817.
batte(f) 598.
batte(f) 160, 598.
batterie(f) 552.
batterie(f) 468, 795.
batterie(f) d'accumulateurs(m) 439.
batterie(f) d'accumulateurs(m) 769.
batterie(f) de cuisine(f) 248.
batteries 43.
batteur(m) 599.
batteur(m) à main(f) 250.
batteur(m) à œufs(m) 245.
batteur(m) sur socle(m) 250.
baudrier(m) 428, 680.
bavette(f) 350, 351, 667.
bavette(f) garde-boue(m) 427, 440, 441.
bavette(f) garde-neige(m) 445.
bavoir(m) 349.
bavolet(m) 319.
bazooka(m) 804.
bec(m) 108, 241, 291, 294, 295, 296, 483, 548, 567, 681.
bec(m) corné 97.
bec(m) de bord(m) d'attaque(f) 499.
bec(m) verseur 252.
bec(m) verseur(m) 247.
bec-de-cane(m) 289.
bécarre(m) 538.
bêche(f) 266.
bêche(f) 803.
becs(m), principaux types(m) 111.
Bélier(m) 11.
Bélier(m)(21 mars) 820.
bémol(m) 538.
benne(f) 784.
benne(f) basculante 785.
béquet(m) 442.
béquille(f) 382, 441, 495, 508.
béquille(f) centrale 443.
béquille(f) commune 728.
béquille(f) d'appui(m) 156, 449.
béquille(f) d'avant-bras(m) 728.
béquille(f) latérale 443.
berceau(m) 582.
berceau(m) 802.
berceuse(f) 221.
béret(m) 329.
berge(f) 451.
bergère(f) 220.
bergerie(f) 149.
berline(f) 425.
bermuda(m) 336.
bésicles(f) à pont(m) élastique 377.
béton(m) armé 286.
béton(m) précontraint 286.
bette(f) à carde(f) 72.
betterave(f) 71.
beurrier(m) 238.
bezel(m)(8) 363.
biais(m) 349, 566.
biceps(m) brachial 120.
biceps(m) crural 121.
bicorne(m) 318.
bicyclette(f) 446, 448.
bicyclette(f), accessoires(m) 448.
bidet(m) 292.
bidon(m) 447.
bief(m) aval 749, 750.
bief(m) d'amont(m) 746.
bief(m) d'aval(m) 746, 747.
bielle(f) 436.
bielle(f) de compression(f) 147.
bielle(m) 434.
bigorneau(m) 83.
bigoudi(m) 369.
bijouterie(f) 361, 362, 364.
billard(m) 673.
billard(m) anglais 673.
billard(m) anglais et snooker(m) 674.
billard(m) français 673.
billard(m) pool 673.
bille(f) 288, 389, 530.
bille(f) blanche 673.
bille(f) blanche mouchetée 673.
bille(f) bleue 673.
bille(f) brune 673.
bille(f) creuse 294.
bille(f) d'ivoire(m) 701.
bille(f) de choc(m) 673.
bille(f) de plomb(m) 804.
bille(f) de visée(f) blanche 673.
bille(f) jaune 673.
bille(f) noire 673.
bille(f) rose 673.
bille(f) rouge 673.
bille(f) verte 673.
bille(f), coupe(f) 288.
billes(f) numérotées 673.
billes(f) rouges 673.
binette(f) 266.
binocle(m) 377.
biologie(f) 831.
biosphère(f), structure(f) 31.
bipied(m) 796, 803.
biseau(m) 542, 726.
bitte(f) 743.
blague(f) à tabac(m) 385.
blaireau(m) 374.
blanc(m) 695.
blanche(f) 538.
Blancs(m) 696, 697.
blazer(m) 338.
blé(m) 152.
blé(m), grain(m) 152.
blindage(m) 805.
blindage(m) d'aspirateur(m) 753.
bloc(m) 656.
bloc(m) aiguille(f) 590.
bloc(m) d'arrêt(m) 277.
bloc(m) d'équipement(m) 509.
bloc(m) de béton(m) 286.
bloc(m) de commande(f) 699.
bloc(m) de commande(f) des caméras(f) 412, 415.
bloc(m) de culasse(f) 798, 799.
bloc(m) de départ(m) 656.
bloc(m) pneumatique 458.
bloc(m)-cylindres(m) 435.
bloc(m)-éphéméride(f) 518.
bloc(m)-essieu(m) 645.
bloc(m)-moteur(m) 250, 251, 256, 260, 373, 458.
bloc(m)-notes(f) 518.
bloc(m)-tension(f) 562, 569.
bloc(m)-tension(f) 561.
blocage(m) 750.
blocage(m) de l'inclinaison(f) 284.
blocage(m) de l'interrupteur(m) 280.
blocage(m) de la colonne(f) 393.
blocage(m) de la plate-forme(f) 393.
blocage(m) de profondeur(f) 283.
blocage(m) du cordon(m) de tirage(m) 231.
blocage(m) du guide(m) 285.
blocage(m) du pivot(m) 282.
blocage(m) du pivotement(m) 713.
blocage(m) horizontal 393.
blocage(m) vertical 393.
bloqueur(m) droit 603, 605.
bloqueur(m) gauche 603, 605.
blouson(m) court 321.
blouson(m) long 320.
bob(m) 329.
bobine(f) 570, 575, 714.
bobine(f) de courant(m) 712.
bobine(f) de tension(f) 712.
bobine(f) mobile 406.
bobine(f) réceptrice 390, 403.
bobineur(m) 561.

Les termes en **caractères gras** renvoient à une illustration.

bobinoir(m) 575.
bobsleigh(m) 643.
bocal(m) 548.
body(m) 345.
bœuf(m) 151.
boggie(m) 14.
bogie(m) 476.
bogie(m) 468.
bogie(m) moteur 459.
bogie(m) porteur 458.
bois(m) 288, 677.
bois(m) 52.
bois(m) de bout(m) 288.
bois(m) de cerf(m) 105.
bois(m) de cœur(m) 59.
bois(m) nº 1 678.
bois(m) nº 3 678.
bois(m) nº 5 678.
bois(m), dérivés(m) 288, 289.
bois(m), famille(f) 548.
bois(m), golf(m) 678.
boisseau(m) d'embouchure(f) 550.
boîte(f) à canette(f) 562.
boîte(f) à courrier(m) 517.
boîte(f) à gants(m) 430.
boîte(f) à leurres(m) 672.
boîte(f) à lumière(f) 399.
boîte(f) à lumière(f), ouverture(f) de la 399.
boîte(f) crânienne 134.
boîte(f) d'accessoires(m) 568.
boîte(f) d'allumage(m) 501.
boîte(f) d'allumettes(f) 386.
boîte(f) d'essieu(m) 468.
boîte(f) de cirage(m) 358.
boîte(f) de contrôle(m) 297.
boîte(f) de culasse(f) 795.
boîte(f) de culasse(m) 796.
boîte(f) de jonction(f) 471.
boîte(f) de raccordement(m) 412.
boîte(f) de service(m) 616, 617.
boîte(f) de vitesses(f) 495.
boîte(f) électrique 309.
boîte(f) électrique 769.
boîte(f) jackpot(m) 702.
boîte(f)-classeur(m) 517.
boîtier(m) 214, 231, 233, 280, 305, 310, 374, 391, 403, 406, 422, 485, 486, 539, 702, 705, 706, 710, 711.
boîtier(m) de batterie(f) 439, 441.
boîtier(m) du moteur(m) 272.
boîtier(m) du ventilateur(m) 370.
bol(m) 238.
bol(m) 250, 251.
bol(m) à raser 374.
bol(m) à salade(f) 238.
bol(m) verseur 251.
boléro(m) 338.
bols(m) à mélanger 245.
bombe(f) 648.
bombe(f) volcanique 25.
bôme(f) 628.
bonbout(m) 354.
bonde(f) 296.
bonnet(m) 329.
bonnet(m) 346, 640, 642.
bonnet(m) blanc 626.
bonnet(m) bleu 626.
bonnet(m) pompon(m) 329.
bord(m) 57, 328, 329, 479.
bord(m) antérieur 95.
bord(m) crénelé 95.
bord(m) d'attaque(f) 499, 636, 638.
bord(m) d'une feuille(f) 56.
bord(m) de fuite(f) 498, 636, 637, 638.
bord(m) de pli(m) 341.
bord(m) du manteau(m) 92.
bord(m) externe 94.
bord(m) interne 94.
bord(m) libre 137.
bord(m) postérieur 95.
bord(m) tranchant 783.
bord(m)-côte(f) 325, 326, 350.
bordure(f) 631.
bordure(f) blanche 619.
bordure(f) d'allée(f) 263.
bordure(f) de quai(m) 462, 475.
bordure(f) de trottoir(m) 186.
borne(f) 255, 309, 312, 439, 757.
borne(f) d'entrée(f) 310.
borne(f) d'incendie(m) 186.
borne(f) de gonflage(m) 453.
borne(f) négative 439.
borne(f) positive 439.
bossoir(m) 478, 742.
botte(f) 356.
botte(f) 72, 648.
botte(f) de caoutchouc(m) 777.
botte(f) de couronne(f) 653.
botte(f) de genou(m) 653.
botte(f) de saut(m) 635.
botte(f) de tendon(m) 648, 652.
bottillon(m) 354.
bottillon(m) 627.
bottine(f) 357.
bouche(f) 142.
bouche(f) 83, 84, 92, 118, 542, 797, 798, 799, 800, 803.
bouche(f) à feu(m) 800.
bouche(f) à feu(m), coupe(f) 801.
bouche(f) à induction(f) 207.
bouche(f) d'air(m) 430.
bouche(f) d'extraction(f) 207.
bouche(f) de soufflage(m) 207.
bouche(f) de soufflage(m) 206.
bouches(f), types(m) 207.
bouchon(m) 250, 726, 765.
bouchon(m) antifuite 689.
bouchon(m) d'air(m) 304.
bouchon(m) de chargement(m) 804.
bouchon(m) de dégorgement(m) 296.
bouchon(m) de fermeture(f) 804.
bouchon(m) de remplissage(m) 271, 438, 444.
bouchon(m) de vidange(f) 215.
bouchon(m) de vidange(f) d'huile(f) 434.
bouchon(m) du réservoir(m) 440.
bouchon(m) femelle 301.
bouchon(m) femelle à visser 301.
bouchon(m) mâle sans bourrelet(m) 301.
boucle(f) 566.
boucle(f) 323, 380, 428, 452, 566, 641.
boucle(f) de ceinture(f) 319, 323.
boucle(f) de piquet(m) 685, 686.
boucle(f) de réglage(m) 231, 645.
boucles(f) d'oreille(f) 361.
boucles(f) d'oreille(f) à pince(f) 361.
boucles(f) d'oreille(f) à tige(f) 361.
boucles(f) d'oreille(f) à vis(f) 361.
bouclier(m) 268, 426, 609, 791.
bouclier(m) annulaire 15.
bouclier(m) arrière 16.
bouclier(m) thermique 510.
boue(f) 216.
bouée(f) à plan(m) focal élevé 487.
bouée(f) charpente(f) 487.
bouée(f) charpente(f) 489.
bouée(f) conique 487.
bouée(f) conique 489.
bouée(f) cylindrique 486.
bouée(f) de sauvetage(m) 495.
bouée(f) espar(m) 489.
bougie(f) 271.
bougie(f) d'allumage(m) 439.
bougie(f) d'allumage(m) 435, 437.
bouilloire(f) 252.
boule(f) 526, 683.
boule(f) à thé(m) 246.
boule(f) anglaise 682.
boule(f) de pétanque(f) 682.
boule(f) de quilles(f) 683.
boules(f) anglaises et pétanque(f) 682.
boulet(m) 801.
boulet(m) 101, 801.
boulet(m) creux 801.
boulet(m) ramé 801.
boulevard(m) 52, 184.
boulevard(m) périphérique 52.
boulier(m) 683.
boulon(m) 279.
boulon(m) 278, 282, 290.
boulon(m) à ailettes(f) 276.
boulon(m) à épaulement(m) 279.
boulon(m) à gaine(f) d'expansion(f) 276.
boulon(m) d'accouplement(m) 754.
boulon(m) d'éclisse(f) 466.
bourdalou(m) 328.
bourdon(m) 536.
bourgeon(m) 70.
bourgeon(m) axillaire 57.
bourgeon(m) terminal 57.
bourrache(f) 74.
bourre(f) 799, 801.
bourre-pipe(m) 385.
bourre-pipe(m) 385.
bourrelet(m) 104, 433, 632.
bourriquet(m) 583.
bourse(f) à monnaie(f) 379.
boursette(f) 543.
Boussole(f) 13.
boussole(f) magnétique 719.
bout(m) 239, 670.
bout(m) d'aile(f) 637.
bout(m) du nez(m) 100.
bout(m) fleuri 355.
bout(m)-filtre(m) 384.
boutefeu(m) 801.
bouteille(f) d'acétylène(m) 306.
bouteille(f) d'air(m) comprimé 627, 777.
bouteille(f) d'oxygène(m) 306.
bouteille(f) isolante 690.
bouteur(m) 783.
bouteur(m) 733.
boutique(f) 170.
boutique(f) hors taxe(f) 505.
bouton(m) 219, 232, 324, 326, 530, 536, 544, 666.
bouton(m) à friction(f) 711.
bouton(m) à tige(f) 566.
bouton(m) d'arrêt(m) 272.
bouton(m) d'assemblage(m) 568.
bouton(m) d'échappement(m) 541.
bouton(m) d'éjection(f) 403.
bouton(m) d'interligne(m) variable 525.
bouton(m) de blocage(m) 711.
bouton(m) de clé(f) 549.
bouton(m) de combinaisons(f) 542.
bouton(m) de commande(f) 255.
bouton(m) de culasse(f) 800.
bouton(m) de démarreur(m) 444.
bouton(m) de fonction(f) 699.
bouton(m) de manchette(f) 339.
bouton(m) de mise(f) au point(m) 720, 721.
bouton(m) de mise(f) au point(m) manuelle 397.
bouton(m) de mise(f) en circuit(m) 396, 420.
bouton(m) de piston(m) 550.
bouton(m) de point(m) arrière 561.
bouton(m) de registre(m) 542, 543.
bouton(m) de réglage(m) du micromètre(m) optique 713.
bouton(m) de remise(f) à zéro(m) 403, 711.
bouton(m) de tension(f) 569.
bouton(m) de vaporisation(f) 256.
bouton(m) de verrouillage(m) 429.
bouton(m) de verrouillage(m) de l'embase(f) 713.
bouton(m) extérieur 290.
bouton(m) floral 57.
bouton(m) intérieur 290.
bouton(m) marche(f)/arrêt(m) 256.
bouton(m) moleté 304.
bouton(m)-guide(m) 284.
bouton(m)-poussoir(m) 250, 257, 389, 397.
bouton(m)-pression(f) 566.
bouton(m)-pression(f) 321, 327.
boutonnage(m) sous patte(f) 330.
boutonnière(f) 319, 323.
boutons(m) à trous(m) 566.
boutons(m) de commande(f) 531.
boutons(m) de contrôle(m) du point(m) 569.
boutons(m) de réglage(m) 410.
Bouvier(m) 11.
boxe(f) 669.
boxeur(m) 669.
bracelet(m) 602, 684, 706.
bracelet(m) lesté 665.
bracelet(m) tubulaire 364.
bracelets(m) 364.
brachial(m) antérieur 120.
braconnière(f) 792.
bractée(f) 66.
braguette(f) 323, 325, 350.
braies(f) 791.
brancard(m) 270, 652, 726, 784.
branche(f) 72, 104, 278, 369, 376, 564, 649, 684, 726.
branche(f) à fruits(m) 61.
branche(f) d'embouchure(f) 550.
branche(f) inférieure 650, 793.
branche(f) maîtresse 59.
branche(f) supérieure 650, 793.
branche(f) télescopique 393.
branchement(m) aérien 757.
branchement(m) de l'abonné(m) 757.
branchement(m) du distributeur(m) 757.
branchement(m) pluvial 186.
branchement(m), plomberie(f) 298.
branchicténie(f) 87.
branchies(f) 87.
branchies(f) 88, 92.
branchies(f) externes 84.
brandebourg(m) 320.
bras(m) 100, 117, 119, 157, 234, 264, 483, 561, 702, 727, 773, 782, 785.
bras(m) d'essuie-glace(m) 431.
bras(m) de coutre(m) 156.
bras(m) de fourche(f) 787.
bras(m) de grand cacatois(m) arrière 480.
bras(m) de lecture(f) 404.
bras(m) de levage(m) 782.
bras(m) de plaquette(f) 376.
bras(m) de relevage(m) 147.
bras(m) de suspension(f) 258.
bras(m) du longeron(m) 783.
bras(m) gicleur(m) 257.
bras(m) spiral 9.
bras(m) télécommandé 510.
brassard(m) 602, 609, 792.
brassard(m) pneumatique 710.
brasse(f) 622.
brassière(f) 349.
break(m) 425.
brelan(m) 695.
breloques(f) 364.
bretèche(f) 181.
bretelle(f) 346, 452, 464, 502.
bretelle(f) boutonnée 351.
bretelle(f) de raccordement(m) 452.
bretelle(f) pour botte(f) de genou(m) 653.
bretelle(f) réglable 350.
bretelles(f) 323.
brick(m) 482.
bride(f) 649.
bride(f) 365, 566, 653.
bride(f) de corps-mort(m) 486.
bride(f) de fixation(f) 720, 721.
bride(f) de raccord(m) 230.
bride(f) de suspension(f) 326.
brigantin(m) 482.
brigantine(f) 480.
brin(m) d'arrêt(m) 811.
brique(f) 286.
brique(f) réfractaire 204, 585.
briquet(m) 307.
briquet(m) à gaz(m) 386.
brise-jet(m) 264.
brise-lame(m) 742.
broche(f) 364, 574.
broche(f) 232, 233, 309, 574.
broche(f) épingle(f) 364.
broche(f) porte-bobine(m) 561.
brocoli(m) 69.
brodequin(m) 355.
brodequin(m) de sécurité(f) 730.
broderie(f) 571.
bronche(f) droite 130.
bronchiole(f) terminale 130.
brosse(f) 589.
brosse(f) 152, 373.
brosse(f) à chaussure(f) 358.
brosse(f) à coiffer 370.
brosse(f) à dents(f) 373.
brosse(f) à dents(f) 373.
brosse(f) à épousseter 260.
brosse(f) à légumes(m) 246.
brosse(f) à mascara(m) 367.
brosse(f) à peignes(m) 370.
brosse(f) à planchers(m) 260.
brosse(f) à pollen(m) 80, 81.
brosse(f) anglaise 368.
brosse(f) d'antennes(f) 80.
brosse(f) de nettoyage(m) 374.
brosse(f) de tissage(m) 568.
brosse(f) éventail(m) 589.
brosse(f) pneumatique 368.
brosse(f) ronde 368.
brosse(f)-araignée(f) 368.
brosse(f)-peigne(m) pour cils(m) et sourcils(m) 367.
brosses(f) à cheveux(m) 368.
brou(m) 66.
brouette(f) 270.
brouillard(m) 37, 39.
broyer, ustensils(m) pour 243.
broyeur(m) 296.
bruine(f) continue 39.
bruine(f) intermittente 39.
brûleur(m) 209, 297, 634, 635, 689.
brûleur(m) à mazout(m) 209.
brûleur(m) bec(m) plat 307.
brûleur(m) flamme(f) crayon(m) 299, 307.
brume(f) 37, 39.
brunissoir(m) 582.
buanderie(f) 194.
buccin(m) 83.
bûcher(m) 204.
bûchette(f) 320.
buffet(m) 227.

buffet(m)-vaisselier(m) 227.
bulbe(m) 72, 136.
bulbe(m) d'étrave(f) 497, 743.
bulbe(m) olfactif 88, 142.
bulbe(m) rachidien 134.
bulbe(m), coupe(f) 70.
bureau(m) 453.
bureau(m) de direction(f) 520.
bureau(m) de réservation(f) de chambres(f) d'hôtel(m) 504.
bureau(m) des douanes(f) 491.
bureau(m) du changeur(m) 474.
bureau(m) secrétaire(m) 521.
burin(m) 581, 587.
Burin(m) 13.
bus(m) de données(f) 528.
bus(m) des données(f) 531.
bus(m) du disque(m) dur 528.
buse(f) 370.
buse(f) 264, 291, 306, 373, 590.
buse(f) à fluide(m) 304.
bustier(m) 346.
but(m) 601, 604, 606, 607, 608, 612, 626.
butée(f) 455, 566, 630, 640, 641.
butée(f) de porte(f) 254, 471.
butée(f) talonnière(f) 727.
butoir(m) 230, 464.
butoir(m) de saut(m) 657.
butte(f) 46.
butte(f) de débranchement(m) 465.

C

caban(m) 330.
cabas(m) 381.
cabillot(m) 817.
cabine(f) 496, 508, 782, 783, 784, 785.
cabine(f) de commande(f) 786.
cabine(f) de commandes(f) 15.
cabine(f) de conduite(f) 147, 160, 459, 468.
cabine(f) de douche(f) 292.
cabine(f) de pilotage(m) 639.
cabine(f) de pilotage(m) 493.
cabine(f) des passagers(m) 493, 494, 495.
câble(m) 692.
câble(m) 280, 641, 658, 660, 663, 684, 692.
câble(m) d'accélération(f) 271.
câble(m) d'acier(m) 681.
câble(m) d'alimentation(f) de 240 V 312.
câble(m) d'alimentation(f) de l'électrode(f) 305.
câble(m) de bougie(f) 435.
câble(m) de commande(f) 270, 448.
câble(m) de frein(m) 447.
câble(m) de garde(f) 756.
câble(m) de haubanage(m) 660.
câble(m) de levage(m) 786.
câble(m) de masse(f) 305.
cable(m) de raccordement(m) 406.
câble(m) de raccordement(m) 400, 530, 585.
câble(m) de traction(f) 311.
câble(m) de transmission(f) 485.
câble(m) du démarreur(m) 270.
câble(m) électrique 186.
câble(m) porteur 456.
câble(m) téléphonique 186.
câbles(m) 414.
câblodistributeur(m) 416.
cabriolet(m) 220, 425.
cache-cœur(m) 337.
cache-flammes(m) 796.
cache-oreilles(m) abattant 328.
cadenas(m) 448.
cadence(f) images(f)/seconde(f) 396.
cadran(m) 705, 706, 707, 708, 712, 719.
cadran(m) de tension(f) 568.
cadran(m) des phases(f) de la Lune(f) 707.
cadran(m) gradué 710.
cadran(m) solaire 706.
cadre(m) 82, 378, 383, 443, 536, 615, 645, 659, 674, 726, 773.
cadre(m) de charge(f) 635.
cadre(m) de marche(f) 728.
cadre(m) métallique 540.
cadre(m) porte-épreuves(m) 399.
cadre(m)-cache(m) 397.
cæcum(m) 131.
cæcum(m) pylorique 88.
cafetière(f) 688.
cafetière(f) à infusion(f) 247.
cafetière(f) à piston(m) 247.
cafetière(f) espresso(m) 247.
cafetière(f) filtre 247.
cafetière(f) napolitaine 247.
cafetières(f) 247.
cage(f) 654.
cage(f) d'escalier(m) 194.
cage(f) de battage(m) 161.
cage(f) vitrée 709.
cagoule(f) 329.
cagoule(f) 627, 680.
cahier(m) 577.
caïeu(m) 70.
caisse(f) 270, 540, 546, 707.
caisse(f) blindée 702.
caisse(f) bombée 535.
caisse(f) circulaire 535.
caisse(f) claire 553.
caisse(f) claire 552, 557.
caisse(f) cylindrique 710.
caisse(f) de résonance(f) 535, 545.
caisse(f) de résonnance(f) 535.
caisse(f) pleine 547.
caisse(f) roulante 553.
caisse(f) triangulaire 535.
caisson(m) 521.
caisson(m) 204, 209.
caisson(m) de porte(f) 429.
caisson(m) de voilure(f) 812.
calame(m) 389.
calamus(m) 110.
calandre(f) 426, 440, 765.
calcanéum(m) 103, 123.
calculatrice(f) 523.
calculatrice(f) à imprimante(f) 523.
calculette(f) 523.
calculette(f) 379.
cale(f) 506.
cale(f) 800.
cale(f) à conteneurs(m) 495.
cale(f) de couvercle(m) 585.
cale-pied(m) 446, 448, 664.
caleçon(m) 325.
caleçon(m) long 325.
calendrier(m)-mémorandum(m) 518.
calice(m) 60, 62, 67, 132.
calicule(m) 62.
Callisto 4.
caloporteur(m) 766.
caloporteur(m) chaud 771.
caloporteur(m) refroidi 771.
caloporteur(m): eau(f) bouillante 763.
caloporteur(m): eau(f) lourde sous pression(f) 761.
caloporteur(m): eau(f) sous pression(f) 762.
caloporteur(m): gaz(m) carbonique 760.
calot(m) 328.
calotte(f) 328.
calotte(f) 109, 328, 329, 773.
calotte(f) glaciaire 45.
cambium (m) 59.
cambre(f) 376.
cambrure(f) 354.
Caméléon(m) 13.
caméra(f) 414.
caméra(f) 16, 412, 414.
caméra(f) de télévision(f) couleurs(f) 512.
caméra(f) video 526.
caméra(m) vidéo 409.
camion(m) avitailleur 506.
camion(m) commissariat(m) 507.
camion(m) vide-toilette(m) 506.
camion(m)-benne(f) 785.
camion(m)-citerne(f) d'eau(f) potable 506.
camionnage(m) 440.
camionnette(f) 425.
camping(m) 685, 686, 690, 823.
camping(m) et caravaning(m) 823.
camping(m) interdit 823.
camping(m), accessoires(m) 689.
camping(m), matériel(m) 690.
camping(m), outils(m) 690.
canadienne(f) 321.
canal(m) à venin(m) 96.
canal(m) d'admission(f) 436.
canal(m) d'échappement(m) 436.
canal(m) d'écoulement(m) 741.
canal(m) de dérivation(f) 501, 746.
canal(m) de fuite(f) 747.
canal(m) de transfert(m) 436, 764.
canal(m) déférent 127.
canal(m) droit 401.
canal(m) éjaculateur 127.
canal(m) gauche 401.
canal(m) radiculaire 144.
canal(m) semi-circulaire antérieur 139.
canal(m) semi-circulaire externe 139.
canal(m) semi-circulaire postérieur 139.
canal(m) siphonal 94.
canal(m) sudoripare 136.
canalisation (f) de retour(m) 208.
canalisation(f) 432.
canalisation(f) d'alimentation(f) 208, 209.
canalisation(f) de branchement(m) 215.
canalisation(f) de la veilleuse(f) 297.
canalisation(f) de pompage(m) 717.
canalisation(f) de refoulement(m) 216.
canalisation(f) du brûleur(m) 297.
canapé(m) 221.
canapé(m) capitonné 221.
canard(m) 150.
Cancer(m) 11.
Cancer(m)(22 juin) 820.
canetière(f) 575.
canette(f) 561, 562, 573.
canif(m) 581.
canine(f) 98, 144.
canne(f) 375, 375.
canne(f) à lancer(m) 671.
canne(f) à mouche(f) 670.
canne(f) avec poignée(f) orthopédique 728.
canne(f) avec quadripode(m) 728.
canne(f) en C(m) 728.
canne(f) en T(m) 728.
canneberge(f) 62.
cannelure(f) 166, 167, 439.
cannes(f) 728.
canon(m) 101, 650, 795, 796, 797, 798, 799, 802, 805.
canon(m) à électrons(m) 410.
canon(m) à électrons(m) 410, 717.
canon(m) à mousse(f) 743.
canon(m) brisé 650.
canon(m) d'avant-bras(m) 792.
canon(m) du XVIIe siècle(m) 800.
canon(m) sans recul(m) 804.
canot(m) de sauvetage(m) 478, 738.
canot(m) pneumatique de sauvetage(m) 492.
canotier(m) 328.
cantaloup(m) 69.
canton(m) dextre de la pointe(f) 818.
canton(m) dextre du chef(m) 818.
canton(m) senestre de la pointe(f) 818.
canton(m) senestre du chef(m) 818.
cantonnière(f) 228, 383.
cantonnière(f) drapée 229.
cantre(m) 575.
canyon(m) sous-marin 29.
cap(m) 51.
cape(f) 331.
cape(f) 384.
cape(f) de bain(m) 349.
capeline(f) 329.
capitaine(m) 620, 643.
capitale(f) 51.
capitule(m) 60.
caponnière(f) 179.
capot(m) 256, 260, 426, 440, 445, 525.
Capricorne(m) 13.
Capricorne(m)(22 décembre) 820.
capsule(f) 725.
capsule(f) à membrane(f) 435.
capsule(f), coupe(f) 67.
capteur(m) de radiations(f) terrestres 43.
capteur(m) de signaux(m) de détresse(f) 43.
capteur(m) de télécommande(f) 405, 410.
capteur(m) solaire 772.
capteur(m) solaire plan(m) 768.
capture(f) 697.
capuche(f) 349.
capuche(f) coulissée 351.
capuchon(m) 309, 320, 389, 398, 679.
capuchon(m) d'objectif(m) 392.
capuchon(m) de protection(f) 718.
capuchon(m) de sûreté(f) 804.
capuchon(m) de ventilation(f) 486.
capuchon(m) du levier(m) 295.
capucin(m) 323.
caquelon(m) 248.
car(m) de reportage(m) 415.
car(m) de reportage(m) 416.
carabine(f) (canon(m) rayé) 798.
caraco(m) 345.
caraco(m) 316.
carafe(f) 237.
carafon(m) 237.
carapace(f) 96.
carapace(f) 91.
caravane(f) 449.
caravane(f) tractée 449.
caravaning(m) 823.
carburant(m) diesel(m) 745.
carburateur(m) 442.
carburéacteur(m) 745.
cardan(m) 156, 159, 162.
carde(f) 72.
cardigan(m) 326.
cardon(m) 72.
carénage(m) 442.
Carène(f) 13.
cargo(m) porte-conteneurs(m) 494.
cargue(f) 480.
cargue-point(m) 481.
carillon(m) tubulaire 554.
carillon(m) tubulaire 556.
carlingue(f) centrale 743.
carnassière(f) 98.
carnivore(m), mâchoire(f) 98.
carnivores(m) 31, 33.
caroncule(f) lacrymale 140.
carotte(f) 71.
carpe(m) 102, 122.
carquois(m) 684.
carre(f) 640, 644.
carré(m) 695.
carré(m) 700, 701.
carreau(m) 286, 570, 695.
carreau(m) 203.
carreau(m) d'arbalète(f) 793.
carreau(m) de mine(f) 734.
carreau(m) de plâtre(m) 286.
carrefour(m) giratoire 450.
carrière(f) en entonnoir(m) 733.
carrière(f) exploitée en chassant 733.
carrosserie(f) 426.
carrosserie(f) 258, 259.
carrosseries(f), types(m) 425.
carte(f) de ligne(f) 474.
carte(f) de réseau(m) 475, 477.
carte(f) isolée 695.
carte(f) météorologique 38.
carte(f) physique 51.
carte(f) politique 51.
carte(f) routière 52.
carter(m) 211, 271, 397, 434, 436, 671.
carter(m) d'embrayage(m) 444.
carter(m) d'engrenage(m) de frein(m) à main(f) 470.
carter(m) de sécurité(f) 271.
cartes(f) 695.
cartes(f), symboles(m) 695.
cartilage(m) de l'aile(f) du nez(m) 141.
cartilage(m) de la cloison(f) 141.
cartographie(f) 47, 50, 52.
carton(m) 589.
cartouche(f) 384, 797.
cartouche(f) 291, 295, 389, 404, 527, 730.
cartouche(f) (carabine(f)) 798.
cartouche(f) (fusil(m)) 799.
cartouche(f) de jeu(m) 699.
cartouche(f) de pellicule(f) 395.
cartouche(f) de ruban(m) 531.
cartouche(f) jetable 299, 307.
casaque(f) 337.
case(f) 165.
case(f) 701.
case(f) à bagages(m) 461.
case(f) blanche 696.
case(f) d'équipement(m) 16.
case(f) noire 696.
casernement(m) 179.
casier(m) 226.
casier(m) à beurre(m) 254.
casier(m) à munitions(f) 805.
casier(m) laitier 254.
casque(m) 308.
casque(m) 512, 602, 609, 636, 651, 680, 777, 791.
casque(m) d'écoute(f) 406.
casque(m) d'écoute(f) 408.
casque(m) de frappeur(m) 595.
casque(m) de protection(f) 443.
casque(m) de protection(f) 448.
casque(m) de sapeur(m)-pompier(m) 777.
casque(m) de saut(m) 635.
casque(m) de sécurité(f) 729.
casque(m) protecteur 643.
casquette(f) 328.
casquette(f) norvégienne 328.
casse-croûte(m) 822.

Les termes en **caractères gras** renvoient à une illustration.

casse-noix(m) 243.
casserole(f) 249.
cassette(f) 403.
cassette(f) 408, 526.
cassette(f) annonce(f) 420.
cassette(f) de pellicule(f) 395.
cassette(f) messages(m) 420.
Cassiopée 11.
cassis(m) 62.
cassure(f) 341.
castagnettes(f) 554.
castagnettes(f) 556.
castor(m) 98.
catadioptre(m) 445, 446.
catapulte(f) 810.
caténaire(f) 459.
cathédrale(f) 176.
cathédrale(f) 184.
cathédrale(f) gothique 175, 176.
cathédrale(f), plan(m) 177.
causeuse(f) 221.
cavalier(m) 648.
cavalier(m) 178, 696.
cavité(f) abdominale 127, 128.
cavité(f) buccale 130, 131.
cavité(f) nasale 130.
cavité(f) pleurale 130.
cédez le passage(m) 824, 825.
cédille(f) 832.
ceinture(f) 323.
ceinture(f) 219, 220, 223, 319, 433, 668.
ceinture(f) d'haltérophilie(f) 662.
ceinture(f) de sécurité(f) 428.
ceinture(f) élastique 321, 325.
ceinture(f) lestée 627.
ceinture(f) montée 320, 323.
céleri(m) 72.
céleri(m)-rave(f) 71.
cellule(f) 79.
cellule(f) animale 115.
cellule(f) photoélectrique 393.
cellule(f) royale 82.
cellule(f) végétale 115.
cellules(f) solaires 42.
cément(m) 144.
cendre(f) 386.
cendrier(m) 386.
cent(m) 832.
Centaure(m) 13.
centrage(m) 524.
centrale(f) 746.
centrale(f) hydroélectrique, coupe(f) 747.
centrale(f) nucléaire 758.
centre(m) 601, 603, 605, 606, 608, 610, 611, 620, 684, 697, 818.
centre(m) de gravité(f) 483.
centre(m) droit 606.
centre(m) du court(m) 617.
centre(m) gauche 606.
centre(m)-ville(f) 184.
centrifugeuse(f) 251.
centriole(m) 115.
cep(m) de vigne(f) 61.
cèpe(m) 55.
céphalothorax(m) 90.
Céphée 11.
cercle(m) 376, 654, 655.
cercle(m) central 601, 608, 610, 611.
cercle(m) d'ascension(f) droite 720, 721.
cercle(m) d'attente(f) 597.
cercle(m) d'envoi(m) 607.
cercle(m) de déclinaison(f) 720, 721.
cercle(m) de la station(f) 38.
cercle(m) de mise(f) au jeu(m) 608.
cercle(m) de serrage(m) 553.
cercle(m) de vannage(m) 753.
cercle(m) de verrouillage(m) 802.
cercle(m) extérieur 620.
cercle(m) intérieur 620.
cercle(m) polaire antarctique 3.
cercle(m) polaire arctique 3, 47.
cercle(m) porte-lame(m) 784.
cercle(m) restrictif 610.
céréales(f), principales variétés(f) 152.
cerf(m) de Virginie 105.
cerf(m) du Canada 105.
cerf(m), bois(m) 105.
cerfeuil(m) 74.
cerise(f) 63.
cerne(m) annuel 59.
cerneau(m) 66.
cerques(m) 670.
cerveau(m) 88, 134.
cervelet(m) 134.
cervidés(m) 105.
cervidés(m), principaux 105.
chaîne(f) 446, 448, 566, 573, 574, 661, 707.
chaîne(f) alimentaire 31.
chaîne(f) coupante 272.
chaîne(f) d'entraînement(m) 158.
chaîne(f) de levage(m) 787.
chaîne(f) de montagnes(f) 7, 23, 51.
chaîne(f) de mouillage(m) 486.
chaîne(f) de neurones(m) 135.
chaîne(f) de sureté(f) 449.
chaîne(f) de suspension(f) 756.
chaîne(f) stéréo 400, 402, 404.
chaîne(f) stéréo, composantes(f) 400.
chaînes(f) d'ancrage(m) 738.
chaînette(f) de levage(m) 293.
chaise(f) 223.
chaise(f) berçante 223.
chaise(f) dactylo(m) 521.
chaise(f) longue 223.
chaise(f) pliante 223.
chaise(f)-escabeau(m) 222.
chaises(f) empilables 223.
chaises(f), types(m) 223.
chalaze(f) 109.
chalet(m) 676.
chaloupe(f) de sauvetage(m) 494, 496.
chalumeau(m) 306, 536.
chalumeau(m) coupeur 306.
chalumeau(m) soudeur 306.
chalumeau(m) soudeur 307.
chambranle(m) 202, 203.
chambre(f) 194, 195, 460, 685, 736.
chambre(f) à air(m) 109.
chambre(f) à poudre(f) 801.
chambre(f) à vide(m) 717.
chambre(f) antérieure 140.
chambre(f) d'expansion(f) 705.
chambre(f) d'observation(f) 717.
chambre(f) de combustion(f) 204, 209, 434, 438.
chambre(f) de combustion(f) annulaire 501.
chambre(f) de cuisson(f) 585.
chambre(f) de dilatation(f) 485.
chambre(f) de mélange(m) 306.
chambre(f) de vantail(m) 493.
chambre(f) des machines(f) 806.
chambre(f) des pompes(f) 742.
chambre(f) des torpilles(f) 807.
chambre(f) photographique 394.
chambre(f) photographique 717.
chambre(f) postérieure 140.
chambre(f) principale 194.
chambre(f) pulpaire 144.
champ(m) centre(m) 597.
champ(m) d'épandage(m) 216.
champ(m) d'héliostats(m) 770, 771.
champ(m) droit 597.
champ(m) gauche 597.
champ(m) magnétique 410.
champignon(m) 55.
champignon(m) 466.
champignon(m) de couche(f) 55.
champignon(m) mortel 55.
champignon(m) vénéneux 55.
champignon(m), structure(f) 55.
champignons(m) comestibles 55.
chandail(m) 602.
chandail(m) d'équipe(f) 595, 600.
chandail(m) de dessous(m) 595.
chanfrein(m) 100.
change(m) 823.
changement(m) de piste(f) 405.
chanterelle(f) commune 55.
chape(f) 200, 230, 485, 543.
chapeau(m) 55.
chapeau(m) d'angle(m) 470.
chapeau(m) de feutre(m) 328.
chapeau(m) de ventilation(f) 215.
chapeau(m) du battant(m) 572.
chapelle(f) 181.
chapelle(f) axiale 177.
chapelle(f) latérale 176.
chapiteau(m) 166, 545.
chapka(m) 328.
char(m) d'assaut(m) 805.
charge(f) explosive 804.
charge(f) militaire 814.
charge(f) utile 509.
chargeur(m) 795, 796, 797.
chargeur(m) automatique 532.
chargeur(m) manuel 532.
chargeuse(f) frontale 782.
chargeuse(f)-pelleteuse(f) 782.
chariot(m) 230, 306, 568, 630, 679, 718, 786.
chariot(m) à bagages(m) 463.
chariot(m) à dentelle(f) 568.
chariot(m) à pallette(f) 788.
chariot(m) à plateau(m) 788.
chariot(m) avant 568.
chariot(m) d'entraînement(m) 230.
chariot(m) de croisement(m) 230.
chariot(m) élévateur 787.
chariot(m) transbordeur 457.
chariots(m) 568.
Charles IX(m) 356.
charnière(f) 253, 257, 378, 382, 404, 429, 585, 641, 719.
charnière(f) de la visière(f) 443.
Charon 5.
charpente(f) 198.
charpente(f) 168, 170.
charpente(f) verticale 574.
charrue(f) à soc(m) 156.
charrue(f) à soc(m) 154.
chas(m) 562, 563.
chasse(f) 577.
chasse-neige(f) faible basse 39.
chasse-neige(f) forte basse 39.
chasse-pierres(m) 459, 469.
châssis(m) 156, 157, 159, 272, 453, 553, 554, 785, 787, 788.
châssis(m) de bogie(m) 468.
châssis(m)-presse(f) 398.
chasuble(f) 333.
chat(m) 107.
chat(m), tête(f) 107.
châtaigne(f) 100.
château(m) d'eau(f) 465.
château(m) fort 180.
chatière(f) 196.
chaton(m) 364.
chaudière(f) 209.
chaudière(f) 208, 771.
chauffage(m) 204, 206, 208, 210, 212.
chauffage(m) à air(m) chaud pulsé 206.
chauffage(m) à eau(f) chaude 208.
chauffage(m) d'appoint(m) 211.
chauffage(m), bouches(f) 207.
chauffe-eau(m) 215, 772.
chauffe-eau(m) au gaz(m) 297.
chaufferette(f) 689.
chaumard(m) 630.
chausse-pied(m) 358.
chaussée(f) 186, 450.
chaussée(f) cahoteuse 826, 827.
chaussée(f) glissante 826, 827.
chaussée(f) rétrécie 826, 827.
chaussette(f) 325, 344.
chaussette(f) 602, 615, 642, 667.
chaussette(f)-étrier(m) 595.
chaussettes(f) 325.
chausson(m) 627.
chausson(m) intérieur 641, 645.
chaussure(f) 598, 642, 644, 645.
chaussure(f) à crampons(m) 595, 602.
chaussure(f) d'alpinisme(m) 680.
chaussure(f) d'escrime(f) 667.
chaussure(f) d'haltérophilie(f) 662.
chaussure(f) de football(m) 600.
chaussure(f) de golf(m) 679.
chaussure(f) de piste(f) 656.
chaussure(f) de ski(m) 641.
chaussure(f) de ski(m) 640.
chaussure(f) de sport(m) 352.
chaussure(f) de tennis(m) 615.
chaussure(f), parties(f) 354.
chaussures(f) 354, 356, 358.
chaussures(f), principaux types(m) 354, 355, 356.
chaussures, accessoires(m) 358.
chauve-souris(f) 112.
chef(m) 818.
chef(m) 818.
chemin(m) 676.
chemin(m) couvert 178.
chemin(m) de fer(m) 52.
chemin(m) de fer(m) métropolitain 474, 476.
chemin(m) de ronde(f) 181.
chemin(m) de ronde(f) couvert 180.
chemin(m) de roulement(m) 786.
cheminée(f) 205.
cheminée(f) 25, 195, 197, 209, 297, 494, 736.
cheminée(f) à foyer(m) ouvert 204.
cheminée(f) à minerai(m) 736.
cheminée(f) anti-suie 496.
cheminée(f) d'échappement(m) 147, 440, 784.
chemise(f) 324, 518.
chemise(f) 798.
chemise(f) de nuit(f) 348.
chemise(f) du donjon(m) 181.
chemisier(m) classique 337.
chemisiers(m), types(m) 337.
chenal(m) principal 489.
chenal(m) secondaire 489.
chenêts(m) 205.
chenille(f) 78.
chenille(f) 445, 783, 805.
chéquier(m) 379.
chercheur(m) 720, 721.
chérimole(f) 68.
cheval(m) 98, 100, 102, 104.
cheval(m) 661.
cheval(m) d'arçons(m) 661.
cheval(m)-sautoir(m) 659.
cheval(m), allures(f) 101.
cheval(m), morphologie(f) 100.
cheval(m), squelette(m) 102.
chevalement(m) 736.
chevalet(m) 591.
chevalet(m) 541, 544, 546.
chevalet(m) de câble(m) de garde(f) 756.
chevalet(m) des aigus(m) 540.
chevalet(m) des basses(f) 540.
Chevalet(m) du Peintre(m) 13.
chevalière(f) 364.
chevelu(m) 59.
chevelure(f) 9.
Chevelure(f) de Bérénice 11.
chevet(m) 177.
cheveux(m) 117, 119.
cheville(f) 116, 118, 225, 544, 545, 546, 571, 575.
cheville(f) d'accord(m) 540.
chevillier(m) 544.
chevillure(f) 105.
chèvre(f) 150.
chevron(m) 818.
chevron(m) 198.
chiasma(m) optique 134.
chicorée(f) 73.
chien(m) 106.
chien(m) 795, 797, 798, 799.
chien(m), morphologie(f) 106.
Chiens(m) de chasse(f) 11.
chiffonnier(m) 226.
chignole(f) 280.
chimie(f) 831.
chloroplaste(m) 115.
chœur(m) 177.
choix(m) de la langue(f) d'affichage(m) 422.
chope(f) à bière(f) 237.
chope(f) à café(m) 238.
choroïde(f) 140.
chou(m) chinois 73.
chou(m) frisé 73.
chou(m) pommé blanc 73.
chou(m) pommé vert 73.
chou(m)-fleur(f) 69.
chou(m)-rave(f) 71.
choux(m) de Bruxelles 73.
chromatine(f) 115.
chromosphère(f) 6.
chronomètre(m) 706.
chronomètre(m) 407.
chronométreur(m) 610, 612, 626, 666, 668, 669.
chronométreur(m) de couloir(m) 621.
chronométreur(m) des immobilisations(f) 668.
chronométreur(m) des trente secondes(f) 610.
chronométreur(m) principal 621.
chrysalide(f) 78.
chukka(m) 354.
chute(f) 27, 341, 631.
chute(f) de départ(m) 651.
chute(f) libre 635.
chutes(f) de pierres(f) 826, 827.
cible(f) 684, 698.
cibles(f) 667.
ciboulette(f) 70.
ciel(m) à nébulosité(f) dispersée 39.
ciel(m) clair 39.
ciel(m) couvert 39.
ciel(m) d'orage(m) 36.
ciel(m) noir 39.
ciel(m) nuageux 39.
ciel(m) peu nuageux 39.
ciel(m) très nuageux 39.
cigale(f) 77.
cigare(m) 384.
cigarette(f) 384.
cil(m) 140.
cilié 56.
cils(m) 107.
cimaise(f) 166.
cime(f) 59.

Les termes en **caractères gras** renvoient à une illustration.

cimetière(m) 52.
cimier(m) 791.
cimier(m) mobile 14.
cinéma(m) 496.
cintres(m) 188.
circuit(m) d'eau(f) chaude 215.
circuit(m) d'eau(f) froide 215.
circuit(m) d'évacuation(f) 215.
circuit(m) de 120 V 312.
circuit(m) de 240 V 312.
circuit(m) de photopiles(f) 769.
circuit(m) de plomberie(f) 215.
circuit(m) de ventilation(f) 215.
circuit(m) électrique 233.
circuit(m) imprimé 528.
circulation(f) dans les deux sens(m) 824, 825.
circulation(f) sanguine 124, 126.
circulation(f) sanguine, schéma(m) 124.
cireur(m) 358.
cirque(m) 7.
cirque(m) glaciaire 26.
cirro-cumulus(m) 44.
cirro-stratus(m) 44.
cirrus(m) 44.
cisaille(f) 398, 578.
cisaille(f) à haies(f) 269.
cisaille(f) à volaille(f) 246.
ciseau(m) 581.
ciseau(m) à bois(m) 275.
ciseaux(m) 564.
ciseaux(m) 688, 725.
ciseaux(m) à cuticules(m) 365.
ciseaux(m) à denteler 564.
ciseaux(m) à effiler 369.
ciseaux(m) à ongles(m) 365.
ciseaux(m) de coiffeur(m) 369.
ciseaux(m) de pédicure(m) 365.
ciseaux(m) de sûreté(f) 365.
ciseaux(m) sculpteurs 369.
citerne(f) 742, 743.
cithare(f) 535.
citron(m) 65.
citrouille(f) 69.
civière(f) 726.
clairon(m) 550.
clapet(m) 293, 294, 568.
clapet(m) de non-retour(m) 306.
clapet(m) de retenue(f) 216.
claque(f) 355.
claque(f) 353, 355.
clarinette(f) 548.
clarinette(f) basse 556.
clarinettes(f) 556.
classeur(m) 519.
classeur(m) à clapets(m) 520.
classeur(m) à soufflets(m) 378.
classeur(m) mobile 521.
classification(f) de Hubble 9.
claveau(m) 174.
clavette(f) 290.
clavicule(f) 122.
clavier(m) 530.
clavier(m) 420, 422, 526, 527, 540, 555, 683.
clavier(m) à pédales(f) 542.
clavier(m) accompagnement(m) 536.
clavier(m) alphanumérique 422, 530.
clavier(m) chant(m) 536.
clavier(m) de grand orgue(m) 542.
clavier(m) de positif(m) 542.
clavier(m) de récit(m) 542.
clavier(m) manuel 543.
clavier(m) numérique 422, 530, 709.
claviers(m) manuels 542.
clayette(f) 254.
clé(f) 290, 549.
clé(f) à chaîne(f) 299.
clé(f) à cliquet(m) 279.
clé(f) à crémaillère(f) 299.
clé(f) à fourches(f) 279.
clé(f) à molette(f) 279.
clé(f) à percussion(f) 780.
clé(f) à sangle(f) 299.
clé(f) à tuyau(m) 299.
clé(f) coudée à tuyau(m) 299.
clé(f) d'ut(m) 537.
clé(f) de barrage(m) 779.
clé(f) de bocal(m) 548.
clé(f) de bras(m) 668.
clé(f) de contact(m) 271.
clé(f) de fa(m) 537.
clé(f) de mandrin(m) 281.
clé(f) de sol(m) 537.
clé(f) de voûte(f) 174, 177.
clé(f) mixte 279.
clé(f) polygonale 279.
clé(f) polygonale à têtes(f) fendues 279.
clés(f) 537.
client(m) 417.
clignotant(m) 441.
clignotant(m) arrière 443.
climatisation(f) 214.
climatiseur(m) 449.
climatiseur(m) de fenêtre(f) 214.
climats(m) continentaux 45.
climats(m) de montagne(f) 45.
climats(m) de montagne(f) 45.
climats(m) du monde(m) 45.
climats(m) polaires 45.
climats(m) subarctiques 45.
climats(m) subarctiques 45.
climats(m) subtropicaux 45.
climats(m) tempérés 45.
climats(m) tropicaux 45.
clin foc(m) 481.
cliquet(m) 276, 281, 573, 706, 707.
clitoris(m) 128.
cloche(f) 329.
clocher(m) 175.
clocheton(m) 175, 176, 181.
cloison(f) 65, 141, 685, 697, 701.
cloison(f) amovible 520.
cloison(f) de citerne(f) 742.
cloison(f) longitudinale 742.
cloison(f) transversale 743.
clôture(f) 148.
clôture(f) en lattis(m) 263.
clou(m) 275.
clou(m) 104.
clou(m) millésimé 466.
club-house(m) 651.
coach(m) 425.
coccinelle(f) 77.
coccyx(m) 122.
Cocher(m) 11.
cocheur(m) d'allée(f) 678.
cocheur(m) de sable(m) 678.
cochonnet(m) 682.
cochonnet(m) 682.
cockpit(m) 628.
code(m) 524.
code(m) des produits(m) 709.
cœur(m) 125, 695.
cœur(m) 64, 88, 92, 97, 130, 204, 615.
cœur(m) de croisement(m) 467.
cœur(m) du réacteur(m) 760, 762, 763.
coffre(m) 226.
coffre(m) 427, 768, 769.
coffre(m) à bagages(m) 449.
coffre(m) d'appareillage(m) 458.
coffre(m) de rangement(m) 440, 778, 780.
coffret(m) 410.
coffret(m) de branchement(m) 757.
coiffe(f) 57, 577, 670.
coiffeuse(f) 292.
coiffure(f) 328, 368, 370.
coiffure(f), accessoires(m) 369.
coin(m) 542, 577, 669.
coin(m) de patinoire(f) 608.
coinceur(m) 681.
coinceur(m) 680.
coing(m) 64.
col(m) 341.
col(m) 27, 319, 322, 324, 352, 410, 678.
col(m) banane(f) 341.
col(m) berthe(f) 342.
col(m) cagoule(f) 342.
col(m) châle(m) 341.
col(m) chemisier(m) 341.
col(m) chinois 342.
col(m) Claudine 341.
col(m) cravate(f) 342.
col(m) de l'utérus(m) 128.
col(m) du fémur(m) 123.
col(m) italien 324.
col(m) marin(m) 342.
col(m) officier(m) 342.
col(m) pointes(f) boutonnées 324.
col(m) polo(m) 342.
col(m) roulé 326, 342.
col(m) roulé 338, 642.
col(m) tailleur(m) 341.
col(m) tailleur(m) 330.
col(m) transformable 319.
col(m)-de-cygne(m) 201.
col-de-cygne(m) 784.
colette(f) 363.
collant(m) 344.
collant(m) fantaisie(f) 349.
collant(m) sans pied(m) 353.
collatéral(m) 177.
collatérale(f) 135.
colle(f) 200.
collecteur(m) 753.
collecteur(m) d'appareil(m) 215.
collecteur(m) d'échappement(m) 435, 438, 439.
collecteur(m) d'évacuation(f) 215.
collecteur(m) de graisse(f) 253.
collecteur(m) de vapeur(f) primaire 759.
collecteur(m) du réacteur(m) 759.
collecteur(m) principal 215, 216.
collerette(f) 318, 341.
collet(m) 57, 144, 205, 240, 241, 283, 483, 579.
collet(m) de l'axone(m) 135.
collet(m) repoussé 300.
collier(m) 248, 641, 653.
collier(m) coupe-feu(m) 205.
collier(m) de perles(f), longueur(f) matinée(f) 361.
collier(m) de serrage(m) 40, 663.
collier(m) de serrage(m) du casque(m) 512.
collier(m) de soirée(f) 361.
collier(m)-de-chien(m) 361.
colliers(m) 361.
colline(f) 27.
colline(f) abyssale 29.
Colombe(f) 13.
colombin(m) 584.
côlon(m) ascendant 131.
côlon(m) descendant 131.
côlon(m) pelvien 131.
côlon(m) transverse 131.
colonne(f) 24, 36, 166, 168, 169, 283, 393, 399, 477, 545, 561, 579, 621, 700, 701.
colonne(f) ascendante 208.
colonne(f) avec capuchon(m) 37.
colonne(f) d'air(m) 298.
colonne(f) d'alcool(m) 705.
colonne(f) de mercure(m) 705.
colonne(f) de production(f) 740.
colonne(f) de radiateur(m) 208.
colonne(f) de stabilisation(f) 738.
colonne(f) de ventilation(f) 215.
colonne(f) de ventilation(f) principale 215.
colonne(f) descendante 208.
colonne(f) montante d'eau(f) chaude 215.
colonne(f) montante d'eau(f) froide 215.
colonne(f) vertébrale 89, 122, 134.
cols(m), types(m) 341, 342.
columelle(f) 94.
combattant(m) 668.
combinaison(f) 325, 351.
combinaison(f) 643.
combinaison(f) de nuit(f) 350.
combinaison(f) de ski(m) 640, 642.
combinaison(f) de vol(m) 635.
combinaison(f) gagnante 702.
combinaison(f)-jupon(m) 345.
combinaison(f)-pantalon(m) 336.
combiné(m) 347.
combiné(m) 420, 422.
combiné(m) 2 dans 1 368.
combiné(m) bucco-dentaire 373.
combiné(m)-culotte(f) 347.
combustible(m) 766.
combustible(m) 761.
combustible(m) défectueux sous gaine(f) 764.
combustible(m) nucléaire, manipulation(f) 764.
combustible(m): uranium(m) enrichi 762.
combustible(m): uranium(m) enrichi 763.
combustible(m): uranium(m) naturel 760.
combustible(m): uranium(m) naturel 761.
combustion(f) 436, 437, 501.
comète(f) 9.
commande(f) amovible 253.
commande(f) au pied(m) 561.
commande(f) d'accélération(f) 272.
commande(f) d'aérofrein(m) 639.
commande(f) d'alimentation(f) en oxygène(m) 639.
commande(f) d'arrêt(m) 411.
commande(f) d'avance(f) rapide 411.
commande(f) d'éjection(f) de la cassette(f) 409, 411.
commande(f) d'éjection(f) de la pile(f) 409.
commande(f) d'enregistrement(m) 411.
commande(f) d'essuie-glace(m) 430.
commande(f) d'insertion(f) du papier(m) 523.
commande(f) de barrières(f) 471.
commande(f) de chauffage(m) 430.
commande(f) de dossier(m) 428.
commande(f) de largage(m) de câble(m) 639.
commande(f) de largage(m) de la verrière(f) 639.
commande(f) de lecture(f) 411.
commande(f) de marche(f) arrière 397.
commande(f) de marche(f) avant 397.
commande(f) de marge(f) 525.
commande(f) de mémoire(f) 396.
commande(f) de panneau(m) solaire 42.
commande(f) de positionnement(m) du specimen(m) 717.
commande(f) de rebobinage(m) 411.
commande(f) de réglage(m) macro(f) 409.
commande(f) de remise(f) à zéro(m) 411.
commande(f) de sélection(f) de l'ouverture(f) 717.
commande(f) de sélection(f) manuelle 397.
commande(f) de température(f) 254.
commande(f) de ventilateur(m) 214.
commande(f) de virage(m) et d'inclinaison(f) latérale 639.
commande(f) de vitesse(f) 250.
commande(f) de volume(m) 420.
commande(f) de volume(m) de la sonnerie(f) 420.
commande(f) de volume(m) du récepteur(m) 420.
commande(f) des freins(m) 636.
commande(f) du chariot(m) 569, 718.
commande(f) du rétroviseur(m) 429.
commande(f) électrique de paiement(m) 702.
commande(f) électrique du zoom(m) 409.
commande(f) mémoire(f) 420.
commandes(f) de la bande(f) vidéo 409.
commandes(f) de montage(m) 409.
commandes(f) de préréglage(m) 411.
commandes(f) de prise(f) de vue(f) 409.
commandes(f) du magnétoscope(m) 411.
commandes(f) du pilote(m) automatique 500.
commencement(m) du patron(m) 569.
commissure(f) labiale 142.
commode(f) 226.
communication(f) par réseau(m) 527.
communications(f) aériennes 417.
communications(f) individuelles 417.
communications(f) industrielles 417.
communications(f) maritimes 417.
communications(f) militaires 417.
communications(f) routières 417.
commutateur(m) 310, 397.
commutateur(m) d'entrée(f) 402.
commutateur(m) de fonctions(f) 402.
commutateur(m) marche(f)/arrêt(m) 391.
commutateur(m) mono(f)/stéréo(f) 402.
compartiment(m) à fret(m) 499.
compartiment(m) bagages(m) 458.
compartiment(m) de la production(f) d'électricité(f) 806.
compartiment(m) de première classe(f) 498.
compartiment(m) des instruments(m) 43.
compartiment(m) des voitures(f) 494.
compartiment(m) du réacteur(m) 806.
compartiment(m) touriste 499.
compartiment(m) voyageurs(m) 458.
compartiment(m)-couchette(f) 440.
compas(m) 639.
compas(m) d'épaisseur(f) 583.
compas(m) magnétique liquide 484.
compas(m) magnétique liquide, coupe(f) 485.
compensateur(m) de poussée(f) latérale 404.
complexe(m) hydroélectrique 746.
compluvium(m) 170, 171.
composeuse(f) 527.
compresse(f) stérilisée 725.
compresseur(m) 212, 517.
compresseur(m) centrifuge 501.
compresseur(m) d'air(m) 469.

Les termes en **caractères gras** renvoient à une illustration.

compresseur(m) du climatiseur(m) 435.
compression(f) 436, 437, 501.
compression(f)/admission(f 436.
comprimé(m) 725.
compte-pose(m) 399.
compte-rangs(m) 568.
compte-touches(m) électrique 666.
compte-tours(m) 431.
compteur(m) 215, 403.
compteur(m) d'électricité(f) 757.
compteur(m) kilométrique 431.
comptoir(m) d'enregistrement(m) 504.
comptoir(m) de renseignements(m) 504.
comptoir(m) de vente(f) des billets(m) 504.
concentration(f) du faisceau(m) 717.
concombre(m) 69.
Concorde(m) 19.
condensation(f) 35.
condensation(f) de la vapeur(f) 767.
condenseur(m) 717, 718, 758, 771.
conditionnement(m) d'air(m) 494.
conditionnement(m) physique, appareils(m) 664.
conducteur(m) 652.
conducteur(m) de phase(f) 757.
conducteur(m) de terre(f) 757.
conducteur(m) du thermocouple(m) 297.
conducteur(m) en faisceau(m) 756.
conducteur(m) neutre 757.
conduit(m) 543.
conduit(m) auditif 138.
conduit(m) de chauffage(m) 259.
conduit(m) de distribution(f) vertical 206.
conduit(m) de la glande(f) 96.
conduit(m) de raccordement(m) 204.
conduit(m) hydraulique 156, 157, 158.
conduit(m) lactifère 129.
conduite(f) à la terre(f) 741.
conduite(f) d'admission(f) principale 741.
conduite(f) d'admission(f) secondaire 741.
conduite(f) d'alimentation(f) 215.
conduite(f) d'eau(f) 257.
conduite(f) d'eau(f) chaude 296, 298.
conduite(f) d'eau(f) froide 296, 298.
conduite(f) d'eau(f) potable 186.
conduite(f) de gaz(m) 186.
conduite(f) de transfert(m) de carburant(m) 509.
conduite(f) des pièces(f) 702.
conduite(f) forcée 746, 747, 752.
conduite(f) principale 293.
condyle(m) externe 123.
condyle(m) interne 123.
cône(m) 24, 58, 410.
cône(m) adventif 25.
cône(m) d'entrée(f) 501.
cône(m) d'ombre(f) 8.
cône(m) de pénombre(f) 8.
cône(m) femelle 58.
cône(m) mâle 58.
configuration(f) d'un système(m) bureautique 526.
congélateur(m) 254.
conifère(m) 58.
conjonctive(f) 140.
connecteur(m) 312, 406.
connecteur(m) à serrage(m) mécanique 757.
connecteur(m) d'extension(f) 528.
connecteur(m) de liaison(f) 312.
connexion(f) 697.
conque(f) 139.
conseiller(m) de production(f) 412.
conseillers(m) musicaux 412.
consigne(f) automatique 463.
console(f) 545, 750, 756.
console(f) centrale 430.
console(f) d'accotoir(m) 220.
console(f) d'instruments(m) 627.
console(f) d'orgue(m) 542.
console(f) de traitement(m) 699.
consolette(f) de l'annonceur(m) 407.
consolette(f) du réalisateur(m) 407.
consommateurs(m) primaires 31.
consommateurs(m) secondaires 31.
consommateurs(m) tertiaires 31.
constellations(f) de l'hémisphère(m) austral 12.
constellations(f) de l'hémisphère(m) boréal 10.
construction(f), matériaux(m) 286, 288.
contact(m) 697.
contact(m) électrique 391.
contact(m) négatif 768, 769.
contact(m) positif 768, 769.
contacteur(m) 216.
conteneur(m) 470.
conteneur(m) 495.
continent(m) 29.
continental aride 45.
continental semi-aride 45.
continents(m), configuration(f) 20.
contre-attrape(f) 541.
contre-batteur(m) 160.
contre-fer(m) 277.
contre-fiche(f) 199.
contre-flèche(f) 786.
contre-garde(f) 179.
contre-plaqué(m) multiplis 288.
contre-platine(f) 404.
contre-rail(m) 467.
contre-sanglon(m) 649.
contrebasse(f) 545.
contrebasses(f) 557.
contrebassons(m) 556.
contrefiche(f) 757.
contrefort(m) 27, 176, 352, 750.
contremarche(f) 201, 572.
contreparement(m) 288.
contrepoids(m) 15, 147, 404, 457, 471, 721, 784, 785, 786.
contrescarpe(f) 178.
contrevent(m) 203.
contrôle(m) d'alimentation(f) en oxygène(m) 639.
contrôle(m) d'enregistrement(m) 402.
contrôle(m) de la couleur(f) 532.
contrôle(m) de la photocopie(f) 532.
contrôle(m) de la stéréophonie(f) 408.
contrôle(m) de la température(f) 297.
contrôle(m) de la température(f) du corps(m) 512.
contrôle(m) de la vapeur(f) 256.
contrôle(m) de la vitesse(f) 561.
contrôle(m) de sécurité(f) 504.
contrôle(m) de tabulation(f) 525.
contrôle(m) de température(f) 585.
contrôle(m) de tonalité(f) des aigus(m) 402.
contrôle(m) de tonalité(f) des graves(m) 402.
contrôle(m) des billets(m) 463.
contrôle(m) des passeports(m) 505.
contrôle(m) douanier 505.
contrôle(m) du contraste(m) 532.
contrôle(m) du gain(m) 485.
contrôle(m) du plateau(m) 405.
contrôle(m) du séquenceur(m) 555.
contrôle(m) du volume(m) 422, 555.
contrôle(m) thermique 209.
contrôles(m) de l'équipement(m) de survie(f) 512.
contrôles(m) du lecteur(m) de cassette(f) 408.
contrôles(m) du lecteur(m) laser(m) 408.
contrôleur(m) 463.
contrôleur(m) d'images(f) 412, 415.
convecteur(m) 211.
convertisseur(m) catalytique 439.
convertisseur(m) de couple(m) 258.
convoyeur(m) 160, 733, 735.
convoyeur(m) à bagages(m) 507.
coordonnées(f) célestes 3.
coordonnées(f) terrestres 3.
copie(f) recto(m)/verso(m) 532.
coprocesseur(m) 528.
copyright(m) 831.
coq(m) 150.
coque(f) 66, 93, 383, 443, 445, 449, 628, 643.
coque(f) inférieure 641.
coque(f) supérieure 641, 645.
coquille(f) 83, 92, 109, 220, 602, 609, 666.
coquille(f) bivalve 95.
coquille(f) Saint-Jacques 93.
coquille(f) univalve 94.
coquille(f), valve 95.
coquilleur(m) à beurre(m) 242.
cor(m) anglais 548.
cor(m) d'harmonie(f) 551.
Corbeau(m) 13, 180, 181, 204.
corbeille(f) à pollen(m) 81.
corbeille(f) suspendue 263.
cordage(m) 692.
cordage(m) commis 692.
cordage(m) tressé 692.
corde(f) 541, 544, 545, 669, 680, 684, 793.
corde(f) à sauter 665.
corde(f) d'accrochage(m) 572.
corde(f) de couloir(m) 621.
corde(f) de prise(f) 658.
corde(f) de tirage(m) 302.
corde(f) vocale 130.
cordeau(m) 268.
cordée 56.
cordelière(f) 229.
cordes(f) 540.
cordes(f) d'accompagnement(m) 535.
cordes(f) de mélodie(f) 535.
cordes(f) de timbre(m) 553.
cordier(m) 544.
cordon(m) 231, 256, 260, 268, 271, 310, 406, 408.
cordon(m) à gaine(f) métallique 422.
cordon(m) coulissant 320.
cordon(m) d'alimentation(f) 374.
cordon(m) d'alimentation(f) 370.
cordon(m) d'alimentation(f) pivotant 370.
cordon(m) de combiné(m) 420.
cordon(m) de dunes(f) 46.
cordon(m) de soudure(f) 307.
cordon(m) de tirage(m) 230, 231.
cordon(m) spermatique 127.
cordon(m) tire-feu(m) 802.
coriandre(f) 74.
corne(f) 364.
corne(f) 478.
corne(f) de feu(m) 779.
corne(f) de guidage(m) de l'attelage(m) 459.
cornée(f) 140.
cornemuse(f) 536.
cornes(f) 83.
cornes(f) de girafe(f) 99.
cornes(f) de mouflon(m) 99.
cornes(f) de rhinocéros(m) 99.
cornes(f), principaux types(m) 99.
cornet(m) à dés(m) 697.
cornet(m) à piston(m) 556.
cornet(m) à pistons(m) 550.
cornet(m) inférieur 141.
cornet(m) moyen 141.
cornet(m) supérieur 141.
corniche(f) 166, 168, 196, 202, 225, 707.
corolle(f) 60.
corona(f) radiata 128.
corps(m) 143, 252, 281, 294, 295, 370, 384, 389, 542, 549, 658, 670, 698, 711, 718.
corps(m) calleux 134.
corps(m) caverneux 127.
corps(m) cellulaire 135.
corps(m) ciliaire 140.
corps(m) de garde(f) 178, 180.
corps(m) de l'ongle(m) 137.
corps(m) de la fusée(f) 804.
corps(m) de piston(m) 550.
corps(m) de pompe(f) 726.
corps(m) de ruche(f) 82.
corps(m) du fornix(m) 134.
corps(m) du pistolet(m) 304.
corps(m) en bakélite(f) 804.
corps(m) humain 116, 118.
corps(m) vertébral 135.
corps(m) vitré 140.
corps-mort(m) 486.
corpuscule(m) de Meissner 136.
corpuscule(m) de Pacini 136.
corpuscule(m) de Ruffini 136.
correcteur(m) liquide 515.
correcteur(m) orthographique 524.
correction(f) d'exposition(f) 391.
correction(f) de caractères(m) 525.
correction(f) de mots(m) 525.
cors(m) anglais 557.
cors(m) d'harmonie(f) 557.
corsage(m)-culotte(f) 337.
corsaire(m) 336.
corset(m) 346.
corset(m) 756.
corymbe(m) 60.
cosse(f) 67.
costume(m) ancien, éléments(m) 315, 316, 318.
costume(m) de judo(m) 668.
cotardie(f) 316.
côte(f) 30, 97, 102, 129, 670.
côte(f) axiale 94.
côte(f) flottante 122.
côte(f) spiralée 94.
côté(m) bassin(m) 752.
côté(m) cour(f) 189.
côté(m) femelle 566.
côté(m) jardin(m) 189.
côté(m) mâle 566.
côté(m) mer(f) 752.
côtes(f) 122.
coton(m) hydrophile 725.
coton(m)-tige(f) 725.
cotre(m) Marconi 482.
cotret(m) 773.
cotte(f) de mailles(f) 792.
cotylédon(m) 57.
cou(m) 97, 117, 118, 119, 127, 661.
couche(f) 349.
couche(f) antireflet 768.
couche(f) basale 136.
couche(f) claire 136.
couche(f) cornée 136.
couche(f) d'aluminium(m) 405.
couche(f) de base(f) 451.
couche(f) de cendres(f) 25.
couche(f) de fondation(f) 451.
couche(f) de laves(f) 25.
couche(f) de Malpighi 136.
couche(f) de surface(f) 450.
couche(f) drainante 748.
couche(f) fluorescente 232.
couche(f) granuleuse 136.
couche(f) imperméable 737.
couchette(f) 460.
coude(m) 301.
coude(m) 100, 106, 112, 117, 119, 206, 376.
coude(m) à 180° 301.
coude(m) à 45° 301.
coude(m) de renvoi(m) 301.
coudière(f) 602.
coulant(m) 375.
coulée(f) de laves(f) 25.
couleur(f) 695.
couleur(f) à l'huile(f) 588.
couleurs(f), exemples(m) 819.
coulisse(f) 323.
coulisse(f) d'accord(m) 551.
coulisse(f) d'entrée(f) 82.
coulisse(f) du deuxième piston(m) 550.
coulisse(f) du premier piston(m) 550.
coulisse(f) du troisième piston(m) 551.
coulisses(f) 189.
couloir(m) 194, 614, 618, 621, 655.
couloir(m) central 460.
couloir(m) d'intercommunication(f) 461.
couloir(m) de lancer(m) franc 610.
couloir(m) des remplacements(m) 612.
coup(m) de pied(m) de brasse(f) 622.
coup(m) de pied(m) de crawl(m) 622.
coup(m) de pied(m) de papillon(m) 623.
Coupe(f) 13.
coupe(f) à mousseux(m) 237.
coupe(f) d'un microscope(m) électronique 717.
coupe(f) d'une noisette(f) 66.
coupé(m) 818.
coupe-bordures(m) 266.
coupe-circuit(m) 757.
coupe-circuit(m) d'urgence(f) 444.
coupe-cuticules(m) 365.
coupe-feu(m) 198.
coupe-fil(m) 311, 562.
coupe-œuf(m) 246.
coupe-ongles(m) 365.
coupe-papier(m) 515.
coupe-tube(m) 299.
coupe-vent(m) 634.
coupée(f) 742.
coupelle(f) 236.
coupelle(f) d'étanchéité(f) 730.
couperet(m) 242.
coupleur(m) hydraulique 147.
coupole(f) 486.
coupole(f) du mihrab(m) 173.
coupole(f) du porche(m) 172, 173.
coupole(f) rotative 14.
cour(f) 148, 172, 173, 180.
courant(m) 493.
courbure(f) 671.
courge(f) 69.
courgette(f) 69.
couronne(f) 832.
couronne(f) 6, 101, 144, 553, 590, 706.
Couronne(f) australe 13.
Couronne(f) boréale 11.
couronne(f) d'aubage(m) 754.
couronne(f) d'orientation(f) 785.
couronne(f) de base(f) 14.
couronne(f) de table(f) 363.

Les termes en **caractères gras** renvoient à une illustration.

couronnement(m) 201, 749.
couronnement(m) du barrage(m) 752.
courroie(f) d'attache(f) 375.
courroie(f) d'entraînement(m) 258.
courroie(f) de distribution(f) 434.
courroie(f) de rêne(f) 652.
courroie(f) de sécurité(f) 617.
courroie(f) de tige(f) 641.
courroie(f) de transmission(f) 492.
courroie(f) de ventilateur(m) 434.
course(f) 599, 654.
course(f) de chevaux(m) 651.
course(f) sous harnais(m) 652.
coursier(m) d'évacuateur(m) 746.
court péronier(m) latéral 121.
court(m) de service(m) droit 614.
court(m) de service(m) gauche 614.
courtine(f) 178, 180.
couscoussier(m) 249.
cousoir(m) 578.
coussin(m) 570.
coussin(m) arrière 674.
coussin(m) carré 224.
coussin(m) d'air(m) 352.
coussin(m) de protection(f) 659.
coussin(m) de rembourrage(m) 669.
coussin(m) de sellette(f) 648.
coussin(m) de tête(f) 675.
coussinet(m) 406.
coussinet(m) carpien 106.
coussinet(m) d'émeri(m) 563.
coussinet(m) de glissement(m) 467.
coussinet(m) de l'ergot(m) 106.
coussinet(m) digité 106, 107.
coussinet(m) en mousse(f) 729.
coussinet(m) palmaire 106.
coussinet(m) plantaire 107.
couteau(m) 239, 587, 690.
couteau(m) 93, 250, 251, 256, 688.
couteau(m) à beurre(m) 239.
couteau(m) à bifteck(m) 239.
couteau(m) à découper 242.
couteau(m) à désosser 242.
couteau(m) à dessert(m) 239.
couteau(m) à filets(m) de sole(f) 242.
couteau(m) à fromage(m) 239.
couteau(m) à huîtres(f) 242.
couteau(m) à jambon(m) 242.
couteau(m) à pain(m) 242.
couteau(m) à pamplemousse(m) 242.
couteau(m) à peindre 589.
couteau(m) à poisson(m) 239.
couteau(m) à zester 242.
couteau(m) d'électricien(m) 311.
couteau(m) d'office(m) 242.
couteau(m) de chef(m) 242.
couteau(m) de combat(m) 794.
couteau(m) de cuisine(f) 242.
couteau(m) de potier(m) 585.
couteau(m) de table(f) 239.
couteau(m) en silex(m) 791.
couteau(m) suisse 688.
couteaux(m) de cuisine(f), types(m) 242.
couteaux(m), principaux types(m) 239.
coutisse(f) 571.
coutre(m) 156, 158.
couture(f) 561, 562, 564, 566, 578.
couture(f) 384, 596, 598.
couture(f) d'assemblage(m) 327.
couture(f) médiane 324.
couture(f), accessoires(m) 563, 564.
couturier(m) 120.
couvercle(m) 16, 213, 247, 248, 251, 252, 253, 256, 258, 293, 309, 386, 398, 404, 532, 585, 590, 705, 712, 719.
couvercle(m) coulissant 484.
couvercle(m) de batterie(f) 439.
couvercle(m) de culasse(f) 435.
couvercle(m) de la turbine(f) 753.
couvercle(m) de réservoir(m) 293.
couvercle(m) du chargeur(m) 397.
couvert(m) 239, 240.
couverture(f) 224.
couvre-bassinet(m) 795.
couvre-culasse(m) 796.
couvre-filtre(m) 730.
couvre-oreiller(m) 224.
couvre-plateau(m) 404.
couvrure(f) 579.
crabe(m) 90.
cracker(m) de seigle(m) 153.
cracker(m) scandinave 153.
craie(f) 675.
crampon(m) 358.
crampon(m) 353, 466.
crampon(m) de fermeture(f) 383.
crampons(m) 598.
crampons(m) interchangeables 600.
cran(m) 322, 323, 341, 565, 656, 708.
cran(m) de mire(f) 797.
cran(m) de réglage(m) 278, 641.
crâne(m) 88, 102, 116.
crapaud(m) 85.
cratère(m) 7, 25, 733.
cravache(f) 648, 651.
cravate(f) 324.
crawl(m) 622.
crayon(m) 389, 515.
crayon(m) 765.
crayon(m) à sourcils(m) 367.
crayon(m) blanchisseur d'ongles(m) 365.
crayon(m) contour(m) des lèvres(f) 366.
crayon(m) de pierre(f) ponce 583.
crayon(m) en plomb(m) 389.
crayon(m) gomme(f) 515.
crayon(m) lithographique 583.
crayons(m) de couleur(f) 588.
crémaillère(f) 201, 252, 254, 656.
crémaillère(f) de pointage(m) 802.
crémaster(m) 78.
crémier(m) 238.
créneau(m) 181.
crénelé 56.
crépis(f) 166, 168, 169.
cresson(m) de fontaine(f) 73.
crête(f) 27, 30, 746, 748, 792.
crêtemètre(m) graphique 407.
creux(m) 30, 241.
creux(m) barométrique 38.
crevasse(f) 26.
crevette(f) 90.
crible(m) 161.
cricket(m) 598.
cricket(m), balle(f) 598, 598.
cricquet(m), terrain(m 599.
crinière(f) 100.
crispin(m) 667.
cristallin(m) 140.
cristaux(m) de neige(f), classification(f) 36.
cristaux(m) irréguliers 37.
cristaux(m) liquides 706.
croc(m) à défricher 267.
croche(f) 538.
crochet(m) 567.
crochet(m) 95, 203, 310, 397, 562, 566, 568, 644, 674, 709, 711, 726, 786.
crochet(m) à venin(m) 96.
crochet(m) d'attelage(m) 147.
crochet(m) de gourmette(f) 650.
crochet(m) de petit doigt(m) 551.
crochet(m) de pouce(m) 550.
crochet(m) du plateau(m) 708.
crochet(m) pétrisseur 250.
crochet(m)de levage(m) 737.
crochets(m) 832.
croisée(f) 176.
croisée(f) du transept(m) 177.
croisement(m) 576.
croisillon(m) 727.
croissant(m) 153, 819.
croix(f) 818.
croix(f) de Saint-André 198, 471.
Croix(f) du Sud(m) 13.
crosse(f) 607.
crosse(f) 545, 728, 795, 796, 797, 798, 799.
crosse(f) droite 803.
croupe(f) 101, 661.
croupion(m) 109.
croupon(m) 579.
croûte(f) basaltique 22.
croûte(f) de cuir(m) 323.
croûte(f) granitique 22.
croûte(f) terrestre 22, 23.
croûte(f) terrestre, coupe(f) 22.
cruche(f) 690.
crustacé(m) 90.
crustacés(m) comestibles 90.
cubiculum(m) 170.
cubital(m) antérieur 120, 121.
cubital(m) postérieur 121.
cubitière(f) 792.
cubitus(m) 102, 122.
cuiller(f) 241, 672.
cuiller(f) 688.
cuiller(f) à café(m) 241.
cuiller(f) à dessert(m) 241.
cuiller(f) à égoutter 244.
cuiller(f) à glace(f) 246.
cuiller(f) à soda(m) 241.
cuiller(f) à soupe(f) 241.
cuiller(f) à thé(m) 241.
cuiller(f) de table(f) 241.
cuilleron(m) 241.
cuillers(f) doseuses 244.
cuillers(f), principaux types(m) 241.
cuirasse(f) 791.
cuisine(f) 171, 195, 460, 807.
cuisinière(f) électrique 255.
cuissard(m) 602, 792.
cuissarde(f) 357.
cuissardes(f) 672.
cuisse(f) 101, 106, 117, 119, 127, 128.
cuisson(f) 585.
cuivre(m) et acier(m) 301.
cuivres(m), famille(f) 550.
cul-de-sac(m) de Douglas 128.
cul-de-sac(m) dural 134.
cul-de-sac(m) vésico-utérin 128.
culasse(f) 363, 549, 802.
culbuteur(m) 435.
culée(f) 176, 454, 455, 456.
culot(m) 232, 233, 410, 439, 486, 798, 799.
culot(m) à baïonnette(f) 232.
culot(m) à broches(f) 232.
culot(m) à vis(f) 232.
culotte(f) 301, 315, 346.
culotte(f) 317, 609, 662, 667.
culotte(f) à ruchés(m) 349.
culotte(f) plastique 349.
cultivateur(m) 157.
cultivateur(m) 154.
culture(f) du sol(m), étapes(f) 154.
cumulo-nimbus(m) 44.
cumulus(m) 44.
cupule(f) 66.
cure-ongles(m) 365.
curette(f) 385.
curiosité(f) 52.
curleur(m) 620.
curling(m) 620.
curling(m), balais(m) 620.
curling(m), pierre(f) 620.
curling(m), terrain(m) 620.
curseur(m) 566, 708.
cuve(f) 257, 258, 398.
cuve(f) de développement(m) 398.
cuve(f) du modérateur(m) 761.
cuve(f) du réacteur(m) 759, 763.
cuve(f) vitrifiée 297.
cuvette(f) 255, 293, 484, 545, 701.
cuvette(f) porte-clapet(m) 294.
cycle(m) de l'eau(f) 34.
cycle(m) des saisons(f) 8.
cyclorama(m) 414.
Cygne(m) 11.
cylindre(m) 295, 436, 524, 531.
cylindre(m) de coupe(f) 271.
cylindre(m) de roue(f) 432.
cylindre(m) des gaz(m) 796.
cylindre(m) enregistreur 714.
cylindre(m) guide(m)-film(m) 390.
cylindre(m) inférieur 581.
cylindre(m) récupérateur 802.
cylindre(m) rotatif 570.
cylindre(m) supérieur 581.
cymbale(f) charleston 552.
cymbale(f) inférieure 552.
cymbale(f) supérieure 552.
cymbale(f) suspendue 552.
cymbales(f) 554.
cymbales(f) 557.
cymbalette(f) 554.
cyme(f) bipare 60.
cyme(f) unipare 60.
cytoplasme(m) 115, 128.

D

dague(f) 794.
dalle(f) 263.
dalot(m) 683.
Dame(f) 695.
Dame(f) 696.
dame(f) de nage(f) 632.
dames(f) 697.
danger(m) 488.
danger(m) électrique 821.
datte(f) 63.
Dauphin(m) 11.
Dauphine(f) américaine 683.
Dauphine(f) canadienne 683.
dé(m) 563.
dé(m) 697.
dé(m) à poker(m) 699.
dé(m) doubleur(m) 697.
dé(m) régulier 699.
déambulatoire(m) 177.
débarcadère(m) 504.
débardeur(m) 326.
débardeur(m) 351, 353.
déblocage(m) instantané 393.
débouchure(f) 312.
début(m) 692.
début(m) de lecture(f) 405.
décapeuse(f) 784.
décapsuleur(m) 244, 688.
déclencheur(m) 391.
déclencheur(m) de paiement(m) 702.
déclencheur(m) pneumatique 393.
déclencheur(m) souple 393.
déclinaison(f) 3.
déclivité(f) du terrain(m) 193.
décolleté(m) carré 343.
décolleté(m) drapé 343.
décolleté(m) en cœur(m) 343.
décolleté(m) en V 343.
décolleté(m) plongeant 343.
décolletés(m) 343.
découpe(f) 322.
découpe(f) princesse(f) 345.
défense(f) 603, 605.
défenses(f) d'éléphant(m) 99.
défenses(f) de morse(m) 99.
défenses(f) de phacochère(m) 99.
défenses(f), principaux types(m) 99.
défenseur(m) à l'aile(f) 611.
défenseur(m) au but(m) 611.
défenseur(m) droit 608.
défenseur(m) gauche 608.
déflecteur(m) 210, 214, 264, 271, 440.
déflecteur(m) d'air(m) chaud 204.
déflecteur(m) de chaleur(f) 232.
déflecteur(m) de fumée(f) 204.
déflecteur(m) de jet(m) 810.
déflecteur(m) de réservoir(m) d'oxygène(m) liquide 509.
défonceuse(f) 783.
dégagement(m) d'air(m) des citernes(f) 743.
dégagement(m) du margeur(m) 524.
dégagement(m) du piston(m) 291.
dégageur(m) de fumée(f) 805.
dégorgeoir(m) 672.
dégrafeuse(f) 515.
degré(m) 830.
dégrossissage(m) 586.
Deimos 4.
deltoïde(m) 120.
démarreur(m) électrique 430, 445.
démarreur(m) manuel 271, 272.
démêloir(m) 368.
demeure(f) seigneuriale 180.
demi(m) 605.
demi(m) centre 607.
demi(m) d'ouverture(f) 606.
demi(m) de coin(m) droit 603, 605.
demi(m) de coin(m) gauche 603, 605.
demi(m) de mêlée(f) 606.
demi(m) de sûreté(f) droit 603, 605.
demi(m) de sûreté(f) gauche 603, 605.
demi(m) droit 601, 603, 607.
demi(m) en maraude(f) 605.
demi(m) gauche 601, 603, 607.
demi-barbule(f) 38.
demi-caisson(m) 636.
demi-centre(m) 612.
demi-cercle(m) 610.
demi-cercle(m) de but(m) 611.
demi-clé(f) renversée 691.
demi-court(m) de service(m) en double(m) 618.
demi-court(m) de service(m) en simple(m) 618.
demi-inséré(m) 605.
demi-lune(f) 377.
demi-lune(f) 179.
demi-manche(m) 242.
demi-membraneux(m) 121.
demi-panneau(m) 787.
demi-pause(f) 538.
demi-soupir(m) 538.
demi-tendineux(m) 121.
dendrite(f) 135.
dendrite(f) spatiale 36.
dénoyauteur(m) 246.
dent(f) 96, 158, 159, 160, 162, 240, 268, 272, 277, 284, 644, 674, 785.
dent(f) de défonceuse(f) 783.
dent(f) de godet(m) 782.
dent(f) de la charnière(f) 95.
dent(f) de sagesse(f) 144.
dent(m) 157.
denté 56.
dentelle(f) aux fuseaux(m) 570.
denticule(m) 166, 167.

Les termes en **caractères gras** renvoient à une illustration.

dentifrice(m) 373.
dents(f) 144.
dents(f) 369, 566.
denture(f) humaine 144.
dénude-fil(m) 311.
dénudeur(m) de fil(m) 311.
départ(m) 676.
départ(m) de dos(m) 623.
départ(m) et arrivée(f) 646.
déplacement(m) diagonal 696.
déplacement(m) en équerre(f) 696.
déplacement(m) horizontal 696.
déplacement(m) vertical 696.
déploiement(m) du panneau(m) solaire 419.
déploiement(m) du réflecteur(m) est 419.
déporteur(m) 498.
dépôt(m) des décors(m) 188.
dépression(f) 38.
dérailleur(m) arrière 446, 448.
dérailleur(m) avant 446, 448.
derby(m) 355.
dérive(f) 499, 508, 628, 631, 633, 639, 812.
dérive(f) aérienne 492.
dérivés(m) du bois(m) 288, 289.
dériveur(m) 628.
dériveur(m) de tirage(m) 297.
derme(m) 137.
dernier croissant(m) 7.
dernier droit(m) 651.
dernier quartier(m) 7.
dernier tour(m) 94.
dés(m) 699.
descenderie(f) 736.
descendeur(m) 681.
descente(f) dangereuse 826, 827.
descente(f) de gouttière(f) 197.
désert(m) 46.
désert(m) 45.
désert(m) de pierres(f) 46.
désert(m) de sable(m) 46.
déshabillé(m) 348.
desserte(f) 219.
desserte(f) 461.
dessin(m) 588, 590, 592.
dessin(m), accessoires(m) 591, 592.
dessin(m), matériel(m) 589.
destination(f) 463.
détecteur(m) à infrarouge(m) 43.
détecteur(m) d'horizon(m) terrestre 49.
détecteur(m) de particules(f) 42.
détecteur(m) solaire 42, 43, 49.
détecteur(m) terrestre 42, 43.
détection(f) des ondes(f) sismiques 714.
détendeur(m) de secours(m) 627.
détendeur(m) premier étage(m) 627.
détendeur(m) second étage(m) 627.
détente(f) 453, 793, 795, 796, 797, 798, 799, 804.
détonateur(m) 804.
détroit(m) 51.
deux avec barreur(m) 632.
deux sans barreur(m) 632.
deux-points(m) 832.
deuxième but(m) 597.
deuxième cabine(f) focale 15.
deuxième espace(m) 610.
deuxième étage(m) 509.
deuxième joueur(m) 620.
deuxième molaire(f) 144.
deuxième phalange(f) 103.
deuxième prémolaire(f) 144.
deuxième radial(m) externe 121.
deuxième-but(m) 597.
devant(m) 322, 324.
déverrouillage(m) de l'objectif(m) 391.
déversoir(m) 746.
dévidoir(m) 575.
dévidoir(m) 265.
dévidoir(m) de ruban(m) adhésif 516.
dévidoir(m) sur roues(f) 265.
dextre(f) 818.
diable(m) 788.
diagonale(f) 756.
diamant(m) 362.
diamant(m) 483.
diapason(m) 539.
diaphragme(m) 130, 390.
diaphragme(m) d'ouverture(f) 717.
diaphragme(m) de dilatation(f) 485.
diapositive(f) 397.
diapositive(f) 397.
dièse(m) 538.
diesel(m)-navire(m) 745.
diffuseurs(m) tubulaires 501.
digue(f) morte 752.
dindon(m) 150.
dînette(f) 195.
diode(f) 769.
dioxyne(f) 33.
directeur(m) technique 412, 415.
direction(f) d'une réaction(f) 831.
direction(f) de la Mecque(f) 173.
direction(f) des pointes(f) 488.
direction(f) du vent(m) 38.
direction(f) et force(f) du vent(m) 38.
direction(f) obligatoire 824, 825.
discontinuité(f) de Gutenberg 22.
discontinuité(f) de Mohorovicic 22.
disjoncteur(m) 212, 747.
disjoncteur(m) bipolaire 312.
disjoncteur(m) de fuite(f) de terre(f) 312.
disjoncteur(m) principal 312.
disjoncteur(m) unipolaire 312.
dispositif(m) anti-bascule 727.
dispositif(m) antidébordement(m) 257.
dispositif(m) contrarotatif 42.
dispositif(m) de blocage(m) 302.
dispositif(m) de poussée(f) 389.
disque(m) 404.
disque(m) 157, 432, 529, 563, 583, 663, 712.
disque(m) compact 405.
disque(m) compact 408.
disque(m) d'enterrage(m) 158.
disque(m) de papier(m)-diagramme(m) 441.
disque(m) de réglage(m) 396.
disque(m) de tension(f) 562, 569.
disque(m) optique 527.
disque(m) videophoto(f) 395.
disques(m) 251, 658.
disquette(f) 526.
disquette(f) rigide 529.
disquette(f) souple 529.
distance(f) parcourue 711.
distillation(f) sous vide(m) 744.
distributeur(m) 216.
distributeur(m) d'essence(f) 453.
distributeur(m) d'essence(f) 453.
distributeur(m) de boissons(f) 453.
distributeur(m) de correspondances(f) 475.
distributeur(m) de détergent(m) 257.
distributeur(m) de glaçons(m) 453.
distributeur(m) de lames(f) 374.
distributeur(m) de produit(m) de rinçage(m) 257.
diviseur(m) 160.
division(f) 830.
division(f) 523.
division(f) territoriale 51.
divisions(f) cartographiques 47.
divisions(f) de l'écu(m) 818.
do(m) 537.
doigt(m) 137.
doigt(m) 84, 111, 327, 596, 681.
doigt(m) de jupe(f) 493.
doigt(m) externe 108.
doigt(m) interne 108.
doigt(m) lobé 111.
doigt(m) médian 108.
doigt(m) palmé 84, 111.
doigt(m) postérieur 108.
doline(f) 24.
dollar(m) 832.
dôme(m) 743.
domino(m) d'accouplement(m) 542.
dominos(m) 695.
donjon(m) 181.
Dorade(f) 13.
dormant(m) 203, 225.
dormeuse(f) de croissance(f) 350.
dormeuse(f)-couverture(f) 350.
dos(m) 322.
dos(m) 101, 106, 108, 117, 119, 239, 240, 241, 242, 277, 386, 577, 793.
dos(m) de l'amplificateur(m) 400.
dos(m) de l'appareil(m) 390.
dos(m) du livre(m) 579.
dos(m) du nez(m) 141.
dossard(m) 656.
dosse(f) 288.
dosseret(m) 255, 258, 259.
dossier(m) 223, 428, 445, 727.
dossier(m) inclinable 726.
dossier(m) suspendu 518.
dossière(f) 96, 653.
double bémol(m) 538.
double boutonnage(m) 319.
double croche(f) 538.
double dièse(m) 538.
double paire(f) 695.
double rideau(m) 229.
double toit(m) 685, 686.
double virage(m) 826, 827.
double vitrage(m) 772.
double zéro(m) 700.
double(m) 646, 695.
double-blanc(m) 695.
double-scull(m) 632.
double-six(m) 695.
doublement denté 56.
doublure(f) 322, 324, 352, 354, 378, 565, 644.
douche(f) 194.
douchette(f) 292, 296.
douille(f) 309, 798.
douille(f) de lampe(f) 309.
douille(f) de plastique(m) 799.
douve(f) 181.
douzaine(f)(1 à 12) 700, 701.
douzaine(f)(13 à 24) 700, 701.
douzaine(f)(25 à 36) 700, 701.
drachme(m) 832.
Dragon(m) 11.
dragonne(f) 383, 640, 642, 681.
draille(f) 479.
drain(m) 199, 216.
drap(m) 224.
drap(m)-housse(f) 224.
drapeau(m) 606.
drapeau(m) à Schwenkel 817.
drapeau(m) blanc 626.
drapeau(m) bleu 626.
drapeau(m) carré 817.
drapeau(m) de centre(m) 601.
drapeau(m) de coin(m) 601, 607.
drapeau(m) rectangulaire 817.
drapeau(m) rouge 626, 668.
drapeau(m), éléments(m) 817.
drapeaux(m), formes(f) 817.
drisse(f) 480, 817.
droit fil(m) 565.
droit(m) antérieur de la cuisse(f) 120.
droit(m) interne 121.
droit(m): stationata(f) 646.
drupéole(f) 62.
duffle-coat(m) 320.
dune(f) 30.
dune(f) complexe 46.
dune(f) en croissant(m) 46.
dune(f) parabolique 46.
dunes(f) longitudinales 46.
dunes(f) transversales 46.
dunette(f) 478.
duo(m) 558.
duodénum(m) 131.
dure-mère(f) 134, 135.
durite(f) de radiateur(m) 438.
duse(f) 740.
duvet(m) 110.
dyke(m) 25.
dynamo(f) 446.

E

eau(f) de fonte(f) 27.
eau(f) de ville(f) 772.
eau(f) lourde froide 761.
eau(f) lourde sous pression(f) 761.
eau(f)/alcool(m) 485.
eau(f), cycle(m) 34.
eaux(f) sécuritaires 488.
ébarbage(m) 578.
ébarboir(m) 582.
ébauchoirs(m) 585.
ébrancheur(m) 269.
ébrasement(m) 175.
écaille(f) 70, 87, 96, 97, 111.
écaille(f) ventrale 97.
écailles(f) de cyprès(m) 58.
écailleur(m) 688.
écartelé(m) 818.
écartement(m) des électrodes(f) 439.
échalote(f) 70.
échalote(f) nouvelle 70.
échancrure(f) 544.
échancrure(f) de la conque(f) 139.
échangeur(m) de chaleur(f) 209, 760.
échangeur(m) en losange(m) 451.
échangeur(m) en trèfle(m) 452.
échangeur(m) en trèfle(m) 450.
échangeur(m) en trompette(f) 451.
échangeur(m) extérieur 212.
échangeur(m) intérieur 213.
échangeur(m) thermique 772.
échangeurs(m), principaux types(m) 450.
échantillon(m) 567.
échappement(m) 436, 437, 501.
échauguette(f) 178, 181.
échecs(m) 696.
échecs(m), déplacements(m) 696.
échecsm, pièces(f) 696.
échelle(f) 449, 487, 493, 719, 741, 785.
échelle(f) à crochets(m) 303.
échelle(f) à crochets(m) 781.
échelle(f) Celsius 705.
échelle(f) coulissante 302.
échelle(f) d'échafaudage(m) 303.
échelle(f) d'espacement(m) 524.
échelle(f) d'ouverture(f) 396.
échelle(f) d'ouverture(f) de diaphragme(m) 392.
échelle(f) de bout(m) 470.
échelle(f) de corde(f) 303.
échelle(f) de hauteur(f) 399.
échelle(f) de latitude(f) 40.
échelle(f) de lecture(f) de la luminosité(f) 396.
échelle(f) de profondeur(f) 284.
échelle(f) de profondeur(f) de champ(m) 392.
échelle(f) de profondeur(f) en m 485.
échelle(f) de tête(f) 781.
échelle(f) des altitudes(f) 19.
échelle(f) des distances(f) 392.
échelle(f) des mouvements(m) 539.
échelle(f) des températures(f) 19.
échelle(f) des temps(m) d'exposition(f) 396.
échelle(f) droite 303.
échelle(f) escamotable 303.
échelle(f) Fahrenheit 705.
échelle(f) fruitière 303.
échelle(f) graduée 708, 709.
échelle(f) latérale 470.
échelle(f) roulante 303.
échelle(f) transformable 303.
échelles(f) 302.
échelles(f) barométriques 710.
échelles(f) de la température(f) 710.
échelon(m) 302.
échenilloir(m)-élagueur(m) 269.
échine(f) 167.
échiquier(m) 696.
écho(m) 722.
éclair(m) 36.
éclairage(m) 368, 477, 500.
éclairage(m) de l'écran(m) d'affichage(m) 396.
éclairage(m) inactinique 398.
éclairage(m)/clignotant(m) 430.
éclairagiste(m) 412.
éclipse(f) annulaire 8.
éclipse(f) de Lune(f) 8.
éclipse(f) de Soleil(m) 8.
éclipse(f) partielle 8.
éclipse(f) totale 8.
éclipses(f), types 8.
éclipses(f), types(m) 8.
écliptique(m) 3.
éclisse(f) 466, 544, 546.
écluse(f) 492.
écluse(f) 490, 752.
écoinçon(m) 174.
écologie(f) 31, 32, 34.
écorce(f) 59, 65.
écoulement(m) souterrain 32, 35.
écoute(f) 420, 480.
écoute(f) de foc(m) 628.
écoute(f) de grand-voile(f) 628.
écouteur(m) 406.
écoutille(f) 805.
écouvillon(m) 801.
écran(m) 529.
écran(m) 410, 422, 485, 526, 527, 699.
écran(m) à main(f) 308.
écran(m) d'affichage(m) 396, 421, 532.
écran(m) de contrôle(m) 391, 717.
écran(m) de précontrôle(m) 415.
écran(m) de projection(f) 397.
écran(m) de sortie(f) 413, 415.
écran(m) de soudeur(m) 308.
écran(m) de visibilité(f) 471.
écran(m) du directeur(m) technique 413.
écran(m) du truqueur(m) numérique 413.
écran(m) principal de précontrôle(m) 413.
écran(m) protecteur 16.
écrans(m) d'entrée(f) 413.
écrans(m) de précontrôle(m) 413.
écrevisse(f) 90.
écritoire(f) 378.
écriture(f), instruments(m) 389.
écrou(m) 279.

Les termes en **caractères gras** renvoient à une illustration.

écrou(m) 278, 279, 290, 300, 466.
écrou(m) à cabestan(m) 40.
écrou(m) à collet(m) 296.
écrou(m) à oreilles(f) 279.
écrou(m) borgne 279.
écrou(m) de blocage(m) 670, 671.
écrou(m) de bonde(f) 296.
écrou(m) de contrôle(m) 40.
écrou(m) de fixation(f) 296.
écrou(m) de la lame(f) 284.
écrou(m) de montage(m) 684.
écrou(m) de serrage(m) 300.
écrou(m) du presse-étoupe(m) 294.
écrou(m) hexagonal 439.
écu(m) 832.
écu(m), divisions(f) 818.
écubier(m) 495, 497.
écume(f) 30.
écumoire(f) 244.
écurie(f) 651.
écusson(m) 95, 289, 596.
édicule(m) 474.
édifice(m) à bureaux(m) 190.
édifice(m) public 52.
édredon(m) 224.
effacement(m) 420.
effacement(m) de mémoire(f) 396, 523.
effacement(m) partiel 523.
effacement(m) total 523.
égal ou plus grand que 830.
égal ou plus petit que 830.
égale 830.
égale à peu près 830.
égalisateur(m) graphique 400.
église(f) 185.
égout(m) 186.
égout(m) collecteur 186.
égoutter, ustensils(m) pour 243.
éjecteur(m) 784.
éjecteur(m) de fouets(m) 250.
élan(m) 682.
élan(m) 105.
élastique(m) 224.
électricité(f) 309, 310, 312, 746, 748, 750, 752, 754, 756.
électricité(f), outils(m) 310, 311.
électrode(f) 232, 305.
électrode(f) centrale 439.
électrode(f) d'allumage(m) 209.
électrode(f) de masse(f) 439.
élément(m) 585.
élément(m) bimétallique hélicoïdal 705.
élément(m) chauffant 257, 259, 305.
élément(m) de chauffe(f) 207, 209.
élément(m) tubulaire 255.
élévateur(m) 636, 764.
élévateur(m) à grain(m) 161.
élévateur(m) de décors(m) 188.
élévation(f) 193.
élévation(f) de la tension(f) 767.
élevon(m) 511.
émail(m) 144.
embase(f) 393, 641, 656, 713.
embase(f) de plat(m) de dos(m) 220.
embauchoir(m) 358.
emblème(m) 817.
embouchure(f) 550.
embout(m) 230, 302, 375, 397, 439, 609, 627, 670.
embout(m) auriculaire 726.
embout(m) de baleine(f) 375.
embout(m) de caoutchouc(m) 728.
embout(m) de protection(f) 730.
embout(m) isolant 370.
embout(m) Luer Lock 726.
embrasse(f) 228, 728.
embrasure(f) 179.
émeraude(f) 362.
émerillon(m) 672.
émetteur(m) micro-ondes(f) 415.
émetteur(m)/récepteur(m) 485.
emmanchure(f) 325.
emmarchement(m) 201.
empattement(m) 756.
empaumure(f) 105.
empennage(m) 499, 618, 684, 698, 814.
empennage(m) bas 498.
empennage(m) de stabilisation(f) 509.
empennage(m) en T 498.
empennage(m) fixe 814.
empennage(m) surélevé 498.
empennages(m), types(m) 498.
empiècement(m) 320, 324, 337.
emplacement(m) de la statue(f) 169.
emporte-pièces(m) 245.
empreinte(f) musculaire 95.
empreinte(f) palléale 95.
en accolade(f) 174.
en équilibre(m) 624.
en fer(m) à cheval(m) 174.
en lancette(f) 174.
en ogive(f) 174.
en prison(f) 700, 701.
en-but(m) 606.
encadrement(m) 204.
enceinte(f) acoustique 400.
enceinte(f) de confinement(m) 765, 766.
enceinte(f) en béton(m) 760, 761, 762, 763.
enceinte(f) humide 763.
enceinte(f) sèche 763.
enclos(m) 149.
enclume(f) 138.
encoche(f) 684, 793.
encoche(f) de protection(f) 529.
encoignure(f) 227.
encolure(f) 100, 325.
encolure(f) bateau(m) 343.
encolure(f) drapée 343.
encolure(f) en V 322, 326.
encolure(f) ras-de-cou(m) 343.
encolure(f) ras-de-cou(m) 350.
encolures(f) 343.
encre(f) 581, 588.
encre(f) 389, 581.
encre(f) lithographique 583.
endive(f) 73.
endocarpe(m) 63, 64.
endossure(f) 579.
énergie(f) éolienne 773, 774.
énergie(f) nucléaire 758, 760, 762, 764, 766.
énergie(f) solaire 768, 770, 772.
énergie(f) solaire, production(f) d'électricité(f) 771.
enfile-aiguille(m) 563.
enfourchure(f) 105, 325.
enfumoir(m) 582.
engageante(f) 317.
engrenage(m) horaire 14.
engreneur(m) 160.
enjoliveur(m) 294, 295, 427.
enregistrement(m) 403, 411, 420.
enregistrement(m) des bagages(m) 462.
enregistreur(m) 621.
enregistreur(m) de film(m) 527.
enrouleur(m) 666.
enseigne(f) directionnelle 475.
enseigne(f) extérieure 474.
ensemble(m) du chevalet(m) 547.
ensemble(m) vide 830.
ensiler 155, 162.
ensoleillement(m), mesure(f) 40.
ensouple(f) de chaîne(f) 573.
ensouple(f) de tissu(m) 572.
entablement(m) 166, 168, 202.
entablure(f) 564.
entier 56.
entoilage(m) 565.
entonnoir(m) 243.
entonnoir(m) 251.
entonnoir(m) collecteur 40.
entraînement(m) de la chaîne(f) 156.
entraînement(m) de la tête(f) d'impression(f) 531.
entraînement(m) de la turbine(f) par la vapeur(f) 767.
entraînement(m) du rotor(m) de l'alternateur(m) 767.
entraîneur(m) 669.
entrait(m) 199.
entrave(f) 652.
entre-nœud(m) 57.
entredent(m) 240.
entredoublure(f) 565.
entrée(f) 82, 452, 625, 787.
entrée(f) d'air(m) 501, 508.
entrée(f) d'air(m) du moteur(m) 813.
entrée(f) d'air(m) du ventilateur(m) 493.
entrée(f) d'eau(f) 295.
entrée(f) d'électricité(f) 585.
entrée(f) de clé(m) 290.
entrée(f) de courant(m) 232.
entrée(f) de l'eau(f) de refroidissement(m) du condenseur(m) 759.
entrée(f) de la vapeur(f) à haute pression(f) 758.
entrée(f) des gaz(m) d'échappement(m) 438.
entrée(f) des marchandises(f) 190.
entrée(f) des originaux(m) 421.
entrée(f) du caloporteur(m) 768.
entrée(f) du reflux(m) du condenseur(m) 759.
entrée(f) électrique 207.
entrée(f) pieds(m) premiers 624.
entrée(f) principale 190, 194.
entrée(f) tête(f) première 624.
entrées(f) dans l'eau(f) 624.
entrejambe(m) 219.
entrejambe(m) pressionné 350.
entrepôt(m) frigorifique 491.
entretien(m) des tissus(m) 829.
entretoise(f) 302, 572, 774, 787.
enveloppe(f) 309, 529, 596, 598, 634, 677.
enveloppe(f) extérieure 14, 297.
enveloppe(f) intérieure 14.
éolienne(f) à axe(m) horizontal 774.
éolienne(f) à axe(m) vertical 774.
épandeur(m) 270.
épandeur(m) de fumier(m) 156.
épandeur(m) de fumier(m) 154.
éparpilleur(m) 156.
éparpilleur(m) de paille(f) 161.
épaule(f) 100, 106, 116, 118, 615, 670.
épaulé(m)-jeté(m) à deux bras(m) 662.
épaulement(m) 242, 279.
épaulière(f) 602, 609, 792, 804.
épée(f) 666.
épée(f) à deux mains(f) 794.
épéiste(m) 667.
éperon(m) 80, 552, 648.
éperon(m) calcanéen 112.
épi(m) 60, 72.
épicarpe(m) 62, 63, 64.
épicentre(m) 23.
épicondyle(m) 123.
épiderme(m) 137.
épiglotte(f) 130, 142, 143.
épinard(m) 73.
épine(f) de l'omoplate(f) 123.
épingle(f) 563.
épingle(f) à bigoudi(m) 369.
épingle(f) à cheveux(m) 369.
épingle(f) à cravate(f) 364.
épingle(f) de sûreté(f) 566.
épingles(f) 364.
épiphyse(f) 134.
épiscope(m) du tireur(m) 805.
épissure(f) courte 692.
épithélium(m) olfactif 142.
épitrochlée(f) 123.
éplucheur(m) 242.
époi(m) 105.
éponge(f) 104.
éponge(f) de mer(f) 367.
éponge(f) synthétique 367.
éponge(f) végétale 367.
éponges(f) 367.
éprouvette(f) graduée 40.
épuisette(f) 672.
équateur(m) 3, 47.
équateur(m) céleste 3.
équerre(f) 275.
équilibrage(m) des haut-parleurs(m) 402.
équilibreur(m) 802.
équinoxe(m) d'automne(m) 8.
équinoxe(m) de printemps(m) 8.
équipe(f) 620.
équipe(f) au champ(m) 599.
équipement(m) de contrôle(m) biomédical 512.
équipement(m) de protection(f) 602.
équipement(m) de protection(f), soudage(m) 308.
équipement(m) de survie(f) 512.
équipements(m) aéroportuaires 506.
équitation(f) 646, 648.
équivaut à 830.
ergot(m) 106.
ergot(m) d'entraînement(m) 531.
Éridan 13.
éruption(f) 6.
escabeau(m) 302.
escabeaux(m) 302.
escalier(m) 201.
escalier(m) 194, 474, 669, 741, 773.
escalier(m) automoteur 507.
escalier(m) d'accès(m) 507.
escalier(m) de la mezzanine(f) 195.
escalier(m) en spirale(f) 741.
escalier(m) mécanique 474.
escalier(m) mobile 189, 190.
escargot(m) 83.
escarpe(f) 178.
escarpin(m) 356.
escarpin(m)-sandale(f) 356.
escrime(f) 666.
escrime(f) piste(f) 666.
escrime(f)armes(f) 666.
escrime(f), cibles(f) 667.
escrime(f), parties(f) de l'arme(f), 666.
escrime(f), positions(f) 667.
escrimeur(m) 667.
escudo(m) 832.
espace(m) vert 184.
espaceur(m) de câbles(m) 684.
espadrille(f) 357.
esperluette(f) 831.
esquimau(m) 351.
essence(f) 744, 745.
essence(f) lourde 744.
essieu(m) 468, 645.
essieu(m) avant 784.
essieu(m) directeur 788.
essoreuse(f) à salade(f) 243.
essuie-glace(m) 431.
essuie-glace(m) 426.
est identique à 830.
est(m) 488.
estacade(f) de guidage(m) 492.
esthèques(f) 584.
estomac(m) 88, 92, 97, 124, 131.
estrade(f) 651.
estragon(m) 74.
estuaire(m) 30, 51.
étable(f) 149.
étage(m) 194.
étage(m) 196, 736, 773.
étage(m) d'exploitation(f) 752.
étai(m) 198, 479.
étai(m) avant 628.
étambot(m) 742.
étamine(f) 60, 64.
étampure(f) 104.
étançon(m) 156.
état(m) 51.
état(m) présent du temps(m) 38.
étau(m) 282, 582.
étau(m) à endosser 579.
été(m) 8.
étincelle(f) 436.
étiquette(f) 404, 709.
étiquettes(f) autocollantes 518.
étoile(f) 819.
étoile(f) 36.
étoile(f) filante 19.
étoile(f) Polaire 11.
étoile(f)(8) 363.
étouffoir(m) 541.
étranglement(m) 668.
étranglement(m) 705.
étrave(f) 479, 628.
étrier(m) 138, 309, 432, 442, 642, 648, 793.
étrier(m) du flotteur(m) 216.
étrivière(f) 649.
étui(m) 358, 365, 523, 688.
étui(m) à lunettes(f) 379.
étui(m) de cuir(m) 690.
étuveuse(f) 249.
Eurasie(f) 21.
Europe 4.
Europe(f) 21.
Eutelsat II 418.
euthynterie(f) 166, 168.
évaporation(f) 34, 35.
évaseur(m) 299.
évent(m) 389, 585.
évent(m) de pignon(m) 197.
évent(m) latéral 214.
évier(m) 296.
évier(m) double 215.
évier(m)-broyeur(m) 296.
évolution(f) de la pression(f) 38.
excavatrice(f) à roue(f) 733.
exemples(m) de groupes(m) instrumentaux 558.
exosphère(f) 19.
expédition(f) du fret(m) 505.
expédition(f)/réception(f) des messages(m) 421.
expiration(f) 622.
explosion(f) 436.
extenseur(m) 665.
extenseur(m) commun des doigts(m) 121.
extenseur(m) commun des orteils(m) 120.
extérieur(m) d'une maison(f) 196.
extincteur(m) 780.
extincteur(m) d'incendie(m) 823.
extrados(m) 174.
eye-liner(m) liquide 367.

Les termes en **caractères gras** renvoient à une illustration.

F

fa(m) 537.
façade(f) 175.
face(f) 179, 239, 619, 677.
face(f) plantaire du sabot(m) 104.
face-à-main(m) 377.
facteur(m) Rhésus négatif 831.
facteur(m) Rhésus positif 831.
factorielle(f) 830.
facule(f) 6.
faible(m) 666.
faille(f) 23.
faille(f) transformante 28.
faisceau(m) bleu 410.
faisceau(m) d'électrons(m) 410, 717.
faisceau(m) laser(m) 405.
faisceau(m) rouge 410.
faisceau(m) vert 410.
faîtage(m) 198.
faitout(m) 249, 688.
falaise(f) 7, 23, 27, 30.
faner 155, 159.
fanion(m) 817.
fanion(m) 38.
fanon(m) 101.
fard(m) à joues(f) en poudre(f) 366.
fasce(f) 166.
faucher 154, 158.
faucheuse(f)-conditionneuse(f) 158.
faucheuse(f)-conditionneuse(f) 154.
faucille(f) 269.
fausse côte(f) (3) 123.
fausse oronge(f) 55.
fausse poche(f) 330.
fausse-équerre(f) 713.
fauteuil(m) 220.
fauteuil(m) club(m) 221.
fauteuil(m) metteur(m) en scène(f) 220.
fauteuil(m) pivotant à bascule(f) 520.
fauteuil(m) roulant 727.
fauteuil(m) roulant 461.
fauteuil(m) Wassily 221.
fauteuil(m)-sac(m) 222.
fauteuils(m) d'orchestre(m) 188.
fauteuils(m), principaux types(m) 220.
faux bourdon(m) 81.
faux foc(m) 481.
faux quartier(m) 649.
faux registre(m) 543.
faux sommier(m) 543.
faux(f) 267.
femelle(f) 831.
fémur(m) 78, 80, 103, 122.
fenêtre(f) 203.
fenêtre(f) 194, 195, 327, 399, 477, 631, 756.
fenêtre(f) à guillotine(f) 203.
fenêtre(f) à jalousies(f) 203.
fenêtre(f) à l'anglaise(f) 203.
fenêtre(f) à la française(f) 203.
fenêtre(f) basculante 203.
fenêtre(f) coulissante 203.
fenêtre(f) d'éjection(f) 796.
fenêtre(f) de lecture(f) 403, 529.
fenêtre(f) de sous-sol(m) 197.
fenêtre(f) en accordéon(m) 203.
fenêtre(f) en baie(f) 197.
fenêtre(f) en saillie(f) 197.
fenêtre(f) moustiquaire(f) 685.
fenêtre(f) panoramique 190, 460.
fenêtre(f) pivotante 203.
fenêtres(f), types(m) 203.
fenil(m) 148.
fenouil(m) 72.
fente(f) 576.
fente(f) 252, 276, 379, 578.
fente(f) à monnaie(f) 422, 702.
fente(f) d'alimentation(f) 521.
fente(f) de vision(f) 792.
fente(f) latérale 322.
fente(f) médiane 322.
fer(m) 677.
fer(m) 104, 277.
fer(m) à cheval(m) 104, 364.
fer(m) à friser 370.
fer(m) à souder 305.
fer(m) à vapeur(f) 256.
fer(m) droit 677.
fer(m) droit 678.
fer(m) nº 3 678.
fer(m) nº 4 678.
fer(m) nº 5 678.
fer(m) nº 6 678.
fer(m) nº 7 678.
fer(m) nº 8 678.
fer(m) nº 9 678.
fer(m), golf(m) 678.
ferme(f) 148.
ferme(f) de toit(m) 199.
ferme(f), animaux(m) 150.
fermeture(f) à glissière(f) 566.
fermeture(f) à glissière(f) 321, 350, 365, 382, 685.
fermeture(f) du soufflet(m) 536.
fermeture(f) sous patte(f) 351.
fermeture(f) Velcro® 349.
fermoir(m) 587.
fermoir(m) 378, 380.
ferret(m) 352, 354, 375.
ferrure(f) 383.
fertilisants(m) 32.
fertiliser la terre(f) 154, 156.
fesse(f) 117, 119, 127, 128.
feu(m) 486, 487, 489.
feu(m) anticollision 498.
feu(m) arrière 443, 444, 446.
feu(m) blanc 488.
feu(m) clignotant 471.
feu(m) clignotant arrière 444.
feu(m) clignotant avant 442, 444.
feu(m) de gabarit(m) 440, 441.
feu(m) de lisse(f) 471.
feu(m) de navigation(f) 493, 499.
feu(m) de plaque(f) 429.
feu(m) de position(f) 459, 508.
feu(m) de tête(f) de mât(m) 495.
feu(m) rouge arrière 441.
feu(m) stop(m) 429.
feuillage(m) 59.
feuille(f) 56.
feuille(f) 57, 72.
feuille(f) d'acanthe(f) 167, 220.
feuille(f) de papier(m) 714.
feuille(f) de vigne(f) 61.
feuille(f) de vigne(f) 73.
feuille(f), bord(m) 56.
feuilles(f) composées 56.
feuilles(f) simples 56.
feuilles(f), types(m) 56, 58.
feuillet(m) 577.
feuillets(m) 379.
feuillets(m) intercalaires 519.
feutre(m) 329, 588.
feutre(m) 541.
feutre(m) d'étouffoir(m) 540.
feux(m) 429.
feux(m) arrière 429.
feux(m) avant 429.
feux(m) clignotants 429.
feux(m) de brouillard(m) 429.
feux(m) de circulation(f) 186.
feux(m) de croisement(m) 429.
feux(m) de gabarit(m) 429.
feux(m) de recul(m) 429.
feux(m) de route(f) 429.
feux(m) rouges arrière 429.
feux(m) stop(m) 429.
fèves(f) 72.
fibre(f) 692.
fibre(f) musculaire 134.
fibre(f) nerveuse 136.
fibule(f) 315.
ficelle(f) 578.
fiche(f) 280, 310, 401, 485.
fiche(f) américaine 309.
fiche(f) européenne 309.
fiche(f) pour jack(m) 400, 406.
fiches(f) 517.
fichier(m) 517.
fichier(m) rotatif 516.
figue(f) de Barbarie 68.
fil(m) 288, 714.
fil(m) à couper la pâte(f) 584.
fil(m) d'arrivée(f) 651.
fil(m) de caret(m) 692.
fil(m) de chaîne(f) 576.
fil(m) de corps(m) 666.
fil(m) de liaison(f) 312.
fil(m) de nylon(m) 271.
fil(m) de service(m) neutre 312.
fil(m) de terre(f) 312.
fil(m) de trame(f) 576.
fil(m) neutre 312.
fil(m) thermique 312.
filament(m) 6, 232.
filament(m) branchial 87.
filament(m) de tungstène(m) 233.
filet(m) 613, 614, 618.
filet(m) 60, 167, 276, 544, 546, 610, 612, 613, 614, 618, 619, 626.
filet(m) à aiguilles(f) 650.
filet(m) à jouets(m) 650.
filet(m) à olives(f) 650.
filet(m) en caoutchouc(m) 650.
filetage(m) 294.
filière(f) 299.
film(m) 390.
film(m)-disque(m) 395.
film(m)-pack(m) 395.
filoir(m) d'écoute(f) 630.
filtre(m) 252, 255, 772.
filtre(m) à air(m) 207, 210, 272, 469, 783.
filtre(m) à charpie(f) 258, 259.
filtre(m) coloré 484.
filtre(m) de couleur(f) 392.
filtre(m) de polarisation(f) 392.
filtre(m) rouge inactinique 399.
filum(m) terminal 134.
fin(f) 692.
fines herbes(f) 74.
finition(f) 586.
fission(f) de l'uranium(m) 766.
fixatif(m) 592.
fixation(f) 230, 633, 642, 656.
fixation(f) à butée(f) avant 642.
fixation(f) arrière 633.
fixation(f) avant 633.
fixation(f) de sécurité(f) 641.
fixe-lecture(m) 396.
flanc(m) 101, 108, 179, 433, 579.
flanc(m) dextre 818.
flanc(m) senestre 818.
flanqueur(m) 605.
flash(m) électronique 393.
flash(m)-cube(m) 393.
flasque(f) 754.
flasque(m) 800.
flasque(m) inférieur 753.
fléau(m) 708.
fléau(m) arrière 708.
fléau(m) avant 708.
flèche(f) 684.
Flèche(f) 11, 175, 675, 697, 782, 785, 786, 793.
flèche(f) de transept(m) 176.
flèche(f) du vent(m) 38.
flèche(f) littorale 30.
flèche(f) télescopique 780, 786.
fléchette(f) 698.
fléchette(f), aire(f) de jeu(m) 698.
fleur(f) 57.
fleur(f) de lis(m) 819.
fleur(f), inflorescence(f), 60.
fleur(f), structure(f) 60.
fleuret(m) 666, 734.
fleuret(m) électrique 666.
fleurettiste(m) 667.
fleuve(m) 51, 52.
flexible(m) 292, 296.
flexible(m) d'air(m) 590, 734.
flexible(m) d'eau(f) 734.
flexible(m) d'injection(f) de boue(f) 737.
flexible(m) de branchement(m) 399.
flexible(m) de distribution(f) 453.
flexibles(m) d'alimentation(f) 635.
floraison(f) 61.
florin(m) 832.
flotteur(m) 216, 293, 485, 486, 631, 672, 741, 803.
fluide(m) caloporteur 771.
flûte(f) 548.
flûte(f) à champagne(m) 237.
flûte(f) de Pan 536.
fluteroni(m) 587.
flûtes(f) 556.
foc(m) 628.
foie(m) 88, 97, 124, 131.
follicule(m) 67, 136.
follicule(m), coupe(f) 67.
fonctions(f) système(m) 555.
fond(m) 586.
fond(m) d'yeux(m) 240.
fond(m) de bassin(m) 626.
fond(m) de l'océan(m) 28.
fond(m) de l'océan(m) 22.
fond(m) de protection(f) 698.
fond(m) de robe(f) 345.
fond(m) de teint(m) liquide 366.
fond(m) de tour(m) 744.
fondation(f) 750.
fondation(f) de pylône(m) 456.
fondations(f) 199.
fontaine(f) des ablutions(f) 172, 173.
fonture(f) 568.
fonture(f) 568.
football(m) 600, 604.
football(m) américain 602.
football(m) américain, terrain(m) 604.
football(m) canadien, terrain(m) 604.
football(m), ballon(m) 600, 602.
football(m), terrain(m) 601.
footballeur(m) 600, 602.
forage(m) en mer(f) 739.
foramen(m) apical 144.
foramen(m) cæcum 143.
force(f) du vent(m) 38.
forêt(f) 27.
forêt(f) tropicale 45.
foret(m) 280.
foret(m) hélicoïdal 281.
formation(f) de jazz(m) 558.
fort(m) 666.
fortification(f) à la Vauban 178.
fosse(f) abyssale 28.
fosse(f) d'orchestre(m) 188.
fosse(f) de réception(f) 683.
fosse(f) de sable(m) 676.
fosse(f) septique 216.
fossé(m) 178, 451.
fosses(f) nasales 141.
fossette(f) 96.
fossette(f) de l'anthélix(m) 139.
Fou(m) 696.
fouet(m) 245.
fouet(m) 250.
fouet(m) à fil(m) 250.
fouet(m) en spirale(f) 250.
fouet(m) quatre pales(f) 250.
fouets(m) 250.
foulon(m) 159.
four(m) 255, 770.
four(m) à micro-ondes(f) 253.
four(m) électrique 585.
four(m) solaire 770.
four(m) tubulaire 744.
fourche(f) 447, 721, 756.
fourche(f) à bêcher 266.
fourche(f) à fleurs(f) 268.
fourche(f) télescopique hydraulique 442.
fourches(f) 787, 788.
fourchette(f) 240.
fourchette(f) 104, 327, 642, 688, 707.
fourchette(f) à découper 242.
fourchette(f) à dessert(m) 240.
fourchette(f) à fondue(f) 240.
fourchette(f) à huîtres(f) 240.
fourchette(f) à poisson(m) 240.
fourchette(f) à salade(f) 240.
fourchette(f) de table(f) 240.
fourchettes(f), principaux types(m) 240.
fourgon(m)-pompe(f) 778.
fourgonnette(f) 425.
fourmi(f) 77.
Fourneau(m) 13, 385.
fourragère(f) 162.
fourragère(f) 155.
fourreau(m) 375.
fourreau(m) 101, 106, 281, 283, 631, 637.
fourreau(m) de la langue(f) 96.
fourrure(f) 107.
fourrures(f), exemples(m) 819.
foyer(m) 23, 189, 770.
foyer(m) primaire 14.
foyer(m), accessoires(m) 205.
frac(m) 317.
fraise(f) 281, 318.
fraise(f), coupe(f) 62.
framboise(f), coupe(f) 62.
franc(m) 832.
frange(f) 318.
frange(f) de passementerie(f) 229.
frappeur(m) 595.
frappeur(m) 597.
frégate(f) 808.
frein(m) 570, 640, 641, 664, 670.
frein(m) à disque(m) 432.
frein(m) à disque(m) 442.
frein(m) à tambour(m) 432.
frein(m) arrière 446.
frein(m) avant 447.
frein(m) d'urgence(f) 477.
frein(m) de chaîne(f) 272.
frein(m) de talon(m) 645.
frein(m) direct 468.
freineur(m) 643.
fresque(f) 170.
frette(f) 546, 547.
frise(f) 166, 168, 188, 189, 202, 225.
friteuse(f) 252.
fronçage(m) tuyauté 229.
fronce(f) 337.

Les termes en **caractères gras** renvoient à une illustration.

front(m) 109, 116, 733.
front(m) chaud en altitude(f) 39.
front(m) chaud en surface(f) 39.
front(m) de taille(f) 733, 736.
front(m) froid en altitude(f) 39.
front(m) froid en surface(f) 39.
front(m) occlus 39.
front(m) stationnaire 39.
frontal(m) 120, 122, 649, 792.
frontière(f) 51.
fronton(m) 166, 168.
fronts(m) 39.
frotteur(m) 476.
frottoir(m) 307, 386.
fruit(m) à noyau(m), coupe(f) 63.
fruit(m) à pépins(m), coupe(f) 64.
fruits(m) à noyau(m), principales variétés(f) 63.
fruits(m) à pépins(m), principales variétés(f) 64.
fruits(m) charnus 62, 65.
fruits(m) charnus à noyau(m) 63.
fruits(m) charnus à pépins(m) 64.
fruits(m) secs 66.
fruits(m) secs divers 67.
fruits(m) tropicaux 68.
fruits(m) tropicaux, principaux 68.
fume-cigarettes(m) 384.
fumée(f) 39.
fumerolle(f) 24.
funicule(m) 62, 67.
furet(m) de dégorgement(m) 299.
fusain(m) 588.
fuseau(m) 336, 570.
fuseau(m) 570, 575.
fusée(f) 509.
fusée(f) 479.
fusée(f) à propergol(m) solide 510.
fusée(f) de proximité(f) 814.
fuselage(m) 499, 639.
fusible(m) 757, 769.
fusible(m) à culot(m) 312.
fusible(m)-cartouche(f) 312.
fusible(m)-cartouche(f) à lames(f) 312.
fusibles(m) 312.
fusil(m) 242.
fusil(m) (canon(m) lisse) 799.
fusil(m) à air(m) comprimé 627.
fusil(m) automatique 796.
fusil(m) mitrailleur(m) 796.
fût(m) 59, 166, 236, 276, 553, 684, 698, 756, 798.

G

gâble(m) 175.
gâche(f) 290.
gachette(f) 780.
gâchette(f) 268, 304, 590.
gâchette(f) de sécurité(f) 272.
gaffe(f) 780.
gainage(m) du combustible(m) défectueux 764.
gaine(f) 346, 690.
gaine(f) 56, 692.
gaine(f) de dérivation(f) 206.
gaine(f) de distribution(f) 213.
gaine(f) de myéline(f) 135.
gaine(f) de protection(f) 609.
gaine(f) de rancher(m) 441.
gaine(f) de Schwann 135.
gaine(f) du ressort(m) 230.
gaine(f) isolante 309.
gaine(f) principale 206.
gaine(f)-culotte(f) 346.
galaxie(f) 9.
galaxie(f) elliptique 9.
galaxie(f) irrégulière 9.
galaxie(f) lenticulaire 9.
galaxie(f) spirale 9.
galaxie(f) spirale barrée 9.
galaxie(f), classification(f) 9.
galerie(f) 175, 189, 773.
galerie(f) de circulation(f) 736.
galerie(f) de visite(f) 747.
galerie(f) en direction(f) 736.
galerie(f) marchande 190.
galerie(f) sèche 24.
galet(m) 230, 403, 530, 583.
galet(m) du presse-papier(m) 531.
galets(m) tendeurs 448.
galettage(m) 584.
galhauban(m) 479.
galon(m) 328.
galon(m) d'ornement(m) 349.
galop(m) 101.
gamme(f) 537.
ganache(f) 100.
ganglion(m) du tronc(m) sympathique 135.
ganglion(m) spinal 135.
ganse(f) 688.
gant(m) 596.
gant(m) 512, 598, 609, 635, 642, 643, 648, 667.
gant(m) à crispin(m) 308, 327.
gant(m) attrape-rondelle(m) 609.
gant(m) court 327.
gant(m) de conduite(f) 327.
gant(m) de frappeur(m) 595.
gant(m) de golf(m) 679.
gant(m) de plongée(f) 627.
gant(m) de receveur(m) 595.
gant(m) de ski(m) 640.
gant(m) long 327.
gant(m) saxe 327.
gantelet(m) 792.
gants(m) 327.
gants(m) de boxe(f) 669.
Ganymède 4.
garage(m) 196.
garant(m) 354.
garcette(f) de ris(m) 480.
garde(f) 577.
garde(f) de clé(f) 549.
garde(f) de culasse(f) 549.
garde(f) volante 577.
garde(m) droit 603, 605.
garde(m) gauche 603, 605.
garde-boue(m) 147, 446.
garde-boue(m) avant 442.
garde-corps(m) 302, 454, 457, 468.
garde-guichet(m) 599.
garde-main(m) 796.
garde-manger(m) 195.
garde-robe(f) 195.
gardien(m) de but(m) 609.
gardien(m) de but(m) 601, 607, 608, 611, 612, 626.
gare(f) 464.
gare(f) 52, 184.
gare(f) de marchandises(f) 464.
gare(f) de triage(m) 465.
gare(f) de voyageurs(m) 462.
gare(f) de voyageurs(m) 464.
gare(f) maritime 491.
garniture(f) 300, 383.
garniture(f) de frein(m) 432.
garrot(m) 100, 106.
gastéropode(m) 83.
gastéropodes(m) comestibles 83.
gastrocnémien(m) 121.
gaufrier(m)-gril(m) 253.
gaz(m) 34, 35, 232, 737, 744.
gaz(m) brûlés 436.
gaz(m) carbonique de refroidissement(m) 760.
gaz(m) inerte 232, 233.
gazole(m) 744.
gazon(m) 263.
gélule(f) 725.
Gémeaux(m) 11.
Gémeaux(m)(21 mai) 820.
gencive(f) 142, 144.
générateur(m) d'air(m) chaud 206.
générateur(m) d'air(m) chaud électrique 207.
générateur(m) de tonalités(f) d'amorces(f) 407.
générateur(m) de vapeur(f) 759, 761, 762, 771, 806.
genou(m) 100, 106, 116, 118.
genouillère(f) 595, 602, 609, 792.
géométrie(f) 830.
gerbeur(m) 788.
germe(m) 109, 152.
germes(m) de soja(m) 72.
geyser(m) 25.
gibbeuse(f) croissante 6.
gibbeuse(f) décroissante 7.
gicleur(m) 209, 741.
gicleur(m) de lave-glace(m) 426.
gicleurs(m) 766.
gilet(m) 322, 338.
gilet(m) 317.
gilet(m) athlétique 325.
gilet(m) de laine(f) 326.
gilet(m) de laine(f) 338.
gilet(m) de sécurité(f) 730.
gilet(m) de stabilisation(f) 627.
Girafe(f) 11.
girelle(f) 584.
giron(m) 201.
girouette(f) 41, 628.
glace(f) 34, 427, 429, 484.
glace(f) de custode(f) 427.
glacier(m) 26.
glacier(m) de piémont(m) 27.
glacier(m) suspendu 26.
glacière(f) 690.
glacis(m) 178.
glaive(m) 791.
gland(m) 127, 229, 231.
glande(f) à venin(m) 96.
glande(f) de Cowper 127.
glande(f) digestive 92.
glande(f) mammaire 129.
glande(f) sébacée 136.
glande(f) sudoripare apocrine 136.
glande(f) sudoripare eccrine 136.
glande(f) surrénale 132.
glandes(f) salivaires 131.
glissière(f) 257, 470, 568, 797.
glissière(f) d'ajustement(m) 406.
glissière(f) d'auvent(m) 449.
glissière(f) de fixation(f) 718.
glissière(f) du guide(m) 285.
glissoir(m) 354.
glissoire(f) de recul(m) 802.
globe(m) 689.
globe(m) oculaire 140.
globe(m) oculaire 84.
glome(m) 104.
glotte(f) 96, 142.
go(m) 697.
go(m), terrain(m) 697.
godet(m) 304, 592, 782.
godet(m) à couleur(f) 590.
godet(m) à poussière(m) 260.
godet(m) chargeur 785.
godet(m) rétro 782.
goélette(f) 482.
golf(m) 676, 678.
golf(m), bâtons(m) 678.
golf(m), bois(m) 678.
golf(m), fer(m) 678.
golf(m), parcours(m) 676.
golfe(m) 51.
gombo(m) 69.
gomme(f) 515.
gond(m) 202, 225.
gonfalon(m) 817.
gonfleur(m) 687.
gonfleur(m) 627.
gonfleur(m)-dégonfleur(m) 687.
gong(m) 554.
gong(m) 557.
gorge(f) 24, 108, 282, 671.
gorgerin(m) 792.
gouffre(m) 24.
gouge(f) 587.
gouge(f) creuse 581.
gouge(f) en V 581.
goujon(m) 432.
goujure(f) 281.
goupille(f) 780.
gour(m) 24.
gourde(f) 690.
gourmand(m) 61.
gourmette(f) 364.
gourmette(f) 649, 650.
gourmette(f) d'identité(f) 364.
gousse(f), coupe(f) 67.
gousset(m) de latte(f) 628, 631.
goutte(f) 167.
goutte(f) de pluie(f) 36.
gouttelette(f) lipidique 115.
gouttière(f) 105, 197, 235, 427.
gouvernail(m) 496, 511, 628, 742, 773.
gouvernail(m) de direction(f) 639, 806, 812.
gouvernail(m) de plongée(f) avant 807.
gouvernail(m) de profondeur(f) 639.
gouverne(f) 814.
gouverne(f) de direction(f) 499.
gouverne(f) de profondeur(f) 499.
goyave(f) 68.
gradin(m) 733.
graduation(f) 705, 711, 719, 726.
grain(m) 39, 72.
grain(m) d'amidon(m) 115.
grain(m) de blé(m), coupe(f) 152.
graine(f) 62, 63, 64, 65, 66, 67.
grains(f) de soja(m) 72.
graisses(f) 745.
graisseur(m) 734.
grand adducteur(m) 121.
grand cacatois(m) avant 481.
Grand Chien(m) 13.
grand complexus(m) 121.
grand dorsal(m) 121.
grand droit(m) de l'abdomen(m) 120.
grand fauchage(m) extérieur 668.
grand fauchage(m) intérieur 668.
grand fessier(m) 121.
grand foc(m) 481.
grand hunier(m) fixe avant 481.
grand hunier(m) volant avant 481.
grand largue(m) 629.
grand mât(m) arrière 478.
grand mât(m) avant 479.
grand miroir(m) 484.
grand oblique(m) de l'abdomen(m) 120, 121.
grand palmaire(m) 120.
grand pectoral(m) 120.
grand perroquet(m) fixe avant 481.
grand perroquet(m) volant avant 481.
grand rabat(m) 386.
grand rond(m) 121.
grand sésamoïde(m) 102.
grand tournant(m) 651.
grand trochanter(m) 123.
grand-voile(f) 628.
grand-voile(f) arrière 480.
grand-voile(f) avant 481.
grand-voile(f) d'étai(m) arrière 480.
grande échelle(f) 780.
grande lame(f) 688.
grande lèvre(f) 128, 129.
Grande Ourse(f) 11.
grande sus-alaire(f) 110.
grande ville(f) 51.
grandes lignes(f) 464.
grange(f) 148.
granulation(f) 6.
grappe(f) 60.
grappe(f) de combustible(m) 765.
grappe(f) de combustible(m) 765.
grappe(f) de raisin(m) 801.
grappe(f) de raisins(m) 61.
grappin(m) 483.
grasset(m) 101.
gratte-ciel(m) 185.
gratte-ongles(m) 365.
grattoir(m) 304.
gravier(m) 199, 216.
gravure(f) en creux(m) 582.
gravure(f) en creux(m), matériel(m) 582.
gravure(f) en relief(m) 581.
gravure(f) en relief(m), matériel(m) 581.
gravure(f) sur bois(m) de fil(m) 581.
gravure(f) sur bois(m) debout 581.
grébiche(f) 379.
grecquage(m) 578.
grecque(f) 578.
gréement(m) 478.
gréements(m), types(m) 482.
greffoir(m) 269.
grêlon(m) 37.
grenade(f) 68.
grenade(f) à main(f) 804.
grenat(m) 362.
grenouille(f) 84.
grenouille(f), métamorphose(f) 84.
grenouillère(f) 349.
grésil(m) 37, 39.
grève(f) 792.
griffe(f) 78, 80, 91, 97, 106, 107, 108, 112, 364.
griffe(f) à fleurs(f) 268.
griffe(f) abaissée, chat(m) 107.
griffe(f) d'entraînement(m) 562.
griffe(f) porte-accessoires(m) 391, 409.
griffe(f) rétractée, chat(m) 107.
gril(m) 188.
gril(m) électrique 253.
gril(m) pliant 690.
grillage(m) 211, 214.
grillage(m) de protection(f) 310.
grille(f) 161, 168, 248, 255, 374, 410, 438, 536, 595, 747.
grille(f) à reine(f) 82.
grille(f) d'aération(f) 257, 477.
grille(f) d'aspiration(f) 370.
grille(f) d'éclairage(m) 414.
grille(f) d'entrée(f) d'air(m) 443.
grille(f) d'extrémité(f) 765.
grille(f) d'habillage(m) 208.
grille(f) de chauffage(m) 477.
grille(f) de sortie(f) d'air(m) 370.
grille(f) de vaporisation(f) 210.
grille(f) de ventilation(f) 260.
grille(f) métallique conductrice 768.
grille(f) stabilisatrice 689.
grille-pain(m) 252.
gros intestin(m) 131.
groseille(f) à grappes(f) 62.

Les termes en **caractères gras** renvoient à une illustration.

groseille(f) à maquereau(m) 62.
grosse caisse(f) 552, 557.
grosse quille(f) 683.
grotte(f) 24.
grotte(f) 30.
groupe(m) bulbe(m) 752.
groupe(m) de climatisation(f) 506.
groupe(m) de démarrage(m) pneumatique 506.
groupe(m) électrogène 506.
groupe(m) frigorifique 441.
groupe(m) turbo-alternateur(m) 753.
groupe(m) turbo-alternateur(m) 747.
Grue(f) 13, 738.
grue(f) à flèche(f) 490.
grue(f) à tour(f) 786.
grue(f) de bord(m) 811.
grue(f) sur ponton(m) 490.
grue(f) sur porteur(m) 786.
gruppetto(m) 538.
guêpière(f) 347.
guerrier(m) gaulois 791.
gueules(m) 819.
gui(m) 478.
guichet(m) 599.
guichet(m) 599.
guide(m) 252, 529, 578.
guide(m) à onglet(m) 285.
guide(m) d'ondes(f) 415.
guide(m) de refend(m) 284, 285.
guide(m) des températures(f) 256.
guide(m) extérieur 578.
guide-bande(m) 403.
guide-chaîne(m) 272, 448.
guide-fil(m) 561, 562, 569.
guide-ligne(m) 671.
guide-papier(m) 421, 531.
guides(m) de classement(m) 518.
guidon(m) 817.
guidon(m) 271, 445, 447, 664, 795, 797, 798, 799, 804.
guillemets(m) 832.
guimbarde(f) 536.
guindant(m) 631, 817.
guitare(f) acoustique 546.
guitare(f) électrique 547.
guyot(m) 28.
gymnase(m) 496.
gymnastique(f) 659, 660.
gyrophare(m) 781.
gyroscope(m) 814.

H

habitation(f) 148.
hache(f) 781.
hache(f) en pierre(f) polie 791.
hachette(f) 690.
hachoir(m) 243.
hachure(f) 576.
hackle(m) 670.
haie(f) 656.
haie(f) 263.
haie(f) barrée 647.
haie(f) barrée 646.
haie(f) de steeple(m) 656.
haie(f) rivière(f) 647.
haie(f) rivière(f) 646.
halebas(m) 628.
halefis(m) de culasse(f)(16) 363.
halefis(m) de table(f)(16) 363.
hall(m) 190.
hall(m) public 504.
haltère(m) court 665.
haltère(m) long 663.
haltérophile(m) 662.
haltérophilie(f) 662.
hameçon(m) 671.
hameçon(m) 670.
hameçon(m) monté 672.
hameçon(m) triple 672.
hampe(f) 38, 671, 817.
hanche(f) 78, 80, 117, 119.
hanche(f) ailée 668.
handball(m) 612.
handball(m), ballon(m) 612.
handball(m), terrain(m) 612.
hangar(m) 148, 503, 811.
hangar(m) de transit(m) 490.
hangar(m) pour hélicoptères(m) 808.
haricot(m) vert 69.
harmonica(m) 536.
harnais(m) 572, 627, 635, 636, 637, 645.
harpe(f) 545.
harpes(f) 556.
hastée 56.
hauban(m) 446, 479, 628, 637, 685, 774.
haubans(m) 456.
haubans(m) en éventail(m) 456.
haubans(m) en harpe(f) 456.
hausse(f) 82, 544, 795, 796, 798, 804.
haut-de-chausse(m) 316.
haut-de-forme(m) 328.
haut-parleur(m) 408, 420, 500, 779.
haut-parleur(m) d'aigus(m) 16, 400.
haut-parleur(m) de contrôle(m) 407, 412, 413, 415.
haut-parleur(m) de graves(m) 16, 400.
haut-parleur(m) de médium(m) 400.
haut-parleur(m) de médiums(m) 16.
hautbois(m) 548, 557.
hauteur(f) de la vague(f) 30.
hauteur(f) de marche(f) 201.
hauteur(f) du gradin(m) 733.
hauteur(f) du plongeon(m) 625.
hélice(f) 160, 495, 496, 742, 806.
hélice(f) de propulsion(f) 492.
hélices(f) 808.
hélicoptère(m) 508.
hélicoptère(m) 808.
héliographe(m) 40.
hélisurface(f) 738, 808.
hélix(m) 139.
hémisphère Est 47.
hémisphère(m) austral 3.
hémisphère(m) boréal 3.
hémisphère(m) Nord 47.
hémisphère(m) Ouest 47.
hémisphère(m) Sud 47.
hémisphères(m) 47.
hennin(m) 318.
héraldique(f) 817, 818.
herbivore(m), mâchoire(f) 98.
herbivores(m) 31, 33.
Hercule 11.
hermine(f) 819.
herminette(f) 587.
herse(f) 188.
hile(m) du rein(m) 132.
hiver(m) 8.
hockey(m) sur gazon(m) 607.
hockey(m) sur gazon(m), terrain(m) 607.
hockey(m) sur glace(f) 608.
hockey(m), balle(f) 607.
hockeyeur(m) 609.
homard(m) 90.
hôpital(m) 822.
horizon(m) de secours(m) 500.
horloge(f) 407, 413, 415, 714.
horloge(f) de parquet(m) 707.
horloge(f) programmatrice 253, 255.
hôtel(m) 185.
hotte(f) 255.
hotte(f) 204.
houe(f) 267.
houe(f) rotative 157.
houpette(f) 366.
houppelande(f) 317.
houppier(m) 59.
housse(f) à vêtements(m) 382.
housse(f) d'oreiller(m) 224.
hublot(m) 253, 255, 496, 498.
hublot(m) d'atterrissage(m) 508.
hublot(m) d'observation(f) 510.
hublot(m) de chargement(m) 764.
hublot(m) de déchargement(m) du combustible(m) irradié 764.
huile(f) de lin(m) 592.
huiles(f) lubrifiantes 745.
huit 632.
huitième(m) de soupir(m) 538.
huître(f) 92.
huître(f) 93.
huméro-stylo-radial(m) 120.
humérus(m) 102, 122.
humeur(f) aqueuse 140.
humide, à été(m) court 45.
humide, à été(m) long 45.
humidificateur(m) 210.
humidité(f) 210.
humidité(f) de l'air(m) 34.
humidité(f), mesure(f) 41.
hune(f) 478.
hutte(f) 165.
Hydre(f) femelle 11, 13.
Hydre(f) mâle 13.
hydromètre(m) 439.
hydroptère(m) 495.
hydrosphère(f) 31.
hygiène(f) dentaire 373.
hygromètre(m) 210.
hygromètre(m) enregistreur 41.
hypergone(m) 392.
hyphe(m) 55.
hypoderme(m) 137.
hypophyse(f) 134.
hysope(f) 74.

I

igloo(m) 165.
île(f) 51.
île(f) de sable(m) 30.
île(f) volcanique 28.
iléon(m) 131.
îlot(m) 452.
îlot(m) refuge(m) 184.
ilôt(m) rocheux 30.
image(f) imprimée 580.
immeuble(m) à bureaux(m) 185.
immeuble(m) commercial 185.
immobilisation(f) 668.
impair(m) 700, 701.
imparipennée 56.
imperméable(m) 319.
impluvium(m) 170, 171.
imposte(f) 174.
impression(f) 580.
impression(f) 532.
impression(f) à plat(m) 580.
impression(f) des messages(m) 421.
impression(f) en creux(m) 580.
impression(f) en relief(m) 580.
imprimante(f) 421.
imprimante(f) 523.
imprimante(f) laser(m) 527.
imprimante(f) matricielle 531.
imprimante(f) matricielle 527.
impulsion(f) 722.
incisive(f) 98.
incisive(f) centrale 144.
incisive(f) latérale 144.
incisives(f) 144.
inclinaison(f) de la lame(f) 284, 285.
inclusion(f) 830.
index(m) 137, 709.
index(m) de composition(f) automatique 420.
indicateur(m) de charge(f) 374.
indicateur(m) de niveau(m) 403.
indicateur(m) de niveau(m) de carburant(m) 431, 512.
indicateur(m) de réglage(m) 641.
indicateur(m) de température(f) 431.
indicateur(m) de tension(f) 562.
indicateur(m) de virage(m) et d'inclinaison(f) latérale 639.
indicateur(m) de vitesse(f) 431, 445, 664.
indice(f) d'exposition(f) 396.
Indien(m) 13.
infiltration(f) 34.
infini(m) 830.
inflorescence(f), modes(m) 60.
influx(m) nerveux 135.
informations(f)-navigation(f) 500.
informations(f)-pilotage(m) 500.
informations(f)-systèmes(m) de bord(m) 500.
infrastructure(f) 450.
injecteur(m) 434, 437.
injecteur(m) de lubrifiant(m) 735.
injection(f)/explosion(f) 437.
insectes(m) 77.
insectivores(m) 31.
inspiration(f) 622.
installation(f) à air(m) chaud pulsé 206.
installation(f) à eau(f) chaude 208.
instruments(m) à clavier(m) 540.
instruments(m) à cordes(f) 544, 546.
instruments(m) à percussion(f) 552, 554.
instruments(m) à vent(m) 548, 550.
instruments(m) d'écriture(f) 389.
instruments(m) de bord(m) 431.
instruments(m) de bord(m) 430.
instruments(m) de vol(m) 635.
instruments(m) électroniques 555.
instruments(m) scientifiques 511.
instruments(m) traditionnels 535, 536.
intégrale(f) 830.
Intelsat VII 418.
interdiction(f) de dépasser 824, 825.
interdiction(f) de faire demi-tour(m) 824, 825.
intérieur(m) droit 601.
intérieur(m) gauche 601.
interligne(m) 537.
interosseux(m) 120.
interphone(m) 413.
interrupteur(m) 309.
interrupteur(m) 234, 247, 254, 260, 280, 283, 285, 305, 370, 373, 374, 406, 485, 529.
interrupteur(m) à gâchette(f) 284.
interrupteur(m) d'accord(m) 403.
interrupteur(m) d'alimentation(f) 402, 405, 410, 411, 555.
interrupteur(m) d'éclairage(m) 368.
interrupteur(m) de démarrage(m) 259.
interrupteur(m) de la porte(f) 259.
interrupteur(m) de mise(f) au point(m) automatique 397.
interrupteur(m) du magnétoscope(m) 411.
interrupteur(m) du téléviseur(m) 411.
interrupteur(m) moteur(m)/éclairage(m) 561.
interrupteur(m) principal 757.
intersection(f) 830.
intersection(f) avec priorité(f) 824, 825.
intervalle(m) 489.
intervalle(m) d'air(m) 772.
intervalles(m) 537.
intestin(m) 88, 92, 97, 124.
intestin(m) grêle 131.
intrados(m) 174.
inverseur(m) 212.
inverseur(m) de signe(m) 523.
inverseur(m) route(f)-croisement(m) 444.
Io 4.
iris(m) 140.
isba(f) 165.
ischion(m) 123.
isobare(f) 38.
isolant(m) 199, 200, 209, 257, 297, 768.
isolant(m) de ruban(m) métallique 287.
isolant(m) en caoutchouc(m)-mousse(f) 287.
isolant(m) en coquille(f) 287.
isolant(m) en panneau(m) 287.
isolant(m) en plastique(m) 312.
isolant(m) en rouleau(m) 287.
isolant(m) en ruban(m) 287.
isolant(m) en vinyle(m) 287.
isolant(m) en vrac(m) 287.
isolant(m) moussé 287.
isolants(m) 287.
isolateur(m) 439, 757.
isthme(m) 51.
isthme(m) de la trompe(f) utérine 129.
isthme(m) du gosier(m) 142.
ivoire(m) 144.

J

jabot(m) 342.
jachère(f) 148.
jack(m) 400.
jack(m) de sortie(f) 547.
jacquet(m) 697.
jambage(m) 204.
jambe(f) 101, 117, 119, 325.
jambe(f) élastique 325.
jambette(f) 199.
jambier(m) antérieur 120.
jambière(f) 353, 598, 680.
jambière(f) de gardien(m) de but(m) 609.
jan(m) extérieur 697.
jan(m) intérieur 697.
jante(f) 147, 433, 442, 447, 658.
jaquette(f) 648.
jardin(m) 171.
jardin(m) d'agrément(m) 263.
jardin(m) d'agrément(m) 193.
jardin(m) potager 148, 193.
jardin(m) public 190.
jardin(m), outillage(m) 264, 266, 268, 270, 272.
jarret(m) 101, 106.
jarretelle(f) 347.
jas(m) 483.
jauge(f) à aiguilles(f) 567.
jauge(f) magnétique à lecture(f) directe 741.
jaune(m) 109.
javelot(m) 791.
javelots(m) 658.
jean(m) 336.
jéjunum(m) 131.

Les termes en **caractères gras** renvoient à une illustration.

jet(m) d'air(m) 590.
jet(m) d'eau(f) 202, 203.
jet(m) de couleur(f) 590.
jet(m) dentaire 373.
jetée(f) 739.
jeu(m) d'ustensiles(m) 244.
jeu(m) de brides(f) 730.
jeu(m) de dilatation(f) 466.
jeu(m) de fléchettes(f) 698.
jeu(m) de quilles(f) 683.
jeu(m) étendu de caractères(m) 530.
jeux(m) vidéo, système(m) 699.
jockey(m) 651.
jodhpurs(m) 648.
joint(m) 257, 389.
joint(m) à coulisse(f) 278.
joint(m) d'étanchéité(f) 296, 741.
joint(m) de bougie(f) 439.
joint(m) de carter(m) 434.
joint(m) de sécurité(f) du scaphandre(m) 512.
joint(m) magnétique 254.
joint(m) périmétral 750.
joint(m) torique 294, 295.
Joker(m) 695.
jonc(m) 364.
jonction(f) positif(m)/négatif(m) 768.
joue(f) 106, 118, 275, 670.
joue(f) de jante(f) 433.
jouets(m) 650.
joueur(m) 626.
joueur(m) de cricket(m) 598.
joueuse(f) de tennis(m) 615.
judo(m) 668.
juge(m) 666, 668, 669.
juge(m) de but(m) 608, 626.
juge(m) de champ(m) arrière 603, 605.
juge(m) de classement(m) 621.
juge(m) de départ(m) 621.
juge(m) de faute(f) de pieds(m) 614.
juge(m) de filet(m) 614.
juge(m) de ligne(f) 605, 608, 613, 614, 618.
juge(m) de mêlée(f) 605.
juge(m) de nages(f) 621.
juge(m) de passes(f) et de bottés(m) 605.
juge(m) de service(m) 614, 618.
juge(m) de touche(f) 601, 605, 606.
juge(m) de virages(m) 621.
jugulaire(f) 602, 777.
jumeau(m) 120.
jumelles(f) à prismes(m) 719.
jupe(f) 331.
jupe(f) à empiècement(m) 334.
jupe(f) à lés(m) 334.
jupe(f) à volants(m) étagés 334.
jupe(f) de masque(m) 730.
jupe(f) de piston(m) 434.
jupe(f) droite 334.
jupe(f) fourreau(m) 334.
jupe(f) froncée 335.
jupe(f) portefeuille(m) 334.
jupe(f) souple 493.
jupe(f)-culotte(f) 334.
jupes(f), types(m) 334.
jupette(f) 615.
Jupiter 4.
jupon(m) 345.
justaucorps(m) 315.
justaucorps(m) 353.

K

kaki(m) 68.
kérosène(m) 744, 745.
ketch(m) 482.
kilt(m) 335.
kimono(m) 348.
kiosque(m) 453, 475, 807.
kiwi(m) 68.
knicker(m) 336.
kumquat(m) 65.

L

la(m) 537.
la(m) universel 539.
laboratoire(m) 15.
laboratoire(m) spatial 511.
laboratoire(m) supérieur 15.
lac(m) 7, 27, 51.
lac(m) salé 46.
laccolite(f) 25.
lacet(m) 354.
lacet(m) 352, 596, 644, 669.
lacet(m) de serrage(m) 381.
lacis(m) 645.
lactaire(m) délicieux 55.
lacune(f) latérale 104.
lacune(f) médiane 104.
lagune(f) 30.
laiterie(f) 149.
laitue(f) pommée 73.
laize(f) 628.
lambourde(f) 198.
lame(f) 783.
lame(f) 200, 231, 239, 242, 268, 271, 276, 277, 284, 285, 291, 304, 309, 369, 374, 431, 536, 554, 564, 573, 609, 644, 666, 681, 783, 784.
lame(f) à deux biseaux(m) 587.
lame(f) à double tranchant(m) 374.
lame(f) coudée 587.
lame(f) criblée de l'ethmoïde(m) 141.
lame(f) d'étouffoir(m) 541.
lame(f) de coupe(f) 256.
lame(f) de scie(f) circulaire 284.
lame(f) de suspension(f) 707.
lame(f) dentée 369.
lame(f) droite 587.
lame(f) droite 369.
lame(f) en cuiller(f) 587.
lame(f) fixe 578.
lame(f) isolée 310.
lame(f) mobile 578.
lame(f) porte-objet(m) 718.
lame(f) racleuse 784.
lame(f)-ressort(m) 726.
lamelle(f) 55, 200.
lames(f), principales formes(f) 587.
lampadaire(m) 236.
lampadaire(m) 185.
lampe(f) 310, 718.
lampe(f) à économie(f) d'énergie(f) 233.
lampe(f) à halogène(m) 233.
lampe(f) à incandescence(f) 232.
lampe(f) à incandescence(f) 486, 769.
lampe(f) à souder 299, 307.
lampe(f) au néon(m) 310.
lampe(f) d'architecte(m) 234.
lampe(f) de bureau(m) 234.
lampe(f) de table(f) 236.
lampe(f) frontale 680.
lampe(f) liseuse 234.
lampe(f) portative 777.
lampe(f)-éclair(m) 393.
lampe(f)-témoin(m) 666.
lampe(f)-tempête(f) 690.
lampes(f) témoins(m) 410, 431.
lance(f) 306, 778, 791.
lance(f) à eau(f) 781.
lance(f) d'arrosage(m) 265.
lance(f)-canon(m) 778.
lance-leurres(m) 809.
lance-missiles(m) 811.
lance-pots(m) fumigènes 805.
lancement(m) de la boule(f) 682.
lancéolée 56.
lancer(m) 682.
lancer(m) disque(m) et marteau(m) 654.
lancer(m) du javelot(m) 654.
lancer(m) du poids(m) 655.
lancers(m) 658.
lanceur(m) 597, 599.
lange(m) 581.
langouste(f) 91.
langoustine(f) 91.
langue(f) 81, 88, 131, 142.
langue(f) bifide 96.
langue(f) glaciaire 26.
langue(f), dos(m) 143.
languette(f) 352, 354, 542, 641, 644.
lanière(f) 541, 633, 662, 680.
lanterne(f) 689, 801.
lanterne(f) 263, 486.
lanterne(f) de phare(m) 486.
lanterne(f) de pied(m) 235.
lanterne(f) murale 235.
lapiaz(m) 24.
lapis-lazuli(m) 362.
largue(m) 629.
larve(f) 82.
larynx(m) 130, 142.
latitude(f) 47.
latitude(f) 3.
latrines(f) 171.
latte(f) 231, 571, 628, 631, 637, 773.
lattis(m) de plâtre(m) lisse 286.
lattis(m) métallique à losanges(m) 286.
laurier(m) 74.
lavabo(m) 215, 292.
lavage(m) 829.
lavallière(f) 324.
lave-auto(m) 453.
lave-linge(m) 258, 298.
lave-linge(m) 215, 298.
lave-vaisselle(m) 257, 298.
lave-vaisselle(m) 298.
laver à la machine(f) à l'eau(f) chaude avec agitation(f) normale 829.
laver à la machine(f) à l'eau(f) chaude avec agitation(f) réduite 829.
laver à la machine(f) à l'eau(f) tiède avec agitation(f) réduite 829.
laver à la machine(f) à l'eau(f) très chaude avec agitation(f) normale 829.
laver à la main(f) à l'eau(f) tiède 829.
laveuse(f) pour épreuves(f) 399.
laye(f) 543.
lecteur(m) de carte(f) 422.
lecteur(m) de cartouche(f) 527.
lecteur(m) de cassette(f) 408, 526.
lecteur(m) de disque(m) compact 405.
lecteur(m) de disque(m) compact 400, 407, 408, 526.
lecteur(m) de disque(m) dur 529.
lecteur(m) de disque(m) dur 526, 528.
lecteur(m) de disque(m) optique 527.
lecteur(m) de disquette(f) 526, 528, 555.
lecture(f) 831.
lecture(f) 403, 411.
lecture(f) automatique/manuelle 310.
lecture(f) de plans(m) 193, 195.
lecture(f) rapide 405.
lecture(f)/pause(f) 405.
légionnaire(m) romain 791.
légumes(m) 69, 70, 71, 72, 73.
légumes(m) 33.
légumes(m) bulbes(f) 70.
légumes(m) feuilles(f) 73.
légumes(m) fleurs(f) 69.
légumes(m) fruits(m) 69.
légumes(m) graines(f) 72.
légumes(m) racines(f) 71.
légumes(m) tiges(f) 72.
légumes(m) tubercules(m) 71.
légumier(m) 238.
lentille(f) 385, 390, 392, 707.
lentille(f) biconcave 722.
lentille(f) biconvexe 722.
lentille(f) concave 722.
lentille(f) convexe 722.
lentille(f) de champ(m) 718.
lentille(f) de macrophotographie(f) 392.
lentille(f) objectif(m) 718, 719, 721.
lentille(f) plan(m)-concave 722.
lentille(f) plan(m)-convexe 722.
lentilles(f) 722.
lentilles(f) 72.
lentilles(f) convergentes 722.
lentilles(f) de mise(f) au point(m) 717.
lentilles(f) de redressement(m) 718.
lentilles(f) divergentes 722.
lest(m) 786.
leucoplaste(m) 115.
lève-fil(m) 256.
lève-soupape(m) 299.
levier(m) 278, 294, 295, 296, 365, 370, 583, 798.
levier(m) à ressort(m) 702.
levier(m) coudé 782.
levier(m) d'armement(m) 796, 804.
levier(m) d'écartement(m) 158.
levier(m) d'échappement(m) 541.
levier(m) d'embrayage(m) 272, 442, 444.
levier(m) de clé(f) 549.
levier(m) de commande(f) 283, 735.
levier(m) de commande(f) manuelle 467.
levier(m) de conduite(f) 788.
levier(m) de déclenchement(m) 293.
levier(m) de dégagement(m) 278.
levier(m) de dégagement(m) du papier(m) 525.
levier(m) de dégagement(m) du presse-papier(m) 525.
levier(m) de fixation(f) de venturi(m) 804.
levier(m) de frein(m) à main(f) 430, 470.
levier(m) de frein(m) avant 444.
levier(m) de la lame(f) 578.
levier(m) de manœuvre(f) 787, 788.
levier(m) de manœuvre(f) de la culasse(f) 802.
levier(m) de perçage(m) 256.
levier(m) de réglage(m) 539.
levier(m) de réglage(m) latéral 277.
levier(m) de relevage(m) 147.
levier(m) de serrage(m) 282.
levier(m) de tissage(m) 568.
levier(m) de verrouillage(m) 471.
levier(m) de vibrato(m) 547.
levier(m) de vitesse(f) 430.
levier(m) des aérofreins(m) 500.
levier(m) des volets(m) 500.
levier(m) du bloc(m) 277.
levier(m) du piston(m) 291.
levier(m) du protège-lame(m) inférieur 284.
levier(m) du train(m) d'atterrissage(m) 500.
levier(m) télescopique de dételage(m) 470.
lèvre(f) 100, 107, 281.
lèvre(f) inférieure 142, 542.
lèvre(f) supérieure 81, 142, 542.
Lézard(m) 11.
liaison(f) 539.
liaison(f) électrique 213.
liaison(f) frigorifique 213.
libellule(f) 77.
liber(m) 59.
liberté(f) de langue(f) 650.
lice(f) 181.
lierne(f) 177.
lieuse(f) 159.
Lièvre(m) 13.
ligament(m) 95.
ligament(m) alvéolo-dentaire 144.
ligament(m) élastique 92, 107.
ligament(m) large de l'utérus(m) 129.
ligament(m) rond de l'utérus(m) 129.
ligament(m) suspenseur 140.
ligne(f) 537.
ligne(f) arrière 611, 620.
ligne(f) avant 617.
ligne(f) blanche 104.
ligne(f) bleue 608.
ligne(f) centrale 608, 619.
ligne(f) d'appel(m) triple saut(m) 654.
ligne(f) d'arrivée(f) 654.
ligne(f) d'attaque(f) 613.
ligne(f) d'avertissement(m)- épée(f) et sabre(m) 666.
ligne(f) d'avertissement(m)- fleuret(m) 666.
ligne(f) d'ourlet(m) 565.
ligne(f) de balayage(m) 620.
ligne(f) de ballon(m) mort 606.
ligne(f) de bâti(m) 565.
ligne(f) de boîte(f) de service(m) 617.
ligne(f) de but(m) 601, 604, 606, 607, 608, 612, 626.
ligne(f) de cadre(m) 674.
ligne(f) de centre(m) 604, 607, 620, 682.
ligne(f) de côté(m) 613.
ligne(f) de couloir(m) 656.
ligne(f) de coupe(f) 565.
ligne(f) de croissance(f) 83, 95.
ligne(f) de demi-court(m) 616.
ligne(f) de départ(m) 620, 655, 656.
ligne(f) de distribution(f) à basse tension(f) 757.
ligne(f) de distribution(f) à moyenne tension(f) 757.
ligne(f) de double(m) 614.
ligne(f) de foi(f) 485.
ligne(f) de fond(m) 604, 610, 613, 614, 618, 619, 621.
ligne(f) de jet(m) franc 612.
ligne(f) de jeu(m) 597, 620, 683, 698.
ligne(f) de lancer(m) franc 610.
ligne(f) de limite(f) arrière 666.
ligne(f) de mêlée(f) 603, 605.
ligne(f) de mise(f) en garde(f) 666.
ligne(f) de modification(f) 565.
ligne(f) de piqûre(f) de la fermeture(f) 565.
ligne(f) de réception(f) de service(m) 617.
ligne(f) de retrait(m) 599.
ligne(f) de sécurité(f) 475.
ligne(f) de service(m) 614, 616, 617.
ligne(f) de service(m) court 618.
ligne(f) de service(m) long 618.
ligne(f) de simple(m) 614.
ligne(f) de surface(f) de but(m) 612.
ligne(f) de suture(f) 94.
ligne(f) de touche(f) 601, 604, 606, 607, 610, 611, 612.
ligne(f) de visée(f) 719.
ligne(f) des 10 mètres(m) 606.
ligne(f) des 15 mètres(m) 606.
ligne(f) des 2 m 626.
ligne(f) des 22 mètres(m) 606, 607.
ligne(f) des 4 m 626.
ligne(f) des 5 mètres(m) 606.

Les termes en **caractères gras** renvoient à une illustration.

ligne(f) des courtes(f) 616.
ligne(f) des sept mètres(m) 612.
ligne(f) des verges(f) 604.
ligne(f) isosiste 23.
ligne(f) latérale 87, 616, 619, 620.
ligne(f) latérale de double(m) 618.
ligne(f) latérale de simple(m) 618.
ligne(f) médiane 601, 606, 610, 612, 618, 626, 666.
ligne(f) médiane de service(m) 614.
ligne(f) méridienne 719.
ligne(f) supplémentaire 537.
limaçon(m) 139.
limbe(m) 57, 484.
lime(f) 277.
lime(f) 365, 688.
lime(f) à ongles(m) 365.
limes(f)-émeri(m) 365.
limitation(f) de hauteur(f) 826, 827.
limite(f) d'arrondissement(m) 52.
limite(f) de la ville(f) 52.
limite(f) de retour(m) 599.
limite(f) du batteur(m) 599.
limite(f) du terrain(m) 193.
limite(f) hors-terrain 616.
limiteur(m) de surchauffe(f) 259.
limon(m) 201.
limousine(f) 425.
linéaire 56.
lingerie(f) 460.
linteau(m) 175, 198, 202, 204.
lion(m) 98.
Lion(m) 11.
lion(m) passant 819.
Lion(m)(23 juillet) 820.
liquette(f) 337.
liquide(f) 216.
liquides(m) d'appoint(m) 592.
lire(f) 832.
lisière(f) 566.
lisse(f) 199, 471.
lisse(f) d'assise(f) 198, 199.
lisses(f) 573.
lisses(f) 572, 574.
listel(m) 281.
lit(m) 224, 687.
lit(m) de camp(m) pliant 687.
lit(m) de l'ongle(m) 137.
litchi(m) 68.
literie(f) 224.
lithographie(f) 583.
lithographie(f), matériel(m) 583.
lithosphère(f) 31.
littoral(m), configuration(f) 30.
livèche(f) 74.
livre(f) 832.
livre(m) relié 577.
livrée(f) 599.
livrée(f) 599.
loafer(m) 355.
lobé 56.
lobe(m) 111.
lobe(m) du nez(m) 141.
lobe(m) inférieur 130.
lobe(m) latéral inférieur 61.
lobe(m) latéral supérieur 61.
lobe(m) moyen 130.
lobe(m) supérieur 130.
lobe(m) terminal 61.
lobule(m) 139.
locaux(m) administratifs 462.
locaux(m) de service(m) 172, 173.
locaux(m) du personnel(m) 494.
locomotive(f) diesel-électrique 468.
loge(f) 64, 65, 189.
loge(f) d'artiste(m) 189.
logement(m) de cassette(f) 403.
logement(m) de la bobine(f) 390.
logement(m) de la cassette(f) 409, 411.
logement(m) de rangement(m) 397.
logement(m) des officiers(m) 807, 808.
logement(m) du barillet(m) 290.
logement(m) du plateau(m) 405.
lointain(m) 188, 189.
long péronier(m) latéral 120.
long supinateur(m) 121.
longeron(m) 441, 498.
longeron(m) de chenille(f) 783.
longeron(m) latéral inférieur 470.
longeron(m) stabilisateur 788.
longitude(f) 47.
longitude(f) 3.
longueur(f) de la vague(f) 30.
loquet(m) 253, 257.
lorgnette(f) 377.
lorum(m) 109.
louche(f) 244.
loupe(f) 688.
loupe(f) de mise(f) au point(m) 399.
luette(f) 141, 142.
luge(f) 643.
lumière(f) 489, 542, 720, 721, 800, 801.
luminaires(m) 232, 234, 236.
Lune(f) 7.
Lune(f) 4, 8.
Lune(f), éclipse(f) 8.
Lune(f), phases(f) 6.
lunette(f) 713, 803.
lunette(f) astronomique 721.
lunette(f) astronomique, coupe(f) 721.
lunette(f) de visée(f) 718.
lunette(f) de visée(f) 798.
lunette(f) prismatique 484.
lunettes(f) 308, 376.
lunettes(f) de protection(f) 729.
lunettes(f) de sécurité(f) 729.
lunettes(f) de ski(m) 640.
lunettes(f) de soleil(m) 377.
lunettes(f) de vol(m) 635.
lunettes(f), parties(f) 376.
lunettes(f), principaux types(m) 377.
lunule(f) 95, 137.
lustre(m) 236.
Lynx(m) 11.
lyre(f) 535.
Lyre(f) 11.
lysosome(m) 115.

M

macaroni(m) 587.
mâche(f) 73.
machette(f) 794.
mâchicoulis(m) 181.
mâchicoulis(m) 180.
machine(f) à combustible(m) 759.
machine(f) à coudre 561.
machine(f) à écrire électronique 524.
machine(f) à faire les pâtes(f) 243.
machine(f) à sous(m) 702.
machine(f) à tricoter 568.
machine(f) de chargement(m) 760, 761, 764.
machine(f) de déchargement(m) 764.
machinerie(f) lourde 782, 784, 785.
mâchoire(f) 81, 311.
mâchoire(f) d'attelage(m) 471.
mâchoire(f) d'herbivore(m) 98.
mâchoire(f) de carnivore(m) 98.
mâchoire(f) de rongeur(m) 98.
mâchoire(f) dentée 278.
mâchoire(f) droite 278.
mâchoire(f) fixe 279.
mâchoire(f) incurvée 278.
mâchoire(f) mobile 279.
mâchoires(f), types(m) 98.
maçonnerie(f) 291.
magasins(m) 532.
magma(m) 25, 28.
magnétomètre(m) 42.
magnétophone(m) à cartouches(f) 407.
magnétophone(m) à cassette(f) numérique 407.
magnétoscope(m) 411.
magnétoscope(m) 401, 526.
maille(f) 619.
mailles(f) de montage(m) 567.
maillet(m) 275, 581, 586.
mailloche(f) 552.
mailloches(f) 553.
maillon(m)-gouge(f) 272.
maillot(m) 656.
maillot(m) de bain(m) 353.
maillot(m) de corps(m) 662.
main(f) 137.
main(f) 117, 119.
main(f) courante 201, 470, 727.
main(f) pleine 695.
maïs(m) 72, 152.
maïs(m) fourrager 149.
maison(f) 193, 620.
maison(f) individuelle 187.
maison(f) individuelle jumelée 187.
maison(f) romaine 170.
maison(f) solaire 772.
maison(f) sur pilotis(m) 165.
maison(f), charpente(f) 198.
maison(f), extérieur(m) 196.
maison(f), fondations(f) 199.
maison(f), structure(f) 198.
maisons(f) de ville(f) 187.
maisons(f) en rangée(f) 187.
maisons(f) traditionnelles 165.
maître(m)-brin(m) 645.
majeur(m) 137.
malaire(m) 122.
mâle(m) 831.
malle(f) 383.
mallette(f) de toilette(f) 382.
mallette(f) porte-documents(m) 378.
mamelle(f) 104.
mamelon(m) 116, 118, 129.
mamelon(m) double 301.
manche(f) 318, 322.
manche(f) à air(m) 817.
manche(f) ballon(m) 340.
manche(f) bouffante 340.
manche(f) chauve-souris(f) 339.
manche(f) chemisier(m) 340.
manche(f) flottante 316.
manche(f) gigot(m) 340.
manche(f) kimono(m) 340.
manche(f) marteau(m) 340.
manche(f) montée 324, 326.
manche(f) pagode(f) 340.
manche(f) pendante 316.
manche(f) raglan 340.
manche(f) raglan 319, 330, 350.
manche(f) tailleur(m) 340.
manche(f) trois-quarts 339.
manche(m) 239, 240, 241, 275, 276, 279, 291, 304, 306, 310, 373, 374, 375, 541, 544, 546, 547, 563, 570, 579, 596, 598, 607, 609, 615, 619, 632, 674, 677, 681.
manche(m) à balai(m) 526, 639.
manche(m) à balais(m) 508.
manche(m) de commande(f) 500.
manche(m) isolant 311.
manche(m) isolé 310.
mancheron(m) 339.
mancheron(m) 270, 272, 318.
manches(f), types(m) 339, 340.
manchette(f) 609.
manchon(m) 381.
manchon(m) 209, 301, 304, 632, 662, 663.
manchon(m) de câble(m) 280.
manchon(m) de culasse(f) 802.
manchon(m) de refroidissement(m) 796.
manchon(m) du cordon(m) 283, 305.
mandarine(f) 65.
mandibule(f) 80, 81, 86, 102, 109.
mandibule(m) 78.
mandoline(f) 535.
mandrin(m) 276, 280, 281, 283.
manette(f) 252.
manette(f) d'admission(f) d'air(m) 204.
manette(f) de blocage(m) du plateau(m) 283.
manette(f) de chasse(f) d'eau(f) 293.
manette(f) de contact(m) 235.
manette(f) de dérailleur(m) 447, 448.
manette(f) de glissement(m) 428.
manette(f) du frein(m) 445.
manettes(f) de poussée(f) 500.
mangue(f) 63.
manifold(m) 738.
manille(f) 630.
manivelle(f) 265, 280, 281, 441, 448, 573, 671, 793.
manivelle(f) d'orientation(f) des lames(f) 231.
manivelle(f) de la colonne(f) 393.
manivelle(f) de lève-glace(m) 429.
manivelle(f) de pointage(m) en direction(f) 803.
manivelle(f) de pointage(m) en hauteur(f) 802, 803.
mannequin(m) 564.
mannequin(m) articulé 592.
manœuvre(f) de la pelleteuse(f) 782.
manœuvres(f) d'apogée(m) 419.
manomètre(m) 627, 710, 740, 741, 778.
manomètre(m) d'accord(m) 553.
manomètre(m) de bouteille(f) 306.
manomètre(m) de chalumeau(m) 306.
manque(m)(1 à 18) 700, 701.
manteau(m) 331.
manteau(m) 204.
manteau(m) inférieur 22.
manteau(m) supérieur 22.
manteaux(m), types(m) 330.
manucure(f) 365.
manucure(f), accessoires(m) 365.
manuel(m) de premiers soins(m) 725.
manutention(f) 786, 788.
maquillage(m) 366.
maquillage(m) des lèvres(f) 366.
maquillage(m) des yeux(m) 367.
marais(m) salant 30.
marbre(m) 581.
marbre(m) 597.
marche(f) 201, 302, 572.
marche(f) avant/marche(f) arrière 272.
marche(f) de départ(m) 201.
marche(f)/arrêt(m) 408.
marche(f)/arrêt(m)/volume(m) 408.
marchepied(m) 302.
marchepied(m) 147, 440, 445, 478, 508, 778.
marchepied(m) en étrier(m) 470.
marchepied(m) escamotable 449.
marchepied(m) latéral 469.
marette(f) 311.
marge(f) continentale 29.
margeur(m) 398.
marinière(f) 337.
mark(m) 832.
marmite(f) 249.
marque(f) cardinale est(m) 489.
marque(f) cardinale ouest(m) 489.
marque(f) cardinale sud(m) 489.
marque(f) centrale 614.
marque(f) d'aire(f) de prise(f) de contact(m) 505.
marque(f) d'axe(m) de piste(f) 504.
marque(f) d'eaux(f) sécuritaires 489.
marque(f) de danger(m) isolé 489.
marque(f) de distance(f) constante 505.
marque(f) de jour(m) 486, 487.
marque(f) de point(m) d'attente(f) 504.
marque(f) déposée 831.
marque(f) déposée 384.
marque(f) latérale 489.
marque(f) spéciale 489.
marques(f) cardinales 488.
marques(f) d'identification(f) 504.
marques(f) de circulation(f) 503.
marques(f) de jour(m)(région(f) B) 489.
marques(f) de nuit(f), rythme(m) 489.
marques(f) de seuil(m) de piste(f) 505.
marques(f) latérales de piste(f) 504.
marqueur(m) 389, 515, 588.
marqueur(m) 610, 613, 666, 668.
marquise(f) 480.
marron(m) 66.
Mars 4.
marteau(m) 658.
marteau(m) 138, 540, 541.
marteau(m) à endosser 579.
marteau(m) à panne(f) ronde 275.
marteau(m) d'électricien(m) 311.
marteau(m) de charpentier(m) 275.
marteau(m) de maçon(m) 291.
marteau(m) de menuisier(m) 275.
marteau(m) perforateur 734.
marteau(m) perforateur à poussoir(m) pneumatique 734.
marteau(m) pneumatique 735.
marteau(m)-piolet(m) 681.
marteau(m)-piolet(m) 680.
martinet(m) 478.
martingale(f) 330.
martingale(f) 479, 666.
mascara(m) en pain(m) 367.
mascara(m) liquide 367.
masque(m) 595, 602, 609, 627, 667.
masque(m) bucco-nasal 730.
masque(m) complet 777.
masque(m) de sélection(f) des couleurs(f) 410.
masque(m) protecteur 643.
masque(m) respiratoire 730.
masse(f) 714.
masse(f) pendulaire 539.
masse(f)-tige(f) 737.
masséter(m) 120.
massette(f) de réglage(m) 539.
massif(m) d'ancrage(m) des câbles(m) 456.
massif(m) de fleurs(f) 263.
massif(m) de fondation(f) 737.
massif(m) montagneux 51.
mât(m) 471, 628, 631, 637, 787, 788.
mât(m) avant 743.
mât(m) d'artimon(m) 478.

Les termes en **caractères gras** renvoient à une illustration.

mât(m) de beaupré(m) 479.
mât(m) de cacatois(m) 479.
mât(m) de charge(f) 743.
mât(m) de hune(f) 479.
mât(m) de misaine(f) 479.
mât(m) de perroquet(m) 479.
mât(m) de toit(m) 686.
mât(m) radar(m) 742.
mât(m) rotor(m) 508.
matelas(m) 687.
matelas(m) 224, 726.
matelas(m) autogonflant 687.
matelas(m) mousse(f) 687.
matelas(m) pneumatique 687.
matelassure(f) 649.
mâtereau(m) 743.
matériaux(m) de base(f) 286.
matériaux(m) de construction(f) 286, 288.
matériaux(m) de revêtement(m) 286.
matériel(m) de camping(m) 688.
matériel(m) de secours(m) 726.
mathématiques(f) 830.
matières(f) corrosives 821.
matières(f) explosives 821.
matières(f) inflammables 821.
matières(f) radioactives 821.
matières(f) toxiques 821.
matrice(f) de l'ongle(m) 137.
maturation(f), vigne(f) 61.
mâture(f) 478.
maturité(f) 61.
maxillaire(m) 86, 109, 141.
maxillaire(m) basculant 96.
maxillaire(m) inférieur 122.
maxillaire(m) supérieur 122.
maxille(f) 90.
mazout(m) domestique 745.
mazout(m) léger 745.
mazout(m) lourd 745.
méat(m) de l'urètre(m) 127.
mécanique(f) d'accordage(m) 547.
mécanisme(m) à échappement(m) 539.
mécanisme(m) d'assistance(f) de la culasse(f) 796.
mécanisme(m) d'engrenage(m) 583.
mécanisme(m) d'enroulement(m) 231.
mécanisme(m) d'octave(f) 548.
mécanisme(m) d'orientation(f) de la lame(f) 784.
mécanisme(m) d'ouverture(f) de l'anse(f) 671.
mécanisme(m) de déploiement(m) 49.
mécanisme(m) de l'horloge(f) à poids(m) 707.
mécanisme(m) de levage(m) de la lame(f) 784.
mécanisme(m) de propulsion(f) 448.
mécanisme(m) de rebobinage(m) 390.
mécanisme(m) de tir(m) 804.
mèche(f) 544.
mèche(f) de tarière(f) 270.
mèche(f) double torsade(f) 281.
mèche(f) hélicoïdale 281.
médaillon(m) 361.
médecin(m) 669.
médiator(m) 535.
méditerranéen 45.
mégot(m) 386.
mélange(m) air(m)/carburant(m) 436.
mélangeur(m) 250.
mélangeur(m) à main(f) 250.
mélangeur(m) bain(m)-douche(f) 215.
mêlée(f) 603.
mêlée(f) au football(m) canadien 605.
mélèze(m) 58.
melon(m) 328.
melon(m) brodé 69.
membrane(f) 400, 406.
membrane(f) alaire 112.
membrane(f) coquillière 109.
membrane(f) cytoplasmique 115.
membrane(f) du tympan(m) 139.
membrane(f) interfémorale 112.
membrane(f) médiane 67.
membrane(f) nucléaire 115.
membrane(f) pellucide 128.
membrane(f) squelettique 115.
membrane(f) vitelline 109.
membre(m) inférieur 124.
membre(m) supérieur 124.
membrure(f) inférieure 455.
membrure(f) principale 756.
membrure(f) supérieure 455.
mémoire(f) des patrons(m) 569.
mémorisation(f) des données(f) 310.
meneur(m) 620.
ménisque(m) convergent 722.
ménisque(m) divergent 722.
menthe(f) 74.
menton(m) 108, 118.
mentonnière(f) 443, 544, 777, 792.
menuiserie(f): outils(m) 275.
menuiserie(f): outils(m) 276.
menuiserie(f): outils(m) 278.
menuiserie(f): outils(m) 280.
menuiserie(f): outils(m) 282.
menuiserie(f): outils(m) 284.
méplat(m) 567.
mer(f) 7, 51, 752.
mer(f) Caspienne 21.
mer(f) de Béring 21.
mer(f) de Chine(f) 21.
mer(f) des Antilles(f) 20.
mer(f) du Groenland(m) 20.
mer(f) du Nord(m) 21.
mer(f) Méditerranée(f) 21.
mer(f) Noire 21.
mer(f) Rouge 21.
Mercure 4.
mercure(m) 232.
méridien(m) céleste 3.
méridien(m) de Greenwich 47.
méridien(m) est 47.
méridien(m) ouest 47.
méridienne(f) 221.
merlon(m) 181.
merlon(m) de protection(f) 741.
merrain(m) 105.
mésa(f) 46.
mésocarpe(m) 62, 63, 64, 65.
mésosphère(f) 19.
mésothorax(m) 78.
mesure(f) à deux temps(m) 537.
mesure(f) à quatre temps(m) 537.
mesure(f) à trois temps(m) 537.
mesure(f) de l'ensoleillement(m) 40.
mesure(f) de l'épaisseur(f) 711.
mesure(f) de l'humidité(f) 41.
mesure(f) de la direction(f) du vent(m) 41.
mesure(f) de la distance(f) 711.
mesure(f) de la hauteur(f) des nuages(m) 41.
mesure(f) de la longueur(f) 711.
mesure(f) de la masse(f) 708.
mesure(f) de la neige(f) 41.
mesure(f) de la pluviosité(f) 40.
mesure(f) de la pression(f) 41, 710.
mesure(f) de la température(f) 41, 705.
mesure(f) de la vitesse(f) du vent(m) 41.
mesure(f) des angles(m) 713.
mesure(f) des ondes(f) sismiques 714.
mesure(f) du temps(m) 706.
mesure(f) météorologique 40.
mesurer, ustensilsm 244.
mesures(f) 537.
mesures(f) 244.
métacarpe(m) 102, 107, 122.
métal(m) A 307.
métal(m) B 307.
métatarse(m) 80, 103, 122.
métathorax(m) 78.
métaux(m) 33.
métaux(m), exemples(m) 819.
météores(m) 39.
météorologie(f) 38.
météorologie(f), instruments(m) de mesure(f) 40.
météorologie(f), station(f) 38.
métier(m) à broder 571.
métier(m) de basse lisse(f) 572.
métier(m) de haute lisse(f) 574.
métope(f) 167.
mètre(m) à ruban(m) 563, 711.
métro(m) 190.
métronome(m) à quartz(m) 539.
métronome(m) mécanique 539.
meubles(m) de rangement(m) 225, 226.
meubles(m), exemples(m) 819.
meule(f) 105.
meurtrière(f) 181.
mezzanine(f) 194.
mezzanine(f) 195, 474.
mi(m) 537.
mi-bas(m) 325, 344.
mi-chaussette(f) 325, 344.
micro(m) de fréquences(f) aiguës 547.
micro(m) de fréquences(f) graves 547.
micro(m) de fréquences(f) moyennes 547.
micro-ordinateur(m)(vue(f) en plongée(f)) 528.
micromètre(m) palmer(m) 711.
microordinateur(m) 526.
microphone(m) 407, 414, 420, 639.
microphone(m) d'interphone(m) 413.
microphone(m) dynamique 406.
microphone(m) incorporé 409.
microprocesseur(m) 528.
microscope(m) binoculaire 718.
microscope(m) électronique 717.
microscope(m) électronique, composantes(f) 717.
mihrab(m) 173.
millet(m) 152.
minaret(m) 172, 173.
minbar(m) 173.
mine(f) de charbon(m) 733, 734, 736.
mine(f) souterraine 736.
minerai(m) 733.
mini-slip(m) 325.
minute(f) 830.
minuterie(f) 398.
minuterie(f) 252, 585, 712.
minuteur(m) 244, 664.
mire(f) 684, 719.
mire(f) de réglage(m) 414.
mirette(f) 585.
miroir(m) 292, 382, 719.
miroir(m) d'éclairage(m) 713.
miroir(m) de courtoisie(f) 430.
miroir(m) de lecture(f) 512.
miroir(m) double pivotant 368.
miroir(m) latéral 368.
miroir(m) lumineux 368.
miroir(m) parabolique 770.
miroir(m) plan(m) 720.
miroir(m) plan(m) rétractable 14.
miroir(m) primaire 16.
miroir(m) primaire concave 14.
miroir(m) primaire parabolique 720.
miroir(m) principal 390.
miroir(m) secondaire 16, 390.
misaine(f) 481.
mise(f) à feu(m), accessoires(m) 801.
mise(f) en marche(f) 420, 421.
mise(f) en orbite(f) 419.
mise(f) en presse(f) 579.
missile(m) air(m)-air(m) 813, 814.
missile(m) air(m)-sol(m) 814.
missile(m) anti-sous-marin 809, 814.
missile(m) antiaérien 808.
missile(m) antichar 814.
missile(m) antinavire 814.
missile(m) antiradar 814.
missile(m) mer(f)-mer(f) 809.
missile(m) sol(m)-air(m) 814.
missile(m), structure(f) 814.
missiles(m) 814.
missiles(m), principaux types(m) 814.
mitaine(f) 327.
mitigeur(m) à bille(f) creuse 294.
mitigeur(m) à cartouche(f) 295.
mitigeur(m) à disque(m) 295.
mitigeur(m) d'évier(m) 296.
mitochondrie(f) 115.
mitrailleuse(f) 805.
mitre(f) 205, 239, 242.
mitron(m) 197.
mobilier(m) de bureau(m) 520, 522.
mocassin(m) 355.
mode(m) 525.
mode(m) d'entraînement(m) du film(m) 391.
mode(m) d'entraînement(m) du papier(m) 531.
mode(m) d'exposition(f) 391.
mode(m) de mise(f) au point(m) 391.
mode(m) de sélection(f) des stations(f) 402.
mode(m) de sortie(f) des copies(f) 532.
mode(m) magnétoscope(m) 411.
mode(m) manuel/automatique 585.
mode(m) télévision(f) 411.
modèle(m) à plat(m) 580.
modèle(m) en creux(m) 580.
modèle(m) en relief(m) 580.
modem(m) 526.
modérateur(m) 766.
modérateur(m): eau(f) lourde 761.
modérateur(m): eau(f) naturelle 762.
modérateur(m): eau(f) naturelle 763.
modérateur(m): graphite(m) 760.
modification(f) fine des variables(f) 555.
modification(f) rapide des variables(f) 555.
modillon(m) 167.
modulation(f) de la hauteur(f) du son(m) 555.
modulation(f) du timbre(m) du son(m) 555.
module(m) d'alimentation(f) électrique 528.
module(m) d'injection(f) de gaz(m) 738.
module(m) de charge(f) utile 49.
module(m) de commande(f) 509.
module(m) de communication(f) 418.
module(m) de mémoire(f) morte (ROM) 528.
module(m) de mémoire(f) vive (RAM) 528.
module(m) de photopiles(f) 769.
module(m) de propulsion(f) 418.
module(m) de service(m) 418, 509.
module(m) extérieur 212.
module(m) intérieur 213.
module(m) lunaire 509.
moelle(f) 59.
moelle(f) épinière 89, 134, 135.
moissonneuse(f)-batteuse(f) 160.
moissonneuse(f)-batteuse(f) 155.
molaire(f) 98.
molaire(f), coupe(f) 144.
molaires(f) 144.
molette(f) 279, 386.
molette(f) d'entraînement(m) 256.
molette(f) de mise(f) au point(m) 719.
molette(f) de réglage(m) 311.
molette(f) de réglage(m) de la flamme(f) 386.
molette(f) du cylindre(m) 531.
mollet(m) 117, 119.
mollusque(m) 92.
mollusques(m) comestibles 93.
monocle(m) 377.
mont(m) de Vénus 128.
montagne(f) 27.
montant(m) 198, 223, 302, 341, 535, 572, 574, 578, 644, 657, 659, 660, 661, 728.
montant(m) d'angle(m) 470.
montant(m) de bâti(m) 225.
montant(m) de bride(f) 649.
montant(m) de ferrage(m) 202, 225.
montant(m) de filet(m) 649.
montant(m) de la serrure(f) 202.
montant(m) de rive(f) 203.
montant(m) embrevé 203.
montant(m) latéral 427.
montant(m) mouton(m) 203.
monte-boules(m) 683.
monte-charge(m) 188.
montée(f) arrière 651.
montgolfière(f) 634.
monticule(m) 597.
montre(f) 585.
montre(f) 430.
montre(f) à affichage(m) analogique 706.
montre(f) à affichage(m) numérique 706.
montre(f) mécanique 706.
monture(f) 376.
monture(f) 282, 536, 666.
monture(f) altazimutale 15.
monture(f) baïonnette(f) 392.
monture(f) d'objectif(m) 390.
monture(f) en fer(m) à cheval(m) 14.
monture(f) réglable 277.
monument(m) 52.
moraillon(m) 383.
moraine(f) de fond(m) 26.
moraine(f) frontale 27.
moraine(f) latérale 27.
moraine(f) médiane 26.
mordache(f) 578.
mordant(m) 538.
morille(f) 55.
mors(m) 276, 280, 281, 365, 577, 648.
mors(m) à canon(m) brisé 650.
mors(m) à pompe(f) 650.
mors(m) anglais 650.
mors(m) de bride(f) 650.
mors(m) de bride(f) 649.
mors(m) de filet(m) 650.
mors(m) de filet(m) 649.
mors(m) fixe 282.
mors(m) mobile 282.

Les termes en **caractères gras** renvoient à une illustration.

mors(m), types(m) 650.
mort(f) 831.
mortaise(f) 385.
mortier(m) 243, 803.
mortier(m) du XVIIe siècle(m) 803.
mortier(m) moderne 803.
morts-terrains(m) 733.
mosaïque(f) 171.
mosquée(f) 172.
mosquée(f), plan(m) 173.
moteur(m) 147, 161, 207, 214, 257, 258, 259, 270, 271, 272, 283, 284, 442, 737, 784, 787, 805.
moteur(m) à deux temps(m) 436.
moteur(m) à essence(f) 434.
moteur(m) à quatre temps(m) 436.
moteur(m) à turbocompression(f) 438.
moteur(m) d'aiguillage(m) 467.
moteur(m) de disques(m) 529.
moteur(m) de guides(m) 529.
moteur(m) de manœuvre(f) 511.
moteur(m) diesel 437.
moteur(m) diesel 469, 495.
moteur(m) diesel de propulsion(f) 492.
moteur(m) diesel de sustentation(f) 493.
moteur(m) diesel(m) 782, 783, 785.
moteur(m) du ventilateur(m) 214.
moteur(m) électrique 209, 216, 268, 271, 438.
moteur(m) électrique auxiliaire 806.
moteur(m) électrique principal 806.
moteur(m) F-1 509.
moteur(m) J-2 509.
moteur(m) rotatif 437.
moteur(m)-fusée(f) 43.
moteurs(m) 510.
moteurs(m) diesel(m) 809.
moteurs(m) principaux 511.
moteurs(m), types(m) 436.
motif(m) 350.
moto(f) 442, 444.
moto(m), tableau(m) de bord(m) 445.
motoculteur(m) 272.
motoneige(f) 445.
motrice(f) 459, 476, 477.
Mouche(f) 13, 77, 675.
mouche(f) artificielle 670.
mouche(f) centrale 674.
mouche(f) de ligne(f) de cadre(m) 674.
mouche(f) supérieure 674.
moufle(f) 308, 327.
moufle(f) 680, 793.
moufle(m) fixe 737.
moufle(m) mobile 737.
mouilleur(m) 516.
moule(f) 93.
moule(m) à fond(m) amovible 245.
moule(m) à gâteau(m) 245.
moule(m) à muffins(m) 245.
moule(m) à quiche(f) 245.
moule(m) à tarte(f) 245.
moulin(m) à café(m) 256.
moulin(m) à vent(m) 773.
moulin(m) pivot(m) 773.
moulinet(m) 581.
moulinet(m) à mouche(f) 670.
moulinet(m) à tambour(m) fixe 671.
moulure(f) de protection(f) 449.
mousqueton(m) 630, 681.
mousqueton(m) 672, 680.
mousqueton(m) à ressort(m) 630.
mousse(f) graisseuse 216.
moustaches(f) 107.
moutarde(f) 67.
mouton(m) 150.
mouton(m) 651.
moyen adducteur(m) 120.
moyen(m) 666.
moyenne sus-alaire(f) 110.
moyenne tectrice(f) primaire 110.
moyeu(m) 447, 727, 754, 774.
moyeu(m) rotor(m) 508.
Mt Everest(m) 19.
mule(f) 355.
multimètre(m) 310.
multiplicateur(m) de focale(f) 392.
multiplication(f) 830.
multiplication(f) 523.
muqueuse(f) olfactive 142.
mur(m) 647.
mur(m) 646, 685.
mur(m) arrière 616, 617.
mur(m) avant 616, 617.
mur(m) bajoyer(m) 746.
mur(m) barré 647.
mur(m) barré 646.
mur(m) d'extrémité(f) 621.
mur(m) de batillage(m) 748.
mur(m) de briques(f) 199.
mur(m) de départ(m) 621.
mur(m) de fondation(f) 198, 199.
mur(m) de la qibla(f) 173.
mur(m) de virage(m) 621, 622.
mur(m) en béton(m) 772.
mur(m) fortifié 172.
mur(m) latéral 616, 617, 621.
mur(m) Trombe 772.
mur(m) Trombe 772.
muraille(f) 743.
muscle(m) adducteur 92.
muscle(m) arrecteur 136.
muscle(m) bulbo-caverneux 127.
muscle(m) droit externe 140.
muscle(m) droit interne 140.
muscle(m) papillaire 125.
muscles(m) 120.
museau(m) 84, 106, 107.
musée(m) 185.
muserolle(f) 649.
musique(f), accessoires(m) 539.
mutule(f) 167.
mycélium(m) 55.
mye(f) 93.
myomère(m) 89.
myrtille(f) 62.

N

n'égale pas 830.
n'est pas identique à 830.
nacelle(f) 635.
nacelle(f) 457, 634, 774.
nacelle(f) d'observation(f) 14.
nacelle(f) d'osier(m) 635.
nacelle(f) élévatrice 506.
nage(f) sur le dos(m) 623.
nageoire(f) anale 87.
nageoire(f) caudale 87, 91.
nageoire(f) pectorale 86.
nageoire(f) pelvienne 86.
nages(f), types(m) 622.
naissance(f) 831.
naos(m) 169.
nappe(f) phréatique 24.
narine(f) 84, 86, 96, 109, 141.
nasal(m) 792.
naseau(m) 100.
natation(f) 621, 622.
navet(m) 71.
navette(f) 573.
navette(f) 510.
navette(f) ferroviaire 504.
navette(f) spatiale 510.
navette(f) spatiale au décollage(m) 510.
navette(f) spatiale en orbite(f) 510.
navigation(f), appareils(m) 484.
navire(m) de forage(m) 739.
navire(m) porte-conteneurs(m) 490.
ne pas laver 829.
ne pas repasser 829.
ne pas utiliser avec une chaise(f) roulante 822.
ne pas utiliser de chlorure(m) décolorant 829.
nébulosité(f) 39.
nécessaire(m) à chaussures(f) 358.
nectarine(f) 63.
nef(f) 177.
nef(f) centrale 173.
nèfle(f) du Japon(m) 64.
négatif(m) 831.
négatif(m) 399.
négatoscope(m) 398.
neige(f) 34.
neige(f) continue 39.
neige(f) intermittente 39.
neige(f) roulée 37.
neige(f), classification(f) des cristaux(m) 36.
neige(f), mesure(f) 41.
neiges(f) éternelles 27.
Neptune 5.
nerf(m) 136, 577.
nerf(m) circonflexe 133.
nerf(m) cochléaire 139.
nerf(m) crural 133.
nerf(m) cubital 133.
nerf(m) digital 133.
nerf(m) facial 139.
nerf(m) fémoro-cutané 133.
nerf(m) fessier 133.
nerf(m) grand abdomino-génital 133.
nerf(m) grand sciatique 133.
nerf(m) intercostal 133.
nerf(m) médian 133.
nerf(m) musculo-cutané 133.
nerf(m) obturateur 133.
nerf(m) olfactif 88, 142.
nerf(m) optique 140.
nerf(m) petit abdomino-génital 133.
nerf(m) petit sciatique 133.
nerf(m) rachidien 135.
nerf(m) radial 133.
nerf(m) saphène externe 133.
nerf(m) saphène interne 133.
nerf(m) sciatique poplité externe 133.
nerf(m) sciatique poplité interne 133.
nerf(m) tibial antérieur 133.
nerf(m) vestibulaire 139.
nerfs(m) crâniens 133.
nervure(f) 79, 627, 729, 785.
nervure(f) d'aile(f) 498.
nervure(f) d'emplanture(f) 498.
nervure(f) principale 56, 67.
nervure(f) secondaire 56.
netball(m) 611.
netball(m), ballon(m) 611.
netball(m), terrain(m) 611.
nettoie-pipes(m) 385.
neurone(m) moteur 135.
neurone(m) sensoriel 134.
neurones(m) 135.
névé(m) 26.
nez(m) 118, 277, 498, 637, 638.
nez(m) du guide(m) 272.
nez(m)-de-marche(f) 201.
nez(m), parties(f) externes 141.
nid(m) à couvain(m) 82.
nid(m) d'ange(m) 349.
nimbo-stratus(m) 44.
niveau(m) 736.
niveau(m) à bulle(f) 291.
niveau(m) d'eau(f) 210, 247.
niveau(m) d'équilibre(m) 30.
niveau(m) de la mer(f) 22, 28.
niveleuse(f) 784.
nivelle(f) d'alidade(f) 713.
nivelle(f) d'embase(f) 713.
nivomètre(m) 41.
nœud(m) 576.
nœud(m) 57, 756.
nœud(m) coulant 691.
nœud(m) d'arrêt(m) 691.
noeud(m) d'écoute(f) double 691.
noeud(m) d'écoute(f) simple 691.
nœud(m) de cabestan(m) 691.
nœud(m) de chaise(f) double 691.
nœud(m) de chaise(f) simple 691.
noeud(m) de Franciscain(m) 691.
nœud(m) de jambe(f) de chien(m) 691.
nœud(m) de pêcheur(m) 691.
nœud(m) de Ranvier 135.
nœud(m) de vache(f) 691.
nœud(m) papillon(m) 324.
nœud(m) plat 691.
nœud(m) plat 328.
nœud(m) simple 691.
nœuds(m) 691, 692.
noir(m) 700, 701.
noire(f) 538.
Noirs(m) 696.
noisette(f) 66.
noix(f) 66.
noix(f) 66, 541, 569, 793.
noix(f) de cajou(m) 66.
noix(f) de coco(m) 66.
noix(f) de pacane(f) 66.
noix(f) du Brésil(m) 66.
noix(f), coupe(f) 66.
noix(f), principales variétés(f) 66.
nom(m) de la station(f) 474.
nombre(m) de copies(f) 532.
nombre(m) de décimales(f) 523.
nombril(m) 116, 118.
non addition(f)/total(m) partiel 523.
non-appartenance(f) 830.
non-parallèle 830.
nord(m) 488.
nord(m)-est(m) 488.
nord(m)-ouest(m) 488.
notation(f) algébrique 696.
notation(f) musicale 537, 538.
nouaison(f) 61.
nouvelle lune(f) 6.
noyau(m) 6, 9, 63, 115, 128, 135, 542, 677, 798.
noyau(m) d'argile(f) 748.
noyau(m) externe 22.
noyau(m) galactique 9.
noyau(m) interne 22.
nu-pied(m) 357.
nuage(m) 36.
nuage(m) de cendres(f) 25.
nuage(m) nacré 19.
nuage(m) nocturne lumineux 19.
nuages(m) 44.
nuages(m) à développement(m) vertical 44.
nuages(m) de basse altitude(f) 44.
nuages(m) de haute altitude(f) 44.
nuages(m) de moyenne altitude(f) 44.
nuages(m), mesure(f) de la hauteur(f) 41.
nuancier(m) 592.
nucléole(m) 115, 128.
nuisette(f) 348.
numéro(m) 701.
numéro(m) d'autoroute(f) 52.
numéro(m) de couloir(m) 621.
numéro(m) de l'abonné(m) 712.
numéro(m) de la piste(f) 405.
numéro(m) de quai(m) 462.
numéro(m) de route(f) 52.
numéro(m) de tête(f) 653.
numéro(m) du joueur(m) 602.
numéro(m) plein 700, 701.
numéroteur(m) 516.
nuque(f) 108, 117, 119.
nymphe(f) 82.

O

oasis(f) 46.
objectif(m) 391, 392, 396, 397, 405, 718.
objectif(m) d'agrandissement(m) 399.
objectif(m) grand-angulaire 392.
objectif(m) normal 392.
objectif(m) super-grand-angle(m) 392.
objectif(m) zoom(m) 392.
objectif(m) zoom(m) 409.
objectif(m), accessoires(m) 392.
objectifs(m) 392.
obscurité(f) 489.
observatoire(m) 14.
observatoire(m) astronomique 14.
obstacle(m) d'eau(f) 676.
obstacles(m) 647.
obusier(m) moderne 802.
occipital(m) 121, 123.
océan(m) 7, 35, 51.
océan(m) Arctique 21.
océan(m) Atlantique 20.
océan(m) Indien 21.
océan(m) Pacifique 20.
océan(m), dorsale(f) 28.
océan(m), fond(m) 28.
océan(m), topographie 28.
Océanie(f) 21.
océanique 45.
octave(f) 537, 667.
oculaire(m) 390, 396, 409, 718, 719, 720, 721, 730.
oculaire(m) coudé 721.
odorat(m) 141.
oeil(m) 107.
œil(m) 140.
œil(m) 83, 90, 96, 97, 118, 275, 573, 649, 681.
œil(m) composé 79, 80, 81.
œil(m) simple 78, 80, 81.
œil(m) témoin(m) 471.
œillère(f) 653.
œillet(m) 230, 353, 354, 381, 569, 644, 671.
œillet(m) d'attache(f) 390.
œsophage(m) 88, 92, 97, 130, 131, 142.
œuf(m) 109.
œuf(m) 82.
œufrier(m) 254.
œufs(m) 84, 89.
office(m) 498.
ogive(f) 754.
oie(f) 150.
oignon(m) 70.
oignon(m) jaune 70.
oiseau(m) 108, 110.
oiseau(m) aquatique 111.
oiseau(m) aquatique 111.
Oiseau(m) de Paradis(m) 13.
oiseau(m) de proie(f) 111.

Les termes en **caractères gras** renvoient à une illustration.

oiseau(m) de proie(f) 111.
oiseau(m) échassier 111.
oiseau(m) granivore 111.
oiseau(m) insectivore 111.
oiseau(m) percheur 111.
oiseau(m), morphologie(f) 108.
olécrane(m) 102.
olécrâne(m) 123.
oléoduc(m) 740.
oléoduc(m) d'évacuation(f) 738.
oléoduc(m) sous-marin 740.
oléoduc(m) surélevé 740.
olive(f) 63.
ombelle(f) 60.
ombilic(m) 26.
ombilic(m) inférieur 110.
ombilic(m) supérieur 110.
ombre(f) 706.
ombre(f) à paupières(f) 367.
omoplate(f) 102, 117, 119, 122, 123.
onde(f) radio 15.
onde(f) sismique 23.
ongle(m) 137.
onglet(m) 518.
onglet(m) 688.
onglet(m) à fenêtre(f) 518.
opale(f) 362.
opérateur(m) de régie(f) d'éclairage(m) 412.
opercule(m) 84, 86.
Ophiucus 11, 13.
opisthodome(m) 169.
or(m) 819.
orage(m) 39.
orage(m) violent 39.
orange(f) 65.
orange(f) 65.
orbiculaire(m) des paupières(f) 120.
orbite(f) de lancement(m) 48.
orbite(f) des satellites(m) 43.
orbite(f) géostationnaire 43.
orbite(f) lunaire 8.
orbite(f) polaire 43.
orbite(f) présélectionnée 48.
orbites(f) des planètes(f) 4.
orbitre(f) lunaire 8.
orchestre(m) symphonique 556.
ordinateur(m) de gestion(f) de vol(m) 500.
ordinateur(m) des données(f) aérodynamiques 500.
ordonnance(f) 831.
ordre(m) corinthien 167.
ordre(m) dorique 167.
ordre(m) ionique 166.
oreille(f) 107, 112, 116, 223, 483.
oreille(f) externe 138.
oreille(f) interne 138.
oreille(f) moyenne 138.
oreille(f), parties(f) 138.
oreille(f), pavillon(m) 139.
oreiller(m) 224.
oreillette(f) droite 124, 125.
oreillette(f) gauche 124, 125.
organeau(m) 483.
organeau(m) de hissage(m) 483.
organes(m) des sens(m) 136, 138, 140, 141.
organes(m) génitaux féminins 128, 129.
organes(m) génitaux masculins 127.
orge(f) 152.
orgue(m) 542.
orgue(m), mécanisme(m) 543.
orgue(m), production(f) du son(m) 543.
orifice(m) d'aération(f) 304.
orifice(m) d'alimentation 779.
orifice(m) d'alimentation(f) 778.
orifice(m) d'échappement(m) 735.
orifice(m) de l'intestin(m) 83.
orifice(m) de remplissage(m) 256.
orifice(m) du conduit(m) auditif 139.
orifice(m) du pied(m) 542.
orifice(m) du poumon(m) 83.
orifice(m) génital 83.
orifice(m) uro-génital 89.
oriflamme(f) 817.
origan(m) 74.
Orion 11, 13.
ornements(m) 538.
oronge(f) vraie 55.
orteil(m) 106, 116, 118.
os(m) alvéolaire 144.
os(m) iliaque 122.
os(m) maxillaire 144.
os(m) propre du nez(m) 141.
oscilloscope(m) de phase(f) audio 413.
oscilloscope(m)/vectoscope(m) 413.
oseille(f) 73.
osselets(m) 138.
osselets(m) 139.
otolithe(f) 88.
ouest(m) 488.
ouïe(f) 138.
ouïe(f) 544.
ouragan(m) 39.
ourdissoir(m) 575.
ourlet(m) 231.
outil(m) 735.
outillage(m) de jardin(m) 264, 266, 268, 270, 272.
outils(m), électricité(f) 310, 311.
outils(m), menuiserie(f) 275, 276, 278, 280, 282, 284.
outils(m), plomberie(f) 299.
outils(m), sculpture(f) 587.
ouverture(f) 94, 671.
ouvre-boîtes(m) 256.
ouvre-boîtes(m) 244, 688.
ouvrière(f), abeille(f) 80.
ouvrière(f), abeille(f) 81.
ouvrir, ustensils(m) 244.
ovaire(m) 60, 128, 129.
ovoïde 56.
ovule(m) 128.
ovule(m) 60.
oxer(m) 647.
oxer(m) 646.
ozone(m) 19.

P

paddock(m) 651.
pain(m) 153.
pain(m) au lait(m) 153.
pain(m) azyme 153.
pain(m) bâtard 153.
pain(m) blanc 153.
pain(m) chapati indien 153.
pain(m) complet 153.
pain(m) de blé(m) entier 153.
pain(m) de campagne(f) 153.
pain(m) de maïs(m) américain 153.
pain(m) de mie(f) 153.
pain(m) de seigle(m) allemand 153.
pain(m) de seigle(m) danois 153.
pain(m) de seigle(m) noir 153.
pain(m) de seigle(m)/ graines(f) de carvi(m) 153.
pain(m) grec 153.
pain(m) irlandais 153.
pain(m) naan indien 153.
pain(m) noir russe 153.
pain(m) parisien 153.
pain(m) pita 153.
pain(m) pita/ graines(f) de sésame(m) 153.
pain(m) pumpernickel(m) 153.
pain(m) tchallah juif 153.
pair(m) 700, 701.
paire(f) 695.
pal(m) 818.
palais(m) des congrès(m) 184.
palanque(f) 647.
palanque(f) 646.
pale(f) 214, 752, 754, 774.
pale(f) de rotor(m) 508.
paletot(m) 321, 330.
palette(f) 619, 672, 787.
palette(f) à ailes(f) 787.
palette(f) à alvéoles(f) 592.
palette(f) à double face(f) 787.
palette(f) à simple face(f) 787.
palette(f) avec godet(m) 592.
palette(f) porte-instruments(m) 511.
palette(f)-caisse(f) 787.
palier(m) 194, 201.
palier(m) de butée(f) 753.
palier(m) magnétique 712.
palissade(f) 181.
palme(f) 627.
palmée 56.
palmeraie(f) 46.
palmette(f) 220.
palmure(f) 84, 111.
palonnier(m) 784.
palonnier(m) de slalom(m) 633.
palourde(f) 93.
palpe(m) labial 79, 81, 92.
pampille(f) 236.
pamplemousse(m) 65.
pan(m) 319, 324, 337.
pan(m) arrière 324.
pan(m) avant 324.
panais(m) 71.
panama(m) 328.
pancréas(m) 131.
panier(m) 610.
panier(m) 247, 252, 257, 596, 610, 672.
panier(m) à couverts(m) 257.
panier(m) d'alimentation(f) 521.
panier(m) de lavage(m) 258.
panier(m) de projection(f) 397.
panier(m) de réception(f) 521.
panne(f) 305, 579, 681.
panne(f) ronde 275.
panneau(m) 589.
panneau(m) 202, 229, 610, 634, 736.
panneau(m) à âme(f) lamellée 288.
panneau(m) à âme(f) lattée 288.
panneau(m) d'accès(m) 207.
panneau(m) de citerne(f) 743.
panneau(m) de commande(f) 210, 421, 779.
panneau(m) de copeaux(f) 288.
panneau(m) de disjoncteurs(m) 500.
panneau(m) de fibres(f) 289.
panneau(m) de fibres(f) perforé 289.
panneau(m) de fonctions(f) 421.
panneau(m) de garnissage(m) 429.
panneau(m) de modestie(f) 521.
panneau(m) de particules(f) 289.
panneau(m) de particules(f) lamifié 289.
panneau(m) de protection(f) latéral 727.
panneau(m) de raccordement(m) électrique 415.
panneau(m) de raccordement(m) vidéo 415.
panneau(m) de refroidissement(m) 510.
panneau(m) de séparation(f) 383.
panneau(m) de vantail(m) 225.
panneau(m) indicateur 462.
panneau(m) nombre(m) de voies(f) 471.
panneau(m) photovoltaïque 486, 487.
panneau(m) publicitaire 474.
panneau(m) solaire 16, 42, 48, 418.
panneau(m)-parachute(m) 634.
panneaux(m) de commandes(f) radio(f) 500.
panneaux(m) internationaux 825, 827, 828.
panneaux(m) nord-américains 824, 826, 828.
pansement(m) adhésif 725.
pantalon(m) 323.
pantalon(m) 353, 595, 602, 668, 680.
pantalon(m) molleton(m) 352.
pantalon(m) pattes(f) d'éléphant(m) 336.
pantalons(m), types(m) 336.
pantographe(m) 458.
Paon(m) 13.
papaye(f) 68.
papier(m) 589.
papier(m) 384, 580.
papier(m) à cigarettes(f) 384.
papier(m) goudronné 286.
papille(f) 136, 140.
papille(f) rénale 132.
papilles(f) linguales 143.
papillon(m) 78, 79, 623.
papillon(m), patte(f) postérieure 78.
paquebot(m) 496.
paquet(m) de cigarettes(f) 384.
parachute(m) 510, 812.
parachute(m) de secours(m) 635.
parachute(m) dorsal 635.
paraffines(f) 745.
parafoudre(m) 747, 757.
parafouille(m) 748, 749.
parallèle 830.
parallèle(f) 47.
paramètres(m) moteurs(m)/alarmes(f) 500.
parapente(m) 636.
parapentiste(m) 636.
parapet(m) 179, 181.
parapluie(m) 375.
parapluie(m) télescopique 375.
parapluie(m)-canne(f) 375.
parasoleil(m) 392.
paratonnerre(m) 197.
parc(m) 52, 184.
parc(m) à échelles(f) 781.
parc(m) à voitures(f) 504.
parc(m) de stockage(m) 740.
parc(m) de stockage(m) terminal 740.
parc(m) national 52.
parcours(m) d'obstacles(m) 646.
parcours(m) de golf(m) 676.
parcours(m) de vitesse(f) 646.
parcours(m) des cavaliers(m) avancés 646.
parcours(m) des débutants(m) 646.
parcours(m) pittoresque 52.
pardessus(m) 320.
pare-brise(m) 426, 440, 442, 445, 498, 500.
pare-chocs(m) 260, 426, 440, 441, 617.
pare-chocs(m) arrière 445.
pare-soleil(m) 42, 409, 430, 449, 484, 721.
parement(m) 315.
parement(m) 288.
parement(m) amont 749.
parement(m) aval 749.
parenthèses(f) 832.
paréo(m) 334.
pariétal(m) 123.
paripennée 56.
parka(f) 321.
parking(m) 464, 491.
paroi(f) 104, 787.
paroi(f) avant 441.
paroi(f) de bout(m) 441.
paroi(f) latérale 441, 470.
parquet(m) 200.
parquet(m) 199.
parquet(m) à bâtons(m) rompus 200.
parquet(m) à coupe(f) de pierre(f) 200.
parquet(m) à coupe(f) perdue 200.
parquet(m) Chantilly 200.
parquet(m) d'Arenberg 200.
parquet(m) en chevrons(m) 200.
parquet(m) en vannerie(f) 200.
parquet(m) mosaïque(f) 200.
parquet(m) sur chape(f) de ciment(m) 200.
parquet(m) sur ossature(f) de bois(m) 200.
parquet(m) Versailles 200.
parquets(m), arrangements(m) 200.
parterre(m) 189.
parti(m) 818.
partitions(f), exemples(m) 818.
parures(f) de fenêtre(f) 228, 230.
pas(m) 101.
passage(m) à niveau(m) 471, 828.
passage(m) à niveau(m) 464.
passage(m) d'animaux(m) sauvages 828.
passage(m) de fourche(f) 470.
passage(m) en apogée(m) 419.
passage(m) en éclipse(f) 419.
passage(m) inférieur 454.
passage(m) pour piétons(m) 826, 827.
passage(m) pour piétons(m) 186.
passage(m) souterrain 464.
passage(m) supérieur 452, 454.
passant(m) 319, 323, 324.
passant(m) tunnel(m) 323.
passe(f) à billes(f) 746.
passe(f)(19 à 36) 700, 701.
passe-bras(m) 331.
passerelle(f) 180, 464, 475, 810.
passerelle(f) de manœuvre(f) 188.
passerelle(f) de navigation(f) 494, 495, 497.
passerelle(f) télescopique 503.
passer, ustensils(m) pour 243.
passettes(f) 573.
passoire(f) 243.
passoire(f) 251.
pastel(m) gras 588.
pastel(m) sec 588.
pastèque(f) 69.
pastille(f) de combustible(m) 765.
pastilles(f) 588.
patate(f) 71.
pâte(f) d'argile(f) 584.
patelle(f) 83.
patère(f) 522.
patère(f) 220.
patère(f) à embrasse(f) 229.
patin(m) 466, 508, 609, 643.
patin(m) à roulettes(f) 645.
patin(m) antidérapant 302, 661.
patin(m) arrière 643.
patin(m) avant 643.
patin(m) d'appui(m) 765.
patin(m) d'espacement(m) 765.
patin(m) de chenille(f) 805.
patin(m) de course(f) 644.

Les termes en **caractères gras** renvoient à une illustration.

patin(m) de figure(f) 644.
patin(m) de hockey(m) 644.
patin(m) hydrostatique 14.
patinage(m) 644.
patinoire(f) 608.
pâtisserie(f), ustensils(m) 245.
patron(m) 565.
patron(m) 570.
patte(f) 97, 319, 322, 323, 378, 379, 483, 579, 596.
patte(f) à boutons(m)-pression(f) 321.
patte(f) ambulatoire 78.
patte(f) anale 78.
patte(f) antérieure 79, 80, 84.
patte(f) antérieure, abeille(f) 80.
patte(f) antérieure, chien(m) 106.
patte(f) boutonnée 323.
patte(f) capucin(m) 324, 339.
patte(f) d'entrejambe(m) 337.
patte(f) d'épaule(f) 319.
patte(f) de boutonnage(m) 324.
patte(f) de coq(m) 585.
patte(f) de serrage(m) 319.
patte(f) médiane 79, 80.
patte(f) médiane, abeille(f) 80.
patte(f) polo(m) 326.
patte(f) postérieure 79, 81, 84, 85.
patte(f) postérieure, abeille(f) 81.
patte(f) postérieure, papillon(m) 78.
patte(f) ventouse 78.
pattes(f) abdominales 91.
pattes(f) thoraciques 90.
pattes(f)-mâchoires(f) 90.
pattes(f), principaux types(m) 111.
pâturage(m) 148.
paturon(m) 101.
paume(f) 137, 327, 596.
paumelle(f) 203.
paupière(f) 97.
paupière(f) inférieure 84, 107, 140.
paupière(f) interne 107.
paupière(f) supérieure 84, 107, 140.
pause(f) 403, 538.
pause(f)/arrêt(m) sur l'image(f) 411, 831.
pavillon(m) 138, 427, 542, 549, 551, 726.
pavillon(m) à deux pointes(f) 817.
pavillon(m) à deux pointes(f) et langue(f) 817.
pavillon(m) de la trompe(f) utérine 129.
pavillon(m)(8) 363.
pavillon(m), oreille(f) 139.
pavois(m) 817.
pavois(m) 478.
pavot(m) 67.
pays(m) 51.
peau(f) 136, 579.
peau(f) 62, 63, 64, 84, 134, 554.
peau(f) de batterie(f) 552, 553.
peau(f) de chamois(m) 358.
peau(f) de timbre(m) 553.
peau(f) verruqueuse 85.
pêche(f) 63, 670, 672.
pêche(f) 63.
pêche(f), vêtements(m) 672.
pêcheur(m) 569.
pédale(f) 446, 448, 545, 552, 553, 664.
pédale(f) crescendo(m) 542.
pédale(f) d'accélérateur(m) 430.
pédale(f) d'ajustement(m) 591.
pédale(f) de chaussage(m) 641.
pédale(f) de combinaisons(f) 542.
pédale(f) de débrayage(m) 430.
pédale(f) de déchaussage(m) 641.
pédale(f) de frein(m) 430, 573.
pédale(f) de frein(m) arrière 444.
pédale(f) de palonnier(m) 639.
pédale(f) de sourdine(f) 540.
pédale(f) douce 540, 555.
pédale(f) forte 540, 555.
pédales(f) d'expression(f) 542.
pédieux(m) 120.
pédoncule(m) 60, 61, 62, 63, 64.
Pégase(m) 11.
peigne(m) 574.
peigne(m) 159.
peigne(m) à crêper 368.
peigne(m) à pollen(m) 81.
peigne(m) à tige(f) 368.
peigne(m) afro 368.
peigne(m) de coiffeur(m) 368.
peignes(m) 368.
peignoir(m) 348.
peinture(f) 588, 590, 592.
peinture(f) d'entretien(m) 304.
peinture(f), accessoires(m) 591, 592.
peinture(f), matériel(m) 589.
pèlerine(f) 330.
pèlerine(f) 330.
pelle(f) 205, 266.
pelle(f) 244, 632.
pelle(f) de montagne(f) 680.
pelle(f) hydraulique 785.
pelle(f) mécanique 733.
pelle(f)-pioche(f) pliante 690.
pelleteuse(f) 782.
pellicule(f) en feuille(f) 395.
pellicules(f) 395.
pelote(f) 563.
pelouse(f) 682.
pelouse(f) 193.
peltée 56.
pendants(m) d'oreille(f) 361.
pendeloque(f) 236.
pendentif(m) 361.
penderie(f) 226.
pendule(m) 707.
pêne(m) demi-tour(m) 289, 290.
pêne(m) dormant 289, 290.
péninsule(f) 51.
pénis(m) 116.
penne(f) 110.
pennée 56.
pennon(m) 817.
pennon(m) 628.
pennon(m) double 817.
pente(f) 770.
pépin(m) 62, 64, 65.
péplos(m) 315.
perception(f) des saveurs(f) 143.
perceuse(f) à colonne(f) 283.
perceuse(f) électrique 280.
perche(f) 657.
perche(f) 412, 414.
perche(f) de ravitaillement(m) 813.
perche(f) de tête(f) 653.
percolateur(m) 247.
percuteur(m) 804.
perforation(f) 353, 355, 395.
perforation(m) 327.
perforatrice(f) 516.
pergola(f) 263.
péricarde(m) 130.
péricarpe(m) 65, 66.
période(f) 489.
périphériques(m) d'entrée(f) 526.
périphériques(m) de communication(f) 526.
périphériques(m) de sortie(f) 527.
périphériques(m) de stockage(m) 526.
périscope(m) d'attaque(f) 807.
périscope(m) de veille(f) 807.
péristyle(m) 168, 169, 171.
péritoine(m) 127, 128.
perlure(f) 105.
péroné(m) 102, 122.
peroxyde(m) 725.
perpendiculaire(f) 830.
perré(m) 748.
perron(m) 196.
Persée 11.
persienne(f) 203.
persil(m) 74.
personnel(m) additionnel de production(f) 412.
pertuis(m) de remplissage(m) 493.
pertuis(m) de remplissage(m) et de vidange(f) 493.
pèse-lettres(m) 516.
pèse-personne(m) 709.
peseta(f) 832.
peson(m) 709.
pesticides(m) 32.
pétale(m) 60.
pétiole(m) 56.
petit bois(m) 203.
petit cacatois(m) 481.
Petit Cheval(m) 11.
Petit Chien(m) 11.
petit foc(m) 481.
petit hunier(m) fixe 481.
petit hunier(m) volant 481.
petit largue(m) 629.
Petit Lion(m) 11.
petit miroir(m) 484.
petit montant(m) 202.
petit palmaire(m) 120.
petit perroquet(m) fixe 481.
petit perroquet(m) volant 481.
petit quartier(m) 649.
petit rabat(m) 386.
petit rond(m) 121.
petit sésamoïde(m) 102.
petite lame(f) 688.
petite lèvre(f) 128, 129.
Petite Ourse(f) 11.
petite quille(f) 683.
petite sus-alaire(f) 110.
petits pois(m) 72.
pétoncle(m) 93.
pétrole(m) 737, 738, 740, 742, 744.
pétrole(m) 737.
pétrole(m) brut 744.
pétrolier(m) 742.
pétrolier(m) 491.
phalange(f) 107, 122, 123.
phalangette(f) 107, 122, 123, 137.
phalangine(f) 107, 122, 123, 137.
phare(m) 486.
phare(m) 147, 426, 440, 442, 444, 445, 469, 491, 805.
phare(m) antibrouillard 440.
phare(m) arrière 147.
phare(m) central 459.
phare(m) d'atterrissage(m) 508.
pharmacie(f) 822.
pharynx(m) 130, 131.
phases(f) de la Lune(f) 6.
Phénix(m) 13.
Phobos 4.
photocopieur(m) 532.
photodiode(f) 390.
photographie(f) 390, 392, 394, 396, 398.
photopile(f) 768.
photopile(f) 769.
photopiles(f), circuit(m) 769.
photosphère(f) 6.
phototype(m) 397.
pi(m) 830.
piano(m) 556.
piano(m) droit 540.
piano(m) droit, mécanique(f) 541.
piano(m) électronique 555.
pic(m) 27.
piccolo(m) 548, 557.
pichet(m) 238.
pichet(m) 251.
pièce(f) d'embranchement(m) 779.
pièce(f) d'estomac(m) 317.
pièce(f) de coin(m) 470.
pièce(f) de jonction(f) 778.
pièce(f) intermédiaire 127.
pièce(f) terminale 127.
pièces(f) buccales 81.
pièces(f) honorables, exemples(m) 818.
pied(m) 55, 72, 83, 112, 116, 117, 118, 119, 219, 224, 225, 232, 236, 270, 325, 350, 384, 542, 545, 553, 619, 645, 659, 670, 671, 718, 756, 786.
pied(m) amont 748.
pied(m) arrière 223.
pied(m) aval 748.
pied(m) avant 223.
pied(m) cambré 220.
pied(m) de fixation(f) 393.
pied(m) de lit(m) 224.
pied(m) de mât(m) 631.
pied(m) de nivellement(m) 257, 258, 259.
pied(m) presseur 562.
pied(m) télescopique 726.
pied(m)-mélangeur(m) 250.
pied-de-biche(m) 561, 562.
piedroit(m) 175.
piédroit(m) 174.
pierre(f) 286.
pierre(f) 307, 364.
pierre(f) à aiguiser 582.
pierre(f) blanche 697.
pierre(f) de curling(m) 620.
pierre(f) lithographique 583.
pierre(f) noire 697.
pierres(f) fines 362.
pierres(f) précieuses 362.
pierrures(f) 105.
piètement(m) 223, 302, 661.
pige(f) 585.
pignon(m) 58, 66, 197, 280, 707.
pilastre(m) 201.
pile(f) 393.
pile(f) 409, 454, 455, 528, 777, 814.
pilier(m) 176, 714, 736.
pilier(m) droit 606.
pilier(m) du voile(m) 142.
pilier(m) gauche 606.
pilon(m) 243.
pilon(m) 244.
pilote(m) 541, 637, 814.
pilotin(m) 543.
piment(m) 69.
pin(m) parasol(m) 58.
pinacle(m) 176.
pince(f) 205, 246, 323.
pince(f) 90, 104, 230, 370, 565.
pince(f) à boucles(f) de cheveux(m) 369.
pince(f) à cheveux(m) 369.
pince(f) à cravate(f) 364.
pince(f) à cuticules(m) 365.
pince(f) à dénuder 311.
pince(f) à échardes(f) 725.
pince(f) à épiler 365.
pince(f) à escargots(m) 246.
pince(f) à étiqueter 516.
pince(f) à fusible(m) 311.
pince(f) à long bec(m) 311.
pince(f) à spaghettis(m) 246.
pince(f) d'électricien(m) 311.
pince(f) de mise(f) en plis(m) 369.
pince(f) de taille(f) 320.
pince(f) motoriste 278.
pince(f) multiprise 278.
pince(f) tibio-tarsienne 81.
pince(f) universelle 311.
pince(f)-étau(m) 278.
pince-aiguille(m) 562.
pince-fil(m) 569.
pince-notes(m) 515.
pinceau(m) 304, 389, 582, 589.
pinceau(m) à lèvres(f) 366.
pinceau(m) à pâtisserie(f) 245.
pinceau(m) à sumie(m) 589.
pinceau(m) éventail(m) 366.
pinceau(m) pour fard(m) à joues(f) 366.
pinceau(m) pour poudre(f) libre 366.
pincement(m) 232.
pinçon(m) 104.
pioche(f) 267.
piolet(m) 681.
piolet(m) 680.
Pion(m) 696.
pipe(f) 385.
pipe(f), coupe(f) 385.
pique(f) 681.
pique(m) 695.
pique-nique(m) 823.
pique-nique(m) interdit 823.
pique-notes(m) 516.
piquet(m) 598, 599, 685, 686.
piquet(m) de coin(m) 682.
piquoir(m) 570.
piscine(f) 496, 772.
piscine(f) de condensation(f) 763.
piscine(f) de déchargement(m) 764.
piscine(f) de déchargement(m) du combustible(m) irradié 758.
piscine(f) de réception(f) 764.
piscine(f) de stockage(m) du combustible(m) irradié 758, 764, 765.
piscine(f) du combustible(m) défectueux 764.
pissenlit(m) 73.
pistache(f) 66.
piste(f) 504, 651, 666, 683.
piste(f) d'atterrissage(m) 811.
piste(f) d'avertissement(m) 597.
piste(f) d'élan(m) 654, 655, 657, 683.
piste(f) de roulement(m) 476, 786.
pistil(m) 60.
pistolet(m) 797.
pistolet(m) 291.
pistolet(m) à calfeutrer 291.
pistolet(m) à peinture(f) 304.
pistolet(m) à souder 305.
pistolet(m) arrosoir(m) 264.
pistolet(m) d'arrosage(m) 264.
pistolet(m) de distribution(f) 453.
pistolet(m) mitrailleur(m) 795.
piston(m) 432, 435, 436, 438, 550, 726.
piston(m) à décorer 245.
piton(m) 681.
piton(m) à glace(f) 680.
piton(m) sous-marin 29.
pivot(m) 105, 311, 369, 374, 484, 485, 539, 590, 624, 658, 719, 773.
pivot(m) d'accouplement(m) 441.
placage(m) déroulé 288.
place(f) d'armes(f) 178.
plaçure(f) 577.
plafond(m) 205, 616, 617.
plafond(m) acoustique 189.
plafonnier(m) 236.

Les termes en **caractères gras** renvoient à une illustration.

plage(f) 23, 30.
plage(f) arrière 496.
plage(f) avant 495, 497.
plage(f) de séparation(f) 404.
plaine(f) 51.
plaine(f) abyssale 29.
plaine(f) abyssale 29.
plaine(f) fluvio-glaciaire 27.
plan(m) du terrain(m) 193.
plan(m) urbain 52.
plan(m), élévation(f) 193.
planche(f) 288.
planche(f) 288, 663.
planche(f) à voile(m) 631.
planche(f) d'appel(m) saut(m) en longueur(f) 655.
planche(f) d'appel(m) triple saut(m) 654.
planche(f) de cuivre(m) 582.
planche(f) de vol(m) 82.
planche(f) témoin(m) 654.
plancher(m) 205, 616, 617, 649.
plancher(m) inférieur 787.
plancher(m) supérieur 787.
planchette(f) à arches(f) 518.
planchette(f) à pince(f) 519.
planétaire(m) 16.
planétarium(m) 16.
planétarium(m) 184.
planètes(f) 4.
planètes(f), orbites(f) 4.
planeur(m) 638.
plans(m), lecture(f) 193, 195.
plantaire(m) grêle 121.
plante(f) grimpante 263.
plante(f), structure(f) 57.
plantoir(m) 268.
plantoir(m) à bulbes(m) 268.
plaque(f) 253.
plaque(f) à aiguille(f) 561.
plaque(f) à biscuits(m) 245.
plaque(f) absorbante 768.
plaque(f) antifriction(m) 641.
plaque(f) chauffante 247.
plaque(f) costale 97.
plaque(f) d'identité(f) 364.
plaque(f) d'instructions(f) 280.
plaque(f) de base(f) 803.
plaque(f) de commutateur(m) 309.
plaque(f) de couche(f) 798, 799.
plaque(f) de fixation(f) 713.
plaque(f) de montage(m) 233.
plaque(f) de protection(f) 547.
plaque(f) de rouleau(m) 702.
plaque(f) de tôle(f) 616.
plaque(f) du lanceur(m) 597.
plaque(f) marginale 96.
plaque(f) motrice 134.
plaque(f) négative 439.
plaque(f) nucale 97.
plaque(f) positive 439.
plaque(f) signalétique 280, 712.
plaque(f) supra-caudale 96.
plaque(f) tournante 457.
plaque(f) vertébrale 97.
plaque(f)-glissière(f) 561, 562.
plaquette(f) 36, 376, 432.
plaqueur(m) droit 603, 605.
plaqueur(m) gauche 603, 605.
plasmodesme(m) 115.
plastique(m) et acier(m) 301.
plastique(m) et cuivre(m) 301.
plastron(m) 96, 346, 602, 609, 684, 792.
plastron(m) métallique 667.
plat(m) 598.
plat(m) à escargots(m) 246.
plat(m) à poisson(m) 238.
plat(m) de dos(m) 220.
plat(m) ovale 238.
plat(m) recto(m) 577.
plat(m) verso(m) 577.
plate-bande(f) 263.
plate-bande(f) de culasse(f) 800.
plate-forme(f) 49, 302, 393, 441, 461, 621, 709.
plate-forme(f) auto-élévatrice 739.
plate-forme(f) de 10 m 624.
plate-forme(f) de 3 m 624.
plate-forme(f) de 5 m 624.
plate-forme(f) de 7.5 m 624.
plate-forme(f) de production(f) 738.
plate-forme(f) de production(f) 740.
plate-forme(f) élévatrice automotrice 507.
plate-forme(f) fixe 739.
plate-forme(f) semi-submersible 739.
plateau(m) 27, 51, 70, 210, 219, 283, 285, 302, 382, 383, 399, 404, 412, 561, 578, 579, 708, 709.
plateau(m) A 448.
plateau(m) B 448.
plateau(m) continental 22, 29.
plateau(m) de clavier(m) 540.
plateau(m) de frein(m) 432.
plateau(m) de rangement(m) 591.
plateau(m) de sciage(m) 285.
plateau(m) de stockage(m) 764.
plateau(m) de tri(m) automatique 532.
plateau(m) mobile 701.
plateau(m) pour accessoires(m) 721.
plateau(m) réceptacle(m) de paiement(m) 702.
plateau(m) récepteur 532.
plateau(m) tournant 250.
plateau(m), télévision(f) 412, 414.
platine(f) 579, 718.
platine(f) à silex(m) 795.
platine(f) cassette(f) 403.
platine(f) cassette(f) 400, 407.
platine(f) tourne-disque(m) 400, 407.
plats(m) à four(m) 248.
pleine lune(f) 7.
plénum(m) 206, 207.
pleurote(m) en huître(f) 55.
plèvre(f) pariétale 130.
plexus(m) brachial 133.
plexus(m) lombaire 133.
plexus(m) sacré 133.
pli(m) 288, 323, 433.
pli(m) creux 228, 335.
pli(m) d'aisance(f) 335.
pli(m) de la columelle(f) 94.
pli(m) pincé 228.
pli(m) plat 335.
pli(m) plat 323.
pli(m) rond 228.
pli(m) surpiqué 335.
plinthe(f) 199, 201.
plinthe(f) chauffante électrique 210.
plioir(m) 577.
plis(m), types(m) 228, 335.
plissé(m) accordéon(m) 335.
pliure(f) 565.
plomb(m) 672.
plomberie(f) 292, 294, 296, 298, 299, 300.
plomberie(f), circuit(m) 215.
plomberie(f), outils(m) 299.
plombs(m) 799.
plongée(f) sous-marine 627.
plongeoir(m) 624.
plongeon(m) 624.
plongeon(m) de départ(m) 622.
plongeon(m) en arrière 625.
plongeon(m) en avant 625.
plongeon(m) en équilibre(m) 625.
plongeon(m) renversé 625.
plongeon(m) retourné 625.
plongeon(m), départ(m) 624.
plongeon(m), entrées(f) 624.
plongeon(m), vols(m) 624.
plongeur(m) 627.
plot(m) 233.
plot(m) de départ(m) 621.
plot(m) de départ(m) 621.
pluie(f) 36.
pluie(f) acide 32, 33, 35.
pluie(f) continue 39.
pluie(f) intermittente 39.
pluie(f) verglaçante 39.
plume(f) 589.
plume(f) 389, 714.
plume(f) creuse de roseau(m) 389.
plume(f) d'oie(f) 389.
plume(f) métallique 389.
plume(f) métallique romaine 389.
plus grand que 830.
plus ou moins 830.
plus petit que 830.
Pluton 5.
pluviomètre(m) à lecture(f) directe 40.
pluviomètre(m) enregistreur 40.
pluviosité(f), mesure(f) 40.
pneu(m) 433.
pneu(m) 440, 447.
pneu(m) à carcasse(f) diagonale 433.
pneu(m) à carcasse(f) radiale 433.
pneu(m) à carcasse(f) radiale ceinturée 433.
pneumatique(m) de guidage(m) 476, 477.
pneumatique(m) porteur 476, 477.
poche(f) 673, 679, 683.
poche(f) à douilles(f) 245.
poche(f) à rabat(m) 339.
poche(f) à rabat(m) 320.
poche(f) américaine 379.
poche(f) cavalière 323.
poche(f) centrale 674.
poche(f) extérieure 378, 382.
poche(f) frontale 381.
poche(f) gilet(m) 322.
poche(f) inférieure 675.
poche(f) intérieure 383.
poche(f) intérieure isolante 349.
poche(f) manchon(m) 339.
poche(f) passepoilée 339.
poche(f) passepoilée 326.
poche(f) plaquée 339.
poche(f) plaquée 320, 322, 350.
poche(f) poitrine(f) 320, 324.
poche(f) prise dans une couture(f) 339.
poche(f) prise dans une couture(f) 330.
poche(f) prise dans une découpe(f) 339.
poche(f) raglan 339.
poche(f) raglan 319, 330.
poche(f) repose-bras(m) 321, 330.
poche(f) secrète 379.
poche(f) soufflet(m) 339.
poche(f) soufflet(m) 338.
poche(f) supérieure 675.
poche(f) tiroir(m) 322.
poche(f) verticale 316.
poche(f)-revolver(m) 323.
poche(f)-ticket(m) 322.
poches(f), types(m) 339.
pochette(f) 381.
pochette(f) 322, 378.
pochette(f) d'allumettes(f) 386.
pochette(f) d'homme(m) 380.
pochette(f) d'information(f) 519.
pochette(f) de classement(m) 517.
pocheuse(f) 249.
podomètre(m) 711.
poêle(f) 688.
poêle(f) à crêpes(f) 249.
poêle(f) à frire 249.
poêle(m) à combustion(f) lente 204.
poids(m) 658.
poids(m) 658, 663, 665, 707, 708, 709.
poignard(m) 794.
poignée(f) 204, 224, 250, 251, 252, 253, 254, 255, 256, 260, 272, 276, 277, 281, 284, 294, 304, 370, 375, 378, 380, 382, 383, 397, 408, 442, 477, 544, 615, 620, 632, 640, 642, 643, 658, 665, 666, 670, 671, 677, 679, 684, 728, 735, 793, 798, 799.
poignée(f) à ressort(m) 665.
poignée(f) antivibrations(f) 272.
poignée(f) arrière 671.
poignée(f) auxiliaire 280.
poignée(f) avant 804.
poignée(f) d'appui(m) 664.
poignée(f) de chariot(m) 568.
poignée(f) de conduite(f) 727.
poignée(f) de frein(m) 447, 727.
poignée(f) de guidage(m) 283.
poignée(f) de la manivelle(f) 583.
poignée(f) de maintien(m) 429.
poignée(f) de nacelle(f) 635.
poignée(f) de porte(f) 202, 427.
poignée(f) de sécurité(f) 271.
poignée(f) de soulèvement(m) 803.
poignée(f) de transport(m) 796.
poignée(f) des gaz(m) 444.
poignée(f) du démarreur(m) 272.
poignée(f) intérieure 429.
poignée(f) latérale 280.
poignée(f) montoir(m) 440, 449, 461, 779.
poignée(f) pistolet(m) 305.
poignée(f) profilée 370.
poignée(f) rentrante 378.
poignée(f) supérieure 280.
poignée(f)-oxygène(m) de coupe(f) 306.
poignée(f)-pistolet(m) 280, 795, 796.
poignet(m) 106, 112, 117, 119, 137, 324.
poignet(m) mousquetaire(m) 339.
poil(m) 136, 373.
poils(m) absorbants 57.
poinçon(m) 586.
poinçon(m) 199, 688.
point(m) 832.
point(m) 695.
point(m) d'alimentation(f) 757.
point(m) d'amure(f) 631.
point(m) d'ancrage(m) 637.
point(m) d'arête(f) 571.
point(m) d'articulation(f) 785.
point(m) d'attache(f) 56, 501.
point(m) d'écoute(f) 631.
point(m) d'encochage(m) 684.
point(m) d'épine(f) 571.
point(m) d'exclamation(f) 832.
point(m) d'interrogation(f) 832.
point(m) d'orgue(m) 539.
point(m) d'Orient(m) 571.
point(m) de chaînette(f) 571.
point(m) de chausson(m) 571.
point(m) de chevron(m) 571.
point(m) de côtes(f) 567.
point(m) de damier(m) 567.
point(m) de jersey(m) 567.
point(m) de mise(f) au jeu(m) 608.
point(m) de nœud(m) 571.
point(m) de penalty(m) 601.
point(m) de poste(f) 571.
point(m) de raccordement(m) 757.
point(m) de repère(m) 565, 683.
point(m) de riz(m) 567.
point(m) de torsades(f) 567.
point(m) du chef(m) 818.
point(m) fixe 432.
point(m) indicateur(m) de température(f) 370.
point(m) mousse(f) 567.
point(m) passé empiétant 571.
point(m) roumain 571.
point(m) vernal 3.
point(m)-virgule(f) 832.
pointe(f) 30, 57, 72, 240, 242, 275, 276, 277, 284, 325, 341, 385, 389, 541, 544, 562, 567, 640, 644, 656, 658, 671, 678, 680, 681, 684, 698, 798, 818.
pointe(f) antérieure 680.
pointe(f) avant 256.
pointe(f) carrée 276.
pointe(f) cruciforme 276.
pointe(f) d'attache(f) 540.
pointe(f) de bâton(m) 643.
pointe(f) de centrage(m) 281.
pointe(f) de col(m) 324.
pointe(f) de dent(f) 783.
pointe(f) de diamant(m) 225.
pointe(f) de flèche(f) en silex(m) 791.
pointe(f) de hampe(f) 817.
pointe(f) de ski(m) 642.
pointe(f) plate 276.
pointe(f) plate 231.
pointe(f) ronde 231.
pointe(f) sèche 582, 583.
pointeur(m) 719.
points(m) bouclés 571.
points(m) couchés 571.
points(m) croisés 571.
points(m) de handicap(m) 697.
points(m) de suspension(f) 832.
points(m) de tricot(m) 567.
points(m) noués 571.
points(m) plats 571.
points(m), broderie(f) 571.
poire(f) 64.
poire(f) à jus(m) 246.
poire(f) à poudre(f) 795.
poire(f) de gonflage(m) 710.
poireau(m) 70.
pois(m) 67.
pois(m) 67.
pois(m) chiches 72.
pois(m) mange-tout(m) 72.
poisson(m) 86, 88.
Poisson(m) austral 13.
Poisson(m) volant 13.
poisson(m), anatomie(f) 88.
poisson(m), morphologie(f) 86.
poissonnière(f) 248.
Poissons(m) 11.
Poissons(m)(19 février) 820.
poitrail(m) 100.
poitrine(f) 108, 116, 118.
poitrinière(f) 572.
poivrière(f) 238.
poivron(m) 69.
poker(m), combinaisons(f) 695.
Polaroid®(m) 394.
pôle(m) Nord 3.
pôle(m) Nord céleste 3.
pôle(m) Sud 3.
pôle(m) Sud céleste 3.
police(f) 822.
pollution(f) agricole 32.

Les termes en **caractères gras** renvoient à une illustration.

pollution(f) de l'air(m) 34.
pollution(f) des aliments(m) 32.
pollution(f) industrielle 32, 33.
polo(m) 326, 337.
polo(m) 615.
polochon(m) 224.
polojama(m) 351.
pomme(f) 64.
pomme(f) 64, 265.
pomme(f) d'Adam 116.
pomme(f) de douche(f) 292.
pomme(f) de terre(f) 71.
pommeau(m) 277, 281, 596, 649, 666.
pompe(f) 209, 257, 258, 446, 689, 761, 762, 771.
pompe(f) à boue(f) 737.
pompe(f) à chaleur(f) 212.
pompe(f) de caloportage(m) 759.
pompe(f) de circulation(f) 208, 772.
pompe(f) de puisard(m) 216.
pompe(f) de recirculation(f) 763.
poncho(m) 331.
pont(m) 52, 376, 719.
pont(m) à béquilles(f) 455.
pont(m) à poutre(f) 454.
pont(m) à poutre(f) simple 454.
pont(m) à poutres(f) indépendantes 454.
pont(m) à tablier(m) inférieur 455.
pont(m) à tablier(m) intermédiaire 455.
pont(m) à tablier(m) supérieur 455.
pont(m) Bailey 457.
pont(m) bain(m) de soleil(m) 497.
pont(m) basculant à double volée(f) 457.
pont(m) basculant à simple volée(f) 457.
pont(m) cantilever 454.
pont(m) d'appontage(m) 811.
pont(m) d'envol(m) 810.
pont(m) de Varole 134.
pont(m) en arc(m) 455.
pont(m) flottant 457.
pont(m) inférieur 741.
pont(m) levant 457.
pont(m) principal 743.
pont(m) roulant 747.
pont(m) supérieur 498, 741.
pont(m) suspendu à câble(m) porteur 456.
pont(m) tournant 457.
pont(m) transbordeur 457.
pont(m)-promenade(f) 496.
pont-levis(m) 180.
pontet(m) 795, 797, 798, 799.
ponton(m) 457, 738.
ponts(m) à poutre(f), types(m) 454.
ponts(m) en arc(m), types(m) 455.
ponts(m) fixes 454, 456.
ponts(m) mobiles 457.
ponts(m) suspendus à haubans(m) 456.
popote(f) 688.
porc(m) 151.
porche(m) 172, 177.
porcherie(f) 149.
pore(m) 67, 115.
pore(m) sudoripare 136.
porque(f) 743.
port(m) clavier(m) 528.
port(m) imprimante(f) 528.
port(m) lecteur(m) de disque(m) 528.
port(m) maritime 490.
port(m) modem(m) 528.
port(m) périphérique(m) 528.
port(m) réseau(m) 528.
port(m) vidéo 528.
portail(m) 175.
portant(m) 632.
porte(f) 202.
porte(f) 173, 253, 254, 259, 449, 490, 498, 566, 617, 645, 685, 686, 709.
porte(f) à charnière(f) 195.
porte(f) accordéon(m) 202.
porte(f) amont(m) 493.
porte(f) automatique 504.
porte(f) aval(m) 492.
porte(f) avant 493, 494.
porte(f) coulissante 202.
porte(f) coulissante 292.
porte(f) d'accès(m) de plate-forme(f) 461.
porte(f) d'extrémité(f) 470.
porte(f) de la soute(f) 510.
porte(f) étagère(f) 254.
porte(f) extérieure 202.
porte(f) latérale 477.
porte(f) pliante 202.
porte(f) pliante 194.
porte(f) tournante 202.
porte(f)-fenêtre(f) 195.
porte(f)-foyer(m) 204.
porte-adresse(m) 383.
porte-avions(m) 810.
porte-bagages(m) 382.
porte-bagages(m) 446, 449.
porte-bidon(m) 447.
porte-bûches(m) 205.
porte-cartes(m) 379.
porte-cartes(m) 40, 379.
porte-chaussures(m) 358.
porte-chéquier(m) 379.
porte-clés(m) 379.
porte-coupures(m) 379.
porte-documents(m) à soufflet(m) 378.
porte-documents(m) plat 378.
porte-électrode(m) 305.
porte-étiquette(m) 471.
porte-étiquette(m) d'acheminement(m) 471.
porte-étiquette(m) de contenu(m) 743.
porte-étiquette(m) de d'acheminement(m) 743.
porte-étiquette(m). 517.
porte-fils(m) 573.
porte-fusible(m) 757.
porte-gomme(m) 515.
porte-jarretelles(m) 347.
porte-manteau(m) 522.
porte-mine(m) 389, 515.
porte-monnaie(m) 379.
porte-moulinet(m) 670, 671.
porte-négatif(m) 399.
porte-négatif(m) 399.
porte-outil(m) 283, 735.
porte-parapluie(m) 679.
porte-parapluies(m) 375.
porte-passeport(m) 379.
porte-pipes(m) 385.
porte-pitons(m) 680.
porte-râteau(m) 583.
porte-rouleau(m) 292.
porte-sac(m) 679.
porte-savon(m) 292.
porte-serviettes(m) 292.
porte-spécimen(m) 717.
porte-stylo(m) 379.
porte-stylo(m) 378.
porte-tension(m) 569.
porte-timbres(m) 516.
porte-tube(m) 718.
porte-vent(m) 543.
portée(f) 537.
portefeuille(m) 379.
portefeuille(m) chéquier(m) 379.
portes(f), types(m) 202.
portière(f) 429.
portière(f) 427.
portique(m) 786.
portique(m) 172, 173, 455, 491, 660, 746, 747.
portique(m) de chargement(m) de conteneurs(m) 490.
portique(m) de signalisation(f) 464.
posemètre(m) à visée(f) reflex 396.
posemètre(m) photo-électrique 396.
positif(m) 831.
position(f) carpée 624.
position(f) de départ(m) 625.
position(f) des bras(m) 625.
position(f) des jambes(f) 625.
position(f) droite 624.
position(f) du ligament(m) 95.
position(f) en mode(m) solaire 419.
position(f) groupée 624.
positionnement(m) du papier(m) 525.
positionneur(m) 561.
poste(m) 752.
poste(m) à clavier(m) 422.
poste(m) d'aiguillage(m) 464.
poste(m) de carburant(m) 823.
poste(m) de commandement(m) 805, 807.
poste(m) de communication(f) 477.
poste(m) de conduite(f) de la propulsion(f) 806.
poste(m) de contrôle(m) audio/vidéo 413.
poste(m) de débranchement(m) 465.
poste(m) de pilotage(m) 500.
poste(m) de pilotage(m) 498, 508, 510, 805.
poste(m) de soudage(m) 305.
poste(m) sans cordon(m) 422.
poste(m) téléphonique 420.
poste(m) téléphonique 413, 415, 417.
postes(m) téléphoniques, types(m) 422.
postillon(m) 697.
pot(m) d'échappement(m) 439, 443, 444.
poteau(m) 198, 455, 613, 618, 626.
poteau(m) cornier 198.
poteau(m) d'arrivée(f) 654.
poteau(m) de but(m) 604, 611.
poteau(m) de double(m) 614.
poteau(m) de simple(m) 614.
poteau(m) du ring(m) 669.
poteau(m) mural 199.
potence(f) 397, 447, 718, 727.
poterie(f) 584.
poterie(f), outils(m) 584, 585.
poterne(f) 179, 181.
potiron(m) 69.
pouce(m) 111, 112, 137, 327, 596.
poudre(f) 798, 799.
poudre(f) libre 366.
poudre(f) pressée 366.
poudrier(m) 366.
pouf(m) 222.
poulailler(m) 148.
poulaine(f) 792.
poule(f) 150.
poulie(f) 230, 302, 434, 684, 793.
poulie(f) de chariot(m) 786.
poumon(m) 97.
poumon(m) droit 124, 130.
poumon(m) gauche 124, 130.
Poupe(f) 13, 496, 631.
pourcentage(m) 830.
pourcentage(m) 523.
pourpoint(m) 316.
pourpre(m) 819.
pousse(f) 57.
poussière(f) 34, 35.
poussin(m) 150.
poussoir(m) 251, 290, 726.
poussoir(m) à pollen(m) 81.
poussoir(m) d'arrêt(m) 706.
poussoir(m) d'ouverture(f) 375.
poussoir(m) de mise(f) en marche(f) 706.
poussoir(m) de remise(f) à zéro(m) 706.
poussoir(m) pneumatique 734.
poutre(f) 198, 659, 756.
poutre(f) cantilever 454.
poutre(f) continue 454.
poutre(f) d'équilibre(m) 659.
poutre(f) de queue(f) 508.
poutre(f) suspendue 454.
poutre(f)-châssis(m) 784.
praire(f) 93.
prairie(f) 51, 149.
préblindage(m) 805.
précipitation(f) 34, 35.
précipitations(f) 36.
prémaxillaire(m) 86.
premier arbitre(m) 613.
premier but(m) 597.
premier croissant(m) 6.
premier espace(m) 610.
premier étage(m) 509.
premier juge(m) de ligne(f) 603.
premier quartier(m) 6.
premier radial(m) externe 121.
premier-but(m) 597.
première cabine(f) focale 15.
première molaire(f) 144.
première nageoire(f) dorsale 86.
première phalange(f) 103.
première prémolaire(f) 144.
premiers soins(m) 822.
premiers violons(m) 556.
prémolaire(f) 98.
prémolaires(f) 144.
preneur(m) de son(m) 412, 415.
préparation(f) avant éclipse(f) 419.
prépuce(m) 127.
près du ring(m) 669.
près(m) 629.
près(m) bon plein(m) 629.
près(m) serré 629.
présentoir(m) à revues(f) 522.
président(m) 666.
presse(f) 159.
presse(f) à pectoraux(m) 663.
presse(f) à percussion(f) 579.
presse(f) à taille-douce(f) 581.
presse(f) lithographique 583.
presse-agrumes(m) 243, 251.
presse-ail(m) 243.
presse-ergots(m) 531.
presse-étoupe(m) 294.
presse-papier(m) 524, 531.
presseur(m) 390.
pression(f) à la taille(f) 350.
pression(f) au niveau(m) de la mer(f) 38.
pression(f) barométrique 38.
pression(f) devant 350.
pression(f), mesure(f) 41.
pressuriseur(m) 761, 762.
prévention(f) des incendies(m) 777.
prime(f) 667.
principaux amphibiens(m) 85.
printemps(m) 8.
prise(f) avec borne(f) de terre(f) 216.
prise(f) casque(m) 402, 408, 555.
prise(f) chronométrée 255.
prise(f) classique 619.
prise(f) d'air(m) 445, 493.
prise(f) d'air(m) de ventilation(f) 14.
prise(f) d'eau(f) 747.
prise(f) de charge(f) 374.
prise(f) de courant(m) 309.
prise(f) de courant(m) 310, 401.
prise(f) de force(f) 147.
prise(f) de la sonde(f) thermique 253.
prise(f) de masse(f) 305.
prise(f) de raccordement(m) 561.
prise(f) de télécommande(f) 391.
prise(f) de terre(f) 309, 312, 400.
prise(f) électrique 449.
prise(f) porte-plume(m) 619.
prises(f), judo(m) 668.
prises(f), tennis(m) sur table(f) 619.
prises(f), types(m) 619.
prisme(m) de Porro 719.
prisme(m) pentagonal 390.
prix(m) à l'unité(f) 709.
prix(m) à payer 709.
procédé(m) 675.
processeur(m) de sons(m) 528.
production(f) d'électricité(f) 767.
production(f) d'électricité(f) par énergie(f) nucléaire 766.
production(f) d'électricité(f) par énergie(f) solaire 771.
production(f) de chaleur(f) 766.
production(f) de l'électricité(f), étapes(f) 755.
produits(m) de la raffinerie(f) 744.
produits(m) laitiers 33.
produits(m) pétrochimiques 745.
profondeur(f) du foyer(m) 23.
profondimètre(m) 627.
programmateur(m) 257, 258, 259.
programmation(f) des voix(f) 555.
projecteur(m) 447, 459, 777.
projecteur(m) à faisceau(m) concentré 414.
projecteur(m) auxiliaire 16.
projecteur(m) d'ambiance(f) 414.
projecteur(m) d'ambiance(f) sur pantographe(m) 414.
projecteur(m) de diapositives(f) 397.
projecteur(m) de plafond(m) 41.
projecteur(m) orientable 778, 780.
projecteurs(m) 189.
projectile(m) antichar 804.
projectiles(m) 801.
projection(f) conique 50.
projection(f) cylindrique 50.
projection(f) d'épaule(f) par un côté(m) 668.
projection(f) en cercle(m) 668.
projection(f) horizontale 50.
projection(f) interrompue 50.
projections(f) cartographiques 50.
pronaos(m) 168, 169.
propulseur(m) 49, 512, 814.
propulseur(m) d'étrave(f) 497.
propulseur(m) radial 42.
prostate(f) 127.
protecteur(m) d'embout(m) 726.
protecteur(m) de poitrine(f) 595.
protecteur(m) lombaire 602.
protection(f) de l'ouïe(f) 729.
protection(f) de la tête(f) 729.
protection(f) des pieds(m) 730.
protection(f) des voies(f) respiratoires 730.

Les termes en **caractères gras** renvoient à une illustration.

protection(f) des yeux(m) 729.
protection(f) obligatoire de l'ouïe(f) 821.
protection(f) obligatoire de la tête(f) 821.
protection(f) obligatoire de la vue(f) 821.
protection(f) obligatoire des mains(f) 821.
protection(f) obligatoire des pieds(m) 821.
protection(f) obligatoire des voies(f) respiratoires 821.
protège-côtes(m) 602.
protège-coude(m) 609.
protège-dents(m) 669.
protège-gorge(m) 595, 609.
protège-guidon(m) 796.
protège-hanche(m) 602.
protège-lame(m) 285, 644.
protège-lame(m) inférieur 284.
protège-lame(m) supérieur 284.
protège-matelas(m) 224.
protège-nuque(m) 777.
protège-orteils(m) 730.
protège-orteils(m) 595.
protège-poulie(m) 283.
protège-tendon(m) 644.
protège-tibia(m) 595, 600, 609.
protège-tympan(m) 729.
prothorax(m) 78.
protoneurone(m) sensitif 135.
protubérance(f) 6.
proue(f) 497, 631.
province(f) 51.
prune(f) 63.
psychromètre(m) 41.
pubis(m) 116, 118.
puisard(m) 215, 216, 736.
puits(m) d'accès(m) 752.
puits(m) d'extraction(f) 736.
puits(m) de dérive(f) 631.
puits(m) de lumière(f) 194.
puits(m) sous-marin 740.
puits(m) vertical 736.
pull(m) à capuche(f) 352.
pull(m) d'entraînement(m) 352.
pulls(m) 338.
pulpe(f) 62, 63, 64, 65, 137, 144.
pulvérisateur(m) 265.
pulvérisateur(m) tandem(m) 154.
pulvériseur(m) tandem(m) 157.
pulvino(m) 750.
punaises(f) 515.
pupille(f) 107, 140.
pupille(f) verticale 96.
pupitre(m) 539, 542, 555.
pupitre(m) à musique(f) 539.
pupitre(m) d'éclairage(m) 412.
pupitre(m) de commande(f) 500.
pupitre(m) de commandes(f) 16.
pupitre(m) de conduite(f) 468.
pupitre(m) de son(m) 407, 412, 415.
pupitre(m) dirigeur 422.
pupitre(m) du chef(m) d'orchestre(m) 556.
purgeur(m) 208.
purificateur(m) d'air(m) 210.
pyjama(m) 348.
pylône(m) 756.
pylône(m) 456, 464.
pylône(m) du moteur(m) 499.

Q

quadruple croche(f) 538.
quai(m) 464, 475, 490.
quai(m) d'embarquement(m) 503.
quai(m) de chargement(m) 190.
quai(m) de gare(f) 462.
quart(m) de soupir(m) 538.
quart-arrière(m) 603, 605.
quart-de-rond(m) 199.
quarte(f) 537, 667.
quartier(m) 65, 104, 352, 354, 649.
quatre avec barreur(m) 632.
quatre sans barreur(m) 632.
quatre-mâts(m) barque(f) 478, 480.
quatuor(m) 558.
queue(f) 62, 63, 64, 96, 97, 101, 106, 107, 112, 127, 281, 499, 579, 633, 638, 645, 688, 773.
queue(f) de billard(m) 675.
queue(f) de gaz(m) 9.
queue(f) de l'hélix(m) 139.
queue(f) de poussières(f) 9.
queue-de-cochon(f) 586.
queusot(m) 232.
quille(f) 637, 683.
quille(f) chandelle(f) 683.0**(m)** 466.
rainette(f) 85.
rainure(f) 562, 568, 598, 641, 678, 793.
rainure(f) du guide(m) à onglet(m) 285.
rainure(f) du guide(m) de refend(m) 285.
raisin(m) 62.
raisin(m) 61, 62.
ralenti(m) 411.
rallonge(f) 219, 260.
rallonge(f) du plateau(m) 285.
ramasseur(m) 159, 162, 613, 614.
ramasseuse(f)-presse(f) 159.
ramasseuse(f)-presse(f) 155.
rame(f) 664.
rame(f) de métro(m) 476.
rame(f) de métro(m) 474.
rameau(m) 58.
rameau(m) 57, 59, 61.
rameau(m) communicant 135.
ramequin(m) 238.
rameur(m) 664.
ramille(f) 59.
rampant(m) 168.
rampe(f) 168, 188, 201, 733.
rampe(f) d'accès(m) 456, 494.
rampe(f) d'éclairage(m) 235.
rampe(f) de livraison(f) 184.
rampe(f) de quai(m) 490.
rampe(f) de signalisation(f) 779.
ramure(f) 59.
rang(m) 373.
rangement(m) 461.
râpe(f) 243, 587.
râper, ustensils(m) pour 243.
rapière(f) 794.
rappel(m) de mémoire(f) 396, 523.
rapporteur(m) d'angle(m) 713.
raquette(f) 645.
raquette(f) algonquine 645.
raquette(f) de badminton(m) 618.
raquette(f) de racquetball(m) 617.
raquette(f) de squash(m) 616.
raquette(f) de tennis(m) 615.
raquette(f) de tennis(m) de table(f) 619.
ras-de-cou(m) 326, 361.
rasette(f) 542.
rasoir(m) à double tranchant(m) 374.
rasoir(m) à manche(m) 374.
rasoir(m) effileur 369.
rasoir(m) électrique 374.
rasoir(m) jetable 374.
rasoirs(m) 374.
rat(m) de cave(f) 582.
rate(f) 88, 124.
râteau(m) 159, 267, 674.
râteau(m) 155, 583.
ratissoire(f) 266.
ravier(m) 238.
ravitaillement(m) en vol(m) 813.
ravitailleur(m) 813.
rayon(m) 375, 447.
rayon(m) de miel(m) 82.
rayon(m) de miel(m), coupe(f) 82.
rayon(m) épineux 86.
rayon(m) médullaire 59.
rayon(m) mou 87.
rayon(m) solaire réfléchi 770, 771.
rayonnement(m) solaire 768, 769, 770, 771, 772.
ré(m) 537.
réacteur(m) 759, 764, 766, 806.
réacteur(m) à eau(f) bouillante 763.
réacteur(m) à eau(f) lourde 761.
réacteur(m) à eau(f) sous pression(f) 762.
réacteur(m) au gaz(m) carbonique 760.
réacteur(m) nucléaire 765.
réaction(f) réversible 831.
réalisateur(m) 412, 415.
rebobinage(m) 831.
rebobinage(m) 391, 403, 408, 411, 420.
rebord(m) 255.
rebord(m) de cuve(f) 258.
rebras(m) 327.
récamier(m) 221.
réceptacle(m) 60, 62.
réceptacle(m) de brosses(f) 373.
réceptacle(m) pour les pièces(f) refusées 702.
récepteur(m) 15, 420.
récepteur(m) de grain(m) 161.
récepteur(m) de son(m) 726.
récepteur(m) sensoriel 134.
réception(f) des messages(m) 421.
réception(f) directe 416.
réception(f) du fret(m) 505.
recette(f) 736.
receveur(m) 595.
receveur(m) 597, 614, 616, 618.
recharge(f) 389.
recharge(f) amont 748.
recharge(f) aval 748.
réchaud(m) 248.
réchaud(m) à deux feux(m) 689.
réchaud(m) à un feu(m) 689.
réchauffeur(m) 758.
recherche(f) des canaux(m) 411.
récipient(m) 40, 250.
récipient(m) collecteur 40.
récolter 155, 159, 160, 162.
reconcentration(f) de l'oxyde(m) de deutérium(m) 759.
recourbe-cils(m) 367.
rectangle(m) des instructeurs(m) 597.
rectangulaire 687.
rectrice(f) 109.
rectum(m) 127, 128, 131.
recyclable 831.
recyclé 831.
redingote(f) 331.
réduction(f) mâle-femelle 301.
réduction(f) mâle-femelle hexagonale 301.
réduction(f)/agrandissement(m) 532.
réflecteur(m) 310, 393, 441.
réflecteur(m) parabolique 15, 415.
réflecteur(m) radar(m) 487.
réflecteur(m) secondaire 15.
réflecteurs(m) solaires 418.
réformeur(m) catalytique 744.
refouloir(m) 801.
réfrigérateur(m) 254.
réfrigérateur(m) 254.
refroidissement(m) 744.
refroidissement(m) de la vapeur(f) par l'eau(f) 767.
refroidisseur(m) d'air(m) 438.
refroidisseur(m) de la salle(f) des générateurs(m) de vapeur(f) 759.
regard(m) 209.
regard(m) de prélèvement(m) 216.
regard(m) de visite(f) 186.
régie(f) 189, 407.
régie(f) de production(f) 413.
régie(f) de production(f) 412, 415.
régie(f) du son(m) 412, 415.
régie(f) image(f) 415.
régie(f) image(f)/éclairage(m) 412.
régie(f), radio(f) 407.
régies(f), télévision(f) 412.
région(f) auriculaire 109.
région(f) malaire 109.
région(f) négative 768.
région(f) positive 768.
régions(f) de balisage(m) 488.
registre(m) coulissant 543.
registre(m) de comptabilité(f) 518.
registre(m) de réglage(m) 206.
registre(m) des aigus(m) 536.
registre(m) des basses(f) 536.
réglage(m) 728.
réglage(m) de centrage(m) 529.
réglage(m) de hausse(f) 718.
réglage(m) de l'afficheur(m) 420.
réglage(m) de l'angle(m) 277.
réglage(m) de l'écran(m) de l'ordinateur(m) 512.
réglage(m) de la hauteur(f) 659, 661, 664.
réglage(m) de la luminosité(f) 529.
réglage(m) de la pression(f) 373.
réglage(m) de la pression(f) d'oxygène(m) 512.
réglage(m) de la profondeur(f) 277.
réglage(m) de la résistance(f) 664.
réglage(m) de la température(f) 213, 705.
réglage(m) de la tension(f) 671.
réglage(m) de la tonalité(f) 547.
réglage(m) de la vitesse(f) d'obturation(f) 396.
réglage(m) de largeur(f) de point(m) 561.
réglage(m) de niveau(m) d'enregistrement(m) 403.
réglage(m) de pression(f) 561.
réglage(m) de profondeur(f) 283.
réglage(m) de tempo(m) 555.
réglage(m) des températures(f) 256.
réglage(m) du contraste(m) 529.
réglage(m) du diaphragme(m) 718.
réglage(m) du four(m) 255.
réglage(m) du pas(m) 711.
réglage(m) du pointeau(m) du fluide(m) 304.
réglage(m) du seuil(m) d'alarme(f) 485.
réglage(m) du viseur(m) 409.
réglage(m) du volume(m) 402, 408, 411, 547, 555.
réglage(m) du volume(m) des communications(f) 512.
réglage(m) en hauteur(f) 397, 399.
réglage(m) en hauteur(f) du condenseur(m) 718.
réglage(m) horizontal 529.
réglage(m) latéral 718.
réglage(m) micrométrique (azimut(m)) 720, 721.
réglage(m) micrométrique (latitude(f)) 720, 721.
réglage(m) sur demi-teinte(f) 396.
réglage(m) sur haute lumière(f) 396.
réglage(m) sur ombre(f) 396.
réglage(m) vertical 529.
règle(f) 578, 591.
règle(f) d'équerrage(m) 578.
règle(f) de couture(f) 563.
règle(f) du guide(m) de refend(m) 285.
règle(f) graduée 688.
règle-point(m) 561.
réglette(f) 573.
régulateur(m) 297.
régulateur(m) de carburant(m) 501.
régulateur(m) de pression(f) 306.
régulateur(m) de pression(f) 248, 306, 689.
rein(m) 89, 97, 101, 117, 124.
rein(m) droit 132.
rein(m) gauche 132.
reine(f), abeille(f) 81.
reins(m) 119.
rejet(m) 59.
relais(m) d'accessoires(m) 501.
relève-bras(m) 404.
relèvement(m) de la lame(f) 285.
releveur(m) de fil(m) 561.
relief(m) lunaire 7.
reliure(f) à glissière(f) 519.
reliure(f) à pince(f) 519.
reliure(f) à ressort(m) 519.
reliure(f) à vis(f) 519.
reliure(f) d'art(m) 577, 578.
reliure(f) spirale(f) 519.
rembourrage(m) 635.
rémige(f) primaire 110.
rémige(f) secondaire 110.
rémige(f) tertiaire 110.
remise(f) 193, 263.
remise(f) à zéro(m) 532.
remontée(f) continentale 29.
remontoir(m) 539, 706, 707.
remorque(f) 156, 162, 440, 476, 633.
remorque(f) à bagages(m) 507.
rempart(m) 7, 178, 180.
remplage(m) 175, 176.
remplissage(m) 741.
rêne(f) 651.
rêne(f) de bride(f) 649.
rêne(f) de filet(m) 649.
renfort(m) de culasse(f) 800.
renfort(m) de pointe(f) 644.
réniforme 56.
renne(m) 105.
renseignements(m) 823.
rentré(m) 565.
renvoi(m) 215, 298.
renvoi(m) d'eau(f) 399.
repassage(m) 829.
repasser à basse température(f) 829.
repasser à haute température(f) 829.
repasser à moyenne température(f) 829.
repère(m) 612, 710.
repère(m) de distance(f) 651.
repère(m) de ligne(f) de marche(f) 719.
repère(m) de niveau(m) d'eau(f) 256.
repère(m) de touche(f) 546, 547.
repère(m) de virage(m) de dos(m) 621.
répertoire(m) téléphonique 516.
répertoire(m) téléphonique 420.
repli(m) 315.
répondeur(m) téléphonique 420.
report(m) de lecture(f) 396.
repose-bras(m) 404.
repose-pied(m) 727.
repose-pied(m) du passager(m) 443, 444.
repose-pied(m) du pilote(m) 443, 444.

Les termes en **caractères gras** renvoient à une illustration.

repositionnement(m) 525.
repousse-chair(m) 365.
reprise(f) d'air(m) 206, 207.
reptile(m) 96.
réseau(m) d'oléoducs(m) 740.
réseau(m) de transport(m) d'électricité(f) 771.
réseau(m) national 416.
réseau(m) nerveux 144.
réseau(m) privé 416.
réseau(m) téléphonique 417.
réserve(f) d'eau(f) 373.
réservoir(m) 216, 247, 386, 399, 543, 689, 746, 747, 748, 749, 750, 780.
réservoir(m) à carburant(m) 440, 468, 508, 805, 812.
réservoir(m) à essence(f) 442.
réservoir(m) à grain(m) 160.
réservoir(m) à toit(m) fixe 741.
réservoir(m) à toit(m) flottant 741.
réservoir(m) auxiliaire 441.
réservoir(m) d'air(m) comprimé 469.
réservoir(m) d'alcool(m) 705.
réservoir(m) d'arrosage(m) 759, 766.
réservoir(m) d'azote(m) liquide 717.
réservoir(m) d'eau(f) 210.
réservoir(m) d'essence(f) 272.
réservoir(m) d'huile(f) 272.
réservoir(m) d'hydrogène(m) liquide 509.
réservoir(m) d'oxygène(m) liquide 509.
réservoir(m) de brut(m) 744.
réservoir(m) de chasse(f) d'eau(f) 292.
réservoir(m) de fluide(m) 212.
réservoir(m) de kérosène(m) 509.
réservoir(m) de mercure(m) 705.
réservoir(m) de sécurité(f) 761.
réservoir(m) de stockage(m) 772.
réservoir(m) externe 510.
réservoir(m) magmatique 25.
réservoir(m) propane(m) 449.
réservoir(m) tampon(m) 740.
réservoirs(m) 511.
résistance(f) hydraulique 664.
résonnateur(m) 406.
ressort(m) 234, 278, 290, 294, 389, 659, 804.
ressort(m) athlétique 665.
ressort(m) compensateur de fil(m) 562.
ressort(m) d'échappement(m) 541.
ressort(m) de batterie(f) 795.
ressort(m) de rappel(m) 432.
ressort(m) de soupape(f) 434, 543.
ressort(m) de suspension(f) 258, 469.
ressort(m) de tension(f) 431, 665.
ressort(m) en spirale(f) 231.
restaurant(m) 822.
restaurant(m) 185, 190, 494.
rétenteur(m) 653.
Réticule(f) 13.
réticule(m) 718.
réticulum(m) endoplasmique 115.
rétine(f) 140.
retombées(f) 35.
retour(m) 521.
retour(m) de chariot(m) 525.
retour(m) de l'eau(f) au générateur(m) de vapeur(f) 767.
retourner la terre(f) 154, 156.
retrait(m) 524.
rétroviseur(m) 430, 440, 442, 444.
rétroviseur(m) extérieur 426.
réunion(f) 830.
réverbère(m) 186.
revers(m) 322, 323, 341, 354.
revers(m) à cran(m) aigu 322.
revers(m) cranté 319, 320.
réverve(f) de papier(m) 532.
revêtement(m) 198, 199, 619, 741.
revêtement(m) de sécurité(f) 512.
revêtement(m) intérieur 433.
revêtement(m) thermique 510.
revêtement(m), matériaux(m) 286.
revolver(m) 797.
rez-de-chaussée(m) 194.
rez-de-chaussée(m) 197.
rhéostat(m) 309.
rhino-pharynx(m) 141.
rhubarbe(f) 72.
ribosome(m) 115.
richelieu(m) 354.
rideau(m) 229.
rideau(m) 229, 414.
rideau(m) ballon(m) 229.
rideau(m) bonne femme(f) 228.
rideau(m) brise-bise(m) 228.
rideau(m) coulissé 228.
rideau(m) d'obturateur(m) 390.
rideau(m) de fer(m) 188.
rideau(m) de scène(f) 188, 189.
rideau(m) de vitrage(m) 228.
rideau(m) flottant 228.
rideau(m) pare-vent(m) 14.
rideaux(m) croisés 229.
rideaux(m), types(m) 228.
ridoir(m) 630.
rifloir(m) 587.
rift(f) 28.
rigole(f) 682.
rimaye(f) 26.
rinceau(m) 220.
ring(m) 669.
risberme(f) 748.
rive(f) 288, 752.
rive(f) externe 104.
rive(f) interne 104.
rivet(m) 242, 278.
rivière(f) 51.
rivière(f) souterraine 24.
riz(m) 152.
robe(f) 741.
robe(f) à crinoline(f) 318.
robe(f) à paniers(m) 317.
robe(f) à tournure(f) 316.
robe(f) bain(m)-de-soleil(m) 332.
robe(f) chemisier(m) 333.
robe(f) de maison(f) 333.
robe(f) enveloppe(f) 333.
robe(f) fourreau(m) 332.
robe(f) princesse(f) 332.
robe(f) taille(f) basse 332.
robe(f) tee-shirt(m) 351.
robe(f) trapèze(m) 332.
robe(f) tunique(f) 333.
robe(f)-manteau(m) 332.
robe(f)-polo(m) 333.
robes(f), types(m) 332.
robinet(m) 294.
robinet(m) 292.
robinet(m) d'acétylène(m) 306.
robinet(m) d'arrêt(m) 293, 296, 298.
robinet(m) d'arrêt(m) général 215.
robinet(m) d'oxygène(m) 306.
robinet(m) de réglage(m) de débit(m) 777.
robinet(m) de vidange(f) 297, 741.
robinet(m) flotteur à clapet(m) 293.
robinet(m) relais(m) 689.
robinets(m) de carburant(m) 500.
robot(m) de cuisine(f) 251.
rocaille(f) 263.
roches(f) d'intrusion(f) 23.
roches(f) ignées 23.
roches(f) métamorphiques 23.
roches(f) sédimentaires 23.
rochet(m) 281, 670, 706, 707.
Roi(m) 695.
Roi(m) 696.
romaine(f) 73.
romarin(m) 74.
rond pronateur(m) 120.
rond-point(m) 52.
ronde(f) 538.
rondeau(m) 584.
rondelle(f) 608.
rondelle(f) 294, 641, 642.
rondelle(f) à denture(f) extérieure 278.
rondelle(f) à denture(f) intérieure 278.
rondelle(f) à ressort(m) 278.
rondelle(f) conique 293.
rondelle(f) de fibre(f) 300.
rondelle(f) plate 278.
rondelles(f) 278.
rondiste(m) 363.
rongeur(m), mâchoire(f) 98.
ros(m) 572.
rosace(f) 546.
rose(f) 175.
rose(f) des vents(m) 484.
rosée(f) 37.
rosette(f) 167, 289, 290.
rostre(m) 90.
rotonde(f) 190.
rotor(m) 161, 290, 437, 753, 773, 774.
rotor(m) anticouple 508.
rotule(f) 103, 122, 282.
roue(f) 433.
roue(f) 270, 427, 440, 727, 753, 800, 805.
roue(f) à rayons(m) 652.
roue(f) avant 147, 784.
roue(f) d'échappement(m) 706, 707.
roue(f) d'engrenage(m) 280, 575.
roue(f) d'entraînement(m) 575.
roue(f) de centre(m) 706, 707.
roue(f) de champ(m) 706.
roue(f) de poulie(f) 230.
roue(f) de pression(f) 158.
roue(f) de sécurité(f) 476.
roue(f) de support(m) 445.
roue(f) de turbine(f) 752.
roue(f) dentée 445, 573.
roue(f) folle 783.
roue(f) libre 448.
roue(f) motrice 147, 707.
roue(f) petite moyenne 706, 707.
roue(f) pivotante 727.
roues(f) motrices 784.
rouge(m) 700, 701.
rouge(m) à lèvres(f) 366.
Rouges(m) 697.
rough(m) 676.
rouleau(m) 270, 304.
rouleau(m) 231, 369, 583, 702.
rouleau(m) à pâtisserie(f) 245.
rouleau(m) à vernir 582.
rouleau(m) conditionneur 158.
rouleau(m) d'encrage(m) 581.
rouleau(m) de pellicule(f) 395.
rouleau(m) principal 572.
roulette(f) 563, 582.
roulette(f) 260, 383, 553, 645, 788.
roulette(f) américaine 700.
roulette(f) de pâtissier(m) 245.
roulette(f) française 701.
route(f) 52, 452.
route(f) d'accès(m) 502.
route(f) secondaire 52.
route(f), coupe(f) 450.
ruban(m) 566, 711, 804.
ruban(m) adhésif 607.
ruban(m) blanc 618.
ruban(m) correcteur 515.
ruban(m) de caoutchouc(m) 677.
ruban(m) de tissu(m) adhésif 725.
rubis(m) 362.
rubis(m) 706.
ruche(f) 82.
ruche(f) 149.
ruché(m) 349.
rue(f) 52, 184, 190.
rue(f), coupe(f) 186.
rugby(m) 606.
rugby(m), terrain(m) 606.
ruisseau(m) 676.
ruissellement(m) 32, 34.
russule(f) verdoyante 55.
rutabaga(m) 71.

S

sable(m) 819.
sable(m) 748.
sablier(m) 244.
sablière(f) 469.
sablière(f) double 198.
sabot(m) 104.
sabot(m) 101, 441, 633, 656.
sabot(m) à 1 doigt(m) 99.
sabot(m) à 2 doigts(m) 99.
sabot(m) à 3 doigts(m) 99.
sabot(m) à 4 doigts(m) 99.
sabot(m) de protection(f) 783.
sabot(m), face(f) plantaire 104.
sabots(m), types(m) 99.
sabre(m) 794.
sabre(m) 666.
sabreur(m) 667.
sac(m) 536.
sac(m) à bandoulière(f) 380.
sac(m) à dos(m) 680.
sac(m) à provisions(f) 381.
sac(m) accordéon(m) 380.
sac(m) besace(f) 380.
sac(m) boîte(f) 381.
sac(m) cartable(m) 380.
sac(m) de golf(m) 679.
sac(m) de vol(m) 382.
sac(m) fourre-tout(m) 380, 382.
sac(m) marin(m) 381.
sac(m) polochon(m) 381.
sac(m) pour accessoires(m) 684.
sac(m) seau(m) 381.
sacoche(f) 448.
sacrum(m) 122, 123.
sacs(m) à main(f) 380.
sacs(m) de couchage(m) 687.
Sagittaire(m) 13.
Sagittaire(m)(22 novembre) 820.
saharienne(f) 338.
saillant(m) 178.
saisie(f) des données(f) 717.
saisons(f), cycle(m) 8.
saladier(m) 238.
salamandre(f) 85.
salière(f) 238.
salle(f) 189.
salle(f) à manger 195, 460, 496, 807.
salle(f) d'embarquement(m) 505.
salle(f) de bains(m) 292.
salle(f) de bains(m) 194, 195.
salle(f) de bal(m) 497.
salle(f) de commande(f) 746, 759.
salle(f) de commandes(f) 14.
salle(f) de contrôle(m) 16.
salle(f) de contrôle(m) des machines(f) 742.
salle(f) de prière(f) 172, 173.
salle(f) de projection(f) 16.
salle(f) de réception(f) 172, 173.
salle(f) de répétition(f) 188.
salle(f) de séjour(m) 195.
salle(f) de spectacle(m) 188.
salle(f) de stockage(m) du combustible(m) neuf 764.
salle(f) des cartes(f) 494.
salle(f) des gradateurs(m) 412.
salle(f) des machines(f) 496, 746, 747.
salle(f) des ordinateurs(m) 807.
salle(f) des pas(m) perdus 462.
salle(f) du treuil(m) 735.
salle(f) polyvalente 412.
salomé(m) 356.
salon(m) 195, 496.
salopette(f) 336.
salopette(f) à bretelles(f) croisées 351.
salopette(f) à dos(m) montant 350.
salsifis(m) 71.
sandale(f) 356.
sandale(f) 791.
sandalette(f) 357.
Sandow®(m) 685, 686.
sangle(f) 428, 614, 634, 649, 651, 660, 664, 679, 777.
sangle(f) d'amortissement(m) 729.
sangle(f) de brancard(m) 653.
sangle(f) de nuque(f) 729.
sangle(f) élastique 382.
sangle(f) serre-vêtements(m) 383.
sangle(f) sous-ventrière 653.
sanglon(m) 649.
sanguine(f) 583.
sapeur(m)-pompier(m) 777.
saphir(m) 362.
sarcloir(m) 266.
sarment(m) 61.
sarrazin(m) 152.
sarriette(f) 74.
sas(m) 14, 493, 510.
sas(m) d'accès(m) arrière 806.
sas(m) du bâtiment(m) du réacteur(m) 758.
sas(m) du laboratoire(m) 511.
sas(m) pour équipement(m) 764.
satellite(m) 416.
satellite(m) à défilement(m) 43.
satellite(m) artificiel 19.
satellite(m) de télédétection(f) 48.
satellite(m) géostationnaire 42.
satellite(m) météorologique 42.
satellite(m) Radarsat 49.
satellites(m) 4.
satellites(m) de télécommunications(f) 418.
satellites(m) de télécommunications(f), exemples(m) 418.
satin(m) 576.
Saturne 5.
saucière(f) 238.
sauge(f) 74.
saumon(m) d'aile(f) 638.
saupoudreuse(f) 246.
saut(m) à la perche(f) 657.
saut(m) à la perche(f) 655.
saut(m) en hauteur(f) 657.
saut(m) en hauteur(f) 654.
sauterelle(f) 77, 733.
sauteur(m) 635.
sauteuse(f) 249.
sautoir(m) 361.
sautoir(m), longueur(f) opéra(m) 361.
savane(f) 45.
saveur(f) acide 143.
saveur(f) amère 143.

saveur(f) salée 143.
saveur(f) sucrée 143.
saxhorn(m) 551.
saxophone(m) 548.
saxophone(m) 548.
scanneur(m) 526.
scanneur(m) à hyperfréquences(f) 43.
scanneur(m) de radiations(f) terrestres 43.
scaphandre(m) spatial 512.
scapulaire(f) 110.
scarole(f) 73.
scène(f) 189.
scène(f) 188.
scie(f) à chaîne(f) 272.
scie(f) à grecquer 578.
scie(f) à métaux(m) 277, 299.
scie(f) circulaire 284.
scie(f) d'élagage(m) 269.
scie(f) de camping(m) 690.
scie(f) égoïne 277.
scion(m) 670.
sclérotique(f) 140.
score(m) doublé 698.
score(m) triplé 698.
Scorpion(m) 13.
Scorpion(m)(24 octobre) 820.
scorsonère(f) 71.
scotie(f) 166, 167.
scrotum(m) 116, 127.
sculpture(f) 586.
sculpture(f) 147.
sculpture(f) sur bois(m) 586.
sculptures(f) 433.
seau(m) isotherme 251.
sébile(f) de remboursement(m) 422.
sécateur(m) 269.
séchage(m) 829.
sèche-cheveux(m) 370.
sèche-linge(m) électrique 259.
sécher à plat 829.
sécher par culbutage(m) à basse température(f) 829.
sécher par culbutage(m) à moyenne ou haute température(f) 829.
séchoir(m) d'épreuves(f) 399.
second arbitre(m) 613.
second juge(m) de ligne(f) 603.
second renfort(m) 800.
seconde nageoire(f) dorsale 86.
seconde(f) 830.
seconde(f) 537, 667.
secondeur(m) au centre(m) 603, 605.
secondeur(m) extérieur droit 603, 605.
secondeur(m) extérieur gauche 603, 605.
seconds violons(m) 556.
secrétaire(m) 226.
secrétaire(m) 612, 626.
secteur(m) maintenance(f) 415.
section(f) de conduit(m) 205.
section(f) raffinerie(f) 738.
section(f) tubulaire 738.
segment(m) 432, 434.
segment(m) abdominal 78.
segment(m) de loin 376.
segment(m) de près 376.
seigle(m) 152.
sein(m) 129.
sein(m) 116, 118.
séisme(m) 23.
seizième(m) de soupir(m) 538.
séjour(m) 685.
sélecteur(m) 214.
sélecteur(m) d'enceintes(f) 402.
sélecteur(m) de bandes(f) 403.
sélecteur(m) de contrôle(m) audio 413.
sélecteur(m) de contrôle(m) vidéo 413.
sélecteur(m) de coupe(f) 374.
sélecteur(m) de fonctions(f) 391.
sélecteur(m) de micro(m) 547.
sélecteur(m) de niveau(m) d'eau(f) 258.
sélecteur(m) de points(m) 561.
sélecteur(m) de programme(m) 555.
sélecteur(m) de régime(m) 271.
sélecteur(m) de rythme(m) 555.
sélecteur(m) de stations(f) 402, 408.
sélecteur(m) de température(f) 253, 258, 259, 370.
sélecteur(m) de vitesse(f) 251, 370, 404.
sélecteur(m) de vitesses(f) 443, 444.
sélecteur(m) de voix(f) 555.
sélecteur(m) télé(f)/vidéo(f) 411.
sélecteur(m) vidéo auxiliaire 413.
sélecteurs(m) de fonctions(f) 420.
sélecteurs(m) de mode(m) 408.
sélection(f) des canaux(m) 411.
selle(f) 649.
selle(f) 445, 446, 648, 651, 661, 664.
selle(f) biplace 443.
selle(f) de rail(m) 466.
sellette(f) 586, 636, 653.
sellette(f) d'attelage(m) 440.
sémaphore(m) 464.
semelle(f) 358.
semelle(f) 198, 199, 256, 277, 284, 325, 633, 640, 641, 644, 678.
semelle(f) antidérapante 350.
semelle(f) d'usure(f) 353, 355.
semelle(f) de chargeur(m) 797.
semelle(f) du battant(m) 572.
semelle(f) intercalaire 352.
semelle(f) pivotante 282.
semer 154, 158.
semi-rectangulaire 687.
semi-remorque(f) 441.
semi-remorque(f) 440, 742.
semi-remorque(f) citerne(f) 742.
semi-remorque(f) plate-forme(f) 441.
semoir(m) à main(f) 268.
semoir(m) en lignes(f) 158.
semoir(m) en lignes(f) 154.
senestre(f) 818.
sens(m) de l'odorat(m) 142.
sens(m) du goût(m) 142.
senseur(m) d'équilibrage(m) des blancs(m) 409.
senseur(m) stellaire 16.
sensibilité(f) du film(m) 391, 396.
sep(m) 156.
sépale(m) 60, 62, 64.
séparateur(m) 216, 439, 742, 758.
séparateur(m) d'eau(f) 734.
séparateur(m) de gaz(m) 738.
séparateur(m) liquide(m)/gaz(m) 439.
séparation(f) lanceur(m)/satellite(m) 419.
séparation(f)-classeur(m) 378.
septième(f) 537.
septime(f) 667.
septum(m) interventriculaire 125.
septum(m) lucidum 134.
séquence(f) 695.
séquence(f) de manipulation(f) du combustible(m) 764.
sérac(m) 26.
serfouette(f) 266.
sergé(m) 576.
seringue(f) 726.
seringue(f) pour lavage(m) de cavités(f) 726.
serpe(f) 269.
Serpent(m) 11, 13.
serpent(m) à sonnettes(f) 97.
serpent(m) venimeux, tête(f) 96.
serpentin(m) 255, 635.
serpentin(m) de l'évaporateur(m) 214.
serpentin(m) du condenseur(m) 214.
serpette(f) 269.
serre(f) 111, 149.
serre-joint(m) 282.
serre-joint(m) 575.
serre-livres(m) 517.
serre-poignet(m) 615.
serre-tête(m) 406, 408, 615, 642, 729, 730.
serre-tête(m) antibruit 729.
serrure(f) 289, 290.
serrure(f) 202, 225, 289, 380, 383, 429.
serrure(f) à clé(f) 378.
serrure(f) à combinaison(f) 378.
serrure(f) à mortaiser 290.
serrure(f) de porte(f) 427.
serrure(f) tubulaire 290.
sertissage(m) 799.
sertissure(f) 364.
serveur(m) 613, 614, 616, 618.
service(m) à fondue(f) 248.
service(m) d'entretien(m) 453.
service(m) de colis(m) 462.
serviette(f) 378.
servomoteur(m) 814.
seuil(m) 202.
seuil(m) de déversoir(m) 746.
sextant(m) 484.
Sextant(m) 13.
sextuor(m) 558.
shekel(m) 832.
short(m) 336.
short(m) 351, 600, 656.
short(m) boxeur(m) 353.
si(m) 537.
siège(m) 220, 223, 293, 294, 428, 584, 639, 649, 652, 727.
siège(m) coulissant 664.
siège(m) double 477.
siège(m) du commandant(m) 500.
siège(m) du copilote(m) 500.
siège(m) éjectable 813.
siège(m) réglable 460.
siège(m) simple 477.
siège(m)-baquet(m) 428.
sièges(m) 222.
sifflet(m) 252.
signal(m) de position(f) d'aiguille(f) 467.
signal(m) lumineux 539.
signal(m) sonore 539.
signalisation(f) lumineuse 826, 827.
signalisation(f) maritime 486.
signalisation(f) routière 824, 826, 828.
signes(m) d'air(m) 820.
signes(m) d'eau(f) 820.
signes(m) de feu(m) 820.
signes(m) de ponctuation(f) 832.
signes(m) de terre(f) 820.
signes(m) diacritiques 832.
signes(m) du zodiaque(m) 820.
silencieux(m) 735.
silex(m) 795.
silique(f), coupe(f) 67.
sill(m) 24.
sillet(m) 544, 546, 547.
sillon(m) antérieur 139.
sillon(m) concentrique 404.
sillon(m) de départ(m) 404.
sillon(m) de sortie(f) 404.
sillon(m) médian 143.
sillon(m) naso-labial 141.
sillon(m) terminal 143.
silo(m) de chargement(m) 734.
silo(m)-couloir(m) 149.
silo(m)-tour(f) 149.
silos(m) 490.
simple torsade(f) 281.
simulateur(m) d'escalier(m) 664.
sinople(m) 819.
sinus(m) 315.
sinus(m) frontal 141.
sinus(m) latéral inférieur 61.
sinus(m) latéral supérieur 61.
sinus(m) palléal 95.
sinus(m) pétiolaire 61.
sinus(m) sphénoïdal 141.
siphon(m) 301.
siphon(m) 24, 215, 293, 296.
sismogramme(m) 714.
sismographe(m) horizontal 714.
sixain(m) 700, 701.
sixte(f) 537, 667.
ski(m) 445, 641.
ski(m) alpin 640.
ski(m) de figure(f) 633.
ski(m) de fond(m) 642.
ski(m) de fond(m) 642.
ski(m) de saut(m) 633.
ski(m) de slalom(m) 633.
ski(m) de tourisme(m) 633.
ski(m) nautique 633.
skieur(m) alpin 640.
skieuse(f) de fond(m) 642.
skiff(m) 632.
skip(m) 736.
skis(m) nautiques, types(m) 633.
slip(m) 347.
slip(m) de bain(m) 353.
slip(m) ouvert 325.
snooker(m) 673.
soc(m) 156.
socle(m) 40, 204, 236, 250, 252, 283, 404, 453, 579, 707, 708, 712, 714, 774.
socle(m) fixe 282.
socle(m)-chargeur(m) 260.
socque(m) 357.
socquette(f) 344.
soie(f) 239, 242, 291, 374, 670.
soie(f) dentaire 373.
soies(f) 304.
soigneur(m) 669.
sol(m) 537, 714, 750.
sol(m) naturel 450.
sole(f) 104.
soléaire(m) 120.
Soleil(m) 6.
Soleil(m) 4, 8.
Soleil(m), éclipse(f) 8.
Soleil(m), structure(f) 6.
soleret(m) 792.
solin(m) 205.
solive(f) 200.
solive(f) de plafond(m) 198.
solive(f) de plancher(m) 198, 199.
solive(f) de rive(f) 198, 199.
solstice(m) d'été(m) 8.
solstice(m) d'hiver(m) 8.
sommation(f) 830.
sommet(m) 27.
sommier(m) 174, 540, 543.
sommier(m) tapissier(m) 224.
sonar(m) de coque(f) 809.
sonde(f) 485.
sonde(f) spatiale 19.
sonde(f) thermique 253.
sondeur(m) à éclats(m) 485.
sonnerie(f) de passage(m) à niveau(m) 471.
sonnette(f) 97.
sorbetière(f) 251.
sorgho(m) 152.
sortie(f) 82, 452.
sortie(f) d'air(m) chaud 204, 207, 438.
sortie(f) d'eau(f) chaude 208.
sortie(f) de l'eau(f) de refroidissement(m) du condenseur(m) 759.
sortie(f) de la vapeur(f) 760, 761, 762, 763.
sortie(f) de la vapeur(f) des séparateurs(m) 758.
sortie(f) de piste(f) 505.
sortie(f) de piste(f) à grande vitesse(f) 502.
sortie(f) des originaux(m) 421.
sortie(f) du caloporteur(m) 768.
sortie(f) du reflux(m) du condenseur(m) 759.
soubassement(m) 225.
souche(f) 59.
souche(f) 197.
soudage(m) 305, 306.
soudage(m) à l'arc(m) 305.
soudage(m) bout(m) à bout(m) 307.
soudage(m) oxyacétylénique 306.
soudage(m), équipement(m) de protection(f) 308.
soudure(f) 307.
soufflante(f) 501, 760.
soufflerie(f) 543.
soufflet(m) 378, 380, 399, 536, 543.
souffleuse(f) 162.
souffleuse(f) de fourrage(m) 162.
souffleuse(f) de fourrage(m) 155.
soulier(m) à la poulaine(f) 318.
soulier(m) à talon(m) 318.
soupape(f) 248, 543, 735.
soupape(f) à air(m) 304.
soupape(f) à pression(f) et dépression(f) 741.
soupape(f) d'admission(f) 434, 436, 635.
soupape(f) d'arrivée(f) d'air(m) 590.
soupape(f) d'échappement(m) 435, 436, 438.
soupape(f) d'évacuation(f) 551, 710.
soupape(f) de gonflage(m) 627.
soupape(f) de purge(f) 627.
soupape(f) de réglage(m) du fluide(m) 304.
soupape(f) de sureté(f) 209.
soupape(f) de sûreté(f) 297, 766.
soupape(f) expiratoire 730.
soupape(f) inspiratoire 730.
soupière(f) 238.
soupir(m) 538.
source(f) alimentaire fondamentale 31.
sources(f) de pollution(f) 34.
sourcil(m) 140.
sourcils(m) 107.
sourdine(f) 551.
souris(f) 530.
souris(f) 526, 527.
sous-épineux(m) 121.
sous-fondation(f) 451.
sous-gorge(m) 649.
sous-main(m) 520.
sous-marin(m) 806.
sous-pied(m) 336.
sous-plancher(m) 198, 199, 200.
sous-sol(m) 190.
sous-sol(m) 197.
sous-vêtement(m) d'isolation(f) 512.
sous-vêtement(m) de contrôle(m) thermique 512.
sous-vêtements(m) 325, 345, 346.
soustraction(f) 830.
soustraction(f) 523.
soustraction(f) en mémoire(f) 523.
soute(f) 510.

Les termes en **caractères gras** renvoient à une illustration.

soute(f) à bagages(m) 492, 508.
soute(f) à eau(f) 469.
soute(f) d'équipement(m) technique 415.
soute(f) des bobines(f) de câbles(m) 415.
soutien-gorge(m) 346.
soutien-gorge(m) balconnet(m) 347.
soutien-gorge(m) corbeille(f) 346.
spadice(m) 60.
spatule(f) 589.
spatule(f) 244, 581, 633, 640, 642.
spatulée 56.
spécifications(f) techniques 433.
spectromètre(m) 717.
spectromètre(m) à ultraviolet(m) 43.
spencer(m) 338.
spermatozoïde(m) 127.
sphère(f) céleste 3.
sphère(f) d'hélium(m) 509.
sphère(f) de verre(m) 40.
sphère(f) terrestre 3.
sphincter(m) anal 131.
spicule(m) 6.
spiral(m) 706.
spirale(f) 276, 398.
spire(f) 94.
splénius(m) de la tête(f) 121.
spores(f) 55.
spot(m) 235.
spot(m) à pince(f) 235.
squash(m) 616.
squash(m), balle(f) 616.
squash(m), raquette(f) 616.
squash(m), terrain(m) 616.
squelette(m) 122.
squelette(m), cheval(m) 102.
stabilisateur(m) 499, 508, 639, 684, 780, 785, 786, 812.
stabilisateur(m) à triple plan(m) vertical 498.
stabilisateur(m) de roulis(m) 496.
stabilo(m) 636.
stade(m) 654.
stade(m) 185.
stade(m) final de déploiement(m) 419.
stalactite(f) 24.
stalagmite(f) 24.
station(f) d'émission(f) 722.
station(f) de métro(m) 474.
station(f) de pompage(m) 740.
station(f) de pompage(m) intermédiaire 740.
station(f) de pompage(m) principale 740.
station(f) de réception(f) 722.
station(f) locale 416.
station(f) météorologique 38.
station(f)-service(m) 453.
stationata(f) 647.
stationnement(m) 190, 193.
stator(m) 290, 753.
stators(m) extérieurs 501.
stators(m) intérieurs 501.
steeple(m) 655.
steppe(f) 45.
sterno-cléido-mastoïdien(m) 120.
sternum(m) 102, 122.
stéthoscope(m) 726.
stigmate(m) 60, 66, 78, 79.
stimulateur(m) de gencives(f) 373.
stipule(f) 56.
stockage(m) des missiles(m) 808.
stop(m) 106.
store(m) à enroulement(m) automatique 231.
store(m) à enroulement(m) manuel 231.
store(m) bateau(m) 231.
store(m) vénitien 231.
strato-cumulus(m) 44.
stratosphère(f) 19.
stratus(m) 44.
structure(f) 450.
structure(f) du Soleil(m) 6.
structure(f) du support(m) 48.
structure(f) du tissu(m) 566.
structure(f) tubulaire 487.
structure(m) métallique 463.
studio(m) 407.
studio(m), radio(f) 407.
style(m) 60, 62, 63, 64, 67, 706.
styles(m) d'architecture(f) 166.
stylet(m) 389, 794.
stylo(m)-bille(f) 389, 515.
stylo(m)-plume(f) 389, 515.
stylobate(m) 166, 168.
sublimation(f) 34.
substance(f) blanche 135.
substance(f) corticale 132.
substance(f) grise 135.
substance(f) médullaire 132.
subtropical humide 45.
subtropical sec 45.
suceur(m) à tapis(m) et planchers(m) 260.
suceur(m) plat 260.
suceur(m) triangulaire à tissus(m) 260.
sucrier(m) 238.
sud(m) 488.
sud(m)-est(m) 488.
sud(m)-ouest(m) 488.
sulky(m) 652.
superposition(f) d'originaux(m) 532.
superstructure(f) 486.
support(m) 40, 230, 231, 232, 248, 370, 397, 552, 574, 619, 787.
support(m) à bagages(m) 445.
support(m) ajustable 521.
support(m) d'entrave(f) 652.
support(m) d'extrémité(f) 230.
support(m) de fixation(f) 230, 234, 720.
support(m) de lisse(f) 471.
support(m) de plafond(m) 230.
support(m) de plaquette(f) 376.
support(m) de pouce(m) 549.
support(m) de sphère(f) 40.
support(m) de tension(f) 569.
support(m) du filament(m) 233.
support(m) du rouleau(m) 573.
support(m) mural 230.
support-papier(m) 525.
supports(m) 589.
surandouiller(m) 105.
surbaissé 174.
surface(f) absorbante 772.
surface(f) de but(m) 601, 612.
surface(f) de coin(m) 601.
surface(f) de combat(m) 668.
surface(f) de cuisson(f) 253, 255.
surface(f) de frappe(f) 596.
surface(f) de glace(f) 620.
surface(f) de jeu(m) 619, 682.
surface(f) de l'eau(f) 487, 624.
surface(f) de la peau(f) 137.
surface(f) de réparation(f) 601.
surface(f) de résine(f) 405.
surface(f) de sécurité(f) 668.
surface(f) encrée 580.
surface(f) gravée 404.
surface(f) isolante 528.
surface(f) mouillée 580.
surface(f) pressée 405.
surface(f) réfléchissante 770.
surhaussé 174.
surimpression(f) 391.
surligneur(m) 515.
surliure(f) 691.
suroît(m) 329.
surpiqûre(f) 323, 350, 352, 355.
survêtement(m) 352.
suspendre pour sécher 829.
suspendre pour sécher sans essorer 829.
suspension(f) 236.
suspension(f) 477.
suspension(f) à la Cardan 485.
suspente(f) 456.
suspentes(f) 636.
suspentes(f) de nacelle(f) 634.
suture(f) 67.
symbole(m) 702.
symboles(m) d'usage(m) courant 822.
symboles(m) de sécurité(f) 821.
symboles(m) des nuages 44.
symboles(m) météorologiques internationaux 39.
symboles(m) scientifiques usuels 830.
symboles(m), matières(f) dangereuses 821.
symboles(m), protection(f) 821.
symphyse(f) pubienne 127, 128.
synapse(f) 135.
synapse(m) 135.
synthétiseur(m) 555.
système(m) audio 430.
système(m) d'ancrage(m) 661.
système(m) d'échappement(m) 439.
système(m) de base(f) 528, 530.
système(m) de climatisation(f) 415.
système(m) de dépotage(m) 742.
système(m) de fixation(f) 735.
système(m) de lentilles(f) 719.
système(m) de lubrification(f) 469.
système(m) de pointage(m) fin 16.
système(m) de remplissage(m) et de vidange(f) 492.
système(m) de verrouillage(m) 260.
système(m) filtre(m) 385.
système(m) hydraulique 787.
système(m) nerveux 133, 134.
système(m) nerveux central 134.
système(m) nerveux périphérique 133.
système(m) racinaire 57, 61.
système(m) radar(m) 813.
système(m) rotary(m) 737.
système(m) routier 450, 452.
système(m) solaire 4.

T

T.G.V. 458.
tabac(m) 384.
tabatière(f) 197.
table(f) 219, 674.
table(f) 363, 578, 581, 583.
table(f) à abattants(m) 219.
table(f) à dessin(m) 591.
table(f) à rallonges(f) 219.
table(f) d'alimentation(f) 162.
table(f) d'harmonie(f) 540, 544, 545, 546.
table(f) d'imprimante(f) 521.
table(f) d'ordinateur(m) 521.
table(f) de production(f) 413.
table(f) de rotation(f) 737.
table(f) de roulement(m) 466.
table(f) de roulette 700.
table(f) du sommier(m) 543.
table(f), tennis 619.
tableau(m) américain des mises(f) 700.
tableau(m) d'affichage(m) des vols(m) 505.
tableau(m) de bord(m) 430, 445.
tableau(m) de bord(m) 442.
tableau(m) de commande(f) 257, 532.
tableau(m) de commande(f) 214, 253, 255, 258, 259, 532.
tableau(m) de commandes(f) 717.
tableau(m) de distribution(f) 312.
tableau(m) de distribution(f) 757.
tableau(m) des scores(m) 698.
tableau(m) français des mises(f) 701.
tableau(m) horaire 463.
tableau(m) indicateur(m) 651.
tableau(m) marqueur(m) 683.
tables(f) gigognes 219.
tables(f), principaux types(m) 219.
tablette(f) 204, 226, 302.
tablette(f) de verre(m) 254.
tablette(f) graphique 526.
tablette(f) porte-outil(m) 302.
tablier(m) 161.
tablier(m) 454, 455, 456, 669, 787.
tablier(m)-blouse(f) 337.
tablinum(m) 170.
tabouret(m) 222.
tabouret(m) 669.
tabouret(m)-bar(m) 222.
tabouret(m)-escabeau(m) 302.
tabulateur(m) 524.
tabulateur(m) décimal 524.
tache(f) 6.
tache(f) jaune 140.
tachymètre(m) 445.
taie(f) d'oreiller(m) 224.
taillant(m) 734.
taille(f) 117, 119.
taille(f) baguette(f) 363.
taille(f) brillant(m) 362.
taille(f) cabochon(m) 363.
taille(f) d'un diamant(m) 363.
taille(f) des pierres(f) 363.
taille(f) émeraude(f) 362.
taille(f) en ciseaux(m) 362.
taille(f) en escalier(m) 363.
taille(f) en goutte(f) 363.
taille(f) en poire(f) 363.
taille(f) en rose(f) 363.
taille(f) en table(f) 363.
taille(f) française 363.
taille(f) huit facettes(f) 362.
taille(f) marquise(f) 363.
taille(f) ovale 363.
taille-bordures(m) 271.
taille-crayon(m) 515, 516.
taille-haies(m) 268.
tailleur(m) 331.
taloche(f) 291.
talon(m) 104, 117, 119, 156, 242, 277, 325, 352, 354, 376, 385, 433, 544, 546, 562, 568, 596, 609, 615, 641, 642, 643, 644, 670, 671, 675, 678.
talon(m) d'appui(m) 250, 256.
talonnette(f) de dessus(m) 354.
talonneur(m) 606.
talonnière(f) 633, 640, 641, 642, 643.
talus(m) 451.
talus(m) continental 22, 29.
tam-tam(m) 552.
tambour(m) 167, 231, 259, 432, 484, 571, 670, 671, 707, 711, 714.
tambour(m) d'entraînement(m) 390.
tambour(m) de basque(m) 554.
tambourin(m) 329.
tamis(m) 615.
tamis(m) à farine(f) 245.
tamis(m) vibrant 737.
tampon(m) 581.
tampon(m) encreur 516.
tandem(m) 338.
tapis(m) 668.
tapis(m) 669, 675, 682.
tapis(m) amont 748.
tapis(m) de selle(f) 648, 651.
tapis(m) de sol(m) cousu 685, 686.
tapis(m) drainant 748.
tapis(m) roulant 504.
taquet(m) 630.
taquet(m) 628.
taquet(m) coinceur 630.
taquet(m) coinceur 630.
taquet(m) d'amarrage(m) 492.
taquet(m) de verrouillage(m) 529.
tarière(f) motorisée 270.
tarlatane(f) 582.
tarse(m) 78, 80, 103, 108, 122.
tasse(f) 688.
tasse(f) à café(m) 238.
tasse(f) à thé(m) 238.
tassette(f) 792.
Taureau(m) 11.
Taureau(m)(20 avril) 820.
té(m) 301.
té(m) 677.
té(m) de base(f) 205.
technicien(m) aiguilleur(m) 412, 415.
tectrice(f) primaire 110.
tectrice(f) sous-caudale 109.
tectrice(f) sus-alaire 108.
tectrice(f) sus-caudale 109.
teddy(m) 345.
tégument(m) 152.
tégument(m) de la graine(f) 63.
télécommande(f) 411.
télécommande(f) 397.
télécommunications(f) par ligne(f) téléphonique 417.
télécommunications(f) par satellite(m) 417.
télécopieur(m) 421.
télécopieur(m) 417.
télédiffusion(f) par satellite(m) 416.
téléinformatique(f) 417.
téléobjectif(m) 392.
téléphone(m) 822.
téléphone(m) cellulaire 417.
téléphone(m) cellulaire portatif 422.
téléphone(m) public 422.
téléphone(m), communication(f) 420, 422.
téléport(m) 417.
télescope(m) 14, 720.
télescope(m) 14, 42.
télescope(m) spatial Hubble 16.
télescope(m), coupe(f) 720.
télésouffleur(m) 414.
téléviseur(m) 410.
téléviseur(m) 401.
télévision(f) 410, 412, 414.
télex(m) 421.
télex(m) 417.
telson(m) 91.
témoin(m) d'alimentation(f) 529.
témoin(m) d'ouverture(f) de porte(f) 431.
témoin(m) de bas niveau(m) de carburant(m) 431.
témoin(m) de ceinture(f) de sécurité(f) 431.
témoin(m) de charge(f) 431.
témoin(m) de clignotants(m) 431, 445.
témoin(m) de l'amorce(f) du film(m) 390.

Les termes en **caractères gras** renvoient à une illustration.

témoin(m) de niveau(m) d'huile(f) 431.
témoin(m) de phare(m) 445.
témoin(m) de position(f) neutre 445.
témoin(m) de pression(f) d'huile(f) 445.
témoin(m) des feux(m) de route(f) 431.
témoin(m) du retardateur(m) 391.
tempe(f) 116.
température(f) 210.
température(f) ambiante 213, 705.
température(f) de l'air(m) 38.
température(f) désirée 213, 705.
température(f) du point(m) de rosée(f) 38.
température(f), mesure(f) 41.
tempête(f) de sable(m) ou de poussière(f) 39.
tempête(f) tropicale 39.
temple(m) grec 168.
temple(m) grec, plan(m) 169.
templet(m) 573.
templet(m) 578.
temporal(m) 122.
tenaille(f) 179.
tendance(f) barométrique 38.
tendeur(m) 661, 685.
tendeur(m) de timbre(m) 553.
tendon(m) 107.
tennis(m) 355, 614.
tennis(m) de table(f) 619.
tennis(m), balle(f) 615.
tennis(m), filet(m) 614.
tennis(m), raquette(f) 615.
tennis(m), terrain(m) 614.
tenon(m) 376, 385.
tenseur(m) du fascia lata(m) 120.
tensiomètre(m) 710.
tentacule(m) oculaire 83.
tentacule(m) tactile 83.
tente(f) canadienne 686.
tente(f) deux places(f) 685.
tente(f) dôme(m) 686.
tente(f) familiale 685.
tente(f) grange(f) 686.
tente(f) igloo(m) 686.
tente(f) individuelle 686.
tente(f) intérieure 685, 686.
tente(f) rectangulaire 686.
tentes(f), principaux types(m) 686.
tentoir(m) 572.
tenue(f) d'exercice(m) 351, 352.
térébenthine(f) 592.
terminaison(f) nerveuse 136.
terminal(m) 421.
terminal(m) à céréales(f) 490.
terminal(m) à conteneurs(m) 491.
terminal(m) de télécommunication(f) 422.
terminal(m) de vrac(m) 490.
terminal(m) pétrolier 491.
terrain(m) de fondation(f) 748.
terrain(m) naturel 733.
terrasse(f) 193, 263, 505.
terrasse(f) extérieure 497.
terrassement(m) 450.
Terre(f) 4, 8.
Terre(f), structure(f) de la 22.
terre-plein(m) 179, 184, 186.
terre-plein(m) central 452.
terril(m) 733, 734.
testicule(m) 127.
têtard(m) 84.
tête(f) 107, 112.
tête(f) 9, 78, 79, 80, 83, 117, 119, 124, 127, 275, 276, 279, 283, 373, 374, 384, 385, 386, 544, 546, 547, 561, 567, 570, 579, 607, 615, 618, 645, 658, 670, 674, 677, 681, 756, 804.
tête(f) à sens(m) unique 276.
tête(f) amont(m) 493.
tête(f) aval(m) 493.
tête(f) avant du cylindre(m) récupérateur 802.
tête(f) basculante 250.
tête(f) bombée 276.
tête(f) creuse 276.
tête(f) cruciforme 276.
tête(f) d'aspiration(f) 216.
tête(f) d'attelage(m) 471.
tête(f) d'attelage(m) 147, 156, 157, 158, 159, 162, 449, 469.
tête(f) d'impression(f) 524, 531.
tête(f) d'injection(f) 737.
tête(f) de coupe(f) 306.
tête(f) de dormant(m) 203.
tête(f) de frappe(f) 275.
tête(f) de l'humérus(m) 123.
tête(f) de lecture(f) 404.
tête(f) de lecture(f)/écriture(f) 529.
tête(f) de lit(m) 224.
tête(f) de marteau(m) 681.
tête(f) de mât(m) 631.
tête(f) de métal(m) 658.
tête(f) de puits(m) 734, 740.
tête(f) de rotor(m) 508.
tête(f) de scion(m) 670.
tête(f) diffusante 396.
tête(f) du fémur(m) 123.
tête(f) du vérin(m) de levage(m) 787.
tête(f) flottante 374.
tête(f) froncée 229.
tête(f) panoramique 393.
tête(f) plate 276.
tête(f) plissée 229.
tête(f) ronde 276.
tête(f), chauve-souris(f) 112.
tête(f), oiseau(m) 109.
têtes(f), types(m) 229.
têtière(f) 289, 290, 649.
texte(m) 524.
théière(f) 238.
théodolite(m) 713.
théodolite(m) 41.
thermocontact(m) 438.
thermocouple(m) 297.
thermomètre(m) 705.
thermomètre(m) 627, 635, 741.
thermomètre(m) à maxima(m) 41.
thermomètre(m) à minima(m) 41.
thermomètre(m) à viande(f) 244.
thermomètre(m) bimétallique 705.
thermomètre(m) médical 705.
thermosphère(f) 19.
thermostat(m) 210, 214, 252, 297.
thermostat(m) d'ambiance(f) 213, 705.
thorax(m) 78, 79, 80, 116, 118.
thym(m) 74.
tibia(m) 78, 80, 103, 108, 112, 122.
tierce(f) 537, 667.
tierceron(m) 177.
tige(f) 57, 70, 72, 214, 247, 275, 276, 294, 295, 373, 385, 386, 539, 562, 567, 568, 573, 641, 642, 644, 705, 707.
tige(f) carrée d'entraînement(m) 737.
tige(f) de forage(m) 737.
tige(f) de manœuvre(f) 796.
tige(f) de pendule(m) 539.
tige(f) de selle(f) 446.
tige(f) du poil(m) 136.
tige(f) filetée 279.
tige(f) pour col(m) 364.
tilde(m) 832.
timbale(f) 553.
timbales(f) 557.
timbre(m) 384, 792.
timbre(m) caoutchouc(m) 516.
timbre(m) dateur 516.
timon(m) 158, 159, 162, 449.
tipi(m) 165.
tir(m) à l'arc(m) 684.
tirant(m) 553, 786.
tirant(m) de registre(m) 543.
tirant(m) de réglage(m) 322.
tirant(m) des cordes(f) 669.
tire-bouchon(m) 625.
tire-bouchon(m) 688.
tire-bouchon(m) à levier(m) 244.
tire-bouchon(m) de sommelier(m) 244.
tire-bourre(m) 801.
tire-joint(m) 291.
tire-racine(m) 268.
tire-veille(m) 631.
tiret(m) 832.
tirette(f) 566, 571.
tireur(m) au but(m) 611.
tiroir(m) 219, 226, 255.
tiroir(m) de fichier(m) 517.
tisonnier(m) 205.
tissage(m) 572, 574, 576.
tissage(m), accessoires(m) 573, 575.
tissage(m), schéma(m) de principe(m) 576.
tissu(m) adipeux 129, 136.
tissu(m) brodé 571.
tissu(m) conjonctif 137.
tissu(m) du vêtement(m) 565.
tissus(m) de soutien(m) 565.
Titan 5.
toge(f) 315.
toile(f) 576, 589.
toile(f) 231, 375, 397.
toile(f) de fond(m) 188.
toile(f) de saut(m) 659.
Toilette(f) (Dames(f)) 822.
toilettes(f) 461.
Toilettes(f) (Messieurs(m)) 822.
toit(m) 82, 171, 197, 205, 470.
toit(m) à deux croupes(f) 182.
toit(m) à l'impériale(f) 183.
toit(m) à la Mansard 183.
toit(m) à pignon(m) 182.
toit(m) à quatre versants(m) 183.
toit(m) à tourelle(f) à pans(m) 183.
toit(m) avec lanterneau(m) 182.
toit(m) de la couche(f) 733.
toit(m) de protection(f) 787.
toit(m) en appentis(m) 182.
toit(m) en carène(f) 182.
toit(m) en coupole(f) 183.
toit(m) en dôme(m) 183.
toit(m) en flèche(f) 183.
toit(m) en pavillon(m) 183.
toit(m) en pente(f) 182.
toit(m) en poivrière(f) 183.
toit(m) en rotonde(f) 183.
toit(m) en shed(m) 182.
toit(m) flottant 741.
toit(m) ouvrant 427.
toit(m) plat 182.
toits(m) 182.
toiture(f) 82.
tôle(f) pare-gouttes(m) 741.
tomate(f) 69.
tombant(m) 341.
tombolo(m) 30.
ton(m) de mât(m) 479.
tondeuse(f) 369.
tondeuse(f) 374.
tondeuse(f) à moteur(m) 271.
tondeuse(f) mécanique 271.
tong(m) 357.
topaze(f) 362.
topinambour(m) 71.
toque(f) 329.
torche(f) 738.
tore(m) 166, 167.
toron(m) 692.
torpille(f) 807.
torrent(m) 27.
tortue(f) 97.
totalisateur(m) journalier 431.
Toucan(m) 13.
touche(f) 535, 536, 540, 541, 543, 544, 547.
touche(f) d'effacement(m) 530.
touche(f) d'envoi(m) 530.
touche(f) de commande(f) 530.
touche(f) de composition(f) automatique 421.
touche(f) de correction(f) 421, 569.
touche(f) de décimale(f) 523.
touche(f) de démarrage(m) 530.
touche(f) de double zéro(m) 523.
touche(f) de modulation(f) 402.
touche(f) de pédalier(m) 542.
touche(f) de présélection(f) 402.
touche(f) de résultat(m) 523.
touche(f) de retour(m) 530.
touche(f) de service(m) 530.
touche(f) de tabulateur(m) 530.
touche(f) fixe 711.
touche(f) fixe-majuscules(f) 524.
touche(f) fixe-majuscules(m) 530.
touche(f) majuscule(f) 530.
touche(f) mémoire(f) 402, 405.
touche(f) mobile 711.
touche(f) multifonctionnelle 523.
touche(f) numérique 523.
touche(f) plus(m)-égalité(f) 523.
touche(f) programmable 530.
touche(f)-majuscules(f) 524.
toucher(m) 136.
touches(f) de commande(f) 422.
touches(f) de directivité(f) 530.
touches(f) de fonctions(f) 422, 709.
touches(f) de répétition(f) 405.
touches(f) de variation(f) 569.
toundra(f) 45.
toupet(m) 100.
toupie(f) 283.
toupie(f) 251.
tour(f) 176, 486, 696, 770, 771, 773, 774, 786.
tour(f) à bureaux(m) 184, 190.
tour(f) d'angle(m) 180.
tour(f) d'extraction(f) 735, 736.
tour(f) d'habitation(f) 187.
tour(f) d'habitation(f) 185.
tour(f) de contrôle(m) 502, 810.
tour(f) de flanquement(m) 180.
tour(f) de forage(m) 737, 738, 740.
tour(f) de fractionnement(m) 744.
tour(f) de guidage(m) 457.
tour(f) de sauvetage(m) 509.
tour(f) du plongeoir(m) 624.
tour(m) à pied(m) 584.
tour(m) de coquille(f) 83.
tour(m) de cou(m) 324.
tour(m) de spire(f) 94.
tour(m) de tête(f) 729.
tour(m) embryonnaire 94.
tourelle(f) 180, 257, 780, 785, 809.
tourelle(f) mobile 805.
tourelle(f) porte-objectifs(m) 718.
tourillon(m) 675, 800.
tourmaline(f) 362.
tournage(m) 584.
tournant(m) de club-house(m) 651.
tourne-disque(m) 404.
tournette(f) 584.
tournevis(m) 276.
tournevis(m) 688.
tournevis(m) à spirale(f) 276.
tournevis(m) cruciforme 688.
tourniquet(m) 701.
tourniquet(m) d'accès(m) 474.
tourniquet(m) de sortie(f) 474.
tournure(f) 316.
traçage(m) 586.
traceur(m) 527.
trachée(f) 130.
traçoir(m) 281.
tracteur(m) 507, 782.
tracteur(m) 440, 742.
tracteur(m) à chenilles(f) 783.
tracteur(m) agricole 147.
tracteur(m) de piste(f) 506.
tracteur(m) routier 440.
tracteur(m)-remorqueur(m) 784.
tragus(m) 112, 139.
train(m) 462.
train(m) à grande vitesse(f) 458.
train(m) d'atterrissage(m) avant 498, 813.
train(m) d'atterrissage(m) principal 499, 812.
train(m) de banlieue(f) 464.
train(m) routier 440.
traîneau(m) 264, 643.
trait(m) de mise(f) au jeu(m) 604.
traitement(m) chimique 745.
traitement(m) de l'information(f) 722.
trame(f) 566, 573, 574.
trampoline(f) 659.
tranchant(m) 239, 242, 369, 564.
tranche(f) de gouttière(f) 577.
tranche(f) de queue(f) 577.
tranche(f) de tête(f) 577.
tranché(m) 818.
tranchée(f) 733.
tranchefile(f) 577.
transbordeur(m) 494, 507.
transbordeur(m) 491, 505.
transcription(f) des ondes(f) sismiques 714.
transept(m) 177.
transformateur(m) 209, 235, 747, 757, 758, 771.
transformateur(m) principal 458.
transformation(f) de l'eau(f) en vapeur(f) 766.
transmission(f) 258.
transmission(f) de l'image(f) 717.
transmission(f) de la chaleur(f) à l'eau(f) 766.
transmission(f) du courant(m) induit 714.
transmission(f) funiculaire 467.
transmission(f) hertzienne 416.
transmission(f) par câble(m) 416.
transpalette(f) manuel 788.
transpiration(f) 35.
transplantoir(m) 268.
transport(m) de l'électricité(f) 757.
transport(m) de l'électricité(f) 767.
transport(m) maritime 735.
transport(m) par taxi(m) 822.
transport(m) routier 491.
transversale(f) pleine 700, 701.
trapèze(m) 633.
trapèze(m) 120, 121, 637.
trapèze(m) de figure(f) 633.
trapèzes(m), types(m) 633.
trapillon(m) 188.
trappe(f) acoustique 412.
travaux(m) 826, 827.
travée(f) centrale 456.
travée(f) latérale 456.
travée(f) levante 457.
travers-banc(m) 736.

Les termes en **caractères gras** renvoient à une illustration.

traverse(f) 178, 219, 225, 466, 535, 572, 574, 578, 728, 756, 757.
traverse(f) arrière 645.
traverse(f) avant 645.
traverse(f) d'extrémité(f) inférieure 470.
traverse(f) d'extrémité(f) supérieure 470.
traverse(f) de chargement(m) 743.
traverse(f) inférieure 202, 225.
traverse(f) intermédiaire 202.
traverse(f) médiane 223.
traverse(f) supérieure 202, 223, 225.
traverse(f) supérieure d'ouvrant(m) 203.
traversée(f) 757.
traversée(f) de transformateur(m) 746, 747.
traversin(m) 224.
trèfle(m) 695.
trèfle(m) 175.
treillis(m) 263, 400.
treillis(m) de contreflambage(m) 756.
treillis(m) de protection(f) 406.
tréma(m) 832.
trémie(f) 158, 162.
tremplin(m) 659.
tremplin(m) de 1 m 624.
tremplin(m) de 3 m 624.
trench(m) 319.
trépan(m) 737.
trépied(m) 393.
trépied(m) 397, 415, 539, 552, 721.
trépied(m) de caméra(f) 414.
trépied(m) de perche(f) 414.
trépointe(f) 355.
tréteau(m) 219.
treuil(m) 14.
treuil(m) d'amarrage(m) 743.
treuil(m) de forage(m) 737.
treuil(m) de levage(m) 786.
triangle(m) 554, 674.
Triangle(m) 11, 556.
Triangle(m) austral 13.
tribord(m) 488, 489, 497.
tribune(f) des juges(m) 651.
tribune(f) populaire 651.
triceps(m) brachial 121.
triclinium(m) 171.
tricorne(m) 318.
tricot(m) 567.
tricots(m) 326.
trifoliée 56.
triglyphe(m) 167.
trille(m) 538.
trilobé 174.
tringle(f) 433.
tringle(f) d'écartement(m) 467.
tringle(f) de commande(f) 467.
tringle(f) de pédale(f) 540.
tringle(f) de tension(f) 553.
tringle(f) double 230.
tringle(f) extensible 230.
tringle(f) métallique 517.
tringle(f) simple 230.
tringle(f)-barre(f) 230.
tringle(f)-rail(m) 230.
trio(m) 558.
tripe(f) 384.
triple croche(f) 538.
triple(m) 646.
triplure(f) 565.
tripode(m) de stabilisation(f) 507.
Triton 5.
trochanter(m) 78, 80.
trochure(f) 105.
trois-portes(f) 425.
troisième but(m) 597.
troisième étage(m) 509.
troisième joueur(m) 620.
troisième phalange(f) 103.
troisième-but(m) 597.
trombone(m) 550.
trombones(m) 515.
trombones(m) 556.
trompe(f) 79.
trompe(f) d'Eustache 139, 141.
trompe(f) de Fallope 128.
trompes(f) de Fallope 128.
trompette(f) 550.
trompette(f) 550.
trompettes(f) 556.
tronc(m) 59, 61, 117, 119.
tronc(m) cœliaque 124, 132.
tronc(m), coupe(f) transversale 59.
tronçon(m) 756.
trop-plein(m) 215, 292, 293, 297, 399.
tropique(m) du Cancer(m) 3, 47.
tropique(m) du Capricorne(m) 3, 47.
troposphère(f) 19.
trot(m) 101.
trotteur(m) 356.
trotteuse(f) 706.
trottoir(m) 186.
trou(m) 583, 676.
trou(m) central 404.
trou(m) d'homme(m) 741, 742.
trou(m) de l'embout(m) 385.
trou(m) du souffleur(m) 188.
trou(m)-repère(m) 529.
trousse(f) de manucure(f) 365.
trousse(f) de secours(m) 725.
trousse(f) de toilette(f) 382.
troussequin(m) 649.
truelle(f) de maçon(m) 291.
truelle(f) de plâtrier(m) 291.
truffe(f) 55, 107.
truie(f) 151.
trumeau(m) 175.
truqueur(m) numérique 413.
tuba(m) 551, 557, 627.
tubage(m) de production(f) 738.
tubage(m) de production(f)/expédition(f) 738.
tubage(m) de surface(f) 740.
tube(m) 588, 800.
tube(m) 232, 370, 710, 718, 719, 720, 721, 803, 804.
tube(m) A 300.
tube(m) B 300.
tube(m) capillaire 705.
tube(m) conducteur 738.
tube(m) d'ajustement(m) 659, 661.
tube(m) d'alimentation(f) en air(m) 777.
tube(m) d'arrivée(f) 296.
tube(m) d'ensemencement(m) 158.
tube(m) d'orientation(f) des lames(f) 231.
tube(m) de bord(m) d'attaque(f) 637.
tube(m) de circulation(f) 768.
tube(m) de déchargement(m) 161.
tube(m) de direction(f) 447.
tube(m) de force(f) 765.
tube(m) de poussée(f) 389.
tube(m) de remplissage(m) de la cuvette(f) 293.
tube(m) de remplissage(m) du réservoir(m) 293.
tube(m) de résonance(f) 554.
tube(m) de selle(f) 446.
tube(m) droit 260.
tube(m) en Y(m) 726.
tube(m) flexible 726.
tube(m) fluorescent 232.
tube(m) fluorescent 233.
tube(m) horizontal 446.
tube(m) lance-torpilles(m) 807.
tube(m) oblique 447.
tube(m) porte-oculaire(m) 718, 721.
tube(m) transversal 637.
tube(m)-image(f) 410.
tubulure(f) d'admission(f) 434, 437.
tubulure(f) d'échappement(m) 437.
Tudor 174.
tuile(f) 286.
tuile(f) 169, 170, 511.
tulipe(f) 247.
tuner(m) 400, 402.
tunique(f) 337.
tunique(f) 70, 791.
tunnel(m) 474.
tunnel(m) de communication(f) 510.
turban(m) 329.
turbine(f) 753.
turbine(f) 758.
turbine(f) d'entraînement(m) 438.
turbine(f) du compresseur(m) 438, 501.
turbine(f) Francis 754.
turbine(f) Kaplan 754.
turbine(f) Pelton 754.
turbines(f) motrices 501.
turbo-alternateur(m) 771, 806.
turboréacteur(m) 499, 812.
turboréacteur(m) à double flux(m) 501.
turion(m) 72.
turquoise(f) 362.
tuteur(m) 263.
tuyau(m) 306, 385, 543, 780.
tuyau(m) à anche(f) 542.
tuyau(m) à bouche(f) 542.
tuyau(m) arrière 439.
tuyau(m) d'air(m) 627.
tuyau(m) d'arrosage(m) 265.
tuyau(m) d'aspiration(f) 778.
tuyau(m) d'eau(f) chaude 297.
tuyau(m) d'eau(f) froide 297.
tuyau(m) d'échappement(m) 438, 439, 783.
tuyau(m) d'ensilage(m) 162.
tuyau(m) d'évacuation(f) 258, 298.
tuyau(m) d'insufflation(f) 536.
tuyau(m) de chute(f) 215, 293, 298.
tuyau(m) de refoulement(m) 778.
tuyau(m) de vidange(f) 257, 258, 298.
tuyau(m) du ventilateur(m) 162.
tuyau(m) flexible 260, 735.
tuyau(m) perforé 265.
tuyau(m) souple d'arrivée(f) 298.
tuyauterie(f) 543.
tuyauterie(f) de sortie(f) de la vapeur(f) des séparateurs(m) 759.
tuyauterie(f) de vapeur(f) primaire 759.
tuyère(f) 492, 508, 509, 510.
tuyère(f) d'échappement(m) 501.
tuyère(f) d'éjection(f) 812.
tympan(m) 84, 97, 166, 168, 175.
type(m) de carburant(m) 453.
type(m) de la masse(f) d'air(m) 38.
type(m) de nuage(m) bas 38.
type(m) de nuage(m) élevé 38.
type(m) de nuage(m) moyen 38.
types(m) de têtes(f) 276.
types(m) de voitures(f) 460.

U

unisson(m) 537.
unité(f) d'extraction(f) par solvant(m) 744.
unité(f) de disque(m) compact 527.
unité(f) vidéo 527.
unités(f) monétaires, exemples(m) 832.
Uranus 5.
uretère(m) 132.
urètre(m) 128, 129, 132.
urètre(m) pénien 127.
uropode(m) 91.
usine(f) 752.
usine(f) à asphalte(m) 745.
usine(f) de traitement(m) 735.
usine(f) des lubrifiants(m) 745.
usine(f) marémotrice 752.
usine(f) marémotrice, coupe(f) 752.
usine(f) pétrochimique 744.
ustensiles(m) de campeur(m) 688.
ustensiles(m) de cuisine(f) 242, 244, 246.
ustensiles(m), jeu(m) d' 244.
utérus(m) 128, 129.
utiliser un chlorure(m) décolorant suivant les indications(f) 829.

V

vache(f) 151.
vacuole(f) 115.
vagin(m) 128, 129.
vague(f) 30.
vague(f) d'oscillation(f) 30.
vague(f) de translation(f) 30.
vague(f) déferlante 30.
vair(m) 819.
vaisseau(m) capillaire 137.
vaisseau(m) sanguin 136.
vaisseaux(m) sanguins 112.
vaisselle(f) 238.
Valet(m) 695.
valet(m) 718.
valeur(f) des notes(f) 538.
valeur(f) des segments(m) 698.
valeur(f) des silences(m) 538.
validation(f) 525.
valise(f) fin(f) de semaine(f) 383.
valise(f) pullman(m) 383.
vallée(f) 27.
valve(f) 67, 95, 447.
valve(f) de l'aorte(f) 125.
valve(f) de réglage(m) 208.
valve(f) du tronc(m) pulmonaire 125.
valve(f) gauche, coquille(f) 95.
valvule(f) mitrale 125.
valvule(f) tricuspide 125.
vanne(f) 746, 747, 752.
vanne(f) d'arrêt(m) de la turbine(f) 758.
vanne(f) d'arrosage(m) 759.
vanne(f) de production(f) 740.
vanne(f) fourreau(m) 753.
vanne(f) maîtresse 740.
vantail(m) 225.
vapeur(f) à basse pression(f) 758.
vaporisateur(m) 264.
vaporisateur(m) 256.
vaporiseur(m) 210.
variomètre(m) 635.
variomètre(m) électrique 639.
variomètre(m) mécanique 639.
vase(m) d'expansion(f) 208, 772.
vaste(m) externe du membre(m) inférieur 120, 121.
vaste(m) interne du membre(m) inférieur 120.
veau(m) 151.
vedette(f) 809.
véhicule(m) de service(m) technique 506.
véhicule(m) spatial autonome 512.
véhicule(m) tout-terrain(m) 425.
véhicules(m) d'incendie(m) 778, 780.
veine(f) axillaire 126.
veine(f) basilique 126.
veine(f) cave inférieure 124, 125, 126, 132.
veine(f) cave supérieure 124, 125, 126, 130.
veine(f) céphalique 126.
veine(f) fémorale 126.
veine(f) iliaque 124.
veine(f) iliaque commune 132.
veine(f) jugulaire externe 126.
veine(f) jugulaire interne 126.
veine(f) mésentrique supérieure 126.
veine(f) porte 124, 126.
veine(f) pulmonaire 126.
veine(f) pulmonaire droite 125.
veine(f) pulmonaire gauche 125.
veine(f) rénale 126, 132.
veine(f) saphène interne 126.
veine(f) sous-clavière 126.
veine(f) sus-hépatique 124.
veines(f) 126.
vélo(m) d'exercice(m) 664.
vélum(m) 80.
vent(m) 38.
vent(m) 629.
vent(m) arrière 629.
vent(m) de travers(m) 629.
vent(m) debout 629.
vent(m), mesure(f) de la direction(f) 41.
vent(m), mesure(f) de la vitesse(f) 41.
ventail(m) 792.
ventilateur(m) 161, 162, 207, 209, 213, 259, 434, 438, 528.
ventilateur(m) de l'évaporateur(m) 214.
ventilateur(m) de moteur(m) diesel 468.
ventilateur(m) de plafond(m) 214.
ventilateur(m) de sustentation(f) 492.
ventilateur(m) des radiateurs(m) 469.
ventilateur(m) du condenseur(m) 214.
ventilateur(m) hélicoïde 212.
ventilateur(m) principal 734.
ventilation(f) 772.
ventilation(f) de la cabine(f) 639.
ventouse(f) 299.
ventouse(f) 85.
ventre(m) 101, 116, 118.
ventricule(m) droit 124, 125.
ventricule(m) gauche 124, 125.
venturi(m) 804.
Vénus 4.
véraison(f) 61.
verge(f) 127, 483.
verger(m) 149.
vergette(f) 543.
verglas(m) 37.
vergue(f) 478.
vérificateur(m) de circuit(m) 310.
vérificateur(m) de continuité(f) 310.
vérificateur(m) de haute tension(f) 310.
vérificateur(m) de prise(f) de courant(m) 310.
vérificateur(m) de tension(f) 310.
vérification(f) de la profondeur(f) de champ(m) 391.
vérin(m) 784.
vérin(m) de commande(f) de volet(m) 812.
vérin(m) de défonceuse(f) 783.
vérin(m) de direction(f) 784.
vérin(m) de dressage(m) 780, 786.
vérin(m) de la flèche(f) 782, 785.

Les termes en **caractères gras** renvoient à une illustration.

vérin(m) de levage(m) de la lame(f) 783.
vérin(m) du bras(m) 782, 785.
vérin(m) du bras(m) de levage(m) 782.
vérin(m) du godet(m) 782, 785.
vérin(m) du godet(m) rétro 782.
vérin(m) hydraulique 147, 449, 788.
vernier(m) 484, 708.
vernis(m) 592.
verre(m) 376.
verre(m) à bordeaux(m) 237.
verre(m) à bourgogne(m) 237.
verre(m) à cocktail(m) 237.
verre(m) à cognac(m) 237.
verre(m) à eau(f) 237.
verre(m) à gin(m) 237.
verre(m) à liqueur(f) 237.
verre(m) à porto(m) 237.
verre(m) à vin(m) blanc 237.
verre(m) à vin(m) d'Alsace 237.
verre(m) à whisky(m) 237.
verre(m) bifocal 376.
verre(m) de visée(f) 390.
verres(m) 237.
verrière(f) 190, 195, 462, 638, 813.
verrou(m) 530, 562.
verrou(m) de barre(f) d'attelage(m) 803.
verrou(m) de chargeur(m) 795.
verrou(m) de sûreté(f) 796.
verrou(m) glaciaire 26.
verrouillage(m) 260.
versant(m) 27.
Verseau(m) 13.
Verseau(m)(20 janvier) 820.
verseuse(f) 247.
versoir(m) 156.
vert(m) 676.
vert(m) d'entraînement(m) 676.
vertèbre(f) cervicale (7) 123.
vertèbre(f) dorsale (12) 123.
vertèbre(f) lombaire 135.
vertèbre(f) lombaire (5) 123.
vertèbres(f) cervicales 102.
vertèbres(f) coccygiennes 103.
vertèbres(f) dorsales 102.
vertèbres(f) lombaires 103.
vertèbres(f) sacrées 103.
vésicule(f) biliaire 97, 131.
vésicule(f) de pinocytose(f) 115.
vésicule(f) séminale 127.
vessie(f) 89, 127, 128, 132.
vessie(f) natatoire 89.
veste(f) 315, 331.
veste(f) 331, 667, 668.
veste(f) de pêche(f) 672.
veste(f) droite 322.
vestes(f) 338.
vestiaire(m) 194.
vestiaire(m) de bureau(m) 522.
vestiaire(m) des mineurs(m) 735.
vestiaire(m) du personnel(m) 461.
vestibule(m) 139, 170, 194.
veston(m) croisé 322.
vêtement(m) d'exercice(m) 353.
vêtement(m) ignifuge et hydrofuge 777.
vêtement(m) isothermique 627.
vêtements(m) d'enfant(m) 349, 350.
vêtements(m) d'homme(m) 319, 320, 322, 324.
vêtements(m) de femme(f) 330, 332, 334, 336, 338, 340, 342, 344, 346, 348.
vêtements(m) de nuit(f) 348.
vêtements(m), pêche(f) 672.
vexille(m) 110.
viaduc(m) 454.
viande(f) 33.
vide(m) 14.
vide-poches(m) 429.
Vierge(f) 11, 13.
Vierge(f)(23 août) 820.
vigie(f) 502.
vigne(f) 61.
vilebrequin(m) 281.
vilebrequin(m) 434, 436.
villa(f) 187.
violon(m) 544.
violon(m) 545.
violon(m), famille(f) 545.
violoncelle(m) 545.
violoncelles(m) 557.
virage(m) à droite(f) 826, 827.
virage(m) de brasse(f) 622.
virage(m) de papillon(m) 623.
virage(m)-culbute(f) 622, 623.
virgule(f) 832.
virole(f) 304, 675.
virole(f) femelle 670.
virole(f) mâle 670.
vis(f) 276.
vis(f) 544.
vis(f) à glace(f) 681.
vis(f) à glace(f) 680.
vis(f) à grain(m) 161.
vis(f) à otons(m) 161.
vis(f) calante 709, 713.
vis(f) centrale 579.
vis(f) d'alimentation(f) 160, 162.
vis(f) de blocage(m)(azimut(m)) 720, 721.
vis(f) de blocage(m)(latitude(f)) 720, 721.
vis(f) de fixation(f) 393.
vis(f) de nivellement(m) 40.
vis(f) de pince-aiguille(m) 562.
vis(f) de pression(f) 581, 583.
vis(f) de réglage(m) 278, 306.
vis(f) de réglage(m) de grand débit(m) 712.
vis(f) de réglage(m) de hauteur(f) 641.
vis(f) de réglage(m) de libération(f) 641.
vis(f) de réglage(m) de petit débit(m) 712.
vis(f) de réglage(m) du conpenseur(m) 718.
vis(f) de réglage(m) du niveau(m) 40.
vis(f) de serrage(m) 282.
vis(f) de support(m) inférieure 40.
vis(f) de support(m) supérieure 40.
vis(f) de tension(f) 552.
vis(f) macrométrique 718.
vis(f) micrométrique 484, 711, 718.
vis(f) sans fin(f) 575.
visage(m) 116.
viseur(m) 390, 713.
viseur(m) de caméra(f) 414.
viseur(m) électronique 409.
viseur(m) périscopique 805.
visière(f) 328, 329, 443, 471, 642, 729, 777, 792.
visière(f) antisolaire 512.
visualisation(f) des ondes(f) sismiques 714.
visualisation(f) du seuil(m) d'alarme(f) 485.
vitrage(m) 486.
vitrail(m) 175.
vitre(f) 768, 769.
vitre(f) protectrice 410.
vitrine(f) 227.
voie(f) 476.
voie(f) 474.
voie(f) à sens(m) unique 824, 825.
voie(f) d'accélération(f) 452.
voie(f) de banlieue(f) 464.
voie(f) de butte(f) 465.
voie(f) de circulation(f) 452, 502.
voie(f) de circulation(f) des locomotives(f) 465.
voie(f) de décélération(f) 452.
voie(f) de dépassement(m) 452.
voie(f) de fond(m) 736.
voie(f) de service(m) 464, 502.
voie(f) de sortie(f) 465.
voie(f) de tête(f) 736.
voie(f) de transport(m) 733.
voie(f) de tri(m) primaire 465.
voie(f) de tri(m) secondaire 465.
voie(f) ferrée 466.
voie(f) ferrée 184, 463, 735.
voie(f) ferrée bord(m) à quai(m) 491.
Voie(f) lactée 11.
voie(f) latérale 452.
voie(f) pour véhicules(m) lents 452.
voies(f) principales 452.
voilage(m) 229.
voile(f) 628, 629, 630.
voile(f) 631, 636, 773.
voile(f) aurique 482.
voile(f) bermudienne 482.
voile(f) carrée 482.
voile(f) d'étai(m) de flèche(f) 480.
voile(f) d'étai(m) de grand perroquet(m) arrière 480.
voile(f) d'étai(m) de hune(f) arrière 480.
voile(f) de flèche(f) 480.
voile(f) latine 482.
voile(m) 433, 670.
voile(m) du palais(m) 141, 142.
Voiles(f) 13.
voiles(f), types(m) 482.
voilure(f) 480.
voilure(f) 627, 637.
voilure(f) delta(m) 499.
voilure(f) droite 499.
voilure(f) en flèche(f) 499.
voilure(f) trapézoïdale 499.
voilures(f), types(m) 499.
voiture(f) 477.
voiture(f) sport(m) 425.
voiture(f)-coach(m) 460.
voiture(f)-lit(m) 460.
voiture(f)-restaurant(m) 460.
voiturette(f) de golf(m) électrique 679.
vol(m) 625.
vol(m) à voile(f) 638.
vol(m) libre 637.
volant(m) 618.
volant(m) 147, 224, 228, 430, 435, 561, 579, 584.
volant(m) d'inertie(f) 664.
volant(m) de frein(m) à main(f) 470.
volant(m) de manche(m) 500.
volant(m) de manœuvre(f) 778.
volcan(m) 25.
volcan(m) 23.
volcan(m) au repos(m) 24.
volcan(m) en éruption(f) 25.
volée(f) 201, 800.
volet(m) 511, 529, 772.
volet(m) d'air(m) 441.
volet(m) de bord(m) d'attaque(f) 812.
volet(m) de bord(m) de fuite(f) 498, 812.
volet(m) de contrôle(m) thermique 43.
volet(m) transparent 379.
volets(m) d'intérieur(m) 231.
volleyball(m) 613.
volleyball(m), ballon(m) 613.
volleyball(m), filet(m) 613.
volleyball(m), terrain(m) 613.
vols(m) 624.
voltigeur(m) de centre(m) 597.
voltigeur(m) droit 597.
voltigeur(m) gauche 597.
volute(f) 166, 167, 220, 544.
volve(f) 55.
voussure(f) 175.
voûte(f) 177.
voûte(f) de projection(f) 16.
voûte(f) du palais(m) 141, 142.
voyant(m) conique 486, 488.
voyant(m) de charge(f) 374.
voyant(m) de mise(f) en circuit(m) 420.
voyant(m) de mise(f) en ondes(f) 407.
voyant(m) de réception(f) de messages(m) 420.
voyant(m) de réponse(f) automatique 420.
voyant(m) lumineux 247, 252, 255, 256, 257, 370, 585.
voyants(m) 531.
voyants(m) de contrôle(m) 405.
vrille(f) 61.
vue(f) 140.
vulve(f) 118, 128.
vumètres(m) 407.
vumètres(m) audio 413.

W

w.c.(m) 293.
w.c.(m) 195, 215, 292.
wagon(m) 470.
wagon(m) 464.
wagon(m) à bestiaux(m) 472.
wagon(m) à copeaux(m) 472.
wagon(m) couvert 470, 472.
wagon(m) de queue(f) 473.
wagon(m) plat 473.
wagon(m) plat à parois(f) de bout 473.
wagon(m) plat surbaissé 473.
wagon(m) porte-automobiles(m) 473.
wagon(m) porte-conteneurs(m) 473.
wagon(m) rail(m)-route(f) 473.
wagon(m) réfrigérant 472.
wagon(m)-citerne(f) 472, 743.
wagon(m)-tombereau(m) 473.
wagon(m)-tombereau(m) couvert 472.
wagon(m)-trémie(f) 472.
wagon(m)-trémie(f) à minerai(m) 472.
wagons(m), types(m) 472.
water-polo(m) 626.
water-polo(m), ballon(m) 626.
water-polo(m), but(m) 626.
water-polo(m), surface(f) de jeu(m) 626.
wattheuremètre(m) 712.
wattheuremètre(m), mécanisme(m) 712.
wigwam(m) 165.
winch(m) 630.
wishbone(m) 631.
wok(m) 248.
wok(m) 248.

X

xylophone(m) 554.
xylophone(m) 556.

Y

yen(m) 832.
yourte(f) 165.

Z

zénith(m) 16.
zéro(m) 700, 701.
zeste(m) 65, 66.
zone(f) centrale 611.
zone(f) d'attaque(f) 608, 613.
zone(f) d'essai(m) des réacteurs(m) 811.
zone(f) de boule(f) morte 682.
zone(f) de but(m) 604, 608, 611.
zone(f) de chargement(m) 764.
zone(f) de chute(f) 655, 657.
zone(f) de convection(f) 6.
zone(f) de danger(m) 668.
zone(f) de défense(f) 608, 611, 613.
zone(f) de lavage(m) des wagons(m) 465.
zone(f) de manœuvre(f) 16.
zone(f) de précipitation(f) 38.
zone(f) de radiation(f) 6.
zone(f) de réception(f) 465.
zone(f) de retrait(m) des bagages(m) 504.
zone(f) de service(m) 613, 617.
zone(f) de service(m) droite 616.
zone(f) de service(m) gauche 616.
zone(f) de triage(m) 465.
zone(f) libre 613.
zone(f) neutre 603, 605, 608.
zone(f) réservée 610.
zone(f) scolaire 826, 827.
zoom(m) 414.

Les termes en **caractères gras** renvoient à une illustration.

INDICE ESPAÑOL

A

a buen viento(m) 629.
a un largo(m) 629.
ábaco(m) 166, 167.
abdomen(m) 78, 79, 81, 91, 108, 116, 118.
abdomen(m), recto(m) del 120.
abeja(f) 80.
abeja(f) de colmena 82.
abertura(f) 671.
abertura(f) con aletilla(f) 324.
abertura(f) de escape(m) 735.
abertura(f) de llenado(m) 493.
abertura(f) de llenado(m) y vaciado(m) 493.
abertura(f) del diafragma(m) 717.
abertura(f) para el brazo(m) 331.
abertura(f) para el cambio(m) de gases(m) 717.
abertura(f) para el sonido(m) 544.
abertura(f) para horquilla(f) de montacargas(m) 470.
abertura(f) trasera central 322.
abertura(f) trasera lateral 322.
aberturas(f) para los nudillos(m) 327.
abonado(m) 154, 156.
abrazadera(f) 630.
abrazadera(f) 230, 309, 383, 575, 630, 720, 721.
abrazadera(f) inferior 40.
abrazadera(f) para el papel(m) 531.
abrazadera(f) superior 40.
abrebotellas(m) 244, 688.
abrecartas(f) 515.
abrelatas(m) 256.
abrelatas(m) 244, 688.
abreviaciones(m) de monedas(f), ejemplos 832.
abrigo(m) 320, 331.
abrigo(m) con esclavina(f) 330.
abrigo(m) corto 330.
abrigo(m) cruzado 331.
abrigo(m) de jugadores(m) 597.
abrigo(m) de tres cuartos 321.
abrigos(m) y chaquetas(f) 330.
ábside(m) 177.
abuhardillado 183.
acabado(m) 586.
acabado(m) 692.
acampanado 336.
acanalador(m) 283.
acantilado(m) 23, 27, 30.
acceso(m) a los andenes(m) 463.
acceso(m) para minusválidos(m) 822.
accesorios(m) 260, 358, 448, 563, 573, 575, 586, 591, 592, 672.
accesorios(m) 684.
accesorios(m) de golf(m) 676.
accesorios(m) fotográficos 393.
accesorios(m) musicales 539.
accesorios(m) para cerrar 566.
accesorios(m) para el peinado(m) 369.
accesorios(m), objetivos(m) 392.
accidentales(m) 538.
acción(f) del viento(m) 35.
acción(f) sobre el ser(m) humano 35.
acción(f) sobre la naturaleza(f) 35.
accionador(m) de presión(f) del oxígeno(m) 512.
acedera(f) 73.
aceite(m) de linaza(f) 592.
aceitera(f) 734.
aceites(m) lubricantes 745.
aceituna(f) 63.
acelerador(m) 272, 444.
acelga(f) 72.
acento(m) 539.
acento(m) agudo 832.
acento(m) circunflejo 832.
acento(m) grave 832.
acera(f) 186.
acero(m) 286.
achicoria(f) 73.
aciculada 56.
acondicionador(m) de aire(m) 214.
acoplamiento(m) de pedal(m) 542.
acorazonada 56.
acorde(m) 539.
acordeón(m) 536.
acromión(m) 123.
acrotera(f) 167, 168.
actinómetro(m) 40.
actuador(m) 814.
acuarela(f) y aguazo(m) 588.
Acuario 13.
Acuario, el Aguador (20 de enero) 820.
acumulación(f) baja de nieve(f) liviana 39.
acumulación(f) baja de nieve(f) pesada 39.
acumulador(m) 769, 777.
Adán, manzana(f) de 116.
adaptador(m) 399.
adaptador(m) al ojo(m) 409.
adaptador(m) de enchufes(m) 374.
adarve(m) cubierto 180.
adición(f) en la memoria(f) 523.
adintelado(m) 174.
admiración(f) 832.
admisión(f) 436, 437.
adornos(m) 538.
aduana(f) 491, 505.
aductor(m) del muslo(m) 120.
aductor(m) mayor 121.
aerodeslizador(m) 495, 637.
aerodeslizador(m)(hovercraft)(m) 492.
aerofreno(m) 812.
aeroplano(m) 722.
aeropuerto(m) 502, 504, 506.
aeropuerto(m) 52.
afilador(m) 242.
afinación(f) 553.
afinador(m) 542.
Africa(f) 21.
afuste(m) 802.
agavilladora(f) 159.
agenda(f) 378, 518.
agenda(f) de caja(f) 518.
agitador(m) de aspas(f) 258.
aglomerado(m) 288.
agua(f) a presión(f) 755.
agua(f) a presión(f), reactor(m) 762.
agua(f) caliente a presión(f), sistema(m) de 208.
agua(f) de alimentación(f) 763.
agua(f) de deshielo(m) 27.
agua(f) hirviente, reactor(m) 763.
agua(f) pesada a presión(f) 761.
agua(f) pesada de enfriamiento(m) 761.
agua(f) pesada, reactor(m) 761.
agua(f)\alcohol(m) 485.
agua(f), signos(m) 820.
aguacate(m) 68.
aguamarina(f) 362.
aguanieve(f) 39.
aguarrás(m) 592.
aguas(f) seguras 488.
aguazo(m) y acuarela(f) 588.
aguijón(m) 81.
Aguila 11.
aguila(f) 819.
aguja(f) 562.
aguja(f) 36, 175, 467, 561, 562, 563, 705, 710, 726.
aguja(f) circular 567.
aguja(f) con lengüeta(f) 568.
aguja(f) con lengüeta(f) 569.
aguja(f) de cambio(m) 464.
aguja(f) de control(m) a larga distancia(f) 467.
aguja(f) del transepto(m) 176.
aguja(f) imantada 719.
aguja(f) indicadora 213, 396.
agujas(f) del abeto(m) 58.
agujas(f) del pino(m) 58.
agujas(f) para tejer 567.
agujas(f), variedades(f) 58.
agujero(m) 583.
agujero(m) apical 144.
agujero(m) ciego 143, 312.
ahogadero(m) 649.
ahumador(m) 582.
aire(m) 437.
aire(m) acondicionado 214.
aire(m) acondicionado 449.
aire(m) acondicionado de tierra(f) 506.
aire(m) caliente 501, 772.
aire(m) caliente a presión(f), sistema(m) de 206.
aire(m) comprimido 590.
aire(m) frío 501, 772.
aire(m), signos(m) 820.
aireación(f) en el techo(m) 449.
aislador(m) 439, 757.
aislador(m) de suspensión(f) 756.
aislamiento(m) 209.
aislante(m) 257, 297, 768.
aislante(m) a granel 287.
aislante(m) de cera(f) 293.
aislante(m) de esponja(f) 287.
aislante(m) de espuma(f) 287.
aislante(m) metálico 287.
aislante(m) plástico 312.
aislante(m) premoldeado 287.
aislante(m) vinílico 287.
ajedrea(f) 74.
ajedrez(m) 696.
ajedrez(m), tablero(m) 696.
ají(m) 69.
ajo(m) 70.
ajustador(m) de altura(f) 641.
ajustador(m) de desenganche(m) automático 641.
ajustador(m) de la bota(f) 641.
ajustador(m) de ranilla(f) 277.
ajuste(f) de imagen(f) 527.
ajuste(m) 525.
ajuste(m) de altura(f) 664.
ajuste(m) de avance(m) del papel(m) 531.
ajuste(m) de elevación(f) 718.
ajuste(m) de la altura(f) del condensador(m) 718.
ajuste(m) de la lente(m) de campo(m) 718.
ajuste(m) de la llama(f) 386.
ajuste(m) de la velocidad(f)del obturador(m) 396.
ajuste(m) de la visualización(f) 420.
ajuste(m) de profundidad(f) 283.
ajuste(m) de resistencia(f) 664.
ajuste(m) del tabulador(m) 525.
ajuste(m) fino de la altura(f) 720, 721.
ajuste(m) fino del acimut(m) 720, 721.
ala(f) 110.
ala(f) 78, 108, 328, 329, 380, 499, 511, 637, 638, 670, 812.
ala(f) de la nariz(f) 107.
ala(f) de popa(f) 495.
ala(f) del cuarto(m) 352, 354.
ala(f) delantera 79, 81.
ala(f) delta 637.
ala(f) en delta 499.
ala(f) en flecha(f) 499.
ala(f) posterior 79.
ala(f) recta 499.
ala(f) trapezoidal 499.
ala(f) trasera 81.
ala(f) variable 499.
ala(m) cerrado 603, 605.
ala(m) defensivo derecho 603, 605.
ala(m) defensivo izquierdo 603, 605.
ala(m) delantero 606.
álabe(m) 753.
alamar(m) 320.
alambre(m) 714.
alambre(m) de corriente(f) 232.
alambre(m) del reborde(m) 433.
alambre(m) en tubo(m) 311.
alambre(m) para cortar 584.
alarma(f) 777.
alarma(f) sonora 485.
alas(f) 112.
alas(f), tarima(f) 787.
alas(f),diferentes formas(f) 499.
albahaca(f) 74.
albanega(f) 174.
albañil(m), herramientas(f) de 291.
albaricoque(m) 63.
albúmina(f) 109.
albura(f) 59.
alcachofa(f) 69.
alcachofa(f) de la ducha(f) 292.
alcachofa(f) para vegetales(m) 249.
alcantarilla(f) 186.
alcantarilla(f) principal 186.
alce(m) 105.
alcohol(m) para friccionar 725.
aldaba(f) 383.
alerce(m) 58.
alero(m) 611.
alero(m) defensivo 611.
alero(m) derecho 610.
alerón(m) 498, 511, 638.
alerón(m) de hipersustentación(f) 812.
alerón(m) estabilizador 636.
aleta(f) 127, 210, 259, 499, 508, 627, 812.
aleta(f) abdominal 86.
aleta(f) anal 87.
aleta(f) caudal 87.
aleta(f) de fuselaje(m) 511.
aleta(f) de la nariz(f) 141.
aleta(f) de penetración(f) superficial 495.
aleta(f) de proa(f) 495.
aleta(f) del borde(m) de fuga(f) 498.
aleta(f) dorsal anterior 86.
aleta(f) dorsal posterior) 86.
aleta(f) estabilizador(m) 633.
aleta(f) estabilizadora 496.
aleta(f) fija 814.
aleta(f) hipersustentadora 499.
aleta(f) pectoral 86.
aletilla(f) 324, 326, 339.
alféizar(m) 175, 198, 203.
alfil(m) 696.
alfiler(m) 369, 563.
alfiler(m) de corbata(f) 364.
alfiler(m) imperdible 566.
alfileres(m) 364.
alfiletero(m) 563.
algodón(m) absorbente 725.
alicates(m) 311.
alicates(m) de electricista(m) 311.
alicates(m) de extensión(f) 278.
alicates(m) de pivote(m) móvil 278.
alicates(m) de presión(f) 278.
alicates(m) para cutícula(f) 365.
alidada(f) 41, 484.
alidada(f) móvil 713.
alimentación(f) de agua(f) 760, 761, 762.
alimentador(m) 532.
alimentos(m), contaminación(f) en el agua(f) 32.
alimentos(m), contaminación(f) en la tierra(f) 32.
aliviadero(m) 746.
alma(f) 466, 801.
almacén(m) 170.
almacén(m) de combustible(m) nuevo 764.
almacenamiento(m) de información(f), unidades(f) 526.
almeja(f) 93.
almeja(f) de concha(f) dura 93.
almena(f) 179, 181.
almendra(f) 63, 66.
almidón(m) 152.
almidón(m), glóbulo(m) de 115.
almocafre(m) 266.
almohada(f) 224.
almohadilla(f) 570.
almohadilla(f) 570.
almohadilla(f) digitalizada 526.
alpargata(f) 357.
alpinismo(m) 680.
alpinista(m) 680.
alta velocidad(f), tren(m) 458.
Altar 13.
altavoz(m) 400.
altavoz(m) 408, 420, 500.
altavoz(m) de comunicación(f) 477.
altavoz(m) para altas frecuencias(f) 16, 400.
altavoz(m) para bajas frecuencias(f) 400.
altavoz(m) para frecuencias(f) bajas 16.
altavoz(m) para frecuencias(f) intermedias 400.
altavoz(m) para frecuencias(f) medias 16.
alternador(m) 434, 468.
alternador(m) de la turbina(f) 771.
alternador(m) de turbina(f) 806.
altímetro(m) 635, 639.
altímetro(m) de emergencia(f) 500.
alto 824, 825.
alto voltaje(m) 821.
alto(m) de caña(f) 641.
altocúmulos(m) 44.
altostratos(m) 44.
altura(f) 817.
altura(f) de la ola(f) 30.
altura(f) de las nubes(f), medición(f) 41.
altura(f) de salto(m) 625.
altura(f) del antepecho(m) 733.
altura(f) del escalón(m) 201.
altura(f) máxima 826, 827.
álula(f) 110.
alvéolo(m) dental 144.
alza(f) 82, 544, 684, 795, 796, 798, 804.
alzada(f) 341.
amanita(f) de las moscas 55.
amanita(f) real 55.
amantillo(m) 478.
amantillo(m) de botavara(f) 478.
amapola(f) 67.
amarra(f) 743.
amarre(m) 570, 630.
amatista(f) 362.
América(f) Central 20.
América(f) del Norte 20.

Las entradas en **negritas** corresponden a los títulos de página.

América(f) del Sur 20.
americano, enchufe(m) de tipo(m) 309.
ametralladora(f) 805.
amígdala(f) 142.
amígdala(f) lingual 143.
amígdala(f) palatina 143.
amortiguador(m) 443, 445.
amortiguador(m) de fieltro(m) 540.
ampliación(f) del voltaje(m) 767.
ampliadora(f) 399.
amplificación(f) de ondas(f) sísmicas 714.
amplificador(m) 402.
amplificador(m) 714.
amplificador(m) de voltaje(m) 755.
amplificador(m), parte(f) trasera 400.
ampolla(f) de la trompa(f) uterina 129.
ampolla(f) de vidrio(m) 232.
ampolleta(f) 725.
amurada(f) 478.
anaquel(m) 226, 254.
anatomía(f) 88.
anatomía(f) de un árbol(m) 59.
anatomía(f) de un hongo(m) 55.
anatomía(f) de una flor(f) 60.
anatomía(f) de una planta(f) 57.
anchura(f) de la base(f) 756.
ancla(f) 483.
ancla(f) de arado(m) 483.
ancla(f) de buque(m) 483.
ancla(f) de cepo(m) 483.
ancla(f) de hongo(m) 483.
ancla(f) flotante 483.
ancla(f) sin cepo(m) 483.
anclaje(m) 456.
anclas(f), tipos(m) 483.
anclote(m) 483.
ancóneo(m) 121.
áncora(f) 707.
andador(m) 728.
andamio(m) sobre ruedas(f) 303.
andén(m) 464, 475.
andén(m) de pasajeros(m) 462.
Andrómeda 11.
anemómetro(m) 41, 639.
anfibios(m) 84.
anfibios(m) comunes 85.
ángel(m) de la muerte 55.
ángulo(m) agudo 830.
ángulo(m) horario 14.
ángulo(m) obtuso 830.
ángulo(m) recto 830.
ángulo(m) saliente 178.
ángulos(m), medición(f) 713.
Anik-E 418.
anilla(f) 230, 660, 706, 709.
anilla(f) de la tuerca(f) 300.
anilla(f) de sujeción(f) 670.
anilla(f) del cordón(m) 229.
anilla(f) guía(f) 670.
anilla(f) para lanzamiento(m) largo 671.
anillas(f) para flexiones(f) 664.
anillas(m) 660.
anillo(m) 55, 230, 290, 374, 375, 393, 434, 551, 681, 754.
anillo(m) balancín 485.
anillo(m) de ajuste(m) 276, 304, 548.
anillo(m) de ajuste(m) del enfoque(m) 392.
anillo(m) de articulación(f) 672.
anillo(m) de bloqueo(m) 802.
anillo(m) de bodas(f) 364.
anillo(m) de carrillera(f) 650.
anillo(m) de cierre(m) 397.
anillo(m) de compromiso(m) 364.
anillo(m) de crecimiento(m) 59.
anillo(m) de enfoque(m) 719.
anillo(m) de graduación(f) 364.
anillo(m) de gravedad(f) 483.
anillo(m) de las riendas(f) 650.
anillo(m) de quijada(f) 650.
anillo(m) de retención(f) 216, 295.
anillo(m) de unión del casco(m) 512.
anillo(m) dióptrico 486.
anillo(m) distribuidor 753.
anillo(m) inferior 753.
anillo(m) movible 14.
anillo(m) ocular 109.
anillo(m) regulador 753.
anillo(m) sellador 741.
anillo(m) sujetador de la empaquetadura(f) 294.
anillos(m) 364.
animales(m) de la granja(f) 150.
anís(m) estrellado 67.
ano(m) 89, 92, 127, 128, 131.
año(m), estaciones(f) 8.
ánodo(m) 297.
anorak(m) 353.
anotador(m) 610, 621, 668.
Antártida(f) 20.
antebrazo(m) 106, 117, 119.
antebrazo(m), muleta(f) 728.
antefijas(f) de la cumbrera(f) 169.
antehélix(m) 139.
antena(f) 16, 43, 78, 79, 80, 81, 91, 408, 427, 498, 508, 613, 805, 810.
antena(f) AM 400.
antena(f) cenit(m) de banda S(f) 49.
antena(f) de banda S(f) 43.
antena(f) de banda S(f) de alta ganancia(f) 42.
antena(f) de banda X(f) 49.
antena(f) de comunicaciones(f) 810.
antena(f) de control(m) a larga distancia(f) 49.
antena(f) de emisión(f) 418.
antena(f) de emisión(f)\recepción(f) 418.
antena(f) de radar(m) 807, 812.
antena(f) de radio(f) 742, 807.
antena(f) de radio(m) 494, 495, 497, 738.
antena(f) de telecomunicaciones(f) 494, 497, 809.
antena(f) del radar(m) 48.
antena(f) FM 400.
antena(f) múltiple 807.
antena(f) omnidireccional de banda S(f) 42.
antena(f) parabólica 415.
antena(f) regulable 722.
antena(f) UHF 42.
antena(f) VHF 808.
antenas(f) de exploración(f) y rescate(m) 43.
anténula(f) 90.
anteojera(f) 653.
anteojo(m) buscador 720, 721.
anteojo(m) telescópico 484.
anteojos(m) de seguridad(f) 729.
anteojos(m) protectores 308.
anteojos(m) protectores 729.
antepecho(m) 733.
antepista(f) 683.
antera(f) 60.
anticlinal(m) 737.
antiséptico(m) 725.
antitrago(m) 139.
anulación(f) de la memoria(f) 523.
anzuelo(m) 671.
anzuelo(m) 670, 672.
aorta(f) 125, 130.
aorta(f) abdominal 126, 132.
aorta(f) ascendente 124.
aorta(f) descendente 124.
aorta(f) ventral 88.
aorta(f), cayado(m) de la 124, 125, 126.
aovada 56.
apagador(m) 541.
aparador(m) 227, 520.
aparador(m) de escritorio(m) 521.
aparato(m) de navegación(f) aérea 810.
aparato(m) de respiración(f)autónomo 777.
aparato(m) respiratorio 130.
aparatos(m) de ejercicios(m) 663, 664.
aparejo(m) 672.
aparejo(m) de juanete(m) de estay(m) 480.
aparejo(m) de mastelero(m) de estay(m) 480.
aparejos(m), arboladura(f) 478.
aparejos(m), tipos(m) 482.
apéndice(m) 131.
apéndice(m) nasal 112.
apéndices(m) bucales 81.
apéndices(m) torácicos 90.
apertura(f) terminal 94.
apertura(f) urogenital 89.
ápice(m) 83, 94, 143, 144.
apio(m) 72.
apio(m) nabo 71.
aplanadora(f) 583.
aplicador(m) de esponja(f) 367.
aplicadores(m) de algodón(m) 725.
aplique(m) 234, 236.
apófosis(f) espinosa 135.
apófosis(f) transversa 135.
apogeo(m) de encendido(m) del motor(m) 419.
apogeo(m) de la trayectoria(f) 419.
apoyador(m) 603.
apoyador(m) central 605.
apoyador(m) externo derecho 605.
apoyador(m) externo izquierdo 605.
apoyatura(f) 538.
apoyo(m) de la base(f) 750.
apoyo(m) de la sordina(f) 541.
apoyo(m) del macillo(m) 540, 541.
apoyo(m) del pulgar(m) 726.
apoyo(m) para el mentón(m) 544.
apoyo(m) pie(m) 642.
apuesta(f) americana, distribución(f) 700.
apuesta(f) de cinco números(m) 700.
apuesta(f) de dos docenas(f) sobre dos columnas(f) 701.
apuesta(f) en cuadro(m) 700, 701.
apuesta(f) francesa, distribución(f) 701.
apuesta(f) libre 700, 701.
apuesta(f) sobre dos columnas(f) 700.
apuntador(m) electrónico 414.
apuntalamiento(m) 181.
aquenio(m) 62, 66.
arado(m) 154, 156.
arado(m) de vertedera(f) 156.
arado(m) de vertedera(f) 154.
araña(f) 77.
araña(f) de luces(f) 236.
arándano(m) 62.
arándano(m) agrio 62.
arandela(f) 236, 255, 294, 641, 642.
arandela(f) de presión(f) común 278.
arandela(f) de presión(f) con dientes(m) externos 278.
arandela(f) de presión(f) con dientes(m) internos 278.
arandela(f) simple 278.
arandelas(f) 278.
árbitro(m) 599, 601, 603, 605, 606, 608, 610, 618, 621, 669.
árbitro(m) auxiliar 612.
árbitro(m) de base(f) meta(f) 597.
árbitro(m) de la defensa(f) 603.
árbitro(m) principal 612, 626.
árbol(m) 59.
árbol(m) 712, 753.
árbol(m) de conexiones(f) 740.
árbol(m) de conexiones(f) 738, 740.
árbol(m) de la hélice(f) 495.
árbol(m) de levas(f) 434.
árbol(m) de transmisión(f) 508.
árbol(m) del turbocompresor(m) 501.
árbol(m) frutal 149.
árbol(m) ornamental 148, 263.
árbol(m), anatomía(f) de un 59.
arboladura(f) y aparejos(m) 478.
arborización(f) terminal 135.
arbotante(m) 175, 176, 632.
arbusto(m) 263.
arcabuz(m) 795.
arcada(f) 176.
arcada(f) arterial 126.
arcadas(f) sombreadas 172, 173.
arcén(m) 451.
archipiélago(m) 51.
archivador(m) colgante 518.
archivador(m) de fichas(f) 517.
archivador(m) movible con cajones(m) 521.
archivador(m), gaveta(f) 517.
archivero(m) lateral 520.
archivo(m) acordeón 517.
archivo(m) movible 521.
arcilla(f) de modelar 584.
arco(m) 174, 544, 793.
arco(m) 14, 281, 455, 793.
arco(m) branquial inferior 87.
arco(m) branquial superior 87.
arco(m) de competición(f) 684.
arco(m) de dos articulaciones(f) 455.
arco(m) de elevación 802.
arco(m) de entramado(m) 455.
arco(m) de medio punto(m) 174.
arco(m) de tres articulaciones(f) 455.
arco(m) dentario inferior 142.
arco(m) dentario superior 142.
arco(m) fijo 455.
arco(m) iris 36.
arco(m) moderno 793.
arco(m) natural 30.
arco(m) tensor 553.
arco(m), presa(f) 750.
arco(m), puente(m) 455.
arcos(m) y ballesta(f) 793.
arcos(m), tipos(m) 174.
arcos(m), variedades(f) 455.
área(f) de caída(f) 655.
área(f) de combate(m) 668.
área(f) de descanso(m) 52.
área(f) de gol(m) 612.
área(f) de lixiviación(f) 216.
área(f) de peligro(m) 668.
área(f) de pénalty(m) 601, 607.
área(f) de seguridad(f) 668.
área(f) de servicio(m) 52, 617.
área(f) de trilla(f) 161.
área(f) derecha de recepción(f) de servicio(m) 616.
área(f) grabada 405.
área(f) izquierda de recepción(f) de servicio(m) 616.
área(f) pequeña 601.
área(f)de procesamiento(m) del petróleo 738.
área(m) de control(m) de la cámara(f) 415.
área(m) de mantenimiento(m) 415.
áreas(f) válidas de tocado(m) 667.
arena(f) 748.
arenera(f) 469.
areola(f) 129.
arganeo(m) 483.
argolla(f) de izar 483.
argolla(f) de remolque(m) 803.
argolla(f) para tirar 726.
Aries 11.
Aries, el Carnero (21 de marzo) 820.
arista(f) 167.
armadura(f) 792.
armadura(f) 538, 685.
armadura(f) del techo(m) 199.
armario(m) 225, 522.
armario(m) de secado(m) de negativos(m) 398.
armario(m) de vajilla(f) 227.
armario(m) empotrado 194.
armario(m) para el personal(m) 461.
armas(f) 666.
armas(f) cortantes y de estocada(f) 794.
armazón(m) 198, 572.
armazón(m) 157, 204, 209, 225, 235, 256, 258, 259, 302, 304, 382, 554, 635, 768, 773.
armazón(m) de la máscara(f) 595.
armazón(m) de metal(m) 540.
armazón(m) del quemador(m) 689.
armiño(m) 819.
armónica(f) 536.
arnés(m) 635, 636, 637.
arneses(m) para trotones(m) 652.
aro(m) 376, 610, 649.
aro(m) de impulso(m) 727.
arpa(f) 545.
arpas(f) 556.
arpegio(m) 539.
arpón(m) submarino 627.
arquero(m) 684.
arquitrabe(m) 166, 168.
arranque(m) 272.
arriate(m) 263.
arroz(m) 152.
arteria(f) axilar 126.
arteria(f) braquial 126.
arteria(f) carótida primitiva 126.
arteria(f) femoral 126.
arteria(f) ilíaca(f) común 126, 132.
arteria(f) ilíaca(f) interna 124, 126, 132.
arteria(f) mesentérica inferior 132.
arteria(f) mesentérica superior 126, 132.
arteria(f) pulmonar 125, 126, 130.
arteria(f) renal 126, 132.
arteria(f) subclavia 126.
arteria(f) tibial anterior 126.
Artico(m) 20.
articulación(f) 431, 670, 675.
artículos(m) de escritorio(m) 515, 516, 518.
arzón(m) 649, 661.
arzón(m) de amarre(m) 637.
as(m) 695.
as(m) de guía(f) 691.
as(m) de guía(f) de eslinga(f) doble 691.
asa(f) 204, 224, 250, 251, 252, 253, 254, 255, 256, 260, 265, 277, 283, 284, 378, 382, 383, 408, 643, 671.
asa(f) de la barquilla(f) 635.
asa(f) de levantamiento(m) 803.
asa(f) extensible 378.
asadores(m) 248.
ascensión(f) recta 3.
ascensor(m) 15, 190, 811.
ascensor(m) para el decorado(m) 188.

Las entradas en **negritas** corresponden a los títulos de página.

asfalto(m) 745.
Asia(f) 21.
asidera(f) 429, 440, 449.
asidera(f) de la rienda(f) 652.
asidero(m) 461, 468, 728, 779.
asidero(m) horizontal 470.
asidero(m) lateral 477.
asidero(m) vertical 477.
asiento(m) 220, 223, 292, 293, 428, 445, 450, 584, 639, 664, 727.
asiento(m) ajustable 460.
asiento(m) de corredera(f) 664.
asiento(m) de eyección(f) 813.
asiento(m) de válvula(f) 294.
asiento(m) del capitán(m) 500.
asiento(m) del comandante(m) 805.
asiento(m) del copiloto(m) 500.
asiento(m) del piloto(m) 805.
asiento(m) del tapón(m) 293.
asiento(m) del teclado(m) 540.
asiento(m) doble 477.
asiento(m) individual 477.
asiento(m) reclinable 428.
asiento(m) trasero 428.
asientos(m) 222.
asistente(m) del guionista(m) 412.
aspa(f) 214, 773, 774.
aspillera(f) 181.
aspirador(m) 260.
aspirador(m) de aire(m) 209.
aspirador(m) manual 260.
aspirina(f) 725.
asta(f) 105, 385, 698, 817.
astada 56.
astenosfera(f) 22.
asterisco(m) 832.
astil(m) 708.
astil(m), balanza(f) 708.
astrágalo(m) 123, 167, 800.
atacador(m) 801.
atacante(m) 611.
ataque(m) 603, 605.
aterrizaje(m) y despegue(m), pista(f) 504.
atizador(m) 205.
atlas(m) 102, 123.
atletismo(m) de campo(m) y pista(f) 656, 658.
atmósfera terrestre, corte(m) 19.
atmósfera(f) 22, 31.
atolón(m) 28.
atril(m) 539.
atril(m) 542, 555.
atrio(m) 170.
aurícula(f) 81.
aurícula(f) derecha 124, 125.
aurícula(f) izquierda 124, 125.
auricular(m) 406, 420, 422, 726.
auriculares(m) 406.
auriculares(m) 408.
aurora(f) boreal 19.
Australia(f) 21.
autobús(m) 190.
autodefensa(f) antimisil 808.
automático(m) 566.
automóvil(m) 425, 426, 428, 430, 432, 434, 438.
autopista(f) 52, 184, 452.
auxiliares(m) ortopédicos para caminar 728.
auxilios(m), botiquín(m) primeros 725.
avambrazo(m) 792.
avancarga(f), cañón(m) 800.
avance rápido 831.
avance(m) rápido 411.
Ave del Paraíso 13.
ave(f) 108, 110.
ave(f) acuática 111.
ave(f) de rapiña 111.
ave(f) granívora 111.
ave(f) insectívora 111.
ave(f) zancuda 111.
avellana(f) 66.
avellana(f), corte(m) de una 66.
avellanadora(f) de tubos(m) 299.
avena(f) 152.
avenida(f) 52, 184.
aventador(m) de forraje(m) 162.
aventador(m) de frorraje(m) 155.
aves(f) acuáticas 111.
aves(f) de rapiña 111.
aves(f) trepadoras 111.
avión(m) de combate(m) 812.
avión(m) nodriza(f) 813.
avión(m) turborreactor de pasajeros(m) 498.
axila(f) 116, 118.
axila(f) de la hoja(f) 56.
axiómetro(m) 628.
axis(m) 123.
axón(m) 135.
ayudante(m) del cronometrador(m) 626.
azada(f) 266.
azada(f) de doble filo(m) 266.
azadón(m) 267.
azadón(m) rotatorio 157.
azucarero(m) 238.
azuela(f) para desbastar 587.
azur(m) 819.
árboles(m) 676.

B

babera(f) 792.
babero(m) 349.
babilla(f) 101.
babor(m) 488, 489, 497.
backgammon(m) 697.
badén(m) 827.
bádminton(m) 618.
baguette(f) 363.
bahía(f) 7, 51.
bajada(f) de aguas(f) 197.
bajada(f) pronunciada 826, 827.
bajo 343.
bala(f) 795.
bala(f) 798, 801.
bala(f) antitanque 804.
bala(f) con perdigones(m) 801.
bala(f) de barra(f) 801.
bala(f) de plomo(m) 804.
bala(f) sólida 801.
balaclava(f) 329.
balalaika(f) 535.
balancín(m) 230, 435.
balanza(f) de astil(m) 708.
balanza(f) de precisión(f) 709.
balanza(f) de Roberval 708.
balanza(f) para cartas(f) 516.
balasto(m) 466.
balaustrada(f) 194.
balaustre(m) 201.
balcón(m) 189, 486.
baldosa(f) 286.
baldosa(f) 263.
Ballena 11, 13.
ballena(f) 324.
ballenera(f) 482.
ballesta(f) 793.
ballesta(f) y arcos(m) 793.
balón(m) 600, 611, 612, 626.
balón(m) volea 613.
baloncesto(m) 610.
baloncesto(m) de mujeres(f) 611.
balonmano(m) 612.
balsa(f) salvavidas 492.
balso(m) 691.
bambalinas(f) 188.
banco(f) 222.
banco(m) 222.
banco(m) 475, 663.
banco(m) de arena(f) 30.
banco(m) escalera(f) 222.
banda(f) 479, 601, 604, 607, 610, 611, 612, 613, 618, 636.
banda(f) acolchada 406.
banda(f) central 700.
banda(f) de ajuste(m) 406, 408.
banda(f) de arquitrabe(m) 166.
banda(f) de cabeza(f) 642.
banda(f) de carga(f) 733.
banda(f) de desgarre(m) 634.
banda(f) de goma(f) 674.
banda(f) de identificación(f) técnica 405.
banda(f) de jazz(m) 558.
banda(f) de la cabecera(f) 674.
banda(f) de placa(f) negativa 439.
banda(f) de placa(f) positiva 439.
banda(f) de rodamiento(m) 147.
banda(f) de suspensión(f) 729.
banda(f) de tensión(f) 40.
banda(f) de ventilación(f) 798.
banda(f) elástica 323.
banda(f) grabada 404.
banda(f) lateral de la red(f) 613.
banda(f) lateral protectora 441.
banda(f) para dobles(m) 614.
banda(f) protectora 433, 441.
banda(f) reflectora 730, 777.
banda(f) transportadora 733, 735.
bandeja(f) 210, 383.
bandeja(f) de arrastre(m) de la producción(f) 532.
bandeja(f) de correspondencia(f) 517.
bandeja(f) de pago(m) 702.
bandeja(f) de pintura(f) 304.
bandeja(f) para canapés(m) 238.
bandeja(f) para cosméticos(m) 382.
bandeja(f) para cubos(m) de hielo(m) 254.
bandeja(f) para el papel(m) 521.
bandeja(f) para herramientas(f) 302.
bandeja(f) para hornear galletas(f) 245.
bandeja(f) para recoger el papel(m) 521.
bandejas(f) para el papel(m) 532.
bandera roja(f) 668.
bandera(f) 606.
bandera(f) azul 626.
bandera(f) blanca 626.
bandera(f) con Schwenkel 817.
bandera(f) cuadrada 817.
bandera(f) de dos puntas(f) 817.
bandera(f) de dos puntas(f) y lengua(f) 817.
bandera(f) rectangular 817.
bandera(f) roja 626.
bandera(f), partes(f) 817.
banderas(f), formas(f) 817.
banderín(m) 817.
banderín(m) de córner(m) 601.
banderín(m) de esquina(f) 607.
banderín(m) doble 817.
banderola(f) 817.
bandolera(f) 375, 380, 382.
bañera(f) 194, 215, 292, 628.
banjo(m) 535.
baño(m) 195.
baño(m) de fijación(f) 399.
baño(m) de pare(m) 399.
baño(m) de revelado(m) 399.
baño(m), báscula(f) 709.
baños(m) de revelado(m) 399.
banquillo(m) 669.
banquillo(m) de castigo 608.
banquillo(m) de jugadores(m) 604, 612, 613.
banquillo(m) de los jugadores(m) 608, 610.
banquillo(m) del entrenador(m) 597.
banquillo(m) del equipo(m) 626.
baraja(f) 695.
baranda(f) 675.
barandilla(f) 201, 302, 457.
barba(f) 110, 385.
barbacana(f) 180.
barbada(f) 649.
barbecho(m) 148.
barbilla(f) 110, 671.
barbiquejo(m) 479.
barbote(m) 792.
barco(m) de vela(f) de cuatro palos(m) 478, 480.
barco(m) perforador 739.
barco(m) petrolero 742.
barjana(f) 46.
barniz(m) 592.
barógrafo(m) 41.
barómetro(m) de mercurio(m) 41.
barómetro(m)/termómetro(m) 710.
barquilla(f) 635.
barquilla(f) 634.
barquilla(f) de mimbre(m) 635.
barquillero(m) eléctrico 253.
barra(f) 30, 104, 156, 271, 376, 446, 554, 602, 633, 659, 662, 663, 665, 697, 705.
barra(f) alta 659.
barra(f) antivibratoria 272.
barra(f) baja 659.
barra(f) colectora 747.
barra(f) colectora de información(f) 528, 531.
barra(f) colectora del disco(m) duro 528.
barra(f) de acero(m) 660.
barra(f) de arrastre(m) 784.
barra(f) de compás(m) 537.
barra(f) de cuchillas(f) 160.
barra(f) de dirección(f) 637.
barra(f) de equilibrio(m) 659.
barra(f) de escotas(f) 630.
barra(f) de extensión(f) de piernas(f) 663.
barra(f) de flexión(f) de piernas(f) 663.
barra(f) de la aguja(f) 562.
barra(f) de madera(f) 661.
barra(f) de maniobra(f) 162.
barra(f) de operación(f) 796.
barra(f) de pan(m) 153.
barra(f) de percusión(f) 780.
barra(f) de rastrillos(m) 159.
barra(f) de remolque(m) 506.
barra(f) de remolque(m) 158, 159, 162, 449.
barra(f) de repetición(f) 537.
barra(f) de salida(f) de espalda(f) 621.
barra(f) de torsión(f) 665.
barra(f) de tracción(f) 803.
barra(f) de tríceps(m) 663.
barra(f) de varilla(f) doble 230.
barra(f) de varilla(f) simple 230.
barra(f) del prensatelas(m) 562.
barra(f) deslizable 568.
barra(f) diluida al agua(f) 583.
barra(f) espaciadora 525, 530.
barra(f) estabilizadora 788.
barra(f) fija 660.
barra(f) guía(f) 272.
barra(f) inferior 231.
barra(f) lateral 663.
barra(f) ómnibus de carga(f) 312.
barra(f) ómnibus neutra/a tierra(f) 312.
barra(f) sujetadora 553.
barra(f) tensora 569.
barra(f) transversal 637.
barras(f) asimétricas 659.
barras(f) paralelas 661.
barrena(f) 734, 735, 737.
barrera(f) 462.
barrera(f) del paso(m) a nivel(m) 471.
barriquete(m) 583.
basamento(m) 166, 168.
báscula(f) de baño(m) 709.
báscula(f) de cocina(f) 244.
báscula(f) electrónica 709.
báscula(f) romana 708.
base(f) 72, 166, 236, 252, 277, 283, 368, 404, 410, 453, 466, 471, 578, 579, 661, 708, 712, 774, 817.
base(f) de cemento(m) 200, 714.
base(f) de cemento(m), parqué(m) sobre 200.
base(f) de la bombilla(f) 486.
base(f) de la espiga(f) 294.
base(f) de la ola(f) 30.
base(f) de lanzamiento(m) 597.
base(f) del cargador(m) 797.
base(f) del hogar(m) 204.
base(f) del plato(m) 404.
base(f) del respaldo(m) 220.
base(f) del telescopio(m) 14.
base(f) del tubo(m) 232.
base(f) exterior 697.
base(f) fija 282.
base(f) giratoria 282.
base(f) interior 697.
base(f) líquida 366.
base(f) meta(f) 597.
base(m) del tronco(m) 59.
bastidor(m) 571.
bastidor(m) 282, 378, 443, 484, 583, 660.
bastidor(m) de coser 578.
bastidor(m) de los rodillos(m) 783.
bastidores(m) 189.
bastión(m) 179.
bastón(m) 375.
bastón(m) 375.
bastón(m) cuadrangular 728.
bastón(m) de esquí(m) 640, 642.
bastón(m) del jugador(m) 609.
bastón(m) del portero(m) 609.
bastón(m) inglés 728.
bastón(m) ligero 375.
bastón(m) ortopédico 728.
bastón(m) para caminar 728.
bastones(m) 677, 728.
bastones(m) y paraguas(m) 375.
basurero(m) 733, 734.
bata(f) de baño(m) 348.
batán(m) 572.
batata(f) 71.
bate(m) 596.
bate(m) 595.
batea(f) 226.
bateador(m) 595.
bateador(m) 597, 599.
batería(f) 439.
batería(f) 468, 528, 814.
batidor(m) 245.
batidor(m) 156.
batidor(m) mecánico 245.
batidora(f) 250.
batidora(f) de brazo(m) 250.
batidora(f) de mano(f) 250.
batidora(f) de mesa(f) 250.
batiente(m) 203.
batímetro(m)(medidor(m) de profundidad(f)) 627.
baúl(m) 226, 383.
bauprés(m) 479.
baya(f) 105.

Las entradas en **negritas** corresponden a los titulos de página.

baya(f), corte(m) de una 62.
bayas(f), frutos(m) carnosos 62.
bayas(f), principales variedades(f) 62.
bayoneta(f) con empuñadura(f) 794.
bayoneta(f) de cubo(m) 794.
bayoneta(f) de mango(m) 794.
bayoneta(f) integral 794.
bazo(m) 88, 124.
bazuca(f) 804.
becuadro(m) 538.
béisbol(m) 595, 596.
belfo(m) 100.
belfos(m) 106.
bemol(m) 538.
berberecho(m) 93.
berbiquí(m) 281.
berenjena(f) 69.
bergantín(m) 482.
bergantín(m) goleta(f) 482.
berma(f) 748.
bermudas(m) 336.
berro(m) 73.
Berta 342.
besuguera(f) 248.
betún(m) 358.
bíceps(m) braquial 120.
bíceps(m) crural 121.
bicicleta(f) 446, 448.
bicicleta(f) estática 664.
bicornio(m) 318.
bidé(m) 292.
bidentada 56.
biela(f) 434, 436.
bigotes(m) 107.
billar(m) 673.
billar(m) inglés 673.
billar(m) inglés y snooker(m) 674.
billetera(f) 379.
billetera(f) 379.
binóculos(m) de tijera(f) 377.
biología(f) 831.
biombo(m) 520.
biombo(m) para soldar 308.
biosfera(f), estructura(f) 31.
bióxido(m) de carbono(m), reactor(m) 760.
bípode(m) 796, 803.
birimbao(m) 536.
bisagra(f) 202, 203, 225, 253, 257, 378, 382, 404, 429, 585, 719.
bisel(m) 542, 726.
bita(f) 743.
bizna(f) 66.
blanca(f) 695, 697.
blanca(f) doble 695.
blanca(mitad)(f) 538.
blancas(f) 696.
blanco(m) 684.
blanco(m) 698.
blastodisco(m) 109.
blazer(m) 338.
blindaje(m) 805.
bloque(m) 542, 656.
bloque(m) corredizo 476.
bloque(m) de cierre(m) de la recámara(f) 798, 802.
bloque(m) de cierre(m) de recámara(f) 799.
bloque(m) de contención(f) 765.
bloque(m) de hormigón(m) 286.
bloque(m) de madera(f) grabado 581.
bloque(m) de madera(f) para grabar 581.
bloque(m) de salida(f) 656.
bloque(m) del motor(m) 435.
bloqueo(m) de los cimientos(m) 750.
bloqueo(m) del ajuste(m) de la altura(f) 720, 721.
bloqueo(m) del ajuste(m) del acimut(m) 720, 721.
blusa(f) caracó 316.
blusa(f) cruzada 337.
blusas(f) 337.
blusón(m) 337.
blusón(m) con aletilla(f) 337.
bob(m) 643.
bobina(f) 670, 671, 714.
bobina(f) de corriente(f) 712.
bobina(f) de tensión(f) 712.
bobina(f) móvil 406.
bobinas(f) 562.
bobsleigh(m) 643.
boca(f) 142.
boca(f) 83, 84, 92, 118, 282, 542, 650, 797, 798, 799, 800, 803.
boca(f) de acceso(m) 186, 741, 742, 743.
boca(f) de agua(f) 778, 779.
boca(f) de agua(f) para incendios(m) 186.
boca(f) de agua(f), llave(f) 779.
boca(f) de agua(f), separador(m) 779.
boca(f) de aspiración(f) de aire(m) 493.
boca(f) de pozo(m) 736.
boca(f) del tanque(m) de combustible(m) 271.
boca(f) para la manguera(f) 264.
bocado(m) 648.
bocado(m) acodado 650.
bocado(m) acodado elástico 650.
bocado(m) articulado 650.
bocado(m) articulado 650.
bocado(m) con la barbada(f) 650.
bocado(m) corredizo 650.
bocado(m) de codo(m) militar 650.
bocado(m) de quijada(f) acodado 650.
bocado(m) ovoide acodado 650.
bocados(m) 650.
bocal(m) 548.
bocel(m) 166, 167.
bocel(m) intermedio 167.
bocha(f) 682.
bocina(f) 779.
bocina(f) de aire(m) 440.
bodega(f) de contenedores(m) 495.
bodega(f) de equipaje(m) 499, 508.
bogie(m) 645.
boina(f) 329.
bol(m) 251.
bol(m) mezclador 250.
bol(m) para ensalada(f) 238.
bol(m) para sopa(f) 238.
bola(f) 682, 683.
bola(f) 275, 294, 683.
bola(f) amarilla 673.
bola(f) azul 673.
bola(f) blanca 673.
bola(f) café 673.
bola(f) de corcho(m) 596.
bola(f) de hilo(m) 596.
bola(f) de marfil(m) 701.
bola(f) de rastreo(m) 526.
bola(f) de rodamiento(m) 389.
bola(f) negra 673.
bola(f) pinta 673.
bola(f) roja 673.
bola(f) rosa 673.
bola(f) verde 673.
bolas(f) numeradas 673.
bolas(f) rojas 673.
bolera(f) en el césped(m) 682.
bolero(m) 338.
bolero(m) con botones(m) 338.
boles(m) para batir 245.
boleto(m) 55.
boliche(m) 682.
boliche(m) 682.
bolígrafo(m) 389, 515.
bolillo(m) 570.
bolillo(m) 570.
bolina(f) 629.
bolo(m) 683.
bolo(m) 683.
bolo(m) chico 683.
bolo(m) cilíndrico 683.
bolo(m) delantero 683.
bolo(m) pequeño 683.
bolos(m), disposición(f) de los 683.
bolos(m), juego(m) de 683.
bolos(m), tipos(m) de 683.
bolsa(f) 448.
bolsa(f) de acordeón(m) 380.
bolsa(f) de cordones(m) 381.
bolsa(f) de cuero(m) 523.
bolsa(f) de golf(m) 679.
bolsa(f) de paja(f) 380.
bolsa(f) de parche(m) con cartera(f) 339.
bolsa(f) de vestir 381.
bolsa(f) de viaje(m) 381, 382.
bolsa(f) manguito(m) 381.
bolsa(f) para trajes(m) 382.
bolsa(f) portabebé(m) 349.
bolsas(f) de mano(f) 380.
bolsillo(m) 326, 378, 673, 674, 675, 679.
bolsillo(m) con cartera(f) 320, 322.
bolsillo(m) de fuelle(m) 338.
bolsillo(m) de ojal(m) 321, 322, 330.
bolsillo(m) de parche(m) 320, 322, 350.
bolsillo(m) de ribete(m) 322.
bolsillo(m) de ribete(m) ancho 319, 330.
bolsillo(m) del cambio(m) 322.
bolsillo(m) delantero 323, 378.
bolsillo(m) disimulado 339.
bolsillo(m) disimulado 330.
bolsillo(m) exterior 381, 382.
bolsillo(m) lateral 429.
bolsillo(m) secreto 379.
bolsillo(m) simulado 330.
bolsillo(m) superior 320, 324.
bolsillo(m) trasero 323.
bolsillo(m) vertical 316.
bolsillo(m), calculadora(f) 523.
bolsillo(m), tipos(m) de 339.
bolsita(f) de cordones(m) 380.
bolso(m) 380.
bolso(m) clásico 380.
bolso(m) de hombre(m) 380.
bolso(m) interior 383.
bomba(f) 257, 258, 689, 761, 762.
bomba(f) de aire(m) 446.
bomba(f) de aire(m) comprimido 627.
bomba(f) de circulación(f) 208, 763, 772.
bomba(f) de desagüe(m) 771.
bomba(f) de petróleo(m) 209.
bomba(f) para lodos(m) 737.
bomba(f) tipo(m) pedestal(m) para sumidero(m) 216.
bomba(f) transportadora de calor(m) 759.
bomba(f), camión(m) 778.
bombachos(m) 336.
bombardino(m) 551.
bombas(f)volcánicas 25.
bombero(m) 777.
bombero(m), casco(m) 777.
bombero(m), hacha(f) 781.
bomberos(m), coche(m) 778, 780.
bombilla(f) 233, 310.
bombilla(f) de bayoneta(f) 232.
bombilla(f) de flash(m) 393.
bombilla(f) de rosca(f) 232.
bombilla(f) económica 233.
bombilla(f) incandescente 232.
bombilla(f) incandescente 486.
bombilla(f) reflectora 777.
bombo(m) 552, 557.
bombona(f) de gas(m) 299, 307, 689.
boqilla(f) 264.
boquilla(f) 301, 384.
boquilla(f) 209, 265, 291, 304, 306, 385, 548, 550, 627, 778.
boquilla(f) de corte(m) 306.
boquilla(f) de llenado(m) 256.
boquilla(f) de reducir 301.
boquilla(f) de reducir con cabeza(f) hexagonal 301.
boquilla(f) del soplete(m) 299, 307.
boquilla(f) para concentrar la llama(f) 307.
boquilla(f) para expandir la llama(f) 307.
boquilla(f) para pisos(m) y alfombras(f) 260.
boquilla(f) para tapicería(f) 260.
boquilla(f) pulverizadora 264.
boquilla(f) reducidora 746, 747.
boquilla(f) reducidora(f) 757.
boquilla(f) rinconera 260.
boquilla(f) rociadora 741.
bordado(m) 571.
bordado(m) plano 571.
bordados(m) planos 571.
borde(m) 57, 255, 627.
borde(m) crenulado 95.
borde(m) de ataque(m) 499, 636, 638.
borde(m) de fuga(f) 498.
borde(m) de la cubeta(f) 258.
borde(m) de la punta(f) 281.
borde(m) de salida(f) 636, 638.
borde(m) del andén(m) 462, 475.
borde(m) del lomo(m) 281.
borde(m) del manto 92.
borde(m) externo 104.
borde(m) interno 104.
borde(m) marginal 638.
bordes(m), podadora(f) 271.
bordillo(m) 263.
borla(f) 366.
borla(f) 229, 231.
borne(m) 439.
borne(m) de enlace(m) 312.
borne(m) negativo 439.
borne(m) positivo 439.
borrador(m) 515.
borraja(f) 74.
borrasca(f) 39.
borrén(m) 649.
borrén(m) trasero 649.
bosque(m) 27.
bosques(m) 52.
bota(f) 356.
bota(f) 600, 609, 627, 635, 640, 642, 644, 645.
bota(f) alpina 680.
bota(f) de la aleta(f) 627.
bota(f) de la corona(f) del casco(m) 653.
bota(f) de medio muslo(m) 357.
bota(f) de montar 648.
bota(f) de salto(m) 644.
bota(f) de seguridad(f) 730.
bota(f) de trabajo(m) 355.
bota(f) del pie(m) delantero 633.
bota(f) interior 641, 645.
botafuego(m) 801.
botaguas(f) 202, 203, 205.
botalón(m) 628.
botas(f) altas 672.
botas(f) de caucho(m) 777.
botas(f) para esquiar 641.
botavara(f) 478, 628, 631.
botavara(f) de cangreja(f) 478.
bote(m) de a ocho(con timonel(m)) 632.
bote(m) salvavidas 478, 494, 496, 738.
botella(f) 447.
botillo(m) 675.
botín(m) 357.
botina(f) 354.
botiquín(m) 292.
botiquín(m) de primeros auxilios(m) 725.
botón(m) 232, 324, 326, 530, 536, 544, 666.
botón(m) de acercamiento(m) 409.
botón(m) de acoplamiento(m) 542.
botón(m) de ajuste(m) fino 718.
botón(m) de ajuste(m) grueso 718.
botón(m) de apagado(m) 272.
botón(m) de avance(m) rápido 403, 411, 420.
botón(m) de bloqueo(m) 711.
botón(m) de cierre(m) 260.
botón(m) de control(m) 255.
botón(m) de control(m) del compartimiento(m) del disco(m) 405.
botón(m) de encendido(m) 402, 410, 420.
botón(m) de encendido(m)TV 411.
botón(m) de encendido(m)VCR 411.
botón(m) de enfoque(m) 720, 721.
botón(m) de enfoque(m) manual 397.
botón(m) de expulsión(f) 403.
botón(m) de eyección(f) del casete(m) 409.
botón(m) de fantasía(f) 566.
botón(m) de fijación(f) del nivel(m) principal 713.
botón(m) de fuerte luminosidad(f) 396.
botón(m) de funcionamiento(m) 408, 699.
botón(m) de funcionamiento(m) del zoom(m) 409.
botón(m) de grabación(f) 411, 420.
botón(m) de grabación(f) silenciosa 403.
botón(m) de iluminación(f) de la pantalla(f) 396.
botón(m) de inicio(m) de grabación(f) 403.
botón(m) de inicio(m) de marcha(f) 706.
botón(m) de inicio(m) del contador(m) 706, 711.
botón(m) de la culata(f) 800.
botón(m) de la llave(f) 549.
botón(m) de la memoria(f) 405.
botón(m) de lectura(f) 411.
botón(m) de llamado(m) de memoria(f) 396.
botón(m) de luminosidad(f) media 396.
botón(m) de madera(f) 320.
botón(m) de medición(f) 396.
botón(m) de memoria(f) 396, 402, 420.
botón(m) de nivel(m) de grabación(f) 403.
botón(m) de parada(f) 706.
botón(m) de pare(m) 411.
botón(m) de paro(m) 403, 420.

Las entradas en **negritas** corresponden a los títulos de página.

botón(m) de pausa(f) 403.
botón(m) de presión(f) 375, 389, 397.
botón(m) de puntada(f) 561.
botón(m) de rebobinado(m) 403, 408, 411, 420.
botón(m) de rebobinado(m) rápido 408.
botón(m) de registro(m) 542.
botón(m) de reproducción(f) 403, 420.
botón(m) de seguridad(f) 297.
botón(m) de selección(f) de lengua(f) 422.
botón(m) de sintonización(f) 408.
botón(m) de sombra(f) 396.
botón(m) de velocidades(f) 250.
botón(m) de visionamiento(m) preliminar de profundidad(f) de campo(m) 391.
botón(m) de visualización(f) del nivel(m) de alarma(f) 485.
botón(m) del contador(m) a cero 411.
botón(m) del contador(m) a ceros(m) 403.
botón(m) del horno(m) 255.
botón(m) del seguro(m) 429.
botón(m) del vaporizador(m) 256.
botón(m) liberador de la película(f) 391.
botón(m) liberador(m) del objetivo(m) 391.
botón(m) para ajustar la imágen(f) horizontalmente 713.
botón(m) para ajustar la imágen(f) verticalmente 713.
botón(m) para borrar 420.
botón(m) para buscar las pistas(f) 405.
botón(m) para cancelar la memoria(f) 396.
botón(m) para fijar la temperatura(f) 705.
botón(m) para parar y borrar 405.
botón(m) para sacar la pila(f) 409.
botón(m) seleccionador de temperatura(f) 370.
botón(m) seleccionador de velocidad(f) 370.
botón(m) selector 257.
botón(m) TV video(m) 411.
botonadura(f) cruzada 319.
botones de montaje(m) y búsqueda(f) 409.
botones(m) comunes 566.
botones(m) de ajuste(m) 411.
botones(m) de ajuste(m) del rodaje(m) 409.
botones(m) de ajuste(m) del visor(m) 409.
botones(m) de control(m) 531.
botones(m) para buscar canales(m) 411.
botones(m) para buscar los canales(m) 411.
botones(m) para editar la voz(f) 555.
bóveda(f) 177.
bóveda(f) de proyección(f) 16.
bóveda(f) del tablero(m) 426.
bóveda(f) palatina 141, 142.
boxeador(m) 669.
boxeo(m) 669.
boya(f) cilíndrica 486.
boya(f) cónica 487.
boya(f) cónica 489.
boya(f) de pértiga(f) 489.
boya(f) de plano(m) focal elevado 487.
boya(f) torre(f) 489.
boya(f) torre(m) 487.
boyas(f) maritimas, sistema(m) 488.
boyas(f), regiones(f) 488.
Boyero 11.
bráctea(f) 66.
brafonera(f) 792.
bragas(f) 346.
bragas(f) de hule(m) 349.
bragueta(f) 323, 325, 350.
bramador(m) 543.
branquias(f) 87.
branquias(f) 88, 92.
branquias(f) externas 84.
branquiespinas(f) 87.
braquial(m) anterior 120.
brazada(f) de crol(m) 622.
brazada(f) de espalda(f) 623.
brazada(f) de mariposa(f) 623.
brazada(f) de pecho(m) 622.
brazalete(m) de identificación(f) 364.
brazalete(m) neumático 710.
brazalete(m) tubular 364.
brazaletes(m) 364.
brazas(f) de sobrejuanete(m) de mesana(f) 480.
brazo(m) 100, 117, 119, 157, 220, 234, 264, 270, 327, 369, 431, 483, 535, 561, 568, 718, 727, 782, 785.
brazo(m) actuador 529.
brazo(m) de arrastre(m) 784.
brazo(m) de control(m) a larga distancia(f) 510.
brazo(m) de la sierra(f) 272.
brazo(m) de presión(f) 282.
brazo(m) de suspensión(f) 258.
brazo(m) del cojinete(m) 376.
brazo(m) del panel(m) solar 42.
brazo(m) del raspador(m) 583.
brazo(m) delantero 708.
brazo(m) elástico 684.
brazo(m) elevador 283.
brazo(m) espiral 9.
brazo(m) extensible 585.
brazo(m) fonocaptor 404.
brazo(m) levantador 782.
brazo(m) metálico 264.
brazo(m) posterior 708.
brazo(m) telescópico 786.
brida(f) 649.
brida(f) 653.
brida(f) de la talonera(f) 641.
brida(f) de unión(f) 486.
brillante(m) 362.
brisa(f) leve 38.
broca(f) 280, 734.
broca(f) avellanadora 281.
broca(f) común 281.
broca(f) salomónica de canal(m) ancho 281.
broca(f) salomónica de canal(m) angosto 281.
brocha(f) 304, 366, 589.
brocha(f) 152.
brocha(f) aplicadora de rubor(m) 366.
brocha(f) de afeitar 374.
brocha(f) en forma(f) de abanico(m) 366.
broche(m) 364.
broche(m) 302, 378, 380.
broche(m) de presión(f) 321, 327.
broches(m) de la pierna(f) 350.
broches(m) de presión(f) 350.
broches(m) delanteros 350.
brócoli(m) 69.
bronquio(m) derecho 130.
bronquiolo(m) terminal 130.
brote(m) 57, 61.
brotes(m) de soja(f) 72.
Brújula 13.
brújula(f) 639.
brújula(f) líquida 484.
brújula(f) líquida, corte(m) transversal 485.
brújula(f) magnética 719.
bruñidor(m) 582.
bruñidor(m) con rascador(m) 587.
bruza(f) 582.
buccino(m) 83.
buceador(m) 627.
buceo(m) 627.
buey(m) 151.
bufete(m) 226.
buhardilla(f) 197.
bujía(f) 439.
bujía(f) 271, 437.
bujías(f) 435.
bulbillo(m) 70.
bulbo(m) 72, 743, 752.
bulbo(m) olfativo) 88.
bulbo(m) olfatorio 142.
bulbo(m) piloso 136.
bulbo(m) raquídeo 134.
bulbo(m), corte(m) de un 70.
bulbos(m) 70.
bulevar(m) 52.
bulldozer(m) 783.
buque(m) cisterna(f) 491.
buque(m) portacontenedores 490.
buque(m) trasatlántico 496.
buque(m), ancla(f) 483.
burda(f) 479.
Buril 13.
buril(m) 581.
burra(f) 674.
buscador(m) de altura(f) 810.
busco(m) 493.
butaca(f) 221.
buzo(m) 680.

C

caballerizas(f) 651.
Caballete del pintor 13.
caballete(m) 591.
caballete(m) 141, 198.
caballete(m) portapoleas 737.
Caballito 11.
caballo(m) 98, 100, 102, 104.
caballo(m) 661, 696.
caballo(m) de arzón(m) 661.
caballos(m), carrera(f) de 651.
cabecera(f) 224, 577.
Cabellera de Berenice 11.
cabellera(f) 9.
cabeza(f) 107, 109.
cabeza(f) 9, 78, 79, 80, 83, 117, 119, 124, 127, 242, 275, 276, 279, 288, 374, 384, 386, 466, 544, 546, 547, 561, 567, 570, 579, 615, 645, 661, 670, 674, 677, 681.
cabeza(f) de empalme(m) 147, 156, 158, 159, 162, 469.
cabeza(f) de emplame(m) 157.
cabeza(f) de enganche(m) 471.
cabeza(f) de la caja(f) de iluminación(f) 399.
cabeza(f) de la torre(f) 756.
cabeza(f) de la tubería(f) 740.
cabeza(f) de lectura(f)\escritura(f) 529.
cabeza(f) de mástil(m) 631.
cabeza(f) de metal(m) 658.
cabeza(f) del fémur(m) 123.
cabeza(f) del húmero(m) 123.
cabeza(f) del martillo(m) 658, 681.
cabeza(f) del murciélago(m) 112.
cabeza(f) delantera del cilindro(m) de recuperación(f) 802.
cabeza(f) dirigida por rayos(m) infrarrojos 814.
cabeza(f) flotante 374.
cabeza(f) hexagonal 373.
cabeza(f) impresora 531.
cabeza(f) móvil 250.
cabeza(f) panorámica 393.
cabeza(f), protección(f) 729.
cabeza(f), tipos(m) de 276.
cabezada(f) 577, 649.
cabezal(m) 198, 224, 239.
cabezuela(f) 60.
cabina(f) 147, 160, 445, 508, 782, 783, 784, 785.
cabina(f) de clase(f) turista 499.
cabina(f) de control(m) 16, 786.
cabina(f) de la torre(f) de control(m) 502.
cabina(f) de mando(m) 493, 508, 510.
cabina(f) de pasajeros(m) 494, 495.
cabina(f) de primera clase(f) 498.
cabina(f) del colector(m) de billetes(m) 474.
cabina(f) del maquinista(m) 459, 468.
cabina(f) del piloto(m) 639.
cabina(f) en el foco(m) primario 14.
cabina(f) giratoria 785.
cabina(f) para dormir 440.
cabinas(f) de control(m), estudio(m) de televisión(f) 412.
cable(m) 692.
cable(m) 268, 271, 310, 406, 408, 585, 658, 660, 663, 684, 692.
cable(m) a tierra(f) 312.
cable(m) con funda(f) metálica 422.
cable(m) de acero(m) 681.
cable(m) de alimentación(f) de 240 voltios 312.
cable(m) de alumbrado(m) 449.
cable(m) de arranque(m) 270.
cable(m) de arrastre(m) 633.
cable(m) de bujía(f) 435.
cable(m) de conexión(f) 406, 530.
cable(m) de control(m) 270.
cable(m) de corriente(f) 374.
cable(m) de corriente(f) 280, 305, 370, 401.
cable(m) de corriente(f) de la aguja(f) 467.
cable(m) de dirección(f) 684.
cable(m) de elevación(f) 786.
cable(m) de enlace(m) 312.
cable(m) de frenado(m) 811.
cable(m) de tierra(f) 305.
cable(m) de transmisión(f) 485.
cable(m) del acelerador(m) 271.
cable(m) del auricular(m) 420.
cable(m) del cambio(m) 448.
cable(m) del esgrimidor(m) 666.
cable(m) del freno(m) 447.
cable(m) distribuidor 416.
cable(m) eléctrico 186.
cable(m) giratorio 370.
cable(m) neutro 312.
cable(m) portador 456.
cable(m) principal 312.
cable(m) principal neutro 312.
cable(m) torcido 692.
cable(m) trenzado 692.
cables(m) 414.
cables(m) conectores 400.
cables(m) de anclaje(m) 738.
cables(m) de baja tensión(f) 757.
cables(m) de conexión(f) 757.
cables(m) de suministro(m) 757.
cables(m) de tensión(f) mediana 757.
cabo(m) 51, 536, 670, 692.
cabo(m) del macillo(m) 541.
cabra(f) 150.
cabrestante(m) 541.
cabrio(m) 198.
cabujón(m) 363.
cacahuete(m) 66.
cacerola(f) 249.
cacerola(f) para baño(m) de María 249.
cacerola(f) para fondue(f) 248.
cacerola(f) refractaria 249.
cadena(f) 272, 448, 661, 707.
cadena(f) alimenticia 31.
cadena(f) de amarre(m) 486.
cadena(f) de dunas(f) 46.
cadena(f) de elevación(f) 787.
cadena(f) de montañas(f) 51.
cadena(f) de seguridad(f) 449.
cadena(f) de transmisión(f) 156, 158, 446.
cadena(f), sierra(f) 272.
cadena(f), transmisión(f) 448.
cadeneta(f) 571.
cadenilla(f) de la barbada(f) 650.
cadenita(f) del tapón(m) 293.
cadera(f) 117, 119.
cafetera(f) 688.
cafetera(f) 247.
cafetera(f) de émbolo(m) 247.
cafetera(f) de filtro(m) automática 247.
cafetera(f) de infusión(f) 247.
cafetera(f) italiana 247.
cafetera(f) napolitana 247.
cafeteras(f) 247.
cafetería(f) 822.
caída de proa(f) 631.
caída(f) 341.
caída(f) de popa(f) 631, 637.
caja(f) 40, 270, 271, 280, 305, 310, 374, 385, 391, 406, 410, 422, 453, 485, 486, 539, 540, 546, 671, 702, 705, 707, 710, 711.
caja(f) archivo(m) 517.
caja(f) basculante 785.
caja(f) circular 535.
caja(f) de accesorios(m) 568.
caja(f) de caracol(m) 747.
caja(f) de combustión(f) 501.
caja(f) de compresión(f) 159.
caja(f) de conexiones(f) 309.
caja(f) de conexiones(f) 412.
caja(f) de distribución(f) 216.
caja(f) de empalmes(m) 471.
caja(f) de engranajes(m) 495, 501, 583.
caja(f) de fósforos(m) 386.
caja(f) de la batería(f) 439.
caja(f) de la pantalla(f) 397.
caja(f) de pesca(f) 672.
caja(f) de servicio(m) 757.
caja(f) de sonido(m) 545.
caja(f) del acumulador(m) 441.
caja(f) del aire(m) 543.
caja(f) del cerrojo(m) 795, 796.
caja(f) del cilindro(m) 290.
caja(f) del motor(m) 272.
caja(f) del ventilador(m) 370.
caja(f) espiral 753.
caja(f) fuerte 702.
caja(f) harmónica 540.
caja(f) luminosa 398.
caja(f) media pera(f) 535.
caja(f) neumática 543.
caja(f) orza(f) de quilla(f) 631.
caja(f) para el césped(m) 271.
caja(f) para la ceniza(f) 204.
caja(f) sonora 535, 544, 545, 546.
caja(f) superior 231.
caja(f) terminal 769.
caja(f) tipo(m) remolque(m) 440.
caja(f) tipo(m) semirremolque(m) 441.
caja(f) tipo(m) semirremolque(m) 440.

Las entradas en **negritas** corresponden a los titulos de página.

caja(f) triangular 535.
caja(f)de acuarelas(f) 588.
caja(f), tarima(f) 787.
cajetín(m) 290.
cajetín(m) de fusibles(m) 312.
cajita(f) reguladora 297.
cajo(m) 577.
cajón(m) 156, 219, 226, 255.
cajón(m) de batir 657.
cajón(m) de servicio(m) 616, 617.
cajón(m) del plano(m) de sustentación(f) 812.
cajón(m) para carnes(f) 254.
calabacín(m) 69.
calabaza(f) amarilla 69.
calabaza(f) común 69.
cálamo(m) egipcio 389.
calandria(f) 759.
calcáneo(m) 103, 123.
calcar(m) 112.
calce(m) 800.
calceta(f) 344.
calcetin(m) 615.
calcetín(m) 344.
calcetín(m) con tirante(m) 595.
calcetín(m) largo 344.
calcetines(m) 325.
calculadora(f) 379.
calculadora(f) con impresora(f) 523.
calculadora(f) de bolsillo(m) 523.
calculadoras(f) 523.
caldera(f) 209.
caldera(f) 208, 771.
calderón(m) 539.
calefacción(f) 204, 206, 208, 210, 212.
calefacción(f) auxiliar 211.
calefacción(f) eléctrica 207.
calendario(m) de escritorio(m) 518.
calendario(m) de pared(f) 518.
calentador(m) 689.
calentador(m) 635.
calentador(m) de aceite(m) 211.
calentador(m) de agua(f) 215.
calentador(m) de gas(m) 297.
calentador(m) de petróleo(m) 209.
calentador(m) de pierna(f) 353.
calentador(m) eléctrico 211.
calentador(m) tubular 744.
calibrador(m) 583.
calibrador(m) 432.
calibrador(m) del freno(m) 442.
calículo(m) 62.
caliptra(f) 57.
Calixto 4.
cáliz(m) 60, 62, 67.
cáliz(m) renal 132.
calle(f) 52, 184, 190, 621, 655, 656, 682.
calle(f), vista(f) transversal de una 186.
calma(f) 38.
calza(f) de descarga(f) 753.
calzada(f) 186, 450.
calzado(m) 356, 358.
calzado(m), tipos(m) de 356.
calzador(m) 358.
calzas(f) 315.
calzas(f) 317.
calzo(m) de la rueda(f) 506.
calzón(m) 667.
calzón(m) de volantes(m) 349.
calzoncillos(m) 325.
calzoncillos(m) largos 325.
cama(f) 224.
cama(f) 578, 659.
cama(f) elástica 659.
cama(f), coche(m) 460.
Camaleón 13.
cámara(f) 414.
cámara(f) 16, 412, 414, 736.
cámara(f) anterior 140.
cámara(f) anular de combustión(f) 501.
cámara(f) d combustión(f) 209.
cámara(f) de aire(m) 109, 298, 352, 772.
cámara(f) de bolsillo(m) 395.
cámara(f) de combustión(f) 434, 438.
cámara(f) de compresión(f) 806.
cámara(f) de disco(m) 395.
cámara(f) de enfoque(m) 394.
cámara(f) de expansión(f) 705.
cámara(f) de fotografía(f) 717.
cámara(f) de incubación(f) 82.
cámara(f) de la esclusa(f) 493.
cámara(f) de la pólvora(f) 801.
cámara(f) de magma(m) 25.
cámara(f) de mezcla(f) 306.
cámara(f) de salida(f) 746, 747, 749, 750.
cámara(f) de televisión(f) de color(m) 512.
cámara(f) de vacío(m) 14, 717.
cámara(f) de video(m) 409.
cámara(f) de video(m) 526.
cámara(f) de video(m) fijo 395.
cámara(f) desechable 394.
cámara(f) estereofotogramétrica 395.
cámara(f) frigorífica 491.
cámara(f) lenta 411.
cámara(f) para el cartucho(m) de la película(f) 390.
cámara(f) para la muestra(f) 717.
cámara(f) Polaroid Land 394.
cámara(f) posterior 140.
cámara(f) principal de vapor(m) 759.
cámara(f) pulpar 144.
cámara(f) reflex con objetivo(m) simple 394.
cámara(f) réflex de un objetivo(m) 391.
cámara(f) reflex, corte(m) transversal 390.
cámara(f) rígida de 35 mm 512.
cámara(f) submarina 394.
cámara(f) tipo(m) réflex con dos objetivos(m) 394.
cámara(f), parte(f) trasera 390.
cámaras(f) fotográficas, diferentes tipos(m) 395.
cámaras(m) fijas 394.
camarín(m) 189.
camarote(m) 496.
camarote(m) del capitán(m) 497.
camarotes(m) de la tripulación(f) 494.
camarotes(m) de los oficiales(m) 807, 808.
cambiador(m) de platos(m) 446, 448.
cambiador(m) manual de vía(f) 467.
cambio(m) automático de bandejas(f) 532.
cambio(m) de presión(f) 38.
cambium(m) 59.
cambocadura(f) 649.
cambrillón(m) 352.
camilla(f) 726.
camilla(f) 726.
camino(m) de arrastrre(m) 733.
camino(m) de ronda(f) 181.
camino(m) de ronda(f) cubierto 178.
camino(m) resbaladizo 826, 827.
camión(m) basculante 785.
camión(m) bomba(f) 778.
camión(m) cisterna(f) 742.
camión(m) cisterna(f) de agua(f) potable 506.
camión(m) cisterna(f) de combustible(m) 506.
camión(m) de aprovisionamiento(m) 507.
camión(m) de escalelera(f) telescópica 780.
camión(m) sanitario 506.
camión(m) tractor(m) 440.
camión(m) tractor(m) 440.
camión(m) tractor(m) con doble caja(f) 440.
camiones(m) 440.
camioneta(f) 425.
camioneta(f) con canastilla(f) telescópica 506.
camioneta(f) cubierta 425.
camioneta(f) de mantenimiento(m) de aviones(m) 506.
camisa(f) 324, 337.
camisa(f) 181.
camisa(f) de entrenamiento(m) 352.
camisa(f) de entrenamiento(m) con capucha(f) 352.
camisa(f) de pistón(m) 434.
camisera clásica 337.
camisera(f) 340.
camisero 341.
camisero(m) 333.
camiseta(f) 325, 337, 349.
camiseta(f) 351, 353, 595, 656.
camiseta(f) de cuerpo(m) entero 351.
camiseta(f) de equipo(m) 600.
camiseta(f) interior 595.
camiseta(f) sin mangas(f) 662.
camisola(f) 345.
camisón(m) 348.
camisón(m) corto 348.
campana(f) 255.
campana(f) 204.
campana(f) de aviso(m) de cruce(m) 471.
campanario(m) 175, 176.
campanas(f) tubulares 554.
campanas(f) tubulares 556.
camping(m) 685, 686, 690.
camping(m) gas(m) 689.
campo(m) 599, 601.
campo(m) de golf(m) 676.
campo(m) de juego(m) 606, 607.
campo(m) de juego(m) para fútbol(m) americano 604.
campo(m) de juego(m) para fútbol(m) canadiense 604.
campo(m) magnético 410.
campo(m) y pista(f), atletismo(m) de 654, 656, 658.
Can Mayor 13.
Can Menor 11.
caña(f) 101, 389, 483, 542, 641, 645, 671, 798, 800.
caña(f) del timón(m) 628.
caña(f) para lanzar 671.
caña(f) para mosca(f) 670.
caña(f) simple 549.
canal(m) 281, 683, 701, 741, 793.
canal(m) de ajuste(m) 278.
canal(m) de arrastre(m) del papel(m) 521.
canal(m) de carga(f) 752.
canal(m) de derivación(f) 746.
canal(m) de descarga(f) 747.
canal(m) de escurrimiento(m) 427.
canal(m) del aliviadero(m) 746.
canal(m) del sifón(m) 94.
canal(m) del veneno(m) 96.
canal(m) derecho 401.
canal(m) izquierdo 401.
canal(m) principal 489.
canal(m) secundario 489.
canal(m) transportador 764.
canal(m), esclusa(f) 492.
canalización(f) de vacío(m) 717.
canalón(m) 105, 197.
cañas(f) 549.
canasta(f) 610.
canasta(f) 596, 610.
canastero(m) izquierdo 610.
canastilla(f) 252, 257.
canastilla(f) para cubiertos(m) 257.
Cáncer 11.
Cáncer, el Cangrejo (22 de junio) 820.
cancha(f) 610, 611, 612, 613, 614, 617, 618.
cancha(f) de fondo(m) 614.
cancha(f) del fondo(m) 617.
cancha(f) delantera 617.
cancha(f) internacional de singles(m) 616.
candado(m) para bicicleta(f) 448.
candaliza(f) 480.
candil(m) coronal 105.
candil(m) frontal 105.
candilejas 188.
cañería(f) 215, 296.
cañería(f) de desagüe(m) 216.
cañería(f) del desagüe(m) 215.
cañería(f) metálica para agua(f) 312.
cañería(f) perforada 216.
cañerías(f) 215.
cañerías(f) 635.
canesú(m) 345.
canesú(m) 324, 337.
cangilón(m) 754.
cangilón(m) trasero 782.
cangreja(f) de popa(f) 480.
cangreja(f) mayor popel 480.
cangrejo(m) 90.
canilla(f) 561, 562.
caño(m) 542.
caño(m) del órgano(m) 542.
cañon(m) 385.
cañón(m) 110, 698, 795, 796, 797, 798, 799, 802, 804, 805.
cañón(m) de avancarga(f) 800.
cañón(m) de avancarga(f), corte(m) transversal 801.
cañón(m) de chimenea(f) 197.
cañón(m) de electrones(m) 410.
cañón(m) de electrones(m) 410, 717.
cañón(m) de la presión(f) 543.
cañón(m) del siglo(m) XVII 800.
cañón(m) lanzaagua 778.
cañón(m) submarino 29.
cañonera(f) 179.
cañonería(f) 543.
canotier(m) 328.
cantarela(f) 55.
cantidad(f) de copias(f) 532.
cantilever(m) 454, 750.
cantimplora(f) 690.
canto(m) 277, 288, 640, 643, 644, 658.
canto(m) de la cabeza(f) 577.
canto(m) de la cara(f) 577.
canto(m) del pie(m) 577.
cantón(m) diestro de la punta(f) 818.
cantón(m) diestro del jefe(m) 818.
cantón(m) siniestro de la punta(f) 818.
cantón(m) siniestro del jefe(m) 818.
cantonera(f) 577, 798, 799.
capa(f) 331.
capa(f) basáltica 22.
capa(f) basilar 136.
capa(f) córnea 105, 136.
capa(f) cortical 132.
capa(f) de aluminio(m) 405.
capa(f) de desagüe(m) 748.
capa(f) del casco(m) 433.
capa(f) granita 22.
capa(f) granular 136.
capa(f) protectora 512.
caparazón(m) 96.
caparazón(m) 91.
capas(f) aislantes 512.
caperuza(f) 297, 627.
capilla(f) 181.
capilla(f) axial 177.
capilla(f) lateral 176.
capilla(f) radial 177.
capital(f) 51.
capitán(m) 620, 643.
capitel(m) 166.
capó(m) 426, 440.
caponera(f) 179.
Capricornio 13.
Capricornio, la Cabra (22 de diciembre) 820.
cápsula(f) 725.
cápsula(f)de gelatina(f) 725.
cápsula(f), corte(m) de una 67.
captor(m) de luz(f) 409.
captura(f) 697.
capucha(f) 320.
capucha(f) de ventilación(f) 486.
capucha(f) giratoria 773.
capuchón(m) 205, 349, 392, 398, 409, 484.
capuchón(m) con cordón(m) 351.
capuchón(m) de bastones(m) 679.
capuchón(m) de la chimenea(f) 197.
capuchón(m) de plástico(m) 311.
capuchón(m) de protección(f) 718.
capullo(m) 57.
caqui(m) 68.
cara(f) 116, 239, 275, 288, 579, 619, 677.
cara(f) inferior 363.
cara(f) superior 363.
caracol(m) marino común 83.
caracol(m) terrestre 83.
carambola(f) 673.
caramillo(m) 536, 548.
caravana(f) 449.
carbón(m), mina(f) 736.
carbón(m), mina(f) subterránea 734.
carbón(m), minas(f) 733.
carboncillo(m) 588.
carbonera(f) de carga(f) 734.
carburador(m) 442.
carcaj(m) 684.
cardo(m) 72.
careta(f) 308.
careta(f) 730.
careta(f) de esgrima(f) 667.
careta(f) de mano(f) 308.
carga(f) de perdigones(m) 799.
carga(f) del reactor(m) nuclear 765.
carga(f) útil 509.
cargador(m) 795.
cargador(m) 260, 795, 796, 797.
cargador(m) de contenedores(m) y plataformas(f) 507.
cargador(m) delantero 782.
cargadora(f) de combustible(m) 759.
cargadora(f), retroexcavadora(f) 782.
cargas(f), ejemplos(m) 819.
carguero(m) portacontenedores 494.
caribú(m) 105.
carne(f) 33.
carnicero(m) 98.
carnívoro(m), mandíbula(f) 98.

Las entradas en **negritas** corresponden a los titulos de página.

carnívoros(m) 31, 33.
Carón 5.
carpeta(f) 520.
carpeta(f) con guardas(f) 519.
carpeta(f) con mecanismo(m) de presión(f) 519.
carpeta(f) de archivo(m) 518.
carpeta(f) de argollas(f) 519.
carpeta(f) de broches(m) 519.
carpeta(f) de costilla(f) de resorte(m) 519.
carpeta(f) de espiral(f) 519.
carpeta(f) de tornillos(m) 519.
carpo(m) 102, 122.
carrera(f) 599.
carrera(f) de aprendices(m) 646.
carreras(f) de trotones(m) 652.
carrete(m) 265, 570.
carrete(m) de bobina(f) fija 671.
carrete(m) de cinta(f) adhesiva 516.
carrete(m) de rebobinado(m) 390.
carrete(m) del cable(m) 666.
carrete(m) giratorio 670.
carrete(m) receptor de la cinta(f) 403.
carrete(m) recogedor 158.
carretera(f) 52, 452.
carretera(f) de acceso(m) 502.
carretera(f) de circunvalación(f) 52.
carretera(f) secundaria 52.
carretera(f), vista(f) transversal 450.
carreteras(f), mapa 52.
carreteras(f), sistema(m) 450, 452.
carretilla(f) 270, 788.
carretilla(f) 468.
carretilla(f) del motor(m) 459.
carretilla(f) hidráulica 788.
carretilla(f) para manguera(f) 265.
carretilla(f) y vía(f) 476.
carril(m) 476.
carril(m) de paso(m) 452.
carril(m) de tránsito(m) 452.
carríl(m) guía(f) de la película(f) 390.
carril(m) para el tope(m) de ingletes(m) 285.
carrillo(m) 670.
carrito(m) de golf(m) 679.
carrito(m) portamaletas(m) 382.
carro(m) 230, 630.
carro(m) de encaje(m) 568.
carro(m) de golf(m) eléctrico 679.
carro(m) portaequipaje 463.
carro(m) principal deslizante 568.
carrocería(f) 426.
carrocería(f) 445, 449.
carrocerías(f), tipos(m) 425.
carrusel(m) 397.
carta(f) del tiempo(m) 38.
cartas(f) altas 695.
cartel(m) comercial 477.
cárter(m) 434, 436.
cartera(f) 378.
cartera(f) de fondo(m) plegable 378.
cartera(f) portadocumentos(m) 378.
carterita(f) de fósforos(m) 386.
cartílago(m) de la aleta(f) 141.
cartografía(f) 47, 50, 52.
cartón(m) 589.
cartón(m) de cigarrillos(m) 384.
cartucho(m) 797.
cartucho(m) 291, 295, 389, 404, 730.
cartucho(m) de escopeta(f) 799.
cartucho(m) de la cinta(f) grabadora(f) 407.
cartucho(m) de la película(f) 395.
cartucho(m) de la película(f) 395.
cartucho(m) de película(f) 527.
cartucho(m) de rifle(m) 798.
cartucho(m) para la cinta(f) 531.
carúncula(f) lagrimal 140.
casa(f) 193, 620.
casa(f) club(m) 676.
casa(f) de cambio(m) 823.
casa(f) de campo(m) 187.
casa(f) de habitación(f) 148.
casa(f) rodante 449.
casa(f) romana 170.
casa(f) solar 772.
casa(f), estructura(f) de 198.
casa(f), exterior(m) de una 196.
casaca(f) 315.
casaca(f) 648.
casas(f) en serie(f) 187.
casas(f) gemelas 187.
casas(f) independientes 187.
cascabel(m) 97, 554.
cascada(f) 27.
cascanueces(m) 243.
cáscara(f) 66.
cáscara(f) 66, 152.
cascarón(m) 109.
casco(m) 104.
casco(m) 101, 443, 512, 602, 609, 628, 635, 680, 741, 777, 791.
casco(m) de bombero(m) 777.
casco(m) de salto(m) 636.
casco(m) de seguridad(f) 729.
casco(m) del bateador(m) 595.
casco(m) protector 443.
casco(m) protector 448, 643.
casco(m), superficie(f) plantar del 104.
casero 333.
caseta(f) de instrumentos(m) meteorológicos 41.
casete(m) 403.
casete(m) 408, 526.
casete(m) de juego(m) 699.
casi igual a 830.
casilla(f) 577.
casilla(f) del dinero(m) 702.
casillas(f) de consigna(f) automática 463.
Casiopea 11.
casquete(m) 328, 636.
casquete(m) 294, 295, 636.
casquete(m) de la palanca(f) 295.
casquete(m) de seguridad(f) 804.
casquete(m) del distribuidor(m) 435.
casquillo(m) 232, 233, 309, 675, 798.
casquillo(m) de la empuñadura(f) 281.
cassette(m) con saludo(m) 420.
cassette(m) para grabar los mensajes(m) 420.
castaña(m) 66.
castañuelas(f) 554.
castañuelas(f) 556.
castillete(m) de extracción(f) 736.
castillo(m) 180.
castillo(m) 180.
castillo(m) de proa(f) 495, 497.
castor(m) 98.
catapulta(f) 810.
catedral(f) 176.
catedral(f) 184.
catedral(f) gótica 175, 176.
catedral(f), plano(m) 177.
catre(m) desmontable 687.
caucho(m) central 677.
cauda(f) helicis 139.
cavidad(f) abdominal 127, 128.
cavidad(f) bucal 130, 131.
cavidad(f) nasal 96.
cavidad(f) paleal 95.
cavidad(f) pleural 130.
cavidad(m) nasal 130.
cayado(m) de la aorta(f) 124.
caza(f), armas(f) 798.
cazadora(f) 320, 321, 338.
cazadora(f) de tres cuartos 320.
cazoleta(f) 385, 590, 795, 800, 801.
cazonete(m) 817.
cebada(f) 152.
cebador(m) 795.
cebador(m) 804.
cebolla(f) 70.
cebolla(f) verde 70.
cebollín(m) 70.
cebollino(m) 70.
ceda el paso(m) 824, 825.
cedazo(m) 243.
cedilla(f) 832.
cefalotórax(m) 90.
Cefeo 11.
ceja(f) 140, 540.
cejilla(f) 544, 546, 547.
celada(f) 792.
celcés(m) 479.
celda(f) 79.
celda(f) fotoeléctrica 393.
celda(f) solar 769.
celda(f) solar(f) 768.
celdilla(f) 65, 82.
celdilla(f) de la miel(f) 82.
celdilla(f) del polen(m) 82.
celdilla(f) operculada 82.
celdilla(f) sellada 82.
cellisca(f) 37.
celosía(f) veneciana 203.
célula(f) animal 115.
célula(f) solar 523.
célula(f) vegetal 115.
células(f) solares 42.
cementerio(m) 52.
cemento(m) 144.
cenefa(f) con flecos(m) 229.
cenefas(f), tipos(m) de 228.
cenicero(m) 386.
cenit(m) 16.
ceniza(f) 386.
Centauro 13.
centavo(m) 832.
centeno(m) 152.
central(f) hidroeléctrica 746.
central(f) maremotriz 752.
central(f) nuclear 758.
central(f)hidroeléctrica, corte(m) transversal 747.
central(m) 603.
centriolo(m) 115.
centro(m) 605, 608, 611, 612, 697.
centro(m) de congresos(m) 184.
centro(m) de la cancha(f) 617.
centro(m) de la punta(f) 818.
centro(m) de una ciudad(f) 184.
centro(m) del blanco(m) 684.
centro(m) del campo(m) 601, 606, 607.
centro(m) del jefe(m) 818.
centro(m) delantero 607.
centro(m) derecho 606.
centro(m) izquierdo 606.
cepillo(m) 277, 358.
cepillo(m) 80, 81, 373.
cepillo(m) aplicador de rímel(m) 367.
cepillo(m) con base(f) de goma(f) 368.
cepillo(m) de dientes(m) 373.
cepillo(m) de dientes(m) eléctrico 373.
cepillo(m) de púas(f) 368.
cepillo(m) eléctrico 370.
cepillo(m) metálico 368.
cepillo(m) para cejas(f) y pestañas(f) 367.
cepillo(m) para pisos(m) 260.
cepillo(m) para verduras(f) 246.
cepillo(m) redondo 368.
cepillo(m) rizador 370.
cepillo(m)-plumero(m) 260.
cepillos(m) 368.
cepo(m) 483.
cerámica(f) 584.
cerca(f) 148.
cercado(m) 149.
cercado(m) para entrenar los caballos(m) 651.
cerda(f) 151.
cerda(f) 373.
cerdas(f) 304, 374.
cerdo(m) 151.
cereales(m), principales tipos(m) 152.
cerebelo(m) 134.
cerebro(m) 88, 134.
cereza(f) 63.
cerillas(f) de seguridad(f) 386.
cero(m) 700, 701.
cerradura(f) 202, 225, 289, 378, 383, 427, 429.
cerradura(f) de combinación(f) 378.
cerradura(f) de pomo(m) con seguro(m) 290.
cerradura(f) embutida 290.
cerrajería(f) 289, 290.
cerrojo(m) 569.
cerros(m) 819.
cérvidos(m) 105.
cérvidos(m), principales 105.
cerviz(f) 108.
césped(m) 193, 263, 676.
cesta(f) de pescador(m) 672.
cestillo(m) 81.
cesto(m) 381.
cesto(m) de la compra(f) 381.
chabola(f) 165.
chafaldete(m) 481.
chalaza(f) 109.
chaleco(m) 315, 322, 338.
chaleco(m) 317.
chaleco(m) de pescador(m) 672.
chaleco(m) de punto(m) 326.
chaleco(m) de seguridad(f) 730.
chalecos(m), suéteres(m) y chaquetas(f) 338.
chalote(m) 70.
champiñón(m)(Agaricus campestris) 55.
chancleta(f) 357.
chanclo(m) 357.
chanclo(m) de goma(f) 355.
chapa(f) 289.
chapa(f) de madera(f) 288.
chapetón(m) 220.
chapka(f) 328.
chaqueta(f) 322.
chaqueta(f) 331.
chaqueta(f) blanca de esgrima(f) 667.
chaqueta(f) cruzada 322.
chaqueta(f) de punto(m) 326.
chaquetón(m) 330, 331.
chaquetón(m) marinero 330.
chasis(m) 156, 157, 159, 272, 383, 726, 785, 787, 788.
chasis(m) de empuje(m) 783.
chasis(m) de la carretilla(f) 468.
chasis(m) delantero 784.
chesterfield(m) 221.
cheurón(m) 818.
chifonier(m) 226.
chimenea(f) 204, 205.
chimenea(f) 195, 197, 209, 494, 496, 585.
chimenea(f) de evacuación(f) 736.
chimenea(f)lateral 25.
chimenea(f)principal 25.
chimenea(f), conexión(f) de la 204.
chimenea(f), utensilios(m) para la 205.
chinches(m) 515.
chino 342.
chirimoya(f) 68.
chirivía(f) 71.
chispa(f) 436.
chistera(f) 328.
chorrillo(m), sembradora(f) 158.
choza(f) indígena 165.
chubasco(m) 39.
chubasco(m) de nieve(f) 39.
chumalera(f) giratoria 632.
ciclo(m) hidrológico 34.
ciclorama(m) 414.
ciego(m) 131.
ciego(m) pilórico 88.
cielo(m) abierto, excavación(f) 733.
cielo(m) abierto, mina(f) 733.
cielo(m) turbulento 36.
cierre(m) 380, 685.
cierre(m) de polea(f) 793.
cierre(m) de rosca(f) 681.
ciervo(m) de Virginia 105.
cigala(f) 91.
cigarra(f) 77.
cigarrillo(m) 384.
cigüeñal(m) 434, 436.
cilantro(m) 74.
ciliada 56.
cilindro(m) 290, 436, 707, 726, 784.
cilindro(m) de corte(m) 271.
cilindro(m) de dirección(f) 784.
cilindro(m) de elevación(f) del zanco(m) 783.
cilindro(m) de freno(m) 432.
cilindro(m) de recuperación(f) 802.
cilindro(m) de rotación(f) 570.
cilindro(m) del brazo(m) 782, 785.
cilindro(m) del brazo(m) levantador 782.
cilindro(m) del cangilón(m) trasero 782.
cilindro(m) del cucharón(m) 782, 785.
cilindro(m) del elevador(m) 782, 785.
cilindro(m) del elevador(m) de la pala(f) 783.
cilindro(m) del gas(m) 796.
cilindro(m) elevador 780, 786.
cilindro(m) externo 753.
cilindro(m) hidráulico 147, 788.
cilindro(m) inferior 581.
cilindro(m) interno 753.
cilindro(m) neumático 734.
cilindro(m) recogedor 159, 162.
cilindro(m) superior 581.
cima(f) 27, 59.
cima(f) bípara 60.
cima(f) unípara 60.
cimacio(m) 166.
cimentación(f) 199.
cimiento(m) del pilón 456.
cimientos(m) 199.
cimientos(m) 750.
cimientos(m) del dique(m) 748.
cincel(m) de rincón(m) 581.
cincha(f) 649, 651.
cincha(f) de la limonera(f) 653.
ciñendo el viento(m) 629.
cinta(f) 328, 566, 571, 607, 618, 619, 669, 711, 729, 730, 804.
cinta(f) adhesiva 725.
cinta(f) aislante para tubería(f) 287.
cinta(f) central 614.
cinta(f) de grabación(f) 403.
cinta(f) de la red(f) 613, 614.

Las entradas en **negritas** corresponden a los títulos de página.

cinta(f) digital grabadora(f) 407.
cinta(f) métrica 563, 711.
cinta(f) para el sudor(m) 615.
cinta(f) transportadora 504.
cintura(f) 117, 119, 354, 756.
cinturón(m) 323.
cinturón(m) 319, 363, 433, 662.
cinturón(m) de alpinista(m) 680.
cinturón(m) de hombros 428.
cinturón(m) de seguridad(f) 428.
cinturón(m) lastrado 627.
cinturón(m) trasero(m) 330.
cinturones(m), neumático(m) radial 433.
circo(m) 7.
circo(m) glaciar 26.
circuito(m) de 120 voltios 312.
circuito(m) de 240 voltios 312.
circuito(m) de agua(f) caliente 215.
circuito(m) de agua(f) fría 215.
circuito(m) de desagüe(m) 215.
circuito(m) de ventilación(f) 215.
circuito(m) eléctrico 233.
circuito(m) impreso 528.
circulación(f) sanguínea 124, 126.
circular 250.
círculo(m) 25 698.
círculo(m) central 601, 610, 611, 620.
círculo(m) de canasta(f) 611.
círculo(m) de espera(f) 597.
círculo(m) de la estación(f) 38.
círculo(m) de lanzamiento(m) 654, 655.
círculo(m) de reanudación(f) del juego(m) 608.
círculo(m) de saque(m) inicial 608.
círculo(m) de tráfico(m) 52.
círculo(m) doble 698.
círculo(m) exterior 620.
círculo(m) polar antártico 3.
círculo(m) polar ártico 3, 47.
círculo(m) triple 698.
cirrocúmulos(m) 44.
cirros(m) 44.
cirrostratos(m) 44.
ciruela(f) 63.
Cisne 11.
cisterna(f) del retrete(m) 292.
cisterna(f), camión(m) 742.
cisterna(f), vagón(m) 743.
cítara(f) 535.
citoplasma(m) 115, 128.
cítrico(m), corte(m) de un 65.
cítricos(m), frutos(m) carnosos 65.
cítricos(m), principales variedades(f) 65.
ciudad(f) 51.
ciudad(f), centro(m) 184.
cizalla(f) 578.
clarín(m) 550.
clarinete(m) 548, 556.
clarinetes(m) 556.
clasificación(f) de Hubble 9.
clasificador(m) de fuelle(m) 378.
clave(f) 174, 177.
clave(f) de do 537.
clave(f) de fa 537.
clave(f) de sol 537.
clave(f), modelo(m) 38.
clavera(f) 104.
claves(f) 537.
clavícula(f) 122.
clavija(f) 540, 544, 545, 546, 780.
clavija(f) de afinación(f) 547.
clavija(f) de tensión(f) 552.
clavija(f) hendida 290.
clavijero(m) 540, 544.
clavo(m) 275.
clavo(m) 104, 680.
clavo(m) fechador 466.
claxon(m) 444.
claxón(m) 430.
climas(f) de alta montaña(f) 45.
climas(f) subárticos 45.
climas(m) continentales 45.
climas(m) de alta montaña(f) 45.
climas(m) del mundo(m) 45.
climas(m) polares 45.
climas(m) subárticos 45.
climas(m) subtropicales 45.
climas(m) templados 45.
climas(m) tropicales 45.
clip(m) 230.
clip(m) de ajuste(m) 233.
clítoris(m) 128.
cloroplasto(m) 115.
cobertera(f) inferior de la cola(f) 109.
cobertera(f) superior de la cola(f) 109.
coberteras(f) 108.
coberteras(f) grandes 110.
coberteras(f) medias 110.
coberteras(f) pequeñas 110.
coberteras(f) primarias 110.
coberteras(f) primarias medias 110.
cobertizo(m) 148, 193, 263.
cobertizo(m) de la parada(f) 186.
cobertizo(m) del andén(m) 464.
cobertizo(m) para ovejas(f) 149.
cocción(f) 585.
cóccix(m) 122.
coche(m) de bomberos(m) 778, 780.
Cochero 11.
cochinilla(f) 77.
cocina(f) 689.
cocina(f) 171, 195, 460, 807.
cocina(f) de a bordo(m) 498.
cocina(f) eléctrica 255.
cocina(f) pequeña 195.
cocina(f), utensilios(m) de 242, 244, 246, 248, 688.
cóclea(f) 139.
coco(m) 66.
codal(m) 792.
codaste(m) 742.
codera(f) 602, 609.
código(m) 524.
código(m) del producto(m) 709.
codillo(m) 100, 106.
codo(m) 106, 112, 117, 119, 206, 376.
codo(m) de 45 grados(m) 301.
codo(m) de 90 grados(m) 301.
cofia(f) cónica 318.
cohete(m) 509.
cohetes(m) impulsores 510.
cojín(m) 224.
cojín(m) para sellos(m) 516.
cojinete(m) 106, 376, 468.
cojinete(m) carpal 106.
cojinete(m) de rodamiento(m) 753.
cojinete(m) digital 106, 107.
cojinete(m) estéril de gasa(f) 725.
cojinete(m) móvil 631.
cojinete(m) palmar 106.
cojinete(m) plantar 107.
col(f) de China(f) 73.
col(f) rizada 73.
cola(f) 91, 96, 97, 101, 106, 107, 112, 200, 499, 579, 641, 642, 643, 645, 670.
cola(f) de polvo(m) 9.
cola(f) gaseosa 9.
colador(m) 251, 296.
colas(f), tipos(m) 498.
colchón(m) 657, 726.
colchón(m) aislante 687.
colchón(m) de aire(m) 687.
colchón(m) de espuma(f) 687.
colchón(m) de muelles(m) 224.
colchoneta(f) 657.
colchonetas(f) y camas(f) 687.
colector(m) 40, 741, 753.
colector(m) de billetes(m) 463.
colector(m) de grasa(f) 253.
colector(m) solar 772.
colector(m) solar plano 768.
coles(f) de Bruselas 73.
colgante(m) 236.
coliflor(m) 69.
colilla(f) 386.
colina(f) 27, 770.
colina(f) abisal 29.
colinabo(m) 71.
collar(m) 304.
collar(m) cortafuego 205.
collar(m) de 5 hilos(m) 361.
collar(m) de perforación(f) 737.
collar(m) de una vuelta(f) 361.
collares(m) 361.
collarín(m) 205, 279, 283, 663.
collarino(m) 167.
colleja(f) 73.
colmena(f) 82.
colmena(f) 149.
colmillo(m) 96, 98, 144.
colmillos(m) de elefante(m) 99.
colmillos(m) de facócero 99.
colmillos(m) de morsa(f) 99.
colmilos(m): tipos más comunes 99.
colon(m) ascendente 131.
colon(m) descendente 131.
colon(m) sigmoideo 131.
colon(m) transverso 131.
color(m) 695.
color(m) vaporizado 590.
colores(m), ejemplos(m) 819.
columela(f) 94.
columna(f) 24, 36, 166, 168, 169, 236, 399, 455, 545, 561, 700, 701.
columna(f) central 393, 774.
columna(f) de alcohol(m) 705.
columna(f) de control(m) 500.
columna(f) de mercurio(m) 705.
columna(f) de soporte(m) 738.
columna(f) de tensión(f) 562.
columna(f) vertebral 89, 122, 134.
columna(f)con capuchon(m) 37.
coma(f) 832.
combate(m), avión(m) 812.
combinación(f) 345.
combinación(f) con sostén(m) 345.
combinación(f) ganadora 702.
combustible(m) 766.
combustible(m) 761.
combustible(m) en vuelo(m),reaprovisionamiento(m) 813.
combustible(m) fallido envasado 764.
combustible(m) para aviones(m) 745.
combustible(m): uranio(m) enriquecido 762.
combustible(m): uranio(m) enriquecido 763.
combustible(m): uranio(m) natural 760.
combustible(m): uranio(m) natural 761.
combustible(m), elemento(m) cargador 765.
combustión(f) 436, 437, 501.
comedor(m) 195, 460, 496, 807.
comedor(m), vagón(m) 460.
cometa(m) 9.
comienzo(m) de lectura(f) 405.
comillas(f) 832.
comillas(f) sencillas 832.
comisura(f) labial 142.
comodín(m) 695.
compartimento(m) para almacenamiento(m) 449.
compartimento(m) para el casete(m) 409, 411.
compartimento(m) para el equipo(m) 458.
compartimento(m) para equipaje(m) 458.
compartimentos(m) 82.
compartimiento(m) 701.
compartimiento(m) de almacenamiento(m) 778, 780.
compartimiento(m) de pasajeros(m) 493.
compartimiento(m) del cable(m) de la batería(f) 415.
compartimiento(m) del casete(m) 403.
compartimiento(m) del equipo(m) técnico 415.
compartimiento(m) para almacenamiento(m) 397.
compartimiento(m) para el disco(m) 405.
compartimiento(m) para mantequilla(f) 254.
compartimiento(m) para queso(m) y crema(f) 254.
compás(m) 537.
compás(m) del volumen(m) 413.
compensador(m) de flotación(f) 627.
compensador(m) gráfico de sintonización(f) 400.
complejo(m) hidroeléctrico 746.
completamente nublado 39.
complexo(m) mayor 121.
compluvio(m) 170, 171.
componentes(m) 400.
componentes(m) básicos 528, 530.
compresión(f) 436, 437, 501.
compresión(f)/admisión(f) 436.
compresor(m) 212, 517, 761.
compresor(m) centrífugo 501.
compresor(m) de aire(m) 469.
compresor(m) de la turbina(f) 501.
compresor(m) del aire(m) acondicionado 435.
compuerta(f) 490, 747, 752.
compuerta(f) de llenado(m) 493.
compuerta(f) de toma(f) 753.
compuerta(f) del aliviadero 746.
compuerta(f) del tanque(m) 743.
compuerta(f) inferior 492.
computador(m) de gestión(f) de vuelo(m) 500.
computador(m) de vuelo(m) 500.
computador(m) personal 526.
computador(m) personal vista(f) por encima 528.
computador(m), mesa(f) 521.
común fruncida 340.
comunicación(f) por computador(m) 417.
comunicación(f) por satélite de transmisión(f) 416.
comunicación(f), unidades(f) 526.
comunicaciones(f) aéreas 417.
comunicaciones(f) industriales 417.
comunicaciones(f) marítimas 417.
comunicaciones(f) militares 417.
comunicaciones(f) personales 417.
comunicaciones(f) por teléfono(m) 420, 422.
comunicaciones(f) terrestres 417.
comunicaciones(f), terminal(m) 422.
con aletilla(f) 342.
con chorrera(f) 342.
con hombrera(f) 340.
concentrador(m) de aire(m) 370.
concha(f) 83, 92, 139, 220, 553.
concha(f) bivalva 95.
concha(f) del apuntador(m) 188.
concha(f) univalva 94.
Concorde(m) 19.
concurso(m) de saltos(m), equitación(f) 646.
concurso(m) de velocidad(f) 646.
concurso(m) profesional 646.
condensación(f) 35.
condensador(m) 717, 718, 758, 771.
cóndilo(m) externo 123.
cóndilo(m) interno 123.
condominios(m) 187.
conducto(m) 590.
conducto(m) de aire(m) caliente 259.
conducto(m) de aire(m) comprimido 590.
conducto(m) de desviación(f) 501.
conducto(m) de distribución(f) vertical 206.
conducto(m) de monedas(f) 702.
conducto(m) de salida(f) de aire(m) 501.
conducto(m) deferente 127.
conducto(m) del aire(m) 543.
conducto(m) del veneno(m) 96.
conducto(m) eyaculador 127.
conducto(m) galactófero 129.
conducto(m) principal 206.
conducto(m) principal de gas(m) 186.
conducto(m) radicular 144.
conducto(m) secundario 206.
conducto(m) semicircular lateral 139.
conducto(m) semicircular posterior 139.
conducto(m) semicircular superior 139.
conducto(m) sudorífero 136.
conductor(m) 652.
conductor(m) de fase(f) 757.
conductor(m) neutral 757.
conductor(m) transversal 161.
conector(m) 300, 312, 406, 778.
conector(m) de expansión(f) 528.
conector(m) de línea(f) cargada 757.
conector(m) de salida(f) 547.
conector(m) del desagüe(m) 215.
conector(m) en T del desagüe(m) 298.
conexión(f) 697.
conexión(f) 756, 757.
conexión(f) a tierra(f) 757.
conexión(f) aérea 757.
conexión(f) de seguridad(f) del traje(m) 512.
conexión(f) eléctrica 207, 213.
conexión(f) eléctrica a tierra(f) 741.
conexión(f) en T 301.
conexión(f) en U 301.
conexión(f) en Y 301.
conexión(f) para el modem(m) 528.
conexión(f) para el teclado(m) 528.
conexión(f) para el video(m) 528.
conexión(f) para la impresora(f) 528.
conexión(f) para la red(f) 528.
conexión(f) para unidad(f) de disco(m) 528.
conexión(f) para unidades(f) periféricas 528.
conexiones(f) 301.
conexiones(f) 441.
conexiones(f) de transición(f) 301.
conexiones(f) mecánicas 300.
conexiones(f), árbol(m) 740.
conexiones(f), fontanería(f) 298.

Las entradas en **negritas** corresponden a los titulos de página.

confidente(m) 221.
configuración(f) de almacenamiento(m) 48.
configuración(f) del litoral(m) 30.
configuración(f)topográfica 28.
conformación(f) 692.
congelador(m) incorporado 254.
cónico 183.
conífera(f) 58.
conjuntiva(f) 140.
conjunto(m) de la colmena(f) 82.
conjunto(m) de montañas(f) 51.
conjunto(m) deportivo 351.
conjunto(m) vacío 830.
conjuntos(m) instrumentales, ejemplos(m) 558.
conmutador(m) de intensidad(f) 309.
connector(m) en T 298.
cono(m) 24, 410.
cono(m) de admisión(f) 501.
cono(m) de penumbra(f) 8.
cono(m) de sombra(f) 8.
cono(m) femenino 58.
cono(m) masculino 58.
cono(m) pirométrico 585.
conopial(m) 174.
consejero(m) de producción(f) 412.
consejeros(m) musicales 412.
consigna(f) 462.
consola(f) 542.
consola(f) 545.
consola(f) central 430.
consola(f) de control(m) 500.
consola(f) de la unidad(f) de video(m) 527.
consola(f) de sonido(m) 407, 412, 415.
consola(f) para el sistema(m) de vacío(m) 717.
constelaciones(f) del hemisferio(m) austral 12.
constelaciones(f) en el hemisferio(m) boreal 10.
construcción(f), materiales(m) de 286, 288.
consumidor(m) 417.
consumidores(m) primarios 31.
consumidores(m) secundarios 31.
consumidores(m) terciarios 31.
contacto(m) 697.
contacto(m) 233.
contacto(m) con conexión(f) a tierra(f) 216.
contacto(m) del patín(m) 391.
contacto(m) negativo 768, 769.
contacto(m) positivo 768, 769.
contador(m) 403, 711.
contador(m) de pasadas(f) 568.
contaminación(f) agrícola 32.
contaminación(f) atmosférica 34.
contaminación(f) de alimentos(m) en el agua(f) 32.
contaminación(f) de alimentos(m) en la tierra(f) 32.
contaminación(f) industrial 32, 33.
contenedor(m) 470.
contenedor(m) 495, 784.
contera(f) 375, 383, 397, 670, 678.
contera(f) de caucho(m) 728.
contestadora(f) automática 420.
continental seco-árido 45.
continental seco-semiárido 45.
continente(m) 29.
continentes(m), configuración(f) 20.
contorno(m) del cuello(m) 324.
contrabajo(m) 545.
contrabajos(m) 557.
contrachapado(m) 288.
contrachapado(m) múltiple 288.
contraescalón(m) 201.
contraescarpa(f) 178.
contrafagot(m) 556.
contrafoque(m) 481.
contrafuerte(m) 176, 352, 454, 455, 456, 641, 644.
contrafuerte(m) del talón(m) 354.
contraguardia(f) 179.
contrahilo(m) de la tela(f) 566.
contrahoja(f) 277.
contrapeso(m) 15, 147, 404, 457, 471, 721, 784, 785, 786.
contrapiso(m) 198, 199, 200.
contrapluma(f) 786.
contraquilla(f) 743.
contraventana(f) 203.
control(m) a larga distancia(f) 411.
control(m) a larga distancia(f) 397.
control(m) a larga distancia(f), aguja(f) 467.
control(m) de agudos(m) 402.
control(m) de alimentador(m) de oxígeno(m) 639.
control(m) de altura(f) 399.
control(m) de balance(m) 402.
control(m) de billetes(m) 463.
control(m) de brillo(m) 529.
control(m) de centrado(m) 529.
control(m) de color(m) 532.
control(m) de combustible(m) 501.
control(m) de contraste(m) 529, 532.
control(m) de elevación(f) de la caja(f) de iluminación(f) 399.
control(m) de entrada(f) de información(f) fina 555.
control(m) de entrada(f) de información(f) rápida 555.
control(m) de fotocopias(f) 532.
control(m) de ganancia(f) 485.
control(m) de grabación(f) 402.
control(m) de graves(m) 402.
control(m) de la calefacción(f) 430.
control(m) de la entrada(f) de aire(m) 204.
control(m) de la plataforma(f) corrediza 718.
control(m) de oxígeno(m) 306.
control(m) de pasaportes(m) 505.
control(m) de posición(f) de la muestra(f) 717.
control(m) de presión(f) 373.
control(m) de producción(f), sala(f) 413.
control(m) de secuencias(f) 555.
control(m) de seguridad(f) 504.
control(m) de sintonización(f) 408.
control(m) de sonido(m) 412.
control(m) de temperatura 213.
control(m) de temperatura(f) 209, 256, 297, 585.
control(m) de velocidad(f) 271.
control(m) de volumen(m) 408, 411, 422, 547, 555.
control(m) de volumen(m) de la campana(f) 420.
control(m) de volumen(m) del auricular(m) 420.
control(m) del espejo(m) retrovisor exterior 429.
control(m) del margen(m) 525.
control(m) del nivel(m) de alarma(f) 485.
control(m) del sintetizador(m) 402.
control(m) del sonido(m) 547.
control(m) del sonido(m) estereofónico 413.
control(m) del tiempo(m) 555.
control(m) del vaporizador(m) 256.
control(m) del vector(m) de vibraciones(f) 413.
control(m) del ventilador(m) 214.
control(m) del volumen(m) 402, 420.
control(m) eléctrico de pago(m) 702.
control(m) estereo 408.
control(m) horizontal 529.
control(m) mecánico de agujas(f) 467.
control(m) vertical 529.
controles(m) de intensidad(f) de la pantalla(f) del computador(m) 512.
controles(m) de la retroexcavadora(f) 782.
controles(m) de sintonización(f) 410.
controles(m) de volumen(m) de comunicaciones(f) 512.
controles(m) del lector(m) de casetes(m) 408.
controles(m) del lector(m) de discos(m) compactos 408.
controles(m) del piloto(m) automático 500.
controles(m) del sistema(m) de soporte(m) vital 512.
controles(m) del video(m) casete(m) 409.
controles(m) VCR 411.
controles(m), tablero(m) 532.
conversión(f) del agua(f) en vapor(m) 766.
convertidor(m) catalítico 439.
convertidor(m) de tensión(f) 258.
coordenadas(f) astronómicas 3.
coordenadas(f) geográficas 3.
copa(f) 59, 328, 329, 346.
copa(f) de cava(f) 237.
copa(f) de champaña(f) 237.
copa(f) de cóctel(f) 237.
copa(f) de coñac(m) 237.
copa(f) de vino(m) blanco 237.
copa(f) para agua(f) 237.
copa(f) para licores(m) 237.
copa(f) para oporto(m) 237.
copa(f) para vino(m) de Alsacia 237.
copa(f) para vinos(m) de Borgoña 237.
copa(f) para vinos(m) de Burdeos 237.
copete(m) 100, 670.
copias(f) anverso(m)/reverso(m) 532.
copo(m) de nieve(f) 37.
coprocesador(m) 528.
copyright(derechos(m) de autor(m)) 831.
coquina(f) 93.
corazón(m) 125, 695.
corazón(m) 64, 88, 92, 97, 130, 818.
corbata(f) 324.
corbata(f) inglesa 324.
corchea(f)(octavo)(m) 538.
corchete(m) 644.
corchete(m) de presión(f) 321.
corchetes(m) 566.
corchetes(m) 832.
corcho(m) 618.
cordaje(m) 615, 645.
cordal(m) 544.
corderas(f) 621.
cordero(m) 150.
cordillera(f) 7, 23.
cordón(m) 354.
cordón(m) 229, 230, 231, 256, 260, 320, 352, 381, 596, 644, 692.
cordón(m) del pedal(m) 572.
cordón(m) espermático 127.
cordón(m) para espirales(f) 584.
cordones(m) de listones(m) 231.
corimbo(m) 60.
corintio, orden(m) 167.
cornamenta(f) 105.
córnea(f) 140.
córner(m) 601.
corneta(f) 817.
cornete(m) inferior 141.
cornete(m) medio 141.
cornete(m) superior 141.
cornetín(m) 550, 556.
cornisa(f) 166, 168, 196, 202, 225.
cornisa(f) inclinada 168.
corno(m) francés 551.
corno(m) inglés 548.
cornos(m) franceses 557.
cornos(m) ingleses 557.
coro(m) 177.
coroides(m) 140.
corola(f) 60.
Corona Austral 13.
Corona Boreal 11.
corona(f) 832.
corona(f) 6, 101, 144, 363, 545, 553, 590, 706.
corona(f) externa de la cadena(f) 448.
corona(f) interna de la cadena(f) 448.
corona(f) radiata 128.
corona(f) rotatoria 784.
corpiño(m) 345.
corral(m) 148.
correa(f) 365, 383, 428, 631, 645, 649, 660, 662, 679, 706, 777.
correa(f) con broche(m) 375.
correa(f) de ajuste(m) 641.
correa(f) de amortiguación(f) 636.
correa(f) de barbilla(f) 602.
correa(f) de crampones(m) 680.
correa(f) de distribución(f) 434.
correa(f) de la cincha(f) 649.
correa(f) de la manga(f) 319.
correa(f) de muñeca(f) 681.
correa(f) de retención(f) 383.
correa(f) de seguridad(f) 512, 617.
correa(f) de transmisión(f) 492.
correa(f) del casco(m) 777.
correa(f) del tambor(m) 258.
correa(f) del ventilador(m) 434.
correa(f) para el cuello(m) 729.
correa(f) para el pie(m) 633.
correa(f) para escalera(f) y manguera(f) 777.
correa(f) para herramientas(f) 512.
correa(f) para la mano(f) 640, 642.
correa(f) principal de sustentación(f) 636.
correas(f) 730.
correas(f) de los aparatos(m) de buceo(m) 627.
corrección(f) de caracteres(m) 525.
corrección(f) de palabras(f) 525.
corrector(m) de ortografía(f) 524.
corrector(m) líquido 515.
corredera(f) 230, 543, 566.
corredera(f) con enganches(m) 230.
corredera(f) de afinamiento(m) 551.
corredera(f) de ajuste(m) 323.
corredera(f) de la guía(f) 285.
corredor(m) 188.
corredor(m) de enlace(m) 461.
corredor(m) de poder(m) 603, 605.
corredor(m) derecho 603.
corredor(m) izquierdo 603.
corredor(m) ligero 605.
corredor(m) telescópico 503.
corriente(f) subterránea 24, 32.
corrosivo 821.
corsé(m) de cinturón(m) de avispa(f) 347.
corta sencilla 339.
cortacésped(m) 271.
cortacésped(m) eléctrico 271.
cortador(m) de alambre(m) 311.
cortador(m) de huevos(m) duros 246.
cortafuego(m) 198.
cortahilos(m) 562.
cortapastas(m) 245.
cortasetos(m) eléctrico 268.
cortatubos(m) 299.
cortaúñas(m) 365.
cortavientos(m) 14.
corte(m) de un bulbo(m) 70.
corte(m) de un diamante(m) 363.
corte(m) de un folículo(m) 67.
corte(m) de un fruto(m) carnoso con hueso(m) 63.
corte(m) de un fruto(m) carnoso con semillas(f) 64.
corte(m) de un panal(m) 82.
corte(m) princesa(f) 332.
corte(m) sagital 127, 128, 129, 142.
corte(m) transversal 702.
corte(m) transversal de la pelota(f) 596.
corte(m) transversal de un tronco(m) 59.
corte(m) transversal de una pipa(f) 385.
corte(m) transversal de una pistola(f) de pintar 590.
corte(m), riel(m) 466.
corteza(f) 65.
corteza(f) terrestre 22, 23.
corteza(f) terrestre, corte(m) 22.
corteza(m) 59.
cortina(f) 229.
cortina(f) 178, 220, 229, 414.
cortina(f) abombada 229.
cortina(f) de inyecciones(f) 748, 749.
cortina(f) de riel(m) 230.
cortina(f) de ventana(f) 228.
cortina(f) suelta corrediza 228.
cortina(f) sujeta de doble barra(f) 228.
cortinas(f) corredizas 229.
cortinas(f) cruzadas 229.
cortinas(f), tipos(m) de 228.
corvejón(m) 101, 106.
cosecha(f) 155, 159, 160, 162.
cosechadora(f) de forraje(m) 155.
cosechadora(f) trilladora(f) 160.
cosechadora(f) trilladora(f) 155.
cosechera(f) de forraje(m) 162.
coser, máquina(f) de 561.
cosido(m) 577.
costa(f) 30.
costado(m) 433, 579, 787.
costero(m) 288.
costilla(f) 97, 102, 129, 670.
costilla(f) axial 94.
costilla(f) de encastre(m) 498.
costilla(f) espiral 94.
costilla(f) falsa (3) 123.
costillar(m) 584.
costillas(f) 122.
costura(f) 561, 562, 564, 566.
costura(f) 322, 327, 355, 384, 596, 598.
costura(f) de corte(m) princesa(f) 345.
costura(f) invisible 324.
costura(f), accesorios(m) de 564.
cota(f) de malla(f) 792.
cotiledón(m) 57.
cotillo(m) 275.
cotufa(f) 71.
Cowper, glándula(f) de 127.
coxa(f) 78, 80.
cráneo(m) 88, 102, 116, 134.
Cráter 13.
cráter(m) 7, 25, 733.
creciente(m) 819.
creciente(m) 6.

Las entradas en **negritas** corresponden a los titulos de página.

cremallera(f) 566.
cremallera(f) 280, 321, 350, 351, 365, 382.
cremallera(f) de fijación(f) 718.
cremáster(m) 78.
crépida(f) 166, 168, 169.
cresta(f) 27, 30.
cresta(f) de la presa(f) 746.
cresta(f) del aliviadero(m) 746.
crestón(m) 792.
criba(m) 161.
cricket(m) 598.
cricket(m), jugador(m) de 598.
cricket(m), pelota(f) de 598.
crin(f) 100, 544.
crisálida(f) 78.
crisálida(f) 82.
cristal(m) 768, 769.
cristalería(f) 237.
cristales(m) de nieve(f), clasificación(f) 36.
cristales(m) irregulares 37.
cristalino(m) 140.
croissant(m) 153.
cromatina(f) 115.
cromosfera(f) 6.
cronometrador(m) 610, 612, 626, 666, 668, 669.
cronometrador(m) de calle(f) 621.
cronometrador(m) de presas(f) 668.
cronómetro(m) 706.
cruce(m) 467.
cruce(m) con preferencia(f) 825.
cruce(m) de animales(m) salvajes 828.
cruce(m) del eclipse(m) 419.
crucero(m) 176, 177.
crucero(m) del transepto(m) 177.
cruceta(f) 628.
cruceta(f) de cabeza(f) 787.
crustáceo(m) 90.
crustáceos(m) comestibles comunes 90.
Cruz del Sur 13.
cruz(f) 818.
cruz(f) 100, 106, 483.
cruzada 334.
cruzado 333.
cuaderna(f) 743, 785.
cuadernillo(m) 577.
cuadrado 343.
cuadrante(m) 705, 706, 712.
cuadrante(m) calculador 396.
cuadro(m) 674.
cuadro(m) de bateo(m) 596.
cuadro(m) de saque(m) 614.
cuadro(m) de servicio(m) de dobles(m) 618.
cuadro(m) de servicio(m) de individuales(m) 618.
cuadro(m) de temperatura(f)-tejidos(m) 256.
cuarta(f) 105, 537, 667.
cuartel(m) de la guardia(f) 178, 180.
cuarteles(m) 179.
cuarteto(m) 558.
cuartilla(f) 101.
cuarto hueso(m) metacarpiano 112.
cuarto(m) 104, 352, 354.
cuarto(m) creciente 6.
cuarto(m) de baño(m) 194, 195.
cuarto(m) de baño(m), fontanería 292.
cuarto(m) de estar 195, 685.
cuarto(m) de lavado(m) 194.
cuarto(m) de servicio(m) 172, 173.
cuarto(m) menguante 7.
cuarzo(m), metrónomo(m) 539.
cuatro palos(m), barco(m) de vela(f) 478, 480.
cuatro tiempos(m), motor(m) 436.
cubertería(f) 239, 240, 688.
cubeta(f) 258, 398.
cubeta(f) congeladora 251.
cubeta(f) de alcohol(m) 705.
cubeta(f) de lavado(m) 257.
cubeta(f) de mercurio(m) 705.
cubeta(f) para lavar impresiones(f) 399.
cubeta(f) para verdura(f) 254.
cubículo(m) 170.
cubículo(m) de la ducha(f) 292.
cubierta(f) 579.
cubierta(f) 211, 214, 251, 255, 309, 403, 485, 496, 529, 796, 804.
cubierta(f) de aterrizaje(m) 811.
cubierta(f) de control(m) 699.
cubierta(f) de la aguja(f) 404.
cubierta(f) de la cabina(f) 638.
cubierta(f) de popa(f) 496.
cubierta(f) de seguridad(f) 271.
cubierta(f) de tejas(f) 169.
cubierta(f) de vidrio(m) 254.
cubierta(f) de vuelo(m) 810.
cubierta(f) del cubo(m) 754.
cubierta(f) del embrague(m) 444.
cubierta(f) del mecanismo(m) 774.
cubierta(f) del mecanismo(m) del freno(m) 470.
cubierta(f) deslizable 484.
cubierta(f) exterior de la cúpula(f) 14.
cubierta(f) frontal 577.
cubierta(f) inferior 741.
cubierta(f) interior de la bóveda(f) 14.
cubierta(f) para automóviles(m) 494.
cubierta(f) posterior 577.
cubierta(f) principal 743, 811.
cubierta(f) protectora 785.
cubierta(f) superior 498, 741.
cubierta(f) superior de la turbina(f) 753.
cubierta(f) térmica 510.
cubilete(m) 697.
cubital(m) anterior 120, 121.
cubital(m) posterior 121.
cúbito(m) 102, 122.
cubo(m) 727, 754.
cubo(m) de flash(m) 393.
cubo(m) de la escalera(f) 194.
cubo(m) del rotor(m) 508.
cubrecazoleta(f) 795.
cubrellama(m) 796.
cuchara(f) 241, 587, 672.
cuchara(f) 241, 672, 688.
cuchara(f) de mesa(f) 241.
cuchara(f) para café(m) 241.
cuchara(f) para helado(m) 241.
cuchara(f) para postre(m) 241.
cuchara(f) para servir helado(m) 246.
cuchara(f) para sopa(f) 241.
cuchara(f) para té(m) 241.
cucharas(f) para medir 244.
cucharas(f), tipos(m) de 241.
cucharón(m) 801.
cucharón(m) 244, 782.
cucharón(m) excavador 785.
cuchilla(f) 311.
cuchilla(f) 158, 250, 251, 256, 268, 271, 369, 609.
cuchilla(f) de corte(m) 783, 784.
cuchilla(f) de disco(m) 156.
cuchilla(f) fija 578.
cuchilla(f) móvil 578.
cuchilla(f) para delimitar el césped(m) 266.
cuchilla(f) para moldear 365.
cuchillas(f) para batir 250.
cuchillas(f), tipos(m) de 587.
cuchillo(m) 239, 690.
cuchillo(m) 688.
cuchillo(m) de cocina(f) 242.
cuchillo(m) de combate(m) 794.
cuchillo(m) de contornear 581, 587.
cuchillo(m) de mesa(f) 239.
cuchillo(m) de pedernal(m) 791.
cuchillo(m) de trinchar 242.
cuchillo(m) paleta(f) 589.
cuchillo(m) para carne(f) 239.
cuchillo(m) para desbastar 585.
cuchillo(m) para mantequilla(f) 239.
cuchillo(m) para pescado(m) 239.
cuchillo(m) para postre(m) 239.
cuchillo(m) para queso(m) 239.
cuchillos(m) de cocina(f), tipos(m) de 242.
cuchillos(m), tipos(m) de 239.
cuelgue al aire(m) libre después de escurrir 829.
cuelgue sin exprimir, dando forma(f) a mano(f) 829.
cuello(m) 341.
cuello(m) 57, 97, 100, 117, 118, 119, 127, 144, 240, 241, 306, 319, 322, 324, 325, 410, 678.
cuello(m) con botones(m) 324.
cuello(m) de cisne(m) 201.
cuello(m) de doble vista(f) 319.
cuello(m) de ganso(m) 784.
cuello(m) de Holanda 318.
cuello(m) del remo(m) 632.
cuello(m) del remo(m) 632.
cuello(m) del útero(m) 128.
cuello(m) en V 322, 326.
cuello(m) hechura(f) sastre(m) 330.
cuello(m) italiano 324.
cuello(m) redondo 350.
cuellos(m) 341, 342.
cuenca(f) 26.
cuenca(f) oceánica 29.
cuenco(m) 241.
cuenco(m) de queso(m) blando 238.
cuentakilómetros(m) 431.
cuentalitros(m) 453.
cuerda(f) 665.
cuerda(f) 541, 544, 545, 669, 684, 706, 793.
cuerda(f) de disparo(m) 802.
cuerda(f) de elevación(f) 302.
cuerda(f) inferior 455.
cuerda(f) maestra 645.
cuerda(f) para el cosido(m) 578.
cuerda(f) superior 455.
cuerda(f) vocal 130.
cuerda(f), instrumentos(m) 544, 546.
cuerdas(f) 540, 553.
cuerdas(f) de acompañamiento(m) 535.
cuerdas(f) de suspensión(f) 636.
cuerdas(f) para eslálom(m) 633.
cuerdas(fg) melódicas 535.
cuerno(m) 364.
cuernos(m) 83.
cuernos(m) de jirafa(f) 99.
cuernos(m) de muflón(m) 99.
cuernos(m) de rinoceronte(m) 99.
cuernos(m): tipos más comunes 99.
cuero(m) 323.
cuerpo(m) 252, 281, 294, 295, 384, 549, 645, 658, 666, 670, 711.
cuerpo(m) calloso 134.
cuerpo(m) cavernoso 127.
cuerpo(m) celular 135.
cuerpo(m) de baquelita(f) 804.
cuerpo(m) de la torre(f) 756.
cuerpo(m) de la uña(f) 137.
cuerpo(m) del fórnix(m) 134.
cuerpo(m) metálico de la bujía(f) 439.
cuerpo(m) sólido 547.
cuerpo(m) vertebral 135.
cuerpos(m) de Nissl 135.
Cuervo 13.
culata(f) 363, 549, 795, 796, 797, 798, 799.
culata(f) de los cilindros(m) 435.
culata(f) de succión(f) 216.
culote(m) 798, 799, 804.
cultivador(m) 157.
cultivador(m) 154.
cultivador(m) de mano(f) 268.
cultivadora(f) 272.
cultivo(m) del suelo(m), pasos(m) 154.
cumulonimbos(m) 44.
cúmulos(m) 44.
cuña(f) 681.
cuña(f) 277, 542, 802.
cuneta(f) 451, 682.
cúpula(f) 183.
cúpula(f) 66, 486.
cúpula(f) de la carlinga(f) 813.
cúpula(f) del Mihrab(m) 173.
cúpula(f) del pórtico(m) 172, 173.
cúpula(f) giratoria 14.
cureña(f) 800.
cureña(f) 793.
curitas(f) 725.
curling(m) 620.
curling(m), escobas(f) de 620.
curling(m), piedra(f) de 620.
curva(f) 452, 671.
curva(f) a la derecha(f) 826, 827.
curva(f) del club(m) 651.
curva(f) doble 826, 827.
curva(f) lejana 651.
curva(f) para carrera(f) steeplechase(m) 655.
curvada 587.
cúter(m) Marconi 482.

D

dado(m) 697.
dado(m) común 699.
dado(m) de póquer(m) 699.
dado(m) doble 697.
dados(m) 699.
daga(f) 794.
dama(f) 697.
dardo(m) 698.
dardos(m), juego(m) 698.
dátil(m) 63.
de acero(m) a plástico(m) 301.
de aguja(f) 183.
de arco(m) conopial 182.
de aspas(f) 250.
de camiseta(f) 333.
de campana(f) 332, 334.
de carnicero(m) 242.
de chal(m) 341.
de cobre(m) a acero(m) 301.
de cobre(m) a plástico(m) 301.
de corazón(m) 343.
de cuatro aguas(f) 182.
de cuatro aguas(f) con canalera(f) 183.
de cuatro cuartos(m) 537.
de cuatro pezuñas(f) 99.
de cúpula(f) 183.
de dos aguas(f) 182.
de dos mitades(f) 537.
de dos pezuñas(f) 99.
de fuelle(m) 339.
de gancho(m) 250.
de globo(m) 340.
de herradura(f) 174.
de jamón(m) 340.
de lazo(m) 342.
de linternilla(f) 182.
de manguito(m) 339.
de murciélago(m) 339.
de ojal(m) 343.
de ojal(m) con ribete(m) 339.
de ojal(m) de sastre(m) 339.
de ojiva(f) lanceolada 174.
de pabellón(m) 183.
de pagoda(f) 340.
de parche(m) 339.
de piezas(f) 334.
de rotonda(f) 183.
de talle(m) largo 332.
de torrecilla(f) 183.
de tortuga(f) 342.
de tortuga(f) 338.
de tres cuartos(m) 537.
de tres pezuñas(f) 99.
de una pezuña(f) 99.
de verano(m) 332.
de vertiente(f) simple 182.
de volantes(m) 334, 341.
deambulatorio(m) 177.
declinación(f) 3.
dedal(m) 563.
dedo(m) 137.
dedo(m) 84, 111, 327, 596, 681.
dedo(m) anular 137.
dedo(m) de pata(f) lobulada 111.
dedo(m) de pata(f) palmípeda 111.
dedo(m) del corazón(m) 137.
dedo(m) del pie(m) 118.
dedo(m) externo 108.
dedo(m) índice 137.
dedo(m) interno 108.
dedo(m) medio 108.
dedo(m) meñique 137.
dedo(m) palmeado 84.
dedo(m) posterior 108, 111.
dedos(m) del pie(m), extensor(m) común de los 120.
dedos(m), extensor(m) común de los 121.
defensa(f) 603, 605.
defensa(f) 611.
defensa(f) de cierre(m) 606.
defensa(m) central 601.
defensa(m) central izquierdo 607.
defensa(m) derecho 601, 608.
defensa(m) izquierdo 601, 608.
defensa(m) lateral derecho 607.
defensa(m) lateral izquierdo 607.
deflector(m) 210, 216, 264, 271, 742.
deflector(m) de viento(m) 440.
deflector(m) de viento(m) de los aviones(m) 810.
deflector(m) del tanque(m) de oxígeno(m) liquido 509.
Deimos 4.
delantero(m) 322, 324, 606.
delantero(m) central 613.
delantero(m) centro 601.
delantero(m) derecho 613.
delantero(m) izquierdo 613.
delantero(m) número 8 606.
Delfín 11.
delineador(m) 367.
delineador(m) de labios(m) 366.
deltoides(m) 120.
demarcación(f) 698.
dendrita(f) 135.
dendrita(f) espacial 36.
dentada 56.
dentadura(f) humana 144.
dentículo(m) 166, 167.
dentífrico(m) 373.
dentina(f) 144.

Las entradas en **negritas** corresponden a los titulos de página.

deportivo(m) 425.
depósito de polvo(m) 260.
depósito(m) de aceite(m) 272.
depósito(m) de agua(f) 247, 469.
depósito(m) de aire(m) comprimido 469.
depósito(m) de combustible(m) 468, 812.
depósito(m) de contenedores(m) 491.
depósito(m) de gas(m) 386.
depósito(m) de grano(m) 161.
depósito(m) de lodos(m) 737.
depósito(m) de mercancía(f) en tránsito(m) 490.
depósito(m) de misiles(m) 808.
depósito(m) de municiones(f) 805.
depósito(m) de pintura(f) 304.
depósito(m) del agua(f) 373.
depósito(m) del combustible(m) 508, 805.
depósito(m) del grano(m) 160.
depósito(m) externo de combustible(m) 510.
depósito(m) para el decorado(m) 188.
depósitos(m) 511.
depresión(f) barométrica 38.
derecha(f) del actor(m) 189.
derecha(f) del espectador(m) 189.
derecho(m) 567.
derivación(f) de toma(f) de aire(m) 215.
dermis(f) 137.
derrubios(m) 24.
desagüe(m) 215, 292.
desagüe(m) de la turbina(f) 755.
desagüe(m) principal 215.
desatrancador(m) 299.
desbastador(m) 369.
desbastador(m) de cutícula(f) 365.
desbaste(m) 586.
descamador(m) 688.
descansabrazos(m) 727.
descanso(m) del macillo(m) 541.
descanso(m) del pie(m) 727.
descapotable(m) 425.
descompresor(m) 627.
desenganchador(m) 291.
desenganchador(m) manual 641.
desértico 45.
desfiladero(m) 24.
deshuesador(m) de frutas(f) 246.
desierto(m) 46.
desierto(m) arenoso 46.
desierto(m) rocoso 46.
desigual a 830.
desnivel(m) 193.
despachador(m) de hojas(f) de afeitar 374.
despacho(m) de camareros(m) 461.
despejado 39.
despensa(f) 195.
desplantador(m) 268.
despliegue(m) completo 419.
despliegue(m) de la antena(f) del radar(m) 49.
despliegue(m) del panel solar 419.
despliegue(m) del panel(m) solar 48.
despliegue(m) del reflector(m) del este(m) 419.
destacador(m) 515.
destilador(m) para asfalto(m) 745.
destinos(m) 463.
destorcedor(m) 672.
destornillador(m) 276.
destornillador(m) 688.
destornillador(m) de cruceta(f) 688.
destornillador(m) de trinquete(m) 276.
desviación(f) 301.
desyerbador(m) 268.
detección(f) de ondas(f) sísmicas 714.
detector(m) de alta tensión(f) 310.
detector(m) de continuidad(f) 310.
detector(m) de tensión(f) 310.
detonador(m) 804.
devanadera(f) 575.
devanador(m) 575.
devanador(m) 671.
devanador(m) de bobinas(f) 575.
devolución(f) de monedas(f) 422.
devolución(f) de monedas(f) rechazadas 702.
devolvedor(m) 683.
diablo(m) 306.
diadema(f) 729.
diafragma(m) 130, 400, 406.
diafragma(m) de expansión 485.
diafragma(m) de iris(m) 390.
diafragma(m) de vacío(m) 435.
diagonal(f) 832.
diagonal(m) 756.
diagrama(m) de la circulación(f) 124.
diagramas(m) de tejidos(m) 576.
diamante(m) 362, 695.
diamante(m) 451, 597.
diamante(m), corte(m) 363.
diapasón(m) 539.
diapasón(m) 544, 547, 707.
diapositiva(f) 397.
diapositiva(f) 397.
diapositivas(f), proyector(m) 397.
diastema(f) 98.
dibujo(m) 350, 570.
dibujo(m) y pintura(f) 588, 590, 592.
diente(m) 96, 158, 159, 160, 162, 240, 268, 277, 284, 369, 445, 785.
diente(m) de cucharón(m) 782.
diente(m) de la charnela(f) 95.
diente(m) de león(m) 73.
diente(m) del zanco(m) 783.
dientes(m) 144.
dientes(m) 566, 644.
dientes(m) de la leva(f) 562.
dientes(m), cepillo(m) de 373.
diéresis(f) 832.
diesel(m) 745.
diesel(m) para barcos(m) 745.
difusor(m) 396.
digestivo, aparato(m) 131.
dijes(m) 364.
dínamo(m) 446.
dinamómetro(m) 709.
dintel(m) 175, 202, 204.
diodo(m) 769.
dióxido(m) 33.
dique(m) 25, 490.
dique(m) de machones(m), corte(m) transversal 750.
dique(m) de operación(f) 752.
dique(m) de terraplén(m), corte(m) transversal 748.
dique(m) inerte 752.
dique(m) seco 490.
dirección(f) 831.
dirección(f) 465.
dirección(f) de la Meca(f) 173.
dirección(f) de los puntos(m) 488.
dirección(f) del viento(m),medición(f) 41.
dirección(f) obligatoria 824, 825.
dirección(f) y velocidad(f) del viento(m) 38.
dirección(m) del viento(m) 38.
directorio(m) telefónico 516.
disco(m) 251, 284, 404, 608, 658.
disco(m) 157, 284, 285, 432, 433, 529, 583, 663, 712.
disco(m) compacto 405.
disco(m) compacto 408.
disco(m) compacto, lector(m) 405.
disco(m) de ajuste(m) de ascención(f) recta 720, 721.
disco(m) de ajuste(m) de declinación(f) 720, 721.
disco(m) de articulación(f) 440.
disco(m) de caucho(m) 404.
disco(m) de tensión(f) 562, 569.
disco(m) desviador de calor(m) 232.
disco(m) duro, unidad(f) 529.
disco(m) flexible 529.
disco(m) flexible pequeño 529.
disco(m) giratorio 250.
disco(m) microondas(f) 415.
disco(m) óptico 527.
disco(m) tapador 158.
disco(m) y martillo(m)(lanzamiento(m)) 654.
disco(m), freno(m) 432.
discontinuidad(f) de Mohorovicic 22.
discontinuidad(f) de Gutenberg 22.
discos(m), pulverizador(m) 157.
diseño(m) 586.
diseño(m) de la superficie(f) de rodadura 433.
diseño(m) de la superficie(f) de rodadura(f) 433.
diskette(m) 526.
disparador(m) 264, 780.
disparador(m) de cable(m) 393.
disparador(m) de pago(m) 702.
disparador(m) de señuelo(m) 809.
disparador(m) neumático 393.
disparo(m), accesorios(m) 801.
disposición(f) de los bolos(m) 683.
dispositivo(m) antideslizante 404.
dispositivo(m) de protección(f) 549.
dispositivo(m) para enmarcar 578.
distancia(f) recorrida 711.
distancia(f), medición(f) 711.
distribución(f) al consumidor(m) 755.
distribución(f) por redes(f) de cable(m) 416.
distribuidor(m) de calor(m) 209.
distribuidora(f) de billetes(m) de transferencia(f) 475.
distrito(m) 52.
divisiones(f) de los escudos(m) 818.
divisores(m) 519.
do(C) 537.
doble 646.
doble caja(f), camión(m) tractor(m) 440.
doble caña(f) 549.
doble cero(m) 700.
doble filo(m), tijeras(f) para entresacar 369.
doble fuelle(m) 536.
doble techo(m) 685.
doble toldo(m) 686.
doble vía(f) 824, 825.
doble(m) bemol 538.
doble(m) cero 700.
doble(m) sostenido 538.
doblez(m) 341, 565.
doblez(m) hacia el interior(m) 799.
doceava costilla(f) 122.
docena(f)(1 a 12) 700, 701.
docena(f)(13 a 24) 700, 701.
docena(f)(25 a 36) 700, 701.
dólar(m) 832.
dominó(m) 695.
domo(m) de vidrio(m) 484.
dórico, orden(m) 167.
dormitorio(m) 194, 195, 460, 685.
dormitorio(m) principal 194.
dorsal(f) oceánica 28.
dorsal(m) ancho 121.
dorso(m) 143, 288, 793.
dorso(m) del pie(m), arteria(f) del 126.
dos pares(m) 695.
dos puntos(m) 832.
dos tiempos(m), motor(m) 436.
dos(m) doble 695.
dosel(m) 229.
dosel(m) fruncido 229.
dosel(m) plisado 229.
dosel(m) plisado de canotillo(m) 229.
doselera(f) 228.
doseles(m), tipos(m) de 229.
Douglas, saco(m) de 128.
dovela(f) 174.
dovelaje(m) 175.
dracma(m) 832.
Dragón 11.
drapeado 343.
driver(m), palo(m) núm. 1 678.
driza(f) 480, 817.
drupéolo(m) 62.
dubo(m) 774.
ducha(f) 194.
ducha(f) de teléfono(m) 292.
ducha(f) y bañera(f) 215.
duna(f) 30.
duna(f) compleja 46.
duna(f) parabólica 46.
dunas(f) longitudinales 46.
dunas(f) paralelas 46.
dúo(m) 558.
duodeno(m) 131.
duramadre(f) 134, 135.
duramen(m) 59.

E

eclipse(m) anular 8.
eclipse(m) de Luna(f) 8.
eclipse(m) de Sol(m) 8.
eclipse(m) parcial 8.
eclipse(m) total 8.
écliptica(f) 3.
eclisa(f) 466.
eco(m) 722.
ecología(f) 31, 32, 34.
ecuador(m) 3, 47.
ecuador(m) celeste 3.
edad(f) de piedra(f), armas(f) 791.
edificio(m) 766.
edificio(m) comercial 185.
edificio(m) de apartamentos(m) 187.
edificio(m) de apartamentos(m) 185.
edificio(m) de la administración(f) 752.
edificio(m) de la turbina(f) 758.
edificio(m) de oficinas(f) 190.
edificio(m) de oficinas(f) 184, 185.
edificio(m) del reactor(m) 759, 765.
edificio(m) público 52.
edredón(m) 224.
efectos(m) especiales video\digital 413.
efluvio(m) 216.
eje(m) 251, 290, 374, 468, 564, 575, 584, 645, 707, 808.
eje(m) de cuchillas(f) 156.
eje(m) de declinación(f) 14.
eje(m) de dirección(f) 788.
eje(m) de la rueda(f) 447.
eje(m) de las aspas(f) 773.
eje(m) de tiro(m) 802.
eje(m) de toma(f) de fuerza(f) 156, 159, 162.
eje(m) del cepillo(m) 373.
eje(m) del pedal(m) 448.
eje(m) delantero 784.
eje(m) horizontal, turbina(f) de viento(m) 774.
eje(m) polar 14.
eje(m) propulsor 492.
eje(m) vertical, turbina(f) de viento(m) 774.
el agua(f) de un lago(m) o de un río(m) enfría el vapor(m) utilizado 767.
el agua(f) regresa al generador(m) de vapor(m) 767.
el cuatro 632.
el cuatro con timonel(m) 632.
el dos 632.
el dos con timonel(m) 632.
el galope(m) 101.
el oído(m) 138.
el olfato(m) 141.
el paso(m) 101.
el paso(m) de andadura(f) 101.
el refrigerante(m) transfiere el calor(m) al generador(m) de vapor(m) 766.
el trote(m) 101.
el vapor(m) se condensa en agua(f) 767.
elástico(m) 224, 382.
electricidad(f) 309, 310, 312, 746, 748, 750, 752, 754, 756.
electricidad(f), transmisión(f) 757.
electricista(m), herramientas(f) de 310, 311.
electrodo(m) 232, 305.
electrodo(m) central 439.
electrodo(m) de masa(f) 439.
electrodomésticos, aparatos(m) 250, 252, 254, 256, 257, 258, 260.
electrodos(m) 233.
electrodos(m) de encendido(m) 209.
electrones(m), cañón(m) 410.
electrones(m), microscopio(m) 717.
elemento(m) calorífero 207, 209.
elemento(m) cargador de combustible(m) 765.
elemento(m) cargador de combustible(m) 765.
elemento(m) horizontal 756.
elemento(m) negativo 831.
elemento(m) positivo 831.
elementos(m) básicos de un plano(m) 195.
elevación(f) 193.
elevación(f) continental 29.
elevador(m) 160, 161, 764, 782.
elevador(m) del brazo(m) 404.
elevador(m) telescópico 780.
embalse(m) 746, 748, 749, 750, 752.
embalse(m) de la presa(f) 747.
embarcación(f) de emergencia(f) 739.
emblema(m) 596, 817.
embocadura(f) del cable(m) 256.
émbolo(m) 159, 726.
embrague(m) de espacios(m) 525.
embudo(m) 243.
embutidor(m) 251.
empacadora(f) de heno(m) 159.
empacadora(f) de heno(m) 155.
empalizada(f) 647.
empalizada(f) 181, 263, 646.
empalmadura(f) 692.
empalme(m) de rieles(m) 466.
empalme(m) hidráulico 147.
empaque(m) 741.
empaquetadura(f) 294.
empate(m) de la boquilla(f) 550.
empeine(m) 325.
empella(f) 353, 355.
empujacutículas(m) 365.

Las entradas en **negritas** corresponden a los títulos de página.

empuje(m) 455.
empuñaderas(f) 665.
empuñadura(f) 633.
empuñadura(f) 281, 375, 596, 615, 658, 665, 666, 670, 677, 679, 684, 793, 796, 798, 799.
empuñadura(f) del carro(m) 568.
empuñadura(f) delantera 804.
empuñaduras(f) para esquí(m) 633.
empuñaduras(f) para esquí(m) de figuras(f) 633.
en escalera(f) 363.
en espiral(f) 250.
en flor(f) 61.
en pendiente(f) 182.
en prisión(f) 700, 701.
en tijera(f) 362.
en V 343.
encaje(m) de bolillos(m) 570.
encañado(m) 263.
encendedor(m) 307, 386.
encendido(m) 271.
encendido(m)\apagado 408.
encendido(m)\apagado(m)\volumen(m) 408.
enceradora(f) 358.
enchufe(m) 309.
enchufe(m) 255, 280, 310, 400, 401, 406, 408, 485, 561, 585.
enchufe(m) con control(m) de tiempo(m) 255.
enchufe(m) de recarga(f) 374.
enchufe(m) del termómetro(m) 253.
enchufe(m) hembra(f) 400.
enchufe(m) para auriculares(m) 408.
enchufe(m) y selector(m) desmontables 253.
encía(f) 142, 144.
encuadernación(f) artística 578.
encuadernación(f) artística(f) 577.
encuadernación(f) en rústica 578.
endocarpio(m) 63, 64.
eneldo(m) 74.
energía(f) eólica 773, 774.
energía(f) nuclear 758, 760, 762, 764, 766.
energía(f) nuclear, producción(f) de electricidad(f) 766.
energía(f) solar 768, 770, 772.
energía(f) solar, producción(f) de electricidad(f) 771.
enfoque(m) de cerca 376.
enfoque(m) de lejos 376.
enfriador(m) 438.
enfriador(m) de la cámara(f) del generador(m) de vapor(m) 759.
enganche(m) 566.
enganche(m) de conducto(m) 590.
enganche(m) de remolque(m) 449.
enganche(m), cabeza(f) 471.
engaste(m) 364.
engranaje(m) 573, 575, 702.
engranaje(m) de avance(m) 256.
engrapadora(f) 515.
engrasador(m) 246.
enhebrador(m) 563.
enramada(f) 263.
enredadera(f) 263.
enrejado(m) 747.
enriquecimiento(m) del agua(f) pesada 759.
ensaladera(f) 238.
ensamblaje(m) a espiga(f) 578.
ensamblaje(m) abocinado 300.
ensamblaje(m) por compresión(f) 300.
ensamble(m) hembra(f) 670.
ensamble(m) macho(m) 670.
ensilaje(m) 155, 162.
entablado(m) 198, 199.
entablamento(m) 166, 168, 202.
entarimado(m) 669.
entarimado(m) sobre estructura(f) de madera(f) 200.
entera 56.
entintado(m) 580.
entrada(f) 82, 195, 452, 625, 787.
entrada(f) de admisión(f) de combustible(m) 764.
entrada(f) de agua(f) 295, 747.
entrada(f) de agua(f) fría 297.
entrada(f) de aire(m) 445, 501, 508.
entrada(f) de aire(m) frío 438.
entrada(f) de cabeza(f) 624.
entrada(f) de campo(m) 407.
entrada(f) de información(f), unidades(f) 526.
entrada(f) de la contracorriente(f) 759.
entrada(f) de la estación(f) 474.
entrada(f) de pie(m) 624.
entrada(f) del agua(f) de enfriamiento(m) del condensador(m) 759.
entrada(f) del coche(m) 193, 196.
entrada(f) del refrigerante(m) 768.
entrada(f) del residuo(m) de combustible(m) 764.
entrada(f) del suministro(m) 757.
entrada(f) para audífonos(m) 402.
entrada(f) para auriculares(m) 555.
entrada(f) para entregas(f) 190.
entrada(f) para mercancía(f) 190.
entrada(f) principal 190, 194.
entradas(f) al agua(f) 624.
entre(m) 830.
entrecejo(m) 106.
entrediente(m) 240.
entrega(f) de equipaje(m) 504.
entrega(f) del grano(m) 161.
entrenador(m) 669.
entrenudo(m) 57.
entrepaño(m) 225, 302.
entrepaño(m) horizontal 202.
entrepaño(m) vertical 202.
entrepierna(f) 325, 337.
entrepiso(m) 474.
entresuelo(m) 194.
entresuelo(m) 195.
entretela(f) de abrigo(m) 565.
entretela(f) de armado(m) 565.
entretela(f) de refuerzo(m) 565.
envasado(m) del residuo(m) de combustible(m) 764.
envergue(m) de rizo(m) 480.
envoltura(f) 634.
envoltura(f) de tabaco(m) de hoja(f) 384.
envoltura(f) metálica 297.
epicarpio(m) 62, 63, 64.
epicentro(m) 23.
epicóndilo(m) 123.
epidermis(f) 137.
epiglotis(f) 130, 142, 143.
epitroclea(f) 123.
equilibrio(m) 624.
equino(m) 167.
equinoccio(m) de otoño(m) 8.
equinoccio(m) de primavera(f) 3, 8.
equipaje(m) 382.
equipo(m) 581, 582, 583, 589, 681.
equipo(m) de climatización(f) 494.
equipo(m) de gas(m) 689.
equipo(m) de protección(f) 602.
equipo(m) de soldadura(f) autógena 306.
equipo(m) de soldadura(f) eléctrica 305.
equipo(m) de soporte 415.
equipo(m) de soporte(m) 415.
equipo(m) de tierra(f) 506.
equipo(m) estereofónico 400, 402, 404.
equipo(m) marcador electrónico 666.
equipo(m) para acampar 688, 690.
equipo(m) receptor 599.
equitación(f) 648.
equitación(f): concurso(m) de saltos(m) 646.
equivalente a 830.
Eridano 13.
erupción(f) 6.
erupción(f),volcan(m) 25.
es paralelo a 830.
escabel(m) 222.
escala(f) 537.
escala(f) 711, 719, 726.
escala(f) Celsius 705.
escala(f) de abertura(f) 396.
escala(f) de abertura(f) del diafragma(m) 392.
escala(f) de ajuste(m) 524.
escala(f) de altitud(f) 19.
escala(f) de altura(f) 284.
escala(f) de ampliación(f) 399.
escala(f) de distancia(f) 392.
escala(f) de duración(f) de la exposición(f) 396.
escala(f) de imágenes(f) por segundo(m) 396.
escala(f) de inclinación(f) 284.
escala(f) de latitud(f) 40.
escala(f) de lectura(f) 396.
escala(f) de nonio 484.
escala(f) de profundidad(f) 485.
escala(f) de profundidad(f) de campo(m) de visión(f) 392.
escala(f) de temperaturas(f) 19, 705.
escala(f) de tiempo(m) 539.
escala(f) de transferencia(f) 396.
escala(f) Fahrenheit 705.
escala(f) graduada 708, 709.
escalas(f) barométricas 710.
escalas(f) de temperatura(f) 710.
escalera(f) 201, 664, 695.
escalera(f) 669, 741, 773.
escalera(f) común 303.
escalera(f) con boquilla(f) telescópica 781.
escalera(f) de caracol(m) 741.
escalera(f) de color(m) 695.
escalera(f) de cuerda(f) 303.
escalera(f) de extensión(f) 302.
escalera(f) de gancho(m) 303.
escalera(f) de ganchos(m) 781.
escalera(f) de guardilla(f) 303.
escalera(f) de plataforma(f) 302.
escalera(f) de recolección(f) de fruta(f) 303.
escalera(f) de tijera(f) 302.
escalera(f) del entresuelo(m) 195.
escalera(f) eléctrica 189, 190, 474.
escalera(f) para usos(m) múltiples 303.
escalera(f) real 695.
escalera(f) rodante 303.
escalera(f) telescópica 781.
escalera(f) telescópica, camión(m) 780.
escalera(f) y manguera(f), correa(f) 777.
escaleras(f) 194, 474.
escaleras(f) de mano(f) 302.
escalerilla(f) 302.
escalerilla(f) 449, 487, 493, 741, 785.
escalerilla(f) de estribo(m) 470.
escalerilla(f) lateral 469, 470.
escalerilla(f) rodante 507.
escalerilla(f) transportable 507.
escalfador(m) de huevos(m) 249.
escalinata(f) 196.
escalón(m) 201, 440.
escalón(m) retráctil 449.
escalón(m) rocoso 26.
escama(f) 87, 96, 97, 111.
escama(f) ventral 97.
escandalosa(f) 480.
escape(m) 436, 437, 501.
escape(m), sistema(m) 439.
escapulares(m) 110.
escaque(m) blanco 696.
escaque(m) negro 696.
escarcela(f) 792.
escarcha(f) 37.
escardillo(m) 266.
escarola(f) 73.
escarola(f) rizada 73.
escarpa(f) 178.
escarpe(m) 792.
escarpia(f) 466.
escarpín(m) 792.
escarpín(m) con correa(f) 356.
escenario(m) 188.
esclavina(f) 330.
esclerótica(f) 140.
esclusa(f) 752.
esclusa(f) científica de aire(m) 511.
esclusa(f) de aire(m) 14.
esclusa(f) de aire(m) del edificio(m) del reactor(m) 758.
esclusa(f) de canal(m) 492.
esclusa(f) de canal(m) 490.
esclusa(f) de materiales(m) 764.
escobilla(f) 205.
escobilla(f) limpiadora 374.
escobilla(f) metálica 553.
escobillas(f) 385.
escobillón(m) 801.
escocesa 335.
escocia(f) 166, 167.
escolta(m) derecho 610.
escolta(m) izquierdo 610.
escopeta(f) 799.
escopeta(f), cartucho(m) 799.
escoplo(m) 275, 581, 587.
escoplo(m) de acanalar 587.
escoplo(m) redondo 587.
Escorpión 13.
Escorpio, el Escorpión (24 de octubre) 820.
escorzonera(f) 71.
escota(f) foque(m) 628.
escota(f) mayor 628.
escota(m) 480.
escotadura(f) 544.
escotadura(f) intertrágica 139.
escote(m) 341.
escotera(f) 630.
escotera(f) 628.
escotero(m) 628.
escotes(m) 343.
escotilla(f) 510, 805.
escotillones(m) 188.
escritorio(m) 226.
escritorio(m) de ejecutivo 520.
escritorio(m) de secretaria(f) 521.
escritorio(m), artículos(m) 515, 516, 518.
escroto(m) 116, 127.
escuadra(f) 275.
escudo(m) 832.
escudo(m) 609, 791.
escudo(m) acuartelado 818.
escudo(m) cortado 818.
escudo(m) partido 818.
escudo(m) tronchado 818.
escurridera(f) 244.
escurridor(m) 243.
escurridores(m) y coladores(m) 243.
escurrimiento(m) subterráneo 35.
escurrimiento(m) superficial 32, 34.
esfera(f) 530, 707, 708.
esfera(f) celeste 3.
esfera(f) de control(m) de la modalidad(f) 391.
esfera(f) de helio(m) 509.
esfera(f) de té(m) 246.
esfera(f) de vidrio(m) 40.
esfera(f) graduada 710, 719.
esfera(f) lunar 707.
esfera(f) terrestre 3.
esfínter(m) anal 131.
esgrima(f) 666.
eslabón(m) 795.
eslabón(m) de compresión(f) 147.
eslabón(m) de corte(m) 272.
eslabón(m) de levantamiento(m) 147.
eslabón(m) giratorio 737.
esmalte(m) 144.
esmeralda(f) 362.
esmeril(m) 386, 563.
esnórquel(m) 627.
esófago(m) 88, 92, 97, 130, 131, 142.
espacio(m) 537.
espacio(m) de almacenamiento(m) 461.
espacio(m) de expansión(f) 466.
espacio(m) interior 254.
espacio(m) para almacenar 440.
espacio(m) para la chispa(f) 439.
espada(f) 695.
espada(f) 666, 791.
espada(f) de dos manos(f) 794.
espádice(m) 60.
espadín(m) 794.
espalda(f) 322.
espalda(f) 117, 119.
espaldar(m) 96.
espaldarón(m) 792.
esparavel(m) 291.
esparcidor(m) de paja(f) 161.
esparcidora(f) de abono(m) 270.
esparcidora(f) de estiércol(m) 154.
esparcidora(m) de estiércol(m) 156.
espárrago(m) 72.
espátula(f) 589.
espátula(f) 244, 581.
espatulada 56.
espátulas(f) de modelar 585.
especificaciones(f) técnicas(f) 433.
espectrómetro(m) 717.
espectrómetro(m) de rayos(m) ultravioleta 43.
espejo(m) 292, 382, 442, 444, 719, 770.
espejo(m) de cortesía(f) 430.
espejo(m) de lectura(f) 512.
espejo(m) doble giratorio 368.
espejo(m) iluminador 713.
espejo(m) lateral 368, 426, 440.
espejo(m) luminoso 368.
espejo(m) mayor(m) 484.
espejo(m) menor 484.
espejo(m) parabólico 770.
espejo(m) plano 14, 720.
espejo(m) primario 14, 16.
espejo(m) principal 720.
espejo(m) reflector central 390.
espejo(m) retrovisor 430.
espejo(m) secundario 16, 390.
espejuelo(m) 100.
espermatozoide(m) 127.
espesor(m), medición 711.
espículas(f) 6.
espiga(f) 60, 225, 239, 242, 291, 376, 432, 571, 575.

Las entradas en **negritas** corresponden a los títulos de página.

espiga(f) de punta(f) cuadrada 231.
espiga(f) de punta(f) redonda 231.
espiga(f) del cartucho(m) 295.
espina(f) del omóplato(m) 123.
espinaca(f) 73.
espinapez(m) 200.
espinillera(f) 595, 600, 609.
espira(f) 83.
espira(f) corporal 94.
espiral(f) 94, 276, 398.
espiral(f) de corte(m) 281.
espiral(f) embrionaria 94.
espiral(m) 706.
espiral(m) de separación(f) 404.
espiras(f) 94.
esplenio(m) 121.
espoleta(f) 804.
espoleta(f) de proximidad(f) 814.
espolón(m) 80, 101, 106, 156, 281, 552, 803.
espolvoreador(m) 246.
esponja(f) natural 367.
esponja(f) sintética 367.
esponja(f) vegetal 367.
esponjas(f) 367.
esporas(f) 55.
espuela(f) 648.
espuma(f) 30, 216.
espumadera(f) 244.
esqueleto(m) 102, 122.
esquí(m) 445, 641.
esquí(m) acuático 633.
esquí(m) alpino 640.
esquí(m) de campo(m) traviesa 642.
esquí(m) de campo(m) traviesa 642.
esquí(m) de eslálom(m) 633.
esquí(m) de figuras(f) 633.
esquí(m) de salto(m) 633.
esquí(m) nórdico 642.
esquí(m) normal 633.
esquiador(m) alpino 640.
esquiadora(f) de campo(m) traviesa 642.
esquina(f) 470, 608.
esquina(f) de calle(f) 682.
esquinero(m) 470.
esquinero(m) derecho 603, 605.
esquinero(m) izquierdo 603, 605.
estabilizador(m) 485, 509, 684, 786, 802, 812, 814.
estabilizador(m) de dirección(f) 639.
estabilizador(m) horizontal 508, 639.
establo(m) 149.
estaca(f) 385, 479.
estación(f) central de bombeo(m) 740.
estación(f) de carga(f) 464.
estación(f) de ferrocarril(m) 462, 464.
estación(f) de ferrocarril(m) 464.
estación(f) de intercomunicación(f) 413.
estación(f) de metro(m) 474.
estación(f) de servicio(m) 453.
estación(f) de transmisión(f) 722.
estación(f) del ferrocarril(m) 52.
estación(f) local 416.
estación(f) receptora 722.
estación(f), metro(m) 474.
estación(m) de ferrocarril(m) 184.
estacionamiento(m) 185, 193, 464, 491, 504.
estaciones(f) del año(m) 8.
estadio(m) 654.
estadio(m) 185.
estado(m) 51.
estado(m) actual del tiempo(m) 38.
estalactita(f) 24.
estalagmita(f) 24.
estambre(m) 60, 64.
estanque(m) 263.
estante(m) para revistas(f) 522.
estaquilla(f) 685, 686.
estator(m) 290.
estatores(m) externos 501.
estatores(m) internos 501.
estay(m) 479.
estay(m) de proa(f) 628.
este(m) 488.
estepario 45.
esterilla(f) de lanzamiento(m) 682.
esternocleidomastoideo(m) 120.
esternón(m) 102, 122.
estetoscopio(m) 726.
estiercol(m), esparcidora(f) 156.
estigma(f) 60.
estigma(m) 66, 78, 79.
estilete(m) 794.
estilo(m) 389.
estilo(m) 60, 62, 63, 64, 67, 706.
estilóbato(m) 166, 168.
estilográfica(f) 389, 515.
estilos(m) arquitectónicos 166.
estípite(m) 55.
estípula(f) 56.
estocada(f), armas(f) cortantes 794.
estómago(m) 88, 92, 97, 124, 131.
estrado(m) 189.
estrado(m) del director(m) 556.
estragón(m) 74.
estrangulación(f) 668.
estrato(m) de cenizas(f) 25.
estrato(m) de lava(f) 25.
estrato(m) lúcido 136.
estratocúmulos(m) 44.
estratos(m) 44.
estratosfera(f) 19.
estrctura(f) de la biosfera(f) 31.
estrechamiento(m) 705.
estrechamiento(m) del camino(m) 826, 827.
estrecho(m) 51.
Estrella Polar 11.
estrella(f) 819.
estrella(f) 36.
estrella(f) fugaz 19.
estría(f) 166, 167.
estribera(f) 793.
estribo(m) 82, 138, 176, 445, 446, 448, 508, 584, 648.
estribo(m) trasero 778.
estribor(m) 488, 489, 497.
estructura(f) 203.
estructura(f) 536.
estructura(f) de base(f) 14.
estructura(f) de cola(f) 508.
estructura(f) de madera(f), entarimado(m) sobre 200.
estructura(f) de soporte(m) 15, 48.
estructura(f) del ala(f) 498.
estructura(f) en K 756.
estructura(f) inferior 737.
estructura(f) tubular 487, 738.
estrucutra(f) de metal(m) 463.
estuario(m) 30, 51.
estuche(m) 358, 365, 706, 711.
estuche(m) de manicura(f) 365.
estuche(m) de tocador(m) 382.
estudio(m) 414.
estudio(m) 407, 412.
estudio(m) de radio(m) y sala(f) de control(m) 407.
estudio(m) de televisión(f) y cabinas(f) de control(m) 412.
estufa(f) de leña(f) a fuego(m) lento 204.
etapas(f) 586.
etiqueta(f) 383, 404.
etiquetas(f) adhesivas 518.
Eurasia(f) 21.
Europa 4.
Europa(f) 21.
europeo, enchufe(m) de tipo(m) 309.
Eustaquio, trompa(f) de 139, 141.
Eutelsat II 418.
evaporación(f) 34, 35.
excavación(f) a cielo(m) abierto 733.
excavadora(f) de rueda(f) de cangilones(m) 733.
exhalación(f) 622.
exosfera(f) 19.
expedición(f) de carga(f) 505.
explanada(f) 178.
explorador(m) de microondas(f) 43.
explorador(m) de radiaciones(f) de la tierra(f) 43.
explorador(m) óptico 526.
explosión(f) 436.
explosivo 821.
explosivo(m) 798, 799, 804.
exprimelimones(m) 243.
exprimidero(m) 251.
exprimidor(m) de ajos(m) 243.
exprimidor(m) de cítricos(m) 251.
extensión(f) 219, 439.
extensión(f) de la mesa(f) 285.
extensión(f) plegable 219.
extensor(m) 375.
exterior(m) 597.
exterior(m) de una casa(f) 196.
exterior(m) derecho 597.
exterior(m) izquierdo 597.
extinguidor(m) portátil 780.
extintor(m) de incendios(m) 823.
extractor(m) de fusibles(m) 311.
extractor(m) de humo(m) 805.
extractor(m) de jugos(m) 251.
extremidad(f) delantera 84.
extremidad(f) posterior 84, 85.
extremo(m) 376.
extremo(m) abocinado 300.
extremo(m) anterior 95.
extremo(m) del brazo(m) 272.
extremo(m) derecho 601, 606, 607, 608, 612.
extremo(m) izquierdo 601, 606, 608, 612.
extremo(m) libre 137.
extremo(m) posterior 95.
eyector(m) 784.
eyector(m) de las varillas(f) 250.
eyector(m) del protector(m) de cabina(f) 639.

F

fa(F) 537.
faceta(f) bisel(8) 363.
faceta(f) de estrella(f)(8) 363.
faceta(f) de pabellón(m) 363.
faceta(f) inferior del contorno(m) 363.
faceta(f) superior del contorno(m) 363.
fachada(f) 175.
facsimil(m) 421.
facsímil(m) 417.
factor(m)RH negativo 831.
factor(m)RH positivo 831.
factorial 830.
fáculas(f) 6.
fagot(m) 548.
fagotes(m) 557.
faja(f) 346.
faja(f) con sostén(m) 346, 347.
faja(f) corsé(m) 347.
falange(f) 107, 122, 123.
falangeta(f) 103, 107, 122, 123, 137.
falangina(f) 103, 107, 122, 123, 137.
falda(f) 331.
falda(f) pantalón(m) 334.
falda(f), tipos(m) de 334.
falda(m) 615.
faldar(m) 792.
faldón(m) 224, 337.
faldón(m) de la camisa(f) 324.
faldón(m) delantero 324.
faldón(m) flexible 493.
faldón(m) trasero 324.
faldoncillo(m) 649.
falla(f) 23, 28.
Falopio, istmo(m) de la trompa(f) de 129.
Falopio, pabellón(m) de la trompa(f) de 129.
Falopio, trompa(f) de 128.
falsa escuadra(f) 713.
falso almohadón(m) 224.
falso doblez(m) 349.
falso(m) registro(m) 543.
falso(m) secreto(m) 543.
falta(f)(1 a 18) 700, 701.
farallón(m) 30.
faringe(f) 130, 131.
farmacia(f) 822.
faro(f) delantero 147.
faro(m) 147, 491, 805.
faro(m) de destello(m) 781.
faro(m) delantero 426, 440, 442, 444, 445, 459, 469.
faro(m) marítimo 486.
faro(m) reflector 778, 780.
faro(m), linterna(f) 486.
farol(m) 235.
farol(m) 185, 186, 263.
farola(f) 235.
faros(m) 429.
faros(m) delanteros 429.
faros(m) traseros 147.
fascia lata(f), tensor(m) de la 120.
fases(f) de la Luna(f) 6.
fechador(m) 516.
femenino(m) 831.
femeninos, órganos(m) genitales 128, 129.
fémur(m) 78, 80, 103, 122.
fémur(m), cabeza(f) del 123.
fémur(m), cuello(m) del 123.
Fénix 13.
fenómenos(m) atmosféricos 39.
ferrocarril(m) de muelle(m) 491.
ferrocarril(m), estación(f) 462, 464.
ferrocarril(m), talleres(m) 465.
fertilizantes(m) 32.
festón(m) colgado 229.
festoneada 56.
fiador(m) 666, 685.
fiador(m) elástico 685, 686.
fibra(f) 692.
fibra(f) muscular 134.
fibra(f) nerviosa 136.
fíbula(f) 122, 315.
fichas(f) 517.
fichero(m) giratorio 516.
fiel(m) 708, 709.
fieltro(m) 581.
figura(f) en relieve(m) 580.
figura(f) plana 580.
fijación(f) 633.
fijación(f) de seguridad(f) del esquí(m) 641.
fijación(f) para el pie(m) 642.
fijador(m) 592.
fijador(m) de carrete(m) 671.
fijador(m) de la ratonera(f) 642.
filamento(m) 6, 60, 232, 233.
filamento(m) branquial 87.
filamento(m) de tungsteno(m) 233.
filete(m) 167, 379, 544, 546.
filetero(m) 242.
filmadora(f) 527.
filo(m) 239, 242, 369, 564.
filo(m) simple, tijeras(f) para entresacar 369.
filtro(m) 207, 247, 252, 255, 294, 384, 385, 484, 772.
filtro(m) de aire(m) 210, 272, 469, 783.
filtro(m) de color(m) 392.
filtro(m) de focalización(f) 390.
filtro(m) de pelusa(f) 258, 259.
filtro(m) de polarización(f) 392.
filtro(m) rojo(m)de la luz(f) inactínica 399.
filtro(m) selector del color(m) 410.
filum(m) terminal 134.
filum(m) terminal interno 134.
firme(m) 450.
flanco(m) 108, 179.
flanco(m) diestro 818.
flanco(m) siniestro 818.
flanqueador(m) derecho 605.
flanqueador(m) izquierdo 605.
flash(m) electrónico 393.
flauta(f) 548.
flautas(f) traversas 556.
flecha(f) 684.
flecha(f) 214, 684, 793.
flecha(f) indicadora de la dirección(f) del viento(m) 38.
flitro(m) 295.
flor(f) 57, 579.
flor(f) de lis(f) 819.
flor(f), anatomía(f) de una 60.
florete(m) 666.
florete(m) eléctrico 666.
floretista(m) 667.
florín(m) 832.
flotador(m) 216, 293, 485, 672, 803.
flotador(m) de la portería(f) 626.
flotador(m) del medidor(m) 741.
flujo(m) 493.
Fobos 4.
foco(m) 235.
foco(m) de proa(f) 497.
foco(m) primario 14.
fofoque(m) 481.
fogón(m) 204.
foliador(m) 516.
folículo(m) 67.
folículo(m) piloso 136.
folículo(m), corte(m) 67.
follaje(m) 59, 220.
fondo(m) de la piscina(f) 626.
fondo(m) de la señal(f) 471.
fondo(m) del escenario(m) 188, 189.
fonocaptor(m) de los intermedios(m) 547.
fonolocalización(f) activa 402.
fontanería(f) 294, 296, 299, 300.
fontanero(m), herramientas(f) de 299.
foque(m) 481, 628.
formas(f) de asir la paleta(f) 619.
formato(m) mediano SLR(6x6) 395.
fórnix(m), cuerpo(m) del 134.
forraje(m), aventador(m) 162.
forraje(m), cosechera(f) 162.
forro(m) 322, 324, 352, 354, 378, 565, 596, 644, 649, 692.
forro(m) de cuero(m) 598.
forro(m) de la lengua(f) 96.
forro(m) y entretelas(f) 565.
forros(m), ejemplos(m) 819.
fortificación(f) de Vauban 178.
fosa(f) abisal 28.

Las entradas en **negritas** corresponden a los titulos de página.

fosa(f) de almacenamiento(m) de residuos(m) de combustible(m) 758.
fosa(f) de combustible(m) fallido 764.
fosa(f) de descarga(f) de residuos(m) de combustible(m) 758.
fosa(f) de desechos(m) 765.
fosa(f) de desechos(m) de combustible(m) 764.
fosa(f) de recepción(f) 764.
fosa(f) descarga de residuos(m) de combustible(m) 764.
fosa(f) séptica 216.
fosa(f) triangular 139.
fosas(f) nasales 141.
fósforo(m) 386.
foso(m) 178, 181.
foso(m) de la orquesta(f) 188.
foso(m) de recepción(f) 683.
fotocopiadora(f) 532.
fotografía(f) 390, 392, 394, 396, 398.
fotómetro(m) 396.
fotómetro(m) electrónico 396.
fotosfera(f) 6.
fototipo(m) 397.
fragata(f) 808.
frambuesa(f), corte(m) de una 62.
francés 363.
Francis, turbina(f) 754.
franco(m) 832.
franja(f) del faldón(m) 493.
fregadero(m) 296.
fregadero(m) con triturador(m) de basura(f) 296.
fregadero(m) doble 215.
freidora(f) 252.
freno(m) 641, 649, 664, 670, 671, 727.
freno(m) aerodinámico 774.
freno(m) de disco(m) 432.
freno(m) de disco(m) 442.
freno(m) de emergencia(f) 477.
freno(m) de la cadena(f) 272.
freno(m) de mano(f) 430.
freno(m) de quijada(f) acodado 650.
freno(m) de tambor(m) 432.
freno(m) del esquí(m) 640.
freno(m) delantero 447.
freno(m) dinámico 468.
freno(m) trasero 446, 645.
frenos(m) 498.
frente(f) 109, 116, 179.
frente(m) cálido de superficie(f) 39.
frente(m) cálido en las alturas(f) 39.
frente(m) de corte(m) 733, 736.
frente(m) estacionario 39.
frente(m) frío de superficie(f) 39.
frente(m) frío en las alturas(f) 39.
frente(m) ocluido 39.
frentes(m) 39.
fresa(f), corte(m) de una 62.
fresco(m) 170.
frigorífico(m) 254.
friso(m) 166, 168, 225.
frontal(m) 120, 122, 792.
frontalera(f) 649.
frontera(f) interna 51.
frontera(f) internacional 51.
frontis(m) 617.
frontón(m) 166, 168, 707.
frotador(m) 582.
frotador(m) 307.
frotador(m) de fósforo(m) 386.
fructificación(f) 61.
fruncida 335.
fruncido(m) 337.
frutas(f) tropicales 68.
frutas(f) tropicales, principales variedades(f) 68.
fruto(m) carnoso con hueso(m), corte(m) de un 63.
fruto(m) carnoso con semillas(f), corte(m) de un 64.
frutos(m) 69.
frutos(m) carnosos con hueso(m) 63.
frutos(m) carnosos con hueso(m), principales variedades(f) 63.
frutos(m) carnosos con semillas(f) 64.
frutos(m) carnosos con semillas(f), principales variedades(f) 64.
frutos(m) carnosos: bayas(f) 62.
frutos(m) carnosos: cítricos(m) 65.
frutos(m) secos: dehiscentes 67.
frutos(m) secos: oleaginosos 66.
frutos(m) secos, principales variedades(f) 66.
fuego(m), signos(m) 820.
fuelle(m) 378, 380, 399, 543.
fuente(f) básica de alimento(m) 31.
fuente(f) de servir 238.
fuente(f) de verdura(f) 238.
fuente(f) para abluciones(f) 172, 173.
fuente(f) para pescado(m) 238.
fuentes(f) de contaminación(f) 34.
fuerza(f) del viento(m), medición(f) 41.
fulcro(m) 541.
full 695.
fulminante(m) 798, 799.
fumarola(f) 24.
fumar, accesorios(m) para 384, 386.
funcionamiento(m) 411.
funda(f) 375, 690.
funda(f) 688.
funda(f) de almohada(f) 224.
funda(f) de colchón(m) 224.
funda(f) de cuero(m) 690.
funda(f) de la almohada(f) 224.
funda(f) de mástil(m) 631.
funda(f) del sable(m) 628, 631.
funda(f) para gafas(f) 379.
funda(f) protectora de la cuchilla(f) 644.
funda(f) telescópica 283.
funículo(m) 62, 67.
furgón(m) 470.
furgón(m) de cola(f) 473.
fusa(f)(treintaidosavo)(m) 538.
fuselaje(m) 499, 639.
fusible(m) 757, 769.
fusible(m) de bayoneta(f) 312.
fusible(m) de cartucho(m) 312.
fusible(m) de rosca(f) 312.
fusible(m) de seguridad(f) a tierra(f) 312.
fusibles(m) 312.
fusil(m) ametrallador 796.
fusil(m) automático 796.
fusil(m) sin retroceso 804.
fusta(f) 648, 651.
fuste(m) 166, 658.
fuste(m) del bastón(m) 642.
fútbol(m) 600.
fútbol(m) americano 602, 604.
futbolista(m/f) 600.

G

gabinete(m) para papelería(f) 522.
gabinetes(m) y armarios(m) 225, 226.
gablete(m) 175.
gafa(f) 376.
gafas(f) 376.
gafas(f) 627, 635.
gafas(f) de esquí(m) 640.
gafas(f) de sol(m) 377.
gafas(f): partes(f) 376.
gaita(f) 536.
gajo(m) 65.
galaxia(f) 9.
galaxia(f) elíptica 9.
galaxia(f) espiral 9.
galaxia(f) espiral con barras(f) 9.
galaxia(f) irregular 9.
galaxia(f) lenticular 9.
galería(f) 175, 189.
galería(f) de acceso(m) 736, 747.
galería(f) de arrastre(m) 736.
galería(f) seca 24.
galería(f) superior 736.
galería(f) transversal 736.
galería(m) inferior 736.
galleta(f) de centeno(m) 153.
galleta(f) escandinava 153.
gallina(f) 150.
gallinero(m) 148.
gallo(m) 150.
gama(f) de colores(m) 592.
gamba(f) 90.
gamuza(f) 358.
ganchillo(m) 567.
gancho(m) 230, 310, 397, 567, 568, 709, 711, 786.
gancho(m) de la barbada(f) 650.
gancho(m) de remolque(m) 147.
gancho(m) de tracción(f) 726, 737.
gancho(m) del meñique(m) 551.
gancho(m) del pulgar(m) 549, 550.
gancho(m) para cuerda(f) 492.
gancho(m) para el platillo(m) 708.
ganchos(m) peinadores 573.
ganchos(m), escalera(f) 781.
ganglio(m) espinal 135.
ganglio(m) simpático 135.
Ganimedes 4.
ganso(m) 150.
garabato(m) 267.
garagantilla(f) de terciopelo(m) 361.
garaje(m) 196.
garbanzos(m) 72.
garganta(f) 108, 615, 671.
gargantilla(f) 361.
garita 178.
garita(f) 181.
garra(f) 106, 111, 579.
garrafa(f) 237.
garrafita(f) 237.
garrote(m) 160.
garrucha(f) montacarga 786.
gas refrigerante de bióxido de carbono 760.
gas(m) 34, 35, 737, 744.
gas(m) inerte 232, 233.
gases(m) quemados 436.
gasolina(f) 744, 745.
gasolina(f) pesada 744.
gasolina(f), motor(m) 434.
gasolinera(f) 823.
gasterópodos(m) comestibles 83.
gatillo(m) 268, 291, 304, 793, 795, 796, 797, 798, 799, 804.
gatillo(m) de seguridad(f) 272.
gato(m) hidráulico 449.
gato(m) hidráulico del alerón(m) de curvatura(f) 812.
gato(m)(doméstico) 107.
gaveta(f) de archivador(m) 517.
gavia(f) inferior proel 481.
gavia(f) mayor alta 481.
gavia(f) mayor baja 481.
gavia(f) proel alta 481.
géiser(m) 25.
gemelos(m) 120, 121, 339.
gemelos(m) de teatro(m) 377.
Géminis 11.
Géminis, los Gemelos (21 de mayo) 820.
generador(m) 753.
generador(m) 758.
generador(m) de aire(m) caliente 206.
generador(m) de vapor(m) 759, 761, 762, 771, 806.
generador(m) principal de tono(m) 407.
geometría(f) 830.
germen(m) 152.
gimnasia(f) 659, 660.
gimnasio(m) 496.
glaciar(m) 26.
glaciar(m) de piedemonte(m) 27.
glaciar(m) suspendido 26.
glande(m) 127.
glándula(f) de veneno(m) 96.
glándula(f) digestiva 92.
glándula(f) mamaria 129.
glándula(f) sebácea 136.
glándula(f) sudoripara apocrina 136.
glándula(f) sudorípara ecrina 136.
glándula(f) suprarrenal 132.
glándula(m) pineal 134.
glándulas(f) salivales 131.
globo(m) 634, 689.
globo(m) aerostático 634.
globo(m) ocular 140.
globo(m) ocular 84.
glóbulo(m) de almidón(m) 115.
glóbulo(m) de grasa(f) 115.
glorieta(f) 450.
glotis(f) 96, 142.
glúteo(m) mayor 121.
go(sun-tse) 697.
gol(m) 604, 606.
gola(f) 667, 792.
goleta(f) 482.
golf(m) 678.
golf(m), pelota(f) de 677.
golfo(m) 51.
Golgi, aparato(m) de 115.
goma(f) de sujeción(f) del talón(m) 633.
gonfalón(m) 817.
gong(m) 554.
gong(m) 557.
gorguera(f) 318.
gorra(f) 328.
gorra(f) 648.
gorra(f) de cuartel(m) 328.
gorra(f) noruega 328.
gorro(m) 642.
gorro(m) azul 626.
gorro(m) blanco 626.
gorro(m) de esquí(m) 640.
gorro(m) de punto(m) 329.
gorrón(m) 800.
gorroverde(m) 55.
gota(f) 363.
gota(f) 167, 236.
gota(f) de lluvia(f) 36.
gótica, catedral(f) 175.
grabación(f) 411.
grabadora(f) portátil 408.
grabadora(f) y tocacintas(m) 403.
grabadora(f) y tocacintas(m) 400, 407.
grado(m) 830.
grado(m) de rotación(f) 814.
grados(m) C 705.
grados(m) F 705.
graficador(m) 527.
gráfico(m) de lineas(f) 407.
gran angular(m) 392.
gran roncón(m) 536.
granada(f) 68.
granada(f) de mano(f) 804.
granate(m) 362.
graneador(m) para el grabado(m) al humo(m) 582.
granero(m) 148.
granizada(f) 39.
granizo(m) 37.
granja(f) 148.
granja(f),animales(m) 150.
grano(m) 72.
grano(m) de trigo(m),corte 152.
granos(m) de arroz(m) 6.
grapas(f) 515.
grasa(f), glóbulo(m) de 115.
grasas(f) 745.
grava(f) 199, 216.
greba(f) 792.
green(m) de entrenamiento(m) 676.
gregüescos(m) 316.
grieta(f) 26.
grifo(m) 294.
grifo(m) 292.
grifo(m) de bola(f) 294.
grifo(m) de cartucho(m) 295.
grifo(m) de cocina(f) de tres vías(f) 296.
grifo(m) de disco(m) 295.
grillete(m) 630.
grillete(m) de resorte(m) 630.
grosella(f) 62.
grosella(f) espinosa 62.
grosella(f) negra 62.
grúa(f) 14, 738, 743.
grúa(f) de caballete(m) 746, 747.
grúa(f) de la plataforma(f) 811.
grúa(f) de muelle(m) 490.
grúa(f) de pórtico(m) 786.
grúa(f) de puente(m) 747.
grúa(f) flotante 490.
grúa(f) móvil(m) 786.
grúa(f) torre(f) 786.
Grulla 13.
grupa(f) 101, 661.
grupeto(m) 538.
grupo(m) de cola(f) 638.
grupo(m) electrógeno 506.
grupo(m) motor(m) 458.
gruta(f) 24.
guadaña(f) 267.
gualdera(f) 201, 800, 803.
gualdera(f) de contén(m) 201.
guante(m) 512, 598, 609, 635, 642, 643, 648.
guante(m) a la muñeca(f) 327.
guante(m) corto 327.
guante(m) de bateo(m) 595.
guante(m) de brazo(m) largo 327.
guante(m) de buceo(m) 627.
guante(m) de esgrima(f) 667.
guante(m) de esquí(m) 640.
guante(m) de golf(m) 679.
guante(m) de recogida(f) 596.
guante(m) del portero(m) 609.
guante(m) del receptor(m) 595.
guante(m) para conducir 327.
guantelete(m) 792.
guantera(f) 430.
guantes(m) 308, 327.
guantes(m) de boxeo(m) 669.
guarda(f) 242, 577.
guarda(f) de protección(f) superior 787.
guarda(f) del disco(m) 285.
guarda(f) fija del disco(m) 284.
guarda(f) móvil del disco(m) 284.

Las entradas en **negritas** corresponden a los titulos de página.

guardabarros(m) 147, 426, 427, 440, 441, 446.
guardabarros(m) delantero 442.
guardacaptores(m) 547.
guardafrenos(m) 643.
guardainfante(m) 317.
guardamano(m) 796.
guardamonte(m) 795, 797, 798, 799.
guardanieve(m) 445.
guardarropa(m) 195, 226.
guardarropa(m) de los mineros(m) 735.
guardia(m) derecho 603, 605.
guardia(m) izquierdo 603, 605.
guardia(m) nariz 603.
guarnición(f) 186, 219, 223, 383, 641, 666.
guayaba(f) 68.
gubia(f) 581, 587.
guerrero(m) galo 791.
guía(f) 630.
guía(f) 568, 738, 797.
guía(f) corrediza 470.
guía(f) de corte(m) 284, 285.
guía(f) de enganche(m) 459.
guía(f) de escotas(f) 630.
guía(f) de la cadena(f) 448.
guía(f) de la onda(f) 415.
guía(f) de la punta(f) 670, 671.
guía(f) de tensión(f) 569.
guía(f) del papel(m) 421, 531.
guía(f) del prensapapel(m) 531.
guía(f) externa para enmarcar 578.
guía(f) para enmarcar 578.
guía(f) para la cinta(f) 403.
guía(m/f) 814.
guíahilo(m) 569.
guíahilos(m) 561, 562.
guías(f) de archivo(m) 518.
guías(f) en T 498.
guías(f) normales 498.
guillotina(f) 398, 578.
guión(m) 632.
guión(m) largo 832.
guisante(m) 67.
guisante(m) 67.
guisantes(m) 72.
guitarra(f) clásica 546.
guitarra(f) eléctrica 547.
gules(m) 819.
gusto(m), el olfato(m) y el 142.

H

habas(f) 72.
habitación(f) lacustre 165.
hacha(f) 690.
hacha(f) de bombero(m) 781.
hacha(f) de cocinero(m) 242.
hacha(f) de piedra(f) pulida 791.
haltera(f) 663.
halterofilia(f) 662.
hamada(f) 46.
hangar(m) de helicóptero(m) 808.
hangar(m) de mantenimiento(m) 503.
haz(m) 756.
haz(m) azul 410.
haz(m) de electrones(m) 410, 717.
haz(m) rojo 410.
haz(m) verde 410.
hebilla(f) 566.
hebilla(f) 319, 323, 380, 428, 641.
hebilla(f) de ajuste(m) 645.
hebilla(f) niveladora 231.
hechura(f) de sastre(m) 341.
hechura(f) sastre(m) 340.
heladera(f) 251.
hélice(f) 495, 496, 742, 806.
hélice(f) bimetálica 705.
hélice(f) propulsora 492.
hélices(f) 808.
helicóptero(m) 508.
helicóptero(m) 808.
helipuerto(m) 738.
hélix(m) 139.
hembra(f) 566.
hemisferio(m) austral, constelaciones(f) 12.
hemisferio(m) boreal, constelaciones(f) 10.
hemisferio(m) Norte 3, 47.
hemisferio(m) occidental 47.
hemisferio(m) oriental 47.
hemisferio(m) Sur 3, 47.
hemisferios(m) 47.
hendidura(f) 28, 578.
henificación(f) 155.
henificación(m) 159.
henil(m) 148.
heráldica(f) 817, 818.
herbívoro(m), mandíbula(f) de 98.
herbívoros(m) 31, 33.
Hércules 11.
herradura(f) 104, 364.
herradura(f) 104.
herraje(m) 383.
herraje(m) de la esquina(f) 470.
herramientas(f) 584, 585, 690.
herramientas(f) de electricista(m) 310.
herramientas(f) de fontanero(m) 299.
herramientas(f) para pintar 304.
herramientas(f) y máquinas(f) 264, 266, 268, 270, 272.
herramientas(f), carpintería(f) 275, 276, 278, 280, 282, 284.
herramientas(f), tipos de 587.
herrete(m) 352, 354.
hervidor(m) de silbato(m) 252.
hexagonal(m) 439.
Hidra 11, 13.
Hidra macho 13.
hidrosfera(f) 31.
hielo(m) 34.
hielos(m) perpetuos 45.
hierbabuena(f) 74.
hierbas(f) aromáticas 74.
hierro(m) 678.
hierro(m) para soldar 305.
hierros(m) y palos(m) 678.
hifa(f) 55.
hígado(m) 88, 97, 124, 131.
higiene(f) dental 373.
higo chumbo(m) 68.
higrógrafo(m) 41.
higrómetro(m) 210.
hijuela(f) 672.
hilera(f) 373.
hilio(m) renal 132.
hilo(m) 692.
hilo(m) de la tela(f) 566.
hilo(m) de nilón(m) 271.
hilo(m) de trama(f) 576.
hilo(m) de urdimbre(f) 576.
hilo(m) dental 373.
hinojo(m) 72.
hipocentro(m) 23.
hipófisis(f) 134.
hisopo(m) 74.
hocico(m) 106, 107.
hockey(m) sobre hielo 608.
hockey(m) sobre hierba(f) 607.
hockey(m), pelota(f) de 607.
hogar(m) 204.
hoja(f) 56.
hoja(f) 57, 70, 72, 239, 242, 276, 277, 291, 304, 369, 374.
hoja(f) corta 688.
hoja(f) de acanto(m) 167, 220.
hoja(f) de afeitar 374.
hoja(f) de cuchilla(f) 644.
hoja(f) de la película(f) 395.
hoja(f) de lámina(f) diamantada 286.
hoja(f) de las tijeras(f) 564.
hoja(f) de parra(f) 73.
hoja(f) de yeso(m) liso 286.
hoja(f) del faldón(m) lateral 649.
hoja(f) larga 688.
hojas(f) carnosas 70.
hojas(f) compuestas 56.
hojas(f) escamadas del ciprés(m) 58.
hojas(f) simples 56.
hombre(m), ropa(f) de 319, 320, 322, 324.
hombrera(f) 316.
hombrera(f) 319, 545, 602, 609, 804.
hombrillo(m) 320.
hombro(m) 116, 118, 615, 670.
hondón(m) 649.
hongo mortal 55.
hongo(m) 55.
hongo(m) venenoso 55.
hongo(m), anatomía(f) de un 55.
hongos(m) comestibles 55.
horarios(m) 463.
horca(f) 266.
horma(f) 358.
hormiga(f) 77.
hormigón(m) armado 286.
hormigón(m) precomprimido 286.
hornear, utensilios(m) para 245.
Horno 13.
horno(m) 255, 770.
horno(m) de microondas(f) 253.
horno(m) eléctrico 585.
horno(m) solar 770.
horquilla(f) 369.
horquilla(f) 105, 327, 447, 721, 787.
horquilla(f) de mano(f) 268.
horquilla(f) telescópica 442.
horquilla(f) trasera 446.
horquilla(f), montacargas(m) 787.
horquillas(f) 787, 788.
hortalizas(f) 69, 70, 71, 72, 73.
hospital(m) 822.
hotel(m) 185.
hoyo(m) 24, 405.
hoyuelo(m) 677.
hoz(f) 269.
Hubble, clasificación(f) 9.
Hubble, telescopio(m) espacial 16.
huecograbado(m) 580.
huelgo(m) de ajuste(m) 718.
huella(f) 201.
huerta(f) 149.
huerto(m) 148, 193.
huesecillos(m) auditivos 138.
huesecillos(m) auditivos 139.
hueso(m) 63.
hueso(m) alveolar 144.
hueso(m) ilíaco(m) 122.
hueso(m) maxilar 144.
hueso(m) nasal 141.
hueso(m) pómulo(m) 122.
hueva(f) 89.
huevera(f) 254.
huevo(m) 109, 128.
huevo(m) 82.
huevos(m) 84.
humano, cuerpo(m) 116, 118.
humedad(f) del aire(m) 210.
humedad(f) en el aire(m) 34.
humedad(f), medición(f) 41.
húmedo de verano(m) corto 45.
húmedo de verano(m) largo 45.
húmero(m) 102, 122.
húmero(m), cabeza(f) del 123.
humidificador(m) 210.
humo(m) 39.
humor(m) acuoso 140.
humor(m) vitreo 140.
huracán(m) 39.
husillo(m) 579, 711.
huso(m) 294, 573, 575.

I

idéntico a 830.
iglesia(f) 185.
iglú(m) 165.
igual a 830.
igual o mayor que 830.
igual o menor que 830.
ijar(m) 101.
íleon(m) 131.
iluminación(f) 368.
iluminación(f) de la placa(f) de matrícula(f) 429.
imagen(f) impresa 580.
imagen(f) tallada 580.
imán(m) 563.
imán(m) 254, 406, 485, 714.
imán(m) frenador 712.
impar(m) 700, 701.
imparipinnada 56.
imperial 183.
Imperio(m) romano, armas(f) 791.
impermeable(m) 319.
impertinentes(m) 377.
impluvio(m) 170, 171.
imposta(f) 174.
imposta(f) principal 177.
impresión litográfica 580.
impresión(f) 580.
impresión(f) de mensajes 421.
impresión(f) del músculo(m) 95.
impresión(f) en huecograbado(m) 582.
impresión(f) en relieve(m) 580, 581.
impresión(f) paleal 95.
impresiones(f), cubeta(f) para lavar 399.
impresora(f) 421.
impresora(f) 523.
impresora(f) laser 527.
impresora(f) matriz 531.
impresora(f) matriz 527.
impresora(f), calculadora(f) 523.
impresora(f), mesa(f) 521.
impulso(m) de lanzamiento(m) 682.
impulso(m) electromagnético 722.
impulso(m) nervioso 135.
impulso(m), irrigador(m) 264.
incendios(m), manguera(f) 778.
incendios(m), prevención(f) 777.
incisivo(m) 98.
incisivo(m) central 144.
incisivo(m) lateral 144.
incisivos(m) 144.
indicador(m) 518.
indicador(m) 710.
indicador(m) de ajuste(m) 641.
indicador(m) de emergencia(f) de inclinación(f) 500.
indicador(m) de emergencia(f) de velocidad(f) 500.
indicador(m) de encendido(m) 529.
indicador(m) de hora(f) de salida(f) 463.
indicador(m) de la mitad(f) 525.
indicador(m) de llamadas(f) 420.
indicador(m) de luz(f) larga 445.
indicador(m) de nivel(m) de gasolina(f) 431.
indicador(m) de número(m) de andén(m) 462.
indicador(m) de recarga(f) 374.
indicador(m) de respuesta(f) automática 420.
indicador(m) de temperatura(f) 370, 431.
indicador(m) de tiempo(m) 391.
indicador(m) de velocidad(f) 391.
indicador(m) de viraje(m) 639.
indicador(m) del cuadrante(m) 485.
indicador(m) del importe(m) total(m) 453.
indicador(m) del precio(m) por litro(m)/galón(m) 453.
indicador(m) digital 709, 710.
indicador(m) digital de frecuencia(f) 402.
indicador(m) luminoso 709.
indicador(m) neutro 445.
indicador(m) para viraje(m) en nado(m) de espalda(f) 621.
indicador(m) principal de la película(f) 390.
indicador(m) transparente 518.
indicadores(m) 405, 410.
índice(m) 529.
índice(m) de teléfonos(m) 420.
índices(m) de exposición(f) 396.
Indio 13.
industría(f) petroquímica 744.
infiltración(f) 34.
infinito(m) 830.
inflador(m) 687.
inflamable 821.
inflorescencias(f) 69.
inflorescencias(f), variedades(f) 60.
información(f) 823.
información(f), unidades(f) de salida(f) 527.
infraestructura(f) 451, 529.
infraspinoso(m) 121.
ingle(f) 116, 118.
inhalación(f) 622.
injección(f)/explosión(f) 437.
injector(m) de combustible(m) 437.
insecticidas(m) 32.
insectívoros(m) 31.
insectos(m) y araña(f) 77.
instrumento(m) para alinear el jardín(m) 268.
instrumentos(m) 635.
instrumentos(m) científicos 16, 511.
instrumentos(m) de inmersión(f) 627.
instrumentos(m) de madera(f), familia(f) 548.
instrumentos(m) de manicura(f) 365.
instrumentos(m) de medición(f) meteorológica 40.
instrumentos(m) del tablero(m) 431.
instrumentos(m) electrónicos 555.
instrumentos(m) musicales tradicionales 535, 536.
instrumentos(m) para escribir 389.
instrumentos(m)meteorológicos, caseta(f) 41.
integral 830.
Intelsat VII 418.
intercambiador(m) de calor(m) 760, 772.
intercambios(m), principales tipos(m) 450.
interior(m) derecho 601, 607.
interior(m) izquierdo 601, 607.
intermitente(m) 429, 431, 441, 442, 443, 444, 445.
interóseos(m) del pie(m) 120.
interrogación(f) 832.

Las entradas en **negritas** corresponden a los titulos de página.

interruptor(m) 309.
interruptor(m) 234, 235, 247, 254, 256, 259, 260, 280, 283, 285, 305, 368, 370, 373, 374, 405, 411, 444, 485, 529, 555.
interruptor(m) automático 212, 747.
interruptor(m) automático bipolar 312.
interruptor(m) automático principal 312.
interruptor(m) automático unipolar 312.
interruptor(m) de arranque(m) automático 216.
interruptor(m) de emergencia(f) 444.
interruptor(m) de encendido(m) 430, 444.
interruptor(m) de encendido(m)/apagado(m) 391, 397, 406.
interruptor(m) de expulsión(f) 411.
interruptor(m) de focalización(f) automática 397.
interruptor(m) de gatillo(m) 284.
interruptor(m) de la puerta(f) 259.
interruptor(m) del limpiaparabrisas(m) 430.
interruptor(m) luminoso 561.
interruptor(m) para el video(m) auxiliar 413.
interruptor(m) para la producción(f) video 413.
interruptor(m) principal 757.
interruptor(m)de encendido(m) 445.
intersección(f) 830.
intervalo(m) 489.
intervalos(m) 537.
intestino(m) 88, 92, 97, 124.
intestino(m) delgado 131.
intestino(m) grueso 131.
intradós(m) 174.
invernadero(m) 149.
invertido(m) 476.
invierno(m) 8.
inyector(m) 434.
inyector(m) de píldoras(f) 765.
inyector(m) unitario de alimentación(f) 765.
lo 4.
ippon-seoi-nage(proyección(f)) por encima del hombro(m) con una mano(f)) 668.
iris(m) 140.
iron(m) 677.
iron(m) núm.3 678.
iron(m) núm.4 678.
iron(m) núm.5 678.
iron(m) núm.6 678.
iron(m) núm.7 678.
iron(m) núm.8 678.
irrigador(m) bucal 373.
irrigador(m) de impulso(m) 264.
irrigador(m) giratorio 264.
irrigador(m) oscilante 264.
isba(f) 165.
isla(f) 51, 452.
isla(f) de arena(f) 30.
isla(f) volcánica 28.
isobara(f) 38.
isquión(m) 123.
istmo(m) 51.
istmo(m) de las fauces(f) 142.

J

jabalina(f) 658.
jabalina(f) 791.
jaboncillo(m) litográfico 583.
jabonera(f) 374.
jabonera(f) 292.
jamba(f) 202, 203, 204.
jardín(m) 263.
jardín(m) 171, 193.
jardín(m) de rocas(f) 263.
jardín(m) público 190.
jareta(f) 231.
jarra(f) para agua(f) 238.
jarra(f) para café(m) 238.
jarra(m) para cerveza(f) 237.
jarrito(m) de la leche(f) 238.
jaula(f) de extracción(f) 736.
jaula(f) de protección(f) 654.
jefe(m) 818.
jefe(m) 818.
jefe(m) de cronometradores(m) 621.
jeringa(f) 726.
jeringa(f) de irrigación(f) 726.
jeringa(f) de Luer-Lock 726.
jersey(m) 602.
jersey(m) de cuello(m) de cisne(m) 642.
jinete(m) 648.
Jirafa 11.
jirafa(f) 414.
jirafa(f) del micrófono(m) 412.
jockey club(m) 651.
jockey(m) 651.
jónico, orden(m) 166.
jota(f) 695.
joyería(f) 361, 362, 364.
juanete(m) de mesana(f) de estay(m) 480.
juanete(m) de proa(f) alto 481.
juanete(m) de proa(f) bajo 481.
juanete(m) mayor bajo 481.
juanete(m) mayor proel alto 481.
jubón(m) 316.
judías(f) verdes 69.
judo(m) 668.
judoka(m) 668.
judoka(m) neutral 668.
juego(m) de dardos(m) 698.
juego(m) de mesas(f) 219.
juego(m) de utensilios(m) 244.
juego(m) extenso de caracteres(m) 530.
juego(m) limpiabotas(m) 358.
juego(m) para fondue(f) 248.
juego(m), área(f) 698.
juegos(m), sistema(m) de video(m) 699.
juez(m) 603, 605, 611, 666, 668, 669.
juez(m) de brazado(m) 621.
juez(m) de campo(m) 605.
juez(m) de faltas(f) de pie(m) 614.
juez(m) de gol(m) 608, 626.
juez(m) de línea(f) 601, 603, 605, 606, 608, 613, 614, 618.
juez(m) de llegada(f) 621.
juez(m) de red(f) 614.
juez(m) de salida(f) 621.
juez(m) de servicio(m) 614, 618.
juez(m) de silla(f) 614.
juez(m) de viraje(m) 621.
jugador(m) 602, 609.
jugador(m) 626, 697.
jugador(m) con el servicio(m) 614.
jugador(m) de cricket(m) 598.
jugador(m) de primera base(f) 597.
jugador(m) de saque(m) 613, 616, 618.
jugador(m) de segunda base(f) 597.
jugador(m) de tercera base(f) 597.
jugador(m) exterior central 597.
jugador(m) exterior derecho 597.
jugador(m) exterior izquierdo 597.
jugador(m) medio 597.
jumper(m) 333.
junta(f) 257, 300, 439, 768.
junta(f) de anillo(m) 294, 295.
junta(f) de goma(f) 296.
junta(f) del cárter(m) 434.
Júpiter 4.

K

Kaplan, turbina(f) 754.
kimono(m) 340, 348.
kimono(m) 668.
kiosco(m) 453, 475.
kiwi(m) 68.

L

la flecha(f) de la turbina(f) hace girar el generador(m) 767.
la hoja(f) según su borde(m) 56.
la hoja(f) según su limbo(m) 56.
la presión(f) del vapor(m) impulsa las turbinas(f) 767.
la vista(f) 140.
la(A) 537.
labio(m) 100, 107.
labio(m) córneo 97.
labio(m) externo 94.
labio(m) inferior 142, 542.
labio(m) interno 94.
labio(m) mayor 128, 129.
labio(m) menor 128, 129.
labio(m) superior 81, 142, 542.
laboratorio(m) 15.
laboratorio(m) alto 15.
laboratorio(m) espacial 511.
lacolito(m) 25.
ladera(f) 27.
lado(m) de la dama(f) 696.
lado(m) del mar(m) 752.
lado(m) del rey(m) 696.
lado(m) hacia el embalse(m) 752.
ladrillo(m) 286.
ladrillo(m) refractario 204, 585.
ladrillos(m) refractarios 204.
Lagarto 11.
lago(m) 7, 27, 51.
laguna(f) 30.
laguna(f) salada 46.
lama(f) 773.
lámina(f) aislante 528.
lámina(f) cribosa del etmoides(m) 141.
lámina(f) de presión(f) 390.
lámina(f) lateral 104.
lámina(f) medial 104.
lámina(f) superior 525.
láminas(f) y tableros(m) 289.
laminillas(f) 55.
lámpara de pinza(f) 235.
lámpara indicadora de tocado(m) 666.
lámpara(f) 233, 477, 718.
lámpara(f) ajustable 234.
lámpara(f) de cabecera(f) 234.
lámpara(f) de escritorio(m) 234.
lámpara(f) de mesa(f) 236.
lámpara(f) de neón(m) 310.
lámpara(f) de petróleo(m) 690.
lámpara(f) de pie(m) 236.
lámpara(f) de prueba(f) de neón(m) 310.
lámpara(f) de techo(m) 236.
lámpara(f) del casco(m) 680.
lámpara(f) halógena 233.
lámpara(f) incandescente 769.
lámpara(f) orientable de pared(f) 234.
lámparas(f) 232, 234, 236.
lámparas(f) en serie(f) 235.
lanceolada 56.
lancha(f) de motor(m) 809.
langosta(f) 90.
langosta(f) marina 91.
langostino(m) 90.
lanilla(f) 817.
lanza(f) 791.
lanzadera(f) 573, 574.
lanzadera(f) 510, 571, 574.
lanzadera(f) plana 573.
lanzado(m) desigual 571.
lanzador(m) 597, 599.
lanzador(m) de bombas(f) fumígenas 805.
lanzamiento(m) 682.
lanzamiento(m) de jabalina(f) 654.
lanzamiento(m) de peso(m) 655.
lanzamientos(m) 658.
lanzamisiles(m) 811.
lapa(f) 83.
lapiaz(m) 24.
lapicero(m) 515.
lápices(m) de colores(m) 588.
lapislázuli(m) 362.
lápiz(m) 389, 515.
lápiz(m) adhesivo 515.
lápiz(m) blanco para uñas(f) 365.
lápiz(m) borrador(m) 515.
lápiz(m) corrector de ocre(m) rojo 583.
lápiz(m) corrector de piedra(f) pómez 583.
lápiz(m) de cejas(f) 367.
lápiz(m) de grafito(m) 389.
lápiz(m) labial 366.
lápiz(m) litográfico 583.
lápiz(m) mecánico 389.
larga distancia(f), control(m) 411.
larga distancia(f),satélite(m) de detección(f) 48.
largo(m) a media pantorrilla(f) 325.
largo(m) al tobillo(m) 325.
largo(m) ejecutivo 325.
larguerillo(m) 787.
larguero(f) central 202.
larguero(m) 203, 223, 302, 498, 626, 773.
larguero(m) de la bisagra(f) 202, 225.
larguero(m) de la cerradura(f) 202.
larguero(m) del marco(m) 225.
larguero(m) inferior 470.
laringe(f) 130, 142.
larva(f) 82.
lasca(f) doble 691.
lateral(m) derecho 612.
lateral(m) izquierdo 612.
latiguillo(m) 649.
latitud(f) 3.
laurel(m) 74.
lava(f) 25.
lavabo(m) 215, 292.
lavado(m) 829.
lavado(m) de automóviles(m) 453.
lavadora(f) 258, 298.
lavadora(f) 215, 294, 298.
lavavajillas(m) 257.
lávese a mano(f) con agua(f) tibia 829.
lávese en lavadora(f) con agua(f) caliente en el ciclo(m) para ropa(f) delicada 829.
lávese en lavadora(f) con agua(f) caliente, en el ciclo(m) normal 829.
lávese en lavadora(f) con agua(f) muy caliente, en el ciclo(m) normal 829.
lávese en lavadora(f) con agua(f) tibia en el ciclo(m) para ropa(f) delicada 829.
laya(f) 266.
lazo(m) 228, 328.
Lebreles 11.
lecho(m) 492.
lecho(m) de agujas(f) 568.
lecho(m) marino 28.
lecho(m) oceánico 22.
lecho(m) ungular 137.
lechuga(f) francesa 73.
lechuga(f) romana 73.
lector(m) de casetes(m) 408.
lector(m) de casetes(m) personal,radio AM\FM 408.
lector(m) de CD\ROM 526.
lector(m) de disco(m) compacto 405.
lector(m) de discos(m) compactos 408.
lector(m) de tarjetas(f) 422.
lectura(f)/pausa(f) 405.
legionario(m) romano 791.
legumbre(f), corte(m) de una 67.
legumbres(f) 72.
legumbres(f) 33.
lencería(f) 348.
lencería(f) 460.
lengua(f) 143.
lengua(f) 81, 88, 131, 142.
lengua(f) bífida 96.
lengua(f) glaciar 26.
lengüeta(f) 319, 352, 354, 378, 379, 542, 562, 566, 568, 641, 644.
lengüeta(f) ajustable del talle(m) 322.
lengüeta(f) de cuero(m) 323.
lengüeta(f) de la caña(f) 536.
lengüeta(f) protectora 529.
lengüeta(f), tubo(m) 542.
lente(f) 376.
lente(f) bifocal 376.
lente(f) convexo-plana 722.
lente(f) de ampliación(f) 399.
lente(f) de campo(m) 718.
lente(f) zoom(m) 409.
lente(m) de 180 grados(m) 392.
lente(m) de acercamiento(m) 392.
lentejas(f) 72.
lentes(f) 722.
lentes(f) bicóncavas 722.
lentes(f) biconvexas 722.
lentes(f) cóncavas 722.
lentes(f) cóncavo-planas 722.
lentes(f) convergentes 722.
lentes(f) convexas 722.
lentes(f) de enfoque(m) 717.
lentes(f) de imágen(f) recta 718.
lentes(f) divergentes 722.
Leo 11.
León Menor 11.
león(m) 98.
león(m) rampante 819.
leotardo(m) 353.
Leo, el León (23 de julio) 820.
letrero(m) de número(m) de vías(f) 471.
letrinas(f) 171.
leucoplasto(m) 115.
leva(f) 281, 573.
levantador(m) de pesas(f) 662.
levita(f) 317.
libélula(f) 77.
líber(m) 59.
liberador(m) del cable(m) de remolque(m) 639.
liberador(m) del margen(m) 524.
liberador(m) del seguro(m) 278.
Libra 13.
libras(f) 832.
Libra, la Balanza (23 de septiembre) 820.
libreta(f) 518.
libro(m) encuadernado 577.
líder(m) 620.
Liebre 13.
lienzo(m) 589.
lienzos(m) 589.

Las entradas en **negritas** corresponden a los titulos de página.

liga(f) 347.
ligadura(f) 539.
ligamento(m) 95.
ligamento(m) alveolo-dentario 144.
ligamento(m) ancho del útero(m) 129.
ligamento(m) de nudos(m) 576.
ligamento(m) de rayas(f) 576.
ligamento(m) elástico 92, 107.
ligamento(m) entrecruzado 576.
ligamento(m) redondo del útero(m) 129.
ligamento(m) suspensorio 140.
ligamento(m) vertical 576.
ligamento(m), posición(f) del 95.
ligamentos(m) textiles básicos 576.
ligeramente nublado 39.
liguero(m) 347.
ligústico(m) 74.
lima(f) 277, 587.
lima(f) 688.
lima(f) de uñas(f) 365.
lima(f) de uñas(f) 365.
limbo(m) 484.
limbo(m) de la palma(f) 104.
límite(m) de distrito(m) 52.
límite(m) de la ciudad(f) 52.
límite(m) de salida(f) del portero(m) 612.
limón(m) 65.
limonera(f) 652.
limpiador(m) 431.
limpiador(m) de antenas(f) 80.
limpiador(m) de boquillas(f) 307.
limpiador(m) de uñas(f) 365.
limpiaparabrisas(m) 431.
limpiaparabrisas(m) 426.
Lince 11.
lindero(m) 193.
línea de caída(f) 341.
línea del rastrillo(m) 599.
línea lateral(f) de individuales(m) 614.
línea(f) 537, 700, 701.
línea(f) azul 608.
línea(f) central 601, 612, 620, 682.
línea(f) central de servicio(m) 614.
línea(f) de 2 metros(m) 626.
línea(f) de 4 metros(m) 626.
línea(f) de aceleración(f) 452.
línea(f) de ataque(m) 613.
línea(f) de banda(f) 619, 620.
línea(f) de barrido(m) 620.
línea(f) de caja(f) de servicio(m) 617.
línea(f) de carrera(f) 599.
línea(f) de corte(m) 565.
línea(f) de costura(f) 565.
línea(f) de crecimiento(m) 83, 95.
línea(f) de cuadro(m) 674.
línea(f) de devolución(f) 599.
línea(f) de disputa(f) 605.
línea(f) de dobles(m) 614.
línea(f) de falta(f) 597.
línea(f) de fe(f) 485.
línea(f) de flotación(f) 487.
línea(f) de fondo 619.
línea(f) de fondo(m) 604, 606, 610, 613, 614, 618, 620.
línea(f) de gol(m) 601, 604, 606, 608, 612.
línea(f) de juego(m) 620.
línea(f) de lanzamiento(m) 683.
línea(f) de las 50 yardas(f) 604.
linea(f) de llegada(f) 651.
línea(f) de los 10 metros(m) 606.
línea(f) de los 15 metros(m) 606.
línea(f) de los 22 metros(m) 606, 607.
línea(f) de los 5 metros(m) 606.
línea(f) de melé(m) 603.
línea(f) de meta(f) 607, 611, 626.
línea(f) de pénalty(m) 612.
línea(f) de pista(f) 503.
línea(f) de puesta(f) en guardia(f) 666.
línea(f) de puesta(f) en guardia(f) de florete(m) 666.
línea(f) de puesta(f) en guardia(f) de sable(m) y espada(f) 666.
línea(f) de recepción(f) de servicio(m) 617.
línea(f) de referencia(f) 719.
línea(f) de salida(f) 620, 621, 655, 656.
línea(f) de seguridad(f) 475.
línea(f) de servicio(m) 614, 616, 617.
línea(f) de servicio(m) corto 618.
línea(f) de servicio(m) largo 618.
línea(f) de tiro(m) 683.
línea(f) de tiro(m) libre 610, 612.
línea(f) de touché(m) 606.
línea(f) de triple salto(m) 654.
línea(f) de visión(f) 719.
línea(f) del área(f) de gol(m) 612.
línea(f) del centro(m) 666.
línea(f) del dobladillo(m) 565.
línea(f) del fondo(m) de la piscina(f) 621.
línea(f) del medio campo(m) 626.
línea(f) divisoria central 616, 618, 619.
línea(f) férrea 52.
línea(f) isosísmica 23.
línea(f) lateral 87, 452, 616.
línea(f) lateral de dobles(m) 618.
línea(f) lateral de individuales(m) 618.
línea(f) límite(m) de inicio(m) de jugada(f) 604.
línea(f) límite(m) de salida(f) 666.
línea(f) media 607, 608, 610.
línea(f) meridiana 719.
línea(f) para modificaciones(f) 565.
línea(f) pintada 452.
línea(f) superior 616.
línea(f) suplementaria 537.
línea(f)de desaceleración(f) 452.
líneas(f) de latitud(f) 47.
líneas(f) de longitud(f) 47.
líneas(f) principales 452.
linterna(f) 689.
linterna(f) 486.
linterna(f) del faro(m) 486.
linterna(f) movible 310.
liquido(m) de enfriamiento(m) y ventilación(f) del traje(m) 512.
líquidos(m) accesorios 592.
Lira 11.
lira(f) 535.
lira(f) 832.
lisosoma(m) 115.
lista(f) de procedimientos(m) 512.
lista(f) superciliar 109.
listel(m) 166.
listón(m) 231, 657.
listón(m) de madera(f) 571.
litchi(m) 68.
litera(f) 460.
litografía(f) 583.
litoral(m), configuración(f) 30.
litosfera(f) 31.
lizos(m) 573.
lizos(m) 572, 574.
llanta(f) 147, 433, 442, 447.
llanta(f) maciza 788.
llanta(f) neumática de tracción(f) 476, 477.
llanta(f) neumática guía(f) 476, 477.
llanura(f) 51.
llanura(f) abisal 29.
llanura(f) abisal 29.
llave(f) 290, 294, 539, 549, 550.
llave(f) ajustable 299.
llave(f) combinada 279.
llave(f) de asientos(m) de válvula(f) 299.
llave(f) de boca(f) de agua(f) 779.
llave(f) de cadena(f) 299.
llave(f) de cincho(m) 299.
llave(f) de estrías(f) abierta 279.
llave(f) de estrías(f) común 279.
llave(f) de estrías(f) hexagonal 279.
llave(f) de gas(m) 297.
llave(f) de paso(m) 215, 293, 296, 298.
llave(f) de tuercas(f) española 279.
llave(f) del bocal(m) 548.
llave(f) del mandril(m) 281.
llave(f) inglesa 299.
llave(f) para agua(f) 551.
llave(f) pico(m) de ganso(m) 299.
llavero(m) 379.
llaves(f) de tuercas(f) 279.
llaves(f), ejemplos(m) de 668.
llegada(f) 646, 654.
llovizna(f) continua 39.
llovizna(f) intermintente 39.
lluvia(f) 36.
lluvia(f) continua 39.
lluvia(f) helada 39.
lluvia(f) intermitente 39.
lluvia(f),medición(f) 40.
lobulada 56.
lóbulo(m) 111, 139, 141.
lóbulo(m) inferior 130.
lóbulo(m) lateral inferior 61.
lóbulo(m) lateral superior 61.
lóbulo(m) medio 130.
lóbulo(m) superior 130.
lóbulo(m) terminal 61.
locomotora(f) 459.
locomotora(f) diesel eléctrica 468.
lóculo(m) 64.
lomera(f) 653.
lomo(m) 101, 106, 108, 239, 240, 241, 242, 577, 579.
lomo(m) con canal(m) 281.
lomo(m) de maniobra(f) 465.
lomo(m) del libro(m) 579.
lona(f) 669, 773.
lona(f) de separación(f) 685.
longitud(f) 3.
longitud(f) de la ola(f) 30.
longitud(f), medición(f) 711.
loriga(f) 791.
los pasos(m) 101.
lubrificador(m) 735.
lucernas(f) del campanario(m) 175.
luces(f) de advertencia(f) 431.
luces(f) de emergencia(f) 779.
luces(f) de frente 189.
luces(f) indicadoras 531.
luces(f) traseras 429.
luchadero(m) 632.
lugar(m) para la leña(f) 204.
luge(m) 643.
lumbrera(f) de admisión(f) 436.
lumbrera(f) de escape(m) 436.
lumbrera(f) de transferencia(f) 436.
Luna(f) 7.
Luna(f) 4, 8.
Luna(f) llena 7.
Luna(f) nueva 6.
Luna(f), eclipse(m) 8.
Luna(f), fases(f) 6.
lunas(f), planetas(m) 4.
luneta(f) 189.
luneta(f) preferente 188.
lúnula(f) 137.
lúnula(m) 95.
lupa(f) 688.
lupa(f)de focalización(f) 399.
luz(f) 486, 487, 489, 500, 720, 721.
luz(f) anticolisión 498.
luz(f) antiniebla 429.
luz(f) blanca 488.
luz(f) de advertencia(f) de emisión(f) 407.
luz(f) de advertencia(f) de la gasolina(f) 431.
luz(f) de advertencia(f) de puerta(f) abierta 431.
luz(f) de advertencia(f) del aceite(m) 431.
luz(f) de advertencia(f) del alternador(m) 431.
luz(f) de advertencia(f) del cinturón(m) de seguridad(f) 431.
luz(f) de aterrizaje(m) 508.
luz(f) de cruce(m) 429.
luz(f) de encendido(m) 374, 420.
luz(f) de encendido(m)\apagado(m) 420.
luz(f) de freno(m) 429.
luz(f) de la barrera(f) 471.
luz(f) de marcha(f) atrás 429.
luz(f) de navegación(f) 493, 499, 508.
luz(f) de posición(f) 429, 459.
luz(f) de tope(m) 495.
luz(f) delantera 447.
luz(f) exterior 196.
luz(f) inactínica 398.
luz(f) indicadora de la presión(f) del aceite(m) 445.
luz(f) indicadora de luz(f) larga 431.
luz(f) intermitente 471.
luz(f) larga 429.
luz(f) lateral 440, 441.
luz(f) para niebla(f) 440.
luz(f) piloto(m) 370.
luz(f) solar, medición(f) 40.
luz(f) trasera 429, 441, 443, 444, 446.
luz(m) de posición(f) 429.

M

maceta(f) 263.
maceta(f) colgante 263.
machete(m) 794.
macho(m) 566.
machón(m) 750.
machones(m), dique(m) 750.
macillo(m) 540, 541.
macillo(m0 de fieltro(m)) 541.
macizo(m) de flores(f) 263.
mácula(f) lútea 140.
madera(f) 288, 677.
madera(f) núm.3 678.
madera(f) núm.5 678.
madera(f), pisos(m) de 200.
maderamen(m) que soporta el tejado(m) 168.
maduración(f) completa 61.
maduración(f), etapas(f) 61.
magma(m) 25, 28.
magnetómetro(m) 42.
maíz(m) 72, 152.
maíz(m) forrajero 149.
maleta(f) clásica 383.
maleta(f) de fin(m) de semana(f) 383.
maletín(m) 378, 382.
maleza(f) 676.
malla(f) 619.
mallas(f) con volantes(m) 349.
Malpighi, estrato(m) de 136.
mameluco(m) 325, 350.
mamelucos(m) 350.
mamelucos(m) de dos piezas(f) 350.
mampara(f) de contención(f) 441.
mancha(f) solar 6.
manchas(f) auriculares 109.
mandarina(f) 65.
mandíbula(f) 78, 80, 81, 86.
mandíbula(f) de carnívoro(m) 98.
mandíbula(f) de roedor(m) 98.
mandíbula(f) inferior 102, 109.
mandíbula(f) superior 109.
mando(m) de control(m) del carro(m) 569.
mando(m) del freno(m) aerodinámico 639.
mando(m), puente(m) 500.
mandolina(f) 535.
mandril(m) 276, 280, 281, 283, 735.
manecilla(f) de las horas(f) 707.
manejo(m) del combustible(m), secuencia(f) 764.
manga(f) 817.
manga(f) 318, 322, 667.
manga(f) colgante 316.
manga(f) corta 318.
manga(f) de aislamiento(m) 309.
manga(f) de distribución(f) 213.
manga(f) de volante(m) 317.
manga(f) empotrada 324, 326.
manga(f) flotante 316.
manga(f) ranglán 340.
manga(f) ranglán 319, 330, 350.
manga(f) y boquillas(f) 245.
manga(f), tipos(m) de 339, 340.
mango(m) 63, 239, 240, 241, 242, 272, 275, 276, 277, 278, 279, 280, 281, 282, 291, 304, 305, 306, 310, 370, 373, 374, 380, 544, 563, 564, 579, 598, 607, 609, 615, 619, 620, 658, 671, 674, 675, 677, 681, 688, 735.
mango(m) aislado 310.
mango(m) aislante 311.
mango(m) auxiliar 280.
mango(m) posterior 671.
manguera(f) 260, 265, 292, 296, 298, 306, 438, 780.
manguera(f) de abastecimiento(f) en vuelo(m) 813.
manguera(f) de aire(m) 734.
manguera(f) de alimentación(f) 257.
manguera(f) de conexión(f) 735.
manguera(f) de desagüe(m) 257, 258, 298.
manguera(f) de incendios(m) 778.
manguera(f) de inyección(f) de lodo(m) 737.
manguera(f) de líquido(m) para frenos(m) 432.
manguera(f) de llenado(m) 399.
manguera(f) de riego(m) 265.
manguera(f) de servicio(m) 453.
manguera(f) de succión(f) 778.
manguera(f) de vaciado(m) 258, 399.
manguera(f) del rebosadero(m) 293.
manguera(f) flexible 735.
manguera(f) hidráulica 156, 157, 158.
manguera(f) para agua(f) 734.
manguera(f), carretilla(f) 265.
manguito(m) 663.
manguito(m) de enfriamiento(m) 796.
manicura(f) 365.
manicura(f), estuche(m) 365.
manicura(f), instrumentos(m) 365.
manija(f) en cruz(f) 701.
manillar(m) 270, 442, 445, 447, 664.
manipulador(m) de documentos(m) 532.
maniquí(m) 564, 592.
manivela(f) 280, 393, 448, 573, 583, 670, 671, 793.
manivela(f) de dirección(f) 803.
manivela(f) de elevación(f) 802, 803.
manivela(f) de elevación(f) de patas(f) 441.

Las entradas en **negritas** corresponden a los titulos de página.

manivela(f) de la ventanilla(f) 429.
manivela(f) del carrete(m) 265.
mano(f) 137.
mano(f) 117, 119.
mano(f), granada(f) 804.
mano(m) 243.
manojo(m) 72.
manómetro(m) 209, 627, 710, 740, 741, 778.
manómetro(m) del soplete(m) 306.
manómetro(m) del tanque(m) 306.
manopla(f) 327.
manopla(f) 680.
manoplas(f) 308.
manos(f) de póquer(m) 695.
manta(f) 224.
manta(f) de la silla(f) 648.
mantenimiento(m) 453.
mantequera(f) 238.
manto(m) 204.
manto(m) externo 22.
manto(m) interno 22.
manual(m) 543.
manual(m) de primeros auxilios(m) 725.
manubrio(m) 630.
manzana(f) 64.
manzana(f) 64.
Mao 342.
mapa(f) 483.
mapa(m) de carreteras(f) 52.
mapa(m) de la ruta(f) 474.
mapa(m) de ruta(f) 477.
mapa(m) de rutas(f) 475.
mapa(m) físico 51.
mapa(m) político 51.
mapa(m) urbano 52.
mapa(m), proyecciones(f) 50.
maquillaje(m) 366.
maquillaje(m) facial 366.
maquillaje(m) labial 366.
maquillaje(m) para ojos(m) 367.
máquina de picar carne(f) 243.
máquina de tricotar 568.
máquina(f) abastecedora de combustible(m) 759.
máquina(f) cargadora de combustible(m) 761, 764.
máquina(f) de descarga(f) 764.
máquina(f) de dibujar con guía(f) 591.
máquina(f) de escribir electrónica 524.
máquina(f) de soldar eléctrica 305.
máquina(f) lavaplatos(m) 298.
máquina(f) lavaplatos(m) 298.
máquina(f) para hacer pasta(f) italiana 243.
maquinaria(f) pesada 785.
máquinas(f), herramientas(f) 264, 266, 268, 270, 272.
maquinilla(f) de afeitar 374.
maquinilla(f) de afeitar eléctrica 374.
maquinilla(f) desechable 374.
maquinilla(f) para cortar el cabello(m) 369.
mar(m) 7, 51.
mar(m) abierto 752.
mar(m) Caribe 20.
mar(m) Caspio 21.
mar(m) de Bering 21.
mar(m) de Groenlandia 20.
mar(m) de la China(f) Meridional 21.
mar(m) del Norte 21.
mar(m) Mediterráneo 21.
mar(m) Negro 21.
mar(m) Rojo 21.
marca(f) central 614, 620.
marca(f) de posición(f) 547.
marca(f) de posisición(f) 546.
marca(f) de tope(m) 486, 488.
marca(f) registrada 831.
marca(f) registrada 384.
marcador(m) 389, 515, 563.
marcador(m) 666, 683.
marcador(m) automático 420.
marcador(m) de temperatura(f) 705.
marcador(m) del dobladillo(m) 564.
marchapié(m) 478.
marco(m) 832.
marco(m) 573, 615, 617, 645, 659, 769.
marco(m) ajustable 277.
marco(m) vertical 574.
marcos(m) 572.
margarita(f) 691.
marginadora(f) 398.
marinera 337.
marinero 342.
mariposa(f) 78, 79.
mariposa(f) de resorte(m) 276.
marítimo 45.
marquesa(f) 363.
Marte 4.
martillo(m) 311, 658.
martillo(m) 138, 795.
martillo(m) de albañil(m) 291.
martillo(m) de bola(f) 275.
martillo(m) de carpintero(m) 275.
martillo(m) de encuadernador(m) 579.
martillo(m) de uña(f) 275.
martillo(m) mixto 680.
martillo(m) neumático 735.
martillo(m) para hielo(m) 681.
martinete(m) 541.
más(m) 830.
más(m) o menos(m) 830.
masa(f) de aire(m) 38.
masa(f) inerte 714.
máscara(f) 595, 777.
máscara(f) de gas(m) 730.
máscara(f) para el polvo(m) 730.
mascarilla(f) 730.
masculino(m) 831.
masculinos, órganos(m) genitales 127.
masetero(m) 120.
mastelero(m) 479.
mastelero(m) de juanete(m) 479.
mastelero(m) de mesana(f) de estay(m) 480.
mastelero(m) de sobrejuanete(m) 479.
mástil(m) 508, 544, 546, 547, 628, 631, 637, 787, 788.
matacán(m) 181.
matacán(m) 180.
matemáticas(f) 830.
materia(f) gris 135.
material(m) aislante 199, 200.
material(m) impermeable 349.
materiales(m) aislantes 287.
materiales(m) básicos 286.
materiales(m) de revestimiento(m) 286.
materiales(m) peligrosos 821.
materiales(m), manejo(m) 786, 788.
matraca(f) 281, 670.
matriz(f) ungular 137.
maxilar(m) 86, 90, 141.
maxilar(m) inferior 122.
maxilar(m) separable 96.
maxilar(m) superior 81, 122.
maxilípedos(m) 90.
mayor que 830.
maza(f) 553, 581.
maza(f) 675.
mazo(m) 275, 586.
mazorca(m) 72.
meato(m) auditivo 138, 139.
meato(m) urinario 127.
mecanismo(m) 712.
mecanismo(m) asistido de descarga(f) 796.
mecanismo(m) de avance(m) y cambio(m) de la diapositiva(f) 397.
mecanismo(m) de carga(f) del combustible(m) 760.
mecanismo(m) de control 699.
mecanismo(m) de cuerda(f) 707.
mecanismo(m) de despliegue(m) 49.
mecanismo(m) de disparo(m) 804.
mecanismo(m) de elevación(f) de la pala(f) 784.
mecanismo(m) de empuje(m) 389.
mecanismo(m) de enrollado(m) 231.
mecanismo(m) de escape(m) 539.
mecanismo(m) de indicación del disco(m) 285.
mecanismo(m) de la barrera(f) 471.
mecanismo(m) de la palanca(f) 541.
mecanismo(m) de reversión(f) 212.
mecanismo(m) de reverso(m) y cambio(m) de la diapositiva(f) 397.
mecanismo(m) de rotación(f) de la cuchilla(f) 784.
mecanismo(m) del reloj(m) de pesas(f) 707.
mecanismo(m) elevador del disco(m) 285.
mecanismo(m) para las octavas(f) 548.
mecedora(f) 221, 223.
media bota(f) 354.
media combinación(f) 345.
media luna(f) 377.
media punta(f) 607.
media(f) 602, 667.
media(f) alta 642.
media(f) tres-cuartos 344.
medialuna(f) 179.
medias(f) 344.
medias(f) 347.
medias(f) de malla(f) 344.
medición(f) metereólogica, instrumentos 40.
médico(m) 669.
medidor(m) 757.
medidor(m) automático 741.
medidor(m) de agua(f) 215, 439.
medidor(m) de altos niveles(m) de frecuencia(f) 403.
medio de melé(m) 606.
medio lado(m) 787.
medio nublado 39.
medio punto(m), arco(m) 174.
medio(m) alejado 606.
medio(m) central 607.
medio(m) derecho 601.
medio(m) izquierdo 601.
medir, utensilios(m) para 244.
médula(f) 59, 132.
médula(f) espinal 89, 134, 135.
Meissner, corpúsculo(m) de 136.
mejilla(f) 118.
mejillón(m) 93.
melé(m) 603.
melé(m) en el fútbol(m) canadiense 605.
melocotón(m) 63.
melocotón(m) 63.
melón(m) 69.
melón(m) chino 69.
membrana(f) 65, 84.
membrana(f) celulósica 115.
membrana(f) del ala(f) 112.
membrana(f) del cascarón(m) 109.
membrana(f) del tímpano(m) 139.
membrana(f) interdigital 111.
membrana(f) interfemoral 112.
membrana(f) nuclear 115.
membrana(f) pituitaria 142.
membrana(f) vitelina 109.
membrillo(m) 64.
memoria(f) de tipos(m) de puntos(m) 569.
menguante(m) 7.
menisco(m) convergente 722.
menisco(m) divergente 722.
menor que 830.
menos(m) 830.
ménsula(f) 204.
mentón(m) 108, 118.
menudillo(m) 101.
Mercurio 4.
mercurio(m) 232.
meridiana(f) 221.
meridiano(m) celeste 3.
meridiano(m) occidental 47.
meridiano(m) oriental 47.
meridiano(m) principal 47.
merlón(m) 181.
mesa(f) 219, 619, 674.
mesa(f) 28, 283, 285.
mesa(f) alimentadora 162.
mesa(f) arbitral 608.
mesa(f) de hojas(f) abatibles 219.
mesa(f) de la impresora(f) 521.
mesa(f) de la ruleta(f) 700.
mesa(f) de producción(f) 413.
mesa(f) del computador(m) 521.
mesa(f) plegable 219.
mesa(f) rotatoria 737.
mesa(f), vajilla(f) y servicio(m) de 238.
mesas(f), tipos(m) de 219.
meseta(f) 27, 51.
mesita(f) de servicio(m) 219.
mesocarpio(m) 62, 63, 64, 65.
mesosfera(f) 19.
mesotórax(m) 78.
metacarpo(m) 102, 107, 122.
metales(m) 33.
metales(m), ejemplos(m) 819.
metales(m), familia(f) 550.
metamórfosis(f) de la rana(f) 84.
metatarso(m) 80, 103, 122.
metatórax(m) 78.
meteorología(f) 38.
metopa(f) 167.
metralla(f) 801.
metralleta(f) 795.
metro(m) 474, 476.
metro(m) 190.
metrónomo(m) 539.
metrónomo(m) de cuarzo(m) 539.
mezcla(f) de aire(m) y combustible(m) 436.
mezquita(f) 172.
mezquita(f), plano 173.
mi(E) 537.
micelio(m) 55.
micrófono(m) 407, 414, 420, 639.
micrófono(m) de intercomunicación(f) 413.
micrófono(m) electrodinámico 406.
micrófono(m) integrado 409.
micrómetro(m) 711.
microprocesador(m) 528.
microscopio(m) binocular 718.
microscopio(m) de electrones 717.
microscopio(m) de electrones(m), elementos(m) 717.
microscopio(m) de electrones, corte(m) transversal 717.
miembro(m) inferior 124.
miembro(m) superior 124.
Mihrab(m) 173.
mijo(m) 152.
mina(f) subterránea 736.
minarete(m) 172, 173.
minas(f) de carbón(m) 733.
Minbar(m) 173.
mineral(m) 733.
minitrusa(f) 325.
minutero(m) 706, 707.
minutero(m) para huevos(m) pasados por agua(f) 244.
minuto(m) 830.
mira(f) 684, 797, 803.
mira(f) del tirador(m) 805.
mira(f) periscópica 805.
mira(f) telescópica 798.
mirador(m) 197, 505.
mirilla(f) 471.
miriñaque(m) 318.
misil(m) aire(m) aire(m) 813, 814.
misil(m) aire(m) tierra(f) 814.
misil(m) antiaéreo 808.
misil(m) antibuques 814.
misil(m) antiradar 814.
misil(m) antisubmarino 809, 814.
misil(m) antitanque 814.
misil(m) mar(m) a mar(m) 809.
misil(m) tierra(f) aire(m) 814.
misil(m), estructura(f) 814.
misiles(m), principales tipos(m) 814.
mitocondrio(m) 115.
mitón(m) sin dedos(m) 327.
mízcalo(m)(Lactarius deliciosus) 55.
mocasín(m) 355.
mochila(f) 680.
modalidad(f) 525.
modalidad(f) arranque(m) 662.
modalidad(f) con impulso(m) en dos tiempos(m) 662.
modalidad(f) de avance(m) de la película(f) 391.
modalidad(f) de exposición(f) 391.
modalidad(f) de exposición(f) múltiple 391.
modalidad(f) de producción(f) de copia(f) 532.
modalidad(f) sintetizador(m) 402.
modalidad(f) TV 411.
modalidad(f) VCR 411.
modelo(m) de clave(f) 38.
modem(m) 526.
moderador(m) 766.
moderador(m) 459.
moderador(m): agua(f) natural 762.
moderador(m): agua(f) natural 763.
moderador(m): agua(f) pesada 761.
moderador(m): grafito(m) 760.
modillón(m) 167, 180, 181.
módulo(m) de acceso(m) a la memoria(f) RAM 528.
módulo(m) de comunicación(f) 418.
módulo(m) de conexión(f) 528.
módulo(m) de la barra(f) colectora 49.
módulo(m) de lectura de memoria(f) ROM unicamente 528.
módulo(m) de mando(m) 509.
módulo(m) de propulsión(f) 418.
módulo(m) de servicio(m) 418, 509.
módulo(m) del equipo(m) 49.
módulo(m) lunar 509.
módulo(m) para liberar el gas(m) 738.
módulos(m) de batería(f) 43.

Las entradas en **negritas** corresponden a los titulos de página.

molar(m) 98.
molar(m), corte(m) transversal de un 144.
molares(m) 144.
molde(m) 584.
molde(m) acanalado 245.
molde(m) para bizcocho(m) 245.
molde(m) para magdalenas(f) 245.
molde(m) para tartas(f) 245.
molde(m) redondo con muelles(m) 245.
moldes(m) de pastas(f) 245.
moldura(f) 199, 433.
moldura(f) lateral 427.
moldura(f) protectora 449.
moldura(f) superior 619.
molinete(m) 160, 773.
molinillo(m) de café(m) 256.
molino(m) de plataforma(f) giratoria 773.
molino(m) de viento(m) 773.
molusco(m) 92.
molusco(m) gasterópodo 83.
moluscos(m) comestibles 93.
monedas(f) de la Comunidad(f) Europea 832.
monedero(m) 379, 381.
monitor(m) 422.
monitor(m) de efectos(m) video\digitales 413.
monitor(m) de la producción(f) técnica 413.
monitor(m) de producción(f) 415.
monitor(m) de salida(f) 413.
monitor(m) de sonido(m) 407, 413, 415.
monitor(m) de video(m) 526, 527.
monitor(m) de visualización(f) previa 415.
monitor(m) del sonido(m) 412.
monitor(m) del video(m) 529.
monitor(m) principal de visualización(f) previa 413.
monitores(m) de entrada(f) 413.
monitores(m) de visualización(f) previa 413.
mono(m) 336.
mono(m) de tirantes cruzados atrás 351.
monóculo(m) 377.
montacargas(m) 736, 786.
montacargas(m) de horquilla(f) 787.
montacargas(m) hidráulico de tarima(f) 788.
montado 242.
montadura(f) 364.
montaña(f) 27.
montaña(f) alta, climas(m) 45.
montañero(m) 687.
montante(m) 156, 198, 353, 572, 574, 578, 579, 644, 659, 728.
montante(m) central 203, 225, 427.
montante(m) del muro(m) 199.
montante(m) esquinero 198.
montante(m) vertical 203.
monte(m) de Venus 128.
Monte(m) Everest 19.
montes(m) marinos 29.
montura(f) 376.
montura(f) acimutal 15.
montura(f) de bayoneta(f) 392.
montura(f) de cartón(m) 397.
montura(f) de herradura(f) 14.
montura(f) de la hebilla(f) 323.
montura(f) del objetivo(m) 390.
monumento(m) 52.
mordaza(f) 276, 278, 280, 281, 283, 311, 365.
mordaza(f) curva 278.
mordaza(f) fija 279, 282.
mordaza(f) móvil 279, 282.
mordaza(f) recta 278.
mordente(m) 538.
morfología(f) 86, 100, 106, 108.
morilla(f)(Morchella esculenta) 55.
morillos(m) 205.
morral(m) 380.
morrena(f) central 26.
morrena(f) de fondo(m) 26.
morrena(f) lateral 27.
morrena(f) terminal 27.
morro(m) 638.
mortero(m) 243.
mortero(m) 484.
mortero(m) del siglo(m) XVII 803.
mortero(m) moderno 803.
morteros(m) 803.
mosaico(m) 171.
Mosca 13.
mosca(f) 77, 675.
mosca(f) artificial 670.
mosca(f) central 674.
mosca(f) de la línea(f) de cuadro(m) 674.
mosca(f) superior 674.
mosquetón(m) 630, 681.
mosquetón(m) 672, 680.
mostaza(f) 67.
mostrador(m) 504.
motocicleta(f) 442, 444.
motor(m) 147, 161, 214, 250, 251, 256, 257, 258, 259, 260, 270, 271, 272, 283, 284, 373, 442, 737, 784, 787, 805.
motor(m) a reacción(f) 43.
motor(m) de arranque(m) 271.
motor(m) de cuatro tiempos(m) 436.
motor(m) de dos tiempos(m) 436.
motor(m) de elevación(f) diesel 493.
motor(m) de gasolina(f) 434.
motor(m) de la bomba(f) 216.
motor(m) de propulsión(f) diesel 492.
motor(m) del brazo(m) actuador 529.
motor(m) del disco(m) 529.
motor(m) del proyectil 814.
motor(m) del ventilador(m) 207, 214.
motor(m) diesel 437.
motor(m) diesel 469, 495, 782, 783, 785.
motor(m) eléctrico 209, 268, 271, 438.
motor(m) eléctrico de emergencia(f) 806.
motor(m) eléctrico principal 806.
motor(m) rotatorio 437.
motor(m) turbo compresor 438.
motores(m) 510.
motores(m) diesel 809.
motores(m) principales 511.
motores(m), tipos(m) 436.
movimiento(m) diagonal 696.
movimiento(m) en ángulo(m) 696.
movimiento(m) horizontal 696.
movimiento(m) vertical 696.
movimientos(m) prinicipales 697.
movimientos(m), tipos(m) 696.
mucosa(f) olfatoria 142.
mueble(m) bar(m) 227.
muela(f) del juicio(m) 144.
muelle(m) 290, 490, 659, 726.
muelle(m) para cargar mercancía(f) 190.
muelle(m) para inflar y desinflar 687.
muelle(m) saliente 739.
muerte(f) 831.
muesca(f) 322, 341, 674, 684, 708, 793.
muesca(f) de protección(f) 529.
muescas(f) 578.
muestra(f) 567.
mujer(f), ropa(f) de 330, 332, 334, 336, 338, 340, 342, 344, 346, 348.
muleta(f) de antebrazo(m) 728.
muleta(f) de sobaco(m) 728.
múltiple 738.
múltiple(m) de admisión(f) 434, 437.
múltiple(m) de escape(m) 435, 437, 438, 439.
mundo(m), climas(m) 45.
muñeca(f) 112, 117, 119, 137.
muñequera(f) 602, 609, 615, 662.
muñón(m) 105.
muralla(f) 178, 180.
murciélago(m) 112.
muro(m) 647.
muro(m) 7, 646, 685.
muro(m) con barras(f) 646.
muro(m) de abordaje(m) 492.
muro(m) de cimentación(f) 198.
muro(m) de encauzamiento(m) 746.
muro(m) de ladrillos(m) 199.
muro(m) de rebote(m) 616.
muro(m) fortificado 172.
muro(m) lateral 492.
muro(m) Qibla 173.
muro(m) térmico 42.
musarola(f) 651.
músculo recto externo 140.
músculo recto interno 140.
músculo(m) aductor 92.
músculo(m) erector del pelo 136.
músculo(m) papilar 125.
músculos(m) 120.
museo(m) 185.
muserola(f) 649.
muslera(f) 602.
muslo(m) 101, 106, 108, 117, 119, 127, 128.
muslo(m), aductor(m) del 120.
muy nublado 39.

N

nabo(m) 71.
nabo(m) sueco 71.
nacimiento(m) 831.
nalga(f) 117, 119, 127, 128.
naos(m) 169.
naranja china(f) 65.
naranja(f) 65.
naranja(f) 65.
nariz(f) 141.
nariz(f) 118, 498, 798.
nariz(f), aleta(f) de la 141.
nariz(f), ventana(f) de la 141.
nasal(m) 792.
nasofaringe(f) 141.
natación(f) 621, 622.
natación(f), estilos(m) de 622.
navaja(f) 93.
navaja(f) de barbero(m) 374.
navaja(f) de injertar 269.
navaja(f) jardinera 269.
navaja(f) para entresacar 369.
navaja(f) tipo(m) suizo 688.
nave(f) 177.
nave(f) central 173.
nave(f) de carga(f) 510.
nave(f) lateral 177.
navegación(f), aparatos(m) 484.
neblina(f) 37, 39.
neceser(m) 382.
nectarina(f) 63.
negativo(m) 399.
negra(f) 700.
negra(f)(cuarto)(m) 538.
negras(f) 696.
negro(m) 701.
Neptuno 5.
nervadura(f) central 67.
nervadura(f) principal 56.
nervadura(f) secundaria 56.
nervio(m) 79, 136, 577.
nervio(m) abdominogenital mayor 133.
nervio(m) abdominogenital menor 133.
nervio(m) auditivo 139.
nervio(m) ciático mayor 133.
nervio(m) ciático menor 133.
nervio(m) ciático popliteo externo 133.
nervio(m) ciático poplíteo interno 133.
nervio(m) circunflejo 133.
nervio(m) crural 133.
nervio(m) cubital 133.
nervio(m) de vela(f) estay(m) 479.
nervio(m) diagonal 177.
nervio(m) digital 133.
nervio(m) facial 139.
nervio(m) femorocutáneo 133.
nervio(m) glúteo 133.
nervio(m) intercostal 133.
nervio(m) mediano 133.
nervio(m) musculocutáneo de la pierna(f) 133.
nervio(m) obturador 133.
nervio(m) olfativo 88.
nervio(m) olfatorio 142.
nervio(m) óptico 140.
nervio(m) radial 133.
nervio(m) raquídeo 135.
nervio(m) safeno externo 133.
nervio(m) safeno interno 133.
nervio(m) secundario 177.
nervio(m) tibial anterior 133.
nervio(m) transversal 177.
nervio(m) vestibular 139.
nervios(m) craneales 133.
nervioso, sistema(m) 133, 134.
neumático(m) 433.
neumático(m) 440, 447.
neumático(m) de capas(f) al sesgo(m) 433.
neumático(m) radial 433.
neumático(m) radial con cinturones(m) 433.
neumostoma(m) 83.
neuroespina(f) 89.
neurona(f) motriz 135.
neurona(f) sensorial 134.
neuronas(f), encadenamiento(m) de 135.
nevadas(f),medición(f) 41.
nevera(f) 690.
nevera(f) 453.
neviza(f) incipiente 26.
niblick(m), hierro(m) núm. 9 678.
niebla(f) 37, 39.
nieve(f) 34.
nieve(f) continua 39.
nieve(f) intermitente 39.
nieves(f) perpetuas 27.
nimbostratos(m) 44.
niños(m), ropa(f) de 349, 350.
níspero(m) 64.
Nissl, cuerpos(m) de 135.
nivel(m) 736.
nivel(m) de agua(f) 210, 247.
nivel(m) de aire(m) 291.
nivel(m) de equilibrio(m) del agua(f) 30.
nivel(m) del agua(f) 256.
nivel(m) del mar(m) 22, 28.
nivel(m) freático 24.
nivel(m) inferior 493.
nivel(m) superior 493.
nivel(m), paso(m) 471.
nivelación(f) principal 713.
nivelador(m) 277.
nivelador(m) de la alidada(f) 713.
nivelador(m) principal 713.
niveladora(f) 784.
nivómetro(m) 41.
no es idéntico a 830.
no es paralelo a 830.
no pertenece a 830.
no se lave 829.
no use blanqueador(m) de cloro(m) 829.
no use plancha(f) 829.
nódulo(m) 756.
nombre(m) de la estación(f) 474.
nonio(m) 708.
noreste(m) 488.
noroeste(m) 488.
norte(m) 488.
notación(f) del ajedrez(m) 696.
notación(f) musical 537.
notación(f) musical(f) 538.
notas(f) musicales, valores(m) 538.
nube(f) 36.
nube(f) alta 38.
nube(f) baja 38.
nube(f) de cenizas(f) 25.
nube(f) media 38.
nube(f) nacarada 19.
nube(f) noctiluciente 19.
nubes(f) 44.
nubes(f) altas 44.
nubes(f) bajas 44.
nubes(f) de desarrollo(m) vertical 44.
nubes(f) dispersas 39.
nubes(f) medias 44.
nubosidad(f) 39.
nuca(f) 117, 119.
núcleo(m) 6, 9, 115, 128, 135, 677, 692, 798.
núcleo(m) de greda(f) 748.
núcleo(m) del reactor(m) 760, 762, 763.
núcleo(m) exterior 22.
núcleo(m) interior 22.
nucléolo(m) 115, 128.
nudo(m) 57.
nudo(m) de dos cotes(m) 691.
nudo(m) de guía(m) 691.
nudo(m) de pescador(m) 691.
nudo(m) de rizo(m) 691.
nudo(m) de tejedor(m) 691.
nudo(m) llano 691.
nudos(m) 691.
nudos(m) náuticos 692.
nuez(f) 66, 793.
nuez(f) de la India(f) 66.
nuez(f) del Brasil(m) 66.
nuez(f) verde 66.
nuez(f), corte(m) de una 66.
número(m) 701.
número(m) de calle(f) 621.
número(m) de decimales 523.
número(m) de la autopista(f) 52.
número(m) de la carretera(f) 52.
número(m) de pista(f) 405.
número(m) de salida(f) 653.
número(m) del consumidor(m) 712.
número(m) dorsal 656.

O

o-uchi-gari(gran siega(f) interior) 668.
oasis(m) 46.
obenque(m) 479, 628.
obi(cinta(f)) 668.
obispillo(m) 109.

Las entradas en **negritas** corresponden a los titulos de página.

objetivo(m) 390, 391, 392, 396, 397, 405, 718, 719, 721.
objetivo(m) normal 392.
objetivo(m) normal 392.
objetivo(m), cámara(f) reflex 391.
objetivos(m) 392.
objetivos(m) y accesorios(m) 392.
oblicuo(m) mayor 120.
oblicuo(m) mayor del abdomen(m) 121.
oboe(m) 548.
oboes(m) 557.
obra(f) muerta 630.
obras(f) 826, 827.
obrera(f) 80.
obrera(f) 81.
obscurecido por contaminación(f) 39.
observatorio(m) 14.
observatorio(m) astronómico 14.
obstáculo(m) 697.
obstáculos(m) 647.
obturador(m) 529, 680.
obturador(m) de cortina(f) 390.
obturador(m) de la cúpula(f) 14.
obturador(m) para la circulación(f) del aire(m) 772.
obús(m) moderno 802.
occidental 619.
occipital(m) 121, 123.
Oceanía(f) 21.
océano(m) 7, 35, 51.
océano(m) Atlántico 20.
océano(m) Glacial Artico 21.
océano(m) Indico 21.
océano(m) Pacífico 20.
ocelo(m) 78, 80, 81.
ocho facetas(f) 362.
octava(f) 537, 667.
ocular(m) 390, 396, 718, 719, 720, 721.
ocular(m) acodado 721.
odómetro(m) 711.
odómetro(m) 431.
oeste(m) 488.
oficina(f) 453, 462, 465.
oficina(f) automatizada, configuración(f) del sistema(m) 526.
oficina(f) de objetos(m) perdidos 823.
oficina(f) de reservas(f) de hotel(m) 504.
oficina(f) del puerto(m) 491.
oficina(f), muebles(m) 520, 522.
oficinas(f), edificio(m) 190.
Ofiuco 13.
oído(m) interno 138.
oído(m) medio 138.
oído(m), partes(f) del 138.
oidos(m), protección(f) 729.
oidos(m), protector(m) 729.
ojal(m) 319, 381, 573, 644.
ojete(m) 230, 323, 671.
ojete(m) para la correa(f) del cuello(m) 390.
ojillo(m) 353, 354.
ojiva(f) 814.
ojival(m) 174.
ojo(m) 140.
ojo(m) 83, 90, 96, 107, 118, 275, 290, 369, 562, 563, 564, 566, 649, 681.
ojo(m) compuesto 79, 80, 81.
ojo(m) de buey(m) 496.
ojo(m) de pez(m) 392.
ojo)m) 97.
ojos(m), maquillaje(m) 367.
ojos(m), protección(f) 729.
okra(f) 69.
ola(f) 30.
ola(f) de oscilación(f) 30.
ola(f) de translación(f) 30.
oleaginosos, frutos(m) secos 66.
olécrano(m) 102, 123.
óleo(m) 588.
oleoducto(m) 740.
oleoducto(m) de salida(f) 738.
oleoducto(m) de superficie(f) 740.
oleoducto(m) para petróleo(m) crudo 740.
oleoducto(m) submarino 740.
olfato(m), el gusto(m) y el 142.
olla(f) 249, 688.
olla(f) a presión(f) 248.
olla(f) para alcuzcuz(m) 249.
ombligo(m) 116, 118.
ombligo(m) inferior 110.
ombligo(m) superior 110.
omoplato(m) 102.
omóplato(m) 117, 119, 122, 123.
omóplato(m), espina(f) del 123.
onda(f) radioeléctrica 15.
onda(f) sísmica 23.
ondas(f) sísmicas, amplificación(f) 714.
ondas(f) sísmicas, detección(f) 714.
ondas(f) sísmicas, medición(f) 714.
ondas(f) sísmicas, transcripción(f) 714.
ópalo(m) 362.
operación(f) rápida 405.
operador(m) del reloj(m) de 30 segundos(m) 610.
operador(m) técnico de video(m) 412, 415.
opérculo(m) 84, 86.
opistodemo(m) 169.
orbicular 56.
orbicular(m) 120.
órbita(f) de lanzamiento(m) 48.
órbita(f) de los satélites(m) 43.
órbita(f) designada 48.
órbita(f) geoestacionaria 43.
órbita(f) lunar 8.
órbita(f) polar 43.
órbita(f) polar, satélite(m) 43.
órbita(f), puesta(f) 419.
órbita(f), transbordador(m) espacial 510.
órbitas(f) de los planetas(m) 4.
orden(m) corintio 167.
orden(m) dórico 167.
orden(m) jónico 166.
orégano(m) 74.
oreja(f) 107, 112, 116, 138, 223, 354.
oreja(f), pabellón(m) de la 139.
oreja(f), pabellón(m) de la 138.
orejera(f) 328, 406.
orejera(f) de seguridad(f) 729.
órgano(m) electroneumático 542.
órgano(m), caño(m) 542.
órgano(m), mecanismo(m) 543.
oriental 619.
orificio(m) 389.
orificio(m) central 404.
orificio(m) de carga(f) 804.
orificio(m) de entrada(f) de aire(m) 304.
orificio(m) del pie(m) 542.
orificio(m) genital 83.
orificio(m) intestinal 83.
orificio(m) nasal 84, 86, 96, 100, 109.
oriflama(f) 817.
orilla(f) 181, 752.
orillo(m) 566.
Orión 11, 13.
orla(f) 318.
orla(f) de púrpura(f) 315.
orla(f) decorativa 349.
oro(m) 819.
orquesta(f) sinfónica 556.
oruga(f) 78.
oruga(f) 783.
orza(f) de popa(f) 631.
orza(f) de quilla(f) 628, 631.
orzada 629.
Osa Mayor 11.
Osa Menor 11.
oscuridad(f) 489.
osoto-gari(gran siega(f) exterior) 668.
ostra(f) 92.
ostra(f) 93.
otero(m) 46.
otolito(m) 88.
otoño(m) 8.
otra posición(f) 525.
otros ligamentos(m) textiles 576.
otros signos(m) 539.
outriggers(m) 632.
oval 363.
ovario(m) 60, 128, 129.
oveja(f) 150.
óvulo(m) 60.
óxer(m) de barras(f) 647.
óxer(m) de barras(f) 646.
ozono(m) 19.

P

pabellón(m) 363, 549, 551.
pabellón(m) de la oreja(f) 139.
pacana(f) 66.
Pacini, corpúscula(f) de 136.
país(m) 51.
paja(f), empacadora(f) 159.
pajarita(f) 324.
pala(f) 205, 266, 598, 783.
pala(f) 598, 607, 632, 640, 680, 681, 783, 784, 803.
pala(f) del rotor(m) 508.
pala(f) del stick(m) 609.
pala(f) del timón(m) 628.
pala(f) del ventilador(m) de sustentación(f) 492.
pala(f) hidráulica 785.
pala(f) mecánica 733.
pala(f) plegable 690.
paladar(m), velo(m) del 141.
palanca(f) 252, 294, 295, 296, 365, 370, 453, 549, 702, 798.
palanca(f) conmutadora de puntos(m) 568.
palanca(f) corrediza selectora(f) de diapositivas(f) 397.
palanca(f) de 1 m 624.
palanca(f) de 10 m 624.
palanca(f) de 3 m 624.
palanca(f) de 5 m 624.
palanca(f) de 7.5 m 624.
palanca(f) de accionamiento(m) de la recámara(f) 802.
palanca(f) de aflojar el papel(m) 525.
palanca(f) de alimentador(m) de oxígeno(m) 639.
palanca(f) de armar(f) 804.
palanca(f) de arranque(m) 272.
palanca(f) de avance(m)/marcha(f) atrás 272.
palanca(f) de cambio(m) de velocidades(f) 430, 443.
palanca(f) de cierre(m) 257, 471.
palanca(f) de compensación(f) 572.
palanca(f) de control(m) 735.
palanca(f) de dirección(f) 788.
palanca(f) de elevación(f) 147.
palanca(f) de enrrollado(m) del freno(m) de mano(f) 470.
palanca(f) de espaciamiento(m) de los discos(m) 158.
palanca(f) de fijación(f) del venturi(m) 804.
palanca(f) de freno(m) 500.
palanca(f) de la cisterna(f) 293.
palanca(f) de la cuchilla(f) 578.
palanca(f) de la cuña(f) 277.
palanca(f) de la sordina(f) 541.
palanca(f) de los alerones(m) de hipersustentación(f) 500.
palanca(f) de luces(f) y de cambio(m) de dirección(f) 430.
palanca(f) de mando(m) 508, 526, 639.
palanca(f) de maniobra(f) de la aguja(f) 467.
palanca(f) de maniobras(f) 787, 788.
palanca(f) de perforación(f) 256.
palanca(f) de presión(f) 583.
palanca(f) de seguridad(f) 271.
palanca(f) de vibración(f) 547.
palanca(f) de viraje(m) 639.
palanca(f) del cambio(m) de velocidades(f) 447, 448.
palanca(f) del cerrojo(m) 796.
palanca(f) del cucharón(m) 782.
palanca(f) del deslizador(m) 428.
palanca(f) del embrague(m) 272, 442, 444.
palanca(f) del freno(m) 445, 447.
palanca(f) del freno(m) delantero 444.
palanca(f) del tapón(m) 293.
palanca(f) del tren(m) de aterrizaje delantero 500.
palanca(f) estabilizadora 727.
palanca(f) para graduar el respaldo(m) 428.
palanca(f) para graduar la altura(f) 157, 159.
palanca(f) para liberar el sujetapapel(m) 525.
palanca(f) principal 590.
palanca(f) retractora de la guarda(f) móvil 284.
palco(m) 189.
paleta(f) 244, 619, 754.
paleta(f) con huecos(m) para pintura(f) 592.
paleta(f) con tarrito(m) 592.
paleta(f) de albañil(m) 291.
paleta(f) de la turbina(f) 753.
paleta(f) de relleno(m) 291.
paleta(f) del rotor(m) 752, 754.
paletas(f) de compresión(f) 501.
paletas(f) de la turbina(f) 753.
paletas(f) del escape(m) 501.
paletilla(f) 100, 106.
palillo(m) 385, 552.
palillos(m) 553.
palma(f) 104, 105, 137, 327, 596, 627.
palmar(m) 46.
palmar(m) mayor 120.
palmar(m) menor 120.
palmaticompuesta 56.
palmeta(f) 220.
palo(m) 678, 818.
palo(m) 230.
palo(m) acanalado 230.
palo(m) de cortina(f) 230.
palo(m) de la tienda(f) 686.
palo(m) de mesana(f) 478.
palo(m) de trinquete(m) 479, 743.
palo(m) liso 230.
palo(m) macho 478.
palo(m) mayor 479.
palo(m) popel(m) 478.
Paloma 13.
palpo(m) labial 79, 81, 92.
pamela(f) 329.
pan(m) 153.
pan(m) alemán de centeno(m) 153.
pan(m) americano de maíz(m) 153.
pan(m) ázimo 153.
pan(m) blanco americano de molde(m) 153.
pan(m) campesino 153.
pan(m) danés de centeno(m) 153.
pan(m) de centeno(m) con semillas(f) de alcaravea(f) 153.
pan(m) de centeno(m) negro 153.
pan(m) de flor(f) 153.
pan(m) de pita(f) 153.
pan(m) de pita(f) con semillas(f) de ajonjolí(m) 153.
pan(m) espiga(f) 153.
pan(m) francés 153.
pan(m) griego 153.
pan(m) indio chapatí 153.
pan(m) indio naan 153.
pan(m) integral 153.
pan(m) integral de molde(m) 153.
pan(m) irlandés 153.
pan(m) judío hallah 153.
pan(m) negro 153.
pan(m) negro ruso 153.
pan(m) vienés 153.
panal(m) 349.
panal(m) 82.
panamá(m) 328.
páncreas(m) 131.
pandereta(f) 554.
panecillo(m) 153.
panel(m) 521.
panel(m) de acceso(m) 207.
panel(m) de celdas(f) solares 769.
panel(m) de conexión(f) del video(m) 415.
panel(m) de conexiones(f) eléctricas 415.
panel(m) de control(m) 415.
panel(m) de controles(m) 253, 391.
panel(m) de la puerta(f) 429.
panel(m) de la vela(f) 628.
panel(m) de listones(m) 288.
panel(m) de mandos(m) 257.
panel(m) de mandos(m) 255, 258, 259.
panel(m) de monitores(m) 412, 413.
panel(m) de publicidad(f) 474.
panel(m) de separación(f) 383.
panel(m) fotovoltaico 486, 487.
panel(m) frontal 441.
panel(m) laminado 288.
panel(m) lateral 441, 470.
panel(m) protector 727.
panel(m) radiador 510.
panel(m) solar 16, 42, 48, 418.
panel(m) solar extendido 48.
paneles(m) de comunicación(f) 500.
paño(m) lateral 319.
pantalla(f) 233, 234, 236, 397, 410, 421, 699.
pantalla(f) de alarma(f) de motor y tripulación(f) 500.
pantalla(f) de colores(m) 569.
pantalla(f) de control(m) 717.
pantalla(f) de los sistemas(m) 500.
pantalla(f) de navegación(f) 500.
pantalla(f) de proyección(f) 397.
pantalla(f) del contador(m) de pasadas(f) 569.
pantalla(f) principal de vuelo(m) 500.
pantalla(f), tubo(m) 410.

Las entradas en **negritas** corresponden a los títulos de página.

pantalón(m) 595, 602, 609, 656, 662, 668, 680.
pantalón(m) con tirantes(m) 350.
pantalón(m) corto 336.
pantalón(m) corto 351.
pantalón(m) de baño(m) 353.
pantalón(m) de boxeo(m) 353.
pantalón(m) de peto(m) 349.
pantalones(m) 323, 336.
pantalones(m) 353, 600, 791.
pantalones(m) de entrenamiento(m) 352.
pantalones(m) de montar 648.
pantalones(m) de tubo(m) 336.
pantiblusa(f) 337.
pantifaja(f) 346.
pantimedias(f) 344.
pantógrafo(m) 458.
pantorrilla(f) 117, 119.
pantufla(f) 355.
pañuelo(m) de bolsillo(m) 322.
papaya(f) 68.
papel(m) 589.
papel(m) 384, 580, 714.
papel(m) corrector 515.
papel(m) de brea(f) 286.
papel(m) de fumar 384.
papel(m) de reserva(f) 532.
papila(f) 136.
papila(f) óptica 140.
papila(f) renal 132.
papilas(f) linguales 143.
paquete(m) de cigarrillos(m) 384.
paquete(m) de placas(f) fotográficas 395.
par(m) 199, 700, 701.
par(m) térmico 297.
para deshuesar 242.
para jamón(m) 242.
para moler y rallar 243.
para ostras(f) 242.
para pan(m) 242.
para pomelos(m) 242.
parabrisas(m) 426, 440, 442, 445, 498, 500.
paracaídas(f) 812.
paracaidas(f) auxiliar 510.
paracaídas(f) principal 635.
paracaídas(f) ventral 635.
paracaidismo(m) 635.
paracaidista(m/f) 635.
parachoques(m) 426, 440, 441, 445.
parada(f) de autobús(m) 186.
parafinas(f) 745.
paraguas(m) 375.
paraguas(m) de bastón(m) 375.
paraguas(m) plegable 375.
paragüero(m) 375.
paralelo(m) 47.
paramento(m) de aguas(f) contenidas 749.
paramento(m) de aguas(f) corrientes 749.
parapeto(m) 454.
parapeto(m) contra olas(f) 748.
pararrayos(m) 197, 747, 757.
parasol(m) 42, 430, 449.
parche(m) 283, 554.
parche(m) inferior 553.
parche(m) superior 552, 553.
pare(m) 411, 532.
pared(f) 104, 736.
pared(f) celulósica 115.
pared(f) de fondo(m) 621.
pared(f) de hormigón(m) 772.
pared(f) de rebote(m) 617.
pared(f) de Trombe 772.
pared(f) de Trombe 772.
pared(f) de viraje(m) 621, 622.
pared(f) del tanque(m) 742.
pared(f) frontal 616.
pared(f) lateral 104, 616, 617, 621, 743.
pared(f) transversal de contención(f) 743.
paréntesis(m) 832.
parietal(m) 123.
paripinnada 56.
parka(m) 321.
parka(m) 680.
paro(m) 831.
párpado(m) 97.
párpado(m) inferior 84, 107, 140.
párpado(m) interno 107.
párpado(m) superior 84, 107, 140.
parque(m) 52, 184.
parqué(m) 200.
parqué(m) alternado a la inglesa 200.
parqué(m) Arenberg 200.
parqué(m) Chantilly 200.
parqué(m) de cestería(f) 200.
parqué(m) entretejido 200.
parqué(m) espinapez(m) 200.
parque(m) nacional 52.
parqué(m) sobre base(f) de cemento(m) 200.
parqué(m) sobrepuesto 200.
parqué(m) Versailles 200.
parqué(m), tipos(m) de 200.
parrilla(f) 253, 254.
parrilla(f) estabilizadora 689.
parrilla(f) plegable 690.
parte(f) plana 567.
parte(f) superior 302.
parteluz(m) 175, 203.
partes(f) 220, 223, 224.
partes(f) de un zapato(m) 354.
partes(f) del arma(f) 666.
partes(f) del oído(m) 138.
particiones(f), ejemplos(m) 818.
partida(f) 701.
partido(m) 700.
pasa(f)(19 a 36) 700, 701.
pasador(m) 369.
pasador(m) 289, 290, 323, 566.
pasaje(m) subterráneo 464.
pasajeros(m), avión(m) turborreactor 498.
pasajeros(m), terminal(m) 504.
pasajeros(m), vagones(m) 460.
pasamanos(m) 201, 254.
pasapuré(m) 244.
pasarela(f) 180, 742.
pasarela(f) superior 475.
paseo(m) 263.
pasillo(m) 194, 773.
pasillo(m) central 460.
paso(m) 27.
paso(m) a nivel(m) 471, 828.
paso(m) a nivel(m) 464.
paso(m) de la energía(f) hacia la red(f) de transmisión(f) 755.
paso(m) de peatones(m) 826, 827.
paso(m) de peatones(m) 186.
paso(m) elevado 454.
paso(m) inferior 454.
pastel(m) 588.
pastel(m) de óleo(m) 588.
pastilla(f) de fricción(f) 432.
pata(f) 97, 112, 219, 223, 224, 225, 232, 233, 270, 309, 376, 553, 574, 659, 671, 681.
pata(f) anal 78.
pata(f) curvada 220.
pata(f) de ajuste(m) de altura(f) 397.
pata(f) de conexión(f) a tierra(f) 309.
pata(f) de gallo(m) 571.
pata(f) de la mesa(f) 619.
pata(f) de soporte(m) 156.
pata(f) delantera 79, 80, 223.
pata(f) delantera(superficie exterior) 80.
pata(f) media 79, 80.
pata(f) media(superficie exterior) 80.
pata(f) móvil 219.
pata(f) posterior 78.
pata(f) posterior 79.
pata(f) principal 756.
pata(f) soporte 441.
pata(f) telescópica 393, 726.
pata(f) torácica 78.
pata(f) trasera 81, 223.
pata(f) trasera(superficie interior) 81.
pata(f) ventosa 78.
pata(f)de soporte(m) 449.
patada(f) de crol(m) 622.
patada(f) de mariposa(f) 623.
patada(f) de rana(f) 622.
patas(f) de ganso(m) 634.
patas(f) de ungulados(m): tipos más comunes 99.
patas(f), principales tipos(m) de 111.
patata(f) 71.
patín(m) 609, 643.
patín(m) de aterrizaje(m) 508.
patín(m) de cola(f) 508.
patín(m) de deslizamiento(m) 467.
patín(m) de hockey(m) 644.
patín(m) de oruga(f) 805.
patín(m) de retroceso(m) 802.
patín(m) de ruedas(f) 645.
patín(m) de velocidad(f) 644.
patín(m) delantero 643.
patín(m) para accesorios(m) 391, 409.
patín(m) para figuras(f) 644.
patín(m) trasero 643.
patinaje(m) 644.
patio(m) 172, 173, 263.
patio(m) de armas(f) 178, 180.
patio(m) de clasificación(f) 465.
patio(m) de lavado(m) de vagones(m) 465.
patio(m) de recepción(f) 465.
patio(m) de tanques(m) 740.
pato(m) 150.
patrón(m) 565.
patrón(m) de prueba(f) 414.
pausa(f) 831.
pausa(f)\imagen(f) fija 411.
pauta(f) A 539.
pavimento(m) 450, 451.
Pavo 13.
pavo(m) 150.
pecho(m) 100, 116, 118.
pechuga(f) 108.
pecíolo(m) 56.
pectén(m) 81.
pectoral(m) 602, 663.
pectoral(m) mayor 120.
pedal(m) 446, 448, 545, 552, 553, 572, 664.
pedal(m) crescendo 542.
pedal(m) de ajuste(m) 591.
pedal(m) de amortiguación(f) 540.
pedal(m) de cambio(m) de velocidades(f) 444.
pedal(m) de expresión(f) 542.
pedal(m) de la sordina(f) 540, 555.
pedal(m) de los bajos(m) 555.
pedal(m) de los frenos(m) 430.
pedal(m) de velocidad(f) 561.
pedal(m) del acelerador(m) 430.
pedal(m) del embrague(m) 430.
pedal(m) del freno(m) 573.
pedal(m) del freno(m) trasero 444.
pedal(m) del timón(m) de mando(m) 639.
pedal(m) delantero 443, 444.
pedal(m) eléctrico 561.
pedal(m) suave 540.
pedal(m) trasero 443, 444.
pedalero(m) 542.
pedernal(m) 795.
pedernal(m) 307, 795.
pedestal(m) 236, 283, 545, 656.
pedestal(m) de la cámara(f) 414.
pedio(m) 120.
pedúnculo(m) 60, 61, 62, 63, 64.
Pegaso 11.
peinado(m) 368, 370.
peinado(m), accesorios(m) 369.
peinazo(m) 225.
peinazo(m) de la cerradura(f) 202.
peinazo(m) inferior 202, 223, 225.
peinazo(m) superior 202, 223, 225.
peine(m) 572.
peine(m) combinado(m) 368.
peine(m) de mango(m) 368.
peine(m) de peluquero(m) 368.
peine(m) de tapicería(f) 574.
peine(m) metálico 368.
peine(m) para desenredar 368.
peine(m) tenedor(m) 368.
peine(m) y cuchilla(f) 374.
peines(m) 368.
pelacables(m) 311.
pelapatatas(m) 242.
peldaño(m) 147, 302.
peldaño(m) inferior 470.
pelele(m) 351.
película(f) 390.
película(f) de disco(m) 395.
película(f) de disco(m) para video(m) fijo 395.
películas(f) 395.
peligro(m) 488.
pelillo(m) 670.
pelo(m) 117, 119, 136.
pelos(m) absorbentes 57.
pelos(m) absorbentes, zona(f) de 59.
pelota(f) 598.
pelota(f) 599.
pelota(f) de cricket(m) 598.
pelota(f) de golf(m) 677.
pelota(f) de golf(m), corte(m) transversal de una 677.
pelota(f) de hockey(m) 607.
pelota(f) de ping pong(m) 619.
pelota(f) de raquetbol(m) 617.
pelota(f) de squash(m) 616.
pelota(f) de tenis(m) 615.
pelota(f), corte(m) transversal de la 596.
peltada 56.
Pelton, turbina(f) 754.
peluquero(m), tijeras(f) 369.
pelusa(f) de maíz(m) 72.
pelvis(f) 103.
pelvis(f) renal 132.
penacho(m) 109, 791.
penacho(m) de plumas(f) 618.
pendiente(m) 361.
pendientes(m) 361.
pendientes(m) de clip(m) 361.
pendientes(m) de espiga(f) 361.
pendientes(m) de tornillo(m) 361.
pendolón(m) 199.
pendón(m) 817.
péndulo(m) 539, 707.
péndulo(m), reloj(m) 707.
pene(m) 116, 127.
península(f) 51.
pentagrama(f) 537.
peón(m) 696.
pepino(m) 69.
pepita(f) 62, 64, 65.
peplo(m) 315.
pera(f) 363.
pera(f) 64.
pera(f) de goma(f) 726.
pera(f) de goma(f) para inyectar aire(m) 710.
peraltado(m) 174.
percha(f) 620.
perchero(m) 522.
perchero(m) de pared(f) 522.
perchero(m) de pie 522.
percolador(m) 247.
percusión(f), barra(f) 780.
percusión(f), instrumentos(m) 552, 554.
percutor(m) 797, 798, 799, 804.
perejil(m) 74.
perfil(m) 363.
perforación(f) 353, 395.
perforación(f) marina 739.
perforación(f), torre(f) 737.
perforaciones(f) 327, 355.
perforadora(f) 516.
pérgola(f) 263.
pericardio(m) 130.
pericarpio(m) 65, 66.
perifollo(m) 74.
perilla(f) 202, 277, 280, 284.
perilla(f) de registro(m) 543.
perilla(f) del rodillo(m) 531.
periodo(m) 489.
perioplo(m) 104.
periscopio(m) de ataque(m) 807.
periscopio(m) de navegación(f) 807.
peristilo(m) 168, 169, 171.
peritoneo(m) 127, 128.
perlas(f) 105.
perno(m) 279.
perno(m) 278, 282, 290.
perno(m) con collarín(m) 279.
perno(m) de acoplamiento(m) 754.
perno(m) de articulación(f) del cucharón(m) 782.
perno(m) de expansión(f) 276.
perno(m) de fijación(f) 432.
perno(m) de la bisagra(f) 785.
perno(m) de la eclisa(f) 466.
perno(m) difusor 264.
perno(m) maestro 441.
perno(m) para falso plafón(m) 276.
peroné(m) 102.
peroneo(m) lateral corto 121.
peroneo(m) lateral largo 120.
peróxido(m) 725.
perpendicular 830.
perro(m) 106.
perro(m), pata(f) delantera 106.
Perseo 11.
persiana(f) enrollable 231.
persiana(f) veneciana 231.
persianas(f) romana 231.
personal(m) suplementario de producción(f) 412.
pertenece a 830.
pértiga(f) 657.
pértiga(f) de inclinación(f) 231.
pesa(f) 707, 708.
pesa(f) corrediza 708.
pesas(f) 665.
pesas(f) 663, 665.
pesas(f) para muñecas(f) y tobillos(m) 665.
pesca(f) 670, 672.
pescador(m), vestido(m) de 672.
pescadores(m) 336.
pescante(m) 478, 742, 786.
pescuezo(m) 678.
peseta(f) 832.
peso(m) 658.

Las entradas en **negritas** corresponden a los titulos de página.

peso(m) 658, 709.
peso(m) corredizo 539.
peso(m), medición(f) 708.
pespunte(m) 571.
pespunteado(m) 352.
pestaña(f) 104, 140, 330, 565.
pestaña(f) de arrojo(m) 726.
pestaña(f) de la llanta(f) 433.
pestañas(f) 107.
pestillo(m) 203, 289, 290.
pestillo(m) de resorte(m) 375.
pétalo(m) 60.
petanca(f) y bolos(m) 682.
petifoque(m) 481.
peto(m) 317, 350, 351, 595, 602, 609, 792.
peto(m) metálico 667.
petral(m) 653.
petróleo(m) 737, 738, 740, 742, 744.
petróleo(m) 737, 745.
petróleo(m) crudo 744.
petróleo(m) crudo, oleoducto(m) 740.
petróleo(m) diáfano 744.
petróleo(m) para calderas(f) 745.
petróleo(m) para calefacción(f) 745.
Pez Austral 13.
Pez Dorado 13.
Pez Volador 13.
pez(m) 86, 88.
pezón(m) 116, 118, 129.
pi 830.
piano(m) 556.
piano(m) electrónico 555.
piano(m) vertical 540.
piano(m) vertical, mecanismo(m) 541.
pica(f) 780.
picacho(m) 27.
picaporte(m) 289.
pico(m) 267.
pico(m) 27, 108, 681.
pico(m) de loro(m) 483.
pico(m) del zanco(m) 783.
pico(m) muesca(f) 565.
pícolo(m) 548, 557.
picos(m)(de aves)(f), principales tipos(m) de 111.
pie(m) 40, 83, 116, 117, 118, 119, 232, 250, 542, 545, 670, 718.
pie(m) ajustable 257, 258, 259.
pie(m) de la cama(f) 224.
pie(m) de la torre(f) 756.
pie(m) de montura(f) 393.
pie(m) de voluta(f) 220.
pie(m) del electrodo(m) 232.
pie(m) del talud(m) 748.
pie(m) derecho 198.
pie(m), dedo(m) del 116, 118.
piedra(f) 286.
piedra(f) 364.
piedra(f) blanca 697.
piedra(f) de aceite(m) 582.
piedra(f) de curling(m) 620.
piedra(f) litográfica 583.
piedra(f) negra 697.
piedras(f) preciosas 362.
piedras(f) preciosas, tallas(f) 363.
piedras(f) semipreciosas 362.
piel(f) 136.
piel(f) 62, 63, 64, 65, 84, 107, 134.
piel(f) para encuadernar 579.
piel(f) verrugosa 85.
piel(f), artículos(m) de 378.
pierna(f) 101, 117, 119, 325.
pierna(f) elástica 325.
pies(m), protección(f) 730.
pieza(f) aerodinámica 442.
pieza(f) automática del talón(m) 640, 641.
pieza(f) de sujeción(f) de la punta(f) del pie(m) 640.
pieza(f) de talón(m) 642, 643.
piezas(f) 696.
piezas(f) honorables, ejemplos(m) 818.
pijama(m) 348, 351.
pila(f) 393.
pila(f) 409.
pilar(m) 174, 175, 176, 454, 455, 621, 714, 736.
pilar(m) anterior del velo(m) del paladar(m) 142.
píldora(f) de combustible(m) 765.
pilón(m) 456.
pilón(m) de los tirantes(m) 456.
pilón(m) del turborreactor(m) 499.
pilón(m) guía(m) 457.
piloto(m) 247, 252, 255, 256, 257, 585, 637.
piloto(m) de planeador(m) 636.
pimentera(f) 238.
pimiento(m) morrón 69.
piña(f) 58, 68.
pináculo(m) 176, 181.
pincel(m) 389, 589.
pincel(m) de repostería(f) 245.
pincel(m) para labios(m) 366.
pincel(m) plano 589.
pinchador(m) 516.
ping pong(m) 619.
ping pong(m), paleta(f) de 619.
pinnatífida 56.
pino(m) piñonero 58.
piñón(m) 58, 66, 280, 707.
piñón(m) de la rueda(f) de la película(f) 390.
piñón(m) de velocidades(f) 446, 448.
piñón(m) libre 448.
pintura(f) y dibujo(m) 590.
pinza(f) 515, 582.
pinza(f) 90, 91, 320, 370, 389, 711.
pinza(f) de conexión(f) a tierra(f) 305.
pinza(f) del electrodo(m) 305.
pinza(f) para el cabello(m) 369.
pinza(f) para rizar 369.
pinza(f) rizadora 370.
pinza(f) tibiotarsiana 81.
pinzas(f) 565, 725.
pinzas(f) multiuso 311.
pinzas(f) para depilar cejas(f) 365.
pinzas(f) pelacables 311.
pinzas(f) pelacables 311.
pinzas(f) verticales 565.
piolet(m) 681.
piolet(m) 680.
pipa(f) 385.
pipa(f), accesorios(m) para la 385.
pipa(f), corte(m) transversal de una 385.
pisacorbatas(m) 364.
piscina(f) 496, 621, 626, 772.
piscina(f) olímpica 621.
piscina(f)para enfriamiento(m) del condensador(m) 763.
Piscis 11.
Piscis, los peces (19 de febrero) 820.
piso(m) 205, 616, 617, 773.
piso(m) cosido 685, 686.
piso(m) de duela(f) 200.
piso(m) de madera(f) 199.
piso(m) de operaciones(f) 752.
pisón(m) 385.
pista(f) 608, 620, 683.
pista(f) 620, 676, 682, 811.
pista(f) de carreras(f) 654.
pista(f) de enlace(m) 502.
pista(f) de esgrima(f) 666.
pista(f) de estacionamiento(m) 502.
pista(f) de hielo(m) 620.
pista(f) de impulso(m) 655, 657.
pista(f) de lanzamiento(m) 654.
pista(f) de maniobras(f) 502.
pista(f) para prueba(f) de obstáculos(m) 646.
pista(f)de aterrizaje(m) y despegue(m) 504.
pistacho(m) 66.
pistilo(m) 60.
pistola(f) 797.
pistola(f) 291.
pistola(f) de pintar 304, 590.
pistola(f) del surtidor(m) 453.
pistola(f) para calafateo(m) 291.
pistola(f) para soldar 305.
pistola(f) pulverizadora 264.
pistolete(m) 795, 796.
pistón(m) 432, 435, 436, 438, 550.
pitón(m) 681.
pitón(m) de rosca(f) 680.
pitón(m) para el descenso(m) 681.
pitón(m) para hielo(m) 681.
pitorro(m) 247.
pívot(m) 610.
pivote(m) 311, 369, 404, 484, 485, 539, 590, 612, 641, 658, 719.
pivote(m) de la rótula(f) 471.
pivote(m) móvil 278.
pizarra(f) de información(f) 462.
placa(f) 255, 295, 296, 393.
placa(f) antifricción 641.
placa(f) base(f) 40, 641.
placa(f) blindada 805.
placa(f) calcárea 95.
placa(f) corrediza de la canilla(f) 561.
placa(f) corrediza(cubrecanilla(f)) 562.
placa(f) costal 97.
placa(f) de absorción(f) 768.
placa(f) de advertencias(f) 280.
placa(f) de agujas(f) 568.
placa(f) de amarre(m) 661.
placa(f) de asiento(m) 466.
placa(f) de base(f) 561.
placa(f) de cobre(m) 582.
placa(f) de especificaciones(f) 280.
placa(f) de fijación(f) 713.
placa(f) de identificación(f) 364.
placa(f) de instalación(f) 233.
placa(f) de la aguja(f) 561.
placa(f) de la culata(f) 802.
placa(f) de la nuca(f) 97.
placa(f) del cojinete(m) 376.
placa(f) del interruptor(m) 309.
placa(f) indicadora 712.
placa(f) marginal 96.
placa(f) metálica A 307.
placa(f) metálica B 307.
placa(f) motriz 134.
placa(f) negativa 439.
placa(f) para fusibles(m) 757.
placa(f) positiva 439.
placa(f) supracaudal 96.
placa(f) térmica 247.
placa(f) terminal 765.
placa(f) vertebral 97.
plana 587.
plancha(f) 253.
plancha(f) 253, 256.
plancha(f) de entintado(m) 581.
plancha(f) de muelles(m) 659.
plancha(f) de vapor(m) 256.
plancha(f) de windsurf(m) 631.
plancha(f) superior 253.
planchado(m) 829.
planeador(m) 636, 638.
planetario(m) 16.
planetario(m) 184.
planetas(m) y lunas(f) 4.
planetas(m), orbitas(f) 4.
planicie(f) 51.
planicie(f) fluvio-glaciar 27.
plano con orejas(f) 341.
plano tipo(m) Peter Pan 341.
plano(m) 182.
plano(m) de deriva(f) 499.
plano(m) de la catedral(f) 177.
plano(m) de la mezquita(f) 173.
plano(m) de una casa 193.
plano(m) del templo(m) griego 169.
plano(m) del terreno 193.
plano(m) focal elevado, boyas(f) 487.
plano(m) horizontal 499.
plano(m) vertical 499.
plano(m), elementos(m) básicos de un 195.
planta(f) 325.
planta(f) alta 194.
planta(f) alta 196.
planta(f) baja 194.
planta(f) baja 197.
planta(f) de bombeo(m) 740.
planta(f) de lubricantes(m) 745.
planta(f) de reforma(f) catalítica 744.
planta(f) de tratamiento(m) 735.
planta(f) exterior 734.
planta(f) intermedia de refuerzo(m) 740.
planta(f) maremotriz 752.
planta(f) maremotriz, corte(m) transversal 752.
planta(f), anatomía(f) de una 57.
plantador(m) 268.
plantador(m) de bulbos(m) 268.
plantar(m) delgado 121.
plantilla(f) 358.
plantilla(f) de arcilla(f) 748.
plantilla(f) de desagüe(m) 748.
plaquita(f) de hielo(m) 36.
plasmodesma(m) 115.
plástico(m) transparente 379.
plásticos(m) transparentes 379.
plastrón(m) 96.
plata(f) 819.
plataforma(f) 441, 473.
plataforma(f) 302, 393, 441, 451, 457, 504, 709, 714, 787.
plataforma(f) continental 22, 29.
plataforma(f) de carga(f) 736.
plataforma(f) de corte(m) 158.
plataforma(f) de instrumentos(m) 43, 511.
plataforma(f) de jaula(f) 736.
plataforma(f) de lanzamiento(m) 597.
plataforma(f) de piso(m) bajo 473.
plataforma(f) de producción(f) 738.
plataforma(f) de producción(f) 740.
plataforma(f) de vuelo(m) del helicóptero(m) 808.
plataforma(f) elevadora 188.
plataforma(f) fija 739.
plataforma(f) giratoria 780.
plataforma(f) giratoria, molino(m) 773.
plataforma(f) hidráulica 788.
plataforma(f) inferior 787.
plataforma(f) montada en gatos(m) mecánicos 739.
plataforma(f) móvil 788.
plataforma(f) para transportar vagones(m) 473.
plataforma(f) semisumergida 739.
plátano(m) 68.
platillo(m) 552, 708, 709.
platillo(m) charleston 552.
platillo(m) inferior 552.
platillo(m) superior 552.
platillos(m) 554.
platillos(m) 557.
platina(f) 583, 717, 718.
platina(f) mecánica 718.
plato(m) 688.
plato(m) 404, 584, 701.
plato(m) ajustable 521.
plato(m) de retroceso(m) 432.
plato(m) giratorio 282, 785.
plato(m) llano 238.
plato(m) para caracoles(m) 246.
plato(m) para ensalada(f) 238.
plato(m) para pan(m) y mantequilla(f) 238.
plato(m) sopero 238.
playa(f) 23, 30.
plaza(f) de la culata(f) 800.
plectro(m) 535.
plegadera(f) 577.
plegador(m) de urdimbre(f) 573.
plegador(m) del tejido(m) 572.
plegador(m) posterior 573.
pleno(m) 206, 207.
pleópodos(m) 91.
pleura(f) parietal 130.
plexo(m) braquial 133.
plexo(m) lumbar 133.
plexo(m) nervioso 144.
plexo(m) sacro 133.
pliego(m) 577.
pliegue(m) 315, 323.
pliegue(m) anal 117, 119.
pliegue(m) de cajón(m) 228.
pliegue(m) de cajón(m) invertido 228.
pliegue(m) de la columela(f) 94.
pliegue(m) de pinza(f) 228.
pliegue(m), tipos de 335.
plisada 335.
plomo(m) 486, 672.
pluma(f) 110.
pluma(f) 785.
pluma(f) de ave(f) 389.
pluma(f) de caña(f) 389.
pluma(f) de dirección(f) 684.
pluma(f) metálica 389.
pluma(f) metálica romana 389.
plumafuente(f) 589.
plumas(f) timoneras 109.
plumón(m) 110.
Plutón 5.
pluviómetro(m) 40.
pluviómetro(m) de lectura(f) directa 40.
pocilga(f) 149.
podadera(f) 269.
podadera(f) de árboles(m) 269.
podadora(f) de bordes(m) 271.
podio(m) 190.
podio(m) de salida(f) 621.
podio(m) de salida(f) 621.
podio(m) y basamento(m) 190.
podón(m) 269.
polaina(f) 652, 680.
polea(f) 230, 302, 434, 684, 793.
polea(f) de transmisión(f) 575.
polea(f) del montacargas(m) 786.
polea(f) tensora 230.
poleas(f) de tensión(f) 448.
policía(f) 822.
polipasto(m) 737.
pollito(m) 150.
polo(m) 326.
polo(m) 615.

Las entradas en **negritas** corresponden a los titulos de página.

polo(m) Norte 3.
polo(m) Norte celeste 3.
polo(m) Sur 3.
polo(m) Sur celeste 3.
polvera(f) 366.
polvo(m) 34, 35.
polvo(m) compacto 366.
polvos(m) sueltos 366.
poma(f) 543.
pomo(m) 219, 609, 666.
pomo(m) exterior 290.
pomo(m) interior 290.
poncho(m) 331.
pontón(m) 457, 738.
pontones(m), puente(m) 457.
pool(m) 673.
Popa 13.
popa(f) 478, 496, 631.
póquer(m) 695.
póquer(m), manos(f) 695.
por lo ancho(m) 629.
por(m) 830.
porcentaje(m) 830.
poro(m) 67, 115, 136.
portaaguja(m) 562.
portaagujas(m) 726.
portaaviones(m) 810.
portabobinas(m) 575.
portabolsa(f) 679.
portaborrador(m) 515.
portabotellas(m) 447.
portacanilla(m) 562.
portacarrete(m) 561, 670, 671.
portachequera(f) con calculadora(f) 379.
portaequipaje(m) 427.
portaequipajes(m) 445, 446, 449, 492.
portafusible(m) 757.
portahorquilla(m) 787.
portal(m) 175, 455.
portalámparas(m) 309.
portaleños(m) 205.
portamonedas(m) 379.
portanegativos(m) 399.
portanegativos(m) 399.
portaobjetivo(m) rotatorio 718.
portaobjetos(m) 718.
portaocular(m) 721.
portaparaguas(m) 679.
portapasaportes(m) 379.
portapipas(m) 385.
portapitones(m) 680.
portaplumas(m) 379.
portaplumas(m) 378.
portarrollos(m) de papel(m) higiénico 292.
portasellos(m) 516.
portatubo(m) 718.
portaviento(m) 536.
portería(f) 626.
portería(f) 601, 607, 608, 612, 626.
portero(m) 609.
portero(m) 601, 607, 608, 611, 612, 626.
portero(m) del equipo(m) receptor 599.
pórtico(m) 172, 177.
pórtico(m) de tirantes(m) 756.
posición(f) A - derecho 624.
posición(f) B - hacer la carpa(f) 624.
posición(f) C - cuerpo(m) encogido 624.
posición(f) de la cremallera(f) 565.
posición(f) de lanzamiento(m), transbordador(m) espacial 510.
posición(f) de las piernas(f) 625.
posición(f) de los brazos(m) 625.
posición(f) de salida(f) 625.
posición(f) de salida(f) de espalda(f) 623.
posición(f) del documento(m) para enviar 421.
posición(f) del haz(m) de electrones(m) 717.
posición(f) del ligamento(m) 95.
posición(f) respecto al sol(m) 419.
posiciones(f) 667.
posiciones(f) de salto(m) 624.
poste(m) 201, 464, 471, 604, 613, 618, 626, 669.
poste(m) con tablas(f) 646.
poste(m) de canasta(f) 611.
poste(m) de dobles(m) 614.
poste(m) de individuales(m) 614.
poste(m) de la grúa(f) 743.
poste(m) de llegada(f) 654.
poste(m) de salto(m) 657.
poste(m) del asiento(m) 446.
poste(m) del radar(m) 742.
poste(m) extensible, taladro(m) 734.
poste(m) indicador 651.
postigos(m) interiores 231.
poterna(f) 179, 181.
potro(m) 659.
pozo(m) 763.
pozo(m) ciego(m) 736.
pozo(m) de acceso(m) 752.
pozo(m) de extracción(f) 736.
pozo(m) marino 740.
pozo(m) principal 734.
pozo(m) seco 763.
pradera(f) 149.
prado(m) 148.
precio(m) total 709.
precio(m) unitario 709.
precipitación(f) 34, 35.
precipitación(f) ácida 32, 33, 35.
precipitación(f) radiactiva 35.
precipitaciones(f) 36.
precisión(f), balanza(f) 709.
premaxilar(m) 86.
premolar(m) 98.
premolares(m) 144.
prensa(f) 579.
prensa(f) 578, 579.
prensa(f) de aguafuerte(f) 581.
prensa(f) de cajos(m) 579.
prensa(f) de contactos(m) 398.
prensa(f) de tornillo(m) 579.
prensa(f) en C 282.
prensa(f) litográfica 583.
prensapapel(m) 531.
prensatelas(m) 562.
prensatelas(m) 561, 562.
preparación(f) del eclipse(m) 419.
prepucio(m) 101, 106, 127.
presa(f) 668, 749.
presa(f) 746.
presa(f) de arco(m), corte(m) transversal 750.
presa(f) de brazo(m) 668.
presa(f), corte(m) transversal 749.
presidente(m) 666.
presilla(f) 323, 324, 688.
presilla(f) de estaquilla(f) 685, 686.
presilla(f) de la manga(f) 319.
presilla(f) del cinturón(m) 319.
presillas(f) 515.
presión(f) 663.
presión(f) barométrica 38.
presión(f) barométrica a nivel(m) del mar(m) 38.
presión(f) del aire(m), medición(f) 41.
presión(f), medición(f) 710.
pretina(f) 320, 323.
pretina(f) con broches(m) 350.
pretina(f) elástica 321, 325.
prevención(f) de incendios(m) 777.
primavera(f) 8.
primer árbitro(m) 613.
primer escalón(m) 201.
primer espacio(m) 610.
primer jugador(m) 620.
primer molar(m) 144.
primer pistón(m) móvil 550.
primer premolar(m) 144.
primer recinto(m) focal 15.
primera base(f) 597.
primera etapa(f) 509.
primera falange(f) 103.
primera vía(f) de clasificación(f) 465.
primera(f) 667.
primeros auxilios(m), equipo(m) 726.
primeros violines(m) 556.
principales tipos(m) de intercambios(m) 450.
principales tipos(m) de lentes(m) 377.
principales variedades(f) de bayas(f) 62.
principales variedades(f) de frutos(m) carnosos con hueso(m) 63.
principio(m) de la película(f) 395.
prisma(m) 390.
prisma(m) de Porro 719.
prismáticos(m) binoculares 719.
proa(f) 497, 628, 631, 637.
probador(m) de contactos(m) con tierra(f) 310.
probóscide(m) 79.
procesador(m) digital de sonido(m) 528.
procesamiento(m) de la información(f) 722.
proceso(m) de maduración(f) 61.
procesos(m) ciliares 140.
producción(f) de calor(m) 766.
producción(f) de electricidad(f) 767.
producción(f) de electricidad(f) por energía(f) solar 771.
producción(f) de electricidad(f) por generador(m) 755.
producción(f) de electricidad(f) por medio de energía(f) nuclear 766.
producción(f) de electricidad(f), etapas(f) 755.
producción(f), plataforma(f) 738.
productor(m) 412, 415.
productor(m) técnico 412, 415.
productos(m) del refinado(m) 744.
productos(m) lácteos 33.
productos(m) petroquímicos 745.
profundidad(f) del hipocentro(m) 23.
profundo(m) derecho 603, 605.
profundo(m) izquierdo 603, 605.
profundo(m) libre 605.
programador(m) 257, 258, 259.
prohibido acampar 823.
prohibido adelantar 824, 825.
prohibido dar vuelta(f) en U 824, 825.
prohibido el paso 825.
prohibido el paso(m) 824.
prohibido el paso(m) de bicicletas(f) 828.
prohibido el paso(m) de camiones(m) 828.
prohibido el paso(m) de motocicletas(f) 828.
prohibido el paso(m) de peatones(m) 828.
prohibido hacer comidas(f) campestres 823.
prohibido usar silla(f) de ruedas(f) 822.
pronador(m) redondo 120.
pronaos(m) 168, 169.
propulsor F-1(m) 509.
propulsor J-2(m) 509.
propulsor(m) 49, 160, 509, 510, 512.
propulsor(m) de maniobras(f) 511.
propulsor(m) de proa(f) 497.
propulsor(m) radial 42.
proscenio(m) 188.
próstata(f) 127.
protección del sistema(m) respiratorio 821.
protección(f) 821.
protección(f) contra el vaho(m) 721.
protección(f) contra la luz(f) 16.
protección(f) de la cabeza(f) 821.
protección(f) de las manos(f) 821.
protección(f) de los oidos(m) 821.
protección(f) de los ojos(m) 821.
protección(f) de los pies(m) 821.
protector(m) 255, 268, 319, 598, 659, 669, 698, 726.
protector(m) abdominal 609.
protector(m) bucal 669.
protector(m) de brazo(m) 684.
protector(m) de la barbilla(f) 443.
protector(m) de la correa(f) 283.
protector(m) de la culata(f) 549.
protector(m) de la garganta(f) 595.
protector(m) de oídos(m) 729.
protector(m) de ojos(m) 777.
protector(m) de piernas(f) 609.
protector(m) del brazo(m) 602, 609.
protector(m) del cable(m) 280, 283, 305.
protector(m) del cuello(m) 609, 777.
protector(m) del mentón 777.
protector(m) del motor(m) 442.
protector(m) del pie(m) 595.
protector(m) del quemador(m) 634.
protector(m) del tendón(m) 644.
protector(m) del zanco(m) 783.
protector(m) facial 609, 643.
protector(m) genital 602, 609.
protector(m) lumbar 602.
protector(m) para las costillas(f) 602.
protector(m) pectoral 684.
protector(m) solar 512.
protoneurona(f) 135.
protórax(m) 78.
protuberancia(f) 6.
provincia(f) 51.
próxima llamada(f) 422.
proyección(f) cilíndrica 50.
proyección(f) cónica 50.
proyección(f) en círculo(m) 668.
proyección(f) interrumpida 50.
proyección(f) plana 50.
proyección(f) primera de cadera(f) 668.
proyección(f), pantalla(f) 397.
proyecciones(f) del mapa(m) 50.
proyectiles(m) 801, 814.
proyector(m) auxiliar 16.
proyector(m) de altura(f) máxima 41.
proyector(m) de diapositivas(f) 397.
proyector(m) de luz(f) difusa 414.
proyector(m) múltiple 16.
proyector(m) sobre el pantógrafo(m) 414.
psicrómetro(m) 41.
púa(f) de muelle(m) 157, 272.
pubis(m) 116, 118.
puente(m) 52, 109, 230, 376, 452, 491, 544, 546, 719.
puente(m) colgante 456.
puente(m) de arco(m) 455.
puente(m) de asamblaje(m) 547.
puente(m) de cantilever 454.
puente(m) de carga(f) para contenedores(m) 490.
puente(m) de los altos(m) 540.
puente(m) de los bajos(m) 540.
puente(m) de mando(m) 500.
puente(m) de mando(m) 494, 495, 497, 498, 810.
puente(m) de pontones(m) 457.
puente(m) de portal(m) 455.
puente(m) de señales(f) 464.
puente(m) de tablero(m) inferior 455.
puente(m) de tablero(m) intermedio 455.
puente(m) de tablero(m) superior 455.
puente(m) de viga(f) 454.
puente(m) de viga(f) de un tramo(m) 454.
puente(m) de viga(f) de varios tramos(m) 454.
puente(m) desmontable tipo(m) Bailey 457.
puente(m) elevador 457.
puente(m) giratorio 457.
puente(m) levadizo 180.
puente(m) levadizo doble 457.
puente(m) levadizo sencillo 457.
puente(m) peatonal 464.
puente(m) transportador 457.
puentes(m) de arco(m), tipos 455.
puentes(m) de tirantes(m) 456.
puentes(m) de viga(f), tipos(m) 454.
puentes(m) fijos 454, 456.
puentes(m) movibles 457.
puerro(m) 70.
puerta(f) 202, 429.
puerta(f) 16, 173, 225, 253, 259, 427, 449, 498, 617, 685, 686, 709.
puerta(f) a la nave(f) de carga(f) 510.
puerta(f) abatible 195.
puerta(f) automática 504.
puerta(f) corrediza 202.
puerta(f) de acceso(m) a la rejilla(f) de las luces(f) 412.
puerta(f) de acordeón(m) 202.
puerta(f) de bisagra(f) 202.
puerta(f) de entrada(f) 202.
puerta(f) de proa(f) 493, 494.
puerta(f) del congelador(m) 254.
puerta(f) del fogón(m) 204.
puerta(f) del refrigerador(m) 254.
puerta(f) del vestíbulo(m) 461.
puerta(f) lateral 477.
puerta(f) plegable 202.
puerta(f) plegable 194, 292.
puerta(f) trasera 195, 470.
puertas(f), tipos(m) de 202.
puerto(m) 490.
puesta(f) en marcha(f) 532, 569.
puesta(f) en órbita(f) 419.
puesto(m) de bombeo(m) 453.
puesto(m) de información(f) 504.
puesto(m) de socorro(m) 822.
pujamen(m) 350, 631.
pulgar(m) 112, 137, 327, 596.
pullman(m) de ocho plazas(f) 425.
pulmón(m) 97.
pulmón(m) derecho 124, 130.
pulmón(m) izquierdo 124, 130.
pulpa(f) 62, 63, 64, 65, 144.
pulpejo(m) 104.
pulsera(f) de dijes(m) 364.
pulverización(f) 154, 157.
pulverizador(m) 264.
pulverizador(m) 257, 265, 590.

Las entradas en **negritas** corresponden a los titulos de página.

pulverizador(m) de agua(f) 426.
pulverizador(m) de discos(m) 157.
pulverizador(m) de discos(m) 154.
puñal(m) 794.
punno(m) 666.
puño(m) 315.
puño(m) 324, 596, 615, 640, 642, 727.
puño(m) de amura(f) 631.
puño(m) de escota(f) 631.
puño(m) de la puerta(f) 427.
puño(m) interior de la puerta(f) 429.
puño(m) para gemelos(m) 339.
punta 818.
punta grabadora(f) 714.
punta(f) 30, 57, 72, 239, 240, 241, 242, 275, 276, 277, 284, 291, 305, 323, 325, 375, 384, 389, 544, 562, 567, 633, 640, 642, 658, 671, 678, 684, 697, 698, 817.
punta(f) de caja(f) cuadrada(Robertson) 276.
punta(f) de cruz(f)(Phillips) 276.
punta(f) de diamante(m) 225.
punta(f) de flecha(f) de pedernal(m) 791.
punta(f) de hoja(f) plana 276.
punta(f) de la plancha(f) 256.
punta(f) de plástico(m) 370.
punta(f) de sujeción(f) 540.
punta(f) del ala(f) 637.
punta(f) del bastón(m) 643.
punta(f) del cuello(m) 324, 341.
punta(f) del esquí(m) 642.
punta(f) delantera 680.
punta(f) seca 582, 583.
puntal(m) 199, 553, 757.
puntal(m) derecho 606.
puntal(m) izquierdo 606.
puntal(m) trasero 773.
puntales(m) de refuerzo(m) 198.
punteo(m) 586.
puntera(f) 277, 355, 641, 644, 645.
puntera(f) protectora 730.
puntera(f) reforzada 644.
puntero(m) 719.
punto(m) 832.
punto(m) 389, 565, 695.
punto(m) de apoyo(m) variable 624.
punto(m) de cambio(m) 467.
punto(m) de concentración(f) 770.
punto(m) de cruz(f) 571.
punto(m) de escapulario(m) 571.
punto(m) de espiga(f) 571.
punto(m) de inserción(f) 684.
punto(m) de interés 52.
punto(m) de malla(f) 567.
punto(m) de mira(f) 719, 795, 796, 797, 798, 799, 804.
punto(m) de montaje(m) 501.
punto(m) de musgo(m) 567.
punto(m) de nudos(m) 571.
punto(m) de ochos(m) 567.
punto(m) de pénalty(m) 601.
punto(m) de respiguilla(f) 567.
punto(m) de salida(f) 676.
punto(m) de saque(m) 608.
punto(m) y coma(f) 832.
punto(m), tipos(m) de 567.
puntos(m) de cruz(f) 571.
puntos(m) de malla(f) 571.
puntos(m) de montado(m) 567.
puntos(m) de relleno(m) 571.
puntos(m) de relleno(m) sueltos 571.
puntos(m) suspensivos 832.
puntos(m), tipos(m) de 571.
puntuación(f), signos(m) 832.
punzón(m) 570, 585.
punzón(m) 688.
pupila(f) 107, 140.
pupila(f) vertical 96.
purificador(m) de aire(m) 210.
puro(m) 384.
púrpura(m) 819.
putter(m) 677.
putter(m) 678.

Q

quarterback(m) 603, 605.
queche(m) 482.
quemador(m) 209, 248, 634, 635, 689, 738.
quemador(m) de gas(m) 297.
queroseno(m) 744, 745.
quevedos(m) 377.
quiasma(m) óptico 134.
quijada(f) 100, 106.
quijada(f) inferior 650.
quijada(f) superior 650.
quijera(f) 649.
quijote(m) 792.
Quilla 13.
quilla(f) 637.
química(f) 831.
quinta(f) 537, 667.
quinteto(m) 558.
quinto hueso(m) metacarpiano 112.
quinto(m) octante 6.
quitapiedras(m) 459, 469.

R

rábano(m) 71.
rábano(m) blanco 71.
rabillo(m) 62, 63, 64.
rabiza(f) 670.
racimo(m) 60.
radar(m) 722.
radar(m) 493, 494, 495, 497.
radar(m) aéreo 809.
radar(m) de aterrizaje(m) 811.
radar(m) de búsqueda(f) aérea 811.
radar(m) de control(m) aéreo 810.
radar(m) de detección de blancos(m) 809.
radar(m) de navegación(f) 498.
radar(m) de vgilancia(f) de superficie(f) 809.
radar(m) de vigilancia(f) de superficie(f) 810.
Radarsat, satélite(m) 49.
radiación(f) solar 768, 769, 770, 771, 772.
radiador(m) 438.
radiador(m) 16, 208, 469.
radiador(m) de convexión(f) 211.
radiador(m) de la batería(f) 49.
radiador(m) eléctrico 210.
radiador(m) tubular 208.
radial(m) externo primero 121.
radial(m) externo segundo 121.
radícula(f) 57, 59.
radio AM\FM y lector(m) de casetes(m) personal 408.
radio(m) 102, 112, 122, 639.
radio(m) blando 87.
radio(m) espinoso 86.
radio(m) medular 59.
radioactivo 821.
radiómetro(m) 42, 43.
radiotelescopio(m) 15.
radomo(m) 813.
raedor(m) 582.
raíces(f) 71.
raíces(f) 57, 61.
raíces(f) superficiales 59.
rail(m) corredizo 257.
raíz primaria(f) 59.
raíz(f) 70, 143, 144, 240.
raíz(f) anterior 135.
raíz(f) cuadrada de 830.
raíz(f) de la uña 137.
raíz(f) del hélix(m) 139.
raíz(f) motriz 135.
raíz(f) posterior 135.
raíz(f) primaria 57.
raíz(f) secundaria 57.
raíz(f) sensorial 135.
rallador(m) 242, 243.
rama madre(f) 59.
rama(f) 58.
rama(f) 57, 59, 104, 726.
rama(f) comunicante 135.
rama(f) con fruto(m) 61.
rama(f) inferior 793.
rama(f) superior 793.
ramaje(m) 59.
ramificación(f) 61.
ramificación(f) colateral 135.
ramilla(f) 59.
rampa(f) 452.
rampa(f) de acceso(m) 168, 456.
rampa(f) de muelle(m) 490.
rampa(f) de transferencia(f) 452.
rampa(f) para mercancías(f) 184.
rampa(f) plegable 494.
rana(f) 84.
rana(f) arbórea 85.
ranilla(f) 104.
ranura(f) 276, 379, 439, 562, 656.
ranura(f) de corte(m) 285.
ranura(f) de visión(f) 792.
ranura(f) del larguero(m) de la vidriera(f) 203.
ranura(f) guía(f) 598, 641.
ranura(f) para el pan(m) 252.
ranura(f) para monedas(f) 422, 702.
ranura(f) para toldo(m) 441, 449.
Ranvier, nódulo(m) de 135.
raqueta(f) 645.
raqueta(f) de bádminton(m) 618.
raqueta(f) de raquetbol(m) 617.
raqueta(f) de squash(m) 616.
raqueta(f) de tenis(m) 615.
raquetbol(m) 617.
raquetbol(m), pelota(f) de 617.
raquis(m) 110.
rascacielos(m) 185.
raspador(m) 304, 585, 784.
raspador(m) 385, 583.
ráspano(m) 62.
rastreador(m) de estrellas(f) 16.
rastrillo(m) 159, 267.
rastrillo(m) 155, 599.
rastrillo(m) con los travesaños(m) 599.
rastrillo(m) con los travesaños(m) 598, 599.
rasuradoras(f) 374.
ratón(m) 530.
ratón(m) 526, 527.
ratonera(f) 642.
raya(f) 323.
rayo(m) 36, 447.
rayo(m) laser 405.
rayo(m) solar reflejado 770, 771.
re(D) 537.
reacción(f) 831.
reactor(m) 759, 764, 766, 806.
reactor(m) nuclear, carga(f) 765.
reaprovisionamiento(m) de combustible(m) en vuelo(m) 813.
rebajo(m) de escalón(m) 201.
rebobinado(m) 831.
rebobinado(m) 411.
rebobinado(m) automático 408.
rebobinador(m) 561.
reborde(m) 24, 188, 189, 544, 546.
rebosadero(m) 215, 293, 746.
recalentador(m) 758.
recámara(f) 585.
recepción(f) de carga(f) 505.
recepción(f) de documentos(m) 421.
recepción(f) de equipaje(m) 504.
recepción(f) directa en la casa(f) 416.
recepción(f) y transmisión de mensajes(m) 421.
receptáculo(m) 60, 62.
receptáculo(m) del cepillo(m) 373.
receptor(m) 595.
receptor(m) 15, 420, 541, 597.
receptor(m) abierto 603, 605.
receptor(m) de los bajos(m) 547.
receptor(m) del sonido(m) 726.
receptor(m) sensorial 134.
receptor(m) triple 547.
receta(f) médica 831.
recibidor(m) 496.
recibo(m) 709.
recipiente(m) 251.
recipiente(m) con asa(f) 250.
recipiente(m) con vertedor(m) 251.
recipiente(m) de acumulación(f) 40.
recipiente(m) de agua(f) 210.
recipiente(m) de enjuague(m) 257.
recipiente(m) de presión(f) 762.
recipiente(m) de vertido(m) 40.
recipiente(m) del detergente(m) 257.
recipiente(m) del reactor(m) 765.
recipiente(m) inferior 247.
recipiente(m) para almancenamiento(m) 764.
recipiente(m) superior 247.
recogepelotas(m) 613, 614.
recortador(m) de patillas(f) 374.
recta 334.
recta con abertura(f) al frente(m) 334.
recta de tres cuartos(m) 339.
recta(f) de fondo(m) 651.
recto entallado 332.
recto(m) 127, 128, 131.
recto(m) anterior 120.
recto(m) del abdomen(m) 120.
recto(m) interno del muslo(m) 121.
recuadro(m) 756.
recubrimiento(m) aislante 510.
recubrimiento(m) antirreflectante 768.
recubrimiento(m) de la popa(f) 16.
recubrimiento(m) de la primera tubería(f) 740.
recuperable 831.
recuperación(f) de aire(m) 206, 207.
recuperación(f) del documento(m) enviado 421.
recuperado 831.
red(f) 613, 614, 618.
red(f) 610, 612, 613, 614, 618, 619, 626.
red(f) de cables(m) telefónicos 186.
red(f) de comunicación(f) 527.
red(f) de mano(f) 672.
red(f) de transmisión(f) de electricidad(f) 771.
red(f) de transmisión(f) privada 416.
red(f) nacional de transmisión(f) 416.
red(f) para el equipaje(m) 461.
red(f) telefónica 417.
red(f) telefónica, telecomunicaciones(f) 417.
redonda(f)(unidad)(f) 538.
redondeo(m) 579.
redondo 343.
redondo(m) mayor 121.
redondo(m) menor 121.
reducción(f) del diámetro(m) del haz(m) 717.
reducción(f)\ampliación(f) 532.
reductor(m) de calibre(m) 301.
reductor(m) de entrada(f) 82.
reductor(m) de flujo(m) 740.
reductor(m) de voltaje(m) 755.
refinado(m), productos(m) 744.
refinería(f) 740.
reflector(m) 310, 441, 445, 446.
reflector(m) del radar(m) 487.
reflector(m) orientable 414.
reflector(m) parabólico 15.
reflector(m) portátil 777.
reflector(m) secundario 15.
reflectores(m) solares 418.
refrigerador(m) 453.
refrigerante(m) 766.
refrigerante(m) 744, 771.
refrigerante(m) caliente 771.
refrigerante(m) frío 771.
refrigerante(m): agua(f) a presión(f) 762.
refrigerante(m): agua(f) hirviente 763.
refrigerante(m): agua(f) pesada a presión(f) 761.
refrigerante(m): bióxido(m) de carbono(m) 760.
refuerzo(m) 346, 729.
refuerzo(m) de la culata(f) 800.
refuerzo(m) del talón(m) 354.
refuerzo(m) embobinado 678.
refuerzo(m) secundario 756.
regadera(f) 265.
regatón(m) 681.
región(f) lumbar 117, 119.
región(f) malar 109.
región(f) negativa 768.
región(f) positiva 768.
regiones(f) de boyas(f) 488.
registro(m) 712.
registro(m) de aire(m) caliente 206.
registro(m) de altos(m) 536.
registro(m) de cristal(m) líquido 706.
registro(m) digital 310.
registros(m) de los bajos(m) 536.
regla(f) 563.
regla(f) 578, 688.
regla(f) de corte(m) 285.
regla(f) de escuadra(f) 591.
regla(f) para medir puntos(m) 567.
regulador(m) 206, 541.
regulador(m) de altura(f) 659, 661.
regulador(m) de ancho de puntada(f) 561.
regulador(m) de emergencia(f) 627.
regulador(m) de entrada(f) de agua(f) 257.
regulador(m) de fluidos(m) 304.
regulador(m) de la 1ª etapa(f) de descompresión(f) 627.
regulador(m) de la 2ª etapa(f) de descompresión(f) 627.
regulador(m) de la presión(f) 543.
regulador(m) de largo(m) de puntada(f) 561.
regulador(m) de luminosidad(f) 231.
regulador(m) de presión(f) 306.
regulador(m) de presión(f) 248, 306, 561, 689, 777.
regulador(m) de tamaño(m) de punto(m) 562.
regulador(m) de temperatura(f) 441.
regulador(m) de tensión(f) 561, 568, 569.
reina(f) 695.
reina(f) 81, 696.
reja(f) 156, 310.

Las entradas en **negritas** corresponden a los títulos de página.

reja(f) de entrada(f) al pronaos(m) 168.
reja(f) metálica de contacto(m) 768.
reja(f) trilladora 160.
rejilla(f) 188, 208, 214, 248, 252, 255, 406, 410, 426, 438, 439, 536.
rejilla(f) de calefacción(f) 477.
rejilla(f) de control térmico 43.
rejilla(f) de entrada(f) de aire(m) 370.
rejilla(f) de iluminación(f) 414.
rejilla(f) de pared(f) 207.
rejilla(f) de piso(m) 207.
rejilla(f) de salida(f) 211.
rejilla(f) de salida(f) de aire(m) 370.
rejilla(f) de techo(m) 207.
rejilla(f) de vaporización(f) 210.
rejilla(f) de ventilación(f) 214, 257.
rejilla(f) del radiador(m) 440.
rejilla(f) del ventilador(m) 260.
rejilla(f) desmontable 248.
rejilla(f) protectora 400.
rejilla(f), sistema(m) 47.
rejillas(f) 207.
relicario(m) 361.
rellano(m) 201.
rellano(m) de la escalera(f) 194.
relleno exterior(m) 733.
relleno(m) alternado 571.
relleno(m) exterior 733.
reloj(m) 398.
reloj(m) 252, 255, 407, 413, 415, 430, 664, 714.
reloj(m) automático 585.
reloj(m) de cocina(f) 244.
reloj(m) de la ampliadora(f) 399.
reloj(m) de pare(m) 407.
reloj(m) de péndulo(m) 707.
reloj(m) de pesas(f), mecanismo(m) 707.
reloj(m) de pulsera(f) 706.
reloj(m) de sol(m) 706.
reloj(m) digital 706.
reloj(m) mecánico 706.
reloj(m) programador 253.
remache(m) 242, 278.
remate(m) 201.
remate(m) en T 205.
remeras(f) primarias 110.
remeras(f) secundarias 110.
remeras(f) terciarias 110.
remo(m) 632, 664.
remo(m) 664.
remolacha(m) 71.
remolque(m) 449, 507.
remos(m), tipos de 632.
renacuajo(m) 84.
reniforme 56.
repisa(f) 204.
repisa(f) para accesorios(m) 721.
repollo(m) 73.
repollo(m) verde 73.
reproducción(f) 831.
reptil(m) 96.
repuesto(m) 389.
resbaladero(m) 736.
resguardo(m) 426.
resguardo(m) de espuma(f) 729.
resguardo(m) de hormigón(m) 760, 761, 762, 763.
residuos(m) primarios 744.
resistencia(f) 255, 257, 259, 305, 585.
resonador(m) 406, 542, 554, 616.
resonador(m) de rayos(m) infrarrojos 43.
resorte(m) 230, 234, 258, 278, 294, 389, 469, 804.
resorte(m) de la válvula(f) 434.
resorte(m) de retorno(m) 432.
resorte(m) de suspensión(f) 707.
resorte(m) de tensión(f) 562, 665.
resorte(m) de válvula(f) 543.
resorte(m) del eslabón(m) 795.
resorte(m) del martinete(m) 541.
resorte(m) del sistema(m) articulado 702.
resorte(m) del tensor(m) 569.
resorte(m) espiral 231.
resorte(m) hidráulico 664.
resorte(m) tensor 431.
respaldo(m) 220, 223, 386, 428, 445, 727.
respaldo(m) reclinatorio 726.
respiradero(m) 14, 82, 196, 197, 214, 385, 443, 741.
respiradero(m) lateral 449.
restador(m) 614, 616, 618.
restaurante(m) 822.
restaurante(m) 185, 190, 494.
retén(m) 735.
retén(m) de la esfera(f) 530.
retén(m) del cargador(m) 795.
retén(m) imantado 256.
retención(f) de datos(m) 310.
retenedor(m) de frecuencias(f) bajas 412.
retícula(f) 718.
Retículo 13.
retículo(m) endoplasmático 115.
retina(f) 140.
retoño(m) 59.
retorno(m) a la memoria(f) 523.
retrete(m) 293.
retrete(m) 215, 292.
retroexcavadora(f) 782.
retroexcavadora(f) cargadora(f) 782.
revelado(m), baños(m) 399.
revelado(m), tanque(m) 398.
revés(m) 567.
revestimiento(m) 432, 619, 635, 677, 748, 798, 799.
revestimiento(m) de fibra(f) de vidrio(m) 297.
revestimiento(m) de fósforo(m) 232.
revestimiento(m) interior 429, 433.
revólver(m) 797.
rey(m) 695.
rey(m) 696.
ría(f) 647.
ría(f) 646, 676.
ribera(f) 750.
ribete(m) 322, 328, 352, 354.
ribosoma(m) 115.
riel(m) 230.
riel(m) 230, 466, 476, 786.
riel(m) corredizo 630.
riel(m) de cierre(m) 467.
riel(m) de iluminación(f) 235.
riel(m) de lanzamiento(m) de proyectiles(m) 813.
riel(m) de retención(f) 467.
riel(m) de rodamiento(m) 786.
riel(m) de rotación(f) 15.
riel(m) deslizador 428.
riel(m) eléctrico 476.
riel(m) metálico 517.
riel(m) para las parrillas(f) 254.
rieles(m), empalme(m) 466.
rienda(f) 651.
rienda(f) del bocado(m) 649.
rienda(f) del freno(m) 649.
rifle(m) 798.
rifle(m), cartucho(m) 798.
rimaya(f) 26.
rímel(m) en pasta(f) 367.
rímel(m) líquido 367.
rincón(m) 669.
rinconera(f) 227.
ring(m) de boxeo(m) 669.
ringside(m) 669.
riñón(m) 89, 97, 124.
riñón(m) derecho 132.
riñón(m) izquierdo 132.
riñonera(f) 602.
riñones(m) 101.
río(m) 51, 52.
ripia(f) 286.
risco(m) 7.
ritmo(m) de las señales(f) nocturnas 489.
rizador(m) de mantequilla(f) 242.
rizador(m) de pestañas(f) 367.
Roberval, balanza(f) 708.
robot(m) de cocina(f) 251.
roca(f) 30.
roca(f) firme 714.
roca(f) impermeable 737.
rocas(f) ígneas 23.
rocas(f) intrusivas 23.
rocas(f) metamórficas 23.
rocas(f) sedimentarias 23.
rociador(m) 296.
rociadores(m) 766.
rocío(m) 37.
roda(f) 479.
rodamiento(m) 530, 753.
rodapié(m) 225.
rodete(m) 105.
rodilla(f) 100, 106, 116, 118.
rodillera(f) 595, 602, 609, 649, 653, 792.
rodillo(m) 245, 270, 584.
rodillo(m) 231, 304, 524, 531.
rodillo(m) de entrada(f) 160, 162.
rodillo(m) de pintor(m) 304.
rodillo(m) entintador 581.
rodillo(m) guía(f) de la película(f) 390.
rodillo(m) para barnizar 582.
rodillo(m) triturador 158.
rodillo(m)guía(f) 403.
rodrigón(m) 263.
roja(f) 697, 700.
rojo(m) 701.
rollo(m) de la película(f) 395.
rollo(m) para recubrimiento(m) impermeabilizante 287.
romero(m) 74.
rompiente(m) 30.
ropa(f) de cama(f) 224.
ropa(f) de hombre(m) 319, 320, 322, 324.
ropa(f) de mujer(f) 330, 332, 334, 336, 338, 340, 342, 344, 346, 348.
ropa(f) de niños(m) 349, 350.
ropa(f) deportiva 352.
ropa(f) interior 325, 345, 346.
ropa(f) para ejercicio(m) 353.
ropero(m) 226.
rosa(f) de los vientos(m) 484, 719.
rosa(f) holandesa 363.
rosca(f) 276, 279, 294, 711.
roseta(f) 265, 289, 290, 546.
rosetón(m) 167, 175.
rostro(m) 90.
rotación(f) de la turbina(f) 755.
rotonda(f) 190.
rotor(m) 161, 290, 437, 508, 773, 774.
rotor(m) de cola(f) 508.
rotor(m) de la turbina(f) 752.
rótula(f) 103, 122.
rótula(f) de enganche(m) 471.
rotulador(m) 516, 588.
rótulo(m) de destino(m) 743.
rótulo(m) de identificación(f) 743.
rubí(m) 362.
rubí(m) 706.
rubia(f) 425.
rubor(m) en polvo(m) 366.
rueda(f) 433.
rueda(f) 270, 427, 440, 563, 583, 645, 664, 727, 788, 800, 805.
rueda(f) catalina 783.
rueda(f) central 706, 707.
rueda(f) central de enfoque(m) 719.
rueda(f) compresora 158.
rueda(f) de cadena(f) 445.
rueda(f) de cangilones(m) 754.
rueda(f) de corona(f) 707.
rueda(f) de escape(m) 706, 707.
rueda(f) de la dirección(f) 727.
rueda(f) de los segundos(m) 706.
rueda(f) de modulación(f) 555.
rueda(f) de rayos(m) 652.
rueda(f) de transmisión(f) 445.
rueda(f) de trinquete(m) 706, 707.
rueda(f) de volante(m) 584.
rueda(f) delantera 147, 784.
rueda(f) giratoria 701.
rueda(f) guía(f) 783.
rueda(f) humedecedora 516.
rueda(f) libre 435.
rueda(f) media 706.
rueda(f) metálica de seguridad(f) 476.
rueda(f) motriz 147, 707, 805.
rueda(f) para ajustar el tono(m) 555.
ruedas(f) de tracción(f) 784.
ruedas(f), silla(f) 727.
ruedecilla(f) 260, 383, 553.
Ruffini, corpúsculo(m) de 136.
rugby(m) 606.
rugby(m), balón(m) de 606.
ruibarbo(m) 72.
ruleta(f) americana 700.
ruleta(f) estriada 582.
ruleta(f) francesa 701.
ruleta(f), mesa(f) 700.
ruta(f) circular 52.
ruta(f) de servicio(m) 502.
ruta(f) pintoresca 52.

S

sabana(f) 45.
sábana(f) 224.
sábana(f) ajustable 224.
sabañón(m) 55.
sable(m) 794, 819.
sable(m) 628, 631, 637, 666.
sabor(m) agrio 143.
sabor(m) amargo 143.
sabor(m) dulce 143.
sabor(m) salado 143.
sabores(m) 143.
sacaanzuelos(m) 672.
sacabotas(m) 358.
sacacorchos(m) 244, 688.
sacacorchos(m) con brazos(m) 244.
sacapuntas(m) 515, 516.
sacatrapos(m) 801.
saco(m) de marinero(m) 381.
saco(m) de piel(f) 536.
saco(m) de pilotaje(m) 637.
saco(m) de viaje(m) 380.
saco(m) rectangular 687.
saco(m) semirrectangular 687.
saco(m) uterovesical 128.
sacos(m) de dormir 687.
sacro(m) 122, 123.
Saeta 11.
Sagitario 13.
Sagitario, el Arquero (22 de noviembre) 820.
sala(f) 195.
sala(f) de bombeo(m) 742.
sala(f) de cine(m) 496.
sala(f) de computación(f) 807.
sala(f) de control(m) 14, 15, 189, 407, 746, 759.
sala(f) de control(m) de la producción(f) 415.
sala(f) de control(m) de luces(f) 412.
sala(f) de control(m) de máquinas(f) de propulsión(f) 806.
sala(f) de control(m) de operaciones(f) 807.
sala(f) de control(m) de producción(f) 413.
sala(f) de control(m) de sonido(m) 415.
sala(f) de control(m), estudio(m) de radio(m) 407.
sala(f) de ensayo(m) 188.
sala(f) de equipajes(m) 462.
sala(f) de espera(f) para abordar 505.
sala(f) de instalaciones(f) auxiliares 412.
sala(f) de la caldera(f) nuclear 806.
sala(f) de máquinas(f) 496, 742, 746, 747, 806.
sala(f) de molinetes(m) del ancla(f) 495, 497.
sala(f) de navegación(f) 494.
sala(f) de oración(f) 172, 173.
sala(f) de producción(f) de electricidad(f) 806.
sala(f) de producción(f) y control(m) 412.
sala(f) de proyección(f) 16.
sala(f) de regulación(f) de luces 412.
sala(f) de torpedos(m) 807.
sala(f) del montacargas(m) 735.
sala(f) para el público(m) 189.
salamandra(f) 85.
salero(m) 238.
salida(f) 452.
salida(f) de agua(f) caliente 208, 296, 297.
salida(f) de agua(f) fría 296.
salida(f) de aire(m) caliente 204, 207, 438.
salida(f) de humo(m) 204.
salida(f) de la contracorriente(f) 759.
salida(f) de la pista(f) 505.
salida(f) de la pista(f) de alta velocidad(f) 502.
salida(f) de vapor(m) 760, 761, 762, 763.
salida(f) del agua(f) de enfriamiento(m) del condensador(m) 759.
salida(f) del refrigerante(m) 768.
salida(f) y llegada(f) 646.
salida(m) de la pista(f) 651.
salina(f) 30.
salón(m) de baile(m) 497.
salón(m) de pasajeros(m) 496.
salsera(f) 238.
salsifí(m) 71.
saltamontes(m) 77.
salto(m) 624.
salto(m) al frente(m) 624.
salto(m) al frente(m) en posición(f) A 625.
salto(m) atrás 624.
salto(m) atrás en posición(f) A 625.
salto(m) de altura(f) 657.
salto(m) de altura(f) 654.
salto(m) de cama(f) 348.
salto(m) de pértiga(f) 657.
salto(m) de pértiga(f) 655.
salto(m) de salida(f) 622.
salto(m) en equilibrio(m) 625.
salto(m) interior en posición(f) B 625.
salto(m) inverso en posición(f) B 625.
salto(m) tirabuzón(m) en posición(f) A 625.
saltos(m) 624.
salvavidas(m) 495.
salvia(f) 74.
sandalia(f) 356, 357.
sandalia(f) 791.

Las entradas en **negritas** corresponden a los títulos de página.

sandía(f) 69.
sapo(m) 85.
sarga(f) 576.
sarmiento(m) 61.
sarong(m) malayo 334.
sarta(f) 361.
sartén(f) 249, 688.
sartén(f) honda 249.
sartén(f) para crepas(f) 249.
sartorio(m) 120.
satélite(m) 416.
satélite(m) artificial 19.
satélite(m) de detección(f) a larga distancia(f) 48.
satélite(m) de órbita(f) polar 43.
satélite(m) de transmisión(f), comunicación(f) 416.
satélite(m) geoestacionario 42.
satélite(m) meteorológico 42.
satélite(m) Radarsat 49.
satélite(m), telecomunicaciones(f) 417.
satélites(m) de telecomunicaciones(f) 418.
satélites(m), ejemplos(m) 418.
satélites(m), órbita(f) 43.
satén(m) 576.
Saturno 5.
saxofón(m) 548.
saxofón(m) 548.
Schwann, célula(f) de 135.
seãles(f) de tránsito(m) 826.
seãles(f) de tránsito(m) internacionales, principales 825.
secado(m) 829.
secador(f) manual 370.
secadora(f) de ensalada(f) 243.
secadora(f) de pruebas(f) 399.
secadora(f) de ropa(f) 259.
sección(f) antirrotacional 42.
sección(f) de carga(f) del combustible(m) 764.
sección(f) de flotación(f) 486.
sección(f) del cañón(m) 205.
sección(f) frontal 730.
sección(f) para el equipo(m) 16.
sección(f) principal 701.
seco(m) 700, 701.
secretario(m) 612, 626.
sedal(m) 670.
sedán(m) de cuatro puertas(f) 425.
sedimento(m) 216.
segadora(f) 158.
segadora(f) 154.
segmento(m) abdominal 78.
segmento(m) de marcas(f) 698.
segmento(m) intermediario 127.
segmento(m) muscular 89.
segmento(m) terminal 127.
segueta(f) 277.
seguimiento(m) de la bola(f) 682.
segunda base(f) 597.
segunda etapa(f) 509.
segunda vía(f) de clasificación(f) 465.
segunda(f) 537, 667.
segundero(m) 706.
segundero(m) en décimas(f) de segundo(m) 706.
segundo árbitro(m) 613.
segundo espacio(m) 610.
segundo hueso(m) metacarpiano 112.
segundo jugador(m) 620.
segundo molar(m) 144.
segundo pistón(m) móvil 550.
segundo premolar(m) 144.
segundo recinto(m) focal 15.
segundo refuerzo(m) 800.
segundo(m) 830.
segundo(m) 669.
segundos violines(m) 556.
seguridad(f), anteojos(m) 729.
seguridad(f), casco(m) 729.
seguridad(f), orejera(f) 729.
seguridad(f), símbolos(m) 821.
seguro(m) 253, 260, 278, 281, 290, 396, 796.
seguro(m) de inclinación(f) del disco(m) 284.
seguro(m) de inclinación(f) lateral 393.
seguro(m) de la barra(f) de tracción(f) 803.
seguro(m) de la base(f) 282.
seguro(m) de la columna(f) 393.
seguro(m) de la guía(f) 285.
seguro(m) de la mesa(f) 283.
seguro(m) de la plataforma(f) 393.
seguro(m) de movimiento(m) horizontal 393.
seguro(m) del brazo(m) 568.
seguro(m) del cargador(m) 797.
seguro(m) del cordón(m) 231.
seguro(m) del fuelle(m) 536.
seguro(m) del interruptor(m) 280.
seis(m) doble 695.
selección auto/manual 310.
selector automático/manual 585.
selector(m) 214, 252, 310.
selector(m) de altavoz(m) 402.
selector(m) de banda(f) 402.
selector(m) de canales(m) 411.
selector(m) de corte(m) 374.
selector(m) de emisoras(f) memorizadas 402.
selector(m) de entrada(f) 402.
selector(m) de focalización(f) 391.
selector(m) de función(f) 402.
selector(m) de la recepción(f) 547.
selector(m) de la voz(f) 555.
selector(m) de nivel(m) de agua(f) 258.
selector(m) de posición(f) de aguja(f) 561.
selector(m) de programa(m) 555.
selector(m) de puntada(f) 561.
selector(m) de temperatura(f) 253, 258, 259.
selector(m) de tipo(m) de cinta(f) 403.
selector(m) de tostado(m) 252.
selector(m) de velocidad(f) 404.
selector(m) de velocidades(f) 250, 251.
selector(m) del control(m) de video(m) 413.
selector(m) del control(m) de volumen(m) 413.
selector(m) del premio(m) 702.
selector(m) del rítmo(m) 555.
selector(m) mono/estéreo 402.
selector(m) para regular el tamaño(m) de los puntos(m) 568.
selectores(m) de funciones(f) 420.
selectores(m) de modalidad(f) 408.
sello(m) de goma(f) 516.
semáforo(m) 826, 827.
semáforo(m) 186, 464.
sembradora(f) a chorrillo(m) 158.
sembradora(f) a chorrillo(m) 154.
sembradora(f) de mano(f) 268.
semicírculo(m) 674.
semicírculo(m) de la zona(f) de tiro(m) libre 610.
semicírculo(m) del área(f) 601.
semicorchea(f)(dieciseisavo)(m) 538.
semifusa(f)(sesentaicuatroavo)(m) 538.
semilla(f) 62, 63, 64, 65, 66, 67.
semillas(f) de soja(f) 72.
semimembranoso(m) 121.
semirremolque(m) 742.
semirremolque(m), caja(f) tipo(m) 441.
semitendinoso(m) 121.
señal(f) aislada de peligro(m) 489.
señal(f) cardinal del este(m) 489.
señal(f) cardinal del oeste(m) 489.
señal(f) cardinal del sur(m) 489.
señal(f) de aguas(f) seguras 489.
señal(f) de cruce(m) 471.
señal(f) de dirección(f) 475.
señal(f) de distancia(f) fija 505.
señal(f) de eje(m) de pista(f) 504.
señal(f) de identificación(f) de pista(f) 504.
señal(f) de posición(f) de la aguja(f) 467.
señal(f) de unión(m) 824.
señal(f) de zona(f) de contacto(m) de pista(f) 505.
señal(f) de zona(f) de espera(f) 504.
señal(f) del sonido(m) 539.
señal(f) diurna 486, 487.
señal(f) especial 489.
señal(f) exterior 474.
señal(f) lateral 489.
señal(f) luminosa 539.
señales de limite(m) de la pista(f) 505.
señales(f) de los puntos(m) cardinales 488.
señales(f) de transito(m) 824.
señales(f) de tránsito(m) 828.
señales(f) de tránsito(m) internacionales, principales 827, 828.
señales(f) de tránsito(m) norteamericanas, principales 824, 826, 828.
señales(f) diurnas(región B) 489.
señales(f) laterales de pista(f) 504.
señales(f) marítimas 486.
señales(f) nocturnas, ritmo(m) 489.
seno(m) 129.
seno(m) 30, 118, 315.
seno(m) del pecíolo(m) 61.
seno(m) esfenoidal 141.
seno(m) frontal 141.
seno(m) lateral inferior 61.
seno(m) lateral superior 61.
sensibilidad(f) de la película(f) 396.
sensor solar 43.
sensor(m) 42.
sensor(m) de control(m) a larga distancia(f) 410.
sensor(m) de control(m) biomédico 512.
sensor(m) de luz(f) 390.
sensor(m) de nivel(m) de combustible(m) 512.
sensor(m) de radiaciones(f) de la tierra(f) 43.
sensor(m) del control(m) a larga distancia(f) 405.
sensor(m) solar 42, 49.
sensor(m) terrestre 42, 43, 49.
sépalo(m) 60, 62, 64.
separación(f) del lanzador(m) de satélites(m) 419.
separación(f) entre bolos(m) 683.
separador(m) 160, 184, 378, 452, 727, 742, 758, 765.
separador(m) central 186.
separador(m) de agua(f) 734.
separador(m) de boca(f) de agua(f) 779.
separador(m) de gas(m) y líquido(m) 439.
separador(m) de petróleo(m) y gas(m) 738.
separador(m) de placas(f) 439.
separador(m) de reinas(f) 82.
separador(m) del escape(m) de vapor(m) 758.
séptima(f) 537, 667.
septum(m) 67, 141.
septum(m) lucidum 134.
seque en secadora(f) a temperatura(f) baja 829.
seque en secadora(f) a temperatura(f) de mediana a alta 829.
seque extendido sobre una toalla(f) después de escurrir 829.
sérac(m) 26.
Serpentario 11.
serpentín(m) del condensador(m) 214.
serpentines(m) de enfriamiento(m) y calefacción(f) 213.
serpentines(m) del evaporador(m) 214.
Serpiente 11, 13.
serpiente(f) de cascabel(m) 97.
serpiente(f) venenosa, cabeza(f) de 96.
serpollo(m) 61.
serrucho(m) 277.
servicio(m) de enlace(m) ferroviario 504.
servicio(m) de taxis(m) 822.
servicio(m), estación(f) 453.
Servicios(m) (Caballeros(m)) 822.
servicios(m) sanitarios 461.
sesamoideo(m) mayor 102.
sesamoideo(m) menor 102.
sesgo(m) 566.
seto(m) 263.
seto(m) y barra(f) 646.
Sevicios(m) (Señoras(f)) 822.
sexta(f) 537, 667.
Sextante 13.
sextante(m) 484.
sexteto(m) 558.
shekel(m) 832.
si(B) 537.
siega(f) 154, 158.
siembra(f) 154, 158.
sien(f) 116.
sierra(f) circular de mano(f) 284.
sierra(f) circular de mesa(f) 285.
sierra(f) de cadena(f) 272.
sierra(f) de campo(m) 690.
sierra(f) de ensamblar 578.
sierra(f) de podar 269.
sierra(f) para metales(m) 277, 299.
sifón(m) 301.
sifón(m) 24, 215, 296.
sifón(m) de desagüe(m) 298.
sifón(m) inodoro 293.
siglo(m) XVII, cañón(m) 800.
siglo(m) XVII, mortero(m) 803.
signos(m) de puntuación(f) 832.
signos(m) del zodíaco(m) 820.
signos(m) diacríticos 832.
silbato(m) 252, 468.
silenciador(m) 439, 735.
silencio(m) de blanca(f) 538.
silencio(m) de corchea(f) 538.
silencio(m) de fusa(f) 538.
silencio(m) de negra(f) 538.
silencio(m) de redonda(f) 538.
silencio(m) de semicorchea(f) 538.
silencio(m) de semifusa(f) 538.
silencios(m), valores(m) 538.
silicua(f), corte(m) de una 67.
silla(f) 636, 648, 651, 661.
silla(f) cabriolé 220.
silla(f) cojín(m) 222.
silla(f) de brazos(m) 220.
silla(f) de montar 649.
silla(f) de ruedas(f) 727.
silla(f) de ruedas(f) 461.
silla(f) de secretaria(f) 521.
silla(f) plegable 223.
silla(f) plegable de lona(f) 220.
silla(f) poltrona 220.
silla(f) sin brazos(m) 223.
silla(f) Wassily 221.
sillas(f) apilables 223.
sillas(f) de brazos(m), principales 220.
sillas(f), tipos(m) de 223.
sillín(m) 446, 648, 649, 653.
sillín(m) doble 443.
sillón(m) giratorio 520.
silo(m) 149.
silos(m) 490.
símbolo(m) 702.
símbolos(m) 695.
símbolos(m) científicos comunes 830.
símbolos(m) meteorológicos 44.
símbolos(m) meteorológicos internacionales 39.
simulado 339.
sinapsis(f) 135.
sinfín(m) para el grano(m) 161.
sínfisis(f) púbica 127, 128.
sinople(m) 819.
sintetizador(m) 555.
sintonizador(m) 400, 402.
sintonizador(m) 408.
sirena(f) 779.
sisa(f) 325.
sismógrafo(m) horizontal 714.
sismograma(m) 714.
sistema(m) afinado de dirección(f) 16.
sistema(m) de audio(m) 430.
sistema(m) de bomba(f) de calor(m) 212.
sistema(m) de botones(m) 555.
sistema(m) de carreteras(f) 450, 452.
sistema(m) de celdas(f) solares 769.
sistema(m) de disparo(m) rápido 393.
sistema(m) de elevación(f) 786.
sistema(m) de escape(m) 439.
sistema(m) de esclusas(f) de vaciado(m) y desagüe(m) 492.
sistema(m) de esclusas(f) de vaciado(m) y llenado(m) 492.
sistema(m) de lentes(f) 719.
sistema(m) de lubricación(f) 469.
sistema(m) de rebobinado(m) de la película(f) 390.
sistema(m) de registro(m) de la información(f) 717.
sistema(m) de rejilla(f) 47.
sistema(m) de soporte(m) vital 512.
sistema(m) de tensión(f) 569.
sistema(m) de tuberia montante para sacar la producción(f) 738.
sistema(m) hidraúlico 787.
sistema(m) magnético de amortiguación(f) 708.
sistema(m) nervioso central 134.
sistema(m) nervioso periférico 133.
sistema(m) respiratorio, protección(f) 730.
sistema(m) rotativo 737.
sistema(m) rotativo de la cúpula(f) 14.
sistema(m) solar 4.
skif(m) 632.
skif(m) doble 632.
skif(m) unipersonal 632.
slip(m) 347.
snooker(m) 673.
snooker(m) y billar(m) inglés 674.

Las entradas en **negritas** corresponden a los titulos de página.

sobaco(m), muleta(f) 728.
sobrecincha(f) 653.
sobrecortina(f) 229.
sobreimpresión(f) del original(m) 532.
sobrejuanete(m) de mesana(f) de estay(m) 480.
sobrejuanete(m) de proa(f) 481.
sobrejuanete(m) mayor 481.
sobrenudo(m) 691.
sobrepespunte(m) 323, 327, 350.
sobrepespunteada(f) 335.
socavón(m) 30.
sofá(f) 221.
sofá(m) tipo(m) imperio 221.
sofera(f) doble 198.
soga(f) 680.
sol(G) 537.
Sol(m) 6.
Sol(m) 4, 8.
Sol(m), estructura(f) 6.
solapa(f) 322, 341, 386.
solapa(f) con ojal(m) 319, 320.
solapa(f) puntiaguda 322.
solario(m) 497.
soldadura(f) 305, 306, 307.
soldadura(f) 307.
soldadura(f) a tope(m) 307.
soldadura(f): accesorios(m) de protección(f) 308.
sóleo(m) 120.
solera(f) 199.
solera(f) inferior 198.
solera(f) interior 199.
solitario(m) 364.
solsticio(m) de invierno(m) 8.
solsticio(m) de verano(m) 8.
sombra(f) 706.
sombra(f) de ojos(m) 367.
sombrero(m) 55.
sombrero(m) de campana(f) 329.
sombrero(m) de fieltro(m) 328, 329.
sombrero(m) de hongo(m) 328.
sombrero(m) de marinero(m) 329.
sombrero(m) sin alas(f) 329.
sombreros(m) 328.
somier(m) 224.
sonar(m) 485.
sonar(m) del casco(m) 809.
sonda(f) 485.
sonda(f) destapacaños(m) 299.
sonda(f) espacial 19.
sonido(m), producción(f) 543.
sonido(m), sistemas(m) portátiles 408.
sopera(f) 238.
soplador(m) 543.
soplete(m) 299, 307.
soplete(m) 306.
soplete(m) de corte(m) 306.
soplete(m) de soldadura(f) autógena 306.
soporte(m) 585.
soporte(m) 40, 230, 231, 232, 248, 264, 284, 370, 382, 397, 399, 431, 495, 552, 660, 661, 719, 720, 765, 787.
soporte(m) colgante 727.
soporte(m) de flecha(f) 684.
soporte(m) de la barrera(f) 471.
soporte(m) de la cadena(f) 446.
soporte(m) de la conexión(f) 756.
soporte(m) de la esfera(f) 40.
soporte(m) de la plataforma(f) 773.
soporte(m) de la red(f) 619.
soporte(m) de pared(f) 230.
soporte(m) de techo(m) 230.
soporte(m) del brazo(m) 220, 404.
soporte(m) del falso(m) secreto(m) 543.
soporte(m) del juego(m) de marcos(m) 573.
soporte(m) del papel(m) 525.
soporte(m) del pie(m) 656, 664.
soporte(m) del plano(m) fijo 780, 785.
soporte(m) del rótulo(m) 517.
soporte(m) lateral 443.
soporte(m) para el antebrazo(m) 728.
soporte(m) para el brazo(m) 428, 429.
soporte(m) para el equipo(m) 412.
soporte(m) para el sobaco(m) 728.
soporte(m) para la cabeza(f) 428.
soporte(m) plegable 539.
soporte(m) principal 443.
soporte(m) trípode de cola(f) 507.
sordina(f) 551.
sorgo(m) 152.
sortija(f) de sello(m) 364.
sostén(m) 346.
sostén(m) con talle(m) reforzado 347.
sostén(m) de escote(m) bajo 346.
sostén(m) de la traba(f) 652.
sostén(m) sin tirantes(m) 346.
sostenido(m) 538.
sótano(m) 197.
squash(m) 616.
squash(m), pelota(f) de 616.
stand(m) de bolos(m) 683.
stick(m) 607.
store(m) 231.
subestación(f) 752.
sublimación(f) 34.
submarino(m) 806.
substancia(f) blanca 135.
substracción(f) de la memoria(f) 523.
subtotal(m)\sin adición(f) 523.
subtropical húmedo 45.
subtropical mediterráneo 45.
subtropical seco 45.
suburbios(m) 52.
sudadero(m) 651.
suela(f) 353, 355, 633, 644, 675.
suela(f) de hule(m) 350.
suela(f) rígida 641.
suelo(m) de madera(f) 635.
sueste(m) 329.
suéter(m) abierto de cuello(m) en V 338.
suéter(m) de cuello(m) de tortuga(f) 326.
suéter(m) de cuello(m) en V 326.
suéter(m) de cuello(m) redondo 326.
suéteres(m) 326.
suéteres(m) combinados 338.
sujeción(f) 230.
sujeción(f) delantera 633.
sujeción(f) trasera 633.
sujetador(m) 323.
sujetador(m) 553, 718.
sujetador(m) del hilo(m) 569.
sujetador(m) del pabellón(m) 549.
sujetalibros(m) 517.
sujetapapel(m) 524.
sulky(m) 652.
suma(f) 830.
sumidero(m) 24, 216, 736.
sumie(m) 589.
suministro(m) de agua(f) 755, 772.
superestructura(f) 486.
superficie(f) acanalada 678.
superficie(f) de absorción(f) 772.
superficie(f) de deslizamiento(m) 640.
superficie(f) de juego(m) 619.
superficie(f) de la piel(f) 137.
superficie(f) de resina(f) 405.
superficie(f) de rodadura(f) 433.
superficie(f) de rodamiento(m) 466.
superficie(f) del agua(f) 624.
superficie(f) del terreno(m) 733.
superficie(f) humedecida 580.
superficie(f) irregular 826.
superficie(f) lunar 7.
supinador(m) largo 120, 121.
sur(m) 488.
surco(f) medio 143.
surco(m) 678.
surco(m) concéntrico 404.
surco(m) de salida(f) 404.
surco(m) en espiral(m) 404.
surco(m) intertragohelicano 139.
surco(m) nasolabial 141.
surco(m) terminal 143.
sureste(m) 488.
suroeste(m) 488.
surtidor(m) 162, 294, 295, 296.
surtidor(m) de agua(f) 373.
surtidor(m) de gasolina(f) 453.
surtidor(m) de gasolina(f) 453.
surtidor(m) principal 208.
suspensión(f) 458, 477.
suspensión(f) magnética 712.
sutura(f) 67, 94.

T

tabaco(m) 384.
tabaquera(f) 385.
tabique(m) cortafuego 741.
tabique(m) de contención(m) longitudinal 742.
tabique(m) interventricular 125.
tabique(m) nasal(vómer y cartilagonasai) 141.
tabla(f) 288, 363, 589.
tabla(f) 288, 363.
tabla(f) abierta 335.
tabla(f) biselada 579.
tabla(f) con argollas(f) 518.
tabla(f) con broche(m) de presión(f) 519.
tabla(f) de impulso(m) de salto(m) de longitud(f) 655.
tabla(f) de surf(m) 631.
tabla(f) de triple salto(m) 654.
tabla(f) harmónica 543.
tablas(f) 335.
tablero(m) 430, 445, 697.
tablero(m) 219, 442, 454, 455, 456, 610.
tablero(m) de accesorios(m) 591.
tablero(m) de aglomerado(m) 289.
tablero(m) de aglomerado(m) con laminado(m) de plástico(m) 289.
tablero(m) de ajedrez(m) 696.
tablero(m) de base(f) 399.
tablero(m) de conmutadores(m) 500.
tablero(m) de control(m) 210, 214, 259, 717.
tablero(m) de controles(m) 532.
tablero(m) de controles(m) 16, 255, 532.
tablero(m) de dibujo(m) 591.
tablero(m) de distribución(f) 757.
tablero(m) de fibra(f) de madera(f) 289.
tablero(m) de fibra(f) de madera(f) perforada 289.
tablero(m) de información(f) 654.
tablero(m) de instrumentos(m) 430.
tablero(m) de llegadas(f) y salidas(f) 505.
tablero(m) de luces(f) 412.
tablero(m) de mandos(m) 468.
tablero(m) de notación(f) 698.
tablero(m) de operación(f) de luces(f) 412.
tablero(m) de operaciónes(f) 779.
tablero(m) de rodillos(m) y brazos(m) 543.
tablero(m) de rótulo(m) 471.
tablero(m) de tiro(m) 698.
tablero(m) de yeso(m) 286.
tablero(m) indicador 651.
tablero(m) rígido aislante 287.
tableros(m) y láminas(f) 288, 289.
tableta(f) 725.
tableta(f) de resonancia(f) 542.
tablillas(f) 725.
tablino(m) 170.
tablón(m) delantero 335.
tabulador(m) 524.
tabulador(m) decimal 524.
taburete(m) 222.
tachuelas(f) para papel(m) 515.
tacita(f) de café(m) 238.
tacle(f) defensivo derecho 603.
tacle(f) defensivo izquierdo 603.
tacle(m) defensivo derecho 605.
tacle(m) defensivo izquierdo 605.
tacle(m) derecho 603, 605.
tacle(m) izquierdo 603, 605.
taco(m) 799, 801.
taco(m) de billar(m) 675.
taco(m) de salida(f) 656.
tacómetro(m) 431, 445.
tacón(m) 644.
tacos(m) 598, 656.
tacos(m) de rosca(f) 600.
tacto(m) 136.
tafetán(m) 576.
taladro(m) 270.
taladro(m) de mano(f) 280.
taladro(m) de motor(m) 270.
taladro(m) de percusión(f) 734.
taladro(m) de poste(m) extensible 734.
taladro(m) eléctrico 280.
taladro(m) vertical 283.
talla(f) 586.
talla(f) en madera(f) 586.
tallas(f) de piedras(f) preciosas 363.
talle(m) corto 346.
taller(m) de mantenimiento(m) 734.
taller(m) de máquinas(f) diesel 464.
taller(m) de mecánica(f) 453.
taller(m) de reparación(f) de vagones(m) 465.
talleres(m) de ferrocarril(m) 465.
tallo(m) 57, 70, 72, 136.
tallo(m) principal 61.
tallo(m) subterráneo 70.
tallos(m) 72.
talón(m) 104, 117, 119, 277, 281, 325, 352, 354, 544, 546, 596, 609, 633, 670, 671, 678, 727.
talón(m) de aguja(f) 562.
talón(m) de apoyo(m) 250, 256.
talón(m) de la aguja(f) 568.
talón(m) de la hoja(f) 242.
talonario(m) de cheques(m) 379.
talonario(m) de cheques(m) 379.
taloneador(m) 606.
talud(m) 451, 733.
talud(m) continental 22, 29.
talud(m) de aguas(f) abajo 748.
talud(m) de aguas(f) contenidas 748.
tam-tam(m) 552.
tambor(m) 167, 231, 258, 259, 432, 484, 552, 702, 711, 714, 797.
tambor(m) de tirantes(m) 553.
tambor(m) principal 572.
tambor(m) rotativo 714.
tambor(m), freno(m) 432.
tambores(m) 552.
tamboril(m) 553.
tamiz(m) 245.
tamiz(m) vibratorio para lodos(m) 737.
tampón(m) 581.
tanque(m) 805.
tanque(m) 216, 399, 689, 742, 743, 780.
tanque(m) auxiliar 441.
tanque(m) calentador de agua(f) 772.
tanque(m) de acetileno(m) 306.
tanque(m) de agua(f) 465.
tanque(m) de agua(f) de rociado(m) 759, 766.
tanque(m) de aire(m) comprimido 627, 777.
tanque(m) de almacenamiento(m) 744, 772.
tanque(m) de expansión(f) 208, 772.
tanque(m) de gas(m) propano(m) 449.
tanque(m) de hidrógeno(m) liquido 509.
tanque(m) de keroseno(m) 509.
tanque(m) de la gasolina(f) 442.
tanque(m) de oxígeno(m) 306.
tanque(m) de oxígeno(m) liquido 509.
tanque(m) de refrigeración(f) 212.
tanque(m) de regulación(f) de presión(f) 740.
tanque(m) de revelado(m) 398.
tanque(m) de seguridad(f) 761.
tanque(m) de techo(m) fijo 741.
tanque(m) de techo(m) pontón 741.
tanque(m) del combustible(m) 272, 440.
tanque(m) del nitrógeno(m) 717.
tanque(m) del reactor(m) 763.
tanque(m) moderador 761.
tanteador(m) 613.
tapa(f) 213, 247, 248, 251, 252, 256, 258, 260, 289, 290, 309, 354, 383, 386, 389, 398, 438, 532, 542, 543, 585, 590, 705, 712, 719, 765.
tapa(f) de la batería(f) 439.
tapa(f) de la cisterna(f) 293.
tapa(f) de medida(f) 250.
tapa(f) del filtro(m) 730.
tapa(f) del objetivo(m) 392.
tapa(f) del retrete(m) 293.
tapa(f) del tanque(m) 440.
tapa(f) del tanque(m) de gasolina(f) 427.
tapa(f) del tanque(m) de la gasolina(f) 444.
tapa(f) flotante 741.
tapa(f) superior 543.
tapa(m) guardapolvo 404.
tapacubos(m) 427.
tapete(m) 675.
tapón(m) 301.
tapón(m) 293.
tapón(m) de registro(m) 215, 216.
tapón(m) de vaciado(m) 434.
tapón(m) del sifón(m) 296.
tapón(m) hembra(f) 301.
tapón(m) hermético 689.
tapón(m) macho(m) 301.
tarima(f) 586, 787.
tarima(f) con alas(f) 787.
tarima(f) de caja(f) 787.
tarima(f) de plataforma(f) doble 787.
tarima(f) de plataforma(f) sencilla 787.
tarima(f), montacargas(m) hidraúlico 788.
tarjeta(f) de ruta(f) 471.
tarjetero(m) 379.

Las entradas en **negritas** corresponden a los títulos de página.

tarjetero(m) 379.
tarlatana(m) 582.
tarola(f) 557.
tarrito(m) para pincel(m) 592.
tarso(m) 78, 80, 103, 108, 122.
tatami(m) 668.
Tauro 11.
Tauro, el Toro (20 de abril) 820.
taza(f) 238, 688.
taza(f) 293.
tazas(f) para medir 244.
teatro(m) 188.
techo(m) 82, 171, 197, 205, 427, 470, 616, 617.
techo(m) acústico 189.
techo(m) corredizo 427.
techo(m) de vidiro(m) 462.
techo(m) de vidrio 195.
techo(m) de vidrio(m) 190.
techo(m) fijo, tanque(m) 741.
techo(m) ponton, tanque(m) 741.
techo(m), armadura(f) del 199.
techos(m) 182.
tecla(f) 536, 540, 541, 543.
tecla(f) de aceptación(f) 530.
tecla(f) de adición(f) 523.
tecla(f) de arrastre(m) del papel(m) 523.
tecla(f) de cambio(m) de signo(m) 523.
tecla(f) de centrado(m) 524.
tecla(f) de corrección(f) 530.
tecla(f) de división(f) 523.
tecla(f) de doble cero(m) 523.
tecla(f) de duplicado(m) 524.
tecla(f) de entrada(f) 530.
tecla(f) de función(f) 530.
tecla(f) de igualdad(f) 523.
tecla(f) de iniciación(m) 421.
tecla(f) de mando(m) 530.
tecla(f) de más\igual 523.
tecla(f) de mayúsculas(f) 524, 530.
tecla(f) de multiplicación(f) 523.
tecla(f) de número(m) 523.
tecla(f) de pedal(m) 542.
tecla(f) de porcentaje(m) 523.
tecla(f) de raíz(f) cuadrada 523.
tecla(f) de regreso(m) del carro(m) 525.
tecla(f) de reinicialización(f) 421.
tecla(f) de repetición(f) 405.
tecla(f) de seguro(m) para las mayúsculas(f) 524.
tecla(f) de servicio(m) 530.
tecla(f) de substracción(f) 523.
tecla(f) de supresión(f) 530.
tecla(f) de tabulación(f) 530.
tecla(f) de utilización(f) múltiple 523.
tecla(f) decimal 523.
tecla(f) para limpiar la pantalla(f) 523.
tecla(f) para limpiar la pantalla(f) y de acceso 523.
tecla(f) seguro(m) de mayúsculas(f) 530.
teclado(m) 530.
teclado(m) 420, 422, 526, 527, 540, 555, 683.
teclado(m) alfanumérico 422, 530.
teclado(m) de funciones(f) 709.
teclado(m) de los bajos(m) 536.
teclado(m) del gran órgano(m) 542.
teclado(m) del órgano(m) de expresión(f) 542.
teclado(m) del órgano(m) positivo 542.
teclado(m) numérico 422, 530, 709.
teclado(m) triple 536.
teclado(m), instrumentos(m) 540.
teclados(m) manuales 542.
teclas(f) 422.
teclas(f) conmutadoras de puntos(m) 569.
teclas(f) correctora 569.
teclas(f) de control(m) 421.
teclas(f) de función(f) 421, 422.
teclas(f) de números(m) 421.
teclas(f) de operación(f) 422.
teclas(f) de selección(f) 569.
teclas(f) direccionales 530.
técnicas principales 588.
técnico(m) de control(m) de cámaras(f) 412.
técnico(m) de control(m) de la cámara(f) 415.
técnico(m) de luces(f) 412.
técnico(m) de sonido(m) 412, 415.
tee(m) 677.
tegumento(m) de la semilla(f) 63.
teja(f) 286.
teja(f) 170, 511.
teja(f) de asfalto(m) 286.
tejado(m) 205.
tejado(m) en diente(m) de sierra(f) 182.
tejido(m) 574.
tejido(m) adiposo 129, 136.
tejido(m) conjuntivo 137.
tejido(m) de punto(m) 567.
tejido(m) subcutáneo 137.
tejidos(m) 566, 576.
tejidos(m), diagramas(m) de 576.
tela(f) 565, 634.
tela(f) bordada 571.
tela(f) impermeable 375.
telar(m) 572.
telar(m) de cuatro marcos(m) 572.
telar(m) de tapicería(f) 574.
telas(f), cuidado(m) 829.
telecomunicaciones(f) por red(f) telefónica 417.
telecomunicaciones(f) por satélite(m) 417.
telecomunicaciones(f), satélites(m) 418.
teleconvertidor(m) 392.
teléfono(m) 420, 822.
teléfono(m) 413, 415, 417.
teléfono(m) celular 417.
teléfono(m) celular portátil 422.
teléfono(m) de teclado(m) 422.
teléfono(m) inalámbrico 422.
teléfono(m) para ejecutivo(m) 422.
teléfono(m) público 422.
teléfono(m), comunicaciones(f) 420, 422.
teléfonos(m) 422.
telémetro(m) 394.
teleobjetivo(m) 392.
teleporte(m) 417.
telescopio(m) 14.
telescopio(m) 14, 42, 713.
telescopio(m) espacial Hubble 16.
telescopio(m) reflector 720.
telescopio(m) reflector, corte(m) transversal 720.
telescopio(m) refractor 721.
telescopio(m) refractor, corte(m) transversal 721.
televisión(f) 410, 412, 414.
televisión(f) 401.
televisor(m) 410.
télex(m) 421.
télex(m) 417.
telón(m) de boca(f) 188, 189.
telón(m) de fondo(m) 188.
telón(m) metálico 188.
telson(m) 91.
temperatura(f) 210.
temperatura(f) ambiente 38.
temperatura(f) del punto(m) de rocío(m) 38.
temperatura(f) deseada 213.
temperatura(f) real 213, 705.
temperatura(f), medición(f) 705.
temperatura(f),medición(f) 41.
tempestad(f) 38.
templador(m) 578.
templazo(m) 573.
templo(m) griego 168.
templo(m) griego, plano(m) 169.
temporal(m) 122.
tenacilla(f) 78.
tenacillas(f) 246.
tenacillas(f) para caracoles(m) 246.
tenacillas(f) para espagueti(m) 246.
tenaza(f) 179.
tenazas(f) 205.
tendencia(f) barométrica 38.
tendón(m) 107.
tenedor(m) 240.
tenedor(m) 688.
tenedor(m) de mesa(f) 240.
tenedor(m) de trinchar 242.
tenedor(m) para ensalada(f) 240.
tenedor(m) para fondue(f) 240.
tenedor(m) para ostras(f) 240.
tenedor(m) para pescado(m) 240.
tenedor(m) para postre(m) 240.
tenedores(m), tipos(m) de 240.
tenis(m) 614.
tenis(m), pelota(f) de 615.
tenista(m/f) 615.
tensiómetro(m) 710.
tensor(m) 630.
tensor(m) 660, 661, 669, 671.
tensor(m) de alambre(m) 774.
tensor(m) de la fascia lata(f) 120.
tensor(m) de las cuerdas(f) 553.
tensores(m) pectorales 665.
tentáculo(m) ocular 83.
tentáculo(m) táctil 83.
teodolito(m) 713.
teodolito(m) 41.
tercelete(m) 177.
tercer hueso(m) metacarpiano 112.
tercer jugador(m) 620.
tercer pistón(m) móvil 551.
tercer(m) octante 7.
tercera base(f) 597.
tercera etapa(f) 509.
tercera(f) 105, 537, 667.
tercio(m) diestro 818.
tercio(m) siniestro 818.
terminación(f) nerviosa 136.
terminal(m) 421.
terminal(m) 309, 312, 740, 757.
terminal(m) de carga(f) 490.
terminal(m) de comunicaciones(f) 422.
terminal(m) de entrada(f) 310.
terminal(m) de granos(m) 490.
terminal(m) de pasajeros(m) 504.
terminal(m) de pasajeros(m) 491, 503.
terminal(m) de petróleo(m) 491.
terminal(m) de tierra(f) 309.
terminal(m) del control(m) a larga distancia(f) 391.
terminal(m) radial de pasajeros(m) 503.
términos familiares 62, 63, 64, 65.
términos técnicos 62, 63, 64, 65.
termómetro(m) 705.
termómetro(m) 627, 635, 741.
termómetro(m) bimetálico 705.
termómetro(m) clínico 705.
termómetro(m) máximo 41.
termómetro(m) mínimo 41.
termómetro(m) para carne(f) 244.
termómetro(m) para carnes(f) 253.
termómetro(m), barómetro(m) 710.
termos(m) 690.
termos(m) con llave(f) de servicio(m) 690.
termosfera(f) 19.
termostato(m) 213.
termostato(m) 210, 214, 252, 254, 297.
termostato(m) ambiental 705.
termostato(m) de seguridad(f) 259.
termostato(m) del ventilador(m) 438.
ternero(m) 151.
terraja(f) 299.
terraplén(m) 179, 450.
terraplén(m) de los helióstatos(m) 770, 771.
terraplén(m), dique(m) 748.
terraza(f) 193, 497.
terremoto(m) 23.
terreno(m) 597.
terreno(m) de juego(m) 599, 626.
terreno(m) de juego(m) 599.
terreno(m) de recubrimiento 733.
testículo(m) 127.
testuz(m) 100.
tetera(f) 238.
texto(m) 524.
tibia(f) 78, 103, 112, 122.
tibia(m) 80.
tibial(m) anterior 120.
tiempo(m), carta(f) 38.
tiempo(m), medición(f) 706.
tienda(f) de campaña(f) clásica 686.
tienda(f) de campaña(f) tamaño(m) familiar 685.
tienda(f) de mercancía(f) franca 505.
tienda(f) interior 685, 686.
tienda(f) para dos 685.
tienda(f) rectangular 686.
tienda(f) tipo(m) domo(m) 686.
tienda(f) tipo(m) iglú(m) 686.
tienda(f) tipo(m) vagón(m) 686.
tienda(f) unipersonal 686.
tiendas(f), tipos(m) de 686.
tiento(m) 591.
Tierra(f) 4, 8.
tierra(f) apisonada 450.
tierra(f), equipo(m) 506.
Tierra(f), estructura(f) 22.
tierra(f), signos(m) 820.
tijeras(f) 365, 688, 725.
tijeras(f) con doble filo(m) para entresacar 369.
tijeras(f) con filo(m) simple para entresacar 369.
tijeras(f) de modista(f) 564.
tijeras(f) de pedicura(f) 365.
tijeras(f) de peluquero(m) 369.
tijeras(f) de podar 269.
tijeras(f) de punta(f) roma 365.
tijeras(f) para aves(f) 246.
tijeras(f) para cutícula(f) 365.
tijeras(f) para podar setos(m) 269.
tijeras(f) para rematar 564.
tilde(f) 832.
timbal(m) 553.
timbales(m) 557.
timbre(m) 384.
timón(m) 632.
timón(m) 492, 496, 499, 511, 742, 812, 814.
timón(m) de buceo(m) 807.
timón(m) de control(m) 500.
timón(m) de dirección(f) 639.
timón(m) de inmersión(f) 806.
timón(m) de profundidad(f) 499, 639.
timón(m) superior 806.
tímpano(m) 84, 97, 166, 168, 175, 581.
tímpano(m), membrana(f) del 139.
tinta(f) 581.
tinta(f) 389, 581.
tinta(f) china 588.
tipi(m) 165.
tipo(m) cogulla(f) 342.
tipo(m) de combustible(m) 453.
tipo(m) Michigan 645.
tipos(m) de bolsillo(m) 339.
tipos(m) de calzado(m) 354, 355.
tipos(m) de carrocerías(f) 425.
tipos(m) de eclipses(m) 8.
tipos(m) de esquís(m) 633.
tipos(m) de falda(f) 334.
tipos(m) de mandíbulas(f) 98.
tipos(m) de manga(f) 339, 340.
tipos(m) de motores(m) 436.
tipos(m) de pliegue(m) 335.
tipos(m) de puentes(m) de arco(m) 455.
tipos(m) de puentes(m) de viga(f) 454.
tipos(m) de punto(m) 567.
tipos(m) de puntos(m) 571.
tipos(m) de tiendas(f) 686.
tipos(m) de vestido(m) 332.
tira(f) de tela(f) 571.
tira(f) para rasgar la envoltura(f) 384.
tirador(m) 397.
tirador(m) de espada(f) 667.
tirador(m) de florete(m) 667.
tirador(m) de sable(m) 667.
tirahilos(m) 561.
tirante(m) 198, 199, 302, 346, 456, 541.
tirante(m) ajustable 350.
tirante(m) con botones(m) 351.
tirante(m) de fijación(f) 637.
tirante(m) de la botavara(f) 631.
tirante(m) de la cabeza(f) 653.
tirante(m) de la rodillera(f) 653.
tirante(m) del pescante(m) 786.
tirantes(m) 323.
tirantes(m) 456.
tirantes(m) en abanico(m) 456.
tirantes(m) en forma(f) de arpa(f) 456.
tirantes(m), puentes(m) 456.
tirantes(m), tambor(m) 553.
tirilla(f) elástica 325, 326, 350.
tirita(f) Velcro® 349.
tiro(m) al arco(m) 684.
tiro(m) de aire(m) caliente 204.
tiro(m) vertical 736.
tiro(m), tablero(m) 698.
Titán 5.
tiza(f) 675.
toalla(f) con capuchón(m) 349.
toallero(m) 292.
tobillera(f) 344.
tobillo(m) 116, 118.
toca(f) 329.
tocacintas(m), grabadora(f) 403.
tocadiscos(m) 404.
tocadiscos(m) 400, 407.
tocadiscos(m) compacto 400.
tocadiscos(m) para discos(m) compactos 407.
tocador(m) 226.
tocón(m) 59.
toe(m) 678.
toga(f) 315, 317.
toldo(m) de ventana(f) 685.
toldo(m) delantero 685.
tolva(f) 158, 162.

Las entradas en **negritas** corresponden a los titulos de página.

toma(f) 265, 449.
toma(f) a tierra(f) 400.
toma(f) de agua(f) potable 186.
toma(f) de aire(m) 298, 453.
toma(f) de aire(m) del motor(m) 813.
toma(f) de aire(m) del tejado(m) 215.
toma(f) de aire(m) para el ventilador(m) de sustentación(f) 493.
toma(f) de aire(m) principal 215.
toma(f) de fuerza(f) 147.
toma(f) de gases(m) de combustión(f) 438.
toma(f) de llenado(m) 493.
toma(f) de vapor(m) a alta presión(f) 758.
toma(f) para auriculares(m) 408.
toma(f) principal de llenado(m) 741.
toma(f) secundaria 741.
tomarrizos(m) 480.
tomate(m) 69.
tómbolo(m) 30.
tomillo(m) 74.
topacio(m) 362.
tope(m) 230, 369, 375, 464, 478, 566, 632, 730.
tope(m) amortiguador 260.
tope(m) de ingletes(m) 285.
tope(m) de la escalera(f) 781.
tope(m) de la puerta(f) 254, 471.
tope(m) de profundidad(f) 283.
tope(m) del dique(m) 748, 749, 752.
tope(m) fijo 711.
tope(m) móvil 711.
tórax(m) 78, 79, 80, 116, 118.
tormenta(f) 39.
tormenta(f) de polvo(m) 39.
tormenta(f) eléctrica 39.
tormenta(f) tropical 39.
torneta(f) 584.
tornillo(m) 276, 586.
tornillo(m) 279, 304, 544.
tornillo(m) de ajuste(m) 234, 278, 282, 306, 311, 539, 710.
tornillo(m) de ajuste(m) de la exposición(f) 391.
tornillo(m) de ajuste(m) del condensador(m) 718.
tornillo(m) de anclaje(m) 656.
tornillo(m) de cabeza(f) achaflanada 276.
tornillo(m) de cabeza(f) plana 276.
tornillo(m) de cabeza(f) redonda 276.
tornillo(m) de caja(f) cuadrada(Robertson) 276.
tornillo(m) de cruz(f)(Phillips) 276.
tornillo(m) de fijación(f) 393.
tornillo(m) de fijación(f) horizontal 713.
tornillo(m) de la aguja(f) 562.
tornillo(m) de presión(f) 581, 583.
tornillo(m) de rebobinado(m) de la película(f) 391.
tornillo(m) de regulación(f) para carga(f) completa 712.
tornillo(m) de regulación(f) para carga(f) ligera 712.
tornillo(m) de soporte(m) inferior 40.
tornillo(m) de soporte(m) superior 40.
tornillo(m) de sujeción(f) 284.
tornillo(m) de un solo sentido(m) 276.
tornillo(m) elevador 277.
tornillo(m) guía 281.
tornillo(m) micrométrico 484, 713.
tornillo(m) nivelador 40, 709, 713.
tornillo(m) sinfín 575.
torniquete(m) de entrada(f) 474.
torniquete(m) de salida(f) 474.
torno(m) 584.
torno(m) de banco(m) 282.
torno(m) de sondeo(m) 737.
toronja(f) 65.
torpedo(m) 807.
torre(f) 176, 486, 696, 770, 771, 773, 774, 786.
torre(f) de alta tensión(f) 756.
torre(f) de control(m) 502, 810.
torre(f) de escape(m) 509.
torre(f) de extracción(f) 735.
torre(f) de oficinas(f) 190.
torre(f) de perforación(f) 737.
torre(f) de perforación(f) 737, 738, 740.
torre(f) de saltos(m) 624.
torre(f) de saltos(m) 624.
torre(f) de señales(f) 464.
torre(f) del homenaje(m) 181.
torre(f) del locutor(m) 407.
torre(f) del productor(m) 407.
torre(f) esquinera 180.
torre(f) flanqueante 180.
torre(f) fraccionadora 744.
torre(f), grúa(f) 786.
torrecilla(f) de lavado(m) 257.
torrente(m) de montaña(f) 27.
torreta(f) 180, 809.
torreta(f) de mando(m) 807.
torreta(f) giratoria 805.
tortuga(f) 97.
tostador(m) 252.
traba(f) 652, 681.
trabilla(f) 323, 336, 370, 596, 641, 649.
trabilla(f) de suspensión(f) 326.
trabilla(f) para el pie(m) 664.
tracería(f) 175, 176.
tractor(m) 147.
tractor(m) 742.
tractor(m) de avance(m) 531.
tractor(m) de orugas(f) 783.
tractor(m) de ruedas(f) 782.
tractor(m) nivelador 733.
tractor(m) remolcador 507.
tractor(m) remolque(m) 506.
tragadero(m) 24.
tragaluz(m) 194, 197.
tragamonedas(m) 702.
trago(m) 112, 139.
traje(m) 331.
traje(m) de baño(m) 353.
traje(m) de entrenamiento(m) 352.
traje(m) de esquí(m) 642.
traje(m) de invierno(m) con capuchón(m) 351.
traje(m) de malla(f) 353.
traje(m) de una sola pieza(f) 643.
traje(m) de vuelo 635.
traje(m) espacial 512.
traje(m) isotérmico 627.
traje(m) pantalón(m) 336, 351.
traje(m)para esquiar 640.
trama(f) 573, 574.
tramo(m) 201.
tramo(m) central 456.
tramo(m) de elevación(f) 457.
tramo(m) giratorio 457.
tramo(m) lateral 456.
tramo(m) suspendido 454.
trampa(f) de agua(f) 676.
trampa(f) de arena(f) 676.
trampilla(f) de freno(m) aerodinámico 638.
transbordador espacial en órbita 510.
transbordador(m) 494.
transbordador(m) 491, 505.
transbordador(m) espacial 510.
transbordador(m) espacial en posición(f) de lanzamiento(m) 510.
transcripción(f) de ondas(f) sísmicas 714.
transductor(m) 485.
transferencia(f) de calor(m) al agua(f) 766.
transformación(f) del trabajo(m) mecánico en electricidad(f) 755.
transformador(m) 235, 747, 757, 758, 771.
transformador(m) de ignición(f) 209.
transformador(m) principal 458.
tránsito(m) lento 452.
tránsito(m), señales(f) 824, 828.
transmisión(f) 258.
transmisión(f) de cadena(f) 448.
transmisión(f) de electricidad(f) 757.
transmisión(f) de electricidad(f) 767.
transmisión(f) de electricidad(f) de alto voltaje(m) 755.
transmisión(f) de energía(f) al generador(m) de voltaje(m) 755.
transmisión(f) de la corriente(f) eléctrica 714.
transmisión(f) de ondas(f) Hertzianas 416.
transmisión(f) del movimiento(m) hacia el rotor(m) 755.
transmisión(f) visual 717.
transmisor(m) 420.
transmisor(m) de microondas(f) 415.
transpiración(f) 35.
transportador(m) 713.
transportador(m) de equipaje(m) 507.
transporte(m) marítimo 735.
transporte(m) terrestre 491.
trapecio(m) 120, 121, 637.
tráquea(f) 130.
trasbordador(m) 507.
trasdós(m) 174.
traslape(m) de la pretina(f) 323.
traste(m) 535, 547.
trastes(m) 546.
tratamiento(m) químico 745.
traversa(f) 178.
travesaño(f) superior 470.
travesaño(m) 198, 203, 219, 223, 302, 535, 572, 574, 578, 727, 728, 756, 757, 773.
travesaño(m) de apoyo(m) 774.
travesaño(m) delantero 645.
travesaño(m) frontal 572.
travesaño(m) frontal interior 572.
travesaño(m) inferior 470.
travesaño(m) intermedio del batán(m) 572.
travesaño(m) superior de la vidriera(f) 203.
travesaño(m) superior del batán(m) 572.
travesaño(m) trasero 645.
traviesa(f) 466.
trébol(m) 452, 695.
trébol(m) 450.
trebolado(m) 174.
tren(m) de alta velocidad(f) 458.
tren(m) de aterrizaje(m) delantero 498, 813.
tren(m) de aterrizaje(m) principal 499, 812.
tren(m) de pasajeros(m) 462.
tren(m) subterráneo 476.
tren(m) subterráneo 474.
tren(m) suburbano 464.
trepadora(f) 358.
Triángulo 11.
Triángulo Austral 13.
triángulo(m) 554, 674.
triángulo(m) 556.
tribuna(f) de los jueces(m) 651.
tribuna(f) para el público(m) 651.
tribunas(f) y pista(f) 651.
tríceps(m) braquial 121.
triclinio(m) 171.
tricornio(m) 318.
tricotadoras(f) 568.
trifoliada 56.
trifolio(m) 175.
triglifo(m) 167.
trigo(m) 152.
trigo(m) sarraceno 152.
trilladora(f), cosechadora(f) 160.
trinchera(f) 319.
trinchera(f) 178.
trineo(m) 643.
trineo(m) motorizado 445.
trino(m) 538.
trinquete(m) 276, 481, 706, 707.
trio(m) 558.
trío(m) 695.
tripa(f) 384.
triple 646.
triple barra(f) 646.
triple de barras(f) 647.
triple plano(m) vertical 498.
trípode(m) 393.
trípode(m) 397, 415, 539, 552, 721.
trípode(m) jirafa(f) para el micrófono 414.
Tritón 5.
triturador(m) de basura(f) 296.
trocánter(m) 78, 80.
trocánter(m) mayor 123.
troje(m) 149.
trole(m) 457.
Trombe, pared(f) 772.
trombón(m) 550.
trombones(m) 556.
trompa(f) 84.
trompa(f) de Eustaquio 141.
trompa(f) uterina, ampolla(f) de la 129.
trompeta(f) 550.
trompeta(f) 451, 550.
trompetas(f) 556.
tronco(m) 59, 61, 117, 119, 288.
tronco(m) celiaco 124, 132.
tronco(m), corte(m) de un 288.
tronco(m), corte(m) transversal de un 59.
tronera(f) 181.
tropical lluvioso 45.
trópico(m) de Cáncer 3, 47.
trópico(m) de Capricornio 3, 47.
troposfera(f) 19.
trufa(f) 55.
trusa(f) 325.
tuba(f) 551, 557.
tubérculos(m) 71.
tubería(f) 740.
tubería(f) ascendente 208.
tubería(f) de agua(f) caliente 215, 298.
tubería(f) de agua(f) fría 215, 293, 298.
tubería(f) de carga(f) 746, 747.
tubería(f) de caudal(m) del pozo(m) 738.
tubería(f) de escape(m) del vapor(m) 759.
tubería(f) de refrigeración 213.
tubería(f) de retorno(m) 208.
tubería(f) de trasiego(m) de carburante(m) 509.
tubería(f) descendente 208.
tubería(f) para la llama(f) piloto(m) 297.
tubería(f) principal del vapor(m) 759.
tubito(m) de decoración(f) 245.
tubo ajustable(m) 728.
tubo de escape(m) 232.
tubo(m) 588, 800.
tubo(m) 208, 232, 297, 369, 397, 543, 550, 710, 719, 803, 804.
tubo(m) A 300.
tubo(m) alimentador 251.
tubo(m) articulado 431.
tubo(m) B 300.
tubo(m) binocular 718.
tubo(m) capilar 705.
tubo(m) de aire(m) 209, 370, 627, 777.
tubo(m) de ajuste(m) 659, 661.
tubo(m) de alimentación(f) 160.
tubo(m) de aspiración(f) 747, 753.
tubo(m) de circulación(f) 768.
tubo(m) de cola(f) 439.
tubo(m) de cristal(m) 705.
tubo(m) de desagüe(m) 293, 297.
tubo(m) de descarga(f) 161, 742.
tubo(m) de disparo(m) 807.
tubo(m) de drenaje(m) 199, 399.
tubo(m) de empuje(m) 389.
tubo(m) de ensilaje(m) 162.
tubo(m) de entrada(f) 251.
tubo(m) de escape(m) 147, 232, 438, 439, 440, 443, 444, 508, 783, 784, 812.
tubo(m) de extensión(f) 260.
tubo(m) de flash(m) 393.
tubo(m) de la helice(f) 492.
tubo(m) de lengüeta(f) 542.
tubo(m) de llenado(m) 293.
tubo(m) de pantalla(f) 410.
tubo(m) de par(m) térmico 297.
tubo(m) de perforación(f) 737.
tubo(m) de salida(f) 216.
tubo(m) de subida(f) del agua(f) 247.
tubo(m) de suministro(m) de agua(f) 215, 296.
tubo(m) de suministro(m) de agua(f) caliente 298.
tubo(m) de suministro(m) de gas(m) 297.
tubo(m) de suministro(m) de petróleo(m) 209.
tubo(m) de toma(f) de agua(f) 215.
tubo(m) de ventilación(f) 162.
tubo(m) del asiento(m) 446.
tubo(m) del borde(m) de ataque(m) 637.
tubo(m) del manillar(m) 447.
tubo(m) del pistón(m) 550.
tubo(m) drenaje(m)de tormenta(f) 186.
tubo(m) en Y 726.
tubo(m) expulsor de espuma(f) 743.
tubo(m) flexible 726.
tubo(m) fluorescente 232.
tubo(m) fluorescente 233.
tubo(m) inferior del cuadro(m) 447.
tubo(m) medidor 40.
tubo(m) para el cabello(m) 369.
tubo(m) para el grano(m) 158.
tubo(m) portaocular 718.
tubo(m) principal 720, 721.
tubo(m) principal de observación(f) 718.
tubo(m) rígido 260.
tubos(m) difusores 501.
Tucán 13.
Tudor 174.
tuerca(f) 279.
tuerca(f) 278, 279, 290, 300, 466.
tuerca(f) cerrada 279.
tuerca(f) de ajuste(f) 296.
tuerca(f) de ajuste(m) 296, 300.
tuerca(f) de bloqueo(m) 711.
tuerca(f) de fijación(f) 40.
tuerca(f) de la empaquetadura(f) 294.
tuerca(f) de mariposa(f) 279.
tuerca(f) de seguridad(f) 40.

Las entradas en **negritas** corresponden a los titulos de página.

tuerca(f) de sujeción(f) 670.
tuerca(f) plana de seguridad(f) 296.
tumbona(f) 223.
tundra(f) 45.
túnel(m) 474.
túnel(m) de comunicación(f) 510.
túnel(m) de embarque(m) 503.
túnica(f) 337.
túnica(f) 333, 791.
túnica(f) de manga(f) larga 316.
turbante(m) 329.
turbina(f) 753.
turbina(f) 758.
turbina(f) de transmisión(f) 438.
turbina(f) de viento(m) de eje(m) horizontal 774.
turbina(f) de viento(m) de eje(m) vertical 774.
turbina(f) del compresor(m) 438.
turbina(f) Francis 754.
turbina(f) Kaplan 754.
turbina(f) Pelton 754.
turbinas(f) 747.
turbinas(f) de potencia(f) 501.
turboreactor(m) 501.
turborreactor(m) 499, 812.
turión(m) 72.
turismo(m) de dos puertas(f) 425.
turismo(m) de tres puertas(f) 425.
turmalina(f) 362.
turquesa(f) 362.

U

ubicación(f) de la estatua(f) 169.
uke(defensor(m)) 668.
última(f) recta(f) 651.
umbela(f) 60.
umbo(m) 95.
umbral(m) 202.
un par(m) 695.
una vía(f) 824, 825.
uña(f) 80, 97, 104, 106, 107, 108, 112, 137, 275, 364, 483.
uña(f) contraida 107.
uña(f) extendida 107.
uñas(f) 515.
unidad de visualización de imagen(f)\sonido 413.
unidad(f) cruciforme 498.
unidad(f) de aire(m) 506.
unidad(f) de aire(m) acondicionado 415.
unidad(f) de cartuchos(m) 527.
unidad(f) de casetes(m) 526.
unidad(f) de compresión(f) de aire(m) 458.
unidad(f) de control(m) de cámaras(f) 412.
unidad(f) de control(m) de la cámara(f) 415.
unidad(f) de control(m) de la temperatura(f) del cuerpo(m) 512.
unidad(f) de destilación(f) al vacío(m) 744.
unidad(f) de disco(m) compacto 527.
unidad(f) de disco(m) óptico 527.
unidad(f) de discos(m) 555.
unidad(f) de diskettes(m) 526.
unidad(f) de extracción(f) de solventes(m) 744.
unidad(f) de grabación(f) 40.
unidad(f) de impresión(f) 524.
unidad(f) de instrumentos(m) 509.
unidad(f) de la cabeza(f) impresora 531.
unidad(f) de medición(f) de volumen(m) 407.
unidad(f) de pesas(f) 663.
unidad(f) de refrigeración(f) 441.
unidad(f) del disco(m) duro 526, 528.
unidad(f) del disco(m) flexible 528.
unidad(f) del radar(m) 813.
unidad(f) exterior 212.
unidad(f) exterior condensadora 212.
unidad(f) generadora 753.
unidad(f) interior 213.
unidad(f) móbil 415.
unidad(f) móvil 416.
unidad(f) para maniobras(f) en el espacio(m) 512.
unión(f) 300, 830.
unión(f) 301, 389.
unión(f) de caña(f) y brazos(m) 483.
unión(f) periférica 750.
unísono(m) 537.
uranio(m) en fisión(f) 766.
Urano 5.
urdidor(m) 575.
urdimbre(f) 573, 574.
uréter(m) 132.
uretra(f) 127, 128, 129, 132.
uretra(f), cuerpo(m) esponjoso de la 127.
urinario, aparato(m) 132.
urna(f) 709.
urópodo(m) 91.
use blanqueador(m) de cloro(m) siguiendo las indicaciones(f) 829.
use plancha(f) caliente 829.
use plancha(f) muy caliente 829.
use plancha(f) tibia 829.
uso(m) común, símbolos(m) 822.
utensilios(m) de cocina(f) 688.
utensilios(m) diversos 246.
utensilios(m) para abrir y descorchar 244.
utensilios(m) para hornear 245.
utensilios(m) para medir 244.
útero(m) 128, 129.
uva(f) 61, 62.
uva(f) 61, 62.
uvas(f), racimo(m) de 61.
úvula(f) 141, 142.

V

vaca(f) 151.
vacío(m) barométrico 710.
vacuola(f) 115.
vagina(f) 128, 129.
vagón(m) 470.
vagón(m) 162.
vagón(m) cerrado 472.
vagón(m) cisterna(f) 472, 743.
vagón(m) con cubierta(f) alquitranada 472.
vagón(m) de carga(f) 464.
vagón(m) de mercancías(f) 473.
vagón(m) de pasajeros(m) 460, 477.
vagón(m) de pasajeros(m) 458, 476.
vagón(m) frigorífico 472.
vagón(m) máquina(f) 476, 477.
vagón(m) para automóviles(m) 473.
vagón(m) para contenedores(m) 473.
vagón(m) para ganado(m) 472.
vagón(m) para madera(f) 472.
vagón(m) plano con retenedores(m) 473.
vagón(m) tolva(f) 472.
vagón(m) tolva(f) para minerales(m) 472.
vagones(m) de carga(f) tipos(m) 472.
vagones(m) de pasajeros(m) 460.
vaina(f) 56, 67.
vaina(f) de mielina(f) 135.
valla(f) 656.
valla(f) 186.
valla(f) de la carrera(f) de obstáculos(m) 656.
valla(f) de madera(f) 608.
valla(f) sobre muro(m) 647.
valla(f) sobre seto(m) 647.
valle(m) 27.
valva(f) 95.
valva(f) izquierda 95.
válvula(f) 447, 543, 634.
válvula(f) aórtica 125.
válvula(f) de aceleración(f) 735.
válvula(f) de acetileno(m) 306.
válvula(f) de admisión(f) 434, 436.
válvula(f) de agua(f) de rociado(m) 759.
válvula(f) de aire(m) 304, 590.
válvula(f) de aire(m) comprimido 627.
válvula(f) de ajuste(m) 304.
válvula(f) de control(m) 216, 689.
válvula(f) de desagüe(m) 297.
válvula(f) de entrada(f) 293.
válvula(f) de escape(m) 209, 435, 436, 438.
válvula(f) de exhalación(f) 730.
válvula(f) de freno(m) 306.
válvula(f) de inhalación(f) 730.
válvula(f) de la tubería(f) 740.
válvula(f) de liberación(f) de aire(m) 743.
válvula(f) de llenado(m) 741.
válvula(f) de oxígeno(m) 306.
válvula(f) de pare(m) de la turbina(f) 758.
válvula(f) de presión(f) 297.
válvula(f) de purga(f) 208.
válvula(f) de regulación(f) 208.
válvula(f) de seguridad(f) 248, 766.
válvula(f) de vaciado(m) 741.
válvula(f) del quemador(m) 635.
válvula(f) maestra 740.
válvula(f) mitral 125.
válvula(f) pulmonar 125.
válvula(f) tricúspide 125.
válvulas(f) de combustible(m) del motor(m) 500.
válvulas(f) de control(m) de combustible(m) 500.
vapor(m) a baja presión(f) 758.
vaporizador(m) 210, 256.
vaquería(f) 149.
vaqueros(m) 336.
vara(f) 544.
varal(m) de la cabeza(f) 653.
variedades(f) de agujas(f) 58.
variedades(f) de arcos(m) 455.
variedades(f) de inflorescencias(f) 60.
varilla(f) 346, 347, 375, 539, 567, 569, 573.
varilla(f) de acero(m) 554.
varilla(f) de batir 250.
varilla(f) de calada(f) 574.
varilla(f) de cambio(m) 467.
varilla(f) de contacto(m) 310.
varilla(f) de control(m) 760, 761, 762, 763.
varilla(f) de empuje(m) 467.
varilla(f) de lizos(m) 574.
varilla(f) de registro(m) 543.
varilla(f) de relleno(m) 307.
varilla(f) de tensión(f) 553.
varilla(f) del pedal(m) 540.
varilla(f) del péndulo(m) 539, 707.
varilla(f) rizadora 370.
varilla(f) telescópica de desenganche(m) 470.
varilla(f) tensora 574.
varillas(f) 543.
varillas(f), tipos(m) de 250.
variómetro(m) 635.
variómetro(m) eléctrico 639.
variómetro(m) mecánico 639.
varios 831.
Varolio, puente(m) de 134.
vaso(m) capilar 137.
vaso(m) corto 237.
vaso(m) largo 237.
vaso(m) sanguíneo 136.
vasos(m) sanguíneos 112.
vástago(m) 275, 276, 447, 563, 568, 674.
vástago(m) aislado 310.
vástago(m) de arrastre(m) 737.
vástago(m) de vidrio(m) 232.
vástago(m) del macillo(m) 541.
vasto(m) externo 120.
vasto(m) interno 120, 121.
vatímetro(m) 712.
Vauban, fortificación(f) 178.
vehículo(m) todo terreno(m) 425.
vehículos(m) pesados 782, 784.
vejiga(f) 127, 128, 132.
vejiga(f) natatoria 89.
vejiga(f) urinaria 89.
vela(f) 628, 629, 630.
vela(f) 582, 631.
vela(f) Bermuda 482.
vela(f) cangreja 482.
vela(f) cuadrada 482.
vela(f) flameante 629.
vela(f) latina 482.
vela(f) mayor 628.
vela(f) mayor proel 481.
velamen(m) 480.
Velas 13.
velas(f), disposiciones(f) de las 629.
velas(f), tipos(m) 482.
velero(m) 628.
veleta(f) 41.
veleta(f)(grímpola) 628.
velo(m) 80, 670.
velo(m) del paladar(m) 142.
velocidad(f) de la película(f) 396.
velocidad(f) del viento(m) 38.
velocímetro(m) 431, 445, 664.
vena(f) axilar 126.
vena(f) basílica 126.
vena(f) cava inferior 124, 125, 126, 132.
vena(f) cava superior 124, 125, 126, 130.
vena(f) cefálica 126.
vena(f) femoral 126.
vena(f) hepática 124.
vena(f) ilíaca(f) común 132.
vena(f) iliaca(o ilíaca)(f) 124.
vena(f) mesentérica superior 126.
vena(f) porta 124, 126.
vena(f) pulmonar 126.
vena(f) pulmonar derecha 125.
vena(f) pulmonar izquierda 125.
vena(f) renal 126, 132.
vena(f) safena interna 126.
vena(f) subclavia 126.
vena(f) yugular externa 126.
vena(f) yugular interna 126.
venas(f) y arterias(f), principales 126.
venda(f) de gasa(f) 725.
venda(f) elástica 725.
venda(f) triangular 725.
vendaje(m) 648, 669.
veneno(m) 821.
venera(f) 93.
ventalla(f) 67.
ventalle(m) 792.
ventana(f) 203.
ventana(f) 194, 195, 253, 255, 399, 631.
ventana(f) basculante 203.
ventana(f) corrediza 203.
ventana(f) de acceso(m) 529.
ventana(f) de acordeón(m) 203.
ventana(f) de celosía(f) 203.
ventana(f) de dos hojas(f) 203.
ventana(f) de eyección(f) 796.
ventana(f) de guillotina(f) 203.
ventana(f) de la nariz(f) 141.
ventana(f) de la torre(f) 756.
ventana(f) de lectura(f) 403.
ventana(f) francesa 203.
ventana(f) giratoria 203.
ventana(f) panorámica 190.
ventana(f) protectora 410.
ventana(f)-mosquitero(m) 685.
ventana(f), tipos(m) de 203.
ventanal(m) 197.
ventanas(f), accesorios(m) para las 228, 230.
ventanilla(f) 427, 429, 477, 498.
ventanilla(f) de aterrizaje(m) 508.
ventanilla(f) de observación(f) 510.
ventanilla(f) panorámica 460.
ventanilla(f) trasera 427.
ventilación(f) 430, 772.
ventilador(m) 161, 162, 207, 209, 212, 259, 434, 438, 441, 469, 477, 501, 528.
ventilador(m) centrífugo 213.
ventilador(m) de aire(m) caliente 211.
ventilador(m) de cabina(f) 639.
ventilador(m) de césped(m) 266.
ventilador(m) de techo(m) 214.
ventilador(m) del condensador(m) 214.
ventilador(m) del evaporador(m) 214, 760.
ventilador(m) del motor(m) diesel 468.
ventilador(m) principal 734.
ventosa(f) 85.
ventrículo(m) derecho 124, 125.
ventrículo(m) izquierdo 124, 125.
venturi(m) 804.
Venus 4.
verano(m) 8.
verduras(f) de hojas(f) 73.
vereda(f) 676.
verga(f) 478.
vértebra(f) lumbar 135.
vértebras(f) caudales 103.
vértebras(f) cervicales 102.
vértebras(f) cervicales (7) 123.
vértebras(f) dorsales (12) 123.
vértebras(f) lumbares 103.
vértebras(f) lumbares (5) 123.
vértebras(f) sacras 103.
vértebras(f) torácicas 102.
vertedera(f) 156.
vertedera(f), arado(m) 156.
vertedor(m) 252.
vertical de barras(f) 646.
vertical de desviadores(m) 647.
vertical(m) de barras(f) 647.
vesícula(f) biliar 97, 131.

Las entradas en **negritas** corresponden a los titulos de página.

vesícula(f) pinocítica 115.
vesícula(f) seminal 127.
vestíbulo(m) 139, 170, 189, 190, 194, 461, 462, 504.
vestíbulo(m) de recibo(m) 172, 173.
vestido(m) abrigo 332.
vestido(m) antifuego e impermeable 777.
vestido(m) con polisón(m) 316.
vestido(m), tipos(m) de 332.
vestiduras(f) antiguas 315, 316, 318.
veta(f) 288.
Vía Láctea 11.
vía(f) 463, 474.
vía(f) de salida(f) 465.
vía(f) de tren(m) suburbano 464.
vía(f) de unión(f) 464.
vía(f) férrea 466.
vía(f) férrea 184, 735.
vía(f) locomotriz 465.
vía(f) principal 464.
vía(f) subsidiaria 464.
vía(f), cambiador(m) manual 467.
vía(f), carretilla(f) 476.
viaducto(m) 454.
vid(f), hoja(f) de la 61.
video(m), cámara(f) 409.
video(m), monitor(m) 529.
videograbadora(f) 411.
videograbadora(f) 401, 526.
vidriado(m) 772.
vidriera(f) 486.
vidrio(m) 203.
vieira(f) 93.
viento(m) 38.
viento(m) 629, 685.
viento(m) contrario 629.
viento(m) de través 629.
viento(m) en popa(f) 629.
viento(m) en proa(f) 629.
viento(m) moderado 38.
viento(m) suave 38.
viento(m), instrumentos(m) 548, 550.
viento(m), molino(m) 773.
vientre(m) 101.
viga(f) 170, 188, 200.
viga(f) continua 454.
viga(f) maestra 198.
viga(f), puente(m) 454.
vigueta(f) del piso(m) 198, 199.
vigueta(f) del techo(m) 198.
vigueta(f) esquinera 198, 199.
viola(f) 545.
violas(f) 556.
violín(m) 544.
violín(m) 545.
violines(m), familia(f) 545.
violoncelo(m) 545.
violoncelos(m) 557.
vira(f) 355.
viraje(m) de mariposa(f) 623.
viraje(m)(toque(m) con dos manos(f)) 622.
Virgo 11, 13.
Virgo, la Virgen (23 de agosto) 820.
virotillo(m) 199.
visera(f) 328, 329, 443, 471, 642, 729, 792.
visillo(m) 228, 231.
visillos(m) recogidos 228.
visillos(m) sencillos 229.
visor(m) 390, 414, 713.
visor(m) electrónico 409.
visor(m) lateral 443.
visor(m) telescópico 718.
vista posterior 123.
vista(f) anterior 120, 122.
vista(f) dorsal 95.
vista(f) exterior 712.
vista(f) frontal 147.
vista(f) general 289.
vista(f) lateral 442.
vista(f) por encima 171, 444.
vista(f) posterior 121, 129.
vista(f) transversal de una calle(f) 186.
vista(f) transversal de una carretera(f) 450.
vista(f) trasera 147.
visualización(f) 420, 422, 523.
visualización(f) de datos(m) 421.
visualización(f) de funciones(f) 555.
visualización(f) de la información(f) 396, 409, 411.
visualización(f) de las ondas(f) sísmicas 714.
visualización(f) de valores(m) de abertura(f) y de exposición(f) 396.
visualización(f) del mensaje 532.
visualización(f) del texto(m) 524.
vitola(f) 384.
vitrales(m) 175.
vitrina(f) 227.
viviendas(f) tradicionales 165.
viviendas(f) urbanas 187.
volador(m) 698.
volante(m) 618.
volante(m) 147, 228, 430, 561, 579.
volante(m) de aspas(f) 581.
volante(m) de control(m) 778.
volante(m) del freno(m) manual 470.
volantes(m) 349.
volcán(m) 25.
volcán(m) 23.
volcán(m) en erupción(f) 25.
volcán(m) inactivo 24.
voltímetro(m) 310.
volumen(m) de agua(f) 755.
voluta(f) 166, 167, 220, 544.
volva(f) 55.
vuelo(m) 625, 817.
vuelo(m) del escalón(m) 201.
vuelo(m) en globo(m) 634.
vuelo(m) libre 637.
vuelo(m) sin motor(m) 638.
vuelta(f) 323.
vuelta(f) al comienzo(m) 532.
vuelta(f) de cabo(m) 691.
vuelta(f) de campana(f) 622, 623.
vuelta(f) de escota(f) 691.
vuelta(f) de escota(f) doble 691.
vulva(f) 118, 128.

W

wapití(m) 105.
waterpolo(m) 626.
wedge(m) para arena(f) 678.
wedge(m) para rough(m) 678.
wigwam(m) 165.
wok(m) 248.
wok(m) 248.

X

xilófono(m) 554.
xilófono(m) 556.

Y

y 831.
yardas(f) 604.
yelmo(m) 792.
yelmo(m) 792.
yema(f) 70, 109, 137.
yema(f) axilar 57.
yema(f) terminal 57.
yen(m) 832.
yeyuno(m) 131.
yugo(m) 364.
yunque(m) 138.
yurta(f) 165.

Z

zafiro(m) 362.
zaguero(m) central 613.
zaguero(m) izquierdo 613.
zamarra(f) 321.
zampoña(f) 536.
zanahoria(f) 71.
zanco(m) 783.
zángano(m) 81.
zanja(f) 733.
zapata(f) 293, 294, 295, 432, 441, 678.
zapata(f) antideslizante 302, 661.
zapata(f) de goma(f) 302.
zapata(f) de la cadena(f) 805.
zapata(f) hidrostática 14.
zapatera(f) de alambre(m) 358.
zapatilla(f) 598, 656, 662.
zapatilla(f) con tacos(m) 595.
zapatilla(f) de ballet(m) 356.
zapatillas(f) de esgrima(f) 667.
zapato(m) a la polaca 318.
zapato(m) con tacos(m) 602.
zapato(m) de calle(f) 355, 356.
zapato(m) de cordones(m) 354.
zapato(m) de correa(f) 356.
zapato(m) de golf(m) 679.
zapato(m) de tacón(m) 318.
zapato(m) de tacón(m) alto 356.
zapato(m) de tacón(m) alto con presillas(f) 356.
zapato(m) de tenis(m) 355.
zapato(m) de tenis(m) 615.
zapato(m) de vestir 355.
zapato(m) deportivo 352.
zapatos(m) 354.
zarcillo(m) 61.
zarcillos(m) de aro(m) 361.
zarpa(f) 198, 199.
zócalo(m) 199, 201, 707.
zócalo(m) de la bañera(f) 292.
zodíaco(m), signos(m) 820.
zona(f) 610.
zona(f) central 611.
zona(f) comercial 190.
zona(f) de alta presión(f) 38.
zona(f) de anotación(f) 604.
zona(f) de asteroides(m) 4.
zona(f) de ataque(m) 608, 613.
zona(f) de atención(f) 597.
zona(f) de baja presión(f) 38.
zona(f) de cambio(m) 612.
zona(f) de circulación(f) 502.
zona(f) de comidas(f) campestres 823.
zona(f) de convección(f) 6.
zona(f) de defensa(f) 608, 613.
zona(f) de derrumbes(m) 826, 827.
zona(f) de estacionamiento(m) 503.
zona(f) de gol(m) 606.
zona(f) de la portería(f) 608.
zona(f) de pelos(m) absorbentes 59.
zona(f) de precipitación(f) 38.
zona(f) de prueba(f) de motores(m) de aviones(m) 811.
zona(f) de radiación(f) 6.
zona(f) de recreo(m) 496.
zona(f) de saque(m) derecha 614.
zona(f) de saque(m) izquierda 614.
zona(f) de servicio(m) 503, 613, 764.
zona(f) de trabajo(m) 16.
zona(f) de traspaso(m) de carga(f) 743.
zona(f) de tres segundos(m) 610.
zona(f) débil de la hoja(f) 666.
zona(f) defensiva 611.
zona(f) del hoyo(m) 676.
zona(f) escolar 826, 827.
zona(f) fuerte de la hoja(f) 666.
zona(f) libre 613.
zona(f) media 666.
zona(f) neutral 603, 605, 608.
zona(f) ofensiva 611.
zona(f) para acampar 823.
zona(f) para acampar y para casas(f) rodantes 823.
zona(f) para casas(f) rodantes 823.
zona(f) pelúcida 128.
zona(f) verde 184.
zoom(m) 392.
zoom(m) 414.

Las entradas en **negritas** corresponden a los títulos de página.